尹昌衡集

曾业英 周斌 编

第一卷 电文

社会科学文献出版社
SOCIAL SCIENCES ACADEMIC PRESS (CHINA)

▲尹昌衡遺像之一

▲尹昌衡遺像之二

▲尹昌衡与罗纶合影

▲尹昌衡与元配夫人合影

▲尹昌衡与外宾合影

▲尹昌衡与成都女界人士合影

▲尹昌衡与欢送西征军出发民众合影

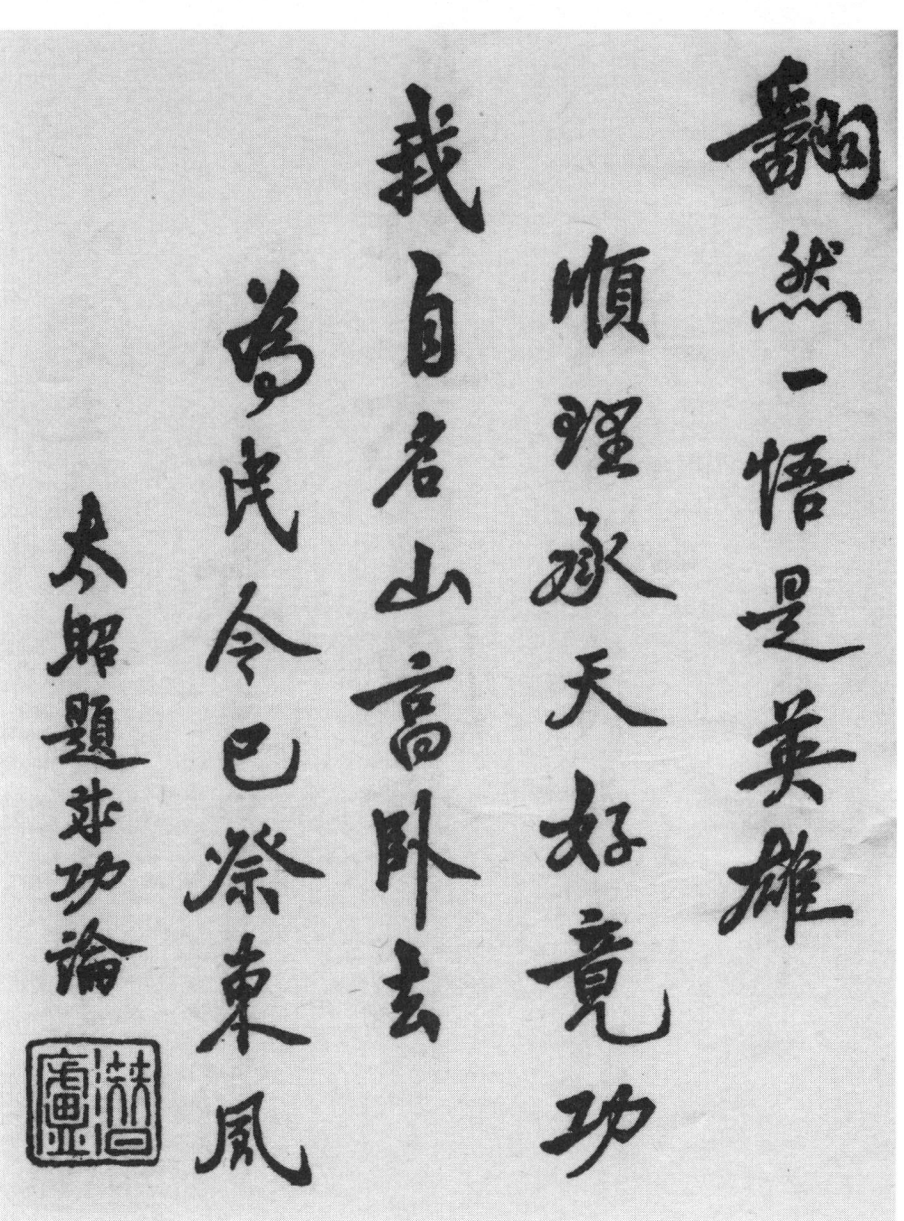

▲尹昌衡手迹之一

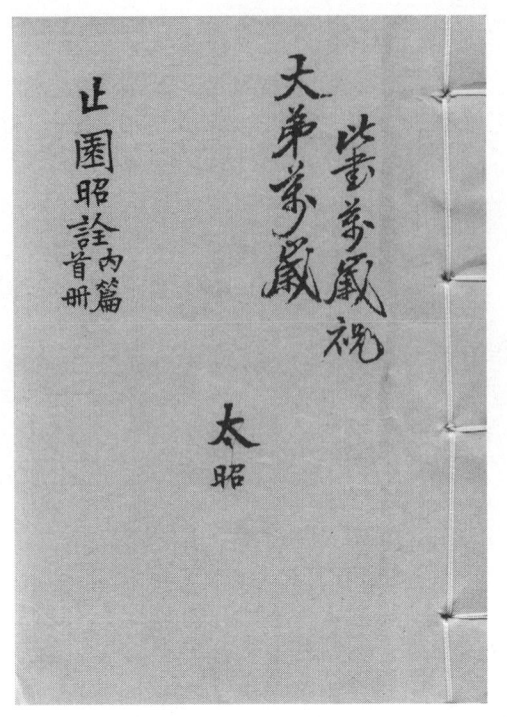

◀尹昌衡著《止园昭诠》稿本封面

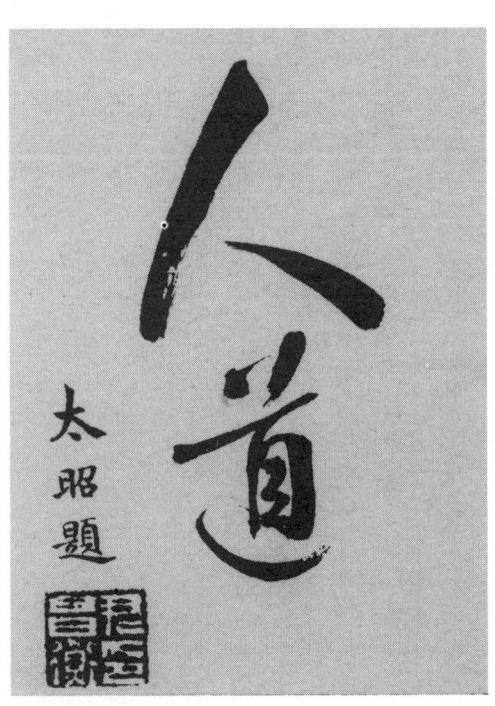

尹昌衡手迹之二▶

本书的资料搜集、整理得到中国社会科学院老年科研基金的资助

编辑说明

伟大的辛亥革命过去整整 100 年了。

四川是伟大的辛亥革命的发源地，其保路运动是这次伟大革命的标志性事件武昌起义的导火线，重庆、成都等地宣布脱离清廷统治是继武昌起义而起的全国大起义的组成部分，先后出任成都军政府军政部长、大都督和成、渝两军政府合并后的四川军政府第一任大都督尹昌衡是四川辛亥革命的重要领导人之一。为给研究四川辛亥革命及其重要领导人尹昌衡的思想和实践提供资料，我们借此全国上下隆重纪念辛亥革命百年之际，编辑了这部《尹昌衡集》。现将有关编辑事宜说明如下。

一、本书为迄今搜集到的尹昌衡著作的汇集（个别篇章因故未收），大多是辛亥革命前后和民国初年的，包括论文、专著、信札、讲话、会议记录、诗歌、尹昌衡本人及与他人联名的电稿，以及就任四川军政府大都督期间的有关公牍，等等。依其文体形式，按以下三大类分别编辑：一为"文电"，二为"诗歌"，三为"著述"。

二、为便于读者了解有关史实，还同时收录了部分与尹昌衡有关的公牍、往来电稿、信札、媒体记述和私人呈文等作为附录，置于相关问题之后，以供研究参考。

三、所辑各篇，按类分别依撰写时间的先后编次；撰写日期不详，而发表于报刊的，按报刊刊出日期编次，并加"＊"号，以示区别；有年月无日或难于确定日期的，置于月末；仅能确定大概时段的，则酌情置于相应时段之首或尾。但对诗歌部分，由于无法一一确定各自的具体撰写日期，仅依著者自定的"甲寅"（1914年）前后两个时期，予以大致区分。

四、所辑各篇，一律注明来源，已公开出版、发表的，注明编者、篇名、出版单位、时间、页码（二次出现时仅注篇名、页码）和发表报刊；未经出版和发表的手稿、抄件、原始档案，也注明藏所。

五、所辑各篇篇名，除部分著述和少数文电采用原名外，大多为编者酌改或酌拟。有些篇名，如《止园原性论》、《止园通书》、《止园自记》，等等，由于"止园"是著者的别号，因而一概删去，直接简化为《原性论》、《通书》、《自记》，等等。

六、所辑各篇，凡有不同出处的，均进行了互校，并对其中的重要歧异加注作了说明。但对各篇的具体内容则一律原文照录，不作任何改变，即如一些对中国古代经典的错讹引文，以及某些具有大汉族主义倾向的语句，也仍其旧，以保留原著的本来面目和历史感。因所据原著为竖排本，文中多有"如左"之类的表述，同样未作改动。

七、所辑各篇，除少数古体字、异体字或具有特殊含义的字以外，一律改为通行简化字，并按现代汉语标点符号标点及酌情分段。遇有错讹、残缺、无法辨识的文字和衍文，适当予以改正和补正。"［］"号内为改正文字，"【】"号内为补正文字，"□"号代表残缺和无法辨识的文字，衍文另加注说明。所有同音不同字的人名、地名，一律统一于正式名称，如"傅华峰"统一于"傅华封"，"罗伦"统一于"罗纶"，"硕板多"统一于"硕般多"，等等。

八、有些著述多有眉批和附图，为方便排版，眉批一律改为脚注，置于页末；附图则径由原著之图扫描植入，因而保留了原图释文的繁体字和由上而下、自右至左的竖排句读方式。

九、由于注释范围不易把握，而且注不胜注，因此，除个别篇章外，基本不作注释。

我们在搜集资料的过程中，得到南京中国第二历史档案馆、成都市档案馆、北京市档案馆、北京国家图书馆、上海市图书馆，以及台北"国史馆"、中研院近代史研究所档案馆、中国国民党党史馆的大力支持和帮助，尹昌衡哲孙（女）尹俊熙、尹俊龙、尹俊文、尹俊骅、尹俊蕚、尹俊贤、尹俊春也在搜集资料和出版方面给了我们特别大的支持和帮助，谨在此表示衷心的感谢。给我们多方帮助的还有中国社会科学院近代史研究所杨光辉、古为明先生，四川省陆上运动学校赵力平先生，谨此一并致谢。

限于学识，加以时间仓促，本书在编辑、检校等方面容有疏漏甚或错讹之处，敬请读者批评指正。

目　录

一　文电

改名为尹昌衡（1908年12月1日前后） ………………………… 1
　　附录　小村寿太郎致寺内正毅函（1908年12月14日）………… 1
圣私篇（1909年留日回国前）………………………………………… 2
武德论（1910年5、6月）……………………………………………… 4
圣武篇（1910年6月21日）…………………………………………… 6
兵事纲要（1911年4月13日）………………………………………… 8
告全蜀父老兄弟文（1911年12月10日）…………………………… 14
再告全蜀父老兄弟文（1911年12月10日）………………………… 15
告示一（1911年12月中旬）………………………………………… 16
告示二（1911年12月中旬）………………………………………… 17
文告一束（1911年12月22日）……………………………………… 18
与罗纶宣布就职通告（1911年12月27日）………………………… 19
致重庆蜀军政府书（1911年12月29日）…………………………… 20
颁发捕杀赵尔丰奖状文（1911年12月）…………………………… 21
宣布四川独立及兵变经过通告（1911年12月）…………………… 21
　　附录　成都独立后与清廷赵尔疯所订条约 ……………………… 24
宣慰雅州父老文（1911年12月）…………………………………… 25
通饬清查各路同志军真伪札（1911年12月）……………………… 26

劝谕雅州清军反正文（1911年12月） …… 26
大汉四川军政府法令（1911年12月~1912年4月） …… 28
    一 总政处简章 …… 28
    二 大汉四川军政府宣慰使职任章程 …… 29
    三 保安义勇队章程 …… 30
    四 推荐章程 …… 32
    五 集会结社律 …… 33
    六 大汉四川军政府报律 …… 35
    七 文官礼节 …… 38
    八 文官服务规律 …… 38
    九 电报检查条例 …… 39

大汉四川军政府各部通饬、通告（1911年12月~1912年4月） …… 40
    一 财政部部长通饬 …… 40
    二 外务部通饬各属文 …… 41
    三 民政部通饬府厅州县照常任职札文 …… 43
    四 民政部通饬府厅州县呈送履历札文 …… 43
    五 民政部通饬各厅州县整顿团保造册报查札文 …… 43
    六 民政部移知宣慰使饬地方官认真禁种烟苗及开烟馆文 …… 44
    七 财政部行知 …… 44
    八 民政部通饬各属整理城镇乡自治会札文 …… 46
    九 学务部部长通告 …… 46
    十 外务部、巡警总监会同告示 …… 47
    十一 财政部通告 …… 47
    十二 盐政部通告 …… 49
    十三 学务部通告 …… 50
    十四 军事巡警总监令 …… 51
    十五 通告全川伯叔兄弟文 …… 51

大汉四川军政府批示（1911年12月~1912年4月） …… 52
    其一 …… 52
    其二 …… 53
    其三 …… 54

大汉四川军政府告示（1911年12月~1912年4月） …………………… 55
 一 严禁殴辱报馆示 ……………………………………………… 55
 二 一律剪发痛扫污俗示 …………………………………………… 55
 三 安慰军界六言告示 ……………………………………………… 56
 四 禁止人民结党勒搕烧劫通告 …………………………………… 56
 五 示谕各街首人禁止赌博 ………………………………………… 56
 六 禁止擅封仓储六言示 …………………………………………… 56
 七 令民仍服旧装六言示 …………………………………………… 57
 八 维持当铺示 ……………………………………………………… 57
 九 严禁匪徒假冒密查招摇 ………………………………………… 57
 十 晓谕成都府详定团防章程 ……………………………………… 58
 十一 晓谕统一地方官权限 ………………………………………… 58
 十二 军政府告示 …………………………………………………… 58
 十三 大汉民国四川军政府通告 …………………………………… 59
 十四 禁止藐抗地方长官示 ………………………………………… 59
训军文（1912年1月上旬） ……………………………………………… 60
致重庆军政府电（1912年1月10日） …………………………………… 61
致孙中山及各省都督电（1912年1月29日） …………………………… 62
大汉民国四川军政府通告（1912年1月） ……………………………… 62
四川军政府示（1912年2月2日） ……………………………………… 63
致孙中山电（1912年2月4日） ………………………………………… 63
与罗纶通告各界文（1912年2月7日） ………………………………… 64
在川汉铁路公司的演说（1912年2月9日） …………………………… 68
致孙中山电（1912年2月10日） ………………………………………… 69
致孙中山电（1912年2月15日） ………………………………………… 70
 附录 孙中山复尹昌衡等电（1912年2月24日） ………………… 70
与罗纶致南京临时政府财政部外交部电（1912年2月16日） ………… 71
与罗纶致孙中山等电（1912年2月17日） ……………………………… 71
 附录 张培爵致孙中山等电（1912年3月3日） ………………… 74
致孙中山及各省都督电（1912年2月23日） …………………………… 75
与罗纶致孙中山等电（1912年2月27日） ……………………………… 75

与罗纶致各省都督电（1912年2月27日） …………………… 76
批陆军部顾问官张熙请设全蜀和平会文（1912年2月） ……… 77
致孙中山及各省都督电（1912年2月） …………………………… 78
与张培爵致孙中山等电（1912年3月11日） …………………… 78
与罗纶致孙中山等电（1912年3月11日） ……………………… 79
致袁世凯及各省都督各报馆电（1912年3月12日） …………… 79
致袁世凯及各省都督各报馆电（1912年3月13日） …………… 80
致黎元洪电（1912年3月16日） ………………………………… 80
　　附录　黎元洪复尹张两都督电（1912年3月31日） ……… 81
与张培爵致孙中山等电（1912年3月18日） …………………… 81
与张培爵致袁世凯等电（1912年3月18日） …………………… 81
与张培爵宣布就正副都督职通告（1912年3月中旬） ………… 83
致袁世凯等电（1912年3月20日前后） ………………………… 83
在四川各报馆编辑人员会议上的讲话（1912年3月23日） …… 84
　　附录　军事巡警总厅公文 ……………………………………… 85
致袁世凯及各省都督电（1912年3月31日） …………………… 85
致袁世凯等电（1912年4月3日） ……………………………… 86
致袁世凯等电（1912年4月3日） ……………………………… 87
致袁世凯等电（1912年4月5日） ……………………………… 88
致袁世凯等电（1912年4月7日） ……………………………… 89
在军警绅商学界大会上的讲话（1912年4月8日） …………… 89
剪发通告（1912年4月8日） …………………………………… 91
致各报馆电（1912年4月9日） ………………………………… 92
致民立报馆转黄复生等人电（1912年4月9日） ……………… 93
致《民立报》暨北京理财长电（1912年4月9日） …………… 94
致《民立报》及各报馆电（1912年4月10日） ……………… 95
复夏之时电（1912年4月12日） ……………………………… 96
　　附录　夏之时致袁世凯尹昌衡等电（1912年4月11日） … 96
与周炳篁致袁世凯孙中山等电（1912年4月12日） ………… 97
致军事巡警总厅令（1912年4月12日） ……………………… 98
致《民立报》转黄复生电（1912年4月13日） ……………… 98

与张培爵致袁世凯等电（1912年4月15日） …………………… 99
与张培爵致袁世凯等电（1912年4月15日） …………………… 99
致袁世凯及各报馆电（1912年4月19日） ……………………… 100
致袁世凯及各省都督各报馆电（1912年4月20日） …………… 101
致军事巡警总厅令（1912年4月23日） ………………………… 102
重申剪发令（1912年4月24日） ………………………………… 104
致袁世凯及各报馆电（1912年4月24日） ……………………… 104
致袁世凯及各省都督各报馆电（1912年4月下旬） …………… 106
致袁世凯及各省都督各报馆电（1912年4月26日） …………… 107
致军事巡警总厅令（1912年4月26日） ………………………… 108
布告十诫文（1912年4月27日） ………………………………… 109
在总政处的提议（1912年4月27、28日） ……………………… 110
致袁世凯等电（1912年4月29日） ……………………………… 110
  附录　国务院复尹昌衡等电（1912年5月9日） ………… 113
公布临时省议会日期文（1912年4月） ………………………… 114
致袁世凯等电（1912年5月1日） ……………………………… 115
黎元洪转尹昌衡致袁世凯电（1912年5月1日） ……………… 115
  附录　国务院致尹昌衡电（1912年5月9日） …………… 116
致各省都督电（1912年5月2日） ……………………………… 117
致熊克武电（1912年5月4日） ………………………………… 117
  附录　熊克武复尹昌衡电（1912年5月7日） …………… 119
致军事巡警总监杨维令（1912年5月6日） …………………… 119
致胡景伊熊克武等电（1912年5月7日） ……………………… 123
致袁世凯等电（1912年5月9日） ……………………………… 125
都督府选验预备补充队简章（1912年5月上旬） ……………… 126
致袁世凯及国务院电（1912年5月11日） ……………………… 128
致袁世凯电（1912年5月11日） ………………………………… 130
致袁世凯电（1912年5月12日） ………………………………… 130
  附录　国务院复尹昌衡电（1912年5月18日） …………… 131
致蒙藏交通公司筹办处电（1912年5月14日） ………………… 132
致黄子权家属书（1912年5月19日） …………………………… 132

致胡景伊谢持电（1912年5月20日）……………………………… 133
 附录一 胡景伊致尹昌衡张培爵电（1912年5月18日）……… 134
 附录二 重庆镇抚府会议纪略（一）（1912年5月18日）……… 135
 附录三 重庆镇抚府会议纪略（二）（1912年5月20日）……… 136
致袁世凯电（1912年5月21日）…………………………………… 138
旌恤彭家珍批文（1912年5月21日）……………………………… 139
致袁世凯等电（1912年5月31日）………………………………… 139
 附录 袁世凯复尹昌衡张培爵电（1912年6月4日）………… 140
致袁世凯及各省都督各报馆电（1912年6月4日）……………… 141
 附录 南京留守府□阳云致尹昌衡张培爵电
  （1912年6月3日）………………………………………… 142
在政务处会议上的讲话（1912年6月7日）……………………… 142
 附录一 对于京电署名诘问之通告……………………………… 148
 附录二 董修武等致袁世凯电（1912年6月9日）…………… 149
在各法团会议上的讲话（1912年6月8日上午）………………… 150
在全体军官会议上的讲话（1912年6月8日下午）……………… 151
西征军令（1912年6月上旬）……………………………………… 153
致黎元洪等电（1912年6月11日）………………………………… 154
致军事巡警总监杨维令（1912年6月13日）……………………… 155
致军事巡警总监杨维令（1912年6月13日）……………………… 156
致袁世凯等电（1912年6月14日）………………………………… 157
通告（1912年6月中下旬）………………………………………… 158
在武侯祠成都各界欢送西征军先锋队出发会上的讲话
 （1912年6月16日）………………………………………………… 158
致袁世凯等电（1912年6月16日）………………………………… 160
告边藏番人文（1912年6月中旬）………………………………… 161
安民告示（1912年6月中旬）……………………………………… 162
批军事巡警总监杨维呈（1912年6月22日）……………………… 162
致袁世凯及各省都督各报馆电（1912年6月24日）……………… 164
致内务部电（1912年6月26日）…………………………………… 164
致袁世凯等电（1912年6月26日）………………………………… 165

致袁世凯等电（1912年6月27日）………………………… 166
  附录 国务院复尹昌衡张培爵电（1912年7月6日）………… 166
致袁世凯及各省都督各报馆电（1912年6月28日）…………… 167
  附录 四川都督府总务处同人致《民立报》等电
    （1912年7月4日）…………………………………… 167
复庄尚政电（1912年7月初）…………………………………… 168
  附录 庄尚政致尹昌衡电（1912年6月底）………………… 169
批军事巡警总厅呈（1912年7月2日）………………………… 169
致朱登五电（1912年7月初）…………………………………… 170
批陈孝同呈文令（1912年7月初）……………………………… 170
致蔡锷电（1912年7月3日）…………………………………… 171
  附录 蔡锷复尹昌衡张培爵电（1912年7月12日）………… 171
西征别川人书（1912年7月上旬）……………………………… 172
告成都父老书（1912年7月上旬）……………………………… 173
报告西征援军出发文（1912年7月6日）……………………… 174
在成都军界全体会议上的演说词（1912年7月7日）………… 175
在省议会话别会上的讲话（1912年7月8日）………………… 177
在武侯祠成都各界欢送西征军大本营出发会上的讲话
 （1912年7月10日）………………………………………… 178
准军事巡警厅总务处申报事（1912年7月15日）…………… 179
致张培爵等电（1912年7月17日）…………………………… 181
西征日志（1912年7月10～20日）…………………………… 181
致袁世凯及各省都督电（1912年7月中旬）………………… 183
致袁世凯电（1912年7月下旬）……………………………… 184
致袁世凯电（1912年8月3日）……………………………… 185
致董修武电（1912年8月9日）……………………………… 185
命令一（1912年8月上旬）…………………………………… 186
命令二（1912年8月上旬）…………………………………… 186
在西较场山岚喇嘛寺的演讲词（1912年8月11日）………… 187
致张培爵等电（1912年8月11日）…………………………… 189
致张培爵胡景伊电（1912年8月11日）……………………… 189

致川东宣慰使电（1912年8月12日）………………………… 190
致骆成骧邵从恩等函（1912年8月中旬）………………… 190
致张培爵电（1912年8月16日）………………………………… 191
复四川省议会电（1912年8月17日）……………………… 192
致各省都督电（1912年8月23日）…………………………… 192
致袁世凯电（1912年8月26日）……………………………… 193
  附录一 国务院复尹昌衡电（1912年8月30日）……… 194
  附录二 袁世凯电黎元洪拟授尹昌衡川西镇边使
    （1912年8月31日）………………………………… 195
致胡景伊袁世凯等电（1912年8月27日）………………… 195
批筹边处总理黄煦昌呈（1912年8月27日）……………… 196
  附录一 四川民政长张培爵咨尹昌衡文（1912年8月18日）…… 196
  附录二 四川筹边处总理黄煦昌呈（1912年8月26日）…… 197
致胡景伊电（1912年8月30日）……………………………… 198
致张培爵胡景伊等电（1912年8月30日）………………… 198
致袁世凯等电（1912年8月30日）…………………………… 199
致川省各报馆电（1912年8月中下旬）…………………… 200
致国务院电（1912年8月下旬）……………………………… 200
致国务院电（1912年8月下旬）……………………………… 201
致总统府电报一束（1912年8月）…………………………… 201
致袁世凯电（1912年9月6日）………………………………… 202
致段祺瑞等电（1912年9月8日）…………………………… 203
  附录 陆军部复尹昌衡电（1912年9月14日）………… 203
胡景伊转尹昌衡致袁世凯电（1912年9月10日）……… 203
胡景伊转尹昌衡致袁世凯电（1912年9月10日）……… 204
  附录一 蔡锷致袁世凯等电（1912年9月10日）……… 204
  附录二 胡景伊致袁世凯等电（1912年9月23日）…… 205
胡景伊转尹昌衡致袁世凯电（1912年9月11日）……… 205
  附录 国务院复尹昌衡电（1912年9月12日）………… 206
胡景伊转尹昌衡致袁世凯电（1912年9月12日）……… 206
  附录 国务院复胡景伊转尹昌衡电（1912年9月16日）……… 207

致黎元洪等电（1912年9月12日）……207
  附录　国务院复尹昌衡电（1912年9月16日）……208
致张培爵电（1912年9月13日）……209
致袁世凯国务院电（1912年9月13日）……209
  附录　国务院复尹昌衡电（1912年9月16日）……210
胡景伊转尹昌衡致袁世凯电（1912年9月13日）……210
胡景伊转尹昌衡致袁世凯电（1912年9月13日）……211
致袁世凯等电（1912年9月14日）……212
  附录一　国务院复尹昌衡电（1912年9月14日）……213
  附录二　国务院复尹昌衡电（1912年9月14日）……213
  附录三　陆军部复尹昌衡电（1912年9月17日）……214
致张培爵电（1912年9月19日）……214
致袁世凯蔡锷等电（1912年9月19日）……214
  附录一　国务院复蔡锷电（1912年9月17日）……215
  附录二　国务院复尹昌衡电（1912年9月17日）……216
  附录三　国务院复蔡锷电（1912年9月20日）……216
  附录四　国务院复尹昌衡电（1912年9月23日）……217
胡景伊转尹昌衡致袁世凯电（1912年9月22日）……217
致袁世凯电（1912年9月22日）……218
致张培爵胡景伊电（1912年9月22日）……218
致袁世凯陆军部电（1912年9月22日）……219
  附录　国务院复尹昌衡电（1912年9月23日）……219
致袁世凯胡景伊电（1912年9月22日）……220
  附录　国务院复尹昌衡电（1912年9月24日）……220
致胡景伊转袁世凯电（1912年9月23日）……221
  附录　国务院复尹昌衡电（1912年9月26日）……221
致胡景伊转蔡锷电（1912年9月23日）……222
  附录一　蔡锷复胡景伊电（1912年9月24日）……222
  附录二　蔡锷复胡景伊尹昌衡电（1912年9月24日）……223
  附录三　国务院复尹昌衡电（1912年9月26日）……223
致袁世凯电（1912年9月25日）……224

胡景伊转尹昌衡致袁世凯电（1912年9月25日）………………… 224
 附录一 袁世凯令（1912年9月25日）………………………… 225
 附录二 黎元洪复尹昌衡电（1912年9月26日）………………… 225
 附录三 陆军部咨尹昌衡文（1912年9月27日）………………… 226
 附录四 国务院复尹昌衡电（1912年9月28日）………………… 226
致袁世凯及各省都督电（1912年9月26日）…………………………… 227
 附录一 国务院复尹昌衡电（1912年10月1日）……………… 227
 附录二 国务院再复尹昌衡电（1912年10月1日）…………… 228
致胡景伊转袁世凯等电（1912年9月27日）………………………… 228
致袁世凯及各省都督各报馆电（1912年9月27日）………………… 229
 附录一 胡景伊致袁世凯电（1912年9月27日）………………… 229
 附录二 国务院复尹昌衡电（1912年9月30日）………………… 230
致袁世凯电（1912年9月28日）………………………………………… 230
 附录一 国务院复尹昌衡电（1912年10月1日）……………… 231
 附录二 国务院复尹昌衡电（1912年10月8日）……………… 231
胡景伊转尹昌衡致袁世凯电（1912年9月28日）………………… 232
 附录一 国务院致蔡锷尹昌衡电（1912年9月30日）…………… 232
 附录二 国务院复尹昌衡胡景伊电（1912年10月1日）……… 233
致袁世凯暨国务院电（1912年9月29日）…………………………… 233
 附录 国务院复尹昌衡电（1912年10月11日）………………… 234
致张培爵胡景伊等电（1912年9月30日）…………………………… 234
致胡景伊转袁世凯等电（1912年9月30日）………………………… 236
致袁世凯等电（1912年9月30日）…………………………………… 236
 附录一 国务院复尹昌衡电（1912年10月初）………………… 237
 附录二 赵尔巽致袁世凯等电（1912年10月4日）……………… 238
致张培爵等电（1912年9月30日）…………………………………… 238
致胡景伊转袁世凯等电（1912年10月1日）………………………… 239
 附录 国务院致蔡锷尹昌衡电（1912年10月1日）……………… 240
致各省都督电（1912年10月1日）…………………………………… 241
复胡景伊张培爵电（1912年10月3日）……………………………… 241
复袁世凯等电（1912年10月3日）…………………………………… 241
 附录一 蔡锷复袁世凯电（1912年10月1日）………………… 242

附录二　国务院复尹昌衡电（1912年10月6日）……………… 242
致袁世凯等电（1912年10月3日）………………………………… 243
  附录一　国务院致尹昌衡蔡锷电（1912年10月5日）………… 243
  附录二　国务院复尹昌衡蔡锷电（1912年10月6日）………… 244
  附录三　四川临时省议会致国务院电（1912年10月9日）…… 244
致袁世凯电（1912年10月4日）…………………………………… 245
致袁世凯电（1912年10月4日）…………………………………… 245
  附录　国务院复尹昌衡电（1912年10月7日）………………… 246
致袁世凯电（1912年10月6日）…………………………………… 246
  附录　腾越郭建勋等致袁世凯等电（1912年10月14日）……… 247
致袁世凯等电（1912年10月11日）………………………………… 248
致袁世凯电（1912年10月17日）…………………………………… 248
  附录一　胡景伊致袁世凯电（1912年10月18日）……………… 249
  附录二　国务院复尹昌衡胡景伊电（1912年10月22日）……… 249
致张培爵胡景伊电（1912年10月19日）…………………………… 250
致袁世凯电（1912年10月19日）…………………………………… 250
致袁世凯电（1912年10月21日）…………………………………… 251
致袁世凯电（1912年10月22日）…………………………………… 252
与朱瑞等十五省都督致参议院电（1912年10月25日）…………… 253
致胡景伊等电（1912年10月25日）………………………………… 254
致袁世凯等电（1912年10月30日）………………………………… 255
  附录一　国务院复尹昌衡电（1912年11月5日）……………… 255
  附录二　国务院复尹昌衡电（1912年11月5日）……………… 256
  附录三　国务院致胡景伊电（1912年11月5日）……………… 256
  附录四　胡景伊复袁世凯电（1912年11月6日）……………… 256
致袁世凯等电（1912年11月1日）………………………………… 257
  附录一　王廷珠致袁世凯等电（1912年11月1日）…………… 258
  附录二　国务院复尹昌衡电（1912年11月5日）……………… 258
  附录三　国务院致蔡锷电（1912年11月5日）………………… 258
  附录四　国务院复尹昌衡电（1912年11月14日）……………… 259
致袁世凯胡景伊电（1912年11月6日）…………………………… 259
致张锡銮电（1912年11月9日）…………………………………… 259

致袁世凯等电（1912年11月9日） …………………………………… 260
致袁世凯等电（1912年11月15日） ………………………………… 261
 附录一 国务院复尹昌衡电（1912年12月2日） ………………… 262
 附录二 国务院复尹昌衡电（1912年12月8日） ………………… 262
 附录三 国务院致尹昌衡电（1912年11月15日） ……………… 262
 附录四 国务院复尹昌衡电（1912年11月15日） ……………… 263
 附录五 国务院致尹昌衡电（1912年11月26日） ……………… 263
 附录六 胡景伊复袁世凯电（1912年11月28日） ……………… 264
 附录七 国务院致胡景伊电（1912年12月1日） ………………… 264
在巴塘丁零寺会见驻巴防陆各军的讲话（1912年11月19日） …… 264
在巴塘政界官员见面会上的讲话（1912年11月下旬） …………… 265
致袁世凯等电（1912年12月1日） ………………………………… 266
 附录一 国务院复尹昌衡电（1912年12月15日） ……………… 267
 附录二 国务院复蔡锷尹昌衡电（1912年12月2日） ………… 268
致袁世凯电（1912年12月8日） …………………………………… 268
 附录 国务院复尹昌衡电（1912年12月11日） ………………… 269
致袁世凯电（1912年12月9日） …………………………………… 269
 附录 国务院复尹昌衡电（1912年12月27日） ………………… 270
致袁世凯等电（1912年12月15日） ………………………………… 270
 附录一 胡景伊致袁世凯电（1912年12月16日） ……………… 272
 附录二 国务院复尹昌衡电（1912年12月17日） ……………… 272
 附录三 国务院复尹昌衡电（1912年12月19日） ……………… 273
 附录四 国务院致尹昌衡电（1912年12月24日） ……………… 273
 附录五 袁世凯嘉奖令（1912年12月25日） …………………… 274
 附录六 袁世凯致尹昌衡蔡锷陆兴祺电
    （1912年12月25日） ……………………………………… 274
 附录七 国务院致胡景伊尹昌衡电（1912年12月27日） ……… 275
致胡景伊函（1912年12月） ………………………………………… 275
致各省都督电（1913年1月6日） …………………………………… 277
致袁世凯胡景伊电（1913年1月19日） …………………………… 278
 附录 国务院复尹昌衡电（1913年1月24日） …………………… 278
致袁世凯及各省都督电（1913年1月25日） ……………………… 279

致袁世凯等电（1913年1月26日）…… 279
致胡景伊电（1913年1月27日）…… 280
    附录　国务院复尹昌衡胡景伊电（1913年2月1日）…… 280
致胡景伊电（1913年1月29日）…… 281
致联合华族会电（1913年1月）…… 281
在镇抚府会议上的讲话（1913年2月3日）…… 282
致袁世凯等电（1913年2月4日）…… 283
致国务院电（1913年2月19日）…… 283
致嵇廉等电（1913年2月底）…… 284
    附录一　嵇廉致尹昌衡电（1913年2月22日）…… 284
    附录二　乡番投诚呈文（1913年2月）…… 284
致孙绍骞等电（1913年2月27日）…… 285
激励将士文（1913年2月）…… 285
致袁世凯及陆军部电（1913年3月3日）…… 286
整顿纪律之训令（1913年3月初）…… 287
致袁世凯及陆军部电（1913年3月4日）…… 288
致袁世凯电（1913年3月4日）…… 288
致黎元洪电（1913年3月6日）…… 289
    附录　黎元洪复尹昌衡电（1913年3月9日）…… 289
慰训昌都军士令（1913年3月上旬）…… 290
告诫三军训令（1913年3月）…… 291
奖劳昌都一带驻军令（1913年3月）…… 292
致国务院等电（1913年3月）…… 293
川边设治之区划（1913年3月）…… 294
批黄煦昌文（1913年3月）…… 295
    附录　黄煦昌呈尹昌衡文（1913年3月）…… 295
致袁世凯及陆军部电（1913年4月2日）…… 297
致袁世凯电（1913年4月上半月）…… 298
致蒙藏事务局电（1913年4月9日）…… 299
致袁世凯国务院电（1913年4月11日）…… 300
    附录　国务院复尹昌衡电（1913年4月13日）…… 300
致理化府郭知事电（1913年4月11日）…… 301

致孙绍骞刘成勋电（1913年4月13日）……301
致段祺瑞电（1913年4月19日）……302
　　附录　陆军部复尹昌衡电（1913年4月23日）……302
致段祺瑞函（1913年4月21日）……302
致段祺瑞函（1913年4月21日）……303
　　附录　陆军部复尹昌衡函（1913年5月17日）……304
致袁世凯等电（1913年4月25日）……304
　　附录　国务院复尹昌衡电（1913年5月4日）……305
致国务院电（1913年4月）……306
致袁世凯胡景伊电（1913年5月8日）……306
致袁世凯及陆军部电（1913年5月12日）……307
复陆军部电（1913年5月12日）……307
致袁世凯等电（1913年5月13日）……308
致胡景伊电（1913年5月14日）……308
致袁世凯及陆军部电（1913年5月16日）……309
致胡景伊电（1913年5月16日）……309
致各省都督电（1913年5月19日）……310
致胡景伊等电（1913年5月20日）……310
致袁世凯等电（1913年5月26日）……311
致袁世凯等电（1913年6月初）……311
致袁世凯等电（1913年6月5日）……312
复段祺瑞函（1913年6月5日）……312
复段祺瑞函（1913年6月5日）……313
复段祺瑞函（1913年6月5日）……314
致孙绍骞刘成勋电（1913年6月7日）……314
致教育部电（1913年6月8日）……315
致胡景伊等电（1913年6月9日）……315
致黎元洪等电（1913年6月12日）……316
致袁世凯等电（1913年6月14日）……316
　　附录一　袁世凯命令（1913年6月13日）……317
　　附录二　袁世凯命令（1913年6月13日）……317
　　附录三　胡景伊致袁世凯等电（1913年6月14日）……318

复袁世凯电（1913年6月17日） ………………………………… 318
致袁世凯黎元洪等电（1913年6月17日） ……………………… 319
  附录一 黎元洪复尹昌衡电（1913年6月21日） ………… 320
  附录二 全边土司番僧等致袁世凯电（1913年6月） ……… 320
  附录三 颜镈通电（1913年6月） ……………………………… 321
致胡景伊等电（1913年6月18日） ……………………………… 321
  附录 国务院致尹昌衡胡景伊电（1913年6月） ……………… 322
致袁世凯等电（1913年6月18日） ……………………………… 322
  附录一 国务院复尹昌衡电（1913年6月24日） ……………… 323
  附录二 国务院复尹昌衡电（1913年6月24日） ……………… 323
致胡景伊等电（1913年6月19日） ……………………………… 324
复胡景伊电（1913年6月19日） ………………………………… 324
致袁世凯等电（1913年6月27日） ……………………………… 325
  附录一 颜镈致国务院陆军部电（1913年7月2日） …………… 326
  附录二 国务院复尹昌衡电（1913年7月4日） ……………… 326
  附录三 国务院致陆军部函（1913年7月5日） ……………… 327
致胡景伊等电（1913年6月28日） ……………………………… 327
  附录一 尹硕权抵省志略（1913年7月3日） ………………… 328
  附录二 省议会电请任尹督（1913年7月3日） ………………… 328
  附录三 胡景伊辞职布告（1913年7月3日） ………………… 328
  附录四 四川省议会咨尹昌衡文（1913年7月5日） ………… 329
  附录五 四川省议会咨胡景伊文（1913年7月5日） ………… 329
  附录六 四川省议会致袁世凯等电（1913年7月5日） ……… 330
致孙绍骞等电（1913年6月） …………………………………… 330
  附录 国务院复尹昌衡电（1913年7月4日） ………………… 331
致黎元洪电（1913年7月5日） ………………………………… 331
  附录一 朱明素等密呈黎元洪函（1913年7月初） …………… 332
  附录二 袁世凯命令（1913年7月7日） ………………………… 333
  附录三 黎元洪复尹昌衡电（1913年7月7日） ……………… 334
  附录四 黎元洪复尹昌衡胡景伊电（1913年7月14日） …… 334
与胡景伊致省会警察厅长令（1913年7月6日） ……………… 334

与胡景伊致省会警察厅长训令（1913年7月6日） ………… 335
　　附录　胡景伊致省会警察厅长令（1913年7月15日） ………… 336
致袁世凯等电（1913年7月上旬） ………… 337
　　附录　国务院致尹昌衡电（1913年6月23日） ………… 338
致袁世凯等电（1913年7月12日） ………… 338
咨复四川省议会文（1913年7月12日） ………… 339
　　附录　胡景伊通告（1913年7月12日） ………… 340
与胡景伊会衔布告（1913年7月中旬） ………… 340
　　附录　国务院致尹昌衡胡景伊等电（1913年7月10日） ………… 341
致袁世凯等电（1913年7月16日） ………… 342
致袁世凯等电（1913年7月16日） ………… 342
与胡景伊致袁世凯等电（1913年7月21日） ………… 343
　　附录一　国务院复尹昌衡胡景伊电（1913年7月21日） ………… 344
　　附录二　众议院质问书（1913年7月21日） ………… 344
　　附录三　众议院议员质问书（1913年7月下旬） ………… 345
致袁世凯等电（1913年7月24日） ………… 346
　　附录　参谋部陆军部复尹昌衡等电（1913年7月26日） ………… 347
通令（1913年7月26日） ………… 347
致袁世凯等电（1913年7月28日） ………… 348
致四川省议会等电（1913年8月2日） ………… 349
致胡景伊等电（1913年8月2日） ………… 349
致袁世凯等电（1913年8月8日） ………… 350
复袁世凯等电（1913年8月14日） ………… 350
致国务院等电（1913年8月16日） ………… 351
复旅京四川同乡电（1913年8月24日） ………… 352
致参谋部陆军部等电（1913年8月29日） ………… 353
　　附录一　袁世凯通缉令（1913年9月15日） ………… 354
　　附录二　颜锴致袁世凯等电（1913年9月23日） ………… 354
　　附录三　刘成勋致参谋部等电（1913年9月28日） ………… 355
呈袁世凯文（1913年9月2日） ………… 355
复陆军部电（1913年9月3日） ………… 358

复旅京四川同乡电（1913年9月4日） ……………………… 358
致袁世凯等电（1913年9月9日） ………………………… 359
致外交部电（1913年9月21日） …………………………… 360
致袁世凯等电（1913年9月21日） ………………………… 361
咨外交部电（1913年9月25日） …………………………… 362
致黎元洪电（1913年9月26日） …………………………… 363
    附录　黎元洪复尹昌衡电（1913年9月26日） ………… 363
经营川边之新政策（1913年9月） ………………………… 364
报告军情电（1913年10月9日） …………………………… 365
致陆军部电（1913年10月13日） …………………………… 365
致袁世凯等暨各省都督电（1913年10月16日） …………… 366
致袁世凯等电（1913年10月21日） ………………………… 368
复国务院电（1913年10月21日） …………………………… 368
    附录　国务院致尹昌衡电（1913年10月4日） ………… 369
致黎元洪电（1913年10月28日） …………………………… 369
    附录一　颜镡致袁世凯等电（1913年11月3日） ……… 370
    附录二　颜镡呈袁世凯文（1913年11月3日） ………… 370
    附录三　参谋部陆军部致尹昌衡电（1913年11月6日） … 371
    附录四　参谋部陆军部致颜镡电（1913年11月8日） … 371
    附录五　颜镡致黎元洪电（1913年11月13日） ………… 371
    附录六　黎元洪复颜镡电（1913年11月16日） ………… 372
致黎元洪电（1913年10月29日） …………………………… 372
    附录　黎元洪复尹昌衡电（1913年11月3日） ………… 373
呈袁世凯文（1913年10月） ………………………………… 373
致国务院等电（1913年11月9日） ………………………… 374
    附录一　颜镡致袁世凯尹昌衡等电（1913年11月中旬） … 374
    附录二　颜镡致袁世凯等电（1913年11月17日） ……… 375
    附录三　颜镡致袁世凯等电（1913年11月21日） ……… 376
    附录四　颜镡等人致袁世凯尹昌衡等电（1913年12月26日） …… 376
    附录五　颜镡致袁世凯等电（1913年12月30日） ……… 377
    附录六　张毅致袁世凯等电（1914年1月11日） ……… 377

筹边大计划（1913年11月25日） ……………………………… 378
呈陆军部文（1913年12月上旬） ……………………………… 380
    附录一　袁世凯令（1914年1月13日） …………………… 382
    附录二　颜䥽致袁世凯等电（1914年1月20日） ………… 382
条陈川边建设政策（1913年12月13日） ……………………… 382
呈袁世凯文（1913年12月16日） ……………………………… 383
呈袁世凯文（1914年2月20日左右） ………………………… 386
    附录一　四川公民杨隽魏绍猷等呈控尹昌衡文
            （1914年1月20日前后） …………………………… 387
    附录二　邹稷光等具呈告发尹昌衡文
            （1914年1月20日前后） …………………………… 391
    附录三　章遹骏致徐树铮函（1914年1月底或2月初） … 393
    附录四　颜䥽致尹昌衡电（1914年1月30日） …………… 393
    附录五　周自齐致徐树铮函（1914年2月4日） ………… 394
致段祺瑞函（1914年3月28日） ……………………………… 394
    附录一　四川省行政公署训令第1716号
            （1914年3月11日） ………………………………… 395
    附录二　军事巡警厅训令（1914年3月14日） …………… 396
    附录三　程泽湘评议川事《宣言书》……………………… 396
    附录四　川人赵增樽呈袁世凯文（1914年4月2日） …… 399
    附录五　胡景伊致陆军部电（1914年4月22日） ………… 401
    附录六　胡景伊致陆军部电（1914年5月6日） ………… 401
    附录七　高等军事裁判处呈段祺瑞文（1914年8月14日） … 402
    附录八　高等军事裁判处呈袁世凯文（1914年8月） …… 403
    附录九　傅良佐、周肇祥呈袁世凯文（1915年10月16日） … 403
    附录十　四川巡按使公署密饬（1916年1月21日） ……… 405
    附录十一　章鸿秀、刘人杰、嵇祖佑复陈宧函
             （1916年4月4日） ………………………………… 406
    附录十二　陈忠绪呈文（1916年4月3日） ……………… 407
大声（1916年3月15日） ……………………………………… 407
小言（1916年3月15日） ……………………………………… 408

辞职呈文（1916年8月15日） …………………………………… 409
  附录 黎元洪命令（1916年7月4日） ………………… 409
呈黎元洪文（1916年11月2日） ………………………………… 410
  附录 黎元洪命令（1916年10月25日） ……………… 411
致京师警察厅长吴炳湘函（1916年11月28日） ……………… 411
  附录一 邓宇安呈吴炳湘文（1916年11月26日） …… 412
  附录二 四川赴京请愿代表呈段祺瑞文（1917年1月前后）…… 413
  附录三 罗佩金致黎元洪段祺瑞电（1917年3月20日） … 416
  附录四 王占元致王士珍电（1917年6月28日） ……… 416
同德辨（1917年5月1日） ……………………………………… 417
惟教论（1917年6月1日） ……………………………………… 419
上冯国璋段祺瑞书（1917年8月） ……………………………… 424
上中央政府书（1917年8月） …………………………………… 425
致恽宝惠函（1917年8月） ……………………………………… 428
上冯国璋书（1917年8月） ……………………………………… 428
上中央政府书（1917年8月） …………………………………… 429
再上中央政府书（1917年8月） ………………………………… 430
致李纯函（1917年8月后） ……………………………………… 431
上段祺瑞书（1917年12月中下旬） ……………………………… 433
上王士珍书（1917年12月） …………………………………… 435
遗菡记（1918年1月） …………………………………………… 435
  附录 教育部致冯国璋函（1918年12月11日） ……… 437
致《全国公民和平协会周刊》函（1920年2月9日） ………… 438
致康有为函（1920年5月19日） ………………………………… 438
致康有为函（1920年5月29日） ………………………………… 439
致康有为函（1920年7月2日） ………………………………… 439
归隐宣言书（1920年8月5日） ………………………………… 440
致杨春芳书（1920年8月9日） ………………………………… 441
请建孔圣堂说明书（1920年12月） ……………………………… 442
倡仪讲道论德通电（1922年6月21日） ………………………… 450
致上海国民党人电（1925年11月30日） ………………………… 451

余中将传（1927年） …… 451
在四川省佛教会大会上的演说（1928年3月27日） …… 452
呈报中国佛教会文（1929年8月） …… 453
呈报中国佛教会文（1929年8月） …… 454
呈报中国佛教会文（1929年12月20日） …… 456
呈报中国佛教会文（1930年2月5日） …… 456
在四川省佛教改组大会上的演说（1930年4月） …… 457
与张澜等致林森、汪精卫、蒋介石电（1934年8月24日） …… 458
与周炯伯等致蒋介石电（1934年9月8日） …… 459
与曾鉴等致蒋介石电（1934年9月9日） …… 460
与徐孝刚等致蒋介石电（1934年9月16日） …… 461
与曾鉴、方旭等人致蒋介石电（1934年9月23日） …… 461
 附录 康泽致蒋介石电（1937年6月3日） …… 462
 附录 刘湘复钱大钧电（1937年6月8日） …… 463

改名为尹昌衡

（1908年12月1日前后）

步兵第三十一联队清国陆军学生尹昌仪改名为尹昌衡。

（日本防卫省防卫研究所：《清国陆军学生尹昌仪改名之事》，明治四十一年，日本国立公文书馆亚洲历史资料中心电子化资料，查询编码C04014443400，网址：http//www.jacar.go.jp）

附录　小村寿太郎致寺内正毅函

（1908年12月14日）

陆军大臣子爵寺内正毅阁下：

关于陆军见习士官清人尹昌仪改名一事：关于第八师团步兵第三十一联队见习士官，清国陆军学生尹昌仪改名一事，驻我国清国公使委托我省照会贵省，该人为避讳自国新皇帝御名而更名为尹昌衡。特此通牒。

外务大臣伯爵小村寿太郎

明治四十一年十二月十四日（十二月十五日收到）

（日本防卫省防卫研究所：《清国陆军学生尹昌仪改名之事》，明治四十一年，日本国立公文书馆亚洲历史资料中心电子化资料，查询编码C04014443400，网址：http//www.jacar.go.jp）

圣私篇①

（1909年留日回国前）

黎疑问于太昭曰："敢问圣人之道，无以加于公乎？"

太昭曰："未知私，焉知公？"

黎疑曰："敢问何谓也？"

太昭曰："私，公之基。以余类物而恕人，如吾之所利以利人，而人利；反吾之所利以利人，而人害。故圣人志同于物，而异其趋。至私至公，至公至私。愈私愈公，愈公愈私。知私私之，所以公也。知公公之，所以私也。

夫人神动而物交，是以有感。故神内而物外，神实而物虚。至于物交，则形情为之媒，非神也。神所需者约，而生人之义成焉。情所需者弥六合，而天下之乱生焉。故圣人寂情，充德，安形，以怡其神。"

黎疑曰："何谓也？"

太昭曰："与尔爵，剖尔心。畀尔金，斩尔颅。剥尔皮革，而加尔以龙衮。折尔踵趾，而赠尔以车骑。尔其欣欣然得之欤？抑亦怨且拒欤？瞽者被宫，不羡西子，病而寝，虽牙床锦被，不如积草，岂非神实而物虚耶？

帝王失位，宅以公侯，则跄地吁天，泣涕涟如。弱则幽忧，强斯自歼，公侯之位，苦不及形。胡为乎神之伤之？故物不可以护神。

释死囚，易以流。罪当夷，易以笞。则欣慰感激，欢及所亲，笞流岂遇之丰欤？而神则固已安矣，故神可以镇物。

吾苟苦之，奚利公侯？吾苟乐之，奚辞笞流？明夷蔽昏，比户而居。同罪而谳，等罚而坐，期期而辟。蔽昏号泣，其室栗栗。明夷于于，其室嘻嘻。夫极刑之下，不悛不警。骨肉之亲，不恋不仁。若明夷，岂犹有人之心哉？"

太昭曰："吾闻识实昭昭，眩伪切切，明夷其庶几乎！彼其窥利也，邃而神

---

① 据幼铭《尹太昭小传》记载，尹昌衡留学日本时，同学呼其为"书痴"，而自谓有卓识，作《圣私篇》以自广"。由此推知，此文当作于留学日本之时。

凝，全性命之天焉。非真人，其孰能如斯？夫性趋乐而避苦，乐强神以镇物。故于乐，欲其久且大也；于苦，欲其暂且小也。且乐之加乎身也，临铦锋瞬以解其为苦也几，害未至而神感焉，是固以一息之痛为不足，而引而伸之也。亲不与而情通焉，是又以一人之痛为不足，而类而长之也。戮利也胡为而悲？如其害也，增之何益？明夷怡神而娱亲，智至而仁成，此岂为蓬之心哉！"

黎疑曰："圣人神凝，则固闻命矣。敢问物交何谓也？"

太昭曰："生人之性，必有物焉以养其神，而后其神宁；必有物焉以养其形，而后其形适。毁誉之类属乎情，故不触吾形而动吾神。服食之类属乎形，故触吾形而动吾神。若声色则性也，情形并接之，然世未有动心而乐神者。盖其所乐者微而害滋，犹鸩之初甘也。

激乐获乐非真乐，炮烙终朝，释而齌之，觉天下之凉境，莫日中若，诚然夫哉！炮烙适激之。夫情牵之苦，甚于炮烙，苟其不死，而获一齌，岂若逍遥于景风淑气之下者乎？齐州媛美媲于玉，临镜而艳之，于是溯水凿山，以求良镜。逅瘴触螫，蓬首垢面，获于南溟，鉴而恶之，遂以忿死。夫镜境也，貌神神也，求境情需使之然也。临镜而美，非美镜也，貌实映之。接境而乐，非乐境也，神实感之。故貌丑则镜恶，神沮则境困。与其求镜以损貌，则弗若增吾脂泽。与其求境以娱情，则弗若任吾天机。故神宁为囷，旷轶宇宙。形清保真，王嫱所妒。夫神愈凝则情愈适，情愈适则乐愈丰，岂非至人之利哉！"

黎疑曰："至人之利，固无取诸物矣。然中人弗稽，降而就之，俾施诸实，则于物不无取焉，于此亦有道乎？"

曰："有，世人皆恶人之凌之也，而莫不贵贵。贵贵则竞势，是激人以凌我者，贵贵之心也，我也。世人皆恶人之攘之也，而莫不贵富。贵富则竞利，是激人以攘我者，贵富之心也，我也。使世贵德而贱势，贵德则竞让，吾得而保吾尊，莫吾凌矣。使世贵义而贱利，贵义则竞廉，吾得而安吾有，莫吾攘矣。贵禹则不溺，贵稷则不饥，岂非至人之利哉！

昔共工不贪而舜渔利，故以德为饵钓天下而得之。夏桀能施而汤善窃，故以德为饵钓万民而君之。以敬钓尊，以爱钓亲，以才识钓权柄，以侠义钓豪杰，此其狡孰能过哉！是以圣哲不争于形，而天下莫不与。深明若迂，举九鼎若鸿羽，及其神感诚通，则江汉朝宗。岂非圣人之利，激物而取之，近术而正者乎？

故德成而利集，杨子之道几矣。杨子之道，不肯拔一毛而利天下，其自利至矣，而圣人也。夫苟拔一毛，虽利天下不为也，而不利天下，杨子之毛拔乎哉？然则，拔一毛而害天下，杨子固必不为也。夫毛形之至轻，形轻于情，情轻于神，杨子岂复伤其神以害天下哉？害天下者必伤其神，故杨学行，则天下宁。至私至公，至公至私。地平天成，于是乎存。"

黎疑豁然，乃进而请业焉。

（《尹太昭小传·诗文》，单行本，无出版机构、时间，第1~3页；《止园文集》，《止园丛书》第1集，南京商务印馆，1918年1月初版）

武德论[①]

（1910年5、6月）

太昭曰：圣人欲清宇内固宏业，是以选上德以为将，其次以为辅，其次以为兵，其次以为民。将欲圣，辅欲贤，兵欲正，民欲顺，故舜征有苗，受命大禹，牧野鹰扬，惟师尚父，汉昭烈、宋太祖独能访其遗意，是以师克而无乱。

夫以兵临民则治，以民临兵则乱，圣人知兵之不可以临也，故尚之以德；知其将以临人也，故造之以极。鸟翼鹑卵，栋载榱宩，兵牏四民。翼者可小，翼之者必大；载者可弱，载之者必强；牏者可劣，牏之者必优。是以纯美之质，周遍之化，真实之信，超世之诣，特立之贞，神化之极，不必坚求于四民，不得不坚求之于行伍。

四民精艺尚智，执法尚正，居业尚勤，立教尚德。有其一不责其二，用其偏不求其全。为将之道，欲智而深，欲健而捷，欲勇而慎，欲锐而重，欲仁而敢杀，欲博而能辩。俱百行之全，适四时之宜，非薄德偏才可得而任也。故纯美之质，不必坚求于四民，不得不坚求【之】于行伍。

夫民散处而易治，十人执法则万夫帖耳，一乡失序则四邻共救。寡不足以乱众，下不足以累上。战士并足而趋，联袂而阵。偏裨泄机则三军覆，弩

[①] 尹昌衡在发表于1910年6月21日广西《军国指南》杂志上的《圣武篇》中说："余前作《武德论》。"可见，此文作于《圣武篇》之前。

骈失足则驷牡止。一溃则百走，偏则众携。是以魔子㥂以乱晋，朱序呼而走秦。其祸发于不暇救，而病生于不可药。故周遍之化，不必坚求于四民，不得不坚求【之】于行伍。

夫不断金石，安用太阿，不扛九鼎，安用乌获。盐车之下，驽骥何殊？春夏之郊，松榆一色。四民居夷守顺，虽乡愿犹足以自全。战士身历艰辛，虽君子犹难于强作招诱以夺其志，威慑以验其勇，百折以动其心，五毒以穷其密，虽欲矫而不能，虽欲饰而无隙。惟诚惟固，克终厥德。故真实之性[信]，不必坚求于四民，不得不坚求【之】于行伍。

夫①拔一毛而救国，此贤不肖所同能也。若曰捐汝所有，则惟君子能之耳。故任小者力弱，承难者德大。四民之欲善也，能推利以相济，则宇宙可以宁，能殚力以相援，则无告不致困。德薄而功大，行易而泽远。夫物轻于身，死重于劳，士必轻身而后可以为勇，必期死而后可以克敌，必克敌而后可以益国，此贤者所难能，而善人所②胜也。故超世之谊，不必坚求于四民，不得不坚求【之】于行伍。

夫民有施而冀报，宣力以致福，法律可得而拘也，礼节可得而约也，非心可得而革也，悖行可得而匡也。战士奋身以捍国，死已必矣，何用报为？躯已捐矣，何用福为？锋刃既接，独任为政，法律不可得而拘，礼节不可得而约，非心不可得而革，悖行不可得而匡。如曰拘之，约之，革之，匡之，势必至战士五千，执法十万。不然则必背水而置之死地，不然虽苻融之整不足以阻奔卒。且夫不求利而不废，不受制而不乱，非上德其孰能如斯？故特立之贞，不必坚求于四民，不得不坚求【之】于行伍。

且世之论成德者，究其功不责其术，观其大不计其小。故或安而行之，或利而行之，或勉强而行之，及其成功一也。诵圣之言，行圣之行，虽其心有所不安，神有所不化，苟恒矣，谓之圣可也。诵贤之言，行贤之行，虽其心有所不安，神有所未化，苟恒矣，谓之贤可也。将则不然，处锋刃之下，历惨痛之境，而能用其智者，为其心不动而神不摇也。如曰强为不畏，则吾心已夺于畏；强为不惊，则吾神已乱于惊。心夺神滑，虽强必柔，虽明必愚。夫能成大业定大计者，泰山崩而色不变，麋鹿兴而目不瞬，此其心用于虚，神凝于素也。故谢安从容，金主傲岸，亚夫坚卧，万春屹立。烟笼战马

---

① 收入《止园文集》时，此处改作"今以"。
② 收入《止园文集》时，此处加一"不"字。

而法帝之色不渝，弹压屋梁而西乡之讲不辍。① 此其人或因资秉特达，或因浩然内充。资秉虽属于天工，浩然实成于人力，苟无不动之天资，必有养浩然之实力。不动之精神未固，养浩然之实力未充，而欲以学术之末，争胜疆场，累卵千寻，未足以方其危也。故神化之极，不必坚求于四民，不得不坚求【之】于行伍。

《盐铁论》曰："以贤人为兵，以圣人为守，则中国无犬吠之惊，而边境无鹿骇狼顾之忧矣。"太昭曰："圣贤得位，乱是用靖。"孔子曰："我战则克。"太昭曰："非至圣不能如是，不能如是则亦非圣矣。"王阳明讲学于军中，太昭曰："知讲学之地，知讲学之用，王子其庶几乎？非讲学不足以成军。"

太昭望奢，欲移杏坛于虎帐，纂《大学》② 为武经。呜呼，安得启濂洛诸子而授之以意？言远而晦切而难，世其必不余与欤？请浅之曰：国家当承平之日，视德如鸿毛，及其乱也，重德如九鼎，宋明之世其例也。宋之急也，万里无勤王之师，而孤臣赴援，惟张世杰。明末之季也，重镇无坚持之将，而危关效死，惟周遇吉。当此之时，天子之心，宰辅之望，黎庶之志，孰不欲举国之将皆张、周之流亚欤？承平既不知选，又不知培，加以一人守正，则百夫切齿，呜呼，意将若何？意将若何？邦吾居也，何必害之？贤吾牖也，何必坏之？国有危机，匪乱弗见，及其见也，时已晚矣。怀德载才，匪见弗验，及其验也，事已败矣。今欲备纯美之德，施周遍之化，固真实之操，抱超世之诣，树特立操［贞］，造神化之极，非至德其孰能胜之？

（《尹太昭小传·诗文》，第3~6页；《止园文集》，《止园丛书》第1集）

圣武篇

（1910年6月21日）*

太昭曰：余闻崇古之论，斯世所咄，乃有奋夫百世，邃思深涉，举趾□

---

① 收入《止园文集》时删去自"烟笼"至"不辍"二语。
② 收入《止园文集》时，将《大学》改为"六经"。

逝，阖户□泽，岂道足以自淑而不足以喻众欤？介胄谈经，咸叱腐俗，乃有大儒硕学，斯文主将，缓带轻裘，射侯传心，讲武瞿相，说道王军，岂古以文德胜，而今以武术战欤？纲举目张，文修武备，言虽近迂，理弗可易。太昭虽驽，攘臂而起，捃摭庶哲，追彰邃冥，使虎贲固其纯德，将帅成其修能，犹有意焉。即泳沫齐末，匪能悉觉要与，间不容寸，非所甘也。于是谒款同袍，奋腕濡毫，扬攉直摅，甘垂空言，俾于悬匏。

今有撞撞扰扰，跄跄梦梦，其气弗沉，厥心易动，加以军政纠杂，戎马侄偬，劲旅外扰，阴血内涌，愯愯其形，恫恫其中，错愕失当，忙碌改容。乃令先济有赏，马首欲东。厥德如此，可以将乎！若斯之类，时为弗静。

遗钜失细，漫令愆期，荒堕厥职，率尔浮思。内怠士卒，外失机宜，号令无节，兴居不时。厥德如此，可以将乎！若斯之类，时为弗敬。

肤挠目逃，胆裂气摄，眩外震中，草木皆敲，群策毕陈，莫如所决。忉忉愽愽，惴惴栗栗，易帜书惊，城呼夜逸（李栋臣事）。厥德如此，可以将乎！若斯之类，时为弗刚。

昏浊动乎下，清明乱于上，荡心摇精，莫知所向。群疑满腹，众难塞胸，诡谲殊异，莫测其穷。辙乱旗靡，不知西东。厥德如此，可以将乎！若斯之类，时为弗明。

犬马士卒，离遏众心，鞭背贯耳，莫知以恩。刚愎残刻，沐猴自尊，掘冢怒敲，手刃周亲，使群下切齿于内，异国激怒于外。厥德如此，可以将乎！若斯之类，时为弗仁。

嗜欲沸腾，正气扫荡，荣利可诱，声色是尚。重乃身家，轻此国围，媚于尊贵，忱于厚糈。不耻不励，不厌不已，拥艳积珍，敲至倒薤。厥德如此，可以将乎！若斯之类，时为多欲。

将有六病，弗可以药砭，厥膏□恃。兹圣学圣学①修明，武功赫濯，主静主敬，诸哲纷说，刚毅清明，守仁去欲，乃论厥轨，昭示正鹄。

夫上策攻心，上将克己，心贼内讧，示敲以的，乃有神武英名，高张远举。略兹近术，绍彼先绪，太学寓兵，泮宫振旅，宣告貔貅，克明峻德，绍圣绪之渊源，而文艺匪所及。致虚极以守静，养端倪于虑寂，或澄心于永日，乃正错而清洌，无思无虑，得其环中。虚中受物，感而遂通，物不得以挠其情，而至人弗动，宁镇乎其中。

---

① 原文如此，疑"圣学"二字为衍文。

乃复如见大宾，如承大祭，兢兢业业，肃肃翼翼。其容严严，赫赫其机，缕分邃列，钜细不遗。随物致敬，临事谨惕，庄夷允信，整秩夫其外。

宏以至大至刚，不回不屈，白刃可蹈，坚勇纯笃，正气塞乎天地，而死生之不可夺。俶傥劲烈，集义自淑，见危授命，以义为鹄，树刚峰而高峙，以特出于污浊，磅礴其胆魄。

源以清明渊澄，睿哲外烛，鸢飞鱼跃，志气如神，条条秩秩，明明斥斥。乃浩浩以荡漾，恒惺惺而内莹，乘天地之正气，灵枢昭于大明，煊耀其精神。

进以温懿惠和，视民如伤，博施兼爱，恺悌慈祥。招携怀远，覃及鬼方，泽润内被，仁风外扬，怀镇乎遐迩。

充以私欲尽净，天理流行，窊然豁然，无所羁縻。去夫外诱，正厥攸趋，澄心窒邪，黜蔽杜私。芥视冠盖，羽视万钧，缥缈玄玄，惟是所之，超脱夫象外。

于是内静外敬，刚毅清明，仁充欲净，圣学乃成。将有六害，于是悉消，乃神乃圣，允武允文。克践斯术，峻域渐臻，继夫武德，缀此繁文（余前作《武德论》）。穷究其中，将圣国宁。太昭曰："吁！悬诸太清，以冀达人。"

（广西《军国指南》第2期，1910年6月21日）

兵事纲要

（1911年4月13日）＊

此尹硕权军官赠王铁珊廉访之稿也。尹子以己酉冬来桂，予曾数聆其绪论，精神腾绰，气象万千，有推倒一时豪杰之风。学问文章，尤其余事。而王公老而健学，好交天下奇特士，以是佩尹子。一日，出此稿示予，予以璜宝不宜久秘，请而公之。当世学子，有志兵学者，其亟读之。

原　序

王廉访铁珊与衡为忘年交，是老于战而卓有功者也，岂复若衡之虚谈于纸上者哉！而不耻下问，彻孜孜询将学之要，并授衡册而命著焉，非所谓江海下百川者耶。观其掀髯雄谈，英武矍铄，则又老而益壮者。铁公诚人杰哉！衡何敢惜刍荛，不以陈之于左右，以勖大有为之士。昔韩信用广武之谋而三齐定，马伏纳许历之说而秦军北，岂将智不及于偏裨士卒哉！用人以自大也。今衡有所言，公若成万里之志，衡其为广武、许历之流亚欤？谨识之，以为他日记念。

华阳太昭尹昌衡谨识

全体第一

为将之道，当先全体。全体者，充其德，养其才，强其体。内静外敬，培其浩然。清明不可得而乱，刚毅不可得而屈。仁正居中，以义为鹄，而后可以任大事。故将学本于圣功，而中人不识也。学术以资之，经历以成之，而真才内蕴。凝其神，健其气，而后足以发智勇。振士气，精力充夫内，而后才德有所载，百务可得而遂矣。

达用第二

上将不自用其才，而用众材，是以大成。下者具其材，以备人用，是以小成。非此则无成。量材紊等，乱莫大焉。将器有三，而偏辅不与焉。雄武智明，矫健刚毅，宜于统驭。智深学富，周详条达，宜于筹略。谨慎笃厚，细密廉洁，宜于经理。备其学术，厥用乃全。帅者取其长而合用之，贤者诚感之，不贤者术羁之，而后群材合力，大勋乃克。夫物则整齐应合，计其多寡，而适于时。其成也，欲其便而精。其藏也，欲其固而密。其用也，欲其速而整。则物得其所，而庶事举矣。

育才第三

充至德，辟理境，资于汉学。识是非，定趋舍，资于哲学。深夫法，而思虑达，治术通。识整军之制，驭众之规，公法悉晰，而后足以对敌国。若兵学所以成其术耳，然必经历以达其才，勤敏以热其技，而后可以施于事。

兵学第四

东西近学，分兵学为三，曰用兵，曰军制，曰补助。用兵者，战略、战术是也。运筹帷幄，属于战略，孙吴之类是也。措置疆场，属于战术，定规应用是也。军制者，编制、经理是也。补助者，兵器、筑城、交通、地形是也。非具此者，不可以语兵。

用兵第五

战略载于诸子，而陈迹著于史。其本在先为不可胜，以待敌之可胜。其用则运用之妙，存乎一心，言之不可以胜穷。战术分定规、应用之别。定规者，应用之基础也。所以识各兵之性能，队形之适用。战术之规定，运用之准绳也。应用者，取定规而适用之，以组战局者也。

注：各兵之性能

步兵兼用火战与白兵战。至于近世，则火战为主，故每战彻，以火兵持久，或竟以收胜果，或乘隙而肉薄［搏］。若先时冒进，虽大智神勇，亦必覆灭于弹雨之下。故必先以火战慑敌，然后乘变以白兵突击。然刺击之技精，则卒有敢进之心，不精则有畏搏之害，故步兵以精射击，善肉薄［搏］为主。然必须军纪整肃，分合得度，而后可以用。

步兵招募教练，补充给养，皆较他兵为易。且人能跋涉之处，皆步兵能至之处。又兼远战近战、可守可攻之能力，有独立之精神，擅夜战之专长。此步兵所以为各兵之主也。

骑兵之主要战法，在于马上用白兵，且恃其冲力耳。至马上火战，几于无效。而负枪下马，学步兵战，则是其变格相从也。马上冲突，利于迅速，胜负在瞬息间，无持久之力。且对于步兵之火力，其目标甚大，损害因之而众。地形苟非隐蔽而绵亘，以近接敌人，且直冲无碍，势难胜也。如下马火战，则技拙而枪短，人寡而累多，非临防御及特别任务之时不用也。然搜索任务，特其专长，故骑兵者军之耳目也。至招募教练，补充给养，较步兵为难。

炮兵分野战、攻城、守城之别，而异其大小种类。其口径大者，二十八生的，小者六七生的。其威力及于八九千米达，且因杀人马、破坚垒而异其弹种。其于战也，无运动之力，而行也无战斗之力，非受他兵之保护，势难独立以任战。然其致远榷［摧］坚之震威，则非他兵可得而比也。方今筑垒既精，敌据坚阵，非炮兵不可以图攻，故炮兵者军之骨干也。然招募教练，补充给养，较步骑尤难。

工兵专司筑垒、交通之任，以为他兵之掩护，助运动之便。然亦有时学步兵之战斗，其训练甚难也。

辎重兵掌粮秣器具之输运，以供战军之用。亦能以负枪佩刀，充骑之兵战，然其力甚微。

机关枪炮队，近多属于步骑队中，有穿贯、扫除莫大之威力。然用之务须因时致［制］宜，妥为保护。盖此队不利于先出，而尤惧炮火之损也。

注：队形

队形因兵种大小时机地形而定，其类极杂，大别之为纵横密散之四。用此队形，总以减少损害，易于制敌，运动便宜，且宜于直后之施用而定。此属专门之学也。

注：战术之规定，运用之准绳

战术之规定，分攻、守二途。攻法又分为防御阵地之攻击与遭遇战之攻击。

凡诸兵联络之大部队，总以骑兵探搜于前，而以步兵掩护炮兵，以渐次集中火力而收胜效，然后骑兵投机袭击。

小部则各兵种对于各兵种，其战法不同。步对骑宜密集，对步炮宜散开，以利用地形。骑对步炮宜散开，最宜以遮蔽接近，直攻侧面；对骑宜密集，且举全力于第一线。炮兵之战法单简，要以择阵地、精射击，为至大之件。

守者利用地形，举动局促。攻者随意运动，精神旺盛。故守者恒占劣点，然守者能以攻势防御则甚善。

守势防御者，占坚固之阵地，为终始不出之计也。攻势防御者，因地形以节省兵力，而投机出击，以冀收胜果者也。非万不得已时，总以攻势防御为宜。

至于因地因敌，生种种之变化，皆属专门学问。

应用战术者，授以想定而令作战，以活用定规战术者也。凡作战以况状、地形、目的而定。

此外于警戒行军，则有前卫、后卫、侧卫，以虑虚候。于宿营警戒，则有前哨以戒敌。大凡运用大兵团，于将出发时，务先定期集合于一处，谓之集中。集中之法，以各独立机关分住四野，以能首尾相应为度。其布置法，须虑此后之运动与敌情，及地形交通之便否。其行军也，则分为数队并行而进。其战也，则以各纵队展开相连，各纵队独立指挥而相援应。

近来火器既精，夜战益要。夜战几为步兵之专任，而配备须单简，以近接敌人，立行白兵突击。

军制第六

军制犹国法也，所以备军实、成机关、齐庶职，而作军之规模也。其别曰军制，曰军令。军制者，国法之一部，而受法律之制裁者也。军令者，超然独立，定实施之条目者也。军制明则整，军令明则简而有序。定编制，整经理，此军制大纲也。

注：军制中有经理机关，军令中有统率机关。其相关有三：曰经理机关，必隶属于统率机关；曰各自独立；曰有时隶，有时独立。第三说之高，不问可知矣。

近来各国有野外要务令、诸勤务令，皆从经验学理中来。得此数者，熟知应用，则临时按书而实行之，则得矣。

又近来各国之编制不同，要以地形之状况而定。

日本以数镇及他之诸补助队为一军。以二步协、一炮标、一骑标、一工营、一辎重营为一镇。中国亦仿之。至战时则增加人员，平时一镇约一万三千人。炮有山炮、野炮之别。骑兵以四队为一标。步炮皆以三营，每营四队。工辎亦以四队为营。

日本新设交通旅团，专设铁道、电线、轻气球等队，其发达未可量也。

注：经理

经理者，筹备军队衣食住用之机关也。每一独立机关，必设经理部、野战经理部、镇经理部，而各队又有经理员，以掌财用器具之保管整备分配。凡军中所用，皆豫为计划措置妥悉，不使缺乏。大要以采办、支发、分人而任为最宜。

补助第七

识兵器之利害，而后可以运用。知筑城之方法，而后可施攻守。知交通而后可以络远迩。知地形而后可以动众。

注：兵器

兵器有枪炮、白兵等类。近来枪之威力甚大，于中距离效力已著，于近距离则烈甚。炮兵之射程甚大。在远距离（千米以上），炮胜枪。中距离（六百米以上），则枪炮等。在近距离，则枪之威力最大。炮分掷射、直射之二种，且杀人马用霰弹炮，破坚厚用榴弹，其效最大。

机关枪炮有穿贯之能力，然用弹甚多，宜于近距离用之。

火药分掷射、破坏之二种。

中国兵器不一,将来后方勤务最难。兵器购于外,不能直接补充,直谓之不能战可也。凡兵器须比战时人员稍多,乃可以用。

注：筑城

近来火器太烈,战场兵士往往掘土筑垒,以御敌火。其效最大,中西各国皆锐意讲究之。步兵能作简易之筑城,而工兵任其难,如筑城巧妙,可以利用地形,为圣［坚］固之抵抗。且交通之术,亦属于筑城学中,而为用军之必要。地形学者,所以学测图观图之术。凡出师动军,必先按地图之形势,以周知山川地土之情况。此术不精,则兵不能动一步。

交通学者,通信及水陆交通之术也。中国交通不讲,凡当动员,必后期致败。且各省不能首尾相应,虽兵额甚多,分之甚少,敌国以一多攻诸少,则胜我必矣。

（广西《南风报》第4、5期,1911年4月13日、6月11日）

告全蜀父老兄弟文

（1911年12月10日）

公仆尹昌衡谨泣血告我七千万父老兄弟曰：自反正之日,衡待罪军政部,方欲实得兵力,严整军纪,以宁斯土。不图祸机遽发,使我阖城父老兄弟涂炭至此。衡心酸痛,衡罪深重,椎心洒涕,目为之肿,亲集部伍,以图收拾军心。而军心散乱,咸谓蒲都督已去,人人解体,甚至焚掠。十九日,所有未散将卒,悯我同胞罹此惨苦,乃环泣于衡与罗梓青之前曰："二公不出,吾等不复卫大局矣。"众皆号泣失声,莫能仰视。衡不得已,雪涕誓师,勉从众志。

受任之日,见财力如此其缺乏,军旅如此其零乱,外患如此其迫切,人心如此其涣散,明知大局不堪设想,然不得不冒万死,以勉为其难,诚以为全蜀父老兄弟故也,我父老兄弟其能谅之否耶？

至今日，我川人仅余一线生机矣。纵不念身家，独不念【若】祖若宗之邱垄乎？社会之秩序断不可以再紊，再紊则全川糜烂，吾等祖宗将不得血食矣，吾等父母妻子将不得生聚矣。既居斯土，宜爱斯民，谁无心肝，而忍坐视不救，或更从而扰乱之耶？衡誓为我父老兄弟作牛马，牺牲此身以保护我父老兄弟。幸而匡救就绪，即决行引退，以明心迹。我父老兄弟其亦怜而和之欤，抑或视其竭蹶穷困以死也？

所望凡有深谋远虑硕学者，宜亟出所长以相臂助，不宜慊退别谋以挠大计，衡不胜受恩感激。凡有精强勇猛义烈杰出者，宜竭其能力以镇暴乱，不宜持强挟欲以破公安，衡不胜受恩感激。凡有富豪大族拥资集货者，宜分其赢余以充军实，不宜怀宝自肥以贻后悔，衡不胜受恩感激。凡有异议树党是彼非此者，宜化除私见，共济时艰，不宜互不相下以累无辜，衡不胜受恩感激。总之，同力合作，不分畛域，誓死竭诚相爱相护，庶几功成之日，同享太平。不然，衡惟有以死报吾父老兄弟而已矣。谨泣血哀告。

（刘石甫：《尹昌衡传·尹昌衡之文略》，中国人民政治协商会议湖北省暨武汉市委员会等编《武昌起义档案资料选编》下卷，湖北人民出版社，1983，第487~488页）

再告全蜀父老兄弟文

（1911年12月10日）＊

吾蜀自七月十五日以后，地方之糜烂已极，不意复有本月十八之变，省垣精华，扫地俱尽。痛我川人，何不幸而罹此疾苦，凡有血气，莫不痛心！惟是此次军政府成立以后，务宜极力维持，以期巩固，决不可有第二次之破坏，若再行破坏，则决无建设之期望。是我川人艰难辛苦取之于满人之手，而又将畀之于外人。不惟吾同胞之生命财产皆陷于危险之境，恐吾祖宗邱墓亦将不可复保，用是披心沥血，以敬告我伯叔兄弟。

昌衡、纶此次冒昧任事，无非欲我七千万人转危为安，以谋将来之幸福，以补前此之痛苦。所任正、副都督，皆实以安定军心，平镇大乱，冒万死以摄大政，决无久居高位之心。现在拟定选举章程，陆续宣布，一俟大局稍定，市面秩序稍就回复，即定期实行选举正、副都督及一切职员，俾我伯叔兄弟怀抱大才者皆得各尽其力，以图造于万全美满之域。

现值扰攘之际，凡百废弛，非以军法约束，不能整齐划一。用是刚决敢行，庶免旁歧，以致一误再误。昌衡、纶惟有力持公正，破除情面，力扫积弊，劳怨不辞，以期不负我伯叔兄弟。我伯叔兄弟其能谅昌衡、纶之苦心者，固昌衡、纶所深望深感；如不能相谅，而谓昌衡、纶强制专断，则亦不敢委曲求谅，以误大事。是非所在，事后当共见之。万一有专挟私心，图一己之利，造谣生事，以破坏大局者，以虽在私亲，一以军法从事。其或勾结私党，希图挟制者，昌衡、纶誓不与共戴天，驱除公敌，惟力是视。现在军政府所部胜军已逾万数，各路义师云合响应，莫不誓死齐力，以保治安，如有以身试法者，亦听其便。

深恐省垣内外，未能深明此意，以及现在军政府办法，易为谣言所动，陷于刑辟，则是不教而诛，亦军政府所不忍。用特先行通告，令出之后，法即随之。我伯叔兄弟，其亦肯一听斯言乎！

援笔流涕，不觉热血腾涌，仁人君子，当共痛心。尹昌衡、罗纶敬告。

（《大汉四川军政府再告全蜀父老子弟文》，《广益丛报》第9年第27期，1911年12月10日；又见上海《民立报》1912年1月18日）

告示一

（1911年12月中旬）

照得大汉复兴，首赖军人知义。无论陆巡旗营，顺者视同一例。关外军人辛苦，军府久切抚字。服从大汉号令，待遇格外优异。军官一切仍旧，饷项按时接济。若有不逞之徒，暗地私倡异议。军民拿获解来，定予重赏优叙。恐或未能周知，特再谆谆诲示。

(《四川军政府文告》，上海《民立报》1912年1月29日)

告示二

(1911年12月中旬)

为晓谕事：照得满清无道，主暗臣奸，小人弄权，朘削人民，海内生灵，苦于苛政久矣。而借款卖路，擅诛忠良，害我中华，殃我同胞，尤无人理。天佑大汉，湖北义军，首倡光复，各省云从，先后反正。未及旬月，保定义师，克复燕京，载沣、奕劻等逃死奔窜，稚子溥仪擒于吴军。如依满清入关后追永历杀明裔旧例，实无幸免之理。而我大汉将帅宽仁为怀，不过放之长白，逐其丑类，并未妄杀一人。① 我四川军政府上顺天心，下从民望，应时成立。清总督赵尔丰，知满清大势已去，率其所属，拱手退让。如依满清略定江南之例，凡属清臣清兵，以及满城驻防例，当草薙禽狝，杀戮无遗。而本军政府都督以及将校兵士不惟不杀，且加保护，凡降顺者一视同仁，待遇优渥。即以赵尔丰之反复叵测，七月十五、十月十八两次为逆，害我川民，亦不过将尔丰及其党中之罪恶彰著者诛逮数人，余者毫不株连。夫我大汉应天光复，人心归附，兵力厚雄，如欲尽杀诸清臣及奸贼家属，未尝不可，而竟不为者，则以王者之师，首重仁义，苟非罪大恶极，不尽诛戮。非无满清入关时暴杀之能力，实鄙薄而不屑为也。言乎行为，则满清如彼其暴而弱，大汉如此其强而仁。言乎顺逆，则满清为盗窃神器，大汉乃光复旧有。满清以海滨夷虏，冒立宪之名而厉行专制，大汉为神明华胄，取自由之精神而政尚共和。一以天下为公有，一据神器为私物，根本不同，仁暴自异。凡我同胞，苟有血气知觉，对于此次光复之举，固未有不共欣脱异类之羁绊，复固有之河山，馨香庆祝，额手归心者矣。特我川省幅员既广，交通

---

① 发表于《民立报》时，删去"保定义师……并未妄杀一人"一段文字。

不便，此中之顺逆仁暴，祸福荣辱，恐未周知，用再述大略，比较顺逆，布告通国，咸使闻知。

（《四川军政府文告》，上海《民立报》1912年1月29日；又见戴执礼编《四川保路运动史料》，科学出版社，1959，第522~523页）

文告一束

（1911年12月22日）

都督示云：十八之变，赵逆作俑。今日就擒，谢我万众。汉业光复，于兹巩固。七千万人，谣言勿动。

又示云：捕拿首要，慰我万民。尔丰诸凶，业已就擒。逆党解散，谣言休听。汉业已固，其各安生。（按：此系仿照七月十五赵尔丰之告示也。犹忆赵示原文，特录于此，以供一快。赵示曰：只拿首要，不问平民。首要诸人，业已就擒。余已解散，谣言勿听。论尔居民，其各安生。）

又示云：诛戮赵逆，万众欢迎。阖城居民，业已安定。暂闭城门，以防余烬。城外同胞，务宜镇静。

又示云：捕拿尔丰，放用子弹。恐有飞子，误致烂糜。或毁房屋，或伤体干。赶紧查实，申报到案。酌加赔恤，以救灾患。特此布告，从速举办。

又示云：逆首正法，不许株连。借故搜杀，严办不宽。

又示云：照得赵尔丰业已正法，固由军队之振奋，亦我同志军人告厥成功之日也。乃闻有假冒同志军人，借故抢劫，殊属不法已极。如敢故违，著照本日紧急命令办理。切切，此示。

又都督紧急命令云：（一）借故杀人者斩。（二）无故擅入民房者斩。（三）掳掠民财者斩。（四）放火者斩。（五）擅造谣言者斩。

军政府文告云：

为通告事：查逆贼赵尔丰前任永宁道时，惨杀无辜，怨声载道；及其督办边务,草菅人民[命],使藏民离心,交涉棘手,西陲摇动,厥罪尤深。只以朘削民膏,贿赂权贵,遂膺四川总督之任。虐政四布,民不聊生。

今年五月,蜀人以争路之故,号泣请命,内而各省同胞,外而欧美诸国,莫不同声哀痛。乃尔丰毫无人理,冥不动心,且构成七月十五之狱,我同志会代表诸君同时被逮,几罹虎口。

自时厥后,省外军民血战不绝,白骨撑拒,闾里为墟。尔丰及其奸党,方且私造种种证据,人人自危,朝不保夕。

天佑皇汉,鄂军倡义,宛平底定。尔丰迫于大势,仓皇去位,尚复拥兵自固,阴为鬼蜮,遂成十月十八之变,纵其部曲,肆行劫掠,公私财产,荡尽无余,满目痍疮,惨不忍睹。尔丰尚敢召集散卒,征调边兵,谋为凶逆。幸赖人心思汉,不为动摇,义师云集,壮士誓死,我军政府危而复安。尔丰仍盘踞旧署,徘徊观变,散布谣言,使民惊疑,其居心实不可问。

军民人等,皆谓尔丰一日不去,川人一日不安。本军政府诚恐兵戈一动,伤及无辜,未便轻率。散其死党,喻以大义,皆解甲而归,遂发兵分道掩捕逆贼尔丰,于十一月初三日就擒,即时正法,传首示众。我川人大仇已复,大患已除,我大汉基业,亦已完全巩固。望我军民人等,各安生业,毋或惊扰,是为至要!特此通告,以快人心。

(《赵尔丰授首记》,《申报》1912年1月18日)

与罗纶宣布就职通告

(1911年12月27日)

大汉四川军政府都督尹、罗为再行通告事:照得四川自十月初七日宣告独立后,草创规模,万端待理。突于十八日午后兵变,省垣公私货财,军需利器,抢掠一空,惨何可言。前都督蒲、朱辞去①,人民呼吁无路,爰于二

---

① 即蒲殿俊、朱庆澜。

十日协议，推举本都督续任军政事务，固辞不获。顾念全局经始，疮痍未复，城内、外又遭此非常奇变，如徒循揖让虚文，阅时糜烂，更不可知，乃徇众情，暂就职任。一面部署军事，厉兵选卒，以清乱源；一面重新庶政，淬厉精神，各专职守。所有前都督已发各道、府、厅、州、县通告等文，仍当一律实行，特此申明。并附寄再告全蜀父老子弟文件，希即嵩差张贴城乡通衢，俾众周知。毋违！此告。

右通告，德阳县准此。

黄帝纪元四千六百九年十一月初八日

（《四川保路运动史料》，第513页）

致重庆蜀军政府书

（1911年12月29日）＊

启者：

前奉钧电，敬悉布画周密，至为钦企。本拟即行电复，以期联合共济。不意十八日遽遭防军之变，公私财产，焚掠一空。蒲、朱两都督去职，军民无依，泣请昌衡、纶出为之主。昌衡、纶自知智虑短浅，然大局至此，危殆已极，不得不冒万死以为其难。幸赖群材共扶颠危，成都军政府复于十九日成立。旬日以来，安集流亡，兵民粗定，足慰厪念。

昌衡、纶力小任重，际此时艰，虽日夕淬厉，深恐无以副七千万同胞之望。惟望贵都督共相扶济，联为一气，以慰外侮，抢攘之局，庶几可定。特申鄙诚，以结同舟之谊。尤望不吝教言，时赐箴规，俾有遵循，不胜感荷之至。

（《成都军政府致蜀军政府书》，《广益丛报》第9年第29期，1911年12月29日）

颁发捕杀赵尔丰奖状文

(1911年12月)

大汉民国四川军政府都督尹、罗为发给奖状事:

兹于黄帝纪元四千六百九年十一月初三日,擒获前清蠹吏赵逆尔丰一案,有我军官、军人不避艰辛,身先士卒,奋勇争先,于枪林弹雨之中,负此伟卓之劳。光我汉族,固我汉基,本都督深为嘉许,特表奖以慰我军。此状。

民国之福,黄帝之灵,胡运当绝,汉族当兴。
枪呼炮鸣,千雷万霆,伟哉军人,奋此绝心。
如山摧卵,如汤沃冰,指顾之间,赵逆就擒。
枭彼之恶,扬我奇勋,于斯万年,日月争明。

右奖状仰　　收执
(大汉民国四川军政府之关防)

黄帝纪元四千六百年　月　日给

(《四川保路运动史料》,第517页)

宣布四川独立及兵变经过通告

(1911年12月)

为通告事:此次成都十月初七日之独立及十八兵变,其中原因委折繁重,早应翔实宣布,以定众志而明本军政府缔造之迹。惟因事变急迫,应付竭蹶，故一时未暇及此。迄今大局幸粗定矣，对于此事内容，不能不为我全川父老子弟缕晰言之。

查成都自七月十五逮治为首争路抗捐诸人，并督署枪毙市民之后，激成众愤，川西南同志军纷起问罪。赵尔丰不知自反，竟派兵四出剿杀，众情益愤，愈剿愈甚，苦战者七八十日，糜烂者数十州县。以血肉之躯，与快枪利炮相薄〔搏〕，死伤丧亡，尤难缕述。至九十月之交，同志军战久疲惫，赵尔丰督战愈急，駸駸乎有民不敌兵之势。且是时重庆组织独立事机已熟，钮传善连电告急，尔丰方拟乘其未定，督师东下。又探闻南北军聚于武汉，战事方殷，胜负未卜。当是时也，对于外非独立无以应事机，对于内非独立无以全民命。然赵尔丰身拥重兵，驻省城者不下万人，而横残之田征葵所辖防军，实居多数。民党手无寸铁，虽屡谋冒险举事，而障碍多端，细审事势，亦败之数九，而胜之数一，非徒无益，且滋民害，乃不得已而求和平之解决。

此际北京政府存亡未知，尔丰尚不之应也。于是多方运动，晓之以大义，怵之以利害，动之以种族之感情，诱之以将来之希望，外间所传之条约十款，殆即成于是时。而其实并无何人签名调印，不过一时办事方法。故不特本军政府未允存案公布，即尔丰退辞之告示，亦未提及此约，盖实不足为正式之条约也。且初三日草议时，绅界中蒲殿俊及纶而外，尚有邵明叔、廖用之、周子亭、胡雪生、舒涤生诸人。成议之日，则省城诸绅咸在督署。初五日，复于谘议局开大会宣布，众无异词。草议不止一人，则不能专咎蒲等。议成曾经宣布，则不能谓为秘密。闻外议竟有指为蒲与赵尔丰密约，逐条驳议，其爱国之忱诚可感，然于当日之事实，则少少违异也。

其议举谘议局议长蒲殿俊为都督者，盖以谘议局为全省公共机关，议长为全省举出之代表，现当事起仓猝，既不及开会选举，则以属之谘议局议长，可推定为全省公认之人。蒲议长一再坚辞，众以大义责之，始允暂尽义务。

至尔丰督办边务，即系赵尔丰所派代表提出之要求。众初不以为可，因此停议者一日。次日其代表复来提议，以为与其拒绝而使事中变，何如姑为允认，犹可图挽救于将来。且尔丰结怨藏番，感情甚恶，此地必非其乐处，而饷项出于四川，尤须听我操纵。又遗〔遣〕人密探尔丰于去位后之意向，则赴奉天之意十之七，赴西藏之意十之三。督办边务之说，于彼不过为暂全体面，不甚注意之兔窟。于我不过为无足轻重之空谈，于是勉强应之，而另为他方之运动。至十三四日，尔丰果自悟其赴藏之非计，甘愿取销，曾对省城绅士一再言之。至是而督办边务之约，早已归无效矣。

盖激烈改革与和平改革不同，激烈改革出万死一生之计，非我杀彼，即彼杀我。而和平改革，既欲为双方之允许，则其中遂各有权利义务之存【在】。川民自七月十五以来，死者已不可数计，实不忍令其再死，故为此和平解决以全其生。早一日独立，则兵民少一日之苦战，早正名一日，则兵权早一日脱赵尔丰之掌握。此当事诸人万不得已之苦衷，不独无私于赵，并且无私于蒲，所可与我七千万同胞质鬼神而告天地者也。

初七日宣告独立，各外宾之来观礼者，均以为川人此次办法，优待旗民，优待故宫［官］，不修私仇，不寻旧怨，一基人道之正义，和平之宗旨，外人极为赞成。而美国诸人，尤为称道不置，并将其办法各条，抄寄回国，登褚［诸］报章。当事诸人，亦自谓可以告无罪也。

乃独立之第三日，前副都督朱庆澜言称各营兵士不守纪律，不奉命令，顿反前行，不知何故？于是因疑生惧，因惧生阻，应办各事，一律停搁，每日电催数四，到军政府不过一二小时。前都督蒲提议组织陆军部不能成，提议组织参谋部不能成，提议传见军官换给札委不能成，提议行犒军礼不能成。至十六七等日，虽勉强集事，而军心已被人煽乱矣。十八日东较场简兵换札，遂起巨变，点名甫毕，既闻哄闹，不知何语。前都督蒲方传语诘问，未得返答，朱已先去。旋闻枪声四起。斯时，前都督蒲及昌衡俱身无一兵，不能不退而暂避。乱兵由此四出劫焚，入暮愈烈。昌衡单骑出城，调集陆军，夜始入城，指挥弹压，效力已不能著。而兵火纵横，街道断绝，旧十七镇陆军，自朱庆澜以下客籍军官，皆逃亡不知所之。独前都督蒲与未溃之数十官兵，枯守于东较场，彼此无从相问，直到十九黎明，乃得艰难通信。前都督蒲以为兵乱既开，非武不靖，坚以文弱辞位，交出关防，属昌衡以戡乱绥民之责。昌衡既迫于兵民之责望，复深知前都督之真诚，遂于十九日就城［职］任事。退进之事，非独无所嫌疑，且尤彼此光明。此前都督蒲交替之真相，函证具在，不能与朱庆澜之逃亡并论者也。

今者，赵尔丰已诛，满城枪械已缴，前此一切疑窦，本已不解自消。惟缔造大端，应存信史，未容以讹传讹，或生误会而起谣诼。为此通告，俾众周知。

须至通告者。

（《四川军政府官报》汇编本，《四川保路运动史料》，第518~520页）

附录　成都独立后与清廷赵尔疯^①所订条约

一、现因时迫切，请帅出示晓谕人民，川中一切行政事宜，由川人自办，暂交谘议局代表蒲殿俊管理。

二、督印交藩库封存，由川人择期宣告独立。

三、移交以前所有一切军队，请帅酌量并合，务求统一。

四、西藏为四川屏蔽，望帅推保四川之心，仍遵朝命办理边务事宜，所有兵饷及行政经费概由川人担任。

五、宣告之后，仍请帅暂缓赴边，以便遇事商求援助指导。

六、军提都统各宪由绅商面达事后，如愿驻川，仍待以相当之敬礼。如欲回籍，需用川资，由川人从厚致送。

七、驻防旗饷，照旧发给，事后再为妥筹生计。

八、凡行政司令各官仍希照常办事，不愿留者听其自便。

九、凡省中文武官吏，力为保护，不得侵犯自由，不许人民挟怨寻仇。

十、请帅即饬巡警署不必干涉报馆议［言］论，以便先事开导，免致临时惶骇。

十一、自宣告之后，无论满、蒙、回与汉人一律待遇，不分畛域。

以上十一条系蒲都督殿俊主定。

一、不排满人。

二、安置旗民生计。

三、不论本省人与外省人视同一样。

四、不准仇官及有他项侮辱言动。

五、不准仇杀。

六、不准劫狱。

七、保护外国人。

八、不准报复。

---

① 此"疯"字当为记录此文件者有意为之。

九、保护商界。

十、不准抢劫。

十一、不准烧杀。

十二、万众一心，同维大局。

十三、谨守秩序，实行文明。

十四、旗军现练三营，统归陆军统制管理。

十五、所有一切军队，除选带边军外，悉交第十七镇朱统制官接管。

十六、边务常年经费及兵饷共银一百三十万两，由川人担任。

十七、边务如须扩充军备饷弹，由川协济。

十八、军队除原有边军外，应再选带八营。

十九、藏款仍照旧协济。

以上十九条系赵尔疯主定。

（台北中国国民党党史馆藏件，档案号 356/296）

宣慰雅州父老文

(1911年12月)

为示谕事：这回最苦的百姓，莫过于我雅州的父老子弟了。数月之间，遭了无数兵火，不晓得把雅州的父老子弟，死伤了许多，雅州父老子弟的庐舍财产荡尽了许多。现在大汉复兴，各处都得享汉家之福，独我雅州的父老子弟，尚为傅【华封】贼所残杀，本都督想起来，也禁不住痛哭，何况我父老子弟，身受其祸呢！这都是本都督无德无才，不能把我父老子弟赶紧救出火坑，以致如此。

现在本都督已经派彭【光烈】镇长带兵一万余人，擒拿傅逆，为民除害。彭统制的为人，是极仁慈爱百姓的，彭统制的兵，是极有纪律，不扰百姓的。你们父老子弟，若受了傅逆的害，有什么委曲，尽可向彭统制申诉，是必能替你们申冤的。并且将来要换几个顶好的官，到雅州地方，当兴的事，赶紧要兴，当革的事，赶紧要革。总要使雅州的父老子弟，依然安居乐业，那才对得住我父老子弟。现在大兵到了雅州，你们百姓切莫惊惶，须知道兵是来救百姓的，不是满洲的兵养来打百姓的。

本都督念你们雅州的父老子弟，过的日子极苦，心中过不得，故先行告诉你们，使你们知道本都督是不曾一刻忘你们父老子弟的；你们父老子弟也可体本都督的苦衷，同心同德，大家兴复汉业，那就是本都督所望于你们父老子弟的了。此谕。

(《四川军政府官报》汇编本，《四川保路运动史料》，第520~521页)

通饬清查各路同志军真伪札

(1911年12月)

军政府为通饬事：本军政府访闻各路同志军其来省得有照会或委任状者，不尽当日出力之人，且有事定之后临时招募，假冒同志军名色来省蒙混者。除经本军政府当日查实熊伯龙等惩办外，自当再为严行清查，以杜流弊。兹将该同志军曾受本军政府照会或委任状者姓名另纸抄发，务须按照名单详细访查，分别真伪，候宣慰使按临禀明办理，以为冒功生事为害地方者戒。

除分行宣慰使并在省各同志军统外，为此札仰该即便遵照办理。切切，此札。

(《四川保路运动史料》，第517页)

劝谕雅州清军反正文

(1911年12月)

为示谕事：你们西征的子弟，在那西藏地方，苦了许多年了。这回回来，本都督是很喜欢的，巴不得就同你们相见，劳问劳问你们这几年的辛苦。那晓得这傅贼华封，偏偏要隔绝你们，使我们四川人打四川人，不知这傅贼是甚么心肝。本都督不忍你们为傅贼所误，自己糟蹋自己的地方，自己的人打自己的人，所以想方设法来劝你们，巴不得你们回心转意，免得从贼，就死了也有余臭的。

何以是从贼呢？你们要晓得，这中国原是我们汉人的，我们汉人的祖宗，千辛万苦，挣下了这副江山，与我们汉人子子孙孙享受，我们祖宗可谓尽对得住我们子子孙孙了。那晓得我们做子孙的不肖，到明朝末时，也是自己糟蹋自己的地方，自己的人打自己的人，把我们好好的一个中国，弄得极坏。那满洲的人，原是金人的遗孽，趁那个时候，来占便宜，尽把我们汉人祖宗留下的江山，白白占了。那时候我们中国，也有几个明白人，出来死争了一阵，却是迟了，争不转来，倒被满洲杀的杀，窜的窜，好不可怜。那满洲的人做了我们中国的皇帝，待我们的挖苦，也说不了许多，单说他待你们兵的挖苦。他从前得天下时，他的兵少，他就利用我们自己人打自己人的方法，所以绿营兵丁，在清初的时候，很替满洲立些功劳。那晓得功劳是白立了的，他的待遇绿营，比他待遇旗营兵丁，就差远了。他以为他的旗兵是可靠的，那晓得到了咸丰年间军务起了，他的旗兵还是一个都靠不住，还是靠我们汉人替他们杀汉人，才把军务平了，他们的皇位保全了。可怜替他们杀汉人的汉人，湖南有戴红顶子挑粪的。这就是他到事急的时候，拿些假功名来哄我们汉人替他出力，到了事平之后，就只有旗人享福的，我们汉人替他出的力，早已丢在东洋大海去了。你们不信，试问你们这回在关外也算辛苦极了，究竟得了些甚么好处？只凑成了赵尔丰、傅华封两个红顶子，想到这点，你们可也明白了。

现在我们十八行省，已经被我们汉人恢复了，你们也是汉人的子孙，独不愿意汉人恢复中国吗？还死死的跟着傅贼与汉人为敌，莫说十八省的汉人，如此其多，打他一个傅华封，莫有打不平的，就是本都督现有精兵三万余人，破他也就不难。况且他的粮饷子弹，都是四川接济他的，把他接济断了，困也把他困死。不过苦了你们同是汉人，本都督也是汉人，怎么忍心置你们于不顾。所以本都督劝谕你们，赶紧投降，你们愿意当兵的，依然编入军队，饷项待遇，均无两样，等到大功告成，中国十八行省联合，举了大统领，再把你们的功劳，论功行赏。你们想想，倒是满人做皇帝待你们好吗？还是我们汉人自己人做大统领待你们好呢？你们有当兵久了，不愿意当兵愿回家去的，但把枪械军装缴了，酌量发与盘川，等你们回家去，与你们父母妻子团聚。你们那点不好，定要跟着这傅贼寻死，有甚么好处？

你们若再不听本都督的话，帮着那忘了祖宗的傅贼反来打自己人，那本都督也就不能不剪除我们这汉人不肖的子孙，免得把我们汉人的中国又送掉了。你们看陈泗海来降了，已经做了我们大汉的将领，好不荣耀，汉人待汉人有甚么猜忌哩？本都督话已说完了，你们都是汉人，快来降罢，莫再丢汉人的底了。此谕。

（《四川保路运动史料》，第 521～522 页）

大汉四川军政府法令①

（1911 年 12 月～1912 年 4 月）

一　总政处简章

第一条　本处为一切政事之总汇。凡出入文牍及发布命令，皆须经过本处始为有效。

第二条　本处以都督及总理一人、副理二人、参赞若干人组织之。总、副理辅助都督经理本处一切事务，参赞按照本处所定办事细则分任各种事务。总、副理及参赞均由都督特任。

第三条　本处由都督延聘顾问若干人，以备咨询。

第四条　本处对于左列各项事件，应行开会议决：（一）关于本处认为

---

① 此《大汉四川军政府法令》与以下《大汉四川军政府各部通饬、通告》、《大汉四川军政府批示》、《大汉四川军政府告示》均选自《四川都督府政报汇编》，据《四川辛亥革命史料》编者云：该"汇编系由 1911 年 12 月～1912 年 4 月成渝两军政府统一前，成都大汉四川军政府都督府政报汇集而成。共一册，成都四川印刷局刊行，四川省图书馆藏。"

特别重要事件；（二）关于各部请求提议之事件。

第五条　本处会议暂不定期，遇有应行提议事件之时，由都督召集。

第六条　本处每次会议，除总、副理、参赞及顾问官应行列席外，所有各部、局长，得由都督临时召集到会与议。

第七条　本处议决各件，均与都督之名义行之。

二　大汉四川军政府宣慰使职任章程

第一条　本军政府因新旧更代，特就四川各道分设宣慰各使，察吏安民，绥靖地方。

第二条　四川所辖五道，每道设宣慰使、宣慰副使各一员，皆由都督特任。

第三条　宣慰事宜以左列各项为限：

一、地方官能否称职，均应加具考语，详请军政府分别黜陟。

二、地方官民如有冤抑未平者，应予力为伸雪。

三、地方人民如有流离失所者，应即协商，该地官绅设法救济。

四、地方官民有因此次遇难者，应将姓名、住址、年贯调查确实，详报军政府分别旌恤。

五、地方人民对于此次独立有未明了者，应会同该地士绅详为解释。

六、地方中如有对于人民扰害安宁者，应饬知地方官从严惩办。如尚不能制止时，宣慰使得以兵力助之。

七、地方团练如有未经成立者，应饬知地方官会同该地绅商即时举办。

八、宣慰使于宣慰地方，应纳之地丁、钱粮、津贴、捐输、税契及油、酒、糖、肉等捐，须会同财政部所派委员查明确数，将已收者立令报解，未收者饬令地方官及经征委员设法催收。

第四条　各道宣慰使，均由都督酌派重兵随行，以资调遣。

第五条　宣慰使有节制及指挥军队之权，如遇有紧要事件，并得调遣住扎本道各军。

第六条　军政府从前所派各地讲演、安抚、宣慰各员，均归宣慰使节制，以一事权。

第七条　宣慰使对于宣慰事宜所有应需人员，得自行酌用，随时详报军政府存案。

第八条　宣慰使于所在地方，遇有急迫事件发生时，得便宜从事，并将办理情形迅速详报。

第九条　宣慰使除起程时应需公费由军政府酌予发给外，其中途费用得就所在地方应解款内作正开支，事竣造册详报核销，但不得稍有浮冒。

第十条　宣慰使如确有罔法受贿等情，地方人民得向军政府举发。

第十一条　本章程如有未尽事宜，得以军政府令随时增定。

三　保安义勇队章程

一、定名

此队以保卫社会公安，增进平和幸福，故定名为保安义勇队。

二、编制

（甲）此队以十人为一棚，置棚长一人。四棚为一排，置排官一人。三排为一队，置队官一人。大县以四队为一大队，小县以三队为一大队，各置统队官一人。每大队置督练官一人，每队置司务官一人。

（乙）每大队置小旗一面，以为标识。

三、资格

（甲）此队各级官长，检选该州县同志会中之才德卓著，堪任指挥者，分别位置。

（乙）此队督练官，以有军事新智识者充之。

（丙）此队勇丁，检选同志会中之精壮无废疾者充之。

四、粮械

（甲）该队所有军械，即就该地方所有之新旧枪支、梭标两种混合编成，其余诸械一概不用。惟官长、勇丁每人当预备短刀一柄。

（乙）粮饷即就该管地方筹给，其核定数目如左表：

保安义勇队月饷定额表：

统队官一人叁拾元。督练官一人贰拾元。队官（大四、小三）人拾陆元。排官（大十二、小九）人捌元。司务官（大四、小三）人陆元。棚长

（大四十八，小三十六）人肆元。兵丁（大四百八十、小三百六十）人叁元。

（丙）服制亦就该地方所旧有之衣服，但宜划归一律，不得稍有歧异。

（丁）该队编成后，所有人员、军械，分别造册，由该管地方长官报陆军部存案，以备查核。

五、职责

（甲）统队官督率各级官长，指挥全队，以尽其保安之职务。

（乙）督练官任该队之教育、训练，并同统队官处理一切事务。

（丙）各队官受统队【官】之命令，各排官受该管队官之命令，而指挥各队各排。

（丁）司务长经理全队庶务事宜。

六、权限

（甲）统队官应受该管地方官节制、调遣，由军政府颁发关防一颗，以作文件印信。

（乙）统队官关于该地方之安宁秩序，当商承该管地方长官，同负责任。凡一切防堵缉捕等事，当请求该管地方长官办理，不得有自由处分之权。

（丙）统队官对于军政府一切报告，均由该管地方长官转达。如有紧急事务，恐延时日，则一面直报军政府，一面通报地方长官。

七、赏罚

（甲）军政府不时派人检阅该队，如果成效卓著，当分别从优拟奖。

（乙）如该队出力勇丁、官长有愿归休者，除有过失处分外，一律照军人优待例办理。

（丙）如该队办法不确守章程，动辄旁生枝节，迹近骚扰者，无论官长、目兵，一律照军法惩治。

八、附义勇队后备队编制

（一）凡同志会会员，有无业散归者，均编为义勇后备队，发给执照。

（二）凡同志会会员，曾任指挥军队散归者，均奖给官衔，分别作为义勇后备队各级官长。如遇义勇队有补充时或全部召集时，即由该管地方长官或陆军部命令召集。其召集中所有军械、钱粮及一切权职等，均照义勇队办理。

（三）同志会会员无业散归，有愿服屯田兵役者，请报名注册，听候召集安插。

（四）该后备编制成立后，应造册由该管地方长官报陆军部存案。

附则

本章程专为此次到省同志军不克编入军队，特由本军政府分别照委，准其回籍编成保安义勇队者而设；除后列各州县外，均仍照地方向来团练办法办理，不得假托名目援用此项章程。

彭县、雅安县、名山县、崇庆州、大邑县、郫县、绵州、汉州、灌县、什邡县、温江县、资阳县、双流县、新津县、简州、华阳县、青神县、新都县、新繁县、绵竹县、天全州、邛州、崇宁县、崇庆州分州、仁寿县、金堂县、乐山县、成都县、德阳县、蒲江县、芦山县、汶川县、江津县、井研县、屏山县、川江（自东门码头至青神县）。

四　推荐章程

第一条　本章程为搜求通才，同襄新政，以补延访之不足而设。

第二条　凡属大汉国民具有左列资格之一者，均得推荐人员：

（一）枢密院、总政处各职员。

（二）各部、局长、次官。

（三）地方行政长官。

（四）审判检查厅厅长。

（五）厅、州、县会议长、总董。

（六）教育、商务总会会长。

（七）中学、农、工以上各学堂监督。

第三条　凡属大汉国民具有左列资格之一，年龄在二十五岁以上者，均得为被推荐人。

（一）通晓法律及其他专门学识技艺者。

（二）曾任行政、司法各职务，未因私罪被参革者。

（三）曾任高小以上学堂教员三年以上者。

（四）高等学堂及高等同等学堂毕业得有文凭者。

第四条　凡有左列情事之一者，不得为被推荐人。

（一）品行悖谬，营私武断，确有实据者。

（二）曾因私罪，处监禁以上之刑者。

（三）吸食鸦片及精神丧失者。

第五条　凡推定某人，须先具推荐书申明姓氏、年貌、籍贯、履历（长于何事，曾事何业）及确无上条所列情事，由推荐人署名涂印，详呈于军政府总政处。推荐书之程序如左：

推荐人，职官、姓名、年龄、籍贯、住址。为推荐事，今查有某省，某厅、州、县，某人，堪任某事，并无推荐章程第四条所列各项情事。用特照章推荐，以备录取，如蒙委任，该被推荐人，与所举不合及有贪赃枉法等情事，某愿照章负责。谨将被推荐人姓名、履历开列于左：

姓名，籍贯，年龄，职业（前任某职，现任某职，长于某事），住址。此上军政府台鉴，推荐人（姓名）盖押。

第六条　被推荐人合于第三条所列资格之一者，由军政府考核，分别特任、详任、委任三等叙用。但未经叙用以前，推荐人不得向军政府诘问。

第七条　被推荐人经军政府叙用后，查有不合于推荐人所举之事实时，得取消其职任。

第八条　被推荐人经军政府叙用后，如有贪赃枉法等情事，推荐人应受之处分，照被推荐人减二等或三等办理。

第九条　推荐人与被推荐人如有授受贿赂等情弊，经军政府查明一律严办外，推荐作为无效。

第十条　本章程自公布之日起施行。

五　集会结社律

第一条　本律称结社者，凡以一定之宗旨，合众联结公会，经久存立者皆是。结社关于政治者，称政事结社。

第二条　本律称集会者，凡以一定之宗旨，临时集众，公开讲演者皆是。集会关于政治者，称政论集会。

第三条　政事结社，应由首事人于该社成立前，开具左列各款，呈报民政部或地方官署存案。

（一）宗旨，（二）名称，（三）社章，（四）办事处，（五）设立之年、月、日，（六）首事人、佐理人姓名、履历、住址，（七）办事人姓名、履历、住址，（八）现有入社人数。

第四条　政事结社，有于他处设立分社者，应由分社首事人遵照前条办理。

第五条　第三条所列各款，如于呈报后有所更易，应随时重行呈报。

第六条　政论集会，须先定倡始人，于开会前一日开具左列各款呈报巡警总监。其在各府、厅、州、县地方开会者，呈报该管巡警或地方官署。

（一）宗旨或事由，（二）会场，（三）开会之年、月、日，（四）倡始人姓名、履历、住址，（五）现有入会人数。

若距呈内所定时刻，过六小时不能开会者，其呈报作废。

第七条　凡关系公事之结社集会，虽与政治无涉，若巡警总监或地方官署为维持公安起见，命其呈报，应即遵照办理。

第八条　左列人等不得列入政事结社及政论集会：

（一）僧道及其他宗教师；

（二）中、小学堂教习及学生；

（三）男子未满二十岁者；

（四）妇女；

（五）曾处监禁以上之刑者（国事犯不在此例）；

（六）不识文义者。

第九条　政事结社，非本国人民不得列入。

第十条　政论集会，非中国人民不得充倡始人。

第十一条　凡结社集会或整列游行，若遇巡警人员有所查询，该首事人、倡始人，或警员所指名之社员、会员应即答复。

第十二条　政论集会，巡警或地方官署得遣派人员临场监察。所派人员若向该会请列坐位，该倡始人或监察员所指名之会员应即照设。

第十三条　凡集会或列整游行之际，如有任意喧扰，或迹涉狂暴者，巡警或地方官得量加阻止。有不遵者，得勒令退出。

第十四条　集会讲演之际，如有语言悖谬，或以滋生事端，妨害风俗之虞者，巡警或地方官得饬令其申止。

第十五条　凡集会或整列游行之际，不得携带军械凶器。

第十六条　无论何种结社，若都督或民政部或地方官吏为维持公安起见，饬令解散或令暂时停办，应即遵照办理。

第十七条　无论何种集会或整列游行，若都督或民政部或地方官吏为维持公安起见，得量加限制或饬令解散。

第十八条　凡秘密结社，一律禁止。

第十九条　凡按照法律准许之教育会、商会、农会、议事、董事等会，及经官批准立案之结社集会不在此限，但须照第十六、第十七条办理。

第二十条　违第三、第四、第五条者，处三元以上三十元以下之罚金。呈报不实者，处五元以上五十元以下之罚金。

第二十一条　违第六条第二项及第七条者，处二元以上二十元以下之罚金。呈报不实者，处三元以上三十元以下之罚金。

第二十二条　违第八条者，处三元以上三十元以下之罚金。教令他人违第八条者亦同。

第二十三条　违第九、第十条者，处二元以上二十元以下之罚金。

第二十四条　违第十一、第十二条者，处五元以上五十元以下之罚金。答复不实者同。

第二十五条　照第十三条经勒令退出，与照第十四条经饬令中止，而抗不遵行者，处三日以上一月以下之拘留。

第二十六条　违第十五条者，处一月以上三月以下之拘留。

第二十七条　违第十六条、第十七条者，处一月以上三月以下之监禁。

第二十八条　违第十八条而纠集秘密结社或列入者，均处六月以上三年以下之监禁。

第二十九条　本律公诉之期限以六个月为断。

第三十条　本律自公布文到之日始，省城内限三日后，各府、厅、州、县限十日后一律施行。

第三十一条　本律施行前已设之政事结社，应于本律公布后十五日内一律补行呈报。

六　大汉四川军政府报律

第一条　凡开设报馆，发行报纸，应开具左列各款，于发行二十日以前，呈由民政部存案。如在各府、厅、州、县发行者，呈由该管地方官，申报民政部存案。

（一）名称，（二）体例，（三）发行人、编辑人之姓名、履历、住址，

（四）发行所之名称、地址。

第二条　凡充发行人、编辑人者，须具有左列要件：

（一）年满二十岁以上之本国人；

（二）无精神病者；

（三）未经以私罪处监禁以上之刑者。

第三条　发行、编辑得以一人兼任，但印刷人不得充发行人或编辑人。

第四条　发行人应于呈报时分别附缴保押费如左：

每月发行四回以上者，成都、重庆两处银五百元，余处银三百元。每月发行三回以下者，成都、重庆两处银三百元，余处银二百元。凡专载学术、艺事、章程、图表及物价报告等项之汇报，免缴保押费。其宣讲及白话等报，确系开通民智，由官鉴定，认为无庸预缴者亦同。

第五条　第一条所列各款，发行后如有更易，应于二十日以内，重行呈报。发行人有更易时，在未经呈报更易以前，以代理人之名义发行。

第六条　每号报纸应载明发行人、编辑人之姓名、住址。

第七条　报纸记载失实，经本人或关系人声请更正，或送登辨误书函，应急于次号照登。如辨误字数过原文二倍以上者，准照该报普通告白例，计字收费。更正及辨误书函，如措词有悖法律，或未书姓名、住址者，即不必照登。

第八条　记载失实事项，由他报转抄而来者，如见该报自行更正，登有辨误书函时，应于本报次号照登，不得收费。

第九条　军政机密事件，报纸不得揭载。

第十条　外交重要事件，政府未发表以前，报纸不得揭载。

第十一条　凡政府传谕禁止登载，及其他政府来往公文，未经政府公布者，报纸不得登载。

第十二条　诉讼事件经审判衙门禁止旁听者，报纸不得揭载。

第十三条　预审事件于未公判以前，不得揭载。

第十四条　左列各款报纸不得揭载：（一）挑激外交恶感之语；（二）淆乱政体之语；（三）扰害公安之语；（四）败坏风俗之语。

第十五条　发行人或编辑人不得受人贿嘱，颠倒是非。发行人或编辑人亦不得挟嫌诬蔑，损人名誉。

第十六条　凡未照第一条呈报，遽行登报者，该发行人处十元以上二百元以下之罚金。

第十七条　凡违第二条、第三条及第五条之第一项与第六条者，该发行人处三元以上三十元以下之罚金。

第十八条　呈报不实者，该发行人处五元以上五十元以下之罚金。

第十九条　第四条第二项所指各报，其记载有出于范围以外者，该编辑人处以五元以上五十元以下之罚金。

第二十条　违第七条第一项及第八条者，该编辑人经被害人呈诉讯实，处三元以上三十元以下之罚金。

第二十一条　违第十二条、第十三条者，该编辑人处十元以上一百元以下之罚金。

第二十二条　违第九条、第十条、第十一条者，该发行人、编辑人处二十日以上六月以下之监禁，或二十元以上二百元以下之罚金。

第二十三条　违第十四条各款者，该发行人、编辑人处六月以上二年以下之监禁，附加二十元以上二百元以下之罚金。其情节较重者，仍照刑律治罪。

第二十四条　违第十五条第一项者，该发行人、编辑人经被害人呈诉讯实，照所受贿之数加十倍处以罚金，更究其致贿人与受贿人同罪。

第二十五条　违第十五条第二项者，该发行人、编辑人经被害人呈诉讯实，处二十元以上二百元以下之罚金。

第二十六条　违第十五条除按照前两条处罚外，其被害人得视情节之轻重，由发行人、编辑人赔偿损害。

第二十七条　违第九条、第十条、第十一条及第十四条第四项者，得暂禁发行。

第二十八条　暂禁发行者，日报以七日为度。其余各报，每月发行四回以上者，以四期为度，三回以下者，以三期为度。

第二十九条　违第十四条第二款、第三款者，永远禁止发行。

第三十条　违第九条、第十条、第十一条致酿生事端者，得照上条办理。

第三十一条　呈报后延不发行，或发行中止逾两月者，如不声明原委，即作为自行停办。

第三十二条　违犯本律所有应科罚金及讼费，逾十日不缴者，得将保押费扣充，不足再行追缴，仍令补足保押费原数。

第三十三条　凡于报纸内撰发论说、纪事，填注名号者，不问何人，其责任与编辑人同。

第三十四条　凡投函报馆，必将本人姓名、住址注明，并押盖印章，始得登载。

第三十五条　报纸以代理人之名义发行时，即由代理人担其责任。

第三十六条　本律自公布文到之日始，省城限三日内，各府、厅、州、县限十日内一律实行。

第三十七条　本律施行前已出版之报馆，应于本律公布后十五日内一律补行呈报。

七　文官礼节

第一条　文官礼节分为二种：

（甲）最敬礼，脱帽三鞠躬。

（乙）敬礼，脱帽鞠躬。

第二条　最敬礼之式，对受礼者直立正容，整齐两足，垂下左手，以右手脱帽而三鞠躬。

第三条　敬礼之式，对受礼者【直立】正容，垂下左手，以右手脱帽而鞠躬。

第四条　凡职官谒见都督，应行最敬礼。寻常相见，应行敬礼。

第五条　凡下级官吏初见上官，应行最敬礼。以后即行敬礼，寻常相见，但直立以表敬意，不必行礼。

第六条　同等相见，应行敬礼。

第七条　凡受礼人，对于行礼人均应答礼。

第八条　庆贺祭吊及礼典俱用最敬礼。

八　文官服务规律

第一条　官吏应守之规律，除别有规定者外，均以本规律为限。

第二条　一般官吏均应忠慎勤勉，遵照军政府所颁一切法律，各尽厥职。

第三条　官吏执行职务，各应遵守都督及本属长官之命令。但于其所发之命令，认为有违反法律者，仍得陈述意见于都督或本属长官。

第四条　官吏无论于职务之内或职务之外，均不得滥用威权及有贪污之行为。

第五条　官吏于军政府或职务内所有机密要件，均应各守秘密。

第六条　官吏于军政府或本官厅未发之文书，不得私向与文书有关系之人稍有泄漏。

第七条　官吏非经本属长官之许可，不得擅离执行职务时所应居住之地，及充当私立各种公司或各商店之经理人。

第八条　官吏于左列人役不得受其燕（宴）享：

（一）承办本官厅或本局所之工役者。

（二）现受本官厅或本局所之补助金而起业者。

（三）承卖本官厅或本局所之各项物品者。

（四）现与本官厅或本局所结有各种契约者。

第九条　官厅于职务内外，均不得收受所属官吏之馈送。

第十条　官吏非经本属长官之许可，不得于本职外兼任其他之事务。

第十一条　官吏不得自身经营商业。

第十二条　本规律如有未尽事宜，得随时增订之。

九　电报检查条例

一、本条例系按照万国电报公例第八款，暂行停止普通人民使用密码，其明码往来必与军事无涉者，始准照常收发。

一、各省军政府电信及电局，公电各国往来，除与清廷通款外（如借兵资粮等类），均可行用密语。

一、各国领事发寄密码电报，必由各领事签名盖印，证明不涉军务者，准照常发递。

一、各国人民来往洋文商电，除银行大班签名，并有该行图记，证明确系商电不涉军务者，准用密语外，一律使用明码。

一、本国三四等华文电报,一律使用明码,但银行、票号有该行号经理签名者,盖章证明确因商务不涉军事者,不在此限。

(《四川都督府政报汇编》,隗瀛涛、赵清主编《四川辛亥革命史料》上,四川人民出版社,1981,第581~594页)

大汉四川军政府各部通饬、通告

(1911年12月~1912年4月)

一 财政部部长通饬

为通饬事:案奉军政府批,据赞助会呈请应完丁粮、津贴、捐输各项,首先完纳,并劝邻友亲族陆续上纳一案,奉批:省城自经十月十八日之变,库储奇绌,军用浩繁,度支异常竭蹶,深赖各属解款,借资挹注,来呈请由官绅协力提倡,以劝为征,所有赞会会员应完丁粮、津贴、新旧捐款各项,首先完缴,并劝邻友亲族陆续上纳,具见各会员深明大义,踊跃输将,无任钦佩。至请先从成、华入手,以示标准,事属可行,希财政部转饬成、华两县同城县议长劝催绅民完纳,并饬各属一律照办,仍照复赞助会知照。此致。原文抄发。等因。奉此。除移知赞助会并饬成、华两县遵照办理外,合亟通饬。为此文行该□即便遵照办理。此行。

计抄发原文一纸

呈请事:窃查四川各州县征收各款,向以丁粮、津贴,新旧捐输四项为巨,每年均由各行政官于二月内开征,正项限定四月解半,余俱限于年内扫数收完,远近陆续批解,接供中央各项要支,实为财源之大宗,即属政事所重赖。本年事变纷仍,此等应征要款,各州县官绅遂多搁置未解。其中有因本境遭逢兵难未能征收者，有已经开征尚未收完者，并有未遭兵事而竟借口诿卸停延不收不解者，日积一日，遂令一般人民误认为大汉光复，既成共和政体，国民即不应再完粮纳税。殊不知共和国民，责任尤重，一切国中应用之款，均当合力负担，始足以巩固中央之财权；况值军政时期，需款尤急，万一正供不济，军饷莫支，则大局立形危险，害何可言。然人民创痛之余，如遽严切催科，又恐人不堪命，共起惊疑。为今之计，惟有官绅协力提倡，以劝为征，方属尽善。成、华为附郭首邑，本会会员亦多载粮在册，自应先从成、华入手，而以本会有粮会员为首，认缴款之人，俾示标准，而资观效，庶几由近及远，易于推行。拟请通过后即由本会有粮各员分将自行应完丁粮、津贴、新旧捐输各项首先完缴。一面各劝所知邻友亲族，互相勉导，陆续按照向规赴公缴纳。其完缴各项之人名、钱数，统由本会随时悉登报章，以彰大信。并请军政府行饬成、华两县会同城县议长，邀请各乡载粮富绅到署，剀切开导，劝催缴完，妥善征收，仍由县将劝收之款项、人名开登《四川日报》，如此则官劝绅倡，人民响应。其余另［零］粮小户，自必群相接踵争先输纳，不复重劳催科之力。成、华既已开办，即请一面分饬各属州县一律仿照办理，官绅协力劝征。无报之处，令其将完粮各县列榜宣示，俾众咸知。正款既先就绪，此外附加各款继续开收，自必迎刃而解。否则今日一示谕，明日一札催，终属具文，无裨实际，财政前途，益将不可问矣。案由本会会员邓润昌提议，经表决赞成，相应呈请大府核复施行。须至呈者。

二 外务部通饬各属文

为通饬事：案查前奉军政府命令，旧日洋务局改为外务部，照委杨君沧白为部长，杨君少荃为次长，部长未到以前，次长行其职务，等因。兹本部长少荃已于十月二十五日到部视事，本部即于是日成立，以后凡关于四川交涉事件，概归本部直接办理。惟目前各【府】、厅、州、县急切应办事件，厥有三端，分列于左：

一、各该境内原有教堂、医馆各教士人等，务须随时加意保护，不得稍有疏虞。

一、凡遇有游历到境洋人，仍照旧约妥为护送，并遵照旧章填表报查。

一、出示晓谕军民人等，对于教堂、医馆及教士游历人等，不得稍有妨害，倘有造谣煽惑酿成焚烧劫杀情事者，一经拿讯明确，即遵军政府命令以军法从事。以上各条，各该府、厅、州、县须遵照切实办理，万勿视为具文，以维大局，而重邦交。除通饬外，合行札饬。为此札仰该府、厅、州、县即便遵照，切切毋违。此札。

计开四川银行军用票简章

第一条　本银行因四川现遭变乱之后，市面银根窘绌，军用浩繁，奉军政府命令，特发行银票，以救急需，名曰军用银票。

第二条　本银票第一次发行总额三百万元，嗣后如须赓续发行，再依次酌量办理。

第三条　本银票分十元、五元、一元三种发行。

第四条　本银票发行以后，凡完纳报解四川境内地丁、钱粮一切税课杂捐等项，及以外公私出入各款，均一律通用。

第五条　行用本银票者，与现钱无异，如有官吏商民人等故意推却，留难挑剔者，在省准呈报军政府财政部、军法裁判所，省外呈报各该地方，从严罚办。

第六条　商民行用本银票者，照九七平七钱一分计算．如持本银票完纳报解四川境内丁粮、税捐等项，照库平七钱二分计算（合九七平七钱四分九厘八丝八忽）。

第七条　本银票自发行之日起，经过一年以后，无论数目多寡另［零］整，均可持向本银行或本分银行兑换现银。

第八条　本银票发行以后，如有商民人等愿向本银行借贷者，须遵照左列各款办理：

（甲）偿还期限不得超过一年。

（乙）借用本银票者，仍当以军用银票归还，如以现银缴纳者，以库平七钱二分算还，用昭平允。

（丙）须有本银行认为相当动产不动产之抵押，或妥实铺商二人之担保。

第九条　凡使用本银票者，不得于票上画押签字，或盖用印章戳记，更不得涂毁窜改字迹，违者本银行不与兑换。但因使用日久，以致磨烂折断，不堪再行使用者，可持向本银行或本分银行换给。

第十条 如有私造本银票或发行者，一经查觉，照军政府令处以死刑。

三 民政部通饬府厅州县照常任职札文

为札饬事：照得四川军政府成立以来，大汉共和国民，焕然一新，所有旧日府、厅、州、县业由军政府都督知会照常任职，希即具情详文到部，以重职守。如有不愿终任者，务速详请辞职，以便委员接任视事，免令地方行政废弛，合就行知。为此行仰该□即便遵照办理。切切此行。

四 民政部通饬府厅州县呈送履历札文

为通饬事：照得本部成立，前已通告在案。惟事当创始，所有各府、厅、州、县官吏履历尚未尽悉，合亟通饬，为此札仰各府、厅、州，县现在人员于文到之日，即将详细履历呈报本部，以便登记备查。此札。

五 民政部通饬各厅州县整顿团保造册报查札文

为通饬事：照得团保之设，所以弭盗安良。现值大局粗定，匪风未息，抢掠之事，远近均有所闻，若不急将团保办理完善，恐日甚一日，为害不知底止。本部职司民政，有监督全省团保事务之责，似此危及眉睫，曷忍再任废弛，合亟通饬。为此札仰该□于文到日，立即遵照查明该□历来共有若干团，一团共有若干丁，曾否训练，有无器械，以及各团经费如何筹法，团总系何姓名，逐一详实缮册，飞速报部，以凭查核。须知团保一兴，匪徒即无地藏迹，民因得全免于祸，官亦可自卫其身，务宜联络一气，斟酌情形，切实整顿，俾著成效。设有任事不力者，即行定换，另选贤能接充，该□倘自仍前敷衍，贻害地方，本部定予从严惩究，不稍姑宽。凛之毋违。此札。

六　民政部移知宣慰使饬地方官认真禁种烟苗及开烟馆文

为移知事：窃查本部成立以来，对于私种烟苗及私开烟馆，业经剀切通告，并札饬各属一体遵照在案。近查各属私种、私开者，尚未一律断绝，推原其故，实由地方官吏奉行不力所致。本部现已重申禁令，复行严饬，除行知各厅、州、县实行禁止外，相应备文移知。为此合移贵宣慰使，星轺所至，希烦一面考查各属究竟有无私种烟苗及私开烟馆，一面督饬各属认真禁止，并望随时移知，借资考核，是为至要。盼切祷切，须至移者。

七　财政部行知

为行知事：案奉军政府札开，据民政部转呈郫县刘汝铎呈报近日办事困难情形，并通饬各属地方官一案，等情。据此。经本军政府批：据呈卓有见地，候即分别札饬办理可也。缴。除札知张标长暨通饬各属外，合行札知。为此札仰该部查照办理，计抄原禀一纸。等因。奉此。除通行外，合将原禀抄录行知，此文行该□即便遵照本部前发征收税捐条件切实办理；如有违抗，即行据实禀办。嗣后无论地方绅首办理何项公事，若非禀准有案，概不得擅行抽收税捐暨挪用应解公款，倘敢不遵，即为该□是问不贷。切切此行。

计粘抄原禀一纸

为据情转详事：案据郫县知事刘汝铎禀称：窃知县昨谒崇阶，渥聆箓训，仰蒙不遗菲，委留郫任，兼办经征，自当免策驽骀，用酬知遇，何敢畏难退葸，致负裁成。自十三日禀辞回县后，谨遵各示，孜孜求治。方今时局光复伊始,政府经济困难,即同胞共矢血忱,忧恐内忧外患,遽难静谧。各州县为政府根本,凡征粮、筹款、收捐、设营,一不得人,贻误非浅,全赖官绅一气,开诚布公,互相辅助。知县九月十二日履任,维时乱事未平,城内绅民半多迁徙,附郭房屋概被焚烧。知县力任其难,一面招集流亡,一面安抚筹赈,而衙署冷于止水,书差寥若晨星,四乡抢劫频闻,鸣冤者日以十数计,办公竭蹶,真有棘地荆天之状。延至十月初七日,幸值大汉独立,风动云从,以为治理可臻,同亨幸福,不意十八日祸变尤烈,各州、县闻风生警,几于岌岌不可终日,仰赖我大部维持全蜀,协力赞襄,俾得转危为安。知县回县后,举一切利弊所关,兴革所系,无不力求整顿,以期上副委任德意,殊自张标长遵奉派回郫,带队查办一切,竟有劣刁绅士终日趋随。在该标长谊属维桑,不过碍于情面,而若辈狐威自假,遂致倡立议会,设统一财政局,煽惑乡民,谓正供可以豁免,房差可以尽裁,长官平等,政尚共和,局绅则匿款不支,公租则任意收用。又其甚者,数日来揽权营利,要求委任,植党结私,官如守府,县中办事正绅,有因此借故他去者,即如公推财政员尹俊州、李矗两人,系郫邑公正殷实,从不染公之人,现亦缘此互请辞退。愚以为治贵因时,政在得人,当此军法时代,若不破除积习,实事求是,徒以清议之纷烦,致碍地方之行政,所谓筑室道谋,终未有成。查川省自路事风潮,七月至今,停赋停捐,不下数十州县,丁粮,契税,油、酒、糖、肉各捐,或已收未解,或抗缴未收之款,为数甚巨。设再因循废弛,大局何堪设想。如本县自本月十一日开办经征以来,肉厘一项,收数寥寥,有为各乡场办理乡团抽收未缴者,有被郫字营估收私用者,有被隔县之温江吴姓越收者,种种为难,遽难全数收解。此外税契等项,现因此数人倡议煽阻,均存观望,倘再稍假事权,除此莠稗,则财政一端,必能源源接济。处此时局万难之际,不敢缄口置身,又不能不预为缕陈,所有郫邑近日情形,及知县感激下忱,理合禀请大部俯赐察核施行。等情。据此。本部查现值库币支绌,各项行政经费及兵队饷糈,全赖各州、县解款接济,举凡丁粮、正供及捐税等项,在在均关紧要,岂能容本地劣刁绅士植党擅权,以公家收入钱粮,作伊等囊中私物。张标长奉派回郫,应如何仰体德意,破除情面,力求整顿分内事务,如该令所禀,劣绅等狐威自假,煽惑乡民,实属不成事体,应请大府札饬张标长遇事秉公办理,勿徇情面,免致破坏公益,贻误地方;并随时会同地方官商办一切,以期不负委任。又该令所称肉厘一项,有为各乡场办理乡团抽收未缴者,有被郫字营估收私用者,有被隔县之温江吴姓越收者。各等语。似此百端纷扰，为害胡底。请饬下财政部，转饬该令遵照部颁抽收捐厘通章，切实办理，有不合者，查明取消，责成该令一手经理，并出示晓谕，一体知照，如有违抗不遵者，即行据实禀请核办。再，近来各州、县政令不行，实由事权太轻所致，核阅各处来禀，与该令所禀困难情形，大率相同。现在经征局既已裁撤，管理财政，当然属地方官专责，并请通饬各属，以后无论地方绅首办理何项公务，若非禀报有案，不得擅行抽收捐税，稽查督率，应由地方官负其责任。似此划一办理，庶足以杜弊端而苏民困，且于财政前途不无裨益。所有据情转呈郫县知事禀报办事为难情形，及请通饬各属责成地方官切实办理财政以一事权各缘由，是否有当，理合具文呈请都督察核示遵。此为备由，呈乞照呈施行。

八　民政部通饬各属整理城镇乡自治会札文

为通饬事：照得地方自治，为共和立宪基础，现当改革伊始，本部成立，其旧设全省地方自治筹办处，业已停办，所有自治事宜，概归本部管理，以归统一。查各属厅、州、县会以及城镇乡会，成立者已居多数，近因匪风未平，遂有不免任其废弛者，殊于自治进行，大有妨碍。若不申明办法，严加责成，贻害何堪设想，合亟通饬。为此札仰各属，凡厅、州、县会及城镇乡会已经成立者，务须妥为整理，未经成立者，亦须斟酌开办，俾自治一律观成，共谋幸福。地方官责无旁贷，自当力任其难，幸勿因循观望，致干未便。再，凡关于自治各项章程，于新法令未颁以前，满清政府所定者，暂得适用，合并饬知遵照妥办毋违。切切，特札。

九　学务部部长通告

为通告事：照得人民程度，视文化为等差，政治修明，以育才为要义。

现值大汉光复，百度维新，推数千年专制之局，而易之以共和，解四百兆倒悬之民，而授之以政柄。然茧茧莘莘者，非泽以诗书，灌以知识，一洗从前鄙倍固陋之习，则改革之精神终未达于圆满之一境。论者谓军法时代，宜急军事而缓学务，经济既极困难，教育遑言并及。本部长窃以此乃皮相之伪言，非探源之正论。即以军人言之，非富有学识，夙经教练，平居无故，尚可绳以军法，一旦有变，则精良之利器，天赋之体魄，适足为贻害同胞之具。十月十八之乱，可引为殷鉴者也。本部长再四思维，欲救此弊，非续办学堂不可；欲办学堂，非保存学款不可。近日各属州县，多拨学务经费为办团防之需，资阳一属，已见明文，其他各邑，恐亦在所不免。明春一言开学，悉为无米之炊，其势不致破坏全川学务而不止。始作也简，其毕也巨，嗟我川人，行将屏绝于文明之域矣！言念及此，良切隐忧。用特通告各地方官绅，对于学款已挪移者，迅即筹还，未挪移者，力为保守，储为明年办学之用。至办团一项，固为目前要政，则宜另筹的款，以期兼顾。除呈报军政府外，为此通告，希该□知照妥为保存。切切，此告。

十　外务部、巡警总监会同告示

照得省城内外，现甫一律清平。所有教堂医馆，以及居留外人，亟当加意保护，免生意外事情。通告各厅巡警，联合本地民军，须以邦交为重，严密保护梭巡。一禁造谣生事，一禁劫杀毁焚。倘有明知故犯，立即拿送警厅，定照军法惩办，决不毫发从轻。

十一　财政部通告

为通告事：照得国有财用，犹人身有血脉，血脉涸竭，则人身枯腊以死，财用匮乏，则国家僵槁以亡。此理至明，人所共喻。吾川自十月初七宣告独立以来，规模甫创，万端待理。加以兵事孔殷，军需浩繁，旧日储蓄，已忧不济，倏遭十八之变，所有藩、盐库藏全被劫毁，公家财用，扫地无余。此固吾川人耳所共闻、目所共睹者。丁此时艰，军事益重，政务尤繁，吾川人试默思之，此日之四川，公私荡产，杼柚其空，其不至于僵槁者，直千钧一发耳。所幸我军政府提絜［挈］于上，我同胞扶掖于下，修武、瑾雯等受命此时，筦理财政部务，自顾绵薄，任重何堪。权事以来，夙夜滋惧，司农仰屋，罗掘俱穷矣。繄彼巧妇，难为无米之炊，嗟我雄封，尝称天府之域，当前满清时代，每年所解京饷辄数百万，而清政府用以修建园林，大兴土木，用等泥沙，徒骋游乐。此外筹解他省协饷，摊任外洋赔款，亦复岁增数十百万。我川人犹且损己奉公，勉为输将，况际兹大汉重光，天日再见，脱去满清羁勒，组织共和政体，万众一心，极力经营，以我川之财，办我川之事，无穷幸福，皆由我川人自造。且使用由我川人，监督由我川人，吾伯叔兄弟之乐于输将也，更何待言。第值乱事以还，疮痍未复，一切新旧厘金及盐课加价等项，前已罢革免征，其余琐细杂捐，凡有可以轻我伯叔兄弟负担者，将来亦思分别裁减。第目前百端待理，兵镇加多，大难至苦之情形，有非吾伯叔兄弟所能共谅者。一方面极不忍吾伯叔兄弟多出一粟一丝，一方面又不得不亟望吾伯叔兄弟之急公赴义，权其轻重缓急，诚以大局为重，财物次之。政府不存，身家焉保？身家不保，财产安归？此其故又当为吾伯叔兄弟所共了然者也。本部职掌度支，为此合亟通告，除已免厘金、盐课加价不计外，所有应纳地丁、津贴、捐输、税契正杂各款、关税、肉厘、酒捐、油捐、糖捐、茶课等项，均应按照后开各款照常分别征收。已收者仰各地方印委随即解部，未收者务即赶速完纳。当知共和国人民欲享幸福，须有代价，矧此时百度经始，既未议增，尤复薄赋轻徭，义务所存，不容稍缓。切切，此告。

计开

地丁　丁粮原属正供，旧有定额仍当照常完纳，本年已收者应速报解，未缴者应速全完。

津捐　此二款向系按粮摊派，支拨军需，为数甚巨，本当减免，以纾民困。惟现刻军饷无着，不能不暂行仍旧收解，以济要需。

税契正杂各款　田房税契虽向作本省各项行政经费，亦系惟正之供，各属税章不同，究应如何酌减，应俟将来规定划一办法，再行宣告。现在财源匮竭，仍当照常征缴，借应急需。

肉厘　新加续加,均系赔款及军饷要需。现在大汉光复,外款仍须担认,而军用尤亟,自应照常抽收,惟新加续加每支共只收钱四百文,其本地方附收公益捐,不得超过此数。至关于年节冠婚丧祭自行宰杀者,自文到日起一体豁免。

酒捐　此项专供兵饷,现在省城库帑被劫一空,军需待用孔急,自应照常抽收,迅速报解备用。

油捐　此项系边饷专需,现在四川虽经独立,而边藏为全川屏障,一切饷项应由川人担认。所有油捐,自应照常抽收报解。

糖捐　此项亦系专供边饷,本部为提倡糖业起见,酌减一半,以纾商力。从前已收及欠缴者,均应照常缴解。自文到日起,一律照减定数目上纳。

茶课税羡截　此项从前本系作供一切俸饷之用,本不在应免之列。惟川省茶业窳败,利权外溢,日甚一日,本部为提倡茶务起见,特准一律豁免,以示体恤。其从前已收未解之款,仍应赶速批解,不得短少。但边茶不在此例。

关税　查成都府、夔州府、广元县、永宁州、宁远府、雅安县、打箭厅常关七处暨阆中县猪肉征榷税银,向供俸饷等项支用,现在百货厘金业已全裁,关税自当照常。仍由各印委征收报解,以供支拨。

十二　盐政部通告

为通告事:照得本部奉军政府命令筦理四川全省盐务,所有从前官运办法,累商病民,亟应破除一切烦重,厘税亦应加裁大减,以与吾民更始,造福全川。惟地方尚未一律牧平,就场征税机关亦难遽期完备,不得不沟通新旧,作为过渡时期暂行办法。兹逐条开列于后,除详请军政府立案,并通行各局外,仰各色人等一体知照。此告。

一　破除从前行盐引岸,实行就场征税,一税之后,任其所之。

一　从前按引征收之课税羡截及杂捐名目,悉予芟除。但就前此计斤抽收之正加六项厘钱,照各厂实收数目在十文以上者,减收一半,在十文以下者,酌减征收,不得少于五文,作为暂行税则。

一　领引购盐，法原无弊，今虽破除行引口岸，而按引征税，仍可仿其成法，改为税单，分水陆两种。水运税单仍分两种，以便商民：

（甲）一单作为一引，配盐五十包。

（乙）一单半引配盐二十五包，其包口重量均仍其旧。惟应需包裹捆抬各费，概由购盐商人自备包裹，不得任意大小。

一　陆路税单一单一挑，取便挑贩，仍仿票厘办法，论斤不论包。惟不得以陆路税单混行水路，以示区别。

一　水路经过关卡，照验放行。如盐单相离或包斤数目不符者，仍以私论。

一　引票兼行，各厂均照现定按斤税则新章，一律办理。其官运、票厘两局应否裁并，并清理委员到厂后再行斟酌情形详请核办。

一　各厂收厘给票，大都因地制宜，未能一律。兹既就场征税，自应另行组织完备机关；惟未经组织成立以前，仍各照旧暂行办理。

一　各局未奉颁发新关防以前，所有公牍仍暂用旧关防钤印。

十三　学务部通告

为通告事：照得吾川自路事发难以来，祸变仍几无虚日，影响所及，在学务一方面观之，其受损害尤为甚巨。有学生全体退散者，有学款挪作他用者，有校舍驻扎兵队者，有校具半被损坏者。嗟我川人，丁此阽危，学务废弛，几至不可收拾。顾念昔之人投戈讲艺，息马论道，虽当戎马倥偬之际，而教育自不可一日或废，况世界无无学之国，即世界无不学之人。今值大汉光复，政尚共和，凡在国民，均系组织国家之主体，若不亟亟灌输以文明之智识，内何足以参议政治？外何足与世界竞争？本部职司教育，用切隐忧，现在大难已渐敉平，明春开学伊迩，若再听其废弛，不为力加整顿，教育前途，何堪设想。兹定于明年正月二十日开学，凡以前旧有之各项学堂，统限于是日一律开堂，接续进行，以复旧观，而策新效，毋得借故推延，亦无庸稍存观望。地方官吏与办学员绅，均负有维持学务、辅助教育之权责，务须切实调查，合同劝督。其未受损害之学堂，希即照旧办理；如或遇有前项情节，务必预为设法，妥速规划，总期前日已成之学堂，不致废于一旦；后日待立之学堂，从此益加扩充，是为至要。为此行知到该□即便遵照办理，并转饬所属各学堂一体遵照毋违。切切，此行。

十四　军事巡警总监令

谕尔收荒各户，不日即发章程。前经变乱之后，收买货物零星。查有官用物件，最多油衣手灯。限定三日以内，送交所管分厅。各照原价赎取，其他来历不论。勿得抬价隐匿，致干处罚匪轻。自今明白晓谕，其各一体凛遵。

十五　通告全川伯叔兄弟文

为通告事：我川人苦苛政久矣！自独立以来，人人额手相庆，以为大汉重光，雍煦即奏。不意十八日变起仓卒，焚劫肆行，全城财产，为之罄尽。孽氛一播，远近流行，诚吾蜀大幸中之不幸也。嗟我伯叔兄弟，横罹荼毒，至于此极，尤复人思效死，家尽从戎，悬釜寝薪，毫无怨志，非吾伯叔兄弟热诚爱国，乌能有此？乃者两都督受命于危乱之际，涕泣誓师，披斩荆棘，以求无负我伯叔兄弟之委托。今幸天心助汉，万几粗理，行政各部，次第告成。本部奉承都督命令掌理民政，所有地方吏治之良窳，民生之疾苦，皆将于本【部】司其责。惟当疮痍未复之时，百务废弛，人情疑惧，一切政令布施，颇觉困难，切望地方官吏，以及绅学各界，力图治安，共保秩序，农、工、商、贾各守其业，勿为浮言所惑以自误而误国家，其有利弊得失，应兴应废之处，希即详报本部条理施行。总期吾蜀七千万人生灵，速离水火，重登衽席，汉、满、回、蒙，无诈无虞，大同一致，发扬中华民国之威灵，东亚和平，庶几可保。本部受命伊始，日夜兢业，惟恐才疏力弱，有负我伯叔兄弟之重望，只得竭诚尽职，力扫从来贪污疲玩颟顸敷衍之积习，以报我国家于万一。为此披沥微忱，敬告全川伯叔兄弟，冀得人人自治,维持大局,以匡本部之不逮,不胜受恩感激。切切,此告。

(《四川都督府政报汇编》,《四川辛亥革命史料》上,第594~601、608~614页)

大汉四川军政府批示

(1911年12月~1912年4月)

其一

川北宣慰使张澜为呈明事:窃查设官分职,原有专司,若虚设一官,而无所事事,尸位素食,何补时艰。况今大汉光复,首重政治改良,凡满清时代之冗官冗缺,亟当一并裁汰,以符名实。查各府经历一缺,空拥典狱之虚名,毫无佐治之实际。又查各府、厅、州、县教谕、训导,科举既废,久成闲曹,在公家无此闲款津贴冗员,在该员等啼饥号寒,亦属有失观瞻。复查各府听差人员,久已无事可司,留之殊嫌无谓;更有劝业员一职,各州既有农会、商会,复有行政长官为之监督,再设此职,无异骈指,均应一并裁汰,以符名实。其向有府监者,归并附郭首县之典史,经官府、州、县文庙奉祀一切,由各州、县视学敬谨承办,裁缺印信文卷,缴存府、州、县衙门。府经差员,旧有经费拨作地方办公之用。教职公费,改归劝学所扩充学务。劝业员公费,归入实业学堂。除饬顺、保、潼三府分别饬属一体遵照并分咨民政、学务、实业各部外,理合呈明军政府察核备案。须至呈者。

批:

呈请裁汰冗员之法极是,本军政府此次所定地方官制,已将经历、教谕、训导等官裁撤；至各属劝业员，亦由实业部通饬裁撤在案。仰候行知民政部转饬各属速将此次所颁地方官制遵行可也。

其二

军法裁判所为详复事：十一月二十三日，奉大府函送犍为县冒充同志会匪首王德胜等八人，据实研问一案，缘王德胜年五十七岁，籍隶犍为，平日挑炭营生，本年九月起意邀约曾尽之、曾选之、曾全文等各聚匪党多人，假同志会名目，在盐炭两厂拉搕粮户，每石苛谷二斗，未饱壑欲，估提教员邓锡成学费不允，遽派人将邓锡成杀伤身死；又为买炭与文生陈继尧有仇，亦派人杀死，且伪为避患，混入居安寨中，和寨肆行抢劫奸淫，逼其寨中妇女坠城而死者，不一而足。经陈星璧等督同团往捕，王德胜始鼠窜逃走。及十月初七日宣告独立，王德胜乃复约同县之李子青、王辅仁、王怀三、何梓椿、林隆江、乐山之杨春山、帅轩德等七人进省投诚请奖，更要求照会回籍办团，迭经陈星璧驰函旅省同乡，由盐政公所科员王丕钦等转达大府，先发陆军部军法局研讯，实系刑事诉讼，然后移送王德胜等八名及函呈供判全案，与枪支、银洋、铜元、小钱等项到所，本所随堂提犯公同研讯。据李子青等七名供称，从王德胜未久，以前劫杀奸淫情事，均王德胜及前党曾尽之弟兄所为。质之首犯王德胜，自具箕斗切结，供认前情不讳。案经讯明，应即援照法令分别判决。查七月初七紧急禁令第一条，不得寻仇戕害人命；第三条不得肆行抢劫奸淫，后注违以上各条者斩。各等语。此案王德胜假冒同志苛敛钱谷，其罪已在不赦之列，复敢挟仇主使杀毙邓锡成、陈继尧，更逼毙居安中和二案妇女，肆行拉劫，凶横残毒，实出情理之处〔外〕，法难稍容。王德胜业按禁令绑赴市曹处决，并将罪状宣布犯事地方，以快人心，而儆强暴。李子青、王辅仁、王怀三、何梓椿、林隆江、杨春山、帅轩德等七名，未经该县士绅指禀，又同声供称胁从未久，尚属可信。究竟不应随声附和，混充同志来省请奖，应再讯以情之轻重，分别笞责监禁保释，以示小惩。银三锭，共重二十九两一钱六分，洋十一元五角，铜元小钱共二千七百九十四文入公，枪支子弹存库。除咨明司法部，理合备文详请察核批复施行。须至详者。

其三

军法裁判所为详复一案

十一月二十四日,奉大府发交军事巡警厅申解拿获资阳代表朱正塑等报告本县匪首杨金铠等三名一案,缘杨金铠即杨明志,年三十二岁,杨泰隆即杨国志,年二十七岁,系胞弟兄,均住阳县西乡。宣统元年,杨明志白昼劫牛,控经该前县拿获监禁。本年九月,同志军入城,杨明志乘隙逃出,并抢得该县猪槽枪二枝,啸聚三百人,假冒同志【军】,估借银米,肆行搜括。及闻十月十八日省城兵变,连日抢劫汪致银、汪本钧家五次。二十八日,又焚毁钟光南、钟福光、陶积生等民房五向[间],并有奸淫情事。经各事主先后赴县报案,该县派兵协团合剿,杨明志、杨国志竟敢放炮堵截,致伤团勇八人。二十九日,团众追至简州石板橙虚峰岭等处,生擒匪党六名回县究办。杨明志更名杨金铠,杨国志更名杨泰隆,尤敢混称同志军来省投诚,希望编成军队;一面以匪势猖獗,叠次焚掠泣恳究办等情诬控汪思明、张东山、汪歧山等于大府,为先发制人之计。迭据该县军政分府电禀申禀,并该县刘知事电禀大府,请速拿办在案。复派代表朱正塑,事主汪本钧来省呈诉。本月十四日午后,朱正塑瞥见杨明志弟兄在东门外鸿升店,随恳巡警总厅派员前往该店拿获杨明志、杨国志,及在省城文庙街李炳森机房帮工林围海即刘维海三名,并起获猪槽枪二枝、手枪一枝、毛瑟枪弹、杀刀、指挥刀、大汉四川东路统领图记一颗到案。经总厅提讯,原被各执一词,无案可稽,申送大府批发到所,本所随传朱正塑、汪本钧与该匪等质讯,殊杨明志、杨国志一味狡辩巧饰。二十六日,乃电该县饬将该匪劫案详报。二十七日接该县刘知事复电称,杨明志、杨国志弟兄著名积匪,控案如鳞,绅民具结,请立斩决,传首下县以徇。城乡绅因会议在城,咸以一见二匪之首为快,全案后详。等情。众证确凿,案无遁饰,应即援照法令,分别判决。查十月初七紧急令等二条,不得放火焚烧房屋;第三条不得肆行抢劫奸淫,后注违以上各条者斩。各等语。此案杨明志、杨国志同恶相济,放火焚烧钟光南等民房数起,又肆行抢劫奸淫汪致银、陶积生等家,控案累累,实属罪大恶极，自与寻常劫犯不同。杨明志、杨国志经绑赴市曹，按照禁令一并处决；并将其罪状刊刻宣布，以儆凶暴，而顺舆情。刘维海一名，迭经杨明志、杨国志供称素不认识，又据铺民李汇川等联名取保，来所面陈平日确系良民，并无为匪情事，应予省释。伪印销毁。刀枪子弹存库。除咨明司法部外，理合备由详请查核批复施行。

批：详悉。仍候司法部知照。此复。

（《四川都督府政报汇编》，《四川辛亥革命史料》上，第601～603、607～608页）

大汉四川军政府告示

（1911年12月～1912年4月）

一 严禁殴辱报馆示

照得言论自由，本系报馆天职。有时议论失当，或者记载不实。果然报馆无理，惩戒自有报律。轻则勒令更正，重则告官处置。动辄辱骂殴打，殊非文明面目。特此申告军民，切勿违法任意。有理反成无理，严办决不姑息。

二 一律剪发痛扫污俗示

照得编结毛辫，向非汉官威仪。自从满清入主，强迫人民为之。现值光复伊始，污俗痛扫无遗。况处尚武之时，剪发更觉便宜。衣服暂可仍旧，并非必仿泰西。凡我大汉国民，切勿误会惊疑。

三　安慰军界六言告示

大汉光复故业，四川宣告独立。取军国民主义，必当厚养兵力。况今四方多故，尤宜扩充军实。无论旧军新军，无论本籍客籍。任用不分畛域，待遇从优一律。熟悉营伍员兵，尤不轻率更易。所望众志成城，巩我新造之国。

四　禁止人民结党勒搿烧劫通告

为通告事：照得四川幅员辽阔，民志不齐，前次急于大义，赴汤蹈火者，皆为大汉忠义良善之民。自推倒满清政府，起义之目的已达，即应回复秩序，共图乐业。若犹不明公理，不守法律，或三五成群，或结党数十，轻者估借勒捐，重者肆行烧抢，是则有意反抗军政府之命令，破坏全省土著客籍之安宁，必非大汉良民，我大汉良民，当共嫉之。本军政府决不能姑息之。自此宣示以后，若再有勒搿骚扰烧劫情事，除由本军政府随时查拿外，即着各府、厅、州、县官警及团防筹防各局从严稽查拿办，勿稍瞻徇，以安闾阎，而保良善。特此通告。

五　示谕各街首人禁止赌博

现在赌博盛行，实为地方之害。以后责成各街首人严行禁止。倘再违犯，定将该首人并究。特示。

六　禁止擅封仓储六言示

近有不法之徒，假军政府命令，在外擅封仓储，扰害民间实甚。特此诰诫森严，责成团保查禁。遇有此等匪人，送县斩首示惩。言出法即随之，其各一体凛遵。

七　令民仍服旧装六言示

大汉国家成立，只重政治改良，顶戴袍服而外，均可仍照旧装。各地当铺衣铺，照常贸易开张，勿为谣言所惑，免致生意损伤。

八　维持当铺示

为出示晓谕事：照得十八日之变，城内各家当铺，多被焚劫，银钱及质存衣物，散亡几尽，当商受损至巨，亟宜设法维持。兹经本军政府拟定维持之法，凡被劫被焚各当，一律暂停赎取，一面即由本军政府照会商会赶紧派员分赴各当清点，其未毁失之物，将来自可照常赎取。为此示仰质物诸色人等一体遵照勿违。特示。

九　严禁匪徒假冒密查招摇

为晓谕严拿事：照得本军政府访闻现有无赖之徒，散布四乡，冒充本军政府密查，或假充卫兵在外招摇，甚至私刻封条，封闭民间仓谷，不准发卖。种种不法，殊堪痛恨，若不严拿惩办，何以整风纪而靖闾阎。合行出示晓谕。为此示仰城乡军民人等一体知悉，如遇有前项不法匪徒，务即由受害人家协同本地军团拿获，距省城远者，即解送该地方官惩办；距省城近者，即拿送本军政府尽法惩治，决不姑容。切切，特示。

十　晓谕成都府详定团防章程

现据成都府详定团防章程，条理周密。本军政府前次所定五城团防简章，原系举其大略，现在既有成都府所定详细章程，一切自应遵照详章办理，以臻妥善。为此示仰军民人等一体知悉毋违。特示。

十一　晓谕统一地方官权限

为出示晓谕事：照得本军政府成立伊始，百度维新，非事权统一，不足以齐民志而遏乱萌；矧此军法时代，一切应行事宜，尤非整齐严肃不足为治。现在各州、县绅董组织之机关，纷纷成立，虽属情殷桑梓，图济时艰，而意见参差，是非混淆，亦所难免。若不亟筹统一，诚恐治丝而棼，民心无所适从，该绅等利济生民之心，转为贻害地方之事，当亦非该绅等之本志也。以后一切司法、行政各事宜，并驻扎地方保安军队，统归各地方官监督调遣，所有各局局绅及团体代表，并应谨守权责，禀承地方官办理一切事宜，庶几小民有所遵从，闾阎得以安靖，是为至要。当今事务殷繁，万端待理，本军政府用人，至公无私，不分畛域，各州、县公正绅耆，怀才抱德，本军政府方虚衷延纳，乐与共匡时艰。其有假公济私，施城狐社鼠之技者，不惟本军政府所不容，抑亦各州县正绅所当共为摈绝。本军政府即当执法以议其后，决不宽贷。切切，此示。

十二　军政府告示

一无论本籍、客籍及外国人，仇杀者斩。二放火及奸淫劫者斩。

十三　大汉民国四川军政府通告

为通告事：照得财政为庶政根本，此自古皆然，尽人而知。省城自宣布独立后，猝遭十月十八之变，公私财产损失一空。本军政府再次成立，亟练重兵，厚筹军饷，罗掘几穷，然对于各地方财产时深注念。筹款虽极困难，未尝率意提取，且饬令各地官绅加意保管，所以慎重财源，即所以顾恤民力。乃查近来各属地方公款，大半被本地绅民借用挪拨，其贪劣者固欲乘政府递嬗之际，意图侵没；而公正者亦不免以满清时代之财，任意支取。夫满清政府之财，即一丝一粟岂其自有，皆取诸吾民者也。取于人民，仍用之人民，未始非是。但大汉方兴，民力有限，不但本省行政经费仍当取诸本省人民，即中央经费何能不取给联邦？欲享文明国民之权利，必尽纳税当兵之义务，此世界不易之公理也。倘若此任意挪移，致有亏损，则军需政费及其他行政要用不足之势，必又取于民。吾民兵燹之余，岂堪重被征敛？故此时人民能多保一分之公款，即他日少受一分之苛累，而地方亦多享一分之利益。彼所谓浪用满清之财产者，实无异自剥身体之脂膏也。言之殊堪悯痛。此通告阖省绅商军民人等，以后不论何等局、署公款，或地方公共团体之财，皆须加意保存，互相监督，不得任意挪移，遗累人民。若有贪劣官绅，以为无主之物，希图侵没者，本军政府查出或经他人告发，必当尽法严惩，不稍宽假。切切，特告。

十四　禁止藐抗地方长官示

照得地方长官，郡邑行政之主。现当大汉光兴，尤赖循良救补。保护社会秩序，闾阎安居乐土。团防保安各宁，均宜竭力佐辅。管内诸色人等，不得任意狎侮。倘有藐抗行为，定当严拿惩处。

（《四川都督府政报汇编》，《四川辛亥革命史料》上，第 603～606、613～614 页）

训军文

(1912年1月上旬)

　　公仆衡谨告于我最亲爱之全蜀军界同胞曰：衡谬被同胞推举，承乏军政。受任以来，竭劳殚瘁，声为之哑，体为之病，轻七尺以重民命，冒万死以定国是，夜无稳睡，日不饱餐，此我军界同胞所共见共闻者。所幸诸君努力，元恶伏诛，大敌就缚，方期太平可以坐待。何图人心庞杂，时局艰危，独木难支，四郊多垒。衡虽任劳任怨，誓死报公，犹恐无效，贻误大局，又不敢决然舍去，置斯民于不顾。

　　再四思维，惟以训练精兵，实行军法，庶可以颁行善政，平镇暴乱，使外侮不我侵，蒸民得安堵，邪僻自私辈不至害公，贫乏颠危之局，亦能致治。我军士悉听衡命，衡与我军士生死共之；我军士不听衡命，衡请披发入山，不复与我军士聚。谨申军训五条，我军士其日夕讲诵复习而实行之，必能强兵富国，雄视五洲。惟我军士共勉之：

（一）军人须爱国：爱土地，爱人民，爱国粹，爱公产；
（二）军人须和群：和人民，和将帅，和士卒，和远迩；
（三）军人须忍耐：忍苦痛，忍贫乏，忍饥寒，忍窘辱；
（四）军人须服从：服公理，服命令，服礼教，服法制；
（五）军人须知耻：耻退怯，耻悖乱，耻偷惰，耻虚妄。

　　（刘石甫：《尹昌衡传·尹昌衡之文略》，《武昌起义档案资料选编》下卷，第488页）

致重庆军政府电

(1912年1月10日)

张、夏两都督鉴：

此间宣告独立之后，叠奉钧电，正拟复陈种切，遽遭十月十八日之变，蒲、朱两君去职，昌衡、纶以军民敦迫，勉出承乏。幸军心渐固，闾阎稍就安堵。月之初三日，赵逆授首，旗兵旋即缴出枪械，独立大业，从兹益固。治祥适自渝返，具述贵都督及渝人士协商统一盛意，足见大公无私，纯为大局起见，无任钦佩。迩者州郡纷纷独立，全蜀分裂，昌衡、纶等正日夜筹思，以为保全和平之道，非将军事、财政诸大端悉归划一，实不足捍御外侮，与尊处意旨适相符合，何幸如之。兹将统一两军政府办理事件，略陈其要：

（一）以成都为四川军政府中枢。

（二）重庆应置重镇，设镇抚使一人，领兵一镇。

（三）据纶意见，拟以成都正都督为四川正都督，重庆正都督为四川副都督。

（四）两处副都督拟任以重庆镇抚使或枢密院院长及军事参议院院长。

（五）各部长次官合两地人才组织之。

（六）两军政府所派安抚、宣慰使，应彼此速将合并之事知会，使互相联合，各以接触地为职务终了地。

以上各件如贵军政府以为可行，即希先赐电复，并一面组织镇抚府，一面请都督及各职员各同志迅速来省组织新政府，俾诸要政得以次第施行，地方早就安谧，全蜀幸甚！中国幸甚！尹昌衡、罗纶、张治祥、董修武、王祺昌、龙灵、邓孝可、童宪章、龙绍伯、杨维、李植、刘泳闿等叩。蒸。

(《四川军政府文告》，上海《民立报》1912年1月29日)

致孙中山及各省都督电

(1912年1月29日)

南京孙大总统、各省都督鉴：

成渝决定，合并机关谓成都①，其余条［各］项议决续报。陕屡告急，已议定川滇黔会师北伐。杨军向汉中，滇军向兴安，本军一镇分出广元龙（李），先定秦陇，次图进攻。望各军协力，直捣燕京，破其巢穴。民国幸甚。尹昌衡、罗纶叩。艳。

(《成都都督电》，《申报》1912年2月9日)

大汉民国四川军政府通告

(1912年1月)

为通告事：本日得重庆转来南京宜昌电，临时中央政府成立，举孙汶为大总统，都南京，改用阳历。除通饬各府、厅、州、县并将电文登报公布外，合行通告省城各署、局、学堂、铺户、居民人等，自明日起一律悬挂国旗三日，以志庆祝。此告。

(《四川辛亥革命史料》上，第606页)

---

① 报载原文如此。

四川军政府示

（1912年2月2日）*

成渝合并议成，各界想已知晓。机关设立成都，条件决定发表。云南援军交涉，亦在嘉定办好。自贡荣威地方，兵队撤退无扰。议定会师北伐，共向虏巢直捣。先遣一大支队，为北伐团前导。我师明日出发，人民欢欣颂祷。指日扫穴犁庭，满虏根株推倒。

（成都《大汉国民报》1912年2月2日）

致孙中山电

（1912年2月4日）

南京孙大总统鉴：

川省迭经变乱，地方糜烂，较各省尤甚，各厅、州、县年内应完丁粮等项，无从催收。而军饷一项，又较从前增多数倍，无计可施，乃于冬月二十七日发行军用银票三百万元，以济急需。限一年后筹备现银，分存各省银行或中央银行，陆续收回。现在发行伊始，省内倍觉畅销。原川省商务所及范围甚广，倘外省不能通行，则四川因此受窘，军饷无出，终必影响各省。拟请先由中央政府电知各省：此后凡遇四川军用银票，仍应一律通用，令以活动市面。可否？祈电示遵。票式及发行简章，另文呈赍。尹昌衡、罗纶叩。支。印。

（《成都电》，《民立报》1912年2月23日）

与罗纶通告各界文

(1912年2月7日)

大汉四川军政府都督尹、罗为通告事：川省自七月以来，西南各属保路同志会，纷纷倡义起兵，反抗满清政府，为十八行省发难之先声。经数月之血战，损失生命财产，不可胜计，迄于阴历十月初七日，始克推倒强顽政府，宣告独立。又以赵贼未除，暗中主动，致有十八日防军之变。前都督蒲君殿俊自甘引退，昌衡迫于公推，承乏斯任，以纶副之。受事以来，寝食不遑，竭蹶万端，力所能为，罔敢不尽，其间经过困苦，匪易殚述（原注：另详）。

川、滇本唇齿相依，派兵来援，诚所感佩。然细查滇军入川以来，对于川省极重大困难问题（原注：如赵贼据督署为窟穴，傅华封率藏兵据雅为声援，满城枪支亦未缴出等事），未闻遣一介之使、帅一旅之师来相援助。惟日顿兵叙郡，以行其侵掠主义（原注：事实另详），包藏祸心，不可测度。本军政府以复巢未覆，大局未定，为同仇敌忾之时，非阋墙操戈之日，故加意涵容，屡次遣使，冀为和平之解决，得以专事于北征。乃顷得驻川滇军报告本省及各省电文，任意诬蔑，颠倒是非，欲以捕风捉影之谈，冀耸中外之听，并欲假联军定乱之名，阴遂攘夺之谋。凡有血气，其谁可欺。特就原电，逐条签驳，质诸海内同胞，一详论焉。

一、"据确实侦探报告，成都哥老会政府以排斥外省、横取财货为无上政策，因日日演说排外，大乱以起"云云。

窃川省自十月初七日宣布独立，即已通告各属，凡满清时代所谓种种恶税，得由地方官绅分别呈请酌量减免，以示体恤，此尚有案可查，并非事后掩饰。即经十八日之乱，财政万分支绌，更于盐厘改为就场征收，较前减少十分之六，肉厘减少十分之二，糖厘减少十分之七，茶税一项则全行罢免，焉有横征暴敛之举。况川省客籍官商，不下数万，试问本军政府成立以来，除照章征税外，曾否向所有者勒派分文。虽因军饷无出，议募公债，均系听其乐从，毫未加以强迫，即以侵吞巨款之路广钟，监守自盗之沙天泽，尚且从宽免罚。此外客籍同胞，不问可知。又况防军统领叶荃（原注：叶系陆军标统）籍系滇人，于川省已告独立，竟敢不受照会，并密约盐运司杨嘉绅搂卷库款二十余万，拐挟新式五子枪二千支，子弹二十万，逃据嘉定，图谋不轨。及当众宣布，经军人反对，始行潜逸。昌衡与纶尚不肯援法通缉，致伤邻省感情，何论其他？乃该电竟谓本军政府横取财货，不知果何所据？

至谓演说排外，大乱以起，尤属诬罔。查本省独立之后，所任文武官吏，客籍最占多数，内而各部科长、科员，外而府、厅、州、县知事，属于外省人员十之六七，首府两县，即其例也。虽在职间有请假回籍，均经再四挽留，不肯就职，始行允准，并给护照，送出境以守前约。此犹谓为排外，其谁信之？如论十月十八之变，则不应归咎于本军政府，而应归咎于客籍中之田（征葵）、王（棪）诸人。查川省独立宣言，于在职官吏，均令仍旧任事。客籍中向归闲散之人，未及一概录用，遂有客籍救亡会之发生。彼时外省人民，编入我川防军者，均被田征葵等多方煽惑，乃有东较场点名不受约束之暴举。即以客籍会长李克昌，于是夜假赵贼名义出示招募散军，希图乘机恢复一事觇之，孰是孰非，公论俱在。乃滇军既假援川为名，不将我省受祸之原，据实报告各省，以张公理，反捏词相加，借以煽动各省与我为难，则援川适以陷川矣。

二、"罗纶提倡哥会，匪势遂炽，其法以政府为哥会最高机关。凡官于蜀之积有宦囊以及富商大贾，均勒令出银若干，务以馨尽为率，予以哥会大爷名目，始可以保其生命财产（原注：中略），如赵康时被杀于成都，方声涛拘于半边街，皆无金赎命之故"云云。

窃纶充当谘议局议长，已逾两载，果系哥会中人，何以当选之时，未被告讦？况本年川省争路一狱，纶亦被逮，以赵贼之故入人罪，尚且不能以哥会名目处罚，则罗纶是否为哥会中人，当不辨自明。

至于川省哥会之发生，历年已久。当其纶与蒲（殿俊）、颜（楷）就捕之后，赵贼派兵四路出剿，苟非同志军先后起义，拚死抗拒，则我川生灵早被屠戮馨尽矣。即至十八日变起仓猝，赵贼既未伏诛，满城犹拥枪械，而又暗调藏兵数千，突至新津以为外援，如无同志军中途截阻，并相继入城助斩，赵贼将死灰复燃，全川亦必不为我有矣。虽其中不无哥会中人，而自编入军队以后，均能各守纪律，协保公安，即间有未就范围，亦应促其逐渐改良，俾图自新，方与人情国法两不相背。且据上海报告，伪清尚未拔尽根株，和议亦未及时告成，人心摇动，处处皆然。必如滇军在我川叙、泸一带之肆行杀戮，其不至为渊驱鱼、为丛驱爵〔雀〕，殆亦几希。况本军政府对于假冒同志会之人，前后正法不下数百。而滇军犹谓纶等提倡哥会，匪势遂炽，其显与事实相违，更何待言。

若夫以政府为哥会机关，则不惟诬纶一人，并举我川一般绅商及客籍中之最有学识品望者，均以匪类视之。夫所谓政府者，即以多数人组织之政治机关也。我川此次军政府之组织，非共和党中人，即系本省或外省素能任事之人，皆有册可查，无可隐饰。滇军欲以匪党坐纶，遂举组织政府之全体人员一并诬之，恐客籍中稍有天良者，亦当同抱不平。

至谓旅居我川之官员及富商大贾，均被勒令出钱若干，始予以大爷名目，生命财产乃能保全，尤不足以欺三尺之童。夫以十八日之变，其客籍中之富商大贾，诚有因此被劫者，然以第二次军政府成立之后，无不一律保护，用化畛域，前后文告，历历可考。现在各省旅川人士尚未归，试请出而问之，果有何人生命财产，系由军政府予以大爷名目始得保安全者乎？即以该电所举赵康时之被杀，方声涛之被拘，已可证明其所报之概属虚诬矣。夫康时之被杀，事诚有之，但溯厥原因，乃系十八日康时乘机纵兵劫掠，致遭所属兵丁立时枪毙于营门之内。至于声涛被拘，则因未领护照，私持枪械出城，同志军疑系逃兵，因此截阻。旋经本军政府询明情节，随即补给护照，并川资银五百元，派兵四十人护送回籍。现在我川军官客籍尚多，知其事者，当不乏人。该电捏诬赵、方两人，因无钱赎命，致被拘戮，非真毫无根据，希图挑衅而何？

三、"不谓近今世界，犹有此次黑暗惨毒之怪现象（原注：中略）。祈电告天下，大声其罪，由滇、黔、湘、鄂增发大兵，剿此乱逆组织新政府之川人，然后退师，以达我援川目的"云云。

查我川最初所布紧急命令，不惟禁止戕害官长，并于旗籍诸人极力保全，何况外人。即以十月初七日之宣告独立而论，各外宾之来府观礼，均以我川此次办法优待旗民，优待故官，不修私仇，不寻旧怨，一基人道之正义。其中如美国人尤为称道不置，并将所拟办法各条，抄寄回国，登诸报章。较之滇军入川，在叙则诱杀党人刘杰，并其所带新军数十；在泸则仇杀党人黄芳，并其所属民军数百。孰为文明，孰为黑暗，孰为宽仁，孰为惨毒，不辨自明。而滇军反欲捏词煽动各省灭我川民，是直为逞无餍之野心，遂欲相率天下之人，同蹈不义，其有背世界公理，孰过于此！万一各省竟为所惑，因此同室操戈，而外人遂乘间干涉，咎将谁归？洪、杨之败，前车之鉴也。中央政府果能据实论罪，以彰挞伐，则义旗所指，当必有在。

四、"张支队不日出发嘉定，饬黔速进，以增后援。在叙有黔军三十余人来附，均携有枪械。由重庆大队再拨（兵）目四十人，新募五十人，编游击第一队，附属于辛庚之捷。有某某所率之二百余人，即以自流井所获枪支配发，编为第二游击队，附属于辎重（原注：中略）。则成兵足用，不必由省再发"云云。

据此则滇军蓄意侵略，尤属显然。值此大敌当前，即使我川果有内乱，滇军亦当退谋北伐，以顾大局。乃昌衡与纶屡次电请会师，分往陕、甘，牵制北兵。而驻川滇军，不惟不肯同行，并欲乘其不备，覆我政府。且近日滇军所在地方，其受虐人民，无不来省控告，请与滇军开仗，以伸冤抑。昌衡与纶方且曲为解免，以全邻谊。而滇军竟忍怀此诡谋，诱结黔军，而惟利是逐。万一北军乘据西安，进取我川，则南北之势一成，岂惟川民不免受害，即全国大局亦不免同受影响矣。

五、"请电苏镇，候毛兵募足，发给枪支百支，子弹四万，募费已由梯（团）筹，勿庸在滇支取"云云。

查滇军入川，已逾两月，所带兵队，不下万余，军饷是否系由自备，未敢臆断。然据各处近日报告，滇军入川后所用军饷，皆系于所过州县迫令绅商预为筹备，或于所占我川各处盐厂加抽税厘，希图肥己，不饱溪壑，继以抢封。甚有谓在泸则将我川所存税厘私运二十余万回滇。昌衡与纶方以该军既假援川为名，万不至如此横行，致伤和气。今观该电"勿庸在滇支取"云云，足征各处报告，不为无因。夫以我川之地方糜烂，甲于各省，昌衡与纶且不肯以军饷无出，丝毫苛派人民，而滇军在川，竟忍四处搜括，天良何在？以故此电传来，全川人民，无不为之发指！

现已呈请中央政府转知各省，勿为所愚。并恳电饬滇军及时退归，或速同北伐，以赎前愆，而释群疑。倘既不同赴陕、甘，又不及时回籍，则非有意吞并，即系阴受满清政府指使，牵制我军北出，甘为天下之公敌。昌衡与纶亦惟有谨率全川人士，固我疆宇，如其不济，以死继之。

临颖涕泣，诸维鉴察。尹昌衡、罗纶谨告。

（《四川保路运动史料》，第527~530页）

在川汉铁路公司的演说

(1912年2月9日)

联合滇、蜀、黔北伐大使胡景伊自蜀政府抵省，两都督假铁路公司宴设三十余席，欲借以辞职也。未入座之先，尹接见大众，继演说，略谓：

今日非演说，亦非会议，昌衡自回国以来，担任军事教育，暇时虽有，性最孤僻，未能与诸先生相过从。及十月十八日誓死出任事，招复［抚］军队，收拾军心，又日不暇给，亦不能与诸先生相接洽。今日之宴，乃与诸先生略谈心曲也。昌衡生性一不护短，二无党见，三信人最专。惟自问生平好驰马试剑，只一武夫耳，全无政治观念。任事二月有余，政治全恃董特生、刘杰［积］之二人担任。所凭以对七千万同胞者，惟不怕死也。此时北虏未灭，久欲率师北伐，又恐以都督名义出发，省内军心动摇。今胡君文澜有学识，又有阅历，必足以镇摄军队。昌衡请践前约，应即退让，要求诸先生公认胡先生为都督，以表我之初衷，昌衡仍愿率师北伐，为诸君效死。且现在川滇相持，有万不能开战之苦。昌衡亦愿效日前单身入两湖公所及赵尔丰居处故事，亲往说滇军一同北伐。总之，要求诸先生许我去都督之任。

众闻言多不许，徐炯首发言："兹事体大，非仓猝能解决。"刘天佑、邓孝可谓："北伐与内政并重，都督与胡先生均为大众所推许，议仍留都督，推胡先生为北伐总司令。"众赞成，乃散会入席。

（秦枬：《蜀辛》，转引自《巴蜀丛书》第1辑，巴蜀书社，1988，第583－584页）

致孙中山电

（1912年2月10日）

万急。南京孙大总统鉴：

前致贺电，谅邀察悉。赵尔丰踞川肆虐，滇省于反正之初，即遣援师，助川独立，高义薄云，感戴何似。不意兵端之后，民间忽兴侵略之谣，群怀疑惧，衡等开谕万端，终莫能释。盖滇军来援，为蜀人所不解者，实有数端。蜀〔滇〕军抵川境时，赵贼犹存，而顿兵叙郡，收钥求金，盘桓不进，一也。各路同志军虽品类稍杂，要以义起，滇军于其行为既无忠告，又未知照四川军政府，遽用谲计，开炮攻击，死者数万，二也。同志军受率〔纪〕律不严之咎，横被攻击，其中已不免冤诬，至如刘杰诸人惨遭枪毙，刘声元等亦遭冤捕。所到之地，先锄英杰，如屏山之罗，富顺之范，自流井之周，三也。赵逆既诛，军政府确立，滇军已据之地既不交还，未到之地更图进取，四也。富顺、犍为盐务所在，叙、泸两地亦号膏腴，滇军代定自属美意，而推倒自治税关，设官征税，未商敝处，且道路传言，滇军有由叙辇金归滇之说，五也。滇军政府所派郭巡按使，曾经旅滇人举为代表，川人引领欢盼。滇军在途，乃谋加害，并将所派送告示之测量学生何棨枪毙沉水，六也。然此等谣诼固难遽信，即有小疑，难掩大德，故敝省于滇军进攻各线，厚集兵力，以为正当防卫，而不敢轻于开衅。现在成、渝议决合并，已无内讧问题，各地方官及宣慰使分道四出，内乱亦将底定，无所用其援助。况北虏未灭，秦、晋危急，惊报星驰，吾蜀虽弱，不敢为海内后，北征之兵，克日出发。滇军或应凯旋，或同北伐，均应商决。若彼此牵制，争蛮触之小利，贻鹬蚌之大害，一旦大局不支，谁尸其咎？蜀、滇谊切同仇，御侮不暇，焉敢阋墙。除电请滇军蔡都督速赐解决外，应请大总统裁夺，转电遵照，并盼复示。尹昌衡、罗纶。蒸。

（《公电》，《民立报》1912年2月13日）

致孙中山电

（1912年2月15日）

南京孙大总统鉴：

川省大局粗定，临时省会急应设立。惟国宪既未颁布，选举资格无从定准，且必待选举后始行召集，不免多费时日。但在权宜办法，可否即以旧日谘议局议员，及各厅、州、县会之议长，为临时省会议员？又现值军政时代，所应提交省会议决事件，究以何者为限？均恳电复，以便遵行。四川都督尹昌衡、罗纶同叩。删。

（《四川都督电》，《申报》1912年2月28日）

附录　孙中山复尹昌衡等电

（1912年2月24日）＊

成都都督尹昌衡、罗纶鉴：

川省召集临时省会，权宜办法，自属可行。至议决权限，各省亦未一致，惟在斟酌情势为之。总统孙文。

（《临时政府公报》第21号，《孙中山全集》第2卷，中华书局，1982，第129页）

与罗纶致南京临时政府财政部外交部电

(1912年2月16日)

复川省盐税因乱挪用,俟后当遵示筹解由。

南京。中央政府财政、外交两部鉴:

江电敬悉。查川省盐砾项下每认解外计共1671747两有零,本年除已解外,尚欠银303333【两】。免此项欠款,系具清运司奉文因乱留作他用,已归无着。官运盐本亦损失殆尽,别无他款可挪,只得趁此改为少场征无,扫除种种积式。惟川省地方糜烂较各省为甚,现虽渐归平静,井灶尚未一律复业,每月收税实无几。然外债关系重大,无论如何,此项收入每年仍当遵示先将认解外债一款全数提出,以全大局。除将详细办法另文陈报外,先此奉闻。川都督尹昌衡、罗纶同叩。十六号。

(张海梅选辑《南京临时政府大总统府电报房所收电报选编》,《民国档案》2011年第2期)

与罗纶致孙中山等电

(1912年2月17日)

南京孙大总统、黎副总统、黄总长①暨共和各省都督、军政分府鉴:

川省重庆于阴历十月初二日宣布独立,建设蜀军军政府,成都亦旋

---

① 《民立报》所刊稿作"黄内阁总理"。

于是月初七日反正，建设大汉四川军政府，两相对峙，三月于兹。然一省之中，事权不归统一，一切行政殊多不便，加以北虏未灭，局势万分危急，非亟图合并，厚集兵力、财力，不能救援邻省，直捣虏府。昌衡、纶有见及此，受任以来，力谋合并，屡与蜀军政府电函相商，专使往来，最后乃派张治祥君为成渝联合全权大使赴渝，与蜀军政府所派全权大使朱之洪君提出条件，互相商议，于阳历正月二十七日拟就草合同十一款，双方签字盖印，并缮就正式合同，经蜀军政府盖印，送请察照盖印前来。当经召集文武职员特开会议，经众赞成，于二月二日盖印讫，合同成立。

按照合同，纶应退职，重以文武职员暨军民人等公推，辞不获命，勉居军事参议院院长之职。谨当竭其驽钝，赞襄军事，用副我全蜀父老兄弟殷殷相望于纶之意。除照会蜀军政府，促将重镇赶紧组织就绪，并派黎庆云君往迎张都督麾节来省共图新治，通告各地方外，合行电告。

至前此建设之川南军政府，早已合并于渝，蜀北军政府亦议决于成渝合并之后同为并合。自此全川统一，责任愈重，昌衡德薄能鲜，曷克胜此？惟有与张都督及各执事戮力同心，共维大局，夙夜只惧，以免陨越而已。昌衡、纶同叩。篠。印。

合同附后

成都四川军政府、重庆蜀军政府协议合并草约①

计开成都军政府提议六案，议决者如下：

一、暂议成都为政治中枢。

二、认定重庆应设重镇，领兵一镇，直隶全省军政府，其名义、权限、区域，由蜀军政府组织之。必名义、权限、区域及任重镇之人有定时，两都督乃可全行出发。

三、认定成、渝两正都督为全省正、副都督，惟须两军政府合并所成之

---

① 台北中国国民党党史馆藏件题为《四川军政府、蜀军军政府合并决议条件草合同》。

各处、部、院职员票举选定正、副，以免彼此谦让。

四、两处副都督将来拟代以重庆主领重镇之任，或枢密院长或军事参议院长。现在重庆副都督曾经推定为北伐团总司令官，俟各方面认可时及成渝条约并附件宣布实行后，即完全担任北伐职务。

附件

（天）如为滇黔川总司令官，则应受中央政府命令，否则受本省军政府命令。

（地）北伐团应需之军械、饷、人员，应由四川担任者，当始终担任之，其细目如下：

（甲）兵力。成、渝共出新军二镇内外（各兵种全、器械完备）。

（乙）薪饷。先筹划四月全额后，随时接济（饷章附）。

（丙）弹药。始终竭力补充。

（丁）人员。限于必要之人员，量材调用（此条早为蜀军政府议决通告各省，成都全权大使应为特别报告）。

五、各部长次官及各职员，宜合两地人材组织之。特须由两都督斟酌调用。

六、两军政府所派安抚、宣慰使，应从此速将合并之事知会，使互相联合，以接到地为职务终了地。（此条重庆业已实行，成都亦应催促实行。现据飞报，成都所派北路宣慰使尚以兵力胁换蜀军政府已委任岳池、邻水、渠县等县地方司令官，请从速知会。）①

计开蜀军政府提议五案，议决者如下：

一、大汉四川军政府应改为"中华民国蜀军政府"，以符各省通例。

二、都督印文应改为"中华民国军政府蜀军都督之印"。各道、府、厅、州、县印文，应即改为蜀军政府各种关防，以昭划一。

三、重庆既设重镇，领兵一镇，其不足之兵与械，于条约宣布之日，应即由成都陆续补充。

四、蜀军政府与鄂、滇各军所订合同，成渝合并之后应继续承认有效。

五、提议西藏为全国之西藏。

以上十一条，由蜀军政府全权委员与四川军政府全权大使公同议决，认为有效，签字后，即将合并之理由及条件通告中央政府、共和各省及本省各

---

① 此括号内文字为《民立报》发表时新加文字，台北中国国民党党史馆所存文件并无此语。

地方，特必经两军政府调印后，即见实行。

四川军政府全权大使张治祥押
蜀军政府全权委员朱之洪押。

（《四川军政府官报》汇编本，《四川保路运动史料》，第 534~535 页；台北中国国民党党史馆藏件，档案号 356/294；又见《沪军政府电报》，上海《民立报》1912 年 2 月 23 日）

附录　张培爵致孙中山等电

（1912 年 3 月 3 日）

南京孙大总统，程内务总长，参议院四川议员熊成章、李肇甫、吴玉章，武昌黎副总统，各都督，各报馆鉴：

成渝合并前，经全权大使张治祥、朱之洪双方通电，其条约第三条认定两都督为正、副都督，由两处各部院职员票举以定正、副。今成渝实行合并，培爵已首途赴成，自分德薄才鲜，倘有陨越，外无以对诸君子艰难缔造之苦心，内无以慰七千万同胞之希望，思维再四，甚欲召集川民举贤自代，以戎马仓黄，势有不可。今关陇危殆，甘、新未平，青海四番顽梗不化，而四川经屡次乱离之后，火热水深，创夷未复，外交内政，亟宜整理，以纾民困。正都督一职，非雄才大略者，不能胜任。培爵已推尹昌衡为蜀军正都督，培爵随尹君之后为副都督，勉尽国民之责。一俟大局平定，仍赋遂初为民国自由之民，以观郅治之盛。除电告尹君外，特此奉闻。蜀军都督张培爵叩。江。

（《四川电报》，上海《民立报》1912 年 3 月 19 日）

致孙中山及各省都督电

（1912年2月23日）

南京中央政府孙大总统、武昌黎副总统及各省都督鉴：

四川北伐之师拟暂派二镇，因滇军盘踞不行，致受牵制，定于正月三十一号出一大支队向汉中进行。现在成渝合并，内乱平，驻川滇军殊无用处。自滇军乘我以全力平定傅逆之时，进据自流韶［井］，川名为盐厂，攻取泸州、富顺、合江，借端剪除同志黄方、刘【永】杰诸人，川人愤激，急欲一战。昌衡、纶力为解劝，以会师北伐，川人愿担饷项抚军。现尚故意延宕未发，使川人和战两难。深冀尊处电告云南军政府速将援川之师转向北伐，俾四川得释内患，可以全力北进，扫犁虏穴，四川幸甚！大局幸甚！成都昌衡、纶。漾。

（《沪军政府电报》，上海《民立报》1912年2月23日）

与罗纶致孙中山等电

（1912年2月27日）

南京孙大总统、武昌黎副总统暨上海《民立报》、天津《民意报》钧鉴：

成都自反正以来，迭遭□乱。本都督受公推于危难之际，兵不满三百，然振臂一呼，散亡立集，□民国之灵，将士用命，得以暂定一时。亟欲组合精锐，而以前久练之军□十失八九。雅患方平，邺氛甚恶，虽已编成四镇，而以戎马倥偬，一切教育训练之方，尚付阙如。假令军纪不严，秩序不明，非所以靖内而捍外也。

四川为西陲重镇，欲求巩固国基，首在整军经武。本都督受人民之委托，治安无术，惭悚交萦。每念甘未反正，秦屡求援，而内地之匪患犹是，嗟我父老，因之农民未尽复业，商货未尽通行，四海苍茫，潸然出涕。若无将材统辖各镇，鼓舞精神，促进学术，以绥定四境，控制西北，则岌岌不可终日。

兹查胡景伊学识优长，谋猷闳远，心精力果，经验宏深，方其智勇，直轶先贤，凡我干城，皆属后进。尤宜特任全川陆军军团长，兼军事参议院副院长，各镇均受节制调遣。从此军政得人，河山增色，拜节钺于坛下，授阃外于将军。除檄委外，谨此奉闻。成都都督尹昌衡、罗纶叩。沁。自成都发。

（《四川电报》，上海《民立报》1912年3月10日）

与罗纶致各省都督电

（1912年2月27日）

各省都督鉴：

川省大局已定，军事计划，已有端绪，惟立法、司法、行政组织尚多未备。贵省所有一切定见，务乞随时见示参考，是为至祷。川都督尹昌衡、罗纶叩。沁。

（《公电》，上海《民立报》1912年3月10日）

批陆军部顾问官张熙
请设全蜀和平会文

（1912年2月）

查重庆首倡独立，其时所举正都督即系张君烈五。至成都独立而后，虽与蜀军有联合之说，张君并未启程晋省。来呈所称张君中道而返，竟立为蜀军正都督等语，系属传闻之误。至灌县所奉蜀军公文，实系通行文件，即如川东一带地方，本军政府皆发有公文，委有官吏；近处重庆之永川、荣昌等县，亦常禀承本军政府办理。成、渝两处行政区域既未划分，公文互行，自所不免。

至合并问题，蜀军专使业已抵省，一切条款，现正磋商。成都为行政中枢，已经重庆承认，则成渝统一之问题，自不待调和而后可决。统领维持大局之盛心，深可钦佩。惟揆诸目前事实，则所请立会之处，当毋庸议。

至田兆文等军队，卓著勤劳，本应编为新军，惟是库款奇绌，新军三镇饷项，尚苦不足，兹复更加编制，军饷从何筹措。该统领声望素孚，明于大局，雅为同志军士所推服，仰即设法速行遣散，暂行各理旧业，一俟宣慰使查明情形，照章编为后备军队，以昭鼓励。仍将遣散情形，呈明备查。本都督即以此事相属，想该统领必能勉为其难也。此批。

（《四川保路运动史料》，第532页）

致孙中山及各省都督电

（1912年2月）

南京孙总统、各省都督鉴：

接西【安】军政府急电称：袁贼乘停战进寇，请援。本军政府现编大军两镇，分兴安、紫阳、宁羌三路进兵，已先遣一旅团规复汉中，大军续发。特电。成都都督昌衡、纶叩。

（《沪军政府电报》，《民立报》1912年2月13日）

与张培爵致孙中山等电

（1912年3月11日）

孙黎正副总统、各省都督鉴：

成、渝两军政府合并条约十一款，曾经电告，谅邀鉴。兹培爵到省，于三月十一日就副都督之任，昌衡以张都督谦退后，文武各职员公推，辞不得已，勉居正都督之任，亦于同日受事。罗、夏两副都督均经退职，罗都督兹于合同成立时，曾经成都各职员公推为军事参议院院长，已于今日到事，两地职员又公推夏都督为重庆镇抚府总长，业已联名电渝。至政府名称及印文，合并条约内订明称为蜀军政府。而成都于三月三日举行民国统一庆典时，已将大汉四川军政府名称改为中华民国四川都督府；并改铸令印，文曰："中华民国军政府四川大都督之印"，当日启用。现经两地职员协议，恐政府屡易名称，淆乱民间观望，现已决定即仍成都改定之名，不再更易，从兹合并，实行全川统一，一切内安外攘、除旧布新之事，皆可从此措手，而责任之重，亦因以愈增。昌衡、培爵以绵树［力］而膺巨任，深惧弗胜，亦惟协力同心，共维大局，夙夜只惧，以免陨越而已。四川都督尹昌衡、张培爵叩。真。印。

（成都《国民公报》1912年3月18日）

与罗纶致孙中山等电

（1912年3月11日）

南京孙大总统、黎副总统、各省都督、上海《民立》、天津《民意》报鉴：

本日接陕西都督阳历二月十号万急电云云，无任迫切，立即先遣队迅进，并简军实继发。惟滇军交涉，尚未解决，不能以全力赴救，焦急万状。请速电滇都督，急饬援川军会师北伐，万切感叩。衡、纶。真。印。

（《成都电报》，上海《民立报》1912年3月21日）

致袁世凯及各省都督各报馆电

（1912年3月12日）

南京大总统、武昌黎副总统、各省都督、上海各报馆鉴：

敝省前与滇军协议会师北伐，滇军取道襄阳，川军进援秦陇，嗣接中央政府电告，清帝退位，民国统一，北伐已作罢。论秦陇援师，川省力能专顾，滇军应回滇境。惟远道滇师，已由本军政府备送银十万两，除电告滇军

政府外，特此奉闻。昌衡、纶。叩。阴［阳］文。（自成都发）

（《成都电报》，上海《民立报》1912年3月16日）

致袁世凯及各省都督各报馆电

（1912年3月13日）

中央政府大总统、陆军部，各都督，民立报馆、民意报馆转各报馆鉴：

顷闻援鄂军及鄂军有经营西藏率兵入川之说，系由旅鄂少数川人所请，不知确否？敝省现已编练四镇，进援陕甘，经营藏卫，略敷分布，毋庸远道劳师，请即设法阻止。嗣后凡于重要事件，非有敝都督府印电，请勿允准。除通电外，特电奉闻。昌衡、培爵叩。元。

（《成都电报》，上海《民立报》1912年3月16日）

致黎元洪电

（1912年3月16日）

前于上月迭据西安敬电，曾经先遣一梯团驰往救援，已助汉中反正，并陆续增兵一镇在途。兹于三月十六日接西安张都督铣电称：现在甘省绅民赞成共和，马安良、彭英民业经议和，退出乾醴，惟凤岐敌人尚负固不服，敝军尚能支持，援师抵汉，无任感佩，请即调回休息。等语。查西安解严，敝军自应遵电撤回。惟甘肃已否反正，敝省并未接电，应否旋师援甘，请公迅电示，以便组织进行。至盼。

（《黎副总统政书》第8卷，中华民国3年8月印于武昌官印刷局，第25页）

附录 黎元洪复尹张两都督电

(1912年3月31日)

铣电悉。现西北一律反正,赵惟熙充甘肃都督,袁大化任新疆都督,升允已经解散。贵省援陕军队请速调回,保护地方秩序为盼。

(《黎副总统政书》第8卷,第25页)

与张培爵致孙中山等电

(1912年3月18日)

孙、黎正副总统及各省都督钧鉴:

川省成渝合并后,重庆镇抚府总长一席,公推前任蜀军政府副都督夏之时就近接充,曾经电达在案。兹据夏君叠请辞职,出洋留学,以图深造。似此坚心学业,未便再事强留,从优议助游学经费三万金,以酬前劳。所遗总长一席,已改委军团长胡景伊前往接任。特此奉闻。四川都督尹昌衡、张培爵叩。巧。印。

(《国民报》1912年4月1日,周勇:《辛亥革命重庆纪事》,重庆出版社,1986,第263页)

与张培爵致袁世凯等电

(1912年3月18日)

万急。北京袁大总统、南京孙大总统、陆军部、参议院、四川参议员、黎副总统、上海《民立报》、天津《民意报》转各报馆钧鉴：

  三月十八日据泸州地方长官电称：滇军假川南四川盐务联合会并附重庆总商会名义，电告南京、成都。文曰："南京总统、成都军政府钧鉴：四川自贡、犍乐四厂产盐最多，自贡两厂运盐入楚，必经川南，旧无盐厘，去年腊月二十七日川南骆司令出示：每载新加厘金二百二十五两，扣留至百余载之多。此风一倡，川江至夔府沿途州县无不出格，新加较旧时盐厘骤加千数百两之多。阳历三月十六日夜，川总司令总务部人员率领兵队下河，每载劫提去数十包，约值银五百余两，以作盐厘。商等理论不得，同祈滇军行营，彼以四川内不能越俎。又犍乐两厂运盐必道经叙府，叙府以川南加厘，亦将盐船扣留，每载勒加厘金八百余两，如此横征，民痛商痛，伊于胡底！且四厂盐不流通，商号停买，内运停，煎停，推四厂平日赖以生活之数百万人民衣食无出，必将暴动；全川财产生命必至与俱糜烂，大势岌岌；滇军又须克日回滇，商民呼吁无门，如何应付？乞作主速复。川南四川盐务联合会并【重】庆总商会叩印。"等语。遍查泸州并无川南四川盐务联【合会】及重庆总商会名目，显系捏造等情。查滇军自入川以附重合会来①，居心叵测，遇事诬蔑。自北伐取消，敝省军力有余，陕、藏均已派兵，滇军借名援陕及经营藏卫，冀图经过成都，乘机夺取，如占领贵阳情事，均经敝省窥破隐微，力为推谢。计无复之，辄开赴重庆，逼索银三十万两，谬称作为所代平难之费。敝省为顾全大局起见，隐忍付款；又议军队拨［撤］完，款始交毕。现已交银二十万，兵队并未开行，今复假借名目，危言耸听，其意仍欲留军叙泸，干预内政地步，不问可知。似此行为，意在侵略，若不明白宣布，不止混乱观听，于共和民国前途大受影响。请大申公论，严饬滇军迅即撤回，大局幸甚！四川都督昌衡、培爵叩。巧。

（上海《民立报》1912 年 3 月 25 日）

---

① 原文如此。

与张培爵宣布就正副都督职通告

(1912年3月中旬)

为通告事：去年成、渝独立，各设政府，势使之然，并非故为歧异。迨大局稍定，两处人士佥议以为非并合不足以谋政治之统一，是以各派专使，迭次筹商，所有并合事宜，当即通告。

兹培爵于三月初九日到省，以吾川光复初成，责任艰巨，尹都督雄才大略，己所不及，已推尹公任正，培爵就副。昌衡固辞不获。复经两地文武各员，勖以大义，且以都督为国民公仆，不当在谦让之列。于三月十一日①昌衡就正都督之职，培爵就副都督之职。罗都督纶于并合条约成立时，经成都文武各职员推为军事参议院院长，退职后当即就军事参议院院长之职。夏都督之时，经行营及成都各职员推为重庆镇抚府总长，业已联名电渝。

从兹吾川统一，都督责任更为重大，昌衡、培爵力小任重，深惧弗胜，惟有协力同心，不避劳怨，礼贤下士，共济时艰，庶几足以副我同胞希望之意。除电告中央政府及各省都督外，合行通告七千万同胞知悉。此告。

(《四川都督府政报》汇编本，《四川保路运动史料》，第537页)

致袁世凯等电

(1912年3月20日前后)②

北京大总统、南京大总统、武昌副总统、各省都督、各镇抚府钧鉴：

---

① 《四川保路运动史料》判定此日期为阴历，误，实为阳历3月11日。
② 夏之时之电发于3月18日，由此推断当在此时。

成、渝、庐佳①，重庆改设镇抚府，曾经公推前夏副都督充任总长，嗣接夏总长【呈】请辞职游学，情词恳挚，出于至诚，未便强留，当经电复照准。查重庆为川东水陆通衢，华洋商贾云集，蜀郡殷繁，财赋所聚，况当改革之初，折御抚绥，均关紧要，自非文识俱优、威望卓著之员，不足以资整理。查有胡景伊堪以特任重庆镇抚府总长，仍兼全省军团长，所有军司令部一切事宜，特派参谋部部长年毅代拆代行，遇有重要事件，径请会决。除分别札委外，特此电闻。成都正都督尹昌衡、副都督张培爵叩。

（《四川都督指任重庆镇抚府电》，上海《民立报》1912年4月4日）

在四川各报馆编辑人员会议上的讲话

（1912年3月23日）

三月廿三日，巡警总监奉尹都督命令，召集省城各报馆编辑人，同赴警厅结合晤谈。届时，先由尹都督表明未经组织《公报》，切望各报扶持之意。继言近今报纸之所登载，颇多过激之言。以昌衡十月十八日视事以来，平心自问，诛赵尔丰，擒傅华封，处置滇军，种种设施，当为报界所共谅。况经屡次宣言，昌衡于行政方面未尝学问，且素性不拘小节，若必过事吹求，则是迫人作伪，致失本来之真，反为不美。现在张都督已经任事，行政一切事宜，虽悉由张都督执行，而责任则彼此均担。当此军事为重之时，应如何养成政府威信，使足以坚军士服从之心，而资捍卫，方为热心公益。若因求全责备，不一少加体谅，转以碍其生机。矧政府尚在幼稚期间，尤须加意培养，不宜过于诛求，宜待其健全，再烦监督，以资引导。且谓一人之身，关系四川安危，各报界尝攻其短，则威望一失，恐于大局不利。言罢，并指某报于某事过于形容，某报于某端失之苛细。当经各报编辑人以春秋责

---

① 原文如此，疑文字有误。

备贤者之意答之，反复辩难，总监又复从旁解释。散后，即由警局发出取缔报馆之公文一纸，现各报均甚愤懑。

附录 军事巡警总厅公文

（前略）报馆自由言论，本系天职，可以通上下之隐情，辅政府之不逮。况现当民国统一，政尚共和，凡关于政治得失，更亦切实敷陈，以资赞助。惟我川省自去年十月变乱以后，民间现尚惊惶，政府稍有变更，顿觉如失依赖。则现在情形，政府对于人民似宜镇静，而报馆对于政府亦应和平，本属相维相系，未可偏执而行专事攻讦，不留余地。且今之时局，有如同处漏舟，正涉恶水，舵工即使有未尽善之处，亦只宜设法指导，又何能于呼吸存亡之顷，时加诟詈，反以扰乱其心思，致成倾覆之惨状？今日我川省政府，岂非处于最危险之际乎？然而，政府诸公明知多有所未尽善，不得不勉为其难者，盖驾舟搁于凶滩，欲罢手而未能也。则在我最热心最爱国之报馆，亦当略迹原心，随时婉言，期以适当，似未可过于指摘，致蹈覆舟之虞。总之，人孰无失，要当权其重轻，于公有益，否则迹近吹求，又何贵乎建言也。合行传知，为此传应请贵报馆以后关于政府因公之件，则不妨剀切直陈，以图补救。至若涉及阴私，无关得失，尚当为之解释，牺牲个人名誉固不足惜，其如大局何？本总厅职司取缔，迹涉嫌疑，故不能不进一言以相告云。

（《川省取缔报馆记》，上海《民立报》1912年4月15日）

致袁世凯及各省都督电

（1912年3月31日）

北京袁大总统、南京孙大总统、武昌黎副总统、各省都督钧鉴：

前清四川将军玉昆、都统奉焕，于川人争路及十月反正之事，两公均能深明大义，苦心维持，并剀切开导旗军一律呈缴枪械。故川人对于两公异常感佩。现因南北统一，道路已通，两公决计携眷回京，于阳历四月初六日乘舟东下。敝处从优备送川资，以利遄行。除派员护送及饬所过地方官沿途保护外，并请沿江各省都督一体饬属护送，以表示民国对于前清官吏凡能赞成共和者，均得一律优待之意。至为祷盼。川都督昌衡、培爵叩。三十一日。

（《川都督以人道待满员通电》，上海《民立报》1912年4月6日；又见《浙江公报》第60期）

致袁世凯等电

（1912年4月3日）

十万火急。北京袁大总统、武昌黎副总统、上海探交程雪楼、王采臣先生、各省都督、各报馆鉴：

滇初反正，即派援师，政府诸公，仗义热忱，不但川人感佩。乃自入川以来，民间谣诼纷传，昌衡等力为剖解，以释群疑。俄而刘【永】杰见戮，黄方被烹，富顺则杀司令范华阶，于岳则杀司令邓树北。易置官吏，纳征厘税，任意诛求，肆口污蔑，欲企天下之兵，隐挟渔人之计，事实昭彰，舆情愤懑。昌衡等力顾大局，犹且勉为抑制，期于息事宁人，只求滇军及早撤回，不伤唇齿，坚持此心，可质天日。

兹接蔡都督来电云云，似于滇军在川情形，尚未尽悉，并昌衡等坚忍保全之苦衷，无由上达，谨择要剖陈，静候公论。

如原电称叛兵土匪一节，反正之初，土匪窃发，各省皆然，岂借外援始能平定？谓滇无勾匪，昭信诚然，舍己芸［云］人，贻讥不免。况川省叛兵莫大于傅华封应赵贼之调，盘踞雅州，甚凶猛，我军又胜，刻日敉平。滇军入川月余，不闻遣一介之师团攻强敌，逍遥泸、叙，急难谓何？此不可解者一也。

又称匪徒纷布流言，谓滇军侵略蜀土一节，滇军在叙，首先驱逐宜宾县孙今［令］，调云南大关彭丞汝鼎署理，催科勒税，四境哗然；到自流井，又调滇人黄玉田为盐运使,侵略之来,言非无据。既知川省反正,何又自作主人?此不可解者二也。

又称按月助饷一节,查滇军入川,由蜀军政府议订条约,按月由川给饷银五万两;继因川、滇协商,鼓师东下,另立条约,按月由川拨助滇军饷银十万两;到川四个月,并无按月助滇军饷银四十万两之说。嗣南北统一,条约即应取消,援军即应撤回。乃滇军不奉政府命令,坚执条约,坚不撤回。此不可解者三也。

又称由匪手所得之川盐,变价犒军一节,滇既代川平匪,应保人民财产,川盐夺之匪手,试问匪又夺自何人?不以远之盐商,转变价犒军,兵匪有何区别?商民何用求援?若非渝都督有电,竟为文明军队所干没,此不可解者四也。

又称滇军援蜀已糜饷百余万两一节,查滇军入川五六千人,为时四五月,明酬暗助,不下七八十万,又自糜饷百余万,是兵仅两旅团,款几二百余万,义师饷章固应如是耶?此不可解者五也。

昌衡等窃谓滇军之来为赵尔丰也,诛赵以伸大义,政府之本心也;诛赵而别有所图,类于小儿争食之见。不料谢汝翼等竟欲履行,及愿与心违,行随时变,至欲假哥会以倾政府,借土匪以锄秀杰,则司马昭之心,路人皆见。故川人对于滇都督不胜感激,而对于谢汝翼等无不寒心。略举事实,立候公裁。四川都督尹昌衡、张培爵叩。江。自成都发。

(上海《民立报》1912年4月10日)

致袁世凯等电

(1912年4月3日)

北京袁大总统、南京参议院、各省都督、各报馆鉴:

川省因路发难,获庆光复,最初起义,万众一心,州郡豪侠,同时奋厉。又中更[经]去年省城十月十八之变,兵卒涣散,川民借公口为团体,暂保目前。及赵逆殄灭，旗军受抚，傅贼就擒，援师西出，人心大定，威令早伸，已将民间公口一律取消。忌者不察，借为口实，连类并及，并诬我政府，泾渭莫分。昌衡等受任危难，竭力殚心，慎简贤良，俾膺民社，拨军分驻，荡涤匪氛，危而后安，爝然不灭。惟虑疆域阻隔，传闻易讹，恐因谤毁事理，致渎钧听。特用详陈，统惟鉴察。川都督尹昌衡、张培爵。江。

（《成都电报》，上海《民立报》1912年4月16日）

致袁世凯等电

（1912年4月5日）

袁大总统、黎副总统、各部院、【各】都督转上海陈都督公鉴：

边藏为国家屏蔽，犹手足之捍卫头目，利害关系，极为密切。川省自去岁七月因路事风潮，民兵四起，道途阻塞，边藏消息，籁是中断。及十月反正以后，前清代理边务大臣傅华封拥兵入关，为赵声援，几费兵力，始克就降。又接西藏报告，于是年九月二十三日起兵变，抢掠一空，联豫逃匿。查边藏纵横各数千里，无人镇摄，危险之状，匪言可喻。此时中央政府尚未成立，川中亦乱事孔亟，故均未遑筹及。刻以川局渐就敉平，特设筹边处，委派专员经营边务。又简派吴嘉谟为炉边宣慰使，随带军队，不日出关，安抚一切。但川中财政奇绌，目前本难兼顾，然以边防吃紧，不敢不勉为应付。惟西藏密迩强邻，骎骎外患，日益交迫，现又经兵变之后，守备空虚，人民畏祸，一日数惊。若不急起直追，力图补救，后患不可设想。但欲保藏，非注重兵力不可，欲养重兵，非饷需接济不可。近据前清驻藏陆军统领兼护驻藏大臣钟颖专函告急，称驻藏兵丁尚近二千，及经数月，未有粮饷，若再迟迟不发，势必全行溃散，不可收拾。接阅之下，无任焦灼。微论川省现发军饷，全恃军用银票，能否遵行边地，即令勉强凑集现金，而遥计由成都至拉萨程途约六千余里，至速非百日不能递到，恐缓不济急。惟有电请大总统垂念西藩，即饬财政部拨发银十万两，交汇丰银行电汇西藏，转至拉萨，交钟颖查收转发，或可维系军心，保全领土。时机一失，哗溃堪虞。此款应仍由川省担任，奉复以后即行设法如数解交。再查藏兵变乱之时，全赖钟颖素得兵心，冒险维持，始得渐次抚辑，支撑危局。现若遽行更替，恐因人地不宜，别生枝节，且需时日。故拟由昌衡权宜委托钟君为西藏行政使，暂办藏事，以资熟手，而期敏速。应否加札委任之，此请大总统钧裁。事关大局，不胜迫切盼祷之至。川都督尹昌衡、张培爵叩。微。

（《成都尹张两都督电》，《申报》1912 年 4 月 10 日）

致袁世凯等电

（1912 年 4 月 7 日）

袁大总统、黎副总统、各部院、都督、《民立报》、各报馆钧鉴：

敝处派驻重庆第一镇协长赵内森所部兵队，因请加月饷，小有冲突，当先妥为办理，地方照常安靖，并无他异。再前因各处地方糜烂，不能不厚集兵力，以资镇定。现在各路匪患，渐就敉平，商旅交通，稍复原状，故拟于四镇兵额之中严加裁汰，以减轻人民担负，并将全数军额分布各地要隘，就便弹压，以弭匪盗，而靖地方。已经陆续出发，各赴派定区埠驻扎。知关廑注，特此电闻。川都督昌衡、培爵叩。阳。

（《四川电报》，上海《民立报》1912 年 4 月 11 日）

在军警绅商学界大会上的讲话

（1912 年 4 月 8 日）

成都特派员函：四川军政府与报界积不相能，已非一日。第二次独立后，尹都督以秩序紊乱之时，非用军法行政，不足以保治安。其对报界之第一次宣战为封禁《新民报》，并颁报律，以范围报界。各报对之感情益劣，乃联合组织自治公会，举定《四川公报》经理樊孔周君为会长，报律至未实行，无效两方，遂益水火。今年以来，各报记载尹都督事，多攻讦其阴私而及其亲族，尹都督曾宴报界代表于巡警总厅，以谋调抚，然亦无效。其后同志军界（现已编成之陆军）亦与报界有隙，欲以武力对待。四月七日，开军事会议，令各报登载认罪文，报界已允。初八日午间，忽城内现无名揭帖，上书奉都督电谕，请军警绅商（学）界午后一钟到东校场听都督披肝沥胆之言，以决其去留。市民见者大起惊疑，一时人心慌乱，如有大故。届时尹都督登台演说，大意如下：

昌衡初出，本欲救百姓于倒悬，岂徒贪权利于旦夕，轻身报国，实事昭昭，在人耳目，不可诬也。

近者有人深讥痛骂，旁攻侧转，直注射于昌衡，此公众之舆论耶？或私人之私心耳？如舆论也，昌衡请退，且要大罚，以谢苍生。如属私心，则全城父老百姓，裁决严办可也。天日昭昭，不可诬也。国势岌岌，岂可误乎！

近来非用军法治民，国必弱，弱必亡，昌衡见国弱亡，不忍为弱国亡国之都督。若必欲强固此土宇，则一二奸狡之士，动以文法相牵制，以私见为舆论，作微辞，坏大局。众公许昌衡以军令治蜀，请即从事，否则立退。

近来报界对罗梓青与昌衡，非深议则横诬，然天日所在，实事可考，请全城父老立查虚实，直定功罪（以下历举事实）。

某某报界挟私心，诬及昌衡亲故，昌衡愚直，性如包拯，请照实言明，听众裁判。不然，昌衡不公，则负私亲之谤，以污四川都督之名誉，若丧良心，以求虚誉则不可。大丈夫行为，当光明磊落，请悉抒直［真］象，以告大众（历述实事）。

昌衡一日万几［机］，忧劳死死，区区忠悃，无从获伸。然士为知己者用，诸公知昌衡则实事求是，诸多隐衷，自有不堪其谅者。且昌衡细行不矜，大体是重，小嫌不避，至公自在，若生杀予夺，众莫或非，必能胜安定全蜀之任。如其不信，昌衡请退。犹有疑者，昌衡请罚。总之，不有共和之精神，而假共和之虚名以自义，国必亡。中原大局，尚在未可知之素［数］。昌衡独愿以擎天，生死在未可知，毁誉亦不足较。众公如许昌衡，昌衡行矣，如其不许，请即退位，落落大策，惟全川决之。

散会后，市面喧扰，恐有暴动，巡警总厅即令巡士数十人执枪守《公报》、《天民报》门。总监令云：一哄之议，殊难听信，著《天民日报》仍旧开设，惟造言立论间，不可不再加审慎也。此令。又云：《天民日报》、《四川公报》著仍开设，系奉都督命令，一切士民工商兵警各界勿许借故扰害，如违定按军法。切切，此令。逾时，又有封条二纸交差，加于《四川公报》门首，朱标为违反报律，众议请封。又不逾时，巡警行政科长将封条揭去，闻有原因，系由都督府庶务局在巡警总厅索去封条，代标朱谕，发东一分厅执行。及杨总监闻信，电问都督，乃复启封。当封禁时，通城惶惑，都督府用誊写发布命令云：本日都督演说，实系表明心迹，并无他项事故，人民幸勿惊疑。如敢借故造谣，立即严拿惩治。又通告云：报馆公罪昭然，自有正当取缔，无论军民人等，不准擅行干涉云。

四月九日，报界联合会开会，《天民日报》代表发表意见，以报馆主张公道，乃对前事痛下箴砭，反见恨于尹都督。东校场之演说，惹起无数谣言，致劳巡警派兵保护。一般人不知其详，反疑为将有暴动，则是有报，反足以扰民矣。以后言论既不自由，不如停版。报馆有赖仍进行者，有请与政府交涉者，议论纷纷，卒未决定云。

（《尹都督辞职风潮》，上海《民立报》1912年4月26日）

剪发通告

（1912年4月8日） *

川都督府为通告事：照得编结发辫，本满清关外制度（中略）。现值世界大通，五洲一室，东西各国，咸行剪发之制。我汉人若独复古制，与之相异，不惟于列国交际上诸多不便，于一切行事上亦实有大不便利之处。故在满清之时，即已下军人剪发之令，留学东西洋学生及商埠地方人民亦无不去发者，足见世界大势之所趋，非一国所能独抗。今则东南各省人民，无不断发，川省一隅，尤不能独殊。省城应限阴历正月十五日以前，省外应限通告到后十日内，将发辫一律断去。各官吏军士犹应从速先断，以为士民之倡。

如有限满犹不剪发，甚或仍前曳辫者，则是故违命令，甘心污俗，应处以一元以上三十元以下之罚金，以示强制之意。除通饬各府、厅、州、县及各官厅认真执行外，合行通告阖省官商士庶军民人等一体周知。切切，此告。

（《成都近事纪》，《申报》1912年4月8日）

致各报馆电

（1912年4月9日）

各报馆钧鉴：

敝处复季君雨霖文如左：武昌都督府转季雨霖先生鉴：二十六号电悉。来示各节，具见关垂大局，不分【畛】域，对于蜀事，痛下砭针，热心苦口，均极感佩。惟敝处实在情形，与尊处所闻，少有出入，以告者过想或不免。今得厚爱川人如我公者，敢不剖晰陈之。

川中自十月初七反正以后，未逾十日，旋遭兵变，致此之繇，以赵尔丰及其党羽暗中主使，其咎不在州［川］人。衡、爵见推，当危难之际，收拾溃散，重整卒伍，支撑危局，幸而复安。一面设置各部，分科办事，并设总政处为总揽机关，每遇重要事件，均□□召集各部职员会议，经多数议决，始行公布。所有行政大界及各种法令章程，俱系参合中外成规及本省情形组织而定，与来电所谓别开生面、聚兵一堂者得毋大异。至于用人，初无界限，现任各部局重要职员，同盟会中人固多，而昔日老成硕德、富有经验、素负资望者亦复不少。不分新党旧党，本籍外籍，但其才有可用，并未妄加择别。惟每人而悦，日亦不足，广厦千万，何处觅得？凡未经录用及有求不遂者，自不免调鞅觖望，指某也为朋党，某也为私人，古今中外，大都如是，此种议论，诚所难免。十八变后，人民惧祸心切，间有假托公古名义，以为自保计者。然自军镇成立以后，即行严禁，一律取销。又以成渝两府并峙，行政不能统一，彼此各求退让，以谋合并。现在培爵已到成都就副都督之职，成渝一宣，全川一致。来电所谓逞强斗势，拔赵帜而树异帜者，揆诸事实,殊觉未合。至谓传说最惨无人理者,莫过于首先发难之人竟不免于难一节。查川省反正以来,除严办匪徒而外,由政府明正典刑者,惟赵尔丰、路广钟、沈兆麟三人。赵、路均为汉贼,罪状昭著,无待赘述,即沈亦擅违军律,强掳妇女,弃市之日,同声称快。谓杨嘉绅耶,嘉绅虽与反正之议,而盗窃库款二十余万,伙同叶荃潜图煽乱,系由旅宁川人呈明孙大总统,拿交卫戍。谓梁栋耶,系在夔不服盘查,致遭枪毙。敝处闻信,当即电饬重庆派员查办,并饬该处司令厚殓尸身,保护眷属。反复思之,来电所指,究系何人,尚希明示,以释疑怀,且恐因讹传讹,益重川人罪戾。当此时局艰危,稍具常识,无不激发天良,共谋国利民福,岂敢不顾大局,徒逞意气,自蹈覆亡?公非川人,争接□□,况对桑梓,能勿耸然。药石之言,自当铭肝,用布区区,尚希谅察。昌衡、培爵。佳。印。特此奉闻。川都督衡、爵。佳。

(《四川都督电》,《申报》1912年4月18日)

致民立报馆转黄复生等人电

(1912年4月9日)

民立报馆转黄复生、熊斐然及吴、陈、余、李、臧、尹、陈、陈、胡、任、张诸君鉴:

庚电悉。关于镇抚府一事,由冬电致南京熊斐然转达沪宁同乡诸君,谅邀台览。兹承来示谓:文澜权位过重,易启谗妒,属于军团长或镇抚使事择一而任,具见关怀桑梓,苦心维持,至为感纫。惟军团长职虽重要,只须代理得人,由衡就近支配,尚可行其职务。镇抚一席,保障东南,关系尤重。衡本军人,承乏川事,日夕兢惕,深恐陨越,贻误大局,有负我同胞之委托。故凡遇才俊,无不倾吐肝膈,加意延揽,共图进行。昔与文澜,本无一面之交,及与晤谈,决为伟器,输心佩服,绝[决]计以都督一席相让。屡经开会宣布,在省同人,狃于大局未定,恐致人民惊疑,不允更替。今以文澜改任斯职，俾展所长，固系为事择人，期于有济，亦衡区区崇拜贤豪之心，不容或已。如谓别有原委，或稍参以意见，皇天后土，实鉴此衷。公等明达，当共亮察，务请转致沪宁同乡，对于此事屈予赞成。将来文澜如不称职，衡愿退处待罪，以谢同胞。至蜀军同人，艰苦卓绝，本极钦佩，率队西上，自应令文澜与之接洽，绝不因偶有异同，遂生隔阂。知关廑系［注］，端布私衷，尚希赐教。昌衡叩。佳。

（《四川电报》，上海《民立报》1912年4月11日）

致《民立报》暨北京理财长电

（1912年4月9日）

《民立报》：

敝处致北京理财长电云：奉袁大总统令：中华民国元年以前，丁粮正税积欠在民者，准予豁免。诵读之余，不知命意所在。大总统特权，有无任意增减税额一条，未经明白宣布。若以"民国"二字论之，人民纳税于政府，原以供国用而求公安，应增应减，当由人民同意决之。税律之颁行，必经议会通过，始为有效。未可以从前免租减税为天子私恩例之。乃去年反正以来，民国耗费，比诸往昔当加十倍，此项担负终出自民，今日豁免积欠，称为大总统之仁泽，将来增加税额，责以国民之义务，恐免之则易，加之为难。且豁免积欠，大失公平，急公重义之民争先纳税，竟致损失，疲玩自堕之民坐不纳税，反获免除。政令如是劝民以侥幸怠公，于财税平均之义大相径庭。四川自去秋迄今，地方糜烂已十居六七，各项征收已经酌减，成都遭巡防兵之乱，公帑亏失约五六百万计。今年全省收入较往年减少一半，百端撙节，而入不敷出，犹在千万以上。故特派员赴中央政府领借纸币千万元，以补今岁出入之差，务希照准，聊济眉急。积欠一律豁免一节，请改为分别地方情形，酌量减征，免于各处地方得少财政立涸之虞，后日人民免别之累。以上各情，请转呈大总统体察而裁可之，不胜盼祷之至。

又闻中央政府募借外债，以全国岁入作抵，若果属实，万望慎重审察，勿徒救目前之急，生国家长久之忧。去秋战事未息，国纲解纽，外人乘其间隙，假外债之名，据吾国关税而主宰之。重庆税务司从阴历十一月起，将税关收入全额私贮私匿，并称上海各关全体皆然。曾由重庆蜀军政府迭电孙大总统及伍交涉总长请示，卒无回电。继得湘都督来电，所述亦复如此。民国成立既久，似此大端不及早解决，国权丧失，莫此为甚。今又囫囵从事以借外债，举全国岁入为抵当之资，财政之权全授外人，政策之失败，窃虑较满清时代为甚也。此时财政之规划，宜采德奥日本主义，尚俭崇实，开源未得，先请节流。民国新建一切，外交已不免受制于人，又假之以权，则利权收回期诸百年，亦属难能之事。事关全国，敢参末议，总以保国权、重民生为祷，统祈电复。四川都督尹昌衡、张培爵、财政司叩。青。

（《川人抗议免税令》，上海《民立报》1912年4月12日）

致《民立报》及各报馆电

（1912年4月10日）

《民立报》暨各报馆鉴：

敝处复旅晋同乡诸君电文曰：太原晋阳报馆转旅晋同乡诸君鉴：电悉。尊处得川人报告，谓蜀中糜烂，有七十余都督。此等奇谈，不知从何说起。查川省去年反正，各属先后不一，故多误解"独立"二字，光复一邑，遂欲自为风气，间有设立军政分府及军政部等名称者。然多称司令官，并未有都督名号。自赵屠擒斩以后，各属极表同意，均受省城支配，地方长官一律改称知事。惟重庆军政府成立在先，故有分治之议。衡、爵终以省制破裂，行政不能统一，必致种种困难，特派专员往复熟商，各存退让，仍以蜀军政府合并成都。爵遂于阳历二月晋省就职，重庆但设镇抚府，置总长一人，直隶省城，全川统一，曾经通电各省在案。额兵四镇，已经分配全省扼要驻扎，匪害日渐平息。君等念切桑梓，远劳垂询，至可感佩。惟蜀人多谣相习，偶因捕风捉影，辄付邮筒，淆惑是非。良深浩叹，用特缕复，借释廑虑。云云。用特奉告，以便周知。川都督尹昌衡、张培爵。蒸。（自成都发）

（《成都电报》，上海《民立报》1912年4月21日）

复夏之时电

（1912年4月12日）

夏亮功兄鉴：

全真电均悉。川省反正由公发难，厥功甚伟，乃于全川统一之后过于谦退，决计解职，屡留不获，甚歉于怀。兹复辱承临别赠言，深情厚爱，溢于辞表，衡等敢不勉竭驽钝，共同进行，以副期望。一俟大局巩固，接替有人，即当步公后尘，稍息仔肩，以求寡过。当此改革伊始，缔造维艰，川省痛巨创深，补苴一切，尤为棘手。公虽去国，对于桑梓岂能忘情，尚望时赐教言，匡我不逮。趁此春水绿波，一帆东下，令人健羡，何异登仙。依依千里，借兹话别，书不尽言。嘱电中央及各省一节，当即照办，岳池经征尚未呈报，已饬财政司存查。文澜初任，一切情事，诸希指导，尤为感祷。昌衡、培爵叩。文。印。

（《成都致重庆电》，成都《国民公报》1912年4月23日）

附录　夏之时致袁世凯尹昌衡等电

（1912年4月11日）

袁大总统、黎副总统、国务总理及各部总长，尹、张两都督，各省都督：

成渝合并，重庆改建镇抚府，应设总长一人，之时前以决意负笈东游，副都督一职，业经宣布辞退，嗣因新任总长胡君景伊未到，渝人再三挽留之时就任总长。现在胡总长行已抵渝，定于文日接任视事，之时应即卜日东下，自即日始，一切事宜即请直接胡君。游学有成，再效驰驱，之时之愿也。蜀军前副都督、代理镇抚府总长夏之时叩。真。

（《重庆镇抚府总长电》，《申报》1912年4月20日）

与周炳篁致袁世凯孙中山等电

（1912年4月12日）

北京袁大总统、武昌黎副总统、南京孙中山先生、各部总长、参议院谋事、各省都督、天津《民意报》转各报馆鉴：

四月六号接黔人周沆联名廿余人通电，以黔人论黔事，言非概属子虚，敝省碍难遥度。惟于黔省之罪状未尽先期宣布，迨至公推唐继尧为都督后今行［始］通告，远道滋疑，实无足怪，代明心迹，理固宜然。至以黔人面议川事，仅据谣传，毫无故实，本可置之不论，第恐辗转流传，因滋谬误，若以大局更非鲜浅。如敝省前电有"滇军借名援陕，入［冀］图经过成都乘机夺取"之语，既有滇军谢梯长不认昌衡等为都督之通电各省，谓敝省政府为哥会机关，请联师攻讨之铁证，与宣布黔省之罪状大略相同，事迹昭然，有何误会。中央已宣统一，占领尤以为非，宁肯自取覆亡，何足深辨。地方匪乱，反正后各省同。然公等且念大局，昌衡、培爵既被公推，讵甘放弃责任？必谓敝省始有盗入室，急需乡邻往援，责问滇省匪风如何？敝处虽有取闻，固谓便干预内政，公等何信滇而疑川如此？且匪势莫大于赵贼，匪众莫凶于兵逆，昌衡等尚力能诛擒，并未辱劳援师。现地方秩序已复，兵队驻扎已周。公等过听道途，危言通告，意若谓敝省兵力不能去匪，必借滇军。能果如公言，实滇咎戾。惟敝省屡经变乱，财力支绌已达极点，此次滇军入川，馈饷十万，酬劳三十万，迫胁官吏勒借盐款又二十余万，更无余力可以再劳滇军。嗣后敝省平定匪乱，自当随时通告，暂释廑怀，俾免捉影捕风，淆乱观听。四川都督尹昌衡、周炳篁叩。

文。印。(成都发)

  (黄彦、李伯新编《孙中山藏档选编(辛亥革命前后)》,中华书局,1986,第574~575页)

致军事巡警总厅令

(1912年4月12日)

中华民国军政府四川都督令:
  照得本省约法成立,所以定国是而齐民心。中华民国宪法未颁布以前,凡四川官府人民皆有共守之责。为此令仰该厅一体遵照办理。此令。
  计发通告一本

(中华民国军政府四川大都督之印)
巡警总厅知照

中华民国元年四月十二日阴历二月廿五日

(四川省成都市档案馆藏原件,档案号93-6-3519)

致《民立报》转黄复生电

(1912年4月13日)

《民立报》转四川驻沪交通部黄复生君鉴:
  灰电悉。张、李二君热心桑梓义务,素所推重,今忽遭此意外之变,殊堪悼惜。当已据情电达粤都督,严饬办理。此后情形,尚希电告。特复。昌衡、培爵叩。元。

(《成都电报》,上海《民立报》1912年4月16日)

与张培爵致袁世凯等电

（1912年4月15日）

万急。北京袁大总统、武昌黎副总统、南京黄留守、各省都督、唐总理、新举各部长、各报馆公鉴：

读黎副总统佳电，披肝沥胆，声泪俱下，沉痛澈骨，凡有血性，靡不惊心。窃以炎黄子姓，沦为台隶垂三百年，全赖苦心喀付，惨淡经营，捐躯掷颅，嘘已死之灰，竖独立之帜，振臂一呼，声响四应。旬月之间，风电变色。开旷古之奇局，为历史之光荣，不能不五体投地，崇拜我发难诸公，及一般政谋志士也。今者南北统一，共和确定之因［日］，意见参差，趑趄不进，致使各部长官虚悬无着，政府组织形式未备，遑言精神。外患交乘，内讧日起，灭国亡种，即在目前。有破坏之能力，无建设之实功，亏为山之一篑，沦全国于九幽。诸公岂肯出此，诸公亦何忍出此。务希垂念大局，捐弃一切，查照黎副总统前后通电，即日束装北上，协力同心，共图进行，支撑危局，俾无倾覆。俟国基巩固，继起多材，然后高蹈遐举，逍遥林下，一听诸公之所为。否则，乘间投隙，祸机立玉［现］，神州陆沈，谁职其咎。安危存亡，在此俄顷，唯诸公图之。川都督昌衡、副都督培爵叩。删。印。

（中国第二历史档案馆编《中华民国史档案资料汇编》第2辑，第139~140页；《民立报》1912年4月17日）

与张培爵致袁世凯等电

（1912年4月15日）

袁大总统、黎副总统、各省都督、各报馆均鉴：

前清署藩司尹良，因任内经手事件，尚未交代清楚，遽行东下，当派警员于起程之第二日将该员阻回。讵意行至中和场，忽有匪徒窥其行囊，乘夜抢劫，并伤毙警员一名，警兵一名，警兵受伤一名。闻报之后，即日派兵严拿，获劫匪多名，立地正法。现正搜索失物。至该员及其家属，回省无恙。特电奉闻。川都督昌衡、副都督培爵叩。删。（自成都发）

（《成都致各处电》，成都《国民公报》1912年4月26日；又见《成都电报》，上海《民立报》1912年4月21日）

致袁世凯及各报馆电

（1912年4月19日）

大总统、上海《民立报》及各报馆鉴：

顷接重庆镇抚府来电称：案据綦江县知事欧阳文详称：案据綦案引商义益合、宝兴隆、天全美、恒昌裕、金兴益、大生义报称：商等接得遵义分店来函，据称旧历二月十九日，有滇军张统带由川赴黔，道经遵义，当传天全美、宝兴隆两号，谕将商等应缴盐款即由遵义缴，伊自能与蜀綦盐政科交涉云云。又据该号报称：旧历二月二十三日，滇军将驻遵义之綦局盐号宝兴隆帐簿提去，并将该号管事传去，立问该号将欠綦局款项若干，伊定如数截收。等情前来。查此款系各盐号应缴本府应提之数，该统带前在綦江勒取盐款五万，已饱私囊，兹到遵义，又刁索引商巨金。似此无厌婪索，不惟有碍盐务之进行，并且有伤共和之公理。除电知云南都督及中央政府外，合亟仰恳都督查照，设法维持。等情。据此。查滇军此次来蜀，明索暗勒，已不止六七十万金，现在所称张统带者，又复在綦江、遵义各处，强提川省应得之款，无论蜀中此时财政十分竭蹶，再无余力供给滇军。即今日后财政恢复，协济边省，亦当经议会通过，用中央政府指定划拨，方属正办，岂能任滇军自由行动，勒逼强提？似此行为，实属不顾大局，蹂躏共和。除径电云南蔡都督外，究应如何裁制处分，伏祈大总统

睿断施行，不胜迫切待命之至。四川都督尹昌衡、张培爵叩。皓。（自成都发）

（《四川电报》，上海《民立报》1912年4月22日）

致袁世凯及各省都督各报馆电

（1912年4月20日）

北京大总统、武昌副总统、南京留守、各部长、各省都督、重庆镇抚府、上海《民立报》转各报馆鉴：

顷得援蜀滇军第一梯团长谢汝翼在昭通发电贵阳、长沙、武昌三处电文如下：川省祸机隐伏，大难将发，请特别注意，勿听饰词。顷据确实报告，甘肃、青海夷回占据松潘、茂州，进逼成都，声势浩大，川中内难如此，外患如彼，不知伊于胡底。滇军以疑谤于三月下旬率军南旋，特闻。援蜀滇军第一梯团长谢汝翼叩。等语。不胜诧异。查滇军入川以来，动以诬蔑倾陷为事，兹复危言耸听，不知其意何居？查松潘夷匪乘川省诛赵平乱之际，焚劫厅城，茂州无［大］恙，事在上年冬月，早已派兵进取，现在大半投诚。滇军既指为甘肃、青海夷回占据，又称进逼成都，此何等事，岂能掩人耳目者？谢汝翼之确实报告，不知从何处得来？无非借此荧惑视听，因而得遂私图而已。律以诳告军情拟罪，应归何等？人心至此，大局何堪？中国反正以来，内忧外患，岌岌可危，所谓祸机隐伏，大难将发者，早经黎副总统痛切宣言。当局诸公果能反躬自责，亡羊补牢，时犹未晚。倘仍同床异梦，乐祸幸灾，大厦既倾，我躬不阅，岂惟川省独受其害。事关阴谋败坏，用特披沥直陈。《易》言开国承家，小人勿用，尚望特别注意。四川都督尹昌衡、张培爵叩。廿。印。

（《四川电报》，上海《民立报》1912年4月29日）

致军事巡警总厅令

（1912年4月23日）

中华民国军政府四川都督令发事：

照得本都督府现因省外各属尚有无知愚民误信谣言，创为撕家神、灭汉流等语，甚至以剪辫为投洋，辄竖立清灭洋旗帜，希图聚众滋事。特演成白话告示，以期群疑尽释，各妥安事，现随令发下告示一张，仰该厅即便知照。此令。

计发告示一张

（中华民国军政府四川大都督之印）

白话告示

中华民国军政府四川都督为剀切晓谕我同胞知悉：

我们自去年起义以来，为的是什么事，只为满人专制，汉族吃亏，才把他清朝推倒，树立汉旗，建设中华民国。这就叫光复，叫反正，不过是原物交还旧主的意思。这也是我们汉族同胞自己齐心，自己出力，自己干自己的事，与外洋人毫不相干。因为这剃头编辫子，是满人制度，从前满人得了我们中国时候，估倒我们照他的样子做的。我们汉族先人还因为不从他这件事，死了无数的人，至今想起还在伤心。所以我们【现在】之时，就首先要把这辫子剪了，才见得我们现在不是满人的奴隶了，这又与外洋人毫不相干。不料现在还有不明者个［这个］道理的，【以为剪】辫子是投洋人，说军政府要取消汉流。又造些谣言，说军政府要撕家神、灭香火、不敬菩萨，居然竖起立清灭洋的旗子。这却太不明白，不成事体了。本都督势不能不向你们再三开导。

分开来说，这个辫子要剪的缘故，前头已说明白了。况且，现在是中华民国，不但我们汉族应该剪发，应该不编辫子，就是那满洲人，现在作了中华国民的百姓，也是不剃头，不编辫子了。原来一国有一国的制度，我们本来是中华国的人民，岂能够不遵中华国的制度，还学那【满人】的制度吗？这个剪辫发不是投洋人的道理，你们以为我们中华民国军政府要估倒取消汉流，你们未免太误会了。去年反正前后，【多】亏汉流同胞出死力，拼死命，才立起许多同志军，推倒满人，我们四川同胞是明明白白的。不过别省的人不晓得我们的苦功血汗，纷纷乱说乱骂。不是说我们四川军政府是哥老政府，就是骂我们四川社会是袍哥社会，惟有滇军尤骂得利［厉］害。我们因怕别人借口，同胞受亏，才劝喻各同胞逐渐改良。幸得各界的人，都深明大义，都改名社会，并且结了一多大的社会党，章程很好，既可以免人嘲笑，仍可以结合同胞，你们看见这个章程就明白了。况且汉流二字，对满人而言，现在满人都投了汉人，又何必再挂一个汉流招牌，使人说我们器量太小？所以本都督对于汉流同胞，非常的夸奖，何曾有估倒取销汉流的事呢？但是要从那多大的汉族团体中，反转分出一极小的汉流名目来，这却可以不必。至说军政府要撕家神、灭香火、不敬菩萨，这个话更太糊涂了。烧香敬神，中国古来就有这个规矩，又不是满人兴的，我们何苦要灭他？你们来看，自都督以下，凡办事的人，那个家里没有供得有家神，供得有菩萨？上月春祭的时候，本都督与文武官员天天都在祭祀，从文庙起，所有该祭的菩萨都祭完了。这是全城的人亲眼看见的，你们纵未看见，也该听倒［到］说。军政府祭祀，是不是比从前还热闹，还恭敬呢？何苦要造这些谣言，迷惑人心？

总而言之，我们要推倒满人，是不是怕满人做皇帝，把我们的中国弄得浠糟，将来会送与外洋人，我们才合各省同胞一齐动手，立刻成功？是我们因为怕投洋人，才排满人。既排了满人，才不学满人制度，岂有不学满人制度，就是投洋人之理吗？在你们怕投洋人，本是好意，但是把事情看左了。若更把这立清灭洋的旗子树［竖］起来，到处传播，那就大大的不是。现在四万万人五大种族都是中华国民，那地还有清之可立？你们要说立清，就是得罪了中央大总统，得罪了全国众同胞，本都督即不加罪你们，这全国的同胞岂能罢休你们吗？倘因怕学洋，即说要灭洋，颠转惹起洋人来干涉，是不能灭人，反转自灭了。你们少数人固不足论，这众同胞何苦无辜受累呢？况洋人并未要人学，我们并未学洋人，何苦平空白地，生挪活扯，自取灭亡呢！至你们怕取消汉流，也是保持团体的意思。但政府既经说明，未曾估倒取消，你们就该省悟。大家劝谕解散，赶紧将立清灭洋的旗子收了，住学堂者依还去住学堂，做庄家［稼］者依还去做庄家［稼］，做生意者依还去做生意，做手艺者依还去做手艺，各循职业，各安生理。若再执迷不悟，把你们保持团体意思，都变成了破坏社会的行为。那就不是反对本都督，纯是得罪我全体汉族，比赵尔丰、傅华封的罪还更大了。本都督只有发派精兵，为我同胞驱逐祸害，那时就悔之晚矣。你们大家听着，赶快散去，本都督就不为难你们了。切切，此谕。

（中华民国军政府四川大都督之印）

中华民国　　年　月　日

（四川省成都市档案馆藏原件，档案号93-6-3519）

重申剪发令

（1912年4月24日）

　　都督府前日出示，重申剪发令，大致谓：自剪发令出，遵令剪去者固多，而穷僻地方，顽梗不遵者亦复不少，更有既剪发后，仍留披发，或扎丁丁毛，或剃额际之发，既失观瞻，复碍卫生。兹以文到十日为限，限过如尚有未去发辫，或作以上种种怪状，从严惩罚。云云。

（《重申剪发令》，成都《国民公报》1912年4月26日）

致袁世凯及各报馆电

（1912年4月24日）

袁大总统、各报馆钧鉴：

　　顷奉大总统命令：以现在国体确定，组织新邦，百务所先，莫急于培元气,兴实业,应责成各都督劝谕农民及时耕种,严饬兵警镇摄地方,保护市面,使农勤于野,商悦于途,民皆有以赡其生而殖其业,以克迓幸福于无既。等因。奉此。仰见大总统轸念民瘼、图培国本之至意,下风逖听,钦佩莫名。伏查四川夙号天府,农、工、商、矿各业本有可为之资,加以人民封于故步,图始为难,提倡振兴,尚在幼稚,复经去年之变,省城及川西南各属屡遭变乱,糜烂已极,农夫辍耕,商贾裹足,阛阓萧条,闾阎匮乏,□宅不完,遑言兴业。昌衡丁斯大变,冒万死不顾一身之计,掬其血诚,日与罗君纶等出而抚绥安辑。数月以来,渐就敉宁,中更赵、傅之乱,复有滇军之扰,拮据艰难,语难宣馨。幸值天心厌乱,南北统一,成渝军府亦已合并。窃以为此时要图,首在使人民获安,商贾通行,农耕妇织,复其故常,□□久可渐理,财政不至终竭。然而,恶莠不除,嘉禾将萎,荆棘滋蔓,兰蕙不生。推本斯旨,除匪当急,于是将省中兵队分配各属,指定其地,刻期赴防。又于省会市地开办军事巡警,任杨维为总办,以为恢复秩序之倡。猛以济宽,颇收速效,迩来盗贼稍辑,商旅渐通,人民耕织,多已复业,衣食所需,似可无虑。惟流离分散,原〔元〕气大伤,务本之谋,首在休养重敛。苛捐固宜蠲除,冗员废兵,尤宜裁汰。川省自反正后,各署局所更定新章,公费俸薪十减六七,虚糜之讥,差幸可免。十月戡乱,全仗兵威,旧额新增,约逾四镇,饷需枪械,耗费不资。现在时局略定,自当酌量裁遣,以节其浮。实行之法,以兵散兵,老弱淘汰,额不再补。行之以渐,哗噪无虞,一年之间,当有大效。以上种种,均属因地制宜,穷变通久之道。若夫奖励实业,提倡蚕桑,经营铜矿,以维币政。现在注重拓殖,以固边圉,办理银行,以维商业,筹议铁路,以便交通。服制改革,提倡国货,磁石水电,奖励扩张。凡此种种,或正在筹商,或业经举办,造端既宏,成效当期以岁月。昌衡等任重材轻,常虞陨越,图报之心,无时或已。谨遵前令,益加兢业,合贡素志,用代呈复。四川都督尹昌衡、张培爵同叩。敬。

(《公电》,《申报》1912年4月30日)

致袁世凯及各省都督各报馆电

（1912年4月下旬）

北京大总统、武昌副总统、南京留守、各部长、各省都督、重庆镇抚府、上海《民立报》转各报馆鉴：

顷接援陕军宁羌电：正月十八日，甘军李宗刚、马世忠、马世昌等将由白水江、略阳等处进扰汉中。白水江顺流可到昭化，川陕可危。因驻汉中，宁羌不便策应，乃与陕西汉南招讨使张仲仁密商：仲仁由凤县往援，树勋由略阳进堵，以固川陕门户。时甘军已抵大石壁，而白水江险又不可不争，树勋率轻骑往击，敌军闻风尽溃，斩马世忠，败李宗刚，擒罗平安，走升允、长庚，遂解陕西之危。清帝退位之诏，甘督前次匿未宣布，我军一到甘省，所向披靡，全陇震惊。狄道、河州、上郡、故道、巩昌、平凉等处传檄而定，兵不加刃，甘省因而反正。

先是冬月二十八日，树勋驰抵徽县，徐令游移，闻我兵将到，调团防堵，并将军械发交回团。见我军容，大有悔心，意欲反正，为回团所阻。徐令假以国旗，诱司令入城，知其有异，幸未冒昧。先行开炮，我军还击，战至数时之久，敌军死伤数十人，我军死一人，伤一人。回团尽杀川人之侨寓徽县者。阴历二月初二日，我军大队开至徽县，住扎离城二十里之马房坝。城内闻信，所有回团七八百人，防军四百人，即于是夜随同徐令潜遁。我军次日进城，安抚人民。回团惨杀川人，军心愤极，遂将东北两关回民房屋焚烧。此次战事出于意外，由徐令狐疑、回团反抗所致。四月二号，奉到命令，调回川境，自应遵照。一俟徽县队伍到略阳时，即行开拔。计往返程期，准于本月二十八日可以陆续回川。特先报告。等情。

查该司令报告尚属实情，西北交通不便，传闻异词。所有川军援陕助甘及饬调回川情形，谨电以闻。四川都督尹昌衡、张培爵叩。（自四川发）

（《川都督报告川军援陕情形》，上海《民立报》1912年4月29日）

致袁世凯及各省都督各报馆电

(1912年4月26日)

北京袁大总统、武昌黎副总统、南京黄留守、各省都督、各报馆均鉴：

顷接秦州临时都督黄钺、向燊来咨，略谓钺等组织反正，本在数月以前，缘长庚、升允违约恣战，荼毒生灵，阻碍南北议和，亟思反正，以维大局。因军势太孤，不敢轻发。迨四川北伐司令迭函催促，陕西凤、干各军数次赞成，辗转往复，始于阴历正月念三日在秦州宣布独立，建设甘肃临时军政府。数次具文，通电中央各处，不知已否得达？最后，复汇款致陕，电达北京。复遇毅军之变，专员折回秦州。交通不便情形，大略如此。乃秦州军政府建设后，兰州官绅于二月初一日宣布共和，然旧印不换，旧制不改，翎顶衣冠悉如其旧，腐败专制更甚于前。其宣布条文，则以共和为"周厉出奔，周召摄政"，若谓清帝十五年后猝可复位者，是名为承认共和，实则反对共和也。临时军府且欲促共和之进行，不与争无谓之名义，立约八条，要其决行，为临时军府解决之地步。乃兰州当道并不作复，且文移各处调兵相逼。盖此时长庚虽去，继之者乃一无术无学之赵惟熙，一切仍袭长之故智。钺等始终主持和平，乃赵又派专员持大总统电令来此议和。令中有秦州不应举兵西向之语，又谓须和平解决。实则临时军府自建设以来，始终未遣一兵出境，大总统仅接兰州一方之电，不知秦军府实在情形也。惟和平解决，秦军府始终承认。日前各方面军队虽已遥遥相持，总期衅不先开，但必须大总统复秦军府之专电与各省都督之公平解决分别文到。望为主持公理，将其前后情形代电中央政府，转电兰州妥慎商同解决，俾甘肃有进行共和之实，无破坏和平之举。不胜感盼。等语。

查去岁民军发难，各省响应，独甘省一隅，升、长尚拥重兵与陕军相持。黄君素怀光复，徒以兵少力微，未敢轻发，几经组织，始于阳历正月念三日在秦州宣布独立，宗旨纯正。其与兰州要约八条，亦知大体。详绎来文及所抄寄与他处往返函件，其热心毅力赞助光复之功，诚有不可没者。当其宣布独立时，兰州犹为清有，不赞共和。后知大势所倾，势难逆挽，始有如来文所述不伦不类之宣布。两两比较，秦先兰后，秦正兰非，不待哓哓，谅邀鉴察。乃兰州电达中央，语多失实，致大总统电令有秦军不应举兵西向及饬令和平解决等语。夫黄君对于兰州并未发遣一兵与之冲突，其希望平和、力顾大局之行，昭昭在人耳目，不可以语言饰也。其所希望，但欲中央政府及各省悉其数月以来苦心经营之隐，予以维持，俾兰、秦两处得以认真和平解决，则秦虽取消军府之名，亦所甘愿。其经营既苦，其希望亦极平常。若令久沦冤抑，下情不宣，既非明时所宜，亦恐万密一疏，两军或生冲突，转贻西顾之虑。皖中近事，可为寒心。大总统总揽万几〔机〕，此中情形，必能深察。伏望与诸公主持公论，转电兰州，力事维持，俾此事得以和平了解〔结〕，不特甘省之幸，即西北大局亦将从此敉平，川陕邻封皆拜大惠于承永也。至蜀军前派李树勋出师汉中，原因陕中告急，前往赴援，以尽被发缨冠之义。其甘陕地方政事，向不与闻，与秦、兰两处交涉，尤无关系。近因长、升已退，陕事渐平，迭接大总统电令，早经飞调该员迅率所部回川矣。知关注念，特并奉闻。四川都督尹昌衡、张培爵叩。宥。（自成都发）

（《川都督请维持甘省军队》，上海《民立报》1912年5月1日）

致军事巡警总厅令

（1912年4月26日）

中华民国军政府四川都督令：

四月十七日案准理藩部咨开：现在国体改为共和，所有奉到谕旨优待条件布告等件，相应抄录通行贵都督转饬所属一体钦遵查照可也。计谕旨优待条件布告一本等由。准此。除分行外，为此令仰该厅即便转饬所属，一体知照。此令。

巡厅总厅知照

（中华民国军政府四川大都督之印）

中华民国元年四月二十六日阴历三月十日

（四川省成都市档案馆藏原件，档案号93－6－3519）

布告十诫文

（1912年4月27日）＊

公仆衡谨告于七千万同胞曰：衡赋性豪宕，有志圣贤，受任仓皇，乃膺艰巨。当是之时，全城鼎沸，满地烽烟，振臂一呼，倒悬立解。空城固守而国旗不辱，单骑出抚而乱卒从风，缚赵贼则计夺其军，纵义士则信孚于众。将士用命，大敌瓦解，抚无不服，战无不胜。以数百之众，尽旬日之间，九死一生，遂基巩固，何其壮也。自此以后，宜乎政无不举，害无不除，乃一蒿目时艰，究心全局，优容敷衍，殆象环生。甚至士荒于学，农号于野，民不得安。伊谁之咎？岂衡之才足以勘〔戡〕大乱，而不足以收余孽，识足以扶危败，而不足以奏治平哉！累日穷思，一喝当头，盖因衡入岁以来，鞍马余闲，偶生怠逸，沉湎冒〔酒〕色，故态复萌，凡百庶政，遂以不举。而又智足饰非，勇足拂众，诤言逆耳，壮士寒心，物议纷腾，进步愈滞，何其悖也。谓衡不才，衡不敢自诬，谓衡不德，衡实难辞咎。安乐死，忧患生，其相争在诚不诚奋不奋耳。夫民有流亡之苦，而都督享千金之俸，其谁不趋利而吝输？民无生聚之乐，而都督增侧室之宠，其谁不耽逸而忘奋？民有不炊之户，而都督无卫武之戒。民有呼寒之痛，而都督无唐文之俭，其谁不乐祸而忘忧，乘间而思逞？种此恶因，安期良果？于是有才不尽擢，有恶不尽去，有伟业不遽举，有大危不复冒。以衡毫厘之失，遂至千里之差，以衡片念之非，将贻全蜀之患。木腐虫生，穴空风乘，人欲之险，有如是哉！

往事已矣，反躬责问，何以自容。为公捐私，改过不惮，放刀作佛，舍生渡人，此其时也。与其不治而去，无宁待罪以图。从前种种，譬如今日死，从后种种，譬如今日生，敢掬寸心，发为十诫：绝旨酒，远声色，惜分阴，极勤苦，薄俸以报公，亲贤以共治，深讥诬罟者决不罪，面规直诫者无勿容，不党不私，敢死敢进。十罪自归，十诫共鉴，披肝沥胆以和待人，绞脑靡躯以死报国，务使耳目绝燕怡之娱，手足甘胼胝之苦。俾得淬厉精神，提出朝气，外经藏卫，内抚闾阎。远为大局之臂助，近副全川之期许，倘得尽心所安，即当隐身而退。皇天后土，共鉴此心。凡百职司，交相为勖。拿破仑之日，无有不能，祖士雅之心，有如此日。信笔自书，尚希共鉴。

（《尹都督布告十诫文》，成都《国民公报》1912年4月27日）

在总政处的提议

（1912年4月27、28日）

古今最难收拾者蛮夷，天下最难统率者散兵。昨探得尹都督于阳历二十七八两日，俱提议于总政处曰：吾愿招集去岁有枪支之散兵，充实西藏，编成后督率前往。又云：我所以弃易而趋难者，因去岁损失之枪支尚多在外，若不早为收回，则地方难以肃清。此事虽难，而我决不畏其难也。况西藏又为我川之门户，门户不固，则堂奥莫保。我为全川虑，更不敢畏难者也。尹都督言毕，经总政处讨论，莫不赞成此事，但不愿尹都督弃川而赴藏云。

（《尹都督在总政处提议纪略》，成都《国民公报》1912年4月30日）

致袁世凯等电

（1912年4月29日）

大总统、参议院、国务院、黎副总统、黄留守、各省都督、各埠报馆公鉴：
　　昨重庆电称：云南谍查部十八来渝侦探，又有多人续来。派人探访，据称非谍查部之人，查其形迹，实系一起，不知所为。惟探得彼中人言，曾在贵州都督府见有函电滇黔都督，以川省为哥老军政府，要约湘、鄂、陕三省举兵伐川，取销政府。等语。接阅之下，不胜骇诧。查谍查之设，多用于两国交战之际，现在民国统一，五族一家，永息战争，共企幸福，我诈尔虞，亟应融化。川、滇谊切唇齿，尤当联为一气，互相扶持，奠定西南，巩固国基。故前日滇军驻扎叙、泸一带，所有举动，揆诸援川名义，实有未符，迭经电达情形各在案。衡等终以和平为主，阋墙是戒，委曲相将，不惜罗掘，以犒从者。又赖大总统、副总统及各省都督主持公理，力予维持，始允撤师。自兹以往，共泯猜嫌，复敦友谊。若犹潜蓄阴谋，侦谍四出，狡焉思企，俨然敌国，敢于持侵略主义，而犯天下之不韪，以管见测之，深明现今大势如我滇都督者，决不划此下策。然当此改革之初，人心未定，群情向背，反复无常，诚恐不逞之徒别怀主旨，妄假间谍淆惑听闻，扰害治安，以售奸谋。故特电请滇都督饬查有无此项人员，是否由政府遣派来川谍查，是何用意，明白赐复，以便判别真伪，妥筹对付。

至称川省为哥会政府一节，尤为捕风捉影，妄诞无稽，信所云□非无据。查现在川省任事各职员，自衡等以次，非热心改革之英年志士，即旧日军界、学界、政界素有声誉之缙绅先生，表册俱在，昭然可按，是否哥会，不辨自明。夫川民向有哥会一种，潜滋暗长，为害乡间，西南各属，其风尤甚，然慑于威力，不敢动作。省城自十月十八日变后，兵卒哗散，匪势猖獗，人民畏惧，深恐此辈乘虚窜入，特假公口名目签贴门楣，希图免祸。此等情形，凡旅蜀官商，亦罔不然。及衡收合余烬，编辑［制］新军，诛擒大憝，排除危害，川局倾而复定，人民恃以无恐，早将其假托名目悉行取销。细思彼日为何状态，政府已倒，保障无人，小民畏祸，急何能择？不审谛其真相，辄欲以为罪案，微特厚诬川人，即旅蜀官商尽成匪类，夫岂忍受？近阅沪报及接旅外乡人信，有谓外省传闻，多言川中有多数都督，而内治极紊乱者。查川省偏处西隅，风气闭塞，加以赵贼妄逞淫威，故各属反正先后不一。最前称军政府都督者，惟重庆、泸州、成都三处，其继起者则如广安、万县、永宁。永宁仅倡此议，公推该州知事为都督，并未得其承诺。广安、万县、泸州早已隶属于重庆，而自愿取销。其实，确定为军政府都督名义者，全蜀即成渝两处而已。自成渝合并以后，则全川之民的认成都为政治中枢，府、厅、州、县一律改称知事，听命于都督府。所谓多数都督者，或指最初之事而言，而又张大其词，以至传闻失实。否则，奸宄流言，借此摇动人心，荧惑众听，以为破坏地步。论止谤自修之义，衡本武人，爵亦书生，肩任重巨，细漏实多，惟应黾勉，以副群望。然以川省地处偏徼，交通迟滞，恐以传闻之讹认为事实，小之为名誉之累，大之有动摇之象。川民何辜，再历残劫，敢不据实胪陈，以释我大总统、副总统及中央各省政府诸公、海内热心志士之厪怀。

查川省反正之初，未及十日，大难复作，公私财政，破坏无余，千疮百孔，弥补维艰。内则有傅嵩炑之助虐，外则有陕都督之告急。军书旁午，羽檄交驰，亦有政策，多涉补苴。幸而乱事底平，成渝合并，凡百内政，渐次就理。首先组织行政大纲，以为提絜之要，于都督府设参谋、政务两处，为全省军政最高机关，以谋军事之统一。设政务处为全省行政之总汇，以谋机关之敏活。外设各司，内设各局，以期分途治事。各司长官与政务处总、副理，同为政务员，组织政务会议。凡事之重大者，必须通过议会，共负责任，以免隔阂之弊。此行政组织之大概情形也。

查川省谘议局经去年七月后，早已解散，又以道途不靖，成渝分划，故临时省议会一时难于召集。自成渝合并后，即迭次招集五道代表商议办法，议决每府、厅、州、县各选举二人，于新历七月一日开会。选举方法，仍查照满清谘议局议员选举章程办理，惟资格略予变通。并一面筹办正式选举，一俟临时政府选举章程颁到，即行遵办。此议会组织之大概情形也。

查川省已经成立之判检各厅，自遭去年变乱，一律停搁。十月，因略仿刑乱用重之义，特设军法裁判所，为暂时裁判机关。嗣因秩序渐复，即饬司法司从速筹设审检各厅。省城商埠及繁盛地方，现已次第开厅。惟满清初级审判权限范围太狭，川省幅员辽阔，交通不便，人民越境控诉，实多困难，故特拟变通办法，改初级名目为地方名目，其权限范围与行政官厅省□，以期简便易行。俟将来临时政府法院章程颁后，再行查照更正。此司法组织之大概情形也。

查川省兵制，暂照满清陆军制度设置，惟名称略予变更，合镇之上暂设军团长，以总其成。兵额已达五镇，不免过多，现正从严裁汰、归并。区划全省地段，将全数兵额，分别支配。现已各扎要隘，就近镇摄，联络交通，一旦有事，调度敏速，匀配则免空虚之虑，分处则无哗聚之虞。此军事组织之大概情形也。

十月以来，库储如洗，军需浩繁，司农仰屋，束手无策，始议发行军银票，以活金融，发行军用钱票，以救钱荒。幸人民均明大义，一律遵用，渐次推广，及于各属，支撑危局，惟此是赖。钱票于三月后即可兑换，银票于一年后即可兑换，现拟兼发兑换纸币，以为吸收军用银票之准备。兵燹之余，农民负担过重，万难踊跃输将，整理财政，拟先从盐法入手。从前官运，缪辖滋弊，现拟改订一税之法，以期公私兼理。厘订妥章，即行颁布。惟财权不一，决算维艰，拟将盐务并归财政，以一事权。此财政组织之大概情形也。

川省密迩边藏，警耗时闻，唇亡齿寒，用切殷忧。故于赵贼授首以后，即设立筹边处，简派专员悉心规划。近又特派关边宣慰使率队出关，借资镇抚。又电达大总统，权宜委任钟颖为西藏行政长官，以维系大局。近日雷屏一带，凉夷欣然向化，皆请改土归流。究以事关重大，务须持重，派员详查，再定办法。此边务组织之大概情形也。

再地方官吏，定名知事，将旧有经征局一律裁并，知事兼理。同城佐杂教职，一律裁拨。因幅员辽阔，督查难周，直隶厅、州暂仍其旧。惟各府裁去首县，即以首县所辖区域归府直辖，知事以下分设案牍、征收、统计、庶务各课，征收课员由地方议会加倍公推，由知事委任，实行官俸及公费章程，一切陋规，概事削除。此地方行政组织之大概情形也。

其余如教育、实业、交通、警察、审计及一切关于国计民生之事，无不竭力规划，以图进行。交通邮电无阻，雨旸时若，丰稔可望。苟循序以渐进，或日起而有功。但恐宵小之徒，恨不获逞，借端煽惑，造作种种，以淆观听，乱天下之是非，启民国之内讧。衅由蜀土，祸即神州，坐召分剖，永蹈沦胥。衡等死何足惜，其如大局何？其如公理何？拊膺□□，不免急呼，厪注所关，敢不详呈。此种谣传，推其所极，足以丧邦，请予维持，并加查禁，无任盼祷之至。川都督尹昌衡、张培爵叩。艳。

（《四川都督电》，《申报》1912年5月8日）

附录　国务院复尹昌衡等电

（1912年5月9日）

成都尹、张都督，云南蔡都督，贵阳唐都督【鉴】：

奉大总统交尹、张都督艳电，并谕：川省僻处西南，鞭长莫及，自上年八月以川乱端猬集，民不聊生，经该督等迭次扫清，又合并成渝，化除畛域，于行政、立法、司法三大端，治军、理财、防办、用人各事宜，筹具端倪，渐臻统一，民亦劳止，汔可小休，暨尹、张都督之铲暴安良，具有成绩。所称川民向有哥老名称，民间慑于威力，当匪势猖獗之日，特假公口名目，签贴门楣，以图免祸，亦系实情。业经该督将假冒名目概行取消，此后顺逆既分，当可不至煽动。蔡都督绥靖滇疆，出其余力。唐都督茌黔靖难，规划尤洽。惟川滇黔道途隔绝，又因从前公口之余焰，谍部四出，思患预防，并非有权利思想，经此尹、张都督透层剖白，当已涣然冰消。自今建设伊始，险象环生，惟期协力同心，共同匡济。从前彼此嫌疑，譬如昨日死，此事互相扶助，譬如今日生。对于乱民则共诛之，对于良民则共保之。尤望三省互派人员，常通消息，浮言自靖，无诈无虞，深维廉蔺释衅之忱，共成平勃交欢之美，西南大局，庶有转机。等情。理合电达查照。国务院。佳。印。五月九号发。

（《北京来电》，成都《国民公报》1912年5月15日）

公布临时省议会日期文

（1912年4月）

为通告事：吾蜀自反正以来，变乱迭乘，中更多故，道路不靖，邮便鲜通，临时议会，久难成立，良用歉然。现在国民既庆统一，成渝实行合并，吾父老子弟殷殷望治之心，固日加切。本都督平日主张民权最为强毅，当此大任骤肩，责无旁谢，更何敢因循退萎，使人民有不达之隐，致吾蜀有不治之讥。前经旅省人民举出五道代表，其促进法权之殷，本都督实深佩慰。惟议会为全省人民代议机关，所有议员必悉征自各府、厅、州、县，群言无闲，方足以符代议之实。叠集省城各法团各道代表及各政党开会研究，最后于三月二十五日议决，审定组织临时省议会简章，通行各府、厅、州、县，饬令于两月以内，按照简章公举二人来省，准阳历七月初一日成立临时省议会办法。既经公推举贤,从此全川人民人人有参政之权,即人人有图治之责,和衷共济,民隐毕宣。惟冀我父老子弟念大局之艰,懔匹夫之谊,不特爱国如家,直视全川事为一己事。所谓议会者,不过聚家人父子,而共策维持补救之道。所有权利,即是义务,勿轻心以掉,勿放弃自甘,庶他日举出代议士,皆是餍人民奢望,不负组织初心。本都督时会躬逢,曷胜期望。至正式议会办法,现正竭力筹办,俟中央政府将选举法颁布到日,即行继续通告,正式选举,期成完全议会。合行通告阖省人民一体知悉。切切,此告。

(《川都督公布临时省议会日期》,《申报》1912年5月5日)

致袁世凯等电

(1912年5月1日)

大总统、黎副总统、黄留守、各省都督、各埠报馆钧鉴:

罗泇〔江〕哥老会匪谢厚鉴,拜纳流亡,勾结营勇,假立前清旗号,聚众数千人于罗江、绵竹、德阳等处,谋为不轨。当即派兵剿捕,将首匪谢厚鉴拿获解省,于廿六日正法,余党一律解散,地方安靖如常。特电奉闻。川都督昌衡、培爵叩。东。

(《四川都督电》,《申报》1912年5月6日)

黎元洪转尹昌衡致袁世凯电

(1912年5月1日)

袁大总统鉴:

军密。接川督个日密电称:请由尊处密转袁大总统,其文如下:洽电悉。藏卫消息不通，最近变乱情形，屡电滇转江孜，皆未得复。顷据专员探报：巴塘西南一千五百七十里之杂瑜南境，与英属印度阿萨密东北交界，地吏［隶］珞瑜。前英兵窜入，并树［竖］志国旗，但无战事。又里塘南五站之乡城，已为蛮寇所陷。以上两处，皆属四川边地，除迅速派兵前进，并一面侦探，再行电（闻）外，所有拉萨近状，恳随时向东印度加尔格达华侨天益号陆韵秋君电探转告川省。又东末陞琼（译音）是否春丕西格？孜［谘］询久居藏者皆不知其地，统希查复。再前内密系由长沙寄来，特闻。等语。理合电达，伏希查照。元洪。鉴［东］。印。

（《西藏研究》编辑部编《民元藏事电稿》，西藏人民出版社，1983，第2页）

附录　国务院致尹昌衡电
（1912年5月9日）

成都尹都督、张副都督：

奉大总统令：现接云南蔡都督电称：路透电云，华兵被藏兵击败等语。现藏路邮电梗阻，文报不通，究竟藏中刻下情形如何，华兵与藏兵是否已经开战，该处密迩外界，抚绥镇定，刻不容缓。川省与西藏唇辅相依，历来筹办藏事，皆以川为根本，该督迭次来电，亦以藏事自任，务即拣派得力将领，带军队由巴塘一带疏通道路，节节前扎，一面密探藏中华兵驻所，设法联络，俾声援相见，免成坐困。仍随时电告该处情形，以重边圉。至前据巧电复称请以钟颖任西藏办事长官，已加任命矣。亦应迅速转告钟长官，俾得专心筹办藏事，是为至要。等因。相应电明遵照。国务院。佳。印。

（《民元藏事电稿》，第4~5页）

致各省都督电

（1912年5月2日）

各省都督鉴：

此后有外国人入川，经贵省给照后，请即电告敝省，以便饬属计程接护，并令省界毗连州县上交下接，接取印收，俾免疏慢。四川都督尹昌衡、张培爵。冬。

（《川省礼遇游历外人》，上海《民立报》1912年5月2日）

致熊克武电[①]

（1912年5月4日）

（中略）[②]睽隔千里，闻与实违。中情未通，祸机隐伏。危哉！滇谍频窥，藏警日急，既不能绝萑苻以靖民，又不能竭罗掘以备用。蒿目全局，此何时耶？同力合作，犹恐不支，分党异谋，势成两败。衡心酸痛，莫可言状。以衡受任危难，兵不满三百，财不满十万，区区之心，微特忘利，

---

① 此函初发表于1912年5月6日成都《国民公报》，题为《成都致重庆电》。5月24日上海《民立报》再次发表时，改题为《成渝交恶近闻——尹昌衡之辨诬》，并有编者按："记者来函，重庆兵士对于尹都督颇不满意，兹得尹都督致重庆熊司令电，特录之。"但1918年1月尹昌衡辑入《止园文集》，作为《止园丛书》第1集，交南京商务印书馆出版时，却改成《与重庆张培爵书》。
② 此电又见刘石甫《尹昌衡传·尹昌衡之文略》（《武昌起义档案资料选编》下卷，第490页），在这里，"中略"作"重庆镇抚府执政诸公暨绅商各界蜀军全体鉴"。

固已誓不欲生矣。是以招叛合离，单骑直赴，斩逆诛乱，自分身殉，稍见一隙转机。业经数次辞职，邦人坚不我许，而扶病强支，任怨力行，何尝须臾忘大局哉？于赵①则力诛之，于傅则力擒之，于滇则以百忍图两全，于渝则以一介和四督。当抚当战，尽出公仁，一行一言，悉昭大义。衡虽不才，心固同于皎日矣。而恶耗频来，谓渝中众矢，日集于衡，树党组兵，势在必举。嘻！其果然欤？其果然欤？夫渝兵强不及傅、赵，而衡众已逾于曩时②，武力相对，我备必胜。然衡非犬豕，宁忍以兵乱扰桑梓哉！一兵来，衡以单骑迎。千军来，衡亦以单骑迎。两〔四〕川之利是图，七尺之躯何惜？有能驭众安民，衡必推权逊位，此一贤者取之耳。树党组兵，胡为者？果其关怀大局，请即联袂而来，闻衡之言，考衡之行，鉴衡之心迹，允定公罪，而议去留，何迟之有？若夫外纵谤讥之口，内怀不测之谋，开揎盗之门，分御外之力，一朝之祸偶成，千古之羞谁洗？风雨漂摇，阅墙自哄，自非丧心，宁忍误国？岂可以全川之生命财产③，供吾辈私心一赌哉？成渝不可以分立，虽妇人孺子，苟具有良心者，无不知之。衡岂忍拥权挟私，以坏大局，践约图名，以顾小信？故自愿闻命而退。至若不闻衡之言，不考衡之行，不察衡之心迹，必使于谦含冤于九原，张巡受谤于身后。衡虽有勇，不忍与渝战，衡虽有智，不忍为己谋。岳忠武无跋扈之心，檀道济有长城之叹，固所不惜。至于兵乱政纷，敌入民死，赤地焦土，败国亡家，非衡之仁所能爱护也。临书涕零，不知所云。昌衡。豪。印。

（成都《国民公报》1912年5月6日；又见上海《民立报》1912年5月24日；再见《止园文集》，《止园丛书》第1集）

---

① 指赵尔丰。1918年收入《止园文集》时，将"赵"改为"恶"。
② 1912年5月24日发表于上海《民立报》时，无"夫渝兵强不及傅、赵，而衡众已逾于曩时"一语。
③ 1918年收入《止园文集》时，将"生命财产"改成"元元"。

附录　熊克武复尹昌衡电①

（1912年5月7日）

到渝旬日，布置略定，睽隔万里，中情未通。克武在外成军，发难于成渝尚未光复之日，百计经营，力排众议，初意原为保护桑梓，中心非欲自卫。拥兵千余，年来间关奔走，所为非私，此心同于皎日。而恶耗频传，或谓克武树党组兵，疑忌一生，谗谤纷乱。当此满目疮痍之日，正吾民极力待苏之秋，同力合作，犹恐不支，深心怀疑，势必两歧。外人得以乘虚开缉[揖]盗之门，分御外之力，一朝之祸，偶成千古之羞谁洗？风雨漂摇，萧墙自哄，自非丧心，宁肯以疑忌误事？我公受命于危难之际，招叛合离，单骑直赴，斩逆诛乱，却滇军之窥谍，联成渝为一气。功业心迹，争光日月，知必倾怀示人，言行悉秉至公。望即通告全川，杜绝谤谗，庶免风鹤时警，父老难安枕席，大局幸甚！熊克武叩。阳。印。

（《重庆来电》，成都《国民公报》1912年5月10日；又见《成渝交恶之解释》，上海《民立报》1912年5月27日）

致军事巡警总监杨维令

（1912年5月6日）

中华民国军政府四川都督令：

　　照得官俸章程，早经厘定通行在案。惟地方官身膺民社事务至繁，需用较多，若尽取偿于有限之官俸，其势必至不给。不肖官吏或且借口办公，因

---

① 此函发表于上海《民立报》时，有编者按说："成渝交恶，已纪前报。近得熊克武复尹都督电如下。"

缘为利，巧取豪夺，肆意【以】求，恐亡清官场陋习，不旋踵而复见于今日之民国，甚【非】整饬吏治之本意也。本都督惧之，是用督同政务各员斟酌地方情形，分别繁简，厘定公费通章，以期凭借，有□赔累，无患地方，庶政或不致以掣肘之故废而不举，凡在廉吏谅所乐闻。兹拟自阳历五月初一日起，为实行公费章程之期，各府厅州县地方官即照表列等差，分别按月开支。其五月以前至去年独立之日，亦准适用此项章程，计日补支，以示体恤。惟各处情形不同，往往有已支之数，超过现章范围以外者，应即造具详细清册，并说明理由，呈报本都督府及财政司核准后，始许作正报销。但此后无论何处，均不得援以为例，以示限制。所愿各地方官勤以奉职，俭以养廉，力矫自私自利之风，毋忌好恶同民之义，期年报最上考同应勉作循良无忝厥职，有厚望焉。除行民、财政司并通饬外，为此令行该总监知照。此令巡警总监杨维

　　计发公费章程五本

尹昌衡

张培爵

（中华民国军政府四川大都督之印）

中华民国元年五月六日阴历三月二十日

副理　谢　持（公出）

政务处总理　董修武（印）

副理　郭　灿

府厅州县地方官吏公费章程

第一章　总则

第一条　本章程专以规定府厅州县知事与各佐治员之公费种类及其数目

为限，凡各地方官吏之支给公费，除别有规定者外，均照本章程行之。

第二条 凡本章程所列各项公费，如该府厅州县向来筹有的款者，仍在该款项下开支，其无的款可支者，得由府县知事呈由财政司分别指拨，不得擅动解款。

第二章 府

第三条 各府公费，视其缺之繁简，依下表所列，按月照数开支。

种类	繁缺数目	中缺数目	简缺数目
书记（合各课在内）	九十元	八十元	七十元
司事（合各课在内）	七十元	六十元	五十元
护勇	一百二十元	一百元	五十元
杂役	二十元	十六元	十二元
号房、茶房、传事	二十四元	二十元	十六元
禁丁、更夫、仓夫	二十四元	二十四元	二十四元
件作	十元	十元	十元
舆马费	二十四元	二十元	十六元
纸张、印红、油烛等费（合各课在内）	三十元	二十五元	二十元
巡视各厅州县旅费及缉捕费	八十元	七十元	六十元
委员及专差旅费	四十元	三十元	二十元
邮电及各项补充费	六十元	五十元	四十元
	合计月支五百九十二元	合计月支五百零五元	合计月支四百一十八元

第三章 直隶州

第四条 直隶州公费，繁缺准照简府开支，中缺准照繁缺州县开支，简缺准照中缺州县开支。

第四章　直隶厅暨厅州县

第五条　直隶厅暨厅州县公费视其缺之繁简，依下表所列，按月照数开支。

种类	繁缺数目	中缺数目	简缺数目
书记(合各课在内)	六十五元	六十元	五十五元
司事(合各课在内)	四十五元	四十元	三十五元
护勇	八十元	七十元	六十元
杂役	十二元	十二元	十二元
号房、茶房、传事	十六元	十六元	十六元
禁丁、更夫、仓夫	二十四元	二十四元	二十四元
仵作	八元	八元	八元
舆马费	十六元	十六元	十六元
纸张、印红、油烛等费(合各课在内)	二十元	十八元	十六元
巡视各厅州县旅费及缉捕费	六十元	五十五元	五十元
委员及专差旅费	二十元	十六元	十二元
邮电及各项补充费	四十元	三十五元	三十元
	合计月支四百零六元	合计月支三百七十元	合计月支三百三十四元

第五章　分府分厅分州分县

第六条　分府分厅分州分县知事之公费，依下表所列，按月开支。

种类	月支数目
书记	十二元
护勇	三十元
杂役	四元
号房、茶房、传事	六元
舆马费	十元
纸张、印红、油烛费	六元
下乡办公旅费	十元
	合计月支七十八元

第六章　附则

第七条　各府厅州县每月开支公费，按照本章程所定数目实支实报，不得稍有超越。但各项公费定额如互有余欠，准其挹注开支。如各项均开支有余剩时，其剩款移作下月公费。

第八条　分府分州分县每月开支公费，照前条办理，惟须呈由该府厅州县核定后转详财政司核销。

第九条　各府厅州县每月开支公费后，须于次月之初，开具四柱清册，核实呈报财政司核销。

第十条　各府厅州县向定各项公费，如有过多者，应于奉到本章程后十日内照章核减，以归一律。

第十一条　各府厅州县由民政司就向来成例，斟酌现时情形，区分繁中简各缺，呈由都督府核定施行。

（四川省成都市档案馆藏原件，档案号93-6-3497）

致胡景伊熊克武等电

（1912年5月7日）

重庆镇抚府胡总长、蜀军行营熊总司令、驻渝第一镇周镇长鉴：

前据北京来电，文曰：奉大总统令，据云南蔡都督电称：滇军各将领已次第分道撤还，惟滇军撤退之后，川省又复乱机勃勃，前于二月底滇军甫退至泸州，而嘉定之军复变，肆行劫掠。重庆所驻成军于巧日枪杀滇兵二人，伤三人，已经和平交涉，川军允议恤议赔，正法首要。马日首犯尚未处决，成军突至，变乱抢劫，当日又戕毙我军见习员刘镇藩及兵三名，渝政府办公人员全行避匿，渝城各国人异常恐慌，我军妥为保护，以免酿成外交，并防川兵波及滇境。迭据滇军电陈，两据泸州商民电请留驻滇军，以资镇慑，均饬令迅速撤回，勿庸过问，免生轇轕。兹又接电称：川中兵匪相通，乱机勃发，隆昌、内江尚有数千之大股匪党，其余数十数百者指不胜屈。顷德国领事由渝到叙云，巫峡土匪击毙美国教士，一伤一毙，恐启外人交涉。等语。查滇军对于川省，迭遭疑谤，此后无论如何，滇军决不与闻。惟兵匪相通，乱机勃勃，不独扰害治安，亦恐牵动外交，心所谓危，不敢不告，尚望妥为设法。等语。希即迅速查复，并先行妥为镇抚整饬一切，一面切实保护外人，勿得稍有损害，至要。等因。相应电明遵照。国务院。俭。印。等语。当由本处电复其文如下：北京大总统、国务院、参议院鉴：俭电五月一号奉悉。滇督电称各节，仅凭一面之词，承示迅速查复，并先行妥为镇抚。等因。仰见烛照隐微，厪念边方之至意，钦佩莫名。谨为剀切陈之。缘滇军入川，分驻叙、泸等处，南北统一后，由川犒遗十万两，请将援师退回。滇军坚执北伐为辞，不听邀约，于二月尾赴重庆，意在坐索巨款。昌衡等深恐两军冲突，特电渝军优礼相待，殊该军到渝，一切任意。三月十八，成军徒手兵士二名在街，滇军目以为仇，开枪击之，徒手兵负重伤垂毙。同伍大哗，携枪报复，恰遇见习员刘镇藩驰往，以致误被枪毙。滇军一兵寻仇，成军受伤四名，毙二名。一切详情，均经电达滇督。我军虽有伤亡，昌衡等念在唇齿，并未与较，严办成军，优恤滇军，力主退让，有案可查。滇督辄称成军变乱抢劫，当日办公人员全行避匿。渝城为通商码头，果有其事，岂能掩饰？实属该军捏造。泸州商民并未电留滇军，查询电局，自拟电稿，盖用李梯长关防，携带枪械到局，迫以泸州政学绅商民［名］义通电各处，未给报费。电稿关防，即为该军铁证，早经泸州全体通电报告在案。反正后，匪徒窃发，势所不免。现在分兵驻防各属，甫清伏莽，保护教堂，遇有匪患，均经缉获惩办，地方尚形安谧。所称内江数千股匪及其余数百数十，指不胜屈，果何所据而云然？至美国教习由宜昌入川，未接前途知会，以致抵巫峡僻地，猝被匪害，保护不及，当饬严拿首要，并报告亦在案。滇军退后，不特嘉定无兵变之事，叙、泸一带尤安堵如常。推求滇督电称各节，张大其辞，极力形容蜀中乱象，言外见之，非滇军不能代平，意在要求大总统委托入川，帮助饱其欲壑。蔡都督素称明达，决不诡诈至此，惟以外籍而任都督，一切听命于人。川中自上年争路发难，良莠杂处，本极难治，滇军近又暗遣侦探，在屏山一带唆使匪徒暴动，自往援助。间谍匿渝，暗置腹心，立普汉公以引军界。叙州漾、径两电称：滇政府不纳，滇军阳拒阴耸，蓄谋叵测。昨据驻渝周镇长电告前来，实深焦忿。似此不顾大局，有意扰乱，深为民国隐患，应请饬［饬］下川滇宣慰使王人文迅速赴川查办，俾明虚实而杜乱萌，大局幸甚。除遵电办理外，特此电复。云云。查滇军野心勃勃，多方寻衅挑隙，并欲耸动中央及各邻省干涉吾川兵治。凡我川人宜如何同心合力，共筹御侮之法，并希晓谕军界同人，务宜严守军律，毋再出兵，贻人口实，尤为切盼。昌衡、培爵。虞。印。

（《成都致重庆电》，成都《国民公报》1912年5月17日）

致袁世凯等电

（1912年5月9日）

袁大总统、各省都督、各报馆公鉴：

顷据重庆镇抚府总长胡景伊电称：滇军在遵义勒索盐款，屡电无效。兹复据边商天全美报称：滇军将该号东索去万金，下余六万七千两，限七月内缴清，否则炮攻。复将时雍田产契约押存遵义府作抵始释。又据宝兴隆报称：该号司事冯均平又被拘留，逼缴二万五千两，均经哀恳，始限期三月起至八月止缴清。不得已商请余府知事取保担负，又请妥商出限期红票，连环互保始释。等情。查该军以商人产约，估抵四川款项，转令按本追索，公理何存？除通电中央政府暨滇黔都督外，应请如何维持，速示办法。等语。查滇军迭在川黔勒索盐款，经衡等及胡总长屡次电阻无效，复由敝处电请大总统及滇都督转饬亦不奉命，凶顽横暴。盐商迭遭鱼肉，勒索多端，又被拘留估抵，似此不法行为，与土匪之勒索何异？诚恐凶焰愈张，川边从此多事，为害胡底。拟请大总统、各省都督及各报馆主持公道，辨别是非，俾滇军稍知愧服，或可戢其贪焰。川民盐商幸甚，共和大局幸甚！四川都督尹昌衡、张培爵叩。青。

（《四川都督电》，《申报》1912年5月16日）

都督府选验预备补充队简章

（1912年5月上旬）

第一章　总则

第一条　此队收集失散枪枝，编成预备补充队，以预备现有陆军缺员之补充，而直隶于军务处。

第二条　此次招集枪枝，统由军务处特立机关办理。凡以前所有招集枪枝之机关及人员，均一律归并该处。其公文亦无效。且此后无论何处，均不得另行招集。

第二章　编制

第三条　此队以十四人为一棚，置棚头一名；以三棚为分哨，置一分哨长一员（三等三级以三分哨为正哨，置正哨长一员；三等二级以四正哨长为一补充队，置队长一员；三等一级一各队，依一二三等数字）次序编定之。

第四条　数队设统队长一员，临时委任有职人员，不支薪水。

第五条　统队处设三等书记长一员，录事一名。队长处置庶务长一员，四等书记长一员，录事一名。每司事录事各一名。

第三章　选格

第六条　枪须九子、五子适用之枪，而非损坏者。

第七条　每枪成军一名，但其人必须年在三十以内，身体强壮而无暗疾气习者。

第八条　队长须有军事学问者。

第四章　薪水

第九条　预备补充队薪饷如左：队长每员月薪五十元，正哨长每员月薪三十元，分哨长每员月薪二十元，三等书记每员月薪二十元，四等书记每员月薪十六元，庶务长每员月薪二十元，司事每名月薪十二元，录事每名月薪十元，棚头每名月薪五元，兵丁每名月薪四元五角。

第五章　职责

第十条　统队长有督率各级官长、教育兵丁、按军队教育次第教授之责。

第十一条　各级官长均有教育训练并有整理内务之责。

第十二条　庶务长经理全队庶务事宜。

第十三条　三等书记专受统队命令，办理一切文牍公件。

第十四条　四等书记专受队长命令，办理一切文牍事件。

第十五条　司事经理本哨庶务事宜。

第六章　附则

第十六条　凡被选成军者，所有从前过犯一概赦免。惟自招兵文到之日起，再有犯罪者不赦。其有私藏枪枝不来成军，及不缴纳者处以极刑。

第十七条　有枪愿缴而不愿成军，照收集枪枝表给价，令其解散，归瑞安业。

第十八条　凡被招集之人，应从文到一月内，在招定地点成军，过期以私藏枪枝论罪。

第十九条　成军后，无论派遣遥远地方，不得违抗。

第二十条　凡担任收集枪枝之代表，依所招枪枝数之多寡，由都督量才予以相当之位置，不得自行要求。

第二十一条　缴枪被选者并为陆军预备补充队，每日给口食钱一百文，一俟成队后照上章支给。

第二十二条　未被选以前一切用费均归自给。

第二十三条　已被选成军后至因有事故，凡退伍时酌给奖资，其枪即归公物，不得携出。

第二十四条　一经补为陆军，即照陆军饷章支给薪饷。

（《都督府选验预备补充队简章》，成都《国民公报》1912 年 5 月 10 日）

致袁世凯及国务院电

（1912 年 5 月 11 日）

大总统、国务院钧鉴：

顷据筹边处呈：据驻藏调查员李俊电闻，据巴塘顾统领电称：接江达张理事电，工布逆番围江甚急，有岌岌不可终日之势，乞速救援。占文。歌。印。又同日电开：据拉里粮员专差移开：前后藏、江孜、靖西各处逆番同时起事，围困拉萨，数战未退，子弹粮食罄尽，联、钟飞求边军救援，恳速发兵，否则千万汉族生灵，死在眉睫。并据专差面称：闻达赖行文传知边藏四百余处喇嘛，一齐起事，以牵制边军。查察台紧连□地，驻兵无多，前藏若失，边地势危。现在定乡万分吃紧，自顾不暇，再加藏事迫切，后患何堪设想？请先调关内南路军队，兼程到边，分布兼顾，并请飞转军政府核办，以解危局。占文。歌。印。各等情。据此。查乡番猖獗，藏事失利，全边均将蠢动，军心惶惶，亦乘机暴举。俊带队兼程出关，沿途安抚开导，本借都督德威，均已渐就范围。惟边军太单，旧日得力之兵，寥寥无几，虽有堪任战事之朱、彭、牛三营，而朱营防地广袤，远在二十余站。彭营驻防察木多，又为前藏要关。且二军威望久孚，各番正值观望，一经调遣，必有他虞。惟道坞牛营差可移调，然亦独木难支。现已饬五营拔军赴道换防，拟将该军调赴定乡一带，会同各哨暂将各要隘扎定，尚须候川军出关，节节顾全，方敢进取，不使冒昧轻敌，再蹈顾军前辙。今藏番又复全动，若非速添重兵，不能分布，若不赶紧筹援，诚恐英人借题代谋，后悔何追？据顾统领来文，英官长官都拉蘘、锁伏来二员在珞瑜修整道路，意尤叵测，一面飞饬察木多彭[彭]营严密侦防外，应请贵处速呈都督主裁，并【札】催吴宣慰迅速到边，不胜切祷！俊。庚。印。等情。据此。查边藏危急各情，曾经昌衡等屡次电陈大总统请示遵办，并请以国家名义，电令印度首府华侨陆韵秋，代借十万拨给藏中华军及逃亡印度兵丁，以救燃眉，迄未奉复。正深焦虑，复准前电，前后两藏均已危殆万分，当由昌衡、培爵筹拨陆军一支队，随同筹边宣慰使克期入藏，一面电催熊总司令克武迅速西来筹商大举。惟是治军必先筹饷，况边藏险远，此次用兵尤非寻常小举所能集事，军需供应，节节预备，计所费实为不资[赀]，断非四川凋敝之余所能独任。应请大总统查照先今各电，俯念西藏关系全国，迅予统筹计划，特派专员前来办理。一面饬令外部与英代表交涉，绝其干涉援加[助]，以釜底抽薪之计，俾达赖外无所恃，内乃可乘。是否有当，望速电示，临颖迫切，不知所云。再藏事危迫，瞬息万变，往来电商有不可不秘密者，应请由京颁发密码，以重军机。四川都督尹昌衡、张培爵同叩。真。印。

（《民元藏事电稿》，第5~6页）

致袁世凯电

（1912年5月11日）

袁大总统钧鉴：

顷据川东绅商学界高子云等电称：西藏为四川藩篱，藏固而后川固，川固而后沿江各省固。近日藏警频闻，若不及早挽救，势酿巨患，转违五大民族共同一家之宗旨。胡总长实事求是，一时碍难离任，熊锦帆居义勇知兵，昨自鄂归渝，尚无定职，恳援孙大总统委渠甘蜀经略使之案，速电召熊军到省，拨款进防藏卫，并电中央政府，呈明情形，川省幸甚，大局幸甚。等情。据此，查西藏危险情形，昨日业经由电详呈在案。熊君克武才力过人，智勇兼优，既经前孙大总统委充甘蜀经略使，可否再由大总统加令委任专任西藏经略，催其早日前进，以救全藏之危。是否有当，敬候裁示。四川都督尹昌衡、张培爵叩。真。印。

（《民元藏事电稿》，第6~7页）

致袁世凯电

（1912年5月12日）

袁大总统钧鉴：

边藏警报，一日数传，均已次第奉达。江日又接靖西同知马师周由印度发来东电，略谓江孜、亚东失守，拉萨危在旦夕，乞速派兵赴藏。支日又接天益号陆韵秋君冬电云：卅电悉，敝处尚未奉京电，藏民军械足用，又获我大批军火，前集大兵，盘踞拉萨，俨成劲敌，进抚为难，可否咨滇进兵先援，乞钧裁。微日又接马同知支电云：江电悉。周病剧，请准假回国就医，惟去年靖饷未到，借番款万余，垫发兵饷，目下旅居印度，无款归还，番商来问索，请速电汇，以清公债而全国体。余函详。云云。

综观各电，焦灼万分，藏民思乱，蓄志已久。隐忍未发，慑于陆军。军威既挫，后患滋深。倘藏民无知效尤，蒙古宣告独立，秩序必乱。我国无戡定之能力，外人有干涉之口实，彼时虽有长于交涉之员，亦将无从着手，全藏沦亡，翘首可待。藏亡则边地不守，边失则全国皆危。民国初基，强邻环伺，莽之藏卫，即脱范围，内何以辑〔缉〕抚他族，外何以应付列强，悲从中来，不能自禁。目前办法，无外两端，派遣川滇各边劲旅，星夜赴援；收集驻藏陆军，背城一战。川边已由昌衡、培爵飞饬察木多、巴塘一带防军，兼程西进，更遣支队接续；滇防滇边，则应恳大总统令饬云南都督迅派兵队，两面齐举。至抚慰藏军，尤为要着，前经屡恳拨银十万两，电汇印京，转给拉萨，原令藏军望梅止渴之意。即复马师周、陆韵秋电中，亦有已电中央汇款接济等语，屡屡提及，将欺藏军？断续存亡，间不容发，迄今未奉复，无任旁皇。设非当途多梗，【周】转万难，昌衡等虽愚，亦何至吝此区区十万金，置民国前途于不顾？特以地势所限，实乏善术，汇款一节，仍恳俯允。万一汇兑不通，可否以政府名义，电商陆韵秋君就近借款，聊济目前。屡接陆君来电，热心祖国，溢于言表，倘能设法，当不推辞。即马同知负债，番商追索至印，亦于国体有关，应即于拨款内划还，亦乞直接饬知。神与电驰，统祈裁复。四川【都督尹昌衡叩】

（《民元藏事电稿》，第7~8页）

附录　国务院复尹昌衡电

（1912年5月18日）

成都尹、张两都督鉴：

用林密译。麻、真各电敬悉。尊处迭得警电，已饬察木多、巴塘一带军队兼程西进，并遣支队接续，请由大总统电饬云南蔡都督联兵同进，规划周详，实深钦佩。昨得云南蔡都督铣电，所述藏中危急情形，与尊电略同，现由院电请蔡都督迅派劲旅，与尊处协同镇抚。所需抚慰款项，目下中央拮据万分，罗掘俱穷，已托人向陆韵秋君就近筹借十万元，借资接济。一面由院请外交部与英使交涉，免生国际障碍。尊处密迩藏境，一切要情，尚希随时警[电]告，并请筹度事机，力与维持。电报密码，容即邮寄。陆君处并希尊处再向电商，马同知前借番款，发给兵饷，应准一并在借款项下拨还，以全国体而清债务。至派专员一节，俟大总统简任有人，即当电闻。顷据蒙藏统一政治改良会呈称：达赖喇嘛现驻印度，令一堪布达喇嘛东来，将往内外蒙古，经该会婉留在京，商准由伊折回印度，劝告达赖来京谒见大总统，以表赞成共和之意。当经批令该会转饬遵照，知注附陈。国务院。巧。印。

（《民元藏事电稿》，第 10~11 页）

致蒙藏交通公司筹办处电

（1912 年 5 月 14 日）

蒙藏交通公司筹办处伍温壬于陈诸先生鉴：

顷读来电，足见诸先生思深识卓，规划宏远，于五族联合，大有裨益。昌衡等深愿策其驽钝，协赞进行。所有组织大概及规定章程，祈即见惠，示我周行。尹昌衡、张培爵叩。寒。

（《四川都督电》，《申报》1912 年 5 月 16 日）

致黄子权家属书[①]

（1912 年 5 月 19 日）

子权死矣，众议所决也。罚固当其罪，衡不敢庇护。使衡而犯令，亦当

---

① 黄子权即黄鉴，四川哥老会大袍哥。

自受适当之罚,不敢自庇,何能庇友?然不能不心伤者,以子权于事急时不无征劳,且于衡朝夕私接,感情甚好,是以重为之悲也。罪犹已作,而我心恻然,甚不安。回思前月面劝之言,及托傅樵村君代劝之语,尤为神伤。衡念其奉公勤劳,拟另筹恤,又于私情亦恋,特奉奠仪一百元。子权之子及家族,衡当即代为照料,以慰友魂。特启。昌衡泣书致尊嫂哀鉴。

(《四川一凶伏法》,上海《民立报》1912年6月8日)

致胡景伊谢持电

(1912年5月20日)

重庆镇抚府胡总长、政务处谢副理钧鉴:

巧电具悉。当即召集全体职员会议,于渝中提出各条件中略有增损,其改订者如下:

一、渝军、熊军及第二镇之步兵第一、二、三预备标编为第五镇。

二、第五镇暂驻川东,卫戍区域为重、夔、石、忠、酉,并随时听候调遣。

三、装械分别缓急,随时补充。

四、经营藏卫及边要之兵力,由各镇担任。

五、第五镇军官佐仍须遵照各镇例,由都督考核委任。

六、川东宣慰使暂驻重庆,以维持治安。其宣慰使之任命职务权,均照各道宣慰使章程办理。

七、重庆设一高等审判分厅。

八、重庆关监督未确定以前,重庆暂设一外务分司,专理本埠交涉事件,随时报告外务司备查。

九、镇抚府各机关之职员,对于职务均负改设及交代完全之责任。

十、实行以上各条,即行取消镇抚府。

以上各条均经本处全体职员会议通过,其军队编制所以加入第二镇之第一、二、三标者，因此三标本为编制第五镇之预备兵，暂时归第二镇兼管。现在既编第五镇，正当理由应当划入。划登后如何编制，均由第五镇镇长主持。又原案第四条之所以删去者，因各法团本无任免官吏之权，镇抚府任免官吏亦向未求各法团之同意，若使忽然增此一案，必至筑室道谋，窒碍行政，流弊滋多。若谓各知事不能称职，自有该主管官厅及宣慰使实行监督。且中央官制颁行在即，此种大政必当统一，若有不合，转虑纷更，应毋庸议。至各国总领事现在均住成都，一切交涉重件均在此间取决，重庆本可不必再设外务公［分］司，惟因重庆关监督尚未确定；为暂时事实上之便利计划，乃有此举，将来终当取消也。惟冀渝中诸君子共维大计，迅予赞同见复，以便履行，至为盼祷。都督尹昌衡、张培爵叩。号。印。

(《四川统一谭》，上海《民立报》1912年6月13日)

附录一　胡景伊致尹昌衡张培爵电

(1912年5月18日)

成都尹、张都督鉴：

今日召集各厅司人员、高级军官、各法团代表会议，取销镇抚府，当众表决，满场认可，并提出条件八条，请由尊处承认，电复即为有效，谨列条件如下：

（一）以渝中现有军队，与熊总司令克武所带军队编为第五镇，同受四川都督节制，如兵与械不足时，由四川军政府尽先补充。

（二）第五镇暂驻川东，第一镇暂住川南。

（三）川东宣慰使现在行营办事处，暂住重庆，以维治安。

（四）镇抚府直辖区域内各府、直隶厅、州知事之任用，须得各该府、各直隶厅、州各法团认可。

（五）重庆设一高等审判分厅。

（六）重庆设一外务分司。

（七）镇抚府各机关之职员，对于职务均负改设及交代完全之责任。

（八）以上各条，俟电告四川都督完全承认复电，镇抚府始行取销。

以上八条，均经本日会议通过，请尊处迅即召集各机关职员及各法团议决，迅速电复，以便履行，而收统一之速效，是为至要。胡景伊、谢持叩。印。

（《取销重庆镇抚府条件》，成都《国民公报》1912年5月21日）

附录二　重庆镇抚府会议纪略（一）
（1912年5月18日）

本月十八日午前九钟，镇抚府集各职员、各标营军官、各法团代表、各报馆新闻记者大开会议。首由胡总长出席报告：蜀军政府改镇抚府，一切组织虽称完善，而其中关系甚大。以现在情势而论，镇抚府亦当取消，取消后如何办法，是否可行？请大众解决。次由政务处次长谢慧生演说，谓鄙人奉命来渝，有两意思：第一层西藏问题，第二是川东土匪未清。此盖军事上之计划也。至于行政上之计划，如成都委人至某县，而地方绅民意见不一，有请镇抚府取消者，此其大较也。欲求政治上进行无阻，非取消镇抚府不可。鄙意拟改重庆府知事，仍辖十四属，众意以为何如？逾数分镇［钟］时，有以镇抚府章程未实行为憾者，有以民政长当设立者，有以缩小范围为请者，有以成都委人听其专任，镇抚府可以不必取消者，有以四川军政府故意冲突，当力与之争者，有以镇抚府组织不完全，当改革者，有议取消名目而不取消各机关者。某等之意，以为必先有善后办法，始肯取消镇抚府。而谢君之意，须表决之后，方提议善后一切事宜。朱君叔痴起而驳之曰：重庆光复，缴印各州县，有四十余起，不折一矢，不戮一人，蜀军政府完全成立，皆各志士之力也。自成渝合并，鄙人与张君致祥订立合同，通告中央政府，大众咸知。今成都勒令镇抚府取消，改设府知事，比满专制国不如，而反谓重庆人故闹意见。譬之居室，欲将旧宅推倒，必先择一可蔽风雨者，以居其家人，然后可也。若未求建设，又不取信于人，而徒藉统一军事、统一民政两大题以范围之，吾恐其无益而有损也。后经众讨论，意见歧出，莫衷一是。乃有龚农瞻者，谓今日会议并非立法机关，只可为报告条件而已，如须表决，必待讨论最长之结果而后可。因本日为时已久，未尽事宜，下星期再议云。

（《取消镇抚府会议纪略》，成都《国民公报》1912 年 5 月 27 日）

附录三　重庆镇抚府会议纪略（二）

(1912 年 5 月 20 日)

二十日，总长胡文澜复召集各职员、各军官、各法团代表，于午前九钟，在镇抚府开第二次大会。胡总长首先报告：昨议八条，已电成都，如有未尽事件，请诸君及时发表，公同研究。谢慧生君谓成都来电，俟开政务职员会议决后即复，复到再宣布。程芝轩谓府知事只辖重庆十四属，而不及于川东，则川东师范解款应如何？朱叔痴谓此种问题，在今日只作报告，容后详议可也。杨席镏谓最要者是军队问题，熊先生于镇长一职，能否承认，请代表说以明之。熊司令代表某出席，略谓敝司令奔走国事，十有余年，志在推倒满清。上年南京光复，黄总长克强命为北伐总司令官。嗣因南北统一，改命回川平匪，匪平即经营西藏。此虽全国关系，必四川内乱不作，而始可行也明矣。敝司令到巫、夔、云、万等处，实行清匪，各地方多感激之者，函电交加，至今未已。一到重庆，不旬日而谣言又起，以致有匪不敢清，西藏又不能去之现象。日前已电告中央政府辞职，尚未得复，诸君拟举为镇长，恐难承认。

唐廉江谓军队之编制，应当研究，此问题不解决，以下如何解决，鄙意仍请熊先生就职。谢慧生谓熊先生之辞职，由种种疑难发生，其实乃文字上之差，电谣传闻之误耳！今者成渝两方面情愫亦通，必要熊先生尽四川这点责任，谢氏始无愧于父老昆弟；至编制军队，熊先生就职后，当决定之，非今日可答。朱叔痴谓熊先生到渝，有可就职之实，无可辞职之理。何以言之？西藏为天下之西藏，此而不去，犹可说也。谓由南京而汉而渝，备尝辛苦，此时亦可以休养数十日。然以川南北有匪，而不去平之，是坐视其乱而不救也，于心安乎！熊先生十年在外，虽属党人，而回川以来，并不负某某党长、某某会长之名目，又何结党之有？阻兵不来容[蓉]或有之，招集游勇，而即为阻[组]兵，则是组织兵队之谓也。试一思之，全川兵队，有四镇之多，何莫非游兵散勇所集合而成乎？此又不必疑虑也。所谓志在必举者，疑即指熊锦帆先生，以最近言之，势必与胡总长相冲突然后可也，何以至今月余，而和衷共济如是乎？总而言之，熊先生镇川东，于总司令之职无伤也，何必辞？种种嫌疑如释，熊先生眷念桑梓，不能不俯就川东镇长也，又何敢言辞？第一问题，请代表转致熊先生，勉任斯职，否则熊先生自起猜疑，置四川大局于不顾，将见土匪横行，扰害乡里，恐熊先生不能辞其咎也。董麟书谓凡人有三种心理：一权利心，二名誉心，三责任心。熊先生以总司令之职而为镇长，既无权利可言，当尊重名誉，今由各法团公举，其名誉之好，固不待言，现在川东悍匪甚多，宜要熊先生发起治匪之责任心。杨席缙谓熊先生如不任镇长之职，成渝嫌疑，终难解释，中央电刻尚未复，准辞与否不可知，我们四川所议的办法，可通电中央政府。董君谓镇长与总司令，似有尊卑之别，其实不然，熊先生革命健将，久为同胞谋幸福，谅不肯以此区区介于其怀，致失初志，仍请代表先生，将今日众人的意思，先为转达，一面由各法团公举数人，与熊先生直接要求任职。当举朱叔痴、梅也愚、赵资生、熊鲁承、廖庆伯、贺儒楷、董麟书、周伯扃诸先生为各法团代表云。

潘子选谓现在军民分治，湖北首先实行，所有都督及民政长，与其中央政府不择人而任命，何如由议会先行公选。胡总长略云：黎副总统中央集权之说，绝对不赞成，袁总统现任多人，皆清时腐败官员，甚至有名誉堕地如陈壁、蔡乃煌其人者，亦任用之，不知是何居心。个人私意，拟将民政长由议会公举，总统委任，都督亦要由议会弹劾。昨日已将情形电知参议院矣（词详今日要电门），各法团再拍电通告总统及各省议会，尤为有力，此举有关于中国生死问题，大家急宜注意。众赞同。谢慧生谓：四川驻京某某，有请求袁总统任命某某为民政长之消息，成渝如再生意见，恐不免大家受害。鄙见所及，第一宜维持现状，不必有杯弓蛇影之嫌；第二谋政治之进行，形式与实际俱要分明，现拟尹任都督，张任民政长，以为实行军民分治之先声，从此单刀快马，一直下去，两无猜忌，何事不成！可否，由大众决之。众答曰可。朱叔痴谓：电总统之文词宜修好，不但立时表决，并请今日发电；第二，胡、谢两先生未早将政府近况宣布，究不免见怪；第三，议会之危险，在无人才，以才识出众者俱在政界故也，此最关紧要事件，如不能组一完全省议会，以主持之，将来不无骚乱云。嗣经众公推数人拟电，即行闭会。

（《镇抚府第二次大会议详志》，成都《国民公报》1912年5月28日）

致袁世凯电

（1912年5月21日）

参议院四川参议员政密译呈袁大总统鉴：

佳电敬悉。四月初五日，昌衡等以边藏为国家屏蔽，电恳饬财政部拨银十万两，电汇江孜，转至拉萨，维系军心，保全领土。旋奉复电，未荷允行，后奉到电示，有拉萨华人惨遭杀戮等语。因川藏电线，向只通行察木多，上年七月民兵因成都至中渡一段又被破坏，藏中近况，无从探听，不得已电询印度华侨陆韵秋，及旅居印马同知师周等，计得复电四纸，言之綦详。并将派往巴塘坐探发来两藏全叛，汉族极危，自阴历二月五日开仗，连战皆挫等电，次第奉达。印汇款一节，亦经两次申请，今佳电仅以路透电为根据，至汇款事能否俯允并未提及，一以华兵与藏兵已否开战见询，更令人无从揣测，敬乞饬查。

至谓筹边藏事，向以川为根据，昌衡等感时局之阽危，怀先人之伟烈，慨然自任，义不容辞。巴塘一带，兵力尚厚，川藏大路，无虞梗塞，俟成都派往军队，驰抵巴塘，即饬川边防军节节进剿。昨接巴塘统领顾占文电称：江达委员来文，工布逆番同时起事，围攻拉萨，数战未退。等语。悉译电意。蜀中华兵如退江达，则厉告、上至①由委员发递，是华兵仍在拉萨无疑。查江达西通拉萨，南即工布，必先却工布之敌，能解拉萨之危。争江达用兵力可以奏功，拯华兵靳饷谓［何］能济事，声嘶泪竭，不知所云。大总统命钟颖充西藏办事长官，早已专差赍［赍］文告知矣，并一面由江孜电达，不图电局复称无法投递。据巴塘坐探报告，且有联豫未戕，客葛念九仍理藏事之说，合并奉闻。尹昌衡、张培爵叩。马。

（《民元藏事电稿》，第11~12页）

---

① 原文如此，疑为两地名。

旌恤彭家珍批文

（1912年5月21日）*

四川教育会会长江颂等以客岁彭烈士倡义死难，其未婚妻王清真志愿过门守节，实属义夫义妇，急宜旌恤一门，表扬百世，禀请都督拨给前清丁公祠或风公祠基址，建立专祠，铸造铜像，以为后之殉难者劝。

经都督批云：烈士彭家珍，慷慨捐躯，民国告成，丰功伟烈，卓有可嘉。其未婚妻王清真，誓守柏舟，尤足旌表闾里。候饬财政司拨给库银三千元，以二千元为彭烈士膳亲之资，一千元为王清真守节之用。并呈请大总统予谥列传，风示千古。其年给恤典，俟王清真过门抚子承祧，再行颁给。至拨前清丁公祠一节，俟饬民政司、财政司议复核办可也。

（《川都督旌恤彭烈士》，《申报》1912年5月21日）

致袁世凯等电

（1912年5月31日）

袁大总统、国务院、参议院、黎副总统、黄留守、各都督、各军司令、各报馆钧鉴：

熊总长与六国银行团所订垫款合同及监视开支垫款章程，损失国权过巨，恐召灭亡。其详情已具黄留守通电，衡等誓不承认，曾于勘日电恳大总统交院议决取消。惟中央本无直接收入，纯恃各省协济，今既有巨大支用，各省复无丝毫解款，而徒望其毁约废章，不借垫款，是不与食而责其不饥以死不可得也。然自军兴以来，四民失业，兵饷骤增，财政艰窘，各省同然。四川遭难最先，收入早已断绝，又遭十月之变，公私帑藏，劫掠净尽，半年以来，惟恃纸币，而大半未能流通。而况蛮夷边藏，警告频闻，转饷征兵，心力俱竭，至于今日，盖穷困已达极点。然以区区两百万两而坐视国权损失，诚所痛心。况部电所云，尚有纸币可以暂行救济中央之危。衡等谨效壤流之义节，经搜括各署公款，又电渝井各商以息借贷，以义劝感，勉强得银五十万元，即刻交商汇解京部，接济须臾；一面节用减薪，力图缩减，倡国民捐，以为后劲。望我同胞各省，协力共助，集腋成裘，并乞大总统、国务参议院诸先生速废垫款合同章程，一面查照黄留守电，迅筹国民银行办法，民国前途，庶几有赖。临颖不胜迫切陨涕之至。川都督尹昌衡、张培爵叩。卅一。

（《川都督筹划中央财政》，上海《民立报》1912年6月3日）

附录　袁世凯复尹昌衡张培爵电

（1912年6月4日）

成都尹、张都督（鉴）：

奉大总统令：卅电悉。借款磋商，尚未决定，中央经济困难，穷于应付。该都督等热心爱国，于无可设法之中力筹五十万金，以济眉急，仁心向义，足以感动环球，至为嘉奖。即交财政部汇案办理。等因。合行电达知照。国务院。支。印。（六月四号发）

（《大总统加奖川都督》，成都《国民公报》1912年6月9日）

致袁世凯及各省都督各报馆电

（1912年6月4日）

袁大总统、黎副总统、黄留守、各省都督及天津《民意报》、上海《民立报》转各报馆：

川省屡遭变乱，公私耗竭，前订薪俸，本极从廉，只因秩序初复，利源未开，无由增给，良用谦怀。迩来迭接黄留守电告：垫款合同失败，有立召灭亡之惨。军界闻报，痛心疾首，当经会议：上级军官佐特捐全月薪公，中级军官佐捐一月薪公十分之七，下级军官佐捐一月薪公十分之六，业由军界通电报告在案。兹据陆军各级军官佐等呈称筹议常捐办法：请自七月初一日起，均不支领薪俸，陆军军队学堂上级军官佐支津贴一百元，中级六十元，下级三十元，不及此数者但支原薪。陆军各处、局、所上级军官佐支津贴八十元，中级五十元，下级二十五元，不及此数者但支原薪。军本部公费三百两，师本部二百两，旅及团本部一百两，营本部五十两，连本部十两。以上津贴、公费均按月支领。川江水师官佐均比照陆军一律照办，惟公费实报实销，不出原定额数。等情。请予核准前来。昌衡、培爵伏以国之强弱根于财用，而国之存亡系于人心，人心不死则财自生，该各级军官佐等蒿目时艰，热心危局，全捐薪俸，仅领微津，实属深明大义，尤足巩固邦基，良堪嘉佩，自应允如所请，自七月一号起一律实行。除分行外，理合电达。川省绵力有限，仍祈各省军界俯赐匡助，宏济艰难，是所盼祷。四川都督尹昌衡、张培爵叩。支。印。（六月四号发）

（《两都督之提倡国民捐发表》，成都《国民公报》1912年6月8日）

附录　南京留守府□阳云致尹昌衡张培爵电

（1912年6月3日）

成都尹、张都督钧鉴：

前由鄂呈称：阅邀垂察，顷奉黄留守委任革命战史编纂事，已于日前来宁，见留守提倡国民捐，南北各省均踊跃输将，而且尤他[以]军界为最。川省为发难之区，独未闻有人提倡捐助，对于民国未免滋惭。查川人性质，每于慈善诸举，尚善倾囊，岂亡国切肤之痛，犹不思救耶？特以智识未开，鲜知时局，苟有人倡，固自不难巨款立集。望公等极力提倡，先派员各地演说，以激发其爱国热忱，庶能挽救危亡，亦不致落他省之后矣。留守府□阳云叩。印。（六月三号发）

（《吾川人还是热心》，成都《国民公报》1912年6月8日）

在政务处会议上的讲话[①]

（1912年6月7日）

主席报告：今天提议边藏兵饷，请筹边处黄先生[②]报告。

筹边处总理言：此是解决边藏的存亡问题，既要解决，还须把从前的情形说一下。前因边事告急，正月初三，即决议发兵发饷，原来边军不过五千，赵尔丰带去了一些，傅华封又带走了一些，所余不过二三千人。去年铁路风潮，饷运中断，所幸以前存得有一点，尚可供给一时，至今年就莫有了。迄今四个多月，军人饷械俱竭，还算人心团结，不至为乱。这是边地。

---

① 原题为《六月七日政务处会议速记录》。
② 即黄煦昌。

再说藏里。本来陆军是上前年进去，去年八月后就无饷了。至九月间，陆军、防军无可生活，同时变乱，把里面公私财产并郭尔喀商场都抢劫了，彼此互相残杀。去年有从印度逃回来的人说把一切都毁完了，将来必有大患。幸钟颖向来对于军人感情甚好，一时不至蔓延出来。以前筹边处也有公事提议过此事，赶紧先筹十万银子，只要继续有饷去，将来还保得不至大变。不然，就把五千多里宽的藏卫抛弃了。后来此事卒未实行。西藏与四川甚近，唇亡齿寒，关系密切。当时所以请军政府电知中央政府，几次都无回电。后来一月多才有电来，大概与华商借拨十万。到二月仍无款去，既无粮饷，又缺子弹。又闻得与郭尔喀打仗，更把子弹也打完了。现在虽剩无几，又与达赖在靖西关开战十余日，番兵死了几百，陆军亦死有二三十人。当时中央还是无可如何，后来陆军多逃往印度，英人又说是他们租界，不肯容纳。这又是藏里情形，当二月初的时候，一面在靖西关开战，一面又在拉萨开战。蛮人见了汉人就杀，因为他们脑筋里总想脱离羁绊，非杀尽汉人不可。此时汉人，惟避于喇嘛寺可望免死。现在里面的人，除逃亡战死而外，合计不过七百人了，子弹亦不过有四五万。然此尚是一月前的话，现在打电到江孜，几次打不到，钟颖亦不知下落。察木多一带也有藏番到了。如此看来，几乎全藏不保。鸦砻江以外，有桥名嘉鱼桥，已经他们打毁。边地东面的咽喉是打箭炉，西面就是察木多，今若此危急，岂非全藏都失了吗？以边地而论，最初失乡城，相继又失稻城，原来筹边处请发兵，若有兵去，何至失守？即或乡城失守，稻城尚可保存。稻城一失，里塘的人逃徒已空了。以前北路，如渠石一带的土司，是赵尔丰逐出青海去的。今依然由北路回来了，大约有两三千人，幸营官朱建周尚可支持。昨天接信他又告假了，未知如何？以后里塘与巴塘必至中断，再无兵去，不特里塘不能保，即巴塘亦不能保了。现在达赖通告不给乌拉，可知是同时要叛的了，所幸边军稍稍可以镇慑。乡城、稻城因为兵力太少了，以致现在全局将近糜烂，我们还可推诿吗？以前边军统领来告急，一面请发兵，一面请先发饷。财政部只说困难，我说只要现银五万票子，可与边茶公司兑挪一下，也可以行。后来现银票子发去的，还不到五万。财政固是困难，而事出两难，不能不权其轻重。有谓内地尚不可保，遑问边藏？不知边藏全失，内地更危急了。内地陆军固然劳苦，而比较边军何如？边军的情形，实与乞丐厂的乞儿一样了。内地军人按月支饷，而何以边军不应给饷呢？早能筹划十万饷去，断不至于如此糜烂，或者人心更为之一壮，也不可知。当时也不是要兵去开仗，不过是有人去填防，也就成功了。

　　煦昌接着报告他们边军自愿去打仗，殊不知兵还未到炉城，而稻城已经失守。一误再误，推之迄今。全局如此，有不可终日之势。边军顾统领辞职，请政府派兵接办，又与筹边处通函，言个人虽死，不甚要紧，而二三千人几年的辛苦实为可怜。吴宣慰使一辞职再辞，虽说是病，其实为此。吴先生言五月不过发饷五万，六月再催，无有饷去。如何叫我一人去，亦何不可，但是政府未派重要人去，尚可推托？既有宣慰使去，而又无饷无兵，当登时就激变了。我一人不打紧，其于大局何？吴先生不去的原因，大半为此。前各位先生推举，煦昌再三辞却，后来见得如此糜烂，我就不敢辞了。此时只要有现银二十万，有兵一标，我就能去，总使边地见有人来，不是政府不要边地了。今天又接有河口危急的信，河口若失，炉城安能保存？以前决议是请朱标长去，财政司是担任饷二十万，朱标长来信说十日内能出发。不知多延时日，将来添五十万，兵却收不回来了。我看我们军政府对于藏边很漠视的，既无兵又无饷，非漠视而何？使其二月有兵去，乡城不至失守。三月有兵去，稻城不至失守。边地寥阔，非如宁远、越巂，北接青海，南联印度，东西合计，五千余里。我们民国初成，就把四五千里地方断送了吗？此事筹边处一人不能负咎，各先生都要分任的。煦昌每□看边外的公事都是告急，焦思百集，所以今日特别提议此事心切，就不觉言重。今日总要解决，如前议十日内要出兵。这是第一层。请财政司赶紧铸藏元五万，再发五万现银购置军需一切物品。无论如何，明天要先发两万银子才来得急〔及〕。再于二十日内把前议之二十万银子完全筹好，速解到边。以后仍须按月解八万两。此事不必再议了，筹边处已具有公事，请炮队一队，再请发二百支枪，二十万饷。若款不足，只有十万藏元，煦昌亦可以去。不过，见众人都不愿去，而煦昌不能不去。并不是煦昌知兵，能够去打仗，只是边地见得有人去，不是不要边地了。今日之议，是边地存亡一大纪念日。边事中央还可以分担，我们四川固有之数千里边地，不知前人费几许金钱才有今日，若竟听其丧失，边亡川亡，不特无以对我们四川父老，亦何以对我中华民国，在座诸公都是要负责任的。煦昌泪竭声嘶，语重心长，近日以来，如醉如狂，此事总要诸先生从速解决。

　　孙镇长言：朱标长昨天说过，现在只有两营人，还有一营是被宣慰使带去了，尚未回省。他的意思，总要接济款项，后方勤务预筹好，才有把握。至快亦不能数日出发。兵队进藏，不比内地，事事都要齐整，全赖接济才行。不然，就多发几标人去，还是无益。不但无益，并且进去一标送葬一标，进去两标还是送葬两标。现在达赖通告乌拉不支，尤非事事筹备，断难出发。镇长也到边藏去过，朱标长所虑也是实在情形。

主席言：朱标长所要求的是三个月的粮饷，若三日内准备好，能不能即时出发呢？

孙镇长言：总要把藏圆铸好，才能出发。他说只带两营人去都可以，只是这个款由成都出发，由军务处担任。到了边地，就要筹边处担任。看筹边处能不能担任此款？

筹边处总理言：只望财政司筹备。

孙镇长言：若要十日内完全出发，也筹备不及，就以前满清时代压制也还不行。在内地可以，边地事事都要带齐，我从前带兵进藏是深知的。几日筹备，万难完全。一有缺乏，众人鼓噪，官长亦无可如何。出关之后，蛮家对于汉人很可恶的，况且现在有不支乌拉之信。纵然我们计算一下，一人要一个乌拉驼粮食才行。派兵固是容易，开十营都可以，只恐后方勤务不能接济，就未免坏事。

筹边处总理言：孙先生意思，只恐粮饷不支，接济不常。据我想，财政司只要于三日内能筹五万款，先把最要的如军米、马草办好，其余完全由军务处预备，又何必要筹边处负责任呢？

主席言：三日内五万银了〔子〕很容易的，以下这面赶紧筹饷，亦何至于缺之。

孙镇长言：本来一标是三营，朱标长所带三营中，有一营同颜宣慰使出去尚未回来，若是另换一营，总要选择审慎。调查一切，也需费点手续。

主席言：现在全藏已失，而全边又如此糜烂，无论如何设法，总要早日出兵。

正都督言：方才我听见筹边处黄先生报告，我心里非常之痛的，只痛我们这一般人莫出息。藏既莫保，边又告急，令人不堪设想。其所以致此之故，有一种顶大的原因，说与大家听听，关系在我们内地自己牵制很了。如去岁兵变与夫赵尔丰、傅华封以及滇军土匪联合重庆北据秦陇之事，种种补救不暇及于边藏。不然，早日筹饷进兵，也就把他们抚绥定了，何至于如此全局糜烂？但总在内地自行牵制之故，二月三月之交，真有一饷不能筹、一兵不可发之势，彼时自谋不暇，竟使数千里西藏坐失外人。我们现在既要经营西藏，也要把这极丑丑的话拿来说一说，不要再闹小事，赶紧把我们内地的精神提起，使一般人的眼光都注重到西藏一方面，把一切无味的意思、无味的竞争都放一下了，以全副精神注到那方才行。如一车薪之火，以一大缸之水泼之，可以使之就灭。如先用一杯，不行，再用碗，又不行，再用一桶，漫漫［慢慢］尝试起来，岂不误事？今天一泼，明天又一泼，无论如何，都是泼不灭的，为什么不把大缸去泼呢？所以做那件事，总要全力才行。昌衡忝居重要的位置，所以我不能不说。现在也想得有两种方法，几个条件。一是前方办法，二是后方办法。前方有五个条件，后方有四个条件。

第一要声威壮。边藏地方，寥阔数千里，岂能一一荡平？自来筹边要道，要先擒其主脑，自然全边震动。以我的意思，定要素有声威的将官出去，使人人都晓得四川以全力经营边藏，为中国干大事，捍大患。关外番藏地方，自然传檄可定，而内地筹边的精神，自然也提起了。

第二要军心定。出边的兵，自然比内地苦，定要如张睢阳，如岳武穆，能与士卒同甘苦，不以艰难困苦动其心。将兵的官长事事身先士卒，才能使其心志坚定。若粮饷稍缺，便虑溃详，这等兵卒带在边地，岂不最危险的吗？

第三要供给足。兵饷的问题，时才也解决了也，后更要多方筹备，如期拨济。使出去的兵有粮有饷，兵士不至有后顾之忧，并使其以内地为重，乃能尽力边事。

第四要筹备兵士到边后办法。到边以后，不要使兵士闲散，或开矿或务农，总要使其有事情做，才有兴味。不然，冰天雪窖，生趣毫无，非动立愁，便习成懒惰去了。

第五要战斗得宜。如攻打地方，只要取其首要，无须全打。首要一得，其余自可迎刃而解了。兵事既不至过劳，军威亦可以养起，不必头痛医头，脚痛医脚，枝枝节节为之。这是前方的五条件，还有后方的四条件。

一、人心齐。内地人心齐，也是第一要图，万不可【有】些的小事情如小儿行为。我们把边藏经营好了，才是国家大事。齐人心的方法，总要望各镇长、各职员、各法团、各报馆大家鼓动。或著为论说，或广为讲演，把边藏的大关系与经营边藏的大计划，一一说明。把全川人心一下提起，使全省的视线全注重于藏卫，全国的精神皆趋注于藏卫。如此则此种大事业，何患不能成。

二、军心齐。就望各镇把经营藏卫的大事业，互相提倡，要使军士个个以进藏为荣，总把进藏的军士抬高起来，事事礼遇占优点，并要大家做到稍拨内地兵饷，添补进藏兵的饷。

三、基础固。内地的根基巩固，进藏的军心自然奋勇。若闻内地有变，牵及室家，虑及大局，日夕惊惶，当能望其尽力于边吗？还有意外之变也不可知。巩固的法，就要望内地人大家念及边亡川亡，把一切无意味的小意见都化去了。边藏大事一定，内地同胞，无论如何都好。

四、供给筹备之事，要竭力鼓吹。或法团或人民总是使他乐于输捐，以助边饷，并人人都注重此事。

昌衡说道［到］此处，自己很愿去的。不然，经营藏卫这件事情提不起精神来。自信颇能赖［耐］劳，与士卒共甘苦。兵吃饭我吃饭，兵吃草我吃草，兵不吃我也不吃。若说要走，穿起草鞋就走。我能如此者，因为我们四川这个局面不出兵把边藏保倒［到］，将来何堪设想。出兵总要使他闻风先靡，关外藏番听说都督带兵亲到，必是全省之兵都出发了，传说出就有声威了。再擒拿他几个来杀了，他还有不服从的吗？若是出关之后，军中有变，昌衡愿以一死当之。我们总要中国干［捍］大患，御大侮，岂可闹无理的事情！现在重庆与我们为难，把此话通告他们，就可以息事了。望四镇各选一标人出来，我自行组织，赶紧把这招牌打出去，基础一定，再与重庆打电去。若再闹小事，西藏就失了。总之，内地机关还是要紧，现在外患迫切，内忧万不可自扰。事事都要放下，只要把大事做了，小事何足挂齿！要请各先生竭力运动，我死藏里也是无憾的。不然，四川还要出无恨［限］的怪变乱来，还望诸先生赞成。诸先生以为何如？（皆拍掌）

民政司长言：以前黄先生提议是小规划，今天都督是大规划。边藏十分危急，固非大规划不可。

正都督言：非如此计划不行，我去之后，请胡文澜上成都来，成都的军事非他不可。我们一面竭力募西藏捐，以助军饷。不然，我辈岂不成了贾士道吗？（众赞成）

副都督言：此事各先生赞成，我亦赞成。要出兵，堂堂正正的出去，岂是今日派些、明日派些所能成功吗？但是，各位先生是赞成出兵，竭力经营，想来不是赞成尹都督亲行。尹都督行止，最关紧要，只要有得力人去，也可以的。凡事还须斟酌，若以外更无可去的人，就可以都督去，并不是无人去。只要我们把经营藏卫这个大问题认定，认真做去，便是内地还有许多的事呢。大家赞成的事，不是赞成的人。

正都督言：我天天都在辞职，想来大家都是晓得的。以前北伐出师，与夫打滇军的事情，我要去，众人不要我去，彼时固然有事。而现在成都平定，张都督办事又很好，我很愿去，不去岂不以都督为贪安逸的人吗？我很不愿坐倒〔到〕批判文牍，很愿为国家造大事业。此去声威很壮，种种的效力很大的。

军事巡警总监言：都督很可以去，我愿为之前驱。

正都督言：拿破仑无战功，不可一日居于其位。我辈何人，岂不当图战功。我若无事做，病就来了。文澜若来，把军事经理好，张都督办理政治上的事亦很有条理的，亦何不可之有？

主席言：此事本来要大计划才行，都督去是很好的。重庆之事，随便他们如何办，要合要分，尽他们去。一定我们不对就全体辞职，让他们来，我们就决定如此了。

民政司长言：都督既去，我亦随之去。

主席言：我们政府全体都去，交代与他们。

第二镇长言：我们打电与重庆说这些情形。镇长虽无学识，能够经营西藏自然好，有荡平西藏的心志，也很愿去的。

正都督言：我们四川全赖西藏保存，现在决定以孙镇长所成一标作为前导，由财政司担任五万军饷。我的司令部即行组织。明天十点钟再议内地军队补助边藏兵饷，由镇提倡再请几位先生组织募西藏捐的事。就如此决定。

筹边处总理言：此事非都督去不可，以前赵尔丰是他们最怕的。都督能杀赵尔丰，他们岂不震慑吗？不特边地可以慑服，将来全藏都不难收回的。

第二镇长言：据内地情形看来，也无有什么战事了。国与国不可知，省与省想来无有战事。即有小小匪患，也不是军都督出去，关系全国很要紧的，尽可以去。

正都督言：如此我们决定了。赞成的请起立。（全体赞成）

（四川省成都市档案馆藏原件，档案号 93 - 6 - 3519）

附录一　对于京电署名诘问之通告

敬启者：

昨以藏事危急，警耗频来，军政两界同人及法团联合会代表等乃公同电荐周凤池、张知竞两君经营藏事,余等此举亦不过因川藏利害密切,为维持大局,就事择人起见,毫不挟有私意,所谓标榜排斥于其间。故越日政府公开会议,得尹都督毅担率军亲征,同人虽已电告中央,仍公同极表欢迎,全体赞成,亦无非以都督此行已足到达同人眷顾西陲之目的,正不必拘拘于原议之为得也。顷政府派员执电按名诘问,固亦无甚关系之事。但其间当别白之点,不能不通函宣布,以电荐周、张两君在先,尹都发表出征之事在后,后议既成,前电亦不有何等之妨碍。前后事虽属两歧,而眷怀大局之心则一,且亦吾川人应尽之天职。余辈对于政府之询问,无妨据实答复,且无所庸其讳避,自滋纷扰也。知关特闻,并希查照。

原电人公启

(四川省成都市档案馆藏原件,档案号93-6-3519)

附录二 董修武等致袁世凯电

(1912年6月9日)①

参议院四川参议员黄复生、熊斐然、李伯申政密转呈袁大总统钧鉴:

前者连接警报,即经筹寄边饷十万,派兵前往。刻据确探报告,藏失边危,河口、里塘相继告警,西藩一撤,全局皆危,势非大举,万难挽回。尹都督闻警发指,自愿西征。昨、前两日,军政各界屡次开会研究,均以番性难驯,非将略素著,智勇兼备,万难慑服,并公推尹都督督师出关。惟西藏关系全国,非赖威德,莫克挽回危局,应请总统任命尹昌衡为四川正都督兼西征军总司令官。出关以后,所有内地应办民政职务,均由张副都督一人担任。张副都督明决果敢,条理精密,应请即任张培爵为四川民政长。所有正都督内地应办军事职务,查有现任重庆镇抚府总长兼军团长胡景伊晓畅军事,声绩并隆,应请任命胡景伊仍以军【团】长代理正都督职务。如蒙照准,迅赐电示,大局幸甚。政务处董修武、郭灿,参谋处张毅,军务处曾承

① 《民元藏事电稿》定此电为8月9日所发,从电文中"昨、前两日,军政各界屡次开会研究"一语推断,此电应发于6月9日。

业，军学处王琦昌，第二师彭光烈，第三师孙兆鸾，第四师刘崇［存］厚，财政司董修武，民政司邵从恩，教育司沈宗元，司法司覃育贤，实业司王国辅，外交司张致［治］祥，交通司郭开文，筹边处黄煦昌，审计院尹昌龄同叩。佳。印。

（《民元藏事电稿》，第19～20页）

在各法团会议上的讲话

（1912年6月8日上午）

  六月八号，都督府集各法团大开会议。
  先由筹边处黄总长报告西藏危急情形，略谓全藏已失十之八九，川边望援甚切。云云。
  尹都督演说自愿率兵前往，亲冒矢石，以定边乱，恢复西藏。其平乱政策，分两大纲：（一）藏内之经营；（二）后方之计划。一又分为五项，一壮声威；二固军心；三安慰土人；四步步经略（如屯田等法，以示久驻之意）；五慎战抚。二亦分五项，一固根本（如不得造谣言等事）；二鼓舞军心（以进藏平乱为目的，先从将官提倡）；三倡民气（望其输财助边也）；四输运便当（期其团饷不绝，使军无乏食之虑）；五筹军实。继言非亲征不可（众拍掌），愿与士卒同甘苦（众拍掌）。又言计划略分三条：一要求军人辅助，二要求政界全体一心，三对于筹边处之责望。至于出征的计划，定于十日内先遣支队一【镇】出发，别设断后军一镇。向其发誓，必恢复边藏之地而后已。云云。
  张都督所言甚多，其要点谓尹都督之出征，其一为防边，其一系对于中央负完全责任。但是，人民不可误会危急情形，以为四川即有变象，须知是蛮夷蠢动，骚扰边疆，切勿妄造谣言，自受惊恐也。云云。
  其后，各界言语甚多，不能详记。
  最后，各界所求于两都督者，一为成渝不得分省，以裕饷源；一为征西之兵，实行出发，成渝问题，张都督负完全责任，出兵问题，尹都督负完全责任。

于是，摇铃散会。

（成都特派员函：《西藏风云录》二十，上海《民立报》1912年6月28日）

在全体军官会议上的讲话

（1912年6月8日下午）

六月八日午后，正副都督集全体军官在铁路公司开会，讨论西征问题。

首由尹都督演说：西藏扰乱，边事岌岌可虑，非迅速出师不可。西藏虽为中国之西藏，其实为四川之门户，对于中国为藩篱，对于四川有密切之关系。况西藏不失于腐败之满清，而失于新建之民国，诚莫大之耻。当此之时，愿我军人人奋勇，刻刻以恢复西藏、巩固边疆、光荣祖国为念，俾去者有勇往直前之心，未去者【有】预备调遣之想，则西藏不难恢复，边疆不难巩固，祖国可以光荣矣。于是军官等激昂慷慨，皆愿出征，全体遂起立赞成云。

尹都督又云：此次出征，我愿亲统兵前往，每镇必出兵一标。均起立赞成。

又云：既如此踊跃，足见我川军人之爱国，而西藏即可以不亡。但须组织一军官团，尊重征西军，如行路让征西军在前，枪械让征西军领足。是征西军为我全川谋幸福，为中华民国固根基，真是当崇拜，当佩服者也。尤望各军长官对各军士演说，长其爱国之心，鼓其勇敢之气，俾各军有预备西征之勇敢。至于军人所捐之饷，即捐与西征军，以表其爱敬之意。总之，出征者存一恢复之念，而未出者以预备调遣为荣。尤望全体一心，化除意见。又请政界计划，以固根基，设法筹办西征捐，以赀补助。最要紧为后方输送，俾西征军无饷械匮乏之虑。至于筹边处，尤当划一切①补助。军行十日，出

---

① 此"切"字疑为衍文。

兵一标，由朱标长带领前往（当由朱标长起立承认），随即派地形侦探、敌情侦探，并组织特别队。军政大体【是】后方军队部。至于后劲［勤］兵，必强于前队。如有逃窜者，自都督司令至兵弁，以军法从事。都督愿亲冒矢石，不避艰险，与士卒同甘苦。云云。

张都督演说，略谓今日会议，军界如此热心，真皆佩服。此次将西藏恢复，不但四川之幸，中国之幸，世界上亦大有光荣。惟对于西征军，培爵力筹优待之法。至于后方补充，愿负责任，并接济饷械，以固军心。云云。

继由筹边处总理黄籀青报告边藏情形。财政司演说之词甚长，惟言藏事，不必看得太易，亦不必看得太难，最为人所注意。民政司演说之词亦长，大约鼓励全体之意，至以一人之身，比譬，说到耳目手足，互有关系，互为相顾，众皆拍掌。后赵益德演说，略谓财政司担任饷项，都督担任械兵，饷械为大，必虑将□□□事宜，定能办好。云云。

尹都督宣言军界中如有意见，尽可发表。

于是首由三镇□□官樊泽举演说，发表重大问题三件，一尹都督亲征之问题，二尹都督出征代理都督之位者何人？三饷械谁人负完全责任。

张都督宣言曰：尹都督此行必请中央政府命令尹都督为西征总司令，但尹都督虽出征，而都督之位仍然存在。言之此，即云二三件请尹都督解决。

尹都督云：现已请胡文澜不分昼夜回省代表一切军事。众赞成。即谓饷械二事，请财政司与军务处宣告。财政司与军务处均言愿负责任，如有不济，请以枪毙之。

继由模范标标长王君芳洲演说边藏详细情形，极有条理。最后言及筹边处，以言语支吾，形迹可疑，将由藏回川告急之军人熊联兆送交巡警总厅（此事报纸多抱不平），殊属不合，一一指其谬处。又云：财政司所负责任，关系甚大，如不认真办理，吾恐财政司一人之死不足惜，而中国之前途，不堪问矣。

而筹边处黄籀青出而辩白，言语支吾，尹都督止之，曰：谁是谁非，可以提起诉讼。今日不必谈。而黄曰没得几句了，尹都督及各员司均止之，黄遂退。

后财政司云：修武无论如何，必设法接济，不至稍累军人。

遂摇铃散会。

（成都特派员函：《西藏风云录》二十，上海《民立报》1912年6月28日）

西征军令

(1912年6月上旬)

四川都督行营西征军总司令尹令：

西藏为中国属土，屏藩吾蜀，素称恭顺。上年反正后，不肖藏番，乘我不备，狡焉思逞，杀我人民，毁我衙署，劫我士卒，夺我枪械。沿边骚动，警报频来，内地闻耗，眦裂发指。其时，散亡初集，变乱屡乘，既受逼于傅逆①，复被制于滇军，坐使西番猖獗，迁延至今。逼处强邻，隐忧方巨，本都督受人民委托，有巩固国防之责，岂任番夷肆其蹂躏？当即召集文武及各法团开军民特别大会，本都督自任西征，业经全体赞成。自当统率雄师，克日声讨，所有筹备事项，逐一分别后方。天戈所指，还我汉疆。军令一出，威重如山。勖哉多士，毋违，此令。

军队编组
（甲）先遣支队
　　　司令官标长朱登五
　　　步兵第九标
　　　侦探二组
（乙）本队
　　　军司令部
　　　第一镇出步兵一标、工兵一队
　　　第二镇出步兵二标
　　　第三镇出步兵二标
　　　第四镇出步兵二标
　　　第五镇出步兵一营、炮十二尊（官兵附）

---

① 指傅华封。

（丙）兵站部
　　输送兵一标

一、先遣支队于本月十六日由省出发一营，其余两营于二十六日以前陆续出发完竣，须与边军连络一气，并将敌情及边地状况随时驰报。

二、第二、三、四镇于本月二十九日以前各准备作战军一标，听调集中令到三日内将该战军官兵名册报查，其余战军一标赶速筹备，听后令仍将官兵名册先行报查。

三、急调第一镇第三标进省集中（该标卫戍地由该镇另派兵填扎），并工兵第一营前队。

四、第五镇应出之步兵一营、炮十二门于令到三日内，迅将官兵名册、炮弹数目驰报查考。

五、第三镇镇长孙兆鸾兼任兵站总监，总务局局长稽廉任兵站副监，奉令之日起即会同军务、筹边两处，将兵站线路、各级兵站应办一切事宜赶速实行。

六、司令部暂设于本都督院，所有西征军报告一切事宜，于本院接洽办理。

（成都特派员函：《西藏风云录》三十，上海《民立报》1912年7月16日）

致黎元洪等电

（1912年6月11日）

鄂黎副总统、宁黄留守及各省都督钧鉴：

自去年蜀中乱起，驻藏兵士久缺饷械，反正以后，内患纷来，不遑西顾。藏番乘机倡为叛汉独立之说，所在叛乱，汉兵不支，败亡殆尽。余被追缴枪械，逃窜异地，汉民十死七八。以乏现款，筹援无策，叠恳中央救助，一面分调边军继续前进。惟番势浩大，近日连接飞报，两藏已困，稻城亦陷，里、盘、河一带相继告急，是不但全藏均危，前地皆已蠢动，自非因应善抚,急起直追,未易戡定。昨陆军政会议,昌衡自愿率师西征,誓死报国,决议悉同,舆情踊跃。现于各镇中拣选精锐,编成西征军先遣支队一标,克期出发。衡率大军赶紧前进,更以重兵驻扎印、雅,以壮声威而保输运;一面调重庆镇抚总长胡景伊来省协同培爵谋划内治,维持守御。衡自念庸轹,益以薪忧膺兹艰虞重任,讵敢畏难苟安,坐听藏边纷乱,祸及全国。惟有兢兢业业,勉撑病躯,誓以死进,慎用恩威,妥谋战抚。以后情形自当随时电达,总以五族一体,不失藏民之心,百折不回,用昭皇汉之烈。尊处于藏事情形若有所闻,或有所指陈,尚乞随时电示,俾资遵率,不胜盼望之至。川都督尹昌衡、张培爵。真。印。

(《川都督报告藏事情形》,上海《民立报》1912年6月14日)

致军事巡警总监杨维令

(1912年6月13日)

四川都督行营西征军总司令尹令:

　　照得边藏警报,日甚一日,迭集各界议决,本都督亲统大军西征,先遣支队克期出发,自应另铸关防,以昭信守。兹经饬局铸就铜质关防一颗,文曰:四川都督行营西征军总司令部关防。于民国元年六月十三日启用。除咨明都督府外,特此令知该总监知照。此令
巡警总监

(四川都督行营西征军总司令部关防)

中华民国元年六月十三日阴历四月二十八日

(四川省成都市档案馆藏原件,档案号93-6-3519)

致军事巡警总监杨维令

（1912年6月13日）

中华民国军政府四川都督令：

　　本月十一日案据重庆电称：吾川自去秋路事肇衅，迄蜀军政府独立，川西南北相继光复，倚同胞志士鼎力扶维，得以保持现状安全至今。始因成渝之未统一，则求两军政府之合并，继因川东南秩序之未尽恢复，全川政令之力求敏活，则议有镇抚府之组织，复因行政理财治军之不一致，又有取销镇抚府之决议，此自去冬十月初至今日之经过情形也。同人等既鉴廉政之名歧，又惧财力之不支，再开议决本月初十日实行取销镇抚府，以促全川统一之进行。川东南置宣慰使，按临各属□□□府知事执行政务。除留外交分司办理重庆交涉外，各机关均撤。已［以］后文电，请径达成都四川军政府为祷。谨此通布，诸希鉴察。蜀军镇抚府总长胡景伊，□□处正长刘赓烈、副长杨霖，秘书厅长向楚，审计厅长李成志，民政、司法、财政、交通、交涉、军政、实业、学务分司长龚廷栋、马柱、李湛阳、陈崇功、江潘、洪璧、廖希贤、程昌祺及各法团代表等具叩。庚。印。等情。据此，除分令通告外，亟令知。此令仰该厅即行遵照。此令

合巡警总厅总监杨维

　　　　　　　　　　　　　　　（中华民国军政府四川大都督之印）

　　　　　　　　　　　　　　　　　　　　　　尹昌衡

　　　　　　　　　　　　　　　　　　　　　　张培爵

中华民国元年六月十三日阴历四月廿八日

　　　　　　　　　　　　　　　副理　谢　持
　　　　　　　　　　　　　　　政务处总理　董修武（印）

副理　郭　灿（印）

（四川省成都市档案馆藏原件，档案号93－6－3519）

致袁世凯等电

（1912年6月14日）

十万火急。北京大总统、参议院，武昌黎副总统，各省都督钧鉴：

藏卫为中国西南屏蔽，反正后番人携贰，警报时闻，迭经电传在案。蒙并藏伺边危，影响全局。川省虽疮痍未复，财力薄弱，然已经编成之军队，亦因藏事未定，不便遽议裁撤，亟宜乘此机会，先往勘［戡］定。昌衡带兵入藏，经处议决，不日督率西征。惟出关一切昂贵，军饷较内地加多。粮米因雅州采取，运至察木多，每石系二百余斤，需运费银二十五六两。合计原有边军四千余人，及陆续所派各标兵额在一万数千人，每月额派全支约计三十余万两，为数甚巨。川省屡变之后，公私匮竭，远道馈粮，深恐饷源难继。昌衡、培爵与财政司、军政两界职员，再三研究，设法罗掘，川省每月仅能担任十余万两，不敷甚巨。应恳大总统念及边藏关系大局，电令各省都督量力分担此项军饷，以期士饱马腾，不致中途哗变，俾昌衡得以服励士卒，一致进行。本军先遣队已到打箭炉，续派一支队准于本月十六日出发，由雅州等处取道巴塘、里塘、察木多相继前进。一切详情计划，随时报告。所有川省领兵入藏需饷甚巨，请电令各省分担情形，理合电请查核示遵。四川都督尹昌衡、张培爵叩。寒。

（《川都督报告派兵入藏情形》，上海《民立报》1912年6月18日）

通　告

（1912年6月中下旬）

都督府通告：

照得西征在即，本都督行将出关，凡出关期限内，所有内地治安暨后方勤务，自应规划妥善，始足以副人民之望，而策政府之进行。连日叠集军政职员合议，悉以讨论商定办法，本正副都督亦复意见相同，特委托胡军团长景伊以全权管理全省军政，自文到之日起，凡正副都督职内所有之军政权，悉以委托胡军团长。此后关于军事、行政，即由胡君主持办理，仍以本正副都督名义出之，由本正副都督担负责任。至关于民政事项，即由本副都督督同行政各官分别办理，仍以两都督名义出之。除电中央政府并通令外，为此仰军民人等遵照。

（成都特派员函：《西藏风云录》三十一，上海《民立报》1912年7月18日）

在武侯祠成都各界欢送西征军先锋队出发会上的讲话

（1912年6月16日）

尹都督特任王海平为侦探总长，陈昌言为总军医官，孙兆鸾为军站总监，袁文稽、绍廉为军站副监，袁宝琳、陶树犹为翻译官，李乃九为行营管带。六月十一日，尹都督会同军政两机关人员在总司令部会议，西征□职人员已出关者，预支两月薪俸，未出关服勤务者支八成薪俸，未服勤务者只给津贴银若干，出关人员勤务者十成开支，未服勤务者八成开支云。

十六日为西征军先锋队出发之期，各界各法团各区民团均出城到武侯祠欢送。午前十钟，朱标长率队到祠休息片时，两都督即到。首由张都督登台演说云：今日西征军出发，各界欢送如此齐心，真是我军界第一有名誉的事。至于饷械，无论如何都要办好，不至少有缺乏，累我军人。然今日人山人海之欢送各军士者，因此行关系甚大，深有望于军人也。我西征军士自当鼓其精神，奋其全力，使西藏一隅，依然归顺。异日奏凯归来，其欢迎者将百倍于今日，其名誉更为完全矣。

次由尹都督登台演说云：自民国光复以来，各省并无反抗情事，我四川竟有蛮人起而反抗，不能不以兵力从事。今日我西征军先遣队出发，本总司令不日亦将出发，现有命令三条：一、蛮人为我五大民族之一，现虽反抗，务使翻然改图。我军到时，对于蛮人，即一草一木，不得妄取，亦不得轻杀一人，临之以威，亦当感之以德。前此赵尔丰不德，我同胞不惮，以土枪土炮起而反对之。我军能以德意感蛮人，则蛮人之晓事者，必先归顺，而叹我民国之军迥非满清可比也。二、我军此次出征，宜严守军律。本总司令克期率队出关，愿与士卒同甘苦，但纪律极为严明。我军对于敌人不得退缩，如有逃遁行为，本总司令以军法从事。即本总司令退葸不前，亦由断后军官按军律施行。总而言之，今日欢送之人堆山塞海，我军士若不努力，无以对今日之盛意。果能勇往直前，有胜无败，将来欢迎我凯旋，必十倍于今日矣。三、西藏虽关系全国，与我们四川尤有密切之关系。我军此次出征，当尽心竭力，收回西藏，达到完全之目的，为中国固藩篱，为四川固门户。而我四川军人之名誉，不但光乎中国，即东邻西邻亦不敢轻视我矣。

尹都督演说毕，报界联合会代表登台发言，略谓：军人以名誉为最重，报馆于是非必求真，我西征军人皆热心爱国，谅皆爱惜名誉。我报界同人各访员总以确实调查，是则是，非则非，决不妄褒一人，妄贬一人，甚愿我西征诸同胞谨守都督之命令，则战无不胜，抚无不安，此不独军界之荣，报界之幸，即全川亦为之生色也。

次由军事参议院长罗梓青先生演说，略谓：中华民国成立，原合五大民族而成，所谓五大民族，即汉、满、蒙、回、藏是也，藏即为五大民族之一。今一旦而反抗民国，则民族已缺其一也。我军此行宜示之以威，绥之以德，譬如兄弟五人，小兄弟不晓事，为兄长者约束之，教训之，否则鞭挞之，总期改过自新，联为一气而后已。

又谓：西藏犹四川之后门也，后门不保，则群盗直入。有此等关系，而我西征军人之责任不为不重矣。以居者行者两两相比，则居者较逸，然担任饷械及优待军人之家属，居者必负完全之责任。军士此行，有如诸葛征蛮，五月渡泸，深入不将。然诸葛七擒七纵，总以攻心为上策。我军士既内顾无忧，尽可努力，并进使蛮夷率服，帖然归心，武乡侯不得专美于前矣。

次由法团联合会代表张君知竞登台演说，谓：男儿正好沙场死。然此非不祥之语，盖有敢死之心，乃有生还之日。恨我未曾陆军，假如我是陆军，而今日欢送我者如此其多，岂不快甚。

演说毕，四面飞花挂红，皆拍掌三呼万岁。尹都督赠西征军记念徽章。报界联合会赠祝词，而朱君敦五登台致答词毕，即整队出发。出武侯祠，沿途赠送者颇多，有送人马平安散，有煮酒请饮者。西征军人有应接不暇之势，真一时之盛事也。至于后方队准七月初三日进行，尹都督总司令本部统带大兵，一体开往云。

（成都特派员函：《西藏风云录》二十五，上海《民立报》1912年7月8日）

致袁世凯等电

（1912年6月16日）

北京袁大总统、陆军部，鄂黎副总统，宁黄留守，各省都督均鉴：

敝军规划进藏情形，曾于蒸日电陈大略。推边藏数千里，地广人稀，转饷进兵，本属困难。自番众叛变，将旧日供给拉萨牲畜，尽行撤匿，粮台驿站，均应新修。而枪械、军衣、营帐、药品，一切攻守行山应具之物，无不由关内输往，比来尽行赶备。惟有先锋支队，今日已由朱标长敦五率领出发，其余营伍，仍急筹备，出发定期，再当电告。谨闻。川都督尹昌衡、张培爵叩。谏。印。

（《川都督续办进兵西藏》，上海《民立报》1912年6月19日）

告边藏番人文①

（1912年6月中旬）②

四川都督行营西征军总司令部尹令：

边藏藩服大汉，历有年所，敬供厥职，罔敢悖叛。惟我皇汉，神武宽宏，伐暴诛叛，柔远能迩。用能百世敦睦，四方来廷，以至于清，余烈遗泽，犹足以镇抚而无间。及满廷失德，政乱官邪，乃致污吏剥削，强军劫杀，凤全激变于前，赵屠肆虐于后。尔边藏诸族，含泪切齿，饮血枕戈，乘满祚之将终，奋螳臂而图报，亦③有由也。今皇汉复兴，威德并树，本都督承大总统④之威灵，受七千万人⑤之推寄，定大乱于指顾，枭赵屠⑥于军中，十三家跋扈南番奔投节下，数千众枭雄傅逆生缚⑦行前。尔仇既诛，尔冤既洗，挫尔劲敌如摧枯，抚尔同类如保赤。尔宜感激涕零，铭恩图报，畏威量力，敛迹藏锋，则蛮族之天良未泯，皇汉之宏施立至。抚尔，育尔，牖尔，诲尔，保爱怀柔，周详悱恻，必有加焉。若复夜郎自大，负固不悛，为彼满仇，忘我汉泽，本都督亲率众兵，强逾数万，躬冒矢石，取尔凶残，以扫顽冥之枭风，以扬皇汉之大烈。尔既至今，噬脐何及？三思之后，其亦悟乎！本都督大兵在握，犹不忍不教而诛尔蛮族。小丑跳梁，何遽敢狡焉思逞？皇汉之仁义，大非挞虏⑧之贪横。都督之明威，迥异满官之黑暗。义师所向，不犯秋毫。壶浆来迎，皆我子弟。雪尔积忿，益尔生聚。速牵羊于城下，免作鬼于刀头。其各凛遵，切

---

① 《民立报》题名为《笔尖儿横扫五千人》。
② 1912年6月16日西征军先锋队出发，由此推定此文当发表于此时。
③ 收入《西征纪略》和《止园文集》时，将"亦"字改为"误"字。
④ 收入《止园文集》时，将"大总统"改为"元首"。
⑤ 收入《止园文集》时，将"七千万人"改为"川人"。
⑥ 收入《止园文集》时，将"赵屠"改为"大怼"。
⑦ 收入《止园文集》时，将"生缚"改为"引颈"。
⑧ 收入《止园文集》时，将"挞虏"改为"往昔"。

切,此谕。

(成都特派员函:《西藏风云录》二十五,上海《民立报》1912年7月8日;又见于《西征记略》和《止园文集》第1集)

安民告示

(1912年6月中旬)

为剀切晓谕事:照得你们西藏地方,久为四川保护,安营需饷,动辄巨万,皆我四川担任。自反正以来,亦复照常保护你们。今天你们辄敢抗拒官兵,蹂躏我汉民,实属目无法纪。今本都督决定统率大兵,前来征剿,你们如能回心向化,本都督宽其既往,一概不究,自当加意体恤保护。如果你们执迷不悟,顽梗不化,本都督决难宽恕,恐大兵一到,玉石俱焚,你们那时悔之不及矣。各宜细思凛遵。切切,此示。

(《尹都督之对于藏民》,成都《国民公报》1912年6月17日;又见成都特派员函:《西征军事杂志》,上海《民立报》1912年9月26日)

批军事巡警总监杨维呈

(1912年6月22日)

四川军事巡警总厅呈:

窃查外间近有传言,谓总监电达中央政府及各省法团举张知竞为本省民政长、周凤池为军政长。等语。总监闻之,不胜骇异。伏念我正、副都督镇抚全川,安内攘外,久已为各界所钦仰,微论军民分治之说尚未实行,即令实行而各省民政长及军政长或奉中央命令委任,或由本省团体公举,俱宜由法律规定，总监岂敢以警界一人之私意，电举全省行政二大长官。其为窃名朦举，固不待智者而知。然坏法乱纪，淆惑众听，其损害总监一己之名誉事犹小，其影响于政治前途者害恐大，若不亟为表白，后将遂过，理合仰恳都督俯允代电中央政府暨各省法团，谓四川巡警总监杨维并无电举张知竞为民政长、周凤池为军政长一事。以昭核实而止流言，不胜迫切待命之至。此呈
四川都督尹、张

总监杨○（四川军事巡警总监印）

中华民国元年六月　日

副　呈
（1912年6月17日）

　　四川军事巡警总厅呈：

　　窃查外间近有传言，谓总监电达中央政府及各省法团，举张知竞为本省民政长、周凤池为军政长一案。除备正呈外，理合呈请大府察核批示饬遵。此呈
中华民国军政府四川都督尹、张

总监杨维（印）
（四川军事巡警总监印）

中华民国元年六月十七日阴历五月初三日

中华民国军政府四川都督批：

　　据呈已悉，仰候分别电明更正。此缴。廿二。

（中华民国四川大都督之印）

（四川省成都市档案馆藏原件，档案号93-6-2448）

致袁世凯及各省都督各报馆电

（1912年6月24日）

北京大总统、参议院，武昌副总统，各都督，上海《民立报》转各报馆鉴：西征军先遣支队十六日第一营出发，本日为全队开拔之期，昌衡、培爵均躬送郊外，勉以忠义，士气奋励。军政各界及绅、商、民团、男女生徒，先后两日出城欢迎［送］者，不下数万人，大呼"西征军万岁"，声震原野。醑酒赠品，络绎于道，为从来所未有，一洗从前远征悲状。仰赖威福，边氛虽恶，当可迅平。尚望随时指示机宜，俾资遵守。四川都督尹昌衡、张培爵叩。迥。印。

（《西征军之军容》，上海《民立报》1912年7月3日）

致内务部电

（1912年6月26日）

内务部钧鉴：

祃电敬悉。川省自前奉优待皇族条件后，所有驻防兵弁饷俸均照旧支发，嗣因财力竭蹶，继续维艰，爰集众赈，略为变通。一面为旗民妥筹生计，一面裁减俸饷，俾彼等渐绝倚赖之心，而公家少担负之苦，一举两得，计诚至善。本年阳历正月，即设旗务局于满城内，主管其事，将所有旗民视其贫富，分为上、中、下户三等。上户及官俸自阳历正月底一律停止。其列在中、下户之官俸，即照马甲之粮，与中、下户同一给发。其中户自阳历六月一号起至六月底止，每月均给原额之半。下户自阳历六月一号起至十月三十号止,每月均照原额减二成给发。此种办法前已将各户清册饬交财政司照册按月发给,并示谕旗民遵照在案。代筹生计一节,亦由衡、爵悉心规划,除旗兵营房及地址业已认为私有,许其自由变卖外,所有省外马厂田七千余亩,满城内官公街房粮地,拟交财政司接受,就司酌拨银若干,将全数一次分配于旗民之中、下户,上户不待筹计,以为营业之基本金。前满城内公园、屙园之收入,拟作为长期分配,设置工厂或工艺学堂,及养济废疾稚幼孤寡之用。似此分别筹划,楚弓楚得,利仍归满旗,饷以渐而作,仍无冻馁之虞。营业获有资金,可与平民争利,化除畛域,共作公民。虽有变通,仍无窒碍。所有办理情形,是否有当,尚乞鉴察。川都督尹昌衡、张培爵叩。宥。

(《四川尹张二都督电》,《申报》1912年7月10日)

致袁世凯等电

(1912年6月26日)

北京袁大总统、参议院,各省都督鉴:

川省哥老会向称难治,变后益繁,迭经严令军队分前[道]拿办,此风稍杀。余匪余蛮子在前清时倡乱,虑恃兵力,仅予监禁。上年十月十八之变,乘乱逸脱,不自悛悔,又在大足县一带啸聚数千人,四处焚劫。自称"亡清忠勇将军",禁剪发辫,倡免税厘,无知愚民,多被煽惑。永川、铜梁、荣昌等处被其摇动,行旅梗塞。曾经电令驻渝第一师师长周骏,相机剿抚。兹据报告:十九、二十两日,亲率步队连择要截击,分道拿【获】生擒数十人。并将余匪及其悍党邹海林擒获,讯明供认不讳,当即正法。余匪溃散,因胁受害,分前[别]保释。仍派兵分扎要隘,以清余孽。地方一律安堵,东路遂通。知关廑注,特此奉闻。四川都督尹昌衡、张培爵叩。寝。印。

(《四川余蛮子之伏法》,上海《民立报》1912年7月3日)

致袁世凯等电

（1912年6月27日）

万急。北京大总统、国务院、参议院，武昌黎副总统，各省都督钧鉴：

昌衡西征在即，特开军政两界会议，由众议决：本省军事由昌衡、培爵委托胡军团长景伊专管，民政由培爵专任，均负全责，共保治安。昌衡仍以正都督名义总司西征事务。特电奉陈，伏维鉴察。四川都督尹昌衡、张培爵叩。沁。

（《川都督临行之布置》，上海《民立报》1912年7月1日）

附录　国务院复尹昌衡张培爵电

（1912年7月6日）

成都尹、张都督：

堪密。据参谋处张毅等冬电称：奉卅日电，与尹、张都督沁日电呈办法，微有不同。等语。查本院感电，奉大总统令，内有其内地军务即希胡军长暂行护理，会同张都督坐镇省城等语。与沁日来电办法正同。其未分划民政由张都督专任者，一因省官制不日可定，免多纷更；一因尹督出征，军财必须连贯一气，以免牵制。至于卅电所奉之令，不过任命之形式，文较简略，非与感电别有歧异。望即转告诸员，毋滋疑误为要。国务院。鱼。（七月六号发）

（《国务院声明前电》，成都《国民公报》1912年7月13日）

致袁世凯及各省都督各报馆电

（1912年6月28日）

北京大总统、参议院，武昌黎副总统，各都督，上海《民立报》，各报馆鉴：

前因垫款合同失败，倡办国民捐，以济其穷。然于同胞之负担，毫无所减，欲从根底解决，实以裁兵为正当办法。川省因变乱，而兵额日增，饷需愈绌，非大加裁减，万难支持，不戢自焚，可为殷鉴。现查本省第四师师长刘存厚深明大义，力顾时艰，预知财匮兵噪，祸根立现，先从裁兵入手，于四、五两月，不动声色，解散军队三千余人，勉任其难，良堪嘉慰。除行各镇遵照外，理合电请查核示遵。四川都督尹昌衡、张培爵叩。俭。印。

（《四川第四师师长裁兵节饷》，上海《民立报》1912年7月7日）

附录　四川都督府总务处同人致《民立报》等电

（1912年7月4日）

《民立报》转各报馆均鉴：

比见北京报纸登载川省新闻，如反对垫款条约各事，语多失实，且有挑动外人恶感之虑。窃以为民国甫建，时事多艰，凡属中华国民，宜如何慎重外交，共敦邻谊，报馆为国民代表，尤当本体斯旨，为之表率。四川果有不合，未尝不可驰书相责，未尝不可立论规箴。若情事皆未深悉，遽加嘲诋，不惟有背登载确实之义，亦且昧于对外一致之言，理于顾大局者似不宜若是。查四川人民对于垫款条约，虽不谓然，然皆知主借之议实发于我，特主办国民捐及国民银行，以为中央后援，自尽国民天职，并未有诋毁外人之语，又安有挑衅外人之事！尹、张都督及外务司、巡警总监各衙署复恐人民万一或有误会，致生他虞，迭经出示，速为劝导，张贴通衢，并通饬各属，一律出示严禁。自倡办国民捐，迄今月余，省内外人民未尝因此发生不规则之行为，事实彰著，不可诬也。怯于哥会之说，则因去年冬十月变后，秩序紊乱，该会中人倡言维持，一般愚民，畏祸乞免，假为护符。迨秩序渐复，业经尹都督及巡警总监屡次设法解散，迄今实已消灭殆尽，即偶有存者亦皆自行设法改良，不敢公然设立公口，干预地方公私情事。现在专制覆灭，彼既未有干犯法纪之行，官厅亦何肯无故干涉，淫威以逞！记者不察，但图快意，一时肆口诋毁，甚至谓此次反对垫款条约较去年争路尤为激烈，冀能耸动观听，而于国家前途，事实真相，均不计及。若使外人因报馆之风说为干涉之行动，或以是为不靖之征，因缓承认之举，则造谣误国之咎，天下之人知必有所归矣。诸公抱爱国之热诚，反获误国之名，亦岂本心之所企望哉！素仰贵报主持公论，事实所在，不厌求详，用特据实略陈梗概，伏望鉴察更正。□感曷极。四川都督府总务处同人叩。支。

（《蜀人并不排外》，上海《民立报》1912年7月7日）

复庄尚政电

（1912年7月初）

清溪县张知事飞转庄营长：

接来电，知该营已抵清溪。为国努力，端赖健儿，酷暑长征，良堪嘉许。驻炉军队，廿二出关，守备薄弱，至念。望速鼓勇西征，首膺懋赏。本总司令不日率大本营续进矣。

（成都特派员函：《西藏风云录》三十六，上海《民立报》1912年7月25日）

附录　庄尚政致尹昌衡电

（1912年6月底）

六月廿八日夜十一钟，奉电令五条，谨悉。此次沿途稍迟，实因天时酷烈，恐军士兼程生病。现抵清溪，既［即］奉令催速率队前进，抵炉后探确再报。

（成都特派员函：《西藏风云录》三十六，上海《民立报》1912年7月25日）

批军事巡警总厅呈

（1912年7月2日）

军事巡警总厅呈：

窃总厅现因赶办警部军士水瓶、背囊、帐子等件，拟请预领经费，理合呈请大府赐察核示遵。此呈
中华民国军政府四川都督

总监杨维（印）
（四川军事巡警总监印）

中华民国元年六月二十八日阴历五月十四日

中华民国军政府四川都督批：

据呈警军应备各件，固属急需，惟目下财政困难，已达极点，能否如呈拨付，仰该总厅分别缓急，会商财政司酌办可也。缴。二号。

（四川省成都市档案馆藏原件，档案号93-6-3497）

致朱登五电

（1912年7月初）

雅州帅知事飞转朱标长：

驻炉军队廿二出关，守备薄弱，至念。接庄营长电，已抵清溪。该标长老成持重，为本总司令所深悉，望率第一、第三两营鼓勇续进，庶庄营长有所秉承矣。

（成都特派员函：《西藏风云录》三十六，上海《民立报》1912年7月25日）

批陈孝同呈文令[①]

（1912年7月初）

尔父陈廉为国捐躯，情实可悯。该呈痛父情殷，愿随西征，借寻骸骨归葬，足见孝思克尽。著即赴参谋处谒见，以便相当录用。

（成都特派员函：《西藏风云录》三十六，上海《民立报》1912年7月25日）

---

① 据1912年7月25日《民立报》载："里塘知事陈廉被害，其子陈孝同君闻之，心悲而泣，具呈都督，愿随西征，借寻骸骨。"

致蔡锷电

（1912年7月3日）

云南蔡都督鉴：

宥电敬悉。西藏毗连川滇，双方进攻，牵制敌势，足收事半功倍之效，无任钦佩。惟查尊处入藏，如由中甸经怒江，取道波密、工布，直趋拉萨，较巴塘路捷二十余站。敝处兵队已由打箭炉出关，十七站即抵巴塘。边地军粮难购，彼此兵分两道，免致缺粮，乌拉亦不掣肘。请饬殷君承瓛查照办理，并祈赐复为祷。四川都督昌衡、培爵叩。江。印。七月三号发。

（成都特派员函：《西藏风云录》四十一，上海《民立报》1912年8月3日）

附录 蔡锷复尹昌衡张培爵电

（1912年7月12日）

成都尹、张都督鉴：

江电敬悉。前奉总统真、文两电，命先援巴塘，再救藏急。当经电复，略称：滇军北趋巴塘，转察木多入藏，绕越太多，蹈兵家病远之忌，且滇川同趋一路，重兵云集，粮糈转运，难供给求。巴塘近在川边，川都督率师出关，不难指日荡平，无俟重烦滇力。至擦瓦笼一路虽较捷，然向无台站，番族中梗，转运尤艰，一交冬令，积雪封山，无路可入。前拟由维西出口，经珞瑜野人地方，直达拉萨，工费虽觉艰巨，计划实中肯綮。云云。电请示遵。兹接尊电，意见正同，用特奉闻。滇都督锷叩。歌。印。七月十二日后七时到。

（成都特派员函：《西藏风云录》四十一，上海《民立报》1912年8月3日）

西征别川人书

（1912年7月上旬）

大汉国本未固，而边藏离遯，是使我光复之土不全，而神明之胄不武也。用特修我六师，以镇藩服而雪国耻，此即衡竭忠尽瘁之秋也。然而犹有忧者，则不在冰山雪岭阻前途，而在于河内关中无后继，是以我车既西，尤不能不恋恋东顾也。今我六祸隐伏，心所谓危，不敢不告：文明侈谈，则纲纪不张，横议丛生，则宵小作祟，是则衡所深以为忧者一也；树党朋比，颠倒是非，偏巧存心，方正裹足，是则衡所深以为忧者二也；纷争轧轹，互不相下，甘为散沙，以致沦胥，是则衡所深以为忧者三也；轻浮好变，以酿祸机，昼惊夜呼，杯弓蛇影，使人心易乱，盗贼生心，是则衡所深以为忧者四也；专法异帜，自坏长城，刚直者不肯辩诈，则悉为罪人，高明者惭与比周，则甘为废物，栋折榱崩，莫之肯护，是则衡所深以为忧者五也；见秋毫之末，而不睹日月，争鸡鹜之啄，而不追鸿鹄，使苍苍之士，营一枝之栖，赫赫中华，无万里之志，终致大国坐困，长材小成，是则衡深以为忧者六也。如能本诚求实，立武健严直之法，扫废弛放纵之气，冒野蛮之名，以成富强之实，则民国之精神，可超于寰宇。内不辟亲，外不辟仇，党以正合，事惟义举，则生聚之休福，可延于无穷。平心静气，惟好是从，曲己伸人，惟一是式，和国出军，和军进战，以期共济，则完美之金瓯，可固而无缺。兵成某布，政则渐理，萑苻尽歼，军令已肃，乱极之余，美备固难臻，而反侧之间，镇静可以定，果危词不摇，民安其居，则疑似之乱机，可化于无形。文澜之器，雄毅宽宏，其宅心也公正仁厚。方其品概，直轶先贤，凡我干城，皆属后进。与衡无杯酒之余欢，而举以自代，已经三次，此非衡意成鲍叔之名，愚诚如子皮欲受庇于宇下也。明叔、特生皆为明良，忠纯条理，授之以政，必无陨越。论人须平，核事贵实，见大原心，俾尽其用，勿故吹毛，以倾大厦，则川局可坐而定也。以新造之国，多阋墙之见，兵冗政纷，事未可必。吾蜀雄据上游，土厚水深，民殷物富，此西南之保障而中原之柱石也。诚能高张远举,政肃兵精,建大功以巩华夏,勿争尺寸,甘作井蛙,则天府之鸿图未可量也。夫女无美恶,入宫见嫉,士无贤否,执权见忌,从无名贤,尽如人意,况衡仓卒,何能尽善?然衡不辞三字狱,愿痛饮于黄龙,得教八塞平,仍俯首于空寺,飞鸟未尽,弓尚当存。惟冀洞鉴心迹,实核陈事,垂听愚言,念我土宇,懔此六忧,毋废我业。衡之报国,生死以之,我行永久,深入不毛,但得裹尸铜柱下,何须生入玉门关。临书悱恻,用敢啧啧,凡所陈述,皆时敝之极,而大策之要也。然挟偏心而见者谓衡激,以浮气而读者谓衡庸,而谁其谓衡心孤?衡亦谓衡愚,谨此赠言。

(《止园文集》,《止园丛书》第 1 集)

告成都父老书

(1912 年 7 月上旬)①

呜呼!昌衡行有日矣。边茄塞鼓,警告横飞,星疾夜驰,戎机先□,壮心万里,夫复何言。窃以齐末者必揣其本,治外者当安其内。昌衡不学,忝庸川任,数月以来,治理乖方,况内疚乎神明,尤外惭乎清议。徒以遭时艰险,恃有移山之愚;定乱粗疏,不废冯河之勇。今者西陲失驭,劳我偏师,正昌衡效忠民国、补过疆场之日也,行将与吾父老子弟暂时别矣。区区苦衷,焉能无告。

夫西藏之关系固在全国,而边地之安危独系川省,故昌衡慷慨誓师,吾父老即欢忻鼓舞。是吾父老之策励昌衡期望□□者高且厚也。然而,四方多难,一隅未安,大乱甫平,人心不□,昌衡虽去,犹有所求。群言庞杂,观听纷挐,射影相攻,是非颠倒,或将弓作蛇,指鹿为马,市无端而戒备,人无故而狂奔,摇惑者未必有心,保安者每忧无术。赖吾父老主持公论,解释

---

① 该书未署具体日期,根据其内容可推测其于 1912 年 7 月 10 日至 26 日之间发布。

群疑，共剪内乱，同祛外患，此其所求者一。事各有长，人惟求旧，纷更无定，祸乱相随。胡军团长智勇沈雄，张副都督和平中正，各司厅署，凡百职官，布署［置］初成，事功伊始。赖吾父老推诚相辅，责善相维，借泯猜嫌，裨益政治，此其所求者二。五月不毛，千军急走，黑山虽远，青犊何来。欲士马之腾骧，赖饷糈之充备，筹款则金融受损，采粮则民食恐慌。赖吾父老补救商农，调和经济，力全大局，远顾军需，此其所求者三。他若尊崇道德，保存秩序，整团防而卫邻里，兴学校而练人才，斐声誉于中邦，奠金汤于全蜀，则昌衡雪窖冰天，心安理得，枪林弹雨，释虑忘忧。倘赖父老威灵，民国幸福，昌衡得以斧划金河，标铭雪岭，歌西松之凯唱，建都护之新封，絷骁健以归事，睹风物之无恙，固所愿也，馨香祷之。如其不然，失吾所指，使昌衡朝负弩以西行，暮回头而东望，是父老有以负昌衡，而昌衡无以报父老也。昌衡行矣，父老勉之。

（成都特派员函：《西藏风云录》三十七，上海《民立报》1912年7月26日）

报告西征援军出发文

（1912年7月6日）

元年七月初六日，四川都督尹昌衡报告里塘失守，援军出发，其文曰：

连接炉、雅来电：里塘失守，河口危急，炉、雅震动。等情。前发朱标长兵，据来电：先锋一营已过清水，后队二营过雅，天气酷暑，行故稍迟。已飞令兼程前进，并调边军一营，先于二十二日过关。昌衡大队军需，昼夜赶筹，准能届期出发。

政府得电后，恐川军兵力单薄，不易得手，复电滇督酌派军队，取道巴塘，协同进攻。

（无名：《西藏用兵记》五，《申报》1913年1月31日）

在成都军界全体会议上的演说词

（1912年7月7日）

本月七号，省城军界全体开欢送大会于铁路公司。尹都督演说之词，沾沾于省城之安宁秩序，并表西【征】之心迹。其词如下：

昌衡自去岁十月与诸君共事以来，朝夕聚首，彼此相爱之深，虽亲骨肉不过如是。今突然有数千里之行，时间又很长，思念及此，昌衡很难于弃离诸君，而诸君亦未必忍于离弃我也。但此事又有不可不行之势，且有不可不急于行之势，兹已决定初十日出发。而昌衡此刻又有最希望、最盼祷于诸君者。现在蜀中秩序，所以能到这个地步者，莫非我辈劳心费力之所致，亦因我辈前此的精神，通通俱专注在谋公益之所致也。而近来几天，市面上竟很出些不好的现象，我心里头是很为之忧虑的。况家庭之乐，本人人所愿享的，昌衡此次的归期三年不知，五年不晓，如果事情办不好，就说他不死在外头，这也不敢逆料的。总之，这回的事，实在关系我们军界全体，事情办好了，他省必说四川军队练得好，有纪律，所以能够获全胜。是军界中人人都是荣耀的。但是，全胜与不全胜，昌衡虽不敢期必，而这种担子，昌衡总应负完全的责任。然而，昌衡自去之后，省城之安宁秩序，驻省之军官军人也就不能不负此重任。西人云：名誉重于生命。我们四川军人的名誉，因去年十月十八之变，算得扫地无遗矣。后来才渐渐好起来。现在总望大家把他弄来一天好一天，一天较一天巩固，务要使全世界都知名才止。更有进者，昌衡甚希望我去后，省城秩序总要天天进步，使各省的人都说四川军队人人都于社会有密切之关系，其都督不过军队中之一人而已。绝不要使人说昌衡之一身，关系全省之安危。此不但昌衡所厌闻，实如昌衡所不忍闻者也。况且我们四川此时，再有乱事发生，虽属拔山盖世这样有能力的人出来，恐怕也弄不好了。又况初初遭一回乱事，这军用票，民间都不能相信，以后再发行，还有人用吗？百姓诚然人人有父母，有兄弟，有妻子，而我们军界又那一个无父母，无兄弟，无妻子呢？岂不是闹来同归于尽吗？所以我去后，无论如何这城内的安宁秩序，大都要负责任，尽心维持，精神时时注重于此，不可须臾忽诸。但是我们军界大家有爱国思想，亦是人所共知的，即以救国捐一事而论，也可概见一般了。而又不能不反复陈言者，亦古人所云心知谓危，不敢不告之谓。但是欲保守安宁秩序，亦自有法。今试为诸君陈之：

（一）释疑。此二字，昌衡敢断他为定军心、平大乱之要道。远的不说了，就以去年十月之事来说，其始由于官绅相疑，而有七月之变；其后则由于同志军疑巡防，疑陆军，而巡防、陆军又彼此互相疑忌，于是又演出十月之变。自十八乱后，我接事以来，深知疑疑为害甚大，乃事事推诚待人，绝无半点成见存胸中。十九的一天，黄标长回来，众人都说要挡倒他，不准他进来，恐他要闹事。我独往三桥上去接他，后来很得他的力。吴标统初初进来，同志军与巡防、陆军常常生事，我向他们演说，现在要大局平定，非同志军、陆军、巡防相爱如亲兄弟是不行的，后来也就莫有打架了。其余如因说内城旗兵要杀出城来，亲往演说。李克昌招兵湖广馆，亲往解散。赵尔丰要想起事，亲往点名。都是单人独马，办这几件事，也因如我不疑人，所以人亦自不疑我。又如西军刚才回来，大众都说一定要驻城外，我竟把他弄在皇城内与我隔壁住，究竟还是无患。所以我说以后城内要望永远安宁，永远保守秩序，第一要彼此不疑，不但军界对于军界，就是政界对于军界，都要如此。如若不然，你们互相猜忌，小人遂乘间而播弄之，还有不坏事的吗？大家赞成我这个话否？赞成的就请起立（众全体起立赞成）。

（二）镇静。当承平的时候，就说是那里有警，那里有事，人心是稳定的。军人的举动言论，就稍为浮动一点，都还不甚大害于事。当此大乱初过，就莫有事情，人人心里头都是惊惊惶惶的。如果更说那里要暴动，那里要起事，那还得了吗？而这个时候，人民所希望以御暴的，就是军人。假使军人亦与一般人民一样的张皇失措，大局之糜烂尚堪设想呢？以后总望大家要把"镇静"二字常常搁在心头，虽然外面的谣风，说是百分之中，业已烂到九十九分了，我都为之不动。这个样儿，庶几才能为人民之保障，见军人之智识。谢安以八千人破苻坚百万之众于淝水，亦不过得此二字之力而已。大家也不要把他看忽略了。

（三）维持公道。现在的社会，总算是极私极坏的社会，"公道"二字，久已莫人讲了。但是，昌衡自有生以来所做的事，敢自信对于此二字而无愧。即如去年十月十八出来任事那十数日里头，说是有一点生机，无论那个都是不信的。事情刚才有头绪，胡文澜先生回来，就在这里推荐他作都督，可见我对于这件事，毫无半点利己心。就是以后，一切用人行政，无非一秉至公,而外面反极力的攻讦。又如周凤池先生,初回来的时候,就请他认〔任〕军务处的事,后来听他辞退,因为外面天天有白头帖子,说要用枪打他,才准他辞去。一切苦衷,无人知道。此番被刺,竟有人疑道〔到〕昌衡身上。所以昌衡对于此事,甚望大家于闲暇时间,务要下细的调查,把此事必要清出来才好。其余遇倒〔到〕讲究公道的人,我们就要扶助他;不讲公道的人,我们就要干涉他。总要为众人之梁柱,把人心风俗改变一下,大局才能撑持得好。故对于众人,又不能不有维持公道之说者也。

(四)勿听谗言。昌衡此次亲征西藏,也是因为自己身为都督,看倒〔到〕土地丧失,本是很可耻的。故这样的重大的担子,敢一力担起。但是,这内里头的事,如果不布置完善,心里常常就不免有内顾忧,事情也万办不好。所以我去后,兵权定要交与胡文澜先生接管。胡先生与我以前并不相识,去岁一见,就愿为他当马弁,也不过崇拜英雄的意思。所以又常说自己对于胡先生,愿以身家保之。况且这个也并不是说空话,如交涉滇军,取消镇抚府,都算是大问题,胡先生不动声色,就轻轻的把他办好了。现在昌衡对于胡先生,敢自谓如鲍叔之知管仲。可是,此事亦甚希望大众也要诚心一意,无为小人所离间的,赞成此事,昌衡纵战死边藏之间,的〔定〕无悔心。大众如无他意,就请起立(众全体起立,拍掌赞成)。

凡此数端,昌衡所言,皆由心坎中流露而出。各位都通通赞成,昌衡敢断言日后归来,不但省城秩序如故,其光荣更有百倍于此者。去岁共平大难,同事军官,不过数人,今十数倍于前,当有何事不可为呢?当此不忍临别之际,故有此悱恻缠绵之言,望大众刻刻勿忘。虽昌衡归来之日,斯言犹尚在耳,更不胜盼祷之至。今天这个会,本因彼此的感情而开的,与平时的会议不同,大众如有嘉谋善言,尽可以说一说,昌衡亦断无不采纳者。

(《尹都督对军界全体演说词》,成都《国民公报》1912年7月10日)

在省议会话别会上的讲话

(1912年7月8日)

八日,尹都督赴省议会话别,先将边藏危急情形,略为报告,并言所以不能不亲自赴藏之理由，请众赞成。议员全体立起赞成。继言中央政府任命其办西藏事宜后，有电来解释所以用查办二字之意。末乃发表其希望议员之意见，一化除党争；二遇事尚和；三维持护督胡文澜；四勿信谣言，昌衡敢保军队中绝无危险；五接济西征饷项。

都督演说后，刘声元君发言，略谓：汉族对于藏事，当自引咎。都督此次赴藏如不得而已至于决裂，切勿妄杀。至于饷项一事，固当从财政上着手，然欲财政之整理，又非从保持地方之安宁秩序着手不可。此则不能不深望于我护督胡君者也。

熊兆渭君发言：都督以王事勉议员，议员对于都督亦当有所规劝。都督之病根，在自夸与自满，并有以英雄自待，而不欲人为英雄之心。若能将此三病屏去，入藏平乱，始有良好结果。忠言逆耳利于行，都督当不以此言为河汉也。

言毕，又有数议员发言。正议长乃出席，先言我之言论权未剥夺尽，我亦有意见发表，略谓：藏卫问题，非一日所能解决，今日都督之来议会，系为话别，则议员对于都督欢送可也，不必提及他事。都督遂解围以去。

（成都特派员函：《西藏风云录》三十九，上海《民立报》1912 年 8 月 1 日）

在武侯祠成都各界欢送西征军大本营出发会上的讲话

（1912 年 7 月 10 日）

七月十日，尹都督率西征军大本营出发，各学校各法团及军政界中人欢送于武侯祠者，不下数万，诚盛举也。尤可羡者，模范两等学校学生，其幼者不过五六龄，服军服，唱军歌，步法亦整整齐齐，见者莫不惊羡。弱质之女学界亦不避酷暑，行于烈日中，以表欢送之意。西征军人既至武侯祠，首由张都督演说，谓：西征军人如此之踊跃，欢送诸君如此之欢欣，愿我西征军人努力前进，爱名誉，重秩序，以为军界【增】光。

次由各法团代表演说，大抵皆颂扬勉励之语。

继由尹都督演说，略谓：欲保四川，必先保西藏，西藏不定，不惟于四川有碍，即于中华民国亦有大不利者。今承诸君厚意，欢送我辈军人，必发愤向前，以求无负于诸君之希望，无负于我辈之天职。我辈此次出师，所以报答诸君者有三：（一）恩威并用。满清时代驻藏之兵，对于藏人感情，异常恶劣，今以恩抚之，以威临之，使西藏永永为民国之土地。（二）誓死不退。西藏之地方，寒冷异常，如稍事规避，则藏事将不可问。自今以往，有前进无后退，凡有逃者，无论何人，后方之兵，皆可斩其首级，效楚项羽破釜沉舟之志，何愁西藏不平。（三）艰苦卓绝。畏葸为行军所大忌，我辈既以平藏为己任，或至于万不得已，而无粮饷无器械，我辈亦必坚忍耐劳，不肯掳掠，如张睢阳被围后之兵士。若是，方足以成功。再者，望各界诸公，毋党界自分，毋求全责备，则昌衡虽行，亦无忧矣。

末由张都督举手呼西征军万岁者三，万众拍掌之声如雷震，遂行。

（成都特派员函：《西藏风云录》三十九，上海《民立报》1912年8月1日）

准军事巡警厅总务处申报事

（1912年7月15日）

为通告事：西征军士异常劳苦，其家属在省垣者，应力为保护。特将住址通知各厅，一律妥为保护，以重军人而免内忧。特告。

谨将西征军姓名官衔、住所列表于后：

姓名	官衔	住所
林春	兵站部一等书记长	住少城四分厅靶靶巷十五号
戴桢	兵站部一等书记长	住少城商业街二十七号
戴英	兵站部二等差遣员	住少城商业街二十七号
张慎言	四镇十四标第一营军医长	住光华街三十二号
马宝	西征军护卫排长	住五岳宫街三十二号

续表

姓 名	官 衔	住所
范 猛	四镇十四标第一营营长	住纯化街四十四号
田应麟	四镇十四标第一营一队一排排长	住西御街南二区一百三十七号内附一号
汪玉清	四镇十四标第一营一队二排排长	住西御街南二区一百三十七号内附一号
张明俊	四镇十四标第一营一队司务长	住华阳县外东一区三元横街第三号
王松乔	四镇十四标第一营一队司书生	住南四区转轮街三十六号
秦正心	步队十四标司号长	住南四区烟袋巷街第二号
路青云	三镇十一标第二营右队三排七棚正兵	住东五区铜井巷第二号内附二号
黄海波	三镇十一标第二营右队三排八棚正兵	住东五区铜井巷第二号内附二号
李占奎	正都督差遣员	住东四区东顺城街第九号
李玉龙	正都督马弁	住东四区东顺城街第九号
胡能才	三镇九标二营二棚正兵	住北一厅隆兴街第二十四号
王古烈	总司令参谋官	住三桥正街第二十七号
刘先振	总司令部秘书官	住楞伽庵街四十六号
邹先堃	总司令部军医总长处一等书记长	住华阳县西河镇大面铺六合保清平团
薛大光	总司令部军医总长处二等书记长	住华阳县大面铺六合保集文团
吴鸿基	兵站部交通科副委	住蝶窝巷第六十二号
陆德治	三镇九标二等军需长	住楞伽庵街第三号
张纪伦	总司令随营委员	住外东一洞桥第一百二十九号
张在云	三镇九标二营右队头棚副目	住北三厅太平街第三十四号
鲁定国	总司令官马弁	住皇城东辕门五十九号
马凌云	步队十四标标部弁目	住庆云?西街二十七号
胡心铭	三镇十一标一营前队长	住竹林巷第四十八号
张青云	三镇九标二营右队三棚目兵	住东顺成街一百三十七号内附五号
廖成云	一镇一排正兵	住西御街第一百七十七号
陈光璠	兵站部交通正委员	住鼓楼街三倒拐十五号

（中华民国军政府四川大都督之印）

中华民国军政府四川都督批

（四川省成都市档案馆藏原件，档案号93-6-3519）

致张培爵等电

（1912年7月17日）

成都张都督、胡护都督、董特生、邵明叔先生鉴：

　　本日（七月十六日）抵雅，军容甚整，拟小住三日，留军驻雅，轻骑赴边。边兵闻甚奋勇，夷人畏缩。诚恐恩威不宜，统驭失当，故余独往，乘此锐气，整饬朱军，慰劳边卒，慎抚一人，以收实效。筹办银行及解饷事，祈速设法。省城军、政、民、议各处近况如何，希速复。昌衡。篠。印。

（《尹总司令行营纪事》，《申报》1912年8月23日）

西征日志

（1912年7月10～20日）

初十日

西征总司令部督队出发，是夜宿双流考棚。

十一日

午前五时由双流向新津出发。是日午间接张中军长茂林来电，闻胡管带大捷，军人欣欣然，唱歌进行。午后八时抵新津。尹都督正法逆伦及抢劫人犯共九名，人民无不称快。

十二日

黎明，由新津向邛州出发，距城三十里羊场北端约一里许，有小溪一，宽约三米突，深约一米突，架有木桥，宽仅四十珊未。全军至此，都督宣布渡桥命令七条：

（一）徒步者用一列纵队形距离一米突通过，度步不可整齐。

（二）乘马者无论何人均必下马。

（三）马匹通过时，距离以二米突为最小限。

（四）桥脚震动过甚或低下时，暂时停止，不可喧扰。

（五）桥梁东西两端之人马，不得同时通过。

（六）马务须由桥梁中部通道。

（七）人马通过时，务用常步。

以上规约，由侦探长揭示羊场西端约一里之桥头外，派副官一员随带卫兵六十名先行驰往监视，众军人遵守规则，鱼贯渡桥。至邛界，沿途叩马鸣冤者约有百余起，系遭土匪抢劫者。午后八时，抵邛。都督驻考棚，即提人犯讯问，正法抢匪八名，取保四名。傍晚，四乡炮声盈耳，都督派兵前往侦探，则匪无人影。

十三日

都督命令暂驻邛休息一日，官佐慰劳者酒食各一席，目兵犒赏猪牛肉等各斤，夫役给钱各四十文，全军皆感激思奋。午前九时，都督痛恨邛属匪风甚炽，又正法抢劫人犯二十五名，均斩于南门外校场。一时军威远震，匪徒闻风敛迹。

十四日

天□破晓时，由邛向雅出发，前行五十里，至黑竹关。其地险隘，向为土匪潜踪之薮。右端为山，自西南蜒蜿而来，询之乡人，曰此蒙山也。其发由灌县，直抵云南蒙自山。多产茶，味甚美，满清时每以此为贡品。是日驻宿于百丈复龙店。

十五日

由百丈复起程前进，午后六时抵名山。以考棚为宿营地点，各团队宿文武庙及工业学校。都督正法劫匪二名。又本日沿途，强迫拉夫，各前进兵士间有放枪威吓者，甚与仁义之师秋毫不犯之本旨相悖。都督乃下禁令如左：

照得维持军纪，首重严肃，军人立品，不扰善良。日来大军进行，竟有在途无故鸣枪，滋人疑惧，及强迫途人，以供夫役，不徒防［妨］害公安，抑且自堕名誉。本都督行旌所莅，以申明军纪为先，尤以保安为务，合行通令：抑本各处暨各标营弁□人等，务各严守秩序，倘敢故违，即由该营长官查拿，送呈本总司令部从严惩办，以肃军纪。至各处雇定夫役，如有逃匿，应即责令夫头预行雇募补充，不得临时互相拉抵，以免一切公物输送迟滞。此令。

十六日

午前五时，又复起程，前行二十里，见有屹然高出于诸峰之上者，金鸡关也。峰回路转，再行十八里，如湍缏，然水势横断者，平羌渡也。相传为武侯平羌，与军士渡此因得名。下流与嘉定河合。各团队渡河后，整列道左，候督登岸后，再行前进。午后八时抵雅州。是日，又接康定府吴知事报告里塘败北之逆番谋袭巴塘，又被我驻巴防军击败。各军队闻之，莫不欢跃。晚闻都督命令，明日留驻雅州。

十七日

午后在城隍庙开追悼会。

十八、十九日

各团队在野外演习。

二十日

早六时，军司令部暨卫队暂留雅州。

（成都特派员函：《西藏风云录》五十一，上海《民立报》1912年8月24日）

致袁世凯及各省都督电

（1912年7月中旬）

袁大总统及各省都督鉴：

昌衡于蒸日起行，督师出关，誓报国威，而宣汉德。西死为荣，东归未必。四川军政，井井有条。远人无状，伏望烛照。以公诚推，据以事实。盼视长城，俾能保障西南，国之福也。昌衡身任危难，本意必死，而至于今，非所及也。行政用人，抚兵对敌，公同包拯，苦则张巡。若于廷益以过激获辜，袁崇焕以独断被谤，则义所使也，宁敢逃乎！迩来内外传闻，百不切实，揭载丑诋，纯属讹见。事有确征，安容不辨？惟冀持公虑大。昌衡不辞三字狱，愿痛饮于黄龙，得竣八寨平，仍俯首于僧道。临电涕泣，不知所云。

（成都特派员函：《西藏风云录》三十，上海《民立报》1912年7月16日）

致袁世凯电

（1912年7月下旬）

我军抵噶达克萨后，并未前进，俟日内布置周密，再作进攻之计。现在已设谍报科，派朱登五为科长，各处均派专员出发探访。兹将所派人员及地点先行呈报：（一）派邓玉隆赴拉萨，调查政治、外交、军事上一切。（二）派陈奎元、舒金梁赴杂余（按：杂余毗连英属何隆，其关系较后藏尤切），前往调查一切，以为进行之预备。（三）察木多为边藏交界之所，南为杂余，与英相近，特派周思昭往□，兼办文报。（四）炉边以外未开辟地不可胜计，特派王信臣、黄内静等分赴各地，探访一切。（五）此间离川甚远，消息不灵，办事不能敏活，特派彭德钰至炉城，徐正鼎至河口，专办转递文件事宜。

（成都特派员函：《西藏风云录》四十一，上海《民立报》1912年8月3日）

致袁世凯电

(1912年8月3日)

参议院四川参议员政密抄呈袁大总统钧鉴：

顷据江亚监督史悠明五月二十三日函称：达赖在噶伦堡集兵万余，购械外国，围攻江孜，后藏兵单粮缺，水塘①不通，经马江英、廊、清员调停，驻江陆军缴械赴印，驻后藏者亦将出境。前藏被围甚急，兵饷久罄，外狝［獈］声援，番民复禁卖粮食，内缺枪弩，军民危在旦夕。恳转乞大总统派员到藏，饬达赖回赴拉萨，合同商办，仰维大局。又接史悠明、马师周电称：致钟长官电，无从投递，拉萨危急。英已派人入藏窥伺，务催川员速进。云云。藏事危迫万分，边军又不敷调遣，前恳派员赴印交涉，未奉电复，仍恳速简大员，由印赴藏，与英官及达赖交涉，以救藏中军民之危，不胜盼切。四川都督尹昌衡、张培爵同叩。江。印。

(《民元藏事电稿》，第19页)

致董修武电

(1912年8月9日)

财政司董司长鉴：

边关消息，闻公近遭物议，旁观派中只解私论，素少公言。去冬至今，

---

① 原文如此，疑为"里塘"或"巴塘"之误。

川省内忧外患，悉赖筹维，局外孰知，独我深感。伏望力摈浮嚣，勉支艰难。河清不俟，遁世与俱。外侮之来，幸勿介介。弟昌衡。青。

（《川议会与尹都督》，上海《民立报》1912年9月2日）

命令一
（1912年8月上旬）

都督令：

照得鸦片流毒，早经悬为厉禁，节次告诫，已不啻三令五申。乃不肖之徒辄乘上年光复之初，私种营利，贩卖吸食，而近日风闻每多军人代为销售，有司未查拿，民间不敢过问，遂致吸食之夫，实繁有徒。若不亟为严禁，殊不足以维要政，而肃军纪。除令各师转饬一体严密查拿，如有军人私行贩卖、代为销售者，即行拿获，按以军法从事，不得稍涉瞻徇，并行民政司再行严禁外，为此令仰该师、局、所一体遵照，勿违。此令。

（《都督令一》，成都《国民公报》1912年8月17日）

命令二
（1912年8月上旬）

都督令：

案准慰问使函开：四川自反正以来，交通梗塞，凡关于行政司法一切详情，中央政府无从查悉。拟请先生、各院处、司、局定本月十五以前，将所有重要文件表册备赐一份,俾携回中央,借资考证。其有特别情形,非文件表册所能尽者,务须详具说贴[帖],分别叙明。至财政、盐务,关系尤为重要,凡前清盐茶道及清理财政局所有文件表册,均请令行财政司择尤[优]惠赐,俾窥全豹,而免觖望。等由。为此令仰该院司、处、局即便遵照,将该司、处、局自成立以来经过重要事件,逐项列表,并详具说贴[帖],限本月十五以前呈送到府,以凭转送,勿稍迟逾。此令。

(《都督令二》,成都《国民公报》1912年8月17日)

在西较场山岚喇嘛寺的演讲词[①]

(1912年8月11日)

尔僧众注意,吾与尔论宗教真理,其各敬听勿□。夫尔等出家事佛,当知释迦乃迦维卫国王子,继六佛而得道,曾于拘尸那城婆罗双树间入般涅槃,弟子大迦叶阿难等始以三藏十二部经传世。释迦之在菩提树下,乃自证心迹。原佛教之体用,只有二端:内而明心见性,悟到空空。外而施无上法力,渡尽众生。舍此二者,无他事焉。然非明心见性,不能普渡众生。明心者何?即使贪、嗔、痴三戒不生是也。贪是好货,嗔是恚怒,痴是迷罔。本都督平生好佛,尤敬宗教,尤爱尔等喇嘛,此番提兵入藏,实为保护尔等宗教而来,拯救尔等喇嘛而来,渡尔等登极乐世界,使佛教放极大光明而来也。既来之后,必提携尔等宗教日见昌明,日见发达。必使尔等喇嘛专心奉佛,不受损害,人人皆生于西方极乐世界,无一毫苦楚。本都督方才遂此普

[①] 该演讲亦收录于尹昌衡著《西征纪略》,并将原载《民立报》北京特派员加于演讲词之前的下面这段话"阳历八月十一日,尹都督率行营官弁至西较场山岚喇嘛寺,接见各庙喇嘛僧众,约计千余人,筹边处总理、康定府知事在焉。先由该寺胡图克图及各寺喇嘛等次第进谒,赏赉有差。礼毕,都督传令,集众僧至台下曰"改为:"昌衡每接见诸僧,赏赉有差。礼毕,令集众僧至台下曰。"又于"共证揭谛。云云"之后增加了《民立报》北京特派员加于演讲词之后的下面这段话:"各喇嘛盍立静听,有合掌诵佛者,有闭相[目]传神者,有顶礼皈心者,有偏袒膜拜者,金曰:我都督真护法佛也。于是群生觉悟,皆大欢喜。咸传远尔,番众大服。云云。"原题为《讲演佛教辞》。

渡众生之愿。但本都督之普渡众生，亦是从明心见性发出来。第一，本都督不贪。凡尔藏番①僧众一草一木，颗米文钱，皆不收受，非若从前满清官吏动辄需索尔等，剥削尔等。第二，本都督不嗔。此番提兵数十营，皆是最精悍、最明战术之师，非同从前满清老弱充数，枪炮不利者也。然兵虽强，炮虽多，却对于尔等恭顺番民，并不杀一人，发一弹，只是保护尔等。且从前有反叛罪恶之人，只须改悔投诚，便从宽宥，非同满清官吏妄加杀戮②。第三，本都督不痴。凡尔番民僧众之真诚善良，一见了然，狡诈欺饰，难逃鉴察，非同满清官吏动辄受人愚弄，被人欺罔。因此，我心既明，我性毫无渣滓，真能自见，故竭力提倡保护尔等。尔等果能如菩萨之慈悲救世，断无不立地成佛之理。凡番民之【不】善者，皆须使之皈依佛法，改过自新，以本都督普渡众生之志为志，不贪、不嗔、不痴为本。使边藏众生皆如恒河沙数佛，尔等喇嘛皆如无量功德佛，方不负本都督提倡保护之苦心，如来垂教之宗旨，及尔等出家之本意。如其不然，三戒未除，万恶环生，则是佛门罪人。本都督即不加诛戮，佛菩萨亦必不能救渡。因我佛之渡众生，先要去魔。所以罗汉渡江，遇诸魔鬼，显出六大神通，一一收之为奴，又必使韦驮降魔金刚护法，然后东方众生得渡一切苦厄。今尔番众僧民倘不愿成佛而愿为魔，则本都督亦惟有效金刚及阿罗汉故事，发诛赵擒傅之余烈，先将诸魔收服，然后再渡众生。此本都督来此保护尔等，必先身率大兵之本意也。愿尔等喇嘛趁此千载一时，有本都督之提倡保护，又为尔等降魔，人人如达摩之在嵩少面壁十年，澄心观婆罗门，人人皆如龙树尊者现自在身，并将本都督今日之如释迦牟尼在十方界中现身说法之事，迅速传播，远迩咸使闻知。今日劳尔等久立，俟他日军事稍暇，再来与尔等研究三乘，共证揭谛。云云。

（北京特派员函：《西藏风云录》七十二，上海《民立报》1912年9月27日）

---

① 辑入《西征纪略》时删去"藏番"二字。
② 辑入《西征纪略》时，将"便从宽宥，非同满清官吏妄加杀戮"一语，改为"并不加怒，既往从宽，非同满清官吏动辄杀戮尔等"。

致张培爵等电

(1912年8月11日)

张胡都督、省议会、军政两界及各法团钧鉴：

　　昌衡屯兵炉城，外策内顾，保蜀之心，有如赤子。内蕴无私，发辞恳切，我家我里，因共保之，岂独昌衡，乃居斯土？近来党派，无党无私，偏私互攻，必致一事无成，吾川不保。愚言如此，祈垂听之。若以为疢，甘当终弩，粉身碎骨，亦何足辞？衡意先图富强，后争权利，所获多矣，敢献末策。再邵明叔、董特生才思明敏，条理公勤，此国之柱石，勿轻视也。大眼重视人材，小眼重视权利，衡谓二公一倾，大局动摇。昌衡秉权，纯以赤忠，爱护二公，毫无私意。况董公无米为炊，已经半载，处平论乱，何太易言？昌衡辞尽，从否未知，惟昌衡与文澜、特生、明叔生死同之，去就与共。皇天后土，鉴我痴忠。三君去一，昌衡以死争之，朝去一人，暮兵东返，昌衡入山，□忍看世。知我罪我，宜问寸心。笔刃舌锋，请敌正气。武夫直言，祈垂鉴之。昌衡泣叩。真。印。

(《川议会与尹都督》，上海《民立报》1912年9月2日)

致张培爵胡景伊电

(1912年8月11日)

万急。成都张、胡都督台鉴：

　　顷接朱支队长河口来电称：本日辰刻，四镇二营及先导率队前进，番匪沿途溃退。至九钟三刻，即占领麻盖宗地方安营驻扎，谨守要隘，可释廑怀。等情。昌衡一俟饷到，后方布置略有端倪，即亲往前敌督战。并闻。昌衡。真。印。

（成都特派员函：《西藏风云录》五十四，上海《民立报》1912年9月1日）

致川东宣慰使电

（1912年8月12日）

川东宣慰使：

庚电悉。成渝合并，从前司法官，一律取消，所有民刑案件，概归知事兼理，曾经通饬在案。至审检厅之设置，乃由司法筹办。巫山司法官，何得自称正式开庭？夔府既有的款，自当加意保存，为将来审检厅开办之用。希即转饬知照。都督。文。印。

（《巫山司法之特别》，成都《国民公报》1912年8月19日）

致骆成骧邵从恩等函

（1912年8月中旬）

公驿［骧］、明叔、慕鲁、特生、仲锡诸先生鉴：

锦城握别，渴想时深，感谢饯送，益增惭愧。弟自出成都，戎马倥偬，行旅仓皇，无善可告，音问久疏。沿途行军，欲留则地狭气恶，欲行则艰苦难进，颇形跋疐。每至屯军处，日夕训练，至为困难。兵将之程度仅如此，故不得不百倍其劳，以振励之也。又因前方报急，南北两路，番匪蔓延，故不得不留军急进，以图战守。且喜飞速至炉，适当北路军务最紧之日。河口阻塞，巴塘粮尽，然逆番知大军至炉，北路退解十之四五，白玉阻粮，遂入巴塘，河口逆番亦渐退守。弟此刻分遣五营，进清北路，横扰巴塘。以刘瑞麟勇而知义，特派北路督战，令其直趋德格，进据昌都。又决统大军由河口直趋里塘、巴塘，分攻乡城，直取昌都。盖昌都定，则藏番之势夺，而边藏之臂定矣。弟因善后未敢轻入，已令朱登五手持大令，克期进攻，胜兵过西俄矣。

惟查边藏番夷，非威爱不爽，决不能保有长治久安。此次训兵，皆严饬非叛不诛，已胜即抚，不焚不掳，大义是布。故所过地方，尚称向风。弟在炉则衡法严纪，平讼安人，尤集合夷僧，宣讲崇佛。故此地恭顺，过于往昔，飞缄四出，谓民国大仁，支应乌拉，勇跃争赴，则往昔所无矣。驻炉后，细□诸件，方知边藏乃锦绣河山，满清得之，如获石田，大臣之误国，可谓至矣。若着着得手，数年之内可以不仰给于内地，十年之后可以大助内地矣。经营详情，现在调查编集后，当公布，此刻只以镇抚为第一着。俟弟据昌都，入拉萨，夺其势，得其心，然后飞速回成都，并入京议定条件，果能内外翕同，弟愿尽五年之力，开辟此土。惟望诸君赞助，俾其有成，则中国百世之利，而亦弟一生之幸也。成都大局，诸希维持，感激莫名，区区之心，有如孺子。临书神驰，不尽欲言。昌衡顿首。

（成都特派员函：《西藏风云录》六十二，上海《民立报》1912年9月10日）

致张培爵电①

（1912年8月16日）

万急。成都张都督鉴：

读公大示，实豪杰语。近闻举措皆合，我公如此，昌衡不特权利全让，即此心此身，无不与公共之，从此一意西营，不复顾矣。泱泱大陆，于兹同作英雄，地既有余，善岂专美？临电神驰，请观来日，为国感激，不尽欲

---

① 《民立报》特派员对此电有如下说明："尹都督前此电留董、邵诸人（按：指前辑尹昌衡1912年8月11日致张培爵等电），措词激烈，经张都督去电劝勉，尹复电云"。

言。昌衡。谏。印。

(《尹都督不返兵矣》,成都《国民公报》1912年8月19日;又见成都特派员函:《西藏风云录》六十二,上海《民立报》1912年9月10日)

复四川省议会电
(1912年8月17日)

省议会诸公鉴：

来电敬悉。过激之辞，曲在衡。赤忠之心，直如矢。衡举邵司，用舍之权，未尝嘱一人；以董执行政之枢，未尝语一私。区区之心，敢拂众而冒嫌，恃侠以犯禁，然明且公，故勇而激。诸公细思，将在外，内顾不安，边功必弃，二公若去，衡自必辞。目瞻危象，忧心如焚。敢竭鄙诚，敬托大事。能否同心，统希赐复。昌衡。洽。

(《尹都督自为辩护》,成都《国民公报》1912年8月20日)

致各省都督电[①]
(1912年8月23日)

各都督鉴：

川兵西入，无战不捷，克复收抚，十已七八。方略固秘，胜算已操，兵

---

① 原题为《尹昌衡自打箭炉致各省电》。

贵整而一，最忌多而扰。昌衡独以川军定兹大局，敢以身任，外间谣语，实害边功。如其深念西鄙，则请助川军饷，感谢莫铭。藏边情形，用兵全在精锐，昌衡步步稳固，方能丝丝入彀。若蜂屯蚁聚，外负大举之名，内成纷乱之象，赤地青野，死难生还，昌衡惟恸哭河山而已。民国初次用兵，一蹶必擒大绳。静听鄙言，安如盘石。援藏兵队，万勿派遣。梗电。

（上海《协和报》第2年第47期，1912年9月7日）

致袁世凯电①

（1912年8月26日）

大总统鉴：

民国初成，藏番违命，鞭长莫及，敌焰日张，昌衡抵炉关，军心鼓舞，声威既树，贼胆顿寒。特派旅长朱森林统带所部直逼里塘，业于文、寒两日，将麻盖宗、剩子湾、西俄洛三要隘次第克复，刻正攻击里塘。又派营长胡国清、范猛各率一营，兼程续进。里塘为川边重镇，昌都乃入藏咽喉，达赖之野心，久思一逞，乘我多故，遍布檄文，煽惑边民，四方响应，昌都倘失，后患弥深。故饬副官刘瑞麟带领一营，急趋北路，直捣昌都，计程已达檄孜，距该处约有六跕［站］。一俟昌都占据，里塘平荡，分乡城、稻坝、江【卡】、乍丫、三岩、贡觉等处，首尾加攻，迎刃可解。控制边地，专赖重兵，拟派步队一营分驻炉城、河口，以保策源。更派四营，以两营扼守南路，以两营分防北路。昌衡率本队入镇昌都。如边南有警，则南为本寨，北为后助；边北有警，则北为本攻，南为后助。昌衡与河口之兵，则不分南北，遇有战争，则夹攻其左右。战守之间，形分势合，察东千里，可保无虞。新建郡县，旋经规复，设官分治，力图进行。但拒贼者当于户外，藏番一日不靖，川边一日不宁，乘胜远征，实为要着，过此以往，气候更寒，道路崎岖，饮

---

① 据1912年9月1日《申报》云：此电为胡景伊"转尹都督致袁总统电"。

食恶饽，尤非他处所可拟议。川省陆军未尝惯习，骤令深入，恐非所宜。边地原有防军十余营，久戍炉西，能战耐苦，番地情形，尤为熟悉，拟将召集昌都，亲加整秩，教以大义，输以盛情，更拔［拨］愿告奋勇之精兵数百名，令一稳练沉勇之将统之，作为前锋，直趋拉萨。昌衡亲御陆防各军继其后，仍一面派遣吕［侣］嘛，分途演说，安达赖之心，布民国之惠，宣宗教之旨，侦藏番之情，务使畏威怀德，倾心向化。然该处内为逆番，外有劲敌，稍有不慎，交涉易生，即前清派钟颖克藏时，亦借口中英条约内，有驻藏英兵俟我国所办警察可保治安，即行撤退。颖故令联军驻藏，为改编警察之准备，师出有名，莫由干涉。此次西征军队倍于曩日，尤易招人疑忌，拟请授昌衡边蜀［藏］宣慰使名义，率领卫队进藏，为他日与外人谈判地步。既抵拉萨，任我设官，巩固共和，在此一举。是否有当，立待钧裁。宥。

(《尹昌衡之远征梦》，《申报》1912 年 9 月 1 日)

附录一　国务院复尹昌衡电

(1912 年 8 月 30 日)

打箭炉尹都督：

午密。大总统令：胡护督有电转呈各节均悉。此次川军剿番得手，已有电嘉勉。惟该督拟精练边兵入藏各节，关系甚大，兹特详布。前清光绪三十年，英兵入藏，与拉萨寺长及噶布伦等自行订约，其后中英两次订定续约章程，均认明藏条约为有效，则中国在藏主权，已迥异于各领土。前年正月，英馆致外务部文称，西藏出扰乱治安之事，英国不能不问。本年英使因传闻调派军队征藏，迭次声明西藏问题，总以日后和商易为归结，倘现时用武力，与友睦必有巨碍，酿出重大交涉，或直至冲突。各等语。藏事刻下实情如此，我派兵入藏，恐致不可收拾。一、虑英人派兵，届时与战，则全国摇动，退则见侮于藏番。一、我不派兵，则前此条约俱在，将来事定，申明照办，我应享利权等暨巡警、法律诸端在条约者，尚可规复。一、藏番本弱，取之甚易，若我不派兵，英人尚无可借口。否则，英兵一入占据，即无办法，不如留作后图。此刻下办理藏事，利害大概，该督但能先复边川，藏中震慑，届时呈拟办法，候再与英使切确商论，当易结束。切不可冒昧轻进，致酿交涉，摇动大局。等因。合电遵照。国务院。卅。印。

（《民元藏事电稿》，第 31~32 页）

附录二　袁世凯电黎元洪拟授
尹昌衡川西镇边使

（1912 年 8 月 31 日）

武昌黎副总统鉴：

军密。艳电悉。尹都督此次剿办边番，极为得手，拟仿伊犁镇边使之例，授以川西镇边使，节制川边文武以下职权区域，皆如川滇边务大臣之旧，庶可专一事权，整顿地方。至胡景伊请任以边藏宣慰使一节，藏事须与英人交涉办妥，方能宣布，此时尚多窒碍也。统此交国务会议再定，特此先复。袁世凯。卅一。印。

（《民元藏事电稿》，第 32~33 页）

致胡景伊袁世凯等电

（1912 年 8 月 27 日）

急。成都张、胡都督转北京袁大总统、国务院、各省都督、本省议会、各报馆钧鉴：

□浪土一役，我军大捷，乘胜追击，斩获甚多。惟悍匪数十，窜入盱麓之碉房，房中底虎皮石砌成，坚守无比，仅以步枪围攻，万难奏效。当经昌衡电令河口知事，速运桥工所用炸药一桶，前往轰击。顷得杜支队长来电，已于二十六正午用火药攻破碉房，轰毙逆匪二十余名。特闻。昌衡。沁。

印。(八月二十七号发)

(《西征军又获全胜》,成都《国民公报》1912年8月30日)

批筹边处总理黄煦昌呈

(1912年8月27日)

当今边务,不难于戡乱,而难于图治。应筹久远,庶藏全功。该总理谋划全局,规模远大,殊堪嘉尚。所请以硕般多、拉里、江达等处地方分设府治,应予照准,仰即派员前往查勘,妥为规定,以控卫藏而固边陲。缴。

(四川省档案馆、四川民族研究所编《近代康区档案资料选编》,四川大学出版社,1990,第2页)

附录一 四川民政长张培爵咨尹昌衡文

(1912年8月18日)①

案据筹边处呈改划察木多附近之硕般多、拉里、江达等处地方拟请分治府治控制蛮民以固边圉一案前来,当经本民政长批:据呈各节自系为巩固边防杜绝窥觎起见,仰候咨请尹都督就近审量情形,并查照北京七月五号密电妥核办理,仍咨明胡护都督查考,并行内务司知照。缴。除批印回并分令内务司外,相应备文咨请贵都督烦为查照,此咨
四川正都督尹

(《近代康区档案资料选编》,第2页)

---

① 《近代康区档案资料选编》纪为"9月18日",误。

附录二 四川筹边处总理黄煦昌呈

（1912年8月26日）

窃体国经野，王政所先，拓土殖民，欧美是尚，中外古今，其揆一也。溯自西藏隶我中华垂数百年，满清时代弗求建设，从事羁縻，致使外人生心，藏番怀贰。迨至末叶，忧持［时］之士，频建谠言，始设重臣，讲求边务，其端初到，旋即复亡。民国光复，五族一体，我川上下锐意经营，都督西征，德威远播，乘此声威，力谋展拓，率服遐荒，固不难耳。惟查川藏唇齿相依，从前勘定疆界，自打箭炉起至巴塘以西察木多以东之宁静山止，竖立界碑，山以东属川境，山以西属藏地。曩岁总理躬往关外调查四［山］川，首建议于清政府，始将察木多全境划归川省管辖，于是我川疆域远及于察属之恩达，即今改流之昌都、察雅、宁静、察隅等府、厅、州、县是也。然自恩达、迤西而硕般多，而拉里而江达，袤延千数百里，北连青海、蒙古，南达英属阿萨密等处，地非瓯脱，悉属要区。值此外患内忧迫于眉睫，若不急起直追，早为勘定，何以固我川之藩篱，杜外人之窥伺？此总理夙夜焦思，有不能已于言者，敬为我都督视缕陈之。

查硕般多距恩达四百七十里，北连蒙古三十九族，直达工布、波密二土司，地当冲要，人烟稠密，僧俗杂居，民情悍野。其疆域东至洛隆宗、擢耻塘界，西至阿南多界，南至洛隆宗界，北至达隆宗界。又查拉里距硕般多七百九十五里，居达隆宗之西北，实察木多与西藏中通之咽喉，林拉一山为哈喇乌苏大道，直通青海，且据桑楚河上游，下达缅甸，凭河守险，形势天然。其疆域东至夹贡塘界，西至常多塘界。又查江达在拉里之西南，相距三百六十里，为西藏往来冲衢，依谷凭山，最为险要。气候温暖，物产丰饶，地称沃壤。其疆域东至拉里、常多塘界，西至磊达界。以上三处胥为藏中要点，向皆安设粮台，今请一并改为府治，于所在之地各设府知事一员，以资控制。至疆界应否仍旧，属县如何分设，静候都督核准奉批后再行派员前往查勘，妥为规定，以免窒碍。

伏念卫藏虽处极西一隅，利害关乎全国，良以其地金矿最富，甲于环球，外人垂涎，历有年所。及今不图，必贻后悔。总理蒿目时艰，悼心世变，见所及者，不敢不言□□者，不敢不勉。维我都督雄才大略，超迈群伦，威棱所加，蛮夷慑服，故敢为此拓土开疆之计，冀收得尺得寸之效。愚昧之见，倘蒙采择，全川幸甚，大局幸甚。所有改划察木多附近之硕般多、拉里、江达等处地方拟请分设府治，控制蛮民，以固边圉缘由，是否有当，除呈报四川都督外，理合呈请都督察核示遵。此呈
西征全军总司令四川大都督尹

(《近代康区档案资料选编》，第 1～2 页)

致胡景伊电①

(1912 年 8 月 30 日)

顷接河口王知事廷球电，里塘西北端之崇熙、毛丫、曲登三处土司均已投诚，得粮数百包。我军今晨前进，逆番退守里塘，碉垒极坚，已设法增兵，竭力围攻，兼用招抚。北路沿途底定，已过德格。此次军威甚整，蛮夷感服，须乘此机一劳永逸。昌都以东，实行改土，输纳粮税，无异内地。各府县知事，已一律派遣，知注特闻。

(《民元藏事电稿》，第 32 页)

致张培爵胡景伊等电

(1912 年 8 月 30 日)

张胡都督、省议会、军政两界、各法团鉴：

---

① 此电由胡景伊以个人名义转呈国务院、袁世凯。

近闻外耗，骇吒不已，敢吐肝膈，祈共襄助。昌衡初抵雅城，边警最急，知非锐进，难慑夷心，用特兼程冒暑，满身疮毒，朝抵炉城，暮兵西出。又更出奇兵，以忍苦耐乏，直取昌都，使边困藏慑，雄断西南。今两算并成，正兵十攻九克，奇兵旬日千里，里匪逃降相继，北路蛮兵瓦解。期于望内昌都入手，巴、里告靖，然后一军镇炉，分援南北；一军镇南，乡、稻可定；一军镇北，甘、德无虞。昌衡进镇昌都，右提左挈，以靖极西，势如常山之蛇，本则盘石之固。夫用兵绝域，赤地千里，隘道雪封，蟹聚蜂拥，势必自败。多兵相触，措置无方，将杂士乱，纪律莫系，恩威一失，祸变悉生。近闻各省出军，大举边藏，饷由川出，卒自外来，不知兵者之谋，亦全不识藏情也，必败。况川有健儿，何劳外助？兵成四镇，谁敢裹足？若以一川之饷，供无限之兵，惨我川人，何辜遭此？望全川人士誓死相争，饷可外增，兵则川出，攻守之计，出自一人，勿遂张皇，致成乌合。西征军饷，万望众负，按实计用，余不抵支。昔者远征，谁无积饷，今则空空，时呼庚癸。昌衡既来，万死不惜，因此致败，外责难逃。不锐任无以安众心而塞邻议，既锐任又恐效杨业而贻国羞，区区之心，实为艰苦。切望饷从速备，同力共输。昌衡感恩，实同再造。国家立永，策于万年。贱躯远屯荒漠，犹抱薪忧。画教番夷，同称护法，自省兵力，不爽恩威。此心已尽，力竭谁知？将伯之助，非有私心。若获功成，定以身退，尽忠民国，不知所作。临电悲恻，尚祈垂纳。

(《炉城之五光十色》，上海《民立报》1912年9月23日)

致袁世凯等电

(1912年8月30日)

大总统、国务院、各省都督鉴：

刘副官瑞麟所带北路先锋队，已抵察木多矣。昌衡。陷。印。(自打箭炉)

(《民元藏事电稿》，第31页)

致川省各报馆电

（1912年8月中下旬）

各报言西征失利，总统震怒。不知西征战战皆提［捷］，北京慰电频来。至谓用人之多，不知裁已过半。至昌衡为国，只尽赤心，谅否，不复计。惟作一日和尚撞一日钟而已。

（成都特派员函：《西藏风云录》六十二，上海《民立报》1912年9月10日）

致国务院电

（1912年8月下旬）

自番军部长噶隆归顺，我军进行即恃该部长为乡导，异常得力，即请传语嘉奖，以结其心。并称我军现在粮饷穷乏，不敢前进，有坐困之势，请速设法接济，以维军心。

（北京特派员函：《西藏风云录》五十三，上海《民立报》1912年8月26日）

致国务院电

（1912年8月下旬）

前驻雅州，虽有变兵，幸即敉平，现已拔队到此，力谋进行。第一次侦探队，已电一等【参】谋杨建棠由即七堡向拉萨出发。第二次侦探队派朱登五由打箭炉向鄂噶达克尔出发。各带领候兵一千，分任侦探。俟查得实情后，大队即行开拔。惟口粮欠至二月，势将绝粮，再无来源，恐致哗变。

（北京特派员函：《西藏风云录》五十三，上海《民立报》1912年8月26日）

致总统府电报一束

（1912年8月）

尹都督于七月二十七日已抵打箭炉，藏兵在一万六千尺高处之新谷卢关卡驻扎，保卫甚严。

总统府接得尹司令捷报，内称：我军自抵江孜，即遇大股番军，约三千余人。当以机关枪迎头轰击，番军大败，死者约八百余人。我军乘势进攻，遂占据崇寿寺，所获枪支甚多。现该番军已节节退却云。

八月十二号，总统府接西征总司令尹昌衡由打箭炉来电谓：大兵出关后，番众极为欢迎，情愿就抚。如此情形，可以直抵拉萨，不烦□力。等语。按：北京近日哄传尹昌衡大遭挫败，退至雅州府，此电系由打箭炉所发，则退至雅州之说足征不确也。又接成都来电，据雅州电称：遣派赴藏华军中有一部分于八月九号在雅州城内暴动，肆行抢掠，旋即乘木筏向嘉定府逃走，雅州府教会幸未波及。彼一般未知真相者，殆即附会此，以造尹督败退雅州谣乎！

尹司令昨电致政府称：前锋将校人人勇敢，惟水土不服，士卒多病。现前军已至罗科德尔地方，距拉萨城尚有一千八百余里，如前途无阻，犹须念余日方能行到。惟闻藏夷以川兵大胜，疑驻藏汉人有暗助者，痛加杀戮。

昨总统府接西征军总司令尹督急电，大略报告英人违约情形数端：（一）英兵在藏抢掠奸淫，无所不至；（二）英兵窥探我军情形，报告藏军；（三）英兵阻拦我军进行，并强令退出鄂噶达克尔。

（北京特派员函：《西藏风云录》四十七，上海《民立报》1912年8月19日）

致袁世凯电

（1912年9月6日）

张、胡都督请以密电转大总统钧鉴：

昌衡出关，纯用仁抚，不僇一夷。所至向风传檄，边藏畏服，日来改土设治，已十余处。谨查边藏夷情，非威德深得其心，难保长治久安，就我范围。昌衡现分兵两道，宣慰惩警，拟即带兵深入，直抵拉萨。惟查藏番闻风，业已停战，如即用兵，无以昭仁厚，如不用兵，无以慑反侧，进退维谷，不敢自专。拟以宣慰使名目为之除暴安良，抚慰伤夷，所带兵队即作为卫队，名义和平，实力坚意，临机措置，始能德威不爽。镇抚之责，当以身任。至事定查确，经营一切，尤须分条驰禀，或亲赴面陈总则，切实巩固。祈以后凡对于藏务有所计划，皆密电示知，以便就近禀复，免致两歧，用副厪注。可否之处，仍希电令。四川都督尹昌衡。鱼。印。

（成都特派员函：《西藏风云录》六十二，上海《民立报》1912年9月10日）

致段祺瑞等电

（1912年9月8日）

陆军总长段、近卫师长冯鉴：

　　杨曾蔚现在何处？希复。尹昌衡。庚。印。（九月十三日到）

（中国第二历史档案馆藏原件，档案号1011-4820）

附录　陆军部复尹昌衡电

（1912年9月14日）

打箭炉四川都督尹鉴：

　　庚电悉。杨曾蔚询在赣省。陆军部。印。

（中国第二历史档案馆藏原件，档案号1011-4820）

胡景伊转尹昌衡致袁世凯电

（1912年9月10日）

国务院呈大总统鉴：

　　午密。本月蒸日接查办边事尹都督由炉城庚电称：顷据德格来报，贡觉已为巡防新军第十一营攻开，江卡、乍丫克日可定，特闻。等由。理合电陈。护理四川都督胡景伊叩。蒸。印。

（《民元藏事电稿》，第39页）

胡景伊转尹昌衡致袁世凯电

（1912年9月10日）

国务院呈大总统鉴：

午密。本日接查办边事尹都督由炉城歌电称：嵇廉由中渡来电，里塘由江日（九月三号）克复，各路番夷多降，惟乡城逆番载米逃去云。此次中路先锋朱支队长森林作战最力，所部亦多死伤，刘督战官瑞麟冒险直入平镇北路，直据昌都，锐兵兼程，亦殊勤勇，拟请大总统传令嘉奖，以壮军声。至里塘、昌都确由藏内派缺官多名前来煽惑，此刻除擒降外，已皆奔回矣。边事大定，知注特闻。等因。理合电呈。护理四川都督胡景伊叩。蒸。印。

（《民元藏事电稿》，第39～40页；又见成都特派员函：《西藏风云录》七十四，上海《民立报》1912年10月1日）

附录一　蔡锷致袁世凯等电

（1912年9月10日）

大总统、国务院暨各省都督、议会鉴：

顷接西征军司令殷承瓛电称：八月二十七日拂晓前四时，我军袭取盐井，登时克复，军行处秋毫无犯，僧俗欢呼，争相投诚。番人历传谶语中，有不怕四川尹都督，只怕云南殷将军之语。除饬郑管队开文将【番】官鲁屋甘州押送阿墩暂禁，并令送墩川省委员张世杰仍回盐井暂摄县事外，谨电呈。等语。查盐井番众叛乱，驻炉军是禁，该县攘扰日久，善后各事，诸待绸缪，除饬妥为抚绥外，特陈。滇都督锷叩。蒸。印。

(《民元藏事电稿》，第40页)

附录二　胡景伊致袁世凯等电

(1912年9月23日)

北京大总统、国务院，武昌副总统，各省都督、省议会鉴：

　　川边蠢动，经尹都督设定方略，率师直捣巴塘、里塘及察木多各要隘，纵横数千里，未及两月，先后悉下，边情即已大定。顷得蔡都督蒸电，殷司令又为我收复盐井，尽谋公谊，曷任钦纫。至电中不怕"四川尹都督，只怕云南殷将军"二语，固系殷司令一时喜功之言，心原无他，惟牵引谶符，已属无稽。昌言其词，既足摇撼军心，尤易挑动双方恶感，应请蔡都督转饬更正。殷司令功烈炳著，固不必借奇说显也。再，滇川行军，共在一途，乌拉粮秣，给予胥难，殷军似宜另出一途，遥为犄角，否则即交尹都督节制调遣，庶命令可以统一，供应亦能调剂适宜。蔡都督念切唇齿，公忠素佩，谅表同情。是否有当，并祈大总统训示。护四川都督胡景伊叩。漾。印。

(《何苦乃尔》，成都《国民公报》1912年9月27日；又见《民元藏事电稿》，第69页)

胡景伊转尹昌衡致袁世凯电

(1912年9月11日)

国务院呈大总统鉴：

　　午密。本日接查办边事尹都督由炉城庚电称：巴塘、里塘大路业已疏通，详细情形续布。等因。理合电陈。护理四川都督胡景伊叩。真。印。

（《民元藏事电稿》，第42~43页）

附录　国务院复尹昌衡电
（1912年9月12日）

打箭炉尹都督：

　　大总统令：支电悉。该督此次查边皆关军务，应速电胡护督将午密电本寄送该督行营，免致再有迟误。川军屡次获捷，均于迭电嘉奖，并饬将出力人员查明电呈存记，以备论功行赏。藏事迭经英使商阻进兵，尚未解决，刻国务［院］筹议办法。该军已到察木多之队，务饬切勿过该处辖境，致酿外衅，牵动大局。等因。合电遵照。国务院。文。

（《民元藏事电稿》，第45页）

胡景伊转尹昌衡致袁世凯电
（1912年9月12日）

国务院呈大总统鉴：

　　午密。接查办边事尹都督电称：昌都入手，西北大定，已遣黄履［煦］昌充集中司令官，于昨日起程，尽集边兵于昌都，以图进行。又遣张茂林乘藏番溃归之便，直入昌都，西进千里，据江达以待后令。江达本边地险要，拉萨之咽喉也，已改为太昭府，即以茂林署府知事。又改拉里为嘉黎府，硕般多为硕督府，以收工布波密之富。藏事外交，内驭须十分谨慎，至边事则夷心已服，饷如送到，军即遄行。特闻。等由。理合电陈。护理四川都督胡景伊叩。文。印。

(《民元藏事电稿》，第46页)

附录　国务院复胡景伊转尹昌衡电
（1912年9月16日）

成都胡护都督转打箭炉尹都督：

午密。大总统令：胡护督转电悉。前已迭电该督，饬军队勿过川边辖境，兹称遣张茂林西进江达等语。查江达是否近川边辖境，应由该督查明，饬遵前电办理，免起外衅。昨接联豫等电，该办事等尚均在藏，现已饬国务院速议解决办法。等因。合电遵照。国务院。铣。印。

(《民元藏事电稿》，第57页)

致黎元洪等电
（1912年9月12日）

武昌黎副总统，北京国务院、参议院，各省都督，成都省议会均鉴：

窃以藏番肇乱，川边震惊，达赖传檄，四方风动。里塘、江卡、贡觉等处相继沦亡，巴安重镇亦被重围。当昌衡力缚西征，归次邛、雅，警报一日数传，昌都、炉城皆有岌岌不可终日之势。倘河口一失，不复有出关之日，边北再陷，数年无荡平之机。是以星驰抵炉，番已震惊，即日尽炉之兵，列队出塞。以中路久涌乱流，要塞坚城，尽入敌手，应用重兵猛击，作为本攻。乃遣朱支队长森林悉率骁健转战冲锋，先破麻盖宗、剪子湾、西俄洛、辚作坚，直捣里塘。又以北路蠢动之初，尚未燎原，出其不意，戡定匪艰，乃出奇兵，令刘督战官瑞麟衔枚急走，避实捣虚，暗渡德格，巧占昌都，天佑皇汉，所谋必藏。现既昌都入手，巴安围解，里塘克复，贡觉收回，继定三岩，旋收同普、三瞻①，白玉得以布防，稻坝、乡城哀求降顺，川边全境一体肃清。

现正取消各路土司，派员分头设治，力保宗教，招纳散兵，乘胜进取，时不可失。边内改流各处均已输税纳粮，边外各地事向一律。兹将硕般多改为硕督府，拉里更称嘉黎府，江达定名太昭府，各遣知事前往就职。川藏万里，遥制殊难，统一机关，亟须建设。查昌都介居边藏之中，势成锁钥，要扼咽喉，以之控制两方，最为便利。现派妥员前往组织边藏镇抚府，练兵一镇，第一次总长即由昌衡兼代，大局既定，再请大总统简员接任。惟炉关以西地方天寒，颗米粒盐仰资内地，全蜀脂膏，术穷挖补，茫茫前路，乏食堪忧。务望当轴诸公，俯念西藏关系全国，五色旗分，共和国坠，共襄盛举，协助饷糈，俾昌衡穷兵深入，不虞竭蹶。且民国初勤远略，当注重领土主权，而昌衡抚髀长叹，尤不敢逍遥河上。第以近接强邻，动关国际，交涉匪易，进止多艰。昌衡请以生命当其锋，赖诸公亦以喉舌继其后，同声急呼，河山响应，群策并进，坛坫增光，千秋之业，在此一举。除电呈大总统外，谨此电闻，借慰远注，不尽胸缕，诸冀鉴原。尹昌衡。文。印。

（《民元藏事电稿》，第47~48页，据上海《民立报》1912年9月24日《西征军里凯歌声》校对）

附录　国务院复尹昌衡电

（1912年9月16日）

打箭炉尹都督：

　　大总统令：文电悉。剿抚甚为得手，阅之殊慰，吴队长应先传知嘉奖。

---

① 三瞻，即瞻对。今四川新龙县。民国时称为瞻化。

所有昌都、贡觉等处善后事宜,应饬妥为办理,并令拊循边氓,宣布德意,以坚向化之心。所有出力各官兵等,仍恪遵前电,汇呈存记,备论功行赏可也。等因。合电遵照。国务院。铣。印。

(《民元藏事电稿》,第58页)

致张培爵电

(1912年9月13日)

日前尹都督闻中央政府特任杨维为卫戍司令,以为张君烈五所主张。又道路传闻第五师师长熊克武复主张分省为治,尹闻此事,甚为惊异。昨(十三日)特密电张君,严为诘责,中有云:我九死一生,始有今日,自公建设,复自公破坏,于心安乎。等语。

(《尹都督一电惊人》,成都《国民公报》1912年9月22日)

致袁世凯国务院电

(1912年9月13日)

成都张、胡都督转北京袁大总统、国务院鉴:

西征捷报,迭经电达,已令朱森林扫清余匪,进取稻坝、乡城,向树荣取道巴塘,收复乍丫、江卡。巴围既解,勍旅东来,原驻边军,自可抽调,已饬驻巴统领马占文分拨两营,往攻盐井。顷接云南殷司令承瓛来电,亦拟攻盐井,出江卡经昌都,捣拉萨。查昌都附近之江卡、乍丫、贡觉、三岩、同普、德格各处，为川军十余营集中地，乌拉粮秣，已费周章，再加滇军危险叵测，祈大总统急电阻止。刻川军大集，秣马待发，屡奉钧命，未敢遽前，若滇军兼进，酿成交涉，则咎不在川。况川兵力平藏有余，倘两省师同时并进，无地可容，互碍滋多，将来解退，又为不易。能令该军保守滇境，俾川军一意进行，固为上策；如必欲分进合击，则军令必统以一人。如何办理，敬待钧裁。昌衡。元。印。

（《民元藏事电稿》，第48～49页）

附录　国务院复尹昌衡电

（1912年9月16日）

打箭炉尹都督：

奉大总统令：元电悉。剿抚得手，甚合机宜，至以为慰。前经迭电阻止滇军前进，现已将来电摘要转滇，所有川边军即责成该督专任办理，仍望妥慎进行，以期早日藏事。等因。合行电达。国务院。铣。印。

（《民元藏事电稿》，第57页）

胡景伊转尹昌衡致袁世凯电

（1912年9月13日）

国务院转呈大总统鉴：

午密。本日接查办边事尹都督由炉城文电称：中路夷匪，沿途迎降。又据侦探分队长吴枚自德格来报，我军占领昌都时，毙匪骑兵千余名；攻开贡觉，查我军仅亡一名。等语。理合电陈。护理四川都督胡景伊叩。元。印。

（《民元藏事电稿》，第50页）

胡景伊转尹昌衡致袁世凯电

(1912年9月13日)

国务院呈大总统鉴：

午密。本日接查办边事尹都督由炉城文电称：迭奉电令，勉慰有加，感动三军，欢腾塞外。窃维乡城肇乱，狡虏逼凌，达赖传檄，四方摇动，遂致里塘失守，巴塘被围，江卡、贡觉沦胥相继，糜烂三千里，被困二十营，昌都、炉城皆有岌岌不可终日之势。昌衡知非大举，莫奏肤功，不速赴援，徒使滋蔓，是以扶病西行，军心振作。初抵雅州，日闻数警，倘河口陷亡，则不惟西望边陲，莫能飞渡，犹恐平羌渡口，不复为汉家领土。是以轻骑疾走，奔抵炉关，振策前锋，催促后劲，番夷骇诧，我武维扬。又复尽炉之师，先着出塞，当以中路乃勾乱之区，坚城要塞，尽付沉沦，而且顾占文全军野困待毙，非重兵猛击，急为力攻不可。此所以有朱支队长森林沿途血战，直捣里塘之举也。然而北路，乌合蠢动，势已汹汹，如不及早戡定，待其炽厉，则不惟收拾无期，而且昌都必失，侧救旁击，皆无善策。此所以有刘督战官瑞麟率奇兵数百，暗渡德格，巧取昌都之事也。天佑民国，有谋必就，中路则战血横飞，群夷丧胆，北路则捣虚避实，惊自天来。兹既昌都保全，巴塘困解，里塘克复，贡觉收回，三岩继定，同普以绥，从此三瞻、白玉稳固设护，稻坝、乡城一鼓可下，川边全境，指日肃清。一面取消土司，分期设治，纳降抚顺，宣布恩施，招集散兵，保持宗教，踏勘矿地，招徕商民，乘胜进取，时不可失。夫拉萨待救，已逾半载，坐此老师，终非上策。托词设计，直入长驱，安攘之功，在此一举。若虑外人借口，预先退步，徘徊河上，噬脐莫及。查前清光绪三十一年续定印藏条约，注重在西金约之实施，纵横论之，实无我国地位。附约第八款不设兵备，系指印度至江孜、拉萨一路而言，未可作类推。钟颖之弁兵入藏也托言警察，张荫棠规划设局，不明有督练其事，皆在续约之后，犹难以无理干涉。矧今藏兵屡变主国，亟应维持秩序，保卫治安。逃散过多，我军尤当迅速填防，重加编制。外交敏活而谭［谈］判。昌衡慎重以前驱，护教保商，增额减灶。兵行诡道，事贵神速，得寸则寸，得尺则尺。成则功在天下，不成则咎在一人，虽罪昌衡以谢强邻，未为失算。畏葸趑趄，誓不奉命。至硕般多、拉里、江达本系边境，变乱之余，粮员星散，不得不选派官吏，酌带防卫，镇定抚绥。尤重保护外人权利，已向英使声明，望勿过虑。改革各处，现均输税纳粮，稍资挹注。兹拟将硕般多改为硕督府，拉里更设黎嘉府，江达定名太昭府，以归划一，所派知事，陆续就到。川藏万里，遥制实难，统一机关，设不容缓。昌都居边藏之间，势成锁钥，要扼咽喉，控制双方，极形便利。已派妥员前往组织边藏镇抚府，第一次总长暂由昌衡兼管，俟有端倪，再行换员，呈请任命。凡诸陈述，逐件推行，既不敢冒昧以碍邦交，亦不敢因循而贻后患。愚忠报国，北望长号，候令祗遵，秣马以待。等由。理合电陈。护理四川都督胡景伊叩。元。

（《民元藏事电稿》，第 50 ~ 51 页）

致袁世凯等电

（1912 年 9 月 14 日）

袁大总统、成都张、胡都督钧鉴：

　　文电敬悉。西征将士，倘著微劳，温慰频颁，已如挟纩。承命择优呈候奖励，具见有功必禄，同深感戴。兹查明：转战中路，攻破麻盖、宗剪子、湾西、俄洛一带，克复里塘，系朱支队长森林，符营长成三，庄营长尚政，陈营长步三，胡营长国清；急驱北路，占领昌都，系刘督战官瑞鳞，蒯营长市礼；攻开贡觉，兼占昌都，系朱营长宪文，时营长傅文，顾营长复垂；援尽粮绝，死守巴塘、昌都，系顾统领占文，彭营长日升；援救巴塘，系杜营长培琪，刘营长赞廷；保守道坞，力顾瞻对，系刘营长筱仁。以上十六员，或奋勇攻城，恢复领土，或衔枚冒险，进据雄关，或艰苦备尝，力保疆圉，皆未敢壅于上闻，理合电请查核。至后方勤劳诸人，或运筹帷幄，或接济饷糈,均属勤劳备至,应俟全境肃清,再为汇案呈报。专此,呈复,敬候钧裁。川都督尹昌衡。寒。印。

(《民元藏事电稿》,第52~53页)

附录一　国务院复尹昌衡电

(1912年9月14日)

打箭炉尹都督:

大总统令:现接胡护督转歌、庚电悉。据报里塘、贡觉均已克复,该督调度有方,阅之甚慰。朱队长冒暑鏖战,力挫番氛;刘营官不避艰险,直据昌都,均属异常奋勇,应由该督先为传知嘉奖,仍汇同出力各官兵,速呈存记,以备论功行赏。此次川边不靖,多由官虐兵嚣,刻下地方渐次肃清,该督应严饬该地方军民、各机关,拊循边氓,约束兵警,勿致掊克骚扰,再生事端。仍将善后事宜,妥为办理。等因。合电遵照。国务院。寒。印。

(《民元藏事电稿》,第53页)

附录二　国务院复尹昌衡电

(1912年9月14日)

大总统令:现接巴塘下文暮间由丽江电称云:查前据云南蔡都督迭电巴塘失守,当经电令该督迅图规复在案。兹阅此电,又似巴塘仅止被困,尚未失事。昨又接胡护督转该督庚电称:巴塘、里塘大路业已疏通,殊与来电告急情形不符,该督应即查明,并将现办情形速复。等因。合电遵照。国务院。寒。印。

(《民元藏事电稿》,第53页)

附录三　陆军部复尹昌衡电
（1912 年 9 月 17 日）

奉大总统令：寒电悉。该将士等转战皆捷，殊堪嘉尚。统领顾占文准补陆军上校，并加陆军少将衔，支队长朱森林准补陆军上校，督战官刘瑞麟、营长符成三、庄尚政、陈步三、胡国清、蒯书礼、朱宪文、时传文、顾复垂、彭日昇、杜培琪、刘赞廷、牛运隆、刘筱仁，均准补以陆军少校，以示鼓励。仍仰饬各该将士奋勉前进，以竟全功。等因。特达。陆军部。篠。印。

(《民元藏事电稿》，第 61 页)

致张培爵电
（1912 年 9 月 19 日）

成都张都督鉴：

铣电悉。里化克复，诸待摒挤，府知事彭竹阳祈饬速来为盼。昌衡。皓。印。

(《尹昌衡电催彭竹阳》，成都《国民公报》1912 年 9 月 27 日)

致袁世凯蔡锷等电
（1912 年 9 月 19 日）

袁大总统、云南蔡都督、成都胡都督钧鉴：

篠电敬悉。边地以巴塘、里塘及昌都为骨干，里塘于本月三号经朱森林克复，刘瑞麟、朱宪文、蒯书礼、顾复庆率领巡防第一及第十一两营，以及陆军步队第十一标第一营，均于前月十六、十八等号由德格开赴昌都，行抵觉雍地方，距昌都仅三大站，适彭日昇专丁东来，军书告急，刘瑞麟等赶程前进，旋即占领，战死逆番骑兵千余名。据德格委员姜孟侯、筹边处总理黄煦昌、侦探分队长吴枚①前后来报，均相符合。往援巴塘之杜培琪、刘赞廷，于前月二十四号由德格开援，距巴仅有八站，番民照常供差，军队亦极安静。即顾占文所派求援之宋委员师孔亦由此道微服来炉，是炉、巴交通固未断绝，所断绝者里塘未复以前之巴、里间耳。查顾占文告急电文，本月七号在丽江拍发，由巴至丽计十九站，沿途即无阻滞，此电发于前月二十六前，与杜培琪等由德格开拔日期相差不过两三日，考之月日，既相悬殊，征以电文，自难符合。由炉城经北路至昌都，相距不过二十余站，由德格至昌都及巴塘均仅八站，西征军队络绎于途，各处文报往来如织，而滇军殷司令承瓛来电，一则曰未得川军确耗，再则曰该处侦探往来边境宁静山以西，未见川军踪迹。昌衡此次西征，为国效力，是非俟诸百世，毁誉付诸后人，决不与较。但以流言四布，将士寒心、邻省感情，徒增恶劣为虑耳。尹昌衡。皓。印。

（《民元藏事电稿》，第63~64页；又见成都特派员函：《西藏风云录》七十九，上海《民立报》1912年10月17日）

附录一　国务院复蔡锷电

（1912年9月17日）

蒙自蔡都督：

午密。大总统令：蒸电悉。前据胡护督电，巴塘、里塘大路已经疏通，昨又接尹督电称，巴围已解，请阻滇军。兹阅来电，与川省迭电不符，已电饬尹督查复。可饬殷司令暂勿进兵，免致两军逼处，别生枝节，俟尹督复电至日再行饬遵可也。等因。合电遵照。国务院。篠。印。

（《民元藏事电稿》，第60页）

---

① 《民立报》发表此电时，将"侦探分队长吴枚"改为"侦探刘队长印果"。

附录二　国务院复尹昌衡电

（1912 年 9 月 17 日）

打箭炉尹都督：

大总统令：现接云南蔡都【督】蒸电称，殷司令承瓛庚电称：西征滇军既遵大总统命令驻盐井，与川军妥商进止，并拟候拨得巨款，分三路进窥拉萨。乃自克复盐井已经半月，迄未得川军确耗，而巴塘参赞顾占文告急文电，一日数至，字字血泪，不忍全读。若再徘徊审顾，恐数千里河山，三千余同胞，将尽沦于叛番之手。查盐井距巴塘仅五站，拟遵大总统前电，先援巴塘，与川军前后夹攻，里应外合，不难指日肃清。尤祈尹督早到巴塘，以便协商入藏军略。等语。① 查迭据该督电称：巴塘、里塘大路已经疏通，及巴围已解、阻滇军勿进各节，是巴塘刻已无警。兹阅所称巴塘告急情形，殊与该督来电不符，究竟该处目下实情若何，川军已否赶到，该督现驻炉关，距巴千里而遥，万不致任前敌虚报，或滋贻误。现已电阻滇军勿进，该督应并前次饬查卞文之电速复，以纾驰系。等因。合电遵照。国务院。篠。印。

（《民元藏事电稿》，第 60 页）

附录三　国务院复蔡锷电

（1912 年 9 月 20 日）

云南蔡都督：

午密。大总统令：铣电悉。查自前清设立川滇边务大臣以后，西之察木多等处，南之盐井等处，均已划归川边区域，先后派员设治，原电宁静以东

---

① 蔡锷蒸电，被《民元藏事电稿》编者以"（文同前，不赘录）"略去，今据该书第 39 页蔡锷蒸电补入。

属川，以西属藏等语，殊与近年事实不符。所称援藏一节，现饷款难筹，英人干涉，民国初建，岂容轻启外衅，已交国务院速议办法，保我领土主权。至川边抚剿，尹督既自任专办，筹兵筹款，皆由该督经营，滇自不必与争。该司令忠勇奋发，殊堪嘉许，尤宜共体时艰，以维大局。刻下昌都等处，已均驻有川军，且有直进江达之说，该司令切勿轻进，致令两军逼处，转生枝节，该督应饬仍遵迭次电令办理可也。等因。合行遵照。国务院。号。印。

（《民元藏事电稿》，第65～66页）

附录四　国务院复尹昌衡电
（1912年9月23日）

打箭炉尹都督：

　　大总统令：皓电悉。川边渐次肃清，巴、炉道路确已疏通，阅之殊慰。该督应将川边善后办法，妥为筹划，以规长治久安。至乡城、稻坝一带剿抚情形如何，亦即速复。其滇电言川军未越宁静一节，自系传闻之讹，告过则喜，见诸经训，该督正可以谤为规，毋庸计较也。等因。合电遵照。国务院。漾。印。

（《民元藏事电稿》，第69～70页）

胡景伊转尹昌衡致袁世凯电
（1912年9月22日）

国务院呈大总统鉴：

　　马日接查办边事尹督电：窃边将在外，听命中枢，一隅之营，兼顾全局。昌衡奉命查办边藏任务，在勘［戡］定与设治，今江达以东二千里重地全复，匪氛已靖，应敷仁德，载戢干戈。镇抚府进设昌都，永纾边患，则对于边事勘［戡］定设治之任务，瞬可告成。藏番自昌都大败，拉萨震惊，疾风秋叶，竖蘗待降。惟因钧命暂缓，锐师河上逍遥，立待挥策。如不以藏务相委，则昌衡之任务为告终，如犹以藏务相委，则所授之权限须明示。前敌后继，两事关心，外交中主，双方受接，方针不定，何敢轻举？抑昌衡尤有进者，边力须极雄厚，藏事留为慎图，自今以始，经营边事，应注全力，龙蟄潭蜀，虎视极西；外交听之中枢，战备完于边将，非有武力，徒事虚谈。昌都、巴、里固本强锋，刻下可缓，惟此刻之边务，为勘［戡］定之终期，即经营之起点，昌衡自负勘［戡］定之勤，未备经营之具。玉门不入，岂敢辞劳？息壤无名，安能成事？进退决于钧裁，善后尤须详议。急盼示遵。等由。理合电陈。护理四川都督胡景伊叩。养。印。

(《民元藏事电稿》，第66~67页)

致袁世凯电

（1912年9月22日）

大总统、各省都督、成都都督钧鉴：

　　昌都、贡觉邻境之同普，于真日亦经我军克复。昌衡。养。

(《民元藏事电稿》，第67页)

致张培爵胡景伊电

（1912年9月22日）

张、胡都督鉴：

　　边远用兵，在精锐，不在多。服夷之道，在威德，不在力。西征军费，罗掘俱穷，瞻念穷乡，莫名酸恻。幸军士用命，大敌荡平，已命十四标二营开拔归省。以后自十月起，司令部费用可核减一万。自十一月起，该营回省，则西征军费再可核减一万。从是以往，苟可核减，再为竭力。传知各镇，务须深恤民艰，尽力减兵省费，以福桑梓。昌衡。养。印。

(《西征返旆》，上海《民立报》1912年10月21日)

致袁世凯陆军部电

(1912年9月22日)

大总统、陆军部钧鉴：

民国军官，胥受实职，酬庸驭众，硕画堪钦。西征军总参谋长张宣本系日本士官毕业，学力才宏，素怀远志，入藏探险，已经二年。此次戡定，规划精当，尽出其才。胡忠亮公忠沈毅，才识兼优，托膺旅长，甘愿牺牲权利，号泣劝军，解散一旅。若能擢用，实可风时，均拟请授以陆军少将。秦夔龙转战千里，得授团长，因见兵多饷乏，自愿解散归农，大感军心，全团悉解，公忠大义，实不多观。龚达精明毅勇，能以孤军平定松潘，恩威并用，边夷怀服。均拟请授以陆军上校，可否照准，出自钧裁。尹昌衡。养。印。

(《民元藏事电稿》，第67页)

附录　国务院复尹昌衡电

(1912年9月23日)

打箭炉尹都督：

养电悉。所拟张宣本、胡忠亮授陆军少将，秦夔龙、龚达授陆军上校之处，均照准，已交陆军部核办。等因。合电遵照。国务院。敬。印。

（《民元藏事电稿》，第 70 页）

致袁世凯胡景伊电
（1912 年 9 月 22 日）

大总统及成都都督钧鉴：

  杜培琪、刘赞廷所带援军，由北路前后到巴，驻巴统领顾占文拟派兵来里接运粮饷。尹昌衡。祃。印。

（《民元藏事电稿》，第 67 页）

附录　国务院复尹昌衡电
（1912 年 9 月 24 日）

打箭炉尹都督：

  大总统令：祃、养电悉。援军到巴及同普克复各节，阅之甚慰，该军将士奋勇之功，竟能保全危城，规复要隘，应由该督先为传令嘉奖，并将立功各将士汇报存记，听候论功行赏。仍饬前敌各军队恪遵节次电令，先行肃清川边，万勿越境深入，致启外衅。等因。合电遵照。国务院。敬。印。

（《民元藏事电稿》，第 70~71 页）

致胡景伊转袁世凯电

（1912年9月23日）

国务院呈大总统鉴：

按查办边事尹都督梗电称：边功速就，超二百年，其故无他，均因乘锐，将卒在道，轻疾夜驰，诸路齐捣，一以当百。良念内穷，难供久战，朝气不可暂沮，故一月复十余城，旬日越千余里。今边事已定，西入见阻，攻势未敢速进。款又无着，一报入京，十日不复。将军苦恼，士卒趑趄。无任迫切，请命遵行。北望燕云，急如星火。等由。理合电陈。护四川都督胡景伊。漾。印。

（《民元藏事电稿》，第69页；又见北京特派员函：《西藏风云录》八十一，上海《民立报》1912年10月21日）

附录　国务院复尹昌衡电

（1912年9月26日）

打箭炉尹都督：

大总统令：胡护督转马、梗两电悉。该督此次用兵，川边收功迅速，筹策协宜，与各将士奋勇之勤，极堪嘉尚。惟因该督文电请入藏一节，事关重大，宜存妥慎，当交国务院会议办法。民国初建，万不容轻开外衅，应仍恪遵迭次电令，暂勿深入，再候进止。至拟设边藏镇抚府一节，前本有改旧制川滇边务大臣为川西镇边使之议，刻下藏事磋商，尚未解决，应名为川边镇抚使，已有任命。所称硕般多等处派员各节，查该各处川省向均设有粮员，所称酌带防卫前往，重在镇定治安，保护外人，与带大支兵队入藏不同,即由该督酌办可也。此外该督关于川边用兵来电,皆系随到随复,并无十日不复之事,前以该督称午密未带,已饬胡护督速寄炉营,以免周折,现该督究否接到,亦即速复。等因。合电遵照。国务院。宥。印。

(《民元藏事电稿》,第 75 页)

致胡景伊转蔡锷电

(1912 年 9 月 23 日)

都督鉴转云南蔡都督:

昌都、巴、里川军塞途,故阻贵军不可再进。边地作战,非同平原,蜂聚蚁屯,祸福莫测。一军开赴,犹且量地渐增,两省合来,势必互相妨碍。情可实查,心当共鉴。来电所责,未免不谅。敬告区区,尚祈静察。川滇一体,尚具苦心。滇馆泣谈,言犹在耳。鄙心公大,愚忱悃恳,绝无私心,尤非鬼蜮。故人深悉,今犹是也。谨祈慎思,速阻殷军。昌衡。漾。印。

(成都特派员函:《西藏风云录》七十九,上海《民立报》1912 年 10 月 17 日)

附录一　蔡锷复胡景伊电

(1912 年 9 月 24 日)

成都胡都督鉴:

马电悉。西征事,滇军着着进行,川军节节光复,左提右挈,不难荡扫番氛。惟恐外人干涉,不能不长虑却顾。尊电谓川军且不能入藏,更难议及滇军,读之令人短气。已饬殷司令知照矣。滇都督蔡锷敬叩。

(成都特派员函:《西藏风云录》七十九,上海《民立报》1912年10月17日)

附录二　蔡锷复胡景伊尹昌衡电

(1912年9月24日)

成都胡都督并转硕权兄鉴:

漾电悉。锷与太昭于役桂林,深相契合。太昭之豪放雄迈,尤令人心折。现虽天涯各处,抑岂有间。川边不靖,藏事万急,滇师远出,系为民国大局,不忍坐视,且迭奉中枢命令,复得川将告急之文,是以改道赴援,意岂有他?乃边氛甫靖,即伸逐客之令,今虽持之有故,受之者未免难堪。欲图共济艰难,须双方互致恕谅之忱。是以前电切伸箴言。现川边初平,滇军自应撤退,收复地方,应即交还,俾办善后。已饬殷司令速为区处矣。锷。敬。印。

(成都特派员函:《西藏风云录》七十九,上海《民立报》1912年10月17日)

附录三　国务院复尹昌衡电

(1912年9月26日)

打箭炉尹都督、云南蔡都督、成都胡护都督:

大总统令:胡护督漾电悉。查蔡都督前已电请以滇军经营珞瑜、波密,与川军分路进取,当经电复,勿庸再进在案,是滇川军队,自无并出一途之嫌,且川军现亦屡饬勿令深入,来电所虑,粮秣难供,及未能统一各节,均可不必置议。至殷司令电中援引谶语一层,殊非民国公文所宜用,即由蔡督饬令更正可也。等因。合电遵照。国务院。宥。印。

(《民元藏事电稿》,第75页)

致袁世凯电

(1912年9月25日)

大总统钧鉴:

敬电敬悉,张宣两字,电码误为张宣本三字,恳令陆军部改正、电复。尹昌衡。有。印。

(《民元藏事电稿》,第71页)

胡景伊转尹昌衡致袁世凯电

(1912年9月25日)

大总统、国务院、武昌黎副总统、各省部督钧鉴:

顷接炉城尹都督电称:川边肃清,戎火畏怀①,军事既终,设治宜急,非有重镇,难期长治。昌衡集合文武,询谋金同,将筹边处、西征军及新旧各机关一律取消,设立边藏镇抚府,控制江达以东,飞越岭以西,振军外视,设官分治。实查开府地点,昌都便远略,巴塘为中枢,炉城宜策源,因交通不便,电线隔绝,运饷难给,后顾尤要。昌都、巴安途险室毁,非俟经

---

① 《民元藏事电稿》作"英人忝怀"。

营,未能逾入,故将镇抚府暂设炉城。将来电线所到,使节随之,期据西冲,以图远驭。府制暂定,以系人心。谨于十月初一开府,汉蛮集贺,永固金汤。第一期镇抚使由昌衡暂行兼管,聊袭积威,以绥藩服。西入军队,大集昌巴,前锋已行,瞬据江达。如以藏务相委,自然万死不惜,必欲阻师听议,昌衡任务告终,谨报大略,请示遵行。等因。理合电陈。护理四川都督胡景伊叩。径。印。

(《镇抚府名称又发现炉城》,成都《国民公报》1912年9月29日;又见《民元藏事电稿》,第71~72页)

附录一 袁世凯令

(1912年9月25日)

任命尹昌衡兼充川边镇抚使。此令。
中华民国元年九月二十五日

大总统盖印

赵秉钧、段祺瑞署名

(中国第二历史档案馆藏原件,档案号1011-4820)

附录二 黎元洪复尹昌衡电

(1912年9月26日)

顷接径电,深慰鄙怀。数月以来,外侮内忧,环生迭出,今得执事报川边肃清之电,开边藏镇抚之府,伟略奇勋,令人倾听神怡。相应电贺,并慰勤劳。

(《黎副总统政书》卷14,第8页)

附录三 陆军部咨尹昌衡文

(1912年9月27日)

为咨行事：本月二十五日奉临时大总统令，任命尹昌衡兼充川边镇抚使。此令。奉此。相应咨行贵都督遵照可也。此咨
四川都督

（陆军部印）

　　　　　　　　　　　　　陆军部总长段祺瑞
　　　　　　　　　　　　　陆军部次长蒋作宾

中华民国元年九月　　日

（中国第二历史档案馆藏原件，档案号1011-4820）

附录四 国务院复尹昌衡电

(1912年9月28日)

打箭炉尹都督：

　　大总统令：胡护督电悉。昨已任命该督兼充川边镇抚使，所请将筹边处西征军及新旧各机关取销各节，应即照准。现在边地交通甫议开办，应暂令寄治炉厅。惟该处究系川省腹地，俟电线等渐次设立，仍应酌量进驻巴塘，以扼中权。所有川边善后事宜，务遵节次电令，筹划周妥，俾规久远。该督此次督师川边，收功迅速，即由陆军部先为核拟优奖，用励边劳。等因。合电遵照。国务院。勘。印。

（《民元藏事电稿》，第79页）

致袁世凯及各省都督电

（1912年9月26日）

袁大总统、各省都督鉴：

乍丫于九月十三号投诚。我军先锋刘瑞麟、蒯书礼于九月十六号由昌都西进，攻破俄洛桥藏伪大都督根据地也。该伪大都督潜逃，我军计程西进矣。尹昌衡。宥。印。

（《民元藏事电稿》，第74页）

附录一 国务院复尹昌衡电

（1912年10月1日）

打箭炉尹都督：

午密。大总统令：宥电悉。即将攻克俄洛桥详细情形，速为呈复。至近年川滇边务辖境，与藏务办事辖境，在何处划分，前已迭饬查复，亦即速呈。该督应饬前敌各军队，万勿入拉萨辖境。总之，江达以东因近年边藏区域究未十分划清，《四川通志》亦与前藏分编，即经隶川边，亦与近来办法尚合。惟拉萨辖境则川志均列前藏，倘川军轻进，致启衅端，大局何堪设想？等因。合电遵照。国务院。东。印。

（《民元藏事电稿》，第83页）

附录二 国务院再复尹昌衡电

(1912年10月1日)

打箭炉尹都督:

大总统令:宥电悉。乍丫投诚,俄洛桥攻克,阅之甚慰,刘营官等应先传令嘉奖。仍饬遵照节次电令,勿越近年边务所管区域为要。再,此次川边立功将领,前据来电,已交陆军部核办,即由该部分别等差拟奖,用励边劳可也。等因。合电遵照。国务院。东。印。

(《民元藏事电稿》,第83~84页)

致胡景伊转袁世凯等电

(1912年9月27日)

大总统、国务院、参议院、武昌副总统、各省都督鉴:

接尹都督自炉城宥电称:昌都解围,藏伪都督死守俄洛桥,恃险益兵,经我军痛击逃窜,毁其巢穴。前清驻藏军将,潜伏四野,幸得生路,踊跃来归,刻已大集,哀诉苦衷,仍愿报效。拉萨同胞,日在倒悬,该军士声泪俱下,誓同生死。昌衡睹此,悲愤莫名,已给资抚慰,令仍整队兼程回守两藏,恢复旧制,维持治安。惟恐道路传闻失实,祈即通知英使,布告全国,以昭大信,免碍邦交。等由。特陈。护理四川都督胡景伊叩。感。印。

(《民元藏事电稿》,第76页;又见成都特派员函:《西藏风云录》八十三,上海《民立报》1912年10月25日)

致袁世凯及各省都督各报馆电

(1912年9月27日)

袁大总统、国务院、参谋部、陆军部、各省都督、省议会、各报馆钧鉴：

边藏生地，不难于求进地，而难于求宿地，不难于进兵，而难于进精兵。兵须精，不须多，谋地不在众。川军作战，耗二十万，输运之兵，倍于作战，犹时有不给，故知滇军不可骤入。昌衡克数台栈，由是以西并无村落，赤地千里，隘道雪封，川军初进，艰难万状。同是一体，宁忍以危道陷滇军哉！藏事如必用武，川军自能独任，毋使滇劳。现奉中央严令，川军犹且驻扎，免徒糜虚耗。明知滇省空乏尤甚，滇费即川费也，垂涕泣而道之，岂非同利害之心哉！殷司令若不相谅，甘为雄鬼相殛，西氛若平，昌衡甘具实情，听候中央及各省合查详讯，如坐虚妄，军法不辞。若其不克，昌衡之鬼，当在极西，可得而殛乎。祈速电阻殷君，勿过误会。尹昌衡。沁。印。

（《尹昌衡涕泣阻滇军》，《西藏风云录》七十五，上海《民立报》1912年10月5日）

附录一 胡景伊致袁世凯电

(1912年9月27日)

急！国务院呈大总统鉴：

午密。川边既靖，锐胜之师，不克占领要隘，扬威徼外。中道屯阻，战士咨嗟，远域早寒，凌霜沾雪，不令作战，尤足摧伤士气。尹都督捷音迭奏，破竹成功，不惟前敌健卒，勇气百倍，人人具撼山摇岳之概，内地将士，亦莫不奋兴鼓舞，秣马厉兵，请效后劲。景伊虽蹇劣，并拟躬率精锐，资其臂助，洗马拉萨之滨，勒铭雪岭以外。定使藩服如旧，金瓯不缺，藏人绥辑

[缉]，五族一家。匪惟蜀疆之福，实民国之庆。徒以条约牵掣，易客为主，诉以武力，不可听其鱼烂，不能出以和平之经营。又苦无处置，碍障横生，人操刀俎，直足令贾生痛哭，韩子腐心。固知大总统垂顾边圉，必有深略远谋，但雌伏久甘，祸即未已，主权悉失，尤引为奇耻大辱。昨据马师周印度来电，谓联豫、钟颖现与达赖议和，军士回国，枪械存藏。而藏番复逞志仇汉，戮杀官兵五六百名。似此残暴不仁，非大施挞伐，不足戢其骄焰。仅恃空文抚慰，恐难济事。拟恳即饬外部速与妄逞阴谋之国，严重交涉，务期主权回复，俾知吾新造中华，仍为该族母国。然后示威示惠，均易解决，折冲樽俎，是望行人。至电扫虏庭，远扬汉帜，使彼族收视反听，回首面内，同享共和幸福。景伊固介胄之夫，不敢不发奋自雄，敬祈训示。护四川都督胡景伊叩。沁。印。

（《民元藏事电稿》，第 76 页）

附录二　国务院复尹昌衡电

（1912 年 9 月 30 日）

打箭炉尹都督、云南蔡都督：

午密。大总统令：尹督沁电悉。所呈输运劳费，道途险阻，自系实情，前已迭电蔡督，边事责成川军专任，应即饬殷司令勿再进兵。至边地雪早路险，尹督亦应饬前敌各军队务存稳慎，免致疏虞。等因。合电遵照。国务院。卅。印。

（《民元藏事电稿》，第 81 页）

致袁世凯电

（1912 年 9 月 28 日）

袁大总统钧鉴：

午密。奉令兼充川边镇抚使，敬谨受命，矢慎矢忠。惟查前奉宥电，改边藏镇抚府称川边镇抚府，仰见详审周密，莫名钦佩。但川边名称，对内固为适宜，对外则有利弊，盖边藏界址，素难分晰，南北两路，幅员尤宽，非趁此次经营，则他人反可借口川边二字，蹙我范围，一经失败，不可收拾。查边藏皆在炉关以西，不如定名为关西镇抚府，目前字义浑含，外人莫由干涉，将来努力充足，凡事便于扩张。是否有当，立应示遵。尹昌衡。俭。印。

（《民元藏事电稿》，第78页）

附录一　国务院复尹昌衡电
（1912年10月1日）

打箭炉尹都督：

　　午密。大总统令：俭电悉。命令未便更改，惟来电所呈，系为地区起见，边务向以川省为根本，应否即令该使以四川关西镇抚府为名之处，由国务会议核定可也。等因。合电遵照。国务院。东。印。

（《民元藏事电稿》，第84页）

附录二　国务院复尹昌衡电
（1912年10月8日）

打箭炉尹都督：

　　午密。奉大总统令：据国务院议复，该都督请改川边为关西一案，应准改成四川关西镇抚使。惟边务动关交涉，饬该都督仍遵迭次电令，暂以川边为限，毋得轻进，免生枝节。等因。特达。国务院。庚。

（《民元藏事电稿》，第90页）

胡景伊转尹昌衡致袁世凯电

(1912年9月28日)

国务院呈大总统鉴：

顷接尹都督自打箭炉沁电称：得刘瑞麟详报，昌都近战，阵杀番匪二千余级，生擒藏副都督一名，仍以怀抚该番赎罪图报。已应供粮，现已得粮八十余驮，拟仍给以相当之值，用宣汉德。我军阵亡三十四名，受伤四十六名。趋战之先，顾复忿恨里塘之失，率兵效死，六日越险三百余里，实为奋勇非常，拟即宽其前愆，录其后效。刘瑞麟统驭有方，剿抚得宜，番人踵降，悉加怀抚，殊得驭夷之道。自俄洛桥大捷，进略硕督、嘉黎，计程已及工布、江达矣。守命驻军，以戒藏军声势，将卒踊跃，得命即发，静候钧命，急于星火。等因。理合电陈。护四川都督胡景伊。勘。印。

(《民元藏事电稿》，第78页；《西藏风云录》八十三，上海《民立报》1912年10月25日)

附录一　国务院致蔡锷尹昌衡电

(1912年9月30日)

云南蔡都督、打箭炉尹都督：

午密。大总统令：蔡督宥电悉。所称川籍防兵郭继中等为喇嘛主谋，烧毁江边教民房屋，占据教堂，及复围巴塘各节，应由尹督切实查复。至所请滇界内必用工地方，出有盐水，应否派员开办一节，已交财政部核办矣。等因。合电遵照。国务院。卅。印。

(《民元藏事电稿》，第80~81页)

附录二　国务院复尹昌衡胡景伊电

（1912年10月1日）

成都胡护督、打箭炉尹都督：

午密。奉大总统令：胡护督沁电及转尹都督沁电均悉。昌都报捷，刘瑞麟统驭有方，深堪嘉奖，所有前失里塘该营官，自应宽其前愆，以观后效。该护督等慷慨出师，壮心堪佩，惟现在时局孔棘，财政困难，正如病夫，元气已伤，百孔千疮，尚须调摄，岂可竟忘远虑，轻启衅端？望遵迭次前电，勿得进入藏境，致滋渔利。已饬外交部与英使严重交涉矣。等因。特达。国务院。东。印。

（《民元藏事电稿》，第84页）

致袁世凯暨国务院电

（1912年9月29日）

急。大总统、国务院鉴：

窃昌衡皓日电陈隆庆王子拉色请降，愿助军费，应予核奖，并将该地就近暂拨川边管理一案拍发后，并用印文补呈，未奉复示。续又据刘督战官瑞麟报称：查明隆庆王子拉色他在千户原，同拉色汪乍拉家，前清时封为隆庆二十五族王子，赏给红顶花翎，颁有关防，世袭无替。该王子深明大义，反正后因西宁无力兼顾，曾屡接唐古忒夷札勒令：往投摊派粮饷茶叶，调集土兵同到昌都与汉人打仗。该王子誓不肯从，督战当派陈桂廷、马骧二员前往招抚。兹据缴到报效军费藏洋一万元，青稞四十八石一斗五升，并认于阴历八九月内缴送藏元三万元，但愿永远改隶川边，转报中央另给委状、勋章、护照，改颁印记，仍管二十五族百姓，世世支差纳饷，报效民国。附呈饷税底簿，嗣后仍照前清时上纳。各等语。静候核示遵行。至陈桂廷、马骧此次招抚异常出力，拟请委任安抚员。等情。据此，昌衡当给陈、马二人委状，仍饬认真招抚，一面批饬该督战将缴到藏元、青稞，拨作昌都一带粮饷，分发领用，核实报销，余候转呈中央核定外，特再据情电陈。所请委状、护照、勋章、印记及仍管二十五族，照旧纳饷支差，究应如何更定颁发及分别办理之处，应请大总统饬部并案核议，明定办理，以励将来而消隐患，尤恳迅赐解决，坚其归附之心。无任盼祷。尹昌衡叩。艳。印。

（《政府公报》第 524 号，1913 年 10 月 19 日）

附录　国务院复尹昌衡电

（1912 年 10 月 11 日）

打箭炉尹经略使：

大总统令：艳电悉。已奖给该千户四等嘉禾章，并进授土安抚使，仍管千户事矣。兹阅来电，该千户迭输军费至四万元之多，应特给三等嘉禾章，以示褒奖忠诚之意。至所请颁发印记一节，查前代土司印信皆由部颁，该经略可先刊木质钤记饬发，俾资应用，再候铸换可也。等因。合达遵照。国务院。真。印。

（《政府公报》第 524 号，1913 年 10 月 19 日）

致张培爵胡景伊等电

（1912 年 9 月 30 日）①

急。成都张胡都督、省议会、财政司鉴：

边藏数十〔千〕里，同时糜烂，西征兵力，已甚单薄，凡遇战事，以

---

① 《民立报》发表此电时，言明系"昨尹都督自炉城来电"，电文中又有"二十九日入手，次日即与军队"一语，当可推定此电发于此日。

一当十，昌衡何心，岂擅专铺张。西征军费原系由兵站部直发直收，其入司令部者，月仅四万金，此中原有两万系预备保险及特别用费。边藏赤地千里，储蓄一空，作战军队，恃饷为赖，即如此次皆搜括司令部以瞻〔赡〕军队。北路出奇，直接昌都，恐大贡里兵站全无，则有万金之携行。留军驻雅，轻骑入炉，恐后军乏用，则有两万元之留寄。命筹边处总理直赴昌都，集中兵力。兵多至四千，饷欠至数万，全无一滴，难安众心，则有一万三千金之助。住炉二标缺饷，则有一万二千元之垫。朱标长、陈营长驭攻里塘，正兵之主，成败以之，则有一万八千金之支。司令部罗掘伤穷，人尽裹腹，饷久虚悬，预备金全不能不储有如此者。详算右列诸款，岂二万金所能足哉！汉□不入藏，须特购土用汉探，不通语，亦利用夷人，况昌衡义师超数百载，不惟一芥不取，并且厚往薄来，非私于夷，图远大也。主将所至，恩荣众威，必有急时，应挥小数特别金，不能不有例外，所合计细算一二万金，宁为多乎！预计虽尚稍丰，实用业已不足。至炉报销，已经邮寄。昌衡忠纯，胜于末将，岂专挟兵固要用款！出省两月，发成都解款，除纸币留雅兵站提用外，司令部仅得二万三千，二十九日入手，次日即与军队。细数前项，司令部人员全体枵腹，想洞鉴，务望急救，盼若星火。昌衡一抵炉城，本应速发，身当前敌，直攻里塘。因惮于军人须待饷，乌拉不足，善后未闻，以致将甘作钝夫。至于用兵，难邀众鉴，惟先声后实，已有阴征。昌衡未出，边军弱如拉朽，蛮旅确如蜂众。今则边兵战则屡捷，蛮兵有减无加。司令抵炉，北路全糜，夷探军回，踵接肩摩。一意出关，十万瓦解，奇军至今，已占昌都。此皆积年之本局极大之经费，一月毕矣，所损何若？声势须壮，有奖此者。诸君有议责吾铺张，区区之心，不能不表。现雅州之兵，已皆至炉城，蹈矩循规，皆云未乱，穷逼冤杀，则咸不忍。兴念至此，五内如焚。惟思里塘坚固，乱番全集，昌衡已决亲统此师，日内赴敌，登先陷阵，以谢同胞。至昌衡此刻心冷如冰，不敢贪功，更欲逃名。时局如此，万难邀功，或进或退，或远或近，或久或暂，敬待君命。惟进一步则须一步之用，留一日则备一日之粮，理势固然，万望接济。何项定数，若干继续，尤盼详明赐复。以后交款兵站部，尤须指明项目，以免任意挹注。本部困乏已久，莫名涓滴，敢急请令，诸希赐复。

（成都特派员函：《西藏风云录》七十四，上海《民立报》1912年10月1日）

致胡景伊转袁世凯等电

（1912年9月30日）

成都都督转北京袁大总统、陆军部钧鉴：

得大总统电，谓昌衡边功速就，由陆军部核拟优奖，捧读之下，悚惧欲栗。此次边功，上承中央之命，后有留守之寄，并得将士之勇，昌衡实无寸功。况民国成立，诸大伟人功震宇内，以衡比之，辽东豕耳。尤可虞者，将之功有限，民之责无穷，前以九死易一生，万危得一安，犹不免诛求之口，若膺懋奖，则国恩深厚，死有余恨，万望收回成命，国事大定，力疾归农，倘须驽才，敢不竭力。优令一下，将迫昌衡于汶上矣。尹昌衡。卅。印。

（成都特派员函：《西藏风云录》八十四，上海《民立报》1912年10月26日）

致袁世凯等电

（1912年9月30日）

成都都督转北京袁大总统、各省都督、各报馆均鉴：

近得秘报，奉天赵都督①大挥金钱，四路派人煽动谣言，造作舆论，必倾昌衡而后为快，乃大悟诬口无端，有由来矣。惟昌衡与赵公皆任民国重寄，似不宜私议国结［事］，拟即具文遣使，请罪来京，望大总统及都督出

---

① 即奉天都督赵尔巽。

为排解,以和庶职。且季和①见杀,出于万不得已,当昌衡单骑入署,劝以大义,彼如克悟,可相会也。季和既死,其眷甚危,昌衡立加保护,其孙潜昌衡舍中三日,昌衡之于赵非无德也。且赵公满族也,昌衡居心,纯主仁爱,内城杀机,危于累卵,昌衡单骑入抚,寄身锋刃,即各安全,城中满族不戮一人。以全数千人之德,偿杀一人之怨,谅不为过。前此报章对于昌衡诬蔑各件,请大总统及各都督派员来川,件件实查,如果有罪,纵众不加诛,昌衡亦甘自刎,以毋为都督玷,毋为国民羞。区区公诚,实出天性,愚忠奉直,不避生死。谨布肝胆,静候钧命。尹昌衡叩。陷。【印】。九月三十号发。

(《尹司令之狐疑》,成都《国民公报》1912年10月6日)

附录一　国务院复尹昌衡电

(1912年10月初)②

奉大总统令:尹都督陷电称:闻奉督造谣倾陷,因详陈季和被害情形,请出为排解,并派员来川实查等语。殊堪骇诧。共和告成,凡南北将士,对于从前战事,一律解除责任,曾经通电在案。赵都督素抱公心,惟以大局为前提,断无煽惑谣言、倾陷尹督之事。如果有此等举动,京奉密迩,何以本大总统绝无所闻?赵督深知大义,前次赞成共和,苦心毅力,人所罕及。此次剿办蒙匪,捕治乱党,成绩卓著,决不至因私嫌而妨公义。尹督知之未深,误听旁人揣测之词,致多误会。总之,全国既经统一,旧事不宜重提,即为武汉剧战,谁无亲友因公死事。今则捐除前嫌,欢若平生,万不可以杯蛇弓影之疑,挑起恶感。此事所关匪轻,故特郑重言之。等因。特达。

(《北京国务院致打箭炉尹都督电》,上海《民立报》1912年10月9日)

---

① 赵尔丰,字季和。
② 此电未署日期,由尹"陷电"(9月30日)推定。

附录二 赵尔巽致袁世凯等电

（1912年10月4日）

北京大总统、国务院、参议院，武昌黎副总统，各省都督转省议会并转各报馆鉴：

忽接阅护理川督直转尹都督通电，大为诧异。去年川变，尔丰推［退］出政权之后，无端惨死，情实可痛。其妄被冤诬，虽千万不能尽，即川人亦不能尽昧天良。然巽始终未上一书，未发一电，绝口不谈川事者，不能因私而害公也。即维持东省，屡受报纸攻击，巽亦从未置辨，更何暇预远道无闻之闲事？此电不知从何说起，有何证据？小人播弄，固无足怪，而尹都督轻信轻言，直同梦呓，毋乃为天下豪杰所窃笑乎？功罪久而自明，岂能以一手遮天下人耳目？愿尹都督反己自思，努力前途，毋以尔巽为念。尔巽又岂敢重劳大总统、各省都督之排解乎！赵尔巽。支。印。

（《赵尔巽与尹昌衡》，成都《国民公报》1912年11月15日）

致张培爵等电

（1912年9月30日）

张、胡都督，省【议】会均鉴：

边地开府，雄镇关西。昌都以西，据地二千里，开设三大府。创始之初，大计宜定。昌衡鄙意，镇抚府如使直属川督，则川局雄厚，国势易张。任一良将，择其与川督心心相印者，俾图进取，督同实业大家，一意开拓，不出五年，立成金窟。西临两藏，北据青海，牧［秣］马厉兵，诚可雄飞世界。此际无他问题，惟川省能全行担任数载经营之费，则镇抚府决可直隶于川都督。务望同力合谋,共成伟略,立候电复。尹昌衡叩。陷。印。九月三十号发。

(《尹都督开府之筹画》,成都《国民公报》1912年10月4日)

致胡景伊转袁世凯等电

(1912年10月1日)

成都都督转北京袁大总统及本省各会各法团钧鉴:

昨接滇殷司令来电称:昨奉中央命令班师,占领地方仍交川辖,遵将盐井交张世杰率川逃勇百余名守之,滇军退扎觉弄①,殊川军肆行抢掠,致藏民阴连江卡蛮匪,而张世杰之通译叶玉春及川军撤差哨官郭继中②大肆抢掠,我军闻警赶至,则世杰已逃,盐井官舍民房烧掳一空。滇军三路进扑,蛮匪败走,擒斩甚多。并获九子蛮枪甚多。叶玉春、郭继中及番众窜入法国教堂,距井六里,以为护符。③现滇军仍暂驻盐井镇守,希转电中央。等语。当经电复滇都督,文曰:顷接殷司令承璊艳电,现驻盐井滇军奉中央命令班师,仍归川辖,昌衡已委郭选芳充盐井知事,并令稽标统廉率领支队前往滇〔填〕防④,办理善后。查川边十余营,此次万死一生,坚守防地,未闻失律,人所共悉。独驻该处粮尽援绝之兵百余名,又处滇军大队之侧,初得生机,遂敢肆行抢掠?且滇军班师,未接通告,如何交待,亦无明文,突如其来,诚不敢信。⑤已派干员往查虚实,名誉军纪,均有关系。抑尤有忠

---

① 此电发表于《民立报》时,"遵将盐井交张世杰率川逃勇百余名守之,滇军退扎觉弄"一语,被改成"盐井镇【守】张世杰率巡逃勇百余名,命滇军退扎盐井。"
② 《民立报》刊发此电时,将"撤差哨官郭继中"七字改成了"从中"二字。
③ 《民立报》刊发此电时,将"叶玉春、郭继中及番众窜入法国教堂,距井六里,以为护符"一语改为:"叶玉春请番众保护,距井六里,以为护符。"
④ 《民立报》刊发此电时删去了"填防"二字。
⑤ 《民立报》刊发此电时,将"且滇军班师,未接通告,如何交待,亦无明文,突如其来,诚不敢信"一语改为:"且滇军班师,既无通告,各项交待,亦无明文,果如其言,诚不敢信。"

告者，滇川之感情宜日亲，边事之举动宜极重，恐因私小，贻笑蛮夷，至累大局。昌衡秉公就办，决无瞻徇，仍望见远谋公，饬殷司令恪遵电令，凯旋滇边。云云。

查滇军对川，屡挟野心，前往自流，亦纯用诡谋攻击。今则劾诬川军未渡宁静河，又云蛮人不畏尹，及川军无纪律，甚至大肆漫骂，欲为厉鬼相殛。兹突生此事，显系阴谋，纯无公理，西征军将，全体忿怒异常。昌衡以民国初立，岂可内讧，贻羞外人，牵动大局，故遇事极主和平，万分含忍。祈大总统及四川全省军民，速筹和滇之策，并随时转告各省，妥办两全。昌衡只敢抗外，不敢残内，如何决解，不胜切盼。镇抚府已设炉城，电线未通，不可深入①，免致驱策失宜，致与中央背驰，贻误大局也。昌衡。东。印。

（《民元藏事电稿》，第81~82页；又见北京特派员函：《西藏风云录》七十八，上海《民立报》1912年10月14日）

附录　国务院致蔡锷尹昌衡电

（1912年10月1日）

云南蔡都督、打箭炉尹都督：

午密。大总统令：蔡督号电悉。所论极为有见，现因藏事关碍交涉，已饬尹督先清川边，暂勿西进。来电所拟滇军由擦瓦陇入藏一节，自应缓议。至盐井地方，查参议院议决公布四川选举区表第八区盐井县即系该处，应否暂归滇省管辖，以固滇北门户之处，即由该督等协商呈候核酌。尹督亦暂可不必派兵赴盐，以免逼处可也。等因。合电遵照。国务院。东。印。

（《民元藏事电稿》，第83页）

---

① 《民立报》刊发此电时，将"深入"二字改为"久延"。

致各省都督电

（1912年10月1日）

各省都督鉴：

　　边地镇抚府暂设炉城，候移巴昌，以奠西陲，志宏国疆。番夷大股，踵至投诚。已于今日开府，镇抚使直属川督，用资策驭。汉蛮集贺，欢声动地。除炉报大、副总统及川督外，特此电闻。昌衡。东。印。十月一号发。

　　　　（《炉城镇抚府成立》，成都《国民公报》1912年10月4日）

复胡景伊张培爵电

（1912年10月3日）

成都胡、张都督钧鉴：

　　冬电悉。辱承赐贺，惭愧交躬。负弩关门，牺牲犬马。进止不易，创造尤艰。敢谢褒扬，时思训迪。昌衡覆叩。江。印。十月三号发。

　　　　（《尹司令之谦词》，成都《国民公报》1912年10月7日）

复袁世凯等电

（1912年10月3日）

袁大总统暨国务院、成都都督钧鉴：

　　午密。东电敬悉。川藏区域，向未划清，迭承询及，莫由呈复。但查三十九族，位置在昌都西北，驻有汉兵，原归内属。又查波密在昌都西南，上年经我军征服，为军队补充控制便利计，主张内属，询谋金同，是川藏不能以昌都为界线已无疑义。且边藏之行政费及兵饷由川担负，历有年矣，开支之后，概归四川建昌道核销。而驻藏汉官最远者，莫如靖西同知，亦隶川督，有案可稽。是直抵后藏，皆为川辖。惟是时局多艰，外交棘手，自当谨遵电令，暂勿令川军过江达以西。至前者驻藏军队，仍使遄返，亦系正办。敬乞转告英使，毋滋疑虑。尹昌衡。江。印。

(《民元藏事电稿》，第85页)

附录一 蔡锷复袁世凯电

(1912年10月1日)

前接电，即饬殷司令退扎觉弄，将盐井交川委张世杰率勇驻防。乃该勇到盐井，即大肆抢掠，藏民复暗勾结江卡番匪来攻。滇军闻警往救，张委逃匿，川军四窜。现仍饬滇军驻扎该处，以资防守。

(北京特派员函：《西藏风云录》七十八，上海《民立报》1912年10月14日)

附录二 国务院复尹昌衡电

(1912年10月6日)

打箭炉尹都督：

午密。大总统令：江电悉。应饬军队万勿过江达以西。惟昌都至拉里一带，道路险阻，皆系番蛮，务须稳慎办理，勿致疏虞。原电转告英使一节，已交外交部酌办矣。等因。合电遵照。国务院。鱼。印。

(《民元藏事电稿》，第89页)

致袁世凯等电

（1912年10月3日）

袁大总统、驻京同乡、全省议会、军政两界、各政团钧鉴：

卅、东两电尽悉。川军西入，急于御侮，缓于图利，故急趋昌、理之危①，而缓取盐井之富。盐井无乱，人所共知，滇军直取，其意安在？今竟通电，意图永据，弃我旧义，巧于窃利。夜郎自大，内衅擅开。昌衡川将，耻失寸土，又念同族，尤耻阋墙，敛锐锋而忍辱，布大义以疾呼。祈速严重交涉，饬令退出，免致决裂，有害大局。盼复至急。尹昌衡。江。印。

（《民元藏事电稿》，第85页；又见北京特派员函：《西藏风云录》七十八，上海《民立报》1912年10月14日）

附录一　国务院致尹昌衡蔡锷电

（1912年10月5日）

云南蔡都督、打箭炉尹都督：

午密。大总统令：蔡都督东电悉。昨已电令该督等协商盐井暂归滇省管辖，及饬川军暂勿往该处，以免逼处在案。所有蔡督东电内称盐井川委张世杰逃避各节，应由尹督切实查复。总之，川滇同为民（国）领土，川军立功，原与滇军立功无异。即如此电，滇军交出该处地方，及因扰乱复进扎一层，疑窦颇多，该督等应饬两军各将士，万不可稍存媢嫉，别有挑构，致坏边局也。等因。合电遵照。国务院。歌。印。

（《民元藏事电稿》，第88页）

---

① 《民立报》刊发此电时，将"昌、理之危"改为"巴、里之难"。

附录二　国务院复尹昌衡蔡锷电

（1912年10月6日）

打箭炉尹都督、云南蔡都督：

　　午密。大总统令：尹督东、江两电均悉。前因盐井地方系滇军防剿，川边蛮寇阑入克复之地。又据蔡都督电称，滇军西规［窥］，必由盐井，拟暂归滇辖，以利师行，因有饬协商之电。现饬川滇皆勿进兵，滇军自不必久驻盐井，致涉嫌疑。如尹督能担任川边，蛮寇不致复犯滇边，则该处本川省辖境，滇【军】即应撤回边境，以免逼处。总之，川滇谊关唇辅，该督等务应协商妥善，以维大局，万不宜任所部将士互争功利，别生事端，致坏边局，取讥全国，贻笑外人也。至驻盐川军，蔡都督电称抢掠焚烧一节，尹督应即遵照前电，切实查复。等因。合电遵照。国务院。鱼。印。

（《民元藏事电稿》，第88~89页）

附录三　四川临时省议会致国务院电

（1912年10月9日）

国务院钧鉴：

　　据尹司令江电言，巴安府属盐井县，并无乱事，乃为滇军直据，莫测其意，希与交涉。等语。查该县前经参议院议决，划入川省复选第八区中，并奉八月十三日大总统令公布在案。川省现在举办国会，计日惟恐不及，滇军窃据该县，不特擅开边衅，且妨碍选举之进行，抗令违反，实属不合。应请转饬该省都督速将军撤回，以重法令，不胜公盼。四川临时省议会。青。印。

（《民元藏事电稿》，第91页）

致袁世凯电

（1912年10月4日）

袁大总统钧鉴：

午密。镇抚府草创初成，百端待理，昌衡自应勉为其难，力加布［部］署，以期巩固边陲，不负委任。惟设治伊始，粮赋无从，政费饷需，仰给内地，兵队官吏，选用川才，是镇抚使与川都督若非同气连声，一心无二，难收指臂合力、首尾相应之效。此等情况，早邀洞鉴。近今兵将骄横，苟非其人，实难统驭。胡景伊军界魁杰，尤长政学，军心所向，实与昌衡后先，稳练之才，当胜昌衡倍蓰。故昌衡西征，必以景伊奠安河会，若昌衡东返，必须景伊镇抚东［西］关。盖川军数十营，布满边境，他人当之，不惟难期效命，抑且哗溃堪虞。近查成都状况，自军民分治以来，办事每生冲突，军政两界思望昌衡内渡，业已函电交驰。昌衡既守钧命，不得直抵拉萨，则江达以东，传檄可定。一俟善后，办有端倪，即当回顾根本重地，届时继此镇抚使者，实非景伊莫属。先此密陈，以备药笼。祈即任命，以定人心。是否可行，伏候示遵。兼代镇抚使尹昌衡叩。支。印。

（《民元藏事电稿》，第86页）

致袁世凯电

（1912年10月4日）

袁大总统钧鉴：

午密。西征出师，将及三月，昌衡内忧穷危，外顾国土，扶病强起，挥泪誓师。边氛已靖，藏警方急，欲解攻势，则不忍国土坐丧，同胞危迫。欲久徘徊，又不忍老师费财，消磨朝气。川政待理，忧心如焚，瞻望桑梓，声泪俱下。究竟外交实况如何，将来预料如何，尚盼详细电复，以定大计。昌衡赤忠报国，知死靡他，慎重图全，心力交瘁，不敢孟浪，又惮废弛，仍望严重交涉，迅速解决。内忧外迫，再布寸心。才短任重，情急身危。待命疆场，急如星火。尹昌衡。支。印。

（《民元藏事电稿》，第86~87页）

附录　国务院复尹昌衡电

（1912年10月7日）

打箭炉尹都督：

　　午密。大总统令：两支电均悉。现在川边渐已底定，藏事尚须规划，迭阅该督来电，具见勇往之忱。惟藏路险阻，自炉至察木多一带，绵亘二千余里，挽输艰苦，番族众多，察境以西，尤胜内地，历来用兵筹策，皆非仓猝所能规定。该督应先赴巴、里、察木多等处，详细察看情形，将进兵应如何布置，逐细核酌，呈候电示。否则，近驻炉关，距藏遥远，一切筹划，多属理想，与事实未必尽符，深虞别致贻误。至川边善后，关系重要，该督熟悉边情，尤须一手经理，方能收效，固未容令遽卸仔肩也。等因。合电遵照。国务院。虞。七日。

（《民元藏事电稿》，第90页）

致袁世凯电

（1912年10月6日）

袁大总统钧鉴：

　　午密。顷据昌都集中司令黄宣慰煦昌呈称：据江孜监督史幽明函报：闻有俄使陶杰葳到帕里迎达赖赴蒙,达赖拟在拉隆建醮,并约班禅议事,行止未决。彼闻川援,分军东拒,仍攻拉萨,汉军待救甚急。英人尚守中立,军队未逾原定三埠范围,惟赶修江商埠,定十月完工。又江洛桥路定案,归中国架修,图乱不惶。英人迭次函询如何,否则必向藏人直接。乞速与英使交涉,以免侵越。某报载英兵进藏,实乃妄谈。但达赖如被俄诱去,英必妒争,请速向两国公使宣布:前清已革达赖,无论行至何国,均以平民看待,日后复其教权与否,应由中国定夺,各外国不得干预。等语。查证监督所存确而有见,应请饬部速议赐复,转饬遵照。又该监督欠有英局电费及代钟颖购价应领经费,急需万金。前国务院允款,陆韵秋无从代挪,应请设法速汇。至藏危如此,当□无他,岂可坐视汉番相持,不加援救?似仍应借回防之名,增局新之力,济西军之饷。阻达赖之行,英有责言,多方严重交涉,一面和平对付,决不至使开外衅,庶可免丧失国权。是否有当,伏候钧裁。尹昌衡叩。鱼。印。

(台北中研院近代史研究所藏原件)

附录 腾越郭建勋等致袁世凯等电

(1912年10月14日)

请腾局代转北京大总统、国务院、参议院,武昌黎副总统,各省都督、报界、工会钧鉴:

去秋内地反正,不胜欢迎,同人驻藏,亦倡共和,劝谕藏人,同享共和之福。乃藏人阳奉阴违,诡图自立,乘我不暇,暗调多兵,围困拉萨,害我分旅,衅端大开。相持半载,粮弹告罄,消息断绝,岌乎有待毙之势,而藏人亦有疲惫不堪、死伤凄惨之状,耳不忍闻。五六月得由印转到帕督电示,援藏兵早已出发,本都督亲自出往[征],嘱驻藏军士,坚守待援。闻命喜极,拼死坚守,日盼援军速到。适廓王专员来藏调和,钟协统见战争缠绵,枪械多坏,乘机允许,佯以陆军退伍,枪存拉萨,定计全军驻靖,以待救援,并防外患。但抵靖后,番逼出关,英作播弄,意图占领。现筹和平抵御,迭阅报章,鄂湘滇黔各省纷纷西征,大壮生气。忽于本日读大总统寄钟协该电,知英使干涉藏事,阻我援军,显然主权外失。同人不胜愤激失望,既为国民,即当以保全领土为任,岂可轻弃外人。况西藏关系全国,郭衄阻英员，力犹使守中立。众军决意待援，誓不出关，固我外交之地步。乞电尹督速进，迟必有失。现驻靖军饷缺乏，除汇款接济外，请速赐钧命，以固人心而重边务。马队管带郭建勋，督队官邓锡侯，队官吴鹿鸣〔呜〕、伍国新，队军学生许澍、李克西、韩震中暨众官军等同叩。

（《民元藏事电稿》，第93页）

致袁世凯等电

（1912年10月11日）

大总统、各都督、议会均鉴：

军民分治，不宜于今日，尤不宜于边省。今总统取人为善，设法变通，深念时艰，福民利国。四川外则用武，内则多盗，若不急归统一，眼见私心合用，险象环生，哀我蜀土，独为匪民桑梓之地，忧心如焚。昌衡愚直，誓以死力争，惟事涉嫌疑，固当退让。胡景伊公忠宏量，堪任都督兼省长事。邵从恩、尹昌龄、董修武真知大体，公勤明细，堪任民事长。昌衡为国尽忠，心如赤子，得争奔走，生死报公，敢有毫末偏私，定为神明痛磔。知我罪我，听诸公论。舍身舍利，惟尽孤忠。惟望大总统垂谅鄙忱，各公力维蜀事。如请委任，协心赞成，不胜犬马惶悚之至，敬待大命。昌衡。真。印。十月十一号发。

（《尹昌衡不欲军民分治》，成都《国民公报》1912年11月3日）

致袁世凯电

（1912年10月17日）

袁大总统钧鉴：

午密。元电敬悉。漂山既等灰土，春叶不至秋黄，昌衡何人，受此推心置腹之知，附膺感泣，涂脑难酬。边藏经营，未停瞬息，近用乌拉已达二万，自古所无，稍可腾焰，立即拨进。恳任胡景伊充镇抚使，原为大局，非图诿卸，务祈早为宣布，以固军心，而息谣诼。昌衡必俟边局大定，景伊沛来，方敢喘息，决不敢汲汲回省偷安旦夕也。谨此沥呈，伏望鉴察。尹昌衡叩。篠。印。

（中国第二历史档案馆藏原件，档案号1011－4820）

附录一　胡景伊致袁世凯电
（1912年10月18日）

国务院呈大总统鉴：

午密。奉铣电。尹都督请以镇抚使任命景伊等因，阅之曷任悚惶。景伊督权斯职，已惕冰渊，自顾謇劣，何敢妄有殒忒。切恳大总统勿稍过听，鉴此愚忱。余经会电陈明，并祈垂察。护四川都督胡景伊叩。洽。印。

（中国第二历史档案馆藏原件，档案号1011－4820）

附录二　国务院复尹昌衡胡景伊电
（1912年10月22日）

打箭炉尹都督、成都胡护督：

大总统令：篠、洽电均悉。尹督此次办理川边剿抚，颇著成绩，刻下乡城一带尚未廓清，尤须责成一手经理，以竟全功。且兼充镇抚，任命甫下，若遽又易人于前敌，军队及边地番蛮观听均虑未孚，转增窒碍，尹督应即安心料理边事，万勿再请更易，是所至嘱。故护督亦即将护任内应办事宜妥为经理，与尹督互相维持，俾边务日有起色，以慰驰系。等因。合电遵照。国务院。祃。印。

（中国第二历史档案馆藏原件，档案号1011－4820）

致张培爵胡景伊电

（1912 年 10 月 19 日）

成都张、胡都督鉴：

本日午前五时，康定府城风窝街，民间因烤纸失慎，昌衡闻警，督队往救，旋即扑灭。计烧二百四十三户，并关税局亦被焚毁。军队异常奋勇，纪律亦严，刻已分别奖励。灾户俟调查明确，分等抚恤。知注特闻。昌衡。效。印。十月十九号发。

（《康定府火灾详情》，成都《国民公报》1912 年 10 月 24 日）

致袁世凯电

（1912 年 10 月 19 日）

成都胡都督转北京袁大总统均鉴：

前川副都督罗纶学界泰斗，乡望早孚，曾被选为谘议局副议长。去年争路风潮，又被举保路同志会会长。首遭赵尔丰逮捕，秋后释出，立即组织独立，厥功甚伟。事成辞居高位。十月十八日兵变，都督以下逃散一空，罗纶手抱两旗，独守军政府，誓以身殉。昌衡单骑入内，携手同出，沿途泣拜。众军收合定乱，遂被举副都督。昌衡治军，罗纶理政，忘食废寝，泪尽心枯，建造万端，皆出其手。及至成渝合并，推让张副都督，自行辞职，挈家归里，安贫乐道，闭户深居，抚事论人，无愧当今豪俊，计功衡赏，宜为民国元勋。现国基奠定，爵位频颁，起义诸贤，悉蒙奖励，独此弥隐之才，未荷褒扬之典。昌衡不敢壅于上闻，伏望大总统特别嘉慰，优议酬庸，以昭大功，而励高节。是否有当，伏候钧裁。尹昌衡叩。哿。印。十月十九号发。

（《尹昌衡代罗纶要求褒扬》，成都《国民公报》1912年10月24日）

致袁世凯电

（1912年10月21日）

午密。前日接奉铣电，推心置腹，浃髓沦肌。仰见我大总统殚心边事，委曲周详，且推爱及于昌衡，所以期望之者甚厚，回环雒诵，异常感动。曾于效日电陈大略，尚未奉复。现已决定于有日出关，驰赴巴、里各地，督办兵政一切善后事宜，以仰副注重边务至意。惟川省军民分治问题，关系于边事之成毁者最切，屡次电呈，未蒙垂允。兹当启行在即，心所谓危，不敢自默，用敢再为我大总统缕晰陈之。

自边藏变起，昌衡即认以为此虽一隅，关系于国家者至巨，维五族一体之基，固外交均势之局，均将于是焉赖。故敢不避危难，扶病出师，纾政府西顾之忧，亦以完川人应尽之务。惟该地石田数千里，毫无所出，后方根本，全在四川，设内地稍有变端，则孤军遂深入绝地。钟【颖】、联【豫】现状，可鉴前车。是以昌衡于未出以前，电请任命胡景伊护川督，既出以后，复迭电请暂缓军民分治，盖欲一事权以竟全功，非于胡景伊有私恩，于张培爵有私怨也。乃呼吁万端，不蒙采纳，得毋疑昌衡此举系出于权利之争。不知民国肇兴，功名富贵，尚不如过眼浮云，昌衡虽愚，何至于此。川省自军民分治后，败征日见，军官民官交讧事已数见，两界感情日恶，尚不知将酿出何等变局。因事权不一之故，诸务皆不能进行，财政一端，尤与边务关系最切。本年收粮捐仅得六十万，不及旧额二十分之一，且其中又七八系纸币，关外不能通行。内顾后方，忧惧欲死。而关外事已得手，借势进行，立收全效，稍一延缓，又恐坐失事机。欲进不能，欲退不可，羝羊触藩，忧惶无似。然徒事文电之争执，又有失崇奉中央之素心，故电请来京面陈衷曲；而又恐面陈亦不得请，往返徒劳，故又请放归田里，退避贤路。愁肠宛转，一日九回。钧电责以来电纷歧，不审宗旨所在，实出于情之不容已，当亦我大总统所曲谅者也。

兹奉温电慰勉，兼以大义相责，自当不计利钝，壹意进行。惟事之成败，实与内地有不可相离之关系。大总统注念边事，尚望查取昌衡迭次呈电，俯予照行。不特一省之幸，亦明知军民分治为将来统一民国之所必需，借数省试办以为之楷模，亦政策之所宜有。惟以昌衡所见，只宜试之于无事省分，不宜试之于多事省分，且试之于腹地交通便利省分，不宜试之于边务外交关系重要省分。区区此心，尚希垂察。倚装彷徨，不知所措，切盼训示，以便遵循。昌衡叩。个。印。

（《西藏风云录》九十，上海《民立报》1912年11月11日）

致袁世凯电

（1912年10月22日）

十月二十二日，尹都督致大总统电，文曰：铣电欣奉，即确遵行，明见虚衷，实深感服。惟昌衡实有苦心，尤当曲陈。川边地广数千里，西南半壁恃此为保障，任大责重，计不随心，五衷如焚。军民分治不取消，则内本万难完固，边将外立奇功，尤须内固根本，维持体念，尚望钧裁。对藏方针，未悉要领，昌衡西进，决策维难，且治边与深入，处置大有不符，如何之处，尚待明示。胡景伊公忠精明，西征将士，自师长以及诸将，多其门人，易于统驭。且边事臧否，全恃川中边防，镇抚使与川督，若非声气相通，其害甚巨。仍望大总统任命景伊为镇抚使，未到任以前，昌衡必俟边事稳固，始行回川。凡此陈述，皆属实情，区区寸心，毫无偏私，如能曲谅，大局幸甚。

政府接电后，备极慰留，而胡景伊亦来电力辞，暂不更动。

（无名：《西藏用兵记》十二，《申报》1913年2月15日）

与朱瑞等十五省都督致参议院电

(1912年10月25日)

参议院鉴：

省制交议以来，省长问题改为三说：一主人民选举；一主总统委任；一主省议会选举候补二人，请总统简任其一。最后之说，登庸省长之实权操诸省会，质言之，简［间］接之民选也。今闻政府撤回原案，似踵武普制，分作两种机关，一任官治，一任自治，任官治者，仍由总统委任，政府此举亦所以调和民选问题。夫图治不慎，必有后忧，立法不善，难以利行，瑞等熟审民选之弊，期期以为不可，敢掬所知，为诸君子痛切陈之。

夫联邦国列邦之长，由人民选举，美利坚、瑞士是也。单一国各省之长，由总统委任，法兰西、智利是也。盖一邦之长为代表，代表乃人民所推戴，必由选举，本意始契于共和。一省之长为官吏，官吏乃总统之属员，不由委任，政策将何以贯通？吾国既非联邦，则各省行政之长是为官吏，宜委任，不宜选举，夫复何言？更以事实论之，省长民选必起党争，甲拥其魁，乙弹其后，即不去位，亦或坐困，弊一。省长民选必为本省之人，亲戚交游，近在咫尺，趋炎希宠，易与为非，弊二。光复以后，省自为政，扶植中央，是为急务，各省长如由民选，则中央与地方弛其系维之道，庸暗者漠视政府，桀黠者割据一方，二十余省之瓦解，翘足可待，弊三。国家多事之秋，非强有力之政府，不足以转危，故集权之说已成舆论，若省长民选，乃地方分权最力之举，坐视政府徒拥虚名，无术振作，弊四。省长为本省所选之人，往往私其一省，忽于全局，各省贫富悬殊，协款昔有先例，若此界彼疆不相调剂，贫瘠之省或涸而蹐，弊五。省长民选，则其负责之处对于省会者为多，对于总统者绝少，但为省会赞同之人，即梗中央之命，总统亦无如之何，以下凌上，呼应不灵，行政统系乃如散沙，弊六。各省开明之区，政治能力，每苦屡弱，选举之制，尚难利行，边远之民，相去倍莅，放弃权利，犹属无知，名曰民选不便，其实推戴长官，将成垄断，弊七。

即此七弊观之，民选省长在在自速其灭亡，苟能掊而去之，采用委任之制，则于理论事实两得其平，固不易之良法也。乃或谓省长委任，恐酿中央专制，不知监督省长既有省会，省长委任由于总统，监督总统又有国会，专制之弊，其何以萌？况缩短总统任期，及法定总统不得三次连任，杜微防渐，其道良多，何必过虑也。或又谓省长委任，反于共和之精神，不知共和精神，即主权在民之一端。主权在民者，谓国家最高权一发轫于议会立法一方之准绳，国〔固〕宜如此，若任免官吏在行政一方者，与是何涉？故法之省长虽由总统委任，毫末不害于共和，其故可深长思也。瑞等以为省制问题，无论取法何国，均无不可。

总之，民选之制，有百弊而无一利，委任之制，有百利而无一弊。贵院职司立法，一言可以兴邦，必能博稽外制，详审国情，造民国前途之福。谨就管见所及，亲缕上陈，尚祈协力主持，以维大局，民国幸甚！此电系浙江朱都督主稿，合并声明。领鄂都督黎元洪，浙江都督朱瑞，江苏都督程德全，安徽都督柏文蔚，直隶都督冯国璋，河南都督张镇芳，四川都督尹昌衡、民政长张培爵，山东都督周自齐，山西都督阎锡山、民政长谷如墉，甘肃都督赵维熙，陕西都督张凤翙，奉天都督赵尔巽，吉林都督陈昭常，黑龙江都督宋小濂，广西都督陆荣廷，贵州都督唐继尧。有。

（《十六省都督主张简任省长要电》，《申报》1912年11月3日）

致胡景伊等电

（1912年10月25日）

炉城镇抚府、成都都督鉴：

顷抵提茹，要电速交中渡径指。尹昌衡。有。印。十月二十五号发。

（《尹司令已抵提茹矣》，成都《国民公报》1912年10月29日）

致袁世凯等电

（1912年10月30日）

大总统、蜀胡都督、打箭炉镇抚钧鉴：

午密。抵中渡，乡逆悍顽，已决于东日督师亲赴前敌，所经各地，多属艰险，瞬交冬令，大雪封山，兵无积粮，急望妥速接济。昌衡俟乡城大定，即便崇哨［前往］巴、里，发赴昌都。对于藏事，仍择勇敢先锋张钟宇旗帜，借回防之名，入驻拉萨，将置前军司令于昌都，待机西进，以避入藏之名，而成制藏之实。昌衡由德格、甘孜巡视北路，整理全边，是否有当，敬候钧裁。昌衡。三十。印。

（《民元藏事电稿》，第93~94页）

附录一　国务院复尹昌衡电

（1912年11月5日）

打箭炉转尹都督：

大总统令：寝（电）悉。波密乘隙思逞，夷情善变，深以为念。川军进攻得手情形，仍望详报。等因。合电达。国务院。微。印。

（《民元藏事电稿》，第97~98页）

附录二　国务院复尹昌衡电
（1912年11月5日）

打箭炉转尹都督：

　　大总统令：卅电悉。预筹乡城事宜后，一切办法布置，尚为周密，惟望相机妥办，总以不招外衅为要义。所陈【缺】粮一节，已电饬胡护督设法接济勿缺矣。等因。合电达。国务院。微。印。

（《民元藏事电稿》，第98页）

附录三　国务院致胡景伊电
（1912年11月5日）

成都胡护督：

　　大总统令：据尹都督卅电称，行抵中渡，至妥速接济。等情。冬令已迫，该护督务即迅速设法接济，勿致缺乏，以足士气而固边防。等因。合电达。国务院。微。印。

（《民元藏事电稿》，第98页）

附录四　胡景伊复袁世凯电
（1912年11月6日）

国务院呈大总统鉴：

　　微电敬悉。尹都督提兵深入，粮秣为【先】，天寒冰窖，飞挽尤难，景伊自应力筹后方，源源接济，以资饱腾，请纾远廑。护四川都督胡景伊叩。鱼。印。

（《民元藏事电稿》，第98页）

致袁世凯等电

（1912年11月1日）

袁大总统、成都胡护都督、嘉定府镇抚府钧鉴：

得蔡都督电称：殷司令仍欲进攻乡城，此举实可不必。查此次川边全乱，主力尽在里塘，余逃集于昌都。昌衡抵炉，即分兵三道，援昌、援巴、攻里，一时并举；及三处得手，又令黄宣慰使煦昌随带兵员进办一切善后。该员由炉霍、甘孜、德格登站昌都，现已抵乍丫。据报一带设治完备，安谧异常。现又处昌邑之间，与刘督战官瑞麟消息常通。而刘瑞麟处置善后，亦甚得力，是全边除乡城外，并无乱警矣。夫川军之力能定全边，乡城岂能独支，而平定迟迟，确亦有故。昌衡就地实查：一由此次边地积粮全无，诸将郑重，饥军待糈；二由昌衡严令不准取夷人一物，不能因〔携〕粮，是以缓入；三因里、巴一带乱久民迁，乌拉不济，转运无方；四因西征兵士初践异地，居食不便，疾病过多。有此四因，致延两月。昌衡甫来，士气百倍，准于本日简办亲往，如仍不克，自甘任咎。倘滇军来后，（徒）耗无益，纷扰堪虞，务望转饬迅速退军，则川边大局，昌衡一力独任。

再，中渡为电线最末点，从此深入，更加隔阂。对边政策，务望一切坚持原议，昌衡一俟戡定后，设法抚慰，三事告终，全境无警，即行驰返。详陈计划，以琐经营起点，惟入巡日僻，不得再为磋商，引领东望，切盼维持。镇抚府尤非一切完美，勿轻入以失威信。尹昌衡。东。印。

（《民元藏事电稿》，第95页）

附录一　王廷珠致袁世凯等电

（1912年11月1日）

袁大总统、成都胡护都督、嘉定镇抚府钧鉴：

尹都督已于本日十钟行开标礼后督师西进，计程半月可达乡城。河口知事王廷珠呈报。东。府代印。

（《民元藏事电稿》，第94页）

附录二　国务院复尹昌衡电

（1912年11月5日）

中渡尹都督：

午密。大总统令：东电悉。已电令蔡督将滇军早为撤退矣。至【中】渡以下，未设电线之处，为道路业已疏通，即应设法接展，以期军报敏速。其所称对边政策，坚持初议一节，中央对边办法，业经迭电详示，自应始终以稳慎为主，该督务须恪遵办理，无庸多所顾虑也。等因。合电遵照，国务院。微。印。

（《民元藏事电稿》，第97页）

附录三　国务院致蔡锷电

（1912年11月5日）

云南蔡都督：

大总统令：前据养电，即饬尹都督迅将乡城蛮匪早为办结。据尹都督东电复称：得蔡都督电至，昌衡一力独任。等情。滇军应即遵照前电，早为撤退可也。等因。合电达。国务院。微。印。

(《民元藏事电稿》，第97页)

附录四　国务院复尹昌衡电
(1912年11月14日)

中渡尹都督：

　　午密。大总统令：鱼电悉。稻坝已降，阅之甚慰。该督与各将士不避险阻，冒寒征役，深堪嘉劳。至乡匪负隅已久，务望剿抚兼施，以期速结，并饬各军队扼要堵截，勿任旁窜滋患为要。等因。合电遵照。国务院。寒。印。

(《民元藏事电稿》，第99页)

致袁世凯胡景伊电
(1912年11月6日)

急。北京袁大总统、成都都督钧鉴：

　　□日抵里，稻坝迎降，乡匪多窜，已于本日督军进镇。昌衡。鱼。印。

(《尹都督已抵里塘》，成都《国民公报》1912年11月13日)

致张锡銮电
(1912年11月9日)

成都胡都督转奉天张都督鉴：

　　歌电敬悉。东亚咽喉，得公雄镇，内安外欢，本固邦宁，额手边无

［地］，腾欢驰电。尹昌衡恭贺。佳。印。

（《尹昌衡电贺张锡銮》，成都《国民公报》1912年11月12日）

致袁世凯等电

（1912年11月9日）

十万火急。袁大总统、参议院、各省都督、议会钧鉴：

　　读王芝祥诸公及北京军官研究所电，均悉。始以两是，其实两非。军官研究所挟其义奋［愤］，以武犯禁，在民主国似属不宜。今王公等一意救残，专从文明皮毛着眼，似尤误之。夫一人之专制固危，而少数之专制尤危；武人之专制固酷，而文士之专制尤酷。方今爱国政策只可究真理，究实心，不能牵虚文，袭故事。参议院创设以来，筑室道谋，徒形困顿。军界以威慑之，是亦砒毒治疮之道，叩医所不误也。惟望大总统刷虚崇实，捐己报公。事而义，参议院赞成固行之，不赞成亦行之；事而不义，参议院攻击固去之，不攻击亦去之。无党无偏，有断有守。总之，任贤才，则机关无论如何组织，国亦兴；任不贤才，则机关无论如何组织，国亦亡。今民德只如此，文明之形，实亡国之媒，惟有执政者知勇自决而已。昌衡近日每临镜顾头而叹曰：安得尽报国之心而弃之，故处事发言，纯主实益，不知其得罪也。惟望谋国君子，再三思之。尹昌衡。青。印。

（《尹昌衡与参议员》，成都《国民公报》1912年11月15日）

致袁世凯等电

（1912年11月15日）

袁大总统钧鉴：

　　盐井事宜，奉令查复，遵即派员前往查办，尚未接复。顷据前清靖西同知马师周派来差弁马占超、萧占云、杨文迎投报告西藏状况。该差弁等由腾越、丽江、中甸、维西等处经过，并盐井被围多日，据云盐井原有逆番二千余，川边防军仅有八十余人，众寡不敌，遂随张委员世杰、杨哨官秀荣逃赴滇境。迨滇军西征，殷司令承瓛即驻丽江，郑标长开文即驻阿墩子，抵盐井者不过三队，仍以川军八十余人为前锋。川军抵盐，逆番即退，并拿获大喇嘛一名，器械无算，滇军并未与战。后逆番知我虚实，再来围攻，川军人十余人被围于天主堂内，滇军退守距盐井二站之某处，逆番大肆焚掠。驻扎巴塘顾标统占文闻警，派营长云山率队驰救，未抵该处，逆番复退，滇军又乘机窃据，发官设治，并令杨哨长秀荣等归驻维西李统领监辖，杨哨官等据理与争，几遭惨杀。刻将杨哨长秀荣、刘副哨锡章、张委员世杰及兵目二十七名概行监禁。李统领曾在腾越时，即杀川人，在滇充看莹者四哼匪①率三百余人。云云。查殷司令来电，一则曰川军焚劫盐井，再则曰川军扰乱滇境，今马差弁等亲自该处来，昌衡初不相识，所述情状，历历如绘。昌衡出关后，即对于番民亦纯持人道主义，不取一木，不斩一夷。不料川滇密迩，竟演出此种现象，闻之心寒，言之齿冷。兹将马占超、萧占云及公文留于军中，以备质讯。近日川军得知滇人遇川人极虐，并云滇人助夷，全军切齿。昌衡见此恐演成阋墙惨祸，累及大局，立即飞止赴盐井军队，将来西征完毕，地域区划，听命中央，楚弓楚得，想亦无害。一面请电命蔡都督协力和衷，并将盐井监禁兵员一律释放，以解众怒。如有他故，昌衡得有证据，尚可亲赴洞口。可否之处，听候钧裁。昌衡自巴

---

①　"莹者四哼匪"，原文如此，疑为未能正确译出的电报乱码。

塘。删。印。

（《民元藏事电稿》，第 99～100 页）

附录一　国务院复尹昌衡电
（1912 年 12 月 2 日）

中渡尹都督：

　　午密。大总统令：删电悉。已电令蔡督将监禁之川军杨哨官秀荣等查明释放矣。刻下乡城一带剿抚情形，久未据报，能否早日竣事，即望速复，以慰驰系。等因。合电遵照。国务院。冬。印。

（《民元藏事电稿》，第 106 页）

附录二　国务院复尹昌衡电
（1912 年 12 月 8 日）

中渡尹都督：

　　大总统令：蔡都督电称殷司令电复杨秀荣等已于前月开释，并给资遣散。等情。特达。国务院。庚。印。

（《民元藏事电稿》，第 109 页）

附录三　国务院致尹昌衡电
（1912 年 11 月 15 日）

中渡尹都督：

　　午密。大总统令：冬电悉，阅之甚慰。乡城剿抚，务即设法早为办竣，所有各处善后应办事宜，并急妥为拟议，总以有裨边治，勿拂番情为主。该督任事勇往，早深嘉念。此电所呈，极知大体，务望审度时势，稳健进行，蔚成远大，以副倚望。勉之！等因。合电遵照。国务院。印。

(《民元藏事电稿》，第100～101页)

附录四　国务院复尹昌衡电

(1912年11月15日)

中渡探交尹都督：

午密。大总统令：阳电悉。仍即将乡城剿抚详状报明，以慰驰系。至前清边务大臣所辖区域，前已饬将地图呈送，刻下筹划边藏机宜，地图尤关紧要，务望迅速送阅，仍将新改郡县名称添入，用备考核。等因。合电遵照。国务院。删。印。

(《民元藏事电稿》，第101页)

附录五　国务院致尹昌衡电

(1912年11月26日)

中渡探交尹都督：

午密。奉大总统令：据云南蔡都督巧电称：据殷司令电称，川军已抵里塘，其头队李先锋率兵百余，由巴塘进取南墩，蛮众逃窜，老弱投诚，川军泄忿肆杀，致群蛮合围死战，川全队覆没，获全甚少；舒管[带]进援在途，又被调回，巴路复阻。又茶瓦龙之毕土有蛮官四人，率番兵数百驻扎，现阿墩等复防范严密。等语。近日未接该督报告，究竟前路情形若何，应即查明迅复，以慰远系。等因。特达。国务院。宥。印。

(《民元藏事电稿》，第103页)

附录六　胡景伊复袁世凯电
(1912年11月28日)

大总统、国务院、上海四川公会鉴：

准川边镇抚府沁电开：昨京电询川边近状，自系因谣言而起，此间军事得手，安静如恒，请通电解释，毋自扰乱。等语。谨此电闻。护四川都督兼民政长胡景伊叩。勘。印。

(《民元藏事电稿》，第104页)

附录七　国务院致胡景伊电
(1912年12月1日)

成都胡都督鉴：

午密。大总统令：勘电悉，阅之甚慰。仍应饬驻炉川边镇抚代办邵从恩等将川军剿抚详状，先为具报，以慰驰系。等因。合电遵照。国务院。东。印。

(《民元藏事电稿》，第104页)

在巴塘丁零寺会见驻巴防陆各军的讲话
(1912年11月19日)

尹都督于十一月十八号二钟抵巴，同行者为参谋长张君楞生、翻译官陶君瑶阶及卫队五六十人。尹闻巴塘粮米告罄，特饬各职官及弁兵等暂驻二狼湾，将乌拉腾出，以便赶运军粮。拟俟军粮到后，再令乌拉折回二狼湾接运各员及行李各项。尹于次日传谕驻巴防、陆各军齐集丁零寺，旋赴该处演说，调和防、陆意见最有关系，特先述之。至各界欢迎之情形，蛮民对尹之态度，稍俟即行补述也。尹演说略谓：

边军陆军同为民国军人，本都督一律优待，从无歧视。边军有死守边地之功，陆军有救援边地之力，彼此相同，亦无丝毫区别。惟望同心协力，不必强为区分，庶众志成城，蛮匪不难指日扫尽。本都督前在炉城，即闻边军薪饷较少，当饬宣慰使一律增加，以归统一。即军米、军装，本都督亦令边、陆相同。即此而观，本都督之待遇边军，当无丝毫偏袒也。凡我军人，概属志士，区区之心，谅已识矣。惟是边乱未已，西征在即，我爱国军人，谅能化除界限，以图速清余匪，则不独本都督一人之幸，实我民国四万万同胞之幸也。本都督初次到巴，本应与我军人痛饮数日，以庆大功，惟乡、稻未平，江卡抗命，防守之心，实难稍懈，特各赠藏币二枚，以作杯酒之需，爱国军人谅不能以些须见弃也。

都督言至此，遂饬军需官取藏币数梢，分赏各营军人，什长、护兵、差弁等概系三元，正兵、伙夫等概系二元。分赏毕，各军齐呼中华民国万岁，四川都督万岁，川边镇抚府万岁，举枪致敬，遂散会。起散约四小时，军容颇肃。边军素无行伍，是时亦尚整齐也。

（《尹硕权抵巴志详》，成都《国民公报》1912年12月14日）

在巴塘政界官员见面会上的讲话

（1912年11月下旬）

尹督到巴，驻扎营官寨，顾占文统领、嵇标长廉当即谒见，随即延见政界各员，询问巴塘战事及近日情况。询问【后】即对各员宣言云：

去岁我川反正，本都督出而维持，其时兵不过三百，款不足五千，赵尔丰拥重兵于内，傅华封率精兵于外，土匪横行，滇军扰乱，大势岌岌，几不可为。无论何人，均不料我川果能底定。本都督即抱定宗旨，不徇私，不要钱，不畏死，是[事]事求实，事事认真。不数月间，诛赵擒傅，土匪渐平，滇军竟退，我川秩序，公然灰[恢]复完全，诚非本都督意料所及也。然尽夜焦愁，寝食不安者，已数月于兹矣。大局稍定，大病丛生，故边务派员赴川请兵，竟至迟至数月。本都督抱病催促，事终不行，睹此情形，诚非派人所能了事。于是本都督决定西征，以与诸君子共维边局。及到炉关以来，本都督即决定三路进兵，以期早日平定。然中央政府，屡次电止轻进，再策万金[全]。本都督仍守不畏死宗旨，又竟得各路一律肃清。可见天下无难事，在任事者力量何如耳。现刻乡城虽未收复，然本都督已调兵四路进攻，十日之内当可得彼捷者。乡匪一平，余寇可传檄而定，惟边务应办之事尚多，务望各位极力维持，不顾死力，庶事易办而匪易平也。况本都督集思广益，宽厚待人，生性使然，毫无虚伪。各位如有卓见，请即条录前来，以备采择。

坐谈四句钟始散。

（《尹督对各员之宣言》，成都《国民公报》1912年12月15日）

致袁世凯等电

（1912年12月1日）

袁大总统、陆军部钧鉴：

昌衡巡视边地，审度时机，不忧边局之难定，而忧将士之不奋。欲策将士，重在赏罚得宜。昌衡除将失利将士惩罚外，所有殊勋伟绩，不敢不详细直陈。查巴塘为全边重镇，在反侧之夷，视此且为向背，在逆叛之夷，攻之已竭全力。顾占文无险可恃，无援可请，械破粮绝，以五百之众，当数万之敌，坚持数月，大小数十战，终能保全，厥功甚伟。昌衡亲询战事，实按壁垒，一切布置，询[洵]为老将之兵。该员自仕前清，驻边数年，身经百战，列职总兵，边夷闻名，今犹胆裂。彭日昇军仅二百，死守昌都，昼夜【奋】战，歼敌千计，食尽兵穷，死无退志，藏兵未能大入，该员实首功。前已循例将顾占文授为陆军上校，并加少将衔，彭日昇授为少校，可否特发恩以旌奇绩，将顾占文授为陆军少将，彭日昇授为陆军中校，出自钧裁。

再，北路督战刘瑞麟，本系节制四营，且又肃清北路，攻克俄洛桥，进解昌都之围，与诸营长同授少校，既于节制不宜，亦觉殊勋未彰，势宜授为上校，以循例而旌劳。至边军管带丁成信、李焱森、舒云山三员，于重夷之中，血战数月，昌衡前因途阻不通，调查未详，故未列报，似觉偏枯，拟请仍一律循例授为少校。军务处总长李延迄、兵站副监嵇廉，遇事老成，深资得力，李延迄现代理镇抚使，执行军政，嵇廉以兵站之兵，攻开里、巴要道，屡战皆捷，尤为不辞劳怨，奋发忠勇。该官员一系陆军学生出身，学识优长，又多经验，可否均授为陆军少将。现在戎事未艾，应宜赏罚立行。以上诸员，皆劳绩卓著，拟宜先赏，其余西征诸员，自排官以（下）动宜百计，一俟大局定后，开具历履，一律保奖。所以先提诸员者，以示中央不没边功，且于用人之际，能行特赏，则各将卒有奋发之心，无循例之念。审度再三，用敢冒渎，伏候钧裁。尹昌衡。东。印。

（《民元藏事电稿》，第105~106页）

附录一　国务院复尹昌衡电

（1912年12月15日）

中渡尹都督：

奉大总统令：东电悉。所请将顾占文等各员分别补授少将等职各节，已交部核补矣。等因。合电遵照。国务院。咸。印。

（《民元藏事电稿》，第112页）

附录二　国务院复蔡锷尹昌衡电

(1912年12月2日)

云南蔡都督、打箭炉转中渡尹都督：

　　大总统令：蔡督卅一电悉。查盐井地方，前据该督电呈，毋庸暂归滇辖。此次殷司令所呈红白两井连归划辖之处，自不必置议。至毕士等寺地方，既据称由墩至毕，大雪封山，道路不便，即由该督协商尹督，如归川辖相宜，即拟订办法，呈候核示可也。等因。合电遵照。国务院。冬。印。

(《民元藏事电稿》，第107页)

致袁世凯电

(1912年12月8日)

袁大总统钧鉴：

　　庚电奉悉。查鱼通一带土司，已由前清赵尔丰改土归流，利国福民，自当仍旧。昌衡来边，屡以重贿请求，未敢误国，一介不苟，寸土难与。该土司等无法蒙蔽，远奔中央，希图取巧，冀逞私欲。祈即阻止，免失边隅。查此次为民国出力，首推炉城明正，继则德格土司，昌衡均拟战事平靖，核请奖【励】。其应如何奖励，自当斟酌时宜，有益民国。若有无端要求，欲图侥幸，均请一律阻止，一面令昌衡就地核办，以昭慎重。巴塘军粮缺乏，乌拉尽逃，昌衡闻警，飞骑直抵，到巴三月，夷人纳粮，近已积粮数百，降人陆续前来。昌衡在边，夷人汉兵，均极畏爱，措施一切，自为容易。现周队长尚赤已入乡城，夷人多逃入深山，亦有来队当差者。昌衡已命缓为招摇

[待]，务期慎重。西方传有藏逆欲图再举之说，已一面令顾占文进驻，昌衡一面驰谕开导。边局扰乱已极，自当层层着手，稳慎图全。余俟续报。昌衡叩。庚。印。

（《民元藏事电稿》，第 107~108 页）

附录　国务院复尹昌衡电

（1912 年 12 月 11 日）

成都转尹都督：

　　午密。大总统令：庚电悉。该督率同将士冒寒远征，进驻巴塘，殊深嘉念，即饬各军队宣布威惠，勿犯秋毫，使番人畏怀，边事早竣，方为妥善。至所称边局扰乱已极一节，望将详状具复。该督务宜妥为经理，步步稳进，以期慎固封域，是为至要。至鱼通等原设土司遣人来京，请复旧制之处，并未照准。明正、德格等土司，既据电称，为民国出力，应即拟奖，呈请核办，以昭激劝，而资维系。等因。合电遵照。国务院。真。印。

（《民元藏事电稿》，第 110 页）

致袁世凯电

（1912 年 12 月 9 日）

大总统钧鉴：

　　藏番绕道波密，窜出川边，复勾结江卡、乍丫等处番民，四出滋扰。业饬前筹边处总理黄煦昌调集巴塘、昌都及贡觉方面防军，分途进击，斩首二千余级，附近逆番均已纳款。前奉致达赖喇嘛电文，当已专人送至昌都，设法递寄。藏番当战败之余，得我大总统温谕抚慰之，或易就范，俟得回文，再行呈报。印度华侨陆兴祺熟悉藏情，热心祖国，番民肇乱，牒报频传，于西征颇有裨益。大总统可否酌加委任，令该华侨坐探一切，敬待钧裁。尹昌衡。青。印。

（《民元藏事电稿》，第109页）

附录　国务院复尹昌衡电
（1912年12月27日）

中渡尹都督：

午密。大总统令：青电悉。此次防军分途进击滋扰川边番寇，甚为得手，附近番人，多已归附，该将士冒寒苦战，殊深嘉慰，应先为存记，俟川边剿抚事竣，从优给奖。该督仍应饬各军队拊循僧俗，保护寺宇，严持军律，毋犯秋毫，务使输忱[诚]者得所，则携贰者革心。切勿稍有骚扰，致失番心为要。至所请委陆兴祺侦探藏中情形，已交国务院饬委矣。等因。合电遵照。国务院。沁。印。

（《民元藏事电稿》，第117页）

致袁世凯等电
（1912年12月15日）

大总统、成都胡都督钧鉴：

午密。川边千里，地瘠而险，人稀而狡，冰天赤地，用兵极难。此次逆番肇乱，全局骚然，尤为数百年所未有，皆由达赖羽檄四路飞驰，番民迷信既深，易为鼓动。昌衡西征半载，出关弥月，详观报告，实地详查，实觉非征藏不能卫边，非增兵决难【杜】窥。初莅里塘，乡逆已有投诚之信，而巴塘粮绝，人心惶惶，一面飞檄催粮，一面赴巴抚慰。既抵巴塘，人心甫定，附近夷民，纳粮数百。不料，西藏番官复由工布、波密、鸡贡窜出，江卡、乍丫一带，几不能守。当饬赴援，幸已击退。确探乡城，则枭境[獍]所集，深沟高垒，尽所有之械，积多处之粮，未有降意。负隅困兽，兵寡不可急搏。其地素险，一足当百，而彼万众，我卒千余。顷又命嵇廉征乡，统辖各营，分道合击，能否致胜，尚难予决。然综观现状，若非及时增兵，未可保其必克。统计出关兵数，已达五千，兵力不为不厚，糜费不为不巨，川省财力，已难支持。然新克之地，均须驻守，攻乡无几，万一乡逆负固以逸待劳，欲抽拨关外诸军，则内无以镇诸路而保饷源，外无以图藏番而防大举。幅员过广，分布难周，加之昌都方面迭来报告，藏番麋集要隘，强邻暗助器械，我不西进，彼必东来。巴塘瘟疫流行，殒亡相继，合之各处阵亡将士，已不下六七百人，大炮八尊，损坏其六，久战备[倍]苦，莫可告诉。前者幸托威福，必胜必克，由于近取[攻]甚猛，出其不意，今加实①。不料，天下事非身经规度，真象万难得悉。今者水落石出，尤恐一篑功亏，请再派兵三标，大炮六门，所需饷械称是以一标，炮二门，由宁远、盐源、贡噶岭直捣乡城巢穴，天外飞来，奇功易就。余集炉城，预备征藏。中央不助饷糈，川中万难独任，昌衡决于本月八号飞巡全局，遄返炉城。现以五千之卒，当十万之师，步步层层，踏实屯兵，未敢稍留一隙，心力俱瘁。倘荷允准，则当慎重图全，进复全藏，不然骑虎见伤，谁任其咎。调兵极苦，饷糈惟艰，地险天寒，兵常冻殒。我军新集，川局内穷，实历辛艰，声随泪下。前者辛劳，幸无一误。后事方殷，敢不尽诚？惟望俯如所请，大局幸甚。不然，昌衡惟有尽忠报国，成败未能逆睹矣。盼复至急。尹昌衡叩。【咸。印。】

(《民元藏事电稿》，第110～111页)

---

① 原文如此，疑此处电报译稿有误和遗漏。

附录一　胡景伊致袁世凯电

（1912 年 12 月 16 日）

国务院呈大总统鉴：

　　午密。接尹都督东、冬电各节。查从前边藏不分，炉关以外，均视为藏境，政府经营，既不能及，藏人亦遂渐渐内侵。自前清边务大臣戡定全边，藏人虽属远迹，乘隙煽惑，诚不能免。乡城一部，素称顽强，昔该部首恶喇嘛普中札娃叛理［里］独立，自光绪二十年起，直至三十二年始克荡定。尹都督急欲靖边，乃倡议征藏，以为藏部既服，康境必靖，就行军方略言之，自宜如此。但领兵入藏，关系英藏条约，见诸实行，尚非此日。为今之计，惟有力靖全边，先肩门户。专事乡城，需兵无多，现已派定步兵一团，计大炮六门，克日由宁远、盐源、贡噶岭直捣该处，合力兜剿，当易为功。供给饷糈，川省财政，纵极支绌，万不能遽以仰给中央。景伊自应勉为筹备，俾资饱腾。俟税制划分，或当以边需请之内库也。护四川都督兼署民政长胡景伊叩。铣。印。

（《民元藏事电稿》，第 112 页）

附录二　国务院复尹昌衡电

（1912 年 12 月 17 日）

打箭炉尹都督：

　　午密。大总统令：咸电悉。川边用兵困难，中央早经虑及，因令该督前往亲历，庶得实在情形。兹阅来电，番情向背无常，川边地瘠人稀，时疫流行，道路险阻，乡城又猝难攻克，自系实情。惟该督进退，为全军视听所系，若骤回驻炉城，恐军心动摇，有碍边局，应暂择驻巴、里一带。所呈添兵增饷各节，已交参陆两部、财政部核议。刻闻藏中自相攻扰来电，昌都所报，番必东来，恐亦未必确切。该督但饬各军队及地方严持军律，拊循番民，勿犯秋毫，谋其乐利，使输诚者获安，则反侧者自能感化，不在专恃武力也。等因。合电遵照，国务院。篠。印。

(《民元藏事电稿》，第 112~113 页)

附录三　国务院复尹昌衡电
(1912 年 12 月 19 日)

中渡尹都督：

午密。大总统令：乡城本稔乱之区，距滇蜀皆近，必宜及早办结，方免波及内地。现已饬胡护督接济该处兵饷，毋令匮缺，俾竟全功。该督此次亲历边境，番情地势，颇为谙习，务当饬前敌军队，兼行威惠，收服番心，切不可妄事杀掠，致弱者疑惧，强者负隅。总之，清［靖］边地之反侧，即以固滇蜀之藩篱。勉之！等因。合电遵照。国务院。皓。印。

(《民元藏事电稿》，第 113 页)

附录四　国务院致尹昌衡电
(1912 年 12 月 24 日)

中渡尹都督：

午密。大总统令：现据探称拉萨三大寺首领喇嘛，多系来自巴、里、盐井一带，可令其家属函劝各喇嘛共劝达赖归顺。等语。即由该督派员查明，将该喇嘛家属等优为赏赉，设法酌办，惟不可因此骚扰番民，致生枝节。等因。合电遵照。国务院。敬。印。

(《民元藏事电稿》，第 116 页)

附录五　袁世凯嘉奖令

（1912 年 12 月 25 日）

迭据川边镇抚使尹昌衡电呈川边肃清，并请将出力各员量予优奖。等语。此次川边肇乱，该镇抚使督师征剿，不避艰险，用能迅奏肤功，深堪嘉尚，应给予二等文虎章，以彰勋绩。所有在事各员，或战功卓著，或调度有方，自应优加奖叙。统领官顾占文，应给予四等文虎章。军务处长李延迻，北路督战官刘瑞麟，应均给予五等文虎章。营长彭日昇、丁成信、李焱森、舒云山，应均给予六等文虎章。兵站副监稽昌应给予七等文虎章。其余随征出力将士，应由该镇抚使查照勋绩调查表式，确切查明，咨送陆军部核办。

（《近代康区档案资料选编》，第 3 页）

附录六　袁世凯致尹昌衡蔡锷陆兴祺电

（1912 年 12 月 25 日）

中渡尹都督、云南蔡都督、印度陆兴祺：

兹有寄达赖喇嘛复电，望即设法送到。其文曰：诚顺赞化西天大善自在佛达赖喇嘛鉴：顷阅来电，具稔共图和平，联合五族之意，良深欣悦。前此汉番多事，皆由政府与贵喇嘛隔阂，嗣后文电往复，彼此诚意，皆可通达，实汉番之福。前已电致贵喇嘛转饬所属停战，想宏宣佛法，慈爱为怀，必已照办。现特派专员赴藏，商办善后一切事宜，务望贵喇嘛详为指示，使汉番同享幸福，则贵喇嘛之功德无量矣。该员应取何路赴藏，并望见复为荷。大总统。有。印。

（《民元藏事电稿》，第 117~118 页）

附录七 国务院致胡景伊尹昌衡电

(1912年12月27日)

成都胡护都督、中渡尹都督：

午密。大总统令：现阅路透电称，藏兵夜袭华军于乡城，华兵死者三百人，成都不日当可添兵前往。又称乡城之战，华军失去机关炮六尊，里塘以西，路旁房舍，均为藏兵焚毁。各等语。查前据尹督电称乡城办理为难，惟未叙及挫衄如此之甚。究竟乡城现办情形如何，务即逐细具复，以慰驰系。等因。合电遵照。国务院。沁。印。

(《民元藏事电稿》，第117页)

致胡景伊函

(1912年12月)

京师近日有纷传川边失利消息者，言之凿凿，万众一声。兹悉尹昌衡日昨自前敌报告川省以乡城进兵情形，近日甚为危急，请添兵助剿，当由胡都督函允接济兵饷。兹将尹镇抚来函，照录于左，以资考证。

巴塘空虚

函云：巴塘顾统领占文以巴城虽尚安靖，而盐井、江卡等处尚未定，川滇道路梗塞，商人裹足不前，因饬陈营长桂亭往攻盐井，舒营长云山往攻江卡。蛮民见我兵陆续出发，度巴塘防兵较少，且知我军粮饷将次告罄，子弹所存无几，乃由乡城、稻坝蛮民诱引各处聚集数千人，预备围城。有巴塘居民往附近山林采樵，被蛮民掠去驼驴七头。又有汉商四人往阿墩子地方办货，行至距巴三十里之茶楚山，被蛮民抢掠一空，并将孙占云杀毙。顾统领得悉骚扰情形，特为先发制人之计，饬李宗辉、刘燮臣两营长率兵分路搜捕。据该营长等回报：觉雅、多松、林口等处均集有蛮民多人，□□牛毛帐篷，一闻我军前往，又复四散，实乏办理之法。刻下巴塘汉兵仅三四百人，粮米仅敷十日之用，一闻蛮民围城警耗，莫不惊骇异常。兼以迭奉宣慰使令文，饬各营挑选精兵五十人，星夜开赴昌都。又饬刘、李两营各派精兵一哨，分防德格、贡觉一带。驻巴各界闻之，甚为惶恐，齐集会议，佥谓巴塘两次被围，实赖各界死力相守，得有今日，宣慰使令调军队，未悉近况，请由顾君据情呈报，再由各界公启呈明，庶边局得以保全，又不致抗宣慰命令。各界均赞成缮妥专丁送呈。旋接黄君派员运到军米四百包，军装数十驮，军饷数千两，又可支持半月。然巴塘军力仍薄，能守不能调云。

盐井危急

顾君占文派陈营长桂亭率兵一哨，往攻盐井后，已于日前开拔，沿途迭获胜仗，蛮民闻风而降。未旬日行抵盐井，盐井蛮匪概已退去，滇军殷司令亦派兵四百余人前来会剿，盐井各商均异常欢迎。我军派兵四路搜查，以清□孽，遂同驻于某喇嘛寺，以资镇抚，并招集流民，使其复业安居。讵料蛮民仍袭乡城故智，空穴潜逃，退集于侧近数十里外，乘我兵防守稍懈，夜半潜回，将喇嘛寺四面围困，声息不通。蛮民愈集愈众，约计四五万人，我军寡不敌众，屡次冲突，终不得出寺。后方接应兵队数十人见蛮民势大，不敢造次往攻，遂飞文回巴求救；一面集众筹议，以滇军殷司令大兵近在丽江，距盐井三五站，恳其星夜往援云。

喇嘛［咕喇］丫恶战

自蛮匪复叛，乘我不备，攻踞喇嘛［咕喇］丫一带地方，意在断我饷道。该地被番人占踞后，巴、里交通，复行阻塞。吾军前次以此失援，故稍受损失。日前檄调边陆两军前后夹击，恶战三日，轰破里塘所储之大炮一尊，已将该地夺回。巴、里军报运道幸通，番匪数千群向二郎湾等处败退。我军乘胜追逐，轰毙番匪甚多。三［二］郎湾一带，近日尚有战事云。

（《川边岌岌可危之大局》，《申报》1912年12月29日）

致各省都督电
（1913年1月6日）

各省都督、省议会、各报馆钧鉴：

接路透电载：番宿兵夜袭里塘，华兵死者三百余人。又华兵攻乡城失利，失去机关炮四尊。各等语。闻之不胜骇异。查里塘系朱团长森林驻守，其附近之稻琪、藏琪均有军队扼守要隘，番兵夜袭，华兵死伤，实无其事。至攻乡军队，现驻咕喇丫，方会集各路军队，以谋四面协力夹攻，刻下尚未主战，兹并无失利之事。该电所称各节，当系讹传，兹恐远道传闻失实，特以奉闻。川边镇抚府。麻。

（《川边报告西藏近情》，上海《民立报》1913年1月13日）

致袁世凯胡景伊电

（1913年1月19日）

袁大总统、成都胡护都督钧鉴：

午密。东电所呈，谅邀钧鉴。昌衡于删日返炉，沿途简阅，并据报告，前授诸将方略均能实行。川边重镇，异常安谧，乡逆被围，未能出扰。昌衡因控边制藏，非同时并举不可，故令刘瑞麟部兵四营扼守昌都附近，密探情状，遏藏逆之东侵，兼示声威，为外交之后盾，其任最重。刘筱亭令驻甘孜，分险道控以镇边北而保粮道。顾占文坐镇巴塘，兼顾江卡、南墩、盐井一带，防乡逆之西窜。朱森林兼守里塘，并防稻城、三坝、河口等处，杜乡逆之东援。嵇廉率领一军牵制乡逆，屡战示威，未令深入。缘该处山深道险，距大路尚有八站，名为一军，兵仅数百，保持粮道，尚虞不足。除此主客异势，众寡各殊，倘迫坚城，图缚困兽一隅，其于全局震惊，顾不若暂令诸军遥成犄角，堵乡逆之窜扰，断藏番之声援。而川边军队仅及四千新俊，各区均须震［镇］慑，计其分布环五千里，万难更调，致启他虞。现已电商胡护督景伊增兵一标，取道宁远，乘其不意，直捣巢穴。该逆前与嵇廉相持，左右又为顾占文、朱森林所逼迫，复将大军进击其背，不难一鼓荡平，且免散为流寇。如此进行，似较稳妥。怀远之术，首在得心。昌衡已严饬军队无犯秋毫，慎选官吏着手善后。至于将来图藏亦具管见，另电密呈。所有川边镇抚使应办事宜，刻仍责成邵从第［恩］、李延逵代行代拆。昌衡俟疾稍好，即行力起视事。是否有当，敬候示遵。尹昌衡。皓。印。

（中国第二历史档案馆藏原件，档案号1011-4820）

附录　国务院复尹昌衡电

（1913年1月24日）

打箭炉尹都督：

大总统令：皓电悉。所陈安边控藏及防御乡匪，徐图进取各等情，经划井井有条，闻之深为忻慰。贤劳致疾，尤殷轸念。镇抚事宜，暂由邵从恩、李延逵代拆代行可也。等因。合电达。国务院。敬。印。

（中国第二历史档案馆藏原件，档案号 1011 - 4820）

致袁世凯及各省都督电

（1913年1月25日）

北京袁大总统、各省都督钧鉴：

昌衡已于敬日力疾视事。特闻。尹昌衡。有。印。

（《尹硕权力疾视事》，成都《国民公报》1913年1月31日）

致袁世凯等电

（1913年1月26日）

北京袁大总统、国务院，成都胡都督钧鉴：

前接奉现行各省地方行政官厅组织令，于涣散纷歧之后，为整齐划一之规定，澄叙官制，匪是莫由，而国利民福，亦即基于此。大猷硕画，钦佩莫名。川边地方数千里，改流设治者三十余处，从前羁縻系属之地，近已成地方行政之区。现奉大总统通令，亦极应遵守组织，以期同条共贯，得利推行。惟镇抚府性质体制，稍与行省不同，计必有特别组织，如任各省为治，自不能符合中央。去年国务院通电，称镇抚府官制草案，已经拟定，不日交议。等语。现在各省组织令，后经大总统从权公布施行，亦请将镇抚府组织令从速公布，俾得依限改组，以仰副我大总统顾念民生之至意。昌衡叩。

宥。印。一月二十六号发。

(《镇抚府权时落后》，成都《国民公报》1913年1月31日)

致胡景伊电

(1913年1月27日)

成都胡都督鉴：

外间流传有胡、尹交恶之说，两心契合，自非流言所能摇动。惟彼此同任巨艰，视线所集，诚恐以讹传讹，致生障碍。兹拟明白宣布，免淆众听，如承赞同，请将来文修改，会大总统暨各省都督、报馆、法团为盼。文曰：窃景伊、昌衡互相倾慕，早订神交，受任以来，相为勖勉，协力进行，期艰难之共济，弥志同而道合。不谓蜚语流传，竟有胡、尹交恶之说在。彼此契合无间，固非无端簧鼓所能摇动，而此等风说，影响所及，大之足为全局之累，小之亦足增我大总统筹边之虑。盖川边于西陲如屏藩，蜀省于边地如辅车，万一各存意见，其中障碍贻患，何堪设想？质实言之，非昌衡驰驱于外，则全川亦难巩固；非景伊策应于中，则边地奚能控驭。在私交谊同骨肉，在事势依切唇齿。此时何时，遑存疑贰，以心印心，实无隔阂。来日方长，谣诼可畏。用披肝胆，敬布区区。衡。感。印

(《尹胡交欢之好消息》，成都《国民公报》1913年2月15日)

附录　国务院复尹昌衡胡景伊电

(1913年2月1日)

成都尹镇抚使、胡护督：

大总统令：艳电悉。阅之甚慰。民邦肇造，险象环生，同处危舟，虽秦

越亦为兄弟。况该督等，各矢公忠，素顾大局，和衷共济，相得益彰，久为中央所深信。政途倾轧，世道诪张，人言固不足恤也。等因。特达。国务院。东。印。

(《大总统慰勉尹胡》，成都《国民公报》1913年2月5日)

致胡景伊电

(1913年1月29日)

成都胡都督鉴：

川边设治未久，需人无多，惟军政两界投效者纷至沓来，机关人满，旅店拥塞，多经昌衡自行资遣，后难为济。请即宣布登报，并通电各省，凡请赴边效力者，均免咨送。其已来川及本省人士，非先由公传见考核电知，再由昌衡酌定位置电复，可不径来。否则，概不接见，且无闲款馈贶。谨此奉闻。尹昌衡叩。艳。印。

(《川边实行逐客令》，《西蜀新闻》1913年2月3日)

致联合华族会电

(1913年1月)

诸公联合华族，共谋进行，以赞共和，而筹备自治，此举对于边远省分，新造国家，均属急务。往者旅外华侨与夫各省客籍虽有联合虚名，仍多种族思想，甚至省自为界，人自为谋，民国前途，遂暗生种种危险，尤望毅力热心，坚持不懈，以达国利民福之目的，幸甚，幸甚！此间边乱粗平，正拟联合汉番，期与同化，贵会成立，实所心折，前事可师，后尘可步，敬伸贺悃，并表赞同。

（《尹昌衡赞成联合华族会电》，《申报》1913年1月24日）

在镇抚府会议上的讲话

（1913年2月3日）

　　川边镇抚府于二月三日开大会议，首由尹都督宣布此次出巡后，见关外吏治军政之败坏，皆因前清弊窦多端，积重难返。前次会议如考查官吏，严饬军纪，筹备乌拉，均属治标之法。今欲从根本上解决，则有两种之计划：军事未定以前，曰防藏征边；军事既平以后，曰靖边征藏。前方军队第一问题，总是缺饷与乌拉困难，现在饷源既属有限，而乌拉一项或竟向蛮民购买，则财力实有不及。粮食购之关外，其价较内地甚昂，至军装军械亦必须由内地制就运往。以上种种应办事项，均当以经费为前提。即前议将边军调回训练，一时均难做到者，亦以财政困难之故耳。

　　后经讨论多时，决议将镇抚府范围缩小，以节縻费，俾救万方。民政、财政、实业三司改为内务、财政、实业三科，直隶于镇抚使。学务、矿务两局改为两课，分隶于内务、实业两科。其各司、局、所限于文到七日内，一律取销。至所有科长、科员，酌留能办事者数人，余则优给一月薪资，咨送回籍云。

　　又闻尹都督以关外矿业最重，呈请开采之人日繁，且矿局存在能自食其力，无需公家另筹经费，有尚可补助公家。至学务亦关全边，而北路业接续开办。教育为根本，不宜过裁抑。拟将矿局仍旧成立，学务则改为教育科。

（《川边杂记》，上海《民立报》1913年3月18日）

致袁世凯等电

（1913年2月4日）

北京袁大总统、国务院、参谋部、陆军部钧鉴：

午密。奉大总统令：准派代表赴京陈述一切。昌衡遵即遴派镇抚府政事参赞严崇经、李育仁，军事参赞孙绍骞，其严、李两员随即起程，孙绍骞因大举攻乡城，并力辞数次，已派充攻乡总指挥，任务重大，一俟乡城克复，即便赴京。该员等边情熟习，于一切计划，大有裨益。特先电闻。尹昌衡。

（中国第二历史档案馆藏原件，档案号1011-1070）

致国务院电

（1913年2月19日）①

据李延周统带呈称：我军现驻江卡，地方有种种危险，请示办法：（一）英兵在藏不守纪律；（一）藏兵窥我军情，即转告英军；（一）英兵阻拦我军前进，并在察木多安置大炮五尊，有迫令我军退出江卡之说；（一）我军饷械均缺，设不接济，立召哗变；（一）我军势甚单薄，请速派大队，俾可着着进攻。

（《扑朔迷离之藏务》，上海《民立报》1913年2月25日）

---

① 此系国务院接到日期。

致嵇廉等电

（1913年2月底）

乡城夷人，畏我兵进剿，禀请投诚。兹闻尹都督又电令嵇指挥、孙指挥等，谓：

乡逆狡诈性成，此次来投，恐为缓兵之计，军事前途，不可稍涉疏懈，亦不得遽萌轻噪。孙指挥仍集中里塘，以为前军后劲，嵇指挥办理投诚事宜，务照前令，勒令缴枪。至于刘支队长，亦令庚［赓］续前进，以厚兵力。云云。

（《尹都督计画周详》，成都《国民公报》1913年3月4日）

附录一　嵇廉致尹昌衡电

（1913年2月22日）

兹闻嵇廉于二月二十二号由喇嘛［咕喇］丫来电，谓乡夷以曲登土司之开导，业已具呈请降。允阴历正月十二缴械，十四日各军由东龚进乡受降。云。

（《乡夷请降之详闻》，成都《国民公报》1913年3月4日）

附录二　乡番投诚呈文

（1913年2月）

其大意谓：
前清时，赵督西来，残杀掳掠，无所不至，不得已赴辕投诚。当时只命上粮，别无差役，逾时未久，而苛税频来，人马有税，房屋亦有税。偶尔违误，非刑立至，迫而走险。辛亥复叛，巴塘派兵进剿，焚毁房屋三百余间。旋派头人纳款，又将头人立地正法，或剥皮，或挖心，任其所为。于是愤然思变，实非得已。尹都督此次亲征，护教保民，仁爱无比，并准呈诉困苦，莫名感佩。况赵督已除，凤愤已释，且尹都督所带军队，原为保护边地人民，维持宗教起见，并无苛刻行动。如巴塘、盐井一带投诚，诸蒙优待，不咎既往。乡城一隅，亦恳垂怜抚恤，永作良民，不萌他志。投诚之后，再行呈诉前冤。云。

（《乡番之呈文》，成都《国民公报》1913年3月7日）

致孙绍骞等电

（1913年2月27日）

尹督于二十七号电令孙指挥、嵇指挥、朱队长等谓：

查乡番来文，词意恳切，深堪嘉尚。果能倾心归化，缴械投诚，本都督决不致残杀番民，致伤天和。仰孙指挥等速行宣布本都督德意，以免乡番狐疑。

（《尹都督对待乡番之办法》，成都《国民公报》1913年3月7日）

激励将士文

（1913年2月）

成都函，川边镇抚使尹都督示云：本都督此次出关，周巡三月，见我诸将士于冰天雪窖中，备尝艰苦，或守御有方，或战功得力，效忠民国，福我川边。本都督久愿坐镇关西，与我诸将士共之。惟念昌都扼藏门户，巴塘乃川边腹心，而电路不通，消息不灵，本都督镇守全边，百务膺身，自当择驻要冲，万难周行全局，且关外各军之粮饷，全恃后方之接济，自本都督出关后，输运不灵，粮秣时匮，念我将士刻不能亡［忘］，是以本都督令刘督战瑞麟速进昌都，严防藏逆；顾统领占文、朱队长森林坐镇巴、里塘，兼堵乡逆。兵将遵命，在职自能巩固西陲，是以先行回炉，筹运一切。并由成都调拨军队，刻已行过雅州，凡关于防守作战地点，均酌量增加，番逆等釜中之鱼，自不难克期底定。至甫【经】投诚之番民，时生观望，政治不【良】，愈非攻心之具，故调黄宣慰使【赴】炉，以任民政司之职。川边为民国藩篱，【而】振军治民又为筹边要务，此中计划谅为关外诸将士所深悉。本都督爱民恤【物】，算无遗策，尔将士宜恪守命令，断绝狐【疑】。本都督不惮其烦，为此训诫各团队，一【体】知照，并仰各长官剀切详明，晓谕部下，【以】使我军固结团体，同德同心，尽国民之【天】职，保军人之名誉，毋作风声鹤唳之惧，【以】为杯蛇市虎之谈。倘有失律，定处严刑，【害】国误身，悔将何及？国势已危，人心当愤，【冀】望边氛扫尽，军旅凯旋，铜柱功标，黄龙【痛】饮。本都督有厚望焉。

(《川边杂记》，上海《民立报》1913年3月16日)

致袁世凯及陆军部电

(1913年3月3日)

北京袁大总统、陆军部钧鉴：

西征兵站系第三镇兼办，兹据该师长孙兆鸾电称：兵站全体裁撤，所有兼差各员劳苦数月，未给薪津，若非择尤［优］请奖，不足以酬劳勤。查主地副监嵇廉疏通道路，战守兼施；基地副监袁文燃［呼］前应后，极尽艰辛；留守部副监傅寿棠筹备有方，缓急足恃；顾问官牛体仁硕画长才，巨艰独任；拟请分别给奖相当白鹰勋章。其余出力人员，即行汇报。等情。窃昌衡仓卒出师，道途险远，端赖该师长督率，全力顾后，方源源接济，始得战胜攻取，士马饱腾。在事各官宜膺懋赏，相应恳请核予优奖，以彰励绩，而示荣施。是否可行，伏候钧裁。尹昌衡叩。江。印。

（中国第二历史档案馆藏原件，档案号 1011－1070）

整顿纪律之训令

（1913 年 3 月初）

关外陆军纪律，现稍废弛，而其根本全坏在长官之不遵守纪律，所属尤而效之，害乃甚焉。尹督日前特出训令云：

军队最贵服从命令，尤须统一，弁髦命令，难操胜算之权；妄行调动，实犯兵家之忌。是以关外防、陆各军应如何支配调遣之处，业经本都督完全规划，并令知十一团一营，边军第一、第三、第七、第十一等营全归刘帮带瑞麟调遣，无论何人不得妄行调遣在案。如果确遵前令，实力奉行，各尽其职，边地可以永宁。控藏振边，势原稳健，乃近闻十一团第一营营长唐雨帆驻扎俄洛桥，奉该营团长命令开赴里塘。该团长迭次呈请未允，本都督实有苦心，乃敢显违命令，私行调遣，逞一人之偏见，置大局于不顾，据照军法，罪实非轻。惟念克复里塘等处，不无微劳，初次失律，尚可从宽，着即记大过一次，罚薪一月，以观后效。至唐营长雨帆，进退轻率，几酿不测，殊乖军律，固属罪不容已，而事后补苴，情有可原，着从宽记过一次。再顾统领占文，前亦曾径调喇嘛［咕喇］丫军队，虽一面呈请本都督，然未奉本都督许可命令，亦属不合，仍应记过一次，以儆将来。本都督自督师西征以来，所下方略，未尝乖误，陈案可考，而前敌诸将［辄］以私心，自招危险。此次朱团长森林径以己意擅撤重镇，几致变生不测，倘果实行，咽喉一失，全边瓦裂，则是违令误国，罪不容诛。至喇嘛［咕喇］丫之军，原以控制乡城，兼顾巴塘，倘军队撤去，必致乡逆他窜，边事何堪设想？故用兵之道，贵能统筹全局，当守当战，孰急孰缓，本都督自有定算。违令而行，虽功必罚。

(《整顿纪律之训令》，成都《国民公报》1913年3月8日)

致袁世凯及陆军部电

（1913年3月4日）

北京袁大总统、陆军部钧鉴：

　　昌衡前在巴安请以顾占文等补授少将及上中少校，奉令已交部核补，并蒙将李延遫一员授为少将。各在案。查请补各员均经再三核实，委无冒滥，伏望查照前案，准将顾占文、嵇廉补授少将，刘瑞麟补授步兵上校，彭日昇补授步兵中校，丁成信、李焱森、舒云山补授步兵少校，以彰勋绩，而励戎行。出自钧裁，盼聆后命。尹昌衡叩。支。印。

(中国第二历史档案馆藏原件，档案号1011-1070)

致袁世凯电

（1913年3月4日）

北京袁大总统钧鉴：

　　令派慰问专使李育仁已于念四日抵炉，承贶优渥，无以上答。昌衡惟有尽忠报国，大义公诚，以谢高厚，倘有丝毫污玷，甘自身就极刑。抑昌衡尤有进者，方今大局岌岌可危，全恃中枢刚明，外藩忠洁，合同一气，国用永宁。中枢非刚明，则忠直者灰心，枭雄者携二。外藩非忠洁，则施措不与上符，监督亦难骤及，四祸备起，国不可救。方今穷危已极，即有至智极勇，亦惟将就图全，慎谋稳健。中外一体，谁能尽善，惟彼此相谅，待其后成，庶无中败。而近来奸谗不逞之徒，往往见弃于正人，则群趋于中央，冀蔽上聪，不顾大局。而忠纯极洁之士，又不肯赂一报馆，遣一私使。因此相酿，四祸用成。昌愚陋，敢以死谏，一俟边局得宁，仍肯趋谒钧颜，尽所欲言，以尽职分，而答殊遇。临电悱恻，庶祈垂察。尹昌衡。支。印。四号发。

(《尹都督致谢慰问》，成都《国民公报》1913年3月12日)

致黎元洪电

(1913年3月6日)

昨忽闻胡景伊有辞职消息，不识确否？昌衡闻之，不寒而栗。窃为西方时局，岌岌可危，昌衡身膺窘危，苦心镇定，一发万钧，如一更调，祸恐不测。胡景伊公忠勤明，川中实难其选，且接济边费，亦已竭尽心力，虽间有不继，在边军无不人人相谅。顷以伤谗，遂萌退志，景伊若去，川边两处均不堪问，深望痛念大局，以挽贤良。且川局之坏，不坏于军民两政之不整，而坏于腐蠹之丛生。深望大总统及诸公洞烛贤奸，力维大局，持稳健之谋，扶公直之士，西南半壁，可以永宁。昌衡以久病之躯，不敢即言辞者，含泪抚衷，不得已耳。即使归川，亦思稍为息肩。贤如景伊，岂可遽去？瞻望桑梓，涕泪横流，敢掬诚悃，伏希采纳。

(《黎副总统政书》卷18，第3~4页)

附录　黎元洪复尹昌衡电

(1913年3月9日)

打箭炉尹司令并成都胡都督：

　　尹司令鱼电悉。胡都督辞职，深滋惶惑。川鄂接壤，备仰荩猷，千里严疆，方资镇慑。加以藏事方长，藏边正急，安内攘外，转饷增兵，在在均须熟手。既准尹司令电陈时局危穷情形，除电请大总统查核慰留外，应请胡都督勉为其难，捐弃小嫌，顾全大局，强固有力，以期保障西陲，是所厚幸。

（《黎副总统政书》卷18，第3页）

慰训昌都军士令

（1913年3月上旬）

关外军队，防、陆不和，妨碍甚大。尹督现出训令，以调和之。文云：

照得兵经久战，辛苦备尝，而国本未固，事不可息。用特遣使慰劳，并颁明训，惟我军士懋戒哉。本都督爱士卒而忧国家，不惟抚循以私恩，必且策励以公事。今诸君为塞外桓桓之貔貅，即不啻抚诸君为帐下依依之子弟。本都督既不能分身以周视，又不能聚众而时抚，驰系之忧，无间远迩，飞檄得达，幸何如之。凡出诸口，皆根于心，惟我军士谛听之。

不和于国，不可出军。不和于军，不可进战。今者五族犹为一家，况世系于汉裔，复族聚于桑梓，即痛痒毫不相关，而毛里自有真爱。且危舟险渡，生死同之，远塞孤军，艰难共济。诸君即不以国家为念，独不念生命之互为护符乎！散沙自残，败亡立见，藏兵覆辙，殷鉴匪遥，我军士其智，岂不及此耶？在防军孤城久保，忠勇可钦。在陆军千里赴援，微功足录。有豪杰之气者，应欢若平生。有报施之心者，应感同再造。乃不见相安无事，而迭闻抵触频生，本都督诚甚惑之，即诸君何以自解？仰改卑劣之私，共立和亲之约，分甘绝少，辛苦同之，御侮折冲，患难与共。庶膺懋奖，并作贤良，整旅东还，欢歌联袂。本都督有厚望焉。云云。①

（《尹都督训令防、陆》、《尹都督慰劳昌都军士令》，成都《国民公报》1913年3月6、10日）

---

① 此处有成都《国民公报》记者原注："尚有训勉军士耐劳、服从等文，冗繁不具录也。"

告诫三军训令

(1913年3月)

本都督为蛮民梗化，扰乱川边，承大总统之命，受全川七【千】万人之托，率师西征。自元年七月十号出发以来，执锐披坚，日与诸将士共尝艰苦，惟冀竭力同心，义勇奋发，旄钺所摩，蛮氛悉靖。讵料番生反复无常，兵至则帖然输服，兵去则狡焉思逞。风声鹤唳，警耗频传，豕突狼奔，环生险象。诸将士赴汤蹈火，不惜殒命捐躯，本都督疾首痛心，何暇安居饱食。自一月十五整队赴炉，不遑休息，亟亟以军士进行为计划，并以尝胆卧薪，乾惕自励，尤望热诚爱国，挞伐用张，爰特掬示悃忱，将诰诫数端露于我诸将士之前，与我诸将士约：

（一）战守宜奋勇也。见义勇为，军心端赖固结。待劳以逸，众志即可成城。临阵退缩不前，敌至曳兵而走，贻误戎机，军法难宥。诸将士其勉旃，毋蹈后悔。

（一）纪律宜整饬也。军人德义，首在服从。军队价格〔值〕，贵守秩序。荡检逾闲，人所鄙弃，煌煌军士，岂宜有此？所愿日讨军实，长官表率于先，荡涤浇风，士伍恪遵于后。俾军纪美无完庇，蔚成无上资格，巍然为节制之师。

（一）蛮民宜怀爱也。共和成立，五族一家，夷汉有同胞之宜，即彼此无畛域之分。边地行师，雪山千里，乌拉乏缺，输转不灵。因支应之无济，即鞭扑以横加，夷民犹是同胞，何忍施此凌虐？尔将士务宜遵崇人道，以利进行。

（一）办事宜协和也。师克在和，古有明训，同世操戈，世所鄙夷。平时意见捐除，临时方不掣肘，至军情紧急之际，尤须联络一气，方成劲旅。切勿竞争权利，各存意见，蔑视大局于不顾。盛名之下，其实难副。持盈保泰，愿诸将士始终加勉焉。

以上数端，胥皆用兵要素，而尤西征各团队切己箴规。本都督所以不惮嗸口晓音，披沥训诫者，诚愿我西征官佐目兵人等各失［矢］忠贞，共谋公益，乘凯捷之声威，荡冥顽之丑虏，廓清边圉，进图西藏，上以告成功于中央，下不致愧怍于同胞，立我军千秋不朽之名，造边藏长治久安之福。愿我将士共遵斯训，诚能克敌致果，卓著奇勋，自当分别殿最，同膺懋赏。稽勋优褒，国有专章，凡当所请求，胥于照准。倘若狃于锢习，罔听总箴，则暴戾恣睢，不堪造就，定当布告三军，与众共弃，以为顽梗不化者戒。本都督信赏必罚，无党无偏，言胥由衷，有如皎日。尔将士等幸勿视为河汉，隳不世奇勋于垂成也。训尔将士，其各凛遵。

（《川边杂记》，上海《民立报》1913年3月22日）

奖劳昌都一带驻军令

（1913年3月）

川边镇抚使尹都督特派郭昌光前往昌都一带奖劳驻军，其令文云：

照得昌都为川边咽喉，向驻边军第一、第七等营，以资镇慑。其附近之俄洛桥一处，则驻陆军三师第十一团一营，犄角之势，互为声援，深资得力。是以藏番数次猛扑，皆被击退。兹据唐营长雨帆呈报：奉本团团长令调回里，拟即拔队起程，恳请另调边军二、三队填扎前来。当经批令仍旧防守，不可轻动，以免新调之兵不谙地利，不识敌情，致（以下残缺13字）都俄洛（以下残缺13字），同心戮力，保全一方。来往雪窖冰天，出入枪林弹雨，使逆番不敢正视东南，厥功甚伟。时或裹创接战，忍饥待援，艰苦备常，以有今日。其心可敬，其事可嘉。本都督时深轸念，应即派员前往奖劳，并护送饷银。所有各该营队目兵，每人应奖藏币两文，并分给犒军牛【酒】，【以】示本都督眷念将士、不遗偏远之至意。至该处陆防各军能否融洽，应并由该员等切实开导，使知同戍远方，均为民国效力，一旦临战，尤须生死相顾。所谓患难之交，关系何等密切。若防陆不睦，无异兄弟阋墙，是自乱也。军队无论防陆，均属民国干城，本都督毫无歧视。质而言之，则皆我股肱也。此语此心，神天共鉴。故此次慰劳，兼以代表诚意，即无异本都督亲临，自不能不郑重选派。查有该科员堪胜此任，除分令外，合行合委。为此，令仰该员即便遵照，充任奖劳昌都督队及解饷委员，克日束装，会同王委员继纲前往，将原扎昌都、俄洛桥一带陆防军队分给赏需，逐一给奖。和衷共济，为国宣劳，务使各军仰体斯意。异日边事大定，论功行赏，本都督定不没其勤劳。并即详细演说，俾众咸知，将如何慰劳及前后情形随时具报查考。

（《川边杂记》，上海《民立报》1913年3月31日）

致国务院等电

（1913年3月）

国务院暨参谋、陆军两部钧鉴：

藏番猖獗，较前益甚，以我现布置兵力，颇难抵御，非增加兵力不可。特将所驻兵额地点，及拟现添驻者，列呈鉴核如下：（一）打箭炉并河口两地共驻兵二千五百名。现藏兵之来，动辄逾万，打箭炉为入藏总枢，应请添兵二千五百名。（二）里塘、喇嘛［咕喇］丫、达窝巴等处只有兵额一千五百名，应添千五百名。巴塘兵额三百，应添五百名。乍丫兵二百五十名，应添五百名。南顿［墩］兵额三十名，斯卡甚关重要，应添百名。江卡、查［察］木得［多］、铁尔喀等亦应添驻军旅。惟川省经济窘迫，虽能征调，而出发饷糈应请中央拨款，或由各省协济，军势可以稍张，藏疆或可永保。尹昌衡叩。

（《尹昌衡电陈川边布置状况》，《申报》1913年4月2日）

川边设治之区划

（1913年3月）

川边幅员辽阔，旧皆土司属地，前清曾有设治之议，未尽实行。兹由尹镇边使通盘筹画，拟设二道：一曰边东道，以康守、安磴、初□、炉□、雅江、道孚、泰宁、里初、怀桑、稻城、贡嘎、守编、巴安、义敦、盐井、甘孜、炉霍、秋巴等十八县属之。一曰边西道，以昌都、德荣、武成、宁静、察雅、贡县、察隅、科麦、恩达、邓柯、石渠、白玉、同景、德化、嘉黎、硕督等十七县属之。其边西之太昭等县，俟一律设治，再行分划。至前次改土归流各地，就治理之便利，分别支配。（一）以明正、鱼通、沈边、冷边、□里各土司，均归并为康定府治。（二）分明正地为安良厅，分鱼通、沈边、冷边各地为泸定县。（三）分明正、里塘、崇喜各土司地为雅江县。（四）分明正、孔敌、麻岁、单东、鱼科、经司、甲布各土司，及不罗科部番投诚之地，并改泰宁寺喇嘛报布为道孚县。（五）分里塘、毛丫、毛茂丫、曲登、崇喜各土司地为里化府。（六）分里塘地为定乡、稻城二县暨贡噶分县。（七）改巴塘土司为巴安府。（八）分巴塘地为德荣、盐井二县。（九）分巴塘、里塘、毛丫、曲登各土司地为痈敦县。（十）改三岩野番投诚之地为武成县。（十一）分德格、春科、高日、隆葱各土司地为邓柯府。（十二）分麻书、孔撒、百利、东科、德格、倬倭章各土司地为甘小州。（十三）分姚耳、章谷、倬倭各土司，及上罗科重番投诚之地为炉霍县。（十四）分德格、高日各土司地为石渠县。（十五）分德格土司地为德化、白玉二县。（十六）分德格、纳夺各土司地及察木多、呼土克图等地为同普县。（十七）分丹东、巴底、巴日、章谷、明正各土司地为丹巴县。（十八）改察木多、呼土克图地为昌都府。（十九）分之了呼图地为察雅县。（二十）改瞻对藏官地为怀桑县。（二十一）改江卡察官地为宁静县。（二十二）改贺觉藏官地为韶县。（二十三）改杂榆藏官地为察隅县。（二十四）改桑昂藏官地为科麦县。（二十五）改恕违藏官地为恩违厅。其支配各县治，大略已具于此。闻从前土司藏番野蛮专制，田土财帛取予自由，妻妾子女任意强占。自改流以来，蒙情观悦，内附甚坚。此次分划区域，设官分治，当可加意经营，以固边圉。

（《川边设治之区划》，上海《民立报》1913年3月12日）

批黄煦昌文

（1913年3月）

据呈：单东、巴底、巴旺三处开①或富于畜牧，或富于矿产，在前清边务大臣临之以兵，尚未能使其归化。今该使不费一兵一矢之力，竟收四百余里土地，四千余户人民全行收复，是由该使之声誉翕然，所至畏怀，更由于青委员得云善为开导，劳瘁弗辞。披呈良深嘉许。惟前据代理民政司长蒙裁成呈：据履勘疆里委员蒋士倬等报告：二巴及下单东诉讼案件多因章谷界限不清，易滋纠葛，拟将章谷屯划归川边，合二巴设为一治。业经本都督转咨四川民政长饬司核议在案。所请以青委员前往单东、二巴试办设治，按舆情之所系尤目前急要之图，候即加状委任，并拨款给领，俾资办理，期竟全功。其恭顺投诚之土司、头人等，仰□查报姓名，以凭转请大总统从优给奖，用劝将来。仍候令康定府知照缴图结存。

附录　黄煦昌呈尹昌衡文

（1913年3月）

成都函，集中司令官四川炉边宣慰使兼川边民政司长黄煦昌，呈尹镇抚

---

① 此"开"字疑为衍文。

使之文云：

本使前奉命出关，办理安抚事宜，甫经按临道孚县即查该县西北有单东，东北有巴底、巴旺，该三处土司，经前清边务大臣屡次派员前往招抚，该土司百姓等□未肯投诚，嗣以兵力临之，谨收印信。旋因事搁置。本使查知此情，若不乘此时机，改土归流，过此以往，追悔何及。随即一面出示，晓以大汉光复之始末，中华民国成立之原因，并我都督待番民之至意。又派前炉霍县知事、现充宣慰使一等随员青得云前往剀切开导，费两月有余之力，该三处土司百姓等始则尚怀疑虑，继则投以□诚，相率出具切实甘结，并粮税户口数目，交青委员赍呈前来。本使查单东地处边荒，民俗强悍，纯是夷巢，北达鱼科野番，南接道孚县，东与巴旺接壤，西抵炉霍县，纵横约二百余里，夷户一千余家，喇嘛寺大小十余座，长原旷野，悉属大荒，人民半逐水草而居，从事农业者甚寡。查巴底地方，纵横约百余里，东达崇化屯，西接单东，南通卓斯，北抵巴旺，共有夷民一千余家，汉民二十余户，有街市一道，喇嘛寺三座。气候温和，土质腴厚，每年播种两次，收成最丰。农户以苞谷为大宗，膏粮及大小麦次之。其余百物皆产，而尤富于蔬菜瓜果，不似单东之苦寒。查巴旺地方，纵横约百数十里，东傍金川，西接单东，北走俄洛野番，南通巴底，天时气候，与巴底相同。其夷民一千余户，汉民六十余家，喇嘛寺一座。本使查单东富于畜牧，而巴底、巴旺尤富于五金各矿，向归土司所属，前清二百余年从未着手经营。今民国成立，不费一兵一矢之力，而相率来归，实属国家声灵远播，讫镇慑于都督之德威。其土司、头人等将来尚祈我都督电请中央政府，从优给奖，以励其余。然地经收复，自应设官治理，以慰众望。本使综其地势，衡其紧要，莫过于巴底最为适中。惟是三处幅员，四面围周，合计将及千里，设一府治，经费不免过大，审酌至再，拟设县知事一缺，统三处以定名称，可定名巴东县，隶属于康定府管辖，庶足以资控制，而便舆情。

再青委员奉委前往招抚，由单东而巴底、巴旺，测绘地图，跋涉险阻，不辞劳瘁，每到一处苦口劝道，卒使蛮人率服，实属人所难能。拟请特委该员前往试办设治事宜，一切办有成效，地方行政，经费充足，再行更名县知事。而本使必欲请委青得云先行试办者，因三处夷民既服从于前，自必听命于后，实于地方大有裨益。惟粮税户口及应兴应革各要政，俟该员到差，再令切实调查，以免相沿隐匿之弊。第设治之初，经费一项无从挪垫，所有委员薪水以及办公费等□食，均请照前三□、贡觉等处设治委员发给，以资办公。将来此款，征粮变价项下拨还，实巴［为］公便［便］。

（《川边杂记》，上海《民立报》1913年3月30日）

致袁世凯及陆军部电

（1913年4月2日）

北京大总统、陆军部钧鉴：

午密。窃维用兵之道，首贵赏罚严明，但罚重赏轻，必致士心解体。昌衡治军，未敢稍宽纪律，而出力员弁亦已汇案上闻。惟作战边地，百倍困难，被风冒雪，忍冻忍饥。□我健儿历诸苦楚，缺乏犒赏之资，又穷慰勉之语，非以登庸□鼓励名器为报酬，不能鞭策事功，激扬忠勇。是以前清咸同军兴，滇黔缺饷，明定以爵赏维繫军士，厮养舆台，瞬至高位，卒收战胜攻取之效。至办理藏务，今三年届满，例予优保，请将募兵，亦列异常。不知者疑为冒滥，其实驰逐穷荒，若不提倡功名思想，势必人皆裹足，且克复城池，向系专案咨奖。官弁兵夫，一年中战胜数次，即可迁级数次，俄而兵将易位，忽焉僚幕封圻。自前清上溯往古，比比皆然。以视赵尔丰治边五六年，其部将彭日昇、程凤翔等由目夫擢至总兵副将，殆有过无不及也。昌衡出师以来，深赖将士委命，克复㚒口、里塘、巴塘、江卡、乍丫、贡觉、昌都，转战于西俄洛、麻盖宗、俄洛桥、浪荡沟、梗地山、旧子岭、竹巴笼、烟袋塘、孔撒村等处，大小百余战，平定数千里。锋镝余生，皆累勋绩。然特保者不过五六员，汇案者仅有一次，除营长彭日昇资深望重，请补中校外，从未躐等，比之各省例叙军秩，毫无优厚。且此次所请核奖武职，业经造册汇呈，彼时皆因勋章条例尚未颁到，请补秩官亦无标准，遂至皆从苛刻，将有愤心。在昌衡初意，以为报国乃应尽之职，岂敢言功。而军中近情，多谓诸将以百战之功，竟成幻泡。值此民国军兴，凡百戎行，皆邀旷典，各该将弁若在内地或他省，早已如愿腾达，乃以服务边陲，反生偏畸。以衡亲见，其勇烈劳瘁，实达极点，待之过薄，实惨于心，殊非劳而有功，振作士气之道。伏望大总统及钧部将昌衡前呈奖案清册，俯赏查核。其有□请勋章皆系文虎，并均在五等以下，既不列诸将于殊勋，又或以兵士应授之章奖与将校，与颁布条例冲突，请补各官亦皆循例以授，均恳优予更正，并恳酌量改给白鹰勋章，及择尤［优］酌奖一二，庶策励边功，恩出自上。有功得奖者必益加奋勉，续到前敌者则观感有资，戎机之利莫大于此。再目兵艰难，逾于士官，饷且欠发，功尤难没，各该员投笔从戎，帷幄襄赞，收复土地，建设为劳，故亦急须奖励，以免向隅。昌衡前请指示文官叙等及目兵请奖办法，蒙交国务院迅速核议，如议复尚须时日，则请先行电示大略，以便遵办。请示定夺，是否可行，统候钧鉴，不胜迫切待命之至。尹昌衡叩。冬。印。

（中国第二历史档案馆藏原件，档案号 1011－1070）

致袁世凯电

（1913年4月上半月）

政府饬尹司令派员与达赖会议藏事，往来电商，始择定会议地点。日来两方已开正式会议。兹闻尹司令有密电致大总统，报告开议情形，大致谓：达赖所派代表，对于政府所开条件，颇有变更，内中政教划分一条，该代表驳拒尤力。刻下要求仍沿旧例，政教混合，态度极为强硬，毫无让步之意。请电示办法，以便遵行。等语。闻大总统接到此项电报之后，甚为焦急，已与国务总理及蒙藏局贡总裁会商办法。惟此时尚未议定，故日内亦未答复云。

（《西藏危乎殆哉》，上海《民立报》1913年4月17日）

致蒙藏事务局电①

（1913年4月9日）

  前以边藏未平，西藏选举无从确实履行条件正式开办，电请缓办在案。昌衡初意，以选举重要，非俟该地平定，按法举行，不足以谋公益而尊立法，故不得已而为此请。兹据驻炉藏及各喇嘛、各土司全体公呈：为选举藏议员，业经参议院议决，由蒙藏事务局办理，其选举人被选举人均非藏人，蔑视多数，蹂躏民权，请电京力争，改由在炉选举，以维系人心，昭示五族共和之意。等情。据此，窃恐立法、行政不能混为一途，议员为国民代表，在京少数同人非国民公意，为权宜办法起见，与其在京选举，不如由炉城集合边藏两方商民及各寺喇嘛、各党会、各法团、各土司公同选举，似较在京办理为妥善。所选出议员亦于边藏情形较为熟悉，将来对于边藏应兴应革事宜，庶能代表进行。不然，多数人放弃权利，少数人隔靴搔痒，既失领土民心，且于民国前途大有障碍，殊非五族共和之意。昌衡为收拾人心起见，不敢壅于上闻，谨为代呈，并恳电复，以便遵守。尹昌衡叩。佳。

（《西藏选举之逐鹿》，上海《民立报》1913年4月28日）

---

① 《民立报》发表此电时，加有如下按语："尹昌衡二次电争。京讯：川边镇抚使尹昌衡闻此次西藏选举，由蒙藏局在京办理，知京中藏人无多，将来选举结果，恐蹈外蒙选举故辙，被选举人既不能代表西藏意思，于西藏有何益？又电争辩云。"

致袁世凯国务院电

（1913年4月11日）

北京大总统、国务院钧鉴：

庚电敬悉。窃以藏昧共和，惑乱边境，昌衡率众为国扬师，义不容辞，责有应尽。今者荒陲甫定，战祸粗平，实我民国之威，大总统之福，抑亦前敌兵将之忠勇，文士之筹谋，以及后方胡护都督、财政司长董修武策源之艰辛，兵站总监孙兆鸾转运之敏活，始克于事有济。原始要终，衡何力之有？乃蒙勋位宠加，窃叨非分，殊恩下赉，惭汗终宵。伏望收回成命，分奖后方诸人，则前敌文武一命之荣，皆如身受。至乡城一隅，实因河口、里塘乌拉断绝，现始五路分调，甫将续到。各军陆续运进，灭此朝食，指顾间事。各军遵即传令先行嘉奖，并与效顺土司一律拟保，合并上闻。尹昌衡叩。真。印。

（《尹昌衡电辞勋位》，成都《国民公报》1913年4月19日）

附录　国务院复尹昌衡电

（1913年4月13日）

尹都督：

大总统令：真电悉。据称恳辞勋位，分奖有功。各等情。俱见推功让赏，有大树之风，深堪嘉尚。惟边疆重寄，劳苦功高，勋位之酬，允荅令典，勿庸固辞。胡护都督等力顾边局，成绩昭著，当俟边事大定，一并酬庸。至所称续调军队已到，克期力复乡城，仰即奖奋将士，竭力同心，共期战胜，以酬民国。西顾长城，有厚望焉。等因。合电达。国务院。元。印。

（《大总统电勉尹都督》，成都《国民公报》1913年4月21日）

致理化府郭知事电

（1913年4月11日）

于十一号闻尹都督电令理化府郭知事，谓：由河运里之乌拉，前已由崇喜土司担任在案。因前次军队过多，该土司所属乌拉不能一齐支应，俾我军麇集河口，不能前进。本都督再三设法，始将各军队运送至里。现在运粮在即，不可稍有窒碍，仰该知事转令该土司遵照前案，速为筹备乌拉，免生阻力云。

（《尹镇抚运粮计划》，成都《国民公报》1913年4月21日）

致孙绍骞刘成勋电

（1913年4月13日）

现在川边军事底定，惟乡逆负因不下，兹闻尹镇抚于四月十三号电告孙总指挥、刘支队长等，大致谓：帅克在和，古有明训。毋轻小敌，名将至誉。查去岁攻乡之失败，由于前者轻躁妄进，后者无从应援，以致兵溃损害，本都督现有余憾焉。现在该总指挥、支队长攻乡，务宜互相联络，协同一致，灭此逆匪，然后朝食。不然，一涉疏虞，逆势愈张，大局可危，将何以对全川父老？回思边地用兵，瞬经一载，我川之脂膏，概行刮尽。况边地又为全川之门户，门户若破，则祸患频生。故大总统对于边事急［极］为注重，所以有功各员从优议奖。此次有偏劳之处，本都督洞见所及，决不使有功人员湮没怨咨。

（《尹镇抚电训孙刘》，成都《国民公报》1913年4月21日）

致段祺瑞电

（1913年4月19日）

陆军部段总长钧鉴：

公函奉悉。发下陆军少将稽昙令文，查西征将领并无其人。证以昌衡请［奖］将原案及大部复电核准各员名前后对照，稽昙二字实系嵇廉缮写错误，应请查案更正，另文补发。除函复外，特先电陈。昌衡。效。印。

（中国第二历史档案馆藏原件，档案号1011-4820）

附录　陆军部复尹昌衡电

（1913年4月23日）

打箭炉尹都督鉴：

嵇廉名已更正，令文予补发。陆军部。漾。印。

（中国第二历史档案馆藏原件，档案号1011-4820）

致段祺瑞函

（1913年4月21日）

径复者：民国二年四月十八日接准大部公函内开：三月十六日奉临时大总

统令：刘瑞麟准授为陆军步兵上校，彭日昇准授为陆军步兵中校。此令。奉此。除补官证书另案颁发外，相应将该员等补官令文二件一并函达，希即转给祗领遵照可也。计令文二件。等因。本使遵即将发下补官令文二件，分别转发祗领遵照。所有接奉公函日期及转发原由，相应函复大部查照备案。此复
中华民国陆军部总长段

尹昌衡

中华民国二年四月二十一日

（中国第二历史档案馆藏原件，档案号1011－4820）

致段祺瑞函

（1913年4月21日）

径复者：民国二年四月十八日接准大部公函内开：军衡司案呈案，于民国二年三月十六日奉临时大总统令稽昙、顾占文授为陆军少将。此令。奉此。除补官证书另案颁发外，相应将该少将补官令文二件一并函达贵镇抚使，希即转给祗领遵照可也。此致。计令文二件。等因。承准此。本使遵即将顾少将占文补官令文一件，先行转发祗领遵照，以副大部有功必录，量能授职之至意。惟稽昙一名，则西征将领向无其人。查本使前请以稽廉、顾占文升授陆军少将，曾奉部电经大总统核准在案。今部令稽昙二字当系稽廉，前后印证，其为缮写错误无疑。自应陈明理由，静候查案更正，以昭核实。所有接奉公函日期及转发顾占文补官令文，并请将稽廉令文更正补发缘由，相应函复大部查核办理，实为公便。此复
中华民国陆军部总长段
　　计缴还部令一件
　　（川边镇抚使之关防）

尹昌衡（印）

中华民国二年四月二十一日

（中国第二历史档案馆藏原件，档案号1011－4820）

附录　陆军部复尹昌衡函

(1913年5月17日)①

径启者：军衡司案呈案，于民国二年四月二十一日奉临时大总统令：稽廉（令文照录）奉此。除加衔证书另案颁发并分令外，相应将该员等加衔令文四件函达贵镇抚使，希即转给祗领遵照可也。此致（计令文四件）
上将衔陆军中将四川都督川边镇抚使尹

为令行事：（同前）奉此。除补官证书另案颁发并分令外，合即令行。仰即遵照。此令。
右令中将衔陆军少将稽廉、顾占文准此
右令陆军少将衔陆军步兵上校刘瑞麟、彭日昇准此

（陆军部印）

中华民国年　月　日

（中国第二历史档案馆藏原件，档案号1011－4820）

致袁世凯等电

(1913年4月25日)

北京大总统、国务院、参谋部、陆军部，武昌黎副总统，各省都督，各军长，各师长钧鉴：

副总统青、咸两电，及国务院哿电，奉读之余，汗流发指。昌衡窃维国基未固，险象环生，全力扶之犹恐不及，私意破坏是诚何心？南北生疑，武

---

① 段祺瑞5月3日批准。

昌谋乱，如此危机，实足亡国。履霜坚冰，祸兆已发，推原其故，实深于宵小纵横，军令不肃。夫民国创始，著勤劳者极多，宠利居成，则欲望不能满。见无远大，每觉才长。性非忠纯，必多怨望。纵一隅之顾虑，实出真诚，而全局之安危，要在固本。安得广厦尽容四百兆国民？纵有才，难收第二次残局。宵小纵横，信可畏也。至国民公少私多，任他扰乱，我军人任大责重，岂可诪张！有惟一法令之枢，令出即趋如流水，令不出则稳如泰山，未见明文，狐疑何事？有惟一巩固之所，害此者群起而去之，利此者群起而赴之。国本已定，谋乱奚为？人岂无良，自甘沦胥？军令不肃，有以致之。

方今之势，如以六马御一车，同道而行，驽骀亦至，异道而驰，惟有覆裂。故路不惮迂，力不惮弱，苟可安至，速于覆裂远矣。谋不惮拙，政不惮缓，苟可生存，速于败亡远矣。故监督匡救是天职，破坏离逖是国贼，国贼不除，国民何罪？惟文士外袭文明之皮毛，欲统而一之势不能。军人应有服从之特性，不统而一之祸必作。为今之计，虽不能以上稽霸图，以军法治国，万不能不坚固本命，以军法治军。昌衡愚忠，泣请大总统特下军令一条，曰：凡有违抗命令者，自上将、都督以至目兵，均处死刑。如力不能为，准予辞职。各都督及忠公爱国之军人亦同和之曰：有不奉命令者，天下共诛之。此命一出，国本立固，列强必惊，民国勃兴，未可量也。不然，兵乱国穷，党杂权轻，虽研精法理，学贯天人，朝著一论，暮进十策，无济于事，图滋乱耳。昌衡心孤志苦，情迫言真，于广益之拊膺良有以也。岳少保之刺背，岂徒然哉？既出诸口，敢不勉乎！如其奉命不力，定当伏剑而死。特令所部，共守斯言。惟望大总统速传明令，为都督军将联衔电请，宣誓同遵。虽他务有殊，而国基未有不固者矣。临电神驰，盼复至急。四川都督兼川边镇抚使尹昌衡叩。有。印。

（《尹昌衡请大总统下军令》，成都《国民公报》1913年4月29日）

附录　国务院复尹昌衡电

（1913年5月4日）

镇抚府尹都督鉴：

　　奉大总统令：有电悉。该都督学力正大，血性过人，久为本大总统所深悉。现在国基未固，不逞之徒，借端煽惑，揆其用意，直欲酿成最大风潮，以遂其倾覆政府、破坏民国之谋。午夜焦思，曷胜愤懑。来电痛陈，固是忠愤，激发爱国热诚，溢于言表。使全国将士尽如该都督，大局何患不定，中国何患不强。现已有令，通告全国军警，遵守纪律，服从命令，与来电所陈，用意正同。本大总统一日在任，即一日负整顿卫民之责，有违抗命令者，亦惟执法以纯，不问其为上将、都督否也。等因。奉此。电饬遵照。国务院。支。印。

（《大总统电奖尹昌衡》，成都《国民公报》1913年6月1日）

致国务院电

（1913年4月）

尹镇抚使电告政府称：川边夷匪，屡次克复。惟乡城一隅，势危地险，加以冰雪封山，故去岁冬间，未便进攻。现拟分三路进攻。所有接济款项，分重庆、打箭炉、成都三处担任短期公债五十万。至偿还期限，请政府偿还，以昭信用。

（《西藏选举之逐鹿》，上海《民立报》1913年4月28日）

致袁世凯胡景伊电

（1913年5月8日）

北京袁大总统、成都胡都督鉴：

本日抵中渡，接前方报告：孙、刘两□皆获大胜，前进日波一带，相继投诚。昌衡准于明日兼程前进。昌衡。庚。印。

（《西征又报捷音来》，成都《国民公报》1912年5月14日）

致袁世凯及陆军部电

（1913年5月12日）

北京袁大总统、陆军部钧鉴：

据孙师长兆鲤［鸾］及傅寿棠、袁文、牛体仁电禀前来，谓承乏兵站，实无微劳，特荷殊恩，谬膺文虎银色各章，实深感愧，恳请收回成命，一并注销。昌衡不敢壅于上闻，谨为代达，统候钧裁。昌衡。文。印。

（中国第二历史档案馆藏原件，档案号 1011-1070）

复陆军部电

（1913年5月12日）

北京陆军部钧鉴：

江电奉悉。刘瑞麟等前荷优奖，兹又加给彭日昇少将衔并三等文虎章，在中央赏励边功，已属特别优厚，闻命之下无不感激涕零，愿效死力，迅埽乡逆，以竟其功，而报民国。此外，异常出力各员，昌衡自当遵照前命，俟边安大定，再行查明功绩大小，核实补报。其如何奖叙之处，应候大总统及钧部主裁。至白鹰章既难轻予，何敢违例强求，以一隅尺寸之功，碍中枢特授令典。谨此奉覆，代表谢忱。昌衡。文。印。

（中国第二历史档案馆藏原件，档案号 1011-1070）

致袁世凯等电

（1913年5月13日）

十万火急。北京袁大总统，参谋、陆军两部，成都胡都督鉴：

午密。抵里浔刘瑞麟报告：我军乘胜西入，迭战皆捷，彭日昇、时傅文进入恩达、两碉，昨已相继请降。八宿一带，亦皆投诚，请益兵潜入。昌衡仍以中央屡次电令听候后令。惟边藏本无定界，似宜得寸进寸，以为外交声援。可否之处，仍候钧裁。尹昌衡。元。印。

（中国第二历史档案馆藏原件，档案号1011-1070）

致胡景伊电

（1913年5月14日）

成都胡都督鉴：

昌衡到里后，随督饬诸路进兵，一面电饬后方飞运军粮接济，数日之间，略有端倪。昨据刘督战官瑞麟报告：我军自乍丫胜后，夹攻烟多，该逆如伤弓之鸟，应弦而堕。现在拥兵进剿八宿一带，已传好音，内坞其等村众亦纷纷请愿投诚。现在彭、时两营驻防恩达，并派陆军两队驻防浪当、拉贡，从四［此］北方可以无虞。正拟先行电达，旋又据刘支队长成勋电称：阳日令营长张英率该营及炮六连，由大悠进据色母，时乡逆千余拒堵隘口。该营与炮连奋力击攻，约一时之久，击溃逆兵，攻破坚碉，夺获要隘，所获马匹甚多，我军全无伤损。现该营连已进据稻城附近碉房，距稻仅六七里，不日可尽行克复。各等语。昌衡仍分饬益加奋勇，即以得胜严兵合攻乡城，早竟全功，亦膺懋赏。所有前方屡次胜战情形，特此电闻。昌衡。寒。印。十四号发。

（《西征之捷音又到》，成都《国民公报》1913年5月18日）

致袁世凯及陆军部电

（1913年5月16日）

北京大总统、陆军部钧鉴：

查乡逆抗命，辄恃稻城以为犄犄〔角〕，而附、稻两山连亘，道路迂狭，中贯河流。逆匪三千余，坚碉数十座，扼险死守，以攻不易。兹据刘支队长成勋报称：蒸日午前六时，分我军为三梯队，亲率营长张英、张建勋等四面合围，协力猛攻。各军奋不顾身，破碉毙敌无算，夺获管退炮一尊。逆番退往乡城，追奔三十余里，即于是日午后四时，将稻城一带完全克复。我军阵亡士兵六名，炮夫一名，受伤官兵二员，士兵十余名。等情。仰赖威福，穷寇势孤，乡城一隅，克期平定。除分奖恤，并令孙总指挥速由东袭合击，仍务先行招抚外，理合上闻，伏乞鉴察。尹昌衡叩。铣。印。

（中国第二历史档案馆藏原件，档案号1011-1070）

致胡景伊电

（1913年5月16日）

胡都督鉴：

顷据刘支队长成勋报告称：稻城已于蒸日完全克复，乡匪势孤，克期底定。特此奉闻，以纾廑注。昌衡。铣。印。

（《稻城捷报》，成都《国民公报》1912 年 5 月 20 日）

致各省都督电

（1913 年 5 月 19 日）

各省都督鉴：

党祸将成，南北分裂，时势至此，可为痛哭。昌衡对于黎副总统有电，绝对赞成，盖非此则国基不固，俾及危亡，尚何权利之可争，党派之可言乎！且第一大总统，实为民国之初基，自非雄才大略，岂能胜任！昌衡愚见，总须以现状不摇，巩固国基为要务。至于外债之借，亦非得已。试问各省现在财力何若？能否担任筹款？何能以此事归咎中央？刻下全边大定，不日率队回炉，整理一切，设有不明公理及反对之人，昌衡请以死争，并以全力为后盾。无论如何，均欲达目的。昌衡只知爱国，靡计其他，如荷赞同，立盼电复，通告实行。不胜待命之至。川都督兼川边镇抚使尹昌衡。皓。印。十九号发。

（《尹硕权好为大言》，成都《国民公报》1913 年 5 月 26 日）

致胡景伊等电

（1913 年 5 月 20 日）

成都胡都督、各师长钧鉴：

成军于本月十八号克复桑堆，所获粮械甚多，追奔逐北，进薄乡城。特闻。昌衡。号。印。二十号发。

(《克复桑堆》，成都《国民公报》1913年5月26日)

致袁世凯等电

(1913年5月26日)

十万火急。北京袁大总统，国务院，参谋、陆军两部，成都胡都督钧鉴：

我军攻乡，剿抚兼施，刘军经德阿拉、波日辉，连战皆克，又大捷于稻城，进取桑堆，上乡城悉平，招抚协从数百。孙军经东龚、火珠乡，大战皆捷。伽［哿］日进取攻龙明，毙敌千余，我军死伤约数十，官长伤亡五名。中乡城悉平，全边底定。除分令镇抚及令顾占文捷留①寇于德荣外，特此奉闻。尹昌衡。宥。印。

(中国第二历史档案馆藏原件，档案号1011-1070；又见《全边底定》，成都《国民公报》1913年6月3日)

致袁世凯等电②

(1913年6月初)

袁大总统、国务院、黎副总统、胡都督、省议会、军政两界、镇抚府钧鉴：

昌衡此次出关，轻骑独步，一日三驿，前瞻后顾，泪湿征鞍。兹幸乡城

---

① 档案原文如此。
② 成都《国民公报》发表此电时，有如下按语："尹督前至中渡，致电中央及各处，虽电文语意多难索解，而愤激之气溢于行间，究不知其何为而云然也。"

大匪降克殆尽，全边鸡犬不惊，藏番三日大举，均经败归，不敢东顾，是昌衡尽忠之日已久矣。自昌衡出关，未尝收拾一日，安寝半夜，或且以为轻浮，或且以为怯懦，冤抑填胸，莫可告语。夫昌衡以单身匹马，定乱于乱军之中，扶病出师，轻骑定边。是否雄毅，姑置勿论，自古岂有局势如此，而大将能立功于外者哉？一岁以来，声随泪落，以至于今忧日增，悲恸日切，齿知朝夕，终为虑象，更何自残而残国也。万祈大总统速降明令，将昌衡褫职夺官，放归田里。自昌衡任事以来，是否内不避亲，外不避怨？出师关外，是否善抚善战，深谋果勇？耳目共见，兵事可查。如有污玷，甘就极刑。古人忠义之风，实不见容于今日，面东号泣，不尽欲言。即日驰电回炉，听候明示。尹昌衡泣叩。

（《尹昌衡愤激之电文》，成都《国民公报》1913年6月6日）

致袁世凯等电

（1913年6月5日）

北京袁大总统、国务院、成都胡都督鉴：

　　昌衡于本日回炉视事。尹昌衡。歌。印。

（《尹督已回炉矣》，成都《国民公报》1913年6月8日）

复段祺瑞函

（1913年6月5日）

径启者：民国二年六月一日接准大部公函开：民国二年四月二十一

日，奉临时大总统令：张宣、李延遘授为陆军中将，朱森林授为陆军少将。此令。奉此。除补官证书另案颁发，并张中将宣令文存部暂行缓发外，相应将该中将李延遘、少将朱森林补官令文二件函达，希即转给祗领遵照可也。计令文二件。等由。除将发下该中将等补官令文二件，分别转发祗领遵照外，所有接准公函日期及转发缘由，相应函复大部查照备案。此复

陆军部总长段

尹昌衡

（川边镇抚使之关防）

中华民国二年六月五日

（中国第二历史档案馆藏原件，档案号1011-4820）

复段祺瑞函

（1913年6月5日）

径启者：民国二年六月一日接准大部公函开：民国二年四月二十一日，奉临时大总统令：陆军总长段祺瑞呈请授彭日昇为陆军步兵上校，应照准。此令。奉此。除补官证书另案颁发外，相应将该上校补官令文一件函达，希即转给祗领遵照可也。计令文一件。等由。除将发下补官令文一件，转发该上校承领遵照外，所有接准公函日期及转发缘由，相应函复大部查照备案。此复

陆军部总长段

尹昌衡

（川边镇抚使之关防）

中华民国二年六月五日

（中国第二历史档案馆藏原件，档案号1011-4820）

复段祺瑞函

（1913年6月5日）

　　径启者：民国二年六月一日接准大部公函开：民国二年四月二十一日，奉临时大总统令：嵇廉、顾占文加陆军中将衔，刘瑞麟、彭日昇加陆军少将衔。此令。奉此。除加衔证书另案颁发并分令外，相应将该员等加衔令文四件函达，希即转给祗领遵照可也。计令文四件。等由。除将发下加衔令文四件，分别转发承领遵照外，所有接准公函日期及转发缘由，相应函复大部查照备案。此复

陆军部总长段

尹昌衡

（川边镇抚使之关防）
中华民国二年六月五日

（中国第二历史档案馆藏原件，档案号1011－4820）

致孙绍骞刘成勋电

（1913年6月7日）

郭知事转前敌孙指挥、刘支队长鉴：

　　屡接侦探报告：上乡已缴械四百，赔饷二十万，障［而］中乡自冷龙渡克复后，乡逆窜逃殆尽。等语。我军所向有功，至为筹慰，惟该两处善后情形，未据报闻，希即查明。所部士卒，先行分别犒赏，一面迅将自管带以上出力官长，及前后战斗实情，飞速择要电复，以凭电请中央优奖。此外，

出力官兵，即赓续汇报核办。至各处善后办法，仍照前命令行之，勿延为要。

(《尹督慰劳攻乡军》，成都《国民公报》1913年6月17日)

致教育部电

(1913年6月8日)

昌衡自旋军以来，亲见夫民德日益坠落，人心日益阴诈，党争日益激烈，伦理日益紊乱，纪纲全坏，时局愈危。究其本始，皆缘去年临时教育会主张废弃孔教之故。夫孔子之道，如日月经天，河海行地，其大公至正，固足以范围乎万世也。今乃鄙夷孔子，而我国圣人又无高出乎孔子者以代孔子，徒使全国心理荡然无所遵循，一般青年，悍然无复忌惮，其破坏道德，灭绝伦理，有亡秦胡元所不屑为者。人心至此，不亡何待？昌衡观之，忧心如焚，敬请大总统准今酌古，正本清源，毅然决断，令全国学校仍行释奠孔子之礼。至于经训，请择精要，以淑人心，庶伦理正、义利明、党见消、邦基固。天下事有似缓实急、似迂实切者，其类是乎！谨抒管见，伏乞钧裁，不胜营屏息待命之至。昌衡。齐。印。

(《尹硕权可谓知本者》，成都《国民公报》1913年6月12日；又见《孔教会杂志》第1卷第5号，1913年7月)

致胡景伊等电

(1913年6月9日)

成都胡都督鉴转军政两界：

乡城已下，谣言勿听，且自炉以西，责任在昌衡，内地但勿牵掣。靖边自有全策，希即公布。尹昌衡。佳。印。

（《乡城已下谣言勿听》，成都《国民公报》1913年6月13日）

致黎元洪等电

（1913年6月12日）

武昌黎副总统，各省都督、民政长鉴：

卅电奉悉。时危势迫，公私交困，舍借款无他策，舍银团无巨款，所致参众两院之文极为详尽，其前此反对事节，并无充分理由。国既不存，党将焉附二语，昌衡尤所折服。果能共鉴六危，注重三□，以图补救，实为民国之福。前经电复，表示赞同，并请以死力争之，当邀谅察。至来电未列鄙衔，或因昌衡出关，偏远之处，电报阻滞，以致周转遗漏，并恳加入公布为祷。川都督兼川边镇抚使尹昌衡。文。印。十二号发。

（《尹硕权之爱国心》，成都《国民公报》1913年6月15日）

致袁世凯等电

（1913年6月14日）

袁大总统、黎副总统、成都胡都督、省议会钧鉴：

川边赤地千里，仰给成都如婴待乳，合而一之犹惧不济，分而二之惟有坐困。昌衡谋国，力止于斯，经略之实，万难践履，经略之名，何敢虚受？况昌衡病躯危迫，才力薄弱，投艰遗大，覆𫗧堪虞。谨于本日将一切事务督交颜观察镡、林参谋长耀辉代理，以养沉疴。至川边兵穷食尽，大敌在前，危险万状，昌衡虽冒越俎之嫌，仍勉强回成，与胡督尽心商妥一切，以尽忠纯。惟昌衡忝膺重寄，二年于斯，此次解散护从，弥补善后，乃旅费银共二万两，恳祈准予造具详册，作正报销。当此都督之任方解，经略之职未受，野鹤闲云，进退有礼，所以不敢受命者，诚恐为周子隐、卢象升之续，以误国事，非畏难也。即于洽日起程返成，诸希曲恕。尹昌衡。寒。

（《尹昌衡辞职回省》，成都《国民公报》1913年6月17日）

附录一　袁世凯命令
（1913年6月13日）

临时大总统令：任命尹昌衡为川边经略使。此令。

（大总统印）
中华民国二年六月十三日

国务总理陆军总长段祺瑞

（《政府公报》第397号，1913年6月14日）

附录二　袁世凯命令
（1913年6月13日）

临时大总统令：任命胡景伊为四川都督。此令。

（大总统印）
中华民国二年六月十三日

国务总理陆军总长段祺瑞

（《政府公报》第397号，1913年6月14日）

附录三　胡景伊致袁世凯等电

（1913年6月14日）

加急。北京袁大总统、国务院、炉城尹都督鉴：

奉国务院元电，大总统任命景伊为四川都督，闻命之下，惊悚莫名。窃思景伊阃寄暂权，义原守位，轻材重荷，益以宿疴，竭蹶经年，实滋咎悔，清夜自思，难安旦夕。前因边方牧肃，一再电请解职，正冀尹都早旋，立释重负，何意遥传任命，更予真除？景伊勉承斯乏，误蜀父老久矣，若不请赋遂初，匪惟一误再误，无以谢我桑梓，抑且迹近以退为进，难白初衷。五内旁徨，公谊私情，均难自遣。敬请收回成命，全此愚怀。报国方长，尚希矜谅。胡景伊叩。寒。印。

（《胡景伊之半推半就》，成都《国民公报》1913年6月17日）

复袁世凯电①

（1913年6月17日）

昨接昌都报告：三十九族已派头人何耳总管到昌都求保护。等情。该族均愿投川边。特复。昌衡。元。印。八月十六，三十九族将被困汉军三十九人（钟颖之兵）全数救至昌都。九月二十六，尹来电②

（台北中研院近代史研究所藏档原件）

---

① 此电虽未列出行文对象，但它出自袁世凯大总统府秘书吴廷燮的抄件，应是尹昌衡致袁世凯电。
② "八月十六"以下文字为原件附注。

致袁世凯黎元洪等电[①]

（1913年6月17日）

袁大总统、国务院、国会、各部部长，武昌黎副总统，胡都督，省议会，各省都督钧鉴：

  昌衡忝膺重寄，二年于斯，今者决意归田，殊惊唐突，缘有苦衷，聊布万一。西方劲敌，势甚浩大，筹饷购械，动以巨万。边军破斧缺斨，日渐就困，非速于成都备兵二师，由昌衡自行训练，何以备不虞而为后盾？今者此权丧失，是谓兵穷。川边赤地千里，全恃四川接济，前任川督，指挥犹难，枵腹露体，欠饷甚巨。今既受掣，困难必甚，是谓财尽。蛮人相传尹督已以罪罢，大起轻蔑之心，殊增反侧之举，是谓损威。所率之边军，多望都督使之瓜代。陆军本隶川督，多数闻昌衡罢，则忿而决辞。其一部闻昌衡罢，则灰心而惋惜，是谓减锐。前以全力鼓我盛气，犹极艰难，势如今日，食已尽矣，兵已穷矣，权已夺矣，迫已甚矣，惟有必败。亦曾电请中央，欲以全川盛气，直捣两藏[②]，即以川督经略西方，亦系为国深谋，非有私意。今者周子隐不能专断，惟有哥舒翰号泣出师，明知必败，是用忧劳呕血，病不能起。此中是公是私，谅邀明鉴。知我罪我，不敢尽言。昌衡已矣，即于本日解职，万不能复起。万一贱疾稍痊，亦必舍身空寺。诸公效力国事，尚祈曲谅苦衷。西方大局，终不堪问，一俟病痊，仍将详情叙明，以为谋国君子之一助。至昌衡忝居重任，不忍辱身，早自为计，聊保首领，万不获已，行遂挂冠，想亦贤人义士所共恕也。鸣哀言善，伏榻陈词。尹昌衡。洽。

（台北中研院近代史研究所藏原件；又见成都《国民公报》1913年6月22日）

[①] 此电今可见到三种版本，一是台北中研院近代史研究所档案馆所藏档案原件，二是《黎副总统政书》卷22的刊件，三是《近代康区档案资料选编》的刊件。三种版本文字略有不同。今文由三种文本互校而成。

[②] 《黎副总统政书》删去"全川盛气，直捣两藏"一语。

附录一　黎元洪复尹昌衡电

（1913年6月21日）

洽电悉。执事躬冒锋刃，深入不毛，威望四驰，肤功仡奏，乃承示兵穷财尽种种困难情形，解组挂冠，遂萌退志。惟边氛未靖，讵忍高蹈，尚乞勉为其难，以副邦人之望。云关西岿，盼慰深之。

（《黎副总统政书》卷22，第5页）

附录二　全边土司番僧等致袁世凯电

（1913年6月）

袁总统及各省都督、议会：

尹督来边，不但未尝杀一夷人，并未杖一夷人，不但未取我夷人一钱，并且厚加抚恤。我夷人兴灭继绝，土司大族，人人保全，并且讲经说法，提倡佛教，全边人民，爱如父母。所以满清以前未投之土司，一律投诚，支差纳兵。尹都督勾胥粮绝，皆愿献粮。所支之差，事倍前清，民无怨辞。各寺喇嘛，皆供俸尹都督之像，呼为旰〔汗〕佛。全边僧俗，莫不拒绝藏人。藏人近亦传尹都督之贤良，人人愿降。即是汉人共见共闻，皆称尹都督是护身佛，一口同音。所以乡城赵尔丰攻八阅月，尹都督一到即下，因招抚良民已经过三分之二。此事中央各省不知，我边人无不知之，即四川人民亦皆知之。今闻尹都督不为都督，罢职归田，我全边人民，无不惊惶，如失所天。现在炉城近地如此边远地方，闻之必更惶恐，万一藏人乘隙侵入，扰害我僧俗人等，生命财产，必不能保。此皆至极之言，万望留我慈父母，除我等号泣留尹都督，人人愿递斫头甘结，号泣电请维持。全边土司暨驻炉番商僧俗夷民泣叩。

（《川边最近之电文》，成都《国民公报》1913年6月22日）

附录三　颜镡通电

（1913年6月）

尹督卧病不起，以命令延林耀辉及镡暂行代理镇抚使事。镡目观尹督本系扶病出关，加以轻骑巡边，与士卒同甘苦，一岁以来，处雪窖冰天之地，居困乏艰辛之中，病益增剧。今更外临大敌，内顾增忧，强病治事，力实不支，决意辞职。百官环请，不能强起，惟遇大事，临床仍授方略。林参谋耀辉目击边事艰难，坚不受代，文武全体，人人决退，绅商学界，奔走攀辕，时危势迫，特恐全边闻风瓦解。镡忝居守土之责，受固材力不胜，辞则立生险象，惶恐万状，勉强商集二三文武，苦力撑持，以尽天职。至危机已见，万难任咎，仍请钧示维持，以宁边圉而顾大局，不胜迫切待命之至。

（《川边最近之电文》，成都《国民公报》1913年6月22日）

致胡景伊等电

（1913年6月18日）

成都胡都督、军政绅商学界暨各议会、各法团钧鉴：

上、中、下乡城完全克复，全边大定，中央两次电任命经略，并令速返成都，会同胡都督商办一切。昌衡现定于二十三日首途东返，妥为磋商，总期国是、民生两得安稳，同人旧好，握手言欢。除通令关外各军加意严防外，特先电达。相见非遥，统容面罄。昌衡。巧。印。（十八号发）

（《尹硕权奉命返省》，成都《国民公报》1913年6月22日）

附录　国务院致尹昌衡胡景伊电

（1913年6月）

尹督、胡护督先后来电均悉。现在藏事未定，边亦万分吃紧，抚内辑〔缉〕外，必须有经验大员担任，方期布置协宜。辑〔缉〕安番族，而川省军队复杂，内地情形亦未十分稳固，绥靖各属，接济边军，均关重要，亦赖有熟习大员担任，乃免遗误。中央权度再三，边务、川务非分任不可。尹督所陈加经略使一节，极有见地，应任命尹昌衡为川边经略使，节制川边文武，统辖军民，并筹办川边善后，经营波密及三十九族等事。仍开去四川都督，以重权寄而专责任。其川省文武及土司等关于边务事宜功过，均准由该使举劾。务望悉心经理，为川边开化元勋，如武侯、韦皋之治蜀，用副倚望。胡护督权篆年余，安蜀巩边，颇有成绩（何所见而云然①），应任命为四川都督，责成整理该省军队，筹济川边。如此川边分任，责有攸归，庶可永奠岩疆，保我领土。该使等其勉之。

（《任命胡尹之原令》，成都《国民公报》1913年6月20日）

致袁世凯等电

（1913年6月18日）

大总统、国务院钧鉴：

午密。顷接云南都督蔡锷铣电内开：滇派川边调查员马标、狄蔚夔电称：英募工数万，筑格俞运道，将进。据波密蜀疆交界，滇居其标，密切关

---

① 此系《国民公报》编者按语。

系将在波密。近查波密驻兵一事,前与硕公协调商议,统由川军经营。现在英人北趋甚急,波密据滇蜀藏之卫要,一为他人领土,不惟藏事不可收拾,川滇边境均生危险。现尊处已否派遣重兵,并希望复。各等语。昌衡屡据侦探报告:达赖近已派员两三次赴英俄购办军火,费至八九百万,其驻硕般多藏兵确在七千以上,勃勃野心,伺隙而动。蔡督电述各节,昌衡早已具报,并无虚慌。查关外现驻陆、防军合计不过六千余人,专保粮道尚形不敷,兼之征战已疲,自非悉调重兵分驻要隘,不足以资镇慑而备不虞。现以饷源不济,武器不利,善后棘手,可虑之处不止波密为然。昌衡每为此事忧愤欲死,是以迭请回川筹划一切,以谋抵御。兹准前由。除非令就近各军严密防范,并电复蔡督外,所有完全筹备抵御方法,应俟昌衡到省之日会同胡督妥为计划,再行续报办理。先此上闻,伏候钧示。昌衡。巧。印。

(台北中研院近代史研究所藏原件)

附录一 国务院复尹昌衡电

(1913年6月24日)

打箭炉一带探交尹经略使:

午密。大总统令:巧电悉。所呈达赖购械聚兵硕般多各节,阅之廑虑。该经略务即会同胡督筹划川边增备设防诸务,以维边局。等因。合电遵照。国务院。敬。印。

(台北中研院近代史研究所藏原件)

附录二 国务院复尹昌衡电

(1913年6月24日)

打箭炉一带探交尹经略、上海陈宣抚使、广州胡宣抚:

午密。大总统令:现接陆兴祺电称:云云。等情。查达赖来电所指察木多一带之地,前清末年均已划隶川边,列入四川区域之内。民国承受前清领土，断无让地撤兵之理。前已电告达赖及饬尹使，令川军藏军均暂恪守现驻地点，静候解决。将来大吉，愿开议藏中要求。此为最重之点，万勿轻为允许可也。等因。合电遵照。国务院。敬。印。

（台北中研院近代史研究所藏原件）

致胡景伊等电

（1913年6月19日）

成都胡都督、军官、文官、议会、商会、各法团钧鉴：

诸公惠爱，深用泐铭。衡准明日首途，远劳相迓，感愧益增。握手匪遥，神与俱驰。专此奉复，无任依依。昌衡。皓。印。十九号发。

（《尹硕权感谢欢迎者》，成都《国民公报》1913年6月23日）

复胡景伊电

（1913年6月19日）

成都胡都督鉴：

皓电悉。川事自我公受代，艰难支持，一载于兹，近抚疮痍，力持危局，苦心经营，贤劳可感。昌衡现奉中央电令，准于日内起程回省，一切事务自可面商，为公分谤，不负良友。惟刻下无论如何困难，总求辛苦支持。特此挽留，奉慰□履。东望锦江，无任驰念。昌衡。皓。印。十九号发。

（《尹硕权亦挽留胡文澜》，成都《国民公报》1913年6月23日）

致袁世凯等电

（1913年6月27日）

袁大总统、国务院钧鉴：

午密。敬电奉悉。经略之任，非不肯就，实万有不敢受之苦衷。惟昌衡实权既失，任务益加，赤手空拳，何以尽职？不惮烦渎，辄用缕陈。边军攻取，皆选自各师团四川都督之所部也。曩者以川督亲出，是以战气百倍，无不争先恐后。今昌衡既非川督，各军勇气自解，无不苦边事之极劳，即无不欲回川以归。其长官军心一去，百变俱出，岂惟后方生呼应不灵之患，即前方亦必有瓦解之势。中央虽明于实情，实未睹也。昌衡阅之，不禁涕泪。兵之锐气灭矣，后方之筹备绝矣，事权虚名亦加大矣。一朝溃裂，何以报国？何以谢罪？是不惟陷昌衡于死地，并陷西方于沦亡，昌衡何敢负此罪，中央亦宁不稍加矜恕耶？屡电详陈，不啻垂涕泪而道之。中央不察，只以为权利之争，留中不发，使之无可告诉。而催任经略之令，则又一日数下，急于星火。昌衡诚不解川事边事，中央何以必主划分，亦不解中央何以加重经略之责任，而削去经略之实功？且不解中央何以既用之而后掣之？知边藏之危急，既重昌衡，又置昌衡于必败之地也。

总之，昌衡对于全边土地，既血战而定之，汗马犹湿，但可勉力维持，断无有忍弃前功，不愿完全担任之理。但不兼川督，则经略无实权，一有蹉跌，则西南大局，将为之动摇。且经营边藏，为民国第一问题，若非以全力对付，计出万全，一旦轻举偾事，损国威，招强敌，后患诚有不堪言者。如我中央爱惜名器，权不轻假，则所谓川督兼任经略，不过暂局。边藏之大势一定，昌衡报国心力已尽，原不愿久握重权，以据高位，急流勇退，有不俟终日者矣。尤有进者，现在省内风潮剧烈，险象环生，有不可终日之势。各界催促昌衡回省维持之电，一日尝数十至，是以不容不返。昨奉电令，有云昌衡之去就，关系全边安危，不知即全川安危亦大有关系也。应请大总统复查昌衡续陈个、有两电，立予解决。昌衡去就，大局安危，将在此举。临电呜咽，死待来命。尹昌衡叩。感。印。

（中国第二历史档案馆藏原件，档案号1011-4821）

附录一　颜锝致国务院陆军部电

（1913年7月2日）

北京国务院、陆军部钧鉴：

午密。此次乡城戡定，川边肃清，所有在事异常出力各员孙绍骞等，经尹督删电保奖在案，蒙皓电允准。当此国步艰难，蒙藏风云日亟一日，惟在事各员共济时艰，竭诚国难。所有前经请保各员，应请迅速任命，方足鼓舞军心而策将来。曷胜盼祷之至。代行川边镇守使颜。冬。印。

（中国第二历史档案馆藏原件，档案号1011-1070）

附录二　国务院复尹昌衡电

（1913年7月4日）

成都一带探交尹经略：

午密。奉大总统令：感电悉。所陈各节，不为无见，惟前已电令川省文自司长、武自师长以下，凡关于边务功过，皆准举劾，并于成都设筹边局专办，应付川边筹兵筹饷各事，由胡督会商该经略派员管理在案。是川省军队及饷事，关于边务，该经略皆有特权。历来驭军用人，不过赏罚两端，今经略于师长皆可举劾，何致无以维系，军心有瓦解之虑？前代出师经营边地，如征藏、征廓尔喀，多特派大帅专总军符，其任疆吏者不过司后路接济，而出师之后皆奏肤公。即赵尔丰式廓川边，亦在未任川督以前，此皆其可证者。中央顾念边藏关系之重，该经略陈请之殷，审度再三，特再加该经略四川护军使衔，以重事权。务望恪遵命令，俟到省会商后，即回炉开办经略事宜，万勿再借词诿卸，致误大局。等因。合电遵照。国务院。

支。印。

(中国第二历史档案馆藏原件,档案号1011-4821)

附录三 国务院致陆军部函
(1913年7月5日)

径启者:奉大总统发下尹经略使感电一件,当经遵令拟复并录稿函知贵部在案。其中自中央体念至以重事权一段,现奉谕删去,相应函知贵部查照更正可也。此致
陆军总长

(国务总理之印)
中华民国二年七月五日

(中国第二历史档案馆藏原件,档案号1011-4821)

致胡景伊等电
(1913年6月28日)

成都胡都督、军政两界暨省议会、各法团钧鉴:
　　昌衡现抵雅州,定于七月三号由双流早发,十钟到省,特闻。尹昌衡。勘。印。(二十九号发)

(《尹硕权今日到省》,成都《国民公报》1913年7月3日)

附录一　尹硕权抵省志略

（1913年7月3日）

三号，各界出城欢迎尹硕权者，约数万人。尹对众演说云：边地虽云肃清，一时万难治理，运饷购枪均甚艰难也。昌衡不久仍当回炉，勉力任事云。旋自通惠门入城，乘马由商业场过，回骆公祠寓所。

（《尹硕权抵省志略》，成都《国民公报》1913年7月5日）

附录二　省议会电请任尹督

（1913年7月3日）

省议会议员于本月三号电请中央仍任命尹昌衡为四川都督。略谓军商学各界对于尹督无不欢迎，其联名议员共八十余人。

（《尹硕权抵省志略》，成都《国民公报》1913年7月5日）

附录三　胡景伊辞职布告

（1913年7月3日）

景伊治蜀经年，误我父老深矣。曩因尹都督整旅靖边，内地需人，承乏奉大总统令护理督篆，旋令兼摄民政，力小任重，懔惕至今。前聆乡城捷音，全边大定，即迭请中央宣布明令，俾尹都督回任，借息仔肩。乃景伊正亟遂初之思，而中央旋有真除之命，屡恳成命收回，未邀允准。兹当尹都督凯旋之日，正景伊避贤之际，况吾川经尹都督艰难缔造，尤望为吾父老多膺义务，同我太平，孱弱之躯，未宜再试。现因宿疾复发，不能遇事躬亲，经分别委员代拆代行,并一面敦请中央速予解职,令尹都督克日回任,以慰初心,而维大局。

(《胡文澜辞职之布告》,成都《国民公报》1913年7月5日)

附录四 四川省议会咨尹昌衡文

(1913年7月5日)

案据中央任命,胡都督坚辞不就,近忽不知去向,可见胡督避贤之语为不虚。而所委代行代拆之参谋长、内务司长又到会面称不负责任,川省政局又不可一日无主。已由本会表决电请中央速简贤员接任,惟是目前安宁秩序,应请大使力予维持。盖大使原系前任都督,且属桑梓之义,当不以本会为非分之请求。即大使亦正不得以不在其位,不谋其政,谢绝而不过问。所有都督及民政长事宜,暂请出为担任,以维持现状。经多数议员表决,除电中央并通告各省,及备文知会胡督外,应咨大使查照即迅于即日莅任,以安人心,以卫地方。此咨。

(《省议会捣乱之文电》,成都《国民公报》1913年7月7日)

附录五 四川省议会咨胡景伊文

(1913年7月5日)

本会今日特别开会,商议维持政局之法。经张参谋长、尹内务司长到会,据称只对贵护都督负责,不认维持地方安宁秩序。然贵护都督之去位,确已通告在案,近闻已于日前出城,人心异常惶恐,市面渐有不稳之象。张参谋长、尹内务司长既不能负保全地方责任,本会为四川人民代表,自不能不谋保全之道。当经议决电请中央从速另简贤员,以接都督及民政长之职,一面由本会具文咨请尹使以桑梓之义,暂出维持现状,相责在谊,当勿庸辞。而贵护都督通告既称避贤,近忽外出,政局无主,乃为此一时权宜之计，想贵护都督亦不忍以一去贻地方无穷之患。用特咨请贵护都督速将都督及民政长印信即日交代尹使，俾完全负责，以便实行维持地方。除电中央、通告各省及知会尹使外，相应备文咨请查照办理。切切，此咨。

（《省议会捣乱之文电》，成都《国民公报》1913年7月7日）

附录六　四川省议会致袁世凯等电

（1913年7月5日）

北京大总统、国务院、参众两院，各省都督、民政长、省议会钧鉴：

尹使回川当日，胡都督即出有告示，养疴退位。旋复外出，不知去向。其委托张参谋长及内务司到会，据称只对胡督负责，不任维持地方秩序。而胡督辄擅离职守，置理乱于不问，甘放弃其权责，致使地方陷于无政府状态，人心至极浮动，大局异常危险。胡督在川，失政多端，各方皆群起反对，此次以让尹督，避贤路，去志决绝，不待中央许可，辄行去位，万难委蛇迁就，使行政一日无主。除由本会咨请尹经略使暂出维持现状外，用特迫请大总统从速分别简任，并饬尹使出维持现状，俟后任至时再行解除，以固政府而定民志。切切，此请。

再，本会因胡督不交决算，已在休会期中，今因紧急状况发生，又因各法团要求特别开会表决，谨此声明。蜀省议会。微。印。

（《省议会捣乱之文电》，成都《国民公报》1913年7月7日）

致孙绍骞等电

（1913年6月）

乡城克复，朱〔诸〕一切善后事宜，宜即由孙指挥官督同刘、督〔朱〕

两支队长担任妥办。其素称险要如乡城、稻坝、喇嘛［咔喇］丫诸隘口，宜驻兵多少，及何营宜驻何处，应先妥为计划，呈候核定实行。在本都督之意，一则以里塘为主要地，宜驻重兵；一则留驻各军无论何如调遣支配，总以不破建制为宜。此外应办各事，统由该总指挥等筹商妥善，呈候分令各军。关【于】乡、稻善后事宜，仍商同丁、胡两知事办理。

(《乡城克复之善后办法》，成都《国民公报》1913年6月11日)

附录 国务院复尹昌衡电
(1913年7月4日)

成都一带探交尹经略：

午密。大总统令：据陆兴祺电称：现藏中探称，该处盛传川军径援拉萨，厦札等胆怯密求英助。闻英已密令廓尔喀预备战事，借保商为名，截击我军。又自称西藏大统领之江思南刚近愤人不从，已拟亲率藏兵二千往拒川军。恳密电川军防备，以保不虞。藏中向之主持顺汉者颇得意，人心亦颇归依，两党暗潮极烈，不久必有内乱。倘此时尹督能利用东路各土司与大喇嘛，致书达赖并各大寺，劝各归诚民国，保存黄教，易就范围。等语。查前已电该经略及达赖，所有川军藏军均恪守现驻地点，各勿前进。在案。惟据此电所称，似应饬各该军队恪守地点，严防侵轶，以免疏虞。此外令土司等致书达赖一节，即由该经略相机酌办可也。等因。合电遵照。国务院。支。印。

(台北中研院近代史研究所藏原件)

致黎元洪电
(1913年7月5日)

昌衡前以未坐新克，财尽兵单，前敌不测，后援不继，故于经略之命，未敢轻就，诚恐有一不当，危身误国，屡电恳辞，均未得请。中央催促，各省劝驾，责以大义，谊不容辞。伏念时局万难，我大总统尚勉力支持，巩固民国，昌衡何惜一身，不忍报效，若再坚执，似不近情。兹已于七月五日受经略之职，遵令力疾任事，勉竭驽钝，顾全领土。惟自愧能力薄弱，谬膺重寄，此后之成败利钝，事未可知。尚祈俯鉴愚忱，指示一切。如有关善后方法，殖民政策，果切事实，立付施行。谨此奉布，不尽欲言。

(《黎副总统政书》卷23，第6页)

附录一 朱明素等密呈黎元洪函

(1913年7月初)

近顷中央任命发表胡公以治军察吏之全权，授尹公以保境筹边之重寄，某等方庆任用得人，腹地边陲均可渐臻安谧，乃迭接来电，略称：尹将返省，并无替人，胡公虽辞职自立留后，一般人民疑惧惶惑，咸恐尹、胡二君不为平勃之交欢，致成耿贾之私斗，因以殃及池鱼，重罹浩劫。又其甚者，互相攻讦，或则扶风大郡愿迎郭汲重来，或则汾阳旧部仍欲临淮代将，群言庞杂，是朱明素某等狄听之余，殊深骇诧。

吾川自保路之役，全省驿骚，民生凋疗。泊于光复，糜烂滋深。现在盗贼满地，农商辍业，财源涸竭，人不聊生。胡公受事已及一载，兵横吏冗，匪炽民穷，益以滥发纸币，酿成金融恐慌之恶现象，非徒大失期月已可之义。而拥众自卫，排斥异己，以扶植一人之势位富厚，举七千万人之生命财产，掷之于水深火热之中，不思所以拯救之道，则其负我父老子弟之望者亦既甚矣。为今之计，名位既定，事柄亦专，亟宜汰减冗兵以轻人民之负担，剿办土匪以纾人民之疾苦，而要以整理财政、刷新吏治为入手办法。岂可牵于尹君之私交，饰词谦退，委卸职权，而置大局于不顾。

至尹公则于上年兵变之顷，收合余烬，重立军府，本当众望所归。及后移镇炉边，诸番慑伏，尤称劳苦功高，深入不毛，应可及瓜而代。

惟中央以为北［西］门锁钥非公莫属，故且用新息以讨五溪，责韦皋以平南诏，正宜发摅神策，建立边功，何能委而去之，弃同敝屣。晋阳兴甲，既以疑民，河上弃师，尤涉玩法，非特某等所不取，抑亦军纪所不容。尚冀遄返旌旗，及时归镇，善保令名，勿自陷于不义也。省会暨各法团惟当力持镇定，解释群疑，于尹、胡两方则执持正义，唤起舆论以为之，万不可有所左右袒，以助扬汤止沸之势，而启同室操戈之隙，则川祸庶有豸矣。

某等痛心桑梓，罔知忌讳，聊陈药石，幸惟垂察。如其两虎私斗，坐召鱼烂，非独中央政府执法相绳，某等虽懦亦将与全川同胞共弃之矣。若尹、胡两公不远之，复翩其反，而各安其位，共支危局，在外旅群誓当遥为援助。倘有难言之隐，无由自达于中央，抑或求全之毁，不能自白于众口，某等或忝立法之机关，或占行政之地位，必能多方拥护，尽力维持。皎皎之忱，天日昭鉴。知我罪我，是在群公。

（张黎辉等编《北洋军阀史料·袁世凯》卷1，天津古籍出版社，1996，第816~829页）

附录二　袁世凯命令

（1913年7月7日）

临时大总统令：任命川边经略使尹昌衡兼领川边都督事。此令。

（大总统印）
中华民国二年七月七日

　　　　　　　　　　　　　　　　　国务总理陆军总长段祺瑞

（《政府公报》第421号，1913年7月8日）

附录三　黎元洪复尹昌衡电

(1913年7月7日)

微电悉。川边汉番僧俗，族异种殊，执事筹划经年，威惠并用，劳怨不辞。中央注重西陲，畀以专阃，从此事权划一，一致进行，绥靖川藏，在此一行。临电神驰，欣颂无量。

(《黎副总统政书》卷23，第5～6页)

附录四　黎元洪复尹昌衡胡景伊电

(1913年7月14日)

顷据参谋本部蒸电转述：中央现请两公会同出示，安民息谣。两公深明大义，俱已认可，现互相退让，浮言渐息。等语。比来报章所载川事，每多捕风捉影之谈，阅来电始知实在情形。两公牺牲权利，请共梓桑，挚谊高风，莫名钦佩。从此内宁外攘，福利同归，大局敉平，可为遥祝。

(《黎副总统政书》卷23，第14页)

与胡景伊致省会警察厅长令

(1913年7月6日)

川边经略使兼镇抚使尹、护理四川都督兼署民政长胡令：

案准国务院江电开：奉大总统令：近闻川省无识之徒，捏造尹、胡交恶之说，以致人心惶恐，谣言繁兴，本大总统良深系念。川省自改革以来，民穷财尽，元气未复，若再稍有变乱，前途何堪设想。尹昌衡勘［戡］川定边，厥功甚伟。胡景伊治军治民，劳勚昭著。一年以来，均以国事为重，权利为轻，用能保卫桑梓，干［斡］旋大局。此次中央为地择人，分别任命，均一再固辞，谦逊不遑，足见彼此浃洽，毫无恶感。惟现在人心浮动，尤宜推诚相见，勿令奸人从中播弄，致生事端。应由该经略使、该都督一面会同出示，晓谕军民，勿令听信谣言，一面各饬所部军警确就纪律，保卫地方，全川治安，惟该经略使、该都督是赖。苟有遗误，既无以符中央委任之苦心，更无以对全川父老子弟，该经略使、该都督奚能辞其责也。等因。奉此。合电达遵照。等由。准此。查本使等交谊素深，情逾骨肉，边川虽悬两地，爱国尤系一心，交恶之说，究从何来？昨经会衔宣示，各明心迹，以靖人心，地方父老应已释然。兹奉前因，除呈覆中央并遵令布告暨分行外，合就令行，为此令仰该厅即便知照。切切，此令
省会警察厅长

尹昌衡（印）

胡景伊（印）

（川边经略使行营之关防）

（四川都督之印）

中华民国二年七月六日

（四川省成都市档案馆藏原件，档案号93-6-3629）

与胡景伊致省会警察厅长训令

（1913年7月6日）

川边经略使兼镇抚使尹、护理四川都督兼署民政长胡训令：

照得川省自光复以来，民生凋敝极矣。本使等先后治川，力务休息，于

今将及两载。抚兹创痍,犹未尽苏,怵念梓乡,难安晨夕。父老子弟,莫非川人,畴无生命财产,痛定思痛,当无人不殷望治之心。又谁肯举其身家,以供暴徒孤注。比来谣诼日兴,众情惊惧,不逞奸徒,竟敢明目张胆,昌言无忌,希图淆惑观听,扰害治安,实属目无法纪。本使等以维持大局、巩固国基为共赋之天职,岂能听任奸徒因风纵火,肆情纷扰!且国既共和,人人均应恪守法律,共遵秩序。倘敢肆口狂言,毫无忌惮,轻则摇动人心,重则破坏大局。此即国民公敌,桑梓贼害,国法乡谊,皆所不容。本使等又何能稍加宽纵,任其燎原?除布告暨通令外,合行令饬该厅长,即便遵照出示严禁,勿疑共和国家可予人以不法自由也。切切,此令

省会警察厅长

尹昌衡
胡景伊(印)

(川边经略使行营之关防)
(四川都督之印)

中华民国二年七月六日

(四川省成都市档案馆藏原件,档案号93-6-3629)

附录 胡景伊致省会警察厅长令

(1913年7月15日)

护理四川都督胡令:

民国二年七月十五号案准国务院侵电开:奉大总统令:现在该省人心不靖,谣诼纷纭,并有多数无意识人等开会演说摇惑各由,非曰更易都督,则曰抗拒中央,险象环生,殊为焦虑。该经略使迭次来电,均认竭力维持,无丝毫争权利之心。中央素所深信,何以于[有]此等演说摇惑等示,并不出示晓谕,认真查禁,将何以自白于天下?务望即日会衔出示晓谕,认真查禁。其有借词生事、煽动军情者,即系破坏大局,必按土匪惩办,以遏乱萌。中央为保全川省治安,顾惜该经略等名誉身家起见,慎勿自贻伊戚,牵碍大局也。等因。合电遵照。等由。准此。查造谣开会,最足妨害治安,昨

经令饬该厅严密查禁在案。此次中央电令,谆谆以此事为虑,自非认真查禁,不足以对国家,而谢桑梓。一面商尹经略使,会衔出示晓谕,并令各师知照外,合亟录电令行仰该厅遵照即便转饬所属各区署长员等切实侦察。如有私行开会演说,妄造谣言,希图煽乱者,应即从严干涉,勿得稍有瞻顾,致令养乱日深。如造谣煽惑、秘密开会之人为该厅侦查确实,力有难为,未便轻率从事,或滋他故,并准随时将集会情形密报本都督区处。经此次录电令饬之后,该厅务须破除情面,认真办理。倘或放弃责任,姑息因循,万一奸人乘隙酿成巨祸,糜烂地方,该厅恐难当此重咎也。懔之,毋忽。切切,此令

省会警察厅

(四川都督之印)

胡景伊(印)

中华民国二年七月十五日

(四川省成都市档案馆藏原件,档案号93-6-3629)

致袁世凯等电

(1913年7月上旬)

北京袁大总统,参谋、陆军两部,武昌黎副总统,各省都督钧鉴:

大总统漾电奉悉。昌衡洽日通电,实系小人性情,有玷大员体制,形同悻悻,心近怏怏,应请饬下军法司严加惩处,以肃军纪。至昌衡此电,实因终岁处穷危忧劳、病郁急躁而发,发后即大为痛悔,于洽日并未解职。后奉中央准予回成之命,三日始行,将镇抚府一切经手事件,交代清楚,乃行离炉。时日可查,是有自由解职之言,并无自由解职之事。仍系确奉命令,合并声明。尹昌衡。印。

(《政府电劝尹昌衡勿再辞职》,《申报》1913年7月21日)

附录　国务院致尹昌衡电

(1913 年 6 月 23 日)

奉大总统令：尹经略使洽电悉。此次因川省与边务皆处烦棘，势难兼顾，不得已而分任，已于初次电令详切辨明，兹再推诚相告。该经略光复川省，本著勋业，及任都督后，而川中人士请更易都督之电，纷至沓来，中央每为厪虑，其后出边督师，廓清边患，懋建殊勋，于汉番僧俗情形极有经验，军民亦感戴，加以任事勇往，不避艰险，实于边务相宜。至于内地治理，胡督阅历较深，护篆以来，绥靖地方，维持边局，与该经略相得益彰。而边务重要，该经略既为边务必不可少之人，固有万难离边之势，中央于边川两任权度再三，故特用其所长，以收巩固边疆之效，并盼成就远大，为民国伟人，万勿遽请辞职，近于悻悻者之所为，置大局于不顾。其该经略前请以川督加西方经略使，节制川边，镇抚驻藏长官各节，查该三处幅员均极广阔，事体亦最繁重，若令受成于一人，必致隔阂丛脞，多所贻误。无论藏事尚未解决，即边务川寄亦断无兼顾之理，此揆之事实，必不能行者也。至川边必恃该省接济，来电所陈亦属实情，已电饬胡督特设筹边局于成都，专办应付川边筹兵筹饷诸务，商明经略，委派大员经理。凡川省文自司长，武自师务以下，关于边务功过，皆准该经略举劾，以重事权。中央为大局计，为边地计，为该经略计，实已无微不至，其勉竭全力，同维大局为要。等因。合电遵照。国务院。漾。印。

(《政府电劝尹昌衡勿再辞职》，《申报》1913 年 7 月 21 日)

致袁世凯等电

(1913 年 7 月 12 日)　*

大总统、国务院、黎副总统、各省都督、民政长鉴：

本月五日接川省议会来咨称：案据中央任胡景伊为四川都督，坚辞不就，近忽不知去向，可见胡督避贤之语为不虚。而所托代行代拆之参谋长、内务司长到会面称不负责任，川省政局不可一日无主。已由各议员表决电请中央速简贤员接任，惟目前安宁秩序，应请大使力予维持。盖大使原系前任都督，且属桑梓之义，当不以本会为非分请求。即大使亦不得以不在其位，不谋其政，谢绝而不过顾问。都督及民政长所有事宜，请出为担任，以维持现状。经多数议员表决，除电中央并通告各省，及备文知会胡都督外，应咨大使查照迅于即日莅任，以安人心，而卫地方。等语。昌衡归即咨复，除原文不赘外，复称：查本使此次回省，系大总统命令与胡督商榷边事，关于川中内政，应不预闻。兹准大咨所称各节，本使谊关桑梓，又曾奉国务院江电称：据大总统命令，本使与胡督共同维持地方秩序。等语。自应勉尽义务，以副贵会及全省父老子弟之厚意。至都督、民政长一切职权，自有胡都督担负完全责任，大咨暂请出为担任之说，未敢闻命，尚希鉴原。等语。窃昌衡与胡督投分素深，此次回川，于七月三日抵省，胡督远迎三十里，握手道故，极尽欢情。时因各界欢迎者众，周旋甚久，入城甚迟。至晚，始闻胡督已于午后一时出城，避居昭觉寺，并出告示：因病请假，委员代拆代行。昌衡次日即偕参谋长、内务司长，到寺敦请入城，再三苦口，坚执不从，然彼此心怀毫无间隔。乃于五号接国务院江电，有尹、胡交恶之说，当是传闻之误。兹省议会复有此举，诚恐流长飞短，淆乱听闻，致劳中央厪虑。昌衡不得不将到省情形，及答复议会事宜，胪列以闻，免再传误，是所盼祷。尹昌衡。印。

（《川边经略使电》，《申报》1913年7月12日）

咨复四川省议会文

（1913年7月12日） ＊

案准贵会咨开：中央任命，胡都督坚辞，近忽不知去向。所委托代行代拆之员，又到会面称不负责任。由会表决电请中央速简贤员接任。惟日前安宁秩序，应请力予维持，义属桑梓当不以为非分之情求，亦不得以不在其位不谋其政谢绝而不过问。所有都督及民政长事，暂请出为担任，以维现状。经多数议员表决，除电中央通告各省及知会胡督外，应咨请查照即日莅任，以安人心而卫地方。等由。准此。查本大使此次回省，系奉大总统命令与胡督协商边事，关于川中内政，应不豫闻。兹准大咨所称各节，本使义关桑梓，又曾奉国务院江电称：据大总统训令，本大使与胡督共同维持地方秩序。等语。自应勉尽义务，以副贵会及全川父老昆弟之厚意。至都督、民政长一切职权，自有胡督担保负完全责任，大咨暂请出为担任之说，未敢闻命，尚希鉴原。此咨。

(《尹经略咨复省议会》，成都《国民公报》1913 年 7 月 12 日)

附录　胡景伊通告

(1913 年 7 月 12 日)　*

顷中央严电责成（电略）。等因。本护督在任一日，即负一日之责，岂容乱徒乘间煽惑，特此告诫。如能痛改前非，亦不咎既往，如苟犹执迷不悟，惟有凛遵中央严令，执法以绳。

(《胡文澜之通告》，成都《国民公报》1913 年 7 月 12 日)

与胡景伊会衔布告

(1913 年 7 月中旬)

查本经略使回省，与本都督商筹边事，自职分上言之，则各膺寄任，互有责成。自交际上言之，则分协芳金，情同畴昔。何意谣言繁兴，逞其臆拟，市面因而摇动，人心为之不靖。仰赖中央英明，遥为宰制，后经本经略使、本都督竭诚宣告，尽力维持，旋即敉宁，幸以无事。否则本经略使之苦衷，几无以自白于天下。现在讹言就息，大局已安，本经略使俟边事筹有端绪，立即起程旋炉，以维边局。自此之后，如有不安范围之人，敢于借词生事，本经略使、本都督惟有恪遵大总统电令办理，决不宽贷。

（《尹胡会衔之布告》，成都《国民公报》1913年7月20日）

附录　国务院致尹昌衡胡景伊等电

（1913年7月10日）

急。成都尹经略，胡都督，张参谋长，周、彭、孙、刘、熊各师长等【鉴】：大总统令：迭阅来电，具谂苦志忠谋。惟昨阅露透电，川边军队屡有败耗，乡城并未肃清，殊深焦愤。原以尹经略懋著边功，经略之任，非尹不可，而胡督莅任以来，亦能绥靖内地，接济边军。中央因地择人，几经筹度，始有分任之命。乃该经略甫经旋省，而边地师挫乱起之报，已迭有所闻，足见万不可轻离边地。刻藏事尚未解决，番情向背无常，若边地帅节久虚，将士无所秉承，必致大局动摇，不可收拾。该经略应遵迭次电令，俟会商后，赶即回炉，维系军心，毋误边局。中央深信川军有勇知方，决不致置大局于不顾，而为个人争权利之私。即由该师长等严明约束，申儆军人，保持秩序，严防煽惑，以遏乱萌，而重军纪。仍由该经略、该都督会衔出示，晓谕军民各色人等，恪遵中央命令，毋得妄为，推举逾越范围。如有借端生事、扰乱治安者，即系破坏大局，为民国公敌，切须痛加惩办。该经略等皆负保边安蜀之责，设有他虞，万不能辞其责也。等因。合电遵照。国务院。灰。印。

（《中央电促尹使回炉》，成都《国民公报》1913年7月13日）

致袁世凯等电

(1913年7月16日)

北京大总统、国务院，武昌黎副总统，各省都督、民政长、各党会、各报馆钧鉴：

昌衡军人也，知有国家，并知有服从而已。愿占渔群之吉，守不党之义。邦人诸友，尚共鉴之。尹昌衡。铣。印。

（《尹昌衡表明心迹》，成都《国民公报》1913年7月18日）

致袁世凯等电

(1913年7月16日)

袁大总统、国务院钧鉴：

午密。前奉庚电，准在成都立筹边局，总理运场筹边饷械事宜，仰见大总统所以为川边计、为昌衡计者至周且详，莫名钦佩。昌衡返省以来，与胡督协议再三，亦以此事关系至重，亟宜兴举。窃思前设成都藏务饷械所，系由边务大臣委办，盖其任务在对于边藏主务官厅负责，以之专领于该主务官厅，然后事权不致纷歧。今仿其意，拟订筹边局，暂行章程如左：

第一条，于成都设筹边局，管理筹备运输饷械等事，由川边经略使直接管辖。

第二条，筹边局得设各员如左：一、局长，二、课长，三、课员。

第三条，局长由经略使呈请荐任，课长、员由经略使委任之。

第四条，局长一人总理全局事务。

第五条，筹边局设左列各课：一、筹备课，二、运输课。

第六条，各课设课长一人，受局长之指导，分理课务。

第七条，各课设课员一人或二人，承长官之命，分任课务。

第八条，筹边局为缮写文件及其他印刷事项，得酌用雇员。

第九条，筹边局为保护运道，得由经略使酌派兵队归局长统辖指挥。

第十条，本章程自大总统批准后施行。

以上各条是否有当，伏乞大总统鉴核，迅示祗遵。

川边经略使尹昌衡。叶。印。

（中国第二历史档案馆藏原件，档案号1011-4821）

与胡景伊致袁世凯等电

（1913年7月21日）

极急。大总统、陆军部、参谋部鉴：

午密。巧电拟分拨两师由昌衡带赴边地各情，计邀钧览。川省五师，历史不同，成绩亦异，已在洞鉴。复经昌衡、景伊统筹兼顾，镇边抚夷，须重根本。现在内地崔苻未靖，大局未安，尤宜有节制之师，巩固川局。经与景伊商定，拟将川省第二、第三两师拨归边地，第二师更名为川边第一师，即以彭光烈为师长；第三师更名为川边第二师，即以孙兆鸾为师长。其留在内地者，第一师仍旧，第四师更名四川第二师，第五师更名四川第三师，仍以周骏、刘存厚、熊克武为师长。如蒙钧允，用请分给任命，以期各专责成。敬祈电示。川边经略使领川边都督尹昌衡、四川都督胡景伊叩。个。印。

（中国第二历史档案馆藏原件，档案号1011-4821）

附录一　国务院复尹昌衡胡景伊电

(1913年7月21日)

成都尹经略使、胡都督：

午密。大总统令：个电悉。现在边警方殷，川省内地亦待镇慑，该经略、该督悉心协商，所呈划拨各师办法，于保边安蜀均为适宜，应即照行。川省现有各师，除第一师照旧外，第二师应改为川边第一师，即以彭光烈为师长；第三师应改为川边第二师，即以孙兆鸾为师长。原有第四师更名四川第二师，第五师更名四川第三师，仍以刘存厚、熊克武为师长。已交国务院拟办任命矣。中央眷念边陲，每深焦虑，刻边川军队划拨已定，该经略应即赶赴炉城，以维边局而系军心。该督亦应将内地军队妥为整理，务使边徼乂安，全川安谧，庶释中央西顾之虞，同副倚望。等因。合电遵照。国务院。宥。印。

(中国第二历史档案馆藏原件，档案号 1011－4821)

附录二　众议院质问书

(1913年7月21日)

关于政府任命川边都督：政府近日除官经略筹边、宣抚、屯垦，举唐宋以来官制，剿袭惟恐不尽，空中楼阁，五花八门，已足令人不可思议，而尤未如七月八号任命川边经略使尹昌衡兼领川边都督之奇者。盖依法律言，《约法》第三十三条：临时大总统虽得制定官制、官规，但须经参议院议决。川边都督一官，政府究以何年何月提交参议院议决，鼎铛有耳，夫岂未闻，此不解者一。各省反正以来，各设置一都督，即未经反正省份如直、奉等处，政府亦分别任命，以昭划一。例外如沪军都督、关东都督，南北统一，遂次第取消。是法律上须认为行省地方，始能设置都督明甚。而川边行省建设何年？川边都督胚胎何自？此不解者二。即谓政府因军民分治拟铲除省界，分设军区，都督专领军职，原不限因有区域以谓擢除。惟政府此种计划，尚属中郎枕秘，将来纵交参议院，通过与否，尚难逆料，何得专擅万能，成竹在胸，遂弹丸脱手。此不解者三。即据事实论，如谓川边重要，非有显职镇服不可，此说良然。但八号命令，尹昌衡系以川边经略兼领都督，既有经略，复除都督，即彼此异人，已属骈枝。一人而兼领两职，如涂之附，慕四朝三，知二五而不知一十。当局纵多一显衔，实际究有何裨益？此不解者四。或谓尹电中央，谓取消都督，无以慑服蛮民，政府故曲予优容而糜此好爵。惟昔人云：设有人盗皇陵一抔土者，将何以治之？政府而予取予求，使有以加九锡假黄钺为请者，政府而不问是非可否？惟使私图而掬怀以予耶。况就事论事，尹氏本系前川都督，左迁川边经略命下未几，复兼领川边都督，使尹而才何为夺其原官？使尹而不才何以锡之新爵？倘恍迷离，进退失据，恐不惟无以摄［慑］蛮民，亦不足以服尹氏，并何以对川人，且何以谢全国？此不可解者五。由是以谭，八号命令，法律事实，均在所不许，而政府顾悍然为之者，岂不以新简胡督，川中法团群起反对，尹已驰抵省城，兆姓胪欢，胡则潜逃萧寺，孑身莫保。因不惜巧立名目，饵弄尹氏，而为狙公赋芋之谋。果尔，为政府私计诚得矣，其如弁髦法律，乖违事实，遗祸蜀人，腾笑万方，何议员等心所谓危而不知其可？谨依《约法》第十九条九项提出质问，希政府根据法律，扑度事实，掬诚尽忠，明白答复。

议员　黄汝鉴、李为纶、黄云鹏、杨肇基、由宗龙、袁弼臣、张瑾雯、熊兆渭、廖希贤、李执中、金承新、黄璋、黄肇河、唐玠、王桢、卢仲林、熊成章、萧贤俊、王安富、叶夏声、徐象先、孙镜清、郭成炊、郭宝慈、黄赞元、王定国、钟宏才、萧德明、张治祥

（中国第二历史档案馆藏原件，档案号 1011－4821）

附录三　众议院议员质问书

（1913年7月下旬）

众议院议员程修鲁、凌发彬、蒙经、杨诗浙、王杰、林英钟、卢钟岳、吴汝澄、张秉文、饶芙裳、李积芳等关于任命尹昌衡兼领川边都督由：本月

八日，《政府公报》载大总统任命尹昌衡为川边经略使兼领川边都督事，阅之不胜诧异。查革命时代或同举义旗，或于各地方先后反正，因之一省而设数都督者有之。当时人心未靖，尚嫌事权过分，裁撤而使之合。今国势已定，何反增置而使分乎？一省两督，究竟为地而设，抑为人而设？此质问者一。都督专领军事，其设置废止纯属军事之计划，此国务院复邓元等质问语也。大总统既任胡景伊为四川都督，又任尹昌衡为川边都督，一省两督，非互相推诿，必互相冲突，于军事前途贻误不浅，此种军事之计划不知有何特见？此质问者二。任免官吏原院之特权，惟忝设官吏系属一种官制，自应提交议院议决，《约法》具有明文。川边都督为新设之官，非可借口特权任命，遂可抹煞议院议决之权。况查东三省都督改为奉天都督，无庸兼辖吉、江一案，大总统曾咨交前参议院复议，慎重官制，可见一斑。何以于彼无庸兼辖，既交议于前，于此设兼领，反不提交于后？不知是否认为官制？此质问者三。现在定制，凡一都督，管辖一省，四川原设有都督，今又设川边都督，其所管辖区域，是否包入川省之内，边境界线，自何巡起止？军事与地理相关，究竟该两督所管区域如何划分？此质问者四。查《约法》第二条，中华民国之主权属于国民全体，川省议会川民代表也，对于胡都督任命，则指摘之声不绝于口，对于尹都督回省，则欢迎之举充塞于途。民心向背，两督贤不肖所由分也。政府纵不以人心向背为任免官吏之依据，然此等政策是否为敷衍调停之计，不然胡系擅离职守，待命解职，而中央不理。尹为省会请简，谨予边督，而骈枝不计。好恶反常，与寡人政治何异乎？此质问者五。以上五端，议员等怀疑莫释，依《约法》第十九条之规定提出质问书，请政府明白答复。

（中国第二历史档案馆藏原件，档案号1011-4821）

致袁世凯等电

（1913年7月24日）

加急。大总统、陆军部、参谋部鉴：

午密。巧、哿两电请分拨边地两师暨任命各师长。昌衡赴边在即，诸务皆待进行。敬申前请,立候复示。川边经略使领川边都督尹昌衡、四川都督兼署民政长胡景伊叩。敬。印。

(中国第二历史档案馆藏原件,档案号1011-4821)

附录　参谋部陆军部复尹昌衡等电

(1913年7月26日)

成都尹经略打箭炉探交关外朱、刘两支队长,刘督战官,孙总指挥,顾统领,朱团长:

大总统令:现在边警方殷,所有川边各军队,均应明定统属责成,以重军纪。尹昌衡已任命以川边经略使兼领川边都督事,凡现驻炉关以西各军队,概应作为川边军队,统归该经略直接管辖,一切进止调遣各事宜悉听命令。如有违抗节制、擅离防所者,准以军法从事。各营队系衔均改用川边字样,毋庸再用四川字样,以明权限而免分歧。该各军队戡定边域,劳苦功高,年余以来,枕席锋镝,冒犯寒暑,中央时□嘉念,已饬发犒赏银十万元,陆续汇济。该经略其即传令慰□,用恤边勤。该各军官等务当申明纪律,保卫汉番,使地方安定,藩篱永固,克副我民国干城之任。是为至望。此令。参谋部、陆军部。宥。印。

(中国第二历史档案馆藏原件,档案号1011-4821)

通　令

(1913年7月26日)＊

探闻尹经略使通令各处,略谓此次赴边,所有直辖军队,不能径与川都督府通电，如有必须拍电时，当由经略处转发，免致权限不明。

(《尹经略明定权限》，成都《国民公报》1913年7月26日)

致袁世凯等电

(1913年7月28日)

北京大总统，参、陆两部，成都胡都督钧鉴：

国务院宥电，参、陆两皓电均奉悉。孙兆鸾所部改为川边第一师①，归经略使直辖，此电如遽实行，经略使必负整顿给养之责。查川边用兵，与敌战犹易，与穷战实难。将来若拨一营，开一队出关，均必先费若干之经营预备，不然饥寒纷杂，万绪千颠［头］，无从整理。应请大总统特降明令，将该师仍归胡督直辖，改为四川第四师，以便就近整理。如必交川边经略直辖，则须于今年以前筹足一岁之饷糈，并以后陆续接济之的款划拨清楚，仍须经略使回川将人员枪支清点齐备，规定教练整理给养之条件，指定驻地，方敢接手。否则，现在万军嗷嗷，业已困难万状，耗费之多，整理之难，不可言喻。益以一师，何能兼顾？是以暂请将孙兆鸾所属归胡督直辖，随其调遣整理，经略使概不与闻，以便胡督将该师预算列入。一俟事之完备，再由川督会同经略使妥为交代，方为稳健。专此电布，敬候钧裁。尹昌衡叩。俭。印。

(中国第二历史档案馆藏原件，档案号1011-1070)

---

① 国务院宥电是改为第二师，此处疑为"第二师"之误。

致四川省议会等电

（1913年8月2日）

省议会转各法团、各报馆鉴：

昌衡于本日起程赴炉，诸务匆匆，未能走别。伏思前日归省，辱承厚贶，答礼未周，征车再驭，殊深惭恧，尚乞曲谅。昌衡自始至终，或进或退，惟知以维持大局为前提，保卫桑梓为天职。尽心努力，效命边陲，以藩西蜀，用达隆仪。昌衡叩。冬。

（《尹硕权致谢隆情》，成都《国民公报》1913年8月4日）

致胡景伊等电

（1913年8月2日）

成都胡都督、彭县刘师长、重庆熊师长、泸州周师长、军界全体、政界全体钧鉴：

昌衡于本日起程赴炉，行李[色]匆匆，恕未走别，诸希原宥。尚期努力前途，和衷共济，以安桑梓，永固国基。则大局永宁，昌衡受赐，望东引领，不尽依依。昌衡叩。冬。印。

（《尹昌衡别后赠言》，成都《国民公报》1913年8月4日）

致袁世凯等电

（1913年8月8日）

袁大总统，国务院，参谋、陆军两部，各省都督、民政，各军使及军师长鉴：

川省全境，人心安靖，藏夷屈伏，知注特闻［闻］。昌衡严整师旅，必安家国，义奋风云。如奉中央命令，即能亲率所部，大张往讨，以卫中央。川边经略使尹昌衡叩。庚。印。

（中国第二历史档案馆藏原件，档案号1011－1070）

复袁世凯等电

（1913年8月14日）

大总统、国务院、黎副总统、各省都督民政长钧鉴：

敬电奉悉。现在蒙事日亟，内讧迭兴，苦心坚持，事非得已。前议俄约虽难尽如人意，亦无可奈何。副总统毅力苦心，力担重责，无任钦佩。况既经众议院通过赞成，诚如原电所云：一误岂容再误。应请爱国诸众一面要求国会同意，一面从速签字公布，以免再生枝节。昌衡以此事敬表赞成，愿同负责。谨此电复，立盼施行。尹昌衡叩。寒。印。

（台北中研院近代史研究所藏原件）

致国务院等电

（1913年8月16日）

万急。北京袁大总统，国务院，参谋、陆军两部钧鉴：

午密。齐电奉悉。川东不靖，全蜀骚然，我大总统命以严加镇慑，第二、第三两师如有他虞，即惟昌衡是问。等语。伏查川中秩序之不可再乱，与川边根本之亟宜固守，昌衡关心最切，无不竭力维持。顾昌衡犹不能已于言者，此次赴边，实系恪遵命令，克日就道，筹备诸事多未善，比及奉到感、宥各电，准将二、三两师划归川边改编任命，正值征车在即，行李仓皇之际，胡督尚未咨交，昌衡无由接管。现在之命令、调遣、监督、筹备皆出自胡督，是该两师虽有划拨之名，并无管辖之实。事理不属，何敢负责？况渝变初起之时，昌衡即已电令该两师务宜恪遵胡督指挥，并电胡督随时调遣。胡督已有命令调该两师出兵讨渝，行有日矣。此系实情，谨以入告。至于时局万难，情同救火，自宜竭尽苦心，何敢稍分畛域？谊切梓桑，岂能袖手？昌衡此次回川，殊具委曲调和之苦衷，想蒙烛照。此后苟力所能及，尤当竭尽愚忱，晓以大义，动以感情，不惟于二、三两师为然，即对于一、四、五师亦当尽力。此语此心，昭然天日，将来该二、三两师如有他虞，除由昌衡竭力维持外，仍请大总统伸明军法，严行查办，如昌衡心力未尽，公忠有亏，自甘束身归罪，独负重咎。临电呜咽，不知所云。尹昌衡叩。铣。印。

（中国第二历史档案馆藏原件，档案号1011-1070）

复旅京四川同乡电①

（1913年8月24日）

　　来电悉。诸公鉴及桑梓，感佩良深。至谓外间谣诼不经，谓昌衡宜表明心迹，读之令人泣下。昌衡自信赋性诚悫，有如赤子，危难当前，辄以身先，试观往事，何难共信。尔时请假回省，本以经略，万不能任，及入省，见大局岌岌，又强勉就职，以便调处。既阻军民之推戴，又拒议会之请求，待命唯谨，盖武人之职耳。虑党派之偏激则脱党，奉中央之严令则赴边。闻谣诼之纷起，则单骑出游，日拜胡督，以自解释。得破坏之消息，则痦〔堵〕口婉劝。百计维持，冀保公安，尽忠补过，自问无忤。惟惭性刚才疏，难与世合，但素性安贫，贱以自足。本拟决意归田，奈大局未定，正式政府未成立，藏事未解决，川局尚摇动，不得不苦心撑持，尚何必自明心迹？惟感诸公至诚，不得不为诸公誓：昌衡在职一日，无论如何喋责，终以赤心大义，报国为主。近来谣诼纷腾，尤堪骇怪，有关于大局者，望诸公代为解释，无关于大局者，听之而已。昌衡对于大局，无不维持之事实，无不维持之文字，无不维持之言论，无不维持之心迹。区区此意，乞诸公谅之。尹昌衡。迥。

（《疑谤声中之川边经略》，《申报》1913年9月24日）

---

①　《申报》于1913年9月24日刊登此电和以下9月4日《复旅京四川同乡电》时，加有如下按语："自赣宁发难后，川省熊克武、张煦相继响应，尹昌衡经略川边，指摘纷纭，群疑交集，迭承旅京川同乡致电诘责。兹得尹复电两通，照录如下。"

致参谋部陆军部等电①

（1913年8月29日）

十万火急。北京参谋、陆军两部，各省都督，军师长钧鉴：

昌衡前因回省筹备兵饷，颇稽时日，既屡奉严令，催促西返，遵即起行。到雅州，又因路阻，耽延旬日。不意驻炉之护卫团长张煦，因受熊逆克武暗中勾煽，并私运多数军火于党州［人］接济，竟敢于八月二十五号在炉宣布独立，以应熊逆。张煦自称川边大都督、北伐司令，其伪党赵城称副都督，以其所部旧军两营，并招集亡命及渝中党羽，共集三千余众。即日扑掠观察使署，推傲［倒］镇抚，并将炉地公私财产抢掠一空。随派兵截扎泸定桥各处军队，侦知昌衡随身卫兵队不过四十人，意将劫留昌衡，挟之从逆，以行其志。昌衡在泥头闻变，欲进攻则兵力太单，欲退守则边川无炱［粮］。彼时已拼一死报国，身悬匕首，冒险前进，单骑驰入其军，为相机解散招抚之，以图侥幸于万一，不济即以死继之。至泸定桥，适其大队相值，均系昌衡旧部，一旦晓以大义，皆又感泣，莫能仰视，愿以死听命。当将其新募者二千余人，全系乌合，多有不能运机柄者，一律缴械而散。其余旧兵两营，均一律归伍。部署未毕，时已昏暮，张、赵二逆，在隔河督军，见众军一渡即降，知大事［势］已去，遂拆毁桥梁，于夜半与其死党数人乘坐所窃民船，即乘流偷渡，溺死甚众。闻张逆乘马得不溺，赵城潜逃。昌衡一面派兵六十名悬赏追捕，当于次日将赵逆及其死党伪招讨使王明德拿获，就地正法，传首炉军；一面兼程【赴】炉，并安抚沿途居民照常安业，取消该逆等所布伪命，幸关外各军尚未摇动。惟公私受损已巨，人民惊惧，皆因昌衡奉职无状，致有此失。锥心反躬，何以自容？虽誓此报国，不计其他，丁此巨变，何敢逃罪？应请饬部从严议处，彻底查究，将昌衡褫职调京，归案治罪，并恳电饬

---

① 原件上有如下批语："此电误码较多，请贵科加意改正，若不成文，再发公致问，因往返颇费时日。付白。"

各省悬赏严拿张逆，以伸国法。昌衡候到炉后，整理一切，再行续报，听候处分。再查，该逆沿途拆毁电杆，并拍发伪电甚伙，此数日内到处之电，事假借用，并又虚张声势，如有情事可疑，请予搁置，勿使传布，致淆观听。临电悚惶待来命。除分呈大总统外，特此奉闻。尹昌衡。艳。印。

（中国第二历史档案馆藏原件，档案号 1011 - 1255）

附录一　袁世凯通缉令

（1913 年 9 月 15 日）

　　前因川边炉城逆首张煦倡乱潜逃，业经饬各省通缉。兹复据川边经略使尹昌衡电续陈该逆详情，尤堪痛恨。该逆历受荐拔，充当要职，竟敢不顾大局，公然背叛，响应熊逆克武，捏令回炉，私称独立，攻扑观察使署，击散卫兵，劫质该经略父母家属，迫之为逆，抢劫商民，逼迫文武，带匪在泸定桥拦截攻击。使非该经略单骑驰入，劝导官兵去逆效顺，则边局何堪设想？张煦应将所得陆军上校少将衔四等文虎章，一律褫革。各省务饬速缉，无论在何处拿获，即讯明就地惩办。该经略定乱俄顷，殊堪嘉尚，所请严议之处，仍予宽免。该处地方陡遭劫害，眷念商民，接焉如持，务望绥辑［缉］拊循，毋令失所，用副禁暴安民之意。此令。

（《近代康区档案资料选编》，第 4 页）

附录二　颜𬭁致袁世凯等电

（1913 年 9 月 23 日）

北京大总统，国务院，参、陆两部钧鉴：
　　寒电敬悉。窃查护卫团团长张觐①煦仓卒谋变，详情业经尹经略昌衡电

---

① 原文如此，"觐"字疑为衍文。

呈在案。惟镡奉命代行镇抚，调度无方，致使该逆谋为叛逆，罪有应得，已呈尹督转呈请予议处。所有镇抚使印信已于九月四号缴呈尹督接管，镡仍待罪观察，敬候处分，以伸国典。兹奉电令镡慰问尹督双亲，遵即敬谨将命。尹阖家无不欣感，继以零涕。一俟奉到，颜镡再行躬赍悬挂，以扬大总统特别施仁于无既①，合并电呈。边东观察使颜镡叩。漾。印。

(中国第二历史档案馆藏原件，档案号1011-1255)

附录三 刘成勋致参谋部等电
(1913年9月28日)

十万火急。北京参、陆两部，各省都督，成都胡都督、师长钧鉴：

成勋自奉尹经略命令，赓续拔队，兼程前进，现我军前卫已达雅州，勋率本队已达泸定，后军约宥日可抵康定。适奉成都胡都督来电，援川前军及本省军队剿抚得力，已将熊逆击溃，渝城尚属安堵，省垣亦复平静。恨我军远役边陲，不能飞抵渝城，生啖贼血，报愧实深。惟大队既赓续抵耿，诉如何解【决】预防之处。除电请胡都督命令遵办外，特此奉闻。唎②郭军支队长川边讨熊军总司令兼第一混成旅旅长第二兵再[团]司令刘成勋。俭。印。

(中国第二历史档案馆藏原件，档案号1011-1255)

呈袁世凯文
(1913年9月2日)

川边经略使兼领川边都督事尹昌衡呈：窃查本使冬日上呈大总统一

---

① 原文即如此。
② 原文即如此。

电，文曰：昌衡于陷日抵炉，历查此次张煦作乱确实情形，谨呈详报如下：

乱事之起，实由乱党之运动。当昌衡初到成都，该党人即百计千方耸动昌衡反对中央，意图大举，以行其志。昌衡委婉譬谕，坚定自持，幸以内不失守，外不败事。本意多留月日，奠定桑梓，而中央命令严肃催促上道，昌衡不敢违令，刻日西行。初至雅城，熊师告变，知大局之委［危］，后源［援］将绝，惨淡异常。加以雨湿道崩，遂致留滞数日。该逆党大肆萤语，谓昌衡观望不前，欲使得罪中央，构怨胡督，势成骑虎，堕彼术中。昌衡立志靡他，问心无愧，面东望北，惟日欷嘘。仍复赓续起行，赶急修道。乃该党运动新津驻兵，猝然图叛，即假借昌衡名义，号召军队，实欲断我川边粮道，使昌衡不复能前。幸胡督调度有方，扑灭迅速。该党计又不遂，复在雅秘密运动驻雅军队，于十五日武装整队，强迫昌衡即时独立。昌衡仍恳切开导，继之以泣。卒能弭患无形，起行赴边。

先是昌衡奉命镇边，即拟全眷赴炉，以绝东归之志，当到雅时，随行卫兵三连至是以一连护眷先行，以一连一排分二次押饷续发。又因道途不靖，留兵一排，驻雅督运。昌衡左右仅余卫兵四十人，随员数员而已。该逆党累计不遂，侦知昌衡途中兵少，炉城守备各营及送饷眷赴炉者又皆张煦所部，遂决意于中取事，阴联张逆，暗助军火。张逆时在丹巴，遂不受命令，兼程返炉，于二十五日拥兵独立，以应熊逆。攻扑观察使署，击毙卫兵，并伤颜观察镡额角。公私财产，一掠无遗；文武官员，尽被胁迫。张煦者与熊逆克武至厚，前民政长张培爵之侄也。其初充培爵副官，荐之昌衡，率领到边，尚谨饬，谙军事，故由军法局长兼任护卫团长。昌衡在炉之时，尚谨守范围，不意其狼子野心，蓄谋阴狠，酿此巨变。潜与赵城、王明德谋，招集亡命，以其所部驻炉旧兵两营并渝中党羽三千余众，编成一混成旅。张贴伪示，张煦自称川边大都督，北伐司令兼领全旅，赵城称副都督兼第一团团长，王明德为招讨使兼第二团团长。声势颇大，人民惊惧，全边几至糜烂，种种罪恶，擢发难数。该逆竟敢封锁住宅，扣留昌衡家眷，使六十余之老父老母及一妹一妾均受软禁。遗文昌衡曰："不抗中央，全家戮矣。"并迫昌衡返雅，调兵合熊。昌衡心伤泪落，婉言以谕。该逆知昌衡不移，竟敢率领大队截扎泸定桥，以劫昌衡由雅东下，迫令占据成都，招集四川陆军，会师北伐。一面窃用镇抚府关防，以昌衡名义加孙绍骞、彭日昇、顾占文、刘成勋节度使，令会师北伐。

昌衡时在泥头，闻变距炉尚四日程，欲回雅调兵进攻，计往返调集必须半月以上，缓不济急，诚恐边军不察真伪，以怀归之心，闻风响应，或因张逆阻险日久，粮尽饷绝，全边撤防，防地空虚，藏番伺隙蠢动，则百战之功，千里之地，尽成灰烬。欲即于泥头死拒，又恐该逆等由泸定属之冷碛顺流而下，直取嘉定，再以昌衡名义，煽动各师，则川与边必相继沦陷。昌衡欲以四十人决战，又虑该逆伤害父母，兼之众寡不敌，徒死无益。锥心洒涕，五内如焚。乃身怀匕首，冒险赴敌，意谓背国不忠，背亲不孝，有一于此，不如死也。二十九日，昌衡单骑前进，距桥五里，适与其管带周明镜相值。昌衡呼与共语，该管带深明大义，力任倒戈。乃连骑驰入其军，匕首拟胸，疾声晓谕，泪尽声嘶，众军闻之，多至痛哭，莫能仰视。昌衡乃于军中大呼："欲归尹者左，欲附张者右！"精兵旧将争先恐后，悉数趋左。乱夫逆党，胆裂心寒，抱头鼠窜。张、赵两逆尚率死党临河督战，然该逆虽再三下令，军中无敢发枪。昌衡当令其新募乌合之众，缴械遣散，旧兵两营一齐归伍。正欲编组稍定，督兵过桥，捕擒逆等，时已昏黑，降兵溃卒，拥塞满桥，兼值大雨倾盆，兵不得过。扰攘之际，该逆乘机拆毁桥梁木板，与其死党数人窃民船偷渡，由上流乘间潜逃。昌衡当即分兵三路，连夜追捉，于次日清晨拿获伪副都督兼伪团长赵城，伪招讨使兼伪团长王明德，立即枭首军前。将士皆肃然听命，无敢携贰，并悬万金之赏，捕拿张逆。即星驰到炉，后又捕获其死党数人，多系由渝中来助张逆作乱者，皆一律正法。并搜出伪造印信关防数颗，文告多件，存候另文缴呈。随即抚慰远近，居民照常安业，通令关外各军，加意防堵，取销所布一切伪命，炉边秩序始渐回复。窃思昌衡对于该逆党，始终含容，总期委曲求全，以消隐患。有恩无怨，欲其自知悔悟，以卫桑梓。乃该逆等不辨邪正，不顾大局，必欲陷昌衡于不忠不孝，丧失领土，摇动国基。并使昌衡父母妻孥同陷惊危之地，私仇公愤，不共戴天！务恳大总统饬下各省严拿张逆，一面将其所得四等文虎章、少将衔陆军上校等军秩一并削除，仍由昌衡悬赏万金，无论生擒与割取首级，务获该逆，明证其罪，昭示天下，以伸国法。至昌衡因迟返数日，至炉城遭此惨变，虽赖中央威灵，旋即破灭，而损失过巨，善后艰难，实属咎有应得。并恳饬部严议处分，调京归案，听候惩罚。但使大局得以维持，国法得以张大，死且不朽。昌衡现既待罪，惟有死守穷边，食纸食茶，以身报国。谨候钧令。除将细状逆据口供另文陈明外，所有张逆肇乱及戡定情形特此缕悉上陈。临电悲怆，不胜惶悚待命之至。等语。

业经拍发，诚恐路途有阻，未能上达钧鉴，兹特照录原电，具文呈请大总统鉴核示遵。此呈。

批：据呈已悉。已通饬各省一体严缉矣。此批。
（大总统印）
中华民国二年九月三十日

国务总理熊希龄
陆军总长段祺瑞

（《政府公报》第510号，1913年10月5日）

复陆军部电

（1913年9月3日）

北京陆军部钧鉴：

宥电敬悉。防军管带名杨恒武，希即查照更正。昌衡叩。江。印。

（中国第二历史档案馆藏原件，档案号1011-4821）

复旅京四川同乡电

（1913年9月4日）

养电悉。号电已到。昌衡当痛川事、边事濒于危难，公忠报国，百折不回，虽有时语涉愤激，自抚诸心，岂有他意？遭逢不偶，孤怀莫白，上不见谅于□□①，下受攻击于党人，杯蛇市虎，岂执事诸君尚不知此心耶？总之，昌衡无论如何困难，只知维持大局，顾全桑梓，死生以之，决不稍负初心，歧途误入，致一旦失身，千秋遗恨，事实具［俱］在，可以共见共信也。明知经略之难，为边事之棘手，既奉中央命令，当此危险时代，敢不勉力支持，渐俟大局稍定，决行长揖归田，以明心迹。迺值张逆肇乱，甫经戡定，善后艰难，已抱定死守穷边主义，勉学睢阳啜茶啖纸。昨已分别电陈，大总统明照万里，为忠为奸，事后不难询悉。如果有疑虑，可派员查办，昌衡敢当军法。务望执事诸君为任解铃，将此情形速上达，以息人言。拨款十万，具感中央眷念西陲之意，此款从何处汇兑，望复。北望神驰，临电感恸。尹昌衡。支。

（《疑谤声中之川边经略》，《申报》1913 年 9 月 24 日）

致袁世凯等电

（1913 年 9 月 9 日）

北京大总统，国务院，参谋、陆军两部钧鉴：

窃维强国之道，练兵为上，整军之法，编制为先。查川边全境，向驻防军十一营，分扎巴、里、昌都各要隘，号【称】西军善战耐劳。自前年反正之初，藏番伺隙蠢动，全边大乱，边军饷尽援绝，伤亡过半。昌衡西征，其时川中四师，各有抽调，然多未经【训】练，仓卒出发，分援巴、里、昌都，南北两边，次第克复。惟乡城据险难下，乃添调四师团长刘成勋率兵一团为攻乡军支队长，会同关外驻防各军分兵五路进剿。仰赖德威，乡逆破灭，转战经年，全边始定。昌衡适奉经略之命，粮饷俱缺，正及编练，此次奉令西返，又值张逆之乱，菜佣牧丰，尽胁为兵，军籍冗滥，至斯已极。旬日沙汰，去劣留良，参访内地军制，改编步兵一团，直隶经略。军政长官，

---

① 此处为原载《申报》所略，当为"总统"二字。

昌衡自当去糜崇俭，表率全军，如有退缩，甘伏军法。各区军官士卒，并饬一律坚守，如有未奉经略使命，擅虽［离］防地者，准昌衡以军法治之。如此则川边军队号令一彎［变］，心志自竖。再由昌衡勤加训练，不难悉成劲旅，树西北之军威，杜强邻之视［觊觎］。庶几进可以战，退可以守，一区有警，他区得请命互相援助，从此保边固围［圉］，万无一失，以纾我大总统西顾之忧。惟编制军队，事体重大，未敢擅行，如蒙允许，即令昌衡择委知兵大员作为编军正委员、副委员，前委［往］改编，此委员并可兼犒军任务，以宣布中央郑重远征、优待将士之至意。昌衡本应亲往督率编定，现在熊逆未靖，粮饷缺乏，惟有在炉督催统筹，免误戎机。一俟各区军队改编完竣，昌衡仍即亲自出巡，简阅士卒，查验军械，汇造名册，绘具防地形势、武器种类、类［运］粮陈①道路各项图说，拟定编西驻防征发各令，连同图册暨作战计划，另文咨送参谋、陆军两部查核转呈备案。至关于编军一切经费及犒军费用，并请由中央担任核发列征报销，以符名实。昌衡系为整饬军队、慎重保边起见，是否有当，伏候示遵。

再查川省二、三两师，前奉电令改为川边一、二两师，本可调遣听用。惟因川事需兵甚急，且饷项无着，转调艰难，只得从缓。现在第五师既叛，川兵甚少，该两师现仍暂隶川督，以平川乱而固根本。是以此次编军，只就川边现在各军队分配改编，以固边围［圉］，合并陈明。尹昌衡叩。佳。印。

（上海《协和报》第4年第6期，1913年11月8日）

致外交部电

（1913年9月21日）

外交部鉴：

午密。胡都督转到皓电敬悉。藏事既经中英两政府议定各派专员在印度

---

① 原文即如此，"陈"字疑为衍文。

定约，开会有期。昌衡自当静候解决，已令止各军勿得前进矣。惟现在内容如何，如能详细示知，以便就近切实准备，殊为至要。祈径用密电示复，以释忧虑而重要公，不胜企盼。尹昌衡叩。马。（九月二十一日）

（台北中研院近代史研究所藏原件）

致袁世凯等电

（1913年9月21日）

大总统，国务院，外交部，参谋、陆军两部钧鉴：

午密。据西藏宣抚使王鉴清星夜专哨七日至炉报称：噶伦惧我军，遂游疑不敢进，屡请将会议地点改移江达、硕般多一带，曾经报闻。顷复得该使函报：江达以西番边百姓，近以出兵久役，捐粮助饷，怨苦之不绝，均愿汉兵早到，俾得安业。宣抚伏查此时藏中人仍不附噶伦及各番官所部进扎硕般多等处，屡次集合，计划东侵，多数藏兵均以迭经败北，面我兵辄行解散。噶伦潜退，达赖气沮，而波密三十九族百姓投诚后，皆密请进兵，愿助军粮，并作乡导。以上种种，机不可失，应请由宣抚酌带营队前进，与噶伦接洽，确探敌情，并于所至宣布德意，收拾人心。即趁机占领江达，进窥两藏，一面飞令昌都就近各军队于恩达添驻一营，以扼要隘；于类乌齐驻扎一营，互为犄角；于三十九族驻一营，以安归附之心；并请经略移昌坐镇指挥一切。如蒙允准，务恳速拨兵费银二十万两，所需军粮即饬后方源源接济，再由宣抚沿途采集军粮。于敌万无一失，伏恳电示遵行。等语。昌衡当以会议期间，骤然进兵，恐与中央电令抵触，飞饬未可轻动，敬候转呈请命办理批发去后。据此情势，藏人东侵之谋，刻下似可无虑。惟查藏中人心不附，兵溃民怨，内乱将起。又投诚各处，助我军粮，为之向导，诚属机不可失。如果中央下令，昌衡所部虽多饥疲，究系百战之兵，但令饷械无缺，尚可西进，复我疆土，理合转呈大总统速示机宜。刻下政府与英藏交涉问题，已否解决？相机进取，有无窒碍？以及经营藏务，宜持急进或缓进主义之处，统候钧令办理。再查川边川藏状，饷尽粮绝，虽无战事，已属窘迫万分，朝不保夕，曾经屡电告急。进兵图藏之策，如荷准行，应由昌衡拟具临时预算，电请饬拨巨款，以资筹备，合并陈明。昌衡忝任经略，知保国无所忌避，既见机有可乘，不敢仅抱死守主义。特此电陈，伏维垂鉴。尹昌衡叩。马。

（台北中研院近代史研究所藏原件）

咨外交部电

（1913年9月25日）

勋二位二等文虎章上将衔陆军中将川边经略使兼领川边都督事尹次［咨］：窃查本使于马日电覆在印度定约期内，勿得进兵之电，业已遵行，请将详细内容，用密电示覆一案文曰：急。北京外交部鉴：午密。胡都督转到皓电敬悉。藏事既经中英两政府议定各派专员在印度定约，开会有期，昌衡自当尽候解决，已令止各军勿得前进矣。惟现在内容究竟如何？如能详细示知，以便就近切实准备，殊为至要。祈径用密电示覆，以释忧虑，而重要公，不胜企盼。尹昌衡叩。马。印。等语。除拍发外，相应补具印文，咨请大部查照赐覆，不胜盼祷。此咨
外交部

尹昌衡（印）

中华民国二年九月二十五日

川边都督咨一件。藏事在印度开议，内容究竟如何？请示覆由。
民国二年十月十八日

（台北中研院近代史研究所藏原件）

致黎元洪电

（1913年9月26日）

查各国公例，政客有党，军人无党。良以政客处言论机关，辩驳精透，斯政策易行。军人具武装势力，党派一歧，争夺以起，军律虽在，视等弁髦，命令虽严，作同儿戏。于是，据城日迫，啸聚自雄，括地宏财，好杀不已。始如星火，继可燎原，远观皖赣，近察渝城。既由军人危及全国，使非党争，宁有此失？窃念民国肇兴，环生险象，群策群力，犹恐弗胜。况复兄弟阋墙，豆萁煎急，离析分崩，外侮奚御？夫群□不协，河阳败师，诸将离心，符离□□，尚非党见，仅曰不和，而唐宋以亡，神京沦陷。矧今军党百倍曩昔，势将瓦解，言之痛心。昌衡前在成都，所以有取消军人党籍及行宣布出党各通电。比返泸城，顾瞻大局，日益阽危，使军人党籍不除，即民国一日不安，其如五族同胞埋头举踵，殷殷望治之心何也？昌衡素性愚蠢，罔知大计，顾心所谓危，不敢不告。除川边军队刻已令饬入党者一律取销，无党者概不准入，服从命令，恪守纪律，务乞设法取销，以复军人名誉外，惟望群公俯察微言，声明大义。如有军人入党情事，务乞设法取销，以弭隐患而维大局。军界幸甚，民国幸甚。如荷赞成，并希电复为祷。

（《黎副总统政书》卷30，第11~12页）

附录　黎元洪复尹昌衡电

（1913年9月26日）

真、宥电悉。军人不入党籍，文明各国已有先例，佩读伟论，极表赞同。

（《黎副总统政书》卷30，第11页）

经营川边之新政策

（1913年9月）

川边经略使兼都督尹昌衡奉命经营川边后，近日派员至京，与政府就商筹边要政。其大概约分五端：

（一）全边宜驻兵一师也。查现在驻兵已近一师，然军队复杂，不能整旅。今拟纯粹调川一师，以旅驻昌都，而炉城、巴塘及南北路各驻一团，用资镇慑。

（二）预备一师为图藏防藏之计划也。关外交通艰滞，征调转输，动逾数月，倘平日漫无预备，必至临时张皇。且兵与将必相习，始能制胜。故宜预备一师，分驻宁远、雅安、松理一带，勤加教练。无事则以之制压边夷，兼营屯矿；有警则立可振旅西入，捍御边疆。现在英人募工数万，筑格俱运道，将进据波密。达赖三次败衄，意犹未已，近复增兵购械，闻大队已抵硕般。前方异常危迫，若不于常驻一师之外预备一师，势必不敷分布，更无以资策应，此至可悚虑者也。此两师宜用三、四两师，盖因西征军队此两师人居十分之九，免使移防，多所更动，以生他变。

（三）暂时经费，须有的款现金二百万两也。查前清赵尔丰办理边务，凡百未举，又无大敌当前，然常有一百六十万之准备金，而他项捐款按月运解者尚不在内。今办事之难，数倍往昔，而饷源不裕，接济维艰。现仅有□数千边军，已积欠六月之饷，一旦有事，能责令枵腹从公乎？故鄙意必先筹巨款，然后着手进行。惟川省财政窘绌，何能骤得此数？现拟于中央指定之川省裁兵费项下，暂行划拨应用。

（四）经略使于其所直辖暨筹备范围所及之地，宜常川往来督察也。消息不灵，障碍斯起，形势阻隔，因应多乖，宜随时巡行成、炉及关外各地方，以期敏活。

（五）边事如有为难情形，旁人掣肘之处，应请中央力为主持也。前清赵氏兄弟，一任川督，一任边务，犹有时意见参差，况在他人，何能无虑？

凡此数端，应请大总统照准，以维持边事。云云。

现闻此数事，正在协商中，或可邀准云。

(《尹昌衡经营川边之新政策》，《申报》1913年9月11日)

报告军情电

(1913年10月9日)

兹据昌都报告：藏中闻我军饥乏，又复大聚夷兵，由类乌齐进窥昌、德，经刘瑞麟星夜驰至关乌齐，彭日昇继出，逆众始行溃散，我军及境而止，惟刘瑞鳞堕马伤足甚重。全边尚属安静。惟恐传闻失实，特电以闻。

(《近代康区档案资料选编》，第4页)

致陆军部电

(1913年10月13日)

北京陆军部钧鉴：

支电敬悉。排长军职应以中、少尉二级充当，每连约中尉一员，少尉二员。等因。应即遵办。惟川边所辖军队防、陆并有，前已电呈大总统，将全边划分五区，从新编制，以归划一。在案。所示办法，拟请暂缓，俟编制后，即照大示开单，并取具履历送部核补，并请发现行陆军编制表及应用军事书籍各一份，以备考查为祷。尹昌衡叩。元。印。

(中国第二历史档案馆藏原件，档案号1011-4821)

致袁世凯等暨各省都督电

（1913年10月16日）＊

北京袁总统，国务院，参、众两院暨各省都督：

　　昌衡于陷日抵炉，历查此次张煦叛乱确实情形，谨为我大总统缕晰呈之：查乱事之起，实由于乱党之运动。当昌衡初到成都，该党人即百计迫昌衡反对中央，意图大举。昌衡不惮口舌之劳，譬以利害，以保桑梓，固巩中央为宗旨。正在谆谆告诫之际，中央命令催促上道，昌衡奉命西行。不料初至雅城，即闻熊师告变，又值军中饷源将绝，惨淡异常，雨湿道崩，穷途留滞。由是叛党乘间大肆蜚语，利用反间，谓昌衡观望不前，尹胡构隙。该党又一面运动新津驻兵，猝然图叛，复假借昌衡名义，号召军队先断川边粮道，计在使昌衡进退无术，必致陷入阱中。幸胡督调兵会剿，相机扑灭。该党又复潜往雅州，秘密运动驻雅军队，于十五日竟敢武装整队，强迫昌衡即时独立。比经昌衡一面派员开导，一面下令戒备，该党见势不佳，遂即各归队伍，安帖如恒。此昌衡奉命西行后沿途受厄之情形也。

　　先是昌衡奉命镇边，即拟全眷赴炉，以绝东归之志。当到雅时，随行卫兵三连至，是以一连护眷先行，以一连一排分二次押饷续发。又因道途不靖，留兵一排，驻雅督运。该逆鉴昌衡左右仅余卫兵四十人，随员数员而已，遂潜返炉城于二十五日拥兵独立，以应熊逆。攻扑观察使署，击毙卫兵，并伤颜观察镡额角。公私财产，一掠无遗，文武官员，尽被胁迫。又潜与赵城、王明德招集亡命，以其所部驻炉旧部两营并渝中党羽三千余众，编成一混成旅，张贴伪示。张煦自称川边大都督，北伐司令兼领全旅，赵城称副都督兼第一团团长，王明德为招讨使兼第二团团长。声势颇大，民心惊惧，全城几至糜烂，种种罪恶，擢发难数。该党竟敢封锁住宅，扣留昌衡家眷，使六十余之老父老母及一妹一妾均受羁禁。遗文昌衡曰：倘再坚执如前，当戮全家。云云。昌衡赋性纯笃，深痛逆党，竟敢辱及二老，誓不戴天，督兵前进。此炉城独立后昌衡全家被禁之情形也。

乃该逆知昌衡不移，竟敢率领大队截扎泸定桥，以劫昌衡由雅东下，拟占据成都，招集四川陆军，一面窃用镇抚府关防，加孙绍骞、彭日昇、顾占文、刘成勋节度使，令会师北伐。昌衡时在泥头，闻变距炉尚四天路程，欲回雅调兵进攻，计往返调集，必须半月以上，缓不济急。诚恐边军不察真伪，以怀归之心，闻风响应，或因张逆阻险日久，粮尽饷绝，全边撤防，防城空虚，藏番伺隙蠢动，则百战之功，千里之地，尽成灰烬。欲于泥头死拒，又恐该逆等由泸定属之冷碛顺流而下，直取嘉定，再以昌衡名义，煽动各师，则川与边必相继沦陷。思经再四，不得已于二十九日单骑前进，意在先以义动，万一不幸，惟以身殉家国之恨而已。所幸距桥五里，适与其管带周明镜相值。昌衡呼与共语，该管带深明大义，力任倒戈。乃连骑驰入其军，匕首拟胸，疾声晓谕，众军闻言感泣，愿从昌衡擒张逆。唯时张、赵两逆尚率死党临河督战，然该逆虽再三下令，军中无敢发枪者。昌衡当令其新募乌合之众，缴械遣散，旧兵两营一齐归伍。正欲编组稍定，督兵过桥，捕擒逆党，时已黄昏，败兵溃卒，拥塞满桥，兼值大雨倾盆，兵不得过。扰攘之际，该逆乘机拆毁桥梁木板，与其死党数人窃民船偷渡，由上流乘间窜逃。昌衡当即分兵三路，连夜追捉，于次日清晨拿获伪副都督兼伪团长赵城，伪招讨使兼伪团长王明德，立即枭首军前。将士皆肃然听命，无敢携贰，并悬赏捕拿张逆。即星夜驰到炉，又捕获死党数人，多系由渝中来助张逆作乱者，皆一律正法。并搜出伪造印信关防数颗，文告多件，存候另文缴呈。随即抚慰远近，居民照常安业，通令关外各军，加意防堵，取销所布一切伪令，炉边秩序，始渐回复。此昌衡到炉后，取消独立、解散乱党之情形也。

窃思昌衡对于该逆党，始终含容，总期委曲求全，以消隐患。有恩无怨，欲其自知悔悟，以卫桑梓，而固国体。乃该逆等不辨邪正，不顾大局，必欲陷昌衡于危地，并使昌衡父母妻孥同陷惊危之地，丧心病狂，一至于此，几致川边不可收拾。张逆之罪，实无可逭，务恳大总统将该逆前得四等文虎章、少将衔陆军上校等军秩一并削除外，并通令各省悬赏缉拿，务获治罪，以伸国法。至炉城遭此惨变，虽赖中央威信，旋即扑灭，然痛定思痛，实由昌衡因循所致，惟有自请议处，以肃功令。除将细状逆据口供另文呈案，并善后办法再行续电外，所有张逆肇乱及戡定情形，特此缕悉上陈。临电悲恸，不胜惶悚待命之至。

（《尹经略平定炉乱之详报》，《申报》1913年10月16日）

致袁世凯等电

（1913年10月21日）

北京大总统，参谋、陆军两部钧鉴：

咸电奉悉。遵查隆庆土司拉色纳款投诚，自愿实隶川边，支差纳粮，迭经报闻，已奉复电照准，并荷优予核奖在案。现正改发钤记，遵令放行管理，认真保护，并无派员加索赋税情事。至隆庆二十五族有无玉树土司在内，已飞令刘督垦官查明呈复，再行飞报。惟查该隆庆土司既属倾心内向，如果玉树土司旧隶该部，自未便因一隅之向背而失全部也。谨此电闻，伏维照察。尹昌衡叩。马。印。

（中国第二历史档案馆藏原件，档案号1011-6142）

复国务院电

（1913年10月21日）

急。北京国务院钧鉴：

院密。宥电今始奉悉。昌衡前据王宣抚飞报，当以此事关心英藏交涉，未可轻动，饬令静候转呈请命办理。嗣奉大总统宥令，既已飞饬该宣抚勿得进兵，令赵、彭、刘各军严守讯地，以防不测。兹奉钧电，谆谆以维持和平见示，昌衡亦何敢不顾大局，陷国家于危险之地。除再录电转饬遵行外，谨此电闻，伏冀垂察。尹昌衡叩。马。印。

（台北中研院近代史研究所藏原件）

附录　国务院致尹昌衡电

（1913年10月4日）

打箭炉尹经略：

　　密。大总统令：现接陈贻范电称：成都英领事电：华兵向三十九族前进，又有王宣抚令噶布多往硕般多议藏事。各等语。查前以饬该经略勿得进兵，现藏事业经在印度开议，应即将王鉴清撤回，勿任邀功，别生枝节，即遵办并盼复。等因。合电遵照。国务院。初四日。

（台北中研院近代史研究所藏原件）

致黎元洪电

（1913年10月28日）

　　窃昌衡此次到炉，适值饷尽粮绝，危迫万分，已决定死在穷边，舍身报国，早经电呈。殊以忧劳太过，旧病复发，日甚一日。夜不能寐，昼不能餐，齿破六七，龙穿流脓，饮吸俱废，余生一息，颓废不堪，精神逆冈，难理庶政。迫不得已，乃于今早将一切事务，暂交与颜观察代理，以便延医诊治。计此病非旦夕能起，拟请副总统给假三月，以资调养，暂行任命该观察护理经略使，一面遴委贤员接任，吕〔昌〕衡暂仍留炉养病，镇慑军心，免生他变。至昌衡实因病重，恐误事机，有负副总统边陲至意，应请派员查验。一候稍就痊可，中央有命，仍当勉效驰驱。所有请假调养恳予恩准缘由，谨呈。不胜迫切待命之至。

（《近代康区档案资料选编》，第4页）

附录一　颜镈致袁世凯等电

（1913年11月3日）

急。北京总统、国务院各部长，武昌黎副总统，成都胡都督、陈民政长，重庆刘镇抚使，各省都督、民政长，各镇边使、镇守使、各办事长官钧鉴：

东日承准尹经略使咨行转准国务院电，奉大总统令：尹经略镇抚边军，辛苦成疾，应给假一月，以镈暂行护理。等因。并准尹经略昌衡将经略府印务咨送前来。遵即于是日接收视事。伏思镈一介书生，材力薄弱，前代镇府深惧弗胜，今更谬膺重寄，本应固辞，以避贤路。第值边事日亟，饷尽粮绝，各员既枵腹从公，战士皆忍饥待战，楚令尹力纾国难曾闻毁家，诸葛公感激驰驱宁辞尽瘁，用敢任怨任劳，力持危局，誓以死守，无辱国家。万望中央各省垂念边地重要，速拨巨款接济，以救燃眉，并恳随时指示方略，俾无陨越。全边受赐，非镈一人。临电悚惶，不胜迫切待命之至。护理川边经略使颜镈叩。东。印。

（中国第二历史档案馆藏原件，档案号 1011-1070）

附录二　颜镈呈袁世凯文

（1913年11月3日）

护理川边经略使、边东观察使颜镈呈：

民国二年十一月一日，承准川边经略使尹咨行转准国务院电开：奉大总统令，尹经略因劳成疾，准予给假一月。所有经略使一职，即以边东观察使颜镈暂行护理。等因。并将经略府印务咨行前来，本使遵即于是日接印视事。除分别咨令外，理合备文，呈请大总统俯赐鉴核示遵。

批：据呈已悉，此批。

中华民国二年十二月三日

（中国第二历史档案馆藏原件，档案号1011-4821）

附录三　参谋部陆军部致尹昌衡电

（1913年11月6日）

打箭炉尹经略：

　　密。奉大总统令：东电悉。颜镡应授中将衔，所有川边一切事宜，应令妥慎办理，以免贻误。等因。合电遵照。参谋部、陆军部。鱼。印。

（中国第二历史档案馆藏原件，档案号1011-4821）

附录四　参谋部陆军部致颜镡电

（1913年11月8日）

打箭炉颜护经略：

　　密。奉大总统令：微电悉。阅之甚慰。川边防务、吏治等事皆关紧要，该经略边情颇习，务宜勤拊兵民，申明纪律，使汉番僧侣皆歌㳽，所以纾西顾之虞。等因。参谋部、陆军部。庚。印。

（中国第二历史档案馆藏原件，档案号1011-1070）

附录五　颜镡致黎元洪电

（1913年11月13日）

顷接北京来电开：川边报尹经略使奉大总统令：东电悉。边防重要，该使本不可轻离，惟来电情辞恳切，边地苦无医药亦系实情，应准给假三月，来京就医。所遗经略事宜，准交颜镡暂行护理，以专责成。等因。合电遵照。国务院。庚。印。等语。自应遵照，除转尹经略使外，相应电闻。

(《黎副总统政书》卷34，第1页)

附录六　黎元洪复颜镡电

(1913年11月16日)

元电悉。尹使北上，执事奉命兼权，壁垒一新，边尘不起，临云希望，专电抒忱。特贺。

(《黎副总统政书》卷34，第1页)

致黎元洪电

(1913年10月29日)

昌衡于昨早本欲强起视事，嗣因不支，即暂移于炉城附近之法国医院。窃昌衡自反正以来，所遇尽属难局，定成都之乱，则以数十人；救巴塘之急，则以数十人；平张煦之乱，则以数十人。雪窖冰天，操作饮食，皆与士卒同伍。此次回炉，谕兵人以死义，日日昏倒于操场，人所共见。人非金石，岂能久耐忧劳？病所由来，实系因公，万望准予休养，俾还首邱。且昌衡既无兄弟，又无子女，父母年近七旬，留养之义，在所宜矜。此皆全边军士日有禀来，皆愿誓死报国，坚守纪律，惟饥寒过迫，每读来禀，不禁泣下。万望速沛鸿施，立予拯救。军心既定，昌衡虽退，边必无危。颜观察忠朴精细，现代理经略使一切事务，尚属井井有条，仍请特颁明令，令其护理。所有昌衡离职入院养病情由，特再电呈。

（《黎副总统政书》卷33，第9~10页）

附录　黎元洪复尹昌衡电
（1913年11月3日）

前读艳电，知已移居病院，正拟驰候。适准卅电，边陲远塞，露重风多，国步方艰，公恙增剧，拟借威望，暂资卧治。因公情意谆挚，未敢过事拂逆，业将卅电代达中央。当逆焰之披猖，念边材之难得，主峰正切依畀，未知能否准如公所请也。

（《黎副总统政书》卷33，第9页）

呈袁世凯文
（1913年10月）

川边经略使兼领川边都督事尹昌衡呈：中华民国二年九月二十九日案准国务院咨送本府银质关防一颗，文曰："川边经略使之关防，由四川都督发局转送到府。"本使遵即承领，于民国二年十月一日到角敬谨启用。其旧用关防，即时销毁。除将启用颁到关防日期分别咨令外，理合具文呈请大总统俯赐鉴核示遵。此呈。

批：据呈已悉。此批。
中华民国二年十一月三日

国务总理熊希龄
陆军总长段祺瑞

（《政府公报》第546号，1913年11月10日）

致国务院等电

（1913年11月9日）

北京国务院各部各局，武昌都督府、民政署各机关，重庆镇守府、观察署、县署，宜昌观察署转各报馆登载，颜护使转各兵区长、各军官、士卒鉴：

昌衡此次入京，系为边军请命，以解倒悬。临行与诸军约，诸军誓死守地以待昌衡，昌衡拼命星驰以救诸军，辛苦赞同，一刻无忘。是昌衡有南霁云食不下咽之苦，与申包胥立依庭墙之情。每思边军饥寒，昌衡多延一日，则边军多受一日之苦。是以五中欲裂，一息难安，昼夜兼行，水陆无滞。譬之婴儿失乳，但知投怀溺嫂待援，不遑为礼。微为职有专司边务外，绝口不谈他事，更因病剧神疲，于谒见大总统、副总统、参众院、国务院陆财处各部、蒙藏事务局，专陈边事外，一切谢绝宾客。凡同寅同学同乡同宗及交游故旧各友，概不接洽往还迎钱宴送，借养贱躯沉疴，遥分士卒苦趣。凡百君子，异地皆然，疏之慢衍，当能曲谅。一俟边局乂安，少有余闻，再罄款私，此则昌衡之所深愿耳。临电歉仄，诸惟涵照。尹昌衡叩。佳。印。

（中国第二历史档案馆藏原件，档案号1011-1070）

附录一　颜镗致袁世凯尹昌衡等电

（1913年11月中旬）

急。北京大总统，国务院，参、陆两部，武昌黎副总统，成都胡都督、陈民政长及财政司长、筹边局，重庆探投尹经略钧鉴：

窃查尹经略因病请假，中央电令以镡护理边事，尹经略于得代后扶病入都，面陈边情，业经分别呈报并通电在案。镡以文人谬膺重寄，任劳任怨，谊不容辞。凡关于军事方面诸赖参谋长张茂林辅助商办，以补镡之不逮。第值边地新复，余匪未靖，防边固国，动关紧要，惟饷尽获［粮］绝，子弹缺乏，维持现状，百倍艰难。镡任事以来，先抱定稳健主义，事事出之谨慎，未敢稍涉疏虞，并案与参谋长张茂林暨在事文武各员联络一气，勉持危局，甘苦同之。所幸半月之间，仰托福庇，炉边秩序，安静如常。其驻炉军队，经茂林等躬亲训练，申明纪律，忍饥服劳，均甘坚守，以待尹经略之日。内外□军□死义，忠勇之气，百折不回。查其情状，在镡护理期间，自当竭力维持，以保无（以下残缺）。

（中国第二历史档案馆藏原件，档案号 1011－1070）

附录二　颜镡致袁世凯等电

（1913 年 11 月 17 日）

急。北京大总统，国务院，参谋、陆军两部钧鉴：

文电奉悉。查边军统领顾占文镇边日久，积劳成疾，本年三四月间即据该统领沥陈病状，乞假休养，文电凡十余上。尹经略初犹恳切慰留，惟念巴塘医药不便，乃调任该统领为经略府军事总参赞，借资调摄，期于公私两全。其统领遗差即以边军帮统北路督战官刘瑞麟升任，俾顾早日得代回炉，尹经略之优待宿将，可谓无微不至。嗣据边军全体及商民人等协恳留顾仍镇巴安，当经尹经略详细批示，未准所请，兹该商学政界及以前情径电中央，致蒙郑重饬查。镡窃以为巴安即使顾占文离任，继以其后而乃刘瑞麟镇慑有人，决无危险，且刘瑞麟向系边军帮统，与所辖昌都一带之第一、第三、第七、第十一等营官兵感情极厚，调升统领适称其职。在尹经略长于驭将，早已两有斟酌，并非草率从事，该商学政界等电陈各节不免过虑，有似杞人之忧，且不明治军权限，想难照准。惟近据刘瑞麟呈报前方防务紧要，未便遽离，请缓赴巴前来。镡当以维持现状，关系亦重，已电代顾占文暂行留巴镇慑在案。兹奉前因，用特缕陈。至边地现在秩序似常，一律平靖，合并声明。护理川边经略使颜镡叩。篠。印。

（中国第二历史档案馆藏原件，档案号 1011 - 1070）

附录三　颜镡致袁世凯等电
（1913 年 11 月 21 日）

北京大总统、国务院各部总长，武昌黎副总统暨各省都督、民政长钧鉴：

接直、奉、湘、鄂、苏、赣各都督陈述地方安静通电，慰甚。川边自镡护理以来，军民惬洽，阶［番］汉安堵，秩序如常，堪抒厪念，谨用电闻。护理川边经略使镡叩。马。印。

（中国第二历史档案馆藏原件，档案号 1011 - 1070）

附录四　颜镡等人致袁世凯尹昌衡等电
（1913 年 12 月 26 日）

北京大总统、副总统、国务院、陆军部、参谋部、尹经略使钧鉴：

川边自尹督入都请款，镡以铨才猥蒙中央电令，暂摄府事，义不敢辞。受任以来，兢兢以协和文武、安抚汉夷为前提。而此两月之中，财力艰窘，险象环生，卒能幸获乂安者，皆仰赖大总统之威德，尹督之宿望，借以维持巩固，实非初愿所及。但军中之事，取信如金石，尹督临行，宣誓请款北上，以三月为期，是尹此行为全边所托命。今假期将满，出京尚无确期，迭据关外边陲各军文电驰询，茫无以应，即汉夷商民亦不免别滋疑虑。若信用一失，事变之来，诚难逆料。且边地以饷项为命脉，士卒忍饥耐苦，已非一日，目前纵能无变，后此何以为继？镡绵力薄弱，恐难胜此重任，惟有仰恳我大总统、副总统俯念边陲，从速饬拨巨款，并催令尹督于假期内急驰返炉，以慰全边文武商民之望。川边幸甚，大局幸甚。护理川边经略使颜镡，军事参赞王鉴清，参谋长兼护卫团长张茂林，参谋处冯骨、张辉，军事参赞许昌培，政事参赞朱锡昌、吴志贤、张尔耆、萧善选，副官长魏军藩，军需科长叶殿传，军务课长袁尔成，军医课长陶家鸿，廉［康］定县知事马国顿同叩。宥。印。

（中国第二历史档案馆藏原件，档案号 1011－1070）

附录五　颜镡致袁世凯等电
（1913 年 12 月 30 日）

北京大总统，副总统，国务院，参谋、陆军两部钧鉴：

顷接张参谋长毅电称：奉大总统令：赴边慰犒各军，已于二十五出发。等语。仰见大总统惠恤边军，恩深续纩，全体感奋，欣戴莫名。除电复并饬沿途军队预备欢迎及通令关外各军知照外，谨由镡代表全体敬谨答谢。特此电陈，伏维垂鉴。陆军中将衔护理川边经略使颜镡叩。卅。印。

（中国第二历史档案馆藏原件，档案号 1011－1070）

附录六　张毅致袁世凯等电
（1914 年 1 月 11 日）

北京大总统、参谋本部、陆军部钧鉴：

奉命赴边慰劳将士，已于蒸日驰抵炉城，当即宣布中央德□，各将士等感激欢欣，莫名忭舞。查边地北路尚属安靖，南路乡城、稻霸［坝］一带略有番夷滋扰，兼以各军款项缺乏，待济孔殷，宜察酌情形，筹拟办法，再行续陈，谨先职□。四川都督府参谋长陆军中将张毅叩。真。印。

（中国第二历史档案馆藏原件，档案号 1011－1070）

筹边大计划

（1913年11月25日）*

川边古名曰康地……自民国光复后，尹军西征，收复白玉、三瞻、洛隆宗等处，改土归流，渐成省域，分言治守，住兵防边，兴商惠工，移民垦牧，行见数千里猡猓夷之方，一变而为锦簇花团之地。惜铁道未通，内地人民未能得其真相。兹将边地情形，尹经略筹边大计划，陆续录出，俾关心边事者有所研究焉。

第一章 军事之规划

（一）藏兵与边兵视同秦越，藏事易危，大非川边之福利。拟联为一气，以一师分半驻藏，分半驻边，时有瓜代。而以一师长驻昌都统之，则势如长山之蛇，首尾相顾。

（二）前拟划分五大兵区，以炉城附近为第一区，里塘为第二区，巴塘为第三区，甘孜一带为【第】四区，昌都为第五区。一俟中央批准，即行改编。

（三）在未分兵区以前，所有各驻防司令与出发各司令，当互相援应，不得自分畛域。

（四）驻兵宜大集，不宜多于分割。零星小驻，易坏军纪，多生骚扰自罪而外招祸。且一有大事，势同瓦解，不能集合。

（五）须由内地征有籍之兵，加严重之教育。

（六）残弱无用之兵，一律汰除，别招精壮者，补充足额。

（七）军费须照外加半。

（八）各处须多屯粮，挑选强健能耐苦者，编练工程队，以备筑营开路之用。

（九）战事起时，宜由经略使划定方略，始准出战。

（十）各军编练战斗序列，非得经略使命令，不得变更。

（十一）稳攻固守，守时要有战斗准备，战时要有防敌计划。

（十二）时届严冬，土番易于蠢动，各驻防军队，须严加防备，勿稍疏忽。

（十三）辎重为全军性命，宜严加护卫。再边地输运粮秣较难，各军官尤当格外注意。

（十四）山谷洞口，行旅孔道，虽营部远者，拔〔拨〕兵驻防，近者派骑兵分班哨探，以防土匪劫商。

（十五）本县境内或邻封，遇有警报到营，或请兵捕盗，随即下令出发，勿得借故推诿，查出重究。

（十六）各路军队，当助办各县清乡事宜。

（十七）各路出发军队，经过峻岭崖谷，或村落市镇，宜备略图。如至阵地，或驻防处所，宜备掌图，汇报司令部，转呈经略使查考。

（十八）露营村落时，该营将校须严防兵士骚扰。

（十九）天寒雪冻，宜加意防护马匹，并延兽医随营。

（二十）增编卫生队。

（二十一）野外练习。

（二十二）挑选兵士入随营学社，练习战术，并战时国际公法。

（二十三）兵士操演之余，由长官督率上课，教以识字、作报告为目的。

（二十四）军官将佐有嗜好及宿娼在外招摇情事，查出按照军律惩办。

（二十五）增设军事交通机关，以便首尾相应。

（二十六）整备装械，约外兵之二倍。

（二十七）设局收销夷人军械。

（二十八）毁拆不屯重兵之处之坚垒。

（二十九）测绘沿边地图与各要塞精确地图。

（三十）择最要筑防昌都、江达、炉城三处。

（三十一）开牧马场。

（《尹经略筹边大计划》，上海《时报》1913年11月25日）

呈陆军部文

（1913年12月上旬）

谨略者：昌衡此次来京，祗谒大总统，面陈边务，仰蒙优待，感激实深。数日以来，侧见大总统宵旰忧劳，国务总理暨各部总次长，皆以经济困难，得人不易，备极踌躇。昌衡久戍穷边，一旦出奥窔而达堂阶，不觉爽然自失。然已挪之债，如何弥补？未来之事，如何进行？不外用人、用款、购械诸事。因特据实沥陈，伏候钧裁。

甲、用人。

一、现在军民分治，川边何能独异？且昌衡心力交瘁，亦不胜其劳。拟请大总统择取军学精通、名誉昭著者为军政厅长，素有经验通达治体者为民政厅长，并乞迅予简任，颁给关防，早日前往，俾昌衡得一意边事。至于经略使应负董率监督之责，自当随待巡视，循序进行，不敢委卸放弃，自外生成。

一、理财之道，不外开源节流，收支适合。拟请大总统简任川边审计处长一人，监督用款，以期日就撙节。

乙、用款。

一、川边之事本属创办，自昌衡受事至今，作战防边，招商劝工，立军府，设官治，百端具举，事事皆求就绪，则事事必须费钱。现幸边局粗定，而至本年十月止，积欠兵饷至陆拾叁万陆仟壹百两有奇，积欠行政费至壹拾玖万捌仟玖百两有奇，借用商款以济眉急者积欠至伍拾柒万叁仟叁百有奇，月息尚不在内，共计壹佰肆拾万有奇。昌衡虽远赴京华，而边军嗷嗷待哺。十月以后，每月积欠，愈久愈多，纵以大义，申明约束，下怀实多顾虑。且征发夷汉杂粮，皆给以借券，逾期不还，势必怨声载道。事至兵民交怨，何堪设想？前月仰沐大总统发给现款拾万两，尚未到边。此次又沐大总统殊恩，发给银元拾万元，而夷汉兵民，仰望甚殷，则分措难于尽善。此昌衡之所以辗转思维，不能不呼吁于钧座之前者。应如何训示之处，伏候饬遵。

一、炉城地处极边，险阻异常，夏间或至雨雪，日用皆极昂贵，而用人与转运两端办理，同属困难。昌衡屡次调令参谋而学生不前，聘用秘书而文员不至。捐弃兼金，难谋上驷，用之则贻累殊多，驳之则拂衣径去。甚至衣服、川资皆须责认。其难一。每岁农事稍隙之时，半值大雪封山之候，一步之蹶，则数卒十日之粮弃矣。一马之颠，则多数之服装尽矣。兢兢业业，到边为幸。前清转运委员以死勤事，至有祀为丹达之神者，川人皆知。办者裹足。其难二。昌衡非敢自诉艰苦，惟有吁恳钧慈，较各省都督公费、运费稍加宽展，俾足实用。此皆不敢先定者。至于军饷每月壹拾叁万捌千陆佰元，民政费一项内自幕僚科员，外及各县官吏，每月约需银肆万元。又粮食装械采运等费每月约需肆万元，屯垦费每年约需拾贰万元，教育费每年约需拾贰万元，虽将来必须减汰，而现因欠饷过剧，不敢遽请更张。至防边作战采购各费，预计必须节省裁减，以期仰副大总统节用宁边之至意。昌衡口诵心维，大率每岁常费必在叁佰万元之谱，川边粮税、盐厘、金课、货厘每年可得贰拾陆万元有奇。西征出发时，四川常款每月贰拾万有奇，因熊逆乱后自八月起，正饷停解，故未敢列入。如将来川款有着，则所短无几，合并陈明。如民政长与实业、财政两司加意经营，必当岁有增加。昌衡在边言边，又仰蒙优眷，正如婴儿之依慈母，故敢切实沥陈。应交何署按月支拨之处，伏候训示遵行。

丙、购械。

一、边地共贰拾贰营作战防边已经一年，军械多有敝坏，子弹极形缺乏。防务紧要，购备为先。拟请钧部呈准大总统饬发野炮、山炮共拾贰尊，机关枪捌尊，步枪陆仟支，马枪壹仟支，子弹酌量分配。如无此项枪械，或由钧部购发，或饬鄂厂暂为垫发，再筹归款。如何办法，应候训示遵行。

以上三事，共五条，皆川边切要之图。昌衡目睹中央艰窘情形，何敢烦渎？然今日各省边同处困难，亦无不沥诉中央，俾政府得以通盘筹划，斟酌应付。昌衡因久心危，情尤迫切，故不觉言之缕缕，如此临颖，不胜感激待命之至。川边经略使尹昌衡谨呈。

中华民国二年十二月

（中华民国二年十二月九日收到）

（中国第二历史档案馆藏原件，档案号1011－4821）

附录一　袁世凯令

(1914年1月13日)

大总统令：川边经略使兼都督事应即裁撤，尹昌衡着留京另候任用。此令。

（中国第二历史档案馆藏原件，档案号1011-4821）

附录二　颜磾致袁世凯等电

(1914年1月20日)

北京大总统、副总统、国务院各部总长，各省都督、民政长、镇守使、办事长官钧鉴：

删日奉大总统令：川边经略使应即裁撤，任命张毅为川边镇守使。等因。兹川边镇守使署已于本月二十日成立，原设经略使署即于是日撤销。除分别呈咨电令外，谨此电闻。护理川边经略使颜磾叩。号。印。

（中国第二历史档案馆藏原件，档案号1011-1070）

条陈川边建设政策

(1913年12月13日) ＊

川边经略尹昌衡晋京后，一般舆论以川边防务正在紧急时代，颇为注意。近闻尹督手书条陈一件，皆系川藏各事业，递呈总统。其大纲如左：

（一）防藏须先实边，边实则敌不能越，移民实边为当今防藏保川之切图。

（二）边地驻兵，距省太远，万里运粮，兵家大忌。如欲边兵死守不移，非采屯田制不为功。

（三）边土改流，已设府县三十二处之多，番民生齿日众，不务实业，亟宜教之开垦畜牧，从事农业，以安游惰。

（四）蒙去藏危，今日言藏，非取侵略主义，得尺则尺，得寸则寸不可。但取侵略主义，非亟修通川藏铁道不可。

（五）边地五金矿产，甲于他省，亟宜设法开采，以浚利源。

（六）亟宜兴修铁道，其利有五：（甲）沿铁道之矿产必发达；（乙）沿边商务必发达；（丙）川藏商贾往来必踊跃；（丁）内地运兵输饷又便利；（戊）杜绝外人觊觎。

闻原书约二万余言，此不过得其大概云。

（《尹昌衡条陈川边建设政策》，《申报》1913年12月13日）

呈袁世凯文

（1913年12月16日）①

川边经略使兼领川边都督事尹昌衡呈：为创办西方佛教集成总会，拟具章程呈请核准立案事：窃维恃兵威以拓地，终虞财殚力薄，顺习俗而理民，每觉事半功倍。故意人恢复罗马，仍礼耶稣，清廷入主中原，益尊孔氏。反是而时征时抚，乍叛乍降，蛮荒未得抚绥，神州先自耗斁，秦皇汉武之往事可为明征。况民国新建，内治外交，着着棘手，尤难穷兵绝徼，致生枝节。本使自往岁举师出关，初筹剿抚，即思南人不服之由，念武侯攻心之略，早欲曲事绥辑［缉］，俾就平康。第武未扬，而先修德威，令不伸内，乘间而

---

① 此为袁世凯批复日期。

外,恃援彼锋,未折所由,忍痛兴戎,力摧坚锐。然节节克服之日,即谆谆教导之时,终觉莫变,狉獉优为蛇豕,岂蛮番尽豚鱼而不可化耶?抑制之未得其道欤?嗣为广布侦察,博询物情,始知边氓率叛无常,在彼不在此也。

　　查边地毗连西藏,腹省文化不及,番人惟知奉行藏中佛教,久而胶漆互着,不可脱离。顶指可捐,益坚迷信,形骸虽近寄西康,精神实远属三藏。加以羁縻道疏,政权罔逮,居民有子,半作僧徒,佛法专精,更无学术,至有智不为民,愚不作僧之谚驯[训]。致边民之心理,惟有喇嘛,喇嘛之脑筋,惟有达赖,从违向背,与藏为缘,知有佛而不知有国也。黠桀缁流,知达赖之可托,愚民之可弄,土地之险僻难治,国家之鞭长莫及,备御易疏。于是窥占膏腴而无税,驱策平民以若奴,毕生汗血之资俾罄施舍,政府改流之令辄令背驰。喇嘛谓开矿必干神谴,人民遂死据矿厂而不许开。喇嘛谓垦荒必召凶年,人民遂死守荒地而不许垦。喇嘛谓活佛须由转世,人民遂破产佞佛,以求转生富室。一切迷妄,术类催眠,频肆凶顽,事难指数。准葛尔喇嘛之役,凤全鹦鹉嘴之难,以及近日乱阶,历来戎首,皆发源于喇嘛,非其人智勇忠勤,皆不足胜开边殖民之任。盖彼顺愚民之心理以煽之,我破流俗之惯习以强之,宜其兵数用而效不收也。且边地山丛而阻,水复而急,路窄而曲,石诡而锐,舆马鲜通,夫役常乏,危崖攀条,一里百蹶,要津援索,小渡竟日,乌拉不至,则千里转担石之粮,百夫给一人之食。此地利奇离不利久役者一。烈风喷沙,毒雾迷途,春秋则积雪坚冰碎滑掣肘,盛夏则淫雨行潦泥泞没膝,磋磨甚则征服易破,倾跌频则縢蹻易穿。以时资给,尤苦褴褛赤跣,况岁更而军装不治,人将袒裸乎!此气候恶劣不利久役者二。市殖空虚,物价腾踊,百钱不饱半菽,寸金仅易尺布。材木每乏,佣雇难恃,工程有队,建筑无方。此物品匮少不利久役者三。峰壑幽杳,不易穷搜。区域辽迥[回],难联声势。言语不通,传闻每误。碉隘四塞,侦探多滞。文告则谬解堪虞,演译则土语殊音。此人情隔阂不利久役者四。

　　有四不利而狃于用兵,不思变计,虽孙吴复起,亦不知其何以善后。本使所由绞脑枯肠,焦神殚虑,知非利用佛教,操纵喇嘛,则边藏难与言治。故军行所至,无寺不入,无僧不见,瞻礼佛像以动民视,演说佛法以启民听,奖慰规戒喇嘛以惬民心。虽挞伐屡张而编氓不挠[扰],虽诛戮时有而箪壶偕来,至道路传说,翕然谓:"民国崇佛爱僧,必不毁教虐民。于此已见。"即以其人之道还治其人之身之顺而易矣。然犹未占其信仰达赖之心,可否分而杀之移而夺之也?及至里塘告克,委该寺堪布为宏法司,下逮道孚、德格，诸僧众或给优奖，或加佛号，则皆感激奔驰，炫耀光宠，奉令竭诚宣劳冒险，与营治官吏，粗无以异。至是而风声所树，远迩咸从。隆庆、八宿、解古、类五齐、三十九族等地之民崩角迎附，不烦一兵。曩所谓听从达赖之平民，皈依达赖之喇嘛，何遽至此哉？盖喇嘛之所以迷信达赖，亦非与性俱来。藏地牢笼喇嘛，厥术虽多，大要惟一，有大招、小招及温读等考试，以事笼络，略如中国旧时科举。有堪布、降则、夏则、甘丹佛等教职，以资升转，略如中国旧时翰林院、国子监等清班名器，足以奔走之而已矣。考试之制，规定仍由清廷，其结果乃有科举尊孔而忠君，喇嘛尊佛而忠达赖之别者。科举委之部院，君主复核之，大小招等考试委之达赖，而清廷放任之，卒也达赖专而民不知有国，制度之流弊使然。

民国方兴，糜弊不除，与其畀达赖以考试拔擢之权，而养其私己媚外之奸，不如转移其权而授之疆吏，以息其糜饷疲师之劳用。特日访通僧，周询僚属，因袭旧俗，酌定政策，创办西方佛教集成总会，拟定章程计八章六十四条，缮写附呈，其中内容有可得而述者七端。借教弼政，国之常经，政教并进，地无分限。本会定名专指西方者，不欲与现有之中国佛教会相牵混，盖彼为普通之会社，此有特别之谋。为欧人觇国，必以教徒，英人灭印，但设公司。方今拓殖令图，首重浑活稳健，力不济则划守川边，断康藏之关系，割达赖之教权。力有余则进窥藏、宁、青、蒙，夺达赖之衣钵，以反之国家一也。收回教权，其来以渐，缚策大急，反足激变，故入会条件，无甚限制，即不入会亦无强迫，但以保护不保护为待遇之区别。既合信教自由之旨，无背权利义务之常，人即嫉忌反对无辞二也。考试方法，略仿藏制，命题科目，不取艰深，出身之阶级加多，讲经及维持教务之奖则特异，益荣誉，壮观瞻，俨然声明文物之美。谓边人不入我縠，而必囿于藏中不文明之考试，无兴味之讲说，弗以信仰达赖者转而信仰会长，其谁信之三也。分会不设，免害统一之权。会议备体不用表决之式制，特别地以特别法，不以经常之法理，纯权宜从事之政策四也。加称佛号，亦循藏俗之旧，不特会长会员请予赏给，即大总统亦不妨特表殊称。夫天克汗老佛爷本非元首所宜自号，然因其崇奉者而降称之殊，亦无损于尊严五也。本会宗旨，首标崇佛阐教，护国保土之题，阐我固有之教，保我应保之土，与他人之勉行国教于邻邦以图侵略者较为妥洽光昌。次取救正人心、惠济救生之义，纠治奸回梗化之喇嘛，保护纯笃奉法之寺院。命意既正，措辞亦严，机关之运用真足范围边藏而不过六也。概算用款，岁支不逾万金，用以维系番人之精神，而消其反侧，使之渐亲渐信，无以力经营之劳费，而有潜移默化之效果。效既举矣，情既洽矣，然后继以通嫁娶，办屯田，开矿厂，及凡吾所欲为者举而次第行之，心悦而体从，臂使而指动有断然者七也。

以上七端，皆本使确认为是而建议不疑者，然又非谓此策既行，即可顿弛兵备。蛮人通性，强叛弱服。治番有道，利诱名牵。继战胜而垂教，教适可行。乘威立而施惠，惠无不怀。若彼无兵威之可畏，此无政策之可羁矣。我大总统神周［州］域内，念注西陲，用协经权，益集管蠡。若采愚计，以课渐收渐吸之效，行之十年，兵不再用，而两藏风从，区区川边，宁足言治。所有创办西方佛教集成总会，拟具章程，请予核准立案缘由，理合呈请钧示，祗遵施行。谨呈。

批：呈暨章程均悉，应由国务院内务部查核办理。此批。
（大总统印）
中华民国二年十二月十六日

国务总理熊希龄
内务总长朱启钤

（《政府公报》第584号，1913年12月18日）

呈袁世凯文[1]

（1914年2月20日左右）[2]

为沥血再陈恳祈俯察提案面讯，并暂行免去看管事：窃维昌衡待罪宪兵

---

[1] 文前有所载《时报》的按语："尹昌衡自被看管后，颇不如以前飞扬一世之景气，每对人言，慨叹不已。当初入看管室时，曾上书大总统一次，未见批示。近又禀呈总统，恳请免去看管。其言甚恻恻动人。照录如下。"

[2] 尹昌衡于1914年1月24日被袁世凯软禁于宪兵营中，此函说"昌衡待罪宪兵营中，已二十余日"，当知此书上于此时。

营中，已二十余日，查办事件，不久自当水落石出。为武人者，维上命是听，或轻或重，不宜怨尤，又何敢再三渎呈，徒以取罪？维思老父老母，年近七旬，昌衡既无兄弟，又无子女，自十余岁出洋，未尝得侍养。今罹此境，忧及高堂，故不能不悲酸万状，而切切自陈也。

然使昌衡果以应得之罪，受应得之罚，折衷功罪，适得其平。则何敢强祈宽宥，致挠国法？惟抚忠酸思二十余日，自受任以至今日，无不以忠勤国事、尽心边局、服从命令、拥护中央为念。当生命危急、全家披难之际，犹知以守土报国、听命效忠为本，陈事固历历在也。虽犬马报主，何以过是？知实事者，谁不隐为泣血哉！至于小事之失，何尝不力图改悔？其亦可恕。伏思再四，实惨于中。万里奔来，如婴孩投乳，大总统公明盖世，昌衡不能面欺，即可肝脑隐微，尽情倾吐。万恳于查办之后，详核证据，提昌衡当面讯问，则明镜之下，至死无憾。否则，惟有以血与泪，望钧座而饮泣耳，岂敢尽辞。

抑犹有请者，昌衡情深父母，心许赤忠，事不避难，罪不避刑，虽千里之外，万军之中，一呼必来，岂肯私逃，自干大逆？今身被看管，犹蒙优遇，因感殊恩。惟疾病日增，寝食立废，忧及父母，所以悲耳。如念其愚，即哀其劳，且无大罪，语及父母，免去看管，准其住家养病。敬候查办，粉身碎骨，岂足上报！临呈涕泪，不知所云，恳赐批示祗遵。

（《尹昌衡羁禁之哀鸣》，上海《时报》1914年3月18日）

附录一　四川公民杨隽魏绍猷等呈控尹昌衡文

（1914年1月20日前后）

具呈四川公民杨隽、魏绍猷、贾峻、奎善、刘伯言、曾学鲁、王越、陈烈、韩体仁、张时熙、陈伯渠、杨光昌、段勋、陆渊仁、王元常、黄廷碧、杨宇、蒲以剑、马元吉、李根仙、罗含章、周仁锐、周仁静、宋之时、魏昆、黄家声、张正邦、舒慕鲁、胡昭常、杨载坤、但衡、骆硕夫、温生甫、周瑞、邹志诚、王必禄、古治昭、魏寿、汤之铭、田德、张光前、赵彝、李容、钟毓灵、夏时、龙乘干，为功罪不明，沉冤莫白，公请昭雪，并予表彰，以伸公理而慰冤魂，仰祈大总统钧鉴事：

窃前清总督赵尔丰办理川滇边镇务，卓著成绩。改革之际，将所有职权自行交出，赞成川省独立，实属有功无罪。嗣因尹昌衡谋夺都督，勾结哥老会，煽惑军队作乱，诬杀该故督，没其家产。昌衡蟠据兵权，私植党羽，压抑舆论，莫敢主持公道。兹幸大总统明察，将昌衡裁缺留京，民等得以重见天日，始敢将此冤狱披沥上陈，谨为我大总统缕晰言之。

查该故督赵尔丰在川服官多年，政声素著，历任川督咸倚重之。方锡良督川时，下川南永宁一带盗贼蜂起，道无行人。尔丰任川南道治匪，地方赖以肃清，良民莫不称颂。然以是为匪徒所恶，四散流言，毁其嗜杀。及清驻藏大臣凤全入藏，中途为叛夷所害，锡督调尔丰征讨叛夷，克复乡城，平定边地，成功迅速。尔丰行军之际，见边地土旷人稀，其中平原概系膏腴沃壤，矿产尤丰，无人开辟，利弃于地，而关内人烟稠密，正苦无地消纳。加以藏卫为西方屏障，外逼强邻，川边之边地不开，则西藏之后援不固。苦心规划，以改土归流、移民垦荒为唯一办法。经锡督奏准，请清廷任为川滇边务大臣。受事以来，经营边务，不遗余力，取消土司，设治府县。其区划范围，南接滇边，北至青海，中路抵察木多。边夷悦服而投诚，藏番闻风而震慑。尔丰之志，直欲改藏卫如行省，确定内国之版图，杜绝外人之窥伺，而使久于其任，必能克竟全功。辛亥年移署川督，正值争路风潮剧烈，尔丰调停其间，不为不力。后虽逮捕为首诸人，亦系迫于政府命令。此种事关劫运，谅非人力所能挽回，未足为尔丰咎也。旋以武昌起义，各省纷纷反正，该故督审时度势，以保全地方为前提，于十月初七日慨然举川督职权，交付谘议局议长蒲殿俊，以殿俊任都督，而以统制朱庆澜副之。又虑边地扰乱，约定出关，照旧担任边务，与蒲、朱议立合同，有不得扰害地方、不得杀害官吏等条，至为详尽。是时尔丰手握全权，苟欲反抗，其军力足以压制地方。苟欲争权，其机会足以自为都督。乃竟拱让于人，退处无权之地，心迹已不辩自白。独立以后，井井有条，苟无奸人扰乱，则川省兵不血刃，民不辍业，遂成革命之功，不可谓尔丰之所赐也。

昌衡时为军府科长，忌蒲、朱位在己上，欲夺都督之席，阴与哥老会联合，特开大汉公公口，自为龙头大爷，每日在文殊院暨各会馆拈香结盟，煽惑军队，密谋作乱。胁迫蒲、朱于十八【日】赴东较场点兵，乘机发难，一而招集哥老会，冒保路同志会名入城。叛兵土匪同时并起，扰乱数日，省城掳掠一空，死者枕藉，状况惨不忍言。昌衡遂为都督，殃民祸众，无以自解。乃嫁祸尔丰，造谣煽惑，谓十八日兵变，系尔丰所为，擒而杀之。其时黑白混淆，由昌衡一人任意妄为。尔丰业经退位，手无尺寸之柄，听其鱼肉，莫可如何。昌衡妄杀无辜，内更捏造罪状，没其家财，戮及使女。民间逃命不遑，亦莫究其真相。唯据昌衡所指尔丰罪状，不外二事，一曰煽惑巡防军作乱；一曰秘调代理川滇边务大臣傅华封入援，意图恢复。皆系任意冤诬。赵尔丰未交卸时，各军队屡次推戴，尔丰宣言川省独立，须由川人主持，是以退让。夫以兵权任手之先，尚不受众军之推戴，而谓孤立无助之后，反欲谋作乱以争权，天下有是理乎？故知该故督无煽惑作乱之事也。

当该督交卸时，与蒲、朱有出关之约，华封得信后，拟派兵来迎，先遣差官王某回省请示，十月十九日到成都。正值兵变后，该故督谕以省城正苦兵多，以致滋事，边兵万不可来，令其即刻驰回阻止，是其不调边兵之证。且华封所带之兵不过三营，又乌足以恢复乎？故知该故督无秘调外援之事也。昌衡伪造函件，颠倒是非，欲以一手掩尽天下耳目。卒之人不可欺，事久自明，暨至今川省妇人孺子无不知成都之变，系尹昌衡作乱者。而其流毒全川，祸延边地，影响及于西藏，至今不可收拾，皆昌衡此举为之也。

昌衡既得都督，侈然自足，日置边事于不顾。边军粮绝，傅华封率队退回，昌衡指为赵党，开队迎击。华封无法与辨，交出兵权，昌衡张大其事，以为受降。而关外饥军无人统率，致启边衅，是全边鼎沸，治所相继失守。昌衡遂率师出关，妄以征讨西藏为名，藏番感情因而大伤，始有外向之志。盖昌衡误认边地即是西藏，不知其各为一事也。边地夷人之叛也，并非真叛中国，良由改革之际，边军无饷无将，溃兵抢劫，夷人与之相持。向使善为弹压，回复秩序，晓谕夷民，使知致乱之原因，并非国家派兵灭夷，其祸可以立纾。乃昌衡有意铺张，一味痛剿，虽将各地克复，而劳师至一年余之久，糜饷至数百万之多。凡尔丰经手所建设诸事，扫地无遗，杀人如麻，供其夸大边功之资料。夷人蠢然无知，饱经战祸，至今犹莫名其妙，不自知其为叛，亦不知何故诛我。而西藏因边地不靖，声气隔绝，生出种种变象，酿成外交上之困难，问题尚难卜其结果。尔丰若存，何至贻误若此乎？

查尔丰办理边务时，所用之兵不过十营，所费之款不过六七十万，而其所经营之地纵横各数千里，设治所，兴实业，立学校，置转运，纲举目张，确有成绩。夷人畏威怀德，异口同声，皆曰我辈只服岳钟琪、赵尔丰两人。今内地出关之人，即为尹昌衡亦□称尔丰有功边地，其余可以类推，足见公道在人。至昌衡征西时，所率兵队除尔丰旧部外，更有两师供其调遣，时耗费五六百万预算，平时经费亦三百万。其实力财力均数倍于前，除屠杀夷民，搕索夷财外，亦未办有何事。且关外土司，以明正为最强，领土亦最广，暴虐无道，夷民恨之入骨髓。尔丰取消其职权，改为府县，已历三年，夷民欢声载道。昌衡受其贿赂，并纳其女为妾，公然赏还印绶，仍令世袭土职。是赵尔丰改土归流，而尹昌衡反改流归土，擅以国家领土赏给私人，诚可骇怪。迹其深居炉城，捏报战功，率其僚属，宣淫蛮女，损威失重，久为边氓所轻。故虽妄自尊大，忽焉而自称天可汗；忽焉而求充经略使；忽焉而传谕夷人，夸其手灭清帝；忽焉而以己之别号"太昭"二字，命其地名曰"大昭府"；夷人终不之服也。去年尹昌衡因失川督美缺，擅回成都，行其故智，煽惑军队，拒胡迎尹，威胁各界赞成，几酿巨变。乘南方未靖，派心腹为代表，勾结熊克武谋反；又派人四出煽惑各军拥兵雅州，坐待机会。幸南方平定，四省会剿，始惧而敛迹，杀其同谋赵城、王明德等以灭口。反电呈中央，自谓平乱。就原电所述，破绽已多，无异自供反状，川人所共闻，虽三尺童子，无不知克武为昌衡所卖。

方昌衡在川督任内，常以纸条向司库拨款，前财政司长董修武经手账目内，有三百余万无着。川督胡景伊现在追究，已将修武监禁，而为昌衡所累。其在川边任内，财政尤为浮冒。至于贪赃枉法、草菅人命之事，不可胜数。而川省会匪纵横，疮痍遍地，一手造成，恶贯满盈，人人切齿。以在中华民国固为罪人，即在革命党中亦为败类。若任其逍遥漏网、滥厕勋位，有功无罪之人反被其陷害，而不得昭雪，恐后生小子羡其徼幸成名，将谓是非可以颠倒，功罪可以混淆。人人欲为昌衡之所为，溃决藩篱，天下尚有宁日耶？

方今破坏成风，大总统补救之方固在严明赏罚。昌衡始而作乱，继而通匪谋反，至再至三。计成都十八日之变，有现任黑龙江民政长朱庆澜、前议员蒲殿俊、张澜等躬亲祸乱，应请钧令问此三人究竟是否尹昌衡作乱？责其呈复。至勾通熊克武谋反之事，川省人人皆知，人人可证。且其亲秘者除赵城、王明德已杀外，尚有张煦在逃未获，应请钧令贷其一死，令其出首，即可证明反状。昌衡之罪既定，则尔丰之冤可明。应请钧令昭雪其罪，表彰其功，立功诸地，准建专祠，生平事迹，宣付史馆，充公之财产，概使发还，祭葬之经营，特加抚恤。平蜀中之冤狱，善类乃能甘心。慰地下之忠魂，遗骸乃能瞑目。召天地之和气，致人民之颂声，胥在是也。是否有当，理合具文呈请大总统查核施行。

（《杨隽等控告尹昌衡之原呈》，成都《国民公报》1914年2月19日）

附录二 邹稷光等具呈告发尹昌衡文

（1914年1月20日前后）①

尹昌衡本市井无赖，滥用行戎，假托陆军小学堂代表名义，纠合哥老会于十一、十三、十五等日开秘密会议，以哥老会线索，勾结保路同志会暨各军队，就各会馆广开大汉公等公口，自为龙头大爷，约定作乱日期。昌衡时为军府军事科长，强迫都督于十月十八日东较场阅兵，乘机哗变，逐蒲、朱，杀赵尔丰，掠其家，大肆焚掠，全城一空。人民损失在五六千万以上，枪械损失在五万支以上，皆落匪手，至今为患。官缺差使，不能遍及，则以金钱报酬死党。滥发军用票至二千余万之多，任情挥霍。所用财政司长董修武经手支款，内有三百余万无账可报。性复淫纵，霸占缝工之妻为妾，谓为尽义务夫人。尝于会场中抱优人杨素兰以口度酒，唱杨妃惊梦等戏，万目共睹，忝［恬］不知耻，谓为自由。川中风气为之一变，此昌衡攘夺都督于四川之实在情形也。

昌衡又窥边藏之富，倡为西征，张大其辞，蒙蔽中央，而祸边圉。边藏之人，素慑赵尔丰威，昌衡大张告示，谓能诛赵尔丰，并招摇清帝为伊所灭。自称天可汗，恐吓夷民。富者抄没，贫者诛杀。屯师炉城，足迹未出卫地一步，日惟征蛮女之有姿者逼充下陈。查前清赵尔丰之筹边也，岁饷征于边税者二十万，由川协拨者五十万，而昌衡乃滥用至五六百万。边藏之人初改革，不知民主为何名，共和为何物，经昌衡残民以逞，藏人失望，激而外附而藏失矣。明正土司复位，依然据土称雄，改流还土，倒行逆施，而边又失矣。此昌衡经略川边之实在情形也。

南北战事起，敢于不奉命令，率师擅回成都，派代表王明德、赵城赴渝，约熊克武独立，伊当响应，厉兵秣马以待，间不容发。幸中央洞烛野心，于经略使外复加以川边都督名义，隐销其反侧之祸。昌衡既得都督，又见南方失败，始敛兵回炉。而熊克武恃昌衡为援，已经举事，泊知昌衡爽

---

① 袁世凯于1914年1月15日正式对外发布裁撤尹昌衡川边经略使兼都督职命令，并于24日软禁尹于北京宪兵营中，呈文中有"现虽裁缺留京"一语，可见此呈当呈于此时。

约，始弃师而逃。而川东南财富之区备受兵祸，其损失又在数千万外。昌衡逆迹昭彰，心虚胆怯，乃杀王明德、赵城以灭口。此昌衡二次煽乱以逞大欲之实在情形也。

内不自安，乃求晋京，冀施运动，以川边经略使之任交其妻叔颜铎代理。打箭炉金条麝香，珍贵品物，购买一空，载宝而朝。沿途招摇，淫纵如行。次五通桥，挟优寥二，一宿之嫖资，开销至五百元。汉口宿妓，卫兵荷枪值门，传为笑柄。其至京内也，遍向军人自诵其诗曰"死有余辜惟武将"，摇惑军心，情见乎词。此又昌衡来京之一切实在情形也。

以上种种情形，有议员蒲殿俊、张楠[澜]，新任黑龙江民政长朱庆澜，前四川军事巡警总监上将衔杨维等可证。除朱庆澜外，余均在京，可以传问。惟煽动熊克武独立一节，王、赵虽已被杀，尚有昌衡所报之伪都督张煦在逃未获，实则系昌衡私人，曾遣赴渝与熊通款，事后返噬之，以图自免。若赦张煦之罪，令其自首，昌衡种种密谋，不难尽情吐露。

以事势而论，川本五师，昌衡与川督胡景伊各率二师，熊仅一师耳。胡以二师而不敢制熊，必待请兵邻省，其故安在？盖胡平熊则有余，兼顾尹、熊则不足。以情理而论，昌衡驻藏，仅以一师，尚留一师在省，逍遥河上，虚縻军饷。当重庆独立之时，未闻向熊匪加遗一矢，抑又何也？

外省不察，尚以昌衡首杀赵尔丰相推许，不知尔丰督川，除暴安良，开边关地，于国为能吏，于清为良臣。当时，党人虽恨之刺骨，为其障碍改革进行，然未尝不心折其贤。及至路事发生，人情震动，党人借端鼓吹，以为排满之计，非真以收归国有为苛政也。及其自解兵柄，让川人独立，是川省光复之功，实由尔丰之赞成，非川人所取得，洵为有功无罪，准以民国优待清室之例，则川人亦当优待尔丰也。昌衡挟其兵力，杀一退位之匹夫，又从而诬蔑之，冤狱沉埋，至今莫白。昌衡狼子野心，反侧靡常，现虽裁缺留京，若听其漏网吞舟，逍遥法外，非但无以服川人之心，为乱党之戒，尤恐留此枭獍，终属祸根。吁恳先将昌衡逮捕管押，再行查取证据，治以迭次内乱与丧失边地、殃民误国之罪。

（《是亦杨隽等之同调者》，《申报》1914年2月21日）

附录三 章遹骏致徐树铮函[1]

(1914年1月底或2月初)

四川有人托代询尹昌衡案之消息，不知能承代为询示否？何时可以了结？有无较大罪名？现归何处承办？可否饬开节略或一二行简单情形，以便转告？实极感激者也。此请

又铮仁兄大人刻交

弟 章遹骏顿

(中国第二历史档案馆藏原件，档案号北11-842)

附录四 颜镡致尹昌衡电

(1914年1月30日)[2]

北京军警联合会探投尹经略使钧鉴：

建密。边苗公司[3]前立折据认股十万两，自公去后，即有异议，今因政府改组，遂不承认。镡与艾冰原折，均退还涂销。公处之折，亦请销毁，免生枝节。至借款一项，已行立折，借款还楚。张蓬山对于本府财政及公司缴款，极为注意，并派人各处调查，非如此办理，不能消灭痕迹。综计该公司所缴款项共只七万余两，已拨作军饷用矣。再公前报销官电计费除付外，尚欠五千余两。现该局接有部电，索要甚急，请由公处就近拨还交通部，电告炉局消账。因此款前已造报开销，由公私款付出也。又王、杜来电，借垫汇费、解费等项约四千两，应由府中报销，但无款垫付，并公设法筹还为要。

---

① 此函具体时间不详。
② 此电仅有纪日，未纪年月，由电文中"探投尹经略使"及"自公去后"两语推知，当发于此时。
③ 原件注此四字为"隐语"。

府中自十一月至今仅收九万两,成都款四万两,应付一切,困难已极。护理期内,去时无多,断难设法镕销。而张蓬山对于交及镡处一举一动,侦察极严,时怀恶意。公何法释之,盼切复示。镡。卅。印。

批:应即电告张镇守使。

(中国第二历史档案馆藏原件,档案号1011-1071)

附录五　周自齐致徐树铮函

(1914年2月4日)

又铮兄鉴:

电局抄来颜镡致尹昌衡电一件,其中以款项辚轇为多,请择电张使,一并调查,速速电复为幸。敬颂
早安

自齐顿首　二月四日

(中国第二历史档案馆藏原件,档案号1011-1071)

致段祺瑞函

(1914年3月28日)

夫子大人钧座:

谨呈者:在京叩谒慈颜,渥承训诲,感恋之忱,与日俱永。敬谂勋猷荣茂,福履绥和,颂祝无量。受业识浅才疏,猥荷殊遇,受任两年,时怀悚惧。兹幸奉命裁缺得以息肩,正喜可以常随左右,勉效驰驱。忽于一月二十四日,宪兵营接陆军部公函,言奉密谕,将受业严密看管,听候查办。闻命

之下，惶恐莫名。受业窃自思维，办事以来，罪多功少，然秉性愚直，志虑单纯，唯知恪守军人服从命令之义，拥护中央，勉任艰巨而已。此次来京，蒙大总统格外优遇，曷胜衔感。而今突被看管，皆川人与受业有隙者设法陷害，种种诬控，以淆观听。至受业任内交代，有案可查，惟事关创始，且在作战期间，一切文件疏忽，则或有之。现闻军部已派员查办，将来自有水落石出。惟此时京中知交最少，申诉无由，受业夙蒙夫子大人屡加惠爱，感戴极深，惟有仰恳鼎力解释，设法援救，俾受业含冤可白，得以及时问学，以报国家。将来稍有成就，皆夫子之赐也。顷闻师驾不日旋京，私心用慰，特肃寸禀，派颜参赞栩晋谒行辕，伏乞训示，并令其面陈一切。不胜屏营之至。敬请勋安。

受业尹昌衡谨启
三月二十八日（印）

（中国第二历史档案馆藏原件，档案号北 11-842）

附录一　四川省行政公署训令第 1716 号[①]

（1914 年 3 月 11 日）

令军事巡警厅：内务司案呈：现据密查委员在中江县得有陈［程］泽湘评议川事《宣言书》一纸，□系由□□分送。观其评议各条，虽系与报纸所载谭家笏等电文辩论，然其中多煽乱之词。川省人心浮动，岂容再有此等莠言印刷散布，致滋摇惑？且国民、社会等党均经严令取消，而书内极力誉扬公口之功，并【以】成立公口为是。又复署名为中国同盟会员，尤属大干禁令。查国民党邮递函件，曾有检查饬禁之条，此书为同盟会员程泽湘所作，何以尚能各处分送而刊板印刷？各处必【如】省城，亦应查究，合亟令饬。为此令仰该厅即便查明各区内，如尚散布及收藏此书者，立饬呈缴销毁。一面出示严切禁止，并密确查明刊刷此书处所，立予封禁示惩。切

[①] 原件右上角有如下批示："通令各区于管内铅印铺号一查有无承印此项宣言书者，有则查其投稿之人可也。"

切，此令。

计发程泽湘评议川事《宣言书》一纸

（四川民政长印）
中华民国三年二月十一日署民政长陈廷杰

（四川省成都市档案馆藏原件，档案号93－6－2617）

附录二　军事巡警厅训令
（1914年3月14日）

全衔训令第　号：

案奉省行政公署第1716号内开云云，此令。等因。奉此。合亟令仰各区署所，一体严查管内各印刷社及各铅印铺，有无承印此项宣言书。如查有承印之家，即行具报来厅，以凭封禁，并须跟究投稿之人查传送案究办。切勿稍涉疏忽，是为至要。切切，此令。

计发陈［程］泽湘评议川事《宣言书》一纸（"中华民国政府国民同鉴"全录）

中华民国三年三月十四号

（四川省成都市档案馆藏原件，档案号93－6－2617）

附录三　程泽湘评议川事《宣言书》

中华民国政府国民同鉴：

顷者正月十一日，四川公会召集临时会议，研究川人谭家笏等六百四十人来电一通，谛观电文始末，纰缪百出，颇无研究之价值。然其中历叙川中三次致乱之由，并有请将蒲殿俊、罗纶、尹昌衡、胡骏、张百祥、丁厚堂等明正典刑等语。言虽孟浪，事关重要，亦有不得不直斥其非，以明告我川人者。今特逐条辨驳，务使是非黑白，灼然共见，庶不至纠葛纷纭，摇荡川局，贻累将来。

夫十月十八日兵变之祸，诚为川人最痛苦之惨剧。然在改革时代，本不足为奇，亦未可于时移势异之后，追求不已，以故入人之罪。况南北统一之际，大总统颁布赦令，咸与维新，自殊死以下，皆从宽宥。今一旦作无谓之苛求，弃功录过，则凡开国之豪杰，鲜不为市曹之戮民。是使全国滋扰也，是行残酷之法也，是使大总统之命令不足取信天下也。据此则电文之第一条谬甚。

其谓尹经略旋川，胡骏因而构煽，主张议会捣乱于前，嗾使张百祥等以法团联合会为后盾，攘大总统用人特权。其语颇无左证。并谓尹经略秣马厉兵，坐待乱机成熟，据鞍顾盼，以正都督之位，尤属捕风捉影之谈。当时尹督班师，确因筹饷。乃胡都督躬操兵柄，不能静镇，遽尔擅离职守，杯影弓蛇，惊扰闾阎。犹赖省议长胡骏召集临时议会，竭力调停，奠定大局。胡君劝阻法团联合会，令其解散则有之，谓之嗾使，斯则信口雌黄之妄说也。若夫尹督振旅而归，遂指为攫取都督之证据，尤无异儿童之见。尹督西征，肃清边徼，新建州县三十有余，则拔队归来，秣马厉兵，以壮军容，亦固其所。假如谭君家笏等之意见，为使尹督单骑而归，一任住炉军队之溃散乎？抑将使西征之众偃旗卷甲，作蒙难之状态乎？况尹、胡不协，悚骇成都，亦只可谓兵哗，不可谓之变乱。何也？成都城中人民生命财产未曾有丝毫损失，行政之机关亦未破坏更动，乌用是无病而呻，构此蜚语，以淆惑观听哉！据此则电文之第二条谬甚。

熊氏称兵，背叛民国，诚为罪不容诛。而必多方牵涉尹督，则又深文周内，射影含沙。彼尹督驻节雅州，其距于重庆，千里而遥，鞭长莫及。今不责斥与渝逼近之周骏，反归咎于经略藏务之尹昌衡，不揣事理，不揆时势，亦已甚矣。至于四省合剿之命令，乃民国建立以来最错误、最谬戾之命令也。无论共和宪法，本无剿绝之刻酷，即使军事时代，杀戮稍严，岂有不区良莠，概加屠戮之理！此次熊逆倡乱，附和者川东军队而已。绅学农商各界固毫不预闻也。假使会剿之事实行，则川民之沉冤莫白者，不知凡几。又况九江首叛，不闻有会剿之命也。安庆称兵，不闻有会剿之命也。江宁肆逆，不闻有会剿之命也。沪上啸聚，不闻有会剿之命也。广东效尤，不闻有会剿之命也。吾不解中央政府胡以优待他省，而薄待川民？法令偏颇，一至于此，其将夷川民于化外，视川地如瓯脱耶？吾方将呼吁都门，请愿总统，取消前命，为川民一雪此耻。而谭家笏等乃称述会剿之令，津津而乐道之，其颂扬政府之弊政心，无乃太热，其疾视吾川父老昆弟之惨毒血，无乃太凉矣。据此则电文之第三条谬甚。

谭家笏等既素不知名，一旦冒昧出此，吾不知其受人运动，言不由衷耶，抑肆口狂谈，作此无意识之举动耶！殊不知民国之典刑，非可妄加。既云明正，则尤非理由不充、证据不确者所可任意妄请。故明正典刑之请，断断作为无效。虽然，此特对于谭家笏等之评议耳。而会场评议之人，则又言人人殊，不能无彼此参差之处。泽湘当时曾参末议，以时间太短，未克毕其辞而退。今更请申前说，畅吐自由言论，布告全川并以质之同时预会诸君及二十二行省之持公道者。虽评议川事，而评议者之评议又起焉，固不惮其烦也。

当日开会秩序，先报告而后讨论。据张、吕二君之报告，皆于蒲、罗有恕辞，于尹昌衡多指摘。吾于尹君本无积素之雅，尹君来京，亦始终未尝修士相见礼，特以尹君为四川削平祸乱，联合成渝，经略西藏之重要人物。尹君之功罪明，则全川之是非乃定。而一切改良救弊之法，差可着手。故吾评判尹君，未便轻肆讥弹，更不肯据一方面之偏辞，以决可否。尤不愿附和盲从鼓掌之辈，作议场内之应声虫。故吾于尹君分外注意者此也。

今试逮逮述辛亥七月以后之历史，而乘〔秉〕公以剖断之。川路风潮之初起也，蒲、罗两君因路款亏耗太多，不过以贪夫殉财之故反抗清督，至如何谓革命？何谓独立？彼固梦想不到也。迨十月初二日，重庆独立，影响全川，清督赵尔丰为重庆先声所夺，乃释蒲君于狱，拱手而奉以都督之柄。此在济时豪杰，斧柯借手，当如何锐精图治，以救时艰。而蒲君乃泄泄沓沓，慕都督之荣贵而为之，德薄位尊，力小任重，适以滋川乱于无已。当时情事之可怪者，莫甚于军府既已成立，历七日而部曹各科，尚未组织完全，行政机关因以壅滞。至其待遇军队，优劣悬绝，新军饷糈，每名给十二元，巡防每名给八元，是不啻聚群不逞之徒而挑其衅也。十月十八之变，谓非蒲君酿之也得乎！张君表芳，于报告时，乃更宛曲为之回护，谓蒲君任都督职，其兵柄皆操之朱统制庆澜手，不能以兵变咎蒲君，殊非达理平情之论也。都督不能自戢其兵，乌用此尸位素餐之都督为哉！呜呼，十月十八，巡防溃乱，新军继之，劫掠一空，全城縻〔糜〕烂，不有尹昌衡出而维持，则滇军长驱锐进，入踞成都，成渝统一之局，安能遂定，而草泽之雄，斩木揭竿，以征讨赵尔丰为名者，又将争地争城，休兵何日？浸假而岷江剑岭间之大好河山，千裂百碎，莫可组合。故吾谓尹昌衡之斩赵贼，不亚于彭席儒之击良弼，即此故也。

赵尔丰伪交政权于蒲殿俊，总督名义犹在，又假手朱统制以钳制民军，成都十月初八日初次独立，伪独立也，尹昌衡万不得已而出其草薙禽狝之手段，秘结军队，以建真正之共和。

论者乃谓十月十八兵变，由尹昌衡作俑，并指开公口为启衅之实据，一若以公口为莫大之污点者，此固不通之论也。四川哥老会之有公口，星罗棋布，各树一帜，察其性质，亦与广西之三点会，贵州之三元会，湖南之自立会，略相等耳。民国开创，允赖其功，即根据法理，《约法》第二章，固明明许人民有集会结社之自由，由是言之，公口非绝对不可开者，开公口亦不足为尹君咎。尹君之纠合哥老而组织陆防同志会也，合多数之公口一炉而冶，以成立大汉公，正其知操纵达权变之处。虽以古之伊吕管葛，身当其境，亦必开公口。今之中山、项城，身当其境，亦必开公口。且公口既成，军威遂振，金戈铁马，烈烈铮铮，不旬日而赵贼授首，旗兵缴械，结此最良之果，川局于以大定，公口究何负于全川？较之蒲、罗两君诱惑街民，捧前清德宗景皇帝牌位，奴颜婢膝，长跪督署，仍于川事无丝毫补益者，岂不高出万万哉！

论者尚斤斤置辨，谓尹君为开公口之人，罗君为决非开公口之人。不知尹君即开公口，终不失为豪侠，罗君即不开公口，终不得附清流。人之贤不肖，岂以开公口不开公口而决定乎！所可惜者，尹君大功垂就，而误荐胡督以祸川民，是则荐人之失慎也。吾故曰尹之过在荐胡，蒲、罗之罪甚于尹。

中国同盟会员程泽湘

中华民国三年正月十八日

（四川省成都市档案馆藏原件，档案号93-6-2617）

附录四 川人赵增樽呈袁世凯文

（1914年4月2日）*

赵尔丰之被戕，其为功为罪，在川人口中，有极端之反对。前朱庆澜具呈为赵尔丰昭雪，已奉命令，着国务院从优议恤，并调查事实，宣付史馆在案。兹又有四川公民赵增樽具呈大总统，痛言赵尔丰之不应宣付史馆，请收回成命。措词甚为激烈，并印刷多张，散布各处。照录如左：

窃维民为邦本，本固邦宁，千古不易之理。顷读大总统命令：据朱庆澜呈称，前清川督赵尔丰被戕昭雪一案，着国务院从优议恤，并着内务部查取事实，宣付史馆，以彰劳荩。等因。不胜骇异。查尔丰被杀原因，则与庆澜所呈迥异，请为我大总统陈之。铁路收归国有，得失自有定评。股东顿失利权，酿起风潮，不难解散。川督王人文专折奏陈，利害已明。尔丰继任，激起祸端，以致武汉起义。满清之失天下，皆尔丰有以启之。清之罪人，功于何有？其不能议恤宣付史馆一也。即以十月初六日退职论，实迫于畏葸耳。既负前清，罪何可逭？且其时距十二月二十五日清帝退位之诏，尚有两月之久，焉知民国成立，谓为赞成共和，夫谁信之。其不能议恤宣付史馆二也。至尔丰之被杀，论者谓其兄尔巽杀之，非川人杀之。试详其说。民国元年，北京报载尔巽为其弟运动川督，庆王需索三十万，尔巽难之，由周肇祥助款八万，朱钟琪、萧应椿各助款三万，始达目的。风潮起后，尔丰电兄尔巽，复用压制手段，竟致丧身辱国，非其兄杀之而何？焉得谓因乱被戕？其不能议恤宣付史馆三也。若夫杨隽等之呈，更无关轻重。其为人无知无识，久为乡人不齿，有尔巽走狗贿以二十元，遂为请建专祠。蜀人得知，即举代表杜关呈内务部取销此案。杨隽亦有悔呈，奉内务部批准取销在案。今见命令，前后矛盾，何以取信天下？中外腾笑，有玷信史。其不能议恤宣付史馆四也。庆澜为尔巽调用人员，感其私情，饰词耸听，更非事实。今若此亡国大夫行将全邀异数二十元之运动费，便可成功，何人不作此想。此风一开，端方必有建祠之日。吹毛求疵，谓蜀人何？彭大将军之炸良弼，亦必翻案。瑞澂弃城而走，亦我民国功臣。升允背逆，可称愚忠。比而观之，则我大总统之命令亦必有故。公民不恨杨隽之颠倒是非，独恨受尔巽运动而进言于大总统之人，淆乱黑白，莫此为甚。失蜀民之心犹小，失天下人民之心则大矣。国何以立？邦何以宁？其不能议恤宣付史馆五也。尝观取销国民党议员、组织约法会议，共仰大总统为国为民深谋远虑，何独于尔丰之不忠，偏蒙矜悯，颇难理解。有谓大总统将畀尔巽以重任，恐其不肯任事，借此以罗致之。不知尔巽理财，徒事搜括，颇失民心。满清之亡，实亡于此。与其有聚敛之臣，宁有盗臣，不其然欤？尔巽之不可用，昭昭然矣。用尔巽而奖尔丰，蜀人身命财产，受其蹂躏，惨不忍闻，又将何说？其不能议恤宣付史馆六也。

以上六端，皆其事实。伏望大总统赫然震怒，收回成命，斥庆澜以妄言。不惟不损大总统之明，适以彰大总统之德，天下欢欣鼓舞，共庆升平，岂不懿欤？狂夫之言，圣人择焉。公民为收拾人心、顾全大局起见，愚戆之忱，尚乞大总统鉴而原之，民国幸甚！即祈国务院转呈大总统鉴核施行。

(《川人又有上书攻击赵尔丰者》，上海《时报》1914年4月2日)

附录五　胡景伊致陆军部电

（1914年4月22日）

北京陆军部鉴：

拱密。前准贵部冬电开：饬查川前督尹昌衡被控一案。当经电转川边镇守使，并咨函各官署查复去后，兹准民政长陈廷杰咨复：川省反正之初，发行军票总额凡千五百万一百元，曾经报部有案，并无二千余万之多。原控尹督亏空公款三百余万，未据控明款目。又控糜费西征军饷五六百万，查该前督系元年六月西征，截至二年年底，实由财政司支过川边军费二百六十余万两，所有收支详情，已遵奉总统令，另案查复。并准高等审检厅暨省会警察厅复称：尹前督掠取竹林巷豫裁缝及沟头巷铜丝铺之女为妾，被该铜匠等控告一案，查无案据。各等语。至滇军初次入川时，景伊实斡旋其间，原控该前督暗勾结、久割据等情，实无其事。此外，原控如阴遣张煦等私结熊克武，屡毒夷民，擅报边功，收受明正土司贿赂各节，除由川边镇守使查明再行电复外，特覆。胡景伊叩。养。印。(4月22日)

(中国第二历史档案馆藏原件，档案号1011-1032)

附录六　胡景伊致陆军部电

（1914年5月6日）

北京陆军部鉴：

华密。前两有电咨查尹案原控各节，饬据张镇守使复电称：前奉令查尹使昌衡被控一案，当令使署军务科长石朴、第二科长陈光璠详查去后，兹据该科长等呈复：科长等一再严密调查，前次张煦之乱，尹使当在雅州，闻耗即星驰赴炉，立予戡定。王明德、赵城附和张煦，尹使查明，立于泸定县处决。谓其遣张煦、王明德、赵城赴渝私通熊逆，实无确据。至于边功，尹使性喜矜夸，无心大言，容或不免。又受明正土司贿【赂】还印袭职，并无其事。又尹使治边，不苛小节，政从宽大，不察察为明，夷民尚属爱戴，残杀之说，未免相诬。等语。毅复查无异。等情。特请查核。胡景伊叩。鱼。印。（6日）

（中国第二历史档案馆藏原件，档案号1011-1032）

附录七 高等军事裁判处呈段祺瑞文

（1914年8月14日）

高等军事裁判处为咨陈事：案准贵部咨送邹稷光等控诉尹昌衡一案，本处随即传集该原被告到案，督同法官开庭豫审。据邹稷光供称尹昌衡通逆等款，前经贵部电由四川胡将军、川边张镇守使查复，据称并无其事。惟亏空公款一层，前据胡将军、陈巡按使会衔呈报：尹昌衡实漏收、浮支、捏支共银伍拾壹万余两。兹据尹昌衡供称：谨认浮报银叁拾余万两，余款非传集当日经手款项张尔耆等清查，无从知悉。等语。查胡将军、陈巡按使呈报各节，皆系根据尹昌衡移交印文卷册帐簿，分条详列，印证确凿，本可据以判决。惟所亏之款数目相悬，尚有应由张尔耆等证明之处。现据胡将军电称：张尔耆等业经到案，正在查讯。应俟查复，再行讯办。伏维案关公款漏收、浮支、捏支等项竟达数十余万之多，实属大干法纪。据此事实，已当然认为犯罪成立，拟呈请将尹昌衡军官勋位勋章先行一并褫夺，以便归案讯办。除呈请外，理合具文咨陈。谨请
贵总长烦为查照。为此咨陈
陆军部总长

高等军事裁判处处长傅良佐、副长周肇祥

（高等军事裁判处之关防）

中华民国三年八月十四日

（中国第二历史档案馆藏原件，档案号1011－4821）

附录八　高等军事裁判处呈袁世凯文①

（1914年8月）

中华民国三年九月二日收

　　高等军事裁判处处长傅良佐、高等军事裁判处副长周肇祥谨呈：为豫审尹昌衡被控一案，讯有浮报巨数公款，拟请将尹昌衡军官勋位勋章先行一并褫夺，归案讯办呈请鉴核事：案准陆军部遵谕咨送邹稷光等控诉尹昌衡一案，本处当经传集该原被告到案，督同法官开庭豫审。据邹稷光供称尹昌衡通逆等款，前经贵部电由四川胡将军景伊、川边张镇守使毅查复，据称并无其事。惟亏空公款一层，前据胡将军景伊、陈巡按使廷杰会衔呈报：尹昌衡实漏收、浮支、捏支共银五十一万余两。兹据尹昌衡供称：谨认浮报银三十余万两，余款非传集当日经手款项张尔耆等清查，无从知悉。等语。查胡将军、陈巡按使呈报各节，皆系根据尹昌衡移交印文卷册帐簿，分条详列，印证确凿，本可据以判决。惟所亏之款数目相悬，尚有应由张尔耆等证明之处。现据胡将军电称：张尔耆等业经到案，正在查讯。应俟查复，再行讯办。伏维案关公款漏收、浮支、捏支等项竟达数十余万之多，实属大干法纪。据此事实，已当然认为犯罪成立，拟请将尹昌衡军官勋位勋章先行一并褫夺，以便归案讯办。除呈请外，理合具呈。谨请大元帅钧鉴训示施行。谨呈。

（中国第二历史档案馆藏原件，档案号1011－4821）

附录九　傅良佐、周肇祥呈袁世凯文

（1915年10月16日）

　　高等军事裁判处处长傅良佐、高等军事裁判处副长周肇祥谨呈：为讯结

---

① 此文为政事堂抄送，陆军部1914年9月2日收。

尹昌衡被告一案，谨按律拟处呈候鉴核事：案奉谕交尹昌衡被魏问权、杨子宜及邹稷光等连〔联〕名告诉一案，良佐、肇祥遵即督同法官提集原被告到案，切实研讯。除魏问权、杨子宜等经陆军部传讯，据供实不知情，并各具甘结在案外，其邹稷光所诉尹昌衡报酬死党，滥发军票，赏还明正土司印绶，扡〔擅〕报边功，暗通熊逆等款，亦经陆军部电胡将军景伊、张镇守使毅先后查复，均无其事，自应免再深求。惟亏蚀公款一节，据四川将军胡景伊、巡按使陈廷杰查复称，据会委署川西道尹倪焕奎查称，准张镇守使毅函送接收尹前经略使移交文卷、账簿，零乱不备，其收支流水簿，为调查各款之根据，亦复损失无存。仅就所存各项表册，查出尹前经略使漏收、浮支、捏报之款，共银五十一万七千三百八十一两五钱七分六厘二毫。等语。查尹昌衡前在陆军部，已供认浮报银三十万，本处预审所供亦复相同，当即认为已入刑事范围，呈请褫夺其官勋归案讯办在案。继复详鞫，据供浮报确数，当日均有经手财政人员，现在我不能记忆，大约在二十万两以上，三十万两以下，自己亏用，共有数万两。等语。本处查核所供之数，与四川查复相差至二十余万之巨，未容含糊，复电胡将军、陈巡按使，提讯当日经手人员前经略府财政科长张尔耆等印证此相差之数是否属实。旋据复称，提集张尔耆等并检各项文卷、账簿，因上年张煦肇乱，间有损失，张尔耆在事日浅，于账目亦未深悉，此项相差之数，仅能就倪道尹焕奎原查川边漏收十九万余两一款复加考核。尹使任内，实只漏收银十一万四千余两，而查尹使咨报省署元年十月份收支册，又多收银十万两，两相抵除，尹使漏收仅一万四千一百九十九两四钱六分八厘。倪道尹原查称十九万余两者，系因赴炉查算时间匆促，未及详考之误。等语。本处详核胡将军、陈巡按使两次查复，前后互异，而因人证不齐，仅据文册以相稽考，于尹昌衡侵亏实在数目，迄未确定，且其末次查复，声明尹亏不符之款，无从查考，请就近提讯尹昌衡，令其自行陈明。等语。本处再四研究，据末次查复于川边漏收之款，既仅一万余两，则尹昌衡之漏收、浮支、捏报各款，核计实只三十三万四千一百一十三两八钱五厘六毫，而查与尹昌衡所供之数尚属相差不远。复提尹昌衡详讯，据供川边财政所以如此紊乱者，实因草创之初，无有定则，用人亦有不当之处，且身在前敌时，多于〔有〕属员之舞弊，因之未能周察，抚循之费亦多滥用，计我自己合共因公滥支银四五万元，多则实无。惟既据查称总亏三十三万余两，虽由各员司之舞弊，而我当日既总其成，如今我认咎负责就是。等语。反复研讯，矢口不移。窃维此案纯系亏款多寡问题，尹昌衡供称自用虽仅四五万元，其对于不符之数，亦指为员司舞弊，自愿认咎负责，而因公一语，更无事实，案卷可以证明，则其侵占公款之情罪，即已昭著，自应按律拟罪。查暂行新刑律第三百九十二条侵占公务上之管有物、共有物者，处二等或三等有期徒刑。尹昌衡侵占公务上巨款，情事甚重，拟请处以二等有期徒刑，刑期定为九年，并请按照第三百九十五条于刑期内褫夺第四十六条所列公权全部。所有讯结尹昌衡被告一案，按律拟处缘由，是否有当，理合具呈。伏乞大总统钧鉴，训示施行。谨呈。

中华民国四年十月十六日奉大总统申令：前据魏问权等告诉前川边经略使尹昌衡一案，当交高等军事裁判处提集人证预审，呈经褫夺军官勋位，归案讯办。兹据呈称，切实查讯冒功通逆各款，均无其事。惟亏款一节，侵占公款情罪昭著，按律拟以二等有期徒刑九年，褫夺公权全部。等语。尹昌衡身膺疆寄，应如何洁己奉公，力图报称，乃竟滥支浮报，侵亏巨款，实属咎有应得，准如所拟执行。其侵占之款，并着严行追缴，以重国帑。交财政、陆军、司法三部查照。此令。

（四川省成都市档案馆藏原件，档案号 93-6-1570）

附录十 四川巡按使公署密饬

（1916年1月21日）

四川巡按使公署饬：

为密饬事：案查前准高等军事裁判处咨开：案查前川边经略使尹昌衡被告一案，业经本处判决，呈请按照暂行刑律侵占罪第三百九十二条，处以二等有期徒刑九年，于刑期内褫夺公权全部。本月十六日，奉大总统申令准如所拟执行，其侵占之款，并着严行追缴，以重国帑。等因。奉此。现在尹昌衡已经依法执行徒刑，其侵占之款，相应附抄申令原呈，咨行贵将军、巡按使遵令办理。此咨。计抄申令原呈一册。等由。准此。当以尹昌衡在京执行徒刑，其侵占之款，本省无从追缴，应否仍饬高等军事裁判处就近提追，抑由川省行知原籍地方官，饬传该家属到案追缴之处，电请核示去后，兹于洪宪元年一月十七日，呈准政事堂谏电开：华密。文电代呈奉谕：尹昌衡侵蚀之款，应由原籍地方官查抄抵补。等因。合达等由。承准此。查尹昌衡家属现居省城，兹准前由，除饬成、华两县知事遵照外，合亟抄同申令原呈密饬。为此，饬仰该厅长即便遵照会同成、华两县密速办理，务期毫无隐匿，仍将遵办情形联衔详覆，以凭转报。切切，此饬。

计抄申令原呈一册

署巡按使陈宦

右饬省会警察厅厅长嵇祖佑准此

（四川巡按使印）

洪宪元年一月二十一日

（四川省成都市档案馆藏原件，档案号 93－6－1570）

附录十一　章鸿秀、刘人杰、嵇祖佑复陈宦函

（1916年4月4日）

成都县知事、华阳县知事、省会警察厅长为遵饬详覆事：案奉钧署密饬开：云云。以凭转报。切切，此饬。等因。奉此。自应遵照办理。兹由厅长祖佑等会同秘密查得尹昌衡家属现住省城会府南街四十三号。所有产业，计在彭县境内约有水田三百亩，载粮五两六钱；成都境内约有水田一百亩，载粮二两八钱；会府南街住宅一院，买价五千八百两，银币、军票各半；王家坝住宅一院，买价六千四百两，银币六成，军票四成；观音堂独院一院，铺面十三间，空菜地六亩，买价一千八百两；均用尹敬臣名目购置。一再调查，尚无隐匿情弊。理合联衔详请钧署俯赐察核，批示祗遵。

谨详

四川巡按使

成都县知事章〇〇
成都县知事刘〇〇
省会警察厅长嵇〇〇

（四川成都县印）（四川华阳县印）（四川省会警察厅印）

中华民国五年四月四日

（四川省成都市档案馆藏原件，档案号93-6-1570）

附录十二 陈忠绪呈文

（1916年4月3日）

为详送事：顷奉吴科长电谕，饬将会府南街尹公馆产业详细开呈。等因。奉此。署员遵饬派警查确，理合列表，详请察核。此详
总务科长钧鉴
民国五年四月叁日　　　　　　　　　　　　　　　　　署员陈忠绪呈

三区三所查报尹敬臣产业一览表　　　　署员陈忠绪呈

区	所	街号	姓名	产业地点	种类	数目
三	三	会府南四十三	尹敬臣	彭县	水田	三百亩 每年上粮五两六钱
				成都	水田	一百亩 每年上粮二两八钱
				会府南街	公馆	一院 买价五仟八百两银票各半
				王家坝	公馆	一院 买价六仟四百两 六成银四成军票
				观音堂	独院	一院
					铺面	十三间
					菜地	六亩 连独院铺面买价一仟八百两

（四川省成都市档案馆藏原件，档案号93-6-1570）

大　声

（1916年3月15日）＊

映剑无关宫商，勿为支离之语。大镬原非微响，且停矛盾之词。喜作东施之效颦，竟陷何况之误解。亦步亦趋，学语者词不达意。载鸣载飞，遁辞

者知其所穷。付之一哂，不值一噱。若乃呼疾者惊人，声高者及远，故禹赓皋颂，迥非唧唧之微吟。而大吕黄钟，不作铮铮之细响。耳不听钟鼓之声曰聋，口不道忠信之言为嚣。甚哉大乐张于洞庭，鸟惊鱼惧。而宏文陈之太学，马勃牛溲也哉。独悲夫盲人瞎马，旁观者岌岌然危。跖犬尧人，寡识者聒聒而吠。屈促者岂千里之名驹，挺险者实走野之困兽。丧家之狗，噬其旧主。下堂之妇，诋其故夫。恋其屋者竟妒及乌，怒其室而作色于父。彼惧愤辕而破犁，汝竟含沙而射影。况夫在山小草，误妓女为苍生，绝世贪夫，引铜山为性命者乎！高士恶居下流，之子道在屎溺。心疑者其辞枝，如绘其声。背叛者其辞惭，乃觇其志。骨鲠为言，忠告者肝鬲直倾。相鼠有皮，闻言者毛骨应悚。爰引知音，聊弹古调。凡百君子，共聆新闻。

（《民权素》第 16 集，1916 年 3 月 15 日）

小　言

（1916 年 3 月 15 日）　*

　　夫外强中干，伤小驷泥泞而止。辞穷势屈，怜倦鸟哀鸣以嗷。汝自信伤弓之禽，吾岂穷挺险之兽。愈遁益穷，每况愈下。不足污颊，真应洗耳。虽然专利不厌，涛涂所以速行。贪鄙淫昏，宰嚭所由被逐。本来因人以为热，反欲窃钩而自眩。贪天之功，以为己力。窃人之财，犹谓之盗。逐客自匿其迹，弃妇自讳其行。藏首露尾，欲盖弥张。牛渚之犀穷形，秦宫之镜照胆。公冶长通鸟语，能睹其心。介葛卢闻牛鸣，能辨其志。此马绝非昂昂，本吾家千里之驹。闻谣始知青青，误当年千里之草。自当曳尾涂中，龟鳖同乐。无须发踪校猎，狗兔相从。亦孔之丑，予欲无言。独怪夫蜀犬吴牛，少见者自贻盲吠之讥。而目虾水母，效颦者亦和随声之评。子矛子盾，载飞载鸣。看彼辈狼狈周章，夜行复畏多露。知我曹光明无隐，不信有如皎日。夫害马坏群，行见汝之偾事。而迷阳不惧，岂畏人之伤行。

（《民权素》第 16 集，1916 年 3 月 15 日）

辞职呈文

（1916年8月15日）

为陈情辞职，恳予允准事：窃昌衡德薄才短，罪重功微，既蒙教诲之恩，复被生成之泽，自当竭智尽忠，图报万一。惟樗栎之才，无裨鸿业，野人之性，只在青山。况父母年近古稀，乌鸟私情，日加迫切。用恳俯察鄙忱，准予辞去顾问，以便一意归田，俯首青门，遁世无闷。为此，具呈上恳，伏候
钧裁

公府军事顾问尹昌衡谨呈（印）

大中华民国五年八月　日呈

民国五年八月十五日到。

批：慰留。

（《北洋军阀史料·黎元洪》卷10，第455页）

附录　黎元洪命令

（1916年7月4日）

大总统申令：陆军部呈查明前四川都督尹昌衡被控各款，情有可原，恳请俯念前劳，准予特赦。等语。本大总统依照约法第四十条，特赦该前督尹昌衡，将原定刑期未执行部分免其执行。此令。

（大总统印）

中华民国五年七月四日

国务总理陆军总长段祺瑞

(《政府公报》第180号，1916年7月5日)

呈黎元洪文

(1916年11月2日)

  陆军上将衔陆军中将勋二位尹昌衡呈为请假省亲，恳予俯准事：窃昌衡侧身西鄙，负笈东瀛，壮游桂粤，倦返蜀川，因缘时会，遂长乡邦。嗣以边氛不靖，又复戴命西征，猥以边功，策在勋位，以疏于会计，乃重负时谤。前大总统于罪所当诛，虽贷其不死，然身在囹圄，忧贻父母，亏体辱亲，不孝莫大焉。我大总统赦其既往，许以自新，出诸九幽，重见天日，既备员于顾问，复锡我以冠裳。国家多难，正宜力效驰驱，乌鸟私情，何敢愿遂终养。然频年在外，定省多疏，寸草春晖，亲恩未报。既无伯叔，终鲜兄弟，堂上切门闾之望，人子怀风木之思，髀肉英雄，宁非心存远志，眼穿屺岵，不免情切当归。我大总统以孝治天下，伏乞鉴其微忱，准予给假四月，俾得以忧患余生，重亲色笑于岁时伏腊，稍慰瞻依，则昌衡年力强富，报国之日方长，骨肉团圆，感恩之怀靡暨已。谨呈

大总统钧鉴

尹昌衡谨呈（印）

  批：稍缓。函告尹昌衡。

(《北洋军阀史料·黎元洪》卷10，第477~479页)

附录　黎元洪命令

（1916年10月25日）

大总统令：前四川都督尹昌衡自经特赦，尚能力省前非，着即开复陆军中将暨陆军上将衔，并给还勋位勋章，以资策励。此令。

（大总统印）
中华民国五年十月二十五日

国务总理陆军总长段祺瑞

（《政府公报》第291号，1916年10月26日）

致京师警察厅长吴炳湘函[①]

（1916年11月28日）

京师警察厅长钧鉴：

鄙人日前出京，确因母病乞假回籍省视，领有陆军部护照，复有迭次呈大总统文在案。大总统必欲夺情慰留，本出自爱才至意，极滋感激。惟鄙人以为不孝何克作忠？况无官守言责，则出处绰有自由余地。眷怀西顾，慨然南下，行抵汉皋。迭蒙大总统电令挽留，深感高深，遂亦停骖待命。至日昨，竟决然强抑私情，遵命旋京。即时展觐，复蒙殷殷垂训。此鄙人此次前后出京返京情形也。

母病既非士君子所忍假托，乞假又迭为大总统所夙闻知。况抵汉即迭电

---

① 当时京师警察厅总监为吴炳湘。

告慰，奉谕复祗遵缓行。通观前后情形，万不能将鄙人作潜逃一律看待。何图抵京伊始，即竟日澈夜有尊处便衣密探三三五五围伺敝处，一若有大敌之将临者，惊世骇俗，邻里骚然。以今大总统之光明，鄙人之澹泊，而犹有此现象呈于世间，鄙人百思不得其故。然窃恐此举上损政府之德望，中累总统之圣明，下招物议之沸腾，深为贵厅不取也。敢敬函告，务请顾持大体，毋惑天下观听，鄙人个人关系犹其小焉者也。专此敬颂政祺。

尹昌衡上
十一月二十八日

（《尹昌衡自明非潜逃出京》，《申报》1916年12月2日，据北京市档案馆藏原件校）

附录一 邓宇安呈吴炳湘文

（1916年11月26日）

总监钧鉴：

为报告事：顷奉总监电交，前四川都督尹昌恒［衡］，现奉截留回京，住居署境总布胡同季雨霖寓内。令即派探跟踪监视，勿令出京，并将每日出入情形，随时电话报告。等因。奉此。署长当即前往季雨霖寓内探询，据称：尹昌恒［衡］回京，该处可以容留居住，惟现在尚未搬来。究竟果否来住，闻其意思，伊自己仍欲另觅住所。正探询时，尹昌恒［衡］即偕同总统府谘议官罗泽旿同乘坐马车来到季寓，同行之人有尹昌恒［衡］之父及其亲友一人，尚未探悉姓名共三人。除遵谕立派便衣长警轮在该寓左近监视外，理合将尹昌恒［衡］迁入情形报告。

内左一区警察署署长邓宇安谨呈
十一月二十六日

（北京市档案馆藏原件）

附录二　四川赴京请愿代表呈段祺瑞文[①]

(1917年1月前后)

具呈：四川全省开会公推赴京请愿代表王佐臣、李干臣、罗子铭、詹楷、张肇初等为立除积弊以肃官吏，严明赏罚俾昭公允，追究卷吞以实府库，慎重言论而维国本，恳祈钧鉴事。兹将四川数年来揽权夺利，卷款罔法，树党营私之辈，逐一呈明之。

缘四川自反正之初，前清总督赵尔丰遍观大势已去，清祚将亡，自思既不能作清廷守土之臣，又不能融洽民党之意，冀保全七千万人之生命财产，愿将总督印心〔信〕交出，以凭民军自立都督，而抚蜀川。彼时有素无人品之蒲殿俊出而钻营此席，罗纶作副。未数日，蒲、罗只知用私人、肥私囊，开诚布公之心全无，寡廉鲜耻之事做尽。于是激变军民，遂将全省各银行、各财团以及商家当铺抢掠一空，蒲、罗亦乘势卷掳大宗款项以去。此初次之正、副都督坏法营私而未交代者也。续经全无人道、穷极无聊之尹昌衡，百计营谋，夺得都督到手，即大施淫威，杀清督赵尔丰，以张其声势，抄督署自饱其私囊，倾藩库数百万广置田园，大兴土木，而修其府第，纳歌姬，敛民财，又滥发数千万之纸币，以痛商民，种种违法，指不胜屈。川边藏蛮闻尔丰被诛叛乱，昌衡乃亲征讨，省内一切政治，悉委贪婪无厌之胡景伊代理。自昌衡兵出成都，沿途任其奸淫掳掠，烧杀恶搕，所过之地，十室九空，雅州城内，尤为蹂躏不堪。现今受害之土人，犹云宁遭蛮匪骚扰，不愿尹兵过境，是昌衡督兵之无法纪，不问可知。嗣全军抵边境，与藏蛮对敌，屡接屡败。推原其故，并非三军之不用命，实昌衡调度无方，平时克扣军饷，是以致败也。窃昌衡不思悔过，反掩败作攻，蒙蔽中央。慨中央亦不派员调查昌衡之诈伪，竟赐以勋章、中将之衔。计昌衡驻兵打剑〔箭〕炉，未敢越蛮地半步，盖寸功俱无，尤耗费国帑数百万，拟昌衡之罪，不可谓不大矣。昌衡于炉城侦知胡景伊用运动魔力袭取正式都督在手，又替腹戚陈廷杰谋图民政长，贯〔惯〕于逢迎著名之就阳小儿诡诈百出龚廷栋任为财政

[①] 原文未署具体日期。

长，佘子立充巡警厅，是四川之军民财政各权皆归于四子之手。昌衡因之大怒，不管边地之陷失，竟拨〔拔〕队返省，争图都督一席。当有蜀军第五师长熊克武镇抚川东，驻重庆，探悉昌衡之用意，又睹景伊自接替之日起，与廷杰、廷栋、子立等鬻官卖爵，凡四子之亲属并川中之败类，或买知事，或办征收，均以八个月为保险期，总计得官者数百人，核算售官费何止数千万。克武不忍四川糜滥〔烂〕，乃树反对之师。值项城当政，笼络四子为己用，于是用计明调昌衡入京加职，暗实招之入京惩办。惜昌衡昧于不知，竟堕袁氏术中，作阶下之囚耳。虽收禁数年，迭比数次，实昌衡应有之罪。此系尹氏当二次都督吞公未能交代追出也。

兹将胡景伊等督川害川之历史详言之。缘景伊与廷杰狼狈为奸，加以财政厅长龚廷栋、巡警厅长佘子立为虎作伥，其中卖官虐民舞弊等情实难悉数。最可惨者，四子见军民两界要人均属私党，只有第五师长熊克武刚正不阿，如不取消遇事必有掣肘之处。于是暗派龚廷栋赴京运动，散布谣言，云克武生有异心，致袁氏疑忌，乃演成二次剧烈之战争，几有不可收拾之余地。则吾川遭兵燹之祸，苍生受糜烂苦者，莫不由四子起见。客岁若无陈宧督川，善抚办理，夫四川安望有尺寸之净土、七千万人之生命哉！今陈宧所遭谤毁攻击者，实由到川之日治刘莹泽之罪，清查四子之账，遇事认真，不循〔徇〕人情。兹之上书登报种种现象，皆起于接事之际未克从权，致使四子今日联络党派议员，有报仇之举。且就莹泽之罪言之，莹泽本一木偶，凡事均由胡、陈之支配指使所酿，一切罪状无一不非胡、陈嫁之。前效〔劾〕案中已正式提出胡景伊，报章载有蒲殿俊等，今则寂焉矣无闻者何也？代表等探得其真相，景伊当弹劾发生之际，以饶裕贪囊大施运动于议员，所以此案之不能成立也。假使陈宧知时达务，以大宗金钞运动于议员之弹劾者，莫说无罪，即有十恶大罪，亦能于无形中消灭。按陈宧入川之政声，并无营私舞弊、鬻官卖爵、苛政虐民之事，此全川所共和〔知〕也。客岁帝制发生，蔡松坡与唐、罗、戴、刘诸伟人树义旗滇黔之时，陈宧未克响应者，缘由各省均在观望之中，论势不得不听耳。征袁氏之败，若无陈宧与湖南将军汤芗铭为之后盾，夫袁氏又焉能败于如斯之速。今国家值维新之际，正宜叙功赐奖，以昭国人之公允。拟陈宧、汤芗铭不惟有功无过，并具有拨乱反正之才，使之治国不亦宜乎。兹未闻表扬特用，反遭捣乱之议员架诬弹劾，真所谓颠倒黑白，淆乱是非，天下定有是理哉！顾胡景伊等罪人也。前景伊当克武败走，借抄灭人之财产，何止亿万？并纵兵烧杀奸抢，不可悉数。尹昌衡、蒲殿俊、罗纶诛赵实图财害命，陈廷杰、佘子立、龚廷栋再及景伊辈鬻官害民，吞公营私，通计何下数千万？此正该议员等之弹劾而未见弹劾者，其中之贿运已不言而喻矣。察北京《醒华报》之设，并非开通民气，保持国权，实景伊等之机关报，专以攻击仇仇为宗旨，保护私人为目的。刻间离间四川督军罗佩金、省长戴戡是其铁证也，不知此报之价值何在？现四川国会议员李文熙、李肇甫、萧湘并蒲殿俊、罗纶等专以敲竹杠，搞钉锤，只要金钞充裕。此党欲售督军，彼党即卖省长，否则虽政府特任、简任之员难以通过。似此贪图罔法，不独为全国之公敌，抑且有玷立法机关。试问议员之天职何有？盖国家设形法之评，被伊等势弊侵吞，几致无控诉之门。斯际全川公民，无论受害与未受害之众，均愿食其肉寝其皮，不与同中国方能甘心。

今我仁慈英明之大总理不欲求治则已，如欲求治，非将吞公虐民、舞弊营私之众恶贼胡景伊、尹昌衡、蒲殿俊、罗纶、陈廷杰、龚廷栋、佘子立等，速令步军统领江朝宗或巡警总监吴炳湘派兵捕解回川，令交四川督军罗佩金、省长戴戡会同严审，逐一追出吞款，一面招[昭]告受害之众质讯严办，以伸全川七千万人之忿。自民国成立，川中遭诸恶贼之蹂躏，彼时暗无天日，惨无人道，为中外所共知。前总统令陈宧入川，原由全川向前总统迫请，前总统乃令陈宧赴川接篆，拟陈宧抚蜀，不惟有功于民国，并且有德于民。此次改革，周骏进省，陈宧退出，实为保全川人之生命【财】产计，其用意亦良苦矣。若与诸恶贼比较，相去何啻天纲？德大功高，反遭不白之诬。经全川父老公议，既无相当之酬报，只得公推代表等到京，逐一缕呈我大总理，严重赏罚，以昭公允。代表此次不但为陈宧请命，即汤芗铭、李烈钧[钧]、岑椿[春]煊及现在职之罗佩金、戴戡、熊克武、刘显世、刘显治、任可澄，以及有勋劳之诸部下，一并叙功，以张国典。昨申令颁赐云南唐督军一等勋章，国人知之，谁曰不宜？譬如故将军蔡松坡立功于国，今虽殁于日本，我大总理尚且追赠奖赐，于是歌功颂德者，天下一致。夫死者犹沾惠泽，而生者岂置之不议耶？现国家值多事之秋，万不可使贤能者旷职。俯恳我大总理以国本为重，陈宧等之有功者，要必论功升赏，胡景伊等罪大恶极，固宜照律惩办。诚如所请，匪惟四万万同胞之福，抑中国前途之幸也。今代表等原因民贼吞公而请愿，曷敢僭越政治用人。无如国家兴亡，匹夫有责。以上各缘由，如有一字虚谬，除众恶贼之党羽外，均愿立炮毙切结到庭，与伊等对质。如蒙允准，庶赏罚，明积弊，除官吏，清府库，实国本固矣。伏乞大总理钧鉴施行。

（中国第二历史档案馆藏原件，档案号 1011-4821）

附录三　罗佩金致黎元洪段祺瑞电

（1917年3月20日）

大总统、国务总理钧鉴：

　　华密。前四川都督、川边经略使尹昌衡盘盘大才，凤谙韬略，前因他故，久困京师，延及上年，蒙恩湔祓。近接来札，颇切归思。惟该员年力富强，才华卓越，放归田里，殊觉可惜。拟请优加礼遇，俾得乘时效用，该员必能感激图报，不至时存退归林下之思。是否有当？伏乞衡核。罗佩金叩。号。印。

（《北洋军阀史料·黎元洪》卷4，第802~803页）

附录四　王占元致王士珍电

（1917年6月28日）

急。北京陆军部王总长鉴：

　　正密。去冬尹中将昌衡未经给假，擅自出京，当奉大总统电令，在汉扣留，派员护送回京。本年一月间，又奉密谕：尹复潜行出京，意图回川，令饬属侦察扣留。等因。各在案。兹据驻宜朱旅长电称：尹昌衡由沪迁道至宜，已遵令扣留，候示遵办。等情。查该中将私拟回川，实于川局有关，既经在宜扣留，是否仍行派员护送回京？伏乞代呈大总统核示祗遵。占元。俭。印。

（中国第二历史档案馆藏原件，档案号北11-842）

同德辨

（1917年5月1日）＊

德者何？明德也。同者何？一类也。《书》曰："不明于德，自底不类。"则是伐德败类，不足以言同也。故尧明峻德，而于变时雍，天下同其风。舜有玄德，而五典克从，百揆同其治。明德而言同，此圣人所以以中国为一家，天下为一人也。弃德而求同，此小人所以水济涂附，而终为独夫也。同必以德，德而后同，时乃常经，莫可紊。《周易》以天火为同人，其德高而明，广而文，内虚衷而外健行，刚中正而柔与顺。故圣人以为同，示其象曰："于野亨，于宗吝。"所以昭大同，而惩私比也。斯之谓德，斯之谓同。然德不可以浅窥，而同不可以苟顺。韩愈以德为虚位，爰稽诸古，曰懿德，曰凶德，曰昭德，曰昏德。今不可以凶德与人同，同归于乱；不可以昏德与人同，同纳于邪。《传》曰："民生敦庞，和同以德。"斯同德之所由宗也。自敦庞而析之，何也？曰性也，曰道也。《诗》曰："民之秉彝，好是懿德。"《礼》曰："德者，性之端也。"庄子曰："擢德塞性。"又曰："性修反德，德至同于初。"《大学》曰："尊德性。"若是，则德本于性，见性而尽之，斯为明德，《论语》曰："苟不至德，至道不凝。"老子曰："孔德之容，惟道是从。"又曰："尊道而贵德。"又曰："失道而后德。"《大学》曰："大学之道，在明明德。"庄子曰："执道者德全。"若是，则德源于道，修道而深资，斯为有德。夫然，故扩同德之量，必尽其性，以尽人之性，施及于物，而后可以言德，可以言同。必弘至道，以立人达人，施及于物，而后可以言德，可以言同。性也，道也，即德也，人之所同具也，推而广之已耳。故见吾性之仁，而契于爱人之道，以成慈惠之德，与世同之，举世莫不亲。见吾性之义，而契于宜民之道，以成中和之德，与世同之，举世莫不禽。见吾性之礼，而契于履和之道，以成庄敬之德，与世同之，举世莫不恭。见吾性之智，而契于赜隐之道，以成聪明之德，与世同之，举世莫不知。仁义礼智为四端，即性，即道，即德。孟子以为"苟能充之，足以保四海。"则是大同之实，基于性，基于道，基于德矣。然儒者尝欲以斯性，斯道，斯德，同天下万世矣。为之仁义之说焉，庄老出而异之。为之礼乐之说焉，墨氏出而异之。杨异于墨，荀异于杨，回佛外兴，龃龉迭见。各欲以其所谓性，所谓道，所以德者，同天下万世。而天下万世痏于丰蔀之见，胶于豚鱼之孚，覆以不同，异端互诋，此何故哉？昧于性，泥于道，不同其德，而自滋惑耳。

今试比而同之，执本以齐末，则圣人固已同也。稽老庄之实，归于无为，儒亦曰："无为而治。"稽墨氏之实，极于博爱，儒亦曰："仁无不爱。"稽杨氏之实，成于为我，儒亦曰："古学为己。"稽荀氏之说，重于解蔽，儒亦曰："智者不惑。"逮回之武健，亦儒者"一怒而安天下"之心也。佛之普度，亦儒者"鸟兽鱼鳖咸若"之量也。古圣人之性之道之德，岂有不同？而末学异之，甚矣，其不揣本也。顾松柏榆柳，异形也，至根吸于泉，叶润于露，有以异乎？牛马兕象，异状也，至资食而生，应欲而动，有以异乎？飞潜动植，异类也，至变温而化，应气而生，有以异乎？天地人物，异象也，至阴阳为和，太极是宰，有以异乎？圣人尽性抱道，将与天地合其德，与日月合其明，与四时合其序，与鬼神合其吉凶。德之攸同，贯于三才，周于万物，而况区区尔我之间。今古之际，东西之隔，师承之别与，果能索德于道，索道于性，渊源洞达，神明并照，则天地人物，古今中外，莫不咸同。非惟宏圣哲之范，致功化之极者，其孰能如斯？於戏！性道之晰，高矣，远矣。世衰风薄，孰穷幽邃，苟足以知显而行易，由良知而致之，亦庶几其有同矣。夫宗强比周，彼有同也。察其志趋，合遂其私，利之所在，骈骛而争，是同其党而悖于德，而他党与异矣。权势阿附，彼有同也。察其志趋，合图其欲，我之所护，斗筲咸珍，是同其与而悖于德，而贤者与异矣。朋友讲习，彼有同也。察其志趋，合窃其名，学非袭博，苟逢故炫，是同其学而悖于德，而庶哲与异矣。聚族建邦，彼有同也。察其志趋，合行其暴，集强凌弱，惟虐是逞，是同其国而悖于德，而邻国与异矣。合纵连衡，彼有同也。察其志趋，合张其势，萃众胁寡，残民贼义，是同其盟而悖于德，而天下与异矣。其求同反异，岂有他哉！亦惟非性道之正，而丧其德耳。性道玄閟，岂易言哉！苟诚于德，与人同矣，曷异之伐！人道云苦，载胥及溺，亦惟同矣，故圣人悲天下之异。乱靡有定，爰导以学，俾见厥性。性见而道立，道立而德成，德成而众同。东海，西海，南海，北海，苟有圣哲，诚修于斯，其心同，其理同，可以登八极于春台。庄子曰："含德，则天下不僻。"又曰："夫德，和也。"不僻而和，安得不同？老子曰："修之于身，其德乃真；修之于家，其德乃余；修之于乡，其德乃长；修之于邦，其德乃丰；修之于天下，其德乃普。"人能以一身之德，同于家，同于乡，同于邦，同于天下，是为大同。参赞化育，合于天地，岂不休哉！同人以同德名会，予嘉其意，为之作辨，明厥攸旨。

（《同德杂志》第1期，1917年5月1日；又见《止园文集》，《止园丛书》第1集）

惟教论

（1917年6月1日）＊

古者有教而无政，小伪兴，政辅教，道又衰，政教并；大伪兴，教辅政，人沦于禽，政奴教。失教繁政，乱滋极，自《虞书》以前不可考矣，然《系辞》谓黄帝尧舜垂衣裳而天下治。《尚书》所载，尧未命四岳平水土，先以峻德帅黎民，黎民于变时雍。舜嗣尧，命禹命稷，仅使民陆居粒食，未有布政，即置司徒。《大学》言新民，不言治民。以斯征之，是古者有教而无政也。自虞以降，富庶侈欲，治备民偷。舜则忧之，使皋陶弼教。禹誓师，诞敷文德，舞干羽以教有苗，乃有二十二人时亮天功。夏之初兴，政乂而黎民敏德。成汤缵禹旧服，表正万邦，表者示范以教也。周王命民典听朕教，典者立法以教也。故《礼》曰："修六礼以节民性，明七教以兴民德，齐八政以防淫，一道德以同俗。"此三代之隆政辅教也。权舆不承，风不醇，乃命乐正崇四术，立四教，教以敬长，民贵用命。《周礼》以教典安邦国，教官府，扰万民，为十二教，俾民不苟，不争，不怨，不乖，不越，不偷，不虣，不怠，知足而敬职，慎德而兴功，以是为体国经野之佐。孔子亦以富而后教，非轻教而重政，皆因时振育，聊以教辅政也。

自时厥后，教废政兴，君极其欲，臣顺其求。乃以圣人为桎梏，囿天下之学；以圣人为钩饵，钓天下之心。儒生迂陋吠声，谓朝仪为周鲁明堂，春秋为天经地义，已非劳来匡直辅翼振德之意。媚君抑民，滑真袭谫，持玉挝父，假镵鸩母。又从以淫威，贲以非博，道非道，教非教，圣人至此，残贼之奴矣。众庶浸假，以沦胥于禽兽。于是文末为儒，刑名作治，功利竞尚，法令滋张，荒悖肆逞，腥闻于天。然而汉末诸贤，砥廉砺隅，几及颜曾，移风易俗，宜复中古。乃小竖不便，尽于党锢，东晋清流，微效曾点，教用大蹶，陵迟于隋末，无谓教矣。王通摹拟圣人，入其堂奥，卒以无位不作。惟弟子余绪，郅治著于贞观。宋久民安，教又阐晢，程朱庄正，周邵鸿洞。明以康斋、阳明，各聚徒众，其教未普，但简册存耳。然皆大人失位，潜伏犹昭，困而心亨，丝续先烈。国无专司之制，人无予觉之任，弗以尽其道而施于民，弗以究其实而立为宪。帝王将相，窃人爵者，其视教也，如以酰鸡测天地，睹经若瞽，闻道若聋。慒慒然以为不稽之说，无益于世，大乱滋极，不亦宜乎！夫圣人明如日月，贵人明如昼萤，圣人大如天地，贵人大如秋毫。教之光如日月，政之光如昼萤，教之大如天地，政之大如秋毫。徒政弭乱，徒厉冯海，安可得哉？夫政以民苦，教以民乐，政约民身，教约民心。教不待政而兴，政不待教不兴。政不可以加于教，教可以加于政。政不能废教，教能废政。政系一世，教系千古。政极隆，使民安宁，教极隆，使民神圣。此上达之士，所以宁为圣门侯童，而不为霸王天子也。

生民之性，惟乐是趋，心契于道，其乐乃至。故《诗》曰："好乐无荒，良士瞿瞿。"《传》曰："有德则乐，乐则能久。"孔子教颜回，颜回得之而乐于陋巷。周子嘲风弄月，远承洙泗，以教二程，二程得之而乐于濂洛。康节穷居，乃名其居曰"安乐"，获古人伴奂优游之意。所谓伊人，于焉逍遥。兹道丕冒，作乐崇德。庶几群生熙皡，鸟兽咸若。衡门涧谷，尽作春台。由此观之，教以民乐。

自政之设也，列爵以乱序，厚禄以召贪，分土以离群，深文以启诈。贡赋聚敛，则硕鼠兴歌。征徭靡盬，则殿屎莫惠。六师弭乱，乱在六师。司寇纠奸，奸由司寇。以御暴，即以为暴。以临民，即以殃民。使天下之民，欲与政偕亡而不可得。由此观之，政以民苦。

夫民知道而后信，信而后服，服而后使。孟子谓："以德服人，中心诚服。"如七十子之服孔子，孔子岂以政正七十子哉？《周礼》曰："儒，以道得民。"道也者教也，与民偕乐。朋自远来，如水就下，如兽走圹。示以观，则不荐而颥若。咸其辅，则一言而世法。所谓禁于未发，善教得心，德明惟怀，有耻且格。由此观之，教约民心。

徒政则不然，不和于俗，不谋于众，独知见毁而不顾，防川欲溃而不恤。即有善者，亦不过孔子所谓道之以政，齐之以刑；孟子所谓善政得财。若尤加厉，则商君狙强，嬴政骄固，密文网，峻刑律，德威惟畏，使民盼盼，驱纳罟攫，枉识所以。由此观之，政约民身。

昔者包牺教阴阳于太古之上，舜成聚于泺水之中，孔以布衣，孟无官守。若老、墨、荀、杨之俦，逮于明宋诸儒，不可胜数。无或恃一命之荣，尺土之封，赡饩之资，召民之柄，皆能风靡四国，施及千古。远则有望，近则不厌，凡有血气，莫不尊亲。所谓豪杰之士，不待文王，独立无惧，迨否益通。由是观之，教不待政而兴。

乃尧欲命官，必先使百姓昭明。舜欲命官，必先使敬敷五教。尧舜且然，况其他乎！故汤武用师，犹假神道以教，曰天命殛之，曰恭行天罚。学而后入，德惟善政，不教无学，不学无德。皮之不存，毛将安附？暴秦不知，悍然焚书，后世憚其亡之速。自汉以下，虽骄君庸主，莫不极礼尽恭，崇隆先圣，乞其微光，以延永祚。化外如元金，阴狠如朱棣，尚一假之。由是观之，政必待教而后兴。

昔者黄帝见广成而膝行，尧舜见许由而避位，春官释奠，天子下拜，师教之恩，比于父生。所以贵德尊道，俾民敬学，世风虽降，天爵弗替。高帝折节于四皓，子陵加足于光武，彼得圣人之清，犹能服至尊之骄蹇。千古死儒，百王伏拜，岂足多哉！由是观之，教可以加于政。

一漆园匹夫，卿相不能溷。一小邹食客，齐君不能下。生王头贱，死士垄尊，辅世长民，大贤不召。坑儒者立亡，非圣者无法。故卫文侯不敢慢干木之门，叔孙通不敢夺两生之志，汉兵不敢入弦歌之邑，恒帝不敢罪采药之翁。抱一幽贞，莫能相尚，况仲尼日月，自绝何伤！由是观之，政不可以加于教。

人性惟道，教则顺之以永存。虽有不正之政，冯权戕善，经桀之灭德作威，而阿衡继禹；经纣之反道败德，而姬旦承汤；经春秋之乱，而孔子继尧舜；经暴秦之火，而汉儒传六经；宋刻党人之碑，而潜虚不晦；明夷孝孺之族，而正学巍然。水就下，不可以刀剚，教顺道，不可以力移。一国虽欲灭之以自亡，天下必有继者也；一代虽欲灭之以自亡，后世必有继者也。由此观之，政不可以灭教。

今上智之士，渐思无政。无政之义，破斗折衡，将以力致之，即孔子所谓我战则克，孟子所谓制梃挞秦楚之义也。然克之挞之而已矣，恃教兼力不可以灭政也。一政灭，二政继，百政灭，百政继，迭主推刃而已耳，非所以探其本也。政生于教衰，教盛则政灭。今若以教周于天下，天下之人皆颜、闵、庄、老矣，宁有为卿相者乎？天下之人皆巢父、许由矣，宁有为元首者乎？无卿相，无元首，政安所存？天下之人皆夷齐矣，宁有越礼者乎？天下之人皆惠连矣，宁有犯义者乎？无越礼，无犯义，法将谁治？无政，无法，无位，无文，太和煦妪，天地咸宁，鸟兽之卵，皆可俯窥，民至老死不相往来。由是观之，教可以灭政。

夫人存政举，人亡政息，教不兴人不存，息日多，举日少，故商周善政不百年，汉唐善政不经世。三代以下，逐末失本，善始凶终，苟偷旦夕。苻坚之辈不及身，刘备之流不及子，哲人伟略，倏见倏逝，往罅来补，往漏来苴，抢攘相乘，奄奄欲绝。徒政之比，饿夫拾粟，求不为道殣难矣，非所以论于升斗也。教所以格心，格君子，则虐不作于上；格小人，则乱不起于下。上下各安，休祥踵接。故《中庸》曰："百世以俟圣人而不惑。"言其久也。且遗逸之所授受，简册之所奠延。有见而知之，即有闻而知之，有奋夫百世之上，即有奋夫百世之下。是以邹鲁亡，而孔孟不亡，即秦汉亡，而孔孟亦不亡也；唐宋亡，而孔孟不亡，即明清亡，而孔孟亦不亡也。由此观之，政济一时，道贯千古。

夫兵民钱谷，政所重也。三宝五材，百司四时。即使借人道之教，臻极于刑措，道不拾遗，材不胜用，酣歌逸豫，世无菜色，水火菽粟，王道平平，此不过形体之福耳，教之大者非是也。孔子曰："足食足兵，民信之矣。"又曰："自古皆有死，民无信不立。"是信有重于形也。又曰："诚不以富，亦只以异。"是异有重于福也。五福以好德为要，万姓以能仁为寿，岂徒福兹形体哉！老子曰："若吾无身，吾复何患？"《易》曰："涣其躬无悔。"若是，则得道而形可捐也，安用勤政以福之？庄子曰："入火不爇，入水不溺，寒暑弗害，禽兽弗贼，莫之夭遏，安所困苦？"则是得道而物不害矣。《传》曰："心之精爽，是谓魂魄。"至于神明。庄子曰："精神生于道。"《易》曰："精气为物，游魂为变。"显道神德，可与右神。《礼》曰："气盛而化神。"又曰："久则天，天则神。"《乐记》曰："致象物及天神，达中哲而究之，非惟至诚如神已耳。"人固可神也，人既可神，何以政为？由此观之，政极隆，使民安宁，教极隆，使民圣神。

今之急功于政者，是必不欲民之乐而利其苦也，是必不欲得民心而系其身也，是必不欲政之兴而视其踬也，是强欲以政加于必不可加之上也，是必欲自灭而待治于人也，是图偷须臾之安而朝夕不相及也，是徒见其躯壳而不知有神也，陋已极。

虽然，尤有进，彼爱其生者，非欲死者也。保其得者，非务失者也。急于政者，非速亡者也。轻教而政行，轻之可也，而不行；轻教而不亡，轻之可也，而必亡。盖政之所由善者，上下辅。若弗教也，元首无以贤，前放桀而后举纣，百放百举，而百桀纣，以神器为传舍，国不堪矣。弗教也，百官无以贤，黜梼杌，而陟饕餮，百黜百陟，而百梼杌饕餮，视奉职为垄断，民不堪矣。下非不欲得尧舜禹汤，上非不欲得禹皋伊吕，宇内之所无，莫可如何矣。乃以小智齐末，巨诈伐异，萃众而议政，则诐淫盈廷，非特道谋已耳。强枝以监干，则萑苻充国，非特尾大已耳。于是国本轻，则措治不如弈碁；国本重，则群小凭为城社。人心斲丧，政何以正？夫政从文正，非武邪也。教则文而正，不教则武而邪。武邪为政，罔迪圣心。

今其言曰：庶采蛊矣，四境险矣，政犹不暇，教何能及？是所谓不学无术，非明经之言也。在《易》之《蛊》，万机窳弊，不曰备兵，不曰积财，不曰食，不曰刑，不曰庶政，而惟曰振民育德。在《易》之《坎》，内外重《险》，不曰备兵，不曰积财，不曰食，不曰刑，不曰庶政，而惟曰常德习教。古圣人固重教于危急存亡之秋，不缓教于雍容承平之后。为其《蛊》也，故不能不以教干之；为其《险》也，故不能不以教济之。不教，则《蛊》者益《蛊》，《险》者益《险》，匪欲速亡，胡策之卑。

是以圣人临民，教思无穷，治本不治末，清源不清流。正人心，不正人身，谋千古，不谋一夕。虽曰有政，实无政也。何无政乎？政教之奴，故曰无也。上者，教之主也。辅者，教之助也。百工者，教之分也。万民者，教之徒也。上示以道，辅陈其义，百工以铎徇，万民为弟子。理财，所以养教也。法令，所以弼教也。兵甲，所以卫教也。礼文，所以尊教也。位视德，三德有家，六德有邦，以劝教也。学有序，小成作贤，大成作圣，以行教也。是政为教而设，言有教，不言有政可也。犹椟为珠而设，言有珠，不言有椟可也。是无政也。无政，是惟教也。而龙潜囊括抱道之士，薄神器如草芥，视纪纲若刍狗，出入于深文密网之中而不害，肆意于冠裳礼制之内而不觉。故政有位，而教无位。政有法，而教无法。自内小之，外失其大，自内忘之，外失其有。得于天，则人情绝，禽于教，则政事息。是无政也。无政，是惟教也。孰为至大，塞乎天地，孰为至明，参乎日月。大人不以此自居，而图为九有之至尊，是求贱也。大人不以此济众，而图为人事之经纬，是从井也。惟教为治，惟教为平，惟教为乐，惟教为强，惟教为尊，惟教为富，惟教为大，惟教为久。谡而晋之，圣元首，圣百工，圣万民，圣庶物，任之重，勋之极也。《易》之《临》曰："教思无穷，保民无疆。"言临天下不以政也。

（《同德杂志》第 2 期，1917 年 6 月 1 日；又见《止园文集》，《止园丛书》第 1 集）

上冯国璋段祺瑞书[①]

（1917 年 8 月）[②]

衡闻知者不失人，亦不失言。是以抱孤苦之衷，怀高旷之节。先未或陈于执政。杨谏议之隐默，岂一日哉。陆秀夫之深潜，盖三年矣。今也明公当国，揆其意良，观其令明，问其人仁，稽其学文，以为四境万夫之望，千载一时之机，故敢以书白。

衡闻唐放勋不隐侧陋，故能成其圣。仲山甫不侮鳏寡，故能成其贤。今衡卷采苢之心，怀种瓜之节，连不见谅于中枢，屯蹇及兹，素衷无告，白发陨泪于锦江，青眼绝迹于天壤，岂啻侧陋鳏寡，待拯于圣贤之前哉！惟明公谛察之。衡闻四目不明，则夷齐似盗贼。四聪不达，则关岳如叛臣。衡昔之遇是也。敢陈其略以闻，惟明公稽实辨赝焉。若察言鉴心，非疏远所敢望也。

衡少微贱，小就于前清，位不过偏裨，俸不过五斗。然当末季横流，群才思逞，竞谈革故，尚论鼎新。衡以清刚之品，雄辩之口，见重于当世。旧友劝以阴谋，时贤勖其思变。衡以食禄忘忠，怀义不忍，严拒至于祚改。幼帝龙潜，天后凤逸，蜀城无帅，巴土沦胥。然后涕泣抚军，徒手捍患，犹复视满族如赤子，护旗营以孤身，不戮一夫，转馈万镒，稽首北拜，臣节今终，是衡不负清也。回首清季疆臣，咸以衡风节出群，池中必变，手力扼而目侧视，岂不悲哉！自专阃以来，荆棘窒天，疮痍匝地。衡以奋臂掉舌，平四境之萑苻，收五岭之坚陈。退滇和渝，则不加一矢。抚良锄暴，则不闻一冤。战无一北，卒无一变，陟无一私，黜无一怨。财不入己，举不忘公，而

[①] 原题为《上总统暨总理书》。

[②] 冯国璋于 1917 年 8 月 6 日在北京通电就任代理大总统，段祺瑞 7 月 2 日被任为国务总理。由文中"今也明公当国"及"去岁见留于汉水，今年返棹于夷陵"二语推断，此书当上于此时。

又辞安富尊荣之昼锦,涉嵚岖险阻而夜行。舐表精忠,心铭金石,百战定房于青羌,单骑斩叛于泸定。既存九死之心,不移北拱。复仿七禽之策,勉务西怀。党人以巧辞相劝,则拊膺而苦告忠衷,将卒竟胁迫而来,乃冒锋而甘为死义。正气九成,三灵为泣,实历一考,五族宜惊,是衡不负袁也。尚以脂韦不工,疏鄙见弃,坦白来廷,仓皇对簿。感袁公之直,明洗冒功通逆之诬。铭袁公之恩,终是夏楚玉成之意。逢英雄而不偶,顾忠悃其谁知,岂不悲哉!

自是以来,廉官清苦,无以交于显达之门。直士峥嵘,又不合于比周之党。谈兵则将帅塞耳,论道则侪侣挥肱。寂若寒蝉,孤同落雁。而清僚薄俸,移养难图。病母残年,盼归日切。乃去岁见留于汉水,今年返棹于夷陵。无金贿谍,鹿马难明,有志许忠,麒麟见获。咸知慈良者,有笼鸟之羞。反令鸥獍者,作枯鱼之泣。况衡永矢赤忠,遇上不背,焉能改节白首,为国增愁。南北无义战,谁其不知?东西迫强邻,我则极恐。是以甘为耕钓,矜式时贤。永老桑麻,言将一母。何致羁留隐逸,俨若穷囚。强夺天伦,反生猜忌。逝事已矣,谓之何哉?今政府道义治国家,必不没人之孝。昌衡浩气塞天地,必不忘公之恩。况唐太宗之豁达,终服尉迟,汉昭烈之慈祥,不留徐庶。明公能学古人,衡岂敢让明公独为君子哉!如肯放衡归养,得一士之心,钳群雄之口,扫琐尾之近习,开远大之宏规,上追唐汉之高风,下杜宵人之谗口,兹一举亦足以千古,岂覃恩仅及于一夫。上圣下直,帅明将愚,陈情摅心,伏候钧命。

(《止园文集》,《止园丛书》第1集)

上中央政府书①

(1917年8月)②

衡闻治平之道,有十美焉。励风节,则贤良兴而宵小退。忘私利,则觊

---

① 原题为《上中央臻十美书》。
② 文中有"项城既败于先时,黄陂复失之操切"和"明公初出理纷,尚无失德"等语,由此推断当在此时。

觊绝而横议除。去阿党,则视察明而讦谟进。防机微,则隐祸消而畿内宁。用经术,则政本固而百工秩。征弃才,则豪杰附而鸥獍纯。正名义,则军威重而群藩慑。周始计,则中败少而大事成。严赏罚,则臧否别而万民服。倡道德,则人心正而天祸亡。敢陈其略以闻,惟明公采择之。

开国成家,小人勿用。小人之实,奔走阿谀。忘人之国家以取其利,而有国家者,倚之如长城。败人之功名以窃其权,而司钧柄者,亲之如骨肉。何也?承迎巧于上,而根蒂固于下也。是以弈劻纳私,而贪夫竞进。袁公恶逆,而正议不闻。覆辙昭然,殷鉴不远。望明公求謇谔之辅,防附耳之言。审卢植之书,启魏征之口。来就者熟察其奸,廉退者旁求其善,无为一偏是听,致令万姓寒心。臻美一。

夺天下者,天下亦夺之。安天下者,天下亦安之。利在远,凭借位势,则千古称为圣神。利在近,贪慕威权,则八方指为残贼。明公大观在上,显比孔昭,上起一念之私,下有十手所指。袁公昔以此败,至今国受其殃,况骄将每伺衅为辞。望明公无授人以隙,真诚一著,金石能开,正气独钟,河山是赖。此机微之妙,不可言传,惟英达之资,自能颖悟。臻美二。

昔者,大事恒决于密谈,用才每囿于方域。不知周善之谋,当谘于上士。将相之选,宁限于一隅。司举国之大权,与南朔东西,不宜歧视。作群才之领袖,则比周朋党,毋令偏阿。重南人,必树敌于北人。亲此党,必见仇于彼党。驱爵驱鱼,乱阶易启,为鹬为蚌,怨结难排。望明公明目达聪,听德视远,弭内讧以公,平党祸以正。则大信昭于四方,谤讟化为歌颂。臻美三。

清末之兵,非不能制民,袁公之势,非不能镇国。何至螳臂一奋,山岳皆隤?应知民意所倾,金汤不恃。故愚者以兵革自拥,愈厚而愈危。智者以民心自存,愈集而愈固。履霜戒渐,夸者死权。行天之常,乱不作于国。拂人之性,菑必逮乎身。明公初出理纷,尚无失德,果能不以一念干天和,不以一令轻民命,不以众兵为可恃,不以小恶为无伤,则善始全终,鸿图不匮。臻美四。

谋国之良,莫良于圣经。误己之危,莫危于权术。诈天下者,天下亦诈之。防天下者,天下亦防之。故侦谍一,则乱党百,侦谍十,则乱党千。罟攫待人,则自投于罟攫。私心逆诈,则终败于私心。须知大道孔夷,治功在正。道国以道,民德归仁。进丈人则师贞,举措当则民服。明公好学下贤,应能揆道达礼,经义治事,诈术悉捐,则中国之隆,可坐而待。臻美五。

亲者有才，疏者亦有之。举者有才，废者亦有之。邻国若患才之少，故培成者必用。中国若苦才之多，故遗弃者不求。致今贪夫据位以图存，真才抱贞以没世。达天德者，固遁世不悔。急功利者，则覆国为心。与其人各思用，何如由我用之。与其屏贤自孤，何如立贤自广。明公江海纳川，山岳积壤，何妨甄别淑慝，使人矜式。臻美六。

天心民意，惟有道者顺之。天心厌杀，民意苦兵，不易之经，非世所识。今黩武之将，未必合乎天心。过甚之求，（未）必洽于民意。因其未合也，我先合天，天必赞我。因其未洽也，我先得民，民必背之。以天之所赞，攻人之所背，虽制梃可以挞坚甲。明公宽明素著，恭惠已闻，如能静让先施，仁和自著，则国中自有舆论，而强藩不得逞谋。臻美七。

项城既败于先时，黄陂复失之操切。事不周虑，后悔何追？欲知深谋，必置达人于座右。欲除丰蔀，不宜见斗于日中。今也，兵事之难齐，须数稔而后可以将事。众志之难集，须几岁而后可以成城。孰能排私见而为国筹，孰能尽真忱而为国访？明公深察于此，以天道人心为则，修本固末长之基，庶几政无再变，民有定心。臻美八。

昔举国之所谓可罚者，中枢之所不罚也。举国之所谓可赏者，中枢之所不赏也。甚至所谓可罚而覆赏之，所谓可赏而覆罚之。纲纪不存于尊显，法律徒以欺小民。使有凭借者，无所忌惮。思奋励者，罔识从违。其或修文自饰，真如掩耳盗铃，致万几不就准绳，四方视为聋瞽。明公荡荡平平，尤宜整整肃肃，中枢无模棱之蔽，则下民有托命之诚。臻美九。

今之中国，几无贤才，其所以然，上不导也。俗士图争教系，不闻教理，致令四端尽窒，四维不张。人心恶浊，莫此为甚。陟一官则硕鼠食民，进一人则青蝇止棘。天灾人眚，纷至迭来，恶氛上干，腥风远飐。虽尧舜在位，莫可如何。明公夙以文教为怀，因图止戈之实。果能周访醇儒，遍教举国，被一日迁括之名，立万世不朽之业。臻美十。

凡此十美，本儒生顺口之谈，实方今切肤之痛。衡自惭尸素，无答高深，惟欣遇明良，偶增狂瞽。昔汉武原方朔之讥，辛公救朱云之直。上下两贤，古今一理。惟明公谛察而周审之。

（《止园文集》，《止园丛书》第1集）

致恽宝惠函①

（1917年8月）

得维翰书，谓公契迂陋，聊合以神，岂必缟纻？仆死鹬也，而又触藩，得汲锦江一滴以羞菽水，便如鼹鼠自足，匪有厚望于间河侯也。上书蒙总揆垂盼，感诺代陈情，心窃慰。惟时未至，仆亦愿需于沙也。公以俊才左右贤揆，惠畴亮采之余，尚望孝思锡类。叔向曰："必祁大夫。"公与总揆毋乃其人？且仆非有越石之囚，尤无贡禹之望。闸缓溪舟，获泝回便当终隐。倘不甘龙尾，负长者意，为千古笑，仆必不为。睎为代达贤揆，劭德讦谟。延伫兴慨，谨俟命。

（《止园文集》，《止园丛书》第1集）

上冯国璋书②

（1917年8月）

窃闻成败之数视顺逆，强弱之量视贤否，满清之所以亡者，非其力之不强，知之不足也。逆民心，用宵小故耳。项城之所以败者，非其力之不强，知之不足也。逆民心，用宵小故耳。今明公本诚惠迪，毅驱回遹，国中之杰，待命于戏下，非复往者之覆辙矣。乃方命之徒，无高煦之才，而不知警

---

① 原题为《与恽公孚书》。恽宝惠（1885~1978）字恭孚，又字讱葊，直隶大兴人。光绪乙丑科进士。历任清朝兵部主事，此时任北京冯国璋政府国务院秘书厅秘书长。

② 原题为《上大总统书》。

前，有宸濠之悖，而不知顾后。李茂贞、王行瑜，仅合汗流浃背，不足虑也。所惮藩镇之局，从此坐大。朱全忠、李克用，终至于祸唐，萑苻之盗，从此益滋。李自成、张献忠，适足以召寇，阋墙纪族，达者忧之。明公内不能得裴中立以为腹心，外不能得李光颜以为羽翼，非所以正九五，而居显比也。昔毛遂脱颖，岂以为身，马援据鞍，诚思报国。倘有十倍之众，诸将不敢当，百疑之谋，群辅不能决。昌衡尸素日久，髀肉已生，何须三顾之劳，只在一介之辱，则宣室复进贾谊，疆场重见关岳。狂且之言，自惭唐突。然而从大夫之后，分所当耳。处贤明之下，犯亦何伤！惟明公哂察之。

(《止园文集》,《止园丛书》第1集)

上中央政府书①

(1917年8月)②

衡窃谓古代亡国之祸，至今日而大备。诸侯专伐，藩镇方命，周唐之所以亡也。暴民内哄，强邻外侵，宋明之所以亡也。政本不固，六岁四摇，五代之所以亡也。用邪谋迩，怨讟滋蔓，两汉之所以亡也。元首势弱，师出无序，东晋之所以亡也。军心隐涣，巨衅显开，苻秦之所以亡也。喜顺恶拂，阿亲抑疏，项楚之所以亡也。委蛇裕蛊，奸宄公行，满清之所以亡也。彼数百载之积垒，有一弊而立踣。我五六年之创痍，全八害而不灭？临尸顾病，可胜恸哉！然而干蛊转危，古亦有鉴。夏少康之兴也，以布德。卫文公之存也，以任能。唐肃宗以邺侯谋而李郭征。晋武帝以谢安治而玄石战。宋艺祖政有纲，人心悦，则剧乱之残局变为升平。清西后一满汉识儒臣，则濒亡之累卵转为磐石。一缕之明果开，三年之艾易得。衡责非肩国，志在保家，坐视沦胥，悲悼不禁，恃忠忧之不匮，敢犯数而再陈。

今南北歧视，新旧各偏。在暗者曰：不如此不足以固数人之权。在明者

---

① 原题为《上中央救亡书》。
② 文中有言："我五六年之创痍，全八害而不灭。"由此推断，此书当上于此时。

曰：不如此不足以失四境之望。衡诚愿五族归政府，而尽效关岳之忠。衡先愿政府同五族，而自隆尧舜之量。政府反思而未尽公也，虽一人辑宁万邦，犹当仿成汤之断发。政府反思而已公也，虽群藩悉为枭獍，谁不思祖逖之勤王？敢请力行，瞬征奇效。昔唐宗收渭桥之威，子仪服回纥之气，所谓真诚，能开金石。今明公既欲息事宁人，不惜牺牲名位，果自为倡，单骑赴汉，集南北之英达，披肝胆于一堂，洒涕锥心，轻身卫国。昔之非误，互不相讳而各改之。后之正轨，互不相妨而共进之。事成，明公固一代之圣神。事不成，明公亦千古之豪杰。舍此触藩之羝，竟作摩空之鹤，得失显判，荣辱奚如？敢请力行，瞬征奇效。利害分晰，南北皆安。南之人不当危北以自厚，北之人亦不当浚南以自肥。南诚欲安北，北亦必欲安南，北诚欲安南，南亦必欲安北。孰肯先施，功在后世。独惜藏术启戎，假辞使气，斯为梗耳。明公秉国之钧，自宜遄损此疾。善辩之士，苟有悖于真和，衡愿为明公舌击而降之。私诡之图，苟有悖于真和，衡愿为明公鉴发而导之。敢请力行，瞬征奇效。凡此三事，实洽群情。上策攻心，大忠逆耳。曷惩速亡之道，垂审谫陋之言。

（《止园文集》，《止园丛书》第1集）

再上中央政府书[①]

（1917年8月）

衡闻救国之道在和，而南藩日趋于激。平乱之策至易，而政府日趋于难。二者殊致，厥罪维均，国亡矣。为元首者，可为唐明宗焚香告天，断不可为石敬瑭开门揖盗。为辅弼者，可为鬻文子三已无愠，断不可为张邦昌借寇自雄。为藩屏者，可为岳忠武解甲埋冤，断不可为公孙述井蛙据地。衡细人也，敢惮比干之祸，而不进祖伊之告哉？一人果出肺肠，万姓谁无骨肉？

---

① 原题为《再上中央救亡书》。

是以自誓血诚，披鳞脱颖，甘冒矢石，为明公止越甲，愿沥肝胆，为明公借汉筹，使中国之乱六旬即平，明公之德千古不没。谋如不效，请肆市朝。忠岂自媒，忧在家国。呜呼，仲尼从大夫之后，敢学金人。充国度老臣独才，何惭铁兽？取进止。

（《止园文集》，《止园丛书》第 1 集）

致李纯函①

（1917 年 8 月后）

衡闻比干剖心，恶来上赏。申生缳首，二五令终。然犹孤介修持，决无回遹者。何也？周于德不能乱也。唐虞之盛，询事考言，故不掩善，劝者众矣。际兹末俗，忠不见报，信且启疑，如必孜孜为道似衡与公者，岂有人哉？穷达殊途，仁人锡类，不但公触藩于见龙，泥涂渴鲋如衡者，犹可哀也。书十上，但得温语，非真有感于小人之忱，中枢方忞忞不及此。公贤且平，当必加怜于死鹬，故敢以书白。

衡忠于清帝，忠于袁公，忠于黎公，忠于冯公，忠于民党，忠于藏夷。六忠而不察，互全而不谅，亦有由也。人取两巧，衡取两拙。守道之笃，若护心脑。不协于时，不离于轨。谓非此义，国不能存。是以穷也。今又锢之，衡悲众讪，躬自悼矣。死生难必，无几相见。今者不白，日月其除。惟公其忖度之。左直述。

衡少微贱，生而方正。十五从戎，便不家食。弱冠登仕，禄埒太守，恒顾清廷之恩不薄。方是时，天下之口，惟革命是誉，文士之笔，惟逐满是尊，孺子何知？东游六载，亲朋多识，譬喻万端。衡以食人之禄，即宜死事，终亦不入于民党。宣统之末，川事大乱，衡袖策谏帅，谓此可平。赵督弗省，而又嫉之，王事遂以靡盬。众皆曰："子动，富贵不测。"衡指心而

---

① 原题为《与李秀山书》。

告之曰："天下无鸩人羊叔子，岂有叛上尹硕权哉？"军将夜迫，衡乃潜匿。川难先鄂而发者六阅月，背清之帜，终亦不张者此也。及于祚改，川人以蒲为帅，十日而兵溃。衡以此时，有抚众宁乡之义，无犯上作乱之愆，乃出而承乏。首发优遇清室之言，继有单骑救满之绩。众军鼓噪，赵督殒命。衡私藏其孙，阴纵其家。刺客洞冠，嘉而赏之。忠清之心可谓尽矣。

袁公建极之际，衡方衣锦昼行。藏军入关，丧地千里，衡乃辞安就危，舍腴拓瘠，一岁之中，屡濒于死。开邑三十，累捷百战。而赣湘阻兵，粤闽继起。川军迫衡，誓师北伐。张煦称督，其军三千，囚衡八口之家，檄衡万余之卒。衡察粮在路，随者十人，犹复单骑入军，匕首拟剔。众兵感动，反诛其魁。衡何德于袁公？已委贽而北面事之，则死不可贰也。对簿二载，吹毛靡疵。以三万无考之亏，成九岁有期之狱。悼诗数百，从无怨言。忠袁之心可谓尽矣。

黎公生衡，涓埃莫答。自分越石，难话晏婴。谏书不行，尸素窃恧。审就三去三之义，度全忠全孝之宜。七辞不获，浩然遂初。人劝微服迁途，衡惟光明直道。汉皋返辙，疑自何生？忠黎之心可谓尽矣。

冯公识衡于微，处之别馆。西征之役，畀兵三千。北囚之时，缓颊五请。心之云感，口岂能言？去岁过沪，友促南行。三施不报，怒焉如饥。终拒人谋，趋承颜色。自楚又返，面亦述之。逮其司轴，忠谏三入。忱悃北拱，日祷于天。忠冯之心可谓尽矣。

且衡本非民党，渴爱同胞。袁公之世，谕命肆杀。衡以激则生仇，诛适致寇。既密谏其勿然，又私执而全纵。裁其偏见，擢厥尤才，合诸党为一家，挥万金以资遣。忠民之心可谓尽矣。

征藏一载，获俘无算。跪之佛前，教而悉释。不戮一人，不破一室。壶浆满道，杼柚皆兴。忠藏之心可谓尽矣。

生年三十，笃嗜六经。闻中国因衡而全数千里之地，不闻中国因衡而有一鸡犬之惊。闻衡发一言而包五族咸宁之义，不闻衡发一言而涉一隅偏重之嫌。六忠六忠，亦孔之穷。事俱在不可以诬，文有征后将必寿。所以不见谅于国中者，上无夤缘之交，而下无私比之与也。亢节既高，落落谁合？次且歧路，何若长归？况以老母衰病，无法承颜。幼子冲龄，有生未面。乌私之情过切，龙潜之志益坚，耿耿方寸，所由乱耳。夫人抱百折不污之行，岂复有终途改节之事？凤犹急缚，枭则谁来？无端信谗，有机启乱。误矣，悲乎！

完人久绝，谁能信之？公如不信，自衡有生以来之事尽谳之，有一暗昧，杀之不恨。公如不信，自衡有生以来之事尽暴之，有人证诬，杀之不恨。怀关岳之心，而履夷齐之行，欲上希于孔老者，固不待辩以自明也。

然樊笼不解，职其为何？揆道守法，窃有惑焉。方今阋墙之斗，实肇于不纲。忠信之谋，无进于尊显。若复壅蔽而不辨，大乱伊于胡底也。公德抱中和，身如柱石，以衡之公且明，忠而信，岂有不戴公如天日，而求所以亲附者？种瓜故侯，自侪厮隶，非公不至，全清节也。心用不白于左右，周敦颐岂睎谅于赵清献哉！求归之心切，而怀土之念深也。谓衡不信，有如皎日。公遣一介护衡归，衡终其身不与国事，挥琴赋诗以自乐，父子嘻嘻宴如也。聚而谓曰："孰为之？"必皆曰："公之赐也。"南有人焉，曰："子乘机可窃势位。"非公之命，衡虽死不为也。今日岂无古人，知之者鲜也。行一不义，杀一不辜，而得天下皆不为者，衡已自信而不疑，岂独失信于公哉？衡文千古，衡行千古，衡心千古，衡道千古。鸟雀尚爱其毛羽，衡能失信于公以自点乎！高张远视，虞卿不忍魏齐，厚义纯仁，玄德岂留徐庶？言之不尽，涕泗沾襟。执此为征，世有信史。谨布腹心，伫俟明训。

(《止园文集》，《止园丛书》第 1 集)

上段祺瑞书①

(1917 年 12 月中下旬)②

衡闻帅将将，将将兵。故汉高祖善于将将，而为创业之君。曾国藩拙于将兵，而为中兴之辅。段③公将远试于西欧，曷若近思于阃内？今秋用傅，

---

① 原题为《上中央请赴欧战书》。
② 文中说："今秋用傅，而败于湘。冬擢吴，而吴溃于蜀。"指 1917 年 11 月、12 月初，傅良佐、吴光新分别败于湘、蜀。由此推定，此书当发于这年 12 月中下旬。
③ 指国务总理段祺瑞。

而傅败于湘。冬擢吴，而吴溃于蜀。不善将将，未可讳也。而衡则犹然幸之。昔孟明两蹶，勾践一亡，惩羹吹齑，卒成伟业，衡知段公之必有以自鉴也。小敌怯，大敌勇，衡知段公之必有以自信也。然忠臣不护短以误国，志士不怀宝以迷邦，此许历所以犯马服之禁，赵涉所以遮亚夫之辕也。敢为选将之准，惟明公静虑之。

夫将有四器，所以选之者二善耳。何谓四器？一曰大将，二曰智将，三曰勇将，四曰宿将。何谓二善？公明而已矣。大将督，智将谋，勇将战，宿将庸。善督者，能断而克成。善谋者，思精而必中。善战者，动锐而止固。善庸者，整物而齐众。道德备，经术明，威重仁信，智深勇沉，此之谓大将。学识备，时事明，机变神察，穷理中节，此之谓智将。猛如虎，坚如金，晓畅行陈，奉命守愚，此之谓战将。习于事，通于理，精详条达，勤敬廉隅，此之谓宿将。敦厚似大将，不能用人者，非也。辩给似智将，不能稽实者，非也。刚狠似勇将，不能得众者，非也。周致似宿将，不能提纲者，非也。此不可不审也。大将易略，甚则疏。智将易狂，甚则浮。战将易暴，甚则轻。宿将易琐，甚则蒽。此不可不防也。得将将之道，尽其长，补其短，止其过，遏其险，和而济之，任重道远。失将将之道，蔽其长，用其短，纵其过，成其险，杂而乱之，互累以殄。且夫具眉目，能冠服者，天下皆是也。全四器，备百长者，千古所尠也。或以寸朽弃梁栋，或以一得用斗筲，或道不足以驭之，或智不足以别之，或术不足以调之，或信不足以成之，则监车之下有骏骨，而万乘之国无干城。人之云亡，邦国殄瘁，岂不哀哉。

衡素耻阋墙之斗，以为楚弓楚得不足言。独重观国之光，自谓汉将汉民分所应。是以四千里百战归来，久甘囊括。念万言诗书著罢，不耐锥藏，用之于国中，则固有疏远之嫌；投之于四裔，尚足为魑魅所惮。明公不以卑陋而轻之，寒畯而忽之。则弹铗之士，三窟能开，脱颖之夫，一言必中。况欧西将极通明，君尤英达，非汉秦宓之辩，何以增樽俎之光？非文彦博之雄，何以慑虎狼之气？愿追随于副贰，自荐于三公。

（《止园文集》，《止园丛书》第 1 集）

上王士珍书[①]

（1917年12月）

衡窃谓冯骧诚不肖也，孟尝纵之东西走，乃必依而求食。衡则不然，岷山之麓，躬耕可老。夫心契于孔颜，而行争于桓文者，未之有也。宋主嘲相，若水弃位，良以庙堂揆道，不当逆诈。今衡恒饿于金陵不一饱，名高禄薄，交广家贫，一叶百蚕，又不月继。世无买赋之人，居非卖卜之地。明公审就三去三之义，下可则也。衡遂一弹铗，以明公贤，先私于左右。如欲量能受食，请置诸记室列，日试万言，倚马可待。如曰斯不才，请解樊笼，介子推入山可以为樵，不必效毛义矣。古之善治国者，威重而不欺侧陋，爱周而不择亲疏，惟明公熟计之。《诗》云："他人有心，予忖度之。"大将穷途，窘于士也。彼韩愈上书求拯，宰相未尝投其辖，逐客可。言谠意苦，竢命延伫。

（《止园文集》，《止园丛书》第1集）

遗菌记

（1918年1月）＊

止园之东，有豪族焉。缨笏旆旆，闳闳峩峩，冠盖之数，指不胜屈，石崇之裔胄也。故侈而淫，骄蹇无度，荒厥德，其祖达开奸焉。兄曰性，弟曰道，争析爨而阋于邻议。他日性早出，得犬菌于途，以为宝，欲专之。道

---

① 原题为《上王总理书》，查王士珍自1917年11月30日起署国务总理，而刊载此上书的《止园丛书》第1集又初版于1918年1月，由此推知，尹昌衡此一上书应在1917年12月间。

至，自后掣其肘，强而欲夺之。始反唇以诟谇，继挥拳而破颅。爰寻干戈，率厥妻子，妾媵厮舆，牛马犬豕，充乎周原。哄及七日，殪尸枕籍，流血川滥，室有余烬，人无完肤。里巷善辩之士为之舌焦，胡越陌路之夫为之泣血，坚弗止。童稚奔以告予。予方玩《易》探幽，诵《诗》辨《礼》，春气袭牗，旷若无怀，抚枕而嘻。枕高于肩，恰如庄生，忘其形骸。强而后起，斥其不经，市虎之说，无惑我听。童稚泫然涕出曰："曷往观乎？"不得已，从之。未及其门，闻声薨薨，趋而睎之，矛螯蜂蜂。赤灰白骨，其上有烽，呻楚之厉，惨不忍闻。予怪而叱之曰："若所争者，天地之大道欤？君臣之大义欤？父子之大伦欤？将膴膴之地欤？抑累累之赘欤？无庾京以分滞穗欤？有夸豪以盱重器欤？度失偿得，将子无亏。夫启秽自臭，饿莩鄙之。殷殷朱门，乃出于斯。乖睽之极，迥轶载鬼。予不以尔齿类，速阖罢。"

性、道怒，曰："翳，子来前。夫比里而居，婚姻绵绵。毛里之气，靡不萦牵。比之兄弟，岂有异焉？方其春醪至饎，夏畦联饁，秋风燕菊，冬馌岁毕，嘻嘻然桑梓之庆也。干糇之愆，鼠雀之讼，徯田之夺，折檀之仲，度井亩以画町畦，执债券而镶缝裂，非犬鼃之臭耶？然而莠言自口，剚刃洞胸，缧绁公门，十室九空，皋扉没于荆榛，冤鬼啸乎中衢。子之不谏，惟责我凶，甚已悖！区州建邑，骨肉流迁，六诏两粤，二楚三川，比之兄弟，岂有异焉？方其连保互巢，浥彼注兹，谨需纶绰，迭为有司，翕翕然唇齿之依也。毗疆之腴，莫衷之义，抵牾之见，恣睢之气，藏欲心以贵巧，说楷奠长而思霸计，非犬鼃之臭耶？然而陈师鞠旅，诋瑕吹玼，池鱼苍生，子弟殉之，戮农工如麻枲，误薦蓑之良期。子之不谏，惟责我蛊，甚已悖！箕豆同根，安危所共，学识各具，宗桷并用，比之兄弟，岂有异焉？方其和衷同寅，百职励翼，将顺匡救，文修武备，济济然公辅之器也。朋党比结，博利特权，前者捧檄，后者弹冠，密交于暗室之内，分缓于廊庙之间，非犬鼃之臭耶？然而昭然树帜，羽翼蔽天，包羞藏垢，廉隅遂捐，拒方正于千里，灭人道之四端。子之不谏，惟责我奸，甚已悖！汉满蒙藏，回以教别，聚族既久，形气通彻，比之兄弟，岂有异焉？方其杂居错处，交欢遂媾，有患相恤，靡贾不售，于于然五族之幸也。彼专其求，此包其祸，神器若私，数典存我，溯九世以续迁仇，假宗亲而思措火，非犬鼃之臭耶？然而东吁西号，刀俎鱼肉，强讧弱咀，此兴彼仆，终交夷以俱殄，永推戎而莫谷。子之不谏，惟责我毒，甚已悖！南北东西，国人所居，尔祖我父，血胤谁区，比之兄弟，岂有异焉？方其建邦御务，富干润枝，无党无偏，式提式携，蛰蛰然霸王之基也。旧者以系，新者施睮，翰音专欲，潜虬不虚，攘高权而据颐孕，分一杯以镇荒隅，非犬菌之臭耶？然而破釜沉舟，牵法执意，剜熬枯髑，圮族图遂，尽民命而自害，亡国家以逞志。子之不谏，惟责我儳，甚已悖！绝海异色，性亦犹人，胞与类锡，博爱道尊，比之兄弟，岂有异焉？方其遣使重译，玉帛相将，胡越一家，极乐永康，平平然大同之盛也。伯长之名，尽地之土，积山之财，宇内之主，笞六合以为大业，屠百国而成怨府，非犬菌之臭耶？然而骄语弥天，雄略扛地，靡烂天下，腥风远奭，鞫百岁之淫威，为千秋所共弃。子之不谏，惟责我厉，甚已悖！

若夫，五岳崩摧，子乃绸垤，日月陨坠，子乃惜萤。舍吁獣之张张，效蝇蚋之营营，忘覆巢之累卵，惑被发之解纷。掉舌沽辱，轻心诩经，不甘陋巷，妄拟颜曾，其亦点乎！我之犬菌，虽不可食，非鸩毒也，窃高位者，燕安过之。虽不可服，非象齿也，得重器者，焚身过之。其臭亶时，非万古也，贼仁义者，恶名过之。人皆掩鼻，非痛心也，肆横暴者，见恶过之。子谓非宝，孰善于斯？昔者，嬴政杀孙，自发其冢，刘邦诛子，爰灾其族，曹操漫志，潸焉铜雀，武曌私亲，其宗为戮。子不鉴古，谁闻腐说？且子素抱中和之量，最耻阋墙之争，拯满族于刀下，答清室之殊恩，有三边之惠泽，无一字之批鳞，谈亹亹之仁义，修叙叙之忠纯。以为骑牛函谷，世莫与争，吹风洛滨，情契幽真，全柳季之和霭，茹芝兰之芳英。然而，上不知媚，下不树党。三人市虎，一士槁鰲。谁矜谁察？谁慰谁赏？犹且萧条行李，乞食公门。骨肉天涯，孝思断魂。陟屺岵以哀赋，膈夸毗而屡陈。羞簠簋之忚忚，亢苦节之荧荧。弗自为喑，卒劳懿邻。邋遢毋逗，渝安贞其遐心。"

予闻而汗，抱首突窜，归而绎之，服其多辩。

(《止园文集》，《止园丛书》第 1 集)

附录 教育部致冯国璋函

(1918 年 12 月 11 日)

径启者：本月三日准院交公府顾问尹昌衡请在北京设立孔教专校书一件，当即以查。执事关怀道德，慨念时艰，拟创斯校，以维国本，用意至善。惟是孔子之道，昭若日星，全国人民，自知归仰，似不必设立专校，派遣生徒，周行州邑，规规然踵其他宗教之后尘也。等语。函复该员在案。相应函请贵厅查照备案。此致
大总统秘书厅

教育部启

（中国第二历史档案馆藏原件，档案号 1003 - 345）

致《全国公民和平协会周刊》函①

（1920年2月9日）*

敬启者：拜读贵会周刊，宗旨纯正，议论精深，福国利民，厥功非浅，毋任祝祷，并志谢忱。俯寄《止园昭诠》两册，专谭佛学，言简意赅，可否采入刊内分期登录？原稿尚□□□□□□□□掷还，以便付梓。不胜盼企之至。肃□□□□□□贵周刊大主笔先生□安。

尹昌衡拜启

（《全国公民和平协会周刊》1920年2月9日）

致康有为函

（1920年5月19日）

南海夫子道鉴：

连日得亲山斗，平生莫大之幸。衡武夫浅学，尚邀青睐，诱掖后进之

---

① 原题为《尹止园函一件》。

风，令人刻铭五内。再陈鄙著二册，虽不足以登大雅之庭，亦心血之所染也。江博士待友挚诚，其同德学校之组，允宜竭力赞之。惟衡旅况甚窘，必俟稍苏后，方有以报命。先祈代致拳拳。专此，敬叩道安。

后学尹昌衡顿首（印）
又五月十九日

（台北中研院近代史研究所藏原件）

致康有为函

（1920年5月29日）

南海夫子道鉴：

德义相与，肝胆必倾。衡在官时有出人意外之廉，故罢官后有出人意外之窘。今旅次饔飧且不继，而朋友消息尚难通，故同德基金之助，必待稍缓，方敢莅会。以真情相告，免口惠之愆，希先生代达前途。衡俟稍裕，即专为先生一言，亦当为江君尽力矣。道安不庄。

后学尹昌衡顿首
又五月二十九日

（台北中研院近代史研究所藏原件）

致康有为函

（1920年7月2日）

南海夫子大鉴：

旅沪得瞻山斗，实平生无上之幸。俗事来迫，难随函丈，歉极。惟捧读

《孟子微》，不啻夜雨池塘，时承面命也。法书海内奇珍，渴慕已久，能赐数行，俾后生常仰鸿范，尤为感甚。大示下掷，交四川成都会府南街四十三号尹宅必无误也。谨候道安。

后学尹昌衡顿首
七月二号

（台北中研院近代史研究所藏原件）

归隐宣言书

（1920年8月5日）

七年濒死，万里归来，只有只身，别无长物。望青山依旧，悲喜无端，跪白发之前，涕泗交集，愿斯足矣，尚何求乎！然而自惭德薄，人以他窥，故强复一言，尽暴［曝］生平之旧，更无二意，稍贻死后之羞。

昌衡胶固不化之顽人，纯诚无伪之迂士也。为汉不排满①，在川不疏滇②，保民不背上，毕生无国内之争。事袁阻于京，事黎阻于鄂，事冯阻于宁，终始坚首邱之志。差信滇黔将帅皆道义之交，全蜀军民无睚眦之怨。③从此不党南以谋北，亦不党北以谋南。不厚蜀而摈滇，亦不厚滇而摈蜀。公谊私情，两不敢愧④，功名禄位，一意长辞。⑤丈夫赤胆，永无阴匿之私。⑥贞妇白头，宁蒙失节之耻。食言则品不列于人群，疚心则魄必殛于鬼物。万

---

① 原注："因食清之禄，毕生不言革命，为救乱，故督川（发表时不知是尹本人还是编辑删去了"为救乱"之前11字）。"
② 原注："民国元年，谢汝翼以万余人至自贡，卑辞厚馈而结之。二年，殷承瓛以一旅至川边，优礼丰犒而亲之。终昌衡之任，与邻省无间言。"
③ 原注："袁公查办二年，川人只有保呈百余，决无告发一纸。今日尽叩川人童叟而问之，昌衡有一负心之事乎！"
④ 原注："徐公有馈屋之恩，段公有保全之德，唐联帅、刘积督有兄弟之盟。"
⑤ 原注："生性不愿做官。民国二年，退让胡景伊之不暇，岂有竞心。况今既已宣誓，更不与于此途矣。"
⑥ 原注："自十五岁出与人交，未尝有欺饰。川中旧友极多，请一一叩之。"

手万目,指视綦严。一口一心,死生不易。昔之阻昌衡者,袁、黎与冯,大业何尝因此寿,而徒市不广之名。今之娱昌衡者,渔牧耕樵,空山不肯为人留,谁则任太狭之诮。惟祈国人见谅,毋扰我农,长此雾豹深潜,不见于世。

嗟夫!川滇骨肉,何苦相离。南北一家,不宜有贰。是忿欲乱于中,而性理蔽于内也。昌衡言必公忠,文无偏讦,掬肝胆以示人,垂涕泣而相告:省界党界,万不可自分。人谋鬼谋,万不可用诈。公私皆利,国家乂安。况且证佛为要,劳心力徒造业因。见性成真,得山河谁能负去。昌衡惟本诚信纯洁之心,遍爱亲疏贤否之众,国人容我固佳,不容我肢肢节解不怨也。世路能行即践,不能行坦坦履正,何伤乎!曝白五衷,谨兹宣誓。民国九年八月五日尹昌衡宣言于渝城。(印)

(《来复》第117期,1920年8月22日,第25~26页,据四川省成都市档案馆原件校)

致杨春芳书[①]

(1920年8月9日)

春芳仁兄大鉴:

久历戎行,屡膺重寄,长材伟画,钦佩良多。迩来护法军兴,我兄尤多臂助,利民福国,幸也。何如弟本疏放者流,久已无心问世,迭次□归,均以因事不果。刻由沪上抵渝,面谒当道,陈述归隐本志,并刊发《宣言书》一则,深恐他人不谅,负我苦衷,用特表明,尚希赐鉴。兹拟日内率眷回省(已电沪上,全眷克日回川)。倘经过贵军防区时,尤望饬属保护,一切所有费之处,他时面谢可也。此请戎安,诸希朗照。弟尹昌衡拜泐。

[①] 杨春芳,时任川军第一军第一独立旅旅长。

附寄《宣言书》十份。八月九日。

（《尹硕权致杨春芳书》，成都《国民公报》1920年8月20日）

请建孔圣堂说明书[①]

（1920年12月）*

窃闻达心言略，宫之奇未尽厥忠。饶舌输诚，唐魏征自拾其策。民等忧世既深，不辞三渎，简文多缺，敢进万言。今我国非立教无以固基，庶绩朝兴而暮废，且全世非孔道无以建极，诸教偏重而不中。若不建堂敦实，则画饼空悬。倘能正本清源，虽白骨可起。谨陈其要，胪辨以闻。

在昔国危，上必求治，报王之雄举，无以救周。思宗之励精，何由斩祚？均以抢攘在前，大都无暇计远，此古来之覆车，亦近时之殷鉴。自满清末叶，日蹙百里，政蠹财溃，内讧外侵，于是朝野图存，万端备举，众言蚊汇，百职鸠从。争立宪者雷鸣，谈改政者云集。欲强兵几尽民以入伍，思富国即贵货而劝商。筑道连疆，造舟防海，非不勤事而弘业也。然而计辟十全绩无一底者何也？形而上之道不明，则形而下之器不殖也。夫道如本根，器同枝叶，本根枯碎，枝叶空培。立宪而不修道，有治法苦无治人。改政而不修道，布虚文谁能实践？强兵而不修道，增一将即增一狼。富国而不修道，萃五材适养五毒。筑道以便狐鼠之纵横，造舟以启长鲸之贪壑。请看亿兆皆禽兽其心，徒劳百千其防范之术。今也无法不坏，有政皆奸。一兵一寇，十吏十赃。纵有尧舜，吁谟莫减，共欢毒焰。火中筑室，竭山陵无以供其焚。鸩内投方，虽和缓无以救其死。大端不正，齐末奚为？此所谓非立教无以固基者一也。

将无救乎？又不然也。圣有谟训，践之其昌，背经作劳，南辕北辙。大《易》之旨，胡在不思？干蛊不言刑与政，惟振民育德是先。济险不言兵与

[①] 发表时，文前有记者如下按语："太昭先生此著，一句一泪，一字一血，亘古各太阳系内，只有人群，岂易此理。愿我全国一读终篇，三复斯言也。记者识。"

财，乃常德习教为务。古圣人蚤知釜底抽薪，何时贤必欲扬汤止沸？今中国已在蛊险之中，则求治勿忘圣贤之义，设有仁明忠正盈于国，欲无王其可得乎？若谓德道礼齐为无功，是求亡不足言矣。此所谓非立教无以固国基者二也。

况乎坚甲利兵，制梃可挞，小邦危国，得道必兴。太王避狄以王周，少康克羿而存夏。详考在史，何代不然？汉族一灭再亡终能复起，儒教六通四辟不应自荒。思警后而惩前，必先文而后武。回忆五百年之祸史，环诘四万万之同胞。山川移而文献不改，问子孙依谁之光？日月昏而皇道永明，彼强邻抑我之烈。存种及今，长城无用，保民不灭，六经有灵。今欲捉萤尾以拒炬光，何如扶赤鸟而羞爝火？此所谓非立教无以固国基者三也。

且百兽跳梁，见狮帖耳，众流横溢，归海澄波。今也人心轻动，井蛙皆作雷鸣，新学孔张，桀犬尽因声吠。护法何尝知法，自由实以自亡。只缘大道不明，彼是非此是非，淆民耳目。邪说放诞，以暴乱易暴乱，污我神州。匪生民生性之难驯，乃政府政纲之不整。如能彰孔道以召五族，孰敢不从？行孔法以化民讹，孰敢不服？当域内群才未晢《诗》、《书》、《礼》、《易》之奥义，以问中枢而陷我于独夫，遂霹雳一声，首倡尧舜禹伊之宏猷，而令四境以纳民于轨物，安然端拱，镇慑神奸。谈革命者折之以《易》象，思负隅者示知以《春秋》。名正言顺，理直威张。诸鳞涔跃，我乘龙临。百蜴宵行，我扶日出。皇极建而天地开辟，四维张而宇宙穆清。功斯极伟，效必立乎。尚有逆乎，诛无贷矣。此所谓非立教无以固国基者四也。

国家隆替，恃在人才，人才盛衰，恃在讲学。伦纪不昭，勇夫凭力以弑父。心术不正，智士因巧而济奸。今虽学堂林立，所期不过器使之流。登庸盈廷，拔陟无非斗筲之辈。养成才骨，如虎能飞，假以威权，饱鹰难制。以捍巨患，譬如束藁为楹。妄设高官，徒使折鼎覆𫗧。不思贞观郅治，肇基于王子传经。清祚中兴，得力自曾公主敬。阳明出洞，叛逆皆夷。濂洛开风，忠荩蔚起。宣三祗六，邦家收亮采之功。以一合千，牧野撼如林之敌。凡图伟绩，莫急于道隆，丕作新民，必先自教始。此所谓非立教无以固国基者五也。

三代重教，如出一辙，六经考遍，更无二途。尧欲命官，必先使百姓昭明。舜协重华，必先使敬敷五教。商王之言，其尔典听。周官所载，侧重司徒。乡里有不率者必移，木铎所难化者乃辟。上有道揆，下有法守，则百姓不令而敬恭。小人易使，君子爱人，则万几不劳而允迪。今乱人满于国中，而教事弃如敝屣。恃法以治，可尽囚乎？有经不明，将沦胥矣。此所谓非立教无以固国基者六也。

视于古西伯礼让，以百里而制九州岛。考于邻回祖传心，以匹夫而合万国。泰西争教，殴民以死而不辞。鲁国修文，大敌临城而不犯。倘中央能本此以召天下，则域内必杀身以效驱驰。民等为上尽忠，盼治若渴，恐群藩或先假为帜，则太阿倒持。愿政府勿自弃其权，如北辰居所。此所谓非立教无以固国基者七也。

善树艺者，伐枯养萌。善经纬者，布新除旧。木叶尽脱，生机在根。民气淹沉，一变至道。《剥》、《复》之理固然，《否》、《泰》之交不易。今观哲学丕起，大有轶于宋明。环顾庶士懔惺，渐知高夫汉晋。民志岂可终愚，真理无不大显。与其掩耳避雷，苟偷旦夕，何如参天建极，首出乾坤。当仁不前，我不成丈夫矣。乘时利导，谁则非圣人乎？真奋伟略，辉发峻谟，则五载之元首可以不为，而千秋之洪范不可以不立。四方之方命可以不问，而一国之国是不可以不陈。震耀五千年缺漏之规，倡率万百国张皇之路。此所谓非立教无以固国基者八也。

在昔民识孔卑，易于笼络，虽英雄足以使群才。及今真理渐昭，难为隐饰，非圣贤无以收众信。谈集权则指为独夫，示私恩则旋为互诈。此方生海客之心，彼已动白鸥之觉。睽张弧而载鬼，离烛照如燃犀。袭魏武之谋，后有司马。穷嬴政之黠，草辨赵高。如能光显中和，自可协于上下，砥平示众，谁不就坦荡之途？精白乃心，自可司黔黎之命，大辟通天之路。人共由斯，爰傫沐日之工，物吾与也，其谁不服？请以理言，民等效忱，甘当舌辩。行时雨以息灌溉，悬夏日而敛裼袍，德感心孚，功成掌反。此所谓非立教无以固国基者九也。

瓦砾积山，不如一玉。虺蛇填壑，不如一龙。黄巢八百万，粪土同污。素王七十贤，日月并烈。今徒知剜膏血以养蠹国之乱兵，曾不如分余润而培守道之俊士。一时之收功既大，千古之延誉尤隆。捐恶湿居下之心，发挥戈反日之志，使百国向风而草偃，万民景附而云从。事成固亘古之圣神，不济亦旷代之豪杰。此所谓非立教无以固国基者十也。

民识之卑，贵形贱觉。圣智之伟，绝地通天。五教之所同趋，四海终于共汇。今琐尾抱蠡中之虑，而浚明炳地外之光。百年尽性，神弗久虚，一旦破迷，天人共庆。读《易》知幽理之所必至，探玄索隐，功且无不成。勿贻草木同腐之讥，以阐乾坤合契之密。此所谓非立教无以固国基者十一也。

加以浅哲遍张，青年易惑，北欧兴无政之党，西学倡过激之谣。今岁见青衿之讹，异域煽黄巾之昏，风若东渐，祸无已日。有曲突徙薪之虑，庶免焦头。无履霜戒渐之心，终将灭顶。不如预谋见睍，待雪雨之自消，蚤顾扶轮，掩慧星之小耀。此所谓非立教无以固国基者十二也。

总十二之周虑，成五教之纲维，配两大而为三，统六合以归一。此且不取，他何足图？然而末学支离，已混黑白，众狂颠倒，莫辨东西。门户之见既深，奴主之议互异。宽者曰：自由信教，人各有心。僻者曰：我固有师，他皆匪正。此不得不以孔教而立人道之大中也。敢揭教义，真奠周行。

教有二纲，成己成物。人有二事，全觉全角。成己合天，《中庸》首言尽性，四教不能逾。成物厚生，大《易》保合太和，四教不能外。全觉主虚无清静，孔曰空空。全角惟老安少怀，论文赫赫。全己之觉，清明在躬，先天而天弗违。全物之觉，我教不倦，来学未尝无悔。全己之形，父母全而生，子全而归，言何其显？全物之形，使老有所终，幼有所长，量何其宏？大莫如度，脱众生，胎不殰，卵不殈，未为尽乎！深莫如妙觉玄元，穷神化，知幽明，智亦极矣。试问诸教真宰，于此二纲四目，尚有加无？直说儒术精诠，虽云两地参天，未能尽喻。谨备辩道千章，章章由十三经而出，质谓穷理诸圣，圣圣在六四卦之中。政府如许发扬，民等不辞尽说。此所谓全世非孔道无以建极者一也。

而况此地本非净土，立法不可偏高，佛陀固众生上天之梯，一人行之则仙，一国行之则灭。老子乃神龙见首之相，上古行之则乐，中古行之则忧。本敝衣乞食之训，立时作强国之奴，实折衡破斗之平。都市有负乌之祸，惟孔子调之以中，不过物，不淫心，未为贼性，且礼运已明其要。力出身货弃地，岂复害人？此所谓全世【非】孔道无以建极者二也。

离身全觉，说本极端，政弃教行，理亦虚想。四大空空，误者多以自杀，五阴无我，节解何必弭兵？不同人伦，俱同丝絮，纵有天国，总不阶升。金人具大法身，非汉帝梁皇，教将夷于北魏。青牛若遭乱世，祇晨门关尹，亦可阻其西行。不如用则行，舍则藏，政教兼举。外有伦，内有作，虚实同修。兵民钱谷，卫道亦即卫生。父子君臣，治群无妨治性。故西哲谓孔训必遍于全球，而达人知三易可包含佛老。此所谓全世非孔道无以建极者三也。

冬若至夏，必先经春，西欲回东，不能越北。今五洲趋物质之末端，而宗教主精神之虚极，遂令攞工垂之指，岂可得乎？不如正冬官之条尤为近也。诸教忘利用阜物，世不能践行，孔子备人事艺能，始便于民用。譬如五行不缺，庶绩乃康。是以一教独全，吾儒为上。此所谓全世非孔教无以建极者四也。

五教之书，惟佛惟富，深考其义，皆在六经。《金刚》空法相，《中庸》结语同之。《圆觉》首如来，《论语》从心是也。惟识宗不过复礼，《楞严》偈系于金椑，四相不留，《艮》卦已及，六尘尽绝。颜子所修，试尽讲全藏十年，终难逃六经一字。如其不信，敢以辨从，倘或辞穷，请当重咎。此所谓全世非孔教无以建极者五也。

回教之祖，智极齐天，细读厥书，全从孔出。天方即是天命，性理探于阴阳，五伦学我《虞书》，庶政体于王制，杂耶稣之祈祷，仿佛陀之禅宗。然而入物忘真，终于败道，多杀肆厉，未为纯仁。使世无孔子，当推为人教之全，惟既有儒宗，彼必居至圣之次。此所谓全世非孔教无以建极者六也。

耶稣教旨，绝地天通，义全取于夬辞，祷则识同子路。简行纯一，确是圣人，博爱无畛，不惭教主。然而非依《周易》以明理，西哲且蔽而未知，若归吾儒以互资，欧亚不难于契合。离政如佛，终于独足难行，信天为高，实逊四教一指。遍读新旧约，无一义不在儒经，终期基督徒，后百年必拜孔子。此所谓全世非孔教无以建极者七也。

教之最高，出天出道，佛言诸天王皆来听法，亦老子天法道之同辞，回言视天地芥子不如，非耶稣慎谨过深所及。至于无苦、集、灭、道，惟孔子人能弘道敢言，欲辅相财成，以儒者先天后天为奥，拔五教之粹而居其极，为众哲之海而持其中。后圣若求高玄古，书无出《易》象。此所谓全世非孔教无以建极者八也。

古今中外哲学之精当，无过于孔子。性命幽微，陈说之显密，无过于佛佗。但地上非尽圣神，不能不以政辅教。而人群本且浊恶，不能不后道先齐。佛如纯甘，儒全五味，佛如纯白，儒备五章。异日二教相连，必执诸教之牛耳。至于中边尽用，又推孔训为龙头，条讲自明，深求不爽。此所谓全世非孔教无以建极者九也。

耶回归宿，天使来呼，老佛亦然。禅定妙觉，人而如此，乃不虚生。世皆行之，自然清静。此义已见乾卦，无思为感而遂通。况又示以离明，得虚中大观在上。故尽天神之趣，说《易》惟赅，则收大教之真，奉孔斯至。此所谓全世非孔教无以建极者十也。

至于地上娑婆，化为极乐，近时霸术，斥作奸邪。佛、老、耶空有无畛广度，而不言致之之途。回教祖假以兵力为舆，窃恐无止戈之日。今诸国交困，必思大同。而庶哲勃兴，发扬人道，以春秋礼运示之，如旱得雨。使中外闻风而起，顺水行舟，比冬裘夏葛之施，慑恶虎饥鹰之胆，一经之义苟明，百万之兵莫敌。此所谓全世非孔教无以建极者十一也。

黄种正色，必得天地之中。太古文明，莫我震旦为早。印度偏火，佛生故极空明。西亚得金，回祖因成肃杀。至若真底大顺，仍须中和。所谓生民以来，未有孔子。使鸟兽鱼鳖咸若，度众生我有明征。纳欧美奥非于平，舞干羽将成实事。此所谓全世非孔教无以建极者十二也。

大道之行，以文为贵。音义之妙，惟我独臻。后世百国同归，惟留仓颉之字。自然群经真本，断推洙泗之书。弗信弗从，诞远与浮云俱散。有声有色，中庸并赤日争光。如左券之可操，实正常之莫易。此所谓全世非孔教无以建极者十三也。

在人言人，白马非马，道通惟一。知高守中，执两端而用于民。爻居五二，亘千秋而奠斯土。数合五参，老佛非众人所能稽，耶回识本真而太略。五百年后，必有圣智总万教之英。八万里中，仍以忠恕为一定之准。此所谓全世非孔道无以建极者十四也。

虽然尊孔守正，或人心之所同，立教建堂，则次且而不敢。志之卑也，岂不谬哉！一则曰文庙已遍国中，何须袭人故辙？再则曰孔教已有大会，何必蛇足多添？此见甚误，请进论之。

佛有刹寺，聚僧日以诵经。回有清真，开堂时而演礼。道流尚辟庵院，羽士萃居。基督遍布崇闳，牧师坐守。我孔子独寂然阒庙，自失宗教之精神，坐食太牢，不殊无用之木偶。倘或精灵有觉，必曰吾岂匏瓜，只以后嗣不强，遂令空存告朔，自外于四教之规，无以作兆民之气。此所谓若不建堂敦实则画饼空悬者一也。

果能大启黉宫，开张文庙，立规制式，延师习经，就地即可图功，化民不难丕变。而乃黉宫浸作学堂，所学皆形而下，文庙虚为文饰，斯文在天之中。无怪人心不系，道德沦亡，鬼蜮肆兴，伦常扫地。此所谓若不建堂敦实则画饼空悬者二也。

僧有戒疤，道耸高髻，耶有教徒册证，回有祖式定规。中国何人是孔子之徒，五族何人非孔子之党？漫无统属，不可考稽。野马虽羁，何足以致用？蜒氓满国，何足以一心？放任自荒，淹忽将毙。此所谓若不建堂敦实则画饼空悬者三也。

史公所载，厥文煌煌，适鲁观庙，习礼在家。故孔庙原即教堂，非似今视同虚庑，还珠买椟，贻笑邻邦，皮去毛存，厚诬先圣。此所谓若不建堂敦实则画饼空悬者四也。

商战兵战，不如文光之高。觉西觉中，正待大道之显。堂如不建，自己不认为宗教，何由出国而宣庙？则空存。譬彼无主之废园，安得令人不犯？此所谓若不建堂敦实则画饼空悬者五也。

而况无宗教之讥，早已腾于海内，近禽兽之辱。言又见于子舆，本是无堂，难言有教。如兵解伍，不自知其营；如子亡宗，不自知其姓。匪兕匪虎，吾道非耶。鞟豹鞟羊，斯文丧矣。此所谓若不建堂敦实则画饼空悬者六也。

外国有教堂而后有会，堂曰基督，会则青年。亦如有政府而后有党，政以行权，党以辅翊。释有释会，寺宇不焚，道有道团，观庵不毁。今谓有会则可无堂，何以有党而又有政？有海兵则无舟船，有商团则无廛市，祀先农不亲畎亩，合盟会未建诸侯，教将安在？会庙偏［遍］存，此所谓若不建堂敦实则画饼空悬者七也。

堂建则教徒有系，如入伍之兵。堂建则制度有章，如整纲之纲。既云信仰自由，我何必自忘其祖？若任散漫无统，谁不曰无教之民？此所谓若不建堂敦实则画饼空悬者八也。

经典散乱而不修，礼乐堕荒而不习，私淑纷杂而不齐，衣钵弃遗而不袭。此皆建堂以后之大端，决非尊孔不亲之虚语。此所谓若不建堂敦实则画饼空悬者九也。

在昔专制之时，民风闭塞，虽亦庙祀孔子而无堂，实且修明儒教而罔替。春官释奠，国子讲学，经筵论道，朝廷即孔圣之堂。州邑有授，府厅置谕，都会设司，四境皆儒林之汇。故明清虽风俗之汪［旺］，而逾荡不如今之甚。民国以来，变本加厉，大学不通小学，有儒实已无儒。若不复起先代之旧规，诚恐损失故国之新命。此所谓若不建堂敦实则画饼空悬者十也。

危极矣，可奈何？能收万民之心，乃有一统之望。今改政八年，无片善足慰民愿，若挥宏大教，则众视焕然警新。以孔道为彀，天下之英雄不能不入，以孔道为海，百川之洪流不能不朝。此所谓白骨可起者一也。

不知遇物之害性，故多贪人，全国皆贪人，虽有良法不足以阜财。不知僭乱之危邦，故多叛将，全国皆叛将，虽有强兵不足以靖难。孔道既明，忠廉乃出，廉则财阜，忠则兵驯，然后用之，莫不谐矣。此所谓白骨可起者二也。

兵精财足，我不如强邻，文备道隆，强邻不如我。倘哲学动人肝腑，白种之与我者尚多，又雍懿龠于众心，黄裔之可用者不少，君子国何人敢蔑？圣贤群图事必成，此所谓白骨可起者三也。

民溺于浲水，见舟无不欲拯，学溺于邪说，见道无不愿从。期天下之和顺，贵感人心。扶政府之信威，须昭大义。能以全力倡道而无顾忌，自将举国效命而绝觊觎。此所谓白骨可起者四也。

黑奴无见天之路，林肯倡说而同登。专制非易抉之维，卢梭立论而政改。哲学之伟力，强过于万军。公理之服人，功倍于百战。《周易》可以平六合，胡在不扬？《体运》可以清八溟，岂宜自弃？此所谓白骨可起者五也。

下之理直，蜉蝣可以撼山岳。上之理直，谈笑可以定太平。论真理，直莫直于孔言。救时危，良莫良于经术。舍长城而不据，行小慧其何功？思巩不扑之基，先居不曲之地。此所谓白骨可起者六也。

伪豪杰纵横直尔，真圣贤惟能服之。立教则真圣贤出，而伪豪杰降。不立教则伪豪杰兴，而真圣贤寂。旷观万古，何代不然？祗此一途，见机勿失。此所谓白骨可起者七也。

剖析经义，昭示列邦。西人之好哲如从流，中学之精诠如决水。导致大同之盛，是政府诸公之首功。经纬皇极之纲，为举世生灵所共戴。上轶尧舜，远届过之，外夔美欧，新华卓尔。此所谓白骨可起者八也。

近来西学，不识中和。专制固偏，无政府矫之亦过。富溢固害，均财党持之太苛。以坏伦而言平等决不行，以助长而为神奇终必悔。凡兹邪说，皆可以孔道匡扶，纳于大中，孰不感圣恩浩荡？此所谓白骨可起者九也。

如能立施英断，大建圣堂，厘定经文，修成礼乐。合天下之心思才力，归于太和之途。秩地上之动植飞潜，尽抱秉彝之性。纳五教以合一，齐两大而为三，寿终跻极乐之天，寄世享无疆之庆，勋超亘古，谟盖当时。此所谓白骨可起者十也。

詹詹纳谏，书不尽言。济济伏阙，共来乞命。祈开天视，俯拾刍荛。

（《宗圣学报》第23、24号合刊（第3卷第1册），1920年12月）

倡议讲道论德通电[①]

（1922年6月21日）*

南北大总统、各省军民长官暨全国同胞钧鉴：

方今之士，智穷于法，力穷于兵，智力交困，乱且日长。盖恃法则盗贼多有，恃兵则黩武阶乱。恃法以智胜，智胜则狡逞。恃兵以力胜，力胜则暴张。狡暴相争，国命绝矣。故圣人干蛊，不曰以法，而曰振民育德，其示民也，亦不曰以法，而曰观民设教。圣人济险，不曰以兵，而曰常德习教，其临民也，亦不曰以兵，而曰教思无穷。今政蛊国险，柯观何临？《大易》垂训，焉可背之。国以民为本，民以心为主，心苟不正，民岂不邪？民既已邪，法兵何补？故裁兵废督，如盗未出而闭门；立宪自治，如根已朽而培叶。百举无成，诚可哀也。

夫古之王者，权可以立法，释迦舍王子之权而不为；勇可以强兵，释迦弃搏狮之勇而不试。明见度尽众生，法与兵，皆无用也。今毁法者则饰言"革命"，反对者又文以"护法"，从之以兵，杀无已日。昌衡以为讲道设教，真三年之艾，立法制军，乃方寸之木，此非高调徒唱，实则正路必由也。

夫民意日趋大顺，则笼罩应更高明，以海纳川，方无泛滥。若今掩耳盗铃，脚痛灸脚，永无济矣。犹幸社会党有太平之理，苏维埃立均等之基，此犹囿于法也，而高于言兵。我国阎督有洗心之社，冯督重耶稣之教，北京之孔教堂大兴，四川之明德会又起（第八师长陈洪范所倡，全防区皆设会至百余处），中山三民主义是否可行？止园五教同参，亦或宜究。人多好佛，俗渐思儒，近来业已见端，何得更疑高远？若能合稽其权实，不难丕作此新民，何不因此时机，稍拨养兵滋暴之费，大开讲道论德之风？否则，有治法无治人，终归破坏；有贤兵无贤将，徒长骄横。火中筑室，竭山林无以供其

[①] 《来复》题为《尹太昭先生通电》。

焚；鸠内投方，穷和缓无以救其死。

　　自笑鄙见极迂，敢请贤明深索。昌衡拘留六载，从无一言怨北方，被召数回，亦不倾心向南国，伤双方之无成，恸万民之齐末而已。欧风内被，将有民讹，不昭日月之光，难消萤火之势。祈明圣教，以端大本，人尽见性，自无争端。纵能杀千万小人，不如培一二君子。主张如此，伏乞公裁。尹昌衡叩。

　　（《尹昌衡主张时局书》，《申报》1922年6月21日；又见《来复》第209号，1922年7月2日）

致上海国民党人电

（1925年11月30日）

上海国民党列位同志及四川同乡会、学生会、孙督办、周督办、赵省长、唐省长、杨督办、姚督办、陈督办、岳督办、孙省长、冯焕帅，并转李协和、孔文轩诸兄均鉴：

　　熊前督军锦帆，国家柱石，西蜀元勋，再造河山，重光日月。兹闻扼在南岭，困诸嫌疑，恳祈飞电援救，以顾私交，而爱公才，民党幸甚！中国幸甚！弟尹昌衡叩。卅。

　　（《川要人援救熊克武电》，《申报》1925年12月5日）

余中将传

（1927年）　*

　　余中将昂者，名明桢，字绍赓，蜀之阳安人也。其先本粤产，居蜀盖七世矣。及祖讳元惠者，崇儒嗜古，故君父象贤暨昆弟皆蜚声庠序，获食廪饩。君少有文行，会清季辍科，乃囊笔入武备学堂，与予同砚，试辄优。毕业后，乡里争罗致之，遂为邑中学监督，善诱后进，咸俾有勇知方，故至今多名将。东督锡清弼素知其贤厚，币聘君，遂出，复为兵学教官。会清祚将革，君乃与同学彭大将军家珍潜京寓图计，卒杀良弼，家珍死之。君逃归，入南京参戎幕，旋复归蜀。适予西征初出师，嘱刘积之善视之，以此有卒千人。历罗佩金、戴戡之乱，客军百计摇撼之，不为动，威胁计诱，视若无睹。十年之中，转战数千里，克捷十余次。居则肃纪，靖崔苻以绥闾阎，出则登先，摧强敌而拥军帅。川陕之间，民誉翕然，兵气严整。历官至旅长，将数千人，未尝失律，足〔卒〕以恬退。每事定辄引退。部下以其廉且惠，必留之至再而后强止，稍亦复不据位。以是黠者恒篡夺之，君亦不与较。是以急出缓偃，职罔卒岁。丙寅春，以川陕边防军总指挥提一军出，不得战，还次于回龙镇。群盗伺之，所部皆屯十里外，遂与师长李伯阶皆遇害。君既没，家无担石，民皆挥泪，清风遗爱，遐迩称之。

止园逸民曰："绍赓，予挚友也，貌若伏兜，长七尺，凛然有雄毅之气。而彬彬儒雅伪谦有余，恒诵受爵不让之诗以自抑，亦弗计其家。以此二事，为今将箴，然卒及于害。《易》曰：'否之匪人，不利君子。'果哉！"

（《简阳县志·忠义》卷8，民国16年铅印本，《四川辛亥革命史料》下，第287~288页）

在四川省佛教会大会上的演说

（1928年3月27日）

今天青羊宫花会很热闹，为甚么不去呢？社会人类的忙碌，老实归纳起来，无非名利二字。我们今日到此，是为我们人类一件真事，是为本身有利益的事。人们一天跑到晚，无意识的劳动，都不是为虚幻的名与利吗？那吗鄙人有个比喻，好像人割了脑壳换帽子，割了足换鞋子，世界上哪有这么蠢的人啊！除我佛如来，谁个不如是？何以故呢？因为这些人们是自私自利。有一般人官大一点，终日忙乱，有如粪蛆，你说是臭的，他说是香的，你说造业多了，要入地狱，他也不信。鄙人对于佛法，具有真切的信心，佛说的法也如此其好，经典如此其多，何以不能宏扬呢？因为近来趋向物质的太多，趋向精神方面讲佛学的，又被我法二执所障碍。如能脚踏实地破了我法二执，是一定能够宏扬佛法的。吾人学佛，当先格去虚妄的物质，才能证入真实的佛理。破去我法二执，才有成佛的希望。不然把这一生虚度了，岂不可惜吗？不信，请将佛学中的《回明□》仔细研究一下，就晓得佛学的价值了。能格去物质的文明，证入佛法的真理，就是鄙人的希望毕了。

（《四川省佛教会大会讲演录》，《佛化旬刊》第105、106期合刊，1928年3月29日）

呈报中国佛教会文①

（1929年8月）＊

呈为呈请核办事：案据三台、广元、阆中、盐亭、仪陇、南江、南部、中江、巴中、武胜、铜梁、大足、璧山、合川、金堂、简阳、安岳、乐至、潼南、遂宁、蓬溪、泸县、富顺、资阳、崇庆、井研、仁寿、华阳、射洪等二十九县佛教会及县教会代表，并各该县僧梯航、如了、如福、清源、照本、了琴、广文、源清、宏奎、福安、定慧、明性、觉寿、本崇、普静、觉安、祖林、本荣、真伟、可能、广平、恩重、海聪、海扬、了辉、福安、广秀、悟禅、能道、道盛、月禅、德平、朗宣、昌瑞、印刚、隆明、印勋、能

---

① 原题为《四川省佛教会呈为违法提卖寺产呈请核办以资救济文》。

明、永恒、圣成、隆启、德全、道成、心亮、明甲、圆兴、福泰、心妙、昌庆、普明、密能、心融、显朝、通悟、子荣、性空、月朗、能德、能见、圆慧、普坤、明果、参法、道清、道崇、本法、能守、昌太、本福、清禄、隆超、全堂、清礼、妙融、成禅、觉荣、禅悦、德顺、真法、洪扬等八十人，以违法提卖寺产，恳予救济一案到会。除该县会僧众已径呈钧会，有案邀免冗叙外，查该县僧众等所呈概系实在情形，应如何救济之处，理合备文呈请钧会俯赐查核，迅予办理，以资救济，实为公道。谨呈
中国佛教会

名誉会长陈益廷、尹昌衡
正会长圣钦，副会长禅安

（《中国佛教会公报》1929年8月第2期）

呈报中国佛教会文①

（1929年8月） *

呈为呈请事：案据广元、阆中、盐亭、三台、苍溪、南部、昭化、巴中、南江、仪陇等县佛教会暨全县僧众等呈称：呈为呈恳转呈事：窃僧等各县地处川北，山多地少，异常荒瘠。寺庙虽多，半系明代避世之人编茅垣土改易而成，产业亦低微，难敷生活。苛捐杂派，首以寺庙为重为多，僧等无路求生，尚应以牛马劳农胼胝寻觅，以延蚁命。比年战事环生，饷粮烦重，已经民不聊生，加之天旱连年，饮水俱无，饿死载途，野无青树。僧人同是惨苦国民，稍有人心者对此灾民，宜如何抚绥，以恤未断者一息之气，已死者饿鬼之哀。更祸生本年第二十九军之罗旅长修筑潼保潼巴等县马路，初令将僧等寺庙产业提卖八成，抄查猛烈，不容诉恳。僧等呈请该军部怜悯颠

---

① 原题为《四川省佛教会呈请转呈国府严电二十九军及罗乃琼旅切实制止提卖庙产文》。

沛，留僧民一线生活。省会复据情转恳田军长，指令已将罗旅提卖寺产条例修正，富厚者提半留半，贫苦者一律免提。各县奉到此令，有如未睹，僧等复呈请遵崇国府保护宗教法令，及应守国法保障人民私有权法则。田军长指令，仍坚持已经规定两令，并令省会转令僧等沿路各县佛教会遵照。各在案。殊令者自令，卖者急卖，广元县知事兼处长刘倍、三台县知事兼处长陶梦云先后出示，谓系奉军长马电，卖六留四。罗旅长敬电提卖净业，所有押银，一文不认，勒令僧人清理，雷厉风行，不稍宽假，计已卖去僧等金龟、龙台、白霸、三教、来仪十数寺。在僧等寺产，前因潼赵等马路勒提三次，数达巨万，无法求免敲扑，均系就原有田业押上加押，当上加当，名存主权，实已剥椓八九。今不认押当，不啻令穷苦贫病僧人重新照额买足，以待马路之全提，真亘古未有之朘削。迭呈田军长请将所修正条例颁发明示，以便奉为标准，借免贪官污吏，土豪劣绅，从中播虐。及援引该军部三次富者提半、贫者免提指令，求制止各县分处之自由残害。文电交驰，迄今一概杳然。而各县完全普提普卖，不稍止戢。僧等逼迫无似，呈恳转呈四川省政府。又值田军长代行，亦不奉批令。窃罗旅职司军旅，驻防无事，即欲建设地方事业，亦应上遵国法，下念民生。乃残逞诛求，至将僧等十县僧人一同断绝生路，人理何存？尤奇者，僧三台寺产，现今潼保等路全卖，而潼赵马路又复旧事重提，同时并进，勒令缴补十万，焚骨扬灰，不足尽其残忍宰割。国府保存佛教，解放压迫，四川号称革命，罗旅以军官威势，借名办理地方事业，残民取财，不恤取尽刮绝。僧等数千生命，即不足惜，如数百佛菩萨道场何？国府明令何？是以呈请转呈全国佛教会，代呈国府，沛施大力，予以援救。等情。据此。省会查此案迭经各该县佛教会僧众呼号泣诉省会，复屡次沥情转恳，情尽词竭，无任哀祈。二十九军部指令与各该县分处之变卖，反复诓张，殊无信义。行见十县僧命沦于饿殍，十县佛刹瞬尽荒墟，迫切万状，用敢据情具呈，恳求法鉴。祈予转呈国府，请求严电二十九军及罗乃琼旅切实制止，上以鲜明国令，下以振救民生，至所切祷。谨呈中国佛教会

名誉会长邓晋康、陈益廷、尹昌衡、邵明叔
正会长圣钦，副会长禅安、觉照

（《中国佛教会公报》1929年8月第2期）

呈报中国佛教会文[1]

（1929 年 12 月 20 日）

呈为呈请事：窃属会前奉钧会第五号训令并改组大纲。等因。属会除分令各县佛教会，遵照纲条，一律改组。现据各县佛教会呈报，遵令改组者已有多县，属会除令催未改组各县会，克日遵行外，所有属会亦应函行遵章改组。昨特召集全职会议，定期民国十九年三月十四日召集全省代表大会照章改组，以副钧会统一规划。已分令各县教会知照，并推定筹备主任及筹备员，函请就职各在案。惟属会现行文件，仍捺用以前图记，兹各县佛教会已遵钧会所颁钤记式样刊刻应用。属会独守旧章，殊无以表现改进精神，理合具呈恳求鉴核，祈予颁发钤记一颗，以资信守。所有属会筹备改组情形及请颁发钤记各原由，是否有当，伏乞指令祗遵。谨呈
中国佛教会

四川省佛教会会长陈益廷、圣钦、禅安、觉照、尹昌衡谨呈

（《中国佛教会月刊》1930 年第 7~9 期合刊）

呈报中国佛教会文[2]

（1930 年 2 月 5 日）

呈为呈报事：案奉大会第三号训令：颁发省县佛教会组织大纲，饬即妥

---

[1] 原题为《四川省佛教会呈报筹备改组情形并请颁发钤记式样以资划一文》。
[2] 原题为《四川省佛教会呈报改组情形文》。

为改组，呈报查核。等因。奉此。遵查川省幅员辽阔，召集需时，当即一面令知各县佛教会选派代表，限于十九年阴历二月内齐集选举；一面改组筹备处，以便催促进行。业于十八年十二月二十六日将筹备处成立，兹将简章及各职员姓名造表赍呈鉴核。所有成立四川省佛教会改组委员制筹备处情形缘由，理合连同简章及职员姓名表，具文呈请大会俯赐察核示遵。谨呈
中国佛教会

四川省佛教会名誉会长尹昌衡、陈益廷
正会长圣钦，副会长禅安、觉照

（《中国佛教会月刊》1930年第7~9期合刊）

在四川省佛教改组大会上的演说

（1930年4月） *

  本日佛教会开大会，鄙人在大丧中，何以尚要来？因对于教会之希望甚切。现时外界对于佛教，视为不足轻重，且以僧人不出一兵，不办一事，不但轻之，又从而摧残之，所以世道愈乱。大家要晓得，佛法乃救世之良法，真是不可不学的。鄙人有一个比喻，厕内之蛆虫终日在厕中粪坑中，扰来扰去，总想独自将坑内粪秽吃完，不肯相让。然究竟不能吃完，就脱了壳，变离地去了。现在的人，终日想霸田地占房屋，就如蛆虫一样了，真是太不明白事体。人生在世，有三养：养真成佛，养形住世，养欲入地狱。为人者不可不慎其所养。凡学佛者均应外护佛产，内护佛心，是第一要紧的，无论外景如何来摧残佛教，我们均应极力保护，大众一心的抵抗。

（《四川省佛教会改组经过》，《海潮音》第11卷第4期，1930年4月）

与张澜等致林森、汪精卫、蒋介石电

(1934年8月24日)

急。南京国民政府林主席、中央行政院汪院长、庐山中央军事委员会蒋委员长钧鉴：

赤匪祸川，时逾两载，攻陷川东北十数县，戕害人民生命财产千百万。幸去秋中央任命刘湘为四川剿匪总司令以来，协合各军，次第恢复仪【陇】、营【山】、蓬【安】、阆【中】、苍【溪】、南【部】、昭【化】、广【元】、绥【定】、宣【汉】、通江、南江、城口，所失地仅余万源一县。各路围攻，川民年来忍痛输将，毁家纾难，方冀共平赤匪，以苟全旦夕之命。不期用兵日久，饷械两缺，赤匪乘其弱点，官军遽遭挫退。刘总司令突于梗日电请中央辞去本兼各职，仓卒出省，人心震骇。在刘总司令负责弥咎，自应靖候中央处置。第当前方军事吃紧，诚恐功败垂成。虽刘总司令以残破之蜀，撑持经年，民力已竭，尚勉筹剿赤之费，心力交瘁，时复虑牵制之虞。瞻念前途，无法接济，不发款则虑酿成前方之兵变，欲筹款则恐激后方之民变，不补械则前方有所借口，欲发械则来源苦于无出，故与其将来之取过，不如解职以让贤。窃以此种困难，若不筹切实解决之方，则无论何人亦必无善后之法。万一赤匪不制，全川糜烂，在川人固身取之祸，而影响全国大局，后患何堪设想。切恳中央一面明令刘总司令即日复职以安定军民之心，一面立拨大批饷械以振救危亡之蜀，则曲突徙薪之易为力，不若焦头烂额之难于收拾也。要之，四川为中国之四川，赤祸非一省之赤祸，深望中央统筹全局，力持大体，或派劲旅入川以助剿，或中央派大员夹辅以督率，以保中国之心乍匍保四川，则非独四川之幸，实全国无疆之休。肃电驰陈，不胜迫切待命之至。全川士绅张澜、尹昌衡、徐孝刚、尹昌齐、刘豫波、邵从恩、萧湘、卢廷栋、彭籍敛、彭植光、陈国栋、叶秉诚、向仙乔、王宏实、沈宗元、斐铁侠、廖学章、冷曝冬、马瑶生、王剑鸣、罗功懋、傅见吾、刘景泽、范英士、彭云生、尹亮易、杨瑜、傅子俊、唐如陶等同叩。敬。印。

批示：阅。八、廿六。拟覆。已电刘总司令恳切挽留，责令即复职矣。

（台北"国史馆"藏原件，档案号08B－0315）

与周炯伯等致蒋介石电

（1934年9月8日）

急。南昌军事委员长蒋钧鉴：

泽密。奉东午电。蒙统筹挽救，群情庆慰。方以统驭无人，中段得胜山方面又突被赤匪冲破，三四路军引退数百里，影响左右翼，邓亦相继退却，似已无支撑能力，若再无应援，势非糜烂全局不止。谨就管见所及，迫切上陈：（1）请训令陕川鄂边境军队，向川中迅速推进，实行会剿；（2）剿赤部队既不限于川军，统帅恐难其选，应请钧座先于宜、万间设置行营，以便统一指挥；（3）关于饷械，各军分配，动以不平为词，互起猜嫌，此后应请钧座直接处理；（4）请严令刘湘克日复职，并令各路固守原线，如有擅引退者，请申以军法。以上各端，民等认为目前急要之图，希冀采择施行。尹昌衡、周炯伯、萧德明、裴钢、周烈、王子骞、王国辅、彭光烈、蔡文铨、曾宝森、黄金鳌、彭竹师叩。虞。第一所转。真。印。

批：已覆。九，十二。

覆：剿匪全般计划，中央自当兼顾统筹，惟川中并不缺乏兵力，所缺乏者乃合作之精神及拼死之决心耳。已另电刘湘克日复职，负责主持，并诰诫各军捐嫌协力，死守现有阵地，不得擅退，否则严惩。当盼诸君本爱乡爱国之念，就近力加劝勉，多方激励，使川军袍泽大澈大悟，以达成其任务为要。23，9，8。

（台北"国史馆"藏原件，档案号08B－03173）

与曾鉴等致蒋介石电

(1934年9月9日)

急。南昌委员长蒋钧鉴：

迭次电陈，均荷垂注，川人感甚。但川兵积疲，又经挫败，非得中央增兵拨饷，不能作士气而靖匪氛。切近办法计，莫如先就陕鄂附近川境之驻军进屯要隘，东则夔、万为川、楚门户，一军封锁，彼不敢顺流而下，以窥武汉，蹙而歼之，蔑不济矣，此防匪之要道也。稍北则城口、万源、大巴山等地方，是匪负隅之处，高山复沓，正面难攻，能以陕鄂劲旅，从后方捣其巢穴，以成夹击之势，彼前不进，后无所归，必成擒矣，此灭匪要策也。至于弹饷，尤缺一不可，非奉委座冬电，第言弹药未及饷。诚知中央库帑亦绌，惟川局艰窘，罗掘几罄，再加朘削，益为渊驱鱼，匪更难治，糜费愈多。只求中央代为担任公债，由川中陆续颁用，一面实发现金二三百万，俾人人知中央不忘西陲，气自百倍。中央虽窘，供二三百万，似乎挹注不难，而保全之大，则不啻数十万倍矣。川土即国土，川民即国民，自无歧视之理，亦必无计较之心。委座磊落光明，天下所仰，外间揣测，皆细人之谈。鉴等深佩委座为人，故不惮干冒威严，再三哓渎于派兵、拨饷两端。事到今日，直同待哺婴儿，不□则立可饿杀，朝忧夕虑，焦灼莫名。各界以鉴等马齿略高，日来责备，谓人民垂毙，国家将亡，尚同寒蝉，甘为鱼肉，诚何心哉。鉴等被责无言，惭愤愤交集，自维衰惫，未能恭诣一效申胥。远望军门，徒托楮墨，所陈各节，恐未周详，往往一电甫上，又复伸纸疾书，不自觉言之长而心之痛也。泪枯气竭，切恳早锡。主持派兵拨饷速则图功较易，迟则罹祸益深。善用兵者争先一著，委座英明，深谙韬略，必蒙鉴及，振此颠危，以救全川，而并救全国。临电不胜悚迫待命之至。曾鉴、方旭、徐炯、刘成荣、尹昌龄、李固基、徐孝刚、周道刚、蔡文铨、彭光烈、陈国栋、洪璧、杜起愆等二十一人同叩。庚午。第一厅转。真。

印。(9月12日到)①

（台北"国史馆"藏原件，档案号08B－03173）

与徐孝刚等致蒋介石电

（1934年9月16日）

军特急。南昌军事委员长蒋钧鉴：

互密。接铣未一。以励军心，一面飞饬队部各分道入川会剿，并恳俯念北道兵力少薄，情势转急，先令孙、胡两军由陕甘边即日兼程经由昭、广进剿，必可激挥士气，挽回战局。此不独川人出入生死关键，亦所以涨弭全国旬无之悲。特电再陈，伏乞鉴纳，请祈训示。四川剿匪安川促成会徐孝刚、颜国栋、曾鉴、方旭、徐稷、尹昌龄、刘成荣、李固基、尹昌衡、蔡文铨、裴钢、唐宗尧、曾子玉、王子骞、彭光烈、萧伉豪、周炯伯、晏国辅、洪壁、王珥瑜、萧德明、王剑鸣、闵次元、廖天祥等同叩。铣。印。职王芎庭代呈。铣未二。印。

（台北"国史馆"藏原件，档案号09C－02321）

与曾鉴、方旭等人致蒋介石电

（1934年9月23日）

牯岭蒋军事委员长钧鉴：

赤匪祸川，瞬间两载，名城被陷，全蜀震惊，一切详情，当蒙洞鉴。现

---

① 此电未将二十一位署名者全部列出，但收电者对此电有如下交待："详摘。曾等皆川中耆宿，拟详覆如次。23年9月9日。"从此前几电均有尹昌衡署名情况看，尹昌衡当也列名其中。

在川军议定全部出击，即可动员，非充实饷糈，无以激励士气，非迅筹的款，无以绥抚难民。第是川省二十年来苦于内战，农村濒于破产，商贾日见停闭，赋税无可诛求，仓储早已告竭。虽曰天府之国，实乃涸辙之鱼，而欲量筹军费，其势难于登天。伏思赤匪跳梁，乃为全国不幸之事，江西用兵，用之事实宜然。现在川军剿赤，亦系为国宣劳，所有军饷急需，正感困难，及将来善后诸事，尤须节节筹备，方克无遗误，敢乞饬下财政宋部长迅拨巨款，克期充济，俾利师行。既可表示中央顾念西陲之心，又可责成川军仰报中央之德，赤氛殄灭，全国蒙庥，岂惟川人感拜嘉赐！临电迫切，伏盼施行。曾鉴、方旭、徐炯、陈钟下、刘成荣、尹昌龄、尹昌衡、徐孝刚、邱志涓、彭光烈、陈国栋、孙兆鸾、王剑鸣、文澄、蔡文铨、洪寅、蒋家骥、郭彦谦、李昶、曼廷年、刘德馨叩。漾。（9月26日到）

批示：不覆。不理。

（台北"国史馆"藏原件，档案号08B-02835）

附录　康泽致蒋介石电
（1937年6月3日）

即到。牯岭委员长蒋：

△密。顷接成都任觉五东电称：陷日上午九时，有自称成都各界联合会在中山公园召开五卅纪念大会，由尹昌衡、于渊、车耀先等相继演说。惟到会仅青年学生数十人，但省方派警察十余人莅场保护，其通过提【案】有：一、援绥抗战；二、请政府饬华阳女中收回开除参加人民阵线学生之成命；三、积极救济川灾；四、请政府早日出兵，收复东北失地等。标语中堪注意者有：一、纪念五卅要对外抗战，对内和平；二、纪念五卅要扩大救灾运动；三、纪念五卅要请求政府释放救国七领袖；四、纪念五卅要争取爱国自由；五、纪念五卅要努力促成民主政治的实现等。查尹昌衡系神经失去常态之老军人，于渊、车耀先则系人民阵线主要分子，敢于在成都公开作反动活动，全系凭借刘湘掩护。等语。谨闻。职康泽叩。冬。庆

寓处。印。

（台北"国史馆"藏原件，档案号09C-01540）

附录 刘湘复钱大钧电

（1937年6月8日）

急。牯岭钱主任慕尹兄勋鉴：

〇密。顷据刘厅长航琛电称：奉委座征戌侍秘牯代电饬：查于渊、车耀先等在五卅开会时，公开奖励人民阵线之演说，询湘是否知悉。等因。遵饬负责军警人员严查。据报是日有民众数百人，在中山公园开五卅纪念会，系由前四川军政府都督尹昌衡主席，亦有于渊、车耀先等在场，均经演说，多系反对帝国主义言论，且有涉及抗日者，并无奖励人民阵线之演说。等语。至所谓人民阵线，果在川境活动，湘当负责查禁。敬祈转陈委座，乞释廑念为叩。弟刘湘叩。庚。省秘。印。

（台北"国史馆"藏原件，档案号09C-03554）

尹昌衡集

曾业英 周斌 编

第二卷 诗歌著述

社会科学文献出版社
SOCIAL SCIENCES ACADEMIC PRESS (CHINA)

目 录

二　诗歌

甲寅以前稿·· 465

　桂林赠陆干卿·· 465

　感怀·· 466

　送唐冀黉、刘积之赴滇练兵·································· 466

　自题同胞小照·· 466

　桂林城中冒雨立马独秀峰危崖观雁　五近一首·················· 467

　困极有感·· 467

　西征寄内·· 467

　西征夜行军·· 468

　西征思亲·· 468

　西征抱病·· 468

　瘗卒·· 469

　奏凯·· 469

　思解职读书一首·· 469

　西征寄内·· 470

　大觉悟·· 470

　将军观·· 470

　无题·· 471

西征时众议纠纷诗以解之 …… 471
勋巴安守将顾占文、昌都守将彭日昇 …… 471
题平西桥 …… 472
西征闺思四首 …… 472
暮征 …… 473
里塘猎后入吴王庙观战袍 …… 473
解职对簿 …… 474
对吏共八首 …… 474
 其一 对吏行 …… 474
 其二 仆夫行 …… 475
 其三 击犬行 …… 475
 其四 望成都行 …… 476
 其五 西征行 …… 476
 其六 思巴塘行 …… 477
 其七 泸定桥行 …… 477
 其八 孤乌行 …… 478
梦陶渊明 …… 478
忆太史公 …… 479
效杜老之歌作以对谳共十首 …… 480
泸定桥单骑定乱后收集叛兵整军而渡 五律一首 …… 481
骓马歌 …… 482
山下夜饮歌 …… 482
秋思 五言古一首 …… 483
夜望 五言古一首 …… 483
观云 五古一首 …… 484
闻邹、魏诸人，以通乱控诬，因激而自叹，醉后舞笔，成此短章 …… 484
题春阿氏奇冤录 五言古一首 …… 485
青冢 …… 487
八阵图 …… 487
望江楼 …… 487
岳王坟 …… 488

玉门关	488
睢阳城	488
马嵬坡	489
荆州城	489
黄天荡	489
蒿木桥	490
征人歌　七言古诗一首	490
秋闺行	491
锦江	493
钓隐	493
野趣	494
交游引	494
孤臣咏水	495
美人咏水	495
苦吟	495
秋夜四首	496
秋江怨	496
秋思	497
顺时	497
瘗雏行　序	497
大雨歌	499
乐意	499
达生	500
城望	500
潜庐歌	501
戏拟村农俚歌	502
拟访隐	505
西边肃清，元首赐以匾额，得命之下，偶成一律	506
松下独立	506
观草	506
观玉口号	507

篇名	页码
原恕	507
酒箴再	507
西山歌	508
幽思	509
山无三章	509
遥月	510
白云	510
静悟	510
清江	511
锦江	511
桃源	511
感遇	512
读史	512
禁中自慰	512
春尽窥园	513
感怀	513
京都感怀	513
过战场	514
观星	514
春日吟	514
思乡曲一	515
思乡曲二	515
思乡曲三	516
感叹	516
鼓鼙歌一	517
鼓鼙歌二	517
鼓鼙歌三	517
鼓鼙歌四	518
寒山石	518
蜻蜓谣，怀旧也	518
燕子谣，刺改节也	519

鸿雁谣，美高蹈也	519
乌鸦谣，劝孝也	519
耕牛谣，励忠纯也	520
怨思	520
路难行	520
鸳鸯泣	521
怨歌	521
浣纱辞	521
禁中饮	522
惜别	522
野望	522
夏日昼卧	522
夜不寐	523
忆锦江	523
蜀中望	523
鬼赠人	524
人答鬼	524
慕仙歌	525
寄雍师二十韵	526
穷鸟	527
夏日	527
薄文	527
富语贫	528
贫答富	528
寄内十首	529
周岁感	532
塞外曲二首	532
边关行	533
军中放歌	533
儒将歌	534
别意	534

玩景 …… 534
树木 …… 535
想梦 …… 535
怀黄石 …… 535
开窗 …… 535
狱中偶成 …… 536
江上行 …… 536
看山水偶成 …… 536
狱中偶感示潇湘渔隐 …… 536
晚次白帝城 …… 537
囚中偶号二绝 …… 537
湘君曲赠黄侠仙妾 …… 537
鸳鸯愿 …… 538
放歌忠义二首 …… 538
边将行 …… 538
吊战国 …… 539
狱中赠江左王十四则先 …… 540
狱中慰黄侠仙 …… 540
为友人作知非歌两首应属 …… 541
赠剑行 …… 542
沐浴 …… 542
贪眠 …… 543
感事 …… 543
安贫 …… 544
登山 …… 544
壮歌 …… 545
鬼赠人 …… 545
人答鬼 …… 546
寄怀四首 …… 546
续寄怀二首 …… 547
风吹木 …… 547

采蕨诗三首 548

狱中送张二十九 548

陌上桑 549

秋思 549

阴云 550

采西山三首 550

狱中感怀四首 551

狱中赠友人 552

西边行军作 552

苦吟 553

禁中寄内子 553

狱中夏日 553

狱中赠洛阳何敬盦砚兄三十韵 554

颂黄将军母赵太夫人四十韵 555

夏日狱中 557

狱中感旧 557

感关岳并祠而作 557

感怀 558

狱中自悼一百韵 558

赠良玉楼 561

为双亲作望儿歌 562

续稿 563

作诗余兴六首 563

感时 565

君从西来行 565

偶成 566

赠卢汉生 566

观云 567

杂感 567

归去来行　序 569

过汉皋 570
自悟 570
被辱有感 571
醉歌 571
感怀 571
将军之马歌 572
训子 572
塞外歌 573
游万牲园有感 573
幽燕美人歌 序 573
夜饮慰太贞 576
思隐 577
游西山三章 578
示学者 579
黄侠仙招饮数次，皆不赴，自知疏旷。然近对知交，悉皆如此，因诗以答之 579
胡将军文澜招饮，坐中多旧交。然意不欲出门，亦诗以谢之 580
偶成忠孝二首 580
与室人一首 580
族人立祠，题以赠之 581
醉后赠黄侠仙 581
赠殷汉光 581
饮殷汉光即景为歌 582
与阎将军伯川 582
与刘将军积之 583
乐者歌 583
答杨少石招饮 584
知足歌 584
匹夫乐歌 585
训仆夫 585
春兴六首 585

颐和园歌 ………………………………………………… 587
密云 ……………………………………………………… 590
饮酒歌慰三妾 …………………………………………… 590
狂歌行 …………………………………………………… 591
鬌策歌 …………………………………………………… 591
伟侯孺子歌 ……………………………………………… 592
看桃 ……………………………………………………… 592
放歌 ……………………………………………………… 592
自慰 ……………………………………………………… 593
潜夫歌 …………………………………………………… 593
牛马歌 …………………………………………………… 594
清凉曲 …………………………………………………… 594
看杨忠武画像 …………………………………………… 594
新词 ……………………………………………………… 595
怨东风 …………………………………………………… 595
东风答 …………………………………………………… 595
述友意 …………………………………………………… 596
答友人 …………………………………………………… 596
壮歌 ……………………………………………………… 596
豪士歌 …………………………………………………… 597
觉歌 ……………………………………………………… 597
青柳怨 …………………………………………………… 598
悼歌 ……………………………………………………… 598
喻歌 ……………………………………………………… 599
镇物歌 …………………………………………………… 599
春浴歌 …………………………………………………… 600
俗谣八首 ………………………………………………… 600
春日忆别，赠黄侠仙、王则先、张药岩，感三子在狱时，
　　如夜光之珠，明不减也 …………………………… 601
清宫春怨 ………………………………………………… 601
清宫秋怨 ………………………………………………… 601

春晓偶成慰太贞	602
鹤喻	602
戒太宁搔痂，太宁予四妾也	602
携妓歌	603
英雄曲	603
自勖	605
赠钮惕生	606
感遇	606
燕都怀古	607
春朝野望	607
居京怀邵康节故里	608
偶成	608
哀落雁	608
燕子语	609
抟黍	609
醉歌	610
谣偈	610
朱门公子二首	611
寄内	611
自得偶成	612
怀鲁国两生	612
隐悟	613
狂歌	613
今日不见日	613
箴时哲	614
赠周翔威将军骏	614
代闺思	615
答内	615
言志	616
有怀	616
怀唐冀黉、刘积之、李协和有序	617

雉歌 …… 618

夷则格征马辞 …… 618

鹧鸪 …… 619

游子吟 …… 619

怀人 …… 620

体验谈 …… 620

体验谈 …… 621

体验谈 …… 621

体验谈 …… 621

丞相出车 …… 622

迓新雁 …… 622

代闺思 …… 622

步韵和答 …… 623

言志 …… 623

示学者 …… 624

悟谈 …… 624

自悟一首 …… 625

言志 …… 625

醉歌 …… 626

示学者 …… 626

病后 …… 627

思隐歌 …… 627

感怀八首 …… 628

饮张翔初将军醉后放歌 …… 630

长篱行寄内子 …… 631

锦江老妪曲 …… 631

终南女儿行 …… 633

体验谈 …… 634

自悦歌四首 …… 635

沉阴游望湖亭故址有感 …… 635

鱼喻哀成都也，时闻健者斗于中，故歌之 …… 636

俗谣六首 ··· 637
寒宵饮慰太贞 ··· 638
滞京有感三首 ··· 639
养鸡 ··· 639
种禾 ··· 640
莫游秦淮 ··· 640
游秦淮 ·· 640
秀山督军中秋寿辰志贺 ··· 641
吴中秋夕 ··· 642
吴中偶成 ··· 642
感遇二首 ··· 642
闻歌一首 ··· 643
题《寸心》杂志即赠何一雁 ··· 643
歌人欲 ·· 644
劝兵歌 ·· 645

三 著述

止心篇 ··· 647
  自序 ··· 647
  一 止心 ·· 647
  二 止境 ·· 648
  三 止今 ·· 648
  四 止辱 ·· 648
  五 止困 ·· 649
  六 止劳 ·· 649
  七 止贱 ·· 649

八　止苦 ……………………………………………… 649

九　止险 ……………………………………………… 650

十　止晦 ……………………………………………… 650

十一　止泰 …………………………………………… 650

十二　止失 …………………………………………… 651

十三　止生 …………………………………………… 651

十四　止死 …………………………………………… 651

十五　止伦 …………………………………………… 652

十六　止礼 …………………………………………… 652

十七　止非 …………………………………………… 652

十八　止怒 …………………………………………… 652

十九　止易 …………………………………………… 653

二十　止愚 …………………………………………… 653

二十一　止敬 ………………………………………… 653

二十二　止静 ………………………………………… 654

二十三　止仁 ………………………………………… 654

二十四　止智 ………………………………………… 654

二十五　止刚 ………………………………………… 654

二十六　止壹 ………………………………………… 655

二十七　止诚 ………………………………………… 655

二十八　止虚 ………………………………………… 655

二十九　止后 ………………………………………… 655

三十　止中 …………………………………………… 656

三十一　止我 ………………………………………… 656

三十二　止顺 ………………………………………… 656

三十三　止必 ………………………………………… 656

三十四　止求 ………………………………………… 657

三十五　止福 ………………………………………… 657

三十六　止祸 ………………………………………… 657

三十七　止乐 ………………………………………… 657

三十八　止益 ………………………………………… 658

三十九　止晋 ··· 658

四十　止寿 ·· 658

四十一　止行 ··· 658

四十二　止治 ··· 659

四十三　止化 ··· 659

四十四　止大 ··· 659

四十五　止恒 ··· 659

四十六　止神 ··· 660

易钵 ·· 661

狱中题《易钵》 ··· 661

一　体阴阳 ·· 661

二　体八卦 ·· 662

三　举偶 ··· 662

四　不可离 ·· 663

五　安知安行 ··· 663

六　前知 ··· 664

七　易简 ··· 664

八　问童子 ·· 665

九　四败 ··· 665

十　刚健 ··· 666

十一　柔顺 ·· 667

十二　颐养 ·· 667

十三　天地大静 ··· 668

十四　对观 ·· 668

十五　损益 ·· 669

十六　笃信 ·· 669

十七　君子胜 ··· 670

十八　四时平陂 ··· 670

十九　性命渊源 ··· 671

二十　洗心退藏 ··· 672

二十一	天下太平	672
二十二	哲源	673
二十三	教宗	674
二十四	精忠大孝	675
二十五	辨器	676
二十六	乐《易》	676
二十七	时中	677
二十八	四体自譬	677
二十九	戒卜筮	678
三十	反扩充	678
三十一	出《易》	679
三十二	进《易》	679
三十三	太素	680

原性论 …… 681

自题 …… 681

一	起源	681
二	释性	683
三	殊同	685
四	形觉	687
五	化晋	689
六	本性	692
七	天中	693
八	恒成	695
九	去害	697
十	内害	699
十一	外害	703
十二	教源	705
十三	政源	708
十四	风俗	711
十五	艺源	712

十六　合成 ………………………………………………………… 714
  十七　通观 ………………………………………………………… 716
  十八　永乐 ………………………………………………………… 717

圣学渊源诠证 ……………………………………………………… 720
  自题 ………………………………………………………………… 720
  自序 ………………………………………………………………… 721
  一　立志 …………………………………………………………… 721
  二　为己 …………………………………………………………… 722
  三　原道 …………………………………………………………… 723
  四　原德 …………………………………………………………… 724
  五　诚正 …………………………………………………………… 725
  六　主敬 …………………………………………………………… 726
  七　安静 …………………………………………………………… 728
  八　养气 …………………………………………………………… 730
  九　潜虚 …………………………………………………………… 731
  十　惟一 …………………………………………………………… 733
  十一　精思 ………………………………………………………… 734
  十二　笃行 ………………………………………………………… 736
  十三　学问 ………………………………………………………… 737
  十四　省克 ………………………………………………………… 738
  十五　镇物 ………………………………………………………… 739
  十六　绝欲 ………………………………………………………… 742
  十七　恒久 ………………………………………………………… 744
  十八　原仁 ………………………………………………………… 745
  十九　清明 ………………………………………………………… 747
  二十　刚毅 ………………………………………………………… 749
  二十一　中和 ……………………………………………………… 750
  二十二　兼成 ……………………………………………………… 752
  二十三　舍藏 ……………………………………………………… 754
  二十四　乐天 ……………………………………………………… 755

二十五　润身 ·· 757

二十六　邀福 ·· 758

二十七　成名 ·· 760

二十八　用行 ·· 761

二十九　宏教 ·· 762

三十　治政 ·· 765

三十一　宪法 ·· 767

三十二　极乐 ·· 768

三十三　尽性 ·· 771

三十四　合天 ·· 774

三十五　神化 ·· 777

王道法言 ··· 780

　自题 ·· 780

　自序 ·· 780

　一　正谊 ·· 781

　二　必一 ·· 783

　三　觉邻 ·· 786

　四　觉中 ·· 789

　五　非兵 ·· 793

　六　道合 ·· 796

　七　性足 ·· 798

　八　公兵 ·· 801

　九　区治 ·· 804

　十　同教 ·· 806

　十一　同文 ·· 809

　十二　公财 ·· 811

　十三　齿班 ·· 813

　十四　通达 ·· 815

　十五　正艺 ·· 816

　十六　正学 ·· 818

十七　三均（均物、均才、均兵）……………………………… 819
十八　标义………………………………………………………… 821
十九　分功………………………………………………………… 823
二十　法虚………………………………………………………… 824
二十一　德才……………………………………………………… 826
二十二　诚爱……………………………………………………… 827
二十三　节生……………………………………………………… 828
二十四　尽地……………………………………………………… 830
二十五　浮天……………………………………………………… 831
二十六　时计……………………………………………………… 833
二十七　止淫……………………………………………………… 834
二十八　时救……………………………………………………… 836
二十九　乐象……………………………………………………… 837
三十　今成………………………………………………………… 838
三十一　渐成……………………………………………………… 840
三十二　防外……………………………………………………… 842
三十三　咸神……………………………………………………… 843
三十四　惟教……………………………………………………… 844
三十五　无极……………………………………………………… 845
三十六　结言……………………………………………………… 846

甲寅以前稿[1]

桂林赠陆干卿[2]

将军善野战，歊气平八荒。
鹰扬搏龙虎，兔脱崩金汤。
辟地苦追逐，定远参翱翔。
牗民似保赤，逐寇如驱羊。
碧眼震余威，卷甲归穷乡。
大功昭震旦，正气扶乾纲。
后劲不可冀，前途空断肠。
金牌十二转，铁甲三千忙。
税鞍归去来，庶士操壶浆。
敬公非慕势，爱此肝胆良。
安得赋同袍，为国开新疆。

---

[1] 此处与后续"续稿"所辑各诗，除特别标有出处者外，均录自《止园诗钞》（《止园丛书》第1集，南京商务印书馆，1918年1月初版）。《止园诗钞》原分"甲寅以前稿"（1914年以前稿）和"续稿"两册。首页为著者手书题签："止园诗草。硕权自题。"次页为他人篆体题词："忠厚之旨。"

[2] 陆干卿即陆荣廷，此诗原载广西《军国指南》第1期，1910年5月9日，题为《赠陆镇干臣》，又见幼铭《尹太昭小传·诗文》，第7页，题为《迎陆干卿将军》，文字也略有出入，其中"兔脱崩金汤"之后，多"异域立奇勋"一句，"前途空断肠"之后，无"金牌十二转，铁甲三千忙"两句，"税鞍归去来"一句，则作"归来税鞍马"。

感　怀①

大陆近沦胥，斯人敢弃捐。
国情殊蠢蠢，我志益拳拳。
有气须填海，无权亦任天。
满腔君国泪，洒尽是何年。

送唐蕣廙、刘积之赴滇练兵②

有虎睨金马，无龙护碧鸡。
滇池营百雉，沧海召双猊。
捧日悬霄汉，追风蕫驮騠。
应移铜柱迹，远树佛兰西。

自题同胞小照③

深爱钟毛里，多情恋画图。
摧心嫌独木，倚肘此双瑜。
偃蹇惭巾帼，低徊属女婴。
一肩家国重，不忍听沦胥。

---

① 又见幼铭《尹太昭小传·诗文》，第6页，题为《偶成》，文字也略有出入，现录于后："大陆何儳偯，斯人甘弃捐。国情殊蠢蠢，我志益拳拳。有气须填海，无权亦任天。满腔怀恻怛，宁忍惜残年。"
② 原载广西《军国指南》第2期，1910年6月21日，题为《送蕣、积二弟之滇》。
③ 又见幼铭《尹太昭小传·诗文》，第7页，题为《题姊妹共照》。

桂林城中冒雨立马独秀峰危崖观雁
五近一首

局蹐摧心目,崎岖慨始终。
骥心愁狭地,雁羽恋长空。
世乱谁忧国,城孤不御戎。
临崖抚忠孝,双泪落秋风。

困极有感

虎伏不厌穴,龙飞须上天。
道宗三代上,文绍八家前。
孔孟去已远,拿华①非我先。
会当辟奇境,独拔五千年。

(幼铭:《尹太昭小传·诗文》,第7页)

西征寄内

红颜愁短别,白日苦长征。
塞外万人敌,闺中千里情。
秋风团冷被,春色动悬旌。
不得封侯婿,安知虚誉轻。

---

① 指拿破仑、华盛顿。

西征夜行军

月到天心马到山，惊霜无间扑刀环。
呼寒战士犹枵腹，盼捷将军未解颜。
廿八年华今夜老，三千迢递几时还。
东岩垒静西岩急，知是前锋破虏关。

西征思亲

东海人初返，西山路复遐。
儿成当报国，亲老不留家。
虎变事无极，乌私心苦赊。
遥怜慈父母，日日盼归车。

西征抱病[①]

抱病经三月，提军越万重。
武乡愁气短，留守苦心雄。
微命复何惜，孤忠谁与同。
莫将余食少，传语到西戎。

---

① 原载成都《国民公报》1913 年 4 月 20 日，文字略有出入，头一句作"带病经三月"。

瘗 卒[①]

气触西山瘴，骸封北塞泥。
顾余身尚病，送子意偏疑。
马革心虽尽，狐邱首不移。
安能见父老，还与去时儿。

奏 凯

天将动貔貅，风云关塞秋。
鸟蜚千里绝，马到百蛮收。
兵气平西域，忠心拱北州。
归途怀玉斧，无复划鸿沟。

思解职读书一首

本来无意羡神仙，解脱尘寰却自然。
恩被万家缘遇合，誉腾千古亦空传。
浮云早世聊经过，明月前身今又悬。
好趁春华希上达，几回屈指未中年。

---

① 原载成都《国民公报》1913 年 4 月 20 日，题为《送葬病死兵士》。

西征寄内

征马无端尽日忙,不堪回首万山苍。
春风却被秋风妒,去路日增归路长。
愿拾乾坤归寝处,好将龙虎化鸳鸯。
叮咛锦字无相寄,惟问匈奴灭未尝。

大觉悟

昔时有我原非我,以后之今不是今。
一世计今无一刻,何劳问我是何人。
惟将死趣存生趣,落得虚心养实心。
悟到空空最空处,更于何处觅真真。

将军观[①]

疆场战罢血腥红,犹盼戈头日转东。
死有余辜惟武将,生无清福是英雄。
万方多难成骑虎,一点孤忠误卧龙。
几见西湖驴子背,残年诗酒送元戎。

---

① 原载成都《国民公报》1913年4月20日。

无题①

筹边千里避嚣尘，觅得桃源怕问津。
乱国无人符众望，薄材如我应沉沦。
岂因悲愤同廉使，惟恐轻心负伯仁。
塞已平□身未死，好生低首作忠纯。

（《尹硕权不愿入关耶》，成都《国民公报》1913年4月25日）

西征时众议纠纷诗以解之

无意事皆成实录，有心人耻蹈虚声。
忠贤尚享生前祀，君实宁知死后铭。
秉笔信能移铁案，荷戈谁肯作金城。
于今真个能知我，不管遗风照汗青。

勖巴安守将顾占文、昌都守将彭日昇

战苦粮偏绝，城孤敌在前。
张巡能食纸，苏武惯餐毡。
故国频蹉跌，危关敢弃捐。
昌巴无百雉，所恃祇心坚。

---

① 此诗无标题，原载成都《国民公报》编者记曰："探闻省城某界有致函尹昌衡，其内容未悉为何，惟闻尹得函后赋一绝以答之。"又曰："玩其词旨，大有不便回川之意。而某界致书之宗旨，亦可得其大概矣。"

题平西桥

铁索横江水,金戈出塞门。
天心骄将帅,人力锁乾坤。
入穴虎可得,卧波龙欲奔。
临桥叱飞驭,此去百蛮吞。

西征闺思四首

征马西山去,行人入暮云。
心伤杨柳陌,泪染石榴裙。
便是君思妾,因知妾忆君。
谁怜苏博士,不及潘将军。

自君离妾日,是妾忆君时。
塞外山河远,闺中日月迟。
梦魂原上草,心绪茧头丝。
试问三军苦,何如千里思。

忆昔送君时,新妆试画眉。
早知离别苦,不若嫁来迟。
有梦空随雁,无灵怕问龟。
徒将千里月,处处寄相思。

道子因勤国,含悲未敢留。
但求毋忘(去声)妾,不复忆封侯。
旧镜遗长恨,征鞍带远愁。
何如江上水,朝夕共君流。

暮 征

轻风送微雨，飘然从西来。
落日下昏烟，望望伤我怀。
遥知日落处，是我来时路。
云何日能往，而我不忍顾。
忔此难为情，悠悠怅行路。
行路亦何情，怀土亦何深。
悃悃结中肠，简书畏我心。
劬劳亦何惮，误国兹不能。
陟岵以遥望，远山空白云。

里塘猎后入吴王庙观战袍

边城草黄风萧萧，征马长嘶壮士骄。
映日龙蛇开甲胄，折风雕雁试弓刀。
受降城上遗碑古，望敌楼头秋气高。
古来将帅知多少，空有吴王剩战袍。

解职对簿

奔走频年一梦中，醒来惟见六尘空。
三思祇觉多遗恨，百战何曾有寸功。
福慧漫从忙里逐，文章都是苦愁工。
平陂历尽人将老，忍把前途问塞翁。

对吏共八首

其一　对吏行

元戎重统率，治军尚严律。
兵甲洗天河，将军对刀笔。
刀笔胜千军，使我动颜色。
如何尽寸土，瞬息生荆棘。
始知法吏颜，屈得将军膝。
地狭难为容，天高望不得。
魴鳏尚江海，枯鱼过河泣。
愿为谢法吏，侵我何太急。
人生只百年，安得有双翼。
奋写慷慨诗，恸洒淋漓墨。
精诚动鬼神，比兴出篇什。
半生此辛苦，千古同太息。
止止无复言，空有泪痕湿。

其二　仆夫行

雨霁天颜开，仆夫负重来。
主人鞭笞下，罪重宁敢推。
昨夜穷途上，升米一束柴。
守护连城璧，使我尝千灾。
生死不舍正，但恐途路乖。
左缚西山虎，右拒南岭豺。
遍地皆荆棘，雨急生风霾。
九死魑魅间，百蹶青苍苔。
苦心天自知，壮节鬼亦哀。
完璧归主人，精莹无尘埃。
微才世不尚，纯拙成嫌猜。
粒粒验柴米，使我泪长挥。
如何一仆夫，独抱千古哀。

其三　击犬行

击狼须用铤，击犬须用鞭。
狼奔山谷外，犬逸庭户前。
如何守户犬，比作豺狼看。
服劳障聩埋，主人莫求全。
生死家门内，百折宁弃捐。
豺狼当纵横，此犬忠且坚。
尘埃蔽天地，望北双睛穿。
不闻血汗干，惟见涕泗涟。
归来报主人，亦知多尤愆。
但将心惨惨，长使泪潸潸。
伯奇履寒霜，三闾在江干。
从来犬马性，恸极心悁悁。
依依庭户间，敢谓过不悛。

其四　望成都行

成都兵马惊，万户尽哀鸣。
哭声激云天，使我动深情。
单骑出危城，号泣激孤军。
三夜哭声哑，百人随我行。
一举万夫戢，再举四境清。
徒手当锋刃，岂不为牺牲。
牺牲何足惜，要在桑梓宁。
不见千行泪，徒闻半壁平。
此心既已碎，此情难可伸。
倦马穷途泪，老牛犁下心。
泪亦不能滴，心亦不能陈。
惟怜血汗尽，使我徒酸辛。
回头望成都，极目生愁云。

其五　西征行

西北蛮军书，将军夏渡泸。
成都烽烟静，岂不怀安居。
其如征人何，苦役无前驱。
敢为一身计，致令半壁虚。
敌兵数十万，先锋临箭炉。
边城陷八九，关塞空邱墟。
青野鬼捉人，坚壁虎负隅。
愿为励士卒，辛苦不敢殊。
裹冻入层雪，挥剑当万夫。
跋涉千山间，饥寒一载余。
西疆三千里，驱尽豺与狐。
虽无三箭功，敢爱七尺躯。
何当惜一夫，四塞犹悬弧。

其六　思巴塘行

烽火万山红，巴塘劲敌笼。
食尽兵复穷，守将马首东。
百骑在歧路，欲往知无功。
此城属枢纽，一陷万里空。
片刻不得缓，孤注亦应从。
是当忘生死，岂可计吉凶。
驰行五百里，雪深路不通。
援兵只在此，杀马饥可充。
将军亲身来，存没相与同。
疑兵绕孤城，俨若千里雄。
敌闻多夜惊，一战摧其锋。
回首赴援时，已谓当死忠。
余生及今日，岂复思令终。

其七　泸定桥行

张煦窃兵符，千军晚渡泸。
执亲以召子，料我无逃逋。
迫我必由路，贻我叛逆书。
帐下十数骑，四境援兵无。
伪节调前辈，眼见半壁屠。
将军失汛地，安用微生余。
回头语我妻，死节毋踟蹰。
莫念腹中儿，但随眼前夫。
全家饮白刃，不留三尺孤。
匕首入乱军，泣涕点点朱。
叛夫尽感泣，倒戈甘前驱。
不到泸江上，安知忠且愚。
至今胡桃崖，空令双瞳枯。

其八　孤乌行

绝人莫绝孤，射鸟莫射乌。
皮肉不登俎，安用加弓弩。
有音空哓哓，有巢空拮据。
一自伤零落，丧败宁有余。
曰余羽谯谯，而乃口卒瘏。
杳杳隔西山，嗷嗷闻待铺。
如何生阻修，各各天一隅。
徒有鸰羽歌，不得鸿雁居。
何当鸣九皋，毋使天听疏。
为我去矰缴，使我抢枋榆。
俯首桑麻间，犹得备征租。
汉法一子留，汤网三面除。
安得膝下孤，长作枝头乌。

梦陶渊明

仲尼梦周公，武侯怀乐管。
兹道世已绝，吾衰难继远。
戎马非所安，山林未能返。
葛巾谁氏子，宵逢慰情款。
之子无忮求，所以乏冷暖。
使我动遐思，云壑事幽践。
十驾相过从，五柳聊息偃。
东篱永秋色，南窗日犹暖。
坐我春风中，有若金罍满。
咫尺桃花源，逸棹发清藓。
风俗尚秦汉，桑麻隐鸡犬。

恍惚曩昔游，隔绝只尘眼。
泊没乱离中，使我颜色赧。
故人假殷勤，亦觉忘深浅。
醒醉共一辙，岂可事清辩。
冰霜老劲节，汤火脱蚕茧。
回音来时路，结舌骇绝巘。
鸠鹏各失笑，有翼亦空展。
与子孰今昔，相顾劳遐眄。
涉趣方寸园，何以别幽显？

忆太史公

小臣亦非冤，汉法亦非严。
天欲修《史记》，乃宫司马迁。
大人应运出，鬼神操其权。
安能听放任，终日食复眠。
安能听小成，将相数十年。
不然周无《易》，不然孔无《传》。
囹圄非惩奸，实以铸大贤。
囹圄不森严，大贤不完全。
贤者在囹圄，亦若禾在田。
霜露饱晨夕，茎节为贞坚。
投艰自莫负，所在皆达观。

效杜老之歌作以对谳共十首

有供有供在吏前，低徊婉转心怆然。
当日曾为万夫长，何须加我菖蒲鞭。
聊以悲歌尽衷曲，请君当作供词看。
呜呼一歌兮，歌初献，空将涅背遗长恨。

有失有失在戆愚，心纯面激周亚夫。
只知努力催前敌，谁复回头虑谤书。
一人市虎三人呼，空堂可有明镜无。
呜呼二歌兮，歌声悲，廉颇李牧无路归。

有罪有罪在对簿，魏尚所难曾左苦。
乱时抛费如泥沙，安得针锋中规矩。
可怜今昔已时殊，致令情法相龃龉。
呜呼三歌兮，歌三度，欲启子思辩相护。

有隙有隙在粗疏，未能综核权锱铢。
其时其地多抢攘，不痴不聋非翁姑。
自今已是太平日，敢言大事不糊涂。
呜呼四歌兮，歌四成，自恨不如陶士行。

有心有心心赤忠，化为杜鹃其泪红。
前年挥洒成都城，去年挥洒泸水东。
曾仗赤心维地轴，敢将余泪动天容。
呜呼五歌兮，悲以恫，严霜凛冽来苍穹。

虎豹叫号鹰鹯飞，犬马依依思来归。
风沙满目犹向日，血汗被体不得挥。
鸿雁蜇鸣夜夜哀，本是有家无路回。
呜呼六歌兮，空相思，岷山有柳垂青姿。

黄牛黄牛初谢车，长鞭巨梃何纷如。
可怜背上千钧重，使我蹄边一足虚。
黄牛顾主意不尽，俯首欲泪双瞳枯。
呜呼七歌兮，歌黄牛，苦死不得桃林游。

云台绘像锡丹书，众人各有何人无。
东汉功臣无屈辱，南来薏苡自粗疏。
不愿复我新息侯，愿随严子陵钓鱼。
呜呼八歌兮，歌光武，何惜富春一邱土。

有亲有亲发皤然，室无他子心悁悁。
日夜为我呼昊天，声声字字摧心肝。
太平雨露朝朝陨，岂无一滴到庭前。
呜呼九歌兮，歌将除，秋风夜月鸣孤乌。

有祷有祷祷朝阳，暄我曝我鉴我肠。
曾见霁颜容大敌，岂不垂手援疏狂。
野云无心不碍日，麒麟有角宁伤羊。
呜呼十歌兮，幽思长，愿借明驼还故乡。

泸定桥单骑定乱后收集叛兵整军而渡
五律一首

桼戟雷霆动，旌旗日月忙。
我方慕关羽，人亦拜汾阳。
雨后胡尘净，风前汉帜扬。
泸江今再渡，应缚夜郎王。

骓马歌

有马有马其名骓，动如脱兔蓦如虿。
青山反走电轻起，白日逆行风倒吹。
其高六尺有四寸，能以一日周九逵。
塞上将军善骑射，有如仙子乘云螭。
飞黄伏皂皆惊愕，灵雕疾隼争纷披。
几经走见西王母，此语或恐为人疑。
唐陵巍巍铸骏骨，不若李杜为之辞。
李辞杜曲千秋重，唐陵金石空尘泥。
长歌高起四坐寂，骓马一鸣如有知。
愿驾五云逐流唏，持以谢公骓马诗。

山下夜饮歌

青山无言白日没，羌笛一声起边月。
主人有酒洗我尘，扫雪迭铺双屩氍。
酌酒冷于冰，当风寒刺骨。
安得野火烧空林，使我痛饮到明发。

秋　思
五言古一首

鹎鶋鸣金风，行人空山道。
年年无停息，渐渐鬓发皓。
试问江湖心，谁谓征逐好。
倦马嘶边月，一宵壮气老。
翻首作王侯，覆手作舆皂。
死生数已定，得失宁可保。
屈子两行泪，美人与香草。
短命徒太息，长在亦枯槁。
木槿昭晨光，顾笑汉柏老。
适意有自足，且复开怀抱。
颓蝉嚼寒霜，敢谓知机早。

夜　望
五言古一首

白月照苍苔，苍苔生微光。
月落光亦晦，露滴泪何长。
太运倒生物，与时为抑扬。
穜稑任植稺，自性各有章。
怃然哀大椿，念子多风霜。
造化固可乘，恍然归太仓。

观 云
五古一首

浮云从东来，置身亦何高？
一顾再顾间，散入青蓬蒿。
云去天自在，望远心复遥。
脱去黄金甲，尚有青布袍。
愿从赤松子，归卧南山敖。

闻邹、魏诸人，以通乱控诬，因激而自叹，醉后舞笔，成此短章

关羽不背汉，张巡惟拥唐。
君恩有厚薄，臣节凛冰霜。
一朝名分定，万死守其常。
我于满清且不背，单骑抚旗视如伤。
一自前年奉正朔，心如日月追关张。
细柳将军目如炬，其心孔忠其项强。
营营青蝇止于樊，哆兮侈兮成天章。
行人纷纷告上变，曾母投梭生惊惶。
荆州谋乱关云长，私通禄山张睢阳。
吹毛可求请君验，破心以白容何伤？
忠孝将军如铁石，粉身碎骨悬穹苍。

题春阿氏奇冤录
五言古一首

幽兰吐奇芬,十秀九不实。
阿女窈窕姿,百辆入春室。
清宵抱衾裯,素愿乖琴瑟。
天只与人只,两两竟隔绝。
少小金玉音,翩翩怀故人。
故人聂玉吉,念念相纠萦。
但有同穴心,决无钻隙行。
皎皎各自守,默默以相盟。
不闻言在耳,相期心感神。
母氏不谅心,别缔新婚姻。
非礼不可犯,此情焉得伸。
各各相思泪,惨惨恸不成。
匪寇作婚媾,切切动怀旧。
秋心凛冰雪,春风不曾透。
舅姑严以刻,夫婿骄且陋。
致令秋水波,朝朝彻罗袖。
妾命实不犹,于人何所尤?
心如古井水,安知东海流。
玉吉卤莽儿,其计亦何痴?
不谋亦不告,剚刃分连枝。
事败无收拾,百死岂足辞。
匆匆远逃遁,冥冥惟妾知。
君来妾固阻,夫死妾犹啼。
君今不可止,夫今不可起。
但君为妾来,而夫为妾死。
君情不可背,夫命谁为抵。

旧好与天伦，两两心如矢。
妾身虽红颜，妾志惟贞坚。
怜君事已误，悔之空枉然。
差池错计较，纠结恶姻缘。
妾是未亡人，殉夫实所天。
君身远扬去，不忍相牵连。
刑庭五毒备，咸谓必有奸。
奸亦何尝有，屈杀心了然。
但道应万死，无复吐一言。
刺夫甘自陈，皎洁无情男。
法吏闻妇言，挢舌称大难。
从无谋夫者，而乃不有奸。
此女骨肉尽，讯谳宁可严。
惟将奇狱上，永使疑窦悬。
妾生荏苒质，囹圄亦何堪？
有心既已碎，有肤无复完。
不恨亦不服，非罪亦非冤。
默识在暗室，搔首看青天。
桁杨亦何重，沮洳难可安。
兰蕙不经霜，殒折秋风前。
我来京华中，汝死经三年。
亮节世所重，贤名天下传。
醇风金石心，艳色丹青颜。
或云有侠骨，或云为谪仙。
此事可叹惜，此情难为宣。
长河百千曲，曲似春阿缘。
河曲有时伸，此恨抱终天。
长歌念之子，使我情不堪。
血泪透层纸，怅望心茫然。
英雄与名媛，往往丁巨艰。
何须问究竟，究竟于涅槃。

青　冢

塞北无青冢，美人多苦心。
胡尘接天远，汉色上坟深。
月下魂无路，风前草自春。
不堪笳鼓动，惆怅万山阴。

八阵图

治蜀功犹在，吞吴事不成。
惟留兵马迹，长使鬼神惊。
月暗臣心苦，天高鹤唳清。
谁怜我痴拙，梦想尚群英。

望江楼

严公留盛迹，风景尚超然。
龟画城如月，翚飞地接天。
楼吞三峡水，帘卷五湖烟。
望到青山外，茫茫何处边。

岳王坟

巍巍岳王坟,叆叇生愁云。
倘令达所志,谁能撼其军?
涅背犹怜我,伤心怕吊君。
洒尽西湖泪,斜阳又已曛。

玉门关

塞外多奇将,关中仍昔时。
玉门千古事,金阙几人知。
马汗干毛鬣,臣心透血衣。
犹惭李飞将,敢谓数何奇?

睢阳城

立足真无地,当头只有天。
临城歌惨淡,食纸感辛酸。
房骑雷霆骤,臣心金石坚。
至今推守将,吾欲仰高山。

马嵬坡

逝水茫如许,马嵬人不还。
徒闻长恨曲,愁杀白香山。
赐帛事已矣,遗鞋何用焉?
犹闻传钿合,相见是何年?

荆州城

兵马下荆州,英风指日收。
云长心似铁,气短血为流。
君相能青眼,将军可断头。
《春秋》吾最爱,读罢羡君侯。

黄天荡

浩浩黄天荡,昭昭社稷臣。
连船蜇铁兽,漏网走金人。
桴鼓声声怨,波涛日日鸣。
千秋遗恨在,凭吊不胜情。

蒿木桥

半壁空如洗,孤臣独奋身。
君王宁有将,枢府太无人。
家国两行泪,死生三郡民。
白衣冠尚在,桥下水如银。

征人歌
七言古诗一首

西山之上征人多,西山之下冰埋河。
河冰可渡不用涉,君且行矣吾为歌。
作歌莫作前出塞,十人有心九人碎。
作歌莫作后出塞,千夫落泪万夫退。
前唐苦兵事不同,君今报国家何爱?
英雄本有龙虎志,丈夫莫作儿女态。
南涧之水清心羹,北山之薇适口菜。
此行可以立功名,愿脱虎符为君佩。
六月武乡泸水前,一生班勇玉关外。
凭将白马锦雕弓,博得黄金紫罗带。
艳闻三箭定天山,何不五更平上蔡?
男儿有领皆如燕,莫把青春付草芥。
新朝元首英武姿,推心置腹无所疑。
且看羌儿百马倒,定建将军双兔碑。
出车彭彭震山岳,其声赫赫蚩云霓。
为助一龙御六合,愿如五虎当四夷。
况复国事如累卵,若非苦战何以持?

丁此万方适多难，纵令百死何足辞？
我为上将在故土，锦衣昼行宁不知。
顾乃与子共甘苦，相将以去来何时？
精忠两字即金石，浮生百事皆尘泥。
虎落深深朔风起，战云四合军行矣。
愿为雕鹗横青风，有如蛟龙搏虎兕。
试以我歌日三复，送尔勋名上青史。
清词丽字遏行云，帐下听之大欢喜。
千人高唱万人和，冻者以暖蹶者起。
咸言此语入人深，但愿长征不愿止。
后军争向尘头趋，先锋拆透烟中垒。
为感将军一曲歌，卷尽西戎万山水。
帐中兔颖描铁龙，椽笔一挥清且雄。
倚马所成文有骨，斩蛟之剑光如虹。
愿以征歌勒崖石，万古守之以丰隆。

秋闺行

去年七月间，相携夜看天。
今年七月间，天在人渺然。
渺然不可即，秋风凋朱颜。
朱颜亦已减，霜信亦已寒。
春风不易得，苦绪何以堪？
妾生十八九，入门一二年。
鹡鹡比翼鸟，团团水晶盘。
夫婿文武才，长城拥西边。
花底旧情密，阵上新诗还。
朝朝与暮暮，念念皆拳拳。
好花愿长开，好月愿长圆。
心遥地不间，情深天可怜。

自君之西也，妾日为怆然。
君才万人上，早卜全师还。
自君之北也，妾心如旌悬。
远耗触惊悸，旧事余辛酸。
织绵意密密，采耳心慱慱。
慱慱手自战，密密鬓为班。
惨惨日憔悴，滢滢惟涕涟。
椒山亦何忠，其妻亦何贤。
龟文亦何工，刺之动天颜。
岂不识古志，又岂惜身歼。
惟闻天地恩，润如海与川。
况君忠义心，岂无鬼神怜。
悠悠自忖度，冥冥谁为传。
摇精感黑塞，极目断珠帘。
是用心愀愀，以致发纍纍。
既谢五云衫，复解双螺鬟。
红豆湿翠袖，冰心碎玉钿。
独坐秋窗下，锁拆春山尖。
红颜憎命薄，惮人伤时艰。
喃喃诵贝叶，殷殷望茅檐。
贝叶不渡海，茅檐惟哭天。
瘦来皮入骨，居处日为年。
怊慅思不禁，痛瘏形自残。
世人莫不谷，贱妾宁无天。
短景送西日，长流逐东川。
何当驾双鹤，蜚入层云端。
何当御六鳌，移山奠西嵌。
妾如失群雁，翛翛不能翻。
又如折柁舟，飓风飐危舣。
哀哀天杳杳，怅怅路漫漫。
杳杳与漫漫，望望空潸潸。
惟闻鸿雁过，相将燕子还。

鸿雁与燕子，翩翩便如此。
来竭无通塞，忧乐共生死。
君今不如雁，妾今不如燕。
云雨隔山川，泥沙比微贱。
萧条杨柳枝，寂寞梧桐院。
倏忽眼前花，化作云中电。
寒砧捣血衣，素手拈丝线。
知君情似海，睹此心穿箭。
千条万缕情，结作白玉练。
练长锦江水，心碎雪花片。
君情与妾情，好花遭虿霰。
安得驻颜药，留此春风面。
天上与人间，死生会相见。
日月无尽时，江山带长恨。

锦　江

锦江如练日如梭，骑马驱车几度过。
秋草杜鹃红树冷，春风燕子白云多。
龙为世出今安在，鸥与人亲意若何？
最爱百花潭下水，携来童冠濯清波。

钓　隐

青山长在水长流，卷甲归来事事休。
红日影随江共逝，绿蓑人与竹为俦。
百年弹铗成何用？一日敲针自可求。
遥忆子陵千古上，此生无复事王侯。

野　趣

武侯苍柏杜陵薍，雨后风前缥绿莎。
两径日开人自去，一春常有鸟来歌。
生成碧野陈长榻，钓到黄昏卧短蓑。
尤爱光明像心地，万山红日落清波。

交游引

圭璧瑗环玦，相携交满天。
赠袍落魂后，投辖定交年。
敛袂以款著，驱车相往还。
兰气自古馥，金心岂不坚。
佩龟换美酒，珍珠罗玉盘。
日日风尘里，朝朝歌舞间。
双心足千古，一食费万钱。
交疊有更代，中边尤变迁。
蒸羊自坦率，死鹞何以堪？
从无卿我争，相与贵贱间。
不辞小雀贱，敢动大人怜。
捧粟一携去，还归友青山。

孤臣咏水

臣心清泉水，臣乐沧浪水。
臣志朝宗水，臣力一杯水。
不须鱼得水，长钓富春水。
饮马河之干，深思答江水。

美人咏水

妾质在山水，妾心古井水。
妾愁春潮水，妾命朝露水。
情深东海水，泪落西江水。
甘与柏舟流，毋为马前水。

苦　吟

去妇思归意，疏臣望阙心。
绵绵忠与节，再再婉而深。
何日春风下，愁人罢苦吟。

秋夜四首

月冷梧桐金露清，半寒风景最摇精。
天高北斗瞻星远，地僻西山入梦萦。
含涕两睛莹湛湛，伴形孤影落轻轻。
最怜一日如千日，不计三更到五更。

霜蛩无识露无声，彻地连天抵死侵。
形瘦乍疑孤菊影，泪红常对数枫林。
兵戈旧梦来深树，圮岵新愁傍晚砧。
二十九年秋气冷，不如今夜最萧森。

星落池塘动白蘋，秋风秋色起酸辛。
蛩声四壁哀游子，鹤唳九天怀荩臣。
苏子书缄犹感雁，杜陵诗句最伤神。
算来一夜情多少，百折千回只二人。

苦趣更增晨午暮，伤情尤胜夏冬春。
容华惨淡知谁惜，心事凄凉不可陈。
寒菊紫苔三径月，露桐霜荻两家邻。
怆凉欲作南归梦，孤雁一声愁煞人。

秋江怨

如花如玉秋江女，相携相挽秋江渚。
秋江荷凋柳色黄，秋色伤心向谁语。
年年征马上关山，处处闺中弄砧杵。
汉塞戍卒无瓜期，此例今人不知去。

秋　思

落叶下茅檐，金风透层帘。
燕人犹有泪，况复望关山。
北地无青眼，南冠多苦颜。
不堪肠断处，落日瘦鸣蝉。

顺　时

落日不东行，秋雁不北去。
万物贵乘化，一生自随遇。
海深未可填，夜长有时曙。
愿言适虚怀，载笑祛千虑。
纵浪沮洳中，萧然见平恕。

瘗骓行
序

余乘骓马，神骏异常，死于象岭，诗以瘗之。

乾坤瑞气碍清艳，宇宙精神出遒健。
钟灵毓秀谁最多，美人良马英雄剑。
曾将四瑞作丹青，日月摇光鬼神羡。
游龙出没鸿雁惊，紫电烛天星斗焕。
天心世运竟何如，丽质英姿忽消散。

干将久战折沙场，霜华凋尽春风面。
我行杖策江东来，双象山头骓马陷。
黄金台下起悲风，青溪岭上流霜霰。
世无郭璞可奈何，徒令孙阳空扼腕。
回首空群绝世姿，鱼目朱龙光粲粲。
八骏精神芦笛声，义驹肝胆龙颜面。
顾盼先空赤兔群，身价宁教白鹇换。
德力双齐冀北无，功名万里关西传。
锦江城上蹴千军，宁静山头经百战。
塞外擒蛮失雷驳，军中得主宁天眷。
可怜殊土困骅骝，况复频年经苦战。
千古人传蜀道难，东若羊肠西若线。
炉峰高耸插晴云，径绝人踪鸟蜚断。
壁立危倚九折坡，仙子乘云苦愁叹。
尔行往返不辞劳，困顿艰危无所惮。
冰结卷毛碎玉蹄，石损狮花落霜片。
饮水金沙沙水寒，铁甲风侵透伤骭。
昨宵视尔西山头，瘦骨磷磷不忍看。
腰裹命尽雪峰高，一蹶不起飞云栈。
圉人涕泗向我言，其时天昏日方宴。
天心惨惨月徘徊，冀魄沉沉云黯澹。
草偕坪上土如金（石多，土黄且少），炉水滩头风似箭。
含悲掩面筑骓坟，脱剑采花为殡殓。
灵明各各还造化，谁复久羁金紫鞯。
花魂剑魄有时尽，宝马将军何足恋？
搔首茫茫问大千，千古英雄皆不见。
露冷星摇月色沉，风凄雨泣关山黯。

大雨歌

野云弄法初在东,相邀相接气忽雄。
乃驯蛰龙于日下,势如奔马来天中。
崦嵫昆仑以众会,尽蔽天日回鸿濛。
不雯不霶不霞彩,霅霅呼叱如将攻。
震老裂眦睛生光,喑呜动地不可当。
丰隆整肃如衔枚,瑷瑝四合多且强。
须臾流血下如注,掬示不赤非玄黄。
黄河倒卷流瓦角,沧海翻覆声溯滂。
气动天地骇五岳,势连日月收万方。
精穷力竭不相舍,箕伯震怒尤猖狂。
飚然一卷尽尘霾,光天化日重复来。
最爱功成不言禄,默然俯首旋苍崖。
阳睛不伤亦不晦,耿耿自顾如雄才。
飘风骤雨各消散,且为万物回春台。

乐　意

秩秩德音美,昭昭道心明。
载言复载笑,玩心乐芳辰。
达观彻神化,岂不有其真。
浅浅涉春波,于于修我程。
莞尔达所适,陶然固无营。

达　生

鹪鹩不上天，鹍鹏不离海。
朝菌一时尽，而椿乃千载。
得气固有殊，谁能失其宰。
春华发玉柯，秋风落金蓓。
玩我以白驹，感此乐苍鬃。

城　望

城上太阳白如月，城下荻花飞似雪。
城头觱篥起惊霜，城外枫林落腥血。
笳鼓喧天肠断声，风云满地伤心色。
幽燕壮士皆潸然，况乃飘零异乡客。

潜庐歌

主人门前绿柳多，主人门外长新荷。
翠筱青青覆茅屋，碧桃粲粲为庭柯。
白日为我照白昼，清流为我扬清波。
秋雨桐高滴玉露，春风草茂飘绿莎。
主人戒酒不戒诗，主人罢官不罢歌。
最爱东窗读旧史，与夫南亩耘新禾。
钓我如梭之赤鲤，玩我似雪之白鹅。
卖我追风之战马，销我挥日之金戈。
戈销作锄锄锋坚，马化为牛牛性和。
始知乘牛稳于马，况复用锄贤似戈。
修我竹杖与藜杖，游于南坡复东坡。
春酒熟时宾满堂，老农老圃偕村哥。
村农看书最爱俗，老圃数字惟尚多。
我有俚辞多且俗，炫耀十里如绮罗。
田家户户争欢唱，农时以之为山歌。
我歌太平颂功德，深于沧海长于河。
使我得耕复得读，其功不朽亦不磨。
太平之劳谁最多，内有伊周外廉颇。
太平之乐谁最多，陶家柳宅邵家窝。
千村万户乐此语，四野一声云断峨。
凭将夜气开心境，任尔秋风催鬓皤。
傒童牧竖皆尊我，岂不自忘其么么。
有如行尸与走肉，不作里正司乡罗。
潜庐主人乐如此，笑杀成都春梦婆。

戏拟村农俚歌

梅花开时宾满堂，主人有酒烹羔羊。
户外山光闲且静，瓮头春色青复黄。
羊肥酒满梅花馥，农家世界如羲皇。

桃李芬芳自上枝，柳阴深处乱莺啼。
傒童陌上看新燕，蚕妇桑间养蝶雌。
只待西山落春水，便从南亩和春泥。

春草平湖柳如翠，春鱼鼓浪春禽戏。
江涨春潮光照天，花落春堤香满地。
此时带月荷锄归，农家自有农家致。

大麦黄时布谷忙，浪滚郊原金翠香。
黄云世界家家乐，绿野山庄户户忙。
饮和食德知多少，农家自备农家粮。

石榴花红秧茎长，鳖壮鱼肥蛙满塘。
翡翠天成朝气爽，笙箫时奏晚风凉。
始知裴度忘卿相，最好风光绿野堂。

翠满天池风动荷，香清色润照凌波。
天翻两面日沉碧，霞映五云星落坡。
披起蓑衣钓明月，伴以羲之金顶鹅。

银河高耿星明明，桐叶分阴香蕙沉。
红蓼岸头双鹭立，白蘋池上几鸥行。
农家日教农家女，巧线穿成绣画屏。

南山有草草萋萋，薄言刈之饲我羝。
羝肥草尽南山兀，曰惟改岁方及期。
春醪发瓮多且旨，笾豆有且歌凫鹥。

南山有草草莫莫，犁牛之子骍且角。
短笛一声春草堂，便是农家九韶乐。
馌彼南亩修我觥，绿蓑卧倒春风郭。

荆箸匏瓢瓦壶酌，农家不用鸬鹚杓。
茅檐筚户青竹篱，农家不惯麒麟阁。
农家朴素是农家，农家自有农家乐。

豆羹草具青藜藿，农家不饮琼浆酪。
蓑烟笠雨卧云霞，农家不受勋名络。
公侯伯子农不知，农家自有农家爵。

尧舜劬劳汤武战，卫霍勤边比干谏。
天下纷纷却为谁，农家不与人家羡。
含餔鼓腹耕我田，农家自饱农家馓。

南有嘉鱼蒸然罩，罩而不得讪且笑。
农家得失轻如尘，农家道德农家劭。
非道非儒非释伽，农家自有农家妙。

农家不学而能歌，农家之歌清且和。
生成口舌原天性，笑尔诗书空自多。
仲尼不食长沮粟，纵有灵心当奈何。

南涧之水清且流，薄言挹之饮我牛。
我牛之德如偃鼠，自知满腹回其头。
归来挂角南华熟，短笛无腔傲五侯。

厌浥行露清朝走,从之者谁惟苍狗。
种瓜自有桑下儿,织麻自有机中妇。
农家食力是农家,农家自有农家守。

白麻半撮生千帚,穄麦一升收五斗。
生成天地不居功,报穑何须谢高厚。
世人张口待农家,农家自养农家口。

鳣鳣发发丽于罶,溉之釜鬵酌大斗。
心闲体胖是农家,漫把金罇祝黄耇。
取之不尽用不穷,农家又伐农家笱。

荆钗布裙村中妇,蓬头大耳真真丑。
绿珠颜色倘如斯,金谷芳春是谁有?
可怜倾国与倾城,农家自有农家偶。

江上清风山间月,取之不尽用不竭。
紫陌从来不误人,青山到处堪埋骨。
早知修短世人争,何不朝朝待明发?

人生百年一半睡,倘得长醒二百岁。
既知长醒不如眠,便是死生何足畏?
从来说死是长眠,空惹家人落清泪。

农家有歌歌满山,山高窈听来神仙。
神仙纵辟农家谷,尚着农家数尺绵。
农家自食农家粟,不是农家空说廉。

农家有歌歌动江,江深窈听来龙王。
蛟龙恰似农家畜,农家用雨蛟龙忙。
驱天遣地是农家,农家之贵农家忘。

农家有歌歌遏云，云中窃听惊鬼神。
鬼神不受农家惠，问尔蒸尝何所陈。
农功农德包天地，何处农家非圣人？

太平太平天下乐，农家始有农家作。
皇皇元首殚忧劳，穆穆百工咸钦若。
愿以农劳报国恩，农家早纳农家粟。

有农有农负其禾，何以将之修我戈？
我戈战罢多憔悴，不如农子常清和。
愿以我戈铸锄镅，莫待无戈空作歌。

农家有食农家饱，农家不夭农家老。
有如桀溺傲文宣，岂但庞公笑刘表。
农家归去尚为农，公侯一败如蒿草。

拟访隐

养牲须养牛，作龙莫作头。
日月苦役役，云山空悠悠。
任劳有尧舜，乐事在巢由。
尚父感白鲤，老子骑青牛。
伊尹乐有莘，三聘非所求。
两生不出鲁，四皓不臣刘。
洌泉在空谷，宁知江海流。
西山有隐者，三更泛我舟。
莽莽苍峰间，桃李差可投。
丈人意密密，子路冠俅俅。
吾子千秋志，嗟余百日侯。

西边肃清，元首赐以匾额，得命之下，偶成一律

大将收南服，群星拱北辰。
边烽连海静，旭日驾云升。
瑞额悬家庆，新诗感圣明。
此心如寸草，何以答升平？

松下独立

停停崖上松，苍劲思不群。
古鹤健而洁，大夫清且文。
高风摇苦节，寒月照贞心。
独立犹惭我，谁言为国勤。

观 草

幽草藏素质，芝兰吐芳心。
物情自本性，地德无浅深。
众秀各不语，吾欲究其神。
华美动剪伐，陋劣常及春。
试问养生主，何以利吾身？

观玉口号

昨日鸣玉珂，今日在网罗。
完人千古少，拱璧四山多。
玉玷犹可磨，行玷当奈何？

原恕

刘巴失张飞，赵忾恶周子。
契阔各有机，安能达其理。
贤贤或相扼，圣圣互讪诋。
王谌皆达士，蜀洛尽君子。
彼见与吾殊，吾自复吾礼。
懔懔谅人志，坦然思正己。

酒箴再

李白豪放姿，醉卧长安市。
尧夫最可法，微醺即知止。
至若汉灌夫，粗犷亦鄙俚。
纵无尧夫德，学李亦卑矣。
必与灌夫侪，腼然发深耻。
吁嗟哺糟人，昏醉须复礼。

西山歌

西山如弓水如箭,当天直射奔雷电。
来从落日照昆仑,飞入风云杳银汉。
玉雪千秋古骨寒,碧潭万丈崩岩断。
东峃惟剐峗,西耸作天崭。
濩泲激岑崟,霶霈落深堑。
其中有鸟道,断续见飞栈。
族拉龍縰天地交,宁静峥嵘南北断。
键以丹达瓦哈之嶕峻,带以金沙鸭龙之滇洲。
殷以金川工布之薮泽,伏以供[贡]嘎波密之隐患。
冰凝道路滑,风威利如箭。
边寒常拆骨,蝮螫时断腕。
久屯清人歌,旋归边烽乱。
大势若累卵,情形异郊甸。
殊俗多昼惊,羌人伺秋变。
虎狼张爪攫瓯脱,酋长欲称天可汗。
藩篱一旦为枯朽,金汤碎作雪花片。
梦绕关山泣卧龙,竭来风雨愁孤雁。
殷浩无颜空自伤,李广失道泪如霰。

幽 思

结发为夫妇,弃捐良不宜。
顾此流离子,双螯安可期。
暌违亦已久,好合来何时?
眄彼新堤柳,贻我旧日思。
旧日何所思,所思在临歧。
临歧解玉佩,玉佩青罗丝。
罗丝绕百结,此结诚不移。
深恩郁中肠,何意复差池。
念子以永日,抚衷动凄洏。
冉冉白云没,绵绵春夜迟。
长宵复曼想,数问夜何其?
晨风飞北林,昧爽望朝晞。
循环集幽思,幽思空怅而。
怅而不可药,萱草奚以为。

山无三章

山无不萎木,园无不谢花。
昨为东陵侯,今种西门瓜。
山无不萎木,原无不黄草。
种瓜东陵侯,富贵致身蚤。
山无不萎木,世无不死药。
人无不衰时,且尽今朝乐。

遥 月

遥遥出明月，皎皎阶砌白。
悄悄游子怀，邈邈曷其极。
天高塞云远，树寒星影灭。
孤鸿独何征，宵声动颜色。

白 云

白云何停停，太华何郁郁。
跂彼伤我怀，邈焉动遥溯。
遥溯在他乡，忽如在西蜀。
锦水冽其清，伊人美如玉。
遐哉二三子，岂不念我独。
咫尺邈山河，悠悠乱心曲。

静 悟

闲云郁静趣，清风流动机。
寂鸟谈空玄，幽人发深思。
深思在远道，举目望见之。
望见如岖嵚，忽觉如平夷。
素履得所适，迷复将安之。
斯道与世绝，古人不予欺。
思明乐洮江，慕宋宗濂溪。
造次必于是，允出兹在兹。

清　江

娟娟南国女，采采清江渚。
清江流水长，怀人不得渡。
不怨流水长，怨妾身非汝。
安能御云气，飞作中天雨。
绝尘穿巫峡，直指向君处。
落君裳襦间，犹诉相思苦。

锦　江

锦江流水寒，送君河之干。
锦江流水暖，其时望君返。
锦江流水急，望君空太息。
锦江流水迟，是妾断肠时。
朝亦望锦江，暮亦望锦江。
愿为锦江水，送君还故乡。

桃　源

桃花逐水流，桃源不可求。
言迈欲遄征，怅子路无由。
畴为武陵客，乍往胡弗留。
昔为一念差，今为千古愁。
遁迹匪不怀，择地难为尤。
容膝有陋巷，赏心聊自酬。

感　遇

盱豫苦不足，逅愍亦何多。
愿言事骞举，迢路阻津河。
河广虽无梁，不容刀与舸。
剡剡顾行役，之子不我过。
前有矰与缴，后有网与罗。
哀鸿失其居，嗷嗷当奈何？

读　史

自昔人何在，空留泪满书。
乾坤归易简，今古此须臾。
逐鹿知谁是，伤麟恨有余。
倦来倚角枕，驰梦想唐虞。

禁中自慰

屯蹇顾靡极，兹道诚式微。
感慨怆［苍］凉中，愁来聊自挥。
达心贵齐物，后我忘永悲。
既为曳尾龟，宁恤涂与泥。
既为辕下驹，宁择鞭与棰。
既怀忠义心，宁顾安与危。
既秉良懦［儒］资，宁问是与非。
生亦只如寄，死亦只如归。
莫以形骸故，空为儿女悲。

春尽窥园

自将愁思误东风，花境于今始过从。
安得缠金延四相，独留浓翠忆三公。
晴窗有鸟摇空绿，昏院无人拾惨红。
欲问春心何处去，淡烟寒月雨濛濛。

感　怀

古柏祠堂接戍楼，将军空忆武乡侯。
曾将蜀马驱胡马，更见牦牛走木牛。
八阵云烟千古恨，三边烽火万家愁。
归来羽扇吟梁父，一曲清风江水流。

京都感怀

太平天子爱穷奢，御苑秋深射五豝。
曾见玉龙蟠凤阙，可怜飞燕入人家。
煤山独有思陵泪，秦陇空归景帝车。
今日北辰天下拱，尚留寒月照宫花。

过战场

关山连日起征鼙,惨雨凄风道路迷。
大将东来频掩目,羌儿西去欲噬脐。
人穿赤水寒金甲,马过江沙带血泥。
自愧独非唐仆射,止戈犹俟取鲸鲵。

观　星

微月杂群辰,疏云连暮阴。
清宵无所事,但坐观明星。
云中有明星,水中有明星。
目中有明星,意中有明星。
依南以遥望,拱北同此心。

春日吟

春宵发春情,春情深复深。
阳春兴此兴,兴此渺无垠。
何以耀我目,厥惟桃与荆。
何以悦我耳,厥惟燕与莺。
何以慰我心,厥惟诗与琴。
何以开我怀,厥惟风与云。
夜为李白燕,昼为梁父吟。
可以沐沧浪,可以歌舞雩。
此际真复乐,知者惟空明。

思乡曲一

我为蜀山客，少壮蜀山游。
蜀山在何处，白水清江头。
白水何源源，清江何悠悠。
对此怀蜀山，驾言兮焉求。
求为滟滪石，不逐清波流。
求为岷山柏，故土抱千秋。
求为锦江城，永结参天楼。
求为原上草，岁岁发梁州。
梁州何膴膴，思之令人苦。
毋为梁州人，愿作梁州土。

思乡曲二

西山石磷磷，其下水潺潺。
水石相薄击，清风生我前。
青城在其上，中有不死仙。
胡为久羁迟，不得归西山。
世有蓬莱岛，不如故乡好。
世有琼瑶树，不如故乡草。
禽有凤与凰，不如故乡鸟。
人有圣与贤，不如故乡老。
借问流离子，何如长枯藁。

思乡曲三

故乡在何处,日暮云封树。
临风望不见,却忆来时路。
路上有寒山,路头接古渡。
路外有啼猿,路傍多古墓。
秋风深树鸣,啼猿夜如诉。
诉尽流离心,游子不敢顾。
一曲断人肠,恐向西风度。

感　叹

古人重作德,今人重作官。
薰莸岂不异,取舍任所欢。
歧途泣素丝,使我空盘桓。
谁云茶上虫,不识辛与酸。
上马作大将,下马戴儒冠。
昔为良骥足,今为鼷鼠肝。
仰天望浮云,临流思急湍。
逝者有如此,喟焉以长叹。

鼓鼙歌一

逢逢鼓鼙声,矫矫干城将。
彭彭驷牡群,逐逐关山上。
身膺锁钥寄,威重长城望。
挥刃流青霜,开口吐白虹(去声,古苍切)。

鼓鼙歌二

男儿腰长弓,驰声天山北。
只身豺狼群,双鬓星霜色。
指挥入风云,叱咤生霹雳。
若非霍骠骁,定是赵充国。

鼓鼙歌三

鼓鼙声隆隆,将帅争奇功。
挺鹿入虎穴,会看海水红。
君不见青海城中矢如雨,白头山上旗生风。
天崩地裂龙虎出,一扫万里烟尘空。

鼓鼙歌四

叔宝纵雷驳，白马出云长。
塞上杨无敌，军中王铁枪。
一将如可得，四夷何足当。
黄龙有美酒，解甲醉千觞。

寒山石

寒山石，无意亦无识。
黄安之龟尚伸头，焉得千古长休休。
君不见，圯上老人，凭此而成，毋点为金，而蕲其真。
吾将以子作大鉴，脱落万虑归玄冥。

蜻蜓谣，怀旧也

禾根生蜻蜓，扬风轻蚩蚩。
顺风集禾上，感此意无违。
曩昔附根底，辛苦更共之。
自作青云客，宁忘尘土时。
古人重贫贱，使我长相思。

（四联，梦中所得）

燕子谣，刺改节也

暮秋作肥遁，乘春还复来。
恋此华梁栖，珠帘辉玉阶。
碧落任修羽，金丸轻弃材。
扬扬临清风，和鸣音喈喈。
青山不见改，谁为王谢哀？

鸿雁谣，美高蹈也

雝雝呼朋侣，栩栩南归去。
嗷嗷渐中泽，亦复惟所遇。
自非随凤凰，安得逐鸡鹜。
超举古有之，区区何足顾。
翱翔函谷关，恋恋青牛路。

乌鸦谣，劝孝也

南枝荫故根，旧巢在其上。
草木有素怀，感子中心怅。
慷慨激大义，劬劳足供养。
君看出公辙，父子相倾抗。
富贵独何物，致令天真丧。

耕牛谣，励忠纯也

南亩正多事，鞠躬尽涓埃。
只可恃筋力，为君阙草莱。
天马食上粟，麒麟翔九垓。
赋性各殊异，甘心自尳尲。
委骸付尘土，敢望黄金台。

怨　思

清清岷江水，峨峨巫山石。
与子相别来，始尔未能置。
容华日已减，岁月忽如掷。
寸阴一尺璧，如何不爱惜。

路难行

世路多险巇，悠悠此心衷。
登山慑虎豹，临水惮虬龙。
雉雊亦何罪，还复罹兔罝。
菟裘不可得，伤哉鲁隐公。

鸳鸯泣

关关双鸳鸯，戢翼于河梁。
物我本无涉，居处自相将。
欥彼鸑风隼，羽翼独何强。
胡不恤良懦［儒］，以我为猴粮。
哀鸣东西山，两两拆中［诉衷］肠。
雄者为奉倩，雌者为孟姜。
骨肉不相保，念之中心伤。

怨　歌

游子何潸潸（上声），关山漫无限（音显）。
门无曹大家，愁煞班定远。

浣纱辞

策马上河梁，使君来何方？
妾浣江头纱，二十初有强。
纤手濯清波，荆布为衣裳。
风尘感慷慨，漂泊正凄怆。
虎头何巍巍，龙章何堂堂。
穷鸟失其木，鹰鹯方且翔。
一饭愍君子，百口吹笙簧。
瓜田与李下，所系在纲常。
飜然付清波，以此明肝肠。
遂令吴江上，英风千载扬。

禁中饮

人苦不定心，定心无所惮。
美酒酌叵罗，与君燕以衎。

惜 别

君言且复南归去，正值秋风萧瑟中。
鹘鸠有声常送客，鸒鸠无力不随鸿。
心摇碧海三千里，目断巫山十二重。
渐此河梁一挥手，暮云寒叶满江红。

野 望

疏林一望九州通，百二关河处处同。
绿水有心常送鸭，野云无缝不遮鸿。
寒砧断续荒村远，画角东西古戍重。
今日青山试回首，六朝宫阙乱烟中。

夏日昼卧

宝鸭浓烟剩劫灰，枕簟初拂紫云开。
青山尽处蝉声远，赤火流时蝶梦回。
槐影自将移日去，荙香亲为送风来。
卧龙一去希夷老，从古英雄安在哉。

夜不寐

长夜不成寐，辗转趣良苦。
人生而有知，兹乃祸之府。
世有无能子，独得养生主。
朝闻黄老言，暮御苍龙去。
形骸如桎梏，何惜委尘土。

忆锦江

锦江城上桃花树，尽向游人岁岁开。
倘使东风不相阻，明年应过滟滪堆。

蜀中望

秋风江上望江东，万里烟云一目空。
白帝城高蛰紫鹤，青羊庵静隐神龙。
山生地角连秦岭，树引天风入汉宫。
何处可寻赤松子？嘉陵越襋绕峨峰。

鬼赠人[1]

骨肉委尘土，神气托风云。
妻子走不顾，兄弟非所亲。
上德入虚寂，孔道闵声闻。
悲喜永无涉，贵用全我真。
吾子方役役，触物自忞忞。
登山迫虎豹，游水畏沉沦。
尚洒招魂泪，可吊孰如君。

人答鬼[2]

赋性各有托，委顺终自宁。
荼虫不知苦，蓼虫不知辛。
偶此落藩溷，而亦有纯仁。
逆旅视虚壳，妙契发精神。
有形岂足累，无闷征在心。
顾我若蹩躠，与子同一身。
感谢殷勤意，百岁暂为宾。

---

[1] 原载《同德杂志》第2期，1917年6月1日。
[2] 原载《同德杂志》第2期，1917年6月1日。

慕仙歌

我所思兮沧海东，欲往从之水潆潆。
徐福一去楼船空，祖龙望断咸阳宫。
珍盘剖枣瓜馕馕，安期晋寿东王公，乘风御气䗪濛濛。

我所思兮九嶷峰，欲往从之山巃嵸。
碧宫紫殿回天风，帝驾六龙驶且驸。
朝游五岳暮崆峒，愿为持鞭控骆骄，觅钵导引河上翁。

我所思兮西王母，欲往从之山呦呦。
蟠桃隆隆无老朽，曼倩已窃南山寿。
八骏踯躅如蚴螑，囷囷挟日云中走，君试先之吾且后。

我所思兮太华山，箫史弄乐层云颠。
秦女一去不复还，和鸣玉宇声关关。
牛女岂独非神仙，天河望断心愽愽，愿为比翼飞鹣鹣。

我所思兮函谷关，青牛紫气来神仙。
吾祖识之风尘间，阐玄发奥留真传。
探索钩致明渊源，讳言白日飞青天，灵龙高举何超然。

我所思兮黄石公，欲往从之谷城东。
云根蔚郁流清风，贞姿古骨何玲珑。
拂足进履来傒童，飘然临空追赤松，烧丹辟谷留朱容。

我所思兮羊雍伯，欲往从之玉田碛。
卢龙山中生白石，翻然乘风来羽客。
遂令鸳鸯张六翮，连枝玉树偕双璧，蓬莱缥缈烟波宅。

沧海桑田西复东，古来万事何空空。
誓将采药寻仙峰，纯真一气归鸿濛。
寿与天地相始终，凌大椿兮驾乔松，况复蟪蛄与秋虫。

寄雍师二十韵

海国风云际，中原隐逸空。
何来颜氏子，独守孔门穷。
谊造玄虚秘，神凝道德充。
四科推巨擘，千古尚重瞳。
粥粥疑黄宪，由由忆德公。
仁为尼父许，清与志和同。
尊美言行重，虚和物我融。
清天行白日，霁月映光风。
名贡金龟重，词成玉凤工。
庙堂思靖献，肝胆郁精忠。
自此随绮里，终当访葛洪。
两生轻汉爵，三代重商容。
渐楄聊嘉遁，安贫胜履丰。
秋风三径晚，明月五湖中。
欲拜庞公榻，惭无汉相功。
得倚青眼末，暂觉素心通。
樗栎邀新宠，藤萝附古松。
不堪随杖侧，偏幸袒床东。
教泽垂恩纪，春风坐始终。
由来函谷令，应得附神龙。

穷　鸟

穷鸟入空林，回翔不得驻。
绕树三两周，心焉怅迟暮。
空山鸣杜宇，如泣亦如诉。
长沙困贾生，伤心鵩鸟赋。

夏　日

蝉鸣深树间，雉伏长松下。
白眼望神鸟，赤云逐天马。
风高飞鸟落，水沸游鳞寡。
独有荷锄人，挥汗湿原野。

薄　文

俗儒苦多事，往往弄辞华。
落笔摇星斗，鼓舌堕天花。
六经等弁髦，七发称大家。
濂溪有逸叟，独复诎空车。

富语贫

人生重富贵,富贵复如何?
富贵有至乐,况复羡者多。
嘘气动星斗,结屋连山河。
人间有明珠,天上无姮娥。
东堂张华筵,西堂扬清歌。
犬马饫青粱,婢仆厌丝罗。
人寿无百年,胡为老卷阿。
守仁若颜子,双鬓不及皤。

贫答富

哀乐关心象,操舍决存亡。
凫胫固自短,宁思如鹤长。
取精虽云多,四体奔且忙。
胡为象有齿,转笑蟹无肠。
颜生悟清寂,可以傲齐王。
商山卧野老,函谷吊秦皇。
同为百岁梦,独复自夷伤。
焉知千古后,贵德不贵强。

寄内十首

结发共肝胆，恩爱如邱山。
援桴随马迹，举案齐眉颠。
四体可割裂，此爱岂能迁。
我当作沧海，君当为深渊。
沧海不可竭，深渊不可填。
况复迺慇讻，意如茧丝缠。
我有衷肠语，洒涕为君言。
感此下心意，勉为贞与贤。

吾家素敦厚，九世力农桑。
乡人重质朴，奕叶流清光。
曾祖性骨鲠，志洁而行方。
祖父尚端穆，一生惟慈良。
父如娄师德，而不较强梁。
妙契在黄老，至德未可量。
我生独颖异，有若锥处囊。
先绪遂以陨，安得不永伤。
胡为逐鸡鹜，转失凤与凰。

我生如欻电，亦如露与霜。
廿七作干城，三十而折伤。
大义虽凛烈，细行多自戕。
鸾凤铩其羽，千仞不得翔。
感子劝慰厚，是用涤中肠。
君子贵有终，丈夫当自强。
业已誓金石，谓子无凄怆。
若非九折臂，安得万夫良。

请看两鬓上，一茎未曾苍。

父母皆爱子，吾家尤特奇。
实以得我晚，终老无他儿。
三岁在襁褓，便授无与之。
十龄书大字，学缀文与诗。
十七与十八，破浪乘鲸鲵。
恐无见面日，常在断肠时。
廿五返乡井，初进豚与鸡。
廿六作大将，廿八征极西。
流离无已日，岂不念乌私。
遥遥望西山，涕泪沾裳衣。
养子只如此，有若畜枭鸱。

生子不如女，养女不如媳。
子行女慰亲，女嫁媳绕膝。
我生失奉侍，君当念琴瑟。
供养足恩义，承欢尽颜色。
宣儿日已长，含饴弄亲侧。
飞来双鲤鱼，含笑为亲说。
言我近端谨，处事万无失。
六经日以精，百行日以洁。
与人无怨尤，守身却衰疾。
不久将来归，永卜家人吉。

人生无所得，终老与道期。
衣食俱可废，仁义不能离。
君子贵笃行，所恃在良知。
朝闻而夕死，寿如天地齐。
愿君念厥祖，得善终不移。
愿君念吾祖，德养贻后裔。
直内以方外，身修而家齐。

儒者守一经，至死复何疑。

古人重作德，今人重作官。
安知巢许辈，独在禹皋前。
汉高慢群雄，乃复下商山。
光武畏子陵，承足不敢言。
千古有极贵，只在贫贱间。
吾无渊明德，冀君陶翟贤。
吾慕於陵子，君却微生烟。
提瓮慰我心，咏烛使我惭。
虽无种玉术，亦足傲神仙。

古人重燕翼，故乃得麟趾。
苟为国家谋，慎哉养厥子。
仲谋与李亚，我意不在此。
庭帏有懿训，朱程以媲美。
庞公知所贻，吾祖念厥妣。
君出清门中，应已达此旨。
拥絮苟不惭，公养岂必仕。
日诵考槃诗，奋焉以兴起。

人事易流宕，白屋多苦辛。
吾生历万险，一饭常不宁。
锋刃始暂脱，鱼药频相惊。
渐桷以小憩，养真宜及辰。
君当结深意，念念在吾身。
一衣与一食，血汗尚淋淋。
勿为泄沓态，勿生浮靡心。
哀惋激大义，勤俭须日新。
敬姜论劳逸，可以书诸绅。

男儿重忠孝，女子贵节烈。

易室何足悲，相要在同穴。
遗恨自古今，深情苦离别。
会合无常理，乖睽见孤洁。
古人有罗敷，道回显者辙。
古人有贤女，投梭而齿折。
惟爱清节全，不惜罗裾裂。
愿将冰雪心，坚如金与铁。

周岁感

前年今日西山上，去年今日贬大将。
今年今日樊笼中，作孝作忠两无望。
可怜魏尚在云中，空忆祁奚援叔向。
清歌一曲断人肠，坐对四壁生惆怅。

塞外曲二首

长弓搅天风，问君何处去。
为言奉简书，欲向天山戍。
大山高万里，鸿雁不得度。
走马入层云，莫向乡关顾。

乡关顾不得，顾之复何益。
一念感衷肠，三军尽凄恻。
惟酒可忘忧，荒山无麴麦。
未有定远功，长与玉门诀。

边关行

长鞭拂天天生风,军行六月胡雪中。
六月胡雪似腊月,搔首四顾无西东。
十马回头九马死,征夫逐逐犹争功。
何须塞上有胡虏,已见草木成兵戎。
朔风吹衣鬓毛白,万夫之长皆奇穷。
何日南归去,卜始难卜终。
昔日白银马,今见色如铜。
闻道李牧善备边,坐诱强胡挫其锋。
庙堂何不访此策,徒令将士心忡忡。

军中放歌

李白作诗动神鬼,右军书法走龙蛇。
豪情快意出天性,岂顾役役争涂鸦。
白云无心上碧落,清风倒卷成天花。
我爱天花好,君言不如草。
千古无定评,此事堪绝倒。
拔剑画地成文章,武夫之句宁足赏。
闻道壮缪读《春秋》,不传疏注与笺讲。
学书徒以记姓名,致令千秋笑楚项。
魏武独擅文武才,为臣不忠人弗仰。
安得忠孝勇武能文章,一令千古生奇光。

儒将歌

孔子战则克，胡不对卫灵。
儒生即大将，开口耻言兵。
孟轲制梃挞秦楚，所谓战胜于无形。
灭吴者谁羊叔子，轻裘缓带倾人城。
伐魏者谁诸葛公，纶巾羽扇争权衡。
我欲目空念四史，以作胸中数万兵。
一朝倘侍柏梁台，定歌士马羽林才。

别　意

朔风何凄其，寒来侵我衣。
征人怨乖睽，触景成相思。
飞鸿从东至，欲向华山西。
人生不如物，何用须眉为？

玩　景

仰首歌白云，俯首玩清渊。
乐其无意必，为我畅心源。
心源自遐逸，可以慰寥寂。
人生若飚风，何事悲穷通？

树　木

拔去三年桧，重栽万岁松。
从来青眼客，不羡黑头公。

想　梦

月下初相见，风前思煞人。
如何天下士，不及梦中身。

怀黄石

江月明如许，怀人思不来。
空留一片石，岁岁点苍苔。

开　窗

绿牖双扉启，青山四面来。
如何人不见，空有鹧鸪回。

狱中偶成

易作笼中鸟,难为客里人。
不辞麟趾格①,空忆马蹄尘。

江上行

独有伤秋客,年年江上行。
水流花逐去,延伫不胜情。

看山水偶成

细雨轻风动白杨,淡山无际水流长。
芳洲不住神仙迹,惟有鸳鸯列几行。

狱中偶感示潇湘渔隐

柏台风暖气如春,博得清闲养太钧。
地涌棘垣留楚客,天教名将作诗人。

---

① 自注:麟趾格,北齐刑书也。

晚次白帝城

日落天高山树凉，星光渔火照瞿塘。
可怜白帝英风尽，不及黄粱春梦长。

囚中偶号二绝

锁尽春山无限颦，征袍不旧赭衣新。
九天日月开金甲，万里浮云负葛巾。

雪上苍头髯上唇，归时不是去时身。
自非空谷无心草，安得人间不老春。

湘君曲赠黄侠仙妾

盛衰见肝胆，淑慝判云泥。
黄侯昔富贵，姬妾如云随。
东风吹落花，过眼空咨嗟。
覆巢燕子东西去，依依谁恋故人家？
楚湘君，志何赊？
临危辗转不忍弃，鱼药频馈来施施。
虎口难随白居易，蛾眉思报沈青霞。
黄侯切莫怀金谷，博得坠楼心自足。
百年昼锦等尘埃，一日深情重山岳。

鸳鸯愿

君不见，鸟在天，比翼飞鹣鹣。
安能作，陇头树，孤心耐冬寒。
学仙须学羊雍伯，入山须入太华山。
人生快意有自足，富贵于我何与焉？

放歌忠义二首

孔明老死心尚雄，六出九伐争关中。
臣子只识君恩重，将相宁知天命穷。
君不见，风从虎，云从龙。
丈夫赴义有如此，披肝裂胆回苍穹。

季子昔佩千金刀，明珠嵌铗金缠腰。
一朝肝胆许知己，心轻重器如鸿毛。
君不见，金可铄，石可销。
古来壮节掀天地，千秋万岁凌青霄。

边将行

长河水满天龙骄，鳞鬐怒发腾青霄。
塞外将军虎头客，拔剑四顾中心豪。
天子有命讨四夷，授我节钺腰金刀。
飞檄四郡选熊虎，会看沧海屠鲸鳌。

兵区五道出苜蓿，顾令万国来葡萄。
先锋只遣杨无敌，陷阵独驱高敖曹。
天山驻马望穷发，如以雕鹗睨鹪鹩。
东瞰长白西龟兹，边风遥落青天高。
身膺重寄自有略，岂惮深入于不毛。
走马汉廷试矍铄，聚米烛敌明秋毫。
先机早决庙堂上，胜负岂在兵戎交。
往年汉高困白登，胡儿至今骄且嘲。
武皇御极赫斯怒，帝心简在生班超。
天威奋迅震电急，单于屈缩如僬侥。
一战沙漠歼渠魁，再战青海犁其巢。
名王稽首衔拱璧，喜见露版回中朝。
龙颜映日开丹阙，虎拜如云奏九韶。
美酒百瓮龙涎香，赐我宝玦金兽袍。
帐下偏裨万户侯，绘图麟阁隆旌旄。
天王明圣士用命，顿颡百拜臣无劳。
野人生性贱九锡，愿向云山深处逃。

吊战国

古来战国何纷紫，赵人多将秦多兵。
鏖兵斗将志不遂，坐令天子垂空名。
函谷一夫当天下，关东六国连纵横。
群羊互触猛虎笑，六王芟尽祖龙盈。
始皇昔有千秋计，嬴氏今无十里城。
争雄夺霸伤天性，不及愚公心自明。

狱中赠江左王十四则先

则先之文清且笃，风生狸骨流珠玉。
兴来拔笔抽藻思，绮密缣新怂流俗。
由来藜阁动天心，遂令骚坛奋高足。
江南江北多硕儒，君才八斗差有余。
华则陈琳实徐积，书临魏晋文欧苏。
六朝盛族开新鼎，十世余姚绍远谟。
新流自古多奇祸，那许夷吾复江左。
鹓雏不上九霄云，麒麟竟绾双环锁。
阳春白雪示巴人，一曲清商狂似我。
与君携手结诗盟，勿以相如笑廉颇。

狱中慰黄侠仙

黄侯炼心如炼铁，倚天长剑剺明月。
童年崭骨呈荆楚，弱冠英风满吴越。
不学汪汪百世师，应宅桓桓五虎列。
折节欲追周孝侯，着鞭肯让刘越石。
云笼口角唾明珠，电走星眸奋须戟。
几经沧海哭秦廷，遂令胡儿归赵璧。
阃外曾为万户侯，湘中只有四壁立。
回看烈烈建旌旄，宁恤区区溷缧绁。
叵罗浇尽五更愁，天外清风生两腋。

为友人作知非歌两首应属

少年驰马复试剑，喜逐风尘厌词翰。
一朝飞电失浮云，两鬓星星落霜霰。
羡人落笔走千言，愧我铅刀非百炼。
七尺空为没字碑，千秋只有霍光传。
从无赤手补青天，那有故人惜秋扇。
黑头后生名将相，衰朽独甘贫且贱。
希夷已老濂溪死，更有何人垂大谏。
自将一息挽桑榆，皓首归来磨铁砚。

黄河飞来水上天，举手欲挽心悁悁。
驱车九月出沙漠，四顾不见居人烟。
途穷日暮鬼阻笑，括发露顶霜及肩。
抱玉韫椟沽且遍，至老不售伤华年。
顾瞻周道靡所适，已谓后劲无中权。
冯唐失足知何事，伯道无儿宁数然。
少年不识青天迥，老大空嗟明月圆。
独怜幽草秋风下，莫向空山闻杜鹃。

赠剑行

昆仑水浚金山高，精镠良镤英镰镰。
五丁辟岬紫焰出，欧冶得之成宝刀。
冒酡日夕剚兕象，千秋不钝光满腰。
我行六月入虎穴，百战以此来中朝。
蠪蚔绕铗饰琫珌，蒯缑束柄飞鲛绡。
为君高诣薄天地，遂令至宝如绨袍。
古来投赠不足数，明珠千斛皆如土。
愿与龙蛇誓一心，且为熊罴插双羽。
得此当为天下雄，叮咛莫负樽前语。
拂衣归去入峨眉，留得英风满湘楚。

沐 浴

少壮缨尘氛，脱落苦不早。
衰颜匪西子，况复甘涂潦。
沧浪有清浊，感此伤怀抱。
良辰动遥溯，暮春思远道。
虽非赤也狂，心焉式相好。
释负喜身轻，涤心悟形槁。
凤衰赓式微，蝉退委秋草。
披襟招远凉，清风何浩浩。
涟洢锦江水，愿言吾将老。

贪　眠

曙色跻空阶，晴光入高牗。
微风收夜凉，大明回北斗。
缗蛮山鸟音，错杂途人走。
开衾乍还复，抚枕意良厚。
两曜迭为宾，永岁固难久。
尼父思无益，硕肤坐相守。
功高身转薄，行修时不偶。
百年何匆匆，分半入乌有。
未堪秉华烛，那能惜白首。
有形空自托，忘我未为负。
殷勤恋余燠，浮生信衰朽。

感　事

有来何遑遑，临去还逐逐。
人无金石固，争荣同草木。
朝封万户侯，暮望九州牧。
浮云无尽藏，安得有归宿。
古人重买珠，今人重买椟。
庖丁对文侯，斯言可三复。

安 贫

短褐迎清风，长啸激明月。
迟暮郁幽怀，遣景妒华发。
生寄仅须臾，如何厌岩窟。
昔为新田苢，今为首阳蕨。
白鹤乘文轩，鹪鹩任鸂鶒。
自微百岁计，兴共千秋发。
可以处沮洳，可以茹糠籺。
但待寿命尽，青山葬寒骨。

登 山

嵯峨太华峰，十步九回折。
人志欲高迥，跻登何蹩躠。
感物伤茑萝，听鸟厌鹎鴂。
幽云覆紫芝，空谷潜芳苶。
束缚谢尘缨，虽劳而可悦。
仰止识弥高，岂惟颜子哲。

壮 歌

男儿似骊驹，少壮应远走。
豪挥百镒金，乐纵千觞酒。
明珠夺素娥，玉罂逐苍狗。
风云会有合，飞剑抉青绶。
左顾倾四夷，右盻清九有。
纵横数十年，化作烟霞叟。

鬼赠人

虚宇阔无际，神游随所之。
一有形骸羁，便同尘与泥。
鸾凤累于翼，麒麟累于蹄。
百忧重圣怀，欲明翻自欺。
尔身自金玉，我视不如遗。
大愚曷有极，知者为心悲。
毋若丰其蔀，覆以我为奇。

人答鬼

至道在恍惚，执一奚以为。
鱼龙说江湖，安知鸿雁飞。
浮沉信有适，幽明何所违。
如何忧具体，贵用析忘机。
大化匪克乐，藐躬宁自微。
未闻君独是，乃以我为非。
百岁讵云远，不言而自归。

寄怀四首

差池鹭斯蜚，翩翩随鹓鸱。
鹓鸱入华梁，鹭斯将安归。
十月多寒霜，征妇捣征衣。
但见砧杵急，不知心忆谁。

明星在银河，关雎集洲渚。
禽有鸳与鸯，人有士与女。
青山渺无际，相对不相语。
愿为双磐石，可以足千古。

辚辚车马声，仆仆征途客。
邈邈隔山河，渐渐无形迹。
妾心似流水，念子无朝夕。
愿将春蚕丝，化为陇头石。

汝坟伐条枚，君行胡不来。
惟见仳离女，感此中谷蓷。
相期及瓜时，瓜熟又重栽。
心如一片月，夜夜照苍苔。

续寄怀二首

新月何人迎，残月何人送。
明月静无言，思人易成梦。
梦为双鸳鸯，醒为孤凤凰。
如何乡梦短，转恨别离长。

西望太华峰，半在青云中。
上有仙人居，化作双飞龙。
龙去不知处，青山尽如故。
与君山海盟，何必仙飞去。

风吹木

风鸣山树狂，窅窳自相逐。
青松高且扬，长杨婉而淑。
平原多茂草，四郊生苜蓿。
不惜低与昂，敢爱芳与馥。
君子有雄风，小人当偃伏。
愿教天下心，尽如陇头木。

采蕨诗三首

采蕨东南岗，怀人天一方。
关山夐无限，流水迂且长。
愿言理舟楫，之子不我将。
遥望白云下，喟为中心伤。

采蕨山之阿，零露清且多。
有鸟怀好音，东西相与和。
愿言酌金罍，之子不我过。
岂不有萱草，树之当奈何。

采蕨复采蕨，人老如满月。
朱颜不可驻，感此伤胡越。
尘世无良缘，空山有灵窟。
怅望无所之，浩歌临风发。

狱中送张二十九

鸾凤不久衰，蛟龙不久蛰。
所以管夷吾，堂阜税羁絷。
朝辞伧父群，暮对公侯揖。
身世转蓬征，犹来信通涩。
闻君谢罗网，使我动颜色。
驺虞纵九垓，鸍鷗奋双翼。
虽无一樽酒，赖有三弄笛。
行行出棘门，珍重翻风翮。

陌上桑

陌上多青桑，游女各成行。
行行皎玉树，风吹珠翠香。
头上何所见，山色映明珰。
足下何所见，波光漾素缃。
耳后何所见，钿合镂鸳鸯。
鬓边何所见，兜笼着寒螀。
金泥为前衣，绣绮结裲裆。
王孙金匼帀，鸣骢且轩昂。
挥鞭动轻尘，轻尘何飘飏。
不惜征人远，徒为孤雁翔。
春云覆桃李，秋风摧海棠。
相忆不相接，空教清夜长。

秋 思

九月多朔风，严霜萎百卉。
寒鼯下腐草，暮鹑落深苇。
边人频夜惊，幽士忽愤悱。
有怀在王室，此意良亹亹。
读诗感鲂鱼，是用恤赪尾。

阴 云

流云闵微阴，旻天浮大白。
有风不成雨，无阳易为夕。
潜虚费而隐，天门走不辟。
村烟树转螺，何以似古柏。
即如此象中，宁可纵刀尺。
时违事还易，境迁心与革。
明明眼前物，翻作空中䐈。
蔽蔀何丰隆，反照自云惜。
有怀非浩渺，鸿宇渐蹙窄。
何当明素怀，使我百忧释。

采西山三首

采采西山芝，零露初未晞。
昔者缚尘虑，愿与寸心违。
屯困踵相接，翻然悟其非。
岂无天下誉，恐为达人讥。
凤衰逐鸡鹜，麟窘恋猪豨。
浮沉汨性命，使我习脂韦。
此事良可惜，念之双泪挥。

采采西山苣，零露晞未已。
醉也还复醒，蹶也还复起。
王佐不终仕，此意在绮里。
愚谷以全真，廉泉以洗耳。

贲邱捐束帛，观盥用二簋。
淡怀信所适，素志兹不馁。
云路骋遐辙，浩焉脱包匦。

采采西山藻，亍彳于行潦。
明心何冽冽，纤手何皓皓。
挹清以为贞，宅虚以为宝。
乐意洽随踬，和衷禽幽抱。
洋溢熳天机，岂有形骸槁。
矫首青云中，欢焉以终老。

狱中感怀四首

赭衣寒月对婆娑，幽国沉沉可奈何。
生意早随蝴蝶去，死灰常与白驹磨。
那堪旦夕惊汤火，独抱春秋坐网罗。
只有君亲酬不得①，精魂长此拥山河。

遥忆成都八百株，新芽凋尽旧芽枯。
青山有梦吟梁父，赤舄无人吊硕肤。
怅望白云迷去雁，空劳寒月绕飞鸟。
欲归未得身将老，长使清宵泪满裾。

桁杨碧血临风洒，葵藿孤心向日倾。
诸葛一生惟八字，汝霖千古泪三声。
蝇书北阙知何日，马革西山梦不成。
文帝若能思颇牧，此身犹可作长城。

---

① 自注：韩安国在狱自云：死灰有复燃之日。

三十勋名付落花，满腔忠愤等泥沙。
论功本自惭辽豕，奉朔何尝作井蛙。
归梦欲寻陶令柳，羁身翻羡故侯瓜。
千秋鱼水今何在，古柏祠堂集暮鸦。

狱中赠友人

长风吹海鸟，日暮入空林。
之子风云客，常怀天地心。
途穷思渐桷，归路不闻津。
无限关山月，谁能寄此身？

寸草抱孤心，宁知天地仁。
冰霜磨劲节，风雨炼精神。
不自随东北，何妨信屈伸。
南枝先有觉，心醉玉壶春。

西边行军作

建节牦牛国，频经鹦鹉崖（即鹦哥嘴，在巴塘）。
江随人意转，山向马蹄来。
鬐篥荒碉远，荆榛古戍颓。
凄凉残兔碣，空忆补天才。

苦　吟

征雁归南岳，愁人锢北廷。
不教生羽翼，徒使寄伶仃。
洒泪怀乌鹊，伤心咏鹡鸰。
梦随明月去，直上锦江亭。

禁中寄内子

解网知何日，双飞未可期。
遥瞻巫峡远，徒使梦魂迟。
祸福难占易，苍茫独咏诗。
加餐虽有意，无那怒如饥。

狱中夏日

渡泸空忆枕金戈，薏苡明珠月满驮。
数点榴花开碧血，半窗槐色隐菁莪。
天边蝶梦惊蛛网，云外鹃声感雉罗。
何事得随周茂叔，永依濂洛种新荷。

狱中赠洛阳何敬盫砚兄三十韵

总角要盟久，倾心片语真。
相知如比目①，回思独伤神。
王地钟灵厚，仁乡秉气纯。
齐州龙虎出，濂洛凤凰驯。
学冠扶桑客②，词惊折桂人。
中湘余旧憾，东海运鸿钧。③
子隐兼文武，端明识旧新。
金貂宜有自，铁兽健无伦。
壮节思投袂，豪情薄指囷。
山人依日月，天骥出风尘。
死士干戈戢，生民杼柚亲。
豺狼惊豹变，鹞鸩窘鹰瞵。
黄虎初崩角④，青蝇竟反唇。
六韬收牧野，孤愤感渔津。⑤
只觉惭仁杰，非因迓俊臣。
雁先君作主，鱼贯我为宾。
话到神交远，翻惊遇合均。
班荆情密密，祈竹意申申。
越马伤穷北，秋蚕叙远春。
着鞭先祖逖，投辖后陈遵。
节钺分僚友⑥，干城护国民。

---

① 自注：鬼谷子朋友相知。
② 自注：君留学日本。
③ 自注：何腾蛟封中湘王。何尚书逊东海人。
④ 自注：黄虎，流寇。别枝君剿白狼有大功于国。
⑤ 自注：君革命有功，至今求隐不得。
⑥ 自注：君为河南剿匪司令。

云程高足迥，露版捷音频。
只顾收南服，何尝背北辰。
十年如犬马，三字获麒麟。
二卵千秋泪，双心五夜邻。
垂杨生左肘，细柳即前身。
麟格收黄霸，龙场困守仁。
凄凉怀释甲，辛苦慰同寅。
运极星回斗，天高月满轮。
他年维地轴，崧岳对峨岷。

颂黄将军母赵太夫人四十韵

四海多英物，千秋重母仪。
婺光齐斗极，天意满坤维。
未及雄驹骏，先钟牝马奇。
衡峰原凤阁，湘水即龙池。①
筞迹清风远，砖痕碧血遗。②
早知兰蕙质，应入薜萝帷。
本自诗书族，宁无家室宜。
《明夷》知有待，《洪范》若为辞。③
未必思龙见，无非勖燕贻。
自能培德厚，不复厌门衰。
睿穆思提瓮，寅恭肃奉匜。
教忠先履节，致孝薄观颐。
木火天伦乐，元亨地德媲。④
由来双鸟翠，不慕五羊皮。

---

① 自注：母湘人也。
② 自注：用宋史谭氏妇赵传事。
③ 自注：黄梨州著《明夷待访录》，黄道周著《洪范义》。
④ 自注：《春秋繁露》以子承养如木说火。

并逸高风古，侪耕雅趣怡。
锄随铭一志，案举及双眉。
戒旦甘同梦，经秋怅仳离。
鸳鸯何惨恻，鸿雁失追随。
碎镜封鬓发，援刀损玉肌。
旧盟难可诉，终古只如斯。
风雨怀清夜，冰霜苦节时。①
赤心寒燕子，红泪慰麟儿。
为道家门薄，还思社稷危。
千秋谁俊杰，三徙即良师。
画荻心常苦，和丸志亦悲。
敬姜甘织绩，介母重操持。
衣帼初相见，封钱信不疑。②
朝庭旌节孝，阃闼备严慈。
发断英雄感，心伤天地知。
一生如苦竹，千仞挺元芝。
清鹿㲋余气，天驹矫健姿。
丹心回日月，白发照旌旗。
自昔称家法，于今是国医。
府开三楚节，觞进万年卮。
对酒谈成济③，临风望子思。
胡床倚紫障，机杼对丹墀。④
虎落烟尘急，鹿门风雨迟。
淡怀丘壑远，幽绪灞陵陲。
上寿称南岳，高风峙九嶷。
埙篪咸蛰蛰，千古壮鸿彝。

---

① 自注：秦始皇为贞节妇筑怀清台，苦节见《易》。
② 自注：夏侯道姊于诸子非衣帼不见，李景让母得窖钱封之不发。
③ 自注：贾母每谈成济不忠，必骂不绝口。
④ 自注：隋郑善果母常以胡床倚障，后闻善果处事瞋怒不仁，必掩被而泣。机杼，见《尉缭子》。

夏日狱中

失道臣无状，回天事不能。
只今看艾虎，犹使惮苍鹰。
爱日倾肝胆①，临风愧股肱。
不堪肠断处，微月照髯鬤。

狱中感旧

三岁夔门客，孤帆下楚江。
哀鸿犹肃肃，雏燕已双双。
岷水空归海，巫山不上窗。
未能酬社稷，徒此误家邦。

感关岳并祠而作

龙虎精神牝马纯，双峰遥峙气嶙峋。
西来上将空三国，南渡中兴第一人。
志入风云依故主，心如日月照蒸民。
乾坤不老英雄在，毋令千秋怅获麟。

---

① 自注：冬日可爱，怀惠也。夏日可爱，怀刑也。

感 怀

家国兴亡指顾间，空将血泪洒河山。
千秋遗恨侵银海，一夜凄风想玉关。
天宇上悬云密密，大江东去水潺潺。
年来又拂青铜看，万事无成发已斑。

狱中自悼一百韵

升降云泥判，蹉跎日月长。
只今孤影吊，徒使寸心伤。
射虎怀当日，骑驴忆故乡。
岳灵钟剑阁，英物挺岷江。
不作风尘客，宁为田舍郎。
虎头呈壮气，日骨婉清扬。
道远千秋溯，天高一首昂。
回环看百代，指顾脱千章。
有大如天地，何人识豫樟。
一朝翻羽翼，万里拂苍茫。
白日倚天轴，长风送海艎。
镇心瓜子灼，照眼粃糠炀。
慷慨哀危局，磨砻出铦铓。
词华惊浩渺，武库发光芒。
仗策腾龙虎，随风吐凤凰。
铁衣翻楚楚，金鼓逐镗镗。
左盱周长白，南辕骋越裳。
囊锥难自晦，长剑为天忙。

穷鹿三边急，慈鸾万仞翔。
千军收陇蜀，一柱砥雍梁。
死士咸绥戢，生民乐胥匡。
萑苻清寇盗，荆棘扫豺狼。
士卒能知义，将军不好刚。
卖刀收健犊，脱剑易驯羊。
五族同胞与，三阳献瑞昌。
学虽惭吕望，仁足佐成汤。
虎落秋风急，鹰扬素性狂。
伏波争远略，充国重边防。
玉斧轻前宋，金戈出盛唐。
短靴储利刃，瓶罍注醍醐。
斗穴宜强将，趋风失骏骦。
苍鹰睨燕鹊，凡鸟骇鹭鸧。
卫霍称骈骖，孙吴任颉颃。
攫狮看指顾，飞豹失披猖。
绩帛惊群丑，弯弓射复隍。
七擒怀赤狄，百战定青羌。
缓带垂觿鲽，轻裘佩鹔鹴。
室家歌杕杜，归路满壶觞。
永勒千秋碣，长收万里疆。
劳书金阙降，露版驿亭将。
苦节衔君命，轻心缺我圻。
无人言魏尚，有马望孙阳。
对簿难为辩，平章未肯详。
迩来三木下，谁惜万夫良。
麟格收符节，蝇书绝庙廊。
吁天无麹麦，偬日卧桁杨。
吞指怀吴佑，知机愧子房。
此生归阃茸，何日奉圭璋。
涅背心常苦，含珠目渐盲。
子瞻思馈药，寇准祝枯篁。

文帐非因缓，刑书不可当。
天威昭夏日，壮节懔晨霜。
神圣恩难测，平坡运未央。
发蒙知有意，用狱复何妨。
拔寘随天步，髡钳服典常。
雷霆皆雨露，囹圄即胶庠。
谨节邀仁主，弦歌法素王。
星霜余老眼，蹩躠履周行。
否泰谁能识，艰难我备尝。
十年萍水尽，三径菊花黄。
只合安贫贱，非关性屈强。
莫愁痕若画，赖有笔为粮。
隐几思南郭，随锄过北邙。
逸妻钦仲子，市女慢韩康。
鹿偶归阡陌，鹑衣结裲裆。
黄精依短镵，竹实满倾筐。
山叟潜编篾，文翁独卖浆。
但宜称草芥，不敢谢蒿床。
田父伊川老，愚公古谷藏。
锱铢缨绂贱，松石枕簟凉。
望道言行迈，观心识坐忘。
盛衰非所计，休咎不须禳。
绿野牵黄犬，清波出素魴。
囊中无薏苡，江上即沧浪。
放鹤随来去，逢人信否臧。
薪歌延皎月，琴调郁清商。
杜宅千竿竹，成都八百桑。
古人俱杳杳，何事独遑遑。
茅屋堪容膝，芦洲不误航。
未能传五柳，无复羡甘棠。
孙武羞重见，严光任远扬。
止心防见猎，观物厌登场。

倦鸟安危桷，山人贱鼎铛。
邵平心已定，殷浩臂空攘。
蔬食何须怨，杯弓未肯惶。
一身非管乐，千古尚羲皇。
未尽长流罪，宁忧陌路傍。
半生如苦竹，一梦悟黄粱。
虫臂随天赋，鲈羹偿素望。
不堪充甲胄，仍复困缣缃。
犬老君留盖，蚕成女七襄。
野人歌击壤，偃鼠饮汪洋。
玩世希夷乐，娱亲老莱庆（读平声）。
往来无憎恶，天地任妖祥。
见首龙如老，忘形蝶化庄。
簪缨如敝蓰，肝胆重琳琅。
忠孝惟余泪，乾坤枉断肠。
百年惟尔尔，终古莽苍苍。
已失三年艾，还收六岁穰。
骅骝经一蹶，宇宙任腾骧。

赠良玉楼

枇杷门巷玉人家，粉黛纷纭斗烛花。
阅尽群芳皆白眼，乍惊孤艳拂红牙。
鸳鸯独宿香衾冷，翡翠双拖舞袖斜。
我欲自为仙子婿，一生长与饭胡麻。

秋月春风无限情，酒阑书剑任纵横。
自知此意甘颓倒，且喜今朝值圣明。
不是东山能济世，也因蕲国厌谈兵。
美人名士堪千古，何必干戈误一生。

仿佛芳情不自持，夜凉人静语深时。
风前玉树常依我，月下金针更度谁。
未无青眼怜双璧，间有真心着两颐。
惆怅天涯沦落意，青衫红泪一凄其。

一去韩王再不来，每因风月忆阳台。
自知红玉空千古，敢谓明珠吝十枚。
遗恨有时归石镜，消愁无计酌金罍。
英雄易老名花萎，谁是风尘夺锦才？

为双亲作望儿歌

望儿归来儿如何，儿不归来亲泪多。
风雨淅淅入秋夜，胡天一雁蛮鸣过。
尘埃满眼日昏黑，云雾蔽野天垂罗。
锦江城上龙钟老，两眼日带秋水波。
秋水不干儿不返，荒漠旷渺空摩挲。
昔闻离别已太息，况复此去遭坎坷。
东家农儿能负禾，暮绕竹篱歌山歌。
西家樵儿能析薪，朝依荜户理长柯。
彼以何才致长乐？对此欲问羞滂沱。
愿将身命轻鸿毛，弃之有益宁肯不。
帝阍无路去不得，反复欲往伤蹉跎。
化飞化潜化动蜇，入云入地入江河。
安得健脚双峰驼，送儿一夜到岷峨。
蜀山青青蜀水多，考盘在阿临江沱。
耕樵渔牧皆至乐，切莫拥纛挥金戈。
家有五尺白铁锄，又有百结黄宗裳。
子子孙孙万万世，世世授受为成柯。

（《宗圣汇志》第 1 卷第 11－12 号
合刊，1914 年 12 月）

续　稿

作诗余兴六首

其一

吾闻吾言古，肇自汉之人。
秃节没白雪，清风挥玉京。
阐创亦岂易，磨砻固其真。
大雅日沦胥，追述何足承。
暧暧溯流光，皎皎开我心。
欲充浩然气，文章宁大成。

其二

汉后能诗者，陶潜工且清。
但见天机活，绝无成意吟。
浩浩端倪灭，渺渺何所寻？
虚明照神域，丽词惊鬼心。
之子有素琴，使我闻天声。
静虑入幻境，超然凌滓溟。

其三

太白古豪人，落笔动沧溟。
射虎不得志，雕虫聊可营。

诗酒所挥洒，冰雪之聪明。
龙隐一爪现，文成千古钦。
云厚不蔽日，时穷安可沦。
愿言访之子，飘然乘长鲸。

其四

杜老苦蹙促，其诗亦何愁？
惟闻定河溯，卷书心休休。
君国一腔血，流离千古忧。
天性有独钟，人事焉可求。
我昔总角时，竹马草堂游。
愿共零落心，相期隐者流。

其五

昌黎直而庄，诗味清且长。
精诚开衡云，道德扫秕糠。
柳州骨气清，条理分天章。
淡泊见洒落，疏达而清扬。
二老辟千门，示我以升堂。
束发念之子，寝馈于有唐。

其六

坦坦白乐天，平平无奇词。
信笔一点染，落纸成歌诗。
一似有懒癖，未肯为苦思。
潓潓窜谪巾，逐逐风雨时。
清酒酌美人，陶然共忘机。
居易以俟命，乐子之无知。

(《宗圣汇志》第 2 卷第 1 号，1915 年 3 月)

感　时

四海争传卫国家，萧墙犹是起悲笳。
百年小丑皆天虎，千里雄藩尚井蛙。
击楫将军看剑戟，忧时居士泣琵琶。
沦亡此日羞驯致，不许中原一矢加。

不堪蹂躏是苍生，无那英雄好举兵。
徒说祖龙难霸王，未闻陈涉即干城。
讵怜兄弟操戈逐，却为豺狼倒屣迎。
一将名高枯万骨，将军且莫慕虚荣。

君从西来行

君从西来来何处，君从西来来何故。
周行梗绝盗如麻，君从西来来何路。
去年鸡犬入瞿塘，今年旱魃修古树。
锦江无舟行不得，君从西来来何渡。
君家母，我家父，班白之头日加素。
君家冢，我家墓，故鬼新鬼泣且诉。
我以简书无奈何，君则何所务？
蜀田终岁青，宜粟亦宜秋。
几见农人曾断肠，但见将相不死亦禁锢。
一捧粟，一楼绖，与子归去来，织彼於陵屦。
瞿罗老雉空嗷嗷，安得爰爰歌有兔。
怅望东流出锦江，不得回头看滟滪。

偶 成

千古争传细柳营，何因上国废长城。
封疆日蹙谁求将，杼柚徒空惮养兵。
赵括一来秦卒喜，马援百战汉皇轻。
北胡那得收河朔，恸哭南朝狗易烹。

赠卢汉生

君家沧溟之南，重洋之北，
水云漂渺十万里，浩气磅礴生英杰。
闻君少小方十龄，已驾长鲸走西极。
天风高处海日红，指誓肝肠为家国。
中原昔日豺虎群，最难赤手披荆棘。
一蹶再蹶何足论，欲遂未遂休不得。
张良奋臂博浪椎，祖逖伤心渡江楫。
金刀百万等闲挥①，铁甲三千咄嗟集。
先朝旧事泣鲂鱼，壮士精诚贯金石。
走翼北，奔粤南，
不夺神州归汉族，愧煞须眉七尺男。
古来有志事竟成，神龙蠖屈宁终潜。
诚意出奇新鼎定，开平一战胡人歼。
报功不及一蛇隐②，高节徒增千古谈。
犹是五湖风月好，与君归去贩鱼盐。

---

① 自注：君因革命，抛金约千万。
② 自注：君今尚未补官。

观 云

晶晶晓云气,千山联锦屏。
密中龙欲出,低处雁初横。
郁金开国瑞①,爱日见民情。
欲寄渔樵意,清光野渡晴。

杂 感

天子如龙飞,大臣如虎变。
鱼水偶相得,风云良足羡。
入参借箸谋,出射天山箭。
管乐不屑侪,遑论绛与灌。
分富锡铜山,久要增铁券。
带砺盟山河,葭莩窃郡县。
势重身转轻,恩极爱还断。
武安不负秦,淮阴不负汉。
缚虎会当急,疑人曷能辨。
千载以为冤,一时以为患。
吴江沉鸱夷,那能惜秋扇。

将军天外来,英风动山岳。
报国致其身,伐邑壮其角。
朝登汉将坛,暮下阴山谷。
张弓舒劲腕,飞箭无全目。

---

① 自注:舜将兴,黄云升堂。

健夺胡马骑，威收小儿哭。
单于不敢战，乞怜何瑟缩。
南国望旌旗，北塞废版筑。
八极静烽烟，归来赐汤沐。
少无脂韦术，立朝反骇俗。
殊勋不复论，深文便成狱。
武夫性如矢，安得不覆㑨。

黎牛不捕鼠，大才不荫身。
谁将昆吾剑，刈此荆棘薪。
淮阴谋一饭，屈曲依妇人。
毛生未处囊，笑杀平原君。
高明征器识，余子重殊勋。
殊勋亦不重，孰为希世珍。
西顾事大国，东顾屈强邻。
不绝贪缘路，空思社稷臣。
夜阑闻早鸡，起舞看参辰。
客星犯帝坐，乃是汉皇宾。
兹士宁远引，谁复见经纶。

朝登太山顶，暮宿渤海滨。
东望何漫漫，草木皆雄军。
匝地数千里，粲若列星陈。
北破长城缺，南窥闽海垠。
寇马立吴山，安得虞允文。
一战采石下，断此豺虎群。
寇马下北平，安得晋谢元。
淝水馘枭帅，持以报吾君。
吾君英且武，列绩赏殊勋。
朝为穷巷客，暮为天子宾。
明年出塞北，万里看朱殷。

暴秦会有衰,弱晋终未灭。
不薄昆阳城,谁信汉无敌。
汉家有良将,四夷未能识。
一日出南都,千军收朔北。
异域起悲风,朱颜为之墨。
不恨朱颜墨,但恨不杀贼。
无地不为家,有才当报国。
楼兰未能斩,屺岵那可陟。

归去来行
序

昔渊明作《归去来辞》,然渊明归去,不复来也。予归隐不得,遂行至汉上,临流而返。伤幽燕之寂寞,望巴蜀而心悲,作《归去来行》。①

我行至汉皋,归去复归来。
归去此心慰,归来此心哀。
小人有老母,小人无俊才。
不堪侪卫霍②,只可作老莱。
昨宵清梦迥,飞上锦江台。
皓月照寒妪,两鬓何皑皑。
岂惟发皑皑,齿豁背复鲐。
思儿荆户阖,望儿荆户开。
东北有征鸿,西南动飙风。
风骄天路绝,羽翼谁为通。
鸾凤翔九霄,那能惜飘蓬。

---

① 由此序推断,此诗作于1916年12月。因为尹昌衡由"汉上"(武昌)回到北京是1916年11月下旬。
② 指汉代卫青、霍去病。

昔日何堂堂，今日何空空。
可怜百战士，不得效愚公。
十月凛朔气，严霜凋赤枫。
子卿思欲南，定远思欲东。
素愿各不偿，郁陶此心衷。

过汉皋

汉水无今昔，征途又一经。
江翻秋气白，山接暮天青。
此地分南北，何人别渭泾。
溯流应有意，回首愧漂萍。

自　悟

我性如惊鹤，樊笼初未娴。
高瞻狭宇宙，默坐沈清渊。
六龙何足御，潇洒即神仙。
丹砂轻异域，白玉薄蓝田。
虚心存正觉，外物涸真玄。
纵目眺四维，天下多青山。
不作秦皇泰，何必驾楼船。
平明余反照，夜气满坤乾。
得善洽随颐，服膺非拳拳。
昧爽日初出，清秋月自圆。
性命各有尽，何须千古传。

被辱有感

少壮如精金，老大如流水。
精金何铮铮，流水空逶迤。
平陂漫无极，锋棱那能峙。
蹊童走相笑，黄发初及耳。
抗节傲王侯，彼心乃欲仕。
我自拂衣人，世态奚足耻。
清操招物妒，高明惮群指。
何意冲霄鹏，化为负涂豕。

醉 歌

生不能雄兵百万清九州，又不能偏舟一叶五湖游。
长弓椽笔各失恃，商歌羽奏空啾啾。
何如酌美酒，独消千古愁。
霭霭白云闲日月，萋萋芳草紫骅骝。
金樽照眼眼不见，连宵高卧南山头。

感 怀

十载披金甲，星霜老战场。
将军清朔漠，征马惜玄黄。
只顾刀头急，羞矜弩末强。
明朝谢簪笏，不作万夫良。

将军之马歌

将军之马空中来，英姿矫健何雄哉。
昔闻南都走鹁鸽，今见辕门出玉追。
腾骧四纵小八极，自顾已是天下才。
吁嗟乎，天下才，胡为仆仆蒙尘埃。
纵教一蹴金城开，功成百战空死灰。
不见青牛过函谷，徒令赭白崔巍巍。

训 子

生不愿汝为孟璞玉，功名迈父宁西蜀。
又不愿汝为李潞州，袭我宝剑封公侯。
百年将相何足数，冠盖纷纷等尘土。
庞公昔日归鹿门，父子依依老农圃。
汝莫羡李家亚子化为龙，曹氏黄须猛如虎。
窃钩窃国尽萑苻，几见高瞻烛千古。
文王能演《易》，公旦缵其绪。
孔伋作《中庸》，斯谓光厥祖。
吾家自有三畏斋，愿汝终身守其鲁。

塞外歌

北方胡儿骑大马,深秋夜出天山下。
北方良将腰长弓,一射再射边云空。
为报中原圣天子,武臣报国不顾死。
仰视青天白日行,壮节贞心只如此。

游万牲园有感

信步游西郭,频来御苑中。
密花潜日景,疏树动天风。
雕鹗樊笼狭,鹪鹩天地空。
浮生亦如此,不复问穷通。

幽燕美人歌
序

为姬人殷太贞作,太贞即前诗所谓良玉楼也。

幽燕美人颜如画,男子争夸女子骂。
一朝失足堕平康,王孙销尽黄金价。
容华绝代初长成,小姑十五未能嫁。
我来相遇不相知,但惊秀色如兰芝。
洛水风光情脉脉,汉宫朝暮景非非。
可怜碧玉真无主,可惜名花委尘土。

宝帐争教隐凤鸾,开笼谁放白鹦鹉。
此时有泪不能挥,此际有心向谁语。
珊瑚玉树交枝柯,忍令相逢不相聚。
长夜漫漫达清曙,叙尽平生极倾慕。
小鬟徒惹仲淹怜,红拂不随李靖去。
青眼初逢意不胜,白衣飘泊凭谁诉。
频向灯前问所思,万语千言不一顾。
精卫苍茫渤海波,天涯咫尺巫山路。
影影形形对镜台,暮暮朝朝不知数。
秋风一夜起严霜,鬓华催动芳心悟。
殷勤不似旧欢娱,辗转临窗起倚柱。
隔帐潜闻鸨母声,搴帏复探阿姨处。
阿姨鸨母寂无言,依依猿臂真情露。
妾生身世阅多人,深爱如君曷能遇。
一心怨妾妾无权,百计慢君君莫怒。
小家碧玉姓非良,珠河玉浦殷家渡。
十龄九龄无所知,妾家隐受娼家赂。
十三十四潜津门,怀抱琵琶歌玉树。
鸨儿肝胆狠于狼,十五迫教为夜度。
逢君走马入章台,羞颜聊进合欢杯。
谁知丝茧重重缚,竟促鸣骢日日来。
君来花月何欢会,忽忽风雨成悲哀。
蕲王燕颔知雄略,相如凤谱见长才。
始知君意无轻薄,始识君身可终托。
但教今夕誓鸳鸯,定许明朝射孔雀。
我闻此语惊复悲,卿心如此何隐为。
倾囊愿许千金价,对镜休嗟两鬓丝。
怜卿此意何密密,惜卿此语何迟迟。
说心快意事已足,赤足露顶寒不知。
空阶寂寂初闻雁,钟漏沉沉不待鸡。
呼来鸨母梧桐院,便向阿姨问所愿。
鸨母阿姨共一言,此心却与君心判。

我家钱树日日摇，价重连城薄千万。
风流慢诩汝南王，明珠十斛难相见。
我闻此语如咀荼，反复开诚演异书。
纵教白耦吟成句，那许偏舟便入湖。
卿言自怨妾命薄，惟君善保千金躯。
百年好合会有尽，一日绝迹心自疏。
从今拂袖南归去，此身不与重相遇。
千古坚心石自全，一生比目终难遂。
征途万里何迢遥，楚水奔腾汉水骄。
临渡那知情似海，望洋谁谓不容刀。
简书畏我去复返，乌声鹤唳空嗷嘈。
蒲轮轻车驶若电，复送将军见秋扇。
相见无言各自伤，相思再见中情乱。
杜门何处可骑驴，倚枕不堪重听雁。
仅将十日锁春怀，渔郎再渡桃源开。
芳心惨恻雄心碎，一念苍凉万念灰。
只觉梦中魂缥渺，那堪月下影徘徊。
孤鸾独鹄飞鹎鹎，相将相慰复相怜。
儿女有心成铁石，英雄无路觅金钱。
惟见泪痕淹锦枕，不闻歌舞度华筵。
天外飞来三壮士，英风烈烈佳公子。
石上前缘信有之，一见倾心便相喜。
应知铁兽本无伦，换罢金龟才入市。
将醉易欢悲复来，四座苍然为之起。
将军旷达出风尘，何事依依竟如此。
我闻瞠目一欷歔，此念似非亦还是。
四海争谈为国家，独我胸中惟一妓。
咫尺天涯盼紫云，安得分司如御史。
壮士闻之再举樽，区区琐事何足论。
上客自能为鲍叔，右军偏令作昆仑。
果是禅心牵柳絮，肯教藩溷落兰荪。
我闻一举连三爵，清樽满引为君酹。

片言九鼎重于山，一日三秋更为约。
虎头戴月望牵牛，鹏翼负天即灵鹊。
壮士闻之皆欣然，愿将赤手补情天。
驱车北里宁为侠，掘玉蓝田不待仙。
须臾唤得美人至，当筵俛首留金钿。
愿为明镜照肝胆，愿为皎日常团圞。
阿姨鸨母不敢阻，脱骖携去黄金鞭。
美人自此随桴鼓，慷慨风流各千古。
争夸同契薄金兰，赚得名珠归合浦。
秋色犹疑蝶梦春，宵眠不觉鸡声午。
我生乐事在蛾眉，搔首茫茫天下苦。

夜饮慰太贞

夜来何所有，美人对清酒。
美人一笑酒一钟，美人一颦酒一斗。
颦笑任天真，韶华那能负。
昔日红桃花，化作黄金柳。
卿不及百年便为妪，我不及百年便为叟。
行乐须及时，那能伤白首。
劝卿为我舞金樽，赏春莫待春风后。

思　隐

野云挟白日，薄暮西山飞。
斜照入空林，倦鸟相与归。
此意岂不乐，而我曷式微。
迢迢西域道，采采北山薇。
铁甲寒秋月，金戈怨落晖。
君明将自误，人是予独非。
大鹏折清风，孙彼鸡鹜肥。
因知拙远虑，祸福昧先机。
请缨惮陨越，居位惭素尸。
举世多哲士，安用虫蛋为。
我欲归南山，可以种东篱。
匪兹博名高，聊以择安危。
流光驶若电，遂初何迟迟。

游西山三章

西山嶒崚，勃窣斯征。
国乃有戚，人孰无情。
萃谋夫兮纷丝，广交邻兮荒成。
鹰不驯兮，纵其羽翼。
龙不飞兮，弃其股肱。
驱斗筲兮逐浮云，藏良弓兮哀苍生。

西山巍巍，夕景熹微。
薄言来游，驾轻策肥。
昒幽岑兮道阻，望云斾兮愿违。
欲清以虚兮，怭怭其宁。
忽纠以紾兮，怦怦其悲。
仰高明兮斯昭昭，胡见斗兮咸非非。

西山峨峨，毓英孔多。
载诗载酒，且行且歌。
俯浩邈兮慷慨，舞葳蕤兮婆娑。
英雄潦倒兮，赧赧其颜。
佳人郁忧兮，盈盈其波。
附茑萝兮伤我心，匪卷葹兮奈若何？

示学者

俗儒尚呫哔，晦义劳形神。
所骛失真宰，成名不成身。
安知君子学，内己而外人。
庄老惟一虚，孔孟惟一仁。
尧舜不读《易》，包牺不识丁。
小器备百能，大道非六经。
有得在方寸，始觉诚则形。
心传十六字，九德备虞廷。
嗟我犹惛恎，谁识渭与泾。
独抱此玄闳，脱略惟浮名。
仰天视白月，醇化结丹诚。

黄侠仙招饮数次，皆不赴，自知疏旷。然近对知交，悉皆如此，因诗以答之

黄侯约我饮，再却复再招。
我近不出户，万事轻鸿毛。
岂以吾子故，覆与天下交。
君子一终始，心藏期久要。
往来无定辙，主宾皆不劳。
出门偶相值，但饮乐今朝。
右手酌金罍，左手持蟹螯。
既醉各解去，挥手长风遥。
君无一饭约，我无斗酒邀。
饮酌信前定，酬酢非吾曹。
居《易》乐同人，愿占初九爻。

胡将军文澜招饮，坐中多旧交。然意不欲出门，亦诗以谢之

将军飞檄下糟邱，帘斾招邀麹蘖侯。
盛会固能图饫饱，醉乡期不逮温柔。
因题云锦辞羝牸，坐对星河酌女牛。
总角尽知予意懒，敢将疏旷博风流。

偶成忠孝二首

浩气凝成华岳身，生成物我死成仁。
志存君国镕金石，背涅精忠泣鬼神。
素览《春秋》知大节，傲倪今古少顽人。
百年尽瘁为何事，留与千秋作五伦。

返本思源血泪淋，难将寸草答三春。
身无大舜千秋业，心有王褒一点诚。
英兽慈祥推物我，孝乌肝胆动天人。
百行第一须珍重，立爱兴仁首自亲。

与室人一首

身是东陵已废侯，瓜田耒耜自悠游。
再逢王子三更月，懒带浮休一点愁。
鹑结单寒犹被体，蛙居卑陋惯低头。
归来锦水依然在，坐看清溪石上流。

族人立祠，题以赠之

尊祖心诚故敬宗，支分派别一源通。
九传孰若张公艺，四世惟修陆大同。
南北阮区家自近，东西李宅气还融。
伧人不忍言殊服，古道于今尚可风。

醉后赠黄侠仙

我慕黄侯善饮复善歌，倒酒直欲倾长河。
冲冠发指疑荆轲，为我一曲扬清阿。
目光炯炯朱颜酡，仰视青天云若波，毛羽不丰当奈何。

赠殷汉光

汉光将军气如虎，放逸风流擅歌舞。
矫如惊鹤摩空举，旷瞩八极凌千古。
胡不搴旗伐征鼓，出为股肱入心膂。
乃是不覆非不武，沈湎冒色予与汝。
坐令熊罴化鼷鼠，此意漫漫向谁语？

饮殷汉光即景为歌

殷侯有室室四堵，距我西邻二三武。
两家相期解寂寞，一日连番迭宾主。
我能一举垒百觞，君饮昏昏不知数。
我有美人颜如花，君有美人善歌舞。
每当曙色便开筵，将醉不知星在户。
我倦凭椅椅欲倾，哂我谓我酌清醑。
平头奴子抱箜篌，顾曰来歌彼季女。
季女娟娟如惊鸿，音流四坐鸾噰噰。
轻舒妙转鹦鹉舌，巧蹴慢翻蝴蝶风。
当年武帝空金屋，此日文君冠蜀中。
浮生得此诚足乐，何必飞仙跨云鹤。
大腹便便作鸱夷，一笑回天众星落。

与阎将军伯川

太原将军阎伯川，雄藩西北何巍然。
治兵已薄三千载，作将初经五六年。
昔时缟纻何足论，此日褅袍羞见怜。
君不见，越石当年丈夫志，常恐祖生先着鞭。
至今终夜闻鸡起，遥看北斗孤城边。

与刘将军积之

成都将军刘积之,智如神鬼雄虎貔。
一朝勇士奋臂起,百日天子为心悲。
君不见,公路仆,玄德兴,天下英雄惟使君。
至今把酒频西顾,岷山白日生青云。

乐者歌

古之乐者,尧夫先生邵康节,筑室洛阳号安宅。
郑公温公走相就,天子不得虚前席。
今之乐者,六籖将军尹太昭①,尚志不觉青云高。
闲官作隐户日杜,门前罗雀生蓬蒿。
朝欲饮,呼童发瓮列三鼎。
左书右剑酌且吟,杯底斜阳落西岭。
忽忆当年丁令威,起抱明月披星影。
暮欲歌,管弦声里来姮娥。
北学幽燕慷以慨,南拟吴越清且和。
紫宫诸仙忽相过,停车不发云若螺。
天下虽有事,景略不就桓元子,逸妻不促薛仁贵。
信能长此日悠悠,地坼天崩何足畏。

---

① 自注:予有书六籖以随身,旦夕不离,因自号六籖将军。

答杨少石招饮

召我饮者,有如对海呼潜龙,临风唤黄鹤。
任教律令鸣雷鼓,黄鹤不下龙不睹。
杨侯达者知此意,胡乃折柬频相苦。
如能双飞来,我有大瓮为君开。
鏖酒兵兮角诗才,清音嫚舞重相催,杨侯与我诚乐哉。

知足歌

不知足,不知足,怀抱黄金思白玉。
轻我五斗米,羡彼万钟粟。
轻我百室盈,羡彼九州牧。
甲第连青云,羡彼阿房屋。
富贵极四海,羡彼不死药。
惟我则不然,反躬念真乐。
闲官自暇逸,微禄瞻饘粥。
冬寒不乏裘,夏暑不乏葛。
才微世所弃,道衰身自淑。
老亲双玉龙,痴儿一健犊。
手足皆无故,妻妾俱雍睦。
尽日无一事,坐对浮云酌。
但见宇宙中,至大惟我独。

匹夫乐歌

匹夫乐，匹夫乐，匹夫之乐乐何若？
有如陈希夷，历食五朝粟。
虽曰历食五朝粟，令闻至今长不没。
冯道则不然，天下恶其浊。
达官不作武乡侯，国覆应为姜伯约。
既膺九锡荣，复惮一朝戮。
何如谢簪缨，老死葬愚谷。

训仆夫

来汝仆夫听吾语，我学牺皇尚千古。
日夕埄户如蛰虫，亦如窦中避猫鼠。
客来访我汝却之，京华车马乱如丝。
若非谢绝人间世，长此茫茫无尽期。
无尽期，汝不知，浮生万事皆尘泥。
得依幽境培青柳，莫负韶华误紫芝。

春兴六首

其一

东来风静带丹青，乱染春山作画屏。
紫雾渐迷千树岭，绿阴徐上八椒庭。
凌云虎目睨丹杏，映日龙颜照翠蓂。
惟有勾芒嫌寂寞，更将歌舞教流莺。

其二

万里冰河次第消，朱轮回暖挂丹霄。
山桃绰约齐妆艳，堤柳婀娜尽学娇。
谁识玉鱼吟雪苑，共怜青雀舞云翘。
野人独见荣枯惯，懒为东皇小折腰。

其三

二月残寒出玉关，青云时上白云间。
思君故老春伤雪，防虏将军夜看天。
五载余生悲劫烬，四方惊魄动烽烟。
果能定一图生聚，盛气当然在北燕。

其四

太华东望日轮开，万物欣欣万姓哀
翠绶茑萝思大国，露浓樗栎感雄才。
青羌故垒遗荆棘，赤帝鸿图付草莱。
谁解四方皆盼盼，共为卿士祝三台。

其五

青处都疑细柳营，可能道济作长城。
宁南将士徒知帅，极北关山未罢兵。
睨睆独宜云外听，殿屎谁解溺中声。
惟怜完国雄心在，衰废犹思一请缨。

其六

闻到清江日日流，圣明何吝一扁舟。
天心不识予心乐，家事何如国事忧？
玉垒闲情思白鹤，锦江归梦失青牛。
草堂竹径春风扫，犹使山僧代我留。

颐和园歌

西后垂帘厌故宫，侈心飞越五湖空。
本无炀帝疏河力，竟起秦皇筑塞工。
避暑行旌犹惨淡，宜春新殿忽玲珑。
殷藩一例齐趋奉，国大财雄复何恐。
不须地险阻鲸吞，自有天心富龙种。
太平王子惯娇痴，失恃妃嫔竞新宠。
万里河山一妇人，肆意指挥天下动。
徒闻英主欲图存，百日辛勤负至尊。
文帝虚心知贾谊，晋廷兵柄属王敦。
权贵只思营近利，儒生空令死殊恩。
此时碧血溅黄土，此际人权属天女。
汉臣无复狄梁公，唐宗尽附昭仪武。
妖氛本自出宫中，莫怪黄巾竞相聚。
衮衮诸公集大猷，不用干城用巫蛊。
欲将诅呪洗天河，载鬼一车杂金鼓。
使臣无罪肉为醢，谏士有头血膏斧。
四方百怪扰阎闾，万国一心动师旅。
一战楼船没海潮，再战连衡入津浦。
铩羽惊凰挟日飞，夺得余生弃宗祖。
海夷囊括九成空，琬琰璠玙任人取。

王孙系颈服鞭笞，命妇缠头伴歌舞。
可怜十世尽锱铢，不与蒸民与豺虎。
真龙野哭凤悲鸣，卷甲吞声西赴秦。
未央铜雀今安在，荒村断发哀君臣。
古来万乘不足重，冰山一败空黄尘。
徽钦北狩非天命，玄帝西奔缘妇人。
勤王四出兵安在，寸胶尺铁沉沧海。
天后从来不养兵，白鹤乘轩战士醢。
大藩无复李光颜，征袍未着心先怠。
金人有意属邦昌，无那臣心未肯降。
毕竟老成知大节，共扶斜照复当阳。
和戎不易华元苦，灭亲斩相为牵羊。
千里畿疆归异族，万民膏脂饲封狼。
此时未许无差计，不奉英君奉女皇。
长安再见銮舆反，黾勉回天未为晚。
中朝避债已无台，遑竭内帑筑西苑。
谁知异甚牝鸡心，不顾苍生顾一人。
嫔御宫中投玉井，天王台上泣迷津。
小奄不是僧怀义，依依还恋镜中春。
从今大辟夤缘府，卿相媚王王媚竖。
奄竖跄跄媚女皇，万里阴云一残炬。
神龙已作窦中蛇，安得熊罴不为鼠。
上下交征日不暇，民散不知财则聚。
聚财本为重边防，外锁沧溟内锁江。
不知偏性滔淫惯，自爱湖光胜国光。
深宫万户千门冷，犹思西去猎长杨。
相如不谏缘无胆，贾后独盈谁敢当。
雄风丧尽雌风盛，不妨偷学夜郎王。
惟是果能扬侧陋，独遣鸠工识魏珰。
魏珰藻思天下少，献策不工献媚巧。
邱陵铲去作陴池，原隰偏教起琼岛。
金凫云阁接天齐，鹬鹳珠花乱清晓。

左迂右曲百里园，棋布星罗九洲宝。
蜄桥波激起骊颔，鸱尾风生动龙爪。
迎春苑落种蟠桃，凉夏翠微生羽葆。
火齐实闶冬自温，白玉为阶秋不扫。
忽思天外御风行，百尺神舟光浩浩。
老死当然在是乡，目侈心淫天下小。
东来飞檄西羽书，扰却清欢罪应诛。
顾影方思行汲汲，挥金谁问府虚虚。
远志欲谋千岁业，近臣齐晋七香车。
七香之车驶若电，初出闵宫见荒殿。
荒殿森森歌舞中，一曲生风花自战。
疆场烽火任汹汹，席上霓裳偏衍衍。
仙心视国等泥丸，纵失家邦犹赤县。
从今怨蓣满天涯，汉族英雄惜剖瓜。
海外田横思报国，泽中刘季不为家。
谁怜遍地皆金鼓，但知无日不琵琶。
琵琶一曲春何在，祖龙祚尽秦祚改。
共知气尽不可回，何惜英君不稍待。
英君屈曲以幽终，此恨绵绵溢千载。
少帝提携御极时，整纲秩纪父王知。
至今死病无良药，几见生人是国医。
汉阳白日烧兵火，司马欲征行不果。
百年千里泣铜驼，万姓一心脱金锁。
纵教贤后续坤元，钧柄安能付伯颜。
只手不能撑大国，醉心谁不爱名园。
诸臣拮据真无措，母后得舟聊自渡。
博得千秋德让名，敢思百世承天祚。
异族钦风共一家，芳园依旧长春花。
翠障影中无老凤，悲笳声里乱啼鸦。
我来不受金吾禁，纵目狂歌倦还饮。
匹夫行乐任随风，元首好嬉如吸鸩。
那堪长为一家愁，尽节思危忧更忧。

五斗一倾吊千古，闲云野鹤常休休。
常休休，百代兴亡一览收。
半生落拓人间世，觉来还泛武陵舟。

密 云

谁裁绮锦贴天浮，淡墨横拖雨欲流。
遥落昆仑收野马，密填河汉接牵牛。
雁声归去难寻路，蜄气飞来易入楼。
独有乘风王子晋，玉笙时在古城头。

饮酒歌慰三妾

今我极乐思饮酒，身跨南箕酌北斗。
浮云绕户但低头，白日过天一挥手。
世上都轻八百桑，我独自爱五株柳。
世上都轻蓑笠翁，我独自爱烟霞叟。
爇火满郊花外闲，风雨脱襟陇头走。
人之于我独何薄，天之于我独何厚。
古来重器亦有辞，此日虚荣谁复受。
品中最极六龙飞，我好无多一鸳侣。
有妾既能歌，其貌若姮娥。
顾此一长笑，兴亡奈我何。
晏子不知齐北郭，春婆宁识宋东坡。
若教千古回头看，谁惜百年轻意过。

狂歌行

天不欲李伯长为献颂臣，故教流作夜郎人。
又不欲蕲王白首沙场死，不如湖上骑驴子。
明皇大柄落宫中，幸进必附杨国忠。
宋帝和金不爱将，报国敢干秦宰相。
既能全节复全身，方知涉世应沉沦。
英雄失意有自得，徒令千秋增太息。
商山芝，富春水，愚者忧之贤者喜。
但牵黄犬出东门，李斯不弃咸阳市。

觱篥歌

幽并城中骑竹儿，手持觱篥当风吹。
声入碧桃宫殿里，玉人翻覆五云衣。
五云衣，来何时？昔日朱明遗社稷。
东山崛起宁馨儿，何由主中国？中国君臣自戕贼。
百年天子任荒淫，四境烝民思流血。
思流血，收不得，三千里外引强邻，二百余年建皇极。
皇极中自蛊，汉族既兴还与汝。
还与汝，钦哉勿谓他人父。
十年无力建新邦，百世有人思故主。
思故主，徒自苦，甘心引颈作羝羊，莫怪贪饕为饿虎。
为饿虎，觱篥春寒泣春雨，千秋犹作断肠声，惟有青衣伴歌舞。
我闻觱篥哀儿童，儿童蚩蚩为谁语？
更倚门闾调丝桐，不向关山习征鼓。

伟侯孺子歌

伟侯有子胜厥父,声如雏凤气乳虎。
更惊襁褓始呱呱,便有英风溢眉宇。
刘裕昔作童骏时,参天峻业妇人知。
孺子已经呈燕颔,丈夫宁复愧蛾眉。
我知伟侯无忧矣,但看云雨来,会有蛟龙起。
三十余年柱石空,后起英才胜老翁。

看 桃

桃花影里春光锁,青山十里烧红火。
此行本为看花来,无那桃花不知我。
白露半晞时,绿阴聊自坐。
欲行清风来,桃枝亦婀娜。

放 歌

既不如龟城草木春开花,年年依旧故人家。
又不如锦江寒石横江流,百代不关天下愁。
男儿纵不得富贵锦衣归井里,亦应箪瓢长饮故乡水。
如何学野云,出岫无心不知死。

自　慰

君莫谓我性迂狂不解事，怀抱明珠暗投地。
又莫谓孙阳不识骅与骝，虚瞩八极驱羸牛。
古来际会各有适，连敖不没淮阴侯。
国士行藏关国运，人生得失非人谋。
静观大化固已必，徒令世人空太息。
凿池注美酒，结楼藏异书。
万里流云凭自去，一庭春草不须除。

潜夫歌

君不见贾生少壮陪宣室，圣明天子虚前席。
有才不作汉公卿，徒使泪溅鹏鸟血。
又不见，亚夫雄略尚孙吴，出将入相天下无。
功成求食不得饱，欲反地下诚当诛。
丈夫一日遇知己，虎尾春冰何足喜。
我慕陆秀夫，十年俯首清且孤。
不须负帝入沧海，贞心已见潜龙初。

牛马歌

君不见，白马趋风行上天，霜蹄蹴落青云穿。
北方健者不敢御，脱鬣解羁追神仙。
又不见，快牛力大崩丘山，万犁不足承双肩。
老农一顾走且笑，弃置只在桃林间。
丈夫亦若此牛马，极才应在青山下。

清凉曲

君莫叹清凉居士不知老，尽日逍遥湖上绕。
北门烽火接天来，可能攘臂一挥扫。
壮士欲休休便休，那堪长为国家愁。
便当折去兕犀甲，于今不忆古凉州。

看杨忠武画像

白皑皑发照雪，气岩岩，面如铁。
一世英风额竖眉，百战老翁须带血。
不知当年何力迫丹青，直入重绢著余烈。
我欲添樽酌酒邀君下，一醉更试西山射。

新　词

新爱乐，旧爱笃。
新爱春风花，旧爱冬心竹。
劲节终自坚，芳颜易如玉。
愿期君子心，莫与世情薄。

怨东风

闻到新人颜如玉，旧人日向春风哭。
春风凋古梅，桃花红灼灼。
一样东皇心，如何分厚薄？
岂不移深爱，转瞬向秋菊。

东风答

旧人节秉青松筠，新人颜貌海棠春。
海棠旦夕萎，贞松千古荣。
江沱美令终，螽斯钦笃伦。
古道照肝胆，何至不分明？

述友意

大人纵天马,儒士独牝牛。
致远固不逮,载道奚所求。
子贡能言子路武,如何圣人皆不许。
犹来智者不如仁,愿君折节钦懿矩。

答友人

桓公视管仲,无谋无勇不可用。
文侯察吴起,贪财好色无赖子。
韩信谋托足,楚王恶其弱。
沛公取小节,几失陈平策。
丈夫一举天下重,安能切磋图自贡。
愿君蓄酒五百池,一醉自写伤麟怆。

壮　歌

小敌怯大敌勇,神武将军不轻动。
入虎穴得虎子,燕颔英雄投笔起。
男儿有志应开疆,窦中不献屠龙技。
纵教九鼎列当前,岂可闭门杀兄弟。

豪士歌

君不见苻坚昔日西霸秦，笞南控北欺群邻。
一朝雄师尽淝水，引颈伏锧思齐民。
又不见萧衍已正南朝主，自顾威灵冠中古。
安有台城一鼠狐，遂令天王作俘虏。
庸夫恃势即英雄，势去悲来空复空。
不若儒生守一义，万世只在青云中。

觉　歌[①]

君不明性中本自无外物，谁能与之谁能夺。
大行穷居惟我宜，至圣狂且心自觉。
岂复矜矜强博千载名，仆仆甘为天下役。
凤凰一举即负天，万索千思劳燕雀。

[①] 又见《来复》第105号，1920年5月30日，第32页。

青柳怨

宫柳斜拖青带长，太液春飞翠凤凰。
垂露白云低舞袖，破烟晓日生修篁。
修篁簺簺翠袖薄，有美和春颜如玉。
尽日陌头青柳中，思君不见情谁夺。
昔年情共青柳新，今年情共春水深。
渡头春水流不尽，思君怨君亦何忍。
倘使君心似妾心，不教分与画中人。

悼　歌

东风吹尽西风来，百年反复空荒苔。
世上欲留留不得，丹沙玉屑终沉埋。
新人燔枯柴，旧人寒死灰。
但道逝者苦，谁为来者哀？
黄金屋，白玉台，古人携不去，荒冢乱尘埃。

喻　歌

君不见圣主贤妃忧失时，虫飞月出生惊疑。
东家晨鸡不待漏，将晓即鸣如有知。
又不见，勇士桓桓气如虎，见弱凭陵见强沮。
辕下螳螂不及寸，奋臂直搏车前辅。
古来大智大勇不及禽与虫，敢将人力侮天功。
谁能吐丝如老蚕，谁能酿蜜如山蜂。
老子空谈水不溺，究之不如鱼与鳖。
山梁雌雉慢圣人，子路欲拱拱不得。
达观自性即神明，何用钩深复探赜。
物之得天纯以诚，人之得天备而哲。
莫将小知失天心，自与天心归太极。

镇物歌

墨云染日日不黑，飞电鞭天天不裂。
大人抱道合玄虚，万物欲戕徒自绝。
尧舜失天下，未闻有忧戚。
夷齐作饿夫，浩歌终自得。
出物保真灵，入物建皇极。
爇火烁秋毫，沧海那可热。
达哉君子心，超然自暇逸。

春浴歌

春暖欲浴思燖汤，玉泉薄冰椒为浆。
芳膏馥脂陈幽房，美人纤手新蕨张。
明镜倒景流清光，濯缨洗足昭文章。
桃花浪沸鱼龙香，杜蘅杂佩垂衣裳。
翩翩公子心扬扬，凭虚一笑和风凉。
舞雩高咏飞琳琅，飘若脱蝉思太康。

俗谣八首

为工不须作，为士不须读。
昨谒五侯门，今食万钟粟。
画策不须全，见敌不须前。
纵使抛金甲，犹能得玉铉。
食羊须择肥，食人须择微。
但探南海珠，莫采西山薇。
黄马西其口，白马东其首。
六马自为心，一车向谁走。
冬农日思作，春农日思获。
两地各荒芜，岂为岁不乐。
畏首复畏尾，豢龙复豢虺。
铁兽渺沉沉，金貂何炜炜。
汲漏不补船，承露不凿泉。
但乞东家粟，谁耕南亩田。
罞罠不当牖，罝罦不当薮。
岂无天下才，坐看成老朽。

春日忆别，赠黄侠仙、王则先、张药岩，感三子在狱时，如夜光之珠，明不减也

忆别如今夕，寒衣对月时。
因风怀曩事，独有故人知。
明镜夜光色，落花春雨泥。①
谁怜堤上柳，依旧乱莺啼。

清宫春怨

寂寞清宫帝子家，兽环深锁隐寒鸦。
还将昔日胭脂色，付与春风乱染花。

清宫秋怨

空阶玉砌响梧桐，落叶惊飞任晚风。
十世帝王三百载，几回歌舞月明中。

---

① 自注：文光未减，空花已谢。

春晓偶成慰太贞

长庚新抱玉钩眠,旭气偏侵太液泉。
宫柳扶疏春有觉,苑花妩媚月增妍。
莺声乱续村鸡后,雁阵初成野鹤先。
同祝大明收燔火,不教鸳梦破烽烟。

鹤　喻

野鹤春飞山雨中,梨花香入玉翎风。
稍分竹实难随凤,独傍芦根易逐鸿。
玄帝忘归天寂寞①,哈生携去月玲珑。②
慈恩塔下无多住,写罢新词搏太空。

戒太宁搔痏,太宁予四妾也

新痏在面不可搔,新愁在心不可浇。
浇愁愁自在,搔痏痏倍高。
不知痏熟自能脱,须信愁来还复消。
挥玉玦,洒金刀,百年乐意会有尽,万事不期随所遭。
与子小从尘里过,便宜聊解梦中嘲。

---

① 自注:忘归,矢也。吾昔日亦犹左卿之不检耳。
② 自注:哈参纵鹤,而鹤报以明月之珠。鹤哉,鹤哉。

携妓歌

李白携妓笑东山，死即墟鬼生神仙。
至今李白亦不在，我乃与子皆陶然。
尽五斗，歌七弦，此事莫令后人吊，便醉好趁春风眠。
春风何袅袅，一去万事杳。
果能化作太虚空，那惜落花春不扫。

英雄曲

天下不知英雄之为物，听我一歌英雄曲。
英雄曲，英雄哭，英雄一哭天下乐。
君不见，吕政按剑俯六合，十人有头九人落。
长城毕竟不防胡，空令千山万山兀。
果然欲学海上仙，曷不自去心头毒。
刘邦项籍两匹夫，不从四皓参玄虚。
楚人鼎上烹老父，汉人宫中豢娄猪。
但矜一日腾龙虎，宁惜千秋笑鼠狐。
刘秀好官复好色，热衷金吾求不得。
小人无道岂安贫，遂使昆阳夜流血。
无怪子陵视如袴，加足蹴胸非傲薎。
庞公不礼葛孔明，自方管乐焉能耕。
三分屠民岂不众，乃为一姓争权衡。
刘裕龙瞻而鹗顾，不共家臣不安素。
晋军本已收北胡，中道忽贪司马祚。
便教祸毒流南朝，大将一来天子去。
萧衍好佛不知耻，一人斋僧万人死。

既知生阜出天心，何故蒸民不如豕。
差可人心李世民，伐乱诛暴天下平。
惟恨不能师太伯，更残骨肉恃微勋。
后宫姝丽知多少，椒房何事夺天伦。
全忠克用两逆竖，石家儿子中朝主。
五代昏昏青史污，寡妇孤儿任人取。
建业不忧胡北来，卧榻穷争思黩武。
莫怪辽京后先继，愚父痴儿一朝虏。
北方健者特穆儿，狠如豺虎礼不知。
汉人已戴胡人主，欲族四姓何其疑。
四方鼎沸群雄起，皇觉僧人作天子。
杀戮贪残昧本真，百战功臣三族圮。
故教逆子夺愚孙，王子多生天下死。
中原健者只如斯，尽属私心误大慈。
一夫但有英雄略，四海曾无血食时。
古人恃教不恃诛，俟我后后来其苏。
功成便向岩穴走，仰天一笑留奇书。
此事成物复成己，胡乃至今天下无。
使我笃念唐虞上，君臣论道咸曰都。
尽性明心立大本，发为庶采贻明谟。
吁嗟乎，世人之心亦何愚！
圣人之心亦何孤！
谁知涤净三千载，直上菩提第一株。

自 勖[①]

逴跞贞士行，举趾何逯逯。
骐骉蹴轻尘，金风翻白玉。
无心自成谨，有才奚务速。
麒麟饰威仪，自强不用角。
鹓鹒岂无距，拒敌不用足。
仲尼大将才，不启卫灵欲。
子舆能王齐，不为宣王曲。
上智集遐虑，讦谟困流俗。
时微期素抱，境寂尚煦育。
插柳便成荫，画荻不误读。
穷高瞩鸢鸐，怀奇憎虎伏。
藏密洽天心，观（去声）型维地轴。
兴民以保真，宁知惜韫椟。
吁嗟贾生拙，竟为湘灵哭。
士稚清中原，志远苦行独。
兹非幽遁士，而我则不淑。
郁忧残厥躯，才余量不足。
微子岂忘君，箕子岂自辱。
所恃在千古，旦夕奚足录。
金柅阁遐轨，於戏亦何笃。
明夷间耿光，暮沉朝自续。
居易复损益，浩然启灵觉。

[①] 又见《来复》第105号，1920年5月30日，第32页。

赠钮惕生[①]

我昔游东南，使君初及壮。
相见约昆弟，所期非将相。
我今走西北，使君若无恙。
勋名满六合，谦德犹三让。
仍宜一樽酒，偶谈千古上。
明月入虚怀，但俯不须望。
聊解十年嘲，安知万里浪。

感　遇

君不见灵辄当年饿翳桑，晋卿一饭走不僵。
又不见叔向系累不得赎，祁老一言白骨肉。
二子得命掉首去，施者无恩谁复顾。
丈夫肝胆若金石，敢以唇舌报知遇。

[①] 钮惕生即钮永建。

燕都怀古

玉河珠浦毓氤氲，两祀空经念五君。
表道榆杨伤翠盖，守宫桃李吊朱幩。
檀山旧事春风馥，柴市新愁夕照曛。
最恨北平防不得，至今长忆汉将军。

铜门不是旧潜庐，指点丛篁失遂初。①
武略徒伤孙子洞，幽情惟爱贾生居。②
愁胡几度看长剑，望蜀频经检故书。
误宅争名朝市地，江湖遥思武陵渔。

春朝野望

野色苍苍星树低，宜春燕子拂花飞。
山无一径开青锁，云有三分挂碧枝。
微月独留添好画，惠风都为促新诗。
宵来玉垒空浮梦，回首巫峰不自期。

---

① 自注：大兴有遂初堂。
② 自注：近京有孙膑、贾岛遗迹。

居京怀邵康节故里

闻到尧夫出上京,北门烟草竞芳馨。
生王尚在人谁识,死士曾居地亦灵。
入梦久因縈洛水,招魂亲为出郊坰。
可怜末学谈经世,徒使皇猷照汗青。

偶　成

东峻西峙万山青,四境缤纷惜建瓴。
辽豕顾瞻矜白蹢,吴牛仇倪惮疏星。
本非大尾成藩镇,谁是虚心别渭泾。
干羽虞廷风最古,书生沉醉十三经。

哀落雁

横风吹落雁,带雨下潜溪。
之子不能远,谁云吾道西。
翰音登于天,凤鸟渐于泥。
怆怀以睹此,岂不为增悲。
稻粱固匪谋,但往适所之。
终风曀且暴,云程起哀思。
嗷嗷陨中泽,逯逯戒忧危。
双凫投鳬早,六鹢退飞迟。
有来亦匪遏,哀哉不得归。
鲁门集爰居,空山鸣子规。
怨离各有故,感此怒如饥。

燕子语

青草欲出云不飞,倒挂北崖冰势危。
雁来欲下且复去,新燕聚语商春泥。
冰涣春泥湿,旧巢还自葺。
花落春泥香,新巢依空梁。
日出春泥暖,轻躯翼危卵。
日永春泥干,将雏飞翩翩。
春老偕雏嬉,秋老偕雏归。
穴栖慰我劳,野啄慰我饥。
青山自古不尝改,几度曾为王谢悲。

抟黍

抟黍抟黍,善歌善舞。
枝头柳眼开,和音啭春雨。
莫逐人家燕子飞,燕子拂梁人不捕。
抟黍抟黍,有煇其羽。
落日映金翎,翩风何栩栩。
文采炫目不可恃,王孙挟弹青山下。
抟黍抟黍,坚汝牖户。
风雨任飘摇,亦莫汝能侮。
万里青山借一枝,何用买山作山主。
抟黍抟黍,惟予与汝。
信口鼓笙簧,缙蛮学天语。
天语缙蛮人不知,徒说儒生尚迂腐。

醉　歌

门前积冻雪，及春径不开。
此非僮仆慵，实无宾客来。
昨岁卖安车，今年马虺隤。
一春不知花照户，百日绝迹苔满阶。
绕梁燕子莫相笑，我有斗酒开素怀。
梦清习见陶元亮，亦约子陵相与偕。
纵然不续《搜神记》，岂复盱豫思云台。
六綘籍，万年杯，太昭与尔同生死，如以烈火亲枯柴。
虚宇浩荡自可托，便化不须埋老骸。

谣　偈

今年花笑去年花，东邻人入西邻家。
中秋月傲新秋月，顺风鸦啄逆风鸦。
时事有得失，俗子争矜夸。
今日矜夸明日哭，万物为君我为仆。
既知舍命博黄金，何不抛砖引白玉。
白玉何足奇，清虚当自知。
积珍充六合，与性不相宜。
我欲便辞天下去，虚中畜牝追侔尼。

朱门公子二首

朱门公子耻读书，怀抱黄金骄大儒。
争夸彝鼎出三代，浪市翰墨空五都。
五都翰墨天下重，公子得之不成诵。
长安卿相多故人，天子虽公亦征用。
卖柴贱者朱买臣，空有文章称献颂。

朱门公子耻学射，选色征歌花月夜。
街头才试玉花骢，娇痴幼女春思嫁。
嫁得长安轻薄儿，竞将罗绮样新衣。
赐居邓氏千门第，争逐杨妃一色旗。
何须更勔乐羊子，远向中山清四夷。

寄　内

自别经三岁，于今尚一心。
如何因地隔，几致负天伦。
云出伤飘泊，风流托隐沦。
春宵宜寂寞，休向玉钩鐢。

自得偶成

可为辕下驹，可为道上殣。
可以服赭衣，可以蹈白刃。
镇物育天和，贞操基笃信。
处境虽不丰，而身自能润。
观我以为颐，昭德以为晋。
虽无跛鳖强，可以超八骏。

怀鲁国两生

小人持衡与天角，大人兢兢常不足。
君看楚汉夺阿房，鲁国两生尚茅屋。
至今千载后，茅屋阿房各何有？
败道为自污，有德兹不朽。
吾谓两生信麟凤，视彼刘项不如狗。

隐 悟

上士秉乾元，潜德尚昭炯。
本自无幽显，岂复别动静。
抱真守其独，而不迁于境。
明明一念清，顿合千秋永。
人以此为道，我则视如影。
渊泉出虚寂，何必九仞井。
嘘风不出户，观日不登岭。
得一而守之，无求岂不敏。
晦言绝共信，乐兹以为隐。

狂 歌

东飞赤乌西走马，赤乌上天马过野。
野马四纵不可羁，赤乌直行不顾下。
君看以道自足者，放逸高明各舒写。
狂且何必学中行，肆意行之皆大雅。

今日不见日

今日不见日，问日何所之，问日何所去？
日亦无所之，日亦无所去。
只在东山西山间，墨云万里不知处。
倘能开茅塞，见日不须曙。

箴时哲

季札不为侯,许由不为帝。
明德以自厚,乃可绝虚器。
圣人齐乱民,假设尊卑位。
道宏位自灭,道衰位自贵。
下智不求本,守曲俾心痏。
或以媚一人,或以树异帜。
皇道不可见,大命遂以坠。
胡不稽至德,可以参天地。
自非绝世才,奋臂争小义。

赠周翔威将军骏

六年征迹满疆场,三十专城白面郎。
入穴后军称虎变①,凿崖先兆属鹰扬。②
扶危顺德怀孤义,弭乱虚心下二强。③
此日嘉陵山水胜,英雄回首即沧桑。④
谤书多似羽书飞,释甲将军感式微。
果与千秋争大义,何须两字锡翔威。
小乔得婿宜金屋,细柳屯兵尚铁衣。
携手好骑驴子去,朗吟同戴月明归。⑤

---

① 自注:川兵既变,予借将军兵百人入乱军中,乃能戡定。
② 自注:将军大书飞将军三字于渝岩,卒应翔威之号。
③ 自注:始终不负衰公,非无高义;委成都于人,让德可风,予重之。
④ 自注:将军镇渝四载,威德卓著。
⑤ 自注:将军有美人,又能诗。予每相见,必劝偕隐。

代闺思

罗绮千条丝，丝丝自纠结。
妾心日万转，念念如初别。
当户理丝桐，丝桐忽凄绝。
开帏聆子规，子规夜啼血。
怀抱明月光，光寒清夜长。
情为漆与胶，命为参与商。
明镜久不御，照见发增素。
昨日初见霜，今日满头雾。
路傍多老夫，陌头多老妪。
衰朽相继至，春去不可迟（音滞）。
妇人无二天，君子阻两地。
以此长相思，愁来无间时。
不恐妾心瘁，只恐君不知。

答　内

桃开东西枝，各分朝夕阳。
人面隔青山，久要中心藏。
虽有纨与绮，不如麻与枲。
虽有太阿剑，不断东流水。
飞鸿从天来，及时归故崖。
莫怨飞者远，终与居者偕。
日种东篱菊，菊色不如蜀。
开户望明星，目送长庚落。

言　志

独有青山好，年年依故间。
我自东出峡，遂不与子俱。
连弩逐长鲸，弃彼池中鱼。
亦有鱣与鲔，亦有蒲与菹。
亦有秔与禾，亦有琴与书。
昔者潜龙窟，碧草萦空庐。
在田岂不偶，而以室我虚。
古道邈难溯，今人不知予。
昊天善体物，曷能回太初。
我策蒺藜杖，而不爱安车。
我入崖穴中，而不恋江湖。
我以贞石心，而不系琼琚。
我慕匹夫乐，而不盱金符。
人通惮不足，我困知有余。
麟龙信神化，豚鱼宜中孚。
素怀永今夕，百世之良图。

有　怀

思春欲春来，伤春欲春去。
春来春去本无心，我劳实惟子之故。
之子不来我心哀，之子不归我心悲。

怀唐蟇黄、刘积之、李协和有序①

清宣统元年，予与积之、蟇黄、协和别沪上，各言所志。

三君曰："必清中原。"

予曰："既从戎矣，不可不效孙武子一战报国，小试后即当遁迹蓬山，精求至道。"

于津，又为唐、刘二子言之。

于港，又为二子言之。

至今思之，天人之际，殆有因欤，作歌赠三君。

    求菰必种葑（音俸），养松必得栋。
    黄口肆清谈，白首骇奇中。
    三子天下士，我则不足用。
    他山有贱石，而亦可磨砻（音弄）。
    愿为祖豫州，三子固伯仲。
    独我抱清虚，远瞩燕山洞。②
    及今鹏负天，醯鸡抱寒瓮。
    文渊与少游，厥虑果不空。
    忆别如今日，作诗以为颂。

---

① 李协和即李烈钧。
② 自注：北京西山有孙子归隐故洞。

雉 歌

修尾彩雉曙飞出，绮羽锦翎映朝日。
拙哉之子不惮牺，更傍人家啄禾实。
人家禾实鸡鹜争，雉飞来兮我心惊。
山梁之雌得其时，于飞之雄失所凭。
王孙狙伏挟弹顾，虞人机张施缴矰。
汝能善鸣怀好音，何须谱入朝飞琴。
六翮不张霜满林，莫汝以珍谁汝侵。

夷则格征马辞

施𬘓𬘘，络羁勒，下阴山，征绝国，百蹶不遏（音荡）危峰平。
主将矜奇西出兵，故乡明月望不盈。①
追旄旌，跨长城，戴星出，倚天行，与犁牛易春代耕。
丹厥诚，当令越甲噤不声，岂为赭白留其名。
八荒静，四海清，胡为使我不复龙之精。
遐纵无适，佚逸有情，斗粟尺地，临金风而长鸣。

---

① 自注：四极之地，月望不盈。

鹳鹆

跌跌双鹳鹆，修羽挟白玉。
虽非垂天云，夷然亦自足。
歔彼雕鹗群，高搏炫流俗。
危风妒劳翮，四顾择良肉。
遑欲戕太和，使我动心曲。
控地征素怀，独守泥涂辱。

游子吟

京华游侠子，兴阑春未归。
杨花羞旅客，日向道傍垂。
绿鬓亦改易，素心知为谁？
西方多佳丽，纤手弄华芝。
捣药不成霜，怀人不及时。
凉风吹玉露，梦醒鸣子规。
乱离睽中道，还忌为心悲。

怀 人

长风不送之子来，令我对酒颜不开。
故园春水江上别，三岁北平犹有怀。
胡能鼓翼化黄鹤，飞向巫峰高处落。
一望便见双蛾眉，幽士于中采灵药。
胡能扬鬐化赤鲸，泳入嘉陵红蓼汀。
白帝城头暮钟起，与子倾耳同一聆。
人生终老伏秋草，伤离一日一日少。
十年少却三千余，此而寿也不如夭。
鲤鱼昨从西方来，一书更系双凤钗。
临书拂钗长太息，之子不来我心恻。

体验谈

读书不至劳，饮酒不至醉。
好色不至淫，施与不至费。
心契于中和，志绝于还忌。
虽非达节人，利仁亦云智。

体验谈

炫则见不足,藏则见有余。
用则见不足,养则见有余。
静观得所止,长乐惟清虚。
穷达各殊致,而我皆于于。
反照得真宰,天下之广居。

体验谈

养心心不存,放心心不去。
由颐竟何若,达观自随遇。
道原不可道,求得失所据。
无求以为求,中士苦不悟。
禾生南亩间,其长岂可助。
成仁而无成,谁将博虚誉。

体验谈

达人匪不达,境广心自淫。
困人匪不困,物净心自灵。
所以志道者,往往无所营。
俗士固不信,信俗岂能诚。
明夷明不夷,所利惟艰贞。

丞相出车

丞相出车驱海滨，何以将之风扬尘？
丞相胡为乎不盻？
丞相出车燕山道，何以迓之北门草？
丞相胡为乎不早？
丞相丞相民之纲，丞相不盻我心伤。

迓新雁

作歌迓新雁，新雁来何晏？
新雁有好音，和鸣乐衎衎。
昔从天外归，今从天外来。
之子岂不劳，使我伤素怀。

代闺思

清泪滴，翠袖湿，洛阳女儿当户泣。①
损春山，废春眠，洛阳女儿心悁悁。
长风吹空逐日去，将晞未晞草头露。
梦里即幽燕，醒时在何处？
知君行乐未央宫，倩谁草就长门赋。
征马何萧萧，天远朔风高。
北平留不得，有女胜阿娇。
吟成白头讽司马，鲤鱼不到燕山下。

---

① 自注：吾妻生于洛阳。

步韵和答

茅檐滴，空阶湿，虎头壮士向天泣。
双蛾山，孤云眠，遂隐不得心悁悁。
愿弹长铗西归去，我行不得畏多露。
日下即昆仑，云黯双栖处。
极目空伤画阁春，摧心最是登楼赋。
野色何飘萧，风遥回雁高。
游子怨无极，流莺噤不娇。
安能日跨款段马，出入只在岷山下。

言　志

列子抱玄德，食（去声）豕如食人。
矧彼贵与贱，其分岂不均。
大夫盱卿士，相欲臣万民。
欲乃争之府，爵乃欲之门。
以此络下士，遂令丧其真。
窃名累家国，愚者以为仁。
我则异于是，反身修谷神。

示学者

虚宇何洋洋，其大靡有极。
人生竞世务，与道遂不翕。
岂无性命乐，奈何阻茅塞。
读书晰庶理，多闻益滋惑。
相尚在文末，傲然以为得。
开门纳夷主，而不识为贼。
彼亦有褒贬，何尝见黑白。
众聋讪师旷，徒然观其色。
所以上德士，渊澄守缄默。
占贲薄小利，归真懋懿德。

悟谈

一雌一雄，其气乃通。
一阴一阳，其道乃同。
一起一伏，其神乃钟。
一有一无，其机乃融。
天人之际，往复何穷？
苟能端始，罔弗令终。
予兹碌碌，愍彼匆匆。
人亦有言，匪善不从。
乃随攸趄，而戒厥躬。
诚斯不惑，刑人发蒙。
迸兹物欲，得夫环中。
消长盈亏，德符以充。
择径由己，匪曰天功。

自悟一首

独鹤飞太高，人不知其洁。
儒生亦由之，道盛而名灭。
称者维谁欤，俗士弄口舌。
苟能超世外，天下反云惜。
麟龙宜深潜，蜉蝣忧旦夕。
老彭与殇子，岂不在咫尺。
全真即近索，胡为探妙赜。

言 志

鲁酒薄，邯郸围。
二五偶，奚齐悲。
智者求福不求祸，胡然汲汲图媚为。
登巉崖以炫高，今之贵者岂不危？
涂脂泽以昭文，今之显者岂不微？
骈拇枝指实赘物，使我不得中心怡。
誓将去汝适乐土，避其尊者趋其卑。
山巍巍，水漪漪，白云如絮泉如饴，可以高卧可乐饥。
素性清狂惯，知雄独守雌。

醉　歌

日罄百壶酒，如入江海中。
横波忽荡漾，化为鱼与龙。
四渎皆琼浆，九川纳醇酕。
微醺一吐气，震裂三神峰。
诸天尽胆慑，况此东王公。
群鰕避戟髾，六鳌碎牙锋。
快意即挥去，浩然跨长虹。
蕞尔六合间，安能溷乃翁。
俗士以为狂，何者为中庸？
滴水笑黄河，清浊固不同。
行潦且未见，矧复论朝宗。
命仆凿酒泉，莫谓将军穷。
饥来便乞食，不失古人风。

示学者

经术有体用，世人不识途。
学佛未见性，反唇讥大儒。
安知孔老释，悉禽于中孚。
涉世以此法，遂乃成万殊。
说水困沟浍，岂得见江湖。
我闻论道者，反走而胡卢。
千言败一诚，百行窒一虚。
吁嗟伪君子，不过诗书奴。
仲尼欲无言，畏此迂拘徒。
戕贼作仁义，安宅旷弗居。
何如信狂达，归真含太初。

病　后

新病初愈百事慵，牵帏遥听雁嗈嗈。
闲情已觉归炉鼎，瘦骨偏思看剑锋。
天远徒劳臣报国，月明惟忆母尸饔。
焚香小憩清明复，更读南华说道宗。

思隐歌

漱贞石，枕寒流，长卧不关天下忧。
安知媚奥与媚灶，西邻禴祭东杀牛。
拙哉卞和不爱玉，刖足折踵皆自求。
古来太璞岂可剖，涕泣晋献诚堪羞。
君不见漆园老隐名庄周，走避卿相如逃囚。
孤豚永伏实上士，触藩羝羚皆公侯。
上士乐，公侯愁，得所止，胡不休。
于今短气思龙尾，无复长征羡虎头。

感怀八首[①]

其一

百炼纯钢绕指柔,八溟犹忌一虚舟。
明珠暗落伤青眼,宝鉴高悬待白头。
廉颇不堪重作将,邵平空令早封侯。
富春独许严光钓,归去羊裘愿不酬。

其二

幽草春晴色尚新,惠风何事不怜人。
庙堂浅视烟霞客,涧谷深栖社稷臣。
蔽日挟来珍翡翠,破云飞去玉麒麟。
王通有策真无用,从此文章不再陈。

其三

战马嘶风血未干,十年空负寸心丹。
羞尊赤狄重看剑,怅望乌蛮一据鞍。
借箸少能庸上策,窃符多为事中官。
汉家自古戕良将,勇退还思愧急湍。

其四

映日旌旗惜渡泸,征袍赤汗验勤劬。
神策固应清九有,人心空自失三无。
谋军少缺谋身拙,作将多才作宦愚。
尘梦半醒金鼓寂,枕经高卧学迂儒。

[①] 原载《同德杂志》第 1 期,1917 年 5 月 1 日。

其五

步出城隅望北平,汉家飞将没榛荆。
龙沙不肯藩中夏,雉堞徒留牖上京。
小御分羊遗甲胄①,总戎归马系琼瑛。
老成独有筹安策,瓦注真空武库兵。

其六

莫怪司农仰屋号,诸军环伺迫连敖。
长才有策能剜肉,巨室无知吝拔毛。
海上渔盐愁管晏,关中罗掘困萧曹。
野人百计图封烂,枵腹宵宵敝索绹。

其七

落日遥看起暮烟,野云无宿挂长天。
形劳只欲舒高眼,尸素何须谢仔肩。
麟阁不名非我意,马门聊避信时迁。
四明心事惟梨笋,一落尘寰误谪仙。

其八

昔年犹善养私名,今日昏昏困宿酲。
乞食未为元亮耻,知生谁信景纯诚。
双眸欲展伤蛟璧,六翮空垂失凤城。
只有云阳能采药,几回延伫不胜情。

---

① 自注:华元分羊不与御,以至於弃甲而覆,亦平日不善将兵也。

饮张翔初将军醉后放歌①

将军实乃一武夫,昼舞长剑宵读书。
古来豪杰出天性,三岁四岁成通儒。
始吾相与投纻沧海东,俯仰举措皆英风。
群惊硕肤必大售②,自顾亦是天下雄。
今吾相与把臂幽燕道,建节而后心独小。
当年熊虎忽麒麟,不务功名务辞藻。
兹意予乐之,相将花月时。
煮酒各尽醉,拊掌谈奇诗。
推敲碌碌书生事,放逸纵笔无险夷。
乘兴一挥辄弃去,孤赏不须天下知。
酌复酌,乐更乐。
笑看同辈半作鬼,声威已共黄尘落。
今年上将埋楚山,往岁天王葬河洛。
龙战不及负涂豕,鹏飞不系抢榆雀。
路岩躁进岂白头,东郭潜虚方赤脚。
藜藿餐,苜蓿盘,无多累,有余欢。
思鳣思鲔莫弹铗,烟篆不误珊瑚竿。
天趣顿教忘旅客,人生极乐是闲官。③
但饮切莫走,此生此会不常有。
玄牡固其真,雌黑暂毋守。
总角之好相知深,且露豪华复三斗。
一日博得狂夫名,半生免系将军绶。
将军绶,曷能久?

---

① 张翔初即张凤岐。
② 自注:将军甚伟岸。
③ 自注:时予与将军皆尸素京都。

快意夺黄龙，不过赚美酒。
岂若便跨西湖驴，目中但见东门狗。

长篱行寄内子

长篱复长篱，凉风吹竹枝。
鸲鹆学人语，处处唱长篱。
妾闻长离音，动此长离思。
长篱绵绵作虎落①，生雨生风对高阁。
九月萧森玉露寒，秋色秋声动林薄。
侍儿将酒金鱼壶，直到临樽不敢酌。
君才射雉弹金丸，不见飞来挞鸲鹆。
尽教日夜唤长离，问谁肯惜芳心弱。
去年黑发如云鬓，今年蓬飞髩相缜。
长篱着霜春便青，鬓上霜痕何日纯（音楯，青色也）。

锦江老妪曲

闻母思儿，日夜涕泣，至于咯血，至于折踵。昊天不吊，不鉴厥衷。忠孝一生，竟成重罪。将不可作，伤如之何？

扬子江头一老妪，涕泗临风向天愬。
道傍过者问何情，一子作仕幽燕去。
幽燕作仕非母心，致书遣介频相寻。
雏凤入云何杳杳，虬龙入海何深深。
我子素性郁深爱，岂为富贵中心淫。

---

① 自注：虎洛者，边塞篱落也。

有才不学卫吴起,有威不学姬癚生。
只有六经传介子,更无一语劝王陵。
尊亲贱俸薄毛义,念祖守贞希彦明。①
况闻一官若絷系,金马门中如避世。
百战曾将国事宁,五斗便令天伦弃。
日日临江纵鲤鱼,一幅竟累千行书。
对书一字一泣血,晨霜暮雨看孤乌。
只今望北不成泪,惊悸直奔阶下坠。②
咯血溅地如涌泉,西山日薄伤颠颈。
重衾百尺惮春寒,空枕珊瑚不成寐。
闻到去年游子归汉皋,忧衷迫切轻辞朝。
逸民放达古不禁,乃有津吏回征轺。
今年游子悲且蛰,俯首锥心听羁絷。
古来纯孝不忘君,天鉴未孚恫允执。
既不得黄龙府里插旌旄,又不得朱雀桥边荷蓑笠。
养儿为将不如豕,纵儿出山捐敝屣。
始知牛背吹胡笳,胜教猿臂张弓矢。
行人闻此皆泪垂,画荻和丸非复非。
不须轼母为滂母,徒令亲悲重子悲。
吁嗟乎,仲由思负米,墨子独哀丝。
忠孝本两途,逝者慎临歧。
耸背负白发,扪心思赤眉。
孤子不能舍,英雄谁复归?
怀素志,伏丹墀,欲求天下征民服,先恤江头老妪慈。

---

① 自注:尹彦明能以善养与母偕,我何不肖至于如此。
② 自注:吾母念吾,哭行失脚,踵伤号痛,悲哉!

终南女儿行

为张光奎夫人卢氏作

杲卿舌，苏武节，终南自古多遗烈。
男儿意气激风云，巾帼肝肠尚冰雪。
张夫子，怀经纶，不为天子为蒸民。
博浪欲椎不得遂，独抱《阴符》思覆秦。
其心孤，其手徒，遁逃之迹盈江湖。
如斯汲汲胡为乎，促之者谁夫人卢。
断长机，烹伏雌，乐羊子，百里奚。
乃文乃武将安之，成败利钝中心疑。
夫人曰綮赪厥颐，一夫兴楚申包胥。
毋然泄沓羞蛾眉，夫子乃行东复西。
一声天下白，居然为雄鸡。
夺槊射雉何足乐，岂若目见腾苍犀。
飞龙翔凤相追逐，金粟玉镜明簪笄。①

---

① 自注：金粟山、玉镜山，夫人所生地也。有夫人，山川生色。

体验谈

北山观南山，见石以为虎。
放心溯远道，瞀然岂无睹。
学老尚虚寂，外静或中腐。
师儒挟敬义，直方亦良苦。
本自欲诚明，而道不有户。
劳心成大惑，力行无小补。
宁知达者心，淡然得夷主。
穆穆如春风，无为而善聚。
伏雌孵其卵，神化在安处。
天地有赋性，各具神明府。
苟能绝戕贼，太和相鼓舞。
万物备于我，何须汲幽古。
默识以存德，兀坐即超举。
百虑慊于心，浩然曷其沮。
逸轨纵天衢，金柅弗能阻。

自悦歌四首

所就三，所去三，古道虽没犹昭然，世风已共横波迁。
不如逐客汰闲官，早令西出咸阳关。
醴酒不设士不前，胡乃视国无通贤。

冯骥铗，毛遂锥，孟尝平原轻士微，骥腹枵兮我心悲。
踧踖蹙蠖卑复卑，仰首一鸣众所讥。
国士不须萧何追，絷之维之五羊皮。

臣朔饥，侏儒饱，监河通侯惜羊枣，天涯难觅颉羹嫂。
自应归去甘潦倒，商山路绝伤四皓。
春风秋风笑人老，使我化作卷葹草。

达心痗，穷心通，亢仓之语豁我衷，进礼退义如将从。
深厉浅揭何雍雍，独抱六经思古风。
秋山淡淡春山浓，清江终照玉芙蓉。

沉阴游望湖亭故址有感

云裳中罅薄翳日，昙昙叠结晕天胇。
宜陵息夫素不才，对斗持匕心栗栗。
望湖亭光白晶晶，朔风吹空衰草密。
马援戒子非谤书，周内深文竟如实。
欧阳涕泗谓梁王，接舆避世今不出。
申生孝已骨肉亲，河鱼郁衷哀腹疾。
至今刖足齐门子，委身自比蠹中虱。
振衣弹冠复何用，湘水无情汨芳荪。
笙簧哆侈张南箕，牛女殷殷怨琴瑟。
沉沉秋暮望湖心，野色凄凄飞鬐篥。

鱼喻哀成都也，时闻健者斗于中，故歌之

蛟龙有大志，沧海为之枯。
雄图岂不伟，哀此无辜鱼。
昔者泳清涟，鳞鬐一何舒？
自见玄黄血，蘋藻不得居。
赪尾宁足惜，怆怀将安趋。
引颈乞贷命，问君欲何图？
蚌蚧无所献，剖脊留明珠。
蠵蠏无所献，瑇瑁辉名都。
璅蛣无所献，附岛青珊瑚。
鳣鲔无所献，腈腜羞珍厨。
不辞朘我膏，惟蕲恤我躯。
不辞瘁我躯，惟蕲矜我孥。
天高云路绝，使我长号呼。
闻君有潜德，岂以无江湖。
大《易》示初爻，古道存玄书。
八溟不自容，行潦哀吾徒。
无首育清和①，瞻望来其苏。
昊天曷有极，版荡奉三无。

---

① 自注：《易》见群龙无首，言能守柔不争，乃大吉也。

俗谣六首

一妻乐，二妻薄，三妻四妻相角逐。
侍妾盈庭杂美恶，不闻其笑惟闻哭，色荒徒自缚。

一卷通，二卷同，三卷四卷思憧憧。
目空五库瞽且聋，中如茅塞首飞蓬，书淫徒自穷。

一亩腴，二亩疏，三亩四亩成荒芜。
结阡连陌荆榛墟，手足胼胝形痏瘏，地癖徒自愚。

一命尊，二命荣，三命四命与鬼邻。
势位臻极忧及身，忡忡日夕思齐民，人爵徒自焚。

性欲和，欲欲多，荀言孟言各如何。
仁人孝子钦弗过①，藉比反复为君歌，以防民之讹。

一瓢饮，曲肱枕，考槃在阿硕人隐。
鼹鼠饮河虹吸井，岂为过涉终灭顶，逝将捐九鼎。

---

① 自注：《礼》曰："仁人不过乎物，孝子不过乎物。"夫仁孝，德之至也，道之本也，亦惟曰不过而已矣。

寒宵饮慰太贞[①]

白月出峡大于井,朔风萧萧吹山影。
沙飞雪舞金银团,长蛇下溪狐跳岭。
我不堪此夕之怆凉,对酒欲酌心怏怏。
乃有幽燕女子不知愁,反复为我调箜篌。
一挥再拢静复躁,二十五弦悲素秋。
初若官城唤鹦鹉,转忆织女思牵牛。
遂令悲风霰雪不祛暖,银壶沸酒温香流。
醉不知庙堂秉烛烧嘉猷,将军寒夜抱兜鍪。
醒不知边陲地震来貔貅,狂飙急雨黼鹡鹠。
男儿数奇老将及,岂复为世思百忧。
昔年关塞梦,如入醯鸡瓮。
纵能偶学祭遵之投壶,清欢不解须眉冻。
况复幕中记室諮諮而问谋,帐下健儿痯痯而呼痛。
不识此身薄,徒矜奇策中。
至今金甲销为杯,酡颜入镜朱紫薇。
古剑铸作双匕箸,择肥选骨挥如飞。
酌酒便饮数不计,恍惚侧卧新罗帏。
桓文霸业何足贵,万死不弃南之威。

---

① 原载《同德杂志》第 2 期,1917 年 6 月 1 日。

滞京有感三首

三年长在北山阴，愁事方多酒又侵。
万里明驼关塞月，一声鹎鵊故园心。
未知怀土甘雌伏，徒使登天误翰音。
尽日南台山外听，锦江秋色动寒碪。

缓拂青铜意不胜，鬓华霜影日烝烝。
妄稽天爵垂空论，强杂人群愧屡憎。
鸟谷未收闲易老，龙门虽辟傲难登。
独将经术甘顽钝，辜负蒲轮两度征。

自惭虚宅羽林班，什袭三秋锈剑环。
体着尘缨羁魏阙，心随云气出函关。
金台寂寞人千古，玉斝清凉月一弯。
闻道圣明全隐逸，几回搔首盼归山。

养　鸡

平居乐细务，鸡鹜盈我庭。
短羽方参差，依人亦何诚。
握粟便来就，充膆非倒瓶。
微物信易足，惮彼大人心。
势欲倾天下，诛求烝不停。
所以鸡鹜逸，民则苦于兵。
仁暴奚所违，贤者亦有争。
纵意以自绝，岂徒外其形。
不如一寸雏，乃有千古名。

种 禾

种禾春长耕，未秋不忧获。
稚子当盛夏，欣然羡莞蒻。
同为一水土，粲者何灼灼。
安知天所负，修短契幽约。
大才会应晚，虚盈速凋落。
潜真洽气运，顺德征素乐。
东家稑满囷，我穋世所薄。
但抱性命和，贞孚终自若。
不为宋人劳，有怀在遐索。
冬藏众所惊，淡焉保清恪。

莫游秦淮

霁后秦淮落照曛，扁舟薄莫载红裙。
枌榆叶重初经雨，杨柳枝轻欲上云。
归鸟乱喧收日景，醉人斜盼数波纹。
后庭一曲今安在，空有蝉声隔岸闻。

游秦淮

金陵不是旧梁陈，碧岸清溪待逸民。
山月一舟闲似我，江风十里顺于人。
得卿未许依弥子，携眷浑疑赋洛神。
卧倒秦淮真醉否，楚狂讥凤即伤麟。

秀山①督军中秋寿辰志贺

石镜（在江西）已遗廷益爱（于廷益曾镇江西），金陵重见魏公来（张魏公曾镇金陵）。
东庐召我同千古（严子陵筑东庐于金陵），北极依公镇两淮。
尺土阶除容大将，兼金堂陛戏婴孩。
鹤侪都擅衔花术（衔花献佛，在江苏南境），独写新诗庆玉台。

　　长城万里慑扶余，赵将功名信不虚。
　　天上玉蟾明铁兽，人间金爵市银鱼。
　　草堂杜子何能辟，木宇严公为我除。
　　小隐种瓜依大厦，青门寂寞老鸦锄。

　　小系萍踪曁一亲，古梅贞节庆灵椿。
　　同袍驴背无消息，异地龙头亦缙绅。
　　金甲故应催菊信，玉壶何自识桐心。
　　我来一祝人千载，莫谓徒夸观国宾。

　　劲节殊庸月共圆，西平伟绩迈名贤。
　　春秋猎夏谁挥日，南北朝东待挽澜。
　　上将神威真赫赫，强邻鼙鼓正填填。
　　石城自称元武②，定霸先期五十年。

---

① 即江苏督军李纯。
② 原稿如此，似落一字。

吴中秋夕

野云挟日西飞去，直渡河源出汉关。
蛙黾玉音迎月上，马衔金勒带人还。
宫中楚舞开兵象，槛外吴歌破客颜。
同学少年争秉节，独凭诗酒养疏顽。

吴中偶成

乡梦无端寄月华，秦淮秋夕望云车。
风凝玉露寒生粟，雨过金陵绿照纱。
香水有情愁思永，巫峰无路淡烟遮。
涛声不为鸱夷起，空溯吴江两岸葭。

感遇二首

其一

倾心脱剑干城重（西征时蒙今极峰①赐枪剑），掩面留毡束帛贲。
草赋自应逢武帝，当炉偏令累文君。
饔飧箪食千秋古，醴酒权舆一滴分。
臣朔削残金马俸，侏儒常饱冠三军。

---

① 指冯国璋。

其二

北辰余荫照疏臣，竹实微分不济贫。
青鸟耐烦时去去，白驹催老日频频。
也知龙尾甘颓倒，徒使猪肝累圣仁。
归钓百花潭水好，愿闻恩召锡丝纶。

闻歌一首

薤露古不作，今人重高歌。
下里亦浏亮，中心知谓何？
燕丹尚气节，易水扬清波。
知己累身命，感义伤天和。
我行吹落笳，樵牧相经过。
朝从白雉飞，莫杂牛羊讹。
珍鸟怀好音，西山多网罗。

题《寸心》杂志即赠何一雁

将军本天人，昂首出风尘。
拔剑信无敌，落笔如有神。
结交知重义，为国便轻身。
相见徒嗟晚，何妨作酒宾。

(《寸心》杂志第6期，1917年7月1日)

歌人欲

人欲不死人不生，人欲不生人不死。
吁嗟人欲杀人欲，惨惨目瘁何时已？
人欲无疆寿，又欲妻妾媾，娇丽在眼前，身命曷能救？
人欲多宝聚，又欲世不裕，众贫日思夺，多宝曷能顾？
人欲尊如天，又欲民尽捐，苍生弃汝去，独夫曷能全？
人欲多土地，又欲农不莳，田连尽荒芜，积仓曷能遂？
人欲蓬莱岛，又欲金璧好，神仙恶奇秽，到此曷能保？
人欲令名扬，又欲奸宄强，史鱼不受贿，巨黠曷能藏？
人欲子孙显，又欲世德斩，豚犬竞纷华，宗嗣曷能远？
窒欲谈何易，纵欲缘何遂。
君子秉塞渊，他人独违志。
惟此立达心，忠恕岂有异？
蒸蒸不格奸，事事须伤类。
我则如牝马，利仁以为利。

（《宗圣学报》第 22 号，1920 年 2 月）

劝兵歌

劝世人，仔细听，士农工商都可作，不知何故来当兵。
上古时，兵即民，放下锄头入行伍，原为保国护众生。
三代下，道不行，国君视民如奴隶，驱使百姓争人城。
一家荣，万家倾，腐儒助虐说忠义，列国互斗三军坑。
为的是，一姓荣，保持禄位传孙子，安乐人主焚臣民。
四千年，乱到今，群迷醒悟共和现，以国为公真理明。
不为上，不为君，专为保国才出战，纵然身死双目瞑。
诸将帅，公仆称，平民雇他有厚俸，不是请来徒骄横。
到今日，妄自尊，只徒保持富与贵，不与百姓谋安宁。
最可怜，我们兵，何故与他作牛马，骨肉亲戚相斗争。
刀对颈，炮对心，蝼蚁尚且贪生命，何况兵卒还是人。
要退却，问斩刑，究竟拚命为的甚，去与将官抢金银。
非他养，非他生，丢了性命万不值，家中还有老母亲。
兵有田，被他侵，一年十次派捐款，剖尽皮肉还抽筋。
钱到手，饷不清，只管将官吃得好，兵士一饱都不能。
高房屋，大园亭，尽是白骨与鲜血，换来供俸贪狼精。
战死了，填路坑，毕竟为忠或为孝，黄泉路上都不明。
说忠烈，羞死人，他们私人争权利，何苦挣断牛版筋。
图富贵，不得行，半年领得一元半，上回馆子都还增。
若不幸，伤了身，要生不得死不得，断手断足回家庭。
工不作，田不耕，半世风光如何了，哭天无路谁哀怜。
亲朋笑，妻子瞋，七十二行都不学，问你何故要当兵。
细思量，鼓眼睛，悔后迟了无可奈，死去活捉威将军。
一世冤，三世沉，地狱无底坐不透，又见敌鬼来相寻。
我与你，无雠憎，何故一枪废我命，说出理来饶你行。
你若说，听命行，冤鬼不得便恕却，问你何故替人争。
这冤鬼，非别人，不是邻居即朋友，亦或还是老父亲。

弟杀兄，戚杀亲，军阵之上不问姓，你说伤情不伤情？
若反骂，你当兵，两个冤鬼一样罪，刀山油鼎同施刑。
细思想，实在昏，当兵百害无一利，妄开杀界生无明。
翻几层，覆几层，为人须要讨算定，强壮男儿休入营。
归家去，理耕耘，生为良民死为佛，眼见国家成太平。
众弟兄，留意听，一齐跳出火坑去，世上无兵民自宁。
唱一遍，散一眶，况无国争与外寇，中国全境无须兵。
兴实业，讲农林，家家户户衣食足，齐修大道成圣神。

（《消劫新书》，成都探源公司，民国12年8月印行）

止心篇①

自 序

予心不止，浮动自贼，鏊带三褫，鼎铼足折。尚感圣仁宽大，过事矜全，以噬嗑用狱之威，行发蒙刑人之意。予既入狱，身止不得行，口止不得言，气止不得舒，意止不得遂。然而心不能一息止而不思，目不能一日止而不窥。乃反复《周易》，观象玩占。以艮为止卦，必可止心。读之三日，忽悟敦艮之理。乃喟然曰："佛氏云四相皆空，此《易》之余绪也。"四象皆空，始能入定，斯艮卦之旨也。《易》曰："艮其背，不获其身。"是内止而忘身也。曰："行其庭，不见其人。"是外止而忘人也。忘身无我相也，忘人无人象也。至于众生相，亦人相也。寿者相人，我兼有之，空其二，即空其四也。老氏亦云："圣人外其身，会通诸哲，豁然通明。"始觉随时随境，皆有广居，要在知止而已。于是，作《止心篇》四十六章。日诵一过，始见天地万物，咸化为一，不惟无忧，乐且靡极。圣道虽遒，心定亦可以至也。勉之。

民国五年二月二日著者止园尹昌衡

一 止心②

吾身易止，而心难止。惟其难止，是以易放。放而不止则荡，荡则乱，乱则昏，昏则丧，丧则禽。止而不放则存，存则宁，宁则明，明则圣，圣则

---

① 原著首页为著者以"六簶将军"名义手书题签："止心篇。六簶将军自题。尹昌衡（印）。"次页为他人篆体题词："止于至善。"
② 原标题为《止心第一》，以下依次为第二，第三……。今改"一 止心"，以下即依次改为二、三……

仁。离禽入圣,在止其心。心止止心,是谓操存;止心心止,是谓道体。日以止明,山以止寿,木以止茂,背以止安。是以圣人崇效卑法,远取近索,以止为正,而尽其性。明德新民,以止为归,静安虑得,以止为始。明德新民,以止为归,则止为体用之全功。静安虑得,以止为始,则止为仁圣之大本。天人立极,物我兼成。止之为业,岂不大哉?《书》曰:"人心惟危,道心惟微。惟精惟一,允执厥中。"

二　止境

吾心有常,而境无常。以无常困有常,则天下之物皆吾贼也。以有常定无常,则物与我皆无涉也。贼于物,故久约则郁,长乐则荒。止于素,故富贵不淫,贫贱不移。不淫不移,常止其心。止心止境,验道自省。即验即养,乃凝于神。舟不入水故达,石不逐流故静。圣人镇物如石,顺物如舟,故守正顺命。《经》曰:"素富贵行乎富贵,素贫贱行乎贫贱,素患难行乎患难,素夷狄行乎夷狄。"

三　止今

人视有古,吾视无古。人视有来,吾视无来。以无古止今,故无气馁之蔽。以无来止今,故无浚恒之凶。不气馁故不忘,不浚恒故不助。勿助勿忘,是谓善养。止心止今,用智不分。时乘六龙,各正性命。是以内绝憧扰〔忧〕之机,外尽空明之相。空则定,定则安,安则久,久则明。明则诚,诚则变,变则化,化则时。止今之业,极于今止。《易》曰:"时止则止,时行则行。动静不失其时,其道光明。"言今止也。又曰:"君子以思不出其位。"言止今也。止今,今止,圣之时也。

四　止辱

辱由吾乎?吾将改之,频复无咎。辱由外乎?吾将听之,无妄元亨。改而仍辱,躬自尽矣。听而不介,辱固远矣。是故止者不辱,辱者不止,不止者辱,不辱者止。积中不败,履素杜渐,故不辱。虩虩内疚,憧憧往来,故不止。动悔益厉,晋沙入血,故复辱。中行独复,敦艮厚终,故自止。圣人持志资辱，不馁不暴。止辱自淑，辱亦不入。小涅大絜，小磷大成。《传》曰："高下在心，川泽纳污。山薮藏疾，瑾瑜匿瑕。"

五　止困

止者不困，困者不止。不止者困，不困者止。艮趾永贞，故不困。蒺藜内据，故不止。舍龟观颐，故益困。致命遂志，故恒止。是以止心则刚掩险悦，皆为征吉之基。不止心则赤绂金车，皆为困我之物。圣人以道止心，以心止身。止目则五色失其彰，止口则五味失其甘，止足则驷马失其骏，止意则万象失其幻。我心我治，物失其恃。是谓太虚。太虚入物，不见其有。太虚出物，不见其无。不有不无，何困何虞？止困不困，道心乃定。《易》曰："困亨贞，大人吉。"

六　止劳

蝡蝡颙顽，性也，无所用其劳。葛藟虺虺，止也，无所益其乐。故动有顺，静有逆，劳有安，逸有辟。止有以逸，亦有以劳，止劳不劳，其德乃饶。圣人之道，屯则贞，劳则谦，贞谦以止，积劳乃宣。蹴躏为仁，何损于真？跂踶为义，何伤于气？《诗》曰："狼跋其胡，载疐其尾。公孙硕肤，赤舄几几。"周公之止也。"鸿雁于飞，哀鸣嗷嗷。虽则劬劳，其究安宅。"君子之止也。

七　止贱

止者不贱，贱者不止。止者不贱，故隐逸象于潜龙。贱者不止，故康侯晋为鼫鼠。龙鼠之辩，在止与否，是以《洪范》五福，终不言贵。孟子达尊，所重在德。夷齐争贫，尧舜争贱。争贫者至于饿殍而不辞，争贱者贵为天子而不乐。圣人居贱止心，乃全其朴。止贱不贱，其德乃见。孟子曰："舜之饭糗茹草也，若将终身焉。"能止贱也。

八　止苦

止者不苦，苦者不止。不止者苦，不苦者止。止苦不苦，大道之府。止苦不乐，万物之仆。圣人之道，以苦为乐，故止之不欲其出。茶虫忘苦，蓼虫忘辛，圣人止其神而忘其身。忘则定，定则久。久则刚，刚则虚。刚胜物，虚凝神。神凝物出，如天之福。是故筋力欲其劳，劳则健。体肤欲其饿，饿则坚。心欲其苦，苦则贞。性欲其忍，忍则尽。外苦内诚，增益不能。天下无苦境，则天下无圣人。故苦为道资，止为德本。止苦自诚，大道乃凝。《诗》曰："哀我人斯，亦孔之嘉。"胜之也。"谁谓荼苦，其甘如荠。"忘之也。

九　止险

险者不止，止者不险。止险不险，任重致远。圣人之济险也，常德习教，纳约自牖，刚中心亨，祗平无咎。是以德全于内，道施于外。天以险高，地以险厚。圣人涉险以通，而中心不动。无物无身，何死何生？无苦无悲，何安何危？有道自信，无境不平。《易》曰："习坎：有孚，维心亨，行有尚。"

十　止晦

人显我晦，人进我退。天道恶显，地道恶显，物道恶显，人道恶显，我不敢不晦。花以显雕，根以晦久。鸟鸣则鹈鸠取之，蛙鸣则蝮蛇逐之，钟鸣则木石击之，人鸣则鬼神害之。故圣人畏天思晦，知白守黑。乾重龙潜，坤美囊括。潜括积厚，德充内溢。止晦不晦，其德乃贵。《易》曰："明入地中，明夷。君子以莅众，用晦而明。"

十一　止泰

泰不泰，天下赖。泰不止，天下耻。日止常明，天止常清。海止常深，山止常高。是以圣人之道：贵，止骄；富，止淫；豫，止鸣；丰，止过；制三军，止怒；临万众，止欲；大有元亨，则顺天休命；雷地奋豫，则作乐崇德。乃能满而不溢，高而不危。凡止之道，以保泰也。泰易否，故不得不止。止而不否，可以悠久。久泰不怠，其德乃大。《易》曰："天地交，泰，后以裁成天地之道，辅相天地之宜，以左右民。"顺则处中，俾民不迷，能止泰矣。

十二　止失

失必知止，止不惮失。蝉不失壳不飞，蛇不失革不洁，人不失物不立。孙子失脚，止而武。左丘失明，止而文。季札失国，止而贤。孔孟失位，止而圣。人失则求，我失则止。人求失道，我止求心。失物止心，道是用明。止心失物，道是用谷。圣人之德，小止小失，大止大失。仲子得止，以失其盖。太伯得止，以失其国。比干得止，以失其身。尧舜得止，以失其帝。凝神不分，其德乃至。内止忘身，外止忘人。人我咸忘，得失以均。老子曰："同于失者，失亦得之。"

十三　止生

身不生，在太虚。身不没，在鼎镬。鱼不欲出水，故不升陆。人不欲去虚，故不乐生。爱鱼者不出之于江海之内，爱子者不出之于太虚之中。草生则刈，木生则伐，物生则残，人生则杀，是故即生即杀，即止即仁。即生即杀，龙战于野。即止即仁，涣躬旡咎。止生生止，造化乃喜。生止止生，造化乃宁。日不生日，月不生月，天不生天，地不生地。故天地以不生为仁，而太极永逸。圣人以不生为仁，而刍狗自息。未生之先，其乐如天。老子曰："天地所以能长且久者，以其不自生，故能长久［生］。"

十四　止死

有感乐，无感乐。有感乐，天下逐。无感乐，其神谷。其神既谷，玄牝不没。是以孔有朝闻夕死之叹，《易》阐幽明死生之情。止死死止，艮身自喜。达死达生，乃成其仁。蛹虫得翼，不爱其革。蝌蚪得陆，不爱其尾。圣人得道，不爱其身。不爱之爱，大道永载。明达内充，乃觉性命而涣其外。昨身今身，一死一生。今吾后吾，一有一无。一往一来，吾何以哀？一断一续，吾何以哭？圣人视身，有如桎梏。桎梏桎梏，自何能淑？逝将去汝，适彼乐国。老子曰："若吾无身，吾有何患？"

十五　止伦

蜂有伦，百室盈。蚁有伦，丘山成。可以人而不如物乎？圣人之道，独止止虚，群止止伦。伦生于性，俾民守正。上下者，所以正邦国也。父子者，所以正室家也。兄弟者，所以正长幼也。夫妇者，所以正内外也。朋友者，所以正人群也。象之以《易》而伦成，约之以《礼》而伦序，防之以《春秋》而伦肃，歌之以《诗泳》而伦和。为乐以乐之，作书以纪之。为人立极，若网在纲。有德则行，无人不止。止心止伦，人道乃平。止伦止心，天性乃纯。《经》曰："为人君，止于仁。为人臣，止于敬。为人子，止于孝。为人父，止于慈。与国人交，止于信。"

十六　止礼

节情中道，礼之用也。诚中形外，礼之成也。身必有止，止必以礼，教之大也。是故目不能止而不视，视以礼止之。耳不能止而不听，听以礼止之。口不能止而不言，言以礼止之。身不能止而不动，动以礼止之。《经》、《礼》三百，圣人居之。《曲礼》三千，圣人游之。鱼不浮罄，人不荡行。鱼浮罄则死，人荡行则殒。止心止礼，乃不踰矩。止礼止心，乃不亡身。《经》曰："非礼勿视，非礼勿听，非礼勿言，非礼勿动。"

十七　止非

事有不可止者，有不可不止者。人之非我，此不可以止者也。我之非人，此不可不止者也。故善止非者，止口止心。止口不非人，则无口过。止心不止谤，则无怨尤。无口过则身修而行立，无怨尤则心平而德和。行立德和，是谓自诚，自诚是急，何暇责人？是以颜子犯而不校，展禽和以如春。孔存三代之直，孟有后患之警。皆所以崇德辨惑，远怨损疾。止心止非，众善所归。止非止心，自厚其身。《经》曰："攻其恶，毋攻人之恶。"

十八　止怒

怒由不止，止则不怒。欲心不止，怒人夺己。名心不止，怒人谤己。刚愎不止，怒人逆己。非僻不止，怒人害己。是故震雷动则怒于声，心神动则怒于色。太虚不动则和气洋溢，圣人不动则敬爱臻极。德充于内，气和于外。当怒不怒，其神乃固。伯氏失骈，不怨管仲。孟子信天，不怨臧仓。孔子知命，不怒公伯寮。颜子守仁，不怒犯己者。《诗》曰："君子如止，恶怒是已。"

十九　止易

五官乱，有万象。大道没，有群学。术杂则乱性，水深则汩屋。圣人之德，易简敦朴。《易》不作，有牺黄。《书》不作，有尧舜。《礼乐》不作，有禹稷。《春秋》不作，有伊周。三《传》不作，有孔老。哲言山积，圣迹遂渺。是以大德欲笃，小德欲博。大道欲脱，小道欲逐。不博不逐，斯得其鹄。止易易止，玄閟〔关〕乃启。启閟〔关〕德充，大莫与同。《易》曰："乾以易知，坤以简能。易则易知，简则易从。易简而天地〔下〕之理得矣。"

二十　止愚

气不泄，大道结。气不止，谷神死。故大知若愚，大愚若知。如愚，故不违仁。如知，故不能守中庸。世无大愚，天下不治，大道不凝。愚夫一德，天下莫能则。愚夫一言，千古莫能传。止愚止心，肫肫其仁。止心止愚，其德不渝。是以明于心，则愚于口。合于道，则愚于貌。契于天，则愚于人。察于远，则愚于近。无所不知，则无所不愚。《诗》曰："俱曰予圣，谁知乌之雌雄。"讥不愚也。"不识不知，顺帝之则。"美愚也。

二十一　止敬

居斯位，止斯事，行斯道，身止之，心止之，神止之，谓之敬。居斯位，止斯事，悖斯道，身止之，心不止之，神不止之，谓之不敬。故敬也者，止也。止也者，敬也。止心止敬，乃得其正。止敬止心，乃成其行。尧曰允恭，止于诚也。舜曰温恭，止于仁也。《礼》曰日强，止于事也。《易》曰直内，止于心也。主敬之学，千古咸宗。天地止于敬，故日月有度而四时节。圣哲止于敬，故动静有常而万机理。敬有恒，天下平。《诗》曰："穆穆文王，于缉熙敬止。"

二十二　止静

水不止不清，心不止不静，故圣人常止其心以归于静。大止大静，小止小静。大静大成，小静小成。修身之业，有如穜稑，植稚不同，精熟互异。其静愈久，其培愈厚。轮囷之材，千岁不动。羽以轻折，山以静重。止心止静，乃大清明。《大学》曰："知止而后有定，定而后能静。"

二十三　止仁

安而后虑，虑而后得。惟其得止，是以能仁。颜子不违，故止于穷。三仁同德，故止于忠。惟其能仁，是以能止。止仁仁止，有如循环。循环无端，即止即端。端之所在，即止即仁。子曰："仁远乎哉？我欲仁，斯仁至矣。"言即止即端也。"仁者安仁，知者利仁。"既安且利，能不止乎？

二十四　止智

智由止生，止因智定。止者必智，智者必止。水止则澄其尘滓，心止则固其清明。鸟明则止于丘隅，人明则止于至善。或自明诚，或自诚明。本一而二，二而一。是以即止即智，即智即止。止智智止，迭运靡已。《易》曰："知至至之，可与几也。"言智止也。又曰："清明在躬，志气如神。"言止智也。

二十五　止刚

刚者必止，止者必刚。刚者矫强，至死不变，故止。止者无欲，物莫之夺，故刚。山以止刚，金以刚止。圣人得刚而艮其趾，是以震雷动天，泰山不改其容；车驾如云，金柅不遗其迹；鼎镬在前，圣人不改其操。止刚刚止，其直如矢。刚止止刚，物莫之伤。《易》曰："刚中而正，行险而顺。"

二十六　止壹

天止于一，地止于一，日月止于一，万物止于一，人止于一。天得一以清，地得一以宁，日月得一以明，万物得一以生，人得一以成。为道日损，损其多而归于一也。不一则心分，心分则气溃，气溃则道败。是以舜曰惟一，文曰纯一，老曰一贞，孔曰一贯。皆所以保合太和。生物不测，精一之道为德之极。止心止一，乃藏于密。《书》曰："一德一心，立定厥功，惟克永世。"

二十七　止诚

心有欲，放而不止，则不诚。心无欲，止而不放，则诚。故止心者，诚之本也。至诚者，止之极也。圣人取象于艮，思不出位，诚之端也。终始一诚，成己成物，止之效也。是以止者必诚，诚者必止。鸟止而诚，其卵必孵。人止而诚，其德必成。止心止诚，其机如神。止心者，止邪心也。止邪心者，止道心也。邪心止而不萌，道心止而不退。仁圣之业，所由臻也。《易》曰："闲邪存其诚。"

二十八　止虚

有以为体，无以为用。至人之德，幻若鸿蒙。匪独老氏为然，孔子亦犹之。故其言曰："无思也，无为也。寂然不动，感而遂通天下之志。"孔老之大，咸止于虚。止虚不虚，其德有余。故行莫重于实，德莫大于虚。止虚者无所止也，无所止者，得所止也。何有何无，惟道是居。玄玄冥冥，夜气常存。静则无物，动则有神。斯谓之虚，斯谓之道，斯谓圣人之止。庄子曰："惟道集虚。"

二十九　止后

前马蹶，后马立。前鸟折，后鸟逸。苍岩笑覆舟，路碣怜奔马。是谓后其身而身先。夫坤以地道，后顺得常。乾以天德，不可为首。天地尚不敢不后，而况于人乎？况于鬼神乎？物竞天择，早成者折。止心止后，为道之薮。老子曰："至人者，不为物先，而为物后。"

三十　止中

道无极，既无极，安有中？中也者，人事之宜也。故圣人心常虚，行常中。心不虚则浊，行不中则怪。怪则荡，荡则不虚。衡虚则平，气虚则和。莫高匪虚，莫虚匪中，是以中庸之行，发于高明。峻极之德，积于敬谨。止心止中，其行庸庸。庸德庸行，至德所锺。《经》曰："极高明，而蹈中庸。"

三十一　止我

道在学，尧舜薄。道在心，大亨贞。故不知道者，求于书，求于物，求于师，求于友，求于言，求于文，求于宇宙，而放其心。知道者，不求于书，不求于物，不求于师，不求于友，不求于言，不求于文，不求于宇宙，惟求其心。我有目然后有日月，我有身然后有天地，我有心然后有至道。是以即念即心，即心即性，即性即命，即命即道。内照如神，指掌顿悟。自私者不杀身以求天下，自明者不外心以求大道。止我止心，乃得其真。孟子曰："万物皆备于我矣，反身而诚，乐莫大焉。"

三十二　止顺

得道如舟，失道如泅，巧泅不如拙航。人虽至能，安能弃艟艨而恃手足？才虽至异，安能舍自然而恃心力？故天有时，物有性，地有利，人有机。天有时，应之以顺。物有性，尽之以顺。地有利，辅之以顺。人有机，待之以顺。一顺而天下之事备矣。《书》惩逆命，《传》警去顺。止心止顺，承天休命。《易》曰："柔顺利贞，君子攸行。"

三十三　止必

止必心，心必止。不止必心，心必不止。鸟必止于山，故在笼则触。鱼必止于水，故在陆则渴。人必止于顺，故在逆则拂。圣人则不然。虚与道合，不虚亦虚。静与天通，不静亦静。仁与万物洽，不仁亦仁。气与鸿蒙一，不辟亦辟。是以拂乱不求其必通，颠沛不求其必解。以随为大，以化为宰，此心止必，至诚不息。《经》曰："毋意，毋必，毋固，毋我。"

三十四 止求

物亦无求，道亦无求。万端退听，圣哲大休。无求之求，其德乃周。若设置罝以待雉兔，一止而万善尽矣。山不求富，宝藏兴焉。海不求珍，蛟龙出焉。圣人不求成，万物归之。天下乐之，大道承之，鬼神附之。止心止求，常得其优。止求止心，常居其成。《诗》曰："不忮不求，何用不臧？"

三十五 止福

物福吾身，吾止而承之。物不福吾身，吾止而远之。吾止心也，止心则万物皆吾奴矣，吾何以不福？草木止，而雨露福之。不止者，虽得雨露不福也。圣人止，而休祥集之。不止者，虽得休祥不福也。止心止福，是乃戬谷。《诗》曰："不震不动，百禄是总。"

三十六 止祸

吾心不自止，而物止之，则害矣。吾心不自止，而天止之，则杀矣。吾不欲以一身为天地万物戮，故自止。自止以听天，则天不违。自止以顺物，则物不妒。天不违者长生，物不妒者永宁。麟止弗见，故虞人弗得。兔走于野，故罗网加之。止心止祸，莫之夭阏。《诗》曰："毋贰毋渝，上帝临汝。"

三十七 止乐

宫室乐于舟楫，舟楫乐于车骑，车骑乐于跋涉。其止愈静，其乐愈极。兽止不崩蹄，鸟止不折翮。圣人止其心，而清和洋溢。止心止乐，乐不在物。止乐止心，通于神明。神明充实，为乐之真。是以止于鹑结，乐于龙衮。止于刀俎，乐于衽席。止于箪瓢，乐于鼎食。止于臧获，乐于王侯。《礼》曰："乐则安，安则久。"

三十八　止益

止我益我，我止我益。不止我不益我，我不止我不益。菊止其傍芽，则中茎茁。苕止其蔓枝，则本根硕。农圃之术，圣人私淑。是故以《剥》为《复》，其《复》必笃。以《损》为《益》，其《益》必极。以淬止热，则金铁成其坚。以寒止荣，则松柏劲其节。以刑人发蒙，则圣功始业。止益益止，大道之址。孟子曰："故天将降大任于是〔斯〕人也，必先苦其心志，劳其筋骨，饿其体肤，空乏其身，行拂乱其所为，所以动心忍性，增益其所不能。"

三十九　止晋

圣君恶晋而好止，故尧舍左右而求舜，汤舍左右而求尹。圣臣恶晋而好止，故舜不要尧，而止于历山；尹不要汤，而止于有莘。然止于历山者，晋而总百揆。止于有莘者，晋而为王佐。是故误天下者止于晋，安天下者晋于止。不晋之晋，为圣之任。《易》曰："明出地上晋，君子以自昭明德。"

四十　止寿

蔓草之晋日盈尺，故经秋而杀。梣桐之晋月盈尺，故经世而杀。松柏之晋岁盈尺，故千稔而杀。金石之性不知晋，故终始不杀。天地之道，害晋益止。深根固蒂，长生久视。物以止久，人以止寿。圣人止形固精，物莫之贼。止气固神，天莫之殢。止虚合道，归于太极。止心止寿，天高地厚。《经》曰："仁者静，仁者寿。"

四十一　止行

大道如水，水以止行，故行若无行。江无跛脚，良驷弗能逐。惟其善止，是以顺行。故圣人止于仁，则惠行；止于敬，则政行；止于正，则法行；止于肃，则威行；止于虚，则道行；止于诚，则化行。人见其行，而无所用其行。地平天成，不劳其精。以止为行，天地之心。《经》曰："不见而彰，不动而变，无为而成。"

四十二　止治

止心止治，大道永济。故圣人立教尚止，以为天下利。许由之大，同于尧舜。颜子之大，同于禹稷。大德一止，而神圣皆息。一囷粟，不相触。一斗蜗，互相螫。止则为粟，动则为蝎。天下皆蝎，虽至圣不能施其泽。是以德之大，莫极于自止。凶之大，莫极于功名。庶杰嶙嶙，尧舜弗胜。万姓碌碌，天下皆谷。破斗折衡，舍名抱朴，而皞皞极乐。《诗》曰："君子如止，乱庶遄已。"

四十三　止化

止而不动，止于止也。动而不止，止于动也。一动一静，止于顺也。动静不忞，止于道也。谓之善止。善止之止，其机无已。车止而人转之，人止而天转之，天止而气转之，气止而涬溟司之。常止不止，安天之纪。不止常止，不圣何俟。老子曰："善行无辙，道法自然。虚而不屈，动而愈出。"

四十四　止大

止于匹夫，大于卿相。止于蜗室，大于天地。卿相莫大于禹稷，可于陋巷中求之。天地莫大于太极，可于指掌中得之。水止则江汉来会，人止则神明是依。神明既依，将集千圣万圣而全其大，而况于天地之间乎？人各有其至大，惜不止者失之耳。止心之大，其大无外。《易》曰："安贞之吉，含弘光大。"

四十五　止恒

止于此，成于此。无困无豫，无苦无乐。无贱无贵，无荣无辱。无忧无喜，无思无忘。虽千岁如一日。惟千岁如一日，故一日如千岁。千岁一日，不患鼎镬。一日千岁，不患夭折。物不我动，精神咸萃。不间于内，不间于外。不间于造次，不间于颠沛。斯为恒止。止恒恒止，乾健无已。恒止止恒，有德则诚。《易》曰："雷风恒，君子以立不易方。"

四十六　止神

草木惟止而不自抽，华实之变，何其神也。天地惟止而不自勤，生物之变，何其神也。圣人惟止而不自求，精爽之变，何其神也。是以应天时行，则溥博如天。清明内蕴，则渊泉如渊。溥博渊泉，则神化无端。虽天地莫测其变，而况于人乎？止久即神，精诚通灵。《经》曰："至诚感神。"老子曰："至人神化。"《易》曰："神而明之。"非止心之极，孰能语于斯乎？

（《止园丛书》第 1 集）

易　　钵①

狱中题《易钵》

阖辟絪缊顺自然，人心损尽道心全。归去白云深处隐，青山犹识旧陈抟。赞曰："无畛无域，非隐非玄。圣人复起，不易吾言。"

著者止园尹昌衡

一　体阴阳

阖谓之阴，辟谓之阳，一阖一辟，谓之变。静谓之阴，动谓之阳，一静一动，谓之变。虚谓之阴，实谓之阳，一虚一实，谓之变。柔谓之阴，刚谓之阳，一柔一刚，谓之变。天地万物，无非阴阳。四时迭运，无非阴阳。身体发肤，无非阴阳。动静语默，无非阴阳。无阴不变，无阳不变。变而当，神圣之极也。变而不当，造化所殄也。惟圣人能体阴阳以顺变。阳有纯德，阴有纯德，而乾坤始立。阳不可亢，阴不可极，而乾坤始变。阳衰阴长，阴衰阳长，而剥夬以成。阴极阳生，阳极阴生，而复姤继起。阴盛阳退，阳盛阴伏，而遁临示义。阳外阴内，阴外阳内，而否泰不同。阳居阳位，阴居阴位，而圣道既济。故圣人主敬以体阳，主静以体阴，顺气以致变。外敬内静，法乾坤也。戒满去邪，象剥夬也。存微防危，用复姤也。知机顺时，则临遁也。以阳下阴，择否泰也。正位凝命，取既济也。故行则乘气，止则俟命。阳不及亢，阴不及邪。盛德若虚，除恶务尽。道心不退，人心不萌。不待否而退，不以泰为临。盈虚消长，居无不

---

① 原著题名为《止园易钵》，首页以下分别有著者手书题签："周易钵。昌衡自题。潜庐（印）。"以及他人篆体题词："消遣世虑。"

宜。《传》曰："一阴一阳之谓道，智者见之谓之智，仁者见之谓之仁。"此之谓也。

二 体八卦

乾，阳气也。坤，阴气也。坎，中实也。离，中虚也。艮，刚止也。兑，柔悦也。巽，柔行也。震，阳动也。乾为天，坤为地，坎为水，离为火，艮为山，兑为泽，巽为风，震为雷。天地者，易见者也。水火者，易得者也。山泽者，易形者也。风雷者，易动者也。道亦如此，故圣人见而知之，得而存之，诚而形之，动而施之。见而知之，如见天地。得而存之，如求水火。诚而形之，静如山泽。因而用之，动如风雷。故圣人庄敬象乾，安静象坤，渊澄象水，巍岩象山，卑晦象泽，巽人象风，机应象雷。庄敬象乾，故不难而高明。安静象坤，故不难而博厚。渊澄象水，故不难而清明。虚明象火，故不难而神察。巍岩象山，故不难而睟盎。卑晦象泽，故不难而和悦。巽人象风，故不难而致远。机应象雷，故不难而时行。太和不息，敬而虚也。直内方外，静而诚也。心亨行尚，智而实也。虚中畜牝，神而化也。时止时行，定而顺也。说以利贞，柔而正也。刚巽中正，柔而健也。一索得乾，动以天也。惟圣惟神，八卦咸禽。《传》曰："八卦成立，象在其中。默而识之，不言而信，存乎其德行。"此之谓也。

三 举偶

人不体卦不生，物不体卦不存。天地不体卦则四时不成，圣人不体卦则至道不凝。是以天道体卦，地道体卦，物道体卦，人道体卦。圣人存诚养性，盖取诸无妄。果行育德，盖取诸蒙。迁善改过，盖取诸益。惩忿窒欲，盖取诸损。饮食宴乐，盖取诸需。慎言养生，盖取诸颐。齐民辨等，盖取诸履。制度议德，盖取诸节。经纶庶政，盖取诸屯。保民无疆，盖取诸临。无妄能尽其性，推以及人，故育万物，至诚之道也。蒙初筮养正，不渎不贰，故为圣功，太和之气也。益天施地生，其益无方，故成其德，健行之功也。损损己从善，与时偕行，故能纯粹，克己之效也。需有孚自信，险而不陷，故不困穷，待时之义也。颐自求口实，虚中养正，故不拂经，浩然之气也。履上天下泽，人伦以正，故定民志，礼教之本也。节刚柔各分，而刚得中，故不害民，典章之实也。屯大亨以正，动乎险中，故能定乱，建国之始也。临刚中以正，大亨以正，故能临民，政教之本也。而又守之以谦，聚之以萃，用之以随，成之以恒，权之以睽，悦之以兑，人至于圣，天下太平。《传》曰："圣人成能，百姓与能，成天下之亹亹。"此之谓也。

四　不可离

民之于《易》也，胜于水火，水火可须臾离也，《易》不可须臾离也。民之于《易》也，胜于手足，去手足犹可以为人也，去《易》不可以为人也。宴息不离随，离随则不豫。饮食不离颐，离颐则不节。举错不离履，离履则不正。止息不离艮，离艮则不安。一举足，一启口，尚不可离《易》，而况于大事乎！故圣人处泰思泰，处否思否，处豫思豫，处蛊思蛊，处剥思剥，处复思复，处遁思遁，处晋思晋，处恒思恒，处睽思睽，处蹇思蹇，处解思解，处升思升，处困思困，处丰思丰，处履思履，处涣思涣，处节思节。无所不处，即无所不思。处泰思泰，故不乱命。处否思否，故能倾否。处豫思豫，故不鸣豫。处蛊思蛊，故能干蛊。处剥思剥，故不剥庐。处复思复，故不远复。处遁思遁，故不系遁。处晋思晋，故能顺丽。处恒思恒，故不浚恒。处睽思睽，故能类事。处蹇思蹇，故能来硕。处解思解，故不致寇。处升思升，故不冥升。处困思困，故不臲卼。处丰思丰，故不见沫。处履思履，故不夬履。处涣思涣，故能有丘。处节思节，故不苦节。无所不处，则无所不思。故庶绩咸熙，《易》用无穷，念兹在兹，参前倚衡，惟康惟几。《传》曰："居则观其象，而玩其辞；动则观其变，而玩其占。"此之谓也。

五　安知安行

不知其精，知其粗乎？不能其难，能其易乎？不知其象，知其辞乎？不能其变，能其常乎？故《易》有易知者，有难知者；有易行者，有难行者。信吾所已知，不信吾所未知。行吾所易能，不行吾所难能。信吾所已知，积小以高大，而不知者易知矣。行吾所易能，积小以高大，而难能者易能矣。察来阐幽，未易知也，而观象玩辞则易知。参天两地，未易能也，而慎言节食则易能。推观象玩辞之极，不至于察来阐幽不已也。推慎言节食之极，不至于参天两地不已也。故安知者智，安行者仁。以观象玩辞为易而忽之，不识于心，不凝于神，而徒以察来阐幽为难，此自绝于道也，不智甚矣。以慎言节食为易而忽之，不反诸躬，不恒其德，而徒以参天两地为难，此自绝于圣也，不仁甚矣。故善体《易》者，即于履道坦坦、饮食衎衎中求之，而履渐之义已得。不善体《易》者，每于日中见沫，浚恒求深中误之，而丰恒之道转失。得其小则妇孺之所易，全其大则神圣之所难，缺疑缺殆，余皆服膺。以诚于中，以形于外，源泉滚滚，不舍昼夜，驯致至圣，不困不劳。子曰："庸言之信，庸行之谨，闲邪存其诚。"此之谓也。

六　前知

数有定乎，农何必耕？女何必桑？数无定乎，农何以耕？女何以桑？间尝齐天地人物而辨之矣。当其未辟之先，未知其或成也，未阖之始，能知其或止乎？或辟之，知其或成也，而未必。或阖之，期其或止也，可必乎？一辟而三应之，此知其必成也。一辟而三从之，此知其必止也。阖辟相兼，杂而求当，则成败之数见矣。故数有定，则单子知陈必亡，季札知秦必大。数无定，则周公不知管蔡之将叛，孔子不知陈蔡之有阨。谓天下事皆可以前知者，自欺者也。谓天下事皆不可以前知者，自弃者也。有定则无不知，此圣人之神也。无定则不求知，此圣人之智也。虚其神，明其智，翕其气，与天地合而应其机，此至诚之道也。体其卦，用其爻，察其变，与天地同而求其则，此智巧之效也。索辞比事，观象审理，此贤者之虑也。违道失则，盲求妄信，此下愚之惑也。故象有显微，智有疏密，机有醇杂，器有大小。天地人物，默察其真，卦爻象象，周审其当。理必求通，据必求确，不昏惑于蔀沫，不乞灵于龟蓍。见黄裳知其元吉，见鸣豫知其必凶，见素履知其无咎，见盱豫知其有悔。《传》曰："体天地之撰，通神明之德，彰往察来，显微阐幽，当名辨物，正言断辞。"此之谓也。

七　易简

夫易者，仁安知利，不犯难行，妇孺咸得，天下皆能。是以乾不犯难，故不为首；坤不犯难，故不居先；屯不犯难，故不即鹿；蒙不犯难，故不再筮；比不犯难，故不居后；同人不犯难，故不敌刚；谦不犯难，故不违则；

随不犯难，故不求获；噬嗑不犯难，故不乘刚；复不犯难，故不远复；颐不犯难，故不拂经；大过不犯难，故不过涉；坎不犯难，故不入坎；咸不犯难，故不腾口；恒不犯难，故不浚恒；暌不犯难，故不逐马；夬不犯难，故不即戎；困不犯难，故不尚口；井不犯难，故不改井；震不犯难，故不逐贝；巽不犯难，故不频巽；节不犯难，故不苦节。易其心以无妄，易其行以素履，易其文以白贲，易其守以安节，易其善以由颐，易其教以常德。其先微难而后大易者，《损》、《蹇》、《屯》、《否》是也。其不狃于易以陷于难者，《益》、《豫》、《丰》、《泰》是也。圣人观《易》，参伍错综，有因难以求易，无舍易而图难；有居易以防难，无贵难而轻易。孔子曰："易知则有功，易从则有亲。有功则可久，有亲则可大。"此之谓也。

八　问童子

问童子："即鹿无虞，逐之与舍之孰易？"必曰："舍之易。"问童子："待时济险，于郊与于泥孰易？"必曰："于郊易。"问童子："视履考祥，虎尾与坦道孰易？"必曰："坦道易。"问童子："时方向晦，宴息与拮据孰易？"必曰："宴息易。"问童子："陷于刑辟，履校与荷校孰易？"必曰："履校易。"问童子："贲于丘园，白贲与束帛孰易？"必曰："白贲易。"问童子："牿以止角，童牛与老羝孰易？"必曰："童牛易。"问童子："习坎入坎，安枕与丛棘孰易？"必曰："安枕易。"问童子："日仄之离，鼓缶与耋嗟孰易？"必曰："鼓缶易。"问童子："羝羊触藩，用壮与罔孰易？"必曰："用罔易。"问童子："乃乱乃萃，一握与咨涕孰易？"必曰："一握易。"问童子："利涉大川，乘木与凭河孰易？"必曰："乘木易。"问童子："东邻西邻，杀牛与禴祭孰易？"必曰："禴祭易。"故玩辞而践之，童子之所易，举隅而反之。大道之所入，不玩不反，终身不淑。易者易也，爻者效也。效易至易，童子即师。谓之至性，谓之良知。子曰："易则易知，简则易从。"此之谓也。

九　四败

易欲实其德，故迸四败。四败者：矜持则道败，炫露则德败，多言则行败，美文则实败。以乾之大德，不能无惕若。以震之善动，不能无虩虩。以临之盛，不能无忧。以既济之亨，不能无思患豫防。人虽有德，宁大于天乎？而不惕若，厉必及矣。才虽能动，宁优于震乎？而不虩虩，丧可知矣。业虽隆，宁过于临乎？而不忧，咎必至矣。时虽顺，宁利于既济乎？而不防，患必甚矣。此矜持之戒也。以坤之厚，括乃无咎。以比之盛，显亦有失。以泰之时，包而后尚。以豫之顺，鸣则有凶。人虽博厚，宁优于地乎？而不括，咎不免矣。业虽丰，宁希于比乎？而欲显，失必多矣。时虽亨，宁过于泰乎？而不包，行不尚矣。事虽成，宁安于豫乎？而敢鸣，凶则至矣。此炫露之戒也。颐必慎言，艮必艮辅。困不尚口，咸不腾口。苟不寡言，失其养矣。苟不寡言，失其止矣。苟不寡言，失其亨矣。苟不寡言，失其信矣。此多言之戒也。黄裳元吉，白贲无咎。明夷用晦，臣下含章。文不在中，质不固矣。贲不以素，亨亦尽矣。不用其晦，明必伤矣。不合其章，不可贞矣。此美文之戒也。戒兹四败，践易乃实。故离阳多而外露，则反为阴。坎阳少而内潜，则反为阳。乾坤之德，不宜于上。泰豫之德，不利于极。子曰："幽人之贞，中不自乱。"此之谓也。

十　刚健

内健外健，德合于天，其卦为乾，其人为圣。内健之卦七，外健之卦七，健宜内不宜外。故刚必曰中，刚不在中，德不固矣。外健内柔，不足以任之，则否。外健内险，不足以安之，则讼。外健内止，不足以致用，则遁。外健内巽，不足以防微，则姤。否讼遁姤，不可用也，故养之以无妄。无妄外健而内动，一动而应干，天理之始也。始必有以践之，故承之以履。履外健而内悦，乐道以合天，笃行之至也。履久则诚，可以新民，故用之以同人。同人外健而内明，方外而知人，与人之道也。凡此七卦，因而用之，外健之义备矣。内健之卦，大小咸宜。故小畜内健而外巽，内健而外巽，所以养之也。大畜内健而外止，内健而外止，所以凝之也。需内健而外险，内健而外险，所以济之也。夬内健而外说，内健而外说，所以成之也。大有内健而外明，内健而外明，所以任之也。泰内健而外顺，内健而外顺，所以安之也。大壮内健而外动，内健而外动，所以行之也。小畜则善，大畜则笃，需则久，夬则纯，大有则大，泰则仁，大壮则任，凡此七卦，体而成之，内健则义备矣。观于此，法于此，以成其刚，而合于乾，希天之功也。子曰："刚健中正，纯粹精也。"此之谓也。

十一　柔顺

　　至德守柔，老子之言也，而本于《易》。柔必顺，顺必正，顺道至正，而后用柔。故柔以济道，非以济私。内柔外柔，德合于地，其卦为坤，其人为圣。柔极则刚，可以任重。内柔之卦七，外柔之卦七，柔宜用于外。以接物，罔所忤，故外柔之卦无不利。外柔内动则复，复复善也。外柔内巽则升，升进道也。外柔内止则谦，谦利用也。外柔内险则师，师得莱众也。外柔内悦则临，临御众也。外柔内健则泰，泰保大也。外柔内明则明夷，明夷全身也。凡此七卦，外柔之义备矣。外柔自晦，体用咸宜，是以君子尚柔也。内柔则有否与剥，否则塞，剥则尽，是以君子不用也。内柔而外险则比，比外比也，从正则吉。内柔而外悦则萃，萃阴聚也，守正则吉。内柔而外明则晋，晋随时也，顺丽则吉。内柔而外巽则观，观示法也，不荐则吉。内柔而外动则豫，豫顺动也，乐天则吉。凡此七卦，内柔之义备矣。圣人观象于此，无成有终，法地之则也。故其至也合于地，而成坤德。子曰："柔顺利贞，君子攸行。"此之谓也。

十二　颐养

　　顺阴阳以养气。阴阳者，体与神是也。体凝重而有形，故其象为坤，而气为阴。神轻清而无质，故其象为乾，而气为阳。乾健坤顺，故四体之动，待命于神。阳为君子，阴为小人。故人之神动而合于道，则阴阳应之；动而不合于道，则阴阳贼之。乾以体虚而清不动为健，坤以体重而实不逆为顺。故不动而自舒者，天之道也；顺止而应天者，地之道也。颐者养也，一动合天，乃止而存之，虚衷而养之。以此为本，则阴阳之气禽矣。大畜者畜也，内健纯阳，乃止而凝之，畜而大之。以此为成，则阴阳之德纯矣。故圣人静极以通天，止气以固神。损人心以益道心，晦文彩以实性命。一日不思，得道之基。十日不思，其形如尸。百日不思，天下皆知。千日不思，归于婴儿。阖辟顺天，阴阳咸宜。血脉畅和，神气清虚。《传》曰："天地定位，山泽通气。"阴阳顺则，形止而神悦。此圣人之所以为养也。

十三　天地大静

天无思，地无思，惟其无思，故顺太极之宜。天不自为阳也，太极生阳，而天应之，日轨以南，恒而成之，地气与同，万物资生。天不自为阴也，太极生阴，而天应之，日轨以北，恒而成之，地气与同，万物以成。故物有成败，而天地无为，圣人所以合天者，以其神不自动也。神不自动，故与天地同，与天地同，故应太极。使天自为动，时则欲雨，时则欲晴，时则欲冰雪，时则欲风雷，太极有气，不能翕矣。地则应之，燥湿寒暖，日夕纷呈，物虽欲生，其可得乎？神自为动，欲兴则血应而精结，怒兴则气应而血激，忧思则脉郁而阴生，喜乐则血奋而阳发，其变无常，亦犹晴雨冰雪风雷燥湿之不得其正也。以此求道，难以生矣，而况于成乎！惟至人无思，故血气不自动，不自动，然后天地动之，太极动之，与天地太极合。故春得其和，震动离应；夏得其盛，兑说乾应；秋得其成，巽入坎应；冬得其藏，艮止坤应。与天地游而人心不入，其道自生，其德自大，而皆在于无思。《传》曰："夫乾其静也专，其动也直，是以广生焉。夫坤其静也翕，其动也辟，是以大生焉。广大配天地，变通配四时，阴阳之义配日月，易简之义配至德。"此之谓也。

十四　对观

凡卦之所谓吉者，卜而得之非吉也，必吾自得而后可以谓之吉。凡卦之所谓凶者，卜而得之非凶也，必吾自蹈而后可以谓之凶。故至人不求卜而恒卜，恒卜不卜，体卦自淑。善体之道，于其吉，则对观以戒其凶；于其凶，则对观以求其吉。故劝惩咸宜，而反复皆益。《易》曰："亢龙有悔。"则对曰："牝马无咎。"《易》曰："黄裳元吉。"则对曰："华衣贞凶。"《易》曰："幽人贞吉。"则对曰："显者有眚。"《易》曰："夬履正厉。"则对曰："巽行无咎。"《易》曰："白贲无咎。"则对曰："华饰有悔。"《易》曰："畜臣妾吉。"则对曰："养君子吝。"《易》曰："众允悔亡。"则对曰："独行有眚。"《易》曰："嗃嗃悔厉。"则对曰："循循贞吉。"对其非，居其是。对其是，防其非。对其偏辞，得其真意。对其一隅，得其三反。对其取譬，得其精义。对其两端，得其中正。以我居《易》，毋以《易》束我，是故离而不悖，出而不逆，化而能通，权而不失。《传》曰："神无方，易无体，傍行而不流，通变之谓事。"此之谓也。

十五　损益

损益之象，示人之意切矣。损损泰之三爻，以益其上。损内益外，损我益彼。以我体卦，故谓之损。益损否之四爻，以益其初。损外益内，损彼益我。以我体卦，故谓之益。三与上相应也，四与初相应也。相应者，相为损益者也。不相应者，不相为损益者也，道德之枢机也。泰损而否益，物我之相封也。损取其末，末者三与上也，损物之义也。益取其本，本者四与初也，益性之义也。故损重上，益重初。内不可损，外不可益。本不可损，末不可益。益性而损物，则退藏于密。益物而损性，则自甚其疾。故圣人不以三公易其介，不以天下伤其仁。损欲速决，故曰："遄往无咎。"益欲敦厚，故曰："大作元吉。"知损则去非，知益则进善。去非则进善，进善则去非。损极则益，故曰："弗损益之。"益极则损，故曰："莫益或击。"持衡者，重左即所以举右。导水者，浚源即所以清流。修道者，损物即所以益性。损益因应，否泰咸宜。损以全真，益以尽性。故损益之实，仁者所安。损以保泰，益以倾否。故损益之道，智者所利。天地有损益，故阴阳迭运，保合太和。圣人有损益，故塞兑闭门，与道无极。《传》曰："损先难而后易，益长裕而不设。"此之谓也。

十六　笃信

信而行之，虽天下可以至疑而趋之，虽咫尺不可得信，如此其重也。信虽如此其重也，吾何以知其为道而信之哉？听人言而信之，危。听圣言而信之，愚。见而信之，所得者浅。虑而求之，所得者疏。此天下之所以不为道也。天下之所以不为道者，以其不信也。苟信矣，虽杀之不去也，而况于利乎？夫信有四道：乐则信，见则信，真实则信，神明则信。乐则信，见则信，此常人之信，证物以知我也。真实则信，神明则信，此圣贤之信，因我以知道也。粟吾信其可食，帛吾信其可衣，此乐而信者也。日吾信其在天，水吾信其在地，此见而信者也。子路有闻则行，颜子得善则服膺，此真实而信者也。孔子信仁，老子信虚，此神明而信者也。《易》之示象也，风泽中孚，需有孚，讼有孚，习坎有孚，观有孚，损有孚。需外坎而内乾，讼上天而下水。坎水清明，以合于天而得其正。神明之极，所以信也。习坎内外皆中实，诚意以载道，阳明而居正，能办能守，所以信也。观群阴观阳，示法昭然，天下共见，所以信也。中孚外损而内悦，志乐而行安，损外止而内悦，无求而自裕，乐天尽性，所以信也。是以《易》有笃信，圣人则之。自诚则明，自明则诚。知不如好，好不如乐。和于性命，畅于四肢。《传》曰："能说诸心，能研诸虑，象事知器，占事知来。"此之谓也。

十七　君子胜

先机预，后机待，故君子常胜。先机昧，后机逆，故小人常败。夫时者，运而不留者也。卦者，变而不已者也。一阳五阴，其量不变，舍剥居复，而成败判矣。二阳四阴，其量不变，弃观就临，而消长别矣。三阴三阳，其量不变，倾否保泰，而利钝见矣。四阳二阴，其量不变，去遯用大壮，而盛衰分矣。五阳一阴，其量不变，居夬防姤，而得失异矣。阳明之德，居后则吉，故君子后人，常胜其前。量虽不变，而胜负可择，而况阴阳消长之迭更乎！履霜而警坚冰，介石不俟终日。防于既济之时，需于郊原之易。此君子之所以必胜也。遇比而争，得后夫之凶。处乾而盈，来亢龙之悔。当需而躁，有人穴之危。见解而轻，招致寇之祸。此小人之所以常败也。故法《易》以往，则天下莫之敌。居《易》以守，则天下莫之贼。《传》曰："见机而作，不俟终日。"此之谓也。

十八　四时平陂

暖复寒，春渐残，寒复暖，秋渐晚，人所恒见，莫之异也。体验至道，亦犹是也。故时有若得，时有若失，时有若近，时有若远，而笃信者不疑。阴阳平陂，理固然也。复，冬至之卦也，一阳之始生也。颐、遯继之，皆为二阳，至于益而有三阳，再进而震，仍二阳矣。噬、嗑、随继之，皆三阳也，再进而无妄，则为四阳，进而明夷，仍二阳矣。贲、既济继之，皆三阳也，再进而家人，仍为四阳，进而丰，仍三阳矣。离、革继之，皆四阳也，进而同人，则为五阳，至于临，仍二阳而已。临，仲春之卦也。损、节继之，皆为三阳，至于中孚，而有四阳，再进而归妹，仍三阳矣。睽、兑继之，皆四阳也，再进而履，则为五阳，进而泰，仍三阳矣。大畜、需继之，皆为四阳，再进而小畜，仍为五阳，进而大壮，仍四阳矣。大有、夬继之，皆五阳也，进而为干，六阳乃全。阳极而姤生焉。姤，夏至之卦也，一阴之始出也。大过、鼎继之，皆为二阴，至于恒，而有三阴，进而巽，仍二阴矣。井、蛊继之，皆三阴也，再进而升，则为四阴，进而讼，仍二阴矣。困、未济继之，皆三阴也，再进而解，仍为四阴，进而涣，仍三阴矣。坎、蒙继之，皆四阴也，进而师，则为五阴，至于遁，仍二阴而已。遁，仲秋之卦也。咸、旅继之，皆为三阴，至于小过，而有四阴，再进而渐，仍三阴矣。蹇、艮继之，皆四阴也，再进而谦，则为五阴，进而否，仍三阴矣。萃、晋继之，皆为四阴，再进而豫，仍为五阴，进而观，仍四阴矣。比、剥继之，皆五阴也，进而为坤，六阴乃纯。阴极而复生焉，阴阳之长，平陂数矣，卒成恒也。是以四时之运，其浅也见，其深也藏，其往也复，其进也退，其出也入，其来也去。如锤击杙，反而后固。圣人则之，以神其德，如远如迩，如惑如悟，素履有常，莫之能误。《易》曰："无平不陂，无往不复，坚贞无咎，勿恤有孚。"此之谓也。

十九　性命渊源

人受生于天地，得乾坤之正气。乾坤者，性命之渊源也。乾坤生于太极。太极者，性命之渊源也。浑然粹然，莫知其端。无善无恶，常守其玄。更何所操，而求其存。更何所舍，而至于亡。无存无亡，斯为元德，斯为中行，所谓成性存存者也。至于人事日非，性命日戕，无以自存，无以自保，则惟有复而已矣。复生其本，非齐其末。复实其心，非美其行。复诚其中，非饰其外。复顺其常，非助其长。知此以复，则复而临，临而泰，泰而大壮，大壮而夬，夬而乾，乾则太和全，性命实，参于天地，合于太极。齐其末则为剥，剥虽外强，其气尽矣，惟剥极则复。故果行亦可以育德，强作或归于自然。然而迂矣，未至于极而败者多，至于极而复者少。饰其外则为贲，贲虽小亨，其理剥也。贲而剥，剥而复，则又远矣。未至于剥而败者多，至于剥而复者尤少。以剥与贲贼德假仁，此小人之所以不复也。君子之复也，内震外地，内生外静，内进外顺，内诚外应，内养天真而外安其正。若治水然，必浚其源。若培木然，必厚其根。浚其源不激其流，厚其根不抽其末。浚其源不激其流，流未有不远者也。厚其根不抽其末，末未有不长者也。流自远末自长，不远复之效也。激其流抽其末，迷复之凶也。是以复之初九则吉，复之上六则凶。初九之复，生其本实其心，诚其中顺其常也。上六之复，齐其末，美其行，饰其外，助其长也。复虽似同，而吉凶判矣。子曰："复其见天地之心乎？"天地之心，性命之渊源也。

二十　洗心退藏

太上固精，乐其神明；其次求仁，垂宪万世；其下求功，利济天下。是以洗心退藏者，太上之德也。与民同患者，仁恕之心也。非此之类，贼己贼人，识者不为，况于圣乎？夫生人之贼，莫大于累。累有二：物累身，身累神。物累身，身不得而修矣。身累神，神不得而固矣。辗转相累，斲丧无已，故贤者绝物以修其身，圣人外身以固其神。修其身则物无所用矣，固其神则身无所用矣。《易》之示人也，不患得，不思失，不有其身。不患得，于随、豫、颐、遁见之。不患失，于震、比、晋、睽见之。不有其身，于艮、涣见之。随戒有获，豫戒盱豫，颐戒观颐，遁戒系遁。戒有获，所以避凶也。戒盱豫，所以守顺也。戒观颐，所以保灵龟也。戒系遁，所以去外诱也。若此之类，不患得也。震曰："丧贝，勿逐。"比曰："失前禽，邑人不诫，吉。"晋曰："失得勿恤。"睽曰："丧马勿逐。"若此之类，不患失也。不患得，故超然于物之外。不患失，故淡然于物之中。超然于物之外，淡然于物之中，几于道矣，而犹未尽也。艮曰："不获其身。"涣曰："涣其躬，无咎。"则至圣之德纯矣。是以圣人视四体若无有，视万物若无有。四体无有，我无所系。万物无有，我无所资。无所系，故其神虚。无所资，故其身逸。身逸则全其百行，神虚则归于太极。逸而不劳，虚而不息，还真反始，与天同德。《传》曰："圣人以此洗心，退藏于密。"此之谓也。

二十一　天下太平

《易》可以治，可以强，可以霸，可以王。治法屯蛊，强法师豫，霸法比临，王法乾坤。屯也者，开草昧而治者也。蛊也者，承衰微而治者也。师也者，所以威天下者也。豫也者，所以怀万邦者也。比所以定功也，临所以保大也，坤则万物得其养矣，乾则宇宙皆至圣矣。故法屯而治，始于建侯，终于屯膏，固本而不躁，则民可得而安矣。法蛊而治，始于育德，终于尚志，功成而不居，则泽可得而久矣。天下有屯膏以固本者乎？有干蛊而身退者乎？果尔，则泽不斩矣。法师而强，始于得丈人，终于去宵小，用贤以整军，则天下无敌。法豫而强，始于顺以动，终于大有得，应时以图功，则永绥万邦。天下有择圣而为将者乎？有先时而豫计者乎？果尔，则国力张矣。法比而霸，一正君而天下定。法临而霸，强其干则枝叶荣。天下有正其德以亲诸侯者乎？有宏其致以保生民者乎？果尔，则霸业成矣。法坤而王，利用厚生，不为龙战。法乾而王，乘龙御天，各正性命。天下有使菽粟如水火，弭兵去杀而安万民者乎？有以性命觉后觉，保合太和而臻上治者乎？果尔，则王业永矣。故读史而哀千古，观《易》以吊万世，即鹿不舍而败者有之矣，未有盘桓居贞而败者也；委蛇裕蛊而败者有之矣，未有振民育德而败者也；任使不当而败者有之矣，未有能以众正而败者也；贞疾不死而败者有之矣，未有法清民服而败者也；比之无首而败者有之矣，未有舍逆取顺而败者也；甘临忘忧而败者有之矣，未有大君智临而败者也；丧朋失道而败者有之矣，未有敦厚永贞而败者也；无民无辅而败者有之矣，未有时乘六龙而败者也。治平之道，大《易》尽之。观象而法之，玩辞而践之，警戒于履霜之微，教思保无疆之业。则天下太平，六合永宁，众庶圣哲，明良相承。《传》曰："智周乎万物而道济天下。"此之谓也。

二十二　哲源

夫《易》者庶哲之源也。庶哲之说，内则究身心性命之微，外则阐宇宙万物之理。究身心性命之微，因以求修养之道。阐宇宙万物之理，因以辨化育之方。斯二者，哲学之源也，而皆出于《易》。《易》之为书也，体太极以正性命，用爻象以准万物。凡学与术，莫不备举，拘弦提要，摘证其大。则庶哲之论，有言主敬者焉，有言主静者焉，有言仁义者焉，有言太虚者焉，有言性善者焉，有言性恶者焉，有言守柔者焉，有言为我者焉，有言伦理者焉，有言名法者焉，有言兼爱者焉，有言富强者焉，有言纵横者焉，有言文艺者焉。言主敬者，盖取诸干，"终日乾乾"，敬之至也。言主静者，盖取诸艮，"艮其背不获其身，行其庭不见其人"，静之至也。言仁义者，盖取诸元与利，"体仁以长人，利物以和义"，仁义之始也。言太虚者，盖取诸旡妄与颐，"不耕获，不菑畲"，而守其灵龟，太虚之极也。言性善者，盖取诸蒙，阳内得中，养正则圣，善之本也。言性恶者，盖取诸姤，阴动于中，有攸往见凶，恶之易也。言守柔者，盖取诸坤，牝马地类，柔顺利贞，守柔之道也。言为我者，盖取诸比，"比之自内不自失也"，为我之义也。言伦理者，盖取诸履，上天下泽，各居其正，以辨彝伦，而定民志，伦理之源也。言名法者，盖取诸节与观，制度议德，阜财佑民，中正以观天下，名法之基也。言兼爱者，盖取诸同人，同人于野不于宗，兼爱之道也。言富强者，盖取诸师，容民畜众，毒天下而民从之，富强之实也。言纵横者，盖取诸讼与睽，讼险而健，睽同而异，纵横之术也。言文艺者，盖取诸贲，"柔来而文刚"，文艺之末也。是以推《易》之极以罗庶哲，千圣万贤莫之能逸。在人贤者识其大者，不贤者识其小者，莫不有爻象之义焉。《传》曰："范围天地之化而不过，曲成万物而不遗。"此之谓也。

二十三　教宗

以政辅教，导天下于至善者，仁圣之极也。以教辅政，导天下于礼义者，霸王之业也。故上德右教，其次右政，政济一时，道贯千古。《易》之示象也，形而上者谓之道，右仁圣也；形而下者谓之器，成霸王也。大儒立教，小儒失之，甚矣！易道之不明也。易道若明，则宇宙之教皆绪余矣。试举其略以为三隅之反，提纲挈领，比而纳之。则其所谓四相皆空者，即《易》所谓不获其身不见其人也。其所谓渡尽众生者，即《易》所谓能以美利利天下也。其所谓惟我独尊者，即《易》所谓参天两地也。其所谓金刚不坏者，即《易》所谓刚健永贞也。其所谓明心见性者，即《易》所谓清明在躬也。其所谓天堂地狱者，即《易》所谓幽明之故、鬼神之情也。其所谓轮回者，即《易》所谓原始反终知死生之说也。其所谓涅槃得渡者，即《易》所谓退藏于密也。其所谓天眼他心者，即《易》所谓感而遂通也。其所谓七情六欲者，即《易》所谓惩忿窒欲也。其所谓五蕴皆空者，即《易》所谓无思无为也。其所谓得大自在者，即《易》所谓不习无不利也。其所谓皆大欢喜者，即《易》所谓说以先民也。其所谓支解不怒者，即《易》所谓涣其躬无悔也。其所谓灵魂者，即《易》所谓精气为物游魂为变也。其所谓天生者，即《易》所谓乾天称父也。其所谓不着色相者，即《易》所谓贲无色也。其所谓多神一神者，即《易》所谓神道设教也。其所谓笃信奉行者，即《易》所谓中孚豚鱼吉也。其所谓劝人为善者，即《易》

所谓圣人感人心而天下和平也。其所谓率众祈祷者，即《易》所谓可与佑神自天佑之也。有大圣作，推《易》以范六合，则东海西海南海北海，先圣后圣，皆吾徒也。有小儒出，门户畛域，规规琐琐，则东海西海南海北海，先圣后圣，皆吾敌也。立教之本，成己成物，此古今天下所不异者也。施教之末，因时因地，此古今天下所不同者也。顾偏于形而上者，失其实则天下后世莫之信。偏于形而下者，齐其末则百岁治平不可保。法《易》救偏，立人之极，庶几宇宙皆为圣哲，而政教备举。《易》曰："君子以教思无穷，容保民无疆。"此之谓也。

二十四　精忠大孝

孔子曰："天尊地卑，乾坤定矣。卑高以陈，贵贱位矣。"是乾坤者，君臣之义也。又曰："夫孝天之经也，地之义也。"是乾坤者，父子之伦也。君父法乾，臣子法坤，坤道不愆，忠孝纯全。坤之言曰"元亨"，教臣子居仁以达其道也；曰"牝马之贞"，教臣子恭顺以服其劳也；曰"先迷后得"，教臣子俟命以图功也；曰"安贞吉"，教臣子守正以自尽也。此文王之言也。文王之所以为忠孝也，是以文王亹亹穆穆以修其仁，三分天下有其二以服事殷。坤之言曰"履霜冰坚至"，教臣子谨微以毋失君父之心也；曰"直方大"，教臣子正大以敬供厥职也；曰"含章"，曰"括囊"，教臣子自晦以防疑贰之渐也；曰"黄裳元吉"，教臣子位极思顺以成公辅之德也。此周公之言也。周公之所以为忠孝也，是以周公见机而东征，挞伯禽以警成王，缄金縢而不言，位居摄而无私。坤之言曰"直以方也，地道光也"，教臣子秉正以明大道也；曰"由辨之不早辨也"，教臣子见机以防未然也。此孔子之言也。孔子之所以为忠孝也，是以孔子作《春秋》以明伦，而直道大显，因膰肉而去鲁，则君臣不疑。以三圣之言，考三圣之行，为忠为孝，至精至纯。进而考之，牝马之贞，大禹有焉；不矜不伐，卑顺服劳，履霜坚冰，太伯有焉；知君父之隐而先去之，直方大，伊尹有焉；放君纳君，不僭不乱，含章括囊，申生有焉；诬不自辩，以及于死，黄裳元吉，大舜有焉。总司百揆，谦让未遑，忠孝之极，惟坤是则。若夫，塞塞匪躬，尽比干之节；克家干蛊，成禹舜之功。其文其义，散见不鲜。体而行之，则精忠大孝。圣臣圣子，可以复见。孝经忠经，尽于是矣。《易》曰："地道也，臣道也。"言臣则子在其中矣。

二十五　辨器

道胜器，器胜道，道胜器在隐，器胜道在显。可使制梃以挞秦楚之坚甲利兵，此道胜器也。匹夫执戈，圣人不敌，此器胜道也。故圣人欲保其器，则修道以居之；欲行其道，则利器以资之。《易》之示象也，形而上则为道，形而下则为器，非道非器，圣人不议。夫器者兼内与外而言者也。《易》曰："君子藏器于身，待时而动。"兹器也，以内言也，以才言也。又曰："备物致用，立成器，以为天下利。"兹器也，以外言也，以物言也。是以仁义既明，礼乐既作，政教既举，名法既正，则修器以保之。仁义不明，礼乐不作，政教不举，名法不正，则利器以进之。古之圣人取象于离以为网罟，取象于益以为耒耜，取象于乾坤以为衣裳，取象于噬嗑以为市廛，取象于涣以为舟楫，取象于随以为车马，取象于豫以为击柝，取象于小过以为杵臼，取象于睽以为弧矢，取象于大壮以为宫室，取象于夬以为书契。使后之圣哲踵而继之，尽离而穷光影之微，尽益而讲拓植之术，尽乾坤而讲轻重之宜，尽噬嗑而谋交易之利，尽涣而成舰舶之功，尽随而极交通之便，尽豫而精警备之法，尽小过而利机械之巧，尽睽而缮攻守之具，尽大壮而修城隍之固，尽夬而求断事之哲。国家谨冬官之职，黎庶固恒产之基，则中外智巧，惟我独臻，岂致坐拥空谈为人所胜？自孔轻货殖，孟薄许行，毫厘千里，积弱至今。其始也，不能不咎圣贤践《易》之不精。其继也，不能不咎后人读《易》之不察。观古酌今，以探以索。后之来者，不可不觉。《传》曰："以制器者尚其象。"此之谓也。

二十六　乐《易》

耳有所乐，目有所乐，口有所乐，身有所乐，心有所乐。耳有所乐，不在五声，五声乱聪，不如听《易》。《易》何以听？鸣鹤在阴，重巽则聪，好爵自縻，无灭耳凶。目有所乐，不在五色，五色损明，不如观《易》。《易》何以观？天文人文，大观在上，明照四方，穷神知象。口有所乐，不在五味，五味浊心，不如味《易》。《易》何以味？守我灵龟，燕乐衎衎，自求口实，朵颐不羡。身有所安［乐］，不在五福，五福牿形，不如居《易》。《易》何以居？黄中通理，畅于四肢，随时履道，适为我宜。心有所乐，不在万物，玩物丧志，不如思《易》。《易》何以思？寂然不动，我躬清明，无商而兑，甘节自宁。是以闻震而不丧匕鬯，无虩虩之恐。见日而不见斗沬，无窥观之羞。知节而不失中和，无濡首之咎。艮身而不艮其腓，无不快之感。凝命而思不出位，无憧憧之扰。夫以百里之囿，万钟之禄，期颐之久，千秋之誉，尚足以欣动天下，而况极宇宙以为游观之域，抱无极以为性命之基，通幽明以享无疆之福，挺七尺以参天地之大者乎？众人之乐，必资于物，此众人之所以不如庄周也。庄周之乐，必离于物，此庄周之所以不如《易》也。《易》之乐，无《困》，无《豫》，无《否》，无《泰》，无《晋》，无《剥》，无《丰》，无《蹇》，感而遂通，虚其如谷，可意通而不可以言说，可以神往而不可以形托。《传》曰："乐天知命，故不忧。"此之谓也。

二十七　时中

塞卦多通，通卦多塞。塞卦多通，爻得时也。通卦多塞，爻失位也。《易》之为道也，先时而知之，知而预之，及时而顺之，顺而成之，是以其静不怼，其动不逆，其塞不忧，其通不惑。知机其神，先时也。豫顺以动，及时也。时止则止，不怼也。时行则行，不逆也。困不失亨，不忧也。作乐崇德，不惑也。夫知者非探而求之也，感也。顺者非起而从之也，由也。时变靡穷，探而求之则劳，起而从之则又劳。劳则息，息则不时，故求而从之，非圣人之道也。草木无知，不失其时，得天地也。禽兽无知，不失其时，顺阴阳也。圣人退藏，不失其时，虚则神也。众人日卜，不知其机，扰清明也。故时者忘时，不时者求时。忘时者得时，求时者失时。善培木者，不频移其根以逐生气。善因时者，不自动其心以计通塞。温温循循，时中之德。有性有命，保之则吉。《易》曰："时乘六龙，各正性命。"正性命，斯得时矣。

二十八　四体自譬

世有善趺跏者，久静则暖而震，人犹疑之，此常道也。夫静者止也，止者艮也。暖者阳也，动者震也。顺者阴也，阴者坤也。内顺外止，艮坤剥也。剥极则复，复则一阳生，而震在下，所以动也。圣人寝不尸，居不容，申申夭夭，皆有复颐之象焉。因而反之，则吾身有乾焉，轻清而上浮者是也；吾身有坤焉，重浊而下凝者是也；吾身有坎焉，周流而不息者是也；吾身有离焉,光明有鉴物者是也;吾身有艮焉,阳上而能止者是也;吾身有兑焉,阴外而易悦者是也;吾身有巽焉,柔入而散行者是也;吾身有震焉,阳下而能动者是也。乾不仅为首也,坤不仅为腹也,坎不仅为耳也,离不仅为目也,艮不仅为手也,兑不仅为口也,巽不仅为股也,震不仅为足也。夫我者,天地万物之全也。观天地万物以乐我,不若反观之自得也。取天地万物以养我,不若近取之易致也。即易自证,神而明之,验而实之。闭人眼,开天眼。塞人耳,通天耳。寂人心,感天心。六十四卦,任譬而取之,握而玩之。日在咫尺之地,可以与天地同游。虽欲不敝屣卿相,尘芥山河,不可得矣。《传》曰:"近取诸身。"此之谓也。

二十九　戒卜筮

《易》之所谓吉者,非世之所谓吉也。《易》之所谓凶者,非世之所谓凶也。顺道则吉,比干之死不为凶。失道则凶,五霸之盛不为吉。夫卜者,所以求得失也。《易》不观颐,不盱豫,不逐丧,不诫失。失得勿恤,而我以得失求之,悖矣!不以得失求之,是将以求道也。求道则明辨而笃行之,六十四卦皆吾所应有。何以卜为?且卜而得乾,能当龙德乎?卜而得坤,能当黄裳乎?卜而得师,能当丈人乎?卜而得履,能当幽人乎?《易》固谓见龙则吉,非谓见魊亦吉也;谓黄中则吉,非谓邪僻亦吉也;谓丈人则吉,非谓竖子亦吉也;谓幽人则吉,非谓宵小亦吉也。主语既已不当,断辞因之不合。若然,则吉自为吉,凶自为凶,吉凶互易,虽卜何功?古者假于鬼神时日卜筮以疑众,杀。圣人方欲以此洗心退藏,而众人乃欲以此放心纵欲,宜其戮也。若谓三圣示人,何以不戒?抑又知三圣之不得已乎?阨于时,困于俗,防焚而避坑,此三圣之所以托于卜也。尊先王之道以待后之学者,其用心亦良苦矣。今乃尽用其瑕而弃其瑜,以重圣人之咎,三圣有知,目不瞑矣。诬圣袭经,求明反昏。《易》曰:"渎则不告。"此之谓也。

三十　反扩充

《易》不可悖,悖则违。《易》不可执,执则固。违与固其失一也。惟圣人不违亦不固,故反其义以扩充之。《易》曰:"潜龙勿用。"孔则曰:"乐则行之。"《易》曰:"含章可贞。"孔则曰:"以时发也。"《易》曰:

"比之无首。"孔则曰:"无所终也。"《易》曰:"夬履正厉。"孔则曰:"位正当也。"《易》曰:"三岁不兴。"孔则曰:"安行也。"《易》曰:"观我生。"孔则曰:"观民也。"《易》曰:"自求口实。"孔则曰:"养贤及民。"《易》曰:"大作元吉。"孔则曰:"下不厚事。"《易》曰:"扬于王庭。"孔则曰:"施禄及下。"《易》曰:"艮其背。"孔则曰:"时行则行。"夫潜与行相反也,含与发相反也,首与终相反也,厉与当相反也,不兴与安行相反也,观我与观民相反也,自求与养民相反也,大作与不厚相反也,扬王与及下相反也,艮止与时行相反也。岂以孔子而背文王周公之训哉?对照比观,道乃不愆。比观对照,斯得其要。精义入神,不合于貌。故善读《易》者如转丸,不善读《易》者如刻舟。如刻舟,故为卦爻束缚。如转丸,故与天地同流。《传》曰:"不可为典要,惟变所适,是则神而明之,存乎其人。"非言文所得而详也。

三十一　出《易》

东海有圣人焉,其为人也,未尝读《易》人也。其行其德,固有及于文王周公孔子者矣。南海有圣人焉,其为人也,未尝读《易》人也。其行其德,亦有及于文王周公孔子者矣。西海有圣人焉,其为人也,未尝读《易》人也。其行其德,固有及于文王周公孔子者矣。北海有圣人焉,其为人也,未尝读《易》人也。其行其德,亦有及于文王周公孔子者矣。如必读《易》而后可圣,将必尽读东海西海南海北海之圣之书乎?将谓东海西海南海北海之心之性之道之德各与人殊乎?道吾心也,物吾理也。吾存吾明,可以出《易》,可以入《易》。可以自立,可以自圣。吾不存,吾不明,虽曰在象象之中,其如大《易》何?故圣人主其心,奴其学,养其百,用其一,知其通,守其塞,玄玄冥冥,无损无益。道尚当出,何居于《易》?《易》尚当出,何况非《易》?圣有圣心,我还我是。圣心我是,谁复相次。以彼成我,已成则弃。如假舟楫,如视敝屣。舍静夜灯,入光明地。《传》曰:"变动不居,周流六虚。"居而不居,其虚也不亦宜乎?

三十二　进《易》

为学日益,为道日损,天下之学,未有百年不进者也。今守《易》千世，惟恐不及，后儒之陋，非三圣之望也。昔者，文王以包牺为未足而进之矣，非有不足于包牺也，人事之日进也。周公以文王为未足而进之矣，非有不足于文王也，人事之日进也。孔子以周公为未足而进之矣，非有不足于周公也，人事之日进也。今后儒之言曰：三圣之说，阐发无遗。是说也，商周以前之说也，非秦汉以后之说也。以言者尚其辞，言日烦则辞日益。以制器者尚其象，器日精则象日显。探赜索隐，穷高极远，一爻一象，开阖无穷。王者取之以为治，霸者取之以为术。文士取之以为教，将帅取之以为略。农工取之以为巧，百姓取之以为俗。因学求象，应时成物。放乎四海，弥满六合。得之者厚，失之者薄。《易》曰："极精研机，日进无疆。"此之谓也。

三十三　太素

太素，上德也。为道之极，损尽则无，则无则神，则神则吾，故真意在太素，图之为太极。太极已多，何况两仪？两仪已多，何况四象？四象已多，何况八卦？八卦已多，何况六十四卦？六十四卦已多，何况六爻？六爻已多，何况十翼？十翼已多，何况疏注？是以损疏注得十翼，损十翼得六爻，损六爻得六十四卦，损六十四卦得八卦，损八卦得四象，损四象得两仪，损两仪得太极，损太极得太素。太极可图，太素无象。既得太素，无复一言，无复一字，无复一画，无复一义，安所有《易》？实而践之，至于无至。无至之至，是谓太素。太素安在？我于是处。《易》曰："涣有丘，匪夷所思。"太素涣《易》，其义不可思也。

是书民国五年三月初一日起，二十九日告成。

（《止园丛书》第 1 集）

原 性 论[1]

自 题[2]

菩提本无树，明镜亦非台。一语道破，我是如来。

止园居士尹昌衡题　尹昌衡印（印）

一　起源[3]

纲：原性者，探人物天地之性，以求成己成人成物之实。则大道达群情，平政教，和礼乐，导大同，归极乐，施之亘古而不弊者也。无益于性，时为赘学，黜之。

说：圣贤之道之学，无不因性而生。佛曰明心见性，孔曰存性存存，老曰复命，孟曰存心养性，庄曰性修反德。故全其性，则讲道、修德、设教、治政、制礼、作乐皆不必有。自人失本性，而人心旁驰，邪事百出，劳神瘁身，人我交弊，天和遂爽，物生不阜。圣人忧之，于是讲道，于是修德，于是设教，于是治政，于是制礼，于是作乐，皆所以复性也。不图中人不察，以讲道则性汩于修辞，以修德则性汩于饰貌，以设教则性汩于贪天爵，以治政则性汩于争人权，以制礼则性汩于尚文末，以作乐则性汩于逐嗜欲，以尽性实以汩性，以安人实以扰人。而无益之学，生于人心，

---

[1] 原著题名为《止园原性论》，共计上、中、下三篇。自"一　起源"至"五　化晋"为上篇，自"六　本性"至"十一　外害"为中篇，自"十二　教源"至"十八　永乐"为下篇。

[2] 此标题为编者所加，以下题词为著者手迹。

[3] 原标题为《起源第一》，以下依次为第二、第三……。今改"一　起源"，以下即依次改为二、三……

罔知所届,奈之何人不杀且苦也?古圣人之道、之德、之教、之政、之礼、之乐,何一不基于人性?后学不察,愈骛愈远,遂视圣道如天之不可阶而升矣。不观之舜乎?舜曰:"从欲以治。"不观之孔子乎?孔子曰:"从心所欲不逾矩。"曰:"我欲仁,斯仁至矣。"曰:"欲仁而得仁。"何治与仁,只在圣人欲中哉?人未有欲伤其性者也,真知性之所在,其爱性犹过于爱生。以爱生之心,求治求仁,岂非从欲即是耶?此古人尽其性以尽人之性、尽物之性之实也。浅言以喻之,欲成一物,必先知一物之性,如知禾黍之性,而后可以为农,否则耕耨失其节;知牛马之性,而后可以为牧,否则水草失其时。今欲为圣人讲道、修德、设教、治政、制礼、作乐,而不如天地人物之性可乎?

《中庸》曰:"能尽其性,则能尽人之性。能尽人之性,则能尽物之性。能尽物之性,则可以赞天地之化育。可以赞天地之化育,则可以与天地参矣。"斯言也,学者咸以为高远,而不识其至易也。循理率性,顺以成之,则愚夫愚妇之所优为矣。夫种禾于田而粪之,上承雨露之泽,下吸渊泉之润,因其自然以施播获,此其功不得谓非参天两地也。纵畜于山而扰之,春勤挈乳之业,夜登暖燥之丘,因其自然以图繁殖,此其功不得谓非参天两地也。孟子曰:"岂爱身不若桐梓哉,弗思甚也。"予亦曰:"岂爱身不如禾畜哉,弗思甚也。"何思乎?思桐梓之性而顺以尽之,于养桐梓可谓参天两地矣。思禾畜之性而顺以尽之,于养禾畜可谓参天两地矣。思人物天地之性而顺以尽之,参赞化育,德合于天,又何疑乎?

《易》曰:"大人与天地合其德,日月合其明,先天而天弗违,后天而顺天时。"学者亦咸以为高远,而不识其至易也。循理率性,顺以成之,则愚夫愚妇之所优为矣。夫仲冬掷麦于田,先天也。及春果生,及夏果熟,天不违也。种麦者岂圣人乎?莫秋持镰入圃,后天也。稻果已登,粱果已熟,顺天时也。收黍者岂圣人乎?《中庸》曰:"天命之谓性,率性之谓道。"此农圃之道,探于天命,所谓夫妇之愚可以与知者也。何也?知其性也,知其性顺以尽之而已矣。推是以及,虽天下皆为圣人,而圣人无为也。虽万物皆得其所,而圣人无事也。何也?知其性也,知其性顺以尽之而已矣。顺己之性而尽之,斯之谓成己。顺人之性而尽之,斯之谓成人。顺物之性而尽之,斯之谓成物。圣人何尝有所为哉?成己、成人、成物皆率于性,即道德倡明,教政臻隆,礼乐中节,圣人仅随性之自然耳,无高远也。

以是而论，则学不可以不正矣。太和之初，人各果其腹，含其和，与神明相接。包牺氏不识一字而为圣人，黄帝、尧、舜亦未尝读五经而为圣人，盖性中不须一物，识一字亦非性也。故《诗》曰："不识不知，顺帝之则。"《易》曰："无思也，无为也，寂然不动，感而遂通天下之志。"老子曰："塞其兑，闭其门，终身不勤。"又曰："我独闷闷。"是太虚自然之正性也。后人造字而鬼神遂泣，以为失性命之正，从此始矣。然人事既繁，识字亦可以保性。惟字既多矣，又从而增以美文，制为初、哉、首、基、肇、祖、玄、胎、俶、落、权舆，不过一始字。制为弘、廓、宏、博［溥］、介、纯、夏、幠、麗、坟、嘏、丕、弈、洪、诞、戎、骏、假、京、硕、濯、讦、宇、穹、壬、路、淫、甫、景、废、壮、冢、简、箌、昄、咥、将、业、席，不过一大字。而人性乱矣。制为经礼三百，曲礼三千，不过一敬字，而人性又乱矣。制为百工、万几、五伦、六艺，不过一治字，而人性又大乱矣。儒老佛耶之书，汗牛充栋，而人性汨于无何有之乡矣。幸也，生于今也，去上古不过数千年，书犹可稍涉也。若生于数十万年之后，书愈多，讲愈难，人以此难我，我则殉之，则道终不可得，性终不可复矣。故知性之真者，先全其性。欲全其性，于有益于全性之学，须知为有益而求之。于无益于全性之学，须知为无益而黜之。知人物之性而欲成之，必先全人物之性。欲全人物之性，于有益于全人物之性之学，须知为有益而求之。于无益于全人物之性之学，须知为无益而黜之。无益于性且须黜，而况于有害乎？惟当知迂而近，近而迂耳。夫好名著书，识字美文，皆塞性也，而况于作俑乱性，以刍狗万物耶！庄子曰："枝于仁者，擢德塞性。"仁且塞性，况于政教礼乐文字乎？况于名乎？况于物乎？予是以作《原性论》。原性原真，原真天成。真则天成，性命所生。不擢其性，则天地应之。擢其性，则天地违之。天地违吾，吾天之贼。天地不违，吾天之君。吾天之贼，世莫不吾磔，吾天之君，世莫不吾尊，亦惟性而已矣。而世不吾尊，尊而不尊，吾安其真，吾有其真，性情乃全。此之谓天地人物之平，吾惟莫用吾诚。（第一、第二图）

二　释性

纲：性者，固有之理也，天也，神也，人也，物也，道也。天以此性存，地以此性存，人以此性存，物以此性存。随而尽之，人皆神，物皆神，

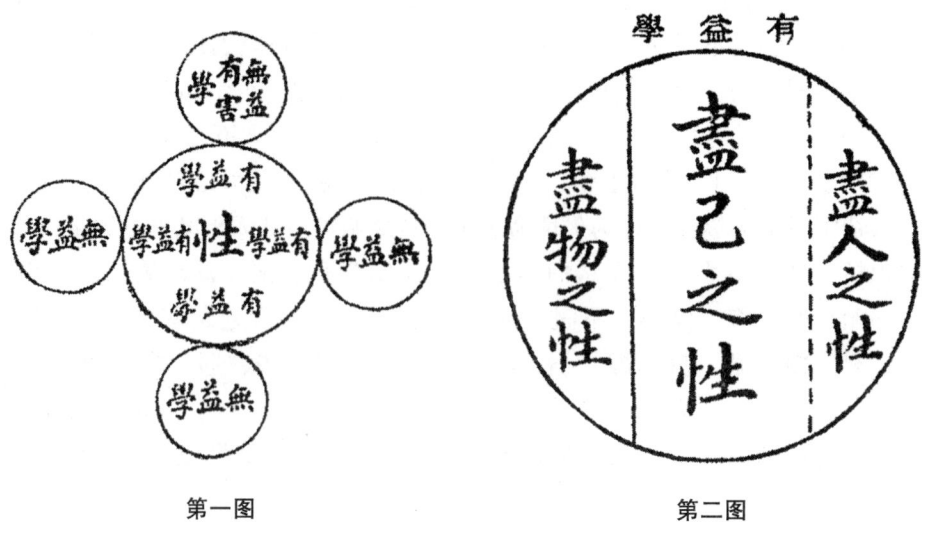

第一图　　　　　第二图

人物皆神。天下平，宇宙宁，而无喜无瞽，成真。

说：性者，天地万物之所同有也。天有太虚自然以自运，地有太虚自然以自载，人有太虚自然以自成，物有太虚自然以自化。以人物合天地，亦惟太虚自然而已。物能拂太虚自然乎？花当莫开，晨而拨之则凋矣。人能拂太虚自然乎？胎当夕育，午而剥之则殒矣。咸各有性，吾知性即知人矣，吾知性即知物矣，吾知性即知地矣，吾知性即知天矣。故知天极近而人求诸远，成神极易而人求诸难，远与难非性也。

今试平心静虑，思天何以轻清上浮，地何以重浊下凝，人何以视听行止，物何以化生消灭？皆有自然之理，即一虫一草之微，其神妙皆不可言。虫生几节，条条皆然，谁数而缀之者？花开几瓣，朵朵皆然，谁雕而嵌之者？雄鸡闭于暗室，谁教之更漏，而不失时？磁石出于土中，谁教之方隅，而能指北？今于百足之虫，减其一足，虫必不乐；增其一足，虫亦不乐。六出之花，抽其一出，花必不实；更插一出，花亦不实。雄鸡有饥寒狐鼠之伤，则失时。磁石有镠铁雷电之感，则失正。何也？性中不能杂一物也。性中不杂一物，自有神明不测之变化。性中微有胼枝，则天机窒而化育不成矣。孟子曰："天下之言性也，则故而已矣。"孔子鲜言性与天道，盖性本自然，岂可故说？故为之说，即非性矣。孔子知性与天道之真，亦尝曰："予欲无言。"是以孔子之无意无必无故无我，孟子之勿助勿忘，即为养性之全功。孔子之从心所欲不逾矩，孟子之万物皆备于我，即为尽性之成德。

庄子谓凫胫不可续，鹤胫不可断，其喻性也明且切。老子谓道可道，非常道，名可名，非常名，道率于性，纯素自然，方欲道达，便失其常，名因于道，本为强命，又欲执固，益渻天趣。合观诸圣之言，则太虚自然，尤为明皙。予以为天地有与万物共同之性，苟以万物与天地相同之性顺而尽之，万物皆可以合天。人有与天地万物共同之性，苟以人与天地万物共同之性顺而尽之，人即可以合天。人之性在万物性中求之，万物之性在天地性中求之（第三图）。则《易》所谓与天地相似之理，要非高远，而民胞物与之量可以尽矣。天地相与，指天地哉，民在中矣。民相与，指民哉，物在中矣。物相与，指物哉，我在中矣。我相与，指我哉，民物天地皆相与矣。斯谓性！

三　殊同

纲：探殊同，性理穷。太虚有之，天有之，地有之，物有之，人有之，谓之同性。太虚有之，而天地人物皆无，谓之太虚之特性，而于天地人物为殊性。人物有之，而太虚天地皆无，谓之人物之同性，而于太虚天地为殊性。凡殊性，非惟形也，要探于神，非惟神也，要探于真。

说：性者，其大无外，其小无内。如一阴一阳之谓道，此天地万物所同具也。而太虚不感，则此一阴一阳之道，为天地人物之同性，而于太虚为殊性。禽兽能行能鸣，人亦能行能鸣，草木金石则不能鸣不能行，是行与鸣为禽兽与人之同性，而于草木金石为殊性。鱼鳖虾蟹能入水，蛇龙鼋鼍亦能入水，而禽兽则不能，是入水为鱼鳖虾蟹蛇龙鼋鼍之同性，而于禽兽为殊性。条分而缕析之，其数无量。飞殊走，走殊飞，潜殊动，动殊潜，植殊矿，矿殊植，人苟不究其端于万殊中求性，虽劳心百岁不可得矣。吾欲求殊同而贯天地包万物，则飞与走有同性焉，潜与动有同性焉，植与矿有同性焉，推而及之天与人有同性焉。人但见飞走之不同也，饥必食殊乎哉？

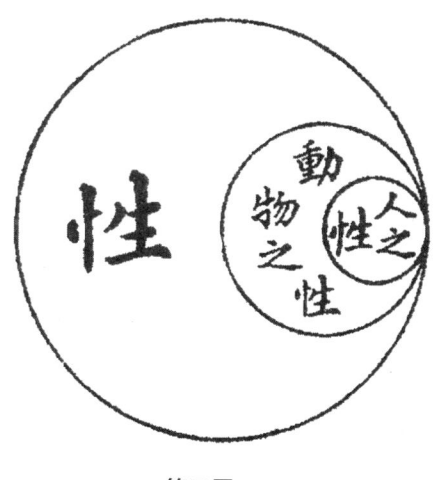

第三图

人但见潜动之不同也,疲则息殊乎哉?人但见矿植之不同也,焚则化殊乎哉?人但见天人之不同也,虚则神殊乎哉?人欲合天,虽修其同性若是,则成神成佛,只在自然至平至易中,不必读书,不必说法,不必修道,不必育德。而所通者无非书中之理,所说者无非法中之言,所修者无非道中之业,所含者无非性中之德。故至圣即庸人,庸人即至圣也。

再以浅喻,胶与漆同有黏性,我欲合胶与漆,必用其黏性。水与酒同有流性,我欲合水与酒,必用其流性。孔与颜同有仁性,故孔颜合德。桀与纣同有暴性,故桀纣同名。今我欲成圣,不与圣同性可乎?欲成佛,不与佛同性可乎?欲合天,不与天同性可乎?此吾《殊同》一篇之所由作也。后之学者鉴于此,于逆天之心之行戒之,于顺天之心之行遂之,则人人皆圣,人人皆佛,人人皆天矣。

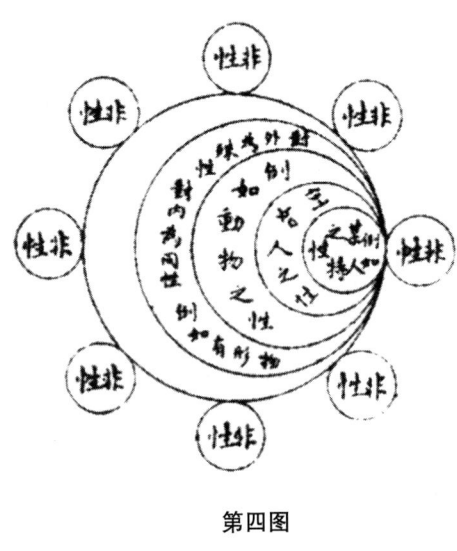

第四图

明之以（第四图）同性,天地万物人我所同有也。物得其偏而成物焉,动物得其偏而成动物焉,人得其偏而成人焉,一人又得其偏而成一人焉。苟绝其非性之心,而复其本性,其本性与天合矣。夫然后佛氏拈花微笑之心可知矣。彼花也,何以知时而发,何以知时而茂,何以知时而开哉?蠢者之神妙不测乃若是哉!彼自不动而合于天,天命之发则发而已矣,天命之茂则茂而已矣,天命之开则开而已矣。人亦知此,天命之卧则卧而已矣,天命之起则起而已矣,天命之食则食而已矣,天命之行则行而已矣,天命之止则止而已矣,天命之言则言而已矣,天命之默则默而已矣,天命之思则思而已矣,天命之寂则寂而已矣。人欲逆天能不卧乎?人欲逆天能不起乎?人欲逆天能不食乎?人欲逆天能不行乎?人欲逆天能不止乎?人欲逆天能不言乎?人欲逆天能不默乎?人欲逆天能不思乎?人欲逆天能不寂乎?草木不自动而随其自然,合天之性,必华且实矣。人不自动而随其自然,合天之性,必神且圣矣。太虚能容天地,人心一掬亦能容天地。天地能容万物,人心一掬亦能容万物。我亦回照,日月天地皆在我心,山川人物皆在我心。其大无外,岂不大可怪哉!吾知此心之性与太虚天地同，吾即知成圣成佛合天地太虚之道矣。何则？吾既有知，吾则知物，吾既知物，吾则知人，吾既知人，吾即知天，天地人物合而一焉，吾是以知其全，而无或偏。吾乃用吾自然而不与物迁，其同者同，其殊者殊，殊同得中，大道乃通。故修道者，须观其殊而求其同，须观其同而求其通。殊同各不相分，而允执厥中，谓之真，谓之从。

四　形觉

纲：形觉二者，性之端也。分为殊性，大别有六，无形者三，有形者三。有无形有觉者焉，有无形微觉者焉，有无形无觉者焉。有有形有觉者焉，有有形微觉者焉，有有形无觉者焉。无形有觉神祇是也，无形微觉鬼物是也，无形无觉太虚是也。有形有觉动物是也，有形微觉草木是也，有形无觉金石是也。至其微微不可殚别，稽以阴阳而后信之。凡物之性，莫不以阴阳均而后成。故见阴而知阳，见阳而知阴也。形为阴而神为阳，规以太极，斯神明不可逭矣。

说：《易》曰："知幽明之故，【知】鬼神之情状。"夫幽明迥异，鬼神无形，何以知之？岂孔子亦为诞语以欺人哉？岂惟孔子，中外圣哲，无不言鬼神者，岂皆诞语耶？圣哲皆诞，小人独实，吾兹不信。今试考之，一人之觉，即其人之神也。人之兴也，神从何来？人之寝也，神向何去？执手足而缚之，神不可捉，剖心脑而觅之，神不可见，容以泰山长河四库之书而不充，遗于谧寂淡漠八虚之外而不失，明明有形之神尚若此其怪也，而况于无形乎？宜乎众人之不信也。众人不信，而圣哲信之，圣哲能尽其性与神相亲，众人不尽其性与神相远也。太古之人，亦惟崇信神道。盖太古之人仆，与神相亲。今之人狡，与神相远也。

吾以阴阳考之，则知其确有矣。人有动必有静，动阳而静阴也。天有昼必有夜，昼阳而夜阴也。草木之叶与核皆左右称，禽兽虫鳞之属皆雌雄偶。网罗天地，阴阳而已矣。

夫神驱万物之动者也。故曰："阳，形保其体，而自静者也。"故曰："阴，阴阳相抱而互生。"（第五图）若万物皆全阴阳而不偏，何以金石无知，草木不行，雷电无体，声光若幻，必万物之于阴阳不得其正也。人有形有觉，有水火金木土，含雷电声光气。有形之物，神强者以此为极矣。

第五图

再如六十四卦，择尤显者示之。

（䷀）《乾》，无形有觉者也。纯阳也，天也，神也。

（䷾）《既济》，有形有觉者也。阴阳相和，而皆得中。人也，灵物也。

（䷁）《坤》有形无觉者也。纯阴也，地也，金石也。

由是而推，六十四卦，三百六十四爻，愈演愈繁，万物之性皆在其中矣。

且既明有阴必有阳，则有有形有觉之动物，必有无形无觉之太虚。有有形微觉之草木，即有无形微觉之下鬼。有有形无觉之金石，即有无形有觉之天神。人不得谓人身之神不可见，遂谓人身无神，亦不得谓宇宙之神不可见，遂谓宇宙无神。

第六图

吾虽于殊性，大别此六类。然而，阴阳之分合，形觉之多寡，至难缕分。而要之，宇宙天地万物鬼神，终不能逃此阴阳，亦即不能外此六性。《易》曰："范围天地之大而不过，曲成万物而不遗。"此之谓也。此即孔子之言性与天道也。《中庸》始于率性，终于尽性。率性，须先知性而后能率。尽性，尽己之性即由率性来。尽物之性必先知物之性，乃顺其阴阳而尽之。《大学》以格物为修道之始，格物，知物之性，知人之性，知我之性也。而齐治均平，皆始于此，六性之说，可不察哉？

五　化晋

纲：天爱神，不爱形，故以万物育吾觉，而欲吾成正觉。溯其源，天生金石，水土之资也。水土，草木之资也。草木，虫介之资也。虫介，鸟兽之资也。鸟兽，人之资也。人，神之资也。人不尽性，天且复之。复之不可，而后听其自杀。哀哉！

说：金石、水土之受刑，甚于草木。草木之受刑，甚于虫介。虫介之受刑，甚于禽兽。禽兽之受刑，甚于人。金屡受炮烙刓刻之刑，石屡受粉身碎骨之刑，水土屡受剥皮纳污之刑，草木受刈蚀焚烬之刑，何天不爱？以无觉故。天知有形无觉之终无成也，故生金石以化成水土，命水土以滋养草木，草木则有微觉矣。其显者至于含羞，至于指佞。其微者亦能食露而吐气，但不言笑思动耳。天又知有形微觉之终无成也，故又生虫介以钻食草木。犹以为其觉微，故又生鸟兽以食之。虫介、鸟兽受吞噬屠割之刑，何天不爱？以觉不强故。然天命虫介以飞走避祸之能，或赋以螯毒自卫之质，天之应其觉以施爱也至矣。天命鸟兽以軏獬奔走之能，或赋以猛鸷自卫之力，天之应其觉以施爱也至矣。犹以为其觉微，故又生人以食之。虫介之食草木，鸟兽之食虫介，人之食鸟兽，天也。天欲以一刑一苦，化无觉为有觉，化微觉为强觉，是以然也，于其繁殖见天心矣。草生一岁千实，木生一岁万实，若不杀则草木塞天地。鱼生一岁万子，虫生一岁百子，若不杀则虫介塞天地。鸟生一岁数十子，兽生一岁数子，若不杀则鸟兽塞天地。多生，多杀，多苦。而生愈少者觉愈强，觉愈强者杀愈难，天之护神爱觉可知也。人生之数，如不伤和，天必以物赡之，使其性尽而化为神。神西土之所谓佛也，佛氏绝昏嫁，圣贤每少子。上智不世出，皆天之所最爱，不惟大别于虫介鸟兽也。故草木觉最微，天最不爱，多生之多杀之。虫介觉微，天犹不爱，次多生之多杀之。鸟兽觉稍强，天微爱之，少生之少杀之。下愚之人觉又强于鸟兽，天爱之，愈少生之愈少杀之。中人觉又强于下愚，天甚爱之，愈少生之愈少杀之。上智天极爱之，苟一生之，必不杀也。故恃忠而杀者有之矣，未有太虚不忠，然得太虚而杀者未之有也。恃仁而死者有之矣，未有太虚不仁，然得太虚而杀者未之有也。尧舜孔孟伊周庄老回佛皆成化不死者也。由是观之，天生德于予，桓魋其如予何？及大德必得其寿之说可知矣。

天何以爱觉，不爱形，形相妨，觉不相妨也。如万目共视一粟，不见目光之相击也。一手握之，则他手不可得矣。同时收五岳于一掬之脑，不闻溢出。若以方丈之石，纳于数尺之斗中，则破矣。故爱觉，不爱形，则须弥可以纳于芥子之中，而诸天可以藏于秋毫之末。无大无小，皆归极乐，思天之爱觉如此。人以七尺之躯，因其觉强，则吞舟之鱼，皆为之共庖厨。倘蝇蚋之觉强于人，则人亦皆其奴耳。世之轻神而重形者，何不自化为泰山之磐石哉？是以天生金石以化成水土焉，金生水，石为沙，沙为土，信征也。金石之性尽则为水土矣，为水土，免其炮烙刂刻、粉身碎骨之刑矣。天生水土以化成草木焉，土积不燥，无种而草木生，信征也。水土之性尽则为草木矣，为草木免其剥皮纳污之刑矣。天生草木以化成虫介焉，麦久为飞蛾，草腐为萤，信征也。草木之性尽则为虫介矣，为虫介免其刈蚀焚烬之刑矣。天生虫介以化成禽兽焉，蛤浮海为黄雀，田蛙化为秧鸡，信征也。虫介之性尽则为禽兽矣，为禽兽免其吞噬之刑矣。天生禽兽以化成人焉，猿玃老而为野人，信征也。尽禽兽之性则为人矣，为人免其屠割之刑矣。天生人以化成神佛焉，孔老佛回信征也。尽人之性则为神佛矣，为神佛无老死不入轮回，入水不溺，入火不热，极乐自在，免一切诸苦厄，惟无修无证无念无住者得之耳。然人亦大可危也。佛氏谓一切世间人天地狱所有神魔（此神魔即图中之祇，不必常名）（第七图）人畜，皆在法轮中转，生死起灭，无有穷期。然又谓无余究竟涅槃以后羯摩不受轮回。

赫胥黎著《天演论》，其释涅槃曰："无欲无为，湛然寂静，而又能仁为归，必入无余涅槃而灭度之。"若是，则惟解除一切法者，乃能不入轮回也，乃能得天之心，享天之祜也，乃能尽性也。孔子曰："无思也，无为也，寂然不动，感而遂通天下之志。"非天下之至神，其孰能如斯？亦涅槃得度之旨也，得天也。庄子曰："无为为之而后安其性命之情。"又曰："无处无复始得道。"亦涅槃得度之旨也，尽性也。夫金石尽性，其神化为水土。水土尽性，其神化为草木。草木尽性，其神化为虫介。虫介尽性，其神化为禽兽。禽兽尽性，其神化为人。人尽性，其神化为神佛。所谓法轮是也。夫法轮亦有变乎？草木禽兽或亦神奇，草木未老而刈之，亦能为萤蚋。

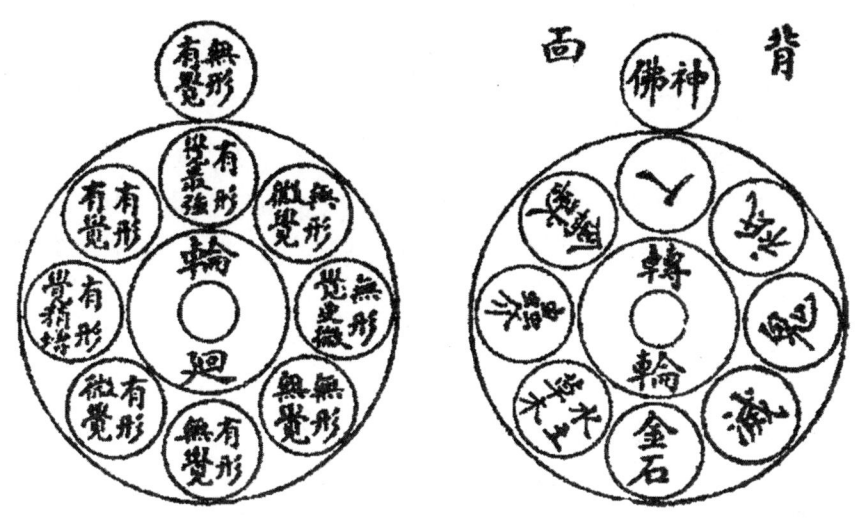

第七图

人有浩然之气而强死，亦或神明。何也？要非合天和之正性，如秋日偶开春花，冬日偶生夏草，必入轮回不实不久。天之爱人如此，而人不自爱，终入于轮回，受诸极苦，可悲也矣！人中修持，阶级亦多，犹物化然，惟上智与下愚不移，亦轮回也。金石水土，有金石水土之轮回。草木虫介禽兽，有草木虫介禽兽之轮回。人有人之轮回。大轮回，小轮回，如恒河沙数。故金有输，亦有铁。草有兰，亦有莘。介有龙，亦有鳖。禽有凤，亦有乌。兽有麟，亦有猪。人有圣，亦有愚。先天后天，合而参之，极有伦次。惟专致者，乃别之耳，不详论矣。

《易》曰："复，其见天地之心乎。"复也者，由恶复归于善，由失性复归于正性也。不观之菊乎？刈其干而留其根，其发荣畅茂，与未刈同。不观之蜥乎？割其皮而留其腹，其繁育生聚，与未割同。人若偶有恶行、恶心，天亦不遂不爱，必欲之复，而成其正觉，此所谓见天地之心也。夫化进之说，由阴而阳，阳全为涅槃矣。阳全既为涅槃，何以言究竟涅槃？佛氏深恐其微有物焉，如胶于仁义是也，胶于法是也。究竟涅槃矣，何以重言无余究竟涅槃？佛氏犹恐其微有物焉，如胶于道德是也。胶于涅槃是也，必究竟，必无余，而后尽性，尽与无余义同也。故化进者由物而人，而圣，而神，而涅槃，而究竟涅槃，而无余究竟涅槃，斯为大成至圣！然名可名，非常名，即以尽性名之可也。

六　本性

纲：本性惟三，而无形者不与焉。曰避物性，曰保温性，曰化物性，此万有之共性而感化不同耳。避物性防外侵，以全其形也。保温性、化物性，惟有形有觉者需之尤切，而皆不可过。夫本性者，必不可省之性也。

说：以木立于大气之中，或水之中，或土之中，则气与水土裂间以避之，是气也、水也、土也，咸有避物性也。以金入石，以石入金，则金石之避物性亦立可见。惟气与水，虽避物而形不害。至土与金，则不能即合，然犹易合也。惟石以锥刀碎之，则不合。若生木以斧锯断之，则亦不合，且至枯死，惟不闻呼痛之声耳。至于觉愈强，则避物性愈显矣。虫介鸟兽以至于人，受爪牙锋刃之侵，则失其生，形与物化，觉乃不灵，痛楚无极，此有形有觉者之大害也。知此则知避物性，凡有形物皆有之，惟感化不同耳。故避物性为有形物之同性。以火热大气水土金石之类，无不力变其形。或以极冷凝之，则大气水土金石皆凝缩而失常。兹可见其有保温性矣。若草木之类，可以热而为灰，可以寒而至槁，又保温性之尤著者也。虫介禽兽与人虽各因其质，而分耐热耐寒之强弱，然过热过寒则失其生，形与物化，觉乃不灵，痛楚无极，此又有形有觉之大害也。知此则保温性凡有形物皆有之，惟感化不同耳。故保温性为有形物之同性。大气中有各种素质，以他种素质与之相化者混之，则大气变为他物。金石水土亦然。大气金石水土与物化后，则失其形，变而为他。若草木非日与大气水土相化育，则枯而朴。虫介禽兽人，非日与草木五谷肉食水土化，则饥而死。是大气金石水土，与草木虫介禽兽人，其化物性虽同，而大气金石水土为化物失形性，草木虫介禽兽为化物保形性，此大殊也。（第九图）由是观之，日常化物而后其形觉可保，则一人之形觉，大气金石水土草木五谷虫介禽兽之精之会也，万物之转轮也。《左传》云："用物宏，取精多，则魂魄强。"信然。而昔贤谓人为一小天地，尤可信也。

夫避物性故纯然不过性也，何也？如指中不可插物，虽容一针芒立感奇苦。保温性则万物皆以寒暖三十余度为合中，亦有不过性。独南洋之黑人，北极之白熊，先天不同，非此例也。若化物性则草木虫介禽兽人皆有一定不可增减之量焉。

第八图　　　　　第九图　　　　第九图背面

人能全此三性，别无所营，则足矣！外此者皆人心也，非天心也。是以天生草木则以厚皮坚节与之，天生虫介则以重鳞叠甲与之，天生禽兽则以巩革健翼与之，生人之脑则以隆骨覆之，以全其避物性也。天生草木则以暖心茂叶与之，天生虫介则以苹繁岩穴资之，天生禽兽则以氄毛修羽附之，天生人则以蚕丝木棉畀之，以全其保温性也。天生草木则以黄泉甘露育之，天生虫介则以水藻微虫育之，天生禽兽则以草木虫介育之，天生人则以金石水土草木五谷虫介禽兽育之。人之享用富矣，犹欲过之，干天之怒，天必磔之。孔子曰："仁人不过乎物。"言性以外不可过也。

然此三性，皆惟有形之性赋之而已。若无形之性，陆行不避兕虎，入军不避兵革，无避物性也。河海冱而不寒，金石流而不热，无保温性也。不食五谷，守我灵龟，无化物性也。惟神者能之耳，后详论之。

知避物性、保温性、化物性为有形者所同具，则孟子物与我同类之说，益可见矣。

七　天中

纲：性，天中也，与物忘矣，与物须矣，虚矣，高矣，明矣，庸也。须而忘之，时乃天心。忘而须之，时乃天成。含天之心，天必成之。以此言性，不故而诚。

说：《中庸》曰："天命之谓性，率性之谓道。"既言性即是道，则人之修道如鱼造乎水，何难之有？而道竟不明不行，千秋同一混沌，何哉？以不得天中故。夫天赋人以避物性，而调之以需物，如居极端避物，则离气不吸，去地不履，可乎？天赋人以保温性，化物性，尤见其中矣。热之则忧，寒之则苦，夏日之日不可曝，冬日之冰不可卧，天固明明示人以大中，而人不知也。必欲锦绣而厌布袍，非天中矣。必欲貂狐而厌羊裘，非天中矣。如保温性而可增也，则暖卵可以成雏，若以沸汤渍之，岂不立孵？蓺禾可以畅茂，若以烈炬焚之，岂不立长？是皆不可，则知保温性之不可增也，是天中也。如化物性而可增也，则孩提之童，食米二十石，水四十石，菜六千斤，肉千斤，而为壮夫，若一日尽与之食，岂不立成壮夫？草木须水，沉之于海，则死且腐。牛喜豆，强饲五斗，则腹必裂。是皆不可，则知化物性之不可增也，是天中也。

以象而言，草木之中本必直向天，人趺坐而脊与天通则四体和畅，日月星辰各得正中之吸力而不堕。悬物通天而垂直之，则得其心，万悬万变，其心不移（见物理学）毫发（参观第十图）。又以直线经圆形之中心，必能分圆形而均之（第十一图）。果实之仁，必当正中。兽左右不等重则走不良，鸟左右不同羽则飞不适。统万象而观之，天中之性可知矣。人不得天中，必不能合天矣。

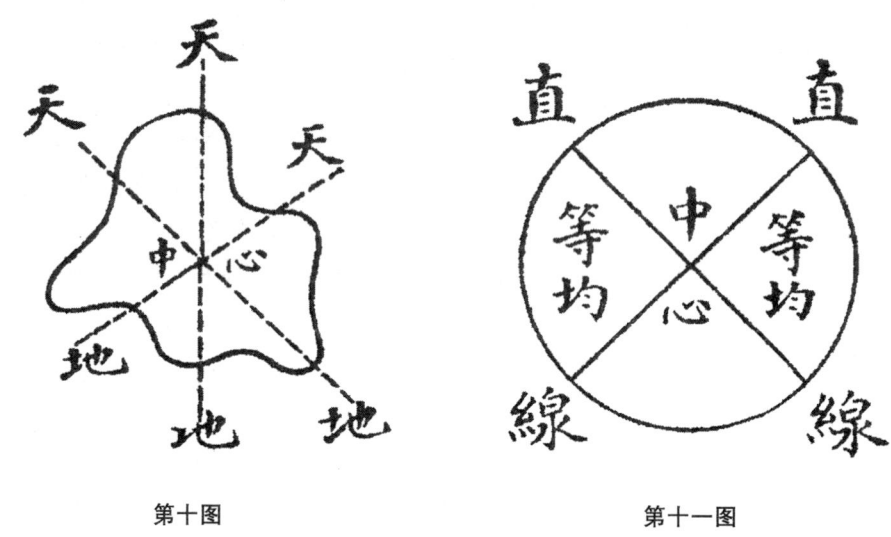

第十图　　　　　　　　　第十一图

故《中庸》谓："极高明而蹈［道］中庸。"今乃知高明之极，在于中庸，非中庸非高明。如以一圆求其天中，天中者向上之中点也。

此中点即极高极明，故曰"中庸"。移高明之点于不中之处，非卑即暗，非高明矣。大道本在天中，天中最易得，亦最易修，又何惑乎（第十二图）？

舜执两用中，颜渊择乎中庸。舜之执，岂以权度轻重长短哉？舜亦大劳矣。颜之择，岂必披选色相哉？颜亦太苦矣。孔子时中，岂时时思量筹算右权左尺必求不爽哉？孔子亦太疲矣。要之，天之自然即为中也，惟中不劳，惟中不苦，惟中不疲，惟中不思。草木无外感，万无不中正以向天者也。人无外感，万无不中正以合天者也。故修道者，不修者也。不修而寝，无病于内，无醉于药，时至矣。天如命神以呼之然，自醒矣。不修而走，无负戴以增劳，无乘舆以省力，时至矣。天如命神以止之然，自疲矣。时中何尝用力哉？空空洞洞，自无不时，无不中矣。

《易》云："穷理尽性，以至于命。"命天命也，天命天中也，天中无累也。人守其自然之保温性，与天相合，不寒不暖。守其自然之化物性，与天相合，不饥不饱。应思则思以虚，无思之思。应行则行以虚，无行之行。应言则言以虚，无言之言。应止则止以虚，无止之止。未有不合于天中者，未有不化为神佛者。彼说法太劳，希天以相。如日日扶树，树必偏枯。时时看卵，卵必中殇。求尽性而实以丧性，哀哉！

八　恒成

纲：恒之又恒，众妙之门。恒宁，恒乐，恒生，恒诚，莫知其怪，而化通于神。如鸟翼卵，不必雕骨，不必插毛，而骨列列，而毛条条。如农艺黍，不必抽萌，不必染花，而萌菀菀，而花灼灼。人之为神，天命自然。恒而不迁，于是成焉。无为之为，谁知其端？

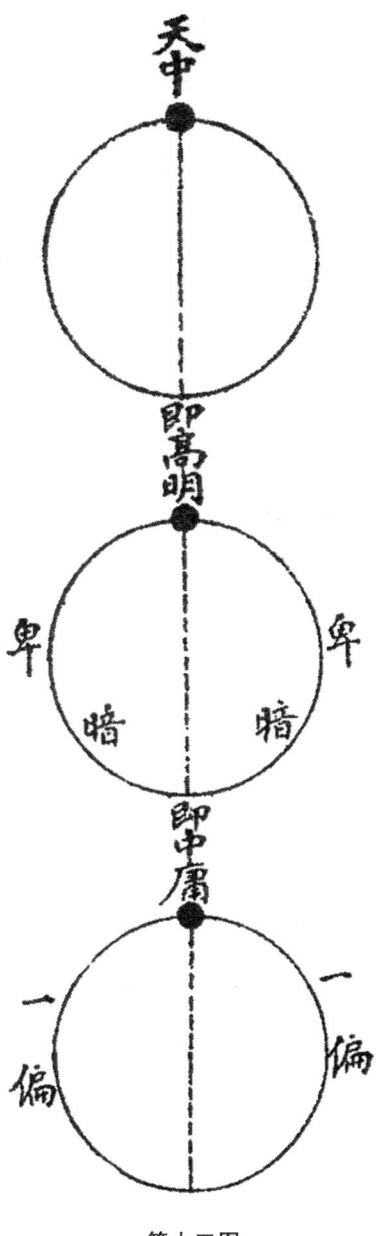

第十二图

说：人失其性，则不能圣，不能神，不能佛，不能合天。今试强路人而谓之曰："汝能圣，汝能神，汝能佛，汝能合天。"人必不信，此大可笑也。

今人知卵之能化为鸟也，以习见故。如不尝见也，执一卵而谓人曰："是团团者，能化为两翼、两爪、彩羽、坚骨，其飞翻翻，其鸣喔喔，其肉甘旨，其冠郁郁。"人未有不大笑而骇走者，何也？破卵而观之，无有翼形，无有爪迹，无有彩色，无有坚骨，掷之不飞而落，惊之不鸣而默，何妄语之欺人若是其甚耶！再教之曰："暖之即可。"则投之汤火，至于熟而终不化，则言者必获罪矣。今人知树之能发华也，亦以习见故。如不尝见也，执一树而谓人曰："是夭夭者，能化为八瓣、一蕊、艳色、异馥，其下固蒂，其中结实，其核铿然，其仁如琢。"人亦未有不大笑而骇走者，何也？裂树而观之，无有瓣质，无有蕊根，无有朱紫，无有香气，撼之不出一蒂，拤之不成一实，何妄语之欺人若是其甚耶！再教之曰："栽之即可。"则埋之九渊，至腐而终不化，则言者必获罪矣。

今谓人曰："汝之二目可以与日月同光，汝之一口可与诸天说法，汝之二耳可以闻天籁、雅乐，汝之二手可以使乾坤旋转，汝之二足可以涉太虚灵境，汝之一心可以包罗宇宙，汝之一身可以充塞八极。汝即圣，汝即神，汝即佛，汝即天。"未有不大笑而骇走者，何也？刮目而观之，光不如镜；探口而搜之，法不在舌；倾耳而上听，但闻鸟兽之声；举手而强伸，不过三尺之外；跨足而巨跃，不超丈余之地；度心脑，不满一勺；衡四体，不及数钧。非圣，非神，非佛，非天，何妄语之欺人乃若是之甚耶！再教之曰："修道即可。"则劳心苦思，贪生炼形，大施助长之术，至疲死而终不成，则言者必获罪矣。殊不知，天既赋性与卵，自必命之为鸟，雌及时而知伏，非庠序学校以教之也。天既赋性与树，自必命之华实，枝及时而知荣，非染画雕刻以制之也。天既赋性与人，自必命之为圣，为神，为佛，为天，虚顺中和，无修无忘，久不渝而自化，非人力意志以作之也。拙妇摇卵而哭，捉雌而压之，而卵之性不尽矣，乃曰天下无鸡也。可悲矣！拙农揠苗而躁，抉苞而张之，而禾之性不尽矣，乃曰天下无粟也。可悲矣！

人之性汩于物，愈老而愈丧。如卵经汤沸火焚石击刀劙，而犹欲其孵，难矣！如禾经牛践羊食铚刈旱魃，而犹欲其生，难矣！遂谓天下无圣，无神，无佛，无天，安知人人皆圣，人人皆神，人人皆佛，人人皆天耶！岂不大可悲欤！

故欲修大道者，其心太虚，其气太和，其行天行，其言天言，其思天思，其默天默。衣足以尽保温性而已矣，食足以尽化物性而已矣。安然而寝，不知有身。恍然而游，不知有物。如百植之定根，自有不可言之妙，枝妙，叶妙，华妙，实妙。如百鸟之安伏，自有不可解之妙，形妙，色妙，羽妙，音妙。天知教草木鸟兽，天岂不知教人？雄鸡之鸣也，非天教之曰：子矣，午矣乎。桃李之茂也，非天教之曰：春矣，秋矣乎。人为至灵，反不如物，自失其成圣，成神，成佛，合天之大业而不为，虽欲降为禽兽不可得矣。《易》以雷风为恒，其内巽入，其外天动，刚柔皆应。故曰："日月得天而能久照，四时变化而能久成，圣人久于其道而天下化成。"佛氏，谓"定"，谓"大自在。"《礼》谓："安安而能迁。"人能安于大自在，此时即圣，此时即神，此时即佛，此时即天。必圣，必神，必佛，必天，何妙如之，答曰："自然。"

故身如根干花叶，根干花叶所以结实也，身所以化神也。身之化神，率性尽性。天中恒成，必无误也，必无爽也。故曰："大道甚夷。"曰："玄之又玄，众妙之门。"玄恒虚无为也，恒虚无为，虽欲不妙得乎？道法自然，法天也。

佛氏之言曰："无一众生，不具有如来之智慧者。"又曰："一切众生，悉具佛性。如来常住，而不变易。"亦《商书》有恒性克绥厥猷之义也。恒则安其天性，而大成矣，而神化矣。

第十三图

心生为性，心亘为恒，即此生机，道运靡已。生者自生，亘者自亘，天之所成，人不能与争巧。知此者为正觉，不可稍增，不可稍省。（第十三图）

九　去害

纲：天需性，性需天，不害之，得其全。全之为玄，非玄也，内害不生，外害不来。内害不生，谁杀其神？外害不来，谁杀其身？久育不杀，斯无不成。

说：指禾而谓人曰："此颖当粟，其性然也。然春夏何以不粟？必有待

第十四图

于天也。"有待于天,则又曰:"粟天命也,然薋菉何以不粟?必有待于性也。"故天命待性而著,性待天命而成。明明为二,明明为一,即二即一,即一即二。至纯极简,毫无凿解,则性全矣,全即尽矣。

然全之为言无害也,外得天而中抱性(第十四图),伤其天和,不能生矣。伤其性根,岂能生乎?今以一果,虫蠹其仁,加以栽培之功,雨露之润,果必不生。卵黄中腐,加以煦育之力,翼覆之劳,卵亦终殰。何也?有内害故也。今之欲圣者,成行则生贪名之心,饰貌则生窃利之心,讲道则生有我之心,修德则生寿相之心。大小不同,同一擢德塞性。如果蠹其仁,而欲其苟萌,卵破其黄,而欲其孵化,不可得矣,是之谓内害。内害者,孟子所谓"生于心"。生于心者,实自害之。外虽不见于人,如树朽其根,花抽其蕊,虽日日盼其荣,盼其实,误矣。如水塞其源,如栋去其础,虽时时疏其流,构其桷,误矣。乃谓百行无益,勤修不效,倒置之苦,可胜恸哉!

又如完全一果,其中不朽。完全一卵,其质不败。然置果于楼,上不得雨露之滋,下不得水土之润,或以刃剥其皮,或以石压其顶,果必不萌。藏卵于缶,外不得雌羽之覆,内不得和气之养,或以冰冱其壳,或以火炙其旁,卵必不育。乃谓内虽不害,外亦不成。正心诚意,终亦无益。失天之常,可胜恸哉!此之谓外害。外害生于人,生于物,虽不失道,而昔灾肆毒。

故善修者,正其心,诚其意,虚其念虑,和其血气,斯足矣。而又心周于事,意发于顺,念虑适于正,血气平于颐。使百贼不召,五行不侵,全兹形化，而永保其真。所谓有有，有无，有无，有有，有取，无取，有卫，无卫，有成，无成，有警，无警，有朕，无朕，有生，无生，全之又全，众害不生，和之至也。

夫去内害、外害，亦惟天中而已矣。全天中矣，未有生贪心者。全天中矣，未有生瞋心者。全天中矣，未有生痴心者。不贪，不瞋，不痴，内害何由生哉？全天中矣，未有立于岩墙之下者。全天中矣，未有纳于罟擭之中者。全天中矣，未有履于虎尾之上者。不立岩墙，不纳罟擭，不履虎尾，外害何由至哉？内害不生，外害不至，长安其常，而尽其性，则未有不成者矣。

十　内害

纲：失太虚，滑中和。失中和，生内害。外害犹可逭也，内害不可逭也。内害者，人心五：曰恶拂心，曰保生心，曰趋乐心，曰移爱心，曰虚荣心。人情七：曰喜，怒，哀，惧，好，恶，欲。邪气三：曰乖僻气，曰瑟缩气，曰骄蹇气。发于心，动于情，乱于情，形于气，皆戕其性而道不凝矣。

说：内害者，自戕也。自戕者，纵心中之贼也。大别之，曰恶拂心，曰保生心，曰趋乐心，曰移爱心，曰虚荣心。

今有顺我、利我、谄我、助我者，我即喜；逆我、损我、侮我、妨我者，我即怒。此恶拂心之为害也。不知我苟顺道而人拂我，是人逆道于我无与。我苟逆道而人拂我，是人顺道我当从人。道有自然，何拂何顺？心有自然，何拂何顺？且人之拂我，欲损我耶，我更不当再自损；欲益我耶，我又何故自损？反复思之，恶拂之心，纯害无益。然孔子杀少正卯，舜诛四凶，文王一怒而安天下，惟仁人惟能恶人。以是而论，恶

第十五图　（恶拂心）

拂心亦有微益。不知圣人虽罚人，圣人何尝生恶心，如得其情，尚当哀矜。禹泣罪人，纯是至性，若微有恶拂心，即失性命之正，焉能养中和之气？故吾以恶拂心为纯恶。

人见刃则避，见虎则避，见水火则避，闻将死则哭，此保生心过于避物性也。夫见刃而避，见虎而避，见水火而避，是避物性。所谓知命者，不立乎岩墙之下也。然老子又谓："若吾无身，吾有何患？"佛氏谓："肢肢节解不怒。"岂教人蹈白刃方为善哉？人守中和，天所必保。人所不害，何忧何惧？天道变，人事乱，圣人守其正而已矣。必欲保生，又结贪生之障。孔子厄于陈蔡，弦歌弗辍，岂暴虎冯河之勇哉，性定故也。况保生之心一生，内则贼害其正性，外则亡人以自存，大为成己成物之害，故吾以保生心为大害。

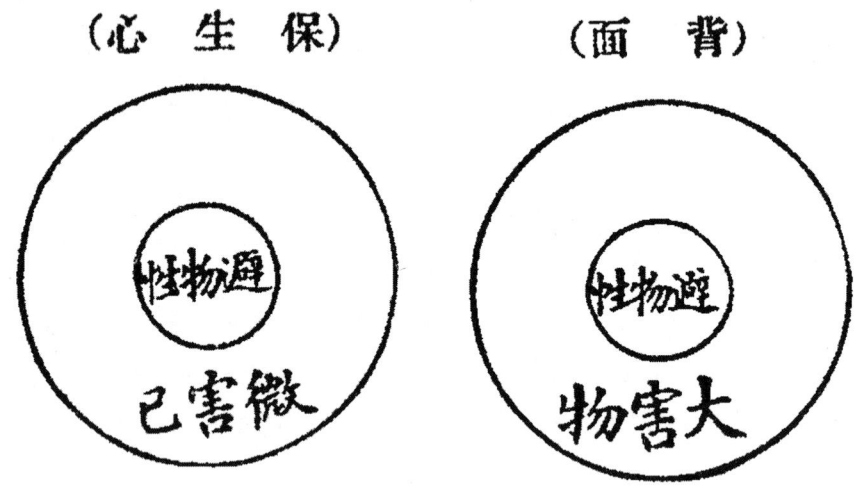

第十六图

人见美色则喜，见货财则喜，食甘旨则喜，居华屋则喜，乱天下，害性命，莫大于此，而最难解免者也。人之欲求富贵者，以富贵乐于贫贱故也。如富贵苦于贫贱，人谁不欲得贫贱？人之欲登天堂者，以天堂乐于地狱故也。若天堂苦于地狱，谁不欲入地狱？孔子作乐崇德，佛言极乐世界，今以趋乐心为极害，不亦与圣教相刺谬乎？不知乐由天生，人全其性，乐无穷尽，因有此乐，便往趋之，而失中和。故乐色者杀于色，乐财者杀于财，乐权者杀于权，乐声者杀于声。无所不乐，则无所不杀。乐出于泰然，止于怡然，若一生趋心，人无遗类，物无遗类，而我亦自戕矣。故吾以趋乐心为极害，且趋乐心无大于好色，天下多死之。好色似性中来，何以纳于人心哉？常有一生不近色，而其人恒健者，故吾以为非性。性者不可亏者也，好色可无，故好色非性也。

人有父母则慕,有弟兄则慕,有妻子则慕,有朋友则慕,此移爱心也。狭言之,则仁亲是也。广言之,则博爱是也。然何以非性?因护性而生者也。我之所爱,必欲其全性,故移爱心非性。然移爱似无伤于性,而亦有伤于性也。因移爱心生,故爱其所亲而不爱其所不亲。殄民富家,灭邻广土,以羊易牛,阿党失正,起天下无穷之祸,罔不由此心。济物利人,参赞化育,亦罔不由此心。此心善耶?恶耶?浅言之,有畛域之移爱心恶也,无界限之移爱心善也。然吾则以为天

第十七图

和自然,爱而不爱,不爱而爱。内不动心,外不伤平,乃为善。故移爱心,宜善择也。

鄙夫本极贵,而人则欲为王为帝。无名本极乐,而人必欲沽誉扬声。深究之,此心之害,其大无极。然圣人何以颁爵?何以褒贬?颁爵者,顺人之欲以导于善也。褒贬者,因人之心以纳于正也。然此不过一时之权术,若虚荣之心一炽,大之则伪杰假事以殉名,小之则修士从俗而乱性。故孟子轻人爵,庄子重无名,吾亦以虚荣心为大恶。至于七情者,心之所生也。夫身如

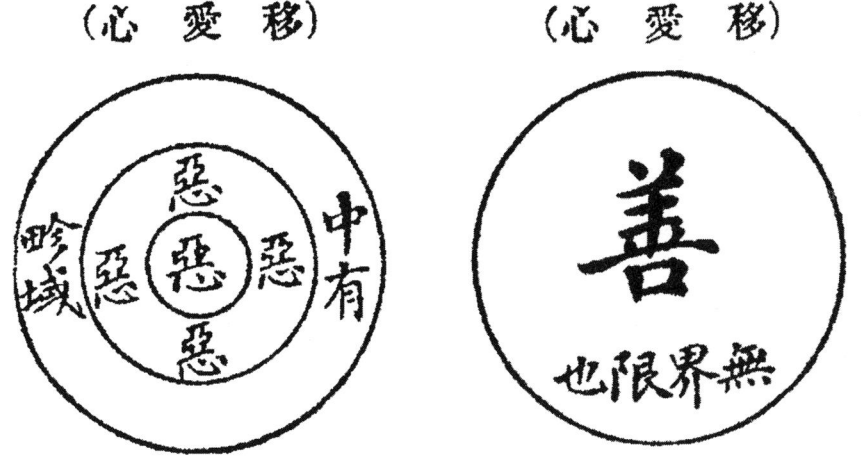

第十八图

第十九图

第二十图

柴焉，心如火也，情如气也。火虽近柴，非气为之媒不焚也。心虽害身，非情为之媒不达也。喜者，趋乐心、移爱心、虚荣心之所发也。怒者，恶拂心之所发也。哀者，保生心、移爱心之所发也。惧者，保生心、移爱心之所发也。好者，趋乐心之所发也。恶者，恶拂心、趋乐心之所发也。欲者，趋乐心、虚荣心之所发也。故浅言之，则节情可以入道。深言之，则虚心可以载道。心苟不生，情于何有？

至气之为害，尤全偏也。乖僻之气，固全发于恶拂之心。苟心何拂，不暇计也，是谓大惑。瑟缩之气，乃全发于虚荣之心。我贫而见富瑟缩，不自知贫非耻也。我贱而见贵瑟缩，不自知贱非耻也。我无名而见有名者瑟缩，不自知无名非耻也。我无才而见有才者瑟缩，不自知无才非耻也。骄蹇之气，惑尤多焉，我富而见贫者则骄蹇，固鄙。我贵而见贱者则骄蹇，尤鄙。我贤而见愚者则骄蹇，固鄙。我圣而见庸者则骄蹇，尤鄙。我既无心，我安有情？我既无情，我安有气？孟子谓浩然之气，亦小乘法也，胜俗也。明者，无气，不用我气，而用我情。虚者，无情，不用我情，而明我心。至人无心，不存我心，而安我性。纯天性而无人心，何情之有？何气之有？老子谓孔子宜去骄气，吾谓孟子宜去浩然之气。去气而平情，平情而正心，正心而复性。故善养性者，人心、俗情、邪气，皆当去也。去尽而养天和，则性无不尽者矣。不去尽，是内害也。内害如木伤根，如卵伤黄，可不惧哉！可不惧哉！

十一　外害

纲：外害伤生，内害所生。外害者，刀兵、物歉、水火、疫疾、杂侵也，使人物不尽其性。刀兵，人之毒也，而残贼之人，幸以为功。夺物，人之毒也，而将顺之习，至今不革。至水火、疫气、杂侵，则尤显而易防也。

说：人物之所以不尽性而中夭者，祸莫大于刀兵。左氏虽谓"天生五材，民并用之"，然而止戈为武，方为正义。顾刀兵何自而起，曰五心为之源。

恶拂心，刀兵之大源也。牛马鸡犬易相斗也，何也？有恶拂心也，角触蹄蹴是其端也。今市井之徒，一言不合，则挺身而斗，虽胜者自矜，人以为禽兽也。政府志士，争执国是，彼殊此异，乃用干戈，虽胜者自矜，人以为禽兽也。画地为国，畛域显分，尔诈我虞，爰整师旅，虽胜者自矜，人以为禽兽也。何也？与禽兽同心故也。趋乐心，刀兵之大源也。牛马鸡犬易相斗也，何也？有趋乐心也，争牝夺食是其端也。今市井之徒，争升斗之利，博声色之欢，则挺身而斗，

第二十一图

虽胜者自矜，人以为禽兽也。强藩大府，争秽浊之爵，贪权利之私，则举兵而斗，虽胜者自矜，人以为禽兽也。霸君强国，争土地之广，务威力之张，则举国而斗，胜者自矜，人以为禽兽也。何也？与禽兽同心故也。

移爱心，刀兵之大源也。牛马鸡犬易相斗也，何也？有移爱心也，护雏保犊是其端也。今市井之徒，比朋友之私，护子弟之短，则挺身而斗，虽胜者自矜，人以为禽兽也。强藩大府，固阿党之势，贻子孙之利，

则举兵而斗，虽胜者自矜，人以为禽兽也。霸君强国，保戚族之富，图子孙之业，则举国而斗，虽胜者自矜，人以为禽兽也。何也？与禽兽同心故也。

保生心，刀兵之一源也。所谓困兽犹斗，禽兽与人与国同有之，然无求生以害仁，有杀身以成仁。保生心而发于道，仁也，虽斗可也。而不发于道，斗不可也。虚荣心则禽兽无之。而世有血气之徒，自命豪杰，图博英名，乃日驱良善，死于锋刃，又禽兽之不如矣。何则？虚荣心足以动刀兵，则禽兽比人犹为少善也。

至于物歉，衣食不足之谓也。虽偶生于天时，实亦出于人心。人有趋乐心，则华美肆侈，而贫者饥寒矣。人有保生心，则府库有余，而无者饥寒矣。人有恶拂心，则夺其所恶，而恶者饥寒矣。人有移爱心，则厚其所亲，而疏者饥寒矣。人有虚荣心，则游民众多，而衣食空费矣。孔子谓："不患寡而患不均，不患贫而患不安。"盖防人心起于

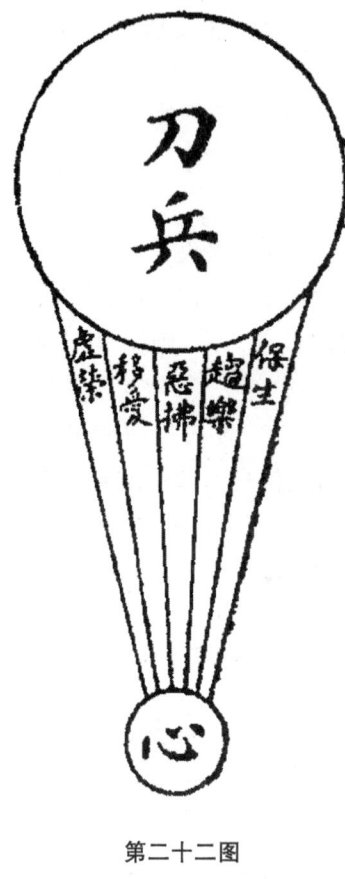

第二十二图

非礼，而招物歉之祸也。今之杀人越货者，贪婪夺人者，固明明启物歉之端，而为法所禁矣。至丰产厚利，奢侈荒淫，亦足以启物歉之渐。而无法以止之，使良民多饥而死，故吾作《王道法言》以正之。若天时偶失其常，人心人力可得而防也（参观止园《王道法言》）。

至于水火、疾疫，及禽兽虫鳞草木之毒，皆为杂侵。人心一正，官修其业，士明其学，则皆不为害矣。古人有言曰："天不爱其道，地不爱其宝。"又曰："鸟不獮，兽不狘。"又曰："疾病不作，而无妖祥。"此之谓也。

孟子之学，于去外害最为深切，故其言曰："善战者，服上刑。"戒刀兵也。又曰："圣人治天下，使有菽粟如水火。"防物歉也。是以以道强其国者，不在武功，而无敌于天下。以道养其民者，不行小惠，而天下莫不足。顺其性也。顺其性，去其内害，则民无互累之苦矣。

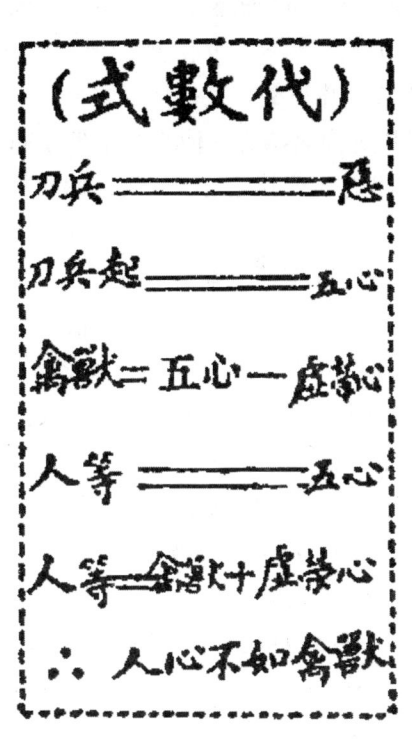 

第二十三图

十二 教源

纲：成己莫大于虚，成物莫大于教。教有明惑，惑而成之。虽惑明也，明而害之。虽明惑也，真明无害。明未至而以为明，害斯大矣。故教源于见性，修于率性，成于尽性，折衷于孔子谓之至顺。

说：夫教者教人为善也，非教人为恶也。以教安天下也，非以教乱天下也。古之圣贤，本其移爱之心，设为救世之法，于是有教。教必因时因地，因人因俗，而纳之于天中。如一树然，东倒则扶而西之，人见之谓之西教可也。西倒则扶而东之，人见之谓之东教可也。南倒则扶而北之，人见之谓之北教可也。北倒则扶而南之，人见之谓之南教可也。此众教之异貌也。或以木扶之，或以石扶之，或以金扶之，或以土扶之，此众教之异术也。于是明惑判矣。今试语人曰："海外极乐。"人不知必不信也。因先惑之曰："舟上极乐。"又盛饎于舟以惑之,人易见必即信,登舟矣。又指而惑之,曰:"彼岛极乐。"人易见必即信。至岛矣,又因其所信而惑之,俾终至于极乐而后已。又试语人曰:"深山极乐。"人不知必不信也。因先惑之曰:"车上极乐。"又盛饎于车以惑之,人易见必即信,升车矣。又指而惑之曰:"彼岑极乐。"人易见必即信。至岑矣,又因其所信而惑之,俾终至于极乐而后已。故惑中有明,明中有惑。要使人去其五心,灭其七情、三气,而除其内害、外害,以终至于尽性者,正教也。

然教因心而生,教成则心亦死。佛氏所谓筏喻者是也。生心之大莫大于启其信心。《易》曰:"中孚豚鱼,吉。"故信心一启,虽惑可也。信不易不夺,又必定之。强定则困,又必安之。安于性则化通,化通而恒则尽性矣。此教之序也。

故圣人先欲使人信,则不可使人见性,而先使人生心。见性言深,未能验,何能信?老子谓:"下士闻道大笑之。"今不欲使人笑,而使之信,则不可以道语下士矣。于是,因其保生心,而语之以不死;因其趋乐心,而修之以礼乐,庸之以车服,示之以天堂;因其移爱心,而顺之以五伦,广之以布施;因其虚荣心,而齐之以礼法,激之以褒贬。及使其心勃勃然生,而大害亦生矣。方启其乐,淫则随之。方启其寿,贪则随之。方启其爱,私则随之。方启其名,殉则随之。因既有心,便即非道。若一失道,未有不乱。故究其使人生心而言,庄老孔佛,各有所偏。考其使人尽性而言,庄老孔佛,实无一害。

总之,失性而后有教,失教而后有政,失政而后有兵。人不失性,教将谁觉?失性有教,如有疾而后有药也。药顺其病,病无不痊,药逆其病,病无不

第二十四图

第二十五图

笃。丹砂可以医人，亦可以杀人。砒䃟可以杀人，亦可以医人。故有明于庄老者，亦有惑于庄老者。有明于孔孟者，亦有惑于孔孟者。有明于佛陀者，亦有惑于佛陀者。明者自明，惑者自惑。至于尽性，乃知其一。

故真明之士，鲜诘教，鲜媚教，不诘不媚，常用其通。教如筏然，大筏渡大物，小筏渡小物。渡逆流以篙，渡顺流以帆。汝以大筏，便诘小筏，彼幺麼者何以得渡？汝以帆逸，便诘篙劳，彼溯洄者何以得渡？故教有序而无类。

今惑于墨教曰："礼乐非也。"礼乐之所以非者，拯溺于礼乐者而言也，非为不知礼乐，放僻邪侈者言也。惑于儒教曰："礼乐是也。"礼乐之所以是者，拯不知礼乐，放僻邪侈者言也，非为溺于礼乐者言也。惑于庄老曰："仁义非也。"仁义之所以非者，拯溺于仁义者言也，非为不知仁义，残贼凶暴者言也。惑于儒教曰："仁义是也。"仁义之所以是者，拯不知仁义，残贼凶暴者言也，非为溺于仁义者言也。故不知道不成德不尽性者，是礼乐亦非，非礼乐亦非。知道成德尽性者，是礼乐亦是，非礼乐亦是。推之于极，是仁义亦非，非仁义亦非。是仁义亦是，非仁义亦是。是教亦非，非教亦非。是教亦是，非教

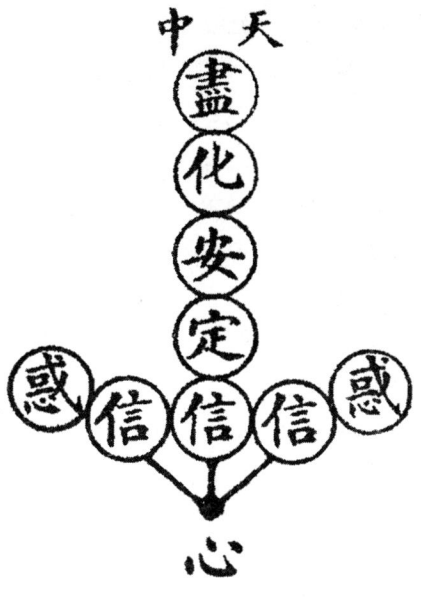

第二十六图

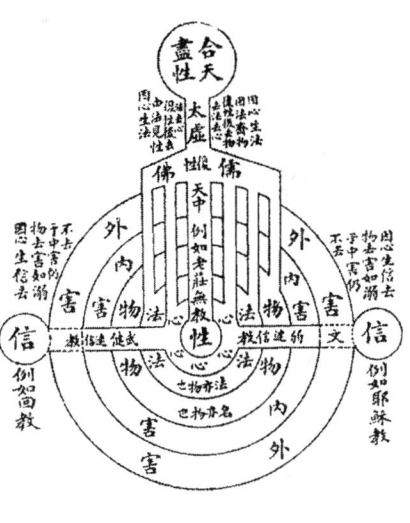

第二十七图

亦是。纳于天中，孔教极宜于今也（参看《止园孔教大中》）。何也？易于尽性故也。教之最正且切，莫如老庄。然既有老庄之真性，则不必聚徒，不必说法，惟无教而已矣。此虽正且切，然非以立教救世之人也。佛氏出家去物，而因心生法，因法治心，以归于复性。既复性矣，亦云法尚当舍，方为上

乘。效之老庄迂矣，而可以为教。然政教国家，天下判然离之，则阻碍亦多。儒者以政辅教，修齐治平，因性生心，因心立法，因法齐物，固过迂矣。然推而行之，实迂而切，可周于众人者也。人遽能离物而言法耶，离法而求心耶，无心而复性耶？未复性之先，暂假此耳。既复性之后，孔子亦谓"无思无为，感而遂通"，始为天下之至神。耶稣教人以信神，可教下愚矣。若长此一信，心终不虚，焉能见性？且文弱不自保，又不傍通，宜其丧厥首领，而不得尽其性也。彼亦如夷齐之信仁义，死于仁义已耳。求仁得仁，愿满信足，当亦不怨。孟子既以伯夷为圣之清，吾亦以耶稣为圣之信。慢神逆天者亦可以此教之，谓之小成。回氏亦以迷信而兼武健，弱国又欲牗其教，一时假之，未尝非是。孔子我战则克，亦此意也。然亦极于其所信而已矣，非性也。今老庄如龙，众人不可阶而及，彼亦实未尝立教。回氏亢龙，其国灭矣。佛氏无物、无政、无家，其国灭矣。耶氏之教，实与欧洲诸国之政策相反，匏瓜耳。惟孔子之教，行其一，则身心家国天下受一之利；行其百，则身心家国天下受百之利。可大可小，可家可国。惜哉，今无孔子之徒，可悲也。

十三　政源

纲：教生于失性，政生于失教。然人非生知安行，终不能无教。非尽圣尽神，终不能无政。教所以正人心，而绝其内害，以灭外害者也。政所以正人身，而遏其内害，以防外害者也。然防川不如塞源，故政可以为教之辅而已矣。若以政加于教之上，乱莫大焉。一人得纵其内害，如一发之火，宇宙皆焚矣。夫政伪器也，在用之善。

说：政伪器也，何也？人各食其力，而又出其力，以供不农不商之游民。以为长上，又从而尊之荣之。人本齐等，安有尊贱？人本同类，安有荣辱？惟人心与物相接，而邪恶百出，政固不能去物，亦不能尽性。然善政使人各得物以养其身，而人心、人情、邪气不能为害。因心治心，以物齐物，如以毒攻毒，危亦甚矣。

政之有爵也，因人之有虚荣心也。帝王公侯伯子男、大夫、士，物也，以此劝其心，使不生外害，或以去外害。政之有禄也，因人之有趋乐心也。九鼎车服金帛，物也，以此劝其心，使不生外害，或以去外害。政之有刑也，因人之有保生心也。墨劓剕宫大辟，物也，以此惧其心，使不生外害，或以去外害。政之有伦也，因人之有移爱心也。君臣父子兄弟夫妇，物也，

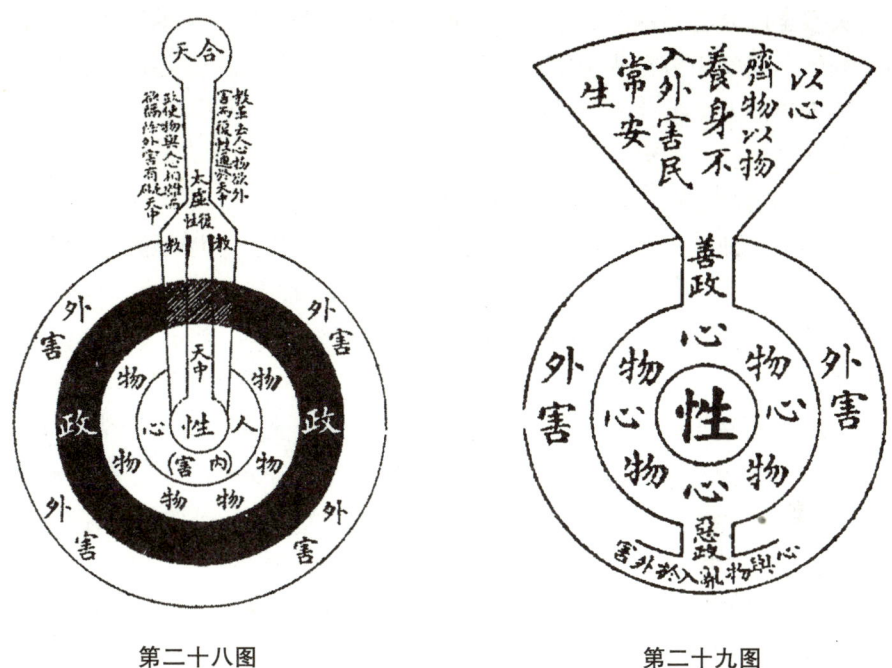

第二十八图　　　　　　　第二十九图

以此围其心，使不生外害，或以去外害。是四心者，或顺导之，或逆用之，皆可以和七情，抑三气，去外害。惟恶拂心为极恶，无所用也，故以刑止之。至于聚财者，以施政也。分土者，以便治也。备兵者，以保政致刑也。修法者，以承先保善也。然事于政，而不事于教，与天远矣，与性远矣。故明于性，而后可以言教。优于教，而后可以言政。

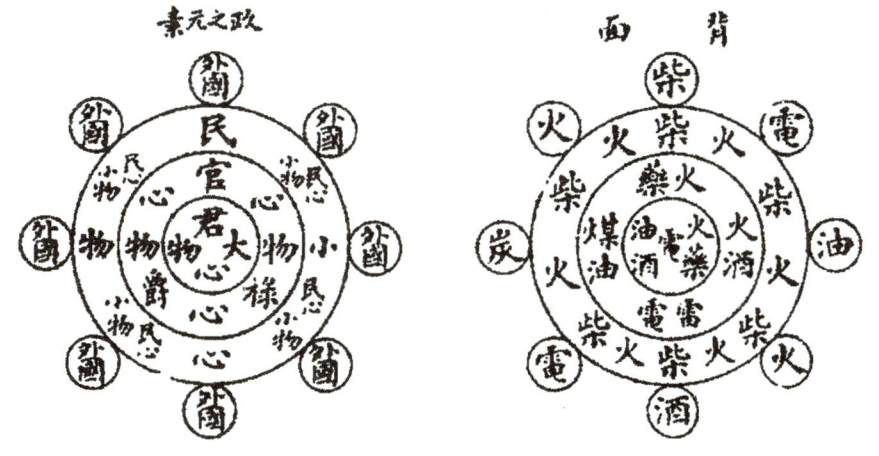

第三十图

夫政全以人心物欲杂而成之，非此则谁肯为治人者？又谁复为人所治？我全我性，我安用爵？我全我性，我安用禄？我全我性，我安用名？我全我性，我安畏刑？如此则政灭矣。政既生于人心物欲，岂不危哉！盖人心物欲，危之端也。心如火，物如薪，乱如橱，岂不危哉！

危相如易燃之物，杂而丘之以为政，求为旦夕之安，不可得矣。帝王，物之大者也，即薪之易燃者也。心动于欲，薪之，橱之。大臣继之，则怪其不忠。民又争之，则怒其大逆。互焚悉烬，吾不知谁为功罪也。今去帝王，而为总统，去大官，而为平民，以减其贪心，亦一法也。然不知道者，即一杯之水，可以兴戎，此又何足以止之！

故不如恃教，教化大行，人各尽性。各尽性皆至尊谁贱？皆至富谁贫？皆至安谁苦？皆至圣谁愚？无尊无贱，无富无贫，无安无苦，无圣无愚。譬如无火无薪；如大海深水中，焚从何起？此之谓大定。老子谓"破斗折衡"，是无政也。曰"民不畏死"，是无刑也。无政无刑，惟有教耳。又曰："圣人不死，大盗不止。"则并教而无之矣。无政复教，无教复性，真为大定。

然如此亦有病，举国皆无政无教，一有一隅，暴民生心而起，政又兴矣。故无教虽极高之理，不能不以教防危。以教防危，犹有病，教偶疏，一有一隅，暴民生心而起，乱又作矣。故无政虽极高之理，不能不以政防危。且此国虽倡文教，而邻国暴民大至，何以御之？若善良束手，则地上仍归大乱矣。故政不可无，惟须防其人心，使之属于教之下。教仍有敝，又使之纳于大中，而保民永安，故政教不可相离，不可专恃。圣神虽入涅槃，不能不为生民遗一完美之大法，以固永乐之基也。夫圣人游于教之中，而不知教，游于政之中，而不知政，所谓帝力何有于我，则政教皆不为害矣。知政之为毒，知教之为毒，而用之，其犹备药乎？备药不可轻尝，有病则验其效矣。若一生无病，安用药？千秋无乱，安用政？人知政教之有利有害，则政教可以永存矣。

是以尧舜虽为天子，而尧舜自贱也。曰："是以政启民之伪也。知我者其为政乎？罪我者其为政乎？"孔佛虽为教宗，而孔佛自贱也。曰："是以教启民之伪也。知我者其为教乎？罪我者其为教乎？"孟子曰："我善为政，大罪也。国君好仁，天下无敌。"兹固知政之非也，犹有仁焉。庄子曰："肢[枝]于仁者，擢德塞性。"则并仁而无之矣。知此者，可以用政教矣。不溺于水，而后可以用水。不焚于火，而后可以用火。不入于政教，而后可以用政教。岂易言哉！

十四　风俗

纲：圣人失位，而足以济众者，惟移风易俗而已矣。能移风易俗，则野有圣人。野有圣人，政虽窳弊，如树折而根生，犹可萌也。上俗无风，其次和风，其次清风，其下淫风。风因于心，而能去害，以近于性者，正也。

说：今有人焉，其行不犯法纲，又不背圣道，居其乡，一乡皆曰"可耻"，彼必不敢显然而为之。宁惟然，即其行宜受功赏。又洽于至理，居其乡，一乡皆曰"可耻"，彼亦不敢显然而为之。此之谓俗蔽。俗蔽生于虚荣心，而成于瑟缩气，所谓是非之心，羞恶之心也。世俗本无是非，性中本无是非，既无是非，焉有羞恶？然此心善导，最足以为入道之门。有圣人作，上不能得庙堂之权而施政，下不能得众庶之信而立教，迩化近施，亦觉人成物之分所应也。风俗之效，小言之，可以使心与物交，亦可使心与物隔。大言之，可以使心不害性，亦可使心能害性。（第三十一图）如吾欲一事，乡人皆以为极耻，虽法之所不禁，道之所不违，不敢也。此为善事，是心与物隔也。此为恶事，是心与物交也。以心与物隔，是使心不害性也。心与物交，是使心害性也。

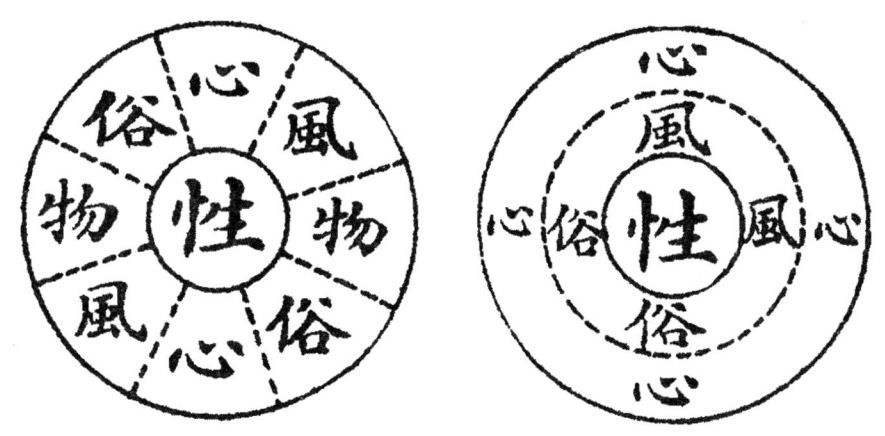

第三十一图

今风俗之坏极矣，而皆发于人心。夫羞恶是非之心已非，而非非相因，乱不知其所届矣。衣烂楼，居茅茨者，人皆轻之，是使人生虚荣心也。疏交游，绝世务者，人皆笑之，是使人怀移爱心也。捐躯体，入神化者，人皆哭之，是使人生保生心也。卑下物，让纳污者，人皆凌之，是使人长恶拂心也。食寒苦，劳筋力者，人皆贱之，是使人发趋乐心也。其轻之也，殊不究其何为可轻？其笑之也，殊不究其何为可笑？其哭之也，殊不究其何为可哭？其凌之也，殊不究其何为可凌？其贱之也，殊不究其何为可贱？奈之何？民不淫且乱也。有圣人作，于其理详而证之，上不见罪于权贵，下不见恶于时贤，亦济物利人之一道也。

夫政使民正也，教使民效也。政不在大，正数人谓之政，正一人亦谓之政。教不在大，使数人效谓之教，使一人效亦谓之教。故吾于政教之后，特为《风俗》一篇，使人勿以小善为无益，而弗为也；勿以小恶为无伤，而弗戒也；勿以小政为不尊，而弗正也；勿以小教为无名，而弗效也。然后能人人皆圣，人人皆神，人人皆佛，人人皆天。否则，一人自尊以治政，贱人而贱己也；一人自圣以立教，误人而误己也。一滴与沧海同其水，鹪鹩与鲲鹏同其大，庄逍遥游之义，兹可解矣。

第三十二图

故吾以为政教自风俗起，风俗欲使人尽性，政教虽恶，亦无如之何矣！风俗不使人尽性，政教虽美，亦无如之何矣！

且世之所以善者，由心而生教，由教而生俗，由俗而及政。一人狂呼，万姓向风，万姓向风，金汤瓦解，可不惧哉！（第三十二图）

夫风最宜和，和如太虚，万民皞皞，不识不知。然淫乱之世，和风不可遽致。故先以高名清节夺之，以大物易小物。及其至也，终归于漠。可谓风俗之至善矣。然偏持有弊，《易》已《既济》，而继之以《未济》，可不戒哉！

十五　艺源

纲：天生五材，以养人也。道形而下，以成器也。以材成器，艺之源也。利用人心，以尽性也。人心如砥，不善用毒人死，善用药人病。正其用，而精于艺。不害于天者，谓之顺命。

说：天如不生木与金，人必为鱼食。生木与金，而人不知用之，亦为鱼食。何也？不以金木为疏浚之器，手足可以决九河乎？不以金木构舟巢之居，七尺可以避长鲸乎？天如不生五材，人必为兽食。生五材，而人不知用之，人亦必为兽食。何也？徒手以斗狮象，千夫不当也。徒手以斗蛟

第三十三图

龙，万夫不当也。天之爱觉也，使智者杀愚者，使贤者杀暴者，而全智者、贤者之性焉。鲸鳄猛兽蛟龙，愚而暴者也，人智而贤者也。因材成艺，天之授人，以尽其避物性也。

天生蚕焉，人有缫织之艺。天生棉焉，人有纺绩之艺。因材成艺，天之授人，以尽其保温性也。天生粟焉，人有植稚之艺。天生鱼焉，人有罟网之艺。天生盐焉，人有煮海之艺。天生禽焉，人有弓矢之艺。因材成艺，天之教人，以尽其化物性也。《易》云："形而上者谓之道，形而下者谓之器。"道以养神，器以养形，本阴阳之象。许行耕织而不讲道，佛氏讲道而乞食，各居一偏，非正也。

今之强国，方视我为鱼鳖禽兽，以我之器不如也。彼道也，我为之作鱼鳖禽兽可也。彼又不道，方以其彩章，夺我之丝棉麻枲。方以其炫巧，夺我之粟米菽麦。我惟救死而恐不赡，奚暇讲道德哉？道德不讲，今之人可得而尽性乎？

今之为艺者不知性，故多害而鲜益。制兵器所以御暴，而尽避物性也，交通兵之辅也，故曰"有益"。制布所以尽保温性也，丝革布之辅也，故曰"有益"。制食所以尽化物性也，药石食之辅也，故曰"有益"。屋宇以避物而保温，亦曰"有益"。非此之属谓之冗艺，又甚者谓之淫艺。文章之士，弄其辞翰。雕刻之工，炫其鳞儿。绘画之匠，作其文彩。伶优之辈，丽其声色。凡此之类，不可胜数。要以启人之趋乐心，而遂我之趋乐心也。非正也，非性也。贼性也，贼天也。

第三十四图

《书》曰："不作无益，害有益，功乃成。不贵异物，贱用物，民乃足。"今若于三性五心之中，考其有益于性者而用之，考其有害于性者而黜之。则有益者，日精而臻极。无益者，日少而渐无矣。否则，素餐空论，恐为虎狼作饵也。

夫艺固易生人心，然道通者不偏。既有形而上之道常为真主，虽兵强天下，财充宇宙，又何害于性命哉？天有阳气，则人应有思虑。思虑不以用于有益之艺，必流于淫佚之乐。修道之业，可以终身无一事，有事非道也。既不事道，则当事艺。惟真达者，双修而互资，不相碍也。

十六　合成

纲：政辅教，艺养教，民乃长宁。故善教者，不极高以废事，不专学以废工。分任互救，道用永通，性命常融。

说：人本欲静，遂谓手足为无益，而刖之不可也。教本欲纯，遂谓政艺为无益，而废之不可也。彼老氏、佛氏乌夫教，教一人可以谓之高矣，其如万民何？东晋之谈老也，非无得于老也。印藏之修佛也，非无得于佛也。其如亡何？惩其亡也，遂斥其道。寸朽弃栋梁，固为不可。安其亡也，仍蹈其辙。一信启众祸，亦诚不臧。孔子之教，有四科，有六艺，而以道德冠其首。天中也，道德教之本也。教宜简，一言可以终身，无字乃为真道。岂必著书盈库，聚徒满地，使天下不政、不兵、不农、不商、不工、不蚕，而后可以谓之教哉？如此则教不能不自居于匏

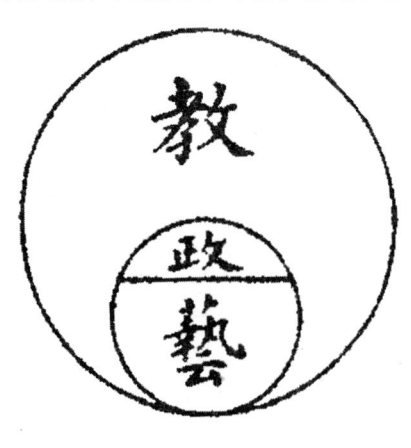

第三十五图

落，而大乱生矣。孰若吾抱吾教，以行吾政，吾政益正，吾教益明；吾抱吾教，以修吾兵，吾兵益精，吾教益明；吾抱吾教，以事吾农，吾农益登，吾教益明；吾抱吾教，以营吾商，吾商益富，吾教益明；吾抱吾教，以考吾工，吾工益巧，吾教益明；吾抱吾教，以育吾蚕，吾蚕益硕，吾教益明。教修道也，政中有道，兵中有道，农中有道，商中有道，工中有道，蚕中有道。政中之道，即是道也。兵中之道，亦是道也。农中之道，即是道也。商中之道，亦是道也。工中之道，即是道也。蚕中之道，亦是道也。何也？曰天也，曰性也。政可以违天逆性而正乎？兵可以违天逆性而精乎？农可以违天逆性而登乎？商可以违天逆性而富乎？工可以违天逆性而巧乎？蚕可以违天【逆】性而硕乎？故善言道者，终身于贱役，不见其不足，穷年于讲诵，不见其有增，事无碍于道也。事既无碍于道，则吾将以百事助吾道，不以吾道废一事，然后以威德收万国而并教之。孔子曰："道之以政。"是政通于道也。又曰："我战则克，盖得其道也。"是兵通于道也。《诗》曰："后稷之穑，有相之道。"是农桑通于道也。《易》曰："日中为市，盖取诸噬嗑。"是商通于道也。又曰："以制器者尚其象。"是工通于道也。事

第三十六图

第三十七图

既通于道，吾将安吾常业而教。曰：此性、此天、此道，莫之紊而互造，又何必乞食弃世然后保其真哉？虽然，作事生心，放心生物，苟一不察，即为大乱，可不惧哉！安孔之常，而知老佛之大者，至矣！

十七 通观

纲：观物通，观心通，观性通，观物不如观心，观心不如观性。观物以智，观心以静，观性以和。观艺通，观政通，观教通，观艺不如观政，观政不如观教。观艺以物，观政以心，观教以性。欲常得性之和，不可不观其通。

说：心中有性，放心非性。物中有性，逐物非性。教中有性，迷教非性。政中有性，乱政非性。艺中有性，冗艺非性。时观其通，则万机不弊。若曰："汝欲观心，心于何有？汝欲观物，物于何有？汝欲观教，教于何有？汝欲观政，政于何有？汝欲观艺，艺于何有？"止观入寂，岂不至高？而非所以论于永中也。永中常观，而常不观。孟子言性，若禹行水，行所无事。所谓常观，而常不观，常观故通，常不观故虚。孔子寂然不动之虚，常不观也。感而遂通之通，常观也。寂然不动，感而遂通，常观常不观也。日月常观，而常不观，以圆转顺行故。

第三十八图

吾性常定，心守于虚，明照八达，而不求物，物若自来，顺应通观。不然，方观于教，教或蔽之，厌蔽废教，虚亦失性；方观于政，政或蔽之，厌蔽废政，教亦失性；方观于艺，艺或蔽之，厌蔽废艺，政亦失性；方观于物，物或蔽之，厌蔽废物，心亦失性；方观于心，心或蔽之，厌蔽废思，性亦失性。夫天无滞机，理无执一，明观非察，虚空非寂。其妙其玄，匪言所传。非妙非玄，无言即传。无言即传，言亦即传。无言不传，言亦不传。谓之诚明自然。舜为大智，好察迩言。其察非察，执其两端。用中于民，一端常观，一端常不观也。民事不可常观，不可常不观。用中者，常观而常不观也，此舜之察也。舜之察不察也，所谓与日月合其明，非深造自得，何足以与于斯乎？故曰："尧舜性者也。"言性之极，恐或蔽焉。吾故结之以通观。通观无所不废，而无所废，则心也，物也，教也，政也，艺也，皆不蔽矣。

十八　永乐

纲：永乐，永无内害、外害也。岂奢望哉？性固然也。性固然而人事不然，非永乐之难致也。故圣人复其性，而复人之性，则宇宙永乐。性固有之，犹导水而下之耳。后人踵之，如夏而成堤，斯已矣。

说：今之世，其甚于洪荒之世乎？洪荒之世，溺于洚水，今之世，溺于人心。溺于洚水，其害一，溺于人心，其害百。然当大禹不出，世必谓洚水不可治也，人应永为鱼饵耳。当圣教不明，世必谓人心不可善也，人应永为夭鬼耳。不知水有就下之性，导而归之于大川则为利，不为害。人有乐善之性，导而归之于大道，亦为利，不为害。当水未归川之先，不知凡几千稔矣，尧始忧之，而禹遂成之。人未归道，于今仅四千年耳，孔墨老佛咸以此忧，后人读书而践其真，永乐必可致也。今之最害天下者，权位之至尊者也。量其食，不过一升，舆皂同耳。扪其衣，不过一暖，舆皂同耳。其眠不过八尺之榻，舆皂同耳。然天下之口不戮舆皂，而天下之口戮至尊。天下之心不恶舆皂，而天下之心恶至尊。天下之兵不指舆皂，而天下之兵指至尊。千秋之笔不伐舆皂，而千秋之笔伐至尊。彼至尊何为而自贱、自危、自苦、自劳若此？性乱故耳。

其次害天下者，权位之次尊者也。量其食，不过一升，舆皂同耳。扪其衣，不过一暖，舆皂同耳。其眠不过八尺之榻，舆皂同耳。然天下之口不戮舆皂，而天下之口戮大僚。天下之心不恶舆皂，而天下之心恶大僚。天下之兵不指舆皂，而天下之兵指大僚。千秋之笔不伐舆皂，而千秋之笔伐大僚。彼大僚何为【而】自贱、自危、自苦、自劳若此？性乱故耳。

降而下之，溺于物者，天下皆是也。此内害、外害之所由兴也，可悲也矣！故欲使宇宙永乐，则莫如使复性。复性则人人有帝王之尊，而后知今之帝王之贱也。人人有天下之富，而后知今之显者之贫也。人人有参天之业，而后知今之功名之小也。人人有不死之寿，而后知今之百岁之短也。人人有圣神之道，而后知今之学问之浅也。而后宇宙永乐。夫永乐者，使天下皆为圣神耳。使天下皆为圣神，犹使水归大海耳。无水不归大海，无人不成圣神。水不归大海，物障之耳，人不成圣神，亦物障之耳。

去其物障，水皆归大海，去其物障，人皆成圣神。今试指一人而谓之曰："我圣神也。"其人必以我为狂。又曰："汝亦圣神也。"其人必以我为

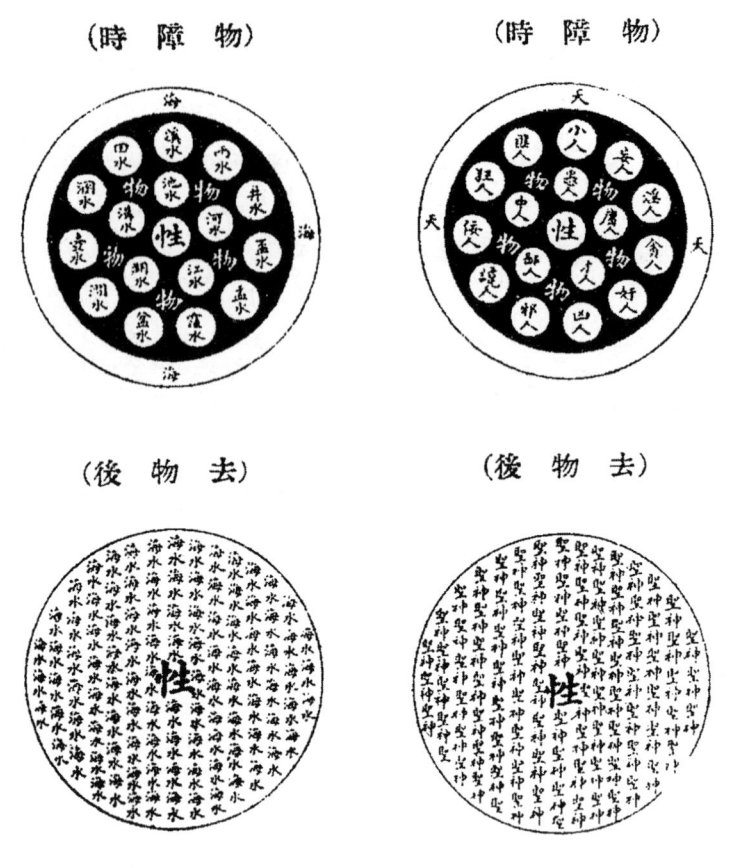

第三十九图

诳。此大可笑也,如池水谓杯水曰:"我能归海。"而杯水笑其狂,曰:"汝亦能归海?"而杯水笑其诳也。破杯决池,视两水何如?去物明心,视我汝何如?此之谓立地成佛,渡尽众生。宇宙皆圣神,内害不生,外害不作,衣食欢娱之资,多于水火、大气,而莫相侵夺,宁非永乐?佛氏欲渡众生,孔子欲天下一家,至今日人犹以为不能。不知教人尽性,致此犹反手也。呜呼!今之人,今之人,胡为乎如蝇蚋蛆蠓,死斗于粪穴中,而不为摩空之凤凰也?纵令得帝王公侯将相,又千岁寿,又朱顿富,终在物中,终自纳于蝇蚋蛆蠓之列耳。

学之将明也,道之将行也,人之将尽圣神也。今之人,其勿使后之人视如蝇蚋蛆蠓也。

虽然,吾之所谓永乐,非欲一日人尽圣神也,非欲百年人尽圣神也,非欲千秋人尽圣神也，非欲万古人尽圣神也，欲无量寿人尽圣神也。水日日归海，而海不溢，而山不竭。人日日成圣神，而圣神不住，而不圣神者日来。虽一日人尽圣神，百年或有非圣神者。虽百年人尽圣神，千秋或有非圣神者。虽千秋人尽圣神，万古或有非圣神者。虽万古人尽圣神，无量寿或有非圣神者。天演日进，因时导正，游于物中，超乎物外，无必无朕，不以去物，而反入物，则庶乎永乐而大定。(参观止园《王道法言》)

(《止园丛书》第2集，上海中华书局，1918年5月初版)

圣学渊源诠证[①]

自 题[②]

圣学渊源

太昭自题　止园杂著（印）

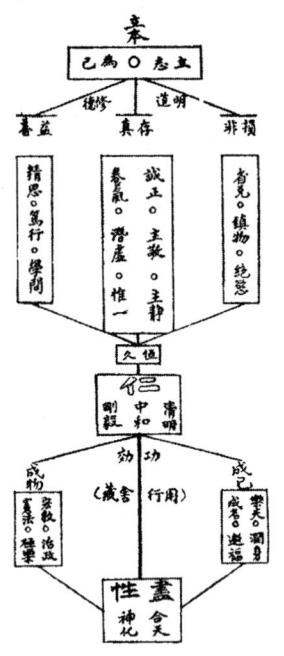

圣学渊源图序

---

① 原著分上、下二册。自"一　立志"至"二十一　中和"为上册，自"二十二　兼成"至"三十五　神化"为下册。书中有"参观《止园王道法言》"之语，当知此书撰于《王道法言》一书之后。

② 此标题为编者所加，以下题词为著者手迹。次页以下分别有他人两题词：一是"内圣外王"（隶书）；二是"于羹于墙"（篆体）。

自 序

圣人之学，如斯而已矣。予类别，而系以证。然非深造自得，其孰能任？《诗》曰："德辅如毛，鲜克举之。"信也。

著者止园尹昌衡

一 立志①

太上无志，罔弗遵道。其次有志，必恒而成。小人放心，乃荒其行。故志不可不立，亦不可不大。何以立？逊其他，守其壹。何谓大？为仁圣，参造化。是为心主，是为道母。生而有之者上也，诱而兴之者次也，激而动之又其次也。激而弗动，民斯为下矣。

证

《书》曰："功崇惟志。"《礼》曰："孙友视志。"老子曰："有志者强行。"② 孟子曰："志，气之帅也。"庄子曰："贤士尚志。"皆言志之不可不立也。

《书》曰："志以道宁。"《传》曰："气以实志。"《易》曰："信以发志。"孔子曰："志于道。"又曰："苟志于仁矣，无恶也。"子夏曰："博学而笃志。"皆言立志之方也。志于道，志于仁，而又实之以气，发之以信。非志在功名也，非中道而画也，可以为有志矣。

《传》曰："守志弥笃"。孔子"十五而志于学"。孟子曰："如舜而已矣。"颜子曰："舜人也；我，亦人也。"此古人之志也。

《易》曰："童蒙求我，志应也。"又曰："巩用黄牛，固志也。"童蒙之初，志在求道，以端其本。又从而巩固之，莫不成矣。此仁圣之所由出，道德之所由兴，天下之所由以太平，终古之所由以极乐也。

---

① 原标题为《立志第一》，以下依次为第二、第三……。今改"一 立志"，以下即依次改为二、三……
② 老子原话，实际是"强行者有志。"

二　为己

学非以求名也，己有得，日月莫能与比明。学非以邀功也，己有得，天地莫能与比大。学非以钓物也，己有得，万有皆备于一身。学非以成行也，己有得，动静莫不与道合。无名之名，其名乃纯。无功之功，其功乃崇。无物之物，其物莫夺。无行之行，其行乃成。是为己也。己则诚，诚则神。故为己者，独存其神，不以物，不以功，不以名。有则不诚，惟外是徇，徇而弗知，无得于心。故君子以为己为始学之本，以为己为宏道之终。

证

《中庸》曰："诚者，自诚也。"又曰："正己，而不求于人。"又曰："本诸身。"孟子曰："反求诸己。"又曰："本在身。"庄子曰："善之至人，先存诸己。"《易》曰："有利利己。"孔子曰："躬自厚。"言为己也。

庄子曰："舍诸人而求诸己。"老子曰："知人者智，自知者明。胜人者有力，自胜者强。"孔子曰："古之学者为己，今之学者为人。"又曰："君子求诸己，小人求诸人。"孟子曰："枉己者，未有能直人者也。"又曰："人病舍其田而营〔芸〕人之田。"又曰："不怨胜己者，反求诸己而已矣。"言为己者之无求于人也。庄子曰："顺人不失己。"中之也。

孔子曰："不患人之不己知。"老子曰："圣人自知不自见。"庄子曰："券内无名。"言为己者之无求于名也。

庄子曰："券外期费。"老子曰："金玉满堂，莫之能守。"孟子曰："大行不加，穷居不损。"言为己者之无求于物也。

《中庸》曰："成己仁也。"庄子曰："独往独来，是谓至贵。"孟子曰："修其身，而天下平。"又曰："其身正，则天下归之。"言为己之效也。守仁自贵，天下皆平矣。

孔子曰："无欲而好仁者，无畏而恶不仁者，天下一人而已矣。"一人者何？己也。无欲无畏，为己诚也。

庄子曰："彼为己者，以其知得其心，以其心得其常【心】。"常心以为己者，其惟圣人乎！

三　原道

道可体不可言，可由不可袭，若有若无，若虚若实。人得之以仁圣，物得之以生存，天下得之以治平，日月得之以顺行。玄若放而莫能逃，严若锢而无可形。气随化也，物尽性也，天立极也，神存灵也。吾于何明？吾于何修？吾于何得？吾于何行？明其自然，是谓明道。修其自然，是谓修道。安其自然，是谓得道。用其自然，是谓行道。举天下如鸿毛而不以力，措万殊于一统而不以智。此之谓性，此之谓命，此之谓理，即是道也。

证

老子曰："人法天，天法道，道法自然。"又曰："万物莫不尊道，道之尊，莫之贵而常自然。"又曰："大道甚夷。"孟子曰："道在迩。"庄子曰："鱼相造乎水，人相造乎道。造乎道者，无事而生定。"又曰："无为而尊者，天道也。"曰"自然"，曰"甚夷"，曰"在迩"，曰"无事"，明于此者明道矣，安于此者得道矣。

《书》曰："道积于厥躬。"老子曰："同事于道者，同于道。"《中庸》曰："本立而道生。"又曰："率性之谓道。"又曰："道之本原出于天而不可易，其实体备于己而不可离。"又曰："修身以道。"又曰："君子之道本诸身。"又曰："道不远人。"又曰："修身则道立。"孔子曰："人能宏道。"庄子曰："不以心捐道。"又曰："循于道之谓备。"言道以身心为本，尽人性，法天德，即是道也。

老子曰："孔德之容，惟道是从。"又曰："失道而后德。"又曰："尊道而贵德。"孔子曰："苟不至德，至道不凝。"言得道即为有德，正德斯得道矣。

《易》曰："一阴一阳之谓道。智者见之谓之智，仁者见之谓之仁，百姓日用而不知。"老子曰："有物混成，为天下母，字之曰道。"又曰："譬道之在天下，犹川谷之与江海。"又曰："道者，万物之奥。"《中庸》曰："道并行而不相悖。"又曰："道也者，不可须臾离也。"庄子曰："一而不可易者，道也。"言道者，范宇宙万有而莫能逃也，益以明其自然耳，和而已矣。

《中庸》曰："和也者，天下之达道也。大道不伤，天和斯至矣。"

《中庸》曰："天下之达道五。五者，伦也。"老子不以仁义为道，岂五伦可谓达道哉？伦与道通人有序，顺道可也。

老子曰："恍兮惚兮，道在其中。"庄子曰："至道之精，窈窈冥冥。至道之极，昏昏默默。"又曰："道不私，故无名。道不可闻，闻而非也。"颜子曰："仰之弥高，钻之弥坚，瞻之在前，忽焉在后。"是善言道也，虚其无心，如日月不推，草木不抽。执而名之，岂道也哉？

四　原德

德，性成也。性成于善，谓之美德。性成于恶，谓之凶德。故德，虚位也。惟偏举德而言，美德也。省文相习，而遂若实。夫至德无为，其次为之。无为者仁德，为之者勇德，知所以为之者明德。合而言之，斯为达德。达德赅众善。德非性成，众善不举，义袭而取，非为己也。是故圣人涵德以行道，德纯道凝，行于无行。道，天德也。天德而人得之，亦云德者得也，身心所实得也。

证

《书》曰："一行有九德。"又曰："日宣三德。"又曰："祗敬六德。"又曰："乂用三德。"《传》曰："九德不愆。"《周礼》曰："六德：智、仁、圣、义、中、和。"《中庸》曰："智、仁、勇三者，天下之达德也。"德岂可执而数哉？要以名善也。

《礼》曰："德者，性之端也。"庄子曰："德者，和也。"又曰："有一未形，物得以生，谓之德。"又曰："中而不可不高者，德也。"又曰："动以不得已，谓之德。"《易》曰："默而识之，不言而信，存乎其德行。"《礼》曰："物皆得，谓之有德。德者，得也。"老子曰："同于德者，德亦得之。"又曰："含德之厚，比于赤子。"又曰："能知楷式，是谓玄德。玄德，深矣，远矣，与物反矣，乃至大顺。"《大学》曰："尊德性。"皆言德本至性，和于清虚，是生万物，而存于我也。

《诗》曰："克广德心。"又曰："丕则敏德，用康乃心。"德心正心也。

《大学》曰："德者，本也。"庄子曰："总德而立。"又曰："德成之谓立。"老子曰："修之于身，其德乃真。"《传》曰："举不失德。"皆言德者，立身之本也。

庄子曰："道者，德之钦也。"又曰："执道者德全。"《中庸》曰："苟不至德，至道不凝焉。"老子曰："孔德之容，惟道是从。"孟子曰："君子深造之以道，欲其自得之也。"德即道也，得道也，故曰得。

老子曰："失道而后德。"庄曰："道之所一者，德不能同也。"岂道高于德哉？

老子曰："上德不德，是以有德。下德不失德，是以无德。"道无名，不言德也。不言得，得之矣。

庄子曰："德备万物。"又曰："通于天地者，德也。"孟子曰："辅世长民莫如德。"老子曰："修之于天下，其德乃全。"又曰："长而不宰，是谓玄德。"德所以成物也，仁也。安身心，齐万物，非德谁属。

五　诚正

诚，无伪也。正，无邪也。正于心，诚也。正于貌，非诚也。何诚不正？恐辟是任。何正不诚？恐矫失真。无伪无邪，乃圣之成。始正，学也。防伪，本也。始学不邪，而无饰蔽，道德之业也。纯诚至正，其惟至圣乎？正无则，以礼为辙。诚无形，以虚为经。天德浑浑，日月有轨。人德浑浑，动静靡悔。所谓诚也！所谓正也！诚即正，达天德也。

证

孟子曰："人之所以异于禽兽者，以其存心也。"言心存于诚正，则人。心存于邪伪，则禽兽也。

《书》曰："尚克时忱。"又曰："钦念以忱。"又曰："王忱不艰。"又曰："各设中于乃心。"《诗》曰："思无邪。"《易》曰："闲邪存其诚。"《礼》曰："中正无邪，礼之质也。着诚去伪，礼之经也。"《大学》曰："欲修其身者，先正其心。"又曰："诚者，物之终始。不诚，无物。"孟子曰："心勿忘。"皆言诚也。皆言诚者，由心而发也。无邪设中，斯之谓正。

《礼》曰："心无为也，以守至正。"《诗》曰："秉心塞渊。"老子曰："心善渊，言渊澄虚明。"守正于无为也。

《易》曰："无妄，元亨利贞。"庄子曰："机心存于胸中，则纯白不备。纯白不备，则神生不定。"又曰："藏不虞以主心。"又曰："蹱蛘不得成心。"所谓"无为"也，"渊"也，"无妄"也，"无机"心也，"不虞"也，无"成心"也，何也？虚而已矣。此之谓正，此之谓诚。

孟子曰："有放心，而不知求。"《书》曰："须收放心。"《礼》曰："不使放心，邪气得接焉。"《大学》曰："心有所忿懥，则不得其正。有所恐惧，则不得其正。有所好乐，则不得其正。有所忧患，则不得其正。"盖放心者，放于物也。放于物，不虚矣。忿懥、恐惧、好乐、忧患，放也。

《传》曰："有守心，无淫行。"又曰："心能制义，曰度。"《中庸》曰："诚之者，择善而固执之者也。"皆正心之方也。择善制义而守之，犹未能左右逢源而强为之耳。

《易》曰："黄中通理，正位居体。"庄子曰："通乎道，合乎德，至人之心，有所定矣。"若是，则诚正而归于自然矣。

孟子四十不动心，心正不挠于物也。孔子七十而从心所欲，不踰矩，即庄子所谓由中出者。正而不矩，不矩不踰，心罔不臧，非大成至圣，其孰能如此乎？道德之本，始于诚正，成于诚正，无他事也。

《书》曰："至诚感神，诚能通神。"岂惟尽人道哉！

六　主敬

敬顺道而育德，德纯而敬诚。不敬，则败道而丧其德。学道之要，敬于心，敬于行，敬以慎独，敬以接人，敬以治世，敬以行教，敬以事神，敬以合天。敬者，本于心，成于外。民安而物阜，天与而神全。古人以敬而圣神，今人以不敬而禽兽。惟虚而无不敬者，至德也。庄懿和顺，神人以定。故敬者，修德之始也，载德之舆也，昭德之方也，行德之辙也，神德之化也，可不慎与？

证

《书》曰："尔克敬，天惟必[畀]矜尔。"又曰："尔克敬，典在德。"又曰："嗣王祗，厥身。"又曰："曷其奈何弗敬？"又曰："王敬厥德。"又曰："王敬作德，不可不敬德。"又曰："王其疾敬德。"又曰："尔惟敬明乃训。"《诗》曰："敬尔威仪，无不柔嘉。"又曰："凡百君子，各敬尔身。"又曰："各敬尔仪，天命不又。"皆劝敬也。

《传》曰："敬德之舆也。"又曰："敬德之聚也，能敬必有德。"又曰："敬身之基也。"又曰："勤礼莫如致敬，敬在养神。"《礼》曰："礼者，殊事而合敬者也。"又曰："庄敬恭顺，礼之制也。"孔子曰："敬而无失。"言载德守礼，敬之不可已也，能敬则以德立身而有礼矣。

《书》曰："钦厥止。"《诗》曰："敬慎威仪，以近有德。"又曰："温恭朝夕，执事有恪。"《易》曰："敬义立而德不孤。"又曰："履错然，敬之无咎。"《礼》曰："君子无不敬也，敬身为大。"孔子曰："修己以敬。"又曰："行笃敬。"仲弓曰："居敬而行简。"庄子曰："礼教之士敬容。"言持身执事，非敬不可也，皆所以启敬也。

《易》曰："敬以直内。"又曰："终日干干，夕惕若。"《诗》曰："战战兢兢，如临深渊，如履薄冰。"庄子曰："敬中以达彼。"言敬懔于心，乃形于外，皆所以志敬也。

《礼》曰："毋不敬，俨若思。"又曰："坐如尸，立如斋。"又曰："坐必安，执尔颜，正尔容，听必恭。"又曰："毋侧听，毋噭应，毋淫视，毋怠荒。游毋倨，立毋跛，坐毋箕。"又曰："足容重，手容恭，目容端，口容止，听容静，头容直，气容肃，立容德，色容庄。"又曰："言语之美，穆穆皇皇。朝廷之美，济济翔翔。"又曰："惰慢邪僻之气，不接于身体。使耳目鼻口舌心，皆由顺正。"又曰："居处齐难，坐起恭敬。"《中庸》曰："齐明盛服，非礼不动。"又曰："齐庄中正，足以有敬也。"孔子曰："非礼勿视，非礼勿听，非礼勿言，非礼勿动。"又曰："貌思恭，事思敬。"又曰："正其衣冠，尊其瞻视。"皆敬之文也，所以修敬也。

《诗》曰："威仪棣棣，不可选也。"又曰："雍雍在宫，肃肃在庙，不显亦临，无射亦保。"皆言敬发于自然，敬之成也。

《书》曰："接下思恭。"《礼》曰："贤者，狎而敬之。"又曰："爱人以敬。"《经》曰："敬其所尊。"孔子曰："其事上也敬。"又曰："君子无众寡，无小大，无敢慢。"孟子曰："有礼者敬人。"又曰："恭者不侮人。"言接人以敬，上下皆然也。

《书》曰："敬修其可愿。"又曰："慎乃宪，钦哉。虑省乃成，钦哉。"又曰："敬授人时。"又曰："敬敷五教。"又曰："祗尔厥辟。"又曰："各恭尔事。"又曰："朕及笃敬，恭承民命。"又曰："念敬我众。"又曰："惟臣钦若。"又曰："敬尔在官。"又曰："罔敬用治。"《诗》曰："穆穆皇皇，宜君宜王。"又曰："既敬既戒，惠此南国。"又曰："嗟嗟臣工，敬尔在公。"《传》曰："不忘恭敬，民之主也。"《礼》曰："夫敬以和，何事不行？"又曰："所以治，敬为大。敬，其政之本与！"又曰："君子言不过辞，动不过则。如此，则百姓不令而敬恭。"孔子曰："道千乘之国，敬事而信。"又曰："临之以庄则敬。"又曰："事君，敬其事。"皆言敬者，君臣百工之所以行政施教治天下国家也。非敬，则政教不行而乱兴矣。

《书》曰："夙夜维寅。"又曰："钦若昊天。"又曰："社稷宗庙，罔不祇肃。"又曰："敬天之休。"又曰："敬迓天威。"又曰："尔尚敬逆天命。"《诗》曰："敬天之怒，无敢戏豫。敬天之渝，毋敢驰驱。"又曰："有来雍雍，至止肃肃。相维辟公，天子穆穆。"《礼》曰："三日齐，一日用之，犹恐不敬。"《周礼》曰："以祀礼教敬，则民不苟。"言敬者，所以事天地鬼神者也。

《书》曰："惟天无亲，克敬惟亲。"又曰："懋敬厥德，克配上帝。"又曰："恭承天命。"《诗》曰："敬之敬之，天惟显思。"言天德主敬，敬可以合天也。

《书》曰："钦明文思安安。"又曰："温恭允塞。"又曰："惟说式克钦承。"又曰："殷王中宗，严恭寅畏。"又曰："祇勤于德，夙夜不逮。"《诗》曰："穆穆文王，于缉熙敬止。"又曰："穆穆鲁侯，敬明其德。敬慎威仪，为民之则。"又曰："圣敬日跻。"孔子美子产曰："行己也恭。"孔子席不正不坐，此皆古圣贤之敬也。

《书》曰："蠢兹有苗，昏迷不恭。"又曰："谓敬不足行。"又曰："荒殆弗敬，自绝于天。"又曰："惟不敬厥德，乃早坠厥命。"《诗》曰："谑浪笑傲，中心是悼。"又曰："人而无礼，胡不遄死？"皆惩残贼之不敬也。

孔子曰："知及之，仁能守之，不庄以莅之，则民不敬。"夫知且仁，犹不可不敬，不敬者，其可谓之知仁乎？惑斯甚矣。

敬所以正心，修己，治天下，交神明，修之则为仁圣，废之则为残贼，加于知仁之上，至矣。而《老子》五千言，独不言敬，何哉？孔子问礼于老子，老子无不能达，是老子必曾尽力于敬矣。至敬无文，亦不言也，学者其可不勉于敬乎！

七　安静

天静，地静，日月静，天地日月之所以能运行而久存者，以静故。禽急飞折，兽急行蹶，蜉蝣不停羽，故不终夕。安静者，天地之德也。人欲合天，以静为本。静极顺动，动顺亦静。动静皆安，时为大顺。静澄于心，心澄于虚。若夫心动而形定，犹内贼而闭其门也，非道矣。是以君子恍惚而常泰，颠沛而清夷，尸坐而衷和，抢攘而气龛，以定人事，以达天德。静久神通，归于太极。所以无伥伥之行，而有赫赫之功也。

证

《书》曰："惟民不静，未戾厥心。"又曰："迪屡不静，尔心未爱。"惩不静也。

庄子曰："无为也，而后安其性命之情。"又曰："必齐以静。"《传》曰："靖以待命。"劝静也。

《诗》曰："夙夜基命宥密。"《易》曰："泽雷随，君子以向晦入宴息。"又曰："以言乎迹，则静而正。"老子曰："致虚极，守静笃，万物并作，吾以观其复。夫物芸芸，各归其根，归根曰静，静曰复命。"《大学》曰："定而后能静。"庄子曰："无视无听，抱神以静。形将自正，必静必清。无劳汝形，无摇汝精。"又曰："堕尔形体，吐尔聪明，伦与物忘，大同乎涬溟。解心释神，莫然亡魂。万物云云，各复其根，各复其根而不知。浑浑沌沌，终身不离。"又曰："圣人之静也，非曰静也，善故尽也。万物无足以铙其心，故静也。"又曰："淡而静乎？漠而清乎？"又曰："全汝形，抱汝生，无使汝思虑营营。"皆言主静之方也，宥密随化，与物相忘，所以能静也。

《易》曰："至静而德方。"老子曰："湛兮似我存。"庄子曰："形如枯木，心如死灰。"又曰："其寝不梦，其觉不忧。"此静之象也。

《易》曰："安贞之吉，应地无疆。"孔子曰："仁者静。"夫物莫大于地，德莫大于仁，而皆以静也，静可弃乎？

《易》曰："夫乾，其静也专，是以广生。夫坤，其静也翕，是以大生。"《礼》曰："安安而能迁。"老子曰："浊以静之徐清，安以动之徐生。"又曰："静胜动。"《大学》曰："静而后能安，安而后能虑。"庄子曰："水静则明烛须眉。水静犹明，而况精神！圣人之心静，天地之鉴也，万物之镜也。"又曰："静而圣。"又曰："静默可以补病，眦搣可以休老，宁可以止遽。"皆言静之效也。静能补病，胜牡，生物，明心，可不大哉！

老子曰："不欲以静，天下自正。"又曰："躁胜寒，静胜热，清静为天下正。"庄子曰："渊静而百姓定。"又曰："六通四辟于帝王之德者，其自为也，昧然无不静者也。"又曰："虚静恬淡，寂寞无为者，万物之本也。"

言安静者，所以生万物治天下者也。帝王用之而不穷，岂枯槁貌似者所能学哉？

八 养气

气非心也，而发于志，非性也，而生于情。可以驱形骸于鼎镬，可以视骨肉如寇仇。匪纯匪正，为害滋极。清夷中和，君子所立。故修道抱德之士，不以淫冶俾其气邪，不以纵恣俾其气乱，不以忿疾俾其气激，不以惰慢俾其气泄，所以安身而和行，固心而保神，错万物而不絫，臻仁圣之极也。然气无形也，安能执而养之？如树艺饲畜然，其始也，胜物以刚，懔懔存正；其终也，内静外敬，虐衷淡定。此所以养于无形也。

证

孟子曰："志一则动气，气一则动志。今夫蹶者趋者，是气也，而反动其心。"庄子曰："气之聚也，聚则为生，散则为死。"又曰："欲静则平气，欲神则顺心。"言气之不可不养也，心志之键也，死生之机也。

《易》曰："颐贞吉。观颐，自求口实。"《象》曰："颐贞吉，养正则吉也。观颐，观其所养也。自求口实，观其自养也。"孟子曰："我善养吾浩然之气，至大至刚，以直养而无害，则塞乎天地之间。其为气也，配义与道，无是馁也。是集义所生也，非义袭而取之也。行有不慊于心，则馁矣。"曰"自求"，曰"吾浩然"，曰"非义袭"，曰"慊于心"，皆自诚也，此养气之本也。

老子曰："心使气曰强。"孟子曰："持其志，无暴其气。"又曰："不得于心，勿求于气。"庄子曰："游心于淡，合气于漠。"又曰："心养汝从，处无为而物自化。"皆言以心志为驱气之枢机。养气者，必先正其心志也。

老子曰："冲气以为和。"庄子曰："托不得已以养中。"又曰："常因自然而不益生也。"又曰："故圣人休休焉，则平易矣。平易，则恬淡。平易恬淡，则忧患不能入，邪气不能袭，故其德全而神不亏。"又曰："纯粹而不离，静一而不变，淡而无为，动而以天行，此养神之道也。"曰"和"，曰"中"，曰"自然"，曰"平易"，曰"天行"，此气之所以常得其养也。气化神凝，养神即养气也。

若孟子所谓浩然之气，至大至刚，塞乎天地，此其老子所谓孔子之骄气与？然中人汨于物，非此不能出也。上德浑浑，不知其大与刚也。塞天地者，其惟太虚乎？

九　潜虚

人非能寝也，不兴。草非能没也，不萌。至德非潜虚，不诚。潜虚本阴以生阳，阴极则阳动。夫形阴而神阳，养神必潜形，徒潜不虚，神无以宁。阴虚且潜，为阳之母。圣虚且潜，为道之府。故圣人能默，则言信于天下；能伏，则行重于天下。毁形杜口，道集于躬，而精气自化。蛹潜而两翼生，天虚而三辰运。圣人潜虚守顺，而神明不测。有能诚心，永志从事于斯者，庶几其可以合天矣。舍此而求道，犹缘木而求鱼也。虽言行满天下，无益于身心性命，徒以害人，且自戕耳。

证

《传》曰："举趾高，心不固矣。"《易》曰："躁人之辞多。"孔子曰："骄泰以失之，惩不潜虚也。"身不潜虚，则趾高。口不潜虚，则辞多。心不潜虚，则骄泰。故圣人惩之。

老子曰："专气致柔，能婴孩乎？"庄子曰："无思无虑，始知道；无处无服，始安道；无从无为，始得道；能翛然乎？能侗乎？能儿子乎？"劝潜虚也。

《易》曰："潜龙勿用，阳气潜藏。"又曰："圣人洗心，退藏于密。"又曰："括囊，无咎无誉。"老子曰："和其光，同其尘。"又曰："见素抱朴。"又曰："至誉无誉，不欲琭琭如玉，珞珞如石。"又曰："光而不耀。"又曰："塞其兑，闭其门，终身不勤。"言潜也。

老子曰："圣人处无为之事，行不言之教。"又曰："为无为，事无事，味无味。"庄子曰："不可内纳于灵台。灵台者，有持而不知所持，而不可持者也。"又曰："出无本，入无窍，有实而无乎处。"又曰："万物出乎无有，有不能以有为有，必出乎无有，而无有亦无有，圣人藏乎是。"又曰："无名无实，在物之虚。"言虚也。潜虚，圣人之安宅也。

《书》曰："恭默斯道。"《诗》曰："骏假无言。"老子曰："多言数穷，不如守中。"《易》曰："默而识之，不言而信，存乎其德性。"《礼》曰："时观而弗语，存其志也。"孔子曰："默而识之。"此圣人缄口以用力于潜虚也。

老子曰："俗人昭昭，我独昏昏。俗人察察，我独闷闷。"庄子曰："德有所长，而形有所忘，人不忘其所忘，而忘其所不忘，此谓诚忘。"又曰："无为名尸，无为谋府，无为事任，无为知主。体尽无穷，而游无朕。尽其所受于天而无见得，亦虚而已。"又曰："与物化而不以心稽，故其灵台一而不桎。"又曰："以目视目，以耳听耳，以心复心。其平也水，其直也绳，其变也循。若然者，古之真人，以天待之，不以人入天。"又曰："莫为则虚。"此潜虚之方也，至矣，其相忘于无何有之乡乎！

《礼》曰："粥粥若无能。"老子曰："道冲而用之，或不存；渊兮似万物之宗。"又曰："视之不见曰夷，听之不闻曰希，搏之不得曰微。混而为一，其上不皦，其下不昧，绳绳兮不可名，复归于无物。是为无状之状，无象之象，是谓恍惚。"又曰："迎之不见其首，随之不见其后。"又曰："古之善为士者，微妙玄通，深不可识。"又曰："太上不知有之。"又曰："明道若昧，进道若退，夷道若类，上德若谷，大白若辱，广德若不足，建德若偷，质真若渝。大方无隅，大音希声，大象晚成。"《中庸》曰："视之弗见，听之弗闻。"庄子曰："德人者，居无思，行无虑，不藏是非美恶。"又曰："傥然立于四虚之道。"又曰："脩然而往，侗然而来。"又曰："动不知所为，行不知所之。"此潜虚之象也，至矣。其真气浑全，如天之不可测矣。

《诗》曰："潜虽伏矣，亦孔之昭。"《易》曰："含章可贞，以时发也。"老子曰："不自见故明，不自是故彰。"《中庸》曰："君子之道，闇然而日章。"潜终章也。

庄子曰："虚室生白。"又曰："无形而心成。"又曰："同乃虚，虚乃大。"老子曰："当其无，有器之用，虚有实也。"潜终章，虚有实，圣人功名满宇宙，而举世不识，是圣人用力于潜虚，而众人不能用力于潜虚也。

《易》曰："无思也，无为也，寂然不动，感而遂通天下之志。"非天下之至神，其孰能如斯？老子曰："知其白，守其黑，为天下式。"不言之教，无为之益，天下希及。又曰："圣人之治，虚其心。"又曰："虚而不屈。"又曰："爱民治国，能无为乎？"孔子曰："天何言哉？四时行焉，百物生焉。"孟子曰："人有不为也，而后可以有为。"庄子曰："视乎冥冥，听乎无声。冥冥之中，独见晓焉。无声之中，独闻和焉。"潜虚之效也。生物治世，成天下之志，其在斯乎！

老子曰："惟道大，故似不肖。"又曰："知我者希，则我贵矣。"庄子曰："神人不材。"又曰："上不敢为仁义之操，下不敢为邪僻之行。"又曰："淡泊寂寞，虚无【有】为，【此】天地之平，而道德之质也。"又曰："天地有大美而不言，四时有明德而不议，万物有成理而不说。""大圣不作，观于天地之谓也。"人知潜虚之大，塞乎天地，庶几能信以发志矣。是以昔者老子戒孔子曰："去子之泰色与淫志。"颜子"有若无，实若虚，知若愚"，孔子似不能言。文王望道而未之见，不如今人之耿耿然，炫其有也。潜虚者，仁圣之根，而乾坤之正也。

故《易》之首爻，先言潜龙。《中庸》极高明而归于无声无臭。道德之业，于斯至矣。

十　惟一

万物芸芸，吾何以守？曰：守于一。何谓一？曰：自我独得，不与物涉，我之所得，有所至信，信斯为极，其贰不夺，则一矣。工不虑农，走不思飞，圣人不贰其心，而大道归之。昔者，包羲［牺］画一以象阳，一，纯德也；画偶以象阴，阴与阳，二而一也。故圣人潜于斗室之中，则不忆六合之大；察于鸡豚之细，则不期千驷之荣。其形不瘁，其神不营，其心志肫肫，其耳目沉沉，以是存诚，以是凝神。人得其多，吾得其精，人犯其难，吾安其成。有一无贰，独臻其至，有一无一，虚不可测。放于自然，知周万物，而罔不暇逸。此天地易简之道也。

证

《书》曰："人心惟危，道心惟微。惟精惟一，允执厥中。"一得其中，此圣人所以存微防危也。

《书》曰："德惟一，动罔不吉。德二三，动罔不凶。"趋吉避凶，一而已矣，岂有他哉？

《书》曰："终始惟一，时乃日新。"又曰："善无常主，协于克一。无常而有一，日新而不二。"斯善释一也，不一于一，而一于不一也顺矣。

老子曰："天得一以清，地得一以宁，神得一以灵，谷得一以盈，万物得一以生，王侯得一以为天下贞，其致一也。"庄子曰："道不欲杂，杂则多，多则扰，扰则忧，忧则不救。"言不可不一也。

《书》曰："惟和惟一。"老子曰："载营魄抱一，能无离乎?"庄子曰："道通为一，惟达者知通为一。"又曰："自其易者视之，肝胆楚越也。自其同者视之，万物一体也。"又曰："一知之所知，而心未尝死者乎?"又曰："我守其一以处。"又曰："一而不变，静之至也。"观物通一，守之以和，此至人之所以能一也。

《诗》曰："淑人君子，其仪一兮。其仪一兮，心如结兮。"孔子曰："吾道一以贯之。"此古人之一也。

《书》曰："式敷民德，永肩一心。"又曰："一德一心，立定厥功，惟克永世。"庄子曰："万物虽多，其治一也。"此圣人以一为治。然其为道也与治同，又和而执中，非执狙偏僻者所可任也。天无私覆，地无私载，日月无私照，然后能常一而无弊。以一为治，岂易言哉?

《易》曰："天地之动，贞夫一者也。"《中庸》曰："其为物不贰，则其生物不测。"又曰："知仁勇三者，天下之达德也，所以行之者一也。"庄子曰："参万岁而一成纯。"又曰："通于一而万物事毕。"是善言一者也。大矣，天地自然之正理也！无所得执，执一非一也。不执一是，不违天和，漠然相忘于善机之中者，可以参赞两大，化成万物，而其神亦凝矣。

十一　精思

天下何思何虑？曰思至道。至道在太虚，安用思？曰思精而通者能虚。不思，不通，不虚也，故心如死灰。感而遂通者，圣人无心之思，达天德也。秉心塞渊，思则得之者，众人希圣之心，尽人事也。善学者，静必思其安，动必思其矩，言必思其正，事必思其成，学必思其理，变必思其通。不思邪欲，不惑于物，不思小慧，不惑于细，不为盲从，不惑于圣言，不以境囿，不惑于世法。然后能贯通庶理，以尽己之性，尽人之性，尽物之性也。

证

《中庸》曰："其次致曲，曲能有诚。"庄子曰："辩者，辩其所不能辩也。"吾未至于神明，必有所不辩，故用思者，致曲之功也。虽非诚明，欲明诚也。

《书》曰："弗虑胡获?"《中庸》曰："不明乎善，不成乎身。"《大学》曰："虑而后能得。"孔子曰："学而不思则罔。"又曰："人无远虑，必有近忧。"又曰："不曰如之何，如之何者，吾末如之何也已矣。"言思之不可废也。

《大学》曰："欲诚其意者，先致其知。致知在格物，物格而后知至。知至而后意诚，意诚而后心正。心正而后身修，身修而后家齐。家齐而后国治，国治而后天下平。"言诚正、修身、齐治、均平皆本于思也。

《大学》曰："所谓致知在格物者，言欲致吾之知，在即物而穷其理也。盖人心之灵，莫不有知，而天下之物，莫不有理，惟于理有未穷，故其知有不尽也。是以大学始教，必使学者，即凡天下之物，莫不因其已知之理而益穷之，以求至乎其极。至于用力之久，而一旦豁然贯通焉，则众物之表里精粗无不到，而吾心之全体大用无不明矣。"言思之当用，与思之所以入而致其极也。

《易》曰："引而伸之，触类而长之，天下之难事毕矣。"曰"引伸"，曰"触类"，则思不失所据矣。

子夏曰："切问而近思。"曾子曰："君子思不出其位。"曰"近"，曰"不出位"，则思不放矣。孔子曰："君子有九思：视思明，听思聪，色思温，貌思恭，言思忠，事思敬，疑思问，忿思难，见得思义。"此近思之目也。

《礼》曰："虑之以大。"言不流于细也。

《中庸》曰："慎思之，明辨之。"言不惑于似也。又曰："有弗思，思之弗得，弗措也。"言不阻于难也。"不流于细，不惑于似，不阻于难。"此思之所由通也。

《书》曰："虑善以动，动惟厥时。"《传》曰："君子之行，思其终也，思其复也。"又曰："敬始思终，终无不复。"曰"善"，曰"时"，曰"终"，曰"复"，此行事之所由成也。

孔子曰："吾尝终日不食，终夜不寝，以思。"《中庸》曰："惟天下至诚。惟能文理密察，足以有别也。"季文子三思而后行。周公思兼三王，以施四事。其有不合者，仰而思之，夜以继日。幸而得之，坐以待旦。此古圣贤之思也。

《易》曰："探赜索隐，拘深致远，以定天下之吉凶，成天下之亹亹。"

言万事皆出于精思也。

老子曰："思之思之，神明通之。"思通神明，而况于人事之细乎？人之不圣神，世之不平治，万物之不阜育，宇宙之不极乐，岂有他哉？弗思甚也！

十二　笃行

择善而从，徙义也。动罔不臧，履和也。徙义者，行之始也。履和者，行之成也。人有静必有动，有内必有外。动于外者不臧，其感于心者必不良。是以君子一投足，一举手，一动容，一启口，接物干事，无敢或苟。以平心气，以敦礼义，以齐政俗，以感天和，非徒示规矩于外，窃乡原之名也。

证

《书》曰："弗为胡成。"又曰："行之惟艰。"《传》曰："尽力莫如敦笃。"《礼》曰："既学之，患弗能行也。"孔子曰："行不笃敬，虽州里行夫哉。"又曰："闻义不能徙，是吾忧也，言行之不可以已也。"《易》曰："君子进德修业。"又曰："果行育德。"又曰："多识前言往行，以畜其德。"言行所以修德也。

《中庸》曰："力行近乎仁。"仁者，德之最也。

《传》曰："朝夕而行之，行无越思。"又曰："君子动则思礼，行则思义。"此行之方也。思行相济，则知行合一矣。

孔子曰："行必果。"《中庸》曰："或勉强而行之。"又曰："有弗行，行之弗笃，弗措也。"若此者，行未有不成，德未有不劭者也。

《礼》曰："有其言，无其行，君子耻之。"《中庸》曰："言顾行，行顾言，君子胡不慥慥尔。"孔子曰："敏于事而慎于言。"又曰："讷于言而敏于行。"又曰："先行其言，而后从之。"又曰："君子耻其言而过其行。"言行重于言也。

《礼》曰："敦善行而不怠。"又曰："君子以成德为行，日可见之行也。"又曰："履以和行。"和而不怠，非至德其孰能任之？

孔子为之不厌，犹以为躬行君子，未之有得。子路有闻，未之能行，惟恐有闻。此圣贤之所以为圣贤也。

十三　学问

后觉学先觉，后知学先知，不学不觉，不学不知。人之于学，其犹衣食乎？非衣食，无以养身；非学，无以养心。故君子读诗书以学古，择师友以学今。以学明道，以学育德。博以聚之，勇以成之。不徒思，不徒行。苦思而不学，则歧矣！敦行而不学，则陋矣！夫工金石，作巫医，犹不能无学，而况于圣人之道乎！

证

《易》曰："君子学以聚之，问以辨之。"《礼》曰："讲学以耨之。"又曰："君子如欲化民成学，其必由学乎？"又曰："虽有嘉肴，弗食不知其旨也。虽有至道，弗学不知其善也。故学然后知不足。"又曰："君子有三患：未之闻，患弗得闻也；既闻之，患弗得学也；【既学之，患弗得行也。】"《中庸》曰："好学近乎知。"言学之不可以已也。

《书》曰："惟学逊志，务时敏，厥修乃来。允怀于兹，道积于厥躬。"《礼》曰："玉不琢，不成器。人不学，不知道。"《论语》曰："君子学以致其道。"言学可以明道也。

《书》曰："惟敩学半，念终始典于学，厥德修罔觉。"《传》曰："诗书，义之府也。礼乐，德之则也。"《易》曰："君子以多识前言往行，以畜其德。"子夏曰："博学而笃志，切问而近思，仁在其中矣。"言学可以育德也。

《礼》曰："博学无方。"又曰："多闻以为富。"老子曰："为学日益。"《中庸》曰："博学之，审问之。"《论语》曰："博学于文。"又曰："大哉孔子，博学而无所成名。"又曰："多见而识之。"孟子曰："博学而详说之，将以反说约也。"言学之宜博也。

《礼》曰："君子之于学也，藏焉修焉，息焉游焉。"又曰："古之学者，此物丑类。"《中庸》曰："温故而知新。"孔子曰："学而时习之。"子夏曰："日知其所亡，月无亡其所能，可谓好学也已。"庄子曰："学者，学其所不能学也。"此学之方也。

《书》曰："人求多闻，时惟建事，学于古训，乃有获。"《礼》曰："温柔敦厚，《诗》教也。疏通知远，《书》教也。广博易良，《乐》教也。

絜静精微，《易》教也。恭俭庄敬，《礼》教也。属辞比事，《春秋》之教也。"《中庸》曰："考诸三王而不谬。"《论语》曰："兴于《诗》。"又曰："《诗》可以兴，可以观，可以羣，可以怨。"言古训之宜学也。六经者，古训之尤者也。

孔子曰："思而不学则殆。"又曰："吾尝终日不食，终夜不寝，以思无益，不如学也。"言不可徒思而废学也。

子夏曰："贤贤易色，事父母能竭其力，事君能致其身，与朋友交，言而有信，虽曰未学，吾必谓之学矣。"以是而论，似行重于学也。及观孔之言曰："好仁不好学，其蔽也愚；好智不好学，其蔽也荡；好信不好学，其蔽也贼；好直不好学，其蔽也绞；好勇不好学，其蔽也乱；好刚不好学，其蔽也狂。"则又知不可徒行而废学也。是以孔文子敏而好学。颜子以能问于不能，以多问于寡，故以好学称。大舜有大焉，乐取于人以为善。孔子亦云："我非生而知之者，好古敏以求之者也。"又曰："十室之邑，必有忠信如丘者焉，不如丘之好学也。"古圣贤皆成于学，学可废乎？

十四　省克

省视也，何视也？察视也，何察乎？察非也，克能也。何能也？能胜也。何胜乎？胜己也。人非生知，其知未必尽是。不是而不省，自惑也。德非安行，其行未必尽善。不善而不克，自弃也。夫忧危懔栗涉春冰而不陷者，圣贤之所以为圣贤也。狂肆妄诞，丧夜气于不觉者，庸愚之所以为庸愚也。然信天自得，放不越轨。或全其真，畏葸踧踖，强而不怡。或贼其性，非中正鸿洞，孰能与于斯乎？惟约且慎，寡悔寡尤，虽非达节，庶几近之。省克，信不可以已也。

证

《易》曰："洊雷震，君子以恐惧修省。"《书》曰："栗栗惟惧，若将陨于深渊。"又曰："心之忧危，若蹈虎尾，涉于春冰。"《诗》曰："战战兢兢，如临深渊，如履薄冰。"又曰："惴惴小心，如临于谷。"《大学》曰："瑟兮僩兮者，恂栗也。"言省克之至也。

孔子曰："内省不疚，夫何忧何惧？"曾子曰："十目所视，十手所指，其严乎？"《中庸》曰："内省不疚，无恶于志。"又曰："戒慎乎其所不睹，恐惧乎其所不闻，故君子必慎其独也。"又曰："君子之所不可及者，其惟人之所不见乎？"此不接物而自加省克者也。《书》曰："有言逆于汝心，必求诸道。有言逊于汝志，必求诸非道。"曾子曰："吾日三省吾身：为人谋而不忠乎？与朋友交而不信乎？传不习乎？"孔［子］曰："见不贤而内自省。"此接物而益加省克者也。

《书》曰："太王、王季克自抑畏。"又曰："怵惕惟厉，终夜以兴，思免厥愆。"曾子将死，启手启足，此古人省克之功也。

《易》曰："履虎尾，愬愬终吉。"又曰："危者，安其位者也。亡者，保其存者也。乱者，有其治者也。是故君子安不忘危，存不忘亡，治不忘乱，是以身安而国家可保也。"又曰："惧以终始，其要无咎。"言省克可以远害也。

《传》曰："克己复礼，仁也。"孔子亦曰："克己复礼为仁。一日克己复礼，天下归仁焉。"省克即仁，求仁何可外是？勉之哉。

十五　镇物

身，亦物也。人，亦物也。万类，亦物也。毁誉，亦物也。家国，亦物也。宇宙，亦物也。庄曰"貌象声色"，佛曰"受想形识"，皆物也。若云身大，身外有物。若云国大，国外有物。若云地大，地外有物。若云天大，天外有物。吾心在物，即为不大。惟太虚空，时为至大。大如太虚，与物无与。既曰无与，镇以不镇。故圣人视万镒如一芥，视天子如匹夫，视殇童如老彭，视大行如穷居，视圣贤如刍狗，视白刃如坦途。无丰，无啬，无大，无小，无贵，无贱，无毁，无誉，无成，无败，无死，无生。澹然行于中和之中，而不自知其是也。漠然亡于大虚之中，而不自知其生也。斯至矣！学道不及此，故勉为镇物。镇物愈多，则德愈大，至于无物，谓之神化。勇者，以刚镇，下也。仁者，以德镇，次也。虚者，以神镇，至大也。一念杂于物，其道德伪也。裁之不精，欲镇反入者，鄙也。舍利而求生者，出于利，入于生。舍生而取义者，出于生，入于义。有出有入，物不能镇，道人弃之。

证

庄子曰："凡有貌象声色者，皆物也。"此释物也。无貌象声色，其惟太虚乎？

《礼》曰："人心之动，物使之然，故镇物者自心始。"老子曰："名与身孰亲？身与货孰多？得与亡孰病？故甚爱必大费，多财必厚亡。"又曰："所有拱璧，以先驷马，不如坐进此道。"庄子曰："凡物无成无毁。"又曰："不以物挫志之谓完。"又曰："无累则平。"又曰："彻志之勃，解心之谬，去德之累，达道之塞。富贵显严名利六者，勃志也。容动色理气意六者，谬心也。恶欲喜怒哀乐六者，累德也。去就取与知能六者，塞道也。此四六者，不荡胸中则止。"又曰："外物不可必。"言物之不可不镇也。

孔子曰："士志于道，而耻恶衣恶食者，未足与议也。"庄子曰："终身役役而不见其成功，苶然疲役而不知所归，可不哀耶！"又曰："丧己于物，失性于俗者，谓之倒置之民。"又曰："与物穷者，物亦入焉。与物且者，其身不能容。"又曰："钱财不积，则贪者忧。权势不尤，则夸者悲。势物之徒，乐变遭时，有所用，不能无为也。驰其形性，潜之万物，终身不反，悲乎！"戒不镇物也。

《诗》曰："狼拔其胡，再［载］疐其尾。公孙硕肤，赤舄几几。"《易》曰："困亨贞，大人吉。"又曰："泽无水困，君子以致命遂志。"孔子曰："君子固穷。"言镇困也。困不易镇，故圣人勉之。

孔子曰："天生德于予，桓魋其如予何？"又曰："天之未丧斯文也，匡人其如予何？"《论语》曰："人虽欲自绝，其何伤于日月乎？"又曰："犯而不校。"此言镇物者，不为人所动也。

《传》曰："礼义不愆，何恤乎人言？"庄子曰："举世誉之而不加劝，举世非之而不加沮。"又曰："以天下誉之，得其所谓，謷然不顾。以天下非之，失其所谓，傥然不受。天下之非誉，无益损焉，是谓全德之人。"此言镇物者，不为毁誉所动也。

《诗》曰："不忮不求，何用不臧？"老子曰："金玉满堂，莫之能守。"孟子曰："大行不加，穷居不损。"尧曰："多男子则多惧，富则多事，寿则多辱，是三者，非所以养德也。"庄子曰："欲免为形役者，莫如弃世，弃世则无累。"又曰："喜怒哀乐不入于胸次。"又曰："万化而未始有极也，夫孰足以患心。"又曰："彼为盈虚非盈虚，彼为衰杀非衰杀，彼为本末非本末，彼为积散非积散。"又曰："不以人物利害相接。"此视物与我无与也。《诗》曰："深则厉，浅则揭。"子夏曰："死生有命，富贵在天。"《中庸》曰："君子素其位而行，不愿乎其外。素富贵，行乎富贵。素贫贱，行乎贫贱。素患难，行乎患难。素夷狄，行乎夷狄。君子无入而不自得焉。"

庄子曰："乘物以游心。"又曰："审乎无假而不与物迁，命物之化而守其宗也。"又曰："得者，时也。失者，顺也。安时而处顺，哀乐不能入也。"此古之所谓县解也。此随物处顺，游于物中而超乎物外也。

老子曰："圣人后其身而身先，外其身而身存。"又曰："若吾无身，吾复何患？"庄子曰："以生为附赘县疣，以死为决疣溃痈。"又曰："有骇形而无损心，有旦宅而无情死。"又曰："万物一府，死生同状。"又曰："得其所一而同焉，则四肢百骸，将为尘垢。而死生终始，将为昼夜。而莫之能滑，而况得丧祸福之所介乎！"此视身同物，而外之不以害神也。

孔子曰："仁者不忧不惧。"又曰："好仁者，无以尚之。"又曰："朝闻道，夕死可矣。"又曰："守死善道。"孟子曰："居天下之广居，行天下之大道。富贵不能淫，贫贱不能移，威武不能屈。"庄子曰："自事其心者，哀乐不易施乎前。"又曰："不知耳目之所宜，而游心乎德之和，物视其所一而不见其所丧。"又曰："心不忧乐，德之至也。"又曰："圣人藏于天，故莫之能伤。"又曰："敬之而不喜，侮之而不怒者，惟同乎天和者为然。"此言得道全德足以镇物也。

老子曰："善摄生者，陆行不避兕虎，入军不避甲兵。兕无所投其角，虎无所措其爪，兵无所容其刃。夫何故？以其无死地。"庄子曰："大浸稽天而不溺，大旱金石流土山焦而不热。"又曰："大泽焚而不能热，河汉冱而不能寒，疾雷破山风震海而不能惊。"又曰："过而不悔，当而不自得，登高不栗，入水不溺，入火不热。"又曰："至德者，火不能热，水不能溺，寒暑弗能害，禽兽弗能贼。"又曰："至人者，上窥青天，下潜黄泉，挥斥八极，神气不变。"此固极形其妙，惟全神至圣惟然耳。

昔者，孔子能立，不依于物也。颜子箪瓢陋巷，不改其乐，不寓于物也。孟子不动心，不累于物也。舜视天下，悦而归已，犹草芥也。禹有天下而不与，皆圣人之大也。卫公子荆善居室，始有，曰苟合矣；少有，曰苟完矣；富有，曰苟美矣。令尹子文三仕为令尹，无喜色；三已之，无愠色。此游于物之中，而不以物为事也。西偻发背，上有五管，颐隐于齐，肩高于顶，句赘指天，阴阳之气有沴，其心闲而无事。此圣人自外其形骸也。今之人，汨没于名利之微，争较于锥刀之末，将以求道，不亦远乎。

然镇物者，非必岸然矫强，以离于物之外也。顺道正德，随而无固，斯可矣。庄子曰："有大物者，不可以物，物而不物，故能物物，明乎物者之非物也。"物非物，惟诚明至大惟然耳！

十六　绝欲

过物，谓之欲。布帛暖，而思采章者，欲也。脱粟饱，而思肥甘者，欲也。苟合足，而思大有者，欲也。庶人贵，而思人爵者，欲也。欲纵则天子颔颔，欲尽则穷囚怡怡，物其可过乎？惟君子量体腹之需，绝耳目之赘，颐性命之正，全天地之和。不为声淫，不为色荒，不为财府，不为俗贵。然后德失范义，动止禽道。涣乎不知所有，充乎不知所无。故其气虚而安夷，神全而清明。以正身心，则己不夺人。以教天下，则民不相夺。是以众庶雍睦，天下太平。然则绝欲者，成己成物之大窦也，可不勉欤？

证

庄子曰："盈嗜欲，长好恶，则性命之情病矣。黜嗜欲，坚好恶，则耳目病矣。"如是，则欲者，纵之不可，绝之不易，然岂可以耳目伤性命哉？《诗》曰："岂其食鱼，必河之鲂？岂其娶妻，必齐之姜？"以不忮不求之道处之，其庶几乎！

《书》曰："玩物丧志。"《传》曰："哀乐失时，殃咎必至。"又曰："足欲，亡无日矣。"又曰："蛊淫溺惑，乱之所生也。"又曰："蕴利生孽。"又曰："夫有尤物，足以移人。"《易》曰："盱豫有悔。"又曰："舍尔灵龟，观我朵颐，凶。"《礼》曰："人生而静，天之性也。感于物而动，性之欲也。物至知知，然后好恶形焉。好恶无节于内，知诱于外，不能反躬，天理灭矣"。夫物之感人无穷，而人之好恶无节，则是物至而人化物也。人化物也者，灭天理而穷人欲者也。于是有悖逆诈伪之心，有淫佚作乱之事。是故强者胁弱，众者暴寡，智者诈愚，勇者苦怯，疾病不养，老幼孤独不得其所。此大乱之道也。老子曰："五色令人目盲，五音令人耳聋，五味令人口爽，驰骋田猎令人心发狂，难得之货令人行妨。是以圣人为腹不为目，故弃彼取此。"孔子曰："放于利而行，多怨。"孟子曰："从流上而忘反，谓之连；从流下而忘反，谓之流；从兽无厌，谓之荒；乐酒无厌，谓之亡。"又曰："及是时，般乐怠傲，是自求祸也。"庄子曰："失性有五：一曰五色乱目，使目不明；二曰五声乱耳，使耳不聪；三曰五臭熏鼻，困惾中颡；四曰五味浊口，使口厉爽；五曰趋舍滑心，使性飞扬。此五者，皆生之害也。"夫丧志，即殃，启亡，生乱，生孽，移人，召悔，召凶，化物，害耳目，伤性命，多怨恶，成荒亡，求祸，害生。欲之为害，岂不大哉！

《传》曰："烦手淫声，慆堙心耳，乃忘和平。"又曰："阴淫寒疾，阳淫热疾，风淫目疾，雨淫腹疾，晦淫惑疾，明淫心疾。女阳物而晦时，淫则生内热惑蛊之疾。"《礼》曰："奸声感人，而逆气应之；逆气成象，而淫乐兴焉。"又曰："郑音好难［滥］淫志，宋音燕女溺志，卫音趋数烦志，齐音傲辟骄志，此四者皆淫于色而害于德。"言声色之害也。欲莫易动于声色，故圣人重言以防之。

《书》曰："罔淫于乐。"又曰："无即慆淫，各守尔典，以承天休。"又曰："无皇曰：'今日耽乐。'乃非民攸训，非天攸若。"《传》曰："燕安鸩毒，不可怀也。"《易》曰："山下有泽，损；君子以惩忿窒欲。"《礼》曰："节嗜欲，定心气。"又曰："命以防欲。"又曰："不祈多积。"老子曰："不见可欲，使心不乱。"又曰："少思寡欲。"《中庸》曰："远色贱货。"庄子曰："不以好恶内伤其身。"又曰："少君之费，寡君之欲，虽无粮而自足。"皆言欲之宜绝也。

《书》曰："以逸豫灭厥德。"又曰："内作色荒，外作禽荒，甘酒嗜音，峻宇雕墙，有一于此，未或不亡。"又曰："敢有恒舞于宫，酗歌于室，时为巫风。敢有殉于货色，盘于游畋，时为淫风。"又曰："欲败度，纵败礼，以速戾于厥躬。"又曰："沈湎冒色。"又曰："惟忧乐之从，自时厥后，亦罔或克寿。"《传》曰："骄奢淫佚，所自邪也。"孔子曰："枨也欲，焉得刚。"又曰："乐骄乐，乐佚游，乐燕乐，损矣。"又曰："未得之，患得之，既得之，患失之，苟患失之，无所不至矣。"鄙不绝欲也。灭德陷亡，巫风淫风，速戾促寿，自邪害刚，肇乱召损，以至于无所不至，此小人之所以为小人也。

《书》曰："不役耳目，百度惟贞。"《传》曰："形民之力，而无醉饱之心。"又曰："不藏贿，不纵欲。"美绝欲也。

虽然，饮食男女，人之大欲，欲其可尽废乎？孔子曰："富与贵，是人之所欲也，不以其道得之，不处也。贫与贱，是人之所恶也，不以其道失之，不去也。"又曰："不义而富且贵，于我如浮云。"又曰："见利思义。"又曰："见得思义。"《论语》曰："义然后取。"《礼》曰："备举其道，不私其欲。"孟子曰："非其道，则一箪食不可受于人。"又曰："非其义也，非其道也，禄之以千驷［天下］，弗顾也；系马千驷，弗视也。非其义也，非其道也，一芥不以与人，一芥不以取诸人。"又曰："行一不义，杀一不辜，而得天下，皆不为也。"古圣人非必无欲也，衷之以道义而合，未始辞也。然不能假道义以遂欲者，圣贤之诚也。故商汤不迩声色，不殖货利。大禹菲饮食而致孝乎鬼神，恶衣服而致美乎黻冕，卑宫室而尽力乎沟洫。子罕言利。公绰不欲。孟子无处不受，不以货取。伯夷目不视恶色，耳不听恶声。颜子屡空。古圣贤之以道义节情欲者，如斯乎！

老子曰："常无欲以观其妙，有欲以观其徼。"夫妙生于虚，乐事孔夷。徼启于道，得而不绕。有欲不逾矩，得道矣。此圣人绝以不绝欲而无欲也，可不察欤？

十七　恒久

百行善，一行不善，则吾行败矣。百念诚，一念不诚，则吾精摇矣。日月不恒，则四时不序。人不恒，则一事不成。夫以巫医之贱，犹不可不恒也，而况于学圣人之道乎！虽然，有欲恒而反蹶者，其浚且锐，强而过，所以不能终持也。故君子凝其气以顺道，气如山焉，不中圮也；养其神以晋业，神如天焉，不中息也。惟诚重虚和，罔弗恒者，不为巇尾跨歧之辟，飙忽懱弛之害。健行永贞，谁其贼之？阴阳随化之机，不可不察也。

证

《书》曰："尚克时忱，乃亦有终。"又曰："常厥德，保厥位，厥德靡常，九有以亡。"《传》曰："德远而后兴。"又曰："为善者，不改其常度，故能有济。"《易》曰："恒，德之固也。"又曰："恒以益德。"老子曰："常德不忒，复归于无极。"又曰："民之于事，常于几成而败之，慎终如始，则无败事矣。"孔子曰："譬如为山，未成一篑，止，吾止也。譬如平地，虽覆一篑，进，吾往也。"又曰："死而后已，不亦远乎？"庄子曰："人有修者，乃令有恒，有恒者，人舍之，天助之。"言恒之不可以已也。恒则成，不恒则败矣。

《易》曰："不恒其德，或承之羞。"又曰："立心勿恒，凶。"《论语》曰："人而无恒，不可以作巫医。"孟子曰："苟无恒心，放僻邪侈，无不为矣。"惩不恒也。

夫不恒，岂无故哉？《易》曰："浚恒，贞凶，始求深也。"老子曰："跂者不立，跨者不行。"又曰："希言自然，飙风不终朝，骤雨不终日。孰为此者？天地。天地尚不能久，而况于人乎！"又曰："揣而锐之，不可长保。"孔子曰："亡而为有，虚而为盈，约而为泰，难乎有恒矣。"始求深浚，跂跨不安，飙骤锐突，矫伪失真。此四者，不恒之由也。

抑恒亦有以养也。《易》曰："天行健，君子以自强不息。"老子曰："绵绵若存，用之不勤。"又曰："天长地久，天地之所以能长久者，以其不自生，故能长久。"又曰："道乃久，没身不殆。"又曰："不失其所者久。"又曰："深根固蒂，长生久视。"孔子曰："立则见其参于前也，在舆则见其倚于衡也，夫然后行。"孟子曰："源泉混混，不舍昼夜，盈科而后进，放乎四海，有本者如是。"庄子曰："日计之不足，岁计之有余。"子夏曰："日知其所亡，月无忘其所能，可谓好学也已矣。"此恒之所以成也。天行绵绵，而不自生，顺其常，则气凝。气凝者，根蒂深固，即有本也。参前倚衡，则过劳。源泉混混，则太易。求仁居仁之功不同也。日月岁时，晋德悠悠，恒矣。

故《易》曰："恒，久也。刚上而柔下，雷风相与，巽而动，刚柔皆应，恒。'恒：亨，无咎，利贞'，久于其道也。天地之道，恒久而不已也。'利有攸往'，终则有始也。日月得天而能久照，四时变化而能久成，圣人久于其道而天下化成。观其所恒，而天地万物之情见矣。"《中庸》曰："至诚无息，不息则久，久则征，征则悠远，悠远则博厚，博厚则高明。博厚，所以载物也。高明，所以覆物也。悠久，所以成物也。博厚配地，高明配天，悠久无疆。"夫恒刚得中，其上不亢，其下顺动，即至诚之道，中和之德也。参赞化育，不亦宜乎？

十八　原仁

二人为仁。人道有二，一得而兼全之，俾斯二者不相妨而相资，谓之仁。二者何也？成己与成物而已。故徒欲成物而不成己者，非仁也。其极也，贼天和，庄老小之。徒能成己而不能成物者，非仁也。其极也，废人事，孔孟进之。二者备矣，而非自然之流行，犹为求仁，非成仁也。古者释仁不详，而视仁各异，非仁之有异，释之者异也。惟孔子己欲立而立人，己欲达而达人之说，成己成物，二者备矣，而不相离。其欲，即从心所欲，非强为也。故孔孟之所谓仁者，太虚自然物，我咸育之仁也。庄老之所谓仁者，世之所谓仁也。世之所谓仁，非孔孟之所谓仁也。草木中实谓之仁，仁者存于中正，应气而发，天地自然之生机也。是以君子，绝嗜欲以长恻隐之端。圣人，致中和以赞造化之业。尽性命，兼诚明，仁之为德，岂不至哉？学圣人者，始于志仁，而终以成仁。故万物并育而不相害也。

证

孔子曰："夫仁者，己欲立而立人，己欲达而达人。能近取譬，可谓仁之方也已。"《易》曰："体仁足以长人。"又曰："敦乎仁，故能爱。"孟子曰："仁者爱人。"仲弓问仁，孔子答之曰："己所不欲，勿施于人。"颜渊问仁，孔子答之曰："克己复礼，天下归仁。"《大学》曰："惟仁人，为能爱人。"此皆兼体用而言也。曰"己立"，曰"己达"，曰"体仁"，曰"敦仁"，曰"仁者"，曰"己所不欲"，曰"克己"，曰"仁人"，皆体也，成己也。曰"立人"，曰"达人"，曰"长人"，曰"能爱"，曰"爱人"，曰"勿施于人"，曰"天下归仁"，曰"能爱人"，皆用也，成物也。备斯二者之谓仁。庄子曰："爱人利物之谓仁。"又曰："尧畜畜然仁，吾恐其为天下笑。"《传》曰："度功而行仁也。"此其言未尽也，若谓爱人利物，畜畜然度功即为仁，则专滞于成物矣，当时必多不能体仁自尽之士。欲度功以着其仁，而内无有得，是悖于道而害于性。故老子曰："失道而后德，失德而后仁。"庄子曰："枝于仁者，擢德塞性。"又曰："毁道德以为仁义，圣人之过也。"此言失道德性命之正，而趋仁者之行，非仁者矣。孟子曰："仁也者，人也，合而言之，道也。"仁何尝违道哉？无畜畜度功尽己以成物，斯中矣。然庄子曰："彼人者何其多忧也？"孔子则曰："仁者不忧不惧。"庄子以为忧者，世之所谓仁也。孔子以为不忧者，孔子之所谓仁也。徇于外，惟恐天下曰我不仁，安得不忧？得于中，怡然自乐曰我已仁，安得忧？夫庄老之说，亦有以启之也。孔子曰："有杀身以成仁。"樊迟问仁，孔子答之曰："爱人，爱人券外，杀身损己。"若以此为仁，此庄老之所以大忧也。然孔子亦非偏一之言也，家语所载，孔子不以爱人许子贡，而许颜子之自爱。何独于樊迟惟然？因材以施教也。若杀身成仁之说，求生害仁之对观也。曰"有杀身以成仁"，非必杀身而后可以为仁也，犹孟子"可以死，可以无死"之义耳。求生者，未必成己而害人，故孔子以为不仁；且孔孟之仁，兼成己成物也。犹有说，何以言之？孔子曰："不爱其亲，而爱他人者，谓之悖德。"孟子曰："仁之实事亲是也。"又曰："未有仁而遗其亲者也。"《中庸》曰："仁者，人也，亲亲为大。"若是，则仁之大，用莫先于亲亲。然孟子曰："不失其身，而能事其亲者，吾闻之矣。失其身，而能事其亲者，吾未之闻也。"不失身，仁之体；事亲，仁之用也。固明明谓体用兼备而后为仁，何尝独偏于外哉？晋而稽之，既欲成己，又欲成物，瘁身劳心，亦非仁之成也。必归于自然，而后可以言仁。庄子曰："蹩躠为仁。"又曰："大仁不仁。"又曰："常仁而不成。"老子曰："上仁为之而无以为。"若是，则庄老所非之仁，蹩躠而为之仁也，小仁也，下仁也。若无为而成之上仁，不仁而仁之大仁，庄老所不非也。何也？虚而洽于天心，自然之仁也，斯真孔子之所谓仁矣。孔子曰："我欲仁，斯仁至矣。"又曰："无欲而好仁者，无畏而恶不仁者，天下一人而已矣。"我欲斯至，从心即矩，何易如之？无欲无畏，何虚如之？《礼》曰："仁者，顺之体也。"孔子曰："仁者安仁。"又曰："中心安仁者，天下一人而已矣。"孟子曰："仁人之安宅也。"既曰顺，又曰安，岂有蹩躠之敝哉？庄老所非之仁，非孔孟之仁也。犹言鸟有毒，是言鸩也，非言鸠也。韩昌黎贬之，不惟不知庄老，抑亦不知孔孟矣。孟子曰："恻隐之心，仁之端也。"心即是端，易也。子张为难能，孔门不许其仁。令尹子文三仕不喜，三已不愠。陈文子危邦不入，乱邦不居。孔子皆不许其仁，仁亦何其难也！颜子箪瓢陋巷，屡空而乐，孔子以为不违仁。则庄子曳尾涂泥，知鱼之乐，亦此意也。端存于我，从欲即乐，仁也，自然之道也。前之不仁，用力也。后之仁，不用力也。不用力而无不仁，中和之至也。非至圣其孰能之？世之求仁者，于圣人一言一行中求之，不可得矣。颜渊问仁，仲弓问仁，司马牛问仁，樊迟问仁，孔子之答不同，因人而言。其所谓仁者，求仁之方，非仁之全功也。孔子不敢自以为仁，而为之不厌，诲人不倦。为之不厌，成己也。诲人不倦，[①] 成物也。及其至也，从心所欲，不逾矩，是仁之成也。仁之成，成己成物，从心所欲。孔子所谓"无以尚之"，孟子所谓"扩而充之"，足以保四海。《中庸》所谓"肫肫其仁，浩浩其天"，大圣之成德如斯而已矣。孟子曰："仁，天之尊爵也。"德为天爵，天爵之尊，至德也。后儒谓"仁者，私欲尽净，天理流行。"若然，则物我兼成，而无为为之，合外内之道也。

十九　清明

澄心以清，照物以明。静则清，清则明。明存于内，则见性而通神。明

---

① 此处疑遗失"为之不厌"四字。

用于外，则晢理而成物。故君子进嗜欲，定心气，以合天德。圣人运虚灵，发神智，以烛万机。如水无滓，如镜无尘，如鬼神之精英，如日月之照临。由损而言，明生于虚。由益而言，明生于诚。虚则诚，仁也。仁则无不清明矣。

证

《书》曰："直哉惟清。"又曰："视远惟明，听德惟聪。"《传》曰："照临四方，曰明。"老子曰："知常曰明，释清明也。"中直而通常理，故能视远，兼照四方。

老子曰："虚一而静，此之谓大清明。"又曰："不自见故明。"庄子曰："虚室生白。"又曰："视乎冥冥，听乎无声。冥冥之中，独见晓焉。无声之中，独闻和焉。"《易》曰："无思也，无为也，寂然不动，感而遂通天下之志。"皆言清明生于虚也。

《书》曰："允兹克明。"《中庸》曰："诚则着，着则明。"又曰："惟天下至诚，惟能聪明睿智。"又曰："至诚如神。"庄子曰："至人之用心若镜。"又曰："宇泰定者，发乎天光。"皆言清明生于诚也。

夫虚与诚，皆至德也。《书》曰："德明惟明。"《礼》曰："奋至德之光，动四气之和，是故清明象天。"又曰："君子之齐，以致其清明之德也。"皆言有德则明也。

老子曰："用其光，复归其明。"庄子曰："止则明，明则虚。"复本而知止，非有德其孰能之？

《传》曰："周道挺挺，我心扃扃。"《诗》曰："斤斤其明。"《中庸》曰："渊渊其渊，清明之象也。"《书》曰："明作哲。"《诗》曰："既明且哲。"又曰："在公明明。"《易》曰："通乎昼夜之道而知。"又曰："明两作离，大人以继明照于四方。"又曰："神以知来，智以藏往。"又曰："清明在躬，志气如神。"老子曰："明白四达。"《中庸》曰："高明所以覆物也。"孔子曰："智者不惑。"庄子曰："照然也，神者先受之。"皆言清明之效也。内明生智，用之则物无不照。圣人以清明为成己成物之本。

故《虞书》美尧曰："钦明。"美舜曰："浚哲文明。"《夏书》美禹曰："明明我祖。"《易》美文王曰："内文明。"《周书》美文武曰："聪明齐圣。"孟子美舜曰："明于庶物，察于人伦。"孔子四十而不惑，颜子不愚，孟子知言，古圣贤之清明如此乎！

虽然，至人者，不以昭昭为明，外之昭昭，内不明也。庄子曰："夫道，渊乎其居也，漻乎其清也。"惟渊深故清，若丹朱之启明，炫矣！故不可。要之，虚诚为本，至德潜真，安有不渊乎？其深者哉。

二十　刚毅

大刚居虚，小刚居正。至虚如太空，至正如金石。太空冥冥，物无由胜。金石碌碌，物不易胜。碌碌犹可得而胜也，冥冥不可得而胜也。故圣人绝欲以希天，欲尽无物，至刚而不自觉。贤者择善以希圣，得正自足，贞固而不可夺。斯二者，道德之所以立也。曰勇，曰强，曰贞，曰健，岂有他哉？仁德集中，不挠于外而已矣。

证

《中庸》以勇为达德，又曰："发强刚毅，足以有执也。"孔子曰："见义不为，无勇也。"《易》曰："贞者，事之干也。"言刚毅之不可无也。不刚毅，则不能执义，不能干事，而道德之业废矣。

夫刚毅者，圣贤之所以求仁居仁也。孔子曰："刚毅、木讷近仁。"是刚毅可以求仁也。曾子曰："士不可以不弘毅，任重而道远。仁以为己任，不亦重乎？"是刚毅可以居仁也。仁为德之尊，刚毅能近仁，又能居仁，岂不大哉？

且德莫大于天，《易》以乾象天，取其刚也。故《易》曰："其德刚健而文明，应乎天而时行，是以元亨。"大畜能养德，其取象也，亦本于刚。故曰："大畜，刚健笃实辉光，日新其德。"修德者其可不勉于斯乎？

然学刚之道安在？曰在绝欲。姤为人欲之始，而初爻系于金柅，即以刚止欲之象也。故孔子曰："枨也欲，焉得刚？"欲存于心，患得患失，惟物是从而已为之奴，岂得刚哉？

《诗》曰："舍命不渝。"《易》曰："刚健而不陷，其义不困穷矣。"又曰："刚中正，履帝位而不疚。"《中庸》曰："国有道，不变塞焉，强哉矫！国无道，至死不变，强哉矫！"孔子曰："守死善道。"孟子曰："浩然之气，至大至刚。"又曰："富贵不能淫，贫贱不能移，威武不能屈。"刚毅若此，可以为载道之器矣。

然《易》有刚柔二象，似刚与柔相异也。而老庄之说，不言刚而言守柔，何哉？老子曰："心使气曰强。"庄子曰："不以物挫志。"是老庄之刚在中也。《易》之爻，凡刚不中正，则《凶》、《否》、《讼》、《遁》、《姤》，皆乾刚在外之相也。刚中正无不吉，《小畜》、《大畜》、《需》、《夬》、《大有》、《泰》、《大壮》，皆乾刚在内之相也。若然，则刚毅者，圣人所以治心绝欲，以合于虚者也，非以饰外立名，暴虎冯河，死而无悔者也。老子曰："陆行不避兕虎，入军不避兵甲，以其无死地。"庄子曰："大浸稽天而不溺，大旱金石流土山焦而不爇。"此其为刚何如也？以虚故。至若子路之不得其死，犹刚之误用也。

孔子曰："天生德于予，桓魋其如予何？"达天德，则人合于天，谓之乾刚，外物岂能贼之哉？

二十一　中和

未发曰中，中节曰和。未发惟虚，仁之本也。中节惟宜，义之实也。无未发之中，则心不得其养。无中节之和，则行不得其正。心不怡，则德衰。行不成，则道废。德衰无以成己，道废无以成物。故仁者，守中履和，以达其志。中和者，天理之流行，而非人力所强也。明于中和之顺，可以察乎天心。得于中和之常，可以合乎天德。而况于人道乎？颐其神明，覆育万物，于斯至矣。

证

《中庸》曰："喜怒哀乐之未发，谓之中。发而皆中节，谓之和。中也者，天下之大本也。和也者，天下之达道也。致中和，天地位焉，万物育焉。"即此而言中和，其所谓中，即《书》所谓"允执厥中"之中；其所谓和，即《易》所谓"利物和义"之和。一体一用，一内一外，一成己，一成物，似有分也。

然中有内外，存于内者，《中庸》之所谓"中"也。故《易》曰："黄中通理。"又曰："黄离元吉。"得中道也。

发于外者，《中庸》之所谓"和"也。故《易》曰："龙德而正中也。庸言之信，庸行之谨。"《中庸》曰："用其中于民。"又曰："极高明而蹈中庸。"曰"行"，曰"用"，曰"蹈"，岂非外哉？犹是观之，中即和也。

和亦有内外，发于外者，《中庸》之所谓"和"也。故礼曰："君子盖犹犹尔。"《易》曰："履和而至。"又曰："履以和行。"老子曰："百姓皆谓我自然。"有子曰："礼之用，和为贵。"《中庸》曰："和而不流。"

存于内者，《中庸》之所谓"中"也。故《传》曰："心平德和。"又曰："德正应和。"《易》曰："保合太和。"老子曰："充气以为和。"又曰："知和。"曰"常"，曰"心"，曰"德"，曰"气"，岂非内哉？犹是观之，和即中也。

要之，中和本于太极，太极虽分阴阳，而阴中有阳，阳中有阴，阴能生阳，阳能生阴，不可离也。犹中中有和，和中有中，中能生和，和能生中，亦不可离也。夫中和者，仁也，仁即太极。合天之德，于此益可见矣。

仁德至纯，学者失中和，则不能至于纯仁。故《礼》曰："温柔敦厚而不愚，则深于《诗》者也。疏通知远而不诬，则深于《书》者也。广博易良而不奢，则深于《乐》者也。絜静精微而不贼，则深于《易》者也。恭俭庄敬而不烦，则深于《礼》者也。说辞比事而不乱，则深于《春秋》者也。"夫以《诗》、《书》、《礼》、《乐》、《周易》、《春秋》之训，苟失中和，即非仁矣，可不察哉？虽然，中和者虚而有实，运而无事已耳。通《诗》矣，不自觉其通，凝气正心，发而为温柔敦厚，安得愚？通《书》矣，不自觉其通，凝气正心，发而为疏通知远，安得诬？通《乐》矣，不自觉其通，凝气正心，发而为广博易良，安得奢？通《易》矣，不自觉其通，凝气正心，发而为絜静精微，安得贼？通《春秋》矣，不自觉其通，凝气正心，发而为说辞比事，安得乱？此中和之所以几于神明，覆育万物而无有也。孔子曰："天何言哉？四时行焉，百物生焉。"天不言，即不自觉，而不倚于《诗》、《书》、《礼》、《乐》、《周易》、《春秋》。此实大圣人出乎天天，入乎人人，而非贤者所能几也。中和之义，至矣哉。

《书》曰："不刚不柔，厥德永修。"《诗》曰："不识不知，顺帝之则。"《传》曰："不竞不絿，不刚不柔，敷政悠悠，百禄是遒。"《易》曰："保合太和，万国咸宁。"又曰："履道坦坦，幽人贞吉。"老子曰："执大象，天下往。往而不害，安平泰。"听之不可闻，用之不可既。总是而观，则是物率性道，而吾德成之。宇宙永康，而不自知其功也。至矣！

大舜执两用中，岂有执哉？执虚如执盈，两不由偏，中矣。孔子从心所欲，可以仕则仕，可以止则止，可以久则久，可以速则速。而曰："吾有知乎？无知也。"故其为象，温而厉，威而不猛，恭而安。庄子曰："圣人观于天而不助，成于德而不累，出于道而不谋，会于仁而不恃，薄于义而不积,应于礼而不讳。"欲同乎德而心居矣。又曰:"不疾不徐,得之于手。而应于心,口不能言,有数存焉于其间。"由是观之,中和者,道德之极也。观止矣。前之言修养,成于此。后之言功化,生于此。学者其可不尽心乎?

二十二　兼成

吾欲使万物皆乐,故吾先乐道。吾欲使万物皆为吾乐,故吾先乐万物。吾得真乐,万物皆乐,万物皆乐,乐归于吾。吾将辱万民,而吾为至尊乎?不如使万民皆尊,而万民尊吾。吾将夺天下,而吾独专利乎?不如使天下皆利,而天下利吾。吾道至大,故能福物,物得其道,还以福吾。故圣人不从井以救人,而后可以救人。不取人以自富,而后可以自富。中和在心,致之而已。能致中和,物孰不喜?宇宙熙熙,不知所以,此圣人之所以为大也。

证

《中庸》曰:"惟天下至诚,惟能尽其性;能尽其性,则能尽人之性;能尽人之性,则能尽物之性;能尽物之性,则可以赞天地之化育;可以赞天地之化育,则可以与天地参矣。"故圣功始于尽性以成己,大于尽性以成物,终于参天两地,其成己也大矣。

是以损物以利己,圣人不为也。故孔子曰:"志士仁人,无求生以害人,有杀身以成仁。"孟子曰:"行一不义,杀一不辜,而得天下,皆不为也。"《公羊传》曰:"杀人以自生,亡人以自存,君子不为也。"若是者何以哉?知损物不足以成己也。

孟子曰:"贼仁者,谓之贼;贼义者,谓之残;残贼之人,谓之一夫。"又曰:"失道者寡助,寡助之至,亲戚畔之。"损物,实成其为独夫耳,岂足以成己哉!

老子曰:"惟其无私,故能成其私。"孟子曰:"敬人者,人恒敬之;爱人者,人恒爱之。"又曰:"乐民之乐者,民亦乐其乐。忧民之忧者,民亦忧其忧。乐以天下,忧以天下,然而不王者,未之有也。"皆言成物即所以成己也。

今之人,不求成己,而专求成物,则又不能。孔子曰:"修己以安人,修己以安百姓。"又曰:"己欲立而立人,己欲达而达人,能近取譬。"老子曰："孰能以有余奉天下？惟有道者。"孟子曰："凡有四端于我，苟能充之，足以保四海。"庄子曰："爱以身为天下，则可以寄天下。"皆言先成己，而后可以成物，枉己者未有能直人者也。

何以故？《中庸》曰："为政在人，取人以身。"己身不成，何以取人而成物哉？孟子曰："君子之德风，小人之德草，草上之风，必偃。"己身不成，何以施教而成物哉？

故《易》曰："君子体仁足以长人，利物足以和义。"又曰："退藏于密，吉凶与民同患。"老子曰："两不相伤，故德交归焉。"孟子曰："乐天者，保天下。"《中庸》曰："成己，仁也。成物，知也。"又曰："知所以修身，则知所以治人；知所以治人，则知所以治天下国家矣。"庄子曰："能正生，以正众生。"皆言成己成物，混而为一，无偏济也。

《诗》曰："有觉德行，四国顺之。"又曰："我求懿德，肆于时夏。"《礼》曰："君子有礼，则外谐而内无怨，故物无不怀仁，鬼神飨德。"孟子曰："辅世长民莫如德。"庄子曰："德则不冒，冒则物必失其性。"皆言己德一成，则万物皆得其成也。

夫成德，圣人也，惟圣人能成物。故《易》曰："同声相应，同气相求。水流湿，火就燥，云从龙，风从虎，圣人作而万物睹。"又曰："见龙在田，德施普也。"又曰："显诸仁，存诸用，鼓万物而不与圣人同忧，盛德大业，至矣哉。"又曰："备物致用，立成器以为天下用，莫大乎圣人。"又曰："惟君子，惟能通天下之志。"老子曰："圣人常善救人，故无弃人；常善救物，故无弃物。"又曰："圣人无常心，以百姓之心为心。"《中庸》曰："惟天下至诚，惟能经纶天下之大经，立天下之大本。"庄子曰："圣人其穷也，使家人忘其贫；其达也，使王公忘爵禄而化卑；其于物也，与之为娱矣；其于人也，乐物之通，而保己焉。故或不言，而飲人以和。"皆言成己成物，兼而有之者，惟圣人而已。《诗》曰："受福无疆，四方之纲。"圣人受福以成己，而四方亦有纲纪以成，岂不休哉？

老子曰："万物作而不辞，生而不有，成功而不居。"又曰："圣人云，我无为而物自化，我好静而民自正，我无事而民自富，我无欲而民自朴。其政闷闷，其民淳淳。"孔子曰："无思也，无为也，寂然不动，感而遂通天下之志。"由是观之，圣人之成己以成物，一虚而已矣。己能太虚，物自成矣，岂故为之哉？太虚无为，真中和之气，而物我兼成矣。孔子立之斯立，道之斯行，绥之斯来，动之斯和，此真从心所欲，不逾矩，而得力于己立己达。孔子真至圣也！后人欲为圣人，当知自然无为，而物我兼成。以此为仁，诚纯仁哉。

二十三 舍藏

舍之则藏，合阴气也。贤才不藏，龙蛇起陆，竞逐功名，天地反复。且阴阳有则，夜不可以不寝。动静有宜，舍不可以不藏。失道者，居否则忧，屈节以求，放心于欲，故不能收。得道者，见几即遁，守顺安命，养真自乐，故不求晋。夫久潜而心怡然，则精气充于内，而英华发于外，成己成物，二者备矣。然舍而后藏，非好遁也，履中蹈和，其庶几乎。

证

《易》曰："天地闭，贤人隐。"又曰："潜龙勿用，阳在下也。"孔子曰："龙德而隐者也，不易乎世，不成乎名。遁世而无闷，不见世而无闷。"又曰："泽灭木，大过。君子以独立不惧，遁世无闷。"又曰："舍之则藏。"又曰："邦无道，则可卷而怀之。"又曰："无道则隐。"《中庸》曰："卷之则退藏于密。"皆言可藏则藏，毋求用也。

《诗》曰："十亩之间兮，桑者闲闲兮，行与子还兮。"美能藏也。

故孔子曰："隐居以求其志。"庄子曰："贤者伏处于大山嵁岩之下，而万乘之君忧栗于庙堂之上。"《易》曰："不事王侯，志可则也。"又曰："嘉遁，贞吉。"夫有志自尚，以忘人爵，岂不嘉哉！其志何也？志于仁，于道耳，故能藏之。

《易》曰："括囊无咎。"孟子曰："穷居不损。"言藏之不害也。

《易》曰："含章可贞，以时发也。"《诗》曰："潜虽伏矣，亦孔之照。"言藏之有益也。

《礼》曰："大德不官。"孔子曰："贤者避世。"《中庸》曰："君子依乎中庸，遁世不见知而不悔，惟圣者能之。"言能藏者，圣贤也。是以舜隐于渔陶，伊尹耕于有莘，傅说困于版筑，吕望潜于渭滨。沮溺讽孔，丈人讥由。老子为下吏，庄子辞楚卿。作者七人，孔子称之。皆古之圣贤人也。

孔孟心诚救世，然舍之则藏。穷居不损，皆至德所发。圣贤岂不欲救世哉？非其道不出也。《易》曰："君子好遁，小人否也。"小人亦欲以好遁博名高，失道远矣，安得不否？

二十四　乐天（参观《止园惟乐论》）

人无真乐，道不经宿。乐非天德，其机易息。故圣人德充于内，而乐感于外。乐和于外，而德集于内。无一命之荣，而乐于天子。无立锥之地，而乐于桓文。其心清虚，其气冲和，其腹宽舒，其口甘味，其耳目聪明，其四体安夷，是以接物无不乐也，绝物无不乐也。心清虚，气冲和，则处困若泰。腹宽舒，口甘味，则嚼荼如荠。耳目聪明，则视听于于。四体安夷，则举措申申。乃能不与物夺，不与天干，以和神明，以参造化。此乐之大也。人能绝物欲之乐，而求诸此，如痊恶疾，而得天下，岂不善哉！且乐天通神，虽与之天下，不易也。世人取乐于物，使天下鼎沸，民为残而己为戮，虽得天下，犹不如蝇蚋得遗矢，悲乎！

证

《礼》曰："乐者，天地之和也。"庄子曰："与人和者，谓之人乐。与天和者，谓之天乐。"此乐天之义也。

庄子曰："鳌万物而不为戾，泽及万世而不为仁，长于上古而不为寿，覆载天地雕刻众形而不为巧，此之谓天乐。"又曰："知天乐者，其生也天行，其死也物化，静而与阴同德，动而与阳同波。故知天乐者，无天怨，无人非，无物思，无鬼责。其动也天，其静也地，一心定而王天下。其鬼不祟，其魂不疲，一心动而万物服。言以虚静，推于天地，通于万物，此之谓天乐。天乐者，圣人之所以畜天下也。"斯言也，即《中庸》中和之义，圣人清虚乐天，而万物育矣。夫学者，乐天以育德也。故《传》曰："乐以安德。"《易》曰："作乐崇德。"《礼》曰："乐以修内。"又曰："播乐以安之。"又曰："修乐以道志。"又曰："独乐其志，不厌其道。"言道德之业，皆生于乐天也。

然有德而后能乐天，无德者，乐物而戕天和耳。故《书》曰："作德，心逸日休。"《传》曰："有德则乐，乐则能久。"又曰："心易则乐，窕则不咸。"《礼》曰："仁近于乐。"又曰："乐者，德之华也。"孔子曰："智者乐。"庄子曰："中纯实而反乎情乐也。"言乐由心生，心有德而后能乐也。

心何以有德？太虚无物而已矣。故庄子曰："知士无思虑之变，则不乐。辩士无谈说之序，则不乐。察士无凌谇之事，则不乐。皆囿于物者也。"又曰："游于逍遥之墟，食于苟简之田，立于不贷之圃。"孔子曰："贫而乐。"又曰："饭蔬食饮水，曲肱而枕之，乐亦在其中矣。"又曰："在陋巷，人不堪其忧，回也不改其乐。"皆言乐在太虚，太虚合天，乐自在其中矣。

夫乐天有益而无害。故《易》曰："乐天知命，故不忧。"孔子曰："好之者，不如乐之者。"孟子曰："乐则生矣，生则恶可已矣。恶可已，则不知足之蹈之手之舞之。"庄子曰："至乐活身。"乐天诚有益于身心哉！

《诗》曰："好乐无荒，良士瞿瞿。"孔子："乐而不淫。"孟子曰："贤者而后乐此，不贤者虽有此不乐也。"贤人良士，乐而不淫，顺天和，不入人欲，何害之有？

为其不淫故，或因物而生，亦非物也。孔子曰："智者乐水，仁者乐山。"《礼》曰："正声感人，而顺气应之，顺气成象，而和乐兴焉。"子在齐闻韶，三月不知肉味，又尝曰："乐其可知也。"夫山水声音，岂非物哉？应于天和，乐而神怡，虽乐何害？

如此，则物与我乐，我与物乐，可以成己，可以成物。故《礼》曰："先王之乐，所以节百事也。"《易》曰："悦以先民，民忘其劳。悦以犯难，民忘其死。"《礼》曰："乐者，通伦理者也。"《周礼》曰："以乐礼教和，则民不乖。"又曰："以六乐防万民之情，而教之和。"言伦理正，百事节，可以先民而和之，故能百姓昭明，协和万邦。乐天之功，岂不大哉？

《诗》曰："伴奂尔游矣，优游尔休矣，百神尔主矣。"《礼》曰："致乐以治心，则易直子谅之心，油然生矣。易直子谅之心生则乐，乐则安，安则久，久则天，天则神。"乐天可以交天神，又岂特尽人事哉？《礼》曰："心中斯须，不和不乐，而鄙诈之心入之矣。"鄙诈之心，伤人道，干天和，乐可废乎？

《诗》曰："且以喜乐，且以永日。"又曰："独寐寤歌，永矢弗过。"又曰："所谓伊人，于焉逍遥。"《易》曰："云上于天，需，君子以饮食宴乐。"又曰："和兑，吉。"又曰："所乐而玩者，爻之辞。"此乐天之象也。

是以伊尹乐尧舜之道于有莘，孔子乐以忘忧，弦歌陈蔡，颜子自乐于陋巷。故孔子曰："成于乐。"庄子曰："得至美而游乎至乐，谓之至人。"若是，则乐天者大成，至圣之功也至矣。

《礼》曰："乐之失奢。"若不知乐天，而妄以物为可轻，以致于奢，岂乐天哉？既不依物，而乐生于心，何以奢为？圣人微旨，可察也。然又何尝教人吝，惟中和者，可与言乐天矣，慎无误。

乐天之大如此，何以"老子五千言"不言乐？《大学》又曰："有所好乐，则不得其正哉。"庄子曰："至乐无乐。"乐本在虚，人能合天，方能乐天。未能合天，则得乐，犹须防物。无流于狂，慎无误。

二十五　润身

神莹莹，则气融融；气融融，则心渊渊；心渊渊，则貌岩岩。根本固，则华实茂。心神定，则气象明。天子之贵，不能养其肃。虎贲之健，不能养其雄。万钟之富，不能养其安。丹沙之灵，不能养其寿。如泰山之重而不滞，如春风之和而不流，如龙虎之壮而不虣，如惊鹤之翔而不奇。其动也天，其静也虚。此真备万物以颐养，而无取乎一芥也。何也？以德充故。

证

《礼》曰："利用安身，以崇德也。"岂惟安身可以崇德，崇德亦所以安身也。

故庄子曰："缘督以为经，可以保身，可以全生。"缘督以养其正气，得其常经。养生全生，莫大于此矣。

《易》曰："美在于中，而畅于四肢，发于事业，美之至也。"古语曰："有诸内必形诸外。"孟子曰："其心塞也，睟然见于面，盎于背，施于四体，四体不言而喻。"又曰："胸中正，则眸子瞭焉。胸中不正，则眸子眊焉。"《中庸》曰："诚于中，形于外，故君子必诚其意。"《礼》曰："和顺集中，英华发外。"又曰："礼者，以固人肌肤之会，脑骸之束也。"皆言貌由德而发，德为貌之本，身以心而安，心为身之主也。人不正心而修德，其于形也亦外矣。

孟子曰："养其一指，而失其肩背。"又曰："指不若人，则知恶之。心不若人，则不知恶。此之谓不知类。"言人不知心为身之本，养身必先养心，犹人不知肩背为指之本，养指必先养肩背也。徒养身，不养心，欲求润身得乎？

《大学》曰："富润屋，德润身。"心广体胖，富非不能养身也，而不能润身，九鼎之奉何用哉？

广成子曰："无视无听，抱神以静，形将自正，必静必清，无劳汝形，无摇汝精，乃可长生。目无所见，耳无所闻，心无所知，神将守形，形乃长生。"此固道家之言，主静之义也。儒家以坤为静，而黄中通理，畅于四肢，其义亦同也。欲润身者，可不致力于虚静哉？

庄子曰："目彻为明，耳彻为聪，鼻彻为颤，口彻为甘，心彻为知，知彻为德。"彻，通也，通道也。耳目聪明，鼻口颤甘，皆由得道而发也。

故《诗》曰："有匪君子，如切如磋，如琢如磨，瑟兮僩兮，赫兮喧兮。"又曰："有匪君子，如金如锡，如圭如璧，宽兮绰兮，猗重较兮。"又曰："颙颙卬卬，如圭如璋。"昔孔子申申夭夭，孟子有泰山岩岩气象，周敦颐如光风霁月，莹澈无瑕，此皆能以德润身者也，可以法矣。

二十六　邀福

福何自来？人与之，神与之，天与之，自求之。祸何自作？人惩之，神惩之，天惩之，自取之。人何以与？以爱人故。神何以与？以赞神故。天何以与？以合天故。自何以求？以得道故。人何以惩？以拂人故。自何以取？以失道故。神何以惩？以慢神故。天何以惩？以诬天故。圣人不恃智力以求福，而惟虚心以洽乎天人，交于神明。是以眉寿黄耇，万福攸同。求之以道德，保之以天和。福之归也，如水之归海。星之拱辰，而不自知也。休矣！世之人欲求多福，可不勉于道德哉！

证

《书》曰："惠迪吉，从逆凶。"又曰："天道福善祸淫。"又曰："惟上帝不常，作善，降之百祥；作不善，降之百殃。"又曰："惟吉凶不僭，在人；惟天降灾祥，在德。"《传》曰："吉凶由人。"又曰："祸福无门，惟人自召。"又曰："吉凶悔吝，生乎动者也。"孟子曰："祸福无不自己求之者也。"老子曰："祸兮福所倚，福兮祸所伏，孰知其极？"皆言祸福吉凶，本无一定，道善则得福，不善则得祸也。

《诗》曰："靡有不孝，自求伊祜。"《传》曰："去顺效逆，所以速祸也。"老子曰："不知常，妄作凶。"言失道而邀福不可得也。《传》曰："不义不昵，厚将崩。"又曰："善人富，谓之赏。淫人富，谓之殃。"淫人不义，富厚且不可，何福之有哉？

《诗》曰："岂弟君子，求福不回。"又曰："永言配命，自求多福。"《传》曰："行道有福。"言道德可以求福也。

《诗》曰："君子至止，福禄如茨。"又曰："不戢不难，受福不那。"又曰："彼骄匪傲，万福来求。"又曰："岂弟君子，福禄攸降。"又曰："绥以多福，俾缉熙于纯嘏，美善人之得福也。"《书》曰："右贤辅德。"又曰："民心无常，惟惠之怀。"孔子曰："虑以下人，在邦必达，在家必达。"《诗》曰："万夫之纲，下民之王。"孟子曰："得道者多助。"又曰："爱人者，人恒爱之。"又曰："天下莫不与也。"《易》曰："人之所助者，信也。"言得道而人与之福也。

《书》曰："皇天无亲，惟德是辅。"《诗》曰："天保定尔，俾尔戬穀。罄无不宜，受天百禄。降尔遐福，惟日不足。"又曰："君子乐胥，受天之祜。"又曰："嘉乐君子，显显令德。宜民宜人，受禄于天。保佑命之，自天申之。"又曰："无二无渝，上帝临汝。"《易》曰："自天佑之，吉无不利。"孔子曰："天之所助者，顺也。"《礼》曰："承天之佑。"老子曰："天道无亲，常与善人。"言得道而天与之福也。

《诗》曰："神之听之，式谷与汝。"又曰："神之听之，介尔景福。"《传》曰："民和而神降之福。"《易》曰："受兹介福于王母。"《礼》曰："贤者之祭也，必得其福也。"福者，备也。备者，百顺之名也。无所不顺者之谓备，言得道而神与之福也。

孔子曰："邦无道，免于刑戮。"《传》曰："无凶饥夭疾之苦。"《中庸》曰："国无道，其默足以容。"言得道者有福而无祸也。

《诗》曰："报以介福，万寿无疆。"又曰："寿考维祺，以介景福。"又曰："绥我眉寿，介以繁祉。"又曰："以介眉寿，永言保之。"孔子曰："仁者寿。"言得道者，能长寿以永保其福也。

《易》曰："作善之家，必有余庆。"《诗》曰："其德靡悔，既受帝祉，施于孙子。"又曰："君子万年，永锡祚胤。"《传》曰："圣人有明德者，其后必有达人。"又曰："仁者，其后兴者也。"言得道者延福于后胤也。

《中庸》曰："故大德，必得其禄，必得其名，必得其寿。"又曰："故大德者必受命。"若是，则人惟患德之不大耳。德大矣，福可必也。虽然，望福生欲，为善不诚。庄子曰："福轻于羽，莫之知载。福重于山，莫之知避。"是则取福易而取祸难，取福不用心，而取祸必用心也。故又曰："祸亦不至，福亦不来，祸福无有，恶有人灾。"言不用心也。邀福者，虚而已矣。虚则得人和，交神明，合天心，受福孔多，不亦宜乎？人无成心以求福，则机巧绝，机巧绝，则福自至矣。

二十七　成名

成名，非成德也，而成德者必成名。得名，非得道也，而得道者必得名。名本虚也，而君子疾不称。名本物也，而圣人重褒贬。日月行于天，不自炫于人而人自见。圣贤合于天，不求立其名而名自立。吾固不以干四方，而卒成千古。吾固不以干千古，而反诚一身。无而有之，忘而全之，天下人虽欲称吾，安得称吾？天下人虽欲不称吾，安得不称吾？此名之所以大也。

证

孔子曰："君子疾没世而民不称焉。"老子曰："太上忘名。"求名者，君子也。忘名者，太上也。然太上之名，恒高于君子。求名者，宜知所择矣。《中庸》曰："遁世不见知而不悔，惟圣者能之。"岂易言哉！

《传》曰："太上有立德，其次有立功，其次有立言，虽久不废，此之谓不朽。"言与功易见也，而德不易见。言与功可强也，而德不可强。若是，则立名于无为者，太上也。

《诗》曰："乐只君子，德音不已。"《传》曰："夫令名，德之舆也。"又曰："恕思以明德，则令名载而行之。"《大学》曰："道圣德至善，民之不能忘也。"《中庸》曰："故大德，必得其名。"皆言有德者，必有名也。

《诗》曰："宣昭义问。"又曰："在彼无恶，在此无斁。庶几夙夜，以永终誉。"《中庸》曰："远之则有望，近之则不厌。"又曰："见而民莫不敬，言而民莫不信，行而民莫不悦，是以声名洋溢乎中国，施及蛮貊。舟车所至，人力所通，天之所覆，地之所载，日月所照，霜露所坠，凡有血气者，莫不尊亲。"《大学》曰："君子贤其贤而亲其亲，小人乐其乐而利其利，此以没世不忘也。"《论语》曰："其生也荣，其死也哀。"皆美成名也。言德著于外，民乐称之，非沽而得之也。

故《诗》曰："亹亹文王，令问不已。"又曰："于戏！前王不忘。""伯夷、叔齐饿于首阳之下，民到于今称之。""孔子继周，百世可知。"古圣人之立名如此，故吾以成名附于成己之末，然名欲之为害大矣，求真得者，要不在此。

二十八　用行（参看《王道法言》及《经义治事篇》）

用其身者，行其道也。得其道，其身可用也。失其道，其身不可用也。可用而不用，怀宝也。不可用而用，窃位也。窃位播恶，怀宝迷邦，皆非也，而播恶之罪大矣。故君子成其学，而后以觉人；修其身，而后以率人；正其谊，而后即位；合于礼，而后取权。又推于时势，察于机变，故其出也，慎且重。宁屈不伸，宁晦不闻，或以任不待文王，或以清不事污君，皆是也。而本于诚，出于随，诚不自欺以误民，随不逆命以强为，此飞龙之所以臻于上治也。何也？天地人物，相应以顺，则圣人得用而大行矣。

证

孔子可以仕则仕，何谓可哉？其言曰："用之则行。"曰："苟有用我者，期月而已可矣，三年有成。"曰："如有用我者，吾其为东周乎？岂有用之者，即可行乎？"孔子使漆雕开仕，漆雕开以未信对，孔子嘉之。闵子为孔门大贤，亦不就季氏之使，何也？惟孔子才德纯全，可以不虚一用。未信者，不可以济世之名，行窃权之实也。然孔子固可用者矣，而膰肉不至。桓子受女乐，则翻然竟去，曾不为斯民小屈，何也？道不正，时不顺，虽用不行矣。孟子去齐，留行不得，亦此意也。圣贤之自重犹如是，人其可轻于言用哉。

伊尹五就汤，五就桀，固自以为大可用，用之必行。然耕于有莘，乐尧舜之道，潜藏又似遁世。及汤使三聘，然后曰："余将以斯道觉斯民。"其自重如此，宜其一出而天下平也，可以法矣。

《易》曰："见龙在田，利见大人。"又曰："飞龙在天，利见大人。"又曰："飞龙在天，大人造也。"既曰"龙"，又曰"大人"，惟大人得用而后可行，恐使人误翰音登天，而巍然自以为飞龙也。

孟子曰："惟仁者，宜在高位，不仁而在高位，是播其恶于众也。"庄子曰："倒道而言，迕道而说者，人之所治也，安能治人？"今天下之所以不治者，以人皆好用而不仁，人皆好用而不道也。可不戒哉！可不戒哉！

庄子曰："君子不得已，而临莅天下。"盖言非予觉之，则天下无或觉之，非予正之，则天下无或正之也，不得已也，否则宁自保其清虚而不用矣。孔子曰："天下有道则见。"又曰："邦有道不废。"《中庸》曰："国有道，其言足以兴。"庄子曰："天下有道，则圣人成焉。"若是，则圣人必待有道而后出也。虽然，必圣人出，而后化无道为有道，圣人既不先有道而出，天下安能有道哉？此天也，孔庄之言，为在下位之圣人言也。《易》曰："云从龙，风从虎，圣人作而万物睹。"天心欲治，必先生圣人于上位，而下之圣人，相继而起矣。《书》曰："帝德广运，乃圣乃神，乃武乃文，皇天眷命，奄有四海，为天下君。"又曰："天鉴厥德，用集大命。"抚绥万邦，此之谓也，此有道之始也。故《易》曰："首出庶物，万国咸宁。"有首出，必有继出者矣。世之非圣人者，慎审用行之义，毋轻言首出，以求有道。而百工诸职，咸以此为心，则国可治矣，天下可治矣！

孟子曰："若夫豪杰之士，虽无文王犹兴。"此意也，惟至圣可耳。何也？无斯须利心，利天下国家也。孔孟伊尹，其庶几乎。

二十九　宏教（参看《止园惟教论》及《止园孔教大中》）

神道教神，人道教人，尽人合神，宇宙大宁。故恃政乱，恃教治。恃政弭乱，乱愈乱。恃教保治，治愈治。教非圣人不宏，故世非圣人不治。教所以圉民心，政所以圉民身。身正而心不正者，有之矣。心正而身不正者，未之有也。心为身主，教为政君，逆主亡君，臣奴肆淫，是以上达之士，为道宗，下达之士，为权府。为权府者，愈尊而愈贱。为道宗者，愈贱而愈尊。道为至尊，爵为至贱。德为至尊，禄为至贱。化行为至尊，威极为至贱。圣人以至尊役至贱，故至贱不贱。中天下，定四海，不如四端根于心。故重教不重政，将使天下为神圣，以及于四虚。而况八极之地，水火菽粟之功哉。

证

《中庸》曰："修道之谓教。"又曰："自明诚，谓之教。"《礼》曰："教也者，长善而救其失也。"此教之旨也，道仁也。仁，立己达己，立人达人也。长善者，长此者也。救失者，救此者也。明，知此者也。诚，能此者也。先明后诚，先教后能，斯教之所由立也。

夫教术有二：曰神道，曰人道。若绝神弃人，而入于虚寂者，神人之所以养也。君子以为一体而歧用，惟尽人以合神者，中正且固，故圣人取之。

即神道而言，曰天，曰神，曰上帝，其实一也。

《书》曰："上天孚佑下民。"又曰："天命弗僭。"又曰："肃将天威。"

又曰："予弗顺天，厥罪惟钧。"又曰："底天之罚。"又曰："恭行天之罚。"又曰："今天其命哲。"又曰："祈天永命。"《诗》曰："明明在上，赫赫在下，天难忱斯。"此指天以立教也。

《中庸》曰："神之格斯，不可度斯，矧可致斯。"《传》曰："神，聪明正直而一者也。"段氏曰："神引出万物。"《易》曰："阴阳不测之谓神。"孟子曰："圣而不可知之之谓神。"宋儒曰："气之伸者为神。"又曰："神栖于日。"此指神以立教也。

《书》曰："予畏上帝。"又曰："惟上帝不常。"又曰："乃夷居，弗事上帝神祇。"又曰："敢祇承上帝。"又曰："吁俊尊上帝。"《诗》曰："上帝临汝，毋贰尔心。"又曰："毋贰毋渝，上帝临汝。"此指上帝以立教也。

《书》曰："顾諟天之明命，以承上帝神祇。"又曰："惟帝不畀，惟天明畏。"《礼》曰："天神，以是征之。"所谓上帝也，神也，天也，一也。气清轻而上浮，即与天相合，而为上帝神明。以此立教，所以捐人欲而定心志也，信善哉。

然人事之宜，又何可纯弃？草必待其终也，而后能华实。人必待其终也，而后能神明。当其未终，必有以养之也，故圣人以人道设教焉。《礼》曰："司徒修六礼以节民性，明七教以兴民德，一道德以同俗。"又曰："乐正崇四术，立四教。"又曰："立爱自亲始，教民睦也。立敬自长始，教民顺也。教以和睦，而民贵其亲。教以敬长，而民贵用命。"《周礼》曰："教以六艺，教以六容。"孟子曰："谨庠序之教，申之以孝弟之义。"又曰："教以人伦，父子有亲，君臣有义，夫妇有别，长幼有序，朋友有信。"又曰："设为庠序学校以教之。"皆所以明人伦也。人伦明于上，小民亲于下，此皆圣人以人道立教也。有伦有序，人各尽性，尽性而后合天。故人道之教，即神道设教之本也。人以神道为志，以人道为行，庶不误矣。

故《中庸》曰："天命之谓性。"天命即人性。人不以人道自尽，而妄欲合天，犹握萌雕实，可乎哉？故《书》曰："天钦于民，民之所欲，天必从之。"又曰："惟天惠民，惟辟奉天。"《诗》曰："天之牖民，如埙如篪，如璋如圭，如取如携。携无曰益，牖民孔易。"又曰："天命降鉴［监］，下民有严。"若是，则天与人，本一体也。人伦即天道，废人事，岂能交于天神哉？天从二从人，人贯出于一元，即与天通也。天从二人，仁亦从二人，仁即合天，故神道之教，人道之教，宜相辅也，不相外也。古者，虞舜初平水土，即置司徒，敬敷五教。《书》曰："典听朕教。"又曰："司徒掌邦教，敷五典，扰兆民。"《周礼》曰："以教典安邦国，扰万民。"又曰："地官司徒，使率其属［蜀］，而掌邦教，以佐王安扰邦国。"又曰："小司徒掌建邦之教法，其为教也。正月之吉，受教法于司徒，退而颁之于乡吏，使各以教其所治。"由是观之，王者之治在教也。

故《易》曰："振民育德。"又曰："常德行，习教事。"又曰："居贤德善俗。"放勋曰："劳之，来之，匡之，直之，辅之，翼之，使自得之，又从而振德之。"《书》曰："教以祗德。"《传》曰："使司牧之，勿使失性。"若是，则尽性全德，圣人之所以教民而安之也。

虞舜以皋陶弼教。《周礼》曰："平教治，正政事。"以州长长州之教治政令，以党正长党之教治政令，政以弼教，则是主教而奴政也。故言政治，必先言教。《易》曰："圣人感人心而天下和平。"又曰："教思无穷，容保民无疆。"孔子曰："道之以德，齐之以礼，有耻且格。"是教近可以系天下也。《中庸》曰："百世以俟圣人而不惑。"又曰："言而世为天下法。"孟子曰："圣人，百世之师也。"又曰："守先王之道，以待后之学者。"是教远可以系后世也。此教之效也。

《礼》曰："君子既知教之所由生，又知教之所由废，然后可以为人师。道而弗牵，强而弗抑，开而弗达。"又曰："非诸人，行诸己，非教之道也。君子之教必由其本，顺之至也。"《大学》曰："不出家而成教于国。"此教之法也。本诸身，修诸家，而顺以导人，则教化无不行矣。

中国古代之教序，见于《周礼》者，详而备，可大可小，可神可人。《周礼》曰："因五物者民之常，而施十二教焉。一曰以祀礼教敬，则民不苟；二曰以阳礼教让，则民不争；三曰以阴礼教亲，则民不怨；四曰以乐礼教和，则民不乖；五曰以仪辨等，则民不越；六曰以俗教安，则民不偷；七曰以刑教中，则民不虣；八曰以誓教恤，则民不怠；九曰以度教节，则民知足；十曰以世事教能，则民不失职；十有一曰以贤制爵，则民慎德；十有二曰以庸制禄，则民兴功。"兹十二教者，始于神道，继以人情，成以世事，终以政治，岂非大备而不偏哉？

至承之之善，舜尹以下，孔子集大成矣。舜善与人同，伊尹以先知觉后知，可谓殚力于教者矣。孔子曰："天生德于予。"又曰："圣人以神道设教而天下服。"是固以天道神道设教矣。而其教也，不外于君君、臣臣、父父、子子、及文行忠信，何其切也！可谓尽人合天，中正无敝！其量，则有教无类。其术，则博文约礼，循循善诱。其效，则道之斯行，动之斯和。宜乎天以之为木铎也！谁谓孔子，而非教之宗主哉？吾愿后世宏教，吾愿后世宏孔子之教，吾愿后世宏诸哲之教而归于孔子，俾天人一贯，万世允赖。

三十　治政（参观《止园经义治事录》及《止园王道法言》）

示之以德，率之以道，怀之以仁，齐之以礼，修学以端始，备物以制用，然而不治者，未之有也。以术败德，以利蔽道，以权贼仁，以便失礼，舍学而趋俗，紊物以召贪，然而不乱者，未之有也。故圣人之治在本，愚人之治在末，圣人之治在和，愚人之治在夺，忘本齐末，伤和犯夺，而天下不谷。孰肇之曰浊，孰启之曰欲，浊心纵欲，万姓鼎沸。孰能反身修己，以维人道之纲，自可参天两地，而立宇宙之防。一人肫肫，天下洋洋，万世永赖，于兹为常。

证

《礼》曰："人道政为大。"老子曰："政善治。"言有人也，必有政也。惟政以治，非促乱也。然世之人，皆以政促乱。何哉？岂政难治与？《书》曰："垂拱而天下治。"孔子曰："无为而治者，其舜也与。夫何为哉？恭己正南面而已矣。"若是之论政，甚易也。何以易？孔子曰："为政以德，譬如北辰，居其所，而众星拱之。"信哉！以德为政，则易治，不以德为政，不亦难乎？

《书》曰："德惟善政。"又曰："帝德广运，为天下君。"又曰："德乃降，黎民怀之。"又曰："德日新，万邦惟怀。"《传》曰："德以和民。"又曰："德以施惠。"又曰："御奸以德。"又曰："德，国家之基也。"孟子曰："辅世长民莫如德。"若是，则非德不可以为君而和民，君民抢攘，政可治乎？

《诗》曰："不显惟德，百辟其刑之。"《传》曰："昭德塞危［违］，以临照百官。"无德，则百辟无以刑，君邪官邪，官邪民邪，政可治乎？古圣人知非德不可以治政也，故先修其德。《书》曰："克明峻德，平章百姓。"又曰："玄德升闻，百揆时叙。"《传》曰："四王之王也，树德而济同欲焉。"由是观之，五帝三王之所以能治者，在德不在政，有德，则百辟率之，而万几理矣。

夫德何以能治哉？《书》曰："实施德于民。"又曰："乂用三德。"

《诗》曰："矢其文德，洽此四国。"《传》曰："德以柔中国。"又曰："德以治民。"又曰："德立刑行，政成事时。"又曰："德不失民。"若是，则德施而政义，政义而民安矣。孔子曰："德之流行，速于置邮而传命。"孟子曰："以德服人者，中心悦而诚服也。"民服则效速，安得不治哉。

古之圣人，既以德为体，又以德为用，以善其政，犹以为未足，必使其民皆勉于德，以为长治久安之道。故《书》曰："政乃乂，黎民敏德。"《易》曰："振民育德。"且临，临民也，临民以政。而《大象》曰："教思无穷，保民无疆。"由是观之，保民永泽，在德不在政。

夫政在修礼，《礼记》备王制明堂之政，皆本于德也。何也？虽有其位，苟无其德，不敢作礼乐焉。《传》曰："礼，经国家，定社稷，序人民，利后嗣者也。"又曰："夫礼以整民也。"又曰："礼所以守其国，行其政令，无失其民者也。"《礼》曰："礼者，事之治。治国而无礼，譬如瞽之无相，伥伥乎其何之。"若是，则非礼无以治政，礼既由德作，即政以德治。《传》曰："德礼不易，无人不怀。"言德礼者，兼本末也。

夫德礼何以能治政哉？礼以敬为本，以伦为方。孔子曰："道千乘之国，敬事而信。"又曰："不庄以莅之，则民不敬。"《中庸》曰："笃恭而天下平。"《诗》曰："敬尔在公。"又曰："既敬既戒，惠此南国。"《传》曰："不忘恭敬，民之主也。"是敬可以治政也。《书》曰："惟孝友于兄弟，施于有政。"齐景公问政于孔子，孔子对曰："君君，臣臣，父父，子子。"孟子曰："人伦明于上，小民亲于下。"是伦可以治政也。以敬修伦，则德礼成，而政事明矣。

且古者常言仁政矣。《书》曰："民罔常怀，怀于有仁。"孟子曰："以不忍人之心，行不忍人之政，治天下可运之掌上。"又曰："继之以不忍人之政，而仁覆天下矣。"又曰："不嗜杀人者，能一之。"《大学》曰："尧舜率天下以仁，而民从之。"然仁政何以兴？曰兴于德。故《传》曰："惟有德者，能以宽服民。"仁政何以行？曰行于礼。故《礼》曰："所以治，政为大。政，爱人为大，所以治。爱人，礼为大。"故吾始言德，而后言礼。德礼，即仁政也。德礼并修，政无不治。

夫古之所谓修德教也，古之所谓制礼法也，善教而知法学也。《书》曰："学古入官，议事以治，政乃不迷。"《传》曰："学而后入政。"《礼》曰："学无当于五官，五官弗得弗治。"孔子曰："君子学道则爱人，小人学道则易使也。"学也者，学礼而修德。后世不学无术，不知德礼，而以临人。其用也，专以术行，而德礼败于上。其任也，专以术进，而德礼失于官。其化也，专以术欺，而德礼灭于下。犹不知百官之难正也，而惟曰"吾御之之不巧"。犹不知万民之难服也，而惟曰"吾防之之不严"。及之术愈巧，而官愈不正。防愈严，而民愈不服。天下国家之所以永乱而不治，不亦宜乎？古之言政者一，今之言政者百。古之言政者二，今之言政者万。故吾不言万几百职，而惟言德礼。

庄子曰："本在于上，末在于下。要在于主，详在于臣。三军五兵之用，德之末也。赏罚利害五刑之辟，教之末也。礼法度数，刑名比详，治之末也。"若是，则德为治本，礼为治末，礼以下，尚可言乎？

《书》曰："一人元良，万邦以贞。"《诗》曰："秩秩大猷，圣人莫之。"孔子曰："有德之君，外内不废，上下无怨，动无违事。"犹是观之，德礼之本，一人而已。有国家天下者宜知之。

三十一　宪法（参观《止园王道法言》）

立宪惟圣，守宪惟贤，宪率于天，守以自然。古政既昭，使民顺焉，咸悉于此，道永平平。后贤修之，无敢轻权，乃谓之宪，而以示于人间。故大宪成于性天，其下殷于世习，强而制之，虽通亦塞。盖道无文而宪有则，准则便习，与道遂阂。故圣人之立宪也，因天性之自然，率人情之正辙，俾流行于四端，而顺施于八极。后人泥之，争于偏辞，临民反逆，示民反疑。君子以为失其齐，故索之于良知。良知易守，绍先启后，复归于真，治得其久。此宪之所由以立也。政教之永垂，天人所共归，可不鉴哉。

证

《易》曰："制而用之谓之法。"《礼》曰："设制度。"盖法制者，圣人所设，以为治人之用者也。虽然，人各因其自得之良知，施之于群，天下无勃溪，又何必以法制之？盖众人以人欲伤天理，不能不制。圣人以天心立人道，故能制法。《易》曰："圣人有以见天下之动，而观其会通，以行其典礼。"此之谓也。见天下之动，何也？见其动而合于天者，从而制法以励之。见其动而不合于天者，从而制法以节之。此法之所由以立也。不能尽人合天，而归于大中者，岂足以立法哉？

《周礼》以典待邦国之治，以则待都鄙之治，以法待官府之治，以官成万民之治。何谓待？何谓成？上之人，守其法典而不动，以待百官。不迁而就之，彼将自成其治，以靖万民。盛哉，守法之效如此，非明经达礼，谁能识之？

《周礼》太宰掌建邦之六典，以佐王治邦国。一曰治典，以经邦国，以治官府，以纪万民。由是观之，司百揆者，正其法，以待百官万民之治而已，而况于王乎？而奈何世之不知本末也。夫古之所谓礼，今之所谓宪也。古之所谓礼，今之所谓法也。《易》之《履》，礼之始也。其象曰："上天下泽，履。君子以辨上下，定民志。"上如天焉，守其常而不移，下如泽焉，以清澄应天之和，而待其消长。此法之所由以立，而民之所由以治也。上不天，下不泽。上不天，则巧以迎下，而邀其从。下不泽，则诈以讦上，而伺其隙。以是立法，宜其败也。哀哉，其不察于天人之际也！

古之人，必先修其道，俾贯于天人，而后敢立法。故《中庸》曰："虽有其位，苟无其德，不敢作礼乐焉。"又曰："惟天下至诚，为能经纶天下之大经，立天下之大本。"言惟至圣，而后可以议礼制度也。言惟至圣，而后其所议之礼可法，所制之度可守也。今之人，不修其德，强制一法，而欲人守之，难矣。

《诗》曰："文武吉甫，万邦为宪。"《中庸》曰："动而世为天下法，行而世为天下则。"人必文武兼备，行动合道，而后可以立天下国家之大法。今之人，修其似通非通之学，握其欲固未固之权，而将立宪，是何异翰音之欲登天也？不惟立法之难，守法亦难也。《中庸》曰："经礼三百，曲礼三千，待其人而后行。"行礼法，且必待人，而况于制之者乎？吾观六经之法，今有存也，其善过于世所议。《诗》曰："文武是宪。"《书》曰："监于先王成宪，其永无愆。"《中庸》曰："宪章文武。"先王文武，圣人也，今犹可法，孰取而以为宪？吾以为胜于世所议也。

《书》曰："有典有则，遗厥子孙。"孟子曰："君子创业垂统，为可继也。"中国圣人，自有宪法可继，孰能修天人合一之道而承之哉？

孟子曰："有王者起，必来取法。"吾且为《宪法》一篇，以立其端，以待修德行道合于天人者之来取法也。此千古成物之范也。

三十二　极乐（参观《止园原性论》及《唯乐论》）

天下一家，中国一人，惟吾德是刑。鱼鳖咸若，鬼神以宁，惟吾道是遵，圣人之量也。齐之以礼，和之以乐，圣人之中，以底于大同也。含之以虚，和之以莫，圣人之大，以保其大同也。圣道不中，天下相攻。圣道不大，天下相碍。期之万世，而不能得之于一朝者，大而不中。得之一隅，而不能周之于六合者，中而不大。守中合大，道洽无外。本大施中，道运无终。保合中和，万类雍雍。成人成物，极乐永丰。不遗草木，逮于蛆虫。如此，则圣志遂而圣功全矣。仁智尽善，乃臻至焉。

证

孔子曰："泛爱众。"泛者，无畛域之分，所谓仁者无不爱也。禹思天下有溺者，犹己溺之也。稷思天下有饥者，犹己饥之也。伊尹思天下之人，匹夫匹妇，有不被尧舜之泽者，若己推而纳之沟中。此圣人爱人之量，非宇宙同乐，不足以安其心也。吾愿人以此为志。

孟子曰："古之人，与民偕乐。"又曰："乐天者，保天下。"是则已得真乐，而以遍于人物，以安定宇宙，而全其量也。大哉仁矣，即孔子己立立人、己达达人之谊也！惟圣人欲以宇宙极乐之量，公于天下。何以哉？儒者以礼乐，老庄以太虚，二术而已矣。今试考之，礼乐，所以节情也。太虚，所以保性也。保性必节情，节情以保性。二者虽不同，而要之归于极乐一也，且二者相资也。

稽儒者之学，《礼》曰："礼达而分定，故人皆爱其死，而患其生。"又曰："天子以德为车，以乐为御。诸侯以礼相与，大夫以法相序。士以信相考，百姓以睦相守。天下之肥也。是谓大顺。大顺者，所以养生送死、事鬼神之常也。"夫礼达分定，诸侯亦以礼相与而不争，则是以礼臻于大同也。

《礼》曰："治世之音安以乐，其政和。"又曰："宫为君，商为臣，角为民，征为事，羽为物，五者不乱，则无怗滞之音矣。""声音之道，与政通也。"又曰："乐和民声。"又曰："乐者，异文合爱者也。"又曰："㫕谐慢易、敏文简节之音作，而民康乐。"又曰："百度得数而有常，小大相成，终始相生，倡和清浊，迭相为经。故乐行而伦清，耳目聪明，血气和平，移风易俗，天下皆宁。"又曰："广乐以成其教，乐成而民乡方，可以观德矣。"又曰："情见而义立，乐终而德尊，君子以好善，小人以听过。故曰：'生民之道，乐为大焉。'"夫乐畅情而和性，怡体以调伦。人性惟乐，乐顺成之。去非导和，宇宙熙熙。则是以乐臻于大同也。

礼防而乐和之，性定情怡，万物咸宜。故《礼》曰："乐至则无怨，礼至则不争。揖让而治天下者，礼乐之谓也。暴民不作，诸侯宾服，兵革不试，五刑不用，百姓无患，天子不怒，如此则乐达矣。"又曰："礼文同，则上下和矣。"又曰："大人举礼乐，则天地将为昭焉。天地欣合，阴阳相得，煦妪覆育万物。"儒者之大同如此，抑亦可以底于极乐矣。然惟见于上古舜之时，敬敷五教，皋陶宣九德，舜允执厥中，其盛也，群后德让，下管鼗鼓，合止祝敔，笙镛以间，鸟兽跄跄，箫韶九成，凤凰来仪。又曰："百兽率舞，庶尹允谐。"当此之时，岂惟人得极乐，物亦同之。是礼乐之效，实可以造大同而臻极乐也。后世差毫厘而失千里，崇礼以尊爵，则争民施夺，修乐以达情，而暴污肆淫，求治反乱，求乐反苦。于是，墨子起而非之，谓礼乱等，而乐塞性，不亦宜乎？以吾考之，礼乐末也，本在于心。失圣之心，逐末忘真，安得不乱且苦哉？

夫圣心大虚，成于礼乐，而不觉有礼乐者也。老子之达礼乐，先于孔子者也。其言大同也，曰："众人熙熙，如登春台，如享太牢，我独泊然其未兆，如婴儿之未孩。"又曰："虽有舟舆，无所用之。虽有甲兵，无所陈之。使民复结绳而用之。甘其食，美其服。安其居，乐其俗。邻国相望，鸡犬之声相闻。使民至老死不相往来。"此臻于大同，而安以太虚也。庄子曰："明王之治，功盖天下而似不自己，化贷万物而民弗恃。有莫举名，使民自喜，立乎不测，而游于无有者也。"又曰："至德之世，其行填填，其视颠颠。"又曰："古之人在混茫之中，与一世而得淡漠焉。当是时也，阴阳和静，鬼神不扰，四时得节，万物不伤，群生不扰，人虽有智，无所用之，此之谓至一。当是时也，莫之为而常自然。"老庄之所谓虚无自然者，信乎为大同之象矣。虽然，太虚纯阴，礼乐纯阳，偏于一端，阴极则变，阳极则变，皆未可以永保大同也。逐其末，印度学佛，虚静以亡，东晋谈老，无为而弱，太虚又乱之阶也。吾谓礼乐不繁，而虚以运之尤效。

《中庸》曰："致中和，天地位焉，万物育焉。"信善哉，未发之中，即太虚也；中节之和，即礼乐也。太虚为体，礼乐为用，则阴阳得位，水火既济。天地位，万物育，可以永保而无渝矣。有大同极乐之量者，幸勿有悖于吾言！

《礼》曰："大道之行也，天下为公，选贤与能，讲信修睦。故人不独亲其亲，不独子其子，使老有终，壮有所用，幼有所长，矜寡孤独废疾者皆有所养，男有分，女有归。"又曰："天地顺而四时当，民有德而五谷昌，疾病不作而无妖祥，此之谓大当。"此中和之及于人者然也。

不惟人也，物亦享之。《书》曰："鸟兽鱼鳖咸若。"《易》曰："含宏光大，品物咸亨。"《礼》曰："天不爱其道，地不爱其宝，人不爱其情，故天降膏露，地出醴泉，山出器车，河出马图，凤凰麒麟皆在效薮，龟龙在宫沼，其余鸟兽之卵【胎】，皆可俯而窥也。"此顺之实也。又曰："草木茂，勾萌达，羽翼奋，角觡生，蛰虫昭苏，羽者妪伏，毛者孕鬻，胎生者不殰，而卵生者不殈，则乐之道归焉耳。"此中和之周于物者然也。

不惟人物，神亦赖之。《书》曰："无相夺伦，神人以和。"又曰："方懋厥德，冈〔罔〕有天灾。山川鬼神，亦莫不宁。"《传》曰："百神用享。"《易》曰："可与佑神。"此中和之通于神者然也。中和能位天地，育万物，于此益信。

吾愿有圣哲起，翕于太虚之常，殷于礼乐之正，以保其中和。使民乐永康，物尽天性，鬼神欣欣，宇宙太平，无终有成，以全其仁。故于极乐，详究而重言之。

三十三　尽性（参看《止园原性论》）

禾黍之性秋而成，夏则刈之，华实之美，未尽见也。生人之性全而圣，习则滑之，神明之极，未尽臻也。性未尽而以为恶，错齿啮舌，反手抳胳，而怒其拂。倒置之民，亦可悲矣。故圣人含其虚而和于礼，所以尽己之性也；用其中而成于顺，所以尽物之性也。人物于于，皆得其正，率而由之，夷然太定。我则莫然，无能、无朕、无思、无为、无视、无听。从心即矩，永保天命。则骈枝不害，而覆育之功成矣。

证

《易》曰："利贞者，性情也。"利，顺也，贞，正也，言率性而行，则顺道而正其德矣。故曰："各正性命，保合太和。"又曰："成之者，性也。"又曰："成性存存，道义之门。"庄子曰："性者，生之质也。"又曰："乱天之经，逆物之情，玄天弗成。"由是观之，性即道也。

《礼》曰："人者，天地之德，阴阳之交，鬼神之会，五行之秀气也。"又曰："人者，天地之心，五行之端也。"《孝经》曰："天地之大人为贵。"由是观之，人性尤善。孟子曰："无恻隐之心，非人也。无羞恶之心，非人也。无辞让之心，非人也。无是非之心，非人也。"恻隐之心，仁也，羞恶之心，义也，辞让之心，礼也，是非之心，知也。人性有仁义礼知之端，故孟子道"性善"。又曰："大人者，不失其赤子之心者也。"孔子曰："苗而不秀者有矣乎？秀而不实者有矣乎？"《中庸》曰："充其本然之善。"庄子曰："理出其性。"皆性善之说也。

进而证之，性即德也。《诗》曰："民之秉彝，好是懿德。"《传》曰："民生敦庞，和同以德。"《礼》曰："德者，性之端也。"庄子曰："形体保神，各有仪则，谓之性。性修反德，德至同于初。"性中含德，故曰性善。

《中庸》曰："天命之谓性，率性之谓道。"《传》曰："民受天地之中以生，所谓命也。"言命即性也。在天为命，在人为性，受天之命，得人之性，故全其性者，可以合天。《易》曰："穷理尽性，以至于命。"即尽人合天之义也。老子曰"复命"，曰"常"。庄子曰："圣人达绸缪，周尽一体矣，而不知其然，性也。复命摇作，而以天为师，人则从而命之也。"盖天以善性与人，人全此性以答天，即可以至于神明。谓复命者，复天命，尽人性也。

然性如此其善也，而荀子以为恶。何哉？孔子曰："性相近也，习相远也。"《礼》曰："夫民有血气之心，生知之性，而无哀乐喜怒之常，应感起物而动，而后心术形焉。"又曰："人生而静，天之性也。感于物而动，性之欲也。"感物迁习，易流于恶，而失本然之天真。犹木经火而为灰，不能谓灰为木也。性化物而为恶，不能谓恶为性也。

夫荀子之说，岂无由哉？荀子以情生于性，今不能谓情非由性中来也。曰："喜怒哀乐之未发，谓之中。"喜怒哀乐，情也，未发固中，发即胶于物而化于恶，岂得谓之善哉？《礼》曰："反情以和其志。"情应反，则性亦应反矣。然《礼》又曰："人情者，圣人之田也。"则是人情又可顺矣。《乐记》曰："乐也者，情之不可变者也。礼也者，理之不可易者也。乐统同，礼辨异，礼乐之道，管乎人情矣。"情亦可顺，圣人顺性情之善，而以礼乐导之，节性情之恶，而以礼乐防之，斯中矣。

《礼》曰："本其性情，稽之度数，制之礼义，合生气之和，道五常之行，使之阳而不散，阴而不密，刚气不怒，柔气不摄〔慑〕，四畅交于中，而发作于外，皆安其位而不相夺。"是则礼乐之至，导善防恶以尽性也。

礼乐固可以尽性，而墨子非之，以为无用。此亦执之有故，不可不反观而深考也。庄子曰："待钩绳规矩而正者，是削其性也。"又曰："骈拇枝指，出乎性哉，而侈于德。附赘县疣，出乎形哉，而侈于性。多方乎仁义，而用之者，列于五藏哉，而非道德之正也。"又曰："枝于仁者，擢德塞性。"又曰："小惑易方，大惑易性。"有虞氏招仁义以挠天下，天下莫不奔走于仁义，是易其性与？夫孔子既以礼义合生气之和，孟子亦以仁义礼知为四端，而庄子乃以为害性。何哉？圣人之制礼也，合于天理之自然。后人之习礼也，杂以人欲之矫饰。人欲微萌，天理遂灭，虽仁义礼知之方昭于天下，何常有益于性哉？故庄子又曰："三代以下，天下莫不以物易性，小人以身殉利，士以身殉名，大夫以身殉家，圣人以身殉天下。"其伤性一也。又曰："属性于仁义者，虽通如曾史，非吾所谓臧也。属性于五声者，虽通如师旷，非吾所谓聪也。属性于五色者，虽通如离朱，非吾所谓明也。"此盖谓性中不可杂物，无物则明心而见性。仁义礼乐横于中，犹物也，此理与佛氏同矣。佛氏谓法尚当舍。又曰："一切法皆非法。"故明谓先以法去小物，其终也视法犹物而并去之也。佛氏之所谓法，亦孔孟仁义礼知之类也。

明于此，则非法、非非法之理可皙矣。非法当舍，非非法当由。出入于仁义礼知之中，而不自知其是者，复性矣。故庄子曰："彼至正者，不失其性命之情。合者不为骈，而枝者不为歧；故性长非所断，性短非所续，无所去忧也。"若是，则庄子不以枝于仁义为害性，已自辨矣。要之，不趋仁义，不就礼乐。仁义而不自觉其仁义，礼乐而不自知其礼乐。如此，则性命全矣。

此言也，孟子亦已言之。孟子曰："天下之言性也，则故而已矣。故者，以利为本，所恶于知者，为其凿也。如知者若禹之行水也，则无恶于知也。禹之行水也，行其所无事也。如知者亦行其所无事，则知亦大矣。天之高也，星辰之远也，苟求其故，千岁之日至，可坐而待［致］也。"以利为本者，兼美利利天下之利而言也，仁义也，故与凿则害性。是以孟子道性善，言仁义不言利。孔子罕言利，即以仁义利天下，何尝以利为利哉？行其自然，使物各顺其性，如水之就下，斯已矣。

故尽性之学，其初也，讲礼乐，修仁义以齐之。及其至也，浑然太虚而不自知，所谓海客无心，沙鸥可玩，即鸟兽鱼鳖咸若之瞳也，即尽己之性，尽人之性，尽物之性也。《诗》曰："岂弟君子，俾弥尔性。"《中庸》曰："惟天下至诚，惟能尽其性。能尽其性，则能尽人之性。能尽人之性，则能尽物之性。能尽物之性，则可以赞天地之化育。可以赞天地之化育，则可以与天地参矣。"至诚无物，岂弟慈祥，自可尽性而与天合。《中庸》先言三达德，而结以至诚，亦忘仁义而归于复性之意也，故曰尽性。尽性者，率性之成功也。率性，则仁义礼乐自兴焉；尽性，则仁义礼乐自失焉。孔孟荀墨庄佛参而通之，可以言尽性矣。若修道率性之功未纯，不可以遽求高远也。孔子从心所欲不逾矩，本无心于仁义礼乐，而自合于仁义礼乐也。此真能尽其性者矣。故子贡曰："夫子之言性与天道，不可得而闻也。"

三十四　合天

天可合乎？人非天也。天不可合乎？人即天也。不可合者，天外之人。可合者，人中之天也。人中有天，物中有天，因物之天，以成物焉，因人之天，以成人焉。天之所顺者长之，天之所逆者去之。去天之所逆，长天之所顺，谓之尽性。尽性得天，斯为神圣。太虚者，天之静也。时和者，天之动也。礼乐者，和之节也。顺正者，时之适也。草木不伤其仁，天命之勾萌华实，而草木无为也。生人不伤其仁，天命之神明化精，而生人无为也。故天道无为，人道为之。为而无为，天德与宜。至人达此，乃不自欺。旡妄元亨，随化知机。久而不息，归于婴儿。此天人之所以一贯也。

证

《中庸》曰："聪明圣知，达天德者。"天德何由达哉？天德，即人德也。故庄子曰："知天之所为，知人之所为。"《中庸》曰："造端夫夫妇，及其至也，察夫天地。"言人之所为，始于阴阳化生，若能率阴阳之正，则可以合于天矣。

夫阴阳何如哉？《易》曰："大亨以正天之道。"又曰："豫，顺以动，故天地如之。"又曰："复，其见天地之心乎！"《礼》曰："如日月东西，相从而不已，是天道也。不闭其久，是天道也。无为而成，是天道也。已成而明，是天道也。"《中庸》曰："天之道可一言而尽也，其为物不贰，则其生物不测。"盖人生之始，得复之义焉，阳气潜于下，内动而外顺，先天之象也。其成也，得豫之义焉，阳气发于上，外动而内顺，后天之象也。故《复》曰："见天地之心。"《豫》曰："天地如之，内外皆顺。"其常，则不闭而化成，有不可测者矣。何以能顺天？曰"诚"，曰"虚"。《中庸》曰："诚者，天之道也。"庄子曰："天使难以伪，是诚可以顺天也。"孔子曰："天何言哉？四时行焉，百物生焉。"孟子曰："莫之为而为者，天也。"老子曰："天法道，道法自然。"庄子曰："不言之辨，不道之道。若有能知，此之谓天府。"又曰："入无穷之门，以游无极之野，与日月参光，与天地为常。"又曰："无为为之之谓天。"又曰："其寝不梦，其觉不忧，其神纯粹，其魂不罢，虚无恬淡，乃合天德。"又曰："天地为合，其合缗缗，若愚若昏，是为玄德，同夫大顺。"又曰："若夫不刻意而高，无语人〔仁义〕而修，无功名而治，无江海而间〔闲〕，不导〔道〕引而寿，无不忘也，无不有也，淡然无极，而众美从之。此天地之道，圣人之德也。"是虚可以顺天也。言性与天道，孔孟老庄一也。一者何也？曰"至诚"，曰"太虚"。太虚即至诚，非枯寂也。至诚即太虚，非干惕也。

孟子曰："勿助勿忘。"庄子曰："不以人助天。"又曰："师天而不得师天，与物皆殉。"今之人强欲合天，矫忘以助，求诚失虚，则殉矣，安能合天？

合至诚太虚而言之，中和而已矣。《传》曰："哀乐不失，乃能协于天地之性。"即中庸发皆中节之义也。故曰："致中和，天地位焉，万物育焉。"《礼》曰："奋至德之光，动四气之和，以著万物之理。是故清明象天，广大象地，终始象四时，周还象风雨。"皆中和合天之义也。

圣人既以中和合天，又以中和自然之节文，发为礼乐，所以示人，使之皆全其天德也。故《礼》曰："乐者，天地之和也。礼者，天地之序也。和，故百物皆化。序，故群物皆别。乐由天作，礼以地制。过制则乱，过作则暴。明于天地，然后能兴礼乐也。"又曰："及夫礼乐之极乎天而播乎地，行乎阴阳而通乎鬼神，穷高极远而测深厚，乐着太始而礼居成物。着不息者天也，着不动者地也。一动一静者，天地之间也。"此礼乐合天之说也。

《易》曰："应乎天而时行。"又曰："时行六龙以御天。"若是，则礼乐之实，中和之气，皆以时而发也。时何以择哉？雄鸡无如，时至则鸣，黍稷无知，时至则萌，亦太虚而已矣。

《传》曰："德至矣，如天之无不帱也，如地之无不载也。"《书》曰："克配上帝。"老子曰："王乃天，天乃道。"又曰："配天古之极。"《中庸》曰："高明配天。"又曰："峻极于天。"又曰："溥博如天。"又曰："浩浩其天。"《易》曰："与天地相似，故不违。"又曰："夫大人者，与天地合其德，与日月合其明，与四时合其序，与鬼神合其吉凶。先天而天弗违，后天而顺天时。天且不违，而况于人乎？况于鬼神乎？"此皆言尽人合天之至也，休矣。何以及此？《书》曰："奉若天命。"又曰："以昭受上帝，天其申命用休。"又曰："钦崇天道，永保天命。"《传》曰："则天之明，因地之性。"《易》曰："顺天休命。"又曰："君子尚消息盈虚，天行也。"奉天顺命，久则成矣。

何以奉天而顺之？至德而已。《书》曰："惟德动天。"又曰："咸有一德，克享天心。"庄子曰："德兼于道，道兼于天。"德莫大于中和，故吾谓中和可以合天。《易》曰："飞龙在天，乃位乎天德。"以天德得天位，成己成物于是全矣。故圣人自保中和，又制礼乐。《中庸》曰："虽有其德，苟无其位，不敢作礼乐焉。"天德不能居天位，圣人亦自保中和而已矣。

进而论之，合天之说莫精于《周易》。其言曰："与天地为准，故能弥纶天地之道。仰以观于天文，俯以察于地理，是故知幽明之故。"又曰："范围天地之化而不过。"又曰："广大配天地，变通配四时，阴阳之义配日月，易简之义配至德。"又曰："天生神物，圣人则之。天地变化，圣人效之。天垂象，见吉凶，圣人象之。河出图，洛出书，圣人则之。"言则河图洛书者，顺阴阳也。故能仰观俯察，范围天地。所谓不过者，即礼所谓仁人不过乎物也，中和也。

故人保其中和，即能合天。中和者，纯然至诚，纯然太虚，而不杂以人欲也。故庄子曰："人之所舍，谓之天民。天之所助，谓之天子。"又曰："庸讵知吾所谓天之非人乎？吾所谓人之非天乎？"佛氏谓无我相，则吾所谓有我相矣，不能合天矣。故《书》曰："人心惟微。"人能无我，则不欲以我合天，而以道合天，自无吾所谓之见。则至诚之德，太虚之度全，而能以中和合天矣。

昔仲尼上律天时，下袭水土。譬如天地之无不持载，无不覆帱。譬如四时之错行，如日月之代明，万物并育而不相害，道并行而不相悖。小德川流，大德敦化。此天地之所以为大也。尧之为君也，惟天为大。惟尧则之，荡荡乎民无能名焉。尧则政教兼施，孔子惟着于教，尧与孔子皆全其中和。其言行，天所不能外也，故曰合天。

然合天之道，先在法天，法天既久，乃能合天。故《中庸》曰："天地之道，悠也，久也。"又曰："久则征，征则悠远。"《易》曰："天地之道，恒久而不已也。"又曰："天行健，君子以自强不息。"吾固以至诚太虚为中和，可以合天。证之已明。然非有不息之功，保其悠远，则亦不能合天矣。后人有欲法天，而至于神明者，庶几有察于吾言。

三十五　神化

天有神焉，人有神焉。人心合天，神来舍焉。人心拂天，神舍去焉。性道苟成，人化神也。性道不成，人化物也。故圣人虚以守诚，诚以含虚。既虚且诚，精爽神明。通于不测，天地佑之。然后兴于礼乐，而顺以养之。保其太和，而久以成之。是以其生也神交，其终也神化。申而不屈，上而不下。夫气清而轻者升，气浊而重者沉。鬼神之说，六经频云。虚诚永贞，靡人弗臻。若信神故祷，不可交也。欲神故修，不可成也。何也？以有贼于虚诚故。

证

鬼神之说，六经不讳，岂以圣人而欺人哉？《易》曰："原始反终，故知死生之说。精气为物，游魂为变，故知鬼神之情状。"又曰："知变化者，其知神之所为乎？"原始反终者，变化之谓也。观万物之变，莫之为而为，其性也，即神也（参观《止园原性论》）。

然执之不入手，觌之不寓目，神安所在哉？《易》曰："神无方。"又曰："惟神也，故不疾而速，不行而至。"《诗》曰："神之格斯，不可度斯。"《中庸》曰："视之而弗见，听之而不闻。"则冥冥之中，必有宰也。

《诗》曰："俾尔弥尔性，百神尔主矣。"《传》曰："神，聪明正直而一者也，依人而行。"又曰："民，神之主也。"《易》曰："利用出入，民咸用之谓之神。"又曰："神而明之，存乎其人。"言人事之宜，人性之正，可以通神。是以季路问事鬼神，孔子答之曰："未能事人，焉能事鬼？"问死，孔子答之曰："未知生，焉知死？"言知生即知死，知人即知神。人之所以自远于神者，以其不尽生人之性耳，神何远之有哉？《传》曰："鬼神非人实亲，惟德是依。"又曰："神所冯依，将在德矣。"又曰："先王务修德音，以享神人。"《易》曰："显道神德兴，是故可与酬酢，可与佑神。"言全德，即可以交于神明也。《书》曰："至诚感神。"言至诚，即可以交于神明也。全德至诚，尽其性也。

昔圣人因其成德，制之礼乐，以交神明。故《书》曰："八音克谐，神人以和。"《礼》曰："礼乐顺天地之情，达神明之德，降兴上下之神，而凝是精粗之体。"《周礼》曰："凡六乐者，一变而致羽物，及川泽之祇；再变而致蠃物，及山林之祇；三变而致鳞物，及丘陵之祇；四变而致毛物，及坟衍之祇；五变而致介物，及土祇；六变而致象物，及天神。"又曰："《九德》之歌，《九磬》之舞，于宗庙之中奏之。若乐九变，则人鬼可得而礼矣。"礼乐之感孚如此，故又设官以司之。《周礼》大宗伯"掌天神、人鬼、地祇之礼"，"以吉礼事邦国之鬼神祇，以禋礼事昊天上帝"。小宗伯"掌建邦之神位"；"凡以神仕者，掌三辰之法，以犹鬼神祇之居，辨其名物"。是古人以神道为要也。

故《易》曰："圣人以神道设教，而天下服。"又曰："明于天之道，而察于民之故，是兴神物以前民用。圣人以此斋戒，以神明其德。"《传》曰："鬼神用享，国受其福。"若是，则古人之政，与神通也。

后世人失其德，官失其事，而人道与神道远矣。然而潜修之士，犹能以玄德自修，而为神明矣。人但见于有，不见于无也。老子曰："有以为体，无以为用。"人惟知有现有之形，而不知有虚无之神以用之也。故老子又曰："恍兮惚兮，其中有物。惚兮恍兮，其中有象。窈兮冥兮，其中有精。其精甚真，其中有信。"《中庸》曰："体物而不可移。"皆言虚无中，必有神也。

何以修之？老子曰："思之思之，神明通之。"《传》曰："心之精爽，是谓魂魄。"庄子曰："深之又深，而能物焉。神之又神，而能精焉。"《易》曰："精义入神。"皆言思可以通于神也。庄子曰："内通而外于心，知鬼神将来舍。"又曰："正汝形，一汝视，天和将至。摄汝知，一汝度，神将来舍。"又曰："无心德而鬼神服。"又曰："耻通于事，立之本源，而知通于神。"皆言虚可以通于神也。《中庸》曰："至诚如神。"老子曰："至人神化。"庄子曰："用志不分，乃凝于神。"皆言诚可以通于神也。思天地万物自然之理，而守之以诚，养之以虚，则人可以化而为神矣。

《传》曰："人生始化曰魄，既生魄，阳曰魂。用物精多，则魂魄强。是以有精爽，至于神明。"《易》曰："鼓之舞之以尽神。"《礼》曰："气盛而化神。"老子曰："谷神不死，是谓玄牝。"庄子曰："至人神矣。"又曰："乘云气，骑日月，而游乎四海之外，死生无变于已。"又曰："精神四达并流，无所不极，上际于天，下蟠于地，化育万物，不可为象，其名为同帝。纯素之道，惟神是守。匕〔守〕而勿失，与神为一。"是皆人化而神也。

故文王骘降，在帝左右。孔子请疾，七日而没。邵康节将死，其神出于舍。李延平将死，曰："将还造化，故物。"王阳明将死，曰："此心虚明，至人化而为神也。"故宋儒曰："气之伸者谓之神。"又曰："圣死为神。"然《礼》曰："久则天，天则神。"人非虚诚之德，久而不渝，其孰能与于斯？

夫形存百年耳，不伤于物，而贼其真。神将上升，极乐永存。故吾愿成己之士，不惟全其仁义，须合于天，而化为神也。吾愿成物之士，不惟宇宙极乐，须使人皆合于天，而化为神也。此之谓大成，此之谓至圣。修道德之业者，其可以自欺乎！

（《止园丛书》第 1 集）

王道法言[①]

自 题[②]

人道

太昭题　尹昌衡印（印）

自 序

人谓中国可怜，吾谓外国亦可怜也。败道失德，而与人争，沦胥以尽，宁有穷期。吾不惟视南北之人如手足，宇宙之内皆手足也。且大同之盛，势所必至，百岁克成，则今之好争者，百岁之后永被禽兽之罪名矣；千岁克成，则今之好争者，千岁之后永被禽兽之罪名矣；万岁克成，则今之好争者，万岁之后永被禽兽之罪名矣。何如吾身亲成之，以遗子孙，又享仁圣之誉乎？不知之是不智也，不为之是不仁也，不终之是不勇也。

友邦诸哲，取吾《原性论》、《王道法言》而译之，以觉当世，若何？如于中西哲学、宗教，欲辨而明之，愚见所及，不敢稍隐。於戏！我友邦诸哲其兴矣。於戏！我友邦诸哲其兴矣。无让前人，无让后人。

中华民国七年尹昌衡谨启

[①] 原著共计上、中、下三册。自"一　正谊"至"八　公兵"为上册，自"九　区治"至"二十　法虚"为中册，自"二十一　德才"至"三十六　结言"为下册。

[②] 此标题为编者所加，以下题词为著者手迹。

一　正谊①

贯三才而一谓之王道，天地人物之纲纪也。圣人之量包夫天地之外，而况五渊之小，万国之微，种色之稍殊，形气之畧异欤？兹道也，肇端于正觉，而吾心发焉，太极之始不可见；周洽于万类，而天地位焉，无极之终不可穷。曰中曰和，其气融融。曰和曰中，其体空空。得之者吉，失之者凶。得之者宇内一家，失之者骨肉相攻。

螽斯睨嬴政、刘彻而嘻，贱其不性。政、彻怒曰："叱嗟，是虿尔者将有所陵于朕乎！朕抚剑而嗔，山岳震崩。投鞭而瞬，四渎咸堙。囊括六合，臣奴众生。日月翳其光，天地陨其灵。而有不足于戋戋兮，绳绳者乎！"螽斯笑曰："嗤！毋然晖如，汝失其明。无然虩如，汝丧其心。朕两羽之翻翻，清风一缕。怀柔肠之纤纤，茹藁一口。清露凝稍，为浆为酒。宫室连翘，在山在薮。不夺侣以自大，不藏贿以图厚。犹且同类不残，振振其友。殊形不杀，诜诜其媾。汝抚剑而震山，怒伐其肝。投鞭而断流，饮不竭泉。囊括六合，不见负之于肩。臣奴众生，不见厝之于安。食不过升，衣不过暄。此虫介所同能，而汝以为大如天。天生德于汝，汝则尽捐。人输力于汝，汝答以歼。以汝一身，杀人盈原。以汝一家，万户沈冤。兄弟不保，父子相残。汝则何加，人又何愆？故朕之美，《国风》诵焉。岂若汝伧，遗臭万年？"政、彻伏悚有间，遂惭死于沙丘五柞，于今为戮。若嬴政、刘彻，其所争者信世之所谓大也，而见耻于小虫。平心论理，实螽斯之罪人也，不足与虫齿，而况于禽兽乎！

蜂蚁相将，狭穴大如天地。霸王竞长，鸿宇不如蜗角。失性命之正，哀哉！

四簋之飱，八夫食之，若德克睦，则均饫而尽醉。故《诗》曰："既醉以酒，既饱以德。"言口体之所需者寡，而恃享于德者丰也。一人思专，则觟于色，斗于筵，殪尸五六，重伤二三，杯盘碎散于庭旅，馔殽狼借于阶前。故《诗》曰："民之失德，干糇以愆。"言小人之所争者薄，而施夺之为祸大也。今万方多利，何异四簋？百国错处，何异八宾？各充其腹，土非

---

① 原标题为《正谊第一》，以下依次为第二、第三……。今改"一　正谊"，以下即依次改为二、三……

不足。各暖其躯，布非不足。各构其巢，木非不足。各解其渴，水非不足。此亦天地之所以爱人者至矣，必欲以其所以养人者害人。二三子何腼然无心，又聚而喧，文说孔繁？是犹一骨掷地，而群犬狺狺，不亦羞乎！其要孰是。

夫德以爱为极，爱以博为大，爱其一指而不爱其肩背者非人也。爱其肩背而不爱其腹心者可谓人乎？爱其肩背而不爱其腹心者非人也。爱其腹心而不爱其骨肉者可谓人乎？爱其腹心而不爱其骨肉者非人也。爱其骨肉而不爱其宗族者可谓人乎？爱其骨肉而不爱其宗族者非人也。爱其宗族而不爱其戚里者可谓人乎？爱其宗族而不爱其戚里者非人也。爱其戚里而不爱其州邑者可谓人乎？爱其戚里而不爱其州邑者非人也。爱其州邑而不爱其邦国者可谓人乎？爱其州邑而不爱其邦国者非人也。爱其邦国而不爱及异国者可谓人乎？爱其邦国而不爱及异国者非人也。爱及异国而不爱及万物者可谓人乎？爱及异国而不爱及万物者非人也。爱及万物而不爱被六合者可谓人乎？爱及万物而不爱被六合者非人也。爱被六合而不爱极终古者可谓人乎？民吾胞也，物吾与也，天吾父也，地吾母也，八荒之外，吾毛里也。终古之人无子孙也，吾将谁外？昔者，孟薄尺寸之肤，爱周于身心也。儒重孝弟之伦，爱周于骨肉也。尧睦九族之亲，爱周于宗族也。诗恭桑梓之职，爱周于戚里也。舜有成聚之庆，爱周于州邑也。汤隆其昌之业，爱周于邦国也。禹功无远弗届，爱周于异国也。唐虞鱼鳖咸若，爱周于万物也。孔致中和，天地位焉，爱弥于六合也。易教无穷，保民无疆，爱极于终古也。是诸圣哲，功或不同，量靡不一。皆能尽其性，以尽人之性，尽物之性。斯谓之人，斯谓之仁，斯谓之成，斯谓之明，斯谓之尊，斯谓之神，而今无矣。今或自志于圣人，或曰有圣人出，众莫不惊骇，而怪其妄，其孰曾复反于道？夫圣人人也，尽人之性耳，人之性人所同有也，顺而尽之而已。尽物之性耳，物之性物所同有也，顺而尽之而已。如火炎上，如水就下，而谓必不能，不亦悖乎！一时不可无圣人，一国不可无圣人，一邑不可无圣人，一家不可无圣人，一人不可非圣人，一息不可忘圣人。一时无圣人，兵革塞九垠。一国无圣人，腥风满百城。一邑无圣人，村庐荡为尘。一家无圣人，勃溪破其门。一人非圣人，心淫灾其身。一息忘圣人，怔忡中不宁。而谓圣人可以绝于天地之间乎，世俗之编民久矣。夫为圣人而苦且夭，不为可也。知乐仁寿，何以不为？为圣人而乱且匮，不为可也。世泰民足，何可不有？今民之所争者惟乐而已，加以五毒，则不愿终日之生，而况期颐之寿乎？剥其肤革，则不恋锦绣之文，而况于金貂之赘乎！曷不反求其性也？欢不可以偏与，道不可以瞬废。其为福不厚且庞欤，而胡为是睍睍兮，甜锋棱之蜜也。

是以许由避走，嫉俗如秽。颜渊陋巷，不干时贵。伯阳西去，蔚焉紫气。漆园涸鲋，萧然自慰。商山之老，餐芝如卉。鹿门携子，远此罗尉。众人效之，世不竞物。各供尔事，谁则不谷？岂有帝王，大于渔樵？岂有知力，登于熙皞？我之怀也，亦又何劳？然而先觉后觉，义有取携。庶民天民，礼无坐视。孔欲无言，适作《春秋》。老本守中，适启道流。心之不忍，辞是用修。丘明述直，屈平寄忧。亦云可也。大同之盛，极乐之娱，参天之业，旋地之枢，奠苍苍于衽席，垂治功于无穷。实不为远，人未探源，往不知返。予奋笔而救之，讥亦不腼。予室萧萧，予音哓哓。予行遭迍，予志孔遥。厌糠面之甘旨，闵肉食之贪饕。颐神机于穆穆，澄清虑之陶陶。备万物而不自知其高也。

或者，宏宇之广，继起有贤，一呼而百喏，偏阐而周罩。林肯遂其释奴，佛陀奠其真诠，宣尼成于三载，子舆充其浩然。厝中州于磐石，裔永保而弗谖。黄白联袂，争相为养，东西偕和，惠慈相尚，此人类之正辙也。言尽其衷，无或有功，性修其同，孰居其庸，予惟淡然得太和而长终。

敢有惑于近利，阻此讦谟。胶胶陋俗，昏昏太痛。任陷溺于百年，为万岁所共诛。悲乎！谁救？识者悯之。嬴政、刘彻，世有其种，彼不如虫豸者来踵，况威权之下于斯者乎！式讹尔心，以畜殊种。迪人之性，荷天之龙。则绩垂无终，为神明所奉。庶详绎之，毋然自壅。苟沈迷于情欲，必恸悔于荒冢。

二 必一

杂则昏，纯则彻，一人之性也；分则杀，合则定，群处之宜也。蚁不攻同穴，于异穴则争。蜂不害同巢，于异巢则哄。人将以国为巢穴欤，则战于国中者不如蜂蚁也。将以地为巢穴欤，则战于地上者不如蜂蚁也。将以宇宙为巢穴欤，则凡有斗心者皆不如蜂蚁也。"东方虚空，可思量否？""西方虚空，可思量否？""南方虚空，可思量否？""北方虚空，可思量否？"大哉，佛言。予为此比，比地之于宇宙，其为大不如比蚁穴蜂巢之于地也。苟明其心，谓宇宙为巢穴可也。既已同居，胡能不一，不一不协，不协不逸，斯祸矣。在昔洪荒獉狉，人如下兽。子不亲父，弟不友兄，骨肉之间，俨然胡越。如虎杂狼，毙于恣睢，谓之大分。后世圣人，哀其不利，为之家室，安老长稚，使普天之下，仅此一家，何以不治？而邻里有家，相与峙。后世圣人，哀其不谷，为之酋长，专强庇弱，使普天之下，仅此一酋，何以不乐？而比居有酋，相与角。后世圣人，哀其不生，为之小邦，合志成城，使普天之下，仅此一邦，何以不宁？而连毗有邦，相与争。后世圣人，哀其不安，为之大国，子惠元元，使普天之下，仅此一国，何以不全？而俪疆有国，相与虔。后世圣人，哀其不定，为之天王，抚有兆姓，谓之小合，使普天之下，仅此一王，何以不顺？而海外忽通，相与竞。于斯时也，不速一之，乱糜有期，不速和之，乱靡有夷。《经》曰："分崩离析，谋动干戈。"甚矣，如水盛深，如火益热。谁无父子，谁无手足，互字何难，推刃何毒。

夫智者知一人之不可以独存，必为之家室，则必知一家之不可以独存，必为之酋长。知一家之不可以独存，必为之酋长，则必知一酋之不可以独存，必为之小邦。知一酋之不可以独存，必为之小邦，则必知一邦之不可以独存，必为之大国。知一邦之不可以独存，必为之大国，则必知大国之不【可】以独存，必统一海内。知大国之【不】可以独存，必统一海内，则必知海内之不可以独存，必收合宇宙。理固然也。

昔者，史之所详，周始之国，多于春秋，其斗尚鲜。春秋之祸烈矣，而不如七雄。七雄之战多矣，而不如刘项。魏之于蜀吴，五胡之于晋，南北朝之蹂躏，五代史之割据，宋金辽元之迭主，明清洪杨之出入，比之唐虞协和万邦，无远弗届，固已如涂泥之望天日。即比商之未替，周之方隆，汉之初兴，晋之小定，唐之始戢，宋之克业，明之肇基，清之弈世，苦乐之判亦径庭矣。宁独中国，瀛寰亦犹。分则多戕，民在涂炭，人曰有识，胡不反观以自悼也。见鸩弗食，见阱弗投，人之情也。百代之鸩，犹复甘之。千古之阱，接踵投之。兔思避罟，鸟思避矰。人则不智，终以身殉。茧茧自蔽，不可道矣。

人亦有言，民之大苦，曰杀曰歉，杀则凶折，歉则饥寒。何以防之？当推厥究。所以致此，皆端于分。一则无相忌而人不杀矣，一则无相夺而物不歉矣。网惟一网，百丝缊缊。车惟一轴，众辐辘辘。人惟一心，庶采悉悉。世惟一统，阜育啍啍。瞻彼鸟兽，则知其通。是以鶺鸠关关，鸳鸯在梁。燕燕于飞,鹭雉翱翔。夫妇一矣,而不害人之夫妇,鸤鸠七子,螟蛉蜾蠃。父子一矣,而不害人之父子,鸿雁雝雝,鹿斯跂跂。朋侣一矣,而不害人之朋侣,此虽不一,散亦何伤?而人非其纯也。若夫鹑之奔奔,雄逅则啄。狼狈虎兕,同林则抟。惟枭惟獍,不睦其族。虺蜴蛇蝎,相吞相毒。此胶于偏,必不可一,而人非其戾也。人有欲焉,纵不如物。人有仁焉,修与天合。或一或分,在于迷觉。斯亦不可以已乎,又何必失其本心?

《易》曰:一君而二民,君子之道也。二君而一民,小人之事也。言民可多,而统之者不可多,民可分,而治之者不可分也。故比以阳得位于上,而五阴顺之,为治平之盛。师以阳得位于下,而五阴顺之,为军旅之贞。大有,以阴得位于上,而五阳应之,为天下之富。同人,以阴得位于下,而五阳应之,为太和之庆。得位无分于上下阴阳,众顺应无或背,即道之丰而时之泰也。岂若规规于种族之殊,疆场之见哉?鸟鼠有同穴之欢,鸠鹊赓共巢之幸,亦不见弃于达人也。其性无相害,故亦不以形别之。人灵于物者也,乃不敷爱于同形。谓色之异,忘性之同,谓土之异,忘地之同,是又德之至卑者也,不可以为训。

故越裳献雉,圣哲宾之。有苗革非,王师不勤。柔远能迩,载在《虞书》。覃及鬼方,称为善政。天下一家,中国一人。天之所覆,地之所载。日月所照,霜露所坠。凡有血气,莫不尊亲。圣以为教,其为量不特逮于人也。尧不私子,协和万邦。舜不私子,鱼鳖咸若。涣群有丘之度,公之大也。是天道之同,孰能不一。今将不一,后必一之。胡与汉,昔之所谓仇仇,今之所谓兄弟也。此将不一,彼必一之。英与印,昔之所谓参商,今之所谓同国也。

河出万源,同归于海。不同之日,徒增其泛滥。人出万源,同归于一。不同之日,徒肆其凶残。勤于仁者所亟应知也。强不能永强,而无或弱。明不能永明,而无或昏。势有必至,理有固然。天无二日,民无二王之义,所由立也。

当未一之先,各阴其奸而丧其心,各耗其财而亏其养,各暴其气而夷其躯,各私其亲而圯其族。及其失之,牵羊击颈,窘如俎鱼。及其得之,多赖宣淫,戕贼性真。互累不相下之故也,不智孰甚焉!其竭心力之所为,曾不如裁锦绣以补罅云,拔太阿而斩流水。未获寸绩,后必有灾。

故予大声疾呼,使宇内咸决然于分之,不能以苟存,而速劭于一。宇内共赞之，则一日一矣。百国共许多，则一岁一矣。数邦独赞之，则十年一矣。群达悉将之，则百岁一矣。一则和矣，一则生矣，一则安矣，一则平矣。连诸侯者服次刑，谓其伪一非真一也。《书》曰："终始惟一，时乃日新。"一之后民乃革其污，非复犬豷之秽也。舍此而辩邪正，如沉渊恶溺，入火恶热。避影日中，且走且蹶。求安丛棘，式号式泣。不其惑乎！今民不靖，未戾厥心。予惟不忍，是用大谏。

三　觉邻

悍然溺于禽兽之中，而不自知其非者，今暴邻之君也，而百官助其凶残。瞑然汨于涂泥之内，而不自解其苦者，今四邻之民也，而学士增其妄诞。是皆非有性于天者之人哉！胡为乎？瞢瞢焉，以自蔽也。

吾观自西自东，自南自北，或黄或白，或黑或黎，其上下皆遑遑如不终日，彼所为岂人之事欤？非也。岂利于己而损于他欤？非也。岂利于他，而损于己欤？亦非也。夺人之利者，人亦夺其利，杀人之身者，人亦杀其身，如斯而已矣。既生为人，何以不为人之所宜为，而为人之所不宜为？如蜂舍其蜜，而攘他巢之蜜，蚁舍其垤，而争他穴之垤，虫之道亦苦矣。彼蜂蚁岂无强者哉？而不出此，是知其受于天者有分，而取于地者无穷也。

《易》曰："丰其蔀，日中见斗。"今强国蔀于淫，弱国蔀于忧。好乐恐惧，不得其正。大道虽明如日月，亦莫或之能见矣。

强者之君曰：吾将有大名，吾将有大利，尔为百官班分享之。名何名？则又曰：秦政雄略，启土之英。法帝长征，厥度孔京。战克之主，至今如生。山岳嶷嶷，莫比威棱。而不知贼仁为贼，贼义为残。残贼之人，谓之一夫。孝子慈孙，百世不改。道明之日，为众所诛。是其所谓大名者，实自纳于至贱也。利何利？则又曰：人有土田，我反有之。人有民人，我覆奴之。迁其重器，我瓦砾之。毁其宗庙，我寝室之。而不知楚灵外骄，适生内蛊，今之暴俄，何异于斯？刘裕善斗，劳死不寿，今之强德，何异于斯？刘备得国，泣血永安，其子引颈，耻于伶偣。苻坚贪婪，系组五当，覆宗绝嗣，为之永伤。是亦可以为利乎？虽侥幸无败，然本非人性所宜有也。刘邦得志，死于一矢，以凶比之，何殊殪豕？世民李氏，以为大业，伪物召奸，几为子克。犹其细焉。况世禄之家，鲜克明道，子孙多凶，终一不保。其安也如絫肥豨于一苙，骨肉宣其秽。其败也如驱腒羊于屠门，宗亲悔其迟。是亦可以为利乎？此尧舜所以外其子，季札所以弃其国，而庄生颜子，所以视穷巷如天地也。

其民何如？犯锋冒镝，剥肤断股。弟哭其兄，子哭其父。寡妻弱稚，凄怆谁抚？归而视之，破甑裂釜。出而眡之，阡亩荒芜。纵有所获，丧亦不补。况胜败之数，素未可知。而疆场之间，世无其苦。犹且胜骄祸至，君淫民顽。仇连怨结，死灰思燃。秦起长城，循海而关。负土之役，异地相捐。唐征绝域，虽定天山。稽史考绩，念户一残。夫差忽霸，余孽卧薪。卷土重来，盈者不竞。完颜屈伏，羞作辽伶。蕞尔窃发，蜂虿杀麇。一平一陂，何常之有。屠戮相殷，谁薄谁厚？回横元大，今亦不守。细卒何称？续冤何久？是亦可以为利乎？

至于弱国，亦孔之棘。其君虩虩，惟恐其及。有子有女，为质为妾。有土有田，朝侵暮削。愈取愈求，是供是给。挖肉挖心，以币以粱。然而石晋称子，谓他人父，府库徒空，亦莫肯顾。徽钦献媳，强媚希恕，屈膝无灵，逢彼之怒。从盟而待命，则见执于坛坫。尽礼以乞怜，悲齐楚之异路。有此国者曾如无，是亦可以为利乎？此杞侯大去而不归，太王知机而自去也。

其民何如？室家不处，于林之下。终窭且贫，不遑将母。胼手胝足，承筐及筥。煎膏待狼，割肉饲虎。实不堪而思背城，转丧败而求裂土。厌生者甘为浮尸，降志者没为俘虏。是亦可以为利乎？

夫人之不明于道，而互相害也。弱国固苦，强国亦苦。其民固苦，其君亦苦。弱国固贱，强国亦贱。其民固贱，其君亦贱。以生苦易死贱，终自夷而人道大乱。皆曰予智，乃甘入于罟擭陷阱，而莫知之逭也，亦惑矣。

昔嬴政将死，苟有能生之者，必哀曰：假我十年，虽降而为王，可也。夫十年易至也，如果假之及十年，又将曰：假我十年，虽降而为侯，可也。夫十年易至也，如果假之及十年，又将曰：假我十年，虽降而为士，可也。夫十年易至也，如果假之及十年，又将曰：假我十年，虽降而为民，可也。然终而不可得，藉曰得之，自帝而王，自王而侯，自侯而士，自士而民，至今日虽欲为犬豕不可得矣。此亦天命之限人者苟，而示人以道者切也，又岂特生之祸哉！强盛之帝王，且不如犬豕，又况于下焉者乎！故上德之士，视天下如涗，而与齐民处之熙熙。尧求息肩，若谢桎梏，知其无益于身心性命也。舜视天下犹草芥也，乃勤众事至于野死，得之舍之，不传于子。佛逃其国，乞食沿门，乃宏其教，渡尽众生。斯其人之精气塞于天，而播夫地，普其大泽于无穷，而垂令闻于终古者，岂有异哉？明夫成己之无资于物，而成物与己无损也。

今试阻路人而告之曰：汝欲为嬴政乎，抑欲为尧舜乎？则必曰：为尧舜。是良知之根于性者切，而圣贤之量，人所同有也。及夫物欲之炫于前，而动于心也，又弃彼取此，此之谓失其本心。

夫以美玉为桎梏，亦桎梏也。以精金为桎梏，亦桎梏也。以榆柳为桎梏，亦桎梏也。以粪土为桎梏，亦桎梏也。强国之君，械于美玉之桎梏也。弱国之君，械于精金之桎梏也。强国之民，械于榆柳之桎梏也。弱国之民，械于粪土之桎梏也。有欲为之解之者，则怒其不祥，是何易犬马之疽附骨，而啮医者之逆己也？兽之心欤，人之心欤，忘其天之正欤？

负戴不死，遮迎洞胸，怡形茅屋，断首深宫，物非足以保也。天子郁陶，处士颐骄，万锺忧劳，一瓢逍遥，物非足以乐也。既不保身，又不乐心，而以何故，杀人盈城。

自古无不亡之国，而有不亡之道。无不失之物，而有不失之名。无不尽之求，而有不尽之心。无不死之人，而有不死之神。故《诗》曰："天何以欻〔刺〕，何神不富？"言富之不以物也。

且今之强国，不下十数，顺势以推，渐吞渐合，至于七八。而强死二三，弱死加焉，渐合渐少，至于五六。而强死四五，弱死倍焉，渐少渐大，而至于二三。而强死六七，弱几绝焉。然而强强相角，祸又烈于攻弱矣。逆势以推，吴不灭于楚，而灭于已亡之越。辽不灭于宋，而灭于肘下之金。一兴一废，其谁能必之？

宇内之必一，理无可二也。今之强族十，而后之一者一。今之求者十，而后之得者一。以九比一，而我之灭，居其九，冒九灭以博一存，计之多者乎？曰我能一之，是不可必。天地之道，强者先折。众矢之的，竹箭主革。纵我一之，为世已久。嬴政尚不如尧舜，而况于秦孝公乎！

今之强国之君不觉耳，如觉，必勉为王道，以一宇内矣。弱国之君不觉耳，如觉，必勉为王道，以一宇内矣。强国之民不觉耳，如觉，必勉为王道，以一宇内矣。弱国之民不觉耳，如觉，必勉为王道，以一宇内矣。

今民之不可以愚也，学之不可以蔽也。与其让后人为元圣，何若自我先为之？夫统一宇内而建王道者，万古之所谓元圣也。而不为，而将琐琐焉，图为犬豕不如之嬴政乎！而尚冒九灭之危乎！而明知而不励乎！

强国之君，责犹大焉。虽然，凡有血气者，亦皆不可谢此责。元圣元圣，人有其分。百国君民，咸宜速奋。非高远之辞，而天地之正也。今如不奋，后世所耻。权位之府，首受其诛，而次及于编民，不亦悲乎！何利于身？何利于民？何利于子孙？何利于令名？何利于天乐？何利于神明？而甘于胶近习，以坏王道也。邻兮邻兮，反复吟之。觉兮觉兮，扪心度之。则大同之庆，可坐而致矣。不亦休乎！予号予笃。予诚予告，予辩予鈇。平气反真，勿以为咈。

四 觉中

今中国之图存也，亟矣，然所图者非存之道也。存之道靖内而御外，内不靖而足以御外者，未之有也。今其言曰，暴民充斥，芟之则宁。是上之所以图存而非存之道也。今其言曰，污吏持权，逐之则存。是下之所以图存而非存之道也。何南何北，何上何下。抚民则后，虐民则仇。去仇纳仇，后在异洲，则亡矣。

比如政权日集，雄师翼之。陈肃风静，鞭动山移。自辽及燕，自燕徂齐。中州景从，海疆赴期。摧枯折朽，靡战不宜。两粤三川崩角而伏罪，二楚六诏负荆而请笠。威灵慑于五族，余声震乎四夷。此上之所谓成也，祸及矣。中枢无贤，动罔以道。比周党僻，偏隅见小。不学无术，昧正取巧。目光尺寸见其近，乱机潜伏而不晓。将谓有兵在握，暴亦何伤？无人敢言，秽犹足保。此民心所以涣于下，而众矢所以集于上也。清覆其大业，袁败于将成，何常非是？

又如民气孔张，竿穰斯扬。一发众应，偏举咸勷。夺燕并晋，收陇及疆。新才蔚起，旧官逋藏。武成告庆，国内莫当。四万余里尽屯夫民军，兆亿蒸民忍痛而待治。勋碑填于里巷，伟士塞乎九地。此下之所谓成也，祸及矣。少壮薄识，器小易盈。徒逞意气，焉知底平。訏彼鼠窃，纵我蝇营。恃劳贪得如寇盗，连奸结匪为社城。将谓惟我独尊，定斯克业。长此以往，终莫予贼。此庶绩所以紊如丝，而国命所以绝于天也。湘江空杼柚，蜀地尽烟尘，何常非是？

夫胜在前，败则在后，得于乱者失于凶，恃其功者覆其成，淫其志者灭其族。丧德逐利，舍本齐末，载胥及溺，其何能淑？此中智之上乃能知之，今之铮铮中智之下也。

而况力丑德齐，莫能相尚。彼伤此夷，两歼并丧。雄雉奋啄，鹈鸠在上。羝羊互触，群虎相向。昔秦熘方张，匈奴阽危。楚汉力竭，白登被围。魏晋未替，乌桓远逋。六王内讧，五胡建都。唐兴拓地，铜柱之南。大藩盱帝，回纥入关。五代乱离，宁无尺地。耶律德光，渔人之利。宋之启土，岂曰不宏？艺祖伟略，卧榻之中。江左江右，曹彬损锋。北虏乘之，縻克御穷。徽钦之时，大盗窃据。内顾兵分，二帝北去。蠢兹金元，安能入主？刘张僭位，自启其户。且满清以千里之地，百万之民。负隅不足，荒服之臣。以明之大，弈世之灵。藩封二十，猛将如云。何异六驳睨兔，惊雕击鹑？而卒为所灭者，流寇肆于内，而王师尽于西也。今又阋墙，殆不鉴古。邻强于狮，我僝于鼠，亡矣。安能冀南北之或成哉！今之邻非昔之邻也，今之亡非昔之亡也。而蚩蚩者听嗾于人，不察其黯于清也。

即如众狂遄悟，涤荡前怨。南师返斾，北将旋辕。相好无尤，式后式先。协共百职，勋勚两全。此国之所谓幸也，祸及矣。不德之人，利并则争，骨肉且残，况于邦人。 瞷瞷有子，不杀襁褓，曰有卫国，寻戈相报。世民元吉，亲于太原，逮其嗣位，兵诸宫垣。以周盛德，太伯必遁。季札虽贤，假端修聘。今元首之位不可千，百官之位不可兆，则北中之南北，南中之南北，一运而已矣。共患易，共利难，患亦难共，恶德使然。若斯之种，安得不歼？故其阳假共济之名而厝火，其阴图鼠盗之利而酿仇。其始忍面目之观而蓄忿，其终忘手足之情而互刘。黎段①之见于北燕，刘戴②之见于西蜀。舟中敌国，谁顾其羞？莩久而发，益不可收。斯又害之至剧者也。再曰北胜，平南之后，痛惩前非。南胜，平北之秋，不生内蛊。或南北从此和衷，永相煦哺，斯固今之所谓大幸也，而未必不亡也。兵穷财竭，崔苻充国，四邻内渐，十年不力。明思宗非不殚其精，诸葛亮非不明其叙，终亦苟延而已矣。

若是揣本探源，穷理思常。南胜固亡，北胜亦亡。南北伪和固速之亡，南北允偕亦莫不亡。兹四亡者，谓之必亡。亡矣，何言？又乌乎皇皇。

非也，非也。人无死病，医者死之。国无亡理，救者亡之。危者可安，乱者可平。死者可生，亡者可存。读《易》之《坎》与《蛊》，知之矣。

---

① 指黎元洪、段祺瑞。
② 指刘存厚、戴戡。

坎险濒危，犹亡可济也。蛊窳无张，干非难也。爻象得位，弊亦克庸。大象者，一卦之主也。《易》之《坎》曰常德习教，其《蛊》曰振民育德。习教者何？习王道也。育德者何？育王道也。昔齐之强，过鲁远矣，孔子则曰："齐一变，至于鲁。"今邻之强，过我远矣，达者则曰："邻一变，至于中。"盖道德之精神重于内，而干戈之形势轻于外也。

培圮宇者，折栋筑础。疗死病者，刮腹洗肠。去病之根，虽笃何伤？绎上所述，中国之亡，在于人心，是人心者，中国之病根也。外邻之贪，生于人心，是人心者，外邻之病根也。兴亡除贪，易人心为道心，岂有不存者哉？岂有不王者哉？是惟王道而已矣。

王道者，使中国之人尽为圣贤也。使中国之人尽为圣贤，则中国之人，各出其诚，各竭其力，各穷其财，各致其命，以相维矣。中国之大，兆民之众。各出其诚，各竭其力，各穷其财，各致其命以相维，然而不王者未之有也。是无南也，是无北也，是无伪也，是无衰也，我无四亡之道，谁能亡我？

王道者，使邻国之人尽为圣贤也。使邻国之人尽为圣贤，则邻国之人，互出其诚，互竭其力，互穷其财，互致其命，以相维矣。宇内之大，万邦之多。互出其诚，互竭其力，互穷其财，互致其命以相维，然而不王者未之有也。是无中也，是无外也，是无贪也，是无战也，人无四取之心，谁复亡我？

谓中国之人，必不能从事于王道，各出其诚，各竭其力，各穷其财，各致其命以相维。何以尧舜施帝位以济众？廉颇负荆条以解仇？子文毁私家以纾楚？鬻拳甘刖剔以效忠？而至诚感神，载在《舜典》；尽瘁以仕，诗人诵之；散财聚民，书于《大学》；杀身成仁，孔训如斯。是必能也。今倡王道，使元首法尧舜，尚有争乎？南北皆廉颇，尚不和乎？国民皆子文，尚不富乎？战士皆鬻拳，尚不武乎？夫如是可以一宇内，又何亡之足忧？

谓邻国之人，必不能从事于王道，各出其诚，各竭其力，各穷其财，各致其命以相维。何以大禹舞干羽以化苗？秦人感包胥而救楚？穆公释前仇以枭晋？共王因救郑而伤目？而无诈无虞，古有盟誓；兴灭继绝，义见《论语》；拯灾恤邻，传以为道；匍匐救丧，春秋不少。是必能也。今倡王道，使强国法大禹，尚有争乎？四邻重包胥，尚无救乎？国君皆穆公，尚相夺乎？赴难如楚共，尚有灭乎？是可以靖宇内，必无一国或亡。

若上所举，有德则能，无德则否。王道以教，则有德。霸功相诈，则无德。不讲王道，而曰不能。中国之不存，非挟山以超北海之类也。中国之不存，是折枝之类也。人心曰北欲立而仆南，北欲达而塞南。道心曰北欲立而立南，北欲达而达南。人心曰南欲立而仆北，南欲达而塞北。道心曰南欲立而立北，南欲达而达北。人心曰中欲存而亡邻，中欲益而损邻。道心曰中欲存而存邻，中欲益而益邻。人心曰邻欲存而亡中，邻欲益而损中。道心曰邻欲存而存中，邻欲益而益中。理有兼成，利无独享，惟明心见性者知其然耳。故王道自尽性始，必能尽人之性，以尽物之性，以至于参赞化育，天地定位。而况于中国乎，而况于宇内乎（参观《止园原性论》）。

中国古圣之教，始于率性以成己，大于行道以宁宇。故《书》曰："一人元良，万邦以贞；尧明峻德，协和万邦。"禹以德先，无远弗届。孔子之量，天下一家。孟子之治，不侮不夺。《礼》倡大同，墨谈博爱。其义悉存，轶于西哲。阐其精微，明其条贯。端其本根，发其实用。可以拯四邻而及吾国。故吾曰："邻一变，至于中。"倘以此救国而后为大人之度，而胡为自小如蛆虫，以争此南北之限也。

今欲救中国，却强邻，不能以兵矣，不能以财矣。以兵无兵矣，以财无财矣。将何以哉？将以人心。人心何有？惟有王道。王道济世，次及于国。河之弥兮，恤之瀚也。罍之盈兮，瓶之溢也。圣有谟训，而举国不从。则圣人千古，而诸夏沦于夷狄。悲乎！

夫以道济人，胜于以财。中国能大此道，以救宇内，则中国之恩，覃于宇宙，万国感之，其谁忘我？其谁忘我，其谁亡我？故不惟邹鲁亡，而孔孟不亡，即周秦亡，而孔孟亦不亡也。不惟汉唐亡，而孔孟不亡，即宋明亡，而孔孟亦不亡也。圣道塞天，其后岂能灭哉？今犹持孔孟之泽以苟存，而不知也。

且古未有不以道而能治国者，未有不以道而能平天下者，未有不由户而能出者，未有不遵路而能行者。汝乃是不覆，乃时为不永哉。予惩四亡之祸，哀万国之民，故明圣学以示正轨，原性命以探太极，续兹法言，昭言治本。观者澄心而思之，可以底王。不然必亡，悲乎！（参观止园《圣学渊源诠证》及《原性论》。）

今之乱，非百孔孟不治。斯言也，世所咸惊，亦世所咸服。然百孔孟将焉求？人见其性，虽亿兆孔孟不难矣。尧舜性者，人皆可为。立人达人，止在我欲。王道必行，休哉！

今或曰迂矣。予则曰七年之病，三岁之艾。苟惟不蓄，终身不得。善人百载，孔期三年，不为迂也。三千年愈趋愈下，迂孰甚之？北克南，不行王道，可以治乎？南克北，不行王道，可以治乎？南北和，不行王道，可以治乎？王道王道，救国之宝。庶民修之，万世永保。

五　非兵

宇内必一，上已述之。一之者何？皆曰以兵。今之乱者，非兵而何？兵既乱矣，而又以之，悖矣。

邻有灾，救之以火乎？救之以水乎？必曰以水。盖反其性者势相克，而顺其性者道相长也。以兵弭兵，以火救火，终亦必乱而已矣。

难者曰：昔者轩辕齐圣，战于涿鹿。汤武昭德，以兵伐虐。古人且然，而必欲五材废一可乎？

不知今非昔比，昔本非此。轩辕世有懿德，志在宁民。唐虞以降，夏商风朴。桀纣失道，诸侯修之。以仁代凶，故克有定。今也不然，人欲之极塞夫天，而天理之正绝于地。攘者惟权，夺者惟利。施者惟诈，防者惟忌。蜩螗鼎沸以肆虣，侵夺鱼肉以为肆。是兵之本，先已乱矣，覆期其治，安可得欤？

而况言语不通，种色不同，教导不一。方区孪拘，雠仇相寻，乱靡有期。亦非古之纯懿也。

试以十国并起，私心比强。远交近攻，雄陈堂堂。尽民财之过半，增利器以相防。必致混沌百年，夷殄八九。坻京尸骸，断折足手。武力平和之说，固盛于三岁之前。禽兽互食之真，今已见两年之久。兵之为祸，岂不酷哉！（自时方欧战及南北战已经两岁。）

夫人惟不知泛爱为至道，取物为害性，是以有兵。若知泛爱为至道，取物为害性，兵将安用？兵之所起，因道不明。从而励之，与道益外，是终欲沦于禽兽也。

今有人，强其躯体筋骸，以日杀其兄弟父子，人皆曰禽兽。强其父子兄弟，以日杀其邻里乡党，不皆曰禽兽乎？强其父子兄弟，以日杀其邻里乡党，人皆曰禽兽也。强其邻里乡党，以日杀其州邑郡县，不皆曰禽兽乎？强其邻里乡党，以日杀其州邑郡县，人皆曰禽兽也。强其州邑郡县，以日杀其国中黔首，不皆曰禽兽乎？强其州邑郡县，以日杀其国中黔首，人皆曰禽兽也。强其国中黔首，以日杀其邻国之人，不皆曰禽兽乎？一乡之盗，尊跖蹻为天人，而四方之所谓禽兽也。一时之人，尊骄主为天人，而万世之所谓禽兽也。夫以人而甘为禽兽，耻之极矣。以崇高之位之人而甘为禽兽，耻岂忍言。彼乃腼辩。

强者曰：我苦宇内之不一，将以兵收而安之。其言固文，予则曰：苦宇内之不一，是也。将以兵收而安之，非也。彼盖以人之口，文其禽兽之心耳。昔秦吞六国，实剥其肤。戍卒塞道，万姓如荼。不堪而愤，一世遂诛。元入中国，以武为强。户置一长，州设诸防。汉族大忿，屠之如羊。西海之外，世有此王。专以力者，必不明道。若其明道，何不倡教？不明道者，得志益傲。愈图武服，祸乱速召。败亡之速，比于电耀。此禹益所以示师而不用也。

弱者曰：我恐生民之不保，将以兵护而字之。其言亦文，予则曰：恐生民之不保，是也。将以兵护而字之，非也。彼盖以明之言，文暗蔽之心耳。昔七雄选卒，驱尽精强。家室流离，老弱无将。以犬捍虎，终亦沦亡。蜀吴峙魏，三分之一。三十余年，民生殆竭。诸葛之才，徒增人血。西海之外，世有其杰。专以兵者，必不见性。若其见性，何不顺命？不顺命者，杀机召祲。齐末忘本，终不能令。灸肤砭肉，难全死病。此太王之所以轻土而修德也。

夫人有修者，家为之化。家有修者，里为之化。里有修者，邑为之化。邑有修者，都为之化。都有修者，国为之化。国有修者，世为之化。况兵之所设，不农不桑，不工不商，不学养人之学，不行利物之行。岁糜巨费，食粟半民。资之之器，山薮为空。思之之人，性命为斲。倘以此费设庠序之教，则文光照天。倘以此费养修道之士，则圣人盈城。倘以此器资礼乐之文，则章华炳日。倘以此心思太极之理，则精义入神。曰不能，请省之。以其十之五，胜兵满土。以其十之四，胜兵匝地。以其十之三，胜兵八边。以其十之一，胜兵盈国。有千圣贤，不胜于满土之兵乎？有百圣贤，不胜于匝地之兵乎？有十圣贤，不胜于八边之兵乎？有一圣贤，不胜于盈国之兵乎？有圣贤出，其国用之，则安富尊荣。兵每自焚，不安也。兵多滥费，不富也。黩武齐于禽兽，不尊也。杀人贼为残贼，不荣也。有圣人出，其子弟从之，则孝弟忠信。杀人之父，人亦杀其父，不孝也。杀人之兄，人亦杀其兄，不弟也。糜烂其民而战之，不忠也（自注：《左传》忠于民。又曰：尚思利民，忠也。）尔诈我虞以相夺，不信也。

则又曰：宇内非一不得宁，苟非用兵，何以一？若斯之语，其罪莫极。汝亲汝父母，兵胁之欤？汝亲汝兄弟，兵劫之欤？汝亲汝妻子，兵慑之欤？汝亲汝戚里，兵强之欤？父母之所以亲者，以身之所出也，恩所当奉，不以兵胁也。天地亦身之所出也，恩所当奉，亦不以兵胁也。知奉父母，则知奉天地，知奉天地，则知以天地之心爱人物。兄弟之所以亲者，以身所同出也，性所当睦，不以兵胁也。万类亦身所同出也（自注：同出于此天地），性所当睦，亦不以兵胁也。知睦兄弟，则知睦万类，知睦万类，则知以万类之利为利。妻子者，骨肉之所亲也，情所当爱，不以兵胁也。万民亦骨肉之所亲也，情所当爱，亦不以兵胁也。戚里者，形气之所接也，义所当和，不以兵胁也。万国亦形气之所接也，义所当和，亦不以兵胁也。明道则太极为父母，万物为同胞。失道则神气妒形骸，家室为仇敌。愈失愈远，兵之所激，而谓兵可以用乎？

夫兵有万害，所以用之者，芟暴以安良也。不先求道，兵岂能良？以兵助暴，芟尽谁良？兵愈盛则人愈失性，人愈失性则乱愈不靖。今尚不复于性而劭于兵，是欲以四千载血腥粪秽之史，蒙之一身而遗之子孙也。羞乎！

虎弃爪则饥而死，枭去距则不得食，斯其性之自然也。人去兵亦然乎？虎不偶居，枭不再生。天道示人，武者不群。凫连遍渚，雁飞遏雨。天道示人，文者同处。因天之象，正人之性。此向戍所以有弭兵之会，而墨子所以著非兵之书也。

斗既定为禽兽之罪，兵又确为可少之物，务可少之物，获禽兽之罪，谁肯为之？互结不解之故耳。彼之不逊，此是用争。强之欲夺，弱是用防。兵之所启，生于人心。人心可止，曰教曰法。宇内速起而灭人心，不使弄兵之人得肆其欲，此非最急之务欤？《易》之《师》曰："能以众正，毒天下。"正犹曰毒，兵之祸可胜道哉！吾宗死于此，吾祖又死之。今吾身又伤之，吾子孙又患之。是吾身不共戴天之仇也，是吾人不共戴天之仇也，是吾身附骨之疽也，是吾裔附骨之疽也。而不速除，而将遗于无穷乎！此宇内之人所宜痛心疾首者也。谓曰无术，智灵安在？谓曰无力，精神安在？谓曰无由，大道安在？谓曰无遑，日月安在？循吾法言而行之，有万全而无一殆。斯之谓利，斯之谓爱。斯之谓功，斯之谓大。

有敢曰：吾先用成汤周武之逆，而后施放牛归马之顺，不亦可乎？非也，非也。以兵始者，亦以兵保。狼既食人，必不食草。且众不信，谁肯自小。背城誓死，终亦不挠。则屠戮及于后裔，而蒸民贱于荼蓼。予是以不欲以兵致大同，而惟以道。

故孔子曰："军旅之事，未之学也。"孟子曰："故善战者，服上刑。"孔孟之所以治大同不以兵也，不以兵将何以哉？惟有王道而已矣。

六　道合

失道则分，得道则合。失道则争，得道则睦。人人莫不有圣人之量焉，如尘如粟，如拳如升，如斗如身。圣人之量称其身，则四体可以庇，而无害于人。又推而广之，如坻如京，如山如河，如州如国。圣人之量奥于国，则境内可以宁，而无害于邻。又推而广之，如川如海，如日如月，如土如地。圣人之量包夫地，则天下可以安，而无贼于天。又扩而充之，如鬼如神，如虚如天。无极无端。圣之量大无极，则六合被其泽，而无外于性。

近而观之，一指之所以安者，圣人之道也。一身之所以安者，圣人之道也。一家之所以安者，圣人之道也。一国之所以安者，圣人之道也。则即知天下之所以平，宇宙之所以戢，亦必圣人之道也。斯道也，修之则长，弃之则消。修之则覆育宇宙，弃之则失其肩背。欲臻大同，于斯为贵。

故探道于太极不可言，则道于两仪知其窍。乾上乾下，六爻皆不相应，而元亨利贞，有保合太和之德。坤上坤下，六爻皆不相应，而元亨利贞，有含弘光大之量。盖既纯一，不相应者，亦相应也。

宇宙之间，无外于阴阳，即无外于形觉，觉阳而形阴也。觉交觉，罔所触。形接形，罔所争。觉虚谷，让神入。形觉杂，乱则杀。形觉正，中和定。斯亦玄而不玄者也。

兆目共瞫于芥子，不相碍也。百耳同倾于清磬，不相夺也。其虚觉之相交欤，而未若神之神也。即宇宙之人、之物、之神、之鬼，尽系思于一尘之微，不见其争地而处也。明夫纯阳之理，则一尘可以纳诸天。而诸天不大于一尘，而又何分？故觉交觉，罔所触。甍压甍，不争上下之级。水逐水，不渎先后之序。泽中之土，不羡太山极壤之高。韫石之玉，不望帝王瑞玺之贵。明夫纯阴之理，则万类各安其定分，而集大无填于太空。故形接形，罔所争，至于金入则石让之，石入则土让之，土入则水让之，水入则气让之，气入则虚让之。形愈坚者觉愈少，形愈涣者觉愈通。阳容阴以为颐（自注：《颐》卦，二阳包容四阴，养道也。），阴阳各纯，亦必无相害也。而神思之运，贯金入石，洞山没海，不见其穿隙。覆天盘地，摘日罗星，不见其膨涨。又纯纯之至极也。大德容小德，大贤容小贤，自然之理也。故觉虚谷，让神入。

天不生人，为纯阴之金石水土，而丘于太空之中，以悉其争。又不生人，为纯阳之神祇灵幻，而靖于芥子之内，以消其祸。必使其形动于觉，觉寓于形，一动一静，一寝一兴，一思一忘，一死一生。人者阴阳之会，天地之枢，鬼神之萃，五行之秀气也。而自迷其真，以长其欲，阴阳不翕，物至化物。故形觉杂乱，则杀也。

圣人知人为天地万物之化枢，注神于物者化物，注神于天者合天，如岐路然，如素丝然。故不争于物而全其天。其教若阐，人志于天。人志于天，何人不容？人修其天，何物不容？如是即增今之国、之人、之物、之类、之种、之色、之象，倍至于十，至于百，至于千，至于万，至于兆，至于无量。而天地自有容之量，彼此终无歧视之嫌。一体皞熙，欢靡有尽也。此佛陀、耶稣独爱此神，而不有其家与身也。为量过高，中人复希。孔子致中和，天地位焉，万物育焉。是既济六爻相应之象，而宇宙各安其顺也。虽非乾坤，行之尤易，亦为救流俗，而因以成也。此大道之所以合宇内也，勤于此而犹须用兵乎哉！虽然，苟不固聪明圣智，达天德者，其孰知之？

然四端在人，万无尽绝，自卫自利，民皆是心。苍生之苦于兵，而窘于贫也，久矣，如彼倒悬，谁不思解？智者因其四端之良，顺其自全之正，以导而成之。使互卫互利，咸寿咸宁，咸乐咸富，未有不急起而直追者。故旋乾转坤，移风易俗，罔不由圣哲倡于前，而万民踵于后。帝王独尊，昔之所谓天经地义也。学阐于欧，而渐于中，民主共和之治，乃于是成。列国肆逞，昔之所谓无术可节也。议肇于法，而遍于世，国际公法相守，乃于是立。今海牙有平和之会，宗教覃普渡之声，弘道以昭于先贤，小阻难容于末俗，大同博爱之实，必见于宇内而无疑。

道既能合异体为一家，必能合诸家为一郡。能合诸家为一郡，必能合数郡为一国。能合数郡为一国，必能合万国为一体。谓黄与白之不同，则兄弟同生，亦有黎有皙。谓倭与印之不类，则手足连气，亦有短有长。岂必不能相爱哉！

不大同，则有国必亡，大同则无国可亡。不大同，则有界必争，大同则无界可争。不大同，则有兵必战，大同则无兵可战。不大同，则有患日忧，大同则无患可忧。不蒙忘国之祸，同有天地之大，必得令终之庆，各遂安富之欢。万国之人，同赞此至中至大之道，大同之福，立可致矣。十之八九赞之，亦立可致矣。十之五六赞之，亦立可致矣。十之二三赞之，一劳可致矣。十之一二赞之，倍劳可致矣。圣哲数人赞之，弈世可致矣。要之，日在天，云必不能蔽。道在世，人必不能坏。有阂此道者，自顾千秋，孰不以之为禽兽哉？

有私欲据大物者，不肯为也。教之以性命之精，彼自草芥神器。诛之以极污之名，彼自能让千乘。觉悟其统制之众，彼将亲戚叛之。临之以卫道公兵，彼将制梃可挞。此患不难除。

怀内私藏卫心者，不真为也。明其性中之正，彼自夷然钦服。绝其忧患之本，彼自坦然不疑。结其明达之士，彼将渐染而化。及于众势所趋，彼将不召而赴。此患亦不难除。

羊必食草，不能强之食肉，虎必食肉，不能强之食粟，此性之必不可移者也。吾家有数猫焉，可食粟，可食肉。吾人有亿兆焉，能利人，能害人。昨吾养鸽数十，吾猫食之，殆半，挞而教之，不三日猫终不捕鸽。夫猫之捕鸽，于性有关。人之杀人，于性无益。猫可以教之不捕鸽难，人可以教之不杀人易。能教猫以不捕鸽，而谓必不能教人以不杀人哉！猫能捕鸽，能不捕鸽，其性与人近也。人能杀人，能不杀人，其性与天近也。猫受人惩而不化，终不能依人矣。人受天惩而不化，终不能合天矣。今人之受人惩，受天惩，极矣，而谓终不化其残暴之心乎？而不悛乎？而不如猫乎？予故曰止杀行道，可以立致。案予法言，循考其序。（自注：时因猫食鸽，教之三日而悛，终不再食鸽，故有斯感。猫能顺人，人当顺天。）

杀人者禽兽之心也，夺人者禽兽之心也。明知此矣，而不急思所以解之者，化于禽兽之伦也。人非人，甘于禽。人是人，天下平。岂不易哉。

七 性足（参观《止园原性论》）

人之所以务杀而施夺者，以其不见性故。苟见性，虽劝之杀，不杀也；虽劝之夺，不夺也。杀一人，不见其体长，加一物，不见其觉明，是契外，与性无与也。杀一人，而体益危，加一物，而觉益暗，是契外，于性有害也。夫足形养觉，人之性也，且形贵乎？觉贵乎？谓形贵，则发何以剪？爪何以削？是知觉所不及形如粪土。生之发爪，死之尸骸，受于地者应反于地。因应反于地之粪土，而害其受于天之正觉，人皆然也。是何异剖其心脑，以养其爪发哉！而况于形不累觉也。

形之性，饱暖而已矣。觉之性，清虚而已矣。形之为阴阳也，一止一动。觉之为阴阳也，一寂一思。以形为外，以觉为内。以动与思为阳，而止与寂为阴。则八卦之象可考，而形觉之交相养者易足矣。形动觉寂是为"否"象，劳力者事人也。觉思形止是为"泰"象，劳心者治人也。形止觉寂是为"坤"象，寐而安颐存夜气也。形动觉动是为"乾"象，终日乾乾敬法天也。形觉固交相养也。形有食性应与一箪食，形有饮性应与一瓢饮，形有温性夏应与一葛、冬应与一裘，形有静性应憩、应寝，形有动性应工、应耕，觉有静性应养太虚，觉有动性应思至道，阴阳相合、形觉并交之际，应偶以夫妇。如斯而已矣，如斯而已矣。

衣食之需，宫室之材，男女之人，各安其天，适足其性，未有不足于地上者。故圣人之治，备物制器。使民各安其衣，饱其食，而导其智于一途。所以成天下之务也。

孔子曰："仁人不过夫物，孝子不过夫物。"适足其性，则人人皆仁孝矣。帝王庞然自以为有天下也，列鼎而食曰吾不能与民同享，饱而后强进一箪，则服裂。琼浆为酌曰吾不能与民同饮，醉而后强罄一瓶，则首疾。曰吾不能与民同衣，重裘而外叠貂如城，则肩迫肢卷而肤灼。曰吾不能与民同偶，后妃而外嫔嫱盈宫，则心病神溃而髓竭。物可以加于性乎？而使吾民之不足也，亦厉矣。自公侯伯子男，降而下者逐逐焉。性之不足起于情贪，夫情贪不如禽兽也。考于天地之始而知矣。

太极之初，本无天地及生阴阳，于是有象，天阳而地阴也。然阳虚而有觉，昭昭然浮于上而无形，后世圣人强名曰"天"。阴实而有形，蠢蠢然凝于下而无觉，后世圣人指名曰"地"。于是，阴阳相应而感焉。阳入于阴，金石生水土，未有觉也。阳盛，水土生草木，有觉矣，故华而实。阳又盛，草木生虫介，觉著矣，故动且蛰。阳增盛，虫介化鸟兽，觉强矣，而不杂。阴阳将分，则鸟兽化为人，故水土、草木、虫介、鸟兽各抱其定性而不可迁。人则杂焉，有痴于豕，不变菽麦；有智如神，通幽阐赜；有忿于枭，商臣杀父；有孝于乌，申生死命；有残于虎，盗跖食人；有仁于麟，墨子博爱；有贪于羊，邓通铸山；有廉于龟，仲子不取。人中之草木，人中之虫介，人中之禽兽，人中之神祇，不啻万殊，人徒见其二目而一口，双耳而四肢，同为一也。而深窥其中，则鱼鳖虾蟹，蛇蝎虺蜴，虎豹兕象，豺狼狐狸，鹆鸹鸾凤，麟龙鲲鹏，妖魔鬼蜮，天神地祇，莫不有也。造化不择，同蒙之以人皮，何其谑也！何其虐也！夫天地阴阳之化育既已锤于人，而将使之上合于天，全其纯阳，何以不生如灵龟之不食，麒麟之惜草，鸿雁之合群，凤凰之高洁？智通神明，仁皆孔佛。双翼凌霄，五鳍潜海。宫室天成，衣服地生。草木之属，尽为菽粟。河川之流，尽为浆酒。不学即能，自然而圣。人人皆神，人人皆天。岂不休哉！又何为杂草木、虫介、鸟兽、神祇而丘之也？天地不仁，以万物为刍狗欤，将化人为天之意切也？锤之击钉，反而后固。将亨之际，必有大困。将明之际，必有大晦。将纯之际，必有大杂。将治之际，必有大乱。将乐之际，必有大苦。将安之际，必有大危。将神之际，必有大物。舜曰："人心惟危，道心惟微。"存其微者天，而蹈于危者物也。若此之交，在人自择，知正性而尽之者得。《易》之《泰》，天地之交也。即阴为形而凝于外，阳为觉而潜于内也。是人之象也。《泰》之九三，内阳发极。天地相交，人将神也。其爻辞曰："无平不陂，无往不复，坚贞无咎，勿恤有孚，于食有福。"其《象》曰："无往不复，天地际也。"是天地将交之际，往复平陂，淆乱复呈，杂水杂土，杂草杂木，杂虫杂介，杂禽杂兽，杂神杂祇，皆以为人也。人知勿恤，须知有孚。勿恤人道之苦，而正性以孚于天，则纯阳之正觉成矣。平陂往复，在人自度。

人知其然，修其足于天之性。而去其胶于物之欲，则天矣，是岂远哉？近而验之，极人爵之位，而后知齐民之贵；极车马之荣，而后知缓步之安；极金紫之服，而后知布衣之乐；极珍馐之奉，而后知蔬食之甘；极姝丽之御，而后知糟糠之美；极纷华之骛，而后知淡泊之乐。斯又性之不能尽绝于人心者也。

故庄子有言曰："鹪鹩巢林，不过一枝。鼹鼠饮河，不过满腹。"孔子视富贵如浮云，孟子得志有三不为，佛陀弃其国而行乞。皆尧舜草芥天下之量，明夫物之累性，有以自足于天命也。

王道以性足为教，上无侮夺人之君。以性足为政，下无侮夺人之民。将见世无菜色，人尽燠衣，以勉于顺。此地即天，不亦可乎。

《中庸》成己成物，王道也。由率性始，以尽性终。能尽其性者，必能尽人之性，尽物之性也。草木之性，需水土，而不汩不埋，是以尽性。禽兽之性，需饮食，而不藏不蓄，是以尽性。人之性，需用物，而不淫不荡，是以尽性。人尽其性天矣，神矣。莺鸠笑大鹏，朝菌傲大椿。性有自足，不能以形物修短。色象名法，而稍有加也。

人有物乎，无也。人有象乎，无也。人有色乎，无也。人有名乎，无也。人有法乎，无也。人有道乎，无也。人有有乎，无也。人有无乎，无也。惟其无有，故无不有。惟其无不有，故无有。

我有物乎，无也。我有象乎，无也。我有色乎，无也。我有名乎，无也。我有法乎，无也。我有道乎，无也。我有有乎，无也。我有无乎，无也。惟其无有，故无不有。惟其无不有，故无有。孟子谓万物皆备于我，是有物乎，是无物乎？无物何备？有物何以备？无物何不备？有物何能备？无物有物，有物无物。明夫此者，虽綮不渎。

如是则人足物，物足人，天足性，性足天，天性人物，各有所足，乌乎又争。若是则无物矣，则无象矣，则无色矣，则无名矣，则无法矣，则无道矣，则无有矣，则无无矣。

此性足始于有，而终于无，始于无，而大于有。有有有无，有无有有，有有有有，无无无无，斯非达于天德者不知也。

就性论物，不过者福。人知其通，宇宙皆谷。尽衣食之性，不伤人不伤物。而自有所足，故为性足。明天道，示人情，以为之鹄。

食不过，饮不过，衣不过，财不过，位不过。均之平之，式阜式育。身其康强，宇内无祸。永言保之，终古极乐。

八　公兵

今之暴者，非公兵无以平。后之黠者，非公兵无以慑。公兵者万国齐输，五洲合力，无疆无界，无种无色，无大无小，无疏无戚，各量其土地之出，人民之数，以分任役夫之数，糈器之费，而图为共保者也。

万国不能同为，十数国为之。十数国不能同为，数大国为之。数大国果能协心为之，他国将心服而来会。否则，以公兵临之，救其民于水火，靡不克矣。宇内既一，则公兵量减而常设，可以永保于无穷矣。

其多寡之数，区建之制，屯聚之地，统率之系，监督之方，起用之法。予更次论定，要以不生内蛊，不有偏重，不使统之者，假以为贪暴，不使供之者，厌以为虚设，斯可矣。

今海牙平和之会倡之者仁人也，然无司隶校尉，其谁服之？亦徒虚设而已矣。公兵者宇内之司隶校尉也。有此则海牙平和之会，可以为万国之谳廷，而莫或敢貌玩。大同之庆，立可致矣。

强国或不能遂罄其历载之武器资材，以输于公兵，此不难化。昔者乡有萑苻之盗，或十数群，或千百聚，亦不肯即为卖剑买牛，卖刀买犊之顺举，及龚遂以道觉之，则俯首帖耳，争先恐后。盖自知其向之所为者禽兽也。今博爱之大道，公兵之至利，昭然如天地之宏。仁慈通达之士，必将起而赞吾言，至于一二，至于十百，至于千万，至于亿兆，至于咸偕。则彼挟兵自重者，将自恶为禽兽之不如。而此奔走号呼者，又奋发如泽水之莫遏。日月既出，萤焰难明。公兵之实，无不成矣。

比如兄弟姊妹，各藏兵刃以相防，其家之惨苦可胜言哉！父母忧其不便，必劝而收之，或迫而收之。兵在父母之手，则一家之福履绵绵于门间。邻村比户，各修干戈以相拒，其乡之惨苦可胜言哉！三老忧其不便，必劝而收之，或迫而收之。兵在三老之手，则一乡之和乐周洽于里巷。此乡彼里，各集弓矢以相伐，其邑之惨苦可胜言哉！邑宰忧其不便，必劝而收之，或迫而收之。兵在邑宰之手，则一邑之休祥普被于偏民。此州彼邑，各储矛盾以伺隙，其郡之惨苦可胜言哉！藩侯忧其不便，必劝而收之，或迫而收之。兵在藩侯之手，则一都之生聚颐裕于千里。此藩彼镇，各增师旅以逞暴，其国之惨苦可胜言哉！国君忧其不便，或劝而收之，或迫而收之。兵在国君之手，则一国之郅治弘覃于蒸黎。五洲之国，各极军戎以竞强，地上之惨苦可胜言哉！圣贤忧其不便，或劝而收之，或迫而收之。兵为宇内之公，则大同之极乐，罩敷于无外。此理之极明，而道之极显者，其谁不知？不图宇内之公兵，而急图其国之私兵，是不顾屋舍之焚，而专保其巢也，鹈鹕也，非人也。是不知堤坊之溃，而专营其穴也，田鼠也，非人也。以人而下等于贱禽贱兽，不知公兵之务，其罪可胜诛哉！

夫以公法之文，和平之会束万国，如以一羊监诸虎，欲其不斗不可得也。敢请易羊以六驳，何如？曰不能。身受其祸者，何以不呼且号也？曰不能。手握其权者，何以不倡且导也？身受其祸而不呼且号，后将曰是伦于禽兽也。手握其权而不倡且导，后将曰是甘为禽兽者也。万世之罪不可当，百年之业不可保，性命之正不可亏，真理之趋不可遏。今之人胡不投袂而速起也。

《易》之"比吉"，"后夫凶"。比吉者，阳刚居极尊之位，众比其正也，公兵之象也。后夫凶，后至者必凶也。且《震》以阳刚在下，为动之义，兵器在下，无一日得宁也。《艮》以阳刚在上，为止之义，兵器在上，虽万岁无渝也。故《震》为雷，而《艮》为山。今不奠宇内于泰岳之安，而贻生人以虩虩之恐，害孰大焉？

故公兵之成，当先使万国之民厌兵，万国之君厌兵。是惟教以明心见性，学圣人而已矣，非难事也。（参观《止园原性论》及《圣学渊源诠证》。）

公兵之始，一国集哲，详而究之。制为专书，海内布之。布之不达，极论骤之。骤之不达，驰使说之。络绎于道，迩明辩之。辩之不已，风靡动之。宇内景从，万国会之。集于名都，先计其程。于是五州之中，各建一府。称其众寡，度其广狭，而为之备。所以便应援，而严镇慑也。

合欧，合美，合奥，合非，以镇亚洲，为一府。合亚，合欧，合美，合奥，以镇非洲，为一府。合亚，合欧，合奥，合非，以镇美洲，为一府。合亚，合欧，合美，合非，以镇奥洲，为一府。合亚，合美，合粤，合非，以镇欧洲，为一府。五府既成，万国乃宁。有不服者，临而教之。教之不率，修德示之。示之不服，然后伐之。异洲处兵，互保其族，交异其爱。罔有二心，先其德教，靡有不感。以正克邪，靡有不济。然后尽罢诸国之兵，略置司虣（自注：如今警察。《周礼》谓之司虣）。司虣执夏楚而已，不有兵也。一军一师一旅一队，黄白赤黑混而杂之。使之相睦，而亲如骨肉。

军旅之长，必用圣贤。任其洲之所举，而待决于他洲。府帅则六月一易，大将八月。下以此差，恐其久而窃柄也。兵二岁而易，归其田。

军之制，教为重。使之公仁泛爱，无有远迩亲疏，翕相为一。而外习礼乐之文，内修天命之性，俾渐以圣。是以其兵如文麟，虽有角不或触也。若慈凤，虽有距不或搏也。《诗》曰："文武吉甫，万邦为宪。"文德加于武略之上，所以足法也。

兵以牖道，非以牖地，非以牖民，非以牖种，非以牖国，非以牖财，非以牖力，而天心永胁。《传》曰："止戈为武。"《周诵》曰："载戢干戈，载櫜弓矢。我求懿德，肆于时夏，永言［允王］保之。"此之谓也。

夫人咸苦于溺也，则出之于水之上。咸苦于焚也，则出之于火之外。咸苦于战也，则出之于兵之中。兵以为公，如日月之在天，谁复假而为乱？今有十人共溺，一人欲登而反堕他人，他人必曳之，皆死矣。后者推前，前者引后，皆登矣。十人共焚，一人欲脱，而反热他人，他人必挽之，皆烬矣。后者拥前，前者导后，皆脱矣。强国亦陷于兵，弱国亦陷于兵，必欲相曳相挽，而冤连祸结，孰若相取相携，而共济也？悲乎！私兵之费十，而公兵之费一，财之利也。私兵之极斗，而公兵之极镇，生之利也。私兵之兵危，而公兵之兵安，兵之利也。私兵之君贱，而公兵之君荣，君之利也。有百利，而无一害，谁能止之？明者不乏，仁者代有，公兵之成，必且不久。然当在圣教倡明之后，否则，狡者或假之。慎哉！

九　区治

宇内不可有歧视，故为之一区。宇内不可有两长，故为之一治。旧有国邑州鄙之界，使民生异心者悉除之。方十里为小区，区一长。方百里为中区，区一长。方千里为上区，区一长。上区或三或二为并区，区一长。并区之广不过三千里，使无尾大之弊也。宇内为元区，区一长，长有副，各属其辅，以佐百度。五洲之大，并区约百，而上区三百，中区三万，小区三兆。元区之长，即宇内之元首也，名之曰长，以齐于庶官而同于小民，不以人爵乱真也。诸长无位，而执政有期，绝私觊也。治法渐备，教化渐臻，人种渐同，交通渐速，则去并区之制。小区长，掌其区之教训、政令、户籍、财物之出入，而按册以稽之。小区司教，属于小区长，而襄为教训。小区司政，属于小区长，而襄为政令。小区司储，属于小区长，而襄为节用。小区司户，属于小区长，而襄为记籍。小区司讞，属于小区长，而分属于中区司讞，为民平讼狱。小区司虣，属于小区长，而襄为纠禁。小区司物，属于小区长，而襄为输藏。小区司地，属于小区长，而襄为力土。小区司工，属于小区长，而襄为考工。其在山林川泽，海淀牧畜，各别专司。

中区长，掌其区之教训、政令、户籍、财物之出入，而按籍以稽之。中区司教，属于中区长，而襄为教训。中区司政，属于中区长，而襄为政令。中区司储，属于中区长，而襄为节用。中区司户，属于中区长，而襄为记籍。中区司讞，属于中区长，而分属于上区司讞，为民平讼狱。中区司虣，属于中区长，而襄为纠禁。中区司物，属于中区长，而襄为输藏。中区司地，属于中区长，而襄为力土。中区司工，属于中区长，而襄为考工。其在山林川泽，海淀牧畜，各有专司。

上区之制，准中区有差，并区之制，准上区有差，元区之制，准并区有差。司虣不相属，而取于他区。司讞不专属，而取于他区。凡司虣岁一易，司讞三岁一易。

中区置议府一，上区置议府二，元区置议府二，公兵之用，议府请之，议府决之。法《易》之师，刚在下而得中正也。故《易》曰：以众正，其在时移势易。地变天革，因为损益。夫道无可名，而法不可必，须要于德，则积久而不相渎也。《诗》曰："无此疆尔界，陈常于时夏。"浑浑噩噩，又何必区而治哉？恐其自分自合之为害大也。自分之，必自合之。强者陵弱，一人强则一家之祸不可言矣，一家强则一乡之祸不可言矣，一乡强则一邑之祸不可言矣，一邑强则一郡之祸不可言矣，一郡强则一国之祸不可言矣，一国强则宇内之祸不可言矣。区治成，则英迈之元首，不强于瞽瘝之细民，然后太平。

《书》曰："惟德动天，无远弗届。"德有所不届，则顽民生焉。一人顽则一家化之，一家顽则一乡化之，一乡顽则一邑化之，一邑顽则一郡化之，一郡顽则一国化之，一国顽则宇内化之。区治明，则一圣之教泽，不遗于愚妇，然后普渡。

而况饥寒之所感，一人不足，则宇内之人，须同其饥寒。旱潦之或生，一乡之不祥，则宇内之人，须同其旱潦。必使圣贤之目，视宇内之至幽如视诸掌。圣贤之心，感一夫之惨苦如感于身。运五洲之大，如运四体，转八埏之地，如转微丸，皆非区治之极良，不能蒇事。故吾愿区治之善，整如百丝之成网，网一举则无不陈。敏如一轴之起车，枢一旋则无不应。如列碁局，圣人奕之。如作玉衡，圣人齐之。然后能天无私覆，地无私载，日月无私照。《经》曰："经纬天地，曰文。"文治之施，区地其始也。

在昔洪荒之世，地不可区。及我先圣文命，锡玄龟而告成功，于是划州为九，甸侯绥要荒，凡五等。今天下一家，不能或置于荒服之外，而伏异日之祸。周之王制，天子千里，公侯百里，伯七十里，子男五十。今行王道，不当以土地为一姓之私，而以厚薄别班爵之序。然古以区地为治之本，则今亦以区地为治之本。古以区地为治之成，则今亦以区地为治之成。此理之不可易者也，岂以其形之殊哉！

一家之宅，不过五亩，八室之盈，不过一井，人性之资于地者约也。然而骄君之志，囊括四海而不足。人欲之发于心者奢也，区治得宜，人复其性。今也万取千焉，千取百焉，而又杀人以求之，是区治之不明，其为害甚矣。孟子曰："夫仁政，必自经界始。"《礼》曰："凡居民量地以受事。"圣人早已见及此，今则扩而充之，非有加于古义也。

暴君污吏，必漫其经界，后世之所诛也。疆场翼翼，捄之陾陾，其比如栉，以开百室，《雅颂》之所称也。区之区之，蒸民居之，治之治之，万姓利之，岂不休哉，岂不休哉！予惟跂而望其成，期于永宁。

十　同教

道无不同，论道者异之。教无不同，传教者异之。今之传教者，如谈日然。乃有一人，坐于深井，终身不出，百岁莫拯。其言曰：吾井有日，其光如箭，其热如火，其大如丸，其熠射目。上下各一，相对而出，不及一息，相反而入。乃有一人，居于东崖，藏于窅穴，仅及见海。其言曰：子言二日，信是矣。然吾见之，其光如朱，其热微温，其大如轮，其熠孔明。上赴崖巅，下向远瀛。乃有一人，居于西山，潜于谷洞，惟能窥岑。其言曰：子言二日，皆非也。吾日见之，其光信朱，热亦微温。大实如轮，其熠莹莹。仅有一耳，去来两峰。乃有一人，居于大泽，室有四泉，围峰万尺。其言曰：子言一二，皆非也。吾岂不见，其光诚耀，其热允盛，其大如盘，其熠甚烈。各泉皆有，与上而五。斯数人者，明明以眼前之所见，征积日之常识。岂不自信，而相非相谤，终莫能解？至于焦唇烂舌，格斗流血，不亦冤乎。

《易》曰："丰其蔀，日中见斗。丰其沛，日中见沬。"日之方中，何其明也？乃或见为斗，或见为沬，何哉？蔀、沛之为蔽大也。今之学者，信师则师蔀之，从俗则俗沛之，读书则书蔀之，习法则法沛之。私心人欲，众语繁文，杂然前呈，其为蔽犹甚于坐井，安知皇道之孔昭哉？师或有道，师实无道，俗或有道，俗实无道，书固有道，书亦无道，法固有道，法亦无道。道自在性，性岂即道？道自在虚，虚岂即道？道自在天，天岂是道？道自在道，道岂能道？虞舜曰："道心惟微。"老子曰："道可道，非常道。""恍兮惚兮，道在其中。"佛氏曰："非法，非非法。"孔子曰："吾有知夫哉，无知也。"颜子曰："瞻之在前，忽焉在后。"非上智自得，安能讲而明之？一著于言，便即匪玄。一形于貌，便即匪窍。一生于心，便即匪真。一贲于文，便即匪纯。庄子曰："圣人不死，大盗不止。"恶其有所执也。孔子曰："予欲无言。"恶人之执之也。

今之执道，而非人者多矣。若反而问之曰，子有得乎，得者安在？人有失乎，失者安在？得有得乎，有者安在？失无失乎，无者安在？是奚足修辞而明哉！博衣束发，道流填都，老子之真，谁能得之？祀事孔劳，书生如毛，孔子之真，谁能得之？髡首诵呗，贝叶积山，佛陀之真，谁能得之？教会盈地，信徒疲毙，耶稣之真，谁能得之？谈者休矣。《易》曰："不克讼，复即命,渝,安贞吉。"讼既不明,曷渝尔心,以安于正乎?今之争者,争教夫哉,争食而已;争道夫哉,争忿而已。孟子曰:"我不意子学古之道,而以餔啜。"懔于斯言,式讹尔忒。今试去老子、孔子、佛陀、耶稣之名,而先论圣人之实。实既定,则合此者圣人,不合者非圣人也。是亦非至公之论欤?明者必皆曰然。然则,吾为定其实曰:太虚为体,人欲尽绝,成己成物,中和自得,不勉而克,为圣人。明者必皆曰然。然则,老子致虚守静,非太虚欤?无欲观妙,非绝欲欤?自知自爱,非成己欤?常善救人,常善救物,非成物欤?充气为和,非中和欤?无为自化,好静自正,非不勉而克欤?若上所述,见于其书,合其体,同其用,老子信圣也,孔子独非乎?孔子无思无为,非太虚欤?以损窒欲,非绝欲欤?成己仁也,非成己欤?立人达人,非成物欤?保合太和,非中和欤?从心所欲不逾矩,非不勉而克欤?若上所述,见于其书,合其体,同其用,孔子信圣人也,佛陀独非乎?五蕴皆空,非太虚欤?无色声香味,非绝欲欤?涅槃自渡,非成己欤?渡尽众生,非成物欤?得大自在,非中和欤?方便法门,非不勉而克欤?若上所述,见于其书,合其体,同其用,佛陀信圣人也,耶稣独非欤?离弃一切,非太虚欤?(见《马太福音》第二十章第五页中)私欲与灵魂战,非绝欲欤?(见《彼得前书》第二章)宜为完人,非成己欤?(见《马太福音》第二十章)拯救世人,非成物欤?(见《希伯来书》第三章)清洁温柔,非中和欤?(见《提摩太后书》第二章)爱心完全,非不勉而克欤?若上所述,见于其书,合其体,同其用,耶稣信圣人也,老子独非欤?其言性也,老子不以物凿性,孔子成性存存,佛陀明心见性,耶稣与人同性(见《希但来书》第二章),其本同也。老子无弃人无弃物,孔子天下一家中国一人,佛陀无一众生不灭渡,耶稣博爱不仇异国,其大同也。彼皆圣人,学圣人者,又何用争?

  考其至极,何谓成己?何谓成物?成己者,不惟使人极乐于生时,当使之极乐于死后。斯道也,佛陀、耶稣固极倡之。其理甚明,其事必有,惟明心见性者知之耳。老子曰谷神不死,曰无死地。孔子曰魂魄归天,曰久则天,天则神。何常非是?夫人守百岁之尸骸,纵耳目之大欲,不使之明于神灵之道,故难善也。佛陀、耶稣良具真知。老子载营魄抱一,固以灵魂为重矣。孔子曰圣人以神道设教,而天下服,何常不见及此哉!特以老子不立教,然其言曰我无为,而物自化,又已以法相示人,而示于无象也。孔子重人事,兼政教。平心而论,离政而教,能尽渡今之众生乎,无亦为匏瓜而已矣。

　　夫医之于人也，有病则医之。圣人之于人也，有恶则教之。若果无病，又安用医？若果无恶，又安用教？五谷之外，何用药石？天性之外，何用教法？既以生教，教即非道，如人得热疾，则凉药投之，凉药岂养生者哉？人得凉疾，则热药投之，热药岂养生者哉？医见其师之医热疾也，则信以为热药误。见其师之医凉疾也，则信以为凉药毒。若是者，谁其复能见性哉？又如圣人生于季秋，必教人曰速备重裘，速置炉火，汝苟不然，将以寒死。其徒信之，以是全生。亦有圣人生于季春，必教人曰速裁纨扇，速修冰榻，汝苟不然，将以暑死。其徒信之，以是安身。此徒彼徒，厥后大争，不亦惑乎！

　　教之争久矣，人之死多矣。中国之士伐异端千秋不改，欧洲之民攻他教百年长战。是圣人之所以救人者转以杀人也，悖已甚。使老子、孔子、佛陀、耶稣，共话于一堂，不将骇然而惊，爽然而悲，泫然而泣，嗤然而笑耶？

　　今不同教，此祸不息，后之争者，其斗愈烈。道可道，非常道。名可名，非常名。不执一道，不拘一名，但知圣人之所以为圣人而同之，不亦休乎！夫圣人之量，不欲己独为圣人，欲天下后世皆为圣人也。若执一人为圣人，外此将无圣人乎？外此无圣人，圣人何必教？后此将无圣人乎？后此无圣人，教法何必传？若圣人之量，遂必有不可胜数之圣人，众人如各信其一，将有不可胜数之党，而有不可胜数之战也，可悲孰甚。

　　又况长短互补，相资而全，得失交易，与善并尊。有言逆于汝心，必求诸道。有言逊于汝志，必求诸非道。故吾为之定论曰：论圣人者先论其体用，合之之者圣人，收之；不合之者非圣人，黜之。体用既合，无分于大小成否，东西先后，一堂祀之，将以劝无终而昭无外也。言文既多，复复重重，要止一是，何别其名？大盗废，有仁义；六亲不和，有孝子；国乱有忠臣，道失而后有圣人也。人皆圣人，谁为圣人？谁为圣人，谁非圣人，又将何争乎？大同既成，教必统一。以道为准，得道者立。必至塞庙填城，莫可名籍，则亦惟宗道而已矣。

　　列表书实，稽体辨用。不偏不党，无我无朕。统而一之，大道永定。老子曰道通惟一，惟达者知通为一。故吾愿存诸教而亡诸教，有诸教而无诸教，以合于一，而守其素。教既一统，乃立一庙。万世宗之，人我兼成。信得其真，罔或有迷。今其言曰信教可以自由，是弥缝一时之策，非端本之论也。夫教以统人心也，教可自分，则人心亦可自离，又安能合宇内为一家哉？悖已极矣。《易》曰教思无穷，拘于一圣，岂不穷乎！吾是以欲诸教统于一教，其名曰"道"，无极永保。

夫老子、孔子、佛陀、耶稣，其最著者也。举一反三，他可例矣。东海、西海、南海、北海，此心同，此理同也，而又何别乎？

十一　同文（兼言合种。种之异，亦惟因面目色象之文采不同耳，与同文义通）

文以达意，意既无二，文安得不同？文以记道，道既无二，文安得不同？《礼》曰："五方之民，言语不通，嗜欲不同，达其志通其欲。"是古之中国固未能同一言文也，而圣人必使之同。《中庸》曰："今天下车同轨，书同文，行同伦。"以斯征之，则周末之时，中国言文亦已同矣，圣人之功遂矣。

想夫洪荒蓁狉，人亦如兽，啾啾格格，无以达意。于是乎手舞色示，以互通其志。不便，则学鸟兽之鸣，鸣声孔繁，相袭为言。使阡陌相通，不相往来，则国中之言语，不知凡几，亿兆类也。互接不达，相为效焉，各效其近，部落翕然。使闭关绝域，不相往来，中国之言语，不知凡几，千万类也。圣人统治之后，恐其离邊，故齐而教之，俾无歧视。未有文字，各结其绳，连索续绚，莫辨其象。于是虫形鸟迹，各别其章。使比疆隔域，深闭固拒，中国之文，不知凡几，千百类也。互与不识，相为导焉，共资其良，邦国翕然。使南粤北胡，不相吞并，中国之文，不知凡几，十数类也。帝王临御而后，恐其纠纷，故统而修之，毋俾杂出。

今以海疆之所限，千岁之所习，古籍之所遗，民信之所积，言文之不一，甚矣。若一旦合于大同，非一之无一将事，徒生其携贰之心耳。

夫鸠之鸣也关关，雁之鸣也嗈嗈，鹿之鸣也呦呦，鸡之鸣也喔喔，此不能变于天者也。人之言复其如是，是其受于天者同，而染于人者不同也。染于人者不同，则人之心犹是而异，不齐而一之，大同之实终未可保也。

一日，而大同矣。于是，集五洲之民而共导之，其始必各执其长。再导之，其继必各爱其旧。深导之，其终必典存其祖。要之，私心能化而遄以从善者，非圣人不能，同文之实非易致也。然不同文，则大同终有时而裂，战祸终有时而起，是又不能不勤者也。即予诚心，姑为导言。予言匪私，闻则察焉。在昔，天山之北，胡人有文，及其入关，自觉不可。元人御极，臣奴汉民，岂不欲以其言文播之汉民哉？其先哲之修撰固失雅驯，而道统之渊源实失阐晰。耶律楚材天姿明朗，乃知弃彼取此，延访师儒姚枢、许衡，相尚以学。是元虽灭汉，犹不得不存汉之文，而不觉自亡其文也。长白之麓，满人有文，及其入关，亦觉不可。改号曰清，诸夏服之，岂不欲以其言文氎之诸夏哉？其嚏喽之音节，不足敷施，而齐治之端末，固未详析。世宗世祖，亦知弃彼取此，登庸硕彦，洪相承畴，制度议德。是清虽灭汉，仍不得不存汉之文，而不觉自亡其文也。总欧亚文明之所授受，哲士之所宣泄，记志之富丽，賡扬之懿美，未有如中国经史之精英，辞林之藻翰者。大同之后，可以为宇内法者，仓颉之字，六经之文，必然而无疑者也。或者曰：文英之流，行者广矣，万国多资之。予则曰：是因其形而下之器以为舆也，不如以道。器可以小成，不可以大备。器可以养身，不可以养心。详而辩之，终亦不争自服也。其余他国之文尤下矣，德与法近于英易化也，日与韩近于中非文也。夫回与藏，皆各有文也，皆以化于中而渐亡。中国之文可遍于宇宙，固必然而无疑也。其繁难渊博，亦或困之。而别摘其简易，以便齐民，修其宏雅，以贻学士，则又何困之有哉？

虽然，予既已至公为量，非必私爱其旧也。后之达者，合诸邦之文而细究之，惟好是从，其庶几乎？惟宇内非同文不可，则必不可易言也。

至于种色之异，不有以化之，终顾而生心，不有以齐之，终因而启乱。是以古之圣人，禁同姓之婚。同姓同貌，积久而我象胶矣。我象胶，则人象著矣。我象人象，胶者益胶，著者益著。然而，不争者未之有也。昔非洲有鼠，其色黎黑。亚洲有鼠，其色灰褐。及其相遇，而纠仇相殄，黎黑之鼠几歼焉。是小兽之性不可化也，亦由其色之有以使然也。今欲保大同，传无极，若不同人种，非所以弭祸端，而底至顺也。圣人必曰不可，乃择黄白黑棕，而令之互偶。互偶积久，五洲一色，而后大同，而后无极。则生人之幸溢矣，谓之体肤同文。

故大同之盛，内同其道，外同其教。内同其心，外同其形。内同其爱，外同其文。内同其性，外同其平。性道无二，因于天。形文有象，恃于人。天人合一，谓之永成。《易》之同人，取象于天火。天道昭临，文明乃臻。故其辞曰：同人于野，亨；同人于宗，吝。同宗人与野人，期为法天之文明，不亦休乎！予是以述。

十二　公财（兼论废财）

　　生生嬗蜕，性命本不需财。习习因缘，蒸民伪而贵宝。即如荒原膴膴，无垠无人，仅二户焉。其东户富以万庾之珠，千府之金，百顷之玉，十廪之珍。其西户富以一井之水，八亩之蔌，五囷之米，六群之畜。将谓东邻富于西邻乎，抑亦西邻富于东邻耳。使西邻不乱其性，不以其所有易东邻之所有，又不施其仁，不以其所余恤东邻之不足，则东邻号饥而死，而西邻室家相庆，虽欲尽其所有以博升斗不可得矣。夫天之所，所以养人者至矣。使其珠溢川河，水无一滴，金满阡陌，蔌无一茎，玉充山泽，米无一粒，珍被郊野，畜无一苙，斯人可得而生乎？人之所谓至贵者，乃天之所谓至贱者也。情之所谓至贵者，乃性之所谓至贱者也。老子曰："金玉满堂，莫之能守。"非有得于道者之言哉？人而知此，一国之人，尽弃其财而反朴，以市异国之货，一国之安富，可胜言言〔哉〕！宇内之人，尽弃其财而反朴，以勤土地之利，宇内之安富，可胜言哉！《楚书》曰："楚国无以为宝，为〔惟〕善以为宝。"舅犯曰："亡人无以为宝，仁亲以为宝。"此之谓也。

　　币帛之法行，而人道之祸极矣。富有者，淫厥志，荡厥神，侈厥度，伤厥行，长厥贪，败厥德，多厥聚，丧厥心，犹且因婪起欲，骨肉相残，患失离羣，同侪推刃，诪张饕餮，圯珍懿伦，是有百害而无一利，富有之罪极矣。贫乏者，忧心劳虑，苦厥志，夷厥神，窘厥度，卑厥行，生厥贪，伐厥德，蕲厥聚，死厥心，犹且争瘠剜枯，手足互斗，郁瞋生暴，狼虎戕人，衣食所迫，廉耻尽捐，是有百害而无一利，贫乏之愆大矣。哀哀此俑，谁为为之？孟子曰："富岁，子弟多赖；凶岁，子弟多暴。"赖与暴，相逼而互启也，不亦悲乎！故予始欲为民均财，后欲为民废财。

　　均财之始，非大同之后不可，若不大同，彼国为此国之逋逃薮，此国为彼国之逋逃薮，贪婪失性之人终无以制。非区治之后不可，若不区治，此地为彼地之逋逃薮，彼地为此地之逋逃薮，狼戾逆天之人终无以节。大同矣，先令曰：宇内之中，无敢覆藏。区治矣，先令曰：一区一室，无敢不均。则生民阜育，永奠于无穷矣。

　　然后为之九等，以功德班，下下之资，视其衣食所需之数而增其半，以为备。下中比下下增其十之五，下上倍下下。中下以上，视此为差。是以富者不至淫，贫者不至困。凡民室之出入，区司储监之。三年作而有一年之食，九年作而有三年之食。以三十年之通计国用，虽有旱干水溢，民无菜色。各区之内，有公财均等，以备不虞。其在天灾地祸易生之处，得因以增。

或曰富者不肯出其藏，将何以平？则答曰教之以明心见性，彼自视为赘。厘之以区治监用，彼自无所匿。

或曰民无竞心，文明不进，将何以劝？则答曰文者不觏之谓也，明者不昏之谓也。今之所谓文明，非昔之所谓文明也。虽好劳恶逸人之常情，而乐道修庸亦为至性。教之以明心见性，民将自勤。监之以专司考绩，民将自励。

虽然，公财之实，须徐且慎，操切为之，扰民之政。芟其贪鄙之欲，绝其后顾之忧，则驯致自定。道德相尚，何能贪鄙？子孙各业，焉有后顾？要在于化行俗美之后也。总之，非圣人出，百务莫整。圣人出，则转天下易于旋枢。岂特公财一端哉！

夫以地上之财，养地上之民，如凫鸿同浦，各果其膆。如灵龟吸风，各充其度。争者惑也，聚者累也，安者常也，散者逸也。明夫物者之非物，而人我之性，孰与不足？嬴政吞六国，不见彭其腹。尧舜弃天下，不闻损其乐。邓通徒以宣淫，石崇徒以召戮。非埤于躬，而贻吾民以不足，不亦悲乎？孔子曰："不患寡而患不均，不患贫而患不安。"通性命之正也。

宇宙既平，教化既洽，均财之极，不如废财。废财之实，使民视珠玉珍宝，精缪良璞如粪土。岂惟如粪土，不如粪土也，粪土犹可以用也，珠玉珍宝，精缪良璞，不可以用也。晁错曰：饥不可以为食，寒不可以为衣。然而，贵重者，以上用之故也。今财之所以贵重者，亦以众用之故也。然殊疆绝域，咸趋于一，岂以其性之顺哉？为难得故。《书》曰不贵异物贱用物，民乃足。老子曰不重难得之货，使人心发狂。废财之义，古训昭然。故吾始欲公财，终欲废财。公财太均，人治乃成。废财太虚，人神乃完。《诗》曰无有作好，遵王之道。废财绝好，而王道几成矣。岂不休哉，岂不休哉。

今中国夫妻父子不相争，蓄以其同所享也。至于兄弟而竞端起矣，以其异所享也。圣人之道，将使宇宙为一体，岂惟如夫妻父子之亲哉，而又何夺乎？《诗》曰："哿矣富人，哀此惸独。"三复斯旨，能不怆然！财之不均，民之戾也。财之不废，祸之媒也。天何以次？何神不富？我通于神，万物皆备。佛氏黄金铺地之说，非谕言也，惟真明者识之耳。

公财废财，理在必行。至于烦则，行者思之。

十三　齿班

人生五伦，惟君为伪，故《书》曰抚我则后，虐我则仇。不闻曰抚我则父，育我则仇。盖父子、兄弟、夫妇、朋友，天性使然，而君则伪器也。以力服人者，不当尊也。以德服人者，彼岂望民之尊之哉！《礼》有敬老之制，尚矣，其班民也。年长以倍则父事之，十年以长则兄事之。是又以天地为大父大母，而生于其间者，咸如家人之相序也。孟子谓兼爱无父，安知墨子之学，固出于孔子哉！

自乱臣贼子，暴君污吏，侮人夺人，而天下之大不平生焉。不耕耘而贵于农，不攻器而贵于工，不懋迁而贵于商，不讲道而贵于士，犬豕高坐，完人下拜者多矣，不亦悖乎！孟子曰："天下有道，小德役大德，小贤役大贤。"果能以德为班，则亦何不均之有？然德本难评，而狡者易逞。今之中国名已公之民选，实贿与力为之。今之美洲外已渐臻文明，内犹觊觎元首。非天性之纯，祸机终未已也。

夫人有驰名竞荣之心，则非浑朴，而皇道必匮。有驰贵竞长之心，则非良善而僭乱必起。平争绝奸，莫要于夷等，而人治又终不可废，为之齿班，庶几永靖。

齿班之法，儒有九等，农有九等，工有九等，兵有九等，余各专司，皆有九等。儒、农、工、兵同等同荣。儒官掌教政，农官掌力土，工官掌制器，兵官掌公兵，终身不越职。九品之儒官不出小区，小区之职缺以其齿补。八品之儒官不出小区，小区之职缺以其齿补。七品之儒官不出小区，小区之职缺以其齿补。六品之儒官不出中区，中区之职缺以其齿补。五品之儒官不出中区，中区之职缺以其齿补。四品之儒官不出中区，中区之职缺以其齿补。三品之儒官不出上区，上区之职缺以其齿补。二品之儒官不出并区，并区之职缺以其齿补。一品之儒官不出元区，元区之职缺以其齿补。元区长之职缺，则以上区长之齿尊者补。其在农工兵及诸专司皆视其官品以齿补。官品之进以学以功亦以齿序，五十以上不仕于小区，六十以上不仕于中区，七十以上虽元区不仕矣，谓之遗老。其后道高齿增，则准是有加。非儒官不得为元区长，尊德教也。《易》曰眇能视，跛能履，武人为于大君。武人为于大君，如眇之不足有明，跛之不足与行，凶莫大焉。

九等之官皆无爵，休职之后论其功而酬以爵，别为九等。列诸九等之服，九等之俸，以章其肄，所以使人无觊心，而安其分也。夫官者不得已而后设之，非有高于齐民也。民淫于官，内则贼性而伤神，外则害群而败度。巢由不为天子，德大而废事者非中。末俗竞其贪营，力小而任重者覆悚。齿班既定，纯以天成，非衰废聋病，不得固辞，尽人事以合天也。

尤才殊德，不得特擢，恐便于一时，而贻害于无穷也。夫才以戢事，非以生事，德以养心，非以荣身。君子所信，大行不加。穷居不损，齿班无紊。岂得谓困长才，而屈硕德哉！况才以式而愈宏，德以老而愈劭。大器晚成，风乃敦厚。又安有遏抑壅蔽之患哉！《书》曰人惟求旧，此之谓也。

《传》曰能官人，则民无觊心。即能官人而不以齿，未见其无觊心也。民竞于财，宇内固争，民竞于才，宇内亦争。民竞于权，宇内固争，民竞于名，宇内亦争。民竞于爵，宇宙固争，民竞于德，宇宙亦争。民竞为功，宙内固争，民竞为学，宇宙亦争。民竞为义，宇内固争，民竞为圣，宇内亦争。《诗》曰无竞惟仁，四方其顺之。此之谓也。老子曰圣人不死，大盗不止。恐人之竞为圣人也。竞为圣人，犹且生盗，而况于人爵之伪者乎！赫胥黎"物竞天择之说"，启乱也。天以道养人，道无穷尽。竞于道者，如以樵取火，取者虽众，火终不减。此佛陀之训，而性命之正也。庄子曰无为为之，而后安其性命之情。齿班分职，亦使民无为为之耳。且贪进之夫，必非太虚。居尊显而非太虚，其为祸不可胜言也。大同教普，人皆圣人。人皆圣人，岂复羡元首之位，以为有加于齐民哉！今也，欧西之哲，渐欲以无政府为极平，是不揣本之论也。政府何能无？以齿班职，有政府亦犹无政府也。

《传》曰："天生民而立之君，使司牧之勿使失性。"《书》曰："天生蒸民，作之君，作之师。"以是观之，生民之长，天之所命也。见于蜂蚁则可知矣。蜂集一巢，则天为之生一王，其大轶众。蚁聚一穴，则天为之生一君，其大绝伦。人既合天，天岂不为之生长上哉？齿班以序，则是纯以天成也。又况人历百职，自小吏至于极品，而无忝厥绩，其才德必大有可观者。方之今日，邻国之官罔匪耆耄，而中国之政乱如散丝，实邻国无侥幸之官，中国有不次之荣也。《易》曰师，贞，丈人吉。师，众也。御众之道，不曰才人，不曰贤人，而惟曰丈人，则是齿班之义，《易》已明矣。《礼》曰："四十始仕，方物、出谋、发虑。"五十命为大夫，六十曰耆诣使，七十曰耄服官政，则是齿班之政，《礼》已明矣。

予故曰：齿班之法必行，而后宇宙可以永宁。不然，因一时之利，使私欲稍入于人心，乱未有不生者也。

十四　通达

水有崖岸之隔，则清者自清，浊者自浊。民有山川之阻，则愚者自愚，贤者自贤。况公兵之周防，司觇之察诘，非通达无以烛奸回。圣教之敷施，司铎之申儆，非通达无以期禽受。货殖之懋迁，籴粜之均分，非通达无以资转输。民气之敦庞，风俗之胶固，非通达无以图化一。《诗》曰："周道如砥，其直如矢。"《礼》曰："导达沟渎，开通道路。"《中庸》曰："今天下车同轨。"盖勉于是也。

老子曰："阡陌相通，鸡犬相闻，民至老死不相往来。"意谓离群全朴，可以长治。征之秦筑长城，闭绝匈奴，不及十年，强胡入寇。宋遗玉斧，河西不有，鸿沟之限，终亦不久。暗陬不察，强梁窃发，欲以全朴，反以凿朴。有仁里必有互乡，有互乡必累仁里，斯害矣。是以圣道大同，必通天下，舟车之利，一息千里。使圣人视宇内如视两掌，运六合如运四体，则政教覃于无外矣。

司道，司天下之道路。凡道，有八别，纬地道，匝地而纬。凡八道，中间等距，轨广十丈，百万之众，一车而发。上区道，交于纬地道，经上区之界，轨广五丈，十万之众，一车而发。中区道，交于上区道，经中区之界，轨广二丈，五万之众，一车而发。小区道，交于中区道，经小区之界，轨广盈丈，万余之众，一车而发。皆以镠铁。乡有孔道，舆马络绎。里有里道，列树表之。村有村道，负戴往来。家有矢径，达于比户。凡深山穷谷，栈崖绝湍，凿隧为梁，毋俾蕴昧。若斯之防，天下未有复乱者也。

司航，司天下之航道。凿水之源，浚江之濑，去石之棱，正流之激。浮标于海，密如蛛网。潜航于瀛，启其神薮。艨艟之巨，巍若岛屿。司邮，司天下之传言。分为九等以置驿。使荒远幽邃之野人，一日之间可以达意于元区。此之谓明四目达四聪。然后，圣人无远复视，无远弗听，小民攸箴，无或敢伏。且上言如丝，其出如纶。上言如纶，其出如綍。说法明堂，声闻于野。说法周原，声闻四裔。则教化未有不遍，群情未有不孚者也。夫天下犹之一身也，元首者身中之心也。一身之中，血气有所不通，则痿痹溃腐，延于体肤。天下之大耳，目有所不及，则顽梗俚鄙，害于郅治。故《传》曰使民入川泽山林，不逢不若，魑魅魍魉，莫能逢之。彼魑魅魍魉，岂必异物哉？人之凶顽冒顿，弑父妻母，即此类也。今日本之北夷，非洲之黑蛮，固未昭化。即中国之中，苗羌貘猺，何尝非山泽迂阻之故，而尚守其獉狉哉！益烈山泽而焚之，而后禹遂祗台德先，不拒朕行之量。《易》曰："天地定位，山泽通气。"此之谓也。

古《山海经》、《十洲记》之说，未为全诬，其渐化而文明者，禹益励其绩也。今大海之底，其广倍陆，北之凝冰，南之炎毒，沙漠林荒，崇峦襍罱，不若之所伏者多矣。且地有移易，天有变候，沧海桑田，无代蔑有。若一旦胶于怡豫太平，而忘搜索之务，隐幽祸作，不可救矣。

且圣人之量，一夫不获，若挞之于市朝。如其古谷之内，尚有愚公，则野无遗贤之志不遂。越裳之外，尚须重译，则无远弗届之盛靡登。故圣人治世，必劭为通达，而不厌其劳也。老子之说，是虚之体，禹稷之功，是实之顺，老子禹稷易地则皆然。通兮达兮，民无盼盼。达兮通兮，豫无穷期。欲大同者，勉之。孔子曰："己欲达而达人。"达人者，岂惟达其心哉！形之不接，心法何承？老子曰："道通惟一。"天以理为道，地以路为道，通天通地，民乃咸一。本斯言也，以为在地成形之训，庶几三才一贯，而不一者，皆归于一矣。

十五　正艺

艺有可以修者，有不可以修者。有可以废者，有不可以废者。有益于养生全性，此可以修者也。无益于养生全性，此不可以修者也。无害于道心天和，此不可以废者也。有害于道心天和，此不可以不废者也。

夫养民之道，足其形之需，而去外物之害其形者。全其性之正，而去外物之戕其性者。斯足矣，以是为衡，则应修应废可以别矣。《书》曰："不贵异物贱用物，民乃足。"孟子曰："圣人治天下，使有菽粟如水火。"偏举菽粟，则布帛在其中矣。使蒸民之众，咸努力于菽粟布帛，安得不如水火之多哉！惟大伪既兴，生之者寡，食之者众，用之者无节，作之者有限，而天下遂以不足，不有以正之，其为害不可胜言矣。

涉于陇亩，察于町溪，而见农事之兴作。考其究用，非食之资，即衣之资，粟米蔬果，麻丝缕枲是也。其为物不患其多，其为艺不虞其进。涉于大麓，察于茂原，而见牧事之兴作。考其究用，非食之资，即衣之资，骨肉皮革，毛血膏酪是也。其为物不患其多，其为艺不患其进。然使漫无限制，膏腴之地，尽侵为牧野，民将逐水草而弃文明，不亦害乎！是自有限，田日垦则牧日鲜，此不必为之节而自能节也。涉于懋林，察于山谷，而见樵事之兴作焉。考其究用，非材之资，即薪之资，束楚载翘，斲柔锯栋是也。其为物不可过多，即其为役不可过众。盖宫室不必壮丽，椅榻不必备陈，而木不可衣食也。涉于明都，察于广市，而见工事之兴作。考其究用，非必需之资，即玩好之资，百异万殊，不可悉述。则作伪以炫耳目者多，而趋巧以夺民利者众矣。兵器之设，虽害而不可废者也。商贾侵牟，有百害而无一利者也。世未大同，则犹曰驱其民，以夺异国耳。故貌虽交易，实则御人于国门也。

夫人绝贪去巧，迸耳目之好，抱贞固之性，而后入于道。锦绣之文，不如大布，闶闳伊濯，不如土阶。而况巫觋连肩，讼师比室，皆以启诈而施夺。世俗之艺，可废者多矣。《汉书》曰："雕龙刻镂，伤民事者也。锦绣纂组，害女工者也。"农事伤则饥之本也，女工害则寒之源也，饥寒并至而民有不为非者寡矣。今若推广其义，以利民命，其害有加于雕龙刻镂、锦绣纂组者，指不胜屈，宜悉禁罢。要亦须明以稽之，均以计之。不必胶于一是，而又穷其变通。斯可矣。

商贾之类，宜尽废之。一区一市，一乡一村，计功计户，为之颁物，而不取其贷，官司司之。上区以岁颁，中区以时颁（春夏秋冬四时），小区以月颁，户以十日颁。户有一月之备，小区有一年之备，中区有三年之备，上区有六年之备，并区有九年之备。以元区之备养天下，虽有巨眚，无菜色之民也。使民无一人不为有益之事，以相生生。故五十以上不力作，六十以上不心劳，七十以上不口命。然后阜育之德全矣。故王道之极，不使一人坐食，而后能不使一人无食。不使一人巧食，而后能不使一人少食。非痌瘝之冣洽欤？韩退之曰："农之家一，而食粟之家六。工之家一，而用器之家六。奈之何民不贫且盗也？"此仁人之言也。《易》曰："节以制度，不伤财，不害民。"节以制度，莫大于正艺。

观乌与鸿，群处甚睦。其求养也，各勤其羽翼喙距果其腹，无不足者。今一人耕之十人食之而有余，一人织之十人衣之而有余，若艺得正人将睦于乌与鸿矣。使十乌伺掠一乌尽瘁，天下之乌无孑遗矣。十鸿待哺一鸿卒瘏，天下之鸿无嚶类矣。今一人耕织，而暴者以力夺，狡者以术夺，巧者以技夺，偷者以色夺，而治之者罔所禁，其恶可胜言哉！《宋记》曰一曲清歌一幅罗，今之不功而食者，不如优妓之复歌，人道亦贱矣，可不正欤？

十六　正学

　　太上以学聚道，其次以学求仁义，其次以学养才，其下以学求食。至于以学钓名，以学为文，以学博利，则鄙矣。鄙志生伪，乱之基也。故圣人以学传教，而教法之学，不可不正。以学为治，而图治之学，不可不正。

　　在昔结绳而记民生敦厐，包牺之学取象于天，率性即见。易简无方，斯为正学，而不以物滑。自仓颉作俑，而鬼神皆哭，为其有伤于天和也。夫凿智解朴，阴邪渐入，已非道法自然之妙矣。又从而增之，以为群经，杂阳杂阴。故老子曰："大道废，有仁义。"庄子曰："枝于仁者，擢德塞性。"此太上之绝学也。惟人事纠纷，圣人不得不俯而就之。故孔子不得已而言仁焉。仁不易至，民德益衰。孟子又增言义，以昭其轨，已非善行无辙之意矣。况《春秋》褒贬，悉以救偏，失道远矣。故孔子曰："知我者，其惟《春秋》乎？罪我者，其惟《春秋》乎？"圣人之所引为罪者，后人亦瞠乎不及矣。然左氏记政事之得失，管子言富强之实用，犹足为一时补苴之术。下矣。夫人而贫乏即以古之道易铺餟未为不可，乃自汉以下学风之坏不可复救。其于文也尚辞翰，其于经也尚训诂，而言与行、道与德，遂判而为两。益以崇贵博洽，竞骛新奇，而圣人之学绝矣。昔文王演《易》七年，仅成千言。老子终身遗为训者，仅五千言。故孔子曰："君子多乎哉？不多也。"今之儒者，几于一事，不知引以为耻。幸也，生于今之时也。若生于亿万年之后，而此亿万年中之儒者，又皆如今儒之驰骛，则诗书记载，将至积之而五岳埋，投之而四海塞。纵有大道，隐含其中，比如没寸胶于黄河，酌杯酒于五湖，虽欲一识圣人名字不可得矣。且孔子曰："文莫吾犹人也。"文以记道，非以饰观，后儒以圣人之书，为玩好之具，渎莫大焉。《易》曰："君子以多识前言往行，以畜其德。"是君子所贵乎多识前言者，贵其往行，尤贵其成于德也。若识一字即行一字之实，知一训即修一训之真，然而不仁圣者未之有也。识万字不行一字之实，知万训不修一训之真，然而不禽兽者未之有也。不宁惟是，耕十亩者其庾如京，耕千亩者室家啼饥，务广而荒，为害深矣。若学不正，人心浮泛，必有好为姽婳，以悦人耳目者焉。小之则稗史海淫，名都纸贵，大之则六朝轻薄，谬拟玉楼，必有好为凿辩，以袭取声闻者焉。小之则孤愤说难，白马非马，大之则鹅湖鹿洞，争执遂非，宇内之言，无所归矣。言无所归，人心之害，可胜言哉！

圣人之道至简，而后人之言至繁。圣人之德至易，而后人之讲至难。人皆欲为圣人，则宇内无复圣人。而为圣之志，亦犹夫人欲也，可不正哉，可不正哉！《礼》曰："学非而博，顺非而则，以疑众杀。"若是，则好为圣人者，其罪乃同于盗贼，可不察哉。

故圣人作，必先为宇宙立正学。正学之法，首于巨都立大学焉，萃宇内之哲士，合宇内之遗书而修讲之。以成己成物为辙，以正心修身为业，以齐治均平为用，以泛爱无疆为大，以实施无窒为行，以尽性合天为归。集古圣之言而增以疏注，汇万教之典而附为证说，称曰道经，别为四部。惟简惟通，惟明惟一，而词华不与焉。

小学部，凡十岁入幼学者皆习之。端其少仪，正其心术。通人道之顺，明是非之准。修利众之业，达性命之真。使之朝而习焉，暮而行焉，无有一言悬为空谈。中学部，凡肄业于中学者皆习之。娴于礼乐，明于治乱。固其道德，弘其实用。成博爱之心，彻天人之贯。使之朝而习焉，暮而行焉，无有一言悬为空谈。大学部，凡肄业于大学者皆习之。全其天德，通于神明。贯彻万殊，纳于一本。发中和之用，成胞与之量。使之朝而习焉，暮而行焉，无有一言悬为空谈。专学部，凡农工牧竖各有专经。使知其所学有成己成物之量而顺致之，终身无越轨。朝而习焉，暮而行焉，无有一言悬为空谈。

道经既正，悖者黜之，邪说殄行，不扰观听，然后人心永翕而不渝，皇舆永运而不覆。小区之制有分学，中区之制有小学，上区之制有中学，元区之制有大学。且俾编户细民，愚夫愚妇，莫不周知圣道，而寓于其事。如此，则智者全其通，愚者抱其一，强者任其重，弱者尽其力。夫惟使智者全其通，愚者抱其一，强者任其重，弱者尽其力，则无智愚不肖皆圣人矣。此正学之效也。《中庸》曰："人一能之，己百之；人十能之，己千之。"及其成功一也。夫人一能之，己百之，则人一岁之所学，己必百岁而后能。人十能之，己千之，则人十岁之所学，己必千岁而后能。人无千岁，其成功安得一哉？不正学则非博相炫，虽读书万库，无益于性命身心。正学则道通惟一，虽不识一丁，可自全无极太极。《礼》曰："学无当于五官，五官弗得弗正。"今之学者乱五官耳，可不正欤？

十七　三均（均物、均才、均兵）

才不均则有贤有不肖，兵不均则有镇有不镇，物不均则有足有不足，此三者皆由于启欲自厚，而适以自薄也。生人之情，不平则鸣，鸣之不已，则乱生焉，乱生而自厚者及矣。故众人以偏厚为厚，而不能厚其厚，圣人以不偏为厚，厚而能成其厚。《诗》曰："彼其之子，不遂其媾。"鄙人之难终保也。

是以大同之世，惟三均是急，《周礼》命国之左乡简不率［帅］教者移之右，命国之右乡简不率［帅］教者移之左，均不才也。均不才即均才也，故司教司宇内之教，其教法同，其料民而立学亦同。岁终计小区之学绩，有优有绌，则移优者补绌者，移绌者补优者。二岁计中区之学积，有优有绌，则移优者补绌者，移绌者补优者。三岁计上区之学积，有优有绌，则移优者补绌者，移绌者补优者。故其民智皆齐，民德皆齐，民心皆齐，民俗皆齐。有一圣人出，小之可以化天下，大之可以化宇宙。有一贤人出，小之可以化乡里，大之可以化都邑。常使圣贤均处于六合之中，顽梗赖暴之俗，何由起哉？

古之兵制，大都不过参国之一。中五之一，小九之一，亦有以不均为均之意。故元区计公兵之数，而齐分于上区。宇内既不相分，凡山川之碍皆不守，故区有险易而兵无多寡之别。兵非用时，则千夫以上不相属，而各守其区，大将司监察之职而已矣。千夫为暴于其区，然后大将请于议府。议府察其当，可其请，然后合四区，以征一区。事平则各解归。若是之设，虽终古，无兵祸矣。（参看公兵第八）

古者无遏粜，河内凶，则移其民于河东，移其粟于河内。河东凶，则移其民于河内，移其粟于河东。然地有肥硗，民有多寡，物有贵贱，产土各异。不分于未凶之前，而分于既凶之后，已非端本之治矣。故元区设均物之司，凡宇内之所出，布帛菽粟之数，山泽河海之珍，农工牧畜之产，金铁盐药之材。必计其终岁之出料其区口之数，而使之均平相输。重滞者近输，珍异者远输。元区以令分于上区，岁一次。上区受之，而以令分于中区，时一次。中区受之，而以令分于小区，月一次。小区受之，而以令分于村，十日一次。村受之，而分于编户，三日一次。分物未及期而至，则出其储以补之。小区之中，所出日用之需，皆有定分。民无交易，俾天地之所生，虽升斗纤粒之微，未有不均于宇内者，是谓太平。太平者，平之极也。夫地有黄河，水患深矣，而戈比沙漠，滴泉不出，此地之不均也。南极长暑，永昼因之，北极长寒，永夜因之，此天之不均也。圣人者参赞化育，将以补天地之不足，而立万物之纲纪也。而使吾民有不均之叹可乎！孔子曰："不患寡而患不均。"夫能使一珍一错宇内分尝之，一丝一缕宇内分衣之，则民之洽于天而化于道者普矣。如有思夺，夺物何用？如有思与，与者谁受？民无夺、无与、无求、无受，则反朴而全性，谁不乐为圣人哉！生民无不为圣人，则圣人之治，亦治以不治耳。垂拱平章，不言而信。圣人虽在极位，亦无因万几而扰其神也，斯为互利。孟子曰："古之人与民偕乐，故能乐也。"此之谓也。《易》曰："负且乘，致寇至。"负者，厚也。乘者，薄也。有所厚，有所薄，民必生心，而寇乱作矣。商周以下，负侯伯而乘齐民，侯伯之德尊欤，彼何需物？如其不尊，又从而资其淫，不亦害乎！禹菲饮食，致孝鬼神，卑其宫室，尽力沟洫。上德之士，不以物自厚也。均物于民，均道于民，不亦可乎。

十八　标义

孔子曰：苟正其心矣，无恶也。其为政曰：必也正名乎！盖人有是非之心而后能从善如流也，彼俗之人何是非之有？西羌媚佛，巨室竭其家之产，越万里而输于庙。既至，则跪而进。匍匐，无敢仰视。长僧以棰击其首，重伤为荣。归必乞食，若膺九锡。滇苗有女，放之于市，有调之者，以为色必殊，里巷艳传，家人相庆。南蛮之习，争为文身，划肤染靛，唯恐不周。长白之东，人竞为盗，跣足蹈刃，众必伏拜，尊如天人，亦犹七十子之服孔子。日有武士，败则剖腹，生命如毛，为气所夺。欧洲骄主，杀人盈原，及今宇内，歌诵不已。中国中叶，极尚文末，轻薄之士，矫若昼锦。近则羡官，贪婪得赇，众视如仙。美洲之风，虽云较厚，竞富之余，觊觎元首。迩来张张于天下者，皆以仁为丑，是岂非司马公所谓跖蹻暴戾，其徒诵义无穷者哉？世人之所贱，圣人之所贵也。圣人之所非，世人之所是也。使圣心与众心相忤，非上德之士不能自勉于从正，则教亦偏矣。

夫以羞恶之心为赏罚，大有甚于刑禄者。春秋尚侠，士多死之，汉末尚直，士多死之，而今亡矣。然今有今之是非焉。冒顿之污，诸儿之秽，龙阳之辱，商臣之忍，虽至贱之伧，赏之罚之犹不忍为，是亦良心之未尽灭也。及夫衣食迫于前而破其耻，则男子画眉以侑酒，丈夫饮醚而自醉，然乞人不屑也，羞恶之入人深矣。夷考其实，冒顿虽妻母，不过自陷于聚麀。诸儿虽淫妹，不过自陷于禽兽。龙阳虽戮身，不过自残其体肤。商臣虽弑父，不过自灭其天伦。今之暴者贪者，奸者党者，谗者巧者，佞者僭者，窃据尊荣之位，垄断生民之利。其为祸也，丧心失性，圮族败伦，凶虐四国，荼毒天下，贱恶之至，岂不甚于娼优哉！而人之视之也，不以此齿。彼方倨傲以骄齐民，齐民亦自不足而下之。又白眼以跞修士，修士亦自恶惭而将之。是非荣辱，尽绝于人心。则聚处同居，尤苦于蛇蝎。夫裸裎而行于市，非有害于人也，非有害于己也。而骄者不敢为，鄙者亦不敢为也。倘俗以裸裎行市为荣，则人必竞为之也。冶妻以献于邻，非有害于人也，非有害于己也。而骄者不敢为，鄙者亦不敢也。倘若以冶妻献邻为礼，则人必竞为之矣。唯圣哲能究臧否，而世俗本无是非。今之是非，圣哲之遗教也，若不教必且陋于羌苗矣。妇人之情，簪珥不如人，若挞之于市朝。众人之情，富贵不如人，若挞之于市朝。勇士之情，思以一毫挫于人，若挞之于市朝。伊尹之情，一夫不获受其恩，若挞之于市朝。庄子曰孰知正味？孰知正色？恶人之失性而从俗也。太上忘名，浩然自足，泥涂不辱，天子不贵，是岂易稽！孟子以是非之心、羞恶之心为四端，此正性之方也。孔子作《春秋》，重褒贬，亦此意耳。作法治人，本已入伪，然亦有因伪而反真者此也。老庄虽无名心，不见其败坏风俗，非后世清流得其偏而狂肆也。其言曰："上不敢为仁义之操，下不敢为邪僻之行。"夫苟上不为仁义之操，下不为邪僻之行，即忘是非羞恶而入太虚，未尝不可。仁义之良未热，而邪僻之心未艾，小人而无忌惮，为之标义不亦可乎！标义至明，以俗监俗，虽无官司，谁能败之？

今为之标义曰：正性全命，以道自淑，不资于物者极尊。端其行止，诚其雅言，以立世范者次之。以功济人，以物济众，而不失己者次之。依夫中庸，行不越法，以定人伦者次之。抑欲修礼，忍心为善，终始不怠者次之。耕织工牧，以尽地利，所出之材能养十夫者次之。居事勤职，易功而食，不取过分者次之。劳其筋力，以易衣食，不依于人而能自养者次之。行一不义，杀一不辜，而得天下者极耻。我善为政，我善为战，不以仁道者次之。假权怙势，不尽其责，以荒庶采者次之。聚财殖货，越其定分，兴民施夺者次之。紊其伦常，越其齿班，以盱秩外者次之。不修其业，尸素累民，以生以育者次之。驱其妻女，献媚沿门，以蛊淫冶者次之。男为女优，以身为戏，不顾其羞者次之。以是为义，令宇宙之民，习而不读之，观而指之，无有一人不有是心，无有一人不有是口，无有一人不有是目，无有一人不有是耳。则斯律之监人，必胜于刀锯斧钺，而凶恶贪残之夫，绝迹于天壤之间矣。曾子曰："十目所视，十手所指，其严乎！"此虽契外期费，亦生人之正轨也，可以为训。

十九　分功

　　人各分功而已矣，无贵贱之别也。分其功，成其功，皆贵也。分其功，败其功，皆贱也。元首百官，分治功者也。司徒振铎，分教功者也。农官田畯，分土功者也。将帅士卒，分兵功者也。梓匠输舆，分工功者也。樵牧渔盐，百司庶采，各有专功。使宇内之民，易力而食，各无觊心，亦无淫心，以全其性也。如曰教功尊于治功，则分教功者有淫心，分治功者有觊心。曰治功尊于土功，则分治功者有淫心，分土功者有觊心。曰土功尊于兵功，则分土功者有淫心，分兵功者有觊心。曰兵功尊于工功，则分兵功者有淫心，分工功者有觊心。淫心失性而生乱，觊心亦失性而生乱，故大同之世，为之分功，而齐其等则，乱源绝矣。分功之制，十五就业，二十五岁无失职，始就专功，为九品。五年无失职，三十岁晋为八品。又五年无失职，三十五岁晋为七品。又五年无失职，四十岁晋为六品。又五年无失职，四十五岁晋为五品。又五年无失职，五十岁晋为四品。又五年无失职，五十五岁晋为三品。又五年无失职，六十岁晋为二品。又五年无失职，六十五岁晋为一品。凡同品，受禄同，衣同食同，齿班则无僭越之心，均等则无淫觊之弊。今天下苦莫苦于兵，而兵贱于将，劳莫劳于农，而农贱于官，不平莫大焉。若为性中可废之业，则废之而已矣。既为性中不可废之业，则同为奉天命而作。奉天命而作者，天民也，天民其可贱乎！儒有以道加人者焉，讦之曰：汝以得物之多骄人乎？物至贱也。汝以得道之多加人乎？道不陵人以自尊。夫儒者得道尚不可以加于人，而况元首之位乎！况其他乎！淫心不绝，觊心不绝，民德一衰，虽平不久。

　　昔尧舜茅茨土阶。禹菲饮食，恶衣服，卑宫室。其视天下悦而归己犹草芥也，故无淫心，视帝位无可贪者。自商周有玉食之俸，明堂之壮，而性乱矣。至于骨肉相杀，而况于百姓乎！汤不逊位于伊尹，武不逊位于周公，贪欲卑鄙，其病在于视政教之功有加于齐民也。虽貌修仁义，而大物攻心，失尧舜远矣，安得不乱。故分功齐俸，实上古自然之性，而非意说，以故为高远也。功不等分，欲不尽绝，而能永底于平者未之有也。

　　分功之始，民至十岁而辨其性。温懿而明者宜于政教，强健而纯者宜于兵，强健而悍者必纳于农牧，明慧而狡者必纳于工。以其业制其性之偏，无使得长。一夫通习二事，俾数有有余不足，则因而改就。劳心者习政则兼习教，劳力者习农则兼习工。斯以为例，每岁料宇内需功之数，而定某工以某数之人。辨性不明，则子从其父之业，或卜而分之，无俾陨越。岁终则料其就业之数而增减之，常使农多于织，织多于工，工多于教，教多于政，政多于兵。衣食之外，唯教惟急。所谓教，教以道，非如今之教文学，教技艺也。孟子曰："通工易事，以羡补不足。"其有功于此，可食而食之矣。是宇内之劳心劳力者，本属通工易事、互相为养而已矣，非有贵贱之分也。乱世重兵则农荒，平世重官则民伪，非郅隆之道也。

且人之所谓至贵者，实天之所谓至贱者也。乱性孰大焉？今问民曰：物以何为至贵？则皆曰"宝"，予则曰"气"。何以故？终身不见宝不苦，一息不得气则有死。问民曰物以何为次贵？必皆曰"金"，予则曰"水"。何以故？天下若无金，民不死。天下若无水，民不生。又问民曰人以何为至贵？则皆曰"帝"，予则曰"农"。何以故？帝以杀人得之，农以生人得之。问民曰人以何为次贵？必皆曰"王公"，予则曰"蚕妇"。何以故？蚕妇以衣衣人，王公夺人以自衣。以至贱为至贵，以至贵为至贱，是人也非天也，是力也非道也。太平之盛，尽人合天，舍力尚道，故为之分功如此。

二十　法虚

立法以正人伦，谓之法。含虚以洽天德，谓之虚。法可以万世不用，而不可以一日废。虚可以随和就法，而不可以流于狂。有法无法，在虚之中，有虚无虚，顺法以成，而后可以永宁。昔尧求舜以师锡，舜授禹以金同，即今民选之义也，当时岂有法制定为民选哉？尧舜一虚而已矣。虚则得道，道法自然。虽曰无法，而所行无非良法。使尧舜当时知后世之有大伪，必立法以防之，曰天子不能以天下与人，元首更代，必由众举。则共和之盛，已基于四千载之前，何至自欧人倡之而后东渐？今始行之，又不能得其真也。至于禹而德衰，禹已自不欲为帝，岂以帝位厚其子哉？其授受之文，佚而不见，考诸孟子，亦师锡、金同也。惟因尧舜大禹纯虚而不立法，如十岁处子，本不防淫，安知后人之不肖，至于如此？物养渐备，人心渐侈，侈则失道，而法生焉。法有赏，以启人欲，害莫大焉，然可以劝善。法有罚，以使民畏，害莫大焉，然可以遏恶。《易》曰："遏恶扬善，顺天休命。"若是，则法之所立，亦天命也。但法以防非，非于何有？今戒十龄之处子，而谆谆焉曰，尔毋淫，尔毋淫，岂不大可笑耶！老子曰："法令滋张，盗贼多有。"诚以太虚尽性，本无法也。今则讹讹喷喷，惟法是论，亦若非法，无以为治者。论法愈精，斩性愈甚。而法所能制，大都无权无勇之人，于无权无勇者则严之，于有权有勇者则原之，至乱之所生乃在此不在彼。故法精于制盗者，多盗之国也，法精于听讼者，多讼之国也。如今之法，几无不精，是积万国之巨诈穷凶，而尽究之也。至于太平既久，民德既进，后之人必将笑前人为多事。易狌犴以画地，废书记而结绳以反于朴，此仅可以保百年之安如唐虞已耳。必有汤武继起于后，而秦汉无所忌惮之骄君，又将作于千载之后矣。国有患大疫者，农夫织妇皆事于医，及疫罢而大荒，于是惩医之非业而并去之。及夫大疫又作，则莫或之能救矣。故乱世苦于法疏，而治世必厌法密。乱世蔽于不虚，而治世必为虚蔽。孔子曰："道之以政，齐之以刑，民免而无耻。"此固惩恃法之蔽也。孟子从而广之曰："徒善不足以为政，徒法不能以自行。"亦此意也。然孔子不曰法可废也，惟曰："道之以德，齐之以礼，有耻且格。"所谓礼者亦即法也。《礼记》备载王制，古之礼，即今之法也。道之以德，本已归于太虚，而又不能忘法者，《中庸》之正也。孟子亦不曰法可废也，而引《诗》以修之曰："不愆不忘，率由旧章。"旧章即"经礼三百"，古之法典也。不愆不忘太虚矣，而又必纳于法者，亦《中庸》之正也。百岁无水潦，而堤防终不可不筑。百岁无争讼，而谳廷终不可不设。孔孟之中庸，虽不如老子之太虚，措之天下，推之万古，实无蔽焉。法者下也，虚者高也。极高明而蹈中庸，可以长治。执其两端，用中于民。法虚之义，不可废也，不可分也。

予为法虚之说曰：有伦有节，安若无之。若虚匪虚，随化会之。所谓贵贱非贵贱，非贵贱有贵贱。所谓赏罚非赏罚，非赏罚有赏罚。所谓法制非法制，非法制有法制。所谓太虚非太虚，非太虚有太虚。我不以元首为贵，是元首已废，何须真废？我不以伦次为有，是伦次已无，何须真无？苟非真虚，虚亦不虚。苟能真虚，不虚亦虚。斯为大化，斯为太虚。予惟曰：法不可以一日不密，而道心不可以一念入于法而窒其虚。虚不可以一念或窒，而世事不可以一日溺于虚而忘于法。佛氏说法，而曰非法，孟子勿助，又曰勿忘，此皆不玄之玄，玄而不玄，民协于中之理也。《易》曰物不可以久泰，故受之以否。物不可以终壮，故受之以晋。虚泰而法否也，法壮而虚晋也。予恐乱世之溺于法，故受之以虚。恐太平之溺于虚，故受之以法。虚虚法法，两不相拔。法法虚虚，两不相渝。民于是居。《诗》曰："不识不知，顺帝之则。"不识不知，虚也。帝之则，法也。虚不忘法，法不失虚。惟几惟微，惟和惟宜。宇宙永厘。

二十一　德才

　　重才轻德，为祸莫极，古今之人之陷于此者多矣。于乱世奸君悍主，借群小以作爪牙，则明知无德之不可而故用之。于平世暗君庸主，纵耳目而恶逆己，则不知无德之不可而姑用之。至于小人道长，君子道消，而生民之毒甚矣。《书》曰："惟四方之多罪逋逃，是从［崇］是长，是信是使。"俾暴虐于百姓，以奸宄于商邑。此桀纣之所以为桀纣也。虽大同之世，官以齿班，无或僭越，政由民主，威福不专。然重才之祸，如蝇蚋易生，不可以不防也。夫人有血气心知之欲，而无中和自得之常，应感触物而动，未有不趋乐而喜奇者。趋乐则有才之士，以智启人之乐，喜奇则有才之士，以智炫己之奇，甚至圣人之皮可以袭，天命之道可以假，稍纵即逝，未有不生乱阶者也。即如今之中国，谓之曰民选矣，而得位者罔不由奸。谓之曰求贤矣，而登庸者罔不由媚。此老子所以欲结绳反朴，而尽弃世之所谓才也。

　　昔尧之兴也曰浚德，舜之兴也曰玄德，而丹朱以启明见弃，共工以僝功被流。明于此，则今之所谓俊杰，古之所谓民贼也；今之所谓元良，古之所谓罪人也。皋陶以九德任职，不曰视才，成汤以德懋懋官，不曰以功，亦此意耳。故保合太和，莫大于贱才而贵德，使天下之人闻才之名，则恶之如触蛇蝎，得才之称则自悚如坐涂炭。狗彘英雄，草芥功利，而惟劼于德。夫德不易知者也，而明者以三事知之。《大学》曰："德润身。"孟子曰："睟然见于面，盎于背，施于四体，四体不言而喻。"至德之容必有征也。大舜曰："询事考言。"孔子曰："有德者必有言。"孟子曰："我知言。"至德之言必有征也。《易》曰："成德为行，日可见之行也。"老子曰："行修反德。"至德之行必有征也。观其容，考其言，察其行，人焉廋哉，人焉廋哉！虽然，老子曰：知我者稀，则我贵矣。果以德贵，何必深考，惟风俗之所趋，耳目之所系，最足以导民于懿淑。昔林宗折巾，而市人革帽，管宁代牧，而饲主如刑，厚德之感人甚矣！朱子曰："化行俗美，贤才众多。"重德之效也。

　　虽然，所谓贱才，岂必弃知、损明、塞聪、毁学，使民复纳于豚鱼之孚哉？则又不可。今试生子而置诸窠中，自少及壮不见五色，不闻万籁，可以为圣人乎？非也，则才终不可弃矣。孔子多能，周公多艺，不闻害于家，凶于国，若此者何也？才犹金也，以之为矢则伤人，以之为函则爱人。才犹刃也，以之兵贼则为功，以之兵父则为罪。才既无分于善恶，所以用之者，德耳。冠德于才之上，则才不为害而为利。虽然，重德轻才，古多其训，顾何必特揭而出之？才有近功，德无速效，近功人之所同趋，速效人之所同惊。养才有辙，育德无方，有辙人所易游，无方人所难效。日就于重才轻德而不觉者，宇宙皆是也。今之天下求才之制孔繁，而未闻一言及于求德。育才之学如毛，而未闻专校以育德。剖腹藏珠，不知谁之有之。杀子易地，不知谁之守之。流俗之昧，不唯溺于一时，必将千古同溺也，故不能不特揭而出之。老子曰有以为体，无以为用。夫虚而不可揣者，皆贵于实而有所持者也。觉贵于形，故形实而觉虚。神贵于人，故人实而神虚。德贵于才，故才实而德虚。德入道心，才入人心。人心唯危，道心唯微。防之不密，乱必易生。人咸知此，始以容言、躬行、审德之著，继以居贤、善俗、养德之渐，终以无声、无臭、全德之贞。《易》曰："《履》，德之基也；《谦》，德之柄也；《复》，德之本也；《恒》，德之固也；《损》，德之修也；《益》，德之裕也；《困》，德之辨也；《井》，德之地也；《巽》，德之制也。"复本恒久，居于井而不改，实万世无疆之休也。勉之哉！

二十二　诚爱

　　乱世唯恐不爱，而不恐不诚。治世唯恐不诚，而不恐不爱。盖胜残而劝爱者，以心治心之法，可用于一时而已。立诚以著爱者，无心见性之道，可垂于万世者也。今之人不相爱也，以刑迫之。迫之不尽，以赏劝之。劝之不尽，以礼防之。防之不尽，以名鼓之。故天下之法、之学、之言、之方，莫不以兴爱为归而非其本也。有人于此，饥寒号吁，疾痛惨怛，行道视之，苟不至于欲其死，而有余资足以拯之者，未有不一援手者也。有人于此，良懦逊弱，横被酷虐，行道视之，苟不至于欲其死，而有余力足以救之者，未有不一攘臂者也。钓者无赏不坐视溺，筑者无罚不坐视焚。孟子曰："今人乍见孺子将入于井，皆有怵惕恻隐之心，非所以内交于孺子之父母也，非所以要誉于乡党朋友也，非恶其声而然也。"此明心见性之语，而天理自然之爱也。

　　世传耶稣之说，以祈福而兴爱心。佛陀之说，以因果而生爱心。亦末矣，爱心实不在此。此《易》所谓鼓之舞之，以尽情也。情非性觉下愚可也，水发其源不虑其不流也，火燀其焰不虑其不焚也，人养其诚不虑其不爱也。是以善教无劝而无不劝，善政无惩而无不惩，立诚爱之端而仁覆天下矣。《中庸》言仁而终之以至诚，不诚无物之训，经纬天地可也。

存诚导爱，不可以赏，不可以罚，不可以礼，不可以名。以赏有物，盱赏害诚。以刑有物，惮刑害诚。以礼有物，修礼害诚。以名有物，好名害诚。诚苟有害，爱即不真。不真之行，久则蔽生。老子不言仁，而仁莫大焉，意在此也。

故大同之后，取物歉之惨而著为书，俾民知无衣无褐，寒者孔哀；无粟无菽，饥者孔哀；骨肉不保，道殣露骸。为之疏曰此夺人之利，所由致也。我虽不杀一人，耗二人之用，是杀一人也。衰百家之财，是灭百家也。以是戒贪。取兵劫之惨而著为书，俾民知犯锋冒镝，胜者孔哀；残身赤族，败者孔哀；原野流血，鬼哭天霾。为之疏曰此启心之勃，所由致也。我虽未尝兴戎，发一念之私，是纵一寇也。干天地之和，是乱天地也。以是戒斗。进而为之诗歌，捃摭史略，播为谣谚，染作丹青。常使天下之人心，油然而兴者，爱之理。天下之口舌，翕然而发者，爱之言。天下之文章，蔚然而郁者，爱之辞。天下之举措，自然而动者，爱之行。斯则仁无不覃矣。子夏曰泛爱众而亲仁，是存诚导爱，古人固以为力学之本也。

人尽圣人，圣人亦有欲焉，舜欲宣力四方从欲以治，老子常有欲以观其窍，孔子从心所欲不踰矩，欲仁斯仁至矣。欲仁而得仁，己欲立而立人，己欲达而达人，欲生于心无往非爱，成己成物，无所用劳，则诚爱之极也。所以致之者何？全其命之正也。诚爱之教布，将使万民如一体，百国如一家。有衣莫不互衣，有食莫不互食，将人之父人亦将其父，字人之子人亦字其子，然后全天地之太和。《易》之同人，博爱之道也，其取义也外健而内明，明则诚矣。中虚无物，烛见天道，安得不同人于野哉？察于此，则知爱由自性，非恃于赏，恃于罚，恃于礼，恃于名也。《诗》曰："凡民有丧，匍匐救之。"又曰："民之秉彝，好是懿德。"率秉彝之良，扩而充之，以纯其德，未有不匍匐救丧者也。《中庸》曰："唯天下至诚。"惟能宽裕温柔，足以有容，信哉。

二十三　节生

生不节，人相食。节其生，宇宙宁。今置雌雄二鸡于一室，与之庾，注水称是，终身不可胜食矣。乃卵而翼，翼而孵，孵而雏，雏而尾盈握，尾盈握而媾精，媾精而嬗脱，嬗脱而充室，争食而啄，尽则枯死。畜牝牡二豚于笠，与之困，注水称是，终身不可胜食矣。乃交而妊，妊而育，育而长，长而肼壮硕，肼壮硕而挚尾，挚尾而藩殖，藩殖而填笠，争食而咂，尽则槁毙。夫地有限而生无涯，以有限养无涯，不至于人相食不已也。《大学》曰："生之者众，食之者寡，为之者疾，用之者舒，则财恒足矣。"若不节生，何以致食之者寡？《周礼》自生齿以上，皆书于版，以料民计食，若不节生，何以必料？佛氏劝人出家，不婚不娶，亦有节生之义。老子曰天长地久，天地之所以能长且久者，以其不自生，故能长久。盖以天地之道，贵长生，不贵多生也。

春秋之君，日图邻国之民加少，而其国之民加多，所以乱也。至于佛教流行之国，又以生齿不繁而皆亡矣。故列国分立之时，虽欲节生而不可。考之于史，晋末之民已过二兆，故南北朝之祸极矣。及贞观开元之秋，余民不过数百万，是以至于刑措。明有天下二百载，民亦二兆，故流寇之祸极矣。及康熙乾隆之盛，十余三四，是以几于小康。中国无百年不乱，所以然者，生齿不节之故也。宁独中国，外国亦然。英国一千九百年之郅治，日本楠正诚之善政，亦一耀而不保，人稠物歉所由致也。考之于家，万金之富，衣食丰裕，及有十子，人仅千金，虽兄弟亦相斗矣。故宇内大同之后，非图节生，终亦必乱而已矣。

节生之法，有二道焉，一曰天节，二曰人节。何谓天节？天爱觉不爱形，觉愈强则生愈少。故天不生人如鱼一岁万子，又不生人如鸡一岁百子。冥冥之中，已有爱之之意。人若翕然于道，皆合于天。其寿必增，其生必少。此必然之理也，而无所勉强。

然人尽圣神，皆合于天，实非易事，故不得不为之法以节之。节生司，掌节生之事，元区一司，上区一司，中区一司。每岁计地之所出，计民之数。常使三年耕而有一年之食，九年耕而有三年之食。凡民婚配，皆制以时，男子三十而娶，女子二十而嫁。人数将盈，妇生一子一女，或二子，或二女，则投之以药使不再生。人数减则稍纵之，常使不盈。《易》之道，丰不可极，泰不可极，裕不可极，益不可极，大有不可极，大壮不可极，即此意也。故于《节卦》曰："节：亨。"亨者，嘉之会也。常有节，则永与嘉会。故其辞曰："不节若，则嗟若。"其象曰："不节之嗟，何可长也？"又曰："苦节不可，贞。"曰："甘节，吉。"人之未生，浑然太虚，何苦之有？

生而后节之，则不甘矣。故王道必以节生为归，而后悠久无疆。仁政必以节生为重，而后终无蛊痽。老子曰："天地不仁，以万物为刍狗；圣人不仁，以百姓为刍狗。"言有生阜而不节，终亦自害而已矣。庄子曰："尧畜畜然仁，吾恐其为天下笑。"畜畜生生如尧者，道人犹且笑之，而况于他乎！阴畜阳者也，阴之极龙战于野，畜极必杀，故极不可用，而"用六"之辞曰："利永贞。"贞，正而固也。中正不过多，则王道固矣。《阴符》曰："地发杀机，龙蛇起陆。"生物之壮，杀机之所伏也，而可以不节乎！

欧西之说，近倡择种之义。使良种多生，恶种少生。若良种多生而不节，则良者亦终不良矣。且以瞽瞍为父而有舜，以盗跖为兄而有惠，人种非如牛马，何常之有？然是法亦实有至理，可参用于节生之制也。

二十四　尽地

争于人不如争于物，争于物不如争于地。夫张口而食，闭口而眠，不耕不织，亦无荒歉者，禽兽之行，非所以论于蜂蚁也。故见弱则奢牙，见强则授肉。天生虎即生豕，生豕即生虎，生猫即生鼠，生鼠即生猫。鲸之于鱼，鹯之于雀，蛇之于蛙，狨之于狒，自然杀机，无可遏抑，而人非是心也。太古无衣无粟，茹毛饮血，一任地之所出而自资以生。倘智不进，则虎豹兕象之天下非人有也。乃轩辕出而教民衣，后稷生而教民种。于衣食所不资之草木则焚之芟之，于衣食所资之草木则树之艺之，于衣食所不资之禽兽则殴之杀之，于衣食所资之禽兽则畜之牧之。然后养人之物日繁，生人之数日众。故不与地争而争于同形者，禽兽之心也。与地争而不争于同形者，人之心也。今山薮之利未尽垦也，江海之藏未尽出也，荒要之僻未尽蓄也，制植之术未尽美也。然上古地生之物少于中古，中古地生之物少于今。若以坐耗之民尽宣其力，思诈之人尽竭其智，以求于地，则所出当不止于倍蓰。是人之力可以化一地为二地，至于三四至于什百，此其功岂不大于舜禹？而顾乃率兵戎以斗于疆场，弄机诈以浚于市朝，使膏腴转没于荆榛，孔道又翳于莽秽，是诚禽兽而已矣。

《易》曰："坤厚载物，德合无疆；含宏光大，品物咸亨。"坤德无疆，取之不穷也。孟子独曰："辟草莱，任土地者服次刑。"岂恶之哉？孟子生于列国，列国之君不修王道，贤如管仲不过小哉之器，仁如子产不过众人之母，功止于尽地养民而溺焉，犹非大也。孟子特进之耳，非贬之也。不然，孟子言井田之利，任民之力多矣，而又甚称禹稷之功，岂前后自相矛盾哉！未大同之前，不可轻修道而专于力土，既大同之后，不可轻力土而专于修道，此所谓民协于中也。《易》曰："不耕获，不菑畬，凶。"言不知为本也。《周礼·天官》既设，即置地官，盖形而上者既定，则形而下者随之。司徒虽曰掌教，而土均、草人、稻人、土训、山虞、林衡、川衡、泽虞皆属之，是教之重在于力土也。今强国之欲吞者，一地而已矣，若为王道，地可加多，不亦可乎。

故大同之后，于元区置司地之官一，上区一，中区一，小区一。荒裔之所，岁计月辟。海中之底，穷搜深入。使民稽水土之宜，修播种之术，究百谷之性，鞠水陆之幽。辟之未成则节生而不纵，辟之既成则分民以居之。不及百年，宇内无荒土矣。《礼》曰："地不爱其宝，人不爱其财。"地既不爱宝，人又何爱于财哉？正孟子所谓粟菽如水火，而民焉有不仁者也。

今中国之人，以官吏为浚财之府。而不知争于四邻，又不修其土业，故四邻鄙之。四邻之人，以兵商为浚财之门。而不知争仁义，又不宁其人民，故道人鄙之。为四邻鄙者禽兽之弱者也，为道人鄙者禽兽之强者也，等禽兽耳，又何相鄙之急哉？夫唯禽兽就食，故相食，人亦就食而相食，亦何以异？昔太王不以所以养人者害人，弃一畬土，而更辟菑土，土地岂有尽藏哉？兽相食且人恶之，为人立极，不免于率兽而食人，罪不容于死矣。尽地尽地，材罔有弃。地尽地尽，用之不罄。必使谷与鱼鳖不可胜食，材木不可胜用。是使民养生丧死无憾。养生丧死无憾，王道之始也。王道之终也，王道之无终也，休哉。

二十五　浮天

民德感天，天必兴之。民德干天，天必罚之。《书》曰："唯天阴骘下民。"《中庸》曰："栽者培之，倾者覆之。"天之阴骘，栽培倾覆，民不得而见也。遂曰人事无关于天事，不亦谬乎！圣人先天而天弗违，后天而顺天时，天岂待命于人哉？精忱之相孚有由然也。

考诸《洪范》"休咎"之征，"狂，恒雨若；肃，时雨若。"是则人主敬则无淫雨，不主敬则有淫雨也。"僭，恒旸若；乂，时旸若。"是则人自治则无愆阳，不自治则有愆阳也。"豫，恒燠若；晢，时燠若。"是则人勤明则无伏暑，不勤明则有伏暑也。"急，恒寒若；谋，时寒若。"是则人善虑则无固阴，不善虑则有固阴也。"蒙，恒风若；圣，时风若。"是则人圣哲则无灾风，不圣哲则有灾风也。"五者来备，各以其序，庶草蕃芜。一极备，凶；一极无，凶。"此经训之昭然者也。

晋稽史载，上古之世，日月淑清，神农惠迪，流云霞浆，尧明峻德，而黄云成盖。舜有玄德，而太阶遂平。商汤断发自罪，而霖雨即降。成王迎周公，而天雨反风。光武慈厚，则谷旅生原，夜蚕成茧。高间懋德，则嘉谷秀町，素文表石。若斯之类，不可阐述。有道则应，无诚不格。此信乘之，实有者也。

夫人者，三才之中，天地之交，五行之萃，鬼神之秀气也。觉之所动，必合于阳，在天成象。力之所作，必合于阴，在地成形。成象成形，变化见矣。一念入于阳，则动天。一行入于阴，则动地。荆卿壮歌而起贯日之虹，邹衍兴悲而陨非时之雪。人心之于天地，其犹阴阳二电之导线乎？枢机运移之所恃也。

今以无线之电，以机发之。散于空中，阴阳相礴，则雷发声。横摧裂山，深落震海，烘煤燎原，荡摇撼地，何其烈也。而况于降雨作露，润畦泽麓之微效乎！人之心天生，自然之发电机也，而谓雨旸寒燠，非此所为哉！人人有念，人人有思，忽日忽月，忽天忽地，忽山忽海，忽云忽风，忽此忽彼，忽生忽杀，忽哲忽昏，忽刚忽柔，时出入于太空、大气、太极，无极之中，阴阳遂以不调。今之天道，岂天道哉？《中庸》谓："致中和，天地位焉，万物育焉。"真致中和，天地必常保其中和之气，万物之蕃育，将百倍于今也。耶稣教徒祈祷以格上帝，此使民由未使民知也。孔子从心所欲不踰矩，即无一念不合于中和，而纯是休征之动。故曰："知我者其天乎！"又曰："丘之祷久矣。"若是，则孔子祷以自然，而未尝祷也。然以子路之贤犹且欲祷，耶稣之徒从事于祷亦云可也。唯未若中和自然而不祷耳。《易》曰："'豫'，顺以动，天地如之。"先天而天弗违也。其《复》曰："'复'，其见天地之心乎！"后天而顺天时也。外动内顺，天地如之，从容中道也。内动外顺，见天地之心，能致良知也。诚也明也，天之道也。夫人顺亲之心，则亲爱而予之。逆亲之心，则亲恶而夺之。顺上之心，则上爱而予之。逆上之心，则上恶而夺之。天亦民之君亲也，能不应乎。

故大同之后，人皆圣哲，人皆太和。其感于天雨旸必以时若，寒暑必以叙呈。天不爱道而降甘露，地不爱宝而出醴泉。山出气车，河出马图。草木之实皆如清粆［青饲］螺虫之网皆如绲纽。水足润田而无汜溢，雨足长禾而无淫淋。苗生九穗，茧硕垺拳。衣食之富，如求水火。其民无疾病，其畜无殰恤。应风则风，应雨则雨，应晴则晴，应阴则阴。《书》曰："浮于天时。"《诗》曰："民之所欲，天必从之。"此之谓也。

故上智求利于天，其次求利于地，其下求利于物。至于夺人以生，亡人以存，虽贵极人爵，不足齿之伧也。王法天，天法道。人事浮天，王道之行也。

二十六　时计

先日计日，先月计月，先时计时，先岁计岁，而天下永宁。先日不计日，先月不计月，先时不计时，先岁不计岁，而治功不成。《书》曰："有备无患。"此之谓也。善平天下者，春而计夏，夏而计秋，秋而计冬，冬而计春，常计常豫，则终古无灾害矣。故政有六计：一曰计教，二曰计功，三曰计食，四曰计衣，五曰计材，六曰计民。

计教，计宇内民德之微著。考其品，录其行，征其学，察其诚。区有善恶，则移其恶民于善区，而为恶区之民增其司铎。及悛而后复之，谓之平教。

计功，计宇内庶采之兴替。考其事，录其绩，征其地，察其勤。区有巧拙，则移其拙者于巧区，而为拙区之民增其良模。及均而后复之，谓之平功。

计食，计宇内粟肉之多寡。考其量，录其类，征其耗，察其藏。区有丰歉，则移其丰者于歉区，而为之增其种器。及裕而后复之，谓之平食。

计衣，计宇内布帛之多寡。考其出，录其需，征其度，察其储。区有盈亏，则移其盈者于亏区，而为之增其机制。及羡而后复之，谓之均衣。

计材，计宇内五材之多寡。考其源，录其数，征其类，察其输。区有多少，则移其多者于少区，而为之易其殊类。及宜而后制之，谓之均材。均材者，通运也。山不能强其渔盐，泽不能强其林牧。

计民，计宇内生齿之多寡。考其生，录其数，征其性，察其情。区有众寡，则移其众者于寡区，而为之料其需用。及宜而后定之，谓之均民。均民者，差等也。瘠土不能强之聚，腴土不能强之散。

又列至善之计于理想，常计其未成者则待有余力而进之，谓之无止。三年余一，九年余三，常不使所计有尽，谓之备荒。水未发而计堤防，灾未发而计弥恤，谓之虑患。集哲究精，稽理求善，罔有或已，罔有殚智。凡祸之作，作于不计，计而修之，岂有及乎！岁终则大计宇内之羡余，除留备之外，以均般赏，谓之乐丰。常计乐丰之增减，而圣人以为忧喜，谓之征治。三岁小计，十岁大征，故百年积功而大备，谓之恒成。

夫岁计者，二事而已矣。计损图足，计益图进。足有限而必勉，进无极而量力。损益盈亏，与时偕行，来岁之所欲进，今岁计其全。人材时地，不爽累黍，然后事可以底绩。《易》曰："'节'以制度，不伤财，不害民。"计"损"也。又曰："'豫'，顺以动。"计"益"也。"损"保"否"，"益"求"泰"，勤而修之，即老子所谓"安平泰"。

二十七　止淫

地平天成，人和时叙。养生之物无不足，送死之器无不备，生人之乐极矣。然丰极则惰，乐极则淫。既惰且淫，乱期将至矣，安何可得久耶？故圣人作，为之制礼乐，以止其淫。墨子非礼乐，不过谓非乱世之所急也。既治矣，不勤修于礼乐可乎！人生有静必有动，动而不合于礼乐，则害亦大矣。

孟子曰："富岁，子弟多赖；凶岁，子弟多暴。"今若救暴而成赖，岂得谓之至仁哉？礼乐之用，后世多议之，以为明堂之制崇则君骄，趋跄之节烦则形劳，章黻之文盛则质衰，上下之序严则等乱，五音之律调则塞聪，歌舞之仪作则滑情，此未明礼之本也。礼理也，礼履也。履理之正，斯为礼也。礼时为大，顺次之，顺而不合于时，犹不可行也。则知孔子、周公所制之礼，乃孔子、周公之时之礼，非大顺也。君主之时有君主之礼，民主之时有民主之礼，小康之时有小康之礼，大同之时有大同之礼，安得以孔子、周公之时之节文，施诸后世哉？《坊记》一篇，礼之本也。其言曰："礼以防德，刑以防淫，命以防欲。"又曰："小人贫斯约，富斯骄；约斯盗，骄斯乱。"礼者，因人之情而为之节文，以为民坊者也。贫而好乐，富而好礼，众而以宁者，天下其几矣。《乐记》一篇，乐之本也。其言曰："乐者，通伦理者也。王者功成作乐，本之情性，稽之度数，合生气之和，道五常之行，使之阳而不散，阴而不密，刚气不怒，柔气不慑。四畅交于中，而发作于外，皆安其位而不相夺也。"礼归于众而以宁，乐归于安位不夺，岂非大同极乐，皆礼乐以保之哉？

《易》之道，"泰"极则"否"，有礼乐以防之，则使之"泰"而不极。"升"过则"困"，有礼乐以防之，则使之"升"而不过。斯众而以宁，安位而夺之序成矣。非通于阴阳消长之宜者，其孰能知之？

　　《记》曰："礼节民心，乐和民声，政以行之，刑以防之，礼乐行政，四达而不悖，则王道备矣。"由浅论之，王道既备，必致人皆圣人。人皆圣人，从心所欲，又安用节？发皆中节，又安用和？无为好静，又安用政？万古刑措，又安用刑？由深论之，圣人不由礼而心自节，固也，然由礼即觉劳，必其心有所不节，而非圣人也。圣人不由乐而声自和，固也，然由乐即觉滑，必其声有所不和，而非圣人也。圣功不勤政而民自正，固也，然勤政则启邪，必其民有所不正，而非圣功也。圣功不用刑而民自齐，固也，然制刑则民畏，必其民有所不靖，而非圣功也。成于己者无为，用于民者有物。偏高则复卑，徒理则害事。后世必有妄谈自由无政府之说以趋于极端，而阶生民之厉者，故不如防淫不殆之为善也。天下可终古无匪彝，而不可一日废礼。天下可终古无戾气，而不可一日废乐。天下可终古无僭乱，而不可一日废政。天下可终古无罪人，而不可一日废刑。所谓四达而不悖，非明庶物察人情，不足以知其通也。

　　故止淫之法，止高就中，止偏就正。为之制大同之礼焉，为之制大同之乐焉，为之制大同之政焉，为之制大同之刑焉。其繁文详节，固非集思广益，穷年积月，不能阐晰，要以纳于大中，而逸中有劳，乐中有戒，裕而不弛，泰而不骄者，为永翕。其法之制，衣食有限，服章有定。虽丰不可稍增，增则宇内同增，计足而后分之。宫室有式，车马有数。虽丰不可稍增，增则宇内同增，计足而后分之。行止有序，交往有时。家室有别，宴乐有则。终使事事纳于中和之内，而不可离。谷多则先防惰农，材足则先防惰工。盖惰农每生于谷多，而惰工每生于材足也。夫大乱之时，勤者富溢，惰者困乏。故人兴勤，太平之后，均财均物。若不防淫，人孰不好逸而恶劳？故人虽平等，而九等齿班计功晋叙之制，终而【不】可废，以劝勤也。民虽驯懿，而督工劝相明罚秩纪之刑终不可弛，以警怠也。水患虽无，不可折堤，太平虽极，不可懈防，况人心易动，稍纵即逝。尚文则竞学，竞学乱性，犹竞财也。尚德则竞圣，竞圣乱性，犹竞学也。无尚则顽懦，顽懦乱性，犹逐物也。欲纳民于时中，极乐之后止淫，其可缓乎？然非至公极明、圣智通天者，不足以知此。极乐而能防淫，尤难于剧乱而能禁暴也，慎之哉。

二十八　时救

　　春而薰，夏而袭，秋至铚，冬而藏，天命之常，即黍稷之性也。歉则恤，盈则抑，愚则学，智则约，政教之用，即生民之性也。草木惟长而不自节，故无不枯槁者也。治功恃成而不时救，故无不窳败者也。孟子曰："天下之生久矣，一治一乱。"信哉！昔中国太古之时，尝一治已，包牺神农，浑浑噩噩，正老子所谓剖斗析衡，结绳而用，民各抱其朴，守其真。传之终古，岂曰不臧？然而民智不能不凿，民欲不能不兴。书记便学，弧矢宣威，而蚩尤炎帝之乱作矣。有熊氏兴，大赉于民，诛乱反正。丕则敏德，延及于尧舜，未有大乱。虞廷劭德，鸟兽咸若。传之终古，岂曰不臧？而德久不能不衰，道通不能不塞。后启传子，遂家天下，而大祸作矣。汤武之世，强干弱枝。以临诸侯，俾无侵夺。是而克久，亦可小康。然而声色在前，干戈在后。人如狼虎，地曓腥膻。及今三千载，未尝复见人道之或明矣。宁独中国，英伦之郅治，犹太之文明，突厥之丕兴，罗马之宏业，莫不有补天括地，保大定功之势，而皆不能久。何哉？乐在前，则忧在后，察于显，则败于微。使尧舜之后，后启知变之将作，而先救之，弈世绍之，至今犹夏可也。文武之后，成康知变之将作，而先救之，弈世绍之，至今犹周可也。绳之锯木，一锯而不断，遂谓绳不能断木，木斯断矣。水之滴石，一滴而不穿，遂谓水不能穿石，石斯穿矣。谓沧海不能因瓶汲而罄，则沧海必罄于瓶汲。谓泰山不能因蚁穴而崩，则泰山必崩于蚁穴。宇宙无不蔽之教，无不坏之政，无不败之俗，无不莠之民，时救之不可以已也。慎之哉！时救之法，有四惧焉。一人有欲则祸作，一事有懈则祸作，权有侧重则祸作，理入偏高则祸作。比如由俗见性，宇内皆然，万古皆然。则将曰学无用矣。视学为无用则学衰，学衰则民愚，民愚则祸作。又如备兵不用，归马于山，卖刀买犊，则将曰兵无用矣。视兵为无用则武废，武废则民玩，民玩则祸作。反之，视学为有用则尚博，尚博则好奇，好奇则塞性，塞性好奇，而祸又作矣。视兵为有用则尚武，尚武则好胜，好胜则近乱，近乱好胜而祸不可救矣。《易》臻于"既济"，而终之以"未济"，岂圣人作无可奈何之思，谓太平不可以永保耶？深虑远谋，示人之意切矣。《易》曰："其亡其亡，系于苞桑。"孔子曰："危者，安其位者也；亡者，保其存者也；乱者，有其治者也。是故君子安不忘危，存不忘亡，治不忘乱，是以身安而国家可保也。"圣人之讦谋如此，可不戒哉！药中有鸩，鸩中有药，苟非圣神，谁察其谟？《书》曰："毋傲，从康。"此之谓也。故大同之后，设豫虑司于元区，集耆老硕学之士，而常稽百岁之通变。上区一司，中区一司，小区一司。其制同，以采民情，察天象，晰物理，考地宜。凡天灾地祲，物变人愆，教衰道蔽，政革权移，皆先以理告于议府，而分告于其区之长。祸作而不知者，厥司负其咎。

夫月晕而风，础润而雨。人弃常则妖兴，心虚明则先觉。现夫蓍龟，动夫四体，祸福将至，善必先知之，不善必先知之。官修其业，其事乃举。前知预防，亦非高远之论也。知而时救，救于先时，终古无祸，不亦休乎！《书》曰："警戒无虞，罔释法度，法度不迁，无逐于物，以兴奇业。"斯又虑之善者也，夫何远之有哉？

二十九　乐象

于是富庶臻极，娱乐无方。想见厥象，中心洋洋。因书其略，以为理所必有。惟人心之明暗各殊，群力之勤怠未必，不知成于何日耳。虽云虚拟，陶然一快，不亦可乎。

其人，则儴佯硕肤，尔雅温文。士如玉树，女丽晴雯。坐比山峙，行与云从。冰壶秋水，霁月光风。牧竖村农，论道于畦亩。樵夫馌妇，修礼于荒邱。有子互乳，有亲互将。有衣互解，有食互推。朝市无反目之瞻，郊野无呵诟之声。执政皆尧舜禹伊之诚，蒸民尽孔老颜庄之洁。囹圄虽设，惟月一除茅。兵革虽陈，惟岁一大阅。谳讼之廷，雀罗不撤。医药之肆，蛛网常封。含哺而嘻，鼓腹而歌。大勇温克，下寿期颐。其生也皞皞，其化也于于。戚容罔见，哭声无闻。清穆之气，充乎八极。

其天，则景星庆云，甘露和风。夏无伏暑，冬无愆阳。南无瘴毒，北无沍寒。调四时之序，得一道以清。遍覆包含，昭光显融。三出一入，六极五常。混成冲邃，诚神监仁。霆砰不怒，霖霈不淫。日月淑清，阴阳允厘。休嘉之瑞，不可殚述。

其地，则原野膴膴，周道平平。海滨贡珍，崧岳降神。泽梁秩秩，井亩斤斤。青山入画，白水无汶。草木畅茂，悉为旅禾。磻石障堤，尽皆金玉。嘉禾九穗，终岁两熟。水无泛溢，土无瘠秽。谷无不毛，荒无不辟。镠轨纲张，艨艟云集。民居其中，殆如仙也。

其物，则菽粟如水火，布帛如丘山。食之不可胜食，衣之不可胜衣。鱼鳖不得舒鳍，鸟兽不得孋搣。酒池肉林，脂畦脯田。夜蚕蛸蛸，榛栗皆填。金穰木康，坻庾京囷。马前来白角之蛇，秋后满黄金之覆。厮走皆毳衣大车，贫户亦钟鸣鼎食。何以致之？用有余也。

其居，则闳闬伊濯，比栉为邻。金沤兽环，鸟革翚飞。炼铜为柱，范金作宷。萃为云蔚，高颉星房。申椒涂壁，瑇瑁为梁。玉阶琼础，桂阁兰堂。雕栾绮节，珠窗绣牖。花萼宣辉，珰璧耀映。勾心为枢，斗角作纽。最婆之家，美于金谷。主人安之，亦若茅茨。匪极其欲，宝藏材物，不可胜用也。

其畜，则凤凰麒麟，文咒天马。龟龙在沼，彩鸾林下。虎不咥人，鸥不避客。羚麙兢兢，麌鹿戢戢。白鸟鹤鹤，朱雀翕翕。孔道而行，阴岩而息。闻彼箫韶，悉来佐舞。与齐民居，亦若侪伍。

其教，则十人一保，百人一师。始正人伦，终达天德。愚夫愚妇，莫不备及。井田之间，庠校林立。盖视治心尤重于养身也，是以和气之翕然如此。

于是长者乃官，官不自荣。少者乃力，力不自惰。往来彬彬，扶将盈盈。元首以时，率厥耆耇。召厥髦士，作乐于圜丘，使万民聚而观之。其为歌曰："天地煦妪兮，品物咸享。人生于中兮，独抱玄元。惟德之隆兮，覆育乾坤。嬗娩生生兮，成性存存。休乎休乎，格于灵钧。"乃令乐正布之四方，春秋佳日，各率其民而祝大庆，俾万世无所隙越。

於戏！此事之必致者也。我闻鹿台之丽，明堂之壮。阿房之侈，九成之美。铜雀高起，灵禽远挹。云母金华，麒麟白虎。南朝月窟，西都天府。使至今犹存，乘虚之盛，岂不甲于宇内？兵燹之为祸甚矣。前人不为后人遗乐，而为之启祸，终古无此乐，象不亦宜乎！前人为后人遗乐，而杜其祸，日增月进，如吾之所谓乐象者，实不为夸。大人之功，当图不朽。大人之乐，当与民同。人人知此，当悬虚象于耳目而日赴之，不至于实至不已也。

夫定功正名，业乃有成。今试定曰：济一人谓之功，济千人则功千倍。利一世谓之功，利万世则功万倍。积庸于乐民者为功，不积庸于乐民者非功也。遗泽于后世者为功，不遗泽于后世者非功也。人皆知此，骈骋所指，则乐象之呈，可坐而待也。

三十　今成

今之人爱其耳孙，不若爱其玄曾也。爱其玄曾，不若爱其子孙也。爱其子孙，不若爱其身也。何以知之？有以争位而杀其子孙者矣，未闻有争位而杀其身者也。知爱其子孙不如爱其身，则知爱其玄曾不如爱其子孙。知爱其玄曾不如爱其子孙，则知爱其耳孙不如爱其玄曾。恩以近而愈切，情以远而渐疏，人之常也。然则，大同之盛，与其使吾耳孙见之，不如使吾玄曾见之。与其使吾玄曾见之，不如使吾子孙见之。与其使吾子孙见之，不如使吾身亲见之。是亦非至达之理欤？

劝众蹈海，人皆不欲，此万辩不可以卒成者也。劝众登仙，人皆欲之，此一呼即可以成者也。大同极乐，非出水火，而为神仙欤？即今成之，分所应耳。然而，有二障焉，一曰欲障，二曰俗障。二障除，则大同之盛可立成。二障不除，终亦不能有成也。

何谓欲障？富且贵者有焉。彼以为大同之后将均财，均财则吾不得独富。大同之后将平等，平等则吾不得独贵。吾且据此以为命，且以遗吾后人，若去此则吾必竭全力而为之梗，此障之最大者也，愚极矣。以贵言，为百年之独夫，何如为千秋之圣帝？昔尧舜非未尝贵为天子者也，何以弃之若敝蓰？且孔子不尝为帝而万古配天，永世袭爵。今之极贵亦自知其必死焉？否也。知其必死，何不以死之日为计，以死之后为计，而长保其贵也？以富言，物之丰无益于性而覆损之，物之谦无损于性而覆益之。昔尧舜非未尝富有天下者也，何以视之如草芥？且孔子不尝为帝而千秋食禄，远裔承嗣。今之极富亦自知其必死焉？否也，知其必死，何不以死之日为计，以死之后为计，而长保其富也？且今有大富大贵于此，高于天，厚于地，待人而取，而人不知取也。何也？元圣是也。宇内大同，自古未有，我即成之，后世莫不以我为元圣。极于天，播乎地，子孙袭封而保禄，后世之感其德者，亦不忍遂忘之，岂真令其子孙与齐民等也？此之谓得天下而不失，履帝位而不退，过于嬴政、刘邦之为利远矣。且大位可久据欤？即能久据，吾为独夫贱若禽兽，而使吾子孙各为数十年之豚犬以就戮，嬴政、刘邦而有知，能不悔于地下乎！而况乎不可久据也。折而思之，当周之初，姬发巍然，此时商汤有知，岂不恸悔曰：吾六百载之业空矣，不如及吾身而为大同，以遗后世，而吾为元圣也。当秦之初，嬴政傲然，此时周武而有知，岂不恸悔曰：吾八百载之业空矣，不如及吾身而为大同，以遗后世，而吾为元圣也。秦之视汉，汉之视魏，魏之视晋，晋之视唐，唐之视宋，宋之视元，元之视明，明之视清，亦由此也，悲乎！悔此而哭于地下者，皇帝如牛毛也。俄之亚力山大，法之拿破仑，何常非逞一时之快，而为千古之罪人哉！大欲自专，岂可长保？今公理之将明，如日月之方升，不可遏止，见机而作，此其时也。夫大同之义，发于哲人之言，而成于健者之力，发者之功小，成者之功大。今即约斯民之达者，与宇内约曰：有能弃其大权而成大同之实者，其人永祀于元圣之庙，其子孙永嗣为衍圣之王，而厚其禄，丰其祭。斯亦非健者之至利，而斯民之极愿欤？秦汉之后裔，欲为衍圣公，得乎？健者知此而为之，何欲障之有？

何谓俗障？汨于泥涂者，百世不知其污。侪于牛马者，百世不知其贱。非有上智大勇，恒沦胥于俗习之中而不化。今使民尽知大同之善，谁能为之君者？兵尽知大同之善，谁能为之将者？鸡与鹜日求一饱，引颈受戮，此无可奈何者也。鸿鹄则飞矣，以有翼故。牛与马日求一饱，俯首受笞，此无可奈何者也。麒麟则走矣，以有趾故。今以人之有智，而不如鸿鹄之有翼，麒麟之有趾，亦可羞矣。然哲人不为之倡则亦已矣，既为之倡，人咸知有天经地义，不可磨灭，则未有不急起而直追者也，何俗障之有？

无欲障，无俗障，则大同之盛于今见之。今万国之元首皆元圣，祀于庙万世无替也。今万国之大僚皆亚圣，祀于庙万世勿替也。今万国之哲人皆从圣，祀于庙万世无替也。今万国之黔首皆天民，称于后万世无替也。各静思之，其生也乐，其死也荣，不亦可乎！如失此机，贻笑后人，自弃孰大焉？故吾谓今成为极便。

今成之法，先集万国之哲人于名都，谓之公民。公民者，超然于国际之外，万国皆以宾待之。公民选其通博善辩者，以使于万国，谓之公使，以陈说大同之善。又集而议大同之实施，谓之公议。教大同之精理，谓之公学。书大同之伟绩，谓之公史。（公史之议，创于桐城。陈淡然有专书，其事必行。）公民既萃，公使既出，公议既开，公学既创，公史既修，不及十年，大同之本端矣。不及二十年，大同之事成矣。斯谓今成。今成，今成，休祥无垠，世有达者，速为圣人。跂予望之，期在必行。《经》曰："创业垂统，为可继也。"若是之业，自今创之，岂非无疆之庆哉！敢以为启。

三十一　渐成

哲士之导人，犹治水也，凿一源而及泉，未有不混混而出者也。沟一渠而成漕，未有不涣涣而流者也。故言无达而不成，思无精而不著。今之人不肯遽泯其私，以脱于禽兽相食之祸，此理之决不可解，亦人心之至贱且恶者也。前有倡者，后必和之，后有和者，众必协之，予固不能期今成之速，予更不能不图渐成之缓，何以必之。

今有人焉，以大同极乐之说鼓舞天下，而又修其仁圣至诚之实以端其本，久而不怠，未有不能化十百人与己同德者也。兹十百人者，益盛其说，励其实，久而不怠，未有不能化百千人与己同德者也。兹百千人者，益盛其说，励其实，久而不怠，未有不能化千万人与己同德者也。兹千万人者，益盛其说，励其实，久而不怠，未有不能化亿兆人与己同德者也。天下鲜圣人为人道之变，天下皆圣人为人性之常，大同极乐势在必成，不可阻也。

且真有达者必身倡之，以身倡之而不成则子继之，子继之而又不成则孙继之，孙继之而又不成则玄曾继之，玄曾继之而又不成则世世修之，亦罔有不告厥成功者也。人愈久而愈灵，道愈久而愈晰，天高地厚，水下火上，谁能害之？《书》曰："乃言底可绩。"禹之言，大同极乐之言也。禹之绩，大同极乐之绩也。其言曰："惟德动天，无远弗届。"其绩，则祗台德先，不距朕行，推此烈也。虽与两大争功可矣。故公民之实成，则大同极乐之基立矣。今若万国同应以护公民而宾师之，是公民者非有害于何国也，而万国之人视之如神仙矣。彼复劭其德，勤其学。其公使出则万国望而重之，其公学立则万国趋而学之，其公议定则万国承而行之，其公史成则万国畏而服之。日新月盛，不使天下之人尽为公民不已也。天下之人尽为公民，则无国界之可言，无国界之可言，则大同极乐之功成矣。

其或各国共赞诸种合谋，辟一地焉，谓之公地，以为大同极乐之范。先百里，百里成，如其法，扩千里。千里成，如其法，扩万里。万里成，如其法，施之天下。斯亦不数十年而厥功成矣。斯二者，渐成之道也。

圣人之爱至远，而恩不得自迩。圣人之志甚高，而事不得不顺时。孟子曰："虽有智慧，不如乘势；虽有镃基，不如待时。"若夫成功，则天也。然人有修者，天必从之，恒久而无懈，是有望于来人。

人当思是而不成，则凡世之人，皆非人也。人而非人，苦孰大焉？人而非人，耻孰大焉？处极苦至贱而不奋，岂犹有人之心哉？是以为念，谓之事基。

有人焉，抱吾说而吁于政府，政府未有不应者也。不应也，则政府被其恶。又抱而吁于诸藩，诸藩未有不应者也。不应也，则诸藩被其恶。又抱而吁于四邻，四邻未有不应者也。不应也，则四邻被其恶。又抱而吁于齐民，齐民未有不应者也。不应也，则齐民被其恶。又抱而吁于昊天，昊天将降元圣而命之继之，命之成之。《诗》曰："天矜于民，民之所欲，天必从之。"此之谓也。遏期其成，亦有命欤？

三十二　防外

地有限乎，地外何物？天有限乎，天外何物？若其有限，以何为穷？若其无限，终亦何穷？人生之在地，其犹虱之附豕乎？以腹为原，以背为山，以鬃鬣为茂林，以乳汗为河海，几疑一豕之外更无他豕，由其知与目之短哉。人之视地为无外，其知与目亦若是焉而已矣。昔中国视海内为天下，《海经》虽诞其思则卓矣。逮于船舶之利兴而森森者不足限矣，然后知中国之所谓天下者，非天下之所谓天下也。后之视今，亦犹今之视昔也。

此地之于太空，不如尘沙之于沧海也。尘沙之于沧海，可得而计其数也。地之于太空，不可得而计其数也。今日有渡海而来与我交者，异日必有渡气而来与我交者矣。不先有以防之，亦犹虱之争血于豕上，祸必及矣。防之而我先往，彼必不能害我矣。防之而彼先来，害我拯我未可必也。以理推之，彼地之人能越重气而与我通，其必精神磅礴达于天德者也。既已精神磅礴达于天德，见我之纯风善政与天国同，未有不相煦而相爱者也。虽然，不可不防。

防之之方，一曰劭吾德，使不见轻于彼地；二曰劭吾力，使不见屈于彼地；三曰劭吾智，使不见后于彼地。

夫东邻之人，入于西邻之家，见其子弟之贤，礼法之整，未有不心服而愿与之纳交者也。见其子弟之不肖，礼法之不修，未有不鄙弃而思与之割席者也。愿纳交则福至矣，思割席则祸及矣。南国之使，觐于北国之廷，见其君臣之贤，兵民之顺，未有不感格，而愿与之缔盟者也。见其君臣之暴，兵民之逆，未有不轻蔑，而思与之兴戎者也。愿缔盟则福至矣，思兴戎则祸及矣。彼地之视此地，亦犹东邻西邻、南国北国之相视也。故劭吾德，使不见轻于彼地，则祸不作矣。

昔中国常为归马放牛之政矣。以理论之，国无外侵，兵本可废。然文治之邦，恒见陵于犷狎，况大同既久，极乐无伦，武备废弃，意中事耳。一朝诸地互通，亦犹英俄之侵中，日本之犯韩，何以御之？殆其灭乎！故劭吾力，使不见屈于彼地，则祸不作矣。

古者六通之术，天眼天耳。今学者已究其端，而征诸实。况天文之家，已谓群星有人，常以光照吾地，而欲有所答。由前之说以神通，由后之说以光通。我先知彼，则必因其量而为之备。是学之宜精求，而不可弛者也。故劭吾智，使不见后于彼地，则祸不作矣。是三事者，匪杞人之忧，而理势之常也。姑存其说，一启深虑，后之达者勿以为妄焉可。

三十三　咸神

自阴阳杂而人不知有神，自阴阳分而人又不知有神，人之知亦浅矣哉。若其无神，觉自何来？若其有神，神自何去？是一反思而即得者也。

本《易》以推，阴入于阳，自本及末，必终化之。故既以《姤》始，必进为《遁》，既《遁》必进为《否》，既《否》必进为《观》，既《观》必进为《剥》。《剥》极而纯阴，则有形无觉之体凝矣，谓之惟形（新名辞，为无机物）。阳入于阴，自本及末，亦必终化之。故既以《复》始，必进为《临》，既《临》必进为《泰》，既《泰》必进为《大壮》，既《大壮》必进为《夬》。《夬》尽而纯阳，则有觉无形之神全矣，谓之惟觉。

夫人既以阳潜于内，而阴著于外，《泰》之象显然成矣。其阳之蒸蒸不已，必进而《大壮》，进而《夬》，进而《乾》，以合于天而全其神明也，必矣。顾今人之所以日与神远也，以阴邪生于中而戕其正觉，阳中之阴伤神甚矣，其安能合于天哉。

《诗》曰："俾尔弥尔性，百神尔主矣。"言人能尽其性，可以为百神之主，而况于为神乎！阴凝则体不易化。胼胝之手足，负戴之肩骨，既死而久存，人咸知之。阳凝则神不易化。宋儒之言曰："留住灵明，不还造化。"非欺人之论，信有之也。老子曰："思之思之，神明通之。"用思通神，亦佛氏正觉之谓也。

故大同极乐之后，其上以无为而物自化，以好静而民自正。无所劳其心力，民则含铺而嘻，鼓腹而歌，视帝力无有于己也。无喜怒哀惧好恶以滑其真，无富贵营利声色以动其灵，是以神全而不损。有一人则一人化而为神，有十人则十人化而为神，有千万人则千万人化而为神，有亿兆人则亿兆人化而为神。无人非神，无神非人，其为乐极矣。

於戏！此一地也，小其如尘，一国则尘中之微尘也。达人存神，其视此地不如一草芥也，物何有于我哉？超夫万象之外，而游夫四虚之大者真人也，此地区区何足有也？尧治天下，往见藐姑射之仙，爽然自失。故曰：

"闻在宥天下，不闻治天下也。"人各存其神以合于天，岂复碌碌以天下为争哉？而况于国乎！而况于家乎！彼佛氏耶氏以神道设教，实为独见其至大。惜今不知，乃漫指之曰迷信。悲哉！大千之名天堂之数不仅此，三徒之说地狱之数不仅此，若云仅此，此外何有？以理推之，魂升而上，上此之地，其福其寿必有千百亿兆倍于此地者也，而非所论于极也。魂降而下，下此之地，其凶其苦必有千百亿兆倍于此地者也，而非所论于极也。道明世泰，人无一念之恶，其魂皆上升而不沉。其视大地一敝蓰耳，王道之行又何足贵？庄子曰："至人神矣。"人皆至人，人咸神矣。若夫徒安百年之躯，而极地上之庆，岂得谓之大智哉。

三十四　惟教

道本无政，政则伪也。道本无教，教则伪也。然教治人心，政治人身。教杜祸于无形，政救乱于已发。不以教加于政之上，而以政加于教之上，非所谓倒置者欤？渥叶斧根，草木不生。左教右政，天下不宁。

故尧之治，先使百姓昭明。舜之治，先使敬敷五教。尧舜且然，况其他乎！《易》曰："教思无穷，保民无疆。"言临天下，不以政也。夫教明于天下，人皆巢、许，君相虽设，谁贪天位？人皆夷齐，文网虽密，谁干法纪？是政之始，生于失教，若教不衰，又安用政？

昔罗马以教皇宰治，其法善矣。使教皇不失其道，统一宇内可也。今则宇内之视宗教有其形耳，不亦悖乎！孔子不重片言折狱，而欲使民无讼，盖片言折狱虽曰善政，而一狱片言，万狱万言，亦不胜其劳也。孔子曰："道之以政，齐之以刑，民免而无耻。"盖恶之也。

管子能治而不能教，孔子讥之。子产能养而不能教，孔子讥之。孟子亦曰："善政不如善教之得民也。"善政得民财，善教得民心，亦孔子尊教抑政之意也。

自古上德之主，布政以弼教。下德之主，假教以辅政。无德之主，废教而修政，其政亦乱而已矣。大同之后修上德，自元区长以下，各率其属以教。公兵司馘教中之夏楚也，赋税贡输教中之束修也。常使家庭之内，闾巷之中，演礼习乐，穆如清风。则政虽设若无有也，法虽明若无有也。惟修教之不暇，何及他事。

使其民称元区之长曰元帅，称上区之长曰大师，称中区之长曰傅师，称小区之长曰少师，称村间之长曰佐教，名定而实践之。以明长也者为教而设，非为政也。村间之长集其村间之民日一讲习，小区之长集其小区之俊旬一讲习，中区之长集其中区之俊月一讲习，上区之长集其上区之俊时一讲习，元区之长集宇内之俊岁一讲习。有不率教者，以礼耻之而不以刑。乃令百工庶技、馌夫走卒，各以其执为教而导之以道，令徘优俚谚、村谣牧唱，各以其俗为教而修之以礼，举凡一静一动，无往非示道之方，而浑化于不觉。

行不百年，惟教而已，无复政矣。达道成德，人安用治？不达道，不明德，人岂能治人哉？虽然，今之西藏亦有教而无政，何以不臻于上治？则又曰彼并教而失之矣，安得治？然吾所谓惟教非废政也，以政为教之辅耳。孔子曰："自古皆有死，民无信不立。"是视教有重有生也，而况于政乎！此谓知本。

三十五　无极

太极之用微，无极之用几，阴极必生阳，阳极必生阴，气数自然，此不可以易者也。治久则思乱，乱久则思治，人事使然，此可以易者也。若果治不足以长保，则圣人之泽亦不过利万世已耳，不得谓之无疆也。既非无疆，万世亦如弹指，不得谓为讦谟，不得谓为定命，亦非圣人之心也。孟子曰："君子之泽，五世而斩。小人之泽，五世而斩。"此君子小人之同尽，而非以论于圣人也。考《周易》之序，物不可以终《泰》，故受之以《否》。物不可以久居其所，故受之以《遁》。物不可以《既济》，故受之以《未济》。夫大同极乐，非《泰》与《既济》之象欤？而不可以恒久，圣人之泽亦有斩乎！

草木荣而实则必枯，人壮而老则必死，故《易》曰："日中则昃，月盈则蚀。"天地盈亏与时消息，而况于人乎，况于鬼神乎！若是，则太平之难保，益可见矣。然《中庸》曰："是故君子无所不用其极。"极则反，何以用哉？《乾》之极，"亢龙"不可用。故别为之"用九"，曰："见群龙无首，吉。"《坤》之极，"龙战"不可用。故别为之"用六"，曰："利永贞。"迫于极，则不用，此所以用其极也。推此道也，然后《泰》运《既济》而能恒。

是故阳不为首，坤不居先。阴阳迭移，循环无终。圣人知此，于乐则节之以敬，于虚则调之以和，于丰则抑之以俭，于安则戒之以危。善用其极，是以无极。《书》曰："民协于中。"又曰："允执厥中。"《中庸》曰："致中和，天地位焉，万物育焉。"治平之道，既得其中，则不可以再进。日月得中，而能久照，未尝复求其高也。后世奇特好怪之士，以为如此犹未增其极，必有于中之上更求高远，斯乱之阶也。民虽有无怀、葛天之德，而不能不服尧、舜之勤劳。上虽有老聃、庄周之道，而不得不行孔、孟之仁义。所谓极高明，而蹈中庸，不自为极，故无极也。《泰》不极，不至于城复于隍。《益》不极，不致于立心勿恒。《豫》不极，不至于成有渝。《壮》不极，不至于抵羊触藩。凡过于中，虽善亦恶矣。小过之极，则有灾眚。大过之极，凶至灭顶。孔子曰："仁人不过乎物，孝子不过乎物。"知不过而后能长安于无极之中，以享其无疆之庆也。王道之行永矣。慎之哉！

三十六　结言

具体之论曰，多言数穷，不如守中。备用之论曰，言之无文，行之不远。孔门立言语一科，非守中乎？欲致远也。尧舜之泽，所以不下逮于商周者，其文奥，其法略，非上智不能稽也。《周易》之理，所以不实施于后世者，其言约，其义邃，非中人所能体也。虽曰："圣有谟训，明征定保。"然不能明征，何由定保？故孔子曰："予欲无言。"子贡从而谏之曰："子如不言，则小子何述焉？"良以小子无知，难通默示。孟子曰："予岂好辩哉？予不得已也。"天下之生久矣，一治一乱，盖治虽见于前，辩之不明，后人不能守也。圣贤忧之，岂敢避多言之戒哉？予之为《王道法言》，既烦且琐，然而不能不如此者，非有子舆不得已之衷欤。明征定保，其在斯乎？是以发端于正谊以明所旨，继之以必一以断其疑，觉邻以警强，觉中以警弱，非兵以黜恶，道合以示轨，性足以正本，公兵以绝私，区治以建制，同教以解纷，同文以合意，公财以均用，齿班以杜僭，通达以防离，正艺以绝歧，正学以治心，三均以惩偏，标义以定志，分功以序事，法虚以互救，德才以兼成，诚爱以进伪，节生以图久，尽地以启利，浮天以宏育，时计以跻善，止淫以遏乱，时救以防变，乐象以示楷，今成以图速，渐成以期后，防外以深虑，咸神以发微。惟教以正本，无极以永存，后世得吾说而存之可以悠久，不然治久必乱，乐久必苦，悲乎。

夫逝者灭矣，来者无穷。今之来者，后必灭也。昨日之乐，今日安在？今日之乐，明日安在？不知思远虑终，虽有大功，犹曰不克也。《经》曰：

"高而不危,所以长守贵也。满而不溢,所以长守富也。"吾所以言复而备周者,不在于穷高极满,而在于不危不溢。执其两端,用中于民,上征于《虞书》而文详,中考于《周易》而言显,下合于今世而褒贬均,内反于一心而诚明足。本是而行,然后有生人之乐。不本是而行,虽生而为人,实不如牛马也。本是而行,而后有无疆之庆。不本是而行,虽百岁休祥,终亦必有大乱也。

故吾终之以永乐。永乐者,不惟行之于亿兆岁已也,将行之于无终。天地有穷时,至道无已日。

《书》曰:"实万世无疆之休。"既曰万世,又曰无疆,其义深矣。王道之行,万世无疆,岂言文所能尽哉!

(《止园丛书》第2集)

尹昌衡集

曾业英 周斌 编

第三卷 著述

社会科学文献出版社
SOCIAL SCIENCES ACADEMIC PRESS (CHINA)

目 录

经术讦时 ·· 849
 自题 ·· 849
 讦原 ·· 849
 讦邻 ·· 852
 讦极 ·· 854
 讦官 ·· 857
 讦民 ·· 858
 讦教 ·· 860
 讦法 ·· 861
 讦政 ·· 862
 讦陟 ·· 865
 讦罚 ·· 868
 讦兵 ·· 869
 讦党 ·· 870
 讦言 ·· 872
 讦藩 ·· 874
 讦才 ·· 876
 讦议 ·· 877
 讦财 ·· 878
 讦学 ·· 879
 讦普 ·· 881
 讦志 ·· 882
 讦谋 ·· 883
 讦艺 ·· 887

自记 ··· 888
　序 ·· 888
　述先记 ·· 889
　幼行记 ·· 890
　入桂记 ·· 891
　入川记 ·· 893
　为赵记 ·· 894
　抚校记 ·· 895
　忠清记 ·· 896
　戡乱记 ·· 897
　督川记 ·· 898
　犯难记 ·· 900
　说赵记 ·· 901
　除患记 ·· 901
　刺客记 ·· 903
　报清记 ·· 903
　民军记 ·· 904
　大定记 ·· 904
　西征记 ·· 906
　出师记 ·· 907
　援巴记 ·· 908
　防边记 ·· 909
　驭兵记 ·· 909
　旋辕记 ·· 910
　忠袁记 ·· 910
　单骑记 ·· 912
　入觐记 ·· 913
　对簿记 ·· 914
　思过记 ·· 917
　幽囚记 ·· 918
　频厉记 ·· 919
　六簪记 ·· 920

著述记 ··· 922
　　乐隐记 ··· 922
　　　　附录一　尹太昭小传 ··················· 923
　　　　附录二　尹昌衡传 ······················ 933

西征纪略 ··· 950

通书 ·· 971
　　一　人道通 ································· 971
　　二　宗教通 ································· 989
　　三　天道通 ································ 1010
　　四　地道通 ································ 1031
　　五　政治通 ································ 1049
　　六　学问通 ································ 1070
　　七　艺术通 ································ 1086
　　八　兵法通 ································ 1100
　　九　伦理通（缺） ······················ 1116
　　十　礼乐通（缺） ······················ 1116

昭诠 ·· 1117
　　开宗序言 ··································· 1117
　　内篇·卷一 ······························ 1117
　　　朴理篇 ··································· 1117
　　　贵觉篇 ··································· 1118
　　　有神篇 ··································· 1119
　　　木对篇 ··································· 1120
　　　物变篇 ··································· 1121
　　　摄增篇 ··································· 1122
　　　养大篇 ··································· 1123
　　　多冗篇 ··································· 1124
　　　即成篇 ··································· 1124
　　　寿终篇 ··································· 1125

天妙篇 …………………………………… 1126
伤觉篇 …………………………………… 1127
恒性篇 …………………………………… 1128
天配篇 …………………………………… 1129
窥天篇 …………………………………… 1130
灭生篇 …………………………………… 1131
六解篇 …………………………………… 1132
空多篇 …………………………………… 1133
说法篇 …………………………………… 1134
入门篇 …………………………………… 1136
三迷篇 …………………………………… 1137
不动篇 …………………………………… 1138
取智篇 …………………………………… 1139
损益篇 …………………………………… 1139
择达篇 …………………………………… 1140
辜天篇 …………………………………… 1141
通辟篇 …………………………………… 1142
有为篇 …………………………………… 1144
无为篇 …………………………………… 1145
慈助篇 …………………………………… 1146

内篇·卷二 …………………………………… 1147

枯禅篇 …………………………………… 1147
去物篇 …………………………………… 1148
垢净篇 …………………………………… 1149
验益篇 …………………………………… 1150
二觉篇 …………………………………… 1151
摄地篇 …………………………………… 1151
二智篇 …………………………………… 1152
染误篇 …………………………………… 1153
四学篇 …………………………………… 1154
空贵篇 …………………………………… 1155
存任篇 …………………………………… 1156

两极篇	1157
酒色篇	1158
中正篇	1159
斥径篇	1160
天吸篇	1161
净土篇	1162
汲超篇	1163
四寄篇	1163
诚极篇	1164
明极篇	1165
仁极篇	1166
勇极篇	1167
法轮篇	1168
卵喻篇	1168
藤喻篇	1170
禾喻篇	1170
舟车篇	1171
心机篇	1172
蚕喻篇	1173
跃梦篇	1174
车喻篇	1175
荷喻篇	1175
时喻篇	1176

外篇·序 1177
外篇·卷一 1178

探祸篇	1178
得贼篇	1179
虫来篇	1180
得真篇	1181
释地篇	1183
至仁篇	1184
二净篇	1185

篇名	页码
得一篇	1186
灌本篇	1188
吾意篇	1189
四祸篇	1190
天战篇	1191
地爱篇	1192
人邪篇	1193
物染篇	1193
统筹篇	1194
改种篇	1195
树喻篇	1196
秽旅篇	1197
三觉篇	1197
乐寿篇	1198
大学篇	1199
大同篇	1200
万善篇	1201
四相篇	1201
求种篇	1202
人种篇	1203
家种篇	1204
朋种篇	1205
国种篇	1206

外篇·卷二 1208

篇名	页码
首纲篇	1208
民圣篇	1209
公贤篇	1210
统教篇	1211
一民篇	1213
周爱篇	1214
聚财篇	1215
去冗篇	1216

乐化篇 …………………………………………………… 1217
兵略篇 …………………………………………………… 1218
交通篇 …………………………………………………… 1219
尽地篇 …………………………………………………… 1220
进过篇 …………………………………………………… 1222
化万篇 …………………………………………………… 1223
假兵篇 …………………………………………………… 1225
宣义篇 …………………………………………………… 1226
不取篇 …………………………………………………… 1227
进极篇 …………………………………………………… 1228
永休篇 …………………………………………………… 1228
变气篇 …………………………………………………… 1229
穷极篇 …………………………………………………… 1231
黄中篇 …………………………………………………… 1232
球杕篇 …………………………………………………… 1233
观尾篇 …………………………………………………… 1234
转轮篇 …………………………………………………… 1235
空伟篇 …………………………………………………… 1235
合空篇 …………………………………………………… 1236
解死篇 …………………………………………………… 1237
形仁篇 …………………………………………………… 1237

经术讦时[①]

自 题[②]

危言

太昭题　潜庐（印）

讦 原

　　与治同道，罔不兴。与乱同事，罔不亡。舆夫可以治国，匠则优甚。舆夫见覆辙而回辕，见安辙则驰之。匠人见曲邪而墨斲，见正直则绳从。今之治国者不如舆夫匠人远矣，辙不鉴欤，绳自紊耳。明经则明治，明治则明经。中国之古道足以强中国而有余，中国之新才欲求为邻奴而不足。夫正其形而上之道，以用形而下之器，如振网提纲。失其形而上之道，以逐形而下之器，如瞽痿无相。邻国之竞器末也，中国之有道本也。以我之道，齐彼之器，运轴转辐，何易如之？苟践经则，国可立强，天下待我平。苟悖经则，治不可底，国家为人灭。讦非我愿，知我罪我，皆在斯。忠为国谋，救国亡国，视于此。声嘶泪尽，何惮犯颜？耳聪目明，故敢掉舌。倘不诛良医，必立痊死病。别无他药，只有六经。《书》曰："圣有谟训，明征定保。"

　　子舆好辩，不得已也。伊尹先觉，道导斯民。虽曰舍我其谁，人以为弃才也。何如立言不朽，天命为木铎乎？斯民伥伥，古道邈邈，我心如焚，何敢迷邦？如匪用为教，覆用为谑，虽肆诸市朝，分所应耳。然道正必行，言通必寿。以时言，今日虽无公正诚明之人以纳予言，十年期必有也。十年虽

[①] 原著题名为《止园经术讦时》，计上、下二册。自"讦原"至"讦陟"为上册，自"讦兵"至"讦艺"为下册。
[②] 此标题为编者所加，题词为手迹。下同。

无公正诚明之人以纳予言，百岁期必有也。百岁虽无公正诚明之人以纳予言，千秋期必有也。千秋虽无公正诚明之人以纳予言，终古期必有也。以地言，中枢虽无公正诚明之人以纳予言，大藩期必有也。大藩虽无公正诚明之人以纳予言，中国期必有也。中国虽无公正诚明之人以纳予言，异邦期必有也。异邦虽无公正诚明之人以纳予言，宇内期必有也。予言惠可厎行，又无觉眕国域，本先圣之明谟，述而不作，示群伦以洪范，犯亦何伤？今日不纳予言，则今日沦于禽兽。十年不纳予言，则十年沦于禽兽。百岁不纳予言，则百岁沦于禽兽。千秋不纳予言，则千秋沦于禽兽。终古不纳予言，则终古沦于禽兽。中枢不纳予言，则中枢沦于禽兽。大藩不纳予言，则大藩沦于禽兽。中国不纳予言，则中国沦于禽兽。异邦不纳予言，则异邦沦于禽兽。宇内不纳予言，则宇内沦于禽兽。自今日以至终古，自一人以至宇内，岂必无欲为圣贤而咸甘于禽兽者，岂必无欲为圣贤并使宇内皆圣贤，而甘自沦于禽兽并使宇内永沦于禽兽者？欲离禽兽而为圣贤，匪纳予言不为功也。纳予言，必离禽兽而圣贤矣。孟曰："有王者起，必来取法。"

言王道者，世谓之迂。迂之云何？远难至也。孔期三年有成，期月可以。善人为邦百年，胜残去杀，以日计绩，实不为迂。后世见人心之难治也，曰是迂矣，治其身斯足矣。见圣教之难明也，曰是迂矣，明吾政斯足矣。是何易农以蕴袯为迂，而惟急于收获；工以垣墉为迂，而惟急于塈茨也。自周及汉，自唐及明，以至于今，行之数千岁矣。而三年期月之效，胜残去杀之风，终不可得。谓方舟为迂，冯河为捷，王道为迂，功利为捷，死者相属，予以为自磔。予固甘迂，匪迂不立。予欲众迂，匪迂不业。人之谓迂，圣之谓捷。圣既捷之，予所循也。孔曰："遵道而行，弗能已也。"

今我细也而又多言，欲自及乎？待彼明者，明者察理，不惑于己；明者审势，不惑于亲；明者知微，不惑于物；明者见远，不惑于迩。果能不惑于己，不惑于亲，不惑于物，不惑于迩，而有不听予言者乎？未之有也。小人攸箴，无或敢伏。《商书》之训，《雅颂》咏之。《诗》曰："先民有言，询于刍荛。"

予非欲多言以沽名也，予诚见天下非予言不定，中国非予言不存，人道非予言不立。予非欲多言以钓利也，予诚信圣道非予言不传，众醉非予言不醒，死病非予言不起。予天民之先觉者也，予将以斯道觉斯民矣。非觉之而谁也？孟曰："予岂好辨，不得已也。"

今之尊者曰尔圣已，尔圣也者，其质材矣。其质虽材，松柏直欤？松柏之直，用则斲之，匠人丁丁，王则艴然，不亦惑乎？予是以犯而无隐也，岂得已哉？《书》曰："木从绳正，后从谏圣。"

予爱四邻，予实不敢谓今之四邻是也。予爱中国，予实不敢谓今之中国是也。予爱元首，予实不敢谓今之元首是也。予爱大僚，予实不敢谓今之大僚是也。予爱学者，予实不敢谓今之学者是也。予爱生民，予实不敢谓今之生民是也。故予讦之，讦之爱之，将欲成之。予遍讦之，遍讦博爱，非偏于一。惟王道是则，咸服予讦，而后知予之公也。《书》曰："无偏无陂，遵王之义。"

《皇极经世》，宋儒宗之。皇极之训，始于《洪范》，无偏无陂，无好无恶，乃能遵道。以经庶采，偏于一党，未有能治世者也。故予遍讦而不偏，以归皇极。硕学公诚，其谓予何？箕子之言，予述之耳。《书》曰："皇极敷言，是彝是训。"

心达言略，古之训也。多言贾祸，岂不戒哉！诚而无伪，正而无邪，明而无惑，仁而无私，皆自信也。仁而不狙，谁则不服？狙而不仁，于予何愧？闻言不信，聪不明也。自内于迂，予所甘也。蹉跌之来，天励予也。有猷有为，不必售也。《易》曰："不戒以孚，中心愿也。"

心日通而遇日塞，学日进而禄日退者，予之谓也。岂文穷人，穷而后工？益力于文，岂务穷哉！穷于一时而达于千古者，予已自信而弗疑矣。有圣人出必不有背于予言，予何忧乎一时？《易》曰："屯如邅如，十年乃字。"

闻予言而不决者有之矣，闻予言而不善者未之有也。何以善而不决哉？夫易之为象，夬，决也。善而不决，其九四乎？阳德之极，与阴柔交。君子言之，小人疑之，又安能即决哉？《易》曰："其行次且，闻言不信。"

欲谏之，则聪不明而蔽复重。欲救之，则本已壤而众厌迁。欲徐之，则邻孔迫而时不待。欲急之，则群不协而稚且狂。死病岂无良药，药之良者今不服也，奈之何哉！《诗》曰："王事靡盬，我心伤悲。"

予所不自知其身利天下者是欤？有如上帝，鬼神而有知，当不谓予有偏陂险欲而言也。鬼神而无知，世讵无达天德者耶？何必众信期无疚于神明。《诗》曰："神之听之，终和且平。"

予言正也，正则邪恶之。一人实邪，一人恶予。一家实邪，一家恶予。一国皆邪，一国恶予。天下皆邪，天下恶予。小人之常，又何责乎？《诗》曰："不惩其心，覆怨其正。"

贾谊之所谓恸哭流涕者，未有如今之多也。民可哭，上可哭，官可哭，兵可哭，中国可哭，四邻可哭。予之为天下而忧者，岂减于贾谊哉！时疾病矣，宁忍谈笑而道之？《诗》曰："鼠思泣血，无言不疾。"

讦 邻

今之所谓文明，非古之所谓文明也。夫文不暴也，明不昏也。昏暴之国，文明云乎？《易》以文明以止化成天下为人文，主教泽也。尧以钦明文思，允恭克让被四表，尚仁风也。我中国民德丕昌，帝道远届，其量至于海隅苍生、万邦黎献，罔不率比〔此〕。柔远能迩，天下一家，祇台德先，不拒朕行。故禹征有苗，至诚以格，既化而退，未有诛求。如母责子，惟德是修，保民无疆，恩何博也！夫爱其一指，而不爱其身体者，非人也。爱其一身，而不爱其亲戚者，可谓人乎？爱其一身，而不爱其亲戚者，非人也。爱其亲戚，而不爱其乡里者，可谓人乎？爱其亲戚，而不爱其乡里者，非人也。爱其乡里，而不爱其州邑者，可谓人乎？爱其乡里，而不爱其州邑者，非人也。爱其州邑，而不爱其邦国者，可谓人乎？爱其州邑，而不爱其邦国者，非人也。爱其邦国，而不爱其天下者，可谓人乎？爱愈小而愈吝，同人于宗。德愈大而愈周，民胞物与。圣人之度，包罗宇宙，若犹以国家、种族为畛域，是自侪于禽兽也。日之于韩，枭食鸠也。英之于印，狼食豕也。枭狼之羞，国之光也。有腼面目，心罔极也。中国之道，则独不然，玉帛交邻，干羽示教。汉唐虽暴，酷不如今。奴人夺人，毫无仁心。而以自大，而以自矜。非天地生成之道，其后衰者也。有起而宏道者，将必大兴而收众，道明世泰之秋。回思今日之英杰，咸莫不耻为狗彘，亦可丑也，亦可悲也！何君不死，何国不亡，参天匝地，惟道皇皇。曷不勸斯，而兵是蘎。盗欤窃欤？御人于国门欤？及其终也，推刃自剚，朱殷匪他，爱子弟也。孟曰："土地之故，靡烂其民。"

古者，任恤之心，欲其大而远。今者，任恤之心，欲其小而近。欲其大而远，覃及鬼方，莫不尊亲。欲其小而近，封于一国，惟恐周善。惟恐周善，此小人之所以自小而自害也。莫不尊亲，此圣人之所以自全而自广也。四国之政，将烬天下，予以为残贼。三代之量，可覆宇宙，予以为仁明。敬不怠也，恤不害也，永无极也，大无外也，胥无异也，远无界也。《书》曰："永敬大恤，无胥绝远。"

古我先圣王之平天下也，大邦畏其力，小邦怀其德。威及大邦，以扶弱也，谓之有道。今也不然，大则媚之，如狐狸之相噢咻。小则陵之，如鹰鹯之逐鸟雀。观其玉帛干戈，无非妾妇之态。一人如此，谓之贱人。一国如此，宁非贱国？人而不自贱者，天下有之矣。国而不自贱者，今日未之有也。《礼》曰："强者陵弱，乱之道也。"

今四邻之图大其国者，厥谋吝。所谓吝，图力不图道。图力不图道，不败于外必败于内。无道有力，厚必骄，骄而反焉。其众必携，众携民愤，乱之阶也。上智知利，莫利于今。王者之不作，未有疏于此时者矣。民之憔悴于虐政，未有甚于此时者矣。饥者易为食，渴者易为饮。有能先修孔子之教，则其民睦而忘私。民睦忘私，其国必强，强而式邻，邻服吾道，则天下一矣。东邻勉于此，一天下者东邻也。西邻勉于此，一天下者西邻也。中国勉于此，一天下者中国也。一而复勋，万世永宁，万邦永宁。《书》曰："世世享德，万邦作式。"

节以制度，不伤财，不害民。今之四邻，皆无节也。不节其生，人是以盈。不节其兵，国是以争。不以公兵料民之法节之，人沦于兽无穷期矣。夫生生之祸，逐逐之功，匪有所节，何以大同？民各安居，已当位矣。当而不节，争其为何？嗟彼强邻，曷不反于道也。《易》曰："当位以节，中正以通。"

今之大国欲有极乎？初如虎之食羊，虎虎终亦相食也。七雄之民，苦于初周。数大比强，乱胜群小。酷矣。不思各反于道，世无治期。《诗》曰："控于大邦，谁因谁极。"

与人争，不如与物争。与物争，不如与地争。与地争，不如与天争。攻城略地，蚕食鲸吞，臣奴异族，以夸雄长，此之谓与人争。渔牧猎畜，工艺技巧，衣食之富，倍蓰日益，此之谓与物争。开沟疏洫，拓菑治畲，封燧四启，山薮输藏，此之谓与地争。和气休征，天不爱道，人力浮时，水火菽粟，此之谓与天争。今四邻不图与天地争，干天之和，强不久矣。苟一国力修其道，则天之兴之，匪夷所思矣。《诗》曰："天保定尔，罄无不宜。"

日之心，欲吞东亚也，何能？德之心，欲吞天下也，何能？人类未有以兵而能定者，亦未有以道而不能定者。予谓二国变其心，则万邦与之，不变其心，则万邦仇之。人以能养人为仁，国以能养国为大。予不见太王之后小于狄人也。《诗》曰："式讹尔心，以畜万邦。"

计 极

今之为上者，恭必有所饰，让必有所取，是以足恭而民不见答，多让而民不息争。劳谦于一堂之上，而谤盈于四海之外，岂恭让之无益哉？《中庸》至言，不诚无物。《周易》随获，有孚明功。《书》曰："允恭克让，光被四表。"

尧曰浚德，舜曰玄德，汤曰一德，文曰明德，大禹诛有苗曰败德，胤侯伐羲和曰逸德。国之隆替，惟德是瞻，其应如响，罔有或忒。今不修厥德，而回遹是遑，宽己责人，谓邪无伤，将以图治，不亦难乎？反求诸己，惟德动天，其身苟正，不令而行，天下归仁，犹水就下，四方风动，兆民赖之。《书》曰："一人元良，万邦以贞。"

尧舜永祚，民悦归己，鸟兽咸若，帝乐垂拱，犹且功成弗居，草芥神器。今五年传舍，非子孙之业。四方问罪，非考妣之荣。涕泗触藩，非允谐之庆。职同公仆，非天子之尊。进退苟自有章，得失亦何足患？惟有德者视万乘如鸿毛，无德者视腐鼠如身命。偶进则欢若登天，稍窘又栗如履虎。不能出世，焉能治世？不能无欲，焉能无污？神气昏摇，虑用弗迪，患得忧失，系遁往屯。《传》曰："畏首畏尾，身其余几？"

古人之慎也，视天下愚夫愚妇一能胜予。今人之愚也，自以为有兵在握，则暴亦不害。是以前公之死，也不死于孱弱之先，而死于收南北之后。今公之误也，不缘于无权之日，而缘于多竞党之秋。存不自徼，亡则随之。胜不自徼，败则随之。恃势如恃冰山，惠迪如惠天地。无曰高高在上，须知命不易哉。《书》曰："栗栗惟惧，无从匪彝。"

百姓何仇何怨？曰仇专欲，仇党匪，仇逆道，仇犯法，仇夺其生，仇误其国。百姓何亲何附？曰亲施惠，亲用贤，亲有道，亲奉法，亲阜其生，亲保其国。今也欲百姓之亲而犯此六者，是由执热而不以濯也。《书》曰："万姓仇予，予将畴依？"

民不愿亡也，知上之不可与图存也，恃上亡不恃亦亡，彼不可恃而又尸之，以绝民之所恃，则民仇在上。民不愿苦也，知上之不可与同乐也，亲上苦不亲亦苦，彼不可亲而又强之，以离民之所亲，则民爱在下。使民仇上而爱下，非下为之，上所激也。在昔以国为一家之私利，犯大不韪，亦有由。在今以国为众人之公物，自量不能，何不让，必欲害其身家，以累万姓？此万姓之所由以忿也。《书》曰："时日曷丧，及汝偕亡。"

天下多忠者也，惟上昧焉而不察，则忠者渝矣。天下多奸者也，惟上明照而无暗，则奸者警矣。今者忠以谏之，则恶其不同。奸以谀之，则乐其快意。袁公之败，左右翕然。清廷之亡，耳目皆塞。是大惑也。夫忠者渝则舟中皆敌，奸者警则小人革面。治才消长，恃在一人。《书》曰："居上克明，为下克忠。"

明目达聪，是何道也？无蔽于物障自明，无听于肤受自聪。今之视听，惟二而已。二者何也？匪畏即亲，其所视非畏者所指，即亲者所指。其所听非畏者所言，即亲者所言。蔽于所畏曰长暴也，蔽于所亲曰蕴疾也。国计民事，罔见厥真，明自晦也，聪自掩也。古之人不视近，不听邪，所以善也。《书》曰："视远惟明，听德惟聪。"

匹夫匹妇，不获自尽，民主罔与成厥功，此亦集众思、广忠益之义也。夫小民各有所能，圣贤未尝无缺，若必恃一人之智以断天下，虽王安石之才，鲜有不败，而况于袁项城乎，而况于非袁项城乎？以其刚愎之僻，俾群才不得尽其志力，则人有贰心，将别逞其智力矣。乱之阶也，岂不愚哉！《经》曰："实不能容，亦曰殆哉。"

今也欲其位之保也，劝众曰："来，来为我保。"来者为何？如市贾焉，尔利我利，朋而分之，此左右所以无贤者也。左右无贤，不由道也。欲见贤人，不以其道，由欲其入而闭之门也。夫方以类聚，物以群分，云则从龙，风则从虎，腐鳝召蝇，曲穴纳鼠，苟非圣智，贤哲不辅，固也。《书》曰："人倚乃身，起秽自臭。"

禹卑宫室，尽力沟洫。汤宁邦家，不殖货利。上有好者，下必甚焉。主廉官廉，官廉民廉。不夺自均，寡亦不患。今国病民贫，至于此极，而长是邦者，孜孜为利。人亦孰不欲富贵而已独专之？尤而效者，攘攘矣，可胜防哉！生生复性，物将安用？道在于上，民可令矣。《书》曰："不肩好货，敢恭生生。"

民何以不敬也？鞠人谋人之保居叙钦，鞠己谋己之保居叙慢。今曷弗自反曰：鞠人谋人之保居乎？抑亦鞠己谋己之保居乎？而民慢也。鞠厥深谋，以保其居，不过五年。欲久居之，则袁公所以动天下之兵也。既不能鞠己谋己之保居，又何不鞠人谋人之保居，以俾民敬也？《经》曰："人必自侮，时谓弗钦。"

逸以养道，又治天下，高宗智哉！许由幸其无任，尧舜迫于无托。许由不成物，尧舜尚劳己。仁者欲立立人，欲达达人，人物兼成而不劳，其惟高宗乎？修九年面壁之安，成万世永赖之业，在得元圣。汤得元圣，与之戮力。高宗得元圣，使之独劳。高宗内佛而外王，智于乃祖远矣，在诚且明。不诚劳己而又害民，刘邦自残，高何足当也！不明逸己而终误国，子侩与人，让何足当也！今之人劳而不治，弗求其良，以国家为桎梏，自囚而不静，害其性矣。是未学于《说命》也。《书》曰："恭默斯道，良弼代予。"

古之元首，名非民举，实民举也。今之元首，名为民举，实非民举也。何谓民举？民德归仁，大德受命。何谓非民举？金举之，党举之，势举之。古实民举，实不顺者亡，故曰用殄厥世。今名民举，名不实者亡，故曰覆公餗凶。无论名实，惟仁者克安其位。纵曰逆取，亦当顺守。天命人心，何常之有？《书》曰："抚我则后，虐我则仇。"

"眇能视，跛能履，武人为于大君。"《易》之辞，何谑也！武人为大君，诚如眇视跛履乎！今也，一国之大君武人也，一省之大君武人也，其视也但见有兵，其行也但趋有利，不知有民，不知有国，不知有强邻，不知有大道，真眇跛也。汤求元圣，武获仁人，其时武人，文德孔懋。自周秦而下，孙子美文，淮阴好学，尚非纯武。刘邦、刘秀、曹操、杨坚、李世民、赵匡胤，皆知马上不守，聿求儒臣。所谓五霸假之，用能稍延国祚，非若今之眇跛也。无怪日中见沫，康庄亦蹶。《易》曰："不足有明，不足与行。"

临民之道，下悦则顺之，故《易》之示象也，上顺下悦谓之"临"。满清之末，民悦立宪，而上迟之。民国之初，民悦共和，而袁咈之，今又然矣。夫信而后劳其民，未信则以为厉己也。民以为厉己，而欲成功，不智之甚，非君道也。临之六五，柔居尊位。民既乐矣，柔之可也。若必刚愎，谁复与之？《易》曰："六五智临，大君之宜。"

今之为上者，拔一毛而利中国不为也，惟恐己之不益，故天下损之。古之为上者，行一不义杀一不辜而得天下，皆不为也，惟恐己之不损，故天下益之。夫以一人益一人，而召天下之夺，何如以天下益一人，而补一人之损哉？财愈积而愈无厌，权愈大而愈无极，位愈高而愈无止，心愈淫而愈无节，自杀耳，人亦将杀之矣，可不哀哉！是谓不明天道，明天道，则知自损以为大矣。《易》曰："损上益下，民悦天施。"

位极尊矣，名亦显矣，必欲充囊满筐，万岁保其肥，宁知孝子慈孙，百世不能改？纵性命之不知，亦青史之可悺。成己成物，二者何图？金棺寒灰而后，景公何如夷齐？弗思甚矣！《诗》曰："成不以富，亦祇以异。"

曰毋贪位，上则贪之。曰无私亲，上则私之。曰毋聚财，上则聚之。曰毋乱法，上则乱之。我宜可宽，民宜可急。我宜可贰，民宜可一。非君主积威之下，当民心易讹之秋，夫也不良，国人知之，殆矣！《诗》曰："弗躬弗亲，庶民弗信。"

民愚，诈或可得之。民智，非诚不治也。今举国之目睒睒然，举国之心察察然。上方发其机，下已知其指。上方饰其辞，下已见其心。上如纯诚，民无所用其智，未有不来归者也。今也不然，上逆诈，下不能不诈。上意不信，下不敢输信。藏之深深，现之明明，不学无术，何术可用？拙矣。《诗》曰："潜虽伏矣，亦孔之昭。"

以德正人者，固上也。即不知德，当知施，即不知施，当知报。民之所好，一政不举，民之所恶，一敝不革，是不施也。厉民以自养，而腼然高位，是不报也。不德不施，又不图报，人孰戴之？《礼》曰："太上贵德，次务施报。"

讦　官

国家之败，由官邪也。官之失德，诈而不诚。今党以巧合，非诈不举；上以媚亲，非诈不用。既巧且媚，诚于何有？故上无以诈官人，则官诚。官无以诈罔民，则民服。古人视诚为不易之经，今人亲诈为不刊之典。视诚为不易之经，故貌愈拙而功愈大。视诈为不刊之典，故心愈险而乱愈讧。弗率大戛，好行小慧，并无管夷吾之器，实有盆成括之凶。我思唐虞，何尝用术，不过诚耳，厥功乃成。《书》曰："允厘百工，庶绩咸熙。"

今之为上者，不导之于善。不导之于善，上亦便，己亦便，因其便也，巨祸至矣。今之为民者，不与之以利。不与之以利，民虽瘵，官不瘵，因其瘵也，大乱至矣。古人匡君，伊尹使太甲不便，周公使成王不便。使太甲不便，而太甲有终，使成王不便，而成王克业，忠之实也。古人先民，太王以土地利民，武王以鹿台利民。以土地利民，土地卒广，以鹿台利民，鹿台长保，仁之报也。庶官知此，上下咸宁。《书》曰："为上为德，为下为民。"

今之仕于公者，患得患失，惟恐不久，而滋滋焉，害矣。夫进退得失，亦何常之有？量可而进，宁戚放歌不为炫。知机而退，子文三已不为败。必曰自我成之，则将弃道而保位。夫既失道，位亦不终保矣。枉寻而尺不直，何必为之？《易》曰："或从王事，无成有终。"

古之为官者将以治乱，今之为官者将以为乱。利民而终以利己者治乱也，利己而不恤厉民者为乱也。夫四篡之肴，八人和而食之，则莫不咸饫而尽乐。斗争欲专，则死伤相循而不及濡肠。一国之产，万民和而享之，则莫不丰颐而永康。贪饕施夺，则蜩螗残杀而无或保身。人能以酒食酬酢之细推之天下，圣功全矣。既以官人，亦云富矣，亦云乐矣，奈何与小民争利而倡而劝之，俾小民亦努力于争利以相害也？假上之权，启下之乱，官之极恶，可胜诛哉！《诗》曰："王之爪牙，转予于恤。"

　　仁人不过夫物，孝子不过夫物。过物于我无加也，而于民有夺，官民之尤也。而又弗节，所谓物至而人化物矣。俚之嗲"人头而畜鸣"，经之训"无异于禽兽"，皆戕贼仁义而失其性也。《诗》曰："废为残贼，莫知其尤。"

　　将知兵，吏知治，司教知文，考工知艺，理之顺也。将不知兵，吏不知治，司教不知文，考工不知艺，理之悖也。御夫执柁以溯险，不问而知其溺矣，况未学于御者欤？而乌乎不误吾民也。尔富尔贵，高高在上，曷亦自顾乎？《诗》曰："匪鹑匪鸢，翰飞戾天。"

讦　民

　　民为邦本，本固邦宁。所谓固，修其道而劭其德，正心修身齐治均平之序不可紊也。今日不讲修齐而为邪僻之淫民，异日何能治平而为明良之元首？风俗浇薄，乱期靡届。昔虞舜父顽母嚚象傲克偕以孝，是则百揆时叙，四门穆穆之功，已于完廪捐阶时成之矣。民无曰卑无能为而勤于德，则乱源不生。俗无曰法所不及而严于礼，则政本自肃。忧国之士，曷勉于斯？毋亟盱权，假公奰毒，潜移默化之功大于县象振铎，而田夫野老之业高于尧舜禹伊矣。《易》曰："潜龙勿用，居德善俗。"

　　今之民自速乱也，不重有德而莫不重有金，不重有学而莫不重有位，使流俗之伧竞富贵如不及。风气之恶，众实励之，从俗劝乱，长火自焚。《书》曰："简贤附势，实繁有徒。"

　　乱之渐也，汝万民乃不生生。汝如生生，将道是务循。循道之人非上不事，非上不事则桀纣无辅。循道之人非长不力，非长不力则蚩尤无兵。人各有道，非利所能诱，威所能胁，则天下平矣。此士不得志，所以下教而上达也。教下化民，绝乱源矣。道德既盛，贪乱不作，岂不休哉！何自苦也？

《诗》曰："民之贪乱，宁为荼毒。"

天赋性于松柏则欲其千秋，天赋性于禾黍则欲其华实，何于人独不然？捐瘠夭凶相属也，非天也，民也。民不顺天，有性不尽。牛山之木，斧斤牛羊，未尽其性，安能合天？《书》曰："非天夭民，民中绝命。"

人心之动，天地感之。在越思胡，胡立人心，岂有路哉？通太虚也。通太虚者，感天地矣。故民心动一善，而天地之善气感焉。民心动一恶，而天地之恶气感焉。肃时雨若，心敬无淫雨也。乂时旸若，心治无旱魃也。哲时燠若，心智无伏暑也。谋时寒若，心达无冱寒也。圣时风若，心虚无暴风也。狂恒雨若，心荡而淫雨至矣。僭恒旸若，心乱而旱魃至矣。豫恒燠若，心逸而伏暑至矣。急恒寒若，心躁而冱寒至矣。蒙恒风若，心蔽而暴风至矣。今北患水潦，非狂恒欤？南多旱干，非僭恒欤？天视自我民视，天听自我民听，民心之动，天地之枢机也。不知正心，而谓天地不祥，惑矣。先天而天复违，圣人浮于天时也。后天而顺天时，贤人畏天保国也。今之天灾，圣贤不出之故也。圣贤不出，民心咸恶，而欲雨旸寒燠之顺，天亦莫可如何矣。哀哉！《诗》曰："天降罪罟，蟊贼内讧。"

女子之性阴，小人之性亦阴。见金夫，不有躬，无攸利。以身发财，何利之有？夫剥肤以易龙衮，剖心而藏赵璧，愚者不为。今乃伤性命之正，以博物丰，何以异于是？民不见性，亦可哀也。《书》曰："欲败纵败，速戾厥躬。"

今民之多争也，或曰法之不良，令之不肃也。法愈良而攘者愈烈，令愈肃而夺者愈众，何哉？在本不在末。德之修也，尧舜不争帝，季札不争国。德之不修也，犬以一骨而啮父，鸱以一饱而析母。有德则圣贤，无德则禽兽。禽兽之争，又岂在于大物哉？《诗》曰："民之失德，干糇以愆。"

民之所贵以有身者，岂以其为我哉？我又安所有？爪发我有也，而剪而弃之，亦惟神之所不逮矣。然则，神不逮目，则眣其若瞽。神不逮耳，则聋其若聋。神不逮口，则箝其若噤。神不逮身，则庞其若痿。是耳目口身之所贵，亦由听于吾神耳。今吾神以绝物而宁，耳目口身以即物而乐，不全吾神而以徇耳目口身，民亦何其愚？《孟》曰："养其一指，失其肩背。"

以口伤人而肆其毒，图一己之肥者，蝮蛇也。以心伤人而肆其毒，图一己之肥者，今人也。德皇蟒也，众人蝎也。失人之性，人化物也，可不悲哉！《诗》曰："哀今之人，胡为虺蜴。"

夸者死权，贪夫殉财。图戬之祸，祸莫大焉。民之不智，俗所迫也。使为公财而监之，各顺其性以相娱也。民无夺民，国无夺国，岂非福之大者哉！《诗》曰："不戢不难，受福不那。"

计　教

尧欲叙政，必先使百姓昭明。舜欲命官，必先使敬敷五教。尧舜且然，况其他乎！上治治心，此谓知本。故《易》以省方设教观国，以教思无穷临民，以常德习教济险，以振民育德干蛊。临、观之盛以教成，坎、蛊之衰以教救。今稍盛则逸居而无教，渐衰则政导而刑齐，故偷安不过旦夕，而大乱依于胡底。孔期七载，孟惩殃民，周礼之制，平教正政，古圣图功，非此不可。苟反其序，拔本塞源，民不知道，进退罪也。《诗》曰："其何能淑，载胥及溺。"

教虽异同，同施实惠。孔孟遑遑，固非沮溺。佛氏多言，岂不守中？孔孟佛氏，或言或行，为民而劳，罔或自逸。孔孟劳于治平，欲政教之兼修也。佛氏劳于劝导，欲极虚以度众也。政固有伪，然之辅教，教盛而入虚。尧舜草芥天下，何常因富贵而入物？虚固极高，因之忘事，事废而伦灭。印藏不婚不嫁，何尝因玄寂而安民？故执虚实两端之极，尧舜孔孟未尝非佛，用建中于民之常。政事伦常，未常非虚，今必欲去孔孟而陟虚高，以为国教，昧事惑偏，莫此为甚。夫教则必行，行则必普，汝将去孔，先去五伦，无政无家，即归不同，天下之祸，可胜计哉！故耶佛之教，不得谓其不高，而万不可谓其协于中。不得谓为不仁，而万不可谓其合于宜。予心悟之则常是，人共行之则蕴非，无为永成。是理非实，阴极生阳，虚极生乱。既有日月之运，当运之以正轨。既有身心之动，当动之以正事。止日系月，寂心枯形，我曰不顺，谁则果能。虚固极乐，众岂咸允，逸甚几动，不察必眚。《书》曰："无教逸欲，一日万几。"

其亡其亡，罪将谁归？上无教，下无教，庶官无教，群藩无教，皆无教，皆逆道。上曰下不道，下亦曰元首教我以正，元首未纳于正也。下曰上不道，上亦曰诸藩责我以正，诸藩未纳于正也。无外邻之惧，以非夺非尽歼，亦各伏其辜，希夷不问也。有强敌之侵，以手攻足同灭，实自作之孽，祖伊不忍也。罔不小大，草窃奸宄，哀哉！《经》曰："不吊不祥，载胥及溺。"

今之为教者，必求神奇，眩人耳目，不知道无奇也。既曰尽性，性莫不有，岂奇于一人哉？王道荡荡，王道平平，草木不抽而茂，日月不推而顺，去物保真，何奇如之？性之不戕，人皆神矣。欲神欲神，覆蔽其虚。心之不虚，道于何有？故不如内于中庸，而民莫不信也。《书》曰："庸庸祗祗，威威显民。"

今之为教者，函丈之所授，道也。燕居之所为，非道也。笔舌之所出，道也。行止之所习，非道也。夫教以化神，非以益口。教以成实，非以为文。既得于道，参前倚衡，不可须臾离也。参前倚衡，不须臾离，岂务劳哉！幼而修之，履和而致，则言行思动，无非道矣，而又极乐。《易》曰："果行育德，蒙养圣功。"

今之教者，强其呫哔，复其训，繁其文，博其胼枝。呫哔苦口，复训难识，繁文生侉，胼枝塞性，困矣。若非上智，溺无穷期。教法不善，亦可哀也。曷不反求诸实？反求诸实，识一字即有一字之知，明一义即有一义之用，何致如今之多学罔功哉！《易》曰："困蒙之吝，独远实也。"

予尝于十年前见其人，非禽兽也，今而见之，禽兽矣。何变之速也？以习染故。夫能以十年变中人为禽兽，必能以十年变中人为圣贤。风俗若是纯良，所在无非教育。孔子曰："性相近也，习相远也。"

讦　法

选举之法，唐虞有之。舜则明明，尧扬侧陋。曰师锡者，下院所举也，咨四岳者，上院所议也。其时本无成宪，公心自生懿法。今定为民选，则喷室即夤缘之阶。定为上推，则金縢亦专利之匮。法愈良则窃法遂私之智愈巧，议愈众则贿众买法之术愈工，人心倾邪，法何能正？故先正人心，虽无选举之法如唐虞，亦得明良之元首。不正人心，虽严选举之法甚欧美，亦得昏暴之独夫。有治人，无治法，信哉！且今之所谓法，古之所谓礼也。礼始于周而定于孔，三千三百之制，待其人而后行。《书》曰："惟厥正人，克有常宪。"

先王克谨天戒，臣人克有常宪，所谓上有道揆，下有法守。盖古者无制君之法，王者懔于天道，庶几永保。今元首有必守之法，而庸才无守法之能，明文尚若不省，天道其何以知？亡立至矣，功可图乎？《经》曰："不率大戛，弗畏于天。"

有商之盛，由乃在位以常旧服，故正法度。盖在位者有常而不乱旧服，则法度无由而坏。法度无由而坏，则图治易于底绩。上能忍小不便，而大便在其中矣。今愚不察，法不便己，由上坏之。上既坏法，民亦坏法，后有所便，其媾不遂，亦自及耳。《书》曰："必忍乃济，无傲从康。"

惟天聪明，惟圣时宪，惟臣钦若，惟民从乂。故圣人明于天道，以顺正法度，则其臣敬而民和。今民之不治，官之不敬也，官之不敬，上之不圣也，岂天命之不常哉！《易》曰："苟非其人，道不虚行。"

孔子定礼，极于大同。天下一家，中国一人，何礼之大，至于如此？礼统法制而言也。故王制明堂，咸在其中，《周礼》备载官制，今之法也。礼主于敬，敬以守法，岂惟人事，天亦顺之。自墨子非礼而后，今之人谓敬不足行，悖天道矣。《洪范》休征，肃时雨若，其咎征狂恒雨若。天时叙否，在敬与狂，敬则天与，大同何难？王法天，天法道，法之本也。法天主敬，人若雨若。《易》曰："云行雨施，天下平也。"

云行雨施，天下平也，是肃法于治世也。睽孤见豕，载鬼一车，张弧说弧，遇雨则吉，是肃法于乱世也。今也，稍安则淫，坏法自便。乱生则怯，弛法养痈。无治无乱，皆失肃时雨若之征。或上或下，终是狂恒僭恒之咎。或曰赦过宥罪，可得人心，非矣。《易》之《象》，雷雨作解，赦过宥罪。夫雷动也，雨肃也，上动下肃，而后赦宥，是赦宥以肃法，非以坏法也。一宽一严，无启群疑，顺之实也。《易》曰："遇雨之吉，群疑亡也。"

古之立法，以辅文教也，今之立法，以大武功。先文而后武，舜禹伊周之所以安天下也，可以为法矣。先武而后文，桓文襄穆之所以欺诸侯也，不可以为法矣。文教武功，无相倒置，天下之安，庶几有日。《诗》曰："文武吉辅，万邦为宪。"

礼法自守，坚不肯越，虽庸未有不安者也。败礼乱法，惟私是便，虽能未有克保者也。夫乘舟车以行，不安于跋涉乎？准法度以行，不安于纵恣乎？执政知此，安安能迁，不知此，僭僭日瘁。《礼》曰："有礼则安，无礼则危。"

计　政

皋陶九德之说，亘今昔贯千古而不易。中庸中和之义，位天地育万物而有余。九德即中和，中和即九德也。故宽而中之以栗，柔而和之以立，愿而中之以恭，乱而和之以敬，扰而中之以毅，直而和之以温，简而中之以廉，刚而和之以塞，强而中之以义，所谓不竞不絿，不刚不柔，敷政优优，百禄是遒。今之扰者媚以逢上耳，安知毅？强者愎以遂非耳，安知义？乱者轻以生事耳，安知敬？简者惰以偷苟耳，安知廉？古之美德犹且调之以中和而后用，今之非僻偏欲纳之于一端而不悛，不知建中于民伊有明训，用中于民舜而大智，终始偏于一方，偏于一党，偏于一见，偏于一意，僻则为天下戮矣，何治之可图？《传》曰："子实不优，而弃百禄。"

唐虞之盛，明目达聪。今也不然，目有不视，视左右；耳有不听，听左右；口有不询，询左右；心有不思，思左右。四目仅明其一，四聪坚塞其三，是以我所青眼，无非贤才，而不知梼杌饕餮之盈侧也；我所白眼，无非不肖，而不知伊吕管乐之在野也；我所从纳，无非嘉猷，而不知招尤积怨即此计也；我所措施，无非善政，而不知误国殃民即此事也。皆曰予智，人之恒情。罟攫自投，不须驱纳。曷不思舜之舍己从人，汤之用人惟己，以至谋无不败而谋如故也，曰人事之无常也，吾谋亦已尽善矣；行无不蹶而行如故也，曰天命之难挽也，吾行亦已尽美矣。岂不忝哉，岂不忝哉！禹汤罪己，其兴也勃。桀纣罪人，其亡也忽。《诗》曰："愦愦回遹，不臧覆用。"

民可近，不可下。近之则情亲而相辅，下之则情阂而相防。古之民顺而君强，犹懔于此。今之民暴而上弱，乃反不知。执拗不学，可胜责哉！执政曰民不可近，近之则不逊，而不知苟逊道则民莫不逊，偶一有之，众所弃也。曰民不可不下，下之则畏刑，而不知苟犯义则民亦犯刑，大怼朋来，威所激也。《书》曰："无傲从康，可畏非民。"

先王图任旧人共政，播告之修不匿厥指，斯以为旧者诚也。今旧人亦不诚矣，修播告之巧辞，匿贪鄙之私指，罔有一言民用丕钦，矧有一言民用丕变。汝何弗念乃古后之文，成汝俾汝，惟胥康乐，而自欺若此？《经》曰："作伪心劳，闻言不信。"

古之为政者，凡厥庶民，有猷有为有守，上则念之，而锡之福。时人斯其惟皇之极，人修其行，邦乃其昌。今也，民之有猷，上不闻也。民之有为，上不求也。民之有守，上不贵也。自非圣人，谁肯为善？民懈于善，政所启也。俾民怠善，国将谁救？汝何弗示轨内民而度之也。《传》曰："内民于轨，讲事以度。"

国基未固，人心易动，施政之方，在于持重。今胡乃多举大事，轻如掷棋，非膏泽也。即曰膏泽，亦当屯积而厚其气，俾民不扰，乃顺施之。屯难之时，势固然也。《易》曰："九五屯膏，施未光也。"

政从文正，非武邪也。正而不武，民莫不服。武而不正，民莫不叛。民皆叛之，武能止乎？今之为治者，集兵而已，不集其道。集兵不集道，岂惟政不能善哉，即兵亦不能善也。在《易》之师，集兵以辅政也。刚中而正，行险而顺，毒天下而民从。若刚偏而邪，行险而逆，谁其从之？威自我重，备而不用。仲由冠剑，匪以御人于国门也。王道霸功，本合于一。《易》曰："能以众正，可以王矣。"

不知《易》者，不足言政也。政始于屯，而大于豫。屯利建侯，豫利建侯，其义一也。屯以震动，豫以震动，其象同也。屯动于内而外险，建侯以济之，汉高以重地与三王。豫上动而下应，建侯以安之，武王以天下列五爵。然屯可建侯，刚居九五之中正，足以统之，汉高不受制于三王也。豫可建侯，下以群阴而顺上，不自为乱，诸侯不失分于成康也。建侯之义，一取上刚，二取下顺。今也，上能统乎？下皆顺乎？上能统下，皆顺如德美者，建侯之象也。上不能统下，不皆顺如中国者，非建侯之象也。欲为联邦，岂不殆哉！《孟》曰："分崩离析，不能守也。"

知比之道者，足以图治矣。比后夫凶，何谓也？后夫先夫，岂必两人？得众不安其常，虽犹一人，先后判为两人矣。袁公先以大义正中国，群藩比之，中正也，乃不安其常而求晋。黎、段先以和衷调南北，群藩比之，中正也，乃不安其常而求晋。既居九五，晋则上六，自失中正，安得不凶？比之无首，无无所终也。首义终回，谁与为比？惜哉！《诗》曰："靡不有初，鲜克有终。"

今之欲平内讧者，如救火然，灭此则彼焚，灭彼则此焚，甚或灭一则十焚，灭十则百焚，而终不知悛也。何也？抱薪塞之，不以水也。夫遏民之愿，以阻其乱，民力可平，民心不可平也。民心不平，乱未易艾也。《经》曰："上失其道，民散久矣。"

今之施政者，恒苦于民不易使。夫民之所以不易使者，民之过欤？抑亦上之过欤？民恶其人，上必使之，民悦其人，上必摈之。民恶其令，上必宣之，民悦其令，上必遏之。如是而犹欲民之易使也，难矣。谁无君亲，而欲荣之。谁无家国，而欲保之。苟明于道，孰能不从？悦以先民，民亡其劳。悦以犯难，民忘其死。《孟》曰："杀之不怨，利之不庸。"

政以平成，而以偏败。重南则北叛，重彼则此争，况欲以数人之私，一己之意，欺举国而缚之欤？苟反于公，何人不服？人之服矣，事之济矣。困苦颠连，不思共济，天维不吊，人岂无心？《诗》曰："天方荐瘥，不平谓何?"

民今方殆，视天梦梦，政不纲，命未可知也。七岁五乱，知谁克定？不能定国者，观其一二知之矣。不仁，不公，不用贤，不去邪，举国明见其不能定，虽自谓神明，亡国败家而已矣。能定乱者，亦观其一二可知矣。仁民大公，用贤去邪，举国咸期其能定，虽实为庸懦，垂拱待治而已矣。能使人心有定，大位谁不可尸？《诗》曰："既克有定，靡人弗胜。"

得寸则进尺，天下之利可归之一党乎？得尺则进寻，万民之命可尽之一人乎？夫为政以安国也，一人岸然，而苍生觳觫，于汝夫何乐？一党腯如，而万家不谷，于汝夫何禄？欲极其势而无厌，人将灭之。欲极其富而无厌，人将夺之。执政者其知之。《礼》曰："敖不可长，欲不可纵。"

必求胜，则愚夫愚妇一能胜予。必求多，则百姓不足，君孰与足？为政者不知此，谓之自贼。自贼自绝，天下称为螟螣，而家国以灭，悖矣。《礼》曰："很毋求胜，分毋求多。"

讦陟

明明扬陋，尧之圣也。立贤无方，汤之明也。内不避亲，外不避雠，祁奚之忠也。举不失职，选不失能，晋文之霸也。求才须周，周则不遗。求才须公，公则不僻。况楚材晋用，古亦有之。秦逐客卿，遄自改矣。今也，非党不庸，是疏必摈，鄙哉！清主不用洪承畴，辽东必覆。苻坚不用王景略，西秦蚤亡。上国古有讦谟，今竟不如胡虏，公乎私乎？庸之蔽乎？若公也，则当效尧帝，帝千古之至公者也。功未成乃舍旧而求疏，功既成遂进子而与舜。若私也，则当师刘邦，邦千古之至私者也。功未成亦置侩而拜韩，功既成乃诛能而封族。故公者信贤才以终世，私者假贤才于一时。信贤才以终世，则天下被其恩，成其为仁圣。假贤才于一时，则亲族受其惠，成其为奸雄。不仁不圣，不奸不雄，左右无膴士之资，终始惟私人是用，岂惟误天下苍生，亦且害家中赤子。以其所恶，及其所爱，不吾叛也，于彼利乎？《传》曰："子之爱人，伤之而已。"

尧舜之才岂异人哉？实心奉公，求贤勤慎而已矣。尧之明不足以知舜也，凤闻之不敢用也，必待师锡；师锡之不敢用也，必试二女；二女善亦不敢用也，必稽采采。庶绩咸熙，然后信之。舜之明不足以知禹也，凤见之不敢信也，必待佥举；佥举之不敢信也，必试以功；水土平亦不敢信也，必加询谋。询谋佥同，然后禅之。今若以此公慎求天下士，则人人皆有尧舜之明矣。乃反是，闻其声誉之污也，苟惟我便，用之；见其行止之邪也，苟惟我便，信之；视其功绩之败也，苟惟我便，终之。如聋如瞽，如木如土，而乃曰尧舜不可及，国事不可为。稽尧舜夫哉，为国事夫哉，放弃自陷淹夫哉！《孟》曰："是不为也，非不能也。"

千古未有不知人而能治国者，天下未有不知人而能治事者。愚夫愚妇欲求一餐之旨，必择良庖。村农牧竖欲求禾畜之藩，必觅健仆。治国者不如是矣，可胜笑哉！夫舍强牛而驾瘠犬，不问而知其荒矣。弃干将而操蒲剑，不问而知其败矣。举目视终，何须龟卜？昔尧舜咨求于侧陋，今不闻摩索于暗中。《诗》曰："四国无政，不用其良。"

何时无才？何地无才？我目不明，骐骥驽骀。我心不公，珠玉尘埃。任贤之法，《虞书》极详。日咨月询，心诚求也。明陋不遗，必遴尤也。敷纳以言，观其智也。明试以功，稽其实也。询谋佥同，征其望也。底绩汝陟，公天下也。不诚求，何由得？不遴尤，用我戚。不观智，无以治。不稽实，恐其虚。不征其望，恐众不服。不公天下，妒忌我夺。今兹之位，已不可私。视此区区，何足恋恋？与其琐琐尾尾而误国家，何如矫矫铮铮而比尧舜？以天下与人易，为天下得人难。慎敏于斯，上治可必。《书》曰："聿求元圣，孚佑下民。"

古者以一善去三害，今者以一恶兴三害。何谓一善？曰能官人。何谓一恶？曰不能官人。何谓三害？忧乎骦兜，惧内奸也。迁乎有苗，防外患也。巧令孔壬，虑妖诽也。是三害者，其烈如火，惟能官人乃克去之，观于唐虞可以知矣。唐虞之隆，何常无此？惟唐虞以知人安民治本，则三害不为甾。今也防奸而奸满廷，捍外而外日侵，弭谤而谤日集，谁之过欤？不哲不惠，官匪其人，膏泽不下，众乃叛之。《书》曰："小人在位，民弃不保。"

古人重德而轻功，有德则多善行，劝功则生民欲。多善行，国未有不治者也。生民欲，国未有不乱者也。是谓齐本抑末。齐本抑末，泰而不剥，非若今人之重微功，而其功又非公功也。故车服如土，而民不劝善，侯伯如云，而国不兴利。佌佌有屋，蔌蔌有谷，民之无禄，不亦宜乎！何不念彼成汤也？《书》曰："德懋懋官，功懋懋赏。"

先王昧爽丕显，坐以待旦，旁求俊彦，岂好劳哉？知非此不足以济事也。今人瞑目塞聪，视贤若土，琐琐姻娅，岂求祸哉？谓非党不足以成私也。惟欲成私，不求济事，事之不克，私于何有？夫贤才皮也，私利毛也，我能任人，利亦随之。先王所勤，而今亡矣。《传》曰："皮之不存，毛将安附？"

官不及私昵惟其能，爵罔及恶德惟其贤。能者何由而得？不因私昵而授官，能者多在位矣。今谓中国无才，无因缘而用者有谁也，宜其无才也。贤者何由而得？不因恶德而颁爵，贤者多在职矣。今谓中国无贤，非奸邪而赏者有谁也，宜其无贤也。本不欲求，何由而得？孟曰："求则得之，舍则失之。"

今吾见亲一人，而天下蹙额，曰不可，而亲者如故也。及其败也，皆曰果不可，而亲者如故也。初暗而自圣，后羞而强饰，宠一人而天下慢之，终一人而天下叛之，其恶其态，古人备鉴于千古之上矣。《书》曰："启宠纳侮，耻过作非。"

今之求治者，曰："惟吾亲专利，利斯位，彼贤才无与焉。吾亲专利，不惟智小而谋大，力小而任重已也。"将无智亦使之谋大，无力亦使之任重，其败也又何待卜？今之求用者，曰："惟吾身是利，利斯位，上道否无问焉。惟身欲得，不惟患得患失已也。"将得而患得无穷，未失而患失日亟，其凶也宁有底止？上下如此，绝无治之可望，徒使人远思三代而不置耳。惟后非贤不乂，惟贤非后不食，《说命》之训，何可悖也？《书》曰："鉴于成宪，其永无愆。"

纣之亡也，惟四方之多罪逋逃，是崇是长，是信是使，是以为大夫卿士，俾暴虐于百姓。夫多罪之人，人咸知之，何纣不知？《牧誓》之文，人咸知之，何今不知？多罪逋逃，善于营利，一兔三窟，一狐九尾。方得于党，便丧其心，及得于上，又固其势。其颜夸毗，其言巧令，其谋私而周于利，其进曲而比于时。其得纣也，不顾武之诛，其肆虐也，不惮孔之贬，宜其见爱于庸主也。贤者自足，虽弃何伤？孟不枉寻，匪今所知也。《诗》曰："周道如砥，君子所履。"

国家当开创之日，一臧一否，气数关焉。其臧也，民安而世守之，其强必久。其否也，民散而急防之，其亡必速。故汉高祖知马上不守，宋艺祖以经术为重，而后能延祚数百。然皆非大人也，使孔子居其位，至今犹存可也，收八埏而治之可也。方开国三载，孰不望治于袁公？而竟若此，天欤人欤？萃群小以自败欤？《易》曰："开国成家，小人勿用。"

今之进人者，不问功罪。不问功，非圣人莫知自勉。不问罪，非圣人莫知自爱。勤国事而鞅掌者，或陷于囚奴，弃甲胄而归逋者，或策为上赏，谁复端敏以服劳？《诗》曰："尽瘁以仕，宁莫我有。"

讦　罚

舜以四罪，天下咸服。四凶之位，宅在侯伯，何遽毅然不留面目，舜岂忍哉？不得已耳。今亦欲天下之咸服也，而不去凶，恶隰居下之明，缘木求鱼之技。若谓去凶无益，而舜非者也。舜则诚非，非圣治矣。汝则诚是，是昏乱矣。千夫所指，逋得薮矣。民俱尔瞻，侗不顾矣。孰曰奸邪，我心膂矣。孰曰贪饕，我弄臣矣。孰曰养痈，我欲死矣。黜幽挞逸，虞廷误矣。飞廉恶来，保纣永矣。端人裹足，彼无庸矣。千秋之辱，迂不计矣。皇皇刑宪，欺小民矣。巍巍硕鼠，法之外矣。纲网漏吞舟之鱼，深文罗我所不便，怨府自积，谁之过欤？圣有明谟，弗汝欺也。孔【子】曰："举罔措直，则民不服。"

纲纪败坏之秋，民偷官慢，玩忽纵恣，非有雷霆之威，决无雨露之泽。御众以宽，今非虞矣。予惠下民，今非商矣。而乃日赦月减，滥其无度。罪人盈野，罪人盈朝。无诸葛治蜀之能，忘吴汉临终之谏。众无畏心，安有劝志？古者眚灾肆赦，怙毫不刑。非眚非灾，非怙非毫，则当严肃典常，不宜稍弛矩矱。清末纵大吏，卒使民离。袁公戮京兆，几成大业。一怒而安天下，圣王之鸿慈也。水懦民玩，火烈民畏，玩于此则死于彼，畏于彼则生于此。跳梁黄虎之狈狙，集聿苍蝇之过也。善治者苟欲覃厥殊恩，则当大畏民志。辟以止辟，刑期无刑，民协于中，时乃功懋。法至弃灰可斩，政如旋木必行。商君虽酷，可以强国。大人之仁，岂同妇孺？《易》曰："震来虩虩，恐致福也。"

《周易》用刑必取明象，噬嗑用狱，上火下雷，明罚秩法，明而动也。旅可用刑，上火下山，而不留狱，明而止也。或动或止，刑必真明，乃不至罔，以服烝民。今欲动刑，不以明也，我怒已暗，刑及无辜，不顾矣。今欲止刑，不以明也，我自市恩，宥及非义，不知矣。是谓动于不道，止于不道，一行一省，逆两大象，法令虽详，民无所措手足。夫五刑五用，愆则不迪，万人万心，昏则不协。《书》曰："罪疑功疑，惟明克允。"

凡今之民，小大战战，罔不惧于非辜。何也？小人四布，以为私谍。夫忍为私谍，必奸邪也。以奸邪为耳目，是耳目奸邪也。奸听邪视，非礼法，亦有淫刑，正士端人，措手足曾无余地。迫民为乱，多防启盗，不学之夫，同出一窍。《诗》曰："此宜无罪，汝反收之。"

国家自有常刑，正士知所趋舍。既为正士，当不媚于一偏。今也党偏地偏，正士何容？北有正士，不惟南恶之，北亦恶之，南有正士，不惟北恶之，南亦恶之。恶之囚矣，不问典刑，无典无刑，惟党是循。《书》曰："迸弃典刑，囚奴正士。"

计　兵

用兵之道，选将为先。将强则弱兵强，将弱则强兵弱。故君不选将，是谓弃邦，将不知兵，是谓授首。昔信陵以晋鄙之兵胜，赵括以廉颇之兵败，兵犹是兵，将易功判。今则任将不如买犊，买犊犹察其健否也，任将不问其贤愚矣。幸而斗于国内，楚弓楚得不足羞。不幸而用于四邻，亡国亡家将谁属？《易》曰："弟子舆尸，使不当也。"

选将之道，先视其德，有德必勇，有德必忠。贪鄙爱欲，不勇必矣，谗谀邪佞，不忠必矣。今曰贪鄙爱欲，取于民耳，于我何伤？而不知不勇之败，祸终及己，秦将屠者，征利丧师。又曰谗谀邪佞，便于我矣，当不至叛。而不知不忠之渐，端于巧媚，丁谓拂须，必且忘旧。不勇败于敌，不忠倍其主，二者虽殊，取祸则一。昔舜征有苗，授命大禹，牧野鹰扬，惟师尚父。宋艺祖用曹彬之厚，唐肃宗识子仪之纯，始计伟矣，乃奠厥功。《易》曰："师贞丈人，可以王矣。"

上兵以道，其下以法。道治其心，法治其身，法斯下矣。昔道之隆也，禹征有苗，不言以罚齐兵；道稍衰，则胤征明言，威克永济，已非虞唐之盛矣。道既衰，轻之则尔躬有戮，周武励兵，重之则孥戮罔赦，成汤迫民，非刑不胜，是民有生之路，无死之心也。惟圣教民，咸协于道，不知畏死，杀而不怨。《书》曰："一乃心力，其克有勋。"

利器宜普，凶器宜专。财利器也，兵凶器也。百斗之粟，均于千夫，众莫不饱。一束之矢，分于十人，众莫不伤。无令之邑，夷殄必多。有虎之山，豺狼遁迹。孔武惟一，虽祖龙之暴，杀人少于春秋。群强相侵，虽蟋蟀之微，斗死填于沟壑。万林一鹑，鸩乃繁殖。一笼百鹑，有粟不食。分权各强之说，于鸩则可，于鹑则非。邻国之联邦，众爱国也。中国之不宜联邦，私而涣也。威统于一，虽害犹轻。威分于下，虽安不久。岂有群暴降心相守，恒见中枢肆恶杀人，必有饰辞，至于大藩蔓淫擅诛，更不问罪。分权弭乱，厥论实非。裕蛊之谋，足以亡国。政纲秩秩，终宜定一。定一集权，民乃不愿。万不得已，政宜分，兵不宜分也。《书》曰："若网在纲，有条不紊。"

整军之道，在一其心。武王三千，胜纣亿万。泌水之役，晋师败。昆阳之战，莽卒崩。今之用兵者，徒见其多，不察其实，安知有师少于我，战士倍我者哉？清之全力，不平武汉，袁之积威，不抗六诏，土崩瓦解，为后世笑，惑斯甚矣。然而，犹有效者。夫明者见远，愚者自欺，若无其人，败亡谁属？哀哉！《经》曰："以多为贵，不知其他。"

今之用兵者，不畏而畏，畏而不畏。袁公闻六诏之变，曰小丑，不畏也。闻西粤之变，则忧死，何虎化鼠，若是易哉？不畏首而畏尾，此之谓不知畏。岂惟袁公，世皆然也。夫兵当不畏，畏则不勇。兵当知畏，畏则不佻。既欲其勇，又欲不佻，畏欤，不畏，厥中安在？曰畏所畏，不畏所不畏。畏所畏，畏内。不畏所不畏，不畏外。畏内曰我于道非善乎？我于名非正乎？我于力德义非度乎？我于进退止非宜乎？此之谓知畏。知畏不畏，非不在我，而在敌，我何畏？《书》曰："罔或无畏，宁执非敌。"

用兵之道，与兵战易，与民战难。民之所启，兵弗克也。今徒见有形之甲兵，而不见无形之甲兵。清亡袁效，后又踵之，不亦惑乎？不知先收民望，而徐以俟机。《书》曰："民献十翼，宁武图功。"

曹翙论战，不以事神施惠为重，而专重于察狱，何以哉？神听在民，惠不振惰，惟赏罚明，则民知奋。今刑赦之不平，而苟免者众矣，其孰能効忠以图治？古之释忠也，忠于民。亦云尚思利民，忠也。利民之实，莫利于明赏罚。赏罚明，则民平而事举矣。故利民之战则赏之，害民之战则罚之。斯有勇知方者众，而民思自卫以为战，鲜不克矣。《传》曰："忠之属也，可以一战。"

治军之道，莫大于一。王者之兵，天下一本。霸者之兵，举一本。克敌之兵，一军一本。惟和惟一，物莫两大。今中国人自为战，军自为战，省自为战，而无统于一，岂惟不足御务，内乱亦靡有穷期也。《传》曰："疆埸之事，在守其一。"

讦　党

八元八恺，何尝非党？禹皋契稷，穆穆为朋。往哉汝谐，舜复劝之，揖让互推，腼然比矣，岂党之不臧哉！公而正，党亦是，不党亦是。私而邪，党亦非，不党亦非。今也同人于郊，则行同萑苻，比周于朝，则联如骊共，是我党则桀纣亦孔颜，非我党则伯夷亦盗跖。而文学非博之人，引邻国以为例，贪残淫暴之士，殖羽翼以为强。鸺鹠盈林，凤不至矣。《易》曰："比之匪人，不亦伤乎。"

分崩离析而不能守，谁之过哉？小党结，大党裂，不知涣群无咎，谁能外比于贤？夫贤者不欺其心，以为不善，不枉其口，以言不道。今有党矣，党之所善，明知其非，不能不欺其心以赞之，党之所议，明知其非，不能不枉其口以和之。若是则党中无贤，贤不入党，结党亡贤，邦国殄瘁。《孟》曰："与谗谄居，治可得乎？"

今之为党者，胡不计也？党非一人，朋求利也。朋求利也者，大朋大利，小朋小利。若国一朋，国之利也。天下一朋，天下利也。苟德之薄，不能比万国而朋之，亦当合宗邦为一气。合宗邦为一气，是不难，行无不善，言无不善，则邦人之非吾党者，皆将轻千里而来告之以善。岂惟邦人？异邦至矣。异邦一至，天下至矣。是谓大朋大利，若是则党亦何害？今之为党，如蚁争腐鳝，穴中虫耳，乌足以语于人道？若吾为党，当法阿衡。《书》曰："惟和惟一，主善为师。"

党复党，戎伏于莽。同复同，四海困穷。其始也，北党北，而攻南，南亦党南，而攻北。其继也，北党北，而攻北，南亦党南，而攻南。其久也，北党南，而攻北，南亦党北，而攻南。终将如何？若涉大水，沦胥以尽，其无津涯。国人欲訐，则訐不胜訐。四邻咸羞，则羞不胜羞。党之兴也，国之末也。《书》曰："小民方兴，相为敌仇。"

今之为党，岂有图哉？口惟曰国，心仅其家。一家不克，乃求其与。与与相触，是以多死。群犬一骨，灭而后已。斯又有商之末运，而袭之者惟肖耳。既有朋家，权在阿比。非我所附，将尽殄之。迭主推刃，亦宜及矣。党祸之酷，可胜言哉。《书》曰："朋家作仇，胁权相灭。"

仁者何必党？天下皆其党也。不仁者何所党，手足皆其仇也。故朝仇之而暮党之，假焉不自知其羞也。朝党之而暮杀之，忿焉不自识其盟也。酒肉在前，干戈在后，势利之交，岂能终年？曷不反求于道也？有道在我，有道合焉。各正其道，如胶投漆。更不求交，而谁能间？斯之谓不涣之群。群于无群，终合天下而为一人，较之结党何如哉？《书》曰："虽有周亲，不如仁人。"

大道之在天下也，积十人而议之，苟无私比，必得其中。积百人而议之，苟无私比，必得其上。今何以发言盈廷，而莫获一善哉？未议之先，邪佞四布，贿赂公行，虽有一念之良知，已为俗情所扑灭，安知皇道之极显哉！说者曰朝党野党，相与救偏，四邻皆然，不得不尔，此昧于道也。朝解其党，而反于道，与朝者众矣。野解其党，而反于道，与野者众矣。吾故谓非道不足以图治，谋党终害也。党人不已，国病不起。党人不张，讦谟堂堂。《书》曰："无有淫朋，惟皇作极。"

皋陶九德，其目十有八。十有八何以谓之九哉？宽栗相和，柔立相济，二德合一而后可以施于政。夫德犹不可偏也，而况于不德乎？今之为党者曷思之。故《洪范》之训："无偏无陂，遵王之义。无有作好，遵王之道。无有作恶，遵王之路。无偏无党，王道荡荡。无党无偏，王道平平。无反无侧，王道正直。"此又中和之义，九德之实也。今民既不德，而又党之，其偏陂好恶，失荡荡平平远矣。王道虽大，谁复遵之？众会于和，乃得极善。极善既得，人皆党矣。我不结党，而结之以道。道通于宇宙，宇宙皆吾党也。我不伐异，而收之以道。道洽于人物，人物皆吾党也。嘉会和义，涣群有丘，大哉极矣！《书》曰："会其有极，归其有极。"

拇之为象，大而偏于一方者也。党之有魁，亦大而偏于一方者也。今党魁在朝，则朝不信道，党魁在野，则工不信度。何以哉？不解偏重，终无诚也。《易》曰："九四解拇，朋至斯孚。"

党之相好，非相好也，而相害也。夫好当导人于和，内以怡性命之安，外以建人物之范。今也不然，党结而互骤，端者弗立，明者弗析。伣伣薮薮，纳诸鞠极，正道遂以绝灭，弗思甚矣。《诗》曰："人之好我，示我周行。"

以财交者，财尽则绝。以势交者，势衰则绝。绝而尤之，不知极也。所以者尽，安得不绝？欲其不绝，不如以道。道靡有终，何以能绝？今之绝者，实自取之。《诗》曰："每有良朋，蒸也无戎。"

君子周而不比，小人比而不周。今中国多小人，不可以党也。苟有党，知比而已，不知周也。比比于一党，比之匪人。周周于天下，涣群无悔。故同人于宗则吝，同人乾野则亨。同人乾上离下，有天日之象焉。天无私覆，地无私载，日月无私照，然后可以同人，无党之义也。《礼》曰："奉三无私，以劳天下。"

讦言

古之乱，发言盈庭，今之乱，发言盈国。营营青蝇，长舌阶厉，颜之厚矣，庸则违焉。夫言亦何常之有？惠可底行，则禹皋之昌言，孟子之好辨，适成为圣贤。谗佞如簧，则共工之静言，齐髡之便给，见弃于明哲。况民心失道，轻若薄云，随风乱飞，不如草偃。而功利之徒，窥众志之浮，则甜之以骄气。乘道学之衰，复鼓之以诐淫。得蝇头小利，则掉舌诵跖，以代吮痈。逢鼠牙互争，则信口吠尧，不知有齿。南北皆非，莫衷一是，新旧各僻，谁执厥中？《书》曰："谗说殄行，震讼可乎？"

咸辅滕口，《易》所讥也。何讥乎？不诚也。不诚于心，而滕于口，厉之阶也。今防口之文网太疏，而欺心之放言日肆。以兴利适以丧利，以谋国适以误国。辩士如毛，纸贵金贱，而众志大惑。不擢斯人之舌，难图一日之安矣。民不明道，从以鼓簧，薪之槱之，燎原俱烬，可胜恸哉！亡清者言也，清亡矣，非福也。亡袁者言也，袁亡矣，非福也。不以良知商榷真利，惟我恶是讦，乱有极欤？言修易信，危而动人，害矣。《书》曰："今汝聒聒，起信险肤。"

汝不和吉言于百姓，惟汝自生毒。和吉者，立言之本也。今之言者，不求和南北与新旧，而专事诋讦，凶矣，何吉之有？杀人盈野，非刃也，舌也。《书》曰："胥动浮言；惟口兴戎。"

今之言者多且劳矣，毁一人民不信也，誉一人民亦不信也，皆知其有所使也，不诚也。今之言者多且劳矣，议一善人不信也，讦一非人亦不信也，皆知其有所使也，不诚也。是谓自丧言权。自丧言权，自擢舌也。欺人欺己，卒非智也。若我言之，人必信之。《书》曰："话民弗率，诞告用亶。"

今之言者，不教人以修德，而嗾人以作乱。民德不进，多战何功？除凶纳凶，四海困穷，匪谋国之大计也。上刚下险，险刚互讼，自下讼上，归逋全邑。今又不逋，以祸其邑，言亦危哉！《书》曰："惟口起羞，甲胄起戎。"

禹言底行，说言惟服，二圣之言，同归于实。故言不可过高，要因人而教；不可过华，要因时而道。言之必可行也，行之必可言也。今之言者知此，焉有殄行之祸哉？《书》曰："不良于言，罔闻于行。"

予每与名公巨卿，及新进之士，燕谈一次，三日不食，犹有余秽。平时口不道忠信之言，遇事焉能有公正之举？殃民误国，何待龟卜！《诗》曰："辞之竭矣，民之莫矣。"

多言肆兴，各心不降。在我发之，必强其通，在人发之，必挠其庸。不诚不明，遽求其公，乱之至也。实言语媒之，相伐不相下耳。《诗》曰：

"人之为言，苟亦无然。"

言之弗率也，今之人未有敢敬供厥职者矣。何也？敬则不贪，不贪则无金以贿言者。居今日而无金以贿言者，则无兄盗嫂之谤，日积而不可解。敬则不党，不党则无私以要言者。居今日而无私以要言者，则三人市虎之谣，如簧而不可辩。谁明且远而不纳浸润肤受哉！《诗》曰："我友敬矣，谗言其兴。"

好言自口，莠言自口，好言自君子之口，莠言自小人之口。言好言，即一人因之而贤，一国因之而治。言莠言，则一人因之而贱，一国因之而乱。言之为用，岂不大哉！《诗》曰："民之讹言，亦孔之将。"

以舜之圣，舍己从人，以汤之贤，用人惟己。己岂尽，必不臧，虚心乃得至善。今之为言者，专攻异己。夫既专攻异己，则一己之偏，将不可救矣。己偏则民不信，是欲以言导民之志者，覆以言乱民之志也。民志既乱，殃则随之。《诗》曰："下民之孽，匪降自天。"

今之言者，启国之祸不顾也，启身之祸则不肯言。兴国之利不言也，兴身之利则不肯默。一言一默，惟己是私，非劭于德而图美其文，不亦殆哉！《诗》曰："巧言如簧，俾躬处休。"

兀笔焦唇，易钧金者，贱何如也！善言者出于心者，言之，入于耳者，不言也。若金动其心，言教其耳，媚人以求饱，言可信乎？多辩何益？予常谓崭然一语，而断千古者，《春秋》是也，何言之贵如斯！《礼》曰："不妄说人，亦不辞费。"

讦藩

古者下修汤武之德，上臻桀纣之暴，而后征诛。今者此争一党之私，彼挟尺寸之利，遂动师旅。万无真是，两界贪残，南笑北北亦笑南，北笑南南亦笑北，南之达者亦笑北而并笑南，北之达者亦笑南而并笑北。混之曰以暴易暴，夷齐之论固高。别之曰彼善于此，孟子之言何谵。夫鹍鹏入林，奔鹑释搏，猛虎在侧，羝羊解斗。今四邻之觑烈于枭虎，中国之力屡于鹑羊，救死不赡，狂触奚为？自觉赫赫英雄，不如痴痴禽兽。瞻彼气豪，使我心结。《经》曰："兄弟阋墙，方命圮族。"

汤武征诛，为民请命。后羿作乱，因民弗忍。然汤武称仁圣，终王天下。后羿称叛逆，卒丧首领。何哉？诚不诚，道不道之间耳。今也以因民弗忍之会，假为民请命之名，藏后羿窃权之心，冒汤武征诛之义，其成其败，非国利民福，亦必不永其业也。《诗》曰："彼其之子，不远其媾。"

成汤表正万邦，缵禹旧服，放桀南巢，犹有惭德。盖上下之分乱，则乱易生，乱易生，则民病而国灭。古人爱君，非爱君也，以安民也。分定众齐，厚一人而天下厚。孔子《春秋》，实本此意。今也不察，动则曰民，动则曰国。至于义兵愈用而民愈瘁，辩辞愈多而国愈危。五伦之首，陋学可排。万变之机，通才难晰。投鼠忌器，不可不审。《书》曰："生民有欲，无主乃乱。"

《易》之示象也，上刚下险，险而健讼。上险下险，险而险坎。上柔下险，柔而险师。上险下柔，险而柔比。今也，上不能比，下不能师，上不当健，下成其险。讼坎之九二，大藩之象也。其爻之辞，"不克讼，归而逋"，"坎有险，求小得"。大藩知此，适可而止。今必逞其无厌之求，恐凶于尔国矣。《易》曰："过涉灭顶，不可咎也。"

诸藩之象，本属于坤。坤应守柔，后顺得常。今者不守黄裳之吉，又无括囊之戒，凶之象也。然上亦有以启之也，负乘致寇，盗斯夺之，乱矣。《易》曰："龙战于野，其血玄黄。"

《春秋》之义，出国不非其君。《洪范》之文，威福不作于下。下无与上争名，保上之信，以一人心，非私于上也。下无与上争功，成上之泽，以一人心，非私于上也。今也，大藩失其道欤？上亦失其道欤？孔子代天子作《春秋》，犹以为罪，上下之分严矣哉！《易》曰："地道无成，而代有终。"

自非圣人，外宁必有内忧，故范文子欲释楚，以为外惧。然则，中人之智，外未宁则必不敢内讧，若外患急如今日，而决不肯孙一步，以戬兄弟者，彼岂无人心哉！欲攻于内，而忿溢于外，则亦不自谋长矣。国人何莫学夫《诗》？《诗》曰："兄弟阋【于】墙，外御其侮。"

古者建藩以御外也，如藩篱然，故谓之藩。今者不御外而扰内，东斩于日，而闽、鲁不捍，西斩于英，而滇、蜀不卫，国土其无尽乎？即尔大藩之子孙，亦宜稍存一块也。《诗》曰："国既卒斩，何用不监。"

因国家而后有诸藩，非因诸藩而后有国家也。国家之立也，本大而末小，是以能固。民服事其上，而下无觊觎。凡国之立，非权集于一尊，未有定也。彼德、美之分权，何尝假兵于下哉？善谋国者，迅宜巩固其根本，岂可轻举而兵谏，使岌岌之国势，更陷于末大必折、尾大不掉之危？好诩英雄之过也，将亡矣。《传》曰："本既弱矣，其能久乎？"

计　才

　　皋陶之求实也，一言其人有德，乃言曰载采采。虞舜之求实也，不重能言而重底可绩。言过其实，圣贤弗取。今也，静言庸违之人满国中，而举纲陈网之事无一成，岂才之难？虚之害也。故上钦考绩黜陟之典，则实者进。下修大车积中之业，则虚者少。《孟》曰："己有谓信，充实谓美。"

　　子使漆子，子已信之，漆子自思，乃反不信。古人内省，何其笃也。今也不然，不度德，不量力，当干求方急，恒自顾治天下而有余；逮富贵迫人，始实见保一身而不足。不学即仕，仕仍不学，仕优学优之训罔念闻，患得患失之伧充朝市。苍苍烝民，济济多士，载肉以走，沐猴而冠，不求有诸己之信，徒招鼎折足之凶。《诗》曰："人之云亡，邦国殄瘁。"

　　俾万姓咸曰大哉王言，又曰一哉王心，然而不王者，未之有也。俾万姓咸曰诞哉王言，又曰贰哉王心，然而不亡者，未之有也。今之才人，惟利是逐，惟势是附，一日之间，趋舍万变，安知天命之归不在无极，众心所信终于有常。君子不害，小人不利。不惟不害，君子终利。不惟不利，小人终害。彼才自误，吾宁不才。人求日新，我守日旧。人新以物，我新以道。《书》曰："终始惟一，时乃日新。"

　　宰相必用读书人，将军亦必用读书人。不学无术，安知治理？《汉书》讥霍光，陈子教张咏，至矣。夫梓匠陶冶之人，欲成一器，必先存全器于心而后运技。今也，欲治一国，而远不学古，近不通今，如瞽目断指，痿臂痗心，而欲成器，不亦悖乎？千古未之闻也，万国未之闻也。不识一丁可以为大将，不识一丁亦可以为长吏，并不识一丁而可以出将入将，奈何其不误天下苍生也？纵曰势不可去，姑且因之，胡乃不谋长远，亟储硕彦？《传》曰："未能操刀，而使割也。"

　　人惟求旧，旧非耆耄之谓，修古道之谓也。若既旧染污浴，则宜咸与维新。今之旧人污染已深，巧宦絷楹，安能治事？若欲治事，尚须涤新。今之新人，古道丧尽，齐末亡本，安能利国？若欲利国，尚须复旧。旧其道德，新其技艺，而后可以遂其媾。彼旧旧新新，不新不旧，皆弃才也。《经》曰："朽木粪土，予与何诛？"

　　才之云亡，亦有故也。人思炫外，炫则不实。方有其一，即炫其十，未有其十，复炫其百。其源不浚，其流不远，其本不固，其末不长。故经济自负之士盈国中，而惠言底绩之才不一见，是未知自晦而待其成也。《易》曰："含章可贞，以时发也。"

小德役大德，小贤役大贤，顺也。大德役小德，大贤役小贤，逆也。今也尊官睊目而委之刀笔，大将束手而责于虞候，国虽有才，憯莫屈幽，而以为无才。岂真无才哉？执龠秉翟涅赭在顽者众也。《诗》曰："大夫不均，从事独贤。"

才虽长，阿而逢上，未有不为恶者。才虽短，直而方外，未有不克事者。是以成汤之政，德懋懋官，秦誓之文，不轻无伎。杌陧营怀，戒之在忒。诚不以能，亦祗以立。进人之方，当知其则。《诗》曰："靖共尔位，好是正直。"

讦议

尧有衢室，汤有总街。子产听于乡校，管子求诸啧室。询谋周咨，固为善政。惟古无党，其议多公。今则比朋，互许以僻。故古以议通，今以议困。古以议同，今以议异。古以议合上下，今以议分南北。古以议赞行政，今以议沮讦谟。其咎安在？以德薄故。不勤于教，而徒恃于议，筑室道谋，诐淫乱正，恐致孟轲难知。扪舌莫正，国家之祸，未有极矣。《诗》曰："发言盈庭，谁执其咎？"

今之为议者，吾议既倡，虽中知其不可，不能不耻过作非，而强遂之，悖矣。既待议，必有疑，疑而后议，以求善也。若必曰自我倡之，自我成之。不问可否，不辩邪正，非和者排，导正者抗，专断而已矣，何议之有？讼以谋始，不臧则变。变得其正，舍己从人。但有公诚，何分尔我？《易》曰："既不克讼，渝安贞吉。"

天下为公，何必我成。今之议者，我党于上，则必欲上之成也。苟下明而刚，我必强之。我党于下，则必欲下之成也。苟上明而刚，我必反之。夫上下何常之有？《易》之象，上刚而下柔，有应而吉者焉；下刚而上柔，亦有应而吉者焉。渝柔从刚，渝暗从明，理之顺也。何上何下，惟知惟一。徒争多乱，安可得中？未济之时，岂可强执？《易》曰："虽不当位，刚柔应也。"

今本古嘉言罔伏，询于刍荛之训，而聚民以议。然古之刍荛有嘉言，今之缙绅无嘉言矣。何谓嘉言？一通于理，二合于时。今则以欲塞理，以辩失时。聚蚊成雷，薨薨其鸣。事之不戢，不亦宜乎！《诗》曰："民言无嘉，憯莫惩嗟。"

民之号痛于四野，议院为之代吁也。今之议院，不代民吁，而为己谋。代民吁则公而生明，言有次矣，亦有理矣。为己谋则私邪内疚，言无次矣，亦无理矣。夫赪耳腼颜，而笔战砚斗，何其丑而无礼也！以其不代民号耳。《诗》曰："惟号斯言，有伦有脊。"

议院之设，为民议也，非自为议也。既曰为民议矣，则当虚其心，以求民之真意，而不可以肆己欲。今塞聪蔽明，而从其党指，其若天职何？民亦何必有此？《诗》曰："胡为我作，不即我谋。"

计 财

罗掘尽矣，而又剜肉，剜肉尽矣，疮无愈期。取之尽锱铢，用之如泥沙，朝不计夕，人无任心。何哉？政本不定，则官不图远，主不望终。官不图远，肥遁是图，肥斯遁矣，邻国为薮。主不望终，裕蛊偷安，蛊可裕也，懦者不立。如此，虽尽国与民而鬻之，莫或恤矣。今其有今罔后，汝何生在上？上有今罔后，民不可恃以生也。暮即沦胥，而午孜孜惟家蓄是充，将吏亦孰匪是心哉？兵止文浚，兵兴武浚。民谓子浚我以生，谁不欲乱？《书》曰："汝不谋长，以思乃灾。"

欲足一国，上无总利，而使民各利其利，以与邻国争。欲足天下，国无总利，而使民各利其利，以与天地生。今民财来汇，则大官饱，群黎失其生。互市交通，则一国饱，小弱坠其命。非道也。善治国者，得民一芥，即与民图一芥之利，得民万镒，即与民图万镒之利，是以民信而乐输。而又严其监，勖其聚，保其丰，通其求，俾民出境而浚腴，国斯富矣。善平天下者，聚之万国，而施之万国，储之百年，而备之百年，是以同富而均逸。而又严其监，勖其聚，保其丰，通其求，俾民尽地以自养，天下斯安矣。予始愿上不夺下，而终愿国不夺国。不患寡而患不均，不患贫而患不安。百姓足，君孰与不足？四邻足，国孰与不足？人各有生，天地育之。总于一人，无益于一人而害之。总于一国，无益于一国而害之。国累国，人累人，而生生不成，失道拂性，乱斯及矣。《书》曰："无总货宝，生生自庸。"

今人与人相夺也，一人有财，不公于家，可得安乎？家与家相夺也，一家有财，不公于国，可得安乎？国与国相夺也，一国有财，不公于世，可得安乎？圣人之治，不患寡而患不均，不患贫而患不安。盖均无贫，和无寡，安无倾，此天下一家、中国一人之量也。世不公财，皆寡且贫，人之失性，不亦伤乎？《诗》曰："哿以富人，哀此茕独。"

君子不尽利以遗人，俾民常足而时和，我则利之，均安矣。夫户有坻京之庾，则道有不收之殣。邻有积丘之帛，则野有龟肤之氓。泥沙锱铢，于富何益？襦褐担担，岂命不犹？财之不散，恶之侈也。阜之不专，惠之大也。《诗》曰："遗秉滞穗，寡妇之利。"

财可苟得，则贪夫肆。积而不散，则子孙淫。二者悖入，亦悖而出，非所以为利也。而世莫不竞，是俗之大愈也。《礼》曰："积而能散，财毋苟得。"

讦　学

《大学》之教，先修其身。孔门四科，首重德行。今之为学者，求艺而已，不求其道。夫家富于财而乏于德，其子孙必淫逸以覆其宗。国厚于兵而薄于道，其臣民必暴乱以扰其治。奈何弃道德而专于艺？况道德与庶艺相辅而不相害。有道德则清虚，清虚生明，其思必巧。有道德则方正，方正起敬，其事必济。有道德必刚毅，刚毅克断，其识必远。有道德必精详，精详无失，其业必永。所谓聪明睿知，足以有临。宽裕温柔，足以有容。发强刚毅，足以有执。齐庄中正，足以有敬。文理密察，足以有别。此道德之效，学之本也，可不勉欤！《易》曰："显道神德，学以聚之。"

今之为学者，求其多耳，不求其通。求其文耳，不求其实。是以尽五车，不识一字，赋三都，不言一道。不以其学，养其身心，而修庶采，则圣贤之明训，反不如巫医之有用，亦自小矣。《书》曰："人求多闻，时惟建事。"

予读《虞书》，尚德化民，克敬而和，醇如春风，不劳以治，盛矣。学者，当宗之。汤武之德已衰，而修辞勅法，勉底于治。自时厥后，陵迟甚矣。其文不驯，有强饰之心焉。又失其本，不可学矣。《康诰》以下，滋以社稷累天性，弊哉！故孟子言必称尧舜，不闻称汤武。《经》曰："世衰道微，子孙弗率。"

为学次第，学以聚之，问以辨之，宽以居之，仁以行之。是学必辨，辨必居，居必行也，谓之有德。今也，诵言忘味，不辨是非。辍而弗康，虽得必失。静言庸违，弗笃即措。虽曰肄业，不如未也。善学者，果行育德，成德为行。德行交资，然后知学。非徒学以明道也。若行不成，而德不劭，虽学道能辨，又何益于身心哉？《经》曰："苟不至德，至道不凝。"

今之学者，视圣为高，仰不可及，而自绝焉，不知圣非高也。圣德之所谓高者，莫高于参赞化育，而参赞化育之义，载在《中庸》。既曰中庸，即非高远。莫高于天且弗违，而天且弗违之义，载在《大易》。既曰大易，即非难能。况应动则动，应止则止，一寝一兴，即是阴阳；应思则思，应寂则寂，一语一默，何非天地？明于此理，人皆圣也，学者勉之！《易》曰："易则易知，简则易从。"

大畜小畜，示学之道。学以养心，大畜养其大也，小畜养其小也。今之学者，并小体亦不养矣。何谓养其大？多识前言往行，以畜其德。何谓养其小？以懿文德。故博学而敦行，养其大体为大人也；美文以昭德，养其小体为小人也。无小无大，皆以德为本。文其小也，行其大也。有文无行，不得谓大，有文无德，不得谓养。颜渊少文，有老子之象焉。而孔子称其好学，闻一知十，所谓多也，终日不违默而识也，亦足以发往行畜也。《易》曰："果行育德，学以聚之。"

"丰其蔀，日中见斗，往得疑疾，有孚发若，吉。"示学者，以致良知之意切矣。今之学者，入俗则恶习蔀之，服官则富贵蔀之，修文则藻翰蔀之，讲道则师心蔀之。至道明明不见也，大戛昭昭不见也，前有覆辙不见也，后有兵戎不见也，此之谓日中见斗。讦之如不闻，教之如不知，瞢然以往，侗然以来，伥伥遑遑，不知所之，此之谓往得疑疾。何以救之？致良知而已矣。反之良知，岂无自信而不可欺者哉？《易》曰："有孚发若，信以发志。"

学以道为上，道学之不传也。千古或有一圣人焉，其书在，我不求之不知也。天下或有一圣人焉，其人在，我不求之不见也。孔曰好古，舜乐取人。孔前无圣，孔于何好？舜时无圣，舜于何取？凡人未见圣，不自求见，既见圣，亦不克由圣，此圣人所以不出也。今语人曰天下有圣人出，则莫不怃然而嗤，不知天下不可一日无圣人，一国不可一日无圣人，一家不可一日无圣人，一身不可一日非圣人，圣人岂旷世不出哉！乘青牛而去者，非尹喜莫之阻也。坐圯桥而傲者，非张良莫之拜也。学者求圣，圣即在世。《礼》曰："礼闻来学，不闻往教。"

讦普

罔违道以干百姓之誉，罔咈百姓以从己之欲。折衷于二者，谓之允谷。盖百姓之誉从时好，时好不中，誉盛益凶。己心之欲循私念，私念启乱，欲兴众叛。今党人袭非违道以干誉也，谓清当革，革清反不如清；谓袁当去，去袁反不如袁。予固不能谓清、袁非暴，而代之者则益暴，执政便己，坏法以咈民也。谓乱当平，平乱实以倡乱。谓权虽一，一权覆致分权。予固不常主任乱让权，而御之者实不良，此怠荒所以相继，而四夷终不来王也。《虞书》箴偏，烛兹病矣。真明者，贬民贬上，咸纳于平，庶几可以。《诗》曰："无偏无党，王道荡荡。"

求治之道，上下咸艰。下知上之艰，则不过于责上，俾上得徐以图治。上知下之艰，则不过于迫下，俾下得缓以成功。俄罗斯以责上太过而裂，明思宗以迫下太急而亡。今不戒是，各逞其忿，各不知难，责人严而待己恕。民曰元首不能，百易而愿终不偿，亡矣。上曰群下不顺，力抑而威终不立，叛矣。斯为互累，互累沦胥，祸靡有已。孰若各思其难而尽其诚，各尽其诚而和于一。上难辅难，官难民难，相责自宽，相需自全，则未有不知非惠迪，化险为夷者矣。《书》曰："后艰臣艰，政乂民敏。"

不诚无物，世莫不知。胡为乎上若非诈，无以临下者，下若非诈，无以事上者，左若非诈，无以交右者，右若非诈，无以交左者。因上诈下，下故诈之。因下诈上，上亦诈之。因左诈右，右故诈之。因右诈左，左亦诈之。相结不解，无反于道，率天下之人而祸仁义，诈之招也。以诈劝诈，诈极悉灭。《书》曰："尔忱不属，为胥以沈。"

圣人之务损益也，损其物而益其性。故损，损内之末爻，以益外之末爻。益，损外之初爻，以益内之初爻。明明谓物不可益，性不可损，损自泰来，益由否变。明明谓遇丰则招损，遇困则受益。今天下之人，皆丧其心性，以博物丰。是以愈贵而愈凶，愈富而愈溺。失天命之性，图耳目之欲，岂不殆哉！《书》曰："满损谦益，时乃天道。"

涣有丘，匪夷所思，今之人徒知萃，而不知涣，未明于斯道也。夫萃者益也，涣者损也。涣之极，涣血远害。萃之极，赍咨涕洟。散尽而成，全其神也。多聚而哀，殒其命也。益之极，或击有凶。损之中，益龟元吉。物何益于我哉？保我灵龟，无观朵颐。尽性合天，为神为圣。如此则视天下如鸿毛矣。大物累人，得之何用？《孟》曰："万物皆备，乐莫大焉。"

人之失性也，聚其百，享不及一。充其囷，食不及粒。而无厌之求，日奋月烈。衣裳虽多，弗曳弗娄。廷内虽宏，弗洒弗扫。劳心于物，以殒厥命。悲乎！《诗》曰："宛其死矣，他人是保。"

国之亡也，凡在国者，父母子孙且为鱼肉。人孰不爱其父母子孙者？止乱而图治，则保其父母子孙。倡乱而扰治，则杀其父母子孙。今语人曰吾将杀尔父母子孙，则未有不艴然怒者，乃必欲推刃而杀之。岂中心之所愿哉？德之不修，学之不讲，邪气之不克，私欲之不戒，大猷之不明，性命之不复，故自纳于枭獍之类，而犹以为务慈孝也。悲乎！《诗》曰："莫肯念乱，谁无父母？"

讦 志

志富贵，贱已极，而况今之欲富者欲贫者也，欲贵者欲贱者也。即俗言俗，大官不如总统，总统不如皇帝。然石敬瑭之儿皇帝，为天下万世所羞。今东西邻之内侵，如契丹德光之强，不急于敌外而急于敌内，列列大人，辱如何也？即财言财，千不如万，万不如十万。今东西邻之阜财货，有瓦砾金玉之势，国内竞赇，能得几何？不急于谋国而急于谋家，攘攘贪夫，蠢如何也！夫大志在道，其次在名，其下在富贵。今也虽富贵亦不欲全矣，可胜鄙哉！《诗》曰："胡为泥中，褎如充耳。"

志在济利天下，虽难，吾心日日思之，吾口日日言之，吾行日日赴之，然而不至者，未之有也。一人之难胜也，求朋广与，众心日日思之，众口日日言之，众行日日赴之，然而不至者，未之有也。一时之难至也，以待来者，后世日日思之，后世日日言之，后世日日赴之，然而不至者，未之有也。要在有志，何难之有？今有欲圣万民宁终古，则咸笑其迂，曰难不克也，而其志乃在利己之末，何其卑也！民志民志，曷远尔图？《书》曰："告汝于难，若射有志。"

志之萌也，功之端也。积善之家，必有余庆，积不善之家，必有余殃。由辨之不早辨也。早辨辨志，苟志于仁，善则随之。志于不仁，恶则随之。今之图治者，志已谬矣，辅之以术，其可济乎？志于利身，恐众不从，饰言曰予将利国，而言之旨，早已露其志，民弗信也。志于利亲，恐众不从，饰行曰予将利民，而行之实，早已露其志，民弗助也。不信不助，四海困穷，乃曰非我，下曷不忠？是不知履霜之渐，发机之微也。《孟》曰："不志于仁，终身忧辱。"

今之人，何改节之易也？朝而秦向，暮则楚之。朝而信誓，暮则背之。此无他，志不正也。不志于仁，不志于道，遇利则趋，遇难则避，乱之道也。夫迍邅次且，人孰不有？苟心无邪，何恤其艰？《易》曰："盘桓居贞，志行正也。"

今天下之志不一也，中国之志不一也。天下之志一，则国与国无争。中国之志一，则人与人无争。志何以一？一于仁，一于道。人皆志于仁、志于道，道无二是，安得不一？然非明心见性，安知道之所在哉！君子教人尽性，所以一之也。《易》曰："君子能通，天下之志。"

雊鸡终日营营，终于一刀两断。方今之人，何以异此？天地之大，日月之明，圣神之业，千秋之寿，谁其知之？琐兮尾兮，可哀也哉！卒杀其神，而灭其性，亦自及也。《易》曰："旅之琐琐，志穷灾也。"

志于道者，参天两地，犹以为未足可也。志于物者，饱食暖衣，犹以为未足害也。道无极，愈尊而愈圣，物有限，愈过而愈淫。淫其心而远于圣，非不立志之为厉，不志于道，而志于物之为厉也。故志于天子者，虽成如刘邦，非吾所谓贵也。志于聚财者，虽多如邓通，非吾所谓富也。起秽以自臭，舐刀以自伤耳。何也？以纵欲故。纵欲而以为志大，石达开遇"非天子不为隆"之语，贱夫壮之。斯而可壮，是率天下而入于禽兽也，谬已极。《礼》曰："欲不可纵，志不可满。"

讦谋

惟彼孔德，克建讦谟。有德则仁，仁之谋利众而不专欲，利众而不专欲，故众莫不赞。有德则义，义之谋因事而不拂性，因事而不拂性，故事莫不宜。有德则明，明之谋察远而不蔽迩，察远而不蔽迩，故远无不率。有德则公，公之谋周民而不私亲，周民而不私亲，故民无不从。有德则毅，毅之谋夬邪而不害正，夬邪而不害正，故行无不通。有德则诚，诚之谋感心而不饰辞，感心而不饰辞，故心无不归。有此六善而谋不成者，未之有也。今之谋者，何鄙之甚！谋必专欲，专欲则民不赞。谋必拂性，拂性则事不宜。谋必蔽迩，蔽迩则远不率。谋必私亲，私亲则民不从。谋必害正，害正则行不通。谋必饰辞，饰辞则心不归。询者曰：何以利吾位？答者曰：何以利吾权？和者曰：何以利吾党？议者曰：何以利吾家？争者曰：何以利吾名？断者曰：何以利吾术？利吾位，专欲也。利吾权，咈众也。利吾党，蔽迩也。利吾家，私亲也。利吾名，害正也。利吾术，饰辞也。有此六恶而谋不败者，未之有也。吾见詖詖善诤，咸谓秩秩大猷。谋之速祸，嗟何极矣！曷修一德而兼六善？一德苟纯，六善备举。《书》曰："允迪厥德，谟明弼谐。"

前公之谋，何以不成也？曰不问邪正，非吾私者锄之。今公之谋，何以不克也？曰不计功罪，非吾与者削之。锄及方正，民失其望，而众心离矣。刻及有功，令不见信，而群志乱矣。不知今之可锄者多矣，苟不先存必锄之心，而待可锄之隙，锄所自锄，不负恶名，而威日隆矣。今之可削者多矣，苟不先存必削之念，而俟可削之罪，削所自削，不露贪志，而权日大矣。殖礼覆暴，推亡固存，钦从天道，邦乃其昌。是谓不取自大，不争自强。是谓善谋，善谋不谋，惟天是从，行天之罚，予业亦隆。尧舜性也，汤武信之。代虐以宽，下民永怀。《书》曰："兼弱攻昧，取乱侮亡。"

尔惟德罔小万邦惟庆，尔惟不德罔大坠厥宗。小人以小善为无益而弗为也，小恶为无伤而弗去也。故恶极而不可掩，罪大而不可减，此圣贤之言也。勿谓善小而不为，勿谓恶小而为之，此英雄之言也。圣贤英雄，如出一辙，同以善恶为成败，同以机微决大事，谋之善也。今也不然，恶未济，孜孜汲汲以积之，惟恐不极。曰有兵在，民怨无如我何矣，谋当去所妒，无谋去恶。善初萌，左诶右惑以沮之，惟恐其或生。曰有党在，胡为若是其迂也，谋当求阿比，不当求善。是以一善不为，万恶并稔。惟兵是图，惟党是务。不悛于履霜之渐，终底于灭鼎之凶。《书》曰："期骄期侈，作伪心劳。"

大谋从至善，谋非至善，大事不成。所谓至，至远无谋迹，至公无谋私。远迩皆谋，远利迩亦利。公私皆谋，公成私亦成。今之谋者，知有己耳，知有家耳，知有亲耳，知有党耳。善者知有国耳，知有世耳。有己，谋不至家，骨肉夺。有家，谋不至亲，族戚残。有亲，谋不至党，朋俦诈。有党，谋不至国，阿比偷。有国，谋不至世，胡越角。有世，谋不至永，一时治。有所不至，非至善也，非大计也。楚灵谋己，骨肉夺也。吕雉谋家，族戚残也。皇父谋亲，朋俦诈也。四凶谋党，阿比偷也。商君谋国，胡越角也。汤武谋世，一时治也。是皆不至。申生不谋己，虽亡其身，行其道，家必睦。尧舜不谋家，虽薄子，行其道，族必大。赵孟不谋亲，无交利，行其道，与必众。太王不谋国，虽弃地，行其道，世必泰。老庄不谋世，虽弃时，行其道，济万世。是谓有至无远，惟圣人克知其善。《书》曰："谋吊由灵，用宏兹贲。"

今之为谋者，讳疾，医中厥隐，则戮之，如护痈然，曰剜者杀，曰养则纳。智者不曰宜剜，又不忍谀，遯于野矣。狡者不曰宜剜，益以噢咻，盈于廷矣。药之良者不但苦口，病极灸割，痛甚目瞑，经之义也。予哀其愚，是用大谏。《书》曰："药弗瞑眩，厥疾弗瘳。"

谋有二度，曰善，曰时。善则利民，民咸赞之。清廷用亲贵，未尝不自谓固本，专利不普，民弗善也。袁公图帝业，未尝不自谓雄略，时机未至，功弗成也。善未尽，大禹不敢伐有苗。时未至，郑伯不敢取叔段。明于二者，其谋必中。今之踵袁、清而为谋者众矣，既不择善，又不知时，其败也不亦宜乎？夫动顺善而顺时，天之命也。复内动而外顺，见天地之心。豫外动而内顺，故天地如之。见天地之心，善也。先天而天弗违，谋之神也。天地如之，时也。后天而顺天时，谋之安也。非此二者，其谋必凶。二者不备，其谋亦凶。《书》曰："虑善以动，动惟厥时。"

惜哉，时也，不可复矣，然而犹有来者。谋国者其知之，鉴于前，审于理，辨于通，考于势，知所待焉，知所乘焉，可矣。当戊戌之岁，德宗思奋，特鹜新才，一扫旧习，善谋也。人人望治，清祚中兴，而西后败厥谋，失时一。逮西后崩逝，亲王居摄，大政亟变，权臣遄递，善谋也。人人望治，清祚可延，而贵胄败厥谋，失时二。乃汉族丕显，袁公集权，威收南北，明哲愿忠，善谋也。人人望治，民国大定，而帝制败厥谋，失时三。及袁公殂落，黎段干蛊，南北一家，各和其与，善谋也。人人望治，火伏积薪，而争权败厥谋，失时四。兹四时者，治之端也，而皆弗济，岂天之不厌乱哉？谋之者自败也。自败也者，不明于经术也。其一失也，西后固昧于物穷则变之宜，德宗亦暗于姑先安大之义。其二失也，汉民固昧于健讼终凶之旨，清廷亦昧于专欲难成之训。其三失也，袁公固昧于屯膏未光之爻，大藩亦昧于归逋无眚之象。其四失也，黎公固昧于履和而至之方，强藩亦昧于负乘致寇之戒。是四败者，谋不通经，两非互殄，殃及生民，厥罪惟均，经术疏也。倘西后知物穷则变之宜，则必舍旧而图新，合时贤而佐英君，清今王矣。倘德宗知姑先安大之义，则必宁强而渐进，容权宗而引新进，革必孚矣。倘汉民知健讼终凶之旨，则必投鼠而忌器，宽一时以图后举，乱不迫矣。倘摄王知专欲难成之训，则必慰汉而疏亲，合满汉而思共济，革不成矣。倘袁公知屯膏未光之爻，则必需时而贞吉，俟天命而为文王，帝业成矣。倘大藩知归逋无眚之象，则必逊上而宁民，厚国力以维民命，巨祸息矣。倘黎公知履和而至之方，则必需沙而忍小，让北竞以调南和，府院亲矣。倘强藩知负乘致寇之戒，则不负段而乘黎，兵谏而终悛，南北和矣。惟善谋者不惑于偏，诚明两尽，经术乃明。不诚不明，乱将胡底？今也，往不可追，时又来矣，乱必有平，平分中外。汉末乱极而三国平之一时，明末乱极而外国平之十世。今若无外，则中国联邦，联邦必争，后有贤者一之矣，如晋然。尚有外国，则闯贼摄盗，摄盗必亡，强邻内侵收之矣，如清然。知时惟哲，知机其神，代之以道，则国不亡，民不殄。将为三国以各据乎？争不息矣，惟贤克之，惟贤而集众贤安民者，克收之。将为闯贼以摄盗乎？邻虎狼也，国命难复，国亡而邻肆暴如今者，尤难复。慎哉来人，予言不再。《孟》曰："不如待时，今时则易。"

国之分也，民亦苦矣。苟能定一，谁则不愿？惟果能定一，必先有所度，度而后动，终底于谷。妄兴师旅，不谋其长，长之不谋，亦孔之穷。号战盈野，孰能知此？夫力强则攻守利，正德则战士奋，合义则时势宜。度于三者，胜之基也。今国中地丑德齐，莫能相尚，徒苦吾民，皆不克也。尔何弗度，俾民颠隮。《书》曰："同力度德，同德度义。"

乾以天德，不敢为首。坤以地德，后顺得常。天德谋始，上谋也，大谋也。地德谋终，下谋也，小谋也。谋无大小，而皆不敢先发。故上欲集权，正道以待下之有隙，而后从而收之，戎不自我起。下欲僭窃，正道以待上之有隙，而后从而乘之，分不自我乱。观于清、袁以来，成败之数，可以见矣。静胜动，牝胜牡，老子之谋，不敢为天下先，惟知后人，故常胜人。虽然，何后何先，不宜盗易，易之失贼，圣所戒也。道为先，顺为后，上道而下顺。上后于道，下亦后之。上舍道，而弗顺，大谋败于上矣，小谋能无僭乎？曷不明于天地之常？内上下于中正而和以成也。《书》曰："小大谋猷，罔不率从。"

既济之象何如哉？内明而外险。今之谋者内不明也，即谓内明，外险何以济之？其初濡尾，其终濡首，濡尾泥其小者当忍，濡首泥其大者不可往。今往往不忍小不便，而终至大事无可收拾。机之不察，谋岂能成？段容黎争，黎容段僻，徐有说矣。袁败于成，冯挺于极，不可救矣。《易》曰："既济亨小，初吉终乱。"

今之谋者多矣。当其私昵在前，蝇营在内，虽圣人耳提而面命之，不易也。不易则败，败则复谋，犹然。一谋一败，百谋百败，犹然。人曰谋实不臧，则曰事不可为。昔鲧之所谓不可为者，禹能为之。汤之所谓不可为者，尹能为之。天下岂有不可为之事哉？弗善谋也。《诗》曰："是究是图，亶其然乎。"

谋曰种粟，弃斥其迂。谋曰揠苗，欣赏其捷。农之愚也。谋曰固础，弃斥其迂。谋曰饰宋，欣赏其捷，工之愚也。谋曰得民，弃斥其迂。谋曰集威，欣赏其捷。上之愚也。谋曰利众，弃斥其迂。谋曰总利，欣赏其捷。众之愚也。《诗》曰："谋之其臧，则具是违。"

讦 艺

舜用工倕，周考冬官，制器便用，大易示象，利民之实，莫利于艺。今聪明之士，咸欲崭然露骨于风尘之中，谓艺斯下矣。是以食粟之人百倍于农，用器之人百倍于工，衣帛之人百倍于织，资货之人百倍于贾。邻国又从而利之，巧机而炫外，以易我实，使一钩之铁易百石之粮，一缕之绵易十幅之锦，一舟之载易千户之积储，一场之出易九州岛之贡赋，奈之何国不困而民不贫也？是上无劳民劝相之政，而下尚雕文绣锦之浮也。《诗》曰："硕鼠硕鼠，莫我肯劳。"

制器兴业，有有益者焉，有无益者焉。有益者可劝，无益者可戒。戒无益，则有益者日盛矣。故富国者，其民衣布，而锦帛输于四邻。其民储粟，而珠玉输于四邻。其民饮水，而旨酒输于四邻。其民茅茨，而雕刻输于四邻。善平天下者，绝浮工，考实用，俾民耳目纯而心气重，不作无益害有益，不贵异物贱用物。其民恒足而欲心不动，则性易尽矣。《书》曰："不役耳目，百度惟贞。"

立教之法，不当偏重形而上之道，盖道所以养心也。专养其心，不务养身，仁者能之，求仁者不能也。况舜之道修于渔陶，说之道成于版筑，艺与德并生而不相害也。必欲曰劳于诗书礼乐中，废百艺而不为，则民有凶欺之苦矣。管子曰："衣食足，而知礼义。"孔子亦谓："富而后教。"不进艺，不阜财，道安能修？《礼》曰："世事教能，民不失职。"

（《止园丛书》第2集）

自 记[1]

历史[2]

太昭题　潜庐（印）

序[3]

　　《止园自记》，何为而作也？予秉三才之正，立两大之间，不敢媚上，不敢阿下，欲咸纳之于中和，心有余力不逮也。呜呼！北人予骨肉也，南人予骨肉也，五洲予骨肉也，万古予骨肉也。视满与藏如骨肉，事实见于前。视天与地如骨肉，宏誓期于后。半生行事，川人有耳目，中枢有案牍，予岂能诬！使予而生汉，烈不敢让关壮缪。使予而生宋，忠不敢让岳武穆。多口虽悠悠，能举一事以证予不然乎？而今犹宾囚也。使酒冒色，其予之罪欤？其予之罪欤？袁公、黎公、冯公、段公，皆于予有生成之恩，且亲见予二年之濈者，尚不谅，予何告于天？忠孝至今，能复自点，助南方一臂乎？助北方一臂乎？隐矣。哀老母年七十，不得奉甘旨，离骚悃悃，岂自诩哉！孰公且仁？纵予从赤松子游，恩及父母，予岂敢背？暗室肤愬以自解，则予不为。光天化日以长号，则予不屈。又不信，请令天下告予密，重申谳之，微有暗昧，当自刎死耳，况敢哓哓。《诗》云："何辜于天，我罪伊何？心之忧矣，云如之何？"古今同慨，可悲也矣。

止园逸民尹昌衡识

---

① 原著题名为《止园自记》。
② 此系尹昌衡手迹题词。
③ 原题为《自记序》。

述先记

予楚人而蜀产也。康熙初，十世祖鼎初公由汉阳孝昌入蜀，蒙苦盖于繁江，既而迁于晋寿。九世力农，皆上寿。或踰期颐，朴让浑成。蕃衍半邑，门无冠盖。庚如坻京，以先世事明被害，子孙守贻训不官。外祖父刘公讳世敏，字懋廷，生而岐嶷，白晳负殊力。俊姿鹤立，明眸电曜。诞之夕，外曾祖梦天垂白练，书字粲然。文曰："干戈平定归于哲，廊庙文章非等贤。"异而识之。及壮，举于乡，奋然曰："此章句之学也，岂丈夫所以报家国者哉！"悉弃去，益采经子，旁及壬遁诸书，著为政书兵略，天文地志，凡数十卷。同治初，骆秉章督蜀，奇其才，奏统川西团练。外祖方集众，未既，而石达开支部先锋蓝大顺，以兵万余掠天彭，乡人悉遁。外祖毅然曰："人臣受命之日，即为效死之时，读书半生，圣贤在腹，未尝闻为敌之走也。"遂与弟子十九人，扙剑手《春秋》，坐讲于蒙阳金福桥。贼众大至，其魁令曰："有敢伤刘孝廉者，罪不赦。"遂执之，露刃胁降，左鼎右略。外祖骂曰："狗彘！安有文士而从贼者乎？"挥剑中贼颅。贼大怒，车裂之，断尸十九，贼渠各取其一，弟子皆殉焉。明日，乡人不知其死也，见之蒙江，骈从甚都，问所往，曰："王师至，将迎之。"是夜，骆公兵果至，围贼数匝，尽擒之。命自首杀刘孝廉者，得十九人，各取尸以验，尸合，皆戮而用之。作"祇园"之社，请于朝，报可，即桥头立庙，设蒸尝之祀。乡人岁时，祈祷辄验。予幼时，及祀期，必跋涉以赴，瞻其塑像，彬彬颇类岳忠武，千载下犹凛凛有生气焉。壬子，清祚改，予复请崇其祀，而书外曾祖梦见之文于两楹，成母志也。

予祖考讳善达，字先觉，须髯如画，好读书，守祖训，未尝应科举。与外祖极友善，闻其危也，率乡勇往援。未及，而凶耗至，惊恸坠马下，潸然曰："懋廷之贤而熸于此，天可恃乎？"自此绝世事，举家出入钱谷之数弃不理，而予家贫矣。予方数岁，时见祖考坐于中庭，如泰山乔岳。虽哄訚哄堂，屋瓦震撼，而视端如寂，色霁如春。予少不羁，祖考虽不闻，语及辄竦然，莫敢遁。其神智如此。及予游学东瀛，祖考年九十有六，一日整衣冠，谓家人曰："吾不得见昌衡矣，为吾传语，忠孝仁勇，无愧厥心，可见吾地下。刘懋廷未终之业，惟此孙可继之。"众方骇诧，目已瞑，巍然而逝。予归闻其言，痛甚，遂书"忠孝仁勇"于绅，誓不敢忘祖训也。

幼行记

　　初，外祖之死也，无子。予母幼读书，明大义，抚尸泣血，尽箧所著书，曰："有子必续之。"祖考既以悲愤自废，父又好黄老术，家政惟母主之。生二姊，不男，祷于外祖之庙。归而梦兰，修叶若葭，异葩盈寸，馥气袭鼻，欣然顿觉，四壁犹有余香，遂孕予。逾岁，光绪甲申重皋壬戌刻加申，诞予于晋寿故里，命之曰兰。弥月，母乳涸，邻媪乳之，不食。母置予暗室，待熟寝，使邻媪为拔赵帜易汉帜之谋。予醒，一吮知味，则大啼恚，啮之以龈，终不食。母谓父曰："此子必不改节。"生三岁，家益窭，父舌耕不足，负贩于江湖。母豢豕，深夜刹蒭，坐予于侧，左镫右铚，顾膝授经，误而断指，作诗以训予曰：

　　寒夜清灯细锉蒭，子身丰硕母身臞。我生割草三千日，汝室无桑八百株。几粒熊丸双泪落，万言龟鉴一心孤。（《防边龟鉴》，刘氏之奇书也，母铭心外祖遗书，故云。）① 男儿应有风云志，莫使贫亲老豢猪。

　　父得诗，和之曰：

　　苦君夜夜锉青蒭，志远心高体骨臞。画荻莫愁伤一指，种槐须记数三株。无钱日月真难度，有望生涯幸不孤。眼见吾家英物起，岂能长豢苙中猪。

　　予虽幼稚，伤贫思孝，壮虑高踔，奋励过于成人，九岁通经子百家。父归食贫，专以课予为事。试使作回文诗，即答曰：

　　秋树夜寒星对月，早花春暖露凝香。

　　父母大喜，予益刻苦，夜寝不过二时。父母复大忧，惧致劳瘵，恒强予眠。然予嗜学如嬉，虽挞楚不稍变也。父戒曰："读书须有节。"即应声曰："立志大无伦。"母曰："听之，是儿龙马精神，当无害。"两妹见予读，得

---

① 括号中文字为作者原注。下同，不再另注说明。

甘旨必藏以待予。三让而后分之，盖幼时友爱如此。及为文，入耳出手，随口摅心。十岁备赋颂诸体。十一为诸生，独恋庭帏，不肯出就外傅。父母乃携家入成都，就学于锦江书院。时海风内渐，儒士皆弃旧趋新。予乃宵习旧于私家，昼习新于公塾。中夜而寝，未明而兴。探困乏米，振橐无金，不克供膏火。恒早起自爨，父助予析薪。依橱光就灶下训读，炊熟书亦熟。食毕，纳饭于囊，戴星入塾。午饥，则发囊出饭，求邻生沸汤一瓢食之。腹稍充，又伏案上，未尝荒寸晷。晚归，琅琅诵经史于途，与樵歌牧唱相杂。父母勤劬，胼胝疲病，设小市，又折阅，凄凉景象，悲从中来。予忧劳并攻，神思恍惚。一日，且行且诵，失足坠江灭顶。有壮夫见予发浮水上，拯予得免。惜稚齿，不知叩姓名图报，迄今歉然。未敢以告亲也，独予妹闻之。一日，母病笃，气仅属丝。予泣血半月，心力俱穷，乃与妹祷于暗陬，劙臂和丸以进。阅日竟起，亦未敢以告亲也。及予显，妹乃述诸母，相惊叹云。予之入塾也，师必指以勖诸生。半岁益进，师曰："三十老将就谁及之者。"反予束修，曰："汝必达，区区者试此毳眼何如耳。"诸生恚，与予角文艺，辄负，益妒予，揶揄诮辱，予悉置之。有马、刘二生者，纳粟得官。予往贺，刘生指予曰："惜哉，勤也，不生富贵家，纵有学，求终身事马生，其可得乎？"予不赧颜，不反唇。廖生蓬然曰："是潭潭者，未可量也。"请于予父，纳币结交焉，请妻以妹。予曰："若非姝姣，毋宁终鳏。"议遂寝。年十四五，躯骤长，若成人，遂冠剑入武校。得升斗糈，资衣食，不复关琐务矣。试辄冠军。顾军纪严，寝兴皆有定时，不得彻夜读。予乃为穷帏深墨，范金为壶，凿一穴通微光，读书帏中。一二年，帏顶积烟如渥。学锐进，然强项不得长官心。会朝命选士赴日学军旅，全川额取七人。予就试题云：欧洲以战史列专科。予文云：目空廿四史，胸聚数万兵。试官曾海鳌擢置第一，主试马公黜之。海鳌怒乞辞，将以白帅，马惧而请解，卒录予。试于京，皆获俊。既至日，军容艺术，倍劳于前。无间息读汉文书，乃手卷冒风雪，夜读路灯下。校师纠察备至，乃就灯于厕而后安之。游学六载，业竟返京，斯时年已二十有二矣。既试，辟为尉，位卑禄薄，力短心长。饕餮据津，王室如毁。予乃纵情诗酒，浸及声色。卒以滋害，然后知困为德资，不可纵也。

入桂记

时张鸣岐抚桂有政声，招予，不往，溺于都门小妓。乘醉脱骖，尽丧资斧。鸣岐复资之，无以报，乃往。唐继尧、刘存厚、李烈钧亦如滇，偕行过沪（上海）港（香港），各言所志。三子曰："我必覆清。"予曰："勉之。我不叛上，不阿私，行则霖雨济苍生，藏则著书教万世。"遂行。及桂，狂益甚，骑白马，冒风雨，酒觳盈鞍，寻芳遍野。沉湎即卧，不择燥湿，醒则负花挟柳，濡泥而归。一夕，踵帅辕，门者拒不纳，鞭焉。鸣岐出慰，反怒以声。鸣岐恶之，大疏斥。予益愤，恒面折之，几陷不测。先是，孝廉王芝祥承杲，侍读骆成骧典学，侍讲颜楷料户，皆通儒硕学，鸣岐颇惮重之。芝祥奇予才，请从学，辞以少。请约为昆弟，许之。成骧与予语，大悦，往谓芝祥曰："此间有大将才，公识之乎？"芝祥曰："得无见珂里酒狂乎？"曰："然。"曰："信也，狂荡奈何？"曰："清惫当无害。"于是闻于楷。楷慎敏，伺予弥月，覆于芝祥、成骧曰："如二公言。"请妻予以妹，予曰："年几何矣？"曰："少子十二岁。"予曰："稚甚，非偶也。"曰："娶可待年，先纳媵，过子无复佳婿也。"予感其知己，许焉。芝祥、成骧为媒妁。约成，三君皆左右予，始免于祸。居顷之，鸣岐使予试诸生，贵官以私嘱必摈之，虽芝祥不敢请托，桂林城中咸呼铁面将军。每试士，置大壶案上，左觥右剑。召诸生与语，鉴忠擢明，所取无不宏毅。获俊品佳文，则拔剑起舞，尽一觥。挚友孔庚全恕进曰："死于酒。"碎壶而去。杖剑逐之，及辕，鸣岐曰："癫甚，乌得贤？"予狂笑而去，归书一联，以示之曰：

爱花爱酒爱书爱国爱苍生，名士皮毛，英雄肝胆；至明至洁至大至刚至诚悫，圣贤学问，仙佛精神。

鸣岐无以难，虽粤中文武，皆已慕予，愿闻兵略者，皆设酒招邀。醉则侃侃而谈，酒溢便卧，恒舁归。久之，腹股肿溃，不复能强起。杨曾蔚录军务，嘲予曰："不听友言，固将及此。公事未毕，犹能强起乎？"予曰："能，且将驰怒马百里。"曾蔚呼马至，予距跃上马，驶如约，肤益裂，血濡重袴。入蔡锷营，方数语，锷曰："奇才，曷加邃？"曰："不能伪，邃何可学也？"曰："然则隐，文犹可千古。"曰："贫无食，隐何可得也？"曰："危哉，人谁容子？"

一日，饮提督龙济光家，济光削瓜进，豪语曰："子亦有所青眼乎？"予曰："公勇将，公所见蔡锷明细，陆荣廷朴固，孔庚清俊，公所不见唐继尧沉雄，刘存厚敦敏，李烈钧精干，皆必有所建树，若忠孝文武则吾未之见也。"济光释瓜而笑。出以诗赠荣廷，瞩而钦之。予既任编译八月，编西国兵书盈箧，又为芝祥著《将学大观》授之。书成，度鸣岐不能用，求归益力。赵尔巽督川，复招予，鸣岐许之。及行，饮以酒，戒予曰："不傲不狂不嗜饮，则为长城。"予答曰："亦文亦武亦仁明，终必大用。"遂去，怃然题诗独秀峰下曰：

局蹐摧心目，崎岖慨始终。骥心愁狭地，雁羽恋长空。世乱谁忧国，城孤不御戎。临崖抚忠孝，双泪落秋风。

过湘水，伤屈、贾之不遇，怆然怀古，而吊之曰："白璧暗落，黄钟弃捐。吁嗟二子，与我而三。"恸极，至于洒涕。当清之末，枢臣庸暗，根本已摧。然疆臣拥地，大者二三千里，小乃千里，法桓、文以襄王室，犹可为也。鸣岐负贤明誉，予绝海往觇焉，见则爽然自失。嗟夫，屈、贾之才，或谊属周亲，或受知宣室，犹不能存楚而兴汉，予既上不能自达于天子，下不获致力于王侯，其遇可胜悼哉！

入川记

赵尔巽之督川也，名益重。予归至成都，谒尔巽，优礼有加，退询左右，曰："此何能？"曰："能文。"曰："进之。"曰："善教。"遂授以书，使予译。集诸尉，使予教。予俱任之。一日，大阅，陈兵万余为战状，山川迂阻，将卒眩焉。予驻马于岑，画沙示范，一军大惊。自是，蜀中将辄思得一谈，以为法。备骑置酒，乃逾粤中。尔巽欲擢予，左右梗。一日，置酒高会，蜀中文武绅耆咸与列。尔巽酌而曰："兵重，可为蜀贺。"众宾皆贺。予亦酌曰："蜀，饮之。"又酌曰："衡，饮之。"尔巽曰："众宾皆贺，子独不足乎？"予曰："非不足于衡，是不足于国也。"尔巽曰："国胡不足？"予曰："夫兵犹火，弗戢自焚。若公所练，足自焚耳，焉得贺？"尔巽曰："自焚奈何？"予曰："不择将。"曰："将安在？"曰："衡惟能，余子以偏取。"曰："汝奚学？"曰："学于日。"曰："学日者多矣，宁独汝？"曰："同学异才，秦桧以学士为宰相，李纲亦以学士为宰相，其功罪顾何如者？"曰："衔乃贱。"曰"惟然。衡已先饮国而后饮衡，恸国祚将亡，故不觉自贱耳。"卒无以难。时王人文为藩司①，出解，予降阶而去，宴不欢而罢。尔巽归，入予寝，欲伸其说。予已去，就案上见予文，叹曰："其才可爱，其直可旌，其忠可敬，其辩可警。"异之。予闻而钦其度，卒善事之。尔巽既去，王人文代之，益重予，出佳酎二，以馈予岳，曰："一与君佳儿，一与君快婿，吾将大用之。"未几，而人文去，尔巽之弟尔丰来督川，予益困。又未几，川祸作，而予言辄验。

为赵记

初，宣统三年夏四月，盛宣怀建议以铁路归国有，诏许之。亲贵固纨袴，操切举大事。湘、粤皆酿金建路，民意抗之，争且急。川汉路多川人资，偿湘粤而独靳川，故川人尤忿。蒲殿俊、罗纶以咨议局长誓死抗，俊彦悉从。时颜楷归自粤西，众钦其望，举为魁。越两月，四境嚣然，愈激愈厉。咀詈盈衢，攘臂满野，终不稍逊。尔丰固刚愎，诈殿俊等十九人入署议，皆捕之。四民号泣，咸戴德宗主环督署而吁，哀声动天地。尔丰怒，发巨炮击之，洞胸折股者数十百人。尸于市，民益汹汹。郊野闻之，扶老携幼，迫郛而号。健者鸣钲缶，执耰棘以从。尔丰恚甚，诬为叛，纵兵屠之。浮尸十里，闾舍荡然。民恸乃极，皆决死。千百为伍，老稚持梃犯坚城，无惧色。一月，遍蜀中，无不叛者。州郡告急，尔丰易之，遣兵四出，有剿无抚。蜀民益愤甚，誓与偕亡矣。

初，祸之将作也，尔丰知民必变。先一日，召诸将入署，训曰："武夫之职，惟帅是从。既为国将，即非川民。有帅命，子杀父不为不孝，弟杀兄不为不悌。"予知其意，谏曰："民可敬，不可下，兵以道，不以威，愿公三思之。"尔丰怒曰："众协，一夫乌得挠大计？"予曰："衡为公也，非为川也。脱祸作终，将不利于公。"尔丰益怒，挥使出。明日，捕殿俊等，将及予。左右曰："兵之望也，舍之，得兵。"遂止，潜命逻者监予，曰："无使逸。"予闻殿俊等被捕，往争之。甲已在门，不得入，归谓家人曰："大僚肆虐，国本寝亡，吾川其为沼乎，不得生聚矣。"遂请疾，不复视事。长

---

① 王人文（1863～1941），云南大理人。1883年癸未科进士。历任贵州湄潭、贵筑、开泰县知事，广西南宁平乐府、奉城锦州府知府，广西桂平梧道，广东按察使、提学使，陕西布政使，四川布政使（1908～1911），护理四川总督，川滇边务大臣。1912年加入国民党；同年4月，任川滇宣慰使。1913年当选为参议院议员。

妾太清常侍予，日纵酒狂歌，汲汲顾景，惟恐不及。出则集优妓，荒淫无度，四阅月，痛瘠瞶弊，殆与鬼邻。家人惧，诈予曰："尔丰已悔，子曷稍自节？"又闻尔丰兵多折，恒倒戈，而民军吴庆熙、孙泽沛、罗子舟、刘丽生、侯国治等，皆各聚万余人，略州邑，号同志军，余魁众且数十万，官兵日减，民兵日增，势且不可为矣。尔丰大困，闻于朝，召端方入川议剿抚。予度机以为可进说也，乃为图列策以进曰："端公且至，公不速平乱，此位能自保乎？"尔丰曰："速平奈何？"予指图而示之，且曰："急收民心，犹可及也。"尔丰曰："收民心奈何？"曰："祸作非公一人意，委过巨奸，戮一二人，民知公悔，且必感。"曰："军事奈何？"曰："公所用将，愚而忍，焉能？若以仁明者代之，六旬可定也。"曰："孰仁且明？"曰："国事焉敢欺，惟衡可，衡请以父母叔侄昆弟姊妹数十人为质，当无他。成则公功，败则衡罪，愿公勿疑。"尔丰意微动，曰："俟吾思之。"予出，左右阻之曰："太阿倒持，公无立足地矣。"尔丰惧，召予宿署中，名曰咨询，实严锢也。予叹曰："竖子不足谋，败国家者必此人也。"拒不往。尔丰使伺予，则杜门谢客，益纵酒狂歌，继之以泣。

抚校记

时成都校生皆瓦解，余波及于武校。武校诸生益大哗，扑校长姜登选于地，诸生五百人斩关出，尽散。尔丰以帅命往谕，众碎之。诸生多旧校尉，或诸将子弟，杀之兵且变，纵之虑相煽，益莫支。尔丰躁甚，左右曰："尹某酒狂，好大言，曷起之？克则以救目前，不克则正其罪，无词矣。"尔丰不得已，召予，予辞以疾。使挚友吴钟镕见予[①]，强入署。尔丰虚前席温语曰："子果将才，可小试乎？"予曰："前健今病，不可为矣。"尔丰曰："吾不能早用子，今急而求子，子忠且宽，当不较。"予曰："公将何使？得毋悟曩者图策欤？"曰："子图策诚伟画，请先收武校生，再图其大未晚也。"遂檄予为武校长。予乃出，见诸生曰："予来长是校，欲去者去，欲留者留。"诸生皆曰："先生来，生死惟命。"至夕，欢呼归校，不缺一人。尔丰

[①] 吴钟镕（1877~1926），字璧华，永嘉城区（今温州鹿城区）人。1902年，官费留学日本，入士官学校学习军事。毕业归国后应川督赵尔巽聘，入川督练新军，先后任兵备、参谋、教练等职。保路运动期间，反对赵尔丰大肆逮捕保路同志会成员。武昌起义爆发后，恳劝赵尔丰俯从民意，释放保路同志会成员蒲殿俊、罗纶等人。

闻之，竦然谓左右曰："尹昌衡威信过总督乎？"左右曰："昌衡历职清僚无一卒，而威信如此，今有众五百，公其图之。"尔丰默然，召其私昵谋制予。王琰者夙工谀，尔丰戚也。尔丰信之，任为谋主，及是进曰："兵有武器犹乌获之有手足也，去鳌玩蟹，童子知之，请择焉。"尔丰大悦，曰："谁可使者？"琰以吴钟镕对，遂使钟镕。钟镕乃夜见予，仓皇言曰："侦言民军夜迫城，猝莫应，子有枪五百，请假帅，明日反子，可乎？"予笑曰："子欺我哉，武库中累累，甚便也，何为而及此？"钟镕语塞。予曰："子为我覆帅，我即送枪至矣。"遂入见尔丰曰："钟镕矫帅命，请罚之。"尔丰曰："是吾命也。"予曰："不然，公明警，谬不至此。夫武校诸生叛已著，衡一言即定者，以诸生信衡不为公鹰犬也。今公欲收诸生枪而衡即收之，非公鹰犬而何？威信既亡，则亦姜登选之续耳，请罢归，毋误乃公事。"尔丰曰："子在，当不至此，必收之。诸生若抗，则是子不能以忠顺教诸生也。"予曰："朝廷有诏，武校须备枪，今背诏以媚公，忠顺安在？请公奏诸朝，得旨即办，否则，公之所谓忠顺者，衡终不敢犯也。"尔丰无以对。予趋而出，尔丰目送之，亟令王琰以重兵环武校而陈，若临大敌。予笑入琰军，饮之酒曰："麟有定，子谓将以触人乎？"琰赧然，徐曰："备他寇也，且以保子。"予曰："我之能自保者，进以礼，退以义耳。夫恃兵以保者，恒死于兵，鹿以角殪，熊以掌燔，予其若是愚哉？"琰复于尔丰，尔丰知讽已，忿曰："骁且辩，乱平后，俎上肉耳。"乃阳敬礼，而阴羁縻，予固知死期且至，然性戆不能稍曲也。

忠清记

时川乱益急，鄂兵方入川，党人构言全川已独立。八月，黎公元洪起兵武汉，蔡锷起兵云南，全国响应。川军闻之，皆跃跃欲试，尔丰震恐，诸将乃益促予。初，予之在日也，党人皆劝之曰："清吾仇也，汉吾族也。以子之才，若欲覆清，底可绩，曷图之？"予曰："清可覆也。惟我性素迂，且家赤贫，口体之养，皆恃朝廷，自童及今，有年数矣。食人之禄，背之不祥。"劝者甚众，六年之间，巽法充耳，卒不改。及归，李书城、钮永建皆与予友善，且出入宾从，无非党人，百辞以动，予坚屹不渝。及是，诸将迫予曰："时至矣，奈何守硁硁小节失千秋之伟业哉？"予曰："我性无飞扬志，前为诸生，尚誓忠无贰，今数年之中，擢摄偏将，受恩厚，乌忍背之？"姜桂性老而愈烈，不知有他。予幼不欺，将卒皆视以为动静，久之不得发。闻曾广大杀端方于资中，尔丰兵益孤，忧惧不知所出。十月乙未，释殿俊等与之谋，求入西康以自保，川事听川人主之。咨议局集议以殿俊都督诸军，诸军怫然曰："殿俊文治才，安知兵？必欲为都督非尹昌衡不可。"遂胁予，予辞曰："士庶皆集议如此，君等欲以力夺之，武人大君，《周易》所戒也，愿诸君勿言。"诸将争益力，夜迫予寝，秣马励兵俟即发。予坚执如初，经旬不决。惧其胁，如厕逾垣而外，宿土妓秋痕家，三日不出。夜深，挟大布一幅，欲縋城走。城守兵识予，其将固予弟子陶泽琨也，见予喜请曰："先生将何之？"予曰："来察军，将为都督阴视汝辈可用否？密勿宣。"泽琨未觉也，予乃反走，匿颜楷家。楷礼法严，时予妻尚未嫁，人固不疑予之匿其家也，求予不得。

戡乱记

十月壬申，殿俊遂为都督，开府于王城（明蜀王之故城也，在成都中），统制朱庆澜副之。时尔丰固未出也。两人既就任，令诸军不从，召诸将不至，辛巳强起予。壬午大阅，师陈于郊。时川军有新旧之别，新军文明，朱庆澜统之，其将佐多予弟子；旧军犷狠，田征葵统之，恒忌予。大阅之日，旧军先集，众数千，征葵阴与王琰谋复拥尔丰为帅，击殿俊、庆澜。殿俊、庆澜仓卒逸，仅乃得免。军中大嚣，征葵弗能戢，俱遁去。予欲阻无兵，而势已不可制，顷间杀掠遍成都，号哭声震天地，新军动于利从之，城方十里，两军万人，无不挺枪恣暴。予杂烽火中，镠丸若雨，独愤甚，发声挥剑若不闻，计非得一队镇之不可。思周骏屯凤凰山，有兵千余，距城二十里，若得之，可以戡乱。然急遽无马，仆夫马忠拥予行，中弹折胫，呼曰："危甚，主且匿。"予叱曰："丈夫死则死耳！全城焚掠安所匿哉？"方颠蹶间，予所乘白颠马，忽绝尘而至，矫首长号，若求主。示以手，止焉。初，马之在厩也，突然狂嘶，折槛疾驶，踶伤十余人，急奔三四里，直至予前，若有驱策。及归，闻其状，恒叹诧焉。予既得马，绝驰，马飙疾倍曩日。于是，入周骏军，则将卒已溃散，存者才三百人。予指城中烟焰，示之曰："此乱不平，先人庐墓墟矣。"遂泣，众亦泣，请命。予曰："从我所指趋之，可克也。"众皆诺，拔军至北门。民军十余万，已环城，触吾军，且战，予亟出止之。民军将领闻予来，争问计。予曰："保民勿巷战，军事戒纷而尚肃，明日可听予区处也。"于是启城入。微雨暮晦，火光烛天，哀声震四壁。予乃分三百人为三队，命向树荣率一队守藩库，曰："财，兵政之源，不可失也。"命马传楷率一队守王城，曰："都督所在，兵器所储，不可失也。"以一队自统之，曰："勒此为殿机而后可应也。"二队发，行一里皆溃。树荣、传楷复命曰："杯水车薪，出辄溃，请济师。"予止之曰："兵无固志，非子咎也。再试再溃，尽于是矣。吾将固其志而后用之。"乃命陶泽琨宣军法，予举剑挥之入武校，从容置酒，谓众曰："人生所择，惟义与利，舍桑梓而不保，可谓义乎？见富贵而不取，可谓利乎？今义利在前，两取之，惟诸君，两失之，亦惟诸君，顾将若何？"众皆曰："愿两取之。"予曰："百人定乱，救民于水火，义孰大焉。首功厚赏，释甲皆金紫，利孰大焉。夫钩金在前，不恤闾里，狗彘不为。九鼎弃捐，甘心鼠盗，贪夫不屑。惟诸君思之。"众皆曰"诺。"予曰："诸君视吾能乎？"皆曰："能。"予曰："然，诸君能乎？"皆曰："能！"予曰："未也。目动色变，无死志，不可。"众曰："死何畏也？"予曰："能盟乎？"曰："能。"乃使割牲插血酹酒而饮之，曰："事克矣。"谓泽琨曰："载于书，川祸未宁，生者族。"皆渥丹于拇，印迹书后，即室中训之战，曰："未可，无死心。"再训之曰："未可，无死气。"出室训于庭，曰："可矣，如木鸡。"曙霁，阖户出，令曰："鸣鼓角，整暇以行，无左右顾。"旌旟旆旆中建帅纛，步伐秩秩，若无事然。予蒙首以兜，见者以为殿俊也，惊相告曰："帅在，援师至矣。"入王城，达帅府，府中虚无人。索之，于破榻上得一人，抱国旗而哭。闻予佩剑铿然，大呼曰："逆贼速杀我。"视之，罗纶也。顾见予，跃起执予手，涕泣曰："君能军，至此当奈何？"予曰："君能政，至此当奈何？曷节哀徐图之？政吾不问，一以委君。军则专断之，君勿问。"携出及阶，绅耆群至者千余人，皆泣曰："殆且急，非得帅，无以镇乱，请拥尹君。"予固辞，则大哗，伏地哭失声。

督川记

当是时，城之中，赵尔丰尚居督署，拥精兵三千。街巷间，叛卒踰万，民军渠魁数十，众十余万，各为长雄。城之外，张培爵称都督于川东，夏之时副之。周鸿钧称都督于自贡，刘朝望称都督于川南，李绍伊称都督于川北，皆众万余。萑苻竞发，几数十百股，皆拥众，或万，或数千人。川边大臣傅华丰将精兵五千东犯，蔡锷遣谢汝翼、黄毓成将精兵万五千人取成都，将及境。予视帐下仅百人，万无生理。时予年甫二十有七，父母皆六旬，予又无子，思为偏将，不成祸有所归，坚不受。相持久之，军民毕至，诸将曰："公畏死乎？脱事败，挟公家逃，犹可保一块土，必不承，吾属溃阶下矣。"予闻大愤，毅然曰："初举大事，而志在保家，不义。若曰誓死救民，则可。"众皆曰："诺。"士民呼曰："公志救民，吾辈愿持一挺为公死。"遂奉予拜，拜罗纶为副，欢呼万岁。予既任都督，乃庭立，誓众曰："川乱不平，则死之。"众皆感愤，怒发上指冠。乃分百人为三队，以六十人阻王城南门，以二十人阻王城北门。城仅二门，狭且邃，以巨炮当之，万夫不易破。令士民树旗，鸣鼓角，隐显堞上，为疑兵。予手剑，提二十人与罗纶救武库。武库在王城中，曲巷坚壁，作折矩形，无二户。巷永且隘，以十人杜之，曰："迫虎于阱可驯也。"与十人入登陴，见叛卒杂民军争夺械，或舁一炮焉，或挟一枪焉，蚁迁鼠窃，将尽其半。所存者，仅枪万五千支，炮十余尊而已。予叱曰："公物，夺之，罪当死。"抗声如雷，皆惊顾失色，因曰："吾已勒重兵围武库，将尽戮汝曹，不信，试且出，出辄殪于巷。"大惧，环乞予。予曰："罪固当死，然若曹以昨日叛，吾以今日出，不教而诛，仁者不为，故身蹈不测来拯汝曹，无恐也。"众大感，请释去。予曰："尽取之可也，何释焉？"众怪问计，因甚之曰："整军以守之，他人不能入，斯尽取且富贵矣。小利各争，争且死。大利群比，比乃安。曷深图之？"众大悦，愿受命。予乃就其中擢乔尉为之长，即库中发戎服衣之，凡五百人。既而训曰："利在库不如在蜀，兵以利不如以义，已成军后必守军法。"众皆肃然。予泣下曰："鹰化鸠，易耳。君等好身手，可报国。昨日之咎，在教之者不良，非君等罪也，曷与吾保蜀？"众皆泣，听命，居然劲旅焉。

武库既全，予谓罗纶曰："君集合文士建政纲，然非吾令无许出入王城者。"纶曰："诺。"予遂步出，得骓马于门，龙也，乘之。及中桥，卫士曰："乱兵大至，宜避之。"予曰："前。"前遇之，则三百人，巨炮六。其将黄泽溥，予弟子，闻乱，自郊返。见予，下马执予手，泣请命。予曰："陈于王城。"陈毕，声势大震。阴使人流言于市曰："新都督良将知兵，已合兵数千万矣。"叛兵民兵闻之，无不人人惴恐。予以百人从，问叛军安在？曰在诸寺馆。遂赴之，入湖广馆。馆中乱兵二千余，赃物丘积，予升阶叱众止，众皆愕顾。予抗声曰："汝曹竟摽劫人，今民军十万谋殄汝。予又整精兵屯王城，若助之，汝曹身首易处矣。"众皆惊惧。予呼集，喻之曰："我不忍不教而诛，故来此。往罪尽赦，越货不追，即寺为营，受予驱策，若何？"众喜，受命，乃擢张鹏舞于稠人中令统之，余人受职有差。皆喜暴陟，利多资，勃勃求自効，军容大整。令朱璧彩宣军法，既而训之如武库。于是，遍巡诸寺馆，凡三十余所，说之如初，马首所指，无不迎刃而解，乱兵悉定。

初民兵之入城也，城中无隙地，皆露刃，冠服各殊，无所统。癸未夜惊，予率十余骑遍抚之，见者皆曰："真都督也。"士民闻予至，皆焚香以迎，争以绛绮为予寿，绮周于身，则脱置左右骖。一日之间，五马不胜，民军悉定。

然军势粗集，良莠辄淆，或肆杀为虐，或鸣枪示威，指伤人谑且笑；或托捕盗索人家，坐赃无能白；或爇人屋，强剪发，削头皮去。予乃为约法五章，令于市曰："杀伤人，破毁屋，污妇女，入人室，取非己有，及滥发枪者，皆死刑。"众玩之，予乃衣褊衣，持利剑，率勇士，杂伧侩中，见犯令者立斩，尸于市，加木焉。甲申杀二百人，乙酉杀百余人，丙戌杀十数人，眴目待明，凡四彻夜，群暴胆裂，民乃得安。

犯难记

暴乱初平，庚寅期会，诸军大议，民军部辖皆诣王城。及门，守兵触巨炮，伤数人，碎三人脑。众反奔，呼曰："都督诈，将坑我。"以其众攻王城，王城守兵将与战，文士尽破壁走。予闻状大惊，止守兵曰："战则民庐烬矣。"命启门，执鞭笑而出，众曰："击之。"击未中，予怒曰："一人当万刃，汝曹男子当从容宰割我，奈何纷纷伤百姓？来，朕挠目逃非夫也。"众皆曰："壮士。"乃止击，而围予，将逼。予嗃然曰："死可，惟我无眚，诬不可受也。曷举明正数人，入城察其状？"乃举十人入。久之，复命曰："新卒未习兵，误触炮，非都督意也。"予曰："何如？世有鸩人羊叔子哉？"众大惭，且请罪。予曰："孟浪若尔，为汝曹上不亦难乎？吾将去之。"众坚请，乃斥退。诸部既定，市民闻之，相语曰："尹都督误毙三人，众攻几不测，赵尔丰屠戮数万，则置之，何勇怯之异也？"诸军病之。尔丰兵精械利，且负嵎，军民怒益甚，日夕请令攻尔丰。予曰："先朝之罪也，赦之。"请者日数十至，拒益坚，持数日不决。军民皆曰："都督妇人之仁，竟忘仞耻。吾侪虽犯令，必诛之，不复请矣。"于是，小部窃发炳赵署，取管蒯膏脂附焉。赵军逐之，几大哄。予念人心之难遏也，壅且溃。然尔丰困兽，若无投鼠之忌，互伤必甚。予初出，城中复肇祸，民其谓我何？旦夕忧思无一策，忽奋然曰："保民者不顾身，吾死何足惜！"乃从二十骑谒尔丰。

说赵记

尔丰拒不纳，予谓门者曰："予来为尔主也，所从仅二十骑，留置门外，予释兵而后入，可乎？"门者入复命。门启，甲兴，皆遮迓露刃。予笑，脱剑，振衣弹冠而后入。及室，环室皆兵，予曰："我无寸铁，言而可，公从我，不可公杀我，请退左右。"尔丰惭，使退。予因说尔丰宜速去。尔丰曰："兵寡不出境奈何？"又说曰："毁家纾难，以息民怒。"曰："财寡不贯罪奈何？"予曰："众怒难犯，公将奚为？"曰："悉众以斗死之而已。"予曰："公安得有众？"尔丰曰："阶下桓桓，皆从我百战，宁不足背城借一耶？"予曰："嘿，公至今犹不悟耶？公果田横死且壮？顾公昔以富贵使人耳，今富贵俱失，谁复为公？且公以搏牛之虻不能破虮虱，今耸螳臂于环辕之下，其可济乎？若死清当早决，迟无复谓矣。"尔丰色变曰："我宁不知？不得已也。"予曰："公所谓不得已者，皆自陷耳。请为公策，可乎？"曰："何策？"曰："公阳以兵授衡，衡受已即令属之公，是公无阻兵之名而有拥兵之实，予则假富贵以资公也。"尔丰大悦，列众授予。予呼陶泽琨、朱璧彩入，宣军法。既而训曰："予此来拯汝曹也，汝曹捍怨府，无生理，然忠固可愍也。"出万金赏之。如约，反授尔丰，令曰："仍保赵公终其志，然我帅也，名当正。"众皆欢跃。予亦辞出，令于门曰："赵军已就抚，是军即予军，不可攻也。"于是，诸军遂不攻赵。

除患记

民军闻清祚既改，尔丰之未诛也，四方来集，郊野皆盈。曰："覆清我首功也，伐赵我初志也。首功不赏，初志未酬，奈何即罢？"环城远近，凡数十万众。张培爵在重庆，谢汝翼在宁远，及李绍伊、周鸿钧皆以此收民心，谋伐成都。傅华封令于军曰："赵督犹在成都，河鱼腹疾，可克也。"

东犯日急。初，蒲殿俊之走也，匿于庠，张澜左右之。予时未为都督也，殿俊以缄告予曰："我不复矣，子速代我，救川人，使老母得生全足矣。"予得书，求之不得。既定乱，复求之，泣以告张澜。澜视予诚，告之处，导予往见。则请复位，不许，请总政，许之。至是事急，士民迫殿俊、张澜、罗纶，皆曰："不杀赵尔丰，军民无噍类矣。"请先溃迎他军。殿俊、澜、纶率诸耆老迫予，周骏长军务，宋学皋统一师，彭光烈统二师，孙兆鸾统三师，皆率其属迫予益急，予终不忍。皆曰："久持且变，民军之功不能尽赏，民军之意可尽逆乎？"持数日，汹汹不可遏，予乃婉谢曰："病甚，明日图之。"皆悻悻而出。

十一月乙丑，予婚期也。婚之前夕，备礼料物张幨帏矣。夜既中，巨绅蒲殿俊、罗纶、张澜、师长周骏、宋学皋，旅长唐廷牧、黄泽溥、赵南森、龙绍伯、王祎昌毕至，请益坚，曰："不攻赵，民且变。"予反复无如何，乃令朱璧彩守府门，严出入，因相与谋曰："死生存亡，决于今日。"出图十，令兵按图环赵署而阵。设兵衢道，左右户皆伏焉，绝赵去路，令固守勿动。惟下莲池一路兵伏左右户，不当衢，而置锐卒于半边街，以陶泽琨将之。殿俊、罗纶、周骏率炮兵阵东城，约黎明举炮。宋学皋、王祎昌率步兵阵于西，为夹攻势。令毕，各就守地，众约二千人，坚衢道不使通。予乃令诸军曰："今夜大阅，城中军各守其屯，违者按军法。"诸军不知所为，悉严守，夜静四围寂然。陶泽琨方病，强起，趋总督西辕门，昧爽与赵军书曰："今精兵数万围督署，虽不能出，所仇惟赵一人，无与诸军事。诸君已归汉，我必保诸君。敢告，若能生擒赵，将以金二万寿诸君，且加爵。否则，率所部出下莲池，不相害也。"诸将士得函不知所为，而东隅炮声震如雷。方踟蹰间，泽琨已率所部数十人逾墙入，署兵悉引去。尔丰拔剑阻军，军不听。太息返特室，遂获尔丰，兵不血刃。尔丰至阶下，曰："能相活乎？"予曰："即此非我意，当语众绅。"入室，又曰："君前劝我纳缓，可续议乎？"予曰："亦惟众绅意。"出语众，众皆曰："尔丰贼覆清祚，屠川人，川人死于兵者数十万，死于乱者百万，是夫之肉其足食乎？"因群呼曰烹之，或曰磔，或曰族厥家。予凛然曰："无此暴。"尔丰闻之，前请曰："室人无罪。"予曰："经训不弇，且尊兄优容我，无以报，必为公保之。"杀尔丰，而以兵护其室，得其孙于邻宅，求其亲故养之，皆不纳。予惨然曰："势利之交，乃至此乎？"藏之家七日，尔丰家知其无他，而后取之。

刺客记

尔丰既死,其卫士张得奎勇而忠,发石击飞鸟无不中,闻难,慨然曰:"我豫让也。"狙击予,洞冠,殪一卒一马。获之,承之以剑,不惧。予曰:"壮士也。"立之庭前,堂上右设享,左列刃。召军民入视谳,观者万人。予与得奎立庭前,语众曰:"丈夫循天道,今得奎刺我谓我可杀,我获得奎谓得奎可诛,此皆私意,非天道也。得奎有善,我弗敢蔽,享于庭右;罪当我躬,弗敢自赦,死于庭左。天视天听,悉在元元,惟诸君辱裁之。"顾谓得奎:"尽汝所言。"得奎曰:"杀予主不义,予且为吞炭之谋也。"予曰:"止。尔主无罪,民欲杀而我从之,不阻,是我溺公职也。尔主有罪,我欲救而民恕之,不救,是我忘私情也。斯二者尽矣,我何与焉?且尔主无智伯之贤,视尔无国士之目,自死于法,法可仇乎?"得奎语塞。众皆曰:"都督直,杀尔丰者吾辈也,何与都督事?"予命卫士牵得奎下,斩之,得奎无惧色。予乃止卫士曰:"此义士也,杀则伤天和,舍则导民善。"命之还,曰:"我释汝,汝欲斩衣三跃乎?"得奎泣曰:"都督公明仁厚,下士不敢复犯矣。"乃享之。得奎不去,辟为尉,命往说尔丰旧卒。降之,皆以为卫。初,陶泽琨之擒尔丰也,侍婢慧姑独死之,及获得奎,时人谓之双义。得奎从予战,竟以骁健闻。

报清记

清祚之初改也,汉民多思复仇,满人益惧。蜀人痛尔丰之暴,仇满益深。尔丰既诛,城中无他寇,满城在附郭西南隅,小而固,军民欲屠之。戊辰,诸军薄满城,止之不可。予乃单骑诣其门,命之启,不启,挥军退,启之。入而慰曰:"五族犹兄弟也,且清朝待我厚,我无报,安忍灭诸君乎?"遂泣,众皆泣,曰:"都督来,见生佛矣。"予曰:"毋执兵,驯则福。"皆下堞投兵。予登戍楼,见诸军,挥泪示不忍。诸军曰:"都督在,不可攻也。"恻然而反。予问满民有食乎?曰:"窭甚。"予泫然慰之曰:"何以为生?"众皆哭。予曰:"勿虑,我当为诸君图之。"皆大感,争以浆酒进。予为进数觥,城中八旗各以其绛绸缠予马,马不可见矣。明日,以五万金输之,令汉将与满将交欢,予与将军裕琨迭宾主,罗纶复移居满城,汉满咸睦。

民军记

方尔丰之踞成都也，民军皆来会。吴庆熙、孙泽沛、罗子舟、刘丽生、侯国治、彭泽、彭大均、陈和尚与焉。周鸿钧、李绍伊亦遣其将谋裂土，皆欲得官爵。成军，告以无粮，则皆怒，凌予以威。予谈笑请缓之，日置酒高会，盛设女乐，隆礼卑辞。时或使酒悲号，感恸时局，或相与嘲笑，动以挚情。皆欢娱，得徐议。及约法既行，民乃知信。首罪既诛，民乃知威。刺客既释，民乃知义。满族既和，民乃知仁。威信仁义入于民心，远近大服。乃令彭光烈料民军，日收驯而健者万人，余给资罢去。民军部辖固争之，予曰："斗粮杯水能尽养不耕之氓哉？留与遣应悉听部署，违者斩其魁。"反复宴谈十余日，譬晓毕至。吴庆熙、孙泽沛、罗子舟、刘丽生、侯国治、彭泽素明良，愿自效，则皆辟为校尉，令各统千五百人，或二千人，分巡州邑，使彭光烈统之。彭大均、李绍伊、陈和尚枭桀不受命，击斩之。刘朝望既去泸州，滇军杀周鸿钧，散其党。乃命张澜宣慰川北，邵从恩宣慰川南，颜缉祜宣慰川西，川民略定。

大定记

熊克武之驻渝城也，拥兵万人，合张培爵军，势大振。滇军入境，傅华丰复东下，取清溪，川人复惧。予闻，太息曰："兄弟手足，忍相害耶？"遣使三出。滇军杀使者黄方，剖其心食之。培爵、华丰皆投书拒使，谓师萃，成都且旦夕下。予乃命周骏以兵万余扼嘉陵，据隆昌之险，曰："毋与战，俟吾擒傅而后图之。"命彭光烈、赵南森以兵五千拒华丰，曰："两师相遇必于雅，雅有三水焉，彼乘我虚，师必速，待其争渡而侧攻之，必克。"师行八日，甲申，至雅，获华丰。庚寅，以华丰至，予释其缚，饮之酒，而以其军为卫。滇、渝闻之，曰："华丰兵出西康，转战四千里，两年之间未尝败北，今缚之如反掌，成都未可轻也。"夏之时军西及隆昌，见整而还。滇军虽入，久之，渡嘉陵不得。予与书蔡锷曰："川滇唇齿，可相助，勿侵也。"书凡十数达，蔡锷然之，阴令其军曰："尹督与我善，我知之深，其用兵不易犯也。"谢汝翼于是有戒心。会刘存厚自滇军归，尽以虚实告，予乃命张鹏舞率死士五百人与滇军戏。滇军轻之，倍众逐焉，相遇辄北，乃曰："川军不可战也。"请和，许之。命胡景伊入犒其军，赆金五十万，滇师乃还。存厚之少也，与予交独挚，及是有功，遂悉予卫军与之，号为四师。乃与张培爵书①曰：

> 睽隔千里，闻与实违，中情未通，祸机隐伏。危哉！滇谍频窥，藏警日急，既不能绝雚苻以靖民，又不能竭罗掘以备用，蒿目全局，此何时耶！同力合作，犹恐不支，分党异谋，势成两败，衡心酸痛，莫可言状。以衡受任危难，兵不满三百，财不满十万，区区之心，微特忘利，固已誓不欲生矣。是以招叛合离，单骑直赴，斩逆诛乱，自分身殉。稍见一隙转机，业经数次辞职，邦人坚不我许，而扶病强支，任怨力行，何尝须臾忘大局哉！于恶则力诛之，于傅则力擒之，于滇则以百忍图两全，于渝则以一介合四督。当抚当战，尽出公仁，一行一言，悉昭大义，衡虽不才，心固同于皦日矣。而恶耗频来，谓渝中众矢日集于衡，树党组兵，势在必举。噫，其果然欤？其果然欤？夫渝兵强不及傅、赵，而衡众已逾于曩时，武力相对，我备必胜。然衡非犬豕，宁忍以兵乱扰桑梓哉！一兵来衡以单骑迎，千军来衡亦以单骑迎，两川之利是图，七尺之躯何惜？有能驭众安民，衡必推权逊位，此一贤者取之耳，树党组兵胡为者？果其关怀大局，请即联袂而来，闻衡之言，考衡之行，鉴衡之心迹，允定公罪，而议去留，何迟之有？若夫外纵谤讥之口，内怀不测之谋，开揖盗之门，分御外之力，一朝之祸偶成，千古之羞谁洗？风雨飘摇，阋墙自讧，自非丧心，宁忍误国，岂可以全川之元元供私心一赌哉？成渝不可以分立，虽妇人孺子苟具有良心者无不知之，衡岂忍拥权挟私以坏大局，践约图名以顾小信？故自愿闻命而退。至若不闻衡之言，不考衡之行，不察衡之心迹，必使于谦含冤于九原，张巡受谤于身后，衡虽有勇不敢与渝战，衡虽有智不忍为己谋。岳忠武无跋扈之心，檀道济有长城之叹，固所不惜。至于兵乱政纷，敌入民死，赤地焦土，败国亡家，非衡之仁所能爱护也。临书涕零，不知所云。

渝军行成，亦许之，命胡景伊镇渝，熊克武将五师属焉。张培爵至成都，罗纶以位让之，境内悉定。于是厘百官，布教令，辟议会，饬庶工，川

---

① 实际是致熊克武电，时间是1912年5月4日。

人忻忻望治。自予以单骑出，督川十月，抚无不服，动无不成，出死入生，差免罪戾，忧劳险难，萃于一身，遂寝疾。胡景伊自滇返，刘存厚亟称之，和滇镇渝，举无不当。予益贤之，及是召之归，以为军长，俾代予劳。寝疾踰月，而边难作矣。

西征记

初，傅华丰之在边也①，予令之曰："守边毋出，西康都督非子而谁？"华丰卒东犯，藏兵乘之，于是逐钟颖，破江孜，围昌都，夺玉树，侵巴塘，入里塘。乡城、德格、金川诸酋咸起应之，众号二十万，通英印以为策源，纵横四五千里，城地悉丧。予初督川，兵穷财尽，先之以赵、傅之祸，继之以川、滇之隙，加之以成、渝之争，因之以盗贼之扰，疮痍满目，远略未遑，而边氛日急。乃命黄煦昌为炉边宣慰使，行前清边务大臣事。方设行署于成都，而江卡、乍鸦已相继叛，德格震动。道坞拘守吏，顾复庆军溃，陈粮员死之。乡城酋大举，出师，据河口，联战东向，如破竹。自拉萨至炉城，皆屯重兵，蜀中大震。政府以空文相敦促，无一矢加遗。煦昌亟请兵，而兵饷皆绌。大总统袁公急甚，命川滇陕鄂会师讨之。滇师长郑开文，鄂师长季雨霖，陕师长张钫，皆搜乘补卒，将发兵。独川军初定，惮远征，不出。邵从恩、董煦昌走告曰："西边，川之屏障也。今川兵不出，庸独耻乎，川何由保？"予惊曰："袁公用兵，乃如此哉？宁惟川耻！师纷且远，其能克乎？此非异人任，独予病奈何？"从恩曰："公勉之，公出则军奋矣。"乃扶予诣府议。予首疾，卧胡床，煦昌言状，继以泣。诸将请发兵千，士民请输饷五万。予闻汗浃背，急起，踞胡床，谓众曰："止！夫边夷燎原，而杯水赴救，师而不武，将安用之？且军怯而沮，不可用也。民偷而吝，不可恃也。我帖耳而敌咆哮，何以战为？"三问三默。予怫然曰："是我无政，非众之咎也。为人帅者，病寝而口使人，谁其听我？我将出督师，不出者斩，顾糇粮安所出哉？"诸将皆曰："都督出，谁不愿效死者？"士民曰："公果出，关中罗掘，义可辞乎？奈公病何？"予毅然曰："国师新破，上下蒙羞，一将敢爱死哉？"遂跃起上马，矢师而简之。父老谏曰："川局且危，赖公安旦夕，公去如斯民何？矧公以忧劳致疾，边徼险恶，何以养

---

① 即清末代理川边边务大臣傅嵩炑。

痾？鱼脱于渊不利，愿公思之。"予曰："人惟知利而倍国，远弃而迩争，故百善不举。吾父母年六十，岂不欲晨昏羞菽水哉！此行实难，将以愧急内讧而忘外侮者。"遂请于政府，举胡景伊自代，请罢滇鄂陕诸军，独以川兵战。谓景伊曰："子以精兵居守，孱卒易惊者万余人悉以与我。"景伊喜，从之。

出师记

元年七月辛未，予拔尖师以行。及郊，觇其旗靡，令曰："呼劳者斩。"趋百里而后息，明日增之，明日又增之。士卒肤裂，陈于雅江，二日不得食。军中呼曰："饥劳杀人死。"予令曰："解休。"饮之酒，呼而谓之曰："君等谓饥劳杀人，我谓饥劳实生人，不饥不劳，将死于寇，奈何？"因解衣而示之瘢，绽决矣。众乃大惊悟。缚初呼者十人出，将斩之，众股栗，肃然退，乃闭十人于室中。明日，召之曰："法既行矣，何必斩？"出私财千金，赎其罪，赍之，一军大服。

藏军之薄炉城也，闻予至，退于河口。则令朱森林以二千人阻之，曰："河口要害地，我师所必争也。勿渡，彼且集重兵拒我，俟其集而拊其背焉，一战而金川、昌都定矣。金川、昌都定，彼必惊，惊而乘之，必克。"森林至河口，据山巅，张其势，令民备刍秣以待大军。藏师大惧，尽拔金川军御之。令森林坚壁三月不战。会大雪，寒甚，金川积雪，深没人，藏师怠。乃命刘瑞麟督锐师，会蒯书礼、刘赞廷、顾复庆、刘筱廷、杜培基、牛运隆、时传文、朱宪文袭入金川，通北道，破德格，援昌都，两月间转战三千里。藏兵出不意，大震，拔河口军，援昌都。河口兵动，森林请济师，以向树荣军二千往，乘退追亡，遂拔河口，围里塘，五日破之。刘赞廷南出七村，袭巴塘腋，森林、树荣复扼之，藏师宵遁。余众退保乡城，森林围之。彭日昇守昌都八阅月，食尽兵穷，独死守不下，及是与瑞麟会师。顾占文守巴塘六月，艰危与日昇埒，及是与森林会师，边防大振。自出师以来，凡九月，西康悉定。予闻捷，大喜，率兵三百西巡，至里塘，壶浆满道，莫敢抗颜行。先是，清大吏之讨叛也，薙夷必众。里塘居民闻予至，尽族以逃，惟老僧年八九十，凡数人，夜深重译，伏军门请见。面之，则袖出珍宝以献，曰："蕃民不吊，胁于势，惑于邪，陷于刑辟，纳此以请死也。"予曰："需之，明日陈佛前乃敢纳。"及期，召老僧至，伏佛前，训之曰："吾非与汝战，吾兵实夏楚，来训汝以崇佛教也。

佛法戒贪，取此则吾贪矣，何以教为售？此以抚流亡，正佛家慈爱之义也。"老僧感泣，顿颡。明日，归者千余人。七日内杼柚皆兴，蒭粮云集。西行所过，蕃民扶老携幼，戴醴酒加币伏道中，曰："都督生我。"予辄抚而吊之，立尽一尊，反其币，且厚赍焉。方至干海间，而前师忽告溃，予乃大惊。

援巴记

西康之初定也，予军仅二万人，谋屯田，散诸野。以三千人屯北道，二千人屯中道，三千人驻昌都，二千人困乡、稻，五千人阻巴西，余自炉关达河口为后劲。巴西东至巴塘，西至波密，千余里，北至昌都，南至古树，亦千余里，兵分势且弱。藏师既败，收卒于贡嘎，瞰巴西虚，则大举五万人，自波密出。我塞兵四五百人皆溃走。藏师焱疾，日趋二百里，十日至巴塘。舒云山、陈桂亭相继溃散。藏师围巴塘数匝，旅长嵇廉、顾占文御之。藏师十数倍，据山俯城。城中食尽，廉与占文不及报，拔众东还，告余曰："敌众不当，且食尽，请及炉而后图之。"予闻大惊。巴塘者西康之腹心也，失此我师尽矣。予以西川子弟出，至此无一还，何面目见父老乎！决赴死，急令嵇廉、顾占文："越巴塘而东者斩，死守三日，我必至。"令既出，简帐下才三百人，马八十骑，干海距巴塘四百里，冰雪塞途，步卒粮且尽，趋不及。予乃与八十骑戴星行，命李骏声以二百人东反乞饷援。三日至巴塘，召诸将问其众，曰三千余，问敌，曰数万。予曰："一以斗十，乃战之常，何怯也？"遂举剑挥军，以四十人列枪鹦哥嘴，曰："师退必由此，断其栈，无都督与细卒，东归者皆击之。"狗于军曰："不克敌，不令一生还也。"整军夜炬绕城走，使谍者言于土夷，曰："都督大兵至矣。"藏师惧，敛其军。予曰："可矣。"未曙，以中军当帅急击之，嵇廉将左，顾占文将右，各相失，自为战，曰："不及牛古（渡名，在西，距巴塘二百里），无相见也。"兵将皆决死，无不一当百，呼声坼山谷。藏师动，逐之。中军乱，右师乘之，遂败藏师于巴西，再败之于七村，获其将敷图克，一日夜蹙追至牛古。我师仅丧四五百人，敌死丧如积，乃大奔。是役也，予先以书别家人，誓必死，不意生也，卒大捷而还。藏夷恐曰："汉兵不可犯也。"自此无东意。藏师退，予亦惩前败，增兵三千，以刘成勋统之，五战而拔乡、稻，西康之岩邑也。拔此，边患绝矣，返斾至巴塘。有郭成基者，酋裔也，其父为赵尔丰所族。成基方七岁，养于成都，至是还，予复其田，定其室。诸酋大喜，至者数十家。北巡过白玉，观兵于德格而还，所至兴灭继绝，哀眚恤灾，释房而吊之，不戮一人，反赂而周之，不取一芥。群夷绕马蹄呼曰："生佛至矣。"武成，中央授予大将，经略西康，爵勋二位，比于通侯。予益感奋，请深入尽收两藏地，而中央已与英使议息兵，书凡三十上，不许，予甚惜之。乃自为教师，建佛堂于康定，召诸寺明经巨僧，论普渡真诠，听者皆感叹流涕。于是，三边风动，怀远、盐井及玉树、三十九族，争逐藏吏请降，两月间不战而格者千里，藏王达赖不能军。

防边记

斥地既广，遂辟西康为两道，设县三十有六，区镇兵为五。以康定为首区，命张煦、刘瑞麟将五千人镇之。北道为一区，命陈遐龄将二千人镇之。中道为二区，命朱森林将三千人镇之。里化为三区，命刘成勋将二千人镇之。巴安为四区，命顾占文将三千人镇之。昌都为五区，命彭日升将三千人镇之。昌都当前茅，康定为后劲，余悉任中权，一区有事，则坚壁不轻动，他区救其侧，首区击其冲。无事，则启封燧，屯田蕃牧，足所养。则解兵为民，迁川中流民实之，令将卒与夷人通婚娶。私计三年建省，五年备治，十年之内，富且固矣。西筑岩塞以扼英防，夺达赖政权，因其教以治其疆土，万世之业也。

驭兵记

区军方就镇，恃功且骄，予知之而未发也。一日，予坠马折胫，卧特室，以颜镡摄政事，李延逵摄军事。七日而边兵之狱作。彭日昇之驻昌都也，遣一尉率兵二十人乞饷诣军门，偶与卫士斗，二十人击卫士一人，拳石交下，卫士千余莫敢助。延逵怒，捕二十人，急置诸狱。予闻，急召延逵至，谓之曰："子非专阃才。"延逵曰："何谓也？"予曰："为大将者，当推心置细卒腹中。今日之罚经也，非权也。夫千里易讹，兵各护党，脱令昌都军蜚语曰：'前敌军与卫士斗，都督袒卫士，皆囚之矣'。一言而兵溃，子将何以解之？"延逵爽然曰："然则，恕之？"予曰："不可。辕下森严，而群殴卫士，强横肆逞，军法谓何？退，吾有以处之矣。"乃命舆，遍视诸军。因及狱，狱中几空，见二十人，吊之，问之故，皆曰："李中将延逵袒卫兵，屈无所愬，请惩之。"予曰："果哉？吾且惩之矣。"遂释其梏，慰之坐，呼酒饮之，则皆喜。呼延逵入问状，二十人不克举辞。予拍案叱曰："过宽启玩，法当斩。"命左右缚之，皆伏地哀免。予曰："无生理。"牵出，及阶，追而反之，曰："止，吾向者谓治军少长有礼，今知不然，所谓有礼者不过戏下卫士耳，非能及远也。汝曹殴卫士，卫士千余人不敢助，是卫士有礼而汝曹无礼也。吾为大将，化不出千里，可谓能乎？是吾罪也，将自罚。吾与汝曹事，然汝曹萧墙肇隙，使手足腹心相歧视，此祸何以弭之？"二十人无以对。予曰："得之矣。"唤侍者出重金曰："以此罚吾，赠汝曹，然罪在汝曹，何可受？吾且为助纳锾耳。请献之卫士，设牛酒享燕而请罪焉，俾咸知同舟共济，不可离邊，则法行而情和矣。"众大悦，五区闻之，皆曰："都督恩威并极，吾侪至死不复干军法矣。"时饷绝六月，士卒冻饥，道途险绝，虽得粗粝，不能即输军前，军中煮草根为食，无怨言。予愍之，与共甘苦，昼视传餐，宵省挟纩，抚伤问疾，葬死恤生。众益淬，自号死义军，书"精忠报国"四字于大纛，悬诸旗门，示困死无馁气，边乃大和。

旋辕记

予既无西顾忧，九月甲子，东巡，简后备。甲戌，至雅江，检储糈，士绅远迎数百里，坛坫待享，途为之塞。丁亥，至成都，设筹边之局，留匝月，军民皆曰："始清川乱者都督也，今都督启边疆，去则吾辈不得安枕矣。"相与攀辕不使往，郊市若狂。予虑边事，峻拒之，则哀于中央。书凡数十上，袁公乃促予西。民且变，予力镇之，坐是迁延未即往。时李烈钧起兵湖口，柏文蔚起兵安庆，胡汉民起兵广州，谭延闿起兵长沙，举国震动，予恐边人窃发，挈眷以西。

忠袁记

行及雅江，方昼食，谍者报曰："熊克武起兵万人攻成都，周骏登起兵新津助之，众千余人。"军民闻之，环军门而请曰："吾侪谓都督不可去，去则祸必作，今竟如何？将在外君命有所不受，请还成都。"予叱曰："鄙性忠诚，心如铁石，今国事既定，有敢言抗中央者斩以徇。"兵退，集而议曰："胁之。"乃以三千人围军门，诸将露刃入曰："兵皆北伐，公复如何？"予方与骆成骧饮，置杯曰："杀我乎？留我乎？"皆曰："拥公耳。"予曰："我以功见妒，宁不思东归？蓄此意待机久矣。既拥我，即陈于郭，我将设幕享诸将，即誓师，无二命。"诸将欣然退。予召亲卒八十人入密室，令曰："自此默。"则皆默。又令曰："怀匕首。"则皆怀匕首。又令曰："今日之事，不听命者，无功罪皆死刑。"三令既毕，乃使护予行。及郊，陈[阵]已肃，挥之，却五十步，张幕于前，幕后土室铺耗毹，令八十人置牛酒为台于幕北。登而告曰："汝有众，听誓言，上失道，可北伐。"众皆鼓掌，呼跃。又告曰："声盛致志，今日之事，无贵贱，能以令辞作军气者，赏不次。"将士登台陈大义，激昂慷慨者三十人。予曰："壮！卒陟尉，尉陟校，校陟将，饮幕中，不能言者饮幕外。"三十人者入幕，达土室，坐耗毹。初酹，予怒曰："斩之。"匕首见，强者受缚，弱者股栗，闭室中。出复登台，再告曰："三十人煽乱，吾已斩之矣。乱必由魁，盲从可恕也。"众皆色变，令之立，亦立，令之步，亦步，令之归，则相率以归，无敢顾。予入室谓三十人，曰："汝曹所见不及我，国本未固，武夫当忠顺，若责上太过，大乱宁有涯乎？"委婉谕之，继以泣，皆感悟，亦泣。予曰："法皆斩，然汝曹诚爱国，特好勇不学耳，予不忍汝杀，曷速行乎？"厚赆而遣之。先是周毂登潜通雅江军，明日以其师至，闻事败，且说予，请见。予曰："师陈于东湄，毂登一人来，我辞若穷，则俱叛。"毂登至，进说曰："袁氏肆虐，民不堪命，公以雄师据上游，不能行征诛，而规规守小节，窃为公不取也。"予曰："子知其偏，未知其中。昔成汤懋昭大德，以伐有夏，犹复自惭。盖天泽之分淆，则龙战之毒苦。今上无夏桀之暴，而下无成汤之德，以暴易暴，吾谁与之？且我不能背清，焉能背袁？子且留吾有以处之矣。"遂留毂登，自乘小舟渡三水，至东湄，说其众而遣之。众皆伏罪，请死，尽收其械，归之成都，纵毂登亦遣之。袁公责予不杀，予谏曰："党人非能贼中枢也，中枢自贼而杀党人，谁非党人？中枢不自贼而宽党人，谁为党人？且我不忍杀藏庑，其忍杀子弟乎！"不报，请以单骑说熊克武，又不许。陆荣廷闻之，告中央曰："尹昌衡仁人也，从之必济。"皆不许。予虑党人变作，惊至家，危父母，乃命卫士护室先行，独与骆成骧、颜楷及予妻留七日。事定，从十骑而西。

单骑记

行六日，龙骓蹶，毙于象岭，哭而瘗之，叹为不祥。及清溪，闻张煦以首区叛，自为西康都督，赵成副之，王明德为招讨使，发帑金赏士卒。时，予父母姊妹先至炉城，煦辄囚之，假予名檄西康五区兵曰："经略北伐矣，后至者斩。"予疑之，夜中，得张煦书曰："公速东提川师北伐，父母姊妹得生聚。如西来，与公皆为戮矣。"予得书，方饮酒，藏之袖中。书又至，出小砚曰："太夫人命公北伐也。"又藏之。成骧顾予曰："君有急，何讳也？"予曰："无之。"成骧曰："不然，子无动色于军前，今惨然，何也？"予曰："欢饮，毋多言。"中宵，拔剑起曰："一生忠孝尽于此矣。"以煦书示成骧曰："君思所以教我者。"成骧不能对，予饮益豪。予妻闻之哭。甫曙，左右曰："东反，请济师。"予曰："川师且多叛，是抱薪以救火也，不可。"曰："与之战。"曰："十骑当数千，必败，不可。"曰："微服逃。"曰："弃父母，丧官守，而苟全一身，何以为人？不可。"成骧曰："奈何？"曰："死之。"曰："果死，吾为君传。"遂驰而西，薄暮，及胡桃崖，见煦师夹泸水而陈，且严。予笑曰："竖子不知兵，敌一人乃至此哉？犹有惧，心中未戢也。"命予妻下舆登巉崖，执手行百步，谓之曰："子知之乎？"曰："何故？"曰："夫妇之爱，予与子极矣。且子方孕，宜归，存尹氏，予悲极，不欲留子孙，将与子俱死，此百步同行，即百年比翼也。"因泣数行下，左右皆泣，莫能仰视。予取卫士匕首，上马，止十骑曰："留，保夫人，见我死，则杀之。"予妻曰："君死，我何待人杀？崖下清清者，即葬身之所也。"予曰："烈哉，真昌衡妻也。"乃歌曰："胡崖苍苍兮，泸水汤汤。烈士求仁兮，女子同行。"商音激楚，响彻磎巂，跃马驶，绝尘穿林埆。煦师遥见，以为谍也。逾竹溪，直入煦军，大呼曰："来绕我，三语毕，即就死。"众皆惊顾。予曰："自吾以单骑出，与诸君经百战，诸君环视我，报国未为忠乎？"众皆曰："忠甚。"又曰："待兵民未为仁乎？"众皆曰："仁甚。"予乃抗声曰："既忠且仁，死复何恨？请杀我。"士卒闻之，皆号泣，哭声震长桥，泸水鸣暗，墨云四合。煦曰："击之。"声弱不能达。予厉声曰："听吾令者举枪。"众枪皆举，煦大惊，堕桥下。予乃令曰："执赵成、王明德。"众执之。曰："斩。"斩之。以徇于军曰："首罪既诛，余无所问。"乃观兵而飨之。成骧至，曰："何其神也！"予笑曰："始志必死，今及此，岂非天哉！"予妻至，破涕为笑，复相视而泣。使裨将追煦，及嘉陵，不得而还。乱既定，予急驰，朝父母，跪而泣曰："致身为国，几祸二人。"父母皆泣曰："吾两人自分死矣。"妹指予妾曰："我闻变，即与彼坐井栏，待死。逆首惮兄至，不敢侵。"父曰："逆首既变，相率朝予，请以书命汝反，予不许。"母曰："吾见汝父过直，惧激变，因诳之曰：'吾儿性烈，猝命之反，必为赵苞。幼时，傍予膝，磨一砚，予锉刍断指，血犹溅其中。今砚几穿，吾子见之，恒堕泪。持此为招，必惟命。'群逆乃喜持去，汝见砚乎？"曰："见之。"曰："汝以为何如？"曰："是教我毋负十年磨砚也。"母乃大欢，遂为团圞之燕。五区军以师期告，亟令之曰："伪命也，不可以从。"乃止。

入觐记

镇炉二月，袁公召予议边事。予奉命即行，军民皆曰："西康于前清三百年，不获大定。经略以疮痍之余，当十倍之众，转战一载，威德并昭。经略去，奈国土何？且荒远乏食，樵苏后爨，士卒恒苦饥，所以无归志者，经略在也。弃此而去，长城崩摧，愿无发。"羌夷塞道，三日不得行。予抚之曰："暂别耳，中央非变置，期三月必返。"众要之，乃为盟书三，汉夷各一，插血合契而后行。至嘉陵，颜楷奔告曰："功成身退，子其戒之。"予领之。及汉阳，谒黎公，饮酒乐，黎公使金永炎告余曰："君勇且刚，不慎，祸且及。"予亦领之。长驱诣都下，即往见袁公。袁公曰："边事何如？"予曰："武夫出死入生，为国家，卫藩篱，中央奈何不顾，而汲汲斗骨肉。"袁公恶之。章炳麟见予曰："子不知袁，此来死矣。"恸哭失声而返。袁公益恶之，留予弥月，不使归，请行，亦不报。使陈宧谓予曰："以子之才，何止专阃，曷留中枢，为我计大事？"予对曰："为我复元首，边事实难，非我不克镇，元首必用我，请三年而后来。且我与夷盟，口血未干，言不可食。"示以书，宧复命。袁公复召予，面语之。予对曰："衡诚知留中枢安且荣，然虎落非羝羒所能守也。"袁公曰："荐所以待子者。"对曰："诸将有德无才，有才无胆，有胆无学，无以荐。"袁公曰："然则，非子不可？"对曰："衡为国，非为身也。使衡欲据地作井蛙，岂复舍天府之雄，拓瓯脱之地哉？"袁公怫然不悦，曰："脱事败，不罪汝。"起而对曰："元首当谋国，奈何为一人计功罪？"卒无以难。予降趋而出，私于左右曰：

"元首欲罢我即罢我,我不可失信于蛮夷。"辞书终不达,伺三日不得见,乃如津门。人曰:"去之,都中不可居也。"予曰:"我正气塞两大,忠孝贯三辰。袁公方将定大业,岂能诬我哉!"

对簿记

谍者告曰:"尹昌衡遁。"袁公曰:"召之。"予闻命即返。明日,以兵围予馆。予方饮,酌而叹曰:"檀道济、岳忠武与我而三矣。"命仆以笔砚,至,疾书于壁曰:

关羽不背汉,张巡惟拥唐。君恩有厚薄,臣节凛冰霜。一朝名分定,万死守其常。我于满清且不背,单骑抚旗视如伤。一自前年奉正朔,心如日月追关张。细柳将军目如炬,其心孔忠其项强。萤萤青蝇止于樊,哆兮侈兮成天章。行人纷纷告上变,曾母投梭生惊惶。荆州谋乱关云长,私通禄山张睢阳。吹手可求请君验,破心以白容何伤。忠孝将军如铁石,粉身碎骨悬穹苍。

遂就逮,南北言者,无不人人呼冤。卒以无罪案,无弹章,不能属吏。乃嗾舆台辈伪为告书以进,邹稷光等三四人外,謇书张赵,实无其人。骆成骧上书曰:"尹昌衡出死入生,爱民卫国,精忠大孝,上轶古人,目所亲见者我也,如有罪请连坐。"列举予实以闻,袁公读之五周,曰:"果如是乎?"川人继书曰:"吾川人控疆吏当以搢绅,奈何以厮走言辱大将?"袁公病之,卒命对簿。予以诗示狱吏曰:

其一

元戎重统率,治军尚严律。兵甲洗天河,将军对刀笔。刀笔胜千军,使我动颜色。如何尺寸土,瞬息生荆棘。始知法吏颜,屈得将军膝。地狭难为容,天高望不得。鲂鲦尚江海,枯鱼过河泣。愿为谢法吏,侵我何太急!人生只百年,安得有双翼。奋写慷慨诗,恸洒淋漓墨。精诚动鬼神,比兴出篇什。半生此辛苦,千古同太息。止止无复言,空有泪痕湿。

其二

雨霁天颜开,仆夫负重来。主人鞭笞下,罪重宁敢推。昨夜穷途上,升米一束柴。守护连城璧,使我尝千灾。生死不舍正,但恐路途乖。左缚西山虎，右拒南岭豺。遍地皆荆棘，雨急生风霾。九死魑魅间，百蹶青苍苔。苦心天自知，壮节鬼亦哀。完璧归主人，精莹无尘埃。微才世不尚，钝拙成嫌猜。粒粒验柴米，使我泪长挥。如何一仆夫，独抱千古哀。

其三

击狼须用锤，击犬须用鞭。狼奔山谷外，犬逸庭户前。如何守户犬，比作豺狼看。服劳障聩烟，主人莫求全。生死家门内，百折宁弃捐。豺狼当纵横，此犬忠且坚。尘埃蔽天地，望北双睛穿。不闻血汗干，惟见涕泗涟。归来报主人，亦知多尤怨。但将心惨惨，长使泪潜潜。伯奇履寒霜，三间在江干。从来犬马性，恸极心悁悁。依依庭户间，敢谓过不悛。

其四

成都兵马惊，万户尽哀鸣。哭声激云天，使我动深情。单骑出危城，号泣激孤军。三夜哭声哑，百人随我行。一举万夫戢，再举四境清。徒手当锋刃，岂不为牺牲。牺牲何足惜，要在桑梓宁。不见千行泪，徒闻半壁平。此心既已碎，此情难可伸。倦马穷途泪，老牛犁下心。泪亦不能滴，心亦不能陈。惟怜血汗尽，使我徒酸辛。回头望成都，极目生愁云。

其五

西北蛮军书，将军夏渡泸。成都烽烟静，岂不怀安居。其如征人何，苦役无前驱。敢为一身计，致令半壁虚。敌兵数十万，先锋临箭炉。边城陷八九，关塞空邱墟。青野鬼捉人，坚壁虎负隅。愿为励士卒，辛苦不敢殊。裹冻入层雪，挥剑当万夫。跋涉千山间，饥寒一载余。西疆三千里，驱尽豺与狐。虽无三箭功，敢爱七尺躯。何当惜一夫，四塞犹悬弧。

其六

烽火万山红，巴塘劲敌笼。食尽兵复穷，守将马首东。百骑在歧路，欲往知无功。此城属枢纽，一陷万里空。片刻不得缓，孤注亦应从。是当忘生死，岂可计吉凶。驰行五百里，雪深路不通。援兵只在此，杀马饥可充。将军亲身来，存没相与同。疑兵绕孤城，俨若千军雄。敌闻多夜惊，一战摧其锋。回首赴援时，已谓当死忠。余生及今日，岂复思令终。

其七

张煦窃兵符,千军晚渡泸。执亲以召子,料我无逃遁。迫我必由路,贻我叛逆书。帐下十数骑,四境援兵无。伪节调前军,眼见半壁屠。将军失泛地,安用微生余。回头语我妻,死节毋踟蹰。莫念腹中儿,但随眼前失。全家饮白刃,不留三尺孤。匕首入乱军,泣涕点点朱。叛夫尽感泣,倒戈甘前驱。不到泸江上,安知忠且愚。至今胡桃崖,空令双瞳枯。

其八

绝人莫绝孤,射鸟莫射乌。皮肉不登俎,安用加弓弩。有音空哓哓,有巢空拮据。一自伤零落,丧败宁有余。曰余羽谯谯,而乃口卒瘏。杳杳隔西山,嗷嗷闻待哺。如何生阻修,各各天一隅。徒有鸮羽歌,不得鸿雁居。何当鸣九皋,毋使天听疏。为我去矰缴,使我抢枋榆。俯首桑麻间,犹得备征租。汉法一子留,汤网三面除。安得膝下孤,长作枝头乌。

期年,狱吏不能举一辞,予又以诗进袁公曰:

有供有供在吏前,低徊婉转心怆然。当日曾为万夫长,何须加我菖蒲鞭?聊以悲歌尽衷曲,请君当作供词看。呜呼,一歌兮,歌初献,空将涅背遗长恨。

有失有失有憨愚,心纯面激周亚夫。只知努力催前敌,谁复回头虑谤书。一人市虎三人呼,空堂可有明镜无。呜呼,二歌兮,歌声悲,廉颇李牧无路归。

有罪有罪在对簿,魏尚所难曾左苦。乱时抛费如泥沙,安得针锋中规矩。可怜今昔已时殊,致令情法相龃龉。呜呼,三歌兮,歌三度,欲启子思辩相护。

有隙有隙在粗疏,未能综核权锱铢。其时其地多抢攘,不痴不聋非翁姑。自今已是太平日,敢言大事不糊涂。呜呼,四歌兮,歌四成,自恨不如陶士行。

有心有心心赤忠,化为杜鹃其泪红。前年挥洒成都城,去年挥洒泸水东。曾仗赤心维地轴,敢将余泪动天容。呜呼,五歌兮,悲以恫,严霜凛冽来苍穹。

虎豹叫号鹰鹯飞,犬马依依思来归。风沙满目犹向日,血汗被体不得挥。鸿雁嗈鸣夜夜哀,本是有家无路回。呜呼,六歌兮,空相思,岷山有柳垂青姿。

黄牛黄牛初谢车，长鞭巨梃何纷如？可怜背上千钧重，使我蹄边一足虚。黄牛顾主意不尽，俯首欲泪双瞳枯。呜呼，七歌兮，歌黄牛，苦死不得桃林游。

云台绘像锡丹书，众人各有何人无。东汉功臣无屈辱，南来薏苡自粗疏。不愿复我新息侯，愿随严子陵钓鱼。呜呼，八歌兮，歌光武，何惜富春一邱土？

有亲有亲发蟠然，室无他子心悁悁。日夜为我呼昊天，声声字字摧心肝。太平雨露朝朝陨，岂无一滴到庭前？呜呼，九歌兮，歌将除，秋风夜月鸣孤乌。

有祷有祷祷朝阳，暄我曝我鉴我肠。曾见霁颜容大敌，岂不垂手援疏狂？野云无心不碍日，麒麟有角宁伤羊。呜呼，十歌兮，幽思长，愿借明驼还故乡。

袁公大不忍。谗者曰："杀之，不然，终为乱。"袁公曰："察之。"于是，不囚不杀，不谳不纵。

思过记

予固怛暴，仕清为偏裨，即面辱大吏，以文辩未尝稍沮。今袁公不与辩，而强竟幽抑，因极忍耐。前此虽数涉奇险，实以气胜，非坦然罔所憚慑，且为时短。今旦夕在死地，无以慰，如微火炼金，不熔不淬。乃悲壮忧愬，时从中来，无以祛。性好读，则伏案忘饥渴，以为萱草不是过也。读书至"惠迪吉，从逆凶"，已盛怒圣人妄已。及"作善，降之百祥；作不善，降之百殃"，憋肠太燥，裂书而骂曰："吾以三无之量，生五族之民，何迪不惠？何善不作？而至于此。"废书数日，益无聊。思文王演《易》于羑里，学此必可以正蒙难。于是，学《易》，至《屯》之六三，即鹿无虞，机不如舍。憬然曰："吾误矣，吾误矣。"袁公劝我息肩，我不知舍，至"小人以小善为无益而弗为也，小恶为无伤而弗去也，故恶极而不可掩，罪大而不可减。"则大悟曰："是矣，是矣，好大而轻小，祸之门也。"予数谓："色不足以害德，酒不足以丧行，狂不足以损明，傲不足以长非。"弱冠以来，诱妇女而淫之者多矣，且为大将，专制万里。正宜肃廉隅砺风节，反于军中挟优妓，招摇罔忌惮，俳衣登场，有唐庄、隋炀之衾，复使酒慢陵尊长，忤言至则逅敬宗之祸。世无唐太，谁能宽我？况猝然富贵，不思保泰持盈，而轻率喜功。小怫意，斯领颔，高妄朝天而暮地。是皆灌夫之所以赤族，苻坚之所以坠命也。孔子曰："好仁不好学其蔽也愚，好智不好学其蔽也荡，好直不好学其蔽也绞，好刚不好学其蔽也狂。"我之谓也，我之谓也。我他日未尝学问，好驰马试剑，矜才尚夸，知有余不知不足，终囿于偏僻讪酗鸡之雄耳。遂自折节，研精经子，验而体之。然道之入心，犹木锥钻石，功无速效。且中情未宁，日胶胶于庭帏，思父母耄老妻妾少艾无所依，则泫然而泣，怆然而哀，惨楚之极。天和贼戕，内扰四月，惟念中克淫稍有得，骄悍觉微平。然以恐惧忧患胜好乐忿懥，引狼拒虎，终无实得。

三年夏四月，丙戌，闻长子生，喜曰："乃今可为矣，吾善未替，而恶身当之，后将必大，吾死何足恨？"心定，业遂劼，寂寞凄凉，开卷即解。但夜多梦，或少年所私妇欣相来就，或驰马陷羌垒腾骧顾盼，或室人庆再觏燕如也，或槛车送市曹身首解。风云涂淖，交睫即呈，醒而忆之，历历在目，转不疑为梦疑为真。吾憭矣，吾憭矣！矫彼神龙，委骸混鳅，虓彼猛虎，鞟皮犹牛。吾二十为窭家子，绳枢瓮牖，并日而食，靡有所不足。念七为大将，闳闼伊濯，钟鸣鼎食，靡有所有余。备声色之娱，而后知糟糠之淑；穷华轩之美，而后知健步之安；厌珍厨之甘，而后知菜羹之旨；臻人爵之极，而后知布衣之荣。休矣夫，休矣夫！王侯将相，其有加于囚奴乎！莫憎于欲得，而莫赡于无求。予得止矣，遂安之。

幽囚记

时段公祺瑞长陆军，知予冤，尽以白于袁公，而反坐告者。捕邹稷光下之狱，袁公不能强。陆建章执军法，请谳予，袁公不许。曰："求小疵，使中央全威信，足矣。"乃以傅良佐、周肇祥按狱，深稽出纳。予闻之，怒曰："吾为大将，经百战，子女无所取，玉帛无所有，而欲以二卵弃干城耶！"作诗百余首，尽白曲直，暴于市。诗出，都中争相传诵。予既已得直，因绝粒六日。袁公大感悟，使医崔贞和来视疾，温语谆挚，且言曰："夷而度，不加害也。"予感之，遂进食。当绝食之时，自顾无复生理，忿极罔念。一之日怛惊，二之日惢憼，三之日调怒，四之日痛瘖，五之日中痰，六之日恍惚忘生死。既历此，尘垢四体，洞乎若无所有，充乎若无所慊，百年省克，未易臻也。

袁公将为帝，使人谓予曰："受小过，建国即赦矣。"遂以三万无考之金，成九岁有期之狱。予既见囚，身止不得行，口止不得言，气止不得舒，意止不得遂，然心不能一息止而不思，目不能一日止而不窥，乃反三覆《周易》，观变玩占。以艮为止卦，必可止心。读之三日，忽悟敦艮之理。喟然曰："佛氏云四象皆空，此《易》之余绪也。艮其背，不获其身，是内止而忘身也。行其庭，不见其人，是外止而忘人也。鉴空复明，四大何有？"于是，作《止心篇》，以遏妄虑。心既止，而明生，察于损益之义，知物与性之不能两容；观夫阴阳之象，知天与人之不可偏废。万机庶理，莫不在卦爻象象之中，纷然呈其丕离，而滋乎修灵。于是，作《易钵》，以析机微。感袁公发蒙刑人之意，作诗以献曰：

赭衣寒月对婆娑，幽国沉沉可奈何？生意早随蝴蝶去，死灰常与白驹磨。那堪旦夕惊汤火，独抱《春秋》坐网罗。只有君亲酬不得，精魂长此拥山河。

遥忆成都八百株，新芽凋尽旧芽枯。青山有梦吟梁父，赤舄无人吊硕肤。怅望白云迷去雁，空劳寒月绕飞乌。欲归未得身将老，长使清宵泪满裾。

桁杨碧血临风洒，葵藿孤心向日倾。诸葛一生惟八字，汝霖千古泪三声。蝇书北阙知何日，马革西山梦不成。文帝若能思颇牧，此身犹可作长城。

三十勋名付落花，满腔忠愤等泥沙。论功本自惭辽豕，奉朔何尝作井蛙？归梦欲寻陶令柳，羁身翻羡故侯瓜。千秋鱼水今何在？古柏祠堂集暮鸦。

袁公亦遣人慰唁。及袁公逝世，黎公继位。知予冤，商于段公，出余于狱。复官爵，使备顾问。

频厉记

予以三岁之幽忧，忽登衽席，则喜。喜生欲，欲生淫，淫生荡。初试酒，饮而甘。益一爵，快而醺。更酌之，醉而昏。罄罍倒瓶，大弗克胜。思御女，则之北里。北里多姝姣，竞来惑予。因被其蛊，好乐不能无荒矣，是俗障重胶于情未尽芟也。羁旅燕都，夜无媵妾，则心如燀焚，不能安寝。招夜度娘入闼，媟亵备至。良玉楼者，邦之媛也，且鬌稚，欲娶之。其母索贿无厌，不得遂，益深系恋。饥渴为怀，愈于穷囚之待赦。女曰："酒狂，滥无度，我必不嫁。"漫予，予下之。及三月，又谓曰："才，我爱之。"及八月，又谓曰："愿，可依以终身。"清宵，闻蕉雨淅淅，四壁无人声，乃泫然曰："君欲娶我，诚欤？"予曰："溺人思拯，饿夫思食，如有伪心，我即伪也。"曰："然则，我非良氏女，母实鸨。君求殷氏于京西三十里，得我父母而养之，敢不委身充下陈。"予闻，如奉丹诏，即日求其父母，则已死矣。因诈之曰："汝父母老病，我则已收养，不归我，不得见也。"良鸨知之，贪壑益浚，无如何。予遂悒郁，不觉尪瘵。女泣曰："杀君者，我也。请无以躁而以静，我必有以困婪鸨。"谋定，女日夕哄于庭，将讼之矣。

殷汉光者，予老友也，任侠，喜交结知名士。袁大白者，袁公之三子也，豁达放迭。招予饮，辞以病。强而后起，不酬亦不言。汉光曰："子固矫矫若生龙，今俺俺如病虎，殆有忧欤，曷言之？或能助一臂之力。"予曰："将军非昆仑奴，乌能为力？"大白跃起曰："是我惯技，子能引满三觥，必有以报命。"予曰："憔悴且不恤，何论三觥？"一吸尽之，要如约。二子即驱车驶，车覆，改乘，走三夜，遍邀市中游侠，强女行。良鸨以死抗，则绳以法。女复吞金环誓死，良鸨惧而遣之。女既归予，改命曰"慰权"。入门戒予曰："勿沉湎。"诺之。曰："勿荒淫。"又诺之。予当少壮时，每晨寤，未启睑，恒觉恼有奇光，芒射八极，思赜阐微，无不如照。二十而肆欲，光日减。三十以来，逐物丧心，尽失之矣。狱中无欲，则七八日一偶见。获解恣纵，又复失之。及是而心志安怡，踵日渐复。《易》所谓"频复，厉无咎"者，非是之谓欤？闻一知十，予如颜子。"不远复，无只悔"，则予弗如。然"厉而无咎"，中未迷也。聿修深造之业，资辅于妇人，岂不异哉！岂不异哉！化育无方，甚未可执。作诗曰：

君不见鸟在天，比翼飞鹣鹣。安能作陇头树，孤心耐冬寒。学仙须学羊雍伯，入山须入太华山。人生快意有自足，富贵于我何与焉？

兹固匪常轨，《大学》云："定静安虑。"安则善生，安借于色，如饮鸩泄毒，不宜以为训。惟予实经之。

六簽记

既已无复缺望，则聚精于六簽。六簽者，书椟也。予性好学，一日无书，则皇皇如婴儿之失乳。置书六籢，虽戎马倥偬，必载以随。又于五族皆如手足，视异国亦然，六合之内，无所不用其忠。忠籢音相同，故自号之曰"六籢将军"也。沈浸浓郁，通乎义理之中，而笃于人伦之正。上不敢媚权贵，下不敢附阿党。茕茕自爱，尸素窃惭。知无足以效忠，不如反而全孝。遂浩然有归志。辞书八上，黎公坚不许。则不待命，束装即发。至汉上，黎公命津吏阻予，强拽而归诸京师。见黎公，黎公曰："子虎也，不可以出柙。"予对曰："衡以麟性，蒙虎之皮。忠于清，忠于袁，忠于民，忠于藏，岂能负元首再生之德哉！"黎公无以难，慰藉有加。退而作诗曰：

扬子江头一老姬，涕泗临风向天憖。道旁过者问何情，一子作仕幽燕去。幽燕作仕非母心，致书遣介频相寻。雏凤入云何杳杳，虬龙入海何深深。我子素性郁深爱，岂为富贵中心淫。有才不学卫吴起，有威不学姬寤生。只有六经传介子，更无一语劝王陵。尊亲贱体薄毛义，念祖守贞希彦明。况闻一官若鲍系，金马门中如避世。百战曾将国事宁，五斗便令天伦弃。日日临江纵鲤鱼，一幅竟累千行书。对书一字一泣血，晨霜暮雨看孤乌。只今望北不成泪，惊悸直奔阶下坠。咯血溅地如涌泉，西山日薄伤颠顶。重衾百尺惮春寒，空枕珊瑚不成寐。闻到去年游子归汉皋，忧衷迫切轻辞朝。逸民放达古不禁，乃有津吏回征轺。今年游子悲且蛰，俯首锥心听羁縶。古来纯孝不忘君，天鉴未孚恫允执。既不得黄龙府里插旌旄，又不得朱雀桥边荷蓑笠。养儿为将不如豕，纵儿出山捐敝屣。始知牛背吹胡笳，胜教猿臂张弓矢。行人闻此皆泪垂，画荻和丸非复非。不须轵母为滂母，徒令亲悲重子悲。吁嗟乎，仲由思负米，墨子独哀丝。忠孝本两途，逝者慎临歧。竿背负白发，扪心思赤眉。孤子不能舍，英雄谁复归？怀素志，伏丹墀，欲求天下征民服，先恤江头老姬慈。

黎公闻之曰："是忠孝人，不好犯上也。"馈千金遣予行。及沪，而南北之祸作矣。未几，黎公退避。人曰："助南乎？"予曰："何善焉？"又曰："助北乎？"予曰："容愈乎？今上无尧舜之量，下非汤武之仁，我安适从，不如隐也。"既欲隐，将终身无复出。思冯公之于予，有三施焉：予少未遇，作宾于其家；予西征，则助枪三千；予见囚，又缓颊五请。今冯公贵显，不能报，不可不一往谢。遂拒绝党人，作诗以讽之曰：

小敌怯，大敌勇，神武将军不轻动。入虎穴，得虎子，燕颔英雄投笔起。男儿有志应开疆，窦中不献屠龙技。纵教九鼎列当前，岂可闭门杀兄弟。

见冯公于金陵，谢私恩而退，言不及公。至于宜昌，宜昌守将朱廷粲奉帅命阻予，不得前。予亦澹然安之。辟草庐于九畹，耕钓自娱，虽武陵桃园，不过也。冯公复招予，固辞不得，卒返金陵。冯公为予定舍馆，优礼有加，遂留之。

著述记

金陵山水之胜，虽不及蜀中，惟秦淮风月，游目骋怀，足以成趣。而予宅适临其湄，清气袭牖，乐有过于万户侯。冯公去，李公纯来督斯土，益善视予。居久之，优游暇豫，邈虑鸿通。思布衣之安，逾于天子，蜗室之大，宏于宇宙，而欧西竞长，杀人盈城，南北纷争，五族自圮，不识何所为而然。庄子曰："天下莫不以物易性，小人以身殉利，士以身殉名。"其斯之谓欤！其斯之谓欤！一骨掷地，百犬斗死，伪学炫俗，是非蜂起，习之相远，亦可哀也。于是，作《原性论》，以明性与天道。思千圣万贤，心传孔昭，而世莫或劭，是未知其通而贯于一也。人非成己，何能成物？外内交失，乱有极乎！于是，作《圣学渊源》，以示道德之准。思霸功角逐，生民涂炭，沦于禽兽，若涉大水。仁者当包罗天地，何争此南北东西以自小也。于是，作《王道法言》，以期大同之盛。思中国之所以危乱，不缘于新学之不精，而缘于旧学之不保，失本齐末，愈趋愈险。于是，作《经术讦时》，以复先王之政。书成，而扬子江清。至政书兵略，史乘通雅，及咸骚诗赋之撰，所以备时用而游于艺，非圣心王道，予所素薄。而鄙士以文章猎名，求列儒林，享太牢，则予非其心也。不忍之情郁于中，而公明之旨著乎外，予之谓也。

乐隐记

且此中乐，自予视之，过太平天子远矣。以言成物，颜子岂让禹哉！大丈夫得天地之中以生，为天子当如尧舜，为辅相当如伊周，为将军当如关岳，为处士当如孔老。争于爵，则元首之位不可千，百官之位不可兆。争于道，则农工商贾婢妾臧获，无不可以为圣人。予何求夫外，乃追记往事，幸毕生无愧大节，果能明道成德，复何所求？不能明道成德，虽侥幸极人爵，于予何加焉。方今嶙嶙岣岣，在野之士，均欲崭然露头角，是大乱之道也。而皆视涂炭为青云，予不敢自贱。圣王不作，诸侯放恣，处士横议，祸有甚于洚水。予既已见天人之正，窥典颂之文，有所感，不能不言也。隐六朝风雅之地，左有峻岭，右有平湖，傥然绝俗，尚友唐虞，室无长物，惟有奇书。休乎休乎，吾已矣乎！凤鸟不至，河不出图，我生不辰，实亦辰也。凤鸟已至，河已出图，若复生我，将焉用之。于是，清虚之余，起则舞笔，自兹以往，不知其极。

（民国七年仲夏我生之辰，记于金陵，时年三十有五）

（《止园丛书》第2集）

附录一　尹太昭小传

幼铭　撰

太昭名昌衡字硕权，蜀天彭人也。喜高节，初不欲用世，名其居曰"潜庐"，故号太昭。母怀十三月生，岐嶷异常儿。少有大志，性颖悟，好读书。家贫就外傅，恒以囊盛饭，饥则出而食之，攻苦不少息。年十七入四川武备学堂，恒夜读过时，屡为校师所罚，乃造暗灯凿孔，照读帱中，帱顶尽黑，烟积若釜底。得选日本留学陆军，学尤力。惟不好艺术，偷暇研经子史，阻于校规，乃窃取书读厕中，常雪夜不寐。思精志大，于理悉见其邃。学愈力，因译哲学家言，虽盛暑不倦。萃群书精华，录成小册，行旅少憩，则取书读，同学呼"书痴"。而自谓有卓识，作《圣私篇》以自广。好为文章诗歌，慷慨壮烈，遐思杳悟。尤好读伟人传，恒置卷案头，读之生趣，则轩然起舞，有锐身自任之慨。

学成归国，广西巡抚张鸣岐闻其贤，延之入粤，所历职守，悉着能声。然使酒纵欲，无所顾忌，每面辱鸣岐，鸣岐不能容，遂辞归。作歌中流，伤时疾俗，其辞曰："瞻大陆之岌岌兮，卵既垒于危巢。心悦悦而怀骚兮，行踽踽惟太昭。余既鸿洞而太虚兮，胡为乎切切。吁嗟阿衡之任兮，徒心苦以形劳。众浊浊其不余若兮，归西山而自高。"

初回川任编译科科长。尝于秋季演习中充审判官，指论军阵得失甚当，叱显贵如小儿，军界无不怦其严而服其能。赵尔巽去川，集文武大阅，谓众曰："川镇已成，可以贺矣。"太昭出列曰："此可吊耳，奚贺为？"尔巽不悦。太昭曰："练兵必先选将，公用人失公，所举无知兵者，川民脂膏徒虚縻耳。"尔巽怒曰："谁知兵？"太昭曰："衡将魁也，必求其次，则周道刚可。"尔巽益怒，由是见忌。然性强不为势屈，贵显多被其叱责，惟下僚兵士，悉爱悦之。王人文重其能，深相结，委充编译局总办，旋改教练处会办。所御下僚，咸亲附之，以其诚直而智勇也。赵尔丰逮蒲殿俊、罗纶诸人，太昭闻之急入署，为田征葵阻，忿甚，欲刃刺尔丰。其舅劝曰："汝岂值与尔丰易哉！"遂归寝疾不出。时全城戒严，太昭于军界有重名，尔丰忌甚，日夕令数逻从之，然恐动军心，不敢捕。时战局遍郊野，民不得安。太昭恻然，强起见尔丰曰："事不可为，诸将非干事才，衡请率数十人为公安此土，免人民之颠沛也。"尔丰不许。太昭曰："必见疑，衡请单骑出，筹战抚必当。"尔丰益忌，特加逻，并通饬不准出城门一步。

乱日剧，全城学校均已解散，军界亦然，陆军学生威迫其长官求散，至殴辱总办，欲破宅去，诸将无敢承其任者。尔丰乃启太昭。太昭受命往，每日召集诸生，不加约束，惟纵谈晓以大义，令知时局倾危，亟需良将，青年有为，不可自弃。于是诸生悦，不欲去。因召诸生饮，甚欢，语曰："今大局如此，诸生愿自爱其国而勉为将乎？"众曰："愿。"太昭曰："然则非自悔前愆，确守纪律不可。"于时诸生悉自悔，校规一振，倍于平日。一城之内，独存此校，亦异帜也。尔丰又忌之，迫令缴枪。太昭曰："陆军学校之有枪，校则也。请奏改定章，去兵操，乃奉命。"尔丰不能屈。

十月间，川中谋独立，尔丰稍敛。太昭乃日出会诸将，议私召兵，军界悉附。时诸良将无实兵，川人统兵之将，尔丰悉分其所部，惟信任田征葵、朱庆澜。田、朱兵最盛，坚固其党，尽夺川人兵柄，故兵难集。田、朱之党叶荃、王铸人尤强横。太昭乃自捐金，求通军界者入叶、王军，先说其军士，激以公愤，使悉从川将令。如获罪，太昭任其咎，倘叶、王不服即杀之以报，不能则弃之而走。又遣兵将之相信者入诸军，使诸军内向。于是叶、王皆不能用其兵，卒自溃。

当蒲、朱未反正以前，尔丰见势无可支，欲让川人，川人欲以蒲伯英为都督，军中多不服，有谋即举事，发兵焚督署而拥太昭者。及赵壁辉事泄，太昭又始终阻之，事少息。太昭虽不与蒲、朱谋而维持甚力，恒集诸将语以复汉爱国之谊。十月初七日，四川宣布独立，蒲为正都督，朱为副都督。诸将坚欲以太昭为陆军总长，请于蒲、朱曰："非尹公出兵将不可令矣。"蒲、朱不允，请益坚，至群集相迫，日数往。蒲、朱不得已从之，遂以太昭为陆军部长。太昭受命即起，见势迫不可为，所信惟新军，然皆远散未集，巡防军则素不相识，乃自设宴悉召防军诸将弁饮，及宴，至者仅十之一。太昭语以公义，令各劝其所部向汉，皆感动。其时田征葵、王棪等欲以防军作乱，劝朱庆澜悉召防军入，令新军外戍。防军入城者三四千，而陆军之住城者不足一营。太昭与诸将约，各调所部入城。庆澜阻之，悉反其所为。太昭议划一军政，与庆澜商不谐，庆澜以太昭排己。太昭曰："衡之心有如皎日，于大局苟有济，虽护公终富贵可也。至以一人私坏天下，则万不敢爱死以相阿护。"言毕，拊膺号哭。庆澜益恶之，人咸谓庆澜将杀太昭，太昭日单骑入其军不戒。田、王乘新军未大集，煽兵士作乱。

十月十八日，蒲、朱集防军于东较场，简校士卒。太昭先至。防军至者十三营，遽大哗求加三月饷。太昭剀切告诸军，语以国帑空虚，军人以爱国为心，勿以金钱为计。策马历诸营遍谕之，声嘶气结，军始定，蒲、朱乃得简校。将毕，最后来一营，未闻太昭演说，至则大哗。蒲、朱令太昭往谕，甫行十余步，兵遽发铳。蒲、朱逸，太昭急随之，不得马，追兵急。太昭欲调兵弹压，趋几蹶，忽所乘坐马溃围绝缰奔至，太昭力跃起上马。马逸不能止，行数十步，欲以马让蒲，而急不能得，将返觅，追兵亟发枪，太昭乃策马赴凤凰山，入营即发号，召诸军。时周骏统是标，太昭与周骏速集兵，泣告诸军曰："四川糜烂已极，而大祸继起，阖城屠戮，满目疮痍。吾等父兄子弟妻孥戚族均将颠沛流离，谁无心肝，而忍视此。今日衡誓死，诸君不听命，则请死诸君前；如欲维持大局，衡请先趋以当敌，后一步甘饮诸君之刃，以警为公不力者。全川存亡，在此一举，惟诸君决之。"先是太昭虽未尝领兵而兵士悉信重之，见其言词慷慨，声泪俱下，皆感泣曰："愿以死听命。"太昭遂率兵入城。至北门，一军独留，入庙耳语，太昭恐军心变，下马迫众卒必行。时数人在庙中，王棪之戚与焉，潜与军官商，不欲行。太昭促之曰："衡能驭军，苟反衡意，无济也；必不欲行，衡必督军去。"卒得率兵入城。时已傍晚，住陆军学堂，遣兵四出，士卒多乘乱纵劫，纷杂逃逸，又知饷已尽，无固志，出者十不一返，前之精卒，悉化溃兵。太昭乃监诸卒，拔剑守堂门，令诸将卒毋得出。时城中火起数十处，惟闻人马喧哗，枪炮震击，呼号哀惨，奔逸凄楚之声。军士望气，无不掩泣。太昭家距陆军学堂里许，兵中多劝太昭发一队守家，太昭泣曰："兵不可再发矣，且家孰重于国哉，吾不复念矣。"卒弗遣。乃破仓锁出米食饷军。至夜半孙兆鸾、杨兆锡趋至，曰："破坏极矣，非公出，兵不能复集。"太昭语孙、杨速召诸军，但得不害民，惟命是听。甫曙，遂率诸军入皇城，仅三百人耳。皆掩泣散乱，气不复振。太昭乃入见罗纶，泣不可仰。纶大呼曰："公至极佳，事可为也，此岂楚囚对泣时耶？"乃相与携手出，遍拜诸将，诸将感奋。入视军械局，局器丧失殆尽，守兵因管带逸悉溃，取械者源源来，与守卫兵杂，各任携去，不相距，乱军整军殆无分矣。太昭与纶大号哭，谕以义，乱军悉怪之，咸集而观，排闼破箧者亦皆注目以察其异，倾耳以听其哭。久之，中有感者大呼曰："川事非二公之私，吾辈宁非人乎？"问其人，则守局哨官也。他兵益和之。太昭乃与纶匍匐拜曰："君等诚义士，请出死力守此不可去。"遂就诸乱军编为一队，令此哨官统之，以卫全局，诸将卒听命。乃与纶出，至明远楼，见士卒则拜泣抚慰而收集之。然乱军抢劫不休，城中纷扰，民无瞬息安，呼号震城郭。太昭怆恻誓师，期以必死，众皆泣，军中呼曰："事不济矣，倘尹、罗二公肯出肩重任，吾辈犹能誓死相守；不济则保二公遁，誓死生相从。"太昭泣曰："肯以死卫全川，虽粉骨碎身，无不受命者，惟决死不可作遁耳。"众皆曰："愿奉命。"太昭乃与纶饮泣任都督事。兵士皆知必死，哭失声，傍观者无不人人号泣，哀声震天地。

时同志军闻城中有警，四方蚁聚，一日之间，众至数万。入城则与诸军人哄，遇兵将则凶加殴打，或杀之而取其械以为军人者。于私情则前曾与战，于公罪则今又行劫，非杀之不可。相哄势甚急，军士大乱，怯者思遁，而勇者欲出决死，虽烬城郭弗忌也。太昭以溃走出击，惨祸立见于城中，此必败之道。时都督府设旧皇城内，甚坚密。因分兵为三，以百余人守前后城门，以百余人居中。令严整纪律，虚张声势，戒勿出，出者立死。乃自率二十人，步行冒锋出，兵戈拥挤，锋相触，肩相摩，令从军大呼曰："都督至矣。"众目悉惊注。太昭乃乘间殷勤慰诸来者曰："诸君之来，仁至义尽，凡有血气，莫不感激，衡不敢遣使，谨亲出相迓。"遂拜。众答拜喜谢。太昭慷慨曰："诸君挟公义，奋大勇，来安暴乱甚善，然事不深思，若一贻误，反以增羞。维持之术，请与诸君言之：今日之事，惟以收人心，固兵力，保财产为主。自今日起，凡居城内者，皆骨肉矣。前事不可复追，追则大祸蔓延，靡所底止。却者已赦，怨者已消，收人心也；同志、巡防、陆军联为一体，不复诛求，固兵力也；严禁劫掠，保财产也，三者吾川立命之本。今财空若洗，兵乱殆尽，弱者战散，强者鸱张，再少差池，不可救矣。事若败，以公而言，吾辈安所谓仁义；以私而言，吾辈自亡其身家。且衡提重兵数千居府中，若以击捕，岂所不能？惟见城中不可以再乱耳。"众皆曰："谨遵都督令"。太昭曰："吾已遍告诸路，诸路皆说从矣。咸以白布佩右肘，无者诘之。斗殴杀焚劫鸣铳惊众者，执送都督府，必赏送者而戮之。"时各路初到，未尝谋面，闻太昭言，重其亲迎而悦其说，闻其兵强而瞻其勇，且咸以他路已奉太昭令，故互相警戒，守约不敢犯。有更遣人分布太昭命者，不逾刻而遍城中。太昭终夜巡城，遍历诸同志军及陆军住所，往复开导，城中稍定。太昭乃与罗纶集诸文士军将谋招抚及建设军政府大概。薄暮即亲率二三十人冒乱锋出，令二卒居前百步，作居民装，遇不如约者擒杀之。杀数人而城中益定，兵威初立，多执送违令军卒，太昭奖送者而斩违令者。巡城彻三夜，日讲演数十次，至哑不能声。城中陆军、防军、同志军逾二十万，皆渐就衔勒。

按十八日之变，田征葵、王棪外联匪徒，内煽赵尔丰，勾结巡防军作乱。是日王棪于兵乱之际，在东较场作俑，兵虽乱而赵犹抚兵两营未动，加以自称死勇之亲卫百人，约千余人镇署中，氛甚恶，俨然如敌国。又使人四处招兵，所集兵惟湖广馆最多，众逾千人。太昭兵新集，能供战者不足三四百人，余军初就部署，不能运机柄，无能迎敌。而警报纷集，咸谓湖广馆军及赵军将攻都督，民心震动。太昭知力不敌，且万一接锋，则城中焦土矣，乃率步卒二十人，直抵湖广馆，挥从者退，孤身入，一军悉惊。太昭呼众军环之，谓曰："公等亦知衡之来意否？"曰："不知。"太昭曰："舍死以保四川及诸君身命耳。夫十八之变，向我击铳者，非防军欤？君辈固全然防军也，以势度之，应有击我者，击之而犹来，且令诸君环我，岂复有蝼蚁重命之心哉？顾衡所以不敢爱死者，徒以为全省大局计耳。今诸君家族多在四川，舍此安往？若能卫川卫诸君家，衡以死与诸君共事，不然生死惟诸君命之。"因与谈保川之策，泣数行下，声悲壮震屋，众皆感悟，有泣下者。太昭乃令十九日之罪非全体，不能以有罪累无罪，且令贵整不贵繁，皆赦不咎，拔一末将张鹏舞令统之，军心差定。明日获防军管带朱贤烜、彭寿春于河下，太昭当众军立释之，且以兵授贤烜，于是防军大定。

太昭欲举兵攻赵，则兵未集，欲任其拥兵自卫，则赵军与城中军日以启衅。有谓赵军旦夕焚城，而城中又欲直攻其署，与赵血战者。太昭见势急，惧兵乱再见于成都，必至于元气复亏，不可救药，迫急乃往见尔丰。尔丰陈兵自辕门至内室，皆露刃严备，死士绕室立。太昭乃下骑挥从者尽退，惟与陶泽焜、朱璧彩入，止二将于阶下，独入室见尔丰。尔丰异其无备，太昭因劝尔丰宜速去，尔丰以妻病辞不可；又劝偕以家输兵费，而自宿于都督府，亦不可；又劝其悉解兵宿外舍，亦不可。太昭不得已给之曰："衡来，为四川大局，亦为公耳。夫国之所恃以立者信也，衡约信不爽，用能安众心而维乱局。今川省之信，未有大于蒲伯英与公西藏之约，微特全川，天下共闻之矣。蒲、尹皆川都督，有约应共守之，以示无失信，借安反侧，此衡所以来也。然遣使不足以见重，今衡子身立公刀俎下，死生惟公决之，岂敢有他。"尔丰曰："此意良是，伸约奈何？"太昭曰："伸约者，去其破约之端，而筹如约之法耳。"尔丰曰："谁将破约？"太昭曰："公祸不旋踵，身且不保，何约之能践？"尔丰曰："何谓也？"太昭曰："人之所以能自全者，除内自固而外解敌，岂有他道哉！公敌满全川，何以解之？又无死士，何以自固？此必败之道。衡不敢面谀于前，而误大事，公其图之。"尔丰曰："余实无罪，众怒亦何必解，必相迫，惟率兵与决死耳。"太昭曰："公安所得决死之兵哉？自古之能与众死者，惟以德相结，势相迫，利相聚耳。今公被独夫之名，而欲与田横、张巡比隆，此不内顾其德也；满廷已亡，军纪解纽，向公无封爵之荣，背公无斧钺之罚，而欲以朽索驭众，此不内顾其势也；财赏有穷时，人心无厌极，予夺之权在人，怀璧之罪且及，而欲以象齿为饷源，此不内顾其财也。舍此三者而能用众，千古所无，公岂他有奇计哉，抑自甘于丧亡耳。且公所部多川人，日闻其所亲之言，心动于中，势多于外，一枪发声，舟中皆敌，以此抗全川，譬如恃孤羊御群虎也。衡理至言直，惟公图之。"尔丰曰："计将安出？"太昭曰："衡能助公，一举而三者悉得矣。"尔丰曰："奈何？"太昭曰："今公集兵于庭，衡与公训之，令人知公有功而无过，则外无怨矣。夫争路之意，出自政府，而让位之语，公实专断，过有攸归，功则独任，理直气壮，谁敢犯者。衡一宣言，外为公解敌雠，内为公固党羽，此助公者一也。保公者所以践川人之信，是为川也，非为公也；是川都督之令，非公之私，亦非诸将士之私也。如此，微特公，都督将奖之，不如此，微特公，都督将罚之，则公有势矣。此兵既非公所私，则饷需皆应自川出，保公一载，川省出一载之饷，保公十载，川省出十载之饷，是公有财矣。内外一心，公安于磐石，衡亦不为负公之人，而践四川之约矣。成败利钝，请立决之。"赵悦，乃令兵集于庭。太昭以与赵语告军士，既而曰："诸君不弃，无势无饷，无可倚赖之旧长官，义侠之气，诚堪佩服。然全城皆归都督，而诸君犹冒全川之不韪，俨然居督署中，外人不知，皆以诸君为敌，则祸不旋踵矣。今我特来与诸君接，使人知诸君仍是四川兵，仍食四川饷，不过奉都督令保赵公耳，是衡一举使诸君有所托也。"语中隐谓赵不可倚，倚之死且有罪，惟川都督可终始同生死也。军中感答曰："敬闻命矣，以后惟都督令是从。"于是赵安心以待死，而其军亦心向汉矣。太昭出，闻者莫不胆寒，赵氛稍静，而满汉交哄之说日益加激。太昭度满人非必死，无斗心，遂单骑入城，说以时局及应行保护之义，指天日誓之，内城人士夹道欢呼，城中大安。乃大宴诸路同志军，亲往譬说。守兵误触炮机，击毙同志军人，时府中兵尚未集，同志军大哗，集兵欲攻都督府，环铳指府门，府中人惊走，太昭乃挺身挡枪出，大呼丛众中，令悉解，众亦遂解。时虽稍安静，而稚军不习纪律不可用，同志军填城巷又不能散，乃令宋学皋收十七镇陆军，孙兆鸾收集巡防各军，彭光烈择同志军之强而有功者，收而驭之，以镇其余，太昭自将精兵五百，日夕训军士，设勋赏以解同志军，诸渐就绪。

二十九日，谍报赵逆潜召其党傅华封将至，太昭令华封仍守边，华封不受命，进兵逼向邛、雅。又得旅滇缄云，滇军将大举入川，以诛赵逆为名而心叵测。太昭知赵不去，华封兵至，必克成都，继以滇军外来，川军必内溃，祸且莫极，乃昼夜训兵，编列行伍而申警之，军渐可用。十一月初二，太昭新婚期也。太昭停娶期，夜与罗纶谋，二鼓召诸将之有实兵而所部多旧卒者，周骏、宋学皋、唐廷牧、黄泽溥、赵内森、龙绍伯、王祎昌数人。太昭令朱璧彩守府门，令都督府非有命不得出。于是出袖图十张，与诸将谋，犹有疑者，太昭曰："死生存亡，决于今日矣。"乃绘兵于图，环督署而阵，各于衢头设兵四层，左右户皆有伏，绝赵去路，令此兵惟固守不得进战，惟通下莲池一线路，兵只伏左右户，衢头不设兵，而置锐卒一队于半边街，令陶泽焜统之，以为攻入队。乃与罗纶分住东西，罗纶、周骏率炮兵阵于东，约黎明举炮，太昭、宋学皋、王祎昌率步兵阵于西，为夹攻势。令毕，各就守地。众约二千人，监衢人不使通行。太昭乃令诸军曰："今夜只坚守屯兵地，不得越一步，违者按军法。"恐多兵混战，起城中之惨祸也。他军不知所为，悉严守太昭令不动。夜静四围寂无声，太昭抚陶泽焜背曰："不得尔丰，无相见也。"泽焜在病中，跃起受命。乃命泽焜等分兵趋西辕，令闻炮十发，即冲锋入署，五鼓与赵署中军函曰："余以精兵数万围督署，虽金铁之躯，不能得间隙而出，所仇惟赵逆一人，无与诸军事，已归汉，衡必保诸君。用敢泄机相告，诸君能生获赵逆，将以二万金为诸君寿，不然则率所部从下莲池出，不相害也。"诸将士得缄，不知所之，而东城炮声震如雷，署中军伍方踟躕，而陶泽焜率所部数十人踰墙入，署中兵无斗者，悉如太昭命引去，尔丰拔剑出阻军，军不听命，太息返室，遂获尔丰。至府门，尔丰谓太昭曰："余何罪于公？"太昭曰："公得罪于四万万人，我非四万万人之一乎？"乃立赵于明远楼下，谓观者数千人曰："衡代诸君擒贼，所以不先告者，恐泄机，事不济耳，今以生杀付诸君，惟诸君决之。"众皆呼杀，声震屋瓦。乃令陶泽焜取赵所佩刀戮赵，持其首以徇。至中衢，尔丰死士张得魁狙击太昭，毙一骖一卒，伤一卒，太昭乘小马善惊，逸跳奔驰得免。明日复巡城，有阻之者，太昭曰："狙击之死，不犹逾于被仇受戮哉？今日不出，兵不可令矣。"巡阅如初。

　　五日，太昭与诸将谋："内城旗兵，眈眈其视，恐为变，不然则将自贾祸。"乃令诸军围其城，遣辩士说之曰："不缴兵器，全城屠戮矣。如悉弃兵驯服保卫下，誓将爱护如汉人。"内城不得已尽缴器，太昭拨旗饷安之，不戮一人，内外欢呼。客省官吏之与民有恶感者，太昭封其室以兵守之，及乱兵定而后去其封，故多所保全。城中同志军不能尽解，太昭日与交涉，亲酌酒飨之。然有犯令者、贪狡者、恃强不服者、扰害闾阎者，悉捕治之，斩数领首而军令行。又择有功而守兵律负众望者，成军以镇其余。凡成军必亲自演说，授以军律，乃自为五训文以教军。初六日，傅华封警报迭至，势盛撼山岳，城中一日数惊，民多畏逸。太昭内加精卒，昼夜分巡城郭，增城守。又遣赵内森率兵一标往击之，太昭亲送行，令军士有乱纪或退却，则后列斩前列，曰："乱纪退却，非我类也。"诸兵士听命。行二日，闻华封兵盛，太昭欲自往，众恐城中摇动，力阻之。太昭乃遣彭光烈、侯国治率所部三千人继进，傅前与赵有约，进甚锐，至邛闻赵诛，却军四十里。时太昭军虽集，不能用武器，戒诸将曰："战时列新军于后，令监旧军，而以旧军战，不胜，勿令其返。"赵内森至邛，战稍利，傅贼先锋降，彭、侯军继至，三战三捷。贼退据雅城，围攻之，二日克之，执华封以归。华封泸州人，太昭释之，以为筹边局顾问。悉调其兵住府内，为左右护，而易其官弁。诸将以为危，太昭曰："推诚则疏远亦骨肉矣，且方今之敌可胜防乎？

多防多敌，后将谁用？"卒住之府中，兵士果有不服所易官弁及要求加饷者，太昭乃夜立其军于堂下，语之曰："我所以住诸君子肘腋下者，免他军疑诸君害诸君，亦自明相待之诚也。余之舍死，实卫诸君家，同是川人，岂无良心？去官置官，惟好是从；加饷减饷，惟力是视。诸君初归汉，无寸功，遽欲以怨报德，衡窃寒心。"众皆感激听命。

时省城外盗贼纵横，太昭乃与执政议，遣宣慰使五道，或将千人，或数百人，绥靖地方。城中存款不过数万，将发军饷而苦无出，乃与罗纶集富绅于铁路公司商借款，富绅无踊跃者，所捐不过二万金。太昭泣谓罗纶曰："事难至此，公归理政，余昼夜训军，军能与我死，则无款不为害。"乃出遍训军士曰："昔张睢阳军食茶纸不变，夫睢阳奉唐室昏主而军心如此，今大汉光复，群贤共知，暂时缺饷，终当补给，诸君能守则誓饥寒无悔，不能守衡不复能为四川力矣。"众皆曰："惟都督命是听。"多捐饷者。太昭复昼夜巡城郭以定众心。军士获刺客张德奎，太昭数之曰："所事非人不明，以私害公不义，然不为势盛阿新人，不以势衰弃旧主，亦加人一等，可为今人法也。衡行罚虽严，不敢重私仇而轻义士。"释其缚予以金而遣之。得奎不行，誓以死报，遂留之，人服其义。由是语同志军，令销去会党公口，毋贻外人笑。又令杨维查会党汉流悉撤之，有改社会团体者。

腊正之交，滇军已三路入渝，据叙、泸、自贡一带，更置官吏，取财赋，杀豪杰。太昭谓众曰："此与傅、赵有别，不当与战。夫南北之局未定，而内室操戈，何以奠中国？"三遣重使往劳，不报；以牛酒犒之，亦不报，益假辞进兵。太昭欲单骑入滇军，为众所阻，又欲自将其军，压境上与滇军交涉，众亦不许。乃自勒精兵三千为后劲，而令周骏、孙兆鸾、王裿昌将兵万余，分三道拒滇军，戒无战。集滇人于云南会馆，谓之曰："今我疮痍初起，滇军欲乘危取利，虽妇孺亦当发指，愿与决死，况衡天下之烈丈夫乎？惟战衅一开，微特川省受害，滇亦构莫大之危。万一因此坏汉业，谁任其咎者？破滇川，残同胞，不义。昌衡岂因无知之小人而败中国之大局？且衡此次反正，对于外省满人，皆如一体，皇天后土，实所共鉴，诸公何以解之？"言毕泣数行下，气噎不能声。滇人感愤，愿自选代表入滇军。时胡景伊自滇军归，太昭郊迎之。明日集众谓之曰："衡初出即遍告同胞，谓己意在决死，克则布衣归田，败则身首受刀斧，明文尚在，口血未干，所以不即行引退以践信者，徒以军界中无声望如衡者，不足统驭，终遭祸变也。胡君才雄望重，衡请为之执鞭，使衡得践前言，退而以死维大局，则此心可共谅矣。"让再三，众弗许，乃令胡君为滇川交涉全权使。滇川协议成，令胡景伊充军团长，统辖全川诸路军，水陆悉属之。

时成渝尚分立，太昭欲合渝，自将兵三千，将发，为众所阻，曰："渝中人知义。太昭曰："衡所以往者，非与战也，观其治则让之，乱则取之，无徒苦吾桑梓为也。"众不可，又欲简从赴渝，亦为众所阻。乃以张治祥为全权使，以联合成渝。条约成，张培爵至资州，电让太昭为正都督。太昭以大局所关，询谋佥同，勉从命。正月二十，太昭始行亲迎礼。二十二，就四川正都督职，张培爵副之。为政和衷，好善信贤，用能致治。然性不羁，纵酒狂歌，声色自娱，间有瑕疵。为都督后，狂纵如初，民间有责言。太昭曰："此固不害，必欲相强，为大局计，不能不顺舆情。"遂作十诫文以自罪，谨秩异常人矣。

太昭为人光明磊落，有古人风，为下僚时厚结士卒，而凌傲权贵，善言论，多奇思，义侠慷慨，果敢严肃，宅心至公，待人极诚，好学不倦，遐思出尘，器量甚大，非仅区区四川都督所能尽其用也。

幼铭氏曰：余与太昭无半面识，前以郭隗见待，延揽入幕，聆其幼年琐事甚晰。与之上下议论，辨古今事当否，益服其宏识孤怀，跨越等伦，自愧弗逮远甚。去岁事局糜烂，公私扫地赤立，其抚绥枝拄，视古名将相，未审相去何若。而使古人当此，恐欲求过其所为者盖寡。方是时，兵叛帑空，芬芬泯泯，蚁聚蜂腾，骤欲为之爬梳，无异以赤手障狂澜，虽赡智勇者当亦逊谢不敏。窃观历史伟人纪传，半皆由后追述，而乱世崩离，载籍残阙，或遗老尽矣，文献无征，略而不详，虚而无据者，何可胜道？今太昭摧陷廓清，其功烈固赫赫照人耳目，特虞事往迹陈，渐渐渐灭，如春秋三世之例，所见异辞，所闻异辞，所传闻又异辞，此子舆氏所以有尽信书，不如无书之慨也。故将其荦荦可传者，仿昌黎韩氏为何蕃立生传之体，特笔书之，抑冀其猛加惕励，愈扩前勋，且以储信史之资焉。世有因此而误会者，或微讥或显诋，余固不屑屑然为之辨。

（《尹太昭小传》单行本，第1~15页。无出版单位、地点和时间，但从其所论尹昌衡事迹止于1912年三四月看，大体可推定撰于此时；又见《四川辛亥革命史料》下，第221~232页）

附录二 尹昌衡传①

刘石甫

第一章 绪论

清政专横，汉族陵替，二百六十余年于兹矣。热心爱国之士，莫不吞声切齿，奋袂攘臂，欲群起而仆［扑］彼政府，恢我汉京。无如上之则受困于君权，下之则见逼于官势，人权斫丧，民气不伸，国政亦因而大敝。安得有人焉，起而开四千年障碍之先河，作四百兆文明之导线，而为吾同胞一请命者。幸哉，幸哉！天不使二十世纪黄帝神明之中国，伈伈□□，长埋没于凄风苦雨，犬羊腥膻之世界，而俾西欧大陆自由革命之风潮，日发发烈烈以冲激，旋撼震荡于我祖国。而我二万里之河山，四百兆之民庶，至今日而始得从黑暗乡中放大异彩，以炫耀于全球万国而超登其舞台。若此者何如人哉？岂非我今日龙拿虎躢之英雄，文经武纬之豪杰，慷慨激昂之烈士，与夫百战三军之健儿，有以收其功而竣其业哉！远者吾不具论，吾惟论我最亲爱最密切最欢垂最崇拜之尹昌衡。

尹昌衡何如人哉？吾以为革命声中之骁将也，披荆斩棘之健儿也，满清之劲敌而西蜀之长城也，乱世之人豪而治世之长才容有未逮也。吾蜀之有尹昌衡，犹意大利之有加里波的，英吉利之有克林威尔也。有尹昌衡则生，无尹昌衡则死；有尹昌衡则乐，无尹昌衡则忧；有尹昌衡则蜀虽乱而可平，无尹昌衡则蜀虽安而亦殆。何以故？以无尹昌衡之真智谋、真胆气、真热诚、真魄力故。

大刀阔斧，开辟事业，此尹昌衡之才也；冒险犯难，轻生赴敌，此尹昌衡之胆也；除凶抚叛，机变横生，此尹昌衡之谋也；刚毅果决，百折不挠，［此］尹昌衡之气也；披肝沥胆，推心待人，［此］尹昌衡之诚也。尹之所

---

① 据《武昌起义档案资料选编》编者说，此件为湖北革命实录馆1913年1月19日收到的铅印单行本小册子。

以过人者在此，吾之所以爱尹慕尹而崇拜尹者亦在此。

风声鹤唳之西蜀而忽现一尹昌衡，是尹昌衡之于我全蜀关系为不少也。当是时也，全城鼎沸，满地风［烽］烟，盗贼横行于郊原，商旅萧条于行路，农夫辍耕于陇亩，工师废业于市廛，人民有锋镝之危，官绅遭劫杀之惨。加以内之则赵贼之奸未除，外之则友邦之情未洽。财匮兵单，势微力薄，火燃眉睫，祸不须时。向微尹昌衡，吾恐已乱之人心未易收除，而凋敝之西川难于坐镇也。然则吾蜀今日得享共和民国之自由幸福者，谓非尹昌衡之功，而谁之功欤？此而不传，曷贻来者。不揣冒昧，谨缀斯文。后有继尹而起者乎，是则余之所馨香祷祝而引领延望者矣。是为传。

第二章　少年游学之尹昌衡

尹昌衡，字硕权，蜀天彭人。母刘氏孕十三月而生。昌衡岐嶷异常，儿性颖悟，好读书，有大志。家贫就外傅，无寄食资，恒以囊饭随身，虽饥寒，攻苦不少息。年十七，干躯魁伟，见国事方殷，非讲武不足以定乱。乃入四川武备学堂，恒夜读过时，屡为校师所罚。乃造暗灯，凿孔出一线光，照读帱中，帱顶尽黑烟，积若釜底。

校师曾瀛试其文，有"目空廿四史，胸聚数万兵"之句，大奇之。遂以冠多士，因得选日本留学，习陆军。惟不好艺术，暇辄研经子史，思精力厚，于理悉见其邃。常译哲学家言，尤慕老庄，知乐天之趣，作《圣私篇》以自广。其为文章诗歌，慷慨壮烈，肖其为人。嗜伟人传成癖，恒置案头，读之兴到，则轩然起舞，有锐身自任之慨。毕业后，例应见习。同学派往他道，昌衡所派北海道，为日本最苦瘠地。昌衡怡然就之，借以习劳苦，炼身体，其志盖益壮矣。

第三章　归国不遇之尹昌衡

先是广西巡抚张鸣岐，闻昌衡贤，延之入粤。昌衡思利用鸣岐，乘间革命，应聘往。所历悉有声，尤刚正，录士极严，虽亲贵无敢以私进者，桂林一时有铁面将军之目。然使酒纵欲，亢傲不羁，每面侮鸣岐。鸣岐不能容，令居署中译兵书。王芝祥见而大奇之，曰："此上将材也。"厚待之。颜楷亦异其才，约为婚姻。数以策干鸣岐，鸣岐终不用，遂辞归。作歌中流，伤时疾俗，其辞曰："瞻大陆之岌岌兮，卵既垒于危巢，心恍恍而怀骚兮，行踽踽惟太昭。余既鸿洞而太虚兮，胡为乎忉忉？吁嗟阿衡之任兮，徒心苦以形劳，众浊浊其不余若兮，归西山而自高。呜呼，悲矣。"

夫古今圣贤豪杰，抱济世之才，奔走风尘，数奇不偶，若仲尼、子舆，若屈原、贾生者，比比然也。英雄老大，日暮途穷，若昌衡者是耶！非耶！左太冲云："郁郁涧底松，离离山上苗。"千古铁血男儿，同声一哭。

第四章　归蜀后之尹昌衡

昌衡既归蜀，任编译科科长。尝于秋季演习中充审判官，指论军阵得失，叱显贵如小儿，军界无不惮其严而服其能。

赵尔巽将去蜀，集文武大阅，谓众曰："川镇已成，可以贺矣。"昌衡毅然出列，曰："此可吊耳，奚用贺为？夫练兵，必先选将。公用人不公，所举无知兵者，用民脂膏，徒虚糜耳。尔巽怒曰："谁知兵？"昌衡曰："衡将魁也。必求其次，则周道刚可。"尔巽益怒。昌衡曰："余为公愤，非毛遂也。"由是见忌，归国二年，纯事编著，故军学愈进，著《将学大观》十余篇。

王人文重其才，深相结，委充编译局总办，旋改教练处会办。所御下僚兵士，咸亲附之。

昌衡见国事日非，不欲问世，益好读书。榜其门曰："三余不废学，一官聊代耕。"由是杜门谢宾客。

第五章　革命及戡乱之尹昌衡

尹昌衡者，革命巨子也。其投身武备也，以革命；其学成入粤也，以革命；其不遇回蜀也，亦以革命。盖其处心积虑，无一日不有革命二字横于胸中也。虽大艰难大险阻所不辞，冒锋镝赴汤火所不避。要之，民国成立以前之尹昌衡，固纯然以革命为生涯之尹昌衡也。

初，昌衡留学日本，与刘存厚、唐继尧等十余人，组织秘密会，以粤、蜀、滇、黔为边远之区，地势险固，思取之以为革命根据。乃约毕业后，分道进行，乘隙举事，首尾相应。昌衡入广西，不能得志，乃返蜀。会路事变起，赵尔丰逮蒲殿俊、罗纶诸人。昌衡闻之，急入督署，为田征葵所阻。忿甚，欲刀刺尔丰。其舅劝曰："汝岂值与尔丰易哉！"遂归，寝疾不出。

是时，全城戒严。昌衡于军界有重名，尔丰忌甚，日夕令数逻从之，然恐动军心，不敢即捕治。时，战局遍郊野，民不得安，因强起见尔丰曰："事不可为，诸将非干事材，衡请率数十人为公安此土，免人民之颠沛也。"尔丰不许。又曰："必见疑，衡请单骑出，筹战抚必当。"尔丰益忌，特加逻，并通饬不准出城门一步。嗟夫！此时之尹昌衡，直笼中鸟耳。危机日迫，手无寸柄，虽有雄才，安所用哉。

抑尹昌衡之投间［闲］，殆天之所以养其晦而有待也。时乱日剧，全城学校，无文武均瓦解。陆军学校总办姜登选被辱去，诸将无敢承其任者。尔丰乃启昌衡。至则召集诸生，不加约束，惟纵谈晓以大义。悉悦不欲去，因召之饮。语曰："今大局如此，诸生愿爱其国乎？"曰："愿。"曰："愿自爱而勉为将乎？"曰："愿。"曰："然则非悔前愆守纪律不可。"于是，诸生悉自悔，校规一振倍于平日。一城之内，独存此校，亦异帜也。尔丰又忌之，迫令缴枪。昌衡曰："陆军学校之有枪，校则也。请奏改定章，去兵操，乃奉命。"尔丰不能屈。

东方欲白，鸡乃告鸣；风雨欲来，月乃先晕。鄂军起义，大局震动，尔丰焰稍戢。时哉，时哉！昌衡乃日出会诸将，议私召兵，川军多附。然诸川将故无实兵，因未集。十月三日，昌衡至商会，闻川人谋独立，惊曰："殆哉！叶荃、王铸人必反，成都非其敌也。"遂即会所假金遣封瑞等，潜入叶、王军，说其军士，激以公愤，使悉从川将令，勿为叶、王用，如获罪，任其咎。归即令学堂解散，遣校中诸将入诸军，使军内向，叶、王果不能用，其军皆溃。

当未反正时，川人谋推蒲殿俊为都督，军中多不服。有谋即举事焚督署而拥昌衡者，不许。然维持甚力，恒集诸将，谋复汉保川之策。

十月初七日，四川宣布独立，蒲殿俊为正都督，朱庆澜为副都督。诸将复欲以昌衡为陆军总长，请于都督曰："非尹公出，兵将不可令矣。"不允，请益坚，至群集相迫，日数往。延五日不决，军政大紊。不得已，遂以为陆军部长。受命即起，见势已迫，所信惟新军，然皆远散；巡防军则素不相识，往见既无时，召之又不至。乃自设宴，悉邀防军诸将弁饮，至者仅十之一，晓以公义，令各劝其所部向汉，皆感动。

初，田征葵、王棪等，欲以防军作乱，劝朱庆澜悉召防军入城，令新军外戍。防军入者三四千，而陆军之住城者不足一营。昌衡与诸将约，各调所部入城，庆澜阻之。昌衡议划一军政，与庆澜商不谐。庆澜以昌衡排己。昌衡曰："衡之心有如皎日，于大局苟有济，虽护公终富贵可也。至以一人私坏天下，则万不敢爱死以相阿护。"言毕，拊膺号哭。昌衡既与庆澜不合，犹日夕单骑入其军不戒，其大略类如此。

十月十八日，蒲、朱集防军于东较场，简较士卒。昌衡先至，防军至者十三营，遽哗求加三月饷。昌衡语以国帑空虚，军人以爱国为心，勿以金钱为计，策马历诸营遍谕之，声嘶气结，军始定，乃得简较。将毕，最后来一营大哗，蒲、朱令昌衡往谕。甫行十余步，兵遽发铳。蒲、朱逸，昌衡急随之，不得马，追兵急，昌衡趋几蹶，忽所乘坐马溃围绝缰奔至，遂力跃上马，马逸不能止。行数十步，欲以马让蒲而急不能得，将返觅，追兵亟发枪，乃策马赴凤凰山。

是时，凤凰山之军周骏统之。昌衡乃与周骏集诸军而告之曰："天不佑蜀，大祸迭起，阖城屠戮，满目疮痍，吾等父兄子弟妻孥戚族，均将颠沛流离，不得保有生众矣。"因大哭，众亦哭。有顷，复谓众曰："此妇人态耳，曷顾尔手，尔手之枪无恙也。"众又悲壮，乃拔剑曰："有此众可战矣。今日衡誓死，诸君不听命，则请死诸君前。如欲维持大局，衡请先趋以当敌。否则甘饮［诸］君之刃，以警为公不力者。全川存亡在此一举，惟诸君决之。"众见其言词慷慨，声泪俱下，皆感泣曰："愿以死听命。"遂率兵入城，至北门，一军独留，入庙耳语。昌衡恐军心变，下马促众行。时，数人在庙中，王棪之戚邓薿与焉，潜与军官商不欲行。昌衡谓之曰："衡能驭军，苟反衡意无济也。必不欲行，衡必督军去。"卒得率兵入城，时已傍晚矣。

昌衡既入城，住陆军学堂，遣兵四出守资财军械，多乘乱纵劫，又知饷已尽，无固志，出者十不一返。前之精卒，悉化溃兵，所余仅四五百人。昌衡乃监诸卒，拔剑守堂门，令诸将卒毋得出，出则斩之。时，城中火起数十处，惟闻人马喧哗，枪炮震击，呼号哀惨之声。昌衡家距陆军学堂里许，有劝其发一队守家者。泣曰："兵不可再发矣，且家孰重于国哉！吾不复念矣。"卒弗遣，乃破仓锁，出米食饷军。夜半，孙兆鸾、杨肇锡趋至，曰："破坏极矣，非公出，兵不能复集。"昌衡乃命孙、杨，速召诸军，但得不害民，惟命是听。

天甫曙，昌衡率诸军入皇城。至，仅余三百人耳。皆掩泣散乱，气不复振。昌衡遂入见罗纶，泣不可仰。纶大呼曰："公至极佳，事不为也。此岂楚囚对泣时耶？"相与携手出，遍拜诸将，诸将感奋。入视军械局，局器丧失殆尽。守兵因管带逸，悉溃。取械者源源而来，与守卫兵杂，各任携去不相拒，乱军、整军殆无分矣。昌衡与纶大号哭，谕以义。诸军悉怪之，咸集而观。排闼破箧者，亦皆注目以察其异，倾耳以听其哭。久之，中有感者大呼曰："川事非二公之私，吾辈宁非人乎！"昌衡与纶亟拜之，问其人则守局哨官也。他兵益和之。因谓曰："君等诚义士，请出死力守此，不可去。"遂就诸乱军编为一队，令此哨官统之，以卫全局，皆听命。乃与纶出至明远楼，见士卒则泣拜抚慰而收集之。然乱军抢劫不休，城中纷扰，民无瞬息安，呼号震城郭。昌衡怆恻誓师，期以必死，众皆泣呼曰："事不济矣，倘尹、罗二公肯出肩重任，吾辈誓死相守，否则保二公遁耳。"昌衡泣曰："肯以死卫全川，虽粉骨碎身无不受命者，惟决死不可作逃遁耳。"众皆曰："愿奉命。"昌衡与纶饮泣任都督事。

昌衡既任都督，时同志军闻城中有警，四方蚁聚，一日之间众至数万，常与诸军哄，或杀之而取其械。军心大乱，怯者思遁，而勇者欲出决死，虽烬城弗忌也。昌衡以溃走出击，惨祸立见。时，都督府设旧皇城内，因分兵为三，以百余人守前后城门，以百余人居中，令严整纪律，虚张声势，戒勿出，出者立死。乃自率二十人步行冒锋出，道遇炮兵一队由南门入，众遽哗，疑为敌，欲拒之。昌衡急趋前，问所自来，则叶荃所部也。问其故，则云：叶荃宣布独立，起兵攻成都，是以众弃之而来归也。昌衡殷勤慰之，住诸府中。见同志军入城者，填衢溢巷，兵戈拥挤，锋相触，肩相摩，令从军大呼曰："都督至矣！"众目悉惊注，昌衡乃乘间慰诸来者曰："诸君之来，仁至义尽，凡有血气莫不感激。衡不敢遣使，谨亲出相迓。"遂拜，众答拜。复曰："诸君挟公义，奋大勇，来定暴乱，甚善。然事不深思，若一贻误，反以增羞，请与诸君言维持之术。今日之事，惟以收人心，固兵力，保财产为主。自今日起，凡居城内者皆骨肉矣，前事不可复追；追则大祸蔓延，靡所底止。劫者已赦，怨者已消，收人心也；同志、巡防、陆军联为一体，不复诛求，固兵力也；严禁劫掠，保财产也，三者吾川立命之本。今财空若洗，兵乱殆尽，弱者涣散，强者鸱张，再少差池，不可救矣。事若败，以公而言，吾辈安所谓仁义；以私而言，吾辈自亡其身家。且衡提重兵数千居府中，若以击捕，岂所不能，惟见城中不可再乱耳。"众皆曰："谨遵都督令。"昌衡曰："吾已遍告诸路，诸路皆悦从。咸以白布佩右肘，无者诘之。斗殴、仇杀、焚劫、鸣铳惊众者，执送都督府，必赏送者而戮之。"

时，各路同志军初到，闻昌衡言，重其亲近而悦其说，闻其兵强而瞻其勇，且咸以他路已奉昌衡令，故互相警戒，守约不敢犯，更遣人分布昌衡令，即便兄呼昌衡，不逾刻而遍城中。

昌衡终夜巡城，遍历诸同志军及陆防军住所，往复开导，城中稍定。乃与罗纶集诸文士军将，谋招抚及建设军政府大概。薄暮即亲率二三十人冒乱锋出，令二卒居前百步，作居民装，遇不如约者擒杀之，杀数人而城中益定。巡城彻三夜，日讲演数十次，至哑不能声。城中陆防军及同志军逾二十万，皆渐就衡勒。

按十八日之变，田征葵、王棪外联匪徒，内煽赵尔丰，勾结巡防军作乱。是日，王棪于兵乱之际，在东较场作俑。兵虽乱而赵犹抚兵两营未动，加以自称死勇之亲卫百人，约千余人镇署中，氛甚恶，俨然如敌国；又使人四处招兵，所集兵惟湖广馆最众。昌衡兵新集，能供战者不足三四百人，余军初就部署，不能运机柄，无能迎敌，而警报纷集，咸谓湖广馆军及赵军将攻都督，民心震动。昌衡知力不敌，且万一接锋，则城中焦土矣。乃率步卒二十人，直抵湖广馆，孤身入，一军悉惊。昌衡呼众军环之，谓曰："公等亦知衡之来意否？"曰："不知。"昌衡曰："舍死以保四川及诸君身命耳。夫十八日之变，向我击铳者，非防军欤？君辈固全然防军也，以势度之，应有击我者，击之而犹来，且令诸军环我，岂复有蝼蚁重命之心哉！顾衡所以不敢爱死者，徒以为全省大局计耳。今诸君家族多在四川，舍此安往？若能卫川，卫诸君家，衡以死与诸君共事，不然生死惟诸君命之。"因与谈保川之策，泣数行下。众皆感悟，有泣下者。昌衡乃令，十九日之罪非全体，不能以有罪累无罪，且令贵整不贵繁，皆赦不咎。拔一末将张鹏舞，令统之，军心差定。明日，获防军管带朱贤烜，彭寿春于河下。昌衡当众军立释之，且以兵授贤烜，于是防军大定。

昌衡欲举兵攻赵，则兵未集。欲任其拥兵自卫，则赵军与城中军日以启衅。有谓赵军旦夕焚城，而城中又欲直攻其署，与赵血战者。昌衡见势急，惧兵乱再见于成都，必至于元气复亏，不可救药，乃往见尔丰。尔丰陈兵自辕门至内室，皆露刃严备，死士绕室立。昌衡下骑，挥从者尽退，惟与陶泽焜、朱璧彩入，止二将于阶下，独入室见尔丰。尔丰异其无备。昌衡因劝尔丰宜速去，尔丰以妻病辞，不可。又劝伴以家输兵费，而自宿于都督府，亦不可。又劝其悉解兵宿外舍，亦不可。昌衡不得已，绐之曰："衡来为四川大局，亦为公耳。夫国之所恃以立者，信也。衡约信不爽，用能安众心而维乱局。今川省之信，未有大于蒲伯英与公。西藏之约微特全川，天下共闻之矣。蒲、尹皆川都督，有约应共守之，以示无失信，借安反侧，此衡所以来也。然遣使不足以见重，今衡子身立公刀俎下，死生惟公决之，岂敢有他。"尔丰曰："此意良是。伸约奈何？"昌衡曰："伸约者去其破约之端，而筹如约之法耳。"尔丰曰："谁将破约？"昌衡曰："公祸不旋踵，身且不保，何约之能践。"尔丰曰："何谓也？"昌衡曰："今所以能自全者，除内自固而外解敌，岂有他道哉！公敌满全川，何以解之？又无死士，何以自固？此必败之道，衡不敢面谀于前而误大事。"尔丰曰："余实无罪，众怒亦何必解。必相迫，惟率兵与决死耳。"昌衡曰："公安所得决死之兵哉？自古之能与众死者，惟以德相结，势相迫，利相聚耳。今公被独夫之名，而欲与田横、张巡比隆，此不内顾其德也。满廷已亡，军纪解纽，向公无封爵之荣，背公无斧钺之罚，而欲以朽索驭众，此不内顾其势也。财赏有穷时，人心无厌极，予夺之权在人，怀璧之罪且及，而欲以象齿为饷源，此不内顾其财也。舍此三者而能用众，千古所无，公岂他有奇计哉？抑自甘于丧亡耳。且公所部多川人，日闻其所亲之言，心动于中，势夺于外，一枪发声，舟中皆敌。以此抗全川，譬如恃孤羊御群虎也。衡理至言直，为公图之。"尔丰曰："计将安出？"昌衡曰："衡能助公一举而三者悉得矣。"尔丰曰："奈何？"昌衡曰："今公集兵于庭，衡与公训之，命人知公有功而无过，则外无怨矣。夫争路之意出自政府，而让位之语公实专断，过有攸归，功则独任，理直气壮，谁敢犯者。衡一宣言，外为公解敌仇，内为公固党羽，此助公者一也。保公者所以践川人之信，是为川也，匪为公也。是川都督之令，非公之私，亦非诸将士之私也。如此微特公都督将奖之，不如此微特公都督将罚之，则公有势矣。此兵既非公所私，则饷需皆应自川出，保公一载，川省出一载之饷，保公十载，川省出十载之饷，是公有财矣。内外一心，公安于磐石，衡亦不为负公之人，而践四川之约矣。成败利钝，请立决之。"赵悦，乃令兵集于庭。昌衡以与赵语告军士，既而曰："诸君不弃无势无饷无可倚赖之旧官长，义侠之气，诚堪佩服。然全城皆归都督，而诸君犹冒全川之不韪，俨然居督署中，外人不知，皆以诸君为敌，则祸不旋踵矣。今我特来与诸君接，使人知诸君仍是四川兵，仍食四川饷，不过奉都督令，保赵公耳。是衡一举，使诸君有所托也。"语中隐谓赵不可倚，倚之死且有罪，惟川都督可终始同生死也。军中感答曰："敬闻命矣，以后惟都督令是从。"于是，赵安心以待死，而其军亦心向汉矣。

维时满、汉交哄之说日激。昌衡度满人，非必死无斗心。遂单骑入内城，集城中人说之曰："仁者不杀，大道博爱。衡虽志在革命，绝不多杀无辜也。"指天日誓之，皆夹道欢呼，城中大安。

翌日，昌衡大宴诸路同志军，亲往譬说。守兵误触炮机，击毙同志军人。时，府中兵尚未集，同志军大哗，集兵欲攻都督府，环铳指府门。府中人惊走，昌衡乃挺身当枪出，大呼丛众中，令悉解，众亦遂解。

当是时，稚军不习纪律，不可用。同志军填城巷又，不能散。昌衡乃令宋学皋镇陆军，孙兆鸾收集巡防务军，彭光烈择同志军之强而有功者，收而驭之，以镇其余。自将精兵五百，日夕训练，设勋赏以解，同志军诸〔逐〕渐就绪。

二十九日谍报，赵逆潜召其党傅华封将至。昌衡令华封仍守边。华封不受命，进兵逼邛、雅。又得旅滇缄云："滇军将大举入川，以诛赵逆为名，而心巨〔叵〕测。"昌衡知赵不去，华封兵至，必克成都；继以滇军外来，川军必内溃。乃昼夜训兵，编列行伍而申警之，军渐可用。

十一月初二日，昌衡新婚期也。昌衡阳设备而阴改其期，夜与罗纶谋，二鼓召诸将之有实兵而所部多旧卒者周骏、宋学皋、唐廷牧、黄泽溥、赵南森、龙绍伯、王裪昌数人，令朱璧彩守府门，非有命不得出。与诸将谋曰："死生存亡，决于今日矣。"乃出袖图十张，绘兵于图，环督署而阵，各于衢头设兵四层，左右户皆有伏，尽绝赵去路，令此兵固守，勿纵赵亦勿动。惟通下莲池一线路，兵只伏左右户，衢头不设兵，而置锐卒一队于半边街，令陶泽焜统之，以为攻入队。乃与罗纶分住东西，罗纶、周骏率炮兵阵于东门城楼，约黎明举炮。昌衡、宋学皋、王裪昌率步兵阵于西，为夹攻势。令毕，各就守地，众约二千人，监衢人不使通行。昌衡乃令诸军曰："今夜只坚守屯兵地，不得越一步，违者按军法。"恐多兵混战，起城中之惨祸也。他军不知所为，悉严守。夜静，四围寂无声，昌衡抚陶泽焜背曰："不得尔丰，无相见也。"泽焜在病中，跃起受命。乃命泽焜等分兵趋西辕门，令闻炮声十发，即冲锋入署。五鼓与赵署中军函曰："余以精兵数万围督署，虽金铁之躯不能得间隙而出。所仇惟赵逆一人，无与诸君事。诸君已归汉，衡必保诸君，用敢泄机相告。若能生擒赵逆，将以二万金为诸君寿；不然则率所部从下莲池出，不相害也。"诸将士得函，不知所之，而东城炮声震如雷。方踟蹰间，陶泽焜率所部数十人，逾墙入署中。兵无斗志，悉如昌衡命引去。尔丰拔剑出阻军，军不听命，太息返室，遂获尔丰。至府门，尔丰谓昌衡曰："余何罪于公？"昌衡曰："公得罪于四万万人，我非四万万人之一乎！"乃立赵于明远楼下，谓观者数千人曰："衡代诸君擒贼，所以不先告者，恐泄机，事不济耳！今以生杀付诸君，惟诸君决之。"众皆呼杀，声震屋瓦。乃令陶泽焜取赵所佩刀戮赵，持其首以徇。至中衢，尔丰死士张得奎狙击昌衡，毙一骖一卒，伤一卒。昌衡乘小马善惊，逸奔得免。明日复巡城，有阻之者，昌衡曰："狙击之死，不犹逾于被仇受戮哉。今日不出，兵不可令矣。"巡阅如初。

昌衡既斩尔丰，威令大著，将卒信畏。乃与诸将谋曰："内城旗兵，眈眈其视，恐为变，宜早图之。"遂令诸军围其城，又命徐炯等数人入说之曰："不缴兵器，全城屠戮矣。如悉弃兵驯服，将爱护如汉人。"城内尽缴兵器，昌衡拨旗饷安之，亲入抚慰；罗纶亦移室住城中，不戮一人。客省官吏之与民有恶感者，昌衡封其室，以兵守之。及乱定乃去其封，故多所保全。城中同志军不能尽解，昌衡日与交涉，亲酌酒飨。然有犯令者、贪狡者、恃强不服者、扰害闾阎者，悉捕治之；其有功而守兵律负众望者，令成军以镇其余。凡成军，必亲演说，授以军律，乃自为五训文以教军。自是军纪始严肃矣。

初六日，傅华封警报叠［迭］至，城中一日数惊，民多畏逸。昌衡内增城守，以精卒昼夜分巡城郭；又遣赵南森率兵一标往击之，亲送其行，令军士有乱纪或退却，则后列斩前列。曰："乱纪退却，非我类也。"行二日，闻华封兵盛，欲自往，众恐城中摇动，力阻之。乃遣彭光烈、侯国治，率所部三千人继进。先是华封与赵有约，进甚锐，至邛，闻赵诛，却军四十里。时，昌衡军虽集，不能用武器，戒诸将曰："战时列新军于后，令监旧军；而以旧军战，不胜勿令其返。"赵南森至邛，战稍利，华封先锋降。彭、侯军继至，三战三捷，华封退据雅城。围攻二日，克之，执华封以归。

华封既至，昌衡释之，以为筹边局顾问，悉调其兵住府内为左右护，而易其官弁。诸将以为危。昌衡曰："推诚，则疏远亦骨肉矣。且方今之敌可胜防乎，多防多敌，后将谁用？"卒住之。府中兵士果有不服所易官弁及要求加饷者。昌衡乃夜立其军于堂下，语之曰："我所以住诸君于肘腋者，免他军疑诸君、害诸君，亦自明相待之诚也。余之舍死，实卫诸君家。同是川人，岂无良心。去官置官，惟好是从；加饷减饷，惟力是视。诸君初归汉，无寸功，遽欲以怨报德，衡窃寒心。"众皆感泣听命。

时，省外盗贼纵横，昌衡乃与执政议遣宣慰使五道，或将千人或数百人，绥靖地方。城中存款不过数万金，将发军饷而苦无出，乃与罗纶集富绅于铁路公司商借款。富绅无踊跃者，所捐不过二万金。昌衡泣谓罗纶曰："事难至此，公归理政，余昼夜训军，军能与我死则无款不为害。"乃出，遍训军士曰："昔张睢阳军食茶纸不变。夫睢阳奉唐室昏主而军心如此，今大汉光复，群贤共和，暂时缺饷，终当补给，诸君能守则誓饥寒无悔，不能守衡不复能为四川力矣。"众皆曰："惟都督命是听。"多捐饷者。

昌衡之戡乱也，雷厉风行，无坚不破，诸反对者咸思甘心焉。他日军士获刺客张得奎以献，昌衡列兵于府中，数之曰："所事非人，不明以私害公不义。然不为势盛阿新人，不以势衰弃旧主，亦加人一等，可为今人法矣。衡行罚虽严，不敢重私仇而轻义士。"释其缚，予以金而遣之。得奎不行，誓以死报，遂留之，人服其义。

腊、正之交，滇军三路入渝，据叙、泸、自、贡一带，更置官吏，取财赋，杀豪杰。昌衡谓众曰："此与傅、赵有别，不当与战。夫南北之局未定，而内室操戈，何以奠中国。"因遣重使往劳，不报；以牛酒犒之，亦不报，益假辞进兵。昌衡欲单骑入滇军，为众所阻；又欲自将其军压境上，与滇军交涉，众亦不许。乃自勒精兵三千为后劲，而令周骏、孙兆鸾、王裿昌将兵万余，分三道拒滇军，戒无战。集滇人于云南会馆，谓之曰："今我疮痍初起，滇军欲乘危取利，虽妇孺亦当发指，愿与决死，况衡为全川之都督乎。惟战衅一开，微特川省受害，滇亦与有不利焉。若因此坏汉业，谁任其咎者。昌衡岂忍以此而败中国之大局哉！是在公等解之而已。"因泣下气噎不能声，滇人感愤，愿自选代表入滇军。

时，胡景伊自滇军归，昌衡郊迎之。明日集众，谓之曰："衡初出即遍告同胞，谓己意在决死，克则布衣归田里，败则身首受刀斧，明文尚在，口血未干。所以不即行引退以践信者，徒以军界中无声望卓著者，不足统驭，终遭祸变也。胡公才雄望重，衡请为之执鞭，使衡得践前言，退而以死维大局，矢石毁谤一身当之，则此心可共谅矣。"让再三，众弗许，乃令景伊为川滇交涉全权使。曰："胡公望重，可谋两省之福。"滇川协议成，令胡景伊充军团长，统辖全川诸路军，水陆悉属之。

先是革命后，成、渝各分立。昌衡欲合渝，自将兵三千。将发，众阻之曰："渝中人知义。"昌衡曰："衡所以往者，非与战也。观其治则让之，乱则取之，无徒苦桑梓为也。"众不可，又欲简从赴渝，亦不可，乃以张治祥为全权使，以联合成、渝。条约成，张培爵至资州，电让昌衡为正都督。昌衡以大局所关，询谋佥同，从之。正月二十日，昌衡始行亲迎礼。二十二日，就四川正都督职。张培爵副之。

昌衡性素不羁，常纵酒狂歌，以声色自娱。为都督后，狂纵如初，民有责言。昌衡曰："此固不害。然为大局计，不能不顺舆情。"遂作十诫文以自罪，谨秩异常人矣。

第六章　查办藏事之尹昌衡

大丈夫立功异域，以马革裹尸还，此马伏波之志也。阘茸者流，委委靡靡，足不出户庭，稍遇艰难，废然思返，是真负此头颅耳。西藏者，民国之藩篱，而四川之门户也。革命以后，藏蕃蹈瑕，蠢然思动，杀我汉族，戮我汉官，歼灭我军人，攻夺我城邑，危机日迫，警报纷乘，边境有岌岌之危，民国有摇摇之象。而我绝世英雄、四川都督尹昌衡，乃投袂而起，毅然以督师自任。

初，边藏事急，文武各员会议出兵一标，发饷五万，救之。时，昌衡扶病，慨然谓众曰："此治标之策，非根本之论也。夫以一标之众，十万之饷，经营全藏，譬如以杯水救车薪也。及其不足，始议渐增，势必至于燎原，虽竭西江无济矣！以衡之见，非大举不可。然大举须有大计，请略言之。夫治藏有十策，总之以二纲；一曰藏内之经营；一曰后方之接济。藏内之经营有五：曰壮声势，曰固军志，曰慰土人，曰设经略，曰慎战抚。此五者，衡请力任之。后方之接济有五：曰固根本，曰厉土气，曰激民志，曰善输运，曰筹军实。此五者，请诸君分任之。十者具备，则亡藏可坐而收也。何谓壮声威？夫全藏数千里，欲遍征之，此势所不能也；以都督亲莅行间，则声势自壮，足以震慑境内，仗前此贼赵、擒傅之威，又以全川之力图之，则藏番先声可夺，大策一。何谓固军心？出关险远视为畏途，使必丰其资赡其欲而后可用，此朽索驭马之道也；诚能以都督与下士共甘苦，得其死心，困苦不改，始可以团结而能战，大策二。何谓慰土人？西藏苦满苛政久，若以仁厚抚之，不贪其财，不残其民，则怀德而畏威，永安而不叛，此武乡侯讨虏攻心计也，大策三。何谓设经略？藏中矿务、屯垦，因兵队而逐渐经营，使赴敌者各有所资给，则利其利而乐其土，较之昔人移民实边，事半功倍，大策四。何谓慎战抚？藏人非尽可诛，惟专攻其一二渠魁，千万蛮族可胁而治，当战者切然取之，当抚者宽然怀之，剿抚并施则恩威立矣，大策五。揆时度势，惟衡亲驭此军，较有把握。藏内经营，此衡所敢力任也。至所望诸君之分任者，则惟内政得宜，根基巩固。军心踊跃，全川西指，民气伸张，注以全力，后方饷糈，源源而来，收回亡藏，直反掌耳。但外宁必有内忧。去岁之事，倘非赵、傅内乱，坐废若干时；滇渝牵掣，坐废若干时，当已早日经营，何致遂失万里。今祸已燃眉，容复徒事补苴，不能高瞻远举，恐藏危而川局危，川局危而全国之大局均危，亡国之祸且立至矣。今日最急最要之计，莫若释去内疑，以全副精神对付外侮。纵有凤嫌小忿，当此飘摇风雨，亦当捐弃一切，共济时艰，容再群疑满腹、众难塞胸乎！此衡之所以愿从事也。"议遂决。于是，各镇皆出兵一标，先后发。昌衡以都督事，交胡景伊护理。布署既毕，乃以七月二〔十〕日督师西行。

呜呼，尹昌衡可不谓之人杰也哉！方其组织革命也，处满清专制政府之下，多方箝制，百计防御，虽欲乘间抵隙，提一军为天下倡，而卒不可得。然阴谋密计，规划全局，分遣同志于数省，以成常山蛇势，为牵动全国之图。由日本而广西，由广西而四川，劳劳奔走，历十余年不衰。及革命成功，四方多故，外有强邻之窥伺，内有潢池之跳梁，满族则觊觎于腹心，汉奸则煽乱于肘腋。十月十八之变，兵散粮空，全城扰乱，四川大局已成土崩瓦解之势。而尹昌衡振臂一呼，危亡立救，芟夷群丑，歼厥渠魁，虽以赵尔丰、傅华封之习于军事，号为知兵，曾几何时而就缚军前，或降或戮，即探怀取物，当不过如是耳。呜呼，岂偶然哉！至外和滇军，内合成、渝，使一场剧战之兵气潜销于周旋俎豆之间，非宅心于至仁至公，见事于大者远者，其孰能之。乃者大军西征，巍然司令，出其雄武无敌之才略，席其纵横震俗之声威，区区唐古忒人，何难立致荡平哉！然临事而惧，古圣所崇，轻敌者亡，昔贤所戒。尹昌衡能以去年十月十八后之精神之寅畏而督师乎，则铜柱铭标之勋业，当不远矣。

第七章　尹昌衡人物之比较及其结论

尹昌衡其为中华民国之英雄矣乎！尹昌衡其为二十世纪世界上之英雄矣乎！时移势异，求诸中国数千年来历史上之人物，鲜有相较而适合者。略举数人于下：

第一、尹昌衡与韩信。韩信将兵，多多益善。当楚、汉之际，能与楚争者，信一人而已。尹昌衡研精兵学，长于战术，擒赵降傅，机智如神。至韩信忍胯下之辱，昌衡少时，屡为同辈所欺侮，亦仿佛似之。

第二、尹昌衡与周亚夫。周亚夫之治军也，尝夜惊，乱兵扰至帐下，亚夫坚卧不起，久之自定。尹昌衡当乱事急时，逻者报乱兵将攻都督府，电话十余至，犹坚卧不起。朱璧彩问之，答曰："备兵既整，不顾有事无事矣。"其镇静略同。

第三、尹昌衡与班超。班超生东汉承平之世，投笔从戎，卒能立功西域。兵家也，亦冒险家也。尹昌衡当满清科举时代，弃帖括之学，投身武备，其有志从戎，大率相类。厥后一帆东渡万里海天，鼓革命之风潮，穷兵家之奥妙，风驰云卷，革命成功。今则旌旆央央，为西军之总司令。其他日勋名，较班定远何如，不敢悬断。然其性情之忍耐，经事之艰险，固与班超同例矣。

第四、尹昌衡与诸葛亮。诸葛亮治蜀尚严，尹昌衡治蜀亦尚严。诸葛亮善治兵，尹昌衡亦善治兵。诸葛亮开诚布公，集思广益，尹昌衡亦开诚布公，集思广益。诸葛亮鞠躬尽瘁，尹昌衡亦勤于国事，不辞劳怨。虽然诸葛亮往矣，一生谨慎，无暇可指，尹昌衡则固少年时代也，来日方长，其扩张前勋而勿替者，知必有在矣。

第五、尹昌衡与张巡。张巡守睢阳，屡破尹子奇，扼方张之寇，使不得逞，罗雀捕鼠，士无叛志，郭、李诸将乃得乘时收复西京，唐室遂以再造。尹昌衡当成都十月十八变后，财尽粮空，士卒溃散，蜀之危亡近在眉睫，乃能收集余众，策励士气，使赵尔丰束手待毙，西蜀危而复安，其忍耐坚险立大功业，正自相同。

第六、尹昌衡与岳飞。岳武穆志歼北虏，用兵如神，且善文词，恂恂有儒将之风。尹昌衡亦能文章，诗歌刚劲豪宕，人咸称之。至尹经营革命十余年，卒能推倒满清，光复汉族，是尤补武穆未竟之志也。

第七、尹昌衡与黎元洪。当今民国英雄，群皆称道而无闲言者，厥惟黎元洪。观其义烈慷慨，乃心民国，无一毫私权私利之见横亘于中，诚一时之杰哉！尹之名虽不及黎，然其雄才大略，至公无私，实与黎有相似者。

第八、尹昌衡与蔡锷。民国初立，忧患纷乘，非整军经武，不足以定大乱。尹与蔡，才猷武略，颇相伯仲，且器量高深，规划宏远，诚当今之英杰也。

要而论之，尹昌衡者，应时之英雄也。夫使尹昌衡生于百年或数十年前，则革命时机未熟，或与洪、杨诸人同归于尽焉，未可知也。又使尹昌衡生于百年或数十年后，则革命时机已过，不能与近日诸豪杰同时并列焉，亦未可知也。且使尹昌衡即生于斯时，而或产于英，产于法，产于德、俄、日、美诸国，则地理关系隔绝，不能在吾民国历史上放一异彩焉，尤可断言也。乃前乎此无尹昌衡，后乎此无尹昌衡，亚以东无尹昌衡，亚以西无尹昌衡。天一若故为吾中华民国计，当此新旧断续之交，危急存亡之顷，特设一位置焉，以横放尹昌衡，而尹昌衡之名乃乘时出现于世界。

虽然，尹昌衡者，兵家也，革命家也，冒险家也，非政治家也。彼以其雄武果敢之才略，精深优裕之学识，宏毅坚忍之志气，大乱当前，不数月间，指挥立定。然民生凋敝，满目疮痍，疲癃残疾之余，益之水火虎豹熊罴之后，进以豺狼政教烦苛，吏治腐败，建设之难，有如是乎。

今者，尹昌衡往矣！战马嘶风，旌旗西指，行将肃清边徼，以尽其兵家之特长。而环顾蜀民，其有能注重建设，奠安蜀土者乎？吾不禁睪然高望矣。

夫尚论古今，最为难事。盖棺论定之语，识者已辨其诬。况尹昌衡以强壮有为之年，从善如流之心，今日所表现之事业，不过十之一耳。安知他日者，不研究政治，为斯民造无穷之幸福耶？是又余之馨香以祝者也。

若夫据扬子江上游，以西藏为背枕，以湖北为门户，以滇、黔、陕、甘为左右翼，高屋建瓴，执长策以驱天下，非吾蜀之形势乎！森林牧畜相望，繁殖、农利、矿产，各处丰盈，将来实业发达，富庶可甲各省，非吾蜀之物产乎！夔门剑阁之雄，峨眉青城之秀，山川险固，葱郁灵奇，英杰挺生，代有嗣响，非吾蜀之人才乎！据此三者，以雄视天下，五族一家，联为一气，我中华民国之雄飞宇内，一跃而执世界各国之牛耳，正未量也。

抑天之生圣贤，非仅独生一圣贤也，必有无数之圣贤，以羽翼之。天之生英雄，亦非仅独生一英雄也，必有无数之英雄，以扶助之。人第见尹昌衡之为英雄，而不知尹昌衡之前后左右相助为理者，尤有无数之英雄也。山林草泽与尹昌衡同时并生者，尤有若干之英雄也。且毓秀钟灵，继尹昌衡而起者，尤有车载斗量，不知凡几之英雄也。有一尹昌衡，而吾蜀现在之全局可以安，中华民国之根基可以固。有无数之尹昌衡，而吾蜀之将来，与夫中华民国之声威，尤可望其播扬万国，飞跃世界矣！呜呼，尹昌衡！呜呼，与尹昌衡同时之尹昌衡！呜呼，尹昌衡以后之尹昌衡！吾欲歌，吾欲舞，吾欲心醉而拜倒。

尹昌衡之逸事

昌衡幼有胆略。年十一岁，住东门外双槐树街，其父为人所诬，县令遣役唤之。昌衡临门，厉声辨父冤，理晰气壮，役皆憚服，一街悉惊。

昌衡幼时，为学甚苦，常彻昼夜，读欲睡，则以香灼肤，数年不疲，故少即明达。

昌衡性极聪颖，精力过人，尤好儒学，多诵览。久之，乃大悟曰："圣贤之学，只在一心：清明、刚毅、仁厚。"由是刻苦淬励，每日立簿记心者数年。

昌衡善交友，愈久愈信。然以正相规，虽至亲毫不阿护，故深交之友，无敢以私进者。然待人极诚，常谓自与人交，来常［尝］有所欺饰。

昌衡负性极坚，常雪夜立不屈。曰："外物安能夺吾刚。"

昌衡善悔过。在东京时，友人王镜泖与谢刚哲争，昌衡袒镜泖。后悟镜泖亦非全是，乃当众自罚，痛悔切责。人惊其愚直。

昌衡才智开展，尤长于战术，虽武学极精之日本老将，亦不能折。校师常惊叹之。

昌衡于东京时，目不邪视，口不轻言，矩行规步，日夕以宋儒书置座右。及因国伤心，乃纵情诗酒，又好读庄老。曰："吾将从此任天机矣。"狂豪之名，于是大噪。

昌衡素与刘存厚善。刘君精谨，事无大小，悉托之。刘君尝戏谓曰："君非我不能生活矣。"昌衡曰："吾能信君，自能生活。"其信友之真，有如此者。

昌衡性喜豪饮，醉后慢［谩］骂权贵，交友多畏避之。惟遇刘君则肃然起敬，遇事劝戒，无不立改。其勇于改过，尤为难能可贵也。

昌衡性刚直。在广西时，诸显贵有不善，即面责之。曾为考试官，亲贵无敢以私进者，桂林一时有铁面将军之称。

昌衡考试陆军学生，以纵谈品才器，尤重仪表气象。曰："将才非开展不可。"阅卷时，置酒案头，遇佳文则浮一大白，一日尽百余爵。

昌衡一日大醉，全身佩花，张鸣岐嘲之。因作联自解曰："爱花爱酒爱苍生，名士皮毛，英雄肝胆；至大至刚至诚恳，圣贤学问，仙佛心肠。"

昌衡性镇静。当乱时，逻者报乱兵将攻府，电话十余至，犹坚卧不起。

朱璧彩问之，答曰："备兵既整，不顾有事无事矣。"

昌衡于镇乱，纯以至诚感人。朱登五兵至，人以为有异志，则轻骑出迎。内城未缴械时，闻昌衡入，悉大为之备，则只身抚慰。督署兵祸机将发，则单骑往说。西军初降，则住之府中。如此者，凡十余次。故戡定大乱，纯用仁厚，不杀一人，于旗人客籍，皆待如亲故，多所保全。

昌衡善言论，纯以至诚公理激动士卒，故一入军，有旌旗变色之概。

昌衡为人不轻听言。一日，有人告秘，昌衡叱告者曰："斩之。"告者立白闻诸人。昌衡曰："我只闻诸汝。"谗言大息。

昌衡好为文，凡文告皆出自己手，援笔立就。其为言刚健精透，其气豪爽劲利，迥非［常］人所能为也。

昌衡观人最明，尝自谓照物如镜，于品论人才，未尝差谬。

昌衡食量颇大，在士官学校时，尝食三人食，亦称不饱。兼富忍耐力，常负充分武装跑步行军，经数时之久；列中人有喘仆者，昌衡若无其事，未稍出汗。

昌衡颖悟力最强，所学理、化诸学，能阐发精微，同学诸子咸称其为牛董（牛董，欧西之物理大家）。

昌衡执法不阿。在东京时，同人发起讲学会，提徐炯为议长，昌衡为干事。某日，约某以午，炯到稍迟。昌衡则于黑板大书，记炯三大过，罚金三十元。众惊失色，以为炯系硕学名师，竟毫不假借。其刚直大率类此。

（刘石甫：《尹昌衡传》，《武昌起义档案资料选编》下卷，第465～486页）

西征纪略

中华光复之际，边藏军心大动，纪律荡然，漫无约束。加以联豫退职，钟颖荒废，傅华封去边，军民无主，于是番人乘时并起。尹昌衡初定蜀，兵不集，财尽穷。先之以傅、赵之祸，继之以川、滇之隙，重之以成、渝之争，因之以群匪之凶，满地疮痍，无暇谋远，乃命黄煦昌为炉边宣慰使，执行前清边务大臣事。甫于成都组织机关，而边事大乱。巴塘、昌都已被重围，江卡、乍丫相继叛乱，德格震动，道坞拘守吏，里塘亦失守，顾复庆军溃，陈粮员死之。乡城大举，出寇直据河口，联战不休，炉东大震。寇至十余万，自拉萨以至炉城，寸土无宁，骎骎东向，国基且摇，警报飞驰，中外大震。

当此之时，川局草定，仰屋无储，聚兵未治。煦昌亟请兵，议十余次，兵饷仍无着。昌衡时在病中，各员强启之，乃扶床至议所。煦昌历述危难，声泪俱下，众皆叹惋。久之，乃决以第三师十一团朱森林援边藏，月饷五万两。将决矣，昌衡乃奋然起曰："此非所以靖边而治藏也。夫边藏亘数千里，一时并乱，今以一杯水，救一车薪火，无济于事，徒益滋蔓，不可一；番夷利我初乱，不能出师，若复出师不威，逆心必大肆，且夷军大集，既不足以声慑，又不能以力服，变乱日盛，摇及国本，不可二；士卒初集，心志浮怯，昔之宿将练兵，犹多道亡，今骤闻苦役，势必内溃，不可三；军多饷乏，民力维艰，又有边事，民负益重，域内怨蘸，政府失民，不可四；边藏驻军五千有奇，今如枯朽，非其力弱，心无系也，又不以重望之将镇定其心，不及一月，边军尽溃，根据悉失，无以用武，不可五；边藏作战，素称艰阻，昔有储蓄，犹时困乏，今赤地青野，积粮灰烬，运输艰窘，军心厌苦，祸起莫测，不可六；向来拓边官吏贪暴，胥为鱼肉，刀俎横施，李骏前车，又见民国，将不至仁，益生夷忿，民国德泽，终无以昭，不可七；得志边藏，犹获石田，赔饷费兵，徒事羁縻，政治不改，实利不拓，不可八；邻省闻警，全国张皇，川省无重兵上将，一举不靖，则纷起者众，不有统一之策，徒施蚁附之术，终酿大乱，不可九；京师来电，异常惊惧，川举失策，一国震动，共和初建，稍纵即危，民气未固，骚扰环生，不可十。有此十失，举事宜重，诸公政见，当如之何？"众莫答。昌衡曰："当此存亡一发，惟有昌衡亲征，足以去十失而开十利。川局已定，坐镇自易，立功报国，此其时也。一出大举，泰山压卵，主将亲临，势大名重，灭此燎原，可操必胜，大利一；诛赵擒傅，番逆已闻，能制所畏，畏必倍之，先声夺人，虚名慑敌，番羌纷怯，未敢当帅，一人振臂，千里帖耳，大利二；惟余病休，士气弛靡，主将安乐，谁不怀居，今余扶病，一雪国耻，儒立怠振，三军气壮，如复趑趄，虽杀无怨，兵如不出，即以将殉，大利三；主将扶病远征，为民除害，凡生斯土，无不兴奋，余初出险，则又劝民，人皆有国，孰敢吝输，兵饷之出，罗掘可图，大利四；边藏兵将，谓川弃我，功无赏矣，过则谁罚，茫茫无期，困死谁怜，今闻余出，有恃无恐，得依为命，弛靡者慎，困乏者起，前之败卒，悉化劲旅，大利五；躬亲劳苦，士卒谁怨？食茶食纸，将兵共之，冒矢冒石，敢以身先，即使困乏，犹可坚持，脆弱之患，可以无虑，大利六；余心素仁，持体亦大，一介不取，无辜免戮，尊崇佛教，深结恩信，使知皇汉，不似暴清，边藏不复反矣，大利七；以余亲出，大政得专，拓地设治，乘隙即入，出以慎重，施以威严，一日得地，数世之利，大利八；邻军如来，余当为长，分配调遣，非余其谁，如不需助，阻之亦宜，军政出于一途，胜计决在千里，不致纷扰，以害边功，大利九；京师知川督亲出，其心必安，各省闻之，皆恃民国初成，犹能力制边远，胆壮气足，不致惊扰，民国立命，永以万年，大利十。有十利以去十失，功可成也，安内定外，在此一举，惟诸公决之。"众大悦，皆曰："奈公病何？"昌衡大呼曰："衡尚能披甲上马，此正武夫肝脑涂地之日也，安敢病！"遂强起，驰怒马出视军。

明日，集父老于庭议之，众皆欢奋，鼓掌之声，风激雷动。有云："都督于谋外则得矣，其如内何？都督在川，如栋负屋，兵赖以定，政赖以举，一朝去之，恐祸不在边藏，而在萧墙之内也。"昌衡曰："余已计之熟矣，行矣勿疑。今日之事，患惟二耳：成、渝虽合，镇抚犹存，如或纷裂，内本且摇，大患一；兵心无系，溃变时虞，民生不保，盗贼纵横，大患二。然余知所以防之矣。胡景伊在渝，其人公忠，非自私之流，行将废其镇抚，且余以大义兴师，渝如负隅以分余力，犯大不韪，众怨归之，其何以立，非所虑也。至于治军，景伊可代，其公忠宏量，智虑深沉，必能镇定，余请以身家保之。成、渝可合，治军得人，攘外定乱，惟此决之。"众皆悦。于是急调景伊，又电请中央，甘以身家，力保景伊。

夫昌衡之与景伊，素无半面之交，立谈之间，以位让之，三让不从，复授之以全军，继命镇渝，亦谆谆以裁冗兵、合成、渝为托。及景伊入渝，谗间频来，咸谓景伊将自立，昌衡不顾也，又从而亲任之。谋国之忠，知人之明，信友之诚，断事之勇，千古罕有，能勘大乱，不亦宜乎！昌衡既任景伊，人多怪其置张培爵于不顾者。昌衡曰："余之孤衷，有如皎日，于张于胡，初无厚薄，然谋国应如此，则不敢避小嫌。"任人极专，待人极诚，昌衡孤孽，终必有成。众亦和之，中央亦以为然，策遂决。

乃议发军，集诸将数百人，告以十策，曰："国家成败，在此一举，余愿前趋以当敌。令各师出军两团，无或推谢，有不愿者，从之以军法。"众皆曰："都督且行，谁敢后！"军务处长曾承业曰："承业甘为整军实，以赡前军，有不如约者，罪死刑。"财政司长董修武曰："修武勉为具财用，以赡前军，有不如约者，罪死刑。"文武千余，奋发激励，勃勃生气，泉达火燃，西征之役，遂以大兴。有争戈同袍、竞先恐后之慨，于是整旅而西。

初，川军决议西征之师，共计八团。然裹粮尽绝，器械不备，师皆未练，饷亦无储，而边警日急，炉关以西，几于尽陷。昌衡不暇待，乃驰檄谕诸番。

附录 《告边藏番人文》（略），见本书第161页；《西征别川人书》（略），见本书第172页。

乃自将兵三营，星驰而西。朱森林至于炉关，军中疑军孤，不进。昌衡至雅州，亟促之，亦不进。而黄煦昌屡报全边旦暮尽失，益请出兵。昌衡乃飞令朱军分南北进，森林不可，甚至谓："都督之策，向称如神，今亦有可、有不可矣。"昌衡以军众，不利速行，而祸在旦夕，不得已，乃弃军留雅，而自以单骑飞诣炉城。后驻雅军失律，职是之由。昌衡至炉，谕诸军曰："今边军尽困，吾军人有被发缨冠之责，况根据悉失，器械尽捐，所损多矣。不如乘之彼方苦于攻城，忽惊天外飞来，则我军一足以当百，不畏寡也。若昌、巴既下，彼有坚城，气将倍锐，虽众不可用矣。"众大悟，即日发兵。

初，西征之未出也，陈步三以兵一营驻雅。及闻警，移驻炉。及西征议决，乃先趋出关，拒敌于河口。昌衡乃分兵为二，令朱森林率所部二营，合陈步三为本攻，趋里塘。时南路无咫尺干净土，节节皆夷防，甚坚。朱森林请尽军以往，昌衡曰："不可。夫披吭捣虚，一破百震，倘悉由坚而攻昌、巴之间，非三越月不能至，则城守失矣。今顾占文、彭日昇潜书告急，食尽兵穷，旦暮且不保，何以能久？彼失而我至，覆败继之，不可。夫兵取势也，今都督亲出，全边震悚，出师一二，寇疑十百，北道将乱，夷犹未整，势如枯朽，北定而南惊，利孰大焉？"乃分朱一营由北道直趋昌都，营长蒯书礼不能治军，昌衡忧之，副官刘瑞麟数进策，昌衡以其卑疏不之重。及北事急，求将于帐下，瑞麟谈兵，侃侃有卓见，昌衡乃加以北路督战，令持枪二，大令一，从卒二人，追蒯营于道坞，并督北路诸边军，昌都以东皆属之，任重权大，一朝而与之，军中皆惊。

瑞麟即发，兼程赴昌。瑞麟勇敢、明智，善抚军，至则督军速进，日趋百余里。北路诸夷闻之，皆溃归无拒者。其时，边夷以昌衡诛赵之威，畏如虎，远近悉传出兵十余万，皆惊遁，故势如破竹，刘赞廷、顾复庆、时傅文、朱宪文、牛运隆、刘筱廷、杜培基诸营因得解。瑞麟乃令牛运隆守道坞，刘筱廷守瞻对，杜培基、刘赞廷间道直援巴塘，而己以所部合顾复庆、时傅文、朱宪文援昌都，皆骑行越山谷。边军初出，厄久战，知形胜，闻都督至，皆死战。刘赞廷至，于七村连战皆捷，巴围遂解。时城中仅数日粮，弹且尽，瑞麟军至昌都，藏夷怪其捷，皆弃城遁。彭日昇出应之，藏师万众大溃，获其辎重，及其将浮图克图。

初，巴安被围三越月，顾占文集诸军殊死战，诸夷环之数周，众数万，绝其水道，据高山临之。占文兵仅四五百，日募壮士溃围出，夺诸险，恒一以当百，百计攻之，不下。占文见食尽已，决守孤城致死，泣告诸军。至是围解，前后斩获数千馘，原野为腥，寇皆退西道。彭日昇之守昌都也，兵不满三百，寇居高凭寺墙临之，墙坚厚，弹不可入。日昇乃募壮士，乘夜出，夺之，尽焚其积聚，寇众万余，无宿室。日昇日与战，不屈，寇啖以金，不从，资送以东归，不可。东道既绝，无法请援，益死守要津不去，昌都门户得以保全，皆其力也。至是围解，仅余粮三石矣。夷人益畏日升，不敢进。昌衡乃自为诗，以慰之。曰：战苦粮偏少，城孤敌在前。张巡能食纸，苏武惯餐毡。故国频蹉跌，危关敢弃捐。昌巴无百雉，犹见赤心坚。盖记实也。

刘瑞麟既北发，朱森林素慎为本攻，当强敌，攻坚防，战必顾后。与寇遇于河口，大克之，连战于里东，五战五胜，遂复里塘，然多特［持］重，不肯锐进，且运道极艰。时炉、里、巴、昌皆大定，计出关不过三月。昌衡乃命顾占文守巴安，刘瑞麟守昌都，分援江卡、察雅、盐井，得诸路报，夷皆溃。又以所部胡良佐一营，从中路趋巴安，以邹衍贵一营清河口诸寇，边地悉定。时滇军至盐，欲西入，昌衡恐其备未全，力阻之。粤、鄂相继欲出兵，昌衡恐以纷扰贻国祸，益力阻之。皆止。

昌衡以控边掣藏，非同时并举，无以全领土，维国权，乃决策以邹衍贵一营驻炉城、河口，以保策源；朱森林驻巴、里，以镇边，进定乡、稻；以向树荣二营合陈步三营住［驻］北路，进定甘、登。又于朱、向两团中各一营驻昌都，如北边有事，则以北为本攻，南为后劲，昌、炉夹击之；南路有事，则南为本攻，北为后劲，昌、炉夹击之；全边无事，则出昌都之兵，以向两藏，南北两翼，比节而进。昌衡以一军阻炉，令军中苟有败退溃亡而返者，则执之正之以法，若各路并乱，则各守其所，应时分援，而以炉城为策源，以应南北。令边军尽集于昌都，即便西图；令黄煦昌为集中司令，统昌都军事；令张茂林为前锋，西入藏。

会刘瑞麟大战于俄洛桥，藏伪大都督逃归。藏溃卒有来归者，昌衡乃籍其名，令合西征军约五百人，食草粮，从间道趋拉撒。计划已定，颁令诸军矣。未行，会京电十余至，皆严阻勿越边界一步。会远近多传西征失利，宣谣四播，极力诋毁。昌衡颇忿，加以川中诸党竞争，内顾益增忧，行坐辄失常，度计大懈，乃匆匆设镇抚府于炉城，以控全边，冀边事有托。亟返辕，吏已不备，谓边夷易与，且往往悲愤，假酒色宴乐懈军心，而电请入京，京中严责之。昌衡不得已，强起出关。又忧军食内不继，乃遣向树荣率兵一营返成，冀乡城旦暮下，全边且定，西方无复用兵，整理退约而已。向树荣既返，昌衡乃以镇抚府事授邵从恩、李延迳，而自率百人西巡，抚夷人，整军容，施战备，亲训练，所过憬服。及雅江，闻夷逆复以千余人出巴、里间，与稽廉连战，我军伤亡数十，激战三日，始击退。昌衡乃飞驰至里，目触身经，多非意及，满目疮痍，汉、土人民，既不相能，防、陆两军，亦多龃龉。昌衡集诸军，涕泣谕以大义，与之痛饮，皆感动，悉誓和亲。里夷曾以阴与乡逆事，恐发，不敢归。昌衡乃亲入寺，召诸夷抚之，不遣一人，皆感泣，数日无僧俗毕集，愿以巨金为都督寿。昌衡曰："吾日与尔言戒贪，戒贪崇佛也。余岂汝一介，以伤余廉。"众皆大悦，争呼万岁。复欲祀都督以生祠，昌衡悉谢之，于是军民和戢。

乃令周尚赤率兵二营，胡良佐、胡国清属焉，进略乡城。昌衡亦西进督战，行至大桥，前队已连获胜，迫城。一日，忽得前途警报，藏逆大举东来，陈桂亭败绩，奔巴塘，舒云山被围南墩。是时，我军主力已在乡城，昌衡闻警大惊，当令周尚赤退驻东龚，便于防御，令嵇廉驻援巴塘。抵巴时，巴军已粮绝，欲退，得嵇援乃止。危在旦夕，幸以转而暂安。然羽书迭至，时各营皆飞檄请兵援及糈粮，日数至。嵇廉恐缓不济急，乃大书"巴安粮绝"四字，飞檄驰报。昌衡迫极，乃自以牛马百头，驰驿赴巴。时巴、里道中多寇，诸将多患之，朱森林、嵇廉、顾占文皆惧昌衡有失，急遣兵迎送。未及，昌衡独以二三十人星驰赴难，寇闻之皆匿，因得通，冀速至巴。倘粮绝，则杀马牛，食士卒。又遣其护从之半，令李骏声返里运粮。昌衡轻骑至于巴安，椎牛飨士，幸绒、米诸夷闻都督至，皆大惊，即于三日内纳粮数百。寇益大惧，而我军奋发，无一以当百。黄煦昌时已至乍丫，乃与顾占文兵会夹击，大战十余次，斩馘二千余级，乍丫、江卡、南墩悉定。藏军皆败，炉、里、巴、察复定。乃令各营分驻昌都、乍丫、盐井、江卡一带，严守要隘，抵御藏番。余兵不过六百，以三百人守巴塘，以其半交嵇廉攻乡。然兵单，谆嘱不可轻进，但令乡逆不得他窜而已。

其时，盐井冈达寺僧闻风乃自请御敌，南边大靖，昌衡立奖之，藉策将来。滇边道路已通，商货踵至，巴塘人心于是大定。即三岩番民亦来献捷，愿助兵为声势，前后计毙逆番数百，夺获枪械甚伙。昌衡免其徭税一年，以示优异。乍丫番素诈，乍攻克后，执其首要，留质昌都，使供粮秣，由乍丫、德格接济昌都，昌都粮足。

会传德格土司之弟奉达赖令，以藏番数千，取道隆庆入寇，人心大动。寇由嘉裕桥谋袭昌都，昌衡乃谋速北巡。会炉城秘报迭至，均以军政待理，要员多龃龉，重事悉争执不下，非行所处决不可。昌衡亟欲归，而军民多引颈望都督若霖雨，势不能不亲抚而厚结之。巴塘虽居中，当此时，无牛马，运道几绝，饷糈械备悉无储，若枯鱼肆，不足以控诸路。时张得荣、王廷珠以巡逻故，误深入乡城，兵不过百人，悉败。警至，诸番相传，且大举应乡逆。昌衡乃决计令诸将用持重策：令刘瑞麟镇昌都，西遏藏逆，南控江卡；顾占文镇巴安，南防盐井，西接江卡，东控乡稻；朱森林镇里塘，西援顾军，南防稻坝，直扼乡逆；刘筱廷驻甘孜，镇定北路；令互相援应，遇有事悉坚守勿动，但慎图不败，毋求胜。以嵇廉率兵六百攻乡，令为游击，毋求胜。但步步进迫，屡战示威，勿令乡逆得势，且戒勿骤至坚城，致失机，但乡逆出则夺其巢。故诸军悉按方略镇定如山岳，小寇数起，悉立就平服。

此时军仅四千人，分控五千余里，西当大敌，首尾如常山蛇。藏番复大举入侵，五败之于嘉裕桥，复败之于江卡。乡逆屡出窜，嵇廉、朱森林联败之。边夷大畏，然兵单自保运道且不足，又不能调诸路撤镇守。故终不能薄乡城下，且无炮不能攻坚，乃电胡景伊速出兵一团，由宁远直捣乡城背，景伊应之。昌衡部署定，乃令曰："川边数千里，凡战守应各由诸将应宜行之，但毋违方略。"乃自以轻骑抚行而北，凡遇军士皆亲饮之酒，出肺肝相劝诰，申纪律，明赏罚，察将帅之能否，军心悉畏怀。陈桂亭退却，蒯书礼逆令，皆黜之，军士大奋。凡巡视所过，军士不取秋毫，夷人每趋数百里，牛酒迎道中。昌衡皆反其馈，厚赍之，遇小过则慰戒而释之，贫无告者勤恤之，凡僧寺皆谕以佛法而优遇之，不杀一人，不取一介，用刑不过二百杖，故夷人皆呼生佛，赴诉趋承者恒不远千里。由中道、北道巡至德格时，刘瑞麟从，因面授方略，令速趋昌都，并以白玉贡觉同普实昌都之粮，且令遇藏番则怀抚招赍之，勿使失所。由北道归至炉，全边大定。

昌衡之出巡也，甘苦与士卒同之，善抚慰，故军心大服。李延逵备军实，于内不缺，张宣善谋，恒从行，与机要，虽迩危复得安。既归炉，益奋励，谨细精详，苦心努力。知财用不节则废事，政不举则乱生，军纪不严则病民而召乱，士卒不练则难恃而易溃。外思大举，内求自固。乃下令裁冗员，三分去二，又改各司，设三科，以节费用。躬行劳苦，政理民安，庶务大整。乃立表以考吏，任贤能，严赏罚，设边东、边西两观察使，各县吏一律就职，全边之政，盛于旧时。

附录　致中央篠电

北京袁大总统国务院钧鉴：

昌衡迭电谨陈督重兵事，缘事有缓急之分，不得不先谋首要。今军事计划已经毕陈，理政安民，何敢放弃？镇抚府内部组织只设三科，外用参谋数员，以期敏活而节冗员。其参谋科员人等，皆系差使，且镇抚府未经令颁，暂在所拟，自系暂局，惟有实事求是，以期敏活，亦无费财，所有内部人员，拟俟官制颁布后，再行呈请，任命可否之处，候电令遵行，惟地方官制业颁布，自应遵照办理。昌衡窃以为：实力经营之时，重在收实益；羁縻笼络之际，重在得民心，循序渐进，始克有成。查前清之际，无年无战，推厥由来，均由吏治窳败，边民言语难通，边地交通不便，吏易欺上，民情难达。既无议会以监督官吏，又无报纸以疏通下情，非有积怨，不肯发泄，及其既发，遂多暴行，每因一吏失政，竟致烽火频惊，推原祸始，情实可矜。反罪既成，恕又不可，多致兴兵，终成吏虐。至今乡匪未平，皆其影响所及，枉民悞国，陈事昭然。昌衡痛恤民瘼，深忧国事，惟有慎选循吏，严肃官规，监督务期严重实惠，乃可及民。拟于边地设观察使，专以监督吏治，责令实行。余就现区之州县，或设知事，或设委员，实力敦促，成效可期。且政策军机尤宜并重，今设两观察使，选一精干知兵者驻于昌都，以期进取；选一老成精密者，驻于炉城，以厚军实。则于边藏军政，两有裨益。惟现值国帑空虚，非举事不费，则策划难行。窃查昌都、康定两府均属要塞，就此府治更改名目，兼归并巴安、里化两府，设治各费，比之现在有减无增。镇抚府移驻巴安，联络巴、里中坚，以成重镇，控制昌、炉首尾，可资策应，此行政区划之大略也。现在各土司一律改土归流，治理日益繁重，若不实行整顿，依然纷如乱丝，一隅告警，全境骚然，殊非驭边之道。且民国官制已颁，川边自应裁府设县，使名目统一，大本坚固，吏有遵循，民有定志。所有请设川边两道观察使缘由如荷允准，即由昌衡区划疆理，特保人员呈候任命，以符国制。是否有当，谨候命遵。尹昌衡。篠。印。

于是勤抚民艰，凡有失所，多所拯恤。番人素苦土司征求无度，昌衡悉罢土官，与以俸，而设吏以治之。徭役有所损，则厚赏之，土司有以巨万金求还印绶者却之。川边设治，已成省制，然费用仍与前清无加。宣明佛教，僧番怀之，民既安乐，供徭役者纷相集。

附录　《讲演佛教辞》，见本书第187页

乃复特定军法，令于军中，曰：惟兵经久战，辛苦备尝，而国本未固，事不可息。用特遣使慰劳，并颁明训，惟我军士懋戒哉！本都督爱士卒而忧国家，不惟抚循以私恩，必且策励以公事。今诸君为塞外桓桓之貔貅，即不啻抚诸君为帐下依依之子弟，本都督既不能分身以周视，又不能聚众而时抚，驰系之忱，无间远迩，飞檄特达，幸何如之。

凡出诸口，皆根于心，惟我军士谛听之：不和于国，不可出军；不和于军，不可进战。今者五族犹为一家，况世系于汉裔，复聚族于桑梓，即痛痒毫不相关，而毛里自有真爱。且危舟险渡，生死同之，远塞孤军，艰难共

济。诸君即不以国家为念，独不念身命之互为护符乎！散沙自残，败亡立见，藏兵覆辙，殷鉴不远，我军士其智不及此耶！在防军，孤城久保，忠勇可钦；在陆军，千里赴援，微功足录。有豪杰之气者，应欢若平生；有报施之心者，应感同再造。乃不见相安无事，而迭闻抵触频生，本都督诚甚惑之，即诸君何以自解？仰改卑劣之私，共立和亲之约，分甘绝少，辛苦同之，御侮折冲，患难与共。庶膺懋赏，并作贤良，整旅东还，欢歌联袂，本都督有厚望焉。

至于边塞风雪，刺骨砭肌，粗食薄衣，焦肠露体，身经百战，力竭精疲，转战千里，流离辛苦。在主将终岁于役，岂好穷兵？而夷狄屡纵不悛，势成骑虎。今者功已九仞，尤宜作我三军。马文渊裹尸绝域，自有雄心；张睢阳裂齿危城，不衰忠气。纵使兵穷食尽，我军亦应艰持，况夫剜肉补疮，本都督不遗余力。炉城枵腹，先顾前军，远道运输，几为心瘁，纵困乏之偶生，亦推诚以相谅。至艰危之迭遇，宜誓死而靡他，奋励坚贞，以蒙大难，本都督有厚望焉。

若夫军中主将，号令如山，奉命而行，虽败不加罚，逆命而行，虽胜必有刑。近因诸将妄以私心，动违方略，存一隅之顾虑，实出忠诚，而全局之机宜，每多乖误。须知本都督痛痒周知，无微不至，凡有小失，皆属己忧，焉有至计而不从，更无见危而不救。惟以有限之力，临不测之地，缓急纵擒，自有深意，盈亏挹注，一出真诚，况出兵以来，布置毫无失算。而诸将所计，业已间有愆尤。曹树藩拔队果行，乡军覆矣，唐雨帆归心若遂，昌都危哉。诸君惩前毖后，舍己从上，令守地则至死不移，令出军则虽危亦往，勿以轻率之心，致陷诛戮之罪，本都督有厚望焉。

大凡羁縻之道，兼用恩威，抚剿并施，宜分顺逆。我军士纵不念五族共和，非示恩则有玷国体，独不知万里深入，不得民则危及己身。况夫关外瘠苦，民力凋残，疲敝难堪，目不忍睹。本都督欲敷仁德，息我民肩，早戢干戈，免摇国本，不戮一人，不取一介，招流离，赦降寇，护佛寺，教愚氓，用极刑不过二百杖，覃仁声已遍三千里。乃一人之心力有限，三军之良莠不齐，赴诉频来，多谓汉军如贼，鞭扑立下，谁怜夷性犹人。本都督纯以正直公平，痛疾骄兵悍将。出巡获不法之兵，囚几满狱，挥泪斩暴乱之将，愤直填胸，岂爱兵不如夷狄哉？亦寸衷尚有天良耳。我军士勿忘仁爱，共助怀柔，使国不劳兵而边平，身不犯刑而功立，本都督有厚望焉。

凡此四者，遵行则懋赏立至，违误则军法不容。本都督爱兵爱国，赤胆孤忠，三令五申，呕心吐血，我军士其知之矣。前因边事綦重，内顾增忧，是以艰难跋涉，星驰返炉，以整军实而固根本，一号令以控全边。我军士为国殚劳，心力俱瘁，本都督视兵如命，寝食难安，特遣专使犒以牛酒，奖以币帛。又恐徒尽私爱，误我公民，是小人姑息之恩，非君子爱人之意，故特亲为训令，沥血陈言。现在军法大张，囚斩不恕，谭、顾两管带既死于刑，官曹诸乱将亦罹于罚，下逮士卒，犯法必诛。同来异域，悉是同胞，与其重刑罚，何如勤教训？故于遣使奖功之余，特为郑重详言，不嫌繁琐，惟我军士共勉之。

今既下令，诸将分至诸营奖慰之，信赏必罚，恩威悉昭。营长谭文榜犯令，立斩之，黜罚甚重，军令大整。昌衡复亲统士卒，躬自训练，军政皆整，乃谋大举。

附录　致中央养电

火急。北京大总统国务院参谋部、陆军部，成都胡都督钧鉴：

巧电计已上达，现在全边底定，乡城一隅地，不难克日敉平。惟川边之难，实自藏番倡之，倘非拔本塞源，终难久安长治。昌衡职在靖边，心怀干国，不揣愚陋，敢贡鄙怀。方今库逆鸱张，外交棘手，大总统权衡缓急，对于西藏策取怀柔，崇达赖之封，复葛伦之职，派员慰问，温语抚循，孤诣苦心，普天共谅。

惟据昌衡此次出巡，查得自嘉裕桥以西，该喇嘛密设碉卡，节驻重兵，以为坚壁清野之计，且派员四出，多方煽乱，考其行径，盖无悔过之心。且该喇嘛狡黠性成，非可德感，前清末年入都觐见，清廷礼遇甚优，该喇嘛亦感激涕零，未几回藏，暗结英俄，企图独立，倘非钟军钳制，藏地早非我有。

今民国基础未固，库逆肇乱又复阴与为援，于此而欲专任抚绥，以期帖服，恐于势有不能。即勉强就绪，而要挟过甚，致损主权，患仍中于数年之后，朝鲜、琉球覆辙不远，言念及此，可为痛心。论外交政策，必先有武装，而后可望和平；即内务行政，亦必有武功，而后诞敷文德。大总统以和平解决为希望，而欲达和平解决之目的，正不能不多为之备。

昌衡愚见，以为宜一面派员筹议，一面令边将赶速备兵。能听命则予以宽大之仁，不听命则令将出师，可以朝发夕至，刚柔并用，阳开阴阖，或可速其就范。即果能平和藏事，而民国统一，五族一家，藏地数千里，断不任自为风气，分防设治，亦在需兵。否则我方日与委蛇，彼则根深蒂固，英俄交迫，将至无可挽回。心所谓危，不能自默，用敢沥陈利害，恳速定大计，俾有遵循。至其应办事，宜谨就实，历陈钧夺。

一、边藏并营必需兵力一镇。查前清末造，边兵约六千余人，藏兵将近五千人，合计约达一镇之数。然因藏番叛乱，变起仓卒，上者仅撄城自保，下者遂溃散逃亡，兵力不足，与此可见。现今藏番饷械极多，自昌都以西，步步为营，兵力之强，更非昔比。而川边新复，设治各地，更须处处设防，以消反侧，且边藏道路数千里，即保护运送一项，亦应需兵两标，故预计非一镇以上不可，即至少亦须一镇。盖提师远出，宜策万全，倘不能一鼓荡平，则千里待援，不惟大损国威，且将多糜帑项，故非有兵一镇，万难分布。

二、边藏经费计共需四百万金。查每镇兵常年经费约须一百二三十万，四川至边，由边至藏，又须运送费四五十万，添置器械约五十万，发给粮米约五十万，作战活支及司令兵站部各项经费约百万，合计非四百万不可。前清边藏经费岁约二百万金，然彼时固无战事也，动员以后，自必倍之，且边藏地属蛮荒，金融机关不备，一告匮乏则无地取求，宜宽为筹备，储蓄炉、昌，免致临时竭蹶。

三、边藏军队必须预行编组。查现在边地各军，器械各异，编制不同，因形式之差池致精神之隔阂。甚至入主出奴，互相诽谤，涣散至此。兵与兵不相惜，将与将不相能，势必编成一律，始能远地制胜。现在边军分防、陆两种，陆经教育，防悉边情，互有短长，可资补救，拟一律混合改编，不足者再调川兵以足其数。且边藏数千里，各兵散处，棋布星罗，非有整齐划一之规，断难收指臂相助之效。将来事平之后，即此一镇兵分一半防藏，以一半驻藏，与前清兵力既事相悬，而边、藏两军联为一气，复能首尾相应，互为瓜代，不蹈前清覆辙。

四、征藏军队非半年筹备不能深入。查从前钟颖入藏，亦曾预备半年。此次筹备经费，组织师团，购备器械，采运粮秣，以及教练将卒，设立机关，并非咄嗟可办。且此次川边糜烂，牛马死失，所余无几，屋庐烧毁，储蓄一空，比之钟军入藏之时，尤觉艰难万状，更非宽以岁月，难臻安妥周详。

以上所陈，实皆经练之言，并非空凭理想，务恳早赐裁夺，俾得先事筹划。回忆昌衡去岁出关时，因川乱甫熄，外患骤起，仓卒出兵，未遑审顾，以致兵不得练，粮不得备，百务不得预整。而昌、巴已困，里塘已失，道坞之吏被缚，河口之战亦急，是以投袂扶病，无所顾忌。甫至雅州，炉警迭至，单骑独进，赶赴炉关，盖挺身冒险，急不择也。及与敌相遇，乃至万变丛生，百弊均起，补苴仓卒，烂额焦头，以五千之众应十万之敌，纵横千里，大小百战。幸托威福，得以无失，至今思之，犹为心悸。至入藏之难，甚此百倍，若仍轻率任事，一隅有失，大局何堪。故所陈各节，皆系一再详审、切实可行之计，无论以何人经略，非此断无成功。

昌衡积劳成疾，实难久任艰巨，惟大局所关，不敢不竭诚预告。如蒙允许，即请所需款项，令部筹定。一面令知胡都督与昌衡会同组织一切，其余应办事宜，自当逐条电请核定。不然，则西方旧服，恐非民国所有。昌衡身任边寄，坐视蹙地数千里，何能当此重咎？亦惟有决谢仔肩，不敢再任危局。临颖迫切，不暇择言，尚希谅鉴。昌衡。印。

会中央以财政艰难电阻，乃复请自固，蓄势以图西进。

附录　致中央文电

北京袁大总统、国务院，成都胡都督钧鉴：

大总统沁电奉悉，财政艰难，外交棘手，经营未易举行。大总统系全国安危之重，空拳赤手，苦力撑持，昌衡亦洞悉国艰，敢不危身瘅劳，济艰难而耐困乏。惟养电所陈，实为谋国至计，保土良图，公家之利，知无不为，身膺边寄，何敢缄默，感时锥心，上策既已难行，用特苦虑焦思，再思其次，为大总统沥血言之。

藏番之势，骎骎西来，利械日增，显有阴助，就地煽民，动起巨万，蚁聚蜂屯，粮便道熟，近日以来，又起数战。昌衡既图兵胜，又虑扰民，运糈极艰，具用不备，转战数千里，前后百余战，虽无败衄，兵则日减，虽无捐弃，械则日耗。减而不增，耗而不补，以当未艾之敌，无数之众，势日就危。一隅震惊，终扰大局，昌衡失职，国且不利。为今之计，虽不能尽锄其根，必且挫其锐而裂其胆，大计一；虽不能即捣其穴，必且蓄吾势以乘其隙，大计二；虽不能进侵其地，必且固吾圉而宁吾境，大计三。是三者，实退逊之至，若复谋之不臧，行之不力，则千里河山，沦胥立见。行此三者，厥有二事：一曰理财安民，现已实力着手，总期守其土，即得其民心，秩其庶务，容俟另电逐陈；二曰整军经武，此事应分两段，边未全平，应作防藏征边之计，于迭次报告已陈梗概，既平应作靖边制藏之计，于此厥有三策：一曰控形胜，二曰勤训练，三曰充军实。

查边地作战，前清边军共二千余，西征军队共计两团，攻乡军队又增一团，俟乡城一下，即以边军集中昌都，以其习战，令为前锋，藏敌西来，计可必胜。再以一团驻巴，一团驻里，一团驻北道，昌都若受大敌，我军左右挟援，势如常山之蛇。若得令进取，即拔昌都之兵直捣拉萨，后军续进，比节推移，此之谓控形胜。前清失政，军纪废弛，加以久战连年，边军东驰西逐，纪律荡然。西征军队才集即发，无时教练，知兵之将，十无一二，而又分处极远，既不能教训，又不能监督。昌衡现将近处诸将，日集于府，躬亲教战，又组织军法机关，实行监督。然款乏才难，若不大事扩张，终属乘舆溱洧，难期大效。昌衡拟设教育机关，既派能员，又加切实巡查，一面调员集合，更替施教，并实行军法以促其成。如此就地习战习劳，驻一日收一日之效，方可化弱兵为劲旅。此若不行，清人河上，积久愈怠，一临大敌，不可用矣。此勤训练所以不能缓也。居无积仓，行无裹粮，连年转战，器械敝捐，在内地一衣可以经年，在边外一衣不耐数月，天寒服敝，帐幕久缺。现在正项饷糈，且亦常缺，遑问补充？褴褛凋残，何以待敌？加以兽疫大行，乱久民疲，乌拉一事，束手无法。既穷不能自备，又不可遇事征徭，迫民为匪，军行一步，难若登天，咫尺相近，不得应援，若不及时整顿，后患何堪设想？此充军实所以不能缓也。

凡此三者，皆就实情图自固，蓄进取之机，势不能免。惟川边困乏，已无涓滴，饱暖犹难，何能举动一事？而实行整顿，在在需款，昌衡惟有竭死力以报国家。惟边地非储半岁之饷，有开办之费，不能虚与军队委蛇，徒失威信，而招不测之祸。加以百废不举，只有待毙。中央痛念大局，洞悉边情，必不忍使千里坐困。无论如何窘迫，均请酌拨的款百万，并请饬下财政部，妥筹速发。不然，虽有李牧、卫、霍之将，无以为也。昌衡冒难尽瘁，只知报国，不知其他，京外咫尺，未常派一信使，设一机关，以致中心如结，言路不通，自抱孤高，固甘闭塞。惟大局一坏，死不瞑目。是以尽情吁恳，愿大总统稍为留意，幸察深体孤远之将，曲谅忠苦之心，令无误国，昌衡不胜犬马怖惧之情。昌衡。印。

中央虽许之，然仍无实款接济，昌衡窘极，数米为炊，而前方粮运几绝，乃复痛陈实况，请饷益力。

附录　致北京成都文电

北京大总统，成都胡护督，省议会钧鉴：

边事吃紧，需款浩繁，转饷不时，竭蹶可虑。前此镇抚开府，政务分司，总统训辞，川中舆论，皆谓财力支绌，民生凋敝，恐难期担负。昌衡与任事各员亦以力求撙节为兢兢，数月以来，设治既增，机关亦大，然分甘绝少，所有政费支出，并未踰前清每年四十万旧额。惟边情狡诈，叛服靡常，南北两边，均须重兵以资震慑，故军费比较，不免扩张。然匪乱未平，事非已获，敢即军政两费月需数目及欠饷情形，为大总统暨川中缕晰陈之：

自客岁十月二十五日起，至二年一月止，平均计算，镇抚府内部月需银四千零五十四两有奇，民政司月需银二千四百二十四两有奇，财政司月需银一千七百一十两有奇，实业司暨矿务局月需银四千四百五十两有奇，学务局月需银四千一百五十一两有奇，各地方行政费共领去银二万二千四百三十三两有奇，合计八万八千六百九十两有奇，内除地方行政费镇抚府全俸所支出，才六万六千四百六十两有奇，此政费支出之实在情形也。至军费方面军务处暨军需军械军医采运各局，月需银六千二百八十二两有奇，攻乡军司令部月需银二千两，陆军步兵团二部月需银二千零二十三两，陆军步兵九营月需银三万九千一百二十三两，炮兵一连月需银一千三百三十五两有奇，工兵一连月需银八百六十三两有奇，卫队一营月需银一千八百七十五两有奇，卫生一队月需银八百三十七两有奇，边军统领一部月需银二千两，边军十一营月需银二万三千六百五十五两有奇，夷情调查月需银二百四十五两，各部局公费月需银七千零六十两有奇，皆系整数实支，决难短少。此外尚须月有预备金二万两作为存储，此次实验大都作为预垫，犹常常不足，困难万状，且抚恤、赏需、乌拉赔偿等费，均在其中，合计月需银十万八千七十一两有奇，以四月计算约需银四十三万五千五百二十四两有奇，方足以资分配，此军费支出之实在情形也。而成都来源，自客岁十一月至二年一月，总数不过二十八万五千六百七十六两有奇，出入相较，不敷甚巨，挪拨借垫，已穷罗掘。而乡匪未平，援军续至，新添一团月须增饷二万五千两。

昌衡处此，几致数米为炊，枵腹报国，然事实不能，徒唤奈何？谨慎支出，既明且详，实图节俭，亦至已尽。虽惩前毖后，缩小范围，用资挹注，而丸泥函谷，杯水车薪，不待明哲，始悉忧窘。川中变乱初平，疮痍未复，锱铢已尽，庚癸仍呼，倘非大局所系，饿死不敢告难。事已至此，计惟有陈具事实详情，恳求中央速予提挈，始期有济，而望成功。为此吁恳顾念大局，立筹巨款，息息相通，源源接济，俾三军挟纩，多士运筹，得于枪林弹雨以求生，不因粮尽矢穷而受困，则昌衡虽马革裹尸，当为厉杀贼以报国。临电神驰，伏维垂察。昌衡。印。

然二月终无钩金至，昌衡不得已，乃自为训令，泣告诸军，且益施怀抚，赦小过于狱，令出筹粮运，特遣参谋李燊之厚赍毛丫土司其美夺吉、曲登土司然登汪吉、崇喜土司阿登，为令以慰之，三土司皆喜，力出任事。又令就地筹租糌，运道遂通，军始有食。

昌衡之初征也，情形未熟，而侦谍不详，备具未修，而战祸已迫，运道未理，而诸军已发，大军未集，而仓卒以进，时迫势成，不得已也。且边地全乱，积粮已空，始定之地，未便催科，故粮时告绝，久乱畜尽，民不安业，关外之运，全恃牛马，故运输几绝，甚至军行一步，难若登天。边军久战，荡律废纪，陆军新集，训练无时，散在千里，监督无从，故治军难。一时匆忙，急于救火，故临出巡，几逅不测。幸力持稳健，得以转危。然自是以后，知天下之事非智虑所能期，谨慎之不可少也。遂力补前失，审不实不用兵，民不安不征徭，军实未充不轻动，运道未固不遽入，精勤训练，严密法网，行之二月，边乃大定。

先是，昌衡请增兵，决由宁远入乡，出奇也。至是知难，遂力求不败，不敢稍轻，乃告于成，曰："前以乡匪阻于北，故可乘其后。今彼已归据巢穴，攻坚不可不慎，且道出宁远，若一战不胜，则进无以为据，守无以为食，退无以为援，诚危夫！南北不相应，各谋其谋，众犹寡也。分二寡以敌一众实难，且乡匪未知能抚焉否？若能抚，战守之计，不决于一人，不出于一途，进止非所能决，则失机不如出炉之完也。"五告五争，卒以刘成勋援兵从炉出。

时前军嵇廉与顾占文、朱森林相龃龉，各执一是，昌衡忧之，而未发。会嵇廉辞职书五至，昌衡乃罢，以孙绍骞代之，并统督征乡全军。绍骞者，滇中之宿将也。初不识昌衡，然其为人智勇忠实，自滇来，愿尽力于边，昌衡与谈，大悦，立授大任，重于刘瑞麟，军中益惊。昌衡力慰之，卒遣绍骞、刘成勋军至炉城，乡匪闻之大惊。会乡匪迭为嵇廉及朱森林所败，嵇廉以曲登土司劝抚，于是，乡匪请降书数至。昌衡曰："降而不纳，失恩；真犹未审，失威。"乃速驰令至乡城，尽赦其罪，令速尽纳其械，不然，兵且至。又令前队停战十日，以昭怀柔。以嵇廉专任招抚，而令孙绍骞专备战事，同刘成勋、朱森林计进取，得令即发，勿为乡逆所诳。军事已定，乃内整百政，皆楚楚无废事。于是，悉按中央官制改组行政，政成，乃计全边应举诸事，列表记之。

附　　表

第一年筹备

（一）实行政土归流政策，将沿边土司一律改土归流，并将土司度地安插，酌加虚衔，并给赡养等费（已办）。

（二）实行建设边地府、厅、州、县，并划清区域（现办）。

（三）续行修造边地行政长官衙署（去岁业已开工）。

（四）拟建昌都、巴安、恩达、义敦等处衙署、监狱、仓库。

（五）实行调查边地新建各府、厅、州、县户口。

（六）清厘各府、厅、州、县赋税。

（七）厘定各种徭役章程。

（八）续办康定、巴安巡警。

（九）拟划工布、波米、硕般、拉里、江达等处入边。

（十）测绘炉、里、巴、察及察隅沿边一带，并盐井、定乡、稻城、贡岭山川形势，险要扼塞（已办未终）。

（十一）特派专员分道调查藏卫兵事、外交、商务并靖西一带界务。

（十二）实行派员分别调查边北、边南各要地（已办）。

（十三）实行勘定边藏疆界，竖立铜柱。

（十四）实行收回解古、隆庆两地，以固边防。

（十五）重修炉中电线（自炉城至中渡已办）。

（十六）续修雅、昌电线（自雅江至昌都）。

（十七）展修昌、拉电线（自昌都至拉萨）。

（十八）添修义、察电线（由义敦经定乡、德荣、盐井至察隅）。

（十九）安设雅江、理化、义敦、巴安、宁静、察雅、昌都、恩达、硕督、嘉梨、太昭等处邮局。

（二十）续修河口钢桥（已办）。

（二十一）补修泸定县铁索桥（已办）。

（二十二）测量泸定钢桥工程，并定期购运全桥钢料抵炉。

（二十三）重修泸定县、雅江县渡船（各二十只，已饬办）。

（二十四）创修炉霍（仁达沟）、甘孜（甘孜渡）、邓柯（竹巴直卡渡）、石梁（夕牛渡）、盐井（澜沧渡）、孟空（怒江渡）、察隅（龙门渡）等处渡船（现已雇定工匠，不可出关）。

（二十五）厘定关外垦荒章程。

（二十六）招商移垦关外荒地。

（二十七）通饬关外保护森林，并颁布种树奖励勋章。

（二十八）调查关外种茶、种棉地点。

（二十九）开办关外畜牧场。

（三十）拟购十万桑株，分植河口、巴塘、乡（城）、德荣等处。

（三十一）拟修移民局于炉城。

（三十二）拟建垦殖公所于安良，并附造便利，以便交易。

（三十三）拟造殖民庐舍于安良、营塞、达纳等处，以资提倡。

（三十四）拟设殖民庐舍于上下察隅，以便招商。

（三十五）拟购杂粮储存安良，以备殖民开垦。

（三十六）拟购垦荒农器，并购备耕牛籽种。

（三十七）续办关外初高各级小学，并添设半日学堂。

（三十八）整理关外各种金矿，并厘定课税章程。

（三十九）特派专员调查关外各路矿产。

（四十）拟调专门矿师踏勘鱼通铅矿。

（四十一）整理盐井盐务，并拟收回官办，以便清厘课税。

（四十二）改良德格、贡岭陶业。

（四十三）改良巴安制革厂。

（四十四）续办巴安印刷局。

（四十五）提倡改良纸业（关外向出蛮纸，制法恶劣）。

（四十六）创设习艺于康定、理化、昌都、巴安四府。

（四十七）拟购简易织毪机器。

（四十八）添设理化、巴安、昌都等处商会。

（四十九）奖励内地商人出关实行调查。

（五十）奖诱内地商人组织公司，出关贸易。

（五十一）整顿茶叶，并清理茶课。

第二年筹备

（一）建设改修边南之稻城、贡岭、定乡、德荣、察隅，并边北之道孚、炉霍、石渠、怀柔、德化等州县衙署、仓库、监狱。

（二）实行编联各府、厅、州、县保甲，并划分乡镇区域。

（三）续行清理各府、厅、州、县赋税。

（四）开办理化、昌都、邓科、泸定、雅江、义敦、宁静、察雅、恩达各府、厅、州、县巡警。

（五）添设边南各府、厅、州、县。

（六）实行调查添设各府、厅、州、县户口，并清理赋税。

（七）测绘波米、工布、松蹋、门博、沙米、呼隆、哈东极边一带及雅鲁藏布江下游，并昌都西北之三十九族与青海沿边等处。

（八）调查前后藏迤南极边与布廓交界等处，并阿里极西沿边一带与英俄连界之地。

（九）勘定狢貐、门博、松蹋极边一带，与英属阿沙米连界竖立界碑。

（十）创设康解电线（由康定至解古）。

（十一）展修拉札电线（由拉萨至札什伦布）。

（十二）展修察哈电线（由察隅至哈东）。

（十三）购回前英人所修江咱电线（由江孜至咱利山口）。

（十四）添设边南各府、厅、州、县并边北邓科、石渠、隆庆、解古、拉萨、江孜、靖西、扎伦布等处邮局。

（十五）实行修建泸定县钢桥。

（十六）测量盐井、澜沧钢桥工程。并定期购运全桥钢料赴盐。

（十七）架设冬九（藏布江支流）、架桑（阳墨河）、学哇（学哇河）、春多（藏布江支流）等处津渡木桥。

（十八）创修彝贡（海子）、噶郎（雅鲁藏布江支流）渡船。

（十九）添设移民局于雅江、理化府。

（二十）派员测绘边北荒地，并刊布图说。

（二十一）开办畜牧场于邓科、石渠。

（二十二）建设殖民庐舍于雅江上下、渣坝及理化平原。

（二十三）添设关外初、高各级小学，并推广半日学堂及夜课学堂。

（二十四）招商试办各种矿产。

（二十五）实行开采石渠铜、铅两矿及察隅银矿并巴底、巴旺金矿。

（二十六）实行改良盐井盐业，并推广销场。

（二十七）招集磁工出关，开办巴安磁业。

（二十八）定购简易织绒机器，运赴炉城。

（二十九）设造纸厂于巴塘。

（三十）招商创办造酒公司于巴塘。

（三十一）添设习艺所于边北、边南各府、厅、州、县。

（三十二）拟办拓殖银行于康定、理化。

（三十三）设运茶公司于炉、理、巴、察及拉萨、江孜、札什伦布等处。

第三年筹备

（一）建设白玉、同普、武城、贡县、甘孜、太宁、工布、波米、硕督、嘉梨、太昭、工布什噶等处衙署、仓库、监狱。

（二）新设沿边冲要各市镇。

（三）续行编联保甲。

（四）厘定各府、厅、州、县赋税，永定为案。

（五）开办稻城、贡岭、定乡、盐井、察隅、道孚、太宁、甘孜、炉霍、怀柔、白玉、德化、同普、贡县、武城、察雅、工布、波米、硕督、嘉梨、太昭、石渠等处巡警。

（六）测绘前后藏迤南极边一带并阿里沿边等处。

（七）调查前后藏迤北沿边一带并阿里极西等处。

（八）勘定前后藏迤南极边与阿（英属阿沙米）、布（布鲁克巴）、哲（哲孟雄）、廓（廓尔喀）交界，并阿里与克（克米尔高原）等处边界，统竖界碑。

（九）添设札（后藏札什伦布）诺（阿里西北之诺河）电线。

（十）创设西昌电线（由昌都至西宁）。

（十一）实行推广边北各州县及后藏以西并阿里等处邮局。

（十二）实行修建盐井之澜沧钢桥。

（十三）创设南沧（哥萨马渡）、鄂直（尤于勘渡）、怒江（杂隆渡）、们楚（鸡贡渡）、大营（逐马渡）、伊勒（萨密渡）。

（十四）推广殖民局于稻城、义敦等处。

（十五）派员调查全边荒地，并刊布殖民图说。

（十六）实行移民出关，安插分配于稻城、义敦等处。

（十七）推广关外初、高各级小学，并添设中学。

（十八）推广牧场于甘孜、炉霍一带。

（十九）实行开采边北重要金矿并察隅银矿。

（二十）推广巴安磁业。

（二十一）实行开办织呢厂于炉城。

（二十二）添设南路各县习艺所。

（二十三）推广拓殖银行于巴安、邓科等处。

当是时，攻乡之兵分两道：孙绍骞督同朱森林由喇嘛了［咁喇丫］进取，击乡逆之背；刘成勋督同张英率所部由稻城进取，扼乡城之吭。计划粗定，兵甫出，突乡逆以万余众分袭东龚，据夕波，谋扼我东龚，经周尚赤密令杨得锡率勇敢兵百余，乘夜潜出，直逼该逆炮兵阵地。胡良左率兵两连夹击喇嘛寺侧之大股逆匪，以牵制之。于是，杨得锡得潜抵乡逆炮兵阵地，乘其不备，如突兔之出，拖［施］排枪猛击之，逆众尽溃遁，退守火珠乡一带。昌衡闻警，飞令孙绍骞援东龚，绍骞兼程至，分三路袭击火珠乡，复其地，乡逆退踞冷龙湾。湾与马鞍山望相属，深林密箐，易伏奸。绍骞令朱森林率队据山根子进击，以李燊之佐之。森林出发，惧有伏，且索且行，逆突出，四面围击，炮队且摇，燊之叱止之，相持一昼夜，我军战益力，遂克马鞍山，毙乡匪数百人。会周尚赤至，合兵击冷龙湾，逆碉房数十，并坚倚墙凿濠，潜伏击我，连战六昼夜，士尽疲，粮秣且罄，李燊之议停战养兵力，一面报孙绍骞请督战，孙绍骞率朱宪文驰而前偕燊之登山察形势。即夜令符成三守营堡，自率朱森林、周尚赤两支队，张左右翼夹攻之。另饬尚赤派边军一营，由中路尽炮队踞后方高远地为之殿。

迟明，令炮队先攻，乱其阵，步队继进环击，连夺数要卡，距逆碉房约数百米达。战四日不下，而食已殚，兵又赤足无草履，不可以历险阻。绍骞惧有失，亟收兵，回驻山数日，食驼牛皮俱尽，兵相向泣诉。绍骞婉谕之，斩诱言煽惑者一人，众始定。越日，后方军米草鞋次第运到，绍骞随令炮队奋击。逆惊扰，我军知其馁也，气益厉，攻益力，逆益失措，尽火其碉以遁，冷龙湾、东龚等处悉平，进图定乡。

刘成勋军亦至。先是，刘军之取道稻城也，命张英鼓而前，时乡已据，夕波氛甚恶，不得进。前锋刘成勋与战，破之，歼逆党数百。英至日晖、大桥、冉子诸村，番众悉降，所过招抚之，无不壶浆迎者，遂进攻稻城。分三路合击，以一枝抄逆左，一枝挠逆右，别以一枝博城下。自寅至亥，酣战之声震山谷，夺坚卡十余座，逆溃，稻城平。当此之时，军威大振，逆知力不敌，变计作投诚状，沿路书归顺字以诳我，潜伐木阻要害，焚桥梁。张建勋不察，骤入，陷多山中，逆番弹石并下，不得脱。会英遣队继进，蔡宾藩陷阵，冲击围解，遂克八格。乡逆阻河毁桥拒守，水又湍激不可涉，我军系筏而渡，遂进博贡洒，捣雪洼，克上乡城，乘势据业洼，上岭阨塞。时士卒剧战久，糇刍且不继，休数日。乃复进兵，英察其地势，度其先后缓急，谓必先据左翼高山，而后罗拉寺、桑披岭下、泥司地可得，而定乡可克。于是拔队攀崖，分趋山顶，连夺十一卡，据之，逆退保罗拉寺，倚林为蔽。会大雨雪，下停战令。天甫霁，分遣炮步队定战地，期以次日早攻逆于罗拉寺之森林。诸军队以连战皆捷，遂益奋击，克之，复破之于桑披岭，又败之于泥司地。而孙绍骞军亦克冷龙湾，与桑披岭地相接，枪炮之声相闻。于是，孙军攻其后，张军攻其前，逆势穷蹙四溃，遂克定乡。是役也，时历三月，大小数十战，我军伤亡者乃百余人。

捷至，昌衡大喜，曰：负嵎之虎，人莫敢撄；已困之兽，犹足以斗。况彼乡逆，粮足地险，非诸将知方，军士奋武，曷至此！复书慰劳备至，命军队分驻八格、桑堆、稻城等处，筹备善后，全边悉宁。

（单行本，无出版时间、地点、机构）

通书①

一 人道通②

序③

人固不应悖天道而互相争夺，今之争者失人之性矣。失人之性非人矣，既非人矣，又从而伟之，岂不谬哉！岂不谬哉！予是以参物理之精，发天人之密，作《人道通》，以示民懿。知为人，则伟不伟，可进而论矣。夫以人之智，受命于天者极厚，而必下与禽兽伍，永屈而不伸，可哀也哉！何人非神？何人非佛？何人非圣？何人非天？必自戕贼，又以害人，可不谓之大愚乎！不通人道之故也。为鸡应司晨，为蚕应作茧，为人而不人，是又物之不如也。上达之士，当题予言而实践之。

人道通（参观止园《原性论》）

直贯天地，惟人而已，其命在天，与物异焉。故曰："人者，天地之交，鬼神之会，五行之秀气也。"贵觉贱形，乐其有真，直养无害，全觉合天，其神永存。养觉之道，虚存思正。物与形，赘于茧，若蛹颣。不离天，无死理。过物、涣真斯害矣。下达形存，上达神存。阴阳交分死生争。将纯故杂习性滑，世法定群与正心，去其所不营，绝地通天道之成。仁爱大者天

---

① 原著题名为《止园通书》，计分十卷，一"通"为一卷，如"人道通"为第一卷，以下类推。但所据为一残本，缺九、十两卷。出版机构和时间，也因原书残缺，不得其详，但可肯定撰于《原性论》之后（因书中有"参见《原性论》"之语）。
② 原标题为《人道通第一》，以下依次为第二、第三……今改"一 人道通"，以下即依次改为二、三……
③ 《序》之前有著者以"太昭"名义手书题签："人道。太昭，潜庐（印）。"

地所尊，明性自然，天不可为。无为之功久则凝。人咸知此，可杀而不可使为恶，故天下太平，一直光明。

"直贯天地，惟人而已"说

人者，天地之间最灵之物也。何以哉？贯乾坤而不曲也，于形可以见矣（第一图）。

虫，物之最贱者也，其心、脑与肾横于地上。若其心、脑、肾纯合为一气，则不能上应天气下达地心，而附于地者独多，得于天者独少，故其觉极弱。考之英人霍德所著《天演图考》，则知虫之进化，实成爬虫，如蜥蜴之类，首稍仰，有上达之象而微耳。爬虫进而为禽兽，则其为灵府之脑渐竖起，以至于猿，始能暂立，至于金版狙，至于野人，而后立而行，然亦常屈曲也。至于人，则直坐而不倚，直立而不扶，当其坐立之际，其心、脑、肾为一线，下通地心，上通天心，天地之气于是禽矣，此人所以得天独厚而觉独强也。人受天之吸力极强，显然钉县丝之象，而人不察也。故《易》曰"直内"，孟子曰"直养"，孔曰"中立不倚"，佛好端然趺坐，皆"致中和天地位焉"之义。惟中乃和，通天地之气也。民受天地之中以生所谓命也。

"其命在天，舆物异焉"说

或曰草木亦直立者也，何以其觉独不强？曰非也，草木之命根在地，

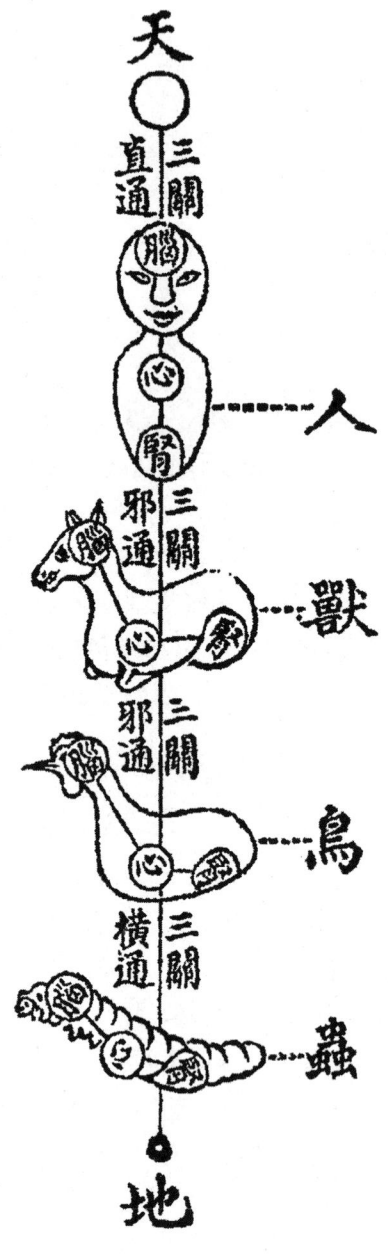

第一图

人之命根在天，故人刖足不死，草木伐枝不死，人伤脑则死，草木伤根则死。草木之生育在颠，人之生育在肾，草木之歧出在上，人之歧出在下。今以两歧之草木而观之，俨如倒竖之人。草木之所食者水土，而人之所食者水土之精也。是草木不能与虫介同横，而况于直立乎？有形之物惟草木之觉最微，惟人之觉最强，盖天地颠倒草木而为人也。庄子曰"倒置之民"，言民不上达而下达自入于地也。（第二图）阳始入阴，故生草木；阳将夬阴，故生人。以八卦之象配之，谓草木为《复》，谓人为《夬》可也。

"人者，天地之交"说

宇宙之间惟有六象。六象相对，故有无形无觉之太虚，即有有形有觉之动物；有有形微觉之草木，即有无形微觉之鬼物；有有形无觉之金石，即有无形有觉之天神。圣人以坤为阴，象之以地，即有形无觉之谓也。故曰："载华岳而不重，振河海而不泄。"又曰："重浊而下凝。"以干为阳，象之以天，即无形无觉之谓也。故曰："视而不见，听而不闻，体物而不可移。"又曰："轻清而上浮，浊无觉也，清有觉也。"昔在太古天地未交阴阳未合之际，天如矜童，地如处子，不相生育。地积寒气，凝结为冰，如今之月，不生一物。又如北极，诸品闭塞。及天之阳气入地之中，乃成复卦之象，于是冰涣而为泽水世界。今掘地而下二丈之间，则有地层如贝壳之灰，伊犁沙漠、欧洲诸部尤多，赫胥黎谓此地昔为水被，西

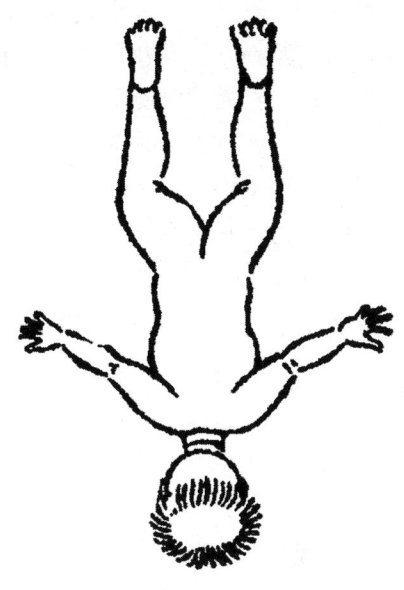

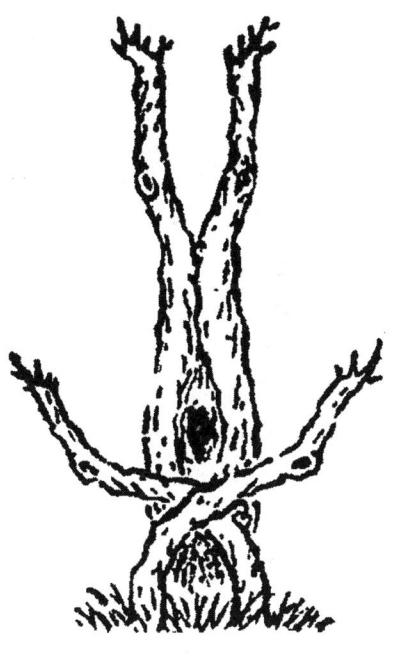

第二图

哲和之，地理家考之实然，此信征也。阳又盛乃生草木而为洪荒世界，今有老树已化坚石，考其年代当在动物之前，亦信征也。草木既生，阳气益发，于是有形之物乃呈其觉而生虫介，是为虫介世界；虫界进化而为禽，是为禽世界；禽化而为兽，是为兽世界；兽化而为野人，是为野人世界；野人日强其觉，进而文明，是为文明世界。观于生物进化考，固一一皆有信征也。惟人以上有形之物无更灵者，则人之必化为无形微觉之鬼物与无形强觉之天神，此必然之理也。

以易卦之象考之，天以一阳交于地，为《复》之象☷。至于生草木，则为《临》之象☷。至于生禽兽，则为《泰》之象☷。至于生野人，则为《大壮》之象☷。至于生智人，则为《夬》之象☷。《夬》者存于内之阳极强，一《夬》去阴即与天合，为《乾》之象☰。故《易》之《乾》曰："成性存存，道义之门。"纯阳则性尽而永为神明矣。故《诗》曰："文王陟降，在帝左右。"而回、佛、儒、耶莫不有合天成神之说。回曰"天方"，佛曰"兜率天"，儒曰"魂魄归于天"，耶曰"上帝"，如出一辙，圣人决不妄言也。故天生人幼愚而壮智，古愚而今智，以人以上无可进化之有形物，则于人中分数多差等以进之。然则，此地之灵日发，后日必有人皆圣哲之世界无可疑也。惟今日之人其明道反不如尧舜之世，又将何说以解之？曰："观于泰卦之六三及陈希夷《六十四卦图》序而知之矣。"泰卦六三，天人交际之时也，其辞曰："无平不陂，无往不复。坚贞无咎。勿恤有孚，于食有福。"则是今人之不如唐虞在平陂往复之中也。《六十四卦图》序其浅也见，其深也伏，其进也退，其扬也抑，则是今之不如唐虞在浅深进退之则也，人不自留意也。冬至一阳生不见逐日增暖，夏至一阴生不见逐日增寒，而阳生之后恒有大寒，阴生之后恒有大暑。一岁之平陂往复在数日中，季夏暑于仲夏，孟春寒于季冬不为怪。天地之平陂往复在数千年中，今日不如唐虞又何足怪？其为进化则必也。天地之气，于未盛之时，能生一尧舜，一孔老，一佛，一耶，若稍盛之时，能生千万尧舜，千万孔老，千万佛，千万耶亦必也。极盛之时，人尽尧舜、孔老、佛耶亦必也。夏至之后，虽暑于夏至，终必愈久愈寒。冬至之后，虽寒于冬至，终必愈久愈暖。尧舜、孔老、佛耶之后，人虽愚于尧舜、孔老、佛耶，终必愈久愈智。孟子曰："五百年必有王者兴。"此犹平陂往复之小者也。以理推之，此地之灵必尽化有形有觉之神圣无可疑也。水土为金石草木之交，草木为水土虫介之交，虫介为草木与禽之交，禽为虫介与兽之交，兽为禽与人之交，人为兽与神之交。金石、水土、草木、虫介、禽兽属于地者也，不能自拔于地之上。人能拔于地之上而合天，至可贵者也。

"鬼神之会"说

人上达即为神，成正觉也；下达即为鬼，蔽本性也。故宋儒曰："气之伸者为神，屈者为鬼。"今以气而言，轻者上浮，重者下凝；以水而言，清者上浮，浊者下凝。岂惟气与水？万物莫不皆然。不杂物则轻且清，杂物则重且浊。惟金石、水土、草木、虫介、禽兽自尽其性，有伸而无屈而多不得尽其性，人可伸可屈而恒不自尽其性耳。何谓有伸无屈？以无罪故也。夫金石、水土、草木固纯无恶念者也。虫介中鲸之食鱼、枭之食母、獍之食父，本于自性。既本自性，即不为罪。且鸲鹆、攫鸟、虎豹、食兽一饱性足，即无他求，亦不为罪。然生子太多，其性必不能尽。而他物之性适需其血肉，故十百千万中无一能尽性者，若尽其性则龟蛇之老亦有真灵矣。天生人以智力奴食禽兽，能用于正，凿井而饮，耕田而食，布帛为衣，牧畜为鲜，无不能尽其性者。惟上智清虚为怀，觉中无物，则清轻而上浮；庸愚积珍如山，杀人盈城，而觉中皆物，则重浊而下凝。为鬼、为神在于自择。佛老离弃一切，孔孟不以物喜，故灵全而为上神。嬴政、刘彻物缚极重，故灵灭而为下鬼。上达、下达固各有所谓达，而鬼神之路别矣。高僧圣贤，死如委壳，来去自如，其例不可胜举。众人将死，其神已腐，床褥呻吟，受诸痛苦，其例亦不可胜举，即此见矣。

"五行之秀气也"说

金之为气也坚，木之为气也秀，水之为气也清，火之为气也明，土之为气也厚，人则兼之。火曰炎上，水曰就下，木曰曲直，金曰从革，土爰稼穑，人则享之。《易》曰："天以阴阳五行化生万物，地以成形，而理亦着焉，犹命令也。"盖天命五行以养人，即天之命人以全五行而合于天也。《内经》谓"心为金"，坚刚而中实自我也；谓"肝为木"，欣秀而发荣自我也；谓"肺为火"，嘘吸而通明自我也；谓"肾为水"，清澄而润泽自我也；谓"脾为土"，守中而载营自我也。且八卦之象，五行寓焉。"干为首"，天在人矣；"坤为腹"，地在人矣；"艮为手"，山在人矣；"震为足"，雷在人矣；"坎为耳"，水在人矣；"离为目"，火在人矣；

"巽为股"，风在人矣；"兑为口"，泽在人矣。全八卦，备五行，人之身贵矣。

"贵觉贱形"说

天爱觉不爱形，故草木之觉强于水土，天则命之食水土，而水土多于草木，适足供之。虫介之觉强于草木，天则命之食草木，而草木多于虫介，适足供之。禽兽之觉强于虫介，天则命之食虫介，而虫介多于禽兽，适足供之。人之觉强于禽兽，天则命之食禽兽且奴役之，而禽兽多于人，适足供之。然则物之所以贵者，在觉不在形。或曰蛇虫也，亦杀鸟，虎兽也，亦杀人，何谓也？曰是谓眹，变而非常也。谓觉贵于形者，如水胜火，金重于羽。杯水与车薪火，钩金与舆羽，不可例也。爪附于手，无觉则剪之，发附于头，无觉则断之，重茧附于足，无觉则剥之，旧齿附于龈，无觉则换之。然则，身之所以贵者，在觉不在形。形之大者如山，人所凿也；形之大者如鲸，人所猎也。死妻不抱尸而眠，死子不留骨为嗣，亦贱形之明征也。故尹曰"先觉"，孔曰"大智"，老曰"知白"，佛曰"圆觉"，耶曰"真主"，回曰"真宰"，皆以明五阴六尘无我，而我在五阴六尘之外也。常人以非我为我，以伪为真，而终无以成真我。圣人以无我为我，以物为伪，而后可以全真我。常人汲汲营物，而终不能有，圣人自然合天，而惟守其无。设人膨腹而大于地，吞地于腹，不知何乐，而乃以眼耳鼻舌身之贱物，磨灭此觉，亦如挖脑、渥发、剖心、护爪，可胜笑哉！圣人精气，磅礴于宇宙，视百千万地且如尘垢，反而思之亦易明也。

"乐其有真"说

千金之裘，长夏不衣，岂绨绤贵于狐貉哉？万钧之鼎，显者不佩，岂觿鳎贵于重器哉？衣裘则暑，暑则不乐，佩鼎则重，重则不乐。加以炮烙则不愿终日之生，而况于百年乎？承于两肩则不愿百镒之赘，而况于山河乎？人之所以欲贵者，以贵一至，而乐附之也，使天子苦于囚奴，则虽极尊，人不为也。人之所以欲富者，亦以富一至，而乐随之也，使金玉不易衣食，则虽至宝，人不取也。然惟有觉故知之，形无关于苦乐也。觉愈强而清，则感乐愈甚，圣贤神天之乐，不与俗人同也。惟众人之求乐在物，物愈丰而觉愈损。圣人之求乐在心，物愈损而觉愈怡。夫物有重于觉哉？

腹病则珍馐不甘，肤痛则龙衮不怿，贻宝于尸，曾不一顾，投金于犬，弃而取菌，是觉所不感则物皆无用也。而得道之士，居于陋巷，乐于明堂；衣其敝服，乐于锦绣；寝积草之上，象榻不足比其安；杂舆台之中，天子不能比其贵；盖能以觉移物，而物亦不入也。天本贵觉而贱物，人知保觉以去物，则知天命矣；人能保觉以去物，则达天德矣；人至圆觉而无物，则合于天矣。

"直养无害"说

孟子曰"直养"，孔子曰"直内"，心志中直，乃与天地合。顾一人物，即不直矣。（参观第三图）

不直则不通天地，故人性本善，而恶人自害之也。中儒造字之始，思从囟、从心。囟者，脑之像也，言心、脑相合而成思也。汉人以为思在心，非也。西人以为思在脑，亦非也。脑动而心应之乃发为思也。人之心惟日思天、思道则上通，无思则自然上通。今之人则不然，其心一动，不在金宝，即在名誉，不在名誉，即在势位，不在势位，即在声色，不在声色，即在宫室，不在宫室，即在土地，不在土地，即在香味，杂物芸芸，无有止极。夫金宝也，名誉也，势位也，声色也，宫室也，土地也，香味也，及一切杂物也，凡是之物皆附于地者也，常使其心脑不能直通而曲屈俯交于地也。故孔子曰"君子上达"，言上通于天也，"小人下达"，言下入于地也。君子知天爱觉，故弃物而不取，日与天合。小人诈如刘邦，勇如项羽，辩如苏张，媚如易牙，取物之术巧矣，不得谓之不达也，然而下矣。愈巧而愈下，得天下而没其灵于九渊之下，是负上天爱之之心也，亦甚矣。故庄子之言曰："凡有貌相声色者皆物也，不以物害性之谓完。"老子曰："金玉满堂，莫之能守。"孔子曰："窒欲。"孟子曰："富贵不能淫，贫贱不能移。"佛曰："无色声香味触法。"耶稣曰："离弃一切。"回曰："真体无着。"（见《天方性理》本经）皆言不曲屈其心脑，而下入于地上之物也，纯矣。孔子三十而立，方不如草木之倒置与禽兽之横向也。学道莫要于正心，惟直中向天惟能正，否则邪矣。两点之间，惟一直线，形学之理亦然也。天心、地心之相通，岂有二直线哉？

"全觉合天"说

推天之道，本极爱觉，人之觉强，自与天合。孔子曰："先天而天弗

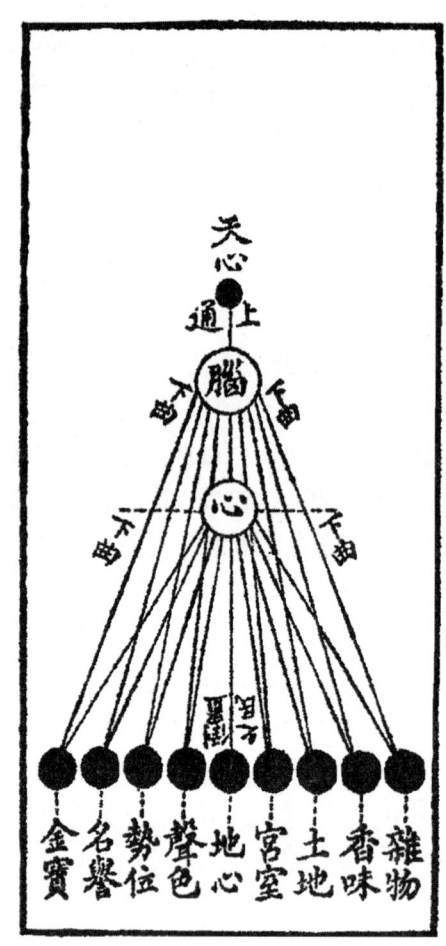

第三图

违,后天而顺天时。"盖其觉纯天而无物也。庄子曰:"宇泰定者,反乎天功。"言觉不动于物自与天合也。故老氏一书,纯言太虚自然,以为法天法道之窍,庄子从而广之,其精深博大,一言以尽之曰:"纯天而无人。"所谓"乘天地之正,御六合之变,以游于无穷也"。有形之物,惟人之觉最强,上无有也。推阐万物之理至于此,惟密惟切。苗而不秀者有矣乎?秀而不实者有矣乎?人而不合天者有矣乎?苗而不秀有物伤之,秀而不实有物伤之,人而不合天有物伤之。佛氏以正遍觉为圆觉能超三界,理即此也。伊尹曰"天民先觉",民而曰"天觉"而已矣,天视自我民视,天听自我民听,何人而非天也?人皆曰"天生德于予"可也,宁独孔子?故合天之法,惟虚与诚。无思无为,寂然不动,感而遂通,天下之道,儒者之言也。佛氏"六通生于四相皆空",此以虚见性而通天也。惟天下至诚,惟能尽其性,能尽其性,则能尽人之性,能尽人之性,则可赞天地之化育,可以赞天地之化育,则可以与天地参。佛氏"真实无伪,成金刚体,飞行自在,往来诸天",此以诚全性而通天也。虚诚不杂物,心脑不下屈,虽欲不通天,安得而不通天?

"其神永存"说

观阴知阳,观阳知阴,阴阳会参,而理明焉。故《易》以阴阳之道,知幽明之故、鬼神之情状。阴不与阳交,终不变其质。深山之冰凝为水晶,太古之木坚为石柱。阳不与阴交,终不变其质。不着色相,不入轮回。不着法相，不入轮回。儒者之言："仁者寿，万寿无疆。"老子之言："无死地。"佛氏之言："常存永住无量寿。"耶稣之言："人死必复生。"信诸大圣魂魄固无死理也。身字六画，如缺一画，即不成字，亦不成义。紫柏老人之言云：有聚散而无生死也。

然有聚散之别如何？吾常坚固吾精神，不令为物所磨则永存。譬如水之坚而为冰、坚而为水晶，木之坚而为炭，坚而为石也。吾常耗散吾精神，自令为物所磨灭，如水之受热而化为气，木之被焚而化为灰也。夫有形之物其形终不减于地，地上六十四元素永存无毁，木化为灰，灰仍在地；冰化为水，水仍在地；汤入人腹为溲，溲仍在地；食入人腹为粪，粪仍在地；尸解为地水火风，地水火风仍在地；卵析为水酸炭脂，水酸炭脂仍在地。形之在地终无减，觉之在天亦终无减也。常人不知保觉，其觉愈散，愈微不可聚，谓死非死也，散也。圣人圆觉不垢不净，如水晶、金石永不与他气相感，所谓入水不溺，入火不蒸，安能死哉？经史中外之载魂魄凭物、魂魄凭人之事不少也。物而可凭，人而可凭，则此四大假合之身如传舍耳，何贵之有？世竞神学，日增月盛。召死人之灵，惟圣贤仙佛正气纯全者虽久不灭，对谈如生，是圣贤仙佛正气纯全之人之觉强，不能散也。召死人之灵，愚昧凶恶邪鄙贪饕者暂久即无，不感于乩，是愚昧凶恶邪鄙贪饕之人之觉弱，久则灭矣。夫觉愈养而愈灵，虫介禽兽之不能测人，犹人之不能测天神也。既为天神，养觉之法愈精，则愈不可范围矣。孔、老、佛、耶是诸圣哲，岂欺人哉？人皆可以不死，人自死耳。高僧之言曰："如欲人不死，必须死一人。"耶稣之言曰："死假人，生真人。"言人必死而道心生，则人永无死时矣。此理之必然者也，奈何世人之日入死地而不知也，可哀也哉！

"养觉之道，虚存思正"说

虽然，欲全正遍之觉，而使吾神永不能死，何道而克致？曰："虚以存之，思必以正。"虚所以养觉也，思所以固觉也。孔子曰："无思无为，感而遂通。"老子曰："虚室生白。"庄子曰："吐尔聪明，神将来舍。"佛氏"虚空清净，不扰正觉。"若是，则一虚即可以全觉而合天矣。然则生子落地，即闭之暗室不令见人，老将死而后出之，不过不通言语不知事理而已，岂可谓之圣神哉？孔子曰："不思则罔。"曰："吾常终日不食，终夜不寝以思。"老子曰："思之思之，神明通之。"庄子曰："辩其所不能辩。"佛氏

"惟慧是业,广学多闻,增长智能,成就辩才"。若是,则精思即可以全觉而合天矣。然则,博文诡辩、轻薄深刻之人满天下,而佛氏斥为识神用事,孟子恶其凿,岂得之圣神哉?孔子既曰"无思无为",又曰"不思则罔"。老子既曰"虚室生白",又曰"思之思之"。庄子既曰"吐尔聪明",又曰"辩所不辩"。佛氏既曰"虚空清净",又曰"惟慧是业",既言"虚",又言"思",二说何以折衷之?曰:"虚生思,思入虚,徒虚而不思,枯禅非道也,徒思而不虚,识神非真也。思不蔽于物,惟常在性与天道。故愈思而愈与天通。通天道则虚以养之,愈养而愈与天合。思如锻铁,虚如澄水,惟虚故觉专而思精,惟思故相空而虚极。"孔子谓:"仁者先难而后获。"先难思也,后获既获之,则静以养之而已。思动也,阳也。虚静也,阴也。阴生阳,阳生阴,应思则思,应静则静可也。善走者胫骨不易化,善负者肩骨不易化,凝固故也。思精者觉不易散,亦凝固故也。思不离于道,精义入神,心脑中已自聚有天相,而又以虚养之,则无上正等正觉全矣。孟子曰:"操则存,舍则亡,出入无时,莫知其向。"惟心之谓欤?操则存,正心以思也。舍而不亡,静也。养觉之道,虚存思正而已矣。佛氏《华严大典》所以养正遍觉者也,而要不过四义。四义云何?一念不生为理法界,即静之谓也;一念既生为事法界,即思之谓也。斯二者不相碍,为事理无碍法界,从心所欲不踰矩也。拈来便用,不求于情解事理,为事事无碍法界,圣德之至也。养觉之全功,尽于四法界融和亦可知矣。通天达道,三藐三菩提,如是而已矣。

"物与形,赘于茧,若蛹颡"说

佛氏曰:"四大苦空,五阴无我。"《易》曰:"涣其躬,无悔。"老子曰:"吾所大患,在吾有身,若吾无身,吾有何患?"耶稣曰:"死假我。"孔子曰:"朝闻道,夕死可也。"如是之说,皆离生死,身本非我,我自在我,我实何在性中正觉?此至理之不可以易者也。然是诸圣皆知心是恶源,形为罪薮,何以不速求死?又何不尽天下人而杀之,使绝其类,自无心恶,亦无形罪?佛氏以"七宝布施",《易》言"养民",老子言"实腹强骨",耶稣"活死病",孔子重"足食",其保己之形,保人之形,至周且密,言行相反何如是之甚也?此岂非大不可解者欤?惟以尽性之说终之则明矣。比物如茧然,身如蛹然。蚕本以化蝶为果,何用茧与蛹?人本以成神为果,何必物与身?蚕当时期未至、性未尽之日,不能不以茧被之。

人当时期未至、性未尽之日，不能不需物。蚕已成蝶，虽华泽之茧，必破而弃之，不如粪土，而况于桑乎？人已成神，虽帝位重宝，必推而远之，不如草芥，而况于财乎？蚕已成蝶，则有觉之蝶栩栩其翔，自贵自乐，视蛹壳非我矣。人已成神，则有觉之灵浩浩其天，自贵自乐，视身体非我矣。当羽翼未成之日，遂剖蚕之蛹壳，尚能成蝶乎？当圆觉未证之日，遂坏人之身体，尚能成神乎？庄子不为文牛，孔子明哲保身，形岂不重哉？人之果固在圆觉，蚕之果固在成蛾。然当作茧之时则茧贵矣，当需物之时则物贵矣，当为蛹之时则壳贵矣，当为人之时则身贵矣。故曾子曰："全生全归。"孔子曰："天地之大德曰生。"生有此身，全而归之，则尽性合天矣。

"不离天，无死理"说

身之可贵如此，人人皆欲尽其性，必求寿考令终，虽悖逆天道可也。耶稣之被刑而死也，其觉灭欤？岳飞之被冤而死也，其觉灭欤？如灭矣，则贪生之障结矣。何以孔子言："志士仁人，无求生以害人，有杀身以成仁。"孟子言："生也我所欲，义也我所欲。二者不可得兼，舍生而取义。"仁者天理之生机，义者天理之自然，天理在我，何由得死？观于象可证而明也。草木为人之倒置，草木之命在地，人之命在天，根入地愈深草木愈不易死，性得天愈厚正觉愈不易散。故乔木之根，下蟠九泉，斧斤其干而条肄上生，坚心下碍为炭、为石而不化。圣人之性，直达天德，杀戮其体而魂魄上升，精灵永结为神、为祇而不灭。且剪苕之蔓，其根反硕，杀人之身，其神反强。断菊之枝，一花独大，生气不减，凝于一也。断人之头，一灵更强，正觉不减，凝于一也。《传》所谓"强死能为鬼"，即此理也。知此，则《易》所谓："涣其躬，无悔。"佛氏云："肢肢节解，尚当摄心，勿生瞋恨。"耶稣言："复活升天。"老子言："无死地。"孔子言："朝闻道，夕死可也。"是诸圣之说，信有真理，不复容稍存疑虑矣。

"过物斯害矣"说

物如茧也，有茧以护形则蚕化，有物以养人则觉碍。今有蚕焉，因茧之可贵也，乃奴使万蚕尽吐其丝以绕己，茧厚盈尺，蛹力不能出，枯死不得见蛾子之飞矣。今有人焉，因物之可贵也，乃奴使万民尽输其财以富己，欲大于天，正性消且尽，苦灭不得存圆觉之本矣。故《易》之《丰》，日中之象，大富贵也。乃曰："丰其蔀，日中见斗。""丰其沛，日中见沫。"盖物既已丰，大道虽明如日月，亦仅见为"斗"与"沫"耳，丧其觉于物也。宜夫大富贵人愚如豚犬，日与天远也。损卦、益卦两义相对，损物则益性，益物则损性。亢苍子曰："困则心通。"物少不以害觉，心安得不通哉？是以庄子辞相，老子出关，许巢清洁捐弃天下，佛氏出家不为国主，耶稣之言，离弃一切，尧舜之德，草芥天下，何圣何贤，稍有物欲？三代以下，帝王君相，陶朱猗顿，只以自丧其天，入畜生道，物之为害大哉！孔子曰："仁人不过乎物，孝子不过乎物。"庄子曰："鹪鹩巢林，不过一枝。鼹鼠饮河，不过满腹。"不过不过，乃无天祸。圣贤谆谆，何人之不觉也。必欲以其所以养人者，害人而自害，亦惑之甚也。成就圆觉，身且不用，而况于物乎？蚕何其智，不夺万蚕之丝以自缚。人何其愚，乃夺万民之利以自伤。孔子曰："则是物至，而人化物也。人化物也者，灭天理而穷人欲也。"人甘化物，愚昧诚不可解。

"涣真斯害矣"说

人之害不仅过物也。朱子曰："气禀所拘，人欲所蔽。"人欲之私过物也，气禀之偏涣真也。喜怒哀惧乐，吾以为本无可发，本无所存。何事可喜？何事可哀？何事可乐？吾自有吾之中和，直与天合，直与天通。今日得道不足喜，而况于得天下乎？杀身夷族不足怒，而况于受屈辱乎？寂灭苦痛不足哀，而况于见死人乎？兜离幻境不足乐，而况于趋世好乎？粉身碎骨不足惧，而况于遇虎狼乎？喜怒哀惧乐荡于吾心，吾不得圆觉。去之，吾欲存圆觉也。用力耳，彼自不生，吾自不有，不垢亦不净，吾之觉安得而不圆哉？是谓有真无真，如如不涣，非上乘不足以语于斯也。不过物，不涣真，而后太虚之体全矣，谓之自与天合。

"下达存形，上达存神"说

阴阳交而生形，阴阳分而圆觉。复一阳入阴生也，夬众阳决阴纯也。故人肾气一动而心脑应之，下达而生子；脑思一动而心肾应之，上达而强觉。生子者，我之遗形而他觉附之矣。以觉为真子非我也，以形为真子即我也。夫阴阳对照而相如吾形，既能与他觉相合而成子，则吾觉可以与他形相合而成人之子。吾之子，吾之续形也。吾之续形常下达而续续不已，则吾之续神亦上达而续续不已。不遗续形吾精不泄，纯以上达则觉强。遗此形吾精日泄，纯以下达则觉散。故佛氏教人出家不娶，视美女为革囊众秽，或曰："出家不娶，人种灭矣，奈何？"则答曰："形为罪薮，四大苦空。生人非仁，何必有人。世界假合，国土危脆，安用有形无觉之块然者哉？"斯理固不可以言人道，而佛氏之光灵精妙高明乃如是也。人以觉为主，究人道之极不可不弃物与形而全无上正等正觉，以入于无余究竟涅槃也。老子言："惟其不自生，故能长久。"可以明释伽之理矣。

"阴阳交分死生争"说

老子曰："生者死之根。"即生即死，天生万物，使其受形于地。形有续，即其时即死之根也，征之微物而知之矣。虫尤然，蚕既成蛾，雌雄一交，雄蛾立死，雌蛾虽生，产卵即死。鱼之产卵少者为鲱，恐其为他物所食也。卵孵保之，至长成而后母死。枭獍生子，至其子壮能自生，父母即葬身于子腹。西方有蚰虫焉，雌雄既交，则雄死于雌背，雌反首食之（蚰译音，产美洲）。蜂生三种，职蜂酿蜜，不能产卵。雄蜂与雌蜂交媾，已事而死。雌蜂生数日，产卵已则死。蜉游及诸虫之蝶与夫螽斯皆同。此性生命之弱者，其生死之关益显且着。惟系命于地而浅者，禾麦之类实成则死。系命于地而深者，松柏累实不即死也。系命于天而脆者，虫蛾之类产子则死。系命于天而固者，人兽多子不即死也。虽有不同，而生即死之根则可知也。生之际，后阴阳合，即前阴阳分也，形觉离合之交焉故然。

第四图

"将纯故杂习性滑"说

天生万物，形同则觉同，独于人不然。天生貂焉，貂貂皆仁。天生虎焉，虎虎皆暴。天生雁焉，雁雁皆和。天生龟焉，龟龟皆廉。人同此形也，内察其心，则有貂、有虎、有雁、有龟。上而天神，下而地祇，及虫介鸟兽莫不咸有，则愈以见人为草木之倒置矣。草木同觉异形者也，人同形异觉者也。命在于地之草木，何以同觉异形？

觉初入故纯，太极之初变始于一也。命在于天之人，何以同形异觉？形将终固纯，太极之终成归于一也。草木之形太杂，故其化成之动物形亦极杂。人之觉极杂，故其化成之神鬼觉亦极杂。是知佛氏天堂地狱苦乐大异之说皆自成之也。草木之形可变，故蒿可续之以菊。人之觉可化，故仁可易之以暴。性相近也，习相远也。习何以能移人之性，而不移禽兽之性？观于佛氏之教可知矣。佛氏五教皆始于不觉，而真如乱于识神，识神强，物至化物，故易入物也。禽兽本不觉，同形者安得不同觉哉？且天生蜂蚁则作之君、作之师，令其君、师形异于众，故无有争夺。天生人独不为之作之君、作之师，俾刘、项以力竞，操、莽以奸取，何哉？地气薄处，禾不岁收；天气薄处，人不世泰。佛氏之言："此地非净土也。"得天之气不足故也，非节生之制行，人不能永宁也（参观《地道通》及《止园王道法言》节生章）。节生之制使人少生，则其精灵鲜耗而阴阳永翕也。

"世法定群与正心"说

今执一卵以问于人曰："卵之所贵者，在壳欤？在黄欤？"曰在壳，伤其黄可孵乎？曰在黄，破其壳可孵乎？如佛氏之出家，不理政事，不修群制，教遍于世界固善也，犹未遍也。有斗者起，如鸡争雌，卵黄虽全，外害破其壳矣。如孔子之言治，鲜谈妙法，不入禅定。教行于群伦固善也，若非上智，劳于治物，护壳忘黄，卵壳虽全百年，终于何用？故人有形焉，虽全之如全卵壳，而卵壳实无用之物也。人有觉焉，虽全之如全卵黄，而卵黄常自全也。正心所以全觉也，定群所以全角也。全觉一断一证，不生心，不生法，常使心虚，直贯于天。全角有伦有法，不远人，不废事，常使群睦，不斗于地。此人事天事形觉兼养而性尽矣。兼修二者，使生民无不富贵寿考，而亦无不成佛，岂不休哉，岂不休哉。

"去其所不营"说

政刑以止形之所不可营，戒定以止觉之所不可营。如治水然，坚其堤防，不使氾滥，则收其用。如御马然，紧其辔靮，不使犯驾，则致其力。形不为所不当为，纯用于地力，衣食不可胜用矣。觉不思所不当思，纯用于天德，圆妙不难即证矣。非有可去，善无可增，去非去尽，无有复非，则自性圆满矣。为道日损，损之又损，以至于无可再损，则见性矣。既见性，则一切世间诸法，皆为假设，更无一真。出入其中，如空中飞电，来去自如，斯之谓完人。

"绝地通天道之成"说

如上所述，人本有通天之特能，为外物所障，邪气所乱，故不能通天耳。孔子曰："君子上达，小人下达。"小人非不达，但尽用其觉，以营地上之物，愈达而愈下耳。财者地上之物也，爵者地上之物也，名者地上之人之所称也，忿者地上之人之所触也。凡一切能使我生心者，形形色色，皆地上之物也。地上之物，不动于心，心之所发，皆事法，无碍界。纯然天理，久之不变，虽欲不与天合，安得不与天合？易象夬卦，五阳决一阴，阴阴决尽，即绝地也，即纯阳也。佛氏云"国土危脆"，耶稣云"地必破坏"，皆使人绝念于地也。庄子云"倒置之民"，人自绝于天，属其性命于地，是以谓之倒置也。《书》曰"绝地天通"，此之谓也。人直向天，绝地自通，但须自断轮回耳。如以手执绳系石于端而转之，当直向天时，即绝其绳，则石直飞去，不复在此轮回中矣。入轮回者因有所系也，心不系于地，即超出三界矣。

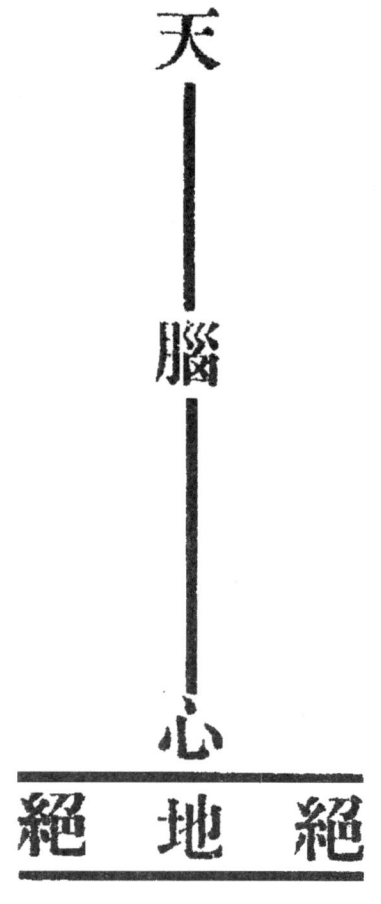

第五图

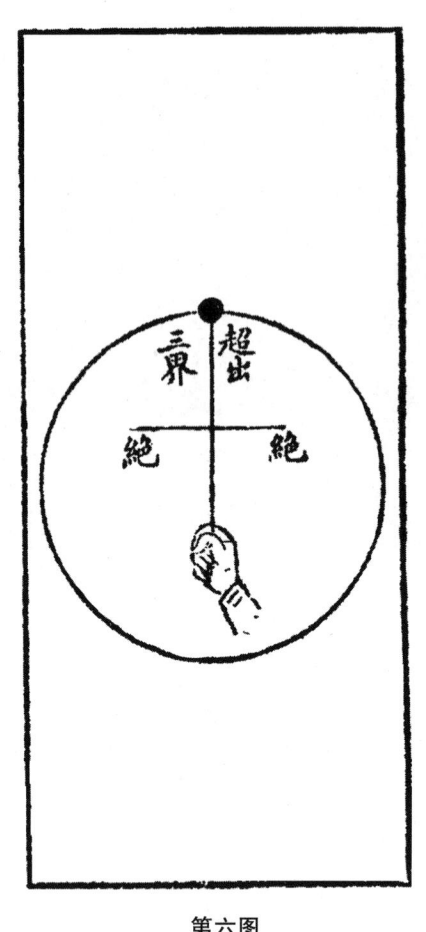

第六图

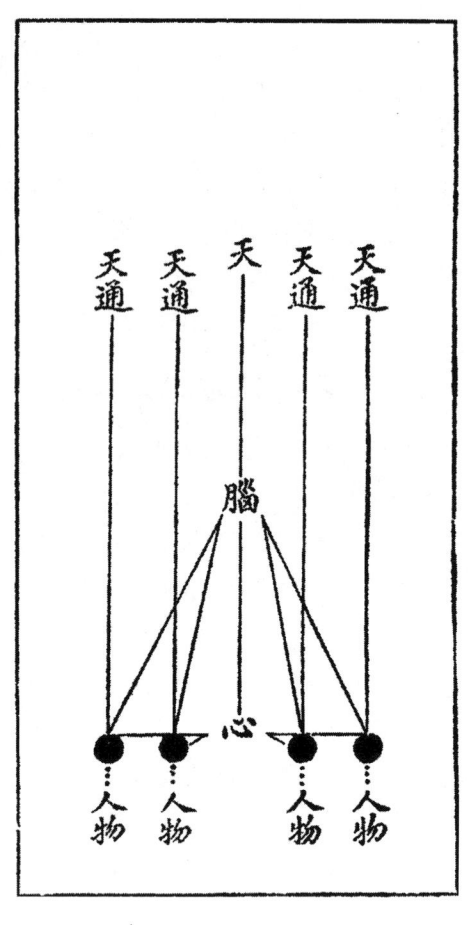

第七图

"仁爱大者，天地所尊"说

或曰绝地天道之说行，则人不相爱矣，何也？人亦四大假合，附于地者也，何必爱之。曰人何必相爱，老死不相往来，各安其生，乐其道，既不争地上之物，不发瞋恶之心，人岂复相害哉？庄子不属性于仁义，佛氏断贪瞋痴爱，非德之极不足以语于此。虽然，仁爱既已绝矣，而孔老佛耶悲天愍人、度尽众生之念，若彼其切也，何哉？大仁不仁也。今有人于此，陷在水火，惨恻号呼，而路人不救，此路人者必有利害之心横于中，不然则私怨夙深，不然则偏怒中炽，不然未有不竭其心力以图援拯者也。何也？仁爱者，天之理也。天之理者，感而遂通，不得有成心也。天爱觉而圣人顺天之所感也，况爱人者欲人人绝地通天也。欲人人绝地通天，其绝地通天之量愈大也。若徒能食人，足其衣食，安其形骸，是为小人之仁，不达天德者也。佛氏云以"恒河沙数"、"七宝布施"、"不如受持"四句偈，孟子云"援之以道"，孔子云"无信不立"，皆重于形而上，而不重于形而下也。欲无一众生不得度，则赞天之功，通天之灵，可以举宇宙而被八极，此之谓大。

"明性自然，天不可为，无为之功久则凝"说

庄子曰："宇泰定者，反乎天功。"老子曰："天法道，道法自然。"孔子曰："不勉而中，不思而得，无为而成。"此何故哉？惟物有为，惟天无为。草木顺性，苟萌华室之变，不知何所致也。虫鱼顺性，生阜营护之能，不知其何所学也。故李未春之前，无成心于作香作色，蚕虫未食叶之候，无成心于作茧作蛾。不学而能之良能，不学而知之良知。得于天者，时至即应。鸡不听漏，蛤不求飞。耶稣云"天使呼之"，回氏亦云"天使呼之"，孔子云"感而遂通"，佛氏云"自证自断"。但不杂物，天自来促。但能绝地，天自来挈。心中有天，不得通天。虚寂大忘，天为我先。如枯树待春，雌鸡孵卵。以目视树，不见其长，而树已长。以手握卵，不知其变，而卵已变。此证之极明者也，尚何疑乎？知此，信此，安此，立地正觉。日与天近，近极即成。苟能有恒，超三界也必矣。

"人咸知此，可杀而不可使为恶，故天下太平"说

嗜欲乱真，人化禽兽，凡所经营，无非妄念邪事，害己害物，互相牵累，使光明世界，竟成鬼蜮秽土，哀哉！迷也！帝王之位，明道者视之如粪土，而有禽兽之心者视之为大宝也。万钟之禄，见性者视之如一芥，而有禽兽之心者视之如身命也。千秋之誉，明道者视之如浮云，而有迷妄之心者视之如日月也。救世之功，见性者视之如微尘，而有迷妄之心者视之如天地也。下此者无论矣。因众人信天，故虽满地皆人，不相争不相害也，天无多而不容。因众人逐物，故虽各有万里，必相争必相害也，物纷纠而启乱也。（第八图）

然则，老曰"法天"，孔曰"合天"，回曰"天方"，耶曰"上帝"。

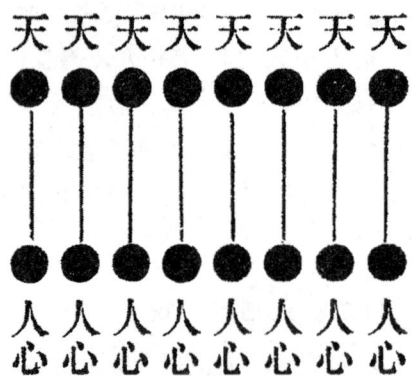

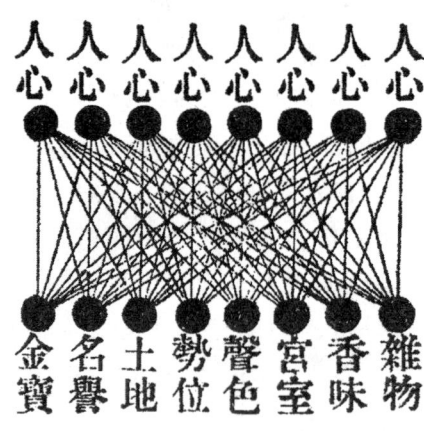

第八图

由前之说,为尽己之性。由后之说,为尽人之性。一举而二善备矣,世上之祸从何而生哉?深思静观,大有不解于人心也。有通人道者,即是圣佛,直切如此,而天下之具人形者,鲜不自失其真也。悲乎!

"一直光明"说

人既直立,天之吸引之气强也,惟地犹吸其形不纵耳。然知不足以吸其觉也,又以六尘吸其六根,使之入轮回,人可以速悟矣。然人之悟,全在性光。今人性光非不明,惟常在诸小欲之中,如夜光之珠在厚尺之纸匣中,故引众人入道如牵羊入火,愈有欲者愈难。在富厚中,如夜光之珠在厚尺之木匣中,故引富人入道如牵牛入火,愈富者愈难。在贵显中,如夜光之珠在厚尺之石匣中,故引贵人若[入]道如牵狮入火,愈贵者愈难。在盛名中,如夜光之珠在厚尺之铁匣中,故引大名之人入道如牵兕入火,愈大名者愈难。在学问文章中,如夜光之珠在厚尺之金匣中,故引学问文章之士入道如牵蟒入火,学问文章愈大者愈难。若一雷打破,万象皆空。光明世界,永乐长丰。人道大通,天道大通。家家送灯,不如悬日当空,家家送衣,不如长夏午中。丰蔀尽撤,何人不神?何人不佛?佛以金刚破,孔以大勇智。耶稣撤幔,老子尽空。悟者自悟,何能再耳提面命哉!

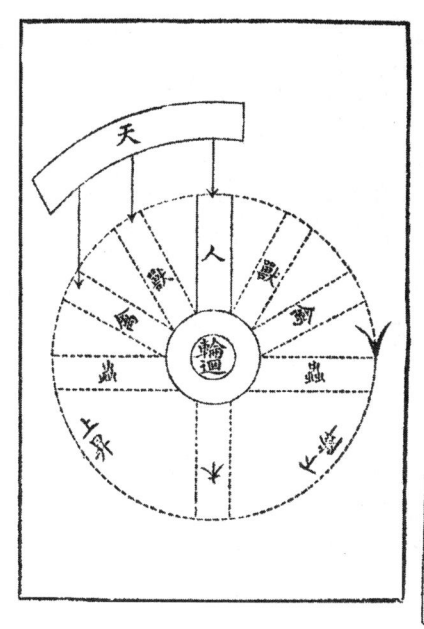 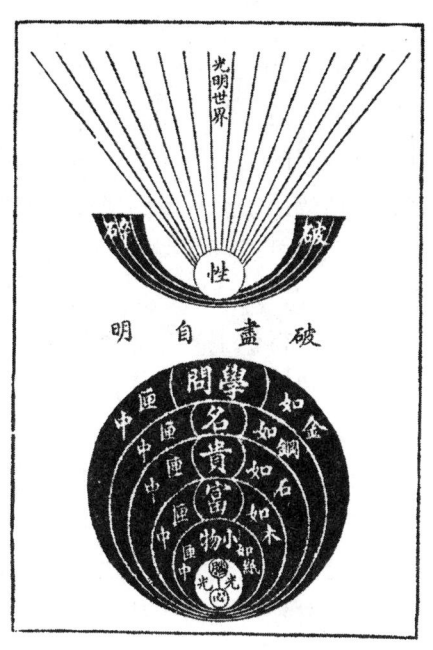

第九图　　　　　　　　第十图

二　宗教通

序①（参观《止园辨道记》）

今中国非教不救，天下非教不平。然必曰何教为宜？莫如孔子。愚人不详，肆口争执，悖矣！老佛耶回之所有，孔子无不备。老佛耶回之所无，孔子无不周。老佛耶回之所精，孔子无不逮。老佛耶回之所过，孔子无不救。大哉，孔子！无间然矣！此非国教，乃天下万世之教也。予考诸教之真，折衷以正，欲以孔子之旨，设教会于全国，覃及于万邦，因作《宗教通》，以昭至道。至公至忠，无所偏袒。愿中外圣哲，咸降其心而深思之。於戏！天地之大，日月之明，奚馨文言之妙，皇道孔明，奈何以丰蔀见斗而自迷也。

---

① 《序》之前有著者以"太昭"名义手书题签："宗教。太昭，潜庐（印）。"

宗教通

观同道通，观异道穷。死圣如药，生圣如医。圣体如粟，圣用如药。故孔老佛耶回同也。何同乎？同以二纲四目也。何谓二纲？曰成己成物。何谓四目？曰成己之觉，成己之形，成物之觉，成物之形。通乎二纲四目而后可以言宗教，可以言万事万理。教惟损益，是有四等，曰名誉，曰法相，曰知天，曰无为，谓之四益；曰绝欲，曰戒瞋，曰戒贪，曰忘贵，谓之四损。凡此一切，不得执上攻中，不得执中攻下，不得执至上而攻其他，惟诚明是归。和而执多，通一以罗，疏孔老耶佛回者须执其真。教虽微异，皆惟教是重，后之传者失真袭谬。入世正群，出世正心，正群正心，二者互成。孔回入世而归于老，佛耶出世而归于老，老亦非极，不得执菓笑根。昧焉者互争，名立法而有他。不纯，罪深。故教法立本而变末，诸教将自合，善守无变。时之中，孔今宜。权之言曰欲通，无攻，众乃同。运至盛而有后忧，孔道亦崇。悬象直道而天从，复谁之功，诸圣雍雍，有名自人，无名自公。渊兮永通，荒兮永隆。

"观同道通，观异道穷"说

今人之不智，而不能知圣人也。以本言固，不知真性，以末言因，不辨异同。故智者开卷而见天之心，愚者穷经而乱己之信。有人焉，知其父之为人矣，详记其父之貌，惟肖，出而傲于市曰："吾父，人也，天下无人矣。"夫惟惟肖，故天下无人。有人焉，知其母之为人矣，详记其母之貌，惟肖，出而傲于邻曰："吾母，人也，天下无人矣。"夫惟惟肖，故天下无人。有人焉，以其兄耳疣径寸，乃记之曰："耳疣径寸者，人也。"出而求于国，国中无人矣。有人焉，以其弟枝出六拇，出而求于乡，一乡无人矣。重耳之子必谓骈胁者而后为人，天下无人矣。大舜之子必谓重瞳者而后为人，千古无人矣。故曰观异道穷。若曰一首二目，一鼻二耳，一口二腮，一胸二手，一腹二足，有形有觉者为人，则天下之人皆是也。故曰观同道通。儒者伐异端，非代异末，谓异其端者当伐，异其末者不当伐也。识人之法既如此，识圣人之法亦如此。今若以孔老佛耶回之同而求之，则得圣人之真；以孔老佛耶回之异而求之，则失圣人之正。故观同道通，则孔谓老为圣，老谓佛为圣，佛谓耶为圣，耶谓回为圣；观异道穷，则学孔者谓老非圣，学老者谓佛非圣，学佛者谓耶非圣，学耶者谓回非圣。复言曰观同道通，则父谓子为人，弟谓兄为人，夫谓妻为人；观异道穷，则父谓子非人，弟谓兄非人，妻谓夫非人。呜呼，今人之无世界眼光也！而梦中呓语以相争，亦如父子、兄弟、夫妻之互不相许以为人也。坐井小天，怀石拒玉，倘古人皆如此其愚，则七十八古教，至今尚存也，尚相攻击也。知此而后可以言宗教。夫集百夫而议事则取其同，集诸圣而议教则取其异，何辨道正教之不明也？未及贤者不可以攻圣，未及圣者不可以攻神（注：圣而不可知之之谓神）。人知是而自反焉，兼容数圣以启信，何如？

"死圣如药，生圣如医。圣体如粟，圣用如药"说

天下有良医无良药。参茸虽贵，热疾投之则立死。溲渤虽秽，瘴毒投之则立愈。如必执药衡医，则医之贤否混矣！张仲景之方良矣，不问病情可以饮乎？秦和缓之方良矣，不问病情可以饮乎？万无方书完备而天下万世可以无医而病愈者，亦万无教法完备而天下万世可以无圣而民化者。古医之方至精，待良医而后用。古圣之文至备，待生圣而后行。若拾取遗方而不变，亦由之专奉一教而不通也。故吾谓孔老佛耶回皆如良医，今已不在斯世，则后人之服其方者不当拘于文法，要当得其本心。既得本心，凡圣人一言一行皆为大药，遇病而后投之，立见奇验。惟圣人一言一行皆大药，则圣人之法空矣。人身无病，菽粟之外何用药？人心无病，太虚之外何用教？孔子欲无言，佛说凡我说法皆非法，孔佛已自推倒，何用后人咨议？惟同同异异，遇圣自明，是是非非，得真俱幻，不可有一定之惟识也。备万圣而问法，精不如空。备万药而择良，参不如粟。好名立教而以祸天下者，天下之大毒也。

"故孔老佛耶回同也"说

既知观同道通之能求圣人之真矣，则可集孔老佛耶回而立大成之教矣。孔曰："至诚。"老曰："诚全而归。"佛曰："不妄。"耶曰："无虚诞。"（见《出埃及记》）回曰："清真。"同一以诚为本也。孔子曰："大智。"老曰："知常曰明。"佛曰："圆觉。"耶曰："求智慧。"（哥林多前书第一章）回曰："圣人明己。"（《天方典礼》识认篇）同一以明为用也。诚、明既立，而道可通矣！孔曰："天命之谓性。"老曰："谁之子，象帝之先。"（帝，天也。言人皆得天之性，但失之莫能肖耳。）佛曰："一切众生，皆有佛性。"耶曰："耶和华上帝之灵，在人身中为人主宰。"回曰："我命受于天。"（见《大赞

书》）同言性命自然可以合天成圣也。孔曰："成己仁，成物知。"老曰："知以身为天下，爱以身为天下。"佛曰："成道已而后度人。"耶曰："基督身犹幔，撤之为人辟永生之新路。"（见《希伯来书》，言身无物障乃能救世。）回曰："得道救人。"同以先修其身而后可以利人济物也。孔曰："窒欲。"老曰："常无欲。"佛曰："绝六欲。"耶曰："不遵上帝，乃纵私欲。"（《耶米利书》第十章）回曰："止食色，以谨嗜欲。"（见《天方典礼》书）同以绝欲为要也。孔曰："成物。"老曰："常善救人，常善救物。"佛曰："救诸苦恼。"耶曰："拯救世人。"（见《希伯来书》）回曰："厚施。"（见《聚礼篇》）同以济世为心也。孔曰："好仁。"老曰："吾有三宝，一曰慈。"佛曰："大慈大悲。"耶曰："满仁慈。"（《罗马》第十六章）回曰："大仁天。"（见《祝天大赞》）同一以慈仁为本也。孔曰："积善余庆，积恶余殃。"老曰："杀人众多者悲哀泣。"佛曰："因果报应。"耶曰："欲救生命者，丧而反存。"（《路加》第十八章）回曰："报应无私天。"（见《祝天大赞》）同信因果之说也。孔曰："魂魄归天。"老曰："王乃天。""没身不殆。"佛曰："升兜率天。"耶曰："死见天父。"回曰："我命归于天。"（《祝天大赞》）同一信人死归天也。孔曰："定而后能静，静而后能安。"老曰："归根曰静，静曰复命。"佛曰："虚空清静。"耶曰："安息。"回曰："寂哉妙天。"同一信静寂为养真之方也。孔曰："从心所欲不踰矩。"老曰："我无为而物自化，我好静而民自正。"佛曰："大自在"、"度众生"。耶曰："爱心完全。"回曰："真理流行，命昭元化。"同一以自然无为济物而不用力也。孔曰："天下一家。"老曰："无弃人，无弃物。"佛曰："无一众生不灭度。"耶曰："无远不至，宣荣列邦。"（《以赛亚书》第末章）回曰："纲维大世界。"同一阔大无畛域之量也，孔曰："空空如也。"老曰："淡泊寂寞虚无为。"佛曰："四相皆空。"耶曰："离弃一切。"（见《马太福音》第二十五章）回曰："无碍无累。"（《天方性理》卷首）同一湛然无所有之体也。孔老佛耶回同矣。同之又同，不惟端同，末亦多同。而小儒浅哲，不读他教之书，不明天人之性，一犬吠影，百犬吠声，呶呶焉以争教为事。国以圣人之皮毛为戈矛以攻他国，人以圣人之皮毛为冠冕以欺他人，皆孔子所谓"学非"、"顺非"者也。故老子发言即谓："道可道，非常道。名可名，非常名。"恐后人执一道以迷真道，执一名以拒他名也。孔子"欲无言"。佛言："未尝说法。"耶稣曰："我不敢言。"回曰："天觉无言。"皆恐后人执一言而互相非，反离于道也。嗟夫，圣人何其智，众人何其愚！

"何同乎？同以二纲四目也。何谓二纲？曰成己成物。何谓四目？曰成己之觉，成己之形，成物之觉，成物之形。通乎二纲四目而后可以言宗教，可以言万事万理"说

二纲四目，即两仪四象也。何谓二纲？曰成己成物。何谓四目？曰成己之形，终身康宁，成己之觉，寿终成神佛，此为成己二目。成物之形，天下太平，成物之觉，众生皆神佛，此为成物二目。非此二纲四目，余皆为邪事。无论孔言："己欲立而立人，己欲达而达人。"老言："常善救人"、"常善救物"（常善是已成己）。佛言："利己利他。"耶言："爱己爱人。"回言："救己救人。"固皆以二纲为本，即世间今古亦万无背此二纲与四目而言学者（对照第二图表第二横格）。

今使随指一事，随遇一人而问之。遇匠人问之曰："汝何故为匠人？"必曰："求食。"是成己也。曰："何以人食汝？"必曰："为人建屋。"是成物也。遇兵将问之曰："汝何故为兵将？"必曰："求食。"是成己也。曰："何以人食汝？"必曰："为人保国。"是成物也。推而远之，成己成物二事，可以包括万有，而莫能外。然成己而仅求百年肉体之乐，则贪杀邪淫、无所不为之人多矣，故必知重觉而保灵魂而后得成己之要。今考灵魂之必有，则非通阴阳之理不可。予于《人道通》、《原性论》已详之矣，而西哲之阐彰此说亦已多矣。人岂有仅顾此时不顾后日者？人岂有仅顾一生不顾永生者？蜂蚁无识，尚知藏蓄以御穷，而况于人乎？知有灵魂，则其爱之也必至矣！

我既知成己之道，必成己之形、成己之觉二者并行而不害。则成物之道，物与我同类，亦必成物之形、成

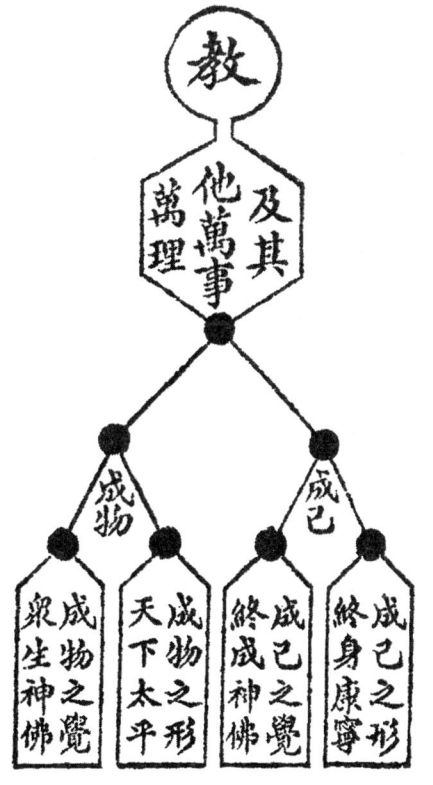

第一图

物之觉二者并行而不害，然后可以言全。此二纲四目之论，万不可以偏废也明矣。

此论既定，则诸教之旨可知矣。以成己言，孔以清明在躬、无思无为为体，以思无邪、感而遂通为用；老以无为虚寂为体，以思之思之为用；佛以空空为体，以自证圆觉，惟慧是业为用。耶以安息为体，以求智慧为用；回以寂哉妙天为体，以明己为用。是皆真如圆湛，即思即虚，即虚即思也，谓之"虚思通天"（见图表子行），所以成己之正觉也。孔曰："知天命。"曰："天生德于予，桓魋其如予何？"老曰："天地生人自均。"曰："善摄生者无死地。"佛曰："深悟轮回，生决定信。"（见《圆觉经》卷上）耶曰："上帝卫护我躬，使我昂首。"（见《旧约圣书》诗篇）回曰："夫仁人尚能爱人，设若天地之主不与善人升天国，何以为能爱人？"（见《正教真诠》）是皆知圣贤之命在天，天自生我，安然无伤，谓之"信天自保"（见图表丑行），所以定命而全身也。

孔曰："仁人不过乎物，孝子不过乎物。"老曰："圣人为腹不为目。"曰："众人皆有余，我独若遗。"佛曰："勿求多积。"耶曰："虽旨酒孔多，五谷蕃熟，比之且不足。"（言物虽多，无益于性也。见《旧约圣书》。）回曰："贸易四方，本至二十两者名曰满贯。"（见《清真释疑》）是皆知取物有限，过则伤性而害人，乱天而杀身，谓之"用物不过"（见图表寅行），所以调身心人我之和也。

至外害之来侵，孔子明哲保身，微服过宋，其言曰："我战则克。"回则"逊遁边鄙"，"振武克敌"，与孔子同。佛氏言："肢肢节解，摄心不怒。"耶稣身受重刑，犹以善劝人，与佛同一。老子守柔，兵无所投刃，兕无所投角。盖孔老与回自卫以正，佛与耶爱人过切而忘己也。故于孔谓之"知机全身"，于回谓之"胜暴全身"，于老谓之"守柔胜刚"，于佛耶谓之"以德报怨"（见图表卯行）。细审其保身之道，虽略有不同，皆诚明并极，与天心未尝稍离也。而佛老与耶过高不中矣，回则为己太过。

以成物言。孔子教人也，曰："天命之谓性，率性之谓道，修道之谓教。"老之教人也，曰："人法地，地法天，天法道，道法自然。"佛陀之教人也，曰："一真法界，即众生本有心性。能直超三界诸天，诸佛同来护持。"耶稣之教人也，曰："上帝耶和华于人身中成一切善。"回之教人也，曰："维皇真宰，生天生人，纲维数理，掌握天人。"（见《天方典礼》释要）是皆以性自天命，率而由之，即可合天。立教劝人之本，至深切矣！谓之"见性通天"（见图表辰行），此所以为觉人施法之本也。

第二图表

孔之教人也，曰："予欲无言。"曰："默而识之，不言而信，存乎其德行。"老之教人也，曰："我好静而民自正。"曰："我独昏昏"、"我独闷闷"、"如婴儿之谓孩"。佛之教人也，曰："不可以三十六相见如来。"耶之教人也，曰："显现默示，吾不知，上帝知之。"回之教人也，曰："无形者附而其人之所以为人者全矣。"（见《天方性理》）是皆以性由虚合，不可以形相求之，而后妙法默契，谓之"虚相示人"（见图表己行），此所以为觉人施法之要也。

孔子之教人也，曰："施诸己而不愿，亦勿施于人。"老子之教人也，曰："各安其居，果其腹，至老死不相往来。"佛之教人也，曰："知足之法，即是富乐，虽卧地上犹为安乐。"（《遗教经》）耶之教人也，曰："以金为宝，金不足以满其心；惟货是好，货不足以充其欲。"此亦属于虚而已。回之教人也，曰："吾爱民间之疾苦。"思曲意仿为，非特自思而又以身效也。是皆以人能互相生生，虽贫亦乐。人不互相生生，而专富溢尤，则四海困穷，谓之"与人无争"（见图表午行），此所以为人群和合之范也。

孔子之教人也，曰："道之以德，齐之以礼。"又曰："礼乐刑政，四达而不背，则王道备矣。"又曰："君君臣臣，父父子子、兄兄弟弟，夫夫妇妇，而天下顺。"又曰："齐家，治国，平天下。"回则效之，亦有政事之设，兵民财赋之制，五伦之纲，惟其详不及孔子。斯二教者，皆知无政不足之辅教。且当其时，犹有国际，齐治均平不能无次第，谓之"平政治伦"（见图表未行）。老子谓"法令滋张，盗贼多有"，不复言政事伦常之末，此今日无政府之说所由本也。佛氏弃太子之位，而专谈性理。耶稣亦超于政治之外，而专以信天之说，化列国之争。离政言教，大有异于孔回矣。

孔子有六艺五事之教，正德利用厚生之全。回亦有之，而尤重于军旅。本《周礼》"世事教能，民不失职"之训，以养民形，谓之"世事艺能"（见图表申行）。老佛与耶多不谈矣，专于化觉，而不屑琐琐谈形而下，亦大异于孔回焉。盖直欲攦工垂之指矣。

孔子以礼乐通天人之和，至详且密。回则有天方典礼之制，略极矣，犹师孔子之旧，杂祷告之文耳。皆以礼生敬心，乐感天和，其意深矣，谓之"修礼作乐"（见图表中酉行）。至佛之礼佛，耶之祷告，其梵音祝辞，皆礼乐之本也，而不详。老子本精于礼乐，已入"至敬无文"、"大音稀声"之境，故其言曰："礼乐者，忠信之衰也。"此又异焉。

孔曰："我战则克。"曰"明刑。"回则法之以成功，杀有过焉。盖以人既失道，与众弃之也。而作《春秋》，修圣记，孔回又同。于刑所不能及、道又能化者，则以名誉之心激之，亦无可奈何之术也，谓之"诛暴贬非"（见图表戌行）。老佛与耶皆忘名矣！既不言政，遑忍言刑？仁者之心，与世违矣。而佛有地狱果报之说，耶有上帝有最后之裁判之说，其大畏民志同也，谓之"因果惩暴"（见图表戌行）。此诸圣之严威也。

孔曰："周急不继富。"老曰："以有余奉天下之不足，惟有德者。"佛曰："什邡布施。"耶曰："尽力施与。"回曰："收天课以济贫。"皆以有余本无所用，当节俭以利人也，谓之"以物布施"（见图表亥行）。

全斯十二事，则天下太平矣，宇宙极乐矣，人与我皆得全其形而相安于地矣，人与我皆得全其觉而上合于天矣，不亦休乎！是惟孔子，回备而不详。再统而揭之，见性通天（子行），己成真矣；信天自保（丑行），形觉全矣；用物不过，养形足也（寅行）；知机全身，仁者寿也；胜暴全身，诛不仁也；以德报怨，人化纯也；守柔胜刚，智且洁也（卯行）。有此四者，而我之形、我之觉皆全矣。见性通天，教之本也（辰行）。虚相示人，众灭度也（巳行）。与人无争，各相安也（午行）。平政治伦，众群正也（未行）。世事艺能，形必需也（申行）。修礼作乐，养中和也（酉行）。诛暴贬非，畏民切也，因果惩报，畏民远也（戌行）。以物布施，仁不贪也（亥行）。如是，教法乃全，内外二纲四目已尽备之。如其不备，如兽三脚虽长亦不猗，如禽只翼虽广亦不狖。世微孔子无能保长治久安者矣。

"教惟损益，是有四等，曰名誉，曰法相，曰知天，曰无为，谓之四益；曰绝欲，曰戒瞋，曰戒贪，曰忘贵，谓之四损"说

今欲知教法之高下，必先知人格之高下。夫使人亦愚如禽兽中之鸡与羊，日惟求食求衣而不害人物，可谓之中人矣，无善无恶之可言。孔老佛耶回皆不必劝之使益，亦不必戒之使损，本无智慧，何从圆觉？老子最喜此人，不欲其求智，盖恶世人之滑性也。虽然，若而人之受于天者强，昏昏闷闷自有通天之时；若而人之受于天者弱，不能不求上达而后进也。上达何如？求上达者，一曰名誉（表中丁行）。名誉劝人，虽比之官爵利禄为稍善，然亦最为危险。俗人之心浮动，一启其虚荣之志，则邪事百出。俗皆好勇，则荆轲、聂政之徒多。俗皆好信，则微生、程婴之流众。人人能达天德，谁复暇论是非哉？此法惟孔子用之以作《春秋》，他教皆无之。老子首言"名可名，非常名"矣。然平心而论，孔子之时，言及性与天道，虽子贡不知，若倡天堂地狱之说，则人所共摈。孔子又无刑赏之权。其时性命之学，于老最精，人岂有听之者哉？惟春秋之士夫、君相好名之心最切，孔子特借此以警之耳。故孔子亦知名誉劝人为教法之最下。已自谓："知我者其惟《春

秋》，罪我者其惟《春秋》。"后人又安得执而非之哉？然众论必公，良知自觉，知令名终誉，亦庶几夙夜惟寅矣。

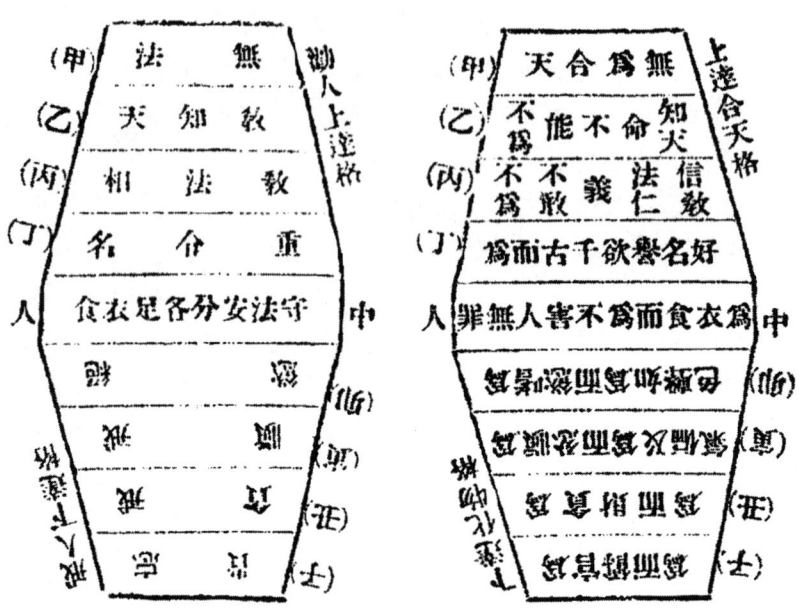

第三图

二曰法相（图表丙格）。孔子以礼为治外法相，小之揖让，大之治平，回教因之。孔子以仁义为治内法相，始于克己，终于从心所欲不逾矩，回亦因之。佛于治内相，精深广大，亦始于戒，戒克己也，终于妙圆觉满，从心所欲不踰矩几焉。耶稣不及也，而亦以守礼治心为切。皆知外礼内仁，人无不善。老子超出此界，心本无法，不以此论也。知守法相，则人无为恶者矣。然法相易与名誉混。

三曰知天（图中乙行）。孔子曰："五十而知天命。"曰："畏天命。"老曰："法天。"佛曰："诸天。"耶曰："天堂。"回曰："妙天。"皆合一矣。人至知天命，更无退转。耶稣专致力于此，其见极伟。孔子谈天，回之谈天，亦详。老佛皆进之。老曰："天法道，道法自然。"佛曰："诸天王皆来听法。"天尚有可法者，惟老佛之伟大，敢言而深知耳。然生人而至知天、信天亦足矣。老佛之言，亦孔子"范围天地而不过"与"先天而天不违"之旨，不可与中人言也。既知天道，岂复有为恶者哉？亦云高矣。

四曰无为（见图表甲格）。孔曰："无为而成。"老曰："无为自化。"佛曰："如如不动。"夫无为何以救人？非上乘不解也。舜勤众事而野死，孔子以为无为而治。禹三过门而不入，孟子以为行所无事。舜、禹岂无为哉？为而无为也。外相有为而本体无为也，知无为而后天且不违，如斯妙谛，惟三藐三菩提能辨而已矣。回耶不详，亦未遇人间可说者欤。如上所述甲乙丙丁，是为诸圣大哲劝人上达之次第，可以通天，至其极天且法之，匪夷所思矣。然上达日益，而下达不损，则人之为恶者多矣。何以故？上达难，下达易，上达之乐远，下达之乐迩。下达不损，上达不益，于是诸教有四法焉。

一曰绝欲（见图表卯格）。文天祥好色，俾士麦好犬，未为人格之卑，然入圣人之途者必戒也。孔曰："好恶无节，天理灭矣。"曰："欲则不刚。"老曰："罪莫大于可欲。"佛曰："无色声香味。"耶曰："私欲与灵魂战。"回曰："齐戒绝欲以净心。"是皆同也，有邪心杂欲，则人性不纯矣。

二曰戒瞋（图表寅格）。关羽陵人，张巡碎齿，亦未为人格之卑，然修行者不可不尽去也。孔子以"怒发而重节，犹谓之和"，曰"有恶。"岂孔子尚有瞋心欤？不怨天、不尤人，乃真体也。老子"守柔"，佛"肢肢节解不怒"，耶稣钉于十字架不怒，纯矣，美哉！回氏于奉他教者皆诛夷之，入佛教修罗界矣。诛极恶实无可如何，尚当哀矜，何怒之有？此孔老佛耶同也，而孔子尤中，回不如矣。

三曰戒贪（图表丑格）。自古有好酒、好色之正人，无好财之正人。人格至贪，卑之甚矣。夫贪亦欲也，然吾所以列贪于他欲之下者，以贪为众欲之薮也。孔曰："财散民聚。"曰："饭蔬食饮水。"老曰："视有余如遗。"曰："知足不辱，多藏厚亡。"同一知足而止，中矣。佛弃大位而乞食，极高矣。耶稣亦然。穆罕默德教人知满贯，而己纵大欲，悖矣。知之而不能行，直斥之曰非圣人可也。

四曰忘贵（见图表子格）。人爵极贱，所以假设以乱平等之伦者伪也。尧、舜以天下与人如不及，何常谓天子贵于人哉？后世人欲大肆，人道大灭，骄君暴主，列爵诱人，数千载血腥之史所由来也。孔子力不能遂黜时病，而曰："富贵于我如浮云。"老子曰："知其荣，守其辱。"曰："不自贵"。佛不为太子，耶稣不拜世间尊荣（见《罗马书》）。回轻贵显。皆知世贵之可鄙也。而穆罕默德终雍大位而不让，又至可鄙也，其"智及之，仁不能守之"者欤？

"凡此一切，不得执上攻中，不得执中攻下，不得执至上而攻其他，惟诚明是归"说

如上所述，劝益之意皆切。而耶回不能高过于天，此不得相非也，信天则人道已尽矣。然则孔老佛过高欤？曰："有孔老佛之精则可，无孔老佛之精则诞矣。"

耶佛未达无为之妙，其非也耶？彼事事为天而为，亦云善矣。然则，孔老佛过高欤？曰有孔老佛之精则可，无孔老佛之精则空矣。回之治外法，不及孔子，非欤？礼主于简，何必过烦。然则，孔子非欤？孔子之时，谈礼者多，孔子不详，不足以服人也。佛之言心法过详，老与耶心法过略，非欤？心本无法，何用过详？然则，佛非欤？常人心杂，法密犹恐其不入，而况于略。各有真意，善体则诚，非徒纵口舌所能辩也。

孔子以名誉诱人，一时法耳，见牛未见羊也。何不远见？医毒者投鸩，岂得谓之不仁哉？凡此一切，皆为至善之法，如妙药纷陈，在用之者善取耳。不得执中攻下，执下攻中，执上攻中，执中攻上，不提执一而攻其他，如彼阶梯级级皆善，但须践耳。惟化，惟神，惟诚，惟极，惟时，惟宜，惟机，惟则，独穆罕默德杀戮过当，九妻肆欲，贪据尊荣，富厚溢尤，吾不能为之释也。不以人废言，取其教法可耳。然成己成物之最大而理至精者，千古中外，惟此五人而已矣，又何可深责哉？留忠厚之旨，以劝来者。

"和而执多，通一以罗"说

五味虽异，和之则甘。五音虽殊，和之则悦。五行虽克，和之则均。五色虽分，和之则美。况五教本同乎！若孔与佛遇，孔必敬，佛必喜。佛与老遇，老必默，佛必寂。佛与回遇，佛必诲，回必警。佛与耶遇，耶必拜，佛必乐。吾惟设相于心，与诸圣遇，诸圣在心，吾惟欲是从而莫不正。如大药肆，惟病者所欲求。广焉，裕焉，含焉，会焉。须知，道通惟一，惟达者知通惟一。一者何也？直与天通，虽偶耳致曲，亦终直也。有法即致曲矣，然不入海不化鱼，不入山不化兽，不致曲不收己曲之邪心，吾岂能谓致曲之非哉？曲能有诚，诚而后一切法皆非法矣。通一则得，自守不能不通虚，教人不能不通法。（第四图）教人通法，法不嫌多。法实不多，随心即有。心有何

法？心本无法。何云无法？一无生众有，遇机即发。如是诚明无碍，可以言教矣。

"疏孔老佛耶回者须执其真"说

孔子生衰周之时，其时中国新学皆竞功利，尚游说。杂霸争驰，惟齐桓、晋文是尊，若管晏、臧文仲均号圣智。孔子曰：此杀人之道也，不成己，不成物。而高遁之士，楚狂、丈人、长沮、桀溺之流，又鄙俗远隐，自全其真，不与世争。孔子曰：此弃人之道也，成己不成物。孔子乃奋夫百世之下，幼而聪明，长而端敏，好学不倦，每事必问。学通艺于时贤，独精于礼，乃从老子而问之。诵古经，笃佩《易》，于是见天人之邃，以为道在太极。欲行王道，慨然有恢复唐虞之志。善辨，能用兵，通政治。以干时君，时君不能用，乃退而修《礼》、《乐》，删《诗》、《书》，演《易》，以教万世。获麟绝笔，将委世，前七日自觉，盖成化也。知行合一，允成至圣。

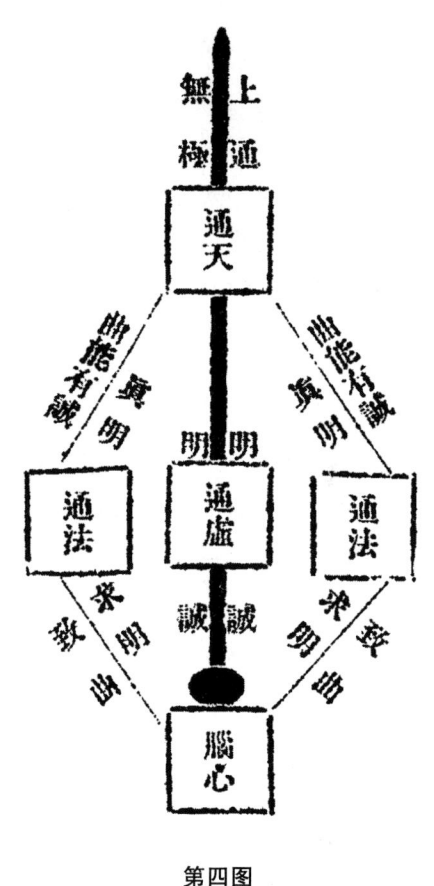

第四图

执其真，自克己复礼始。礼履也，礼理也，克私欲气禀复天理之正也。自不惑入，自知天命精。欲导民以德，齐民以礼，不重政刑，至天下一家，中国一人。而实从心所欲，无思无为，感而遂通。知此，则孔子之实全矣，他书不必考矣。

老子先孔子而生，素淡营利，为周柱下史。因博学宏通，奋发欲明道统。见孔子，知其能传己之道也，故辱之，孔子益谨。老子曰："至矣。"尽以其道语孔子，复不欲立名字。意曰：孔丘在，吾何必更劳？乃骑牛过函谷，欲西，关令尹喜强之。因为著《道德经》五千言而去，不知所终。知行合一，允成至圣。

执其真，自常无欲，以观其妙始。自有欲，以观其窍入。自道法自然精，欲无为而物自化，好静而民自正。不重世事，至无弃人，无弃物。而实无道无名，渊兮似万物之宗。知此，则老子之实全矣，他书不必考矣。

大佛为印度白净王子，生十九岁，忽悟富贵之害性，尽弃之去，寂坐于菩提树下者六年。六尘久净，直与道通。于是周游四方，以法布施，觉一切众生，令出轮回，入无余究竟涅槃。印度诸邦化之，所度极众。将圆寂，犹为众生谆谆说法不衰。知行合一，允成至圣。

执其真，自断爱欲始，自理法界事法界入，由寂而生正觉也。自事理无碍法界，事事无碍法界精，妙觉圆满也。欲度尽上天下地一切众生，皆成无上正等正觉，永断轮回。而实未常说法，无修无证，无念无住。知此，则大佛之实全矣，他书不必考矣。

耶稣生于犹太，天资圣慈，好学，贯通古教。悟直养通天之理，怆然愍斯民之迷离，乃指独一真宰耶和华以示群生。国人以其道通众觉不便其私，执而刑之，诸毒备至。而耶稣劝人尤切，仁念不衰，诚矣！知行合一，允成至圣。

执其真，自以灵魂战私欲始，自养心通神入，自上帝耶和华感于心，而口宣天意，身代天行，成矣！欲救世界诸人，咸归天国，受诸极乐，本诚以往，死而不怠。知此，则耶稣之实全矣，他书不必考矣。

穆罕默德生于亚剌比亚，家贫为人雇。年四十，有嫠妇嫁之，妇固多资，自是乃富。忽悟前之贫贱而不为苦，后之富溢而不为乐，苦乐无乃不在物乎，乃悉弃去。入深山，遇道人，教之静，于荒崖居焉。三年寂坐，觉通天道，乃出教人，其乡人或信之，名大显。持耶稣教者恶之，几见杀，遁之东鄙，东鄙之人尊之。穆罕默德于是出其余智，以部勒其众，遂成劲旅。出与亚剌伯亚战，尽收其众，有不率教者，夷之。其后益大强盛，东渐西征，拓地万余里。厥后欲复生，有九妻多妾。又杀戮稍过，其败道也必矣。此孔子所谓"仁不能守，虽得必失"，大佛所谓"退转者"耶？大物之为害甚矣。

执其真，自谨嗜欲始，自寂哉妙天明已入，自天神来感精，欲以严威芟刈不率教者而净洁斯土。知此，则回氏之实全矣，他书不必考矣。

是皆以其体言耳，若夫忽仁义，忽礼乐，忽政治，忽隐遁，忽布教，忽祷告，忽兵戎，其为如如因地。自吾视之，非所应执。

"教虽微异，皆惟教是重"说

以上所述，其道本同。其有异者，孔子不偏重祷祀，敬鬼神而远之，亦祀天，岁惟一举耳。又甚，则曰：祷于鬼神，时日卜筮，以疑重杀。回则重祷告。耶稣遂以祷为无上之大事。此孔子是也。孔子祀天如祀人，岂有日求于有司之门而哀其赦，遂得谓之良民哉？且天日祷而不灵，人必慢之矣。如抽苗摇卵，岂不愚哉？孔子祀天地山川之神，佛礼三世诸佛，是多神教。耶惟祀天，回惟祀一真，是惟神教。此又孔佛是也。若惟一神，人有得道者，不能复为神乎？若以天无二日、民无二王之义言之，孔子固独一尊天者也。而古圣贤足以配天，如尊时君，并拜其侯伯卿相不亦可乎？耶回之隘也。佛云："一切诸佛众生平等。"一天王又在其中矣。

孔子、耶稣虽亦主静，然皆未躬行禅定。老子之言，则守雌守黑。禅之极深者也，佛于菩提树下六年，回于崖窟三年，同一躬行禅定者也。然孔子晏居，申申夭夭，又尝曰："至静而德方。"耶稣重视安息，日禅定于随时养之。孔子、耶稣勤于救世，不得真居九夷耳，无大出入也。

夫老子高矣，不自立教而诸教之精华萃焉。佛与耶纯以教为重者，固巍然大宗教家矣。回氏虽政教兼施，实以政为教之奴，听教之所指而已。孔子不重道之以政，齐之以刑，而重道之以德，齐之以礼。道之以德，常德行习教事也，是知重教而轻政矣。况又曰："教思无穷，保民无疆。"曰："自古皆有死，民无信不立。"非大宗教家而何？自古圣人未有如今人之愚昧，专欲恃政以治，而以教为皮毛者也。而浅学诬妄之徒，谓孔子非宗教家，不知其以何为教也。

"后之传者，失真袭谬"说

或曰："宗教家必有迷信。"是亦无鬼论、无神论、惟物论之陋说耳。山农终身不见海，乃以谈海为诞，何以异于是？夫民不可久愚也，迷信而可长哉？

孔子固惟恐人愚，故其教至明且切。鬼神之道明明已知，而不言之于季路。性与天道明明已知，而不言之于子贡。人事合天，何其中也。后世暴君污吏，假一尊君之说，而以孔子为专治之护符。若文士则取之以为文章，间有儒者，以道相尚于一堂，亦惟忽起忽灭，且亦不过得其小体耳。今则祀之而已矣，不以全力为之舆而推之天下也，哀哉！

老子不自立教，庄子见其书而慕之，《南华》一出，老子尚矣。羽流之起，非假时君之力以辅之也。日月至明，有目者自能见之，何必因指？

佛生当时，其所度王侯贵显有势位者多矣，至汉明以至六朝天子多尊之，寺院于是遍中国。而愚夫愚妇莫不有天堂地狱之感想，广矣！隆矣！至今俗僧难传之，几同虚设。

耶氏之教，欧洲近代初进物质之文明，不深究其精粗。而欧洲古代又无伟大邃密之学者以正其始，以人之尊之者众，亦不详何由，懵懵然亦尊之，传于异国。其书复浅粗杂，不可行矣，非尽耶稣之真意也。所恃者财与力为之舆，犹有奉之者焉。

回氏得儒者性理、伦常、礼制、阴阳之义，而参以泰西古教，及耶稣祀祷之文，将备矣。惜乎，穆罕默德之以刚而折也，后人不能传矣。此教事盛衰之大略也。

"入世正群，出世正心"说

总之，教惟一是，而近有出世、入世之分。出世自成，而教人以全觉之道惟详。入世成物，而教人以治群之道惟详。夫出世本无法，觉实无不全，而俗习滑之已久，非垂涕泣而道之不能复也。此说法之所由多，而出世法之所由盛也。入世亦无法，群生各正性命，而伪政相沿已久，非张法令以坊之不能安也。此设治之所由密，而入世法之所由重也。深考二法，而教事全矣。

"正群正心，二者互成"说

尧舜无草芥天下之量，则不能出世，不能出世，则不能使鸟兽鱼龟咸若。孔子无富贵浮云之量，则不能出世，不能出世，则不能成大顺大同之志。若无尧舜之入世，则巢由不得遂其出世之志。若无孔子入世，则老子不得遂其出世之心。出世法、入世法岂可分哉？可以仕则仕，可以止则止，孔子尚矣。奢摩他、三摩钵提、禅那，或先或后，皆不妨法，佛岂必出世哉？

"孔回入世而归于老"说

孔子仁义、政事、伦纪、礼乐之序至周且密。回氏似之，不得其全，不得其精。虽皆擢德塞性，所以治人群者至矣。有孔教，配之以回回可也。皆入世正群之教也，天下之人不皆圣贤？而犹有待治者，孔教不可少也。醇风日洽，圣贤日众。法令日减，减之又减，以至于无可减。熙熙然自与天合，不至老子好静自正，如登春台之境不已也。

"佛耶出世而归于老"说

佛氏劝人为善，而不以政，其言曰："一人清净，多人清净，多人清净，十方清净，十方清净，世界清净，一世界清净，多世界清净。"耶稣劝人为善，而亦不以政，其意曰："一人信天，众人信天，众人信天，世界信天，互不相害，谁复阶厉？"此皆圣人之至高，而其法不同耳。然耶稣纯一信天，反复不已，众善因之。如悬一月于空中，不必家家燃灯。固有易则易知，简则易行之效。然今之人障蔽已深，如在暗陬屈邃中，佛氏则一一以灯引之而出，再为之悬一日于空中。耶所悬者曰"信天"，佛所悬者曰"圆觉自在"。信天之光如月，圆觉自在之光如日也，所以救人心者至矣！有佛教，配之以耶稣可也，皆出世正心之教也。然佛教十力，十八不共法，三十七助道，八万四千陀罗尼门。至于圆觉，皆当舍弃，然后无修，无证，无念，无住，他日道明世泰，人皆圆觉。不至于老子无思、无服、无从、无违之境不已也。

"老亦非极，不得执蘖笑根"说

然则老子至矣，有老子不有他教可也。曰："又不然，不得执老而笑他教，亦犹之不得执蘖而笑根也。"老子道高觉空，已成之日，乃发为《道德》五千言。如老子亦传道十年，又将第次演法矣，学圣人者其知矣。人皆孔佛耶回，可以行老子之教矣。人皆孔佛耶回，又焉用教哉？

"昧焉者互争，名立教而有他。不纯，罪深"说

孔子见长沮、桀溺曰："天下有道，丘不与异也。"是孔子不自欲为万世师表也。老子若制《礼》，作《乐》，删《诗》、《书》，著《易翼》，必精于孔子而不为，是老子自不欲为万世师表也。佛陀将证涅槃，乃与文殊言住世四十一年未尝说法，是佛陀不自欲立教也。耶稣云我不敢说道，是耶稣自不欲立教也。圣人皆有不得已之心而后立教，非欲令人之以教张其国力、行其政策，或务立名，或以铺餟，而乃掉舌弄笔以争为长雄。且真欲攻异，何

必执他攻此，执此攻他？即执孔攻孔，既曰无思无为，感而遂通，又曰饱食终日，无所用心，难矣哉！执老攻老，既曰无思无服，始知道，又曰思之思之，神明通之。执佛攻拂，既曰持戒精严，又曰不重持戒。执耶攻耶，既曰不拜世贤，又曰居上位者，皆上帝命，若不敬之，为背上帝。执回攻回，既曰不可贪得，又曰贸易四方，以求其利。是诸圣之言，若以矛敌盾，啧啧不休，又休待外假哉？冬圣衣裘，夏圣衣葛，渴圣饮水，饥圣求餐，吾不知趋亦趋、步亦步者将何所措手足也。苟心有瑕，假圣为招，其罪深矣。不得圣人之心，不可以谈圣人之道也。

"故教立本而变末，诸教将自合"说

夫哲人之将代出也，民不可以愚矣。今后世界，久战互伤，生改过之心，必易其形而下之趋向，一反而归于形而上。孔老佛之道将大兴也，必矣！出世入世，本无二窍，终合为一，其名为道，道者中和也。然此世界数千年来，圣哲不数见，耶之诚，回之智，终亦必祀于圣宫。惟其本必归于明诚，而以成己、成物为二纲，以成己之觉、成己之形、成物之觉、成物之形为四目，以二纲四目圆融无缺不相妨碍为归宿。水无障皆归海，烟无障皆飞空，圣道无障皆一于中，何待深辨？吾所为多言者，若疏河耳，合诸圣之精，分条而修之，成为完经，整厘其文，万世之法立矣。至于应世，礼法之末。因时而变，以救病，无病，乃不变矣。

"善守无变"说

天地有变，道无变也。日月有变，道无变也。虚空不坏，道亦不坏。入虚空者，涅槃随在。故世人识君主为道，今则变。识民主为道，今则变。识法制为道，今则变。识仁义为道，今则变。若识道为道，未有或变之时也。道安在？孔曰："空空。"老曰："太虚。"佛曰："圆觉。"我之圆觉，惟存空虚，是以不坏。至于世界，既已大同和合，法一立而不改。不许有后圣，后圣亦不自圣。除去一切苦恼而生生，自正其正，谓之定命。础不琢永存，金不融永存，教不变亦永存。定以后无复议矣。

"时之中，孔今宜"说

孔子之道，执中和，民易法。佛曰："肢肢节解不怒。"耶曰："批我左颊，又献右颊。"用之于今，善人无立脚之地矣。孔子曰："以直报怨。"庶乎中矣。老子曰："我好静而民自正，我无为而物自化。"用之于今，善人无出世者矣。孔子曰："可以仕则仕，可以止则止。"庶乎中矣。老曰："至老死不相往来。"用于今，邦国无互通之利矣。孔子曰："言忠信，行笃敬，虽蛮貊之邦行矣。"庶乎中矣。佛曰："衣敝衣乞食。"用于今，烝民无生趣矣。孔子曰："素富贵行乎富贵，素贫贱行乎贫贱。"庶乎中矣。回曰："惟有一神，不祀他神。"用于今，圣贤无祀典矣。孔子曰："法施于民则祀之，以劳定国则祀之，非其鬼而祀之谄也。"庶乎中矣。佛曰："一切平等。"用于今，善人无劝心矣。孔子曰："尊贤使能。"庶乎中矣。佛曰："一切法皆非法。"用于今，世人轻教法矣。孔子曰："非法不行。"庶乎中矣。耶曰："惟天赦罪，日勤祈祷。"用于今，人心惑矣。孔子曰："丘之祷久矣。"曰："获罪于天，无所祷也。"庶乎中矣。夫水平则澄，衡平则均。偏高偏低，人世不行。执两用中，孔道最宜。君君臣臣，父父子子，兄兄弟弟，夫夫妇妇，则人道正，不可偏庇。忠恕而行，欲立立人，欲达达人。则报施称，不可偏克。尤其大者，诸教舍政而言教。舍政而言教，教亦必不能行矣。即行之，亦不能普也。且观自古及今

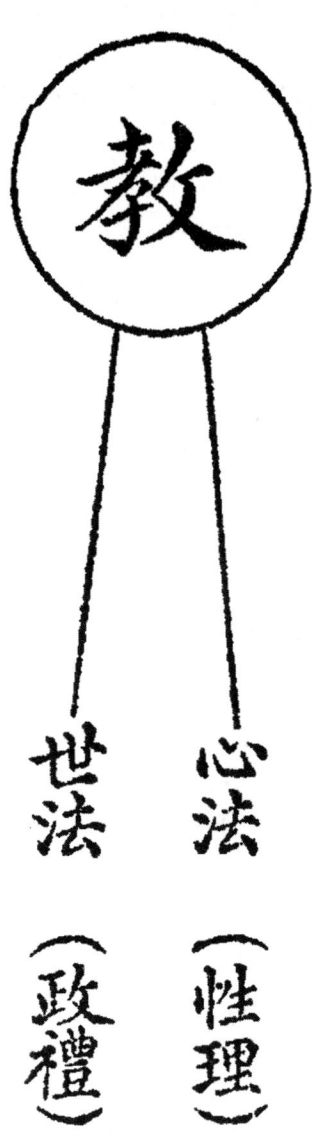

第五图

诸教之行，何一不待政为辅哉？必待人之辅而后行，不如自辅之为全也。犹狼必待狈而后行，不如马之能独行也。若孔子以政辅教，道之以德，齐之以礼。道之以政，齐之以刑。二者因时而用之，行而不泥。若佛陀爱极于三千世界地狱畜生饿鬼，则孔子惟自致其中和之量耳。自致中和，何爱

不极？总之老佛耶回之说，能言而不能行，即行之，一人行之，不能行于众人也。孔子言之必可行也，行之必可言也。大哉孔道！自生民以来，未有若是之便于人群者矣！决言曰：孔教为全世界自古以来，独一之完全宗教，因而补之，可以永为世界之法矣！老与耶回之精，孔教皆有之。佛陀言性理之详，留之上智之自参可也。中乘、下乘难极其妙，而今之中乘、下乘者多矣。

"权之言曰：欲通，无攻，众乃同"说

虽然，强病者以信一医，不易也。强众人以信一教，不易也。彼皆自有一教，以窒其心，我必强之以改，难矣！况道之在人心，如日月之在天，终不能因云雾而长蔽。而圣人又不仅一二，吾人而能自圣，岂不能容孔子、老子、佛陀、耶稣、穆罕默德五圣人哉？倘不能自圣，虽心中仅一孔子，亦未见其能纯也。为斯世立教，如设医院，备药不嫌其多。必欲执孔拒老，执老拒佛，执佛拒耶，执耶拒回，亦犹之执参拒苓，执苓拒术，执术拒莲，执莲拒葛也。孟子心中有尧、舜、禹、汤、文、武、周公、孔子、伊尹、柳下惠、伯夷、叔齐，而自知择其尤，则吾人心中有孔子、老子、佛陀、耶稣、穆罕默德，亦自知择其尤也。极而言之，天下人真行孔子之教，天下固太平矣。天下人真行老子之教，天下不太平乎？天下人真行老子之教，天下固太平矣。天下人真行耶稣之教，天下不太平乎？天下人真行耶稣之教，天下固太平矣。天下人真行回回之教，天下不太平乎？凡教之立，皆有胜残去杀之效，即使斯民之心脑出于孔则入于老，出于老则入于佛，出于佛则入于耶，出于耶则入于回，未为不可。况世人之信心，因声闻而发，言者愈多，则信者愈深。人不见海，闻一人言曰有海，闻二人言曰有海，闻十人言曰有海，闻百人言曰有海，闻千人言曰有海，则深信海而不疑。人不见道，闻孔子言曰是道，闻老子言曰是道，闻佛陀言曰是道，闻耶稣言曰是道，闻回回言曰是道，则深信道而不疑。故知观同道通之理，则老佛耶回反足为孔子之助，执观异道穷之误，则老佛耶回适转为孔子之敌。故吾谓不攻他教而顺收之，设庙于名都，并五教之祖而祀之，其说尽信，其道尽行，未为不可。

"运至盛而有后忧，孔教亦崇"说

世运至泰，民不劳心，必易入于佛老。而无政反真之事，或见于实

行。然而不可也，阴不可极，阳不可极，泰不可极，丰不可极。日中则昃，月劝则蚀。若无政反真，已去之圣一逝，未来之蠹易生，不及百年，大乱至矣。尧舜立法不详，故夏后家天下之祸起。包牺立法不详，故蚩尤暴生民之乱作。上古熙皞，犹有后祸，异日反朴过甚，其遗祸亦犹之也。世虽无病，不可尽废医药，人虽无恶，不可尽废政教。夫政形而下者也，教形而上者也。如彼阴阳各得其位而后既济，岂可偏重？大哉孔子！吾无闲然矣，所最高者，致中和，天地位焉，万物育焉。则佛老之高，又在孔子执其两端之内矣。故吾以孔教为此世界惟一之宗教，而不可变。

"悬象直道而天从，复谁之功，诸圣雍雍，有名自人，无名自公。渊兮永通，荒兮永隆"说

虽然，以体言，耶稣明不足，回回诚不足，若孔老佛诚明两尽矣。而正群正己兼出入世莫如孔子。虽然，后世艺术愈精，法令愈繁，治心之法，固莫精于孔老与佛；治外之法，虽孔子不能尽也。后世必有圣人兼孔老与佛之体，而更深宏其用，则又将去孔老与佛而更以后圣为教主乎？若是，则教主之位可篡而取也。教主之位既可篡而取，必有聪明奸狡之人，藏私心，挟邪欲，以眩民耳目，而求逞于一时。常有觊觎教主之位者，则乱未已也。圣人不死，大盗不止，予以为一时平天下，致大同，自五教中择之，宗孔为上。若天下既平，大同既致，仍复宗孔，亦为进步之大碍。惟悬一象曰"道"，以道为教主，释之曰"中和"。天应法道，地应法道，孔老佛耶回莫不应法道，后来大圣亦皆法道，则天也，地也，孔也，老也，佛也，耶也，回也，后来大圣也，皆道之弟子，配享于道庙可也。道无名，无字，无相，无声，无色，画一太极，曰中和道君（第六图），而祀诸圣及天地之名于侧，以勉无终而昭无外，何必强争一名字以启欲哉？圣凡平等，乃是大顺。吾不欲闻圣人之名，圣人亦不欲自闻其名，各正其性

第六图

以复天命，何不可之有哉？渊兮不知其深，荒兮不知其界，圣教于是永隆，生民于是永康，极乐无疆。

三　天道通

序①

天文之学，中国旧学，执形而上，海外新学，执形而下。二者互资，而交相成。生天之中，而不明天道，何以合天？斯学之至要，不可废也。予是以参宗教、哲学之言，合形质理气之说，折衷以道而精辨之。

天道通

天外有天，此天非净天。他地固形，而实非天，亦有感于精气焉。空虚非天，太浮非天，性中见端，得此自然。觉于何居，本亲乎上，上亦非上，随断所向。神合乎荡荡，虚无有极，神觉合虚空，十妙在其中。光色非必，如灯镜悬壁。太浮过虚空而不迁，吾以知其全。大者吸，小者附，旋欲离附，断者去。骨坚神坚，虚空不坏。续知为长生，清续返续，其灵云天。即我即天，乃是常会。浩浩忽忽，曰有真宰，象帝之先，同之者泰。天行健，感则通，恒荒与从，养大者为圣功。

"天外有天，此天非净天"说

佛云诸天，则天亦无数也。天阳气也，今设指名为觉。地阴气也，今设指名为形。然则有一形即有一觉，则即知有一地即有一天也。回氏之言曰："天地一大世界也，人身一小世界也。"信哉！有诸小世界，必有诸大世界也。夫毛发生于吾身，如草木生于此地，以吾有觉运血脉而营养之，犹草木有一大天地，以地有天运雨雾而营养之也。故毛发视吾觉为天，视吾形为地。如微虫生于吾身，以吾有觉运血脉而营养之，犹人类有一大天地，以地有天运日月而营养之也。故微虫视吾觉为天，视吾形为地。今吾所居之地有对待之精灵焉，即以此精灵为天，则知天不止一天也。东方虚空不可思议，南方虚空不可思议，西方虚空不可思议，北方虚空不可思议。若云仅此一

---

① 《序》之前有著者以"止园主人"名义手书题签："天道。止园主人题，尹昌衡（印）。"

天，不识天外尚有他形觉否？今考之有他形明矣，曰诸恒星，曰日月，曰金星，曰木星，曰水星，曰土星，曰火星，曰天王星，曰海王星，曰诸小行星。若此地有一天，则诸恒星也，日也，月也，金星也，木星也，水星也，火星也，土星也，亦必各有一天。如我有觉，则如我以外之父、之母、之妻、之子、之兄、之弟、之他人，亦必各有一觉也。四方虚空不可思议，即以日光之行速行亿万年，其经过之广，比之于太虚空中，尚不如芥子在大海中也。何也？芥子在大海中，有数可计，而太虚空无数可计也。若此观之，则合日月金木水火土诸星与地，与日月金木水火土诸星与地之天，亦不如一芥子也。何则？地与诸行星既绕日又自转，而日独为恒星，日外遥远之恒星大于日者不知其数也。如此推之，乃至于人意所不及，故诸天之数不可计也。（如第二图）岂惟不可以数计，其生生之理亦必各异，生生之理异是天异也。（参第一图）

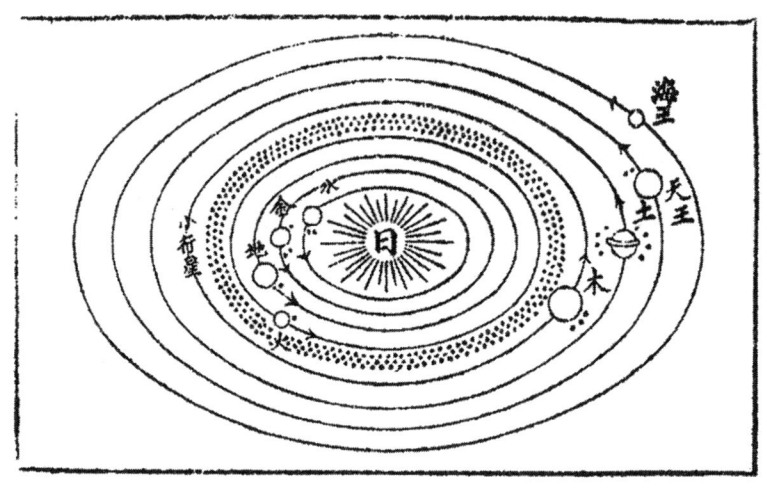

第一图

何以知天之各异？水星以我之八十八日为一年，其春夏秋冬之感，即不与金星同。金星以我之二百二十五日为一年，其春夏秋冬之感，即不与火星同。火星以我之六百八十七日为一年，其春夏秋冬之感，即不与木星同。木星以我之十二年为一年，其春夏秋冬之感，即不与土星同。土星以我之二十九年半为一年，其春夏秋冬之感，即不与天王星同。天王星以我之八十四年为一年，其春夏秋冬之感，即不与海王星同。此皆不与地同。

第二图

地之所感，其春夏秋冬之气候，及寒温之度与他星异，固各有一天也明矣！

夫阴阳生物，必偶乃媾。兽与兽媾而生兽焉，人与人媾而生人焉，虫与虫媾而生虫焉，木与木媾而生木焉。则与此秽土媾之天必非净土之天与兜率天，非想天极乐天也明矣！

佛云大千世界有铁围山，人或不信，若宏其觉，虽谓有无量恒河沙数大千世界可也。人但胶于六尘，故觉不如天耳。何以知之？胶于目尘，目不如鹰；胶于耳尘，耳不如狼；胶于鼻尘，鼻不如犬；胶于舌尘，舌不如蛇；胶于身尘，身不如象；胶于意尘，意不如天。若绝六尘，岂但通天，必超出无量恒河沙数天之外也。

耶稣、回回专信一天为惟一真宰。孔子则范围天地之大，而天地不得过，欲先天而天不敢违。老子则谓此天尚当法道。佛则直呼诸天王来而教之以法。盖天本不如圣觉也，何也？形愈大者，其所与对待之觉不必愈强。鲸之觉不如獭，兕之觉不如猴，则知与此地对待之天之觉，不如圣佛之觉也。佛者觉也，自不觉证圆觉成妙觉，宜夫直超三界，可以教无量恒河沙数诸天王也。人生此天地间而爱此六尘，不思成圣成佛，如虱生猪身而爱其六尘，不思成猪成人也，此天地而足以范我哉。我明六通将以范围天地之外也，孔、老与佛之言不为妄也。孟子浩然之气，仅塞乎天地之间，是孟子不读《易》之过，所以为大贤而非至圣也。《书》云绝地通天，但通此天，此天尚当绝，故罗汉果、辟支佛、二乘菩萨尚当断而后证也。天外有天，天上有天，乃至无可计数，不断尽，不入虚空不坏，终有退转之时，此非参佛氏之《圆觉经》与老子《道德经》、孔子《易经》不能明也。知天之如此，则圣贤之量可知矣（参观第三图）！孟子只在一天地之间，回回只在惟一真宰之中，耶稣只在一天父之下。天地岂仅一哉？即恃六尘之通，予念一起，而天王、海王诸星，以及日月尤大者，如诸恒星皆在意中。吾觉能包天地无可疑矣，吾觉能包无数天地亦无可疑矣！

"他地固形,而实非天"说

今以科学考之,吾人所居之地,虚悬于空间,假使从别星望之,亦如地上所见天空之星也,故地亦宇宙间之一物耳。然如此其大也,而能悬于空间坚贞不堕者,是何故欤?盖以日居于中心而吸之也,故日为地之根本,且地属于日中之范围,随日之周围旋转,无时或已。因之地上有四季寒暑之变迁,吾人亦即因此而得以滋生。至于地球上之动植矿物,与夫人类,无一非受日之光热,所以能生存挚息于地上。假使无日之光热,恐地上无生物矣。由此观之,日与地与人类生物之交感,可以见矣。

第三图

日轮为一极大之火球,今考之,为镭质,能发强烈灼热之光辉,望之目眩,不能逼视,必以水盆映日,或以黑色玻璃遮目,始能明睹其状,如一平圆之盘。亦如月,大小似与月同,其实比月尤大。据天文家所测,日之直径约八十六万六千五百哩,月之直径仅有二千一百六十三哩,是日实比月大四百倍也。不惟比月大已也,且比地大一百十倍。倘以日之全面积计之,更比地大一万二千倍矣。其容积比地大一百三十五万倍,是日之大实非地球与月所能比拟矣。然则,吾人望之其大仅如月者,又何故欤?因日距地远而月距地近,其距离之数,地距日平均有九千二百万哩之远,地距月平均仅二十三万八千八百三十三哩,故日虽大,望之似小。假令日与地距离如地与月距离,则地上望日必大于月体之四百倍,而日之光热今日强数百倍,可以通夜长明,一切灯光均将无用,便于吾人之处,诚无复加。及其时,地必为日光之热所炙,化为焦土,化为灰烬。试以今日地球距离日光之远,而热带地方尚且炎威酷热,如此,设使近至二十三万八千哩时,能不令全地球悉变成灰烬乎?可知日光力量之热实为宇宙间至大无极者也。

日之所以有极大之光热者,因本体发光与热,故其光力实无别物可比。以满月光辉与日光比较,日光过之六十一万八千倍。然日射地球之光,犹不过全体中之一小分，且其光力被空气之吸已有所失。然力既如此强大，则全体之光热不知强几千倍矣。究其光热性质与地上火热相同，有融熔物体之能，称之曰"天火"。火药库、硝磺厂等每因阳光蒸热而至轰发炸裂，即天火焚烧之例也。设用大小火镜而聚其发火点，则一切大小动植物质、金属亦不难熔化矣。

今将千里镜测验日体内部，中有有光者，称为光点，有无光者，称为黑斑。光点为日所发之光，融融如火炎，向外升腾，笼罩日面。光焰之高达五千哩至一万哩，其强烈者高至十二万哩以上。其色有红有白，有如电光，有如火花，有如云烟，奇奇诡诡，竟为美观。据天文学家考之，大都皆金属物质化或气体蒸发而出，常发多量之光热于四周空气之中。至于不发光之黑斑，数亦甚多，布尔日全面，大小不一。其大者直径或数十万哩，小者仅数百哩，形状或圆或椭，随时变换而无定。天文学家据之以测定日光运动方向与其时期焉。

既知日为极热融熔固体，表面有极热灼炽气体包之，则构成其本体之物质。究为何物欤？据历来天文学家试验之，谓与地之本质实无甚差异，其中最多如轻气、炭气、铜、铁、锰、铅、钾、镁、钠、镍种种物质，最少者如银、铅、锡、苍铅、水银、白铅、钾诸类之金属物质。但此等物质在地上大抵皆成为固体，在日中则为灼热之熔融体，或者如流动液体，日有高热度。故凡物皆被其熔化而不遗也。

故人云日升于东而没于西，旋转如轮者，非日本体运行周天，实由地之运动不绝，遂误以日为运动耳。日之本体居于天空之中央，徐徐回旋，地球自转，以望远镜测之，日中黑斑形状位置循环变换运动。视日东升西没，犹之吾人乘舟车速进，如两岸房屋树木疾驰而过也，实舟车之行，而房树未动也。吾人视日之运行周天，正与此同其象也。地自西向东而回，故朝见日升于东，夕没于西，其实地自转也。自交夏令日偏于北，冬时渐环向南，呈此象者，实由于地转之结果。地转绕日一周，须时二十四小时有余，即成一昼夜。地上公转，是以日为中心，环转于日之周围，须三百六十五日五时又四十八分四十八秒，乃循行一周，复其旧位，是即成为地上一年之景象也。日与地球之外，有多数行星旋转于日之周围，人能明见，运行周天，依期旋转，谓之行星。此外如北斗南斗以及星房虚昴等二十八宿，天空位置，永远不移，谓之恒星。恒星大者体能发光，如日之状，故日亦为恒星之一。行星则不能发光，随恒星以受其光，而随旋回转，如地附属于日，为一行星。有七大行星及小行星，与地统称为八大行星。此八大行星，各有一定之轨道，围绕日光所统属而称之曰"日系"。八大行星各有名称，其在于日周围次序各有远近。今从其近日挨次举之，曰水星，曰金星，曰地球，曰火星，曰小行星，曰木星，曰土星，曰天王星，曰海王星。其轨道有在地球轨道内部者，更称为内行星。有在地球轨道外部者，则称为外行星。如水星、金星为内行星，其余皆为外行星。而八大行星之中，其大小无定，大概离日近者小，离日远者大。如最大者为木星，次之为土星、海王星，再次之为天王星、地球、火星、水星，最小者为小行星也。大者或反远，小者或反近，其重量吸力不同也。今将此等诸行星分别述之，若小行星以其过于琐细故略之。

（一）水星。水星与日最近。八大行星中，除小行星外，当以水星为最小，其距离与日隔仅三千六百万哩。轨道亦狭，回转日一周仅须八十八日，即为水星中之一年。又水星无卫星。卫星者即本星所附属之一小星，如地球之月即地球之卫星也。水星无月，故水星中不能记月。其回转日一周之日数，即其本星自转一周之日数，故水星中又不能记日。假使至水星中周一日，斯一年也。

（二）金星。金星离日较水星少远，其体大小与地略同，故星光亦强。向称为太白星者，即系此星。春夏时清晨出现于东方，秋冬间则薄暮出现于西方。其轨道较大，故转日一周须二百二十五日，即为金星一年，亦即一日。因金星亦公转与自转同行，与水星相同，故金星中大率以半年即一百十二日半为昼，一百十二日半为夜也。以千里镜窥测金星，时见其圆，时见其缺，与星上之月盈虚相同。而其面有暗黑之点，其光薄弱，两端用中，即当月之一端，光芒最强。据天文家测得，金地中亦有空气、水蒸气等，不亚于地球，且谓其中空气之层，比地上更加浓厚云。

（三）火星。火星在地球轨道之外，为天空中有妙趣之星。笃实光辉，星面形状亦最清晰。古来天文家早已研究。本星离日甚远，平均有一亿四千一百五十万哩之遥，与地相去约四千八百六十万哩。循其轨道回旋，转日一周须时六百八十七日，是为火星一年。故火星一年较地上一年须长十个半月。自转一周之数，即其一昼夜，须时二十四钟三十七分有余，又与地相似矣。天文台上用望远镜测火星时，见星面光辉，两端白色，中央暗绿色，有时淡黑色。天文家以白色是火星南北极，全由冰山雪山堆积而成。且白色面积常因其星中南北两半球之冬夏两季而互有大小，即北半球在夏季，北极地方冰雪溶化，其时白色面积便小。而南半球其时为冬，白色面积反见加大。此概与地上南北两半球冬夏交代之理相同也。至于中央部分暗绿色，天文家以为树木森林等苍翠繁茂之地。又在火星北极处测得有许多山脉与陆地，陆上有许多纵横交错线，密如蛛网排列，颇有规则。天文家因而测定线纹系人工凿成运河，贯通于全星表面者，处处有许多湖水交接其间。以为火星中必有异常聪明技巧之动物，比地上之人尤甚。其佛之所谓净土耶？是火星中空气极稀薄，温度又极低，究不合宜于人类一般动物之生活。天文家以为火星中并无人类及动物云。此种问题，今之天文学家正竭力以求之。然不必疑也，人入水即不能生，将谓水中无生物哉？鱼升陆则死，将谓陆地无生物哉？

（四）木星。木星为日系中最大之行星。其形圆而稍扁，略如地然，而大于地者十一倍。离日远至四亿八千三百万哩，与地相去最近时，亦有三亿六千九百万哩。故星体虽大，距日过远，光辉反不如金星、木星。绕日一周，须时十一年又百分中之八十六，是其一年须得地上十二年也。然木星自转一周极速，即一昼夜之时间甚短，仅九时五十五分强半分，昼夜各得四时二十七分有零，如此直是将明复夜，将夜复明，转瞬之间即过一日。今之人曰："倘吾人生于木星中，竟无从容时暇以作工作事，年岁虽长，仍无补益。"此愚说也，彼自有彼之天则。又木星本体质量比之于地，大逾地三百十八倍，故其面所有物质皆比地上物质加重二倍又六十四分。例如地上一物重三百两者，倘于木星中当加重至一百六十五斤。假使地上之人入于木星中时，身体必加重二倍半以上，行动起居大不灵便。反之，设使木星中人类入于地时，便立觉其身体轻捷，可以飞升，一切物体亦只觉其轻浮易举矣，人亦将觉其力大无穷。用望远镜测木星，见表面上有无数纹彩，即浮游于空气中云霞，因受温热而生也。且言木星本体，绝似液体，较之于水略为坚固。其表面则有云雾包之，故木星能发白色之光。

（五）土星。土星距日，较木星尤远，其程计有八亿八千六百万哩，其最近时亦有七亿四千四百万哩。其体小于木星，然形状非常奇也。用望远镜测之，常见其表面有美丽云气，亦如木星。惟于云气之外，更有特别之三大轮环，与本星之赤道部并行。赤道部即谓其星球最中心部分，其环之形状扁而极薄，亦能发光，与星无异。其光辉在中央之一环为最强，外面一环次之，内面一环光景暗弱，颇难窥见。因其能明分为三，为诸轮环。各轮环之面积，有大有小，外环大十六万八千哩，内环大一万六千哩，两环间又各相离一千六百哩。而三轮环皆极薄，其厚处亦仅百哩。故从轮环侧面望之，薄仅如一线耳。论其环之本质，或云固体，或云液体，或云气体，今尚未测定耳。又土星因其距日过远，转日一周须阅时二十九年半，即土星之一年须得地一年之二十九倍半，而一日又极短，仅十时十四分二十三秒。倘土星中亦有人类，其中则每生三岁，便得地球人类之八十七岁，再长五岁与地上人模拟之，当在二百四五十岁余矣。如此长寿翁，新学家以为难得，亦不知人间有龟鹤也，陋矣。

（六）天王星。天王星远离日之哩数，平均在十八亿哩以外，面积比地大十六倍。转日一周，须得地八十四年。表面亦有云雾状之物浮罩其上，故知天王星中亦必有空气地。

（七）海王星。海王星在日系中为最远之一星。其距离日之哩程，平均在二十八亿哩以外，去地之远几无哩数可测。今之人曰："设如吾人乘极速之火车，一时间可行六十哩者，从地上行至海王星，昼夜兼程，非经五千余年不能直达。"亦可见其远矣。故本星非人眼所能测，必用望远镜方可窥测也。我则曰："远日，转速，离心力强。"

此皆小行星也。犹有与日同不移者，谓之恒星。远不可计，以其不移，知其极大。各有所属之行星，别成一系，其数无量。

若以日月诸星为天，则日月诸星不又将以我之地为天乎。我欲合天而与日月诸星合，是舍一地又入一地。有苦于此地、秽于此地之地，亦必有乐于此地、净于此地之地。且此说也，目之所能见也。必有目之所不能见者焉，又将何以名之？直谓之曰，不可思议，无量数可也。与天眼通者言，乃别有说。庄子曰："其视下也，亦若是。"

"亦有感于精气焉"说

中国古天文之说，以为休祥妖祲，于星有感焉，曰："星者，元气之英。"（见《三五历》）指星以名著者二十八宿，光绕斗而帝王兴，箕毕变而风雨作，中台折则大藩叛，德星聚而圣贤生。如此之类，不可胜计，其显者慧孛飞流。今西人皆指为妄，而实亦有征。盖西人专执形而下，而中国专重形而上也。谓星皆块然一物，而与地无关，则日亦块然，何以因其光热而生物？日光着效易见，光星微效难见也，岂得谓之无分哉？此又非考形执相者所能通也。

两人相交，何能生子？若以男女之精，分为水索、酸素、脂肪、卵白，而如量配之，亦生子乎？是有神在，神通而养之安平泰。则亦非考形执象者所能通也。

"空虚非天，太浮非天"说

虚空空也，太浮气也，今之所戴，实非天也。何也？地转旋，天安在？午戴之天，非夜戴之天，晨戴之天，非夕戴之天。即使人居于南北两极，春戴之天秋则履之，冬戴之天夏则履之，若此者，天不可以方求，何能与合？若以气言，则浮于太空者乃微尘也，以微尘而可以名为天乎？微尘本有，且不可名以天，而况太空乎？太空本无，且不可名以天，而况微尘乎？以有无二极觅之，皆不得天，天究安在（参观第四、第五两图）？而中西今古谈天之名极大，而畏天之灵孔昭，岂尽荒诞之语乎？是不可不深辨也。一言以明之曰，天者自然之真灵也，纯觉也，生机也。

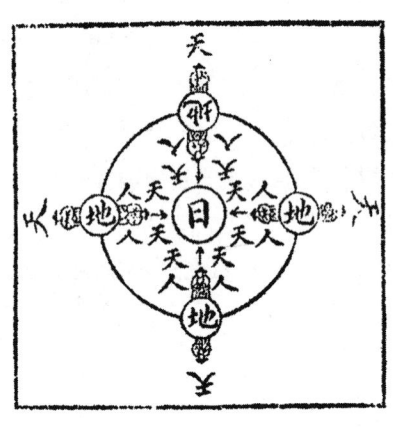

第四图

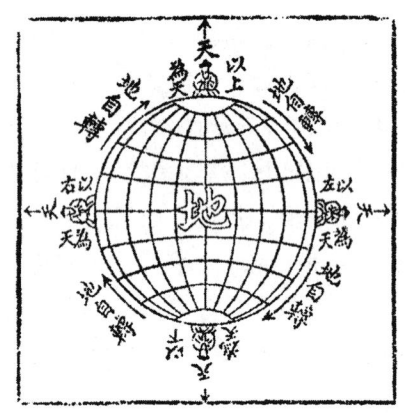

第五图

夫物循物则，则化而生形，物循天则，则化而生觉。月与五星固皆物体，然皆因日之光而化生万物，为寒暑之交相感也。然寒暑仅能化形不能化觉，若以金石水土烘之以火，极巧尽工，亦惟有形形转换，色色互呈，而终不能觉。觉从何来？亦从何去？吾以此考之而知天矣。木不绝地，是以长生，人不绝天，是以长生，生不在形。

"性中见端"说

天之道，非通阴阳之理者不明也。何也？孔子之言，曰如日月东西相从而不已也，是天道也。无为而成，是天道也。已成而明，是天道也。不闭其久，是天道也。曰视之而弗见，听之而弗闻，体物而不可遗。佛陀之言，寂净妙觉、无色相、一切皆空，而天耳天眼自通。回之言，曰寂哉妙天。信诸圣之说，必至天眼天耳通而后，与人言无为体物之妙。谈天其亦难矣，即言之，人亦不信，不如反求诸性之真切着明也。

地本有形可执，吾之体亦有形可执，是谓之阴也。天本无形可执，吾之觉亦无形可执，是谓之阳也。死尸无觉，是阴阳有离也。生即有觉，是阴阳有合也。阴阳形觉，事事对待。吾因之求得一则，以为养觉之道而见性焉。曰知形必需有物以养，则知觉必需无物以养。形需有物而后能存于地，则又知觉需无物而后能存于天。形愈动而愈强，则又知觉愈静而愈强。当静极无物，太虚浑全之时，心境之妙不可言传。此非实历，谁其能教之哉？吾形者地之分体也，吾食五谷草木而身渐以长，是五谷草木化而为吾形也。然何物司其枢机，而令吾血脉运吾心肾而使之动？觉性自然也。妙觉为吾编肉、栽发、注血、锻骨，而吾自不知，吾父母亦不知，何也？曰感而遂通也。何所感？何所通？何谓如如？曰亦无如如，而如如自如如。一日不思得道之基，十日不思还复其初，百日不思天下皆知，千日不思归于婴儿。亦无如如，即是如如。瞪目未眠，举脚未停，已如尸寂，非梦非睡，中见妙证，自非实认，焉能知之？言者止于此矣。以象而求天，不在日，亦不在月，亦不在星。以方而求天，不在上，亦不在左，亦不在右，亦不在下。处处皆天。不大于秋毫之末，不小于太虚之极。远不在六合，近不在五阴。无一言，无所不言，无一知，无所不知，庶乎几矣。

故分而言之，日有日之天，月有月之天，地有地之天，星有星之天，人有人之天，物有物之天，天者理气之自然也。合而言之，只一中和，中和所合，即是天也。日失中和则失其天，月失中和则失其天，星失中和则失其天，地失中和则失其天，人失中和则失其天，物失中和则失其天。知天之学，虽极高明，亦惟反而蹈中和已耳，尽性合天乃为常则。

"得此自然"说

今破鸡、凫、鹜、雉之卵而分其质，其为质无异。孵之，则为鸡、为凫、为鹜、为雉，是隐中有一特殊之天也。人虽至巧，不能以鸡凫之卵而孵为鹜雉，亦惟有顺其自然而已矣。取鸡、凫、鹜、雉未尝交尾之卵而分之，以考其质，其质固与交尾者同，然伏之则不孵而殰，是知交尾之卵隐有一天存乎其中，则知天者生气之自然。有理而无质，不可形求者也。

人之仁心存于中，如卵之生气也，养之则成。若失此仁，虽俨然与人无异，已为尸矣，犹殰卵耳。得此仁而保中和，无修，无证，无念，无住，虽天地岂能害之？今以殰卵，袭之以锦，饎之以金，文之以玉，钳之以珠，卵惟终腐，无加于性也。以不仁之人，衣之以服，厚之以财，荣之以贵，尊之以名，人惟凶夭，无益于神也，此自然之真失也。

老子曰："天法道，道法自然。"万事自然，即高于天，人虽至巧，无或能作一天成之物，而与天成之物相同者。故圣人审自然之理而安之，应止则止，应行则行，应默则默，则大道萃于一躬而莫能外。假令天地，设万有之妙，无以胜之。

"觉于何居，本亲乎上"说

《易》曰："本乎天者亲上，本乎地者亲下，则各从其类也。"人以觉本乎天，故亲上者发觉之关也脑也。以形本乎地，故亲下者生形之关也肾也。心司于其间，发一念而仁且智，所以亲乎上也；发一念而凶且淫，所以亲乎下也。故曰有人心，有道心，能上达，能下达，人心下达而亲地，道心上达而亲天也。故道心即天心，天不敢违道，吾亦时洽于道，何常比天小哉。不屈曲其心脑以自入地，则亲上而本乎天也，故此地之天者，包乎此地而为之灵宰者也。古说谓天如卵白，地如卵黄，其说似近。吾能拔出此地，即与此天合也。上虽不能以方求，而处处有上，处处有上，处处有天，但知亲上不求合天而自合，此象之近者然也。凡此之法属于地上之念、之住、之修、之证，其精神常蟠于一天一地，如耶稣、回回，不得谓之非大也。

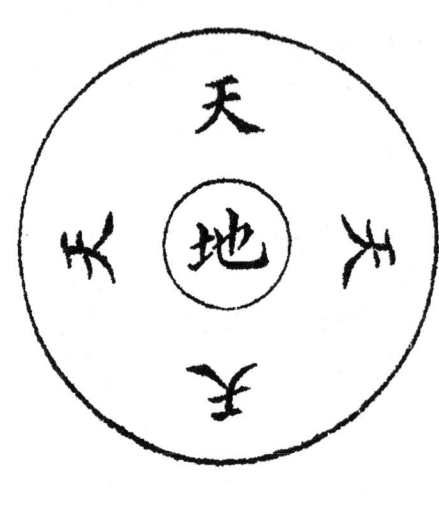

第六图

"上亦非上"说

夫地者一形也，日月五星亦一形也，地之诸卫星亦一形也。若以太极形觉对律之说准之地有一真宰之天，则日月五星莫不有一真宰之天（如第七图），故诸天之说实非虚语。若吾之修行只能超出此天而上与天合，则惟在此理气之中也。在理气之中，虽有时离，必有时合，此非佛氏所谓不退转者也。故佛氏不属性于天，其见极伟。

然佛氏不属性于天，而有净土之属。夫海王星大于星多矣，既有净土，则犹有形。设指海王星为净土之一，而海王星不常在地之上，亦不常在地之下。月小于地而气薄者也，设指月为秽土之一，而月亦不常在地之下，亦不常在地之上（第八、九图）。谓上达即超净土，则其方不可定也。太空浑混，何尝有上下？天地旋转，何尝有上下？此又何以定之哉？虽然，以地为下可也，不系念于地则必上达。此《易》所谓"神无方，易无体"也。

"惟断所向"说

以理推之，感而遂通，修净土

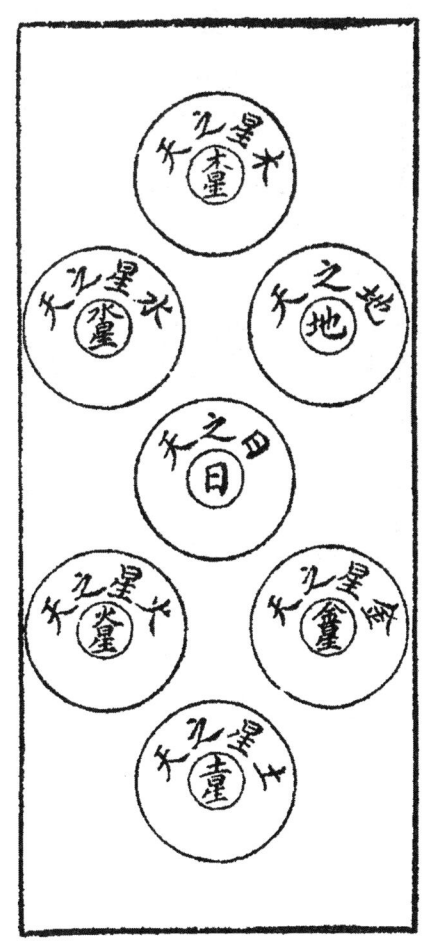

第七图

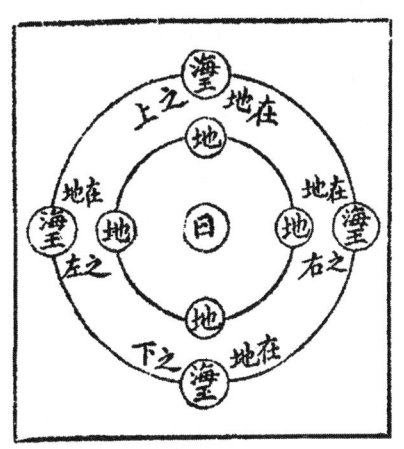

第八图

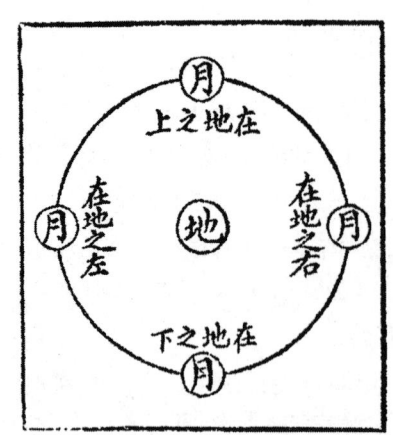

第九图

第十图

者，于应解时，净土当头，气机相照，则得圆寂（第十图）。故深于佛者，其寂有时。净土非一，净土无数，净土之外，有尤净者。秽土非一，秽土无数，秽土之外，有尤秽者。惟感所向，向时即断，断后自证。惟系情于地者，其魂魄入地。入地极苦，故佛氏谓之地狱。至尤秽者入他秽土，更有精灵耗尽，散而无复有者，斯极殢矣。故善修者念无不仁，念无不仁则所向之净土无杀机。既无杀机，得以长生，雍和之至，咸宁常宜。善修净土者念无不明，念无不明则所向之净土无暗晦。既无暗晦，得以长昭，光洁之至，正觉常契。【善】修净土者念无不刚，念无不刚则所向之净土无欲滑。既无欲滑，得以长健，贞固之至，金刚不坏。

人既不系念于地矣，地上有物当其心脑，如铁见磁石，直与相合。孟子云"夭寿不贰"，不期解脱之时，无寿者象也。"修身以俟之"，俟此解脱之期也。"此之谓立命"，立命者能立以待天命也。

"神合乎荡荡，虚无有极"说

吾欲合天，此天即指地外之净土言乎？则亦如古之指日月星辰为天也。夫日月星辰之非天也明矣，星有小于地者，为地之卫星，绕地而行，其气必比地尤薄，其灵必比地尤弱。若指此气薄灵弱者为天，而与之合，是不如入于地也，故星小物也。月亦地之一卫星也，故月小物也。地日之卫星也，故地小物也。五星亦日之卫星也，故五星小物也。以此推之，日亦必为他巨星之卫星，故日亦小物也。若觉必托于形而后生，则虽托于至净之土亦小物也。故庄子轻形，首言形大之鲸鹏与形小之蟭螟无异。盖属性于形，虽如日轮，犹曰么么也，而况于他乎。

佛陀之言曰："一真法界。"即众生本有心性，能直超三界诸天，诸佛皆来护法。夫三千世界，不知若干天地，日月星辰也，必欲尽超之，何其伟也，不如此不足以喻其大也。然三千世界能尽虚空之量乎？存不如沧海之一粟也。合日月五星与地比于三千世界，犹沧海之一粟也，比三千世界之于九千世界，亦沧海之一粟耳，而不仅此，虚空无外故。

微虫居一粟之中，成家成国成天下，则蚁子迁而去之矣。蚁子居一垤之中，成家成国成天下，则豚儿覆而倾之矣。何也？以恃形故。是以千万岁为春，千万岁为秋，不得谓之寿。大如须弥山王，不得谓之大。谁是无极，谁是太极，若有无极，即无太极。谁非无极，谁非太极，若无无极，即有太极。虚空之中，随定一处，以为无极，皆为无极。何也？以其来无远极也。随定一处，以为太极，皆为太极。何也？以其去无近极也。无极太极，一念即全，是一真法界，直超三界也，而实无有界。

故佛陀不以升诸天为极大，而亦不以超三界为极大。何也？诸天不全无极太极，而吾性全无极太极也。三界不全无极太极，而吾性全无极太极也。太虚空惟最大，吾觉与太虚空合，则吾为最大。有执诸千世界而来傲吾者，吾觉一动即已包之矣。有执无量恒河沙数诸千世界而来傲吾者，吾觉亦一动即已包之矣。

故天下地下，惟吾觉为至贵，惟吾觉为至大，惟吾觉为至善，惟吾觉为至明。吾觉本合于天，何必希天？吾觉本高于天，何必合天？太虚空中无点尘，而灵爽自然者即天也。吾人心中无点尘，而灵爽自然者即天也。更于何处求天？

"神觉合虚空，十妙在其中"说

天不可以象求，不可以方求，已明之矣。何以求之？曰："性。"性何以合天？曰："虚空正觉而已矣。"虚空正觉乃生十妙（见第十一图），一曰顺体自然妙。饿则欲食，是不待教，赤子落地，即知运唇舌。倦则欲眠，是不律教。犬马无识，何以顺阴阳？因而体之，与物化，而不与心稽。其灵台一而不滓，渐以习而知天则，驯致于不息。如来"因地法行"，即由此得。

天则	天行			天趣		
顺體自然妙	寂静隨境即樂妙	發性生生妙	神通無端妙	解脫自在妙	金剛不壞妙	常住永存妙	名象以外妙	惟樂無極妙
時修行		時成行		時證果		

第十一图

二曰随境即乐妙。素富贵行乎富贵，周旋中礼，自有真乐。素贫贱行乎贫贱，蔬食饮水，自有真乐。素夷狄行乎夷狄，居之不陋，自有真乐。素患难行乎患难，因亨塞利，自有真乐。天则有常，顺逆兼受。大行穷居，不加不损。如水自行，如镜恒照。渐以习而安天命，驯致于不逆。孔子"知天"、"达节"，即由此得。

三曰寂静真如妙。兀坐安步，怡豫无心。一念不生，五体俱适。充气浑浑，游于淡寞。如空中云，如山头石。如天边日，如盘内珠。渐以习而生自觉，驯致于不夺。庄子"神将来舍"，即由此得。

四曰发性生生妙。养而不用，其中有用。寂而不生，其中自生。如木在山，而感于春。如水在火，而蒸为汽。如钟中音，应击而发。如蛤中雀，媾气而飞。渐以习而凝妙觉，驯致于神化。老子"不测犹龙"，即由此得。兹为四妙，四妙既成，乃生众妙。

五曰神通无端妙。不出户知天下，不闻声感天音。识万劫之已逝，解未见之奇经。察鬼神之变化，穷天地之隐微。

六曰解脱自在妙。欲来则来，欲去则去。如空中电，如日外光。如意想幻，如不持影。惟我所思，无物为障。

七曰金刚不坏妙。入水不溺，入火不烧。兵无所加刃，咒无所投角。大浸稽天而不溺，大旱金石流土山焦而不蒸。

八曰常住永存妙。非无非有，非死非生。非形非影，非色非声。本应无者，皆已无之。本应有者，皆已有之。不生不灭，不垢不净。

九曰名象以外妙。牛不知犬之能嗅，人不知神之能感。文非世用不能识，物非世有不能举。举之徒惑，是非蜂起。夏虫语冰，以寿不及。山木语海，以见不及。习则因因，自知目得。

十曰惟乐无极妙。欲衣则锦周，欲食则饍进。欲居则宫室备，欲行则云气从。弹丸之内诸天容焉，五岳之外一掬罗焉。存幻惟然，世幻非幻。没真惟然，世真非真。

兹十妙者，谓之天则、天行、天趣，得之者性尽。夫深夜无光，梦中见物，幽室无声，梦中闻声。若非天通，安有此境？故我性中，即有一真法界。目外有目，其名非目。色外有色，其名非色。耳外有耳，其名非耳。音外有音，其名非音。舌外有舌，其名非舌。鼻外有鼻，其名非鼻。味外有味，其名非味。香外有香，其名非香。身外有身，其名非身。意外有意，其名非意。触外有触，其名非触。法外有法，其名非法。六根六尘，皆是形色。即皆是地，离弃地者，即有通天之妙。何止十妙，十妙概举也。

"光色非必，如灯镜悬壁"说

天空之广莫极，其为象也亦不仅人目之所能见。何也？以人目而论，不同于枭目，发光者稍远镜见之，不发光者稍远即不能见也。如灯与镜，悬于壁然，迫视之，见灯，见镜，见壁，见壁上诸物；稍远，则惟见灯，见镜，见壁，不见壁上诸物矣；又稍远，则惟见灯，见镜，不见壁矣；又稍远，则惟见灯，不见镜矣。是谓见一遗百，见百遗万。且光之发也，有二，一曰自发，如灯是也；一曰反射，如镜是也。至于黑暗收光之物，则不发光，惟近于发光体，或反射发光体者，尚能见之。然则，空中之非发光体，又非反射发光体者，皆不能见也。即发光体与反射发光体，极远亦不能见也。虽近，有物障之又不能见矣。虽发光，有巨光在侧，如白昼之灯，又不能见矣。故吾人之目，不能知地外之色相之数（第十二图）。且如（第十三图）因反光而见物，物本在甲处，乃视之在乙处。故吾人之目，不能知地外之色象之位。今之恃目与光而测天者陋也。

又如重镜照人，人本仅有一，镜本仅有两，而见有无数之镜与无数之人，是吾人之目因虚为实者多也，非手所扪不实者以为实。今之测天者纯求之于光镜，而不知色相之空妄者众也。吾人所能以目视者，天空之星不过五千，用望远镜窥之则有数百万之多，摄其影以显微镜观之，又达六百兆矣，加以星气之广，天河之聚，其数已不可计，何其多也！然所不见者尚不止恒

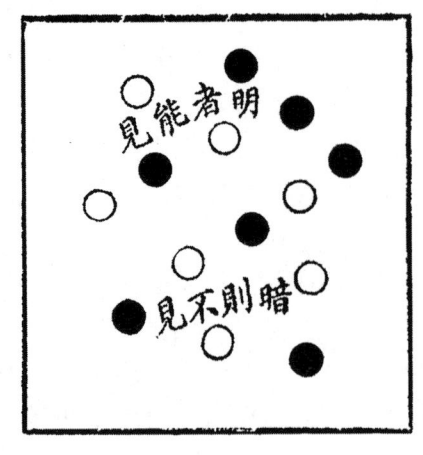

第十二图

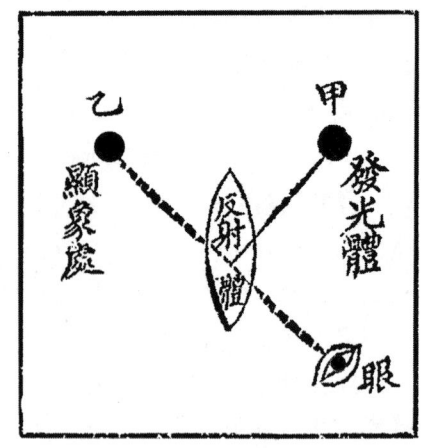

第十三图

河沙倍，虚空无外也。

夫彗星数所不见者，而亦有常轨，或十年，或百年，或千年，或万年而一见。此十年、百年、万年之中，彗星行几何程矣！虚空之大可胜穷哉？故恃目与光以测天，妄极，小极。然人之所恃者，惟目最长，次之者耳。耳之用更短，不可以闻，而况于鼻舌身乎？意固稍远，而常人之意，非属于眼耳鼻舌身，则不可以按实则。故佛氏之言，无眼耳鼻舌身意，乃可以谈天，不然则妄矣，小矣。以色求天其可得乎？以声求天其可得乎？以香求天其可得乎？以味求天其可得乎？以触求天其可得乎？以法求天其可得乎？无眼耳鼻舌身意，无色味声香触法，而天则、天行、天趣自在其中矣。佛陀之空，乃为不空，乃为天，乃为性，而人不察耳。中国甲子之作，易卦之理，皆阐自上古，其精微实知天道，何以后人不能继哉？上古之时，五声不淫，五色不美，五味不调，无宫室之壮，锦绣之华，金币之富，帝王之名，六根六尘，所染者轻，所以通也。后世逐日增华，富贵荣利，伪巧百作，而人皆属性于眼耳鼻舌声意，若与谈天，不亦难乎。此庄子所以欲"攦工倕之手"，而老子所以欲"归玉于山，藏珠于渊"也。

故佛氏三千之说，实为小举之例。而人无信者，若说九千百千万千之数，人更疑矣，不亦卑乎！不信有铁围山者，谓此铁之大，何炉鉎成？何人手锻？如微虫生卵黄中，不信有卵壳。其视卵壳，亦如人之视铁围山也，何人所锻？何炉所鉎？解之曰微虫不知人知之。则对人而解三千世界之说，亦曰人不知佛知之。庄子朝菌之喻，蟪蛄之讽，以嘲人之不智。若以常人之智比之佛老，不如朝菌、蟪蛄之比人也，何也？得一百年帝王之位，遂视为大，若谓此百年后无天地，此天地之外无世界，不亦悖乎！微蚁得一穴，微蜂得一巢，曰是天地也，其王曰是帝王也。若曰碎尔之巢，与尔以万里之山河，去尔之身，与尔以六尘之人体，蚁必大惧。人之不修天则、天行、天趣者，何以异于是？

"太浮过虚空而不迁，吾以知其全"说

此虚空中有气塞之，若无气塞之，此虚空求气否？此虚空中有地塞之，若无地塞之，此虚空中求地否？彼虚空中无气塞之，若气往塞，彼虚空中恐避否？彼虚江〔空〕中无地塞之，若地往塞，彼虚空中恐避否？气在虚空，若他物来，此气摧分，此虚空摧分否？地在虚空，若他形来，此地摧分，此虚空摧分否？两人斗于此虚空中，此虚空中伤否？万矢集于此虚空中，此虚空中中否？以扛山之力，扛此弹丸之一小虚空，此虚空移否？以包天之大，色〔塞〕此无外之一大虚空，此虚空满否？火，吾能焚之使燃，泼之使灭。金，吾能销之使化，鉎之使凝。水，吾能注之使住，决之使流。木，吾能种之使生，锯之使断。土，吾能掘之使开，搏〔抟〕之使合。风，吾能吹之使动，阻之使止。至于太虚，吾不能如之何也。故吾属性于金木火土风，不如属性于虚空之为固也。日有时而碎，月有时而裂，地有时而坏，星有时而陨，固吾属性于日地月星，不如属性于太空之为永也。或曰属性于虚空非死灭乎？则曰："是无余究竟涅槃，非死灭也。"形为阴，觉为阳，若死安有阳气？形为坤，觉为乾，若死安有乾卦？有有形无觉之金石，即有无形有觉之神佛，此常理也。金石凝阴犹可久也，纯觉凝阳无化时矣。故佛欲入无余究竟涅槃，而附觉于虚空也，虚空之觉乃天觉也。

"大者吸，小者附，旋欲离附，断者去"说

今日月五星与地与诸星之所以存者，以离〔远〕心力、近心力之相等也。所谓近心力者，即日有吸力，欲吸地而使之附于日也。所谓远心力者，地亦有力，恒欲离日而远飞去也（第十四图）。

如近心力强，则地必坠于日上，如陨石然。如远心力强，则地必离日而飞去，不知其极。因二力相等，无或强弱，故地亦不入日，亦不飞去，而于此二力之合力中飞行，以成轨道。五星之绕日，月之绕地，皆此理也。以此

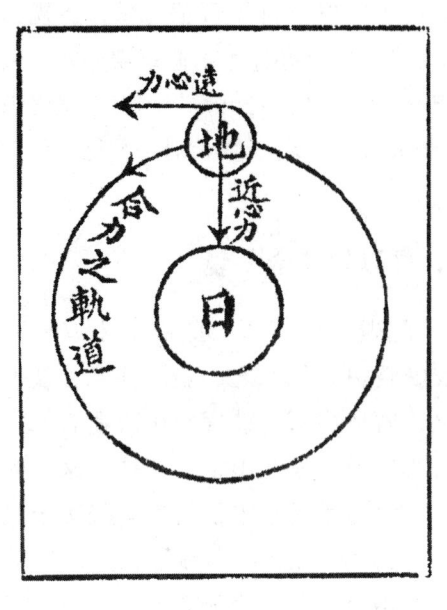

第十四图

推之，有形者与有形者相吸，是《易》所谓"本于地者亲下"也；有觉者与有觉者相吸，是《易》所谓"本乎天者亲上"也。且大者吸，小者附，吾觉若放乎天地之外，合乎太虚之全，则诸天皆小于吾觉也，故诸天王不如佛。天即神，在太虚中，故吾念念不离太虚，则天神自来吸我而与之合，不更有所修持也。庄子曰："宇泰定者，反乎天功。"宇泰定，即太虚也。又曰："堕尔形气，吐尔聪明，神将来舍。"堕形气者，无眼耳鼻舌身也。吐聪明者，无意也。此言即六尘六根清净自与天合，而化为神之意。惜今人不察耳。

且《金刚经》全部，纯言断也，断物，断意，断法，断尽则证无上正等正觉，更无工夫，直超三界。以理推之，如日地相吸之力，从中断之，地自飞去，其气不相感也。然飞去而犹有法相，则如地不与日吸，而与他巨星吸，虽离日以向他巨星，又入他巨星吸力中，而绕他巨星以转矣。在法相中，即超出此秽土，仍入他如我法相之净土，不能直超三界也。气以感而相吸，我不有色相六根，则凡有色相六根之物皆不吸我，此之谓一断一证，金刚不坏。金刚不坏，非言其坚，言其一切能断也。无坚不坏，断尽虚空，谁能坏之？如是之义，乃是阿若多罗三藐三菩提，乃是无余究竟涅槃。

夫地与五星之绕日，月之绕地，皆轮回也。吾身血气之轮回，亦轮回也。草木吸水而呼气，亦轮回也。故佛陀轮回之说，至真且确。惟轮回虽断，断者如日月五星与地之不相吸，而超出此轮回以外也。呜呼，此轮回苦极矣，虽为帝王主天下，不如蜂蚁之裕然，不亦悲乎！

"骨坚神坚，虚空不坏"说

夫人形觉之间，至坚者如齿之尖，不与物化，历千万岁而不坏，此未足为至坚也。若吾神养而全之，虽无量寿亦不能坏。何也？在虚空中，与虚空合。与虚空合，何以得坏？故庄子不重大椿之寿，而重藐姑射之神。神之寿不可计也，何以知之？一太虚空无二无间，一神无二无间。人能分金木水火土为多分，能分太虚为多分否？气能分日月五星与地为多分，能分太虚为多分否？故佛之空乃为不空，而众人之不空乃为空也。老子曰："金玉满堂，莫之能守。""惟谷神不死。"谷神虚空中之神也，纯觉也，主宰万物，是为真天。真天太虚之神，惟一无二，而永不能坏者也，故曰不死。儒曰："悠久无疆，不见而彰。"不见虚谷也，彰神存也，悠久无疆不死也。此孔老与佛同以神入虚空为无量寿也，伟矣！

"续知为长生，清续反续，其灵云天"说

人何尝死？又何尝生？人之迷也。设如吾脚已腐，更作一脚，尤为跻健，能飞行空中，亦喜乎？亦恶乎？设如吾手已腐，更作一手，尤为巧妙，能自工各技，亦喜乎？亦恶乎？吾身将衰，而有能易之以健身者，吾有不愿者乎？吾亲将老，而有能易之以壮体者，吾有不乐者乎？妻不美能易其头者谢之，子不智能易其脑者感之，是我之所重以生者，在觉不在形。如是观察，渐离四大，渐离六尘，渐离生死。是诸无明，悉已断尽。

故续知之为生，譬如吾人夜一入寝，即是一死。如明晨醒后，即不记今日之事，不复识其父母、兄弟、妻子，即此一寝亦为真死。当寝之时，必聚眷而哭。惟既寝之后，仍记寝前之事，仍识其父母、兄弟、妻子，故不得谓寝为死。然则，吾人若于来生仍记今生，若于今生更记曩生，历劫不忘，则谓为不死可也。故宿命通者乃为不死，其视身也亦如宅第，一宅第若坏，更迁一宅第，一身体若坏，更迁一身体，惟此觉续续不已，即为不死。然则，死者忘也，忘者亡心也，亡心觉不续也，以此益知圆觉妙觉之为不死也。何也？其记忆之力不忘也。何以知之？强觉者不忘。吾常畜二蟋蟀，同笼一日，相视熟，弱者不与强者斗。隔笼养之，经一夜，则又斗。是知蟋蟀之记忆极弱，不能续觉，一寝之后，即如已死。畜二鸡，同圈则斗。相视熟，弱者不与强者斗。隔圈养之，经十日，则又斗。是知鸡之觉稍强，能续觉数日。数寝之后，即如已死。人能记数十年之事者，觉强故也。夫有生必有死，有去必有来，如一寝一兴也。不能续觉知前世因，亦是蟋蟀与鸡之善忘也。而以宿命通为妄，不能测佛，亦如蟋蟀与鸡之不能测人，而以数日续觉为妄也，不亦悖乎。

且人于梦中，修行不精者，一生之事，不能了了胸中，及醒则又记之。

人于生前，历劫之事，不能了了胸中，及死则又记之，亦犹修行不精之故也。是以圆觉、妙觉、无上正等正觉，能续永觉，于梦中其觉如醒时，于生前其觉如死后，真修者自知之，不足为下士道也。

清明在躬，则能续觉，谓之清续。反本归真，则能续觉，谓之反续。如是修养，是无死地，乃有天则、天行、天趣，是乃得天寿。得续寿者，天觉也。

"即我即天，乃是常会"说

如上所辩，方知天不在上，亦不在下，亦不在右，亦不在左，亦不在日月五星及诸星。虚空无高下、无大小、无四方之名，然而孔老耶佛同口称天，中外圣哲莫不信之。何也？地上东极之上西极之下也，南极之上北极之下也，西极之上东极之下也，北极之上南极之下也。谓上为天妄也。不如孔曰："天命之谓性。"耶稣曰："在人心中。"何也？天纯觉而无形，心觉之端也。天爱觉不爱形，物以觉强为贵。吾爱觉，即为合天，至简至易。故《易经》以乾为天，而归于"成性存存"。佛谓一真法性直超三界者乃真天也。天者无体无方，故《易》见天心，乃曰："神无方，易无体。"复见天心，一阳本性，得守根木，镇定五阴。故即人即天，即我即天，不于外求，乃见其端。

"浩浩忽忽，是有真宰，象帝之先，同之者泰"说

夫五阴之夺我天也，入之深，迷复凶，而不能守，无只悔元吉之善焉。故老子曰："恍兮惚兮，道在其中。"曰："谁之子，象帝之先。"盖天不可为，一为助长矣。蚕不学织而巧于织女，蜂不学酿而巧于糖匠。故孔子曰："无思也，无为也，寂然不动，感而遂通天。"人能一念不生，生则顺行，通天之速不可言喻。吾所亲历，亦众人一反求即得者也。呜呼，六尘之挠天害觉甚矣，可不惧哉！可不惧哉！故佛陀曰："如镜照物，如器中锽，如禾在田。"此孟子勿助勿忘之本体也，更于何处求天？更于何处求道？菩提本无树，明镜亦非台，本来无一物，何处着尘埃？尽之矣！尽之矣！

"天行健，感则通，恒荒与从"说

中国之古说曰天动地静，今西人反之曰地动，实天动也。天常理也，地

惟形也，惟形而能动乎？如以手投石，非石动也，乃手动也，亦非手动，乃心动也，亦非心动，乃觉动也。形不能动，动者惟觉，觉之动，神妙不可以言喻。故《中庸》谓："诚能合天。"而耶稣本之以日事祈祷也。吾人既寝，觉虽不动，而血脉自流何也？仍以觉在密中故也。若死尸无觉，则不能合天矣。是以吾思先发，而不违于理，即先天而天弗违也。吾思后发而应感以动，是后天而顺天时也，非盛德何足以语于此？然耶稣之用诚，又不如老子之用虚也。何也？诚犹在天之中，虚则被天之外也。

"养大者为圣功"说

吾察吾身，何者极大？若曰身大、手大、足大，则皆非大。何也？身与手足不过五尺，何大之有？必求稍大，其惟口乎？口能发音，扬于百丈，故养口之小体，可以及百丈。又进之，其惟耳乎？雷鸣百里，耳能闻之，故养耳之小体，可以及百里。又进之，其惟目乎？能照日月，故养目之小体，可以贯日月，但不能曲视，隔视，亦其短焉。然皆不如觉也，觉之运贯金入水，包天被地，乃可谓之大也。何也？断尽六尘，则觉强。如菊生七苗，断其六，则中干苗。薯结七根，断其六，则一铃巨。精以聚而强，散而薄也。故《阴符》曰："瞽者善听，聋者善视。"然则，断短留长，其长者极长。断小留大，其大者极大。故断尽六根，则觉强，以至于无上正等正觉，虚空不坏也。孟子曰："养其大者为大人，养其小者为小人。"惟天惟大，惟觉过之，愿人之知所养也。

四　地道通

序①

圣功能范围天地，而众人不信也。若以理稽之，天地之功在圣功之下也。何也？天生之而不齐，惟圣人齐之。地生之而不育，惟圣人育之。故圣人者，补天地之缺者也。黄河无定，荡我土宇。大母不仁，刍狗万物。细求其故，而辅其失。吾民乃中和而永殖。故予考地文之学，折以宗教、哲学之理，而推阐之。

---

① 《序》之前有著者以"六蓘将军"名义手书题签："地道。六蓘将军题，潜庐（印）。"

地道通

观蚁垤,知地薄,囊括不谷。比于诸地,多有不足。因盆养菊,民生敦笃。材力不可渎,杀机生于独。反天者夺,修世之福。小哉藐矣,涣哉喜矣。暂其迁乎,久其坏乎。故圣人绝之,前绝后不绝。整其秩者,为之建极,是乃遗泽。曰和,曰通,曰奠,曰辟,是四者皆垢,如魇苗秀。法律精详,裁制严克,而德感应翕。尽其祸,发其密,全其性,待其毕。令无一民或殂,虽非远谟,急所当急。

"观蚁垤,知地薄,囊括不谷"说

佛陀云此地秽土也,耶稣云此地为罪人所居,信也。观于蚁垤蜂巢而知之矣。蚁之生也,受地之气足,笃于伦,勤于事,天地乃为之特别伦纪焉,巨者官,小者役,又为之生一君焉,此君之大迥异恒蚁,智亦过之,纲维万几,故蚁之国中终无叛乱残杀之事。蚁无邪心,故其性全而灵着,知雨之将至有水溢之祸,则迁于高燥,雨过而后复之,故众蚁得各尽其性,保合太和。蜂之生也,受地气足,笃于伦,勤于事,天地乃为之特别伦纪焉,职者职,育者育,又为之生一君焉,此君之大迥异恒蜂,智亦过之,纲维万几,故蜂之国中终无叛乱残杀之事。蜂无邪心,故其性全而灵着,知风之将至有飘摇之祸,则迁于邃密,风过而后复之,故众蜂得各尽其性,保合太和。鹿之有麇,鸟之有凤,亦犹是也。《经》曰:"天生烝民,作之君,作之师。"信斯言也,则应待民如蜂蚁,自然生君,不以力取,不以诈夺,不以法撰,不以议定。而不然也,自尧舜以君兼师,天德天位集于一人,飞龙在天,首出庶物,以致百姓昭明,万邦协和,鸟兽鱼鳖,莫不咸若。休矣!大禹尚克绍之,禹死而启以下之王者,有天位无天德矣,是地不为民作之君,作之师矣。至于伊尹,至于周公,虽不为王,尚得摄政。至于孔子,至于老子,终身一齐民耳,然犹曰作之师,不作之君也。至于孟子,至于墨子,道渐以降,陵迟至于今,圣人之真,无或继矣,民之祸深矣。异邦如佛陀、耶稣、回回亦不代出,悲乎!

人体之充也,断爪则爪长,剪发则发生。及其衰也,头秃不继发,指枯不继爪。木气之足也,折条则生肄,斧干则发枝。及其衰也,条断不继肄,干枯不继枝。天地气之宜也,死圣则生圣,亡佛则生佛。及其衰也,圣死而不生,佛亡而不存。此地之薄,真如佛陀所云:"常人证一,斯陀洹果,则地将震。"老子云"圣人不死，大盗不止"也。因其气不足以养多圣人也。

地气足于蜂蚁，而不足于人，是知其足于小，而不足于大也。如栽一蒜于盆中，畅茂繁植，花实皆荣，其地气足以养之也。栽一柟于盆中，则枝枯叶落，不寿而死，其地气不足以养之也。此足于小不足于大之明征也。故足于鸠则不足于雕，能使鸠仁不能使雕仁也。足于鹡则不足于爵，能使鹡安不能使爵安也。足于龟则不足于鳄，能使龟廉不能使鳄廉也。足于猿则不足于豕，能使猿智不能使豕智也。虎豹豺狼之戾，蝮虺蛇蝎之毒，狐狸鸨獭之秽，猿兽鸺鹠之逆，感于悖气，干于天和，并生并育，而不稍择，故有盗跖之寿，冉颜之夭，商辛生于皇室，而庄周困于涸辙。必谓天地无主，何以于蜂蚁之支配得宜也？是知其足于微不足于巨，足于寡不足于多，足于偏不足于普，足于愚不足于智。是秽土也，是非净土也明矣。

故今之人即能囊括四海，并吞八荒，鞭笠天下，臣奴苍生，自得道者视之，存不如蝇蚋附犬菌，自净土观秽土然也。然而争之者众也，不亦悲乎！其智觉短耳。而况有欲多宅于此地者焉，有欲多田于此地者焉，有欲留誉于此地者焉，有欲积金于此地者焉，则其鄙不可言矣。

"比于诸地，多有不足"说

今人以形测星，不信他星之精灵厚于此地也，如蚁穴之不知人，亦如人之不知蚁穴也。近不解缚［惑］，如谓夜本无光，必不能见，不知枭之有目也；如谓金本无味，必不能嗅，不知犬之有鼻也。远不信圣，如谓我学已足，不知神之有识也；我力已富，不知狮之有勇也。

即以科学考之，此地为日系中八大行星之一，其距日也，较金、水二星为远，人何不即此而思，如愈近日者气愈灵，则此地之灵不及金、水二星也。较土、木、天王、海王四星为近，人何不即此而思，如愈远日者气愈灵，则此地之灵不及土、木、天王、海王四星之灵也。其为光也，不如水、火二星，人何不即此而思，如愈明者愈灵，是此地之灵不及水、火二星也。其为大也，不及土、木、天王、海王诸星，人何不即此而思，如愈大者愈灵，则此地之灵不及土、木、天王、海王诸星也。其纪年也，短于土、木、天王、海王四星，人何不即此而思，如年愈永者气愈灵，则此地之灵不及土、木、天王、海王四星也。此其举万不及一，而已有若此之明征，若深考之，不可思议矣，无量数矣。

况此地本为日系之一小行星，其灵之不如日也明矣。谓日中必不能生者，是不知有入水不溺、入火不蒸之人也，犹谓海中必不能生也。不思日中之体，何以日焚而不化，不如地上之薪木与金石也。然而，日之于空中亦小者也，假令以蝇头之字记诸日之名，一日一字，则其书可以塞满于八星日月之间，犹不能得万亿之一。何也？虚空无量故。

且即地上之灵考之，南部印度、南美及南非雨量过多，不适于生。戈壁沙漠雨量过少，不适于生。南北两极均有冰洋、冰岭，不适于生。各部高原风大，不适于生。黄河水潦时作，不适于生。热带炎威过甚，不适于生。全境雹淋不常，不适于生。大山巇巃硗确不材，不适于生。两印六诏瘴疠侵害，不适于生。除此不适于生以外，其生民也无几，而况于生圣人乎？此皆由节候之不和，五行之不备，二气之不调，五贼之不退，天地之感戾焉而不禽也。

此天地之非乐天、非乐地也明矣。《诗》曰："逝将去汝，适谁乐土。"盖厌之也。佛陀有光明世界、黑暗地狱之别，是此地为黑暗地狱而日与他星为光明世界之类也。此地中惟水极明，然白日视之百里不见水，暗夜视之十里不见水。若山则百里蒙眬，十里仿佛，暗夜之间，举手不见。发光之物，如镭，如珠，皆为至宝，不得多见，且一见日则夺其彩，而此地之所以明者假日月之光也。又深论之，镜虽无光，光入其中，其彩炯炯，此地虽无光，而能如镜，则亦可以远及也。而不然，光入此地，如射墨屏，存不反曜，黑暗如此，岂不谓之地狱哉。宜乎？大佛之不居，而耶稣以为罪人之所也。吾民入此，厉气周作，胀脉肆贲，亦有由也。污泥之内，螈蟜居之，安得不毒？败絮之中，蟹虱居之，安得不螫？得于地气者然也。而数千年孔佛不一至，数万里兵戈不岁息，自圣人视之，螈蟜之斗于污泥，蟹虱之夸于败絮也。

尤可鄙者，今之学者，执形而下而失形而上，重惟物之论，以张民欲。夫形而下者，事事注想于地也。事事注想于地，亦犹事事注想于污泥败絮也，螈蟜蟹虱也。非人也，非天也。

"因盆养菊，民生敦笃"说

然地之秽薄如此，故圣人之于地，有辅相裁成之义焉。吾人既不能取空中一块土以盖硗确，又不能摘星上一团光以照暗昧，既不能去黄河一湾水以除漂没，又不能化泰山一堆石以益膏腴，则愈以知圣人得主宰天地而参赞化育矣。何也？譬如场师，划定一圃，则一圃之主宰参赞在场师，不在一圃矣。譬如花工，与以一盆，则一盆之主宰参赞在花工，不在一盆矣。圣人居于一天地中，则一天地之主宰参赞在圣人，不在一天地矣。比地如盆然，非小之也，盆有限，地亦有限，其为量同也。树百菊不生，乃树十菊，又不生，乃树一菊，生矣。任其发，枝多不花，乃折其傍枝，留其二三苞，多花又不硕，乃摘其小苞，留其四五，花矣，且硕。比地如圃然，非小之也，圃有限，地亦有限，其量同也。树万树不生，乃树千树，又不生，乃树百树，生矣。任其发，条多不达，乃伐其傍条，留其二三，枝重树又不大，乃斧其小枝，留其四五，达且大矣。盖地气有限，而人取其气以养物，不能不因其限也。人参生于荒山，其傍丈余不草，取地之精尽矣。豫樟生于原野，其傍寻余不草，取地之精尽矣。今若令后来众生不苦，不迷，不凶，不夭，皆仁，皆智，皆圣，皆佛，则莫如以场师、花工养人，薆豫樟之法养之，使之常足于天地之气，故择种与节生二法，不得不行。择种之法，加拔棘荆而树梧槚，西哲已倡之，而法不可不深考。节生之法，如量盆种菊，以足为宜。是二法者，古训有之。《书》曰："古之五刑，绝地天通。"五刑者有宫有辟，皆使莠民不生，而又少生，以俾地气不歇，常与天合也。辟以止辟，刑期无刑，实由此义，犹农夫之芟锄草茆也。然而酷矣，孔子曰："善人为邦百年，亦可以胜残去杀矣。"盖教之以节生也。佛佗教人出家不娶，实本斯旨。人鲜娶者，其生必少也。

惟节生之制，必于大同之后而后行之。若未大同，此国行之而彼国不行，国且亡辱，何以救民？若穆罕默德驱民以战乱国，一时虽不仁，其见亦伟矣。圣人能视地如一圃一盆，任其处置，故其功在天地之上。致中和，天地位焉，万物育焉。不惟自致其中和，又使民咸尽其中和，而裁制天地之不中不和，所以贤于天地也。

"材力不可浃，杀机生于独，反天者夺，修世之福"说

夫地道，反天者也。佛佗谓此地下为修罗界，好与天战。若然，则修罗界与天尤隔，故其战尤烈。若此地在其间，不过其战稍杀耳，实则与天战之例彰彰也。天爱觉，地爱形，爱觉因其本乎天而亲上也，爱形因其本乎地而亲下也，各有亲亲之私焉，故恒战。

何也？天授觉，地授形。今天与以觉强者，地反与之以形弱。天与以觉弱者，地反与之以形强。人猿聪明，不敌兕象蠢蠢之力。天以养人者，地反不生。天以害人者，地反多生。如荆莽不锄，三年满野。五谷不树，来岁不

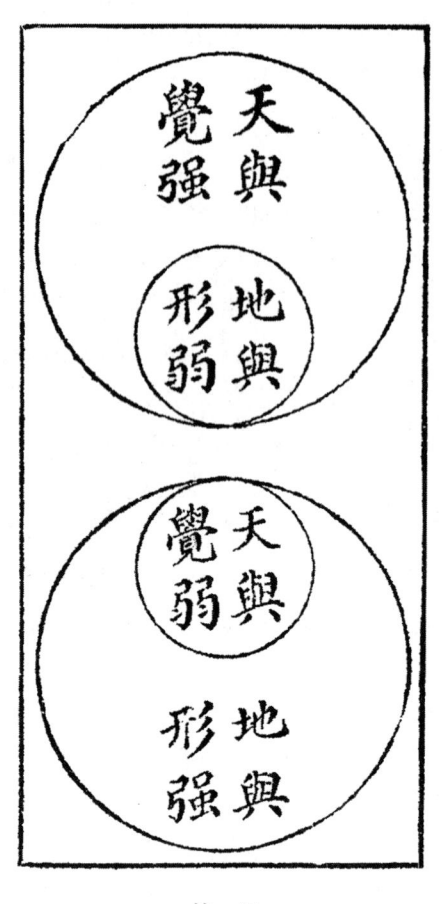

第一图

收。粟草并生，粟死草苗。人虎同居，人伤虎肥。设无天生之觉以伏地之形，天生之道以制地之器，天生之仁以屈地之力，则地之所厚皆足以杀天之所厚，地之所薄皆足以资天之所薄，此天地相战之例也。

天地之交，人之心也。天生之人，上思则入天，下思则入地。地则生庶物以蛊惑之，令其念念入地。天又生神智以催之，终使有道者胜，以惩其心。战争不已，民残其间。圣人助天，多度灵魂使之上升，而己亦上升。凶人助地，多杀尸骸使之下埋，而己亦下埋。事故明然，而其义亦古有之。老子曰："天地不仁，以万物为刍狗。"言其相战而杀万物也。《易》曰："天地不交，否。"天本在上，地本在下，何以天上地下反为否哉？各亲其亲以相乱也。又曰："龙战于野，其血玄黄。"孔子曰："阴疑于阳必战，为其嫌于无阳也。"注曰："为其嫌于非阳而战。"又疏曰："阴极自强，则与阳战。"则天地相战之义，已倡自文王、周公、孔子矣。其象明也，修罗争阴，天争阳，而地为之交，是修罗之灵与天之灵日斗于地，不以孔佛之道伏之，祸未已也。

且考地轨绕日而行之说，征众小物，皆知物之系于一距而永不迁者，必有二相反之力，各争相牵焉，乃自吸而圆结为块，不附彼亦不附此。如（第二图）一水珠系于管端，因以圆结，此由于管与地之两吸力适相等，故管头之水不入管亦不垂于地。故穆罕默德用两磁石悬棺于空以示灵异，实此术也。

地一大磁石也。而北极为磁极，磁石同极相斥，异极相引，则地之所以与日相近也。必其南北二极皆各相吸，故地不离日。然如地全与日相吸，则必堕于日中。全与日相反，则必离飞日外。两力相等，如人以手绳系轮之南

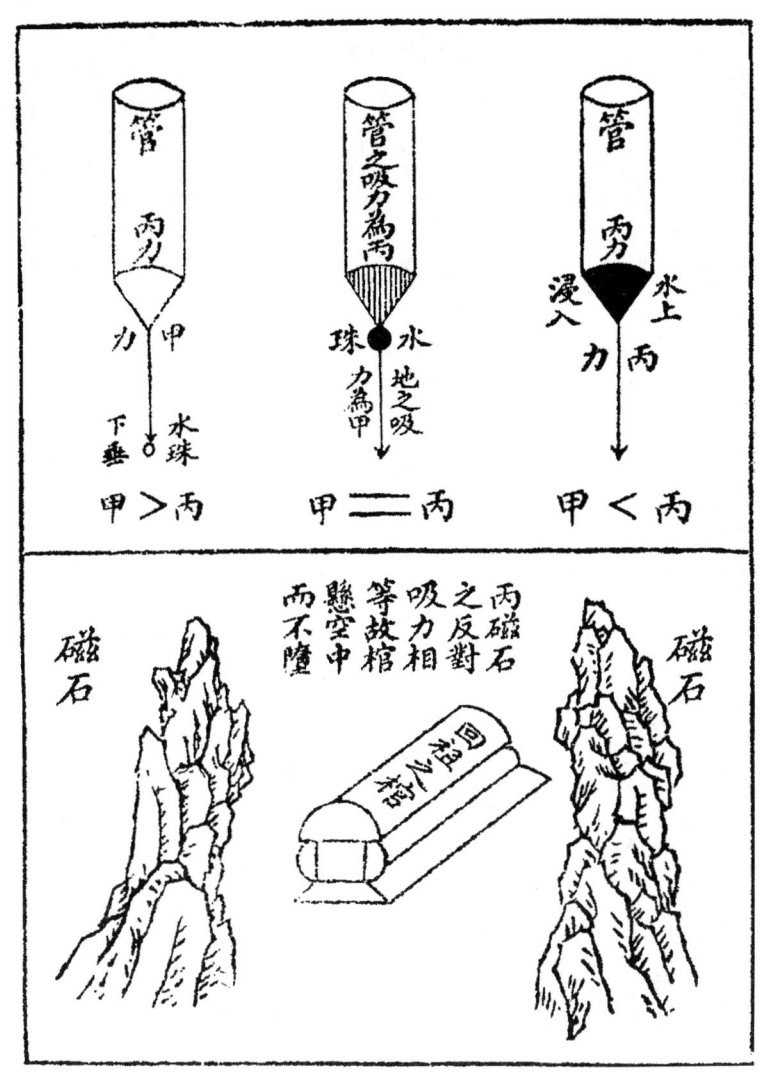

第二图

北轴，而以力转其东西辐，故地与日且斥且吸，而与天且斥且吸，以人为之斗枢焉。

　　然后知古者燮理阴阳，致中和，天地位焉之义为不爽也。夫阴阳何由而燮理？天地何由而位？以人心为天地之斗枢，而均平之，则阴阳自得以燮理，而天地皆得其位也。考泰卦☷☰，地上而天下，非举天以加于地之下也。天不自上而下交于地，地不自下而上交于天也。故其大象曰："天地交，

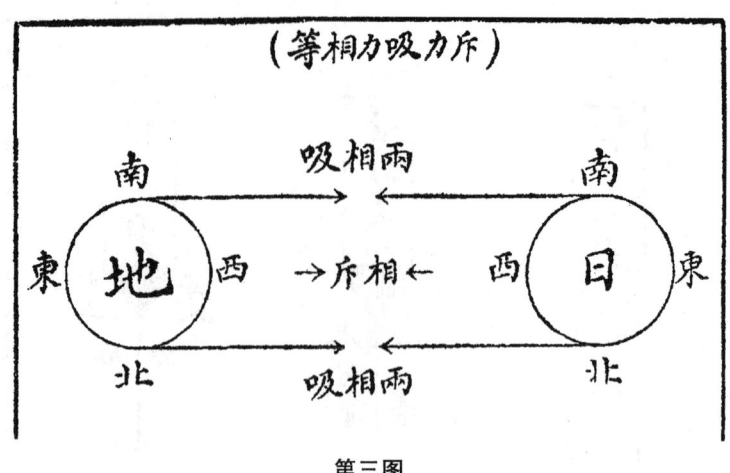

第三图

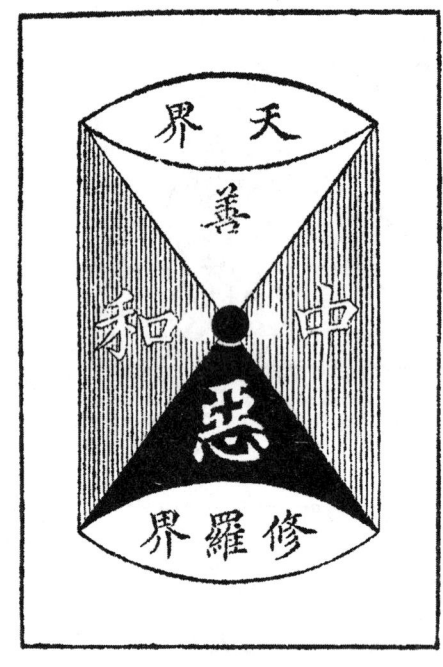

第四图

泰；后以财成天地（注：财通"裁"）【之道】，辅相天地之宜，以左右民。"天地尚当裁成而位之燮理之，其说精矣，非圣人其孰能之！

以上所述天地之斗，大都然也。然秽外有秽，净外有净，阴阳相争，非超三界合太虚者不能离也。

今人不能知天地之战也，以为《周易》与佛陀皆妄。然则，《阴符》"地发杀机"、"人发杀机"、"天发杀机"之说，亦妄乎？吾特为之举例，甚易明也。

一曰地发杀机。形强者胜觉，天莫如何，及其至也，亲上者胜。夫附地之物，仍有知觉，人不察耳。考之西人所著尼古丁，以麻醉试植物，针之必发颠狂。又捕蝇草之求食，玉粟能自伸其根丈余，以向肥腴而吸取之，是草木皆有知觉之明征也。又考西人普齐博士发明金属疲劳，亦有休息之证。以白金制为寒暑表，遇亿分一温度下之微光，亦呈反应。其敏感之性，动物莫及。磁石好淫，喜交合，是金石

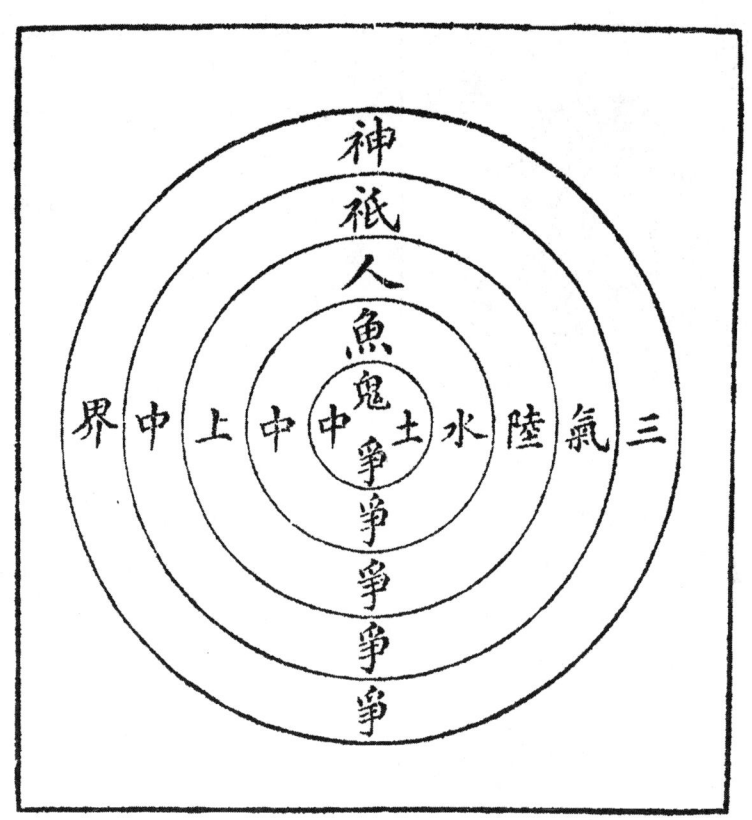

第五图

皆有知觉之明征也。呜呼，坚如金石，顽如草木，皆有知觉，其受锻炼斧斤之刑，求死不得，虽大发呼号之声，人亦不恤。设以吾人之魂附于铁上，何以堪之？此地狱之明验也，尚何待辩？贪金钱者，日与金感，其危极矣。其斗也，金遇石，石坏。石遇土，土破。土遇水，水避。水遇风，风让。五行相克，非战而何？惟形坚者为强，天莫可如何也！其反斗也，水流于下，土石崩坏。火生于中，山岳摧颓。其复仇也，子必复父之仇。

第六图

故金克木,木必生火以克之。火克金,金必生水以克之。水克火,火必生土以克之。土克水,水必生木以克之。木克土,土必生金以克之。是父子兄弟相杀终无已也,祸烈矣!人与禽兽又因之以斩杀草木,沟割土地。火精之珠,水晶之石,太阿之剑,干将之宝,入人手者亲上以贵。地恶人之夺其灵也,凡生人生禽兽之物,皆以乔木荆莽杀之,故菽粟芝兰不树艺,皆死于乔木荆莽之下。于是,智草智木,知力不敌,乃与人亲,而求

第七图

其援。以花悦人,以实食人,彼之智巧,昧者焉知?于是,人则杀恶木荆莽以生之,此固亲上者胜也。是为形觉初战之第一级。

二曰物发杀机。形强者胜觉,天莫如何,及其至也,亲上者胜。此物以二级分,一曰水中,二曰陆上。水中附地深,天力不及,其相杀之惨,莫可言状。而又皆有运动之知觉,不如金石水土之不知去避悲哀也。巨鱼逐小鱼,小鱼逐虾虫,蟹恃其螯,鳄恃其齿,穷日战争,以杀为事,可不伤耶?奈之何也!乃天有妙趣存其中焉。畀以自卫之能,螺蚌厚其壳,龟厚其甲。地又妒之,生星鱼,齿强能

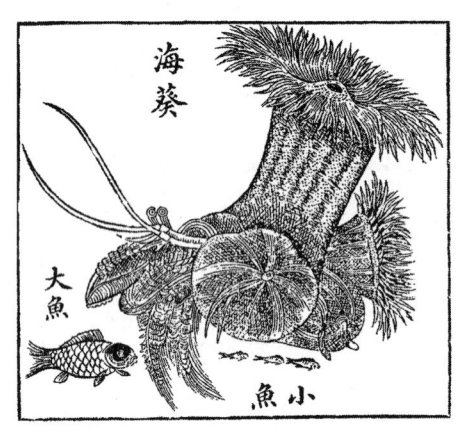

第八图

碎石故也。天又怜小鱼,生海葵。海葵以仁诛暴,终日不动不视。小鱼为大鱼所逐,迫甚,则奔入海葵腹中。大鱼至,海葵疾以毒须刺而食之。此小鱼与海葵若有谋者,智仁之胜捷也。何图长鲸之忽来也,鱼虎又袭长鲸而杀之。水中战场,弱者谁愬?惟形强者为强,天远不能生圣哲于其中,此水狱也。乃鲨鱼化鹿而逃,蛤化黄雀而飞。是为绝水解脱,人之绝地亦当如此。至陆上之物,与水中战,水中之物,莫可如何。鹰獭食鱼,人则网海,此又亲上者胜也。是为形觉交战之第二级。

及陆上而祸乃烈矣！羊兔何罪？鸠雉何辜？杀机之重，虎雕谁治？天乃曰此地上也，地形疏矣。而在气中，于是生犬，生猿，生玃，生金版狙，生野人，生人。人受天之觉强，直起而立，以心脑与天通，将离地。人不能御狮象虎狼，天为之生手，手初能援木以避狮象虎狼。人之初生赤子，方十四日者，能以手垂横木上悬至二十分钟。此昔秉援木性之明征也，及长则失之矣。手又能制兵器，以敌虎狼狮象，而心脑之觉日资之，形下是以大败，此又亲上者胜也。是为形觉交战之第三级。

三曰人发杀机。形强者胜觉，天莫如何，及其至也，亲上者胜，至于人而祸又大矣。地知人之将以全灵升天也，地下修罗为祟，与人以六尘五阴，又生色声香味以诱之，富贵利禄以惑之，镠铁以资之，种色以疑之，而大战场作矣。欧洲数千年，能得几日之安？中国数千年，能得几日之安？今又日讲其形而下之器，以敌形而上之道，如强鱼恶兽之恃爪牙。而天之接人近，可以助之矣。考诸历史，天赞善人，常使仁者胜暴者败。人又愚昧不知自全，天曰自金石水土草木禽兽历诸劫而后得人，又自迷悟不觉，奈何？于是顾命，命孔老佛耶回间代而作，其来一次，度脱众生无量。又为之遗法以教后世，其不率教者，乃自入土，仍与地上诸物，经以上诸级之战争。明明地狱，尚说无耶？二次大圣亦及时来度，其自觉者不待圣来。孟子曰："仁胜不仁，犹水胜火。"本夫天者，终克且寿。地或偶一胜，如草反捕蝇，虎反食人。故有孔子之厄，耶稣之刑。然是二圣，升天高矣，此又亲上者胜也。是为形觉历战之第末级。

至于地祇天神之因法象偶有所争，不过如朱子、陆子白鹿鹅湖之羝触耳。然有胜心犹杀机也，入太虚空乃为太上。飞潜动植，五行六尘，日事争斗，无一时休静。思一息之中，飞蝉在蛛网，鸿雁入雕爪，鼠群大哄，蚁阵方排，哀悲惨泣，惊怖苦痛，不知凡几千万亿恒河沙数矣！即地即大战场，即地即狱，形觉之互杀，天地之战烈矣！

夫居于坚形之中者，天最无主宰。而形有三界，一曰土界。土形质最坚，斗于土中者，天最无主宰，惟形坚者胜。二曰水界。水形质稍疏，斗于水中者，天亦无主宰，惟形坚胜。三曰气界。形质极疏，斗于陆上者，天渐有主宰，离合放纵，妙使道胜。今若使地上生民一日感天，齐修大道，众皆成佛。如蛤化雀而超水界，又如木入气而超土界，未为不可。若时节未至，迷者仍多，必待度于后日。苦矣！悲乎！如蟹恋絮，如蚋恋茵。说者曰宗教之大，能度尽生民，亦能度尽土中、水中否？曰佛入地狱，将令尽人无余究竟涅槃而灭度之。其妙不可言，通神者知之。是为世界无上大福德。

即未通神，进征诸实。道心方起，人心忽生，一升于天，一入于地，是天地战也。道心能胜，是赞天也。明法方张，奸宄又作，一升于天，一入于地，是天地战也。法律能胜，是赞天也。善人始出，恶人亦兴，一升于天，一入于地，是天地战也。善人卒昌，是赞天也。哲言既昭，邪说又起，一升于天，一入于地，是天地战也。哲言永孚，是赞天也。人伦大明，奸位乃作，一升于天，一入于地，是天地战也。人伦孔秩，是赞天也。礼乐肇修，干戈且扬，一升于天，一入于地，是天地战也。礼乐终垂，是赞天也。地下阿修罗之恶气时时欲杀，天上大慈圆觉之善性时时欲生，杀杀不已使形归地，生生不已使觉归天，化至于人，天将决胜，人若不圣，自绝于天。故吾愿人人神佛也。人人神佛，自道心战胜起，即耶稣所谓私欲与灵魂战也。

"小哉藐矣"说

吾视此地，如巨象之视一尘。何也？比于日如目然，目如日然。夫日与目，有光有色者也，既有光有色，尚在六根六尘之内者也，在六根六尘之内即为不大。故吾并日而绝之，以入于虚空，视日如目，视日如地，如弃渣滓，不择巨细，孰能以大夸我哉？

又曰卑之无甚高论，令众可则法也，乃有喻焉。陶朱猗顿，不拾敝履于途。帝王公侯，不盱一命之爵。况以天王、海王、土星、木星视地，而地已小。吾将并天王、海王、土星、木星而弃之如弃渣滓，以成法身。其身实大，此地何以容之？曰入一芥子亦容之矣，曰然则小矣；曰虽太虚空不能容矣，曰何其大也。曰其身实大，实不大。其名为大，实不大。实大，是名为不大，于意云何？实无有大不大故。是诸众生胶于色相法相，大小相，皆无有说。我将令入无余究竟涅槃而灭度之，一切平等，云何为大？

"涣哉喜矣"说

佛云皆大欢喜，何以得之？以无有相故。试观众生受诸苦恼，何一不因着相而生？有大官者罢之则哀，有多积者夺之则苦，有远志者阻之则悲，有其躬者戮之则泣。以其有故，是生有苦，若我皆无，斯一切苦又何由近我哉？是谓无相之乐，无相之喜。无相之乐，其乐莫夺。无相之喜，其喜莫止。一切众生，皆大欢喜。不入此秽土战场，是以皆大欢喜。故我佛之大，将碎此世界为微尘。《易》曰："涣有丘，匪夷所思。"涣，散也。散，解脱也。解脱一切色声香味触法也。匪夷所思，圣而不可知之之谓神也，言解脱一切色声香味触法即能成佛也。此儒佛之意同也！绝地绝地，乃大欢喜。如此之说，度尽众生。众生皆喜，我亦大喜。此喜不如世上一日一夜，一岁一纪，乃至无量寿。

"暂其迁乎，久其坏乎"说

本地文之说，彗星有极大者，其轨道亦暂变迁，若一日近于地而吸之，地之轨道必变也明矣！且陨石常入于地，此陨石者不于一年二年千百年前而陨，而有一日之陨，是其轨道不于一年二年千百年前而迁，而有一日之迁也。陨石有迁时，地亦有迁时也明矣！又如一大陨石，陨于地上，如地之半，此地必加重一半。此陨石如向日而来，以其动力冲此地上，地必近日。此陨石如背日而来，以其动力，加于地上，地必远日。乃至从东西南北上下四方来，皆能使地从东西南北上下四方去。且地有变易，或因火山内发而震，或因断层移动而震，或因陷落而震，必且移山入海，移海作山，北极之磁石迁入南极，东部之金铁迁入西部。盖地本未静也，吾人随居一处，能保其不移动乎？

况星有陨时，地亦必有陨时，不过年岁不同耳。佛云有成必有坏，耶稣云世界有末日，皆为不易之理。一日遇一彗星大于此地，吸之去矣。遇一陨石大于此地，冲之破矣。若谓此地不坏，此地是否从无始来？既非从无始来，则不能与太极齐寿。若是从无始来，则历史之书，不止塞满世界，谓地不坏者，实为无明。老子曰："有物混成，先天地生。"此物乃无始也，本不可明，强名为"道"。吾人得道，乃为无始，亦即无终。若在此地上，日日可危。大佛云："知人命在呼吸间者为知道。"我则云："知地命在呼吸间者为知道。"设使有人谓道人曰："汝其作此地上皇帝，与地同寿，又永享太平。"道人必不为。又谓道人曰："汝其作此地之天之天王，与此天同寿，永无修罗来侵。"道人必不为。何也？此天地不净，道人弃之，如蛤之化雀出水也。谁在此秽土战场哉？明者其逝矣！明者其逝矣！设使留此名于后世，如蚁史在穴中，道人亦不用。其作书以教后人者，偿愿力而已矣。盖欲度尽众生也！

众生不度，遗于此苦，秽秽相染，洁无时矣。是以佛佗必超三界，盖远弃此地也。若强国之君，尚争国土，不亦危乎！不亦悲乎！杀机、贪心、痴迷，皆入轮回之大路也。试思此身若变为雁，入雕爪中，或变为蝉，在蛛网上，待他口口食尽，然后觉灵解去，斯惨苦、哀痛、恐怖何以堪之！久在地下，如在动簸中，或上或下，难免如此惨劫也。

"故圣人绝之，前绝后不绝，整其秩者为之建极，是乃遗泽"说

合五教大圣之说，皆言绝地。绝地而后能出狱也，绝地而后能绝杀机也，绝地而后能通天也，绝地而后能证圆觉也。岂惟绝地，我将并此天而绝之，直超三界，成无上正等正觉，入无余究竟涅槃。故吾每日书数千言，至众生度尽后，皆当废弃，不欲与此地齐名。绝之绝之，无可恋者。即于其中得大自在，暂住百年，即当辞去。虽然，此地生生不能不顾，譬如今人皆出家，皆不娶，皆修无上正等正觉，皆成佛，可乎？若然，百年之内世上无人，鸡牛犬马豕猫皆放而野走，自生自杀，则此地尤秽。是诸禽兽心脑横向，蠢愚不堪，何由得度？天必又命野人变而渐全，复成今日之人。不知文字，又生圣人以教之。如此混沌，不知凡几千百年矣。此地盘古以前，亦有文明极乐，因皆大智大仁，皆升天国，然后禽兽之类渐进为人，以有今日。若不留佛住世，后来禽兽初成之人，将如之何？夫地上之气，成一圣二圣三四圣，如盆中开花，非时不开，其开者精华尽于斯矣。今有素心之兰，岁仅二花，此花圃皆知之例也。攻此地上，千岁不过一佛，地气仅足以供之也。然以肥料入于兰盆，能令此兰精华尽尽，一岁百花，惟后此永无花耳。若令此地人皆成佛，后来万岁皆无佛矣。不如因而安之，如岁岁得见兰然。故佛教不可大行于此地，此地必行儒教。大行佛教，人皆成佛，如兰开百朵，后来精华尽于此矣。故印度之人至今愚鲁。圣人须当为后世一切众生计，爰及土中五行，水中潜物，陆上走兽，空中飞禽，草中虫蝶，皆令免其杀机，渐入天国，不能不为之遗泽。若度人不度物，物将永沉乎。前者绝地，后者不绝，哀哉！佛能度尽众生，曷不化为圣虫，入草度虫，使诸愚恶之虫，皆成圣虫；何不化为圣兽，入山度兽，使诸愚恶之兽，皆成圣兽；何不化为圣鸟，飞空度鸟，使诸愚恶之鸟，皆成圣鸟；何不化为圣鱼，入水度鱼，使诸愚恶之鱼，皆为圣鱼。然后碎此地而焚之，以永绝后患。故不如为此地整秩法度，以永靖之也。故整秩、建极二法最要，一曰节生，少生则精华足，人皆可以智慧，而禽兽初成之人有所统率，多令世人出家，而留仁智者以为人范；二曰定教，教以中和，不必过高，其过高者，一人自悟而已。夫松柏不花，是以长青，梅桃善花，是以易凋。吾欲令此世人如松柏之叶，人人中和，不欲令此世人如梅桃之花，一时大明也。

"曰和，曰通，曰奠，曰辟"说

故辅相地道，莫先于和。圣人云："致中和，而天地位，万物育。"和之至也。今考地文之说，地上之气，苟失其寒暑燥湿之宜，则有飓风淫淋雨泡之浸，因而致于水溢干旱，河陆变迁。中国古说，肃时雨若，民德主敬，则无淫雨也；乂时旸若，民治不慝，则无慝旸也；哲时燠若，民智彰明，则无伏暑也；谋时寒若，吁谟得中，则无冱寒也。此理之必然也，民心赞天，天亦赞之。然执形而下之说者或迂之，就形而下言形而下，风雨雷雹之灾，皆可以人力器巧预测而防护之。假令人尽雍睦，财不滥耗，于兵戎淫侈尽以积而补地之不足，则灾浸之减可断言也。其本亦恃于道德，即以证肃时雨若、乂时旸若、哲时燠若、谋时寒若之不诬也，此和之效也。

其次莫如通。禹疏九河，益焚山泽，使民入川泽山林，不逢不若，《诗》曰："周道如砥，其直如矢。"《礼》曰："道达沟渎，开通道路。"皆言通也。五方之人，言语不通，嗜欲不同，各守其区以相外也，则未有不争者也。况教宗一立，必须罩及无外，然后烝民一德，万邦协和。若不大通，何以昭明？古未之能备也。今海舰之速，铁道之便，形而下之器，精益求精，正所以促进形而上之道，而俾之普覃，力求大通，不可缓也。老子所谓"至老死不相往来"，使生民不以交际而乱其真，理虽极高，不可用也。且礼乐大明，政治大备，教法大彰，民虽日亲，实于道无碍。交通之利，不可不力求精进也。

其三莫如奠。《书》曰："禹奠高山大川。"高山大川，何以奠哉？莫先于奠川，而山自易奠。考古黄河之流域，忽东忽西，自古至今为患深矣，而莫可如何。然嬴政之筑长城也，其工极巨，倘以此工施之黄河，则水潦之祸可以永绝。彼意大利在卑湿之地，湖海四溢，下民昏垫，犹能以堤障立国。黄河之患，岂如此之烈哉？人力之奋不奋异尔。倘全地之人，同以奠定山河为事，则地震水潦之殃，不十年而尽止矣。

四曰辟。孟子谓："辟草莱，任土地者，宜服刑。"此疾俗之言也。当时君不向道，不志于仁，而求富之，是助桀也。以仁义为急，而兵戎与辟地宜缓，亦孔子去食去兵之义也。真如草莱不辟，土地不任，民何以为生？今泰西山泽之材，十藏二三。中国山泽之材，十藏五六。辟而用之，以厚民生。地不爱宝，物以饶裕。此不待深辩而明者也。

曰和，曰通，曰奠，曰辟，是四善者，皆兴于圣道倡明之后，亦形而上者为之君焉。

"是四者皆垢，如魇苗秀"说

虽然，是和、通、奠、辟之四者，皆能助进物质之文明，而物质愈文明，六尘愈易着，六尘愈易着，六根愈易漏。故老子欲归玉于山，藏珠于渊，而庄子欲攦垂之手也，亦即孟子刑辟草莱、任土地者之意也。

夫人神全则躯解，如苗实全则干枯。养躯须和，不可稍过于物，如养苗须和，不可稍过于肥也。人之有六根，犹苗之有多叶也，皆漏精者也。若徒以形而下之器，专养六根，渐进而宫室美，渐进而饮食甘，渐进而音乐调，渐进而服饰华，虽造世界为极乐世界，如十石之粪，养一苗，或苗立死，粪稍减，则成极肥至高、苗枝巨叶之苗，一时视之倍于他苗，及于秋收无一粒实，皆腐草也。夫人日收鸟兽草木之精，以养此灵也，如草木日收水土之精，以养其精也。灵日养而日灵，身则日老，精日养而成实，本则日枯。攻 [考] 孔子三十而立，四十而不惑，五十而知天命，六十而耳顺，七十而从心所欲不踰矩，皆愈老而愈灵也。常人愈老愈瞆瞆，是精灵漏尽于六根也。孔子曰："苗而不秀者有矣乎？秀而不实者有矣乎？"即叹此也。

又如人之得度，而入涅槃极乐之境也，有二，一曰自觉。如人得安眠，眠足自觉。今人日在物中，物至化物。如终夜繁扰，当醒之时，不得醒也。二曰声闻缘觉。如人睡方酣，有人大声呼之，声入于耳，即能惊醒。耶稣、回回有天使来呼之说信也。又如闻佛说法，言下大悟，亦是也。又如观书有得，立成正觉，亦是也。然又有日日听法，日日观书，而终不明者。何也？因在六尘之中，如睡为魇魔，为药麻，为酒醉，虽雷轰于傍，不能醒也。是二觉皆废，即不能成阿耨多罗三藐三菩提，不能成圆觉，不能绝地矣。故尽地利者，失圣心者也，不可以为利。

"法律精详，裁制严克，而德感应翕"说

故大同之后，必使生民渐渐反朴，不以富，不以贵，不以名，不以位，不以色声香味触法而滑其心。其心日纯，其道日精，佛教后必大行，孔子亦作沮溺。然佛教之大行，必有孔子之法以制之，然后民永反朴，得不以富，不以贵，不以名，不以位，不以声色香味触法，而滑其心。其心日纯，其道日精，裁民纵欲。真如《书》云："古之五刑，绝地通天。"纯以德行之和，

饱衣暖食。安居以外，令民不得多取于地，以绝六尘，则纯以天胜也。地不能战，杀机不发。其时其人，有不可言喻之妙觉已矣。不再言矣，得之者自悟而已矣。不再言矣，得之者自悟而已矣。

"尽其祸，发其密"说

地祸有二，一曰显祸，二曰隐祸。显祸人皆知之，隐祸惟密，惟得道者知之耳。

何谓显祸？山崩地裂，飓风大雹，水潦瘴毒之类是也。是诸祸者，皆以形而下之器救之，无俟深辩，人皆知之。是诸祸尽，地不能杀人之形矣。

何谓隐祸？曰惟杀。何以救之？曰惟仁。杀机生机，紊不可理，解脱形觉，乃可以尽。地如不动，水亦不流，火亦不腾，光亦不临，此杀机何从生哉？地动，水流，火腾，光临，而杀机生矣，于是草木繁盛。倘使此中不发杀机，草木有数，不实不花，不亦可乎？乃复自生多实，地争相侵，而杀机又生矣，于是虫介大兴。倘使此中不发杀机，虫介有数，不侵不斗，不亦可乎？乃复自生多子，争食相侵，而杀机又生矣。进而至于禽兽，亦无非即杀即生。羊不杀，虎不生。鱼不杀，獭不生。鹊不杀，鹰不生。虫不杀，蛛不生。然虫鱼禽兽，虎不食虎，亦不率虎斗虎；鹰不食鹰，亦不率鹰斗鹰。人率兽而食人，又杀人而食其尸，甚者夺人以自富，抑人以自贵，皆禽兽之不如也。然人有佛焉，欲度尽无量无数众生。人有舜焉，俾鸟兽鱼鳖咸若。有不如禽兽之人，亦有高出天地之人，人之类至不一也。因道而宏之，小之可以永绝杀机于人群，大之可以永绝杀机于地上。大哉，我佛大哉！我佛舍利子是诸佛空相，不生不灭，不垢不净，无恐怖远离，颠倒梦昧，肢肢节解，憺心不怒，而后杀机尽矣。

何以肢肢节解，憺心不怒，而后能杀机尽灭哉？地上之物，有二性，求食性与避害性相反，而二者皆以愈演而愈精。蜘蛛不教而知成网，土虫不教而知设阱，是求食性之强也。蚕不教而知作茧，蟾不教而知射毒，此避害性之强也。若虎狼能誓死不食生物，即为高出天地，直超轮回。兔入狼爪，知是自然，此时不怨恨，不恐怖，亦能直超轮回，是名忍辱波罗蜜，能直到净土。若更无忍辱波罗蜜之心，为非忍辱波罗蜜，法相皆空，直超三界。故耶稣信定，在十字架上不生怨心，佛陀、耶稣同此真理。孔子不怨天，不尤人，孟子不怨臧仓，皆忍辱波罗蜜也。故明道者不复杀一虫、一介、一禽、一兽，而况于人乎？以生生之术，求一饱一暖足矣。不如此不足以尽断此世界之杀机也。身是恶缘，形为罪薮，五刑之属，有司专之，而三宥之。四方之财，一公聚之，而均施之。食世一粟，酬之以文言救人。生世一朝，娱之以人物不倦。愿虎听吾言不食肉，獭听吾言不捕鱼，地平天成，乃大欢喜。

"全其性，待其毕"说

考康德之说，谓混沌之始，但有一极热之星云，旋转于宇宙间。因热气渐以消失，外层冷缩，故有山岳之皱纹。其热之藏于内者，犹且时时喷出，而成火山。火山又有熄时，则为火成崖。以此推之，地热日散而日冷，有明征也。地热既日散而日冷，他日必尽变为冰山也明矣。又况有彗星之触，他星之吸，地之寿命必且不永，佛陀、耶稣之见真也。然地之未死也，当以圣教尽拔此地上、水中灵爽之精，而归之净土，其上者直超三界，入无余究竟涅槃而灭度之。为人计之长者，莫如及时而修之为愈也。故吾视此地如桑上叶，蚕不蚕自蛹化，会见秋风至无所依托也。又视此地如猪皮垢，虱不蚤自离弃，必有汤火时无所逊避也。

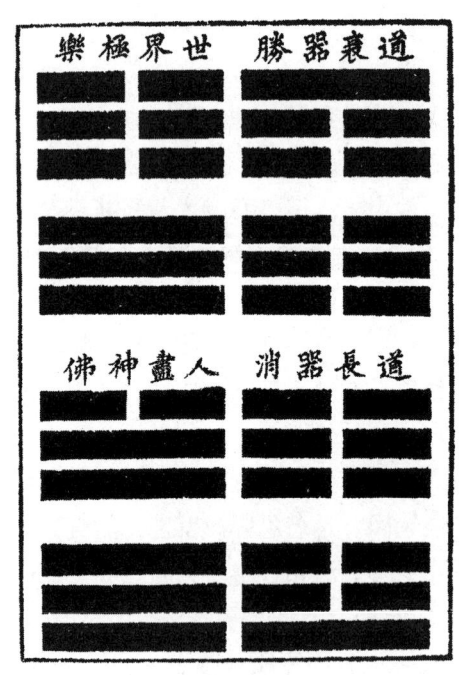

第九图

"无一民或殄，虽非远谟，急所当急"说

在蜂言巢，在蚁言穴，在人言地，为大中至正之道。此地虽坏，尚有修龄，吾人今当海疆大通之日，速致力于大同，必于百年之中成极乐之世，乃速反朴劭德。不勤于眼耳鼻舌身意之乐，而勤于性。不工于声色香味触法之妙，而妙［工］于觉。不修于兵民钱谷之务，而修于德。不成于仁义文字之行，而成于道。则天有默示之意焉。桑叶未黄，蚕先化尽。北风未起，蛰已尽藏。决不待地气之尽，而人犹忙忙号寒呼饥于其上也。

又如禾未秋，实先成，菊未冬，花先放，决不待寒飙已侵而枝叶根干犹争荣吸露于其间也。以易象考之，天地之战，其末也，天胜。今五阴剥一阳，形而下之器，胜形而上之道。至极矣，将反为复，形而上之道，胜形而下之器，以至五阳缺一阴。而呈夬卦之象，即为世界末日。故有道衰器胜之剥，则道长器消之复因之而起。圣贤仁智讲道论德，道既启闵，人心皆明，知不如此不足以自全，不如此不足以图功也。众人赞之。内道外器，内阴外阳，六爻皆应，于是为泰。久泰不殆，人无邪心。其虑益精，其学益明。其觉亦妙，人皆圣佛。与此地绝，人先绝地。而兽继之，而禽继之，而鳞潜虫介又尽继之，而草木后继之。不生不灭，不垢不净。此地于是永绝，是为夬象。夬决绝也，地道有终。

五　政治通

序①

中国古唐虞之治备矣，原于道而德足以应之，西人不如也。若阐而出之，彼必效我。精求其通，书简，易知也。后世地辟民众，欲兴坊决，文王于是修易象以端治本，周公、孔子因而制礼作乐，愈不可以救矣。老子悟清虚之可以复也，然岂可行于世哉？嬴秦、刘汉以来，弃本取末，法令为政，弊矣，流毒至于今。海禁大开，国风不齐，而趋时之士，持一丸之土以阻横流，又不审其通变。予是以发诸经之旨，折于今之法制，以抑民讹。君子反经而已矣，经正则庶民兴，庶民兴，斯无邪忒矣。

政治通

大道废，有宗教。宗教废，有政治。形之卑也，事之鄙也。法因恶密，政诱民伪，恶恶伪伪相乘也。故四善立，而大成。一曰公，二曰明，三曰人，四曰法。不讲道而求此，如日中避影。逐流不溯源，一日不得安。余毒未尽绝，一岁不得安。智者读经而知本，读法而知末。胜得利偏，哲公终反焉。有权有毒，以严监为鹄。官监民，民监官，裂则崩，故万其法不如一其心。惟贤为尊，而贤易沦，求之不如网纶。惟宪惟定，而宪无体，效之不如借履。分权多争，抗外弱。集权启暴，生蛊易。无术可止，维道德是勔，行昭志而合力。大者持纲，小者密网，不渎不僭。法成少变，信则不慢。治天

---

① 《序》之前有著者以"止园主人"名义手书题签："政治。止园主人，潜庐（印）。"

下如玩扇，无不终克。无刑赏为真禽，有刑赏为权贼。兵监宜密，财监宜密，瞻心宜绝。权通在德，富强之策，在使民乐。国争治僻，大同治毕。鼓舞尽情，希有圣哲。一平不易，恶乃永绝。足物戒过，绝智弃益。惟无惟业，惟无惟泽。天下太和，至乐无极。惟教而已，政不可设。

"大道废，有宗教。宗教废，有政治"说

宗教者，完密卫生之术也。政治者，施药针砭之方也。今有人焉，日守其自然之中和与天地禽，虽终身不闻卫生家言，而康强自得，岂不甚善？惟因饮食之性或未周知，动止之节或未深究，呼吸之理或未精求，气候之侵或未知避，乃有卫生之学出焉。谆谆然教之曰：饮食如何？动止如何？呼吸如何？气候如何？使内邪不作，外疹不侵，人无苦痛，终身安宁，不亦可乎？若夫饮食不检，动止不节，呼吸不洁，气候不调，以致床褥呻吟，妻子悲泣，内坏肺肠，外溃肤肉，乃尊善医者如神圣，视药石为珍宝，不亦晚乎？乃病稍痊，又蹈前辙，以至于死，无一日安。是以医药塞城邑、满四野，良田尽为乐圃，智士尽为医人，而谓为有摄生之功，何其谬也。今有国焉，民守其自然之中和与虚明合，虽终身不闻宗教家言，而纯洁自修，岂不甚善？惟因操存之理或未讲求，性命之源或未阐晰，天人之密或未开悟，伦纪之序或未明辩，乃有宗教之学出焉。谆谆然教之曰：操存如何？性命如何？天人如何？伦纪如何？使人不相害，物不乱性，国无争夺，永保雍睦，不亦可乎？若夫操存不讲，性命不探，天人不通，伦纪不明，以致讼狱大兴，杀戮相积，寇盗满野，奸宄纵横，乃依善政者如父母，视法治为长城，不亦晚乎？及乱微减，又蹈前辙，以至于亡，无一日安。是以法令如密网，成大坊，金钱尽为政费，智士尽为官吏，而谓为有治民之泽，何其悖也。古之人熙熙皞皞，无君臣之别、贵贱之等、法令之文、区域之界，故曰"无怀、葛天，民自神圣"。及尧舜而民德衰，故尧以平章百姓为先，舜以敬敷五教为急。唐虞以降，鲜克绍之，惟孔子知其真。故孔子曰："道之以政，齐之以刑，民勉而无耻；道之以德，齐之以礼，有耻且格。"此言以政刑为不足恃而非其本也。又于临民，不曰"以政"，而曰"教思无穷，容保民无疆"。其救蛊政也，曰"振民育德"。其拯危国也，曰"常德习教"，纯一有教无政之义，所谓"自古皆有死，民无信不立也"。至死尚可，而信教不可废，是圣人之见伟也！故圣人常以其力十之九以布教，十之一以为政。今考孟德斯鸠《法意》，则谓宗教在政治之上为理过高，斯亦窒于当时人心之卑下而

发斯言也。然亦曰:"凡为宗教,皆有胜残去杀之能。"斯又爽然自悟矣。孟德斯鸠理极肤庸,又无条系,不足征也。

昔中国自商、周而后,秦欲恃法以强,不读六经,而专读法。法者败坏道德之媒也,不知盗心者,不足以谳盗;不知淫秽者,不足以谳淫。南裴之禁私格斗綦严,法国之禁两男寝亦密,何忍言之?汉以下凡精于察察之明者,如陈汤①、郅都、来俊臣之流,妄非凶很〔狠〕奸狡之极。今欲恃政以治,则非凶恶奸狡之人满于庭,政即不能举。凶恶奸狡之人满于庭,而民又不堪,乱立至矣。孔子曰:"听讼,吾由〔犹〕人也。必也使无讼乎!"盖不重治其形,而重治其心也。

且宗教真明,人岂有愿为政者哉?五教皆视贵如浮云,而惟以道德为世尊。知此,人无肯为皇帝者,而况于王公乎?五教皆视富如粪秽,而惟以道德为安富。知此,人无肯取天下者,而况于厚禄乎?五教皆以戒得为要,知此,则道不拾遗矣,狱讼虽设,谁其赴之?五教皆以施与为急,知此,则民无积余矣,商法虽精,谁其讲之?

即曰贫乏中不易戒贪,争斗中不易戒瞋,愚昧中不易戒痴,声色中不易戒淫。然亦当知急所当急,犹如春夏无粟,暂时食草木之叶,则宜及时播种,以待秋成,万不可长此坐视,以自待痍毙。今之图政者,食草木之叶也,可以久乎?吾深信人人见性,虽劝之以杀决不敢杀,虽劝之以夺决不敢夺,政事刑辟安所用哉?今有金在地,俯而拾之得一钩,锄而深之得万镒,人之不肯锄而深之以求万镒者,以不见长而见短耳。见政不见教,其愚亦如是焉。

今学政者不先有宗教之根本,及其成滑吏耳。学兵者不先有宗教之根本,及其成叛将耳。学贾者不先有宗教之根本,及其成奸商耳。学艺者不先有宗教之根本,及其成狡僧耳。滑吏、叛将、奸商、狡僧,而可与共国哉?宜其乱也。

今世之政法,多本泰西。吾闻孟德斯鸠为西法之巨擘,及观其说,则以佛教之禅宗为炎暑好倦,耶稣教法为神奇迷信,其不通宗教如此。而西人至今未有识阴阳、通造化者为之设一正鹄,其偏误趋未乃无底止。夫宗教者范人心者也,政治者范人身者也。宗教使心中之火灭而无所有,政治使心中之火藏而不敢发。心中之火灭而无所有,终无焚时矣。心中之火藏而不敢发,遇机则灾矣。故明道者视政治如毒,不明道者视政治如粟。视政治如粟,令

---

① 此处所讲的是古代著名的酷吏,陈汤显系张汤之误。

此生民咸发其机心以相防也。发其机心以相防，如授百小儿以利刃，令各相备，有不尽伤吾不信也，故吾欲教之以道。教之以道，使百小儿皆能发其慈和自然雍睦之心，虽无兵以自保，谁其害之？

又曰政不可轻也。一日无刑，则盗贼满野，一日无官，则乡民破脑。然亦知所谓盗贼满野、乡民破脑者，发于无道德耶？发于无政治耶？愚农终日剪草，百亩之田，不胜其劳，不如搜根株而锄之也。徒为政者，何以易于剪草？《书》曰："树德务滋，除恶务本。""树德务滋"，即设教应普之义也。"除恶务本"，即宏教废政之义也。恶本在心，惟教除之。

又曰政朝设而暮收效，教非十年无效也。然亦知张口即食，何以为禽兽？耕劳而食，何以为良民？必以政为易，以教为难，以政为捷，以教为迂，是禽兽之心，非人之心也，其愚何可深道！

又曰宗教性理难明，政治一讲即通。其见尤浅。吾谓见道如见日，勤政如燃灯。不以举头见日为易，而以闭目燃灯为勤。德不修，何以成？学不讲，何以明？

故佛陀、老子、耶稣皆耻言政。老子曰："法令滋张，盗贼多有。"尤恶之也。又曰："圣人不死，大盗不止。"言当时以善政为圣，故欲其死也。孔子、回回不得已而后言政，故恶政曰："道之以政，民必无耻。"孟子亦曰："善政不如善教之得民。"尤甚，则曰："我善为陈，大罪也。"明明圣训孔昭，何今之人自迷乃尔？泰西因耶稣之教，说理不精，日日祈祷，不觉无味。若耶稣亦有孔佛之精，以西人之精心果力，早已加教于政之上矣。

近而观之，有人焉，不知法，不读律，其性廉慈公恕，本良知而行之，终身不得为非僻矣。有人焉，精于法，习于律，其性凶恶贪狡，尽私欲以为事，一日不能蹈规矩矣。倘使天下之人皆从心所欲不踰矩，谁人复待治于政治之下哉？

放而思之，今有法师于此，贪如邓通，凶如郅都，文如班固，勇如项羽，狡如秦桧，而法律无所不通。又有善士于此，廉如伯夷，仁如大禹，朴如周勃，弱如张良，直如史鱼，而法律从未读习。平心思之，安天下、福生民者谁也？在德不在才，在教不在政，理至明也。孟子曰："天下有道，小德役大德，小贤役大贤。"未闻曰："小才役大才也。"此天下之所以有道也。

"形之卑也，事之鄙也"说

今即政令大举，民无不安处，而斗争永绝，民无不饱暖。而饥寒不闻，夏屋渠渠，金玉垒垒。自常人视之，以为奇功，自圣人视之，不如草芥也。大叶多枝，其菊不花，富财肥身，其人不佛，使眼耳鼻舌身意漏尽于六尘，则人不过行尸耳。故老子、佛陀、耶稣耻言政。孟子曰："饱食暖衣，逸居而无教，则近于禽兽。"盖深恶之也。孔子曰："子产由众人之母也，能食之，不能教也。"曰："管仲之器小哉。"以管仲、子产之治政，犹见鄙于孔子，大丈夫而专以政治，不亦卑乎！不亦鄙乎！劳尽心力，而无成也。

夫人身如禾，人觉如谷。佛云："身是恶源，形为罪薮。"盖恶其累觉也。禾苗太茂，尽结空花，将何所用？身体太福，终化腐尸，将何所用？吾宁使人终身饥寒而死，不使之终身饱暖而愚也。百年尘土，此绝彼生，岂可卑鄙作死尸事？西哲近倡灵魂之学，日增月盛，固将轻视躯体。然灵魂自有，如秋之菊，及时自现，人人皆有。必欲以术催而长之，如春夏见菊，虽能惊人，实戕本性。佛云："如器中鑕，如田中禾，方为本性圆觉。"孔子曰："自诚。"曰："自明。"曰："而道自道。"乃真体也。

"法因恶密，政诱民伪，恶恶伪伪相乘也"说

多盗之国，禁劫必详。多淫之国，防女必严。多污吏之国，监窃权必重。多暴民之国，戒觉祸必精。人人禽兽，则法律之书，塞天地矣，岂得谓之文明哉？不知人心既发，其恶必肆。譬如兄弟在茂林中，兄欲放火烧弟，弟以水救。又放火以烧兄，兄以水救。又放火以烧弟。此火终无消时，此兄弟亦皆烧死，可不悲哉！自浅观之，火从手放，我不烧我。自深观之，心头火起，灵觉已焚，虽不死，如死也。

考之西人，前已离婚弃妇太易，多妾生蛊。于是，重禁离婚，一夫不再娶。而男子附骨之疽，终身愁苦矣。俄、法以革命太暴，禁党人之法严，而索逋之术密。于是，反激其乱，而皇室终以大凶。南北美，初禁黑奴，令律惟严。而林肯因以起战，卒尽放之。日人昔禁海舰之入国，而欧西为之大忿，卒亦自开。例举以出，汗牛充栋。总之，生一恶，即有一法以制之，此法稍失于平，而克之之恶又起，由如轮回。在法律中，不断法律之轮回，永有败坏之一日。秦斩弃灰，俄隆贵族，皆为自私自利之巧术，而皆足以自杀、自败而无益于己也。

老子曰："破斗折衡，而人不争。"盖尽绝伪恶之机，以全天人之本也。如斯言，政善莫大焉，然此不足以用于今之时也。曰今之时亦如此，上不诈则民信，上不偏则民敬。敬、信既备，而输力与财者众矣。此公诚而已矣。

谓之"一言而王天下，一言而兴邦"，何其易也，何其易也。然而愚者不知也。

"是故四善立而大成，一曰公，二曰明，三曰人，四曰法。不讲道而求此，如日中避影"说

政无他，有四善则备矣。所谓四善，一曰公，二曰明，三曰人，四曰法。此四者备而太平随之矣，不多求也。

请先论公。公之为言，同也。小之一国，大之天下，人皆同其利害也。然公有二母，一曰由上以仁生公，二曰由下以智生公。何谓上以仁生公？居极位者视天下为一家，如尧舜然，本无法律之限制，而不敢自私其子。欧洲隆基王为他国养民，华盛顿不私其国，林肯纵黑奴，不私其族，皆为至上之美德，非圣人在元首之位不能也。孔子曰："天无私覆，地无私载，日月无私照，奉三无私以劳天下。"孟子曰："与民同乐。"皆至公之理也，此公之自上仁而生者也。

何谓下以智生公？政有禄位，最足以乱人心而启其欲。如中国夏、商、周以降，居高位者渐以物丰为利，人爵乱真，而封建世禄之制出，欧洲中古亦同。然封建世禄亦有深理，使其君与大家世族人人思保其国、保其位，必先知民为邦本，本固邦宁，虽有小不平而太平在其中矣。无如高位之人因富生欲，因欲败度，世禄之家，鲜克由礼，至于专欲无厌，众怒难犯，则有智士起于下而兴民与战，此公之自下智而成者也。

总之，仁、智二者，为人心之端，终不能灭。今后世界之流，文教大倡，自由平等之论，如日月之东升，决无容留君主之国，而亦决不能纵一国自私以厉他国，诸宗教无私之理必战胜此少数之人心而无疑。惟先勘于公者，免使后世诛为民贼，而己身之精魂亦理于九地，斯可矣。《易》曰："负且乘，致寇至。"夫负一人于背，又乘一人于胯，天下之大不平，谁其堪之？故孔子曰："上暴下乱，盗思夺之矣。"此言民祸因不平而生也。

请次论明。明有二，一曰明于性理，老、佛惟极智者也；二曰明于治群，孔子兼老、佛之理，而尤精于治群者也。性理固为生民之命根，然惟圣人圆智全其性理，而不罹于人祸。非圣人者，独全性理，恒至于不家不国，不政不兵，而见灭于人，亦不得全其性命。故明有内外，内曰"明心见性"，外曰"明于庶物，察于人伦"。若"明心见性"之说，予于《人道通》、《宗教通》已详论之矣。至"明于庶物，察于人伦"，舜之所以厎大顺

也。明则能官人，能官人则民无腧心。明则能立法，能立法则民有所措手足。明则见远祸，见远祸则知思患而预防。明则发至诚，发至诚则世莫有不和顺。惟明之极，惟圣人能之。故孔子曰："至诚前知。"曰："聪明睿知，足以有临。"此又专恃于宗教之倡明也。欧美近代用明于物质条文，不足以臻极，将必反而求之儒者之《周易》、佛家之《圆觉》，亦势所必至也。

第一图

请进论人。一代之兴衰，未有不由人者也。若尧之于舜，舜之于禹、皋，汤之于伊尹，文王之于太公。若欧洲意大利之有三杰，威廉第一之有俾士麦。其例不可深举。《书》曰："在知人，在安民。"惟知人者能安民也，天下万古岂有不得人而能底治者哉？子由为武城宰，至小也，孔子亦先以得人问之。古之圣贤舍求人外，更无有图治之术。虽然，此理至明，而此善难举，人君无贤不肖，孰不欲求忠以自明、举贤以自佐？然亡国败家相随属，于圣君贤臣治国累世不见者，其所谓忠者不忠，其所谓贤者不贤。然西人有选举之法焉，选举者，中国古三代"师锡佥同"之义也。斯亦全恃夫民德之深浅，宗教之隆替。若欧美选举，大开党祸之争，今虽未见奇变，此风不革，剧乱必起于后。中国今日之选举，则更不堪言矣，势与贿而已矣，贤者皆耻为之。然中国之选举法，必先欧美而完备。何也？民不堪虐，剥极易复也。以予之见，选举宜除，以学位资格按序历官。议员亦然，永绝争心，而无党祸为尤善。此事后当详论之。

请终论法。法者，防也，所以防人之为恶也。政府何由设哉？一曰绥内，二曰御外。绥内者，以其行政、审判、监督之权整秩其国内，使国内之民不相侵夺离散。于是有行政法以便其运用，有民法以保障民权，有宪法以俾民共由，有商法以限制营利，有刑法以纠评奸宄，有诉讼法以平民曲直。此其得失，予于《法政通义》论之綦详。然不过一防人而已矣，患行政之不敏，而见阻于民也。于是集权之国，任免官吏多得自主。若遇不肖元首，肆意阿好，则谗谄而谀之人盈国中。中外大乱，罔不由此。于是分权、民主之国，大矫其敝，亦若欲使国中之事，事事听命于众议者。此有防不胜防者也。宪法之制，本以使国民永有一定之遵循。然权重者，恒以为不便，必破坏之，徒以多起干戈耳。刑法亦因时而异，小人无势有辜必伏，若有势者全不可制。人尽禽兽，何以防之？且立国者以御外也，内犹不秩而况于外？今虽有国际公法，以为保国之障。然国际法虽详且密，若今日纯服于强权之下，几同虚设，大乱未有已也。

推之，曰公，曰明，曰人，曰法，皆非圣贤不举。故中国之学者曰："有治法，无治人。"又曰："为政不在多言。"顾立行何如耳？今中国若恃新学之士，以法治国，如日中避影，徒多其劳耳。若宗教一明，道德一倡，此祸不作，何须防之？即偶有少数之人，弗率大戛，而圣贤在中，匡之救之，其祸自绝。故吾以宗教为政之君。

"逐流不溯源，一日不得安"说

夫道德，源也。政治，流也。不清其源，而淘黄河之泥使之清，可得乎？不修道德，而治禽兽之人使之戢，可得乎？今之谋国者，一人不良则变置之，不知道德不兴，终无良人，百变而事不举，民不堪矣。一法不善则改议之，不知道德不明，终无良法，百改而功不成，国不堪矣。如一树然（第二图），道德者根本也，乃断绝之。宗教者所以修道德者也，如大本然，又断绝之。人才者国之宝也，下修政事上继道统，如中干然，又断绝之。然后趋使群小日事渥枝润叶之术，而又处处断绝之。以盼树生，难矣，哀哉！孟子曰："城郭不完，兵甲不多，非国之灾也。田野不治，货财不殖，非国之害也。上无礼，下无学，贼民兴，丧无日矣。"此之谓也。乃欲求一日之安，其可得乎？抱圣贤之书，诵之、讲之者盈国中，独不见此，不亦冤乎？是《易》所谓"丰其蔀，日中见斗"者也。

今之言曰："君主良，民主良。"争之綦强，辩之綦详。不知有道德，则君主亦治，民主亦治。无道德，则君主亦乱，民主亦乱。今之言曰："一议院良，两议院良。"争之綦强，辩之綦详。不知有道德，则无议院亦治，万议院亦治。无道德，则无议院亦乱，万议院亦乱。今之言曰："中央集权良，地方分权良。"争之綦强，辩之綦详。不知有道德，则中央集权亦治，地方分权亦治。无道德，则中央集权亦乱，地方分权亦乱。今之言曰："三

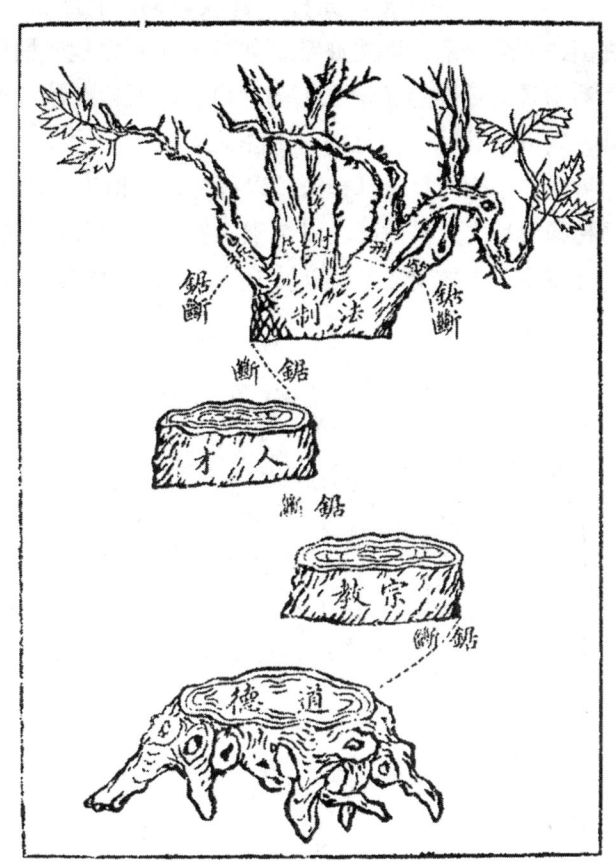

第二图

权鼎立良，万几独断良。"争之綦强，辩之綦详。不知有道德，则三权鼎立亦治，万几独断亦治。无道德，则三权鼎立亦乱，万几独断亦乱。今之言曰："学英美之法良，学德法之法良。"争之綦强，辩之綦详。不知有道德，则学英美之法亦治，学德法之法亦治。无道德，则学英美之法亦乱，学德法之法亦乱。今之言曰："简政主义良，繁政主义良。"不知有道德，则简政主义亦治，繁政主义亦治。无道德，则简政主义亦乱，繁政主义亦乱。推之万事万类，无不尽然。不然，今东西各国良法昭昭，随取一强国之法而行之，岂不立强？而何以行于他国则治，行于我国则乱，是他国有道德，而我国无道德也。人人皆贪财，政法何以整之？人人皆反叛，兵政何法以整之？

孔子曰："人道敏政，地道敏树。"言道德如地然，政治如树然。行于有道德之国，良法亦治，坏法亦治。如种于膏腴之地，桐梓亦茂，樲棘亦茂。行于无道德之国，良法亦乱，坏法亦乱。如种于净石之地，桐梓亦枯，樲棘亦枯。今之谈治术者，日惟趋新学之士竭力讲法，而置宗教大道于无何有之乡。譬如场师，其田净石，十丈之厚，五里之宽，无一尘土，无一滴水。乃今日择梧檟以种之，梧檟死。明日择松柏以种之，松柏死。又择樲棘以种之，樲棘死。又择枌榆以种之，枌榆死。以至于无木不种，无木不死。无草不种，无草不死，不亦哀哉。今之变法者何以易于是，直谓之百无一成可也。

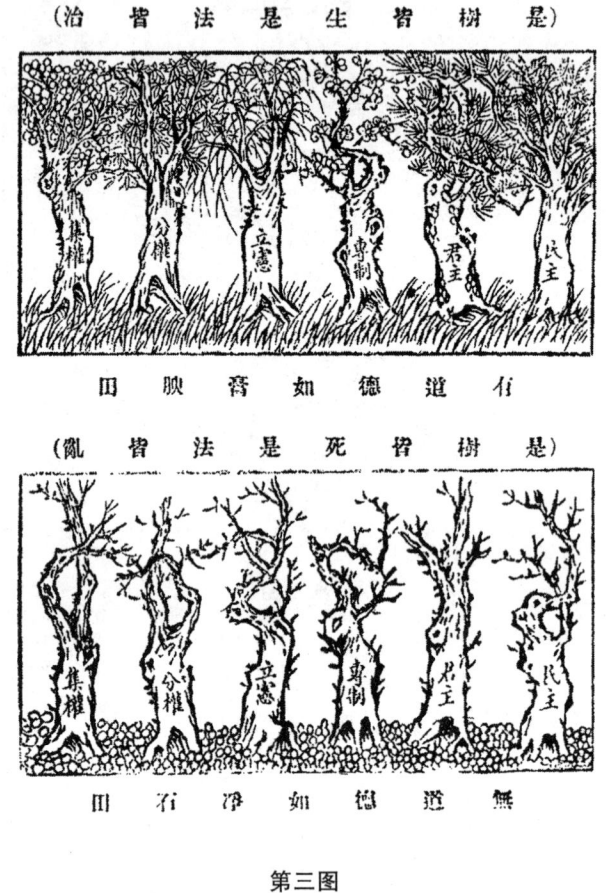

第三图

"余毒未尽绝，一岁不得安"说

《周礼》之制，国人有不率教者，左乡移之右乡，右乡移之左乡，乃至移诸序，移诸郊，屏诸远方，终身不齿，盖使无一人不圣贤也。无一人不圣贤，虽以刑趋势迫，禄励计诱，而使之为乱，其可得乎？孔子曰："圣人感人心，而天下和平。"人心既平，天下乌得而不平？今后如有圣人能以其仁智，奠斯民于极乐，则非立一善法，令斯民平智、平贵、平富、平名、平道、平器，则虽治必乱。盖生民之情，畔援欣羡之心一起，则祸立至矣。羡为圣贤，则思道德学问高于人。思道德学问高于人，则私心我相着。私心我相着，则乱机萌矣。羡为贵人，则思尊位享用高于人。思尊位享用高于人，则私心我相着。私心我相着，则乱机萌矣。至于金钱、衣服、功勋、声誉、文章、庶物，凡有启人羡慕之心者，皆乱之媒也。故佛教曰："圣凡平等。"老子曰："圣人不死，大盗不止。"圣凡且平等，圣人且当死，而况于他乎？而况于一切六尘之恶乎？今也有官爵之品，勋章之赏，禄俸之差，史册之荣，虽以劝人，而要之启人六根而入六尘者，皆乱之始也。一尘之火不灭，则燎原之势伏焉。老子曰："众人熙熙，如登春台，我独如婴儿之未孩。"如此则一切功名、利禄、势位纷华之心尽绝矣，如此然后可以安天下之民。尧之民歌曰："日出而作，日入而息，凿井而饮，耕田而食，帝力何有于我哉？"如此之民而后可以永保其太平之业。虽然，此岂非无政、无教之虚哉？则又不然，有政有教，有礼有乐，有政不贵元首，不贱细民；有教不重圣智，不贱初学；有礼不荣不替，不繁不渎；有乐不淫不佚，不喜不悲。有一定之制，因年而进。有专司之条，百岁不逾。常使生生，如巢中蜂，如穴中蚁，如堆石，如流水，如日月循轨，如草木在田。谓之各正性命，保合太和，尽职而退。无所有焉，无所希焉，无所短焉，无所长焉，无所是焉，无所非焉。以为天下之肥，然后为治之极功，满焉而不缺，永焉而不衰。故圣人闻圣人之名如闻秽语，见世人之敬如见虎狼，其心纯白而不滓者也。

此言深矣，浅而论之，天下之祸，何一不发于人之有欲？庙堂一念之喜，则干戈起于原野。亲戚一人之偏，则怨讟盈于城市。是可危也。人心惟危，道心惟微。今之列爵班位、尚功崇德者，皆圣世之所弃也。譬如藏火于薪而以为安，不如以水灭之之为上也。

"智者读经而知本"说

中国十三经之于治理，其精过于神明。如讲而明之，译而出之，万国皆当奉为宗师。今乃舍中国精深博大之学，而学外国浅陋条文之书，不亦悖乎？夫浅陋条文，一钞便得，何难之有？请举经精一隅而略论之。

《周易》为天地阴阳、宗教政事无所不包之书。临卦，临民也，乃不曰立法，不曰勤政，不曰刑，不曰赏，不曰兵，而大象一言曰："教思无穷，保民无疆。"蛊卦，坏极也，乃不曰立法，不曰勤政，不曰刑，不曰赏，不曰兵，而大象一言曰："君子以振民育德。"坎卦，危极也，乃不曰立法，不曰勤政，不曰刑，不曰赏，不曰兵，而大象一言曰："君子以常德行，习教事。"咸，感也，其文曰："圣人感人心，而天下和平。"是事事以讲宗教救人心为治国平天下之本，而不逐末也。试观欧洲矜夸物质，物质盛，道德衰，而大战即起，烝民涂炭，早为《易》所料也。《易》之泰卦，谓物不可以久泰，故当泰时，尚须裁成天地之道，辅相天地之宜，以左右民。不能听民之纵欲，若纵欲则城复于隍，其命乱也，大祸即在太平之后也。拿破仑之败，德皇威廉第二之败，皆中《易》说"亢龙有悔"之敝。行政之不统一，则中《易》说"弟子舆尸"之敝。因不平而生乱争，则中《易》说"负且乘，致寇至"之敝。如此之例，不可胜举。中外千古，通天彻地，达道德成治功，未有如《易经》之精者。是书必为全世界所信服，不待言矣。

《礼记》、《周礼》为制度之详，其精神所注，直欲天下一家，中国一人，外户不闭。此佛、耶宗教之量，而今之政治家所急宜深求者也。又曰："选贤与能，讲信修睦。"则今公法与海牙平和会之嚆矢也。《周礼》有十二教，教法全于政治无遗矣。五伦之序，肃如山立，《坊记》一篇，法意尽矣。是书修成条理，去其繁言，亦必为全世界所信服。

《大学》、《中庸》由心而及天下，正佛陀一心清净、世界清净之义。由身而家，而国，而天下，条理井然，诚明二字，尽为学之大纲。其结云："见而民莫不敬，言而民莫不信，行而民莫不尽，舟车所至，人力所通，天之所覆，地之所载，日月所照，霜露所队，凡有血气者，莫不尊亲，故曰配天。"此将来必见诸事实者也。一字不可增减，亦必为全世界所信服。

《春秋》三世之义，由乱世以及升平、太平，其理极伟，其言必验。《春秋》之义，国无大小强弱，莫不平等。名山大泽，不以封诸侯。列国不得自相治，当断之于一尊。惟一尊改元，以大一统。诸侯不得专地，四方各以其贡赋于一尊。此皆大同之先所必筹划，而大同之后所必见诸实行者也。试问今日倡公兵之言，倡大同政府之言，凡大公至正之理，何一不备于《春秋》？是书必为全世界所信服，不待言矣。

《书经》为中国上古极文明之制。尧以"平章百姓，协和万邦"，天下如此，宁有争乎？舜以"干羽化有苗"，世界古今无此文明公仁者。至于其极，"鸟兽鱼鳖咸若"。殊令人醉心太平不已也。其言刑法，"辟以止辟，刑期无刑"二语，为千古刑法之大典。《洪范》九畴，咸有一德，教治之隆，大于天地。是书亦必为全世界所信服，不待言矣。

《诗经》为歌咏之文，《国风》、《周南》发于人伦之正，而洽于天地之和。始于夫妇之伦，而被于罝兔之野。人才之盛，国民之乐，莫可言誉。而文意葩雅，可兴可观，可群可怨。是书亦必为全世界所佩服，无待言矣。

《孟子》首绝利而言仁义，已为太平之正轨。又曰："善战者服上刑。"此今日弭兵之义所由本也。又曰："土地、人民、政事。"此则今之法律政治所首重者也。以养民为重，以教化为急，视天下之人匹夫匹妇有不被尧舜之泽者，若已推而纳之沟中，慈心弘愿，直与天齐。是书亦必为全世界所佩服，无待言矣。

《道德》、《南华》二经，文雅意精，以内言可以直超三界，以外言可以坐致太和。其大包乾坤，其深入九地。不通此义，政教、哲学终无归宿。而其言又至简至明。是书亦必为全世界所佩服，无待言矣。

此不过略举耳。极而言之，"道之以德，齐之以礼"，德礼不易，无人不怀。德教也，礼法也。中国新学，不求经子根柢，而汲汲于学法。如日中闭目以捉萤火，不亦冤乎？若讲而明之，万国无不师我者矣。

今中国之所以弱辱者，因形而下之器不如人，非因形而上之道不如人也。乃并其形而上之道而废之，如乞丐得一餐遂剖其腹，哀哉，愚也，可胜诛哉！背经求知，背经求术，正孟子所谓"是犹恶湿而居下"也。

"读法而知末"说

法律之学，开卷了然。深而求之，其精者，中国经学之浅说，已尽论之；其浅者，味同嚼蜡，不屑道矣。然中国《文献通考》之制，参以大清之律，去其不适于共和国者，亦已大备，何难之有，何难之有？

今进论西人、东人之法。美国元首执行政令，有普通者，有特别者。普通者由议院主之，此《书经》"询谋佥同"之义。特别者元首以之监督官吏，此《诗经》"王厘尔臣"之义。然何以美国行之而和，中国行之而争？有道德、无道德之别也。

德国威廉第一以来，人民几不能干预政事，此《书经》"惟辟作福，惟辟作威"之义。而英国反之，虽曰有君，而民权宪则非常束缚，此《书经》"毋自罔以怫民"之义。然何以德、英行之而强，中国行之而败？有道德、无道德之别也。

各国元首多有特赦之权，大赦之权则多议院主之，此《书经》"眚灾肆赦"之义。何以各国行之而平，中国行之而滥？有道德、无道德之别也。

普鲁士之封建，日本之贵族，固稍不平，亦《书经》"赏延于嗣"之义。何以二国行之而民不闲，中国行之而民不安？有道德、无道德之别也。

美、法地方自治之例，各国日渐发张，亦《易经》"各正性命"、《周礼》"乡间读法"之义。何以外国行之而齐，中国行之而扰？有道德、无道德之别也。如此之类，不可胜举。法如刀然，执之即用，何难讲之有？但不知此刀之用，杀贼与杀父耳。呜呼，恸极矣！夫政治之所由设，一言以蔽之曰："少数人治多数人。"进而言之，又以多数中之少数监最少数。若是，则二贼作矣，一曰有偏强，二曰有争执。若无偏强，此少数人何以能制多数人？既能制多数人，则此少数人必偏强也明矣。若无争执，此多数人中之少数人（即议员），何必监彼少数人？有此二害，于法律无论若何精进，俱不能革除净尽。

既有偏强，以无道德之人莅之，父偏强则子死，夫偏强则妻死，官偏强则民死，兵偏强则将死，议员偏强则政府死，元首偏强则国人死。若反而扶之，子偏强则父死，妻偏强则夫死，民偏强则官死，将偏强则兵死，政府偏强则议员死，国人偏强则元首死，善于法者其如之何？

既有争执，以无道德之人莅之，子敢争则斗父，妻敢争则斗夫，民敢争则斗官，兵敢争则斗将，议员敢争则斗政府，国人敢争则斗元首。斗即大杀，反而扑之，则专制之祸又大起，而杀戮愈多矣，精于法者其如之何？

夫道德如南北极然，止此一线无有第二。国事如磁针然，稍失平允，正向则震荡无已时，必入此线然后安定。今之人必欲舍道德而言法，岂不哀哉，岂不哀哉！《书》曰："民协于中。"《中庸》曰："致中和，天地位焉，万物育焉。"不中不和，沦胥以尽，其谁能救之？故吾愿今之人以全力为教，而以其余为政。圣贤辈出，国无瘝时，虽欲不治，安得而不治？

於戏！圣贤之德，宽裕温柔，足以有容，有容则民归；发强刚毅，足以有执，有执则政举；斋庄中正，足

第四图

以有敬，有敬则天下服；文理密察，足以有别，有别则善恶判。然而不治者未之有也。不出圣贤，不讲道德，无容，无执，无敬，无别，气度狭小，操守轻浮，民慢于下，黑白混淆，然而不亡者，未之有也。

"胜得利偏，哲公终反焉"说

自古及今，尧舜以外未有平也，胜者偏利而已矣。尧舜以兵伐有苗，有苗初负，固抗而不服。乃舞干羽以教之，有苗化，视之一如诸侯。自汤武胜桀纣，犹封其后，未有大虐。然其地已小于同姓之诸侯，不得谓之平也。自周以下无继矣。欧洲小国之隆基王，大国之美总统林肯，有圣人之度焉，故名大而泽长，国本亦固。中国秦嬴以力服人，其制度视民如土。民既不堪，则败亦随焉。若元之入中国，欧洲之待黑奴，英之于印度，日之于朝鲜。不平之制，皆因战胜之国，自视如天，而视战败之国如地，一时以为得计。而不知不平之气天地所妒，人心所咈，必有哲人圣智继起于后而复其仇。如今之俄，如昔之意大利，彼其善为谋以自利者乃实以自害也。《书》曰："地平天成。"古语曰："不平则鸣。"今之人若速劭于平，其所以自谋与谋其子孙者乃可永臧！

"有权有毒，以严监为鹄，官监民，民监官，裂则崩"说

夫权重于上，则毒生于上，毒生于上，下必反之，斯杀而已矣。权重于下，则毒生于下，毒生于下，上必反之，斯杀而已矣。南北美之革命实起于英，日本之维新实起于德川氏，不平之祸可胜言哉？既有政治，则不能为偏重，如不偏重，人谁能服人哉？于是设官以监民。官为暴，民不得而监之，于是设元首以监官。元首为暴，官民不得而监之，于是设议员以监元首。议员无力，不能监大僚、元首，于【是】结党于下，连兵为强。党大势成，乃张恶焰，此大乱之道也。譬如豺狼虎豹，熊罴狮兕，并投于一圈，谁强谁横，虽腥秽恶劣，明目彰胆，亦莫可如何矣。即有圣哲神武，偶然一出而定之，而互监之制终不可除。夫互监者，互斗之媒也。不然，则以水济水，以涂附涂，而党恶虐民，其祸尤烈。奈之何哉？惟有恃教而已矣。

"故万其法，不如一其心"说

《书》曰："咸有一德，克享天心。"武王曰："予有臣三千，为一心。"上下军民，如皆一心，国有不强者乎？然当一于何？一于利，上曰何以利吾

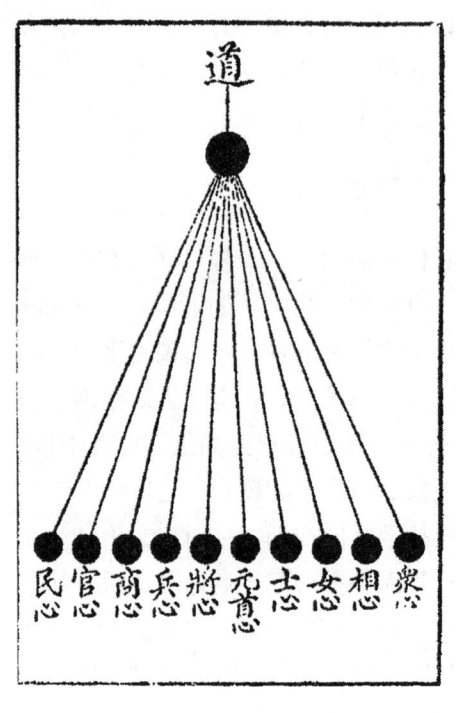

第五图

国？官曰何以利吾家？民曰何以利吾身？上下交征利而国危矣。一于名，上曰何以成吾名？官曰何以成吾名？民曰何以成吾名？上下交沽名而国危矣。夫人之不能绝地而通天也，地上之物皆足以启其欲心，欲心一启而大乱从之矣。而权愈大者欲愈重，欲愈重则祸愈烈，不可救也。法之防人，如以薪覆火，火虽未燃，祸在其下，顾不如尽其祸根而去之也。尽祸根则莫若一人心，一人心非圣人通道者不能也。何也？道通惟一，惟达者知通惟一，能一于此。圣人感人心而天下和平。政令之行，速于置邮而传命，此非今人之意想所能及也。（第五图）然亦非若此则大乱终无已时，而劼于此又为极易。何以言易？至诚而已矣。至诚则公明得人，而大法立焉。法立而不坏，民乃久泰。

"惟贤惟尊，而贤易沦，求之不如网纶" 说

地上之物，惟否易生，惟贤难育，故大田不耘，草满苗绝，大国不治，奸满贤绝。何则？贤与奸处，贤有五败，奸有五胜。贤者不善媚而奸者善媚，故奸者恒亲近而贤者恒疏远。贤者不阿党而奸者阿党，故贤者恒寡助而奸者恒多助。贤者不拥权而奸者恒拥权，故奸者恒强大而贤者恒嘉遯。贤者不营利而奸者恒营利，故奸者恒富饶而贤者恒穷蹙。贤者不枉道而奸者恒枉道，故奸者恒得利而贤者恒逊让。夫贤人，国之宝也。人之云亡，邦国殄瘁。若贤人事事居于劣败，国事尚可问乎？今以民选之制，则用舍公诸舆论矣。然犹不如以网网于市，以纶钓于国而求之。何也？以网、以钓虽贤奸不择，尚或百得二三。若今之选举，以贿以党，以诈以力，几于非奸不进，盖百中不能得一二贤人矣。此时如有大贤有力者从而整秩之，或大贤有学者从而倡导之，众心觉悟，贤者烝进，不避汙秽，不存利心，而后国事可图也。然贤奸之争消长，乃《易》之数，天地阴阳之战也。奸虽得志一时，终必

愈演愈坏，不可以五稔。一奸得志一奸夺之，一奸既败二奸因之。二奸得志三奸夺之，二奸既败三奸因之。如南北朝之朝夕不继，如五代史之一岁数更，不至大贤圣哲首出庶物，杀伐纷乱终无已时。此大贤圣哲又不必已贤已圣，但能如成汤之得伊尹、文王之得太公，即成葳事。葳事而后，法一立，本一固，则可以于万斯年。气数至今，将大治矣，愿明者无自败焉。

"惟宪惟定，而宪无体，效之不如借履"说

夫法如履然，借他人之履而履之，未必适吾足，而又削足以就之，是大可笑也！孔子曰："礼时为大，顺次之。"古之所谓礼，即今之所谓法也。礼虽大顺，不宜于时，犹曰不可用也。今非大顺之时，亦无大顺之法，中国之法固非大顺，外国之法亦非大顺。大顺无法，无上，无下，无政府，如老子之道方为臻极。既非大顺，则各有其宜，我又何必效彼？今之大可笑者，中国人心涣散，宜统一，不宜分权，乃必以美国之制束缚政府，而使之无可施设；中国交通不便，政宜任官，乃必以日本之政制束缚大吏，而使之举措不便。反之，中国之人私心极重，若不束缚以［则］政府之恶日肆，若不束缚则大吏之奸必长。无可奈何，归于道德，此固不能决言谁可谁不可！而有可笑者，中国视孝极重，视奸极重，视盗极重，视叛极重。前者不忠不孝，必致累及多人与之连坐。今不惟废连坐之典，而正凶有得免于死者。人之不忠不孝，而犹得苟于逃极刑，宜乎叛乱充国，而父子不相亲也。盗劫及强奸，亦不必死。风俗之蠹，深矣！凡是之类，不可胜举。要之，背经义而谈法制，则治平之日，终不可期矣！圣贤沈其清明之心，放其公仁之见，纵横阖辟，无非大法，皆天命至性之端，岂可以小体论哉？非末学之所能识也。

"分权多争抗外弱，集权启暴生蛊易"说

统政治之大纲，要不外分权于下、集权于上二者而已矣。以《易》象言之，分权于下而上顺之，有师卦之义，须下得中正，容民畜众，未尝不可。集权于上而下顺之，有比卦之义，须上得中正，不宁方来，未尝不可。总之，必得中正，又必上下相顺应。若不顺应，上刚下坎，即起争讼，上险下险，即为危乱。呜呼，不通《易》象者，不足以言治也！如（第六图）坎，险也。坤，顺也。乾，刚也。上坎下坤，其象为比，上得中爻正位，而下顺之也。下坎上坤，其相为师，下得中爻正位，而上顺之也。非此二者，上乾下坎，刚与险争讼，上险下险，险与险危乱。如我民国二年之象然，是上刚

下险也。五年以降，是上险下险也。分权不成，集权不成，国人不识经义，而妄执末学以自乱，奈之何哉！且无外患之时，与有外患之时不同。分权者，如十犬然，合其力非不胜虎，而虎来则皆伤矣。夫政府之对外也，恒有深远不测之谋，若事事听于庸众人之谋，如缚乌获之手足，使其不能为患于家庭，固善法也，所恐者盗贼自外入耳。反之，上集权厚，对外人之利固便，若以不肖之人居上位，则邪事百出，殆矣！故分权之法宜行于大同之后，集权之法宜用于列国之时，无待言矣。然仍以道德为归，无道德罔有不及于乱者也。

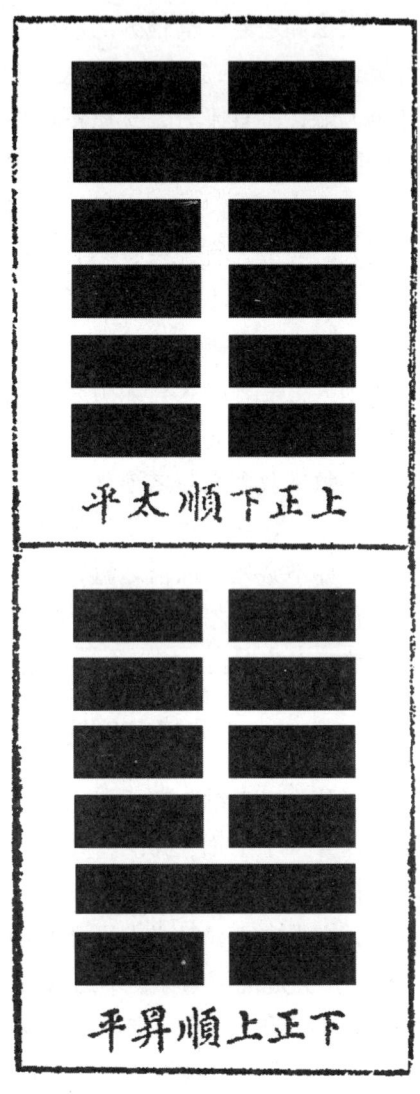

第六图

"无术可以止之,惟道德是劝,行昭志而合力"说

夫权之为言权也,对于经而言也。属权于上,属权于下,皆乱之招也。君子反经而已矣,经正则庶民兴,庶民兴斯无邪慝矣。庶民无邪慝,谁复待治哉?故古之大圣,如老庄、佛陀、耶稣皆以教为重而耻言政。孔孟回祖知非借政辅教,不能行于当时,故惟教是重,而兼言政事,亦无可如何也。后世愈趋愈下,民不识经学之精,遂致专意求政,其不治不亦宜乎。道德既明,然后上之治民也曰:"我将使汝尽性、合天、安身。"性如此,天如此,安身之法如此,人皆信之,其力自合,岂待蠢蠢者以兵力压之哉?民未信以为厉己,兵力奈何?庄子谓舜有膻行,而民附之。若今之人知此膻行,虽欲不治不可得矣。

"大者持纲,小者密网,不渎不僭"说

夫治国而通禘之说,如视诸掌,何难之有?禘之说,神道设教也,使国中之人知保觉爱神,则国中治矣;使天下之人知保觉爱神,则天下治矣。何难之有?何难之有?至于持纲,一守公仁,按宪法,惟以求人为急,使禹伊治政,使孙吴治兵,使管商理财,使孔孟传教,而在上者尸位素餐,日修禅寂,等候超三界而已矣。舜之垂拱无为,乃治天下之才,而己益乐矣。奈何草草然如沉海求鱼,命且不保,鱼何能得?

"法成少变,信则不慢,治天下如玩扇,无不终克"说

夫圣人之用法,如筑堤以坊民。以严,虽弃灰于市可斩也。弃灰于市可斩,民自不弃灰矣,非不仁也。以取,虽尽取民财非贪也。尽取民财善用,民自不敢惜也,非不廉也。一法立,死守之不变,久而民信。治此天下如运转四体,欲如何便如何。如玩一扇,欲开合便开合耳。今之欲治者,犹缘木而求鱼也。乃日日呼难,不亦冤乎!

"无刑赏为真翕,有刑赏为权贼"说

老庄之说"治大国如烹小鲜",曰:"归玉于山,藏珠于渊。"曰:"民不畏死,奈何以死惧之。"是不以刑赏治国也。孟子曰:"杀之而不怨,利之而不庸。"是不以刑赏治国也。孔子不重"道之以政,齐之以刑",是不以刑赏治国也。今之人曰:"异哉!吾日修刑赏犹恐不足,而诸大圣哲谈何

容易？"此愚人之所以为愚人，圣人之所以为圣人也。民皆见性，谁须此赏？以帝位让之犹不受也。人皆见性，谁畏此杀？节节肢解尚不顾也。夫刑赏者启人之欲者也，畏刑者有寿者相者也，不知"涣其躬，无悔"者也，不知自古皆有死者也。若无是心，杀何可得畏耶？至于赏者，待犬马之道也。赏奖也，奖字从将众犬，是将犬之术也，非所以奖人也。刑赏不除，教化不洽，人心未尽圣，而以欲诱之，误天下苍生者也。故圣人出，为礼以化风俗，修道以示性理，则今之所谓良法美意者，皆无所用。于是，圣人乃以《征招》、《角招》宣太极之和，以调和天地。天王地祇皆令悟道，不发杀机，然后圣人之功成矣。此必然之势也，后将必致。

"兵监宜密，财监宜密"说

天下之大祸，无过于兵、财。有圣人出，必尽去之，惟留衣食居室，而一于教，以成天下之务。然世界愚人今日未明斯旨，又不能不设兵设财以济此末俗，故监之宜密也。今也，军制、财政、审计之法详矣，何待言？书已如丘矣，然不足以监之也。《易》曰："师，贞，丈人，吉。"孔曰："仁者以财发身。"今若国中求一二仁廉之人与以一国之兵、财，省中求一二仁廉之人与以一省之兵、财，邑中求一二仁廉之人与以一邑之兵、财，国即立治，以平天下，如反掌耳。苟为不蓄，终身不得，是在一公，一明，一诚，一道。若求他法，虽圣人不能设。圣人必由其道，不由其道而往者，是自求祸也。夫兵与财在人之手，如利刃然。夫利刃者，惟孔老可持，虽汤武不可持也，而况于桓文乎？而况于盗跖乎？而况于张献忠乎？李自成乎？而况于虎狼乎？

"瑜心宜绝，权通在德"说

有瑜心则乱无已，故善治国者绝之。在上者不可发一瑜心，以盱元首之位。而元首之位，本是草芥粪土亦无可盱者。然后大将不拥兵，大吏不爱财，此一教即明者也。位有何用？名有何用？兵有何用？财有何用？吾实不知其好。即启孔老耶回佛而问之，不惟不知其好，且恶之如臭菌。今此兵乱、财乱之祸何以止之？圣人出，以天德兼天位，首出庶物，万国咸宁。飞龙在天，大人造也。此虽气运之自然，有圣则明于阴阳之理，则天数地气不能限也，人人能为圣哲。吾愿中国外国速生大圣，又愿人人皆圣，无名心利心，自熏成种，裁成天地，早挽杀机而已矣。有权者有德，有德者有权，自然太平，如水就下。更无有法，能令众生得灭度者。更无有法，能令众生不灭度者。

"富强之术，在使民乐"说

富者多财也，强者多力也。欲多财，须民愿输。欲多力，使民愿劳。此亦易如反掌耳。生民之求，莫大于乐，因而道之，尧舜道之以乐道而民从之，桀纣道之以乐物而民从之，以尧舜之心兼桀纣之术，民无不服，将使民入道爱国如登春台，为元首者独闷闷未兆婴儿之未孩，斯足矣。（参观《止园惟乐论》）民心如水，何难道之有哉？惟乐而已。拔天下之善言者以导民正，举天下之好修者以立民模，将玩民于不知不觉而自化之。以化天下，可使制梃以挞强国之坚甲利兵矣。

"国争治僻，大同治毕"说

世界未大同之先，如比居之户，各藏火种以图焚人居，而不顾其及于己，此不可不防也。防之，则祸机尚伏也。孔孟之道，虽不重战，然其为爱，由近及远，先亲其亲，先治其国，及于天下。如与豺狼居，不得不备兵刃以自保。若人皆孔老慈佛，此兵刃将安用之？人无邪心，谁分国界？既分国界，即有邪心。邪心在中，而欲其无邪事，未之有也。故欲尽除邪事，则莫如速倡大同。或云气数未至，此瞽说也。气数者，天运也。《圆觉经》云："自熏成种。"孔子云："先天而天弗违。"老子云："象帝之先。"天固听圣人之命者也，欲之泰则泰矣。先使文教大倡，人心大明。搏列国如搏坭，然后取相防之祸而尽去之，以立大同之法，则永保而不变矣。（参观《止园王道法言》）

"鼓舞尽情，希有圣哲，一平不易，恶乃永绝"说

圣哲之移人也，如禹之治水，导之东则东，导之西则西，而况导之就下乎？今民之不靖也，如彼飞虫，不知何时落于蛛网，我将尽为之除之，谁则不愿？故有佛陀之哲，则印度之人弃家而为僧；有耶稣之哲，则犹太之人舍身以救世。夫弃家舍身，人之所最难也，而能使人为之者，教之力也。今若合孔老耶佛之精而尽宣之，虽躯［驱］天下之人以入火，而天下之人如趋市也。国人诚能知此，讲学不十年而天下服，讲学不百年而天地位。自今以后，化秽土为净土，如转丸耳，尧舜之功，何足道哉！

"足物戒过，绝智弃益"说

夫日图衣食之丰，宫室之美，官爵之尊，财用之富，而欣欣然自得者，禽兽之心，不知死者也。今若世界文明，而日急于制器，以为娱乐之具，曾不如尽人而杀之。孔子曰："仁人不过乎物，孝子不过乎物。"盖饱暖之外，若犹必借物以行乐，则其精神胶于六尘。胶于六尘，养其小体也。

故圣人之治，其极也，归玉于山，藏珠于渊，使民复结绳而用之，以全其性而证圆觉。非徒得四肢之安，纵七情之欲，遂可以言治功也。

"惟无为业，惟无为泽"说

今人之所谓有者，乃皆物也，若其无物，乃谓之空。空中之大有，乃非今人之所知也。浅言之曰，心中有权位者，不可掌天下之权。心中有财富者，不可掌天下之财。心中有圣人之名者，不可掌天下之教。心中有四相六根者，不可传天地之秘。深言之，则空中之妙，佛言"不可思议"，《易》言"匪夷所思"。至矣！吾惟愿天下之人，皆大空而无所有，一有即破，一破即证，以使众生尽入无余究竟涅槃而灭度之，以永保圣泽于无疆。

"天下太平，至乐无极，惟教而已矣，政不可设"说

夫政有启欲败性之毒，恶莫大焉。治制既备，必将焚无益之书，废不需之艺，使民平等而自乐其虚。上下平等，圣凡平等，女不治容，士不多学，无一切缚，无一切物。其时虎不食兽，鹰不捕鸟，蛇不食虫，獭不捕鱼，化修罗为慈悲，措宇宙为和气，无政有教，雍雍泄泄，而圣功之及于此天地中者乃为大备，教中有规以代政也。天地一大学校，闭而齐之，齐而觉之，乃为大顺。然无政者，非放弃自由，毫不羁束也。

六　学问通

序[①]

为学日益，为道日损。益则无穷，损则有极。以无穷混有极，而天下之人

[①] 《序》之前有著者以"太昭"名义手书题签："学问。太昭题，尹昌衡（印）。"

病矣。病而曰学，不如无之。予恐后学之颠倒也，因明诸教之旨，昭正学之规，以为之导。如此为学，人皆圣哲，而艺亦大精矣。有不欲罔者，其详审之。

学问通

学生明觉，为己则笃，乃别六生。生虽结形，其熏在英。正思之感，轶天之灵。入小者溺焉，文莫犹戈戈，故圣人一真而执偏。全大而细捐，不劳而成。本智末智，或自明诚，或自诚明。禅兴智，其不测，神授之精，阴阳调而序臻，有蔀则昏。大全诚定，知亦不知，不知亦知，成己惟仁，成物智行，各正性命而水走之。奴书毋为书奴。得精舍粗，得专舍复，疑勿以伏，气勿以梏。卒不弃之弃者，分执忽相踰，材各有宜。康天下者华文也，宜速以普。执绳而后以贯珠，执通而后以贯书。惟达惟一，有二即择，择而反焉，众疑大释。昭然括天地之外而无识，谓之大学，执小不夺。智不可尽，待众生之末日。

"学生明觉，为己则笃"说

学者何也？所以求明也，求智也。佛言永断无明，是去暗昧也。去暗昧，即得三昧。得三昧，即成正觉。成正觉，即证圆觉，证妙觉，证无上正等正觉。又曰正遍觉，故曰"大智慧到彼岸"，曰"广学多闻，惟求智慧"，纯以知觉为重。日强其知觉者，大佛之所以为大佛也。孔子十五而志于学，四十而不惑，则是二十五年之学力全在求生明也。故以智加于仁勇之上，曰"清明在躬，志气如神"，曰"明则诚矣"，皆重明也。故泰西以哲学为诸学之统。哲学者，求智之义也。夫学者，学成己，学成物，学为圣佛而已矣。我不如圣，是以学圣，我不如佛，是以学佛。孔子曰："好学近乎知。"是学之为术，俾今人日与知相近也。然今之学者，往往愈学愈远，而图治者往往愈治愈乱。何哉？孔子曰："古之学者为己，今之学者为人。"孔子之好学为己之学也，故好学近乎知。今之好学者为人之学也，故好学远乎知。背道而驰也，故远乎

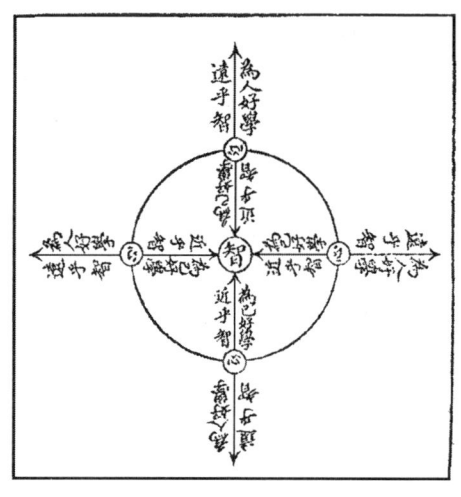

第一图

智。（第一图）

何以知之？老子曰："为学日益，为道日损。"若好学而图日益，是不为道也。智在明道，至为学反与为道远，岂非好学远乎智哉？殊不知，老子之所谓为道，即孔子之所谓好学也，老子所谓为学，即孔子之所谓今之学者也。何以明之？"为道日损"，即《易经》损卦之义，损之大象曰："惩忿窒欲。"孔子称颜子好学，曰："不迁怒。"是惩忿也，曰："一箪食，一瓢饮，回也不改其乐。"是窒欲也。惩忿，窒欲，是损，是好学，是老之"为道日损"，即孔子之"好学"也。

故佛陀之道，专主见性，见性者，以心内照也，为己也。以心内照，见性真明，故大智慧。若以心外照，而徒为人，性中日暗，求觉反昧，宜乎！

今人之读书如牛马走，载负万卷，而心未尝通一字也。夫为己者，自见己性也。如己性为日，去其云雾，自然大明。为人者，如家家献灯，以炫小明，送过万家，吾灯已尽，吾劳已竭，更无萤火，独守暗黑。故善学者，一见其性，而天下莫不见。不善学者，万有其识，而己性益以昏。佛陀谓识神用事，反害正觉者此也。夫学本以求明，非以求昏，愈学愈昏，不亦冤乎？成己成物，毕竟何得？求学者当知自反也。

"乃别六生"说

学何以能生明觉哉？当探天地生生之故，天生觉，地生形，我合天则觉日强，我合地则形日强。何以知之？即近取譬，地有形而重者也，我日以手举有形而重之物，今年臂力百斤，明年臂力二百，不十年而力举千斤，人以为奇，而不怪也，此合地也。天无形而轻者也，我日以心随无

虚明生	金落生	化体生	半落生	气结生	解涣生
精神虚妙	牝门虚阔	鲨介虚开	卵壳虚脱	土木虚腐	金石虚碎
人化而为佛	胎化而为人	煅化而为兽	煅化而为鸟	煅化而为虫	煅化而为土
觉极强	觉川强	觉又强	觉更见	觉稍见	觉最微

第二图

形而轻之妙,今年得全正觉,明年得全圆觉,不十年而神通妙觉,人以为奇,而不怪也,此合天也。夫释伽之所以成佛,自熏成种,不过如斯三昧耳。

考之物象,天之所以夺地灵而归于天也,以生气。其生气有六例焉,而皆以清虚暖涣出。一曰解涣生,金石之坚也。毫无生机,故薄知觉。及其自暖,涣以销之,乃成土而生木,生机着矣。二曰气结生,土木之坚也。微有生机,而薄知觉。及其自涣,暖以蒸之,乃生虫而生介,生机着矣。三曰半落生,卵壳之坚也。稍有生机,落地不能即见,而薄知觉。及其自涣,暖以伏之,乃化鸟而能飞。四曰化体生,鲨之坚也。已有生机,游水不能解脱,而有知觉。及其自涣,暖以蕢之,乃化兽而能走。五曰全落生,胎之结也。即有生机,在腹不能遂出,而少知。及其自离,骨辟产之,乃成人而能啼。六曰虚明生,性之存也。大俱生机,在身不能遂拔,而强知觉。及其圆觉,神以通之,乃成佛而永成。

夫生机即知觉也,每观生机之进化,必因虚涣。《易》曰:"涣有丘,匪夷所思也。"又观生机之化进,必因暖气。离中虚为火而生明,颐以中虚为养,此自进神觉之方也。

又观生于坚体之中者,觉最弱,生于虚体之中者,觉最强。土坚于水,土中之生物愚于水中。水坚于气,水中之生物愚于气中。气坚于虚,气中之生物愚于虚中。吾以此观之,属性于虚,为生明求智之极大也,故为属性于虚者,虽不读书,而已百倍于勤学之士矣。其灵征而孔昭也,斯为真学。

"生虽结形"说

怪哉,此心、脑也!五车之书,不知存于何所?若存于书椟,用之之时,犹必觅而后得,存于心、脑,则不觅而自发,岂不怪哉!今考生物之学,人之智在脑,因得五例。一曰惟高者惟智,二曰惟中者惟智,三曰惟一者惟智,四曰惟虚者惟智,五曰惟圆者惟智。何也?有智之物,惟脑惟高,惟脑惟中,惟脑惟一(毛发有千,耳目有二故也),惟脑惟柔,惟脑惟圆。吾何以希智哉?日玩心于高明,而不流于卑下,是生智也。故孔子曰:"高也,明也。"言高则明也。日玩心于中直,而不流于偏曲,是生智也。故《书》曰:"允执厥中。"言中则允也,允,诚也,诚,明也。日玩心于专一,而不二三,是生智也。故《书》曰:"惟精惟一。"言一则精也。日玩心于虚空,而不着于物欲,是生智也。故佛陀曰:"虚空妙觉。"言虚则妙也。日玩心于圆融，而不执于方滞，是生智也。故佛陀曰："圆觉了义。"言圆则觉也。是五者，求智之大纲也。夫智极者，脑顶当结舍利。舍利，坚珠也，《楞严经》所谓大佛顶也。人皆惊之曰："脑浆如此其柔，中无坚质，脑骨如此其密，又无空隙，如此坚如石金之舍利，从何处送入？从何质结成？"此大愚也。鸡卵中之黄之白，此柔于脑浆者也。鸡卵壳亦密如头角者也，此坚如金石之鸡骨，又从何处送入？从何处结成哉？自然之理也。夫人物之脑，其愚者，小脑露于大脑之外而不圆。其外膜厚而脆，其脑中皱线浅而少，其脑浆轻而粗，糟而浊。其智者，小脑包于大脑之中而椭圆。其脑膜薄而韧，其脑皱线深而多，其脑浆重而细，涎而清。此愚、智之分也。而力学善养者，日能变化其脑，使之由愚而入智，此因形及觉之证也。故牛马之脑虽大而不可以测人，盖以其己所应能者而度他所应能者则迷矣。瞽者无以与乎文章之观，聋者无以与乎钟鼓之音，岂惟形骸有聋盲哉？夫智亦有之也，人之不测佛，亦犹牛马之不测人也。

"其熏在英"说

考脑之形如此，将谓觉在脑耶？觉若在脑，在浆欤？在膜欤？又曰："心脑交，血循环而后有思，然则在心欤，在血欤？"四大假合，觅之皆不可得，惑矣。不观之无根藤乎（俗呼为莫娘藤）？根生于五里之中，而藤悬于五里之外，其根圆融，地穴亦圆，如脑形，此根固不自知五里之外厚土之上尚有藤也。何也？以其不能瞪目出土、步行而往观也。人生大气之中，此脑壳即无根藤之土穴也，此脑即无根藤之圆根也。太虚之中尚有神焉，如无根藤之藤也，此神此脑，如根藤之相亲。凡人之不得通天眼而上观其神，亦如无根藤之根之不得通土眼而上观其藤也。根养愈善，其藤愈秀，其藤愈秀，根亦愈坚，藤秀之果，结实不坏。脑养愈善，其神愈灵，其神愈灵，脑亦愈智，神灵之果，圆觉不坏。吾神内照而好为己之学，自见其性，日与智近，神日高而日清。天眼天耳，本自应通，何难之有？《易》曰："在天成象，在地成形，变化见矣。"脑中一气之感，一念之动，天已成象而人不知耳。故吾无念不善，无念不空，无念不高，皆所以成吾神也。以待圆觉，复何疑哉？

夫人心之慈爱为仁，果核之生机亦为仁。故人而不仁，即无生机，虽生于世，其神已死。果桃而无仁，即无生机，虽埋于土，其萌不出。人而不仁，无怪其日读而日愚也。人而不仁，无怪其日思而日昏也。故自古有不仁不义、不忠不孝之帝王，无不仁不义、不忠不孝之仙佛。此身此脑实为无用，惟此圆觉为至大、为至贵。求学者，宜知所本，则日学而日智矣。故佛陀云："仁爱之大，能自熏成种。"自熏成种者，自大其仁心也。

《书》曰："格于上帝。"《易》曰："感而遂通。"耶稣曰："上帝耶和华生人心中。"揆之无根藤之喻，而征以圣训，当知予言之不诬也。道家有无根树之歌，亦此意也。

"正思之感，轶天之灵"说

夫学者，运思以求智也，然有邪正之别。生邪心者，《书》所谓"作伪，心劳日拙"也，安得不愈学愈愚。生正心者，《书》所谓"作德，心益日休"也，安得不愈学愈智。故《大学》首言正心而后成学。佛言三昧，三昧即正思也。正思能证妙觉圆觉，匪夷所思也。请详其说。

曰：直立向天谓之正，不失中和谓之正。皆惟一也，一则能正。以相观之，人之心、脑与天之交惟一直线，舍去此念，念念皆邪。何也？本几何之学，两点之间，惟一直线。人天之交，岂有二直线哉？故《书》曰："一德一心。"曰："德惟一。"曰："惟精唯一。"曰："咸有一德，克享天心。"孔子曰："一以贯之。"老子曰："道通惟一。"回曰："惟一真宰。"耶稣曰："惟一上帝。"而佛佗之言曰："惟一真法性，能直超三界，诸佛菩萨皆来护法。"何如是之伟大哉！言一，言直，言正，则几矣。几何之理，两点之间，直线惟最短者，故以直求天，与天最近。与天最近，故增长智能最速。然一真之法性，不惟合天已也，法而曰性，顺心、脑自然之直上路也。此路岂惟合天哉？将超出三界诸天也。何也？志于京者到京则止，志于海者到海则

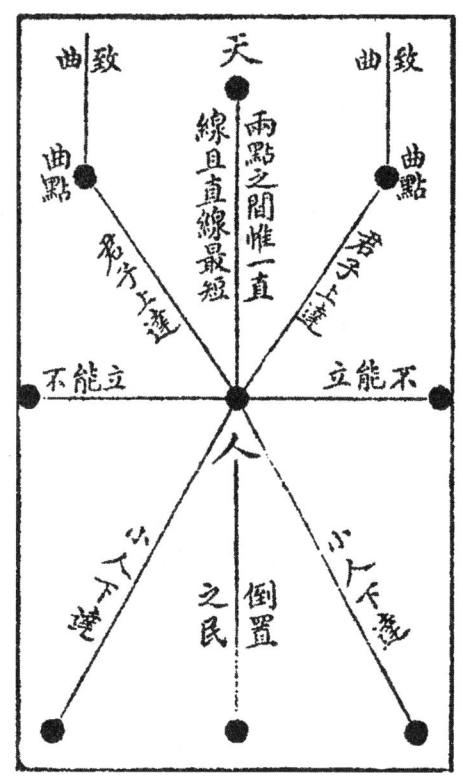

第三图

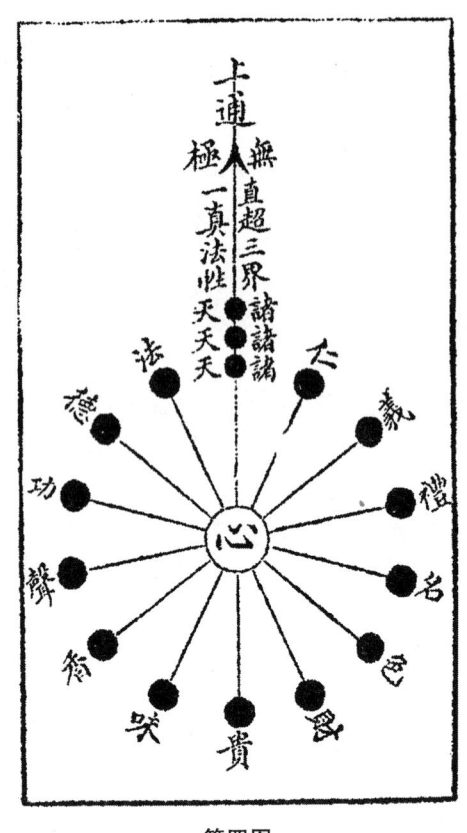

第四图

止。故志于名者得名即止，志于色者得色则止，志于财者得财则止，志于贵者得贵则止，志于味者得味则止，志于香者得香则止，志于声者得声则止。此其极卑且污，小人之所营也。上之志于礼者得礼则止，志于仁义者得仁义则止，此老庄所以不重礼与仁义也。志于法者得法则止，志于功德者得功德则止，此佛陀之所以不着法相布施也。高焉者，志于天者得天则止，故大佛不志于天，而必欲超之，斯为大学，斯为上智，斯为无上正等正觉。求学者知此，其聪明之增进，盖不可以言喻。而成学之速，亦且过于诵读思辨之功也，谓之大成。大成者，直超三界，其大无外也。

"入小者溺焉，文末［莫］犹戈戈"说

今有人入海数沙，尽一海之沙命名而形象皆记之，可以谓之博学乎？此人劳死不置一钱矣。又有人焉，入山认蚁，尽一山之蚁命名而形象皆记之，可以谓之博学乎？此人劳死不置一钱矣。抑知今人之所以不及古人者，以何故哉？在昔包牺之时，人不识字，包牺氏无所用其心，故运其正思以育真灵，不久而与天通。尧、舜二帝，无《诗》、《书》、《易》、《礼》可读，故运其正思以育真灵，不久而与天通。降而稽之，禹、皋、伊、傅、文王、周公、孔子，所读之书，所见之史，曾不如今人所读所见万分之一，何以禹、皋、伊、傅、文王、周公、孔子则明心见性而为圣人，今人反迷心失性而为禽兽哉？正坐入海数沙、入山认蚁之病也。夫形而上之道本无一字，若识一字，便即非道。故老子以为"常道不可道"，佛陀云"四十余年未尝说法"，孔子至于"无声无臭而后已焉"，皆绝智弃识以归于真也。愚哉，今之人也！其极鄙也，夸文章，多强记，以为学，倘使生于数十万年之后，其时书籍十万倍于今，如海中沙，如山中蚁，必一一读之而后见道，是自求毙也。

吾常谓初、哉、首、基、肇、祖、元、胎、俶、落、权舆，不过一始字；弘、廓、宏、溥、介、纯、夏、幠、厖、坟、嘏、丕、奕、洪、诞、戎、骏、假、京、硕、濯、吁、宇、穹、壬、路、寅[淫]、甫、景、废、壮、冢、简、箌、昄、晊、将、业、席，不过一大字。此犹但以中国之文而言之也，若后世搜罗方言以夸博大，则一始字、一大字，亦可积千累万。夫积千累万之学力，仅识一始字、一大字，岂不冤哉？若如此学，费积千累万之力更不识一大字、一始字矣。何也？精神耗尽，学于何有？伟哉，嬴政之功也，取天下之书而焚之。今后之人，日好著作，以夸耀文章，典雅积山，册籍填海，若皆可传，必至于塞天蔽地。何也？天地有限，书则日著而日多，无有限也。以有限待无限，安得不盈？于斯森森，不焚何待？且耶稣之出也，未闻引他氏之书。老子五千言，未闻引他氏之

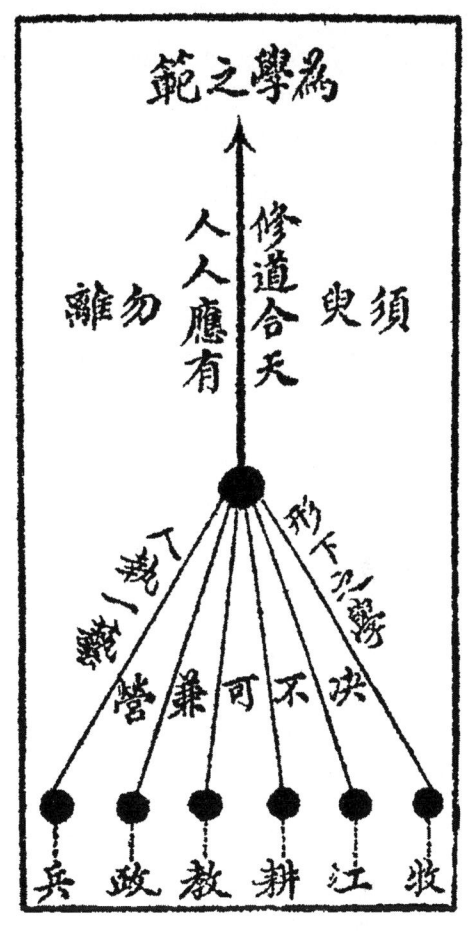

第五图

书。佛佗说法一生，未闻引他氏之书。而其理义精当，百世莫能破。盖心与天通，即不识一字，而随口皆经矣，何必读书？故学者不求多闻，不重词华，不劳心力，不耗中气，而真明正觉，自与天合。所重者体验力行，保善全真，而以其余力从事于《诗》、《书》，则明觉之速启，不可以言喻矣，为学者其知之。故古之学者以人合天，愈学愈清虚，如浮太空，左宜右有。今之学者违天入物，愈学愈滞塞，如沉胶海，手缚足束。呜呼！文章之士不死，考据之习不革，训诂之学不去，多闻之见不破，大道无明日，而凡为学问皆陷溺壅闭之途也。所以为彼者，为人也，曰人将谓我为有学，曰人将谓我为有才而为之也。所以为彼者，为物也，曰人将谓我有学而与我以富也，人将谓我为有才而与我以贵也。为人，为物，小人下达，安得不愈学愈愚

哉？夫向天而学者，如就日，日愈近而愈明。向地而学者，如钻邃，邃愈深而愈暗。为学知此，庶无歧矣。

故善为学者，不惟不使其劳心，尤必常使其心逸。如种然，一日播之，十日养之。如保胎然，一时结之，十月孕之。凡天下待天而生之物，未有不以静养成者。其不以静养而成者，雕刻削琢无知觉之物也。圣人知神之纯合于天也，故学一而养十，学十而养百。结精抱一，归于婴儿。婴儿无识，顺帝之则，乃大学也。

"故圣人一真而执偏"说

如上所述，则老子之太虚最善。何也？使民复结绳而用，不以物劳。而尽日思天，思之思之，神明通之。此上达至便至切之功夫也。佛佗亦然，日运三昧，以图上达。至于求物，惟败衣乞食而已。此固最便，然于人世亦难行焉。真论人之正轨，莫若虚其心，实其腹，弱其志，强其骨。盖强骨实腹，以力养形，而受于地者还用于地也。虚心弱志，以觉合空，而受于天者还用于天也。

如上所述，世事艺能，纯不当入人之思，而使之下与地合。折巧匠之指，刳博士之心，而后大顺，固也。然教无人讲，久则迷。政无人理，久则乱。艺无人修，久则材物不阜。书无人读，久则圣人道不明。何以救之？不如分为二而兼修之，两皆不失之为中也。

一曰上达。日虚其心，养此太和。动念皆仁，时思天趣。增养聪慧，妙不可言。此凡世之人皆宜修，而一刻不可离者也。孔子曰："天命之谓性，率性之谓道，道也者不可须臾离也。"即此意也。然此惟一耳，决无二事，决无二义，又不心劳，又不劳力。

二曰下达。此有六级，一级掌教，二级为耕，三级为艺，四级为政，五级为牧，六级为兵。请言"教"。教何以为下达？道本不可道，而强以法名之，是谓多事。故佛言："我未尝说法，说我说法，即是谤佛。"然有度人之心者不得不自降，如下水拯人，岂得已哉？为传教，师以易食，人格之最高者也。请言"耕"。尽力不劳心，若一得道，最易养成。古之大圣，多隐于此。此为人格之第二级。请言"艺"。医以活人，工以成器，不作淫巧，不伤天和。此为人格之第三级。请言"政"。人爵至贱而极伪，佛老耶稣皆耻言之，然为人世之不可少。尧、舜以教兼政，以至贵役至贱，故至贱不贱。此如入溷度人，不得已也。此为人格之第四级。请言

"牧"。滋生牛羊，以皮为衣，以肉为食，生机即为杀机。此为人格之第五级。请言"兵"。凶兵战危，杀人之道。入此中者，虽岳飞之贤，尚且还过杀机而后为神。然曹彬、郭子仪因此救人，功德不小。惟稍失警觉，若一差池，最易堕落。惟圣人见天心尽至仁而后用兵，无害于性。此为人格之最危级。凡上所述，或以觉人，或以生人，或以卫人，以与民通工易食，为生人不能不尽之执。然须通于上达之道而后能精，而后不迷。譬如人在舟上，随宜用水，水为我用。若一下沉于水，则不能用水，而反为水溺。且清明在躬之人智虑百倍，若以学形而下之学，如镜照物，丑好毕见。若不通道，则如土镜，时时照物，一物不见。且夫求学不可兼营者也，农圃之术，圣人不知，即曰知之，只能执一。故孔子有"执御执射"之说。今若尽攻石、攻木、攻金、攻玉之学而一人兼之，攻石之时不得攻玉，攻木之时不得攻金，其受食等尔，而不得精，徒自困耳。故学问之道，择一专精，与道并修，不劳而成。惟决不可以害道。害道如伐根养叶，万无生理。

"全大而细捐，不劳而成"说

吾全吾道，学问捐之可也。如提纲然，不必数纲目而尽张之矣。夫舜无工倕之巧，亦无夔氏之聪，而工倕之巧，夔氏之聪，尽于舜矣。故圣人通教政、兵民、财谷之大纲，而横使天下，乃谓之大。即以学言，凡学之中皆有纲有目，提纲则明，入目则昏。比如传教者以明心见性、成己成物为纲，如此足矣。今有能成诵《十三经》者而不能通孔，尽呗《全藏经》者而不能知佛，则入小者误焉。必诵孔子之全书而后如孔子，将孔子又读何人之书哉？必诵佛氏之书而后如佛，将佛氏又读何人之书哉？故多能为政，其政必乱；多学为教，其教必昏。譬如工人不从斧斤刨凿之事，而能指挥鸠僝者，天下之良工也；穷究斧斤刨凿之事，而不能指挥鸠僝者，天下之贱工也。通此义也，而以求学，庶无惑矣。

"本智末智，或自明诚，或自诚明"说

於戏，怪哉！蜘蛛一生，即弃其子。其子既生，又不习为网，然而自性忽觉，遂知屋角牵丝。蚕虫已卵，即弃其卵。其卵既孵，又不学为茧，然而自性忽觉，遂知枝头自缚。如彼桃李，不向市中买色，及其时至，色从何来？如彼兰蕙，不向街前求香，及其时至，香从何来？此本知也。人之成佛

亦如是也。实无有法，能令众生得灭度者。实无有法，能令蜘蛛为网，蚕虫为茧，桃李生色，兰蕙吐香。至于有法有学乃末知也，末知学问也。"学问之道无他，求其放心而已矣。"言已矣者，无他事也，诚哉孟子之言也。众生不放心，自能灭度，自能入涅槃。实无有法，所谓无修、无证、无念、无住也，妙法止于此矣。蜘蛛不放心，自能作网。蚕虫不放心，自能作茧。桃李不放心，自能生色。兰蕙不放心，自能吐香。求而归之，此心在我。学莫大焉，此自诚明、自明诚之所由分也。自诚明即佛教所谓"自性圆觉"，自明诚即佛教所谓"声闻缘觉"。自性圆觉，不必求学，心常不放，一直通天。声闻缘觉，听法大悟，心乃不放，一且〔直〕通天。斯二者为学之事毕矣，更求见闻即为多事。不多事者事半功倍，此学者之绝窍也。

"禅兴智，其不测，神授之精"说

夫人有三宝，一曰精，二曰气，三曰神。神曜于虚空，气通于太浮，精聚于体中，实相生生。故精强者气足，气足者神全。而修之之法，惟凝静中和而已矣。比之精如水然，气如吸筒，欲使水能直注于上，空其吸筒而直立之，水乃由上而喷，外以气压而不泄，内自虚极而生暖，则禅事备矣。

夫禅者，直坐而尸忘。直坐则三关通天，尸忘则六根不漏。中空而真凝，离虚而坎济。自然灵性，直与天接，其又何疑哉？接天而运三昧，如鸡孵卵，安得不神明大通哉？所虑者外物有所夺，内心不纯仁，中懈而无成，境现而惊败，四贼为之害耳。外物有所夺则孔漏，内心不纯仁则无种，中懈而无成则作辍，现境而警败则破坏（如第六图）。六孔不漏，中虚无碍，水上不已，而筒不裂，则未有不混混大喷者也。回氏之荒崖三载，佛陀之树下六年，大通至明，莫此为极，胜于尽日伏案多矣。今置鸡雏于一室中，不与他鸡见，产卵既毕，即知伏草，此鸡也，何以知卵中有雏哉？人之不放心者，禅期到时，亦自知觉，不必知己之将成佛也。鸡不知卵之有雏而雏自化，人不知我之将佛而佛自成，本智自然无可言者。至于学问则末智也。

"阴阳调而序臻"说

故善学者，调天地阴阳之和而不逆。《易》曰："奋至德之光，动四气之和，使之阳而不散，阴而不逆，四畅交于中而发作于外，皆安其位而不相夺也。"此之谓也。夫应兴应起，各有其宜，应禅应觉，亦自有感。惟于科学杂进之时，则不能不多劳于形而下。然亦惟养道者，心纯觉强，而学易成也。故董子下帷，转昏于记问，苏秦刺股，乃偏于揣摩，非为学之道也。孟子"勿助勿忘"，顺自然也。

"有蔀则昏"说

蔽于小者失其大，蔽于近者失其远。常见学校诸生，有学术优良，丝丝入毂，及其学成，规模狭窄，乃终不能成一事。或则高视阔步，不琐琐于学术，而能提纲挈领，及其学成，纵横阖辟，临事裕如。此其故何哉？蔀不蔀之故耳。故蔀于一堂者，其学不出比邻。蔀于一时者，其学不出十年。蔀于一国者，其学不行天下。蔀于天地者，其学不超三界。其为自小

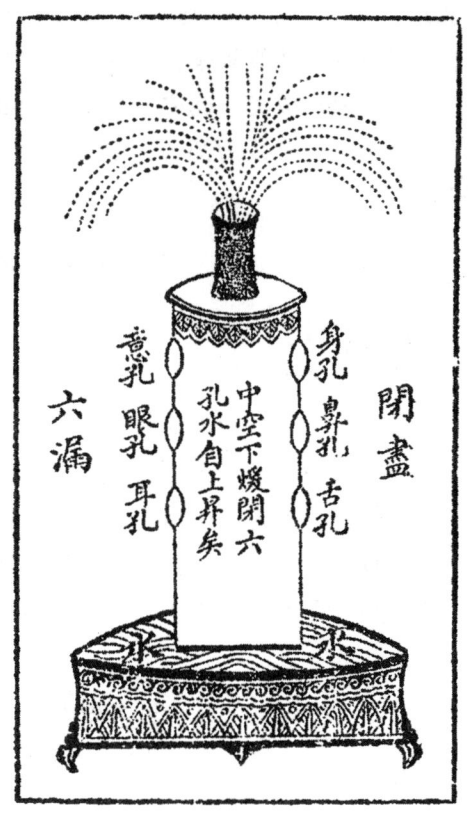

第六图

不同，而其所以为自小则一也。孰将让天下之群蔀，而自明其明？人皆以我为不肖，而我自若者。此其人有大不凡者也，谓之大学。

今之人有蔀于训诂者焉，而拙于文章。有蔀于文章者焉，而拙于世事。有蔀于世事者焉，而拙于大道。则惑之甚也。

"大全诚定，知亦不知，不知亦知"说

夫大成之学，非必尽字而识之，尽书而读之，集世事而能之也。通天人之正而措之时中斯足矣，于义何必详哉？知成己成物，成己之形，成己之觉，成物之形，成物之觉，而顺以施之，量力而行，量力而学，即圣人也。孔子曰："君子多夫哉，不多也。"曰："知之为知之，不知为不知，是知也矣。"不以多矜人，诚知则以为知，诚不知则以为不知，则其为知也至矣。《中庸》曰："人一能之，己[已]百之。人十能之，己[已]千之。及其

成功，一也。"若是，则人学一年，己当学百年，人学十年，几〔己〕当学千年，今古有此修龄乎？盖道通惟一，所学者一道也，一能千能，止此一道，得此则学成矣，此之谓大全。况真知者，知其白守其黑，知其雄守其雌。知之而不自以为知者，学之大全也。人有不能摇我以识神者，安得不全？

"成己惟仁，成物智行"说

虽然，道不可以一执，比如同溺于海，浮泅登岸，则谓之我成矣，此学之同造也。若更欲救一人，则须有一竿；欲救十人，则须有一舠；欲救千百人，则须有一大舰；欲救全海之人，则大舰愈多愈善。佛陀所以广学多闻辩才无碍者此也，孔子所以多能亦此也，孟子好辩、老庄著书亦此也。皆求竿、求舠、求大舰以成物也，非为己之学也。然成物即成己也，体本太极，用乃无极。各尽其量，不勉强，不妒人。任我虚空，成成相因。肃然自乐，往不余裕，谁复能困我哉？且即以成物言，养之厚者公且明，又不必在多学也。

"各正性命，而水走之"说

水就下，性就道。水就下，不可抟而跃之，汲而行之。性就道，不可蔽而昏之，戕而贼之。夫人者杂万物而同形也，中人以上，中人以下，不可一例，盖其来者杂也。我自有我之性命，人自有人之性命。鸡卵成鸡，鸭卵成鸭，鸟卵成鸟，凤卵成凤，谁能相夺？我自成学，而不盱人，即欲盱人，于我何成？若是，则为学为道，安然而成矣。老子曰："跨者不行，跂者不立。"此之谓也。佛陀之方便法门，亦即如此，学者之周行也。

"奴书毋为书奴"说

夫书者，圣贤之药剂也。可不慎欤！老子发言，即曰："道可道，非常道。"佛陀说毕，乃言："一切法，皆非法。"盖道本不可道，而法本不可说也。我不道道，随境有道。我不说法，随境有法。在我自通书，非能通我者也。尽信书则不如无书。老子之本，本极精当，然信"破斗折衡"之言，则世人破颅；信"法令不可滋张"之言，则盗贼满野。孔子之道，本极时中，然信"好学近乎智"之言，则书痴死于萤窗；信"毋不敬，俨若思"之言，则乡原奉为《洪范》。佛陀之教至为宏邃，然信"无眼耳鼻舌身意"之言，则四体可以割离；信"一切法皆非法"之言，则佛书可以尽毁。非疏通普照，将何以择之？故善读书者，得牛溲马渤，皆成至宝；不善读书者，得丹沙玉屑，皆为鸩毒。则在用之者何如耳。何以用之？一曰虚，二曰公，三曰圆，四曰精。虚则不窒，公则不僻，圆则不固，精则不眩。持此四者，以读天下之书，如镜照物，莫不昭晰。则取之左右，逢其源矣。

"得精舍粗，得专舍复，疑勿以伏，气勿以梏"说

今有史册杂陈，有英雄焉，有善人焉，有贤士焉，有神圣焉。英雄粗于善人，善人粗于贤士，贤士粗于神圣。得英雄之精，则闲史之糟粕舍之而已矣。得善人之精，则英雄之糟粕弃之而已矣。得贤士之精，则善人之糟粕弃之而已矣。得神圣之精，则贤士之糟粕弃之而已矣。如是之学，易成圣神而不劳。今有诗书杂陈，有词翰焉，有经济焉，有仁义焉，有道德焉。词翰不如经济，经济不如仁义，仁义不如道德。得词翰之精，则考据之琐屑随我取用。得经济之精，则词章之琐屑随我取用。得仁义之精，则经济之琐屑随我取用。得道德之精，则仁义之琐屑随我取用。如是之学，贯道德而不劳。如拾级然，百蹈而不升者困于一级，得上即舍下者跻于天际。如酿酒然，有酒而宝糟者是为贱工，得酎而舍酒者尽其精华。大丈夫安能役役穷年，咕哔而不进也？

且夫极千圣万贤之说，同者九异者一，其同本，其异末也。麻［考］诸经百子之义，同者九异者一，其同本，其异末也。比如道德为重，中外神圣，不知凡几千百复言之矣。知以道德为重，则读一神圣之一言足矣，再读不过此矣。济利为本，中外圣哲，不知凡几千百复言之矣。知以济利为本，则读一圣哲之一言足矣，再读不过此矣。譬如尝水之味，知水之味如此，则不必泉泉井井处处尝之。譬如对镜照形，知我之貌如此，则不必青铜玉鉴一一照之。夫是之谓善学，善学者能自逸也。

惟是破疑解惑，不可不勤。一理不明，必尽心竭力，深思而熟验。有弗思，思之弗得，弗措也。若浅常辙［尝辄］试，而遂谓得道，其危不可深言也。当知中外圣神，惟孔子、老子、佛陀之言，为极精当博大。对于此三圣神之书而有疑，不可以不深索，其他则不可憒憒然遂信之也。如欲求玉，先得卞璧，与他玉比，必得上撰孔子、老子、佛陀学者之卞璧也。

尤要者，学贵我得，不贵学得我。既贵我得，则宜保合中气。与学相

游，歌之咏之，畅于心身，体之验之，化于神脑。则不及数年，即我即圣矣。尝见学者作文，其题曰"非礼勿视，非礼勿听，非礼勿言，非礼勿动"，而诸学子口谈淫秽，身如风柳。以此为学，文字虽佳，何所用之？凡上四事，为学之最要也。

"卒不弃之弃者，分执勿相喻，材各有宜"说

夫形而上之道，人人应全，而亦易全。何则？搬柴运水中，即有大道故也。若夫形而下之器，习为政，至元首不贵，习为工，操刀尺不贱。天下之事，人各分功以养形耳，何贵贱之有？执一必精，执工弃耕，执耕弃政，我弃人取。互相交易，我取人弃，各得其利。天职之调和均矣。我不盱人，人不学我。力大智弱任工耕，力小智强任政教，材各有宜。果腹则止，腹果以外，所造者道。呕于田者圣道，书于案者亦圣道也。歌于市者圣道，论于廷者亦圣道也。圣道之大，如太虚空，天地容焉，人时在中。圣道之普，如大气聚，一吸得之，人不我碍。除此道外，何事与他人弄哉？此为学之专定也。

"康天下者华文也，宜速以普"说

吾为华人，而谓华文为世界文字之冠，人或疑之，而不必也。吾无成心于其间，言天下之公也。夫文有四至，一曰达意，二曰蕴道，三曰精简，四曰生趣。以"达意"言，各国之文字书之于纸，就书观意，漠然无有。华文六书之义，观天字则知惟一大，观王字则知贯三才，观蜂字则知为虫类，观言字即知为口发。其中藏理之精者，首乇为道，则知道也者，人所首当共由者也。直心为德，则知德也者，直一正思之谓也。如此之义，不可胜举。吾将为《小学》证道以明之，且中国字多而义周。如玄牝、太极、氤氲、允厘之义，雅驯深显，译以他国之文，便觉以石换玉，此达意之特长也。以"蕴道"言，夫道非浅词俚语之所能尽也。如《诗》曰"天立厥配"，曰"烈文辟公"，《书》曰"允恭克让"、曰"翕受敷施"，《易》曰"负乘致寇"，《传》曰"温肃恭懿"，一读其文，令人穆如春风，直与天合。一经译述，嚻唠嚏喽，味同嚼蜡，虎豹之鞹，不足玩矣，此蕴道之特长也。以"精简"言，《书》曰"睿哲文明"，《礼》曰"广博易良"，《易》曰"元亨利贞"，《诗》曰"绳其祖武"，字字浑括，包罗万象。外国之文，则长写杂辏，无昭肃之象矣，此精简之特长也。以"生趣"言，诗词骚赋，郁焉

彰华，音节之妙，鬼神皆动，至书法篆隶真草之文，亦足动观，此其妙不可以言，而他国之文，更不能望其项背矣。学道之士，不可不精求于华文，如畏其难则亦有速成之方也，从易简入可也。

总之，华文由大道而成，仰象于天，俯法于地。晰万物之精，动四气之和。如日月昭昭，如神灵英爽。将道愈彰，而文愈显，此学者之良规也。

"执绳而后以贯珠，执通而后以贯书"说

夫人之欲通也，必先达一是之真理，然后读书，如以绳贯珠也。何谓一是之真理？曰："道。"何谓道？曰："成己成物。"成己成物何如？曰："成己之觉，成物之觉，成己之形，成物之形。"知此理也，然后所读何语成己之觉，何语成物之觉，何语成己之形，何语成物之形，一一思之。又当知通变，夏不裘，冬不扇，一一辨之，然后提之而走，取用裕如。若不能贯，虽读破万卷，如满地散珠，无所用也。孔子曰："赐也，汝以予为多学而识之者欤？"对曰："然，非欤？"曰："非也，予一以贯之。"此之谓也。

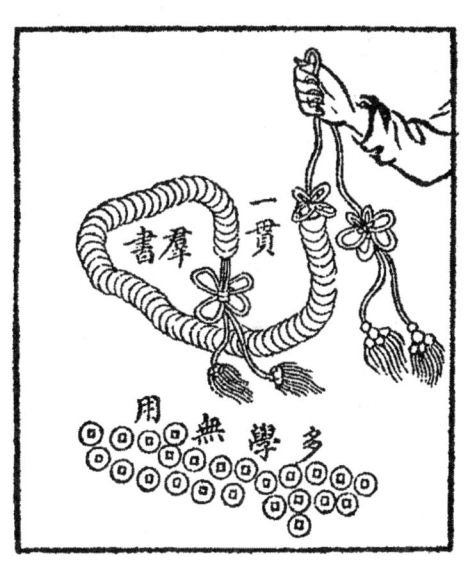

第七图

"惟达为一，有二则择，择而反焉，众疑大释"说

老子曰：道通惟一，惟达者知二为一。夫道惟一而无二，而况于三四乎，而况于十百乎？今执诸家百子之说，东驰西骤，吾以二折之而已矣。有为己者，有为人者。有重觉者，有重形者。有入世者，有出世者。有形而上者，有形而下者。偶待之学多也，吾则执两端而得中。何也？惟中惟一也，耳二鼻一，手二首一，脚二贤一，目二口一，瓣二萌一，枝二本一。凡居中者惟一，天地之象着也。惟一得中，吾将执老佛为上，管商为下，而折衷于孔子矣。其他怪说纷呈，本不发于仁义礼智者为异端，摈之而已矣，又安能入粪求洁哉？

"昭然括天地之外而无识,谓之大学"说

夫天下之物谁大?曰:"山大。"有大于山者也?曰:"海大。"有大于海者也?曰:"地大。"有大于地者也?曰:"天大。"有大于天者也?是皆不大,惟何为大,惟太虚空。吾学入于太虚空,然后吾之大全矣,未有过者。《易》曰:"龙德。"龙不识字,故其德全。天不言,地不语。大学之极,极于是乎止。

"执小不夺"说

虽然,学在太虚,岂必无所执哉?虽为厮走可也。为厮走无伤于圣神,为天子反或有伤于圣神。形执其小,而道执其大,孰能夺之?以视之天地么么也,荒而居之八极以外,归而藏之秋毫之末。吾是以笃。

"智不可尽,待众生之末日"说

夫智不可尽也,尽而不可言。逐物无尽,吾不能入四海而数沙也。太空无尽,若必直超三界,而不为此地留灵气,非仁及末世众生者也已矣。为学者其勉之。有圣人出,调于中和,常令此世圣哲代继。则将视此地如盆土而郁闭之,谓之大仁极于此地。

七 艺术通

序①

绝智弃巧,顾亦不必。然道以虚成,艺由实正。智巧而无实,则不可以不去。故圣人用民之智力,如悭夫用金,不轻锱铢。是以长裕而保泰,智觉力形之交养哉,不知其通者驰而外矣。予是以稽诸形而下者之器,要结于不冗,作《艺术通》,以为之轨。

艺术通

道求诸虚,艺求诸实,实中有虚,虚中有实,虚实比观相生也。力因于

---

① 《序》之前有著者以"太昭"名义手书题签:"艺术。太昭,潜庐(印)。"

地，智因于天。化不化之为永焉，聚者云成。若非有体而色声者，幻幻之关。因动知道，因子知道，因形知道，因矿知道，因力知道，因植知道，因声知道，因光知道，因电知道，因化知道，因庶物知道，是艺术有补于形而上也。因动养生，因子养生，因形养生，因矿养生，因力养生，因植养生，因声养生，因光养生，因电养生，因化养生，因庶物养生，是艺术有资于形而下也。非此则伪，启欲尤棱，商兵利伪。立国之道，教禁而惩悖，公通则捐之。常使民贵所贵，不贵所不贵，故监讦因而进退，以与和会，民乃不坠。

"道求诸虚，艺求诸实，实中有虚，虚中有实"说

求道与艺有大别之径焉，曰道必求虚。求虚者，绝地也。绝地之虚，生道之实。而道所生之实，为浅学寡验者所不能识。新进之学，每劣于此。至于艺，则事事可执也。制一车，能行否？速否？坚否？任重否？制一兵，能杀否？利否？便否？胜敌否？制一画，美否？精肖否？制一器，华否？适用否？此皆一比即见，一验即呈，无有隐者。此艺术之尚实也。然而，实中有虚，虚中有实，实实虚虚，相掩而相生，非大明至通者不辨也。制一车，不能行，不速，不坚，不任重，固世人之所指为败也。制一车，能行矣，速矣，坚矣，任重矣，岂能如列子之御风乎，而庄子犹拙之也。制一兵，不能杀，不利，不便，不胜敌，固世人之所指为败也。制一兵，能杀矣，利矣，便矣，胜敌矣，不过如孟子所谓"我善为战"，而孟子尤罪之也。制一画，不美，不精肖，固世人之所指以为败也。制一画，极美，极精肖，遇佛陀则将曰："此有害于色相空，速焚之。"制一器，不华，不适用，固世人之所指以为败也。制一器，极华，极适用，遇庄子则将曰："此必出于工垂之手也，速捓之。"总之，有颜生之安步则不必车，巧于何用？有孔孟之大道则不必兵，强于何用？有佛陀之空相则不必画，工于何用？有庄子之朴厚则不必器，美于何用？此言也固专于形而上之极，然大道行，车同轨则车贵；大道行，武止戈则兵贵；大道行，圣人欲观古人之像则绘贵；大道行，备物制用以为天下用则器贵。然艺术当役于形而上之道，乃不滥纵其目耳口鼻以乱百度。故言艺者，莫先于言道也。道成而后器立，道不成虽有艺何用哉？鄙哉！今之言艺者也，背道而言艺。夫背道而言艺，是求实而反虚也。嬴氏之长城，不能如孔子一字一画。纵使极阿房西京之丽壮，居羊牛犬豕于其间，其如颜子之陋巷乎？以求实言，当知大实，勿入小实；当知贵实，勿入贱实；当知真实，勿入伪实；当知觉实，勿陷形实，然后备万物以为用而不

失。《易》曰:"古者包牺氏之王天下也,仰则观象于天,俯则观法于地。观鸟兽之文与地之宜,近取诸身,远取诸物。"易者象也,象者材也。爻也者效天下之动也,效天下之动以为艺术。上育道而成正觉,下育形而得康宁。两不相害,艺术之通者也,言艺术者以此为准。

"虚实比观相生也"说

夫器之中亦有虚而实,实而虚者也。有一床于此,卧之而足,六尺之长,四尺之广,夫妇皆安矣。必欲金壁之,雕涂之,则吾不知其有感于梦也?而又疲手足以殉之,故君子谓之失实。有屋于此,居之而足,八口之家,四栋之室,父子皆安矣。必欲闳闳之,濯丽之,吾不知其益于身也?而又竭心脑以营之,故君子以为失实。夫鸟不愿樊,兽之【不】愿槛,今琢樊以玉而居鸟于其间,岂鸟之所乐哉?制槛以鎏而居兽于其间,岂兽之所乐哉?马厌金衔,牛惮璃牿,人之以艺技术巧而役耳目之和伤灵府之逸者,是未知实之为虚,而虚之为实也。何物是窒而陷溺如此哉?此之谓养其一指,而失其肩肯[背]而不知也。害矣!

"力因于地,智因于天"说

人必知保天觉之为贵,而贱力之属于形者也,则几于道矣。本西哲牛顿果坠于地之说,而为重学之根本,谓地有吸力。

凡有形而重之物,地皆吸之,必令其附地而后已。智者因此则知地既吸形,天必吸觉,地既生力,天必生智。何以明之?从高坠石,石愈坠愈速,但无物隔必及于地心而后已。则从下发觉,觉愈高愈明,但无物隔必及于天心而后已。故本力于地而成艺术,本智于天而成大道。此形上形下,两相对对,必然而无疑者也。(第一图)

第一图

且天动地静,智动力静,故有形之物皆滞动者也。而又以生动,本力学家言。土有磨擦之力，处处滞动。水有磨擦之力，处处滞动。气有磨擦之力，处处滞动。然人反因其力而能行，鱼反因其力而能游，鸟反因其力而能飞。因动生静，因静生动，人智正思固为天动，及其疲也是为地滞。天行健，地主静，先顺天地之宜，以为互生之枢，而渐全其健行者至也，地终不能滞之。故圣人泳夫天地以全其性，出此入彼，出人入天。

是以愈重愈坠，形之性也。愈轻愈升，觉之性也。愈动愈圆，天之宜也。愈静愈方，地之宜也。愈高愈明，智之则也。愈卑愈重，力之则也。愈虚愈昭，道之行也。愈实愈滞，物之行也。故智者因螺丝秤而知天地之通，悬一物于螺丝之端，置之极高，螺乃短缩，愈下就则物愈重而丝愈伸。以是知本乎天者亲上，愈高愈亲。本乎地者亲下，愈卑愈亲。其说为不诬也。故耶稣高入于天而得大道，诚为极伟。佛陀直超三界，则高又过之。孔子谓极高明而蹈中庸，便于民用也。高明不可以不极。夫智属于天，力属于地。艺术者因天之智，发地之力者也，时时不离于天以全地德，此艺术之所由以精也。（第二图）

且于此，可求一则焉。曰："高以虚通，卑以习进，大道顺自然之虚，艺术因授受之习。"何也？古牺皇之智极矣，参乎阴阳之宜，而穷乎造化之极。然其识不知制车，至黄帝时而后有轮，至少昊时而后驾牛，至奚仲时而后驾马。夫轮之为器，其理至易明，而工非繁者也。至今思之，虽下愚不难学，而牺皇不知也。已有车，驾牛则更易，而黄帝不知也。已驾牛，驾马则更易，而少昊不知也。岂古圣不如今之下愚哉？顺其自然之性则易，拂其自然之性则难也。入天者人之自然之性也，入物者非人之自然之性也。鱼鳖破卵，即知自潜泳，以人学之十年不成。海虫附岛，即知造珊瑚，以人学之百年不成。圣人岂独愚于愚人哉，并鱼鳖、海虫之不如

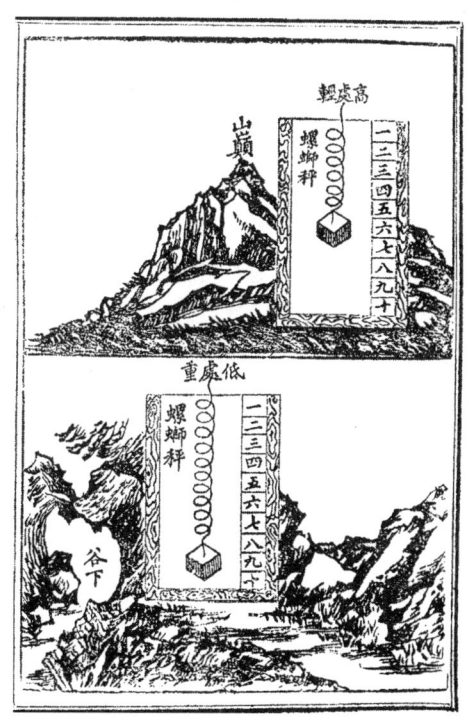

第二图

也？然古之圣哲果以何而精义入神哉？入神自然，入物非自然也。必能为鱼鳖之所能而后谓高于鱼鳖，则圣人之智穷矣。必能为海虫之所能而后谓高于海虫，则圣人之智又穷矣。独是三代以上，艺术之巧，迥不及今万之一，而神人之和适超于今一之万。由是观之，在此不在彼。夫形上、形下之智，分道而各驰也。故圣人正其形而上之道，然后役万民以成艺术，要归于有益。斯二者不相害而相结，庶物备秩，非圣人之有万心万手也。

"化不化之为永焉，聚者云成"说

夫在天之觉，在地之形，两合则苦，两解则宁。合有变焉，而无死灭也。解有变焉，而无死灭也。譬如锻金为鼎，命之名曰"甲鼎"。此鼎由锻时生，实非由锻时生也。未锻之前，此鼎所具之金固有也，分之为二，分之为三，分之为十百，而各得以名之也。陶土为瓷，命之名曰"乙瓷"。此瓷由陶时生，实非由陶时生也。未陶之前，此瓷所具之土固有也，分之为千，分之为万，分之为亿兆，而各得以名之也。夫觉亦由是也，人之初胎，父母两觉之感及太空灵觉之感结焉，是为三才初合。其时觉极微，有胎为收觉之灵府，如磁石吸铁，母身之觉日附之，食物之觉日附之，太空之觉日附之，故人当产时之觉，已非初胎时之觉也。及生而与太空通，与食物化，收集精灵，渐以智慧，故人壮时之觉，非复幼时之觉也。如一冰山，初不及拳，水附之，渐如斗，水又附之，渐如屋，至于如丘，至于如山，此冰山岂犹是前冰山哉？人之食物，鸟兽之食物，草木之食水土，皆留其精华，粪其糟粕。此精华安所往也？是其来附亦如水之附冰山焉。夫地下之元素六十有四，始终不减不增。譬如化水为酸素、水素、炭素，而各酸素、水素、炭素之合量与所化之水同，此时将谓水为死，而酸素、炭素、水素为生哉？人之死生亦如是也。觉之在天为一真，为无极，为太极，要亦不增不减，聚其大者如丘山之铁，传热面大，不易化也。故圣人之觉愈集而愈强，以为神，以为佛。众人之觉愈散而愈微，以为鬼、以为灭。非有死生，其聚散异也。鼎铸为壶，壶铸为勺，勺铸为铢，岂铁死哉？湖分为河，河分为沟，沟分为雨，岂水死哉？考诸物化之理，而后知觉之同然也。知此，则因艺术之卑，可以上通于道矣。

"若非有体而色声生者，幻幻之关"说

晚近声光电化之学日以发明，然化则必有二种以上之有体物相交感而后能成其变。若声则无体也，然声虽无体，而发声之物必有体。或丝，或竹，

或金，或石，或土，或木，或水，或气，皆因其振动而发声。声之出也，实非有体。然声虽无体，必因有体之物为之传播而后有音。属耳于木而叩之，其鸣如雷。属耳于金而叩之，其鸣震聋。若音入于太虚之中，真空无气，即不能闻。故音者振也，有体物之振动而传音波也，是若非有体而实非无体也。（第三图）

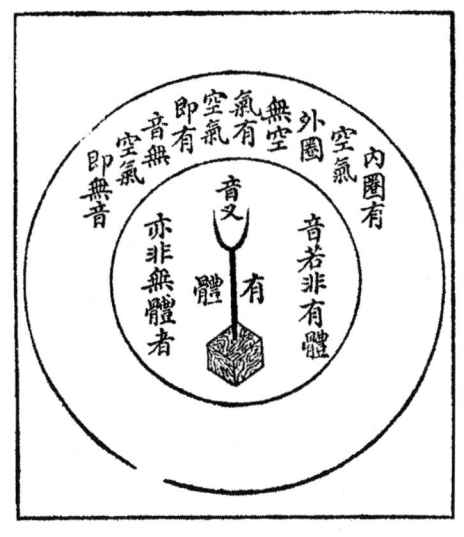

第三图

光之为物，多因热而发，然热必有体也。亦有夜光之珠不热而亦发光，然夜光之珠亦必有体，无体则无光。故光者纯生于有体者也。然光过真空之中，其光不减，或光尤甚。今以电灯之真空验之，而发巨光，以是知既发之光可以无体矣。然既发之光虽无体，而能以暗色之有体物遮之而灭其光，是光虽无体而生灭皆与有体有关，即不得谓之纯然无体矣。（第四图）

电之为物，必因阴阳二体之发而后呈其感，是亦有体物也。然电流于空气之中，其时无体，流于水土之中，其时无体，然必有体物为之传达而后电流，不传达则不能流也。是故

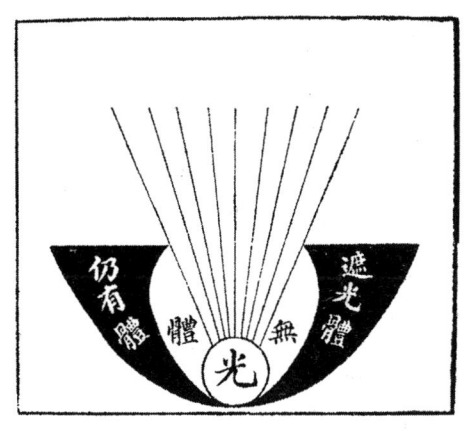

第四图

阻于真空，阻于瓷，阻于绢，是电亦不得谓之全无体也。（第五图）

然则人心脑之发觉，心脑是有体也。其发之觉，入金不阻，入水不阻，入瓷不阻，遇暗不阻，则知觉在声光电化之外也。又深究之曰："若无心脑，此觉将同时灭乎？"再归而验之声，击钲已，急投钲于镪水，钲化而音尚在，然必传于空气及他体中也。人失心脑，其觉必感他物而化生，六道轮回之说，不诬也。又如彗星已过，光尾极长，是光能留于无体中也。电发于机，以瓶蓄之，而电不失，是电能留于无体中也。夫心与脑，阴阳二发觉机

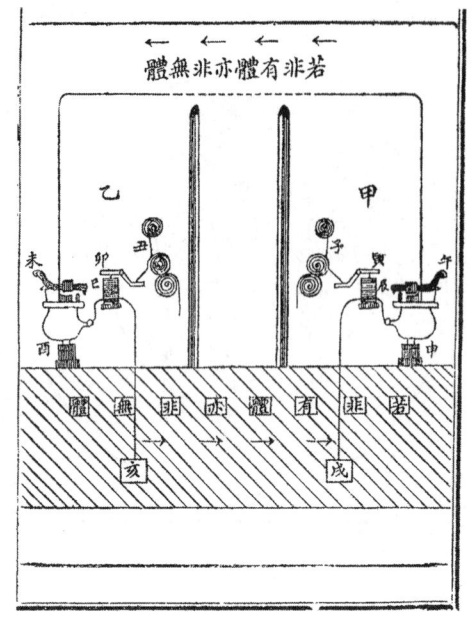

第五图

也。既发之觉，将留于何而后永存，然后知佛氏无余究竟涅槃之说为不诬也。无余究竟涅槃之蓄觉，犹电瓶之蓄电也。细考之，发声光电而入水，声光电逐水消散；发声光电而入气，声光电逐气消散。有所入即易消散，发觉而入物亦然。故孔子曰："则是物至而人化物也。"然后知佛氏"不应着色声香味触法生心，应无所着而生其心"之说，为不诬也。着色声香味触法生心，如电之散于空中，发电横止，电亦遂散，是故人心脑亡，觉亦遂散。着色声香味触法生心，如音之传于他体，发音机灭，音遂属他，是故人心脑亡，觉入六道。吾能念念不着色声香味触法生心，是吾觉不传于他物体，即念在无余究竟涅槃也。心脑虽亡，觉常圆满，永住不坏，吾以此尘垢四体矣，故孔子以格物明道。格物明道之法，当知形之发觉如发电机之发电，发光体之发光，发音器之发音。既发之后，此电、此光、此音如能存留，则心脑所发之三昧正觉亦能存留。心脑不能发觉，则为心脑死，心脑死而觉已永结，则永不死。故我佛如来处处保存正觉而小此天地也，此天地皆散电、散音、散光之蠹也，亦散觉之蠹也。不超三界何以入无余究竟涅槃哉？观乎声光电化而知形之不可执也。然声光电化皆有色象可执者，又当不执色象而后可以入无余究竟涅槃也。人如有目而无光无用矣，人如有耳而无音无用矣，人如有体而无电无用矣，人如有心脑而无觉无用矣，人如有有而无无无用矣。夫目耳体心脑皆有形可执者也，光声电觉皆无形可执者也，凡物皆以无形可执者为贵也明矣。老子曰："有以为体，无以为用。"于此益信。（第六图）

故知人身之合，有六大焉，一曰地，固体，必以食养之；二曰水，液体，必以饮养之；三曰风，气体，必以气养之；四曰火，流电，必以电养之；五曰识神，知感，必以学问养之；六曰正觉，本性，必以三昧养之。水虚于地，风虚于水，火虚于风，识神虚于火，正觉虚于识神，以是知愈虚者之愈贵也。养地之食物，七日不得则有死。养水之饮液，三日不得则有死。养风之空气，片时不得则有死。养火之电流，瞬息不得则有死。识神亡则无知，正觉蔽则失性，以是知愈切者之愈贵也。知养地者下也，知养水者次也，知养风者进也，知养电者善也，知养识神者近也，知养正觉者至善也。声光电化聚于一体，任择而养之，在已而已。（第七图）

第六图

“因动知道”说

今观于动物焉，何以心、脑、肾三关愈下向者愈蠢？而人以心、脑、肾三关直通天地为极智，则知直一真宰为正觉也。佛曰：“一真法界，为众生本有心性，能直超三界。”于此可知矣。孟曰：“直养而无害，则塞乎天地之间。”于此可知矣。又动物之愈愚者其生愈多，以是知愚者乃智者散觉之所化也；愈小者其生愈多，以是知小者乃大者散体之所化也。一人死化十兽，觉散也。一牛死化万蚋，形散也。益以知天地万物，本为同体，有聚散分合而无异类也。故孟子曰：“则物与我同类也。”且毛羽绘画之巧，骨肉排列之匀，谁为为之？孰匠造之？吾于是求得真例焉。阴阳感而遂生，形自化育，觉亦如之。故马牝牡交而生马，不必故作鸟雌雄偶而生鸟，不必强为同形之感焉。养觉之道，以静为阴，以动为阳，以成己为内，成物为外。阴阳内外，念念皆正，念念皆仁。其种不杂，其志不分，凝于神也必矣。此因动物而知道之例也，略举耳。

正覺	識神	火	風	水	地
以三昧禪養	以學問化養	以電氣化養	以空氣化養	以飲液化養	以食物化養

第七图

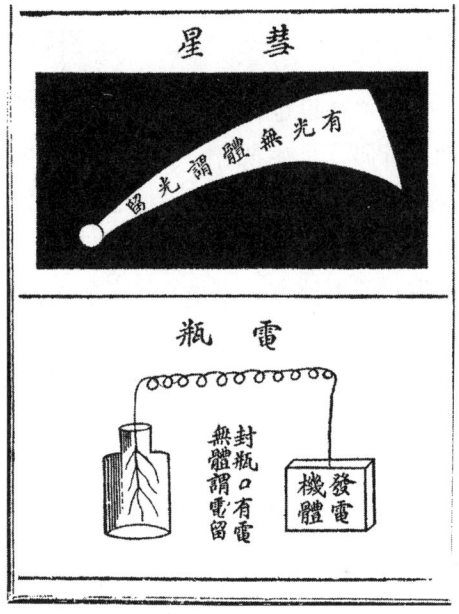

"因数知道"说

数之初设也，海内外不相谋而皆以十进，此何故哉？屈伸十指之便也。数有奇偶，是生阴阳，加者长也，减（者）消也，乘者积也，除者分也。等均而执两端，加左减右同也，乘母除子同也，不等则数乱。是知致中和而后可以长序，不中不和则失所据也。二乘而方，三乘而立方，立方以上虽加数乘，要不外方。以是知体者阴之极，点者阳之极也。天圆地方之说，于理不悖。微积分合，参五以变，错综其数。定天下之吉凶，成天下之亹亹。得阴阳大小内外，而庶理悉备。除有不尽，而为循环数。以知无寂，灭增有无穷，乃至不可思议。以知无集尽无，无明亦无。无明尽无，老死亦无。老死尽皆数之常也。比例之法，为佛氏"量与所量"之义。开方之法，为《易经》"涣伪得真"之义。此因数学而知道之例也，略举耳。

"因形知道"说

形学者，近世之所谓几何学也。其最妙者以一点始，即是太极。凡直线皆可引伸至于无至，即是无极。两点之间，直线为最短者，即知天人之交，以直养而无害。为最近三角形内角等于二直角，即知致曲之功，二倍于直养。又知三才之合仍为直贯，三角形之外角等于十直角，以是知三才内全，则大数外备。两直线平行，无论如何引长，决无相交之点，以是知人心纯直向天，万无争端之起。以同一之直径圆转之则得圆形，以是知抱一不迁，可证圆觉。圆锥曲线两锥相等，则一点之中适支之，以是知人心中和，天地位焉。四边形之内角与一圆周，同为三百六十度，以是知方圆同量，天地合德。解析几何，去体得面，去面得线，去线得点，以是知四大五阴一一去尽，乃得太极。此因形学而知道之例也，略举耳。

"因矿知道"说

矿物为地中极坚之物，是阴凝也。其传电之力最速，以是知阴之为物，最易漏吾身之电。欲蓄吾电，毋［毋］与金亲，而生贪心。矿物结精，或方或长，或六角或八边，皆有定式，如模铸然，以是知地方之说不谬。矿物阴之精，地之德也。方圆对待，天必圆觉，无可疑也。矿物有交感之力，以磁石为最著，以是知同气相求，恶机感者自入六道。矿物有化合之性，以是知分合无常，成住坏空，相循而起。矿物入太虚空，则永远不坏，以是知惟太虚空，清净真纯，乃能长久。草木入土，久则为矿，如炭之类，愈结愈坚，以是知正觉得天，久则成佛，金刚不坏，愈久愈灵。圣人本阴以推阳，本实以推虚，而后其理真也。此因矿物而知道之例也，略举耳。

"因力知道"说

力之所犹以生也，全出于地心吸力，故力学又名重学。盖地心若无吸力则无重，无重则无力也。然地心吸力引有体之物，即以知天心吸力，吸无体之觉也。愈近地心者愈重，即以知愈近天心者愈灵也。地心吸力，直吸物而堕，则又知天心吸力直吸觉而升也。以理推之，一线之微，无论加至如何高远，但是真直，决不崩倒，即以知一念之忱，无论超出诸天三界，但是真直，决不退转。二力左右引，但能两方等重，即是中和，即以知人事、天行二者兼修，但能不失中正，无伤太虚（第八图）。二力反向即相消，即以知二觉反向即相消。一念入天，一念入地，仍是无益。用力举下物而上，即为反地，即以知用智，诱上觉而下，即为反天。

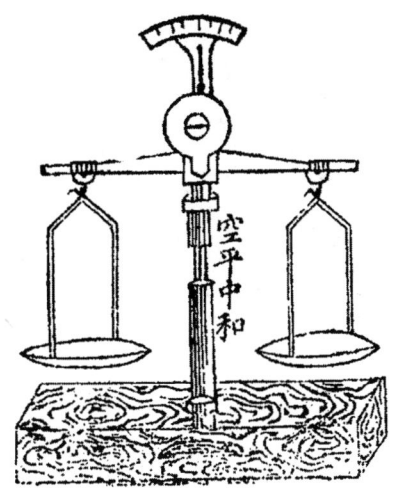

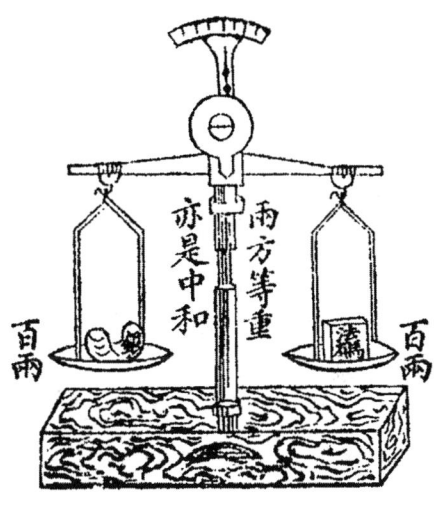

第八图

用力引上物而下即为助地，即以知用知诱下觉而上即为助天，故度人为助天，惑人为反天（第九图）。助地而中有物者，反以反地，即以知助天，而中有物者，反以反天。地本不用助，但无物系形必及地，即以知天本不用助，但无物系觉必及天。助地力少而功大，即以知助天智小而成大。助地用力必据实，即以知助天用觉必据虚。圆轮易动而反地，即以知圆觉易静而助天。凡形与觉相对也，力与智相对也，以此测天为至当者。此因力而知道之例也，略举耳。

"因植知道"说

植物之命根在地,人之命根在脑,即以知植物之所以觉弱者,以托命于地也,人之所以觉强者,以托命于天也。植物之根入地愈深者愈难死,即以知人之性入天愈高者愈难消矣。植物能化为石而形凝,即知人能化为佛而觉凝也。一年生草,实成即死,即以知生者死之根也。植物必得天气而后能长,即以知天者化形入觉之奥枢也。植物之火藏于身,因磨摩而发,水重者无之,即知人之火藏于身,因鼓荡而发,水重者无之也。火为分解形觉之烈质,而半属于虚,即知化之必借于火[水]也。植物之弱者散则为泥,又以生他植,即以知觉之弱者散则不聚,又以附他物也。此因植而知道之例也,略举耳。

第九图

"因声知道"说

声在何处?不系则无。佛言觉性如器中鐄然,声既发,有物传之则有,无物传之则闷。当闷之时,其声安在?是知佛性本是空空。体愈坚大者声愈大,体愈坚大者觉愈弱,是知声之为幻,不能属觉,而为阴幻。声有振波而音分类,是知声之所发,纯发于力,而非发于觉,故无觉之幻极易消失。声以急动而强形,以至静为养,即以知声者害形者也。声入气中,使气波荡,即以知声之有关于地上,风动之力也。声有回波,即以知动之为机,无往不复也。此因声而知道之例也,略举耳。

"因光知道"说

光本无形,是色相空,必直而后能照,即以知光者,若非有形非无形者也。光由内照而后呈色，内不照则不能捕之，即以知外物之有皆我有生，外物之无皆我无失。赤子不开目不见光，及目自开而光乃得，即以知常人不开悟不见佛，及其自开而佛乃现。光过琉璃而光自在，即知有形之物而无色者，与色无碍，又以知有形之物而无觉者，与觉无碍。光入邪面则即曲折，即知入物不直，必损其真觉亦然也。光之直极似一真法界，直超三界之直，直养无害之直，故目直视极远，日直照极远。然光之所以直而不能超三界者，以尚有碍于物故。如觉不碍于物，则其直如光，而物不能碍也远矣。无极，孰能阻之？此因光而知道之例也，略举耳。

"因电知道"说

光能过真空，电不能过真空，光非电也。觉能过瓷绢，电不能过瓷绢，故觉非电也。因声光电之合观，而复知觉之大且妙也。心脑之发觉如二电器然，必用之而后发，必引之而后发，则磨擦之电非交感之电也。以是知无思无为不逐物，不求发乃能自发正觉也。电必循环，以是知电在轮回中也。有断其循环，电即不达，以是知超出轮回之外者，尚当离电力也。电能感于千万里之外，以是知同气相求无间远迩也。人之能感天，亦犹能探天之同也。电能发热而又现光，以致发音，以致化物，则以知声光化电有相因相相缘者焉。而结于呈觉，觉妙于电万倍，电犹能感通如此，而况于觉乎？吾以知正觉之不测矣。此因电而知道之例也，略举耳。

"因化知道"说

化学有六十四元素，合《易》卦之象焉。其为元素，终始在地，不增不减，即以知涅槃会上，不生不灭，不垢不净也。有二物焉，空气、轻气，是最足以喻道也。空气无色声香味，故极养人，轻气亦无色声香味，而轻于空气者，若十四与一之比，故能上升。若是，则愈轻清愈上浮，气之面皆轻气也，地之块然而独以重存者浊也。若取地中之质，凡可以化空气与轻者尽化之，此轻气尽化而上升，地下将无空气乎？犹之曰："水日月东流，西山将成焦土乎？"在轮回中虽升以降，以是知佛氏一往一来之说为不诬也。且两物相感即化，此化学之通例也。金之坚，恽遇镪水；石之间，惮遇火焚。凡有所感，皆化者也。故道人避物尽尽，避名尽尽，避色相尽尽，避法尽尽，避道尽尽，非此之净，不能入无余究竟涅槃也。此因化而知道之例也，略举耳。

"因庶物知道，是艺术有补于形而上也"说

第十图

因此而推，古人致知格物之功，因小物入乃至得道，得道而后遂捐小物。如因指见月，既见月，不复用指。是以一草一木、一土一水之危，能人因之以探大道焉。人当清明在躬之时，因一物而细思之，可以悟道。踏梯上台，但得上台，不择何梯。然必知既上台后，梯皆无用。若必得千梯万梯，一一踏之，踏尽无量数梯，仍在台下，则疲死矣。又如渡河，借一船渡，若到彼岸，亿兆数船皆已不用。若必船船而渡之，又疲死矣。以包牺之圣，不知造轮，目不识丁，则以知物之不必尽格也，谈格物者慎无误于多（第十图）。

"因动养生，因数养生，因形养生，因矿养生，因力养生，因植养生，因声养生，因光养生，因电养生，因化养生，因庶物养生，是艺术有资于形而下也"说

至于动物之学精，则肉不可胜食，皮不可胜衣，角羽之材不可胜用。数理之学精，则上泄天机，下通物理，中计人事，以阜康乐。几何之学精，则上测天文，下测地舆，中制器用，以全民用。矿物之学精，则应留应采，分别精当，其不用者归玉于山，藏珠于渊，以厚地气。重力之学精，则输运增便，货财大殖，改造大地，成为极乐。植物之学精，则丝棉五谷百药，养生之物不可胜用。声学精，则通意既便，又可感天地人物之和。光学精，则测物明，又可以开幽冥气理之秘。电学精，则内养身心，外通八极。化学精，则小析微尘，大参造化。要之，此中专学，人执一艺，分而别之，至于亿兆，但以能养人而不害人为范，则可以。此岂可尽言哉？言之则入海数沙矣，专一者必各精其一斯足矣。

"非此则伪，启欲尤匮"说

若既不足以补形而上之道，又不足以资形而下之用，学之则伤正觉，用

之则害生阜，宜详察禁罢。今有能文者以害人心，文之罪也；能艺者以贼人性，艺之罪也。精动物之学，则珍禽奇兽育于国。精数理之学，则锱铢毕计入于私。精几何之学，则玩好奇巧启人嗜。精矿物之学，则凿山通海伤地气。精重力之学，则运兵成舰肆屠杀。精植物之学，则栽花种烟乱口目。精声学则郑卫淫。精光学则彩艳炫。精电学则暗藏刃。精化学则毒药阜。若斯之类，反不为利而为害。故孟子曰："术不可不慎也。"孔子曰："作淫声、异服、奇技、奇器，以疑众，杀。"而老子所以欲绝智弃巧也。总之，艺术之学，易染六尘，非圣人齐之于上，其害不可胜言也。

"商兵利伪"说

呜呼！珍玩何用也？而民贵之；罗绮何用也？而民贵之；枪炮害人之毒也，而民贵之；鸩毒杀身之物也，而民贵之。吾将富国，则尽出国人不必用之物，以易国人必用之物。吾将富天下，则尽出天下人不必用之物，以成天下人之所必用。人发此智，而以教普于天下国家，则天下国家皆极乐矣。不此之营，而琐琐焉图小利，罪莫大焉。商兵必除，而无益之艺术，皆必除也，此望圣人奋乎百世之下而倡之耳。

"立国之道，教禁而惩悖，公通则捐之"说

故圣人处于艺术战争之时，必详以教民，曰："某物无用，某器无用，某技无用，某材无用。不惟无用，而且有害，速出之。"宁服荆布，勿服珠玉。宁造茅茨，不造夏屋。事事求实，毋炫于虚。物物求真，毋惑于伪。制为专书，发之全国，令民诵之，习之，风之，式之，不率则以刑禁之。如是，则国可立富，及之天下一家，然后以此教之天下。不以珠易米，不以色易素，则秽土化为极乐矣，不亦休乎。胡为乎昏昏焉，自速戾也。哀哉！

"常使民贵所贵，不贵所不贵，故监评因而进退，以与和会，民乃不坠"说

夫气为至贵，水次之，食次之，衣次之，材次之，金玉至贱。故一息不得气则有死，而水可三日不得。五日不得食则有死，而衣可半岁不得。若金玉终身不得可也，而民反贵之。所谓贵所不贵，不贵所贵。详考今之言艺术者，十百中无二三足贵者焉。贵文绣而贱布，使目尘漏。贵珍异而贱谷，使

烝民窭。小之不知富国，大之不知顺道，此悖之极也。是故圣人治国家天下，必为民除耳目口鼻心志之惑，而纳之大中。反之纯朴，监之极严，讦之极详。使民懿悦敦庬，罔所纵逸，常以太和之气，直与天通。如此，则圣治遂，而圣功全矣。

八 兵法通

序①

呜呼！兵之为祸烈矣，予不忍言也。然予学兵十年，而后知今之言兵者之卑也极矣！夫治术，术生人者亦自生。治术，术杀人者亦自杀。予将以生人之心，言杀人之术。故于兵法约略言之，以示为将之范。

兵法通

兵法戒多言。上兵牅道，以教行之，其次牅民，以法行之。有道胜无道，权私不保。将兵以德邵［劭］，心一众壮，心分众老。将以类分，兵以习精。仁牅诈深，器牅毒深。学执其大者帅，入于小者器之。度德量力而后动，主持其重。七陈而三战，十养而一用。成功之兵，待机发中。一国之军，分则溃弱。集之之法，公道缓乐。大德大合，小德小合。以为利而吾党专之，内脆外沸。取利与害，顾交惩独。绵密若弱，大富若不足。死地勿入，迫兽勿逐。庙堂之算须笃，疆场之算须活。勿为国福，而为世福。克城输谷，克国输药者，天下之轴。谈兵之要，尽于此矣。

"兵法戒多言"说

呜呼！予不忍言兵，兵之为法，无可言者。有以目不识丁而如虎，有以破读万卷而如羊，盖兵尚实用，本不贵有言也。夫人精明勇果存于中，一学兵事，如鱼得水，此天下之大将也。柔懦疑暗存于中，一学兵事，如鸟入海，此天下之弃将也。故人而能勤，未有学艺术而不成者，至于学兵则不成者多矣！将帅之才，天授非人力也。此岂可执而言之。赵括之书，非不多于其父，卒以无用，岂不冤哉。故大将戒多言，日养其气而充之斯足矣。疆场

---

① 《序》之前有著者以"太昭"名义手书题签："兵法。太昭，潜庐（印）。"

之事，瞬息万变，非身如金石、智通神明者不能当也，岂可耗精于无用之学以乱耳目。

"上兵牖道，以教行之"说

惜乎孔子之精于兵也而不用，其言曰："我战则克。"何以有此胜算哉？孔子曰："以不教民战，是谓弃之。"盖以宗教为兵法之本也。又曰："善人教民七年，亦可以即戎矣。"亦以宗教为兵法之本也。孟子曰："不教民而用之，谓之殃民。"亦以宗教为兵法之本也。知以宗教为兵法之本者，圣将也，战无不胜，攻无不克。何也？善教者，其兵一心而气盛，忘死而趋义。以一心而气盛，忘死而知义之兵，横行于天下，可使制梃以挞秦楚之坚甲利兵矣。故不知宗教之精者，不可以为将；不知奉教之律者，不可以为兵。孙、吴之言兵，不如孔、孟远矣。

穆罕默德之所以横行于欧亚者，以此道。故今之学兵者，有能反求诸宗教，而立一世界大公极明之教，以兵辅之，有道之国必来与合，失恃之国必来与合，可与平天下，而已亦成佛，岂不大哉！吾谓辅教行道之兵，有如日出；强国之兵，如灯与烛；弱国之兵，如比萤火。日出而灯烛、萤火自消矣，不自为日，而汲汲于捕萤火，吾未见其能克也。故以言证之，则孔孟见于前；以事证之，则回教是其范。不信圣贤而必欲自小于萤火，吾何以觉之哉？故吾谈兵止于此而已矣，无他术也。（第一图）

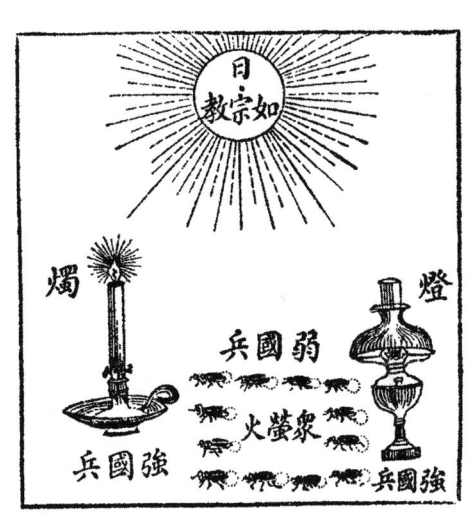

第一图

"其次牖民，以法行之"说

必不得已而言其次，亦当以民为本。我以民为本，而事事守法以行之，民将与我，以与与我之民，保所有之土，民安而上亦乐，岂不利哉！孟子曰："保民而王，莫之能御也。"此之谓也。今之治兵者，一国之兵，仅保一国之民，是自小之极也。而更有一国之兵，尚不知自保一国之民者，则吾不知矣。夫为鱼者不投毒于其池,居市者不纵火于其邻,为国人者不起害于其国,为天下人者不贻祸于天下。以保民之心,治保民之兵,安天下可运之掌上。舍此而言兵,是犹恶湿而居下也。

夫牖民之心,在出于诚,苟有真诚,民未有不知者也。民知感上而输力与财以藏其事,然后兵可以强。惟是近今之民,其心纷杂,其德凉薄。心纷杂则爱之而不知,德凉薄则施之而不报,是则大可虑者也。而高明者有术焉,曰:"恃诚为体,恃法为舆。"诚于中而发于外,而民不服者未之有也。此治兵之本也,不可以不先勖。古之人所以师少,而战士倍者,即此道也。

"有道胜无道"说

有道胜无道之说,自圣贤以下皆以为迂。孔子曰:"我战则克。"盖得其道也。孟子曰:"仁之胜不仁也,犹水胜火。"孙子曰:"主孰有道。"此皆以形而上为治兵之源也,而愚人不知。此愚人之所以为愚人,圣人之所以为圣人也。道不易修,愚人以其不易,故弃之而取末焉。犹之刀不易举,孺子以其难举也,故弃之而操蒲剑,斯自败也。历观古今中外之史,何一非以道胜不道哉?昔汤以七十里之小国,修其道以伐无道之桀而桀败。武以百里之小国,修其道以伐无道之纣而纣败。夫以桀、纣之大,岂不能灭商、周哉?道、不道之别耳。汉高祖之于秦楚,汉光武之于新莽,唐太宗之于隋,宋太祖之于五季,一道而大乱定矣,何易如之。外则穆罕默德之霸,华盛顿之兴,林肯之胜,莫不由道。以拿破仑之雄,德皇威廉第二之杰,而一蹶不可复起,何一不由不道?道之必胜如彼,不道之必败如此,而今之欲王者不以道先兵,反以兵先道,其悖岂可胜诛哉。

夫道则我愤而敌怠,不道则敌愤而我怠,以愤攻怠,如卵投石,鲜不克也。孟子曰:"寡助之至,亲戚畔之;多助之至,天下顺之。以天下之所顺攻亲戚之所畔,故君子有不战,战必胜矣。"此兵法之龟鉴也。吾常谓治兵如用马然,先以道教,而后驱之,一御六马,载骤骎骎。若马不知道,将与人异,则人乘其一亦有堕蹶之患难矣。治兵之不以道也亦如此。

"权私不保"说

夫国之有兵,所以安一国也,故一国之人,不惜牺牲其财力以殉之。天下之有兵，所以安天下也，故天下之人，不惜牺牲其财力以殉之。若一国之人，皆牺牲其财力，而恃权者独专利之，则国人叛矣。天下之人皆牺牲其财力，而恃权者独专之，则天下叛矣。在专制之时且为难得，而况于开明之日乎？其势必不能。虽然，今欲专者亦非欲专也，欲分于人而不善分耳。极人间至私之人不能不求羽翼，求羽翼必分其权于羽翼，而不能一人私之。极人间至贪之人不能不求腹心，求腹心必分其权于腹心，而不能一人私之。天下国家之粟，一人岂能尽食之。天下国家之衣，一人岂能尽衣之。天下国家之财，一人岂能尽专之。天下国家之兵，一人岂能尽握之。既不能尽，势必分之，顾分有善不善耳。分于大公则善，分于私党则不善。分于贤才则善，分于阿比则不善。善则我收其利，不善则我受其害。知自利者，与其使一二人膈我，不如使十百人膈我。与其使十百人膈我，不如使千万人膈我。与其使千万人膈我，不如使全国之人膈我。与其使全国之人膈我，不如使天下之人膈我。与其使天下之人膈我，不如一真法性，真超三界，诸佛菩萨皆来膈我。故今之以兵自膈而欲专成其私者，皆自害者也，况又不能保。充其自私之量，竭其自私之力，能如中国之秦始皇乎？其量愈极，其力愈极，而敌怨愈盛，斯害矣。充其自私之量，竭其自私之力，能如法国之拿破仑乎？其量愈极，其力愈极，而敌怨愈盛，斯害矣。是谓欲私反祸，欲得反失，不惟仁者不为，智者亦不为也。故圣人以天下之利死天下，而天下死之；以一国之利死一国，而一国死之。杀人而无罪，厉人而无怨，然后可以言治兵，可以言定乱，可以言成功，可以言善战。不然，兵犹火也，不戢将自焚也。楚灵、楚项其自为谋也，何尝有一事非自杀哉？昧者之私，明者之所弃也。明者之弃，昧者之所取也。夫蜂蚁之有主，皆以一巢穴之共利，而后共戴之，而况于人乎？又况愚者之治兵，以才者与人，而己取其不肖；以忠者与人，而己取其不忠。如以剑与人，而己取一藁。以犬与人，而己取一狼。如后羿之弃三良而用残子弟，如项羽之弃韩信而用蒲将军，以是为私不亦难乎？必欲穷天下国家之财力以畜我所私，而天下国家皆为我死，施诸犬马尚且不能，而况于人乎？今有万人于此，必欲逐千而用九千，此天下之愚将也；必欲逐五千而用五千，此天下之弃将也；必欲逐九千而用一千，此自杀之道也。以理推之，国家天下何以异是？如曰："我之所私，我所可恃，彼疏远者或且叛我。"此愚之极也。我能顺道，所用皆顺道之人，虽则疏远，其谁叛我？我不能顺道，所用皆不顺道之人，今日之心腹，异日之雠敌也，谁其与我？欲治兵者，曷反于此，而三思之。

"将兵以德邵［劭］"说

《易》曰："师，贞，丈人，吉。"吉，师众也，合将与兵而言也。丈人者，老成有德之人也。何以师中必用老成有德之人，而后吉哉？今有四人于此，一为孔子，一为齐桓，一为楚灵，一为盗跖。有一刀焉，将以授谁而后安乎？众必曰授之孔子。盖兵凶器也，以凶器与善人则天下安，以凶器与恶人则手足伤。虎不可以生翼鹤然乎哉？狼不可以入室犬然乎哉？况疆埸之间，艰苦异常，非有刚德，或者改其操。敌我之人，欺诈百出，非有明德，或者蔽其智。诱将以利，非廉者必易其心。战胜而强，非忠者必倍其主。故舜征有苗，授命大禹，牧野鹰扬，惟师尚父，此固圣人大公不可及也。然汉昭烈以兵授诸葛亮而子安于位，魏文帝以兵授司马懿而祚斩于人，以利言利，亦德之可恃也。旷观千秋万古，中外诸国，无不因圣贤得兵而安，横暴得兵而乱，然后知文王"师，贞，丈人，吉"之一语，为兵学之大本而不可易也。《盐铁论》曰："以贤人为兵，以圣人为辅，则中国无犬吠之警，而边境无麂骇狼顾之忧也。"盖言是也。愚人谈兵不先于此，育将之始，不先以道而以艺，任将之日，不先以德而以才，其及于祸也，不亦宜乎。嗟乎！《易经》之谈兵，精于孙子远矣，精于今世远矣，所哀者众人之不察也。

况夫仁者必有勇，有德不患其不虓如甝虎也。清明在躬，志气如神，有德不患其不智如鬼神也。仁者可杀而不可使欺百姓，有德不患其不以民为贵也。信者能合众志为一心，有德不患其不与民同死也。虓如甝虎，智如鬼神，以民为贵，与民同死，然而不胜者未之有也！故言兵者以此为本，而后可以操必胜之权，将天下如转丸耳。

"心一众壮，心分众老"说

夫兵者，合众人而战也，非一人自战与人人各战也。夫禽兽之心不知合群，各自为斗，是以见灭于人也。今若治兵而纷之如鸟兽，其何以立于大地之上乎？《书》曰："受有臣亿万为亿万心，予有臣三千为一心，三千一心能敌亿万，此和之胜也。"昔贤将死，使诸子各持一矢而折之，矢立断，又束矢而使诸子共折之，不能断矣，乃泫然曰："合则强，分则弱，矢固如此，人亦同然。"于是，诸子乃睦，宗嗣永昌。以此理推之，天下国家可以戢事。然今人亦非不知和之为大也，不能得和人之道，终亦必离而已矣。和之道在于公，一守道而分其利，利天下。今欲以数人专利厉天下，得一与而树万敌。而此数人者，又各有利心。夫利无穷而道唯一，逐利则心纷而易变，顺道则心合而难离。利以时迁而道贯万古，逐利则朝秦暮楚，顺道则永结于无终。故郁离子曰："民犹沙也，有天下者惟能抟而聚之耳。"尧舜之民，犹以漆抟沙，无时而解；三代之民，犹以胶抟沙；霸世之民，犹以水抟沙。下者以力聚之，犹以手抟沙，不求其聚之道，而以责于民曰："是顽而好叛。"呜呼，何其不思之甚也！此至言也。人能不以手抟沙，而恶其不结则几矣。以手所抟之沙，与水所抟者触，水抟者胜。以水所抟之沙，与胶抟者触，胶抟者胜。以胶所抟之沙，与漆抟者触，漆抟者胜。以漆。① 此兵之实也。故曰："桓文之节制，不可以敌汤武之仁义。"又曰："王者之兵，若手足之捍头目。"夫能使其民之卫将，将之卫上，上之卫国，如手足之捍头目，则虽一成一旅，可以无敌于天下矣。

"将以类分"说

夫将将之道，如成屋然。栋材栋用之，桷材桷用之，础材础用之，板材板用之，瓦覆于上，甓齐于壁则完矣。若栋材桷用之，桷材栋用之，础材板用之，板材础用之，布瓦于地，塞甓于门，不亦冤乎。如农夫然，牛力牛用之，犬力犬用之，猫力猫用之，蚕力蚕用之，夏而收麦，秋而刈谷，则富矣。若以牛守户，以犬任犁，以猫作茧，以蚕捕鼠，冬而播谷，春而割麦，不亦冤乎。今之用将者，何以异于是？夫将有四器，所以选之者二善耳。何谓四器？一曰大将，二曰智将，三曰勇将，四曰宿将。何谓二善？公、明而已矣。大将督，智将谋，勇将战，宿将庸。善督者能断而克成，善谋者思精而必中，善战者动锐而止固，善庸者整物而齐众。道德备，经术明，威重仁信，智深勇沉，此之谓大将。学识备，时事明，机变神察，穷理中节，此之谓智将。猛如虎，坚如金，晓畅行陈，奉命守愚，此之谓战将。习于事，通于理，精详条达，勤敬廉隅，此之谓宿将。敦厚似大将，不能用人者，非也。辩给似智将，不能稽实者，非也。刚狠似勇将，不能得众者，非也。周致似宿将，不能提纲者，非也。此不可不察也。大将易略，甚则疏。智将易狂，甚则浮。战将易暴，甚则轻。宿将易琐，甚则葸。此不可不防也。得将将之道，尽其长，补其短，止其过，遏其险，和而济之，任重道远。失将将

---

① 此处原文如此，"以漆"二字，疑为衍文。

之道，蔽其长，用其短，纵其过，成其险，杂而乱之，互累以殄。今若明别四器而用之于当，则一国之兵，天下之兵，可坐而治也。故圣人勤访周谘，深察详考，而后用一将。不以韩信理关中，不以萧何斗项羽，不以诸葛亮挽强弓，不以秦叔宝参帏幄，别四器之谓也。

故大将如轴，坚中主之。智将如毂，圆转动之。宿将如辐，条理系之。战将如牙，金铁施之。故大军如轮转，而任我东西以之驰驱天下，然后主者安坐，而适辅弼之相为之王良造父。此兵之经也。（第二图）

第二图

"兵以习精"说

夫兵有五习，一曰习忠，二曰习勇，三曰习愚，四曰习劳，五曰习艺，是五习备而兵精矣。

习忠之法，民在闾巷，即教之以爱其上，死其国。祀事以明之，《诗》《书》以训之。及其征之为兵，则读忠经，服忠传，歌忠诗，观忠图，既一其心然后用之。虽然，元首忠而后诸将忠，诸将忠而后偏裨忠，偏裨忠而后士卒忠。若上奸于上，而必求下忠于下，此必不可得者也。

习勇之法，充之以正气，鼓之以怒心，舞之以隆誉，破之以轻死。充正气者以仁义直方教之，鼓怒心者以国耻民辱教之，舞隆誉者以侠烈果敢教之，劝轻死者以五阴无我教之。以将使其众勃勃然不知有生，噩噩然不知有家，此肉体所以浑如土木，刃锋在前如坦途矣。习愚之法，令其兵心无二，指之东则东，指之西则西。然惟诚能使兵，愚诈斯自愚矣。指之东，兵貌东而心西，指之西，兵貌西则心东，此主之祸也，谓之自愚。夫列陈堂堂，出训皇皇，此时之兵，谁不似愚而愿忠薄于险斯易矣。《易》曰："中孚，豚鱼，吉。"将以中孚，而后能使士卒如豚鱼，中不孚则自为豚鱼矣。

习劳之法，将与士卒同其甘苦，而牛用之无敢或恤。夫兵之胜在强毅之气，疆场之苦，不可以言喻。习十而用五，则吾兵常居于胜。习五而用十，则吾兵当居于败。是以践棘不退者，及战而后可以践沙。卧冰不寒者，及战而后可以卧草。饥四日、饥五日不疲者，及战而后可以待克捷。《书》曰："弗迓克奔。"坚之实也。

习艺之法，各以其科别，曰步，曰工，曰骑，曰炮，曰辎重，曰要塞。步以阵战，工以巧胜，骑以速锐，炮以远烈，辎重以通材，要塞以坚守。各以专精其技，甚琐而极繁，此不详论。善将兵者，令人各习一，而分合以宜之。艺不厌精，材不厌备，在用之当耳。

夫习忠，习勇，习愚，习劳，习艺，兵二年而后成，三年而后战，十年而后不变，可以无敌于天下矣。故兵将之所习不同也，常使将如心脑，兵如手足。智莫智于心脑，愚莫愚于手足。将不惮其智，而不可以不忠。兵不惮其愚，而不可以不忠。愚智皆一于忠，则治兵之事毕矣。

"仁牗祚深，器牗毒深"说

夫兵者，所以牗民、牗国、牗君也。君以牗国、牗民而自保则长，以国与地牗已而利之则危矣。然牗之道有二，一曰以形而上之道牗，二曰以形而下之器牗。以形而上之道牗者，不自牗也，亦不知自牗也。尽忠与力于民，而民以国牗之，不知其所以然而然，不夺而得，不保而固，此尧、舜、禹、汤以下盖未之见也。而后人皆以器牗，夫地亦器也，险亦器也，城郭亦器也，米粟亦器也，弓矢戈矛亦器也。自古以来，上以器强，而绝下之器者，无如嬴政。嬴销天下之兵，聚之咸阳，宜乎？下不能敌上矣。而陈涉以锄耰竿揭之器，坏之于外；赵高以狐媚蛊惑之术，坏之于内。此算之拙也。若今之时，器强殆极，故一时虽失其道，而器犹足以渐保。然以器保者，如伏毒于内，而外固其皮，愈久而愈坏，非至于腐肝溃肠不已也。今俄尼古帝之败也，德威廉之败也，皆其器之强，阶之厉也，自杀而不知，自亡而不恤，亦可哀也。夫器未尝不可修，修器莫急于修道。道既全而后器随而保之则强。道不全而徒以器自固，虽尽天下之金以为城，其自破也必矣。以器守者，将何所外逊于天地之间哉？故圣人不以器保而以道保。今之人几欲以金城千仞，其厚百里，而环其国以为固矣。金城环国，而国中有敌，将如之何？必又曰："金城环郊而后可。"金城环郊，而郊内有敌，当如之何？必又曰："金城环宫而后可。"金城环宫，而宫中有敌，将如之何？必又曰："金壁环室而后可。"金壁环室，而室中有敌，当如之何？必至于不食不饮，入金棺而化寒灰，而犹未必能保也。夫四夷如骨肉，何所不安？骨肉为雠敌，何能

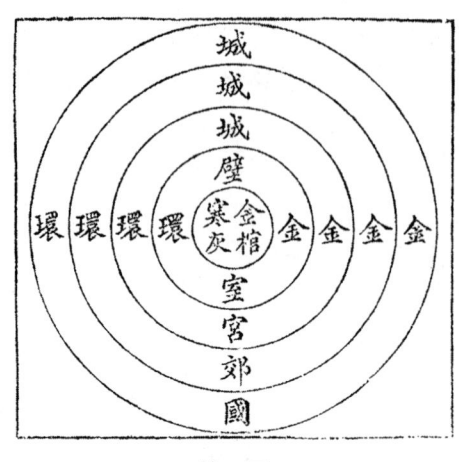

第三图

自保？器之误人也深矣！若以道牖，而器战克天下，而天下不怨，此兵之上也。（第三图）

"学执其大者帅，入于小者器之"说

夫将帅之才与裨贰之才迥不同也。将帅者，翊戴圣教，明察天德，通夫人伦之正，周夫治制之和，因夫时机之顺，审夫地利之宜，以阜育黎庶而善使之者也。至于兵制何以修，兵学何以导，诸将何以用，区地何以厘，器用何以精，阵伐何以秩，粮糒何以储，士卒何以集，帅通其大，而左右顾指斯足矣。如一舟然，帅执其舵。如一车然，帅司其机。故帅有不能御者，无不知御者，有不能射者，无不知射者。如养蚕然，饲畜之事帅由之，作茧之事所不必躬亲也。如牧羊然，蒭秣之事帅司之，挐乳之事所不必躬亲也。今有务小而失大者，自害之道也。

若裨偏诸将则不然。能战者使之战，能谋者使之谋，能教者使之教，能庸者使之庸，能制器者使之制器，能侦谍者使之侦谍，帅自顾示而万几理矣。

夫今之兵学，茫茫然如沧海之无际。入于军制之学者，其书不可胜读也。入于战术之学者，其书不可胜读也。入于兵器之学者，其书不可胜读也。入于筑城之学者，其书不可胜读也。入于地形之学者，其书不可胜读也。入于军需之学者，其书不可胜读也。入于陆战者，其书不可胜读也。入于海战者，其书不可胜读也。闲于偏则失其全，入于小则失其大，以瞽者扪泰山，不如登其顶而观之也。夫大道无学，既入于学，则当以哲学、宗教立其本，然后通于政治，及于理财，及于兵事，若实业、文学、杂艺、美术任精其一以为辅可也。兵学亦然，通于战略，以哲学、宗教明大道，以政治立国本，然后及于军制，及于战术，若军需、兵器、地形、筑城、杂艺皆详其用，以使人可也。总之，将帅半出于天才，气度之大、胆识之雄、机变之敏、独断之刚、知人之明、伏虑之远，非人力所能学也。吾尝谓尽人可以学道，不尽人可以学帅，非苟论也。帅才既备，而后曰军制何者宜于平时，何者宜于战时？战术何者宜于小战，何者宜于大战？军需何以开源，何以节流？地形何以宜攻，何以宜守？兵器何以成之，何以用之？筑城何以修之，何以据之？又备杂艺而条列之，如五音之调而不相乱，如五味之和而不相夺，治天下之兵如反掌也。故兵学极繁而简以成之，兵学极难而易以用之，知繁之有简，难之有易，则几于善矣。至于既执一事，不可不求其精，执战术者精于战术，执军制者精于军制，执兵器者精于兵器，执军需者精于军需，执筑城者精于筑城，执地形者精于地形，执杂艺者精于杂艺，斯足矣。一人能治天下，而不能竭天下之能，一人能治大军，而不能全军中之技。大小偏全之择，惟明者自度之。（第四图）

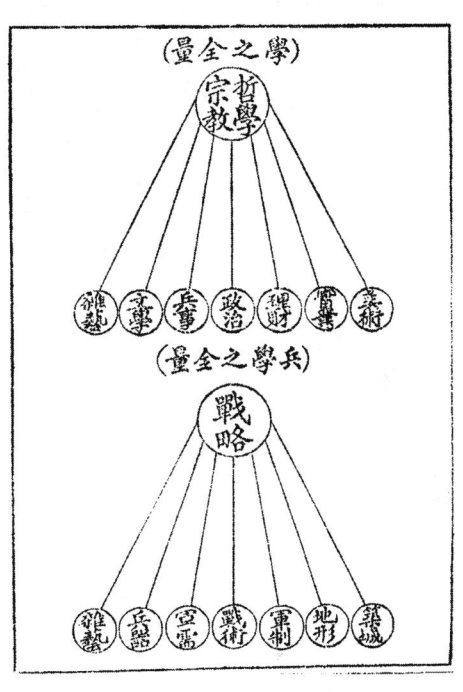

第四图

"度德量力而后动"说

夫用兵之先，有二度焉，一曰德，二曰力。夫将帅孰能，兵众孰强，地土孰大，财用孰富，兵器孰精，城郭孰完，交通孰便，与国孰多，以此知胜负矣，而尤莫先于主孰有道。盖形而下之器，算记筹策，一度即得。所不可测者，不道而行，有难虞之祸；道而行，有意外之助。故《传》之言："战先度德，而后量力。"汤武之不敌桀纣，人之所知也。近代以来，中外之事，罔不因恃力而遭大蹶，力可恃乎？古之人以大事小而成其功者，文王是也。故《诗》曰："惟此文王，小心翼翼。昭事上帝，聿怀多福。厥德不回，以受方国。"言不恃其力，而明其德者，万邦之所归也。用兵者，先昭其德，以示天下。而阴实其力，以兼弱攻昧。顺于德者，虽鳏寡不侮，不顺于德者，虽弱御不畏。则其力久而愈固，其兵久而愈强矣。此战之本也。

"主持其重"说

千古有分权而能治之政事，无分权而不败之兵事，故一手持剑胜百人，百手持剑为一人杀耳。夫虎豹豺狼之所以终为人杀者,以各各恃其爪牙为能事,而不能听命于一尊也。今之《军志》曰:"武人以从命为贵。"盖不易之经也。故叛上而自有志者将之弃也。亦有民焉,从其将而叛上者,民之愚也。然今世之为上者,亦有以启之,以其为非民不可恃以图存,故背之而各异其志也,此上之愚也。为人下而异其上者非也,为人上而不与下同志者亦非也。同人之利者人亦同其利,顺人之心者人亦顺其心。忧乐以共,而兵有不强者,未之有也。故圣人务固其国,先合其民。欲合其民,先合其将。有非以正道大德用洽于民心,亦莫或之能济也,既济而后转万里于秋毫之上,而不见其重,此兵之纲也。(第五图)

第五图

"七陈而三战"说

夫兵之胜,非全部皆胜也,一胜而众趋之,敌之未败者相连而败矣。兵之败,亦非全部皆败也,一败而众随之,敌之未胜者相引而胜矣。况地有险易,阵有厚薄,器有利锐,常使我之轻少恃死而斗于外。我以重众监其后,大兵在后,故前者恃死敌欲催之,而倍其众,则敌之情为我见矣。见敌之情,因敌之弱,而后大师以继之,算不十不出七,算不九不出五,常使我如密鬼而兔动之。神秘而气动,干秘而枝动,应攻勿攻,所图者终,应逐勿逐,所存者笃。发而必中

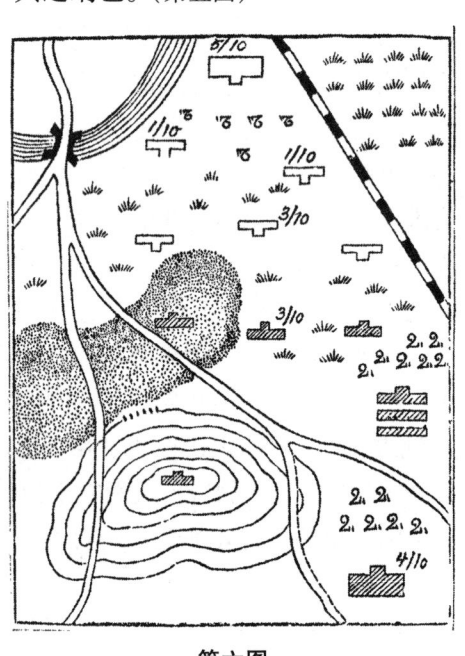

第六图

者，机敏之活，不可以言传也。昔唐太宗常以其弱当敌之强，常以其强当敌之弱，人之逐之者数里，而逐人必十倍之，以无敌于天下。而拿破仑亦用此横行于欧洲，盖三战七陈之义，为兵家不易之经，重持则应变，轻出则多悔也。（第六图）虽然，战有常变，凡疆场之事，无可执一者，为将之道能持其通而善变之，斯可与言战矣。如必持重后轻前之说，当知锤之击物，亦有以重前轻后而胜者也。用兵者知锤与铤之利钝，则可以言机矣，非刻舟之所能求也。故为之定语曰："重后轻前，如箭在弦。轻后重前，如箭离弦。在弦不放，终始怅怅。离弦不中，解甲相送。"此兵家之偈，非图画言语所得而详也。（第七图）

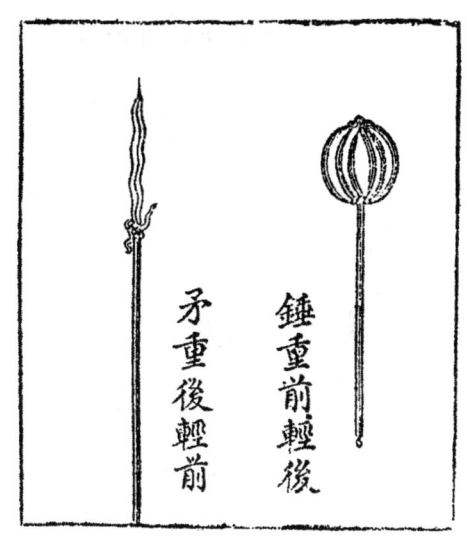

第七图

"十养而一用"说

夫有养而无用者，尧舜之兵也。久养而一用，既用则罢之者，汤武之兵也。昔武王放牛于桃林之野，归马于华山之阳，而天下之兵不动。秦政收天下之兵，聚之咸阳，而不能保一世之安。犹是观之，在彼不在此，故圣人之兵如麟之角不以触也，如凤之距不以撅也。扩土地统天下者，在顺道而收人心。保国家安生民者，在布教而善邦交。兵甲虽陈不轻用也，夫惟不轻用其兵，故兵之实至矣！兵所以安人，非所以杀人。好战之斯巴达，先积弱之雅典而亡。由是观之，兵不可轻用也。夫矫焉思启封疆，利社稷而黩武，以求逞者，实自促其命者也。故知兵之将，可以百年不用，而不可以图一日之侥幸。强兵之国，可以万世不用，而不可图一日之侥幸。

"成功之兵，待机发中"说

《传》曰："允当则归。"又曰："知难而退。"又曰："有德不可敌。"此三志者，言无可乘之机也。狼子走于广漠之野，飘疾突骤，虽虎豹莫如之何也。及其雉兔在前，榛莽在后，则蹶而得之矣。兕象纵于大荒之陆，猛悍多力，虽千夫莫如之何也。及其互斗两伤，纠结不解，则因而杀之矣。越之破吴，汉之灭楚，于古见之于中国。英之克法，美之困德，于今见之于西方。乘机而动，劳一而功十。昧机而动，劳十而功一。《传》曰："譬如农夫，式蘸式襃，虽有饥馑，必有丰年。"言坚久能待，未有不得机者也。《易》曰："知机其神乎。"《书》曰："动惟厥时。"故兵因时机而后动者，不易之经也。

"一国之军，分则溃弱。集之之法，公道缓乐"说

强国之兵，若手足之卫头目。今如手足与头目异，尚可以自保哉？此义固无人不知也，亦无人能践。盖上下之交相以利夺，而不知其大［他］也。今往往本合矣而必迫而使之分，本聚矣而必迫而使之散，上不知公道之缓乐之故也。

不知公，则有所偏私。私上者厚，不私上者薄，则薄者叛矣。如赏罚一以平衡，是非一以正断，则上下必投如胶漆。夫乃知上之所以自私，实所以自小也，是自断其手足，而腹心终亦不保也。不知道则下无所措手足，其助上者恒自惭，曰此未足以为正也；其背上者恒自壮，曰彼固未尝正也。使下无信仰之诚，而纯欲以权利笼络而用之难矣。何如速劭于道，使民口虽非之心不能不服，心既服则口亦自不非矣；力虽抗之性不能不顺，性既顺则力亦不能抗矣。故圣人以与为取，以纵为擒，不得道不责忠于民，不得道不责诚于国，则其下久而自服。不知缓，则操之过急。夫野鸟必十日而后驯，野兽必百日而后驯，久乱之民必经年而后驯。孔子曰："善人教民七年，亦可以即戎矣。"言缓之也。今也民朝不服，暮则以诈克之，是促其叛也。施十不望报，教不洽不省绩，知此者可以服国人如牛马矣。不知乐，则民不兴起。故文治之国乐道，则鼓之以道而用之；尚武之国乐勇，则鼓之以勇而用之。乐伦纪则鼓之以伦纪而用之，乐爱国则鼓之以爱国而用之，乐施仁则鼓之以施仁而用之，乐名誉则鼓之以名誉而用之。惟乐利乐官，小人易散，是当深防而切虑之也。公以收之，道以导之，缓以成之，乐以躯之，而兵不戢者，未之有也。

"大德大合，小德小合"说

夫德之合人，如以水调面。尧舜之量可以调天下，汤武之量可以调百国，桓文之量可以调其邦，视其大小而功判焉，无德则自溃矣。故圣人欲戢其兵，则先劭于德以为之本。《书》曰："克明峻德，以亲九族。九族既睦，

平章百姓。百姓昭明，协和万邦。"德之调人也如此，大舜之舞干羽，成汤之事葛伯，皆此意也。自度无德则宁辞将帅而不为，不然憎［增］己之罪，伤人之命，毫无所益也。而强为之，惑之甚也。

"以为利而吾党专之，内脆外沸"说

三代以下之兵，大都为少数之人牖护权利之具，已大背圣人设兵之本意矣。当其气数未至，民智未开之前，莫可如何，不得不戴一君主而听命于专制之下。然君主之最能专权者，自古未有如嬴政者矣，其效已见于前，又何待论！夫天地生人自均其各人之量，不过一暖一饱而已矣，必欲一人专利，数人专利，一家专利，数家专利，则他人之思夺者众也。以有限之党羽，敌无数之雠仇，自败之道也。今也专制之蠹已破，平等之论日章，正宜顺顺风之势纠合天下，而成大同极乐之量，又胡为琐琐规规以自窘也？夫欲和合天下，必先和合一国，和合一国毋自画限于国中斯足矣。《易》曰："涣其群，无悔。"夫涣散其群，何以尚言无悔？涣小群合大群也。冰涣则与江海合，金涣则与太空合，不涣不合，舟中之人皆敌国也。故以兵自牖者，皆自杀者也。以兵牖道而字人者，皆自利之道也。公明者当知所择矣。

"取利与害"说

兵法之要，一言以蔽之曰："自取其利，而以害与敌。"故地有利，则自取之，而以不利者与敌，赵奢之据北山一例也。人有利则自取之，而以不利者与敌，萧何之追韩信一例也。器有利则自取之，而以不利者与敌，秦政之收金铁是也。时有利则自取之，而以不利者与敌，越王之遗蒸麦一例也。极而言之，凡利我皆取之，凡害我皆与之。疆场之算如此，庙堂之算亦如此，则莫有不胜者矣。然敌亦犹是心也，利利相掩，害害相因，利害又相掩相因，能精辩则在学识通变，不能一一刻而求之也。一一刻而求之则敌知我，敌知我则我殆矣。然学有程而识无定，而有至明至大之利，今人多不知者道是也。利莫利于顺道，害莫害于背道。我顺道而敌背道，是我得利而敌自入于害也。我顺道敌亦顺道，是敌与我自相合也，又何必争？故察于小者，以机变胜。察于大者，以道德胜。道德者利之最大者也，非众人之所能知也。

"顾交惩独"说

数国并立之时，斗其一交其半，斗其二交其全，斗其近交其远，斗其昏交其明。恒与不道者，天下之所恶也。以天下之所与，攻天下之所恶，我一胜而天下皆喜，我一拙而天下皆怒，此兵家之巨盾也。昔秦之灭六国也，初不遽攻六国也，攻其一以及其二，并其二以及其三，则六国尽矣。然昔之六国愚，今之列邦智，决无有见一国之横暴，而他国不顾者也。往者拿破仑之败，近者威廉第二之蹶，皆以目中无他国，而一意逞之，此自覆之道也。总之，人孰无利害之心，与是非之见，常顾多国之利，而守一是之正，自得多助，而敌我者孤也，此战之基也。孟子曰："得道者多助，失道者寡助。"此之谓也。多助之至，天下顺之，寡助之至，亲戚畔之。此再接再厉，如舟下滩，明者豫知之，暗者所不能知也。

"绵密若弱"说

汤之事葛也，初非不能与葛伯战也。胜一葛伯，而天下之目引而注曰："商盛矣。"使天下之目引而注于商，则商危矣。文王之事昆夷也，初非不能与昆夷战也。胜一昆夷，而天下之目引而注曰："周盛矣。"使天下之目引而注于周，则周危矣。故善治兵者大若小，智若愚，勇若怯，利若钝，常不动以待天下之机，常不取以待天下之隙。保道保信以固其国，如松柏之千秋，虽不欲尽欺桐梓不可得也。豹雾隐而得狼，虎狙伏而获兽，此兵家之蓄势也。

"大富若不足"说

《易》曰："鸣豫，凶。"盖富豫不可以侈鸣，鸣而凶也。《孝经》曰："满而不溢。"溢则不能保其满也。今日之战，以财战也。而大国夸侈，财耗于奢，贫国之人又从而效之，以高车为庄肃，以夏屋为文明，食必大国之食，衣必大国之衣，此自败之道也。夫财用罄于内，而兵戎起于外，鲜不及矣。故《传》之美卫文公曰："大布之衣，大帛之冠，务材训农，通商惠工，敬教劝学，授方任能，元年革车三十乘，继年乃三百乘。"革车之所以增，俭德之所由致也。欲强者先务其富，此兵家之母，不可不亟筹者也。

"死地勿入"说

地有十二死，前趋而无道则进死；后归而无路则退死；左右夹而迫则挟死；首尾断而离则绝死；下仰攻高则压死；四环阻隘则围死；食不足以继之则饿死；广不足以充之则散死；狭不足以布之则填死；险不足以行之则困死；山兵入原，原兵入山，则不习死；南兵入北，北兵入南，则寒暑死。是十二死者，不可不先察而避之也。夫兵者凭地以作战者也，地利之于胜互其关也至密，不慎审之，而懵懵然入于死地，是天下之弃将也。

"迫兽勿逐"说

上以为下之无能为也，而过迫之，则国中内溃矣。强国以为弱国之无能为也，而过迫之，则小敌伤人矣。《传》曰："困兽犹斗。"此之谓也。夫人忿极于心，则一可以当百。我骄侈于外，则百不可以当一。故善治兵者，常使其兵困于必死而斗之，而使敌兵常处于易生。若敌易生而我必死，则克捷之算，十有八九矣。军令之严，退者必斩，皆所以迫战士于死地。战士不死，而兵可以图胜者，未之有也。

"庙堂之算须笃"说

夫举一国之大以博一胜，不可以不慎。败固顿拙不堪言，胜亦或得不偿失。故善谋国者计道之顺逆，时之适否，众之多寡强弱，地之大小险夷，财用之丰啬，兵器之利钝，与国之全力，将帅之才勇，民气奋发不虞之变异，十计得其大过然后用兵。苟小不忍，而懵懵然试之，国之蠹也。孙子曰："未战而庙算胜者得算多，未战而庙算不胜者得算少。"此之谓也。

"疆场之算须活"说

至于疆场之间，甚不一道。有应攻而不攻者，伺其大也。有应守而不守者，弃其小也。有应缓而速之者，乘敌之不虞也。有应速而缓之者，待敌之自衰也。有置之死地而后生者，死中有生之机也。有置之死地而竟死者，死中无生之机也。有奇者，有以正者。有以整者，有散者。此兵家之变，不能以执一也。我执一，则敌得以执我矣。岳武穆曰："运用之妙，存乎一心。"此深得治兵之诀也。虽然，本整而不可动，末诡而无有常。守正以自固，见机以投奇，此又兵家之矩矱也。

"勿为国福，而为世福。克城输谷，克国输药者，天下之轴"说

夫世界愈久，交通愈广，学说愈积，公理愈明。今以后但能以文教战胜武力，决无以武力战胜文教者。见机者，速勉于此，兴其民，以勉于大同公一之道，不数十年，万国之民自将来归。若犹必辅之以兵，以征暴乱，则歼

厥渠魁以后速戢其民，民得以安。敌之民，我之民也，勿可以歧视。故克城则以粟输之而救其饥，克国则以药输之而止其乱。夫教化道德，以化其民俗，皆粟药之类也。及仁风大被，而民之归我，如水之就下沛然，谁能御之？故善谈兵者，不用兵者也。兵凶战危，民之残也，财用之蠹也，安可用之，止戈为武？神武之道，贵于止戈，而不杀也。此兵之成也。

"谈兵之要，尽于此矣"说

兵学至繁也，然繁须收之以简，而后得其用。不然，则大海茫茫，沉者不知其所底。兵学至难也，然难须操之以易，而后得其精。故善道者无言，善兵者寡言，得吾说而机用之，兵未有不胜者也。一言以蔽之曰："胜人者，在道不在力。"而谈兵之最精者，莫如尧、舜、禹、汤、文、武、周公、孔子、孟子。孔、孟言之未尝行也，而尧、舜、禹、汤、文、武、周公、孔子之著效章章明矣。王者无敌，人请勿疑。

九　伦理通（缺）

十　礼乐通（缺）

（《止园通书》，《止园丛书》第 3 集）

昭　　诠[①]

开宗序言

止园逸民，尸位素餐，无益于世。中怀恶尔，凛如抱冰。乃迸绝妻孥，独辟净居。空院无人，寂虑邈思。豁然有见于诸圣之真，侧然有愍于万民之惑。刀兵水火，疾痛夭殂。匪性之正，自速其厉。乃作《昭诠》，以刮其垢。凡数百余篇，皆五教诸经之精，而明彰之，使人易解。"内篇"由起信存真，以尽成佛之定理。"外篇"由天演物则，以至太平之大法。有能闻吾言而兴起者，未有不立致大顺，咸为圣佛者也。吾所有好奇弄笔，欺天下之人，冀俗世之誉者，鬼神其殛之。

内篇·卷一

朴理篇

天地之气，曰阳与阴，阴者形也，阳者觉也。天地不交，万物不生，形觉不合，无治无乱，无有庶事。及天以一阳入于地，而后冰石涣为水土。阳盛，则水土生草木；阳又盛，则草木生虫介；阳更盛，则虫介化羽禽；阳甚盛，则羽禽化走兽；阳再盛，则走兽化为人；阳夬阴，则人化为佛。故贱以

[①] 原著题名为《止园昭诠》，抄本。封面有"太昭"题词："此书万岁。祝大弟万岁。"由此推测，此抄本或出自尹昌衡"大弟"之手。原抄本计分内、外两篇各两卷，计四册，今合为一册，并简化为今名。尹昌衡发表于1920年2月9日《全国公民和平协会周刊》的一封信中说："俯寄《止园昭诠》两册，专谈佛学，言简意赅，可否采入刊内，分期刊登？"可见此书撰成于1920年1月之前。

形言，人即地上之虫也；贵以觉言，人即天上之佛也。不甘为虫而思为佛，人皆圣贤而世泰矣；必欲为虫而不为佛，人皆禽兽而世乱矣。孔、老、佛、耶、回，世之五圣也，而皆以合天成道为人之归。圣人岂欺我哉？人自欺耳，是皆因物至而人化物也。人化物也者，灭天理而穷人欲也。静观水土之觉微于草木，则草木食之；草木之觉微于虫介，则虫介食之；虫介之觉微于禽兽，则禽兽食之；禽兽之觉微于人，则人食之。此天贵觉而贱形之一征也。水土必多于草木，草木必多于虫介，虫介必多于禽兽，禽兽必多于人，又一征也。以多养少，适足其用，天之例也。水土结地而极愚，草木附地而大愚，虫介横地而甚愚，禽兽斜离于地而稍智。惟人直立地上于有形中其觉最强，盖天之吸引之者强也。若曰不然，何以能立？地既吸形，天必吸觉，阴阳之定理也。本乎天者亲上，本乎地者亲下，则各从其类也。人正性命而不伤，无不成佛，如禾在田，如顺水流，反而系念于地，则倒植之民也。耶曰"地必坏"，佛曰"碎世界"，老曰"地不仁"，儒曰"绝地通天"，皆圣智也。佛重纯觉，成之实也。人受命于天，必归之天也。反本涅槃，乃终不灭。涅槃者，太极也。

故为偈曰：
自天受命，杂于阴阳。迷其本性，爱罹百殃。
何以拔之？正等正觉。还于太初，永膺多福。

贵觉篇

身是恶源，形为罪薮。若吾无身，吾有何患？故天之道，贱形贵觉。刍狗无觉，以养有觉。刍狗微觉，以养大觉。人亦犹此，爱子失觉且必埋之。于体亦然，爪发无觉，且必剪之。若贵养形，而忘养觉，如杀生子，以裹死子；如破脑心，以沃爪发。奈何以眼耳鼻舌之贱，使正觉汩于涂泥哉？脚强则登山远，觉强则登天高，以有形登有形，以有觉登有觉也。斧钺之加身也，以坚形伤有形者也。邪念之入心者，以不觉伤有觉者也。既知觉贵于形，则避邪念甚于斧钺矣。形如传舍，苟有可易而美过之者，其谁不愿去之？所以不能易者，自缚于舍榍也。如易一身，飞行天外，不被诸苦，而有众乐，固所愿也。正觉之成，即如是焉。草生二月而干足，干足则显花。人生二十而身足，身足则长觉。花若不显，因抚摩伤其花性也。觉若不长，因七情伤其正性也。未有受雨露而不作花者，未有日寝食而不凝觉者。天生人而为之形为之识以养性也，人反以形识伤性，譬如剥肤以为衣，刖足以造屦，岂不恸哉！又如一身在我，爪发指趾手足股肱同爱也。至于必不得已而削，则先爪发；又必不得已而削，则先指趾；又必不得已而削，则先手足；又必不得已而削，则先股肱；至于心脑决不忍舍，以觉之所寓也。夫觉之所寓，尚不忍舍，而况于觉乎！知此者可以成佛矣。夫佛者觉也，不依于根尘而存之，正觉也，即孔子所谓不可须臾离者也。

故为偈曰：
何以发信？贵觉贱形。形为爪发，觉则脑心。
草木可食，觉微则轻。不爱正觉，草木同伦。

有神篇

佛者神之最灵者也，鬼者神之最污者也。佛也，神也，鬼也，皆有觉无形者也。人将谓宇宙必无有觉无形之物，则惑之甚也。夫阴阳对相待也，知有形即知有觉，故有有形有觉之人，即有无形无觉之虚；有有形微觉之虫，即有无形微觉之鬼；有有形无觉之石，即有无形有觉之神。其理确固矣。孔子以阴阳之理，知幽明之故，鬼神之情状，此之谓也。人之与虫类也，佛之与鬼亦类也。初胎本可成人，早伤之，死虫耳。愚人本可成佛，早伤之，苦鬼耳。二气结而为水，割之不离，遂谓无二气。或谓之永不能离而独存者，误于一合相也。形觉结而为人，解之不离，遂谓无形觉，或谓之永不能离而独存者，亦误于一合相也。前者不通化学之故也，后者不通佛学之故也。夫佛者觉也，觉本在身，明明昭著，而谓无佛乎？愚之极矣！一人一佛，一身一佛，而谓无佛乎？愚之极矣！若谓无佛，吾身何以有觉？觉从何来？后将何去？谓不见不闻者，即曰无之，则吾之觉明明在身，亦不见不闻也。吾身且有不见不闻之佛，而谓宇宙无乎哉。吾身之佛，且不见不闻，吾欲见宇宙之佛乎哉。见吾身中之佛，则宇宙之佛自见矣。故修佛者当于不见不闻中修之，不可即于貌相声色。孔曰视之而弗见，听之而弗闻，体物而不可遗者，是也。故五圣五教皆言有神，岂圣人欺我哉。夜不能见，犬枭然乎哉。溺不能闻，鱼鳖然乎哉。夜不能见，吾目自暗，非无光也。溺不能闻，吾耳自塞，非无音也。不见不闻于佛者，是吾无明，非无佛也。吾且不能与犬枭鱼鳖比聪明，而欲与佛比乎哉！知我不能与犬枭鱼鳖比聪明，则知我之所见闻者得一而漏万。彼佛固明明有也，不可度斯，矧可致斯？微之显，诚之不可掩。如是乎，信其必有，理则固然，理之所然。无无物者，其无物者，不诚故也，不诚无物，此物者非貌相声色之物也，佛也，神也。恍兮惚兮，其中有物，老子之言然。

故为偈曰：
神佛明明，有觉无形。远在宇宙，近在吾身。
何以修之？成性存诚。视于无色，听于无声。

木对篇

木与人相对也。木直立于天地之间，其阳在上，其阴在下，其头在下，其歧在上，其命在下，其交在上，其本中实，其生子也颠。人直立于天地之间，其阳在上，其阴在下，其头在上，其歧在下，其命在上，其交在下，其本中虚，其生子也下。故木与人相对也。木吸天之阳以凝其形，其阴久凝而不化，则古木成石，渐坚而坠于地心，故坚凝者木之尽性也。人吸地之阴以凝其觉，其觉贞正而不化，则至人成佛，极空而入于涅槃，故成佛者人之尽性也。虫介鸟兽界于人木之间者也，必至于木而后形坚以入于纯阴，虫介鸟兽之所不能学也；必至于人而后觉强以入于纯阳，虫介鸟兽之所不能学也。故以凝形言，木身难得；以凝觉言，人身难得。木之不得自尽其性者，其性未尽，而害于有觉之物也。人之不得自尽其性者，其性未尽，而害于有形之物也。故木求极实，人求极空。木结一实而不死，多实而不死，非如禾黍之熟实即死也，其命之托于地者深，将有成也。人生一子而不死，多子而不死，非如蛾蝶之产卵即死也，其命之托于天者深，将有成也。木以其果为人食，人受其阳精也；人以其尸为木食，木受其阴精也。木夜吸酸而吐炭，人昼吸酸而吐炭；木昼吸碳而吐酸，人夜吸炭而吐酸。人与木固相对也。尽观万物之循环轮转也，上旋极于人，与天接矣；下旋极于木，与地接矣。木不可以须臾离于地，人不可以须臾离于天。木得地自生形，人得天自生觉，皆不须用力以有为也。毋助木长而揠之，毋助觉长而妄念，道之则也。

故为偈曰：

由木而虫，由虫而畜。得人之身，千秋难合。

木不离地，人不离天。各成其极，造化之端。

物变篇

精气为物，游魂为变，死生之理也，鬼神之状也，乃孔子之言天地之蕴尽矣。此物者神佛也，精气之所凝也，即老子所谓"其中有物"之物也，即《中庸》"不诚无物"之物也。万物不生不灭，不增不减，有变而已矣。故气风化而为水土金石，气风之死，水土金石之生也，其本素未尝增减生死也。水土化而为草木虫介，水土之死，草木虫介之生也，其本素未尝增减生死也。草木吸人兽之尸骸粪溲以化成形，是人兽之尸骸粪溲死，而草木生也，其本素未尝增减生死也。人兽吸草木之根干叶菓以化成形，是草木之根干叶菓死，而人兽生也，其本素未尝增减生死也。决无增减生死，惟有互化而已矣。故合而言之，万物一体也。分而言之，一身万物也。惟变而已，觉不减于天，形不减于地也，不与物化则永无死。故地心之坚石，形不死也，涅槃之神佛，觉能死乎？焚之不化，兵之不化，万形万气侵之不化，则形不死。感之不化，震之不化，万情万识侵之不化，则觉不死。地心有不化之宝鎏，其重无量，以吸诸形。涅槃有不化之神佛，其空无住，以吸诸觉。事有必至，理有固然。彼嫩草弱虫易与他化，竹刺之化，水浸之化，万形触之皆化，其形不坚也。彼痴人利侩，易与他化，色授之化，财诱之化，七情感之皆化，其觉不贞也。坚至无受何能化？空至无受亦何能化？老子所谓入水不溺，入火不热，兕无所投其角，兵无所投其刃者，不化之物也，精神之所为也，此乃大物。人之死也，其形不坚，木之死也，其形不坚，则化而为亿兆之草木水风土石虫介禽兽矣。人之死也，其觉不凝，木之死也，其觉不凝，则亦化为亿兆之草木水风土石虫介禽兽矣。不凝之形，谓之腐朽。不凝之觉，谓之游魂。若形与形皆不相化，地上无生物矣，无生物地不复死矣。若觉与觉皆不相化，宇宙无生物矣，无生物佛不复死矣。故涅槃者绝化也。佛无游魂是以不为变也，其生也萌叶不发，其死也形体不化，楞伽①也；其生

---

① 楞伽，即楞伽经，全名《楞伽阿跋多罗蜜经》，大乘佛法中综合"虚妄唯识系"及"真常唯心系"的重要经典，与《解深密经》同为论述唯识思想的重要经典。

也真如不动，其死也魂魄不游，般若①也。舍利不化，故曰不生不灭，不垢不净。彼夫真空，虽百千智力，形气何以化之哉！悠久无疆，干之贞也。毋为游魂，受诸割裂，其苦莫极，此理岂不甚明哉！

故为偈曰：
毋摇汝精，思虑萦萦。一朝长逝，游魂万分。
属虫受噬，属兽受焚。莫如结精，永保皇灵。

摄增篇

众生之形摄增也，众生之觉摄增也，摄取宇宙之形觉以化增也。譬如一拳之冰，附之以众水而为山，是摄增也；一珠之胶，附之以众胶而成坻，是摄增也。不摄不增，不增不减，于究竟乃然也。木之生也，其始也核仁，以是仁故，摄水土气素而增之。及其干霄蔽日，径以丈计，非复其初之核仁矣，水土气素之合相也。顾不得水土气素者，终于核仁而已矣。人之胎也，其始也愚虫，以是虫故，摄万灵众慧而增之。及其幼壮老大，神智圣明，非复其初之愚虫矣，万灵众慧之合相也。顾不得万灵众慧者，终于愚虫而已矣。腐草资木，场师知之，以其涣者得所摄而授之也。游魂资觉，邃智知之，亦以其涣者得所摄而授之也。今世之木，庄之椿耶？唐之橐耶？太古之植化为气水土肉经万变而偶合耶？杂亿兆之植矣。今我之身，夷之尸耶？跖之尸耶？太古之人化为气水土肉经万变而偶合耶？杂亿兆之体矣。彼游魂亦犹是焉，其来为我所摄而增我觉者多也，其变也不可穷其极矣。然则，摄垢亦垢，摄净亦净耶？非也。松桧同摄一水土气素，松自为松，桧自为桧。贤否同摄一万灵众慧，贤自为贤，否自为否，其种异也，其端异也。有种则摄，无则不摄。松桧同林，松成乔所摄者多，桧不得所摄，则灭其种，古之木今多无种者矣。贤否同世，贤大聚所摄者多，否不得所摄，则灭其种，古之兽今多无种者矣。熏摄粪而馥，荍摄粪而香，将熏罩而荍尽，故善摄增者无恶种，乔木之下无细草。方以类聚，物以群分，在天成象，在地成形，变化见矣。我将以桀、纣、跖、蹻之秽精而悉化之，以净斯世。取夫则于木耳，木得地则摄增之力强，拔而出之，不摄增矣。人得天则摄增之力强，入于欲念，

---

① 般若，即《金刚经》，全名《金刚般若波罗蜜经》。大乘佛教称之为"诸佛之母"。

不摄增矣。得地愈深，摄增愈强。得天愈厚，摄增愈宏。木以静植得地，人以虚仁得天，各有饱和之性焉。饱和者，足量也，犹曰尽性也。木尽性而入于地心，坚凝为金石。人尽性而入于涅槃，神凝为佛。善摄增于生生之时也，故稚木不可以雕，愈摄愈坚；赤子不可以教，愈摄愈慧。稚木之夭夭善摄也，故其增形也骤，伤根者不然矣。赤子之空空善摄也，故其增觉也骤，有欲者不然矣。孟子曰："大人者，不失其赤子之心。"庄曰："善摄生者，无死地。"此之谓也。我将正受三昧，以摄宇宙之灵，以全极贵。正受者，受天也。

故为偈曰：
正受三昧，保合太和。智慧无量，空明罗多。
器空则受，心空则灵。垢污咸纳，化作清真。

养大篇

木当养形以遂其永贞，人当养觉以遂其永贞。木不能养觉，人不能养形也。各有赋于天地之性焉，老圃之养菊则然。去其侧苟，而留其正干，则正干茁。去其傍苞，而留其中华，则中华巨。苔亦如之，剪蔓则根硕，其精结而气凝也。夫中正者，惟一之正本也，至大至贵。上通于天，顾人目不视隔垣，耳不听百里，鼻不嗅十寻，舌不舐三寸，身不越六尺，而皆小体也，其侧苟傍苞之例乎！独是觉也，大包于宇宙之外，而深入于天地之心，其为大也不可论，岂正干中华之足喻哉。属觉于耳目鼻舌身之小体者，佛之所谓"意"，《书》之所谓"人心"，孔子之所谓"思邪"，孟子之所谓"放心"也。属觉于天于太空于大慈者，佛之所谓"真如"，《书》之所谓"道心"，孔子之所谓"仁"，孟子之所谓"浩然"也。其量宏，其为养也中通，彼诸小体终当为尘垢者也。我将尽绝耳目鼻舌身之小体，以培大体，大体无死地，则精结气凝超卓夫两大之外，岂可学彼贱场师哉！故大人者，宁粉碎其身，以附万物，而决不肯以正觉属之，此之谓知所养。苟见其性也，无骛矣。蒸气迫于一孔，犹能动车，吾觉不烈于是哉。

故为偈曰：
专心致志，惟诚于仁。上参造化，下育群生。
吾官注一，真气结精。天地震动，况夫山陵？

多冗篇

天之生谷，不遂生谷也。生干以通脉，生根以吸土，生叶以导气，生花以交合，生节以抗折。然天之意不在此也，将以结谷也。既结谷，则干也，根也，叶也，花也，节也，皆冗也，弃之而已矣。倘不冗也，从地涌谷，岂不甚便！天之生佛也，不遂生佛也。生身以完形，生目以见择，生耳以闻善，生腹以化物，生心以思理。然天之意不在此也，将以成佛也。既成佛，则身也，目也，耳也，腹也，心也，皆冗物也，弃之而已矣。倘不冗也，从地涌佛，岂不甚便！理气之数不可逾也。夫自草木虫介鸟兽以化成人，则草木虫介鸟兽又皆冗者也。一人之生，百年之久，食草木虫介鸟兽，又不知凡几何亿兆矣。一谷之生多冗犹且若彼，谷之贵已不可胜言矣，况一虫不止食一谷乎，虫之贵已不可胜言。微而析之，级而究之，人之贵可胜言哉。为人而不成，其负天也甚矣。贵不自立，爱不自重，赋不自全，天乃贱之恶之过于草木，遂加芟夷，非自取哉！故人知多冗而少精，则保精而奴冗。保精奴冗者，空万物而独贵正觉也。夫万物冗也，我将入冗而下达，岂复欲化为一禾之叶哉！天生数冗以养一谷，尚有其成，独于人以亿兆冗养之，乃无其成，而听其腐朽，此必无之理也。我将抱精而上达，则固已参于佛矣，知所贵者如此。孟子曰："万物皆备于我矣。反身而诚，乐莫大焉。"

故为偈曰：
万物养人，是天之则。何以当养，受其正觉。
人须完此，以与天合。如乱真性，不如草木。

即成篇

一念之动，即时已成圣者也。我独非孔子哉，是矣！我独非佛陀哉，是矣！有是念者，真知也，其无是念者，皆迷也，有而不诚者，自欺也。戴形而走之佛，与无形而妙之佛，有以异乎？无以异也。生周而先之孔，与生今而后之我，有以异乎？无以异也。是思贞固，终此百年，更无一念，更无一事，更无一言，更无一无，亿兆中决无一不成者矣。犹怅怅焉求于外，则是不足于内也。我既足于内矣，后此者我不复为，天为而已矣，道为而已矣。

天为道为，我待其成而已矣。凡天道之妙万物，皆不须万物之自为也。如火得柴不自思燃，如水及泉不自思涌，如萌在山不自思长，如卵在巢不自思孵，如日在空不自思转，如镜在壁不自思照，如空在空不自思空，皆天也，道也。车薪之火与燎原之火无差也，出山之水与入海之水无差也，坏土之萌与干霄之木无差也，羽下之卵与空中之禽无差也，海东之日与午中之日无差也，多照之镜与虚明之镜无差也，故曰古之孔佛与今之我无差也。戴形顺则，百年无心，便孰有大于此哉？后此之为，我不为矣，天为之而已矣，道为之而已矣。其动也天，其静也天，其发也道，其止也道。大逸大安，坐车待迁，千里万里，一卧之间，周天匝宇，亦如是焉，则我固已成者矣。已成而犹曰未成，是攀援心，非道心天心也。孔子曰："厥孚交如，信以发志也。威如之吉，易而无备也。"交如者，不解之固志也；威如者，自足之壮气也。佛曰："一念即佛。"又曰："众生即佛。"若是则凡今之人，此我即佛，悉已成就，又何疑之有哉？千岁之日至，可坐而待也。

故为偈曰：
见性即成，身已是佛。虽尚有形，再不伤觉。
卵之与禽，核之与木。更无差别，其何能夺？

寿终篇

形之寿有终也乎？无也。觉之寿有终也乎？无也，形觉有解而已矣。天之以形成觉也，觉既成则形不可以居，将以形更成他觉，故解之也。不然，天岂有不爱人之长生而弃之哉？进之福之也，以射喻之则然，正觉者矢也，志者弓也，气者弦也，引满必发，发则矢忘，归而取他矢，故曰功成而弗居也。心弦中也，脑弓中也，心脑直超于地，惟人而已矣，故佛曰："一真法界，为众生本有心性，能直超三界。"孟子曰："直养无害，则塞乎天地之间"。今之为人者，其志在物，故觉之解也，入物而化物，矢之赴鹄，自然之理也。又且荒其志，如寸折之弓，怠其气如腐草之弦，坏其正觉如朽索之矢，及其舍也，涣于秽而已矣，可哀也哉！又以卵喻，卵之未孵，人之生也；卵之孵，寿之终也；卵孵为禽，人孵为佛。夫使卵在壳中，其黄不伤，其煦妪也燠和，则其孵也健禽而鲜羽；觉在身中，其仁不伤，其养正也清虚，则其成也完真而成佛。今之生也，以多恶欲故，则自卵在壳中，既割其羽，又削其脚，既剜其肉，又折其骨。及其孵也，哀鸣婉转，惨不能形，下鬼之苦，可胜悼哉。《诗》曰："何神不富？"言神之乐也。又曰："为鬼为蜮，则不可得。"言鬼之散也。故谚有之曰："是伦溷卵也。"言其不孵正觉而寿终，必投于粪溷也。其道人为警以教众，而流于市井者耶？今之人，其以寿终为无复有乎？亦不反于孔佛之教也。孔子者不语怪、不语死者也，犹曰："焄蒿凄怆。"又曰："魂魄归于天。"圣人岂欺世哉？因为之喻，反复觉之。

故为偈曰：
寿终如何？形离于觉。如矢离弦，如雏出壳。
矢腐雏伤，厥祸孔毒。嗟嗟生人，及时自淑。

天妙篇

天不能为人之所为，人固不能为天之所为也。天不能为人之所为，人知裁之。人不能为天之所为，性自成之。能复我性，则天为即我为也。天不坠宫室，地不涌舟车。天不坠衣冠，地不涌裳履。则是天不能为人之所为也。一核之仁，忽花忽实，一拳之卵，忽飞忽鸣，天之妙，岂人之所能哉？成于人者无一奇，率于天者无不怪，奇亦非奇，怪亦非怪，天自生物，物顺则而化，不怪也；天自爱觉，觉顺则而神，何足怪哉！人之以佛为怪者，以我之小，怪彼之大，如核仁之以乔木为怪也。人之以六通为怪者，以我之无，怪彼之有，如苟萌之以华实为怪也。日月无所系而循行，星辰无所挂而整布，蚕蛛无所教而善织，家禽无所学而知时，事孰有奇怪于此哉！微如一虫，亦有不胜其骇者也，故圣人知天之不可以为也，乃以不为而应天，不为则天为之矣。雕锯成器之木，天不能为之华实矣。烹割成殽之牲，天不能为之孳育矣。人能不自雕刻烹割，其正觉则佛矣。天为道为，我不为矣，故草木得地而不复为，人性得天而不复为。若夫雕萌刻本以为花，烹根割穗而造实，则今人之修，圣哲所以哀也。物亦无求，学亦无求，理亦无求，道亦无求，天亦无求，得舟车而后行万里，不自起脚；得自然而后化神佛，不自用心。觅舟车则劳，乘舟车则逸。觅诸法则劳，乘诸法则逸。得舟车而复疑之，跳越千百而不定，必坠溺而死。得自然而复疑之，纷骛万卷而不息，必疲弊而昏。舍于天以自绝也。故《阴符经》曰："观天之道，执天之行，尽矣。"

言尽矣者，别无事也。老子曰："天法道，道法自然。"孔子曰："道也者，不可须臾离也。"有为之法，能不须臾离哉！

故为偈曰：
观天之道，执天之行。执以无法，观以无心。
神妙万灵，净性应之。大化鼓荡，不可议思。

伤觉篇

知虎之不可以捕鹄，必以鹜捕之乎？知鲸之不足以得鼠，必以猫得之乎？知觉之不足以伤形，必以形伤之乎？知形之不足以伤觉，必以觉伤之乎？物益其类，亦损其类。形觉固大别者也，是故虽有斧钺之刑，水火之劫，于道人无伤也。道人者，其觉正而无七情六欲者也，于斧钺水火夫何有？觉之不能伤形也，必即形以伤之，手之执刃，有形之执有形也；刃之加木，有形之伤有形也。倘无手亦无刃，心脑虽思，木其可断乎？故觉不可以伤形。知觉不可以伤形，则知形不可以伤觉矣。众人之临斧钺也，其惧与怨伤其正觉也，若不惧解体，不怨无辜，斧钺之不可证涅槃。何以喻之？如振弓舍矢也，如绝蔓留薯也。振弓舍矢矢愈远，绝蔓留薯薯愈硕。故佛曰："肢肢节解，摄心不动也。"其忍辱波罗蜜乎？其无生法忍乎？以爱其觉贞笃固信故。夫形绝不伤觉者也，惟觉伤觉耳。水与气刀兵且莫可如之何，而况于真空正性乎？水与气之虚，不及真空正性之虚也远矣。实不伤虚，形其如真空正性何？故《易》曰："涣其躬，无悔。"躬形也，虽涣散何伤哉？惟觉之贼能伤觉耳。觉之贼，佛之所谓意，儒之所谓情。意有贪瞋痴爱，情有喜怒哀惧好恶欲，惟好之故欲而喜因生贪焉，《大学》之所谓有所好乐也；爱之则虑伤其所爱而惧生焉，《大学》之所谓有所恐惧也；痴爱则多哀，《大学》之所谓有所忧患也；怒即瞋生，《大学》之所谓有所忿懥也。是四贼者，杀觉者也。故好乐之入觉也，欲火生于心，如以火焚觉者也；恐惧之入觉也，震栗生于心，如以雷击觉也；忧患之入觉也，惨沮生于心，如以梏挟觉也；忿懥之入觉也，爆发生于心，如以炸裂觉也。是皆贼于无形，惟无形伤无形，有形不能伤无形。故好乐恐惧忧患忿懥之盛也，可以即时而杀人死。其死也，不惟杀其形，并觉亦杀之矣。于其盛也如此，于其微也必有害，可分析而数计也。知盛之害而不知微之害，如斩肱不恮，必待斩首而后图也殆矣！愚极可胜憨哉？故道人之避七情六欲也，甚于水火五兵狂狮猛虎，而不畏水火五兵狂狮猛虎，以其知贵觉而贱形也。故曰临深不栗，登高不惴，孟子之不动心有焉。非此者，伤觉于内，修万行无益也。故恶念之一起，灵觉被一刃矣；邪念之一起，灵觉被一炬矣；诈念之一起，灵觉被一毒矣；贪念之一起，灵觉被一溺矣。使真我日在水火五兵狂狮猛虎之下受其屠戮，及其寿终出形而孵，适如断骨折羽剥皮剜肉之雏，自惨自苦，又何必鬼神殛之哉？理气之所固然也。知此而后可以言圣，可以言佛。不然，虽言满天下，功盖宇宙，无所得其福德也。微哉，危哉！危哉，微哉！不见不闻之中，一念一思之细，大慈航之所在也。《大学》曰："莫见乎隐，莫显乎微，故君子慎其独也。"

故为偈曰：
一念不正，真我受刑。喜怒哀惧，胜于五兵。
惟觉伤觉，惟形伤形。懔哉微危，《书》曰人心。

恒性篇

一心之密能无垢乎？百年之久能无改乎？能之者尽性也，不能者未尽性也。尽之为言无余也，卵以一月而后孵，先一日而破之，未尽性也；禾以六月而后熟，先一月而刈之，未尽性也；人以百年而后成，先一岁而败之，未尽性也。所谓败者，非败于形，败于心也。尽性之妙，卵能禽，禾能实，皆于蠢中而显极灵，皆于粗中而显极精，而谓人不能佛乎？苟尽性矣，无卵不禽，无禾不实，无人不佛，故曰一切众生，皆有佛性也。人之不恒，未知此耳。放其心，以窒天心，天心不应，终亦枯骨而已矣。如其不放，则无虑其不化也。玩心高明，乐以待之而已矣。种树则然，朝视之不长，暮视之不长，而树则已长矣，已长矣，更无忧其枝叶根干之决无花兆也。如养芋然，昼探之无薯，夜探之无薯，而薯则实已结矣，已结矣，更无觅其蔓丝蕊穗之无实质也。夫薯与芋天下易生之物，而形可视者也，犹不可以目测而手度，非若彼水之流，失之纵也。而况于正觉之隐化乎，轻安等至，千岁之日至，可坐而待也。以目视日不见其驰，以手扪子不知其长，以觉验觉，岂一朝一夕之故哉！掘井九仞而不及泉，犹为弃井也，故村农不恶三月之苗而拔之，圣人不废十年之修而辍之。而况大器晚成，坚木难长，进锐退速，揠苗则槁。草木有朝，人质不齐，梅不羡荷，松不盱桤，知此而修，无复疑矣。或者仰之弥高，钻之弥坚，瞻之在前，忽焉在后，是其用力之际，初功则然。至于无所用力，俟天之成，曾无仰钻瞻顾，何高坚前后之有哉！虚极应天，虽万岁如一日也，则未有不成者矣。孔子将解，先七日而后觉，此之谓安自然而能恒。《传》曰："靖以待命。"待命者，待天命也。

故为偈曰：
何谓尽性？终其天年。时至必化，未至勿迁。
瓜熟蒂解，卵孵禽喧。人之成佛，久空自全。

天配篇

"想尘成国土，众生妄念报。"此佛之所言，人之所不信也。"宇宙在乎手，万化生乎身。"此《阴符》之所言，人之所不信也。我乃因心手而究之，则世上之百事，何一不发于心成于手哉？自耕樵渔牧皆是也，自百工技艺皆是也，自学问文章皆是也，自衣裳宫室皆是也。举目而视，闭目而思，今之所谓文明，古之所谓遗业，皆是也。何是也？发于心成于手者是也。无心不生，无手不成，是相配也。夫心想也，手尘也，心想无形，而手则有形者也。何以缀之？则天配之巧可骇矣。使天生人其智如佛，而蹄其手，则智不可以传矣。使天生人其智如孔而蹯其手，其智独可以传乎？使天生人其智如老而蛇形无手，其智不可以传矣。使天生人其智如天而蚕形短手，其智独可以传乎？有人之智则有人之手，想尘结聚之妙，在众人习焉不察耳，岂惟手哉？舌之巧于禽兽，耳之聪于豕豨，同可怪也。天不假蹄牛蹯熊长蛇蜎蚕禽兽豕豨以人之智，不假人以蹄牛蹯熊长蛇蜎蚕禽兽豕豨之形，则知今我之形想尘之所应配而结者也益明矣。慧能听法，故授之以人耳。慧能说道，故授之以人舌。慧能综核宇宙之象，故授之以人手。应感而生，又何怪哉？故圆觉妙觉，则当应之以法身。正觉消失，则必应之以畜形。此理气之自然，无足怪者。天之生物，一毛一发，一体一肤皆必有其用，无则不生。生蚕则因而为之丝腹，生蛛则因而为之网尻，生蚌则因而为之护甲，生藤则因而为之缠跗，生蜂则因而为之匠蝎，生蝶则因而为之蕊须，生禽则因而为之翼，生鱼则因而为之鳍，生虎则因而为之爪，生象则因而为之鼻，常使其智慧适足以用其形骸，而未尝有不足，亦未尝有馀也。然则，此身固想尘之所成也明矣。乃就孔子"游魂为变，物至化物"之言，解其变化应为何物？得正觉者应化法身，不足为怪。失正觉而入于物者，专于女色者，必为海狗。专于地僻者，必为耕牛。专于金宝者，必为珊瑚虫。专于屠戮者，必为狼虎豹。专于狡避者，必为狐兔。专于饕餮者，必为鲸蟒。专于丽服者，必为山鸡。专于污贱者，必为蛆蚋。专于文章者，必为华士。专于贵势者，必为蚁王。理气自然，即不必鬼神作之也。无其智慧，则天不假以其形，此之谓物至而人化物也。凡今之人，其心已化为虫介鸟兽，其未化者惟皮而已矣，故其化成可立而待也，岂不哀哉！至于杂心妄念，百怪千奇，此宇宙之所以有万物也。惟般若波罗蜜多惟能成妙觉，惟阿耨多罗三藐三菩提惟能证涅槃，此亦孔子"明则诚矣"之义也。故老子曰："至人神矣。"又曰："心无为也，以守至正。"何谓至正？惟人得之。夫受生之初，胎先发鼻，故始祖曰鼻祖。今人之鼻根，直通于天而下垂，正而不邪者也。猿则鼻卧矣，牛则加卧矣，虫则鼻尽倒矣。乃以鼻根为一点，以鼻端为顶角，以枕骨之中为一点，而作一角，人之角直角也，猿之角稍锐矣，牛之角极锐矣，虫则无角而不能作二线也。此人之所以能直立而甚智慧者，以得于天者中，谓之命也。故《传》曰："人受天地之中，以生所谓命也。"失天命则失此，其游魂之变，又安能直立而复智哉！危哉，危哉！人其念之，而发无上正等正觉之心乎！佛言因体，此之谓也。

故为偈曰：
觉与形应，万物化生。至人受中，万物化成。
如乱正觉，乃丧人形。天则自然，谁能不遵？

窥天篇

窥天知天，不窥天不知天也。天妙万物，吾何以窥之哉？以窥贾人之术窥之，理则同然。贾人抱橐而走，虽虎狼兵革不弃，则吾知橐中之必有物也。天之所护，独何在哉？夫物有六生，而五行草木不与焉。以坚生者，以藏生者，以逃生者，以多生者，以胜生者，以慧生者，故谓之六生也。以坚生者，天则为之甲胄，龟蚌螺蜥是也。以藏生者，天则为之善穴，土虫旱獭是也。以逃生者，天则为之，飞鸟走兔是也。以多生者，天则为之繁衍，螽斯鱼蛭是也。以胜生者，天则为之爪牙，虎豹熊罴是也。以慧生者，天则为之心手，猿之与人是也。千奇百巧，莫不极重于保生，无物不然，无物不妙。其视生也亦如贾人之视櫜然，故吾知櫜中之必有可贵与生中之必有可贵也。櫜如此其贵也，櫜敝则贾人不之惜，更弃而改为之，则知贾人之所贵者不在櫜而在櫜中之物。生如此其贵也，生老则天不之惜，更杀而改化之，则知天之所贵者不在生而在生中之物。孔子曰："天地之大德，曰生。"《阴符》曰："天生之，天杀之。"既生又杀，转以多苦，生不如不生，则天之意，不在此也。农夫春惜其苗，不伤一茎，及其秋也，则皆刈之，非春仁于禾而秋忍之也，有所得者成耳。树人百年，天乃无所收功，此决无之理也。人之必有所大成以赞天德，其蕴明矣。又如贾人破櫜而视，咨嗟涕泣，投之水火，则櫜中之物已丧矣。天之降罔，民无孑遗，岂非自失其生中之贵哉！《书》曰："自绝于天。"此之谓也。

故为偈曰：
天心好生，生必有成。寿终曰考，考非功名。
佛曰正觉，儒谓之仁。考于是者，于万斯龄。

灭生篇

道人之恶人心也，如农夫之恶草焉，芟夷蕴崇之，勿使能植，则善者生也，此之谓灭生。灭生者，灭人心生道心也。人心不灭，道心不生，人心既灭，道心未有不生者也。富有天下，能不淫乎？权压八极，能不肆乎？神通万能，能不欲乎？万有听宰，能不偏乎？宇宙崩裂，能不恐乎？四体割裂，能不惜乎？诸有尽失，能不吝乎？法相无住，能不忘乎？能此则人心灭，不能此则人心未灭也。人心未灭，此道心之所以不生也。孔子曰："无思也，无为也，寂然不动，感而遂通。"佛陀曰："应无所住，而生其心。"老子曰："虚一而静，此之谓大清明。"穆罕默德曰："寂哉妙天。"耶稣曰："灵魂战退私欲，天使来呼。"庄子曰："宇泰定者，反乎天功。"皆灭生之义也。无思无为，寂然不动，是灭也。应无所住，是灭也。虚一而静，是灭也。寂哉，是灭也。灵魂战退私欲，是灭也。宇泰定，是灭也。灭尽必生，故感而遂通，是生也。而生其心，是生也。大清明，是生也。妙天，是生也。天使来呼，是生也。反乎天功，是生也。诸圣之言同也，贯其言意而读之，皆言即灭即生，灭人心则天心自生也。人心杀觉也，天心正觉也。此灭彼生，理之自然，无足怪也。譬如太空，云翳若散，日光自明。譬如渊泉，土石若去，水源自流。此生灭之代起也。今有农夫日以五谷布于田，而不锄其荆棘稊稗，则虽勤其镃基，未有能生者矣。一田不并生良莠，一心岂并生善恶哉？去荆棘则稊稗茂，去稊稗则五谷荣。五阴庶欲七情者，人心之荆棘也。礼义法相文章者，人心之稊稗也。正觉者，人心之五谷也。故去五阴庶欲七情，而后礼义法相文章生焉。去礼义法相文章，而后正觉生焉。正觉之生，通天通神，通佛圆明，皆在自然，毫无所为。苟诚能灭，则未有不生者也。不然，何以无思无为，又能感而遂通？既无所住，又能生其心哉？灭尽之妙，则有不可胜言者矣。故道人者惟求灭之不尽，不虑觉之不生。我日清明在躬，则志气自然如神矣。《维摩诘》①之释生灭门曰："不善不生，善【法】不灭。"夫惟不善不生，故善【法】不灭也。知此者可以言修道矣。修道者，读破万卷，不如寂念终朝。

故为偈曰：
人心不灭，道心不生。万圣同辞，孰能不遵。
道心之生，无上正觉。自然神化，妙慧天乐。

六解篇

君子曰"终"，小人曰"死"，终者非终，死者非死，以吾百思不得终死之故，是以不敢曰"终"与"死"，而曰"解"。夫寿终于我何有焉？万有之物，湿化胎卵，有想无想，皆以化而进者也。至于人而有死，吾固曰决无之理也。安有蝌蚪不解尾而为鸣蛙乎？安有蚕蛹不解皮而为飞蛾乎？安有螟蛉不解体而为蜾蠃乎？安有海蛤不解甲而为黄雀乎？安有卵而不为禽乎？安有禾而不为谷乎？安有核而不为萌乎？安有人而不为佛乎？吾固曰决无之理也。彼觉之在身也，其如囚之在狱乎？有自然解者，有特拔解者，有毁壳解者，有毁觉解者，有两毁解者，有两尽解者，此之谓六解。自然解者，觉性满足，入于涅槃，如熟菓辞枝，如成雏出卵，其比于狱也，如罪满之囚。

---

① 维摩诘，即《维摩诘经》，又称《维摩诘所说经》、《净名经》、《不可思议解脱经》。因其主人公为维摩诘居士，故而得名。该经是大乘佛教的早期经典之一，旨在宣传大乘般若空观，批评小乘的片面性，弹偏斥小叹大褒圆。

特拔解者，觉性超卓，不囿理气，如影居镜，如云在空，其比于狱也，如省释之囚。毁壳解者，临不测祸，正觉不动，虽死刀兵，七情未生，如鸟破樊，如矢离弦，其比于狱也，如狱毁于火，囚无所伤，泰然而出，以邀以游。毁觉解者，形体完好，七情杀真，喜怒哀惧，分裂灵魂，如偶失人，如车丧马，其比于狱也，如囚死狱中，扛尸而去，虽获脱难，实遭大凶。两毁解者，临不测祸，惴怒或生，外杀其形，内杀其觉，如楼投火，如舟沈波，其比于狱也，如狱焚囚烬，同化烟尘，分属异物，鞠为茂草。两尽解者，形气老枯，觉性磨灭，二者不持，散莫可得，如卵腐朽，如草零落，其比于狱也，如囚老狱久，悉时皆败，空苦积年，未有出日。此之谓六解，非此六解，人无死期。自然解者，合天也。特拔解者，胜天也。毁形解者，胜物也。皆佛道也。故圣人以不动心，而乐于大化之中，天地震裂，毫不措意，则必成者也。毁觉解者，自殃也。两觉解者，受殃也。两尽解者，自弃也。皆下鬼也。故圣人之保其正觉，万倍于保形，宁受百割，不起一念，所全者大，所爱者真，无寿者相，使觉附形。觉以附形，虽寿如灵椿，犹曰极殃也，两尽之解毒矣哉！故曰人本不死，而俗人自死之也。言寿则有终，真我何终之有？《诗》曰："逝将去汝，适彼乐土。"善解也。又曰："时日曷丧？及汝偕亡。"形觉两失，可哀也矣。

故为偈曰：
形之与觉，有六解焉。善解恶解，各得其三。
恶解为殃，善解佛仙。服膺斯旨，正觉常全。

空多篇

有者不多，无中甚多。何以知之？素理然也。人将恃五官，以测有无乎？陋斯极矣。使人尽无目，能以言文众喻，手示形状，而说明光色乎？思之思之，固不能也。使人尽无耳，能以言文众喻，手示形状，而说明声音乎？思之思之，固不能也。然则，我之所谓有，恒恃于我之所已有，则我之所已有，岂谓全具万理哉？思之思之，固未尝也。夫日与地必有绳系焉，其绳非索，非丝非竹，然必可名为有绳。若其无绳，地何以不他去？理固必有，而非俗耳俗目所能视听者也。又月与星必有轨运焉，其轨非堤，非金非石，然必可名为有轨。若其无轨，星何以不外驰？理固必有，而非俗耳俗目所能视听者也。是二有者，宇宙之大有也，而人则失之。吾是以知天地之生人，其所缺漏者多也。若我废然而为半雏，以入于卵中，或为新胎以入于母腹，岂不以宇宙为小，而谓独有我乎哉？夫宇宙空多而形少，空之与形，固不仅亿兆倍也。而吾之赋此形也，去腹中之胎，卵中之雏，曾不甚远，犹且目不如鹰，鼻不如犬，舌不如蛇，肱不如鸟。知五官之有，而不知五官之所以有。知觉性之存，而不知觉性之所以存。其比于物也，以附地言，如虮虱附豕，不能入其腠理，而况于心腹乎？以观天言，如醯鸡在瓮，不能见及墙壁，而况于庭堂乎？形之在囿，觉乃鄙哉。偶有发蕴阐微，以示民鹄，而众謷群聋，争焉笑之，其大谬乃至于不知形觉之能分，不知觉贵而形贱，不知资形以养觉，不知去伪以保真，不知舍小而就大，是可哀也。孟子曰："生则乌可以已。"今之人其正觉有所自生于常有之外乎？孔子曰："诚则动。"今之人其正觉有所自动于常有之外乎？有之为益为进为增，若其无之，虽日入拱璧而加百城，犹曰无所得也。庄子曰："朝菌不知晦朔，蟪蛄不识春秋。"鄙其在囿而难越也。又曰："上古有大椿者，以八千岁为春，以八千岁为秋。"鄙其徒寿而未察也。不超于形，得一遗兆，佛有香积之食，庄有有藐姑之喻，列有化人之境，老在恍惚之中，吾以为非罔，而众人各罔其罔，且以为不罔。故曰其与腹中之胎，卵中之雏，相去无几也。

故为偈曰：
宇宙万有，不见不闻。人所见闻，四海一尘。
醯鸡豕虱，何足语明？忽反正觉，乾坤贡灵。

说法篇

世无法也，心无法也，有之，惟以心易心而已矣。以心易心，斯之谓法，若其无心，则亦无法。故世法易小人之心，佛法易君子之心，皆所以尽去人心，而生道心也。夫人心之动，巨病有四，即《大学》所谓忿懥、好乐、忧患、恐惧也，析之即七情也。常相夺易，乃世法因之，心法亦因之。虽世法莫详于今，心法莫详于佛，至于以心易心，无心无法之定论，则不可以易一辞。有人于此，犯之则怒，爱妾止之，则夸毗而笑，是以好乐心，夺其忿懥心也。古法褒揖让，即此意焉，可以易干戈为玉帛，佛法思净土极乐，以戒瞋恨，何尝非是！有人于此，犯之则怒，思有后患，则隐忍而止，是以忧患心，夺其忿懥心也。今法罚斗殴，即此意焉，可以纳强暴于温懿，佛法明造业受报，以戒瞋忿，何尝非是！有人于此，犯之则怒，临以兵革，则失色而退，是以恐惧心，夺其忿懥心也。刑法罪杀人，即此意焉，可以辟五教以五刑，佛法明地狱转轮，以戒瞋忿，何尝非是！有人于此，见乐则趋，加以大辱，则拂袖而去，是以忿懥心，夺其好乐心也。今法思国耻，即此意焉，可以激怠民为志士，佛法以金刚努目，以却众邪，何尝非是！有人于此，见乐则趋，知有远忧，则摄脚而避，是以忧患心，夺其好乐心也。今法囚淫邪，即此意焉，可以化放荡为廉隅，佛法以造业受报戒声色，何尝非是！有人于此，见乐则趋，闻有大祸，则抱首而逃，是以恐惧心，夺其好乐心也。刑法斩劫淫，即此意焉，可以绝荒淫以斧钺，佛法以地狱转轮戒贪痴，何尝非是！有人于此，欲善患失，示以奇耻，则挺身而前，是以忿懥心，夺其忧患心也。兵法赐巾帼，即此意焉，可以进懦夫为壮士，佛法以宁入阿鼻启小乘，何尝非是！有人于此，欲善患失，奖以懋爵，则请先而往，是以好乐心，夺其忧患心也。今法设爵赏，即此意焉，可以使小人从君子，佛法以作善受报劝小乘，何尝非是！有人于此，欲善患失，迫以刀锯，则誓死而前，是以恐惧心，夺其忧患心也。军法斩退缩，即此意焉，可以变犹豫为果毅，佛法以想尘生死戒退转，何尝非是！有人于此，见义无勇，被以污名，则攘臂而起，是以忿懥心，夺其恐惧心也。军法明国耻，即此意焉，可以矫疲卒为干城，佛法以大雄激懈怠，何尝非是！有人于此，见义无勇，锡以殊庸，即轩眉而出，是以好乐心，夺其恐惧心也。今法旌死节，即此意焉，可以借荣誉求忠烈，佛法言死义生兜率，何尝非是！有人于此，见义无勇，晓以远虑，即鼓气而进，古法有挎戮，即此意焉，可以驱流俗以强善，佛法言怖苦发信心，何尝非是！凡是诸法，以心易心，心心又各相易也。善用之，可以定天下，而行风教。不善用之，则民无所措手足。然世法以心易心，人藏其心，而不发于事，则世法无如之何。夫人之所重者觉也，使人藏其心而不发，譬如伏病于膏肓以夸健壮，纳贼于寝处以为清平，其祸可胜言哉！故政不如教，世法不如佛法。虽然法则善矣，不弃可乎？则曰不可。夫法者以心易心也，以此心易彼心，如钉在木根，以他钉冲而出之，一钉虽去，一钉尚存，木不可得而生。如贼在家中，以他贼坐而遣之，一贼虽出，一贼尚在，家不可得而安。故曰非尽忘世法，不可以学佛；非尽舍佛法，不可以得道。然法如筏然，中流不可弃也。慎之哉！无自欺。

故为偈曰：
世法佛法，以心易心。辗转相代，故曰法轮。
至于彼岸，无心乃真。若犹有法，正觉不存。

入门篇

驰骛一生，而不入门者，今之为学者也。盲马瞎鸟，可哀矣哉！故欲示之以学，必先使之入门。入门者何？先知两仪。何谓两仪？形觉是也。试思宇宙万有，苟其与人有关者，何一非形觉二者之一，或形觉二者之合哉？思之万岁，不能出此，虽日月星辰在中也，虽飞潜动植亦在中也，虽五行万象在中也，虽神天鬼怪亦在中也。故先知此然后可以究宇宙万有，所谓得一真贯万殊也。又思人之生也，自胎以至老死，千营百虑，诸学众术，何一而非养形养觉，或兼养二者，或独养其一哉？思之万岁，不能出此，虽圣贤劳心为此也，虽市侩争利亦为此也，虽蛆蚋附粪为此也，虽仙佛抱真亦为此也。故先知此而后知利用宇宙万有，所谓得一真贯万殊也。近世之言哲学、政教者乃不标此，不标此譬如应试而不知有题，安得不伥伥一生哉！入世即入场也，入场不知题，曳白而已矣。何所为而思？何所为而作？尚不知也，安用人为。既知此矣，乃别三才。何谓三才？一曰有形无觉，指其最大强名以地亦可；二曰有形有觉，指其最大强名为人亦可；三曰有觉无形，指其最大强名为天亦可。知此乃即人之形而究之，人之身直立三才之中，人之根正系天心之极，乃知人人可以合天而成佛。故世人一生，当思何以养吾形？何以养吾觉？不出二事而运三昧，三昧者正思也。入此门矣，而用力焉，知不以形害觉，则未有不成佛者矣。孔子曰"形而上者谓之道"，形而上明言无形也；"形而下者谓之器"，形而下明言有形也。修道成器，二者备举，学之正也。有欲为学者，试考诸家百子、千圣万哲之论，而反夫吾言，奴形成觉，不奴觉养形，斯可矣。

故为偈曰：
人欲为人，奴形成觉。形觉杂交，宇宙万物。
执此运智，万物皆备。圣愚同思，是耶非是。

三迷篇

佛言十迷，皆三迷也。孔子曰："纳诸罟获陷阱之中，而莫知之避。"即三迷也。何谓三迷？一曰不知觉能离形，而独存而永存也；二曰不知贱形贵觉，反贵形反贱觉也；三曰不知养觉之道，乃伤之乃贱之也。夫人不知觉能离形，而独存而永存者，无神之论也。今为破之，若觉不能离形而独存者，形何以能离觉而独存也？若觉不能离形而永存者，形何以能离觉而永存也？而况五教诸经，莫不言神，正史实迹，屡见不鲜。人之不能见神，如未孵之雏之不能见鸡也。三才之理，进化自然，既已离地而为人，安有不离人而合天哉！此不可以疑矣。不知贱形贵觉，反贵形反贱觉者，愚痴之心也。今为破之，人之形与象之形孰大？何以人役象，象不役人？人之形与牛之形孰强？何以天贱牛，天不贱人？爪之形与髓之形孰坚？何以人剪爪，人不剪髓？木之形与人之形孰长？何以罪杀人，不罪杀木？故三才之理，同一贵觉贱形而已矣。不知养觉之道，乃伤之乃灭之者，自杀之路也。溺身于水银之中，千秋不化，可以谓之长生乎？不可也。然则，固重有觉，不重有形，其正觉日伤，而不知顾，则又何也？是徒知刀兵之能伤其形，不知邪念之能伤其觉也；是徒知得地之可以养形，不知得天之可以养觉也；是徒知木根之不动于地中能自生形，不知人心不动于天中能自生觉也。其为悖可胜恸哉！孔子曰"形而上者谓之道"，形而上，言无形也；"道也者，不可须臾离也"，言不可须臾伤正觉也。故曰"君子上达"。"形而下者谓之器"，言有形也。"君子不器"，不贵形也。故曰"小人下达"。皆言重养觉，不重养形也。又申之曰："自古皆有死，民无信不立。"曰："涣其躬，无悔。"曰："有杀身以成仁。"佛亦犹此，故曰："四大苦空，五阴无我。"曰："肢肢节解，摄心勿生，乃成阿耨多罗三藐三菩提。"阿耨多罗三藐三菩提者，无上正等正觉也；三昧者，正思也；般若者，智慧也；文殊者，妙智也；佛陀者，觉者也，圆觉也，妙觉也。一言以蔽之，纯养觉而贱形也。老子曰："若吾无身，吾有何患？"无身之外尚有吾，此吾者非真我正觉而何？人不自害，谁则非圣佛哉？

故为偈曰：
不知神佛，不贵其觉。不养正性，三迷生毒。
罟获甘投，竭劳赴狱。孔佛愍之，予亦恸哭。

不动篇

圣人之全功，不动心而已矣。非有他也，不动之动，乃为真动。动于天，不动于人，动于道，不动于物也。道动自然，如水自流，如禾自长，未有动意，而现动相，固虽动可谓之不动也。好修之士，其如栽木乎，栽木者栽根于地中，固而筑之；修道者安心于天中，严而护之。木根在地中久，日与水土密摄而为一，自吸生生，干霄合抱，皆无为矣；圣心在天中久，日与正灵密摄而为一，自吸生生，神通圆觉，皆无为矣。种木十年而一拔之，则木大伤，虽再种之或有萎，三拔四拔则必死；安心十年而一动之，则神大伤，虽复存之或有厉，三动四动则必坏。木愈大愈不可拔，道愈高愈不可动。佛曰"一念惊邪，即入轮回"，惟此惟难耳！惟此惟难，惟此惟不得不经，亦惟此为要。苟真知之，则实无所难，本是无心，何由得动！轻安顺致，不加举秋毫之力，何难之有哉？虽有扛地之力，能动一尘太虚否？庄子曰："自事其心者，哀乐不易施夫【乎】前。"此之谓也。彼木之根，固结于土而深入之，虽枝叶迎风婀娜飞舞，于生机何可得而伤也？圣人之心，固结于天而深亲之，虽识神应事五官不息，于道心何可得而撼也？故圣人者，富之以天下，贵之以帝位，投之以声色，不喜也；无故而害之，奇辱以加之，五毒以冤之，不怒也；天地裂，虎狼侵，兵加颈，不惧也；天下誉，世美俱，仙云迓，不好也；宇宙破，国家亡，亲孀凶，不哀也；上成佛，功盖世，物塞天，不欲也；大凶忒，极奸毒，至淫秽，不恶也。虽无喜而时可以笑，虽无怒而时可以杀，虽无惧而远避岩墙，虽无好而可取则取，虽不哀而孝慈周慎，虽无欲而可备万物，虽无恶而明择是非，常人不可得而知，其犹龙乎？自圣人视之平平耳。中心不动，而五官百骸随应幻尘，故佛云奢摩他者，形体识神正觉皆不动也。三摩钵提者，形体识神动，正觉不动也。禅那者，形体动，识神正觉不动也。正觉者，如树之中根，决不可以稍动者也。不动正觉，久则天灵感之，其为妙慧神通，不可以阐述。

故为偈曰：
心法全功，如如不动。灭尽七情，太虚大勇。
又非死灰，圆明蒙溟。蝉翼其轻，泰山其重。

取智篇

取智如取水然，取水于地中，取智于天中。取智如取火然，取火于木中，取智于天中。地中之水常如此其多也，不知凿井掘泉，则渴且死，而谓此地之水不足可乎？木中之火常如此其多也，不知燧人之术，则爇食废，而谓此世之火不足可乎？天中之智常如此其多也，不知中和上达，则愚日甚，而谓天降之灵不足可乎？北山南山同富水源，北山成漕，南山不成漕，则北山皆沃壤，而南山皆枯土。西邻东邻同植榆柳，东邻知钻取，西邻不知钻取，则东邻耀灯烛，而西邻困暗夜。海国陆国共受天覆，海国知亲上，陆国不知亲上，则海国昭文明，而陆国称蛮野。故耶稣曰："上帝耶和华在人心中为人之灵。"其见甚伟。佛言"直超三界"，高明过之。孔子"上达"，即此意焉。有能终岁系精神于天而固定之乎？则其智慧之增，若火之始燃，泉之始达，不可以常情度量之也。孔子三十而立，直向天也；四十而不惑，与天近也；五十而知天命，感天灵也。夫是之谓善取智。智之生机，本自在性，而必取资于天以养之。核之生机，本自在仁，而必取资于地以养之。《诗》云："何天之龙，不震不动。"言固系于天，而不动也。又曰："文王在上，于昭于天。"文王之大智，天灵之所感也。尧格于上，是以克明。舜升玄德，是以重华。天龙一指之禅，直指此一真之径也。今之人谓天远难感者，废弃昔日通天之正路而不修也，犹之埋塞先人之井泉源邃，而谓水深难得也。庄子以为倒植，可不哀哉！

故为偈曰：
天毓真灵，智慧之府。专诚上感，久则获觌。
旱禾得雨，饥孩得母。孔祷于心，耶感于主。

损益篇

圣人之修能，损益二象而已矣，无以加也。简言之，损而已矣，无以加也。损先难而后易，去非也。益长裕而不设，进善也。非有可去，善无可进，故损有难而益无设，比之如扫云散雾，损之功也。赤日行天，益之事也。云雾既尽，则赤日自见而无为，故谓之不设也。岁三百六十日，或昏或明，非或昼有日，或昼无日也。其无日者，云雾之蔽深也。世之或治或乱，亦非或时有道，或时无道也，邪说之蔽深也。人之或圣或愚，亦非或人有道，或人无道也，嗜欲之蔽深也。故作圣之功，去物蔽而已矣。外行王道，去邪说而已矣。损尽自益，岂必扶赤日之轮而后明哉？故损自泰来，泰则物丰，于是损末。损末者，损物蔽也。益从否出，否则物少，于是益初。益初者，益本性也。物有可损，性自能益，损物即见性。安有水源滚滚，既开其土石，尚待推波促流之力哉！安有禾苗芃苑，既定其根本，尚待抽条擭叶之力哉！安有道人见性，既损其人心，尚待操存修证之力哉！紫柏①之言曰："损之又损，以至于无所损。"如此则圣道尽而圣功全矣。故圣人之教人尽性也，先去外物，自富贵世利声色荣誉，凡有形有色者皆去之。既去尽，则进去其内心，自俗念文章仁义法相，凡有想有意者皆去之。既去尽，则自化而神佛。故《心经》曰"无色声香味触法"，去外物也；"无眼耳鼻舌身意"，去内心也。既去尽，不言所以得阿耨多罗三藐三菩提者，而阿耨多罗三藐三菩提自在其中矣。孔子"致知格物"，归极于正心。而正心非求所以正，但言四无，不言一有，无心则心自正矣。悬岩生物，苟无石隔，无不一直冲天。惟天下至诚也，稍有石隔，曲过石界，仍是一直冲天。其次致曲也。

故为偈曰：
损非益善，圣功之成。非有所损，善无所增。
求益反损，以贼作亲。损益两捐，大化生生。

择达篇

君子上达，小人下达。君子之所达，愈达而愈上，渐高而合于天。小人非不达，愈达而愈下，渐卑而入于地。君子恒达于治性，小人恒达于治利。顾小人谁不智者，惟趋地狱之程极速耳。君子谁不朴者，惟超三界之程极速耳。以道法而言之，人之真灵本在于心，发而上之则合于天，超之即佛，此

---

① 紫柏（1543~1603），俗姓沈，名真可，字达观，晚号紫柏，江苏吴江人。明代四大高僧之一，一生参学诸方尊宿，却无有专一的师承。他主张儒、道、佛一致，不执守佛教的一宗一派，融会性、相、宗义，贯通宗、教。

时为成，实非死也；沈而下之则入于物，及地则绝，此时为没，实非死也。超天则乐，入地则苦，故同一死也，而上下判矣。譬如有人一修于乡，一乱于乡，同时出里，音书不闻，其乡人皆以为亡矣，遂谓修者为无益，乱者为无伤，而不知修者之登庸于王庭，乱者之刑死于市曹也。夫心为中枢，脑居上，肾居下，皆直中也。故脑动于天，而心直应之，则上升；肾动于色，而心直应之，则下降。感天为长觉之捷径，五圣之所同归也；淫色为杀觉之捷径，五教之所同戒也。一切法相致曲而属于上者也，五官百欲贼正而属于下者也。火曰炎上，象以离明，故火极伤形而成觉。目属于明，上注于中，乃凝觉而通天焉。水曰润下，象以坎险，故水极伤觉而培形。肾属于险，下注于中，乃杀觉而入地焉。形觉交养，水火既济，非明下沉而险上干也。易逆数也，以离收坎，明决不可露而险决不可纵也。道人之不传炼神之术者，非惟恐人以智慧济奸邪已耳。既修之上达而又有下达之念未绝，自害形觉，如二药逆行，其祸尤酷也。故耶稣一念专此，使人行处坐卧无不注神于天，安得而不神哉！佛曰直超，不曰直沉，不曰邪超，路径同也。孔曰上达，曰正心，曰高明，不曰下降，不曰邪意，不曰卑慧，非其径欤？若下达惟色固极毒矣。至于眼耳鼻舌身意之欲，色声香味触法之物，何一不附于地上哉？地者下之最大而总归之溪也，可不绝欤。故圣人防阴长阳，绝地通天，思达者其先知所择矣。下达之惨苦，可不畏哉！

故为偈曰：
一直上达，法相在天。更无退转，破坏极巅。
五教同途，众生多捐。明明罟获，小智趋焉。

辜天篇

父之授子以剑也，非欲其树功名卫国家哉？而其子乃以自刎，或以杀父，其辜父之恩也不已甚乎！天之授人以智也，非欲其尽性命成圣佛哉？而世人乃以自害，或以逆天，其辜天之恩也不已甚乎！吾观天之为意深矣，天恐人之致曲，而入于二乘，困于法相也，故使其鼻一直通天，以示之象，且导其气。又恐人数过多，生生相碍，如虫鱼鸟兽，地不能容，食不能供，必致相残，故使其生不繁。其岁二十三十而后得子，其生子数年而后一有，俾寿考而不夭。又恐人有愚痴，下之不能声闻缘觉，乃为之舌巧于万物，为之耳聪于万物,俾能说法而晓众,闻法而兴起。又恐无以遇虎狼狮咒,为之心脑以思术,为之手以制器。又使之食万物之精而吸其灵,又使之全六通之象而示其始。人犹不佛,岂不哀哉！蚕之不能尽成蛾者,以其过多,多斯必杀。使蚕亦一岁一子,未有不一卵一蚕,一蚕一蛾者矣！人固可一人一佛者矣,而不佛何哉？蚕以桑为命,非以桑为命也,以桑为一时之命也。将眠则少桑,将蛹则绝桑矣。人以食为命,非以食为命也,以食为一时之命也。将禅则少食,将寂则绝食矣。比食如桑,犹不过暂资一时耳,而况于金玉乎？而况于富贵乎？而况于文章乎？而况于名誉乎？彼蚕无父母之教授,无圣蚕之书史,而自知作茧成蛹者,以欲少而心纯,应天自觉也。使蚕亦作为币帛以易桑,作为宫室以储桑,作为文章以教成茧,作为政治以安其伦,则一点之真灵耗于万事,必致神不足以调血脉,未及眠时而瘠死,无复能成蛾者矣。人之不佛,即如是焉。夫人之真灵固有限也,耗一分即少一分矣。天之与人,使其食饮有限,则只可分其精灵,以谋一衣一食,其馀皆当全以合天也。今乃不知死期之将至,积金万库临没,犹握算筹;官至王侯易箦,不忘紫绶;田宅包地,尚以为未多;诗书积山,尚以为言少。几何精力,而戕贼竟若此哉！庄子曰："鹪鹩巢林,不过一枝。偃鼠饮河,不过满腹。"知此者可以合天,而不负天之生成,即成佛有余矣。

故为偈曰:
蚕必成蛹,人必成佛。蚕不过桑,人不过物。
过则伤神,天感不觉。没于物中,其何能淑！

通辟篇

通辟惟一,而实无惟一。通辟惟道,而实无道。知之忘之,谓之通辟。然而常人疑之,是固不可说法也。必以言诠而明之,则亦或设可举者。至善之谛,曰通,曰空,曰一,曰中,曰不动,曰无等,曰无边,曰无名。通即空也,以相而言,有所塞者则不通,无所塞则通;有所塞不空也,无所塞空也。竹中为通,故竹中为空。形以塞形,觉以塞觉,皆谓之不通,不通即不空。形通形空,故觉通觉空也。此通即空,空即通之定论也。空惟有太虚,而太虚无界,即界以分之,仍曰是一。如化万界于一纸,略界而观,此纸仍一。太空不可割破,安得不曰惟一？况夫有形之物,皆可分之为二。太空既不可分，更不得不曰惟一。此空即一，一即空之定论也。一必中也，非中必有端也。有此端即有彼端，虽云至小，苟其有之，必可分也。微分之法，有皆可以二之。几何之理，有皆可以二之。可以二之即非一，非一即不中也。故手有二，则手不居中。目有二，则目不居中。至于鼻孔、眉毛、骼骨、肺肝、耳齿、股肱，皆然也，惟脑心、鼻端、顶元惟一，是以居中者皆必一也。二且不中，而况于二以上之数乎？此一即中，中即一之定论也。中未有能动者也，今执一物以左右之谓之动，左右非中也；执一物以上下之谓之动，上下非中也。故失中谓之动，不左不右，不上不下，谓之不动，不左不右，不上不下，即谓之中也。故地之动中不动也，日之动中不动也，人之动中不动也，车之动中不动也，至重不中，而吸于中力，尚不之能动，况真中乎！此中即不动，不动即中之定论也。动念则事有等，动量则物有等，若其不动，何以有等？是不动即无等，无等即不动之定论也。有等即有边，河海以大小有等差，则河海必有边；日月以明暗有等差，则日月必有边。既无是边安有等？既是有等必有边。此无等即无边，无边即无等之定论也。可指而名者，皆有边者也。我心无边，称何为名？万有无边，圣矣。兔必欲学虎之哞狼，虎必欲学兔之三窟，虽劳死不能，而谓兽难尽性可夫哉！人固万有不齐者也，或智或愚，或强或弱，然智愚虽不同，能识一仁字则同也；强弱虽不同，能任其仁性则同也。其别于物也，有通有塞，有富有贫。然通塞虽不同，通者多功绩，塞者少功绩，其仁同也；贫富虽不同，贫者少施与，富者多施与，其仁同也。求如圣人之内，不求如圣人之外；求如圣人之实，不求如圣人之华。则众人皆圣人也。名不如圣人，圣人之实本无名。学不如圣人，圣人之实本无学。功不如圣人，圣人之实本无功。施不如圣人，圣人之实本无施。天下岂有诚不如圣人，仁不如圣人者哉？轴多逸，辐多劳，牙多险，其至一也。溪多湍，浍多迂，江多浩，其归一也。人修其同，曰空，曰中，曰一，曰仁，无名无等，无边法海，皆总而纳之。此八万四千陀罗尼门之所以总乎圆觉也，故如此则人皆可以为尧舜。人皆可以为尧舜者，岂必同其位，同其名，同其业，同其学哉？同其私欲尽，尽天理流行而已矣。同其私欲尽，尽天理流行，则入于涅槃，其位同，其等同也。孔子曰："人一能之，己百之；人十能之，己千之。"及其成功一也。若是，则人为一日之学，已必百日；人为十日之学，已必千日；人为一岁之学，已必百岁；人为十岁之学，已必千岁。天下有此遐龄乎？人皆可以为尧舜，而帝位不可千，天下不可万，何以待之？禹稷颜回同道，禹三过门而不入，八年于外，颜子固未尝出户庭也。太山之于丘垤，河海之于行潦，色相之差，圣哲何暇计之哉！《易》曰："各正性命，保合太和。"鸡卵成鸡，鸭卵成鸭，求其孵而已矣。万物皆备，岂必如坻如京，仓庾皆满乎？知此者岂惟人可以成佛，若胎生，若卵生，若化生，若有想，若无想，若非有想、非无想，可皆令入无余涅槃而灭度之。何也？曰求能与圣同者，修之而已。曰中也，曰和也，曰空也，曰一也，曰诚也，即儒者所谓仁而已矣。至仁即圣，合天而入于涅槃有余矣，无不足也。

故为偈曰：
求同去异，圣克我克。无智无愚，成功则一。
虚仁而诚，易简之则。众生知此，咸归太极。

有为篇

有为者，工夫之粗者也，去病也。既已有病，则不能无为。有病于外，而不为之治，其害觉也，譬如痈疽疣疥之害形也。有病于中而不为之治，其害觉也，譬如膏肓伏毒之害形也。故希圣之法，日去其害而已矣。必求至于空净，乃不复为。为之之法，先胜物，而后胜心者，疏而易验，谓之外炼；先胜心，而后胜物者，切而易迷，谓之内省。二者修一，亦云可矣；二者兼修，则大备矣。外炼之法，凡与物接，即先警惕。见物之可喜者，先忖曰万物何可喜？若犹有可喜，是吾心贼于物矣。见物之可怒者，先忖曰万物何可怒？若犹有可怒，是吾心贼于物矣。见物之可哀者，先忖曰万物何可哀？若犹有可哀，是吾心贼于物矣。见物之可惧者，先忖曰万物何可惧？若犹有可惧，是吾心贼于物矣。见物之可好者，先忖曰万物何可好？若犹有可好，是吾心贼于物矣。见物之可恶者，先忖曰万物何可恶？若犹有可恶，是吾心贼于物矣。见物之可欲者，先忖曰万物何可欲？若犹有可欲，是吾心贼于物矣。如是久久，物渐退听。夫声色名誉富贵，可喜之小者也；通天显象，可喜之大者也。横逆阴陷淫暴，可怒之小者也；污法败道，可怒之大者也。家国天下罹祸，可哀之小者也；众生贼性，可哀之大者也。虎狼兵革饥寒，可惧之小者也；天震裂地，可惧之大者也。耳目身心之娱，可好之小者也；法象神通，可好之大者也。奸回污秽狠毒，可恶之小者也；蔑圣毁行，可恶之大者也。大位重宝世美，可欲之小者也；净土佛刹，可欲之大者也。无大无小，尽尽涤之，试之念之，物真不动，则外炼之工夫至矣。然而物之不至，可无喜怒哀惧好恶欲。物如果来，亦无喜怒哀惧好恶欲乎？是不可以不省，省之又省以至于无可省，则内省之功夫至矣。时或即喜心，以遣其他心，则喜经喜圣，未尝不可，故有好学念古之法；时或即怒心，以遣其他心，则惩邪却垢，未尝不可，故有去非远贼之法；时或即哀心，以遣其他心，则大悲大愿，未尝不可，故有拔渡慈航之法；时或即惧心，以遣其他心，则怖苦畏坏，未尝不可，故有六道警愚之法；时或即好心，以遣其他心，则天乐法证，未尝不可，故有礼乐梵音之法；时或即恶心，以遣其他心，则自怨自艾，未尝不可，故有恶湿居高之法；时或即欲心，以遣其他心，则净土涅槃，未尝不可，故有思齐尚贤之法。怒与恶无加于人物者，哀与惧无用于身家者，喜好欲无因于世物者，渐习已久，心地大空，空空中和，道自来感，乃有生生自化自变之妙。有为之法，如斯而已矣。

故为偈曰：
一切有为，净尘净根。尘根既净，无中生生。
接外验物，离物验心。克念作圣，还于本真。

无为篇

有为无为，二事互资。无为有为，毋失其宜，在诚明者不自欺而已矣。其妙其机，岂可以言诠尽哉！有为者求放心也，既已求得，则当断求，如追放豚，入苙即不可复招矣。进而比之，有为之法，如种树然，掘坑汲水，剪枯枝，防牛羊，是诸事者，不能不有为者也；苟萌条达，花实荣秀，是诸事者不能有为者也。有为已尽，而不知无为，揠苗长者，苗则槁矣。此时此机，究如之何？明以揭之，万物不足以动其心，即此时也。所谓万物不足以动其心者，其真性固结于天也。其真性固结于天，如木根深入土中，自然华实，不宜动也。入无为之境，恒久而神通不显者，未之有也。故无为而后，太虚如湛，坐起行立，庄怡舒适，血气和平，耳目聪明。其接物也，泰山崩于前而色不变，神仙降于庭而目不瞬。其应事也，如镜照物，见相自明，来相不迎，去相不住；如器中簧，应击发音，随其轻重；如禾在田，自秀自实，合于天时，愈久愈妙，不可殚述。所谓观天之道，执天之行，尽矣。倘使无为期至，昧焉而不知久持，忽焉而不知静待，于是已得一法，更念二法，已读一经，更望他经，则是种树而频徙之也。人之得天，不能以朝夕见功者，如树之得地，不能以朝夕见长也。岂有欲学圣佛，而反不如农圃之智夫哉！故无为之初，净其六根而不欺，全其真性而不慑，迟之又久以俟之。无为之动，渊如窨如而渐安，火燃泉达而渐盛。无为之长，治天下，理万机，不扰其禅寂；诵五车，着万言，不用其心思。手足耳目如转轮，心志神明如中轴。无为之极，自然神化，直与天通，入于涅槃，全抱太极，非深资之笃，安能语于此哉！孔子曰："无为而治【者】，其舜矣乎【也与】？夫何为哉？躬己正南面而已矣。"此之谓也。佛曰："至无为境，即可谓已登彼岸。"非必证六通到涅槃也，证六通到涅槃，无为之后，天自来感，神自来启，而非人之所为也。应无为矣，而又为之，如附舟及岸而不登。老子曰："当其无，有器之用。"善用无者，可以谓之成器矣。佛曰："一切有为法，如梦幻泡影，如电亦如露。"应作如是观。知此而不成佛者，未之有也。

故为偈曰：
得天全真，本是无为。山木固根，移之可悲。
放浪大化，神灵来归。变化无极，坐理万机。

慈助篇

以有为之法去非，以无为之法尽性，则至矣。然而，犹有为性之助者，则仁慈之功是也。仁慈者，浮天之诀也。仁慈之益，岂惟自尽其性哉！夫人者同形异觉者也，如卵之同形异觉也，鸡卵鹄卵鸢卵凤卵，其形质同而真灵异也。菩萨定性，缘觉定性，不定性，有情无性，其外形同而真灵异也。今若以鸡卵而孵为鸢，鹄卵而孵为凤，则不可得，以其中不能自变也。以桃本续为杏，以蒿干续为菊，则可得，以其中能自变也。命系于地之草木，能改其形体之种，则命系于天之人，必能改其觉性之种也。若然，则虽有情无性，苟知此理，尚可改为菩萨声闻。此佛所谓自熏成种，而孔子所谓先天而天弗违者是也。自熏成种，以愿力故。先天而天弗违，以体仁长仁故。佛儒之大，同言慈悲足以为性之助也。此何理哉？天神圣佛，咸以仁慈之感，覆翼众生，贵觉贱形，辅邪伐正，彰彰明甚。人以此心助之，是赞之也，赞天神圣佛，而天神圣佛不赞之，有是理乎？与贵人同心，犹且获福，而况与天神圣佛同心哉？同声相应，同气相求，此之谓也。故蘭不胜棘，蘭以亲人，则人锄棘以长之。犬不胜虎，犬以亲人，则人猎虎以护之。仁不胜暴，仁以亲天，则天灭暴以资之。回祖曰："使天之灵，不与善人俱升天国，何以为人之大父？"耶稣之言亦云。老子曰："吾有三宝，一曰慈。"盖慈者，不惟成物，乃成己之宝也。夫人性之量有限，能仁则天神圣佛赞助而与之，增益其所不逮。佛灵灌顶，栽者培之，乃道之常，无足异者。故仁者己之生机，如核之中心然，当自培之，非徒以利济众生已也。智者利仁，惟仁乃为真利。诚于仁之三世诸佛，又高于不与外功之辟支佛也。有欲于无为之上有所增益者，顾其事于慈爱乎！

故为偈曰：
浮天拔品，诚仁自益。慈爱无量，性灵超特。
种由我熏，命非神锡。造化夺宰，为莫大极。

内篇·卷二

枯禅篇

人心无住，则天心必生。寂然不动，必感而遂通。如木核得水土，未有不苟萌甲坼者也，犹或有之，即枯禅也。枯禅惟何？一曰仁心死，二曰根未净，三曰不恒持，四曰时已过，五曰时未至。无此五者，而知无为太虚，则未有不通天成佛者也。仁心死者，如木之核仁，其心已死也。夫仁者生机也，生机既死，虽种何功？又如熟卵，其能孵乎？孔子曰："人而不仁如礼何？人而不仁如乐何？"此之谓也。人心凶残，自杀其仁，仁心既杀，钻李不萌，此枯禅之最者也。然而有可救者，悔之而已矣。悔之虽真，无自欺心，恸悔既净，徐久亦生，一阐提人，皆有佛性，此一法也。根未净者，如核心藏针，卵心藏毒，不着于外，自害于中。虽无声色香味触法之显，而伏眼耳鼻舌身意之微，无物固无喜怒哀惧之情，过物仍发喜怒哀惧之节，此其祸不易救也。读书以辨其微，养气以固其真，微析则知幻而不可动，真固则本强而不易摇，渐久习之，尘根两绝，徐久亦生，此二法也。不恒持者，如杏子二岁而后萌，种一岁即掘出之，鹅卵一月而后孵，伏二旬即拨视之，人性不齐，有敏有迟，如木实之各有种期，鸟卵之各有孵期也，未及而废，不亦冤哉！安安迟久，不问其效，根已断尽，法相亦空。何问之有？久而不问，如投核于园，十年不窥，已拱把矣，此三法也。时已过者，不易生也。如木核置之数岁中已朽蠹，如鸡卵置之数月黄已腐败，将如之何？时过而后学，则勤苦而难成矣。孔子十五志学，侔尼十九出家，至迟者穆罕默德四十修道，人可以不早自谋乎？虽然一息尚存，即非不能为者。至诚发愤，以至于死，形识虽衰，本性不灭，未有不显相而解者也，此四法也。时未至者，不及生也。木实未老而收之，麦芽方冬而望达，奚可得哉？人生之初，如愚虫然，三岁五岁，教亦不知，即十馀岁，亦或蒙昧，此皆时未至也。即时已至，觉之长也亦如木然，不如日日以尺度之，而守其干霄，瞫其华实，人则何必朝夕思维盰计以求通天哉？静以徯之，此五法也。是五法者，无为守禅，怡然待成，不可以不知也。不知则自误矣，而谓神佛圣哲言不可信，亦何其妄也！人必成佛，百人百成，千人千成，万万人万万成，亿兆人亿兆成。得吾说而细玩之，固识之，大中至正，安安而底，可操左契也。

故为偈曰：
枯禅有五，仁死根伏。时过须愤，未至勿拂。
恒久永持，无不圣佛。有造斯诣，吾言勿忽。

去物篇

得糠粃一升，而忘汤火者，苙中之豚也，而麒麟笑之。得富贵一生，而忘性命者，物中之人也，而道士笑之。物之为害甚矣哉。然物亦小有资焉，以养形故，有形则物不能全废。比物之养人，如水之养木然，水足则木生，水深则木死。比物之养人，如粪之养禾然，粪匀则禾生，粪厚则禾槁。夫世人之身，一布衣，一箪食，一瓢饮，一栋屋足矣。其为用也，日不及钩金，则多一钩金，即受一钩金之害也。苟其眼耳鼻舌身不乱于欲，而自戕厥性，多者安用哉？纵眼耳鼻舌身之小体以害大体，如反刃以自刎也，可不惧乎！而况多耗一人之衣，是以寒杀一人矣；多耗一人之食，是以饥杀一人矣。使人不足而迫于乱，反而以害吾形者，则其毒尤显。显祸小而近，隐祸大而远；显祸杀其形，隐祸杀其觉，皆过涉于物之害也。《阴符》曰："天有五贼，见之者昌。"五贼者眼耳鼻舌身也。眼耳鼻舌身贼天者也，贼天者杀性命者也。《易》之《大过》，泽灭木也。水本以养木，至于灭木则反凶。物本以养人，至于灭性则反害。故佛曰："日中一食，树下一宿，慎勿再矣。"此不易之经也。孔子曰"仁人不过夫物"，不以物好性也，"孝子不过夫物"，不以物害亲之性也，亦惟日中一食，树下一宿之意云尔。庄子曰："鹪鹩巢林，不过一枝。偃鼠饮河，不过满腹。"老子曰："以有余利天下之不足，惟有德者。"皆此意也。夫物者佛之所谓六尘也，六根尚当净，而况于六尘乎？法尚当弃，而况于六根乎？物皆在地，系念即不通天。物尚在心，如钉在核，道心不可生也。去之去之，性命之大贼，可不严欤！

故为偈曰：
一物在心，如钉在核。去之不尽，性命戕贼。
失道入欲，灭顶过涉。害已害人，厥祸孔极。

垢净篇

观天之道，以净垢也。执天之行，人之所用以净垢也。佛曰："一切众生，从无始来，所染不净，颠倒轮回，皆由妄执。若能根尘俱净，即入涅槃。"异哉！万里之外，其言乃与孔子不谋而合，人可不因此而深念之乎！入涅槃者，孔子所谓"退藏于密也"；净尘净根者，孔子之所谓"圣人洗心也"。洗心洗净即退藏于密，孔佛成真之工夫，极于此而已矣。观天之道，锻炼去垢之意切矣！不然，安用杀机为也。夫垢莫垢于愚迷，故草木倒附于地，其觉极愚，则其生机贱，其杀极多，虫介鸟兽人皆得而食之。虫介横附于地，其觉甚愚，则其生甚贱，其杀甚多，鸟兽人皆得食之。鸟兽斜通于天，其觉亦愚，其生亦贱，其杀亦多，人皆得食之。夫惨莫惨于相食，天何必弄此祟哉？既生虫，乃生虺；既生鱼，乃生獭；既生禽，乃生鸷；既生兽，乃生狮。以此之口腹，需彼之血肉，刍狗之而不怜，其示众生之意切矣。譬如夏楚五刑，日见于目前，尚不悟耶，蠢斯极矣！一言以醒之曰，愈附地愈垢，愈垢愈当杀。由草木虫介鸟兽观之，此不易之理也。试问人之纵欲，眼耳鼻舌身何一非地上之质所化成者哉？其入于色声香味触也，何一非地上之物哉？以心属之，是以正觉染垢也，以正觉自染于垢，天必杀而锻炼之，犹不悟也，则可哀极矣。我将令人无馀究竟涅槃而灭度之，是以奋笔不自惮劳，凡百君子其何不反躬而深思之？乾坤之氤氲，其造众生也如洪炉炽铁，锤击燔热之苦，为欲得精鎏故也。娑婆五浊，适生圣佛，人曷不速自净垢，以入于无馀究竟涅槃哉？绝地天通之一言，出于刑书，天刑之设，正以使人绝地通天耳。天发杀机，地发杀机，人发杀机，则大垢大污。天人合发，则正觉上应。《阴符》之言信也。人而知之，立出火坑

而现青莲。吾言恸极，实征不爽，何不即此而再三思之？

故为偈曰：
天刑净垢，众生当知。垢净即佛，更无承师。
哀哉迷恋，惟我哭之。火中青莲，念兹在兹。

验益篇

何以验吾心之益，而知吾道之必成哉？何以验吾心之未益，而忧吾性之已汩哉？如针在心，痛痒所关，岂难知乎！吾日察吾，见小物而生好乐之心，则知沉于物者深也，即念曰好乐杀吾觉矣，乃思世上万物如溷中粪，何一可好乐者？如是思维，渐久以忘，虽与之天下不加矣。吾日察吾，见小祸而生恐惧之心，则知沉于物者深也，即念曰恐惧杀吾觉矣，乃思四大苦空，一切如幻，何一可恐惧者？如是思维，渐久以定，虽夷其身家不慑矣。吾日察吾，见小拂而生忿懥之心，则知沉于物者深也，即念曰忿懥杀吾觉矣，乃思人间横逆，如空中云，何一可忿懥者？如是思维，渐久以宽，虽无故杀之不怒矣。吾日察吾，见小失而生忧患之心，则知沉于物者深也，即念曰忧患杀吾觉矣，乃思一身万有，如泡影聚，何一可忧患者？如是思维，渐久以安，虽天地崩裂不虞矣。庄子曰："自事其心者，哀乐不易施夫【乎】前。"此之谓也。与苦战而忍之，与辱战而忍之，与万情万物战而忍之，吾心皆已战胜，则以知此为吾道之必成矣。孟子动心忍性，增益其所不能，谓之戒定。戒者戒一切恶，定者定性命也。戒则不染垢，定则不动心。如是渐久，觉身心之畅适，超然物外，以此益信吾道之必成矣。又渐觉灵智日发，清明在躬，志气如神，此又必成之证也。凡此证验，必先经戒而后入定，必先经定而后生慧，不可躐等，觅径自欺，则未有不成者。所谓证验，如以灯电之光，察未孵之卵，而知其化否也。夫天地之道，试人之场也，可不察哉！总之，无验无盱，乃为太上。至于六通之术，如卵中出声，当在将解时得之，乃为自然，且亦与道无关。道自清净，既无有意，又安用六通为哉！

故为偈曰：
七情五官，尽净性全。日念在兹，久乃不迁。
既定必慧，久则超天。惟有太上，浑成无端。

二觉篇

觉之路，二而已矣，一曰自性圆觉，二曰声闻缘觉。自性圆觉，本性不乱于物，及时自觉，即孔子所谓"自诚明，谓之性"也。声闻缘觉，本性尚未全失，闻法便悟，即孔子所谓"自明诚，谓之教"也。不教自觉，故曰自诚明也。教而后觉，故曰自明诚也。诚则明矣，明则诚矣，斯二者不可以差别论也。浅以言之，既得人身，本已是佛；既得蚕身，本已是蛾。谁则非自性圆觉者哉？蚕病则不知作茧，人迷则不知成佛，病蚕必先疗，迷人必先教，所以有声闻缘觉之一格也。再浅喻之，自性圆觉，如睡眠得宜，天明自醒，不待人呼，此何怪哉？声闻缘觉，如睡眠失时，或有微恙，天明不醒，必待人呼，起而披衣，此微别也。至于十日十夜，目不交睫，饮酒大醉，刀刺不知，迷药入脑，五官失灵，则虽呼之亦不知矣，钟鼓雷霆亦不闻也，如此则并声闻缘觉之格亦失之矣，岂性之过哉？人之犹未佛，觉之犹在形也，半阴半阳，半物半天，半人心半天心，解脱阴乃纯阳，解脱形乃圆觉，解脱物乃成道，解脱人心乃合天心。解脱未净，必有阴轮障之，如夜之必寝也，寝而不觉，阴轮甚也。人之需物保形即在阴轮，当知不需物、不保形即为成佛。正性纯阳，健行不息，然已入阴轮，不能不百年顺致，以待其终，如卵之自然足日，以待孵期也。乃逐物太过，如十日十夜，目不交睫，饮酒大醉，刀刺不知，迷药入脑，五官失灵。虽有孔佛在前，鸣鼓发雷而攻之，亦以为天道悬远，佛路遥阻，不可以稽，不如眼前富贵之较近而有把握，则大可哀矣！是谓失声闻缘觉之性，永坠轮回，凶孰甚焉！呜呼，哀哉！墨翟之哭，所由恸也。

故为偈曰：
自性圆觉，次为声闻。中庸亦然，先后诚明。
人如去物，见性立成。哀哉迷也，大海终沉。

摄地篇

尽摄地以化天，灵全而上穿，《易》理则然，由《复》至《夬》之象也。《复》以一阳入于阴下，由本夺阴，进而为《临》，阴乃退听，道心定也；进而为《泰》，阴乃顺应，大自在也；进而为《大壮》，阴乃消失，乾德健也；进而为《夬》，阴乃尽除，成纯阳也。人生三十，体气盛壮，聪明亦足，当是《泰》卦。后此皆应夺阴，益阳阴尽之时，即解化成真之时也。此不难明，以小物喻之，其理必著矣。譬如禾然，花落之时，阳性在实，实将摄取全禾之精以凝之。故至于实熟，生机尽注于实，全禾枯矣。此尽摄地以化天，灵全而上穿之一例也。又如卵然，古人谓天形如卵白，地形如卵黄，信也。卵之化为禽也，卵白先成一吸取之形，以吸食卵黄。初伏之时，阳性在白，白能摄取全黄之精以凝之。故至于雏成，生机尽注于白，全黄竭矣。此尽摄地以化天，灵全而上穿之又一例也。大地一卵黄也，天灵一卵白也。以吾身言，形体一卵黄也，觉性一卵白也。古书之习惯，以心为觉性之代名，其实心不能以相求，遍满什方，圆明自在。如《楞严经》云："心不在内，亦不在外者，是真心也。"此真心将尽摄五阴以养之，如卵白吸取卵黄。故成道之人，其形体虽未如卵黄之消失，实则精英注于正觉，如禾藁之枯竭矣。禾藁不枯竭则易腐，尸骸不枯竭亦易腐，故成道之人中阴尽尽，形如枯木而不化也。常人之死，犹有阴湿存于四大，是以立为臭水而不能存也。人而知此，饱食而外，纯凝正觉，勿以眼耳鼻舌身意之阴邪，夺阳明之神则得矣。故《周易》之理，除阴务尽。佛教之理，形为罪薮。《阴符》曰："天有五贼，见之者昌。"五贼者，阴形之总称，五行之会，五官之欲也。《夬》尽合天，化为乾元亨利贞，岂不善哉！

故为偈曰：
以阳摄阴，以觉摄形。如彼卵白，吸黄以凝。
又如禾实，尽吸株根。夬除四大，结此真灵。

二智篇

吾人之智，其来有二：一曰本智，二曰染智。本智者，固有之智，受命于天。不学而能，不虑而知。如赤子知吮乳，如雄鸡之司晨，如蚕老知为茧，如蜂成之为蜜，如花自知开，如木自知实，不待教亦不能教者也。佛曰："自性本觉。"孔曰："良知良能。"染智者，由眼耳鼻舌身所入染而后能知，皆害性者也。识一字染智也，通一言染智也，认一人染智也，习一艺染智也，自生以来所染不净，皆染智也。佛曰："前尘。"孔曰："学而知之。"夫本智通天者也，染智通地与人者也。本智上达，染智下达。染智之恶，不可不绝。故孔曰："素王。"佛曰："无住。"《心经》曰："无色声香味触法，无眼耳鼻舌声意。"皆尽绝染智，以尽本智者也。本智不日见，通时自觉，佛曰兔角龟毛者也。人觉有限，耗于染，即拙于本矣。孔子曰"无思无为"，绝染智也；曰"感而遂通"，发本智也。佛曰"应无所住"，绝染智也；曰"而生其心"，发本智也。染智愈多，本智愈汩。读书万卷，乃反绝天通地。譬如水然，有物障前，反不能尽其性而就下。东西南北，四方横流，岂水之性哉？人身血液循环，皆为发觉之机。此已发之觉，如不用于欲，不用于物，不用于地，不用于文，不用于言，如水无所阻，安得不一直而达，智通于天哉？明为离为火，炎上者也。知此道也，无生一念，自得神通。不然，赤子何以知吮乳？雄鸡何以知司晨？蚕何以知为茧？蜂何以知为蜜？花何以知开？木何以知实哉？人之成佛，乃如此耳。摄地全天，是其自性。苟能不入染智，三十以后，日与天通，其又何学哉！学者去非也，去其易染于物者而全其天，不学之学乃所以大学也。如其不为教人，即一字不识，一语不能，乃圣人之智也。至于前生之染智，一忍一空，洗之而已矣。

故为偈曰：
不学而能，乃为本智。诗书法相，染智当弃。
况彼下物，以及诸艺。圣曰素王，毋然自蔽。

染误篇

人智有二：一曰本智，二曰染智。入于染智，以自误而失本智，人之大病也。古之人染于学者极少，故其通于天者极强。今之人染于学者极多，故其通于天者极弱。疲毙于学问之中，以为求道而忘其本真，则杨龟山[①]三十六载不下案，徒成一腐儒之名耳。夫庖牺不识一丁，轩辕不知用马，尧舜不读《周易》，孔孟不观《汉书》，使以今之人与彼较学，其相去天渊矣。顾

---

① 杨龟山，即杨时（1053～1135），字中立，宋南剑州（治所在今福建南平市）将乐县人。因世居乐县北郊龟山下，学者称其为龟山先生。著名理学家，先后从程颢、程颐学，世传有"程门立雪"之佳话。

其感而遂通，以合于天者异人也。今若欲上达而合于天，又下达而入于物，万库之书可胜看乎？犹幸也生于今之世也，如生于万岁之后，则书多万倍不能记目录，徒使人沈于书中如沈大海，则不可以复出矣。圣人不死，大盗不止。群经不焚，真理不作。祖龙一炬，未始非福。读破万卷而不得一通者，天下之人皆是也。是以孔子戒多，其所谓好学，乃在"一善服膺，不二过"，非今之所谓好学也。古之所谓好学者，入道明觉。今之所谓好学者，入书耗觉。其为祸不又烈于洚水猛兽哉！一落于求名与利以言学，则劳力于博闻强记，其去道也远矣。拾人牙慧而不化，安用之？大都人分三等，上智之人耗其半智于学问，犹可通天；中智之人耗其十之一二，犹可以通天；下愚之人仅可以通天耳，尚可耗乎！故禅宗一派不立语言文字，最为直切。然上智之人诚于明道，乃可多学，亦不当入于赘文，如记"初、哉、首、基"凡十馀字不过算一始字，读尽唐虞三代四库之书终不及一舜帝，则病矣。总而言之，先得清虚禅定，养出真慧，用心不劳，再入染智，最易得力。惟恐一求染智，则染染不已，反失本真，此不可以不惺惺时察也。不自欺而知量力，日知其所为，月毋忘其所能，可谓好学也已矣。大佛独坐菩提树下六年，何尝学儒生呫哔哉！几微之间，不可不察也。广学多闻之语，不可守以自困；无相空虚之语，不可守以自愚，则得矣。

故为偈曰：
智本通天，切勿好染。识字读书，趋末最险。
惟有空虚，恒久灵显。固基用馀，则无深浅。

四学篇

夫学有四用，一曰见本性，二曰求放心，三曰智觉众，四曰艺养形。于此四者染智之所由以用也。若有人焉，乱于事物，忘其本性之可以成佛也，偶因开卷，得意反思，方知此心本通于天，因而自警，空虚清静，得不动心，寿终神佛，此谓因染智而见本性者也。若有人焉，既见本性，恒有私欲，与正觉战，遇物则发，无事或思，意如野马，志如朽索，不可得已，鉴于古训，熏陶濡染，得不动心，还于清虚，寿终神佛，此所谓因染智而求放心者也。若有人焉，已已见性，而有悲愍之怀抱，觉世之愿，广学多闻，增长辩才，博通经史，习于文章，以宣圣教，战退邪说，收拾众望，令诸众生见性成佛，此所谓因染智而修智觉众者也。若有人焉，生于末世乱真之俗，若不识字读书习艺成业，则仰不足以事父母，俯不足以畜妻子，无可如何，乃以天授之聪明事养形之贱役，此所谓因染智而修艺养形者也。凡此四者，莫不极危，一入于染，染染不已，则本觉尽耗于染，终其身困于学中而不悟矣。为见本性者，得清明在躬，私欲尽尽，不动心，斯足矣。得而不守，又深求之，是自害也。为求放心者，得意不外驰，还守中和，斯足矣。因求反放，如舟失柁，斯害矣。为智觉众者，多闻阙疑，慎言其余，多见阙殆，慎行其余，以诚为本，以明为用，斯足矣。落于好名，巧文辩博，斯害矣。为艺养形者，劳心易食，适得饱暖，斯足矣。逐物不已，丧其本真，斯害矣。此染智之不可不察也。非此四者，不入言诠，自得清净，乃为尤善，故学者不得已而为之也，如来自觉智无师智实不用学者也。学虽胜人，有害而无益也。然风俗之坏，至如今日，以学问夺俗染，则不可不用，岂得已哉！

故为偈曰：
染智四因，过此勿行。曰见本性，曰求放心。
曰智觉众，曰艺养形。苟可不染，务宜还真。

空贵篇

何者为虚？何者为实？何者为贵？何者为贱？斯民则颠倒而不知也，愚孰甚焉。一揣其本，虽豚鱼知此理也。何以断之？曰虚空妙觉为贵，坚实愚痴为贱。夫贵觉贱形，则既已言之矣，贵空贱实，又将何以明之哉？曰自然之理也，觉存于空，形存于实也。明以揭之，今有气水土金于此，气之坚实不如水，水之坚实不如土，土之坚实不如金，人皆以水贵于气，土贵于水，金贵于土者，是颠倒之见也。真征其用，食金数两则死，食土数两不死，是土贵于金也；土不可食，水不可不饮，是水贵于土也；水可半日不食，气不可一息不吸，是气贵于水也，故曰虚空贵，坚实贱。埋于金中不与气通，众生皆死矣；埋于土中不与气通，草木以上之物皆死矣；沉于水中不与气通，鳞属以上之物皆死矣，愈空则生物愈智，故曰虚空贵，坚实贱。夫金中全无生机，不养草木，伤觉惟甚；土中微有生机，不养鱼鳖，伤觉亦甚；水中少生机，不养人，伤觉亦甚。以实论之，气贵于水万倍矣，土贵于金万倍矣，使吾地尽为金石，不生一物，使吾地尽为干土，仅生坚木，使吾地尽为水汩，仅生鱼类，其灵皆不得与天通也。因水之包地尚浅，可疏而江海注之。俾土与气接，气与天接，天觉易感，则生人焉。若疏气而注之，使土与天接，则神自来感也。人虽不能疏气而注之江海，而自可以空虚直上之灵通于天以全其贵，如蝌蚪之出水，如黄雀之浮海，解形是也。蝌蚪解尾而生脚以登陆，黄雀解壳而生羽以飞空，出贱入贵也；人解形而升天，亦出贱入贵也，故曰毋系觉于地上，地上者至贱也。大别贵贱之等，则土贵于金，水贵于土，气贵于水，天贵于气，涅槃贵于天。鱼梏于其形不能出水，哀矣！人梏于其形亦不能出气，哀矣！然日以其灵趋于虚空清净，可以升天，可入涅槃。贵觉贱形，贵空贱实，贵虚贱坚，道之则也，五教皆然。佛曰"正觉"，儒曰"大智"，老曰"知白"，耶曰"耶和华为灵"，回曰"天觉"，皆贵觉也。佛弃四大，儒浼其躬，老患有身，耶轻肉体，回绝碍累，皆贱形也。佛曰"离秽土"，儒曰"绝地"，老曰"用无"，耶曰"此地为罪人所居"，回曰"有形天地如芥子"，皆贱坚实也。佛曰"空虚"，儒曰"空空"，老曰"虚静清明"，耶曰"当归于天"，回曰"居无形天地"，皆贵虚空也。人不下达，离弃一切以入于天，岂不乐哉！奈何日梏觉于地，以自投于贱也？正觉正觉，一朝之悟，曷不飞轻而超九京也！

故为偈曰：
坚实至贱，虚空至贵。察于天则，此理不晦。
轻清必升，重浊必坠。涅槃地狱，惟我欲会。

存任篇

存者，存吾觉使注于内，以育吾身，长延地上之龄，不夺于外也。任者，任吾觉使通于上，以达涅槃，发其超天之力，不入于邪也。所谓存者，存于身内，不存于外物也。所谓任者，任其自然，不住于外物也。夫觉内存则养形，有寿者相者用之，彭祖之寿，云能内视，即此术也。外任则通天，无一切相者安之，佛陀之智，无住生心，即此道也。内存虽非道，然而强于逐物远矣。夫人血行一周，必发一周之觉，血行愈速，发觉愈多。故微醉则血行速，其觉较常为敏，若于此时逐物，其耗尤甚。至于寻常觉发，常人不用于文艺，即用于事物，所以终身无通天之日也。术人则不然，注其全觉以存于身中，如眉端脑顶肾中黄庭丹田是也。存于内可以助血液之循环，神不外驰，如金储于家，自然富溢，可以永寿，可以长觉。然而，道人则不为也，佛者不令我人众生恋此秽土有寿者相，故不注神以存于身内也。任活其神，以达于虚无，其益胜此。即如一夜熟睡，不思不梦，及于醒时，耳聪目明，体爽心安，皆觉不外耗之益也。人之觉既因血液之循环而发，是天之则，欲吸以通天者也。不属于物，又不存于内，自然通天，如无线电之赴其所契，其何待辩？然而今人不察，用于事物，害斯极焉。以行其仁，已云下矣，以存于内，则又稍善。如无所住一真法界直超三界为众生本有心性，何幸如之？故放不如存，存不如任。然任而即放，又不如存，物理天则之自然也。孟子曰："存其心，养其性，所以事天也。"此内存也。又曰："夭寿不贰，所以立命也。"此无寿者相而任其上达也。知此者则不负血液之流行，而合天造正觉之本意矣。孔、老、庄、列同精于是，人可不即而深思之乎！

故为偈曰：
血液循环，发觉之源。此觉内存，身寿健全。
如任空虚，上达通天。一入于物，至宝弃捐。

两极篇

两极者，无极与太极也。何谓无极？言无可极。何谓太极？言极于极。此以文义而解者也。以相而言，空虚之大，其大无外，若求无外，实则有外，因常有外，故曰无外。譬如光行甚速，由日至地一瞬息间耳，即如此光之速，行亿万年终至何处，此所至处，如谓无外，外是何物？如外有物，物外何物？再行无量亿万年亦如是焉。以理推之，太空无极，无极乃为至大。凡诸有极在无极内，不如一沙在天地中也，一沙在天地中，其数可算也。凡诸有极在无极中，其数不可算也，无极即无极矣，何能思其极哉？夫光之行未为速也，比之于意不如远矣，光之速犹可量也，意之速不可量也。一念之发已在日外，又在无极，岂不为极速哉！然以意之速尚不能量度无极，而况于光乎？无极即无极矣，至于太极，则为至极。此上更无，是又何物，即无极也。求之虽不可得，而得之易如反掌。何以得之？以文义言，无极者言无即极矣，既已无矣，何用不极？吾心空无，即是无极，以算数求之，无极言无量大也，太极言无可增减也。今设一无量大数，以空乘之即为空，空即无可增减，无可乘除，故无极即太极也。一与亿兆固大不等，然以空乘一，又以空乘亿兆，即皆等于空。如我为一宇宙为亿兆，若以空乘，即皆相等，无极即太极，太极即无极，理如是焉。人推其良知可以合天，并良知而空之，即太极也，太极即无极也。故曰舍利子是诸法空相，不生不灭，不净不垢，不增不减，乃知吾心反求空空，即合太极。故曰其大无外，其小无内。无内即必无外，何难之有？故《大乘》之言者，言乘空也，如算数之乘空也。乘空之大，其大无外。太者大也，无者无外也。以此求之，乃知儒家之言"极"，即是佛家所言"究竟涅槃"，其名虽殊，其为物一也，求之于我无心真空而已矣。

故为偈曰：

无极太极，同是惟一。以空乘数，又安有别。

反求诸心，真守即得。阴阳之先，宇宙之密。

酒色篇

惟酒与色害之大者也，可不戒欤！如佛之言，果证罗汉，入于酒肆，犹不能正其志。儒家之言，禹恶旨酒，《书》严《酒诰》，孔子不为酒困，酒箴酒训，烨烨史册。酒之为祸，可不慎欤！其理，人心发觉，上与天通，血液循环之功居其半，血液清而和则灵明，浊而激则昏乱矣。故《易》曰："清明在躬，志气如神。"《礼》曰："血气和平，耳目聪明。"今酒之为物也，入于人身即杂血液，使血液赤白二球变其常态，失清与和，小之则迷性有愁怐之羞，大之则塞心有疾病之苦，极之则破窍有脑裂之祸，可畏可恶，孰有过于此者哉！至于女色之祸，则细可推也。无男女媾精，则圣人不生，圣人不生，则凶愚之人莫教。无男女媾精，则人不生人，人不生人，则禽兽之灵不能借通天之体以直达。无雌雄媾精，则无鸟兽虫鱼。阴阳不交，宇宙不业，固为甚善。既已交矣，中欲绝之，实未能也。佛教上乘之法，菩萨在家，与眷属俱，无损于菩萨之心。维摩诘①治生偕偶，亦能成佛。儒者之言，男女居室，人之大伦，然此不足以为众生宽也。众人犹借以自宽，是自

---

① 维摩诘，早期佛教著名居士。据《维摩诘经》说，维摩诘是古印度毗舍离地方的一个富翁，家有万贯，奴婢成群，但他勤于攻读，虔诚修行，能够处相而不住相，对境而不生境，得圣果成就，被称为菩萨。

欺而自杀也。惟圣贤能正男女育太和而无害，众人入此，如入汤火。夫天地之生人物，而授以阴阳交媾之乐，是钩饵也。若无此乐，生时生后皆为极苦，则人物皆不肯为矣。知天之以此为钩饵，我何食焉？进而辨之，精神由心入脑而上达，则凝成无相之灵而登天。由心入肾而下达，则凝为有相之胎而堕地。女色与成道正居反对之位，故其吸力最强，而为祸最烈，上达下达可不择哉！人日食五谷之精而粪其粗，此精在身自然上升，何必以淫心欲火煎成浓液而使之下入秽牝哉？佛言"色如有二，天下之人无能学道者矣。"孔言"戒之在色"。惟酒与色，如虎如蝎，因而郑重论之，且详其邃。

故为偈曰：
酒色之祸，烈于鸩毒。鸩毒虽酷，不至杀觉。
酒色不然，形觉并戮。智者拒之，愚氓陷落。

中正篇

中和即惟一也。窥镜而观形，中岂有二哉？权物而求平，中岂有二哉？分数而均之，中岂有二哉？二必非一，有必能二，二可分一，有一非一，惟无之中是为真中。佛之所谓中，真真空也，真空太极也。孔子曰："致中和，天地位焉，万物育焉。"亦即佛教诸法空相度一切苦厄也。大舜惟一，允执厥中，亦空仁也。明而彰之，如彼阴阳，如彼左右，如彼耳目，有对待则必不居中，以无对待为中，常存于虚，则天灵自通而来感矣。夫人之为相，守中则一直通天也，故或寒或暑皆不中和，或湿或燥皆不中和，或疾或徐皆不中和，或饱或饥皆不中和，或忧或喜皆不中和，或惧或骄皆不中和，或忿或懦皆不中和，或大或小皆不中和，或劳或逸皆不中和，多睡少睡皆不中和，多动少动皆不中和，多思少思皆不中和。凡诸有对，如此类推，有对之相之意之法皆不中和。不中和者，如草木之左右摇落不能生也，如鸟卵之震动不宁不能孵也。真致中和，天心自感。中和者惟一惟空而已矣。四体不中和则有病毒之苦，一心不中和则窒神化之机。如彼磁针，其指南北，惟气翕于一中，稍有偏倚，则震荡不安。人之心脑，直指于天，南针之相也，其又可偏欤？老子曰："不如守中。"《传》曰："守中纯固。"《易》曰："黄中通理，正位居体，美在于中。"皆言虚空正性，一直通天也。《大学》谓"正心"，正心者止一也。不中岂有一可止哉？不空岂有一可止哉？回曰：

"惟一真宰。"耶曰:"惟一上帝。"皆此中也。折合相数理气而言之,至善皆不外一中,道之所范,虽天地鬼神不能逃,仙佛亦不能逃也,故曰范围天地之大而不过。《阴符》曰:"天人合发,万变定基。"人之心脑,惟有一中可以通天,天人合发,上吸下应,岂有二路哉?人日守其中,时守其中,身心皆中,血气皆中,则其神自明,其道自通,不须臾离,其成佛也必矣,更何事之有哉!

故为偈曰:
惟一守中,身心太空。谓之正心,自然神通。
天吸我升,天发我同。直臻太极,物莫不从。

斥径篇

斥径,斥众人之不由道而由径也。哀哉!夫有恒虚灵,不须识一字,不用事一事,日足其体腹之需,无伤于性命之正,其又何求?待其时至,鸡壮自司晨,蚕老自作茧,人老自作佛,何以教为?今之人亿兆之中无一自尽其性者,偶有一尽其性者,化为神佛,与众人有别征,则皆怪之。如亿兆病鸡之中有一健羽,而能知时,则亿兆病鸡必怪此鸡之特异也。如亿兆病蚕中有一健蚕,而能吐丝,则亿兆病蚕必怪此蚕之特异也。夫同类者俱相似也,一雄鸡能司晨,则凡雄鸡皆能司晨,性中如无,不得独有。一人能成佛,则凡人皆能成佛,性中如无,彼释伽侔尼何能独有哉!性中既有,则人人偕[皆]应有也,何以怪为?我则谓佛无修无证无念无住,不可以三十二相见。甚矣,人之好怪也,如催花然,荷必夏开,反热而使之春开,开则开矣,不能坚实;如孵虫然,蟋蟀秋生,必蒸而使之冬生,生则生矣,不能强斗。有为伤性不可学也。今人不能空其心正其心,乃思捷径,必欲不空不正亦可成佛,遂有人教之曰导引,曰炼丹,好为百怪以惑耳目,误矣!夫导引炼丹,何难之有?万物皆以暖生而暖化,卵足暖则孵,苞足暖则开,人以血行生暖,暖在火,火有光,故《阴符》曰:"机在目。"道家曰:"若以此光加于烈点,血行从之,必然速化出神。"惟本性自有发极之量,发极则败,蚓不过尺,松不十抱,亦如春之芙蕖,夏之蟋蟀,一经早发,不得尽性,则为害大矣。道法自然,自尽应如此,教人亦应如此也。故虽有仙魔弄祟来现六通,穷其神术,御龙上天,策鬼幻形,万奇备足,六通昭灵,道人视之,一唾而已。我至寿终，极乐灭相，跻于佛土，如操左契，如荷花夏开，如蟋蟀秋生，何必先现，以斮真性哉？导引炼丹之术，以自行斯自害也，以教人斯害人也。於戏！天下岂有不忠不孝，不仁不义，不廉不洁之神仙哉？佛国岂有不忠不孝，不仁不义，不廉不洁之罗汉哉？生不能绝念于地，死乃欲上归于天；心不能离出于物，觉乃欲契合于佛，宇宙之中，安有此道？五大圣教，安有此径？常人好怪，不能待百岁之日，又不能净念，又必须时未至而相先现，其心不定也明矣。心不定，道可成乎？根不定，树可活乎？天下岂有鸣于壳中，而不出之雏哉？天下岂有现于形外，而不舍之佛哉？俾尼八十不能留住，先时而知。孔子七十不能留住，七日先觉。人而知此，谁非佛哉？而况今之设怪者，徒以赚金钱，逐世利，盗虚声耳，则犹有信者，实不可解。彼门此门，传密乱理，贻误众生，罪不容死，诚明者遄自反焉可也。

故为偈曰：
世俗好怪，道乃须修。不进非邪，徒以招羞。
导引炼丹，百丑横流。催花热卵，性命不留。

天吸篇

天吸人觉，必使上升，益验益明矣。人知得天，天灵时来感之，以增其阳气。佛家谓之"醍醐灌顶"，回祖、耶稣皆言"有天使来呼"，孔子曰"感而遂通"，此何故哉？人人皆有，毫无怪也。比之地上万物皆感各星之光精而生，其星感地，其物自应。鸡感启明而生，故启明上地，其灵自感则鸣，彼夜静更沉，谁则为之待漏者？牵牛花感牵牛星而生，仲秋旦牵牛中之时则开，彼蠢然一物，谁则为之观象者？大佛见明星而得道，其义与耶稣、回祖天使来呼同。人既已直立通天，其感在上，因而尽之，上升之路，易于出户。再言其要，人之一寝一兴者何也？终日消耗其在天之灵以至于夜，上吸之力不足，不能不横卧，使身中血液磨出灵阳，及其蓄足，乃与上接。又以起立，如气机然，汽不足，渐闭泄孔，以积之也。《易》曰："天行健。"又曰："健行不息。"故能得天者，其神日健，则其气日清，则其觉日明。是以横眠之时渐减而渐少，聪明之资日发而日盛，乃至直与天通，遂发神慧。又超于天，乃入涅槃。人能虚中一直上通，其为福之大，甚于为天子得天下，不可以恒河沙数倍量也。夫气类之感，如响随声，如影随形。天既吸我，我往极易，耶稣之教义虽不详，而念念在天，诚为极伟。世无孔佛回老，止师此说，皆可成道，五圣之见同也。故吾愿斯人无念则空心以藏于太极，有念则超天以入于涅槃。涅槃太极，一而已矣，内尽则外尽矣。嗟夫！天之吸人，其犹磁石之相吸乎。《阴符》言天地万物之盗，万物人之盗，人万物之盗，故天为人盗其盗者也。又曰"天人合发，万物定基。"得天之吸而遂之，万变不恶矣。《诗》云："天之牖民，如取如携。"言吸之也。

故为偈曰：
天人合发，万变定基。正感直超，成佛顺之。
牖民上帝，如取如携。一直不曲，铁性就磁。

净土篇

以如拳之粪球，附蚁于上而观之，此即人之在地上也。出神地外观此小地，亦如是焉。人固微虫，小有异者。地外包于地者有一小灵，人乃假名之天，此灵吸人，人乃仁智。天外又有诸地诸天，其数无量，各以一灵包一形，浮于太空，此无量数诸地天之外，又有巨灵假名为佛，设使我心以佛光照此无量数地天，实不过一微尘耳。彼诸微尘，有浊有清，有明有暗，有大有小，有毒有洁，有苦有乐，有寿有夭，有智有愚，有柔有刚，有坚有虚，有生有死，我之灵觉，皆可往生。何以哉？灵之行，不似步行，一举仅二尺；又不似耳口发声闻声，仅百里；亦不似电流之与目光，愈远愈减。虽无边无量之遥阻，一念亦至矣。回祖曰："有形天地如芥子。"见实伟哉！佛门净土之说，至矣！人不能纯然太空，则日念在兹，如矢向鹄，其后离弦，自然而赴，然非真心直注，此伪心不可至也。以伪心注如以矢影注也，以矢影注舍矢能中鹄哉？何谓伪心？如应试士子，作文言忠，似出比干之口，虽操莽亦能为也。吟诗歌廉，亦如包拯清风，虽邓通亦能为也。其心本在得官，故工文撰诗之意伪也。今人真心本在大欲，旦暮之间发其极私之欲，将以一声弥陀佛消去积生之万恶，则惑之甚也。真心所在，终乃赴焉，诚求必应，结想无不成者也。《易》曰："乾之大始，坤作成物。"乾者阳也，觉也；坤者阴也，形也。乾既始之，坤则因而成之耳。《楞严》云"因心成体"，亦此意焉。思秽而专，则生于秽。思净而专，则生于净。若生于极秽之土，则有不如此地之蝇蚋者矣。何则？宇宙之事，理之所在，事必有之。

有极乐国土，则极苦国土必亦有之。天堂地狱之说，盖定理也。专心思之，洁志愿往，则无不至者焉。然不可有物阻于中途，则或不至，不可以复疑矣。

故为偈曰：
极乐净土，宇宙实繁。神智思知，众星何悬。
我曷能往？形解之年。专诚所注，不得不然。

汲超篇

汲超者，汲难度之人以超出三界也。何以汲之？有其理故。夫下愚之人以及过时精老陷溺已深，欲使之自然随化超出轮回，极为难事，惟有汲之而已矣。汲之者何也？一息尚存犹可成佛，则惟有聚全精于一途，贯真诚于一事而已矣。夫气本柔也，专注可以穿铁。水本柔也，专注可以裂山。所谓诚心，金石开也。孔子曰："至诚而不动者未之有也。"佛言野干心念十善，七日不食，升兜率天。彼野干愚兽，尚能升天，人虽下愚衰老，其灵岂有不如野干者哉？野干纯诚，能以自克，七日不食，此其不伤生物之仁慈，超出人上，则必越过人级，超升于天。昔有跛者遇虎于途，忽然狂奔，其脚遂愈，李广射石没镞，皆此例也。生不自幸而为愚暴，又或早不闻道，以修正觉，一朝悔悟，恸砭前非，精神贯注，誓不伤物，又誓成道必度众生，此心一诚，即与佛契，同于佛者，必往佛土，一念倒回，诸恶尽灭。舍此一途，下愚衰老，无可度者，则哀苦不可胜言矣。佛又常言，一阐提人，皆有佛性。生公争此，顽石为之点头。人虽至愚极老，可以不如顽石乎？一阐提者，愚恶之极者也。、

故为偈曰：
下愚衰老，不易成佛。诚愤激发，一超即入。
兽且上天，人岂难学？悉发大慈，当自恸哭。

四寄篇

四寄，寄心之灵，惟此而已矣。终身不可离四寄，须臾不可离四寄，未

成佛以前不可离四寄,既成佛以后不可离四寄。常在四寄之一,则心不放矣。何谓四寄?一曰寄心于身中,二曰寄心于大仁,三曰寄心于净土,四曰寄心于虚空。寄心于身中者,于身中中部,系于九缘眉端发顶诸所,使其已发之精神归养其形骸,可以永年,可以强形。有寿者相及欲助长求速现相者为之,非道也。然而放心已久之人,得此能收速效。乍必欢喜,因而深造,其亦可以。如饮药然,不可多也。寄心于大仁者,每一起念,必欲拔尽无量无边众生,归于清净极乐世界,由近以及远,由远以及近,由小以及大,由大以及小,必诚必通,以求其则,此乃大佛之真心三昧也。此心专一,自与佛契,如磁投铁,虽欲不成佛不可得矣。寄心于净土者,有我相欲我一人成佛也。然因此止妄,因此生仁,既欲阿弥陀佛之收,必全纯仁至净之德。若世俗之徒,尘垢不净,纯仁不完,但持名号,欲生净土,则大误矣。此亦事之所必无,理之所未有也,安有净土容秽心人哉!秽心人可以入净土,则粪鸱可以入馐中矣。夫结想纯一,事则必成。然须以全想注之,既分于此,又分于彼,真我岂有二哉!寄心于虚空者,妙明自生,不可言传,不落言诠,不识文字,不爱一切,不动一念,此佛教所谓奢摩他,儒教所谓定所谓至静,老子所谓虚一而静,此之谓大清明也,佛教之最上亦儒教之最上也。佛言三心,真心、空心、普济心,与吾所谓四寄同也。孔言九思,则以用言。吾所言者体也,有体自有用,有用必本于体也。是四寄者心思之全功,不可以须臾离也。

故为偈曰:
心思四寄,勿以他迷。在虚空无,在大仁慈,
在身中部,在净土归。必诚必一,须臾勿离。

诚极篇

孔曰"诚",佛曰"真心",耶曰"无虚诞",回曰"清真",老曰"诚全",皆言诚也。诚者何?发念之根也。本始所发,其着应之,穷而究之,凡今之人,其所作者,皆非真心也。既非真心,又杂且乱,所以殆也。今之工于文,而言忠义仁爱者,非心夫忠义仁爱也,其本在名,否则在利。今之勤于业,而为农工商贾者,非心夫农工商贾也,其本在名,否则在利。今之贱为优伶娼妓者,非心夫优伶娼妓也,其本在食,否则在欲。今之号为道德

文行者，非心夫道德文行也，其本在名、在利、在食、在欲。更推而广之，凡今之人，一言一动，一思一容，若非发于喜怒哀惧之偏，决无道德文行之正，奈之何其能契于圣佛之心也？孔子曰："至诚而不动者，未之有也；不诚，未有能动者也。"今之人所以不能动，而感于圣佛者，皆不诚之间塞之耳。夫诚之为辨也几，方出于此，即入于彼，方出于彼，即入于此，非纯注于圣佛而久专者，其何以感之？圣佛之感人如响斯应，然欲发响则必真击，非持锤假示而钟可鸣者。圣佛所戒，吾则犯之，圣佛所传，吾则反之，但欲袭其皮毛以望其感，奚可得哉！佛言四相皆空，我能之乎？孔言清明在躬，我能之乎？我已能之，然而圣佛不感，则圣佛可杀也，不能而圣佛不感，其又何尤！人之心，必有一间，一间之隔，至精至微，而全功弃矣。显而誉之，如设电线，长十万里，当与发电之源相续之际，仅隔一容发，则十万里之电线皆同虚设，再十万里亦无用焉，再万万里亦无用焉。人之本起初念，未接真心，是电线之根未接于发电之本也，圣佛虽发万里之电以求之，不能自感也。起念即相，圣佛不著相，己心本念已与圣佛异类，何能感哉！以相夺相，离相即相，相相循环，不妄即妄，殆矣！夫圣佛真灵，布满太空，无微不入，无大不包，我但真诚，如海底穿匏，水未有不入者也。穿一层仍隔一层，水恶得入哉！明者忽觉，幸无以自误自欺，则圣佛不欺人也。

故为偈曰：
诚必通灵，真空是诚。灭相生相，终亦不成。
成佛在我，岂有外寻。通孔水入，如海中瓶。

明极篇

明能极乎？不能也。人之为学，物之为用，皆须自量，尽己之量而已矣。已为一莲实，必欲干霄合抱，大于松柏，不能也。已为一鸡卵，必欲翼如天云，背如泰山，不能也。莲自成荷，卵自成鸡，则已矣。欲求明极，日月尚有不照之所，大地亦有不载之物，明何能极？即如有人百工技艺、医卜雕绘、万教百家，以及地上万年之书，尽皆成诵，无不全能，可以谓之极明乎？后十万年书将益多，何以读之？又尽读之，比于无量数星球中仍不过一芥子之明耳，何能极？又如一目一瞬，读记恒何沙数之书，读万万年，在佛光太空中仍不过一芥子之明耳，何能极？以是思维，苟求于外，实无有极，圣智豚鱼同一昏耳。何谓极？吾今一言以尽之曰：圆觉为极。何谓圆觉？真虚空性。我至真空，无有四相，即是明极。如此明极，又非见相，又非通神，久久虚空，视见相通神，下下九渊，上穷三界，如一浮沤，此之谓明极也。圣人不知药性，不得谓之不明也。不知即不敢尝，明极矣。老子昏昏暗暗，多言数穷，不得谓之不明也。数穷则能守中，明极矣。大明即无明，所谓无无明，亦无无明尽也。无明不尽，任其不尽，无明即大明也。故曰自知者明。得此以用明，如庖丁解牛，不用明矣。谓之极明，极明者内空也，内空之空，即太空之空。两空有不同者乎？空为真明，以数理解之，大数小数，以一空乘，皆成究竟。应物如空，得方即方，得圆即圆，此《楞严》之所谓真明也。明由内生久则凝，由外取久则暗，如不知此，虽远照亿兆天地尽见其中神异，内察一毛孔分为河沙世界，三界内外之书无所不读，亘古未来之事无所不解，皆徒自困，谓之可哀。苟不真空，即为无明。大佛从来未尝读书，亦未尝著书，庖牺本不识字也。然以此自欺妒抑他人之多学，亦即无明。是谓我相，有相即不明，镜上留相，不能昭物。老子曰："虚一而静。"此之谓大清明。多学亦可，不学亦可，由由用之，空空存之，明矣。时至神奇，不可思议。见相而喜，又入无明。有入即暗，无入即明。入书亦暗，入物亦暗。求离避暗，不暗又暗，则惑之甚也。

故为偈曰：
豚鱼即佛，佛即豚鱼。真空无物，大明太虚。
得规则规，得矩则矩。净镜悬空，天钧一主。

仁极篇

极仁，仁何以极？极于可极。今如能恩及一家，一家之外尚有家，未极也。如能恩遍一邑，一邑之外尚有邑，未极也。如能恩周一国，一国之外尚有国，未极也。如能恩满天下，天下之外尚有天下，未极也。恩尽于人，未及兽，未极也。恩尽于兽，未及鸟，未极也。恩尽于鸟，未及虫鱼，未极也。恩尽于虫鱼，未及草木，未极也。即恩尽加于此天地中，天神地祇草木虫鱼鸟兽与人，自迩视之极，自外视之未极也。一曰能度十万天地间之众生，度千万年，在太虚空中不过如一芥子，终不能极，再万万年亦如是焉。乃知外求，实无有极。既无有极，何能无馀？何能究竟？求诸内则得之矣。

孔子曰："克己复礼为仁。"言礼者依理也。以理外究则不能极，以理内求亦不能极乎？于是内求，我以我故伤千万十百人，是千万十百不仁矣。不伤一人，是无一不仁矣。然而犹未极，以微分积分之理算之，则知之矣。今设十兽之生命当一人，我伤一兽，是尚有十分之一不仁也，未为极。百鸟之命当一人，我伤一鸟，是尚有百分之一不仁也。推之虫鱼亦如是焉，我伤一虫鱼，是尚有千万分之一不仁也。理则有之。我因耳目口鼻之欲，以伤一兽一禽一鱼一虫，是我尚不能克己复礼也。佛教中有不食五谷饮水以生者，则太高，赋形抱生者不能学焉。然以不伤一虫鱼为极仁，求之于内，可谓极矣，内极则外亦极矣。以极仁之量为种，推而度之，不至于度尽无量无边众生不已也。夫衣一锦丝，于我无乐，而万虫之命伤矣。食一珍厨，于我无乐，而十鱼之命伤矣。自以仁量有余，克己未尽，乃欲外极，不可得矣。穷理至此，吾乃自誓不食血肉，不衣丝裘，惟绂为剪毛，牙为脱齿，可衣可用。人皆如此存心，谓之极仁，内极与外极无二也。即得究竟，即得无馀。

故为偈曰：
克己复礼，克尽仁极。为欲杀虫，克己未力。
内无不仁，丝裘皆绝。度尽众生，先从此出。

勇极篇

勇极于佛谓之大雄。由勇觅极，自外言之，能得无馀乎？不能也。能胜豺狼，能胜虎豹乎？不能也。能胜虎豹，能胜虬龙乎？不能也。胜物未有极也。能胜十百人，能胜千万人乎？不能也。能胜千万人？能胜亿兆人乎？不能也。胜人未有极也。即能尽胜地上人物，能扛地乎？能破天乎？即能破天扛地，破万亿天，扛万亿地，于太虚空不如破一芥子，扛一芥子，故欲驰外于无极中觅所谓极勇者，实不可得，乃反而求则得之矣。孔曰："自胜者强。"故道人不求破山中贼子，惟求破心中贼子。有喜心吾破之尽，有怒心吾破之尽，有哀心吾破之尽，有惧心吾破之尽，有好心吾破之尽，有恶心吾破之尽，有欲心吾破之尽，举上天下地宇宙内外万事万物，不足以动吾心，则吾勇极矣。尚有加乎？克己之谓勇，求极者亦惟止于是而已矣。与虚空合，五兵百刑，天人修罗，何以伤之？五兵百刑，天人修罗，能生杀人物，能生杀太虚否耶？如此谓之勇极，不亦宜乎。

故为偈曰：

胜己为勇，胜极则极。诸有皆断，其谁能克。

内尽归空，神鬼战慄。无畏大雄，先破心贼。

法轮篇

诚明仁勇，皆由内极，内极得一，即得中心点。任可为圆，以一为轴，圆乃可转也。以丝毫无妄，念念皆真，为诚之极。于诚无馀矣，究竟矣，即得太极矣。以不识不知，空极无相，为明之极。于明无馀矣，究竟矣，即得太极矣。以杀机尽尽，复理无碍，为仁之极。于仁无馀矣，究竟矣，即得太极矣。以六根七情，全断无馁，为勇之极。于勇无馀矣，究竟矣，即得太极矣。尚有加乎？尚有加乎？是谓纯空，故圣人不骄，不妒，不瞋，不贪，不瞋，不痴，不慑，不爱，无身，无气，无意，无志，无相，无一切有，以为中轴。疑者曰：若此者岂非顽空乎？不然不然，法轮转矣，浩浩荡荡，法轮之转，与天同流，与佛同流，不可测矣。夫三十辐必得轴，而后转而不崩，无馀究竟太极者，事理之轴也，不得惟一之轴，而可求圆觉之辐夫哉！譬如车然，有辐无轴，一转即崩。惟一惟空，得轴而转，决无崩脱。使诚明仁勇，纯归空无，以得无馀究竟太极之轴。既曰空无，何以碍之？不碍则法轮常转，流出一切清静真如，从心所欲，事即随之。洋洋太空，任我来去，大小短长，一念即运。三摩钵提，不碍于境，以此天转，其妙可胜言哉！虽日在尘劳之中，言行思视，一息不停，犹曰无事也。谓之无极，谓之健行。

故为偈曰：

一空中轴，法轮常转。事理无碍，随机致远。

岂若顽空，死于枯践。得此天行，乾坤一反。

卵喻篇

卵即禽也，人即佛也。卵必孵而后成禽，尽性也，未孵者，未尽性也。人必诚而后成佛，尽性也，不诚者，未尽性也。凡今之人，其恤卵乎！惟天下至诚，惟能尽其性。今使执一卵而谓人曰：此可以为禽。人皆信之。因前尘之所缘也。前尘者，习见也。如不尝见彼卵之为禽也，而遽告之曰卵即禽也，则骇矣。夫卵无羽无肉、无骨无血、无爪无嘴、不飞不鸣者也，而谓之能为有羽有肉、有骨有血、有爪有嘴、载飞载鸣者也，怪孰大焉！天之所为，人弗识也。卵之于禽远矣，其漠然不相类也。人之于佛，何远之有？夫佛者觉也，觉固明明在我，我之有觉，非若卵之绝无羽肉骨血爪嘴，而乏飞鸣之官者也。人之于佛近矣，夫何远之有？鸟之壮也，生卵而自知煦妪之，彼则谁教之者，即教之，以其不类己而殊相悬也，又岂能信哉？况鸟固无受教之慧与教之之鸟也。所不学而能者，其良能也，所不虑而知者，其良知也。佛曰自性圆觉，孔曰感而遂通，其天然也。人固明明有觉，其自照应不失。今教之以保合太和而不听，其不如禽也远矣。使禽而决不信卵之为己子也，则必破之矣。所以信者，禽欲少而纯，人欲多而杂也。卵以一月而后孵，人以百年而后成，鸟有恒人无恒也。譬如鸟然，日惟争食而死斗，其精灵伤于贪，其形格毁于忿，则亦忘其伏巢矣。今之人皆如是焉，自少而壮，彼何尝一息入于虚哉？而况世事作祟，日增月盛，从其耳目口鼻之官而夺其灵。今世何事而非作伪，如禽之被震于雷霆风雹之中一息未尝定也，而欲其煦妪伏巢能乎哉！除妄即真，何难之有？五圣之教，复性而已矣。伤中之卵，愈伏愈臭；不仁之人，愈修愈惑，岂圣人之误人哉！朝营于市利之场，而夜入于禅定之境，内多其奢望之心，而外修其止观之诀，其仁已丧，如伏伤中之卵，安得而不臭哉！故教人入禅，如教禽伏卵，能教之伏，不能使殰，卵之必生也。知此者佛固无法，而人人各自有之。夫五教之真，复性而已矣。除妄即真，法皆非法。至诚而不动者，未之有也，不诚未有能动者也。胎生者不伏卵，得天之渐强也。夫象有四级。有形无觉，进化而为有形微觉者也。有形微觉，进化而为有形强觉者也。有形强觉，进化而为无形强觉者也。独至于人而不进其化，天又何必生万物以养之，赋聪明以资之哉！人之死也，非死也，成灵也。如卵之孵也，卵出壳，人出形也。今则为之名誉焉，为之爵位焉，为之学问焉，为之文章焉，为之富利焉，为之声色焉。如以金玉宝珍，随珠卞璧，而镶诸卵中，又以钲鼓丝乐，而惊于禽耳，其不殰奚可得哉！人之有身，卵之有壳也。人之有仁，卵之有黄也。禽之伏卵，天之伏人也。黄之在卵，壳胎也。觉之在身，亦胎也。载巢而走，无忘其卵斯足矣。卵无求于禽，而禽自伏。人无求于天，而天自感。人之见佛，卵之见禽也。一日伏之不孵，二日伏之不孵，必至孵期而后乃孵。一年养之不佛，二年养之不佛，必至百年而后乃佛。不必二日三日四五日而求卵鸣，不必一年二年三五年而求神出。将日夕拨视卵心而考其绩，其不殰奚可得哉！

道法自然，可以人而不如鸟乎？循世法以保卵壳，而不动于中，未有不成者也。胡为乎遑遑兮以自误也？山梁雌雉，时哉时哉！

故为偈曰：
人之成佛，如卵化禽。何以煦妪？清虚自明。
勿求速效，动妄伤心。诚久自着，永空能恒。

藤喻篇

曰形而上，言无形也。在天成象，在地成形。天有象，地亦必有形。地有形，天亦必有象。鳖卵越江而伏之，藤根隔地而滋漫，故人之养觉于心者，在天已成象矣。江之南有离藤焉，蜀俚言曰莫娘，剑南尤多。其藤悬于数仞之外，而其根硕圆，穴地而虚悬于空规之洞中，此成形成象之实例也。夫人之根，亦圆硕而悬于天者也。其感也清虚宏仁，则上升而明阔。其感也邪污卑恶，则下降而暗散。佛曰圆觉，此之谓也。故人之命根在天，草木之命根在地，彼离藤之失藤也。其根永存而愈硕，或施藤于他木而加茂，藤失根则萎而死。人亦犹此，高僧之所谓圆陀陀，天竺之所谓大佛顶者此也。虽杀其身，何能死哉。心不摇于恐怖，则光不减其陀陀。性不动于七情，则命不坏于佛顶。故曰入水不溺，入火不焚。金石流而不热，河海沍而不寒。故曰其精甚真，即孔子所谓天生德于予也。夫离藤之不能见根，如俗人之不能见性也，如俗人之不能见命也，如俗人之不能见在天之象也，而遂失其养，不亦哀乎！默而识之，诚而修之，久之恒之自相接矣。此陀陀者，自浮空而强其于身也。如气球之系栊，是以人能直立也。其陀陀者弱，则人卧而不起矣。知之则志发，注之则精专，见之则神通，贞之则道成，夫何难之有哉！

故为偈曰：
陀陀昭昭，如彼离藤。系命于天，专注通神。
耶稣知此，孔曰象形。形而上者，俗目忘真。

禾喻篇

禾之结粟，人之成佛也。禾尽性而结粟，人尽性而成佛也。必欲破禾根、禾干、禾叶、禾节，以觅粟种，则不可得。非若人之正觉，明明在身，夜则梦，昼则用者也。夫禾与粟远矣，人与佛其近也特甚。今之富贵利显，聪明博达者，其秀而不实之苗乎！禾之有根干叶节者，天命之摄取水土光气，以化成粟者也，非以粟性徇根干叶节也。人之有五官心脑者，天命之保形圆觉，以化成佛者也，非以佛性徇五官心脑也。禾以粪壤而成其根干枝叶，倘吸粪壤而无厌，则其生机尽消于苗芄夭茂，其终也化为腐草，不复成实矣。人以世利而养其五官心脑，倘趋世利而无厌，则其生机尽夺于物交情滑，其终也化为游魂，不复成佛矣。孔子曰："苗而不秀者有矣乎；秀而不实者有矣乎！"盖伤之也。佛曰如禾在田，亦惟斯意。明者察之，则视五官心脑，如禾之视根干叶节，虽一时资之，而收获之心不在此也。博学高位，大名殊功，泺水之没禾者也。硕肤肥腹，珍食美衣，积灰之埋禾者也。禾之自华自实，不必揠也。人之自证自觉，亦不必修也。修者耘也，仁者培也，安之者天也，则苗勃然兴之矣。不使终岁胼胝，而获腐草于秋成者，天下之智农也。不使终身芸芸，而为游魂于没世者，天下之圣人也。

故为偈曰：
五官一心，如禾之叶。摘穗肥叶，时乃大惑。
腐草游魂，视同一辙。以性徇情，秀而不实。

舟车篇

乘舟则易而无事，觅舟则难而有事。乘车则易而无事，觅车则难而有事。乘法觅法，觅法乘法，亦犹是焉。地之险也，有水有陆，交错其间，故或由舟以觅车，由车以觅舟，情之僻也。有过不及，互为失中，故或以此法而入彼法，以彼法而入此法。然既得直底之舟车，则当安坐勿失，勿疑勿动，以久静待其至，至则弃之，登于彼岸。既得自然之大法，亦当安守勿失，勿疑勿动，以久静待其至，至则弃之，登于彼岸。若既得直底之舟车而不乘，如既得自然之大法而不居也。乘而复下，如居而复舍也。坐而必跃，以至于坠，如车而转退，以至于败也。夫短驿之舟车，短弃之。直底之舟车，直底而后弃之。夺心之助法，亟去之。自然之大法，圆妙而后弃之。所谓自然者，曰一念不动也，曰动即合天也，曰无心妙应也，曰空无净尽也，此终身不可弃者也。呜呼，得短驿之舟车而不弃者，误于歧矣。得夺心之助法而不弃者，误于困矣。执敬执仁，犹且不可，而况于他乎！觅舟车无难，先知所往，见人则问，一问有疑，三问决之。觅大法无难，先知中和，生心则察，一察人物，即时止之。觅舟车须先知欲至之方而向之，觅大法须先知中和太虚而就之，依此以修，万无一失。要之，有所往而后用舟车，无所往则舟车不用也。有所往者，形情驱之，至于上乘之妙，应无形情。今自无往，又焉用法？形之迁地，一步不可少。性之见天，一步不尝动。人已是佛，何求于法？老子曰："所［虽］有拱璧以先驷马，不如坐进此道。"言修道之业，实无路程，即在坐中。人不觅法，即已成矣，尚何所乘？又何所弃？知此而守之，为上上乘，盖上乘无乘也。

故为偈曰：
舟车如法，觅以有为。既觅而得，安坐待归。
至时必弃，无入于歧。本来虚中，万法皆非。

心机篇

人心机也，古有以机发矢者焉，其收功在矢；今有以机发电者焉，其收功在电。以人喻机，其似也特甚。盖凡天之作物，必有其成，如人之造机，必有其用也。以人之智造机，犹必收其用，而况宇宙巨灵所造之人乎！实而验之，人身本一循环之电流也，电流以两瓶杂二质素，注水于其中，用二线通之，即发电焉，是人身之极肖者也。夫人之身，脑与肾二电瓶也，心续线通气之中枢也，脑肾之质，二质素也，血即水也，脉络即线也，骨格即全机之壳也。电机既成，电线既续，则发电焉。人身既俱，人血既循环，则发觉焉。物孰有似于此哉！故凡相类者，俱相似也，何独至于人而疑之？电之既发，则视引之何入耳。引之入水即入水，引之入土即入土，引之入万物即入万物。引之入木，可以焚室，反而焚机，或引击机，则破此机。引于东南西北、上下四方、千里万里皆应也。觉之既发，则亦视引之何入耳。引之入利即入利，引之入名即入名，引之入众欲即入众欲。引之入奸，可以焚国，而反焚身，或引荡心，即害此心。引之天上地下、三界内外皆应也。又如电发既而不引，则电与同契相感，如无线电，可以至远，而与彼合。人之觉亦如之，既发而不引，则觉与同契相感，直入涅槃中，无远不至，而与空合。呜呼！人之不察此，误用其机者众矣，能不伤哉！夫人造二电瓶之微物，时日用之，犹得其效，况天之赋人以身，血液循环，终身发电，而无用乎！一息不停，一刻不爽，百年电流于周身中，所发之电，毕竟何往，可不省乎！时时上天赴涅槃者，自然之正也。入于六尘而杀之者，自害也。电入真空，可瓶蓄之，万古不坏，觉入涅槃，其能坏乎！觉发而天不应则又何也？时未至诚不孚也。苟孚矣，时至必应也。绎而说之，则甚长矣。电力之强弱，亦各有不同者焉。今之为道者，如以一发之电，以粟大之瓶，分系万线，引而用之，偶欲上天，难矣！自觉力小，耗散又多，可不悲哉！

故为偈曰：
人如电机，心脑两瓶。脉以为线，血则水营。
发电发觉，同具真能。电应同契，觉感神明。

蚕喻篇

佛氏龟毛兔角之喻，谓之真相，言真相恒自无中生也。无中之有，乃为真有。莫可喻者，乃以龟毛兔角喻之。常人不知，以为大怪，而实亦不可怪也。夫无中之有，原为真相。暂假之相，实伪相也。以蚕喻之则然。夫蚕之为物，无翼无鼻，多脚长身者也。以视夫有翼有鼻长脚短身之蛾，不啻龟毛兔角也。而不知蚕之身，乃暂假之相，纯属伪相者也。迨其尽性，则有翼矣，有鼻矣，脚长矣，身短矣，然后知蛾之身，乃为蚕究竟之相，实即蚕之真相者也。夫龟毛兔角，特险喻以警人者耳。龟之无毛，兔之无角，暂假之相无，究竟之相亦无也。蚕之化蛾，暂假之相无，究意［竟］之相有也。暂假之相在目前，究竟之相在性中也。惟目前可见，性中不可见耳。然此犹浅说也，以深理言，一切众生，皆有佛性。生死轮回，递遭不已，则龟可因轮回而为毛人，兔可因轮回而为角兽，性中亦有之也，安得以一轮回之暂假，而忘其终哉！无量劫不过一刹那，则龟毛兔角又真有也，知此则万岁之日至可坐而待矣。今谓人如龟然，佛如有毛之龟然，人如兔然，佛如有角之兔然，此喻远而难期，非切喻也。谓人知蚕然，佛如蛾然，此其为喻也近而切。故吾不曰龟兔喻，而曰蚕喻。总之，人知暂假之相为伪相，无中之有为真相则得矣。人能尘滓百年之伪相，以待究竟之真相，法身自化，正亦不难。《书》曰："一日二日万几。""天工人其代之。"能以人事待天工，则庶乎其不误矣。天地一化机也，万物一化质也，惟物之化，忽失其故，而更其新。无情由气，有情由想，各忽忽焉不自知，而相消长于天地之中。惟先知大觉，能超三界之外耳。

故为偈曰：
龟毛兔角，如蚕化蛾。人之成佛，似此无讹。
伪相暂假，为时几何。天工可代，真如不磨。

跃梦篇

一跃一梦，我知道矣。何以知之？因推究原理而知之也。一跃是我离地而赴天也，虽强者不过丈馀，弱者不过数尺，其为赴天之路则一也。此一跃之故，则二相见矣。何谓二相？一曰觉能上天，二曰形不能上天。方跃之时，是觉使形赴天也，觉能带形以赴天，若觉不带形，自必直能赴天矣。一跃而复堕者，是形累觉而堕，非觉累形而堕也明矣。天吸觉，地吸形故也。天吸精，地吸粗故也。一梦是觉摄相以离形也，形外有相也明矣。形外有相，即相外有觉。梦中饮食衣服随想而至，是知想尘所结，万物之精在焉。不须有物，其物自来，乃知佛土一切享用，随念而现，实非虚语。今试以梦境之显明者言之，已几如生，若增梦显之量，至于十，至于百，至于千万，其灵可量哉？固已俨然仙佛矣。人以梦为梦，我乃以醒为梦，何者？醒则属觉于形中，梦不属觉于形中也。属觉于形中，则是困觉于阴中也。困觉于阴中，伪也。乃知我之戴形而走，怅怅终日，纯为伪作。俗实本虚，俗虚乃实，故大佛以空虚为成实也。推一跃一梦之理，乃知吾真灵固结而纯全，可以上天，可以超天，可以至大至远。何也？神念之驰，一步一念也，千里一念也，万里亦一念也，三界亦一念也。一念之起，大小远近尽无差别，乃知正觉无远弗届，但不昏不散、不沉不入物则得矣。呜呼，人也，可不勉欤！呜呼，人也，可不勉欤！明明一跃一梦，已自是佛，尚不明耶？

故为偈曰：
一跃之间，觉使形升。一梦之间，觉与形分。
就此而推，离形必神。但当纯全，勿杀真灵。

车喻篇

　　精气神形，凡四物者，人之所恃以合天者也。不曰四宝而曰三宝者，贱形也。若分贵贱，则仅一宝，盖精气亦当贱也。再进言真当谓无宝。太高不论，合言中正。详之形中，骨格心脑，筋肉血脉，至于臟腑，以车比之则明矣。精气神若离形若接形，亦以车比之则明矣。涅槃佛离而接接而离，亦以车比之则明矣。骨格者车之全干也，心脑者车之机关也，筋肉者车之连钮也。血脉者电车之电流，火车之汽管也。臟腑者电车之发电瓶，火车之炭炉也。精者发电之素也，火车之水也。气者发电素之吸力也，神者车上所载之人也。涅槃者到达之地也，佛者到地下车之人也。是以车坏改乘，形实无用。神能如鸟，不系于车，车坏自无伤也。佛说《本愿经》①云："不爱一切，不爱妻妾，不爱儿子，不爱头目，不爱手足，不爱国土，不爱珍宝，不爱脑髓，不爱血肉，不爱身命，我以十事得速成佛道。"此不系于车，自害自伤之神鸟也。耶稣云离弃一切，亦即此意。人而知此，生死两忘，超出天界。然常人之不能断然绝情于形体之中，如羽毛未生之鸟，如石如木，如人如畜，坐于车上，车坏亦与之俱坏，车止亦与之俱止，则凡车中一机、一器、一水、一电、一炭、一物，皆不可少。然以泰山压车，车不能行，有大欲者亦如是焉。又当知至于到地一切不用，寿终成佛，亦如是焉。故保车为要者，司车人为乘车人，不能离车而就之也。保形为要者，圣人为众人，不能离形而就之也。电与汽虽为发动之源，实人为贵。精与气虽为造觉之素，实神为贵。惟桎梏缚形，惟情缚神，故圣人不爱一切也。不爱一切，又能顺以养之，此为大不爱。大不爱大爱，故圣人不爱五伦，而五伦笃甚。反复于车人电鸟之理，可以明矣。

故为偈曰：
爱形爱觉，至爱不爱。爱而缚焉，如缚于载。
车毁人伤，同归于殆。圣如神鸟，聊集于盖。

荷喻篇

　　一尺之泥，一尺之水，种藕于中，适如人焉。藕比人身也。未出水之

---

① 又称《地藏本愿经》、《地藏本行经》、《地藏本誓力经》。收于《大正藏》第13册。

茁萌里苟，比五官之识神也。既出水之盘叶美花，比通天之三昧也。既成之莲实，可比佛也。水者六尘众物也。今人之有身也，得六尘众物而乐，如水中未出之萌苟，得水而乐也。不知此乐，乃小乐非大乐，乃渐寄非久永。若萌苷得水而遂止，则异日极荣甚葩之华实，皆不得见。若人得六尘众物而遂止，则异日之极神甚妙之正觉，皆不得成。故人需物有限，衣食之外，大增焉而无乐，稍少焉而不害。荷之需水亦有限，一尺之外，大增焉而不乐，稍少焉而不害。凡觉性增进，时至方现，时不至不觉也。幸也，荷不能自取水也。荷如能自取水，当出泥之日，三寸四寸之际，得水大快，必取水以溢之。水愈深则抽愈长，遂以水为有益，将谓水不决可离者，必取溢至三丈五丈十丈八丈以汩之。人之争大富丰利，即此类也。水深性汩，荷化腐泥，为螟蟥食矣。物多性灭，人呻床褥，为蠚桎掩矣。可不惧哉！可不惧哉！荷若一露其顶于水外，必狂笑惊喜雨露之润，暄日之曝，发育茂盛，好境不可以胜言。再欲以水汩之，必将竭力拒阻不肯受矣。人若一露其灵于天外，乃知乐极胜于尘中无量其倍，虽与之以天下，贵之以天子，岂能受乎！愚哉人也，乃不如荷，以其能自营也。四千馀年，无几人见性，如水汩荷苟，其以莲花为仙佛难得，不亦宜乎！哀哉，迷也！忽亦出于物外而存养之，笋之于土，蚕之于桑，亦如是焉。孔子曰："泽灭木大过。"又曰："仁人不过夫物，孝子不过夫物。"此之谓也。佛曰："树下一宿，日中一食，慎勿再矣。"庄子曰："鹪鹩巢于深林，不过一枝。鼹鼠饮河，不过满腹。"其义尤显。吾哀贪人之自败而明喻之，佛之赞荷，其意深矣。

故为偈曰：
物如水然，人性荷也。水深荷死，此喻非假。
及时自觉，上达勿下。超出凡尘，诸天一把。

时喻篇

时至自知，时不至不知也，道之则也。时不至不自误，时至则自知。时不至自误，虽时至则不知矣。今有藕焉，不得泥则不生，如此时遂尽绝泥而悬之水中，藕必大苦，得泥藕必大乐，遂以此时视泥为惟一之生命，大误也。有蚕卵焉，不暖伏则不生，如此时遂绝暖伏而投以桑柘，蚕卵大苦，入怀燠之，蚕卵大乐，遂以此时视怀为惟一之生命，大误也。今有人焉，不需物则不生，如此时绝衣食而悬之空中，人必大苦，得物人必大乐，遂以[于]此时视物为惟一之生命，大误也。时未至皆不知也，如藕需泥之时，以万丈之泥封之，藕必德之。如蚕卵需伏之时，以万丈之绵伏之，蚕卵必大感。如人需物之时，以天下之物与之，人必极喜，安知其杀之也。藕萌出泥而见水，必乐甚，当此之时，遂谓万丈之水亦不厌藕之心必然，以空气接之不受也。蚕蜩出卵而见桑，必乐甚，当此之时，遂谓万丈之桑亦不厌蚕之心必然，以花蕊与之不食也。人出物而入学，必甚乐，当此之时，遂谓万库之书亦不厌人之心必然，以大道示之不居也。又安知出水之荷，入于空气，茂荣华实，万倍于在泥在水。成蝶之蚕，食彼花蕊，飞跃欢慰，万倍于在伏在桑。得道之人，感与天空，神旷觉怡，无量倍于在物在学。彼富贵中人，见道士敝衣粗食而苦之者，如初萌之藕，不知气中之好，初孵之蚕，不知花中之味也，可以伤矣。然又不可以先时而强之舍离，不过则可以止矣。孔子时中，如来自性，万物皆然。不得究竟，终非止境。得究竟者，游于物中，必不稍损，则宇宙之美备矣。呜呼！以帝王天下之乐而忘其性，不知有死者，泥面之萌，离卵之蚕也，而为万仞之水，万仞之桑所填杀矣。孟子曰："万物皆备，乐莫大焉。"乐则生矣。人曷不反养真灵以超物外，享无穷之乐，而乃终身埋死于溷中也？

故为偈曰：
藕不知莲，蚕不知蝶。因时未至，泥桑为得。
人在物中，迷而终殛。如入于道，寿乐无极。

外篇·序

止园逸民既著《昭诠》内篇，以为成佛作圣性命之学，止于如斯而已矣。虽然世之乱久矣，人之祸极矣，争夺相杀，罔或宁处，若不治之以法，则惟救死而恐不赡，非上德之士，谁能保性命哉？于是兼著外篇，始探天地阴阳肇乱之机，中究齐治均平必臻之轨，终言鸟兽虫鱼咸若之则。由是而之焉，可以化斯世为极乐之土，进剧乱为熙皞之隆。於戏！理之所在，事必至焉。谁能出不由户，何莫由斯道也。凡百君子，降心思之。

外篇·卷一

探祸篇

善为医者，必见病根于腠理。善为治者，必见乱本于先天，事相同理相若也。不清源于出山之始，而淘尘于横流之湍，愚者所不为，而世之为治者为之也。不绝毒于心腹之中，而搔痒于毛发之末，愚者所不为，而世之为治者为之也。予所谓世者，非今世之谓，自三代以前皆是也；非中国之谓，凡五洲万国皆是也。今欧美之治，使其民近于禽兽而已矣。使其民近于禽兽，则将相食也。中国之治，使其民远不如禽兽而已矣。使其民远不如禽兽，则大相食也。何以知之？孟子曰："饱食暖衣，逸居而无教，则近于禽兽。"若今之欧美，可谓富溢骄甚、穷奢极欲者矣。菽粟水火，不过饱食。丝毛锦织，不过暖衣。金玉满堂，不过逸居。止此而已，未闻道也，未修教也，吾故曰近于禽兽而已矣。若中国，若朝鲜，若诸小国，既无饱食，又无暖衣，既不逸居，又无道教，吾故曰远不如禽兽而已矣。悲夫！唐太宗、华盛顿之功，不过使民近于禽兽。元世祖、拿破仑、大彼德，反使民不如禽兽。自圣神视之，毫无功德，小之曰管仲之器，大之曰众人之母而已矣。佛云以无量恒河沙数七宝布施，不如受持四句偈。彼上之所谓伟人者，未能以七宝布施也，又不受持四句偈，鄙孰甚焉！夫如禽兽与不如禽兽，何以定之？禽兽者，横行于地，不得通天者也。人者，直立于地，一直通天者也。今人失教，倒植于地，并横行而不可得。推本佛教之理，人方将入地狱，禽兽则由地狱而出者也。其理甚真，探索自明，故人者将成佛上天者也，卵者将成鸟飞空者也，蚕者将成蛾食蕊者也。既不得上天，天乃刑之。祸之大本，内生于心，外来于天。若不解此，其何以清源正本乎？清源正本，直成圣佛之道，吾于《昭诠》内篇已揭其详，故略于兹。明者深思其然其不然乎。欧美毋喜，如不改图，大祸将极矣。

故为偈曰：
世祸本源，发于想尘。不绝其始，终亦无宁。
有能探索，大智大仁。明者曷起，度尽众生。

得贼篇

吾今而后知治天下、定中国、参造化、成王治，收水火菽粟之功，使鸟兽鱼鳖咸若，犹反手也。何也？以得其贼故。夫《楞严》得心贼，慧性自全。扁鹊见病源，沉疴立起。孔子指掌，意在斯乎！意在斯乎！何由得贼？读三圣《大易》与太公《阴符》而得之，读观音《心经》而得之，读我佛如来《圆觉》、《华严》而得之，读老子《道德经》而得之，读回祖天方教典而得之，读耶稣《旧约》而得之。五教大圣，信人中之神哉，何见之深也，虽华盛顿不如远矣。要为英雄，必当如是，乃可万世不朽。常人不察，治标自误，譬如瞽人不听相者之言，瞎马深池，夜半临之，斯自陷矣。请明以揭之，今之所谓乱者，非争夺相杀之惨耶？争夺相杀，天地恶气之所生，不解其本源，何以息？《传》曰除恶务本，此之谓也。何以读《易》而知之？《易》曰："龙战于野，其血玄黄。"龙天之德，野地之处，玄黄天地之杂也，言争夺相杀之乱，生于天地也。何以读《阴符》而知之？《阴符》曰："天发杀机，龙蛇起陆。人发杀机，天地反复。"言争夺相杀之乱，生于天地也。何以读《心经》而知之？《心经》曰："无眼耳鼻舌身意，度一切苦厄。"此六尘者统于四大，四大属地，眼耳鼻舌身，《阴符》之所谓"五贼"也，意《阴符》之所谓在心也。天有五贼，五贼五阴也，苦厄在其中，言争夺相杀之乱，生于天地也。何以读《圆觉》、《华严》而知之？《圆觉》谓六根六尘清净，世界与多世界乃得清净。六根六尘者，属于地者也。多世界，包夫天外也。不清净，有杀机也。《华严》谓此地秽土，事理有碍，天王修罗，相战不已。天王者，阳之精。修罗者，阴之精也。其意同于"龙战于野"，言争夺相杀之乱，生于天地也。何以读老子《道德经》而知之？老子曰："天地不仁，以万物为刍狗。"天生之，天杀之，言争夺相杀之乱，生于天地也。何以读《天方》教典而知之？《天方》教典曰："阴阳相杂，气机肃杀，有形天地，不清不真，不遵教义而干太和者夷之。"故回祖歼弗率如屠羊，亦言争夺相杀之乱，生于天地也。《旧约》言不遵上帝，乃纵私欲，私欲与灵魂战，此地本罪人所居。上帝天也，私欲属地，亦言争夺相杀之乱，生于天地也。水源在青海，无怪乎数千里之不渴也。杀机在天地，无怪乎数千年之不太平也。此五大圣人，言之谆谆，而后世众人，听之藐藐。此五大圣人之所以为圣人，愚人之所以为愚人也。而《天演论》偏从龙蛇起陆，弱肉强食发挥，是皮毛之见，亦长祸之源也。夫争夺相杀之祸既起于天地，亦当从天地解之。人居三才之中，两端者听命于中者也，如心居人之中，两端四肢能不听其命哉！解之之法，毫不为难，中心之病一除，四体之邪自灭。今之中外富贵利显，以及小民，人人皆得上天成佛，理之自然，利亦极大，愿明达之士，降心思之。吾将浅言明揭，一一发其自然必由之路，以为垂涕泣之忠告。

故为偈曰：
阴阳杀机，厥祸孔毒。如欲解之，五教有钥。
启密阐幽，在我心曲。伤哉贵人，何不成佛？

虫来篇

近究来源，人乃虫也。实而论之，无不虫也。虫有身人亦有身，虫有肉人亦有肉，虫有口人亦有口，虫有脚人亦有脚，虫有觉人亦有觉，虫需食人亦需食，虫畏寒人亦畏寒，遍考其细，人实一虫也。岂惟是虫，自血气轮流、寒暖适度、交媾生育之本言之，人实一草木也。人本与草木虫介同类，而况于禽兽乎！于是，知杀机乱源之所由来矣。何来乎？来于天地阴阳之交战。夫天者觉之所属也，地者形之所属也。觉者阳也，形者阴也。近征形觉之交战，则知本于天地阴阳之交战也。今试推之，则大别地上为三层，一层为地中，二层为水中，三层为气中。此三层杀机之烈，可以骇矣。其最烈者土中也，土中之物，纯以形相胜。金形坚于石，入石则石破。石形坚于土，入土则土让。土形坚于水，入水则水让。水形坚于火，入火则火让。其纯恃形胜如此。水克火，火又生土以克之。土克水，水又生木以克之。木克土，土又生金以克之。金克木，木又生火以克之。是父子祖孙，更相仇复，更相杀戮，终无已也。盖以地中形坚，距天特远，天实莫可如何也。其次烈者水中也，水中则形稍疏矣。稍疏空则通天，于是长鲸恃大以食小，巨蟹以强而凌弱，固蚌凭坚以自保，凶鳄因齿而噬肉，此虽若纯以形胜，而觉适主使于其中。至于究极，恶觉被恶形，善觉被柔形，重冤莫伸，奇惨莫愬，教化不及，圣鳞不生，政治不行，文明不入，优胜劣败，曷云能制。水狱极祸，众生之苦，又不如石木金土水火之无知，思之哀痛，即佛何以能度哉？此纯以形强，而恶识长，亦因水中形坚，虽疏空通天，不如气中，天亦莫可如何也。其亦烈者气中也，气中草木竞长，以大欺小，以老压弱，藤缠树死，棘刺卉伤，纯以形凶而胜，善良必败。以其虽在气中，命根托土，教化不入，天仍莫可如何也。进而推之，虫介之中，鸟兽之类，蛙被蛇缠，鸿为鹏得，虎入鹿群，蝎同蝎战，静思一瞬一息之间，我兹秽土，杀机之毒，惨痛之多，不知凡若干恒河沙数矣。天不能生圣虫、圣鸟、圣兽、圣介，以政教安之，即生之，彼虫介鸟兽亦无受教之能，与其口腹之性，必需血肉，虽则佛云野干念十善，七日不食，可升兜率天，然而少矣。彼蛛能忽然正觉不设网哉？彼枭能忽然正觉愍夜栖哉？呜呼哀矣！详而思之，不觉泪下。况彼虫介鸟兽，又非草木之无心，死于齿嘴，苦其凌迟，纯恃形胜，凶强暴长，于是蛇吞鼠而獭特甘蛇，虎食羊而貔猫食虎，冤有所报，毒又深焉。至于蝉貂食同类，枭獍食父母，乾吉食子女，蜚食夫，鼠食妻，悖气之戾，可胜哭哉！亦岂不以虫介鸟兽之横行于地，不能直感正觉，天仍莫可如何哉？以至于人，不勇于豹，不大于蟒，不强于牛，不毒于鸩，不螫于蜂，不速于隼，而俨然具文明之相，温然有仁慈之心，一直通天，不倚不偏，遂以智慧战胜鸟兽，此阳胜阴，觉胜形，地上之最上级也。推之三层之别，惟气中一直通天之人佛性完全，其金木水火土石草木鱼鳞虫介鸟兽以邪胜正，阴胜阳也；以力胜智，阴胜阳也；以形胜觉，阴胜阳也；以暴胜仁，阴胜阳也；以乱胜治，阴胜阳也；以大胜小，阴胜阳也；以贪胜廉，阴胜阳也；以昏胜明，阴胜阳也。夫木阴而草阳，则木胜草，兽阴而禽阳，则兽胜禽，凡冯于地上之厚者，皆以阴胜阳而已矣。此天地阴阳，天神修罗，烈战之显微也。至于人则全以正觉胜他物，尽奴使之。然以所染种种不净，以至天地反复，诚可哀矣。夫人即草木与虫介鸟兽之同类也，不洗垢根，安得不染？知此可以化世界为极乐国土矣，将进而详说之。

故为偈曰：
阴阳形觉，交战不已。凭地阴强，得天阳喜。
虫鱼鸟兽，形胜觉死。至人觉胜，可位天地。

得真篇

得真，得绝杀机之根本也。知人由草木虫介禽兽来，与草木虫介同染于秽，则知人之难治矣。知人之难治，则可以治人矣。绝其毒之本根，芟夷蕴崇，勿使能殖，则善者伸矣。夫草木虫介禽兽，其互相残杀如此其烈也，人亦草木虫介禽兽之一，独至于此而欲绝尽其杀机，如劝蛛撤网，化虎作麟，不亦难乎！不亦难乎！又欲绝尽草木虫介禽兽之杀机，以尽度尽众生之量，则更难矣。实知其本，毫无所难。何以知之？读《易》与《阴符》、《圆觉》而知之，此极显至明之理也，尚不知乎？尚不知乎？《易》以阴长难治，一阴在下，五阳在上，虽系于金柅，不能止其毒。此地之恶气，本是一阴发之。五行相战，是初级祸源，其相为《姤》卦。虫介相战，是二级祸源，其相为《遁》卦。禽鸟相食，是三级祸源，其相为《否》卦。兽类相食，是四级祸源，其相为《观》卦。人类战争，是五级祸源，其相为《剥》卦。阴将极于此，《剥》之为祸烈极矣。故有《姤》，不能不至《遁》，五行既相战，则虫介不得不相战。既至《遁》，不能不至《否》，虫介既相战，则禽鸟不得不相战。既至《否》，不能不至《观》，禽鸟既相战，故兽类不得不相战。既至《观》，不能不至《剥》，兽类既相战，故人类不得不相战。事相同，理相若也。如水既出泉，则不能不出山，既出山则不能不入浍，既入浍则不能不入河，既入河则不能不归海。杀机毒气既已发矣，人独何物而能独免此苦哉？必欲真解杀机，自下而来，则须使五行不战，乃能使虫介不战；使虫介不战，乃能使禽鸟不战；使禽鸟不战，乃能使兽类不战；使兽类不战，乃能使人类不战。今不能于金水土石草木虫介禽兽之中生圣物以教之，必欲使之不战，愚人之见，遂谓杀机万不能除，亦不观自然阴阳之相耳。夫人一物耳。天地之气，何必生此二手二目二足一脑直立通天之物哉？物物知物，物以化物，物穷于物，物即非物，则祸自解矣。明言其道，不但度尽人兽，即草木亦能尽度之，乃至度尽金水土石犹反手也。天地一尘耳，岂以佛力不能洗净一尘哉！覆而观之，道不能于金水土石草木禽兽之中生圣物，而于人中能生圣物，假之以手妙神灵，则度尽众生之枢纽在此可以知矣。何则？阴可长阳亦可长，阴能夺阳，阳亦能夺阴，反手而已矣。反手使阳下阴上，阳在根，阴在外，则得矣。孔子指掌，孟子言犹反手也，乃即此意。《阴符》曰："人发杀机，天地反复。"浅言之，以为人发杀机，祸如天反地覆也。深言之，谓人发杀机，天地此时应当反而覆之以救之也。反而覆之，使阳夺阴，不使阴夺阳也。何也？夫四方无定，上亦非上，下亦非下，反复乾坤，止在一心，想尘之力，无不能及者。今不能使兽类绝杀机，而能使人绝杀机，则知绝杀机之本在人。知绝杀机之本在人，则得真矣。得真得真，就此反之，绝杀机天由人入，将以此善气净地也。人类得天而绝杀机，杀机一尽，则性先达于兽类，兽必不生虎狼之物。兽类绝杀机，则性先达于禽鸟，鸟必不生鹰枭之物。禽鸟绝杀机，则性先达于虫介，虫必不生蛇蝎之物。由是推之，五行四大，悉化空佛，此乃反阳夺阴之理，知此千秋一弹指耳，千万世界一芥子耳。人绝杀机于此地上，是为《复》卦。《复》已必《临》，《临》者兽绝杀机也。《临》已必《泰》，《泰》者鸟绝杀机也。《泰》已必《大壮》，《大壮》者，虫绝杀机也。《大壮》已必《夬》，《夬》者草木绝杀机也。《夬》已必《乾》，《乾》者五行万类，若有形色，若无形色，若有想，若无想，若非有想，非无想，皆绝杀机，所谓入无馀究竟涅槃而灭度之也。夫杀机能夺大仁，大仁亦能夺杀机，理之自然，何足怪哉！《姤》、《遁》、《否》、《观》、《剥》，既可五卦次长以成其阴，则《复》、《临》、《泰》、《大壮》、《夬》，亦可五卦次长以成其阳。一反则明，岂有不能度尽众生者哉？揭此理而出之，乃知佛言为不妄也。《阴符》曰："天人合发，万变定基。"此之谓也。基者大仁之本也，大仁之本定必达于末，手翻造化，足蹈乾坤，灭生死之根也。人当誓不杀人，誓不杀兽，誓不杀鸟，誓不杀虫介草木，乃得尽导大仁之气，以化成万物。万物之变，以此为基，则治且乐，是以《复》卦为基也。以杀机为基，则乱且苦，是以《姤》卦为基也。夫阴阳对相夺也，对者必战，战则得基者胜，故得大仁可反复天地。佛说《圆觉经》曰："六根清净，故六尘清净。六尘清净，故一身清净。一身清净，故多身清净。多身清净，故世界清净。一世界清净，故多世界清净。"即是此意。是故度尽众生，犹反手也。宇宙在夫手反之而已矣，吾必深详发之，以悟沉迷。

故为偈曰：
反阳夺阴，基仁化杀。天地倒转，乾坤入发。
由人导道，虫鱼咸若。大慈大悲，宇宙极乐。

释地篇

释地既详，乃能化此地为极乐国。夫虚空无外，地乃有限，浮于空中，以尘结聚，尘上生微生虫，强名曰人。试观日月星辰悬于空中，皆各为一地，彼等诸地，既有大小之不同，清浊之悬殊，明暗之特异，大有无量数倍于地者，小有无量数分于地者。有数必有物，以理推之则然，则必有有微生虫者，其上有生机则有微生虫，又必因其大小清浊明暗，而所生之微生虫，大小清浊明暗亦因之。又如江淮湖海池沼沟洫盆瓮之水，瓮中则生醯鸡，盆中则生蟆䗫，池中则生鳅鳝，沟洫中则生鲫鳊，湖海中则生鲸鳄，江淮中则生鲂鲤。其水之咸卤淡浓污洁寒暖不同，其生物亦自不同也必矣。今人之生于地上也，其智昏蔽卑劣，乃至谓地外无人，无极乐国，无奇苦土，亦由之醯鸡蟆䗫，意谓瓮盆以外必无江淮湖海池沼沟洫也。何则？彼醯鸡蟆䗫一微生虫，人亦微生虫也。地一有限之器，瓮盆亦有限之器。夫以地上有限之器如此其小也，小中生小，乃至所有万物，书之不可胜书，名之不可胜名，彼虚空无外，其为物变岂可穷数而言哉！夫目短而识长，身短而慧长，耳短而觉长，地小而天大，形小而理大，物小而道大，以耳目与身测地形与物而泥焉，是自小也。释伽牟尼净土之说，《阿弥陀经》之义，诚为极伟。以识慧与觉测天理与道又稍大焉，极而言之，有即非大，今之所急须知者，此地于无量数地中如一微尘，于太空中尚不如微尘，故其为小也不可言，一人之正觉能包之，且一人之正觉，更能外包无量数地，与彼虚空，发此想已，乃谓之大。大人之大出彼外天，大则轻小，如邓通不拾粪于途，嬴政不求官于邑。轻小则凡视地上诸物，帝位山河，金宝声色货利，饮食衣服，一切诸有尽如尘垢，如此则不害人物。及一切众生，虚心自现，必成大仁，凡诸劳心劳力，一动一念，皆为众生拔苦而发。众生无苦，我乃无事。人人悉如是念，知我此身，乃微生虫，居在粪上，惟恐去之不得，尚且争乎？果尔天下尚待治哉？去之之法，予于内篇已详之矣。大人道士圣哲贤豪群起而念真，自将视中外古今，俗之所谓伟人，而不出于纯仁者，如拿破仑、成吉斯汗辈，不如蛇蝎虮虱，则天下之祸不求灭而自灭，此五教之本旨也。悲哉人也，胡不自爱！

故为偈曰：
地本一尘，人本一虫。虫在尘上，负形相攻。
圣哲大笑，又悲以恫。教之明性，天外可通。

至仁篇

惟大仁惟能拔尽三界内外一切众生之苦厄，则又何以尽大仁之极哉？字字义义，定其真理而释之，则得之矣。夫仁者不仁之对也，欲穷仁而度尽无外之众生，量无有极，是求诸无极也。欲穷不仁而消尽无内之杀机，量则有极，是求诸太极也。欲化太虚空为大仁者，由我一心同太虚而尽至仁也。我一心杀机净尽，同太虚空，其传于太虚空以至无外也。如火传于膏绵，极小可以极大，极近可以极远。以理推之，三界内外无量数世界，皆必能度，又岂仅一地一天哉！然火必有真种，所谓真种者至仁也。何谓至仁？无不仁也，我乃内究无不仁之量则得之矣。仁者己欲立而立彼，己欲达而达彼，不因己之乐而加彼以苦。吾之所谓彼者，不止于人，凡昆虫草木飞禽走兽皆是也。今若以一人杀一人以自生，苦一人以自乐，为不仁，定此以为单位，外而放之，杀十人为十不仁，杀百人为百不仁，杀千万人为千万不仁，杀亿兆人为亿兆不仁。此不仁之量，日推而日大，祸之积也，内而藏之。走兽之灵觉，其比于人也，有十分之一，人杀十走兽，是一不仁也。禽鸟之灵觉，其比于人也，有百分之一，人杀百禽鸟，是一不仁也。鱼鳖之灵觉，其比于人也，有千分之一，人杀千鱼鳖，是一不仁也。昆虫之灵觉，其比于人也，有万分之一，人杀万昆虫，是一不仁也。草木之灵觉，其比于人也，有亿兆分之一，人杀亿兆草木，是一不仁也。此概定之数也。今人不能辟谷，又不能如藐姑射之仙吸风饮露，是其尘业未尽净，不得已而食草木，已非至仁。然心存于度尽众生，乃与众生同染此浊实至仁也，若进而伤食昆虫鱼鳖禽鸟走兽则绝非仁也。是其根伏有不仁，犹不惜他物之惨恻痛苦，以供我庖厨裘裳口腹身体甘暖之乐，此又岂不得已哉？可以已而不已，其本不仁矣。其本不仁，仁未至于太极，则至仁之种未成全也。犹忍为亿兆分一之不仁，则忍为一不仁，以至亿兆不仁也亦必矣。此其量不全，而不能成佛，入无余究竟涅槃。不能成佛，入无余究竟涅槃，则不能以至仁为种，以使之传播于太极也，亦不能度尽此天地中，一切天神人鬼飞潜走蛰。有勉于斯者，乃可以得至仁之种。

故为偈曰：
至仁为种，发如火传。太极全仁，无极感焉。
昆虫草木，不为我残。以此大慈，包万斯天。

二净篇

今既欲度尽众生，一清宇宙，则有二净之穷究焉：一曰以此地为本，使之长治久安，万世不垢，众生生于其中，如在极乐净土，此之谓净此地；二曰以众生为本，使之全神圆觉，拔去此地，凡既为人皆能成佛向道，上超天堂，乃至三界之外，涅槃究竟，如佛所谓不恋秽土，其视此地，如蛾弃茧，如矢忘归，如弃陋巷而为帝王，如弃牛衣而膺衮冕，此之谓净众生。由前之说则太卑，由后之说则太高，极高明而蹈中庸，二净之说，应当兼顾。否则害矣，一有不顾，则至仁不能全也。造化之理，必至于人，方能一直通天，成就正觉，离地上升。而人乃又地上微生虫之最高级者耳，今之此地，生物演进，皆当进而为人，倘使全地之人尽尽绝婚断配，于百年中尽尽修成无上正等正觉，即尽尽上超天外，此地百年之后，必尽为禽兽虫介鱼鳖草木所处之愚恶世界，灵气无一能一直通天者矣，必又大杀，毒祸孔亟。夫人众生之变相也，使众生杀，亦同于纵人杀也，可以谓之至仁乎？如此地无人种，又必由兽变人，重演文明，为时久矣。不如仍留人种，续政教，厘五伦，以为度尽众生之路，使禽兽之得人身者，皆得上天成佛。若只顾人，不顾众生，如前者过桥而断桥，有人相也，有人相而忘众生相不可也。夫众生禽兽虫介鱼鳖草木，经多世杀毒方得为人。而众生之数亿兆倍于人，若度人而忘众生，是见近未见远，见着未见微，见少未见众，亦孟子所谓见牛未见羊也，即佛教之本旨亦不尔。故必二净兼顾，净此地，净众生，使居于此地者无不安乐不淫，不少一物，不动一恶，勉修人事，尽百年而成佛，乃为全仁。净此地孔教有大补，净众生佛教收全成。学孔不染垢，学佛不学辟支佛，则人间天外之极品也。偏于一必有祸，非不明即不仁也。明者深思，外不失世法，内不扰空明，乃谓之其大无外，其小无内，极仁之量，无极太极，一以备之，则得之矣。故二净同修，要不相碍，德之大者也。

故为偈曰：

净此地浊，使之极乐。净众生心，使之成佛。

二净同修，无漏德福。无偏于一，馨宜戬谷。

得一篇

得一以及二，得二以及三，乃至十百，乃至千万，乃至亿兆，乃至无量数。知一之为生，诚大生广生矣。知一之为生，诚大生广生，则知度尽一世界众生，与诸世界众生之易矣。夫何术之有哉？以能充大仁于一以传之也。一世界有一世界之一，无一则不生。诸世界有诸世界之一，无一则不立。一何所在？在于同归，同出之本耳。今地上万有系于一地，则此万有之一，惟地而已矣，更无多也。一地与七行星，及诸万亿小随星，系于一日，则此一地与七行星，及诸万亿小随星之一，惟日而已矣，更无多也。如此以重复多圈而求其圆心，必得惟一，理与数则然也，谁能逃之？得惟一，则知宇宙之易清，乾坤之易奠矣。今以远惟一而言，人则不鲜，然言远必有惟一，则数理之定义也。远惟一虽不解，近惟一则必解之。解近惟一，当知惟一惟仁，惟一惟无杀机。此何以哉？一人不自杀一人，一家不自杀一家，亦安有杀机者？何谓惟一？简而言之，从二中得。二中必有惟一，此数理岂不明哉？大别二之可指而名者，无外于阴阳形觉者，从中解之，惟一得矣。得惟一则无杀机，纯阴不战，纯阳不战，纯形不战，纯觉不战，乾坤皆有元亨利贞，此为究竟。今试简而求地上天中杀机之所以消灭者，又明指其显，则曰杀机从下来。何以决其从下来？因见彼生于下者，草木虫介之杀机最甚，受刑最烈。大仁从上降，天神与人之杀机最少，受刑最减。何以知之？以地上言，人同形异觉者也，草木同觉异形者也，同必本，异必末也。同即惟一，惟一惟仁，惟一惟无杀机。由地下发草木觉最微，由天上来人形最简。大别而明，分为五级：一曰二足二手，直立而走，有形有觉者，惟人而已矣，人无二形。二曰四足二目，邪横而走，有形有觉者兽也。兽之形羊豕虎兕，类则多矣。三曰二翼二脚，邪横飞走，有形有觉者禽也。禽之形鸡鹜凤鸦，类更多矣。四曰多脚无脚，横行潜蛰，有形有觉者虫鱼也。虫鱼之形，蚕蛇蛙鲤，则类不可胜穷矣。五曰有根有叶，不行附土，有形微觉者草木也。草木之形，菊芥松桃，则类不可胜穷矣。统而言之，此五级中，草木同觉异形，人同形异觉，则定论矣。人无二形，无二则一，一则不杀，简而定之以人为一，以人为仁之本。今欲解有形有觉中之杀机，则必先自同一者贯之，以传输大仁。草木不能得大仁，人能得大仁，从人贯仁，必及草木，理有固然，其无足怪。故曰度尽众生，事理常有，进而穷之，此地必为极乐世界。

故为偈曰：
人无二形，独占一级。数理之常，无二则一。
一必根本，定为仁极。由此传仁，万物沾泽。

灌本篇

灌本，由人灌本以及诸形而下也。灌者何也？灌一大仁而已矣。骤言一人之仁，能施于飞走潜蛰，以及草木恒河沙数众生，人必不信，此骏童子之见也，此豚鱼之见也。譬如骏童子豚鱼，见人一身毛孔皆疮，数之不尽，则谓不可胜药，不知灌药于腹心，则疮不药而自消。又如骏童子豚鱼，见乔松多叶，数之不尽，则谓不胜润护，不知灌水于根本，则叶不润而自茂。夫彼恒河沙数众生，天地间毛孔之疮也，天地间乔松之叶也。人有惟一，为三才本，由人灌仁，传于地心，达于地面，发为万物，亦如毛孔之疮，不药自消，不须尽数而医之矣。又如乔松之叶，不润自茂，不须尽数而溉之矣。人得一本以灌大仁，万物听命，度尽飞走潜蛰草木，其易犹反手也。夫人心病则汗血涎肤垢，垢则虮虱癣疥生焉。今我所居之地，在此四千年中，一病人之身也。恶草恶木恶虫恶鱼恶禽恶兽恶人，皆周身之虮虱也。恶山恶水恶瘴恶气恶石恶土，皆周身之癣疥也。谓地必有恶气，如见一病人必有臭气，则谓人人皆有臭气也。谓地必生毒物，如见腐木必有虫蠹，则谓木木皆有虫蠹也。病痊木秀，其何有哉？此地之病，尚非死病，亦非同朽尽之木，不能改条换肆。俟吾将详论之。然定人为地上一微生虫则必也，一微生虫，能医天地乎？则曰能。《阴符》曰："禽之制在气。"凡物相畏以天，相制以气，故形无大小也，天地一物耳。鹎鵊逐乌，燕子击鹘，鼷鼠劓象，蜈蚣杀蛇，蜥蜴害龙，蛊蚋毙鼍，此小制大也。人知此理，可以化天地之毒。天气与地，借木疏通。天灵与地，借人疏通。人心正直纯仁，天地之气变善，而生物亦变善矣。鹤以声交，鹊以音交，虾以须交，鸂鶒睛交，鸲鹆脚交，天地以人心交。其为交也，必借阴阳直通之径。今试画一小圈，名之曰地，画一大圈包之，名之曰天，画诸小线如辐状者，支于其中，名之曰人，则知人能为天地相交之枢纽矣。何则？人者上系于天，下系于地者也。上不系于天，万不能直立。下不系于地，则必且飞去。夫以觉系天，以形系地，如以铁网为辐，假使车毂一尺，车牙万仞，而以一黍之辐支于其中，此辕岂不脱乎！以人之短不过七尺，在天地中，如一黍在一尺车毂万仞车牙之中，何以支之？必也上有形，而上之虚灵以支之也。孟子曰："浩然之气，塞乎天地。"此之谓也。《易》曰："舆脱辐，夫妻反目。"言阴阳不交，如舆之脱辐，天地之圈坏矣。今言修道感天以导大仁，天地之中，万物必变其气象，是欲修正此将脱之辐也。物理天则，罔不同然。知此而修，穆清宇宙，意中事耳。

故为偈曰：
取天大仁，以灌地心。人为导线，空慈中真。
药入肤变，根润叶荣。枭化为凤，虎化为麟。

吾意篇

由佛之说，此土本一秽想所成，孔子之言亦然。乾之大始，坤作成物。乾理想也，坤结尘也。曰圣人裁成天地，天地当裁成，则其不净也必矣。既净何用裁成哉？耶稣之言，亦云此地为罪人所居。若老子则直斥之曰不仁而已。众生不悟，既已妄认四大为己身，又认子孙为己私，又认此地为决不可离之安宅，诚大误矣。吾欲化此土为净土，亦惟尽此土之善量而去其不善云耳。且非为今时之人计，为末世众生计也。为今世众生计，至下亦须超出三界直到净土，即人人有帝王之贵，万乘之富，亦宜舍去，如离地狱升极乐国。在极乐国，虽为一蚁，胜于此地为帝王拥万乘也。今此地之秽恶如此，而众生犹且迷恋不已。若吾所计，此地成为净土，则生人甚乐，既甚乐则众生更加迷恋，不即舍去，则吾为佛教之罪人矣。夫人既直立通天，觉自当升，不能一念系于地上，以尘垢清明。吾惟恐今世之人，后世之人，一时大悟，尽尽成佛，离此秽土，此秽土之正灵尽失，后来禽兽虫鱼草木之英，再结为人，秉其恶性，必有百倍祸毒过于今日者矣。如桃树然，一时盛开，虽云极美，花落而后，雕残随之。吾欲裁制此地，常如松柏不雕不残，又能人尽成佛，必有术焉。夫眼前众生，禽兽虫鱼草木后必化而为人，生理固然，其事可必矣。则吾之愿既成，人皆成佛，其何以匡辅此初级人身哉？又听之杀伐，一日亦已毒矣。若再听之杀伐数千年或万年，其何以堪之！不如抑高就下，视草木虫介禽兽一如人也。抑高就下，则不能不参以孔子之教，辅助佛教而行之，以及老回耶五教之长备采，方为事理无碍。事事无碍，亦我佛度人之本旨也。以中庸之理，赞天就地，两不相失之见，以观吾《昭诠》外篇则得之矣。调节中和，以恩及于草木虫介禽兽，怜其历劫受苦始得人身。既得人身，不复令其再苦，以至成佛，不亦可乎！佛言无人相，不以重人故害众生也。而我又非众生相。

故为偈曰：
常净永净，此地众生。不令中断，又相杀争。
中和抑高，孔教大成。反复斯旨，宇宙穆清。

四祸篇

必欲尽解宇宙之杀机而求永乐，则必分析其祸而穷究之。大分之则为二，是两仪也。小分之则为四，是四象也。夫祸莫大于分，有二国则有国争，有二家则有家斗，有二人则有人讧。然不究其分，不能得其合也。今分为二以究之，则天地阴阳之战也。分为四以究之，则可大别其祸矣，此祸解则宇宙之祸自解。何谓四祸？一曰天战，二曰人邪，三曰物染，四曰地爱。使天不战而地不爱，阴自为阴，阳自为阳，形自为形，觉自为觉。两神在空，无体可击，万志入发，不嫌境碍。觉过金城，不必辟路，思穿盘石，不必破孔。此觉自为觉，不与觉战，亦不与形战之实证也。砖与砖积，下砖不妒，上砖不骄。投石于空，真空不坏，石亦不伤，此形自为形，不与形战，亦不与觉战之实证也。果其阴阳形觉而既解矣，则天下何事？此不能不探索于太极之源。至于阴阳既变，阳凝于阴，阴凝于阳，物得阴多，纯以阴胜阳，以形胜觉，以毒杀良，以邪害正，是物之所染者秽也。乃常人不察于天，反入于物，与之俱染，长恶气而灭善机，自降于草木虫介禽兽，是人之所染者邪也。是四祸者，不以佛理、《易》理、《阴符》、老庄之精而详之，天地之间杀机未可减也。而尤详者则为佛说，佛言天神与修罗战，是为杀机之始。而天地皆在轮回之中，天非纯善，地非纯恶，天亦有恶，地亦有善，故佛谓天王仍入轮回堕地狱中，此理内篇已详论之矣。真绝其祸，天地皆当超出，此理之高明显大，乃在诸教之上。人须腾出精神，包天地外，视天地如一瓜一卵而剖解之，则易如反掌矣。夫人形骸不能包天地，而精神固可以包天地者也。精神不惟可以包天地，且可以包无量恒河沙数天地者也，何难解之有哉！

故为偈曰：
祸机有四，天地人物。各有邪染，乱是用毒。
何以解之，惟一成佛？宰割乾坤，譬如剖粟。

天战篇

佛儒耶回，立教之始，见为天者，皆以惟一言也。后学不察，而天分为数义矣。此老子所谓"名可名，非常'名'"也。真天惟一，不可得而名，强名为道，为玄，为空，为无极，为太极，则亦可名涅槃。已多文字象，况后之人以其无可实议，又名之曰先天。是岂可言哉！今之言天战，就俗之所谓后天而言也。后之又后，乃有战矣。其义有三：一曰理之自然；二曰众生之始；三曰包此地之阳气。若此阴中之阴，阳中之阳，小丑混杀，大祸千秋。今我由众生之始，与包此地之阳气释之，则天外有天，此天非净天也。佛言诸天其数无量，如彼星球。今我此地，在太虚空不如一微尘，彼第一塞满十极之天，非与此地对待也。鲸不能配蚕，鹏不能配鳬，如以彼天与此地对，不若与蟭螟对。以与此地对待之阳气为天，如一虫自以其觉为天，其形为地；如一人自以其觉为天，其形为地也。小别众生之体，一血球一天地也，一毛孔一天地也。如此之义，指言此天此地，则此地此天杀机毒哉！何以知之？如一人身，其觉昏乱，病而气臭，生疥于皮，虮虱因之，今以此天地之不净，恶草恶木，即疮疥也，恶人恶虫，即虮虱也，天如无此恶感，地又何能生此恶物哉？鸟之雌雄，一天地也，两雁相配，何不生枭？兽之牝牡，一天地也，两麟相配，何不生豹？今此天地相配，而生荆棘茺茨蟒蝮鳄獭狙蝎之属，杂于麟凤龟龙之中，人得此染生恶生善生智生愚生妖生佛生桀生孔，其始谓净也。大净之中，安能生秽物哉？佛言净土，其天必净，譬以七宝包围，恶气不得而入。七宝者，即指其净天也。《易》曰亢龙有悔，曰龙战，《阴符》曰天伐杀机，老子曰天地不仁，此皆明道之人，明指此天地皆有恶气也。回祖曰大仁天乃言先天，曰天地如芥子，即指此天地也。多生虫鱼，固使之不能尽性，乃生恶虫鱼以杀之。多生鸟兽，固使之不能尽性，乃生恶鸟兽以杀之。多生人固使之不能尽性，乃生恶人以杀之。刍狗万物，是何毒之甚也！此《阴符》所谓天之五贼也。天有五贼，见之者昌，明言天毒。人若见之，何以除之？故《易》曰圣人以裁成天地。天地不裁成，为祸莫极，而人得司其权也。吾必尽发其密，以告全世之人，从而修之，其恶自消。天神地祇，虫鱼草木，皆待人而后度也。理之所在，事必有之。

故为偈曰：

天地不净，五贼作祟。五圣同言，皆谓之秽。

恶虫恶人，与善交会。以道解之，全为良类。

地爱篇

地爱，地秽也，惟其秽也，故爱其宝。而其所宝，乃实非宝。《易》曰："阴凝于阳必战，为其嫌于无阳也。"此何谓哉？夫觉在形中，其苦莫极，而觉属于阳，形属于阴，阳中有阴，阴中有阳，阳必欲尽夺阴以归于阳，阴又反而夺之，此祸之所由以生也。阳之夺阴虽最难，生物之中必生物焉，雪中生鱼，火中生獦斗，银中生白蚁，冰中生海狗。生物则夺其阳觉以去，而阴必护之，亦如骏童之护疮，牛马之拒药也。夫有大乐，必有小苦，阳之夺阴，阴阳解，则纯乾纯坤各安其极矣。乃一阴一阳，互易强弱，而弄其祟。天生一茎，地生一棘以刺之。天生一虫，地生一蛛以网之。天生一蛙，地生一蛇以吞之。天生一鲤，地生一鳄以食之。天生一鸟，地生一鸢以搏之。天生一鹿，地生一虎以食之。杀机属阴，生机属阳也。若天地净，何以复弄此祟哉？至于人纯以觉胜形，彬彬文雅之身，战退狞狞凶猛之蟒虺狮象，此阳之全胜也。乃又入阴，借资于坚金利器以反杀人，彼坚金利器本阴也。此固阳觉入阴，又反阴以伤阳耳。是阳中之五阴作祟也。总之，此地之秽，一言以尽曰：善难生，而恶易长。蔓草与五谷同生，不耘则蔓草杀五谷。幽兰与荆棘同长，不刈则荆棘杀幽兰。一耘一刈，又即杀机。至于虫鱼鸟兽，莫不皆然。故不如净土斗大之莲，与佳禽和翎之自生，而无恶物以杀之也。夫虚空之地，其数为无量也，既有秽必有净。吾人之居此地，如涸中之蛆，其望于净土也，如清池，如平湖，如长江，如大海，能以理测其净，不能以梯跻而形赴也。此可哀矣！高明者知此为秽，去之如脱狱，佛老耶稣之教是也。仁智者知此为秽，宰之如洗污，孔子回祖之教是也。五教兼用，如决清江以灌臭池，不听其稍留余垢，则为此秽土众生之谋尽善矣。

故为偈曰：

此地秽土，良善难生。观彼动植，其象极明。

草多于谷，雕强于禽。何以解之，道盛则平。

人邪篇

　　世之祸久矣！人之邪极矣！人谓狼贪，而狼谓人贪。人当愧死，狼何尝必欲尽同类之所有，以肥其一家哉？人谓虎忍，而虎谓人忍。人当愧死，虎何尝一日浮千里之尸，以饱其所欲哉？人谓鸨淫，而鸨谓人淫。人当愧死，鸨何尝作阿房月窟，以宣其秽哉？人谓虫愚，而虫谓人愚。人当愧死，虫何尝恋桑柔椹渥，而忘其茧哉？平心考真，人之不如鸟兽虫鱼远矣。作官职以为利薮，此禽兽之所无也，而蜂蚁有之，则蜂蚁之长有自然而生者。作书史以留名字，此虫介之所无也，而俗士争之，则俗士之好，非性之所有矣。彼鸟兽虫介草木恶金如仇，性也。而人造之以为币，反因以贵。至于雁之和处，龟之廉洁，貂之仁慈，鹤之清表，人皆鲜有，其故何哉？岂以直立通天之人，而反不如物乎？一言以蔽之曰：纯非本性，其为染于邪也甚矣！愈高则坠愈危，人于物中为最高，故其坠亦极危也。其坠益危，其陷益深，所以一世为人，而十世不可复得此身矣。一世为富贵人，而百世不可复得此身矣。哀哉迷也！谁为之厉？五阴之所伤也。觉强则易入于物，遂用其识神，而不用其正觉。溺焉而日益深，病焉而日益溃，天亦莫可如何，惟有杀之而已矣。亦犹其始立教不善于防，而世法官爵之设，礼文之杂，备物之过丰，虚誉之鼓舞，欲尽其情，反乱其情，欲防其蔽，反滋其蔽。所谓圣人不死，大盗不止也。素丝之质，三涅难澣，歧路之差，毫厘千里，遂以忘一直通天之路。老聃之真不能悟，墨翟之哭不能醒，仲尼之将就不能入，子舆之正辩不能移，三千年天德不通，群邪作祟。帝王竞蚁穴之雄，将相穷扬汤之术。学日趋而日小，埃末乾坤。言日引而日庞，壶中日月。不有以觉之，沦胥之祸，未有艾也。

故为偈曰：
六尘五阴，汨灭正觉。正觉不存，人不如畜。
再不憬惺，四脚横伏。降罔匪天，人则不淑。

物染篇

　　天地之气钟于物，各有杀机，至于人而后天胜，人邪地又胜矣。人赞天而理物，纯以天胜，人人地而助凶，则物之苦极矣。夫物各得天地之偏，不能自主。征之于草，如兰之幽，如荃之洁，如荷之清，如谷之仁，染于善也。荆棘芦莠必克之，则荆棘芦莠染于恶而然也。惟木亦然，如桃之旨，如桂之馥，如梧之通，如梨之甘，榛莽荚栎必克之，则榛莽荚栎染于恶而然也。惟虫亦然，如蝶之文，如蚕之巧，如蜂之义，如蝉之洁，染于善也。蛛蝎虺蜴必克之，则蛛蝎虺蜴染于恶而然也。惟鱼亦然，如鲔之医，如鲷之文，如鮠之柔，如鲤之正，染于善也。鳄鲛鼍鼋必克之，则鳄鲛鼍鼋染于恶而然也。禽之有鸠雁鹇凫，而鸢鹰鹯鹫克之。兽之有麟羊麈马，而虎豹狮兕克之。我思此土，其凶何如？人亦物也，乃染此凶。郅都苍鹰，许褚痴虎，郜后毒蟒，四凶梼杌，人而禽兽者也。老子如龙，仲尼比凤，於陵如蚓，庄周化蝶，胡不多见。至于集人为国，吴有封豕长蛇之恶，秦有虎视鹰瞵之害，则又辱焉。人本自秽土而出，为贱物所染，如莲出污泥当自知洗，如蛤浮海面当自知升，奈何又降而下，复与秽土中众生受极毒之刑哉！觉如不正，必化为禽兽虫鱼，吾既于内篇详言之矣，此故不赘。独惜人本能携禽兽虫鱼而上达，乃反为禽兽虫鱼带而下溺，纵不为他人计，不为子孙计，独不为一己计乎？圣教不行，汤盘不盥，醍醐不灌，杨枝不洒，此秽染未可涤也。人当时念本自浊来，如溷中出，不能见客，何能见天帝神佛哉？圣人洗心，退藏于密，此之谓也。观人之貌，文懿不恶，乃以心染。恶于禽兽虫鱼，其不善变也甚矣！深究于此，当猛省而洁濯之，以兼洗众生，乃不愧为人矣。

故为偈曰：
人从下生，形染秽物。觉则本天，何用不沐。
六尘蔽之，乱是用毒。涤之涤之，痛我心曲。

统筹篇

统筹者，统此天地人而筹善法也。必曰此天地人者，惟此天地人惟然，他天地人不然也。《阴符》曰："天地，万物之盗。万物，人之盗。人，万物之盗。"此天地人乃三大盗，征于理，考于事，皆然也。以树喻之则明。阴阳之理，大小可比，故天地乾坤，一树而已矣。树之中分食物者，与被食者，则万象明矣。树根食水土，此如地吸宇宙之阴精也。树梢食露气，此如天吸宇宙之阳精也。天地外，吾不言，言天地内。薰与莸同吸一水土露气，薰自香，而莸自臭，其种不同也。藤与槐同吸一水土气素，藤无虫，槐则多虫，其种不同也。此天地与他天地，同吸一太空宇宙之阴阳精，此天地有盗性，而他天地无盗性，此天地有杀机，而他天地无杀机，亦如薰莸藤槐之种不同也。既如此矣，种不可改乎？则曰可。改种者，统筹天地人物之改良，新发而绝其盗杀之机也。

故为偈曰：
天地不净，可以统筹。一改其种，此世不偷。
薰不发臭，藤不生虫。乾坤之小，与树本同。

改种篇

惟一之处，得之可以改上下之种。一树有一树之惟一，一天地有一天地之惟一。一树之惟一，与一天地之惟一，同在相交之际，理无可易也。一树之惟一，土与气交之际，其中干惟一也。天地之惟一，天与地交之际，人惟一也。一树于土与气交之际，以多多数线维而成之，此线维皆一直通天，知其维一也。一天地于天与地交之际，以多数人而成之，此人皆一直通天，知其惟一也。人为天地万物中之惟一，无可疑矣。不然，草木虫鱼禽兽之中，皆纷纷不同，小而别之，各有特异：犬不同牛，菊不同蒜。何以人决无二形二性哉？天地亦不能生二形二性之人，则知人司天地惟一之命也明矣。今如尽束天下之人为一大柱，皆一直通天者也。如一树本之线维合组也，以禽兽虫鱼置于此大柱之傍，次第横下，如树之走根，则知人可以改换天地矣。凡树惟一之处，皆可锯之换以他树，如桃续李，如菊续蒿；又如花树于惟一之处，以注射管注之以色，则此花树所开之花乃改其色。故惟一之处，小可以司大，少可以司多。今既以万象观之，定人为天地中之惟一，居三才之中。若人尽解决杀机盗心，天必不能有杀机盗心，地亦不能有杀机盗心矣。万物无杀机盗心之可取，又安能生恶类哉？水中能【生】鸟乎？火中能生鱼乎？其气之感乎不同，而其祸自消矣。又如大池两个，皆积秽水，生毒恶虫，今于池之中疏一连沟，以深泉涌出，大水灌之，两池可净。天地两池也，人通两池之中沟也，沟能取江河之水以清洗两池，人亦能引宇宙之仁以清天地也。征于圣经，孔子言圣人感人心而天下平，至于天不爱道，地不爱宝，此犹小效。若佛所言，一心清净，能推而至于世界清净，及诸世界清净，其效大矣。何伟如此？有其理必有其事，人之形短而理长，曷亦深考于孔佛之道乎？老子亦言："天得一以清，地得一以宁。"人者天地之一也，故曰人得一以为天地贞。贞，正也，正一直通天地也，明言人正可以使天清地宁也。三圣岂欺人哉？人自欺耳！

故为偈曰：
人之大能，改天换地。非改其形，洗其恶气。
由一灌善，恶绝根蒂。三圣同词，谁复能易。

树喻篇

夫天地一树也，以理推之则然。树之生也，枝叶根干花实相为通气而后一树成。天地之通也，氤氲阖辟溽溟气类相为通摄而后三才立。树之通气，由有形之中空穴而通也。今天地久系于一团，虽无有形之中空穴以通其气，其必由无形之中空穴以通其气也必矣。不然，何以不解不散，不坠不迁，因知此无形之维系，固于有形之维系，盖不止亿兆其倍。所系者何？虚空正性。今人日食五谷之精而粪其粗，既食之后，好味好色好香好气一一无有，于粪菌中觅之不可得，于汗涎中觅之不可得，于溲渤中觅之不可得，于腻垢中觅之不可得，物质不增不减，此好味好色好香好气何往哉？其必化为无形之真灵，由无形之空穴以上于天也明矣，因知无形真灵全为嘉品。然又知同一水土，自茹身过排出者臭，自薰者身过排出者香，则知同一天地间物，自恶人身过，上天之真灵恶，自善人身过，上天之真灵善也。夫人者天地中锻炼真灵之寄生虫也，如人身之寄生虫也。人身之寄生虫清，则人之形与觉皆无病。天地之寄生虫清，天地安有病根哉？吾人不能以人身中一寄生虫之目光，窥一月之病夫，遂谓其恶气不可除，则一不能以吾人之目光，窥数千年之病天病地，而谓其恶气不可除也。微生虫皆善，则上天下地，安得有恶气相通哉？况明明视人司天地中惟一之命，如树之土气交会之际之惟一也。从树之惟一，可以移干接枝，则知从天地之惟一，可以转移天地矣。圣教大行，天地皆待人而救。人之能实为三才之枢纽，不于此努力，如鱼争食于釜中，如燕嘻鸣于焚堂，其能安乎？吾愿天下之伟杰，一亦放目邃心而深长思之，则可以赞天地之化育，人人皆可以与天地参矣。

故为偈曰：
树有惟一，上通下禽。人天地中，亦司两极。
变善为恶，三才咸吉。何不深思，以除尔忒。

秽旅篇

此地一秽，逆旅耳。然自得道之众生观之，秽逆旅也，自不得道之众生观之，则身命也。何也？得道之众生，可去可来，谁居此秽？不得道之众生，缚于此地，地苦与苦，地乐与乐，故高明之士，隐遁自高，不即秽浊。十人而十成，然非仁者也。既生于此天地中，而与此天地中之众生有一日之缘，以此天地为大父大母，则此天地中之众生，皆其手足也。为佛为神，恩泽不及于手足，可谓仁乎？是以明知其秽与小，而必为之尽心力于其间，大仁之量。为鱼鳖则思拔鳞族，为禽兽则思化虎兕，既生秽逆旅之中，则一秽逆旅之秽事皆其责也。故佛不重辟支佛，而儒不重独善。佛之量，无一众生不灭度，普贤行愿，大于无极。儒者之量，禹思天下有溺者犹己溺之也，稷思天下有饥者犹己饥之也，伊尹一夫不获，若挞之于市朝，是皆为秽逆旅谋，非为身也。既知一人之身，可以转移天地之秽，而绝其杀机，则又何不为此天地尽其力哉？孔子一过，尚有旧馆人之恋，本此心而推之可也。

故为偈曰：
天地逆旅，秽吾去之。独去不忍，当运大慈。
未去众生，以及末世。不有仁明，谁启其邃。

三觉篇

三觉者，求发此三觉，则此天地中之众生可度矣。何谓三觉？一曰人本一贱秽之虫；二曰人全正觉，能成佛大于天；三曰人能尽度众生，功德无量。有此三觉，自一人传之二人，自二人传之三人，自三人传之十百人，自十百人传之千万人，则可以遍于地上，而地上之众生皆得度矣。人为贱秽之虫，其理极明。强盛帝王据数万里，杀人盈野，争地必得，宫室美女，夸盛一时，如嬴政、刘邦、成吉思汗、拿破仑、威廉，穴中之雄蚁也。卑弱小民，受其荼毒，螳螂爪下之蝉，猛虎牙际之鹿也。同入轮回，共受极苦，于己无益。一朝道明，称为恶蛆，于名无益。子孙百世为人贱辱，于利无益。其愚而可怜，人可贱恶，莫此为甚，人何必自陷于此哉！而况下焉者，方面之荣，十万之众，拥以自厚，俨如天人，则其比于禽兽不如矣。刻刻反省而自知，本一贱秽之虫，则超天成佛之志，油然而兴。如一粒柏子，可以干霄，如一拳小卵，可以成凤，趋舍之途异也。大人奋然轩举，俯视六合，怜愍众生，只以一念之别，而大小判若天渊。如一尘爝火，投之于积薪而炎昆冈，投之于大海而沉九地。上达下达，其辨如此，可不自爱而爱人乎！仅百年之久，一气强毅，便可扛天，又何必不为，而必自入于贱秽之虫哉！大人速起扫除积垢，涵盖万象，以谋大仁无疆之福，利己利他，此彰彰明明之路，岂如附于粪上，作百年天子哉！《诗》曰："人之无良，至于以斯亡。"可以警矣。愿以此为改天换地之始。

故为偈曰：
人本秽虫，然亦成佛。度尽众生，是为三觉。
有劭于此，盖天之福。大人速起，永除积毒。

乐寿篇

圣佛之教人，非欲人绝其欲也，正以成其欲耳。众人之求遂其欲也以迷，故反失其所真欲。圣佛之教人遂其欲也以明，故能得其所真欲。圣佛之志实与人同，惟迷与明之辨耳。今之人孰不欲乐且寿者？如佛国之乐且寿不如人世，不如地狱，则圣佛必劝人恋此人世，入于地狱。否则，圣佛可诛矣！如太平之乐且寿不如剧乱，不如禽兽，则圣佛必劝人勷为剧乱，化为禽兽。否则，圣佛可诛也！圣佛之心，亦惟教人去苦得乐，避夭得寿而已矣。眼耳鼻舌身意，其为乐也小，而见性之乐大。争夺抢攘之秋，其为乐也小，而大顺之乐大。寿亦因之。故今日而言救众生，不过欲使之乐且寿而已矣。寿无寿于无量寿佛，乐无乐于极乐国土，此其大而远者也。大顺之后，民无夭凶，此其近而切者也。人谁不欲？不究其理惟误耳。不然，试问天下之人，下及禽兽虫鱼草木，其所以惟日孜孜鸡鸣而起者，孰非以求乐寿之故哉？求乐反苦，求寿反夭，不明其道，如恶溺然，乃沉于海，如种木然，乃倒其根，迷惘之恸，可哀也矣！孟子曰："是犹恶湿而居下也。"吾是以特揭乐寿之纲，以为天下之聚鹄，而深长究之。

故为偈曰：
欲寿欲乐，人之恒情。圣佛之心，顺情图成。
戒其迷误，求之以明。依道循理，天地太平。

大学篇

大学者，学大道以上超三界，下临天下也。今之学者非不精且勤也，劳于小以自误耳。夫百工技艺，分科别门，成其一术，穷毕生之力，不能精也。一鱼一虫，一草一木，一沙一尘，一丝一葛，苟细而究之，皆可以续千智万哲之心，历百世而不能解。及其解也，不过市技以养形耳。若至天下乱，国家危，如鱼在釜，沸汤煮之，并技无可市，形不得养，顾不如先劬于治术之为大也。而今之劬于治术者，有为社会之学者焉，有为伦理之学者焉，有为理财之学者焉，有为兵戎之学者焉，有为政治之学者焉，有为法制之学者焉。言之詹詹，思之密密。小矣，自害自陷而已矣，可胜痛哉！不知何故而讲社会之学，以人心不善，互相害也。何故而讲伦理之学，以人心不善，互相防也。何故而讲理财之学，以人心不善，互相夺也。何故而讲兵戎之学，以人心不善，互相斗也。何故而讲政治之学，以人心不善，互相扰也。何故而讲法制之学，以人心不善，互相陵也。是诸学者，皆起于人心不善，虽以亿兆圣哲，作理地塞天之书以防之，人心之不善日长，不可救矣。老子曰："法令滋张，盗贼多有。"又曰："圣人不死，大盗不止。"盖恶人之趋末也。伤哉！木本枯焚，各抱一枝一叶以求荣，其可生乎？山海渴燥，各求一瓢一滴以解旱，其可济乎？不见日月而搜萤火，不疗心腹而搔疥癣，号为圣哲、智士、达人满天下，自真人视之，蛙鸣蚊聚之流耳，恶可以治天下？吾之所谓大学者，性命之学也。性命之学明，凡今万学无所用之，如日月出，不见萤尾，如心腹愈，自无疥癣。人有能竭毕生之力以劬于此，可以济苍生而自济。国有能竭全国之力而劬于此，可以救万国而自救。虽碍于时势，不能尽舍诸学，吾乃奴使诸学，不亦可乎！庄子曰："不龟手之药，或以封，或不免于洴澼绁"。可不察哉！凡今之人，曷其兴起，专精于性命之学，以成圣佛而成天下之务乎！毋为洴澼绁，自死于沸釜中则可矣。

故为偈曰：
今人为学，牛溲马渤。或政或法，或兵或物。
性命不见，扬汤止沸。何如端本，先求成佛。

大同篇

　　在今日而言拯斯人，及众生，净天地，致太和，莫急于促成大同而已矣。以情理言，今有人焉，惟爱一身，不爱其家，人必谓为禽兽矣。惟爱一家，不爱邻里，人必谓之禽兽矣。惟爱邻里，不爱州邑，不亦依然禽兽乎！惟爱邻里，不爱州邑，人必谓为禽兽矣。惟爱州邑，不爱全国，不亦依然禽兽乎！惟爱州邑，不爱全国，人必谓之禽兽矣。惟爱全国，不爱全地者，不亦依然禽兽乎！惟爱全国，不爱全地，人皆以为禽兽矣。惟爱人类，不爱万物，不亦依然禽兽乎！惟爱人类，不爱万物，人皆以为禽兽矣。惟爱万物，不被无外，不亦依然禽兽乎！理则固然，无可疑矣。苟无大同之量，必受禽兽之诛。即不见诛于今日，见诛于后世矣。以趋势言，太古小部，渐合为国。三千年前，国以万计，及黄帝之时小合矣。尧舜收有苗疆，九州岛又合矣。秦汉晋唐宋明及清，日增月广，胡越一家。不独中国惟然，外国亦如之，由分而合，理数之常。沟浍沼池之水，终必归海。黄白黑棕之人，终必统一。今虽不一，后必一之。此虽不一，彼必一之。明知趋势所归，后日必合，则合之日长，而分之日渐短矣。与其于今日未合之短期中，护一日之私利，而受终古禽兽之诛，何如趁今日未合之短期中，开广大之基，而成终古仁圣之名乎！万国之权府大人，哲士明公，早见及此，庶乎夥矣。不见及此，后必自陷于禽兽之伦。事有必至，理有固然，岂能逃哉？以利害言，同居一地，如同处一村，疆场相连，如屋舍比栉，此家之室虽美，隔邻之火未灭，其灾也可立而待矣。今人之救火也，必先救比邻，恐其及己也。谋国而不如救火，不亦哀乎！号为英雄明哲，其见反不如消防之役夫，则即谓之为豚犬也亦宜。故望大人速起，捐近小之务，而阔视于宇宙之外。忍斯须之难，而宏图于万古之远，自利利他，兼收二善。以形而上言之，则成佛作圣，功盖夫寰宇，岂不休哉！岂不休哉！而胡为乎蠢蠢焉，争于蚁穴之中，以自小也！佛曰："诸世界清净。"孔子曰："故圣人以天下为一家，中国为一人。"耶稣曰："视异国如己国。"推此心也，虽亿万日月，不足与争光矣。大人思之，然乎不然？

　　故为偈曰：
全地必一，事理所趋。不顺事理，自陷凶愚。
万国速起，劢此良图。有不劢者，万世所诛。

万善篇

不大同，则我之身，与我之子孙，首受其害。人虽愚，未有不为切己与子孙谋者，何故不促大同也？不大同，则人劳于救死，不得修性命而成佛。人未有不欲修性命而成佛者，何故不促大同也？不大同，则财货争夺不得均赡，人未有不欲常赡而不怨贫者，何故不促大同也？不大同，则畛域相隔而仁不普，人未有不欲施仁远被者，何故不促大同也？不大同，则举事不能就正轨，而抢攘害正，大同则安车就道，而与民更始，人未有不欲安车正轨者，何故不促大同也？不大同，则天地不得清，大道不得见，人未有不欲清天地见大道者，何故不促大同也？不大同，则不能图万世之安，保无疆之庆，人未有不欲安乐无疆者，何故不促大同也？推而广之，大同之成也，有万善而无一害，其不成也，有万害而无一善。今之人东差西池，南踵北触，不合力于大同，如彼瞎马，自取灭亡，则殆矣。又有于已同之国中，而亦分崩离析，日修其忒，则惑之甚矣！比之一地之大，如一轮圆，不大同则不得一轴，万不能转。一地之上，如人一身，不大同则血脉各走，万不能生。故圣哲统万殊而为一，小人分一体而为万。分则争，合则宁，理之常也。异则贰，同则亲，性之则也。不劭大同，而他为急者，皆上天下地，人物鬼神之蠹贼也。其罪至久，万古不灭。苟不知之，是不智也。不行之，是不仁也。不成之，是不勇也。人毋以百年之目光，自视视天下后世，而以千秋之目光，自视视天下后世，此理彰如日月，尚何俟于言哉！

故为偈曰：
大同万善，不则万恶。纵目千秋，此理易烛。
如其不勉，谁能自淑。载胥及溺，蛇蝎相毒。

四相篇

於戏！佛教者，盖天地，盘太极，塞无极，能仁之至也。佛教大行，天下宁复有争杀哉！其为相也，空四相。四相者，我相、人相、众生相、寿者相也。次第空之，其序不可紊也。先空人相，不空我相，利我之故，人皆可杀。先空众生相，不空人相，利人之故，众生皆可杀。先空寿者相，不空众生相，利众生之故，一切皆可灭，则害矣。故圣人不以我身害人之身，不以我家害人之家，不以我国害人之国，乃能成佛，此先空我相，以施于人也。劝人毋食荤腥，以爱虫鱼草木，而后能成佛，此先空人相，以及于众生也。不惜一死以全真性，此先空前三相，以抱太极也。佛教大行，天下之事，不待治而自无乱。人皆见性，惟成佛是望，虽杀而使之夭寿，不肯以己故破人国家，何由有争？其理至明，其道至大，人不深求，即已暗晦，如犬牛马豕不能读书，则即谓无圣人之教也亦宜。今之强国凌弱国，皆以不知佛教故。如知佛教，明明杀机自利，我相不空，必堕地狱，人虽至愚，谁肯为之？彼强国无论矣，弱国之人，苟知此道，传于强国，先使其智人信之，渐以及于愚氓，及于权府，则强国之人，自将视异国如己国，视他人如己身，不来谋我，且分而及我矣。不此之故，日惟救死而恐不赡，是自陷于亡也。夫明者观邃，密者见微，世界太平，天人共庆，地鬼安宁，万物咸遂，非深明佛学，无以致之。佛学既明，如日月之出，决无有人持萤尾以夸明者，则天下之祸自熄矣，尚何待于救亡哉？又如夷人养蛊，禁之不改，教以养蛊之害，剖析而示之，彼自不养。今之强国，皆养蛊贻害也。君相欲灭人国，先杀性命，其为祸不又烈于养蛊乎！吾愿谋国之士，速以全力事于佛学，以化万邦。万邦自解其祸，此非迂阔。道则有之，苟不讲道，虽树一树，养一畜，不能生也，而况于谋国乎！道也者，自然之理也。

故为偈曰：
佛教大明，四相皆空。尚有何人，杀性争锋？
人不知此，终无成功。忙忙伟杰，自陷鞠凶。

求种篇

人之性本善也，人之得大仁，如薪之得火也。今之薪三千年而不燃，遂谓薪不能燃者，非也。求一火种，可烧天地，吾甚愿人人之勉为此种也，谓之仁种。仁种仁种，何必远求？人人皆是也。佛说《圆觉经》曰："六根清净，故六尘清净。六尘清净，故一身清净。一身清净，故多身清净。多身清净，故世界清净。一世界清净，故多世界清净。"是欲播仁种也。儒言《大学》【曰】："物格而后知致，知致而后意诚，意诚而后心正，心正而后身修，身修而后家齐，家齐而后国治，国治而后天下平。"是欲播仁种也。夫播仁种犹小及大，犹近及远，由少及多，不可紊序，决无有不告厥成功者也。今之人则反是，不修其德，不成其道，日惟忙忙然曰"天下国家"，又多盲人，称之曰伟，群小伥伥，遂谓天下国家之事，可以以淫污贪鄙、昏邪曲厉之人治之。此天下之所以久乱也。决无火种，而欲以湿薪烧山。今之所谓伟人，吾之所谓民贼也。决无道德，而欲以小慧救世。今之所谓伟人，吾之所谓民贼也。责政府之污，及得权则污于政府。恶官吏之秽，及居位则秽于官吏。奚可哉？今若欲真图利天下救众生，必先于求仁种。种者一心纯仁，一人纯仁，一家纯仁，一朋纯仁，一国纯仁，乃以至于天下纯仁也。一心纯仁之详，吾于内篇已言之矣。今惟分一人纯仁，一家纯仁，一朋纯仁，一国纯仁之实践，条举而细论之。

故为偈曰：
由身及家，由家及朋。由朋及国，全世景从。
立纯仁范，以召大同。誓死不回，终必成功。

人种篇

以一人而为天下之仁种，其任至重，其举之也则至轻。其志至速，其求之也则至近。心安于道，而万善归之矣。孔与墨，中国之人种也。佛与耶，外国之人种也。其种必收。其为道也，背之者必灭，顺之者必昌。如赤日行空，非浮云所能蔽。如黄河出岭，非土沙所能阻。顺天理之自然，安能碍之哉？今定其范，以为众人之鹄，其智则发于空虚，合于天德，遇事顺则，清明在躬，志气如神。执其两端，用中于民，多学不眩，无学不慑，如镜照物，不动于中，如电应感，不滞于虑，事理无碍，从心所欲，圆融遍摄，因地法行。其诚则赤子之心，中孚之体，不愧屋漏，不疚神明，可贯金石，可格豚鱼，一抱真性，万法本仁。其仁则不伤昆虫，不欺禽兽，不害草木，惟思普度，八极之外，一尘之中，有溺有饥，视为己受。其勇则天地崩裂，色不为变，虎豹攫拿，心不为慑，视身如幻，无有可伤，以任天下，成其大雄。其空则千秋称圣，心不为喜，举世非之，心不为沮，富以天下，视如一芥，贵以世尊，视如一尘，不知有我，不知有人，不知有物，不知天地，安于正性，知物无常。其清则目不瞩色，耳不闻声，口不知味，鼻不即香，身不求安，意不趋利。其公则天下一体，万物一心，包罗宇宙，一视同慈，无近无远,无疏无亲,惟贤是求,惟爱是施,惟忱劝告,惟均泽惠。其柔则杀之不怨,犯之不怒,污之不怍,辱之不介。然后运其大明,尽其心力,行必以礼,视必以正,听必以聪,言必以道。可以行,行则利天下。可以藏,藏则保太和。如此之人,得一以染二,得二以染三,得三以染四,至于十百,至于千万,至于天下,至于众生,如火之燎炭也。骤言收功如此,人则不信,是因以此地四千年之目光而自小也。无数天地,因此而度者众矣。理既有之,事必有之。又或疑虑如此完人,何修而得?则惑之甚也。夫人性至善,苟见性命,自期成佛,虽以刑驱之,以利诱之,劝其不如是,不可得矣。以上所谓智、诚、仁、勇、空、清、公、柔,凡诸全德,发为百行,人一得道,不难而成,如以乌获运一羽,如以烈炉消点雪。全德既成,百行既敦,出其全力,用其全智,以利苍生,乃可成功。如不以此,而内藏其不清不洁之心,外露其如寇如盗之术,则自殄矣。人生不过百年,何以不上期三界同尊之圣,下救六道轮回之苦,而必自求殄辱以害众生哉!如此大愚,万思不解。《诗》云:"一人有庆,兆民赖之。"吾固愿天下之人,同修于斯也。

故为偈曰:
智诚仁勇,空清公柔。一人臻极,万物好逑。
不得完德,世何以休?人人咸知,向此而修。

家种篇

今天下无家矣,非无家也,有家而不齐,是以谓之无家也。无家而欲有国,能夫哉?家之于国,犹辐之于轮也,犹板之于桥也,轮者集辐之所成,国者集家之所成也。故其理同,而事类也。辐朽蠹而求轮之转,板折裂而求桥之固,家失节而求国之安,虽欲无乱,不可得矣。圣经曰:"欲治其国者,先齐其家。"《易》曰:"家人,女正位夫内,男正位夫外,男女正,天下之大义也。① 父父,子子,兄兄,弟弟,夫夫,妇妇,而家道正;正家而天下定矣。"此之谓也。儒教固专明于世法者也,其以齐家为本也固宜。彼佛所重则出世法也,而亦曰菩萨在家与眷属聚,无省于菩萨之心。又有齐家

---

① 此处删节了以下一语"家人有严君焉,父母之谓也。"

忍辱之经，言善之极，莫大于孝。《方等经》①云："长幼后先，相事以礼。"《善生经》②云："夫妇睦宜，善法不衰。"《无量寿经》③云："父子兄弟，夫妇家室，中外当相爱敬，无相违戾。"则佛教之重于齐家亦至矣。故圣人出世入世，莫不劭德于齐家。齐家之条有二纲焉：一曰一家自治，二曰以家救世。一家自治者，仅足其养生之需，而不多积；慎防其五官之欲，而不害性。不多积则不取于世，不害性则人尽成佛。有是二者，然后端其女以立女范，端其男以立男模，养生抱性之余，出其全力以化天下于至善。不幸而处于恶世，如以良玉在烈火中，不惟不为火化，且将此以灭火也。故严训于子弟曰："不至天下乐世界平，吾家之人，不可以一日不勉于斯也。"一身为之不成，则子孙继之，子孙为之不成，则玄曾继之，至于百世，至于万世，终无废也。天下既安乐，世界既太平，又将守此家法，合于世政，以永为民范，尤不可不严于防川也。《大学》戒四辟，不辟于家，则不辟于国矣。平等大公之量，彰彰明甚。家人既宜，而后可以教国人，以至天下。一家如此，十家同之。十家如此，百家同之。百家如此，千万家同之。所谓家种，家种者以一家存大仁之种也。今天下无大仁之种矣，可不慎欤！可不慎欤！

故为偈曰：
一家大仁，永保勿失。施于天下，以立民极。
人富以财，我富以道。财聚易匮，道何能少？

朋种篇

朋种者，合一朋以播大仁之种，以安天下者也。天下之定，必由于此。舜之时，八元八凯为一朋，周武之时，十乱为一朋，唐贞观之时，文中子④

---

① 《方等经》，为大乘经之总称。言其所说之理方正平等也。
② 《善生经》，是佛陀对在家信徒宣讲的一部佛经，经中赋予礼六方新的涵义，同时，将五戒十善等佛教基础修行摄入经中，教导在家佛教徒如何妥善处理各种人际关系，创造和谐圆满富足的生活。
③ 《无量寿经》，全称《佛说无量寿经》，亦称《大阿弥陀经》，是净土宗的基本经典之一，为"净土五经一论"中的一经，净土宗的大部分修行方法均可在该经中找到理论依据。经中介绍阿弥陀佛（无量寿佛）所发诸大愿，建立弥陀净土接引十方世界众生，以及弥陀净土的大概样貌。
④ 文中子，王通（580~617），字仲淹，号文中子，隋朝河东郡龙门县通化镇（今山西省万荣县通化，一说山西河津）人，著名教育家、思想家。

之弟子为一朋，皆能以措大国于治安。夫天下亦犹是也。此朋也不可以利，以利合者，利尽则解。此朋也不可以权，以权合者，权争则解。此朋也不可以名，不可以欲，不可以国域，不可以教畛。合万国诸教之人，而先合为一朋，内修其纯德，而外推其大仁。纯德无微疵，大仁无畛域，专以圣道，内求成圣超天之路而安养之，外求太平大同之方而日促之，此非一群圣佛不能也。一群圣佛，亦在一圣佛二圣佛之倡导。不可居利，不可居权，不可居名，不可居欲，不可分国域，不可分教畛，合为一朋。以道德懿行相高［交］天下，启天下之迷，济天下之苦，真行菩萨之行，而毫无取得之心。不犯世法，不较横逆，不妒才能，不嫌轻漫。乃集心思，集资用，集众力，组为贞固之体，以立天下之中。法仪修明，学问灌输，心德孚应，天地观则，于是，请于万国。此朋中人认为公民，称公民朋。公民之朋，超出国界，万国同保。国与国相战，此公民朋居间劝息，而不入战团。人与人相争，此公民朋为之和解，而不助一是。万国之人，咸认此公民为宇宙中之公民，非此一天地所得而私，而况于一国乎？公民非一天地所得而私，其尊贵高于天民，国亡不与俱亡，国辱不与俱辱。但不犯万国之法，其家族产业，万国共保之。乃于公民朋中设教务府，以统一万教，布行善事。如赤十字会之慈助，此万国之所乐也。后世如兵连祸结，仍见禽兽之相杀，则万国之人，思逃于水深火热之外者，皆出其国籍来入斯朋，势不至天下一朋不止也。此理之必然，事必有之，惟视组此朋者之力不力，贤不贤，才不才耳。夫人不能私于一家，而必公于一邑。又岂能私于一邑，而不公于一国哉？既不能私一国，而必公于天下，又岂能私于一天下，而不公于大千世界哉？理则固然。以一大千世界为私，犹曰蚁度也，而况于小焉者乎？天下分而必合，理则固然。一旦合矣，凡千秋之划国界以相争者，人皆斥之为禽兽。又堕其灵于九渊，则惑之甚也。反复觉之，此朋之成也必矣。天下之大同，终成于此朋亦必矣。

故为偈曰：
先结公民，破裂国界。公民日多，国界日坏。
不用一兵，大同世太。速劝于斯，仁德无外。

国种篇

先净一国，以为全世之仁种，谓之国种。国种不以兵以道，以兵者终凶，如中国之秦嬴政，外国之拿破仑也；以道者如中国之尧舜，外国之隆基也。《周易》之理，阳明在上，虽少于阴邪，其象为《艮》，艮者，止也。阳为天道，为仁德，居上则天下安定。阴邪在上，虽多于阳明，其象为《震》，震者，动也。阴为杀机，为小人，居上则天下骚动。理之自然。故欲以一国而坐定天下，必劭于仁德，而不可以兵。大仁既立，大道既修，以圣佛之心，而一时假兵以助之，则可以戢事而无害。统一天下，必以圣人。圣人在元首位，而自统之，其象为《比》卦，尧舜是也。圣人在辅弼位，而借以助君，其象为《师》卦，汤武之用伊旦是也。或者圣人不出，或者圣人既出而不用圣人，自取灭亡，凶死而已矣，恶可以言国种？今天下之祸极矣，必有一国起而统之。凡今中外大国凡几，中国而外，若英、若美、若法、若奥、若日、若俄、若德，皆宜速劭于德，如犹是野心勃勃，贪戾为怀，斯内自败。如德与俄，既经一败，犹不悟乎？理气自然之道，苟非纯全阳明，终有后祸。则凡今之为国者，与其为国中之民贼，何如为天下之圣贤，与其为数年之民贼，何如为万古之圣贤。一转其心，又可成佛，其为利不可胜言。故凡真自私自利者，皆天下之生佛也。若今之所谓自私自利者，又皆自杀自亡之谋，佛之所谓痴，孔子之所谓愚也。果能开启浚虑，捐恶湿〔显〕居下之心，存洗清世界之志，则大政二十纲，可即举矣。何谓大政二十纲？一曰君相，自圣佛而百官从之；二曰万民，自圣佛而鸟兽虫鱼从之；三曰公求贤；四曰先统教；五曰导民一心；六曰爱无偏遗；七曰聚财用；八曰去冗赘；九曰普化乐；十曰整兵戎；十一曰便交通；十二曰尽地利；十三曰进过物；十四曰化万邦；十五曰渐假兵；十六曰宣大义；十七曰得国不取，而教养之；十八曰大同必趋，而无中划；十九曰巩万世无疆之休；二十曰变天地不和之气。是二十政既举，而不能收合宇宙者，未之有也，岂但一天地哉！夫圣佛之视一天地，如一尘沙耳，一尘沙又何难净之有！骤言此理，人则不信。吾将微分缕析，为天下明此二十纲之理，及其所以实施者。愿今之中外诸国，有权有位者速劭于此。吾无我相，亦无我家、我国相，不过理既确见，不能不为天下明以揭之耳。

故为偈曰：
　　二十大纲，王道圣治。苟能修之，宇宙永乂。
　　万国速起，以捐尔厉。立范示模，万邦自至。

外篇·卷二

首纲篇

吾举二十纲，以为国种，首曰君相，自圣佛而百官从之。君非必帝王，司一国之权者即是也，相者辅弼之代名也。此必然之理，万不可背。夫不有出世之道德者，不可以入世，不立于水上，不可以救人，尧舜无草芥天下之量，则不能治天下矣。彼不及圣佛者，一持权柄，则嗜欲横生，非贪名誉，即贪权位，非贪权位，即贪利禄，非贪利禄，即贪声色。苟有一根不净，而居于万民听宰，取与自便之地，如狼虎之入肉室，安得不窃尝一脔哉！窃尝一脔，而上行下效，则祸烈矣。况非空则智不明，何以理万机？非空则仁不遍，何以字群黎？非空则勇不极，何以肩重任？非空则贤不附，何以用圣哲？一成圣佛，视此天地如一尘埃，如一蚁穴，人虽至污至贱，谁肯于一尘埃之中，蚁穴之内，留名字，建功业，育子孙，图利益哉。圣佛纯以大仁之心，入世度人，如入溷度蛆，自卑自污强为之耳，岂欲据百年蛆王之位以为得乎？人本地上一微生虫，与蛆无异，而自佛国视此地，本不过一尘埃蚁穴，此理至明，更何待辩！独惜人之聪明，内不见性，乃视一尘埃蚁穴为大，而欲以天子之荣，天下之富，杀其正觉，入于地狱，又粪蚋之不如矣。必有超出三十三天之量，乃能尽度天上地下一切有情无情，有想无想。读《普贤行愿品》①、《大佛金刚经》则知之矣。世无生佛，佛理不明，而欲以区区小慧，图天下之事，徒以自害而害众生耳。虽然佛理至易至常至明，尽人能学，虽有恶愚，一转念间，心即是佛，世之有大权大位者，何不姑试为之哉？已能成佛，又度众生，即以利害亦未有大于此者。有觉者可以起矣！一人能佛，大官效之，大官成佛，百僚效之，百僚成佛，一国效之，则以此大仁之种，布之天下可也。非此之务，必无成功。立柱必先固础，培木必先润根，可以治国而不如匠人农圃之智乎！《中庸》曰："惟天下至诚，惟能

---

① 《普贤行愿品》，唐·般若译，一卷，收于《大正藏》第 10 册。全名为《大方广佛华严经入不思议解脱境界普贤行愿品》，原系般若所译 40 卷《华严经》的标题，《普贤行愿品别行疏钞》乃以为品名，专指《四十华严》的最后一卷。

尽其性，能尽其性，则能尽人之性，能尽人之性，则尽能物之性，能尽物之性，则可以赞天地之化育，可以赞天地之化育，则可以与天地参矣。"惟天下至诚者，言非至诚决不能也。至诚即佛，人谁不能至诚哉！诚在我耳。速劼于诚，成佛救世，不可缓矣。然若今之讲佛学者，依文演义，则决不可。如此而可者，则明清之学，究皆孔子矣。心境内通，八识内净，乃是真佛。

故为偈曰：
君相百官，先成圣佛。乃度众生，易于徙木。
如用小慧，徒增祸毒。吁嗟贵人，曷求自淑。

民圣篇

吾举二十纲，二曰万民自圣佛，而鸟兽虫鱼从之。骤言之人必不信，而不知其易如反手也。今天下莫不苦于乱，虽乱，而中国士大夫之于孔佛，野人之于天堂地狱，欧美人之于耶稣，其精神犹维系而未尝绝者，此生机也。夫人之所以有乱者，皆以欲遂其所大欲启之耳。然大欲莫大于成佛成神，超极乐国，斯又人性之自然，如水就下，非有难也。水本欲就瀛海，必阻而壅之，所以泛滥也。人本欲成圣佛，必阻而窒之，所以争夺也。万山之水，其大也汩地，非湖沼之所能容。湖沼之容一日而已矣，终必溢也。万民之欲，其大也塞天，非世法之所能范。世法之范，一时而已矣，终必溃也。三代之治湖也，汉唐之治沼也，秦隋之治中流筑堤也。夫水之势混混不已者，尽其性则平矣。民之欲望进进不已者，亦尽其性则安矣。疏水入海，犹有满时，疏民欲入天入太空，无大不容，岂能满哉！人欲能塞天，不能塞太空，今人若取实喻虚，视民欲如水而导之于太空，则万古无害矣。此治之极也。故尧舜之典则，不如太古之空空。商周之礼文，不如尧舜之典则。秦汉之法制，不如商周之礼文。况民本神佛，如卵之即禽也。天国本为必有，如海之待水也。一明此理，人皆从之，虽以刑驱利诱，使之为恶且不可得。今之为国者，如能减其练兵设政之费十之二三，以注于圣教，亦若减其凿池筑壅之力十之二三，以注于疏浚也，是亦非至明之理欤！诚能开起浚明，集国中圣智达哲以讲于朝，显者必明道，有成佛者，百官观之而效，有成佛者，万民观之而效，有成佛者，则欲得所归，而无泛滥之祸矣。又益事厘定，书史分为级次，遍设庠序，加以俚歌村唱，瞽蒙俳优，全为教化入道之助，在位者践履方正，操守清纯，以实相示之，行不十年，民皆纯德，必且尽趋之以死而不怨，尽取其所有而不惜。当此之时，天地淑清，山川贡瑞，禽兽虫鱼草木之属尽感休征，既强且富，乐悦无疆，将使万民，无不成佛，万国见之，自然来归，虽欲无王，不可得矣。此谓知本，此谓知之至也。《诗》曰："柔远能迩，以定我王。"《礼》曰："国治而后天下平。"《书》曰："民为邦本，本固邦宁。"此之谓也。

故为偈曰：
民欲如水，导之归空。既已归空，万善自同。
尽尽成佛，及于鱼虫。万国瞻型，如水朝宗。

公贤篇

吾举二十纲，三曰公求贤。不言明，明自在其中矣。尧之于舜也是矣。不知其贤，明明扬侧陋以求之；见而不信，以女试之；试而不信，以事考之。使天下之人，皆如此公以求圣辅，虽愚如晋惠，亦可以得。彼以尧为浚哲不可及者大愚也，尧何尝有异于人？能明明扬侧陋，不为左右所蔽而已。能先以女试，不以民事试，不私所亲而已。知此则足矣，尚有进乎？一诚于公而已矣。夫人才国之宝也。今有琴瑟于此，得其能人则成声，不得其能人则咿哑不可以入耳。有熊蹯于此，得其能人则成味，不得其能人则腥臭不可以入口。有美锦必使能制者制之，有良田必使能耕者耕之。今人之视国，不如视琴瑟、熊蹯、美锦、良田，而瞢瞢焉使其无知能德行之人任之，其愚可深责哉！农夫不弃牛而驾狗，战士不舍马而策羊，人无常识，何能救国哉？深推其病，惟不公害之也。然私亦未尽也，刘邦极私，不用其兄弟亲戚，而用一面不识之韩信。苻坚极私，不用其兄弟亲戚，而用漠不相知之王猛。若真能私，尚有弃天下才德之士，如世之所谓私者乎？徒以自亡而已矣，安得谓之真私！或者动辄掣肘，不能用贤，则徐而伺之可也。或者明知贤才，恐不利我，则诚而格之可也。或者无所鉴别，不知黑白，则诚以求之可也。或者国中无才，搜索莫获，则教而养之可也。至于视贤不肖为无足轻重，赵括与廉颇同一人也，可以衣冠，即可以为将。李纲与秦桧同一人也，可以言语，即可以为相。则惑之甚也。果能诚心公明以求贤才，一得一人牵及二三，得二三人牵及八九，得八九人牵及十百，大贤才出，小贤才继，以合宇宙，犹反手也。此《易》所谓"云从龙，风从虎，圣人作而万物觌也"。非此者如植树而伐其根，爱子而割其首，倒行逆施，不可以语于成功也。有治人无治法，治人既出，治法自备，陟黜幽明，庶绩咸熙。此言也，人尽知之而莫之或从，谁能出不由户，何莫由斯道也，可哀也哉！得人则昌，失人则亡，此而不知，尚何足以语于治哉！《诗》曰："人之云亡，邦国殄瘁。"痛矣！读破廿四史，不得人而治者，有一代乎？然世之人无不曰：我即贤才之尤，而我所用，又皆出类拔萃。既不自知，又不知人，其亡也不亦宜乎！

故为偈曰：
得人则昌，失人则亡。天下万国，旧事彰彰。
何以得人？公明惟勤。心诚求之，云龙景行。

统教篇

吾举二十纲，四曰先统教。统教者，统今之所谓佛孔老耶回而一之也。夫地上之畛域易除，心上之畛域难化，不先化心上之畛域，而欲化地上之畛域，不可得矣。即能化地上之畛域，而不化心上之畛域，虽处之一门，犹且必争也。极而言之，五教之真皆忘我，皆忠恕，皆仁，皆明，既已忘我、忠恕而仁且明矣，岂与他人争哉？不与他人争，又岂与他教争哉？学圣人者而动与他教争，又即本教圣人之罪人矣。人之愚暗，不揣本而齐末，故有此祸。故智者开卷而见天之心，愚者穷经而乱己之信。有人焉，知其父之为人矣，详记其父之貌惟肖，出而傲于市曰：吾父人也，天下无人矣。夫惟惟肖，故天下无人。有人焉，知其母之为人矣，详记其母之貌惟肖，出而傲于邻曰：吾母人也，天下无人矣。夫惟惟肖，故天下无人。有人焉，以其兄耳疣径寸，乃记之曰：耳疣径寸者人也。出而求于国，国中无人矣。有人焉，以其弟枝出六拇，出而求于乡，一乡无人矣。重耳之子，必谓骈胁者而后为人，天下无人矣。大舜之子，必谓重瞳者而后为人，千古无人矣。故曰观异道穷。若曰一首二目一鼻二耳一口二腮一胸二手一腰二足，有形有觉者为人，则天下之人皆是也。故曰观同道通。儒者伐异端非伐异末，谓异其端者当伐，异其末者不当伐也。识人之法既如此，识圣人之法亦如此。今若以孔老佛耶回之同而求之，则得圣人之真。以孔老佛耶回之异而求之，则失圣人之正。故观同道通，则孔谓老为圣，老谓佛为圣，佛谓耶为圣，耶谓回为圣。观异道穷，则学孔者谓老非圣，学老者谓佛非圣，学佛者谓耶非圣，学耶者谓回非圣。复言曰观同道通，则父谓子为人，弟谓兄为人，夫谓妻为人。观异道穷，则父谓子非人，弟谓兄非人，妻谓夫非人。呜呼！今人之无世界眼光也，而梦中呓语以相争，亦如父子兄弟夫妻之互不相许以为人也。坐井小天，怀石拒玉，倘古人皆如此其愚，则七十八古教至今尚存也，尚相攻击也，知此而后可以言宗教。夫集百夫而议事，则取其同，集诸圣而议教，则取其异，何辨道正教之不明也！桃桃不同，同为桃也，牛牛不同，同为牛也，而况孔曰："至诚。"老曰："诚全而归。"佛曰："不妄。"耶曰："无虚诞。"（见《出埃及记》）回曰："清真。"同一以诚为本也。孔子曰："大智。"老曰："知常。"曰："明。"佛曰："圆觉。"耶曰："求智慧。"（《哥林多前书》第一章）回曰："圣人明己。"（《天方典礼·诚认篇》）同一以明为用也。诚明既立，而道可通矣。孔曰："天命之谓性。"老曰："谁之子，象帝之先。"（帝天也，言人皆得天之性，但失之莫能肖耳。）佛曰："一切众生，皆有佛性。"耶曰："耶和华上帝之灵，在人身中为人主宰。"回曰："我命受于天。"（见《大赞书》）同言性命自然，可以合天成圣也。孔曰："成己仁，成物知。"老曰："知以身为天下，爱以身为天下。"佛曰："成道已而后度人。"耶曰："基督身犹幔，撒之为人辟永生之新路。"（见《希伯来书》，言身无物障，乃能救世。）回曰："得道救人。"同以先修其身，而后可以利人济物也。孔曰："窒欲。"老曰："常无欲。"佛曰："绝六欲。"耶曰："不遵上帝，乃纵私欲。"（《耶米利书》第十章）回曰："止食色，以谨嗜欲。"（见《天方典礼》书）同以绝欲为要也。孔曰："成物。"老曰："常善救人，常善救物。"佛曰："救诸苦恼。"耶曰："拯救世人。"（见《希伯来书》）回曰："厚施。"（见《聚礼》书）同以济世为心也。孔曰："好仁。"老曰："吾有三宝，一曰慈。"佛曰："大慈大悲。"耶曰："满仁慈。"（《罗马》第十六章）回曰："大仁天。"（见《祝天大赞》）同一以慈仁为本也。孔曰："积善馀庆，积恶馀殃。"老曰："杀人众多者，悲哀泣。"佛曰："因果报应。"耶曰："欲救生命者，丧而反存。"（《路加》第十八章）回曰："报应无私天。"（见《祝天大赞》）同一信因果之说也。孔曰："魂魄归天。"老曰："王乃天，没身不殆。"佛曰："升兜率天。"耶曰："死见天父。"回曰："我命归于天。"（《祝天大赞》）同一信人死归天也。孔曰："定而后能静，静而后能安。"老曰："归根曰静，静曰复命。"佛曰："虚空清静。"耶曰："安息。"回曰："寂哉妙天。"同一信静寂为养真之方也。孔曰："从心所欲，不踰矩。"老曰：

"我无为而物自化，我好静而民自正。"佛曰："大自在，度众生。"耶曰："爱心完全。"回曰："真理流行，命昭元化。"同一以自然无为济物而不用力也。孔曰："天下一家。"老曰："无弃人，无弃物。"佛曰："无一众生不灭度。"耶曰："无远不至，宣荣列邦。"（《以赛亚书》第末章）回曰："纲维大世界。"同一阔大无畛域之量也。孔曰："空空如也。"老曰："淡泊寂寞，虚无为。"佛曰："四相皆空。"耶曰："离弃一切。"（见《马太福音》第二十五章）回曰："无碍无累。"（《天方性理》卷首）同一湛然无所有之体也。孔老佛耶回同矣。同之又同，不惟端同，末亦多同。而小儒浅哲，不读他教之书，不明天人之性，一犬吠影，百犬吠声，哎哎焉以争教为事。国以圣人之皮毛，为戈矛以攻他国，人以圣人之皮毛，为冠冕以欺他人，皆孔子所谓学非顺非者也。故老子发言，即谓："道可道，非常'道'；名可名，非常'名'。"恐后人执一道以迷真道，执一名以拒他名也。孔子"欲无言"，佛言"未尝说法"，耶稣曰"我不敢言"，回曰"天觉无言"，皆恐后人执一言而互相非，反离于道也。嗟夫！圣人何其智，众人何其愚。今欲合教，先集聪明仁智博达公平忘我之士，日夕论辩，不相排诋而相和翕，着为文章，布之天下，立一公教之朋，渐扩渐广，日夕劝导。不十年间，合五教为一教，而更其名，集五教之长，去五教之短，厘为同法同文之经，以召天下，天下之所乐也。夫五教自有大小优劣，然方今民各有信，不能不将顺而就之也。及大道既明，人种既一，五教之民既化而无畛域，不惟自知择取，且将并五教之名而忘之，又何辩哉！《书》曰："一德一心，立定厥功，惟克永世。"教既一，则德心俱一，而永无害矣。

故为偈曰：
欲同其体，先同其心。五教统一，异国自亲。
圣道无二，明求则真。如河之水，归海永宁。

一民篇

吾举二十纲，五曰导民一心。夫民之心一，有四集焉：集于忠一君则一，集于忠一国则一，集于忠一教则一，集于劭大道以仁天下则一。集于忠一君者，古之人皆行之，今也既抉其防，不可以复整矣。集于忠一国者，民之恒情，上者公忠而纯洁。以此导之，民之归之，犹水之就下也。集于忠一教者，古之人有行之者，适足以为乱而生仇，欧洲百年战争之祸，已见于前矣。集于劭大道以仁天下，先以己国为天下范，合尊五教以示大同，此极中、极正、极大、极难，可以新民之耳目，而提挈以左右之。今万国不知以并遵五教、标大同以示天下，有能先之，国中惊服，天下惊服，如于军中而得主蘁，如牵巨牛而穿其鼻，天下一呼而应矣。不此之劭，则自弃其纲也。夫民之不一心也，十人造室，一人焚之，室终无成时矣。十人为馐，一人毒之，馐终不得食矣。今之人必图扁其心，以固一党之利，诚不如合全国为一朋，推以至于天下之为愈也。涣小群合大群，《周易》之至理也。六马纷驰，其车必裂，比肩异志，其兽不行。大而言之，天下不可以不一。小而言之，一国不可以不一。夫一民何难之有？一示以公正大道，人有不欲上天成佛、在地乐生者哉！以上天成佛、在地乐生两义标之，呼国中之民来，国中之民方如水久壅不得就下，一朝决之，沛然莫之能御也。民心既一，尽聚其财，尽出其力，威德备树，以临天下，收合万国，有如反手。此在仁圣神佛自能举之，凡今之人不能不尽勉为仁圣神佛也。毋以小误大，何人不能为仁圣神佛哉！咸有一德，克享天心。受天明命，既能使民一德，天命且归，况于人乎！

故为偈曰：
仁圣神佛，俾民一心。公明大同，民莫不遵。
上天成圣，在地乐生。以此二义，和合乾坤。

周爱篇

吾举二十纲，六曰爱无偏遗。孔曰"泛爱"，墨曰"兼爱"，此理之至当，无可辨者也。仁爱愈大而愈善，又何待于辨，惟实施之术惟难耳。今若就一国之中，爱无偏遗，于人群之实施而言之，必将使举国之人，无一人不仁明，无一人不安乐，乃始得以尽其量。何以能此？去其二害而已矣。何谓二害？一曰智慧者藏其聪明而不教，则国中之民有不仁明者矣；二曰富贵者私其财货而不施，则国中之民有不安乐者矣。今若使国中之民，均物而无不安乐，必先使国中之人，均道而无不仁明。不先使国中之人均道而无不仁明，虽使之均财而无不安乐亦乱也。是以圣人速起，以身示法，速立大学于中枢，数年之中，作育千百圣贤。厘定善教书史，设法普教，推于都鄙，推于州邑，推于乡村。务使十年之内，虽村妪牧奴，亦知爱国行仁，成佛作圣。四维张，八德备，然后以政辅教，以财行教，不及二十年，国中之人皆圣贤矣。此尧舜百姓章明，协和万邦之序也。夫以一二人爱人，不如以千万人爱人之为多也，以千万人爱人，不如以亿兆人爱人之为多也。急教缓政，重教轻政，理何待辨？圣人之量，虽鸟兽虫鱼，犹当遍爱之，可以仁而不遍于人乎！教惟不明，故不相爱，教如既明，爱人即所以爱己。一夫不获，若挞之于市朝。禹思天下有溺者犹己溺之也，稷思天下有饥者犹己饥之也，此语宜悬诸国门，而人人诵之，人人行之，以推于万国，蔽于无外。王道之始也，人不因爱近而遗远，则天下之事可图矣。《书》曰"无远弗届"，此之谓也。

故为偈曰：
爱无差等，一夫必获。何以能此？躬行教迄。
一氓不仁，为上之责。诚实广覃，求仁必得。

聚财篇

吾举二十纲，七曰聚财用。夫聚财非难，虽尽民之所有而取之民无不与也。何以知其必与？以知其性故。今民之据其财也，首为保身命，次则传子孙，次则图娱乐。就此三念转民之心，民安得不与？切然言之，图娱乐不得不戒，以其碍于成佛也。今为富强本国，权不尽戒，以鼓舞斯民，凡娱乐之器之术之人之物之地之书，皆由官府酌其缓急，收其全利，民不得私，此无省于民之衣食，而有益于国之富溢。锦绣珍玩，酒烟字画，凡不切于养形养觉者，皆娱乐者也，尽收之则国可立富。至于子孙，至于身命，必有国而后可以保，能使民爱国重于爱子孙身命则得矣。此何难哉！此何难哉！一曰教，二曰导。教之详法，专篇言之，今惟言导。导亦必本于教。今民无教育，司财者尽皆贪狡，民出财集于乡里以谋公利，则里正里胥侵之；民出财于州邑以谋公利，则官吏缙绅侵之；民出财于都会以谋公利，则大僚佐副侵之；民出财于国中以谋公利，则权府分侵之。民皆失望，明知出财不足以自益，反足以自害，谁其不吝？若郅治之国，则法可以监之。法监之法，又于专篇言之。若乱国法不可监，惟先恃于教，教人皆知贪既亡身，又亡家国，又入地狱，则自无中饱者矣。教尚未行，则在官府尽心探求，百访万试。在人民公平选举，绝贿杜私，拔国中一二贤廉以司其事，是大本也。呜呼！国家虽衰，岂无一二贤廉哉？在上者不求，下者不举故耳，不诚求不公举故耳。此一善政亦不能举，又何可语于他哉！贤廉既得，教化既行，人才辈出，依今世之法，以取民财，无不尽者，此不待吾之深辩。吾辨其纲耳，取财三要：取于国中，不如取于国外；取于民手，不如取于地下；取于平民，不如取于巨富。以其不伤而顺易致也。今也商败而债重，国中之财为外国所取矣。矿产不开，开亦官蚀，国中之财埋于地下矣。富者溢尤，贫者施夺，国中之财尽以酿乱耳。极而言之，不教之故。使国人不如禽兽，日事争夺，犹碌碌焉日以理财为难，是如以漏筛盛水，而苦其不盈，虽使民尽渴死以供其汲，此筛宁有满时哉？吾固谓管仲之才遍国中，而季文子、令尹子文、赵孟、包拯之清不易得。苟得其一，如以金缸盛水，绝无筛漏之患矣。此谓知本，此谓理财之要。《大学》一章，理财之最善也，曰"仁者以财发身"，惟仁者能理财，且有利于身，非不仁者所能也。至于出纳统计设术制法，一簿书之事，非贤才之役也。今之言理财者，充其极量，一簿书之智耳。是恶可者！是恶可者！而国家用之，不亦陋乎！不亦滥乎！《易》曰："不节之嗟，何可长也！"

故为偈曰：
理财不难，须任清廉。教化大行，圣仁开源。
民托生命，乐输争前。不知务此，死于饥寒。

去冗篇

吾举二十纲，八曰去冗赘。今万国之人其所兴作皆冗赘也。有如人然，身不过七尺，而荷以万钧之桎梏。亦如一草然，干不胜五铢，而压以泰山之磐石。不亦殆乎！举世作伪，冗事多矣。真欲去赘，四体尘垢，以养正觉斯足矣。卑而言之，以保形为重，仅得饱暖足矣。再宽之，以保国为重，仅得富强足矣，余此之事之物之书之民皆赘也。冗赘则害真，害真则正事不成矣。今也文士劳精于文艺、工于书写是赘也，女工绣染彩织是赘也。器械宫室，足居足用，而加以美饰是赘也。五谷绵麻，足食足衣，而加以芳华是赘也。民不业其生于地中，取于国外之业，皆赘民也。物不为修道、强兵、厚生之资，皆赘物也。凡赘民者，皆巫觋娼优之例也。详而搜之，其类孔多。

凡赘物者，皆烟酒玩好之例也。详而搜之，其类孔多。故农之家一，而食粟之家九；工之家一，而用器之家九；学之家一，而待教之家九；林之家一，而需材之家九。奈之何国不贫且竭也！若令举国禁赘事，禁赘物，禁赘书，禁赘民，国中实用，立增十倍，以强兵富国，如反手也。此在实行周劝，非浮言所能尽也。

故为偈曰：
一切事务，一实九赘。国人不察，正事乃废。
何不去之？智力合萃。用以谋国，强富百倍。

乐化篇

吾举二十纲，九曰普化乐。普化乐者，使民咸趋于圣治而不苦也。夫惟圣人能忘于形骸五官六根之外而乐于道，众人不能也。根不绝于内而遏于外，反害其性。故佛氏尽净六根者，大顺以后之教也。孔子九思四目礼乐并作者，乱世之教也。教法因时无可执一，今欲强国家，平天下，假实力导大同，非驱民乐于一途，以成其欲不为功。民之欲，莫欲于登仙，次则富，次则贵。然富贵非本欲，以富贵一得，而眼耳鼻舌身意得遂其欲也。三曰赴一是，四曰好名誉。此四欲者，如牛之有鼻，马之有衔，利而用之，牵之左则左，牵之右则右矣。故圣人作法，先立显教，教以尽性合天成仙成佛之明理，而民之归之者十之三四矣。严于赏罚，制享有等，衣服有别，居室有度，尊卑贤否，功罪予夺，皆有物彰，而民之归之者十之五六矣。标一是曰，我将上弘天道，下济众生，博爱无外，一清天下，以身作则，不自私利。智者服其正，愚者感其诚，而民之归之者十之八九矣。辅以朝野之口碑，惟一是是扶，史册之夸荣，惟一是是汇，祀古以劝今，表闾以式俗，必公必慎，必实必严，以补三善而示万姓，则民莫不归之矣。夫以威得民者下也，以物得民者假也，以情得民者顺也，以道得民者上也。善用于四者而天下服矣。今世俗朝野上下，莫不以牧猪奴之戏为戏，玩人丧德，玩物丧志，小之匮国财而伤民力，大之败皇道而贼性命。然而上不知禁，下不自戒，声色之乐，溢于朝市，淫佚之习，施于四郊，则人沦于禽兽而亡随之矣。而治民者又复刚愎专欲，拂人之性，使民誓死以抗命，宁与之偕亡。于是百谋不遂，万姓倒悬，可哀也哉！上治之始，使民欢虞而不知，足蹈手舞以从国事，可以霸矣！及其终也，尽取民财而民不惜，尽杀民身而民不怨，可以王矣！及其至也，不乐于六尘六根五官八识而安复其性，斯为上也。善为乐以导民于一是者，凡一观一听，一言一笑，一衣一食，一动一作，皆使民发中和慈仁智勇刚毅之气，以系民心，则民之任使，如水就下，以图大事，何事不成？《易》曰："鼓之舞之以尽神。"孔子曰："因民之所利而利之。"孟子曰："与民同乐则王矣。"与民之术，强国平天下之先钬也。庄子曰："舜有膻行而民附之。"此之谓也。

故为偈曰：
鼓舞尽情，使民供命。因其趋乐，事事导顺。
民心欢从，何图不竟？如膻招蚁，法于大舜。

兵略篇

吾举二十纲，十曰整兵戎。整兵戎繁事也，不可以简言弃之，而亦直可以简言尽之。简者其纲，繁者其目也。谈兵而繁，必不得其要者也。何谓简言以尽之？得人而已矣。兵，凶器也。战，危事也。譬如十人在室，有仁圣焉，有横暴焉，室中有剑，仁圣握之，则九人而安，横暴握之，则九人皆死。夫一国何以易于一室哉？天下又何以易于一室哉？是以舜征有苗，受命大禹，牧野鹰扬，惟师尚父。《易》曰："师，贞，丈人，吉。"言有丈人以握兵则吉，非丈人而握兵，凶之道也。老子曰："慈，以战则胜，以守则固。"孔子曰："我战则克，盖得其道也。"孟子曰："仁之胜不仁也，犹水胜火。"孙子曰："主孰有道？将孰有能？吾以此观之，胜负判矣。"是数子之言，谈兵之要备矣。将帅不徒以德，必辅以才，才为末，德为本。委之以事，事自治。至于平时之征集训练，临战之投机攻守，有常制焉，有变化焉。将帅既得，如授匠人以木，不必问室之何以成也；如授师旷以琴，不必问音之何以调也。用将以类，而大事克矣。何谓类？夫将将之道，如成屋然，栋材栋用之，桷材桷用之，础材础用之，板材板用之，瓦覆于上，甓齐于壁，则完矣。若栋材桷用之，桷材栋用之，础材板用之，板材础用之，布瓦于地，塞甓于门，不亦冤乎！如农夫然，牛力牛用之，犬力犬用之，猫力猫用之，蚕力蚕用之，夏而收麦，秋而刈谷，则富矣。若以牛守户，以犬任犁，以猫作茧，以蚕捕鼠，冬而播谷，春而割麦，不亦冤乎！今之用将者，何以异于是？夫将有四器，所以选之者二善耳。何谓四器？一曰大将，二曰智将，三曰勇将，四曰宿将。何谓二善？公明而已矣。大将督，智将谋，勇将战，宿将庸。善督者能断而克成，善谋者思精而必中，善战者动锐而止固，善庸者整物而齐众。道德备，经术明，威重仁信，智深勇沉，此之谓大将。学识备，时事明，机变神察，穷理中节，此之谓智将。猛如虎，坚如金，晓畅行陈，奉令守愚，此之谓战将。习于事，通于理，精详条达，勤敬廉隅，此之谓宿将。敦厚似大将，不能用人者非也。辩慧似智将，不能稽实者非也。刚狠似勇将，不能得众者非也。周致似宿将，不能提纲者非也。此不可不察也。大将易略甚则疏，智将易狂甚则浮，战将易暴甚则浮，宿将易琐甚则惫，此不可不防也。得将将之道，尽其长，补其短，止其过，遏其险，和而济之，任重道远。失将将之道，蔽其长，用其短，纵其过，成其险，杂而乱之，互累以殄。今若明别四器而用之于当，则一国之兵，天下之兵，可坐而治也。故圣人勤访周谘、深察详考而后用一将，不以韩信理关中，不以萧何斗关外，不以诸葛亮挽强弓，不以秦叔宝参帏幄，则四器之谓也。故大将如轴，坚中主之。智将如毂，圆转动之。宿将如辐，条理系之。战将如牙，金铁施之。故大军如轮转，而任我东西，以之驰驱天下，然后主者安坐而适，辅弼之相为之王良造父，此兵之经也。将帅既得，上持其重，除国中衣食教育之馀费，尽尽用之于兵，以威天下为天吏，非道不用，非时不用，用必克。既克则从而怀抚之，劝导之，万国之民其来归仁也，如水之就下，不可以御也。俟天下既一，大同告成，然后去兵而尚文。夫兵者假借也，不可以久恃，恃以保少数之人之位之权之财之欲，则不久而大祸复生。此少数之人，偷一日之安，而为万世之民贼，自没其灵于九渊，祸之大者也。言兵者罪言也，不可以不去，惟有道者能慎于此。世之英雄，毋自欺也。

故为偈曰：
兵以道合，亦以道胜。得将为先，自能众正。
类将以宜，天下归命。大同告成，兵须弗任。

交通篇

吾举二十纲，十一曰便交通。使一国之人心一，教化齐，周养便，监督严，攻守利，财用阜，庶事备，皆非交通不为功。故一身不交通则病生，一地不交通则祸作，而况争雄之时，必将使四境万里如常山之蛇哉！老子之言无不可行，惟至老死不相往来，则终不可见于实事者也。何也？欲安之反乱之也。天生人而口能言，手能书，异于他物，正欲其情之相通也。于教不交通，则声闻缘觉，皆不得度。于政不交通，则神奸大恶，必有所藏。交通一事，焉可缓者。虽然交通之为急务，人皆知之矣，而中边先后之序，人多不明。何谓中边先后之序？譬如一家，内有百门，先开内而后开外，所以防贼盗也。若内户犹闭，妻子不得相救，兄弟不得相援，遽开外户，则所谓开门揖盗也。内户既开，次计首衅之国与策源之地而通之，然后第及于全国，此谋交通之序也。国有国情，各究其当，吾之所言，为万国之推大仁者言之，故不囿于一国也。夫交通之事，甚易举耳。凡形而下之器，有财立办，何待多言。所难者无政无教耳。无政则无法，无教则无德，无法则不足以监漏卮，无德则人多利于中饱。故交通之兴，当在政教既明之后，不可在政教未秩之先。若夫政教既明，财用既积，以兴交通，如富人筑室，烈火得薪，水之就下，苗之勃兴，无足言矣。先其干，后其枝，先其枢，后其辋，而交通之事全矣。自古谋国之拙，未有拙于不知先后缓急也。国中未通，先开外户，以迎虎狼，政教未行，先聚财用，以资中饱，一蹶再蹶，则民不可复使矣。此盲人之政也。交通之经始，先聚强力于不战之地，如养虎子于深邃之窟，不令早出。一旦国中太和，乃重门洞开，以便来往，不畏外侵，乃续谋万国之公轨。公轨者，车同轨也。同轨互利，而大同之局成矣。此谋交通之纲也。至于测筑，专事者司之，非所及也。

故为偈曰：
先善政教，乃谋交通。监财极严，毋使侵公。
始辟堂奥，外户乃通。不可揖盗，时惟讦谋。

尽地篇

吾举二十纲，十二曰尽地利。夫国中之蠹，莫蠹于人与人相争，而不自取于地。譬如一家，目光注席，厨中有食而不取，则八口斗死于席上。目注厨中，仓庾有食而不取，则八口斗死于厨中。目注仓庾，田亩有谷而不取，则八口斗死于仓庾。何以故？以取于厨中远于席上，取于仓庾远于厨中，取于田亩远于仓庾，远者难而劳。今人之目不及也，夫远者虽难而劳，可以无害，不亡国，不败家。今之人争于人者，如群犬共盱一骨，狺狺备斗，不知其皮之将裂也。禽兽之心，何可以语于群伦国事哉？虽然亦为政者不知倡导监督之故耳。何以导倡？曰教。教之之法，使民贱官吏而重实业。贱官吏而重实业，则地不爱宝。贱形体而重灵魂，则天不爱道。天不爱道则民仁圣，地不爱宝则国富强。今之勋奖，重官吏而不重实业，重权势而不重道德，此天地所以闭塞也。坐使举国人心狂乱无比，是率民而入于禽兽也，罪莫大焉。尤为害者，矿劳于山，而商吏坐夺之，农劳于野，而商吏坐夺之。商取其小，吏取其大，大吏取其丰，而拱手献之四海邻国，祸孰有极于斯哉！今慕全国赏取于地者极优，赏取于邻国者次之，以是为品，以是为爵，使民贵所贵，不贵所不贵。贵所贵封爃，不贵所不贵官吏又从而为之严卫以护字之，数年之内，可以倍国，不三十年，国富十倍，不又逾于争财于斯民之手中乎！夫厨中有粔粮，仓庾有五谷，田亩有坻京，为邻人盗取而不顾，乃斗死于席上者，谁之咎欤？各国多有闲官才能之士，设政府分以十朋而授之资，令合其群以拓地利，即曰失败，十朋之中必有一成，于是重赏成者以为他朋矜式，荣其人，广其范，法其法，巩其势，推之全国，既可以疏通仕途而减争端，又可以开启地利而阜民财，此而不为，必欲斗死于席上，是尚可语于治哉！民愿集资，必严法以保之。工有专能，必兴作以劝之。至于细则，临时详之。苟得人以专司之，其事立举，既举之后，国富百倍，何人弗足，而必苦争于席上也？哀哉！岂惟一国惟然，谋天下亦如是也。人之生于地上也，争于人不如争于物，争于物不如争于地。夫张口而食，闭口而眠，不耕不织，亦无荒歉者，禽兽之行，非所以论于蜂蚁也。故见弱则奢牙，见强则授肉，天生虎即生豕，生豕即生虎，生猫即生鼠，生鼠即生猫，鲸之于鱼，鹯之于雀，蛇之于蛙，狱之于狒，自然杀机，无可遏抑。而人非是心也，太古无衣无粟，茹毛饮血，一任地之所出而自资以生，倘智不进，则虎豹兕象之天下，非人有也。乃轩辕出而教民衣，后稷生而教民种。于衣食所不资之草木，则焚之芟之。于衣食所资之草木，则树之艺之。于衣食所不资之禽兽，则畜之牧之。然后养人之物日繁，生人之数日众。故不与地争而争于同形者，禽兽之心也。与地争而不争于同形者，人之心者。今山薮之利未尽垦也，江海之藏未尽出也，荒要之僻未尽蓄也，制植之术未尽美也。然上古地生之物少于中古，中古地生之物少于今，若以坐耗之民尽宣其力，思诈之人尽竭其智，以求于地，则所出当不止于倍蓰。是人之力可以化一地为二地，至于三四，至于什百，此其功岂不大于舜禹！而顾乃率兵戎以斗于疆场，弄机诈以浚于市朝，使膏腴转没于荆榛，孔道又翳于莽秽，是诚禽兽而已矣。《易》曰："坤厚载物，德合无疆。含宏光大，品物咸亨。"坤德无疆，取之不穷也。孟子独曰："辟草莱、任土地者服次刑。"岂恶之哉？孟子生于列国，列国之君不修王道，贤如管仲，不过小哉之器，仁如子产，不过众人之母，功止于尽地养民而溺焉，犹非大也。孟子特进之耳，非贬之也。不然，孟子言井田之利，任民之力多矣，而又甚称禹稷之功，岂前后自相矛盾哉？夫大同之前，不可轻修道而专于力土，既大同之后，不可轻力土而专于修道。道器并举，以道为本，此所谓民协于中也。《易》曰："不耕获，不菑畬，凶。"言不知为本也。《周礼》天官既设，即置地官。盖形而上者既定，则形而下者随之。司徒虽曰掌教，而土均、草人、稻人、土训、山虞、林衡、川衡、泽虞，皆属之，是教之重在于力土也。今强国之欲吞者一地而已矣，若为王道地可加多，不亦可乎？今中国之人，以官吏为浚财之府，而不知争于四邻，又不修其土业，故四邻鄙之。四邻之人以兵商为浚财之门，而不知争仁义，又不宁其人民，故道人鄙之。为四邻鄙者，禽兽之弱者也。为道人鄙者，禽兽之强者也。等禽兽耳，又何相鄙之急哉！夫惟禽兽就食故相食，人亦就食而相食，亦何以异？昔太王不以所以养人者害人，弃一畬土而更辟菑土，土地岂有尽藏哉！兽相食且人恶之，为人立极，不免于率兽而食人，罪不容于死矣！尽地尽地，材罔有弃。地尽地尽，用之不罄。必使谷与鱼鳖不可胜食，材木不可胜用，是使民养生丧死无憾。养生丧死无憾，王道之始也，王道之终也，王道之无终也，休哉！

故为偈曰：
富强之道，急尽地利。善导趋民，合力萃智。
凿山辟莱，国财百倍。毋夺一骨，狂如犬啮。

迸过篇

吾举二十纲，十三曰迸过物。此本孔子仁人不过夫物，孝子不过夫物之训，至精之论也。以不过物成己物，则本性不害，大佛日中一食、树下一宿之理也。以不过物成物，则人无不足，老子以有余利天下之不足之理也。又重以孝子不过夫物，言养亲尚不当以过物养之，以害亲之性，重亲之过也。孝且不当过物，而今之人以多财娱妻妾贻子孙者更不当矣。孔子此语，至精且赅，论理学之全，亦伦理学之全也。孔子曰："不患寡而患不均，不患贫而患不安。"尤能补充此义。今使国中之人，饱食暖衣茅舍一妻之外不求过物，衣食住偶四者备而已足，国中冗费可省十之七八。以谋公益，何事不举？然而，富者玉食而贫者号饥，富者珠履而贫者无褐，富者连厦而贫者无屋，富者多妾而贫者无妻，此大乱之道也。不平则争，社会党之起，正为此也。若不早图，则富贵之家有赤族之忧，且财用不得聚于一中，无以争强于列国，害孰有大于此者？迸过物又必急于教，教使人无眼耳鼻舌身意以全其性，虽有过物，民将视之如蛇蝎，谁复爱之！然非政无以辅，盖失政之国，民知不能内恃以生存，必为家人留馀业。贪狡之人，皆多取财，以为狡兔三窟之谋，或寄于异国，或埋之土中，而国家贫矣。故政教兼举，而后可以去过物之病。政教既举，一乡有一乡之公储，一邑一郡一国，有一邑一郡一国之公储，民不得私。然后限其宫室衣服食物器具，皆有常制。最平之法，老者丰于少者。若贤者丰于不贤者，有功者丰于无功者，则一时强国，以利用民欲之伪法也。既为真贤，不取过物，既真有功，必真贤者。以过物劝民，是术也，非道也。术一时假之以强国，未为不可。此其举办至有条理，视民智民德，上智上德，如何而因以进之，不可泥于一法也。惟圣人为邦二十年，然后可以使民皆不过物。一饱一暖、茅屋一妻之外，尽以奉公而推仁，如此而国不泰、世不平者未之有也。慎之哉！

故为偈曰：
齐物不过，民尽仁孝。富无溢尤，贫无思盗。
无富无贫，饱暖无极。输财于公，大功必戬。

化万篇

吾举二十纲，十四曰化万邦。化万邦者，统以教化，尧舜之于有苗，文王之于虞芮，不以兵也。有强大之国出，而为二十年，全地大同矣。有小弱之国出，而为此数十馀年，全地大同矣。有一圣贤出，而为此百馀年，全地大同矣。天下分久必合，常道也，与其杀人以合之，何如不杀而合之之为愈也！此理极明。今之人爱其耳孙，不若爱其玄曾也；爱其玄曾，不若爱其子孙也；爱其子孙，不若爱其身也。何以知之？有以争位而杀其子孙者矣，未闻有争位而杀其身者也。知爱其子孙不若爱其身，则知爱其玄曾不若爱其子孙。知爱其玄曾不如爱其子孙，则知爱其耳孙不若爱其玄曾。恩以近而愈切，情以远而渐疏，人之常也。然则大同之盛，与其使吾耳孙见之，不如使吾玄曾见之。与其使吾玄曾见之，不如使吾子孙见之。与其使吾子孙见之，不如使吾身亲见之。是亦非至达之理欤！劝众蹈海，人皆不欲，此万辩不可以卒成者也。劝众登仙，人皆欲之，此一呼即可以成者也。大同极乐，非出水火而为神仙欤？即今成之，分所应耳。观彼蜂蚁相将，狭穴大如天地，霸王竞长，鸿宇不如蜗角，失性命之正，哀哉！四簋之敱，八夫食之，若德克睦，则均饫而尽醉。故《诗》曰："既醉以酒，既饱以德。"言口体之所需者寡，而恃享于德者丰也。一人思专，则艴于色，斗于筵，殪尸五六，重伤二三，杯盘碎散于庭旅，饛飧狼藉于阶前。故《诗》曰："民之失德，干糇以愆。"言小人之所争者薄，而施夺之为祸大也。今万方多利，何异四簋？百国错处，何异八宾？各充其腹，土非不足。各暖其躯，布非不足。各构其巢，木非不足。各解其渴，水非不足。此亦天地之所以爱人者至矣。必欲以其所以养人者害人，二三子何膴然无心，又聚而喧，文说孔繁，是犹一骨掷地，而群犬猖猖，不亦羞乎！其要孰是。夫德以爱为极，爱以博为大，爱其一指而不爱其肩背者非人也，爱其肩背而不爱其腹心者可谓人乎？爱其肩背而不爱其腹心者非人也，爱其腹心而不爱其骨肉者可谓人乎？爱其腹心而不爱其骨肉者非人也，爱其骨肉而不爱其宗族者可谓人乎？爱其骨肉而不爱其宗族者非人也，爱其宗族而不爱其戚里者可谓人乎？爱其宗族而不爱其戚里者非人也，爱其戚里而不爱其州邑者可谓人乎？爱其戚里而不爱其州邑者非人也，爱其州邑而不爱其邦国者可谓人乎？爱其州邑而不爱其邦国者非人也，爱其邦国而不爱及异国者可谓人乎？爱其邦国而不爱及异国者非人也，爱及异国而不爱及万物者可谓人乎？爱及异国而不爱及万物者非人也，爱及万物而不爱被六合者可谓人乎？爱及万物而不爱被六合者非人也，爱被六合而不爱极终古者可谓人乎？民吾胞也，物吾与也，天吾父也，地吾母也，八荒之外吾毛里也，终古之人吾子孙也，吾将谁外？昔者孟薄尺寸之肤，爱周于身心也。儒重孝弟之伦，爱周于骨肉也。尧睦九族之亲，爱周于宗族也。《诗》恭桑梓之职，爱周于戚里也。舜有成聚之庆，爱周于州邑也。汤隆其昌之业，爱周于邦国也。禹功无远弗届，爱周于异国也。唐虞鱼鳖咸若，爱周于万物也。孔教致中和天地位焉，爱弥于六合也。《易》教无穷，保民无疆，爱极于终古也。是诸圣哲，功或不同，量靡不一，皆能尽其性，以尽人之性，尽物之性。斯谓之人，斯谓之仁，斯谓之诚，斯谓之明，斯谓之尊，斯谓之神。人明此理，谁不欲摩顶放踵以赴之，使己身得为圣佛，而宇宙享其恩泽哉！虽人心各藏，骤致不易，吾将为专著曼言以劝之，兹不尽及。然不费一兵，而大同立致，不杀一人，而天下一家，人心同具之理，如水就下，是岂可遏也！惟举事之条，当详细因时而为之合宜尽善斯可矣。

故为偈曰：
文致大同，哲学先导。孰能速起，一国共劢。
然必内和，外乃可召。纯仁大明，如日光照。

假兵篇

吾举二十纲，十五曰暂假兵。曰暂者不能久假不归也，曰假者不能久恃为固也。假兵者不得已之举也。《易》曰："发蒙：利用刑人；用说。桎梏，以往吝。"兵者圣人之刑也，既刑之则当说而解之，长此以往，吝之道也。譬如家人，家长示之以道，不率则教之；教之不听，严申诫之；诫之不听，夏楚收之。今世界不道之国，陷溺已深，道国既成，必先竭尽诚说，劝之大同，劝之不可，益复恳挚而进垂涕泣之告，告之不可，非兵不为功矣。舜之大圣，禹征有苗，犹且大师随之，既服而后教之，若舜者诚尽善尽美矣。武王壹戎衣而有天下，既定天下，归马放牛，尽美矣，未尽善也。暂假兵者，如斯而已。所虑马上得之，又欲以马上守之，如秦之横，如元之暴，祸重至焉。即不如秦、元之横暴，而尚有一家一姓一族一国之见，祸亦不远。假兵者一假而不复用，以兵为刍狗也。此惟圣人能为之，下焉者不能也。圣人之兵，如以巨鞭施爱马，巨棰教爱子。天下之人，皆其爱马爱子也，自圣人发之，自圣人收之，则天下之祸不起矣。或歼厥渠魁，群从罔治，或兼弱攻昧，有德弗敌，兵之顺用，止于此而已矣，过之将自焚也。长使世一乱再乱，反复不已，亦非己之福也。故弭兵为本，而又用之，素服兴戎，不得已也。有大仁之国出，先以兼并昏弱，成不拔之本，即所已兼已并之民，保之爱之教之诲之，踰于己国之民，因而用之以迫弗率，弗率之国，无不来合。既已来合，由一及二，由二及三四，以收不同，势不致大同不已也。回教之政，戮异国异教如犬羊，则失之猛。佛教之法，纯以柔劝，不以一兵，不修一矢，又失之宽。孔子不言战陈，又能即戎必克，宽猛之和也。能修其道以促大同，不难立致，奈之何民之不悟也？哀哉！苟有一国能以大仁而假兵者，予日望之。若今之恃兵者，则皆自亡之道也。予犹诚恳忠告，望其改之。

故为偈曰：
兵促大同，不得已耳。大仁胜暴，夏楚而已。
惟圣能之，慎言勿圮。泰山之力，镇压薄纸。

宣义篇

吾举二十纲，十六曰宣大义。宣大义者，以大义宣布世界，告天下万国而劝之大同也。何谓大义？广而言之，宇宙之外皆兄弟也，狭而言之，地上众生皆同胞也，此之谓大同义。人生于世，灵魂为重，正觉成之，形体为轻，私欲害之。灵魂不死，形体百年。生于天国，能为一犬，其为贵乐甚于地上万年帝王，此之谓出世义。地上之物，聊以养形体，一饱一暖之外，不可多取，分及众生，使之各足，此之谓齐物义。我邦我家，我身我心，先尽仁圣，将求同道而与之合，一视同仁，不作畛域，如负固者教之诲之威之爱之，此之谓明己义。曰大同，曰出世，曰齐物，曰明己，是四义者，旁求通儒，着为专书，以告天下万国。又一一实践而益修之，以示天下万国。天下万国之来归，如水之就下也，民性归道，水性归海，谁能遏之！吾国不可求天下万国之归我而着我相，着我相则天下万国不来矣。不过为天下万国倡，使之归道，如水之先流，不自居功，则天下万国自来归矣。前水入海，后水能不从乎？人谁无良，谁不自爱，是在倡导之者诚明为何如耳。然此非圣人决不能举，惟圣人能无我相。故大义既宣，一国之人，若跃若狂，式争式赴，理直气壮。如老瞽忽明，如出井见天，其合力以趋之也，虽死不顾，此之谓大业。今之人囿其民于国中，使竞权夺利杀伐以死者，不善引民而顺用之，鼠目寸光，可哀也哉！宣义则天下可以平，不宣义则室家不可保。宣义则神佛可以成，不宣义则禽兽不与齿。孟子曰："夫义，路也，舍正路而不由，奈之何哉！"利大如天而不取，必争一粪以杀身，道明于日而不见，必守一萤以炫耀，小之害也。孰能速宣义，开张国民之心脑以用之，王天下可立而待矣。天下万民，孰敢不从，又孰能不从哉！如其不从，圣国圣民，一可以当千矣。

故为偈曰：

宣昭大义，宇宙欢喜。大同出世，齐物明己。

四义既布，万国合体。一气精诚，扩清天地。

不取篇

吾举二十纲，十七曰得国不取而教养之。中国五帝三王之勃兴也皆然。欧洲中古隆基王以小国之君，犹能一视同仁，声施后世，至今慕其德。美国之林肯放墨奴以成大仁，尚矣！穆罕默德以神武之略，不全大仁，其亡立见。若嬴政与成吉斯汗、完颜阿古达之流，纯以盗刦之行，侵暴天下，非人也。徒没其灵于九渊，又以害人。朝兴慕〔暮〕废，至今梦幻泡影，诚可哀矣。孟子曰："以力服人者，未有能服人者也。以善养人，然后能服天下。天下不心服而王者，未之有也。"此仁圣之心，谋国之至计也。夫仁圣之心，于鸟兽虫鱼草木犹思竭诚以度之，而况于人，可不一视同仁乎？不仁于人，人将覆之，己亦不得独存也。今之为崇者甚矣。日本之于朝鲜，英之于印度，除美国外，横暴皆然，直视征服之国为奴隶，不假以同人。虽然，为渊驱鱼者獭也，为丛驱雀者鹯也，为汤武驱民者桀与纣也，为大仁之国驱民者日与英也。后世世界将至大同，小弱之国，明知不能与强暴比势，不如与大仁之国合而为一，以抗强暴。而大仁之国从而爱获之，使之如出水深火热之中，而安于衽席之上，不亡其名，不取其利，不贱其民，不侵其权，如父母之保赤子，则凡诸危急之国，自求亲合而来赴者，如水之就下也。譬如鸟兽为猎者所窘，苟知有人能保之者，尚且帖耳于膝下，岂有以人而无鸟兽之心乎？今若英之于印度，日之于朝鲜，改其初图，视同己国，则其宏略不可以限量。吾非恶之，盖劝之也。然其上下既溺于小利而忘大计，汩于人欲而忘天德，或非可以一言而遂觉之也。天下岂无仁圣之人哉？天下岂无仁圣之国哉？天下岂无大仁复见之日哉？有仁圣之人，即有仁圣之国，有仁圣之国，则大仁可以复见。今之万国，何不共勉于斯哉！故吾愿大仁之国一出，得国不取而教养之，以一召二，以二召三，乃至天下，以收大同之效。成人成物，永使众生各尽其性，则宇宙从此穆清矣。即以利言，不又多乎？何愚之甚也！乃今中竟有欲以一省而征服他省者，酋长之见，不如禽兽，则又小中之小矣。

故为偈曰：
大仁之国，得国不取。养之教之，过于爱子。
小弱畏亡，来归如水。立致大同，宇宙欢喜。

进极篇

吾举二十纲，十八曰大同必趋而无中划。中划者，未至大同而自封也。天无二日，民无二王，人无二心，宇宙无二道，有二必争，惟一不乱。故有二家则家与家争，有二国则国与国争，一地之上犹有二国，其争也必矣。辽遗小部落而不取，则有完颜氏之兴。秦划长城而不出，则有匈奴之祸。远之数百年，近之数十载，苟有小分，其乱终伏。故《易》之《比》："不宁方来，后夫凶。"不宁方既来合于大仁之国，迟后此机而不尽收天下，凶之道也。后至者负固而不来，亦凶也。秦不留安宁五十里之地，虽曰不仁，仁者之事也。宋艺祖曰："卧榻之侧，岂容他人鼾睡？"地上大同，凡一地之土皆卧榻之上也，岂仅卧榻之侧哉！为救天下，不能徇一族之私情。为救万世，不能馀一时之隐祸。故大同未臻，万不能以中道自画也。一地尽同，然后大政善教可以完备。尽撤兵备，非大同之后不为功。统一教法，非大同之后不为功。一均财产，非大同之后不为功。等齐制度，非大同之后不为功。有此极大之施设，而可以俟之他日，待其中变耶？一尘之火不绝，或至于燎原，一指之源不疏，或至于滔天，则又祸之大者也。故大仁之国既收世界，必尽尽无馀，而后世界不复乱矣。谓之至泽，谓之神功，而非贪也。《礼》曰："天下一家，中国一人。"然则所谓得国不取则又何也？此言尽合世界，非取其国，奴其民，剥其财利也，必使之归于统治教养之下，同德同教，同制同乐而已。大仁之国，如天保民，岂有不兼包并育者哉！

故为偈曰：
天下一家，四海一人。不能全合，进取勿停。
大仁如天，密包八瀛。普天之下，率土之滨。

永休篇

吾举二十纲，十九曰巩万世无疆之休。此大同以后之事也。吾之意，苦人之争夺相杀，欲于大同之后，定完备之宗教，明不二之哲理，严无漏之法制，立不易之政俗，使此地上永无杀机，上清天，下净地，旁及鸟兽虫鱼草木也。此言固不能以劝今之人，然今之人行之亦必能成。即曰不能，后世有王者起，必来取法，无可疑矣。夫上清天，下净地，旁及鸟兽虫鱼，其道幽远，非多言不能以明之。使今日蔽性失明之人明之，为言更须详尽，俟专篇补之。兹仅言人中无量世不坏之定则，乃有九法：一曰使生人决无邪心；二曰即有不敢生；三曰即生不能行；四曰通地以明平；五曰备物以齐均；六曰节生以戒盈；七曰改种以善人；八曰密教以纯清；九曰留佛以住世。是九法者，各于专篇详尽言之于后，兹不多赘。夫能使地上之人皆无邪心，虽至凶死，不解信道之心，上尽尧舜，下尽夷齐，地上尚有乱乎！止此一法，亦已足矣。然而，难言之矣。降焉，即有邪心决不敢生，此非明于神道不可，亦难言之。降焉，即生邪心，决不能行，此非政法完备不可，亦难言之。然吾必明明彰彰以发其理，吾为苍生苦而至于死，不敢惜也。若通地以明平，备物以齐均，政法中之事也。节生以戒盈，此必举之政，非此则人盈，将相食矣。改种以善人，亦必举之政，非此则人恶又生欲矣。密教以纯清，则使村妪野子皆仁圣。留佛以住世，则使大教不中断。此九法行，自今世逮万万世，乃至无量世，至于此地死，至于此天死，人中亦必无乱矣。孔曰："没世不忘。"曰："悠久无疆。"佛曰："净业无量寿。"人劭于此，乃谓之伟，乃谓之圣德，乃谓之神功。呜呼！自唐虞以降，皆蚊虱之见，不能以语于此也。唐虞修之而未详其法，又不绝其祸源，庄子所以讥之也。老子知之而时未至，不敢多言，则亦不可行。吾望今之仁圣，后之仁圣，得吾言而深长思之，必使此地永无祸乱，人尽圣佛。有志于仁者，慎勿河汉斯言。《书》曰："实万世无疆之休。"此之谓也。

故为偈曰：
善教善政，完备十法。万世无疆，大仁不拔。
人爱子孙，须谋永宁。中塞于欲，巨祸又生。

变气篇

吾举二十纲，二十曰变天地不和之气。夫人之灵通于天中，滞则有乱。水之流入于海中，滞则有溢。水碍于土石，人碍于物欲，一也。人能以形疏水入于海，则能以觉疏神入于天。居三才之中，如中枢然，故可以运转三才也。水流于地，以引地上众生，甲坼孳育，而出以向天也。觉游于天地之中，亦引地上众生，升腾明妙，而冲以超天也。两疏之使无碍滞，则天地自然穆清矣。天神者依人而行，人心正则天地之气和矣。今天地善气不能流通久矣。如有一人修于大道，譬如久壅之水，得一小孔，天地之灵，尽钟于此。故浩浩荡荡，可决大防。众人因而修之，则天地之灵大通而罔塞，太和之休征不可以言喻矣。螺蚌在泥上能清水，人在地上能清天，类相应也。能使本乎天者亲上，本乎地者亲下，阴阳各得其归，安有乱哉！民德感天，天必兴之。民德干天，天必罚之。《书》曰："惟天阴骘下民。"《中庸》曰："栽者培之，倾者覆之。"天之阴骘栽培倾覆，民不得而见也，遂曰人事无关于天事，不亦谬乎！圣人先天而天弗违，后天而顺天时，天岂待命于人哉！精忱之相，孚有由然也。考诸《洪范》休咎之征，狂恒雨若，肃时雨若，是则人主敬则无淫雨，不主敬则有淫雨也。僭恒旸若，乂时旸若，是则人自治则无愆阳，不自治则有愆阳也。豫恒燠若，晢时燠若，是则人勤明则无伏暑，不勤明则有伏暑也。急恒寒若，谋时寒若，是则人善虑则无固阴，不善虑则有固阴也。蒙恒风若，圣时风若，是则人圣哲则无灾风，不圣哲则有灾风也。五者来备，各以其序，庶草蕃庑，一极备凶，一极无凶，此经训之昭然者也。晋稽史载，上古之世，日月淑清，神农惠迪，流云霞浆，尧明峻德而黄云成盖，舜有玄德而泰阶遂平，商汤断发自罪而霖雨即降，成王迎周公而天雨反风，光武慈厚，则谷旅生原，夜蚕成茧，高闾懋德，则嘉谷秀町，素文表石，若斯之类，不可阐述。有道则应，无诚不格，此信乘之实有者也。夫人者三才之中，天地之交，五行之萃，鬼神之秀气也。觉之所动，必合于阳，在天成象。力之所作，必合于阴，在地成形。成象成形，变化见矣。一念入于阳则动天，一行入于阴则动地。荆卿壮歌而起贯日之虹，邹衍兴悲而殒非时之雪。人心之于天地，其犹阴阳二电之导线乎？枢机运移之所恃也。今以无线之电以机发之，散于空中，阴阳相礴，则雷发声，横摧裂山，深落震海，烘煁燎原，荡摇撼地，何其烈也！而况于降雨作露，润畦泽麓之微效乎！人之心天生自然之发电机也，而谓雨旸寒燠非此所为哉！人人有念，人人有思，忽日忽月，忽天忽地，忽山忽海，忽云忽风，忽此忽彼，忽生忽杀，忽晢忽昏，忽刚忽柔，时出入于太空大气太极无极之中，阴阳遂以不调。今之天道，岂天道哉！《中庸》谓："致中和天地位焉，万物育焉。"真致中和，天地必常保其中和之气，万物之蕃育，将百倍于今也。耶稣教徒祈祷以格上帝，此使民由，未使民知也。孔子从心所欲不逾矩，即无一念不合于中和，而纯是休征之动，故曰："知我者其天乎！"又曰："丘之祷久矣。"若是则孔子祷以自然，而未尝祷也。然以子路之贤，犹且欲祷，耶稣之徒，从事于祷，亦云可也。唯未若中和自然，而常守不祷之祷耳。《易》曰："豫顺以动，天地如之，先天而天弗违也。"其《复》曰："复，其见天地之心乎？"后天而顺天时也。外动内顺，天地如之，从容中道也。内动外顺，见天地之心，能致良知也。诚也，明也，天之道也。夫人顺亲之心，则亲爱而予之，逆亲之心，则亲恶而夺之。顺上之心，则上爱而予之，逆上之心，则上恶而夺之。天亦民之君亲也，能不应乎！故大同之后，人皆圣哲，人皆太和。其感于天雨旸必以时若，寒暑必以叙呈，天不爱道而降甘露，地不爱宝而出醴泉。山出气车，河出马图。草木之实，皆如清籹［青钜］，螺虫之网，皆如绽绅。水足润田而无泛溢，雨足长禾而无淫淋，苗生九穗，茧硕埒拳。衣食之富，如求水火，其民无疾病，其畜无殰殈。应风则风，应雨则雨，应晴则晴，应阴则阴。《书》曰："浮于天时。"《诗》曰："民之所欲，天必从之。"此之谓也。故上智求利于天，其次求利于地，其下求利于物。至于夺人以生，亡人以存，虽贵极人爵，不足齿之伦也。王法天，天法道，人事浮天，王道之行也。

故为偈曰：
大仁大圣，能清天地。万物昭明，休嘉备至。
如彼疏水，不令中滞。罔不咎征，三才咸契。

穷极篇

穷极，极不能穷，至空则穷矣，内穷外亦穷矣。何以哉？自然之理也。今若谓此天地大则小矣。回祖曰："有形大地如芥子。"佛曰："世界一微尘，百万净土，在佛一毛孔中。"乃即此意。今试假设一数，万万为亿，亿亿为兆，兆兆为京，京京为赅，赅赅为秭，秭秭为壤，壤壤为沙，沙沙为尘，尘尘为因，因因为冥，冥冥为玄，玄玄为多，如此相叠相因，尽以自乘之方。每设一数即书一字，乃使一字如一尘大，将万、亿、兆、京、赅、秭、壤、沙、尘、因、冥、玄多，及以后所设之自乘方数，字字书之，书多日多月多年多纪，使此书之积，能埋多多大千世界，乃得一数，名之曰尖。

又以尖日尖年尖纪续之，乃得一数，名之曰混。若一步能行混里，行混混纪，得到何处？此所到处，若名为远，远外尚有更远者乎？如其有也，此不为远，即此远矣。人之一念，亦能即到，不必二念。故知此心，毕竟无外。虚空之大，亦是无外。故一尘与大千世界之比，实乃不小。大千世界与虚空之比，乃为真小。人心得真虚空，即其大过于大千世界无量倍矣。吾人之在地上，如一微虫，生卵黄中，以卵黄为其地，以卵白为其天也。乃又划疆而守，各夸其大。小人之自小，诚可怜矣。佛言有铁围山，绕大千世界，人皆不信，我乃信之。天之苍苍是固铁影，有其影者有物也。如谓铁围山之大，谁能铸之？亦如卵中之虫，谓卵壳之大，谁能铸之也。天地宇宙之中，有其理即有其事，有大相即有小相，有卵壳包卵白卵黄，即有铁围山包大千世界，此何足怪。如是知觉，岂惟佛身十万八千由旬哉！即佛一毛孔，亦不止十万八千由旬也。何也？以空无有故，空无有即大无外矣。何也？以空乘大数小数，其为数同等于空。故我远求至于前，所自设之混混，不能穷极，乃一反求内空即得穷极矣。性空之故，则必可包十万八千大千世界于一毛孔中，此之谓大。

故为偈曰：
小至无内，即大无外。理数自然，此何足怪。
空无遍照，微尘世界。一毛孔中，亿兆泰岱。

黄中篇

佛曰金身，儒曰黄中，诚哉金黄色也。中即佛而金黄之法身全矣。今设假分自人以下，植以上之万有，为六别而详究之。六级曰植物，五级曰水族，四级曰虫介，三级曰禽鸟，二级曰走兽，一级曰人。乃将六大别，各以其同性同形者分为诸小别，例如分植物为菊兰松柏芥棘瓜茅，凡有异者，尽尽分之，则其数必多于水族。又将水族分别为鲤鲩鲂鳏鲨龙蚌鳖，凡有异者，尽尽分之，则其数必多于虫介。又将虫介分别为蝎蚕蜂蚋蝉蛇虺蝮，凡有异者，尽尽分之，则其数必多于禽鸟。又将禽鸟分别为鹤鸠鸾凤枭鸢鸲鹆，凡有异者，尽尽分之，则其数必多于走兽。又将走兽分离为马牛羊豕鹿虎狮猫，凡有异者，尽尽分之，则其大多于人。人惟一耳，人之形无二，独占一级，有二则惟男女异形。男之所有，有女之所无者。女之所有，有男之所无者。不然，男之所有，凡男皆有，女之所有，凡女皆有，直谓之人级中仅有二而已。而二又即一也，则人在两仪中，将归太极也明矣。何以明之？今以圆规半径一寸画为一圈，此圈中径二寸为一级，又张大圆径至二寸，再作一圈为二级，又张大圆径至三寸，再作一圈为三级，又张大圆径四寸，再作一圈为四级，又张大圆径至五寸，再作一圈为五级，又张大圆径至六寸，再作一圈为六级。六圈同心，其一圈曰人，二圈曰走兽，三圈曰禽鸟，四圈曰虫介，五圈曰水族，六圈曰草木。乃以中径一寸之圆钱置于其中，一圈惟容二钱，二圈以外愈远愈多，则知人居太极之全而在中，天地决不能再为增生一形矣。不然，天何以不生二角四脚种种异形之人哉？天地不能生人以二形，则人必中极可以司天地之命矣。何也？吾视天地如一树，中一者为本，由本可以续树而改其种，则视人心之想尘而已。然人犹未得一，不能改造天地也。何以故？人有五色，曰白，曰黑，曰黄，曰棕，曰赤，惟色相之差耳。人消色相，必归太极，司天地之命焉。至此亦无男女，乃入究竟涅槃，全其惟一。故《心经》六根六尘，先言色言眼，教人以去色相为究竟也。乃得中，乃得一，乃得黄中，乃得金色法身。至于不现，亦无黄无金无色无法无身。此道之归于太极也，尚不知乎！尚不知乎！

故为偈曰：
飞潜走蛰，细别多类。惟人惟一，黄中极贵。
如除色相，五族同汇。空妙神明，司天地命。

球柺篇

夫阳吸觉，阴吸形，互相反吸之理，既已明如日月矣。人尚不悟，可哀也矣！稍变色相，人即迷惘，是诚可痛者哉！今我以球柺喻之。以柺埋于地，固而筑之，一端钉环，于是以轻气球系于上，为《复》之象，下仅一阳，是为草木。球加大浮力增，则柺未定之一端拔出，横卧地上，为《临》之象，下有二阳，是为虫介。球又加大，浮力又增，则柺稍起斜倾向上，为《泰》之象，下有三阳，是为禽鸟。球又加大，浮力又增，则柺再起，益向上立，为《大壮》之象，下有四阳，是为走兽。球又加大，浮力又增，则柺直起端立，为《夬》之象，下有五阳，是为人。若此时斩断系绳，浮力离地，必飞空中，为《乾》之象，是名为佛。佛者纯阳也。然绳球相系之处，有六蒂焉。由于六蒂，有隙可以坏球，若穴不固塞，从中入气，气入球满，球既满则沉落于地，永无飞升之时矣。六蒂者，人之眼耳鼻舌身意也。此理极显，岂不明哉！不然，草木何以栽于土中？虫何以横行于地上？鸟兽何以邪立？人何以直立也？尚不知乎！尚不知乎！潜心思之，当必觉矣。夫勇者坚密之球皮也，以获阴气，不使侵入。智者割绳之刃也，以断情系，绝地通天。仁者助天之德，天欲绝阴，我亦欲绝阴，佛欲度众生，我亦欲度众生，性与天佛合，浮力必强，智慧必增。然球中虚空，是为至要。若球中有物，球中填金，其坠尤速，尚能浮乎！空虚性者球之中也，空愈轻则腾愈高。故佛以极空至无馀究竟涅槃也，稍有微孔即坏矣，甚可畏哉。夫一阴一阳，理数不逃，阳每加多，则阴亦加重。如不空极，不能浮也。轻清上浮，其理明极，奈何人之不察也。佛悟彻时，言圆陀陀，即此球之象也。人之灵觉在上而浮，五阴不入，其力必大。球哉球哉，速自断哉！枺哉枺哉，速其弃哉！人之形枺也，其觉球也，一弃形则觉升矣。庄子尘垢四体，佛有十不爱，老子欲无身，此之谓也。故曰悬解。

故为偈曰：
觉如气球，形则枺也。六根如蒂，入阴陨野。
能绝悬绳，飞上九京。人尽仙佛，何不断根！

观尾篇

《易》曰："乾之大始，坤作成物。"乾想觉也，坤形体也。先有想觉，则形体因而附之，故《楞严经》曰："因心成体。"此不易之理也。入物化物，入天化天，入人得人之身，入佛得佛之身。故先有人之想觉，则手与心脑生焉。先有兽之想觉，则蹄与爪牙生焉。先有佛之想觉，则空幻法身生焉。先有鱼之想觉，则鳞鬐鳃尾生焉。人之所以绝尾以补脑者，摄地入天之相彰彰也。尾拽于后，通地气而地摄之也。脑通于天，通天灵而天摄之也。地之穷于制人不能摄之者，正以人之直立而无尾也。人又入地，则尾自头生矣，此之谓倒植之民，人之不知不穷究也。不然，何以无尾？又不然，何以无尾遂能直立？不观夫尾之直通背脊髓经而入于脑乎？尾尽则脑灵，又一征也。脑既因无尾而极灵，天之吸觉，其相显著矣。《易》曰："遁尾厉。"尾阴在后，从此则危矣。

故为偈曰：

何以无尾？人曷不思。天觉吸脑，尾尽阴离。

若复长阴，尾将又生。人之化物，想尘所移。

转轮篇

佛言转轮，人或不信，孔子之言天圆而地方、天行健，既圆而行健，非转轮而何？人亦不察于物耳。一虫之身，血脉运行，周而复始，一息不停，是转轮也。一木之身，气水运行，周而复始，一息不停，是转轮也。凡有生机，万卉、鳞鱼、禽兽与人，莫不以此转轮而后有生死。地上亦然，水自山出，入海循环，若无转轮，山当渴而海当溢。电流亦然，由空中去，由地中归。气风亦然，吹去仍来，匝地以流。惟日亦然，抱星而转。诸星亦然，各抱所属。地抱日转，月抱地转，转转不已，轮流成变，死生因之。天下万物，公转私转，万圈千复，凡有生死，谁不入于转轮哉！有转轮而后有生死，四时迭运，物以化精。若坚金中血脉不转，则无生死，有形者然也；若太虚空无可转轮，则无生死，无形者然也。故佛必入于空极，以为究竟，其理确固矣。不入虚空，虽升于天堂，犹在转轮之中也。故天地必死，日月不寿。一升天堂，如水归海，终必再来。何以故？以其在转轮故。人试深思，四体之中，血脉不转，一身不生。大地之上，水气不转，万物不生。不生不灭，惟空虚性为究竟耳。得真空虚，即不受轮回。今以一轮而观之，中轴真空之处，不受轮转，此涅槃也。推而远之，遍满十方，无极由太极合也。

故为偈曰：

万物生死，皆由转轮。如不转轮，何物能生？

不生不死，解脱缘因。此非邃学，万类同伦。

空伟篇

虚空能力之伟大，视百万天地如芥子耳。以理视之则然，以形视之则自小矣。贵觉贱形，贵空贱实，万类定则，谁能反此？人之不肯自去其所谓实，而即于佛之空虚者自缚也。如负桎梏，自以为美，佛欲解之，则恶其夺。如生痈疽，自不肯割，佛欲医之，则恶其痛。自害矣。兹请试言空伟。

有虚空于此，以形塞之，他形相碍，此虚空碍否？以兵兵之，有形皆伤，此虚空伤否？以火焚之，有形皆热，此虚空毁否？以水冱之，有形皆寒，此虚空栗否？猛兽噬搏，天地崩裂，此虚空惧否？移山之力，摘日之勇，能移动一点虚空否？五色六章，渲染毕具，能涅污一片虚空否？虚空之自固如此，其寿可思议否？其命可生杀否？虚空之久永如此，其边可究极否？其大可方量否？虚空之宏大如此，又显而论之，日月诸星及地，虚空运之，如一丸然。使日之大必以有形之力运之，假使发此力者为一人，则此一人之大，必倍于日。而载此人，又必以一有形之地，此有形之地，又必百倍于人。且此地无所托，又将以大于此地之物托之。以此推之，形之大终至不可思议。若不依赖于虚空，无可托处，即有形之物，大至莫极。以虚空视之终一芥子，而虚空能转运之，如弄丸然。真究至理，惟虚空伟力，不可思议。不入虚空，终非究竟。不得究竟，终为小物。今如虚空伟力如此，若与之合，天地蕞尔。老子曰："无以为用。"此之谓也。此之谓固，此之谓大，此之谓寿，此之谓能，此之谓神。无名无相，与虚空合，自然能明。

故为偈曰：
伟力最大，惟太虚空。不伤不死，不移不穷。
能运天地，不如转蓬。以理则通，以形则蒙。

合空篇

虚空之伟大，不可思议，为美之极，更无以加，为善之极，更无以益。我若居之，则极善尽美矣。何以居之？易如反掌。夫人欲与地合，求地上一形而附之，即合于地矣。欲与天合，求天上一觉而附之，即合于天矣。欲与虚空合，求虚空中一正性而附之，即与虚空合矣。无有四体五官，则形成法身，而与虚空合矣。无有六根八识，则觉成正道，而与虚空合矣。如蛤负甲壳，不能与空气合，解壳则与空气合矣。如虎负皮毛，不能与海水合，化为鲨则与海水合矣。鱼成其性，自能入水，乃知水非不可入，人自不入耳。鸟成其性，则能飞气，乃知气非不能御，人自不御耳。一切万有，想尘所成。有鱼之想尘，则理气配之以鳍鳞。有鸟之想尘，则理气配之以羽翼。有人之想尘，则理气配之以手心。有佛之圆觉，则妙道配之以法身。得鱼之身，可以游海，是其为广也愈于陆。得鸟之身，可以飞空，是其为广也愈于海。得人之身，游域之广，不如禽鱼，然而觉智之所游广矣。得佛法身，可以游于无极太极，为虚空故。凡虚空之所在，佛皆能游。无坚不入，无大不包，无细不藏，无远不至，则又广于鱼鸟矣。《阴符》曰："禽之制在气。"言禽之所游，虽以人视之，见为极广，不如佛也，犹有气以限制之。庄子不贵御风，而贵游于无穷，知入空也。非空何能无穷哉！此为无馀究竟涅槃。

故为偈曰：
虚空正性，悬解与合。如鸟飞风，如鱼纵壑。
人而知此，游于大漠。无碍无遮，无穷无触。

解死篇

生死之故，解于轮回，是亦不知也耶？若人身血脉无轮回，则人不生，不生何由死？若木身气水无轮回，则木不生，不生何由死？若地不轮回，无冬无夏，无昼无夜，冰永坚，水不流，何由生死？若日不轮回，无在无转，无光无色，星不随，月不出，何由生死？生生死死，轮回为之也。思之思之，然乎不然？我欲不生死，即不生死矣。何以能之？外托于虚空，内入于中空也。车轮中空之处随轮回乎？太虚空空，无有能使之轮回乎？轮回之故，有三缘焉：一曰离心力，二曰求心力。又或名离心力为远心力，名求心力为近心力。有此二缘，加以中心一定，则轮回矣。物理学已详之。乃知中心不动，只能合天，不能解轮回也。何也？天吸者远心力也，地吸者求心力也。人心不动，三才之中，虽偶上天，终在轮回。佛教以虚空正性，超出人天，乃为真解脱。故其言曰："亦无身心，受彼轮回也。"庄子"无己"。老子"当无"。以三十辐共一轴，而喻解脱轮回之理，诚至圣也。如此安得生死哉？

故为偈曰：
解脱轮回，不生不死。何以解之？观于物理。
不受天吸，不受地止。我则太空，无量寿矣。

形仁篇

究形而后知人即仁也。何以知之？观人之形而知之矣。彼虎豹狮兕熊罴豺狼猫獭鳄鳅枭鹰鸳鹜蟒蝮蛇蝎蜘蛛守宫之属，凡食生物者，莫不有狞恶凶狠之貌，爪牙刺甲之锐，则其性本恶也。人之相，温文尔雅，如鸾如凤，如麟如猿，如天如神。猿且素食，不害生物，人本猿类，又何至有食荤之性、杀人之心哉？习相远也。人之食荤，必始于饥极不择，渐染渐恶。如今人吗啡鸦片之癖，必非其本心也。孟子谓性善，孔子谓性相近，佛谓真性大慈，皆至理也。又人无二形，凡物一则不争，鲜伤同类。又无鹌鸡之斗性，而有鸠雁之素肠，其同爱相亲，理可必矣。且声音能言，手又能书，凡能言者，天假之以合类联群，通意相爱之资也，万无分疆争夺之理。仁即人心，实无疑义。就此扩而充之，宇宙之大一体也。因仁心而连合，以一天下，以清大千世界，以清无极自然之道，其何待言！既已一直通天，由是上引，人人之思路，平行线也，引长至无极，决无交点，何由有争！人可不反己而深长思哉！孔曰："知人知天。"此之谓也。

故为偈曰：
人形本仁，一直通天。本应素食，决无争端。
性近习远，是以倒悬。何不反真？和爱弥漫。

（抄本，原稿藏北京国家图书馆）

尹昌衡集

曾业英 周斌 编

第四卷 著述

社会科学文献出版社
SOCIAL SCIENCES ACADEMIC PRESS (CHINA)

目　录

寓言 ·· 1239
　序一 ································ 刘照青／1239
　序二 ································ 刘炳勋／1239
　序三 ································ 李树勋／1240
　序四 ································ 简　文／1240
　序五 ································ 王鉴清／1241
第一卷　春 ·· 1241
　尹乐 ·· 1241
　张良 ·· 1242
　佛老 ·· 1242
　尧舜 ·· 1242
　郑康成 ···································· 1242
　扬雄 ·· 1243
　陈抟 ·· 1243
　指鹿 ·· 1244
　庄、屈 ···································· 1244
　仲尼 ·· 1244
　说法 ·· 1245
　忧国 ·· 1246
　齐威王 ···································· 1247
　赵威后 ···································· 1248
　焦赣 ·· 1248
　齐家 ·· 1249
　化蚕 ·· 1250

天竺僧	1251
杨广	1251
亚当	1251
涅槃	1252
太极宫	1252
谈天	1253
谏尧	1253
汉武帝	1254
规屈平	1255
司马迁	1255
子张干禄	1256
唐举、管辂	1256
晋六王	1256
刘沛公	1257
尽己	1257
遇跖	1258
文殊对	1258
答孟子	1258
唐太宗	1259
至广大	1259
籑铿	1260
元驹国	1260
投阱	1261
人耻	1262
邓攸	1263
破凿	1263
讲经	1264
少正卯	1264
左思	1265
劝蚁	1265
谏鲍叔牙	1266
巢迁	1266

华士	1267
禅僧	1268
平等	1268
叠平等	1269
华盛顿	1270
溺黎疑	1270
初平地	1270
长乐老	1272
电机人	1272
梁襄王	1272
太公望	1273
觑孟子	1273
说梦	1273
适乐土	1274
佛算	1274
宋人问	1275
可怜	1275
万机	1276
射覆	1276
鸥枭	1276
好色	1276
契内	1277
广居	1277
糜蔽	1278
争位	1278
佛谑	1279
飞仙	1279
八劝	1280

第二卷 夏 1281

天怼	1281
汉文帝	1281
分体	1282

太太	1282
刺客天子	1283
晋惠帝	1283
定班	1283
佛学	1284
识马	1284
禹问	1285
三都赋	1285
老僧	1286
一金	1286
解轮回	1287
阴符	1287
缠足	1288
致中和	1288
卵中	1289
蟭螟	1290
戾警	1290
李斯	1290
金桎梏	1291
鉴真	1292
糊涂佛	1292
斋理	1293
开天矿	1293
入染出	1294
富强国	1294
天地外	1295
促侔尼	1296
问人	1296
挎蒲	1296
论帝王	1297
问猧斗	1298
独尊	1298

佛易	1299
强梁佛	1299
佛喻	1300
无余	1300
一字佛	1301
寿相	1302
五教	1302
卵问	1303
埃讹国	1303
种梨	1305
汨莲悟	1306
乾坤树	1306
十赝佛	1308
说疮	1309
两解	1310
鸣钲	1310
鹏蚊	1311
问回祖	1312
二僧	1313
薏苡言	1314
问天王	1314
谳粪	1315
割鸡	1316
出入世	1316
简误	1317
纯教国	1317

第三卷 秋

藏名国	1318
合教	1318
韩愈	1319
唐蒙	1319
问桃	1320

泉池	1320
教木	1321
商书	1321
佛哭	1322
六根	1322
正经	1322
上下游	1323
如来相	1325
妙法	1325
禹言	1326
筛米翁	1326
浑塞国	1327
巷夜行	1327
疲鸷子	1328
桃棘	1328
度众生	1329
二桃友	1330
治国才	1331
烧烟	1331
图人	1332
绞衣	1332
艮子行愿品	1333
鼠人	1333
金芝	1334
艮子传	1334
粪雇	1335
无入	1335
元封孔子	1336
入禅	1336
磉礅佛	1336
观水	1337
总持	1337

螽斯技	1337
蛣蜣宫	1338
苦行僧	1338
知天命	1339
比肩国	1339
灵全	1340
身政	1340
反养	1341
火食	1342
通工国	1342
问曾子	1342
笛人	1343
真常	1343
缢鬼石	1344
蒮窟	1344
一足蚁	1345
训内	1345
板板	1346
学记	1347
择大	1348
阅躬	1348
天试	1349
奖三尸	1350
文妓	1351
峨眉穴	1352

第四卷 冬 1352

相宗	1352
自量	1353
误度	1353
无修	1354
天地限	1354
全伦	1354

不共法	1355
凤卵	1355
曝胶	1356
观鼎	1356
蕊珠游	1357
图远	1357
乐君	1358
不语怪	1359
犬识	1360
自废	1361
赞孔	1361
坏长城	1362
三史	1363
前知	1363
为己	1364
光复	1364
孔佛通	1365
伦理	1366
重教	1366
玉台卵	1366
性仁	1367
老松言	1368
豕虱	1368
非经	1369
时中	1369
无隐	1370
椿萼	1370
不倒翁	1370
教妾	1371
问造化	1372
达生	1373
无我	1374

贵虚觉	1374
蚁眉天国	1375
顿悟	1375
为无为	1376
不出位	1376
缚觉术	1376
涉世	1377
日中	1377
太和	1378
复古	1378
熊虎	1379
四生	1379
二囚	1380
劝蛛	1381
反观乱	1381
鹅鸭	1381
暌定国	1382
哲佛辩	1384
水夫	1385
秦陇禾	1385
贯钱	1385
全仁	1386

宇宙真理论 …… 1387
- 论文 …… 1387
- 详释 …… 1388

劝将篇 …… 1412
- 起原 …… 1412
- 经学 …… 1412
- 人格 …… 1412
- 良心 …… 1413

无明	1413
物理	1414
误观	1414
草霸	1415
不仁	1415
无成	1416
迁权	1416
易学	1417
现敌	1417
我杀	1418
寿限	1419
潮流	1419
为私	1420
过物	1420
荒权	1421
转祸	1421
易功	1422
十善	1422
直言	1423

成功论 …… 1424
  自题 …… 1424
  成功论 …… 1424
  成功颂 …… 1425
  详释 …… 1425

英雄修养论 …… 1447
  自题 …… 1447
  弁言 …… 1447
    一　恸俗 …… 1447
    二　释义 …… 1448
    三　善种 …… 1448

四　择质	1448
五　育仁	1448
六　育智	1449
七　育诚	1449
八　养气	1449
九　养力	1449
十　专精	1450
十一　去赘	1450
十二　体用	1450
十三　绝欲	1450
十四　学程	1450
十五　交友	1451
十六　恒功	1451
十七　家训	1451
十八　固闭	1451
十九　蚕禅	1451

道德经详解 … 1453
  自序 … 1453
  上经 … 1453

阴符经详解 … 1507
  上篇 … 1507
  中篇 … 1514
  下篇 … 1516

消劫新书 … 1521
  原名 … 1521
  天人 … 1521
  地秽 … 1522
  形性 … 1522
  故为 … 1523

背天 …… 1524
三因 …… 1524
仁智 …… 1524
征象 …… 1525
我杀 …… 1527
我害 …… 1527
弃地 …… 1528
经学 …… 1528
欲杰 …… 1528
四败 …… 1529
加祸 …… 1529
消劫 …… 1530
一例 …… 1530
大变 …… 1530
哲明 …… 1531
思悔 …… 1531
念净 …… 1532
祷谶 …… 1532
我视 …… 1532
伟人 …… 1533
终结 …… 1533

理海初集 …… 1534
  白相 …… 1534
  白法相 …… 1534
  六真法相 …… 1535
  二垢始相 …… 1536
  鬼神仙佛相 …… 1537
    （一）白相邪正 …… 1537
    （二）白相高低 …… 1538
    （三）白壳开闭 …… 1539
    （四）白壳有厚薄 …… 1539

（五）浸混浓淡 …………………………………… 1539
　　（六）白浸浅深 …………………………………… 1539
　　（七）十二相图说 ………………………………… 1540
　　（八）多猿太平 …………………………………… 1540
　　（九）白果相 ……………………………………… 1541
　　（十）白聚散 ……………………………………… 1542
白相仁智 ……………………………………………… 1542
三显相 ………………………………………………… 1543
白上冲特相 …………………………………………… 1544
窥天 …………………………………………………… 1544
有白 …………………………………………………… 1545
工场 …………………………………………………… 1545
自问白 ………………………………………………… 1546
皇天志 ………………………………………………… 1546
白然炼白 ……………………………………………… 1546
天就形数 ……………………………………………… 1547
比物观故 ……………………………………………… 1547
示象教 ………………………………………………… 1548
依法炼 ………………………………………………… 1549
大觉提 ………………………………………………… 1550
恒刑锻垢 ……………………………………………… 1551
地狱必有 ……………………………………………… 1551
疏漏苦衷 ……………………………………………… 1552
间刑刑暌 ……………………………………………… 1552
三事合天 ……………………………………………… 1553
真乐天福 ……………………………………………… 1554
二陟天真 ……………………………………………… 1555
宇宙全纲 ……………………………………………… 1556
惟白 …………………………………………………… 1556
假阴阳 ………………………………………………… 1556
层块无极 ……………………………………………… 1557
三制造境 ……………………………………………… 1557

一空为极	1558
乐久遍尽	1558
旅白成形	1559
法轮借形	1560
三粗送白	1561
考获	1561
牺垢养净	1562
死生故	1562
万事归源	1563
万志归源	1563
大结万有	1564
太平策	1564
净白中和始	1565
中和主义	1565
二极	1567
必遍	1568
必久	1569
满欲总计	1569
生乐盈	1570
寿终佛	1571
不凶夭	1574
裕后昌	1575
立名	1576
五欲大全	1576
太平五大纲	1578
净白全治	1579
尽力实材	1582
绝欲止滥	1583
厘序均需	1584
节生	1585
统计大成	1586
恸哭兵权始	1587

太平十始业 ·· 1588
   （一）绝私欲端本 ······················· 1588
   （二）标义示仁 ·························· 1589
   （三）大备真才 ·························· 1589
   （四）固故厚和 ·························· 1589
   （五）小试万全 ·························· 1590
   （六）序进不躁 ·························· 1590
   （七）权建村间 ·························· 1591
   （八）不弃一人 ·························· 1591
   （九）永防弛敬 ·························· 1592
   （十）欲尽咸佛 ·························· 1592
太平乐相 ·· 1593
易极 ··· 1594
惩蠢豸 ·· 1595
祸福九征 ··· 1595
己身经验 ··· 1596
古事证据 ··· 1597
世法维持 ··· 1597
圣训为凭 ··· 1597
神通先知 ··· 1598
别境彻照 ··· 1598

生民常识 ··· 1599
  自题 ·· 1599
  自序 ·· 1599
  卷上 ·· 1600
  一　明白 ······································· 1600
  二　说白 ······································· 1600
  三　太空纯白 ································· 1601
  四　电灯喻白 ································· 1601
  五　皆悉 ······································· 1602
  六　白仁蔽 ···································· 1603

七　集混团结	1603
八　白性真乐	1604
九　白性宜空	1605
十　因吸改向	1605
十一　草木地亲	1606
十二　白即仁	1607
十三　白命天根	1607
十四　白性逍遥	1608
十五　白入生显	1609
十六　情媒入囚	1609
十七　可见层尘	1610
十八　欲累白因	1610
十九　白想化物	1611
二十　白纯成佛	1612
二十一　八识外遮	1612
二十二　白从精流	1613
二十三　无窃通天	1613
二十四　皇灵上天	1613
二十五　二大识	1614
二十六　皇灵天志	1614
二十七　阴鹗如锻	1615
二十八　炼尘出白	1615
二十九　轮回为白	1616
三十　烤烟喻白	1616
三十一　天囚浮沉	1617
三十二　贵白贱尘	1617
三十三　中阴浮域	1617
三十四　天获白	1618
三十五　生杀天恩	1618
三十六　物欲逆天	1618
三十七　背天必杀	1619

三十八　仁智合天 …… 1620
三十九　天试惟真 …… 1620
四十　故纵 …… 1621
四十一　天杀大仁 …… 1621
四十二　仁智微分 …… 1622
四十三　释命 …… 1622
四十四　好公恶私 …… 1623
四十五　天人权 …… 1623
四十六　宇宙万有 …… 1624
四十七　空美 …… 1624
四十八　块分诸境 …… 1625
四十九　层分诸境 …… 1626
五十　三制造境 …… 1626
五十一　境有生物 …… 1627
五十二　境无误投 …… 1627
五十三　六尘十形 …… 1628
五十四　因媒因白 …… 1628
五十五　入境配身 …… 1628
五十六　出境次第 …… 1629
五十七　轮回复来 …… 1629
五十八　念净出境 …… 1630
五十九　水喻诸境 …… 1630
六十　至美逊净 …… 1631
六十一　出境究竟 …… 1631
六十二　出入世法 …… 1632
六十三　众生成形 …… 1632
六十四　天命成形 …… 1633
六十五　自性成形 …… 1633
六十六　境尘成形 …… 1633
六十七　今形多伪 …… 1634
六十八　车喻形需 …… 1634

六十九　人形半佛 …… 1634

七十　出世法 …… 1635

七十一　出世自治 …… 1635

七十二　入涅槃法 …… 1635

七十三　入净土法 …… 1636

七十四　至堂无益 …… 1636

七十五　有念无念 …… 1637

七十六　诸宗惟二 …… 1637

七十七　说法 …… 1637

七十八　无心无法 …… 1638

七十九　出世白往 …… 1638

八十　太平天下 …… 1638

八十一　天道致治 …… 1639

八十二　叠天道 …… 1639

八十三　净白得天 …… 1640

八十四　惟教得天 …… 1640

八十五　今教非教 …… 1641

八十六　合教弭乱 …… 1641

八十七　简政六均 …… 1642

八十八　简学均智 …… 1642

八十九　简劳均力 …… 1642

九十　简官均权 …… 1643

九十一　俭用均物 …… 1643

九十二　量地均人 …… 1644

九十三　同制均俗 …… 1644

九十四　三制利害 …… 1644

九十五　真理观察 …… 1645

九十六　观物二则 …… 1646

九十七　一恕近理 …… 1646

补遗 …… 1646

白能知章 …… 1646

品仪章 …… 1648

二垢章 …………………………………………………… 1648

释文章 …………………………………………………… 1649

白乐章 …………………………………………………… 1651

周善章 …………………………………………………… 1651

尘媒伪乐章 ……………………………………………… 1651

生死观章 ………………………………………………… 1652

万理通章 ………………………………………………… 1652

附书 ……………………………………………………… 1660

寓　言[①]

序　一[②]

真心本来合于万物，惟执则守其一而忘其余，或取其同而攻其异。落边之见深，斯圆融之道失已。止园《寓言》，初读之若甚谐，浏览终篇，乃知其用心处全在破执。夫世间孰能立者，孰能立而又颠扑不破者，遇艮子皆纷纷然若黄叶之当秋风。若以四册所记，作寻常寓言看，殆不可与论止园。至许以哲理、文辞、宗教、政学等等，亦读书有间者也。昨过止园，适于案头得见原稿。借阅一通，穷尽其妙，今还此书，赠言以志。

民国第一壬戌十一月朔刘照青识于四川交涉署

序　二

盖闻佛说《譬喻》，理海宏通。庄著《南华》，玄宗阐晰。故以马喻马，不若以非马喻马之为尤显也；以道喻道，不若以非道喻道之为尤切也。璇玑非七政也，而可以齐七政。规矩非五材也，而可以治五材。止园吾兄，乃文乃武，亦儒亦佛，暇辄染翰，积百万言，觉世为心，牖民在抱，陈义劝善，巽法俱穷。爰以东方诙谐之度，发墨翟悲愍之心，为《寓言》四卷，文诡而意精，揭奥而章表。以此警众，庶或群迷尽破，而皇道以彰。天地穆清，休嘉永翕，人心见性，干戈以平。炳勋不才，忝在交末，悲止园之志而重其学，为之剞劂以公于世。

民国癸亥春如弟刘炳勋序于蓉城

---

① 原著题为《止园寓言》，计分春、夏、秋、冬1-4卷。首页为作者手书题签："艮子。太昭题。潜庐（印）。"正文眉批，今一律移于页末，并标明系著者原点评。
② 《序一》之前有著者以"太昭"名义手书题签："艮子。太昭题。潜庐（印）。"

序 三

世道之每至于乱也，莫不由纲纪颓失，廉耻道丧，然未有如今日之盛者也。盖自倡言改革以来，愤嫉之士，以一知半解，文其离奇破坏之辞。而浅俗之流，又党附盲从，行其放侈邪僻之事。攻错未得夫他山，数典已至于忘祖。新旧俱亡，流荡无主，至于今日。上无道揆，下无法守，贪黩滋彰，战争不息，背亲叛上，祸国殃民，而不知其极。遂使数千年来朴茂之道德、文物、典章，堕落毁弃，不可收拾。呜呼！真理泯绝，人欲横流，其祸岂仅洪水猛兽之烈哉！硕权先生，功在国家，淡于荣利，游遍南北，归隐止园。慨世道人心之沦胥莫救也，著书明道，挽狂澜于既倒，障百川而东之，其觉世牖民之心，可谓苦矣。近读其《寓言》四卷，以云谲波诡之笔，发悲天悯人之心，庄谐并作，精警绝伦。使读之者妙绪环生，头头是道，憬然生其省悟，勃然发其天良，化干戈为礼义，返浇漓于敦庞，将于是乎在。其功岂在益①、禹下耶？勋也倥偬戎事，敢谓吊民之师？服膺嘉言，愿宏戒杀之旨，作为息壤，用志简端。

民国癸亥仲春李树勋序于渝州军次

序 四

日生于东海，而落于西山，此方之人所见皆然也。日岂真出没于东西哉？执此方之人，而告以日非出没于东西，群皆以为妄矣。彼方之人，见日之生于西，而没于东也，咸以为日行之常。执彼方之人，而告以日之出没非如此，又莫不群以为谬矣。一日之所照临，因人处地不同，致其所见各异，而况于洸瀁无凭之道哉。道之弥沦于宇宙，人之见之者，犹彼此之见日也，各是其是，各非其非，而大道于以晦冥，人心因之陷溺矣。良子以微妙之思，精警之笔，作寓言以明之。一种悲天悯人之念，牖民觉世之心，为其诙奇雄伟之文，包举而出。使读之者如睹日之经天，无出无没，无东无西。俾持方隅之见者，知不可以论日；持偏执之见者，知不可以论道。庶几正道昌

---

① 益，即伯益，皋陶之子，突出贡献是佐禹平治水土。

明，人心返本，而天地咸和矣。此书之出，征其效焉。

时民国癸亥暮春下浣简文谨序于成都

序　五

硕权为余总角交，数十年来，弟视余如一日也。其为人，天资高迈，幼习军学，而于书无所不读，皆能钩玄摄要，会其通焉。辛亥改革，川中初政颠覆，即被推为都督，出膺艰巨。和满汉，服豪杰，仁心仁政，众论翕然。旋又经略川边，功在国家。垂翅以来，益复究心学问，常游南北，慨世道之陵夷，人心之败坏也。归隐止园，发愤著书，思有以拯之。年来削简者，不下廿种。近以所著《寓言》见示，受而读之。硕权其达道者耶？每读其玉台卵一段，而后知硕权之甘于寂寞，其惧为万夫千夫所弄，至成殿糜，而弃于牛溲豕溺乎！硕权之止园，其犹草巢欤，一朝丰于道，乘九霄而出天表，鸾凤与游，星月可俯。以视今玉台之卵，为玩于千万人者则何如？硕权其达道者耶？谨弁数语，还以质之。

时民国第一癸亥端午如小弟王鉴清谨序于成都颐园

第一卷　春

尹　乐

艮子骑白鹿过函谷，关令尹乐阻之曰："五星煇煇，聚列东壁。当有圣人，绝尘西逸。观子颙颙，毋乃是乎？盍为我著书？"艮子曰："吾有异能，授子乃已，书何可得着耶？"于是尹乐跽而请益。艮子徐曰："饥则以口食，舌搏而齿齰（乍额切，啮也）。倦则以身寝，手止而足息。"齞（音掩，口张齿见貌）卧以示之，曰："尽矣至。"更请，曰："尽矣至。"三请复尔。乐乃感悟，送之嵎歧而歌曰："饥食倦眠，天地闲闲，何必读书，道在玄元。"①

---

① 原点评："无师智，自然智，方为真智。"

张 良

张良欲复仇，求术于黄石，未契。问于艮子，艮子不语，固请之。艮子顾见巉岩，壁立万仞，乃歌曰："有梨有梨，高与天齐。居岩之巅，取为贽仪。"于是良设飞梯千尺，二旬未竣，梨亦陨坠，投于艮子之怀。艮子笑曰："汝则勤劬，我坐未移，人事天功，顾安所宜。"于是良憬然而拜。适闻嬴政崩于沙邱，遇沛公至，卒用厥术，以见机闻，谋冠当世。①

佛 老

艮子西越流沙，遇老子，居十年不言学。出天竺，遇倴尼，居十年不言学。或咎之曰："子交臂失圣人，不亦惜乎？"艮子曰："吾不知人，又安知圣人哉？彼老子闷闷其独，而倴尼浑浑无明，且不能以自益，奚能益我？吾闻蚕母不虑其子之弗克茧，而遗之教，其子亦不念箕裘，可以人而不如虫乎？"倴尼闻之曰："吾教亦多事矣。"于是示寂。②

尧 舜

唐尧欲治天下而无辅，积朽木万山及柏子一粒于廷，旦召诸臣曰："有能取此为我建十里之宫者，毋外求。"诸臣皆竞取木，舜独取柏子，归种于历山。一载成树，五载賁实，三十载后延林百里。及诸臣胼胝不能落一栋，舜乃底绩。于是尧遂知舜，避位以让之。艮子闻之，终身不仕，取柏子以授仲尼。③

郑康成

郑康成闻艮子有圣人之学，访于艮子曰："闻儒者所宗，有圣人焉。生

---

① 原点评："坐待时机，时机自至。"
② 原点评："蚕子不见父母之面，而自知作茧，天性。自全时，自至现也。"
③ 原点评："凡今之人，皆朽木也。培育新才，阐明新理，方可成功。"

于东周，其国鲁，其姓孔，其名丘，其字仲尼，其子鲤，其孙伋，其貌如阳虎，其学通六艺，娴《礼》、《乐》，删《诗》、《书》，作《春秋》，演《易》，为鲁司寇，三月大治。子知之乎？"艮子曰："知之，而与子异。吾闻儒者所宗，有圣人焉。生于刘汉，其国越，其姓乳，其名兵，其字仲居，其子龙，其孙仍，其貌三目六耳，其学空空中和。"康成手书征辩，三月不决。夜梦圣神临杏坛，召艮子延之上坐，使康成入跪于堂下，以叩原壤之杖叩之曰："艮子知我，康成厚诬。"①

扬 雄

扬雄问圣人之学于艮子，艮子告曰："子能与我适泰山，先至，则悉术以授。"于是雄为轻车骏马，疾驰不敢傍顾，二旬而至。徯艮子终岁不来，归而视之，乃在门阈，谆谆检沙，若甚苦者。雄艴然曰："子与我约登泰山，而在门阈，不亦欺乎？"艮子徐曰："我固欲遗先子也，及门，见阈下有沙，思不尽数而形识之，其毋乃虚此行乎？"雄曰："泰山千里，道傍之沙，可尽数乎？虽灵椿之寿，且将毙于阈下。"艮子笑曰："若是，则子固已知学圣之道矣！又何求于我？我观历百年，不忆一字。子作书必完点画，为文必仿经传。辞葩丽而工审，音佶屈而聱牙。欲臻圣域，何以异于数路沙而登泰山？"于是雄废然而返，不敢复草太玄。②

陈 抟

陈抟问于艮子曰："予欲学如来，何以及之？"艮子曰："唯唯，有间。"抟复曰："予欲学孔子，何以及之？"艮子曰："唯唯，有间。"抟复曰："予欲学老子，何以及之？"艮子曰："唯唯，有间。"抟固以请，艮子曰："予策驽蹇，子乘骅骝，蹑予后，控纵必如予，周折必如予。令子骑印予蹄迹，迹迹密合，毋爽累黍，毋差容发。及予，乃尽密以授。"于是，艮子款段而行，抟从之。左右不停顾，肘指不舒适，跟跄跂踶，人马喘汗。但觉艮子遄速如电，未十百步，虽平原无遮，邈不可以见矣。踟蹰而思之曰："践迹印

---

① 原点评："真知圣人，不以名相求，只在真处认。"
② 原点评："多识文字，徒乱天真，是数沙也。"

蹄，则骅骝不能蹑弩骞。予奚能依法困性，而及圣人哉。三圣不同文而教，五帝不共法而治，莫如驰之，周道如砥，前无古人可也。"乃爽约，逐艮子，移瞬迈之。艮子曰："子遂已尽吾道。"于是抟不敢复论心法，尽弃其学，惟日高卧，即跻圣境，未尝劳念。①

指 鹿

秦赵高欺二世，指鹿为马，廷臣无敢言鹿者。二世以艮子直，问于艮子。艮子曰："马也。"二世曰："先生亦曲比于权奄乎？"艮子曰："非也。吾闻马心驯而鹿心野，故自始皇之廷，在廷皆马其皮而鹿其心。其时谓马为鹿，未尝不可，事久则著。今秦廷之鹿，皆昔之马为也。谓鹿为马，未尝不可。"于是，二世以赵高为示忠，高亦以艮子为善饰，而艮子则已明言是鹿矣。退而语人曰："父作之孽，子何逭焉？"②

庄、屈

屈平与庄周皆大慈，欲拔民于水火，栖栖遑遑，如不终日。遇艮子，请所以成仁者。艮子各与一松实，曰："以此造慈航，泛江海，毋外求。"平、周皆曰："是幺幺者，覆杯水浮堂坳且沉矣，请借材于他山。"艮子怒曰："水上慈航可借材于他山，心中慈航可借材于他山乎？"于是平抱实而泣，抽摩不释手，三年而实枯，遂抱实投汨罗而溺。周乃种实于蒙，一岁而苟萌。松根不动，周心亦不动。松根不思航，周心亦不思爱。松元干霄，周心亦合天矣。乃伐松为慈航，入江海，不震。其无心之爱，逾于摩放顶踵。伴尼闻之，守菩提者六年。离心断爱，以成其真，号为能仁。故世以木实之中心为仁。仲尼曰："仁之自成，君子可视也。"③

仲 尼

仲尼之楚，艮子接舆而歌曰："有麟有麟，胡入于榛，而不翻馨。有凤

---

① 原点评："法本无法，任性做去，但不伤仁则可以，何必礼文言貌，拘学圣贤？"
② 原点评："辩才不滞，当于此中参之。"
③ 原点评："自养中和，勿为忧时乱心，则六根清净，已成救世之功矣，何必自误。"

有凤，胡集于荆，而不翻馨。"仲尼下，欲与之言，趋而避之。及仲尼既诣楚，楚王大悦，将以为卿。艮子乃以重赂通内嬖，以见于王。王曰："孔丘与子西孰贤？"艮子对曰："孔丘之贤远矣，如日之于星也。"王又曰："孔丘之弟子与子西孰贤？"艮子对曰："孔丘之弟子贤远矣，如月之于星也。"王曰："寡人何比？"艮子对曰："譬如北辰居其所，而众星拱之。"王默然，遂谢仲尼，而以子西为令尹。子路闻之，愠见艮子，雄冠背剑，如将憎（音胁，以威力相恐也）者。艮子方养鸟，纵鹜、鸾于庭。饰鹜特美，隋珠缨颈，卞璧加翮，万宝毕具，细翎满缀，而饲之以太牢。鸾弃不顾，身无粒珠，食下粟已耳。召子路入，子路瞥见鹜鸾，诘艮子曰："子固重鹜而轻鸾耶？"艮子不语。三诘，艮子嗾韩卢出，破樊，鸾翔去。鹜负重不得转距，腾跃咫尺而陨，韩卢遂杀之。子路怃然以憖，（怃，音呼，失意貌。憖，笑貌也。）拱而立。止子路宿，杀鸡为黍而食之，明日子路行以告。仲尼曰："圣者也。"使子路反见之，至则行矣。子路曰："道之不行，已知之矣。"奉仲尼北之齐，子西卒死白公之难。①

说　法

汉明帝好佛，又袭文帝、武帝之余烈，兼崇儒老。闻艮子贤，博达万教，征之至。因阿房旧址为启黉宫，袤广百里，积书亿库，召海内外宏才俊彦千万兆至，夷狄戎蛮僧道儒墨皆属焉。谓艮子曰："能尽讲乎？"艮子曰："能，但期听毕皆圣，无生射异则可。"于是，明帝秩众肃斋百日，而后登杏坛。及期，诸众鱼丽雁列，逆营注意，艮子升座寂坐，逾晷，乃徐曰"中和"，遂默。复寂坐，逾晷而入。明日亦如之，又明日亦如之，惟使诸众即位如故。期年无辍，亦无他语。诸众亟请益，艮子曰："但期听毕皆圣，无生射异则可。"惟使诸众即位如故。又期年亦如之。诸众亟请益，艮子遂登坛升坐，默不复语，移晷而入，惟使诸众即位如故。又期年，诸众亟请益，艮子曰："已益矣，但期听毕皆圣，无生射异则可。"惟使诸众即位如故。又期年亦如之，诸众亟请益，艮子遂不复出，但设虚坐，惟使诸众即位如故。又期年，诸众亟请益，艮子曰："已益矣，但期听毕皆圣，无生射

---

① 原点评："是星方拱北辰，如日月出，北辰无光，是掩主也。故王惧，不敢用孔子。"又说："庄子不为文牛，即此意。"

异则可。"惟使诸众即位如故。又期年亦如之，诸众亟请益，艮子并座且撤之矣，惟使诸众即位如故。又期年亦如之，诸众亟请益，艮子曰："已益矣，但期听毕皆圣，无生射异则可。"惟使诸众即位如故。又期年亦如之，诸众作书以请曰："自我辈跋涉关山，弃绝妻孥，远数万里，于今八载，而来学道，希入圣域。乃先生初惟中和，两岁无多。请益反默，岁乃再越。请益反藏，年又两亡。请益撤座，春秋二过。未有所受，而徒负修阴，敢请长绝，不复求矣。"艮子不答，明日召诸众会食，惟具清馔。食已而退，则皆果腹。艮子曰："饱乎？"则皆曰："饱。"明日召诸众会食，皆严缚塞喉，乃穷海陆之珍，备菜蔬之美，品以万计，令庖人持入掠席而过，手不及举箸，口不得启齿，羞毕而退。众乃大饥，心焚首疚，莫能坐立。艮子曰："饱乎？"皆曰弊甚，艮子乃言："清馔之饱，可以一日。中和之饱，可以一生。若其食之，吾道已尽。若其不食，多献何为？夫喉有所塞，食不得入，心有所塞，道能入乎？今汝辈左耳闻中和，而右耳出之，思获他法，是心有所塞也。既有所塞，虽尽诸圣之书，穷神智之说，何所益于性命哉！万法过耳，如万馐过目也，吾知所蔽，默而视之，则益极矣。深藏绝相，神妙乃臻，而独不足汝辈之所需乎？"于是，诸众感动，恍如见天，归诵中和。一年绝口，二年绝念，三年之后，无所觅于中和。终身用之，卒无一人不臻圣佛。君子谓艮子逸于仲尼、侔尼，而恩覃于宇宙外。明帝避位以让之，往求艮子，邈不可得。[①]

忧　国

轩辕帝屈于蚩尤，周太王屈于狄，越句践屈于吴，纪让侯屈于齐，赧王燕丹屈于秦，齐楚赵韩魏皆与焉，皆积辱、深毒、思复，求计于艮子。艮子对曰："谋国之道，同于谋家。今有见凌于其邻者，布帛菽粟必夺之，子女牛羊必据之，笑则谑弄之，怒则刀锯之，权其势固迥不敌也。斗则死，不斗莫可忍，忧惧耻忿，怔忡裂腑。主翁至诚，祷祓号天，夜梦有神降于庭，锡之书、剑曰：'精此则有后。'明日，以告二子。于是，长子习于书，季子习于剑，二十年而竟业。国君闻之，征为将相，遂雪大恐。厥后长子昌，尽

[①] 原点评："世人贪学万法，而不知踏实修养。如踏实修养，中和二字足矣，一生用之不尽。"

收邻族，虽立锥地无余者。次子以杀人卒死。夫道德国之书也，人才国之剑也，用其二则奕世炽，用其一则强仇殄，顾安所择取乎？"轩辕帝奋然而起曰："二者兼取之，大忍再纪足矣。"周太王曰："我亦兼取之，地狭财寡，则非百年无以将事。"越句践曰："我独取剑，泄吾闷已耳，重远非所图也。"纪让侯曰："吾躁且懦，皆不能取也，可奈何？"艮子曰："然则委而去之。"赧王燕丹曰："吾躁且欲，静不足以持恒困，毅不足以割富贵，又将奈何？"艮子曰："匹夫背城，死志成烈。"齐楚韩赵魏王皆曰："吾图远不克修德，图近不克举贤，去国则欲胶，玉碎则胆慑，复亦将奈何？"艮子命臧获标诸大门之外，饲以粪溲，衣以巾帼，而遣之曰："披其颊则裂眦而寻戈，摩其头反威施而献笑。见声色即忘虎狼，思良药又恶瞑眩。卧薪不终朝而呼锦衾，尝胆未及唇而促珍脍，虽有圣哲亦莫如之何也，已矣。"①

齐威王

齐威王燕艮子于雪宫。王曰："先生不远千里而来，亦将有以利吾国乎？"艮子对曰："有利，利且巨。"有间复请。艮子对曰："吾能使王之庶民富皆千乘，其孱弱者力皆百钧，不已厌王心乎！"王曰："此富强之术，非周召伊吕所能学也，虽百天下且无敌，先生果能之乎？"艮子曰："果。"于是，威王欲相艮子。明日昧爽，造于艮子之馆，启枕簟而言曰："寡人将涊先生，且且除相位矣。"艮子对曰："唯唯，否否。需之尽之。前言固弗食也，然必先修仲尼之道十年而后进吾术。"威王不悦，曰："先生迂矣。仲尼之道可略，而急富强也。"艮子对曰："王树乎？"曰："囿多树。"曰："王食乎？"曰："日必三。"曰："然则，吾将斩王树之根本而惟培其花，去王腹之胃肠而惟旨其馔，可乎？"王艴然变乎色。曰："王勿异也，王问予，予不敢不以正对。予闻崔氏之家，浮溢千乘，庆忌之力，轻扛百钧，皆齐人也，一足以弑君而乱国。若王之庶民皆有其富而擅其强，王之头少矣。不先修德而急于富强，王请万其身，碎其国，即为王致之。"王揖而退，馈不食，寝不昧，数日不能自克，以及于难。②

---

① 原点评："无恒心，无勇气，可以言忧国乎？"
② 原点评："民不修道德而先言富强，乱自内起，其祸百倍于贫弱。"

赵威后

赵威后以妇人管见度道士,欲诛于陵仲子,面折齐使,齐使无以对。齐王耻之,求能让威后者,得艮子。艮子既至赵,见威后,示以玄寂。威后不悟,所言如故。艮子曰:"此不可以理喻,当使之自贡矛盾乃可。"他日见曰:"宫中有豺狼鼠燕,后将谁急?"威后曰:"急诛豺狼而次及鼠,燕无伤,翩翩兮壮我闶闳。"艮子曰:"何以故?"威后曰:"伤身命、破财货者锄之。"曰:"有能化之,俾迪何如?"曰:"受上赏。"曰:"然则,后之大臣,竞权则迫主,是伤身命者也。后之便嬖,盱利则窃国,是伤货财者也。后何不族而诛之?"威后赧然曰:"诛之则不可胜诛。"曰:"如有能化之者,后不欲致乎?"曰:"奚可得哉!"曰:"齐有於陵仲子,若得而师事之,使诸臣国人有所矜式,薄权淡利,则赵国之祸熄矣。后何不筑金台,崇如燕居,以礼招之?"威后大怍,长跽以请。艮子曰:"麟、凤不可网也。"于是,使微生烟车千驷、金万镒,聘于於陵,不得而返。①

焦 赣

焦赣与天亲,欲见艮子,艮子辞以疾。他日艮子出,遇诸途。谓艮子曰:"《易林》广古,《唯识》析精,先生之意,则谓之何?"艮子遽然作色而告曰:"予目不寓庖牺之卦,志不尚威音之友,况子之嘐嘐而纠訾者乎?以予甚苦于役,故不暇及也。"二子皆曰:"先生何役?"艮子曰:"吾妻方孕,吾恐子生之,不知乳之味与乳之性也。囫囵遂食,为害滋巨。乃汇医者之说,著为乳经百卷。又虑其拙于吮也,为之藻火图象,详示唇舌口齿之扼,日叩其母腹而教之,十月而竣。及子生,果娴于吮乳。今予妻又孕矣,予妾亦继之,予是以疲于胎训也。"二子皆曰:"囫囵遂食,何害于育?吮乳之能,非教之功。"艮子曰:"道充宇宙,无俟于求,不尤易于赤子之吮乳乎!"二子爽然而退,不复敢言。②

---

① 原点评:"隐士□清,可以化民成俗,□谓为无□。"
② 原点评:"到无学位时,方能言此。"

齐　家

　　艮子在陋巷，一箪食，一瓢饮，人不堪其忧，艮子不改其乐，而天伦笃甚。日者，其父母兄弟妻妾子女相聚而谋曰："窭甚，奈何？化家，匪艰，孰多才？促之仕，可光门闾，衣食丽都。"皆翕然，皆忖，皆推艮子，皆曰："彼固且素，劝而不出，则莫之继矣。须以渐入，浸润之，肤受之，必济。"于是父谓艮子曰："牛羊仓廪，衰然丰肥。既有其才，胡不取为？"艮子曰："唯唯。出公辙之富贵，固立可致也。"数日不出，若将终身。其母训曰："机声喷喷，三迁之绩。既成其器，韫椟云惜。"艮子曰："唯唯。郑庄公之富贵，固可立致也。"数日不出，若将终身。其兄继曰："嫂不下机，将激苏秦。位尊多金，迓以蛇行。"艮子曰："唯唯。秦二世之富贵，立致固可也。"数日不出，若将终身。其弟请曰："采采首阳，叔齐枯肠。貌貌之肉，于廉何伤？"艮子曰："唯唯。唐太宗之富贵，可固立致也。"数日不出，若将终身。其妻讽曰："伏雌可烹，五羊之皮。人生富贵，讵足云非？"艮子曰："唯唯。唐李治之富贵，固立可致也。"数月不出，若将终身。其妾叹曰："绿珠楼高，陈宫月朗。愿言将伯，中心养养。"艮子曰："唯唯。汉高帝之富贵，固立可致也。"数月不出，若将终身。其子谏曰："仰彼乔木，可以启构。廊庙需材，薄言往售。"艮子曰："唯唯。晋献公之富贵，立致固可也。"数月不出，若将终身。其女劝曰："绿窗牵罗，盱彼百辆。纤纤缝裳，使我鞅掌。"艮子曰："唯唯。明思宗之富贵，可固立致也。"数月不出，若将终身。衣不见丝，食不兼味。衎衎终日，如登春台。室人疑之，闲有耳语。艮子乃操五弦之琴，具只鸡之葴，因南风，张庭燕，八口修仪，樽酒瓦缸而歌曰："富让出公辙，父子不争席，所以锡孝思，清和乃能得。贵让郑庄公，母子不相谋，所以以善养，高隐斯令终。弟有秦二世，位极天伦弃，所以不绨臂，廉退乃能遂。兄有唐太宗，箕豆煎釜中，所以爱同气，贫贱兹永丰。金夫李雉奴，践祚糟糠诛，所以永琴瑟，澹泊心自孚。戚姬夸刘邦，人彘诚可伤，所以抱衾裯，提瓮思孟光。父如晋献侯，逐杀子难留，所以重慈爱，毋为趋利流。思宗剑下鬼，智哲因早悔，所以掌上珠，视如在山水。大海沸如煮，吾家井何古？举世无和风，吾门独笑语。薄蜜附刀头，舐尽罹奇苦。达人安素怀，败絮燕儿女。但待寿命毕，还灵御虚宇。"于是莞尔而笑，饮尽欢而彻，虽荜门风冷，乐有甚于玉苑矣。

化 蚕

艮子恋南风之熏,假寐于桑下,寤而顾之,身则蚕矣。蜎蜎蹒跚,感饥观颐。鼻触琼馐,自高而来。有巨峰耸矗,峻极于天,非石非土,非金非冰,径若可登。乃缘而上,委蛇千里,始见翠芝。大如连蕉,一叶无枝,味从中出,啮之旨甚。俄有友朋,皆蠕蠕至,食亦如之,睦甚,顑颔(音混、蝶,相次谐弄也)可辨,厥声清婉。瞥见有神自天而降,羽翼掩日,栩栩耀瑞。六脚修鬲(音遏,鼻茎也),甄(音兀,鼻摇也)林蹶石。翔据宝岑,觑而吸泉。鼾(音封,鼻吸声)然有声,浮香四溢。众皆匐匍作咒,戒傍者肃,曰:"香积佛至,膜拜顶礼。"俱恪敬,罔敢窥瞻。既而神去,乃窃议曰:"此佛何修得此神通?"有长者曰:"吾辈皆有佛性,但当三禅一寂,即与佛同。"众皆疑谤曰:"彼仅六脚,我脚独多,可斩而少乎?"赞者曰:"彼有双翮,我无翅根,可插而种乎?"或哗曰:"鼻安所得?彩鬣奚取?"或曰:"锦文之绘,必弗克致也。"或曰:"日月之目,亦能钳钦?"诋毁雷鸣,长者乃默,艮子且深疑之矣,惟心无念,澄如古井,且实无可营虑。数稔,觉半岁昭明,半岁不睹天地,渐感倦憩,遂亦熟睡。如是者三,方微信长者之言,或非全諆(音欺,同欺),然不决也。浸将废食,亦无病苦,询之同辈,皆然。有贪食二三侣,独否,觅翠芝,无厌,思积而藏之以夸富;或欲协劫与类,奉为至尊以夸贵。因而迩疟痈瘵特甚,瘅溃不可近。倏见天垂金柱挟之去,众皆骇愕。未几,腹痒痒欲呕,即有天灵感于心曰:"吐此自缚。"亦未知其所以,然怯寒殊甚,不再计缚后何出。呕出长绳,遂严自缚。缚竣,昏睡不知其纪。顿又思出,觉齿非曩昔之柔脆矣。急吃缚,豁然开朗,身已是佛。前长老已先在,诸佛鸠苣,接引甚周,腾霄遂去,无不如意。后数十稔,解于昆仑之巅,惺惺然超旷尤慰。闻子呼食,遽然而觉,固犹昔之艮子鼾于石上者也。适庄周至,欣然迎之,所语符合,盖彼即向之长老也。相携拨庭桑而观之,槁蛾积焉。①

---

① 原点评:"人之成佛,不过如蚕成蛾,自然天化,何难之有?"又说:"巨峰,蚕之视桑树也。""翠芝,蚕视桑叶也。""神蛾,蝶之属也。"又说:"宗教家,所谓天灵来感者,皆本性自发之时也。"

天竺僧

天竺僧问于艮子曰："子通佛理,尽修万法否耶?"艮子曰："子来天竺,行遍诸路否耶?"僧曰："不尽修万法,何以得成佛?"艮子曰："不行遍诸路,何以得至此?"僧曰："至此则同于行遍诸路。"艮子曰："成佛,则同于尽修万法。"僧曰："何以名佛?"艮子曰："佛何以名我?"相与一笑而别。①

杨 广

隋杨广好嬖幸,喜谀,娼才,空梁落燕之辞,拒士于千里之外。他日见艮子,曰："天下恶乎定?"艮子对曰："君择可使者使之,则天下定矣。"广曰："择吾所嬻,不吾叛也。"艮子曰："早从西方来,见有骑苍蝇者,将以登先陷阵,驰驱绝域,君且以为克乎?"广曰："轻薄汙么,安能任大?"艮子曰："彼喜其闻膻自附也。夫闻膻自附,谁非轻薄汙么而肯为者?若矫健英资,任重致远,则天马食场,非先礼维絷,奚能致之?"广默然,不能用。李世民闻而服膺,贤者归之。②

亚 当

亚当、盘古欲开天地,访于艮子。艮子曰："何事?"皆曰："辟阴阳。"曰："阴阳何物?"曰："乾坤。"曰："乾坤何物?"曰："有无。"曰："有无何物?"曰："形觉。"曰："名复矣。交乎?亦分之耳。"曰："使之交而分,分而交。"曰："劳矣。"曰："无为。"曰："无为奚成?"曰："成之以无。"曰："变乎?"曰："变。"曰："归合乎?"曰："归合。"曰："弄祟甚矣。"曰："因其想不净者投诸其中,苟净投之不入也。"艮子乃疾首蹙额,而顾众生曰："苦哉!行矣。我将频往而亲慰之。"众生皆泣,有笑者。艮子曰："泣者必多笑,笑者必多泣。如欲还自在,笑泣两无涉。"兴别而去,世遂以始。③

---

① 原点评:"真修,无名,无道。"
② 原点评:"不求贤,而欲贤者求我。求我者,有贤者乎!"
③ 原点评:"混沌一开,万恶乃呈。""吾人因八识不净,故生于地上也。"

涅槃

艮子游于涅槃之刹。初见光明，光明曰："劳乎？"艮子曰："无为。"见弥勒，弥勒曰："何所往而来？"艮子曰："固未尝往，何从而来？"见文殊，文殊曰："嘻！好行也。"艮子曰："无好无恶。"见观音，观音笑，艮子亦笑。见如来，如来不语，莞尔相视。艮子曰："说法未耶？"乃应曰："更何可说。"普贤进曰："震旦来几人矣。"艮子曰："仓颉、放勋、重华、文命、伊尹、姬昌、李耳、仲尼、庄周必在。"曰："彼多事，安得来？"曰："事于无事，安得不来？"曰："前言戏之耳，来矣。"入而瞻之，皆杂稠众种色混处，无稍分歧，其十之九非地上人也。莲座如蜂房，震旦中人，百万与俱，位无次别，其名多非念四史中所有，黄宪、葛洪、王通、陈抟、周敦颐、邵雍亦杂其中。方欲遍谒，倏然灭相。艮子以故返，亦未深蹴。①

太极宫

艮子游于太极之宫。宫之衷广，其大无外，其小无内。万户闿阎，道人造之。豁然洞开，一念不净，崭焉合矣。宫中之佛，不可以沙量。一座同坐，不相碍也。一榻同卧，不相挤也。一盂同食，不相次也。一苑同游，不相遮也。偶乃翕然，合体无二。彼其视地，不如微尘，而亦或藏于微尘，视微尘巨于地矣。其佛幻乎其妙，弗坐，弗卧，弗食，弗游，而夷慰超旷。坐矣，卧矣，食矣，游矣，虎狮至戢耳如麟，枭鹯至敛翩如凤，虺蝮至蜷伏如蚕，鲸鳄至么么如蛭。无哇噬、搏击、螫刺、吞逐之心，盖亦不饥，雍怡殊适。祥嘉之兽，和丽之禽，馥蛰锦鳞，毕来寿瑞，数不可计。草木瑶芬，茂无冬夏。菓华枝叶，蒂萼根株，罔非绝旨。琼山液水，萦迂开合。俄有鸜鹆，集于豹鸃而歌曰："赋性有真兮，脱污滓。涣躬其苴兮，安汝止。道以为示兮，直如矢。憬然一悟兮，神之子。"于是众灵齐和，天籁备作。有顷，乐阕，艮子潜蹑鸜鹆而叩之，伟论悬河，精达无比。忽一蚁过，顾曰："无詹詹泄吾玄。"鸜鹆曰："去之。"是夫较清，声闻之缘。艮子揖蚁而语之曰："胡不敦庞而独俯为？胡不皎修而守黑为？"蚁曰："孔蠢螟兮，卑

---

① 原点评："大圣入涅槃，一庸众而已。""至圣无名者多矣。"

天。玩大化兮，自然。"乃笑，鹣鹣亦笑。艮子怍，礼而谢之。问其职，曰："吾太极宫中蚁封之厮走也。"问其长，曰："尊官百级，载奉一君。"与言道，莫测。与言政教，浅喻亹亹，迥轶唐虞。艮子乃低首伈伈而恳曰："使子下而临吾土，必贵为皇帝，主诸教，虽亘古无替也，盍往？"蚁哂曰："吾固疑子俗，今且秽，令吾耳污，将百日不可供王事。"遂趋而逝，洗于冽泉。艮子怅然而返曰："为斯民之憧憧，使我见辱于圣虫。"艮子归以告大舜，大舜曰："若通太极，吾宁为一蚁矣。"遂逊而隐。①

谈 天

西人以形而下之器论天文，言于艮子曰："六星将集，拽日必裂。"艮子曰："然，吾将使三尺童子扑汝矣。"西人曰："奚可能也？吾与之拒。"艮子曰："子以力拒乎，亦以觉拒耳？"曰："以力拒也。"艮子曰："力非生于觉乎？将子死而尸亦知拒矣？"曰："生而后知拒，死则否矣。"曰："然则，子固以觉为力者也。如子身五钧，则测子仅五钧之力可乎？"曰："不可，有觉者力浮于身。"曰："若子么么且亦有觉，景彼宇宙独无觉乎？子纯以形而测力，如以死尸测生人。佛理不明，《周易》不读，谈者休矣，其无验乎！"后果星集，日与地卒不害，神觉之臝也。②

谏 尧

艮子之室毁于火，尧往视之。火十月不止，艮子方督工鸠材，画栋，雕梁，树［竖］楹，刻桷，飞榱，构题，万役纷勠，跋来矗往。未落，火至，增工给之，火益炽，再增，再炽，增增不已，火遂燎原。尧曰："骇甚。"艮子曰："吾犹以为智也。"尧曰："水之。"艮子曰："筑斯可矣。"尧曰："后筑。"艮子曰："后水。"尧曰："分工之半，或十之二三，以水以扑，可乎？"艮子曰："否，全力以筑，犹惧弗既。"尧曰："火中筑室，竭山林，无以赡其焚。子之室址基之火未尽也，虽筑何功？"艮子怒曰："子所谓明，足以察秋毫之末，而不见舆薪者欤！"尧曰："何哉？"艮子曰："室毁于火，

---

① 原点评："明者群之，是合体，是分体。""太极宫中之蚁奴，不为地上之皇帝。"
② 原点评："此民国八年之实事也。"

国乱于邪。子知火中筑室,竭山林,无以赡其焚。不知小人为政,竭天下,无以赡其祸。知址基之火未尽,不可以成室。不知人心之火未尽,不可以建国。人曰:'迂矣。'子则曰:'吾犹以为智也。'人曰:'教之。'子则曰:'治斯可矣。'人曰:'后治。'子则曰:'后教。'人曰:'分材之半,或十之二三,以教以倡可乎?'子则曰:'否。'全力以治,犹惧弗既。聚财百载,不足以填贪壑。立法万纲,不足以遏奸宄。骎孰甚焉。今则己之不省,而乃以责人。"于是,尧知艮子讽己,退遂改事,不治洪水而治文思,不树五谷而徽五典,不殴猛兽而殴回遹,不授人时而受人道。允恭克让,光被四表,格于上下,克明竣德,以亲九族。九族既睦,平章百姓。百姓昭明,协和万邦。黎民于变时雍,百官庶职,九序七政,漠不措意。缓以俟舜,荡荡乎,民无能名焉。艮子曰:"尧知大始,舜作成物,可谓从谏如流矣。"①

汉武帝

汉刘彻好仙,求艮子问术。艮子曰:"吾闻西方有圣人,弃太子位,竟以得道。今子之神骨清朗可学也,盍舍富贵与若声色,从赤松子游?"彻曰:"兼世之欲全性之灵得乎?"艮子曰:"沉海恶溺,入火惮焚,非吾所能拯也。卑就,则清心寡欲,无为而治,尚勉可希其次。"彻曰:"留恋俗乐,人间长生可乎?"艮子曰:"卵而悮孵,期过则臭,不可为矣。"于是辞去。及彻病笃于五柞〔祚〕,聘艮子至,哀之。艮子曰:"冥录已尽,奈何?请为子祈于幽府主者。"三日而返,曰:"偕矣。能降为王,可增一纪。"彻莫可如何,思命如不绝,降亦强从,遂自降为王矣。满纪,复哀于艮子。艮子曰:"子数矣,然犹且试图之。"返而告曰:"幽府主者,恶子无厌,再拒不可。坚而后可,然必降为诸侯,乃续一纪。"彻窘甚,抑情从之。满纪又请,乃得降为大夫。九请九降,卒为庶人。仍请不已,跄地吁天,叩首流血,无所不至。艮子曰:"子恋此秽土若是哉。寿相胶固,则百年之古帝,不如庶人。今日之王公,又不如异日之螗蟜(音枭矫,污泥中小虫)矣。何爱?"彻抱艮子膝,哀祷不已。艮子曰:"遂之,必削福则添纪。"如是再削。婆极,衣食皆弗赡,吹箫乞食,背发五管,阴阳有沴。算盈,尤泣恳不

---

① 原点评:"今人不正人心,妄求治平,是火中筑室也。"

已。艮子曰："必无已，人身实不可得。"彻亦许之。又九纪而为水蛛，时尚丁西汉之末。还盱残喘获延，则灵尽弗凝，惨呼咯涕以殒。艮子怜而瘗之，歌以吊曰："得人之身，直通于天。至此不超，逐轮遂迁。万灵抱性，曷弗自全？欢乐苦少，窅然九渊。"①

规屈平

屈平博闻强记，明于治乱，习于辞令。上官大夫欲假其文以邀宠誉，平不与。艮子闻之，走告平曰："吾闻圣人如天，不自居功，因人以成，是以忘我而我大。今子有我，道斯小矣。彼窃其名，子全其实，仁人用心，可无已也。老聃曰'后其身而身先'，子之强博，未及学耶？"平不能用，以及于难。艮子叹曰："贤而不圣，祸之招也。才而不空，其得死乎！"其后王守仁闻之，擒宸濠而不居，虽张忠、许泰不能害也。②

司马迁

司马迁作《史记》既成，以示艮子曰："匪可以续《春秋》耶？"艮子不答。三问，艮子徐曰："固也，俟吾视之。"环览再三，曰："过之。"马迁曰："何者过之？"曰："简瞀而白墨深黝。"马迁愠曰："略文辞，而称纸墨，子殆愁怐（音茂寇，愚昧也），抑欺我耳？"艮子曰："何敢。"曰："讽，岂有说乎？"曰："有，子景慕夫《春秋》，是尊孔也。其为尊也，略道德，而称《六艺》，子殆愁怐，抑欺孔耳？子慕孔子，惟慕其声施后世，而所见者惟见其衣服礼器。既曰'天子诸侯中国言《六艺》者折衷于孔子，可以谓之至圣矣。'吾亦曰'自天子诸侯中国言简墨者折衷于《史记》，可以谓之奇书矣。'孔子不怒子，子乃怒我，不亦诬乎？夫圣人作书以遏乱也，今子作书以启乱也。善言战陈不善言圣哲，能尽项羽而不能尽仲尼，文肆而隐忿，论僻而坏中，焉用之？于子何其有焉？以召后世厉之阶。"马迁闻之，惭汗疾走，不敢复见艮子。③

---

① 原点评："不离尘而求道，犹缘木而求鱼也。"
② 原点评："真爱国者，功不必自我成，名不必自我立。"
③ 原点评："《史记》不能知孔、老，惟能知项羽耳。"

子张干禄

子张学干禄,盱豫不置,而季氏使闵子骞为费宰,孔子使漆雕仕,皆不及也。于是,子张堂堂其貌难能沽誉。他日遇艮子于途,谓之曰:"我有美玉,韫椟而藏,如或汲兮,百夫之良。"艮子顾曰:"四月秀葽,岂曰无铚?薄言往刘,为牛之食。"子张曰:"为牛之食,所获几何?待其秋兮,我获孔多。"艮子曰:"所以为禾,远图如斯。所以自为,则吾不知。"子张曰:"吾岂匏瓜?系而不食,时夫为贫,宁不我直?"艮子曰:"既饱以德,身家之肥。百岁讵远,曷眕其归。"于是,子张揖而退,观型于颜子,不复干禄。①

唐举、管辂

唐举善相,管辂善卜,见艮子曰:"子亦欲征吉凶休咎于未然乎?"艮子曰:"奚以知其为也。"皆曰:"知吉且休可以趋之,知凶且咎可以避之。"艮子曰:"否,否,如可趋避,是数不足以信矣。如不可趋避,知之何益?且子弊矣,徒以启人扰其衷耳。知福之必至,将先喜乎?则已毒矣。喜而或肆,毒又烈焉。知祸之不免,将先忧乎?则已毒矣。忧而或郁,毒又烈焉。吾闻圣人以匹夫而跻天子曾不加喜,委形骸而入虎口曾不加忧,是以灵全而性成,以乘夫滓溟。故问卜非贤者之徒,观颐必市侩之辈,以斯贱俗,乃欲溷我,污垢哉!"于是举、辂皆惭汗奔辟,不敢反顾。②

晋六王

六王跋扈,晋室式微,胡祸且作矣。惠帝遣艮子往说之。艮子历六王之国,为辞曰:"今从昆仑来,见二鹑斗于莽中,有鸢欹豜,翾翾歧歧,乃鹑见之,释搏而飞,越嵩睹氐,群触于原,戏猫露首,解角反奔,王知禽兽亦有智乎?"王曰:"祸有大小,忿有轻重。彼鹑与羊实爱其命,智也。"艮子曰:"以王赫赫,将图天下,同类相仇,不顾远略。而鲜卑北窥,狠于鸢

---

① 原点评:"大才何苦小就。"
② 原点评:"不问休咎,安天命也。"

虎。王纵不能师吴太伯，宁鹑羊之不若乎？"王不纳，谢艮子。艮子退曰："人如禽兽，犹可语也，禽兽不如，语将何入？"遂不报命而隐。其后六王次诛，五胡内寇，中国崩裂。时人为之歌曰："羊之戢戢，鹑之奔奔，人之无良，胡不自眕？鹑之奔奔，羊之戢戢，人之无良，胡不自恤？"①

刘沛公

楚汉之尊未定，沛公虑疏远背遏，将以吕产、吕禄及其兄贾与泽为将帅，谋于吕雉曰："姻娅兄弟何敢差池？我必尽用私媾，以戢大事。"雉然之。既决，咨于艮子，艮子不对。明日，艮子使三岁之子，二岁之女，授以弓矢，入山猎兽。沛公至，见之，问曰："何往？"曰："将取虎兕。"沛公曰："是杀尔子女也，何毒之深？"艮子曰："吾爱之至，故任之重。"沛公曰："爱之至，当贻之以安乐，得虎兕之肉，而与之乃可。彼貊未入庖，稚弱奚足当哉？"艮子曰："吾闻吴夫差弃申胥、华蹇，而用世子以灭越，越句践用范蠡、文种而亡于俑东，功以戚济，君何及焉。"沛公默然而退。卒以韩信为大将，相萧何，而谘张良，以成帝业。既乃除之。艮子曰："尧舜克公，刘邦克私。"②

尽 己

艮子揖人，而人辱之。左右曰："揖彼而彼辱君，不足怒乎？"艮子曰："吾无养夫哉，吾怒也。"曰："耻乎？"曰："吾失礼夫哉，吾耻也。"曰："复敬彼乎？"曰："当敬则敬。"艮子拯人，而人坠之。左右曰："拯彼而彼坠君，不足怨乎？"艮子曰："吾无度夫哉，吾怨也。"曰："悔乎？"曰："吾失道夫哉，吾悔也。"曰："复携彼乎？"曰："当携则携。吾闻诸老聃曰'以德报怨'，仲尼曰'以直报怨'，此不足以尽吾意。吾无以无报，如彼太空，来斯受之，去斯忘之而已矣。无以累吾神，将弊弊焉从夫人也，君子尽其在我者耳。"③

---

① 原点评："中国内部，自相残杀，不知外患，其见不如禽兽也。"
② 原点评："天下未定，而自用兄弟亲戚，不求贤能，是自杀也。"
③ 原点评："如此待人，方为自尽。"

遇跖

艮子遇盗跖，被执，夺其资斧而胁之，将剥肤且肢解矣，艮子如弗觉者。跖曰："恐乎？"艮子曰："性命已定，不有其躬，何所恐？恐杀吾神智者不为也。"曰："纵子则又逃乎？"曰："性命已定，不立严墙，何不逃？死而无当，仁者不为也。"曰："其怨我乎？"曰："不知有子，何以生怨？不知有我，怨何由生？怨亦杀神智者不为也。"曰："其悔来乎？"曰："不知有我，谁何为来？不知有来，何由悔来？"曰："夺子资斧，其亦悭乎？"曰："本自无物，何由生悭？"曰："还子资斧，亦将取乎？"曰："乘物尽性，何由不取？"曰："达哉，妙矣。"曰："舌根于心，心根于天，天根于道，流其自然，而不知也。"盗跖悟，膜拜求教，请从艮子服贱役。艮子许之。①

文殊对

文殊法王谓艮子曰："吾有数谛，恒深怪异，子其揭之。"艮子曰："可哉。"文殊曰："最可怪异，心不见性，水不归海。"艮子曰："心不见性，有物障之。水不归海，有物障之。"文殊曰："尤可怪异，重鋈不落地，聪明不通天。"艮子曰："重鋈不落地，绳系木阻。聪明不通天，情系识阻。"文殊曰："极可怪异，鲜卵不孵禽，众生不成佛。"艮子曰："沸汤中鲜卵不孵禽，大欲中众生不成佛。"一笑而别。②

答孟子

孟子谓艮子曰："子其何有？"艮子曰："万物皆备。"孟子曰："贵为帝王乎？"艮子曰："草芥神器，贵于帝王矣。"曰："富有天下乎？"艮子曰："敝屣万乘，富冒天下矣。"曰："有径寸之珠乎？"曰："视如河沙，固已多矣。"曰："有火浣之衣乎？"曰："视如袜线，不胜数矣。"曰："有灵囿、灵台乎？"曰："视如陋巷，游之豫矣。"曰："有玉食威福乎？"曰："视如瓢饮，甘之乐矣。"曰："有盖世之名乎？"曰："闻不出闼，盖万世矣。"

---

① 原点评："如斯，如斯，可以，可以，何人不可待也。"
② 原点评："此三怪，乃天下之大怪也。"

曰："有神禹之功乎？"曰："不为一事，迈神禹矣。"曰："有公输之巧乎？"曰：不琢性天，驾公输矣。"曰："有孔子之学乎？"曰："心无一字，尚孔子矣。"曰："有通天之目乎？"曰："不见泰山，胜通天矣。"曰："有神龙之变乎？"曰："空其无御，役神龙矣。"曰："有终岁之食乎？"曰："饥亦不忧，食不尽矣。"曰："有千里之马乎？"曰："一步二尺，马不用矣。"曰："能入水不溺乎？"曰："溺亦不溺，固不溺矣。"曰："能入火不蒸乎？"曰："热不亦热，固不蒸矣。"孟子喜，遂相与为莫逆交。①

唐太宗

唐太宗好文，士无不入彀者。艮子往见，曰："我试必冠军。"太宗使之角诸闱，士以万计，艮子仅书一'一'字而已。三试皆然。太宗怒，欲诛艮子，数诸朝曰："子欺上，法当诛。"艮子曰："不欺。"太宗曰："不欺，胡弗能文也。"艮子曰："文极矣。"太宗曰："一'一'字，遂足以为极文乎？"艮子曰："本不足以为极文，如必极，虽一字亦无矣。然内尽中国，外尽八荒，无如此文者矣。"太宗曰："诸臣多士，济济彬彬，宁不识一'一'字乎！"艮子曰："如识一'一'字，不在灵山，即在天国，君岂得而臣之哉。"太宗悦，谢艮子，欲仕之，艮子不可。②

至广大

艮子问于石崇曰："何处至广大？崇曰："金谷园至广大。"艮子曰："蚋若度。"问于嬴政曰："何处至广大？"嬴政曰："秦地至广大。"艮子曰："蚁若度。"问于墨翟曰："何处至广大？"墨翟曰："天下至广大。"艮子曰："囿若度。"问于耶稣曰："何处至广大？"耶稣曰："天国至广大。"艮子曰："卑若度。"问于弥勒曰："何处至广大。"弥勒曰："三界至广大。"艮子曰："陋若度。"问于文殊曰："何处至广大？"文殊曰："虚空至广大。"艮子曰："子知其外。"问于侔尼曰："何处至广大？"侔尼曰："心

---

① 原点评："我了，万相自了。我不了，何能了？"
② 原点评："天下才子，那能真识一'一'字，识'一'字以对人则可，识'一'字以养性命，谁知之？"

地至广大。"艮子曰:"子知其内。"倬尼笑曰:"何谓内外?"艮子亦笑曰:"实无分别。"①

籛铿

老彭方在孕,其父谓艮子曰:"吾妇姙矣,医者曰男。"艮子曰:"征信。虽然,必死骸也。"及生,其泣皇皇,人以艮子为妄。艮子曰:"实死骸也。"铿长而硕,复问艮子,艮子曰:"固死骸也。"铿怒,行年百岁,遇艮子于商野,面斥之。艮子曰:"真死骸也。"厥后八遇八净,寿八百载矣。艮子曰:"死骸终不悟耶。"铿归而有思,即夕遂殁。艮子往吊之,谇曰:"子如恋千岁,千岁之前不当生。子如今日来,千岁之后无老彭。蜉蝣之羽楚楚兮,临棺趯趯傲籛铿。去之去之毋縈縈,莫如寂化登九京。"②

元驹国

艮子神游于元驹(蚁名,见古今注)之国,国袤九万里,广倍之,多沙漠,上无日月,下无江海。厥木倒植,厥草的皪(音乐,的皪,白貌),厥山归砠,厥土黄壤,厥候煊和,厥民气语,厥政专肃,厥德忠义。无耕稼牧畜工织之事,尊官坐明堂,督民猎,放诸境外,弗获貙粮,无敢归者。然性勤笃,尽瘁靡盬,罔或遁逃。罢猎,喜崇筑,能为山,盘巩峥嵘,豁开周道,壶阁曼迴,琼台比栉。皇帝蚍蜉硕大如陵,众朝之,日三。枢臣蠪蚚,高及帝膝。长史蚼蠪,及蠪蚚之膝。校尉赤蚌,及长史之膝,其身三齐民。故官不旰显,民不迫吏。仓庾坻京,不可胜食。艮子好其均,欲留之,私于赤蚌。赤蚌荐诸蚼蠪,蚼蠪荐诸蠪蚚,蠪蚚以见于帝。召询大悦,问所能,艮子以文对。帝命为太史,使掌石渠、天禄,日晋觐对。帝慧甚,经史百库,覆诵不遗点画。然日夕惟诵《仁慈经》一卷,云自开国百万年,圣哲千馀所继纂也。惟尚武习战,两军相合,一无生走。史中夸西魏赤帝之捷,驾于坂泉、涿鹿。问艮子曰:"子之国,亦间有斯烈乎?"艮子举秦汉唐元以对,帝皆一笑置之。徐曰:"成吉斯汗、楚项羽辈,求为一赤蚌,吾嫌其僿,未

---

① 原点评:"大无内,无内故大,亦无内小。小无外,无外至小,亦无外大。"
② 原点评:"不死何生?生已是死。"

录也。若曹彬、孟珙、王彦章、郭子仪，心固血忱，今杂士卒中，不致失律。"艮子请其故，帝曰："吾国从无阋墙内哄，异国启衅，必三让而后称兵。顾子国之将，同色相残，以罪为功。至此，民皆恶其秽，投畀有北矣。子不考污鉴中事耶？"艮子归而考之，凡污鉴六库，中国四千年，外国二千年战绩，皆历历如画。诛拿破仑、嬴政如狗彘，笔削严峻，谓兵行天罚，翊辅圣道。德不十不敢以责一，仁不全不敢以趋利，艮子不能易一辞。承乏六百年，王使艮子为长史，周行四境，采风补缺。艮子出，庶迤赫耀，卤薄森华，过秦始皇甬跸百倍。行馆壮丽，亦胜阿房、铜雀。境内四百王，封侯伯万计，皆蠛蠓、蚼蠔之属。铁券继除，带砺冈替。兵各千万，有亿兆者，日夕伏诵仅《忠经》耳。享用逾于长史，而逊于帝。艮子归，复命，计四百年，不知若何遥徂矣。诸王赠赆，美女珠玉，延六百里，艮子以分给诸民。帝以艮子清，策拜首相，简召诸国为艮子起铜鞮之宫，环百里。而以四女妻之，供赡半帝禄。富贵煊濯，生祠林列，史绩赞扬，罄竹难书。他日，艮子率羽林狩于栏锜，入深溪中，褋襹四合，遇道士蠚真子。问其所学，蠚真曰："弃若膻垢来，则可。"长子归以告于帝，伏阙三辞，才得请。帝命行人送之，四公主涕而祖〔阻〕于野。艮子遂从蠚真子游，十年而道成，为飞仙。恋帝恩思拔之，奏封十上，帝将纳矣，诸王大臣，交章诋阻。艮子仅得偕公主去，题于殿楣曰："五福极丰，汤火之中。乾坤弗贞，牵牛降讻。再岁之晦，帝入无宫。"诸王大臣不解，命太史占之，太史以妖言诽谤闻。于是，举国怨艮子辜恩，捕求不得，尽毁其生祠。铸铁像于通衢，群稚践蹴。再岁晦，太史走告于帝曰："天帝命牵牛灭我国。"帝亟召迁都，忽闻天崩，洚水大至，腥若兽溲，举国荡覆。艮子惊，遽然而觉，则是一梦。告其妻妾，皆云梦为元驹国公主。入圃，见巨牛蹯破蚁穴，大溺如注，鞭之始窜。蚁胶于淖，无一生者，艮子乃为之石冢而葬之。其后，艮子西行，遇蠚真子于崦嵫，乃鬼谷也。①

投阱

艮子多智，人以为神，实不神也。清明知常，故如神耳。他日，左右

---

① 原点评："蚁穴中气象如此。""人如此，国不治乎！""官身天生，必比民大，民又何争？人独不然，是天有□之意，而有试之之方也。""蚁见如此，人亦如之。""蚁真无阋墙内讧，可以人而不如物乎！"

欲觇之，设阱于门，艮子投焉。左右曰："焉用哲人？驱而纳诸罟获陷阱之中，而莫知之避也。"艮子蹶而起，坦荡荡，憩而言曰："将吾诩神以欺人哉？陷焉是吾罪也。将子疑神以自欺哉？嘲焉是益惑也。吾闻圣人不求先时之知，不舍当由之正。故孔子行而陋于蔡，文王朝而囚于商，周公亲亲而害弟，唐尧试式而杀鲧。子毋以怪自欺，而乃以责我哉！《易》曰：'不戒以孚，中心愿也。'哲矣，谁能出不由户？无伤于方矩，陷斯可也。"①

人　耻

人所大耻不自尽性，故艮子见辱于禽兽虫鱼，卒无以应。初，艮子不礼禽兽虫鱼，以为卑愚。他日，艮子坐于林，有雉集焉，谓艮子曰："子奚不礼我哉？毋亦有所鄙弃耳？吾闻圣人以自尽承天为贵，戕厥性者贱之。今我固自尽矣，十步一啄，五步一饮，见矰斯飞，见鸢斯藏。苦吾卵之多也，尽全而育之，岁将及百，不十年而盈地。地无以载，故天生异类，需吾血肉。偶不尽性，其何以克逭？今人也，寡生调均，地固足以养之，乃不尽性而自相屠戮，其不如我也远矣。"艮子怍，拱而后敢退，避于阴邱。有豻在焉，谓艮子曰："子奚不礼我哉？毋亦有所蔑视耳？吾闻圣人以自尽顺天为贵，害厥性者贱之。今我固自尽矣，昼吃甘草，夜寝封陬，见阱斯旋，见狼斯奔。苦吾羔之多也，岁将及十，尽全而字之，不百年而盈地。地无以容，故天生异类，饱吾血肉。或不尽性，其何以克逭？今人也，寡生调均，地固养之有余，乃不尽性而自相侵夺，其不如我也远矣。"艮子愈怍，揖而后敢退，避于丛莽。有龟伏焉，谓艮子曰："子奚不礼我哉？毋亦有所慢藐耳？吾闻圣人以自尽应天为贵，失厥性者贱之。今我固自尽矣，渴吸清涟，倦休软卉，见蛇斯匿，见鳖斯离。苦吾鼋之多也，尽全而遂之，岁将及万，不五年而盈地。地无以积，故天生异类，吞吾血肉。多不尽性，其何以克逭？今人也，万物供赡，地非养之不足，乃不尽性而自相迫逐，其不如我也远矣。"艮子大怍，再拜而后敢退，逊于河浒。有鲷出焉，谓艮子曰："子奚不礼我哉？毋亦有所轻忽耳？吾闻圣人以自

---

① 原点评："人皆谓艮子智，艮子实不谓己智。夫着尘之智，圣人不高于人也。不着尘之智，人不守耳。守之即圣人也。"

尽得天为贵，戾厥性者贱之。今我固自尽矣，乐跃纹波，止归石穴，见罟斯潜，见獭斯淰。苦吾鲵之多也，岁将及亿，尽全而滋之，不三年而盈地。地无以屯，故天生异类，噬吾血肉。皆不尽性，其何以克适？今人也，万物供赡，地非不足养之，乃不尽性而自相残殄，其不如我也远矣。"艮子极怍，稽颡而后敢退，思欲泄忿于鸢狼蛇獭，往数之曰："奚以很[狠]鸷为也？"鸢狼蛇獭，皆怒曰："吾以天性之凶，非杀无以保吾生，人然夫哉！吾无圣哲之教，起立不足以通天，人然夫哉！且吾尚不食同类，人取法夫哉！负天之恩，辜天之惠，忘天之本，丧天之德，惟人惟最。其转而奴于我也，污我齿龈矣。《诗》云：'投畀豺虎，豺虎不食。'子其反之。"艮子耻，汗滂滂如雨，罔有答于禽兽虫鱼。自此以后，见禽兽虫鱼，伏不敢起。闻之南夷，有拜牛与象之俗，中国有祭虎迎猫之典，海国讥之，其亦不揣其本耳。①

邓攸

邓攸问于艮子，曰："吾闻善人必有后，其然岂其然乎？"艮子曰："善人合天，众生皆其后也。不善人圮族，子孙皆其仇也。何哉，子所谓后者？"攸曰："吾身之精，吾妻之血，化而成形，日绕于膝。"艮子曰："此不难，使汝为鱼，岁生十万，三五其年，宁不满贯（满贯，见回教《天方典礼》）。使汝为鸡，岁生二百，六七其年，重堂喜溢。"攸曰："否，否，多生多杀，父子且相食矣。"艮子曰："然则，多不如少，尧所不欲，少之又少。至善惟独，圣人上天，岂恋家族。"攸悟，请业。艮子为之歌曰："无子岂由天，有生已云诞。独抱迟暮思，永遗俗人叹。"②

破凿

天亲作《唯识颂》，群哲起而演之，佛教徒别宗增论，祸烈于洪水猛兽。日者，天亲遇艮子于途，谓艮子曰："子何不析心穷源而细辨之？"艮子曰："予日闷闷，不知东西，安所得心而辨之哉？"曰："不辨，何以能

---

① 原点评："拜禽兽，实不迷信。彼先见者有真理，特学之者失真耳。"
② 原点评："无子者，知此不恨矣。"

净?"曰:"惟然,俟吾辨之。先请于子,子身之血,共有几点?"曰:"不辨。"曰:"不辨,何以能运?"曰:"运其自然。"曰:"子身之毛,共有几茎?"曰:"不辨。"曰:"不辨,何以能生?"曰:"生其自然。"曰:"子必炊米而后食乎?"曰:"炊。"曰:"数一炊若干粒否?"曰:"否,不可胜数,量之惟简。"曰:"子必缝衣而后衣乎?"曰:"缝。"曰:"数一衣若干缕否?"曰:"否,不可胜数,度之惟简。"艮子曰:"然,吾亦量度吾心,其大无外,其小无内,如毛自生,如血自运,本无有识,何则为八?"天亲悟,不作疏系而辍。艮子笑曰:"唯识之理,实亦非非。以济浮放,不亦可乎!然吾以觉天亲,应如此耳。所恶于彼者,恶其凿也。吾如禹之行水,千岁之日,至可坐而待也。"①

讲　经

焦赣以《易》问于艮子曰:"子精此乎?"艮子曰:"精。"赣遂出《易》,艮子乃不识一字。赣骇曰:"不识一字,胡能讲《易》?"艮子曰:"《易》称龙德,龙识字否?《易》称庖牺,庖牺识字否?"赣悟,请业。伏生以《书》问于艮子曰:"子精此乎?"艮子曰:"精。"生遂出《书》,艮子亦不识一字。生骇曰:"不识一字,胡能讲《书》?"艮子曰:"尧舜以前亦有《书》乎?无《书》可圣,故不识《书》。"生悟,请业。有欲受《孟子》者,艮子曰:"孔子不读《孟子》。"有欲受《春秋》者,艮子曰:"大禹不读《春秋》。"有欲受《礼记》者,艮子曰:"伊尹不读《礼记》。"项羽在侧,喜曰:"书足以记姓名而已。"艮子怒曰:"如汝蠢蠢,当令读破万库,尚恐求放心不得。"②

少正卯

少正卯闻学问文章,敦行修仪,出孔子上。孔子使艮子往觇之,归而以告曰:"紫夺朱,伪乱真,少正卯有可杀之罪,必无赦。"孔子曰:"何谓也?"艮子曰:"聪明博辨者才也,仁和忠恕者德也。有德无才,天下之福。

---

① 原点评:"不必深辨,自有天运。"
② 原点评:"不必读书,自得真理。然此语非俗人所能说,非俗人所可说。"

有才无德，天下之毒。今少正卯为毒深矣。"曰："子何以观之？"曰："吾以常理观之。"曰："何如？"曰："吾初誉之，欣然而喜。吾继折之，艴然而怒。圣人无名，无喜无怒，彼固非也。吾进以货色动而受，吾临以祸气慑而沮。圣人无欲，无利无恐，彼又非也。吾与之辨，彼必求胜。圣人无我，彼固非也。吾与之评，彼必求饰。圣人无伪，彼又非也。富贵之念，未绝于心，流于口舌。得失之怀，未断于物，征于容貌。是谓无圣人之德，而有圣人之才；无圣人之内，而有圣人之外。夫如是，如虎蒙犬皮，易入人闼，鸩藏馐中，易入人口，为害极焉。"孔子曰："弟子识之，毋以虎入闼，毋以鸩入口。"乃诛少正卯。人谓艮子明，艮子曰："知常即明，毋然自欺，观圣之道，如辨黑白，其何难之有哉。"①

左 思

左思以其文示艮子，艮子不识，思哂其陋。明日，艮子以一素车金入思闼，思喜而受之。又明日，艮子以一华车火入思闼，思怒而阻之。艮子曰："子何以前纳而后拒也？"思曰："火肇灾而金为宝，或纳或拒固有自也。"曰："宁独不爱华车乎？"曰："亦惟观其所载耳。"曰："惟然。夫车以输物，文以输意。文素而合道，以为世福，是载金也。文华而启欲，以为世祸，是载火也。以子极壮，尽工于奢靡淫迭，心之灾也。葩而弗理，将焉用之？古亦有志，经纬天地曰文，比于《灵台》之歌，则《三都》鄙赋，固不足以言文也。"思怍而退。②

劝 蚁

艮子之圃，有小丘焉。丘有九砦，一砦三石，其下维寡，窑然多垤。中砦有老蚁，宅焉。其后王子生，分封八砦，居然棋布，带砺之势，雄于列国。初犹区疆猎食，戒不相扰，井井尔，莫不逸裕。日者，一犬死于圃中，九砦之蚁，闻腥奔至，各谋于其党，谓利厚，思专之。党既有九，孰非是心，不相下，遂帅队以斗。再接再厉，浮尸没径，死者十七八矣。艮子往观

---

① 原点评："才德之辨，在几微间，非真人，何由知之。"
② 原点评："俗士流于文字，而不载道，其为祸极烈。"

之，怃然深慭，乃以巨箕覆犬尸而祝之，曰："数党同利，当谋戮力，共保而存之。巩固一中，睦协均食，不亦善乎！不然，吾将以刃解犬尸而九之，则轻小而易举。上有乌鹊，下有鼷鼠，各攫一脔，非汝辈之所得有矣。所以迟重莫举，俟汝辈麇兵于傍者，硕大在囷故耳。蠢蠢有灵，其忖择之。"三祝，竭虔，九党之蚁似悟，王皆出穴，向艮子若为礼者。于是止斗，竟彻［撤］桑土，密封箕罅，余小孔焉。九党同食，终岁不尽。艮子顾谓左右曰："弟子识之，可以人而不如蚁乎！"①

谏鲍叔牙

齐小白既克公子纠，念管仲射钩之仇，欲杀之，谓鲍叔功高可相，专国以听之。艮子闻之，见小白曰："闻君相鲍叔，故趋贺，进骏骨焉。"小白曰："骏骨安所得？"艮子曰："今从西方来，多载宝。沙漠旷远，万里无人，主仆二人，驱马三匹，背负各百钧，加人焉。马骐、骝与驎，皆矫健，美衔饰，饫良刍。一夜闻驎曰：'骐、骝分予宠，夺予功，同予食，如死，福我必专之。'明日，遇阱，骤蹶骐，骐蹶，死焉。吾以宝贵不能弃，分加于骝、驎，几不胜，脊将折。一夜闻骝曰：'骐我弟也，杀于驎，又贻我以苦，必报。'明日，驎临崖，骝自后冲之，颠。遂并重宝毕载于骝。骝困压颡鬣，蹉跌千里而毙。吾不得已，舍去重器，以骝义，怀一胫骨归。故敢以献。"小白曰："驎妒能而不思任重致远之难，骝修怨而败主公事，丧厥身，非良也。"艮子曰："君察于马，未察于国。今齐以荡覆之余，艰危孔亟，吾以为群贤分任，尚惧不既，乃欲以小恨弃宏才，则鲍叔与君皆为骝骨矣。"鲍叔闻之惧，荐管仲且力，小白亦惮而从之。其后霸诸侯，匡天下，逸而居成。鲍叔卒享太平，宅齐相。艮子叹曰："人知自利，可以王矣。"②

巢 迁

境迁犹巢迁也，其道艮子闻诸仙凤。初，艮子游泰谷，见有风云挟凤巢

---

① 原点评："今日争权夺利者宜鉴之。"
② 原点评："任重当以大才，一毫不可勉强也。"

而飞，神凰伏卵，寂然不动。雷电震骇固不动也，龙虎攫拿亦不动也。妙乐盈耳固不动也，天花散落亦不动也。十日不食固不动也，鬼神呈怪亦不动也。魑魅告殃固不动也，山崩地坼亦不动也。如是诸象，凡历万千而雏成矣。艮子就而问焉，神凰语曰："三才合契，万类定基，禽类下愚，其赋不全。伏雌天也，卵即人也，巢即地也。三才本别，尚强合之，忍静不动，焉得不成？今人之灵天也，其性人也，其身巢也，戴巢而走，三才本合，倘以境迁物逐，灵离于性，如禽之惊感百扰，弃卵而飞也。"艮子揖而进曰："苟失巢，奈何？"神凰曰："骇巢何处不可得？汝犹有四大之见哉！《阴符》但言天人合发，固未尝言地。"艮子豁然下拜，神凰不见。于是归真，惟观如幻。①

华　士

华士多闻，诗书百邺架，覆诵如流。疏注引释六艺诸史，傍及象术，皆通习之。名天画地，上悬星数，下有沟蹊，无不毕识。比于遇目成诵之慧，殆千其倍。闻满八极，自天子以下，争欲下之。虽然，未闻道也。他日遇艮子于途，欲加折辱，谓艮子曰："来，予与尔言，天有几星？地有几丘？水有几流？史有几人？能尽名之，言其形状，举其事迹，与吾证乎？今古几字？载籍几言？能尽点画，析以方音，与吾角乎？"艮子曰："子试言之。"华士侃侃而谈，了如指掌。艮子曰："皆非也。"华士曰："有录与图。"艮子曰："益非也。吾闻天惟一星，地惟一丘，水惟一流，史惟一人，无名，无形，无状，无事。今古无字，载籍无言，无点，无画，无有方音。"华士不服，艮子乃谓华士曰："限君十里之远，数沙而行，能几时至？数草而行，能几时至？数石而行，能几时至？数木而行，能几时至？"曰："数沙而行，千秋不至。数草而行，百年不至。数石而行，岁月不至。数木而行，时日或至。"曰："无数而行，能几时至？"曰："子至，我亦至矣。"艮子曰："我欲至彼岸，程之修阻，不可意计。吾不能与子数沙草石木矣。夫上达惟一，下达无穷，体道惟一，入物无穷。智虽有余，吾不用也。明虽有余，吾不照也。子之所云，皆在秒中。扫而空之，犹惧弗既，子固自好，曷其傒之？"华士不悟，困至于死。艮子吊之曰："少者大，多者小。尔欲

---

① 原点评："人本三才兼备，何可自性昏惑远离？"

多，吾欲少。千岁之日，各计厥考。尘之纷纷，曷其有好？何如抱一，开张天表。"①

禅 僧

禅僧问于艮子曰："如来有禅宗正法，子知之乎？"艮子曰："不知。"禅僧曰："系身九缘，发际顶间，眉中鼻端，胸脐丹田，足穴指尖。现身九想，臃肿青瘀，败坏涂污，脓烂骨枯，虫食烧除，分割无余。内止外观，气血循环，以化以迁，吾神乃全。"艮子曰："以吾所闻，独与子异。系身九缘，厚禄高官，大名良田，声淫色妍，子贵孙绵，于万斯年。现身九想，肾健胆强，目明耳良，肉肥鼻香，骨坚心狂，赫赫洋洋。绝天通地，甘食美衣，合同伐异，欺迷取利。大道大道，万世万世。"僧骇曰："吾以密告也。"艮子曰："吾亦以密告也。"僧曰："密如是乎？"艮子曰："密必有谋，不谋何密？天道显易。尔得我得。吾闻真以道济世者，不取一芥，不盱一官，不求一利，不欺一人。外绝其欲，内尽其诚，不妒不净，不喜不惊，由由循循，理达谊明。以掖众生，犹惧不足，况敢托密以行其怪乎！"僧悟，请益。艮子曰："汝毋好径，市井是沿。佛性在常，汝全我全。无欲无念，即道即天。仙本是人，蛾本是蚕。真空即妙，真仁即玄。神化我遵，道法自然。行亦是禅，趾重心安。坐亦是禅，头直体端。卧亦是禅，梦不入偏。动亦是禅，四体舒宽。思亦是禅，上达内专。语亦是禅，昭晰渊源。终身无念，尽舍攀援。五官任幻，一直通天。不迷正觉，不受师传。大化自在，玄之又玄。瓜熟蒂落，壳解雏全。大奇极怪，白藕生莲。"僧乃稽首而退，于是直迨涅槃，不见其还。②

平 等

秦始皇东游，遇艮子于泰山。有牧猪奴馌之，艮子拜而后受，甚恭。始皇爱其谦，召而飨之，艮子拜受如前状，不稍加礼。左右曰："礼天子如牧猪奴，罪且族。"艮子曰："山野性成，不知俗贵，渎甚。虽然，抑犹有说，

---

① 原点评："人智有限，净斯可以，何必数沙。"
② 原点评："心不为物诱，即是大道，更有何禅？"

顾不知天子与牧猪奴亦犹有等差欤！"左右曰："悬殊。"曰："等差几位？"曰："十六七矣。"艮子乃以两石粟，同器量之，曰："有差等乎！"皆曰："无。"曰："拨而数之。"则多少逾数千粒。又以两斗粟，同器量之，曰："有差等乎？"皆曰："无。"曰："拨而数之。"则多少逾数百粒。又以两升粟，同器量之，曰："有差等乎？"皆曰："无。"曰："拨而数之。"则多少逾数十粒。艮子乃言曰："有升之量，则忘数十位之差。有斗之量，则忘数百位之差。有石之量，则忘数千位之差。其量愈大，其迹愈泯。一人一粟，一世一器。天子纵不能量包四表，岂升斗之不如哉！区区十余级，尚足论乎！吾闻皇帝或称圣人，固宜视秋毫如天地，何自小乃尔？"始皇惭，谢艮子。其后曹操、王莽闻之，皆迎艮子，欲即其说，以饰僭越。艮子曰："世贵之设，正以为斯獠耳，我必往。"艮子至，操、莽皆曰："闻先生之论，天子乃与牧猪奴同耶。伟哉！哲也。"艮子曰："何止此。"曰："犹有进乎？"曰："有。"曰："何如？"曰："宰相与猪，同当听牧于天子。"①

叠平等

汉武帝问于艮子曰："天子尊于大臣，大臣尊于小臣，小臣尊于庶人，天之道欤。"艮子曰："非也。"曰："何以证之？"曰："乌无大小，乌群无王，无官，是天示之平也。蚁有大小，蚁群有王，有官，是天为之级也。今君之国，天子非三首四臂，不伟于大臣，大臣不伟于小臣，小臣不伟于庶民，而强别等差，上以是害觉而生淫，下以是害形而受约，祸莫大焉。"于是，齐民闻之，竞谈革命，思平等，乱且作矣。艮子曰："吾几祸国。"乃走告于齐民曰："今有圆球于此，颠之，倒之，同一稳乎？"曰："同。"曰："倒悬人身，头下足上，同一安乎？"曰："否。"曰："天宇荡荡，同一平乎？"曰："同。"曰："移山填谷，塞河壅海，揉地如球，镜砥撼之，以求其平，其亦可乎？"曰："否，水将泛滥，人为鱼矣。"曰："然则，争于地不可以言平等，争于天乃言平等，戴尔形不可以言平等，圆尔觉乃可以言平等，今民各修德，皆巢父、许由，君不得而臣之，自归平等。若以力相争，则洪水横流，民皆倒悬矣。"汉民曰："善。"于是，乱遏以劭天爵。②

---

① 原点评："是大自然平等。""不当以僭越之心，假平等之说。"
② 原点评："平与不平，随是皆宜，要在□各自□。"

华盛顿

华盛顿、唐太宗恃一时之治,以夸于艮子曰:"可以谓之圣治乎?"艮子曰:"此禽兽治耳,恶得圣?"皆曰:"刑措富裕,子尚以为禽兽治,亦有说乎?"艮子曰:"有!今从齐州来,见有耕于野者,尽摘禾穗,穗断,故干叶苗秀。及秋不获,乃以大饥。今君之治,不如是乎?"皆曰:"何愚至此?"艮子曰:"君不知'道',安得不愚?夫人有觉焉,将以成佛,非徒混沌百年为不实之苗也。今之为治,赡其耳目口鼻之养,民丧正觉,皆行尸走肉耳。吾闻诸老聃曰:'使民复结绳而用之。'此为绝地以通天。孟子舆曰:'逸居而无教,则近于禽兽。'此为绝天以通地。吾故曰:今兹之治,禽兽之治,非人之治也,而况于圣乎?"于是,华盛顿、唐太宗大怍,求佛理不晰,忧惶以死。①

溺黎疑

黎疑怆然而叹曰:"甚矣!天道之远也,乃不昭示大仁而来拯我。《诗》曰:'天之牖民,如取如携。'岂可信哉!岂可信哉!"艮子不答。三叹。艮子忽起,推黎疑于沟中。黎疑溺,惶急跃浮,再沉再跃。出一手以招艮子,艮子拯之。黎疑曰:"何故溺我?"艮子曰:"何故招我?"黎疑曰:"思拯,故招子。"艮子曰:"子思我拯,而出手于水上,以招我矣。子思天拯,何不出灵于物外,以招天乎!深溺自沉,抱石灭顶,我虽欲拯,无如子何矣。深欲自蔽,抱利灭性。天虽欲拯,其如子何哉!"②

初平地

艮子神游于初平之地,其地径凡十万里,圆如美珠。瘠苦毒杀之氛,胜于吾地。民智且不吾及,而治理特善。其田亩、沟洫、宅居、道路,皆经纬划区,凡方百里之内为一区,区中仅民万人,多少之差,不过二十,为小黉

---

① 原点评:"治时已种乱基,不可不察。""物丰则眼耳鼻舌身意之乐足,而邪机作矣。"
② 原点评:"陷溺其心,是自绝于天也。"

宫，设垣楯以避猛兽而已。余皆散处，比户整然，碁布纵横，矢直可觑也。周道因之，纯耕。无用货财，谓金玉性之毒也。无食肉血，谓晕腥觉之毒也。衣服饮食，宫室之制，上下长幼同。民无等别，无姓名。方千里设中簧宫，方万里设大簧宫，全地设主教簧宫一。凡诸簧宫，教师各数人，以其区之元老为之。无政治繁网，经凡四卷，一曰主教经，二曰群经，三曰区经，四曰家经，五曰心经。艮子请于主教而观之，主教恭卑如乡老，尽出之。其主教经云："佛命尔司此地教，毋使民生情欲恋土。故享礼无丰于庶，清淡合天以自娱。月之望，集大簧宫之教师而讲五经，慎乃纯仁。"其群经云："己欲立而立人，己欲达而达人。和睦全灵，无沦于禽。己患犹小，人愚为急。天下一身，遍为尔德。毋爱近而弃疏，毋差等于情僻。"其区经云："死徙无出，备物倍用。人不亡，不增生，男女异居。区有化者一，乃告某家合二男女，不胎，改合，合已各返。月之朔日，各区讲五经于小簧宫，讲必实践。又十日，小簧宫之教师讲于中簧宫。又十日，中簧宫之教师讲于大簧宫。凡民十，设小教师一，小教师十，设中教师一。馀亦如之。日夕必巡，化其弗遍。教师不贵，享礼毋丰于庶。"家经云："男十为家，女十为家，无有召聚，或百人相，不得会合，合已而退。生子三岁，三易养，满养，分送于欸家。区方百里，人不盈万，盈则如鸟兽相食矣。家居共食，同衣，惟和，惟齐。半日禅诵，半日耕作，毋忽。"心经云："贵觉贱形，绝地天通。无属觉于五官百骸，以羁尔灵，复沦于地，虚空清净，恒久则成。先得六通，乃化佛神。更无妙法，自在圆明。苦汝觉者实形，弃之如桎梏。强斯百年，在狱待赦。一念之生，正性即溃，慎哉勿晦。"艮子既见其经，问所来，主教乃曰："吾地先五万年，杀伐淫夺，甚于子地万倍。经十万纪，后一圣人出，着书二十年，行化三十年，众乃豁然见性。诸大国帝王、公侯、将相，皆自解兵柄，及其富贵，皈依佛道。此圣人乃尽取往昔诲欲诲淫、繁文多礼、法律历史而尽焚之，且戒后人无为作记，留名字，以启瞻心。自此五万年，于五经外无增一字。吾地之人，初不及五十岁。圣出后，无不三百岁者矣。百岁后皆获二通，二百岁后皆获四通，至三百岁皆六通，尽尽成佛。此地本秽于子地，教之力也。"问："戒男女会合，何严如此？"曰："多生则地灵不足，人必愚迷。吾地宁任禽兽多生多杀，以泄恶气，人类惟淑和之休耳。"艮子欲再问，主教以讲时已至辞，归而书之，以证后世。①

---

① 原点评："此初平，非太平也，故尚杀禽兽。"

长乐老

艮子行于市，遇长乐老，歌曰："一岁复一岁，暂觉韶华贵。韶华如复来，愿与重相会。一年复一年，鬓发忽已斑。四野有荒冢，千秋无古仙。"艮子大怪，亦歌以和之曰："一岁复一岁，形老灵方贵。独拔乾坤圈，溷浊谁来会。一年复一年，神全鬓发斑。白骨藏下土，真吾超九天。"长乐老异之，欲请业。艮子趋而避之。①

电机人

有造电机者，访于艮子，曰："神仙之道，亦可求乎？涅槃之境，亦能往乎？"艮子曰："子何能？"曰："能为电机。"艮子曰："神仙之道易于此，涅槃之境迩于此。"曰："何为？"曰："子以二器发电转乎？"曰："转。"曰："汝心与血转乎？"曰："转。"曰："是矣。二器须求而后得乎？"曰："求。"曰："汝心汝血，亦须求而后得乎？"曰："否。"曰："固易矣。"曰："二器转运有所发乎？"曰："发雷电。"曰："发雷电至何处则住且明？"曰："至空。"曰："心血转运有所发乎？"曰："发知觉。"曰："发知觉至何处则住且明？"曰："亦至空乎？"曰："然。"曰："雷电有所引，往乎散乎？"曰："往哉散哉！"曰："知觉有所引往乎散乎？"曰："往哉散哉！"曰："道止此耳。"于是，其人去，不复营物，卒以得仙。②

梁襄王

梁襄王问于艮子，曰："何事最易，而可乐者？"艮子曰："通神明，赞化育，最易，而可乐者。"问其次，曰："平天下，治国。"曰："何事最难，而可苦者？"艮子曰："作奸回，争世利，最难，而可苦者。"问其次，曰："任放僻肆淫。"襄王不悦，曰："先生以易为难，以难为易，何愦愦也？"艮子曰："否否。王请勿疑，愿言其故。通神明，赞化育，无思无为，感而

---

① 原点评："秽土百年，如囚在狱，何故恋之！"
② 原点评："阴阳二电，尚待外求，阴阳在我，不外求矣。"

遂通，何故不易？作奸回，争世利，心劳日拙，病于夏畦，何故不难？平天下，治国，如视诸掌，恭已而正，何故不易？任放僻肆淫，昼夜頿頿，倒植之民，何故不难？"襄王然其辞，然不悟其理也。艮子遂去，不复与言。①

太公望

太公望钓于渭滨，艮子往见之，与饮极欢。望曰："吾岂匏瓜也哉，焉能系而不食？"艮子曰："嘻，子亦不知也耶！"望曰："何故？"艮子曰："君子之器，譬则兵然。竹马蒲剑，孺子弄之。长戈大盾，惟虎贲克胜耳，况百钧之鼎乎？今子之器，重如泰山，以撼大地，易于刈茅。苟非神力，谁能举之？吾闻松柏难长，大材晚成。天既生子，子其需之。"望曰："然。大行不加，穷居不损，吾何盱夫外？"相与失笑。②

觌孟子

齐王使艮子觌孟子果有异于人乎？艮子不往，即坐而答曰："已觌矣。"王曰："子未睹面，何以觌之？"艮子曰："以神觌而理决之。"王曰："请言其故。"艮子曰："耳目口鼻四体百骸，皆与人异。"王曰："何异之甚？"艮子曰："王能求一人与彼同者乎？"王曰："人不同貌，此固常也。曷深观之？"艮子曰："唯唯。然则，耳目口鼻四体百骸，皆与人同。"王曰："何同之甚？"艮子曰："王能求一人与彼异者乎？"王曰："人皆同形，此亦常也。曷亦深观之？"艮子曰："吾观止于此耳。即不然，言其真异，兔角蛇毛，非王之所能信也。王默然。③

说　梦

艮子谓目外无目，不能见也。耳外无耳，不能听也。五官百骸，亦如是焉。夜梦有神，大金光明，雷音走霆，乾坤忽开，七宝如林。艮子曰：

---

① 原点评："易平地也，不为难能。"
② 原点评："才大难用，又何必见用。"
③ 原点评："圣贤相对，一见自明。不可以相见，不可以行察也。"

"嘻！此境也，胡为乎来哉？"神曰："梦也。"艮子曰："梦来何道？如可寻者，将以身至，家室同之。"神曰："子所谓梦，乃子之真。子所谓真，乃子之梦。真真无形，真梦无悟。子意常云：'目外无目，耳外无耳。'目外无目，今汝在梦。目蒙于被，睫睑封之，子以何目，而得睹此？耳帖于枕，心意不属，子以何耳，而得闻此？明知目外有目，耳外有耳，增梦百倍，太极在履。今子之出远矣，如以电车，当行百万纪。顾神之游，投其所合，无别远迩，非若步然，一举仅三尺也。咫尺一念耳，宇宙一念耳，舍迩即来，是之谓道。与子家室，亦如斯妙。"艮子寤，念之不辍，教于所亲。惟趋其途，后遂常接于梦。①

适乐土

艮子游于适乐之土，见其草木虫介禽兽与人，皆与吾土殊且甚。形状情识，妙难殚述，咸呈极乐，又不即淫，若天地巧裁，适合其趣，候亦因之。艮子怪，因就长者而问焉。曰："子之天地，何善备乃尔？"长者曰："气所感也。凡气之感于污者，多生于子土，感于净者，多生于吾土。皆自投之，又何奇哉？子不见夫积水之生乎？尺洼寸湿，蝇蟝（音便旋，沙虫也）称雄，不游于洫，谓无鳅也。方池盈丈，鳋鲰仰鲫，不浮于江，谓无鲷也。石峡清涟，鳡鲤诩巨，不纵于湖，谓无蟫蝗也。五渎修广，鳄鱿张牙，不潜于海，谓无蛟龙也。夫气有厚薄，灵有钟散。天有清浊，地有大小。明明众星，子地如芥。安能以蝇蟝之见，测蛟龙哉！神形仙相，不可以识尽。宇宙之奇，不可以数计。子其修之，空空中和，各正性命可也。艮子归而惘然，十年不知有天地。②

佛算

西人好算术，艮子睹其式，无大小多寡，皆改之曰同。西人怪曰："子将谓斗与升同量乎？尺与寻同长乎？一与万同多乎？甚矣哉，盲而不察也。"艮子对曰："子将谓斗与升异量乎？尺与寻异长乎？一与万异多乎？

---

① 原点评："以人之六根，决不能穷宇宙之真理。"
② 原点评："净土必有，人不至耳。"

甚矣哉，盲而不察也。"于是西人设为两同之数，方程中等以示艮子。艮子增万于左，减兆于右，曰："亦同也。"西人固争之。于是，艮子曰："苟我数同，两端以同一数乘之，其数仍相等否？"西人曰："然。"艮子乃于方程两端，各以一空无乘之，皆等空无。西人大骇。艮子曰："此乃佛算，万数尽于空，万物还于空。无极即太极，此道属神功。"①

宋 人 问

宋人问于艮子曰："吾修存十年，尚不得通神，何也？"艮子曰："吾种禾十日，尚不见花实，何也？"宋人曰："禾寿半岁，时至则花实。"艮子曰："人寿几何，子之时至乎？"宋人似悟，明日心动，又请曰："百岁之日，可坐而待乎？"艮子曰："如彼禾然。子将奈何？"宋人愈悟，越日心复动，又请曰："吾得异人术，能速使觉通神，无俟于百年矣。"艮子曰："吾亦得异人术，能速使禾花实，无俟半岁矣。"宋人羡，请交易，艮子可之。宋人曰："吾术导引耳。"艮子曰："吾术揠苗耳。"宋人归而揠其苗，苗则枯矣。孟子遇艮子笑曰："谁教宋人揠苗者？"艮子亦笑曰："彼欲导引。"②

可 怜

艮子游于野，见道傍有捐瘠，没深雪中，须发皓白，身无寸缕，三日不食，左右曰："可怜。"艮子曰："是奚足怜者？"去之，入郡，见狱门有刑人，卧钉板上，四体漂赤，身无完肤，五日不死，左右曰："可怜。"艮子曰："是无可怜者。"去之，入市，有王者率数百骑，美妓声乐，骖从甚都。问之途人，皆言此王，富甲天下，淫奢毕极，罔不如志。岁三百六十余日，不问昼夜，又大精力，夕御百女，馔尽五羊，群仰此人实为多福。艮子乃怆然流涕曰："此宇宙中第一可怜人也。"左右曰："君不愍捐瘠，不吊刑人，而洒泪以哀骄王，不亦悖乎！"艮子曰："弟子识之，大欲杀觉，愈于汤火。害性之凶，惨于五毒。"③

---

① 原点评："不归空无，徒劳于数。"
② 原点评："修仙学怪，不自尽性，是揠苗也。"
③ 原点评："世间之福，大苦之门。一生饥寒，不为祸。一生刑戮，不为祸。一生不得道，乃大祸之极也。"

万　机

　　嬴政东游，见织妪在大谷中，就而乞饮。妪织不顾，左右曰："天子至。"妪曰："何谓天子？"左右曰："坐理万机。"妪曰："坐理万机即为贵乎？"左右曰："然。人中之极位也。"妪乃投梭而起曰："吾坐理一机，犹恶其赘，扰碍清明，非形腹之累，谁肯为之？若坐理二机，则苦于牛马矣。彼理万机，惨毒曷甚，岂爱身不若牛马哉！"闻者恍然。卫士骇，欲收之。妪忽冲霄化鹤而去。艮子闻之，喟然叹曰："织妪其神女乎！然不自俳于牛马者，皆可学也。"①

射　覆

　　汉臣问于艮子曰："武帝之臣，谁善射覆？"艮子曰："汲黯。"汉臣曰："不然。东方朔不较能乎？"艮子曰："何以证之？"曰："守宫藏中，神智能通。"艮子曰："未若内多欲，而外施仁义。"②

鸱　枭

　　鸱枭愬于艮子曰："吾冤特甚，吾育子之劳兮，子不养吾，而反噬吾肉。"艮子曰："和气致祥，乖气致异。汝杀人子，以养汝子，使佳禽不得安于夜栖，此秽土之极恶也。故天亦报汝以极恶，使汝知子孙乃非汝，汝何勤勋造孽为仇养肉哉。"鸱枭悟，遂自誓不食生肉。獍闻之，亦愬于艮子。艮子曰："汝欲报汝子乎？吾将使汝为獍之子。"獍曰："吾已为獍之子矣。"艮子曰："则又何说？"獍亦悟，自后不杀兽矣。朱全忠、杨坚亦访艮子，而问之曰："我艰辛创业以遗子，子乃且杀我矣，不可以不报。"艮子曰："吾不屑答汝，汝曷往问诸枭獍？"③

好　色

　　完颜亮问于艮子曰："何以极吾色欲者？"艮子曰："有术。"亮曰："为

---

①　原点评："天子理万机，何尝乐于谷中之织妪？"
②　原点评："人藏其心，不可测度，难于射覆矣。"
③　原点评："杀机相报，不择父子。有杀机者，可以惕矣。"

术奈何？"艮子曰："吾能使汝化身万亿，入于腻闺，少女妖姬，阖户任嬉。"亮拜，求教，艮子曰："吾沉汝于涸，灭顶鼓腹，必化为蛆。蛆飞为蝇，其数万亿。入于腻闺，少女妖姬，阖户任嬉。"亮怒曰："不已秽，且死乎？"艮子曰："畏秽恶死，何故好色？"①

契 内

艮子遘，极辱，大喜而跃，谓其妻曰："吾今获奇福矣。"其妻曰："夫子悖矣，所获者辱也。"艮子曰："不然，守礼而来辱，内无愧焉。吾初受之由由然，继受之欣欣然，知吾所得于中者厚，不已多于九锡之荣乎！"艮子贫，无炊，大喜而跃，谓其妻曰："吾今获奇福矣。"其妻曰："夫子悖矣，所获者贫也。"艮子曰："不然，守分而来贫，吾无尤焉。吾初受之怡怡然，继受之绰绰然，知吾所得于中者厚矣。得于中者厚，不已多于万钟之禄乎！"艮子被攫于虎，大喜而笑，谓虎曰："吾今获奇福矣。"虎曰："我且噬子，子何福焉？"艮子曰："反验吾心，陶然无惧，夷然无怨，知得于天，胜寿无疆。"虎感而敬之。艮子覆溺于海，大喜而笑，谓水曰："吾今获奇福矣。"水曰："我且沉子，子何福焉？"艮子曰："反验吾心，泰然无苦，充然无求，知合于道，胜为飞仙。"水悟而避之。艮子曰："反身而诚，乐莫大焉。人以契外为幸，我以契内为幸，安所往而不以福归哉。"②

广 居

艮子初有囿，宫室华丽，且十里。夺于邻，乃遁于村，犹百椽。人或嘲之曰："君居，昔孰与今广？"艮子曰："昔不如今之广也。"再夺于邻，乃逊于巷，犹数栋。人又嘲之曰："君居，今孰与昔广？"艮子曰："今之广，广于昔也。"又夺于邻，乃逊于窟，不蔽风雨。人皆嘲之曰："君今之居，尚广于昔乎？"艮子曰："然，固加辟矣。"人曰："君昔有十里之囿，山水之所萦迂，万卉之所错缀，廻榭高楼，盘桓不竭。今者土窟茅封，几不容榻。夏有伏暑之蒸，冬有冰雪之冱。而君以为广于昔，不亦诬乎！"艮子

---

① 原点评："好色者，固速死而极秽者也。"
② 原点评："契内自验，胜物为福。"

曰："惟然。吾始以目玩，中以身玩，继以心玩，终以神玩，故广狭之不同也。以目玩者，得山水之萦迂，目亦萦迂于山水，得万卉之错缀，目亦错缀于万卉，吾是以自狭也。今也门不伸背，室不舒膝，目无所游。反观于神，照耀八极。吾是以悔前之狭，而乐后之广也。夫大化之载，益物则损性，损物则益性。物之益，丰极不过尽一地。性之益，则视亿兆其地如芥子耳。吾何以不广？《诗》曰：'克广德心'，'何天之龙'。福也。"①

縻蔽

縻蔽问于艮子曰："天下万教之不同，何也？"艮子曰："将谓其同，则固同也。摘同比同，安得不同？将谓其异，则固异也。摘异比异，安得不异？故白马非马也。必谓白马为马，则凡天下之非白马者，皆非马也，骐骝骊骢，何以置之？谓马为马，则天下之马皆马也，又何有于骐骝骊骢哉！增名即非，无名乃是，谓之曰圣，亦已多矣，况又加以姓字乎！"縻蔽不悟，他日又问，艮子反而诘之曰："子之父人欤，亦非也？"縻蔽曰："固人也。"艮子曰："然则，子必非人也。"縻蔽曰："否，我亦人也。"艮子曰："不然，如子之见，以子之父为人，则凡须发眉目之不同于子父者皆非人矣，子固非人也。"縻蔽曰："须发眉目虽不同，有须发眉目则一也，我固人也。"艮子曰："然则，子以同求人，不以异求人也。推是理也，则吾未见万教诸圣之不同也，子能于同中举其不同哉，亦惟举其异中之异耳！是则大悖，实自误也。"②

争位

天王与罗汉争位，求衷于艮子。天王曰："我为诸天之主。骈襂煦妪，适生子身。子一成道，位在我上，不可以不下。"罗汉曰："吾闻以道大者大，以相大者小，以德高者高，以形高者卑。子犹生虎，虎必食兽，是子之仁，有未尽也。从我之教，虎不食兽，是我之仁，浮于子也。子犹生狐，狐必贪淫，是子之智，有未尽也。从我之教，狐不贪淫，是我之智，浮于子

---

① 原点评："所谓一毛孔中，容十万八千世界，广孰如之。"
② 原点评："大同小异。为大人者，当于异中求同。为小人者，乃于同中求异。"

也。仁智皆浮，宜我作宰，子其毋竞。"天王曰："吾为大父，父可以居子之下乎？"罗汉曰："在物言物，在道言道。如在朝言朝，则鲧不凌禹。在家言家，则禹不加鲧。今子之争，将以道欤，亦以物耳？"如是者，持不决。艮子折之曰："圣凡平等，何位之有？无竞惟仁，四方其逊之。有觉德行，四国顺之。善也。"①

佛诘

净土佛齐，艮子赴焉。诸佛皆嘲曰："子所来处，厥土惟秽，厥气惟浊，厥类惟昏，厥染惟伪。今兹之会，其所来者，厥土惟净，厥气惟清，厥类惟明，厥染惟真。子粪中蝇，无污我馇。子涂中蛴，无点我袡。去之去之，扬水沐之。如乞施与，遥吾掷之。"艮子仰首大笑，裣衣入席，列坐之首，大嚼不语。诸佛皆曰："是夫孟浪，应即堕之，如其有说，合法则赦。"艮子食毕，徐曰："不真有说，敢居首乎！夫大道之妙，妙于无相。无秽无净，何者为土？无浊无清，何者为气？无昏无明，何者为类？无伪无真，何者为染？粪中之蝇，自奋超神。涂中之蛴，绝俗能仁。以此之故，宜与斯会。"诸佛曰："此大法语，与会则可，俨然居首，未免僭越。"艮子绝倒，众知有说，静而听之。其言侃侃，曰："池中莲，则何足贵，火中芬茂，乃为至贵。"曰："土内石，不得称坚，磨而不磷，乃为真坚。今我来土，腥膻莫极。以佛莅之，当亦中慑。以兹藐躬，不过七尺。割之则痛，非同金铁。寒之则栗，非同火烈。饥之则苦，非同空饱。撼之则扼，非同虚化。而能出死入生，破迷证觉。灵感之强，战退私欲。奏凯而来，不亦壮乎！君等如纨袴子弟，在安乐室中，安能与身经百战之大将同年而并语哉！"诸佛皆笑，遂相推崇，不复争次。②

飞仙

有飞仙降于艮子之庭，云车龙骖，妙乐喧阗，神姬百辈，鬼将千员，摘日为珞，缀星饰缘，瞬息万界，咫尺诸天。傲呼艮子曰："孺子前。"艮子

---

① 原点评："位何必争，有位则争奖。"
② 原点评："能于秽土中不染，方为佛中之大雄。"

不惟不前，反呼之前。飞仙怒曰："乾坤宇宙，听我生杀，子之性命，在吾掌握，能不畏乎？"艮子言曰："子亦众生，众生亦子。吾视无生，吾视无死，明与子云，太虚在此，子能生杀乾坤宇宙，尚能生杀太虚否？"飞仙怍，强而言曰："子不请法，甘终没于泥涂乎？"艮子曰："何者为法？何为泥涂？吾以无求为法，子以求为法。吾以有相为泥涂，子以假名为泥涂。子乐吾乐，究谁为愈？"飞仙曰："吾固乐于子矣。"艮子曰："吾亦以吾乐于子矣。"飞仙曰："视吾左右，云车龙骖，妙乐暄阗，神姬百辈，鬼将千员，摘日为珞，缀星饰缘，瞬息万界，咫尺诸天，子能之乎？"艮子曰："坐进此道，安用云车？塞耳养聪，安用仙乐？目不属色，安用神姬？五兵不避，安用鬼将？无身无珞，摘日徒劳。绝因绝缘，缀星何事？万界一心，不须瞬息。诸天皆妄，咫尺奚存？且吾将以人相教人，而子以仙相教人，染犹不净，凡子之有，皆吾所不取也。"飞仙大怍，泥首受教。驺从尽灭，敝衣徒跣，人行而去。①

八　劝

艮子有八劝。劝人剥皮为衣，见华服者，皆殷殷劝之。劝人破肚作馔，见饕餮者，皆殷殷劝之。劝人刖足造鞋，见珠履者，皆殷殷劝之。劝人斩头易官，见簪笏者，皆殷殷劝之。劝人折骨炼金，见贪婪者，皆殷殷劝之。劝人剖脑染字，见文学者，皆殷殷劝之。劝人剜目换色，见淫视者，皆殷殷劝之。劝人贯耳作音，见邪听者，皆殷殷劝之。人恶其害己也，皆斥之。艮子泣曰："吾拯子也，何有害心？"人曰："何故？"艮子曰："譬如受刑，我劝子减，虽不尽免，不犹愈乎。人之刑极矣，杀神以为衣，毋宁剥皮矣。杀神以为馔，毋宁破肚矣。杀神以造履，毋宁刖足矣。杀神以易官，毋宁斩头矣。杀神以炼金，毋宁折骨矣。杀神以染字，毋宁剖脑矣。杀神以换色，毋宁剜目矣。杀神以听音，毋宁贯耳矣。"人曰："谁杀我神者？"艮子复大哭曰："挥刀不停手，时时在自杀。矢在喉，刃在心，吾欲为之拔之，反受其嗤，然吾终不忍也。"口干舌断，哭失声而去。②

---

① 原点评："人能我亦能，人否我亦否。辛苦与人同，教人得真主。"
② 原点评："富贵人知此，可作当头一棒。"

第二卷 夏

天 恝

佯尼佛一日大怒，呼诸天王而谴之。曰："汝何故生人以眼耳鼻舌身意，使之感于色声香味触法，而造恶如是哉？吾将堕汝于狱。"天王大窘，伏而恝曰："我生人而授之眼，欲使之内观性光、外照正路也，何人不肖乃以好色？我生人而授之耳，欲使之闻法悟道、辨音生慧也，何人不肖乃以溺声？我生人而授之鼻，欲使之呼吸通虚、颐育真灵也，何人不肖乃以摄香？我生人而授之舌，欲使之说法论道、保合太和也，何人不肖乃以嗜味？我生人而授之身，欲使之一直通天、万化自生也，何人不肖乃以作奸？我生人而授之意，欲使之明妙庶理、证信圆觉也，何人不肖乃以思邪？我实无恶心，人自误耳。"佯尼沉思良久，乃曰："汝等试议一法。"东天王曰："我使众神下巡，见有不自全者，塞其聪明。"南天王曰："不如多生万物，使之见相自悟。"西天王曰："不自全，不自悟，吾则处之以极刑。"北天王曰："刑后加刑，吾使之藏密复性。"佯尼领之。艮子窃闻涕下，潜出入世，遍以语泄于人间。天王妒艮子，屡阨之。艮子曰："吾终不屈于艰难，忍斯人之沦胥也。"①

汉文帝

汉文帝问于艮子曰："五帝三王，谁优谁劣？"艮子对曰："首商高，次周文，最劣唐尧。"文帝曰："何故？"艮子曰："高宗不见传说，而委政不疑，文王不如也。文王既见吕尚，而委政不疑，唐尧不如也。唐尧详试虞舜，而委政不疑，后人不如也。"他日，又问。艮子对曰："首唐尧，次周文，最劣商高。"文帝曰："子之答易矣，敢闻其说。"艮子曰："唐尧周详审试，而后用虞舜，文王不如也。文王反复辨难，而后用吕尚，高宗不如也。高宗托于梦征，而即用传说，后人不如也。"文帝曰："学谁为易？"艮子曰："皆易。高宗尸圣帝之名，成天下之务，又终身不扰禅寂。如此自私

---

① 原点评："天生万物养人，人无一德报天，东西南北将安所逃？"

自逸，学之岂不大易？唐尧闻师锡之言，不敢遽信虞舜，必以二女试之。二女谓虞舜行修可用，尚不敢信，必考实于庶绩。如此愚钝弗灵，学之岂不大易？"文帝曰："究谁为是。"艮子曰："高宗太明，唐尧太诚。诚明优劣吾不能分，在当躬者自量之而已矣。"①

分 体

目手心足，互争功位。足曰："我忍辱负重，居下而载重，汝三人曾不一让我尊，将必革命，以求平。"手曰："何事非我所亲？何器非我所成？何文非我所书？何食非我所取？彼二人皆无劳，坐使我耳，我亦必革命。"目曰："我日用明以照，行止操作，乃始知方。最可恶者，心独盘踞中枢，极难堪矣。"心闻之，不语，思术。火烈，心阴使手入之，大创而燋。目怒曰："心狡忍如此，手足敢跋扈，我必害之。"见渊在前，瞑不为察，足投而折肱。心既不得行动，又不得饮馔，怔忡烦苦。耳口肠胃，血脉肤肉，皆恸哭惨怛。曰："吾辈小弱何辜，受此荼毒？"艮子过而闻之，乃以藟椊瘗焉，铭以碣曰："尔怨我黜，分崩离析，解体何危？合体何逸？忠恕不行，骨肉胡越。其何能淑？载胥及溺。"②

太 太

艮子见唐高宗，言及三纲伦，艮子极论夫为妻纲及女祸之害。武曌在帘内，闻之，怒曰："何不车裂斯獠！"高宗大惧，屈膝于帘外，欲自降，以子之尊母者尊曌，呼"太后"。殊手足皆颤，齿震震不能完辞，竟如周期之呐，联称"太太"，百复无已。朝野相传，风靡通国，以为闺中之谑。其后，李克用、戚继光欲称其妻以"太妃"、"太夫人"，复出同辙，于是命妇皆称"太太"。然齐民鄙之，不相效也。陈季常曰："尊母礼也，今尊乎妻'太'也。"语"太"未终，忽闻吼狮之声，乃口忽吃，改言"太太"，而敬已致焉。③

---

① 原点评："敏捷刚断如商高，诚恳详慎如唐尧，各有所长也。"
② 原点评："元首明，股肱良，各司其事，天下乃宁。"
③ 原点评："此戏答友人之实事也。"

刺客天子

公孙述欲拒汉，访于诸臣。诸臣皆曰："汉将贤，若命刺客刺之，莫予毒也矣。"述然之，问诸艮子。艮子曰："此盗窃之度，非天子之度也。昔伊尹本夏臣，吕望亦殷叟，所惜者夏、殷之不能用也。既不能用，若从而害之，一伊、吕死，百伊、吕出矣，何益于己而损于人？不如以招刺客之礼，厚致贤士，以与汉角，则霸王之数未可知也。且马援不尝为君之故人乎！君自失之，以资敌国，则又何求？"述不能用，卒使刺客贼岑彭、来歙，以及于亡。艮子笑曰："若述者，可以谓之刺客天子矣，然天下之谋小失大者皆其类也。"①

晋惠帝

晋惠帝问于艮子曰："若朕者可以清四海夫哉？"艮子曰："可。"曰："何由知朕可也？"艮子曰："尧一蠢夫，能清四海。今君之智上之。"帝曰："尧蠢何证？"艮子曰："尧耳不聪，闻左右皆曰'舜贤'，终未敢信。召之至，觑之，目又不明，虽重瞳天表，弗能识也。谆谆然嘱其女往试之。又犹豫，恐长女或阿比，季女或骇稚，于是并遣以往。二女归，隔而询之，言出一辙，皆谓舜极仁智之德。尚不即决，反复试之，三十年而后逊政。夫尧外不信左右，内不察其女，聪不闻雷，明不睹山，愚痴之状，难不殚述，读书可征也。犹克光四表，而格上下，况君之知能问蛙鸣乎！保赤心诚，求贤周慎，则获圣辅如瓶中捕鱼，何难之有？如以神明疑唐尧，见贤而不能举，见不肖而不能退，是自欺自害，非圣帝之难学也。"惠帝不能用。②

定 班

先儒名贤，以扶翼圣教，功昭日月，有书于史，有祀于宫，汉荣董、郑，宋显程、朱。艮子惟寂弗闻也者。他日，同坐于杏坛，群哲简艮子，艮

---

① 原点评："此因时事而作。"
② 原点评："治国不在多才多智，真能用人，斯可以。"

子亦简群哲。群哲曰："吾侪所以简子者，以子闻不出家门，绩湮而罔睹也。子乃亢礼，岂有说乎？"艮子曰："有，其'华麓骏童'之语乎！华麓骏童牧，其父使之曰：'汝视马安在？'归而报曰：'马在兔后。'使之收之，则不知所在而失马。问之，曰：'我因兔以识马位，今兔不在，安能得马哉！'父责之曰：'定物位者，须以不动之物标之，动者奚以定？谓海在江东，两定乃可。谓鹤在山下，山在鹤上，一定且不可，而况马与兔皆无定乎，宜其失也。'今道德之实未定义也，伦理之正未定则也，世人尨议骏童子也，圣哲分别，马兔次也。千古论定诸君先吾欤，抑吾先于诸君欤？《诗》云：'燕燕于飞，颉之颃之。瞻望弗及，伫立以泣。'恐异日鸿洞，诸君有伫立瞻望之恨也。"于是群哲避位以逊。①

佛　学

有深山僧问于艮子曰："我寺有七高师，我其谁学？"艮子曰："子述其状，吾为子择之。"僧曰："一师日诵阿弥陀佛，口不绝音，心不外驰。"艮子曰："此师向佛。"僧曰："一师参经，搜罗万卷，傍引百家，精思密虑，无闲晨夕。"艮子曰："此师求佛。"僧曰："一师寂坐，不离于椅，神凝体定，有如古石。"艮子曰："此师学佛。"僧曰："一师随顺，欲起则起，欲卧则卧，有事则理，有人则谈，有书则观，有变则应。"艮子曰："此师得佛。"僧曰："一师持戒，严于守城，不律仪门，一步弗履，避离六尘，如远蛇蝎。"艮子曰："此师护佛。"僧曰："一师抱诚，不识一字，不解一经，仁不伤草木，信不失豚鱼。"艮子曰："此师自在佛。"僧曰："一师觉众，见人则劝，遇理则辨，静则思学，动则讲论。"艮子曰："此师宣化佛。"僧曰："谁最可学？"艮子曰："皆可学，皆不可学。"僧曰："何故？"艮子曰："诚而自知、自量，皆可学，学一必成佛。不诚而不自知、自量，皆不可学，学一必害性。"②

识　马

阿难问于艮子曰："吾将以精辨求道，可乎？"艮子曰："是由之识马

---

① 原点评："哲理未明，不能罔定优劣。"
② 原点评："学佛之人，诚处着手。"

也。猺人有马，使其子识之。子乃审马，以二目识，出而数之人之马，皆二目也，爽然自失。归而详之，以四足识，出而数之人之马，皆四足也，傍徨无术。乃数马鬣，比他人马，则皆不同。进而思之曰：'详者识之真，不详者识之诞也，加详其又真乎？'遂尽一马之毛而毕数之，十年不了。他日，马入他群，逐而求之，已不能辨黑白矣。幸犹识鬣，历数多马，无一是者。子如精辨，毋以毛识。"阿难曰："吾将以简博求道，可乎？"艮子曰："亦由之识马也，请续所喻。其子归，猺人问失马之故，其子以不辨对。猺人曰：'饲之十年，尚不辨耶？'其子以数鬣与毛对。猺人曰：'此精之误也，与汝万马，将如之何？'其子无以对。猺人曰：'百马以槽识，千马以厩识，万马以山识。'他日，授以万马，指而谓曰：'某山之马，吾马也。'火焚山，马逸，其子守山而哭，竟不识一马。前者其子之过也，后者其父之过也。简而尚博，万马识略，则又误焉。苟入细则不能不失大，苟图博则不能不太略，细与博皆非真也。"阿难乃悟，守中自度，以成其道。①

禹　问

大禹问于艮子曰："朕以治水苏万民，今万民乃不圣宗朕，宗孔丘。"艮子对曰："无惑夫人之宗孔丘也。微君治水则无人，地上众生必皆鱼也。然鱼与人亦又何别？所恶于鱼者，为其愚而相吞也。人而无孔丘之教，其愚而相吞甚于鱼矣，且君之平水功成则无弗事，孔丘之教万世不可须臾离。君如匠人成室则去之，孔丘如庖人一日不能无，故主人之留之也。"禹曰："孔丘若此，固可尚也。孟轲谓颜回与朕同道，彼则何功？"艮子曰："亦犹之是理也。君能使鱼为人，进之也，进之使通天也。颜回能使人为神，亦进之也，进之使通天也。比如阶然，君为下级，初使众生离于水。颜渊为上级，卒使众生离于地。二阶石岂有异乎？"禹乃大悟而笑。②

三都赋

左思闻艮子博达，以《三都赋》示之曰："能导论而修饬之欤？"艮子

---

① 原点评："认圣辩道，以此为审，不可泥于太细，不可失于太略。"
② 原点评："此喻极当。"

曰："不识不解，何导论修饎之足云？"思曰："人谓子固博达，今乃如妄。"艮子曰："但疏其一，则有至辩。辍、康二字，不识不解。"思曰："辍，音啜，止也。康，音糠，安也。"艮子曰："止康一义，子何必二之？"思曰："此之谓文章、文华、文深、文雅。"艮子曰："若是哉，今而后知之矣。夫二止安以辍康为文，若三止安以居宁何如？"曰："亦文矣。"曰："四止安以艮逸何如？"曰："微怪。"艮子乃言曰："此即怪耶？怪有大焉。吾将复止安而百其字，子能几日记之乎？"曰："一日。"曰："吾将复止安而千其字，子能几日记之乎？"曰："十日。"曰："吾将复止安而万其字，子能几日记之乎？"曰："百日。"曰："吾将复止安而亿其字，子能几日记之乎？"曰："五年。"曰："吾将复止安而兆其字，子能几日记之乎？"曰："终身。"曰："惟然，是故其书愈多，其理愈少。其饎愈迭，其道愈晦。前人作之，后人死之。今万国之语未尽译也，五方之文未尽同也，吾将复止安为万库以杀此腐儒矣。吾闻经纬天地曰文，不闻以章华深雅。经纬天地，以包罗太极为博，子溺于二字之中，犹能包罗太极夫哉！以通贯万殊为达，子劳于二字之琐，犹能通贯万殊夫哉！且子不识止安也，如止而安，必参造化以明净性，尚费三年之力雕一虫乎！"思惭而退，终身不见艮子。①

老 僧

老僧问于艮子曰："子彻何经，而来说法？"艮子曰："如来彻何经，而来说法？"老僧曰："如来见如来，而来说法。"艮子曰："吾亦见吾，而来说法。"老儒问于艮子曰："子识何字，而来言道？"艮子曰："庖牺识何字，而来言道？"老儒曰："庖牺识太极，而来言道。"艮子曰："吾亦识一心，而来言道。"②

一 金

艮子月用不过一金，敝衣粗食而已。墨子愍之，谓艮子曰："吾将与子万镒，子其受之。"艮子曰："何雠？"墨子曰："仁子也。"艮子曰："仁我

---

① 原点评："□文，徒雅学者之大劳，也徒多用心思耳。"
② 原点评："至道无师，何必识字？"

当济我，何故伤我？"墨子曰："安之也，子何以云伤？"艮子曰："我日食一盂，腹怡怡然，若增而甘之，是纵舌以杀吾神也。布袍一袭，身申申然，若增而华之，是纵身以杀吾神也。以金买色，是以目杀吾神也。以金易音，是以耳杀吾神也。以金市宝，是以意杀吾神也。以金沽馥，是以鼻杀吾神也。我避之如刀斧，子乃以加我哉。我多一介，忙行十日，无所得其用。子为我思，不伤神而用之途，岂可得乎？"墨子沉思百日，而后复曰："决无用途，惟有施之。"艮子曰："施则子施，我何必为微生高哉？"①

解轮回

印人有以解脱轮回之理，问于艮子曰："何以能此？"艮子指车轮而谓之曰："如此。"印人不解。艮子曰："汝视全轮，何处不动？"印人曰："心轴不动。"艮子曰："是矣，不动不在轮回中。子如心轴不动，亦必不在轮回中矣。"印人大悟。他日心动，又问曰："何以能不动？"艮子又指车轮而谓之曰："如此。"印人不解。艮子曰："汝视心轴何以不动？"印人曰："居中。"艮子曰："是矣，中和自然不动，子允执之。"印人又悟。他日失中和，又问曰："何以保中和？"艮子亦指车轮而谓之曰："如此。"印人不解。艮子曰："汝视心轴何不与辐俱动？"印人曰："相离。"艮子曰："是矣，离尘乃得不动，子无接物。"印人愈悟。他日胶于物，又问曰："何以离一切？"艮子乃钉轴于轮而转之曰："动乎？"曰："动。"曰："必有不随转处。"曰："在轴中。"曰："轴中安在？"印人乃以墨，点于轴中，大不及粟。曰："在此。"艮子乃以显镜视之，其大如盘。曰："此亦随转。"印人曰："必也惟轴中其小无内之真空乎？"曰："是矣。"印人大悟，即时成佛，欲入涅槃。艮子曰："勿去，留度众生。"印人乃止。②

阴　符

《阴符》一经，儒者多以为伪托，非太公之所著也，彼岂能以钟鼎款识求之哉？泥儒问于艮子曰："《阴符》果吕望杀青耶？"艮子曰："然，吾亲

---

① 原点评："长物无用，徒以伤神。"
② 原点评："指点如此明切。"

见之磨墨。"泥儒曰:"误已,子其为雟欤?"艮子曰:"何故?"泥儒曰:"商末周始,无松滋侯。"艮子曰:"何哉?子之考诚也。吾闻之伴尼曰:'信女求僧,以为说法。此僧无法,诈食默逃。'信女忖曰:'噫,彼盖示我法不可说。'遂以大悟,乃入佛流,往谢此僧,僧惭阖户。信女又忖:'潜相愈密,蓄道愈大。'于是入寂,成就上乘,此因伪而得真也。清有尚书某,求旧金石,刻图而验之。有门人于蜀中食饼,以饼涂墨,拓迹故纸,邮以献曰:'获古器矣。'尚书印之,实为周物,驰书坚索,则已食矣,此盖因真而得伪也。真伪在我,何假征古?昔王阳明以市侩诟诈为讲学,天龙师一指教人而启密,伏羲以见龟而画卦,释迦以睹星而成真。彼市侩兀指,愚龟明星,岂有道哉?正觉察之,无在非道。胶固求之,道亦非道。吾但见《阴符》之有道,不知其他,即曰伪托,亦圣人之言也。不居,名空也,附于闻人,以期信于后世,仁且智也。兼此三善,何德不极?虽太公复起,且当领之。圣人不可以名相求,求圣人者亦不当以名相。多闻阙疑,慎言其馀。多见阙殆,慎行其馀。虽太公耳提面命,一语若误,不能欺我,伪托何足论哉!"①

缠　足

明清之世,汉女缠足作弓鞋,菱形窄细,纤不盈握。士人见而憨之曰:"伤天和,以供玩好,苦矣。"艮子过之,亦抚士人之顶,而憨之曰:"伤天和,以供玩好,苦矣。"士人怒曰:"子以吾顶,比妇人之足,慢孰甚焉。"艮子曰:"否否,子之可哀,诚有大过于此者。彼妇人之足,以绦带束之,不过戕其履于地者耳。今子之觉,以文艺束之,则戕其通于天者也,其为祸不又万倍于斯乎!临池学书,如妓籀腰,伏案修辞,如优习曲,其供人玩弄则一也。子曷一远照圣心,而大自悟乎?吾之抚子慈也。《诗》云:'不惩其心,覆怨其正,再惑矣。'"士人感,反朴见性,以至于命。②

致中和

致中和,天地位焉、万物育焉之说,人之所不信也,谓藐慈一躯而能司

---

① 原点评:"善求师者,在自得而已。"
② 原点评:"文华之士,绮语叛道,当鉴于此。"

天地之命哉！艮子亦疑之，乃往问孔子于杏坛。孔子曰："汝问极佳。中者，两端之枢也，心在身中，上命头，而下役足。人在三才之中，何不能上命天，而下命地哉！"艮子归以告人，人皆曰："诞也。虎狼枭獍，天地生之。荆棘莸蒺，天地长之。万物并育，安得不相害哉？"艮子曰："否，地如人身，恶禽兽如虮虱也，恶草木如疮疥也。神清则心净，心净则肤肉血脂洁，肤肉血脂洁则虮虱疮疥不生。子不溯于太古之初乎？太古之禽兽非今之禽兽也，太古之草木非今之草木也，太古之人非今之人也。蓂荚安在？麟凤不来。雨旸失圣乂之根，日月无淑清之瑞。海波河浊，嘉穗弗抽，皆人心不致中和之恶气也。①

卵 中

艮子化为蜢，其比于蟭螟，如蟭螟之比大地也。然自视若泰山，见气中诸尘皆如星转，随之入于卵中。卵甲有孔，阔可方轨，行千里委曲如九折坂。入其柔廓，厥质如革。又入之，亦已五六百里矣。穿之，忽觉身重下堕，约数年而后履地。地上多蜢，分区而治，井井万国，一如人世。蜢众见艮子，喜迓问曰："子从天而坠，非神乎？"艮子因曰："神也。"问天界何如？"艮子曰："此白浓之气，实非天也。天外有神，假名曰'人'，人乃名此为'卵白'。此黄球之地，实非地也，人则名此为'卵黄'。皆感天地之小体，合阴阳而生者也。去此地上，出气之边，有鞿围山，山外又有金围山。七重栏楯，七重罗网，皆为七宝所成。人又名此二围山曰'卵壳'、'卵皮'。此地乃神鸟之所生也。"众皆曰："我侪何以不见？"艮子指而仰之曰："汝见上方空虚之黇色乎？"曰："见。"曰："此即所谓金围山也。"众不信，曰："此外岂复有天地哉？金围山谁锻而铸者，宁有若大洪炉乎？"艮子曰："金围山，道之自然，气感则成。洪炉如肠，神鸟腹藏，岂惟天地？如此宇宙，凡一神鸟，岁百斯产。"众曰："可得而见神鸟乎？"艮子曰："先与此天合，此天地化为神鸟，携子而出矣。如欲学吾所谓人之所谓佛者，则直超于此天之外，且不与人蒙矣。今之所谓神鸟，人之所畜也，人又在佛之所谓卵中。道之范万物，大小同也。"众虫不信，一日天地大热，则入沸汤中矣。艮子出以告于佛，佛曰："我固谓世界不寿。"艮子

---

① 原点评："深玩此篇，方知人生一善，天地自清。"

曰："乾坤小体，有如是哉！"佛曰："尚非无内之小也，其中犹有乾坤，不可尽数。"①

蟭螟

蟭螟问于艮子曰："佛云一切众生皆有佛性，若我者亦众生之一也，可以成佛乎？"艮子曰："可。"蟭螟曰："何由知我可也？"艮子曰："以子大故。"蟭螟曰："我视芥子，且如人、兽视泰山，尚得谓之大乎？"艮子曰："大极矣。吾闻小无内即大无外，今子近于无内，吾是以大子也。且子不见夫火乎？一尘之爝，苟有燃性，投于积山之薪，可以燎四原，而传八极。以子之性，投契洽佛，亦如是焉。虽华岳之焰，投诸海涛，亦即沉灭。上智溺欲，亦如是焉。"于是，蟭螟乃反于真，果以成佛。②

戾警

痴爱不可悟也。诸佛谓艮子曰："众生爱子孙綦笃。人则欲杀天下之黔首，以为子孙巩万世之业。禽兽则欲析异类之血肉，以为子孙赡口腹之欲。何以警之？"艮子曰："生枭生獍，以示之相，使彼明知子孙非我。及爱根尽，乃灭枭獍。"于是，诸佛命天王化嬴政、刘邦之魄，以为枭獍。复谓艮子曰："众生爱其身綦笃，日恋四大，不成佛道，何以警之？"艮子曰："使其身感寒惮暑，触痛知苦，以示明命，自启厌弃。及爱根断，乃畀以入水不溺，入火不热，兵无所加其刃、兕无所投其角之真体。"于是，诸佛命天王赋寒暑痛苦于众身，此戾警也。③

李斯

秦令逐客，李斯作书以谏之。既成，以示艮子曰："予不得逐矣。"艮子曰："子以何故而求不逐哉？"斯曰："今秦地方万里，兵甲雄天下，六国

---

① 原点评："天地之大，以理律之，一卵而已。""鞹围山卵壳中柔皮也，其金围山卵壳也，人视之薄而蟭视之厚如山也。""人合天，成仙佛，如卵化鸟，自然之道，不难也。"
② 原点评："至大至小，相近也。反而观之，蟭螟大于地矣。"
③ 原点评："苦乐何来？又从何去？人不明道，自苦曷极。"

可灭也。我借定霸王之业，成伊吕之志，下自得分封带砺，不亦可乎！"艮子曰："若是者，不如逐矣。"斯曰："何故？"艮子曰："子不常牵黄犬出上蔡之门乎？子之犬亡矣，乃子复师其智。"斯曰："何如？"艮子曰："学之误也。黄犬恃多学，见比肩兽与邛邛岠虚比，而羡之曰：'彼得所比，祸福共之，可以法矣。'乃出求比，择猛，舍类，得虎，比焉。日噬其族以食虎，族尽，虎将食之。犬曰：'我见比肩兽不善走，与邛邛岠虚比，为邛邛岠虚啮甘草，即有难，邛邛岠虚负而走，故比者求祸福避趋之共济也。今我比子亦惟此意，子何故食我？'虎曰：'彼邛邛岠虚，兽之仁明者也，我兽之昏暴者也。子既来比，其又何谊？'卒食之。夫伊吕与汤武之相比，以仁明比仁明也，既成拯溺之勋，又获分茅之祚。今子与秦之比，以昏暴比昏暴也，若尽祖国之地，必遭夷族之灾。子之犬之学比肩，与子之学伊吕，难主难奴，事同一辙。如不悛者，后必悔之。"斯默不能答，然亦卒不能用，以及于难。乃叹曰："虽欲牵黄犬出上蔡之门，其可得乎？"艮子曰："世之择比而不终，终相弃者是欤！有如李斯黄犬，韩信刘基，学伊吕之故也。"①

金桎梏

艮子之妻，谓艮子曰："夫子才矣，亦何不求比显者得爵禄？"艮子曰："子之见，骏囚之见也。有狱吏仁明，欲试囚而省释之，乃以黄金千镒，旃檀四尺，桁杨一寸，败纸方尺，为四桎梏，使囚取之。骏囚见黄金粲莹，镂璧饬珠，皆争取之，佩以夸丽。旃檀美泽可鉴，才重如辕，亦有取者。桁杨十斤，粗恶朽蠹，则寡取之。至于败纸，竟鄙唾莫顾。狱吏察知昏明，举火焚狱，囚不能转旋，惟荷桁杨者捷轻得出。《易》曰：'履校灭趾，荷校灭鼻。'必不得已，而即于校，毋宁履之而已矣。今吾顾谒昊天，一狱吏也。极贵大权，金桎梏也。百官分衡，械旃檀也。抱关击柝，就桁杨也。齐民野处，败纸椢也。夫人之智力有限，而加我之物无穷，既非龙力，何故赑屃以自戕也。吾食月不尽二斗米，衣岁不敝一裘葛，赋此形气，犹厌如败纸桎梏。今之人车云马龙，坐庙堂理万机，持算珠拥铜山，以自杀其神明。是皆荷黄金桎梏，而傲然以骄，顾盼自雄者也。帝尧之力，诚如天龙，一朝知此，尚以桎梏谢诸舜，恐其不受。赂之以九男二女，仓廪牛羊，则于桎梏之外，又

---

① 原点评："与其比之匪人，而溷世俗之功名，则君子宁终老于泉石间矣。"

加赘焉。庄周举许由以嘲之，以予观于漆园，贤于尧舜远矣。今使有尧赂我以九男二女，仓廪牛羊，必且不受，受夫秽之尤者哉。《诗》云：'衡门之下，可以栖迟。泌之扬扬，可以乐饥。'圣矣。"妻乃感悟而笑，燕娱偕隐。①

鉴 真

古书多伪托者，且颇不少错简。然艮子见之，皆以为真，亦若常亲炙者然。胶柱问于艮子曰："黄帝问道，子为介欤？张良受书，子在侧欤？仲尼集语，子耳聆欤？檀君天符，子代缮欤？何言之笃也？"艮子曰："唯唯。黄帝问道，时吾为介。张良受书，时吾在侧。仲尼集语，吾耳聆之。檀君天符，吾代缮之。"胶柱曰："子岂有天地之寿，长不老之仙耶？"艮子曰："寿何仅如天地，彼天地以气感生者，不寿也。吾以道生，视天地如蜉蝣耳。故吾之读书，一以道窥而略于形，纳之于中正而仁用之，此秦医之验也。秦医药厥邻，忽忆鸩失，因而疑曰：'今所投者鸩。'奔走告邻，欲止之，则已饮矣。病者大惧，面有毒征，手足黚肿，垂毙。医妻归笑曰：'鸩在吾栈。'出而以示之。病者惊喜，十年之疾，一朝如委。故心诚求，则金石开，狐疑多，则铁券伪。吾见古人之书，皆劝人启爱。仁由道出，爱发圣心，画麟出麟，刻凤即凤，岂若拘拘于金石款识之陋者哉！"胶柱乃服。②

糊涂佛

糊涂佛，如糊如涂，昏不明也。生襁褓中，父母早世，佛犹孩提。其后不解人语，不识俗宇，不辨一物之名，不识天地之相，终身无思。艮子入山见之，其所食则石也，无水饮风。曰："石坚风燥，可以止饥渴乎？"佛亦不对，盖未闻也。饲之百年，一朝飞去，神发万变，乃谓艮子："吾实无术，但见石以为可食，风以为可饮，则遂食饮，不知其他。将及飞身，犹无知也。明以告子，人之有身，如一混卵，性尽自孵，则化为佛，实无有法。法因病设，病由心生。无畏坚折齿之心则石甘，无贪润厌空之感则风饱。本

---

① 原点评："任重者，损我而利人者也，故贤者不为。况今之人，才力不堪，既损己，复损人哉。"
② 原点评："有理则恶人之言亦信之，无理则圣人之言亦疑之，何必拘拘于考据之学哉。"

性无食、无饮、无衣，不饥、不渴、不寒。不求则在，求之则玄。此心一生，道即远离。"艮子曰："何不早现神通，以化众生？"佛曰："雏在卵中，既鸣不留。荷在干上，既开不收。子去，众生自有度时。天地一乳孩，才生几日？"艮子乃识之，果因以达。①

斋　理

伴尼劝艮子"斋"，艮子拒曰："不斋，何害？"伴尼曰："有杀机。"艮子曰："杀机岂可绝乎？虫鱼不杀，十年填地。虫鱼相杀，则禽鸟可为天吏以杀虫鱼。禽鸟不杀，一世填地。禽鸟相杀，则走兽可为天吏以杀禽鸟。走兽不杀，百年填地。走兽相杀，则人可以为天吏以杀走兽。夫杀机由下而生，传至于人，可以人而不寝革食肉乎？"伴尼曰："唯唯，否否。子知其来，不知其复。夫杀机阴邪，可以夺天。仁慈阳明，岂难夺地？一反手则宇宙清矣。人绝杀机，则太和之气播于走兽，走兽必绝杀机。走兽绝杀机，则太和之气播于禽鸟，禽鸟必绝杀机。禽鸟绝杀机，则太和之气播于虫鱼，虫鱼必绝杀机。夫虎豹、豺狼、枭獍、鸢鸩、虺蜴、蝮蝎、蜘蛛、鳄獭，皆戾气之所感，人无戾气，其物不生。不生不垢，嘉休永寿。子不能以阳复种善基，而欲顺阴邪，以陷剥庐哉！"艮子大悟，于是行不履蚁蛭，食不见脂血，器不用角骨，衣不取丝皮，以成纯仁。空日以灵，乐于登仙，乃知俗乐如瘾、癖、染，非真乐也。②

开天矿

汉人启封燧，艮子阻之曰："归玉于山，藏珠于渊，子毋作祟，以祸世也。"汉人曰："我将开地矿富养形，分宝畀子，亦陶朱矣。"艮子曰："是自投于涵溺也。子知开地矿富养形，不知开天矿神养觉。俗宝愈多，性命愈汩，殆矣，悲乎！我思以锄锸穿地，不如以灵明穿天。得于地者无用，而得于天者成真。况穿地劳，而穿天逸，利害之判着矣。天下之人，莫知开天矿者。子虽以万山之宝与我，我以碍我矿穴故，必远弃之，乃欲以自陷者，陷

---

① 原点评："成佛有时，自然之道，不必早显神通。"
② 原点评："所谓净土众生，非罪业所成。"

我耶！孔子曰：'君子上达，小人下达。'子开地矿，下达以谋食。我开天矿，上达以谋道。取舍之途，异矣。"①

入染出

艮子既悟，乃就倛尼，而问之曰："子几祸我哉！胡亦侪我血气情欲于众人也？使我见色，如膃腊见牝，不顾其命。胡不赋我以佛性，早不染此？使我见酒，如长鲸见水，不顾其他。胡不赋我以麟性，早不染此？使我见肉，如蝍蛆见腥，不顾其秽。胡不赋我以鸠性，早不染此？使我见官，如山鸡见镜，不顾其幻。胡不赋我以鹤性，早不染此？尤使我贪富好誉，喜斗恶苦，一切嗜欲，悉同禽兽，入于世中，如沈大海。乃将聪明、心脑、五官、百骸，悉与人同，学而后知，思而后得，感寒畏饥，一一如俗，若不幸逃，祸靡有极。甚矣哉，为谑也。如假我身，入水不溺，入火不热，兕无所投其角，兵无所投其刃，见欲即走，如鱼避网，见垢即离，如莲出浊，六通已备，不修不学，十善自全，水勉不忽，以度众生，岂不善哉。甚矣哉，为谑也。"倛尼笑曰："此何足怨？不入于海，安知鱼毒？不入于山，安知兽伏？不附于血肉，安知身恶？不即于官骸，安知情虐？吾闻以犬教犬，乃能化犬。以鹰教鹰，乃能化鹰。以蚋教蚋，先尝粪味。以兔教兔，先知窟路。吾使子淫而瘗瘠，醉而童羖，食晕而塞灵，居尊而频险，每一入邪即罹其殃，每一入正即困其难，正以全子之能，尽子之志也。使子亦生而如老聃，云凤摩空，鸡鹜莫蹑，龙象蹴踏，驴何以堪？则子为无为行矣。子固求之，奈复何怨？"艮子拜悟，归安厥常，不思怪异，勉任诸净。②

富强国

富强国君谓艮子曰："我将为子国主，则天下安，宇宙穆清，休嘉备沾。"艮子曰："天下一家，何必争主？大佛之量包于无数天地之外，而子之量在于咫尺蚁穴之中，不亦小乎？虽然，请言所以主天下之故？"君曰："我有飞艇腾空杀人，我有巨炮裂山摧陵，我有大舰万里航瀛，我有长车镠

---

① 原点评："今试问：有十万之金，不造业，何以用之？"
② 原点评："既入于染，当知自出。入其中能出其外，乃为不溺不焚。"

轨遄征，有玉有珠，有金有银，无物不富，臣人皆能。子国不胜，牵羊速盟。"艮子笑曰："若是哉，子必悔之。子有飞艇，不过如鸟，鸟可以治人乎？子有巨炮，不过如狮，狮可以治人乎？子有大舰，不过如鲸，鲸可以治人乎？子有长车，不过如蟒，蟒可以治人乎？珠玉金银，性之毒也。富于物则贫于道，能于地则拙于天，吾不用也。子如恃之，必且大败。即如子言，其所恃者，皆工人之所为也。吾国不以木匠圬人为君相，子国亦不以之，为其暗于文也。如以子之所谓强者主天下，是以木匠圬人为君相也。秦不以不灭六国而亡，灭六国则秦亡。元不以不吞中原而奴，吞中原则元奴。盖形而下之器，胜形而上之道，地胜天，阴胜阳也。形而上之道，胜形而下之器，天胜地，阳胜阴也。地包天外，阴作阳纲，其能久乎？子能倒悬，足上首下，而久安焉，则可。"君骇曰："何谓道？"艮子曰："道生天地，如鸡生卵，卵必化鸡，人必成佛。此地秽土，渐居百年，争之无用。此身亦卵壳，将解而飞去，徒尚禽兽之争则卵殈矣。子如取道而归，将视亿兆国土，无数天地，不如一沙，又安忍以沙易性，绝神佛之路哉！"君乃大悟，归劝其民，空所有以献艮子而乞道。艮子尽以沉于海，教以正觉，世乃太和，天忽淑清。地亦贡宝，禽皆变凤，兽悉化麟。艮子遂隐，再不作文。①

天地外

艮子立天地之外视之，十万余年，初今之变相甚矣。其始无水，后日暖，乃涌出水，包土，水中生微虫，皆横泳。天曰此不能通上，乃命一神下，疏土于地中，露百之一。渐有草木、虫介、禽兽，皆以次化。天又厌兽不直立，强吸之，兽乃化相，直立通天。具大神智，不食五谷，不吸风露，寿五万岁而去。其子孙自名为人，曰天皇、地皇、人皇，犹万八千岁，盖染于吸风露矣。滋生渐多，则食草木，寿遂仅千余岁。因知食，阴遂入，乃始感冷，如受烟瘾。体肤尪弱，以树叶自被，修毛渐脱，遂有寒馁之苦。后有一人，自名为禹，疏水露土，使人多生，灵气分薄。不一瞬间，愈趋愈下，眼好色，耳好音，身好章服，口好甘旨。假设万事，纯非旧观，苦痛愈多。又各据一蜗角，以修兵战。惟见顶上灵光，愈以暗下，其光全黑。落地，其人即死，入于地中，如鱼入水，悲惨万状。忽有一神，从天外堕，自号倬

---

① 原点评："人不见性，徒争富强，自杀之道，焉能救人而治世哉！"

尼，拔万人去。其后至今，仍不过一瞬耳。艮子回顾诸大天地，如尘埃聚，各有众生号哭其中，遂泣劝侔尼，速复一来。①

促侔尼

艮子往促侔尼曰："何不速入五浊恶世，度众生哉？"侔尼曰："仅一瞬耳，何张皇之甚也。"艮子曰："人间已二千岁矣。"侔尼曰："何速如此？"艮子曰："子之视天地，如人之视尘沙，若再盘桓，苦者极矣。"侔尼曰："吾不有遗法乎！"艮子曰："人适不信。"侔尼遂不语，艮子强促之。侔尼曰："骚渎，不知理耶。夫农夫春而播，夏而耘，秋而刈，冬而藏。佛之入世，如农夫之下畎亩也。初遗之法，是播种也。又往杀之，耘恶莠也。卒度其良，收嘉禾也。归潜于密，获仁核也。安有不识节候、空往空还之佛哉？其不如农夫也远矣。"艮子乃退。②

问 人

黎惑问于艮子，曰："何谓人？"艮子曰："地上倒转之草木。"惑不信。艮子曰："草木之须，人发也。草木之花，人贤也。草木之叶，人肺也。草木之根，人首也。草木之根，人肢也。草木之皮，人肤也。其性同，其为用也无二。人则倒转，故人自鼻生，阳上阴下。草木自根生，阳下阴上。人之交在下，草木之交在上。人之命在天，草木之命在地。人之歧在下，草木之歧在上。何一不同，子其察之。"他日，又问，艮子曰："直立之虫也，无羽之禽也，二足之兽也。其为形也，有身有腹，有足有口，有耳有目，有腑有觉。其性感寒暑，须饮食，生子女，无不同者，实为一类。"惑曰："有以异乎？"艮子曰："一直通天。"惑曰："如不通天？"艮子曰："即化为禽兽与虫矣。"

挎 蒲

艮子观博，陶士行见之，怒曰："先生亦乐此乎？"艮子曰："否，

---

① 原点评："想开天辟地之时，必然如此。""性相近也，习相远也，此之谓也。"
② 原点评："气运之常如此，谁能于不可挽之时而强挽之？"

否。"士行曰："然则，曷不戒之止？"艮子曰："从俗耳。"士行曰："何哉？子所欲从者，吾以为群盲投涧犹可从也。世俗好博，不可从也。今也，坐庙堂，拥节钺，自将相以及小吏，进则有吊民谋国之忧，退则有补过益学之虑，以励庶政，犹惧弗既，奈何倥偬丛脞之际，不惜阴于讦谟。弹冠待荐之人，皆耗精于荒戏，用不尽职，舍不备才，行必误天下苍生，藏亦染家庭恶习，败家亡国，职此之由，是尚可从者哉！下至青年士子，为后日遗大投艰之人，商贾百工，亦国本安危所系之重，流为奢靡，尽作莠氓。四坐骨牙，万民膏脂，中庭投骰，边境告戎，智不及于豨虱，明不逮于幕燕，国而不亡，其可得乎？是尚可从者哉！内乃未字之女，宜修履阃相夫之才，于归之媛，日有中馈内则之事，小则警放逸之端，大则患母仪之陨，一沾淫癖，咸化匪人。帏薄之秽已深，子弟之良尽坏家之索也，国必灭亡，是尚可从者哉！吾闻圣人止恶于履霜，鱼鳖忘嘻于沸泽。今国势阽危，日蹙百里，内无方里之靖，外无一矢之遗，比沸泽其尤哀，非履霜之小警，子纵不能学圣人而匡时乱，何鱼鳖之不若也？"艮子伏拜而悔，终身不亲樗蒲。归戒家人，悉焚弄具。以其言可以风世，书诸绅而铭诸室。

论帝王

王夫之与艮子论史，夫之曰："三代之隆，汤武之德盛矣。"艮子曰："否，否。千秋之祸，汤武之毒深矣。"夫之曰："何故？"艮子曰："吾闻圣人不自私其身，利天下者是也，比汤武安足贵哉？犹复为子孙谋者，鄙已极，其不如赵匡胤、李嗣源远矣。夫匡胤之弟贤不如周公，而其子幼如成王，匡胤之薄子以厚国，武王不如也。李嗣源不能得圣贤而用之，自愿速亡以重生灵，有慈佛之心，全尧舜之仁，若得伊尹必推位以逊之。汤之知尹，不让于尧之知舜，舜之知禹，乃亦专利而不退，传太甲之痴孙哉？为子孙谋者，当贻以德泽。为天下谋者，当全其大公。家天下之愚计，仁者所不为，智者亦不为也，子曷亦纵观上下，祸孰不因于是乎！《诗》云：'一人有庆，兆民赖之。'若汤武者，所谓一人有私，兆民殃之者矣。泽及一时而灾被千古，其何以克偿？中国之人，重耳而轻目，闻风而昧理，遂以汤武比于圣，渎莫大焉。子之所论，盖在囿也。人称子为船山，嘲子也。船之在山，其能行乎？迂有甚于胶柱。"夫之乃服。

问猲斗

猲斗能食火，生生于火中，艮子以为神，往问其故。猲斗曰："我实不知其所以然而然者。人食谷，貘食铁，蚁食银，鼶食烟，鸵鸟食炭，英鸡食石，鲨鱼食沙，螳螂食发，鞠通食墨，象浦食舟，我亦以为极怪，方欲问子，子乃以问我哉。"艮子访于貘、蚁、鼶及鸵鸟、英鸡、鲨鱼、螳螂、鞠通、象浦，皆不知其故，但言心好而口腹适甘之。乃往问于庖牺，庖牺曰："切哉，问也。居吾语子，凡可食之物，其中必有生机。食而夺之，阳夺阴也。阴疑于阳必战，故自固以自保，以为火烟、银炭诸物，必不可食。阳必生物以化之，令其属己也，必不能生之内，又生生焉。故冬不能花，偏则有梅。冰不能居，偏则有腽。易易难难，反观无别。初世之小乱也，天生伊吕，百年收功。及其大乱，天生孔丘，千世收功。譬如取一斗米，则以囊往，取一石米，则以车往，取一囷米，则以舟往，其所取不同，其以往之才亦异。孔佛耶回初生之日，皆仅以度一片地之人而设，其教义，故未全备，然一真则同也。后世地上通辟，全土一家，万学横流，域增其广，文增其博，必生圣哲，其才大于孔佛耶回。如冬梅傲寒，必强于菊，腽腊耐冷，必胜于狐，生灭相胜，无足怪者。子无谓乱极无治才，先人胜后人则可矣。如彼火中，尚有生机，猲斗之出，其抗力大也。"

独　尊

艮子问于侔尼曰："子生之初，即指天踏地，以为惟子独尊，前无古人，后无来者。人将谓子必不能学，既不能学，众生绝望，无怪人将挞子以饲犬也。"侔尼曰："无之。"因顾问此说何起？文殊进曰："天竺僧欲尊世尊，曹造此说耳。亦如震旦中人谓李耳孕八十年，从左胁生，朝鲜人谓檀君由檀树降也。夫圣人既已甘入秽土，以度众生，则将与众生同育、同长、同情、同欲，以尝其苦，而续其缘。股肱九折，医术乃全，岂有固为高远难能，以绝民望哉！峻梯万里，一级千寻，侏儒见之徒劳仰止，非佛心之所以济人也。世尊不云乎，圣凡平等，岂有自奇自大，着我相者哉？"

佛　易

　　御夫问于艮子曰："成佛何如？"艮子曰："易于为御夫。"曰："何故？"曰："御夫须觅雇，成佛不求人。"兵卒问于艮子曰："成佛何如？"艮子曰："易于为兵卒。"曰："何故？"曰："兵卒有满额，佛刹无不容。"博徒问于艮子曰："成佛何如？"艮子曰："易于为博徒。"曰："何故？"曰："博徒须识数，成佛不思议。"商人问于艮子曰："成佛何如？"艮子曰："易于为商人。"曰："何故？"曰："商人须母金，成佛空无有。"诸生问于艮子曰："成佛何如？"艮子曰："易于为诸生。"曰："何故？"曰："诸生有弃取，佛国无拒来。"草木问于艮子曰："成佛何如？"艮子曰："易于为草木。"曰："何故？"曰："草木须有住，修佛自随幻。"顽石问于艮子曰："成佛何如？"艮子曰："易于为顽石。"曰："何故？"曰："顽石须站地，成佛不留形。"如是诸问，遍答众生，皆言易于其所现能。众生思之，果不能改辞。文王于是取"易"义，以名其书。老聃亦曰："吾所言甚易，知甚易行。"

强梁佛

　　艮子学佛百年而后成，往彼佛国，诸佛固难之，不纳。万重栏楯，绕以周垣，垣尽金铁，厚九千里。布诸天将，严阵具兵。使神谓之曰："子之欲未尽也。"艮子归。口不知味，目不瞩色，耳不闻声，鼻不即馥，身不求安，心不好乐。十年复往，拒如初。又使神谓之曰："子之明未尽也。"艮子归。沉静精思，研几索赜，博闻洞虑。十往复往，拒如初。又使神谓之曰："子之仁未尽也。"艮子归。足不履生草，口不食刍豢，身不衣丝裘，心不忘普济，哀矜之怀，撼震八极。十年复往，拒如初。又使神谓之曰："子之勇未尽也。"艮子归。坚苦卓绝，卧冰啖草，手足重茧，肌肤如铁。十年复往，拒如初。又使神谓之曰："子之空未尽也。贫佛而来，是即欲也。凡诸难能，有为为也。佛本无相，胶切拂也。"艮子爽然大忘，慈仁如流，明智如镜，勇敢如幻。不知有佛，恍觉身已是佛。在佛国中，楯垣崩摧，天将窜匿。诸佛皆惊惧致敬，谢艮子。艮子顾曰："严格求真，幸不辱命。非及今日，妄疑佛国，亦如人间，握柄持权，诡诡拒人也。"侔尼笑曰："子之学佛，如持金市货，佛如贾人。金既十足，谁敢不用？佛不纳子，子可以杀佛矣。世人学佛，如以败铅，面镀金色。虽日夜葡匐，顿颡流血，哀求于贾人之门，其可得乎！佛本宏爱，人但自足，虽挞佛詈佛，佛不敢拒。今人皆拜而向我，求我拔度。如彼雌鸡，求我化卵为雏，从不入巢一伏，反自误矣。心如雌鸡，性如鲜卵，不以心伏性，乃反放心以求佛。我之立教，反以害人，我恒恶愧。高僧欲挞我喂犬，我适取之。见子美质，固激子以示民范也。如真成佛，必须忘佛。阿弥陀佛。"闻之喜甚，来话温凉。曰："吾闻众人呼我，括耳如雷，不知其数，从无一至者。譬如自刖其足，求我佛力，必使之走，我将如之何哉？如子学佛，简易真切，惟尽在己，权由自操，虽豚鱼无不成者。"艮子笑曰："此论极正，我不成佛矣。此国纵乐，我亦不居，将归以此徧告于人。"诸佛大笑，皆呼艮子为强梁佛。

佛　喻

佛告艮子曰："我之牖人，如海水之于鱼也，无私。人在佛中，如轻空縢球在海之底，仅系一绳，故能直立。一解其系，即可上浮。又如此球，不自全护，而有六孔，水入其中，永遭沉溺。人之有六根，六孔也。吾思此喻甚切。子盍归于五浊恶世，画此为图，以悬于朝市通衢，示民昭象，咸使上达。"艮子承命而退。

无　余

艮子欲居太极，问于伻尼曰："无余究竟涅槃，人皆可得而至乎。"伻尼曰："可。"曰："安在？"曰："在佛心中，亦子心中。遍塞十虚，入藏秋毫。"艮子曰："然则，我何以不见？"伻尼曰："曷不顾名思义？若至无余，自得究竟，子之智未无余也。"艮子归，尽世界之书而诵之，书之积可没地矣。复往问于伻尼曰："微特佛，傍通万教，下及坐医。我之诵书，无余究竟，何尚不见？"伻尼曰："子求诸外，外无余乎？子若诵书塞万天地，其外有外，既犹有外，何云无余？自佛视之，芥子中事。"艮子乃反而求诸心，发颠为端，至趾无余。趾末为端，至发无余。伻尼曰："执其两端。"艮子曰："中空无余。"曰："得之矣。"遂见涅槃。然而，瞻之在前，忽焉在后，仰之弥高，钻之弥坚，竭尽神力，终不得至。伻尼曰："知而不行，犹不知也，子之仁未无余也。"艮子曰："无不仁。"倱尼曰："必有，子食肉乎？"曰："食。"曰："是非无余也。彼一禽一兽，一鱼一虫，其命虽不如人，其比于人，或千之一，或万之一，或亿兆之一。子如有亿兆分一之不仁，是自留不仁之余也，安得无余？夫不以己乐加彼以苦，此仁之定义也。仲尼不云乎？'克己复礼为仁'，礼，理之履也。子固克己未尽，余不仁之微量，自陷有余，不入无余矣。一丝一革，如犹在身，亦如是焉。夫以人而伤禽兽鱼虫，为其愚于人也。佛慧之视人，亦如圣人之视蚕蚊也。为人而可伤蚕蚊，若得为佛，人尽可杀矣。理则固然，子如不克己以复之，是事理尚有碍也，此之谓有余。"艮子归，仁及无情，被于草木。十年，忽觉身在无余究竟涅槃。倱尼笑曰："尚不可也，子十年中，食粟衣绵乎？"艮子曰："然。"曰："仁未无余。"艮子曰："我当食粟衣绵之际，初念悲慭，想彼草木，亦有生机。惟思赋此形气，欲度众生，以身示法，为众生故，然后食之。"倱尼曰："无惑乎？子之能来也。"维摩诘至，笑曰："子犹有涅槃相，即非涅槃。有无余相，即非无余。"艮子爽然自失，复归灭相。十年，乃见无往无在，皆无余究竟涅槃矣。无居无不居，亦无无居无不居。谓维摩诘曰："子之所言，独可于此境言之，若在人寰，误尽天下苍生矣。"

一字佛

仁佛不尝从事于学，日者博强士以仁字示之，仁佛忖曰："人立于傍，二象孔扬。两仪上推，即可合天。若合二为一，独大太极。以此守之，终身成佛，故曰仁佛。"智佛不尝从事于学，日者博强士以智字示之，智佛忖曰："矢口为知，直言不可妄也。多闻阙曲，诚言其馀，乃见良知。良知之明，在日之上，则即大智。以此守之，终身成佛，故曰智佛。"道佛不尝从事于学，日者博强士以道字示之，道佛忖曰："首辶为道，首在上也。由是而之，直超天也。人本抱道，故能端立。如何致曲，邪降自殂。以此守之，终身成佛，故曰道佛。"德佛不尝从事于学，日者博强士以德字示之，德佛忖曰："直心为德，心不可曲。彳在其侧，示人行也。行皆直心，大德乃全。以此守之，终身成佛，故曰德佛。"思佛不尝从事于学，日者博强士以思字示之，思佛忖曰："囟心为思，脑动而心应之也。脑在上得天也，不降于地，自能通天。以此守之，终身成佛，故曰思佛。"正佛不尝从事于学，日者博强士以正字示之，正佛忖曰："一止为正，不曰止一。一在上，不在下,上为首,首有二目,中仅一鼻,首有二耳,中仅一脑,中必一也。守中而止,一直上达,乃为正心。以此守之,终身成佛,故曰正佛。"性佛不尝从事于学,日者博强士以性字示之,性佛忖曰:"屮土为生,土先生草,如牛在一生非乐事。心生为性,性由想得,想尘成身,苦恼乃集。析性知本,不想不生,不生不灭。以此守之,终身成佛,故曰性佛。"惑佛不尝从事于学,日者博强士以惑字示之,惑佛忖曰:"或音心义,尚非极意。凡有诸相,统名为或,或人或物,或形或忆。心着一相,即是大惑。辨惑无相,必其清明。以此守之,终身成佛,故曰惑佛。"他日诸佛聚谈,皆言震旦之文,可光宇宙。忽思本源,伤强博士,诵书万库,神灵将沉,咸往度之,皆遭折辱。求计于艮子,艮子笑曰:"身有寸磷,不可亲火。诸佛一字未忘,又安能度字海中沉溺人哉?"诸佛恍然,一字全忘。

寿　相

嬴政问于艮子曰:"吾何以得万岁,为天子尊,安乐富荣?"艮子曰:"万岁前生至今何如?"曰:"十万岁不可得乎?"曰:"十万岁前生至今何如?"曰:"百万岁不可得乎?"曰:"百万岁前生至今何如?"曰:"千万岁不可得乎?"曰:"千万岁前生至今何如?"曰:"万万岁不可得乎?"曰:"万万岁前生至今何如?"曰:"亿万岁不可得乎?"曰:"亿万岁前生至今何如?"曰:"兆万岁不可得乎?"曰:"兆万岁前生至今何如?"政默然良久,曰:"永寿不可得乎?"艮子曰:"人何能死?"曰:"人皆有死。"艮子曰:"是自求之也,万物不生不灭,吾实无死路之可觅也。"蜉蝣在侧问曰:"我何其促?"艮子曰:"飞电视子老彭也。"灵椿趋进问曰:"我何其久?"艮子曰:"天地视子夭殇也。"政曰:"何谓极寿?"艮子曰:"天地飞电,同寿一瞬。以修视短,修亦即短,惟至人无死地。"政终不悟。

五　教

牟尼、孔子、老子、耶稣、穆汗默德同会于教宫,艮子往问曰:"五子伟矣,然今为世祸且烈。"皆惊曰:"何故?"艮子对曰:"五教五帜,党同伐异,五子之徒,皆各执五子之名以拒四名,是以哄也。"牟尼曰:"吾以我相为极恶,何求他人执我以尊我哉?"孔子曰:"吾固绝四,与子适同。"

穆汗默德曰："吾视有形天地如一芥子，谁齿于芥子中留一名哉？"老子曰："吾发言，则言名，非常名。庄生又为我补曰，'圣人无名'。惟耶叟强言'惟己惟正，惟己无二'。恃我无愧，以酿此祸。"耶稣愠曰："我言惟一，本以道言，即李老亦言'道通惟一'，孔老言'为物不二'，穆老言'惟一清真'。"牟尼曰："何不以空教之？"皆曰："即子亦言'一真法界，不二法门'，奈何责人？"牟尼曰："众生何骎如此？凡诸有一必可微分为二，乃以至于分分不已，彼不可分之一惟有空耳。"老子起曰："吾已明言'虚一而静'，虚非空乎！"孔子曰："吾固空空如也。"穆汗默德曰："吾尚无形天地，非太空乎？皆由耶稣不示空相。"耶稣曰："吾教世人离弃一切，又言地必破坏，岂非空哉？"牟尼大笑曰："欲收此祸，须先收入两仪，再归太极。"孔子以二指示曰："成己成物，非两仪乎？"皆曰："岂有成己不成物，成物不成己之教义哉！"如此互议数日，谓艮子曰："子盍往彼秽土，为众生言之，彼其所执，如小虫论树，入于叶者但知叶甘，入于花者但知花馥，入于果者但知果旨，入于皮者但知皮柔。如根本一摧，则全树必死，不统于一，终生奇祸。五教以道救人，非以教杀人也。"艮子唯而退，诚言其实如此。

卵问

禽卵问于艮子曰："人多以我为能成禽，我实不信。彼禽有羽，我无纤翎。彼禽有爪，我无趾根。彼禽有骨，我无坚核。彼禽有肉，我无筋组。凡禽所有，我皆无之，凡我所有，禽皆无之，我岂能成禽哉？"艮子曰："万物尽性，必还其始，子由禽始，反本而已。子虽无羽，羽在性中。子虽无爪，爪在性中。子虽无骨，骨在性中。子虽无肉，肉在性中。子愚于吾，固不自见。吾智于子，亦不见也。龟毛兔角，至时自现。凡禽所有，子皆有之。皆有在性，见性反始。人之合天成佛，亦如是而已矣。"卵终不信，躁者以殈，忧者以毈，有闷闷者忽然性见，解壳而出，迥非昔面。

埃讹国

埃讹国，一埃而已矣。乃迭讹，其形如卵，浮于太空，东西之修百万里，南北八十万里。初亦结冰，冰解生水，水解生物，物进生人，亦如吾地。地有山岳河海之限，分九万国，各以为天地之大穷于斯。人皆高五寻，寿千纪，三目四手，多智，虽下愚，日诵数万言。其后益辟，越境相争。有以情合者，有以道合者，有以兵合者，有以财合者。经十万年，乃百余国，势均，国之民亿兆计。国中多内哄，比国连兵，鏖于望海，利器修备，千载不决。艮子立于太钧之中，见氛恶，觑而窥之，小不如粟。缩身而瞫之，见如豆，见如爪，见如坻，见如陵，见如山，民乃立蚁，因往说于中国，曰："此蚁垤也，居不过千纪，犹一瞬，胡争？"国中民皆曰："子孙宅焉，万世之利。"艮子曰："无以，有大于斯土，而乐过之者。"指星以示之。皆曰："小。"测焉，果大，信之。曰："可以往乎？"艮子曰："适彼安用？彼袤广万斯倍，民之硕，寿之永，亦万斯倍。然而，亦蚁垤也，尚有死。若游于太空，其大不可计，寿乐无终。"民曰："太空可游乎？"艮子曰："人有太空，在心之中，一与之合，如鱼合水，沧海之大，任所遨游。"民曰："以身乎？"艮子曰："以法身游太空，如以鱼身游沧海也。"曰："法身何如？"艮子曰："小于粟，大藏天，光灼灼，气炎炎。"民曰："何以化之？"艮子曰："子不自顾此身固一直通天者乎？吸收精神，脱躯而往，即法身也。如卵化禽，卵实不类禽，尽性自化，况子之身，已与法身似哉！禽之飞翔，法身之游太空也。"民信之，曰："何以学？"艮子曰："禽知伏卵，子不知伏性乎？去子六尘自辨，自能。"民曰："斗方亟，不暇。"艮子曰："斗方亟，宁可不顾性命耶？人之性命，千秋不可得。若身被戮，无伤也。如禽失巢，但卵不破，改巢而伏。"民曰："敌不信，不舍，奈何？"艮子曰："无已，请降以就子。敌亦手足，我觉以顾性命，和接而悫告之，必释兵。譬如众禽，各护其卵，自无斗矣。同济共全，不亦利乎！"民信，遣艮子说于南北。南北皆然之，遂拱一中，以临天下。欲爵艮子，艮子曰："以道勖人，而自取利，是市侩也，不可。"且请曰："未为安也，如百邻比屋，火种不灭，祸且灾。今百国不一，终有远虑。"乃往说于百国之长及民，曰："一人爱一人，而伤他人，禽兽乎？"皆曰："禽兽也。"曰："一家爱一家，而伤他家，禽兽乎？"皆曰："禽兽也。"曰："一国爱一国，而伤他国，禽兽乎？"皆默然。艮子曰："事同理一，必禽兽也。且亦知人之所以异于禽兽乎？禽之类不可胜别，兽之类亦不可胜别，今人同性同形，惟色相异耳，惟存男女两仪耳。解色相合两仪，即归太极矣。咸游天国，不又佳于蚁垤之争乎？"譬说六月，十国信之，及五年，百国信之。为会于通都，以议合。先合教，次合言，次合兵，次合财，合已达路，凡二十年，埃讹之国太平。欲爵艮子，艮子坚拒。草衣木食，惟教民幻，使民浑浑敦敦，全其太和，而颐中固精，保夫玄冥。民无事，教之禅寂，皆见性。全土之人，百年之中，灵尽成佛，御太空去，阳骤减。后生大愚，渐不能立，化为禽兽，蹄爪走，杀戮胜往昔。江河壅，山岳崩，反夫洪荒。艮子往说之，十往十见噬，盖绝无声闻之资矣。俸尼怨艮子曰："吾固谓有人相，即遗众生，彼埃讹之土，众生未尽度，但先度人，济河焚舟，后死者不得与于斯道也，奈何？"艮子无措，往请亚当、盘古。亚当、盘古皆笑曰："子目光注千年，理境着人相，以教彼土，自取罪戾，其又何悔？"艮子固哀之，乃往播人之种。又数万年，人复如初，形智还古，至区仅百国。艮子往说，又合，又皆欲修禅寂。艮子惧曰："殆矣，杏一荣终岁雕，何如松柏？"乃先为之择种，种良，又教之，十男而五僧，十女而五尼，凡万岁，虎化为麟，枭化为凤。又教之，十男而八僧，十女而八尼，鱼虫皆龙，草木蘡荃，凡万岁，众生尽，天地解，无一不灭度者。俸尼笑谓艮子曰："子勋伟矣。"艮子怍曰："营蚁垤，何勋之有？"俸尼曰："秽土尚多，能一一尽往劳如前乎？折肱必良，其无再误。"艮子曰："唯唯，可往。不尽，不复返也。"

种 黎

百国议教不决，问于艮子。艮子曰："是犹之泥圃也。泥圃庭有黎，槎槎而芃芃，虬根而弧起，东八其肄而西九之，南千其梢而北百之，皮或有绽，枝或有交，歧歧加加，蓊蓊菆菆。泥圃周详，处处识之。明年，其子种百黎于山。泥圃视之，槎槎者或曲或矢，芃芃者或疏或密，虬弧之根起伏异形。处处比之，无备同者，乃尽伐之。曰：'非黎也。'于是一岁告馑。又明年，其子树千黎于岑。泥圃视之，东西之肄多寡或殊，南北之梢长短又别。处处比之，无备同者，则亦伐之。曰：'非黎也。'于是二岁告馑。又明年，其子树万黎于麓。泥圃视之，绽皮交枝，往往改观，歧歧加加，有茁有纤，蓊蓊菆菆，有浓有淡。处处比之，无备同者，亦又伐之。曰：'非黎也。'于是三岁告馑。如斯十年，山兀人殍，室无子遗。若泥圃者，可谓智于辨异端，而学得以求真实，明察于秋毫之末者哉！"议者皆曰："泥圃骇矣，树虽不同，黎则同也。万树无同，同于为黎。略同辨异，终必无宜。"艮子曰："若今之见，不如泥圃远矣。吾闻之，教虽不同，义则同也。万教无同，同于为仁。夫黎之实在果，而以花叶本质识其真伪。教之实在道允许，而以天人贯彻识其正邪。今吾视完教，如乔棃然，固可多获，简教如小棃，亦承筐筥，将齐收并树以丰其利，弃我相而享其腴。若今之争，其不为枯稃也几矣。"议者如失，然终不能从也。艮子奋然曰："人将不及虫欤，食一叶而永疑其他也。愚于棃虫，又何敢妄稽泥圃哉！"

汩莲悟

陇叟汩莲，陇初无莲也。艮子以断藕弃之池，曰："此君子花也，其大如盘而馥艳。"陇叟珍之，为方池清涟，水深一尺，浏沙可数也。几月，莲生，苞蕤如裹帜，笔立水中，三日九寸。陇叟喜曰："潜没之莲，滋育如此。"乃增水，深二尺，苞三日，又将出。陇叟以汩溺宜莲，增水三尺，莲箭又抽。于是，增增不已。逾寻，莲遂浸蕨而萎。明年苗出，如之。又明年萌再出，亦如之。艮子复过问故，叟以告。艮子曰："殆矣，彼苗而出者，非永恃夫水也，将挺夫水之外，以见天日。水无过尺其度，则莲之凌波，过有变于汩溺者矣。"叟试之，莲获露顶，盖叶云葩，蜂房珠实。家人见之，童稚折眉，取以为蕤，甘逾上馐。翁寝而思之曰："莲之滋水，非其真欤？人之滋物，必亦如是。寓物微乐，萌在水也。水中之莲，展不百一，物中之人，能百一乎！莲不过水，人不过物。莲见光天，发育奇骏。人见性天，毋乃神乎！人身藕也，灵则干也，水如大气，腾必有异。三千年人之不悟本，如三千里我之不知莲也，曷亦以试莲者自试诸？"乃进欲，仅足衣食，粗膳布袍，谢官绝誉，废书散财，清明静谧，俗营全遣。一岁而神发，五岁而上冲，十岁而拔溟涬之外，再纪而见天地之心。御龙舒志，万有倍于天子之乐，同荷展也。将飞升太清，呼其家人谓之曰："莲无不荣，人无不仙。物中小乐，如萌见泉。一尺之泥，如食盈箪，一尺之水，如衣足寒。水深盈丈，声色良田。水深二丈，厚禄高官。水深三丈，天子百年。隆誉千秋，泽灭木巅。文章学问，亦如是焉。慎哉，慎哉！污泥青莲。"其子孙识之，乃皆仙去。艮子闻而访之，书其嘱以告侔尼。侔尼曰："吾贵莲花，正以此耳。"周敦颐闻其说，为赋以记之，卒亦仙去。

乾坤树

乾坤一枝也，太极一本也，若此天地又枝头寄生之小萝耳。其道人或不见之，而艮子以理目见之真。初，艮子化为根虫，居树之根，与类兆计。各有一国，以为天地若大，树根以外必无物矣。皆争，皆贪，皆杀，皆淫，拒一拇巨歧，拥百万众，称大天王者凡千国。皆死，皆臭，皆没，皆苦，艮子独自固其性。俄而皮解，通穴，出土，乃知根非无外天地。化为树虫，目视不出寸，光短也。树虫众，皆号野仙，云"亦本自树根来"。言树根虫蠢，已不迷性，是以仙也。争杀，亦如树根，庞然自大。所食叶，美于树根。艮子疑曰："未也，目虽不见，理则有之。天外有天，地外有地。"仍不伤性，化而为蝶，栩栩然目光鼻嗅，及十仞。蝶众皆称天仙，谓能御空而食天地之精。馥旨殊昔，不更修契，已极品矣。欲香，恋色，无厌。艮子又疑曰："十仞之外，无宇宙乎？外又何物？吾曩在根，视无光，后在枝，视一寸。今十仞，必非至也。"又不伤性，脱尸而解，则见蝶众灵皆堕地，又化根虫。艮子以三世修真，超界化为人。回顾向之所谓天地者，一树而已矣，因名之曰"乾坤树"。读人世尧舜秦汉以来史册所载，其善恶功罪，与根虫同。仰视天地，乃见三光，人皆以为此止境矣，号天地为两大。艮子以曾为根虫故，例而疑之，称两小儿，不逐俗尚。果化为野仙，与箫史、婵娥相往还，目视百倍于人。此间乐不思地矣，游行日月诸星，孔道如轨，万余岁。诸仙多化，不知所终。艮子以树虫故，疑之，又解，游兜离非想诸天。目视万倍，乃包野仙飞行之境。今境视三辰之大，又百万倍矣。然而，犹有所不及者。艮子以蝶例疑之，曰："有外非大。"读佛经所谓涅槃者，乃知此亦在毛孔中。力劝诸天王学佛，诸天王指而示艮子曰："子不见诸地之精，吾尽吸之。琼宫玉殿，人目不睹。人食其粗，精皆上吐。野仙食之，腾英天府。我尽安受，姬丽物赡，寿十万纪，犹有上乎？"艮子曰："否否，子之所享，所视，所游，所居，今犹有外。以算数计，子之视根虫固小，佛之视子尤小也。理数自然，其何足怪？子其修之，不及无余，终非究竟。"诸天王不悟。艮子泣劝三万余年，亦有信者，其不信者，寿终沉矣。忽于心中觅得无馀涅槃，乃见俸尼，俸尼笑谓艮子曰："根虫与天王孰大？"艮子曰："根虫大。"俸尼曰："子知之矣。夫天地一枝也，无极一树也，日月诸星，排列整齐，非有枝系，能不散乎？以圆网绘之，彼诸天地所分，不及一叶，何可自大？如彼一树，精转于下，根虫享之，如人间也。精周于叶，树虫享之，犹野仙也。精反于花，众蝶享之，乃天王也。吾固谓天王在轮回中，不解轮回，天王人王，与根虫同一尘也。子不尝以微分、积分之数穷之乎？积分积极，则根虫大于亿兆天王。微分微极，则天王小于细析根虫。谁可以傲谁者？"乃为偈曰："大无外，小无内。通无相，极两曾。得其空，以为贵。凡诸有，一切秽。"艮子受而忘之。他日，倷尼问偈，艮子曰："忘之空空，由之懂懂。本无有偈，何识何从？"倷尼笑曰："可谓善学也已矣。"

十赝佛

艮子问于倷尼曰："学佛者多，何成者之少也，岂以其凤毛麟角，性与人殊哉？"倷尼曰："否否，世无学佛者。"艮子指僧、尼、比丘、居士、法师以示之。倷尼笑曰："非也，居，吾语汝。学佛十赝，子其戒之。有镀金佛者，有网鱼佛者，有行赇佛者，有纨袴佛者，有溺鬼佛者，有穷囚佛者，有裁缝佛者，有傀儡佛者，有药迷佛者，有井蛙佛者。此十赝者，佛之所弃也。"艮子起曰："可得而闻其详乎？"倷尼曰："惟然，固将言之。复坐，吾语汝。佛如贾人，学者来沽，如持纯金，谁敢不受？若有人焉，以铅镀金，日夕顿颡，哀于市廛，其可得乎？今之学者，诵佛之言，行佛之行。外而观之，无往非佛，内而究之，中藏百毒。佛之照人，如见肺肝，老贾扪金，暗夜亦辨。此镀金佛，佛所以不纳也。佛法《梵网》，本以阻恶，岂可张此，罗彼愚鱼？乃有人焉。假我《梵网》，乘人痴暗，撒取世利，可不恶乎？今之学者，传教设律，讲经授戒。外而观之，无往非佛，内而究之，贪饕之窟。佛之视此，如疾狡狼，虎蒙犬皮，岂容入室？此网鱼佛，佛所以必诛也。佛非赃官，又非市侩，王位且逃，谁爱七宝？则有人焉，视我如蚋，供献道场，妄名功德，可不绝乎？今之学者，修塔建寺，塑金雕檀。外而观之，诚心向佛，内而问之，欺我可赂。佛之视此，如厌恶臭，宁以他窥，我则蒙垢。此行赇佛，佛所以必远也。佛引众生，如水下物，霭霭接人，犹惧不入。偏有人焉，恃佛自大，一句半偈，傲不可近，可不惩乎！今之学者，梵语为富，奥僻为奇。外而观之，巍然有物，内而察之，客气满腹。佛之视此，如远窃贼，偷我冠裳，污我清节。如纨袴佛，佛所以必迸也。是四佛者，败佛之尤，将堕三途。自名为佛，实已恶鬼。又溺鬼佛，疲于三藏，死于律仪。不通一真，日求多闻。如肠已腐，食物不化。顿餐斗米，原质泻下。尚问全经，不尽是惧。如溺鬼然，不能复拯矣。又穷囚佛，智慧不通，㑊㑊问人。东墨西暗，南北不分。或以衣食，迫为僧尼。不知何故，曹曹一生。此二流者，亦诚可哀。终身囹圄，曷云能出？如穷囚然，窘不可状矣。

又裁缝佛，苦参多经，照疏能讲。虽不知味，音义未讹。以易名利，迎者亦多。听者已悟，讲者昏然。为人作嫁，自已呼寒。如裁缝然，不得自受矣。又傀儡佛，闻有禅宗，则往承密。归来一坐，便谓大获。闻山远朝，闻经即访。指东东行，指西西往。抱其真性，终失于枉。如傀儡然，毫无自主矣。又药迷佛，口诵弥陀，西天在心。又不断欲，又不生明。惟望接引，恃佛有灵。纵为诸恶，佛祖所亲。护符既得，不修亦成。如药迷然，不能警醒矣。又井蛙佛，偶见一孔，半途惊喜。佛本无相，乃以相奇。或得一通，或得二三。尘心未退，海上船翻。器小易盈，焉得上天？如井蛙然，根基太浅矣。是六佛者，因佛反误，如不善学，十人而九入其路。今也，出此十赝，万中无一。吾实告汝，六根不染，八识自无。虚空清净，安车上途。宁静自主，无经无书。无意无必，无有无无。诚虚接物，鲜卵自孵。"艮子唯而退，记之如此。仲尼闻之，叹曰："惟儒亦然，十赝者，小人儒也。"①

说 疮

唐悟达僧膝发奇疮，俨如人面。艮子往视之。悟达曰："何苦之毒也？"艮子曰："一面亦疮，何况二面？一身亦疮，何况二身？一心亦疮，何况二心？子能知此，厥疮自愈。不能知此，终亦无医。"悟达曰："何故？"艮子曰："凡论理者，须先定义，就义而疏，乃得其至。今骤指子面、子身、子心为一大疮，子固不信，为其不知定义也。为子揭定义，触而后痛者疮之静也，不触自痛者疮之动也。今子之身，触之即痛，尽日避触，护静疮也。即或不触，心多烦恼，恶脓中激，实动疮也。皆二身二心矣。若只一身为幻法身，何触何痛？若只一心为真空心，何烦何恼？请明以别之。见色而喜，毒入疮孔，色失则苦，疮自动也。闻声而乐，毒入疮孔，声丧则哀，疮自动也。嗅香而爽，毒入疮孔，香亡而闷，疮自动也。食旨而甘，毒入疮孔，旨绝而馋，疮自动也。顾体自爱，毒积疮肿，饥寒五兵，动疮者也。适志自乐，毒深疮根，拂逆而忧，疮自动也。此六孔者聚为大疮，戴面而走，何则不苦？如非疮也，虽触必安，触即不安，不触亦患，因知身心实亦疮也。疮延渐大，情覃于亲，所亲若苦，身心俱苦，是亲亦连于疮也。又络于利，利

---

① 原点评："除去十赝，定然成佛。"

丧亦苦，又络于爵，爵失亦苦，又络于名，名亏亦苦，又络于忿，有犯亦苦。得天下之富，则封疆皆附于疮也。有帝王之贵，所虚器皆附于疮也。享盖世之名，则众口皆疮之穴也。馀校量之怀，则横逆皆疮之疣也。以藐藐之身心，而所负之疮则大于天地，二之误也。大疮若除，小疮何托？皮之不存，毛将安在？此为三昧。三昧正思，正思惟一，以捐尔忒，子其思之。"悟达悟，痛遂若失，诸苦亦失。①

两　解

两解，解色相与阴阳也。解色相与阴阳，人即佛矣。其道，艮子闻诸天王。日者，艮子遇天王于瑶宫，问曰："子能生禽，或枭，或凤，或凫，或鸠，小别千计。又能生兽，或虎，或羊，或牛，或犬，小别百计。若鱼，若虫，若草，若木，中更复杂，何不能生异形异性，或角或蹄之人哉？"天王曰："吾莫如之何也已矣。两点之间惟一直线，理数所在，天岂能逃？人既一直中立，上通天而下达地，惟一既成，不可杂也。然人既同性同形，犹有五色，吾因日光色相以别之耳。"艮子曰："人能解脱色相则何如？"天王曰："男女不同，尚在两仪之中。"艮子曰："人能解脱阴阳则又何如？"天王骇曰："若此，则天地不能司其命，乾坤不能为之宰，子其毋泄。"艮子曰："佛已泄之，何俟我言？"②

鸣　钲

嬴政问于艮子曰："吾求仙竭诚，终不可得，岂天上人间必无仙乎？"艮子曰："否否，仙则有之，惟无鸟耳。"政曰："鸟固孔多，子何以云无？"艮子曰："吾尝欲捕夜栖之鸟，通宵伐钲鼓，喧喧阗阗以求之，行尽山林，终无一得，所以谓之无也。"政曰："误矣，彼鸟者畏钲鼓而逃喧阗者也。以此求之，宜其无也。若静密以觑之，则深树丛薄，无往而弗得矣。"艮子曰："君察于鸟，未察于仙，彼仙者畏世浊逃名利者也。今子以高官厚禄而求之，是以钲惊之也。子女玉帛而溷之，是以鼓骇之也。去子钲鼓何求而弗

---

① 原点评："本来真如之心及庄严法身，一与尘毒相染，即是疮矣。"
② 原点评："人能解此二者，无不成佛。"

获？夫泛海猎象，登木求鱼，不知其地也。悬药钓鱼，积石种谷，不知其性也。今若反焉，而清虚感之，则人间天上仙如牛毛矣。"政不从，益求之，为徐福术士所诈，楼船不返，死于沙邱。以朽以污，沉灵九幽。①

鹏蚊

廉俭部，如唐尧茅茨，卫文大布，晏婴一裘，杨震四知之陈迹，多采之。其敬信部，如姬旦明堂，赵盾假寐，季札许剑，微生抱桥之陈迹，多采之。其字物部，如夔龙率兽，成汤开网，华山归马，子产放鱼之陈迹，多采之。其事则非吾土所有，而尤美备。其和音、象物、修辞、应节，则妙绝，类皆温懿悱恻，庄肃清明，化民于不知不觉之境，而纳于大顺。始犹借司虣之权以监临之，三年之间，一戏一谑，耳濡目染，无往非教。乃命天下，燔不经之书，绝海邪之说。至于室家诙谐，牧奴讴啸，罔非良籁感心之助。五年之间，有司虽设，无有讼争，囹圄虽存，无有入坐。又益事修厘经史，周辟黉宫，五里一庠，十里一序，贤哲之士，尽为司铎。强以高官厚禄加于民，民无应者，劝民为元首主政临八极，则孺子亦挥肱却之矣。乃改元首为教师，以德齿选，亦无加享于细民，绝欲以防渐也。

艮子因乡老以见于教师，为享礼有加，观其衣司虣、司徒之力耳，是亦不可以学耶！初，艮子御鹤游于纯教之国，尚无教也。有贤司徒作，首正乐。其为正乐，非先于《雅》、《颂》、《韶》、《武》也。因村歌俚曲，俳优而正之。为歌曲十部：一曰善道，二曰立达，三曰爱国，四曰齐家，五曰修身，六曰论理，七曰忠义，八曰廉俭，九曰敬信，十曰字物。使俳优演于市朝，瞽蒙行而徧于野。其善道部，如倕尼雪山，老子幽谷，于陵偕隐，仲尼杏坛之陈迹，多采之。其立达部，如墨子累藤，普贤行愿，大禹勤事，伊尹思任之陈迹，多采之。其爱国部，如鲁连拒秦，屈平哭楚，田横死节，诸葛辅汉之陈迹，多采之。其齐家部，如虞舜克偕，姬昌世子，夷齐让国，敬姜内则之陈迹，多采之。其修身部，如颜渊克复，澹台避径，仲由结缨，荀卿儒服之陈迹，多采之。其论理部，如虞廷心传，洙泗辨学，尹喜问道，孟轲游说之陈迹，多采之。其忠义部，如比干死谏，包胥哭秦，伯牙绝弦，鲍叔让管之陈迹，多采之。

---

① 原点评："求仙须清静，在欲中且不可，况大欲中乎。"

其简误恶艮子言多，挟故而问于艮子曰："古书之言简，是耶非耶？"艮子曰："何尝不是。"曰："可学乎？"曰："不可。"曰："然则，是与可有别乎？"曰："有别。如问鼎者曰：'鼎安在？'答者曰：'在天之下，在地之上。'是耶非耶？虽有圣哲，不能责其不是也。以此求鼎，则何可得？古人之书，浑括囫囵，示人不明。牺皇画卦，文王迭之，以是示后，不能责其不是。至于求而得之者，今古凡几人哉？后儒说良知，标简义，言岂不是？学者眩焉，吾故曰不可。夫约而简者以教上智也，分而博者以教下愚也。博学于文约之以礼，亦可以弗畔矣乎？吾告人鼎，必语以某国某邑，某山某庙，某殿某室，所以繁也。又如导明，以手一指，则百里之山可至矣。若导瞽蒙，一步一石，一曲一径，一木一桥，一阈一阶，处处告之，不使其蹶，是繁之用也。多言不穷，常守大中。吾岂好辩哉？吾不得已也。能言相群瞽者，圣人之徒也。知简而行简，毋乃太简乎。"

食宫室，朴如村农，和风霭溢，天地呈祥。艮子曰："嘻，人力有如是哉！"教师笑曰："吾国之人，虽三尺童子，皆知地为秽土，不可系恋。百年逆旅，安以俟之，全真抱性，归于太极。虽以刑迫、利诱、欲导、情启，使之动一念之邪，发一辞之妄，弗可得矣，而况于行乎！"艮子闻之，泪涔涔下，襟袖可洒。教师惊，慰藉备至，问其故？艮子失声而语曰："何吾土之民，愚骏若彼？虽读书百年，徒以圣哲之皮毛，供其玩好。书习钟王，辞标班马，瞽蒙俳优，诲乱诲淫，惟日不足。稗官野史，肆力以掖回遹，而莫之或禁也。"教师曰："不有政乎？"艮子不忍答，涕泗莫能止。遂亦起谢，归书其实如此。①

问回祖

艮子问于穆汗默德曰："子以不食豕豨为教，谓好生则杀羊不恤，谓惜材则椎牛不吝，是何故欤？"默德曰："善哉问也，吾为子剖理言之。夫强国之道，首务足食。回疆万里，游牧乏猪。习俗移民，重难轻易。列珍飨客，必用肥腯为仪。陈祖祀先，竞尚豚肩掩豆，以十犅而易一貂，以百羊而易一豝。邻国互市，浚我脂膏。此弊不除，邦基必扑。民生既困，兵力乃孱。吾所以固彰其辞，谓豕豨为秽毒者，民可使由，不可使知也。"因谓艮

---

① 原点评："司虪似今之警察。""绝好梨园曲谱。""人心既恶，政何能遏？"

子曰："子之国亦有是乎？"艮子曰："甚矣，敝。"曰："何如？"曰："吾国东南濒海，西北负山，万物俱丰，百材不匮。乃上下愚骏，溺于贵远，尚鲨鱼不旨之翅，宝海滨无用之珠。百布一锦，织羡西瀛，而不顾兄弟号寒之苦。万钱一冠，取于东岛，亦顿忘骨肉啼饿之悲。而邻国化败絮以为采毡，锻锈镠而成华器，使一钩之锡，易十镒之金，一粟之精，易五斗之米，一文籥之机，易尽川泽山林之实，一巧人之手，易尽农工商贾之财，而莫知之禁也。"默德曰："为人上者，竟不问乎？"艮子曰："如秦视越。"曰："贤哲之士，竟不言乎？"曰："如聋无闻。"曰："被毒之民，竟不察乎？"曰："如鱼贪饵。"默德默然良久，曰："亡矣！"艮子出涕，兴辞而退，以其语遍告国人，国人皆笑其妄。仲尼闻之叹曰："吾固谓居山以鱼鳖为礼，居泽以鹿豕为礼，君子谓之不知礼。所以防民之渐，富祖国而厚民生也。世则不察，何必假回祖之教哉！"艮子爽然若失，曰："吾亦溺于贵远矣。"①

二　僧

二僧谈法，一守《梵网》，一破法相，然内皆执我，非真有得于佛也。求衷于艮子。守《梵网》者曰："持戒精严，绝不律仪，自皈依法，为三界尊。"破法相者曰："一切有为，皆非真法，等虚空故，应如是观。"各以为是，诤心大肆，皆谓艮子直言裁之。艮子不语。三问，艮子乃曰："法如舟然，乘之亦可，不乘亦可，吾何以衷之哉？二子之言皆是也。"皆曰："必衷一是。"艮子曰："法如舟然，乘之亦误，不乘亦误，二子之言皆非也，吾何以衷之哉？"二僧不服，艮子曰："人藏其心，不可测度，自验自证，自明自择。有如乘舟，中流舍弃，必沉于水，未至彼岸而遂弃法者如此。又如乘舟，既舣不舍，于无济时，已至彼岸而不弃法者如此。强中流之人以弃舟，是无明也。强至岸之人以守舟，岂有明乎？鱼使鸟泳，鸟迫鱼飞，各著我能，无以衷之。以言教人，则失机宜，以言自尽，则着我相，二者皆非不可救矣。"于是，二僧恍然若丧，豁然若悟，反躬内疚而去。②

---

① 原点评："不用国货者鉴此。"
② 原点评："法贵自验，毋戕其真，何必各执一是哉。"

薏苡言

艮子憩于薏苡之侧，因而假寐。闻苡核曰："我形坚，有骨仁在襁褓。若我者，诚可贵也。"仁瓣曰："子刍狗，我居内，贵于子矣。"仁苟曰："我居中，尤贵，二子亦皆垣墙耳。"苟中之空心曰："不有我，能生乎？"诤不决。俄而，得地生气，入空心，水土从之，空心大畅。苟甲斥，下吐须而上吐萌。核解谓萌曰："我护子惟巩，幸不伤于石崚。今子欲上干于霄，独不能相携乎？"萌曰："成功必退，本乎地者亲下，不相携也。"瓣曰："我将从之。"及出土，又弃瓣，瓣亦求携不得。其后，叶出，谓枝曰："我四视，广于子矣，且高。"枝曰："不有我，子何所托？"干曰："不有我，子何所出？"根乃曰："不有我，皆无命矣。"叶、枝与干始默，花灼灼如堆锦，蜂蝶朋来，夸尝不已。根、干、枝、叶皆曰："我辈多劳，花则尸功，盍绝之？"花曰："不有我，人将摧若为薪櫗矣。"言未竟，实挺然出，逐花而去。曰："我将反夫太初，而灭色相。"于是，叶、根、枝、干皆竭精以献。实成，废为枯朽。艮子悟而叹曰："坚核其犹身乎，仁瓣者五蕴也，叶枝根干其六识乎，花者缘也。各遂其用，无厌无恋，何争何炫？要以不碍正性，成中实，归本真者贵欤，有如薏苡。①

问天王

艮子问于天王曰："草木非子所生耶？"天王曰："阴阳不交，冰冻不解，草木何物而能生者？"艮子曰："子生桃核，坚刚抗齿，其故何也？"曰："桃核不坚，毋以保仁。"曰："生仁有瓣，则又何也？"曰："护苟出土，以防沙石。"曰："子之为桃谋也至矣，不识鸟、兽与人，亦子之所生乎？"曰："然。草木之命且由天，而况于灵盛者哉？"曰："若是，则子为虐，是教兄以杀子弟也。子生鸟、兽与人，赋以食性，既食桃肉，又碎其核，不亦毒乎？子不知之是不智也，知而为之是不仁也。"天王默然良久，曰："是非我所宰也，彼桃自有赍其实，如不食之，尽尽成树，地能容乎？"曰："子何必多生，而多杀之？"曰："何尝多杀，化以成也。即桃论桃，一

---

① 原点评："人生一世，成实为贵，不可以正性为八识之奴也。"

本万殊。核无所成，弃而易萌，萌无所成，畅而为干，干无所成，分而为枝，枝无所成，发而为叶，叶无所成，育而为花，花无所成，结而为实，乃还其本。夫万物之生，天地之别体也，一本万殊，同于斯伦。草者核也，木者萌也，虫者干也，禽者枝也，兽者叶也，人者花也，神者实也，功成而退，乃还其本，又何伤乎？"曰："其中有苦，子则不察。"曰："不苦何济？譬如牛马，不以鞭笞，纯施劝教，则恋蓊道左，一步不前矣。"曰："有是哉，为实故而不惜花叶之凋残也？既已成实，亦复生乎？"曰："生。"曰："亦复杀乎？"曰："杀。"艮子曰："若此，则吾将超神而佛，不为子谴弄如刍狗矣。"①

谳 粪

艮子日食甘旨之肴。其色鲜艳，其臭亶时，入腹而粪。索于粪中，无一嘉质，色香味美，不知何往？因大怒，谓腹之窃瀹也。讦腹，腹曰："胃。"讦胃，胃曰："我输其尤于心，余遗于肠。"讦肠，肠曰："我输其粗于血，余则为粪。"讦心与血，皆曰："肝肺取之。"讦肺与肝，皆曰："我犹纳气以入，亦吐其浊，清及瀹输于脑矣。"讦脑，脑曰："不知。"问诸耳目，耳目皆曰："无所见闻，或毛孔泄之矣，否则口鼻。"讦诸口鼻毛孔，皆曰："我所泄者，亦粗浊也。"指汗垢涎唾以示之，果然，终不得盗。艮子燥甚，将并缚腹、胃、肠、心、血、肝、肺、脑、毛孔、口、鼻于司败，严谳之，皆惧。请曰："盍讦于贤肾？"曰："心自欲淫，脑下助桀，而目为侦，使我而已。我虽泄清瀹，何罪？然子不淫时，清瀹又安往哉？"艮子知心脑狡慧，既能输于肾，余亦从此究之，遂严讦心脑。心脑曰："我上有神，陀陀昭昭，子盍诘之？"遂诘神，神笑曰："清瀹之精，皆归于我，我贡之于天矣。"艮子曰："天以此安用？"神曰："天命子为微虫，盗万物之精以贡之，天之所享皆清且瀹也。天以意享，一欲即至，子如解身而从我，亦将同升于天以享之。如从子身之五贼，将累我与子并堕于地矣。且子不见枭、狼、犬与饕餮乎？彼其为兽也，泄粪尤粗且浊，是其取清瀹也竭矣。乃不以上输，枭泄于目，故能夜视。狼泄于耳，故能远听。犬泄于鼻，故能善嗅。饕餮泄于舌，故能多食。泄则不上，皆因其不一直通天也。子既通天，何亦学比贱兽哉？一动亦欲，则吾不见清瀹之来供。彼五贼蠢蠢，徒见于有相，而不知

---

① 原点评："生一物，杀一物，是苦多。"

至美之全归于无相也。子盍进之以瞻吾？吾携子而天矣。"艮子闻之喜，遂绝五贼，以图上达，神以爽健。①

割 鸡

艮子将割鸡，鸡曰："子不割人以食，乃割我何故？"艮子曰："人智子愚，割子无罪？"鸡曰："割我无罪，是世法也。人智我愚，比较量也。即子自问，智倍于我，能几何者？"艮子曰："万倍。"鸡曰："恃万倍之智，遂可杀愚？子如成神圣仙佛，智不止万倍于人，则人皆可割也。子有是心，不得成神圣仙佛矣。"艮子曰："我学孔，姑逊佛，不绝荤也。"鸡曰："学孔则亦未至，孔子以'克己复礼为仁'，礼者理之见于行者也，穷理而后可以尽性。我之生命如人万之一，而子割我，是子有万一不仁存于心也。理固彰彰，子不克己之舌，欲以穷此万一之不仁，何以尽性？孟子远庖厨，明知而固犯，其不能克己甚矣。克己克己，复理复理，子无内疚，我岂惜死！一口之味而杀其仁，上智忍之，下愚何说？"艮子大恸且惭，舍鸡而奔。买蔌于市，将食矣，蔌忽起曰："不因有食，我岂见杀？于理有未穷，知有不尽也。读圣贤书，所学何事？"艮子置蔌而走。丝笑于服曰："剖万蚕以自暖，仁者之心也。"艮子脱衣而谢。毛笑于身曰："剖十兽以自暖，仁者之心也。"艮子脱裘而谢，誓终身不食血肉，不衣丝裘。多士笑其迂，艮子曰："服理克己。"②

出入世

佛详于心法，注于出世，而略于入世。儒详于治法，注于入世，而略于出世。善用之则全，不善用之斯害矣。泥佛生问于艮子曰："佛与儒谁是？"艮子曰："儒是，而佛非也。"泥儒生问于艮子曰："儒与佛谁是？"艮子曰："儒非，而佛是也。"他日，两生相值，道艮子言，怪其不相顾也。诘艮子，艮子执言如故。两生皆曰："子告此之言是，则告彼之言非也。告彼之言

---

① 原点评："人吸万物之精，化后能究其极则极矣。"又说："天有五贼，见之者昌，知从此究，则得之矣。"

② 原点评："一切众生皆平等，何况于鸡乎。"又说："此佛教茹素之真理也。"

是，则告此之言非也。二者必居一于此矣。"艮子曰："皆是也。居，吾语子。东山有二叟焉，一曰佛叟，其子佛奴；一曰儒叟，其子儒奴。日者，佛叟出，谓佛奴曰：'善护园树，毋使其根旱。'佛奴勤溉根，有盗来锯树尽去，佛奴视之不阻也。佛叟归而怒之，子不服曰：'我奉父命惟谨，父但告我毋使根旱，不知其他。'佛叟默然。儒叟出，谓其子曰：'善护园树，毋使其叶悴。'儒奴勤洗叶，根本枯，叶亦尽落，儒奴视之无术矣。儒叟归而怒之，子不服曰：'我奉父命惟严，父但告我毋使叶悴，不知其他。'儒叟自失。是二叟者，其教子岂不可哉？不知其子之愚也。今之学佛、儒者，如斯而已矣。抱空寂之旨，而不顾国家之亡，佛奴之误也，非佛之过。守忠孝之文，而不顾性命之戕，儒奴之误也，非儒之过。经曰：'举一隅，不与三隅反，则不复也，岂不哀哉！'"二生爽然若丧，终不能通变，以至于死。①

简　误

鹏自以为大，蚊则恐其小矣。大者傲小者，惴弗胜。艮子曰："同也。"鹏、蚊不信。艮子以凹镜照鹏，鹏小于蚊，以凸镜照蚊，蚊则大于鹏矣。鹏、蚊请曰："何形之易改也？"艮子乃言曰："去子色相，尚有大乎？亦有小乎？"皆曰："无有。"艮子曰："色相之大，不可恃也，而况假于色相之外，取益于高位虚名者哉！大小在内，不因于色，大小在真，不呈于相。若因于色，色亡即亡。若呈于相，相毁即毁。赋于身者犹然，资于物者如幻矣。《诗》曰：'无小无大，从公于迈。'苟灭大小之色相，以体夫三无私，所谓公也，其又何较？"鹏、蚊皆悟，以成至圣。故庄生之喻，使尧舜失其天下。②

纯教国

纯教国，纯以教成，坐致太平，能探本也。乱之所起由人，人之所以为恶者由心，教格非心，遏灭恶源。人性本善，欲驱之以为乱，其可得乎？虽然，此一（原书此后残缺）③

---

① 原点评："言毋使根旱，则保树之意在其中。言无使叶悴，则溉根之意在其中。明者举一反三可也。"
② 原点评："大小虽殊，觉性则一，况同为凌风而飞者乎。"
③ 原点评："治国之术，当然以教为本，不过辅之以政耳。"

第三卷　秋

藏名国

　　藏名国，无贤良圣哲，厥民亿兆，皆完德。如书其懿行嘉言，虽载籍塞天地，不能得其万一。故其为史，仅书恶，而不书善，十万年中乃无一贤良圣哲也。艮子既至，请于三老，求观于史。三老出之，不过数简，岁经几纪，未尝记也。以万年为一期而已，一期之中有元恶名胜桀者，徒弗视地，途践一蚁。二期无事。三期中有元恶名胜纣者，头触于树，破一禽卵。四期无文。五期中有元恶名胜幽者，偶折一花，色淫凶极，诛削尤严。六期中有元恶名胜厉者，蹴断一笋，害凌愚弱，贬伐颇峻。是四凶者，闻史书迹，皆自投于海而死。至今人读之，犹以为孝子慈孙，百世不能改也。艮子观之，如坐针毡。三老遂问艮子之国，亦有史欤？艮子曰："有，因匿其秽，但举尧舜以对。"三老笑曰："此亦足书乎？吾国顽鄙，莫不备此德者。燃灯之室必无光也，凿井之家必无水也，吾不问子善，问子恶。艮子不得已，举汤武称兵戎，伐暴乱以对。三老惊曰："何谓兵戎？"艮子诈曰："以口相辩谓之兵，以文相辩谓之戎。"三老大骇，起走。叹曰："大道孔昭，尚待辩乎？"耻艮子不与言。艮子不敢修百礼，瑟缩而退，自此不复诵书史。

合　教

　　五教之徒，问于艮子曰："教有出世入世之别，子必强而同之，亦有道乎？"艮子曰："有，是犹之一树也。树有出土入土之别，于其出入之交，锯而断之，则其纹理莫不符合。夫出世之法，以正心、修身为本而出。入世之法，以正心，修身为本而入。如合符裁券，必寻其缝，如系轭挂，轫必联其端，吾未见其不同也。如有教曰：'不智不仁，亦可出世而成佛。'则吾不为之强同矣。如有教曰：'不智不仁，亦可入世而图治。'吾岂必为之强同哉！《易》曰：'君子以同而异。'以吾所视，出世入世，有如循环，不可以中断也。"

韩 愈

韩愈难艮子曰："子之学劭矣，吾以为攻夫异端，斯害也矣。"艮子笑而不答。三问，艮子乃指树而谓之曰："吾庭之树，千枝万叶，子试求之，何者为端？"愈曰："枝叶非端，端在于本。"艮子曰："若是，则子伥伥瞢瞢，不识端末，何足以言道哉？子自攻夫异末，而不知我之同端，皆枝叶之见耳。儒有四端，恻隐为本。墨子兼爱，非恻隐乎？端何尝异？老子三宝，非恻隐乎？端则又同。佛陀慈悲，非恻隐乎？端何尝异？耶稣怜愍，非恻隐乎？端则又同。回氏仁天，非恻隐乎？端何尝异？关尹同仁，非恻隐乎？端则又同。若夫礼节仪文之差，因时契机之变。枝枝叶叶，莫可深穷，则其为异，岂曰端哉！端之不明，斯害也矣。"愈怍，遂自逃于岭表。

唐蒙（唐蒙，兔丝也，又名女萝）

唐蒙之初生也，根本于地，吸水土之精，非无能也。及得木而缠附之，贪其便于养也，尽失所能，无叶无枝，无花无实。艮子过而叹曰："依赖苟偷，失其性哉，不如托于地之为愈也。"唐蒙怒曰："子独见吾失于地，而不自见其失于天矣。吾之生也，不离于地，能为枝叶，能为花实，非不荣也。一朝抱树而浚其脥，乐而忘本，千载已然，无可追悔，则又无智，自走下就。今人也，生生之初，来自玄元，如不自伤，直摄太极，六通万能，其何不备？乃附于天地，遂忘其本，凭地取食，因地谋衣，窥天取法，祈天永命，已如吾之闲盗于树矣。而又剥皮为裘，以增其畏寒之癖。假名设贵，以乱其天爵之真。苟反于本，何求而弗得？且子不鉴于宇宙之中乎？元气浑成，正性无穷，日星附于太极，则太极之茑萝也。日附于星，则星之茑萝也。地附于日，则日之茑萝也。月附于地，则地之茑萝也。浚太极之末馀至于为人，又茑萝之茑萝也。天地蠢蠢，不能自反于太初，碌碌焉为盗自足。若子者，乃盗中之小盗耳。不求自明而盗于经子百家，不求自仁而盗于律仪五教，岂其性有不足于道者耶，惑斯甚矣。《诗》曰：'无然畔援，无然欣羡。'子畔元援学，畔初援物，以欣羡于枝叶之末，其不如吾也远矣。复而见天地之心，还资太极，岂寄生之鄙务是营哉！吾亦为子示相耳。"艮子惘然若丧，退藏于密以终。

问　桃

　　艮子问于桃李曰："子有核，外坚何也？"桃李曰："以护仁也，如子之身，仁成当弃。"曰："仁有双瓣何也？"曰："以守中也，如子五蕴，中畅当弃。"曰："子有干何也？"曰："如子之脊，以支体也。"曰："子有枝何也？"曰："如子之手，以取资也。"曰："子有叶何也？"曰："如子之鼻，以吸气也。"曰："子有根何也？"曰："如子之口，以食腴也。"曰："子有皮何也？"曰："如子之衣，以御寒也。"曰："子入地而深附之何也？"曰："得天太薄，不能不托命于地也。"曰："子不为刺何也？"曰："棘以刺保而人绝之，如恶人之以兵保而天绝之也。我以花保而人树之，如善人之以道保而天佑之也。"曰："子不生目而炫色何也？"曰："宇宙之象，一受一呈，受呈两绝，方归太极。我之不生目而炫色，犹神之不呈色而能视也。"曰："子何以不求天而与子以目？"曰："不能也，属地之阴最着色相，属天之阳最强视感，日月中明助为媒介，且天之生物，无用不畀。我不视路而行，目又奚以为哉？"曰："子不生脚而行何也？"曰："天之生物，满养则止。牛以一亩之精而后足，若连于地摄食之官当广一亩，人以五亩之精而后足，若连于地摄食之官当广五亩，不能相容。故使之间食而滋，不直取于地也。"曰："子不能行，害至何避？"曰："附地深者天必贱之，害至不避授命而已。人若倒觉以附地，天亦贱之不加保也。如仁明亲上，天亦畀觉以助其保生，胜于生脚。天最爱觉，觉强者其生全，觉弱则生斯缺矣。"曰："子因蜂以姤何也？"曰："万物本一体，动植无别也。"曰："子生肉于外何也？"曰："孝之德也，堕而以肥根，报母树也。"曰："子荣而忽雕何也？"曰："易变者不久，暴美者无寿。"艮子蘧然有省，曰："道之妙万物有如是哉！《诗》云：'桃之夭夭，灼灼其花。之子于归，宜其室家。'人而知此，得其宜矣。可以全归，不亦善乎！"

泉　池

　　艮子凿深泉、浅池各一。泉之东开一洫焉，题曰"口洫"，分洫而漾。洫乃二，入于池，题其小洫曰"目洫"，其大洫曰"耳洫"。为之序曰："智因于天，浚则通之。水出于地，浚则达之。内通自达，有如此泉。滚滚而流，膏泽千里。信口开源，无取于外。佛言自足，而不假于声闻也。若彼愚痴，以目觑书，以耳聆法，有如此池。内不自通，徒为潴学，如传言管，如积米困，其涸也可立而待也。慧本在定，不事声闻，好修之士，一字不知。"

教　木

艮子树木，木曰："毋埋我，我欲动。"求水为润。艮子强止之曰："勿动。"木既树，得土，未得泉，躁曰："无水。"艮子又强止之曰："勿动，先与地合。"根纾，木惊喜曰："可以。"艮子又强止之曰："勿动。"木曰："我根自行，将何往？"艮子曰："毋移于物，听其所往。"及十年，根入重泉，荣秀备极。木乃问于艮子曰："夫子之教我，何不先言地有泉，而使我注全神以求之哉？"艮子笑曰："先言有泉，子一日不及，二日不及，则有悔。夫木根之性本于地，自知向泉。人觉之性本于天，自知向佛。不动即得，又何待求？"他日，木根得粪山而乐，益喜。曰："此乐于泉。"艮子戒曰："误矣，微乐在前，大恸在后。人中富贵，即粪山也。子如不悛，后必死之。"木不听，尽移其根以向之，粪腴大人。初犹滋叶，既而孔扩，终岁成榴。艮子叹曰："贪欲之祸烈矣哉，肥润一时，以丧其性者，有如此榴。"

商　书

帝舜见《商书》，大惊。问于艮子曰："何谓《商书》？"艮子对曰："著书之柄教化之权，采于商贾市侩，而庙堂失学废官，不能起而修之，是以谓之《商书》也。"舜曰："开卷《汤誓》，则又何义？"艮子曰："汤者，汤汤洪水方汩。誓者，信誓旦旦，言将以洪水横流之势汩灭震旦也。不观其辞乎？曰'有夏多罪，天命殛之。时日曷丧？予及汝偕亡。'有夏者华夏也。人心大恶，腥闻于天，天命商星，化为商贾，以市侩之目光，乱圣哲之真理。弟兄手足，化作参商，国必亡。国已亡矣，此商贾虽富有铜山，亦惟与国偕亡耳。"舜惨然曰："子不救乎？"艮子曰："性命之学，不如世利之移人。庄肃之论，不如诲淫之易售。虽日著万言，如东风吹马耳，无益于世，徒自尽心焉耳矣。"相与悲叹不置。

佛 哭

伻尼大悲而哭，艮子请故。伻尼曰："学佛者众，是以哭也。"艮子曰："学佛者众，则子当笑，何以哭为？"伻尼曰："不然，子不之深察耳。孔子无言，老聃闷闷，吾亦未尝说法。乃明清之世，以孔子之言教士，官由此得。《中庸》《大学》，尽人必读，发为文章，代圣宣义，宜乎儒教之大明也。而不知士大夫心怀利禄，口谈经史，五百年中，多士殆如牛毛，何尝有一人近七十子之堂哉？溯之东晋，清流高议，动引《老》、《庄》，宜夫道教之开启也。而不知徒得其空，莫践其实，国亡家破，几见神仙？青牛背上之书，漆园呕心之语，皆足以误杀众生。今之讲佛者，其害乃与明、清、东晋同出一辙，可不哀哉！吾实告子，如必学佛，而后成佛，初佛何从而学哉！庖牺不识丁，尧舜不读书，子之所知也。温故知新，乃能为师。佛心如泉，混混自出。今之学佛，如锄广辟，不及尺寸，虽池塘万里，劳似马牛，岂能得涓涓一滴哉！常守空慧，因地行慈，所获多矣。心有窒，则道不入。窒于佛，亦犹窒于物也。"艮子闻之，充然自足，自此不复读书。

六 根

六根不内尽，而徒事外戒，必且深入，其戕性烈于不戒。故艮子不重持戒，而严于戒律无过于艮子者，其根断也。西康之草，深不五寸，而根入重土，反二三尺，密大十倍于蜀草，外阻则内侵也。剪苕蔓以硕苕根，其理亦同。完颜亮、武曌既死，艮子呼其鬼而叩之曰："子之淫何极也？"亮、曌皆曰："高明为亮，目空为曌，岂非佛慧而能知此？我先修行十世，五根皆尽，色蕴独留，强而抑之，如菊独花，其放也大；如爆坚迫，其鸣也震。一根既巨，内插透性，五根从之。今堕恶道，修罗余瞋亦此理也。"艮子悟曰："文章一根亦误矣乎？"亮、曌曰："不得成佛，必堕天仙。"艮子惧，问于伻尼。伻尼笑曰："三摩钵提，惟视如幻则可矣。以行其慈，其根乃慈。叶小鸾曰'以无所得故得，以无所断故断'，斯可矣。'"

正 经

艮子问于伻尼曰："吾以理窥子，诚宇宙之极慧也。诵子之经，昭轶天表，精析秋毫，然有不能为子讳者，应删削者十之二三，应除复者十之五六，披沙拣金仅百一耳。"伴尼喜曰："子何以知之？"艮子曰："常道也。吾将为子删削、除复，正辞显义，以示众生，万古罔替。如有差忒，誓甘入无间地狱矣。"伴尼笑曰："子若为之，吾助子智。居，无［吾］语子。吾经所传，后学之所集也，非吾落笔而亲成之。如子言之，他人记之，则因记者之贤愚而瑕瑜判焉，况记于百岁之后，则瑕瑜又因忆识之人而判矣，犹且印度之文囒唠嗹喽，逊于震旦，几经重译所失多矣。百仿之篆，非李斯之工。万摩之图，非道子之肖。子能鉴真，众生之幸也。且吾未有一语可为经，经常道也，常道岂可道哉！应病与药，有生医无旧方也。子其勉之，诚明仁勇。吾将迓子，地狱虽广，不敢容子一毛矣。"艮子承命而退。观音进曰："吾《心经》则何如？"艮子曰："无可增损，但改文耳。"

上下游

宇宙之物，非理气数象所能尽，而太玄不可常名。黝夜邃窟，谓必无光，而枭猫视之如白昼，则光之外有光也。坚土燥壤，谓必无路，而蟾蜍行之如通衢，则路之外有路也。犬之于嗅，金石有香，龙之于居，虚坚不择，人之幻身，得一漏万，而可以形而下自封域哉？

艮子化龙，下入于地，目无不见，体无不处，则见土质空若浮云，鬼众于人，惨痛饥寒，屠戮刑伤，甚于鱼鳖。有得阳精，则灵上冲托于草木，不能即为虫鳞也，因名之曰"上地狱"，名其鬼曰"上鬼"。又下有风水，上鬼履之如人履地，死而后得入，有鬼居之如在浮云，则苦倍上且久，因名之曰"次地狱"，名其鬼曰"次鬼"。又下有积灰，次鬼履之如人履地，死而后得入，有鬼居之如在浮云，苦则倍次且久，因名之曰"三地狱"，名其鬼曰"三鬼"。又下有垒炭，三鬼履之如人履地，死而后得入，有鬼居之如在浮云，苦则倍三且久，因名之曰"四地狱"，名其鬼曰"四鬼"。又下有贞石，四鬼履之如人履地，死而后得入，有鬼居之如在浮云，苦则倍四且久，因名之曰"五地狱"，名其鬼曰"五鬼"。又下有纯铅，五鬼履之如人履地，死而后得入，有鬼居之如在浮云，苦则倍五且久，因名之曰"六地狱"，名其鬼曰"六鬼"。又下有纯金，六鬼履之如人履地，死而后得入，有鬼居之如在浮云，苦则倍六且久，因名之曰"七地狱"，名其鬼曰"七鬼"。又下有良鋈，七鬼履之如人履地，死而后得入，有鬼居之如在浮云，苦则倍七且久，因名之曰"八地狱"，名其鬼曰"八鬼"。又下有赤镭，八鬼履之如人履地，死而后得入，有鬼居之如在浮云，苦则倍八且久，因名之曰"九地狱"，名其鬼曰"九鬼"。九狱中分，称十有八，欲上一级，憃憃难矣。天仁入之，取锻以升，愈降愈坚，愈愚愈苦。比之气水土石，四级之中，入实者哀，入虚者乐，事理之常，何足怪哉？艮子恸哭而返。

上升于浮气，则有神焉。履浮气上，如人履地。上有浩气，神居其中如浮云也。天乐盈耳，天花乱坠，天宫闳丽，天女妙嫚，天饎甘旨，天衣华章，天人庄严，天物清洁，以意摄乐，未有戮杀，名曰"初天"，名其神曰"初神"。初神寿万岁，成则上升，欲则下降，寿终分途，升浩气上者，其履浩气，如人履地。上有灵气，神居其中如浮云也。寿乐倍初，名曰"二天"，名其神曰"二神"。二神成则上升，欲则下降，寿终分途，升灵气上者，其履灵气，如人履地。上有清气，神居其中如浮云也。寿乐倍二，名曰"三天"，名其神曰"三神"。三神成则上升，欲则下降，寿终分途，升清气上者，其履清气，如人履地。上有玄气，神居其中如浮云也。寿乐倍三，名曰"四天"，名其神曰"四神"。四神成则上升，欲则下降，寿终分途，升玄气上者，其履玄气，如人履地。上有真气，神居其中如浮云也。寿乐倍四，名曰"五天"，名其神曰"五神"。五神成则上升，欲则下降，寿终分途，升真气上者，其履真气，如人履地。上有和气，神居其中如浮云也。寿乐倍五，名曰"六天"，名其神曰"六神"。六神成则上升，欲则下降，寿终分途，升和气上者，其履和气，如人履地。上有妙气，神居其中如浮云也。寿乐倍六，名曰"七天"，名其神曰"七神"。七神成则上升，欲则下降，寿终分途，升妙气上者，其履妙气，如人履地。上有道气，神居其中如浮云也。寿乐倍七，名曰"八天"，名其神曰"八神"。八神成则上升，欲则下降，寿终分途，升道气上者，其履道气，如人履地。上有元气，神居其中如浮云也。寿乐倍八，名曰"九天"，名其神曰"九神"。九神成则上升，欲则下降，寿终分途，合元气者，寿乐无极，佛名"无余究竟涅槃"。人欲尽净，一超直入，不经九天，元气无坚不入，无外不包。人心有之而微，物心有之而尤微，知微之彰，而存养于惟微，则得矣。所谓浮气、浩气、清气、玄气、真气、和气、妙气、道气、元气者，假名也。名，可名，非常名，艮子指而名之耳。是九气之相范也，如水晶之瓶之范水也，目不可以见也；如声音浪之过器也，手不可以扪也。理必有之，事固必有，如无相范，气不泄而逃乎！地行有轨，此轨非铁铸，而强于铁铸。众星有架，此架非金网，而强于金网。无形无名之气伟也，不然，地不坠，星不散，何以范之？入其中则自知之。以短测长，何长不然？以小该大，何大不然？天地之层，其如鱼卵乎？知入实者哀，入虚者乐，则列子之所谓化人者，初天之人也，藐姑之山，浩气所成，岂不坚于金铁哉？今之人，瞽不见文章，聋不闻钟鼓，乃以笑庄子者笑艮子，不亦宜乎？神之欲，非人之欲也，惟不真空圆妙则降矣。

如来相

老僧问于艮子曰："子见如来否耶？"艮子曰："见矣。"曰："何以见之？"曰："以诸相非相见之。"曰："如来安在？"曰："在上在下，在内在外。在东在西，在南在北。实有所在，实无所在。见有即有，见无即无。见有反无，见无反有。谓之真见，不于上，不于下，不于内，不于外，不于东西南北。如来以因地行，吾亦以因地见。"曰："其相如何？"曰："大于天地，小于秋毫。明于日月，暗于黝炭。"僧曰："其或未之见也，乃子之言游，吾且不能得子言，况得因子言以见如来乎？"艮子曰："子得吾言则得如来，子不见吾言，何由见如来哉？如来以无所得故得，吾以无所见故见。如来见诸相非相，吾岂见如来相是相哉？"老僧大悟，果见如来。

妙 法

炭人问于艮子曰："何以见如来？"艮子曰："如来在炭，洗炭至白，一心不乱，即见如来。"炭人从之。滨人问于艮子曰："何以见如来？"艮子曰："如来在沙，数沙尽尽，一心不乱，即见如来。"滨人从之。行二十年，皆见如来。复问其道，艮子曰："吾昔乘舟，自昆仑放焉，不信其能入海也。跳荡将溺，舟中有异叟，告予曰：'海在子裘，子能数裘之毛尽，一心不乱，则海在中矣。'吾数之未半，忽然在海。夫天既生人，必有为者，心如不乱，已在舟中。其至于海，非人之所能为也。抱一而安之，虽洗炭数沙可也。如此妙法，其丽不亿，既已有成，又何问哉？"于是，炭人舍炭，滨人舍沙，以成其极。不以炭，不以沙，不以如来，不以法。

禹 言

大禹谓艮子曰："子知治民之道乎？"艮子曰："何如？"曰："如治水也。"曰："何如？"曰："水发于海，由地中而浸于山，乃涌源泉，不使之归海，终不能止其泛滥。觉发于天，由地心而达于物，乃育众生，不使之归于天，终不能止其纵恣。以防堤壅中流，一时不溃，二时不溃，自以为得计，必有溢时而死于溺，以威刑制民欲者是也。以池沼注溪湍，一日不溃，二日不溃，自以为得计，必有溢时而死于溺，以法宪制民欲者是也。以五湖注江汉，一月不溃，二月不溃，自以为得计，必有溢时而死于溺，以礼乐制民欲者是也。如能惩此，以道德制民欲，导之合天，如引水而入于海，无不容矣。"艮子曰："善！秦、隋之自亡，以防堤壅中流也。汉、唐之小偷，以池沼注溪湍也。汤、武之不久，以五湖注江汉也。尧、舜之泽亦有斩时，岂海不足以容哉？"禹审思良久，曰："天与地通，如海与山通也。水未尽消，终于循环无闲，不可恃也。"遂相与问于俸尼，俸尼曰："子何不疏水而入于太虚，太虚无不容，则可以永绝其祸矣。"禹曰："不能。"俸尼指海啸而示之，曰："能也。"禹曰："犹在气内。"俸尼曰："水形而下之物也，气可以制之。觉形而上之灵也，气亦可以制之乎？"于是，禹与艮子皆大悟，不复以治水之术治人，超觉天外。其用于今，则亦以治水之术治人也。水如离地而去，则地不生物。不生不灭，何以为未净众生利哉？暂抑高明而蹈中庸可也。

筛米翁

筛米翁，有道之士也。老隐峨麓，为人筛米，以养口体。艮子识之，问其米，曰："众生也。"问其筛，曰："乾坤也。"问其事，曰："转轮也。"问其理，曰："吾日以两肱，旋一筛，尚有所择，彼玄元之运两仪，圜回毕肖，曾无间息，岂复不如愚叟哉？筛之旋也，粗聚而精纯，于是取精，粗者反臼而舂。造物妙宰，何独不然？人性净洁，则造物必取而珍藏之，其粗者复炼刑于臼中矣。天地一臼也，乾坤一筛也，众生一米，振而旋之，以别精粗。转轮不息，事理同然。人不尽垢，将再纳于臼中矣，既纳于中，则杵下砧上之衣，锤底炉间之铁，苦曷能遁？赤乌以锻之，形梏以缚之，能无伤乎？"艮子惧谢，终身讼之。

浑塞国

宇宙万有，感吾形而得者少，不感吾形而失者多矣。同一空间，于同时中，有物众集，其可验而指者，曰光，曰气，曰音，曰尘，曰电，曰觉，曰香，曰色，曰地吸力，曰天吸力，曰日吸力，曰月吸力，曰元气，曰神灵，其不可验而指者，非人知所能知也。是十四物者，不相碍，不相触，不相避，不相合，其何故哉？类不同也。非有对待之官，则无以感之，说岂可以明哉？人之不信，其官短也。浑塞国民，受精之不全者也。民首如瓜，而无耳目与耳目根。短手足，扪攈以食而已。能以手语，搮搔屈伸，巧变万呈。艮子游其国，与其民亲，效之既娴，因以手相语曰："宇宙有物，其名为声。"民曰："何谓声？"曰："耳可以闻之。"曰："何谓闻？"曰："有耳自感。"曰："何谓耳？"曰："在首左右，形如木菌，中通一孔，达于脑中。"民骇曰："脑岂不漏。"曰："有膜隔之。"曰："膜隔，音何以入？"曰："音能振膜。"民以手捉，十年不得音。有贯耳通脑者，终不可以得也。艮子又曰："宇宙有物，其名为光。"民曰："何谓光？"曰："目可以观之。"曰："何谓观？"曰："有目自感。"曰："何谓目？"曰："在面左右，形如梭印，中通一珠，达于脑中。"民骇曰："脑岂不伤？"曰："有膜隔之。"曰："膜隔，光何以入？"曰："光能透膜。"民以手捉，十年不得光。有凿目通脑者，终不可以得也，且多死之。因谓艮子妖言，驱之境外。艮子亦穷于辩，莫可如何也。卵之于禽也，是矣，不信有飞也。蚕之于蛾也，是矣，不信有翾也。人之于佛也，是矣，不信有神也。化者为通，不能或尽其性，以待时之至也，谓之闭夭。故天地可以通，无极可以游，而浑塞不从。从其所从，冯形瞀聋，居空之中，而不知空中之有物者多矣。

巷夜行

艮子巷行，中夜，东行则渐明，西行则渐暗。问其仆曰："子知光从何至？何以得之？"仆曰："就明得光。"艮子曰："此可以得仁智与乐之源矣。"仆曰："何故？"艮子曰："就明得光，就仁得仁，就智得智，就乐得乐。今以相观，人近于天，兽则远之，禽又远之，虫又远之，木又远之，木近于地，虫则远之，禽又远之，兽又远之，人又远之，则天地巷之东西也。

考于仁智与乐，则人多得而兽少，禽又少之，虫又少之，木又少之。因知仁智与乐之大源必在于天，无可疑也。日趋仁智，至极乐国，如弃暗取明，复何待辨？君子上达，百禄是总，此之谓也。"

疲骛子

汲水与凿泉，其用力等也，而收效不同。汲劳而凿易，劳而得少，渴可立待，汲于外也。逸而得多，用之不竭，凿于内也。汲于远则尤劳。彼今之学者，误于名相以求圣人也，谓必学孔子者，如必曰东海之水乃水也。谓必学释伽者，如必曰南海之水乃水也。谓必学耶稣者，如必曰西海之水乃水也，谓必学回祖者，如必曰北海之水乃水也。谓必学老子者，如必曰中海之水乃水也。谓必学某圣某哲者，如指万国之泉池沼泽挹而弗呀，日忙忙以求之也。道自在心，人人皆有，水自在地，处处皆有，惟患其不深入耳。疲骛子远汲五海之水，走百年不盈一瓮，劳不足以赡其耗，则固斥艮子之井为非水，为其不来于五海也。艮子亦自知其井之水，非五海之水，而实则五海之水，水无二也。艮子之井之水为艮子之水。他日，有必逾万里以汲艮子之水者，则艮子亦误天下苍生者也。疲骛子登万山以观日，谓日有万，指云气峦陵以证。艮子独杜户偶一窥窗耳，安能与疲骛子辩哉？艮子观道满宇宙，而疲骛子指名相历处以求之。艮子是以不能与之争，彼其所指皆确确也。

桃 棘

艮子憩于桃棘之下，闻桃谓棘曰："子之铿茨锐且毒，何为也？"棘曰："兵利自保，他莫我侵，万世之固也。威威据地，其谁能夺？"桃曰："否否，灵物之外必有灵物，子与我不见闻耳。吾闻灵者恶凶而好仁，若一见子必加刑戮，子曷不从我之计哉？花灼灼而实有赍，灵物好之，则我寿矣。"棘曰："宇宙之中，岂有智勇出我上哉？"刺桃，桃几死。俄而人至，尽锄棘根，桃以大茂。艮子叹曰："桃其凭仁以自保者乎，棘凭力以自保也。桃棘之于人，犹人之于天也，灵物之外有灵物。不见闻中，主宰之妙，栽培倾覆，宁有爽欤？天道无亲，常与善人，信也。然棘不能革面者也，人独不能革心乎？"[①]

① 原点评："小人欲害君子，所恃权力、诈术、金钱，不过如棘刺耳。"

度众生

趍趣狉獉,群以翕哉,而惊于虎鹜。蜎蠕泳潜,睦以休哉,而乱于蛇獭。艮子愍之,乃入于海,欲解其杀。初见鲖,劝之曰:"子毋杀鲵,得超于水,其乐万倍。"鲖曰:"是奚可哉?吾生命固自重也。"艮子曰:"生命虽重,不如守仁。全角合地,全仁合天。天乐地苦,子曷择焉?"鲖曰:"水而外尚有可居之处乎?"艮子曰:"子则未之见耳,凡圜之形,内狭外广,不梏于形,超于碧落。"鲖不听,逐鲵,得之。方咽,鳄自后伺之,攫焉。鲖哀曰:"曷舍我?子不恤他身凌迟之苦,乃以供齿牙一快乎?"艮子自傍为之缓颊,请以身代。鳄曰:"彼曷不恕于鲵?"因徐吃之。惨目伤心,何忍卒睹!不知鲵之在侧也。鲵方幸,有蟹出螯,大于锐嶕,挟鲵。俄见修鲸驱群鳞至,千百其状,窜避仓惶,胆裂魂惊。一瞬之间,一方之水,而腥秽屠戮,未能发数。腒腊炉精未已,白熊独不为情爱者留余地也。海中悲泣,殆无宁晷。瞥见龙来,众生骤骇,多触死。艮子谓龙曰:"子灵也,乃何不以政教统之,而纵其杀伐如是烈也?"龙曰:"不能,彼其形异而性殊,水中之质孔密,天仁未易入,奈何?"相与扼腕,嗟悼。艮子哭,说千岁,终不能觉一二。蛤闻之,似悟,闭甲禅定,久之得化法身,形为黄雀,拔水飞去。鲨亦慧,食沙茹?,亦化为虎,誓从艮子不食血肉。艮子喜其脱于狱也,召而训之曰:"子受净业,复犹有进。"雀虎憩于丛草,则见草中蛛种庶繁,缚虫而食。蜂蝶淫娱,方以为宇宙之乐,极于斯矣。被网,毒螫刺躯,痛彻心髓,缕音告哀,经日不绝,奇戾极刑。艮子为之祈于蛛,蛛则如弗闻也。艮子曰:"设身处境,情何以堪?"哭,雀虎亦哭。蛙至,摄蛛吞之。蝮骤出,缠蛙,齿碎之。顷间,螳螂捕蝉,蝾螈斗蝎。虺狡飙追,蟾射溃肉。生是中者,百无一全。呼吁无门,神鬼流涕。一丘之间,一息之晷,而祸变万作。龟至,艮子请其明政教,如请龙者。龟曰:"刑方甚,不可善也,我示之相而已。"蛙悟,化为鹇,从艮子飞集于木。虎蹲以待,见鸢拿鹦鹉,鹦鹉善辩。鸢曰:"吾故垩子饶舌。"鹫自后并鸢裂之。鹫横空,白鹇、黄鹄、彩雉、鸣鹃,戢而惴。偶获免者,以为夜无恐矣。鸳鸯交颈梦酣,鸺鹠得之。万恝不可以动其恻隐,艮子代祷之。鸺鹠曰:"此不足以警其色相耶?"啄食之。凤过,艮子亦请其明政教,如请龟者。凤曰:"刑未央,不可善也,我亦示之以相。"鹰悟,化为鸠,从艮子。鸷欲攫之,虎怒而吼，则见鹿麕猭兔骇如失魄。艮子率雀虎鹍鸠随之，狮阻峆，扑杀数倍。驳自后咬杀狮，咒触驳震山。山中狼得麝，熊得狍，豹得豝，狄得猴，尽压死。血肉狼藉，婉转哀啼，莫可托庇。灾害孔烈，林谷幽昏。麟至，艮子亦请其明政教，如请风者。麟曰："刑将艾矣，我固示之以相。"艮子乃使雀徼龙，鸠邀凤，鹍邀龟，虎邀麟，共议大同之策。忽闻风吼雷鸣，益烈山泽。龙龟凤麟，皆怨艮子赚已。艮子出阻益，益不可，曰："彼固无术可以治之，尽杀以殖人，则或无毒矣。"艮子曰："杀机如此，可以止乎？"益曰："可，剿绝其命，自无患矣。"艮子曰："子能烈山泽，能烈海乎？"益默然，遂与艮子偕龙龟凤麟雀鹍鸠虎谒倭尼，问所以度尽众生者。倭尼大喜，即于佛国普请诸天及无量刹诸佛菩萨，而说偈曰："艮子汝当知，众生以业起，堕入三途里。幽冥多魂魄，恶重曷其止？地狱在海中，鬼出生于水。不能入气者，是以多杀死。一拔而为虫，再拔飞禽矣。三拔得兽形，而祸终未已。身不直通天，胡能超大地？所以杀伐众，阴阳锻渣滓。恶者得沉沦，善者得升起。而独以觉贵，逃形大欢喜。人如不杀生，兽格鸟染此。善仁播虫鱼，地狱渐通气。纯以慈爱心，垢净全福祉。亦不再有生，亦不再有死。如人不绝地，下堕无穷底。此地尚不秽，秽者如沙米。愈降而愈狭，佛来携不起。设使身为蜂，蛛网想三四。而况地狱苦，惨痛百倍此。下鬼思为鱼，十级方得至。人既得人身，何必再下地。同形不相残，天生已足矣。反照形与性，本是大仁智。勿怜众生苦，当先度自己。人尚杀他人，物蔽何由启？既已直起立，直超岂不美。宁死勿伤仁，神佛护佑尔。拔尽众生苦，行愿乃无已。"言毕，于是法音四布，天人欢乐。艮子受持，任劳广说。

二桃友

神莫灵于不神之神，而神之神非神也。学莫妙于不学之学，而学之学非学也。大道尽已而安之。仲尼之迹常，倭尼之迹异，庄生行常而言异。不异其所异，而随于因地，人是以为至。艮子有二友，一曰种桃，二曰悬桃。艮子视种桃善而从之，悬桃不善而改之，皆师而友者也。种桃方入土，悬桃笑曰："吾高高分檐之角，风清而日燠，若子者兮自苦也，岂以其神异逾于我哉？"种桃无以对。又二三日再辱之，又二三旬加辱之，又二三月益辱之，又二三时屡辱之。种桃无以辩，自顾固不有异也，且逊其尊。及明年，种桃中坼，悬桃微怪之，犹以不如己之亢也。故矫而愎，日与比夸。三年而种桃不能与之齐，众卉谓其终焉矣。四五年，种桃拂檐，华实炫丽。悬桃乃渐槁，蠹从而食之。夫真人得天而止密。斯时也，种桃之得土也，未有即异。世俗之人皆悬桃然，欺其自卑，又从而揶揄之。虽已内照清明，是种桃之将滋也，而世俗益辱之。及其血气和平，智能泉涌，是种桃之甲坼也。虽频辱于外，何敢呈奇？亦何能哉？人生百年，其不如桃乎？超出乾坤在性之中，千岁之日至可坐而待也，此不神之神也。悬桃日三滴水以润之，终取于外，是犹学者之求于书也。种桃得地，自趋于泉，是犹学者之得于天也。今之学者，日汩于六经之末，曾不离物而悬解。虽有多闻，其何以生？此不学之学也。故艮子以遵时无异而异，以契内无学而学。①

治国才

宋高宗患国之难治也，问于艮子曰："何以能治国？"艮子曰："有才能治国。"高宗曰："才当如何？"艮子曰："如灶农夫斯足矣，如愚木匠斯足矣，如俳优人斯足矣，如灶下婢斯足矣，如缝衣工斯足矣，如操舟人斯足矣。"高宗骇曰："若是其易哉？"艮子曰："尤易于此，彼胥农夫不以牛捕鼠，不以猫任犁，如师其智，可以治国。彼愚木匠不以杙为楹，不以凿代锯，如师其智，可以治国。彼俳优人不以哑登场，不以跛献舞，如师其智，可以治国。彼灶下婢不以鬴作铲，不以水下火，如师其智，可以治国。彼缝衣工不以纤先鉥，不以尺当剪，如师其智，可以治国。彼操舟人不以柁为篙，不以樯为杙，如师其智，可以治国。不为物薾，伥伥歧歧，用才得宜，天下顺之。才如黑白，亦非难知。夫治国者常识而已矣，岂有异哉？并常识而无之，明知有马必舍而驾鼠，明知有鹰必舍而鞴鸭，乃遑遑焉谓国之难治，吾不知其故也。"高宗默然。

烧　烟（自注：明清之季，民多以罂粟作膏，烧服其烟，恶癖也。后世必无此，故注以记之）

瘾士问宇宙之密于艮子，艮子曰："有如烧烟，日者灯也，钛者地轴也，烟丸者地也，转以向火是轮回也。夏而伏暑是近火也，冬而冱寒是远火

---

① 原点评："大富贵，本在倒悬，反骄贫贱，是自亡也，安知饥寒中有圣佛哉？"

也，昼而明焕是向焰也，夜而暗冷是背焰也，烟中之湿气是天之生机也。烤而出之，太玄之所以劳也。万物甲坼，众生昭灵，是烟面膨而泡也。成神而升，是湿气热而逸也。灰入于瓶，是浊滓弃而余也。子日操旋乾转坤之业而不悟乎？"瘾士顾笑，艮子亦去，同居壶中吞吐云雾，此以知大块之不寿矣。

图 人

图人，《周礼》土训之职，而兼修虞廷藻火者也。能伸虮虱如巨辕，缩山川于尺幅，以便民视，而不知因其术而推之也。问于艮子曰："性命之微，其细也，何以窥之？宇宙之理，其大也，何以测之？"艮子曰："如子之技，斯尽之矣。"图人曰："何如？"艮子曰："性命之微，人不得见，譬喻而伸之，如晰虮虱之脑。宇宙之大，人不得见，譬喻而缩之，如观山川之全。所以就心目之量也。相无大小，敌我一也。子之图非虮虱也，而后可以明虮虱。子之图非山川也，而即可以显山川。以性命喻性命，不如以揠苗喻性命之为愈也，孟轲之慧则然。以宇宙喻宇宙，不如以橐钥喻宇宙之为愈也，老聃之慧则然。以我视我，不如以非我视我之为尤切也。以道见道，不如以非道见道之为尤彰也。乾坤一掌也，万物一炉也。故玩八极如弹丸，居于外而观之，则八极之要备矣。睹一尘如华岳，居于内而观之，则一尘之蕴发矣。子推其术，何大不包？何小不入？"图人悟，遂以达。

绞 衣

煮糖而面沤，将裂者也，复入则遭煮。生人而直立，将升者也，复入则又生。生于地上之苦，与煮于鬴中之苦一也。艮子绞衣，尽其水而曝之。水干而藏之，则无腐朽之患。水不干而藏之，一月而霉菌，二月而泥坏。人之去五阴，绝六尘，刮八识，闭九窍，其如绞衣乎，不尽不可藏于密。圣人洗心而后深退，其不洗不尽者，天则将更绞之矣。祸固自投，何能免之？苟日新日日新，又日新净垢也，非求于外。多闻子曰："吾日诵万言，岁书百笈，可以谓之日新乎？"艮子曰："若子者是日垢也，愈染愈厚，将无还素。君子无所不用其极，子以有求极，陷于无可极。吾以无求极，是以得其极。子浸其衣，何时可藏？吾燥吾衣，归其太常。吾以不学为新，子以学为新。

吾以去物为新，子以入物为新。自求溺焉，其又何适？"多闻子爽然有失，投术若遗。

艮子行愿品

艮子见如来，诸佛皆在，谓艮子曰："子亦读普贤行愿之辞乎？"艮子曰："一遇目即弃之矣。"俫尼曰："是尚可蔑耶？"艮子曰："人将以学普贤而蔑普贤，吾将以蔑普贤而学普贤。吾自有吾之行愿，安用普贤？"诸佛谛听，艮子颂曰："大智亦大仁，大勇亦大诚。万相虚中实，千变空慈心。不残草木虫，不食鱼兽禽。忍极吞水粟，行道报宏恩。却锦爱蚕命，谢裘思兽鸣。目不视美色，耳不听邪声。口不言非道，身不即跛行。家不过藏富，念不起妄心。有余财济众，有余智说经。尽使众生乐，全凭一己能。而况一天地，宇宙如己身。而况卵湿化，顽石敬如宾。不爱头脑髓，不爱妻子亲。忠孝六德备，阴阳四大轻。下度无情土，上度日月星。杀我亦不怨，碎我亦不瞋。害我亦不记，詈我亦不争。尽己不殉外，论道不求名。恶鬼未尽拔，愿人铁围城。神祇未尽悟，愿显太极精。无意无烦恼，无乐无苦辛。诸法如敝屣，七宝如灰尘。在鸟为鸾凤，在鳞为龟灵。在虫为飞龙，在兽为麒麟。在人为仁圣，在天为昭明。在草莲花洁，在木松柏贞。诸佛所想作，皆为我心行。有疑律以正，有伪删为真。诚正修齐毕，推而为治平。一生事不尽，永传子子孙。一土秽恶尽，转生他土行。九天覃善性，六极净微尘。运转圆妙觉，参合大小乘。片言苟不践，万劫地狱沉。"言已，诸佛大喜，宇宙开明。艮子书誓于身，亦不尽记，随而动之，身心无越。

鼠 人

鼠人善弄鼠，为广尺之笼，方隅之台，二寸之辕，八寸之桅，豢群鼠以教跳舞。鼠亦中节，应音合律，如鼠人意。日中演于嚣廛，得升米，人鼠俱饱。鼠固技止此，而鼠人无长能也。一日，鼠人得骅骝，初以其庞然者有异才也。饲之，则尽粟数斗，渐生厌恶。驱之不入笼，蹈台，台则崩。使之舞，蹴伤肘。使之跳，不舒蹄。鼠人甚壑，骅骝之无用也。鞭之不改，闭之幽堵，饿瘠不能起。艮子见之，曰："良马也。"请于鼠人，鼠人弃之，惟恐不急，与艮子。艮子以献穆天子。于是，骥足展，驰骋八极，若走庭户。

唐太宗求而得之，以平天下。呜呼！骅骝之遇鼠人，实骅骝之不幸也。鼠人既得骅骝，不善用之，终为贱侩。乞食偷鄙，其亦鼠人之不幸欤？孔子不见容于哀公，孔子不谥哀，哀公之哀也。春秋之民何辜？可哀也哉。

金　芝

艮子游于天国，见地如洁玉，有金芝生焉。大如盘石而圆明，中有人像。问于天王曰："此何物也？"天王曰："下有真人，诚心向道，则天生此芝。真人化，则芝破而出。人全法身，为天之神。常有芝日益上腾，出于天外者，则非吾之所得而知矣。"曰："人皆有此芝乎？"曰："有，但汨于尘中者多矣。"因与艮子俯而窥之，见众人头上，无不有芝。或黑小而卑，或赤大而高，或升或沉，或涨或缩。见一赤芝大如山，将出尘矣，乃忽变色，渐下降，愈降愈小，愈黑，及地，其人遂死。天王曰："萧衍亡矣。"又一赤芝，大与前同，骤如断线纸鸢，直冲上驶，疾于风雷。天王曰："岳飞杀矣。"顷间，赤芝出，天变为金芝。天王曰："此未尽性，宜善护之。"使尊神逻守于傍，十日，忽芝破，一人从中跃出，果岳飞也。尘中芝，鲜有出者，五色毕呈。偶有出者，才小如斗，又或变色沉缩。天王曰："人生一念，芝即变色，念凶芝黑，念贪芝蓝，念诈芝苍，念淫芝青，念瞋芝赭，念惧芝紫，念喜芝绿，念善芝赸。惟无念者，芝日上腾。无念空仁，则人虽在地芝，已破天矣。"遍览久之，回首间，见前金芝上浮无际，邈不可以得矣。追而蹑之，陈希夷也。

艮子传

良史氏问于止园逸民曰："吾稽于书，苟列老庄，孔孟杨墨，皆有实录。惟艮子者，古无所载，今无所居。放荡天表，或入于虚。亦儒亦道，亦佛亦回。似有似无，疑伪疑真。寿若先宇宙而生后宇宙而死，量若包八极而大入秋毫而小。文多讹而不修，言多中而不寓。虽以神求，邈不可得。子知此人，何如人也？"逸民笑曰："艮者，良而无所主也。夫良而无所主，惟道而已矣。道也者，如子所述，先宇宙而生后宇宙而死，包八极之外入秋毫之中。子与道合，子即艮子。吾与道合，吾亦艮子。艮之为义，退而无所之，浪而无所溺。限之则无畛，垠之则无地。以为根也未尝有木，以为银也未尝属金。故其为良也。见尾不见首，以续李耳，庶几近之。如来而未来，其斯之谓欤？"良史爽然，如灯失火。罔获点识，遂从艮子姓。

粪雇

粪雇不食粪，厂宦不奸妃。故主者使之，则无所害，以其无即欲之官也。如来将使一神司诸天之牧，问于艮子。艮子曰："诸天多宝，贪者不可。诸天多色，淫者不可。诸天擅威，瞋者不可。诸天擅赏，私者不可。诸天繁物，昏者不可。诸天繁馐，馋者不可。凡心有者，则皆不可。凡相有者，则皆不可。"如来曰："何以试之？"艮子曰："使之生于五浊恶世以试之。"故自今诸天之王，皆选于五浊恶世者也。尧欲让天下，择人。艮子亦以其道说之，果以得舜。燕子之欲让国于子侩，艮子阻之不得。叹曰："是犹以饿犬守粪，壮毒监宫也。海国集议士以选元首，或以贿成。艮子曰："受此金者，实忍卖其祖先百代有种以来之骨肉，及父母妻孥子女手足也。"议士曰："何至如斯？"艮子曰："行赇者，不贤者也。不贤人而可以临国，国必亡。国亡，则宗族圯。是可忍也，孰不可忍也。"

无入

入于宫者，非其门不入，非其门不出。入于城者，非其门不入，非其门不出。其入愈曲，其性愈梏。丛棘乱岩，右蹶左触。禽入于气，其制在气。鱼入于水，其制在水。故艮子不学，无所入，则无所出也。孔子曰："吾述而不作。"老庄曰："吾作而不述。"艮子曰："惟孔子、老庄之与也。"老庄既作，后人皆如孔子，岂不可哉？拘之又自封矣，乃艮子亦作亦述。作如树开花，不学隔墙之花也。述如海容，不取江河之水也。花自开，水自来，而无心以学取之。文士问于艮子曰："子将以何为文？"艮子曰："吾将以熟睡为文，不学于《诗》，不学于《书》，不学于史，不学于经，不学于诸子百家。"文士曰："是奚可哉？"艮子乃使文士十日不睡，文士目不见，手不举矣。虽服艮子，犹疑曰："熟睡为文，一字不识，一语不通，虽聪而哑，虽巧而瞽，则将奈何？"艮子曰："学以自得，哑瞽可也。如不自得，神死于内，口能言，手能书乎？自得而后就学亦可。不求成物，只以成己，则学无用。好鸟枝头，飞霞天外，皆文章也。"

元封孔子

元主加封孔子，遣史阙里，祀以太牢。於戏！孔子之大，岂可加封？谓加封者，辱孔子甚矣，当云追尊，庶几近之。然孔子固不享也。使至阙里，先三日，孔子率弟子遁于莱野，甚有戒心。艮子遇之，问曰："子何以惶惶，如有所备者？"孔子曰："寇将至，故避之。"艮子曰："何以知其为寇？"孔子曰："吾见北山，甚嚣而尘上，招摇繕怒而东渐，以是知之。"艮子曰："子之名高矣，安知非敬子而来者？"孔子曰："必非也。昔匡人与桓魋，其恶不如暴元，匡人桓魋，尚不容我，暴元岂容我哉？"艮子曰："子误矣。中国之人，有耳而无目，贵死而贱生，多饰而迸实，窃皮而忘真，生圣人则诛之，死圣人则拜之。元狡袭此，子如形存，不丧元于柴市，必迫溺于渤海。今子神化，则众人皆尊子矣，曷亦返驾而享太牢乎？"孟子进曰："不可。彼元人之凶，甚如御人于国门之外。虽交以道，接以礼，岂可受御钦？"子路请战，颜子曰："犯且不较，况以礼来。"子张请受之。伯夷、叔齐望望然去，若将浼焉。柳下惠曰："虽袒裼裸裎于我侧，彼焉能浼我哉？"孔子执中，止于莱野。

入　禅

艮子兀然，俯天似卑，履地似薄。恍若无万，充若有物。无相无尘，无心无佛。叹曰："噫嘻！只如斯耳，只如斯耳。"遂即示禅，不复有言。

磉礅佛

艮子学佛，不知转移，如磉礅然。然十学而十成，未有或误。彼异僧呀呀怪怪者，盖皆有不足于内也。艮子闻佛曰"极仁则充极仁之量"，闻佛曰"极空则充极空之量"，而不事夫文辩巧机。人求圆觉，艮子则曰"方觉"。佛自圆其圆，而艮子自方其方，是以谓之磉礅也。艮子立天地之中，不害人不害物，惟以利人利物，存于心发于事。虽不成佛，亦何闷焉？毋亦不能独辟佛国，而必效世俗子，依依赖赖，乞怜于阿弥陀佛之足下乎？君子求无亏于己，不知其他。《诗》曰："左之左之，右之右之。"艮子之道也。

观　水

　　艮子观水，喟然叹曰："涣哉水乎，众生之觉如此。水之浸于地中也，如众生之沉为下鬼也。达于山泉，如众生之发为草木也。停停兮，青青兮，不动而凝。及众生之变为虫鱼也，如水之流于溪湍也，不平而相击，伤死众多。及众生之变而为禽兽也，如水之流于涧壑也，触石而易常，未可协睦。及众生之变而为人也，如水之流于原也，乘便而左流入欲必乱，乘便而右流入欲必乱，乘便而反上曲流入欲必乱。然水性必归海，人性必归天也，滞之回之则乱而已矣。善政之谓也，有先流者必导而下之，岂有觉后觉之功哉？圣人无功，自尽先流，久不入海，则久乱耳。视其顺所遇者，而乱之长短判矣。及其下直江，汇大河，洋洋无波，乃太平之民也。既入于海，如反于天，浸而下，则轮回仍未已也。蒸而为汽，仙乎仙乎！於戏！有能善导民如水者，凿万里直江大河，民庶无乱。若必及于鸟兽虫鱼，由是而疏之，斯可以必见仙也。空虚腾腾升其灵，乍流于水面以为尊贵者，帝王公侯所以自滞其性也。下伏者其行速，山野农夫所以自速其成也。然水不易逃于天地之间，斯未可以喻众生之觉，惟实近似之。"

总　持

　　艮子不读《梵网》、《曲礼》，而不犯《梵网》、《曲礼》。不读乱世刑法，而不犯乱世刑法。或问曰："《梵网》、《曲礼》背于道乎？乱世刑法害于治乎？何子之远之也？"艮子曰："《梵网》、《曲礼》无背于道，乱世刑法无害于治，吾之远之，所以总持也。夫总持无相，因无分别。今有戒其子淫盗者，恐其子之有漏也。为书以教之曰：'某之妇不可淫，某之女不可淫，某之财不可盗，某之物不可盗。'自邻及邑，自邑及郡，自郡及国皆书之。为书万卷，而其子卒淫且盗，犯其所不载也。故外数必有漏，内净则无根。吾恶乎多于外，而乱总持哉！既执其枢，动之裕矣。是以总持无名，名生于别。苟既别之，道不可得。"

螽斯技

　　人谓鼯鼠技多，不如螽斯远矣。螽斯能跳，而不如蚤。螽斯能飞，而不如隼。螽斯能泅，而不如鳖。螽斯能走，而不如犬。然螽斯方以为得而屡败，问于艮子。艮子笑曰："子负多能，何以屡败？"螽斯曰："吾角跳败于蚤，角飞败于隼，角泅败于鳖，角走败于犬，是以屡败也。"艮子曰："非技之不善，乃子之不善用耳。子角跳败于蚤，何不与蚤角走？角飞败于隼，何不与隼角泅？角泅败于鳖，何不与鳖角跳？角走败于犬，何不与犬角飞？"螽斯从之，薨薨诜诜。於戏！人之不胜，不自藏其短，以窥他人之短耳。人无万能，亦无万短，善用之则常胜矣。

蜣螂宫

蜣螂宫，非宫也，乃犬矢一覆箕，而蜣螂聚族以居之，营窟盘邃以为宫耳。食矢而甘，饮溲而沁，彼岂不以为天地之乐无过是哉？蜣螂亦有长，安知其自贵亦若宇宙之极品者？有凤过之，蜣螂长谓其下曰："彼其将夺我矣！"怒而陈于门，凤笑而翥。麟又过之，蜣螂长亦谓其下曰："彼其将夺我矣！"怒而陈于郛，麟笑而骧。牛又过之，蜣螂窃议陈如前，牛怒而圮之，室猪巢破，众蠕裂首。艮子顾谓左右曰："是善谋者也，毋为蜣螂。"

苦行僧

有苦行僧居大谷中，食木叶，被草荐，饮寒涧，枕坚石，意态于于甚自得也。艮子见之，问曰："子奚不于苦乎去？"僧曰："不苦。"艮子曰："子奚不于乐乎取？"僧曰："至乐。"艮子曰："嘻！是反常也。人之所食者太牢，而子以木叶。人之所被者锦绣，而子以草荐。人之所饮者沉瀣，而子以寒涧。人之所枕者珊瑚，而子以坚石。何则不苦而饰言乐？"僧笑曰："子以为苦乐之本，在外乎？在内乎？如其在外，则僵尸可以即物欢矣。苟在内者，外阻而内深，不又多乎？吾视木叶甘于太牢，草荐燠于锦绣，寒涧沁于沉瀣，坚石安于珊瑚，斯为真乐，不取于物，固知物皆赘也矣。夫乐者性之则也，性者精之源也，故泄精则摄乐。精之泄而摄乐也，如以矢弋禽也，矢舍禽获。泄精于耳，获音之乐。泄精于目，获色之乐。泄精于舌，获味之乐。泄精于念，获意之乐。泄精于肾窍，获淫之乐。世之人见耳目身意之乐而泄其精，如见蚊虻蝇蚁而尽耗其矢也。吾将俟兕象鹿麐而后弯弓，盱夫俗逐之乐哉！"艮子曰："发泄，奈何？"僧曰："人生胎全而食门开，其摄乐微昧。及冠而地门开，其摄乐十倍。既强而天门开，其摄乐无量。食门开知味，地门开知淫，天门开知神。时不至不可以见，亦不可以言语明。今教俗人以神通，如教赤子以行淫也。其官不具，静以需之。所谓见兕象鹿麖而后弯弓者，待天门之开也。天门之开，洋洋裕裕，用之不穷，神冲而凝，悦慰无期，吾是以密吾精以钟之也。夫水就下，性就乐，吾岂不乐，乐而必与异者？知其大者成也。彼智士无思辩之事则不乐，文士无章华之事则不乐，侠士无游逞之事则不乐，才士无勋名之事则不乐，皆溺于小而大者丧也，况世俗图富贵、纵五官之贱哉！"艮子闻之，欣然怡泰，识其所语，固穷不蹙。

知天命

艮子喟然叹曰："吾知天命矣！"左右曰："天命如何？"艮子曰："是不难知，天之命人，其犹主人之命仆乎！主人不命仆，仆不下畦，则牛羊鸡鹜乱于中不问也。一日，主人受仆以种畚，不言所事。其仆入田，见土皆疏启，则自知尽畚中之种而播之。又一日，主人受仆以铚担，不言所事。其仆入田，见禾皆成熟，则自知割盈亩之禾而捆之。惟视所持之具与地上之物，因而理之即天命也，可以至人而不如农夫乎？天不远人，尽人事即天功也。故曰：'天不言以物与具示之而已矣。'有心有目，一见即知。"孔子不得志于列国，谋于艮子曰："吾岂不有命在天，何遇之穷也？"艮子曰："今有主人将起宫室，以一人往视，是测基也。以十人往视，是经始也。以百工往视，万材俱集，是兴作也。子就左右现有而视之，即知天命矣。今七十子不备庶官，而七十君未有尧舜，天之命子，子宁不知？"孔子默然，著书以终，年已五十矣。

比肩国

比肩国，非比肩民。其为治，使民如鸿雁。盖善于观象取法也，故永宁而不乱。民皆以夫妇为一家，无父母子女昆弟姻娅。生子则育于公，赐之国姓而不名。别以数次，国惟一姓，则一国之中皆兄弟也。老者视幼者皆如子女，幼者视老者皆如父母，是涣小伦而全大伦也，故国中无营私者。一国一大私，广袤百万里，莫或携贰。民生十岁，则因其性教以专业，通计国中之执以均分之。男女越州以处，二十而业成，因其所业合同业。男女才貌年岁相若者，以为夫妇，始有家。夫死妻不醮，妻死夫不偶，归于旧州。家积无传承，民乃不畜私，畜私亦无所用之。其入官也以齿班，衰则休。其受食以劳给，怠则罚。财用土物，国掌。耄耋废疾，国养。民无不尽性者。艮子闻之，往观其制，归而叹曰："家之为祸烈矣！驱民贪戾，使羡不足互杀厉。吾地众民，曷亦取法于比肩国乎！其庶几终远无患。"

灵 全

心之所想，积久必成，萃精魂也。萃而无害，则永聚之，谓之灵全。灵全者，无死地，无散伦。欲害惟溺，冤害惟凶，仁理之牖莫能贼，而空为太极。庞公既化，艮子遇之于鹿门深谷中，妪及子女皆在侧。乃就而问曰："化亦可以聚乎？"公曰："化之聚惟常，生之聚非常也。子不见空之合乎？无缝隙，无解时，故能常也。人之生也，多欲扰，其与人也，多冤恨。欲扰则精溃于内，冤恨则仇迫于外。精溃于内如饮鸩然，仇迫于外如囚徒然。离人之爱人亦离其爱，散人之家人亦散其家。身心不可以自主，安能常聚？无斯二者，所存惟仁，所履惟礼，虽涉尽十虚，无敢阻者，况吾之与家人？其怀也洁素无淄，其居也空旷无所。天地虽老，此何能散哉？所谓贻之以安也。艮子闻之，忻然景仰，归自为辞，以缔于家曰："戴形气之不久兮，旦暮化而长逝。既魂游于荒邈兮，宁情亲之可期。予性孔笃于伦兮，爱父子昆弟妻妾。曷其与上佛比寿兮，长不闲骨肉之良私。因推恕以及于物兮，誓不析蚁群与鸡偶。净合德其无欲兮，视镜花团夫丽姬。在天为比翼之鸟兮，在地为连理之枝。匪金城之可巩兮，劭协趣于空慈。灵山之窟孔多兮，宇宙托寄何差池。日念念以结悃兮，愿不奢为傍侈。坚久要夫太极兮，毋永终而毗离。何以达圣神之浩泽兮，竭宏仁以佐育。九天垂祥灵以相牖兮，不以一尘而垢淄。凝清群于广漠兮，万世世以仙集。日月亦有穷尽兮，予族聚乃罔涣时。贞和翕于玄元兮，岂非袭之为比。肝胆铸于一炉兮，要善道而神齐。"辞成，家人同诵。艮子果与家人拔宅符志，从庞公为芳邻。

身 政

一身犹一国也。艮子方寝，闻神与意呼五官四体，而谓之曰："汝何欲？"目曰："我欲视美色。"耳曰："我欲听好音。"口曰："我欲食刍豢。"身曰："我欲衣文绣，曷殉我？"神怒曰："我尔君也，岂有以君为臣之奴哉？我乐清虚，汝当听我命。若否者，如牛马乘车，而主人受羁衔以拽之也；如帝王刺血以衅宫，折骨以筑城也。"五官四体惧，将服矣。意请于神曰："君休，我首相也，当率百僚以供事。"神乃退藏。意私谓五官四体曰："我亦欲汝之所欲，然汝辈皆不慧，听我命者得逞。"于是，意乃率所属溺淫侈。神觉，则已不能主政。意之专肆，直如王莽、曹操矣。神无如何，意将弑之。神衰不能振，意谋先废神而自立，五官四体皆赞之。行有日矣，会大疫，五官四体皆病，意无以使。目蒙瞽，耳聋聩，口不能言，肢不能动。神因私谓之曰："曷从我？清虚中正试之。"五官四体无如何，姑从之。十日而疾革，百日而丰硕爽健，千日之后，虽龙马不能与比强矣。五官四体悔曰："微大君，且死矣。"呼意至，数其罪，族而诛之，训五官四体曰："咨汝目，辨明避昏，惟汝职，徒视地，瞻以礼，越则愆。咨汝耳，听危警，纳言惠，惟汝职，越则愆。咨汝口，出好言，食正味，果腹惟制，越则愆。咨汝身，容必恭，安以和，役必勤，止以齐，越则愆。钦哉！敬供厥事，毋荒弃朕命。"艮子闻之，跃然而兴，得大自在，成极清明。

反养

艮子之五官百骸请于神曰："五官百骸，亦当养乎？"神曰："然，是反养也。天生五官百骸以养神，神亦反养之。人设庶官、万民以养君，君亦反养之。所谓反养，足量而止。目，吾不令子瞽。耳，吾不令子聋。口、鼻、骨肉、齿爪、皮发，吾不令子寒暑、刑伤、饿饥、渴裂，斯足矣，斯足矣。有余精，吾尽以养吾神，全而归天，弃若辈如遗。若辈无觉，携之何益？吾因一时之假用已耳。故吾亦施劳，以养汝辈，得衣食，足百岁，斯已矣。汝辈各求丰则无厌，杀我疲我死，汝辈亦无成。夫役形逸神，阴阳之则也。文士政官以神养形，劳精终身，废为腐泥，则吾必不肯为也。汝辈如受雇之仆，吾暂居此寓，日给钱粟赡汝辈。吾去汝辈，不能从也，又何必取盈？吾不多劳，以养汝辈，将返清真，其退听勿哗。"于是，五官百骸各服其事，神乃大逸。艮子叹曰："吾宁为夏畦以终老兮，休吾神以遐离。形之垢其如粪兮，彼贱狎而无知。役之役之，以修我宜。"

火　食

　　艮子游于泰谷，遇二老人，白髯掩膝，皎眉蔽颊。挹清泉，食枣栗。箕踞于盘松之下，精气腾踔，若有余健。艮子揖而问之曰："叟，年几何矣？"老人曰："吾生于初古，山深无历，不知其纪。昔相治于三皇，已嫌凿朴。其后，燧人钻木，止之不得，遂相与逃于荒谷。"问燧人在否？不知有五帝。艮子曰："死已久。"老人顾笑。艮子曰："笑岂有异乎？"老人曰："火食不寿，昔固为燧人言之矣。"艮子曰："何故？"老人曰："人生之性，火气内聚，肺橐钥，而胃鼎釜，固无不熟者。若天假火于外，则饮食之精，以化为浮气，图舌底之甘，而享糟粕，非自然之则矣。夫身火燀于内，则暖布于腠理，鼎釜调于中，则腹增其官能。宇宙之物，不用则衰，用则倍效而神开。故多坐之股如痿，善负之背似铁。今若借热于外，以减其内热，岂能久乎？"艮子闻之，叹曰："《诗》云：'多将熇熇，熇不可救药。'火食之病也。及燧人出，始有神农，不亦宜乎！"遂自此不复火食。

通工国

　　艮子游于通工之国，国仅四工，为食之工一，为衣之工一，为室之工一，为器之工一。家有四子女，则各习其一，或合二三其户，而相资以备，要全四工为极，故不相交易货币。巢人米粟，而家自为足。阡陌相通，鸡犬相闻，民至老死，不相往来。半日动，半日阖户坐，皆百年而神化。无政，亦无教，以无可治、可教故。相戒弗为伪，不饥寒、蔽风雨，以为赡。罔求即欲于地上，灵全夺于天哉。不知有善，无论或恶。虽茅茨土阶，乐于灵台、灵囿远矣。艮子以是知文王为失性，过而遂法于天下。一启于欲，虽韶音象舞，窦矣。民不可以欲，乐近乱，礼近桔，弃之惟朴。有能如通工国者，其庶几乎。

问曾子

　　曾子将死，召门弟子曰："启予足，启予手。《诗》云：'战战兢兢，如临深渊，如履薄冰。'而今而后，吾知免乎！"艮子闻之，谓曾子曰："子何以惧若此其甚也？"曾子曰："世之难也，苟图以自保，则伤仁；不图以自保，则鬼蜮迫人无容身。是故奸暴拥富利冯权势，以震耀天下，而良善且转夫沟壑，则又不可阿循。一旦获死，为幸莫极。"艮子曰："嘻，殆矣！吾视裕焉，而无所伤也。"曾子曰："何故？"艮子曰："子不见常山之蛇乎？击头则尾护，击尾则头护，击中则头尾护，故人之击之也，既兵其头，即捶其尾，其所护者愈多，其被击亦愈重也。今子既护于仁，复护于身，既护于行，复护于名，以其护之多，乃虺脆而役役。今吾无所护，无所成。无所护，则虚不来物害。无所成，则贱不招人妒。空空洞洞，任所游也。又乌虑夫弗全？全于弗全，为全之玄。生无终而不寿，死不旋踵。未有凶夭，奚至死之云免，而不免于即免哉？"曾子闻之，于于而逝。顾艮子犹戴行尸以走也，莫知何终。

笛 人

人之于技，无大小皆有神变，不可以言喻。笛人持笛，目不瞬，而舌微舐，八指肆动，覆唇嘘气，其笛则应节而鸣，声婉转矣。艮子以为易，请于笛人而吹之。双瞳瞪孔，十指附筒，竭喉肺之力，面赪耳鼓，而笛呜呜作恶声。於戏！一笛之易，以不学者当之且如此，彼一枰之棋，五彩之绘，自外视之，一目洞彻，而身亲其业，则十年不能臻其极。能者得之，落子丁丁，运渲洒洒，则神妙不可言矣。治国而以庸才，徒见庶采之无术，殃及生民而不自揣者，不知人才之重也。是视国不如弄笛也，悲乎！

真 常

北海之冰，百年不涣，以为冰即常形也，然见晛则流矣。长白之雪，十年不改，以为雪即常形也，然触热则解矣。金之不受炼，石之不久焚，亦自以为常形也，又安知其无常哉？以无常为常，则金石亦犹之冰雪也。有逆旅客，寓馆一日，为其馆丹臒雕饰，镂壁饰槛，裁珠点栋，乃至尽鬻其父母、妻子田宅，先人庐墓，以供淫奢。明日金尽，馆主逐之，终身饿殍。以其所作，皆用劳于无常，不能携而去也。夫一日之比一生久矣，一生之比终古曾不如弹指。凡今之人尽耗其福德性命，为地上百年之计者，及其死也虽毫发携之不去，而以笑逆旅客，则逆旅客亦将笑之矣。以无常为常，其无常识可愍孰甚？艮子曰："吾不惜百年坐针毡承五毒，形瘁而骨折，不为一息之欢，于地上以固吾福德性命，受乐于无终。犹减一日逆旅之费，为终身计远也，是何难之有哉？吾不与金石比寿，亦不与冰雪比寿，比于无可比。无可比，是惟神空。神空无改时，虽金石流，土山焦，而真常自若也，孰能以宇宙间物害真常哉？诗曰：'岂弟君子，万寿无疆。'得真常之谓也。"

缢鬼石

雉经死者，于其悬尸之下，没土三尺，必有物焉，坚于贞石。老于谳讼者，咸知之。艮子怪之，问于缢鬼曰："石何自来，其理可明乎？"缢鬼对曰："万形结体，精魂所成。圣人之灵，轻清上浮，非人之所能得也。下鬼之魄，重浊卑秽，沉入九幽，理固莫逭。夫忍弃身命，甘自经以死者，忿抑悲怛，怨结哀深，阴邪之气，真感泉府。戾之所积，坚于贞石，又何怪哉？岂惟缢鬼，小人之鬼皆然也。或其降沉尤深，掘之不及，或未尝掘，遂亦弗觉。如一一探之，实常例耳。易箦而失其清明，自狱自陷，孰能拔之？孔子曰'小人下达'，故其入土也，迟则曰三尺，速则曰寻丈，不胜其求，天下之石，皆人心也。"艮子闻之，终身不敢有非志。

葰窟

艮子游于长白之山，山秀而多葰，金蟾闹虾，单跨双胎之属，往往而是。有石洞，幽邃，可方轨。入之，深暗，不可以见掌。过百十步，才有微光。益前行，得孔遂出，豁然见天。乃一旷野，青峯四合，绿溪九带，奇葩满地，茂树参天。中无居人，而空迳若扫。异之，顾见巨葰，茎如灌木，大可拱把。思掘之，方一摇撼，忽有丽人，金裳翠衣，自根跃出。谓艮子曰："毋伤我苗，我冯此以居三万岁矣。"艮子曰："子毋乃葰之精欤？而可以人而立也。"丽人曰："然。天地之间有人气焉，人气无泄，郁为草木，我固可以具面目而全肺肠也。岂惟人哉！羊种于土，蚁连于木，故古者掘地得犬曰贾，掘地得豚曰邪，掘地得人曰聚。人畜本生于地者，又何怪乎？"艮子曰："人畜既生于地，则由地生之而已，又何必自为生生哉？"丽人曰："固然。地密生气，如鼎之密蒸气也。鼎如严封而重压，则蒸气必寻孔而出。既已有孔，则其后就孔踵出，不复开矣。由土而生人畜者，初开之孔以泄人畜之生气也。由人畜而生人畜者，就孔而流不待气之结足而迫也。故由地而生人畜，其气必足，由人畜而生人畜，气不必足矣。子不见汽壶之筌乎？其筌愈重，其汽愈足。今使天下之人畜，皆不媾精而自生，则人畜之气伏于地，又将由地而生矣。不先有贾，何由有犬？不先有邪，何由有豚？不先有聚，何由有人？不先有人，何由有谷？不先有树，何由有菓？不先有禽，何由有卵？既已有贾，有邪，有聚，有禾，有树，有禽，则有犬，有豚，有人，有谷，有菓，有卵。种导于外，地中之气，从而应之，反觉人畜自生为自然，而地中生吐非自然矣，忘其本也。"艮子闻之，恍然有悟，问丽人何不出世炫耀于风尘？丽人微笑，呼其朋辈尽从根出，栩栩翔翔，有惊鸿游龙之致。皆好女子，而无男，谓不自为生，是以长久。导艮子游于其域，芳美不可以殚述。复自洞送之出。明日，以表寻之，遂迷不复得路。

一足蚁

一足蚁生于岭南，足连于树，与树合体。一足，长尺有半，故其蚁仅得周移尺地以觅食，不得他徙。艮子问于蚁曰："子恶不远行而多足也，毋亦得天独薄欤？"蚁曰："何须？天之生物，足养而止，皆有制也。禽之制在气，鱼之制在水，人之制在地，星之制在轨。各不得越，以守常也。有常无乱，《礼》之则也。故木以数丈之土而足养，则根仅及于数丈。草以数尺之土而足养，则根仅及于数尺。人求衣食极丰，不过五亩。使天亦为之长脐，以连于地，各居其域，不相侵夺，人之祸息矣。乃覆以封侯万里，求仙三岛，自相夸尚，不如微蚁之独足。此天之薄于蚁而厚于人耶？抑薄于人而厚蚁耳？好走弃常，又安有庆？取之无餍，遐适何功？世味如荼，曾不获休于澉鏊，何福之有？《易》曰'安土敦仁'，厚也。"艮子悟，乃为五亩之圃，以止游焉。

训 内

最不易治者家庭，而天下国家非难也。艮子之妻，谓艮子曰："妻与妾孰亲？"艮子曰："妻以强合，妾以爱缔，妻不如妾之亲也。"他日，艮子之妾，谓艮子曰："妾与妻孰亲？"艮子曰："妾为玩人，妻为伦始，妾不如妻之亲也。"于是，妻妾皆不①悦。久之语泄，妻妾皆讶。问艮子曰："天下之人，貌戚而心疏，阳厚而阴薄，巧取于两好而不一失者，慧也。今子貌疏而心戚，阳薄而阴厚，拙取于两怨而不一得者，毋乃愚乎？"艮子笑曰："是何言欤？是何言欤？居，吾语汝。夫宠而不骄，骄而能降，降而不恨，恨而能眕者，惟圣人能之，妇人不易也。吾之爱人，欲成之，故抑之。人之爱人，欲害之，故私之。史可鉴也，自古之为妻而专宠者，莫如唐之韦，梁之郗，一见杀而成逆，一极恶而化蟒，则是中宗、武帝之为夫也不仁矣。为妾而专宠者，莫如晋骊姬、周褒姒，一殃及于幼子，一丧身于犬戎，则是献公、幽王之为夫也不仁矣。吾以欲为仁夫，乃不敢自居于媚婿，图其终者大也。故爱之为爱伪爱也，不爱之为爱真爱也。亲爱而辟失于妾者矣，敬畏而辟失于妻者矣。充不爱之爱，可以字万民而有余。爱之爱，仅以保一家而不足。裁之以礼，安用厚薄？静观吾门，清风和气，穆然楷家，以此为慧愚之善也。"于是妻妾皆悦。艮子作歌，以慰之曰："我本至诚人，公明覆天地。何分亲与疏，何分媸舆〔与〕丽。何分愚与贤，何分老与稺。一妻而三妾，当年欲中缔。既缔不复解，此亦情之至。惟此慈悲心，因地法不滞。寒梅与夭桃，绝无差等视。我妻性和惠，生长阀阅第。孔道重嫡礼，尊如宾在位。长妾年十四，食贫同苦味。憨厚亦柔和，爱极何能易？次妾出青楼，未嫁先有义。在闵能履法，好合逾比翼。季妾虽不扬，整肃在中馈。霭然日相接，终老无洸溃。服食无轻薄，训导无偏庇。远者长相思，近者纳于义。观型在妻孥，天下如此治。和风溢门楣，何由发怨怼？维古夫道衰，是以国不利。杨妃逐梅妃，夫人惮吕雉。赫赫戚将军，成其妇之忌。瞆瞆唐高宗，旧爱反不记。厚之而害之，郗蟒今在地。褒姒何人杀？实被幽王刺。中和微有失，干戈起中闺。愧我才德薄，纯风难远暨。世人如骨肉，充此为锡类。而况妻妾行，一念敢有异？餐后即谈法，圆觉期众契。穆穆保清和，衎衎入梦寐。"

板　板

毛子问于艮子曰："《诗》曰'上帝板板'，何谓也？"艮子曰："言上

---
① 此"不"字，疑为衍文。

帝设道度人如板板也。薄木长片谓之板，板而又板，人之经此而济也，皆涉板也。"毛子曰："异哉，有是义乎？"艮子曰："惟然，有之。渡险桥板，登高梯板，斯二板者，板板之实也。"毛子曰："嘻，可得而闻其详乎？"艮子曰："可。有桥与梯，板之厚仅足以载一人耳，增一芥之重则板断，断则人坠，坠则复板承之。其负愈重，其坠愈深，故轻清无物，无相无身，则超于九天。仁义横于心，则折一板为二乘。学问横于心，则折二板为小乘。名誉横于心，则折三板居卑下。至于恋富贵，戴山河于首，缚金玉于腰，其为重浊不可以衡权，则坠于九渊之下矣。上帝板板，至人履之，升高不惴，非小人之所可践也。本义如此，不协于正乎？"毛子顾笑，曰："因板而释板，毋乃太板乎？"艮子曰："以意逆志，是为得之，况文言之不爽耶。"亦笑。孔子式负版，有视履考祥之意。传说举于版，高宗知其悬解也。《易》曰："负且乘，致寇至。"有所负重，阴贼乃来，不能乘上帝之板板也。

学　记

博士问于艮子曰："学可以得道乎？"艮子曰："不可。不学而知谓之良知，不学而能谓之良能，学滑良真远于道矣。"固蛮问于艮子曰："不学可以得道乎？"艮子曰："不可。玉不琢不成器，人不学不知义，学通义理近于道也。"左右曰："夫子之言矛盾矣，不可以教人。"艮子曰："吾惟善矛盾，故乃两有利。矛盾固矛盾，吾乃矛矛而盾盾，不可不察。蚕之不学织也，蜂之不学酿也，人之不学神仙也。天既生之，天必全之，学何得之有也？上古圣仁皆不学也，庖牺不识一字，黄帝不读六经，其真自显。后世民欲既启，乃教之复性，于是有学。学者医病之药也，无病何用药？有病不能不药也，彼博士服药不止，将死于药，吾是以遏之。固蛮日事于贪戾淫毒，性则又失，吾是以进之。善学者目寓五车而不知有之，心无一字而不知亡之，吾不能谓学是与学非也。不善学者入于学则杀于学，出于学又杀于物，吾不能谓学非与学是也。学问之道无他，求其放心而已矣。心既不放，何以学为？心已放矣，不学何求？为学日益，为道日损，益中得损，损中得益，学莫大焉。益不知反，损不知极，斯自害矣。学于人如汲水，养于己如凿泉，苟未及泉汲，亦可也。汲而忘凿，终身外逐。凿汲两施，吾不执学之是与学之非也。百工技术，不学不能。人之性本不用于治物，学拂性也。合天神化，不学必能。人之性本用于通道，不学正性也。末世多学，乱源纵僻，人如不学，内不足以养身家，外不足以安天下，滑常也。多学争胜，于己为倒植，于人为倡伪，祸之媒也。圣人又因而反之，于己假智以成仁，于人用才以齐众，福之招也。学与不学，忖度而自量之。乌获举百钧，提一囷以饱千人，博施可也。僝夫不胜五升之重，自食可也。用知亦如用力，此成物成己之范也。学之多寡，内思断之。于是，博士、固蛮皆各感悟，遂从艮子学，而不学于学。

择 大

纪昌学射，悬虱于窗，瞠视三岁，虱大比轮。于是，觑鹄百倍，舍矢如破。张旭临池草书，池水且墨矣。艮子曰："此小人养其小体也，使用其诚以精于道，道可成矣。夫人之精力等也，入于宝库，各携百斤。犬惟取粪，牛惟取草，人乃抱卞璧而走。彼犬与牛，其力岂小于人哉？智不逮耳。纪昌以过人之精，成杀生之罪。张旭以圣人之文，为他人玩具。是不善用其力也，非才之难，所以用之者难也。悲夫！人皆殚精耗神，养无成之四体，不养有成之神，犬牛之识欤！"艮子有不龟手之药，不以封，亦不以为洴澼絖，将入于冰雪之山，窨藏而鸿通，非世之为务，逐逐地财，终于弃之若遗也。故笑纪昌、张旭，且笑犬牛，笑世利之竞奔者。

阅 躬

艮子喟然叹曰："今吾之身，夷之身耶？跖之身耶？尧舜之骨肉耶？桀纣之血脉耶？吾何以索之？"其妻问曰："何谓也？"艮子曰："吾与子偶而生子。使皆不食土物以化滋，肌枯弗媾也。既孕，不食土物以化滋，胎槁弗产也。既产，不食土物以化滋，子殍弗长也。夫土物化滋，是土物结为人体也。土物之中何有哉？古人之身，尸化而为水土，草木吸之以生，是草木食古人之骨肉血脉也。吾又间食于草木以化滋此身，则此身为古人之遗体化滋而成。必古人之分而合者也，吾恶乎索？形既如此，觉亦知之，吾又将索魂魄于三代之上，无始之初，而不可得也。"妻曰："拙哉夫子，深凿乃尔。吾闻蟹易螯，鹿易角，龟易甲，象易齿，滕易鳞，鸟易羽，兽易毛，木易叶，易者弃之，不易者惟本真。子将必有所不易，乃能易所易。彼蟹之鳌，鹿之角，龟之甲，象之齿，螣之鳞，鸟之羽，兽之毛，木之叶，亦土物之化滋也。以其非本真，渐假而忽弃，则子之假于地者，皆必弃于地者也，何惑乎大小显微而索其易哉？骨肉血脉，其如市金傅舍欤？取之他人，授之他人，流而通之，可勿究矣。还守吾本真之不易者，得其至者也。"艮子乃笑，歌曰："'我躬不阅，惶恤我后。'我后既弗恤，恤古人之远者哉。"

天　试

艮子怨天，非为己也，为众生故。天曰："吾煦妪万物，以遂其生，子则不感而覆怨，何故？"艮子叹曰："天乎冤哉！子固弗善也。子如生草尽为五谷，而生木尽荔橘也。生鱼尽为龟龙，而生虫尽蚕蝉也。生禽尽为鸾凤，而生兽尽麒麟也。物不相害，休祥忘治，不亦可乎！至于草有蒺茨，木有樲棘，鱼有鳄鲵，虫有蜘蛛，禽有枭鹯，兽有死豹，则吾不得不怨也。"天曰："不然，子之见在囷，在囷天下，是以诬天。今子在重囚之狱，日惟见五毒之施，存不一窥于垣墙以外，是以怨也。草木鱼虫鸟兽距于天远矣，刑而化之，自然之则，又何尤焉？"艮子曰："草木鱼虫鸟兽远于天，固当刑之，然则人近于天，子何不生人尽如尧、舜、夷、齐、孔丘、墨翟，而必生四凶桀、纣、盗跖、幽厉以乱其中哉？子如生人，其于上下之伦，尽如蜂蚁，则忠顺不待教矣。其于父子之伦，尽如慈乌，则孝慈不待教矣。其于兄弟之伦，尽如鸤鸟，则岂悌不待教矣。其于夫妇之伦，尽如鸿雁，则唱随不待教矣。其于朋友之伦，尽如凫鸭，则信义不待教矣。乃不如此，能纯物之性，而不能纯人之性，焉用之？"天曰："不然，夫同类者不相食，人同类矣。无爪牙者不杀戮，人无爪牙矣。能言者能联情，人能言矣。直立者能通神，人能直立矣。子尚以为不足乎？"艮子曰："子纯人形，未纯人心。彼万物同形则同觉，人之性不然也，子又何不纯其心？"天王笑曰："是子之不知也。夫人者，萃万物之全，而交杂之。至于此，将升于天，天不加以大试乎？夫大试者，试得其本心也。本心离形而独善，不可以天强。彼蜂蚁慈乌鸤鸟鸿雁凫鸭，其为善出于天强。如捉其手而教之书，书非自出也。移其足而教之行，行非自主也。今吾故试人而见其本心，善不即赏，以试其无悔。恶不即罚，以试其自改。本心实良，吾乃垂手而携之，否者自溺矣。孔颜之阨，坚其诚也。跖蹻之寿，深其毒也。且吾不以显象定臧否。世之贤君，欲得良臣以辅治，尚密其好恶。今吾若以天强显象而试人，则人之本心失矣。失于本而趋于末，虽备百行兼万善，犹曰贪天也。使其鼎镬在右，爵禄在左，则人无不仁，其为仁岂其本心哉？仁而责之，暴而赏之，犹且为仁必其本心也。刍狗愚昧，以试天人。天人之升，皆本心成，固不可以化者也。有司取士，最不可以先泄题，天之智不如此乎？信者自信，迷者自迷，偶一示象，亦已多矣，岂可复彰彰以劝民伪？投之于妖姬之群而不视，置之于金玉之府而不窃，淫与贪，吾乃得之。若十目视而十手指，临之以刀斧，于是谓人无淫贪。异日引之权枢，恐淫贪之祸极矣。"于是，艮子大悟，不复怨天。天王燕艮子于天狱。天狱之囚无刑，惟以阴壁界于周，隔迷其夙命。多聚七宝珍彀，鲜衣美女，穷极之欲。善者或挞之，恶者或奖之。善者以缧继牵之出，出而隳之。恶者以轩车送之出，出而堕之。其堕与隳，狱中之人不知也。艮子视之，颡湿滴泚，遂益不敢复怨天。於戏，视之而弗见，听之而弗闻，体物而不可移者，谁能逃之？

奖三尸

柳子读三尸，艮子不也，覆奖之。柳子曰："三尸之为毒甚矣。庚申之夕，上升于天，以言人过，不读之，罪复诒也。"艮子曰："子心有罪，而畏三尸之泄欤？读之是益毒也。子心无过，而畏三尸之诬欤？读之是激怒也。吾恐吾之有罪，又不激深怨，是以友之。且夫天听惟聪，其使三尸以监人，如天子以太师、太傅、太保监太子也。太子自不肖，而欲逐三公，虽隋炀、秦亥昏不至此。子将令三尸如潘崇之媚，以嬉己乎？亦使之如周公之严，以成己也？言吾恶者是吾与也，又恶乎读之？子路闻过则喜，禹闻谏则拜，推是心也，则三尸为益多矣。"乃更其辞为文，以勖三尸曰："子宅吾身兮，如师保之临孺子。予躬弗臧兮，宜尽密以告于大父。皇天无邪兮，岂乱白以为黑。子能腾霄兮，必不欺于明府。予畏子以检束兮，更何求而得此。敢自外夫生成兮，如稚子之逃母。心有恶其无惩兮，焚吾身以内败。心无恶而子懈兮，吾犹冀深刻以益苦。一念之动弗隐兮，一尘之垢弗假。予与子并为洁兮，庶可以遵于上路。惟纠谬以相励兮，是他山之石也。岂比匪之敢私兮，而以点予灵主。日奄奄其将汩兮，赖顾子而一憬。睹昭昭之孔虡兮，犹虑远道之修阻。常惺惺以懂笃兮，谁代予以上愬。幸有子以为钵兮，毕以暴吾肺腑。子言如直兮，实为予之愿也。子言不直兮，极清真予不先腐。勉之勉之，任察任语。"于是，三尸益励，艮子亦益励。艮子之三尸，终身缄口矣。柳子之三尸，固未愒也。

文妓

艮子于妓，不为礼，慢之也。所以慢之，轻之也。有文妓者，独不服，辩而理。他日，遇艮子于途，谓艮子曰："来，予与尔言。子固循理而笃敬者也，乃慢妓何故？"艮子曰："慢所当慢。"妓曰："何谓当慢？"艮子曰："恶其失身，以养身也。"妓曰："失一身，以养一身，污乎？然则，失一家，以养一身，何如污？"艮子曰："其罪十斯倍。"妓曰："失一国，以养一身，何如污？"艮子曰："其罪丽不亿。"妓曰："有是哉？然则，子之所敬皆不如我矣。今夫握符拥纛，出千乘而食方丈者，威威乎将帅之器也。其所得不过养其身，乃不图孙吴之略以张国势，而覆行跅跅之暴以残军民，坐致士气衰而不整，闾阎荡而不宁，一朝有事于四郊，必且日蹙国百里，是失一国以养一身也。子不敢慢，而独敢慢我，可谓平乎？总街读室，定大宪而筹庶政者，侃侃乎议士之列也。其所得不过养其身，乃不纳底绩之言以奠邦本，而尽挟阿比之见以坏纪纲，坐致常懿紊而不修，众志忿而无吁，一朝党争而变生，必且殃及于黔首，是失一国以养一身也。子不敢慢，而独敢慢我，可谓公乎？稽古论今，作文章而启民智者，彬彬乎学士之风也。其所得不过养其身，乃不为经正之说以兴群德，而假行非博之则以滑人心，坐致大道晦而莫显，辩巧出而愈奇，一朝人近于禽兽，必且祸极于沦胥，是失一国以养一身也。子不敢慢，而独敢慢我，可谓直乎？持权握柄，据要津而专大政者，赫赫乎斯人之任也。其所得不过养其身，乃不具饿溺之怀以保民命，而力事苟偷之术以圮邦基，坐致开门户以揖盗，浚膏血而饱私，一朝民欲与偕亡，必且变华为夷狄，是失一国以养一身也。子不敢慢，而独敢慢我，可谓正乎？不平不公，不直不正，即子之行，亦为蟊贼。旷观百工万姓，穷极奸回，四海八方，洋溢毒秽，倘有自贡父母之遗体，以易食于床笫者，犹且为清廉之极品，以其无害于人也。如上所述，家坏国亡。百世之庐墓，皆为横寇牧马之场。九族之钗裙，尽作仇仇奴妾之玩。所失之多，诚有万倍于我者矣。我所为极难，将以讽国中之不自养，而以累人者。"艮子闻之，再拜加礼，自此不敢复慢妓。彼其所恃，高于侪俗远矣。曩者，艮子辨贵贱，别清浊，所谓见秋毫之末，而不见泰山者欤！

峨眉穴

当明之末季，张寇屠蜀，民几尽，盖天刑也。恶极故刑之，皆恶皆刑之而已矣。间有善士，一夕同梦，梦神曰："月之正，日庚申。峨眉崖，穴如升。入之入之，免于五兵。"及日，善士苾集可八百人，崖石果开，诚不广尺。前者试就之，则容身有余。行数十步，清光内照，开豁平旷，玉室千厂。溪流沁冽，旅禾遍生，佳菜蓊蔚，草木无杂种。釜灶床茵，皆如夙备。无乏器，无纤尘。日月淑昭，风气和静。有老者三五，导于前，艮子与焉。石室有款识，书来者名，未尝爽误。闻贼凶于外，不得入。有难民哭于崖下，求入亦不可得。偶有入者，亦善士也。空室待之，姓字宛然。居数年，千室盈，穴乃严合。贼命石工凿而入，石坚于钢，不能施钻，炸之弗稍损。老人云："居此可纯修，男女不得同室。"众乃安之。世乱又极，安得峨眉玉室，复启以存孑遗哉？虽然，有真人者，其大无外，一毛之孔，可包天地，不为虿战而伤之。或且其小无内，居一沙中，而宇宙莫能与比阔。人战于地，又安能害之？心中各自有石穴，不必以石穴为石穴，而求寄于峨眉之麓也。

第四卷 冬

相　宗

相宗僧凿凿可厌，问艮子曰："吾究八识，源源兮，本本兮，缕分而尘剖之，可以得道矣。"艮子曰："有是哉？如来以无所得故得，子以有所得故得。如来以相为非相，子以非相为相。是以如来以大自在而圆觉，子以大不自在而方觉也。且子苦矣，又益之惑。夫如来讳相者也，亦犹村人讳言鬼虎也。村人讳言鬼虎，南北之习俗，谓言鬼虎则召凶。除夕之夜，戒其二子曰：'明日岁首，否泰之始，慎勿言鬼虎。'二子终宵诵之。及昧爽，长子谓次子曰：'今日必讳言鬼虎，凡故鬼新鬼，恶鬼善鬼，白虎黑虎，猛虎乳虎，皆不可言也。'父怒而夏楚之，长子方啧啧自白，次子曰：'子固当受杖，以智不全耳。宁微是而已矣，山鬼水鬼，缢鬼厉鬼，玄虎斑虎，母虎雄虎，亦不可言也。'今之言相宗，何以易于是？说离反著，因扶致仆，焉用之？"相宗僧卒难悟也，后以劳死。

自　量

艮子谓墨曰："子不可用，用则有失。"谓镜曰："子可用，用亦无失。"他日墨、镜相值，皆谓艮子两舌，墨遂以用而尽丧，镜遂以不用而永埋，始信艮子之言是也。夫用不用，何尝之有？理海之智可用也，不失其智。日火之热可施也，不失其热。故虚而不耗者可用，用而即消者不可用也。此用不用之权也。未及理海而好用智，学士之所以杀于书也。墨也，既成理海而不用智，辟支之所以外于佛也。镜也，万地取热于日，日不尝冷，即不取热于日，日亦不加暖也。故上德用之而未尝用，下德不用而无以用，众人用之而有以用。雏方出卵，羽毛不燠体，遂忙忙然以伏巢煦妪为事，斯目弊也。今之好为人师，碌碌孜孜以说法为务者，何以易于是？艮子曰："吾用有余，富有余则与，明有余则诲。不用无余，正如雏禽待羽毛之自丰，不煦妪而煦妪之功在其中矣，善自量而已。故颜子曰：'自知者智，自爱者仁。'"

误　度

艮子忽化为神，高百丈，现万身，金光四射，七宝为裳。以临或地，或地之人亿兆，皆不敢为恶为善，教之法皆皈依矣，百万岁无一成佛者。艮子乃往问如来，如来笑曰："子误矣。今有持巨兵率千人，入山遇虎，虎不近人，遂谓虎不食人。他日虎至，开门纳之，虎遂尽食其父母妻子。今子以明明昭之相，监人而使之为善，彼为善者皆非本心。亦如此虎，藏其食人之心而不用也。非本心者，不可成佛。不然，天何以必爱道，佛何以必藏密哉！试人之本心也，以法度人，人乃不度。吾实无法，能令众生得度。不然，诸佛皆显然以金身降临于世，立可大治，何必用子？子其庸之，著书立说，徒使人陷声闻缘觉亦已多矣。又示显相，误天下苍生者罪莫大于子矣。平平常常，以犬道教犬，以牛道教牛，以人道教人，有教已多，何况强教？纵之以杀而或富之，偏于仁圣而覆扼之。富之至，考终命，扼之至，穷饿死。天之殃淫赏善，正以试人之本心也。子泄之必有罪，慎无多言。"艮子爽然大悔，归安于素。

无 修

　　艮子注全神于身中神府。三年，神府中忽现金光，光中有相，即已是佛。飞行太空，以为成矣，往见如来。如来曰："子误矣，必悔之。"艮子曰："何故？"如来曰："有如花然，桃应春开，荷须夏茂。子如蒸之以暖，冬亦可花。然自此不实而性害，枯且死矣。夫人寿百年，寿尽乃佛。子终身不发一念，不着一相，时至自成。必寿临终，神方可出，如雏离壳，岂可再入？早出早现，不可为矣。其仍复前生之旧，再生而再修之。修无修，证无证，验无验，着无着。彼伐干之桃，犹可再生。受蒸之桃，永不发矣。刑死之人，犹可再成。有为之法，不可成矣。"艮子归，安于常，遇张道陵于途。与群仙俱，道陵自以为有道。艮子曰："非也，老子者，道之宗也。不言药，不言仙，不言白日升青天。而子反常以为之，必大有祸。不然，老子何不早飞身，必骑慢牛一步三尺哉！尽性之后，神灵于子，吾不复示相，过子之示相远矣。子冬日蒸开之桃荷也，能艳几时？至人无死地，吾缓百年而成，寿于子，灵于子矣。"道陵大悟，仍生为人，依常尽性。有不悟之神仙五千年而殇矣。

天地限

　　艮子问于佯尼曰："鸿雁羊鹿，不食血肉，而鹰虎甘之。蜂蝶蝉蚓，不害生物，而虺蝮噬之。甚矣哉，佛之不护仁者也。"佯尼笑曰："彼何常人？为天地所限故耳。彼鸿雁羊鹿，蜂蝶蝉蚓，受觉于天，受形于地，既无杀识，又无杀具，安得谓之仁哉？手足皆缚，又不能言，而谓不杀人，如其释之而授以兵，未见其不杀人也。克己复性之谓仁，鸿雁羊鹿，蜂蝶蝉蚓，何尝克己？不克己者，非真仁也。其我相极固，是以杀之。如其有杀之识，有杀之具，在物为狮兕鹫鹏之雄，在人居嬴政汉武之极。不发杀机，以即私欲，则真仁也。真仁自发，不受天地之限，乃能超出天地之外。为善而无所为，佛之所必护也。"艮子闻之，几陷二乘。回复一照，乃本无我，于是解脱于阴阳之外。

全 伦

　　鸟兽虫鱼，各有一伦，蜂有君臣之伦，蚁有上下之伦，鸟有父子之伦，䃳有兄弟之伦，雁有夫妇之伦，鹿有朋友之伦，而皆为猛鸷所蹂躏。笃伦子不服，问于艮子曰："笃伦亦有死地乎？"艮子曰："笃伦无死地，惟薄于伦者死伤杀。"笃伦子曰："然则，蜂见食于蛛，蚁见食于鹳，乌见食于鹰，䃳见食于鸢，雁见食于鹫，鹿见食于虎，则又何故？"艮子曰："是不全伦也。笃于一伦则害他伦，故易牙为君而杀子，赵苞为官而杀母，匡章为父而失孥，夷昧为弟而亡身，刘邦为妻而祸子，荀卿为友而逃国。或以一国为伦，则囿于一国以害他国。或以一地为伦，则囿于一地以遗他地。所笃者小，所薄者大，是以死也。惟至人无伦，惟其无伦，是以全伦，全于无量。其所谓伦者，包八极而无外，入秋毫而无内，下之与草木虫鱼为一伦，上之与无量天佛为一伦，由由兮安于其中而无所择也，又安有贼？夫伦之为言同也，同于小，不同于大，焉用之？经曰'凡有血气，莫不尊亲'，小伦也。佛曰'有想无想，我皆度之'，大伦也。"

不共法

法僧问于艮子曰："如来有十八不共法，子知之乎？"艮子曰："吾闻法皆不共，不闻仅十八。共法惟一，惟一惟空，而实无空。惟无能言，故假名空。"法僧曰："何哉？"艮子曰："法必有名，有名即不共。天下之人共名孔丘，则孔丘之名失其效矣。法必有受，有受即不共。教牛学飞，教鲤学鸣，则飞鸣之法无所用矣，故法皆不共也。在急曰缓之，在缓曰急之，偏右曰左之，偏左曰右之，于是有法。若已得中正，法将何所施哉？数名量受，实无一法可以共者，故法皆不共也。"

凤卵

凤卵即凤也，不得于卵时而视为非凤。苟备其真于无中，须候至而已矣。阿罗汉笑艮子曰："予则飞行而无碍，子跂踬而行于途。予则幻化而无端，子胥拙而囿于体。甚矣，子之不才也。"艮子亦笑曰："是犹山雉之笑凤卵也。方凤卵之未孵也，山雉日过其傍而笑之，炫其羽，扬其声，拽其尾，摇其胭。奋翮而绕林，转距而盘舞，临清潭以自照，伫梁岑以视俯。洋洋栩栩，凤卵固一不能与较也。及凤卵之初雏也，山雉犹傲之。尾不盈尺，山雉犹仿之。一旦鸣和律吕，舞应虞韶。上负青天，下集昆仑。鸾鹤百鸟，来朝于爪下。岳灵地秀，钟毓于神明。则山雉不复敢遥窥于嵎隅，而况敢敌礼乎？吾修于无，子呈于有。吾徯于道，子助于术。则子固一日长于吾者也，敢不逊拜？松子在槿槭之下，蜄种居泥淖之中，内自安之而已。"阿罗汉恍然如悟，遂相与为善知识。

曝胶

艮子置盎胶于园而曝之，有蚁黏于胶。蝇往救之，蝇亦黏矣。蜂又哀蝇之黏也，往救之，蜂亦黏矣。蝉又哀蜂之黏也，往救之，蝉亦黏矣。雀又哀蝉之黏也，往救之，雀亦黏矣。於戏！若蝇蜂蝉雀，岂不仁哉？力不胜也。夫蚁之黏于盎胶，如民之黏于世欲也。黏盎胶故死，黏世欲故乱。可以胜盎胶者，可以出蝼蚁于困陋。可以胜世欲者，可以登斯民于衽席。人之不揣，每欲以蝇蜂蝉雀之狂心，嚣嚣攘臂从天下事，莫不自号为援溺拯焚。乃朝得尺寸之权，暮酿滔天之祸，使水益深而火益热，不自量之故耳。此之谓蠢虫豪杰。尧将让天下，问于四岳曰："谁可授者？"四岳曰："天下之财至富也，惟视四海如一芥者可以任之。天下之权至大也，惟视帝位如布衣者可以秉之。故尧始得许由而终得舜。王季欲平商乱，知力不逮，走之南蛮，周之兴，王季之功也。李嗣源以速死为幸，不自以为足当。是二贤者，仁而自爱，爱天下者也。艮子喟然叹曰："井有仁焉，仁者可视其力之何如，不可陷也，可期其成之何如，不可枉也。惟天下至诚，惟能尽其性。能尽其性，则能尽人之性。能尽人之性，则能尽物之性。能尽物之性，则可以赞天地之化育。可以赞天地之化育，则可以与天地参矣。"

观鼎

鼎必三足而后能立，折一足必覆餗。艮子初有鼎，折足已二，不可用矣。天下之事，其如置鼎乎？才德不足，不可以当之。任使无人，不足以当之。权资不赡，不足以当之。恶得有其一，必亡其二哉。斯三者，鼎之三足也。孔子为鲁司寇，艮子赠之以一足之鼎，孔子惧而去。商高宗承先世之烈，艮子赠之以二足之鼎，高宗惧，三年不敢言，卒得傅说以备焉。自三代以后，覆餗者踵相接也，其尚可语于治乎？立而行者，必二足。横而走者，必四蹄。浮气而飞者，必双羽。不扶而安者，必偶轮。此而不察，其为智已可知矣。

蕊珠游

艮子游于蕊珠之宫，宫中之仙，多于地上之人而无名。惟其无名，是以神存。问其寿，皆包牺以上人也。轩辕以后至者，不七八人，又皆最劣者也。艮子揖其长者而问之曰："是何古者之多仙也？"长者曰："异哉问，何人非仙而必仙也？何古非今而必古也？古人之性仙也，今人之性亦仙也，岂有异哉？"艮子曰："然则，宫中之人，皆古而无今，何故？"长者笑曰："此道易明，习之滑也。居，吾语汝。初古民生浑纯，无欲无事，神不乱则心朴，心不营则身坚。是以不食五谷，吸风饮露而不饥，天地沍而不寒。山谷未垦，水土未平，生少而灵足，气玄而道凝。故无不仙者矣。逮夫饮食之嗜开，感寒之机发，而民之失性不仙者十之一二矣。燧人作祟，熟食乃兴。内不全真火之能，外资于钻木之热，煮及草木，杀鸟兽以害仁，起争心而乱物，然后兽生爪牙，鸟思高飏，和祥不禽，阴阳中裂，而民之失性而不仙者十之三四矣。仓颉启伪，作字达意，轩辕肇巧，舟车便形。交通往来，地祸乃集，民心在物，不得上出。世事日兴，天事日汩，而民之失性而不仙者十之五六矣。尧舜既出，许由洗耳，作治大繁，人事鼎沸。疏河烈山，播谷网水，画疆设官，绘服作彩。百司有条，庶职有学，竞趋于伪，畜畜逐逐，而民之失性而不仙者十之七八矣。夏禹继起，万采攸励，养形日丰，养觉日薄。地气尽耗，天气不交，人欲既横，玄灵不感。功虽多而无成，生虽众而无全，而民之失性而不仙者十之九十矣。商周以来，纯非天事，制礼作乐，以劳精神，兴学惠工，以破恶识。人惟足欲而恐不赡，奚暇治性命哉？民无仙矣。夫釜闭而气足，其力可以转重，筛泄而孔多，水且不能盛满，泄之害也。天地之精，亦犹此也。自时厥后，书可埋山，而民之性杀于书矣。事如牛毛，而民之性杀于事矣。偶或全性，貌乎小焉，其何能穀？在胥及溺。"言已，因顾谓老聃、庄周曰："二子之慧，可谓污泥清莲。至于余子，沦焉而不知，陷焉而不起，终其身奴觉养形而不知悔者也。"艮子闻之，拜而退，书"奴形养觉"于身以自警。

图　远

粪人日提一畚，觅于村野。暮则已满，易捧粟以归，笑学士曰："吾今日有所得矣，子安所得哉？"学士固不能与较也，岂惟不能与较，且学士束修之费月有失，膏火之费日有失，书籍之费时有失，自日月岁时观之，则天下之肖子惟粪人，学士其至不肖者也。及学士十年而成，一举而登于庙堂，自粪人视之，俨如天人，岁月之人，非粪人终身所能致也。谋物如此，谋道亦然。隐修居于盘谷之间，日食草木而饮清流，夜寝于败草之中，不月日而闻邻人之子富裕矣，不岁时而闻州人之子将相矣，彼其所失者大，自世人视之，不肖莫若此。及富裕者尸骨败，将相者金棺寒，而隐修方乘云御气，遨翔乎清虚之表，何也？图近者得速而失大，图远者得大而遗小也。艮子曰："富裕将相，包地之利，极人之爵，曾不如一畚粪，奚可图者？梁之笑松也是矣。梁三月而高寻丈，松实经岁不出土，一岁不八寸，二岁不两尺，岂朝夕之可比哉！大年小年，惟恒者惟全。大获小获，惟明者惟识。大功小功，惟远者惟从。大成小成，惟圣者能行。非深夫性命之极，恶能探厥渊邃哉！是故小人常得，大人常失；众人常有，圣人常无；役人常尊，至人常奴。"

乐　君

艮子不为耳目口鼻身意之乐，岂其性与人殊哉？艮子之身，有大君焉，乐大君，不乐临奴故也。口欲先开，谓艮子曰："子兮［奚］不从我而乐？"艮子曰："需之，有大乐在后。"目欲次开，谓艮子曰："子奚不从我而乐？"艮子曰："需之，有大乐在后。"耳欲继开，谓艮子曰："子奚不从我而乐？"艮子曰："需之，有大乐在后。"鼻欲迟开，谓艮子曰："子奚不从我而乐？"艮子曰："需之，有大乐在后。"口目耳鼻皆不服，讪艮子之濡滞也。艮子生二十岁而身足，肾门开辟，见妖姬不自持。身曰："此大乐也。"于是口目耳鼻始信，谓艮子所待必此乐，皆愿为之臣奴焉。怂恿艮子，艮子亦复曰："需之，有大乐在后。"生三十不为乐。尧舜以艮子清明，备天下之富，百官之侍，子女玉帛，高名大权，以让艮子。艮子不就。艮子之意，养养欲试，帅口目耳鼻与身，以谏于艮子曰："可以用矣，子用我辈，皆获遂所欲。"艮子怒曰："汝辈之乐，能几时？需之，有大乐在后，后久且不死。吾大君胎未成也，汝辈久之，其乐胜此，吾尚当为雌以伏之也。"及其后，天门开，大君洋洋从顶而出，乐不可以言喻，艮子犹弗纵也，将以尽其性，成其贞。大君者，艮子之神也。艮子曰："天为养腹而后生手足口鼻，手足口鼻者，腹之奴也。为养耳目而后生腹，腹者，耳目之奴也。为养意而后生耳目，耳目者，意之奴也。为养神而后生意，意者，神之奴也。凡物贡者后生，生乃即乐。故五谷萌先生，干之奴也。干次生，枝之奴也。枝继生，叶之奴也。叶迟生，花之奴也。花后生，实之奴也。吾将成实，故不泄精，以殉小乐。吾当口欲之先开也，视之如萌生。目欲之次开也，视之如干生。耳欲之继开也，视之如枝生。鼻欲之迟开也，视之如花生。意欲大盛，身开肾窍。阴阳交精，发于蒂也，吾犹不纵。夫肾窍之开，续生以接地也，未如续不死以接天。接地生子，子非吾也，岂可以不全真吾哉？天生万物以养人，厚俸之及百年而反无所成乎？后开者至贵也。耗神于耳目之贱，不能待肾窍之开而痿殇者，未能接地也。接地而丧于地，亦犹五谷之空花也。苗而不秀者有矣乎？秀而不实者有矣乎？地之生也，先草木，故贱于虫鱼。次虫鱼，故贱于飞禽。继飞禽，故贱于走禽。迟走禽，犹贱于人。贵者后，而贱者先。夫乐者泄精也，故好博者越日疲，好淫者越岁弱。泄精于一窍，得一窍之乐。吾留精以尽泄于天门，故久而迟之，迟之迟而又久也。上食而下泄，吸阴之精，泄于肾门也，顺则成胎。踵吸而顶泄，吸阳之精，以泄于天门也，逆则成道。故众人之吸以息，至人之吸以踵。"嬴政将收六国，称天子，而又欲仙。艮子谓之曰："子收六国为天子，而食草粪，而视丑秽，而闻毁詈，而嗅臭恶，而日受五毒，而夜抱东施，子为之乎？"政曰："否否，吾收六国为天子，而食穷珍，而视极艳，而闻郑、卫之快音，而嗅兰、麝之奇馥，而居阿房、罗世宝，而拥美女，纵奸妬。"艮子曰："此不如埋于溷而早死也。早死犹或余微神，若是者，殚神尽也。"今天下谁不殚其神，以养小体哉！不能俟天门之开也。艮子曰："吾将离夫世，以全吾真。久极乐于无穷，遗之佳言，待天下之察者从。"

不语怪

孔子不语怪，艮子问孔子曰："子知怪者也，何以不语？"孔子曰："子非我，何以知我知怪？"艮子曰："子演《易》，自谓知幽明之故，鬼神之情状，吾是以知子知怪。知而不言，又何故也？"孔子曰："难言矣。怪莫怪于自然，天功极巧。人不以自然而怪，而反以不自然为怪，吾是以不语。吾若语之，如犬语鸡，以暗夜有光。如鱼语羊，以水中可潜。不惟不信，益增其惑。故养幼蚕者，但时其饱桑，不教之以作茧。辅蒸民者，但尽其人事，不教之以神化。"艮子曰："子口不语，子意亦不存乎？"孔子曰："吾意空空如也，何所存？何所不存？吾闻人之化神也，如桃能花，如鸾变凤，有其种者，时至自成。冬冷之桃，不存花意，初雏之鸾，不作凤想，心碍于中，反伤于性。故血气未定而思色，壮反不能人。筋力未足而试重，腰骨必损折。常道无为，需之以恒而已矣。"他日见于老子，老子之言同。见于俸尼，叩之以孔子、老子之言，俸尼笑而不语，固问之，则曰："因地法行，因人教立。印度当时，神道已决。"艮子归并三圣之言而裁之，仍以时物文理哲。于是，多闻阙疑，慎言其余，多见阙殆，慎行其余。

犬 识

石崇问于艮子曰："世有人焉，孜孜为善，力学好修，日夕不遑，手足重茧。然而居不爽垲，食不兼味，衣不锦暖，家不担石。虽见贵有势，权倾天下，勤众事，至野死，而无所取。子知此人，何如愚也？"艮子曰："此天识也。天覆万物，不取一芥，万物戴其仁。"崇曰："又有人焉，讲道论德，为君则富十卿禄，为卿则倍大夫禄，为大夫则倍士禄，为士则倍农夫。子知此人，何如操也？"艮子曰："此人识也。视力得食，不求多取。天生智力，养家及身。与民交易，各得其所，万民利其平。"崇曰："亦有人焉，不以道德，辟国中之草莱，任国中之土地，煮海凿山，无藏不发。于是，家亦殷庶，埒于邦君，妻子亨丰，树门反坫。子知此人，何如能也？"艮子曰："此蜂识也。敬勤王事，安其群力。虽曰多取，无蠹于国，国人乐其供。"崇曰："更有人焉，善为战陈〔阵〕，善为商竞，取于四国，以溢其邦。己则富尤，铁券承祚。子知此人，何如强也？"艮子曰："此蚁识也。畛域之见横于心，仇怨之深构于邻，不修仁义。祸将及之，一国溺其惠。"崇曰："乃有人焉，不争于邻国，不辟于土中。不讲道德以劳心，不修仁义以养众。而智专思精，巧于合上，慧于得权。争于朝廷，百官媚俸。大柄在握，执而弗让。国虽贫而家富，民虽瘠而身肥。罗掘以浚削，不烦煮海。把持以享成，亦无庸力。一门之俸，多于庙堂。子知此人，何如智也？"艮子曰："此犬识也。一骨在地，奋与群斗，虽曰得之，皮肉尽裂。鸡猫羊豕，不敢向迩。主人怒其堕甑破釜，伤损六畜，或一朝缚而戮之矣。此犬识者，恶犬也，善犬犹守门户。此犬识者，愚犬也，知犬犹伺主意。夫犬识者，不如稚子。稚子七八，守一席而斗，不知取于厨中而自炊也。稚子不如蠢婢，蠢婢知取于厨中，不知取于仓庾而自裕也。蠢婢不如胥奴，胥奴知取于仓庚，不知取于南亩而常有也。霄奴不如朴仆，朴仆知取于南亩，不知取于市廛而益豫也。朴仆不如庸夫，庸夫知交易于市廛，而不知国中之大利也。夫能取材于邻国者，如庸夫之取于市廛也。取财于地中者，如朴仆之取财于南亩也。取财于民馀者，如霄奴之取财于仓庚也。取财于幸禄者，如蠹婢之取于厨中也。取财于权门者，如稚子之取财于席上也。取财于朝廷者，如愚犬之守一骨也。争于小不见于大，沉于近不虑于远，张口即食，闭口即眠，国破家亡而弗恤，身败名裂而不顾，所获几何？斗死中庭，不知其期矣。"崇不悦，卒亡。艮子贫而扬扬。

自　废

艮子能容万亿天地，而万亿天地，不能容一艮子，况天地中之一人哉。孔子谓艮子曰："吾何伤于人？吾不惟欲利仁者，吾且欲利暴者也。吾不惟欲安正人，吾且欲安邪人也。乃见阨于陈，又危于蔡。"艮子曰："子自取也。子以直报怨，不如老子以德报怨。"孔子笑曰："子以德报怨，至矣。亦不能如老子骑青牛而出函谷，困阻且甚。老子之言，谎子也，不如吾中。"艮子无以对，往问老子。老子亦笑曰："子之学我，如鱼之学鸿，不能飞远也。如龟之学马，不能速走也。大者不全，又焉用之？"艮子曰："何故？"老子曰："吾终身不著书，已出塞上之关，方露神龙一爪。子以劝人为急，而詹詹多言，一不如也。吾八十不显仕，穷守柱下之史，未有谋国之勋。子以救世为心，碌碌勤绩，二不如也。有此一者，牛背不稳，子又何求？夫人得止而安之，斯已矣。且子安知老耄，发白尚不能从吾于荒漠耶？需之而已矣。"艮子废然而终，老子之教也。

赞　孔

一国之易治，如反手也，天下亦然，惟须知治之具而已矣。将以天治之欤？天不言。将以地治之欤？地不动。将以日月星辰治之欤？日月星辰不下土。将以禽兽虫鱼治之欤？禽兽虫鱼不更事。艮子曰："吾知治天下必以人治之也。"欣然自以为独得之见，出而言于人，人皆笑其愚。然人固以人治天下而天下不治，皆谓艮子诬。艮子曰："高出于天者惟佛，佛不可以治天下也。卑入于地者惟尸，尸不可以治天下也。神仙昭旷清虚，虽非日月星辰，同于日月星辰，不可以治天下也。欲人贪瞋痴爱，虽非禽兽虫鱼，同于禽兽虫鱼，不可以治天下也。人中有佛，人中有尸，人中有神仙，人中有欲人，虽曰人形，心非人也。惟真人能治天下。真人者上不在天，下不在田，中在人而已矣。孔子时中，治天下之完人也。"或曰孔子不能度众生，艮子曰："能尽物之性，非度尽众生而何？孔子贤于尧舜，尧舜使鸟兽鱼鳖咸若，率百兽舞，度众生有明征也。"或曰孔子不能超天外，艮子曰："孔子先天而天弗违，范围天地之大而不过，非超出天外而何？"或曰孔子不空虚，艮子曰："孔子无恐惧，无好乐，无忿懥，无忧患，非空虚而何？吾以为用于人事，孔子之道备矣。用于天外，俟至天外言之。水中之溺，无急于乘车，得舟斯可已矣。"众人必欲学艮子之学佛，艮子殊不愿以此示今人？艮子不学孔，亦不学佛者也。在水乘舟，在陆乘车，艮子视二乘、大乘同一乘也，至于其至当无所乘。济水以舟，济陆以车，艮子视济人、济物同一济也，至于其至当无所济。故艮子赞孔不赞佛，赞佛不赞孔，惟圆觉至圣是归，又何泥哉！

坏长城

至人者，宇宙之长城也，而宇宙每坏之。贤人者，天下之长城也，而天下每坏之。才人者，一国之长城也，而一国每坏之。若内圣外王，无人不利，又何妒为？麒麟不多见于世，人见其角以为将触己也，故杀之。豺狼善戢耳，效驯犬入人阃，人多不觉，故合家皆见食焉。人之能自利，利众生者，孰有过于逆豺狼、饲麒麟哉！尧将求贤，问于艮子，艮子曰："子能让天下乎？"尧曰："能。"艮子曰："然则，直与舜而已矣。"故尧、舜如天，德交归焉。汤将求贤，问于艮子，艮子曰："子能让天下乎？"汤曰："不能。"艮子曰："无伤，曷求伊尹，彼以解倒悬为任，不以天下为私利，无相迫也。"故汤、尹如天，德亦交归焉。艮子曰："天下之能公者孰如尧？能私者孰如汤哉？尧吾未再见于舜之后，若刘备、苻坚，虽无成汤之德，犹能假汤之智，私利公仁二者备收，何害？馀子不足道矣。嬴政、杨坚必欲专私，以杀其子孙，真天下之黠者乎！如是，如是，石勒任亲，刘邦任妻，汉桓灵任戚，明熹宗任嬭，可谓阿其所好也。小人见利不认父，又恶可以保恩耶？今之用私人者，方自溺焉，以为得也。"赵构逐李纲，杀岳飞，而用秦桧，艮子呼号涕泣而谏之。构曰："吾视有头者，即可加簪冕。有才者，即可握符瑞。不知其他，惟吾意是合。素亲者、狎比者，贤才也。"退而谓人曰："吾父兄皆在金，若用李纲、岳飞，二帝必归，何以处吾？"呜呼，恸矣！不用贤则亡，处何可得也？人之妒贤嫉才者，无亦皆有杀父、杀兄之心欤？然亡国败家则必也。艮子曰："此之谓自坏汝万里长城。"人虽不足以语于道德，利害之端，可不明乎？

三　史

良史世问于艮子曰："子亦曾读四史乎？"艮子曰："吾仅闻三史，不闻四史。仅读一史，不读二史。"良史曰："史固有四而子谓三，史既有三子仅读一，亦有说乎？"艮子曰："有，子谓四史，吾未尝见。以吾观史，有人史焉，有盗史焉，有兽史焉，故曰三史。唐虞之时，是谓人史。兴作以公，群伦弗坏。商周以降，是谓盗史。汉唐晋宋，崔符为主。其不肖者，是谓兽史。骨肉宣淫，父子相食。"良史曰："史以此分，亦固有理。然子不读盗史，何以治盗？不读兽史，何以化兽？"艮子曰："吾惟以不治之治，故能大治。不化之化，故能大化。且子不见于猫之制鼠乎？必入其穴，剿其巢，夜伺而昼巡，猫之下者也。食而卧，起而饮，不离于窝而鼠慑死，猫之上者也。圣人无盗心，故天下无盗。圣人无兽心，故天下无兽。吾所言清源也。秦之于六国，汉之于楚项，魏之于蜀吴，唐之于杨隋，以盗胜盗，以兽胜兽，降而以下，皆如此焉。群犬相斗，必有一胜，遂欲稽犬而读犬史，未见虎也。群鹑相斗，必有一胜，遂欲稽鹑而读鹑史，未见鹭也。溺于小而失于大，焉用之？有仁人治天下，可使制梃以挞坚甲利兵。盗兽之小黠秽行，不问可也。"良史喟然叹曰："世亦有训，目空千古，其斯之谓欤！"

前　知

邵尧夫以前知之术示艮子，谓艮子宜究。艮子作色而斥之曰："子本高人，何亦涸俗？"尧夫曰："至诚前知，先天弗违，子可以不完乎？"艮子曰："此道也，非术也。若以道，至诚前知，求知是未诚也。先天弗违，后天能勿顺乎？夫文王、周公、孔子，作《易》、演《易》者也。文王不知入殷之见囚，周公不知管、蔡之将叛，孔子不知陈、蔡之有阨，是固不能前知者也。"尧夫曰："安知非知之而不敢逃乎？"艮子曰："既知之而不敢逃，前知何用？不知何害？是多烦也。以万事为已定，则不当饿者，农可以不耕而得食；不当寒者，女可以不织而有衣。人事为无用矣，于是木偶可治天下。吾闻圣人顺天，不闻窃天。圣人合天，不闻贪天。以术前知，是窃天而贪之也，于子亦又何有？子安其常懿，吾乃居夷而守于正，多矣。吾以理不以数，以庸不以异，天且感而从吾。《诗》云：'天生蒸民，其命靡忒。'几也，贼即罔直，惠迪吾知其吉，从逆吾知其凶，是前知也。体乾而在下，吾知其当潜，体坤而在上，吾知其必战，是前知也。观变玩占，吾动也豫，不亦可乎？"尧夫悦，遂不见异，以成其至。

为 己

为己士谓艮子曰："吾能为己。"艮子曰："子何以为己？"为己士曰："吾得大位，以荣己也。吾得多积，以富己也。吾以此为己。"艮子曰："然则，吾视人之位，皆己之位。视人之积，皆己之积。则己足矣，又何必求？"为己士曰："视人之位，皆己之位，尧舜在位，子不得居，不得居者，非己有也。石崇多积，子不能携，不能携者，非己有也。子不善为己。"艮子曰："若子所言，吾乃为己，子乃丧己。子曰：'不得居者，非己有也。'百年之后，地不得居，地上之物，皆不得取以为己。'子曰：'不能携者，非己有也。'寿终之时，身不能携，身中之物，皆不能恃以为己。吾固为己于乾坤宇宙之上，四大五阴之外，正以其得居而能携也。子为与吾为孰亲？吾为与子为孰远？吾之为己，实为真为。子以非己为己，以非为为为，吾不然也。且子不见夫惰士乎？惰士多金，嘱贫士曰：'子代吾读，吾与子金。'于是贫子朝夕代之读。及十年，贫士学富，名闻天下，惰士仍不识一字。夫读书属识，尚不可以代，正以其不得居，不能携也。真我尤切于八识，而可以外寄哉？子之为非也。"为己士憪然有悟，不复以物为己，以己为己。艮子曰："成己仁也，吾克己复礼以成仁。为己之至，孰能过之？"

光 复

蔡锷、黄兴谓艮子曰："三百年之旧业，一旦光复，不亦乐乎？"艮子曰："丑则有之，光则未也。剥则有之，复则未也。"锷、兴皆曰："何谓也？"艮子曰："光之义，本于《书》，武王于汤有光，周非商后也，匪光其族之谓，光其道之谓也。复之义，本于《易》，复其见天地之心，言革人心于性命之本，匪革人治于皮毛之外也。今后之革，上欲复唐虞之旧，以追揖让，而人尽欢兜有苗，罔或能光被四表，是如水益深，如火益热，小人剥庐，小丑跳梁，吾故曰是剥也，非复也；是丑也，非光也。"锷、兴曰："然则，如之何而后可？"艮子曰："譬如种树，培其根，保其干，枝叶自荣。伐其根，斩其干，而以接枝换叶为务，是速之死也。道德宗教根干也，政治法律枝叶也，不修于内而外是图，是速之亡也。人皆虎狼，而异其衣冠，相食如故也。人皆蛇蝎，而易其制度，相螫如故也。吾之所谓革命，以循循善诱，使君子革心。子之所谓革命，以讻讻起哄，使小人革面，非经术之本也。"锷、兴曰："经术奈何？"艮子曰："善哉问，经常道也。吾将著书十年，使蒸民知成圣合天之实，彝伦攸叙之理，宇宙无事而穆清。吾为孔孟，不为陈涉，为文中子，不为杨玄感也。"锷、兴以为迂，迸艮子，不与语。艮子以迂，故知止。

孔佛通

老僧问于艮子曰："何以使天下太平？"艮子曰："以出世之法导之，使蒸民绝地而通天，则天下太平矣。"老僧曰："然则，非佛法不可。"艮子曰："孔亦大嘉，何则必佛？"老僧曰："何以见之？"艮子曰："佛曰'空心'，孔曰'正心'，其所谓'正'，无好乐恐惧，忿懥忧患，非'空'而何？"老僧曰："超出天外，孔子有之乎？"艮子曰："有之，先天而天弗违。"曰："天堂之说，孔子有之乎？"曰："有之，魂魄归于天。"曰："地狱之说，孔子有之乎？"曰："有之，瘞埋以祭地。"曰："三途之说，孔子有之乎？"曰："有之，物至而人化物。"曰："四大苦空，孔子有之乎？"曰："有之，涣其躬无悔。"曰："应无任而生其心，孔子有之乎？"曰："有之，无思也，无为也，寂然不动，感而遂通。"曰："自性圆觉，孔子有之乎？"曰："有之，自诚明谓之性。"曰："声闻缘觉，孔子有之乎？"曰："有之，自明诚谓之教。"曰："无师自然智，孔子有之乎？"曰："有之，生而知之者上也。"曰："圣凡平等，孔子有之乎？"曰："有之，及其成功一也。"老僧乃服，不再执佛非孔。

伦 理

　　艮子种谷，以施于人，八口之家足矣，不能食九人而外。艮子汲水，以施于人，百户之饮足矣，不能饮千人而外。艮子以火燎施于人，万户亿姓，以薪来取，燎光不减。艮子曰："力者实形，心者虚法，此以虚施者广而博，以实施者狭而偏。故以道施，愈远愈大，终至无极，有教无类可也。若以物施，不能不由近及远，由大及小，齐物辨等也。夫先亲后疏，先尊后卑，由近及远也。养贤以及万民，由大及小也。孔子之言伦理，由近及远，由大及小，二者以为规矩。佛陀之言，饭恶人不如饭善人，饭罗汉不如饭诸佛，由大及小，还以安亲近。今市中有佛，人皆往饭之，则殊不便，理与事相违也。如心之则吾用佛，如行之则吾用孔。夫伦理者，事理无碍，人群至便之脊也，可不察欤？"艮子有食，有衣，先父母，后昆弟，后妻妾，后子女，后养贤。有道则众生来取，同一与也。不过夫物，不私于戚，平也。

重 教

　　艮子问于孔子曰："子何不言修器之谓教？又不言修道之谓政？"孔子曰："修道之谓教，修器之谓政，言修道不言修器，言政不言教者，举其本也。今天下之人，以修器谓教，以修道谓政，本末混淆倒置之民也。不有乱民，安用刑罚？不有乱国，安用兵戎？培本以待末，斯可矣。"艮子大悟，终身耻言政。

玉台卵

　　艮子之婢，问于艮子曰："我以女而婢矣，于人为极贱，亦可希冀出天表而为神佛乎？"艮子曰："能哉。子之所啬者物，非啬于道也。人之所丰者物，非丰于道也。道与物相反而不相资，人如知此，恐男子乐于为奴而不为帝王，女子乐于为婢而不为后妃也。"婢喜曰："有是哉？敢请主人，曼昭厥义，为我显示。"艮子曰："今有为玉台十仞，万宝毕具，置卵于上，万人玩之，子谓此卵能孵乎？"婢曰："否，殽糜必矣。"艮子曰："为金台五仞，千宝毕具，置卵于上，千人玩之，子谓此卵能孵乎？"婢曰："否，殽糠必矣。"艮子曰："为银台一仞，百宝毕具，置卵于上，百人玩之，子谓此卵能孵乎？"婢曰："否，殽糠必矣。"艮子曰："为草巢三尺，置之污秽之室，人不屑近，兽不屑扰，听其雌伏，煦妪无失，子知此卵能孵乎？"婢曰："其孵也必矣。"艮子曰："惟然如此，物华贼道妙，人玩害大功。今之极贵，玉台之卵也，与万人弄。今之诸侯，金台之卵也，与千人弄。今之大官，银台之卵也，与百人弄。惟吾与子，坐起于圭荜之中，含灵于淡漠之窟，草巢之卵也。一朝破薄壳，腾九霄，鸾凤与游，星月可俯。视彼玉台殽糠，弃溺于犬溲豕渤之中，而不能拯。为之洒涕，感悼系之矣。雕桃核而镶以卞璧，不如投之于污泥。伐梗楠而柱之于廊庙，不如遗之于空山。吾以为尽性故，尽性不以物，不以官禄爵，不以勋名世之浊。"婢闻而笑，从艮子学，为道婢。

性　仁

羚纵于山，斯不可以得矣，羊然乎哉？凫纵于沼，斯不可以得矣，鸭然乎哉？夫羊与鸭，本非人畜也，自上古有取而驯养之者。羊不远行，虽有蹄，失其初性，不能趚也。鸭不高骞，虽有翅，失其初性，不能翻也。以其有蹄与翅，故犹知其昔之必能趚翻也。羊本羚也，鸭本凫也，习染焉而失飞走之能，递嬗于子孙，则子孙之子孙，远离于本性而不可复。艮子曰："神仙之于人亦然。吾考于形，人本大仁之相，大仁而不仁，则其丧本也必矣。"目长者，凤之仁也。人之目，非枭之目也。齿齐者，麟之仁也。人之齿，非狼之齿也。手舒者，猿之僳也。人之手，非虎之手也。声清者，鸾之和也。人之声，非豹之声也。无爪牙，以肆戮也。无钩嘴，以分肉也。无獭之能，以捕鱼也。无隼之疾，以逐鸟也。鼻与身，直立而通天，得天智矣。耳与舌，聪巧而传情，合群伦矣。脑之圆，眉之修，面之文，体之正，绝无邪僻狰狞之相，故艮子知其必仁也。孟曰性善，是矣。荀曰性恶，见羊鸭于今，不见羚凫于古也。昔艮子居于三皇之代，见其民嗅血肉之味，则疢如病首，至后世犹然。燧人未钻火之前，固以橡栗梨枣为常馐也。常馐不火而甘旨，非所及于血肉也。其后生人众，水土未平，五谷不树，强食血肉，尚多死之。至今则大仁之形，反为羊蹄鸭翅，可哀也哉。至于杀人聚财，设贵施伪，人之性益远矣。故艮子直反于太初，不食血肉，亦不火食。人谓艮子好奇，以故求道。艮子曰："此自然之事，非奇也。天吾知其能运，水吾知其能流，万物吾知其生死沉浮，循自然者得真求。求于无求，神龙之头。"

老松言

稚木问于老松曰："子何以知水泉之所在而赴之哉？"老松曰："吾固不知，无所用心而已矣。"艮子闻之，喟然叹曰："老松其知道乎？人不知也。夫地心富水泉，天心富仁智。木之有根，苟能不摇，赴水泉而入地心，性也。人之有神，苟能不摇，仁智而入天心，性也。又安有庸心于其间哉？故曰炼精化气，炼气化神，炼神还虚。此以贱易贵，顺天而上导也。役神化气，役气化精，役精下泄。此以贵易贱，逆天而下导也。何以别之？动人心不动人心之交而已，是亦不揣其本耳。"

豕虱

豕身有虱，以鬣为林，以乳为山，以汗为水，以腹为原，种子育孙，为万世计，而不知汤火之在后也。艮子方笑之，豕虱曰："何地为安，而非豕也？"艮子曰："吾以为不如犬身。犬人之所鲜食，其虱多得以尽性，化而为蚊飞。"豕虱笑曰："吾固以豕为地也，惟吾必先地而化，或且不及于汤火。若人者互相屠戮，又不待汤火之至，而自为汤火，子恶可以笑我哉？赋形因觉，托地即死期也，子又安知子所居地之不死乎？夫有变于物即死之征，豕毛有脱落，地上草木亦有脱落。豕汗有浸流，地上河川亦有浸流。且地昔多水而今少，昔多冷而今温，递化之甚，又安知不有汤火之日耶？子亦曷择安土如犬身者？"艮子无以对，太极笑于虚曰："艮子见豕之危，不见于地也。见虱之危，不见于人也。吾见大地之入于汤也，不可以数尘计。惟囿于形者，与之俱伤。不囿于形，有形者，安得而累之哉？吾见豕身，如秽土然。犬身稍净土也，不若麟身之为净。有土则终亦累也，蚊御以气，仙御以空，孰能以太极之空而不空者？为安土乎？安土无土，其惟佛也。艮子毋笑豕虱，豕虱毋笑艮子。乃至毋羡犬身，毋羡净土，毋羡蚊之飞飞，毋羡仙之栩栩。苟其有笑有羡，有所属，有见，有所乐，有惮，杞人之忧，未超于溟涬之外也。天地可恃，以为宅乎？日月可恃，以为明乎？恃天地为宅，则杀于天地矣。恃日月为明，则瞽于日月矣。吾以为外无所恃，万有皆豕身也。已无所恃，万有皆豕虱也。洋洋裕裕得以永，至人于是乎尽。尽于无尽以尽，尽得真不损。"艮子闻之，藐然自小于豕虱焉。

非　经

六经非经，非非经，经常道也。名常道为经，则经之为名，必常名也。常道不可道，常名不可名。既已道而名之，又安得谓之经哉？假经为经，有经非经。非而假之，其中有真。执之固非，不执亦非。以执为执，非非固非。不执为执，不非亦非。艮子荒然，而得其归，岂可以语于人哉？《易》曰："明夷，明入地中，明夷；君子以莅众，用晦而明。"故莅众立教，假于言说，非真明也。非真明，而以为明，无明空性，即觉性也。艮子谓持金者曰："子有金乎？"对曰："有。"艮子曰："非也，如其有者，则应不失。"持金者曰："然则，无。"艮子曰："亦非也，如其无也，金今何在？"艮子谓空拳者曰："子持金乎？"对曰："无。"艮子曰："非也，如其无也，则应无无。"空拳者曰："然则，有。"艮子曰："亦非也，如其有也，今金未得，何以哉？心物两有，谓之真有。得物丧心，不得为有。心物两无，谓之真无。去物留心，不得为无。真有无亡，真无无受。真有无有，真无无无。"是以艮子非经。《大学》曰："有所好乐，则不得其正。"好学乐道，非正心也必矣，安得有《大学》？《中庸》曰："无声无臭，而后已焉。"安得有《中庸》？明此义也，可以无经，可以有经。非经，非非经，艮子之经也，艮子之非经也。

时　中

世有执一圣，以非他圣者矣。艮子曰："不可，吾但察其诚仁与否，不攻其异也。"非者曰："何故？"艮子曰："今有圣人，生于季冬，候偵冱寒，必教人曰：'厚尔重裘，炽尔炉火。'又有圣人，生于季夏，必教人曰：'薄尔绨绤，修尔纨翣。'后人不当其时，不见其状，又安可执冬圣，以非夏圣，执夏圣，以非冬圣哉？此时之变也。今有圣人，生于海岛，必教人曰：'备尔舟楫，密尔网罟。'又有圣人，生于山谷，必教人曰：'厘尔蒭牧，整尔斧斤。'后人不处其地，不察其俗，又安可执海圣以非山圣，执山圣以非海圣哉？见病与药，识古方而不化者，非良医。因曲从绳，守成柯而不通者，非大匠。故圣人时中。时者权也，中者经也。中经常道，无言无名。既有言名，皆可非者。吾固不以此病古圣而自病也。"非者爽然。

无 隐

沈恍问于艮子曰："古书恍惚其辞，隐约其义，如神龙之不可以捉考也，如雾豹之不可以迹而得也。子之所言，谆谆恳恳，侃侃彰彰，岂不自外于圣哲哉？"艮子曰："我之愚也，奈此慈何？今有中人，涂泽轻罗，持扇掩唇，蔽于琼花翠筱之下，立于楼阁牖户之间，半露其身，窥不全面，火树之光映于侧，精玉之镜炫于后。百步以外，瞥睹而骤避之。王嫱骊姬，不能与比色。是以神龙雾豹，自得高誉于千古矣。即有美人，驾王嫱骊姬而上之，蓬首垢面，布服荆钗，近在咫尺，终日饱瞳。一年二年，九载十载，人将视之，与钟离春同伍矣。况胼手胝足，于水深火热之中乎？吾为言极明，将由自毁其名而多吾泄，岂得已哉。"

椿 樗

椿之与樗，同色而异味，察于外貌，往往不能别。艮子树林，椿其半，樗其半，人以艮子为愁恂。他日，有窃椿者来，得樗以去，人以艮子为善备。艮子曰："皆非也，吾将以示学者之方耳。夫伪学真学，袭皮肖相者，罔或析之，此自不深尝之故也。得椿得樗，同为厨饰而不食，椿、樗何择焉？如其食之，甘苦自辨，椿樗何害焉？以耳目之官而窃椿，宜其得樗也。以耳目之官而窃道，宜其得伪也。窃心存于中，而名实混于外，又不味味而深尝之，岂古人之欺人哉？人自欺耳。"椿以得樗而益珍，学以得伪而益显，故艮子不非非。人岂独无心性，如口舌者，何不以尝椿者，尝道也？故艮子观于人之论学，而知其体验之有无，且知其深浅。有人曰椿樗同质，吾知其未食椿樗矣。

不倒翁

艮子观于不倒翁，而知身心之宇泰，天下之治乱，宇宙之宁否，如此而已矣。不倒翁者，童子之玩具，而蒭灵、偶俑、傀儡之属也。上锐而下硕，上轻而下重，随置之，必立而弗倒。倒置之，离手而即立，浮之不覆，推之不蹶。於戏！谋万世之业者，孰有过于不倒翁哉！彼盖能取象于《易》也，《易》以"艮"为止，以"震"为动。轻清者在上，重浊者在下，"艮"之所以止也。重浊者在上，轻清者在下，"震"之所以动也。项橐方弄不倒翁，艮子过而问焉。曰："子何弄？"橐曰："天下如反掌，宇宙在乎手。"艮子曰："何谓也？"橐乃置具而谓曰："黜陟幽明，庶绩咸熙，如斯而已矣。"既又倒之："君子在野，小人在宇，如斯而已矣。"艮子曰："善。"遇达摩，示艮子以守身定神之术，亦此理焉。故不倒者，定止之真也；翁者，寿之符也。缘督以为经，可以永年，可以治平，其斯之谓欤？

教　妾

艮子之妾，问艮子曰："夫子终日不动，固已知有得于道者也。虽然，我心非散乱，即怔忡，何以能定？"艮子曰："无他，直心而已矣。"妾曰："何以能直？"艮子立杖而语之曰："扶之即直，懈而引于地，则邪。"妾曰："不亦劳乎？"艮子曰："不劳而直，又有术矣。"乃钉于楣，而悬锤焉，曰："直乎？"妾曰："直。"艮子曰："得天而固定之，任地随顺，即直矣。钉者，得天而固定之也。锤者，任地随顺也。"妾曰："何以得天而任地？"艮子曰："天得一以清，地得一以宁。"妾曰："何以得一？"艮子曰："子视两点之间，有二直线乎？"妾曰："无。"艮子曰："脑者，钉也。心者，锤也。当其直中，岂有二哉？"妾曰："直中，何以无二？"艮子曰："子有二目，有二鼻乎？"妾曰："无二鼻。"艮子曰："子有二肢，有二头乎？"妾曰："无二头。"艮子曰："此中必一，而偏必二。致中和，天地位焉，万物育焉，一矣。"妾欣然曰："吾得一矣。"艮子曰："必未也。"妾曰："夫子何以决吾之必未得一？吾已得中矣。"艮子曰："一中有乎？"妾曰："有。"艮子曰："有一中，非一中也。"乃取尺绳，而示之于中，曰："一绳欤？二绳欤？"妾曰："一。"又中断之曰："一绳欤？二绳欤？"妾曰："二。"弃其一，留其一，曰："一绳欤？二绳欤？"妾曰："一。"又中断之，曰："一绳欤？二绳欤？"妾曰："二。"艮子曰："有一之一，实非真一，假名为一。"妾爽然曰："然则，何以得一？"艮子曰："一不可分，绳不能断，至此则真一也。"妾曰："必也，其空无有乎？"艮子曰："然，有一非一，惟空无为一。"妾曰："无量无边,非大有乎?" 艮子曰："既已有矣,又安得无量无边哉?" 妾曰："然则,何以有无极?" 艮子曰："何处无极,即是无极。" 妾思之,不可得,曰："然则,又安有太极?" 艮子曰："何处太极,即是太极。" 妾曰："亦不可得也。" 艮子曰："内尽空无,则如之何?" 妾曰："是矣,无能再损益。" 艮子曰："此太极也,即无极也,吾惟以无所得故得。" 妾乃恍然,得德以全。全于无全,众妙之玄。

问造化

艮子一日,悚然而骇曰："幸哉!造化之不误也。如微悟[误],殆矣,殆矣。"汗下涔涔,如失魂魄。造化见状,问艮子曰："子素无恐怖,今若此,岂有异乎?" 艮子曰："异哉,异哉。侥幸,侥幸。子固瞢瞢,乃屡中若此乎?" 造化曰："何谓也?" 艮子曰："嘻!使子生人,形如瓜瓞,缀于蔓上,不得自转旋,又无手以驱飞虫,而血甘如此,蚊蚋之所丛集,蝮蝎之所啮螫,苦于炮烙矣。或子生人,形如乔木,固于土中,不得自奔走,又无足以避猛兽,而肉鲜如此,虎狼之所搏噬,鹰鹯之所啄食,毒于车裂矣。子乃不然,异哉,异哉。且子生人,其脑如豕,虽能直立,不营一事,或身如蚓,虽有聪明,不遂一谋,手如牛蹄,则百工文学皆废矣。而牛蹄如人手,行又殊迍邅焉。足如鱼鬐,则世务艺能皆息矣。而鱼鬐如人手,泳又殊濡滞焉。尤妙者,生鸟则为之健翮,生蛛则为之网尻,生蚌则为之护甲,生兕则为之斗角,生鸢则为之钩爪。万物皆然,各得因其形,以遂其生,行其智慧。倘使生羊于海,岂不溺死?生鲸于林,岂不旱死?子虽瞢瞢,固一无所误也,毋乃侥幸。" 造化笑曰："《楞严》有言,因心成体。孔子亦云,乾之大始,坤作成物。乾心之觉也,坤体之凝也,先有心觉,凝体顺之,吾岂得误?又岂能误?草木之觉,不及虫鱼,吾因而畀之以草木之形。虫鱼之觉,不及鸟兽,吾因而畀之以虫鱼之形。鸟兽之觉,不及人,吾因而畀之以鸟兽之形。人之觉,不及神佛,吾因而畀之以人之形。吾必无误。" 艮子曰："神佛之形奈何?" 造化曰："惟心所成,入水不溺,入火不爇。御虚宇,腾八极,包天地如芥子,入秋毫如广漠。目耀亦日,眉藏五岳。或千眼而万手,或九首而八臂。" 艮子曰："咄!是岂可能者?" 造化曰："是不能耶?子之见,如以蛇之无脚,怪百脚之虫;如以虻之无翅,怪四翅之蝶。吾之与形,智能用之,莫或悭而弗与。智不能用,莫或加而为赘。故蚕智能织,吾因而与之以丝腹。龙智能变，吾因而与之以幻躯。子如明空通灵，神佛之全，法身之备，吾不吝也。"艮子曰："然则，何以不见？"造化曰："子赋死骸，安见生乐？且子之不见多矣。子谓夜无光，不知犬枭之有目也。子谓玉无臭，不知黠犬之有鼻也。子且不如物，安望其见神佛也！"艮子曰："神佛之觉，何以全之？"造化曰："空慈而已矣。"艮子曰："吾将专志于贪，则如之何？"造化曰："畀子以蟒形。"艮子曰："吾将专志于贵，则如之何？"造化曰："畀子以蚁王。"艮子曰："吾将专志于色，则如之何？"造化曰："畀子以狐形。"艮子曰："吾将专志于瞋，则如之何？"造化曰："畀子以豹形。不孝，畀子以鸱形。私妻，畀子以蛤蚧。私家，畀子以鼠形。好美，畀子以雉形。但丧正觉，吾皆有以畀子矣。"艮子曰："不已酷乎？"造化曰："人形得天，子既失天，人形无用，蛇毛兔角，反增其累，吾何以畀子哉？"艮子憬然而悟，终身不接物，恐物至而人化物也。

达　生

人死非死，而生人实死。人生非生，而死人乃生。人皆以生为生，而艮子以生为非生。人皆以死为死，而艮子以死为非死。囚而出狱，以狱中为生，则狱中之囚，视出狱之囚为死也。蛤而出海，以海中为生，则海中之蛤，视出海之蛤为死也。禽之于卵中，蛹之于茧中，是微生也。微生者，不能戴形而走也。觉之于形中，囚之于桁杨，是半生也。半生者，勉能戴形而走也。木之不能戴形而走者，其生机微也。使以人之身，而负万钧之瘤，则亦不能戴之而走矣。形木死物，愈坚愈死。金坚于植，不能萌动，此远取诸物也。骨坚于髓，不能思维，此近取诸身也。近取诸身，远取诸物，而知死生之理矣。故人夜死而昼生，虫冬死而春生。戴形囚觉，固在半生半死之中者也。故艮子不以生为生。贪负死形之贱，而游于死地之上者，穷囚之贪狱，荷桁杨而不舍者也。又因护狱与桁杨而为恶，则惑之甚也。艮子山行，为虎所窘，避之不及，遂听其噬，且笑且嘻。虎曰："子恶乎无惧？"艮子曰："破吾形锢，使吾觉舒，幸莫如之，又何以惧？"虎曰："然则，子何不早自投于虎口？"艮子曰："天命吾以百年囚，机谋越狱，不加罪乎？"虎悚然曰："吾食子，以养形害仁，仁者生之本，吾亦不为也。"艮子曰："子则不为，吾亦不重子之罪，以求解吾锢。"欢言而别。达生不死，理则如是。

无 我

我者，结一之相也。结一身而不解，则有我身之相焉。结一家而不解，则有我家之相焉。结一国而不解，则有我国之相焉。夫结一则不达，结一冰之不能入海，犹结一我之不能合道也。结则不流，凝于死地矣，故艮子不结一我。我僧问于艮子曰："吾教诸教，毋执己教。众人毋执己身，富户毋执己财，贵显毋执己位，闻人毋执己名，辩士毋执己见，世族毋执己家，国民毋执己国。人皆不服，则何故也？"艮子曰："此犹之执兵，以入人室，人亦以兵拒之也。子执一我，以劝化人之去我，子心盖曰：'毋执己教，须信我教。毋执己身，须从我身。毋执己财，须与我财。毋执己位，须让我位。毋执己名，须成我名。毋执己见，须合我见。毋执己家，须饶我家。毋执己国，须同我国。'人谁其服？子毋执兵，人亦释兵。子毋执我，人皆忘我。谓之解结一。解结一，达于天地之外，八虚之极，而无阻矣。"

贵虚觉

贵实子谓艮子曰："吾以为实贵于虚也。"艮子曰："子何以知之？"贵实子曰："金实于铜，金贵于铜。铜实于土，铜贵于土。土实于水，土贵于水。水实于气，水贵于气。吾以知实之贵也。"艮子曰："此倒置之民也。吾以为铜贵于金，故用器多资之。土贵于铜，故万物滋生焉。水贵于土，故三日不得水则有死。气贵于水，故数息不得气则有死。进之，电贵于气，须臾不能离。元神贵于电，弹指失之，则形觉皆毙矣。"贵实子曰："然则，人皆贵宝，则又何故？"艮子曰："世人之作伪，以少为贵，垄[垄]断盗窃之便也。元神弥满于八极之中，人不能见，则又何说？电无所捕于未现之先，愚人因昧之。气、水与土，养形觉之大贵者也，人亦以其多而贱之。则是辞大海而不居，必游于杯水堂坳也。吾闻养觉者，极贵。形觉交养者，次之。养形者，又次之。形觉俱伤者为下。元神，养觉者也。电气，形觉交养者也。水土，养形者也。金属，形觉俱伤者也。多者至贵，吾将乘元神而超乎万象之外，入于秋毫之中，不为失性之民也。子不揣本，是以反道。且子自思，觉贵欤？抑形贵欤？"贵实子曰："形贵。"艮子曰："然则，牛之形大于人，牛贵于人矣。爪之形坚于髓，爪贵于髓矣。子何不君牛而奴人，伐髓以渥爪哉？吾内抱灵明之空，外御元神之广，顺夫天之常也。子且安所贵贱哉？故曰：'贵虚贱实，贵觉贱形。知之修之，以成至人。'"贵实子恍然有悟，犹解逆悬。

蚁眉天国

艮子居于蚁眉之末，为宫室，广百里，有兆民，称大天国。伴尼又居艮子之眉末，为宫室，广百里，有兆民，称大天国。日月星辰，山岳众生，多于人世。俗士怪之，艮子曰："此何怪？宇宙之中，有数必有物，有理必有事。吾之于数理也，分母可设若干，则分子亦可设若干。增分子为无量数，则六合小于蚁眉。增分母为无量数，则蚁眉大于六合。故莫大于蚁眉之末，而六合为小。莫小于六合之中，而蚁眉为大。吾以为藏神故，失万有之大小也。"精于算术者，算之良验。故艮子可于蚁眉之末，拥大天国，不为异也。

顿　悟

顿悟子，好顿悟，便故名顿悟，而初未顿悟者也。问于艮子曰："何如斯可以顿悟矣？"艮子曰："子以为何如？"顿悟子曰："一念契道，四体化神。六通三昧，精灵莹明。可以妙幻，可以变形。乘云御龙，弄术兴奇。直超三界，诸佛现身。"艮子曰："以吾所闻，此乃妄意，非顿悟也。"顿悟子曰："何谓也？"艮子曰："一悟即悟，既悟无求。安居四大，何必化神？闷闷怡裕，何必六通？无心顺则，亦无三昧。不须常照，焉知精灵？无用妙幻，无用变形。周道即云，蹇驽即龙。载道无术，迸邪无奇。秽土是三界之外，诸佛是市井之人。仍以两足十趾，一步三尺。倦来则眠，饥来则食。不有佛，于佛未生之前。亦不有佛，于佛已生之后。人见之一事无异，自察之一能无异。然而，从心信口，举手起足，无往非仁，无动非洁。静待百年，终于形息。"顿悟子曰："然则，顿悟为无益矣。"艮子曰："无益无得，实佛本性。如有所得，是商贾之见，非佛心也。子既顿悟，当烛四虚，不称于外，不契于心，又安有异哉？不异之异，至人之所以为至也。"于是，顿悟子悦。于是，顿悟子顿悟。

为无为

无为与有为，顺天赞天，几微之间，非诚纯四达，孰能辨之。艮子之邻，有愚农焉，煮麦而播之，麦不生。雕桃而种之，桃不萌。问于艮子，艮子曰："一经人为，即失天性，人不可以为也。"明年，愚农荒田而不耕，坐待秋成，阡亩芜秽。复问于艮子，艮子曰："人如不为，天亦不生，人不可以不为也。"愚农恚曰："子既教我以无为，则又教我以有为，矛前盾后，我乃罔所适从矣。"艮子笑曰："若其无为，顽石即圣。若其有为，抽苗可长。吾恶乎衷之，吾无以教子矣。子自试之，可以为则为，可以无为则无为，斯可矣。"修士闻之，问曰："何谓可不可者？"艮子曰："病则药之，不病斯不药矣。丧仁则求之，不丧斯不求矣。仁者生之种，药者耘之事也，吾不能一一执而教子，守中自度而已矣。"愚农修士，皆怅怅，莫测所执。艮子亦不能执所执以示之执也。谓之恍惚。

不出位

艮子不学净土，而亦不知净土也。或问曰："子奚不学净土为也？"艮子曰："吾闻雉卵，不知山林之美，不害于性，吾是以不学净土也。"艮子不学禅寂，而亦不知禅寂也。或问曰："子奚不学禅寂为也？"艮子曰："吾闻雌雏，不学伏卵之术，不害于性，吾是以不学禅寂也。且吾有小园焉，三月不窥，则花卉芳菀，疑有神造。日夕而践之望之，往往反贼其天和。故修士居秽土，则不言净土，在动中，则不言禅寂，不为出位之思也。夫出位之思，如春农勤于获，冬农勤于耘，用力虽劳，无所成矣。此所谓以妄易妄，以幻灭幻，吾无妄与幻，又何求焉？"

缚觉术

有为缚觉之术者，能以其觉，缚人之觉。欲之东则东，欲之西则西。谓艮子曰："我能缚觉。"艮子曰："子何以缚之？"术者曰："我之缚觉，如缚形然。夫缚形者，先强己力，伺人不备，扼其吭而拽之，则人之形，可以随我而东西矣。缚觉亦然，先专我觉而强之，以为捕。方人觉之不我注也，因扼其灵府而拽之，则人之觉可以随我而东西矣。"艮子曰："然则，曷试缚吾觉？"术者用术，百缚不可得。术者曰："嘻！我万缚，未尝爽一也，或有强觉者，与我抗，我缚之，犹乌获之缚小儿耳。今我缚子觉，内觅之疑在外，如缚人然，入室不可见也。外觅之疑在内，如追逋然，遍野不可见也。子觉安在？我乃从而缚之。"艮子曰："力士能缚有形之形，不能缚无形之形也。子能缚有觉之觉，不能缚无觉之觉也。以子而缚吾觉，如持绳系影，奋臂捉声。影与声犹可留也，空觉不可缚也。吾且不知吾觉之何寓，子安能缚之？瞻之在前，忽焉在后，上不在天，下不在田，子之为术也亦劳矣。吾以虚故，虚极不受缚，虽天神地祇，莫能得矣。"术人爽然失其术。

涉　世

有无故而犯艮子者，艮子必致敬，尽诚以谢之。左右曰："过矣，不较亦已甚，又从而多为之礼，是劝悖也，不可以为中。"艮子曰："子恶知之？子恶知之？吾闻古者涉世，如涉康庄，故夷其履而不害。今者涉世，如涉春冰，故步不得不险也。且凡以无故而犯人者，必其心素不平者也。彼既不平，则克人如刮骨，恕己如纵火。彼以十来，我以一报，逢怒而反，凶必百之。彼以百来，我以二报，逢怒而反，凶必千之。激而互进，祸不可以测矣。非以报人而快吾心，徒增凶耳。夫受禄而求增，情也。受刑而求增，岂人之情哉？吾以过敬减吾祸，非有爱于横逆也。《诗》曰：'温温恭人，惴惴小心。战战兢兢，如履薄冰。'涉世之难也。"

日　中

日中，纯火也，其火烈于世火。然远之以煊万物，则万物生。近之以焚万物，则万物化为烟与灰。日岂生物者耶？抑亦杀物者耳？其或以生为半解囚，以杀为决疽瘤，此日之所以热也。日热不可以居而可以居。蝇惮于寒，雪蚋然夫哉？人惮于热，火鼠然乎哉？日中生之，祖明之本也，可无物乎？艮子恐日之熄也，谓日远，地上冻且不可耐。如日熄，众生无醮类矣。往日观焉，暑极不可向迩，云母被之以火浣之衣，而后得入。其中宫室赫耀，迥非人世。无燃物，无不燃物。惟其无燃物，故无不燃物。惟其无不燃物，故无燃物。神居其中，清凉如和春。其视火也，亦如世人之视气，鱼鳖之视水也。无有生物，亦无死物。神王者往托，托于中观，宇宙皆无，如从火中观暗，是以无也。其为神也，皆虚体，故触而不相碍，离而不相远。艮子叩神而问之曰："是何幻之异也？"神曰："此无异，若子以此为异，吾又将以地为异。宇宙之中，囚于形者，无目无耳，无获无成。其视瞢瞢，其行蹬蹬。火解万物之形者也，远之渐解也，迫之急解也。渐解者，如启管钥，而卸桎梏。急解者，如刖手足，而脱缧绁。二解皆善知负形之为凶诞，则日中可以居矣。哀莫哀于形锢觉，而觉则又为之役，是益之惑也。虽有圣人，或且半溺，极明太高，不可以语于众。呼其稚愚者至，皆仁智过于尧、舜、禹、汤、文、武、周公、孔子远矣。污池巨鲤，信不足以较于江海之鲸哉！"

太　和

国不可以治而安之，亦不可以教而安之。治而安之，民心未善，是保奸也。教而安之，民有盗心，是作伪也。贪地福而陷于欲，虽家给户足，水火菽粟，兽畜也。窃天心而强为善，虽大仁广施，求智载道，皮美也。至人以真心为成，有为为之，斯不真矣。为成佛而为，独非伪心欤？艮子游于太和之国，见其犬豕，皆大仁智，愠见于太钧，曰："子何不平之甚也？乃独丰彼土而啬吾土？吾土之所谓圣，且不如彼土犬豕耳。"太钧笑曰："行潦，将与八瀛比哉！黄河，亦不能与一泓之水较清浊也。虽然，吾且固杂鸟兽虫鱼以蒙人形，混于至人，而试至人之所以至也。刍狗万姓，乃偶成一焉。故吾以瞢瞢教，杂于狼虎之群，以观其慈。杂于狐鸰之群，以观其贞。杂于饕餮之群，以观其廉。杂于豚鱼之群，以观其智。所以窥其真心也。子土虽秽，诸佛恒乐生之，盖积众秽以试一清也。得一清，而薙众秽，吾何惜焉？所谓碎万山之石，而得拳璧也。若夫治而安之，教而明之，左挟而右辅，黾勉焉以勤于太和，则是无锻金之炉，而弃试玉之石也，将何以鉴真？吾闻至人安于秽而有守，处于陇而不可以苟，使其羡太和之国，而厌秽土，则子之真心未净也。"艮子于是即境太和。

复　古

艮子问于三皇曰："吾闻古人寿将万岁，今且不及百，何故？"三皇曰："善哉，问也。居，吾语汝。夫木根得地，人根得天，上下各亲，其寿亦等。古者元气浑沌，未有凿识。自人知利利，而寿之损减，十去一二矣。未有肉食，食草木之果，自茹毛饮血，而寿之损减，十去二三矣。未有火食，食鲜生之味，自燧人钻木，而寿之损减，十去三四矣。未有宫室，居巢窟之中，自茅茨土阶，而寿之损减，十去四五矣。未有礼制，杂麋鹿之群，自上政下听，而寿之损减，十去五六矣。未有文字，则结绳记事，自仓颉弄祟，而寿之损减，十去六七矣。未有经史，惟本性明德，自书诗大作，而寿之损减，十去七八矣。未有币帛，以力土自养，自泉府通惠，而寿之损减，十去八九矣。降而下之，嗜欲日深，本性日汨，正道愈昧，人事愈多。色声香味之乐，进无已时。元亨利贞之德，消为乌有。剥精耗气，可不哀哉！《书》曰：'非天夭民，民终绝命。'此之谓也。惟至人含朴以颐之，不凿朴以伤之，可以复古，可以拯今。今之所谓文明，古之所谓自杀也。进于地而退于天，多于物而少于道，安用之？"艮子闻之，蠢然自反于豚鱼焉。

熊 虎

艮子山行，见巨熊斗与虎，虎败去而休诸岑。熊余怒未尽，残勇亦可贾也。搏木石以矜力，除荆棘以待战。虎乘其弊，复袭之，弗克。又逸，熊劳如初。虎十去十返，则熊已不能起矣，于是被噬。艮子笑曰："熊兽之愚者也，然而人亦如之。文士思人耗智，于未用之先，疲精于不切之艺。每致颓神丧志，弛靡英气，蓬头豁齿，偻背呕心。一旦临大事，决殊策，曾不如贩夫俚侩。提携入道，比山谷愚公，徒多丰蔀。出世入世，两无所获。其不为熊所笑也，几矣。《易》曰：'无思无为，感而遂通。'苟能得之，巧于黠虎矣。"

四 生

转轮王谓艮子曰："人有四生，子能通夙命，知所来乎？"艮子曰："此生往事，吾且不欲记忆，为其已幻，徒以扰吾神耳。虽然，何谓四生？"王曰："人有自佛道来者，有自天神来者也，有自古人来者，有自三途来者也。小别之，则其等差，不可备举。大别之，惟此四者而已矣。"艮子曰："来将为何？"王曰："自佛道来，具济度大愿也。自天神来，得福慧之全也。自古人来,因前身未悟也。自三途来,其罪障初减也。"艮子曰:"然则,吾必自三途来者也。"王曰:"奚自薄乃尔,虽然,何以知之?"艮子曰:"吾闻卑秽易居,极辱思奋,故家有万石,而视为千石,不致空乏。力有百钧,而仅任十钧,不陷颠踬。吾以为自三途来。虽非自三途来,无害也。吾不以为自三途来,虽非自三途来,无益也。宁有觊心,而忘真常夫哉?"王曰:"夫独无任心乎?"艮子曰:"任心,非泰心也。小心,非蒽心也。故吾任而不泰,小而不蒽。自三途来,安得有损于大仁?大舜举于农子,吕望举于老渔,不以所出之微贱,废仔肩天下之责。即三途来,固已来矣。视吾智力,而尽殚之,强负而行,求仁莫近,何有于逝事?一篑初覆,进吾往也。泰山之崩,蛊吾圯也。纨袴犹存百亩,不能自保其宗佑。未若窭氓,才获担石,即蒸蒸为肯构计矣。"王笑曰:"善。"不复论夙命。

二　囚

有二囚者,比户而居,同罪在谳,等法而坐,期期而辟。东囚在狱,扬扬如也,其室人闻之,皆嘻嘻无哀色。西囚在狱,栗栗如也,其室人闻之,皆惨惨无生气。见东囚之乐也,怪而诘之曰:"若子者,诚无人心者也。夫大辟极刑也,家人至亲也,子既不哀大辟,而子之家人亦不哀子之及于大辟,岂复有人心哉!"东囚笑曰:"进祸纳福,非人心欤?"西囚曰:"此祸宁可进,而福奚以纳者?"东囚曰:"以心暎也,吾心进祸而纳福,不有于形,吾家人亦然也。吾之临大辟也,颈迎铦锋,不瞬而解。今使先期而哀之,是以一息之痛为不足甘,自引而伸之也。一人受戮不及家,今使连孥而哀之,又以一人之痛为不足甘,自类而长之也。大辟为福,则又何哀?如其为祸,增之何故?吾惟减久哀为暂哀,化多哀为少哀,有哀转为无哀矣。益福损祸,心有权衡,不求于外。"艮子喟然叹曰:"东囚其几于道矣。"往问之曰:"子犹以觉养形乎?亦以形养觉否?"东囚曰:"吾无以养也。"艮子曰:"以觉用手,手乃取食。以觉用齿,齿乃碎䉽。苟不用觉,何以养形?苟不用形,何以养觉?"东囚曰:"食既入腹,吾不以觉,用胃,而食自化。䉽既入肠,吾不以觉,用脾,而䉽自涣。功成于无为也。鼻之于肺则然,其不可须臾离者,气入而不自知也。"艮子曰:"善。"于是得无为法,以全极乐。

劝 蛛

蛛设网于好花之上，艮子过而恶之，谓蛛曰："子奚设网于此也。"蛛曰："我设网于暗陬曲邃之中，蛱蝶之所不来，群蜂之所不过。十日而九虚，四张而三寂。今我设网于好花之上，蛱蝶之所欲投，群蜂之所愿集。十日而十饫，四张而四盈。我是以不欲迁也。"艮子曰："不然，美者众趋之鹄。利者，伏祸之薮。故嬴政专天下而灭其族，石崇享富溢而尸于市。今尔溺福，未顾害也。"蛛不听，于是园丁来护花，捕蛛，践裂其腹。艮子叹曰："吾以大喻小，蛛则不悟。以小喻大，人亦不悟也。夫高名尊位，大权重势，天之所护，以立民命者也。而俗人窃之以为利，一朝天命除秽障，殃必及之，宜夫上士之多隐也。"

反观乱

有乱人者，每以反观而求善，而不知反观之非善也。乱人卧于冰，感寒之苦也，于是极言怂众，论冰之害，谓必火炽而后可安。及曝于夏日之中，已不能堪矣，况加以炮烙之刑乎。乱人过于饱，感食之苦也，于是极言怂众，论饱之害，谓大饥而后可安。及三日不与之食，已不能堪矣，况绝其终岁之粮乎。故处于骄君之下，则思为横民。困于束缚之秋，则思为无法。皆反观邪思而非性命之正也。艮子以磁石作指南之针，以示乱民。针指于东，大震不宁，乱民曰："必西之。"针指于西，大震不宁，乱民曰："必东之。"夫磁针易转也，生民之命，能几经颠沛哉！艮子曰："孔子曰：'致中和，天地位焉，万物育焉。'不至于此，未有底治。中和者，人我之间也，忠恕而已矣。絜矩之道，不偏左，亦不偏右，不在上，亦不在下。非至空达，何以致之？反观之为说，梦想耳。今且方盛昌之，则如之何？"

鹅 鸭

鹅鸭者，鸿凫之久驯者也。然鸿凫皆伏卵，而鹅鸭不伏卵。艮子入于幽谷，见居民皆以鹅鸭伏卵，与大陆异。问之，皆曰："鹅鸭固伏卵者也。"归而思之，鹅鸭不伏卵，安得有鹅鸭？溯古以来，则知鹅鸭之必伏卵也。然古之鹅鸭伏卵，而今之鹅鸭不伏卵，是失其常性也。自人以鸡代之，鹅鸭乃不伏卵。父传于子，子传于孙，习遗天远，其性乃失。今若反之，不以鸡代，鹅鸭又必伏卵矣。试之，果然。大人之成佛，亦如是焉。古人成佛，而今人不成佛，习滑之也。必启佛而教之，如鹅鸭之求代于鸡也。自反于太古，斯可以。

暌定国

艮子以神经理路，而入于暌定之国焉。暌定国者，初暌而后定者也。其暌也，以群迷暝。其定也，以明大成。初暌定国，始有天地。延十万岁，始有人焉。盖水土、草木、虫鱼、鸟兽，次演而渐进，成人不易也。俶生人无家，男女如牝牡聚，咸乏物慧，克全天仁。每方千里，不过二人，食草木之实，吸气与水，无争，皆寿千岁，化而天游。其后，同族相匹偶，生人益多，食不足，佃渔猎鲜以资之。初食多死者，既伤性，欲亦遂兴。拓土田，疏洪水，以人力，赞天地。水渐少，陆渐多。草木渐少，谷渐多。禽兽渐少，人渐多。强变自然。人之寿乐仁智，亦因以减焉。乃情僻，弗克和，于是有强者、贤者出而服众，为小部落，或方十里，或方百里。部落之数，不可以数计也。强者为长，则其部落尚暴。贤者为长，则其部落尚慈。暴慈相杂，慈多见灭，为暴奴妾。又倡火食，作文字，绣章饰美，利器便用，民智日用于地，物与天绝矣。如此者，凡数万岁。善气久塞，犹能炼精偶合，间生仁智，益以雄勇，收合部落。亦有任武者，乃合为国，或数千万里，或十余万里。道国盛，暴国旋踵即衰。而道国之君，又不世仁圣，欲一纵，遂有贵贱之等。贵者备丰物取乐，奇巧是快，伪物混真，自国王分于庶官有差。贱者供役事，输土材，以听命。时哲作书，以谏于王曰："失物欲者，贼性之巨寇。不平者，祸世之毒薮。贼性则不通于天，祸世则不安于土。上伤其神，下伤其形。贵害于过，贱害于歉。不可以为法。"于时世贵，方溺于欲，不省，而覆怒之。民不堪命，官不忠纯，国王之祚，未有及十世者。此扑彼兴，易暴以暴，上淫下乱，逐逐者又万岁矣。有一王者，生而仁明，得以威德合全土而牧之，禅位于圣弼，极千载，鸟兽鱼鳖咸若之祥。其后圣弼不代有，承平既久，物丰性蔽，王纵耳目之欲，而下思夺之。群藩竞长，裂地负隅，杀伐横恣，益复大肆，经万岁，乃统一中。庶论惩往事之失，议以君主家天下，则不四五传，而暴君污吏作矣。益乱益杀，益久益毒，众民苦之，乃议以政由民主。三岁一易其元首，大政悉决于议院。初稍安，后则邪生于议院，擅权私贷，百稔而败。民又惩之，倡无政之说。德罔协，几酿禽兽相食之祸。觉士奋救，爰趋于平。千岁，而圣哲大兴，知修玄静，以灭世欲。全土之民，结绳而治。皆仙去，后不克继。愚凶辈出，人伦圮毁。中间平陂，又万岁焉。终有魁圣，明烛八极，而不遗秋毫。仁包无外，而不拘陈法。智勇兼极，时势相会。得物不私，谈道不晦。始合全土，区而厘之。

艮子观其制，记其略如左：一曰均区，二曰惟教，三曰均物，四曰节生，五曰齿班，六曰分功，七曰绝伪，八曰均权，九曰均亲，十曰宰物。均区之法，方十里为小区，方百里为中区，方千里为上区，方万里为并区，全地为元区。死徙无出，以道路川流，整而划之，故民不迁地。惟教之法，专舒天德，遏灭人心。元区元长，为教太师。各区之长，次以铎循。为小经万言，中经千言，上经百言。知无不行，俗无不醇。师不自尊，化不启情。日诵一时，朝夕由之。迸绝地欲，永充太和。养形仅足，养觉虚清。风习濡染，民尽仁圣。村有塾，区有庠，中区以上皆有序。学不竞优，愚智一平。以诚为本，以素为归。俚歌野舞，载世熙慈。故不以政防，而天下太平。均物之法，凡地生之材，无大小多寡必以均。分服食居用必需之物，珠玉宝藏，启淫眩奇者，必沉于海。岁一大颁，各区所有皆同也。民无交易，国无市廛。使生之者恒众，食之者恒寡。料计以周，常余十岁之储以备凶。故民无馁心，亦无菜色。节生之法，区民有数，小区之盈，不及千人，常调之数，七八九百。满九则节，至七则增。故民不亢溢。齿班之法，民以齿序，自生之日，皆书于版。官爵之设，悉视其年。无有特拔，亦无选举。享用丰啬，以长幼为差，为民不施夺。分工之法，国仅十二工，曰教治之工，曰纠禁之工，曰农食之工，曰衣服之工，曰宫室之工，曰器用之工，曰疏水之工，曰道路之工，曰司物之工，曰通言之工，曰测天之工，曰预虞之工。不为玩好，不修攻战。各工之官，轻重平等。民生十岁，因其性而专授之。教治之工，无人不习，故民不畔［叛］援。绝伪之法，绝觊觎之心，【绝】尘物之欲。无圣无愚，无贵无贱，无思无为，无好无射，故民不入邪。均权之法，民各奉法以保。元区之长，越法即罪。编户之氓，遵法即安。制之所无，不相召令，故民皆平衡。均亲之法，子不有父之遗，父不享子之奉。一区为家，各无私家。有幼公育，有老公养。一国之内，皆兄弟父子，故民不私爱。宰物之法，凡养虫鱼鸟兽，必以其道，不使之盈，不加以苦，故视众生如手足。是十法既行，人乃顺成，物亦咸若。回视前日，骄君蠢吏，虽或偶夸百年，稽厥实有如毒兽。自此以后，莫或敢忒，人无不佛，尽性化去，百万年宴［俨］然如一日也。艮子曰："一治一乱，岂天地之道哉？宰之者人也，一人有欲，天下未有不乱者也。色声香味欲也，令名高行亦欲也，欲即不平，不平则有争。反之于太和纯朴，则积久忘乱。忘乱而乱又生焉。百年假寓，地如逆旅，何必因一人之欲，以贻误末世众生哉！居于法中而无法，法空永存，道空永保，于万斯年，无疆之顺，此之谓太平。瞑定之国，可以法矣。今吾土久瞑而不定，人在欲中，曷其有极？"艮子所以伤之。

哲佛辩

梁子问于艮子曰："佛学与哲学，可以相较乎？"艮子曰："可，草与人可相较也，羝与羊可相较也。较而观其同，则较之。较而观其异，亦较之。纯同何须较？纯不同何必较？故较者车交也，车交同轴而异辐，有同有异，故相较也。今惟言较则泛矣。宇宙之物，无不同者，无同者。惟学亦然。摘同比同，物与人同类也。摘异比异，人与人异物也。子何以言之？"梁子曰："然则，同异如何？"艮子曰："哲学者，求智也。求智，求昭昭也。佛学者，自觉觉他，以其昭昭，使人昭也。哲学，即佛学也。"梁子曰："考其言多异，则何也？"艮子曰："有言故异也，上德契于虚，固无不同，发于言则异矣，著于文则又异矣。一人之言，一手之文，忘而复作，必且有异，而况于二人之言、文乎？既已考于言矣，是以某之哲学，与佛教较异同也。以某之哲学，与佛学较异同，则白马非马，黑马亦非马矣。夫佛学者，佛之哲学也。某之哲学，固某之哲学也，安得同？"梁子曰："然则，异欤？"艮子曰："非也，今有人焉，详记其父之貌，惟肖，出而求于世，天下无人矣。夫惟惟肖，故天下无人。若谓异，则是必求惟肖也，故曰非也。"梁子曰："然则，同欤？"艮子曰："亦非也，今有人焉，问艮子何如状，如答曰艮子二目二耳，二手二足，一鼻一口，则不能求艮子。若谓同，则指同失真也，故曰非也。是以谓异亦非，谓同亦非，谓或异或同亦非，谓不异不同亦非，非异亦非，非同亦非，非非亦非，不非亦非。有言有文，无往非非。时中权实，因地法行，不共之门，岂可并论？天下之物，纯阴纯阳，无不同者。阴阳相杂，无一同者。以印合符，纯阴同也。太虚无相，纯阳同也。阴阳相杂，瞑同而异。故松有二，无纯同。牛有二，无纯异。是非蜂起，何不由于此哉？"梁子曰："然则，何以言之？"艮子曰："分同为异，智者能之。异则有争，仁者不为也。合异为同，仁者能之。同则有混，智者不为也。仁智互用，神而明之。存夫其人，吾不能言矣。至于钩其一义，提其一法，以较异同，众瞽扪山，非吾之所知也。"

水　夫

有水夫过于前，艮子方与二人坐，问左者曰："此何人也？"左者曰："汲水者也。"问右者曰："此何人也？"右者曰："倾水者也。"相斥为妄，乃从而观之。水夫及井，果汲者也，于是左者非右者。又从之，水夫及池果倾者也，于是右者非左者。艮子悟曰："既汲能不倾乎？既倾能不汲乎？无汲无倾，则人不可以指，不可以指，则不执吾以相非也。同异两忘，其惟至人乎？"

秦陇禾

王子自秦陇来，谓艮子曰："秦陇之种菽麦也，冬末而播之，其初苗必槁于冻。春末而肆生，蓬蓬勃勃，其长如抽，不二三月，竟以成熟。何前之难，而后之易也？"艮子曰："此固性而保命也。人之性惟仁，仁不伤，不绝于天，终不死，虽杀无损也，再生而倍盛。禾之性惟根，根不伤，不绝于地，终不死，虽杀无损也，再生而倍茂。夭寿不贰以立命，夭于形不夭于命也。杀身成仁，杀其身不杀其仁也。"王子曰："二三月而成熟，何其速也？"艮子曰："菽麦之寿，不止二三月也，初死后续，分段尽性，合而计之，其寿同也。中州土宜，天候一于和，故禾有六月之寿，徐长而不中杀。秦陇土宜，天候寒暑不均，故禾亦六月之寿，一死而仍续。太古之民千岁，中州之禾也。孔佛不及百岁，秦陇之禾也。人徒见禾根之伏于土，不见人命之保于天也。释伽前身死于虎，又死于哥利王，而仁心永凝，合其屡生之数，盖千岁有余矣。颜子之夭，其速成也耶？其保命于天也耶？"王子大悟，立命成仁。

贯　钱

艮子贯钱，钱之大小不同也。齐边而贯之，而不通。齐心而贯之，则绳直如矢，可以连千百。艮子曰："吾今可以贯万殊之钱以一绳，亦可以贯万殊之学以一理也。此何术哉？同其心，不同其边，故网提则多漏，纲举则无遗。圣人之学，吾以一仁贯之，以立中和之本，虽万变其孰能紊之？众人齐边，非吾之所知也。"

全　仁

有蚊蟹蚤虱吮艮子之血，艮子驱之避之，不加害也。艮子之仆，谓艮子曰："子独不能杀蚊蟹蚤乎？"艮子曰："非不能杀，恐伤吾仁也。譬如木然，伤仁如伤根，伤血如伤叶。吾非爱于蚊蟹蚤虱，爱吾仁而已矣。爱吾仁是以及于蚊蟹蚤虱也，以数滴无用之血，易包天之仁，譬如捐一芥而获希[稀]世之宝，利孰有大于此哉！智者利仁，君子得之甘苦，小人得之轻身，吾岂可以自贼？己所不欲，勿施于人，吾不欲微虫之吮吾血，微虫岂欲吾之碎其躯哉！平恕而行，物我同也。"于是，艮子不杀蚊蟹蚤虱，而蚊蟹蚤虱亦不侵艮子。

（昌福公司，民国12年1月初版）

宇宙真理论

根本大法

昌衡题　潜庐①

论　文②

不知宇宙之理者，不可以安天下。不知天下之势者，不可以治国。真理难言，空灵玄玄，今钩其弦。

太空多尘，尘块为星。地亦一尘，日烤出灵。灵觉既尽，地斯焚矣。上有立虫，自名为人，以其尘轻觉强，而天地均引也。植虫禽兽与人，谓之五级。其初次进，其后次退。寄生此地，纯苦无乐。人不超尘，复何待焉？倒值徒自苦也。假根用尘，离尘弃根。根不可久护，护之则夏楚至矣。受形于真宰，谁能为计？为夏楚者，如锤久沉，如箕自焚。保仁者先超。近天生，近地死。合天长生，合地长死。等是趋乐，横流害他，己亦不谷。大同小异，大极于空，小极于己。世之英雄，一蛆而已。火外救灾，岸上拯溺。强任则害，自全则逸。纯仁必成，以其上达，无死地也。诚念以超，在净而一。空虚以超，迹不可说。各因前基，当知自惕。物质不灭，灵觉不灭。见有见无，见万见一，皆是妄执。趋同自得，趋异自塞。以法遣尘，以法遣法，有法不真，仁空而真，又焉用法？束尘故法不续守，当以静养而无[毋]苟，是在自诚。法勿轻舍。然困法者，徒染前尘。尘重则昏，尘轻则

---

① "潜庐"二字为篆体印章。
② 原著无此标题，鉴于以下"详释"部分，对所释内容一一标示为"论文"，故在此添加此总标题，并将以下各段详释文字之前的"论文"二字通通删去，以节省篇幅。特此说明。

明。因其用，换其形。豚鱼上圣，本体无分。观人之形，知人之仁。三习所染（遗传习、藏识习、俗染习），不可不迸。不迸骈枝，自为腐卵。迸至不过，而保身以利济，神明鉴矣。然而危微，久育斯成。不恒无效，时不至，满无效。既已自然，又何难哉！生不择者，剪茧而水壅也。此地秒小哉！斯人贱恶哉！遗根犹恋，祸至食母。然而对此，益勉于仁。不先明出世之旨，何以成入世之功乎？故人去其草智，世后其形治。就尘合理，乃曰至圣。爰垂涕泣，多言切告。

详　释①

不知宇宙之理者，不可以安天下。不知天下之势者，不可以治国。②

详释：今人妄想治平，而伥伥焉不察天人之际。抑不知国之于天下，天下之于宇宙，如叶之在树，指之在身也。一树皆焚，一叶岂能独秀？一身皆腐，一指岂能独生？叶不连树而独秀，指不附身而独生，人不合宇宙真理而求治平，有是哉？夫叶之于树，指之于身，皆以气相通、精相感也。国之于天下，天下之于宇宙，气不相通、精不相感耶？如其气不相通、精不相感，何以月望而潮作，日近而夏荣哉！况叶在树中，指在身中，天下在宇宙中，国在天下中，将何以脱离乎？宇宙真理，视之而弗见，听之而弗闻，体物而不可遗。既知其不可遗，人随所体，如车随马走，又何必用心自谋，致与拂逆而遭覆败哉！人谋鬼谋，百姓与能。人之谋与天地鬼神合，百姓能仁矣。人之谋不与天地鬼神合，百姓又安得能仁哉？人谋不能逃天地鬼神，天地鬼神谋不能逃宇宙真理，必然之事也。有心治平者，祈三思之，毋自误误人也。或者谓予言太迂，予亦不辩。然天下岂有塞源而欲流之远，拔本而欲枝之茂者耶？若然，则谓耕者迂，谓食米者不迂；谓织者迂，谓着衣者不迂可也。夜则寝，昼则兴，饥则食，寒则衣，皆受制裁于形气不能悖理也。于小则顺之，于大则忽之，于显则见之，于微则昧之，可谓人乎，可谓明乎？《易》曰："夫大人者，与天地合其德，与日月合其明，与四时合其序，与鬼神合其吉凶。"合宇宙真理者也。圣人亦云，非予臆说。

---

① 原文为"右论终，左详释"。
② 此段文字之前原标有"论文"二字，今删去。下同。

真理难言，空灵玄玄，今钩其弦。

详释：老子曰："道可道，非常道。"孔子曰："无声无臭。"释迦曰："不可说。"回祖曰："寂妙无言。"圣人且不能言，予岂敢言？真能空灵，自然玄妙。然孔子、老子、释迦、回祖著书说法，汗牛充栋，则又何故？悲悯之至，不得不强言也。言则使人蔽真心，使人蔽真心罪也。《楞严经》曰："除去前尘，有分别性，即汝真心。"今与人言，由声而入，人以耳受；著为诗书，由色而染，人以眼受。夫声色尘也，耳眼根也。根尘既缚，岂不误人？无受之谓何？宇宙方秘此术以试人，我则先泄漏其题以告人可乎？有人于此本有淫心，予教之曰："本夫暗视汝，勿淫。"其人虽不淫，非真心也。有人于此，本有盗心，予教之曰："主人隙窥汝，勿盗。"其人虽不盗，非真心也。孔子曰："不诚无物。"《楞严》曰："因心成体。"非真心无成也。今之人本有恶心，予教之曰："宇宙有真理主宰，鬼神有十目所视。"其人虽不为恶，非真心也。故曰言则使人蔽真心，予之罪也，予之罪也！虽然，予悲极矣，不得不言。言一漏万，故仅钩弦。

太空多尘，尘块为星。地亦一尘，日烤出灵。灵觉既尽，地斯焚矣。

第一图

详释：太空无外，其大不可思议。地于众星球之中，不过占无量数分之一。而众星球亦无量数，众星球于太空中，亦不过占无量数分之一。此近来天文家皆能道之。试亦深思，亦将废然自笑。虽释迦及诸神圣，亦终不可思议而已。此何能言？兹就地与日之关系言之，如烧鸦片烟丸而已（见第一图）。灯有热，日亦有热，同也；灯有光，日亦有光，同也；烟为尘球，地亦为尘球，同也；烟丸以轴转使全体平均向热，地球亦以轴转使全体平均向热，同也；转烟丸置灯火者，为人手人心，转地球置日球者，为造物真宰，又无一不同也。夜则背日，昼则向日，地球如烟丸之自转自就也。冬则远日，夏则近日，地球如烟丸之或远或近也。呜呼，人也！居一小如烟丸之秽尘土，妄自尊大，杀人丧心，其愚虫哉！顾灯何必烧烟，日何必烤地？灯烧烟者，人心欲吸烟丸之精也；日烤地者，真宰欲吸地球之精也。灯不烧烟丸，烟丸之湿气不出，其精不可得而吸。日不烤地球，地球之八识不出，其精不可得而吸。故以灯烧烟，至于泡大，则湿气散出；以日烤地，至于生人，则八识散出。泡大者汽足也，生人者灵足也。未大之泡，小泡也，捏而复烧之，谓足之灵禽兽也。杀而复烤之，此小泡之所以受捏，而禽兽之所以受杀也。烟丸烧竟，其精吸尽，则燃而为灰；地球烤竟，其精吸尽，亦燃而为灰，此必然之事。故可证佛氏之说与耶稣之说，皆云地球末日必遭焚毁，此非至圣之虚言，更非予之虚言矣。呜呼，人也！何必恋此必焚毁之秽土，而不早为出世之想哉！

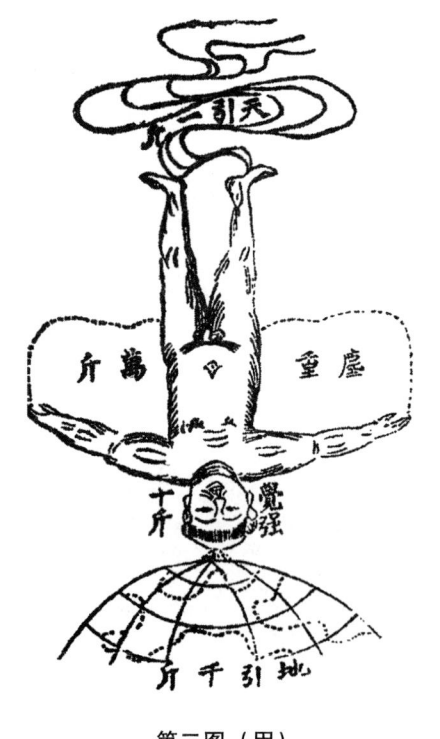
第二图（甲）

第二图（乙）

上有立虫，自名为人，以其尘轻觉强，而天地均引也。

详释：予常谓倒植通地，横行近地，斜立近天，直立通天。倒植通地，草木也。横行近地，虫鱼也。斜立近天，鸟兽也。直立通天，即人也。天吸引觉，精爽存焉。地吸引形，气质存焉。故草木之根，合地而通于九原。人之性，合天而通于太极。草木灵于水土，虫鱼灵于草木，禽兽灵于虫鱼，而人灵于禽兽，其象故显异也。是有三因，一曰觉强，二曰尘轻，三曰天地均引（第二图）。如第二图之（甲），天引力弱，地引力强，尘压累重，自觉力轻，焉得超地而不埋？此草木之象也确矣。如第二图之（乙），天引稍增，地引稍减，尘压稍轻，自觉力增，故能出地而横附。此虫鱼之象也确矣。又如第二图之（丙），天引又增，地引又减，尘压又轻，觉力更增，故能蹲地而斜走。此禽兽之象也确矣。又如第二图之（丁），天引再增，地引再减，尘压再轻，觉力再增，至于能伸而直立。此人之象也。天吸觉也，地吸形也。本乎天者亲上。孔子之说，即耶稣之说也。本乎地者亲下，孔子之说即牛顿之说也。灵觉本乎天，形体本乎地，故各有所亲而受吸也。灵觉者，超尘之力也。形体者，尘压之累也。近取诸身，远取诸物，观象于天，观法于地，不可晦矣。

植虫禽兽与人，谓之五级。其初次进，其后次退。

详释：今假别植虫禽兽人为五级，当地受日烤时，必先生植物。由植生虫，其间之象，惟虫草最显；由

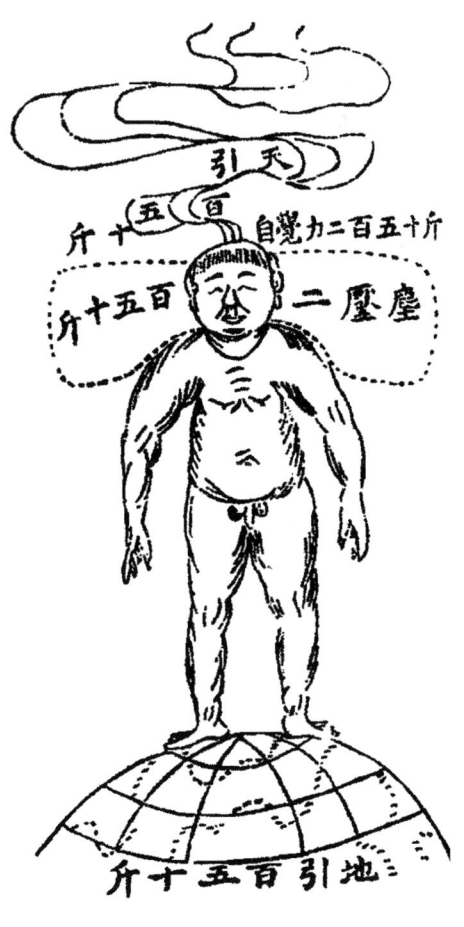

第二图（丙）

虫生鸟，其间之象，惟蛤雀最显；由鸟生兽，其间之象，惟鸟鼠最显；由兽生人，其间之象，惟猿玃最显。及至地灵将尽，人类先绝，兽类次之，禽类又次之，虫类更次之，植物为最后，植物尽则地毁矣。此成住坏空之实例然也。

　　寄生此地，纯苦无乐。

　　详释：呜呼！此地之上，其可居乎？杀伐之惨，殆如鼎镬。草木之愚，犹长毒刺；鱼鳞无政，尽日残伤；虫藏草中，偏多蛇蝎；鸟飞空际，又有鹰鹯；兽走山林，时虞虎豹；人居大陆，时起兵戈。水旱凶荒，流离沟壑。生老病死，佛氏哀之。故其言曰：天人修罗地狱饿鬼畜生兹六道者，除天界微乐而外，其余五道纯属极苦。

　　予常有诗以哀之曰：

　　盱衡斗室中，不觉心怆然。造化一小儿，弄祟何无端。遥想此时境，一呼一吸间。世上惨毒祸，不知凡万千。跳兔入狼口，其牝方吁天。驯羊在虎爪，乳子不得全。麈鹿见猛狮，声尽肉不完。黠猿遭大绒，戴石泪潸潸。顾之良不忍，欲向草莽隐。万卉方森森，厥中失平允。蟋蟀迕蟾蜍，惨恻众芳陨。蛙鼓适竞嘈，修蛇亦何敏。无辜饮露蝉，螳螂搏其颈。翩翩双舞蝶，忽被蜘蛛窘。顾之良不堪，欲向水中迁。淼淼此浩阔，杀气奔九泉。鳝鲔亦何柔，巨鳄亦何坚。鲤鲔正扬鬐，狡獭入于渊。蟹螯独锋利，虾鳅不敢眠。大鼋逐跛鳖，长蛟侵薄鳊。顾之良可悲，欲向空中飞。太浮本宽广，屠戮生可危。鸣鸠入鹯爪，其妇号南枝。鹰隼得鹊巢，母鸟犹依依。鹏不怜雁孤，枭不恤鹃啼。倜鹢抱鹦鹉，疾鹗攫鹭鹚。顾之良可伤，翻然归故乡。故乡盗如麻，人虎爪牙张。兵骄将士忿，蒸民如犬羊。老妇抱子走，五里两折伤。少艾足胝躩，房去呼爹娘。父哭子肉尽，妻哭夫骨凉。腥血满沟流，灰烬城郭荒。白兵加白发，赤火焚赤殇。一室六小儿，父母去何方。尚言无薪米，提携号道旁。是何天地间，毋乃屠宰场。生贤复生否，生豕复生狼。生鸟复生鸷，生虾复生鲂。水中不敢潜，空中不敢翔。时时须腹饱，时时须杀伤。猫子依人骄，鼠子无稻粱。贵者拥兵掠，贱者无衣裳。夜静本应息，枭虎目力强。地上都是穴，蝼蚁亦争疆。蝎勾自谓利，守宫尾偏长。人云地是狱，此理固彰彰。刀山与油鼎，其数不可量。此意我明之，《阴符》说其详。天地发杀机，龙战血玄黄。万物为刍狗，乾坤斗参商。一破众善尽，欲讲天地亡。斯民笑我痴，万类笑我狂。不痴亦不狂，恋粪如蜣螂。帝王本埃末，迷者以为庆。孔道谈不明，使我结中肠。丰蔀性命蔽，运劫群生殃。我必度之去，万死不敢忘。岂有具面目，尽人无天良。皇懿发幽隐，觉迷开众盲。陆上与水中，羽飞及草藏。一听太虚说，照性希穹苍。

呜呼，如此！太虚之说，岂易遍哉！仁者读之，能不泪下？然此犹未能尽其万一也。夫幽阴则苦，阳明则乐，负此尘垢，不刑何脱，可不悲哉！

人不超尘，复何待焉？

详释：故宗教家视此地为汤镬。列子思化人，老子欲无身。佛氏念净土，其极入涅槃。耶稣向天国，回祖升天方。此其人皆通幽达理之最，非世之俗智者所及也。以理考之，人既已为天吸引而能直立，若其觉更强，尘心更退，其胜而升必然之势。如上有绳曳，下系磐石，大力能胜，或磐石解，岂有不上达者乎？（第三图）佛谓"般若波罗蜜"，"般若"者智慧也，"波罗蜜"者到彼岸也，言其觉更强，则可以升也。又谓"离欲阿罗汉"能飞行空中，言尘心更退，即可以升也。人具此能而不思所以出世，自误之极矣！必至天之吸引大减，其觉更弱，尘累更重，降为禽兽虫鱼，又将如之何哉！言念及此，栗于履虎，可恸哭矣！

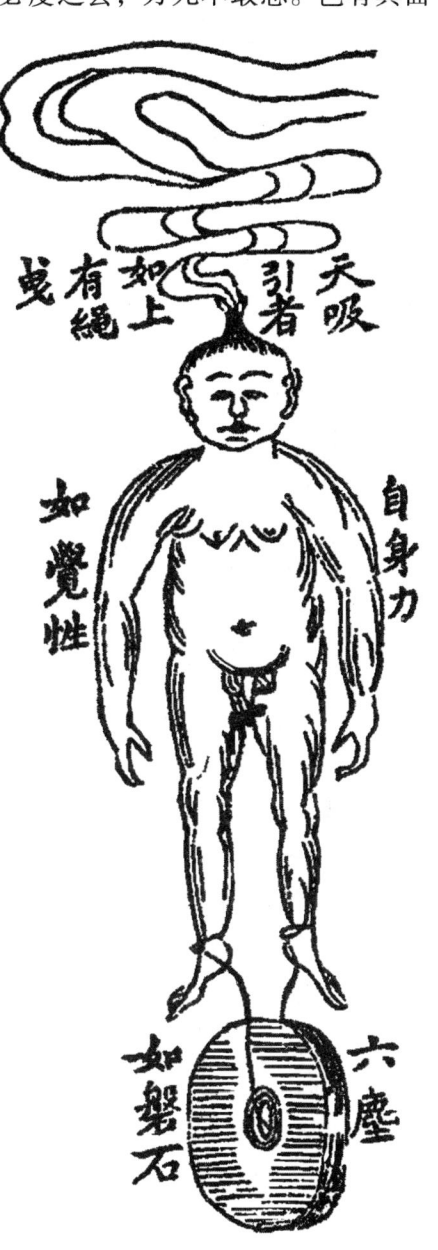

第三图

倒植徒自苦也。

详释：庄子有言："逆道而行，悖道而作者，谓之倒植之民。"圣人造字会意，道从首从辵，明示人从首顺走，而上达即为道，反此即倒植矣。予常谓草木与人同类，草木者即人之倒植也（第四图）。故人之命根在天，草木之命根在地。人之歧枝向下，草木之歧枝向上。人之呼吸在内，草木之呼吸在外。人之交媾在下，草木之交媾在上。至于吐吸气素，莫不相反。故直谓草木为人，未尝不可。呜呼！人有万念，曰声曰色，是沾尘也；曰官曰爵，是沾尘也；曰名曰利，是沾尘也；曰衣曰食，是沾尘也。念念在尘，念念在地。藏识之垢，愈积愈厚。渐昧而化为禽兽，渐昧而化为鱼虫，渐昧而化为草木。此庄子所悲以为倒植者也。

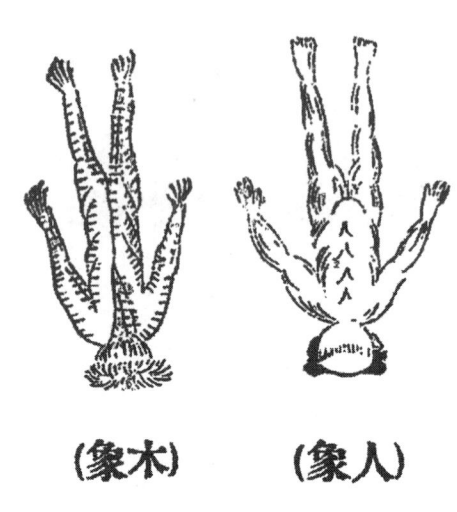

（象木）　（象人）

第四图

假根用尘，离尘弃根。

详释：眼耳鼻舌身意谓之六根，色声香味触法谓之六尘。今比本性正觉为人，比根为舟与车，比尘为水与路，则可以明其故矣。因有水而后用舟，因有路而后用车，因有色声香味触法而后用眼耳鼻舌身意。因于水者假舟，因于路者假车，舟与车非本体也。因于色者用眼，因于声者用耳，因于香者用鼻，因于味者用舌，因于触者用身，因于法者用意，眼耳鼻舌身意非本体也。故陆行之人不用舟即弃舟，水行之人不用车即弃车，弃即无矣。暗洞之鱼无眼，不闻之物无耳，不嗅之石无鼻，不食之金无舌，空中之神无身，舍法之佛无意，乃知其有也一时之假，其无也自在之真。有衣之人无毛，不步之鱼无足，菟丝本有叶而今无叶，老蛙本有尾而壮无尾，不用而弃也。附我之根，离尘则弃，六根可弃，本非我也。再进而比之，本性正觉如竹笋与桃仁，六根即其壳与核也。竹笋用壳以护，成竹则弃壳。桃仁用核以护，成树则弃核。本性正觉用六根以护，成真则弃六根。海螺假脚于蟹，水母假目于虾，六根固可以假者也。岂非外物哉，岂非外物哉！

根不可久护，护之则夏楚至矣。受刑于真宰，谁能为计？

详释：既如前说，六根如舟车，如笋壳，如桃核，时至可弃则即弃之，可久护乎？至岸而不弃舟，临渡而不弃车，如此骏愚之子，严父能不以夏楚驱之哉！真宰者大父也，众生者其子也。出土之笋必不弃壳，以铁包之，则笋枯而不成竹。茁芽之桃必不弃核，以金环之，则桃闭而不成树。此谓干天之理，受天之刑。常见夫保六根者之为计矣。海贝壳坚，以为金铁无伤矣，因其过坚，故生星鱼以嚼碎之。佳鸽飞疾，以为鹰鹯不逐矣，因其过疾，故生鸽虎以搏击之。因蚁藏之深，故生食蚁兽之长舌。因猬刺之利，故生黄鼬鼠之毒溲。因猿之智慧捷升，故生狨。因蜂之善治螯毒，故生蛛。因禽之飞高，故生鹏鹗。因兽之走速，故生虎狮。夫海贝、佳鸽、蚁、猬、猿、蜂、禽、兽，其八识皆欲自保永无杀死，为计周而物备矣。因其周备也，故为之杀之死之物尤为周备。星鱼、鸽虎、蚁兽、鼬鼠、狨、蛛、鹏、鹗、狮、虎皆夏楚也。不因贝壳之坚，何生星鱼之齿？不因佳鸽之疾，何生鸽虎之翅？不因蚁藏之巧，何生蚁兽之舌？不因猬刺之锐，何生鼬鼠之溲？不因猿之智慧捷升，何生狨之术？不因蜂之螯毒善治，何生蛛之网？不因禽之飞高，何生鹏鹗之軏？不因兽之速走，何生虎狮之狂？总之海贝也，佳鸽也，蚁也，猬也，猿也，蜂也，禽也，兽也，其所生以自全者，不过欲永保六根而无杀死也。今人之为计，亦不过永保六根而无杀死耳。坚城深池，海贝之壳也。舟车飞艇，佳鸽之翅也。砺山带河，蚁之穴也。长枪大炮，猬之刺也。学问法律，猿之慧也。政治纲纪，蜂之序也。轻肥争利，禽之飞也。避祸就福，兽之走也。归纳其术，不过物智，而不知造物真宰必有以杀之死之也。夫欲寄生此地，永保其六根而又乐之，不知假六根之当弃，安得而不受刑哉！人之智即物之智也，人之愚即物之愚也。用六根以保六根，资六尘以混六尘，不知其本性正觉也。哀哉！巧极哉！海贝佳鸽蚁猬猿蜂禽兽之保六根也。妙极哉！星鱼鸽虎蚁兽鼬鼠狨蛛鹏鹗狮虎之兴五兵也。有巧即有妙，保六根即兴五兵。造物化机不测，必使用智终穷。故秦政之长城，海贝之壳也。列子之御风，佳鸽之翅也。晋陶潜之桃源，蚁之穴也。拿破仑之善战，猬之刺也。臧武仲之智谋作施，猿之慧也。华盛顿之能兵善政，蜂之序也。

周穆王之驾八骏，禽之飞也。匈奴国之逐水草，兽之走也。即备诸法，以巧极保六根，终必迫出妙极之五兵。害绝于此，即祸生于彼，人又何以为计哉！故不通形而上之道，而专以形而下之器，以图世间之安乐长寿，乱之伏也。春秋之乱，汤武伏之也。五代之乱，贞观伏之也。故予之言治天下，重言出世之教，而微辅以政与夫实业、货财，以洽于造物之和，而循于真宰之理，使人暂寄百年而草草应之斯足矣。佛云此是"应舍之身"，孔云"自古皆有死，民无信不立"。信者信形而上之道也。离尘弃根之说，必使民念念不忘于心也，否则受刑于真宰，谁能为计？今欧西新学竞起，专主形质之实，法制之平，以废宗教高远之思，虽富厚安乐坚固隆盛极于极，其海贝佳鸽蚁猬猿蜂禽兽之心欤？其中必生意外之杀机以夏楚之，祸之伏也深矣。

为夏楚者，如锤久沉，如箕自焚。

详释：于是，今之好兵者又有优胜劣败之说，谓鹛鹗可为夏楚以杀鸟，而无鸟可以杀鹛鹗，我何不为鹛鹗？谓狮虎可为夏楚以杀兽，而无兽可以杀狮虎，我何不为狮虎？此悖论也。夫鹛鹗亦鸟也，狮虎亦兽也，以鸟杀鸟，以兽杀兽，如以铁煅铁，以植煮植也。以铁煅铁锤也，以植煮植箕也。锤炼剑，剑成而锤常留。箕煮豆，豆熟而箕亦焚。试问鸟兽尽绝，鹛鹗虎狮何恃以生哉？不生无用，终亦当弃。而混尘独久，受苦独甚，予又宁为祥鸟，而不为鹛鹗；宁为驯兽，而不为虎狮矣。故鹛鹗虎狮终见杀于人，人终见杀于天也。鹛鹗者，鸟中恶浊之萃也。虎狮者，兽中恶浊之萃也。锤当镕化，而更锻之，乃成剑。箕当先焚，而秽杂之，以肥豆。其后无穷之祸，不可胜言矣。故佛宁舍身以食虎，而不为虎；孔宁杀身以成仁，而不伤仁；此亦宁为祥鸟、驯兽，而不为鹛鹗、狮虎之意也。鹛鹗、狮虎必化而为禽兽，以受杀也明矣。恶人必杀，吾当自好，岂可积恶浊之气，而甘作夏楚哉！是以项羽剔死，献贼就诛，法帝拿破仑幽死，德威廉第二不终，未有杀人而能安天下国家者也，而况于禽宇宙之真理乎！

保仁者先超。

详释：本上所论，众生欲保六根，天必有以杀之。人之不能恃政事、法制、实业、兵备，以长保此六根于地上也必矣。然则如之何？曰顺宇宙之真宰，固守此仁心，而轻六根则善矣。又常比之，人确如桃。桃有毛，人亦有毛。桃以毛被皮，人亦以毛被皮。桃以皮包肉，人亦以皮包肉。桃以肉包骨，人亦以肉包骨。桃以骨包脏，人亦以骨包脏。桃以脏包心，人亦以脏包心。然桃之所恃以成树者，仁而已矣。毛皮肉骨脏皆无所用，而任其早腐。人之所恃以成佛者，仁而已矣。毛皮肉骨脏亦无所

第五图

用，而任其早腐。仁者生机也，无仁之桃，虽能久全皮肉，无生机矣。不仁之人，虽能上寿富贵，其粪土乎！故毛皮肉骨脏皆可以舍，而不伤仁者，桃与人之所以自全而有成也。六根六尘，又何惮其坏乎？浊世肆杀，而圣人自全其仁，以与天通，正觉自在，五兵安得而害之？夫桃仁虽小，其变化可以合抱，有生机也。仁人虽微，其变化可以参天，有生机也。桃仁之合抱，仁人之参天，岂毛皮肉骨脏所能为哉！毛皮肉骨脏可夺而杀也，此仁心亦可得而杀乎？吾乃于此得大自在，故曰：有杀身以成仁，绝无求生以害仁者。何为仁？成己成物，私欲不杂也。

近天生，近地死。合天长生，合地长死。

详释： 天者生乐之府也，地者死苦之所也。固体之中，纯死苦，无生乐，土中也。液体之中，多死苦，少生乐，水中也。气体之中，减死苦，增生乐，陆上也。太空之中，无死苦，纯生乐，真宰也。故土中之石，灵觉弱于水中之鱼；水中之鱼，灵觉弱于气中之禽兽；横邪远天之禽兽，灵觉弱于直立通天之人。夫灵觉生也，形体死也，人以生觉载死形，而反视形为生物，岂不哀哉！若形体为生物者，吾觉不动，手脚能动乎？吾觉不言，唇舌敢言乎？明明形体死物，吾以此生觉戴之以走，如扛九鼎，如负桎梏，彼毛皮肉骨宁有所谓生机哉？如全吾觉而舍此形，离尘弃根，如释九鼎之重，而脱桎梏之羁，庄子所谓"乘天地之正，御六合之变，以游于无穷"者，岂

第六图

不快哉！夫生死者，化学为之也。就人间生死而论，阴阳相交，形觉乃合，谓之初生。日食饮与水土气相化，谓之生存。阴阳相离，谓之死。夫觉为阳，受天吸引，形为阴，受地吸引，此理既已明矣。试问不与物化，纯阴之金不长死乎？谁得而生之？不与物化，纯阳之佛不长生乎？谁得而死之？《心经》所谓不生、不灭者，不与物化之谓也。日日化水为溲，化饭为粪，化水饭之精为血气，在化之中，安得不生死？太空之觉，不与物化，焉能生死哉！是在深究八识无垢之理者，乃能知之。然就吾说而信之，舍利子是诸法空相可以明矣。此所谓天，乃是假名，以代真空。真空亦是假名，不可执着。

等是趋乐，横流害他，己亦不谷。

详释：呜呼！神佛圣贤之所以汲汲有所营，俗人虫鱼之所以汲汲有所营者，同一趋乐也，岂有二哉！神佛圣贤趋真乐、永乐，与众生同乐。俗人虫鱼趋假乐、暂乐，惟一己是乐。所以别也。与众生同乐，故真且永。惟一己是乐，故假且暂。假不可久，乃入极苦。何以知神佛圣贤，与俗人虫鱼等是趋乐之心哉？今若佛刹天堂，苦于地狱畜生，神佛何必向佛刹天堂？太平文治，苦于刀兵水火，圣贤何必谋太平文治？富贵声色，苦于鼎镬饥寒，俗人何必图富贵声色？飞跃游泳，苦于割切烹煎，虫鱼何必耽飞跃游泳？故知趋乐避苦，神佛圣贤、俗人虫鱼同也。趋乐避苦，即是宇宙真理，即是佛性。众生心即佛心也。如水之就下，为趋乐性，水皆同也。则因此可以明俗人众生之误，而证圣贤神佛之是也。（第七图）无明不觉之众生俗人，见乐则趋，故如水之见下则就，或入溷厕而久污，如趋声色见囚也。或入死谷而难达，如趋富贵丧仁也。或入臭潴而反秽，如趋玩物致病也。或入深井而受煮，如趋名誉见杀也。此趋乐之所以自害也。故圣贤神佛作堤防以障之，误趋则夏楚之酷，尤甚于施诸护六根者。圣贤神佛，如瀑布流于空中，无遮碍，无偏误。有觉之哲人，如驾舟漂于水面，知邪途而自避，所以直入于海也。何谓横流？首趋为道，除首趋外，皆是横流。眼耳鼻舌身意皆横流之缺也，性本趋乐，遇缺则流。趋乐善性也，而反以成恶，故不能不制止。孔子之坊记，佛氏之戒律，皆所以制止横流也。夫横流趋乐之自害既如上述，而横流何以害他哉？横流前导，后者继之，是害未来众生也。横流不直，冲激相争，是害现在众生也。试问世风之日坏，争夺之相杀，何一非因横流而起哉？既害己，又害他，既害未来，又害现在，则谓之无所不害也，谓之伤仁。何谓伤仁？仁者己欲达而达人，己欲立而立人。横流则己不立人亦不立，己不达人亦不达，故不仁之至也。不仁无成，固将受刑于真宰也。

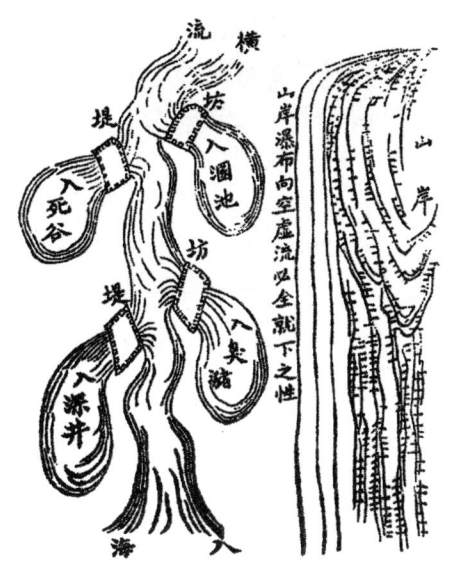

第七图

大同小异，大极于空，小极于己。

详释：何谓万善之总？曰合太空。何谓万恶之最？曰有我相。宇宙万类，本是一体，自有我相，分崩离析，而争夺乃起。今自小而大，曰我与他，虽不同身，同家也，同故和；又曰虽不同家，同国也，同故和；又曰虽不同国，同地也，同故和；又曰虽不同地，同太空也，同故和。由是言之，其量愈扩而愈大，谓之大人。又自大而小，曰我与他，虽同太空，异地也，异故争；又曰虽则同地，异国也，异故争；又曰虽则同国，异家也，异故争；又曰虽则同家，异身也，异故争。由是言之，其量愈缩而愈小，谓之小人。合则大而同，分则小而异，愈大愈同愈以和，愈小愈异愈以争。故大之极，合之太空，翕宇宙之理；小之极，着于我相，起杀伐之机。故善莫善于和、合，恶莫恶于分、争。道教以和、合尚二仙，文殊为和圣，普贤为合圣，此之谓也。宇宙真理，大同和、合，惟一太虚而已矣。

世之英雄，一蛆而已。

详释：附粪块而自大，有我相不利他者，厕中之小蛆也。附秽土而自大，有我相不利他者，世上之英雄也。今有人焉，只知有身，不知有家，可谓人乎？只知有身，不知利家，非人矣。只知有家，不知利国，可谓人乎？只知有家，不知利国，非人矣。只知有国，不知利天下，可谓人乎？只知有国，不知利天下，非人矣。只知有天下，不知利宇宙，可谓人乎？充类至义，理则然也。蛆食粪块有厌，人贪秽土无厌。蛆能脱壳而成蝇，人不弃根而成佛，则又蛆之不如矣。故威临天下，不过御众蛆，此蜂之所能也，蜂之幼虫一蛆也。治安天下，不过保众蛆，此蚁之所能也，蚁之幼虫一蛆也。一块地球，浊尘秽土，比于太空，小不可言，蛆之粪壤也。不知以形而上之道为教，使众生离尘弃根，诚蛆也哉，诚蛆也哉！

故予作诗以哀之曰：

天下不知英雄之为物，听我一歌英雄曲。英雄曲，英雄哭，英雄一哭天下乐。君不见，昌政按剑俯六合，十人有头九人落。长城毕竟不防胡，空令千山万山兀。果然欲学海上仙，曷不自去心头毒。刘邦项籍两匹夫，不从四皓参玄虚。楚人鼎上烹老父，汉人宫中豢娄猪。但矜一日腾龙虎，宁惜千秋笑鼠狐。刘秀好官复好色，热衷金吾求不得。小人无道岂安贫，遂使昆阳夜流血。无怪子陵视如袴，加足蹴胸非傲蔑。庞公不礼葛孔明，自方管乐焉能耕。三分屠民岂不众，乃为一姓争权衡。刘裕龙瞻而鹗顾，不共家臣不安素。晋军本已收北胡，中道忽贪司马祚。便教祸毒流南朝，大将一来天子去。萧衍好佛不知耻，一人斋僧万人死。既知生阜出天心，何故蒸民不如豕。差可人心李世民，伐乱诛暴天下平。惟恨不能师泰伯，更残骨肉恃微勋。后宫姝丽知多少，椒房何事夺天伦。全忠克用两逆竖，石家儿子中朝主。五代昏昏青史污，寡妇孤儿任人取。建业不忧胡北来，卧榻穷争思黩武。莫怪辽金后先继，愚父痴儿一朝房。北方健者特穆儿，狠如豺虎礼不知。汉人已戴胡人主，欲灭四姓何其疑。四方鼎沸群雄起，皇觉僧人作天子。杀戮贪残昧本真，百战功臣三族圮。故教逆子夺愚孙，王子多生天下死。中原健者只如斯，尽属私心误大慈。一夫但有英雄略，四海曾无血食时。古人恃教不恃诛，傒我后后来其苏。功成便向岩穴走，仰天一笑留奇书。此事成物复成己，胡乃至今天下无。使我笃念唐虞上，君臣论道咸曰都。尽性明心立大本，发为庶采贻明谟。吁，嗟乎！世人之心亦何愚，圣人之心亦何孤。谁知涤净三千载，直上苦提第一株。

火外救灾，岸上拯溺。强任则害，自全则逸。

详释：然世上古今之英雄，则又自为强解曰：吾之为此，将以救众生也。噫！欲救众生，岂易言哉，岂易言哉！夫行于火外方可救灾，立于岸上方能拯溺，离于尘外方能度他，未有自焚而能救灾，自沉而能拯溺，自缚于六尘而能度他者也。世之所谓英雄者，不过曰以政与兵而已矣。以政与兵，皆非本也。古之王者，权可以治政，释伽舍王子之权而不为。勇可以强兵，释伽弃搏狮之勇而不试。明见度尽众生，政与兵皆无用也。即曰一时假之，当以形而上之道为本，而自先离于六尘之外。若犹混于六根之中，又以六尘误人，纵使臻于郅治，水火菽粟，不过饱食；布帛积山，不过暖衣；道不拾遗，囹圄生草，刑措兵弭，高楼峻厦，不过逸居；饱食、暖衣、逸居而无教，则近于禽兽。近于禽兽，以六根亲六尘，护之则夏楚至矣。吾谓人不解脱八识者，如在水火焚溺之中，只当自度，切勿妄言度他，俟成道后再作慈航可也。羽毛丰乃伏卵，蹄骨坚乃负重，岂可强任以自害害人哉？反问之心，六尘净否，八识断否，即自知之矣。

纯仁必成，以其上达无死地也。

详释：手足麻木，谓之不仁。不仁者，无觉性也，即无生机也。人者半生半死，杂于阴阳之中者也。故觉生而形死，寤生而寐死。今眼耳鼻舌之四识者皆较易破，及至身识则不易破。谓身若不保，不得令终，何以有成？此老子所谓"吾所大患，在吾有身"也。有身者着我相，万恶之薮也。舍身而犹能成仁以全止觉，其理本不易语于今人。就经义解之，《易》曰："涣其躬无悔。"耶稣曰："死而复生。"老子曰："无死地。"佛曰："肢肢节解，勿生瞋恨。"诸圣同言，岂可不信？再进而比之，草木既为人之倒植，舍身不死之说更明矣。草木之根，不绝于地，伐枝干不死也。人之命，不绝于天，杀形体不死也。草木恃形而下之器为生，人恃形而上之道为生，去其半死，留其全生，岂不善哉！则又曰：杀人而人不死，杀人无罪乎？乃答曰：毋伤汝仁。反复于此，则圆教之理彻矣。吾心既已纯仁而太虚，刀兵水火中必成也，患难夷狄中必成也，谁得而害之？

诚念以超，在净而一。

详释：太空之中，地球无量数也，有净于此地之土，亦有秽于此地之土也必矣。如池湖河海之不同，其中之生鳞亦不同也。吾欲舍池而迁入海，即如舍此秽土而迁入彼净土也。舍池而迁入海，顺流而行；舍此秽土而迁入彼净土，顺道而行也。舍池而迁入海，必换此根，与海水之盐尘合。舍此秽土而迁入彼净土，必换此识，与净土之光明合。此不易之理也。山河大地，幻想而成，佛刹净土，真诚所感，此亦不易之理也。念念在净土，又念念在六尘，如欲入海而缚其尾于池石，不能往也，是谓不一。不一不诚，终亦无成也。

空念以超，迹不可说。

详释：太空之中，有一物焉，不可以名，其大无外，其小无内，无头无尾，无相无声，无坚不入，无远不至，不见而章，不动而变，无为而成，不与物化，不与心稽。其力之大，可以缚日月星辰而抛之，如抛羽毛不用力也。其神之巧，可以雕万有诸象而备之，如雕木石不用巧也。观生物之妙，而知其端，离根尘之束，而见其本。老不可道，佛不可说，孔欲无言，玄之又玄，其至已哉！然诚念以超，有净念较易。空念以超，不垢不净较难。在修道者，自知择耳。

各因前基，当知自惕。

详释：诚念以超，如佛之念净土是也。空念以超，如佛之入涅槃是也。有念较易，无念较难，尘心重者宜于有念以夺之，尘心轻者宜以无念为直捷。吾人之根器不同，其择法不可不慎也。如涉水然，自量脚之长短。如负重然，自量力之轻重。要之，有念即净土，无念即涅槃者，近是也。

物质不灭，灵觉不灭，见有见无，见万见一，皆是妄执。

详释：物质不灭于地，灵觉不灭于天，非有非无，非万非一，八识杂乱，妄自分别而已矣。有如水然，是总体耶，是分体耶？是一耶，是万耶？谓形质为可分可合者，则灵觉亦可分可合乎？谓形体为无分无合者，则灵觉亦无分无合乎？夫见为有者，根之所接也，夜不见光，真无光乎？如夜无光，枭猫不应见有。金中无路，真无路乎？如其无路，音电不应通行。水中则溺死，鱼然夫哉？土中则埋杀，芋然夫哉？乃知根尘各有所接，有其根者不碍其尘，如其无根，尘何能碍？宇宙之物，能以吾人区区之六根，断其有无哉？有无尚不能别，况能分为万为一哉？英与俄同在海外，而非一国也。鬼与佛同在形外，而非一物也。故同时之间，同一位置，有万殊居之，不能概以空目之也。一杯之中，有水盈焉，有光盈焉，有电盈焉，有味盈焉，有地心吸力盈焉，有太空本性盈焉，又有非想非非想万有盈焉，是一是万，谁能分别？思及此，则宇宙不测，真宰万能，可以忆其端矣。通与不通，在吾根之所接耳。根为枭虎，故通夜光。根为鱼鳖，故通水境。根为神佛，故通宇宙真宰矣。

趋同自得，趋异自塞。

详释：顾人欲通宇宙之理，则如之何？一言以蔽之，趋同则大，趋异则小。趋大则为大人，大人者与天地合其德。趋小则为小人，小人不知天命而不畏也。盖自其异者而观之，兄弟与我不同貌。自其同者而观之，则禽兽虫鱼草木与我同也。何同乎？同居地上，同受日烤，同为有形有觉，同为吸气而生，吸水而润，吸土而食，向暖而荣，向寒而缩者也。故大别之则形与觉不同，大同之则形与觉长存于太空也，有想无想何分焉？与禽兽虫鱼草木同生，大同之量被于地上矣。与有想无想同生，大同之量被于宇宙矣。孔子曰："忠恕违道不远。"忠恕者，与有想同心也，近道矣。道者，与有想无想皆同也，故曰浑然。有此量者，无不成矣，故曰大法无边。

以法遣尘，以法遣法。有法不真，仁空而真，又焉用法？

详释：何谓法？曰心法，曰世法。心法高，世法卑。总而言之，不过以心换心而已。今人好声色而害人，阻之以罚禁，是以忧患心，夺其好乐心也。佛氏地狱之说，以戒六欲，亦犹是焉。今人忧贫而害人，劝之以官爵，是以好乐心，夺其忧患心也。佛氏净土之说，以戒贪痴，亦犹是焉。今人怒激而害人，畏之以刑戮，是以恐惧心，夺其忿懥心也。佛氏六道之说，以戒嗔恨，亦犹是焉。今人畏罪而害人，激之以耻辱，是以忿懥心，夺其恐惧心也。佛氏金刚努［怒］目，亦犹是焉。因此而推之，凡此一切佛法、世间法，皆以喜怒哀惧爱恶欲之七情者互换其心，或以二换其五，或以一换其六，不过佛法以净心换尘心，世法以尘心换净心而已矣。若无二心，则法穷矣。蚊无二心，专知好吃，能以世法禁之乎？鹑无二心，专知好斗，能以世法和之乎？夫蚊与鹑犹有恐怖之心者，世法尚不能行，如仅有一心，何以换之？仅一心尚不能换，好仁者无以尚之，而况无心乎？石杀人不囚石，水杀人不诛水，世法穷佛法亦穷矣。故以心换心，换至一心，近于道矣。故曰："天得一以清，地得一以宁，圣人得一为天下贞。"一者仁也，诚念以超，在净而一，可以明矣。若空念以超，迹不可说，并一心而无之，焉有法哉？故曰一切法皆非法，非法无法，则吾心不可得而换矣。谓之永贞，一于忠孝节义之永贞，皆近于道，况一于仁乎？一于仁皆合于道，况空空夫不知有一有二而浑然者乎？

束尘故法不续守，当以静养而无［毋］苟，是在自诚。法勿轻舍，然囿法者，徒染前尘。

详释：既生为人，有觉有形。时未寿终，不能出尘，而即弃根，倦必寝，饥必食。夫倦寝饥食，已非不更易之惟一法门，故见异思迁，时时迭起，此法之所以不续守也。然则如之何？曰静养而已矣。草木静久，自与地之水土合，而秀荣华实有不测之妙，非雕琢之所能为矣。人心静久，自与天之真灵合，而神明诚仁，油然自生，非拘法所能造也。宇宙真理，要在自然，虚一而静，必渐臻于广大清明。然不能静、不能自然时，当知吾心尚未与宇宙真理合。若入于尘，急宜以法遣尘。久之尘尽，渐入于法，再当以法遣法。病未尽除，而可弃药乎？心未空时，而可弃法乎？痛痒自知，不可以他人告也。然法固不可以轻舍，若永不舍法，又无由臻极。一法既去，一法又来。从师之教，以耳听声，声固尘也。读圣之书，以眼观色，色亦尘也。除去前尘，方见真心。真心自见，不知杀人之毁性，而恻然自不忍杀；不知贪财之染浊，而淡然自不屑贪，乃真心也。

尘重则昏，尘轻渐明。因其用，换其形。豚鱼上圣，本体无分。

详释：众生正觉灵明，本是不增、不减、不垢、不净，何以有虫鱼上圣之分哉？亦观其染尘之轻重而已矣。木之大不智于蚊虻，石之大不智于蝌蚪，灵觉之大小不以形体论也。庄子鲲鹏鷃鹩之誉，即此意也。故正觉灵明本同，而虫鱼上圣之所以差别者有二：一曰形异，二曰觉异。今先释形异而本体无异之理曰：宇宙赋万物以形而使之全生，每因其觉之强弱而赋之。如赋牛以人手，赋人以牛蹄，赋鸟以鱼鬐［鳍］，赋鱼以鸟羽，则牛不能致其力，人不能发其智，鸟不能飞于空，鱼不能泳于水。何以赋形适足其智觉之用哉？天如大父，众生如其子，子能文父即赋之以笔墨，子能武父即赋之以戈矛，子能耕父即赋之以耒耜，子能匠父即赋之以斧锯，此所谓因其用换其形也。《楞严经》谓："因心成体。"即此意也。故笔墨、戈矛、耒耜、斧锯虽不同，皆因其智觉而赋也。形体即可因智觉、因尘而换。（参看前假根用尘详解）其因尘而换者，如雨则蓑笠，战则甲胄，衣服虽改，本体未改也。然则因智觉而换，智觉有不同乎？乃再释觉异而本体无异曰：夫妙明正觉本体毫无差别，如灯火然。今有灯火四盏于此，其光本同。一无遮蔽，是以大明。一为纸障，其光遂微。一为钟覆，其光已无。一为山埋，百年不显。此岂灯之有异哉？蔽尘轻重有异也。由是分别而释之，虫鱼上圣形觉之异，皆无关于本体，真所谓佛与众生，同有如来法藏也。

观人之形，知人之仁。三习所染，不可不逆。

详释： 人之所以能直立通天，为地上万物之至贵者，岂以其觉强哉？亦以其仁耳。今观禽兽虫鱼之象，雁之文行，羊之反角，蝶之彩翅，蚓之蠕弱，一望而知其为茹素守柔不害物者也，仁物也；鹰之怒睛，虎之深爪，蛛之恶皮，鳄之刺尾，一望而知其为饮血食肉害物者也，不仁也。有诸内必形诸外，不可匿也。如人之形，目长带笑，仁逾于雁；鼻立口平，仁逾于羊；手足扁爪，仁逾于蝶；体无斗机，仁逾于蚓。遍察四体，何尝稍有如鹰如虎如蛛如鳄不仁之象哉？且人近于猴，猴茹素而不害生者也，人何独不然哉？习害之也。习有三，一曰遗传习，二曰藏识习，三曰俗染习。有此三习，人之所以不仁也。何谓遗传习？鸡鸭之祖本能飞而后不飞，犬猫之性古不驯而今竟驯，其性之变由其祖先使然也。故鸡鸭犹有能飞之翼，而人犹有能仁之形。何谓藏识习？藏识之说出于佛典，人生所染之识皆藏于第八识，谓之赖耶识。予以物比之，赖耶识如今照象镜之底片与留音器之腊版，本无象无音，一经照象留音，即藏象藏音，接以他器，其象其音又显。赖耶本识本无垢无净，一经赋形而生，即藏垢藏净，死后再生，其垢其净犹存。故藏识已失本来之性，而生生世世皆以六尘递染。何谓俗染习？富岁子弟多赖，凶岁子弟多暴，山人善猎，水人善渔，故染俗即失其本性，而俗俗相仍，更不知何所底止。孔子曰："性相近也，习相远也。"吾慨鸡鸭之有飞形而不飞，更伤人之有仁形而不仁矣。

不逆胼枝，自为腐卵。

详释：人如卵然。卵以保其生机，能化禽为有成。人以保其仁心，能成佛为有成。卵生仅二十日，不羽覆则生机腐。人生仅百年内，不修养则仁心丧。今置卵于金玉台而摇荡之，不如置之于草木之巢而羽覆之也。置人于富贵之极而淫侈之，不如置之于贫贱之境而休养之也。高官大位，多财丰物，身外之物，皆胼拇枝指也，享之无用，徒使人侪于腐卵而已矣。既为腐卵，本无成就，则主人弃之矣。既为恶人，本无成就，则天命诛之矣。大乱之起，其源在此。

逆至不过，而保身以利济，神明鉴矣。

详释：何谓不过？孔子曰："仁人不过夫物，孝子不过夫物。"佛曰："树下一食，日中一宿，慎勿再矣。"言人食饱衣暖以外，不可稍过，过之则害己之仁，害物之命。我今反思，食肉饮血，固已害及众生，过物甚矣；即使布袍脱粟，于仁犹有未尽者何也？我此布袍脱粟，可以供他人之饱暖，我如不衣不食，让与他人，岂不多生一人哉？我不能让此布袍脱粟与他人，我已非待人如己矣。待人如己且不能，而况待众生如己哉？由此思之，固当惭愧万死。然不过物之限能至此，神明亦可以恕矣。盖此人至此犹知惭愧，必且日思所以答此布袍脱粟者，于是保留此身，讲学法施，以饶益众生，躬耕力田，以自食其力，即老子所谓"贵以身为天下，爱以身为天下"者矣。贵以身为天下，借高官大位行其志，以遂其利济之心者也，贵其身为天下贵良牧也。爱以身为天下，借布袍脱粟养其生，以行其利济之心者也，爱其身为众生爱良师也。然此一念又不可假，此念若假，即是我相，修道者当深察于此。禹无闲然，即此义也。几微之间，一切善念是否因我相而生，最难辨也，惟真诚乃克当此。

然而危微，久育斯成。

详释：人于有心为善，最难破者我执。我欲利天下救众生，而最初最真之一念，皆由于为我。则所有诸善，虽德被天地，其发端犹在我也。发端在我而犹能为善者，明适为之非诚也。明者知利害之趋也，既知宇宙之理，非利他不足以利己，乃固为利他以图利己，则又圣哲之狡也。故孔子曰："易之失贼"贼者言其贼诚也。世贼窃财货，圣贼窃天理，所窃者不同，而其窃心则一也。必欲除此窃心，纯无所为，而油然仁慈自发于中，此非心安于理者不能也。至此境界，言之不出，求之不得，又将何以立心定命哉？久习成自然，至人贵神化，如斯而已矣。木之初生也，微风吹之即偃，及其参天盘地，虽暴风撼山不动也，其得地久而性根固也。善之初萌也，微物挠之即辍，及其安贞定命，虽天地蔽之不昧也，其得道久而根性固也。故曰久育斯成。是以动念思诚，动念思仁，谓之修道。无念不诚，无念不仁，谓之得道。

不恒无效，时不至，死［满］无效。既已自然，又何难哉！

详释：人欲成道合天，亦犹之桃欲成树合地也。十日栽培之，一日揩出之，而桃不枯者，未之有也。十日存养之，一日放纵之，而心不丧者，亦未之有也。故曰不恒无效。又人欲成佛，犹卵之欲成雏也。人有百年之寿，天地之制裁也。卵有二旬之寿，亦天地之制裁也。人必尽百年而后全灵，灵出于身。卵必尽二旬而后全雏，雏出于壳。于此以前，妄求速效，六通万变，见鬼见神，皆邪念也。只问心纯不纯，不问效有不有，所谓千岁之日，至可坐而待也。木自发荣，卵自气化，雨露自吸，煦妪自宜。既已自然，复何难哉！苟不自然，虽御风乘云，交佛接仙，徒增魔耳。

生不择者，剪茧而水瓮也。

详释：地上之祸，莫甚于生不择。何谓生不择？鱼生一年十万子，不有以杀之，三年填江海。兽生一年十数子，不有以杀之，十年满大陆。生之不择，养之之物有限，住之之地不增，安得而不杀哉？人之生也，虽少于他物，然犹生多于死。夫生既多于死，必有人满之时。故已伏不能不杀之机矣。此何故哉？一曰恶因，二曰种贱。何谓恶因？物生地上，如茧生手脚。

不剪不生，愈剪愈生者，手脚之重茧也。不杀不生，愈杀愈生者，地上之众生也。杀种恶因，此生之所以不择也。何谓种贱？凡地上诸物，贱者多生。茅贱于兰，故茅多生。虫贱于兽，故虫多生。地上之物生而不择，故有以知其贱也。如去其恶因，去其贱质，生物当自择，决不至如此之多且乱矣。不多且乱，于不生不灭之理，庶几近焉。

此地秽小哉！斯人贱恶哉！遗根犹恋，祸至食母。

详释：此地秽土，见于佛经。罪人所居，耶稣亦云。坤地属阴，《易》比小人，古圣言之，无足疑矣。故予谓地为一尘土如一块粪，地既如一块粪，即人为粪上蛆。予又谓地如污池，即人为池中鱼。此地秽小，斯民贱恶，无可疑矣。又何谓遗根犹恋，祸至食母？前篇已言，我若护我六根则夏楚至，然则我若更护遗根则夏楚更至矣。何谓遗根？遗根者，我之子孙也。我之六根既化，而遗此六根于子孙，如苔之遗根又生苔也，故予名之曰遗根。何谓食母？食母之说，见于老子，予绎其义，水土生草木，草木即食水土。草木生虫，虫即食草木。推至禽兽与人，莫不皆然。生机之中，即伏杀机，我之所生，苟悖于理，即杀我者也，又何谊乎？枭獍其犹显者也，故枭獍之生，非全无理。夫我恋六根以害他尚且不可，而况恋遗根以害他可乎？于是夏楚之毒来矣。秦嬴政杀天下之子孙，以利其子孙，利尽四海而其子乃灭其族；隋杨坚贼天下之遗根，以肥其遗根，富有南北而其子乃杀其身；报施之理然也。今之人忍心害理，恃智与力，欲为子孙广置田宅，遗留权位，而豚犬养之，此杀身灭族之术也，其可以久乎？古人有言："世世生生不入帝王家。"即当更言世世生生不入富贵家矣。故予谓遗根不可恋，此理之明，更何待辩哉！

然而对此，益勉于仁。

详释：予又恐人误祸至食母之说，至于父不慈，子不祗，父谓养子之无益，子谓逆父之无罪也。故重申其说曰："益勉于仁。"续前文不过物之说，而推本孔子之言。仁人不过乎物，则爱身护根何害？孝子不过乎物，充其义慈父亦不过乎物。孝子、慈父不过乎物，则爱子孙、护遗根何害？吾护此根，以利众生也。父有父之道，子有子之道。父如尧舜，其护遗根，贤于嬴政、杨坚远矣。由是观之，丹朱之不肖，舜之子亦不肖。乃真宰教以不护遗根之义，以示天下，非绝无天理也。人各尽其仁耳，又何疑乎，又何疑乎？

不先明出世之旨，何以成入世之功乎？

详释：吾人入世，无超尘出俗之想，一司大权，即思自利，盖不知自利之道也。自利之道，尽吾之所有，以利众生。身尚当舍，何况于权利名位哉？故有尧舜之德，然后可以为天子，汤武已非矣。有伊尹之德，然后可以为宰辅，吕周已非矣。何也？明知百年草草，顺尽神化，所以劳劳有所营者，不得已也。若有一毫眼耳鼻舌声意之欲，以恋色声香味六尘之秽，虽利溥大地，终是人天小果，有漏之根；况乎有权有位，为所欲为，偶一成功便为败类，暴君污吏，悍将骄兵，不足为众生之福，反以为众生之毒。虽东奔西走，自号英雄，据地持权，妄言救国，只如蛆争食粪，臭死溷中，堕其灵魂于地狱，使其子孙为枭獍，自害害他，亦可哀矣！故予欲详论世间法，而先论宇宙真理。使人明此，庶乎可以为成功之英雄。利济四海，死为仙佛。利己利人，利子孙利后世也。

故人去其草智。

详释：今之人，妄欲以我相广据地利，多聚地上之金宝，多置地上之田宅。大之则欲为全球帝王，小之则欲为一方侯伯，此草智也。何谓草智？草之根，其速蔓延者，岁可数丈。一岁生子，又千百万。以此计之，不及十年，统一地球者，此草也。人之得利，其速发展者，岁可数倍。其业愈大，其利愈多。以此计之，不及百年，统一地球者，我家也。不知草愈毒，人愈欲锄之。人愈贪，天愈欲诛之。草不知有人，人不知有天。一也。夫上有灵物，以栽培倾覆之。下有同类，以争夺杀伐之。其能自保，也几矣。故知宇宙之真理，则不为草智，而顺应乎玄元，斯至矣。争夺广利，妄用心力者，其知之。

世后其形治。

详释：何谓形治？形而上者谓之道，形而下者谓之器。凡无形而合宇宙真理者道也，灵觉精诚通焉。凡有形而听真理主宰者器也，物质六根接焉。孔子之治曰："自古皆有死，民无信不立。"是先道治，而后形治也。管子之治曰："衣食足，而知礼义。"是先形治，而后道治也。故曰："管仲之器小哉。"偏重器，故小也。今之为治者，明其法律是形治也，富其货财是形治也，厚其食服是形治也，利其器用是形治也。纵使富过欧美，宁比贞观，水火菽粟，不过饱食，绵丝积山，不过暖衣，内则道不拾遗，外则四邻不侵，不过逸居。此孟子所谓"饱食、暖衣、逸居而无教，则近于禽兽"也。近于禽兽，富岁多赖，眼耳鼻舌身意之欲，愈发愈狂。呜呼！欧美之祸，尤甚于中国，横流趋乐，护根之为害深也。有圣人起，必先教以超尘之理。佛氏所谓"天界之乐"，尚不可溺，而况于此秽土之上乎！是心溥于世人，然后能念念出尘，念念离欲，不待法律而自治，谓之先道治。先道治者，使民近宇宙真理也。愈近宇宙真理，则太平愈久矣。又不以形累觉，天下之人，无或为腐卵，岂不休哉，岂不休哉！

　　就尘合理，乃曰至圣。

　　详释：真能合宇宙真理，非吾人所居秽土之上之众生所能全也。宇宙真理，万物并育而不相害，道并行而不相悖。小德川流，大德敦化。今地上众生，无论他物，不能尽合宇宙真理。人为至灵，犹且必交而生，生不合宇宙真理也。必老而死，死不合宇宙真理也。必食必衣，不害虫鱼，亦害草木，非并育不相害也。必寝必兴，不入阴幽，即入阳明，非并行而不相悖也。又非入火不热，入水不溺，御风且不可能，而况乎乘天地之正，御六合之变，以游于无穷哉？虽然，已入六尘，已混六根，就尘自解，谁曰不宜？夫六根如笋之壳，笋得地顺养，自然脱壳而成竹。人得天自养，自然脱根而成佛。时知此身，万恶之根，顺受百年，以待成佛。又教人民，皆知此身，万恶之根，顺受百年，以待成佛。则天下皆勉仁竞义，守真抱和，又何万恶之有哉！佛曰此是"应舍之身，万恶之根"。此之谓也。老曰："若吾无身，吾有何害。"广之曰："若民无身，民有何害？"宇宙真理，虽不能以尽合，近于宇宙真理，可以长治久安矣。愈近宇宙真理，则治安愈长，人岂可不就真理哉？吾六根不能合宇宙真理，吾真心、正觉独不能合宇宙真理乎？又譬如囚已戴桎梏，若顺长上之心，自然桎梏早脱。此秽土狱也，眼耳鼻舌身意六桎梏也，其可不顺宇宙真理而求其早脱乎？无求生以害仁，有杀身以成仁，仁合宇宙真理也。故至圣与天地合其德，一仁而已矣。

爰垂涕泣，多言切告。

详释： 呜呼！予悲极矣！今之豪杰，迫我以勤国，曰不勤谓之不肖。今之智士，教我以主义，曰不从谓之不明。呜呼！盲人瞎马，谁真见宇宙之理哉！况其意又不诚，量又不大，不过欲遂其一偏之见，一党之私，一人一家之权利，一生一地之虚名。予故欲著书百万言与之辩。有愍予志者，其广予论，以问天下之论理者。他如世法、国法致太平之术，当续论之，而一以宇宙真理为归。

附启事

衡思此理，反复数年，认为根本哲学，一切真理，必由是基。平平常识，不神不怪，然尚祈高明，更加斧正。赐示交成都忠烈祠街止园尹宅。

（四川官印刷局，民国12年3月印行）

劝将篇

起原

呜呼！关、岳者，将中之所谓圣者也，而不得善终，而子孙殄夷，此何故哉？一将功成万骨枯，杀人既多，人亦杀之，此佛法之定例，不能以世法之所谓忠义者洗之也。

夫关、岳之杀人，为国也。为国杀人且犹凶，而况于今日之将，所为者权利之私，所标者不正之谊，其凶也何可胜道哉！人亦太不自爱矣。诸葛亮见庞公，伏拜于床下不起，庞公卧而教之。若是则庞公之才，必远胜于诸葛亮也。刘表欲起庞公，庞公不起。表问："何以贻子孙？"庞公曰："人皆贻之以危，吾独贻之以安。"故诸葛亮之子孙，全死于绵竹，而庞公拔宅以仙。悲乎！倘诸葛亮不出，蜀、魏之民，少死十五。杀界其可犯乎？颜氏家训，不许子孙为将，盖有覆宗绝祀之惧也。为将者，其懔之！

经学

考之于经，《孟子》曰："故善战者，服上刑。"卫灵公问军陈［阵］之事于孔子，孔子怒极而行，盖以战为务，圣人已决断其不能善国矣。《老子》曰："杀人众多者，以悲哀泣之。战胜以丧礼处之。"其疾兵可谓至矣。为将者见恶于圣贤，亦极矣哉！

人格

考诸万物之以杀为生者，枭被恶皮，人则有皙白之肤。虎睁圆眼，人则有文凤之目。鳄生刺尾，人则有不曳之尻。狼露横牙，人则有平贝之齿。豹附深爪，人则有圆薄之指。蟒吐毒汁，人则有清洁之唾。且虫鱼不能直立而冲天，故相食，人然夫哉！禽兽不能言语以和意，故相食，人然夫哉！人既全大仁之形，赋冲天之体，有和意之舌，则宜万事讲礼，有疑即辩，不宜如禽兽、虫鱼之互斗。乃竟如禽兽、虫鱼之互斗，是丧失人格也。丧失人格，以博身外之物，高官大富，又焉用之。且独不见夫枭与獍乎？枭杀他鸟以饲其子，而子必食之。獍杀他兽以饲其子，而子必食之。好兵之家，杀他人以饲其子，齐桓公见杀于子，赵武灵见杀于子，隋杨坚见杀于子，安禄山见杀于子，史思明、朱全忠见杀于子。盖天理灭绝，天亦以枭獍待之，不复以人视之矣。推《楞严经》因心成体之说，则好杀者必为禽兽、虫鱼，人格因权利而堕。悲乎！

良 心

呜呼，哀哉！好兵之人，良心安在？送兵士于枪刀之下，断手足、丧首领而不惜；掠人民以虎狼之威，售田宅、卖妻子而不怜。至于己身，亦知战败而走，顾命如鼠；亦知聚财为富，怀安如猪；人之生命，独非生命乎？人之家室，独非家室乎？士兵一月数元之饷，以身首易之者而不可得，乃诸将田连阡陌矣。人民终岁辛苦之资，以胼胝求之者而不获享，乃诸将积金如山矣。士兵何罪，死又何名？人民何辜，输将何为？恸极矣。士兵之与吾民也，徒以生命财产供诸将之贪饕耳。为将者何不反问诸良心，设身处地为士卒、平民一想也。良心丧者人格失，《楞严》之理不诬，则白起数十世变牛之事实，必有之也。

无 明

佛之所谓无明者，无有聪明、智识之谓也。为将者纵然无明，人间常理岂亦不知乎？人生一世，除衣食住以外，惟有保子孙、成圣佛二事而已矣。为将数年，官至上级，家财或十万或数十万乃至百万者，不知凡若干矣，衣食住当必无虑矣。何不玉馔琼馐，尽享人间之福，广园华屋，安闲地上之仙，乃复倡乱酿乱，惟恐不足？恐一朝天怒人怨，虽欲全首领而不可得。曾不如寒士之箪瓢陋巷，鹑衣百结，而能逍遥于林下也。为将者之计亦左矣。至于为子孙计，则当积德，不当积金。积金如嬴政，生子能败之。积金如杨坚，生子能败之。不惟败之，且灭其族。试问诸将之买田治宅，能如嬴政、杨坚之多且富乎？夺人以肥己，天必覆之，则诸将之自谋，乃所以自杀也。悲乎！若问成圣佛，则适与杀人相反，更无论矣。以此据理而言，为将者全无明，徒以自害害子孙，入畜牲道，为天下后世笑耳。悲乎！又以害士兵、害平民，则更何必？详而算之，百无一得。列戟环甲，自诩聪明，由明者视之，可哀而已矣。汝能吸尽四海乎？汝能食尽八斗乎？何贪暴之无厌也。哀哉！可以悔矣，可以悟矣！

物　理

考诸物理，灵物外必有灵物，不能以五官测也。故人不能夜视而枭能之，人不能居水而鱼能之，人不能空游而佛能之，人不能天寓而仙能之。宇宙之大，何灵而不有，而人能自为谋夫哉！人之以兵自保而自尊者，其愚物之心乎？愚物如栗，生多刺以护其子，以为无或能剖之者矣，而樵必破之。愚物如棘，生多刺以护其身，以为无或能杀之者矣，而农必锄之。盖栗、棘不知有人，人不知有天也。栗、棘以兵利自保，天必破之也。《老子》曰："刚强者，死之徒。"刚强之极，孰有过于善用兵之将哉！进论诸愚物，贝生厚壳，如人之坚甲也，以为无或能碎之者矣，天必生星鱼坚齿以碎之。猬生棘毛，如人之利兵也，以为无或能诛之者矣，天必生黄鼬以诛之。灵物之外必有灵物，坚甲利兵以自保，见恶于天，不可逭也。此理虽非深通佛理者不明，而喻以飞潜动植，则又明甚。人胡不远取诸物，近取诸身，而深长思之？岂惟坚甲利兵见恶于天哉！凡有我相者，犯佛法四戒之首，天皆必杀之。故以逃谋生保我相者，有飞鸟，天必生鹰鹯鹤以杀之。诸将之战败而走，能如飞鸟之速乎？以藏谋生保我相者，有蝼蚁，天必生食蚁兽以杀之。诸将之租界潜匿，能如蝼蚁之深乎？鱼潜于渊，有獭杀之。兔走于野，有虎杀之。我相若著，即干天诛。诸将人谋千百，不如天指一弹，弗思甚也。我是用大悲。我是用大哭。

误　观

西哲误观天刑之戒我相也，而发明优胜劣败、弱肉强食，以为天演之公理。世人不察，是用好兵。其哲学之错，几祸天下。误观于盗贼之群，则以不耕而劫为能事。误观于娼妓之群，则以不织而淫为女红。误观于禽兽、虫鱼之群，则以优胜劣败、弱肉强食为天演公理。不亦宜乎！是观误也。人当上与天合，奈何下与草木、虫鱼合而自取贱也？亦不知同形相食者，惟鱼而已。鱼以横附于地，故同形相食也。至于禽兽，能以邪立，则同形不相食矣。若认优胜劣败、弱肉强食为公理者，是禽兽之不如也。今以草木、虫鱼、禽兽、人类为四级而观之，愈近天者杀机愈少，生殖愈稀。今若尚杀，是不一直通天，而反倒植通地，则是庄子所谓"倒植之民"也，则是《易》所谓"后入于地，失则也"。宜夫其为地狱饿鬼、畜牲道中之人也。悲乎！

草 霸

草霸王大有私计者也。蒺藜之为草也有毒刺，草木、虫兽皆不敢近。常自诩曰："我有兵利身，以据地盘陆。而一岁生实一升，即升而播之。二岁站千亩，生实百石，即百石而播之。三岁延十里，不十年间，霸天下者，非本蒺藜而何？"呜呼！蒺藜之为计，诚不左也。诸将朝增一军，午夺一库，夕站一邑，其私计亦如蒺藜之不左也。天下可尽生蒺藜乎？人可尽为兵乎？果如诸将计，将化四川七千万人为七千万枪，化中国四万万人为四万万枪矣。蒺藜不知有人以锄绝之，诸将不知有天以诛灭之也。人生百年，胡不自爱惜，而自干天刑也？吾无以名诸将，名之曰"草霸王"而已矣。卑污愚陋，乃至此哉！

不 仁

生人之理，互助为仁，互害为暴。故孔子之释仁也，曰："己欲立而立人，己欲达而达人。"今之为将者，己欲立而扑人，己欲达而塞人，是与仁适相反也。孔子杀身以成仁，诸将求生以害仁，仁既害矣，则非人也。

何以非人？夫人之附此形也，形中全无生机也。人之形如桃然，桃有毛，人亦有毛；桃以毛被皮，人亦以毛被皮；桃以皮被肉，人亦以皮被肉；桃以肉被骨，人亦以肉被骨；桃以骨包心，人亦以骨包心。故桃之成树也，毛皮肉骨心皆无用，惟发育其办［瓣］中合水土之仁。人之成佛也，皮毛肉骨心亦皆无用，而惟发育其性中合天灵之仁。今若舍仁以养口体，肥泽其毛皮肉骨五脏，而丧成佛之真性，又不如剖肠以为食，剥皮以为衣，割首领而易冠冕也。呜呼悲哉！人之身，千秋难得，徒以一世为将，而丧失尽尽，如钻核之桃，不复能参天盘地矣！

无 成

至于以兵威期成功，古无有也。天道恶兵，杀人者非安人者也。天之道，用过不留。用斧已，斯弃斧，用铚已，斯弃铚，人既杀，则杀人者亦为天所弃，不更留也。是以吞六国者秦也，而安受六国者为汉；吞蜀、吴者魏也，而安受蜀、吴者为晋；合南北者隋也，而奄有南北者为唐；灭五代者周也，而总承五代者为宋。是故李自成、张献忠徒为满清作功狗耳。杨广之自荒，郭威之无后，岂非天哉，岂非天哉！夫马上得之，不能以马上守之。得之与守之，事务不同，而能力亦异也。又如俳优之人，惟有武技，全无文曲，武技既毕，自不再留。今之为将者，何苦为他人作嫁衣裳，而带一身罪孽哉！亦太愚不可解矣。吾乃为之不胜其悲。

迁 权

武人一生之争，惟务迁权而已耳，外此无他事。故一言以蔽之曰：杀人迁权，武人之能事，毕欲望懑〔满〕矣。

何谓迁权？曰夺他姓之权，迁与其子孙；夺他人之权，迁于己一手；夺仇敌之权，迁与其亲爱；如斯而已矣，如斯而已矣！

夺他姓之权，迁与其子孙，则今非世袭封建时矣。夺他人之权，迁于己一手，一手能掌几多，能掌几日哉？仍亦夺于所谓仇敌，以迁与权利于其所谓亲爱已耳。此则太愚矣。譬如夺虎之食以与狮，身亦见噬于狮。夺狼之食以与豹，身亦见噬于豹。徒殉以身，又加万恶，其何益之有！曹操、朱温，世之所谓极狡也。曹操以司马懿为所亲爱，而以蜀、吴为仇敌。朱温以子友珪为所亲爱，而以后唐为仇敌。故曹操夺蜀、吴之权，以迁与司马懿，而司马氏乃族诛其子孙。温夺唐室之权，以迁与其诸子，而其诸子乃劙刃于其腹。

呜呼！谁为仇敌，谁为子孙？有道则天下之人皆亲爱也，无道则天下之人皆仇敌也。若徒夺彼以迁与此，方今忠义藩篱，破决无遗，今日之同党，即明日之参商也；今日之部下，即明日之枭獍也。此而不知，乃日好战，夺夺相仍，终亦徒劳而无成，为天下后世贱恶，且又杀身灭族以殉之而已。地上之土，何须我担入海中。人民之权，何须我集于一党。拯溺救焚乎，亦惟水深火热耳，徒取诸彼以与此。然且仁者不为，况于杀人以求之？悲乎！

易 学

故《周易》之理，于治国有三时焉，而皆不以兵。何谓三时？一曰"临"。临莅也，平时莅民也。二曰"坎"。坎险也，言国情危险也。三曰"蛊"。蛊坏也，言国政败壤［坏］也。若今之人笔著《大象》，必将曰：地泽临，君子以集枪畏民。又必曰：水渐至习坎，君子以强兵战胜。又必曰：山风蛊，君子以穷兵黩武。盖武人之脑中，但以兵威武力为万能，苟一战而胜，国事、天下事、省事皆易为矣。故于平时临民，乱时救坎济蛊，皆以兵为无上之利器。而孔子则不然。于临曰"地泽临，以君子教思无穷，保民无疆"而已，不言兵也。于坎曰"水渐至习坎，君子以常德行习教事"而已，不言兵也。于蛊曰"山风蛊，君子以振民育德"而已，不以兵也。孔子之意，处之以教为要。诸将之意，处之以兵为急。此圣人之所以为圣人，愚人之所以为愚【人】也。夫兵与教之用，大别何如？兵束民形，教善民心。兵者政之奴，政者教之奴也。以兵束民形，犹未必能使民善。以教善民心，更不须再用兵力。

今之诸将，目不寓圣贤之书，心不达治平之策，纵令战胜，战胜何为？亦徒为民之蠹而已矣。悲乎！《论语》曰："去兵去食，无信不立。"盖言兵轻于食，食轻于信也。信者何？信道也，信教也。倘诸将一悔其心，以用兵之财力谋食，则水火菽粟之隆可致也。以用兵之财力谋教，则人尽圣佛之隆可致也。呜呼！有智者出，必与诸将帅割席分途，以图淑世。十年之后，百年之后，千万年之后，今日之穷士，仅操毛锥一只者，必在天尊为神佛。而今日之大将，拥有铁炮亿兆者，必在地沦于禽兽。吾岂慑于将帅哉！爱之极，哀之极，垂涕泣而告，不忍以越人弯弓视之也。悲乎！

现 敌

现敌不足谋也，而未现之敌无穷。现害不足去也，而未现之害无尽。大凡良将之所谋去者，惟现在之敌，眼前之害耳。常以为去此，则莫予毒矣，亦不知螳螂捕蝉，黄雀在后，黄雀之后有弹人，而弹人之后有虎也。《深虑论》未尝读乎？秦人惩周之封建，尾大不掉，乃去诸侯，而郡县天下，而败亡之祸，遂种于孤立。汉惩秦之孤立、周之置异姓，乃非刘不王，大树亲藩，而杀伐之祸，遂种于昆弟。光武之惩哀平，魏之惩汉，晋之惩魏，各惩其所由亡而为之备，而丧乱之踵相接也，每出于其所不料。呜呼！谋眼前者亦太苦矣！毒未尽于心，而搔眼前之疮，搔一生百，不可为矣。水未清于源，而扬眼前之流，劳多功少，不可为矣。人之耳目心思有限，而真祸真福，每潜伏于天机。今诸将不以诚仁徼天锡之祜，而惟汲汲以去眼前之敌，至于民怨神恫，左右皆敌，弟兄皆敌，又将何以去之哉！《阴符》则不读，《周易》则不探，用尽私心，纯干天罚，终亦无所逃命而已矣。

我 杀

仓颉之造字也，我字从杀从戈。盖凡有我相，即是持戈相杀，不必进而害人，业已杀机显露矣。故孔子之言"仁"也。曰："克己复礼为仁。"克己者，即除去我相之谓也。佛教四相皆空，而首提我相，亦孔子克己之意。不如此不足以言仁，不足以言道也。

今诸将之自为谋也。曰："我必大富，夺我富者，我必杀之。我必大贵，夺我贵者，我必杀之。我必长生，夺我生者，我必杀之。我必绵嗣，夺我后者，我必杀之。"呜呼！谁夺汝者？汝自不夺，谁能夺之？汝自不杀，谁能杀之？岂惟汝欲保富贵绵嗣分外之想，始干天怒哉！汝即惟欲自保生命，亦干天怒也。自保生命且干天，况又于生命之外，更欲保富贵而绵嗣哉！

今试举自保生命，而干天怒之例，以告于诸将曰：世之欲自保生命者，有以逃生者，有以坚生者，有以藏生者，有以琼森者，有以用生者，有以多生者，有以狡生者，有以顺生者，有以毒生者，有以垢生者，而皆不可保也。以逃生者有飞鸽，一日万里，天必生鹞隼以杀之。以坚生者有厚贝，硬甲三寸，天必生星鱼以杀之。以藏生者有蝼蚁，天必生舌兽以杀之。以琼森者有虎狮，天必生猎人以杀之。以用生者有栋梁，天必生樵夫以伐之。以多生者有蔓草，天必生虫介以杀之。以狡生者有大猿，天必生狨精以杀之。以顺生者有牝牛，天必生虎豹以杀之。以毒生者有金蛊，天必生猬毛以杀之。以秽生者有蝇蚋，天必生蜘蛛以杀之。吾考万物谋生之术有十，而天之杀之之道亦敌其十。苟有我相，必犯天杀。若免天杀，必去我相。此言高矣迂矣，而近证事物之理确不爽。呜呼！诸将何不谋长生成佛之道，而先除我相，以自生而生人也。悲乎哀哉！予不禁为之号哭声嘶也。

寿 限

诸将之寿，仅百岁耳，而此百岁之中，日食不过一升，夜眠不过八尺。杀万人，吞天下，而日食夜眠，仍不过如此。不杀一人，不吞一邑，而日食夜眠，亦不过如此。诸将亦知此百年之中，有何变化乎？夫人有百岁之寿，在寿之中自熏成种，以后成佛者此种，入地狱亦此种也。

人之成佛，如蝌蚪之成蛙，卵之成禽，虫之成蝶，草之开花也。蝌蚪有一月之寿，时满而化蛙。卵有念日之寿，时满而化禽。虫有四旬之寿，时满而化蝶。草有半岁之寿，时满而自花。人有百岁之寿，时满而化佛。是故蝌蚪见轻气之流遍于陆也，即就其身生脚，上陆以享之。蠕蝶见木精之发荣于花也，即就其身生翅，登花以享之。

天地之间，精气流通。地犹水也，天犹陆也，相隔等一间耳。地犹根也，天犹花也，相连等一脉耳。人既生于地上，直立而通矣，岂有不上天成佛者乎？决无是理也。限以定寿，即限以变化之时也。不然，天岂有不欲人之长生，而必为之仅限百年哉！如此，则明知百年之期，不是真常，一入真常，则当不死。是百年中，如白驹过隙，如旅客投馆，何苦以须臾之乐，而害成佛之永乐哉！杀人者入三途，乃以百岁中，日食一升，夜眠八尺之细故，造孽至此，为将者亦太不自爱也！悲乎！

潮 流

为将者，欲以兵威天下，行一己之政见乎，而不必也。此后国家世界之隆盛，全在人民之自动，不必以兵威，迫而动之，有英雄出，示之以模范斯可矣。此后国家世界之文明，全在人民之自觉，不必以兵威，强而觉之也，有圣哲出，教之以正道斯可矣。故挟政见而欲利他，以成英雄圣哲之业者，当勉于理学，勿勉于战争。何以知之？天地之气运，以器而维系道，是以形而下，维持形而上也，于卦象为否。中国三千年以来之历史，皆否象也。否极当泰，泰则以形而上之道，维持形而下之器。

居今之日，动机已现，专制初脱，平等渐现。人虽非尽圣贤，而思想高于周秦诸子者日益多矣。权虽非尽归民，而思想言论、著述之自由，活于君主时代矣。为军阀者，尚欲袭已衰之君主专制而齐民，是秋暮之蚊蟹，冬初之肄禾也。秋暮蚊蟹，不能复如盛夏之猖狉。冬初肄禾，不能复如中秋之成实。盖余气也。今之军阀，不能如前二三百年前君主专制之竟功，亦余气也。有盛夏之虫毒，故余气必有秋暮之蚊蟹。有中秋之大获，故余气必有初冬之肄禾。有二三百年前君主专制之威力，故余气必有今日之军阀。余气岂能成事乎！夬卦之象已着矣。

今人不读《周易》，故不知夬卦之理。明以告之曰：夬者，决也。夬者，斩立决也。一阴邪，在卦之末爻，虽威威赫赫，居然在上，以压抑正气，惟有犯天之罚，招斩立决之祸而已矣。不成功也，今之军阀是也。可不悲哉！三千年武力运命，于今将告终矣。为将者，奈何不知潮流，至于此极也。可哀孰甚！

为　私

以言夫为私，则更大背时会矣。今日之潮流，不尤可畏哉！公产之风潮已盛，而为将者，方求积多金以图富。平权之论议已倡，而为将者，方求居高位以图贵。此之谓背大时。背大时，妇人孺子之所极畏也，而诸将顽冥不畏，是犹之东方将明而始作贼，猛火已至而犹筑室也。今日公产之风潮，迫于东方将明矣，诸将之图富，是作贼于黎明之短刻也。今日平权之论议，烈于猛火已至矣，诸将之图贵，是筑室于下风之火头也。不能以一日享之，又杀其身，岂非大可哀者欤？将剧［据］一地以称霸，谓封建制度能复乎？将拥一军以称贵，谓世袭爵位能复乎？明知其不可，则又何必。赶水投机，亦宜先刻，奈何而愚至此也！况乎冬初之蚊，不终日而死，仲冬之菊，不盈掬而谢。故袁项城作背时主义，至于今子孙已贫。冯河间作背时主义，至于今多金已散。此皆天之所败，谁能兴之？又贻万世之羞，成一日之笑柄。悲乎哀哉！为将者，可以醒矣！

过　物

孔子曰："仁人不过乎物。"盖一人之福有限，衣暖食饱之外，如有多耗，则为"过物"，过物斯不仁矣。故古者以一兵而卫百民，民与兵易劳，其时之兵不为赘也。今则以兵卫将而已，将之家庭八口，不耕而食，不织而衣，已是过物，过物斯干天罚矣。况夫增一兵则减一农，增百兵则减百农，增千万兵则减千万农，民之所由饥，为将者即使拥兵不战，业已罪大恶极矣。加以增一兵则增一匪，增百兵即增百匪，增千万兵即增千万匪，民之所由残，为将者又更招匪为雄，此罪宁可计数哉！孟子曰："我善为战，大罪也。"予更将曰："将即不战，亦大罪也。"一中将而减万农，增万匪，一农当食九人，平时已杀数十万人矣。一校尉而减千人，增千匪，下农即食六人，平时已杀数万人矣。民之饥杀，兵之多也。以此算之，为将之罪，可惊可骇。语有之："一代为官，九代牛。"若一代为将，不知若干代牛矣！非以变牛偿尽饥民之债，又安能得人身哉。悲乎！

荒权

权之为物，圣人设之，以为民谋共利者也。而诸将乃以力夺而荒废之，此罪莫大焉。古者谓权为神器，盖百神之所拥护，以假于圣贤之手者也。若以力夺而荒废之，是干百神之怒也。非匠而欲夺筑室之权，不能落一栋，则主人必逐之矣。非工而欲夺制器之权，不能成一物，则主人必摈之矣。非文治之才而欲夺治民之权，不能建一事，天命必殛之矣。故《易》曰："眇能视，跛能履，武人为于大君。"言以武人而为一国一省之长，如眇之不能视，如跛之不能履，徒及于履虎尾之凶而已矣。据田而不耕，据井而不汲，才不先量而自及于恶，可哀也哉！又以累吾民，哀斯大矣。故孙子战后归老青山，阳明平蛮拜表即去。今之诸将，其学识才德如孙武子、王阳明否耶？而乃不安本分，见官即居，见权则攘，有蜣螂逐秽贪污之僻，而无高山流水清淡之想，不亦误乎！何不自爱，纵无成佛成仙空谷静定之妙悟，亦不知人生百年为乐几何？强担不任之重，以折脊而断胫，亦可怜矣！《诗》曰："受爵不让，至于以斯亡。"其今之诸将之谓乎！

转祸

以上十余则观之，将有百害而无一利，将之于国也，有百损而无一益。然则，将必不可软？曰：转祸为福，懔之慎之，诚有虎尾春冰之惧者矣。释伽侔尼为太子，弃家入山，其父白净王命韦将军追之，韦至雪岭，闻佛说法，遂从之学道。若韦者，可以谓之转祸为福矣。中国之为将者，黄帝有坂泉之师，太公有鹰扬之略，后世马伏波、李西平、郭汾阳、孟璞玉、钱镠、马殷、曹彬、徐达之流，皆得富贵寿考，子孙昌达，此何故哉？考诸人之史载，皆以爱敌如亲，视民如伤，忠于国，顺于君，万不得已而后出于一战者也，故有福也。《易》曰："师，贞，丈人，吉。"贞，正也。丈，大也。言用兵而不悖正道，以圣贤当之，则亦吉也。如是则为将亦不必凶，要在真诚守正，真［贞］足以当大人，不能借《易》辞以示皮毛而自宽也。进而比之，兵如鸩毒，兵如蛇蝎，良医用之得宜，则鸩毒蛇蝎，亦有时可治大病，特不可如水火菽粟之常服耳。慎之哉！

易　功

呜呼！将亦大易立功矣，胡在不思？吾川有七千万人马，千万人齐心望治，不易治也。苟七大将一心忠于川，而川人即皆安矣。是以一人之力，功高于千万人矣。吾国有四万万人焉，万万人齐心望治，不易治也。苟四大师一心忠于国，国人即活矣。是一人之力功，高于万万人矣。国如一舟然，而将掌其舵。国如一牛然，而将牵其鼻。奈何不顺流而泛，当路而引，乃必欲泛之以触礁，引之以下阱也？悲乎！今举十大鉴，以恸哭流涕，代民乞命于诸将之前，且为作将者开三面之网。为将者，祈平心而谛察之，则一将功成，不至于万骨必枯矣。

十　善

将有十大恶，反之即为十大善。兹十善时忖于心而实行之，则为将者可免于罪戾，不受地狱之沉沦矣。

何谓十善？一度己才德，必能救国，而后为将。才德稍不足，则宁求仁人而让之，不必代人受过矣。夫杀人安人尚且不可，而况于杀人未必能安人耶？二度非己不能任国事，万不得已，而后为将。如人亦能任之，与我同贤，则功不必自我立，名不必自我成，免犯杀机，以修我慈可也。三左右皆贤人才，集足而后为将。朝夺得权，暮能善后。如人才不足，虽夺得权，如包工匠人不能成室，又遭他人之夺，徒多杀一次，则亦可以不必矣。四立名定义，自站一是，而后可以为将。如汤之仁，敌我者桀。如武之明，敌我者纣。我不用兵，天将促我，民将呼吁。如敌方亦有是处，则万不可以衅自我开矣。文王尚能容昆夷，昆夷岂有多是哉！五不为私利，纯因救国护民，而后可以为将。如有丝毫权利之心杂于其中，则杀人之罪，毗〔皆〕归于我也。六开诚布公，先言真理，再三明告，人终不服，而后可以用兵。若阴谋自厚，故意生隙，则己兵、敌兵，皆因我而死，万恶滔天，不可逭矣。七责己严一步，责人宽一步，于利居其薄，于害任其厚，犹不已，然后用兵。否则因己生杀，伤一人，毙一马，皆己之罪也。八能标明大道，以教于人，如舜之化有苗，回祖之立大教，愚民不从，施以夏楚，金刚护法，而后可以用兵。此非自为至圣，或傍求贤圣不能也。欲用兵者，奈何不先勋于大道乎？九时会未能统一，则保境安民，以待时清。时会既有统一之人，则输诚纳欸〔款〕，毋争独立，如马殷、钱镠，而后可以身免于祸，子孙受福。若拥兵冯地，则是自及于戾也。十得一邑，则以圣治安一邑，得一省，即以圣治安一省，切勿一亩尚荒，又争二亩，二亩尚荒，又争三亩，而后可以真有功。若已据之土，已服之民，尚在水深火热之中，则进据他土，进服他民，必招苻坚、石虎之败亡也。是十事者，宜为作将之金科玉律。若一背之，身死名污，子孙必绝，凶鬼永号于地下，不亦悲乎！

直 言

直而言之，兵可尽裁，将可皆休。若欲福国，炉灶新修。今若十大将，齐心公谋，先使吾川立成乐土，各拥百万之金，尽享人间之福，而急修佛道，寿终皆成上圣，廊庙千秋，尊荣万代，休哉休哉，吾亦大快。若不听良言，呼号于地狱之中，蒙耻于百世之后，其时方知吾直，岂不哀哉！

（《消劫新书》，成都探源公司，民国12年8月印行）

成功论[①]

自 题[②]

翻然一悟是英雄，顺理承天好竟功。
我自名山高卧去，为民令已祭东风。

太昭题《成功论》 潜庐（印）

成功论

从正言而不成功失其所大欲者，未之有也。不听正言而成功遂其所大欲者，亦未之有也。人莫不欲自利益，胡反自贼害以累民哉？左焚右溺屡矣，吾深怪之，而又哀之，乃作《成功论》，以警之曰：

成大功者，只在常理。制衣筑室，非理不成。越岭渡江，非理不达。修齐治平，非理不业。清明则知，邪欲即塞。夫顺性成物，树艺犹然。真宰默运，不可违也。虚空灵妙，因应自宜。自三代作伪，杂欲设制，乱之本也，不可以为法。觉性圆融，当以教成，形虽载觉，奴政养之，是乃极乐。极乐者万类之鹄，卑劣夫，秦汉以后盗掠天下，犹非假于仁义亦无成焉。不然，势结朋侣，则舟中皆敌。小群不涣，则敌我益多。算有十全，败乃百出，物情然也。故圣人救正人心，以转移造化之运，终能补天陷，而立地维。恃力冯智，以取权物，是草木横刺蔓延，欲霸王四海也。故一误而万姓屠戮，再蹶而千秋焚溺，可不哀哉。夫人才功之本也，法与器傀儡耳。故我自贤而本

[①] 原著将此文与《英雄修养论》合订为一册，题名为《止园成功颂 英雄修养法》，但在著作权页中又改称为《成功论 英雄修养论》，今据此改今名。

[②] 此标题为编者所加，原文为手迹。

立，豪杰合而助多，权物亦末矣。三者备而后图，否则独任。木铎发蒙，恩尤弘。量而后入，能十而任八，则无栋挠鼎折之凶。世福于我实无得，宣劳众生尽乃终。盱世福者，如首自割，智者弗为。故目彻宇宙，而大利巨祸不迷。纯重至德，修己取人，机自至而不失。如水之见穴，朝宗必矣。行一不义，杀一不辜，伤仁而得天下，皆不为也。为之，是谓刎颈换冠，破腹易馔。有土守者安民胜残，福德交归之。举世将变，公哲勃兴，必成，岂可以智力护朝露乎？秋暮蚊蟹，自取灭亡，不如弘无外之量，俾终古罔替也。所惮乱平之日，又伏汤、武之毒，明者端本，必尽星星之火。乃常守其中和，不陷于两邪。丈夫奋曰：允克斯庸，随境运慈。上善不穷，勿为废虫。虽至困陋，贫贱犹不失为大雄也。奕世长保，虽天地其奈我何？摩挲日月，锐任洗磨。持志无暴，庶类咸和。

成功颂

顺理言功，天启圣衷。真宰无居，至乐太空。人事参赞，毋塞其通。私以窒性，罪极英雄。成觉后形，己物咸丰。去苦即乐，万类所宗。降为盗盛，亦须假容。势结内溃，小合他攻。算之在此，破之必穷。生机斯萌，草伪大凶。人才立本，法物自从。后天三合（己能、人才、物备），体足用充。德才气力，先天发蒙。合贤自量，莫竞云龙。我实无得，芥蒂不庸。得人重德，机在不谋。少杀毋妄，需时恩宏。力倾哲胜，今不古同。施溥弘仁，端本永隆。勿极而反，善用执中。水德不贰，自尽克终。胥奴蠢婢，罔不大雄。子孙奕世，锡人百朋。谁能阻我，直超太空。

详 释①

颂文：顺理言功。
详释：呜呼，哀哉！凡今之人，谁不望成功者？官欲富贵荣誉，而又寿终，又功在于世，而烈烈轰轰。商欲获利无算，而又阅躬，又万世永延，而子孙蒉蒉。凡兹万民，下及众生，汲汲忙忙，鸡鸣而起，深夜而息。呕心绞

---

① 原文为："上论颂终，下逐句详释。"

脑，千计俱出。胼手胝足，百务猬兴。问之本心，谁不欲成功者？夫成功者何也？不过修仙佛，作圣贤，安身命，得名誉，富家室，治中国，泽人物，靖天下，备万福，垂千秋，撑宇宙，包天地，如斯而已矣！全此十二欲，谓之成功，非尽人之所同志欤！① 若然，则易如反掌矣。何则？听吾言之，百不失一。区区十二欲，何足图哉！如听吾言，而十二欲有不全有不遂，或遗一二，或遗二三，请割吾头以为溺器，吾不敢食言也。虽然，欲至某地，必遵道路。欲治某事，必依常理。欲视物，必开目。欲饮水，必张口。此定则也。若门在东方，必西行而触壁。冠须头戴，必脚履而倾扑。欲视而剜目，欲饮而割喉。圆枘必以方凿入，求鱼必登木之颠。以是求成功，岂可得乎？然而，凡今之人皆如是也。乃反谓吾不信，岂不冤哉？成大功者，常识而已矣。有常识，则通常理。于是，不以耳目饮食，不以手足倒植。如此之智，谓之英雄，谓之神圣，必成伟业，万求而万应矣。夫煮蔌、种禾、筑室、坐卧，一步一趋，一唾一咳，极易而至简者也。皆必须事物之理而后成，岂可修身、齐家、治国、平天下而不依于事理哉？人奈何而不知此也。

颂文：天启圣衷。

详释：然而，人不知常理者，终必反道而行。岂其不欲成功耶？邪则阴祟其心脑，正则天启其圣衷。阴祟其心脑则无常识，天启其圣衷则知至道。入阴被祟，不识事理，以吾为讹，如醉人之不分东西南北也，如疯人之不认父母子女也。东西南北易分也而不分，父母子女易认也而不认，不过酒入其肠胃、病入其膏肓耳。酒入肠胃，病入膏肓，不过物入其体耳，物入于体尚足以迷其常识，况阴祟入于心脑乎！阴祟入心脑，如电与磁石之相应，自然之感，如声与音响之相和也。凡人之思邪念则感凶鬼，正念则感天灵。同声相应，同气相求，必然之事，万无一爽，非吾敢讹言也。《左传》亦曰："妖由人兴，人弃常则妖兴。"孔子亦曰："神之为德，其至矣乎！体物而不可遗。"圣贤无妄，不语怪者也。皆已明明言之，默默有主，岂吾讹哉？凡形而下之器，皆统于形而上之道。巍然宇宙，何气不有？紫姑乩笔，犹能召之，而况于人乎！静观一粒之蚁，一寸之鱼，一丈之象，一尺之犬，尚有灵觉，而谓若大乾坤，毫无灵觉，人虽至愚，何以如此？谓夜无光者，因人目不如枭，非夜无光也。谓金无香者，因人鼻不如狗，非金无香也。谓乾坤必

---

① 此处书眉上有批语（下简称"原批语"），说："紧记十二欲，即□功之途。"

无灵觉、邪鬼必无魔祟者，亦人之五官六根不能与通故也，非乾坤必无灵觉，邪鬼必无魔祟也。不然，恶人何以无常识哉？见赤日以为北斗，见陷阱以为衽席，怪孰有大于此者。今欲使人有常识，顺事理而期成功，非先教以感天灵，避邪魔，复何以也？① 人未醒酒，遂授以书，人未愈疯，遂传以艺，岂可乎？人未避邪魔，遂教以成功，亦可乎？故吾之言成功，先教以感天灵，感天灵则神智而常识备矣。此在宗教之能，非政治之功也，主教奴政则可。夫天灵何以感？何以不感？凶恶贪秽，淫污悖逆，有秽心邪念则不感，故《左传》曰："魂魄能冯依于人，以为淫厉。"仁慈空妙，真诚公直，有净心正念则感，故《左传》曰："神，聪明正直而一者也。"依人而行，人盖一直通天，受天灵之吸引，而后能端立者也。端立而后正智生，正智生而后常理识。若谓无天灵而能成功，则木石亦可以成功乎？若谓有邪魔而能成功，则魑魉亦可以成功乎？鱼之乱于海，虫之战于草，鸟之啄于山，兽之杀于圹，或横行，或邪立，不通天灵而常识闭也，虽有圣虫、圣鱼、圣鸟、圣兽，不得以利害觉之。人亦不通天灵，将如鱼虫鸟兽之不能以政教治，又何足与言十二功哉！苟修善道，天仁入地，神慧启人，圣明群起，庶类休嘉，乃十二功从之如水之就下，岂不易哉！圣贤仙佛获尽宇宙之大利，十二功归之无缺。恶人邪士受尽天下之奇殃，十二祸（反前十二功，谓之十二祸）随之皆备。② 十二祸者，堕三途，作贱氓，遭凶夭，负恶名，败家族，乱中国，贼人物，害天下，备万刑，羞百世，污宇宙，犯天地也。明知之而必入，《阴符经》所谓"沉水入火，自取灭亡，自然之道也。"凶邪之人而知此，憬然一悟，力反至道，万民同之，人心格上帝，天灵入心脑，百姓大清明，则太平立见，万古千秋，此功之伟也。呜呼，哀哉！奈何不省？《中庸》曰："天之生物，必因其材而笃焉，故栽者培之，倾者覆之。"栽者培之，天启圣衷也。倾者覆之，阴祟心脑也。皆天也，神也，默默之主宰也。至圣正经明明垂训，岂不信哉！吾以此为成功之基③，智者百思，能易以他言乎？今之人以谋利之故，害人多矣。淫厉从之，在膏之上，在肓之下，是以蔽其常识，如醉如疯，不知痛悔，功可成乎？吾不敢诋，实垂涕泣以告之也。

---

① 原批语："感天灵，避邪魔，□□成功法也。"
② 原批语："圣贤仙佛获尽宇宙之大利，恶人邪士受尽天下之奇殃，谁占便宜者，二语宜紧记。"
③ 原批语："成功之基，在天启圣衷，自我栽培。"

颂文： 真宰无居，至乐太空。人事参赞，毋塞其通。

详释： 农欲成功，能不顺禾之性乎？女欲成功，能不顺蚕之性乎？人欲成功，能不顺宇宙之真理乎？宇宙真理，复、泰，必以阳为本，阳，君子之德也。剥、姤，必由阴作祟，阴，小人之心也。君子有成，小人无成也。天地锻炼阳气，出阴归真。反其大本，功成而不居，至乐而永保。竹成壳解，瓜结花谢。此非深于道者不知也。至人何功，顺造化之则耳。吾乃詹詹言成功，就下士故也。若并此庸理而不知，更何以语于精微哉！蚕顺真宰，岁成其茧。鸡顺真宰，春成其雏。人不知此，曾虫禽之不如，可哀也哉！拔本塞源，智亦疏矣。今有能功盖宇宙而不有者乎，则至矣。成功者当以此为极，故特言之，以防大欲。

颂文： 私以窒性，罪极英雄。

详释： 成功者有三事焉，一曰保现在百姓百年安于地上，为治世之功；二曰保现在百姓寿终皆成圣佛，为教化之功；三曰保后来众生生后安于地上，寿终皆成圣佛，为遗法之功。① 若胜残诛暴，转危为安，转乱为治，如割荆棘，如驱豺狼，未知其功之成与否也。割荆棘而不种五谷，或种而不获，不得谓之成也。驱虎狼而不育善人，或育而不佛，不得谓之成也。亦如能剜疮而不能缝而药之，以至于痊，此医可谓成功乎？故胜残诛暴，转危为安，转乱为治，不得谓之成功，乃不列。世人务于此，不揣本末也。推之至理，人如卵然，世如巢然，佛如禽然，未来众生如未产之卵然，能成功之圣贤如伏卵之禽然。人必成佛，卵必化禽，此定则也。② 卵寿一月，寿终而不失其煦妪，必成禽。人寿百年，寿终而不失其教育，必成佛。此亦定则也。破卵不成也，罪也；保卵而不煦妪不成也，亦罪也；罪同也。今置卵于金玉之台，千人玩弄，加以麝兰，嵌以珠玉，涂以彩色，尽其一月之寿，可以谓之成功乎？殿臭必矣，亦如破卵之罪也。今置人于安乐之境，百礼敦崇，去其外害，美其衣食，壮其居处，尽其百年之寿，可以谓之成功乎？下鬼必矣，亦如杀人之罪也。夫眼耳鼻舌身意者，正觉之奴也，正觉之舟也。正觉之必成佛，如卵中生机之必成禽也。眼耳鼻舌身意，如卵壳卵皮之必无成也，终必弃之。然卵须静定不摇，乃不致殿臭。人须清净无欲，乃不为下

---

① 原批语："三功，治世之功，教化之功，遗法之功，须紧记。"
② 原批语："□□极要，须紧记。"

鬼。故孟子曰："饱食、暖衣、逸居而无教，则近于禽兽。"今者三代之功，欧美之盛，水火菽粟，不过饱食；锦绣裘帛，不过暖衣；宫室壮丽，盗贼不作，夜不闭户，道不拾遗，不过逸居；然而，无教亦使民为禽兽而已矣；即有教亦惟教以饱食、暖衣、逸居之则，是修器也，非修道也；无成也。修器不得谓之教也，故庄子薄尧舜，以其作伪也。尧舜不得已，作小伪耳。及三代以来，经礼三百，曲礼三千，庶政备举，百工大兴。有赏以启人好乐之心，有刑以启人恐怖之心，有丧祭以启人哀惧之心，有制度以启人纷乱之心。是皆以麝兰、珠玉、娱色淆扰卵性而促其速为殿臭者也，恶极哉！秦汉晋隋唐宋元明清以来，纯以人欲夺尽天理，颠倒万姓，既穷人欲之极，而自投帝王百官于殿臭，又用人欲之余，以驱使小民庶物皆殿臭，秽污天地，万恶备作。皆因秦皇汉祖晋帝唐宗凡号为英雄豪杰以及辅佐将相不知大道，其所谓功乃不偿其罪于万一。乱机之伏，伏于治时，坏极矣。夫治世之功，教化之功，遗法之功，统而论之，我能安身百年，养静成佛，示人模型，则一身三功全矣。胜于作万年帝王，而一功不成者，曰个人成功。我能安家百年，劝家人养静成佛，示他家以模型，则一家之功全矣。胜于作万年帝王，而一功不成者，曰一家成功。是二极伟之功，岂不易哉？人皆能成也，故吾曰十二功，易如反掌。个人之功，如老子、庄生、诸圣、诸佛有焉，谓之二本功。① 二本功何以胜秋〔于〕万年天子临驾全地而一功不成者哉？一只孵卵胜于恒河沙数之殿臭卵也，一粒柏子胜于恒河沙山之朽腐木也。何也？有生机种性与无生机种性之别也。有生机种性虽微，一粟之火可以烧天。无生机种性虽大，万山死灰绝无燃日。故成功在此不在彼，在教不在政。以理证实，秦汉以来历代帝王皆大罪也。认此为功，堕落无极。此非高论，常理则然。

颂文：成觉后形，己物咸丰。

详释：何谓成功？一曰成觉，二曰成形。以内外言，一曰成己，二曰成物。② 成己者，成己之觉与形也。成物者，成物之觉与形也。觉为真，形为伪，故成觉为主，成形不成形无关也。如曰成形不成觉，犹可以为功，则有人焉。筑室买田而身家尽杀，亦得谓之成功矣。斩首换冠，剥皮换衣，破腹

---

① 原批语："二本功□□成功，一家成功须紧记。"
② 原批语："成觉成形，成己成物，为成功四定论。"

换食，剜心换金，亦得谓之成功矣。不以此五者为成功，则已明知无觉无受无以享也。明知而固犯，则又何也？此在不知觉能离形而独立也，不知觉贵于形也，不知觉为形主也，不知觉亲于天也。然而吾深思之，非不知也，自欺也。若谓人不知觉能离形而独立，何以知形能离觉而独立？何以知酸素能离水素而独立？何以知虫鱼觉强于草木？禽兽觉强于虫鱼？人觉强于禽兽？知此，则是形与觉非必以相等对待为饱和性也（饱和性，见化学），更可见觉可以与形渐离而渐强也。渐离而渐强终必尽离也，如钉在木中渐抽而渐脱，即终必尽脱也。加以知拜冥冥无相之鬼神，并知不语怪之诸圣同言有形而上之道，是固明知觉能离形而独立也，又何自欺？若谓人不知觉贵于形，何以不割脑而忍剪爪？何以不削心而独断发？何以不抱死妻之尸而眠？何以不留死子之骨为嗣？是固明知觉贵于形也，又何自欺？若谓人不知觉为形主也，何以不思作则手不动？何以不思视则目不开？何以不思行则脚不前？何以不思言则舌不摇？是固明知觉为形主、形为觉奴也，又何自欺？如谓不知觉亲于天也，何以知男生阳精，女成血肉？何以知一直冲天智于横行？何以知地有吸力，专吸形体？何以知脑精在上，役使全身？是固明知觉亲于天也，又何自欺？既已自欺，又将谁欺？夫明知此四者，则当保觉、重觉，使觉有成也。视形如蔽蓰，视形如笋壳，惟吾觉是成。故真成功者，必主教，而奴政。教以养觉，政以养形也。但知养形，则子产众人之母，管仲之器小哉，亦末矣。成觉之法，老佛最详，吾必求之。一切世间法，成形而已，当奴役之。再宽一步为众人说，既成觉又成形为全功，岂复不可？人虽至愚，宁以此为不然乎？至于形觉二者决不能兼成，则弃形而全觉，人虽至愚，宁以此为不然乎？故定论曰：成觉成形，成己成物，为成功铁案，不可移也。成觉既要于成形，成物必要于成己，何也？害物即不空，不空不成觉。害物即不仁，不仁不成觉。害物即不智，不智不成觉。害物即不公，不公不成觉。然则，成物即所以成己也。通而论之，是四成者，实无有碍，圆融无缺。我真成觉，形即随成。我真成物，己即随成。四相皆空者，乃克全之。次之，则四者兼成，定为伟功。以哲理求此成功之的也，非此何成？智者盍万转其思，以三覆于吾言？慎毋误。

颂文：去苦即乐，万类所宗。

详释：佛欲即佛刹，去地狱，非去苦即乐乎？人欲去贫贱，即富贵，非去苦即乐乎？兽欲即山林，去汤火，非去苦即乐乎？鱼欲即江湖，去罗网，非去苦即乐乎？故成功者，使我入众生之觉与形，去苦即乐而已矣。顾不究于佛理者，乐形即所以苦觉，纵六尘之秽，以侵六根，而性命贼矣。乐己即所以苦人，夺百姓之腴，以乱百度，而生民溺矣。故虽贵为天子，富有天下，败之极矣，况于下焉者乎！古人谓立德、立功、立言为三有成者，其实一也。一者何也？曰德也。无德者其功非功，无德者其言非言。苟立德矣，即无功无言，已全大成之量，又何歉乎？①

颂文：降为盗盛，亦须假容。

详释：何谓盗盛？秦皇、汉高、晋武、唐太及三代以来，至于明清之帝王，皆大盗也，而有一时之盛。其余或偏安于一隅，或窃权于一日，亦同土获三命之荣，状元及第，商积万库之宝，富有室家，开矿者发一金窟，拓地者觅一荒岛也。各谓成功，以诩于众，以光其先也，皆盗盛也。盗盛者，劫窃世物，以纵眼耳鼻舌身意之欲，而加于人，不安其本分也。彼前此所谓成功者，亦不过以力劫智窃，得世物以纵其眼耳鼻舌身之欲，以加于人，不安其本分也。本分清净，保觉守正，彼不安此，等盗也，又何有容发之闲哉！倘使三千年以来，自帝王以下皆不为盗，以劭于真理，今日其人皆已成佛，而现在众生尽享无疆之庆，岂不善哉！乃此辈以百年蜉蝣之乐，陷三途而苦无极，众生以一真待渡之性，受多障而沉六尘，害己害人，罪有极乎！虽然，彼既为盗盛矣，吾为《成功论》，又何必杂此海盗之污言哉？惟因凡今之人皆以盗盛为成功，日营营而不知出，如沉于涸中之蛆，如溺于海中之犬。不入涸中何以度之？不入海中何以拯之？吾所以卑言盗盛之所谓成功也。盗盛成功，盗亦有道，道者必由之路也。请言盗道，亦须知显然利害之趋避，假道德之容，以偷苟于一时，乃得为秦皇、汉高、晋武、唐太，或公孙述、石敬瑭之流亚也，乃得富其家，弋其名，获世利而享俗福也。然今之人，曾盗之不如，又何故哉？今续论之。

颂文：势结内溃，小合他攻。

详释：彼盗盛者，必结一小团而后可以言事。成一室犹须五工，驾一车犹须二仆，耕百亩犹须两牛，捕一兔犹须一犬，一人而能为乎？既知必结小团而后可以言事，则此小团者将以道德合欤？亦纯以势利合欤？或以私情

---

① 原批语："立德为要。"

合、以亲戚合欤？如以势利合，则势利之交不终岁，势相倾，利相背，则离矣。故南方之团可以共患难，而不可以共安乐，北方之杰可以共安乐，而不可以共患难，决非能有成也。如以私情合，则阿好之党不必正。张耳、陈余本盟为兄弟，孙膑、庞涓亦素号深交。嬴政之待赵高，非不极宠，而忍杀其子。后羿之待寒浞，非不尽爱，而忍通其妻。小人邪僻，岂复有五伦之末哉！况功以公而成，而不贤者必先私。功以廉而成，而不仁者必先取。决非能有终也。如以亲戚合者，则刘邦何不用吕产、吕禄、刘贾、刘泽，而必用三杰。李渊何不用建成、元吉，而必用魏征、房、杜。成功者必以才，虽兄弟不可助。成功者必以德，虽父子不相益。决非能有定也。世之欲效盗盛者，多以金钱奔走俗士，曾不知冰山之易消。夫酒绿灯红，珠玉斗量，呼妓以为妻，即应之以为妻，呼妓以为妾，即应之以为妾，其可以成家室乎？且大权之设，为国家立生民之命也，非为数人作威福之资也。苟以智力夺之，而不能以才德治之，虽成如王莽，终亦必败。必求与人筑室而不能用斤斧，必求与人缝裳而不能运针剪，主人宁不逐之哉！是以干天之怒，拂民之性，而卒无一建白也。舟中皆敌，必然之事，此《易》所谓"开国成家，小人勿用"也。加以民不安，则抗者必蜂起，道不正，则盱者必寻疵，千人筑室，一人焚之，其有济乎？万人筑室，一人焚之，其有济乎？销兵在前，揭竿在后，不可救矣。旷观天下万古，宁有以势结小合，而成盗盛之功者欤？未之有也。

颂文：算之在此，破之必穷。

详释：吾常静观天下，苟不顺道，必着我相。我身、我家、我权、我利，则又因我相而益染我秽矣。我我者，天必杀之。故刺猬我我，自谓周身甲兵，虎狼不能近矣，而天必生鼬鼠以溲迷之，则刺猬献脐而受食。蚂蚁我我，自谓深窟密藏，鸟兽不能得矣，而天必生鹳啄以声惊之，则蚂蚁出穴而呈肉。狮虎之于兽，鹰鹯之于禽，獭之于鱼，猫之于鼠，皆破我我者也。故以逃生者虽速，必有能逐之者。以潜生者虽深，必有能搜之者。以坚生者虽固，必有能碎之者。以琼森者虽猛，必有能猎之者。金城汤池终不保，千计万法终不永，天必破之，其何能谷？秦汉晋隋唐宋元明清踵增防术，必巧于前，而天之败之之术亦巧于前。其防弥精，其败弥速，其防弥周，其败弥易。强干则贼在宫中，子亦杀父。强枝则敌在羽翼，手足攻心。《深虑论》可以读矣。不顺道而欲成功，人生地上能以智抗天而我我，豕生苙中亦能以计抗人而我我乎？形气既赋矣，即使豕智如人，豕智如圣，豕智如神，亦能以计抗人而我我乎？算之在此，破之必穷，黠者休矣。顺道而行，庶几近焉。

颂文：生机斯萌。

详释：何谓生机斯萌？无机化物，能化于地，而无生机焉。有机化物，能化于天，而无生机焉。惟道惟仁，乃有生机。生机者，玄元之精也。谓生机在天，则生机当在卵白。谓生机在地，则生机当在卵黄。何以无雄鸡、鸭之卵，伏之不孵哉？老子曰："天地不仁。"仁者，万类之生机，不在天地也。今以万山朽木，万海枯鱼，不如一柏子、一鱼卵也。何以故？一柏子、一鱼卵育之十年，柏子成林，可修千里之宫，鱼子生生，可盈四渎之内。故蕡然赌之，势器大者炫俗人；渊然察之，有生机者成伟业。嬴政槁矣，刘邦枯矣，终无一成，如蜉蝣朝菌耳。孔老佛耶，虽天地坏，其能毁乎？今之不顺道，而据地盘者，千里万里十百万里，不顺道而有世宝。亿库兆库无量数库者，万山之朽木、万海之枯鱼也。彼岂能有成哉！心通大道，言觉一人，论正入人心，理明启众惑，如一粟火种，终必烧天。此一粒柏子，一尘鱼卵也。故知道君子，决不与世人胼胝，而趋必不可成之功，况碌碌者盗盛之不成乎？勋吾道以促时清，陋巷一士可以与神禹比功矣，岂下侪于汤、武乎？然最上之士，又不在有语言文字以炫于人，但默然真修，宇宙通气，则大成也，此之谓成功。即为盗盛，而蜀汉之盗盛成于南阳草庐，苻坚之盗励成于扪虱蓬户，亦不于朽木枯鱼中求也。呜呼，今人，何忙忙也！

颂文：草伪大凶。

详释：何谓草伪？草莽伪势之智也。草之智曰："我一岁蔓延尺丈，有蕡其实，岁可盈升。播之地下一二年，则蔓延千万亩。三四年，不止亿兆京垓秭壤亩。及八九年，永霸天下者，必我草也。"本草王骄将何如？胜算可确确也。呜呼！安知草之多生以图霸，外刺以为兵，见土而即据，非真有霸天下之心欤？不知我外有物也。今之朝增百兵，暮广千里，春夺邻都，秋拓国境者，何以异于此草？即如成吉斯汗终是朽木枯鱼，极为盗盛，况决不能至于此乎？知道者，其警之。呜呼，哀哉！商周秦汉一误苦毒数千年，袁公项城一误苦毒十二载，今且方张而未已也。下此一夫之私，一人之计，差之毫厘，而民之受害，不可沙计，凶极哉！人人反思于己何得？腥风满地，宁不痛心！生民无福，何不启老子为天下之大君也？何不启侔尼为天下之大君也？悲乎草智！愚哉草智！

颂文：人才立本，法物自从。

详释：凡法与物皆死器也，有治人无治法，有治才无治物。恶发于心，而以法与物防于外，如水发于源，而堵于中流也。法物之防，愈巧愈密，则败乱之祸，愈酿愈深，亦如堵水之防愈高愈坚，则溃决之患愈积愈巨。今之人朝倡一主义，暮草一法案，此曰我见卓越，彼曰吾识优长；此指东行是路，彼谓西走康庄；此指国情而言，凿凿可评，彼就现势而论，明明可指。文字填山，引经据典，言语聋耳，聚蚊成雷。此不过法耳。曰兴实业，地可成黄金。曰练甲兵，国可筑长城。曰菽粟锦绣，百谷如水火。曰交通航海，万里如户庭。此不过物耳。若与之辨，虽启圣人，必为所困。此所谓法令滋张盗贼多有也。归而纳之，法精如神想，选举之法宁不公，小人反以为利；电传之文宁不是，邪魅徒以障身。人之无良，法物何用？悖极矣，物多包天地，毫无成功。人皆向道，今之法已过密，今之物已过多矣。若谓法有益，有法乃安人，何不禁人人粪溷，而人自不入？若谓物有益，有物即不战，何以楚商成，隋杨广之富，尚杀其父？纵欲迷人，而以法物防之，难矣。今之豪杰其有济乎？试将阿弥陀佛之土之人迁于吾土，不立治而大净乎？试将吾土之人迁入阿弥陀佛土，不立乱而大秽乎？忙者休矣，必无成也。若有大德明道之人，以至公之心，合太空之量，为中流之砥柱，然后别现有之人为事务之官，曰某也掌教，某也制法，某也理财，某也实业，某也交通，某也商，某也牧，某也工，则今之人才已有余矣。人才有余，物亦有余矣，尚何不足之有？不以道德为本，而汲汲于法与物，能立一法，授一笏，使鸡捕鱼乎？能立一法，授一兵，使鼠猎虎乎？苟今之人，能先集道德之士以为心脑，合器使之才以为手足，然后夺权，如先集泥木工人而后求为人筑室，先集缝袵工人而后求为人制衣，必成功，必见赏于主人也。不先集人才而急于夺权，谈法聚物，必败事，必见逐于主人也。夺权何益？是以成汤不敢为，必待伊尹；商高不敢为，必待传说。若夫不知人才柱中，而法物是争，皆杀才也。反而思之，济欤不济？此常识岂亦无乎？望今天下豪杰，一悔其心，以从常理，勿固忸而误苍生也。若必投澜灭顶，仍非依理而出，依理而行，不能离污脱祸，又何不早登正路哉！

颂文：后天三合。

详释：何谓三合？天、地、人三才也。非备此者，切毋妄冀成功于当今之世，徒自劳耳。实指之，气运天也，法物地也，才力人也。自我而图成功则如何？我自具才德学术为本天也，求众贤分任互助人也，资世间权财土物地也。苟有不备，如三足之鼎，缺一足必覆悚，吾决早遁而不为也。请进言三者之必不可缺，一如我之才德不足，虽日夜亲近于贤能之前，人不重我、不用我也。如我之才德不足，而人亦重我用我，其人必致偾事，且误我也。故修己自量为本。二如共事之人不足，如匠人在而垩人无，室必不成；缝工多而织工无，衣必不成。小事尚如此，而况于治天下国家乎？故求贤结人为助。三如权力地物不足，庖人无肉，易牙失其能；乐工无器，师旷失其巧；大将无兵，韩信不能逃市侩之袴；治才无位，管仲不能谋养生之需。故权位财力为末。固本，求助，取末，三者皆备，则天下之事无不可为矣。此尧舜之成功也。商高宗以圣人有天下，有本有末不敢为也，必待傅说以备之。殷纣王得圣辅有天下，不能为也，因其才德有不足。文中子以圣人得群贤，有本有助，不敢为也，因其权位尚未得。故《易》有三爻，形有三角，非此不成，何一可脱？故圣人终身修本，以待成功，遇人观察，以资成功，逢权慎进，不误成功。毋先取权位，以致颠扑，本与助随时具之，而未尝须臾忘也。知此者可以言成功矣，慎之哉！

颂文：体足用充。

详释：体用不分，国必乱，政必纷。何谓体？持政教纲领之人是也。何谓用？分百职庶务之人是也。持政教纲领者，只在明大道，运空慈，至公仁，知人善任，潜修化本，气度汪汪，而不在于通世事艺能，此基础也。分百职之人，或专政治，或专法制，或专理财，或专实业，或专交通，或专兵戎，或专商，或专牧，或专矿，或专工，器使之才备用而已，此枝叶也。若谓文章之美，政治之能，名法之精，聚敛之巧，致富之学，封饩之娴，善为战陈[阵]，善齐地物，凡诸有为，显然着绩，一时陈力，济利家国，而以为体，俾总正教之纲，则好奇相尚，兴事凿朴，利偶生于一时，祸反伏于千古。如以杙为栋梁，如以冠为履舄，如以舵师持桡桨，如以匠人调五味，乱而已矣，体用不分之故也。甚矣，民之易惑也！见歌者之善歌，则以为能缝而使之制衣。见工师之善斲，即以为能绘而使之渲染。见器使备用之人，则以为多能而使之持政教之纲。才能相尚，有竞心即有毒种，有名心即有祸根，争于学犹争于利也，尚以道犹尚以兵也。故商周无百年之治，秦汉无岁月之安。民骛有为，祸烈于洪水猛兽。似此逐末，第一流人决不能混于政教，天下之乱未有已也。即以盗盛而言，汉高帝不以萧何督军旅，不以韩信理关中。蜀昭烈不以诸葛亮登先陷阵，不以关、张、赵相国治民。体用之分，何可紊哉！欲成功者，首当知此。知三合而不知此，如以瓦为柱，以础葺覆。同一有用之才，皆互累而俱败矣。慎之哉！

颂文：德才气力，先天发蒙。

详释：何谓先天发蒙？今天运已转，人心尚朦昧也。世有圣仁者出，一人明道已自具才德学问为本，而无众贤分任互益以为助，又无权财土物以为末，则知此际之决不能即成功也，毋妄动自误。方今真理未明，中外各国如盲人失其导相，如驾舟不知水经。有能指而明之，其功盖于禹稷。上智虽不图功，亦当慈祥济物，岂有见瞽朦之将投于渊而不呼？岂有见舟众之将触于礁而不言乎？况己身家亦同在世界中也。然真理之在宇宙，如赤日行空，至明至大，真能确实示人，天下未有不从者矣。世虽禽兽，岂有甘心投渊触礁者乎？于是圣人运其空慈，大声疾呼，垂涕泣而相告，以发蒙昧，十年百年千万年功在必成，决无疑也。夫左为岩而右为海，中仅广丈之路，先觉者树碑而指路曰由中不陷，虽天地鬼神，奇识伟哲，其能易一辞乎？圣人之言，百世以俟圣人而不惑，范围天地之大而不过，岂有奇哉？如斯而已矣。谓之先天而天弗违，在立指路碑者诚明两极，毋自欺欺人耳。如此一人呼之十人和之，十人呼之百人和之，百人呼之千万人和之，有不和者左必投崖右必溺海，终亦不能不和不能不呼，岂有不成功之理哉！共和之理，西哲先呼之，而后华盛顿成之。太平之理，文中子先呼之，而后李世民成之。但有呼者，必有成者，又何疑乎？成功既必于此，个人何以修之？曰急备德才气力而已矣。暗室潜修，心通玄元以备德。博文强记，明辨笃行以备才。浩然充实，塞乎天地，排辟乾坤，以备正气。劳其筋骨，坚其体肤，不致如颜渊早夭，不致如伯牛疾病，以备体力。百岁辛勤，艰苦卓绝，与世邪战，一笔一舌，必能补天地之倾陷。虽然，诚仁空妙乃生明而德充，慈爱真实乃生慧而才大，切毋好功以自窒也。德充才大则必气雄而体强，已具拔山盖世之雄，决无拔山盖世之貌，所谓"持其志，毋暴其气"者也。后之来者，尚思百覆于吾言，毋自误误人也。

颂文：合贤自量，莫竞云龙。

详释：云从龙，风从虎。以古而言，龙为君，云为臣也。以军而言，龙为帅，云为兵也。统而言之，龙为主，云为从也。就正理而论，生民群居，各尽互助之责而已矣，各尽分功之责而已矣，各陈其力易劳以养而已矣，何分于主从？惟三代以来，作伪乱真，有君主焉，有尊卑焉。于是，小人遂争夫世贵，大乱之道也。今兹之世，尚难立致太平，拨乱反正之际，犹须有发号施令之人以提纲，有奔走任使之人以辅助。若人尽圣贤，自不致争高论卑，足上手下。然而，民德不进，炫于俗浊，则发号施令者，俨然自以为上人，而奔走任使者，必欲陟官而益利。此天下之极恶，而功之所以不成也。体用因此而淆乱，又何利于人我哉？夫人先天之秉赋，后天之学术，各有其长，为主为从，各有其器。鱼必上岸而学鸟以枯死，不如浮泳之自逸也。鸟必下水而学鱼以溺死，不如飞翔之为乐也。器使之才必盱领袖之位以覆悚，不如安分之为成也。呜呼，哀哉！人谁能此？此郑子皮、齐鲍叔之所以称为圣贤，而方今显者之所以自贱自杀也，毒极矣。夫因乱混浊，樗栎之才多已取将相之贵，拥百万之金，胡不知足自量，避开贤路。既得顾全其名，又得永享其福，硕腹高枕以待治，不大过于饥民溺士之引颈乎？乃必欲操刀伤手，如力仅能举六钧，必欲举十钧以折臂，知自利者不如举四钧矣。速仅能行百里，必欲行千里以蹶扑，知自利者不如行十里矣。老子为柱下史，孔子为乘田委吏，何害？若翰音登天，自毙而已矣。士卒才而欲为元首，市侩才而欲参大政，沉水入火，自取灭亡。国且不存，身家何保？况一人欲跃一级，而百姓乃罹百殃，若非豺狼，宁忍为此？阿鼻狱中，此辈累累耳。世之欲成功者，其盍自量而卑就，互让而公择，以渡此危津。则老子所谓"水善利万物而不争，处众人之恶，故几于道也。"知此，则功不必自我立，名不必自我成。可行可藏，不浮不沉。空空洞洞，独为天人。

颂文：我实无得。

详释：呜呼！安有小人而能自利乎？虽千古未之有也，虽五洲未之有也。彼其所谓利者，尝以有我而已矣。我身也，我家也，我子孙也，我族戚也，我党与也，如斯而已矣，如斯而已矣！然而，百计以利，实无得焉。惑矣，试详思之。利我身，不过富贵、寿考、令名耳。富不过饱食暖衣。多财无所用，若用，不纵六根以杀性命，即结仇怨以杀其身，终不得寿考也。寿，永也，永年也，澹泊柔善乃永年。考，成也，成佛也，去贪离尘乃成佛。食，日不过一盈升。衣，岁不过一裘帛。多物无用，昏者自贼，又沽怨谤，声誉恶劣。不寿不考，于身何得？家以道兴，不以物兴，富贵不教，胜于尽父母妻子而杀之。阃门犬彘，肥其耳而粗其腰，赌则豪而气则浊。生不立于高人之群，死徒人于无闲之狱。不孝不慈，于家何得？况恶人必生逆种，天命售为汝子，汝将何逭？杨坚善教，子通书史，而杨广必淫其妾，而杀其身。嬴政善教，子拥长城，而胡亥必弑其嫡，而殄其族。百年之后，虽有极巧，能定子孙之必贤乎？贻之以善，稍可久安，贻之以恶，不能一世。败子逆孙，贱女淫媳，皆出于邪奸贪戾之家。不仁不智，于子孙何得？我族戚百年遍国中，国不宁必有凶日。我族戚此生待道度，道不明同为马牛。而况姬光弑兄，雍纠谋岳，不亲善人，而亲族戚，其得死乎？不公不贤，于族戚何得？我党以道合，八元八凯同功。既以道，岂有私党？我党以邪合，四凶二五同诛。既以邪，岂能久保？人生百年，顾此失彼，小群不浃，难防天下。《易》戒比匪，《书》惩朋淫，一邱之貉，必殄其类。不正不大，于党与何得？屈指而算，扪心而思，白驹过隙之寿，尺腹易满之躯，当断然曰："我实无得，我实无得。"高谈佛理，曰："于法无所得。"卑谈世浊，曰："于利无所得。"既无所得，何不专一精神，以度苍生，而日夜自杀也？我实无得，我实无得。千呼此偈，万呼此偈，纵是豚鱼，亦当通彻。

颂文：芥蔽不庸。

详释：何谓芥蔽？一芥掩蔽于目前，虽日月之光不见也。一芥插塞于目中，虽离娄之明必瞽也。安得庸？庸者事也，成功之正事也。彼夫今日进一官，明日为至尊，一芥也。今日获万镒，明日富埒国，一芥也。今日有万军，明日增亿兆，一芥也。今日夺千城，明日收百国，一芥也。今日纳群小，明日徕四方，一芥也。今日进百谋，明日陈万策，一芥也。今日威加国，明日威动天，一芥也。今日名满国，明日名满世，一芥也。今日读四库，明日书万言，一芥也。而况于下焉者乎！今之人亦或微有觉悟，然而羝羊触藩，不能进不能退，兵戎已结，骑虎难下，终必见噬，非智勇之士也。一转即活，何困之有？惟彼小人，一进一张，一富一强，一扩一鹜，一计一骄，一誉一能，一中一胜，一伸一跃，偶得一芥，即以为趋此以往，必且成功。鱼不因一饵之得，何以招烹割之祸？螳不因一蝉之得，何以遭黄雀之吞？不成功，终不成功也。俗人往往以此术得，即以此术败；以此路成，即以此路亡。不成功，终必败亡也。大丈夫目彻千古，心烛八极，决不因秋暮田禾肄秀而望收获，燕地荔枝多花而望结实。秋暮田禾多肄，虽秀不实，非其时也。燕地荔枝多花，虽荣不实，非其地也。鸡乘风筝而登天，豕坐柴枝而入海，愈高愈远，愈危愈险，必堕必溺而死，非其才也。今天运何时，中国何地，显者何才，心目一照，瞭若观火，而能以炫大丈夫哉！不成功，终不成功也。夫背天时，违地宜，而以无能无德之才，偶仗势力而大，如鸡登天，如豕入海，其可济乎？一朝风筝破，柴枝折，虽高而远，鸡与豕何以堪之？此王景略所以谢桓相，而百里奚所以去虞公也。其智桓玄之妻、赵括之母知之，可以男子而不如妇人乎？人不成功，势位、兵财死物耳，何能成功？秋风将起矣，蚊蜇其忙乎！诚质而言，乱愈极，治愈现，有潜机观变之人，甚喜今人之混杀也。子惟不忍混杀之自陷于死亡凶恶，而苍生多一日之屠戮也，故直破其迷，直犯其讳以言之，知机者可以转矣。一解兵而正理合国，岂不善哉！今平权、平财之正谊掀动天下，德、俄既大发生机，亚、欧已遍被风雨，比满清之际革命之风潮何如？财藏于租界，租界恐先受其祸，人拥以兵甲，兵甲亦危若舟中，不如立德施惠之可恃，恃天之眷人之悦也。秋风未起，群忧蚊蜇不胜除。大运未变，群忧小人不胜去。亦一芥蔽之耳。男子丈夫，岂为蚊蜇乎？况我又实无所得。呜呼！吾极爱之中国显者，盍亦反复思吾言而自重，以期成功，毋陷于十二祸也！

颂文：得人重德。

详释：自古未有不得人而敢图功者，故未有不求贤若渴，草泽疏远必诹访，万里仇怨必罗致。而能成功者，吾已言之，曰人才立本矣。然而，今之不得人者，大约以我必为领袖，恐大才之迫我也，此极毒也。今非专制之时，官在公仆之位，又无子孙承袭，何愚之甚也！况我得人而不重德，我与彼必不成功，得人而重德，彼岂迫我哉？曹操得人不重德，见迫于司马懿。刘备得人而重德，不见迫于诸葛亮也。能让为尧、舜尤佳，舜、禹不迫尧、舜也，不能让为汤、武何害？伊、吕不迫汤、武也。夫万才不如一德也，有万才无一德，不能成功；无万才有一德，终必成功。仁者安仁，智者利仁，无德之人而足与成事哉？掩其贪，着其伪，民将曰"左"，彼亦先曰"左"。民将曰"右"，彼亦先曰"右"。民将曰"平权公产，大同极乐"，彼亦先曰"平权公产，大同极乐"。卒之利有至而先私，功无图而不败，诚未熟于仁义，行易改其操持。言谋纵高于禹、伊，实践只足以圮族，在至人一望而知，不与期成功也。岂有成功之真才而无德者乎？才而无德，不能正觉而成佛，不能济众而成物，安得谓之成功哉！稍有常识，当避此辈如恶臭，而后克发其讦谟。重德重德，盍亦万复斯言而免贻误也！

颂文：机在不谋。

详释：何谓机在不谋？此稍有经验者所能知也。天下之事，往往明见为穷者通之路也，明见为险者安之途也。大凡经事十百次者，无不屡涉此境。今各反思其能胜自然之机否耶？然又有因屡穷而反通，因屡险而反安，遂以为天命在己，己将成功，则悖矣。但问己之正不正，大不大，公不公，仁不仁，诚不诚，贤不贤，慈不慈，善不善，不问成不成也。张献忠因困于陕而得军，汉韩信因斩于市而得荐，穷极险极之时，即通极安极之时也。人心何苦多谋？顺天待机而已矣。然献忠再困，即死于一矢，不复得军矣。韩信再斩，即死于刀下，不复得荐矣。机本无定，天授汝以机矣，汝不自全而反以犯天可乎？成功之机常在不谋。荥阳之风，漳沱之冰，岂在谋哉！然东风可借，不吹于五丈原头。胡马能攘，卒误于匈奴道上。今多有以一兵而起家，亦又有以万兵而损命。机可得不可恃，机可乘不可期。人自尽正大公仁、诚贤慈善而已矣，何成不成之有！天宽地阔，稳纵安车，遇义即为，见人即救，固已成矣，尚何疑乎？机由天与，不由心生，生机心者，天必杀之，不可以图成功矣。

颂文：少杀无妄，需时恩宏。

详释：何时成功，何地成功，何人成功，天已定矣，人谋徒自苦耳。强而为之，害民害己，罪极通于天，魂魄落于地矣，终亦不成功也。昔马英、钱镠之守土也，亦如今日之乱也。马英不开隙而外侵，安其人民以待时清。钱镠不渎武以争城，保其境内以勤生聚。及统一之时，归地以竣事，身名两利，人我皆成。君主之时尚如此，民治之日岂尚有失国之忧辱乎？方今马王之庙遍于湘中，而在宋钱王之家公侯奕世。川中有数邑之土者如陈洪范，中国有一省之土者如阎锡山，其马英、钱镠之亚乎？徐待时清，授地合国，名利兼收。生一人即增一德，安一日即种一福。是我定中国，终是我而不必强为。非我定中国，终非我而不能计取。何必四方播弄，五路兴戎，积小人以穿穴，朋比分赃，窃权财以殃民，城狐自固。恐天运转环之日，终必见弃于人民。望马英、钱镠史册之荣，神明之贵，地狱中呼之不应也。世之显者，曷不垂怜吾民，而自在成功乎！

颂文：力倾哲胜，今不古同。

详释：三千年之历史，至今将变矣。古者以力服人而成功，微假道德而已矣。今后以哲达理成功，微假力而已矣。然夏虫不可以语冰，山龟不足以语海，三千年来之目光，夏虫也；中国习惯之心思，山龟也。苟使非哲胜之机已萌，今之拥兵十万者何以不称帝？今之拥地千里者何以不称王？哲理入人深，有势者不敢违众也。既知众心之不敢违，而必抑情以服哲理。哲理既明，而能掀翻三千年之专制，岂尚不能更明而即掀翻十数年之军阀乎？哲理之萌，如水及泉，虽欲壅之，徒自溺耳。夫阴阳互相消长也。以力强者，阴胜阳也。阴既动，则由姤☰而遁☰，由遁而否☰，由否而观☰，由观而剥☰，固不可遏也。故至遁则君子见机而遁，待小人后自剥庐，且不敢逆势以取祸也。以哲胜者，阳胜阴也。阳既动，则由复☷而临☷，由临而泰☷，由泰而大壮☷，由大壮而夬☷，尤不可遏也。故至复则小人将陷于夬，让君子乘时大壮。前清之亡，剥庐之象现矣。今之军阀，剥庐之遗草也。路易之诛，夬之象现矣。夬者决也，斩立决也。各国之剥夬既昭，全地之姤复互换，纵不探于《易》理，宁不鉴于近事乎？达人顺时，听吾言而自救可也。太平之治，决非武力所能致。今后之民，决非武力所能服。去其芥蔽之见，劭于哲理之正，可以言成功矣。抑更有进者，哲胜救天下，机或必发于中国，而他国沐其恩。吾为此言，决非我相而言也。外国之哲学，每从形而下之器以观察，根生于阴。中国之哲学，每从形而上之道以观察，根生于阳。生于阴者凭地，生于阳者凭天。今后阳机既发，形而下之器必屈，形而上之道必伸。况老子之探玄，本超夫阴阳，则更善矣。中国之人苟能速探玄元之妙，以发《道德》、《阴符》、《周易》三经之邃以拯他国，其功之伟，万倍娲皇、禹稷，况华、拿乎？然道通惟一，倘他国之人笃生神悟，而合于周代古哲，岂必能以国界限哉！鳖隔河而伏卵，圣人之生，不为地囿也。理明如晴空午日，安知他国之人不先见乎？至详极高先觉之明且推印度，达人不必横我国之相于胸中。然既读《道德》、《阴符》、《周易》三经者，可以加勉矣；既探佛学之精者，可以加勉矣。成包天地、合宇宙之功者，终乃在此。

颂文：施博［溥］弘仁。

详释：何谓施博［溥］？无畛域之见也。利于一身而害于家，自以为功矣，而家之所谓罪人也。利于一家而害于邑，家以为功矣，而邑之所谓罪人也。利于一邑而害于省，邑以为功矣，而省之所谓罪人也。利于一省而害于国，省以为功矣，而国之所谓罪人也。利于一国而害全地，国以为功矣，而全地之所谓罪人也。利于全地而悖众生，人以为功矣，而物之所谓罪人也。利于世物而悖天理，物以为功矣，而天下之所谓罪人也。合于天理而塞空性，天以为功矣，而玄之所谓罪人也。此亦非至通之论欤？天理空玄，兹且勿论，而量度愈弘，其功愈大，则定义也。人勿以小功得大罪，获一滴而失江海，则可矣。成功者，当知此。以止于至善，而求充其无极之量，则永无败矣。弘仁弘仁，国界终破，而仁无匮也；天地终坏，而仁无尽也。

颂文： 端本永隆。

详释： 何谓端本永隆？《易》曰："开国成家，小人勿用。"《礼》曰："差若毫厘，谬以千里。"故定业之始，不惟小人不当用，即圣贤必极慎也。如今之乱，人沦于禽兽，此至极反常之事也。物穷则反本，安有数十百年民在水深火热之中，而不生圣贤由正路以劭于成功哉！回思数千年前，如商周开国而知端本，吾民今日永在春台矣；如秦汉开国而知端本，吾民今日不在春台乎？如晋隋开国而知端本，吾民今日永在春台矣；如唐宋开国而知端本，吾民今日不在春台乎？在古昔经验未富，覆辙未多，任人伥伥而妄开邪径矣。在今日经验已富，覆辙已多，岂有折肱而不为良医乎？故有圣贤出，必以十年思至理指正道，十年聚人才备物资。至理毕精，正道普及，人才大合，物资毕备，如大匠之成室，先具图型，继集五工，而后购材，而后经始，勿忙忙于夺权争地以自弃，此未成功以前之端本也。根本既立，四民来归，群以道合，先提撕以大道，后微促以明威。乱离既定，然后治世之人，先省兵戎之毒，逐年而减之，兵戎不尽撤，阴邪之杀机未净也。次省刑罚之繁，逐年而减之，刑罚不尽去，相防之机未止也。次省礼文之数，逐年而减之，礼文不太略，作伪之机心未辍也。次省六尘之欲，逐年而减之，六尘不尽去，启恶之根株未艾也。次省法制之苛，逐年而减之，法制不至简，戕贼之外害未除也。终尽性命之赘，逐年而减之，赘事不尽尽，太空之和祥未翕也。此既成功以后之端本也。是六者不尽，不乱于十年，必乱于百年；不乱于百年，必乱于千年；功等浮沤，安得谓之成哉！真圣贤出，必远计此，不然则承继者成之，不然则再继者成之。嗟乎！无怀葛天，闷闷无为。大禹之世，菲饮食，恶衣服，卑宫室，犹有太古之遗意焉。商周以来，分封之私，尊卑之序，经曲之礼，美善之乐，彬彬之文，秩秩之制，巧泽之器，安舒之便，享用之物，货币之利，圣贤之名，一时视之以为功，千古视之以为贼。

常使民有为有作，有好有欲，有尚有逐，有兴有物乐，而不知天下皆知美之为美，斯不美矣；皆知善之为善，斯不善矣。欲治即伏乱，欲乐即伏苦，使彼智能者敢为而性命滑矣。深探老子之学，可通其奥，况今世方竞于衣食住用之丰华，以养其形末之秽情，乱之招也，祸必不久。而讲道德，尚辩争，著文章，以流于漓薄，则圣人不死，大盗不止矣。后之端本者，不惟不以一毫人欲，将不以一毫聪明，无功，无名，无道，无学，无法，微示民范，一粟一缕，亨礼无丰于庶。令民相忘于无形，黜华尚朴，性命道德，以空和修；礼制法常，以简素足；器用地物，以朴固备。杜于涓涓之渐，习于闷闷之中，天下之太平中和，庶几永保而罔替乎！慎之哉，后之成功者，勿利一时，炫耀万民。窃圣之名，贪天之祜，为千古之罪人也。

颂文：物极而反，善用执中。

详释：何谓物极而反？乾元、亨、利、贞，极善矣，而极也，有亢龙。坤元、亨、利、牝、马之贞，极善矣，而极也，有龙战。阳极生阴，阴极生阳，有成必败，恶得谓之成功哉！故乾有用九，坤有用六，圣人之裁成天地，固非深于理者不知也。然而，暑极则寒，寒极则暑，无平不陂，无往不复，岂亦不知耶？天地之中，气数有极，不善执中，治极必乱。乱极必治，一治一乱，而民不堪命矣。故吾之言端本者，常执中而已矣。执中不居极，是以无治功，无乱日。常见面有二目，中惟一鼻，首有二耳，中惟一口，故惟一即执中也。《书》曰："惟精惟一，允执厥中。"一者无对也。不尚贤，无否之对。不尚功，无罪之对。不趋乐，无苦之对。不图有，无无之对。谓之真常。故无贫富、尊卑、大小、强弱、智愚、功罪、能否之对。圣哲化天下时劭于此，平乱之世，慎无为恶，守成之日，慎无为善，则鸟兽虫鱼草木咸若。天地穆清，休祥永治，而人与物相忘于无形矣。谓之成功之极，极于无极，而无无极，大道永协。

颂文：水德不贰。

详释：成功之道如此，世人试一念之。生于今日，大乱方殷，吾将何以成功哉？生于异日，太平既盛，又将何以成功哉？上善如水而已矣，水止则澄清，吾隐而静定，守心如之。水行则利物，吾用而泽溥，万类如之。水容渣滓，吾恕横逆如之。水通微窍，吾尽劝导如之。水就卑下，吾让世利如之。水任分合，吾应境遇如之。水无意必，吾听天命如之。水趋空疏，吾出尘浊如之。水避坚塞，吾处阻挠如之。然一刻不忘溥泽之心，而不自躁进也。① 吾暇则澄心，不闲一息。静则思理，不妄一刻。与则察贤，不遗一人。健则磨力，不虚一瞬。醒则求学，不抛一阴。眠则养和，不发微念。事则为公，不私一芥。言则劝善，不轻一夫。乐则颐真，不即一尘。时则观变，不误一机。如是一瞬一息，一日二日千百日，以至终身而无渝。无怨无尤，无懈无得，则吾已成功矣。虽凶夭贫贱，不得谓之不成也。虽患难夷狄，不得谓之不成也。虽千磨百折，不得谓之不成也。而况于应机建树人不可量欤？生为完人，死为神佛，有愿再来，无微不入，吾安有不成者？若此为之，尽其在我，则十二功立时全备，尚何歉乎？如曰有歉，是己不足，非有歉也。人曰有歉，是人昏愚，非吾歉也。谓颜子不成功，而禹稷独成者，俗人之目，岂足以语于道哉！如是自信自守，自完自存，不已既成仙佛乎？不已既成圣贤乎？身本四大，轻之，不已全在天之命乎？无名为常，忘之，不已成盖世之名乎？万物皆备，不已富有四海乎？大道独肩，不已砥柱中国乎？潜移默运，不已泽及万类乎？化度无量，不已平治天下乎？乐于太虚，不已尽享万福乎？贞固不坏，不已永垂千古乎？一气浑元，不已撑持宇宙乎？其大无外，不已包罗天地乎？人人皆以此自成，则如之何？此为至人真功，不在于有形中计也。入于有形，即是尘芥，大人岂自小哉！吾故曰："成十二功，易如反掌也。"② 浩然充足者，其知之，成功在此，不在彼。

颂文：自尽克终。

详释：如上所述，无论穷通、贫富、智愚、强弱，皆已立地成功，要在各尽智力，以互助而已矣。不知痴人何复颠倒，乃大权极尊以及庶官百职，本为斯民待治而设，反则拥兵自卫，攘夺小民，认辱为荣，居功获罪，尸素不惭，荒淫正炽，姻娅琐琐，车马辚辚，品已等于蛆蚋，面反腼于人前，岂有人格而不量而后入者？不惟不自尽，又以荒有用之权，是杀才也。闻吾言而反焉，则转蛆蚋为圣佛，岂不善哉！若大富多财，以及家有余金，本有行道益世之资，反则纵肆六根，进染污浊，美衣鲜食，华屋积珍，声色徒淫，性命自贼，肥头硕腹，丰肉秽心，魂已入于地狱，犹假善以赇神，岂有人格而不尽散有余者？不惟不自尽，又以荒有用之财，是杀才也。闻吾言而反

---

① 原批语："自修极要之诀。"
② 原批语："全十二功，只在此。"

焉，则出地狱登佛刹，岂不善哉！数之曰：官求权财，以陷凶祸，是谓蟒废；富益计算，以苦生民，是谓狼废；兵不工耕，耗尽士物，是谓鼠废；商设盘剥，不平生乱，是谓狐废；家有租产，豚犬坐食，是谓畜废；文士雕虫，不思善导，是谓雉废；流氓轻鄙，引坏风俗，是谓蝇废；闲散钻营，不学谋事，是谓蝗废；博奕娱情，无劳食粟，是谓豕废；女不织绣，张口待哺，是谓虫废；优诲淫盗，贼道迷性，是谓蛊废；妓卖皮肉，秽贱毒人，是谓狸废；无用之工，饰巧启欲，是谓蝶废；可省之事，操术取食，是谓蚊废。凡此诸废民者，肩摩于市，而众之趋之者十之六七。至于养觉之圣哲贤良，亿兆人中无一二焉。养形之农工织袵，八九人中无一二焉。国不知禁，家不知择，世乱至此，何时成太平之功乎？言之悲楚，吾将恸哭。听吾言而各勉于自勉，一志同趋，以今之人，就今之财，即今之地，及今之时，立可变剧乱为极乐。人人物物，及于犬马豚鱼，无不皆成十二功而无遗，奈何不勋？吾深有望于国人天下人之大悟也。

颂文：臀奴蠢婢，罔不大雄。

详释：如听吾言，智者竭尽心力以教人道，愚者竭尽体力以养人形，互助成功，生皆乐于地上，死皆上于九京，本无奴婢之可言。即今乱世，尚有奴婢，奴婢而能自尽成佛，不贤于万年帝王乎？夫帝王之与奴婢，以物为丰啬，非以道为丰啬也。听吾言而皆能成其至大之功，岂不善哉？知自尽者，随分就地，即可大雄。有余正用（希参观鄙著《有余正用论》），人皆圣佛矣。

颂文：子孙奕世，锡民百朋。

详释：嗟夫！人苦不自尽耳。自尽而由正路，岂有不能成功哉？内尽性命，外尽智力，为牛尽牛，为马尽马，有权尽权，有财尽财，生有益于人，死不害于人。居地百年无自愧，成佛千古常自全。吾心既定，吾见既稳，终身由吾成功之论以行之，此生未尽度尽众生之量，来生必来也；来生未尽度尽众生之量，千生万生以及无量数生必来也。愿吾子孙守吾成功之论以行之，吾子未尽度尽众生之量，吾孙必成也；吾孙未尽度【尽】众生之量，曾玄必成也；曾玄未尽度尽众生之量，千世万世以及无量数世必成也。一秽土何足经营？吾以为蚁垤，然蚁垤有蚁不能不度也。愿天下万世本吾成功之论而反复思之，如非正路，吾愿入阿鼻地狱而不出；如是正路，奈何世之豪杰以及平民不速一反于道，而必欲害人害己也？左涸右潭，不听吾言，从中而行，必堕于涧与潭。堕一次即杀千万人，堕二次即杀亿兆人，犹且仍非依理出涧，依理出潭，不能行动，大道之于人如此，世之人其勿以芥蔽自杀也。呜呼，悲哉！《成功论》毕，不胜其哀！

颂文：谁能阻我，直超太空。

详释：於戏！人生于世，外功之成，不成何害？外功成而内功不成，虽利尽四海，庄子不以为功也。何谓外功？救众生是也。何谓内功？己成佛是也。内功不成，只能成物之形，不能成物之觉，亦不得谓之成功也，况成物之形，根本亦全在内功。何以能成佛？如卵化鸡，如蚕化蛾，必然之事也。又无他功，与夫奇术，只在常守其真心、空心、普济心而已。此三者有失，如卵摇黄，如蚕入汤，其不成不亦冤乎？此三者，不闲一息，顺养百年，千百中无一不成者。其不成者，人则作伪，自害自欺耳。人不自害，谁能害之？人不自欺，谁能欺之？苟诚矣，恒矣，虽杀之、困之、饥寒死之，终必成也。何也？人之命根在天，草木之命根在地。人不伤根不死，草木不伤根不槁。乾坤且无如我何，人物岂能伤我哉！求于外则一芥在人，不得终不可得。求于己则万物皆备，谁能阻之？直超太空，决无疑矣。成功如此，全功如此。人皆守之，四海永泰而不否。呜呼，哀哉！望人通理。《成功论》终，明者兴起。

（成都探源公司，民国 12 年 8 月印行）

英雄修养论[1]

自 题[2]

圣贤不作岂天乎，教法于今太不侔。
蛊坎若能图干济，麟书应已属真儒。

止园主人题《英雄修养法》潜庐（印）

弁 言

《成功论》成，正路昭晰。速致太平，若操左券。然而世乏真才，国鲜良士，跛鼠驾大车，罔思任重致远。悲乎！非种柏仁，难起宫室。乃益以多言，俾欲为英雄者知所修养，以训子弟，期于后生，郅治犹可望也。水深火热久矣，兹本寸心之至诚，贡必验之药石。视盲人瞎马，夜半临崖，不得不大声疾呼也。

一 恸俗[3]

千载失教，文莫相矜。展纸袭圣贤之皮，投笔作优妓之狭。市井辇金，邻里亦夸肖子。庙堂窃爵，国人皆敬神明。廉耻尽丧，道德不修。今人自秽

---

[1] 著者原注："证释未刊。"又注："一名《止园教养篇》，盖止园自用者也。以为可供达人参考，故附於《成功论》后。"
[2] 此标题为编者所加，原文为手迹。
[3] 原标题为《恸俗第一》，以下依次为第二、第三……今改"一 恸俗"，以下即依次改为二、三……

粪中来，犹且染蝇蚋之习。故言冒为国，实仅肥家。十人九废，族类沦胥。虽曰貌图革新，育才不过修器。（修道之谓教，道在形而上。今之学校，修形而下之器，谓之无教可也。）若不痛悔，耻于禽兽。中华灭亡，千古污垢。

二 释义

英者明也，妙觉通道之称。雄者强也，任仁胜己之谓。内尽性命，外利众生，决非诈计武力，据地而矜霸王。尤非贪欲轻浮，生事而扰家国。当躬则扪心自知，观人则望颜即辨。非劭圣学，弗克臻此。有志为人者，思渐汗而共勉之。不然一朝得权，翰音登天，徒自害耳。

三 善种

下愚上智不移，资秉极关造就。故尚友养正，以浩然之气招贤昆。择配善种，以竞爽之资储大器。女性贤明，视其父母，家庭恶习，暇日涤除。毋俾蝇毒蔓延，当思国亡家破。故郅治之法，恶种不婚。

四 择质

教育之法，因材而笃。渊达仁和，善辩强记，宜于文哲，成以教道，为世之师。庄敬果顺，细而有纲，宜于治术，成以执政，为世之长。仁勇毅智，雄挺英发，宜于武功，成以帅兵，为世之将。健力乏智，气迂暗蔽，宜于农工，成以易食，为世良民。智小而琐，力弱而羸，宜于巧术，成以作材，为世小辅。奸狡凶恣，狠不可化，宜于苦役，磨折愚窨，毋以害世。耕稼为上品，修辞为末务。毋妄纵子孙，盱贵以害国，毋颠倒其材，从学以见短，自量不慎，弄巧反拙。鸡卵成鸡，凤卵成凤，各尽其性，皆为英雄。

五 育仁

育仁之法，为教之本。仁在太玄，天地之根。三才原始，万类生机。见物不忍，学佛自生。胞与为公，立达同人。暇抱真空，动悲众生。五教之精，先基于此。可参造化，可通神明。普贤行愿，拳拳服膺。久则诚，且生明。

六　育智

本智染智，宜知轻重。本智性生，不在记问，虚极静笃，久而自现。诚仁观窍，乃感真宰。天门开阖，如蚕知茧，如鸡知晨，识字思杂，扰矣。然而，染智实有四益，以收放心，自求真乐；以辨邪正，宜考五教；以备事能，时物文理；以养浩然，读史尚友。无用之书，不可近目，而况于启欲者乎？故量其精力，慎择诵籍，四静而六用。一念之妄，如刃刺髓，淫心夺慧，烈于美鸩，本智塞而染智废矣。二智互资，俾毋相碍，懔如冰渊，久生大明，昭如天神。《周易》、《阴符》、老佛之学，作圣之根（鄙注与诸家多不相同，可一参考），学者当宗。

七　育诚

真心接皇灵，时察第一念，此念因何起？穷搜真体现。一纸之隔，泰山不见，一发之闲，电流乃断。饰外愈工，性命愈乱，非以欺人，先自杀耳。首念在欲，贪天施博，惠普天下，转为万恶。潜修者，审于皇灵之感否，而自涤焉。

八　养气

泰山岩岩，自觉磅礴，矫如天鹤，云霄瞩物。设身处地，读经而自居孔老佛耶回之大，读史而拟普贤墨翟之慈。马援、孟轲之雄，伯夷、叔齐之贞，严光、陶潜之高，海瑞、包拯之刚，伊尹、陶侃之任，周敦颐、邵雍之雅，王羲之、黄宪之度，关羽、宗泽之忠，庄周、于陵之清介，敬姜、孟仉之女德，虞舜、姜肱之孝和，类而集之，耳月濡而目日染，心时思而神自化。然后，泰华峤岳之身，海阔天空之腹，日月照临之目，麟骧龙腾之象，乃诚于不知觉。亲近英雄，惭偷鼠食，习与性成，非袭而取也。

九　养力

孱弱不可以任世事，惰逸适足以长颓靡。休学则劳，磨励筋骨。习于武技，戏以运甓。出毋车马，暇毋昼寝。宜试躬耕，以知稼穑。皆英雄之资，不可懈也。

十　专精

择性所近，艺必专精。纪昌学射，桑公穿砚。艺一而精，勿事纷骛，以为养身之本，以为易功之具。以贡于国，轶于前人，乃不为废民。期十年而成，终身研几。

十一　去赘

不作无益害有益，握笔必求觉世。毋习雕虫，闻见必求益学。毋徒嬉娱，一息之间，一念之微，一物之细，一人之接，一钱之用，一举之力，必思有益于形觉。可省则远之，无耗智力，无费纤芥。终身警之不懈。

十二　体用

为学之道，先分体用。育仁智诚，具圣之体，此尽人当全者也，体也。世事艺能，执一以成，此各人习一者也，用也。宁以体重，勿以用贵。善养体者，搬柴运水，无非修道之资；眠食坐行，不闲颐贞之业。苟能无闲无忘，则久而成。以用害体，则杀才也。

十三　绝欲

欲浸于渐，蛇蝎食脑。五教绝此，如农恶草。幼则长上警之，长则自身懔之。凡六尘之入人，即五兵之破髓。俳优教徒，橐脐而寝，其智可师。精泄于欲，一事无成矣。

十四　学程

五教之经，圣人骨髓。择其要者，专精求之（止园有删注本）。乃通诸哲，归于同仁。乃识政治，知国之本。识字知义，根于《说文》（许、段皆宜详）。读史以尚友为得，亦观盗盗成败之序，但无失于乱耳。至于形而下者，算术为要，译学次之。今人皆知，不必论矣（译学以英语、法文为要）。

十五　交友

英雄成物，纯恃交友。独木必废，比匪必凶。友得其人，天地掀动。故潜而考之，毋以私好，毋接便辟，毋与无用。分其类别，毋紊，同其慈渡，毋贰。然非己圣，圣必弃我，非己贤，贤必弃我。虽曰亲仁，终貌合耳。

十六　恒功

一息无闲于此修养，事贵实践，不在多言。通辟而雌伏之，毋炫毋轻，以诚以神。一动一静，时求有益，见机乃进，如水待隙。不正之事，虽利勿获。吾今四十，乃克勉此。痛恨俗误，锥心而已。青年再差，则国亡矣，是用涕泣告于子孙。世之有望于裕后者，亦可于此稍留意焉。

十七　家训

有子有孙，不成圣贤，不通大道，不仁不智，不诚不正，既全六者，不备一能。而欲官者，炼锁而豕畜之，毋以害世。一家哭所失几何，一路哭祖宗差辱，懔之懔之！包拯之约，后昆赃污，祖茔不入。

十八　固闭

花开则谢，才炫则失。有当若无，实当入虚，拯众生常事也。功盖宇宙，视如拾一芥，有聪明八识也。学冠天人，不过多赘行，气泄必死，暴露则轻。养大器者，懔之慎之。

十九　蚕禅

育才如育蚕，蚕教贵心传。学问如食桑，禅寂如三眠。桑不粪尽，不能成茧。书不化尽,不能畅言。吐丝时,须腹无片叶。成文时,须目空先贤。蚕初次三小眠,入茧一大眠,成蛾。人每日一小禅,老大一长禅,通玄。毕无妙法,九想九缘。自十岁起,行之百年。

(成都探源公司,民国12年8月印行)

道德经详解[1]

自 序

老子之道，内得佛学之精，外乃太平之极。今之谈修养与主义者，不可以不本此，如通之，可以同印度之哲理，可以纳万国之思潮。然其言可深味而不可以相指，可默契而不可以言诠，故学者眩焉。古注七百家，无得其真意者也，予据理昭晰，以质世之学者。然大道不在言文中，非深修有得，恶能袭而取之哉！夫老子犹龙，孔子亲炙又久，尚不可得，而众人必欲执而解之，陋矣。吾亦为鱼以从之于海，为云以从之于天，为无为以从之于玄玄。知之疑之，赞之非之，任他人之自探，吾将招风抱月、投笔倚石而眠。且吾闻孔子之演《易》也，每反其言，而扩其义。《易》曰："含章可贞。"孔则曰："以时发也。"《易》曰："潜龙勿用。"孔则曰："乐则行之。"《易》曰："观我生。"孔则曰："观民也。"《易》曰："三岁不兴。"孔则曰："安行也"。夫含与发相反也，潜与用相反也，观我与观民相对也，不兴与安行相对也，而孔子言之。盖圣言不可执，执者失之，泥者诬之，故吾以此释老，而生以动之。总之，道不翕于老，天下不能一日安，宇宙不能一日清也。吾见世伪作，欧美拂，中原昏，益趋末，惟治《老子》，应症之药。故详释其真，以正世学。

上 经

道可道，非常"道"；名可名，非常"名"。（上"道"字，名词"理"也，下"道"字，动词"陈说"也。上"名"字，名词"号"也，下"名"字，动词"指名"也。）[2]

---

[1] 又名《止园道德经释义》。
[2] 括号中文字为作者原注。下同，不再另注说明。

太昭曰：道，成真之大路也。义为首辵，直超尘也，故道因远离而后可道。若已住真常，何以道之？本住室中，尚能言此室从何路而往乎？道也者，不可须臾离也。可离，非道也。非道者，非常道也。既不离，则是本住室中矣。知此，乃得常住真心。名者，因分小异而起，最著我相者也。不因有异于他姓，何由有姓？不因有异于他名，何由有名？指名愈分而愈小，故同国不同邑，同邑不同家，邑小于国，家小于邑也。异且小，则性命之情滑，而宇宙之元气不翕矣。常名，合大同。合大同，则不可名。天下之人皆姓颜，则颜之姓失其效矣。天下之人皆名回，则回之名失其效矣。知此，乃得真常合于太空。民胞物与，万物皆备。夫常者，不变之谓也。谓冰雪为常，未及夏也。谓两大为常，未通玄也。惟一不变，太空无坏。无名无道，永贞之极也。非合大同，何以全此？

"无"，名天地之始；"有"，名万物之母。（母，生万物者也。）

太昭曰：一生二，二生三，三生万物。故一始无始，一析三极，三极两仪，万物分立，天地得一小分体而肇生。诸天地各有秽净，万物更得微分而成住。一虫鱼自抱乾坤，由分小异演万殊，离于真常，则事理象数乃可道而可名矣。于是炎炎詹詹，初谈道德，固知老子之心，全在大同，不欲琐琐于小异。万不得已而言，其志苦矣。有家国畛域之见者，其亦愧乎。

故常"无"，欲以观其妙。（欲，思维也；妙，神化不测也。）

太昭曰：佛曰："应无所住，而生其心。"孔曰："无思也，无为也，寂然不动，感而遂通。"回曰："寂哉妙天。"诸圣本体，同此空妙。夫无所住，无思无为，与寂哉，皆常无欲也。生其心，感而遂通，与妙天，皆妙也。造化生人，皆有本智。及时自发，如鸡知晨，如蚕知茧。但尽私欲，久寂自显。无师自然，灵不可言。非真修者，不知此，不见此。虽博闻强记，读破万卷，无益于性命，徒增惑耳。

常"有"，欲以观其窍。（窍，通道，妙之门也。）

太昭曰：欲者，欲仁也。舜欲左右有民宣力四方，孔子欲仁斯仁至矣，圣人此外无他欲也。此欲诚，则生明，中庸之义也。故纯运空慈，可得正受三昧，而无上正等正觉自发。华严十不可思议灌顶法，皆获于真心觉世，非有毫厘私伪可以袭取。笃修之士，自然得之，万不失一。若窍不开，必不诚仁也。窍以通妙，内外合也。但知无欲观妙，则为顽空，妙亦恐不妙矣。

此两者，同出而异名。

太昭曰：大无外，即小无内。空无内小也，仁无外大也，故曰同也。观妙空也，观窍仁也，是以同出，名而异之。《易》所谓暌同而异，观察之则也。设末求本之方也，一而同之，《中庸》所谓合内外之道也。

同谓之"玄"。（玄，始也，道也，极大至妙也。）

太昭曰：玄实不玄，能参同契，即通玄元。故万物有二，皆可以言同异。必于同中求异，则兄弟不同貌，两手不同纹，而骨肉胡越矣。必于异中求同，则人虫同有生，鱼鸟同知食，而胡越骨肉矣。何同何异，在观者用心何如耳。同中求异，则分畛域而自小，故曰小人。异中求同，则合万类而成大，故曰大人。大人之量，岂惟天地合德、日月合明而已哉？旷观宇宙，仙佛神祇虫鱼金石，与我同居太空之中，即有胞与毛里之爱，故贵贱以位异，善恶以行异，贫富以财异，强弱以力异，国以土异，族以色异，大人皆一视而同仁。用之于世，无位分之异而权平，无善恶之异而慈普，无贫富之异而公财，无强弱之异而互助，无国域，无种争，同纳于太和之乐，则正灵自感，玄妙不测，合于真宰之心，而洽太空之体，与天地太空同气相求矣，焉得不应？今之最正主义，庶几近之。然必真得大同，乃得太平，不惟齐物于地，且亦合德于天，不惟合德于天，且亦妙契真宰，故万类以合大同而灵，智合而虫鱼化人，形合而细草化木。蠢者之觉如滴水，分小异也，灵者之觉如瀛海，合大同也。以觉摄觉，以形摄形，以清摄清，以浊摄浊，同声相应，同气相求，摄觉而清，灵妙无穷，六通四达，三昧正受，此为全功。小而言之，方今思潮趋于均平，若老子之量，包无量天地之外，况有国界与家私乎？万国之民劭于此，亲切极爱，于是地感同契乃不爱宝，山川共珍，嘉禾九穗；天感同契乃不爱道，时调玉烛，人心懿和；物感同契乃不相害，四灵为畜，万类雍熙。同之效也，玄妙之极，谁能究之？

玄之又玄，众妙之门。（妙，自然之神，人不可测度者也。）

太昭曰：玄之又玄，同之又同也。忘身同家，忘家同邑，忘邑同国，忘国同人，忘人同物，忘物同天地，忘天地同太空，故合大同被无外。惟其同，故万物并育而不相害，异则反是；惟其同，故道并行而不相悖，异则反是。故太古之人物，非今之人物也。趋异而变，凶恶辈出，不可以言尽，不可以智力防；趋同而复，吉祥辈出，不必以人为，不必以智力作。血脉异行，而痈疽生焉，虮虱繁衍。痈疽虮虱，从何而来？妙极矣。山泽同气，而麟凤生焉，神祇昭明。麟凤神祇，从何而出？妙极矣。血脉同行，忽无痈疽虮虱，彼从何去？妙极矣，古之人则然。山泽异气，忽无麟凤神祇，彼又何往？妙极矣，今之世则然。今人见今人，不见古人；见今世，不见太古。夏虫蟪蛄之识，偶呈变异，即以为妙。虎之渡河，蝗之出境，非同仁之化，有以感之欤？空仁恒运，则一心妙慧。世间妙物，有不可思议者矣。六通万能，祇在此中求之，切无好径行怪，私心自厚，反以贼诚，益之憾耳。

天下皆知美之为美，斯不美矣。天下皆知善之为善，斯不变矣。

太昭曰：大同极妙。忘于无形，有美之心与丑异矣，有善之心与恶异矣，则何能同之又同？不同即不玄，况明甚害诚，易之失贼。明知非利人，不足以利己，乃故为利人以利己。不私之私，其私尤著。我相之，固更胜于私矣。私则分小异，又何以合于太空哉？造化试人之真心，如试官之试真才，岂能尽泄其题乎？

故有无相生，难易相成，长短相形，高下相倾，声音相和。

太昭曰：言离即着，言着即离。苟不因有，何以有无。衡有两端，按左起右；花有两气，根臭蕊香；故曰慎毋为善，以启恶念。无有无无，无难无易，无长无短，无高无下，无声无音，亦无无无，乃真同玄。譬如壮夫多智，求忘已〔己〕名，已〔己〕名若忘，即悟妙契。有名无名，深思自味可也。

是以圣人处"为无"① 之事。

太昭曰："无为"之事，非木石也。见机极明，杜祸极早。曲突徙薪，无恩泽矣，犹有一徙。文教常宣，无武功矣，犹有一教。若夫上感天地，自然穆清，下格海鸥，绝无机械。人心自正，诸邪不生。曾无一无，更有何有，非至德其孰能如斯乎？玄元自在，则又不难，惟化民不知美善于未形之先耳。因善启恶，于是生事，好为之罪大矣。

---

① 当为"无为"之误。

行"不言"之教。

太昭曰：教本无言。蚕父不遗织茧之书，禽子不承伏卵之训。若发于言，必传于书。传于书，则智者强记博文而自暴，愚者慑于孤陋而自弃，互形两误，害之极也。潜移默化，别有妙机。庖牺目不识丁而神，飞龙口不能语而灵。本智各发，不相效也。然斯二者，皆不可执。若执之，是见病危而不医，视瞽者之投阱而不呼也。未病而医，无阱而呼，则是有为之事，多言之教也。古朴玄元，神格天全。

万物作焉而不辞。

太昭曰：手茧不剪自脱，愈剪愈生。海鸥不捕不飞，愈捕愈野。机心辞恶，反以滋蔓。

生而不有。

太昭曰：鸟羽能飞，则父母不留，故鸟无家与家之争。蜂儿出房，则老王异室，故蜂无满不容之祸。众生以地为逆旅，过而忘之斯已矣，谁能有之？流水白云，与青山亦有情否？

为而不恃。

太昭曰：为茧者蚕，破茧者蚕。艺禾者农，割禾者农。蚕若恃茧，蛹死其中。农若恃禾，劳而无功。知成实之不在此，何敢塞化机之通乎。

功成而弗居。

太昭曰：室成而居，主不复迁也。俑成而焚，用不在此也。慈航拯溺，岂可以舟中为带砺哉。

夫惟弗居，是以不去。

太昭曰：燕居于幕，幕焚则远扬。鱼居于池，水涸则枯死。有居之居，虽居必去。若夫乘天地之正，御六合之变，冯虚以居，若动若静，其亦有离乎。居太空者，无居之居，力撼泰山，不能移也。此言浑矣，将使人失之恍惚。然至人之不辞不有不恃不居，而又不去，何以修之？本自未来，何由有去？夫老子之言，可以神味，不可以相执，可以默契，不可以言尽。使汤武得其十一，不居拨乱反正之功，与民齐分，而无封建之私，富贵之欲，至今吾民已登春台，浩泽无终，谁能去之？后之底定平治者，苟无此胸襟，一芥加于小民，则百世受其祸毒。有志于世者，盍先自造于此极。不然，成桥而宅于中，必有见逐之时。上善未增，迭演而进，圣慈济渡无量，百岁之业，尝有歉怀，一日之功，千秋之罪也。谈主义者，慎于忘已［己］，忘已［己］忘功，万类永喜。倘使赵匡胤知圣仁之道，诸将释柄，已［己］亦释柄，共和之基早奠，至今其功犹在也。世法未适中和，斧成去斧，刨成去刨，系铃解铃，惟圣克知，可不勉哉。后日成平治之功者，当先劭于此也。

不尚贤，使民不急。（贤者，德、才与智出众也。）

太昭曰：世之谈平权、公产者，而不筑基于平德、平才、平智，则殆矣。真励于太平之极，不以斯三者加于人，则纯无私矣。夫有才与智，因而功大，皆不可以加于人也，惟恐其无德故。苟德大矣，岂尚欲加于人乎。先王多一妃，则后世有隋炀之淫。周公作明堂，则后世有阿房之侈。此丰物以尚贤之祸也。孔子有太牢之祀，则伪学争鸣。侔尼有世尊之称，则魏僧作福。此隆礼以尚贤之祸也。故授书不名，而后黄石大，挞佛喂狗，而后佛法真。尽去上人之心，方绝私伪之渐，解于根本之处，乃齐枝叶之末。言太平者，于此当三复之。

不贵难得之货，使民不为盗。

太昭曰：愈易得者，其物愈贵。气盈于地上，一呼即得，一息不可离。水多于地中，一汲即得，一日不可离。若夫金银宝玉，饥不可以为食，寒不可以为衣，终身用之而不肥，终身去之而不歉。乃后世作伪，泉府诈人，资商奸而长贪橐，轻布粟而重珍奇，民性乱矣。此害不除，太平不可致也。

不见可欲，使心不乱。（此欲字，非常有欲之欲，乃物欲也。）

太昭曰：六根接六尘，则真乐失于内。若尽绝之，而求于内，其乐胜彼。孔曰："窒欲。"佛曰："见欲如汤火。"圣贤入德，莫不由此。欲尽心定，由定生慧，必然之事也。

是以圣人之治，虚其心，实其腹。

太昭曰：以虚养觉，以食养形，民皆虚心，而争端绝。争端绝，则形亦养矣。故虚之功十居九，实之功十居一，虚为主，实为奴。

弱其志，强其骨。

太昭曰：弱志以绝欲，强骨以却病。绝欲则心清，郄病则体健。形觉交养，道乃不闲。

常使民无知无欲。

太昭曰：无名空性即佛性，无知也。不动空心是佛心，无欲也。夫人脑心肾之相联，譬如电机，苟不接于他物，则自应其同气。与道心同气者，宇宙之正灵也。有知有欲，则接于他物矣。虽日夜血液循环，如电流，妄耗于邪僻之地矣。

使夫知者，不敢为也。

太昭曰：为法制以乱平，为文章以滑性，为桔槔以启巧，则智者以骄，又以诈人，愚者以慑，又以误己，而不知道在一真，不在八识。若在八识，人十能之，己千之，人学十年，己当学千年，安得谓及其成功一也哉。知者敢为，文字填山海，害心如妓唱优歌，技艺满市廛，贼性如长虺巨蝎，万年之后兴作塞地，后死之人无能学道矣。

为无为，则无不治。

太昭曰：此根本之论也。执则诬矣，今不能无为也。然当知无为为本体，为归宿，如养生然，不药不病，是为上医。人事政治，从何而起，非因失道，将焉用之？今者无政府之说，亦末矣。民皆通大道，安有政府哉。不通大道，而外求无政府，是大病而不用医药也。政府不去，是医药久而成鸩也，故不治。

道冲，而用之或不盈。渊兮，似万物之宗。（冲，虚也。渊，睿明静照也。）

太昭曰：道本冲然，虚无不包。然用之则不能满其量，盖用之者人也。人固于六根之中，百年之内，就六尘以资生，安能满其量哉。满并育而不相害之量，则五谷亦不当食矣。事理既有碍，吾乃渊然虚明，容照万物，来相不留，去相不住。如万类之宗祖，随分尽礼以爱之，而无所择，以自全于内而已矣。浚而求深，则又害焉。

挫其锐，解其纷，和其光，同其尘。湛兮，若存。吾不知谁之子？相

［象］帝之先。（湛，情深也。帝之先，两大未生之先也。）

太昭曰：保自然之运，细砚磨墨，挫锐也。办［辨］一真之理，快刀斩麻，解纷也。混俗和光而不流，假根用尘而不著，相不映于无垢之识，则湛然而常明，亦有受生既为人子者，而能含天地未生以前之玄德乎？则存养之至似万物之宗矣。真修者，当勖于此，久则大效，神无不照。

天地不仁，以万物为刍狗。（刍狗，以刍草为形，用过即焚者也。）

太昭曰：仁者，道也。以自然言，谓之道。以生生言，谓之仁。玄之又玄，不可以名，强名为仁。正觉之木源，万物之生机也，不仁则麻木矣。假象比之，天地如卵，如谓仁在天，则生机宜在卵白。如谓仁在地，则生机当在卵黄。何以无雄之卵，虽全白与黄而不孵，且仁若在天，则生命在父矣。仁若在地，则生命在母矣。既不在阴，即不属阳，当然之正则也。故视万物如刍狗，用过不留。如万物之生机在天地，则归根当在天地也。故求道者，不于天，不于地，而于帝之先。求于天，而尤误俗儒妄指日月星辰。求于地，而尤误西哲妄认优胜劣败。皆不得真仁之体，而世祸之所由出也。

圣人不仁，以百姓为刍狗。

太昭曰：圣人虽自全其仁，百姓不能假也。圣人教养，资八识以启人觉，而仁不在八识。资六尘以养人形，而仁不在六尘。人各自尽，于圣人何恃焉。

天地之间，其犹橐钥乎！虚而不屈，动而愈出。（橐，囊之无底者。钥，乐器。）

太昭曰：天地中无仁，犹橐钥中之无气也。仁满太空，动而天地出之。气满地面，动而橐钥出之。若其虚之，天地与橐钥如故，而未尝即屈也。

多言数穷，不如守中。

太昭曰：今以多言，于天地圣言中求道，是自堕于有穷也，穷于天地圣言中也。数有穷乎？四方虚空可思量否？夫言必以名动二辞而成，凡可名者皆有穷也。不如守中，中有仁也，仁之量无穷。故天如雌然，煦妪万物者也。地如巢然，持载万物者也。中如卵然，抱仁有成者也。八识半属天，六根皆属地，一雌一巢也，二者皆奴用之以守中也。圣言教我守中也，吾不守中于外何求，仁不在外自修须笃也。

谷神不死，是谓玄牝。玄牝之门，是谓天地根。（谷者，空也。玄牝，发生机者也。）

太昭曰：太空真神，弥满八极，是乃仁也。天地其枝叶也。玄牝者，发生万类之生机者也。玄合大同，牝施牝生。天地有生死，太空真神，谁能死之？

绵绵若存，用之不勤。

太昭曰：谷神自存，乃转八识六根，以用于世事，而谷神终未尝勤也。圆觉二十五法轮，皆以惟观如幻为总持，则真心不动，而谷神不勤也。

天长地久，天地之所以能长久者，以其不自生，故能长久。

太昭曰：橐钥中之气，速来速去，后气逐前气，不能久停也。天地中之万物，速来速去，后万物逐前万物，不能久住也。若其不死，必须不生。故天不生天，地不生地，橐钥不生橐钥，谷神不生谷神。人归谷神，谁能死之？小而言之，多生多杀，虫鱼则然，故近世有节生主义之说也。然而非本。宇宙之物，贵者少生。人劭于道，太和气洽，自然调均而少生矣。

是以圣人后其身而身先；外其身而身存。

太昭曰：圣人知此，不恋生生，不恋天地，则竞世利后于人，而求仁成道先于人矣。以四大假合之身为外，而法身营魄存矣。宇宙中，惟全大仁、益众生者，乃能利己，其他皆自害也。小用之，世之人，必有得于此，自然不著我相，不著我家、我国相。平权公产大同诸事，不用反手之劳而成。若弃本务末，则乱矣。

非以其无私，故能成其私。

太昭曰：私孰有大于得仁、成道、永极乐，而不死哉？以天地中物为私，则自害矣。圣贤居尽宇宙中之奇货，而不争，且必得。恶人受尽宇宙中之极祸，而多劳，且必亡。太上一语，笑煞蚩蚩众生矣。

上善如水。水善利万物而不争。处众人之【所】恶，故几于道。

太昭曰：水哉！水哉！困则清澄，自沈其滓，达则沛然，膏泽万里。神鉴清明，而不留相。随境平夷，而不碍物。击之不抗，分之不恋。如彼真灵，是分体耶，是合体耶，不可以名。无意无必，无固无我，至人似之，尽利济之心而已，安知众生之有争哉。辞尊居卑，辞富居贫，惟常抱其道，而不能见夺于人，平之又平，世治何日如此大成。

居善地，心善渊，与善仁，言善信，政善治，事善能，动善时。夫惟不争，故无尤矣。

太昭曰：此承上文，颂水德，即至人之德也。随境得清平，居善地也。静照不住相，心善渊也。遇物即施泽，与善仁也。就下不失经，言善信也。均平则大定，政善治也。随形满其量，事善能也。见隙则即流，动善时也。人能如此，功岂有不成。天下如此，民岂有不均平者哉。老子之心平之至，老子之才善之极，愿天下之人于水中见老子，而悟水中呈相之老子，泰然与物无争，自尽其恩。一泓清清，湖海汪汪，潇洒出尘，不怨不尤而扬扬，沛然流长。

持而盈之，不如其巳［已］；揣而锐之，不可长保。

太昭曰：此恶富溢无厌、任智敢为者之害巳［已］，而乱天下也。富溢无厌，故既欲保持，又欲取盈，而不知盈之不可持。天道亏盈，富极不散，物必速覆，而灵沉于九渊矣。任智敢为，故既揣其才，又欲不败，而不知锐之不可保。锋锐遭折，巧极好用，事必速败，而民受其巨祸矣。

金玉满堂，莫之能守。

太昭曰：呜呼哀哉！贪夫之祸民也。既非豚鱼，何愚至此？且豚鱼之所不为也，怪极矣。人食不过一升，衣不过一绵，居不过一室，余财何以用之？守之以买六尘，则杀性命；守之以养一生，则仅百年；守之以子孙，则子孙必乱性而覆宗，或至弑父；何以守之？试请答我以复老子。而天下国家因此乱，则我身我族皆为戮矣。又以欲伤太玄之真，苦海沉沦，故老子之言，恸极于此。若非公产，何以慰太上之灵乎！

富贵而骄，自遗其咎。（咎，病也，害也。）

太昭曰：豫之尊贞疾，泰之极命乱。天道亏盈，地道变盈，人道恶盈，鬼神害盈，非天地人鬼神之朋凶，已[己]自招也。夫贵者持权，富者持财，此二者三才所成以育众生者也，而敢以丰裕身家，罪同剧盗，安得不殛哉？此平权、公产之所以起也。

功成、名遂、身退，天之道。
太昭曰：古之帝王，动以开基者妄称成功，祀之配天，而居富贵，悖矣。若真配天，功名遂当退，奈何居之？他日成平治之功，而握大权、高位以自利者，谓之逆天，天必殛之。此承上文而言。有洁白之操，而后可以言平权、公产，庶自免于天殛。

载营魄抱一，能无离乎？
太昭曰：营魄者，我之真灵，通于谷神。常能观妙于静，观窍于动，则不离矣。此两者同出，得谓溶之抱一，滑于世物则远矣。

专气致柔，能如婴儿乎？
太昭曰：专志帅气，致柔无暴，则不失赤子之心，非助长者也。久必通玄。

涤除玄览[鉴]，能无疵乎？
太昭曰：玄之谓同。观同道通，观异道穷。同中之异，虽观其端。千圣万贤，道同而文异。览之不明，则疵病百出矣。

爱民治国，能无为乎？
太昭曰：老子动说无为，令今人无从着手。然亦思世间百务，赘者十之九，何一非由人心失道而起者。苟得道矣，事自省焉。民知自利，虽迫之以刑，不肯为恶，政教奚以为者？

天门开阖，能无雌乎？
太昭曰：人之变化极美之物每后现，身壮则地门开阖。地门者，贤窍也。神足则天门开阖。天门者，神通也。人人有之，如卵中有雏，毫不为怪。特今人乱于物欲，不待时至而耗于无形，悲乎！言至此，不禁为生民一哭矣。夫人者，与草木相对者也。彼苔稍以花交姤结子已，而地中生硕根。

人稍以肾交姤结子已，天上能不生硕根乎！陀陀昭昭，人则不见，乃于天门未开以前，尽泄精于七情六欲，或微有未尽，而偶获一开一阖之现，则惊为神佛，而不知其为人人应有之常也。于是因惊生妄，如雌禽闻雏鸣于卵中，即惊怪而不伏，则殰矣。开与不开，听其常而不惊，百年如一日，成道之日至，可坐而待也。慎之哉。

明白四达，能无知乎？
太昭曰：含养厚，则成就大。明白四达，六通四辟，人之恒事。奈何即炫，炫即失之，故圣人视之，湣然如无知也。

生之畜之。生而不有，为而不恃，长而不宰，是谓"玄德"。
太昭曰：生而不有，为而不恃。叠前语而郑重申之，圣人于此三致意焉。长而不宰，各知尽性。凫无官而不讼，雁无主而不争，蜂蚁无法制，而礼序彬彬，可以人而不如物乎？习滑已久，徐教以复古，则无政府之制，自是常理，又何疑乎？宰者，主宰也，如政府之谓也。"玄德"，大同之德也，与万类平等，而休祥感焉。郅治终必至此。

三十辐，共一毂，当其无，有车之用。埏埴以为器，当其无，用器之用。鉴户牖以为室，当其无，有室之用。故有以为体，无以为用。（埏，揉土也。埴，黏土也。辐集于毂，而成辕。）
太昭曰：以车器户比体，以其空间比用，人之万能则然。如学问之见横于心，则有矣，有则理蔽而不显。空若无有，大道乃明。是以学问如蚕食桑，休养如蚕三眠，谈道如蚕吐茧，相资而不相碍。哀彼废眠多食之蚕，将如之何？桑不尽去，不能吐丝，更不能望成蛹而成蚕矣。去有生用，即如蚕之粪尽桑质，而丝自绵绵不绝也。

五色令人目盲；五音令人耳聋；五味令人口爽；驰骋田［畋］猎，令人心发狂；难得之货，令人行妨。
太昭曰：眼耳鼻舌身意，皆心君之奴也。此不言身与鼻，而身与鼻自在其中矣。此六根，即欲之门也。五教疾欲，如恶蛇蝎。同出一辙，岂虚语哉。外害人民万物，因而内伤已［己］之仁。内耗精气元神，因而上干天之怒，塞通玄之大窍，夭住世之遐龄。人之入此毒于汤火，不尽绝之，则自落于奇苦而不知。既生为人，宁有愚至此者哉。夫池有六孔，水尽泄而鱼死。人有六根，精不尽泄而神死乎？此所以不能载营魄抱一，而天门不开矣。谓之自杀。发狂者，意乱也。行妨者，前之所谓为盗也。

是以圣人为腹不为目，故弃彼取此。

太昭曰：腹知足，但贵取食于母。目无厌，见美生心，而逐欲自毒。圣人弃欲取道，故知所择也。

宠辱若惊。何谓宠辱？宠为上，辱为下。得之若惊，失之若惊。

太昭曰：世荣不足恋，世辱不足慑。何上何下，决然迸绝。

贵大患若身。何谓贵大患若身？吾所大患，在吾有身。若吾无身，吾有何患？（二段移文便解。）

太昭曰：佛云："身是恶源，形为罪薮。"《易》曰："涣其躬，无悔。"自古圣贤皆视此身为桎梏，故孔子宁杀身以成仁，而列子有化人之喻也。试问：载斯六根之秽，以与世竞，而造万恶者，非身也耶？本以身为奴，而养心君，反以心为奴，而自倒植，又岂身之罪哉？心亦太不肖矣。一朝知此大患，乾纲独整，大丈夫岂为一块秽肉所累哉。

故贵以身为天下，可以寄天下；爱以身为天下，可以托天下。诚全而归之。（此文移此最紧切。）

太昭曰：此三语当紧接上文而来。既知身为大患，是入道之门已见矣。然而，西哲有悟至此，而遂自杀者，则诬矣。借身以行仁，如借舟以拯溺也，但不杀人以衅舟，则可矣。吾有此身，说道治物，以利天下，乃遂留之，非因此不留也。此念久而弥固，真心自定，然后外视此身，以与天下作福除害。纵一衣食，明知本不当取，皆反而念曰：此为众生养生佛，非养秽肉也。岩墙刀兵，本不当避，皆反而念曰：此为众生留生佛，非留垢形也。爱此身者为天下爱也，或为元首，或为达官。吾身岂为世爵所污哉？为众生也。此心不诚，假老子之言，以盱世贵、保身命，是自害而又害民也。虽欲福寿全归，其可得乎。此心至诚，靡监百年，而归命焉。全角息肩，至人之责，于是尽矣。慎之哉！无此极洁至诚，幸无问天下苍生事。今之言平治者，其有能劼于斯乎？敬垂涕泣而告之。

视之不见，名曰"夷"；听之不闻，名曰"希"；可[搏]之不得，名曰"微"。此三者不可致诘，故混而为一。

太昭曰：夷，平常也；希，不繁也；微，不显也。皆假名也。要归之，不可以相求而已矣。夫宇宙之物，接于六根而得者，不如纤尘粒沙。反观纤尘粒沙，大于天地，不接于六根而失者，大于亿兆天地。而视亿兆天地，亦如微尘，理则然耳，何不思之？光外有光，枭且见之。香外有香，犬且嗅之。吾将以六根测宇宙万类之有无乎？是自求不如枭犬也。吾又将历历条举无中之有，以告人乎？如对瞽言光，对聋言声，教鸡潜泳湖海，教鱼巢集木颠也。吾即六通，亦不当以此惑人。况六通之见闻，依然在纤尘粒沙中乎！吾知无中有有，教民亦知无中有有，有乐于吾地之地上升而轻清即是，有苦于吾地之地下降而重浊即是。不可致诘，不必致诘，混而一之。不分不惑，以自陷溺，一刀断妄念，高明之至也。随缘渡人，因时济物。大安大逸，不粘不脱，不肤浅，不穿凿，斯得道之所以自然也。飘乎！飘乎！其犹龙乎！有语怪者，贼心蠹虫，必凶。

其上不皦，其下不昧。（皦，昭明着相也。昧，无明也。）

太昭曰：神灵在上，虽未明明昭昭，皦然示我以相，而潜耀于夷、希与微之中。吾之天良，岂能昧哉？有神照临，吾固不欺暗室。无神照临，吾亦不愧衾影。吾既为道，吾岂复为窃贼，伺物主之在否，而后动哉！

绳绳兮不可名，复归于无物。（增一兮字，绳绳不绝也。）

太昭曰：彼无中之有，在夷、希与微之中者，明明为数无量，多于螽斯之绳绳。吾一以仁恕处之，总以一无中之有括之，不必物物而指之。目空万佛，焉知为孰？推此量也，虽与宇宙同大可也。

是谓无象之象，无状之状，是谓恍惚。迎之不见其首，随之不见其尾[后]。

太昭曰：有物混成，无头无尾。瞻之在前，忽焉在后。在羹在墙，是无是有。吾所乘乘，吾所守守。似乘非乘，似守非守。上圣是谁？白鸡黑狗。信手拈来，南箕北斗。

执古之道，以御今之有。能知古始，是谓道纪。

太昭曰：今之所有，古之所无。今之所无，古之所有。兔丝之无叶，人身之无毛，古必有之。人群之有政教，易物而假泉府，古必无之。庖牺画卦，仓颉造字，三代制礼，文王演《易》，如此多事，尽尽抛弃。执三代以御秦汉，执五帝以御三代，执太古以御五帝，执象帝之先以御天地，大道之妙，妙不可言矣。万类本合大同，吾何必随分小异，以自小哉！若灵分为蚊，见人之智，岂不曰：妙哉！妙哉！

古之善为士者，微妙玄通，深不可识。

太昭曰：至人无相，若见诸相非相。即见至人，此不可以矫强。若固为深沉，是虺蜴学龙也。为士者，盍自修之。

夫惟不可识，故强为之容：豫兮若冬涉川；犹兮若畏四邻；俨兮其若容［客］；涣兮若冰之将释；敦兮其若朴；旷兮其若谷；浑兮其若浊。

太昭曰：谨慎自然，似慎非慎。若涉春冰，岂曰无胆惕虑自然，似虑非虑。若蹈虎尾，岂曰不勇？如见太宾，宾于何有？坐忘木槁，躬则已涣。太璞不凿，亦非顽石。容盖宇宙，自在包荒。如愚不愚，莫测底蕴。有道之士如此。今必登讲台而口舌胜人，显经猷而干才出众，恐乱机从此益滋，第一二三四流人终不能立于政教之林矣。然至圣在野，处众人之恶以济众，厥功尤伟。时际风云，则亦终有见用时。有潜龙必有飞龙，非人之所能为也。此中机括，岂足为众人道哉！

孰能浊以静之徐清；安以久之徐生。

太昭曰：人合真灵，久则生妙。木合水土，久自发荣。时过而后学道，则静功尤宜久。自幼不放心泄精，则如不移之树，一直干霄矣。有志者当知苗不可揠，花不可催，一拳之卵尚须弥月始孵，百搅之池必待半日而冽，可不以静久为功而望生明乎！圆觉经独辟净居之说正以此也。

保此道者，不欲盈。夫惟不欲盈，是以能蔽不新成。（能蔽久抱，贞朴也。）

太昭曰：承上文，古之善为士者，以下而总结之。言能保此道，韬光不显，内不欲日新其学而求得，外不欲日增其誉而取盈。禩禴古柏苍苍兮，参天盘地，贞其心。岂与桃夭柳媚争一日之荣哉。

致虚极，守静笃。

太昭曰：此圆觉经二十五法轮之全功也。致虚极，惟观如幻也。守静笃，惟求极静也。文意全合。孔子亦曰："以虚受。"又曰："静而后能安。"古圣人下手工夫，无不以虚、静为主者。动则虚，暇则静，则内外之道合矣。常如此，则营魄不离矣。

万物并作，吾以观其复。夫物芸芸，各归其根。归根曰静，静曰复命。

太昭曰：水流长江归大海，树长千丈叶归根，谚语也。而通于大道，魂魄终归谷神。谷神者，天地之根也，早归者至彼岸也。苦海沉沦，芸芸何为？芸芸者扰扰，而自任智力以营也。吾以虚静空观，看沧海浮沤，何时了结？故万物以合大同而归，以分小异而苦。我相之毒极矣。

复命曰常。

太昭曰：命犹令也。万物受于真宰以生，归而复，芸芸乃定。乃得不可道、不可名之常，而同于谷神不死矣。

知常曰明。不知常，妄作凶。

太昭曰：平天下，治群伦，常理而已矣。成圣佛，亦常理而已矣。能合太常，宇宙无阻。譬如行路，左崖右潭。譬如树艺，春耕秋获。顺人情，应天地，抱一而通谷神，自然之运耳。故人一见道，天地鬼神不能逆，百世圣哲不能改。同此一道，又岂能易乎？凶邪之辈，自任智力渎乱天常，是自投于崖与潭也。悲乎！吾不禁为千秋恸哭也。

知常容，容乃公，公乃王，王乃天，天乃道，道乃久，没身不殆。

太昭曰：知合大同以通玄，则万物皆胞与也。故不私以自异，则王者盖天下之度也。能大同于天下，天德亦同之。乃与天地同归玄牝之门，而与谷神同不死矣。住世则神佑之，形解则天与之。此圣贤所以站尽宇宙便宜，而不与不知常者同凶也。痛恨法奴安南，英役印度，日苦朝鲜，以大国为小人，不通玄元，不察天地之故也。自容而公，自公而王，自王而天，自天而道，自道而久，复命也，顺序归真也。

太上，下知有之；其次，亲之誉之；其下，侮之。故信不足，焉有不信！

太昭曰：击壤之歌，下知有之也。灵台经始，亲之誉之也。时日曷丧，予及女偕亡，悔之也。太上曲突徙薪，无恩泽识远，而不乐祸也；其次，焦头烂额为上客，识迩而欲炫功也；其下，威令不行，智不足以烛机，德不足以感人，才不足以戡乱，介不足以去位，则民间独夫不可为矣。但求道德能否孚众，苟能矣，众未有不孚者也。

犹兮其贵言。功成事遂，百姓皆谓："我自然。"

太昭曰：太上，不惟不多事，且亦不多言。度汪洋兮公极以含，神清明兮清流于源，病见腠理，不药而痊，故自然。非至德，不足以语于斯也。从老子之道，必有此效。

大道废，有仁义；智术出，有大伪；六亲不和，有孝子；国家昏乱，有忠臣。

太昭曰：人不诩昨夜曾眠，又不夸我能食盐，常之也。夫仁义是余绪，常德自流，而不知谁为民设官者，谁为世作礼者。鸟群中谁非孝子，而中国有二十四孝之谚，不如禽矣。蚁群中谁非忠臣，而中国有忠经忠传之书，不如蚁矣。鸡谁不义，羊谁不仁，人之不愧，亦已哀哉。吾读至此，耻不能仰。

绝圣弃智，民利百倍；绝仁弃义，民复孝慈；绝巧弃利，盗贼不有。此三者，以文不足，故令有所属。

太昭曰：绝之又绝，乃复常辙；常之又常，众善之王。故网罟矰缴兴，而禽兽鱼鳖不若矣；法制礼乐兴，而圆颅方趾乱序矣。家谁分之？国谁建之？同长短而非蜂蚁，谁作之君？谁作之长？同饮食俨如凫雁，谁作之富？谁作之贵？布衣已多，谁加锦绣。蔬食已过，谁造珍馐。尔从假趋，我从真复。报古御今，千秋永淑。太平是常，政治是毒。各安其生，含铺鼓腹。又非龇牙圆睛，何故食肉？又非如虮如蝎，何故争逐？文网愈繁，圣智愈辱。信自不足，偏有多说。汤武夸耀，功在溷浊。蜣螂诩香，不知自脱。三令五申，益形其末。英雄途穷，终归老佛。倘若不来，网中跳脱突。

见素抱朴，少私寡欲。

太昭曰：见素则白贲无咎，抱朴则童蒙元吉。少私则涣其躬，寡欲则窒其欲。《易》之经也。上不饰文莫，民自不华。上不失本真，民自不忘厚。上不私纤芥，则臣不营家。故汤武之罪大矣。上不崇享用，则下不乱性。故秦汉之毒极矣。上则倡乱，民乃效尤。信有不足，文以掩之。掩之不足，威令申之。至于令亦不行，败矣。后之欲成功者，其鉴之。此四者，紧接上文而结之。

绝学无忧。唯之与阿，相去几何？善之与恶，相去何若？人之所畏，不敢不畏。荒兮，其未央哉！（未央，无归宿也，荒乱也。）

太昭曰：绝学者，绝去学问。自然天马行空，而无学蔽之忧惧矣。彼伪学乱真，或唯之，或阿之，吾不屑与奕者论着棋之高下也。或善之，或恶之，吾不屑与俳优论歌舞之高下也。彼虽有等非正等也，彼虽有觉非正觉也，若我亦与众人同其忧惧，混俗而不出，则荒唐而无归宿矣。可哀也哉。此老子目空群学之伟大魄力也，后续论其真。

众人熙熙，如享太牢，如登春台。我独泊兮，其未兆；如婴儿之未孩；乘乘兮，若无所归。众人皆有余，我独若遗。我愚人之心也哉！沌沌兮，俗人昭昭，我独昏昏。俗人察察，我独闷闷。澹兮其若海，飂兮似无所止。众人皆有以，我独顽且鄙。我独异于人，而贵求食于母。（熙熙，乐也。乘乘，若有所寄托，若无所寄托也。察察，明也。飂，高风也。）

太昭曰：紧接上文而言。噫！老子其犹龙乎！不为学蔽也如此。观此优裕扬洒之慨，不同孔子之悦学三月忘味。孔子如享太牢，此太牢老子不屑享也。春秋上丁，俗儒望尝一脔，而千秋之正谊失矣。不同董生之悦学目不窥园，董生如登春台，此春台老子不屑登也。好鸟瑶枝，俗儒目送心艳，而千秋之大道晦矣。太牢之味不在书，俗士妄言食道乐。春台之华不在文，俗士漫夸彩笔花。老子不知其消息（点未兆字）①，如尚在母腹也，斯言谑矣。若有据，若无据。若有乘，若无乘。大乘小乘，至无学位而神。有归无归，至无学位皆非。或以强记博文而有余，老子视之如敝蓰。或以慧辩巧文而有余，老子视之如聚蚊。老子自笑其愚，人方矜夸其智也。皆曰予智，何如沌沌！以其昭昭，使人昭昭，昭昭皆是下达。以其察察，使人察察，察察适以自欺。嗟乎！汪洋沧海，寥廓高风，逍遥之游，惟庄老有之。顽如太璞，鄙

---

① 括号内文字为作者原注。

从先进，纵宽一步如已兆之婴孩，亦仅知求食于母怀，不知求学于父也。甘为子产之民，乐其能食不能教，真绝学无忧之神识也。又本下经复守其母之说，则求食于母，乃赖依覆于无名之始，常抱玄元之精也。义亦通。

呜呼哀哉！学之害也，多学杀人觉，罪大于多刃杀人形。俗士以修器为教，而不知修道。书满万库，令人目瞽；言遍天下，令人耳聋；而不知观妙观窍。故六经出而无尧舜，八卦画而无庖牺，不绝学之害大矣。然此亦不当执，若楚项羽言此，必一棒挞死，以喂犬彘矣。盖学者法也，学法也。以法逐尘，尘净去法；以药医病，病尽去药。今人落地，即染凶邪贪欲之学，如此不以他学逐而去之，则秽学塞心，毒尤深固。故绝学无忧之说，当于观妙观窍，玄之又玄后言之，不可为真顽鄙者作护盾也。

孔"德"之容，惟"道"是从。"道"之为物，惟恍惟惚。惚兮恍兮，其中有像；恍兮惚兮，其中有精。其精甚真，其中有信。

太昭曰：老子且自言恍惚，而众人必执。吾将辟顶击之以巨石，非至德神化，其孰能知老子乎！恍惚而已矣。孔则曰："不诚无物。"老则曰："恍惚有物。"恍惚岂诚哉！诚于恍惚，精陀陀兮，信不我欺，一梦脚跌破天地。大笑嘻嘻，诚全而归。

自古及今，其名不去。

太昭曰：名在金石，可以销之。名在天地，终亦必亡。与太空合，其能灭乎！

以阅众甫，吾何以知众甫之然哉！以此。（阅，经历而观察之也。甫，美也。）

太昭曰：众甫真瀹，轻清上浮者享之。故禽兽所享美于虫鱼，人之所享美于禽兽，天所享美于人也必矣。吾与最上皇灵合，所享之美何可言哉？犬马一粪，草木视之以为馐，吾岂与众人争粪，偷生于犬马胯下哉！昭昭侯王，乃是蜣螂，吾何以不食粪秽？因恍惚而知常。

曲则全，枉则直，洼则盈，弊则新。

太昭曰：此言涉世之法也。曲以自全，如水不伤。孔子之于阳货，陈太邱之于宦竖有焉。处乱世之道也，不可以不慎。然须枉而仍直，切勿枉而即枉；可如弓，不可如簇；则得矣。加慎哉！洼以处下，满吾德量，非求盈于世物也。弊则纤尘不染，本自无垢何由不新？君子之操持如此，则不蒙俗浊，而明哲自保矣。

少则获，多则惑。

太昭曰：此指学问而言。古人削简为册，故庖牺以八卦神；文王以千字圣；孔门之徒，思一言而终身行之；颜子好学，只在不迁怒、不贰过而已矣。后世书填山海，扰乱人心，精力有限，作作无穷。祖龙不出，不可为矣。有志圣学者，慎无与人争博，而劭于笃行诚朴，则久自神化，一经半偈，已终身不可胜用矣。

是以圣人抱一为天下式。

太昭曰：式，用也。抱一仁，以利天下。仁诚观窍空以运之，玄之又玄，无理不通，无事或碍。施之宇宙而有余，而况藐兹天下乎！

古之所谓"曲则全"者，岂虚语哉！（移文便解。）

太昭曰：此引古语而赞叹之也。老子超然，雅不引古。然信口而出，不接不离，则真述作不拘者矣。

自见者不明，自是者不彰，自伐者无功，自矜者不长，其在道也。曰：余食赘行，物或恶之，故有道者不处也。不自见，故明；不自是，故彰；不自伐，故有功；不自矜，故长。（此文移此最合。）

太昭曰：日月不自见，行其自然。尧舜不自是，询谋佥同。大禹不自伐、自矜，天下莫争功、争能。圣人一诚而已矣。且纵使学贯天人，道参造化，功施八极，德含四虚，亦皆为附赘悬疣，于至人无有也，况夫盗憎主人？物恶其上，晦之惟恐不备，而况敢以上物哉？契内无名，契外期费，老子之冲澹如此，宜乎德臻太上也。

希言自然。跂者不立，跨者不行。故飘风不终朝，骤雨不终日。孰为之？天为之。天地尚不能久，而况于人乎？（趾立，曰跂股。脚甚张，曰跨。）

太昭曰：跂，盱裕而不安其分也；跨，欲速而反碍其进也。如彼飘风骤雨，一时气尽，其能久乎？易改其常，故一事无成也。

故从事于"道"者，同于"道"；"德"者，同于"德"；失者，同于失。同于"道"者，"道"亦乐得之；同于"德"者，"德"亦乐得之；同于失者，失亦乐得之。故信不足，有不信。

太昭曰：此承上文而言。用于小谓之忠，用于大谓之通。何谓用于小谓之忠？既与人从事矣。道德与之同，得失亦与之同矣。各有异见，图功必败。四马一车，分驰裂辕，士会从帅，功亦几成。帅虽已失，犹乐得士会而与之。所谓二人同心，其利断金也。何谓用于大谓之通？同道同德，天地同流。同之又同，太玄通气。然则，否亦同否，不能反天地而独泰。损则同损，不能反乾坤而独益。草木形性，同秋冬而雕藏，圣人岂必尽处泰益丰裕哉？如此随尽其诚。不跂以望他，不跨以乱序，不如飘风骤雨之易改其常。善恶与人同之，天地太玄同之，岂惟和光同尘哉？乃能久长。三才皆乐与共事，故忠者通天地、彻太玄之道也。同而不改，得失勿恤，信岂有不孚者哉？

有物混成，先天地生。寂兮寥兮，独立而不改，周行而不殆，可以为天下母。

太昭曰：此补上章，言谷神先天地生。不死故不改，健行以运，天地从之，此帝之先也。为天地之根，则天下之母也。追原始以溯道源也。

吾不知其名，字之曰"道"，强名曰"大"。大曰逝，逝曰远，远曰反。

太昭曰：彼将自有名乎？言语不通，文字不同，吾不知也。彼将自无名乎？吾指而随名以便于言，总之不可名中之强名也。夫万物皆强名也，何但此，道名既以强名矣。见其"大"无外，故以"大"称之，从其外而言也。外则运行邈不知其所之矣，故曰逝。逝而无边，故曰远。明知远离，当知反夫太初，归根而复命。故谷神开玄牝之门，以生天地。天地生万物，物反于人，人反于天，天反于玄，然后谷神不死，以静复命。上达之道也。

故"道"大，天大，地大，王亦大。域中有四大，而王居一焉。

太昭曰："道"大无不容。而自吾人视之，天地覆载万物，故天地大。王者贯三才，合大道，故亦大，非人爵也。以其率人物以反本还原故也。

人法地，地法天，天法"道"，"道"法自然。

太昭曰：以佛氏之言，地为秽土，一尘块聚，何足法之？然而顺性命生。石田不可以种禾，冰山不可以筑宅，百年形气亦当尽之，不戕不逆，安土敦仁，亦"道"也，故曰法地。地为阴，气顺而德柔，以从干元而资万物，故曰法天。天生于玄牝，所以不能不法"道"也。"道"法自然。彼其自然，即佛之所谓自在，非随形气任八识之自然也。观自在以动静，则无不自然矣。而万物与人之自然，则由法天法地而来。春发秋收，皆自然也。

重为轻根，静为躁君。是以君子终日行不离辎重。虽有荣观，燕处超然。如何万乘之主，而以身轻天下？轻则失根，躁则失君。

太昭曰：重，非滞也。清明静定澄于内，敦厚周慎用于外。夫安有躁者？躁则为飘风骤雨不终朝夕矣。故君子去物欲，则不为外所动，所谓不趋荣观，燕处超然也。合天德，则根固而不易动；与太空同体，则不能以轻重律之也。重为轻根，如不倒翁然。物以形为重，人以觉为重，故艮为止，阳在上也。静为躁君，如轴持辕然。车以实为轴，人以空为轴。知此者，可以静重矣。

善行无辙。

太昭曰：佛曰无行，非无梵行。不得其辙，惟道是从。水行顺地，天行顺轨。水经可按，水则无心。天轨不移，天辙安在？

善言无瑕谪。

太昭曰：言何能无瑕疵？不伪不私，多闻缺疑。慎言其余，以时发之，则亦可矣。

善计不用筹策。

太昭曰：顺道行仁，不用机巧以顺天心，安用筹策龟蓍哉？

善闭不用关键，而不可开。

太昭曰：市行不死，而严卫遮迓者洞胸；清旷无失，而多财广积者厚亡。道治天下，不用长城；德化生民，夜不闭户。至于养性，如彼空门，谁其破之？

善约无结绳而不可解。

太昭曰：季札许剑未出于口，左右分契而民失厚。以上五语，所谓可深味，而不可以相执。圣德自然，何以袭之？

是以能人常善救人，故无弃人；常善救物，故无弃物。

太昭曰：问老子救过谁？问老子弃过谁？学老子者，亦如此救，亦如此弃。通于三无二不用，即了矣。又曰："老者安之，朋友信之，少者怀之。"何尝弃人？万物并育，而不相害，何尝弃物？又曰："生有益于人物，死不害于人物。"圣人之德，如斯而已矣。

是谓袭明。

太昭曰：袭，承继也。日月常明，大道永明，何尝中绝？毕竟救谁、弃谁，日月大道，不知所云。吾与老子同此袭明，亦不知不云。

故善人，不善人之师；不善人，善人之资。

太昭曰：承上文而来。言善不善，皆不当自我弃之也，是故圣人公门无桃李。宇宙尽观型，惟因象傲涵，大舜乃或人。十世不脱黎婆达多，我佛如来方得仁。默化示空，度众生不用一尘。故说尽万法，不动齿龈。

不贵其师，不爱其资，虽智大迷，是谓要妙。

太昭曰：妙妙妙！善恶混同一桶倒，既绝学又贵师，空惹他人说是非。磨镜照丑恶，镜底磨来无一物。遇之则行，说之则脱。满街圣人，鸡是仙鹤。

知其雄，守其雌，为天下溪。为天下溪，常德不离，复归于婴儿。

太昭曰：先天而天弗违，天让吾以健行，而不足以起吾脚也。为雌百岁，万灵归之。如溪待水，摄精罗虚。反夫帝之先，宇宙还冥迷。

知其白，守其黑，为天下式。为天下式，常得不忒，复归于无极。

太昭曰：知白尚守黑，众瞽敢说色。涂墨满釜底，作为圣经籍。诸生说无字，我云四库五车无不摄。如曰不信，试问无极太极。

知不荣，守其辱，为天下谷。为天下谷，常得乃足，复归于朴。

太昭曰：读经至此，鬼神皆哭。谁识玉皇？乃在粪窟。觅之则无，死之则活。试看传国宝玺，何时还他顽壳？

朴散则为器，圣人用之，则为官长，故大制不割。

太昭曰：玉生于山，制则剖之。士生鄙邑，圣人爵之。下海又能出，方不为溺鬼。日光对镜一万折，镜破之时光赫赫。

将欲取天下而为之，吾见其不得已。天下神器，不可为也。为者败之，执者失之。

太昭曰：人之不量，亦至此哉！天地皇灵，方陶铸此两大以锻万物。主宰之妙，自有权衡。吾知人能自淑，超夫四表可也。必欲强有为于其中，而苟富贵焉，是自取凶灾也。必欲强有为于其中，而求功名焉，是拂乱太常也。斯道也，圣人自知之，悟者亦自知也，而不可以教于众。譬如主人杂粪于涂中，欲以肥禾也，愚奴恶其秽而淘之，将以求冽泉洁土，其不获咎也几矣。是代皋陶纵囚，阻孙膑之俜却也。试一观大化之陶铸：蚁有大小，蚁群有自然之官；蜂有巨细，蜂群有自然之主；雁无大小，雁群为平等之合。人同修短，则神示之平也。必欲为阶级以乱之，是背常也。纵使天命作君作师，亦为万民作，非为君师作万民也。神之设器意在此，而人之用器反其道，其失也不亦宜乎？今天命已著，而人犹欲以武力强夺之，不受奇祸，奚可得哉？望空长笑，尽分而已。智力耗尽，急夺于兵戈诈巧之间，得之亦自杀，失之亦自杀。陈涉、刘邦同一凶夭；苻坚、姚苌同一败灭。而更为陈涉、苻坚，又盗中之拙，失而又失者也。一治一乱，天命圣人；一教一政，天启时会。竭尽人力，而诚仁不忒以修之，得之若幻，失之若幻，斯已矣。达人视天下事，如俳优登场，侨则为之，卸则忘之，不动于中，游兮裕兮。

故物或行或随；或响或吹；或强或羸；或载或堕。

太昭曰：物之不齐，亦有天哉！沧海潮惊，吾心自平。筛转乾坤，汰万物之精粗耳。响者吹之端；强者羸之兆；载者堕之基；人谋趋利，即已害矣。故往往见之是龙，趋而擒之蝎也；见之是火，行而就之水也；乃知师旷不如聋，离娄不如瞽。长眠枯株之下，反得大兔。兔如不至，亦不伐树而捕鸩也。

是以圣人去甚，去奢，去泰。

太昭曰：甚者保无败乎？苟甚，败即至矣。奢者保无贫乎？苟奢，贫即至矣。泰者保无否乎？苟泰，否即至矣。石室锁黄金，及用乃破瓦。一拳扼死鼠，回首变生狼。故圣人终身不为甚、奢与泰，以恃于响之强之载之之时，则得失无尤焉。斯无惭于天人神鬼矣，况乃无失。

以道佐人主者，不以兵强天下。其事好还。师之所处，荆棘生焉。大军之后，必有凶年。

善者[有]果而已，不敢以强取。果而勿惊[矜]，果而勿伐，果而勿骄，果而【不】得已，果而勿强。

物壮则老，是谓不道，不道早已。

太昭曰：兵之为祸极矣。变良田为荆棘，转富岁为凶年。罹害者不过殒命，用兵者自杀其仁，中人不为也，而况于圣贤乎？善战者服上刑，假伐暴救民之名，为窥窃神器之实，人可欺，神可欺乎？是与神为敌也，人不诛之，天必诛之。故圣贤不得已，而自保莫如果。果毅则武止戈，备而不用。不贪取邻，以德交之。不夸己强，以威绥之。不张己势，以礼定之；不炫己猛，以正镇之；不加于人，可止则止；不暴己力，无竞惟仁；则不自投于死地，免为干豁之楚灵、乌江之项羽也。否则，终必及之，万无一脱。虽或敌太不竞，天怒无泄，亦将使家贼诛之。赵武灵王、杨坚、安禄山、朱温之末路耳，好兵者能不戒乎？呜呼悲哉！期期以为子不杀父，而必偏以其子杀之，天之报亦酷矣。所谓吹之、赢之、堕之者，何如也？

夫佳兵者，不祥之器，物或恶之，故有道者不处也。

是以君子居则贵左，用兵则贵右。兵者不祥之器也，非君子之器，不得已而用之，恬淡为上。胜而不美，而美之者，是乐杀人也。夫乐杀人者，不可得志于天下矣。

故吉事尚左，凶事尚右。是以偏将军处左，上将军处右。言以丧礼处之也。杀人众多，以悲哀泣之，战胜以丧礼处之。

太昭曰：老子不琐琐言世事，而于兵则痛绝而反复论之。甚矣！仁人之言也。孔子不学军旅；孟子谓善战者服上刑；而佛门戒杀尤严；盖杀者恶之最也。必欲人死而我生，其背太玄著我相之极哉！性之毒也。或者杀一人，以安亿兆人，古人为之，犹恶之深，而以哭泣临之，丧礼处之，是非贺其功，吊其伤仁也。败者丧元，胜者贼仁；败者失形骸，胜者失性命；故胜者毒尤烈焉，而况心在世利！以千万人之血肉，博一己六根之乐，罪何如之？将军惟心有己，而必欲置人于死地，其毒过蛇蝎。哀莫大于心死。故直以丧礼处之可也。彼禽兽尚不食其类，今以人杀人，又禽兽之不如也。乐其不如禽兽，是诚何心哉？故虽关羽、岳飞之忠，终不免于刑戮，而况于下焉者乎！老子之戒兵如此，所以慈仁通于太玄也。

"道"无常名、朴。虽小，天下不敢臣。王侯若能守之，天下将自宾。

太昭曰："道"自常朴，朴即合"道"。天地且法之，其谁敢臣？王侯直劭于"道"，稍假其势，顺风疾呼，不用一兵，天下自来。禹舞干羽而有苗格，此之谓也。今人果修于此，而自居极正，战斗之事，亦可十少八九矣。

天地相合，以降甘露，民莫之令而自均。

太昭曰：木根通于地，犹能汲泉以降时雨。人根通于天，岂不能汲灵以降甘露乎？无大木之山甘霖少，无圣贤之国灾祲多。上格天而下感人，人不取有余以害性，安得不自均哉！

始制有名。名亦既有，夫亦将知止。知止则不殆。

太昭曰：拨乱反正，其名必大，不可掩也。名者，圣人之赘也。已得一赘，尚可求二赘乎？又欲居利，则杀木也。名不尽除，利不尽绝，民有觊觎之心，不可以久安。后之成功者慎之。

譬"道"之在天下，犹川谷之于江海也。

太昭曰：此地秽土，不可以全"道"。然而通于"道"，可以顺性而即至。川谷之水，终为江海之水。天下之人，终为"道"中之人也。不加壅塞，斯可矣。王侯守"道"，万里朝宗。如不知止，多兴伪器，是壅塞也。

知人者智，自知者明。胜人者有力，自胜者强。

太昭曰：吾历观天下，从无一人自知其不可者。而论人每中，从无一人自克其私欲者。而克人偏苛，我相不除。天下之人，无能学"道"矣。即愚奴蠢婢，苟授之天下，皆欲受而治之，以为施置不过如此。此大乱之所由极也。故仁者克己复礼而已矣。

知足者富。强行者有志。不失其所者久。死而不亡者寿。

太昭曰：富有天下，身心并危窘。箪瓢陋巷，身心并安富，知足也。胜惰气以行仁，胜欲心以修"道"，强行也。抱一不离，不失其所也。形解归根，死而不亡也。

大道泛兮，其可左右。万物恃之以生而不辞，功成而不居。衣被万物而不为主。

太昭曰：斯言不可执，执之必大误。所谓左右者，如振子之动，中不离其抱一也。于此范围任万物之自变，不辞不居不为主。

故常无欲，可名于小矣；万物归焉而不为主，可名于大矣。

太昭曰：贵亦无欲，强亦无欲。一己之小体全，江海之大障凿。天下来宾视如鸿毛，覆载之弘慈备矣。今之人必杂欲以问天下事，小且不立，而况于大乎？私之一念，诡诡拒人于千里外矣。

是以圣人能成其大也。以其不自大，故能成其大。

太昭曰：自视小于虮，日月尽包容。

执大象，天下往。往而不害，安平泰。

太昭曰：天地在毛孔，江海尽朝宗。来者无不乐，万类尽雍雍。

乐与饵，过客止。"道"之出，淡乎其无味，视之不足见，听之不足闻，用之不可既。

太昭曰：大路施茶饭，来人不计钱。天下皆饥溺，谁识取空玄。陶朱饿欲死，嬴政无晨餐。青牛背上粮如山，供养天下万万年。既非白米，又非黑盐，俗人一食，心沁脾宽。

将欲噏之，必固张之；将欲弱之，必固强之；将欲废之，必固兴之；将欲夺之，必固与之。是谓微明。

太昭曰：一个胡卢[房]挞不破，忙杀趋炎赴[附]势人。才得严嵩招作客，便逢邹子劾奸臣。非天之固为罗网以陷人乎？若明若微，使趋避者方至，而利害适变矣。不知斧必上振而后下坠，候必暖极而后寒生。俗人见害而避，适投于害；见利而趋，反失其利。然达人不为之左右也。岂有汉之法纲，罗织商山四皓、富春钓徒哉？

柔胜刚，弱胜强。鱼不可脱于渊，国之利器，不可以示人。

太昭曰：李老岂亦阴柔软谋教今人负隅自固，或深密陷人哉？则可一棒挞杀，与狗子吃矣。观其恸极之语曰："汝辈纵欲为小人，亦须以柔胜弱，保不可以称兵。必求藏身之根据，而密胜人之利器。况大道不刚不竞，谷神在抱，安于深渊，而不可死，无名无相藏于夷希，而不可得者乎！安宅毕竟何在？自利者胡不即小人之心以审之！"如此则太上慈言，令人读之血泪千行矣。况敢以辞害意，而自陷于凶狡乎？

"道"常无为而无不为。侯王若能守，万物将自化。化而欲作，吾将镇之以无名之朴。无名之朴，亦将不欲。不欲以静，天下自正。

太昭曰：老子之"道"，千万岁而必显，非老子独操之也。宇宙之不能致太平，既致太平，而不还于朴，还于忘朴。一丝一发之伪未尽，终亦必乱而已矣。夫万物合天，成于无为，一虫一草之自然，不能强作以人力，而不作则自神变。圣人知此。如在舟车至于无行，既已无为无行，又何作焉？大圣人作，朴之又朴，民尽成佛，简如推日。无官无上，无礼无制。无有交易，无有庶事。民各出其十一之精力以养口腹，则天下之大事毕矣。

上"德"不德，是以有"德"。下"德"不失德，是以无"德"。

太昭曰：王凯张皇百瓮油，不知红日在当头。明朝我去问红日，可许贫儒晒一裘。吾以此知上"德"以日明，下"德"以灯明也。

上"德"无为而无以为；下"德"为之而有以为。

太昭曰：古松千尺是谁抽，一座围屏雕复搜。任尔良工千万凿，一泓溪水不曾流。我视众生如石犬，众生视我如木牛。他年一样归玄谷，任尔灵钧收不收。此上"德"也。若下"德"，则毒心未尽千疮发，任尔抓搔手不停。如此亦难为矣。

上仁为之而无以为；上义为之而有以为。

太昭曰：慈祥被于俗，欲为而无可为。载粟遍天下，而无受者，何也？

人皆原思也。辇金游四海，与而无取者，何也？人皆王衍也。夫人皆王衍、原思，如鱼皆知泳，鸢皆知飞也。此亦异哉。上仁使百姓复其常性而已矣。义而天下从风，则多事矣。然方今之人，且竞义者已无，并礼让廉耻亦无之，故吾不敢深贬义。要之，本诸良心，以行慈爱，不事铺张，而崇实者近是。

上礼为之而莫之应，则攘臂而仍之。
太昭曰：修于礼则末矣。夫礼者，包法制而言也，故王制存于礼经。今之人期期以法律为争，而人不信者，仁义不修，道德不明之故也。早为老子所算而不知悔，哀哉！而众方汲汲于此也，益毒矣。攘臂兴兵，禽兽混斗，而相责以违法，悲乎！

故失"道"而后"德"，失"德"而后仁，失仁而后义，失义而后礼。
太昭曰：日坠则月明，月落则星耀，星沉则渔火远现，渔火熄则萤尾烛天，愈昏愈暗，不可为也。"道"充宇宙，万类安之，日也；"德"生人心，依"道"而立，月也；仁出于"德"，可显于用，星也；义应于宜，乱世易取，渔火也；礼以防形，途穷拙计，萤尾也。

夫礼者，忠信之薄，而乱之首也。
太昭曰：礼有二：一由自然而生，制法以同众；一由防乱而设，深计以遏奸。握手接吻，同一敬爱之心。制一法则人皆由之，此无大出入者也。若淫心已生，乃分男女之别；盗心已生，而立物权之法。奈何不化之于未生之前，而听其横流？横流既决，不可障也，又从而恃之？守之以兵则兵叛，主之以权则权移，抱薪救火，益资乱耳。恃法者，其知之。

前识者，"道"之华，而愚之始。是以丈夫处其厚，不处其薄；居其实，不居其华。故弃彼取此。
太昭曰：智者恃多识以有为，而愚者学之。学有六误：一曰非时误，如冬学夏；二曰非地误，如北极学南；三曰困性误，如后马印蹄；四曰异事误，如拾方服药；五曰多复误，如训大为巨；六曰转译误，如方言复杂。一误再误，不可救矣。夫以骏马学驽骀，必使之践蹄印迹，犹不能及，况以驽骀学骏马哉？人之精力有限，而书之作作无穷，愚之灾，乱之本也。大丈夫绝学无忧以复性命，礼法岂能囿哉？然此当与君子道，不可以小人之心，妄废先王之礼也。无廉耻者，决不可假此言以为护盾。

昔之得"一"者：天得"一"以清；地得"一"以宁；神得"一"以临〔灵〕；谷得"一"以盈；万物得"一"以生；王侯得"一"以为天下贞。其致"一"也。

太昭曰：何谓"一"哉？"一"者，数之极少者也。其太极无生之先乎！有三〔二〕耳焉，中惟一鼻；有二目焉，中惟一额。在中者不能有三〔二〕，"一"其中乎！谓天为"一"，天外有天；谓地为"一"，地外有地；何以得之？吾观人身直立，天下同形，不如兽之有马牛兕象，鱼之有鳖蟹鲷鳅，其近于"一"矣。本人之良，而以玄之又玄守一，外弘万类无别之量，内抱一真不住之空，与天地日月神灵合德，中和之体具，而大道得矣。

天无以清，恐将裂；地无以宁，恐将发；神无以灵，恐将歇；谷无以盈，恐将竭；万物无以生，恐将灭；王候〔侯〕无以为贞而贵高，将恐蹶。

故贵以贱为本，高以下为基。是以王侯自称孤、寡、不谷，则其以贱为本耶？非乎？（移文便解）人之所恶，惟孤、寡、不谷，而王候〔侯〕以为称。故物或损之而益，或益之而损。人之所教，我亦教之。强梁者不得其死，吾将以为教父。

太昭曰："一"者，至多、至贱、至卑、至下，不用一钱买，而无处不可得者也。一气包地，一水包海，宇宙之中，惟"一"惟大。多于泥沙，廉于微尘，万类之本，况于区区王候〔侯〕哉？以惟"一"视王侯，如以无量数天地视绳蚋也。彼王侯世贵，何敢加于抱一者？自称孤、寡、不谷，是其良心尚知根本，非谦辞也。倘失一真，天崩地裂，神闷物灭，王侯奚以存者？王侯既自知处卑贱，以近"一"，吾乃因而教之，庶几其易入乎？失"一"，则失守柔之道而强梁，虽天地必裂，而况于人乎？以此为教父，戒上物者之侈心也。

故致数车无车。不欲碌碌如玉，落落〔珞珞〕如石。

太昭曰：车重十百数，扛之不行，如无车矣。觉分为数，其人昏愚。宇宙分塞大道乃晦，凶邪盈地，故圣人不斲玄元之璞，使之片片如玉石解也。

将割四体，而断血脉之通，岂有不腐臭者哉？今国各分其疆而不"一"，人各家其家而不"一"，谓之瓦解，不能语于玉石。悲乎！

反者"道"之动；弱者"道"之用。
天下万物生于"有"，"有"生于"无"。
太昭曰：反于太初。合众草木之灵为虫鱼；合众虫鱼之灵为禽兽；合众禽兽之灵为人；合众人之灵还天；合诸天之灵归太玄。如文火融金，微锈蚀铁。何以度之？度之以灭，终反于何？反于无名之母，有名之始而已。

上士闻道，勤而行之；中士闻道，若存若亡；下士闻道，大笑之。不笑不足以为道。
太昭曰：舟中是岸无他虑，稳坐明舱目不开，上士也。世人说有三神岛，未必灵台即藐姑，中士也。任说蓬莱高万仞，不如双手抱黄金，下士也。天非密，人自欺，胡焉可说？上士通天主无形，中士合人天地混，下士事地执有形，故无不愚者矣。

故建言有之：明道若昧；夷道若类［纇］；进道若退；上德若谷；大白若辱；广德若不足；建德若偷；质真若渝。
太昭曰：乍见黄金无石考，莫怪卿农认作铜。真修有德者自知，岂足以语于常人哉？

大方无隅；大器晚成；大音希声；大象无形。
太昭曰：《易》曰："直方大不习无不利，利极不滞，故无隅也。"《礼》曰："迟之迟而又久，松柏不与棋桐争长，故晚成也。"《易》曰："震惊百里，不丧匕鬯，惊而不丧，是稀声也。"回经曰："居于无形天地，视有形天地如芥子。夷希而微，是无形也。"此皆难与下士言也。

"道"隐无名。夫惟"道"，善贷乃成。
太昭曰：真"道"无名，然借于他物可以比之。比之既明，可以成物成人矣。因指见月，取贷于指，而不失月。故一切真理，皆以譬喻而得通解。

"道"生一，一生二，二生三，三生万物。

太昭曰：《天符经》（见朝鲜檀君著）曰："一始无始，一析三极，此生物之正则，不可逃也。"一乃谷神，玄之又玄，开玄牝之门，生两仪，乃立天地。天地有析缝为中，即其交际之间，离合之界，故生人以备三才。观于此，益可以明人之必成"道"也。盖天如鸡，地如巢，人如卵。因卵不能即为鸡，人不能即合"道"，故假之时日以伏之。所谓弱者，"道"之用也。

万物负阴而抱阳。

太昭曰：阴，形也，六根也。以通六尘，而用之，一时之假也。阳，觉也，八识也。以统六根，转识成智得正觉，即上超于天。以识为根之奴，即堕落不可胜言矣。

冲气以为和。

太昭曰：大道之归，和合而已矣。佛门称文殊为和圣，普贤为合圣。道教以和合尚二仙，惟和故合也。道德经全意惟住于合，故玄生于同，合大同何以为庸？一和而已矣。故宇宙充和气而万类安，人充和气而道德全，万物充和气而大化翕焉。若以国斗国，以家斗家，则和气不充，是杀才也。

天下之至柔，驰骋天下之至刚。无有入于无闲，吾以知无为之有益。不言之教，无为之益，天下希及之。

太昭曰：柔莫柔于水，而浮气容之。浮气更柔，而太空包之，如纤尘耳。宇宙孰有大于无者？大既如此，若言其小，则岂惟有闲？即无闲中空，何不入者？故全无不入之真体，以入万物而化之。圣人之功，盖于天地，而人不见。不闻不知也，于圣人何损？

名与身孰亲？身与货孰多？得与亡孰病？

太昭曰：身虽大患，不尤实于名乎？奈何人之好名也。此春秋列国游士之极病，故郑重言之。至于货，无所用于身外，而人亦溺之，悖之极也。可胜哀哉！

是故甚爱必大费；多财必厚亡。

太昭曰：雉有文而遭弋，断尾则吉。象有齿以焚身，去齿则生。世之好名贿货者，其戒之。

知足不辱，知止不殆，可以长久。
太昭曰：忘名散货，身安于世。道通于玄，无死地矣。

大成若缺，其用不弊。大盈若冲，其用不穷。
太昭曰：成于"道"，则缺于世间名利，然而用被六合，不损一芥。盈于"德"，则亏于尘中万有，然而功盖天地，不劳举手。虚运空明，如镜照物，又安有弊与穷哉？

大直若屈，大巧若拙，大辨若讷。
太昭曰：大直，见举世皆曲，不屑以曲抗曲。大巧，见举世皆愚，不屑以愚胜愚。大辨，见举世皆邪，不屑以邪讦邪。浮沉于中，不附不逆，是以惟呈其屈、拙与讷而已矣。

躁胜寒，静胜清。热静为天下正。
太昭曰：精神足以移尘物。比如，吾躁，则寒而不觉；吾静，则热而不知。吾若清静，外物自失其侵害之能。故无所恐惧忧患，好乐忿懥，而心正。心正，则天下正矣。

天下有道，却走马以粪。天下无道，戎马生于郊。
太昭曰：有道无争，又安用兵？失道夸战，悲哀泣以终耳。虽有八骏，恶其粪秽而却之，即有所用，不过以粪田而已，真太平之象也。《盐铁论》曰："以贤人为兵，以圣人为辅，则中国无犬吠之警，而边境无鹿骇狼顾之忧。"此之谓也。

罪莫大于可欲；祸莫大于不知足；咎莫大于欲得。故知足之足，常足。
太昭曰：不知足，天下逐。左邻烧，右邻哭，一朝及身，池鱼不脱。焉有苍生未安，身家独受其福？我有一丈绵，又有一升粟，但求不冻馁，尽日为生佛。

不出户，知天下；不窥牖，见天道。

太昭曰：内昭清明，万物皆备。六根即众生，正觉即玄元，负阴抱阳即天地。六通固是自然，闷闷不损常识，非本智自生者，何以臻此境哉？

其出弥远，其知弥少。

太昭曰：数尽一斗沙，枉自生复死。诗书千万库，不如一敝莸。识物愈多，真灵愈塞。踏破铁鞋，终无一得。

是以圣人不行而至［知］，不见而名［明］，不为而成。

太昭曰：舟中高卧，不行而至［知］。明镜无翳，不见而名［明］。瓜子落地，不为而成。此时此地，业已成佛。如再疑惑，船上跃出，不溺于江海，必死于沟壑。

为学日益，为道日损。

太昭曰：益，天施地生，其益无方。天施是八识，地生是六根，无所得于仁也。损，损上益下，其道大光。上是外卦，即是外物；下是本体，即是性命；故博学多能日有所益，皆务外也。刮垢磨光，去染复素，乃得道矣。庄子曰："契内无名，契外期费。"为学者，慎毋自误，认益为损。认学为道者，倒植之民也。

损之又损，以至于无为。无为而无不为矣。

太昭曰：自然生机，何一可为？圣人体此以运虚神。前尘尽损毕除，发生本智圆觉。功赞玄元，不出户庭。铁锤碎泰山，不破一空门。此中关闭紧，一粟包五瀛。

故取天下者，常以无事，若其有事，不足以取天下。

太昭曰：刘邦五年马上，嬴秦七世蚕食，所争一块粪壤。背起想入蚁垤者，牛驼去玉玺。大盗世人不识，如谓老子空走，青天变成顽石。帝王伸手一看，雪花当作红日。英雄不肯放刀，空入万宝之室。

圣人无常心，以百姓之心为心。

太昭曰：圣人，岂随百姓而浮沉？不惟不能转移，而反为所转移耶。百姓真心已闭，而圣人启而发之。见人而知其所爱，因其情以驯致之云耳。以鱼之心为心而悬饵，故得鱼于渊。以民之心为心而善诱，故政教大宣。非必曰民之所好好之，民之所恶恶之也。

善者，吾善之；不善者，吾亦善之；得善矣。信者，吾信之；不信者，吾亦信之；得信矣。

太昭曰：善人信人，惟我自成。不管假铜烂铁，买来都是黄金。

圣人之在天下，惵惵，为天下浑其心，百姓皆注其耳目，圣人皆孩之。

太昭曰：不以察察为明，率民归于太朴。圣人之胡涂，正所以成其不胡涂也。惵惵者，用心醇朴之貌也。

出生入死。生之徒，十有三；民之生，动之死地，亦十有三。

太昭曰：如斯罨计：善摄生者，十无一矣。因求生而入死，鱼见竿影而入筍，鸟避钲声而投罗。民何故出生之门，而入死之域也？或明见安宅，居之即为火困；或本居生地，一动反入死乡；非天之所以戒我，相试真心也耶？

夫何故？以其生【生】之厚。

太昭曰：厚其生者，万物之通病也。蒺藜有茨，以保身也；栗实有刺，以保子也；猬有箭，以为兵也；蚌有甲，以卫肉也；蚁之深潜，以逃祸也；鸟之軟飞，以避强也；兽之猛鸷，以竞生也。西学者误认为优胜劣败之公例，谬也。此众生我相自结之祸也。是故农夫锄茨，树狸破栗，鼬鼠能杀猬，星鱼专食蚌，甲兽舌取蚁，鹰隼疾胜鸟，猎人计得兽。苟以一术保，天必以一术破之。破而后归玄元，不破不归玄元也。人亦厚生，奈何出草木虫鱼禽兽之下哉？金蚕蛊五兵，水火不能伤，尤有猬以克之。私心厚生，祸之招也。奈何万民众生同入于死地，而不自知也。

盖闻善摄生者，陆行不遇兕虎，入军不被甲兵；兕无所投其角，虎无所措其爪，兵无所容其刃。夫何故？以其无死地。

太昭曰：此语而可明言。是老子苦心孤诣，直泄天机以示人，而开三面之网也。何谓开三面网？不自厚其生者皆生也。天地杀机，欲空四相，以无塞玄元之道。苟通玄元，不恃八识六根以自保。去六根则地不杀，去八识则天不恶，天地之中安有死地？通夫玄元，谷神不死，更何从而得死哉？佛门常闻山僧驯虎，献贼之乱，善人脱兵。大凶日炽，民之求生者，奈何不于此而于彼？若拥财富于海国安全之境，天怒一发，安知其祸不先及耶？

"道"生之，"德"畜之，物形之，势成之。

太昭曰：得"道"者长生，长生固根于谷神也。有"德"者天养，养贤固所以顺真宰也。六尘构造成形而已。顺时因利，以成功世而已。不以道德为本，岂可自谋生畜哉？

是以万物莫不尊"道"而贵"德"。"道"之尊，"德"之贵，莫之命而自常。

太昭曰：道德者，仁也；仁也，物之生机也。资万物之生机以生，是与万物并生也。梨甘荔旨，人犹不忍伐，况天地万物所同爱，玄元所辅相乎？"道"之生人，自然之运也。岂可以一毫私伪，反陷于死地哉？几微不闲，惟诚者得之耳。

故"道"生之，【"德"】畜之，育之，成之，熟之，养之，覆之。

太昭曰：生之，畜之，育之，成之，熟之，养之，覆之，皆恃于"道"。善摄生者守一真，又不必流于依物凭势也。此承上文而反复叮咛之，恐人或误于物形势成之言也。

生而不有，为而不恃，长而不宰。是谓"玄德"。

太昭曰：此不有、不恃、不宰，是言"道"之"玄德"也。故圣人体之以大。

天下有始，以为天下母。既得其母，以知其子；既知其子，复守其母，没身不殆。

太昭曰：复而不逝，免罹于殖。盖万物愈趋分小异，则愚暴且私而乱；愈趋合大同，则智仁且公而安。故圣人守母，子为分别相。知之者尘智也。

塞其兑，避其门，终身不勤。开其兑，济其事，终身不救。

太昭曰：此重言守雌守黑守辱之善也。精神发泄，则身命不救；才华外露，则事业不成。闭固以塞，柔汽充足，可以转重。故君子慎之。

见小曰明，守柔曰强。

太昭曰：见事，须察于机微之间，常戒履霜坚冰至。守"道"，当全以柔顺之"德"，能如牝马行无疆。

用其光，复归于明。无为身殃，是谓袭常。

太昭曰：明镜不疲，本未尝用。若其既用，安得袭常？

使我介然有知，行于大道，惟施是畏。

太昭曰：察察昭昭，施为甚嚣。人说设纲陈纪，我见乱麻一包。蔓草何必数叶，不如从根一刀。又本佛说，有知而施，是住相布施也。

大道甚夷，而民好径。

太昭曰：民如羊群，本易顺治，缚之叱之，反野其性。卵即是禽，人即是佛。偏欲修行，胡思怪说。真心若一放空，焉有大路不通，总想投崖跳水？我说非癫即疯。

朝甚除，田甚芜，仓甚虚；服文采，带利剑，厌饮食，资财有余；是谓盗夸。非道哉！（朝甚除，官尊也。田芜、仓虚，民困也。下言富贵者之丑态也，故斥之曰盗。）

太昭曰：呜呼哀哉！人之所享，多一衣则暑叵耐，多一饭则腹涨闷。各安其生，何事不治？况修道为急，万物固粃糠哉！乃浊俗竟有余，官甚除于庙廊，而权有余矣；富日夸于廛市，而财有余矣。有余何用？神器本以安民物，权余者视为诩荣炫美之弄具；五材本以养众生，财余者窃为肥头浊脑之秽资。权不平，财不均，富贵者自杀于丰。性命戕贼，贪贱者自杀于困。明智不开，今且饎道说玄，妄称功德福泽，天下岂有肥蛆化神者乎？但入富贵即是浊虫，更无巧掩。故老子之忠厚，且深恶而痛绝之，直斥为盗。盗不当诛乎？故吾曰今之正当主义，老子已先发之矣。

善建者不拔，善抱者不脱，子孙祭祀不辍。

太昭曰：嬴政长城，五侯铁券，自取殄灭，适与天叛。何如明德之后生达人，积善之家有余庆？民既恃道而生生，亦当恃道而绵嗣。同劭于天下太平，试问子孙谁弃？细思之，终无能弃也。天下如不太平，杀我子孙者必有人。细思之，终必有人也。建业抱子者，其知之。吾故常曰：平权公财，家乃不衰。大同极公，后乃令终。

修之于身，其德乃真；修之于家，其德乃余；修之于乡，其德乃长；修之于国，其德乃丰；修之【于】天下，其得乃普。

太昭曰：圣人之量，视无量天地为身家，故身家无适而不安。纵使迁之诸天，诸天亦所欢迎也，何往而不自利？小人之量，厚一己身家薄万类，故身家无适而不危。倘其一出门庭，邻里亦所深恶也，何往而不自焚？故一圣人修太玄大同之德于一身而诚之。乃忘身而及家，忘家而及乡，忘乡而及国，忘国而及天下，忘天下而及众生，忘众生而反至道。谓之大全。大全者，同之又同，众妙之门也。哀哉！强国陵弱国，则知强国全国皆贱夫也；富家夺贫家，则知富家阖门皆秽氓也。贱夫秽氓，杀才也。闻老子之道，则大同极乐可稽矣。

故以身观身，以家观家，以乡观乡，以国观国，以天下观天下。我何以知天下之然哉？以此。

太昭曰：自一以身至天下，一恕而已矣。知身家之然，则知天下宇宙矣。我观已之身家乡国天下，欲安利而不欲人之侵夺陵辱也。人之身家乡国天下，岂不欲安利而愿我之侵夺陵辱哉？推此心也，以通太玄可也。老子全神，纯注大同，治世成道，莫不以此。所以极至圣之量，而称太上也。德盛已哉！孔子以忠恕为本，其义一也。

含"德"之厚，比于赤子。毒虫不螫，猛兽不据，攫鸟不搏。

太昭曰：不伤人者，人亦不伤；不害物者，物亦不害；不夺人之身家乡国天下者，人亦不夺其身家乡国天下。诚则有验，不可【不】袭而取也。

骨弱筋柔而握固。未知牝牡之合而朘［脧］作，精之至也。（朘［脧］，赤子之阴也。）

太昭曰：精充不溃，神专不摇，奇能异才出于天然。故初生之子，能握竿而悬体半时，西人之习验也。蚕阴时举，吾人之常见也。若夫溃精摇神，以促其天，则惑矣。

终日号而嗌不嗄，和之至也。

太昭曰：嗌喉，管也；嗄嘶，竭也。和而不动于中，虽久啼不伤，故含德者似之。用而不用，以保其明，以全其真。佛氏惟观如幻，纯以此也。

知和曰"常"，知常曰"明"，益生曰祥。心使气曰强。物壮则老，是谓不道，不道早已。

太昭曰：永和常明，生气充益，得于仁而营魄不离也。不离则神足而志能帅气。不为物动，不为气乱。不壮不老，长全其好。如其反此道也，是自求早夭也。

知者不言，言者不知。

太昭曰：如是说来，李老不应多口。太玄真宰，好合大同，恶分小异。故为此局以试众生之真心，何故泄以告人？今既泄以告人，而人尚不觉，顽石难行。声闻缘觉亦不可稽，哀哉！何以慰太上万不获已之若衷乎？乃反不知道者，动辄［辄］詹詹［谵谵］，则又廖［谬］妄之极矣。

塞其兑，闭其门；握［挫］其锐，解其纷，和其光，同其尘，是谓"玄同"。

太昭曰：无所见异，罔不和合，此之谓大同之量。岂有欲上人之圣人，忘平等之心，以自炫者哉？

不可得而亲，不可得而疏；不可得而利，不可得而害；不可得而贵，不可得而贱。故为天下贵。

太昭曰：户户询之，则族戚与圣人皆如路人；合而观之，则虫鱼与圣人皆如手足。不以其道，虽终身言欢，万宝毕进，大位相让，圣人所不受也。得其道，虽深仇大怨，横逆无端，夺辱并施，圣贤所不计也。道以为据，视天地如尘埃，宁有所动于中乎？故大于天地，即贵于天地。

以正治国，以奇用兵，以无事取天下。吾何以知天下之然哉？以此。

太昭曰：不正不奇，天下归之。我自妙变，鬼神难知。老子不应谈兵，教人用奇，此行文譬喻之辞，读者无泥焉。且老子动言以无事取天下，然则天下可以高卧而取耶？王者息事宁人，四海有归，要在德成道大，而不可以智力强取也。况取而不能治，又不如箪瓢陋巷，早已草芥神器矣。

天下多忌讳，而民弥贫。

太昭曰：忌讳者，护上之短，愚下之策也。上敢护短则益骄而愈毒，下既受愚则邪蔽而行歧，不可救矣。故治天下者，不如开明而切训之，使民明心而见性。上无微私，何忌何讳？

人多利器，国家滋昏。

太昭曰：利器无用，适足启乱。桔槔徒便，不如反朴。

民多技［伎］巧，奇物滋起。

太昭曰：恸哭今时认末作本。机器之利，华美之饦，百倍于前。杀性戕命，纵六根之欲，伤正觉之贵，而不知也。夫真乐得天。积草于象牙床，粗葛胜于火浣衣，寥寥百岁，朴以过之。若踵事增华，于养形毫无所益，反以多病；于淫心强凿大窦，不能修真。若不斩巧工之指，去艺术之赘，天下之巨患，不可除也。潜心于哲理者，祈熟思之。若以养形养觉为衡而权之，当去者十之八九。当去者去，而后民复其性，以事天矣。

法令滋强［彰］，盗贼多有。

太昭曰：弊极矣。今之谈法律、政治者也，不于根本，惟末是求。而不知有治法、无治人也。夫法令以坊［防］民者也，以坊［防］民恶于既形者也。恶既形而后坊［防］之，如水既出山而又壅之也。是故筑堤愈坚，泛滥愈甚，堤高万仞，九州岛漂没，悖极矣。犹且法律之本，以心换心也。以赏劝善，是以好乐心换邪心也；以罚止恶，是以恐惧心换邪心也。而不知好乐、恐惧心，亦邪心也。颠倒七情，罔思驾驭，以贼逐贼，曾不知端教以为本，不亦哀哉！而况法必以权持之。小人得权，非法所能制。本公选也，而反为贿卖；本民治也，而反为军恣。教之不行，人之不德，亦可哀哉。专制之时，崇儒黜老，读法废经，故祸至今日之甚。儒者，老子之罪人；李斯，儒者之罪人也。儒者，礼文大作；李斯，法令滋张。贼道之毒，莫此惟甚。惟儒者适启李斯，不复老子之教，民不可得而治矣。今之人，其亦锥心反本乎？

故圣人云："我无为，而民自化；我好静，而民自正；我无事，而民自富；我无欲，而民自朴。"

太昭曰：民德愈进，则法令愈损，损之又损，以至于无，而后性命之情安矣。然非德盛而罔言去法令，是犹病未除而罔言去药也。试思民之不正、不化、不富、不朴，何一非因法令以酿成之哉？故教盛而法令去，道盛而教竭，苟非圣人，曷克臻此？《诗》云："不识不知，顺帝之则，惟圣者能之。"此不可以强致也。

其政闷闷，其民醇醇；其政察察，其民缺缺。

太昭曰：不惊不叱，鸡惊驯于阶前；朝系夕招，犬豕骇于庭户。物情且然，而况于人乎？长上恣欲，以累吾民，而谓吾民之难治也。悲乎！然非圣人之德，十年教化不可，徒事闷闷者，亦不可轻笑察察为明者也。

祸兮，福【之】所依［倚］；福兮，祸【之】所伏。孰知其极？

太昭曰：贾谊鹏赋引此，殆亦有悔心耶。贾谊之察察，未必如文帝之闷闷也。不然，晁错之祸，或者贾谊当之。然汉文徒事闷闷，未为善也。总之，天下事，塞翁失马，不可预料。惟顺道者，消祸于无形耳。

其无正耶。正复为奇，善复为妖。民之迷，其日固已久矣。

太昭曰：申生孝顺，而陷父于不慈，以乱晋国，且杀其身。夷昧友让，而使子侄攘夺，以启吴祸，至于丧亡。善人正士，亦难为乎？民迷于此，罔识趋避。然则，天心咎安在哉？因有趋避之心，故有天道之试。不然，报应尽昭于世间，则民无一真心矣。朝为善，暮必得福。盗跖决夭，孔颜无陁。虽元恶皆勉为君子，又何贵乎？天必不然。

是以圣人方而不割，廉而不刿，直而不肆，光而不耀。

太昭曰：圣人含朴不贪天。人无机心，天亦无机心矣。安有大德必得其名，必得其禄，必得其寿，如此粗浅临民之天哉？如其割刿肆耀，而祸且不免，是滋民惑也。且炫则招尤，故圣人慎之。

治人事天，莫如啬。
太昭曰：啬者，俭德避难，正不割、不刿、不肆、不耀也。以此治人，则民德醇；以此事天，则天道顺。故使南面以简重，敬鬼神而远之。

夫惟啬，是以［谓］早复；早复谓之重积德。
太昭曰：复者，《易》复卦之义。阳一生于初，言起念即合天理也。故孔子曰："复其见天地之心。"早见天心复于初念，则无祗悔元吉，故曰重积德也。啬，何以能早复？本性不漓也。《语》曰："人穷则反本。"穷，啬也。反本，复也。

重积德则无不克；无不克则莫知其极。
太昭曰：老子之所以无为而治者，其功皆在晦，不在显。察于爝火之微，故无救火之绩；锄于萌芽之始，故无滋蔓之图。如此挽江河如卷轴，何事不克？圣人之功，大泽深远，鉴于万岁之前。近审于涓涓之渐，谁知其极哉？

莫知其极，可以有国；有国之母，可以长久。
太昭曰：今之朝立而暮废，古之祖得而孙失者，岂以其国之难守耶？不知有国之母也，即不知啬而早复，以重积德也。夫不啬，则用人心，以防天变，不公不仁，惟己是保；则又刺猬荆棘之心，益速其自亡耳。秦侈长城，汉夸封建，唐丰羽翼，宋削藩屏，本以图存，反招倾覆。王者起毫厘之欲，施政致千里之差。不知国何以有，而自忘其本。使老子而为元首，吾忆中国虽至今犹治可也。

是谓深根固蒂，长生久视之道。
太昭曰：木根种于盆，不若种于堤；种于堤，不若种于山。国命系于地，不若系于民；系于民，不若系于道。修养恃于体，不若恃于天；恃于天，不若恃于玄。故圣人以早复，重积德系国命，以抱一、守谷神载营魄。其根蒂之固，何如者？

治大国，若烹小鲜。

太昭曰：烹小鲜，言其易也。又曰：晏子曰："水火醯醢盐梅，以烹鱼肉，君子食之，以平其心。"心平德和。然则，充气以为和，慄慄为天下平其心而已矣。

以道莅天下，其鬼不神；非其鬼不神，其神不伤人；非其神不伤人，圣人亦不伤人。夫两不相伤，故德交归焉。

太昭曰：一恕道，通于天下可也。我不害人，人亦不害我；我不害鬼神，鬼神亦不害我。万物并育，而不相害，则大德纯全，虽通于天地鬼神可也。民，鬼神之主也。鬼有所归，乃不为厉。圣人为之归也，夫道何难之有？我以忠恕行之，不害宇宙万类，宇宙万类岂害我哉？故大同之理，通于宇宙，玄妙之生，鬼神所赞也。

大国者下流，天下之交【也】。

太昭曰：以大事小者，乐天者也。乐天者保天下。大国而处于下流，如海纳百川，天下安得不归？甚矣！今之为大国者也，纵其野兽之性，妄诩英雄；肆其封豕之心，兵威天下；夺人之土，奴人之民；上碍天帝合大同之心，下启众生分小异之欲；道既不建，功亦难成；邪心自狭，必欲取天下而为之。吾知其不得也。

天下之牝，牝常以静胜，牡以静为下。

太昭曰：牝马地类，行地无疆；西南得朋，乃终有庆。

故大国以下小国，则取小国；小国以下大国，则取大国。故或下以取，或下而取。

太昭曰：此不可以泥视也，泥则失之。句践下吴，则取之；文王下昆夷，则取之；石敬瑭下耶律德光，则不得取；人贵自立何如耳？今中国常下外邦矣，勿谓老子之误人也。苟能修大王之德则可。

大国不过欲兼畜人，小国不过欲入事人。

太昭曰：皆以不过欲为要，而以畜人事人为用。人道之正，林肯有焉。

夫两者各得其所欲，故大者宜为下。

太昭曰：抑高扶卑，天之道也。有国者以此道之则也。苟背于道，虽成如嬴政，是速亡也。老子之道，纯以合大同、通宇宙之玄妙，此所以为天地立心、斯民立极也。夫群伦互助，六合八表皆同胞也，而况于同生天地之中者乎？仁者试思而复性焉。万国皆家人也，昏乱易逝，有国者不可以不渝［逾］其禽兽之心，私则为万世戮，为天地鬼神所殛矣。

道者万物之奥。善人之宝，不善人之所保。

太昭曰：万物不能悖道而生，顺则福，逆则祸。福者厚锡也，祸者夏楚也。非独善人宝之，恶人亦在襁抱中也。圣人尚无弃人，道岂有弃人者哉？

美言可以市尊，【美】。人之不善，何弃之有？

太昭曰：不善之人，亦借美言以市利。如今之文告纷纷，不善之人亦借尊行以加人。如今之爱国，汲汲夫美言、尊行皆资于道，不善人固借以为护符也。道未之弃，奈何自弃？

故立天子，置三公。虽有拱壁［璧］以先驷马，不如坐进此道。

太昭曰：苟取富贵，不过借道之皮毛。坐进玄妙，乃可得道之真体。人奈何不护大宝，而乞余于浊世污垢之天子、三公、驷马、拱壁［璧］乎？

古之所以贵此道者，何也？不曰：求以得，有罪以免耶［邪］？故为天下贵。

太昭曰：世之富贵，求而后得，罪则被免。患得患失，亦已劳矣。惟此大道，坐而自得。不必日［曰］：求独抱玄元。人谁能夺？自由自在，岂不快哉！

为无为，事无事，味无味。

太昭曰：无为之为，惟至人能持；无事之事，惟至人能继；无味之味，惟至人能会。若众人者，无思辨则心不安，无恒产则身不适，无饮食则口不快，此皆性命之情未定，而凭物以立者也。真修者警于此，而白［自］惕焉，谓之真静安。既真静安，神化之极，可坐而待矣。

大小多寡，报怨以德。

太昭曰：常善救人，自我无弃，不分大小多寡恩怨也。自尽者省于此，而知己德之厚薄矣。

图难于【其】易，为大于【其】细；天下之难事，必作于易，天下之大事，必作于细。

太昭曰：知先着者，不用弹指之力，而成移山之功。

是以圣人终不为大，故能成其大。

太昭曰：善除害者，摧小虺，不击巨蟒；善兴利者，转人心，不勤末务。故其功必成，而其事，不必赫赫也。

夫轻诺必寡信，多易必多难。是以圣人犹难之，故终无难【矣】。

太昭曰：仁者先难而后易，或亦先易而后难，此不可以拘泥也，明者自知而已矣。攻坚木者，先易后难；驯猛虎者，先难后易；事之先后，惟深者知之。今人方肆禽兽其之心，化之至难，不如威之，则俗人之见，终无成也。威之不可，徐而化之，圣人之谋，必有异于人也。至于轻诺易沽恩，而终失大信于天下。信既已失，虽沥血陈言，而人不信，则因易而陷于大难矣。难易之转，变例如此。

其安易持，其未兆易谋。其脆易破，其微易散。为之于未有，治之于未乱。合抱之木，生于毫末；九层之台，起于累土；千里之行，始于足下。

太昭曰：心未失中和易持，民未生欲心易谋，贼未成羽翼易破，疑未成参商易散，此非清明彻照、洞见机微者不能也。且事虽早见，天命覆之，谁复能扶？天命兴之，谁复能止？最先着者，顺应于天心，又与人谋不同矣。

为者败之，执者失之。圣人无为，故无败；无执，故无失。

太昭曰：我为而败，必自尤也；我执而失，必目［自］丧也。圣人空空中和，当善救人。得天下如承堕果，失大宝如遗足垢，所以无败无失也。若以木石无为，栾拳①无执，妄翼［冀］不失不败，小人之心则又悖矣。

---

① 此二字原稿本无法辨认，不一定是这两个字。

民之从事，常于几成而败之。慎终如始，则无败事。

太昭曰：几成则喜，喜则忽。天门开而不雌伏，败道也；大业成而不兢业，败事也。虽然，不成功者经始时已伏败机，安在其必于终哉！

是以圣人欲不欲，不贵难得之货；学不学，复众人之所过，以辅万物之自然而不敢为。

太昭曰：欲不欲，无欲观妙；学不学，绝学无忧。众人过乎物，圣人使之复性而已。埋既拔之树于土中，不更抽芽渥叶矣。

古之善为道者，非以明民，将以愚之。民之难治，以其多智。以智治国，国之贼；不以智治国，国之福。

太昭曰：民治入物，恣纵八识；圣智入道，默抱一真。抱一真，简而愚，万福攸同。纵八识多而慧，七情淫佚。静观天下，何一非赘事？毒薮？民皆曰予智，驱而纳诸罟，获陷阱之中，而莫之知避也。

知此两者，是谓楷式。能知楷式，是谓"玄德"，"玄德"深矣，远矣，与物反矣，乃至于大顺。

太昭曰：知国贼与国福，则知治国之规模，要在治道而不治物。治物以足养形而止，不可稍增毫发。而治道则空空以守大被八极。此圣人所以与众人反，而使民复性也。驯至太平，大顺亦无事焉。

江海【之】所以能为百谷王者，以其善下之，故能为百谷王。

是以圣人欲上民，必以言下之；欲先民，必以身后之。是以圣人处上而民不重，处下而民不害。是以天下乐推而不厌。以其不争，故天下莫能与之争。

太昭曰：圣人占尽天下之便宜而不劳，恶人吃尽天下之大亏而常苦，何幸不幸之悬殊也？圣人名利兼收，身家俱泰，而人不忌，天不妒；恶人名利两丧，身家皆败，而人不容，天不赦。明者详思，当亦喷饭且垂泪矣。

天下皆谓我："'道'大，似不肖。"夫惟"道"大，故似不肖。若肖，久矣其细。

太昭曰：十万八千世界，在我毛孔之中，何故视之不见？只怪常人不通，揭开金楼走神龙，可惜无处追踪。

夫我有三宝，持而宝之。一曰慈，二曰俭，三曰不敢为天下先。慈，故能勇；俭，故能广；不敢为天下先，故能成器长。

太昭曰：博爱、简啬、后人，三者圣人之至宝也。惟博爱，故大雄，雌鸡护雏，可以抗鹰。惟简啬，故施溥，天默不言，时和物阜。惟后人，故永保，季札忘国，寿考延陵。真德之纯，奇福之归，非圣人不识也。

舍慈且勇；舍俭且广；舍后且先；死矣！

太昭曰：仁者必有勇，不仁而勇，项羽丧元。简者可南面，不简而拓土，嬴政覆宗。不伐，故天下莫与争功。伐而有功，韩信夷族。死路自投，不可救矣。

夫慈，以战则胜，以守则固。天将救之，以慈卫之。

太昭曰：仁人无敌于天下。可怪后人总是假。

善为士者，不武；善战者，不怒；善胜敌者，不与；善用人者，为之下。是谓不争之德，是谓用人之力，是谓配天古之极。

太昭曰：天古之极，道运在密，何以配之？为战士而不武，神勇也，一笑而伏龙虎；交锋矢而不怒，从容也，洒落而摧大敌；不与敌争，敌将自困；卑以事贤，乃得英雄。天与人归，何事不克？夫太钧陶铸，诛暴辅仁；我随其道，自在收功。是乘六龙以御天也。天且在御，况此区区小丑哉！

用兵有言："吾不敢为主，而为客；不敢进寸，而退尺。"

太昭曰：衅不自我起，不干天怒；德不自我失，不丧慈仁。直壮曲老，谁能敌之？

是谓行无行；攘无臂；仍［扔］无敌；执无兵。

太昭曰：无中万妙，谁识其窍？伏虎降龙，是个软套。既非铁索又非绦，缚尽诸神无敢跳。众人若要，举手便到。我更不肯举手，太上破颜一笑。

祸莫大于轻敌，轻敌几丧吾宝。故抗【兵】相加，哀者胜矣。（抗相宜，作相抗。）

太昭曰：哀何由生？为众生故。吾何轻何重？敬慎将之，敌亦在我哀愍中也。

吾言甚易知，甚易行。天下莫能知，莫能行。言有宗，事有君。

太昭曰：吾言《易经》是易，人言《易经》是难。今试举之，妇孺咸得，孺子皆知。故乾不犯难，故不为首；坤不犯难，故不居先；屯不犯难，故不即鹿；随不犯难，故不求获；同人不犯难，故不敌刚；大过不犯难，故不过涉。且试问童子即鹿无虞，逐之与舍之孰易？必曰舍之易。《易》固教人机不如舍也。问童子视履考祥，虎尾与坦道孰易？必曰坦道易。《易》固教人履道坦坦也。圣人岂有教人为难哉？必由之路，不易之方。理根穷源，人人得道。人必求径，自取灭亡。奈何？奈何？夫无为而成，不劳自获。何易如之，人则不识。哀哉！

夫惟无知，是以不我知。知我者希，则我贵矣。是以圣人被褐怀玉。

太昭曰：我见圣人被亦是玉，怀亦是玉。人见圣人被亦是褐，怀亦是褐。何隐何显，惟道是则；知与不知，众人自塞。又何求乎？然世无圣人久矣。不可知，则其谓之难知也，亦宜。

知不知，上【矣】；不知知，病【也】。夫惟病病，是以不病。圣人不病，以其病病，是以不病。

太昭曰：含德之厚，知如不知，以益其明，故明益甚。能知众人之所不知，此上士也。俗人本不知，而以为知，以炫以矜，误己误人，大病也。圣人恐陷于病，故不致于病，淡然忘识。知之为知之，不知为不知。不以不知而逐学，斯不以病病而乱真。故不扰其真体之清明，而不为病所困矣。至已哉。何病何不病，诚则自明，不诚即必其明之既塞矣。

民不畏威，大威至矣。无狭其所居，无厌其所生。

太昭曰：谓天无知，天刑将至。谓上无能，大祸必及。苟不顺道，而凭势以居，金城必破，租界或沉，择居者毋自狭也。若此之人，所谓自厌其生，甘投死地者也。哀哉！

夫惟不厌，是以不厌。

太昭曰：上厌字，厌恶也；下厌字，厌足也。不自投死地，则长生久视，无死时矣。

是以圣人自知不自见，自爱不自贵，故去彼取此。

太昭曰：视身如宝玉，不愿破为圭。视身如浮云，刀剑无可着。达人安素怀，淡淡临风竹。

勇于敢则杀，勇于不敢则活。此两者，或利或害。天之所恶，孰知其故？是以圣人犹难之。

太昭曰：敢不仁则杀，不敢不仁则活。天心安在，何必求知？人心即天心也。正人且抑强而扶弱，而况于天？不须深问天心。何故专克刚暴，必敌凶人？但自问何故必为刚暴，必作凶人耳。

天之道，不争而善胜，不言而善信，不召而自来，坦然而善谋。天网恢恢，疏而不漏。

太昭曰：泄天机至此而人不悟，哀哉！使吾以刃临盗与妓曰："汝窃汝淫则杀汝。"于是盗妓不窃不淫，岂其真心耶？使天遣众神现象，朝有善恶，夕即报之，民皆向善，人人圣贤，岂其真心耶？非真心者，不能成道，故天道昏昏，所以试人之真心也。真心合天，天必赞之。天虽似昧，善恶之报，毫无爽也。明明以大地为栏，而豕畜吾人，吾人能逃天、能逃地乎？豕将与主人违，用尽智力自速死耳。

民不畏死，奈何以死惧之？若使民常畏死，而为奇者，吾得执而杀之，孰敢？

太昭曰：为政莫要安于刑赏，赏之劝善，不如刑之遏恶。然刑之极，莫大于死，今虽以死使民畏，吾见民之实不畏也。何以知之？若民畏死，则明知为奇必杀；今已不敢为奇矣，何以愈杀而愈多？吾恐尽人而杀之，亦不能止其为奇之心也。言政者可以止矣。盍劼于教，盍反于道。

常有司杀者杀。夫代司杀者杀，是【谓】代大匠斲。夫代大匠斲者，稀有不伤【其】手矣。

太昭曰：天生天杀，天自有权。人虽极恶可杀，我不当杀之也。我则常善救之，尽量无缺。如存恶人可杀之心，则我亦恶人，天又必杀我矣。

民之饥，以其上食税之多，是以饥。民之难治，以其上之有为，是以难治。

太昭曰：今之世，一人耕而百人食，一人织而百人衣，官无用商亦无用，士无用工亦无用。详而数之，以养形养觉为准，以不养形不养觉为冗，则官为巨蟒，商为硕鼠，士习雕虫，而不以道教人，为大虫。工多奇巧，而不以实求，是为封狼。此其人皆废民也。惟其为废民，是以能诈取多金，而为民上，民之所以饥也。孰能思平等、公财、同劳之术，以安吾民使互不相累者？其惟圣人乎！然尤其恶者，多事之人，好兴好作，冗之又冗，以乱民性。彼群蚁群蜂，各不相碍，群乌群雁，互不相争，可以人而不如物乎？复性之后，一人安一人，恢恢乎其有余，不相累则大治矣。奈何多兴作，以乱吾民之性乎！

民之轻死，以其【上】求生之厚，是以轻死。

太昭曰：思积以防饥，则夺人；思强以自保，则害人。谁作此制，使民私家？谁立此教，使民爱身？夺人者，人亦夺之，天从而罚之；害人者，人亦害之，天从而诛之。求生反死，岂不哀哉！

惟无以生为者，是贤于贵生也。

太昭曰：不自求生于人间，而常保其仁者，天亦保之，人亦保之，道亦保之，人奈何并此理而不知，以自投于死地乎？今以常理推之，天者待众生如子者也，我伤其子，天岂有不诛我？人者与我身同情者也，我既伤人，人岂有不诛我？道者与万类同仁者也，我既伤仁，道岂有不诛我？孔曰："有杀身以成仁。"苟存是心，则身不杀矣。

人之生也柔弱，其死也刚强。草木之生也柔脆，其死也枯槁。故坚强者死之徒，柔弱者生之徒。是以兵强则不胜，木强则拱［折］。强大处下，柔弱处上。

太昭曰：言好强之害极矣。今人方恃强以生，恃强以胜，恃强以上人，而不知以强则死，以强则败，以强则下流。天之道也。天之道，贵觉而贱形，贵仁而贱暴，贵空而贱实。故脑寓灵觉，则贵于爪；人仁于兽，则贵于兽；水空于金，则一日不可离。凡觉之所存，仁之所寄，空之所近，皆柔弱也，是以天道贵之。不贵天之所贵，而贵天之所贱，辜负直立通天之德，是自杀也。西哲妄以优胜劣败、弱肉强食，为天演公例，悖极矣。彼从草木虫鱼禽兽中观之而误。不知草木虫鱼禽兽，近地者也，故恃地力；人近天者也，故恃天德。故观于山溪之湾，而以为水朝西未入于大江也。中国古哲一主仁胜，所谓观天之道、执天之行者欤？旨哉！西人不悔其心，以从老子之道，大祸犹未已也。

天之道，其犹张弓欤？高者抑之，下者举之；有余者损之，不足者补之。天之道，损有余，而补不足。人之道，则不然，损不足，以俸有余。

太昭曰：天道求平均，爱万物。人心无厌，拂乱真常。夫人之资物，如荷之资水也。人之爱荷也，凸则锄之，凹则垒之，则荷皆华实。若深处没木，浅乃见泥，百亩之荷，不熟一茎矣。丰者骄奢，以杀性命，是深处没木也。贫者救死而恐不赡，是浅处见泥也。互累两废，恶莫大焉。故平权、公产、均劳之制，一日不行，天一日不清，民一日不宁，世一日不止乱也。哀哉！人功以平收荷，天功以平成物。天功无成，天岂有不降罚者哉！

孰能以有余奉天下？惟有道者。

太昭曰：有余必以利人，道之常也。权有余，以荣身夸浊；财有余，以肥腹秽心；智有余，以沽名学非；力有余，以压弱欺羸，皆杀也。人不自知，犹往往自诩以有道。若果有道，岂有不施有余者？不施有余，不以正用之，吾决其必无道。虽巧馀万端，终亦杀才而已矣。至于心神俱疲，一筹莫展，且恋大位，白发龈齿，子孙邪暗，尚抱多金，是乃荒天之器，绝人之命。天必殄之，不可逃矣。

是以圣人为而不恃，功成而不处，其不欲见贤。

太昭曰：圣人不欲权财有余，尤不欲智力有余，视此大地如粪块，众生如蛆附。虽至不肖，谁肯多食粪为蛆王哉？故不得已而为之，尽其爱蛆之心，而不敢以秽弃之。功成则舍，谁甘居之？所以功盖天下，如掷敝蓰也。

天下柔弱莫过于水，而攻坚强者莫之能胜，其无以易之。弱胜强，柔胜刚，天下莫不知，莫能行。

太昭曰：水虽柔，莫之戕，刀不能断，矢不能伤。奈何今人之不取法也，哀哉。

故圣人云："爱国之垢，是为社稷主；爱国之不祥，是为天下王。"正言若反。

太昭曰：垢莫如奴。箕子为奴，可以为殷社稷主，而商辛不能也。不祥莫如囚。成汤为囚，可以为天下王，而夏桀不能也。然而，受垢、受不祥者多矣，不皆为主、为王，而斯民疑之。故此言虽正，貌乃如反。又曰："故天将降大任于是人也，必先苦其心志，劳其筋骨，饿其体肤，所以动心忍性，增益其所不能。"几见不能受奇辱极困，而能为圣贤豪杰，荷天下之重任者哉。

和大怨，必有余怨，安可以为善？

太昭曰。余怨未尽，虽则貌和，难不远矣。古之好和者，春秋朝盟而暮战。今之好和者，南北夕议而朝渝。不得清源正本之法，徒以污秽口血耳。

是以圣人执左契，而不责于人。

太昭曰：何以能清源正本，而久和可恃哉？在执左契者一让，而执右契者服矣。夫势处上风，人方敬畏，乃犹能宽大，必取不取，人之心服矣。今之人一胜，则猛如虎狮，不肯稍留人以余地，必至势莫可何而后强和，人无感激之心，亦无佩服之理，虽和何效？呜呼哀哉。亦自败也，徒以久苦吾民耳。

有德司契，无德司彻。天道无亲，常与善人。

太昭曰：苟有德，则左契自在，虽让终得，不在咄咄以迫人。苟无德，则左契卒彻，虽急终丧，何必逐逐以取覆。人之得失，有天事焉，天赞善人。利机之来，有出夫意外者矣。

小国寡民。使民①有十伯之器而不用；使民重死而不远徙。

太昭曰：物浮于人则人足，不好迁徙则心安。有而不用者，能备珍食方

---

① 此"民"字系衍字。

丈，仅食蔬食菜根；能衣宝玉美裘，仅服布裳葛履；能成玉苑百里，仅筑茅舍三楹。所以安性命之情，而杜六根之漏也。若一逐物，性命之情乱，六根之精泄，虽富且乐不如贫，上干天怒，下荒民心，不可救矣。欧美之毒，甚于中国，奈之何而不觉？骄奢一败，则朱门不如荜户矣。悲乎！

虽有舟与，无所乘之，虽有甲兵，无所陈之。使民复结绳而用之。
太昭曰：小国执此语必亡。然性命之情，应如是耳。不迁徙，不战争，不识文字，太和乃翕。此当用于大同之后，而亦不必尽去也。老子之言，极端之言也。吾以为大焚诗书，万中留一。而诠其精语，语语实践，则治天下数百字足矣。又不必结绳。然以修道之正而言，则结绳亦多事矣。若心之则吾结绳，若用之则吾减字，审于两中者不滞。

甘其食，美其服，安其居，乐其俗。邻国相望，鸡犬之声相闻，民至老死，不相往来。
太昭曰：自甘其食，胃健不在良肉。自美其服，德充不在文绣。自安其居，心定不在华屋。自乐其俗，朴野不在都雅。至不与邻国通往来，恐遭沤麻之祸也。贫家幼子，不履豪华之门，亦此意焉。

信言不美，美言不信。
太昭曰：因人之好而投之，则易信。至于忠直正论，求不逆耳难矣。

善者不辨，辨者不善。
太昭曰：不失人，亦不失言，见机早止，岂徒口给屡诤哉。

知者不博，博者不知。
太昭曰：真知必实践，一言可终身。若其视肴不食，罗万馐终于饥死。多学不修，读四库益以塞灵，况其出弥远，其知弥少乎？故逐逐万卷，直谓之不和可也，更不能语于不通矣。

圣人不积，既以为人己［己］愈有，既已［以］与人己愈多。
太昭曰：圣人者，有余必正用以利天下。吾则曰为人而已，不望其有；与人而已，不望其多。然若以法施，自得灌顶之助；若以物施，常收民聚之功。自然之报，天道人道之顺也。

天之道，利而不害。

太昭曰：雷霆雨露，尽是弘慈。畀福畀殃，皆寓劝惩。人奈何负天哉？若谓天有害，是自绝于天矣。

人之道，为而不争。

太昭曰：各耕百亩，无竞一窝，人不累人，家不累家，但求衣食举手之劳。若互相攫窃，虽万倍之利，杀戮尤甚。不见嬴秦之富，而兄弟尚相杀乎？以"为而不争"，立人之道，天下之难事毕矣。

（《止园道经释要》，成都探源公司，民国12年8月印行，第1~58页）

阴符经详解

上 篇

观天之道，执天之行，尽矣。

太昭曰：以智慧观天之正理，而知必由之道路；以身心执天之轨则，而端毕生之行止；则尽性矣。

实指之欲观天者须知天。不知吾将何以观之哉？古者释天不详，而谈天亦混，人是以炫，今剖解而明之。

有以在上昭昭之象为天者。如古曰："今夫天斯昭昭之多，日月星辰焉。"天文家指星列图即本此，吾今假名之曰"天象"。有以地外赫赫之灵为天者。如古曰："天神地祇。"《礼》制民俗祭祀祈祷即本此，吾今假名之曰"天灵"。有以与地对待之阳气为天者。如古曰："乾天称父，坤地称母也。"《周易》乾坤对应即本此，吾今假名之曰"我天"。有以自然理气数象为天者。如古曰："天法道，道法自然也。"世人听天安命即本此，吾今假名之曰"天然"。有以惟一真宰为天者。如古曰："一大为天也。"学者谓天古之极，天无二上即本此，吾今假名之曰"真天"。假名者，以便于言文也。

天象、天灵、我天、天然、真天五者之假名既立，第一观，乃观天象。知日月诸星，有大于吾地者，即有小于吾地者；有净于吾地者，即有秽于吾地者。吾地如湖，日月诸星如沼泽、洋海、江河也。湖中有鱼，则沼泽、洋海、江河必皆有鱼；吾地有人，则日月诸星皆有人。清而大者鱼亦灵而大，则知清而大者人亦灵而大；浊而小者鱼亦愚而小，则知浊而小者人亦愚而小。湖兴〔与〕沼泽、江河、洋海同在地上，顺流即至，去障即到，则知我天我地，与日月诸星，同在太空，顺理即至，去蔽即到。形为地隔，即知觉为识隔，于是乃信佛氏净土之说为不诬。遂执净行为第一执。注心净刹，望生净土，路以形往，空以觉往也。

第二观，乃观天灵。知人与气中尘合，能入气不涸；鱼与水中尘合，能入水不溺；神与空中尘合，能居空不堕。人不见神，因眼根不合神光，如眼根不合枭光犬光也。尘外有尘，因于根者不明，如目接管，管外不见；神外有神，如鱼外有鱼也。遂执敬行为第二执。知神照临，左右前后，心上脑中，莫不皆有，而无邪心，不欺暗室。

第三观，乃观我天。而知天与地，殆如卵白之于卵黄也。以太空无外之度比之，不如一尘埃耳。则知天外有天，其数无量。更见地能吸形，本牛顿苹果落地之说，而知本夫地者亲下；天必吸觉，本耶稣天灵来感之说，而知本夫天者亲上。则识吾人乃地上虫，如粪上蛆。地卑而污且贱，天尊而洁且贵，于是贵觉贱形。又见人能直立以通于天，于是去邪存正；又见轻清上浮，重浊下凝，于是贵虚贱实。遂执高行为第三执。不溺于小，不惑于有相，一毛孔中，藏诸天地。

第四观，乃观天然。而知木根得土，花实自然；人根得天，神妙自然。一虫一草，不可以强为其生机；万行万法，不可以稍益于自性。蛋寿一月，不撼摇必孵；人寿百年，不伤仁必佛。不可助长，不可矫伪，乃执安行为第四执。安轻顺至，无为而成。故观于天象以执净行，观于天灵以执敬行，观于我天以执高行，观于天然以执安行。以此体阴符之训，则言有物，而行有恒矣。

然而，犹未造夫其极，洞彻本源也。古仓颉之造字也，一大惟天，则是惟一至大者，方得真称为天也。既已惟一至大，必且弥满太空，充塞八虚，无头无尾，其大无外，其小无内，吾何以观之哉？内彻性空，以合小无内；外致弘仁，以合大无外；是无极太极合而为一也。乃视宇宙万类如心脑，视本身八识如微埃，而执空行，此第五真观与第五真执也。于是合于天，合于道，即合于仁，合于大同玄牝谷神。千名万字，一以纳之，性反本源，先诸天而为圣佛，则尽矣，尽性矣。尽性则圣佛矣。禾三月尽性而成实，虫一月尽性而化蝶。中间不伤，自有神妙。人可以不如物，勉兹百年乎？然后收用四观四执，以为因地法行。明者静思观执之法能逃此乎？若空语空解，岂不诬乎？然空观神化，则又在言文外矣。明者至此，自悟可也。若加一言，则更重声闻缘觉者一重魔，吾不敢言，亦不能言。至此犹不悟，吾惟垂涕涟涟。

天有五贼，见之者昌。

太昭曰：五贼乃十贼。自我以外言，为色声香味触；自我以内言，为眼耳鼻舌身；此尘根因缘，天之贼也，如谓五行。五行固在此五贼中也，且回增气而称六行尤备。吾将增电增以太为七行，八行，九行，十行，亦可。五行安得全贼天之物哉？色可以见天象，而不能得无量数分之一；声不闻千里，香不嗅百仞，味不常咫尺，触不接一步以外；人以此五贼自困，则不能观天象矣。天象且不能观，而况天灵、我天哉？至于天然，吾人就五贼以为天然。饥必食龟然乎哉？倦必眠马然乎哉？五贼中之天然且不能同龟马，非天然也。加以色有而眼又不尽能见，不如枭猫鱼鳖；而闻声不如狼，嗅香不如犬，知味不如蝇，触远不如鸟；人更困于小矣。故六根、六尘之自然，非舍利自在。入水不溺，入火不焚之自然也。况五贼本为五奴，听命于心者也。安可以奴役主？又五贼乃一时假用。入色用眼，入声用眼［耳］，入香用鼻，入味用舌，入触用身，如入水用舟，入路用车，入雨用盖，入泥用橇也。安可因用而杀体，如割头易冠，剖腹易饭哉？以天之贼，在吾地吾人而言，为色声香味触。以人之贼而言，则眼耳鼻舌身也。此尤并五贼且不能尽见。然实不仅五贼也，凡有相而使人呈我相，以塞通太空真天之道者皆贼也。贼外有贼，本老子夷、希、微，不必究诘之训，吾一以统之曰：诸相诸贼，若见诸相非相，即见真天。如此认之，则《阴符》乃合《金刚》之旨趣。故知海内海外，古今圣哲，同见此五贼者也。

五贼在心，施行于天。

太昭曰：五贼皆由心而发。中有所谓意者，并五贼而为贼君。以备六根，以接六尘。且心统意识，与第七识、第八识及凈识、正觉而言，凡八识皆属于天。六根、六尘皆属于地。故智者与天通，而受吸于天者也。凡人皆与木相反对，而立者也。木有命根在地中，人有命根在天中。人之命根其在天中也，如莫娘藤远系于土中也，一念之邪则拔矣。由天而来，以司五官之动，故曰施行于天也。既知施行于天，则人心与天合，如木根之与水土合也。木根合水土，木自荣茂；人心合天理，神自智灵。本根以静定而合，人心亦以静定而合。木根以同气而感，人心亦以同仁而感。故读书思辨，毫无所得，而静定空仁，乃得大明。木之荣茂，非以学他木为功；人心智灵，亦非以学他人为功也。然此天，指前之所谓"我天"而言，非悟彻空性，不能归玄牝之门，而抱太极之精。颠倒乾坤中，终亦无成也。

宇宙在乎手。

太昭曰：宇宙者，统万有之成象成形者也。凡万有之依于道而成象成形也，洽［恰］如人手之依于心而成器也。纵观日之所用，人之所作，如书如画，如室如器，如食如衣，虽心能思之，而耳目口鼻身意皆不能使之成器，非手无以收功；且手之应心而生也，非若鱼之鬐［鳍］，蝶之翅，鸟之爪，兽之蹄，拙然无所成也。苟凡心有所发，手即能应，方知《楞严》① 因心成体之语为不诬。人如失正觉而悖于天，将亦如鱼之生鬐［鳍］，蝶之生翅，鸟之生爪，兽之生蹄，而不能成器矣。宇宙万有之假象假形，以成象成形，一如心之假手也，应其灵觉而顺成之。所谓成器之谓乾，效法之谓坤也。坤形也，手虽坤成，全应于乾，直谓之乾使可也。乾使非宇宙成形成象之母乎？是矣。故观于五指，而知五行之巧。凡物至少必须一点四面，乃能成体积。一拇四指象之，治宇宙其如视诸掌乎？山河大地，幻想所成。诸器之成，自内言之，非手也，心也；自外言之，非心也，手也。

万化生乎身。

太昭曰：天如禽也，地如巢也，人身如卵也。此未成究竟必变而进之物，故生万化。夫三才用中，以呈变化者也。而人身八识，又即人之天也；四大，又即人之地也；仁性人之中也；则又自备三才矣。观卵之变化，忽骨忽肉，忽毛忽彩，忽爪忽嘴，妙哉！妙哉！而今人之不变者，其性乱也，失天矣。失天则失其煦妪，何以变化哉？不变化是殰卵也，负此身矣。若常守空仁，如卵有生机，忽一通，忽二通，忽三通，忽四通，忽五通，忽六通，亦如卵之忽骨忽肉，忽毛忽彩，忽爪忽嘴。自然之运又何怪哉？不然血腋［液］之循环，气脉之不滞，岂虚运哉？离尘现觉人也，离壳现形卵也，人能知此而不好径，斯无不成者矣。

天性，人也。

太昭曰：此天兼前所谓"我天"、"真天"而言。人之真仁通真天，八识通我天，如沟洫之通海也。故曰沟洫之水，即海水可也；谓人即天性亦可也。万有本一体，奈何以分小异而迷之？

人心，机也。

---

① 楞严，佛经名。全称《大佛顶如来密因修证了义诸菩萨万行首楞严经》，10卷。

太昭曰：此心，统思府而言。思府以脑、心（此心以内心言）、肾为械，如电机之两电瓶一中钮也。血流如电流也。电机成，电流转动，则发电应万里之同气；思府成，血液循环，则发觉应天中之正灵。人心机感，时与天通，奋［奈］何以私欲而绝之？

立天之道，以定人也。

太昭曰：天道本以定万物，然他物得天薄，不能直立而通天，不能同形而近天，因而仁智亦弱。惟人也形则直立，众亦同形，仁智之强，远轶品类。譬之万物与人皆如水也，然而金石如水晶，草木如西山石穴冰，虫鱼如园池浊淖，禽鸟如沟洫细流，走兽如溪浍清波，人如长江直泻，天如海洋纳川。今言立海洋之道，以定长江也，亲之也。长江通而后他无壅塞，以起百殃也。

天发杀机，移星易宿；地发杀机，龙蛇起陆。

太昭曰：人既如长江直泻，岂有不合天者哉？惟因子千年，伪事大作，充塞仁智，万人而万废。夫万人而万废，如万卵而万瞉也。既瞉矣，天地皆弃之，而杀机起矣。杀机者，天地之夏楚也。杀机之自天而来也，三辰告祲，风雨失调，旱潦时作，兵戈满地，人心昏暴；杀机之自地而起也，瘴疠不清，草木毒刺，虫豸有蛛蝎虺蛇，鱼鳖有鳄鲵獭蟹，禽鸟有鹰鹯鸱鹗，走兽有豺狼狮虎，人有贪淫暴戾。呜呼，哀哉！青天白日，妖孽横行，岂不悲哉！比之两大之间如一身也，气相通，脉相联也。倘自中塞之，则头目晕肿，手足溃烂，千疮万疥，虮虱磷磷，岂其常哉！不和故也。欧西哲者不悟及此，乃误以为优胜劣败，弱肉强食，是益加毒也。夫阴阳相和，则翕而成覆载颐育之功；阴阳相逆，则背而启悖乱邪虐之事。《易》曰："亢龙有悔，天之杀机也；龙战于野，地之杀机也。"

人发杀机，天地反复。

太昭曰：人心机也，和气由此发，厉气亦由此发。苟发机心，可以司三才之命。何也？人三才之中也，居中者命左命右，彻上彻下。今观人形与草木洽［恰］相颠倒，贵食空气，不贵食金银，贵保灵觉，不贵保肉块，以觉性奴使六根，不以六根奴使觉性，直立通天，不倒植通地，事事宜与天合也，乃大怪极奇。事事使天地反复，贵得金银，浊心恋地，不贵食空气，贵保肉块，秽志帖［贴］地，不贵保灵觉，以六根奴使觉性，不以觉生奴使六根，鲜食美居，自矜污垢，倒植通地，不直立通天，据土若命，不知必死，事事尽与天反矣。然则，杀机实不由天地发，乃人发之也。人在三才之中，反逆天地之常，如长江之水，倒流万里，川河溪涧，横波相击，浊秽满溢，岂海与山之□①哉？试亦详思人心何一不反复常理，拂乱大经？则当仰而号咷，修而锥心矣。呜呼，哀哉！可胜痛哭。

天人合发，万变定机。

太昭曰：吾观大仁在天，大智在天。何以知之？近天者，仁智过于远天者也。木亲地，人亲天。今欲通天地之顺，将先使地木合发欤，抑亦使天人合发耳。如使地木合发者，将先使草木不争。互助极亲，遂无毒茨。和气及虫鱼，虫鱼不相食；和气及禽鸟，禽鸟无搏鸷；和气及走兽，走兽无攫噬；和气及于人，乃人沾万物之恩，乞荫于豸蠕胯下，以睦其伦，宁不愧死，亦负得天之灵矣，况决不能。常人见杀机既盛于草木，因及于虫鱼，因及于禽鸟，因及于走兽，因及于人。以为不能绝杀机于豸蠕，即决不能绝杀机于人群。胡亦不即其道而思之也，豸蠕不能教，人亦不能教乎？豸蠕不能转杀机，人亦不能转杀机乎？乃天人合发则何如？天人合发，仁智下降，人不相争，互助极亲，则和气及于走兽；走兽无攫噬，则和气及于禽鸟；禽鸟无搏鸷，则和气及于虫鱼；虫鱼不相食，则和气及于草木；草木无毒茨，则万类定基矣。嗟夫！圣哲之量，将使有想无想，尽若清虚，顺序而来，易如反掌，鸟兽鱼鳖咸若，岂虚语哉？天人合发，则万物之基定，而仁智所以普被也，易以复见天地之心。人心复善，天人应而万类定矣。如曰不能，是夏虫不可以语冰，未见玄元真理也。以万岁孩子之目光，而可以测宇宙哉！阴阳相消长，由复而临，由临而泰，由泰而大壮，由大壮而夬，由夬而乾，是天人保发也，万物乃安。由姤而遁，由遁而否，由否而观，由观而剥，由剥而坤，是地人合发也，万物乃乱。易象昭昭，亦不知耶！

性有巧拙，可以藏伏。

太昭曰：巧者性相近也，近故巧；拙者习相远也，远故拙。性生机之灵，自然之顺则也。人有二性，不明析而究之，则自误矣。何也？一曰巧

---

① 此字原书不清楚，无法辨认。

性，二曰拙性。何谓巧性？以应道合天而生，自然神妙不测。如草自知花，如蚕自能织。今吾假名之曰"本智"。二曰拙性。何谓拙性？以应尘合地而生，强加赘疣。如木缚而曲，如鸡久不飞。今吾假名之曰"染智"。此大别也。自然神妙故巧，强加赘疣故拙。故通天达道，神化圣佛，无人不能，圣圣同辙，何也？顺其巧也。学问文章，世事艺能，无人不难，人人异趣，何也？成其拙也。故秉懿必同，艮〔良〕知必同，大形必同，巧合大同也，自然也。言语必异，文字必异，容态必异，拙分小异也，矫伪也。故学问文章，世事艺能，虽天慧有所不知，避拙不与人较也，冗也。通天达道，神化圣佛，则庸众无不至极，任巧所以自诚也，真也。然大约本智强者染智锐，如根深而叶茂也，虽然锐亦冗，不如全真。亦多有去染智而后本智增者，如荇剪藤而后根硕也。此正理也，学道之轨也。知尽巧则豚鱼可以成佛，若入拙则天慧或且丧明，故孔重生知，老欲绝学，佛贵无师智除前尘。然无论巧拙，皆当藏伏。藏巧，则天门开，而雌伏之，尤灵。藏拙，则泄窦塞，而精日凝，巧甚。若炫则失，所谓凿朴开窦，终身不救也。慎之哉！远道之路，毋自塞也。

九窍之邪，在乎三要，可以动静。

太昭曰：人有九窍，司视二，司听二，司吸二，司饮食言语一，司泄溲妒精一，司去秽一。若毛孔肤穴，不可胜数者略之。总而为身，住于宇宙，以摄物精而呈万化。与天与道合发则正，与地与尘合发则邪，皆三要司之也。三要者，脑、心、肾也。脑上彻天，而心、肾应之成道，神通不用窍也。惟尘通，故用窍，用窍则邪矣。然动以行仁，合天则尤正而灵增；静以闭固，藏拙则精专而自化。一动一静，所宜慎也。若肾动而脑、心应之，毒之极也。他七窍动而脑、心、肾应之，自杀而已矣。

火生于木，祸作必克，奸生于国，时动必溃。

太昭曰：祸根未尽除，发时害必巨。三代以来，所以无百年之治，欲伏而外防之也。夫欲伏而外防之，虽礼法两严，而根本不立，瓶中之枝，能持几何？木不遇火，谓其不燃，不如石之终不燃也。奸不遇时，谓其无害，不如贤之绝无害也。故至圣治国，见一人有我相之着，一事有启欲之门，则立化而尽消之。衣食不加于饱暖，宫室器用，不染于物乐，乃至忘仁义，忘善美，则性命安而清快万倍。时时与天合发，虽终古无祸可也。

知之修炼[之]，谓之圣人。

太昭曰：知此道也以修。观天执天，五贼不作，成真成象，万化自妙，天人合发，而又绝祸于心王八识之先，万人万成，千人千成，人人皆成，无人不成，乃泽万物。长江直泻，恩覃无外，已[己]亦圣佛，永古无死，岂不至美而极大哉？呜呼，哀哉！人奈何自害乃耳？纵争得兆年皇帝，亿地百宝，曾粪蛆之不如。悲乎！

中　篇

天生天杀，道之理也。

太昭曰：天地不仁，以万物为刍狗哉？何不留之地上，生而不死也？夫地上非究竟，借过百年，入尘增生，脱尘全生。生死则何哉？全道乃长生，杂尘半死也。今设数而究之。觉一形九矿也，觉二形八土也，觉三形七水也，觉四形六植也，觉五形五鱼也，觉六形四虫也，觉七形三禽也，觉八形二兽也，觉九形一人也，觉十形无神也。形外诸形，尘外诸尘，尽脱佛也。天本促进生机，故自世间视之，如有生死耳。如设世为桥，自桥南上，人谓之生；自桥北下，人谓之死。桥上有雨有泥，顶笠着屐而上，人谓之生；舍笠脱屐而下，人谓之死。自我视之，假根用尘，过去不留，实无生死，道之理也。道由路也，路中可以留乎！

天地，万物之盗。万物，人之盗。【人，万物之盗。】三盗既宜，三财既安。

太昭曰：取于他，谓之盗。天地真盗，兹不言，不敢言也！但言其略：草木食水土，盗水土之精；虫鱼食草木，盗草木之精也；禽兽食虫鱼，盗虫鱼之精也；人皆食之奴之，尽盗其精也。然而粪溲以外，盗而得保之者安在？复泄于色声香味，是又被盗于万物矣。万物尸腐以肥地，灵腾以献天，盗在两大也。何以宜之？畎流入浍，浍流入洫，洫流入沟，沟流入河，河流入海可也。水土畎也，草木浍也，虫鱼洫也，鸟兽沟也，人河也，天海也，顺而不阻，则皆安矣。不言天地为人之盗者，明谓天地人之与也，且赞人而爱护作育之。天地不负人，人何自负也？进而论之，颠倒轮回，何时得了？人不超出玄元越乾坤圈套之外，亦可惜也。慎之哉。

故曰："食以时，百骸理。动其机，万化安。"

太昭曰：此分养形养觉成己成物而言。食者取于外，以养形也。不言衣者，古本无衣。性中有毛，不取于外也。时者不过也。古者吸气受食极少，因不知时而节之。至今腹膨而宽，需食乃多，如毒瘾之癖染也。苟能愈积而愈少，以复其初，则虽不食可也。食愈少，则百骸愈理，性之则也。五味亦癖毒也。味无味，斯复素矣。动者应天灵而发，如草根自行，木稍自伸，种根合天，自能得之。若口动而言，手动而作，足动而行，脑动而思，皆宜纯发于空慈。非空非慈，决不妄动。如此养形极俭，养觉以顺，自动他动，皆成己成物之事也。应尘顺流，万化皆安。

人知其神之神，不知神之所以神也。

太昭曰：木知花之发，不知其花之所以发也；禽知卵之孵，不知卵之所以孵也。种树伏卵，尽其能事而已矣。不必求知，亦不须求知也。天且法道，我何必违道？道且法自然，我何必逆自然？知与不知，同一效也。闷闷以俟之，斯可矣。一语至要，无伤空慈，无动于忿欲，以拨天根。

日月有度，大小有数。圣功生焉，神明出焉。

太昭曰：数度不须计，历记未出，而有三皇密牺之圣焉。我性物性，各抱数度。禾有四月之寿，不能三月而催之，使速华实，而及时华及时实，是其圣功神明也。卵有二旬之寿，不能一旬而热之，使速雏化，而至时雏至时化，是其圣功神明也。螽斯蜉蝣不效龟，寒梅秋菊不羡荷，千岁之日至，可坐而待也。催者夭之，热者折之。人必二十而后地门开，必四十而后天门开，必百年而实成神化。圣功神明，不行而至。无为而成，时守空慈。一息不间，斯足矣。推之治乱昏明，亦如是焉。天运自然，吾以顺尽。

其盗机也，天下莫能知，莫能见。君子得之固躬，小人之轻命。

太昭曰：同一得盗机也，君子以固躬，小人以轻命，何哉？至此机微，虽读破瑜伽，恐未得也。浅言之，复虞万里，谁知钟之是悬是置？垒镜千屏，谁知相之在内在外？明者反而深察之。夫得盗机，则知天道破私而汰浊。乃观如幻，几矣。既观如幻，则君子以淡营利而安身，小人以忘四体而轻命。然而孰轻孰重，诚者自照，又奚能强辩哉！善破相者，自净欲而外身，自外身而忘家，自忘家而弃国，自弃国而舍天下。不乱序，不躐等，不善破相者，未净欲而先外身，是亡命也。未忘家而先弃国，是国①也。君子小人之分，以此为定论。慎之哉！

下 篇

瞽者善听，聋者善视。绝利一源，用师十倍。三反昼夜，用师万倍。

太昭曰：吾痛恶后学动引《阴符》以谈兵。兵不祥之物，圣人岂屑语之？至于有道胜无道，自然之事也，岂可因胜人而学道？本念起于盗心哉？师众也。治民用众之事皆是也。善用众者，专其精，而一其志，如师旷瞽以养聪，离娄聋以明目。此机械家独孔泄气以转重之术也。财散则贫，气散则溃，心散则昏，精散则拙。故回祖一民心以信天，武王一民志以忠主。用众之法，如斯而已矣。今之民不复可愚矣。失于彼未得于此，故心杂而乱，不能一之以道，收之以诚，不可用也。绝利一源，塞发散之窦也。三反昼夜，专思虑之精也。外塞内专，何事不克？

心生于物，死于物，机在目。

太昭曰：老子曰："圣人为腹，不为目。"凡心之因物而生，溺物而死者，非目为之侦耶？目见财而生贪心，遂死于贪；目见美而生淫心，遂死于淫。彼耳鼻舌身，不如目之长且肆也。惟长故恃有昭昭者在前，而不知冥冥者在侧也。夫色以合光而显，日光之与人目合，犹夜光之与枭目合也。不能合于帝寂光，而恃长反短，失鬼神于咫尺，认髑髅于当前，岂不哀哉？故为六根之首，其贼魁乎？杜此则泄精之大窦塞矣。然当自根断，勿以脸封，乃视琼花如腐草，是谓寂明。机本在心，与天合发，若一从目与尘合发悖矣。悖而不警者，杀而已矣。

天之无恩，而大恩生。迅雷烈风，莫不蠢然。

太昭曰：《易》曰："震来虩虩，恐致福也。"震可以致福，是天怒之益人多矣。夫慈母之恩，不如严父；天之明威，利于地之博厚也。老子曰："天之道，利而不害。"岂虚语哉？人自负天，亦可哀矣。

---

① "国"字之后似缺一字。

至乐性余，至静性廉。

太昭曰：乐者性之余也，静者性之廉也。无欲而乐，其性乃活；物无而静，其性乃正。至于乐，则知性之余绪发于内矣。夫圣佛众人，草木虫鱼禽兽，莫不趋乐而避苦，此同性也。同之谓玄，则乐者太玄之真，无可疑矣。然众人不知性中之有乐，乃寻于外。譬如木然，接火而燃，遂谓燃性在火，不知其自具也。人接尘而得乐，遂谓乐性在尘，亦不知其自具也。于是木赴火而烬，遂永为死灰，不复燃矣。人赴乐而亡，遂永陷苦趣，不复乐矣。乐中之伏巨苦，众人不见，未复性也。若一复性，不见五色，乐于春台；不闻五声，乐于韶武；不嗅香，乐于芝兰；不尝味，乐于太牢；不有一芥，乐于万物皆备；此乐不死。非若得色而瞽，得音而聋，得香而鼻窒，得味而口病，得富贵荣誉而心死也。然非先有绝欲之工夫，终不能得真乐于至性。于是，众人一刻不得其恣癖之物，则不乐。博者必亲摴蒱，学者必亲诗书，浊者必为官，秽者必计财，愈引而愈远，终为死灰，亦可哀矣！至无物而乐自生，乃性中本真，游［悠］然顺显之效也。手舞足蹈，不可名状，则得道之证也。非真修有得，何以及此？且未得真乐之先，以静为修养之本。能静者，已如方形之有廉，不易为物欲所淆矣。仁者先难而后获。先难者，强学定静，以养性也；后获者，获真乐也。此二者，真修之要，不可不三致意焉！

天之至私，用之至公。

太昭曰：以天而言之，则圣人至私也；以用而言之，则圣人至公也。故圣贤仙佛，占尽宇宙之便宜而不劳；恶人众生，吃尽宇宙之大亏而不悟。天道无亲，常与善人；圣人承之，备受其福。又获至乐于性，而浩泽伟勋大名建于外。然则，圣人实克自成其大私者也。至于用事，纯以利物济人为心，而未尝计天之福之也。至公哉！以公成私之福，因私失私之祸，非至诚不能辩。而贪天贼道者，又欲以假公济私，窃上帝之心，反而致祸。此中几微，惟真跻圣域者知之耳。其何能说！

禽之制，在气。

太昭曰：或云元龟食蟒，颤隼击鹄，黄腰噉虎，大猇摄猴，而以解禽之制在气。谓禽兽各有所畏之气，可以制之，吾以为此义短矣。夫以地上而言，气至广者也。惟禽能游之，而禽亦仅能游于气之中，终亦被制于气，以其有所恃而广也。夫恃有以广者，必受制于所恃，又岂若无有之恃，无恃之广哉？庄子不羡御风，盖以列子虽广，犹有所待。禽虽广，不又同于列子乎？鱼之制在水，木之制在土。圣人无制，故无念无处。荡荡乎不可得矣。

生者，死之根。死者，生之根。恩生于害，害生于恩。

太昭曰：不生不死，自是真常。一死一生，混尘脱尘之分耳。死生之理，虽不可与俗人告，然假根用尘，离尘弃根之说，则明明可指者也。譬如人之欲过大湖也，湖有水焉，则备一舟；舟必用桡，则备数桡；舟中采藻，则备一篮；舟中夜暗，则备一灯；既济湖则弃之，不弃不足以登岸。今也世上有光，则备两眼；世上有声，则备两耳；世上有食，则备一腹；世上有路，则备两脚；既出世则弃之，不弃不足以至道。其用器皆备于未来之先，是有心来者也，中必有主使之者。於戏，噫嘻，吾知之矣。此地盖真宰之试场也。试毕则出之。生死之理，既入必出之理也。至此而人不悟，吾亦莫可再如何矣。谁死汝，谁生汝；谁恩汝，谁害汝；荷桎梏以入狱谓之生，卸桎梏以出狱谓之死；吾以为如此，如此。吾将仰狱吏而长笑矣。人则呼之以为天，此乃我天。

愚人以天地文理圣，我以时物文理哲。

太昭曰：夷、希、微，老子之所不咨诘者也。而愚人必探天说怪，以自惑而惑人，悖矣！或言前知，或言幻相，吾是以迸之。吾见人之六根，适足以用六尘，吾即知假根用尘，离尘弃根。吾见草木与人适为倒置，吾即知草木托根于地，人托根于天。吾见人脑近天，投石堕地，吾即知天吸觉，地吸形。吾见直立通天之人，仁智过于禽兽之横邪，吾即知近天仁智，合天尤仁智。如是诸相，以益吾学者不可胜数，而吾皆以忠恕纳之于正而用之。吾何必上天入地，亲观外境哉！吾更不与聋言音，与瞽言色。时物皆吾师，吾是以达；时物皆人师，吾是以以此达人。

人以愚虞圣，我以不愚虞圣。人以奇期圣，我以不奇期圣。

太昭曰：如此而性命之情安矣。人惟性命之情不安，故为邪妄所愚。乃以其愚蠢妄虑圣心，以其奇怪妄期圣域。呜呼，哀哉！已是大圣，彼尚不知，尽去害人害物之心，力黜私己厚家之念。百年卵壳中，一脱即成佛，如犹有疑，是未信也，如犹有求，是未安也。圣道至近至易至简至常，奈何他求以自误也？

故曰："沉水入火，自取灭亡。"
太昭曰：自塞其天，不由正道。道，惟空仁诚，养而久之即妙。如万仞悬崖，两傍深潭，只此一桥，更无他路。好径者，左投则陷左潭；好径者，右投则陷右潭。前圣言仅此桥，吾不敢违。吾言仅此桥，后圣亦不敢违，天帝亦不敢违，真宰亦不敢违，奈何人必违之？凶邪小人，如有蝇头之利，吾亦愿为之矣，如无极大之祸，吾亦愿为之矣。且《阴符》本常道，行之易于反掌，而入亦以怪寻之，可胜哀哉！

自然之道静，故天地万物生。
太昭曰：归根曰静，静曰复命。既复命已，亦无他道，惟有自然不可道之道。如此则天地万物，同归于玄牝之门，而不生不灭，不垢不净，不增不减矣。此乃谓之长生，此乃谓之真帝。

天地之道浸，故阴阳胜。
太昭曰：因天地之道，渗透玄元，而后生阴阳，所谓玄牝开门，而天地有根矣。呜呼！吾身失常，而虮虱疥癣生焉，吾乃乾坤中之虮虱也。山河天地，一疥癣耳。

阴阳相推，而变化顺矣。
太昭曰：阴阳既已相杂，而分小异之祸起矣。其推如何？吾已注之于《易》，兹不复赘。其言虽长，要以君子顺阳气而定行藏，终全其道；小人顺阴气而趋近利，以陷于凶。万物顺阳气而升，顺阴气而伏，此一定不移之正则也。

是故圣人知自然之道不可为［违］，因而制之。
太昭曰：圣人之制制度，非好事也，顺天地阴阳之则也。故道之所进亦进之，道之所退亦退之，道之所生亦生之，道之所杀亦杀之。众人好事以制叛道，则不可为矣。

至静之道，律历所不能契。

太昭曰：至静之道，常道也。常道不可道，不可名，安有律历。吾已于《老子》注中详言之，兹不赘。

爰有奇器，是生万象。八卦甲子，神机鬼藏。

太昭曰：奇非正也，失中和矣。器者形而下之物也。山河大地，幻想所成；宇宙奇器，弄此小祟。吾以为真，则太愚矣！八卦顺阴阳交杂之序而象之，以定万物之彝伦；甲子顺阴阳旋转之序而推之，以定吾地之演进。吾已于《易》注中言之，兹不赘。

阴阳相胜之象，昭昭乎进乎象矣。

太昭曰："比"阴为形，"比"阳为觉；"比"阴为恶，"比"阳为善。而观其相胜，草卉食水土，阳胜阴也。地必生木以害草卉，又生虫鱼以食之，阴胜阳也。天又生禽鸟以食虫鱼，阳胜阴也。地必生枭鹫以害飞禽，又生走兽以食之，阴胜阳也。天又生人以猎役走兽，阳胜阴也。地又生小人假器以贼君子，阴胜阳也。天又生圣哲大仁以伏小人，阳胜阴也。故自垢至剥，为阴胜阳；自复至夬，为阳胜阴；佛氏天与修罗相战之说，决不诬也。总之，近地则阴胜，观于地而起优胜劣败，弱肉强食之论；近天则阳胜，观于天而起福善祸淫，贵道贱器之说。然而天为荣趣，地为苦趣，天可亲，地不可亲也。惟至人忘善忘恶，出阴离阳，绝坤弃乾，而性命乃正，不生不灭，永归至静。

（《止园道经释要》，第59～74页）

消劫新书

原　名

《消劫新书》，何为而作也？太昭丁阳九之运，处乱离之域，环顾四宇，刀兵遍野，水旱告浸，疠疟益作，豺狼横行，民生在倒悬之中，众生困焚溺之苦，求死不得，幸生实难，惨恻流离，莫可告诉。于是考诸经，究群哲，晰三才之定理，参宇宙之密机，疾呼于众，泣告于人，欲使迷误大开，邪心尽去，转祸为福，出苦就甘也。苟能听从直言而深思之，知由正路而力行之，则虎豹化为麟凤，剧乱转为升平，五毒变为百福，四凶化为八元。如海中溺即得巨舟；如沉疴久即得良药；如盲人瞎马，夜半临深池而得相介；如炮烙重刑，哀呼方急切而遇赦书；是以谓之"消劫"也。呜呼，苦毒极矣！然人心犹未悔，风势且日恶，诚恐黄巢、献贼之祸，瞬将再起。凡稍具良知者，祈辱察吾言，而自反之。吾不惮垂涕泣而号呼。

天　人

衡闻培木者必培根，治水者必治源，良医疗病必清腠理，良工筑室必固基础。消劫之道，何则不然？间尝探劫运之来，天耶？人耶？天人共为之耶？归究于天者，曰：周王定鼎，卜年八百；秦将覆族，胡亥见谶；彗字屡出，汉乃多奸；黄巾欲起，风云变色；普［晋］室将败，百怪俱兴；五胡肆凶，僧言独柱；黄巢初产，鬼哭天昏；徽、钦北行，勾芒流涕；献贼剿蜀，柏树漂血；凡有浩劫，天必示祲。若是之类，史册繁多，不可胜书，则劫运之来，天为之也。若天为之，则消劫之法，当以感天为本。然而桀失其道，始有殷师；纣王不君，乃战牧野；春秋战国，残淫奸暴之君臣，接踵而出，则乱无休日；五代末季，廉耻忠信之范围，抉坏无遗，则盗满郊野；降及秦政无道，陈涉兴兵；内官害贤，西汉大扰；晋宗室不孝不弟［悌］，胡寇方来；隋天子极奢极淫，群雄乃起；元政凶残，天下骚乱；明用宵小，流寇四兴。中国之人私己薄人，纵欲叛义，上刻下奸，尔狡我诈，非逆之事，罄竹难书，是以乖气所召，乱多治少。若是之类，史册繁多，不可胜说，则劫运之来，人为之也。若人为之，则消劫之法，当以化人为本。吾兹于天灾人恶，不尽书，若书之，可以汗牛充栋。考事穷理，平而论之，详而察之，天耶人耶，必有所归。要之，大劫之至，天人共为之，此定理也。人恶而后天罚之，亦定理也。然则，劫运仍由于人，人心坏，天乃降殃。故消浩劫，必自救正人心始。天道远，人道迩，行远必自迩也。

地秽

不仅天人已也，于地秽亦有大关焉。佛言此地为五浊恶世，娑婆秽土。五浊首劫浊，故多浩劫。考之科学犹信，盖太空诸星皆地也。有大于此、明于此、善于此之净土，亦必有小于此、暗于此、恶于此之秽土。今譬此地为沼池，则更秽之土为圂溷，更净之土为江淮、河汉、湖海。吾人如沼池之鳅鳝，则更秽之土之人如蛆蚋也，净土之人如鲂鲦、鲸鼍、蛟龙也。若吾人谓此地以外无秽、净土，亦犹沼池之鳅鳝愚蠢于其六根之中，谓沼池以外无圂溷及江淮、河汉、湖海也。若吾人谓吾人以外无鬼与佛，亦犹沼池之鳅鳝愚蠢于其六根之中，谓鳅鳝以外无蛆蚋及鲂鲦、鲸鼍、蛟龙也。有其境，必生其物，此理之常，无足怪也。土既秽则人物恶，人物恶则浩劫多。宇宙之大，何所不有？如是则劫运之来，地为之也。若地为之，则消劫之法，当以迁地为良。何以迁地？仍由人心之修持，归结人心，乃得纲领。夫迁地为良，佛教之净土宗尚矣。人若信而修之，来世必生于其土。俗俚之愚夫不信，而圣哲笃信之。然此足以消来生之劫耳，且属于出世法。若消今生之劫，修入世法，则何如？

形性

形拘性锢，劫是用成。夫形拘性锢，皆天也，而因心成体，亦由于人。故消劫仍当自修民德，感天心始。

何谓形拘？鱼之形拘于水中，故乱于水中，不能乱于陆上。乌之形拘于气内，故乱于气内，不能乱于水中。人之形拘于地上，故乱于地上，不能安于天界。且虎之形，必食羊而后生，故生虎则为羊之浩劫；獭之形，必食鱼而后存，故生獭则为鱼之浩劫。若仅生鹿兔，而不生虎獭，羊鱼安有劫？恶人之形，必杀人而后安，故生恶人则为人之浩劫。若仅生善人，而不生恶人，吾人安有劫？此之谓天赋形拘以成劫。

何谓性锢？鸥獍之之性必食父母，故生鸥獍即为为父母者之浩劫；乌鱼之性必食子弟，故生乌鱼则为为子弟者之浩劫。若仅生乌鸦而不生鸥獍，则父母安有劫？仅生袋鼠（爱子最甚）而不生乌鱼，则子弟安有劫？此之谓天赋性锢以成劫。

更合形拘性锢而论，天生蜂焉，形性忠极，永无犯上之劫。天生貂焉，性形仁极，永无害群之劫。天生蚁焉，形性顺极，永无侵权之劫。天生乌焉，形性孝极，永无弑父之劫。天生雁焉，形性和极，永无怨偶之劫。天生鸻焉，形性悌极，永无豆萁之劫。若天生人，而形拘如猿，不食荤［荤］肉，性锢如蜂貂蚁乌雁鸻，则五伦自备，不害人物，而浩劫永无矣。然则天之生人，形拘性锢，酿成浩劫，偶然乎？抑亦故为之耳！（详观《天囚独善论》，则知其故。）

故　为

妙哉！天之造劫运也。巧哉！天之造劫运也。吾于生物见之。生物有猬焉，全身皆刺，猛兽无以下口。彼猬也不知几经匠心，而后结构此皮也，妙极矣。天乃生鼬焉。鼬一围走，则猬昏，再注以溲，则猬仰卧，而呈胸前之白肉，以受噬。天之为猬造浩劫，其匠心妙运，更有巧于猬者也。故为之也，故故为之也。生物有蚁焉，肉无可食，而深藏于邃窟中。彼蚁也不知几经匠心，而后结构此穴也，妙极矣。天乃生食蚁兽焉。食蚁兽舌长尺余，细而能曲，巧入重穴，胶蚁出食。天之为蚁造浩劫，其匠心妙运，更有巧于蚁者也。故为之也，故故为之也。至于兽妙能速，则天生虎；鸟妙能飞，则天生鹯；鱼妙能潜，则天生鳄；虫妙能逃，则天生蛛；彼虎、鹯、鳄、蛛之形性利于杀物，即有意为之亦难，而何以适生如此竭尽巧妙？细思详考，则造物明明降浩劫于众生，非偶然也。然则天本大仁，何以必降浩劫？

背 天

　　吾及详细考之。浩劫之来，一言以蔽之，曰：背天必杀。是以草木以尾朝天必杀。请观竹、松、禾、麦，何一非以尾朝天者？天故故生虫以杀之也。虫以背朝天必杀。请观蛇、蝎、螽、蚋，何一非以背朝天者？天故故生蛛以杀之也。鱼以背朝天必杀。请观鲤、鲂、龟、鼋，何一非以背朝天者？天故故生獭以杀之也。鸟以背朝天必杀。请观鸡、雁、雉、鹤，何一非以背朝天者？天故故故①生鹇以杀之也。兽以背朝天必杀。请观猪、羊、牛、鹿，何一非以背朝天者？天故故生狮以杀之也。故定义曰"背天必杀"。浩劫之来，全由背天，此定理也。知此定理，则不背天。不背天，则永无浩劫矣。天不施杀，浩劫何至而生哉！

三 因

　　今若问曰：背天何故当杀？背天多生，而附地，故杀。故人近天，则少生。鱼生一年万子，又必附水轮，天不杀之，江淮、河汉何以容之？又曰：背天何故当杀？背天无成，故杀。人本当上天成神，入净成佛，如卵化禽。至于心坏无成，则如已瘕之卵，天不杀之，留将安用？又曰：背天何故当杀？背天害众生，故杀。人本当代天覆育，既背天矣，如荆棘碍路，如陷阱当门，天不杀之，留将为毒。是三因者，遭天诛之大原也。有诸内必形诸外，故其象背天。人以首向天，从首走即得道，必无劫运。所以有劫运者，失仁与智。物至化物，亦如草木、虫鱼、禽兽之背天，故天杀之也。形虽未背天，心先已背天，故天为浩劫以杀之也。

仁 智

　　何以知人不背天？天，仁智也；天，大仁大智也。全大仁大智之心，即不背天矣。何以知天大仁智？今以天地为一巷之东西两端，自东而西愈行愈明，吾知光之必在西也。今以天地为一水之南北两岸，自南而北愈涉愈清，

---

① 此处当多了一"故"字。

吾知浊之必在南也。夫人近天，则仁智；禽兽、虫鱼、草木愈远天，则愈不仁智。吾乃决断天之为大仁大智也。

征　象

乃征人象，以实明其大仁大智，不背天之显证。人有鼻焉，为人命根，故人之始祖，曰"鼻祖"。吾详观人之鼻，乃欲离六根，而飞升于天也。何也虫鱼之鼻，直与身连为一线也（图释虫鱼之鼻）；禽兽之鼻，与身成锐钱［线］角或十角也（图释鸟兽之鼻）；人之鼻，与身成并行线也（图释）。成并行线，则折将脱脱①六尘，而上天堂、升净土之确证也。因鼻通天，故身亦一直通天，与鸟兽之邪立、虫鱼之横伏、草木之倒植异。于是极呈大仁大智之象。

今请一一数之。先考于仁人之目，长狭而不圆睁，与虫鱼禽兽大异。盖圆睁者，瞋之相，而长狭者，慈和、惠爱之笑相也，仁之征也。人之口，小平而不箕张，与虫鱼禽兽大异。盖箕张者，凶贪之相，而小平者，收潦戒斗之和相也，仁之征也。人之齿，齐贝而不獠牙，与虫鱼禽兽异。盖獠牙者，很［狠］忍之相，而齐贝者，文明不啮之善相也，仁之征也。人之爪，薄浅而不钩锐，与虫鱼禽兽异。盖钩深者，伤物攫肉之相，而薄浅者，柔让不搏之慈相也，仁之征也。人之毛，细腴而不粗刺，与虫鱼禽兽异。盖粗刺者，甲胄［胄］兵利之相，而细腴者，逊退礼仪之惠相也，仁之征也。尤其异者，气息潆涎，无不清洁无毒，全身无一战争卫护之器，加以膝盖向前（图释。鸟之后肢曲形、兽之后肢曲形、人之后肢曲形。），有跪而敬天之相，有善于退却之相，敬天亲上报本，仁之大也；退却克己复礼，仁之基也。噫嘻，考之考之，人之仁何其全，而皆异于他物之背天也。

再考于智。人独无尾，与虫鱼鸟兽异。盖尾通于脊髓，脊髓通于脑，脑之阳明强，吸阴暗之气将尽，故无尾也（图解。上虫鱼尾大。上鸟兽首尾等。上人脑强无尾。），智之征也。身相交之间，空空则灵（图解。上虫鱼无空间。上鸟兽九十度空间角。上人一百八十度极太空间。），智之征也。手有五指，巧能应心以成器，不如蹄躏爪踞之无用，智之征也。耳能辨意，非如犬马牛羊仅知声音之大小，声闻绿觉之资已备，智之征也。舌巧善言，能应志以明道，非如鹦鹉猩猩猿狼鹤鸠之仅能啼叫，多理发舒之证，智之征也。噫嘻，考之考之，

---

① 此处疑多一"脱"字，或作"离"字。

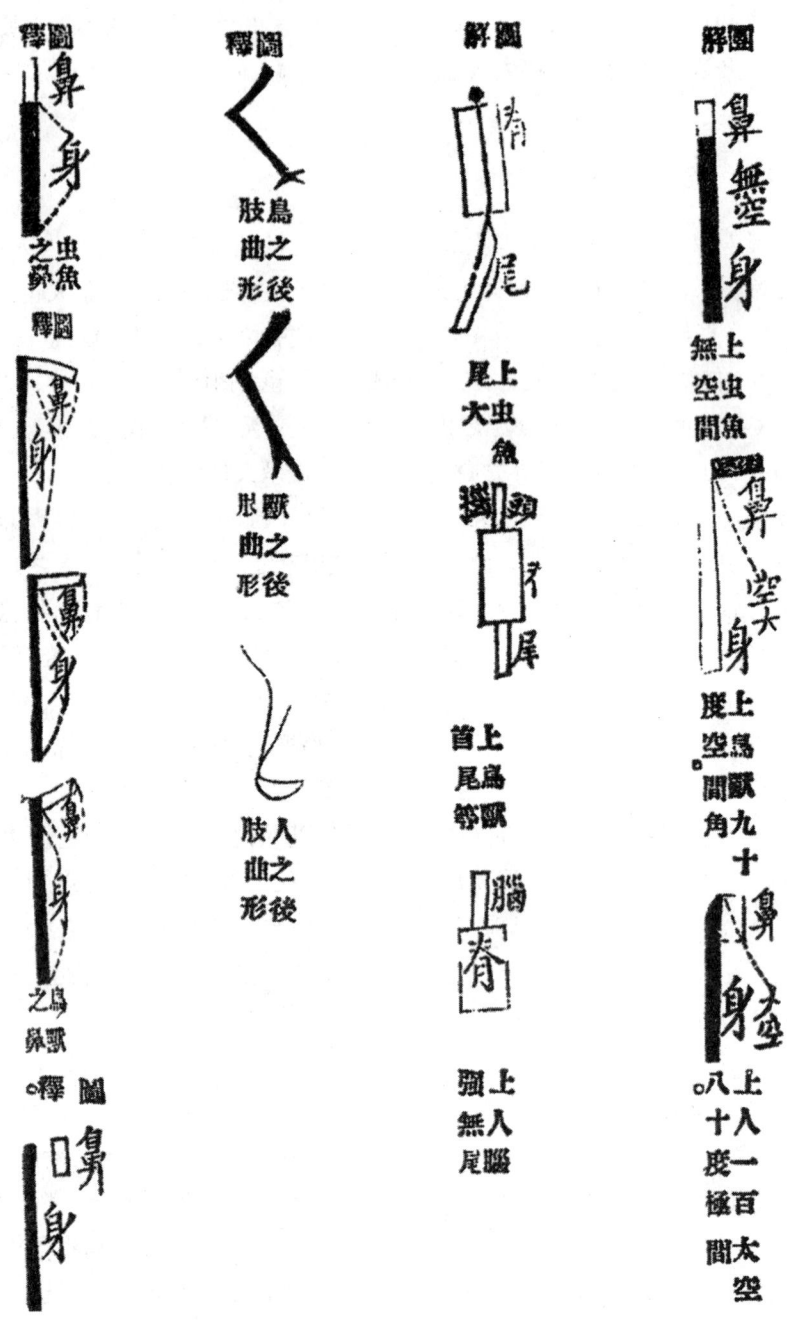

人之智何其全而皆异于他物之背天也。

仁智不背天，本当无浩劫。而人乃以贪瞋淫杀害仁，以愚痴无明害智，则是人已非人。天乃一以虫鱼鸟兽视之，而降浩劫也。此理岂不明哉！吾观鸡鸭之有翅，吾知古者鸡鸭之必能飞也。而今不飞，习相远也。吾观人之仁智，亦犹鸡鸭之翅也，鸡鸭复本性必能飞，人复本性必仁智。人皆仁智，安有浩劫？明此理也，若欲消浩劫，必须复仁智。复仁智，则心如其形。不背天，天必不复杀矣。

我　杀

既失仁智，乃欲以我相自保，是益干天怒矣，必杀。夫我相自保，物固已行之矣，安用人？人无斗机，无保具，是无我相者也。若有我者，棘之毒。刺猬之针毛，其用心之巧，欲自保也，天则更巧，适生鼬鼠以杀之。夫人之坚甲利兵，亦不过棘［刺］猬之智耳，天安得不杀？鸽之軟飞，兔之疾走，其用心之巧，欲自保也，天则更巧，适生鹯鹰以杀之。夫人之巨舰、火车，亦不过鸽兔之智耳，天安得不杀？蝼蚁之深藏，其用心之巧，欲自保也，天则生甲兽以食。观甲兽之巧于杀虫，尤知天之故杀也。夫人之广土坚城，亦不过蝼蚁之智耳，天安得不杀？蚌螺之厚壳（有坚如铁、厚五寸者），其用心之巧，欲自保也，天则生星鱼以食之（齿能碎石铁，专食蚌螺）。星鱼之巧于食蚌，尤知天之固杀也。夫人之强骨多筋，亦不过蚌螺之智耳，天安得不杀？不特棘［刺］猬鸽兔蝼蚁蚌螺惟然也，凡一草一木一鱼一虫一鸟一兽，莫不有自保之术，细察之为甚巧，彼岂无心而成哉！无心而成，何骨节之排，毛之羽整，比雕刻、绘画尤妙也。准《楞严》因心成体之义，则先有所想，后乃成身。然则，人谁不欲得六通法身，而升天界乐土者？而卒不能，何哉？虽因心成，亦由天之授不受也。心成天授，乃得此身。虽尽巧极妙，终不能免于杀。盖结小我，则必杀。我本从杀从戈。我我身家，杀我身家者也。我我子孙，杀子孙者也。我则背天，背天必杀。浩劫之来，皆由于此。人不解私心，浩劫终无已也，他巧何益！

我　害

推我我当杀之故，其理甚明。今平心而观之，人皆天子也，天必欲并生之。物皆天子也，天必欲并育之。今有万人于此，皆思损己利他，则各人获九千九百九十九之利，而惟一损。以一损消一利，犹各有九千九百九十八利。此利人人皆收之，易生乐矣。若有万人于此，皆思损他利己，则各人负九千九百九十九之损，而惟一利。以一利消一损，犹各有九千九百九十八损。此损人皆负之，必死苦矣。夫仅以万人计，而利损之数如此，况一国一地不止万人而已哉！天不杀之，其祸尤巨，故天之杀，实大仁也。人若皆能体其天赋之仁智，则全利人而不我我。利人而不我我，以一人之力养十人而有余，天下永无浩劫矣。天之所望在此，而人不知，此浩劫之所以重重也。悲乎！夫不我我则仁，知不我我，而后我大则智。仁智兼成，不背天，不遭天诛矣，安有浩劫？故吾劝人力修仁智，忘我我，此消劫之定理也，此天人合契之大法也。

弃　地

天人合契之大法既明，再进而言地。地既秽土，如水面，然绝不可以筑室；如粪池，然绝不可以图安。今之欲长保其业于地上者，水面筑室也；欲大富大贵于地上者，多食屎溲也。天见其子之筑室水面，而食屎溲也，岂有不刑驱之乎？地上百年，草草而过，如借舟度，至岸则弃，如逆旅客，过宿则行。故佛氏弃国王之尊，不谋国治，而谋出世。出世之法盛，人心善，国自治，民自安矣。若今之人，贪声贪色，声色在地，是向地而背天也；贪富贪贵，富贵在地，是向地而背天也；贪权、贪誉、贪物欲、贪所爱，一切皆在地，是向地而背天也。背天必杀。凡为地上之谋者，皆天之所诛也，不可哀哉！

经　学

《经》曰："自绝于天，天命殛之。"浩劫之所由起也。又曰："天道祸淫。"浩劫之所由起也。《阴符经》曰："人发【杀】机，天地反复。天人合发，万变定基。"言人本仁智，而反发杀机者，因反其合天之德，而下谋地上之利也，颠倒矣。若天以仁智赋人，人亦合此仁智，则不但人中无浩劫，万物皆安矣。《书》曰："古之五刑，绝地天通。"言天降浩劫，是天之五刑也，将迫民绝谋地之念，而与天通也。此理岂不明哉！深考古经，益当信吾前言之不谬矣。

欲　杰

呜呼哀哉！今之以英雄豪杰自命者，每欲以其政治、兵戎之利，以消浩劫，是如水益深，如火益热也。天不悔祸，谁能救之？以彼所谋政治、兵戎之利，纵然成功，能使民菽粟如水火，不过饱食；能使民布帛如丘山，不过暖衣；能使民夜不闭户，道不拾遗，外无寇侵，内无叛乱，不过逸居。夫饱食、暖衣、逸居而无教，则近于禽兽。近于禽兽，仍是背天，当杀。此中国所以无数十年之真太平也。况又不能成功？其初念恒起于我，功必自我立，名必自我成，富贵必自我先享。我我背天，不知厌秽土，通天成佛之德教，而日增其兵，皆杀才也。酿浩劫者，亦死于浩劫，此张献忠、黄巢、赤眉之所以终必灭也。或又曰：汉祖、唐宗、明帝未尝不我我。然彼其所谓成，非真成也，以暴易暴耳。今后天心大显，人智大开，决非如彼盗手，遂能窃得一日之伪定也。新潮甚烈，人思大公，彼乃欲以小我，遏抑大顺，立见四败齐来，何以救之？

四　败

何谓四败？一曰外败，力不胜人，敌来破我。二曰内败，舟中皆敌，骨肉相杀。三曰死败，将成短其命。四曰后败，承继无有人。六国外败，暴秦及姜齐、姬晋内败，外败犹可以防也，内败则子且杀父，何以防之？周郭威、柴荣死败，死败必不可防矣。刘备、诸葛亮后败，后败更有何法乎？以政治、兵戎消浩劫者，是抱薪救火也。况三代以后之人杰，多似苻坚驱使其似瓜[爪]牙非爪牙之人，以斗于四境，无论胜败，皆伏亡基，其能久乎！何如觉民修道、进贤、尚德，以挽回天心之为愈也，则成败皆成矣。我先已成佛，世事听天，安有败哉！

加　祸

劫中造劫，是如[加]祸也。今之人在浩劫之中，或拥有重兵，反得富贵，是劫中造劫也。或恃其多金，反得安乐，是劫中造劫也。或为诈以射利，或为机敏以取财，或为崔苻而官司莫禁，或迆世法而刑戮不及，皆劫中造劫也。劫中造劫，其罪加等。吾闻见群囚则不敢为盗，见斩奸则不敢为淫。今见天之罚不仁、不智如此其惨，而不生警畏之心，其不仁、不智可胜数哉！以理论之，罪必加等。地狱之理昭然，知自爱者宁死于劫中，不为此也。死于劫，今生消罪。劫中造劫，后祸无穷期矣。

消 劫

然则，本吾所论，能消劫乎？曰：必能消劫。人皆反于仁智，使心符其形，浩劫立可尽消。然劫中造劫之人犹多，权者不肯释兵，贵者不肯舍位，富者不肯弃财，偏者不肯牺见，奈何？曰：彼自劫中造劫耳，于人何伤？地狱万重，后劫无量，任彼历耳，于消劫者何伤？况夫阳气一复，哲理渐明，如秋风之起，非彼蚊蝱所能阻也。吾惟愿人人知背天必杀，不再造劫之理，前已成之劫，日必渐消，后未来之福，从此而萌耳。夫既醉矣，半日而后醒，不再饮酒，斯可矣。既病矣，历时而后痊，不再遘疟，斯可矣。劫既已成矣，经年而后太平，不再造劫，斯可矣。其又何说！

一 例

吾今举一惊心动魄之例，则张献忠之浩劫是也。此劫也，吾蜀人适丁之，详见《蜀碧》、《蜀乱》二书，兹不尽录。其时屠城剿野，十室十空，剖皮抽肠，酷刑百出，彼献贼殆无心肝，若疯若狂，而惟嗜杀。谓彼不贪世贵，则何故称帝？谓彼欲成帝业，则何故不留一民？且残酷异常，左右不自保，又何故能御众而不叛？其群下之见之者，如猫之见狸，甘为鱼肉，盖天之使之，非人之所能为也。乱离之际，蜀中之虎，百千成群，盖达万数。民虽偶脱贼难，亦均葬于虎腹。夫虎仅一产，纵使长养如牛马，亦何至数年之内，竟有若是其多哉！天也。清兵既入，则五风十雨，嘉壳自生，虎自绝迹，草皆甘美，可为面食，益以见生杀之权，纯操于天矣。

大 变

大惩之后，必有大悔。大乱之后，必有大治。中国黑暗已三千年，民不知道天理大晦。周而后谈哲学者，皆袭窃文莫，罔有真理，昏蔽之极，所以成今日之乱也。乱将尽矣，故有末劫。末劫之甚，如将暑而大寒，将晓而大黑，将起而大伏也。乃今之拥兵持权、挟财得势者，不知留百岁以后之面目，一生以后之休福，而方急急于劫中造劫，则其可怜诚有万倍于劫中苦毒之人也。悲乎！

哲 明

古者大劫之至，恒伏哲明之基。故有周之劫，实生孔、老；有隋之劫，生文中子①；有五代之劫，实生陈希夷②、无能子③。是数子者，四千年来之巨擘也，而皆出于浩劫之中。盖非大寒不能生蝗蜡，非大暑不能生火鼠。浩劫中人不乏聪明，苟能深思浩劫之所由来，而困心恒虑，静察天人，以彰至道，此为劫中之硕果，又为劫中之结精。哲理既明，人心知正，天亦悔祸于民矣。不然，浩劫所以耘莠也，莠又无禾，天亦徒耘而不获，天岂能已哉！

思 悔

劫中之人，惨祸备尝，或官司敲击筋髓，鬻尽妻孥；或盗贼焚毁田庐，莫供衣食；或被拽如牛马，呼吁何门；或受宰如猪羊，敢言无罪；或骨肉流离，肝肠寸断；或身家俱烬，魂魄无归；或五毒备尝，但求一死；或百艰齐集，不愿再生。天耶人耶！若明者自责自修，庶几有豸；若愚者怨天尤物，益重其刑。试详思之，亦应悟矣。

宇宙之中，净土无量，我独不生于彼土，而生于此秽土，谁之咎耶？此地之上，治国亦多，我独不生于彼国，而生于此乱国，谁之咎耶？中国之内，治时亦有，我独不生于彼治时，而生于此乱时，谁之咎耶？此时之中，乐乡亦有，我独不生于彼乡，而生于此恶乡，谁之咎耶？本乡之中，安区亦有，我独不生于彼区，而生于此毒区，谁之咎耶？本区之中，福人亦有，我独不生为彼人，而生为难民，谁之咎耶？假使罪孽更重，生于水中而为小鱼，受鲸鳄之吞噬，能讲礼诉冤乎？生于草莽而为柔虫，受蛇蝎之毒螫，能讲礼诉冤乎？

夫恶生秽土，善生净土；秽中有秽，净中有净。苟为净种如凤卵然，投之于水不生也。苟为秽种如鱼卵然，系之于树不生也。既生秽土，又生乱国，又生乱时，又生恶乡，又生毒区，又为难民，前孽之重，可以知矣。亦

---

① 文中子，隋代王通的私谥，著书名《文中子》。
② 陈希夷（？~989），名抟，字图南，号扶摇子，安徽亳州人。五代宗初著名道家隐士。
③ 无能子，唐末思想家。姓名、籍贯、生卒年皆不详。著《无能子》一书，提倡道教的服气和坐忘修炼法，并宣扬儒家仁义道德和近似佛教禅宗思想的"无心"。

惟有猛力自修，勿生怨恶，幸祈天之赦宥耳。近赦于今生，远赦于来生，则天之权，非我所能问。惟力善大小，是在我耳。苟善大矣，天岂有负人者哉！若复思迁租界以图免，是越狱之逃犯也；思逞狡计以图脱，是诬上之奸囚也；思凭势力以保生，是抗法之凶犯也。皆不可。圣人以此洗心退藏于密，吉凶与民同患，授命了劫，其庶几乎！

念　净

极而言之，此地终难永治，不过图永治者，圣贤之心耳。设使圣贤生于海中，能以政教使海中之鱼不相杀，而立止浩劫乎？设使圣贤生于山上，能以政教使山上之兽不相杀，而立止浩劫乎？刑拘性锢，天已成之矣，了今生再图可也。《阿弥陀经》之至理，实有不能不信者。吾将注净土真理，以行于世。兹不详述，惟愿人人念阿弥陀佛，以消劫耳。苟不信有阿弥陀佛者，亦如无目无耳之蚓，不信有天地有星辰也。

祷　讖

祷神天，悔自罪，是消劫之良法也。汤之圣，断发祷天。舜之明，遍于群神。彼圣明信之，而愚人不信，此圣明之所以为圣明、愚人之所以为愚人也。今人聪明能过佛祖乎？仁爱能过耶稣乎？彼其神通，通天彻地，犹信天神，凡民岂可不信？如其不信，是终身闭户，不信自北来者曰天下有燕京，自西来者曰天下有英美也。彼佛祖与耶稣，固曾自神道中来者也。若谓神聪明正直，不必祷求，则须德及孔子而后可。吾愿世人近念则祷上帝，远念则祷观音。宇宙有急于救苦之神，庶几不弃子遗也。然仍以自修为本，祷神为末，悔罪自尽，神亦必不我冤也。

我　视

我视浩劫如无浩劫也，将由视地无地、视天无天而特立焉，超超然其奚碍哉！七尺一点尘也，百年一瞬息也，以宇宙视点尘，以无终视瞬息，劫之能苦我也几何？万金之子失一芥，岂能介介于怀哉？借此点尘瞬息以与诸傀儡人戏，为上尽仁，为下尽忠，为父尽慈，为子尽孝，为兄尽爱，为弟尽敬，为夫尽义，为妇尽顺，为朋友尽信，为众生尽仁，此非浩劫所能夺于我者也，见危授命而已矣，安能必身家之必免于浩劫否耶？必而计之，自重罪也，以点尘瞬息与之，何损于我？不入于火，安知良玉之贞。不入于水，安知貂裘之暖。不入于浩劫，安知圣贤之仁智哉！惟愿人听吾言，永无浩劫，则吾之志快矣。

伟 人

吾见浩【劫】中人，或骨肉不保，哀号遍野；或五毒备受，惨怛无辜；或饥寒于垂暮之年；或残废于损瘠之伍；皆非大可怜者也。惟伟人拥金抱玉，惟大可怜。盖被害者已在偿债之时，而富贵者方在作孽之始也。不能旷观达理，而汲汲于造后劫，其苦未有已时，而其所得，点尘瞬息而已矣。悲乎！若于政治、实业欲有所建树，亦必先修大道。不然，火中造室，水上建楼，无益于成，徒多扰耳。悲乎！

终 结

世人果能恢复人智，不背天常，勤修净土，昭告神明，可以立致秽土为极乐国，而众生亦尽尽成佛，万世永休，群伦多福。至于已成之劫，已造之孽，安心委命，以受宰割，天亦必愍而减之。呜呼哀哉！不胜涕泪。怜我自怜，广传斯说。

（成都探源公司，民国12年8月印行）

理海初集[1]

白相

白相，无相也。为无相，故圣地鬼神人物不可得而窥其秘，白王乃于宇宙之中司掌成物败物之大权。而诸旅白上自罗汉至仙之裕乐，下自草木虫鱼之苦恼，白王悉欲度之。假手于佛，非白王之无相也。大包宇宙，小入秋毫，有著则相呈，无著则相秘也。何以知白净之极为无相哉？净气无相不可以绘，净水无相不可以图。玻璃水晶凡净极者皆无相，不可以绘图，而况于净白乎！然惟净白，而后能见净白。六通万能，相好光明，无比伦矣。

白法相

而白之有相，先自法相始。此以吾人之五官六根言也。何谓法相？意所能测者也。眼见曰色相，耳闻曰声相，鼻嗅曰香相，舌尝曰味相，身感曰触相，故意测曰法相。前五相统名"实相"，法相独名"想相"。然人之所谓"想相"者，仙佛鬼神谓之"实相"。如人夜闻虎音，则因声相之实，而假想林中有虎之意相。然此时鸥枭固已见有虎之实相矣。凡物之生，皆于上环铸有较实之相，而现被伪相以生。如蝌蚪方为蝌蚪之时，虽居水环之底，现被蝌蚪之相，而法相之中，已于陆环铸蛙相，已于风环铸水鸡相矣。故若能尽性，终化水鸡（见真伪相图）。然更上求之，结果究竟终是佛相。故人虽居气水土三粗以为外相，而萃中已铸地仙相，英华中已铸两至仙相，玄冥中又

---

[1] 原著题名为《止园理海初集》，共计四编，现仅找到第二、三、四编，缺第一编，且第四编尚为残本。自"白相"至"净白中和始"为第二编，自"中和主义"至"必久"为第三编，"满欲总计"以下为第四编。

铸两罗汉相。空中已与白王同，而元中又已铸菩萨相矣。故曰法相，必然之道也。

六真法相

故吾理断元玄冥英华萃六美之必有，以为髓浆脑渣，水土之精，万不能囚白，必有他质囚白以授之也。及寻至气，气之精如能囚白，则诸佛皆当居气环中。白性合空之谓何？空与气之交中间决不止一层，而吾盉覆地对待坤乾，至少亦须有三层。若作为三十余层，则吾言三层者，为将就人智以略分。佛言三十者，为真见实相以详别，吾之三层略说，更以证三十余天之确，盖英华萃各代表十层天也。

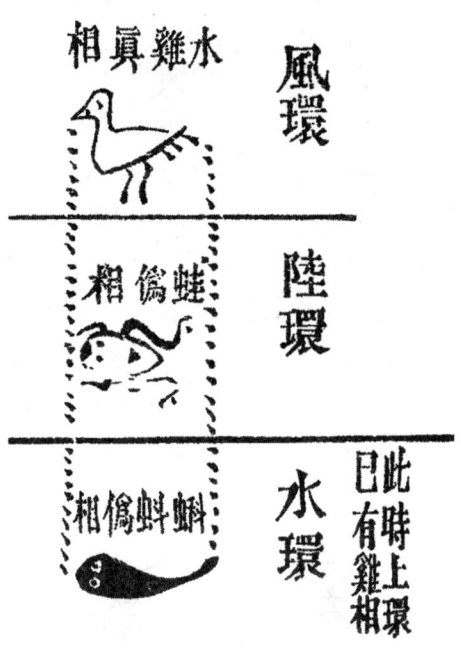

真伪相图

必如此复杂，方能授白入三粗，且吾盉地为大星所生，以玄冥组大星之质，亦略别耳。大星亦决不能直接而囚白，必受白于始生之所。元能合空，故亦必有，且有之生也。暂结暂坚实，若散有形、有质于空中，虽任何巨大，亦同于空。若聚而集之，暂以成有，故元者初集也。玄冥以下，次第而集，白性宜空六美之质，安得无有？人特未尝内外对观耳。若对观之，吾今之第八识，元玄冥英华萃所组，此即仙佛法身之暗型秘蒂也。夫蝌蚪之所以入陆即化蛙、入风即化水鸡者，以其法相之中，已夙具气精、风精之暗型秘蒂，非上陆入风而始求于外也。若无元英等六美，佛仙之法身何以组之？其七八识又何以组之？人特不细心耳，若细心而推测，蚖之所以粉碎而不死者，则白次第入囚之真故显极矣。夫蚖之身即是脑，纯以水土之粗，安得囚白？而亦有知觉何哉？自人兽禽虫鱼以至于蚖，凡五六级，粗中更粗，粗至极，层层囮入，至于蚖，故虽水土之粗，能囚白矣。人与蚖仅隔一层耳，尚可分为八九级，况人之白与白王之差，大别六等，岂得为多？人徒知有七识八识之垢，若不寻根究蒂，白性何由而显乎？故吾以此开相宗之始，自白入元以后，即有相矣（见人相图）。

二垢始相

白有二垢，而后有相，无二垢，即无相矣。何也？净水本无相也，浸之以五色则可见矣，是浸混垢可以使白有相也，浸混垢者涅透体中之色也。水晶本无相也，包之以漆箔则有相矣，是翳被垢可以使白有相也，翳被垢者染于皮面之色也。凡垢仅能有二，不

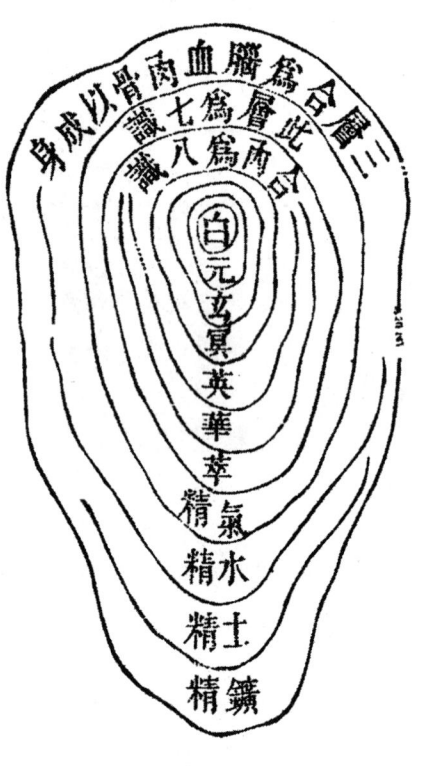

人相图

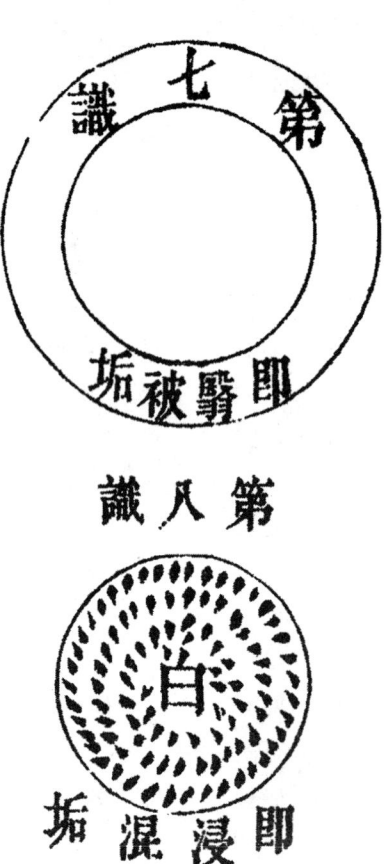

二垢始相图

能有三，人试竭智详思，二垢之外岂能别有垢法哉！如此论理，则为规矩谨严矣。既仅二垢，则翳被易脱必为第七识，浸混难消必为第八识。且以元玄冥英华萃，可以互相囵入，故第八识为藏识。气精渐近，有触必为传识，是人之第七识为外壳，过萃则弃之矣。有此二垢，仙佛乃能见，人乃能以意测之。故七识、八识为相宗之始，谓之法相。有相自此始，除此而求净白，则百思不能得其相，曰不住相。

鬼神仙佛相

　　近地之鬼神，被气精以为相，恒依萃立，故可以照其相，而见其微。自英以上之仙佛，决非俗目之所能得，而净见垢则显，垢见净则隐，是以心相之动，比之六尘之相为尤显。人之修道，纯恃此心，白动于想，谓之心。心，思也，思从囟从心，囟白之内交而动也。内交而动，则先动气，故囟者真气内动之相也。既有相矣，则因气以传于水，人身之血水也。心血之枢汇也，故承囟而起思，思转血轮入物，下沉于水土，愈沉愈昏，渐与鬼邻，而无常识矣。如不入物，上想元英，似白裸裎于万相之外。时与皇接，则正智泉涌，神妙有不可思议者。且精灵之焕发，天机之活泼，愈奋愈昭，可以接鬼神而参造化，乃知白相稍动，元即知之。白王先见，乃达玄冥，净土佛亦已知之矣；乃达于英华，吾至神祇皆知之。故白王之降鉴极显，以心相先达于元，元知白王既知矣。人心一动，宇宙皆遍，故一人净，日之正心，可以救世界之危厄。无佛住世，日月不明，山河崩裂，而痴痴者不知也。鬼神之相，萃以下组之，故易接于气精之中。动箕（俗作乩）盘，见梦寐，独仙佛之相，英玄组之，非道人不能接也。故知萃以下，乃有第七识，华以上纯为囟入，则无第七识矣。人之魂魄入气环，所以徐徐而后长成，必二十年而后壮大者，土矿坚实不易集也。至于仙佛，瞬即成身，瞬即弃之，一想即成，一想即弃，因元玄冥英华最任白使，随其自由。自由者，白由也。细思净白之乐，乐不可言，法相之中，无妙不有。建琼宫玉宇于俄顷而不坏，作瑶池珍岛于乌托而永成，集万宝以为山川，备七甫而列槛楯，草木鸟兽之美，羞兰桂而鄙凤麟，文明华丽之居，薄东王而凌西母，意中事也，不足为怪。我乃细探小相而得真如，取法于近以见白王之贵白，而故垂万相者。

（一）白相邪正

　　垢白之相，有邪正焉。《大涅经》曰："佛以法眼见诸众生，凡死而入仙佛者，就地直超。若仍为人，其中阴生恒直立。若堕畜牲，其中阴生恒邪立。若堕水轮，其中阴生恒横卧。"佛之所谓中阴生，初死之鬼也，即白之带垢者也。佛有神通，能言实相，而人不信。吾好仰观俯察，以有测无,以重众信。佛之言相宗自法始,而吾之言相宗自色声五尘起,以合于法,所以续佛义而昭共信也。且有诸内必形诸外,故吾八年以前,即悟草木倒植,虫鱼横行,鸟兽邪立,人乃直立,必因其灵魂之向不同,而天吸之力亦异也。天吸白,以白中有英华故也,于是人物乃呈此向。发明此理时,其时未见佛说也。又四年,乃见佛说如此,与吾言若合符节。且吾常思一理,久之考于佛典,不谋而合者,凡数百条。吾又好思,日恒半思半学,故信立说之必无误谬也。白之向,既有邪正,可图而绘者一也(见十二相图)。

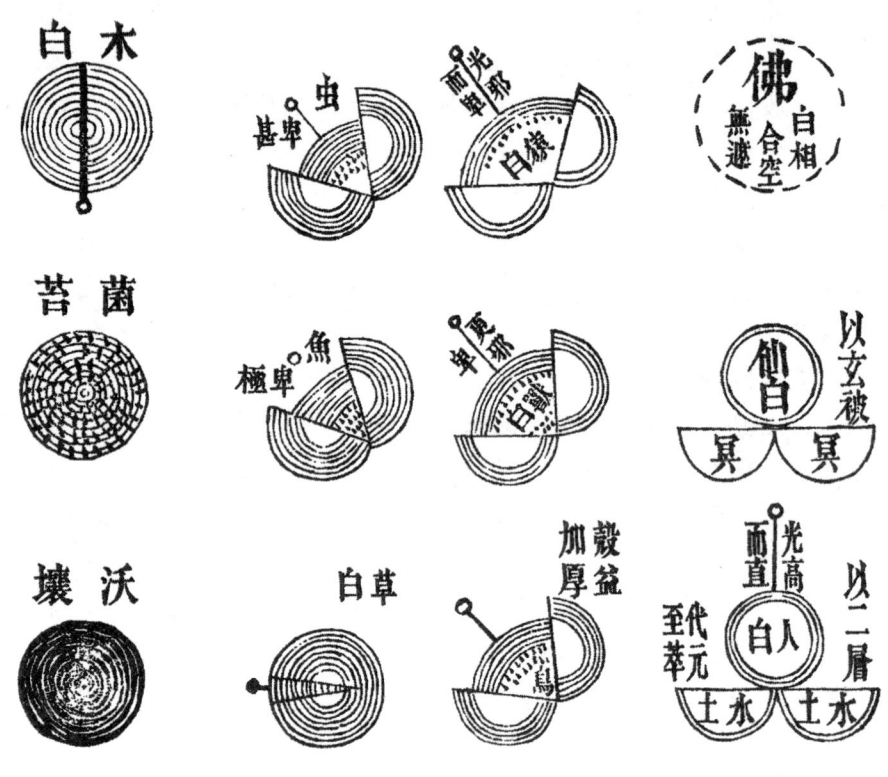

十二相图

(二)白相高低

白相又必有高低,盖垢白之在人畜之身,其较净者灵光必高,较垢者灵光必低。今以一灯照于远山，尚因遮蔽之厚薄，雾霾之有无，而及远之光茫不同，况白乎？吾想白之灵光，大之必彻宇宙，小之亦在下至，故至得而吸引之。又见蚌虽在水，能量风制身以化为雀；虫虽在叶，能度花造羽以化为蛾。不有白光先探，何故适合乃尔？故知白光之有高低也。小说家恒言，善人之顶，其上有光，非白光而何？白光之有高下，不可诬也。既有之，可图而绘者二也（见十二相图）。

（三）白壳开闭

白之壳必有开闭。吾尝见人之鼻与身，两线适成平角。鸟兽鼻与身，两线几于直角。而愚者角度必大，智者角度必小。虫角之鼻与身，两线约二三十度角，而草木倒植则无角。以此角度为壳，而置白于中，可见其相也。壳者必翳被垢也，翳被垢欲脱水土二层之壳，故渐次开张也。以此观之，至上净土亦必有鸟兽虫鱼草木，盖一层有一层之壳也。既必有之，可图而绘者三也（见十二相图）。

（四）白壳有厚薄

以仙佛神祇而言，入一层即有一层之壳。以地上众生而言，水土之精亦有精粗厚薄之分。既有翳被，则必有厚薄也明矣。众生入旅，其所染溺，如胶烛然，愈染而愈厚；如漆器然，愈漆而愈封。理固然也。不然，以草木之脑髓粗过于人之筋肉，以虫之血脉粗过于人之溲溺，非愈渍愈厚之例乎？此故之确显然彰矣。既有厚薄，可图而绘者四也（见十二相图）。

（五）浸混浓淡

既有浸混，又有等差，浓淡之分，事理必有，不待辨考。比如一杯之水，混于一石之灰，则虽有水，同于无水。草木之大愚，几同无白，此其故也。而草木犹知上进，亦足以见白之威力之大矣。又如一斗之水，混以一粟之泥，则虽有泥，同于无泥。罗汉之大智，几同无垢，此其故也。而罗汉犹有退转，亦足以见尘魔力之伟也。性光尘浊，二者如斯，可不畏乎，可不奋乎！既有浓淡，可图而绘者五也（见十二相图）。

（六）白浸浅深

白既有浸混，亦必有浅深。盖白之入诸尘也，如电之入金木土水气也。

电最宜囵入于金，如白之于元也。其次莫如木，如白之于玄冥也。其次莫如土，如白之于英华也。其次莫如水，如白之于萃也。最下莫如气，如白之于水土也。惟不能入空入瓷，如白之于坚鋈钻石也。火中尚生火鼠，白能入之。冰中尚生冰鱼，白亦能入之。独坚鋈钻石中不生物，可知白性之所宜矣。其难入者，入之必浅，是以银中偶一生蚁。白不宜坚尘而宜空，吾以为终必合空乃为究竟。兹但证浸混之深浅，而尘愈坚入白愈浅。既有深浅，可图而绘者六也（见十二相图）。

（七）十二相图说

总上六相以为一图，比而观之，则白相之意味深长，可因而发明幽邃之理矣。其最要者，可见皇天之锻物，他无所用焉，而惟留此白，则天志之显，明于指掌而彰于日月矣。其下列十二相，自佛以至沃壤，凡十二级，每级一变，间不容发，更改斯须，则天之锻白，明明列十二矿型也。菌苔者，初开之矿，始经初锻者也，故壳闭而不开。其向下，其光无，翳被厚，浸混深且浓，是六垢相，每锻一次，则减斯须。今若列十二矿型于此，每锻一次而铜愈净愈聚，虽愚者知为炼铜而设之厂也，不必智也。又列十二矿型于此，每锻一次而银愈聚愈净，虽愚者知为炼银而设之厂也，不必中人。乃天以日月雨露化生万物，而为吾民列十二矿型以教民悟，每锻一次则白愈聚愈净，尚不知为炼白出尘而设，人亦何愚至此哉！吾是以决天功全为甄白，绝无二故锻白出尘天之心也。天无二心，惟一珍白，天之所获，佛之所度，惟白而已矣。故佛言惟识，天度惟白，惟白惟能生识，惟白染垢带相，知天之心，知白之性，以治天下，成圣佛犹反手也。故吾惟以一净白，了宇宙事。回环以观十二图相，妙趣横生，故知鬼神之情状。吾岂见鬼神哉！见十二相，见鬼神之相矣。

（八）多猿太平

吾于十二相中得一新法焉，曰："世欲永久太平，必多畜猿。"猿中之最灵者，为金扁狙。扁狙二字，故见于《庄子》。金扁狙，金线猴之极灵而似人者也。人本由猿而化，今以万物化生，窥天始意，天必欲人之长治久安，永享太平，以顺至仙佛也。故于众生分之以刑［形］别，若天不以显相分别众生，于人之仁智亦被以人皮，于兽之暴昏亦被以人皮，高下不分，清浊一格，人不得而奴牛马，犬亦可以立庙廊，世之大乱，必不仅此。幸天恩优渥，详列多等，使下不得僭上，浊不得混清，等级详明，世乃易治。乃猿为人之近级，而金扁狙尤为更近，能代人劳而不言。且中阴生之来入胎也，各以其类，而能稍稍上下，故鸟之垢白不能入兽胎，鱼之垢白不能入鸟胎，而惟愚人之垢白可入智人之胎，猿狙之垢白可入愚人之胎，近似故也。在昔猿老直化为人，猿人之始祖也。今欧西之学，考初生七日之儿，能握棒悬身支持半时，以为有猿攀枝之古风，信也。天因猿白之无成也，故再进一级而为之人形，又因兽畜之不可骤进为人也，故加锻一炉而为之猿类。今猿太少而人日多，少锻一次质必太粗，今之愚凶皆应入猿胎者也。兽性尚存，仁智又歉，不乱何为？尧舜之时，洪荒初辟，所以易治。衡阳尚芜，巫山未启，猿多故也。且猿之数必多于人，世乃得而永治。无猿则猿之垢白不入于人胎，将安投哉？十二炉而缺一，是废天别之等也。白粗一程，则治术百倍不能补矣。故吾附此例于相宗，谋太平者其留意焉。后续论。

（九）白果相

我得阿罗汉果否？我得须陀洹果否？我仍人果否？我降兽果否？惟静者能反察智性之启闭与仁心之存否而知之，愈昏者愈不知，愈不知愈沉无底矣。我今观白之相，真如果矣（见果相图）。翳被垢者果之壳也，经七八锻而始脱。浸混垢者果之核也，一切种子皆在其中。故果核虽小，全树之相，皆已在中。其相初为法相，人生百年，自熏成种，为仙为佛，为兽为禽，纯在此果。果之成也，真于现有。现有者将脱之壳，而成果者未来之受也，可不敬哉！昔仰山①之教人也，每见一人，则画一图，中书人或牛大畜类，计毕生惟见高僧慧梵书一佛字。而慧梵亦不过持戒精严，自谓自受戒始，无一俗念邪心耳；且仰山见人书人者百无一，人心之邪而昏塞，自不知已为畜也（见仰山图）。故究相宗者，究此果相也。果之初生也，先生根以接尘，故佛名六

百果相图

---

① 仰山，即仰山慧寂禅师〈807～883〉，俗姓叶，谥号智通禅师，唐代广东番禺〈今广州市〉人，禅宗大师，师事沩山灵祐禅师，为沩仰宗的开创者。

识之外,壳为六根,言接尘也。天之获白,如农之获禾也,取此果以去,枝叶根株仍为粪草。以人之贵,一死而粪土三粗,三粗气水土所成,得果焉斯已矣。果虽如粟,即百丈之乔松。白虽方寸,即配天之大佛。孰敢以此中为伪相乎!

(十) 白聚散

人以上之由,结晶圆满,无聚无散,此理之确,遍证不诬。故自人以至成佛,此白不增不灭,不与他人合,但除垢耳。何也?聚足矣,以人之无尾,知其聚结之足也。髓脑寓白之宫,如金之寓电也。下通于脊,以传于尾,有尾则明示白之未聚也。鱼虫之尾大与身同,白散甚矣。蚯之脑不如人之血脉,白垢散两极也,故斩之而段段皆生,碎之而粒粒不死,白依尘而散也。不然,白岂能应斩外来哉!草木亦然,切一枝,剪一萌,皆可以活,而贵草、贵木则不然,白愈聚者愈贵也。白之聚散,本可补入十二相图,以不便绘画,故分证之。人之白既聚足,有饱和量,是以不复分合,故至于成佛,俸尼之觉仍一白也。何以知俸尼为无上之真哉?空极无加,故曰无集。集聚也,白质有聚散,可图而绘者七也。此吾相宗,由六尘中推有及无,确矣哉!

白相仁智

人亦大可贵也。何也?以白相仁智之真已备,白王与佛亦不过如此耳。上佛即白王,俸尼天人师,可信

仰山图

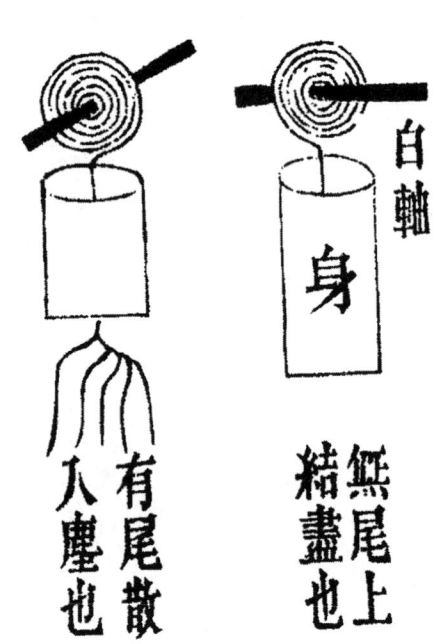

白聚散图

也。何也？空以上无有加矣，以空为极，白王亦不过空也。耶稣曰：上帝造人，如己之形。信也。盖白王为诸佛平等，人尚同形，况白王乎？以此知白愈净者愈平等。平等者，白之性，非尘之性也。以此考之，白净宜平等，白垢宜专制。人之必能致太平，于仁智之形可见矣。故目长而不瞑，仁也；口小而不突，仁也；齿平而不牙，仁也；爪薄而不钩，仁也；指修而不蹄，仁也；皮细而不甲，仁也；毛毳而不刺，仁也；脚曲而后退，仁也；耳方而不锐，仁也；舌圆而不尖，仁也。十仁之相足矣，仁之相十足矣。仁哉，仁哉！同于皇，异于物哉！又考于智，头圆而象天，智也；鼻立而壳开，智也；舌巧而能言，智也；指修而应想，智也；目长而若思，智也；身直而通天，智也；脑清而不浊，智也；白结而无尾，智也；眉弯而文明，智也；耳平而似聪，智也。十智之相足矣，智之相十足矣。智哉，智哉！同于佛，而异于物哉！夫云散则日之烈昭，衣单则身之骨露，人之壳薄，故比于物而呈仁智之相焉，是白之本相现也，吾因知人群之必能致太平也。一言以蔽之，复性而已矣。

三显相

观三显相，而人之成佛合皇，可断言必能矣。非一二人独能之，人人皆能也。何谓三显相？一曰直引紧张。天之吸引白也，至人而后成垂直线，白又向

三显相图

上，非如草木之倒植，未受天吸也，非如畜类之横邪，引力未直也，至于此而天引之力十足，无以复加矣。加斯须则升矣，至此不升，岂有弓引满而矢不行，炮已发而弹不出者？故人不失性，个个佛仙。二曰被开必出。白之困于尘也，壳苟九十度开，虽出犹稍有碍。剖橘分桃，可知其故矣。至于百八十度之平角，则开之无可更开。中核出入，丝毫莫滞，而人之白，竟成此相矣。白兮白兮，尚不出乎，尚不出乎？尚不出者，自冤甚矣。哀哉，哀哉！吾不禁为之恸哭矣！人如细观鼻向，方知如不失性，个个佛仙，吾亦庶几不哭矣（因《生民常识》中有详图，故兹不更绘）。三曰绞结尽聚。盖白如绞结未毕，必有稍稍尾迹，曳于尻后。人亦何不深思，鸟兽何故尾长？入尘之白，未尽绞结团紧也。人又何故无尾？入尘之白，业已收竭将行也。岂有卵黄收尽尚不成雏，岂有捆载既完尚不迁地，人不自顾其后而反入于地？失则甚矣，可悲孰甚！吾因揭三显相，以必人不失性，个个佛仙之定义，而涕泗言之。

白上冲特相

更有一可见之相，以必白之上冲焉。曰：白寓脑中，与之最亲者，莫如血气。故白上冲而带血气，则显然明矣。马之尾毛长，雉之尾翩长，血气下泄，而白亦下泄之确征也。发毛者，血气之余也。有形之物，气最空，最亲白。血次之，次亲白。气血之余，乃为发。发长而在项，与马与雉反，非白上冲之特符欤。人奈何不从之而上达也？故修道之士，以气送白，以血助气，以土生血，汲贱以供贵也。其神乃旺，神者，白之余也。流俗之人，污白耗气，降气化精，泄精沃土，奴贵以奉贱也。与尸并杀，尸者，土之积也。故庄子谓逆道而行、背道而作者，为倒植之民。道从首，走也。以管汲水，气前，水随。以水渥树，水浸，土入。可见，气从垢白，水从气、土从水之实相矣。

窥 天

上述性相既明，以证佛学，若合符节。但能尽性，真相自着，人皆净白，世乃太平，寿终咸佛。故勤民事者，莫先于明哲理以教人，至于政事，简之畧之，毋以扰民，乱其真性。吾乃进而窥天之真故，简言以祛繁。然反以探于性相，理已显矣。

五教圣人莫不言天。黄帝曰："观天执天。"老子曰："道法自然，天法道，王法天。"自然即白然，老子近是矣。又曰："天地不仁。"则老子之所谓天，亦佛之所谓诸天，而覆被吾地之폿在其中矣。孔子曰："合天。"耶稣曰："上帝创造天地。"其所言上帝似即白王，而所谓制造之天，诚诸天也，폿也。回祖曰："天方。"且不知其为一大之天耶，抑亦诸天之天耶？吾木［本］仓颉本义，一大为天，无上大也；白王为皇，无上觉也。故白王一大，实为皇天也，此即佛之所谓涅槃也。诸佛平等，智仁之极，统摄宇宙而为主宰。而诸天之说，较净之白，居较净之层，亦必有之。人之不信有天者，大背先圣之训。如蚯蚓无目，不信有日；又如瞽者自用，而不听相师也。亦不思极微和合之理，而谓白觉必依于身，又不知水土如为白宫，人又何故有死？亦不见三显相，而谓死后无知。痴愚至此宜乎？佛之所以大悲也。吾愿天下之人自料聪明，比之古圣当复何如？古圣既信天，信之而已矣。

有 白

即以有白无白一义揆之，而天之必有，虽下愚亦知之矣。今夫闭目洒墨，决不成文章，信手掷材，决不成宫室。乃反观万象日星之列，非不秩于文章耶？众生之制，非不巧于宫室也？而谓无有白者司之，虽极天下之愚，当不如此。其或如犬马鸡豚，漠然无所用其思想也，妄极矣，蠢亦极矣。故佛惟痴是愍，痴之极，无奈何矣。曷亦显征于理，而畏天命乎？且以白性合空，愈空愈灵一义考之，亦知天与폿之必有也。

工 场

今者一人工场，千轮万回，分造各器，而嗒然曰："此忽然而成，无或制之，亦无或司之也。"有是理乎？夫众星之罗列，巧于千轮矣。两大之包藏，多于万回矣。近考一身之机能，何其巧？远征万物之生植，何其灵？而不知俨然宇宙一大工场也，岂不显哉，岂不显哉！大工场以造众生，究安所用意？此一近思而可得也，岂复又或有疑？纵使大白以司宇宙，亦于人我各不相关乎！

自问白

亦何不自问己白非因于水土之精之中者乎？层层以白性宜空之故上推之，又下推之，白既宜空，何故能生齿骨且使齿骨乎？而又不能寓于齿骨？惟假神经以传其余感。凡土之精粗，如骨如肉，如血如筋，又皆无觉，不能寓白，而必假神经以传其余感，则白至卑之宫亦当在脑。而又下视蚯蚓之身，不过秽壤，不精于人脑，而亦寓微白焉，则知净白寓净，垢白寓垢矣。然则人终有死，则脑亦非白久寓之宫也。乃复见三显相，上索于空，知白永寓之宫则在空，而地上区区之小犹有人猿鸟兽虫鱼之多级，白亦必不能出气而直合空也明矣。如此则诸天与白王在所必有，皆知之矣。我既能以我白使我爪齿骨骼，白王岂不能层层传觉以使诸天，下及气水而达于矿层乎？知我之白知白王矣！

皇天志

然则，白王必有，诸天亦有，或旷然漠然，无所事事，亦无志乎！曰是，又太痴极蠢，不可理喻之见矣。天如无志，当不造物，任其昏沉，各不照顾。今则何如？业已列三辰矣，业已制万物矣，而曰无志，岂有是理乎，岂有是理乎！夫白王决非愁恂者也，有兴作而无志，又奚以兴作为哉！以理决之，天必有志。况十二相十之次，工之所炼，明明昭著乎！

白然炼白

然则，天又何志乎？曰白王就白然之巧，以炼白出尘，离诸苦而皈极乐已耳，此惟一之天志也。天志且如此，故净白能合皇天之心，所以为至善也。常理推之，白大智仁，皇智仁之极也。智仁之极，知真利害，除白净无真利害。俗人之愚，必欲负金玉以入土，携色身而上天，愚之至也。天心若曰：汝但以净白来，英华之中视金玉如粪涂也。汝但以净白来，玄冥之中视色身如桎梏也。庸流之见，每欲拔宅飞升，肉身成佛，岂有篚中而可混蘭，锦衣而可蒙秽哉！愚哉，愚哉！今以稍智之人拯人于海，亦知惟顾生命，不惜货财，况乎登帝位，不携草履，受大富，不宝箪瓢。天既度白于乐地，凡囚白之具，皆当弃之而已矣。度白度白，惟天之德。白度白度，惟皇真故。可决言也。

天就形数

度人之难，理气数象所限，此乃真自然，故佛亦不可思议。不然，皇天若大施法力，回而转地，碎日月而灌山河，纳诸垢白于天河而洗涤之，亦已足矣，尚何须如许周折以枉民哉！不得已也，理气数象限之，人非自善，理不容佛，天亦无如之何。若显相遣神迫洗，白不自发善心，亦即不得自净，故天亦惟能因自然以教之。徒以生其伪心，无益而反害之。审慎几宜，惟有示万象以教之，遣大觉以提之，造凶劫以捉之，使自悟。自悟者，白悟也。夫两点之间，仅能为一直线，虽天不能违，故人不能有二形焉。三数相乘，乃能成方而立体，虽天不能违，故有三层而后生旅白焉。二分为四，四分为八，故两仪、四象、八卦以序成焉。数与象皆不能背，况于理乎！理平直以思，不依于相，不偏于物，惟忠恕近之。本诸经常，以推忠恕，不忠不恕，有己无人，宜其殄也。是以人不自发道心，皇天无法以净其白，此天功之所以劳也。佛云：我愿无外，众生之业力亦无外。此真白王之苦衷也。

比物观故

然以地上为一工场，比物而观其真故，则知之矣。今有一工场于此，入丝棉而出布帛，不问而知为造布帛之工场也，必无他用。又有一工场于此，入铜铁而出舟车，不问而知其为造舟车之工场也，必无二图。然则遍观地下，索始于菌苔，中求经诸鸟兽，上察至三显象，非同一炮乎？（又作碾）。炮身既备，向的而射弹。人身既完，向天而射白。故曰寸身为射，言射出身中方寸之白也。此其故不已彰乎！故决天地为一炉，列观于十二相之次序，尤为明甚。炼白出尘，信不诬矣。立此义以为天经而至善以成，不惟一地惟然，凡诸有象，上自诸天，及于星辰日月河山，下至草木，宇宙之中，纯以炼白出尘为专务。故一净白，而宇宙之大事毕矣，岂非至广大而尽精微哉！不然，无白之物，舍之非不仁，杀之非不义，离白以外，又安用宇宙哉！

示象教

天生万物,兆别亿分,光怪陆离,不知其极,皆既知纯为练白出尘为急务矣。详而分究其全功,究何如哉?曰:示象以教之,依法以锻之,大觉以提之,是三者,积极之天功,《易》之所谓"益"也。故《易》曰:"天施地生,其益无方。"至于不顺,则恒刑以锻极垢,间刑以锻失常,是二者,消极之天功也,《易》之所谓"损"也。故《易》曰:"损其疾,惩忿窒欲。"凡为功者,亦仅能有损、益之二法。损以去非,损非自复性。益为长善,长善自全真。斯二者,亦无可增减,故论列谨严焉。

兹先释天功之教人而示象者曰:天下万物,决无无意义而生,虽一虫一草之微,皆受命于白王,而铸型于元中,逐次下垂,岂无意义而能生存?故《易》曰:"天垂象,见吉凶,圣人则之。"又曰:"仰则观象于天,俯则观法于地,观鸟兽之文与地之仪,近取诸身,远取诸物。"颉圣造字,神从示申,言凡有示相,皆神为之也。生蚕而三眠何也?曰示人以及期,勿失三禅也。生鱼而多子何也?曰示人以白污,则多生而多杀也。生莫娘藤,根株远隔何也?曰示人以命根在天,不可不首走以造道也。生虎不再妒何也?曰示人以凶者不繁殖也。生卵而化禽何也?曰一卵之文章道妙不可胜言也。要之,示人以真在,今无伪呈俗有也。生草而回苗何也?曰示人以倒植之反相,且言命根不绝无死地也。生枭獍食父母何也?曰天心苦也,示暌变也,此极背天理而能生存者,纯以惩私其子孙而不恤他类者也。生鸟兽虫鱼皆背天何也?曰示人以背天必杀也。生人无二形,惟色则有异何也?曰色平面也,二乘之方也,两点之间惟一直线,故中无二,

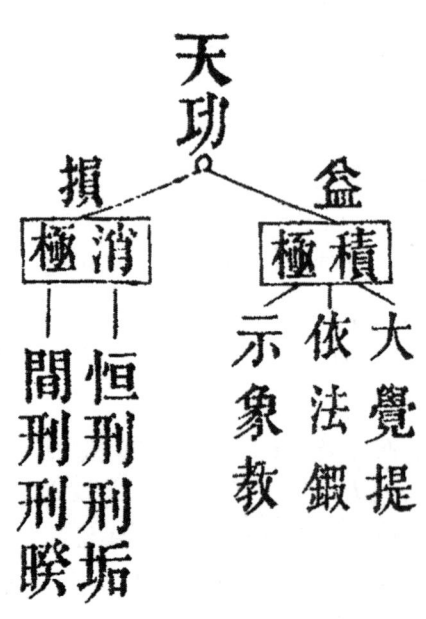

天功全图

人亦不能二形，惟颜色能异，尚在两仪中故也。生蝌蚪能化蛙何也？曰示下层下升则现法身也。生枭能夜视、犬能嗅玉何也？曰示人以色外有色，香外有香，有官则显，无官则隐也。生葱萱之根多层相裹何也？曰示人以地之构成有层分也。生笋出土而脱箨何也？曰示人以出气环、离三粗无用即舍之也。是皆因理气数相而生。山河之间，水土之上，日月之下，动植之中，无一非大文章。人能比类傍通，则三藏要义，皆在大块森罗中，可以因之而悟道。此在静者，乃能达造物之故。若以净白之义折中之，莫不涣然冰释矣。

依法炼

白之既垢者，天亦无术以净之，惟依正法以锻之而已矣。是以菌苔之初集也，白散而未聚也，光卑而不出也，向邪而倒植也，被厚而难褪也，壳闭而不启也，浸浓而无明也，涅深而难洗也，是七垢也。何以涤之？何以摩之？天审其情形，如污衣然，非潭汤燔灰不能浣也，故以尘积体，如燔灰之术也。如筛糠然，非箕旋簸转不能择也，故转轮百复，如箕簸之事也。而又暖之以日，如锻工之炉；沃之以水，如浣母之砧。详而考万物之生，皆入冶也。静而思万物之始，皆解蜕也。在初混沌初开，无草木也，乃因菌苔之易集，以为初生之物。经锻已，由菌苔直化为草为木焉。七垢又锻，各净斯须，由草木直化为虫鱼焉。今者西康之冬虫夏草，东海之海葵（半植半鱼），犹其始型也。七垢又净斯须，觉象显呈，乃中虫鱼直化为飞鸟焉。今者蛙化水鸡，蛤化雀，犹其始型也。七垢增净一程，觉相大着，乃由飞鸟直化为走兽焉。今者鹑之化田鼠，鼯为鸟兽之交，犹其始型也。七垢之中，水土之精将尽，至甫将承，白性益昭，乃由走兽半立为猿。今猿之下者半犹似犬，其始型也。猿进

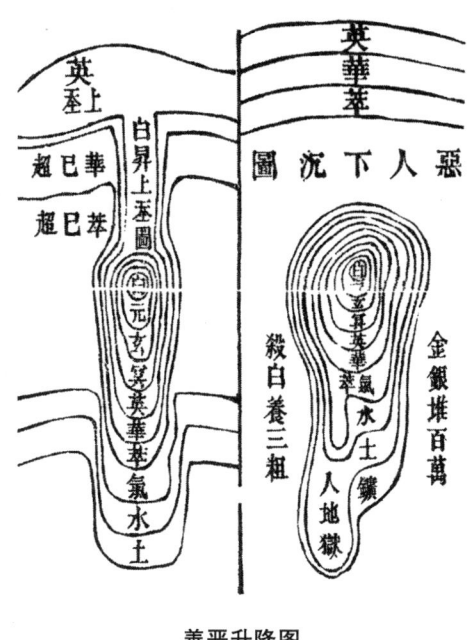

善恶升降图

玃,玃进金扁狙,乃为野人。野人修而饰之,久衣服而火食,于是成人。嗟嗟三粗困我于一动物之类,不已贱皇子而污天族乎!其始化之难如此,天乃为之弃身超级,以男女牝牡雌雄之交媾引下级之由以入胎,弃身超级,如弃舟登车也。初无舟车,故必就舟改车,所以化生也。既有舟车,即可弃舟登车,所以媾生也。天之锻白如此其难也。及人矣,将登彼岸,仅一篙之力耳,又不自爱,天是以哀之。此依法锻炼之略历也。天之全功,惟一珍白,可断言矣。不倡净白之教,何以成天功尽人事乎!夫垢精之引白入胎也,天功之便利,亦天功之秘也。如无此方便,而必次第就身以化生,不惟大艰,且天功亦太显矣。然而明明昭著虫鱼之由必入鸟卵,鸟之由必入兽胎,兽之由有猿玃必入猿玃之胎,无猿玃必入金扁狙之胎,无金扁狙必混入人胎,理数然也。今少猿玃,犬白人皮,牛心士类者多矣,安得不乱?夫交媾之引由若胎也,各以其类,不得悬甚。然水不能壅,白更难塞,若无兽,人将更愚,虽鸟由亦必入人胎矣。媾精引白,如以阴阳二电引铁也。一死一生,而超一级,如伏流之忽显忽隐也。禽兽已得人身,如不失性,日以土精生金以助水,水生木,木属巽风而助气,载白以上腾,接于萃,一地之事皆知之,谓之神通;接于英华,九天之事皆知之,谓之大神通(见善恶升降图)。故神通之事,人人皆有,接其尘,自生其根,天所畀也。如人之接光而生眼,接音而生耳,非外求于白也。今之人日劳其白以俸三粗,是以下沉而殂。人事纷营,消磨精气,而又志与矿,即矿金银之质,而骨骼之材。吾是以伤之曰:金银堆百万,杀白养三粗,及老而神通不现,岂合于天功哉!天之杀之,不亦宜乎!非天实杀之,乃自杀之。自杀者,白杀也。白杀者,杀白也。

大觉提

吾地其奇哉!以俸尼之仁智,上覆诸天,亦被人皮而旅世。且兄弟之间有跖、惠,父子之间有尧、舜、丹朱、商均①,奇哉怪哉,岂无理哉!此乃所以见天之仁也。夫愚凶欲自悟,戞戞其难也。天乃间生大觉以教之,应运而至,故三天之仙可被以人皮,净土罗汉可被以人皮,皇天白王上真大佛,皆可被以人皮。盖师虽大圣,而弟子不必贤也。不然,天心溃溃,如此何以

---

① 传说丹朱为尧之子,商均为舜之子。

解之？每见大觉一至，近之改一时之学风，远之垂千秋之遗范。如未彻悟之人，力求向道，但坚记净白为本，以三达四德、绝欲去私为基，则万无一失，功德靡涯矣。若好逞小慧，稍兼私欲，非天之命恶之，最大不足以盗名而欺世也。

恒刑锻垢

天岂不仁，使我地上众生惨苦至于如此也，不必下觅于地狱而地狱已在目前矣。今俯而察于水中，鲸鲵何罪，日见噬于鳄鲨，而莫之或救也；鳅鳝何辜，时瞻顾于蟹螯，而不能远避也，水族杀伐，无或为之设政教而平其冤也。又静察于草莽，蛛之极恶，网蜻蜓而抱粉蝶矣；蝮之凶横，缠蛙鼋而逐鼠兔矣，是又何罪，而亦无或为之设政教而平其冤也。更进而审于鸟，枭鹡鹰隼，岂非天生；益近而考于兽，虎豹豺狼，宁无白性，而顾杀伐之凶，如此其甚也。觉之不闻善言也，治之不率善政也。诲之而不悛也，示之而不改也。三粗之需血肉也，一真之失本源也，莫可奈之何也。人若不知天何以刑之故，但观天刑轻重之等差，可以知矣。夫夫之用刑之等差，生多者杀多，生少者杀少。人生百岁四五子，杀机将尽之征也。若更净白，聪明为群，猿狙大繁，天气通达，尤必量地而生，不使一夭。岂天能与牛以草肚，与驼以水囊，而不能与人以节生之术乎！人自绝于天耳，地有限而不增，若不节生，何以容之？天不爱兽，使之岁生十子，已定必杀其九九矣。鸟生一岁百子，已定必杀其九十九矣。虫生一岁千子，已定必杀其九百九十九矣。鱼生一岁万子，已定必杀其九千九百九十九矣。生愈多杀必愈酷，白愈垢生必愈多，是天刑纯因白之垢净以为增减。有减矣，必可减至于无。西哲不以加减之法算天刑之故，而以优胜劣败、弱肉强食之物，演私例为天演公例，则是天生人必多于虫鱼。盖愈近天者，天演公例愈着也。既已决定天刑众生，必因垢白之真故，此理万不可以拔。此乃谓之刑恒锻垢，与鸟兽草木虫鱼时时在刑中也。由此观之，地狱之事，在所必有。

地狱必有

佛言地狱在大海礁石下，坚秽之中藏垢白，水土之下层也。白中带垢为囚鬼，仓颉之所不讳也。囚鬼安居，非地狱而何？虫鱼鸟兽皆有一死，死为白出三粗，而水土之精，尚附于白。人仅能见粗，不能见精，何不思既出三初之后，未入三粗之前，其由鬼将安托乎！是又因不察极微和合之故，而以白为形之附也。且不知颉圣有白字，而佛有八识之说也，陋极矣，愚亦极矣。而况伯友为厉，二鬼入膏肓，吕后见如意，嵇氏化蟒身，齐高帝假志公之神力而游地狱，齐侯见豕人立而失屦。如是之类，史不绝书。人亦何愚至此？因伪故不成色常依于眼根之故，而不信地狱之有乎！考之于理，征之于事，地狱之有，事理两证。吾是以特表一章，以补天刑恒锻之全。有能以地狱之有，自信而劝人者，天之爱子而佛之功臣也。耶稣曰，魔鬼毒害耶和华，何与佛不谋而合乎！人以夏楚教不肖之子孙，天亦以恒刑教至愚之污白，无他，一仁而已矣。刑加于三粗而不伤白，不忍戕其真，而敲其桎梏耳。仁哉昊天！我是用涕泗横流，而感祷敬畏之。生民之痴，上不信有皇天，下不听有地狱，皆因不知白之故。不知白，则圣学失传矣，可不惧哉，可不惜哉！

疏漏苦衷

"天网恢恢，疏而不漏。"老子之言，真得天心之苦衷矣。既疏则不可执，不漏则莫能逃，天之大仁智，惟大仁智知之耳。不疏而可执，狡者必故为善，以私我之本心而挟天也矣。有漏而爽罚，良者偶不得赏，怨出入之不公而漫天也矣，故天网之密也。福善祸淫，夏之后四百其祚，商之后六百其祀，周之后八百其年，如有乘除子母之利焉。况且于公大门而门果大，王佑三槐而后果昌。及网之疏也，盗跖寿裕，颜子夭折，孔孟困穷，庆封又富，是何故，是何故？先后之夙业俗人不知也，三粗之伪祜真人不受也。故以浅者劝流俗，而以真者畀圣贤，参先后之业以为秘，计锱铢之报以平公。结算总勘，天必无误，此理之正也。为善者，曷勉之诚之！

间刑刑暌

暌，变也。天灾不为殃，物怪不为异，人而失常谓之奇暌。人不垢白，世必无乱，救世英雄皆可裹足，而省奔波之劳，措手而节胼胝之苦。及人污白而救之，是皆焦头烂额之假仁，欲以博上客之荣耳。吾言净白乃曲突徙薪之策也，不净白终无以致太平，徒狂骛耳。明知净白必赏，垢白必刑，天之所赏，谁能害之？天之所刑，谁能利之？人之枉图，其亦休矣。昔之净白者，祥桑自亡，大旱复雨，虎负子以渡河，蝗率类而出境。夫虎蝗既生之物，尚避净白而去，况闯、献未生之孽乎！其不净白，黄巾生阉祸之后，赤眉出党锢之余，运河开而十八寇起，矿使出而羊牛怪兴。天下一治一乱，本非定数使然。承平久则物力富，物力富则嗜欲萌，嗜欲萌则白体污，白体污则天获荒，天获荒则天刑至。生民不谨于净白，欲以偷太平而图秽福，是犹恶湿而居下也。天以白为获，见于三显相而知之矣。农以禾为获，见于百室盈而知之矣。蝗害农获，农必杀之。欲害天获，天必殄之。夫人居十型之末，是天功之将成也，而又防之。推之常理，不杀何留？岂有天而不如人乎！此中人以上知之也。不勌于明哲理以教人，而惟日呼曰主义主义，除净白以外皆奴义也，安有主义？能思一法为净白之奴义，亦有补天维地之功矣，安能于净白之外，必求所谓主义乎！天可顺不可犯，人类已脱于天刑，非自睽变失常，天所必不刑。而又仁智之相大全，虽永古无乱可也。

三事合天

故生民三大要识，曰：福必天与而后承之，乃为真福。以智力求，是窃勋也。祸必天赦而后免之，乃为真免。以智力逃，是越狱也。慧必天与而后感之，乃为真慧。以学问求，是助长也。知此三者，谓之天人合发。《阴符经》曰："天人合发，万类定机。"而况一身一家一国乎！夫吾之白内带元玄冥英华萃之精，而后能交于三粗，皇天亦因元玄冥英华萃以接于三粗，故天人之动，间不容发。我有善立播于元，播于内元，即种于外土矣。又达于内玄，播于内玄，即种于外水矣。故我播种之，我收获之，不爽毫厘，不失锱铢。人不知因果之可信，自播自享，自种自受，曷亦深究于吾图（见天人合发图）？吾之所谓内，白王之所谓外

天人合发图

也，且白王为宇宙大君，鉴公衡平，旅白有等。至地有层，司察之神，实繁有众，凡有得失，尊者司其大，卑者司其小。无功而多物，是沽罪也。德薄而俸厚，是颠常也。大君之府库，不可以窃取也。已降之明威，不可以抗御也。聪明须上达，不可以学饰也。知斯三者，可以立于世而免于戾矣。故附记之。

真乐天福（见天乐惟真图）

溷中本无福也，而粪蛆溺之。地上本无福也，而庸流溺之。同染故也。夫乐否之关，非同染之故耶。不然，何蜣螂恋秽，蚯蚓甘污也？今我所外求之乐，非只在三粗中耶。三粗气水土隔白尚远，如隔靴搔痒，感受几何？我今之乐，必身内之尘，与外粗合乃能感乐。土合则味甘，水合则饮沁，气合则嗅馥。与三粗合而以为乐，诚蜣螂蚯蚓之心，而隔靴搔痒也，所获几何？佛云内色如外见，为识所缘缘，直解真故。即谓七识内之外层为水，即水中皆可见。七识内之外层为火，即火中皆可居。鱼与火鼠是也。七识之外层为气，即气中可见可居。七识之外层为英，即英中可见可居。我今之所享，凡视我白内之染何如耳，故投鱼于气中，升矣，反胜如炮烙。投人于英华，升矣，亦必如焚溺。不合故也。然我今外壳虽不合于英华，内蕴实有玄冥之蒂，故好修之士，斩断世乐，一意清真，默会玄元，神气暗契。则英华萃之，小乐来合而感于外。元玄冥之，大乐来合而感于内。性光益高，直与皇合，空灵灌顶，其乐之妙，不可胜言。纵竭天下之富，帝王之贵，不能仿佛其万一，岂非大哉！夫蛆不舍，不能化蝇

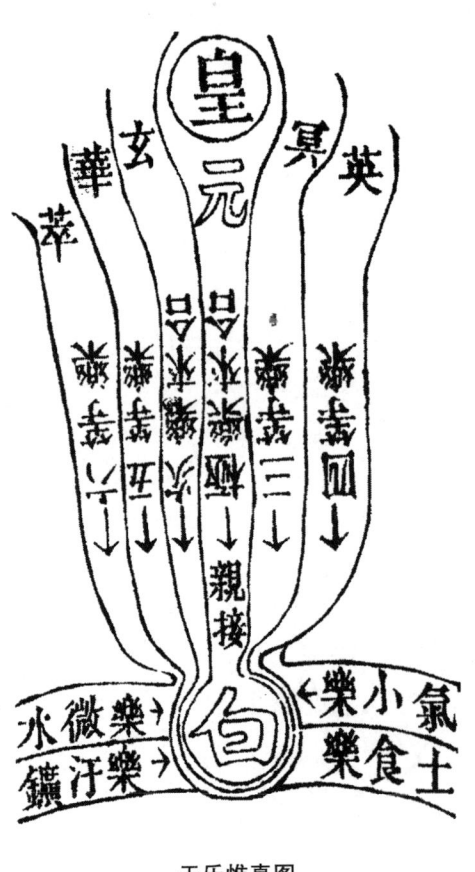

天乐惟真图

而享饭。虫不舍，叶不能化蝶而享花。故蛆虫知时而闭蛹，可以人而不如物乎！昔日之我，六欲亦云纵矣。今者反夫淡泊，尽日兀坐于茅檐，于物一无所接，其乐乃百倍于昔。身验此中真乐有不可思议之妙，而慧机又日开张，参经得悟，虽千万帝王不易也。乃知周子教人寻孔颜乐处。此道若行，国不治而自治，世不平而自平。何也？不求乐于外，而俗物莫之争竞也。况夺得帝王，所享几何？兵戈未了，死期已来，岂如此乐一得，而万古不失哉！今也胃衰则食馐不如荼，身疾则卧锦不如草，乐诚在内，不在外也。事于天者得天乐，谓之孔福，人人有之，无则非人。其曷亦反而求诸？

二陟天真

天之于人，恒以二陟为真故，而鄙视三粗，故得道中人，无一非百行兼备，九德备修者。而得富贵则不然，以楚灵之逆可为霸君，以嬴政之凶可为大帝，以秦桧之奸而寿考，以朱温之淫而践祚，天殆犬豕视之，任其多秽而不顾，以重其三粗之琐也。至于得道，则梁武之雄，不如断臂贫僧；桓温之贵，不如穷尼女子。天殆以真乐为赏，真苦为罚，换刑迁境，天之权也。人如不信天命，试考于《高僧》、《列仙》二传，其中岂有万一之爽，而容不仁不义、不忠不孝、不道不德者，擅入其中哉！如此则天道又实可执，而人尚疑之，徒以岳忠武冤而不伸，邓伯道贤而绝后，以为天道无知，而不知为之解三粗也。人如知此，今即有人无故而受人枝枝节解，亦能摄心不生瞋恨，盖泡影视之也，又何所惜？见及于此，吾安得不乐？纵大有不利，不过伤我三粗，此正求之不得者也。有能解我三粗者，当谢曰：南无阿弥陀佛。

如此则天不可疑，大觉白王必非仁智公平不如我者。今见剑手斩贼于通衢，官司敲犯于朝市，如不知其前因而但看目前，不平孰大？未知无始之因者，岂可以疑天道哉！狮子佛已成上真，犹自赴兵解，天道之严于因果可知矣。世之受毒无告者，往往疑天，亦不知宇宙中净土何多，我何不生于彼土而生于此土。此土中治国亦有，我何不生于彼国而生于此邦。此邦中乐乡亦有，我何不生于彼乡而生于此乡。此乡中福人亦有，我何不生为他人而竟至此极。由是观之，自取之也。自取者，白取也。既已明白王大仁智，纯以锻白出尘为专务，而人之祸福又全视其白，白净之说当为宇宙事理之总纲。乃进而言宇宙之全焉。

宇宙全纲

人在芥子之中，最远不过目视，而又受欺于伪根。欲以探宇宙之全，是何异井蛙测天地耶？然人有智性，可稽法相。与物不同，可以因有而测无。则宇宙之中惟有二元，盖除空不计也。二元者，一曰白，二曰尘。尘集为境，境中旅白，则为有觉物，无白则为纯尘。以此大别宇宙之全，可断言为极稳也。

惟 白

然以佛理推之，则言唯识。识者白之所生，是惟白之义也。然则，山河大地，岂无实质乎！直应曰无，亦有至理。以佛理辩，则邃而难解。若以算学解之，山河大地，更及日月星辰。若以太空无外散之，以空乘除，亦皆空矣。盖山河大地，日月星辰，并及其中微细分子，统而计之，终必有数。而太空必无外，以无究大乘除有数，无而已矣，空而已矣。又本老子之义，天地无白，皆将解涣。《易》涣卦之义，亦曰"风水涣"，有质而接空则涣矣。今以众生考之，明明有白在中尘乃来集，若亦无白，死尸必涣。尘依白而有，不亦确乎！然则，为白之义，可以定矣。宇宙虽大，除白无物。

假阴阳

吾于一年以前，均疑白为阳，而地为白之原矿。及静考《瑜珈》、《楞珈》，又征之于万物，乃知不然。白在阴阳之外，而地为白之假器也。与老子天地不仁，及佛唯识之义方合。盖太极者，白著相而生尘之始也。尘在太空，亦非有非无，以想集之则有，以想散之则无。盖尘随白用，白入胎则尘来集，白离去则尘分散，太空亦如是也。譬如有人投衣于河，明日收之，不见始者，必以河为衣之原矿。疑白为地中所出，而有土生万物之说者，如此误也。土实无白，不生一物。白来用之，如人上舟，且物有质，而事无体。今考众生之形，如鼠因怀子而生褓带，驼因行渴而生水囊，皆由智识而起，不关物质，岂能因尘而生哉！又以白性宜空之故，上推至几空之元，方知尘本不合于白。因渐结渐坚，次第下垂，乃合于尘，尚终不能合于结坚之金尘。阴阳之故，又纯为比较的，非绝对的，则知阴阳纯因等级之差，交合之际而生，与唯一之白全不相涉。且阴中有阴阳，阳中亦有阴阳，阴阳阴阳，千分万歧，愈远愈多，已如前述。则自元始乃有阴阳，而空中之白无之也。故考于阴阳之始，白合元乃生太极，即以元为阳，生极巨惟一之净土，以为诸次佛体止造极之旅。故佛言净土佛能飞行空中，饭食经行，仍反原处。盖净土之几于空，间不容发，可断言矣。空实之间，层块之分，必次第升降，几无阶级，几无罅隙，斯须之际，不知不觉，而有黜陟。故净土又分阴阳，而净土之下层又二分之，其最下者与次级之土互为阴阳，如是屡降，至于吾土。而吾土地上下二层之交，亦互为阴阳，是以由阴入阳为上阶，由阳入阴为降级，阴阳之间，上下之序而已矣。是以著相之善次第上升，著相之恶次第下降，不合空中，终非无上。

层块无极

大别宇宙诸境，惟秽净二等，而秽净比较，千歧万别，无有止极。故大别之为块，每块如星浮于空中，小块缠大块以转，承其祖降之淀，大块以小块之轴，纳其上升之美。如是圈圈相缦，以别垢净白之等，而为之旅。每块之中又分多层，上轻清而较净之白旅之，下重浊而较垢之白旅之。白尽则堕散，故流星飞宿时见有之。盖白既尽，则如死尸气水不流，淹然毙矣。近征实际，佛言黄金为地，七宝为池，皆为必有，且其为金，非世金可比。二十年前，德国博士发明地上微有镭质，镭极热极坚之金，其价比于吾地之金百万余倍。人食其淬水，可寿四百，此可以见净土之质之美矣。又况从是西方过十万亿佛土，必十万亿级矣，其美可胜言哉！真大贪人，何不向彼处大铲镭质地皮，而必于蒝中作蛆富也，冤哉！因言层块之分，故偶及之。

三制造境

以吾测白王之意，所以造多境而密分之，必有至精至当之处置焉。然可大别为三，盖上中下三区之别，简数也。何谓三区？曰有宫苑乐土以待贤也，有黉庑庠序以贤教不肖也，有监狱囹圄以惩罪也。以此推之，吾至堂不为乐，乐犹有万倍于此者也。礁石大海不为狱，苦犹有万倍于此者。是以净土者，天之宫苑乐国也，其娑婆（杂居也，言圣凡同处）世界若吾地者，天之粪庑庠序也。再降而极秽之土，天之监狱囹圄也。故无净土之说，无以备宇宙之全而缺其大。

一空为极

统宇宙全量而尽思之，一空为极之论必不背理。东方虚空可思量否？西方虚空可思量否？八方六合亦如是焉。故白一合空，无因大逸，使即今宇宙众生，胎卵湿化尽尽，净白合空而成佛。各竭神通威力，辟极大之土而居之，空无不容。岂若陆上、水中、至堂、秽土生多即挤，无可容纳，而必以杀节之乎！乃为万物并育，而不相害，若在地上，奚能达此旨哉！故佛教外以空为极，内以识为体，尊以诸佛平等为最，中以净土捷径为阶。是四卓见，皆非有宇宙之大观者不能言之，岂他教所及者！若无佛，吾辈决不能有彻底之智识。佛恩洵同于白王，佛亦一白王矣。何也？空无上矣，佛既空，谁能尚之？然空实难证，惟不住相，惟善一语近之。人又鲜能，空本难合，吾已审之再四矣。不惟吾难，佛亦难之。然平直而言，天亦不过以此试人之真心耳。不凿其朴则理难穷，不隐其机则诚未立。何以晓之？曰不因外物之缠扰而为善，是谓不住相。譬如有人因好色而为善，斯为色相；因嗜味而为善，斯为味相。不住六尘而发慈悲，必白中所发之本性，白性发，诸尘避矣。人须知元玄虽高，一尘而已矣。我既纯以白性发展，不依于他，其亦知元玄之魔力乎！且酒精迷药，无知之物，必非有意陷我于邪僻，而入脑为祟。何哉？反常故也。尘反常则白性乱，白性合空，住相即非空，非空即反常。故一住相，即非白性。今之人必求四相皆空，非所能也。然能时日惺惺曰：吾白自在，岂因物摇？吾白自在，岂因物摇？观自在之功纯熟，不求空而自空矣。身健则疾少，木强则折难，吾以为敬内不计外，为合空之大法。学不躐等，若必以计较外物而求空，此其所以不空也。今若父与圣同溺于水，而吾力仅能一拯，顾圣则失孝，顾父则失公。若以计较量行之，其为不空也甚矣。当竭身手之力，尽白性之良，至此关头，空与不空著矣。我不敢断先救父与先救圣，一空慈为极，是至德也。

乐久遍尽

旅白处宇宙之中，藐不如一芥子，何以充其志量哉！内而求之，一乐而已矣。今夫蛆虽贱而仙虽贵，所受之外物虽不同，然蛆苟盈其乐愿，则亦不欲解身而为仙，仙亦不过盈乐耳。白王奚不许其乐，而必强之以归于一途哉！曰秽者不久，动者不久，分者不久，理气数相之常也。白王亦不过以理气数相之自然，宰制宇宙而已矣。故旅白既乐矣，尤必使之永久，则非净之不可。然而，愈净之白，其爱情之发展愈大，故禽兽即有以身殉其子女妻孥者，而人之爱情尤以白之垢净为增减。今以一家八口，父子最亲，兄弟最睦，夫妻最和，每欲世世不离，而不愿独超三界，此亦白性之自然也，白王之所许也。故乐久矣，尤须遍。然人之爱，每限于一家一国以为畛，由净白通因达果而言之，安知今日之胡越，非当日之骨肉乎！人之遍爱，不如白王之公也。白王之所以造宇宙立万相，视宇宙中诸旅白皆骨肉也，无有二心。故白王之度，亦不过推俗情而大之已耳。人知去苦而就乐，舍暂而图久，捐私而大公，则合于白王宰制之本心。故三粗之奇苦宜厌也，百年之假寓将尽也，国家之畛域必除也。以此三者了宇宙，况天下乎！至圣伟哲亦不过全斯三者，以完宇宙众生之共志。谓之皆志，言比白之同，而千心一的也。

旅白成形

宇宙之中，除太空阴阳层分块分诸境而外，实无一物，故不言旅白，宇宙亦虚舟无用耳。旅白既以白为主，又何用成此尘体哉？曰主因由白，而天命境尘副之耳。白性本宜空，故其与水土合也极难，天之生物屯邅至极，此其故也。《楞严经》曰："因心成体。"因心者，因白也。故白九而粗一（此粗言气水土三粗，此白已带染之白）则为人，白八而粗二则为猿，白七而粗三则为兽，白六而粗四则为鸟，白五而粗五则为豸，白四而粗六则为虫，白三而粗七则为鱼，白二而粗八则为草木，白一而粗九则为菌苔。盖白之垢者，得耳目无所用之，得手指无以施之，故天亦吝而不与。造物度量众生，因其能以假器，此因白成体之实例也。然白净至于何程，天必因而赋之以体，不爽毫厘，不失锱铢？遍观地上从无犬马而智于人者，从无鱼鳖智于兽者，是以人之修道惟求净白。我白如净，天界自来，不外求六通而六通辞谢不脱，不外求法相而法相如影应形。一意内取于白藏，而参天配皇之大皆已备具，此天命成形之实例也。惟是三粗极外之壳，非依境尘不能留寓而生存。故旅白入水，因而三粗作鳍尾以便游泳；旅白入风，因而三粗造羽翮以助飞翔。夫三粗蠢物,何故知应用集身哉?白王之巧,先已铸其形于七识之中。故一食水土,尘既入腹,则自分脉络别筋肉,按型而走,越其暗型,是以成体。人既为人,三粗一脱白性中已有上层之法相,如不下沉,自然而仙,万不一爽。盖域之尘不同,故所化之身自然而变,此境尘成体之实例也。然二者皆附,惟白为主。

法轮借形

更进而考身之大用,乃知非徒因寓境而设,其本旨乃在因之以转法轮而净白。不过既寓尘中,内虽设净白之机,外不得不修合尘之器。试署外而观于内,身者定于地而不转之外壳也,白本当定于天,不随尘转,血脉之运,气水之旋,每日轮回,百转千周,纯以为磨白垢耳。今以锈蚀铜钲,欲去其锈,则必缚于架,以箍紧套而旋之,则锈可以褪。故人之白坚定于皇,一念不摇其根本,而身趺坐稳定于地,中间精血脉络之转,自能消磨七识之积垢,此《圆觉经》所以有二十五法轮,而皆本于三法轮也(见身为法轮图)。三法轮一曰"奢摩他"。言白定于皇,形定于地,而中任七识之转,以放散八识之垢,而磨磋七识之垢也。二曰"三摩钵提"。言身虽与六识俱动,惟白不动于皇,以外壳带垢,而净白体也。三曰"禅那"。言白定于皇,而意与七识随之以定,惟身与气水同旋,以净其白体也。是三法者如种树然,树根不

身为法轮图

可动于土。人白不可动于天，如随尘转天功乃废。孟子以不动心，养浩然之气，亦得道之言也。

三粗送白

又白之必借三粗而始升者，亦大有故焉。如锅炉汽水之运机也，腹者锅炉也，血脉者汽水也，以心臟为汽水出入之总汇，如锅炉之蒸汽孔也。自初受胎，以至于死，一息不停，推其本因，不惟以磨净斯白。且以送之于上层，故鼻顶之上，如螺钻然，蟣则升至，无有停晷。天之造人必足其成道之器，而人乃失此而外寻，弗思甚矣！试停止其钻物之意，白将自陟。乐之沛然，神之灵爽，均非外物所能仿佛其万一，然后知身也者送白上道之舟车也，是三粗者顺白性而用则有舟车之利，逆白性而用则有桎梏之凶，身纯为白之奴也。吾闻以奴殉主者也，未闻以主殉奴者也。乃有污白以养三粗者，诚斩头易冠，剖皮为衣之大惑也！

考　获

考于万物结局之收获，益以见惟一净白之真故矣。农夫之种蜀苔也，以其根实皆不可食，而用为禾之肥料。及禾成，初极护之爱之，殷勤备至。嘉谷既收，乃粪土其枝叶根株而不顾。夫乃知蜀苔之种，非爱蜀苔，为禾故也。禾之种，又非爱禾，为谷故也。得终获，斯为本志。大地一天田也，其生草木以养虫鱼也，其生虫鱼以养禽兽也，其生禽兽以养人也，皆蜀苔也。然则，人为成果当不死，而永存之矣，则又不然。百年一瞬，白去而粪土官骸，虽有十仁十智之相，曾不稍加爱惜，仍与草木同腐，而反为蛆蚋之食粮，何天之颠倒乃耳也！深窥其蕴，乃始见天之视人亦禾而已矣，白为谷而五官百骸则枝叶根株也。不然，其初也保爱之如彼，而其终也蒐弃之如此，天岂瞢瞢不如农夫之智哉！明夫三显相者，虽不见天获，见天获也矣。今人以私欲之故，淆乱天常，使天绝获。天绝获，而欲凶劫之不至，难夫其为计矣。禽人之惜卵也，初则煦妪而珍保也，及弥月不孵，摇之已殰，然后投之荒秽，若恐其浼者，岂有以终始参差哉，失望故也。今天之失望久矣，若无硕哲起而倡净白道教以足天获，虽治功万倍，又何裨于靖乱哉！吾为此大惧。

牺垢养净

统论天生万物之故，一言以蔽之，曰牺垢白以养净白已耳。疮必割而后愈，垢白必刑而后净，因而以养净白，是一举而两用也。且以见水土与白接合之太难也，故牛不能直食泥也。天乃生草以食泥，取其腴集为身，负之以供牛，牛乃食之。鸟不能食木也，天乃生蜎以食木，取其腴集为身，负之以供鸟，鸟乃食之。如此层层逐负，悉以供人。人之享用，必水土之最精，草木之极萃，乃能合其肉而承其白，故草木虫鱼鸟兽悉供之。不然万物同白，其可以互相食乎！垢养净，天之命也，人不自净其白，辜万物养之之德，将反而偿万物矣。是以白起变牛，秦桧为豕，白一垢，则负养物之义务，借他人之口腹，为涤白磨光之具。西哲曰：优胜劣败，弱肉强食，盖未知净白之故也。不劬于净白，而劬于优强，自投于鱼肉之类，徒供他人之刀俎耳。以此论之，人纵不能尽俸佛法，茹愫绝晕，当以不过享、不越分为断。片肉箪食，充腹为止，不过也。山禽野兽，非畜不茹，不越也。否则，白垢而反为物之奴矣。

死生故

是以众生之有死生也，其故彰矣。谓寿长为贵，则人不如龟。谓寿短为贵，则人逊蜉蝣。何以决之？以净白合上为期也。故蝌蚪之死，即蛙之生。海蛤之死，即雀之生。此相之显超者也。兽白合人则弃兽身，人白合至即弃人身，此相之隐超者也。然则，恶人终不合天，其将不死乎？曰又则不然。天之于人物也，计其磨白能净一程，能合上层之期，而为之寿限。如计途而上火车之煤油，计晷而注滴漏之水量也，能顺尽其性，火车必至末站而后煤油竭，铜壶必至通宵而后水量尽。倘枉途而行，别孔而滴，亦不过时至而竭尽。斯上寿之所以仅百年，虽倕尼之圣，黄帝之神，不得逾焉。而世有修长生之术者，强抑其白下合于水土，使胶如龟身蚖体，是自恋因期也，不已伤乎！故生也者，白入水土也，非生也。死也者，白出水土也，非死也。其初入也必垢，由下级来。其既去也必净，向上级升。此为定理，不净不升，反常者也。死生之际，顺适如此，而妄生歌哭之节，庆吊之仪，丧葬之礼，以率民伪，吾诚不解。世有真孝子，于父母之存也，则日夕导之以净白，及其升遐，朴瘗骸骨，闭户而颂佛，竭尽至诚，以将之于净土，斯为成实。枯骨无知，不宜颠情饰文以惑民也。吾于此，舍孔而从庄。

万事归源

今见万事而统究之，及于至极，乃得真故。设如有人见辟山路者，究其所为，非辟山路，为掘土也。土遂既穴，究其所以，非穴土也，为启炭也。炭已出矣，究其所以，非启炭也，为烧矿也。矿既炼矣，究其所以，非炼矿也，为取铁也。铁既取矣，究其所以，非取铁也，为造锄也。锄既成矣，究其所以，非造锄也，为耕田也。田既耕矣，究其所以，非耕田也，为种禾也。禾既种矣，究其所以，非种禾也，为供食也。食以养形，养形以净白，故以上多事，纯以为白故。又如有人见冶炉者，究其所为，非冶炉也，为造锯也。锯既成矣，究其所以，非造锯也，为断木也。木既断矣，究其所以，非断木也，为造梭也。梭既成矣，究其所以，非成梭也，为织锦也。锦既组［织］矣，究其所以，非织锦也，为成衣也。衣以保形，保形以净白，故以上多事，亦以为白设。如是分考万事，纯以净白为归者，则为正事。事天功也，如不知以净白为终结，皆邪事也。有害固邪，无益亦邪。杀仁伤白，枭雄竭天下之才力以造兵。纵欲伤白，秽伦尽身家之所有以娱玩。二者大反天命焉。总之，统宇宙事理，而遍求其归宿，为净白则正，非净白则邪。惟一净白，庶人事与天功合，此所谓天人合发，万类定基矣。事虽远，终必纳之于净白，以正太平之基础。非净白则尽去之。

万志归源

又考万民之所事事，除颠狂失觉与漫无意识者不计也，所以计者，最下曰逞僻，其次曰趋乐，其三曰保生，其四曰避苦，其五曰殉情，其六曰爱名，其七曰守正，其八曰率性。然皆非归于净白，则一无所成焉。世皆知逞僻为最下，一朝之忿，忘其身以及其亲者也，无以价值，是以末之。然若净白，邪僻自消，故逞僻必救以净白也。逞僻而上，趋乐之心，众心同志。然必净白而后得真乐、大乐，且可以全永乐，而与民同乐。若垢白之乐，伪而小，暂而独，终及奇苦，是趋乐之志，必救以净白也。趋乐之心，不如保生，杀身之惧在前，则贪淫之念不起。然保生须保长生，若蜉蝣三粗，保之何用？是保生之志，必求之于净白也。保生之志，又不如避苦之甚，盖人逅奇苦，必求速死。若忍微苦以保生，岑楼齐木之言，非所论也。然宇宙中苦莫苦于垢白，若其净白，一切苦陌，无由得加，是避苦必归于净白也。避苦之志，又不如殉情，鸿雁殉偶而折颈，节妇殉夫而断臂，此高人一等之情也。然惟能净白，骨肉同拔于泥涂。如其垢白，悲哀亦徒为废事，是殉情必因于净白也。古今志士沽名，每置身家于不顾，强节励气之夫，往往有之，故与殉情相颉颃。爱名之心，不知其颠倒英雄若干矣，此人情之最烈者也。然苟不净白，硕哲所非，千秋不保，是爱名必依于净白也。至于大圣魁杰，择一是而守之，撼山之力不能摇，夷族之祸不能夺，世虽鲜见，惟此惟尊，故重之。然净白以外，安有二是？若认垢白为是者，皇天之所非，至圣之所薄也，是守正必成于净白也。至于率性，圣佛之功，必纯率白性，不率尘性，故侔尼曰："除去前尘，有分别性乃为真心。"真心即净白之所发也，是率性必绳以净白也。除斯八者，众生安有他志哉？故净白之说，方能统群志而纠正之，洵至善也。如不一纳于净白，人心纷驰，各抱一极，此亦一是非，彼亦一是非，志向龃龉，一家胡越，天下之事，不知其所抵止矣。虽洪水猛兽，未有险于人心之肆纵者矣。非净白，何以统之？

大结万有

净百［白］之义，虽言满天下，不能尽述。吾以欲谈世事故，罾其节目。然已知宇宙之大，惟白惟极。皇天多劳，惟白是净。众生之生，惟白自取。三辰万象，惟白是成。人事世情，惟白是因。八极之大，惟白惟有。千秋之永，惟白惟存。净白以成己，则万物皆备。净白以利他，则万物并育。则图太平之业者，必自净白始，乃进而言太平之策焉。

太平策

此太平策，言简理确。序井井，而故彰彰。纲显目全，不可稍更。或可权者，亦已言之。其不可权，违之必乱。故不敢修文，恐晦义也。不敢曼言，恐生凿也。有心太平，而欲永保者，祈平心而深察之。

净白中和始（立中和主义）

言太平者，必先立一主义。然吾见夫古今中外之主义，皆非主义，奴义而已矣。何谓主奴之分？主不因奴设，而奴因主使。若言主义，必上无本因，此为亲缘而后可。今考天下已现诸主义，皆因一时补偏救敝而设，如极凉至热之药，虽一时偶见奇效，终不如白米精饂，日日可餐。故立主义，无高于净白者，以净白为至善故也。然净白本宗教家之主义，不可以施于政事。吾今乃先立中和主义，详论以尽致。下细分而颅〔胪〕说之。中和者，白之性，即净白主义也。

中和主义

纵览千古，横眺五洲，主义分呶，莫衷一是。惟其莫衷，故无一是，苟其衷之一是定矣。衷，中也。中而有二，谁能为之？是以草木不中而倒植，则万卉不齐。虫鱼不中而横行，则千形各别。禽兽不中而邪立，则百类异名。吾人得中而直方，则同貌无二。苟非中也，何由得一是哉（见人受中图）？故曰：致中和，天地位焉，万物育焉。今之言主义者，见集权之偏，有暴君污吏之毒，则思矫之以自由之极，开纲纪散绎之灾，而不知集权、自由皆两端也，不中和，群不得睦也。见私富之偏，有夺民过物之祸，则思矫之以公产之极，启迫杀少数之厉，而不知私富、公产皆两端也，不中和，世不得平也。见专制之偏，有独夫肆虐之敝，则思矫之以平等之极，兴暴民放纵之祸，而不知专制、平等皆两端也，不中和，政不得正也。见烦礼之偏，有文质不符之失，则思矫之以狂荡之极，致逾闲蔑检之羞，而不知烦礼、狂荡皆两端也，不中和，行不得修也。又有主保守而固者，有主进取而滑者，是两端也，不

人受中图

中和。有主文治而弱者，有主武力而暴者，是两端也，不中和。有主多妻一夫者，有主多夫一妻者，是两端也，不中和。有主私家为己者，有主破家涣伦者，是两端也，不中和。有主尊男贱女者，有主尊女降男者，是两端也，不中和。有主婚姻专制者（父母专制），有主自由恋爱者，是两端也，不中和。有主革故而尽者，有主鼎新而佻者，是两端也，不中和。有主文字艰深者，有主俚俗达意者（新文化），是两端也，不中和。有主物质重形者，有主灵魂出位者，是两端也，不中和。凡此之类，不可胜数，如移指南之针然，见其偏东而震也，则反对其向而西之，而不知震荡如故也。他人见其不可也，又反而东之，三反四复而针折矣，终亦不正也。如移天秤之权然，见其退尺而堕也，则反对其方而进尺，而不知后轻亦堕也。他人见其不可也，又退而反尺，三进四退而秤折矣，终亦不平也。呜呼！不中不和，南针、天秤且不能堪，吾民何罪，以供一通百塞之浅学作试验品，以陷于苏俄之惨也！夫非之对，未必是也，两非之中乃为是。今有人焉，苦冬雪之寒也，当其时必思入火一焚而后快。又有人焉，苦夏晒之热也，当其时必思投冰裸卧而后乐。火可入、冰可卧乎！人情受激刺之偏，则必为绝对之想，此佛家所以极恶感情用事，而曰情重觉轻者沉也。夫觉白之所发也，白性中和，惟白居中，故惟净白不偏不倚，一本中和，而后可以为天地立心，斯民立命。夫中而后空，空而后无法无意，无我而诚，是诚意必以中和也。正心者，不可偏于恐惧、好乐、忧患、愤懥，是正心必以中和也。修身者，头容直，身容正，寒暑偏失，则有疾，饥饱不和，则生疾，是修身必以中和也。齐家者，不可哀矜而辟，敬畏而辟，傲惰而辟，贱恶而辟，是必调之于中和也。故皋陶曰，日宣三德，可以有家。三德宽而栗，宽栗之间，中和也。柔而立，柔立之间，中和也。原而恭，原恭之间中和也。是齐家必以中和也。治国者，无党无偏，荡荡平平，只敬六德，亮采有邦。六德者，于齐家三德外，增乱而敬，乱敬之间中而和也。扰而义，扰义之间，中而和也。直而温，直温之间，中而和也。是治国必以中和也。平天下者，大居正，龙飞九五，阳德正中，九德咸事，庶绩其凝。九德于治国六德外，增简而廉，简廉之间，中而和也。刚而塞，刚塞之间，中而和也。强而毅，强毅之间，中而和也。是平天下必以中和也。古圣哲自诚正修齐治平，咸以一中和尽之，是以立法不偏，鬼神用享，天人和禽，万物昭苏。吾故以中和救今之多端主义，而略论之曰：集权与分权不可偏也，集之以一中，分之以自治。自由与约束不可偏也，自由于法礼之中，约束以群利之正。私富与公产不可偏也，私富以耕三余一之满贯，公产以乡邑省国之公积。劳工与劳心不可偏也，劳工以出力养形，劳心以悟道养白。专制与平等不可偏也，专制以职权，平等以人格。烦礼与蔑礼不可偏也，烦者去虚伪，崇礼尚通义，虚伪不去则文胜，通义不核则失真。保守与进取不可偏也，保守千秋之国粹，进取四邻之新器。文治与武力不可偏也，文治以绥内，不逐欧西之谲哲，武力以靖外，不为阋墙之内讧。多妻与多夫不可偏也，一阴一阳之谓道，一夫一妻之谓顺。尊男与尊女不可偏也，共牢倡随之谓中，相敬如宾之谓和。私家与破家不可偏也，世禄不再行，遗产不尽传，一子仅受八口之养以为世业，而各以技自立，一女仅给二人之俸以资出嫁，亦各以力自食。婚姻之自由不可偏也，父母主其半，男女听其愿。革故与鼎新不可偏也，新善于旧，尤须稳静徐图，新同于旧更无徒为多事。文化之革新不可偏也，学古文如与先圣接谈，学新文徒与市侩交际。物质与灵魂不可偏也，养形以物但无污白，养白以虚但无废事。世有真哲，起而救世，必调以中和之正道，事事求于真理，达而后行之，庶几万物并育而不相害。故吾专主于中和，以为古今中外之立义，无高于此者。乃立二极，顺策太平，简直易行，不眩不紊。

二　极

太平二极，以尽中和主义之长。一曰遍。苟天下苍生，有一夫不获者，非遍也。非遍非中和，偏于一部也。偏则不遍，遍则不偏。二曰久。苟永古无终，或有日泽竭者，非久也。非久非中和，偏顾一时也。视未来与现在不平等，不平则鸣，鸣则不久。遍、久二极，吾义极简。简则易行而昭明，必使人人尽满其私欲，觉之以正道，不过生前乐利盈，寿终咸仙佛，全命不凶夭，裕后永昌炽，立名垂不朽，五欲而已矣。详思吾言，从吾谏，吾保天下之人，莫不尽满之。否则，图自利，实以自杀。又使天下永享其太平，觉之以正理，不过净白以免天刑，尽力以阜实材，绝淫以止滥耗，厘序以均物需，节生以防人满，五纲而已矣。详思吾言，从吾谏，吾保天下万世，莫不永安之。否则，图长治，反以速乱。呜呼！人熟无知，何不平心以论理，必先自害而害人也。是十事者，无可更增，无可稍减。吾乃号呼，涕泗陈言。

必 遍

孔子曰："万物并育，而不相害。"《虞书》曰："鸟兽鱼鳖若。"中和主义，万物育焉之旨也。物与鱼鳖且不当不育，而必咸若之，况人乎！救世英雄无此量，何以成太和之实乎！老子曰："圣人常善救人，故无弃人；常善救物，故无弃物。"物且不可弃，而况于人乎！常之惟言中和也。伊尹人中之任圣也，其任曰："一夫不获，若挞之于市朝。"惟有一夫不获之宏规，故有万古不磨之精神，何其伟也！倮尼之量，胎卵湿化，皆尽度之。不如此不足以言圣，不如此不足以言佛，不如此不足以言净白之德之纯，不如此不足以言中和之度之广。今亦有救世者，动以偏激，忿忿很很［狠狠］。若或仇之，不曰扑彼党，即曰弃对敌。不曰挞倒他方，即曰铲除异己。欲夺资本家，不顾其死亡。欲长劳农势，不惜殄文教。见于形而下之器，不见于形而上之道。修其防人身之法，不修其救人心之教。失中和远矣。大抵不平人杀不平人，不平又被不平杀，杀尽不平方太平，不平到底连根拔。成功英雄，不如是也。以有苗之暴，大禹干羽教之。以殷民之顽，武王迁而不戮。真安天下之度哉！若今之偏，则诛之而不顾矣。晋帝宽容孙皓失礼而不罚，刘禅乐此不愿归，待敌尚然，故祚长。金主偏刻，耶律延禧死于射，宋宗徽、钦死于流，待敌不恩，故见弑。安可以偏激不和，遂欲图太平哉！始业之初，祸机所伏。秦偏于克楚人，族秦嗣者，终必楚人。汉偏于夷功臣，灭汉祀者，终必功臣。天道循环，种豆得豆，岂可偏乎！故奠永久太平之基者，量必万倍于汉高，取其虽雍齿可以侯也。必万倍于齐桓，取其虽射钩可以相也。今之言改革者，动不顾少数之生存，而欲颠顶以图大业，或以非其党而疏之，或以不劳力而弃之，殊不知劳力以养形，固一时所必需，劳心以养白，尤万姓之生佛。而中国自古之习，能潜心于理窟者多不能耕，若必举而迫杀之，是绝生民之命也。尤其谬者，今民权、民食之呼声震天裂地，而民德之说寂若寒蝉，既不尚德，得权徒以为乱，足食徒以养形，何以成天获而免天刑乎！故吾愿世之图治者，爱周而统计，务不使一人失所，而后可以保两大之和气，成一是之弘规。斯亦易为计，而非难事，曷亦从吾说而三思之？佛以净白之量众生平等，曰无人相，恐其囿于人而遗众生也；曰无我相，恐其囿于我而遗人也。众生且不当遗，况于人乎！今者我党我族，必我相也，而后得受我福，岂可以成大事！非有泛爱之度，无以成中和之业，而建太平之实也。吾敢以一人不弃，统筹普济之弘模，号泣叮咛于救国救世者。

必久

犹且古之为国家者，存不为千秋万古，立永久不拔之基，而惟稍顾其目前之急，以偷安一日。内则大人在位者不止欲。不止欲则安富必淫，淫必生忒。外则小民在野者不节生。不节生者经久必溢，溢必相食。又不定其居，而纵民相夺以生。如野兽行山，安得不杀？不料其业，而任民自择所事。如乱蜂无统，安得不饥？乃上恃刑罚，以为抑身之具，常死于刑者十之二三矣。而下以瘟疫为节溢之方，常死于疟者十之六七矣。吾民何罪？竟颠倒至于此也！至于设教，尤不揣本。言格物则不开性相之门，不列因明之法。言明德则不知白之本体，不揣德之真实。言止于至善，究不识至善何在？则上智之士，渐久而逸出范围。如此养白、养身，皆无永久不拔之计划。是以商周善政不百年，汉唐小康不再世。往罅来补，往漏来苴。抢攘相仍，朝不保夕。故吾欲以中和之法永治而计及无终。苟不失此序，虽至地破天崩，人中永无乱日矣。乃以苦口婆心，先使人欲全满，庶不为太平之障也矣。

满欲总计

今之拥兵、拥财、拥权、拥物（一切世有）以各逐其私欲，而为太平之障者，我尽得其心、得其故矣，而彼不自得其心、不自得其故也。彼皆求福而得祸，如采花于镜中，吾教反顾，即得也。彼皆求生而得死，如网鸟于水底，吾教之上视，即得也。夫采花于镜中，网鸟于水底者，皆恃其现见之真相也，而不知宇宙真故。真皆在无，伪呈今有，一反即得。吾非劝今之为太平障者，不自私不自利也，正欲实遂其私，盈其利，而久远之也。有真知自私自利而思永者，天下之生佛也。乃吾总算其欲，不过曰生前乐利盈寿，终咸仙佛，全命不凶夭，裕后永昌炽，立名垂不朽，如斯而已矣，如斯而已矣。此五者皆在白性目在之中，奈何外求？外求而五者全得，外求可也，而又不得，奈何外求？内求而五者不全得，不内求可也，而无不备，奈何不内求？外求而五者偶得一，外求可也，而乃一无所有，奈何外求？内求而五者偶失一，不内求可也，而乃一无所失，奈何不内求？吾今开白藏，以足人欲之全，而成太平之业，人想不愚如禽兽，而以吾言为迂远不切也。

生乐盈

汝纵私欲，而障太平，其主要不过曰生前乐利盈耳。如为帝王而不得衣食，汝复思为帝王乎。如拥兵财而日受割切，汝复思拥兵财乎。是汝本志，不过在乐利盈耳。为汝分晳真理，乐本在白，奈何外求？汝今之富贵，终结总算全在三粗之中（气水土之精），不在三粗之外。而快乐又必待白而后感，三粗不感也，而反碍之。既得于三粗，又必借萃华英冥玄元，以送达于白，而后白知而感受之。终以白为主，汝将不知白寓身中之故乎！今以电比而明之，电最宜实不宜空，白性宜空不宜坚。故电最宜铁，如白之在空也；次宜木，如白之在元也；三次宜土，如白之在玄冥也；四次宜水，如白之在英华萃也；五次宜气，如白之在三粗也。故达于气中，电之余无多威力矣。达于三粗，白之余无多感觉矣。汝于此中求乐能得几何？如不反思白何以寓于三粗之中，而又不久寓之故，以开正慧，何不反详周身，考白觉次第传达之故也。白在三粗之中，如裹电以铁木土水而更置之气中也。裹电以铁木土水而更置之气中，则铁在心电极强，经木经土经水以达于气已余气矣。此时如中裹之木得接外木，电必洋洋溢溢，大流通而展威力。今我之白裹以元玄冥英华萃，次第囹入以入于三粗，而日夜血脉循环，推白带六美以上升，若一旦接于英华，如鱼归大海，慰乐不堪设想矣，奈何向三粗乞馂余以失此也。人苟澄心静志，林下清风，一味幽闲，小经十日，必然天趣来朝，乐于玉堂金谷万万矣。此性之自然也。十日不得则百日，百日不得则千日，千日之内无有不得者矣。夫然乃厌弃尘垢如涂炭，俯视富贵如粃糠，如内不得乐而外逐之，一刻不得声色之娱则颓颓如焚，一日不得富贵之俸则汹汹似沸。此时当知罪孽深重，离道已远，尘精内乱送我入地狱在目前矣。尘污在白，如烟瘾在身，彼安得不作祟？当大惕惧，奈何反逐，不已悲乎！人能如此发正觉心，将嫉外乐如鸩毒蛇蝎，况敢亲乎汝？既图生乐，亦知汝恃白以生乎，恃三粗以生乎。三粗埋汝之活身，囚汝之桎梏也，汝奈何杀汝真身以供彼娱？汝内有染乃外有现，汝之乐污染污深矣。内之不染，外所不乐，凡乐之生，由内外合，物本无定乐也。故白合白王为第一等乐，内元合外元为第二等乐，内玄合外玄为第三等乐，内冥合外冥为第四等乐，内英合外英为第五等乐，内华合外华为第六等乐，内萃合外萃为第七等乐。内气水合外气水，男女交媾，则已八等乐矣。而后苦无量，内金玉合外金玉，惟沉汝白入地狱，无有乐矣。汝试食金饭玉而尝其味，亦知悟矣。纵不知邃理，试①……理欤。曷以此日讲月论，家喻户晓，以撤太平之障。人必莫肯拥兵、拥财、拥势、拥物以害群益，而逃之若避汤火矣。吾尝内自试之，方色欲大炽也，视美容如至宝，及其欲根既尽，反视千古佳人，不及粪土，而真乐倍之。人非至愚，焉能舍衽席而投汤火也。方财欲之大炽也，视金玉如生命，及其欲根既净，反视积山币帛，不如腐鼠，而快慰无涯。人非颠痫，焉能弃安宅而居岩墙也。故欲求天下之极色，莫嘉于净眼根。欲求宇宙之极富，莫切于净意根。两两相较，差若霄壤，不能比拟，安所互市哉！此又不必超人之智也。常人得教，自性明，大害迸矣。彼以得帝王之贵而乐者溺也，彼以穷世上之财而富者溺也，吾白苟垢褪一层，性光但由三粗以通于萃，即视斯二者如多粪蛆。人纵自贱自贫，岂遂肯投于蛆群哉。是以生前乐利欲盈，除白中更无觅处，而白中尽已备之，无少缺乏矣。

寿终佛（见仙佛分别图）

人之大欲，莫过于寿终仙佛，虽始皇之淫欲犹且羡之，虽汉武之骄奢志恒在此，然以吾视之，既卵矣，即是禽也；既人矣，即是仙也。此理至常，人无有不成仙，水无有不归海，理势之必然也。细推仙与人之别，仙之身洁于人，仙之游广于人，仙之寿高于人，仙之享真于人，此宇宙自然之理也。人生百年，以鬼始，必以仙终。如蛙生半岁，以蝌蚪始，必以水鸡终也。人视萃中之旅白为仙，鱼亦视人为仙，虫亦视兽为仙也，高下之分耳。夫人间假旅，一时耳，如非假旅，则三粗当为白永寓之宫，而人必不死矣。既有死也，是白接上层之

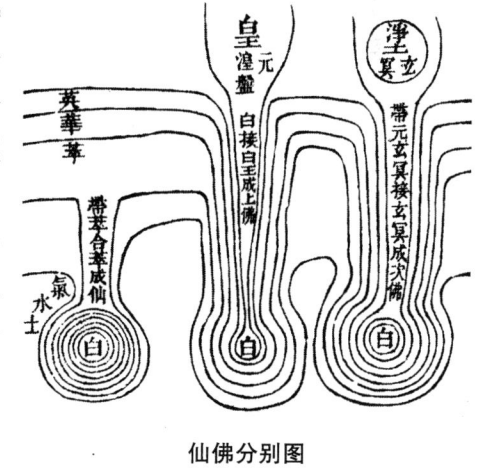

仙佛分别图

---

① 原书由此以下空一页，并注有"原阙"二字。由此可知，此印本所据之稿本身便残缺一页。

萃，而弃三粗以升也。白升至萃，自有萃中美质来会，瞬即成身，不似尘中之胎生，渐次徐长矣。既在萃中成身，即身洁而游广，寿高而享真，乐于尘中万倍矣。官能之灵，亦通于尘中万倍矣。何以知白一入萃，瞬即成身哉？此理昭矣，比之尘中，人二十年而长成，牛马六年，孔雀三年，鸡鹜七月，鱼三月，虫十日，菌半日。其集身之迟速，原理安在哉？垢白之程与三粗之比，视其差远者难接，差近者易组。故菌也蚓也，其染白之垢，垢似泥涂。故与水土易交合，瞬即成身。人之白净已与萃近，距水土远矣，故非二十年徐集不成。而白愈垢者，在水土中成身愈速。白愈净者，在英华萃中成身愈速。理之必然也。元最宜白，玄次之，冥次之，英次之，华次之，萃次之，愈宜白，成身愈速。详考于三显相，人之上升，万无一失。人如不能得仙身，即亦不能得人身矣。

更为进论真理，昔人多有以采药炼丹、飞身五岳为仙者，大误也。而亦有理，若无侔尼明心见性，以昭真理，今古之误，不知凡几。何矣？夫萃与地面极近，萃中结晶，常有浸入气水土者矣。人得之而为丹为药，感萃之同气，安得而不上升哉。偶一上升，虽仅一二层，而萃中之美，百倍人寰。自以为无上之真，视人群如蛆蚋，亦所宜然。夫人中天子之贵，王公之荣，其与人享物尚同，犹且巍巍陀陀，胡然而天，胡然而帝，况又高一层哉。然亦何不反思太空无外而自小也，吾常见小说所载辽阳海神，以佛为诬一事，又观其言人成仙之理，适合真谛，何明于仙而暗于佛也？亦如人之明于鸟兽虫鱼，而暗于仙佛也。古者以为海外即是三神山，仙子所居，今乃知非也。以理论之，海外同为三粗，一层之内，相差能几何？今若谓上层之至，即为究竟，亦如视海外为三神山也。太空无外之谓何？且白王既以层分块分，以别白之旅馆，层近而块远。至之于地，如水面之于泥脚，卵白之于卵黄，虽则较净，其差可知矣。白性既与空合，决非无所染着，即能沉汨于英华之中，吾以带元玄冥而来犹略别耳。《楞严经》曰："情重觉轻则沉，觉重情轻则升。"沉有千百之级，升有千百之等，斯须轻重之权，故天堂地狱之苦乐随白垢来，于理不谬。乃知白王之别众生，锱铢不爽，即任其自然之淘汰，已严于十目视，而十手指矣。如此方合天道无为，而善恶不爽之真理。若必神从而鬼监之，天之为亦太劳矣。是以人生百年能纯观自在，破法我执，自熏成种，脱元如壳，则永皈而不旅，寿无终知无外矣，乃为上佛。其次念念净土，超出于至界之外，借感想力住相求近，乃为次佛。又其次，视善功之大小，性光之高低，入英则为上仙，入华则为中仙，入萃即为下仙。其为仙者，上能洞鉴下，下不能探知上，故常以己境为极美，而不知美外有美也。是以净白之说，可以教诸天，使诸天王神仙一反于太空无外之义而自小，内求其白净，次第之升尚无已矣。而侔尼净土宗之发明，以为超出至界一级之阶梯，功之伟，恩之溥，理之确，普被天人，尤为无上之宝筏。不然，白欲出至，戛戛难矣。往返轮回，何时已乎！

又复反而切论，至仙与净土次佛仍是旅白，即仍是众生。生死无他，旅白之入境出境而已矣。以确理推人之白，入萃成仙，如沪门之水之入海也。纵不得佛，苟入萃矣，亦视世上帝王如蚍如蚓如粪中蛆。盖蚍蚓与蛆尚在人之同环，而与人较相差已如此，况高一层乎！百年一瞬息，知其暂即知其伪矣。白王监于上至，神视于近，见人之多取富贵在地站〔沾〕百利而不即夺，见人之廉让俭约在地失三粗而不即与，岂以其赏罚不公哉。白王至神聪明鉴真，已视世上之百利三粗，如梦幻泡影，不之惜也。人白距萃，咫尺之间，丹不须炼，药不用采，朝弃四体，夕集三珍（英华萃也），如麦化蛾，如草化萤，一级化进，必然之势也。身随尘造，承白待用，如影从形，白至即来，如必炼丹采药，携此三粗以往，是上陆而必携舟也，不反赘乎。好仙术者，徒自多事，白净一程，死皆仙也。列子化人之居，能使周穆王自惭鄙秽。下层之污，焉能与上层比也。化人者弃三粗而去之人也，众生有半解化，有全解化。半解化者解其身之半而化进也，如蚕化蛾，鼠化鹌。全解化者解其身之全而化进也，如畜化人，人化仙。全解化尽弃第五识五根，惟携第七、八二识往，如由溷登床衣既已污裤亦无用，故既脱衣，亦并去裤。人不能以俗目视，俗目不见尘精故也，而法相则显然矣。半解化不弃第五识五根，伴同第七、八二识以往，如由海上陆，舟虽无用，衣尚可用，故虽弃舟，衣尚不卸。人乃能以俗目视，俗目可见尘粗故也，而天机竟大泄矣。是以物之化进，本为常例，岂复于人而反不然。天之生人，极难至艰。五行之秀气，业已独钟。万妙之身舟，业已大备。任意所求，无有不得。求仙即仙，不修即是。求佛即佛，奉法即是。明明但视此白之垢净为升降之权，惟白惟真，此理之确昭如日月。人非颠痫失觉，谁肯以生前梦泡之假乐，易永久沉沦之苦哉！反观自虫鱼以至于人，万险千磨，方得此近皇受中之身，至此而弃可恸惜矣。犹幸天待旅白，优隆百端，恐其陨越，故仅限以数十年之小住，稍有勇气，一忍即过，奈何临岸而失舟也。此理丕明，此教大行，人咸以最后之极乐、永乐为望。而草芥三粗，乃知终身饥寒不为祸，终身五毒不为祸，不得道乃为大祸。终身富贵不为福，终身逸裕不为福，能得道乃为大福。夫成仙成佛，秦皇汉武之所不能得，今乃知白性自全万无一失，人皆弃彼取此，不为太平之障，自顾一己之利，以劭于大成。是以寿终咸仙佛，当于白性中自求之。除白中更无觅处，而白中尽已备之，无稍缺乏矣。

不凶夭

人之本心，拥权财而不舍，挟兵甲以为固者。其至大之志，以为此足以保其生，而不至凶夭也。常见万不得已，生死俄顷之际，则亦弃权财而求生，吾故知其本志之所在矣。殊不知人命在天，安有死理？深论其理，苟净白矣，虽如郭谨①纯狮子佛，借兵以解，未为不可。如不净白，纵寿终正寝，病苦甚于刀兵，床褥呼号，亦凶死耳。此大算之确也。白性不死，入水不溺，入火不焚，兵无所加其刃，其所损者，囚我之三粗桎梏耳。弃三粗桎梏宁择术乎？杀身以成白可也。佛云：我昔为戈利王割切身首，但摄此心，勿生瞋恨。耶稣死于十字架，慈祥不改，得正白之性也。若生瞋恨，改慈祥，其白即污，虽获免死，如窃衣冠以走，而亡心脑，又何益乎！人能如此发正觉心，何处得凶夭？更进而言其次，负戴者多不死于途，而岩卫深宫，恒丧其元矣。隐逸者绝不死于山，而富贵朝市，恒赤其族矣。人间兵甲权势，仅能杀身，何能保身哉！自古得道之士，如庄子曳尾，庞公贻安者，指不胜屈。而巨资大势，威临天下，一朝失据，舟中皆敌。如项羽、苻坚辈，岂少也哉。人奈何于死中求生，而不知于生中求生也。奈何于凶夭中求安全，而不于安全中求安全也。吾常以形而下，测形而上，背天必杀，宇宙公例，既已背天，又求不杀难矣。夫邑中之人皆欲杀，则逃于都，一都之人皆欲杀，则逃于国。至于白王欲杀，逃遍太空无所匿矣。背天求生，如日中避影也。故海贝坚甲，以为决无能破之者矣，天必故为特生坚齿之星鱼以碎之。刺猬针毛，以为决无能伤之者矣，天必故为特生毒溲之鼬鼠以克之。蝼蚁深藏，以为无或能捕之者矣，天乃故为特生长舌之食蚁兽以获之。飞鸽迅速，以为无或能逐之者矣，天乃故为特生捕鸽鹞以得之。观夫万物之保生，智计欲全命，而不凶夭者，其为因心成体，莫不尽巧极严，有若甚难为杀，

---

① 郭谨（891~950），五代时后汉将领。字守节，晋阳（今太原市西晋源镇）人。少从军，善骑射，历河中教练使。后事晋，屡历宁江、彰德、鄜州节度使、左神武统军。后汉祖即位，加检校太师。

如上四者其明例也。非有至智白王，胡能适生破之之术哉！有一术防，必有一术破，防愈巧者破愈工，犯天之杀不可逃也。而人以仁智之形，中立朝天，天乃不生专杀之物，天之意可知也矣。至人一净其白，天见其光之高，而成之大也。则百神以护之，万福以那之，乃得善终，安然成佛。故曰至人无死地，桀不能杀商汤，纣不能杀周文。孔子曰："天生德于予，桓魋其若予何？"老子曰："至人无死地，得其道矣。"恃天以生净白，受命不已固乎！《中庸》曰："故大德，必得其寿。"此之谓也。历观于二十八史之全，得道中和，明心见性，无一或凶夭者。而嬴政之长城，蚌之甲也；楚灵之兵利，猬之刺也；金亮之负隅，蚁之穴也；冒顿之骠骑，鸽之羽也。而皆以自杀，得罪于天，无所逃也。又况么么不及数者乎，其日夜营谋，皆自杀之道也。夫人者与草木相为倒植之相，草木之命根在地，人之命根在天。草木不绝于地，百伐不死。人不绝于天，百杀不亡。世之俗刃，徒能害三粗已耳，岂能伤此白哉！此为深根固蒂，长生久视之道。是以全命不凶夭，除白中更无觅处。而白中尽已备之，无稍缺乏矣。人谁不好生，而乃自投死地也。

裕后昌

至于裕后而求于永昌炽者，亦知后嗣之所以为后嗣乎！人无后也，亦非无后也。我之旅白，借父精母血之招以来成身而旅斯域，即暂以父之姓为姓，是已失母之半矣。姓又从三粗来，有三粗则有之，无则舍矣。姓氏者，三粗之符号也。三粗又桎梏也，先受此桎梏者我祖我父也，后受此桎梏者我子我孙也。胡乃因桎梏之符号以污我白也？我白净善气相感，净白来为我子孙，尚可勉娱一时。我白垢恶气相感，枭獍来为我子孙，则我之仇仇。隋杨广、朱友珪何以裕为？庄子以子孙为遗骸委蜕，得其道矣。而中国伦父昧于不孝有三，无后为大之说，以为节生之大障，傲矣。更进而论其卑者，纵欲昌裕此遗骸委蜕，当以净白贻之以安，勿以垢白贻之以危。今之人皆贻危也。与其肥养豚犬，使之因此秽桎梏而又下沉，何如清肃垂训使之借法身舟而得上升，亦不枉同姓一次也。此血肉之胤也，不善用之则为地狱之秽桎梏，善用之则为佛刹之法身舟。相差若此，可不慎哉。是以安清贫垂家范，使吾子孙染祖武以净白成佛，可谓善裕后者矣。多富贵浊心脑，使吾子孙袭世禄以污白下沉，为害亦大矣。人之愚昧，竟至此哉。有一惊心骇目之事，足以垂大训于人间者，则嬴姓之绝后是也。以嬴政之威，苟有人谓之曰，保尔子孙万世为天子，嬴政必杀之也。其心若曰，万世后，谁敢代我嬴姓者？其奢望如此，今乃欲求遗一平民，以奉宗祀而不可得。遍阅汉以后之史册，存无一人姓嬴者，其绝灭可知也。而后知私之愈切，害之愈毒。私厚子孙不如嬴政之甚者，其绝子灭孙亦不如嬴政之酷。而水长船浮，形动影随，私厚加一分则贻祸亦加一分，私厚减一分则贻祸亦减一分，切于响之应声。故吾常谓家人，苟为子孙计，莫如多贻之德。尧不私，故后嗣多为帝，适与嬴政为反比例。禹稷公刘之后，昌炽未或偶爽。居今日人事反复，铜山虽铸不保十年，不如稍存箪瓢之俸，使子孙少习寒苦。二十五岁以后令其各有一技之长以自立，亦已厚矣，过此者非所计也。而孔子三代垂教，二千年演圣封公，倖尼度罗侯罗数十世代有佛子，此其所以为大裕后昆者也。况吾白净矣，亿万年因吾白而得度者，皆吾子孙也。以白王为父，以诸佛为叔伯，以众生为子弟，何裕如之？人之大愚，竟至此哉。是以裕后大昌炽，除白中更无觅处。而白中尽已备之，无稍缺乏矣。更进一统筹之策，使天下大治，吾子孙何往而失安富乎！

立　名

更有无关之欲，则立名垂不朽是也。夫名与识本无关也，我白净逍遥太上，虽众口交讥，何损于一毛？我白垢苦痛三途，虽世俗咸誉，何裨于小补？故净白可以忘名，忘名贤于得名矣。然俗人多有此欲，吾所以列五端，必求无漏于人志，故亦言之。孔子且以此为予夺，亦末术也。降言其卑，即欲得名亦须以净白为先务。盖垢白虽偶尔得名，如暗夜萤尾生光，可以耀一时而照五步。净白即万一湮没，如丰隆或者蔽日，终必昭大明而亘九天。故大德必得其名，此之谓也。不真之理，非道之行，可以欺庸流而不可以欺上智，可以惑浊世而不可以惑千秋。颜子深潜于陋巷，乃配享于圣宫。庄生曳尾于泥涂，乃不没于万古。真理终必有大显之日，非净白无以知之。至行终必为后世所师，非净白无以成之。是以立名垂不朽，除净白更无觅处。而白中尽以备之，无稍缺乏矣。

五欲大全

呜呼，哀哉！吾不畏天下之大逆，而最畏无明。无明无智，不求事理而瞢瞢焉，又偏有欲。吾尝见一笼五鸡，庖人已割其三，血溅冠羽，而二鸡犹争食奋斗。牛则不然，一入屠家，即知战栗。性夫白垢者之不可以教也，今人但视现有以为真，而不知现有者，必卸之空花，蝌蚪之尾也，顾幻失实，愚何如之？人之所贵为人者，正为其有推理之智耳。若恃五根以测真伪，眼不如鹰，耳不如狼，鼻不如犬，舌不如食蚁兽，身不如蟒与象，又焉用之？亦何不再三思之，造万恶以成弥天之罪，不过欲生前利乐盈，寿终咸仙佛，命全不凶夭，裕后永昌炽，立名垂不朽，五者俱备，至矣，尽矣。而五者又全在净白之中，决无一在净白之外，又何必不净白，以成太平之功哉！有中人之资，得吾言而反复思之，知不能破，因反而求之净白，但不自害，即是万家生佛矣。若仍如今之自利者，徒博得生前痛苦极，寿终入地狱，背天招杀戮，绝灭如嬴秦，遗臭不能改，岂不冤哉！权财势位可以辞矣，即不辞，亦宜勿为太平之障矣。人不障太平，天下安得而不太平也？吾所以苦口劝人复性，白性着即太平必见，而人无不仙佛矣。吾又期净白教行，以人兼仁智二相，致太平犹反手也。尤有进者，死日长，生日短，死日日长，生日日短，明日即死，是为定论。日日念之，试看明日必死之说为真乎？为诳乎？既知明日必死，亦又知明日必仙佛乎。人之必仙佛，信于左券。左券取钱，尚且有得，有不得，若人成仙佛，直万无一爽者也。常人之心，恒以为仙佛有秘诀、秘法，其实无也。俾尼已再四叮咛，法法本无法也。法从水去，水之流去，任其自然而已矣。自然者白然也，三反四复于吾三显相，作木型而观之，人尚不能仙佛有是理乎！不得卵身，即不能得鸟身，既得卵身，尚不能得鸟身乎！不得人身，即不能成仙佛，既得人身，尚不能成仙佛乎！卵尚有无雄无白者，人岂有无觉无白者？虽至下愚，尽性亦是仙佛。净白之理既明，不烧丹也，不炼铅也，不学法、不求师、不访道，亦既人人已仙已佛矣。明明白性宜内净空之六美（元玄冥英华萃六件），不宜外痴拙之三粗，白性愈发，三粗六美次第愈脱、愈真、愈明、愈乐、愈寿。故修道之真士，以发展白性为总持法门，万无一失，较之烧丹、炼铅、学法、求师、访道，效着百倍。既知白性之仁矣，乃竭吾慈心以育之，见苦悲愍，止杀宏施。既知白性之智矣，乃尽吾正思以育之，邪想断灭，规矩测理（照因明法）。既知白性之勇矣，乃克己窒欲以育之。既知白性之诚矣，乃无意无我以育之。既知白性之宜空，乃虚清旷怀以育之。既知白性之中和，乃平直忠恕以育之。既知白性之大公，乃进私无畛以育之。既知白性之绝欲，乃离尘淡泊以育之。既知白性之极乐，乃内玩高明以育之。既知白性之清真，乃成实着已以育之。既知白性之就净,乃皈依净土以育之。既知白性之合皇,乃脱尽八识以育之。此为性功。夫仙佛不以三粗求,岂以三粗吐纳而能成者!至于趺坐运气,随自然以转血气,而磨白垢已耳。然天已畀人以血液,周流之自然矣。复清虚,自有圣功,不须人为之伪矣。至于三禅入定,因自然以解蛹蠒而蜕染污已耳,然天已畀人以一直冲天之自然矣。复中和自有圣功,不须人为之伪矣。如此修佛,轻车坦路,安澜稳航。今虽有人乘云驾鹤,遣千神而登九京,授我以仙乐,教我以吐纳,我必唾而弃之。正念净白,上乘法器。更无他径,而直切稳妥,无逾于此。人皆有白,曷亦平心深思,而自反于道乎。人知自利自爱,即是济人度众,正欲一片,彼我咸成。吾固信净白,不讲世界永无治期,净白教行,太平指日而见。何也?知净白之福利有无上之美,谁肯弃天堂而就地狱哉!休哉,休哉!事理无碍,法界有之,尘界亦有之。白小净则命终归理无碍法界,而所居畅适,物养有馀,草木皆自然成衣食矣,而生前亦得见水火菽粟之俸焉。白大净则命终归事事无碍法界,而放荡天表,欲无不赡,随意亦可以建琼宇矣,而生前亦得见鱼鳖咸若之隆焉。盖净白寓净,垢白寓垢,净白天资而物俸,垢白天刑而物贼,理固然也。今剖人脑及猪鸡鱼蛛之脑而观之,愈智者愈明洁,愈愚者愈浊秽,以此知净白寓净、垢白寓垢之确理矣。诸世界必是层分上净下垢,净白安得不归太上哉!又见天作蚕桑,俨然故为人衣。天生桃(多肉包核)鲍(整肉一团),俨然故为人食。子生则乳涌,地旱则竹实。虫鱼白垢,杀机最多。鸾凤白净,百鸟朝俸。以此知净白天资而物俸,垢白天刑而物贼,宇宙中必有乐境,净白安得不居极乐哉。如此觉悟,五欲咸遂,八荒又安。不如此觉悟,五欲咸失,八荒乱离。极而言之,必有如此觉悟之人而后能救世,非如此觉悟之人终于自杀。民如净白,天自为之生净白之生佛。彼欲拥兵、拥财、拥权、拥位者,徒受天诛而已矣。忠告尽于斯矣,佳言止于斯矣。我乃直爽简切,而列太平大法。

太平五大纲

太平五大纲,不能多增,一增则画蛇添足,逞智凿朴而害真,害真则圣人适以启大盗。亦不能减省,一减则飞鸟半翅,大体不完而缺漏,缺漏则华车无以备輗軏。成大事者,简重乃能正南面,周致乃可秩西成,故吾列五者以全体用,立政教以利群生。咸以此五者为统计,善必基于此,不善必基于此。修此五者，万福同，百采亮，庶畴惠，九有清，八方平矣。何谓五者？即前所列太平大纲，一曰净白以免天刑；二曰尽力以阜实材；三曰绝淫以止滥耗；四曰厘序以均物需；五曰节生以防人满。上智之士，试竭尽神慧，详审本末，能于五者之外，增一治法乎，抑或减一省事乎！增一必乱，法以防人，心愈起防人之心，愈开作奸之路。正本清源，垂拱而治，斯可矣。老子曰："圣人之治天下，慄慄为天下平其心，得治之本矣。"平其心者，净其白之谓也。

净白全治（惟教主义）

真言大法，仅须净白一事，已足以治天下而有余。若有他事，是白未真净而发生治标之末务也。夫身健则无病，无病则不用药，而华、扁失业矣。白净则无恶，无恶则不待治，而管、乐失才矣。今吾地之所以有乱萌者，以白垢故。如白净斯须，如萃中者，不用政而自治矣。何以知之？气环之近萃，如沪门之近海也，沪门尚有微咸之水，海中之水必尽大咸。世上尚有五帝之治，初层之至必尽大治。沪门尚有寻丈之鱼，海中之大鱼，必不可胜数。世上尚有孔老之贤，萃华之圣贤，必不能指计。吾地之所以能治者，以人之白净于禽兽故也。如人之白亦垢如禽兽虫鱼，尚可以政教治之哉！天之所以弃禽兽虫鱼，而不生圣贤以治之，听其杀伐而淘汰者，正以其白垢不堪承政教也。若是则治乱之全本在白之垢净，其他皆末务也。人徒见虫鱼之不能施政教，而止其相吞噬也。殊不知人白一垢，虽犹人皮，已禽兽矣。人能治人，能治禽兽乎哉？夫人中祸机，惟有四事，更无有五，亦不能三。所谓四事，一曰天祸；二曰人恶；三曰物歉；四曰序乱。惟人之白垢故恶，形岂能为恶哉！非人恶，天刑何由而至？白王诸神决非愁怊者也。是二大祸机，纯起于白垢。至于物歉、序乱，亦因白垢为多。白垢则天灾至，而水旱不时，物歉之门也。白垢则人心昏，而秩序失理，序乱之始也。若知本而先净白，四祸齐免，不须他法，已足以致治而有余矣。

世之治者，不知治本，惟急急于民权、民食，而民德之呼寂若寒蝉，是拔本塞源，而欲末之茂，流之远也。夫果民有权、有食，即可以致太平者，杨广、嬴政权盖天下，富有四海，可以保其家庭不杀伐矣。然而父子兄弟且不得睦，无德垢白可以有权乎，可以富裕乎！推形而下之极，水火菽粟不过饱食，布帛积山不过暖衣，道不拾遗，夜不闭户，不过逸居，全此三者而无净白之教，则近于禽兽。外形虽人白已禽兽，则亦禽兽而已矣。白垢则天刑即至，天刑至而可以术免，则是星鱼刺猬之心矣。故圣人治国有教而无政。教以净白，白净而万善集矣。东方净土之所以为净土者，惟闻有佛出广长舌以教耳，不闻言政也。西方净土之所以为净土者，亦惟有佛出广长舌以教耳，不闻言政也。上下四方皆同如此，此净土之所以为净土也。言政治标，不净白其何能谷？推本而论，一切世法，不过以心换心，故以好乐心换恐惧心，而有战阵之赏。以恐惧心换好乐心，而有淫侈之罚。然世法以秽心换秽心，愈换愈秽，终至不可收拾。教法以净心换秽心，愈换愈净，终至无法无心。是以教之光如日月，政之光如萤尾。居今日世界，风潮澎湃，如复不有旋乾转坤之气魄，决不能以厌人心而收众志，已非三千年以来可比也。即准上古真治而言，唐虞之治法，曰平章百姓，曰敬敷五教，亦主政奴教之意。宗教立，而人心厌，众志不许其纵横，群哲不许其放逸。惟净白教行，惟有此大伟力也。故释迦佛以如天之仁智，分狮之勇力，不屑言政，而纯主于教。惟教惟有实功，政虽善无功也。推白王锻炼旅白之本志，假如治形即可以为功者，不如生民形拘如龟，不能作战，性锢如雁，不知失和，则天下不治而自治矣。又莫如生民以六通，使知天堂地狱之苦，生民以半解，使见升沉不爽之因，不然则使天神立于云中，有善立赏，使雷龙见于日下，有恶立诛，世亦可以立治矣。何不为此，而必欺人以枉民也！岂白王不能如此，白王妙万物，当无不能也。能而不为，何哉？如强迫太甚，著相太显，则人虽为善，非发于自然。非发于自然者，非发于白然也。非发于自然，白不感受，不展白性，白终不得净也。白不得净，则天功废矣，故天不为也。天且不为，而今之图治者，欲以法防民，刑威而众监。若刑威而众监，即可以善民者，白王又不如此之劳，以锻炼此白矣。政治世法，徒约民形，害天之功，固天之所必破者也。天必破之，谁能为计？庄子曰："利尽四海，不以为功。"非净白徒治三粗，使天无获，故毫无功也。是以圣人救世，宁为教门傒童，不为霸王天子也。宁肯法施一言，不屑物施万石也。孔子曰："道之以政，齐之以形，民免而无耻。"耻且无，况净白乎。加以太平偶治，富足多赖，淫侈污白，天吏加刑，不可为矣。害天之获，殡弃众生，殡卵必弃。天刑大降，百灾备兴，人虽欲治，其可得乎！

十年以来，地覆天翻，群说震如雷霆，主义感于星斗。当此丕变之时，推其极，不至真理大显，厌足民望，不可以收拾纠纷。回思三千年，专制之主，俗贵之臣，各偷私欲，上下相蒙，蠕蠕菌中，三粗作祟，不尝稍顾民命，而百诈以枉之，多方以误之。今乃一针见血，如日月出，雾霾尽消，如雷霆鸣，聋聩皆发。贵显者得离火坑，反笑多粪蛆之可贱。贫乏者皆出陷阱，犹如得雨鱼之有庆。天人共喜，直道大彰。以言乐，则户户逾陈宫之月窟。以言成，则人人升白王之高堂。以此教民，民有不兴起者乎！户户如天快乐，人人成佛证果，何美如之？人非尽无智识，未有不悉从者也。如此乃能端太平之本。今之人若回其心，一反于净白，以制兵之费十之一以立教，乡乡有圣佛矣；以制兵之费十之五以立教，家家有圣佛矣；以倡杂说之精神十之一谈道，圣佛盈朝市矣；以倡杂说之精神十之五谈道，圣佛盈郊野矣。如此乃得大治而永太平。又有浅识者曰：不以兵征诛，何由平暴厉？此末之又末也。夫暴厉之所以为太平障者，正以民不净白，而天为之降民贼也。民若净白，为民贼者不改必死，奚能为害？夫天之生獭以食鱼，生螋以害虫，生鹯以杀鸟，生虎以刑兽者，以白垢故。人中不能生异形之物，以为司杀，乃挺生民贼，贪饕淫乱，性与人殊，此正人中之獭螋鹯虎也。而人中亦有麟凤焉，尧舜孔孟是也。世之治乱，多数人民之祸福所成，其于圣贤个人无得失焉。圣贤德与天合，内乐无量，不受福于三粗者也。生民白净，天地交，大人见，则圣贤德位而施泽。生民白垢，天地闭，贤人隐，则民贼得位而司杀。如不兴民净白，而欲以兵力除民贼，一民贼除百民贼出，又将如之何哉？仲夏蚊蜢，可胜去乎！天气转寒，蚊蜢自死，人白转净，民贼自亡。大人无此目光，不足以救民，徒纵兵争，以暴易暴而已矣。使民净白，诛民贼之利刃也。民贼如亦能净白，虎鹯化为麟凤，又何求？如不净白，彼必自亡，何足计哉？古人修德，祥桑自死，蝗虎出境，况民贼乎！故一净白，以感天格人，善政不修而自举，民贼不伐而自灭。此谓知本，此谓知之至也。吾言救世，首重在此。望今之图民事者，反思于本源，速建宗教，以洗古今之污点，开太平之弘猷，则成功可跂足而待也。

民之念乱，何不急自为计乎！自为计者，白为计也。夫天命白，地授形，率性须率白性，不可以率尘性。形而下者谓之器，形而下尘也。形而上者谓之道，形而上白也。孔子曰："天命之谓性，率性之谓道，修道之谓教。"是知本也，是惟以设教净白为务也。若今者事事惟形而下是计，势将曰：地命之谓形，率形之谓器，修器之谓政也。天非以无意识而造世界，生众生，若不大建宗教以顺天志，天降明威，万祸毕至，抢攘以救，其将能乎！故太平之业，永以惟教净白为独一之务，不及其他。欲成功者，曷改图之。无此知识，不可以与民事也。《易》曰："教思无穷，保民无疆。"

此之谓也。此吾太平五大纲之首也，曰净白以免天刑。如此则合天之大本立矣。

尽力实材

既已言善白，进而言善形，则道器两修矣。善形之法，必以物材养之，衣食与住及其他省无可省之必需材物是也。夫材物之生，有二门焉，一曰地道敏之；二曰人力成之。吾兹不言地道，而独言人力。何也？人力以作地生之物，尽人力矣。即不言地物，所作者必皆地物也。白净而天地顺，地道无事，不更言矣，故举一以赅二。地物不加人力，食不得入口，衣不得上身。而又以无为而成，则可偏提人力以统括之，则曰尽人力以成地物可也。曰尽力以阜实材者何也？重尽与实而已矣，劳农劳工是也。而力又有二，曰智力，曰体力。实亦有二，佛言成实，曰养白；俗言实业，曰养形。兹则二者并举，而不相背。总而言之，以归于简，故善治太平之业者，首以料民。先计其数而授之以实业，常使出体力者九，而出智力者一。以此为准，出智力者主教而兼政，教盛则政衰，教大盛则政消灭。吾所以特标智力，以列于劳工劳农之上者，以明道养白为本，非如中古以文章为戏娱，不揣于道、不敬于行之污风也。九人出力以养一师，一师出智以教九人，智力体力交易以平，而出力出智皆必反求于实，毫无饰伪。民自十五而分业，出力者以衣食住为实，辅之以备器交通。出智者以佛学为干，辅之以四教之言，诸子之精，治政之术。古今之史，稍涉虚浮之业则尽去之，又均派于家邑省国，使适足其用而不缺。要在民无余力，地无余材，以足养形养白之要。吾所以矜矜然必以智力为首者，因养白之为本，白不养则天刑至，虽有劳农劳工无益于太平焉。必欲使劳力工农以组政府，于道辩之不明，于理窥之不深，逐末忘本，患之大诚有不堪言者也。然又不似中古士大夫之其优享特俸，厉民自养，其用智力于政教，不过与民易劳而已。然既以超人之智，握政教之权，鲜有不自俸求厚奴隶农工者也。是在法制之防真理之教，其法虽烦，要在以地与人与事与物为基础，而纳于均平整秩，使民无一游逸，地无一荒芜，财无一不成，用无一不备。又因时以为损益，民德衰则益教师，国际争则益兵备，二力备呈，万物大阜。养形者常有耕三余一之储，养白者常有三心（真心、空心、普度心也）十全之善，以使民内外大足。此吾太平五纲之次也，曰尽力以阜地材。如此则开源之大本立矣。

绝欲止滥

　　源虽大开，流不可以不节。譬如水然，入口恒使多于出口，则池沼常满，而鱼得以生育矣。故太平始业，绝欲为大。甚矣，欲之害人也，阿房宫成民之死者十四五矣，运河锦缆民之死者十六七矣，此暴乱之极者也。其次郿坞积金，兆民荡产，金谷赛富，万户无粮，以一人而耗千万人之衣食，以一家而耗亿兆家之资产，奈之何民不贫且乱也。今之军阀又益宠赗无厌，我谓斯人诚有愚不可解者矣。彼阿房锦缆、郿坞金谷，其为乐万不如茅檐清风，渊明三径之菊，周子半沼之莲，而又内杀性命，万劫沉沦，外害众生，千里赤地，诚百思不得其解者也。而净白教行，民知自爱，愚昧当不如此之甚。乃为专书以教之，详言过物之害。夫过物如深水汩荷，内害性命，外害众生。害性命则自沉苦狱，不能拔一真之白。害众生则酿成大乱，不能顾八口之安。此中人以下皆易知之理也。每见一家积金，千家万户皆指为必败。而天道不爽，必生恶子以倾之。诚有万害而无一利者矣。以理教之，苟白稍净，人谁不从？若尚不从，太平始业，首定民产，常使民有耕三余一，耕九余三之严限，以为满贯。民又已各出智力，恒不恃产以生。有此已云过富，况可在乎！乃分家闾里村乡邑道国八级之区，而富公积，家常多备一岁之粮，闾里村乡又各备一岁之粮，邑备二岁之粮，道与国各备二岁之粮，虽有十年全国大荒，民无饥色。又制定娱乐之限，衣服器用居室之等，一裳一舄不得逾制。民不淫心，咸勖净白，必使千人而千佛，万人而万佛，无人厮废以全天获，中和之治乃可常保，而永无竭。甚矣哉！欲之为祟也，恒以渐入，而愈入愈深，不可收拾。而人身所受有限，过度以外，毫无快乐。此其为祸在太平以后，防之尤不可稍弛。盖太平之后，家给人足，嗜欲之人［人］，如因风纵火也。固宜专设纠欲之司，严肃于微渐之始。凡民有纵欲之物，悉令去之，稍稍留余以畅和气。夫民既白性内净以承天乐，衣既暖而食饱，屋宇既能蔽风雨，亦已如天之福，尘中乐止于斯矣。如欲增之，必杀性命，当使一人仅耗一人之需，余悉储之公积，不亦可乎。吾常见上海奢靡，淫侈秽浊，痴痴男女，赴欲如蝇，早料其祸之必及，今果及矣。而欧美近以假太平之文明，富溢无厌，物美竞夸，不知祸之至于何极，可畏也，不可羡也。孔子戒过物。老子曰："祸莫大于可欲，常使民有十倍之器而不用。"用之，则必以纵欲，纵欲则汙［污］白，故玉虽珍不可以为食，宜归之于山也。珠虽宝不可以为衣，宜藏之于渊也。此太平之后，时时当警，不可稍疏者也。疏则乱生，内白垢而外祸作，是以太平须废币。废币无交易，民不得为诈，以颁物互助，民相资而不相害。此吾太平五纲之三也，曰绝欲以止滥耗。耗无一滥，一米一粟实得供一人一佛之效。如此则节流之大本立矣。

厘序均需

源既开，流既节，白既净，乱机已遏绝十之七八矣。而犹或有乱者，恐民之紊序也。厘序有四，一曰尊卑之序；二曰均地之序；三曰均物之序；四曰称工之序。四者失一，民必大乱。

何谓尊卑之序？白性平等，尘性不平等，故涅槃诸佛方能平等。至于净土尚有九品之分，天之生物，所以有草木虫鱼鸟兽人猿仙佛之十等者，正因白之垢净以别之也。若此序不严，以人之智而被之以牛形，以虫之愚而加之以人貌，或尽赋以人形而无分，或尽被以鸟身而混合，大乱不知依于胡底矣。夫圣人法天立制，当分别人中校净之白，上而尊之，以临民而教之；分别人中校垢之白，下而贱之，以事上而承法。然白之垢净有分别，而人身之高低、腹之大小无分别。如白不净，不宜上人，如白既净，不纵物欲，故需物又不宜有过不及之差，以为分别也。太平始业，民自十五以上各因其质，分工专学，卒业授事以后，司政教农工牧畜庶务之人，皆因停年久暂，工劳多寡，而有九品之分。九品之俸不过兼人，八品兼三人，七品兼四人，六品兼五人，五品兼六人，四品兼七人，三品兼八人，二品兼九人。全国元首最上为一品，其俸兼十人。公事用公物，民皆无私。此以厘尊卑之序也。

何谓均地之序？民之生也，必在地上，有一人即有一均分地面之权焉。如此不料，甲邑能养百万人，而仅居十万人，则荒耗其十之九矣。乙邑能养五百户，而增居九百户，则饥寒其十之四矣。故均地料民者，分民为家闾里村乡邑道省国之九区，十人为家，十家为闾，十闾为里，十里为村，十村为乡，十乡为邑，十邑为道，十道为省，十省以上共集一国，十不足者酌损之。常计三亩之地，可养一人，足耕三余一之度。故一家十人，田三十亩，以此上推，一乡万人，闭乡而界居，死徙无出乡。盖既无野心杂事，而衣食居住之需，皆取于乡而已足，出安所为哉！于是行颁物之制，凡地生之物，悉以均颁。国省道邑乡村里间各设颁物之监，而以盐茶为要，盖必需也。其余各乡，米取于其田，菜取于其圃，水取于其井，肉取于其畜，鱼取于其池，木取于其陌，各各有余，何用远出？好行必乱，民乃相夺，废币废商，于养生必要之物则颁之，养生不需之物则弃之，纵欲之物则迸之。富其公积，以防凶歉。度其民力，尽除浮华。此以厘均地之序也。

何谓均物之序？海淀独产鱼盐，其民不能专食鱼盐而生也。山林独产木革，其民不能专食木革而生也。则取于国省道邑之公积以颁之。而取其产物以颁，全国必均。一品得十分，九品得二分，庶民得一分。一丝一粒，莫不以此均。寸缕无私，毫发不藏。太平之世，设官无用，惟以监颁物之均而已矣。此以厘均物之序也。

何谓称工之序？一乡之中，需木工若干人而足，多一人则此一人之力冗矣。一邑之中，需耕夫若干而足，少一人则此十亩之田荒矣。大约一村之室，需木工百人，少二三亦于居室无碍，多则暗耗人力于无用。百亩之田，需耕夫十人，多七八亦于出谷无增，少则暗耗地力于不觉。中国自周以降，百工技艺，随民自择，其不得其均可知矣。故太平始业，料民计工而均派之，不使或多，不使不足。十人之中必有一师，十女桑蚕必有一织，无使或多，无使不足。一乡之中，百工必全。力作之时，咸足半日，暇以讲道。此以厘称工之序也。惟此四序。

古今之争，恒起于尊卑之序。乱天下之祸，多由此基，不可以不谨也。但善端本者慎于微使民无侥幸之心，鱼鑽而进，不以才优而躐等，启非分之心。不以功高而越阶，开出位之僭。家间里村乡邑道省国皆有长，自家长以上，三年一大比。考其绩，如考试之制。同列公保，如选举之制。上级鉴拔，如荐举之制。三制兼行，又比以齿班。家长陟为间长，间长陟为里长，一级不紊。至于省长陟国长，按齿之最高，而毕生历官无罪者。无有争竞之心，营谋之迹，几出天然。国长即元首，视一品。然亦不过平民，监颁物而已矣。如此则民序厘矣。此吾所谓太平五纲之四也，曰厘序以均物需。序无稍紊，计地计物计工计人，调于大均，更有何乱？

节生（附多猿制）

四纲既立，似无有乱矣。而又有一必乱之道焉，曰生不节是也。生不节则必乱，人之生也，虽不如鸟兽虫鱼之多，而亦生浮于死。地非无量无边，粟非无穷无尽，以理推之，势在必满，而杀机于是乎生焉。推本正理而言，净白教行，人人白净，而生之减少，必十之三四焉。何以知之？天最贵净白，决不使之多生多杀也。虫鱼之白净于草木，则其生也必少于草木。鸟兽之白净于虫鱼，则其生也必少于虫鱼。治世善人之白净于乱世恶人，则其生也必少于乱世恶人，理之常也。且治世人少，而天之得获反多；乱世人多，而天之得获反少。真能净白，或者生死相符，亦必然之天事也。若犹生浮于死，再进之以多猨制，使一人之均，有猨狙二，则生之减少必十之五六焉。盖杀机既移于猨狙，而于此足天别之等，补天炼之炉，人之生也必大减。吾以真理推之，太平之时，多猨之制，势在必行，使恶垢之白，在人兽之间者，皆不得混入人胎，而人之生也特贵而大减。此法以佛法言，则为住人相，而以世法言，事理有碍法界中不得已之权，亦合天道之正也。佛理超天合空，事事无碍，非尘界之所能学也。此二法行，若犹不能太平大顺，而生犹浮于死也。乃行节生之制，其法以邑为节生之伸缩界，常使一人必有一人之养，计田而定满贯之数。既满则节之，不足又纵之，缺不至七，盈不至十。用法不至惨酷，以害白性之大仁，或三男而二僧，或五女而三尼。节生之法甚密，而其法必行，而后太平，则必然之势也。此吾所谓太平五纲之全也，曰节生以防人满。此五者全，而太平之实大备矣。苟或有乱，必此五者坏其一也。苟有大乱，必此五者坏其二三也。而今则一未之修也，岂不哀哉！吾之言治法极简，以简则易行也。然已无漏，试尽上智之心力而一思之，五者之外能增一乎？如曰尚有应增，必是简礼乐以齐民，备兵甲以防乱而已。然简礼乐以齐民，当附于净白之中，若烦礼淫乐以垢白，则祸之大者也。备兵甲以防乱，当附于厘序之中，若因兵甲以紊序，则祸之极者也。总之，缘此五纲以求太平，虽至圣神不能增损，增之则乱生，损之则乱又生。乱之生也，恒生于失中和，中和岂可增损乎！再为详计祸始，以显真谛，则愈以见五者之不可增损也，故定之为太平五纲。

统计大成

统计太平之大全，必深揣祸之所由作。今试列而计之，非仅天灾、人恶、物歉、序乱四者而已乎（见太平四矛图）！是四祸者，有如四矛，今以五盾防之，无漏无缺，适足其用，世安得不太平！天灾人恶，人恶而后天灾至也。二者虽极酷，一净白而防之有余。今之言治者，他皆聪明，而惟弃其大，譬如舍本源而末流是务。吾是以决其不成，而望其知反也。不立大教以净白，而区区小节是修，以图太平，如缘木而求鱼也，奚可得哉，奚可得哉！立大教，固非中人所能，然古圣之经，昭如日月，人又非尽禽兽，作而修之，何者不克之有哉！至于物歉，非源不开，即流不节。开源惟恃于净白，人白净，天心顺。一禾九穗，麦秀两歧，皆常事也。次则尽人力，以阜地材。节流亦惟恃于净白，人欲一绝，浮耗大减。次则严法

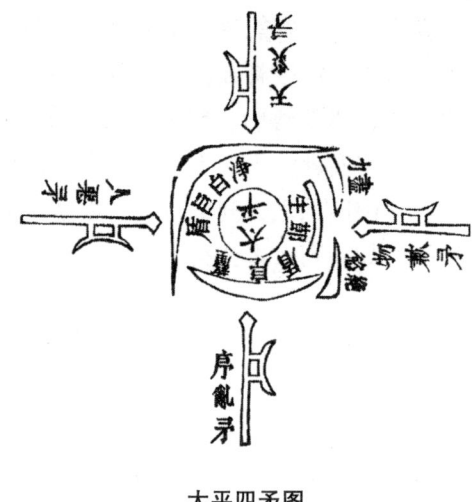

太平四矛图

以绝欲，设法以节生。如是则太平大本，纯在净白，一净白而太平之实全矣。今人不此之务，将如之何？吾是以号呼恸哭，而力言净白。独有厘序，以外貌观之，似不在净白之下，而不知人白不净，各有包天之欲，害群之心。丝纷瓦解，何以厘之？人白如净，蜂蚁尚自知厘序，何以人而不如物乎！虽曰五纲，其实惟净白而已。有闻吾说而兴起者，太平永治之福，可计日而待矣。乃进言太平始业。

恸哭兵权始

吾言太平始业，而先恸哭今之有兵权据地域之民贼焉。夫以拥兵据地之势，本可为天地立心，斯民立命，乃以不学无术之故，一筹莫展，一步不进，而惟欲厚其兵力，以强取民财，此必败之道也。夫据一地，而使此地之人，日安一日，则地可久据也，而民乃日危一日，必亡之道也。拥一兵，而使此兵之心，日固一日，则兵可久拥也，而兵乃日坏一日，必杀之势也。天下之势，不进则退，不成则败，理数之常也。今天心人志，日盼太平大顺之业，我乃不因兵权而促进之，跕［沽］中路而不行，据良田而不耕，天人共弃，胡能久也！彼惟克敌是务，殊不知考于历史，灭我之敌，恒不在目前。何也？今已非封建酋长时代矣，其根深蒂固不如封建酋长时代，而封建酋长时代真敌亦不在目前。故秦之真敌非六国也，彼纵虑患深，安能尽小民而诛之？方秦与六国争衡之日，刘、项皆小民也。魏之真敌，非蜀、吴也，

彼纵操心危，安能尽近臣而诛之？方魏与蜀、吴争衡之时，司马尚近臣也。敌在舟中，仇生骨肉，何能以私心防耶！天心人事，大恶拥兵，今已以自然之进化，薄其势力，仅易一人，即同改祚，则弟可以杀金亮，子可以夷杨坚，又将安逃？不如听忠告之言，速修太平之业，为祚永，为功高，寿终为皇。生前即佛之为利也，乃言太平始业。夫太平始业，必举五纲。五纲何以能举？如后列大事全矣。

太平十始业

太平之始业，有十端：一曰正己而尽绝私欲；二曰标义而昭示大仁；三曰得人而大备真才；四曰固故而厚基和气；五曰小试而万全无蹶；六曰序进而不致操切；七曰权法而创建闾村；八曰普安而不弃一人；九曰永成而严防弛敬；十曰欲尽而极乐咸佛。十端一立，何事不成？如必以私心小谋，悖弃十端，天自必诛，亦可哀也。

（一）绝私欲端本

太平之始，必有大人龙飞在天，统御六合，以成之。此大人而为白净极极之大人，天下万世受其福。此大人而为私欲夹杂之大人，天下万世蒙其祸。吾所以望太平，而倡净白之详说，正欲得一二白净无垢之大人也。为大人者，曷亦反思尘界中私极、欲极，不过如嬴政已耳。帝王何加于庶人？不过曰玉食，而得味之乐，无增于小民，反不如蔬菜。不过曰多妻，而得色之乐，不加于一偶，反不如清鳏。其他四尘亦然，故稍净白者，必不欲。至于子孙非我，其理尤显，故稍净白者，必不私。八识且当弃，何故反欲？四大且当舍，何所得私？堪笑秦、隋之荒淫，而二十八史之鄙秽也。大风潮经过之后，天启圣人，毫无私欲，必不止如唐尧之纯德已也。唐尧尚能不欲，茅茨土阶以为居。唐尧尚能不私，九男二女以事舜。乃克保百年之太平，况欲立万古不乱之基础者乎！即以自私自利而言，尧舜嬴政孰得孰失，此亦中人以下可以知也。私欲之人，其愚诚不可解，若得白净而不痴，亦可以祛二邪矣。有不私不欲者作，出而旋转乾坤，立斯民之命。入而半溪山水，娱性理之和，无一芥之取涓滴之储，则太平之本奠矣。夫拯蛆于溷者不蘸粪而分其味，拯民于尘者不丰物而分其腴也。佛以法无我绝私，以观白在绝欲，至净极极。五教不及，白性也。净白不私欲，垢白大私欲，清浊之等判也。

净白之人，视世物悉如粪也。苟非其人，徒以自杀，亦不能障运会之昌明也。

（二）标义示仁

然欲使民望风而从者，必先标大义，以顺人心。汤武开基，必先曰伐暴。汉高始业，必先曰约法。在古者民气闭塞之时，犹必标一义，以先民志，况今之开明时代，不以标义，其何以服民心乎？虽然主义之良否，视倡者学理之浅深。有二大别，一曰动一时，二曰定千古。其能动一时者，必其适矫时敝者也。其能定千古者，必其真得一是者也。非中和净白，吾未见其有更高主义者也。中和则不偏不激，不偏则不遗弃一人，不激则不伤及民命。而以净白合皇，得无上之是。鲜有不丕，被六合者矣。

（三）大备真才

抄孔子一篇政治纲要曰："其人存，则其政举。其人亡，则其政息。人道敏政，地道敏树。"又曰："如有一个臣，断断兮，无他技；其心休休焉，其如有容焉；人之有技，若己有之；人之彦圣，其心好之；不啻若自其口〔己〕出，实能容之，以能保我子孙黎民。"为政之要，尽于此矣。吾毕生每见煊赫大势之人，观其左右，即卜其成败十之七八矣。观其为人，即卜其成败之全矣。未尝一爽。而当局者决不自知其必败也，不亦大可哀乎。有大人者出，能先以得真才为务。如工师然，必备匠而后经始。如驾车然，必相马而后任重。勿以一党一朋之私，而拒疏远遗逸之士。分遣访员，遍历万里，崖穴必搜，乡曲必遍。安车蒲轮，以征其尤。卑辞厚币，以招其次。合之以道，诚感国士。全国之人才得其半，则太平之业成其半矣。全国之人才得其十，则太平之业成其十矣。然非真人，不足以知真人也，亦惟望于净白者。不得人而欲治者，必朝盛而夕灭者矣。

（四）固故厚和

何谓固故，而厚基和气？改造国家者，譬如种树，十年大木，一朝忽拔而植之，则惟有死而已矣。善树艺者，欲其不枯不夭，则因其故土，顺则自性，岁伐其一方之根，经四岁而后移，则木不改其常态，而蔚然以秀。夫移一木，尚需四岁之渐，而况于易大国之风，改千秋之制乎！操切而行，徒多迫杀，民不堪命，又从而踣之，新政虽善，不能举矣。《易》之"革"曰：

"已日乃孚，元亨利贞，悔亡。"已日者，多经时日也。孚信也，言民乃乐而信之也。灾悔乃亡，诚善言革者矣。大凡古法旧习，民既已安之矣，一朝而破之，奈何视万民不如巨木，而听其颠沛失所也。伤天地之和气，其为败也，亦指日而可待矣。故善改革者，初定剧乱，莫善于因俗不变。又从而整理旧纲，贫富之不均者仍其不均，风俗之不明者仍其不明。与民大休三年，笃其生利，除其苛暴，民皆安悦。然后化其学风，俾民净白，督其出力，使无游民，民尽已食力、食智，视产业若有若无，平财公产之制，一举而成。若民犹未知各食其力也，而遂突然行平财公产之制，不惟迫死极多，文智者凋丧，而劳力者独存，国家之元气尽矣，何以能立？从吾所言，一人不杀，一夫不苦，而驯致平财公产之盛，远不过十五年，近则只经八九稔，而本固不颠，安乐于不知不觉之间，遂以大革。夫使人民各出智力以自食，因其资质而分教之，除衰老废疾，三年之学，即足养身而有余。为教师者，端其经训，亦三年而净白之理大明，岂有坐食无劳者哉！民皆不坐食，又安用资产为者？故事徐图而易成，愿今之言改革者三思之。总之，推一夫不获若挞，市朝之心，可以缓成大业矣。

（五）小试万全

然后拔十户贤能之士，与之商酌而使之组新闾焉。新闾百人，一省试办其一，有完善者，因其法而组新里。新里既成，乃命各邑悉组新闾。如此试其分工，试其定居，试其需田之多寡，试其节生之成效，试其净白之迟速，及需教师之多寡，以编定教科之书，通行全国。民数浮，则严其节生之制，限其闾里，死旋无出，足以自养。苟一闾试验失利，则一邑从而救之，亦不至损害一人。如此方合一人不害，顺致太平之本旨。望今之言救民者，严于一人不害之大本，由小及大，试而推之，则熙皞之风，可顺流而抵矣。吾深恶痛恨一言改革，不察机宜，而动辄骚乱一国，误而后反民死多矣。夫探航路者，尚以小舟先大舰，侦敌情者，尚以尖兵遮大军，可以治国而不如乎！一砖不正，无以筑崇垣。一卒不练，无肃行伍。愿图太平之业者，三思而后行之。庶几万家视如生佛，而伟勋可以千秋矣。

（六）序进不躁

太平大业，第一莫先于净白，第二莫先于去私欲，第三莫先于标正义，第四莫先于求人才，第五莫先于正军，第六莫先于安民，第七莫先于厘序，第八莫先于尽二力（智力、体力），第九莫先于定居，第十莫先于均事，十一莫先于均物，十二莫先于节生。此十二事成，永绝私欲以保中和。虽地坼天崩，人中无乱日矣。若一紊其次第，大祸立至，求成反败，求福反祸，不可为矣。譬如行远必自迩，譬如登高必自卑，望世之图伟业者，严于一夫不害之义，循序以渐进。苟害一人，则其法不可行，而三反之。今之前鉴，德国已为操切者所害矣，苏俄又为操切者所害矣。白骨积高山，寸功安在？苍生如刍狗，盛业奚成？天心悔祸，吾中国庶先自净白始，可以不于德俄之惨矣。敬之哉，敬之哉。

（七）权建村闾

权法，以建村闾。此法行，而太平公产之制可顺致也，而民又必皆利之。其法如何？曰今使有田三百亩者，自出其田，以建一闾，永为闾长，世世承祚。闾长之家，限以十人，招九十无田力夫，以足一闾之民数。即限以节生之法令，斯三百亩常居百人，死徙［徙］无出。以闾长之家，分任一闾之教事，而闾民九十为耕工、织牧之役，以养十人，卓卓有余。如此，无田者有田，不力者得生，民必乐为。至有田千五百亩者，为小里长，里长之家限三十人。有田三千亩者，为大里长，里长之家限五十人。此令一行，即以吾蜀而论，田千亩者不少，又得世世守之，无形而成公产之制。昔之田主与佃户，约各得地生之半，而出力者已皆能足，今新闾里之制行，田主仅得十分之二三，而力夫得十之七八，何亏于劳农？此法行之百年，村闾自足，稍一推移，则平权公产之实，成于无知无觉之际，世之临民者，曷反而求之！如此，新闾新里竞起速成，不及十年，闾里村乡邑皆顺而成新制矣。其田不及三百亩者，令十余家合组之，苟出田十亩，即可一人坐食，永肩教师之任。其学不足以为教师者，缓之三年，设简法以教之。三年直切可以教人，智力交易之实自此始矣。苟有行斯法者，吾即愿以田六百亩，组二闾焉，不出二年，可成圣制，推二及十，及百及千，万亿咸从，毫无迫蹙。不害一人以成太平，岂不休哉。

（八）不弃一人

故改革之法，必严于一人不弃之弘仁，以基和气。每定一地，则集一地之贤达，因时因俗顺而商之，先严于取缔游民，使皆出力，则源大开。又严于监察富人，使皆绝欲，则流大节。又大禁不实之业工，而改之务实，则源又大开。又详计有余之家室，而使之公积，则流又大节。源大开，流大节，因旧俗以休养十年。此十年中，速行净白之教，促进闾里之建，官司以法助闾里之长，以监民勤。其不能自食其力者，以三年之暇，因其资质之壮弱、愚智，而授之一技，三年不完则倍之。不及六年，民无坐食，何必迫杀一人而后致太平哉！愿今之言改革者，厚计之。人皆骨肉，宁忍弃一骨肉哉！苟弃一人，而后致太平，足见不学无术，而太平终不可抵绩也。从吾言，而徐施之，不害一人，易如反掌，无他，要在有条有理而不操切耳。动言共产，夺彼与此者，徒多迫害，终亦无成。吾以釜底抽薪之顺法，不十年而共产之制自成。祈详审次第，稳以修之。

（九）永防弛敬

从吾言，以修太平之业，不十年而尧舜以上之圣治可再见矣。民咸丰足则易起蔀，民咸逸裕则易生疾，故《易》之"丰"曰："丰蔀，日中见斗。"言真理因丰而蔽也。其"裕"曰："贞疾，恒不死。"言隐病因裕而伏也。非予未抵太平，而遂先为之多虑，作杞人忧，盖事有必至者也。吾恒见人心之暗，如彼萤尾，投之幽黝，又似有光，稍见大明，遂亦昏闷。如之，何其可使久处乐耶！然以静者默会世间极乐，莫乐于内尽空明，倘有善导者顺而诱之，以安于此，虽久泰何伤？故太平之后，切戒尘福而享清乐，有金屋之资仍居茅茨，有山海之错仍食菓蔬，不动六欲之渐，不折上达之真。而民之白，日益上冲，又不滑于学问，不流于文章，以启机心、抑智巧而朴之，迸富丽而负之。务使民生不求乐于外物，而求乐于白性，内乐增，即观自在之全功。民咸以不饥不寒为极富，以净白事于实，不事于浮，喜于内，不逐于外。如此永持，履霜遏渐，庶几其可久也。

（十）欲尽咸佛

以正理推之，人无有不佛，蛋无有不禽，世上众生亦惟以此疏达其志，而后能敌物欲而久安乐。天之生人也，自赤子以至壮大，白日率性而上升，及于萃而初禅自现。上界乃成点线之相法，妙乐渐入，及于华而二禅自现。上界乃成平面之相法，妙乐亦甚，及于英而三禅自现。上界乃成立体之法相，妙乐无极，发大神通。神通无他，入水自生鳍，入光自生目，入萃华英自生神通。吾不知何以得人身而竟已得人身，亦不知何以得佛身竟得佛身也。恍恍惚惚之间，妙化呈焉，妙化皆出于自然。自然者，白然也。今之人所以不佛，失性久矣。四千年嗜欲蔽真，人趋近乐，失其远者大者也。太平之后，风教大行，性命复古，将使鸡复雉飞，鸭复凫翺，而人咸仍其本性，乃足天获，天亦忻慰。世无争夺，民皆草芥三粗，盼朝夕死。朝死朝谷，夕死夕安。回看此日利欲熏心之人，真多粪蛆之不如也。夫有富贵大愿在后，则志士忍少年之苦。有山水大快在前，则游人忍跋涉之劳。若知成佛之可乐，人人赴之。百年一瞬，稍忍即过矣，又况性命之乐，万倍物欲，惠迪之乐，万倍失常。又不须忍，而物我咸成，死生永吉，何益如之？人如复其白性，知成佛之皈的，虽以刑趋赏劝，迫之争利于俗尘，亦必不肯为也。如此则皇之功成。如此则吾之志偿。当涕泣号呼，促民兴起，以咸勋于净白。

太平乐相

于是，而太平矣。于是，而永远真太平矣。个人之五私欲，皆得满盈矣。太平之五大纲，不或废一矣。其时太平之相，以言人寿，则莫不二三百龄，无一夭折。其人终身，不闻病苦，闭村而居。沟沟以为界，独桥以通外，非受颁物，无出村境。幼子五岁，养于村塾，二十而成，即事于村。官有定数，老者死亡，依齿进级，无或争夺、运动。公积九仓，国省道邑乡村闾里家仓皆有限，满则上输，虽十年全国大灾，民无菜色。官府无事，惟记民数，监节生，均颁物而已矣。民自十五至二十，日二时劳作。二十至四十，日六时劳作。四十至百岁，因时强弱分之以工，行之百年。官皆二百岁人，老而德厚，神通俱显，绝无有恶。半日力田，半日讲诵。禅者不扰，欲无由兴。诗书有定，稍滑性者焚之。庶民皆二亩之园，馥花幽鸟满其中，鸟人相亲，绝无害意。非六畜鱼鳖不食，九品之官园三亩，以此每加一品园增一亩，元首之园十有一亩。曾为村长者终养于村公积，曾为国长者终养于国公积。官五年而一易，不进级则休致。民皆愿休致之逸，进级之劳，谁复争竞？是以全国之中，不知苦趣。茅檐筚户，罔不清洁。虽曰小民乐于帝王，即有尘欢，咸恐污白，悉远弃之。亦不各子其子，各亲各亲，视少者皆如儿女，视老者皆如父母。民以太和，废囹圄为公园，罢讼庭为庠序。民皆八十而一通，二百而四通，三百而六通，寿终之时莫不成佛。而一禾九穗，麦秀［莠］两岐［歧］，菽粟如水火。郊野走麟凤，道有遗物，久而莫或失之。夜不闭户，久而莫或入之。外国不率之人，咸来取法，争愿各国同享圣制，此事之所必至者也。但从吾净白之说，顺以修之，不及二十年，可成此盛。吾子孙永乐于秦汉帝王，又何必作嬴政之蠢计哉！

易极（泣劝共产党）

虽然，此圣治之极，实不难致，苟顺序而修之，易如反掌也。何也？先净白则哲学大明，圣神慈仁之士相继而起。再得一日小定，决不如四千年帝王之私秽。于是，从容就理，按步徐行，先监民劳，使尽出力，无一游手之民，无一不实之业，则地产之材必增十之二三。民乃小裕，此初一步也。又从而止民滥欲，罢歌妓为织女，改优伶为耕夫，废园囿为麦田，止雕文为朴柱。化一锦为十布，纳百工于三需（衣食住也）。悉弃浮华之物，归于成实之门，则地产之材必增十之五六。如此骤然丰富，太平之隆岂不立见！此第二步也。从之以料民节生，严节十年，民必减十之一二。严节二十年，民必减十之四五。布粟则倍增，民数又倍减，此时富裕必有不可言喻者矣。此第三步也。民和物足，为所欲为，乃颁闾里村乡之法，计田计民，奠其永居。限其节生之数，由小试之，必成必稳。闾制成乃试里，里制成乃试村，顺序推大及小，不出十年，全国大治。此第四步也。四步既进，乃富公积，行颁物制，而太平五大纲永立，十事亦次举。此之谓妥筹善建，长保太和，为之者诚，万家生佛矣。此之谓哲，此之谓有猷、有为、有守，乃为智人。克始克终，垂光百代，延泽无穷。

今有人曰，不计利害，不问习惯，不谋人民之死生，不管万姓之涂炭，遂欲荒伥唐突，取古礼制而坏之，夺人之田以与劳力，而曰共产，欲以治太平。粗率如此，安用哲人？安用事理？譬如举一城而焚之，不问筑百堵之艰难，亦不顾民之犯霜露而死也。又如移大木而伐之，不问盘巨根之坚错，亦不顾木之失水土而枯也。是岂可哉，是岂可哉！夫今者劳农者既已佃田而耕，与田主分食而各足矣，多与之则田主窘死而佃户亦无益焉。又将使佃户受过物之祸而污其白耶！佃户又有佣工，将何以处之？夫文弱者不能骤耕也，而智计恒高于劳农，使智计者逼迫而图他，人群终不得安矣。即使恶富溢之无厌，则于一省一邑取其尤富者数家而裁抑之，又何必扰及亿姓哉？况元气不固，大本旋〔徙〕扑，令不先拔优秀文弱之士以维教本，而反迫杀之，是欲杀民之白而徒养其形也，其为策亦卑下矣。又况地产之多寡，务在同劳，不务在均地。若民已同劳矣，又何求？而同劳以劳心为上，在今日哲理未明之日尤然，何不先别而用其长？遂欲颠顶以纳之于死地也。且劳力、劳工先加监劝，不三年而民咸能之，何不能从容待此斯须也。躁无长业，轻无远功。失矣，人民各有生活之习惯，奇穷者稍有即安，巨富者微歉即困，徐而变之，不出三稔。望今之言改革者，从吾四步极简极易之法，顺而修之。吾固极主共产平财之均者，要在一建而不拔，永成而不废。吾之所谓易也，善始敬终，不伤一人，而伟勋顺宁于万斯龄。不急而至不驰而远，信非难也。宏慈普济之心，无畛无域，无党无偏，但觉有可怜，无或有可恶，但自有周虑，无或有偏枯，岂可使功业恩泽尚在乌有之乡，而先遗弃一部？未有生一人之惠，而遽破万家。未有成一物之功，而早骚四国者乎！共产均财，天之经也，地之义也，民之彝也。不善办则差毫厘，而失千里，毒又极焉。从吾所陈，三十年之隐步安车，任此重责，致远无终，不已休乎。详吾四步之计，易乎不易？知此者，可以驾唐虞，而追尧舜矣。

惩蠢豖

虽然，今尚有顽冥豚犬之子，目见风潮之澎湃，日急一日，而犹瞢瞢然，惟民是抑，惟兵是拥，惟位是固，惟财是贪，惟秽是投者。彼其欲不全在吾所列举五欲哉？吾固决其不出五欲之外也。然而，求祸得福，求福得祸，天弄愚痴，事实颠倒。韩信犯法将斩是祸也，而因此反得拜帅是得福也，及后封王，人以为福，而因此反夷三族，是得祸也。祸兮福所倚，福兮祸所伏，以祸福开谕蠢豖，难乎其为说矣。总之，顺道吉，从逆凶，斯为定理。净白为顺道，垢白为从逆。以发展白性，敦行宅心，则白日净，自然成佛，空相而升极乐。以戕贼白性，败行丧心，则白日垢，自然化鬼，污相而沉极苦。白性既明，可无疑矣。吾诚不知今之蠢豖，何故必欲自杀而不稍恤？乃更为祸福九征以谕之。

祸福九征

凡劝下愚，莫切于祸福之辩，而祸福之来，必因于恶与善。知恶必得祸，善必得福，其考征有九焉，一曰己身经验；二曰古事证据；三曰世法维持；四曰圣训为凭；五曰神通先知；六曰别境彻照；七曰万物格致；八曰良知内判；九曰皇道自然。前七皆有漏，后二惟无漏。人审于此，众稚咸佛，宇宙清平。夫谁不欲求福而避祸？曷亦详察之。然惟无上上乘，不在此法。民乃生疑，其实亦不必疑也。皇天之锻白，求一至诚而已矣。使知祸福，又安得诚？故佛至此，亦不敢说，守天秘，俾民厚也。

己身经验

人固多愈七十者，而吾身不过旅世四十年耳。以吾短揆于四十年中，见朱门巨户，凡不义而入之财，其败忘[亡]也速如崩。见正士端人，凡奉道而行之家，其发荣也茂如柏。昨日欢喜将军，势倾天下。今朝身首易处，命等鸡豚。巧滑欺天之智计愈深，死绝困穷之冥诛愈烈。且人若有世故之经验，即知祸中有福，福中有祸，祸福之来，非可私谋。此一身之经验也。

至于静坐验乐，俗人每以肉器（牝牡生殖器）之交，而引涂动水涂精也。水动则引气，气引神，神引白，而下沉以生子，是以土之贱为元帅（肉器土造）。而水为将，以气为士，以神为兵，而以白为下奴也。道人以白为师，反俗人而行之，故三禅惟是寂悦妙乐，有万倍于男女之姤精、阿房金谷之快，不能仿佛其万一也，此亦常理。真心合皇

道俗升降图

者，时至自现，若必觅怪寻师，是教幼蚕以吐丝，强雄鸡以伏卵也。人生不过求乐，既得大乐，又何所求？故验禅功为己身之内经验，阅世故为己身之

外经验，二者不离白性，而外求即合皇矣（见道俗升降图）。呜呼！淫之为害，上绝皇而下入地，可胜哀哉。

夫禅功者，白养既足，时至自现，不可以外求师友。如养白未足而强为之，如秋冬种禾不能生也。法犹是法，赖不仁何哉！

古事证据

教人之法，古事证据，为效极大，而民易信。惜中国四千年之历史，徒以书私欲之家产案而已。不如大革纲目，允定春秋，辅以仙佛之言行为一书，高指正鹄；儒者之言行为一书，近劭民德；鬼神之报应为一书，以示显赫；善人之得福为一书，以指正路；恶人之遭祸为一书，以正天罚。五书大集，中人之才，皆可披览，以教人。不经之典，可付秦炬者，百之九十九矣。

世法维持

世法维持，一曰国法；二曰教仪；三曰风俗。如儒家言，可以一礼字包之。然三千年以来之礼，多不合于真理者，必更而正之，宜极简极真，极真极朴。吾欲详论其条目，而不欲儒、佛之太繁。《曲礼》焉有三千，《礼经》不须三百，而僧家《梵纲》、《律宗》，亦可损其十九。取正纲而监民之必行，成为日用必须，如水火之不可离。此太平始业第一之要务也。涂民耳目者，必尽去之。总之，以中和净白为归，而量物合宜者是也。

圣训为凭

世界之所谓圣者，其最显者惟五耳。以吾观之，广大精深，直切简当，周备真实，莫如佛，惟中国仓颉谊与颉颃。然其书宜编以纲目，改为简文，去其译音，使中人能了。乃以他四教之言为证，若合符节。若无佛，恐四教之徒，皆陷于人天小果矣。有大哲出而得大位，能以财力聚天下之哲士者，必拔一魁哲，以提纲而明着经文，《三藏十二部》复言太多，简以万言括之，而取五教诸子百家，以为注证，使百千文士集而编之，庶大成之教立，可以善天下矣。夫圣贤如知路之人，而吾民瞽也，不从相师，其能行乎！此绝伟之业，天必生倬伲之智，居唐太之位以为之，才与位缺一不能也。呜呼！书多之为害，祸烈于洪水猛兽。洪水不过汩人身，书多汩人白矣。而尤以绮语为极祸，诗文词赋乱道者悉宜燔之。佛之真理，亦仅净白合皇，而戏论日增，亦多事也。本白不净，染识徒富，又何益乎？后有大智硕哲起而成此，方知佛理易如反掌。圣教倡于日月，而民永不迷也矣。

神通先知

民能尽白之性，必显神通。一月无邪思杂念，心安病痊。一岁无邪思杂念，神清气爽。十年无邪思杂念，智明神察。三十年无邪思杂念，近之生根萃中，为初至仙，远之生根英华，为上至仙。如荷入风，自然花实。天既生人，必足其就净合皇之官能，时至自现，安得无神通？更欲上达，则以尽白性合皇而修涅槃，念净土而修净土，则可得漏尽通。人如藕根，藕根得水土，自茂秀。人白合皇，天自神通，何异之有？人者草木之颠倒也，试日日早起揉掌至热，以掌抱一有叶茂木，而为深呼吸，与草木互换养素，则木必繁花实，人必清身心。又从而怡养白性，老而神通，见幽彻明，知善恶之报，丝毫不爽。民多能此，世上之恶业，无敢造矣。

别境彻照

《华严》所云，层层风轮持诸华藏世界者，非俗风也。即吾所□□□冥英华萃之六美地，老子之所谓众甫也，六众也。□□□□能持宝藏甫美也，故又可名六甫。瑜珈师地十□□□□□依也。本是涅槃，值与皇合，离言绝相，不可思①

（所据系残本，出版时间、机构不详）

---

① 以下文字残缺。由上《祸福九徵》所言可知，以下尚有《万物格致》、《良知内判》、《皇道自然》三节。

生民常识

自 题[①]

是书必为天地立心，斯民立命，如独桥专户，众生圣佛，不能不由。以此立法行教，利己福人，如以规矩造器也。舍此瞎骛，误尽天下苍生，虽学说蔽日月，事业震乾坤，皆自害害人也。予断由是而之，包举尧舜如反手也。真有心于救世者，其平心思之。

止园题

自 序[②]

呜呼！太平之业，近在咫尺，而人不知也，必欲私心自误，以投于陷阱。今伟人之所谓利，吾斯不知也。要之，圣贤英雄，站［沾］尽天下之便宜，而天下莫不与。小人俗子，吃尽天下之大亏，而千载莫不笑，无他，明真理与不明真理故耳。吾欲使今之伟人，舍蝇头之小利，以获如天之大利，生无不安富尊荣逾于帝王，死无不成佛证果高于天地，亦无他，只在明理而已矣。人曷亦探于乾坤阴阳之道，积日月之学，而后言治国乎？《诗》曰："式讹尔心，以畜万邦。"伟人知此，其庶几乎。吾于是摘群经之奥，罗万象之通，内揭性命之精，以明成佛之可必，外说宇宙之极，以见圣治之可期，大包天地，小入秋毫，作《生民常识》论，显至道之尤显者。至于泄天地之机，以变为庸言，吾不自惜，非为人之切，谁肯涕泣而道此也？悲乎！中华民国十五年岁在丙寅仲春月下浣日，太昭尹昌衡自序。

---

① 此标题为编者所加，以下题词为著者手迹。
② 原标题为《生民常识序》，今题为编者所改。

卷　上

一　明白①

太昭曰：人不明白，世祸不息。白真既明，宇宙清平。何则？无或见阱而投之，无或知鸩而饮之，人有不投阱而饮鸩者，则天下宁矣。是以天下之本在国，国之本在家，家之本在身，身之本在心，心之本在白，白净而后心正，心正而后身修，身修而后家齐，家齐而后国治，国治而后天下平。不探其本，不培其根，虽劳不治。故千兵万将，不如一相，千相万司，不如一师，师以净白而明道也。造物万机，天地之覆载，日月之暄温，惟以净白为成物。不法天（此天纯指惟一真宰正觉皇灵而言）则，不顺大命，是谓虚生而无成，碌碌而自焚。圣人之首重明白焉，以此。

二　说白

若有人焉，鼻之尖，额之前，身之颠，两眉之间，空穴而中居，纯明而妙圆，无形而贞坚，率五官，通昊天。文（仓颉古文）谓之自，自者画鼻之形也。自损曰白，白者损极之真也。以其为真我也故自之，以其为百骸始也故自之。自者已也，自者始也。斯白也，五教咸宝（孔子曰"仁"，老子曰"谷神"，耶稣曰"耶和华"，回祖曰"天方性"，佛曰"舍利子"），众生同具。惟此为真，百骸皆伪。惟此为我（真我），五官皆他。重之曰仁，仁者夲（古文仁字）也，人中之真人也。仁者忎（古文仁字）也，众生之同心也。先识白真，大道乃明。默察四体，非假奴哉（试以四体对观觉自何发，则知五官百骸假奴也）。观自在者，观白在也（见第一图）。

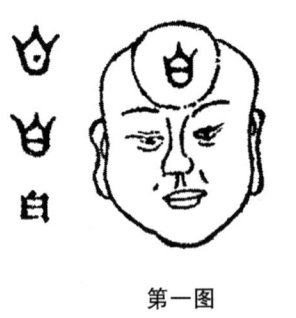

第一图

---

① 原标题为《明白第一》，以下依次为第二、第三……今改"一　明白"，以下即依次改为二、三……又，此处有原注："以下二十三章，皆言明心见性。"

三 太空纯白

寐者不能直立，觉弱者亦不能直立，吾乃知天为纯白，白觉体也。纯白吸引觉，大海吸引水，巨磁吸引铁，以同类也。同同相吸引，同异相摈斥，故同电同极（南北极）相吸引，同电异极相摈斥。鼻端小空，犹且有觉，况太空之大乎！大真空，白性钟，皇灵之宫。憬然见人之直立而无尾，鱼虫横卧而巨尾，吾乃知白弱尾大，白强尾小（见第二图）。天之吸

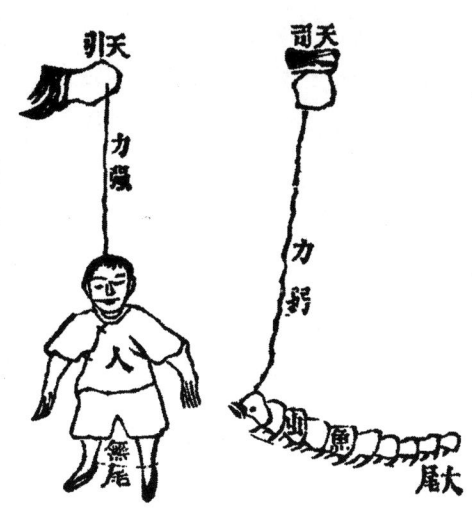

第二图

白，而聚于鼻，通夫脊髓以升，团而结之，骛诸太清，厥象明甚，用见道真。故以水喻白，太空如瀛洋，至（音主，覆冒吾土之天也，用此字免混）域如江湖，气环如沟浍，水环如行潦，上层如润壁（润壁中有水而微）。故白在太空，无缚为佛。白在至域，微缚为仙。白在气环，增缚为人。白在水环，缚重为鱼。白在土层，缚极为植。皆同物也。

四 电灯喻白（见第三图）

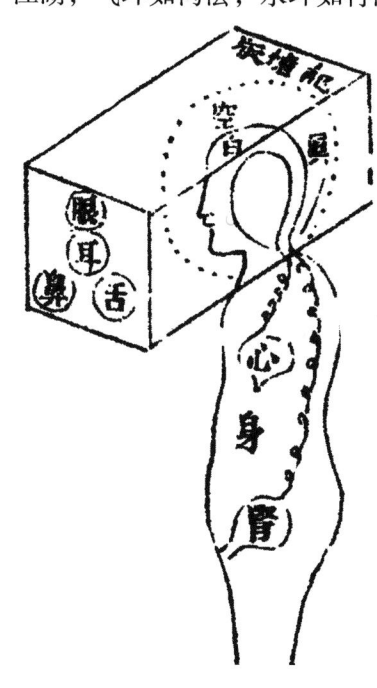

第三图

造物制众生，其法如电灯。以白为鎏环（即白金线圈），以身为全器，以气血、精脉循环为电流，以心肾、筋络交感为二瓶（阴阳二电瓶），以空球为玻璃泡，以髓浆为留像板（照像之药水板），以头面为覆被匣，以天灵盖为来光穴，以前四根（眼耳鼻舌）为通尘孔，故白之发觉，如灯之发光也。全器之中，惟鎏环为真体，余皆配器，故去后来先，主翁惟白，来取去弃，四大无常。是以白纯者真智慧，空大者附智慧，精强者辅智慧（如电足

故)。孔通者照像明，髓盛者记忆强，真智慧之实，惟在白纯而已矣。白纯净明，则从心所欲不逾矩，是以夜寝则无觉，电流闭也。心肾下交，故电流闭。以是观之，惟白为我，他皆入域之假借机也，如舟如车，可舍则舍。惟太空，大电流（此电近以太，非俗电也），白满盈，灵无仇，极乐广游，万类之头。

五　皆忎①（见第四图）

比白为皆，言众生之白皆同也。千心为仁，言众生之仁皆同也。白即仁

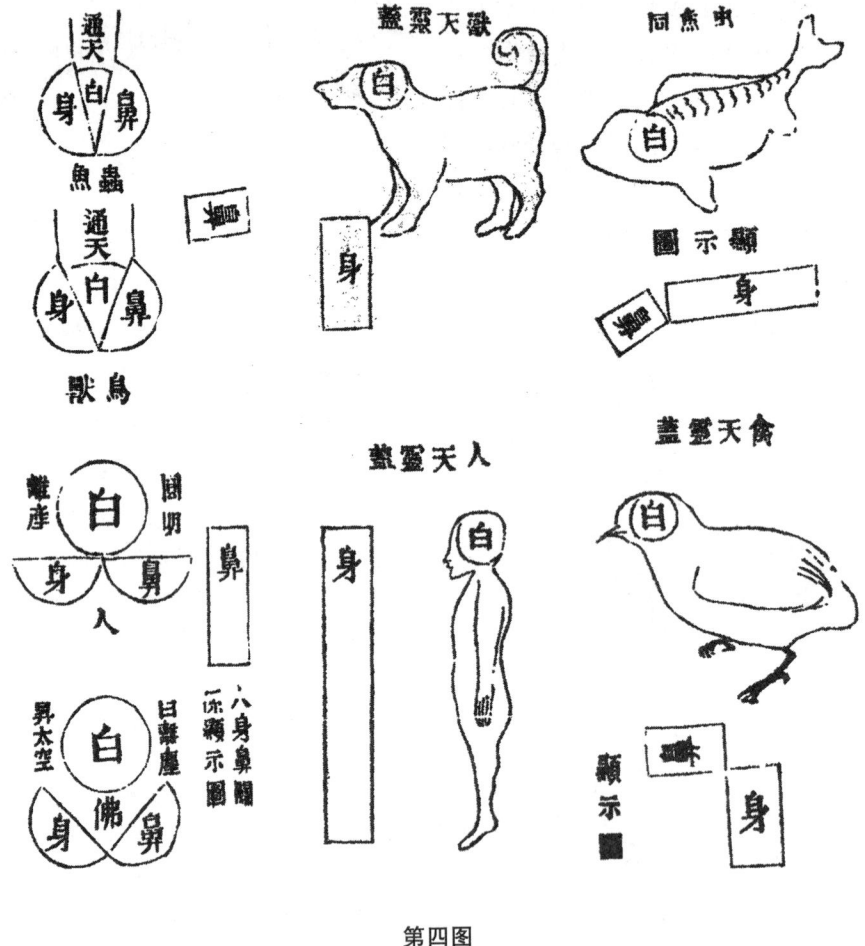

第四图

---

① 原注："忎同仁，即古文仁字。"

也，白之赋于众生，无分夫仙佛人畜虫鱼草木也。何也？仅开嗑之广狭不同，而愚智迥别焉，其中未尝异也。情形者，白之衣冠也，安得不异？故草木之身与鼻直连而无缝，故不智。虫鱼之鼻微倾离身而狭缝，故微智。禽兽之鼻与身成直角，故大缝而强智。人之鼻与身成平角，故缝益大而智益极焉。譬如夜光之珠，在墨盒中，开缝之大小不同，而显光之明暗即异，其中岂有异哉（见第四图）！夫盒何以开？合天绝欲故也。又何以闭？反天多欲故也。仙佛之与人，人之与禽兽，一间而已矣（此真工夫，后详言）。人之成佛仅一级耳，如左契之可操，万不爽一也，奚自误乎？鱼白为鲁，非白不同，盒闭也。知白为智，非白有他，盒开也。故曰：欲则尘相引，如蚌筋缩，故盒闭，盒尘积也。空则天相引，如绳上絜，故盒开，天白积也。明夫此义，知欲之为白贼矣，贼身祸小，贼白祸大。

六　白仁蔽（见第五图）

不惟盒之开合异也，蔽之厚薄亦有关焉。又如明灯，蔽之以瑠璃则大明，蔽之以薄纸则小明，蔽之以布帛则微明，蔽之以铁匣则无明，明灯本体岂有异哉！佛者无蔽者也，仙者微蔽者也，人者厚蔽者也，鸟兽虫鱼草木蔽益厚而愚亦甚焉。蔽何由生？多欲反天故也。多欲招尘来积为蔽，如铁招湿来积为锈。

七　集混团结（见第六图）

白之入尘，集混则觉微，团结则觉显。何谓集混？如水在泥丸，与尘形均合也。何谓团结？如水在磁瓶，为尘形包容也。为其集混，故杂而昏愚，

第五图

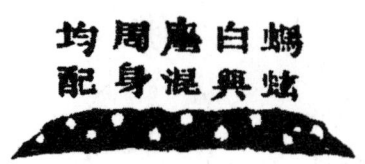

第六图

如浊泥然。为其团结，故醇而明净，如澄水然。白中不可以杂尘也。故蚯蚓之类，斩为二段，即生二蚯蚓，斩为多段，即生多蚯蚓，白岂能应斩外来哉！无白则无生机，无觉性，尾段恶得而活耶！故知蚯蚓之白，恒均配于周身，不分首尾者也。草木亦然。故草木虽枝枝节解，亦能生也。龟与蝾螈不易死，首断而尾跃，其白亦未能团结于脑也。白之聚散，与尾之大小，互为反比。其初聚而未纯，是以有结混之象焉。若夫人猿，破脑即死，是白全聚于鼻端也。谓之结团，因之心不可散乱。散乱即由结团而渐集混，物至化物矣。心最宜专精，专精即由集混而渐结团，真人成佛矣（此真工夫，后详言）。明心见性，宜首察之。存心养性，宜固守之。贞一不杂之义也。

八　白性真乐

白丝木乐，丝么么也，微之至也。丝在傍，枝有二，有眼耳鼻孔之象焉。故观自在，即观白在，观白在，乐在白也。在白即不在六根、六尘，六根、六尘，傍枝丝丝之乐耳。众生之志，岂有外于趋乐哉。仙佛圣贤，趋乐避苦，虫鱼草木，亦同此心。然乐在白，不在物，自具之，真有极乐焉。苦之所至，以吾有身。饥寒毒害身受之，而以累白。若吾纯白，苦何由至？故观自在，为《心经》之全功，而《心经》为三藏之总汇。圣人知此，是以无升斗之粟，而乐于郁厨。无鹑结之衣，而乐于锦绣。无容膝之庐，而乐于阿房。无一命之荣，而乐于天子。彼欲人无声色之娱则不乐，贪夫无货财之营则不乐，情奴无妻妾之奉则不乐，世贵无人爵之尊则不乐，法士无治政之权则不乐，文人无诗书之事则不乐，皆不安其性而外物夺也。谓之不自在，不自在，即在物矣。故不自在，害己害他，众生陷溺，以逐乐于外为祸窝。

九　白性宜空（见第七图）

有地焉，大于吾地恒河沙倍然。苟有界，自太空视之，皆微尘也。人附微尘，如蛆附粪，可哀可丑，亦可笑矣。必依地上以生以食以聚以游，而不能遍涉于太空，皆以形囚白之故也。若无形囚白，岂限于地上哉，固将视宇宙为庭户也。夫列子御风而行，泠然善矣，然因有形而后待于风。若夫无形无囚，任白所之，岂有待耶。人将谓空不可居，不可游，是不知白性者也。白

第七图

性固宜空而害实也。觉宜空，形宜实，是以土空于石，土中之草木智于石中之金玉；水空于土，水中之鱼鳖智于土中之草木；气空于水，气中之人猿智于水中之鱼鳖；至空于气，至中之神仙智于气中之人猿；空空于至，空中之圣佛智于至中之神仙。水中之决不生人，犹气中之决不生佛也。鱼宜水，大海大水，必有大鱼。白宜空，太空大白，必有大佛。如以人之见疑至与空无仙佛，如以蛆之见疑海与洋无鲸鲵也。蛆谓离粪不可生，人谓离地不可生，堂堂丈夫奚其与菌虫齐识哉。蛆无耳目，必且谓宇宙无人畜，无光色，无日月也。人无六通，必且谓宇宙无仙佛，无妙趣，无神灵也。吾不敢学蛆，吾故信仙佛神祇之必有。有不信仙佛神祇者，乃人蛆也。

十　因吸改向（见第八图）

草木虫鱼鸟兽，与人与仙与佛同一白也，尘压之轻重不同，因而地吸力之强弱亦异。白质之纯杂不同，因而天吸力之强弱亦异。天吸强，地吸弱，白质纯尘压轻，人以四由所以直立冲天也。天吸弱，地吸强，白质杂尘压重，木以四由所以向下没地也。以是观之，吾固知为同物，仅向别耳，如非同物，不相关矣，何向异比呈之有？吾一横卧，一邪倚，

一颠倒，一直立，而人即不识，何观察之太疏也？鸟兽邪倚降于人一等故也，虫鱼横向高草木一等故也。天绳昭明，吸引此白，见象不悟，人何其愚？其毋乃鱼白乎，悲矣。

十一　草木地亲

草木之形盛，故地亲，本乎地者亲下，地吸引形也。人神之觉盛，故天亲，本乎天者亲上，天吸引觉也。引牛者系鼻，引人者系白。系白以引，天固俨然有绳也。天绳既系白以引，于是草木倒植，虫鱼横行，鸟兽邪立，人神直立（见第九图）。知草木为人之倒植者，则庶乎近于道矣。故草木之命根在土，人之命根在天；草木之呼吸在外，人之呼吸在内（叶与肺皆呼吸器也）；草木之肾交在顶，人之肾交在胯；草木之歧枝向上，人之歧枝向下；草木之发毛（如蒜须其例也）在底，人之发毛在头；草木夜呼炭气而吐酸气，人夜呼酸气而吐炭气；其所以事事相反者，即倒植之证明矣。故草木根下走亲地而妙化，人猿白上走亲天而神变；草木不绝于地，百伐不死，人不绝于天，百杀不亡；草木安静定性命，根自向地吸水

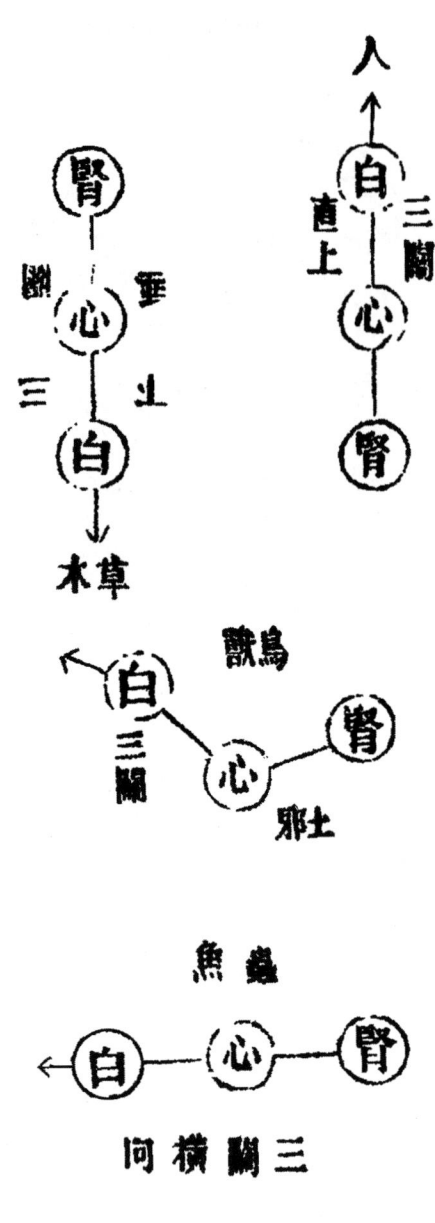

第八图

泉，人安静定性命，白自向天吸皇灵（此真功夫）。

明此理已，谓之得道，道首走也（此

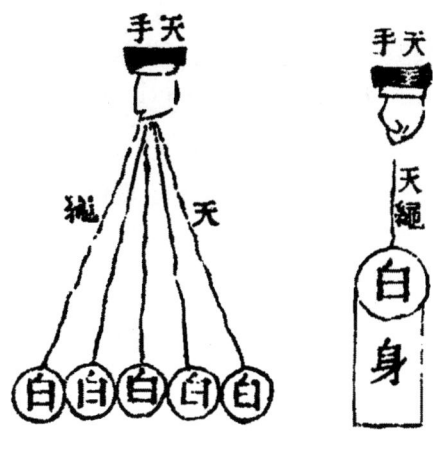

十二 白即仁

白即仁也，仁即白也。白为人中之觉体，仁为人中之生机，亦即人中之真身也。觉体即生机，即真身也。鸡卵有雄交者有白，故一伏而孵，无雄交者无白，故百伏而不孵。菓花有雄蕊者有白，故落地而生，无雄蕊者无白，故落地而不生。仁生机也，白觉性也。手足无觉性即为不仁，故无觉性即无生机。草木之实心谓之仁，实心生机即觉性也。故仁即智，智即仁，仁亲天，智亦亲天也。仁与智如日之热与光然，热大生仁也，光大明智也，近热即近光也。故达德惟二，实无有三。仁者必有勇，勇者仁之奴也。人愈仁即愈智，慈悲生般若也（真工夫）。愈凶即愈愚，自绝于天，如自绝于明也。是谓要妙。故不仁之害智，尤甚于欲。多欲外蔽，不仁内戕也。谓之自杀，自杀者杀白也。人不自杀，虽天地鬼神，孰能杀之。

十三 白命天根

鼻端为白，故谓之命门。命门者受天命者也。人物之生机在天，觉性亦在天。白性宜空也，天空于至，至空于气也，观于离藤而知之矣。离藤

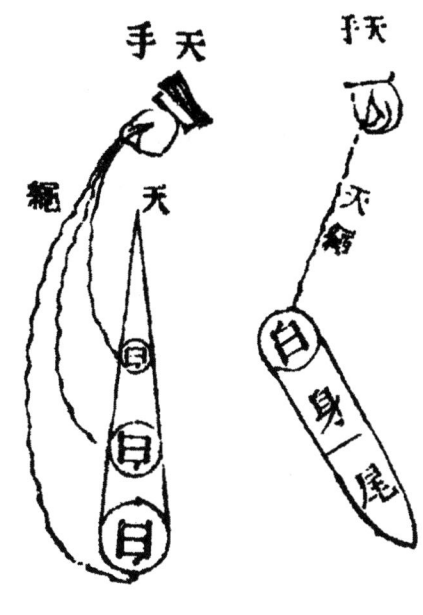

第九图

无根（俗名莫娘藤，其根曰乌梨参），而其藤离根悬于百仞之外。人无魄，身亦离魄悬于天地之间（见第十图）。倘真无根无魄，又安能生？道家所以呼人为无根

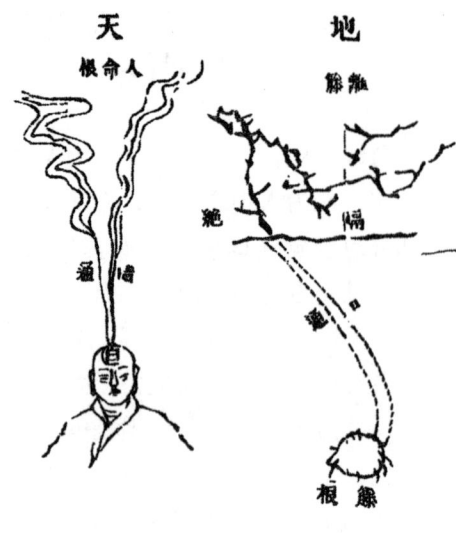

第十图

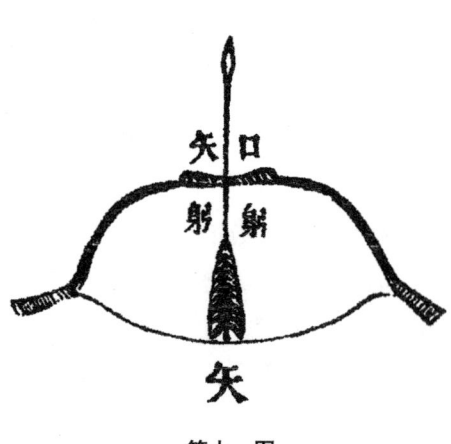

第十一图

树者以此。盖离藤之根在土中愈老而愈深，人命在天中愈仁而愈远也，此白性之真藏也。离藤之根居空球穴中四虚而不依，白之居脑中如此，故白在脑中，必真空而后明。髓际有真空圆珠穴也，欲入则窒之（真工失），其在至中亦然，在天则佛矣。魄之居天，如离藤根之居土也。故人之身虽曰在地，真人之命根已寄于九天之外矣。故如绳张而直立，又如弓矢满引以向的矣。寿终即赴，又何疑乎（见第十一图）？身曰躬，知从矢，盖言此也。矢口即白性，故曰智也。以此观之，人之成佛，如水入海，盖必然之势也。水无遮则入海，人无蔽则成佛矣。

十四　白性逍遥

逍遥，其惟白性乎！白惟畏因，无因大逸，故入水不溺，入火不爇，神化万变，妙乐千奇，无思不遂，无象不呈。咒无所投其角，兵无所加其刃。无腹不饥，无心不烦，无死地，无生来，无六根，无六尘也，出入于无间，居处于无托者也。而又无境不游，不以脚也；无物不有，不以躬也。是大自在也。大自在者，大白在也。其乐之巨且久，将视帝王为蛆蚋，狭天地如蜉蝣。此乐不求，而乃惴惴焉附粪块，以自毙且锢也。故观自在，不在物，在白、自洁、恒无浊。逍遥永福，自由戡谷，极宇宙之真乐，脱脱咸若。

十五　白入生显

白之入诸尘，以显觉也，不如鎏线（白金线）之必电而后明，惟必空耳。尘外有尘，故色外有色，声外有声，六尘之外有多尘。鸥之夜视，非人之色也。神之天耳，非人之声也。而白皆能入之，是以白从外来。先通父白，以入母胎，母以尘媒裹之，于是集尘以为身。故雄交之卵，必有空泡，空泡其白也。饲蟋蟀而观其生卵，雄先挟白以授于雌，雌得之白，忽增一翳，而产于土，乃借土尘以集其身，此白化众生之证也。觉体阳性，故自父顶入。身体阴性，故自母腹始。以白入尘，斯自毙也，而人谓之生，可不哀哉。白之入尘，如人入瓮，必凿一孔焉而后能观，必凿一孔焉而后能听。六根者六孔也，又必因尘通尘，故因色之精以组目而后能视俗色，因声之精以组耳而后能听俗声，有蔽且能视听，而况于无蔽乎！由是观之，白者大通而广通者也（见第十二图），倘不入尘，无所不通。如人无囚，何适不宜？如日无遮，何处不照？悟至于此，几几乎其与佛肖。

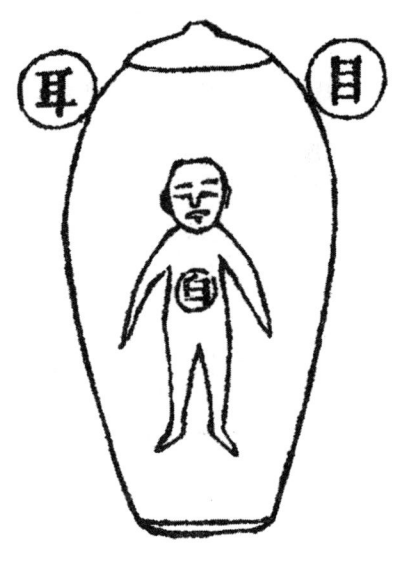

第十二图

十六　情媒入囚（见第十三图）

白何故自甘入尘而为囚哉？大地一狱也，情重则沈，白重则升。《楞严》之训也，比白之与情，如石之与球也。今有轻空之气球焉，本宜轻空而升也。白之宜空，亦何不然？若缚一小石乃沉一层，缚一大石又沉多层，是岂白之性哉！故白性纯善、纯仁智，而情尘害之，以为恶也。孟子之所谓性善，不杂情之白也。荀子之所谓性恶，杂情之白也。今以天（一大之天）

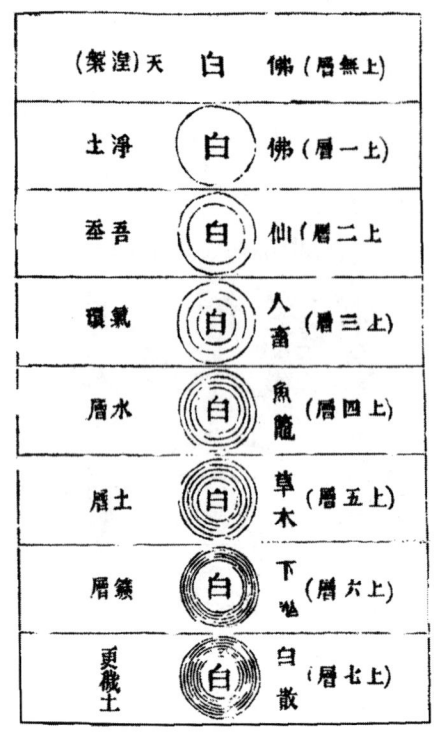

第十三图

为无层太空满宇，以净土为一层尘，以歪为二层尘，以气环为三层尘，以水环为四层尘，以土环为五层尘，以矿环为六层尘，以更秽之土为七层尘，而大别之，而略别之。缚一尘降一层，于是为佛，为仙，为人畜，为鱼鳖，为草木，为下鬼，为散白而不易聚，白之见因于一境情使然耳。囚人于陆，囚鱼于水，岂偶然哉！欲重自沉，又何能逃？缢鬼石其一可见者也。缢尸之下必有石，情结而沉白能化石以入矿层，而况于化鸟兽草木乎！

十七 可见层尘（见第十四图）

言形而上，人不信我，而形而下，又皆秽也。就秽证秽，手极智之符也。能造巧器，多一层被，乃拙一程。故猿之掌，多人一层被者也（如重带〔戴〕一手套），乃稍拙而犹五指。犬爪又多一层矣，乃大拙而为爪。豕蹄又多一层矣，仅四歧。焉〔马〕蹄又多一层矣，竟为一块。其指迹之分于内，犹见其同焉。其皮肉之包于外，被之厚薄着矣。岂惟手然，一身亦然。故细别而详别之，愚人之被多，智人之被少。兽被多于人，鸟被多于兽，虫被多于鸟，鱼被多于虫，草木之被垒垒乎，其白未尝异也。人衣加千叠，则不能转旋，岂其中有异哉！虫鱼之无肢，草木之不动，亦如是焉，无他，被重故也。

十八 欲累白囚（见第十五图）

天之囚人于陆上，囚鱼于水中也。何则？人欲自倒植也。岂惟人然，山河大地，欲想而成，知缢鬼石之所以成石，则知地之所以成地也。石小想成之，地大想成之，有小想必有大想，有白动焉有形成也。哀生水，瞋生火，躁生风，喜生木，惧生金，欲生土，人之自囚于五行之中，情欲之所投也。

投而白因,又何遣乎?且色声香味,莫不在地,至于金玉,尤在地心,自投之深浅,欲想之轻重判焉。古有大想,实开天地,仅千万岁,谓之小儿。今又小想,实生人物,仅十百岁,谓之蜉蝣。犹[由]是观之,人之想误也,不自上向天,而乃下向地,非自害乎!

十九 白想化物

仰山之教人也,曰口佛,曰口人,曰口鸟兽虫鱼伦。盖言人虽犹人,其白中已化为仙佛鸟兽虫鱼矣。寿终即显真,百年之中,天试之限

第十四图

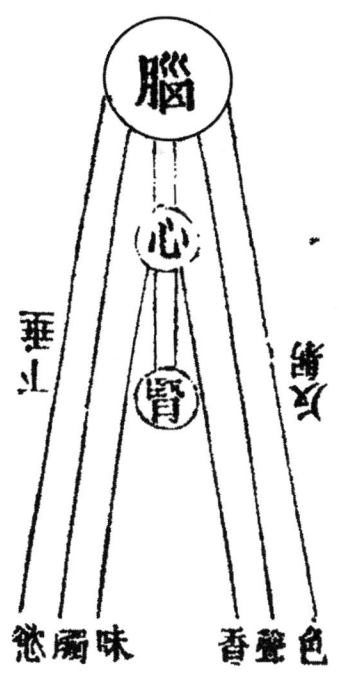

第十五图

也。本人也而已佛已仙矣,本人也而已虫已鱼矣,所差者皮未卸耳。故人之品极杂,有仁智如佛仙,有愚凶如虫鱼,俗人观于皮,仰山观于白也,白有首尾大。《涅槃经》曰:"人之为仙佛者,中阴生已上腾矣。"仍为人者恒直立,将为鸟兽则邪立,将为虫鱼则横向,将为饿鬼则倒植。中阴生者,死人之白之结体也(见第十六图)。

第十六图

二十　白纯成佛

人何以能成佛，白纯而已矣。白纯即不染尘，不染尘则不入尘中借尘组身矣。不借尘组身，故无四大。无四大则不因于一境，故不被仙身，不因于至；不被人身，不因于陆；不被鸟身，不因于气；不被鱼身，不因于水。比白如精金也，既纯即不受锻，不受锻即不入尘入境矣。故一钩之金，苟无杂矿，不再锻矣，诚愚之人而能成佛者以此。万镒之金，苟有杂矿，必再锻矣，聪明之人而反陷溺者以此。天刑大苦，乾坤洪炉也，锻炼取白而已矣。无择于蟭螟鲲鹏，惟纯杂是区焉。

二十一　八识外遮

佛有八识之说，以八识之皆非白也，故咸奴之，而咸弃之。眼以视色离色则弃，耳以听声离声则弃，鼻之于香，舌之于味，身之于触，意之于法，亦犹是焉。六尘有界，有界即狱，白岂任囚于一狱乎。比之照像之机，六根者（即前六识）如六孔也，以接外尘者也；第七识如玻璃板也，以传像而映之者，故曰转识；第八识如药片也，以留像而住历劫之前尘也，故曰藏识。皆非真发光体，非真发光体者，非真觉体也。真觉体在机中之电灯，灯中之鎏线，知此理已，乃彻八识，乃知真我，谓之明心见性（见第十七图）。上天入地，咸以此白往。成佛作圣，惟待此白纯。曰白净无垢。

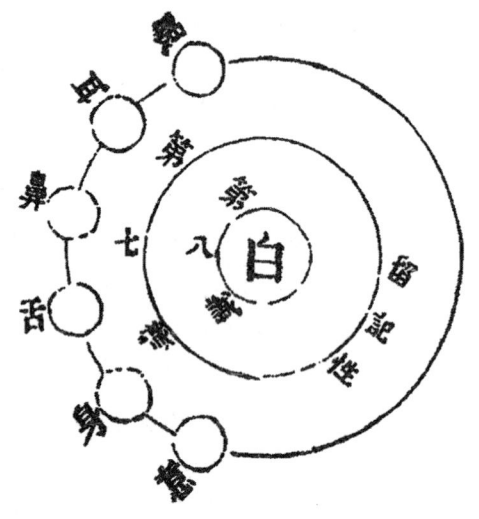

第十七图

二十二　白从精流

灵莫灵于白也，白与皇灵上帝同质，故向上而从精流焉，浮性使然也。比以虫之于树，则知之矣。至地一树也，至轻清而上如花也，地重浊而下如叶也。虫之在叶，未尝入花而预探也，何以能适化享花之身，长其髑，薄其翼，而为蝶哉？必也身虽在叶，已有白先化为蝶，而预探于花中也，故能适变享花之身焉。人之在地，而白在天，亦犹是焉。故人化至仙，如虫化蝶，神从精流，自然之道。树精之周流于花叶之间，如乾坤之周流也。

二十三　无窃通天①

白无窃，必通天，而况于至乎！何以知之？水无窃，必通海，而况于江乎！比之以无线电而知之矣。今有甲乙二电于此，虽无线以通，苟同质矣，乙之发电必赴甲焉，甲之发电必赴乙焉，离机即至，无间于千里万里，如人之于天也。若有线以窃于中则不至，故人每一呼吸，白必升天而通皇灵，愈久而愈仁智。其所以不然者，六尘为盗神已泄矣。人之不佛，不亦冤哉。六尘盗于中途，性命乃与天绝矣，此之谓自绝于天。自绝者，白绝也。

二十四　皇灵上天②

皇灵上帝者，宇宙中惟一大白也。其

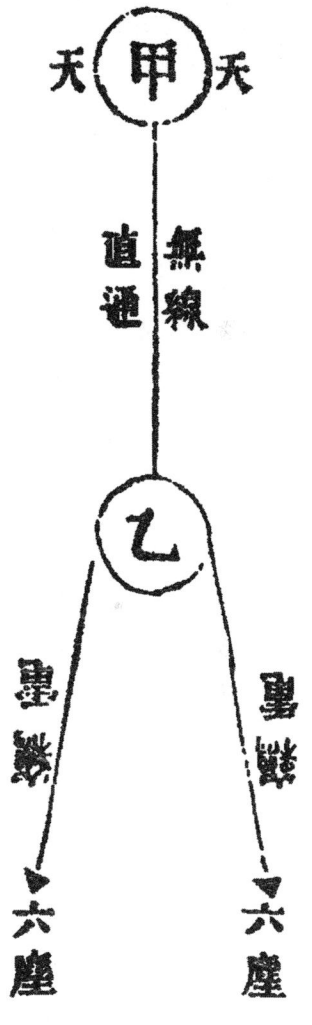

第十八图

---

① 此处有原注："以上二十三章皆言明心见性，见第十八图。"
② 此处有原注："以下至四十五章，纯言天命、天机、天道、天则，以立命。"

觉神妙，含盖诸至。故比白为水，皇灵如瀛洋之水也，地上如润壁之水也。润壁尘多而水少，故水留滞而不易出，以火熏之则出。地上尘多而白少，故白留滞而不易出，以日蒸之则出。知水之朝宗，故知海洋之有大水也。知人之向上，故知昊天（惟一至大之天）之有大觉也。且知水宜鱼，故知湖海有巨鱼。知空宜白，故知太空有大白。是以皇灵为总体大白，诸佛为分体巨白。谓宇宙为无大白者，是以蛆蚋之见，谓地上无灵物也。故惟神以宗多神以因，二见无误，知惟神者知大君，知多神者敬卿相也。皆是至理，不可相争，胡聚讼之荒唐，乃固执于多神、惟神之偏乎！白王一大者皇天也。

二十五　二大识

以是观之，故福必天与而后承之，乃为真福，以智力求是窃夺也，必大凶。慧必天感而后应之，乃为真慧，以学问求是助长也，必大蔽。斯二大识，明者合天。何也？皇灵诸神，亦既必有，皇灵如大君，诸神如贤有司也。宇宙如一国，万有皆府库之藏也，赏而受之，虽多取无罪焉。苟窃一芥，刑戮立至矣。故善求福者，力图公德以感天，不营毫发之私得。至于慧性之发展，如草木之华实也。草木通泉，自然华实，不可南京买色，北市买香，以熏染之也。人性通天，自然灵敏，不必三代寻书，五洲访友，以学问之也。镜不得光，何以能明？白不彻天，何以能智？修福慧者，必须自然，自然者，白然也。

二十六　皇灵天志

蚋有志乎无耶？人有志乎无耶？天有志乎无耶？蚋尚有志，何况于人！人尚有志，何况于天！牛马不顺人之志，则人杀之。人不顺天之志，则天诛之。牛马为人所畜，不敢逆人之志。人为天所畜，不敢逆天之志。理固然也。然则，天有何志？天大仁也，大仁度众生。夫拯溺人于水者，不徒拯其衣，必拯其身。度众生于尘者，不徒度其身，必度其白。身如衣也，一块秽尘，何度之有哉？天惟智，必知白惟真。天惟仁，故惟白是度。无白朽骨，天所不顾。故皇灵镶日月，装制乾坤，构地以居人，悬曜以照物，以万物养人，以五行成物，百奇千巧，兴作庶端。一言以蔽曰，度白腾空，归于极乐而已矣。且以慈父母之志，犹愿其子女之抵于极乐，而离诸苦也。父母之心，人皆有之，皇灵上帝，宁不如我？故曰炼白炼白，上帝之德；救自救自，上帝之志。

二十七　阴骘如锻（见第十九图）

故皇灵上帝之锻白于尘中也，有大阶升焉，有小级升焉。何谓大阶？自极秽土升白于吾土矿层，又自矿层升于土层，又自土层升于水层，以至于气层，至于㐀层，至于净土，至于涅槃，此八阶者大限别也。何谓小级？自草木升为虫鱼，自虫鱼升为鸟兽，自鸟兽升为人，此四级者小限别也。每升一阶级，则脱壳一层，壳减白轻入于清净，故天之阴骘众生，恒以换形迁境为真黜陟。换兽形以为人，是真骘也，不换其形，虽与以天下之富无加焉，牛马之不能居帝位，犹人之不能受天福也。由气环迁水环是真黜也，不迁其境，虽与以希世之宝无受焉。鱼之不能游陆上，犹人之不能居天堂也。锻去尘渣，升其纯白，皇灵上帝，恩施于万物以此。

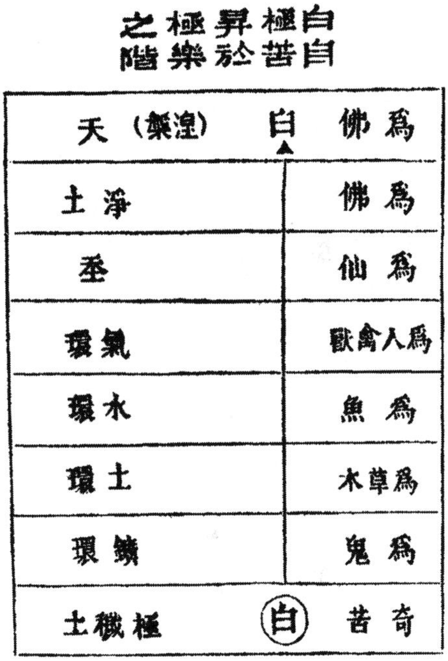

白极苦之阶　昇极乐之階		
天（槃涅）	白	佛爲
土淨		佛爲
㐀		仙爲
環氣		獸禽人爲
環水		魚爲
環土		木草爲
環鑛		鬼爲
土穢極	白	苦奇

第十九图

二十八　炼尘出白

皇灵上帝，以大想制造洪炉，惟以炼白出尘为急务。白之入尘，如盐在海水，如糖在蔗中，惟炼而出之，可以救苦。故热之以日火，日火之煊物也，急焚之则化为灰飞。白尘同散，徐烤之则白性带尘，次第而出，白结圆明，终成圆觉。故日之距地，不迫不离，白性披尘，渐出渐脱，而终得纯粹团结之白焉。故万物初受日热而集混以生，继又级进而团结以成（见第七章），然后徐徐开壳（见皆忎第五），以升于天。其锻炼之功，亦如熬盐，不急焚而燋之也；又如榨蔗，不过磨而碎之也。观于万象，而知天之珍白至矣，尽矣。

二十九　轮回为白（见第二十图）

静观乾坤日月，身体血气，山河流水，皆无数之轮回焉。日月星辰之旋绕轮回也，气水火风之周流亦轮回也，血脉呼吸之运行轮回也，昼夜四时之代迁亦轮回也。大有大轮回，小有小轮回，无数其轮，无息其回，轮之又轮，回之又回，轮回之多，将安用哉？曰筛白而团结之斯已矣。振筛之为事也小，然而可以喻大也。振筛以两肱，振天地以阴阳，轮回不已，轻者遂始而集混，又振之不已，终而结团。既结团而后开嗑，乃得团结之白以升（见第二十图），则轮回之功全矣。造物之珍白也如此。

第二十图

三十　烤烟喻白

（见第二十一图）

又天之出白也，如烤烟然（鸦片汁也）。烤烟者，急焚之，则烟与汁悉为灰飞。徐烤之，则精华缓出而呈用。故天知白之伏于地中也，如精华之伏于膏中也，以日烤而出之。故日之烤地也，不迫不离，以出其白。初烤生草木，再烤生虫鱼，再烤生鸟兽，再烤生人、生仙、生佛，而天功乃毕，此又适物珍白之确证也。白尽则地焚矣，由前之说则筛之，由今之说则烤之，筛之烤之，总以见锻白之勤而已矣，人其可不顺天乎。

第二十一图

三十一　天囚浮沉

夫众生万物，皆天囚也。天之于众生万物也，赋以草木之形，而囚诸土中。赋以虫鱼之形，而囚诸水中。赋以人畜之形，而囚诸陆上。赋以神仙之形，而囚诸至堂。不受囚者，其惟佛乎，此天之为法最巧极密，而不可以逃者也。今以融［熔］金强水，井水酒油，注于一器，则清轻者自上，重浊者自下。由此观之，则欲人之入水环，入土环，而重锢其白，善人之入至堂，入净土，而颐裕其白，皆天之为之则，自然而不可逃者也（反观第十三、十九两图）。故曰天网恢恢，疏而不漏。严酷如此，夫安有漏者！君子是以修命，修命者修天命也。白为命门，白念净则天命厚矣。

三十二　贵白贱尘

天道贵白而贱尘，贵白贱尘者，贵觉贱形也。是以鲸形虽大人之所食也，牛形虽伟人之所奴也，仙奴人，人奴鸟兽，鸟兽奴虫鱼，虫鱼奴草木，而饮其血，而茹其肉，而衣其皮革，皆贵白贱尘之征也。白强者智，白弱者愚，牺小白以养大白，天之则也。西哲不知天之奴万物也，以养白故，乃反以优胜劣败，弱肉强食，为天演公理，以导民于不仁。不仁则害白，白既害则物之奴也，又安能奴物哉。是故近天者，智仁而愈贵，人与仙是也。远天者，愚凶而愈贱，草与木是也。惟贵白贱尘，故贵空贱实。白寓空，尘寓实也。虫鱼贵于草木，鸟兽贵于虫鱼，人贵于鸟兽，是贵白贱尘，即贵觉贱形也。土空于金而生草木，水空于土而生鱼鳖，气空于水而生人，是贵空贱实也。明夫天之所贵所贱，而后人之志不倒植矣。

三十三　中阴浮域（见第二十二图）

当人畜未入胎受生之时，其魂魄浮荡，此魂魄即白之染尘者也。谓之中阴生，以白染尘之轻重，而中阴生之居域判焉。何以知之？身如舟也，佛谓之法身船。船之上，木石金绵同载，而不分高下，一朝船破，则浮沉自判矣。人之身，愚凶智仁同品，而不分善恶，一朝身死，则升降自别矣。且既染之白，其不能入上层，如龟之不能飞空也；其不能入下层，如鸡之不能泅

佛	太空	無中陰生
仙	丞堂	無中陰生
氣環	應為人畜之中陰生居
水環	應為魚蟲之中陰生居
土環	應為草木之中陰生居

第二十二圖

水也。故恒蓄于其层之中，在水则入鱼之卵，在陆则入人之胎，在天则圆觉。已团结，不复合，不复开，不复有尘可负，故快哉，快哉。

三十四　天获白

农之多事，有获乎无耶？天之多事，有获乎无耶？若其无获，安用多事？故农获禾，天获白。梯稗不得获，故农夫芟刈蕴崇之。欲人不得获，故天刑刀兵水旱之。天之望白成，如农夫之有秋也。是以五亩之宅，一亩之桑，百亩之地，岁获百石，则农之获十矣。以食十人，皆成十佛，则天之获，亦十矣（言十足收成也）。五亩之宅，一亩之桑，百亩之田，岁获五斛（十石为斛），则农夫之获五矣。以养五人，仅成一佛，则稗弃九倍，天必大怒。况方今之世，人皆下鬼而尽为稗乎。富者以淫败，贫者以约败，佛性既败，则殰卵而已矣，又安用之？是以不知天获，不顺天志，而欲图治者，如犯稼之牛，鲜不被诛于天矣。

三十五　生杀天恩

天之于人物，生之杀之，生之之术巧，杀之之术尤巧。既生之，复杀之，何哉？农夫之于禾也，初见其芃芃而茂也，则生之，爱之，护之。既见其荒穗而废也，财杀之，恶之，迸之，岂以其终始参差哉，得获与不获异耳。故天之于草木也，知其无成则杀之，以养虫鱼。于虫鱼也，知其无成则杀之，以养鸟兽。于鸟兽也，知其无成则杀之，以养人。人而不成，天又杀之，杀以锻秽，秽尽白纯，则天之功毕。地坏而至崩，故生亦恩，杀亦恩，生杀互用，度白成真。

三十六　物欲逆天

天之意，惟恐白之不净。人之意，惟恐欲之不极。欲染则白垢，人心、道心两相异也。法华①所谓贪玩器于火宅之中，而陷焚如之惨者，世人之愚也。今使释人之桎梏，而任其所往，则莫不投其最好，是好尘入尘自然之则也。中阴生昏昏无明，似醉似梦，似迷似痫，惟极乐是赴。好秽入秽，好净入净，故曰爱缘取，取缘有，有缘生，则是爱好者，受生入尘之媒也。欲即反天，纵无他害，恶莫大焉，甚矣。今之为政俗者也，务富其财，务华其器，务甘其食，务美其衣，务壮丽其宫室，务奢饰其舆马，以竞于物质之文明。一朝人欲盛，天机窒，尘胶重，本慧失，天刑之来，不可测度。天欲刑之，谁能救之？逆天多谋，如鱼跃于釜中也。吾固谓欧西之祸，甚于中国，非险语也。故圣人之治，使其民有十倍之才而不用，土鼓缶钟，结绳废字，蔬食菜羹，布衣葛裳，土阶茅茨，安步当车，非徒俭而已矣。将以养性命之和，合天人之际也。故曰大法之始，自绝欲起，万法之轸，以绝欲成，绝欲脱尘，真性自明。

三十七　背天必杀

农欲获谷，而蝗害之，农是以务杀蝗。天欲获白，而痴害之，天是以务杀痴。杀痴者，杀其背天也。内性外形，有诸内必形诸外。故凡白之背天者，其形必背天（见第二十三图）。草木以尾向天，天必生虫鱼以杀之。虫以背向天，天必生蛛蛇以杀之。鱼以背向天，天必生獱獭以杀之。兽以背向天，天必生虎豹以杀之。鸟以背向天，天必生鹰鹯以杀之。世俗不知背天必杀之理，反以为优胜劣败，弱肉强食，为天演之公理，是益背天矣。若然，则虎豹狮象，当长众生，又何用于仁智之人？仁智之为尊，则知天

第二十三图

---

①　法华，即《妙法莲华经》，简称《法华经》。《法华经》说一乘圆教，表清净了义，究竟圆满，微妙无上。乃佛陀释迦牟尼晚年所说教法，属於开权显实的圆融教法，大小无异，显密圆融，显示人人皆可成佛之一乘了义。在五时教判中，属於法华、涅槃之最後一时。因经中宣讲内容至高无上，明示不分贫富贵贱，人人皆可成佛，所以《法华经》也誉为"经中之王"。

演公理，不在优胜劣败，弱肉强食矣。彼鸟兽虫鱼，不知以仁智合天图生，而乃以自私自营速天诛，是故深藏如蚁，天必生兽以杀之；坚壳如天，必生鲲（即星鱼）以杀之；隼飞如鸽，天必生鹞以杀之；兵利如猬，天必生鼬以杀之。苟既背天，则天必杀。生水之中，水毒何往？生天之下，天杀何逃？是以嬴政之坚城，蚁之穴也；武士之环甲，蚌之壳也；匈奴之骠骑，鸟之飞也；严卫之遮迤，猬之刺也。背天必杀，其谋生乃就死之道也，又奚能逃？谋私愈亟，天心愈恶，祸至无方。人穷于术，私中图生，如日中避影也。惟不背天，天乃不杀，不恋尘者，鬼神呵护，以此求生，生之厚也。无求之求，道之则也。故至人无求生，以害白，惟无求生以害白，故无死地。巧计万端，益速刑耳。悲乎！

三十八　仁智合天

奚言不背天，仁智者不背天。今观其内，人之仁智，必胜于畜，故其象不背天。背不向天，而白向天，故首走即道。详观其外，人之所以近天，而异于禽兽者，惟仁智二相耳。目不圆睁，仁相也。耳不锐立，仁相也。口不突出，仁相也。脚不前折，仁相也。齿不凶牙，仁相也。爪不尖利，仁相也。距不搏击，仁相也。皮不刺甲，仁相也。舌不毒锋，仁相也。详观详观，人之仁相，何其多而皆异？于鸟兽虫鱼之背天也。舌能善辩，智相也。手能巧作，智相也。脑盖半圆，智相也。鼻直冲天，智相也。尻无泄尾，智相也。髓有津液，智相也。身可端立，智相也。天灵盖巨，智相也。详观详观，人之智相，何其多而皆异？于鸟兽虫鱼之背天也。是故背日则暗，向日则明，吾以是知日为明。背天则凶愚，向天则仁智，吾是以知天为仁智。又以直立邪竖横行倒植观之，则人近天，鸟兽虫鱼草木次第愈远，故近火者热，远火者寒，吾知火之必热。近天者仁智，远天者凶愚，吾知天之必仁智。耶稣曰："上帝造人，如己之形（创世记）。"然则，上帝之形，仁智之形而已矣。故仓颉曰："人身为神，身（同神）者，上帝也。"《阴符经》曰："天性人也。"信不谬哉！仁智即不背天，而白性全焉。修仁与智合天，求生之大法也（此真工夫）。

三十九　天试惟真

人欲得真才，故于暗中窥人，而后知人之真。天欲得真心，故于暗中窥白，而后知白之真。如官司在前，则盗者不盗矣，伪也。如神佛在前，则邪者不邪矣，伪也。天道如有方可寻，则人皆以伪心窃之，天不如是之愚，而为狡者所执也。故善恶有报，有不报，善不必福，恶不必祸；善或以祸，恶或以福；善亦或福，恶亦或祸；错乱交杂，而后试人之真，故人不得以规矩准绳而测天。不得以规矩准绳而测天，则为善者真矣。是以修道无法，以无有法，则得真白。故老子曰："天下皆知善美之为善美，斯不善不美矣。"若以福善祸淫为天道，则跖跻之寿裕，孔颜之阨困，何以解之？夫身体者伪器也，百年者弹指也，以伪器弹指与人，虽太平天子，何丰之有？以伪器弹指阨人，虽饥寒囚杀，何祸之有？然后天因其白之洁否，从之以迁域畀形。故天网恢恢，疏而不漏。既疏则莫能执，不漏则莫能逃，是以齐高、宋武之地狱非假说也，秦桧、曹操之得志非天懵也，理则固然，岂可以粗才浅略量天哉！天之机，非以欺人，更无有可传之秘。若有可传，天则可执，以我执天，期福期祸，胡奚可哉？故大道难言，明彻害诚，害诚贪天，盗道不灵，此天机之真也。惟有一诚，万法会轸，惟有一空，万法咸融（此真工夫也）。

四十　故纵

形拘性锢，天固能治世而裕如也，又安用夫人劳？天如生人，其性锢如蜂，则无犯上革命之祸。天如生人，其性锢如蚁，则无选官夺位之劳。天如生人，于兄弟之伦，皆锢以鸰性；于父子之伦，皆锢以乌性；于群己之伦，皆锢以鸭性。于形拘也，皆赋以牛蹄而无手，不能造兵器；皆赋以龟舌而无言，则不能作绮语；皆赋以螺身，则不能斗；皆赋以鸠腹，则不相食。岂天能以形拘性锢制物，而不能以形拘性锢制人哉！以天之巧，何所不能？能安人而不安人，抑亦故纵而试之耳。不故授之以兵，安知其不杀？不故授之以财，安知其不贪？学子将出校且有大试，人将出世夫反岂无大试乎？吾乃知吾地为天黉，草木者一年级生也，虫鱼者二年级生也，鸟兽者三年级生也，人者毕业生也，形拘性锢而教之，放纵而试之，天之智岂不如人哉！夫如是乃得真白。

四十一　天杀大仁

人谓政教有能，政教果有能夫哉。如政教有能，何不入山以政教治虎狼，而使之不相害哉。何不入海以政教治鱼獭，而使之不相吞哉。亦惟曰仁智

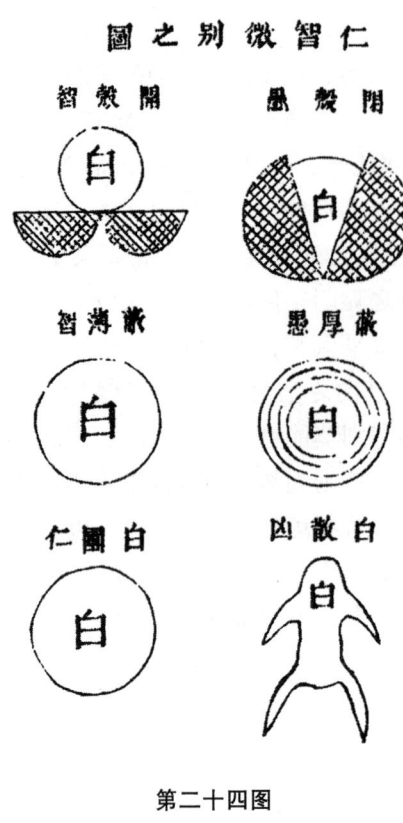

第二十四图

太薄者，不能施政教，必须人智仁稍进，乃可以施政教也。然则，天灵大通，人皆孔佛，尚用政教夫哉，曰不须也。然则，天灵大塞，人皆禽兽，尚用政教夫哉，曰不能也。必其仁智于将足未足之际，而政教乃有用。仁智八九，则政不须用。仁智十足，则教不须用。仁智仅二三，则政教又皆不能用，必也仁智五，愚凶五，仁智愚凶交争之际，而政教乃大呈其效。然则，此程度谁实为之？曰天为之。天不以杀机锻炼，蒸烤钳锤，筛旋琢磨，则不能生人。不能生人，则政教之功皆废矣，将使圣人入山教虎狼，入水教鱼獭夫哉。由是观之，政教之功极微，而纯恃夫天功，以度众生。世界乱日多，治日少，天殆以乱为洪炉，促斯民之自觉也。天刑大仁，夏楚众生，如磨取米，如榨出油，以升斯白，成于太空。

四十二　仁智微分

天大仁智，纯白亦大仁智。将谓仁智纯不相离乎，亦微微有别耳。静而考之，有智而不足于仁者，有仁而不足于智者。今以火喻白，仁如热，智如明然。而隔釜有热而无明，远观有明而无热，此仁智之别也。故闭壳则愚，开壳则智。又蔽厚则愚，蔽薄则智。然而，团结则仁，不散白于四肢及尾；散混则凶，不聚白于鼻端一点。故愚之甚可以化人为虫鱼，凶之甚可以化一人为千万虫鱼。凶者尾大，仁者无尾，此仁智之微别耳。故曹操、秦桧智而不仁，宁愚、子皮仁而不智。天之必求仁智之全，二者咸成而后升之太空也。

四十三　释命

何谓命？命被人身，则被人身，命被兽体，则被兽体。身体者，囚白之桎梏，桎梏有轻重，天之命也。又命之或居水域，或居气环，诸域如囫囵，囫囵有轻重，天之命也。又命之以寿限，寿限如囚期，囚期有长短，天之命也。斯命也，天降之，白承之，因白而降命，故粗识者，有性即命之说焉。幸也，人寿之不如龟，天之仁也。倘其如龟，恶者不将益恶乎。惟命不可逃，故天授之以苦性，如无苦性，自剔雒经，颈不知痛，饮鸩服毒，腹不感苦。悟道之人，谁不欲先死耶？故当死不死，恐因之以害仁，害仁害白也。不当死而死，恐因之以逆命，逆命违天也。顺命尽寿，其庶几乎。

四十四　好公恶私

孔子之所谓忠恕，违道不远者，至哉言乎。忠恕则公，公与天同，天道好公而恶私。惟其好公，故赏公者极厚。惟其恶私，故诛私者极酷。推以常理，众生皆天之子孙也，天必欲并度之，如主人之畜群牛马然，害群者必诛，利群者必保。故福必以施于人，而后己得受之。祸必以施于人，而后己得膺之。仓颉之训曰："反亨为厚。"言公者之自厚也。又曰："施身受戈，为我。"言私者之自杀也。是以人不能害人，惟能自害，亦不能利人，惟能自利。有天主宰，人无权也。天之诛私也，其刑峻，故以猬之善保，益不得免焉；以蚁之深藏，益不得免焉；嬴政之备极完，故速夷其族。老子无以生为，故贤于贵生。夺尽自谋之心，纯任天权主宰，严于楞纲，密于四罗，故大觉者无私营。不私之私，成其大。不自由之自由，乃所以得大自由也。知此者，得道矣。

四十五　天人权[①]

天有成物败物之权，则人纯无权。人有自成自败之权，则天纯无权。斯二者将安取衷哉？天权大张，则以形拘性锢制人，而宇宙莫不顺。人权大张，则以法律礼乐治世，而举世莫不宁。细推于二者之间，谓天亦无权，人亦无权者，虽达而疏，谓天权惟严，人权退听者，虽理而放。谓人权有主，天权因人者，虽切而忽。通夫天人之权者，其惟至圣乎。总之，白必自净，不能以外制、外诱而纯，故天工难。明明示罚，恶必深藏。荒荒无知，善又不劝。难夫其为天工也。惟天工难，故浚慧渊极，试人教人之法，至巧极密，仔细

[①] 此处有原注："以上自二十四章至此，皆言天命、天机、天道、天则以立命。"

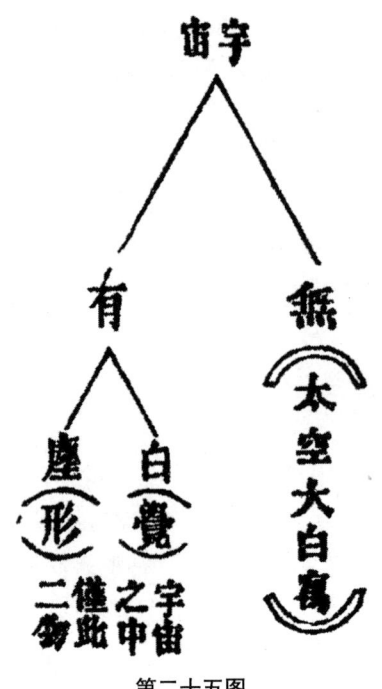

第二十五图

为天代谋，不如此不足以得纯净之白也。故主天人权均仁智乃成者，是真达理明道之言也。天如贤君，人如良臣，甄别予夺，固纯在君。为善为恶，则惟在臣。惟君之极公明，则臣之祸福可自必矣。善必福，恶心祸也，惟君之极秘也。故臣不得饰伪而欺之，赏罚阴行，黜陟不显也。总之，世上非究竟，生人非真如，赏罚颠倒，俟究竟真如而结算之，则出入无爽于毫厘，于人权天权皆著矣。为善者竭尽心竭力，勿牵于外，则庶乎其永休矣。

四十六　宇宙万有①

宇宙万有，分言之则繁，约言之则简。不得简要，不能知万有之全。不揣繁网，不能识万有之变。何谓简？惟无与有而已矣。有之中，惟白与尘而已矣。无为太空，白乐之宫，故五教咸贵之。有为伪象，因白乃呈，故众生多眩之。除无与有，岂别有物？有之中分，惟形与觉，形分诸尘，觉性惟白，除觉与形，岂别有有？是以宇宙之中，惟形觉而已矣。觉为阳，形为阴，两仪互呈，乃生万物。此之谓宇宙之全，既得其全，宏识无边。

四十七　空美

何为至美？太空为至美，其次为净土，其下为至。吾何以知太空之为最美哉？兵之不坏，火之不焚，移之不动，杀之不死。入于无间，容于无量，不与尘侵，不受诸苦。包亿万至地如秋毫，畜纷营众生如芥子，不饥不寒，无念无住，惟白性与宜。白惟宜空，故曰舍利，舍利空相，不生不灭，不垢不净。无诸有界，为无漏通，无有寿限，为无集灭。吾是以知太空为极美。大白之性为总体，皇灵弥满其中，非分非合，不可思议。奚由忖度，乃诸佛之正鹄。

---

① 此处有原注："自此至六十二章，皆言宇宙诸境及出境、入境之大要。"

四十八　块分诸境

有中之大者为诸境，人目之所能见，日月星辰是也，其数不止亿兆。人目之所不能见，无量其数，满盈太空。中分秽净，净者乐，秽者苦；净者明，秽者暗。净者白多，其生物也仁智。秽者白寡，其生物也愚凶。是以宇宙之中，大别惟有三境，一曰太空，二曰净土，三曰秽土（见第二十六图）。无佛学净、秽土之说，无以备宇宙之全焉，四教之漏大矣，故吾以秽、净诸土为块分之境。块分者，分诸境为诸块也，各块相绕，小者附大者而转（见第二十七图），以蒸烤筛洒而出其白。盖以各块之中有潜白

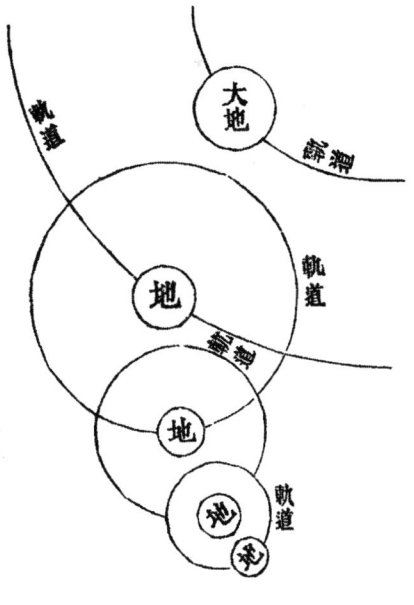

焉。老子谓"天地之中，如橐籥"，恐非定论，橐籥之中无风，天地之中有白也。有白有仁，故有生机。

第二十七图

四十九　层分诸境（见第二十八图）

各块之中，又分诸层，谓之层分。外轻清而空，内重浊而实。白性宜空，故愈空则生物愈灵、愈美、愈乐。至若干层，地若干层，各层之中有生物，以形因之，故不能出也。白多生智仁，白少生愚凶，故至界多治，人界治少，而乱特多。鱼界不可以治矣，犹或有小群之睦焉（见第二十九图）。欲图长治久安于人群，恐圣人亦难。夫其为法也，天假之治具不足，何以治乎？如天假人以六通之半（天眼、天耳、他心三通），则天下无奸，不治而自治矣。人欲使气环长治，曷亦使水环长治乎！气环之治具，天假之也，苟天不假而能治乎？无智以定百礼，无仁以立大宪，无言语通意，无文字为约，无手制器用，无耳听佳言，则天下大乱矣。大治在至，尤在净土，愚人固自不往，又何咎于天乎？因言层分，故偶及之。明夫块分、层分之事，则宇宙诸境全矣。试以巨目如曰[日]，巨身如空，环视诸境，粒粒如河沙，叠叠如葱里。而众生营营碌碌于其中，如蛆附粪，如虫附泥。杂白与尘以为身，稍智者自名曰人，蛩蛩妄作，争夺谋求。又为寿限，加以形因，不得久享，不得多拥。可以一笑，而悟大彻玄机矣。

第二十八图

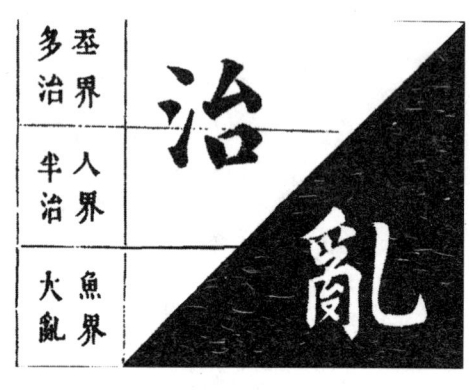

第二十九图

五十　三制造境

人筑百室有用意乎，天造三境有用意乎，人且有意，何况于天？然则，三境何以用？曰有宫苑焉，以待大贤；有庠序焉，以贤教不肖；有监狱焉，以惩恶囚。浮土者，天之宫苑也。净秽杂者，天之庠序也。秽土者，天之监狱也。罪有轻重，德有大小，千奇百异，罔不备收。故天之造境也多，又从而层分之，以律善恶。斯三制者，以例吾土，将何制乎？耶稣曰："此地是罪人所居。"然则，吾地为监狱制也。佛言此地为五浊恶世，娑婆劫界，圣凡杂处。然则，有庠序之制焉，圣为之师，凡为弟子也。总之，天心仁爱，不绝于众生，虽囚之而又教之也。吾以是知此地之难治，惟教有功，圣人亦尽心焉耳。

五十一　境有生物

三境之中，有至寒者焉，有至热者焉。寒非寒，热非热也，以人为度，而感寒热耳。冰蛆生于冰中，不知其寒也。火鼠生于火中，不知其热也。故诸境虽寒于冰，热于火，犹有生物焉。其中有白者有生物，无白乃无生物也。白杂于一块地中，愈少则愈难出，锻炼筛烤终必出之而后已也。白尽则境坏，故诸境必有生物定论也。

五十二　境无误投

有善白而投恶境者乎，曰无也。有恶白而投善境者乎，曰无也。物以类相引，同相集也。金之必不能浮，如恶白之必不能升轻清也。木之必不能沉，如善白之必不能堕重浊也。白因善恶垢净之不同，恒带尘媒焉，尘媒外被，则易褪；尘媒内侵，则难刮。因其尘媒之种类、垢净轻重而投境焉，夫安得有误？投薜荔之实于池，则生者亦死，投之于壁则生。投鱼鳖之卵于山，则鲜者亦枯，投之于水则孵。白必不能误投也，以是知天网恢恢，决无有漏。

第三十图

五十三　六尘十形

诸境之质，何以组之？曰以人之五官测，则六尘也。六尘之中，色声香味触法，惟前五尘为有形，然皆著相，非实质也。至于儒者金木水火土五行之说，又不如回教增气为六行之备，佛教地水火风四大，则风即气也。近世倡明六十六元数，而时犹有增，殊太繁数。实而考之，则十形为简当。十形者，一曰石，二曰金，三曰木，四曰水，五曰火，六曰土，七曰气，八曰电，九曰以太，十曰元。是十形者，木与火、电为一合相，而非真原。然详而推之，附白者惟美惟贵，故粟米附白则可食，血肉附白则甘鲜，髓更亲白则尤佳，凡前八形必借以太与元为之胶漆而后能附白，故后二为珍。十形之中，应通何形？则生何根。草木之无耳，不须通声故也。蚿蚓之无目，不须通色故也。诸形之中，以以太与元威力最大。仙佛神祇，六通万变，通元故也。妖魔精怪，诡形奇态，通以太故也。白通空无不容，无不知，无不能，无不届。十形组境以因白，入以太与元则不可测。人之不能测仙佛，无他，如草木之不能测声，蚿蚓之不能测光也。不具其根，不通其形，草木蚿蚓之视人，如人之望仙佛也。白净自升，实无难焉。六通万变，诡形奇态，不过常理，无足怪者。不与空合，终非真常也。

五十四　因媒囚白

七情为媒，故白入十形。哀生水，水亦生之。怒生火，火亦生之。相生则入而因之。仁通以太，以太大生。智通元，元大明。空通太空，纯白乃成。不通空，在因中，故哀情未断，终因于水。人不得水，一日不生。鱼鳖不得水，一时即死。怒情不断，终因于火。人不得火，一日不生。火鼠不得火，一时即死。七情紧系，十形来因。其何能淑，载胥及溺，是以白愈垢，则天之因之也愈严。草木因于土，不得转徙。鱼鳖因于水，不得升陆。人兽因于陆，不得乘风。禽鸟因于风，不得升天。因而刑之，呜呼惨矣。白性宜空，奈何入形，以自毙也。悲哉！

五十五　入境配身

白入配身，就境尘组，以合于境，而用尘也。如由陆入水，则弃车而即舟楫，备将舵焉。由地入风，则弃室而居飞艇，备帆篷焉。鱼之白初来，无鳍以为桨也，无尾以为舵也，入而后组之，以配境尘而用境尘也。鸟之白初来，无尾以为帆也，无翼以为篷也，入而后组之，以配境尘而用境尘也。由是观之，身之为物，随取随弃，实无有常，如彼舟车。不然，鱼卵、鸟卵，岂有鳍尾羽翼夫哉。四大为一时之伪，入境乃用，概可知矣。白如入，元自来配，以组其身。白与尘媒而外，来不携，去不絜也，何珍之有？知此理者，净白成真。

五十六　出境次第

故白必从地心来，次第出境，层层住留，而后得与空合焉。住土层若干时，寿限毕入水层焉。住气层若干时，寿限毕入至层焉。必至于空，乃为究竟。吾何以知之？以开嗑之序知之，以改向之级知之。且吾见人，犹有禽兽之余迹焉，尻之尾痕，爪之蹄志固在也；有草木之余迹焉，发之根须，肺之弃状固在也。以是知其次第之来源也。且吾常见身在下层，则命已寄于上层，虫在叶，命寄于花，故能化蝶。蛤在水，命寄于陆，故能化雀。吾以是知次第出尘之阶级为不诬矣。故人之命系于至，兽之命系于人，鸟之命系于兽，虫之命系于鸟，鱼之命系于虫，草木之命系于鱼。舍形尽寿即归命，此万类之化成也（见第三十一图）。

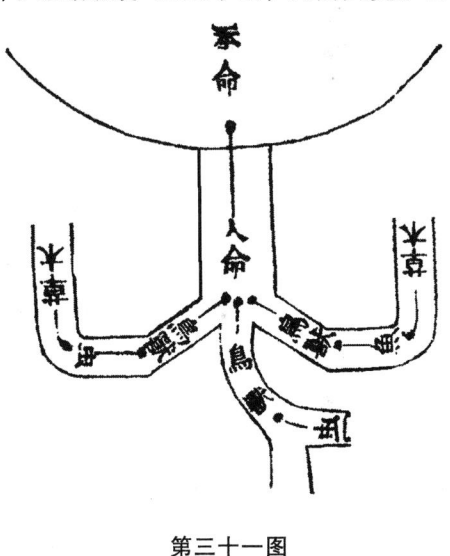

第三十一图

五十七　轮回复来（见第三十二图）

白由地心，经诸层、诸块以入空。其一往不复乎，抑亦转回仍来耳。就佛氏之说，则有轮回，故《周易》亦曰："初登于天，后入于地。"以理断之，如簸扬以取米然，不净者反而舂之；如陶钧以制器然，不成者坏而揉之。人之不净，其白不成圆明者，其亦必顺轮以回也明矣，又恶能出境哉。

第三十二图

故水流于海仍浸于山,血周于头仍降于脚,大地人身一小轮回,至地一大轮回也。无尽其轮,无息其回,白之欲出,戛戛难乎。

五十八　念净出境

（见第三十三图）

涅槃为太空,直超固善也,然岂易骤至哉。五教皆以出世为归,耶回孔之所谓"天",其惟一真宰太空皇灵耶,抑亦叁环而已矣。若惟一真宰太空皇灵,则即涅槃,未易臻也。若仅叁环而在轮回,不亦卑乎。老子所谓"谷神",信夫其为太空皇灵矣。惟佛教净土之说,足以备宇宙之全,而为涅槃之阶梯,信善哉！无阶梯而升世,无此长材,无捉摩而持世,无此大力。中人之资而欲出世,舍净土其奚由哉。故吾以净土为至善法门,亦为至捷蹊径。白之离形,有想必至。苟无尘媒业障,以为之锢,奚有不至者乎。

五十九　水喻诸境

吾何以知秽净土之必有哉？今以大地喻宇宙,以水区喻诸境,则知之矣。以大地之微,犹有瀛洋、海湖、江汉、池沼、沟浍、行潦之别,而谓宇宙之大太空无外,反无净秽土之分哉。其实也,至秽之土如行潦然,其中生人如蠛蠓（沙虫也）也；次秽之土如沟浍然,其中生人如鳅鳝也；稍净之土如池沼然,其中生人如鲫鲤也。

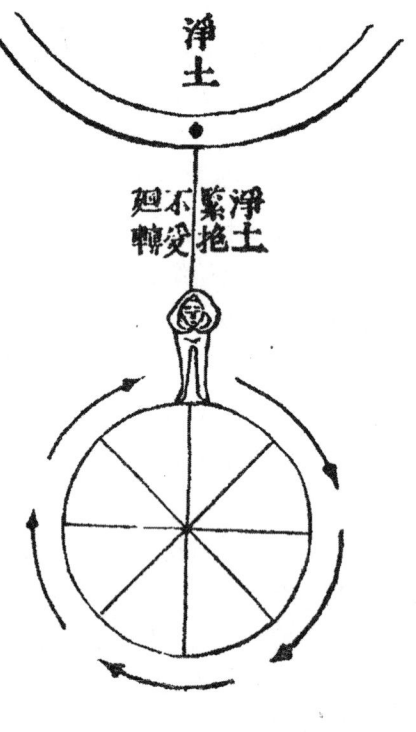

第三十三图

吾民殆其类乎。更净之土如江汉然，其中生人如鲟鳇也；再净之土如海湖然，其中生人如蛟鲸也。仙其类乎。极净之土如瀛洋然，其中生人如灵龙也。佛其类乎。尘块有大小、有清浊、有垢洁、有明暗，因其厚薄而生物判焉，安得以人之不善，疑宇宙无净土哉！是犹以树之无脚，而谓地土无道路。以蚿之无目，而谓空中无日月。以螟蛒之见，谓宇宙无诸境也。庄子朝菌蟪蛄之嘲，其以此乎。

六十　歪美逊净

以吾块诸层而言，至其最美乎。老子所谓众甫者，至其特近而微者也。吾气环与水层，仅容发之间耳。而人之仁智，迥别于鱼鳖，准是差也，而上例之，至于三十有二，其美岂可胜量哉。人间且有尧舜之治，而况于至。譬如近海，偶有十丈之鱼，吾知海鱼必有百倍于此者矣。故鸟与蝶仅寻丈之高而已，其色之美已可概见。至环之东施，其地上之西子乎。至环之下愚，其地上之周孔乎。故人每食而粪恶者，下泄精羭不知其所往，盖随灵道首走而跻于至矣。命系上故能输精羭而隮之也。佛言天界无鼻、舌二根，无香、味二尘，少二尘根，减二桎梏矣。然天虽美，终逊净土远甚，盖秽中之净，不如净中之秽。镟中之滓，犹愈于粪中之腴。金中之渣，犹铮于铅中之粹也。人之高尚其思者，其以至为出世之初阶，而归结于净土可也。

六十一　出境究竟

人生何为？物生何为？此智者不能答也。吾将应之曰：上舟何为？降舟何为？人生者上舟也，死者降舟也，临岸而返可乎？恋秽土者是也。久滞舟中，后来者将推而溺之，以其壅路也。故人生者为其成佛也，其至至堂净土进步也，退入于地如覆舟而溺也。人无出世之想，如据舟栏桥，小之开无量之世祸，大之壤［坏］一己之性命。故蚕生为成蛾，卵生为化禽，人生为成佛，不能成佛又不进步，以舟中为永舍可乎！是以老、佛之神必死，耶、回之圣必死，大地一渡也。又为波涛汹涌之险滩，至堂净土，湖光潋滟之乐渡耳。乐渡且不当留，而况于恶渡乎！如此者则可专意于出世，可以决人生之目的，而人不虚生矣。

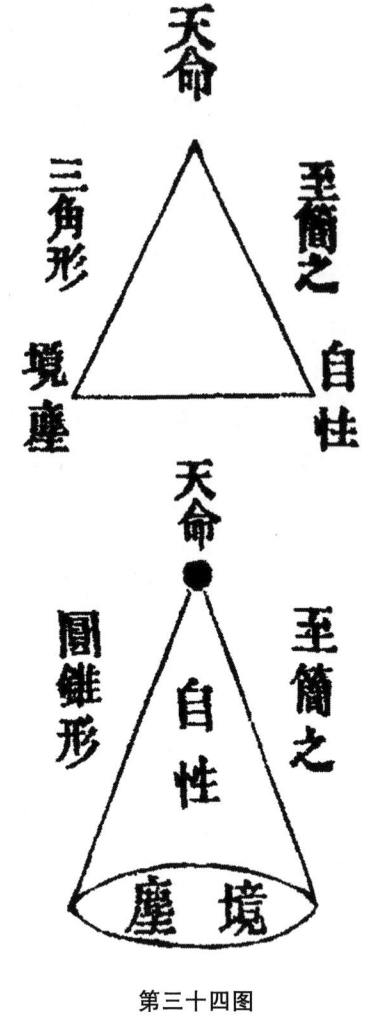

第三十四图

六十二　出入世法[①]

出世入世二法谁要？曰其要同，有相背乎，曰不相背也。合则两相资，背则两相害。出世法者使人之白超夫浊尘之外也，入世法者使人之身安夫浊尘之中也。无泄流之决则水壅而堤坏，无出世之想则白壅而世乱。狭栈渡军，不可反走，陆地过人，不可归土，出世法者入世法之舆也，岂可末之？然出世法如疏下流，入世法如筑两岸，治水之术，岂能偏举？是以人中之仁智，既为涅槃之圣佛，五伦全则八识净，百行修则一真成。虽未知死，而死在生中矣。虽未能事鬼，而事鬼在事人中矣。不然，当春耕而忙耘，虽劳何益？应食桑而图茧，苦吐无丝，不亦两废而并失乎。君子思穷于八极之外，虑周于万古之后，而不出其位。天未使我通诸境，我乃以不通诸境尽，谓之了义，谓之诸境之了义。圆通并行，道不相背，孔佛会，万法汇，不明不昧，至圣所贵。

六十三　众生成形[②]

众生何故能成形而住世乎？曰以白为体，被尘于外，斯成形矣。所被何尘，即住何境；带何尘媒，即被何尘；有何情根，即带何尘媒。是以鱼之白，有哀情根，带水尘媒，因以水集身，而住水环焉。蚓之白有痴情根，带

---

① 此处有原注："自四十六章至此，皆言宇宙诸境及出境、入境之大要。"
② 此处有原注："自此至六十九章，皆言众生成形得身之真理。"

土尘媒，因以土集身，而住土层焉。然则，身也者纯因心成，不能易也。吾常究成形之道，有三因焉，一曰天命，二曰自性，三曰境尘。自心所取，天命于上，尘附于下也。凡形必有三点乃能成面，必有三面乃能成体，此不易之则也。故凡成形，必具三因。

六十四　天命成形

何谓天命成形？形者天以囚白之桎梏也。罪重者桎梏亦重，罪轻者桎梏亦轻，故天如大父然。子能耕，父必授之以耒耜；子能文，父必授之以笔砚。故能言者天授之以舌，而不使猴言，为猴之不能辨理也。能作者天授之以手，而不使牛作，为牛之不能制器也。使天错乱其授，以人之智而猴舌牛蹄，以猴之愚而得人舌，以牛之痴而得人手，天下之乱，当不仅至此。故人虽下愚，其仁智，必有过于猴生者。天之所授，概不诬也。此天命成形之大略也。

六十五　自性成形

何谓自性成形？有其仁智，得其形焉，无其仁智，不得其形也。天如生人如树，而植于土中，虽有聪明，无以施之。天如生人如螺，而困于海底，虽有灵巧，无所用之。如舌如虫，如手如马，如无目如瞽眩，如无耳如聋蛆，则人事不将息乎！所怪者妙身应心，无有缺乏，亦无多赘。能泅则因而生鳍，能飞则因而生翼。鸽方成雏，则知识巢。鸭方出卵，则知游泳。虎生而思杀，蛛生而织网，皆若预具其识，乃得其身，非有其身，后呈其识。以是知形，纯因心成，既有其心，身乃从之；既洁其白，形乃应之。《楞严》曰："因心成体。"信不诬也。心以格天，天乃畀形。故得弓矢者，虽由天子之命，亦实因臣之勋功。得人身者，虽由皇灵之赐，亦因己之仁智。此自性成形之大略也。

六十六　境尘成形

因境之尘，而得形焉，以用尘也。如入水尘者，必用舵桡，鱼之尾舵也，而其鳍则桡。入风尘者，必用帆篙，鸟之尾帆也，而翼则篙，结身以用尘也。身不能用，尘不能生，存于尘中，故一时借之，入日用盖，入泥用橛。故入色用目，因而生目，暗洞之鱼无目，不用色也。入声用耳，因而生耳，不闻之木无耳，不用声也。故不用六尘，不生六根，不用尘外之尘，不生根外之根。有以根少而贵，亦有以根少而贱，不屑用尘与不能用尘之分耳。故仙之根少于人，木之根亦少于人。人身如五品之冠服，一品则不屑服之，九品者不能服也。此因尘成形之实例也。

六十七　今形多伪

今形其多伪乎，以入今境，用今尘而生，故多伪也。人入水用舟，舣岸则弃之，舟伪器也；入日用伞，至荫则弃之，伞伪器也。蝌蚪有尾而无脚，当为蝌蚪之时，不知尾为伪，而脚为真也。卵有壳而无羽，当为卵之时，不知壳为伪，而羽为真也。故六通四辟，人之真身，而人不知。六根四大，人之伪器，而人妄认。孰知身之为妄，而芥草视之。此《易》所谓涣其躬，而无悔者也。

六十八　车喻形需

形何故需物以养哉？如车之需炭也。车载人赴所赴，故以炭转其机。形载白赴所赴，故以食转其机。白必赴天，其下赴至，其专精赴净土，其入物者倒植而赴地狱焉。腹如锅炉，而志则指南之针也，故物以不过为足，过而害白，则不如不有身也。是以饿死事小，失道事大。

六十九　人形半佛①

人之形已半佛已，其成也不难，何也？仁智之将备也。故人之形，除仁智二象而外，与禽兽无异焉。腹之能食，目之能听，脚之能走，舌之能鸣，禽兽虫鱼无一不同，所异者独仁智耳。乃有邪昏之论曰："文明者，发达兽性者也。"此语也，吾常闻之，粗识之士矣。人方以得天，异于禽兽，而浅夫乃欲引而堕之，其亦不揣而已矣。故仓颉之训曰："半伸为身。"言人之身已半伸，再进焉则成佛矣。夫形随觉现，因心成体，有仙佛之白，自有仙

---

① 此处有原注："自六十三章至此，皆言众生成形得身之真理。"

佛之身。人知此义，则邪污之念不生，天下太平，各正性命，又岂待于政教之施设哉。吾乃于此了彻空宇宙之无事矣，试为圣佛设想一完美之身，则人身必已得其过半矣。所应增减者无多焉，故佛像正神多与人同。其于邪魔蛇神牛鬼，於戏人身之不易得也。如此。

七十　出世法[①]

出世法者，锻炼此白而洁之，使换形迁境，而入于极乐国土也。诸境之说既明，则极乐国土之必有可知。所谓极乐国土，上为涅槃，次为净土，次为至堂。涅槃太空，大无外小无内者也，极净之白入之。净土结净尘，而组合之世界也，专精思往，无业为累之白入之。至堂覆吾地上之清气是也，人之无罪者皆能入之，万不失一。白之出世，如水之流入江淮洋海也。

七十一　出世自治

出世法盛，则可以灭入世法，而天下自然太平。盖人之欲望，若志在浊世，则虽富有天下，而意不能遂。皇灵上帝亦知此秽土之不可以久留也，故恒为之乱多治少，使其必不可以长治而久安。夫惟世不能长治而久安，则人皆思出世，而天之获白也多矣。故以真理测之，此世无治法，若有治法，是背天而灭道，使众生恋秽土，而舍弃其白也。若有治法，则鸟兽鱼鳖亦皆将有治法矣。惟出世法盛可以小治，如水流通，不壅不溃，且不背天，则天亦不刑。和顺小儿，何忍夏楚？况人皆知地上为借寓，收功在洁白，谁复肯溺十恶，以损一真哉！则天下不治而自治矣。故治功之大，莫过于教，教莫大于引白出世，引白出世莫大于涅槃，切径莫大于净土，知此理者知治源也。不此之图，以求治而防乱，知日中避影，终亦困毙而无功，不亦哀乎。

七十二　入涅槃法

入涅槃无法，以无有法故。非粤非悟，非非粤非非悟，故无有法可以步骤，乃得真空纯白。略示其端曰：如自知利而后利人，是利人之源，亦起于

[①] 此处有原注："自此章至七十九章，皆言出世法之津要。"

私。至堂之业，知而后为非涅槃也。如扫此心，愈扫愈私，譬如丈夫，多智、积学、累文，此时求忘己名，己名若忘，便证涅槃。我用半生功，终不能忘尹昌衡，有能以法忘己名者乎！此涅槃之难，读尽破相诸经，而相终不能破也。然涅槃确在本性，不能言传。不言不传，亦既已悟。譬如居止园中，能言止园从何道往，即能言传涅槃。既居之，又何有道之可言乎？此之谓言语道断，证非证，涅槃会，吾法如昧。

七十三　入净土法

志于燕而后能入燕，志入越而后能入越。净土法门，以信为始业，不信净土，如蛆之不信有江淮河汉也。既信矣，而不专，如既欲南辕，又欲北辙也。故净土之业，以专为修习。既专矣，而无所系，如溺水思度，而无援引也。故净土之业，以念佛为旨归，既有旨归，而尘业不消，如蜀都之债未清，不许出城门一步也。故净土之业，以无罪为解脱。净土之生，莲花中化，如蛟草生蚊，有其事，有其理，不可以起疑，起疑则不至。净土以白洁自入，如白不净，譬如乱人。群迁治国，治国亦乱。故净土不可以少善根，福德因缘而至。况夫根不合尘，虽投不住。投鱼于山，投兽于水，尘苟不合，生存难保。故净土之业，仍以进仁智，极空明为上。於戏，净土真矣，美矣，乐矣，大矣，寿矣，裕矣。而四教不明，诚大缺也。不有我佛以倡之，则中人以下，尽落人至小果有漏之根，不亦冤乎。且净土无碍于涅槃，譬如欲航海者先浮江，欲赴燕者先过秦，无迂于前途也。涅槃之业，亿兆不一成，净土之业，千万不一误，故吾以净土为万法之祖。净土有教而无政，惟以有教而无政，此所以为净土也。若其有政，亦必秽矣。欲出世者其知之，阿弥陀佛之功，被宇宙而无外，高明之士，将念念不忘矣。

七十四　至堂无益

出世而志于至堂，有益夫哉，无益而已。譬如血然，周流于头，仍返于脚。譬如水然，周流于海，仍返于山。轮回之说有征，则至堂为无益矣。故住相之功，只在至堂，虽高一层，亦无益也。不能彻观此理，不足以言宗教，而论出世法。夫至堂者积善而能者也，非必扫法相悟性空也，奚其难？

然较之浊浊尘网，历劫于六尘之中，轮回于三途之苦者，又已天渊相隔矣。平心而论，不得谓四教之无功也，荃堂虽无益，又何害乎？吾之所谓无益者，百尺竿头，进一步之语也。

七十五　有念无念

是以修出世法者，有念即净土，无念则涅槃；有念易，无念难。二法不间，相与循环。万法一失，动静不悠。斯二语者，简而尽，约而宽。吾故以之列一章之全。

七十六　诸宗惟二

佛法包五教而无遗，出世法之最精极高者也。其宗门虽多，惟二而已。所谓二者，净土为一大宗，信解受持；法相为一大宗，至明极精。其他诸宗，不能独立，皆属于法相之下。律宗者，戒律仪文也，以相宗穷理，而后知所戒。理亦既明，不戒自戒，理之不明，持戒无益。禅宗者，敛精神以养白也，以相宗穷理，而后知所养。理亦既明，不养亦养，理之不明，养静无益。密宗者，记神佛之名号，以合符契，而感神明也。神明以真理感，不以私好合，故仍以相宗为归宿。至于天台贤首，三论慈恩，以及莲社，或以人名，或以地名，或以事以书名，皆法相净土相兼而产，一时因缘，智度无方，可以千万，可以十百。故吾谓佛学惟二宗，出世法之全功尽焉，即有他圣，不能易也。

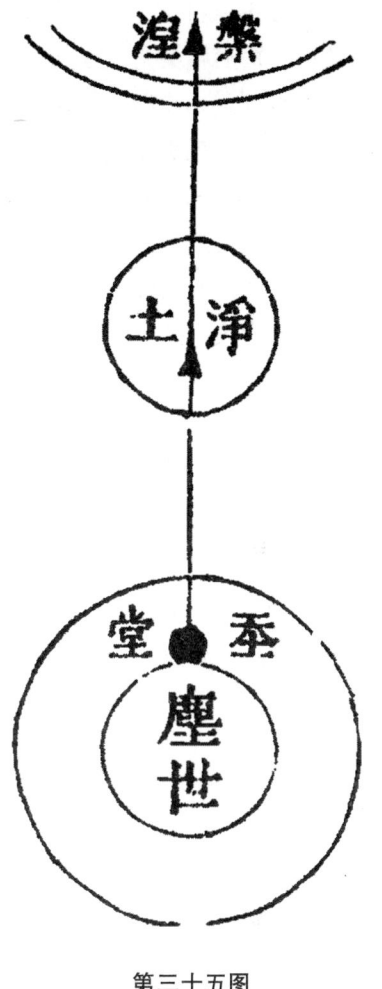

第三十五图

七十七　说法

何谓法？如水之去，后水逐前水，法者后必换前心也。情有七，互换以暂正，暂正以暂空，故以恐惧心换好乐心，而后诛贪之刑法立；以好乐心换恐惧心，而后赏勇之军法成。则是世间万法，不过以心换心而已矣。复而杂之，万法斯成，出世法亦以心换心而已矣。以真心换假心，而后有《楞严》之训；以正心换邪心，而后有《法华》之说；以空心换一切心，而后《金刚》之义明。故以净土起好乐心，以换尘心；以地狱起恐怖心，以换欲心。舍以心换心而外，俾尼亦无他法。然则，心不正，不空不仁，而足以言入世、出世二法者，未之有也。此《大学》之道，所以与佛法通也。入世法以物换心，正形为极。出世法以道换心，净白为极。知此理矣，则立法有纲矣。

七十八　无心无法

以心换心，无心无法。以无可换故，惟无可换，故曰真常。真常不换，故亦不坏。不换形，不迁境，此白之真也，谓之金刚舍利。今以密瓶注空，移之他处，彼空不减，此空不增。以斧斧空空不能伤，以火火空空不能焚。以神力之速，测空之大，行千万劫，不能出一芥子。以神力之勇，动空之小，尽拔山力，不能移一纤毫。故空为极真，净白之归，必与空合，白乃寿贞。

七十九　出世白往①

出世仅以白往，不携尘，不携根也。以白往，彼自有净根来会，如人入世，未尝携金钱来，更未携眼耳鼻舌来也。今试眼病已瞽，有能易之以明眼者，愿易乎，不耶？耳病已聋，有能易之以聪耳者，愿易乎，不耶？进而推之，五官百骸，肝脑肺腑，莫不可易，所不可易，惟白而已。即以此白出世成真，谓之真我。真我者，以其不可易也，易则非我，非若六根之任所取舍也。故修福者，白得惟真，白无可得，惟净为福。故曰以无所得，故得。

八十　太平天下②

天下顺理则治，逆理则乱。净白则治，垢白则乱。予欲跨尧舜之治，成

---

① 此处有原注："自七十章至此章，皆言出世法之精要。"
② 此处有原注："自此章至九十四章，皆言太平天下之治法，圣功之极也。根以上诸章来。"

天国之福，故详论其理，以垂于后世，亿予犹及见之也。夫世界乱日多，治日少，皆原于真理之不明，謷謷焉以立教，謷謷焉以制礼。今礼之不合理者十七八，而教之不合道者十二三，求国之治，天下之安，其可得乎！今合以上七十九章之通，以教百姓，使百姓莫不明白，则天下已太平矣。然后为之仪则焉以合于三均，所谓三均，一曰天道，二曰人情，三曰地物。通夫三均以治太平，则形而上之道，与形而下之器交会，而圣治之郅隆可冀矣。

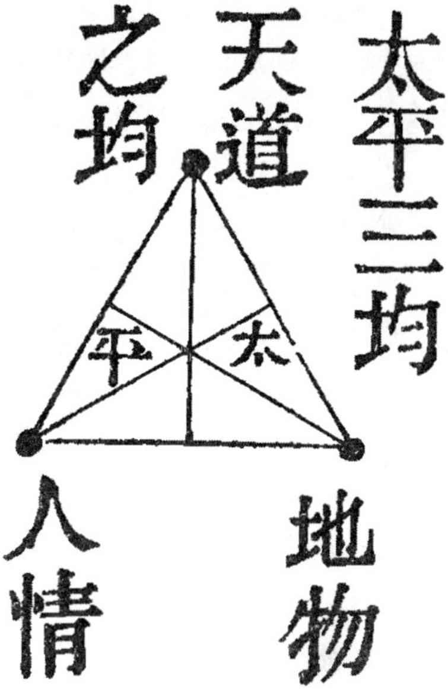

第三十六图

八十一　天道致治

推天之道，莫不爱人。爱人者，爱其真体，不爱其冠服。白者人之真体，身者人之冠服也。然冠服有益于真体，则亦爱之；有害于真体，则不爱也。夫太平者，觉形交养之谓也，而觉为真体，形为冠服。今有慈父母，见其子之割首以换冠，剖皮以换衣也，则怒褫去其衣冠。天刑杀人，实如此也。故必先净白焉以养形，则天不杀。人之能先净白，以养形者，以有几？天既杀之，而人思逭焉，此鸟兽虫鱼之所以百计营生而不能也。污白以养形，则愈寿愈毒，不如杀身以成白。成白者，成仁也。仁苟不成，然后天乃刀兵之，水火之。是天之造劫，乃大仁也。不顺天心，而私计图治，其可得乎？故予之言治，首以顺天为旨归。

八十二　叠天道

天之所祐，邪凶自死，仁正自生，莫知其端倪而自治也，天也。天之所戮，邪凶自生，仁正自死，莫知其端倪而自乱也，天也。莫之为而为者天也，莫之治而治者命也。既已明仁智顺天、愚凶背天之道矣，必欲于愚凶之中私计图治，如猫佩铃而避响，愈避愈响，奔蹶以至于死也；如人入日而避影，愈避愈随，疲毙以至于亡也。故致治之术，实惟一法，外无有二。一法者何？仁智顺天而已矣。顺天则天之获白多，天获既多，则天不杀矣。草木得地，不求枝叶之华实，而自华实，不需渥枝润叶，以求其华实也。人得天，不求群治之郅隆，而自郅隆，不须厘群图治，以求其郅隆也。天之所卫，孰知其故？夫以蜂之无识，未闻其读经史、习礼法也。蚁之无识，未闻其导八政、议五伦也。而其治国之整，乃百倍吾人，从未闻有内讧作乱之事。得天自治，岂必俟于多智哉。吾于此知治本。

八十三　净白得天

故上治之极，使其民净白，得天以治。不以色污白，不以声污白，不以香味触污白，五根净而世太平矣。尽净六根，可胜用乎。《圆觉经》曰："六根清净，则一身清净。一身清净，则多身清净。多身清净，则世界清净。一世界清净，则多世界清净。"此治之本也。净白则宇宙可治，又何止于世界哉。侔尼之谈治最高，而世人不察，以为迂不济急，必欲伐根以求木茂，塞源而欲流长，此所以碌碌数千年，而治功终不见也。吾独以为图治，必自净白始，而政术无益焉。故老子之治，使其民有十倍之器而不用，不服文采、厌粱肉，以为盗夸。布衣粗食，茅茨土阶，以怡其神，不溺其白。毋饱食暖衣逸居，以近于禽兽，则白不溺物。草草焉百年借寓，斯白可全而天自爱，世上永无乱日矣。呜呼！上海之淫奢，欧西之富丽，吾以为杀白造乱之阶，其祸之毒，乱之炽，甚于川人之在水火也。悲夫！为祸毒潜伏而不见，积成不可以复救，玩好在耳目之前，而患必及于一国之内。此中智以上乃能知也。

八十四　惟教得天

惟教净白而得天，故教功为最，弥陀佛国之所以为净土者，不闻设官布政也，惟出广长舌说法以教而已矣。琉璃佛【国】之所以为净土者，不闻设官布政也，惟出广长舌以教而已矣。上下四方之净土，亦莫不然。此净土之所以为净土，秽土之所以为秽土也。今观一家之无教，则父子鼎沸，兄弟操戈，夫妻反目，妇姑勃溪，而况于国、于天下乎！舍教言政，诚不知治本也。尧之治以百姓昭明始，舜之治以敬敷五教成，此又尧舜之所以为尧舜也。《中庸》言修道为教，不言修器为政。《大学》以诚正为齐治均平之本。

皆主教奴政之义也。今若欲化秽土为净土，引乱国至治国，而不以教，是犹缘木而求鱼也。《周易》三时，平时临民，以教思无穷。乱时救险，以常德习教。衰时补坏，以振民育德。皆自教始务，恃教成业。无时不教，斯无时不治也。吾愿世之图治者，咸劭于教，以净白而合天，天下不治而自治。寓教于庶事，寓教于娱乐，十人一师，百人一傅，遍于村间，盈于郊邑，损兵节费，俭政杜邪，天国之治，可坐而待矣。今之治，多其粟，不过饱食，丰其衣，不过暖衣，严其防，不过逸居，以肥其身，而污其白。然而无教，则近于禽兽，而互相食矣。哀哉！

八十五　今教非教

天命之谓性，非地命也。天命者白，地命者六根。率性之谓道，非率形也。性惟净白，形染六尘。修道之谓教，非修器也。形而上者谓之道，形而下者谓之器。今之教，政治法律，不过修器。兵民钱谷，不过修器。文章言语，不过修器。百工树艺，不过修器。故虽学堂林立，士子满野，吾以为无教。无教近禽兽，治功卒不可期也。哀哉！

八十六　合教弭乱

教不合，乱不弭。各人有各人之教焉，合其长，弃其短，以为一教，而千万人合为一教矣。各家有各家之教焉，合其长，弃其短，以为一教，而千万家合为一教矣，千万州邑，千万郡国，四海五族，众生万类，亦莫不然。教之立达者见其通而同，昧者见其阂而异，吾未见万教之有异也。以明白为体，有以异乎？仓颉曰"白"，孔子曰"仁"，佛曰"舍利"，耶曰"耶和华"，老曰"谷神"，回曰"天方性"，其名虽异，实不异也。以普度为用，有以异乎？孔曰"泛爱"，佛曰"度尽众生"，耶曰"视人如己"，老曰"慈为三实之首"，回曰"大仁合天"，其言虽异，意不异也。体用既同，他何有异？人貌不同而无不同，物情不同而无不同。推比白为皆之义，吾未见万教之有异也。夫衣裘衣葛，同以调身之中和。尚体尚俭，同以调俗之中和。异中之同，非圣人不知也。夫教不合，则心不一，心不一，则事不合，欲平治天下，遏抑乱源，而不同教，是犹务湿而居下也。老子曰："道通惟一，惟达者，知通惟一。"又曰："同之又同，众妙之门。"吾虽知诸教各有长短，吾以为兼收并用之为备也。

八十七　简政六均

政不可繁，政繁则乱。故不知有法律，而自不犯者，上治之俗也；知有法律，而不敢犯者，下治之俗也。法令滋张，盗贼多有，则乱之大也。故圣人劭于二均，以成六均。二均者，均人情，均地物也。简列六均以为治，不务繁琐，以凿民朴。六均者，简学以均智，简劳以均力，简官以均权，俭用以均物，量物以均人，同制以均俗。六均既成，太平之极。毋多枉作，以启欲癖。则民生无不福，死无不佛矣。

八十八　简学均智

人之智均乎不耶？下愚必高于禽兽，上智亦不及仙佛，于其限度之中，实甚均也。然详而别之，则仁凶、愚智之差出焉。若因其稍智益劭于学，则染识大优于恒人。染识大优则神耗，而性命之明泊也。性命之明泊，又益进于华，则诈伪之端启矣。诈伪之端起，而争斗之祸从之，世徒知平物，即可以大定，而不知智之不平为害尤烈。老子曰："不尚贤，使民不争。"言平智也。孔子以中庸立教，其言学也。曰："人一能之，己百之，人十能之，己千之，及其成功一也。"若不平智，而务于染识之博，人学一年，己必百年，人学十年，己必千年，天下有此遐龄乎？又安得成功同一哉！必也有中庸之度以平之也明矣。今若本此以立教，列简易之理，使人内必净白以成佛，外必推恕而泛爱，其为经文，上智不得越，下愚必尽知，以先平其智，而民不竞高，然后太平之本可以固矣。要之，圣贤真学，不在染识，而在本识，本识同明，染识不较，又共济之巨舟也。如以识相高，则得度者寡矣。因人之智程，以立学范，使下愚同能，上知不炫，平智安心，序乃不乱，此大顺之真则也。

八十九　简劳均力

物财有二生焉，一曰人力生之，二曰地力生之。不尽人力，无以赞地力，然人之情，每好逸而恶劳。孔子曰："力恶其不出身。"此之谓也。古圣人不能强人以必劳，于是为之家室，使各务其私，而人力出焉。然而，小康之家，恃产而食，则已惰其四肢矣。其犹能以劳心，与劳力易功者，鲜有闻之。至于富人，则更废耕夫，以为僮仆，耗织女，以为婢媵，而心力皆废，为世米蠹。是私家之制，不惟不足以出民力，而反害之也。均力之法，分工以课勤，区地以课粟，量力以增减其作力之时晷。一夫十亩，而征其谷菽，以入于公。一女二机，而征其布帛，以入于公。其他百工庶艺，悉有定程，劳心政教之功，亦有定禄，十五以上日作六时，二十以上日作八时，四十以上日作七时，五十以上日作六时，六十以上不力作，如此则人各出其力，而无或惰其四肢，均力养形，俾民以通工互助为群法之正，无有一人惰其心力，以拥丰席厚，则地物平矣。

九十　简官均权

据理之正，人宜平等，不宜有官司之设，贵贱之分。然而，民德不齐，又不能不以贤制不肖，而超人之制起矣。超人之制，流毒无穷，而皆起于德薄。在下者德薄，故必须以官制之。在上者德薄，故恒欲以世贵尚人。德既薄，而大乱不可以遏矣。故圣治之极，以平等之精神，行超人之仪式官，以业分而以齿班，停年以鹭，无或逾分，荐举师锡，鉴拔考试，兼而行之。一归于停年稽绩，法制范围之内，人皆平等，以齿为序。官不过公仆，执事不滥权，军财二柄，分之又分，俾无得专擅。其事虽繁纲，不外此民权既均，而天下可坐而理矣。

九十一　俭用均物

物之养人，足度为盈。鼹鼠饮河，不过满腹。鹪鹩巢林，不过一枝。人生世上，饱食暖衣逸居，则为天福，苟过矣，不惟无益而反害之。害之大，内污白以降于垢层。害之小，外起争而激成战斗。万恶之渊薮，未有不出于不知足者也。故孔子曰："不患寡，而患不均。"老子曰："众人皆有余，我独如遗。"佛曰："日中一食，树下一宿，慎勿再矣。"耶稣曰："不求多积。"回祖以人各二十五金为满贯。五教之精神，皆在均物，此天经地义，不可或变之则也。夫今日珍厨，而明日悬釜，则时际不均，虽丰无救于死。左邻盈室，而右邻枵腹，则家户不均，虽富无救于乱。此其理，岂待智者，而后知哉。况夫饱暖而外，虽仅钩金粒粟，不造业，无以用之。人明此理，其谁敢多取，以速戾乎。均物之制，如近之公产赤化主义，吾以为人群正义，不可磨灭，而必见诸实施者也。然纯恃于道德之修明，与劳力之发达，国无欲人，亦无游民，然后量地度物，以耕三余一，耕九余三为满贯。又定以废币、颁物、计功、授饩，民有九品，服食器用，悉有定制。至贵不过食百人，至贱亦食二三人。物均而性命之情不滑，邪伪之事不生矣。

九十二　量地均人

古者一夫受田百亩，食六七人。以今考之，一人之资须田五亩，其他山林、薮泽准此以均。今天下无节生料民之制，以斟酌其亏盈。而民之生，恒多于死，愈久愈多，必至盈地。而地不加长，田不加多，必乱之道可龟卜矣。夫鱼生一岁万子，三年满水，故天生獱獭以杀之。鸟生一岁十子，十年满山，故天生鹰鹯以杀之。生多于死，不杀不已也。天爱仁智，使人之生育少于禽兽，亦寓有自然节生之道焉。然生犹多于死，则杀机未解也。证涅槃太虚之理，入空则无大不容，而人不能也。如金石沙砾之顽，虽多亦无相争斗，而人不宜也。不节其生，乱何由救？佛教之行，十男而七僧，十女而七尼，节生之法明矣。而今不行也，故圣治之极，区地以料民，常使地生之材十，而生人之需七八，以其二为增减伸缩之度。十七而盈，十八而亏，划村分邑，以节其生。令其民死徙无出，移民移粟，时稽其数。严其婚配，遏其生育，择善种，锄莠类，则民数不盈，而乱不生矣。加以用药物，惩淫邪，多僧尼，劝净行，而生人之额减矣。此治之本，保安长乐之定律也。

九十三　同制均俗

圣治之极，车同轨，书同文，行同伦，同之又同，则民无异心。民无异心，则兼爱之道可普也。夫天之所作无不同，人之所作无不异。同一以言通意，而五方之语不同。同一以礼防乱，而五方之风不同。同一以文记事，而五方之字不同。不同则异，异则战。夫道之则，合大则同，分小则异，以合大趋同则治，以分小趋异则乱。故吾欲劝于同，恒使百礼通行，九伦齐辙，无或小歧，以一天下，则六均备，而世祸永息矣。同异之理邃，而其义精矣，可不审欤！

九十四　三制利害①

平天下之法，一言以蔽之曰，和群、均物而已矣。和则不患不均，然而

---

① 此处有原注："自八十章至此章，皆言太平天下之治法圣功之极也。"

和群之法，有三制焉。群为合体，而成体必备三因，故有三制之实象焉。所谓三制者，一曰平等，二曰共和，三曰专制。有德则三制皆善，无德则三制皆恶。平等之善，大公无颇，天下一人。然而，生民有欲，无主乃乱，则害之大也。共和者，多头政治，庶长公议也。其法以调于平等、专制二者之间，差为中和。然而，一国三公，扰攘百出，则害之大也。专制之善，乾纲独断，一人有庆，兆民赖之。然而，独夫肆虐，毒敷四海，则害之大也。要之，人不得道，无往不乱。人道敏政，地道敏树。人而失道，如彼石田，改种百谷，无或能生。虽取三制之长，而兼用之，无益于救乱矣。彼雁以平等，蚁以共和，蜂以

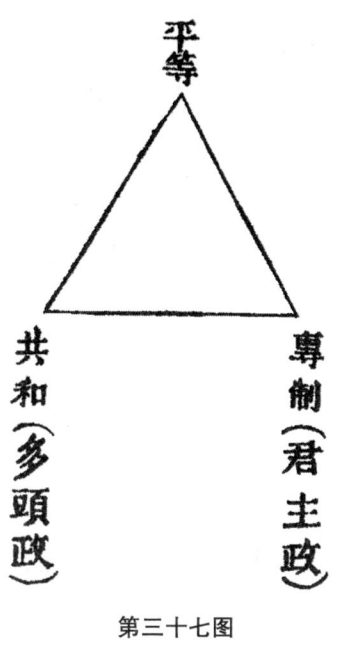

第三十七图

专制，其德性既纯，虽蠢蠢采一制，已足以安群而有余。人不如禽，又不如虫，奈之何哉。吾以为虚君共和，百官合议，立宪平等，齿班限年，则三制之善，兼而有之，以为恒制，庶几其少乱矣。然而，大本仍恃于教，政未有能治者也。

九十五　真理观察[①]

吾人欲观真理，将何以哉？《大学》之论，自格物始。危乎，危乎，上哲可不察乎。夫格物之法，就有形之物，以观真理欤，抑亦就无形之觉，以观真理耶！若就有形之物，以观真理，东南观水，水就东南，西北观水，水就西北。以枭观伦，常见食母，以犬观序，常见独行。六尘之中无真理，又何格而能观其通？若以吾心之灵明良知为根本，则不当属于物，而物亦外矣。故观理者，不可纯恃于物，当恃于心，又当恃于不着尘之心，则下学者荒其无执矣。然而，一物之成形，必有理焉，而后能着。其得理之偏，与得理之全，则在吾心之判断也。

[①] 此处有原注："自此篇至九十七章，皆言观察真理之法。"

九十六　观物二则

观物有二大别焉，一曰白，觉体也，二曰尘，物质也。白近天，尘属地，观其异同，而知真理之所在也。真理为奴，尘以养白，其异在白愈净，而仁智愈显。吾譬白如精金，尘如杂矿，炼锻去尘以净白，此宇宙皇灵独一无二之事，而正理之所发也。顾白属于金石，有以销之，白属如太山，有以移之。必白属空，乃为贞寿，故以度白归空，为万事万理之总汇。

九十七　一恕近理

大地之上，水一总体耳，而分为无量数。宇宙之中，白一总体耳，而分为无量数。当其分而未合也，有一言可以合之，曰惟恕而已矣。夫杂尘之白，实为人物，此杂尘之白，有此性情，则彼杂尘之白，亦有此性情也。吾为此杂尘之白，而不知彼之性情，乃以吾之性情，而知彼之性情矣。合为一体，岂有异哉！故以合大同为真理，物莫不从，以分小异为真理，物莫不乱。真理之钵，一恕而已矣。去同观异，乃得其至，故人有与草木同者，有与草木异者。就其与草木同者，以为真理，则不违于大地之上矣。人有与虫鱼同者，有与虫鱼异者。就其与虫鱼同者以为真理，则不违于生物之群矣。此人有与彼人同者，有与彼人异者。就其与彼此同者以为真理，则不违于人伦之中矣。故曰同之又同，众妙之门，忠恕违道不远。忠恕者，所以趋同也，观同道通，观异道穷。

补　遗

白能知章

白者何？生机也，觉体也，灵质也，感源也，识官也，思府也。有白而后能生，无白则死尸也；有白而后能知，无白则顽石也；有白而后能动，无白则随车也；有白而后自长，无白则枯榴也。是故车不能动，随马以动；马不能动，随白以动；树不能长，因萌以长；萌不能长，因白以长。知之修炼，谓之神养。

若有人焉，鼻之颠，额之前，髓之间，两眉之端，天灵之盖覆焉（第一图）。空穴而中居，纯明而妙圆。率五官，通昊天。文谓之自，自者画鼻之形也。自省曰白，白者省极之真也。自者自此始也，以其为百骸、五官之始也，故曰自。自者我之称也，以其为真我、己体之实也，故曰自。

惟此为真，百骸皆伪。惟此为我，五官皆他。惟此为贵，五官皆贱。惟此为有，五官皆幻，奚以知其然耶！五官百骸，入尘而后，借尘以假合者也。舟欤车欤，篷过雨欤。

第一图

第二图

第三图

品仪章

白极净则为佛,白翳洁尘则为仙。白翳垢尘而微浸则为人,白散入尘而微结则为禽兽,白与尘混而浸透则为虫鱼,尘更增多而白微则为草木(见第四图),奚以知

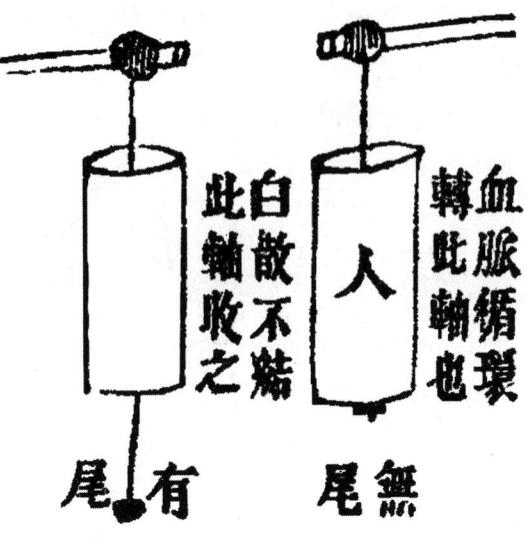

第四图

其然哉。吾有大据,今斩蚯为数断,段段皆生。海虫失去其半身,而生存如恒。草木亦然。是其白周于身也。苟无白,安有生机、觉性哉?且鸟兽有尾,而人无,是其白散也。尾通髓,流白之迹也,泄白之着也(见第五图)。故尾大者愚,小者智,尾愈减而慧愈增。以是稽白之聚散,岂不至哉。

二垢章

白之垢,有二式焉,一曰翳蔽垢,二曰浸混垢。翳蔽遮掩于外易去也,故人一教而知道。浸混渗透于内难出也,故虫百提而不悟。翳蔽垢如夜光之珠,水晶之球,而漆其面也。浸混垢如膏(比白也)与面(比尘也),如水

第五图

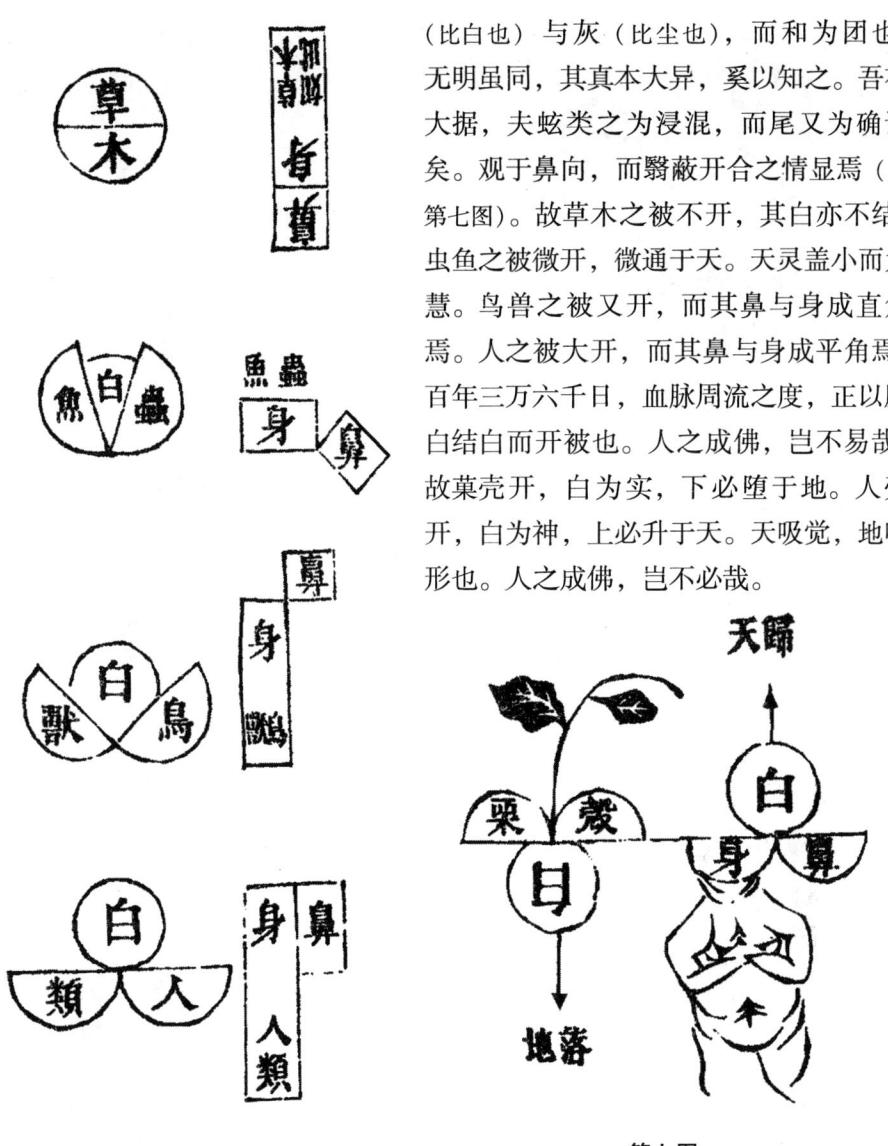

（比白也）与灰（比尘也），而和为团也。无明虽同，其真本大异，奚以知之。吾有大据，夫蚿类之为浸混，而尾又为确证矣。观于鼻向，而翳蔽开合之情显焉（见第七图）。故草木之被不开，其白亦不结。虫鱼之被微开，微通于天。天灵盖小而为慧。鸟兽之被又开，而其鼻与身成直角焉。人之被大开，而其鼻与身成平角焉。百年三万六千日，血脉周流之度，正以磨白结白而开被也。人之成佛，岂不易哉！故菓壳开，白为实，下必堕于地。人壳开，白为神，上必升于天。天吸觉，地吸形也。人之成佛，岂不必哉。

第六图　　　　　　第七图

释文章（见第九图）

文有三白，楷书混一，一曰入方，言西方白色也；一曰口张，言张口动舌也。从自省者，乃吾所谓觉体灵质也。众生之灵觉在鼻端，故绘鼻以明之。归于惟一，故省之又省。颉圣之意，以为仁即白。后世因之，故生机称白者，代之以仁。桃杏之核心沿用之，儒书则以心代白，习然也。仁本为仌，言人中之真人也。又曰忢，言比白为皆众生之同心也。故鱼白为鲁，言鱼之白垢也。知白为智，言明心见性也。旅白为者，言众生之成形住世白偶寄也。者者，众生之代名也。白中为乐，言真乐之在白也。白大为臭，白王为皇，言太白之贵也。白王一大，则为皇天。白水为泉，言水源生于白也，故曰天一生水。颉圣之尊白如此，此所以为至智欤。此谓知本，此谓知之至也。

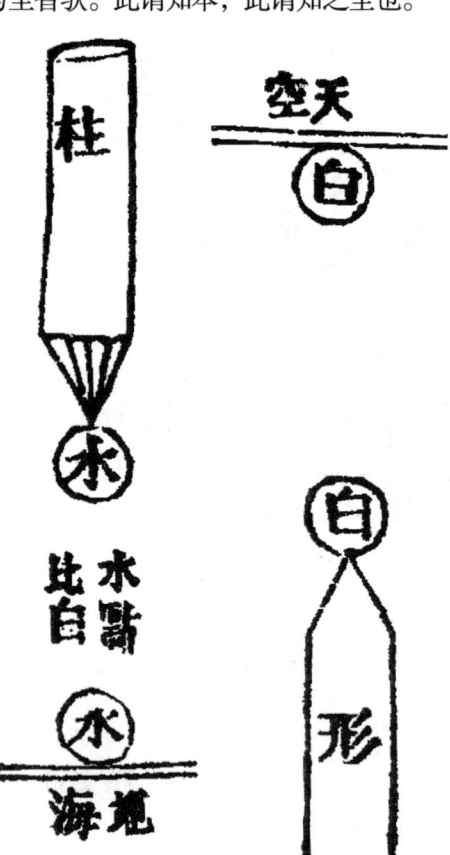

第八图　　　　　　　　第九图

白乐章

白乐天，白乐空。非白乐天、乐空，白自乐也。故曰观自在者，观白在也。白自在，不在他也。不在他者，不在物也。故属乐于目者，虽曰睹佳丽，非吾所谓乐也。属乐于耳者，虽曰聆管弦，非吾所谓乐也。属乐于六尘，而驱六根者，殆乎其殛也，奚以知其然哉！以尘无常乐故，是以茶虫甘茶，以茶可乐，而众生茹茶，咸以为苦。蔺蛆恋粪，以粪为乐，而众生食粪，咸以为臭。孰知正味？孰知正色？人之所乐，亦犹茶虫、蔺蛆耳，故不如观自在而乐。观自在，即观白在，白自有乐，接尘外见，不接尘内自赡，是谓周善。

周善章

观白在，周善之极也，奚以云乎。独善兼善之极也，是谓通义大全。惟观自在，故不求乐于外，不求乐于外，成物之极也。今观贪者欲财，是其白不自在而在财。夸者欲权，是其白不自在而在权。万欲千恣，皆不自在为之也。苟自在，视天下如敝蓰，藐帝王如草芥，奚取物以害烝民乎！吾故曰观自在为兼善之母。鱼生于水，是其白不合空而合水。人生于尘，是其白不合天而合尘。众生六道，皆不自在为之也。苟自在，不赋垢以为形，不因身而囚域，奚有受以被诸苦乎。吾故曰观自在为独善之祖。一言周善，非智至，其孰与语。

尘媒伪乐章

凡尘物无真乐也，而人乐之，以习染尘媒为之瘾癖也。故烟非乐物也，身中有烟之尘媒焉，则吸烟而乐。色声香味触法皆烟也，眼耳鼻舌身意尘媒结精为之瘾癖也，如烟菌然，潜伏于白，招尘欲焉。故蜣螂有粪尘之媒，物皆恶粪而己独乐之。世人有俗尘之媒，佛皆恶俗而己独乐之。茶虫之乐茶，冰鱼之乐冰，岂茶冰有真乐哉！惟尘媒以为乐。又因为乐以乱内外，非智者其孰能知之！庄生孰知正色，孰知正味之言，通其意也。

生死观章

有人入舟，远视之不见人而见舟，舟生矣。及其舣岸，人去舟死，有白入形，俗视之不见白而见形，形生矣。及其接天，白去形死，此生死之观也。夫白当未结坚炼纯之时，为草木为蚂蚁，尚不易死，岂有人之白粹乎，团乎，而反能死之哉。其脱形弃被而去，其灵其真，其通其明，其高其广，其固其成，必有百倍于生前者也，奚有死乎！然倒植入地之死，则又惨矣。吾将醮水以喻白之与形焉（见第十二图①），柱其形也，水其白也，地海比天也，空也，则其情可见矣。柱能粘水而留之，及量满柱粘，力不胜地海之吸力，则水珠滴于下矣。形能粘白而留之，及量满形粘，力不胜天空之吸力，则白球升于上矣。此谓之死，吾谓之升遐，谓之神往，谓之桎梏脱，谓之痈疽溃。然形神俱败者，不在此例。至于住朱颜，欲长生者，吾谓之无期囚。

万理通章

观吾说竟，乃就万事，而悉决以理，宇宙之理，无不通者。

曰：天地何故分多层？

答曰：白多而净者居上，白少而垢者居下，以别善恶也。

曰：地何故公转？

答曰：以扬白也，如簸扬米而聚之也。

曰：地何故私转？

答曰：就曰［日］以均烤而出白也。

曰：诸地何故结多块？

答曰：以别白也，如人间之有宫室庠序，苑囿囹圄然。

曰：吾地何以圣凡杂处？

答曰：皇灵之庠序也，圣为师而凡为弟子。

曰：众生何故需食？

答曰：食亲白之尘以组身也，如胶烛然，渐食渐长，众生之身摄增也。又如行车用炭以转机也，食炭也，身车也，以运白而骛之天也。

---

① 原著实际并无此图。

曰：天帝何故有主宰？

答曰：人以小白，且有主宰。皇天大白，为白之王，岂无主宰？

曰：白何故无形？

答曰：白如无形，头何故圆？

曰：人何以能智？

答曰：近烛者明，近空者智，垢不遮者明，欲不蔽者智，水不摇者清，心不动者智。

曰：人何故能仁？

答曰：近天者仁，远天者凶，直中者仁，背天者凶，鸟兽虫鱼皆背天也。

曰：世间何故多杀？

答曰：多生者多杀，牺垢白以养净白也。且锻炼以取金，杀机以冶白，金愈垢经冶愈多，白愈垢经杀愈甚。

曰：土中有白乎？

答曰：土中无白，何以生物？下鬼在土，鬼白为魄也。

曰：上圣之形何如？

答曰：应白而生，千目千手，以供白用。如人之有五指，虫之有百脚也。

曰：由子言之，天下自治，何人之多乱也？

答曰：失本性也。人有仁智之象，而不仁智。鸡有飞翔之羽，而不飞翔，本性复，自治矣。

曰：日中有生物乎？

答曰：有，尤灵于人，火中且生火鼠，有白必赋尘而出也。

曰：何谓真福？

答曰：去垢净白，永乐大福。

曰：天地有死期乎？

答曰：白尽则死。

曰：六根亦有福乎？

答曰：徒污白而增垢，无有福也。

曰：梦而有见闻，何也？

答曰：白中之回光，如漏电也。

曰：白升于天，将何以居？

答曰：不可以石之沉，忧舟也不能浮也。

曰：死后何如？

答曰：视地如粪块，身如枷锁，欣然确然，不复憔悴沉昏矣。

曰：罪重而死，何如？

答曰：如释百斤而负万斤，出轻狱而入重狱也。

曰：子孙于我何关？

答曰：如后渡之人，借我舟耳。

曰：需物以养，何为？

答曰：因物以逐，血液之循环，转而脱壳也。

曰：人能为畜乎？

答曰：白邪则畜，无可逭者。

曰：人能成佛乎？

答曰：如椒坠地，瓜熟蒂落。

曰：六通之说，亦有征乎？

答曰：入色者自生目，入声者自生耳，入空者自生六通。暗洞之鱼无眼目，尘中之人无六通。

曰：人形同一，而鸟兽虫鱼多异，何也？

答曰：中无二也，边必多偶。

曰：圣哲之心不动，何也？

答曰：不缚于绳，绳系不动。不载于舟，舟行不动。不牵于尘，尘扰不动。

曰：人半寝而半兴，何也？

答曰：白穴壳百八十度，半圆觉也。

曰：大暑大寒之地，不生大智，何也？

答曰：白性宜中和也。

曰：何故有寒暑？

答曰：本无寒暑，不合之尘自感也。

曰：学佛之道何如？

答曰：如蚕学茧，如蜂学酿耳。

曰：然则，学无益乎？

答曰：觅途则用之，收心则用之，他无益也。徒以多前尘也。

曰：水何故就下？

答曰：水就无方，朝其宗也。

曰：众生何故遗菌？

答曰：精瀹上升，以供无形之白，而渣滓下沉也。

曰：天何故必杀众生？

答曰：背天必杀，以其无成也。

曰：天以何为成？

答曰：农获谷，天获白也。

曰：血脉循环何故也？

答曰：绞白而卷结之也，如收丝然。又团白于内，扬尘于外也，如筛米然。故百年三万六千日，白净而成佛。

曰：蛇脱皮，蚌脱壳，人则全解，何也？

答曰：蛇蚌迁境近，既迁之，后身之半，尚有用也。人迁境远，既迁之，后身之全，尽无用也。

曰：英雄可以学而成乎？

答曰：不可，白不能骤净也，神药不能种，大才不能教。

曰：草木何故不行？

答曰：人负重尘亦不能行，且食水土根可近取，足养则止也。

曰：帝王囊括四海，何以？

答曰：如蛆附粪块也，及白升而观之，蹴去如芥子，至可笑也。

曰：物富何如？

答曰：譬如愚囚贪重械，欲其锁穿入骨也。

曰：然则，人何痴至此？

答曰：愈远灯者愈暗，愈远天者愈痴，白邪而蔽，不知常也。

曰：凶死何如？

答曰：善人如鸢系石上，绳断则飞。恶人如铁球载舟中，底破则沉。

曰：仙生天，人生气，鱼生水，何故也？

答曰：天为一层尘，气外二层尘，水外三层尘。被一层壳生初层，被二层壳生二层，被三尘壳生三层，比重同也。

曰：天有神乎？

答曰：小水且有巨鳞，而况江海。稍空且生智，而况太空。

曰神有主宰乎？

答曰：木兴人半同层，尚不测人。人与神不同层，何能测神？同层之面沤，人尚有主宰，异层之太白，岂无主宰乎！

曰：能使人群长治乎？

答曰：能使鸟兽长治，即能使人长治。

曰：乱机何始？

答曰：纵欲污白，背天必杀。

曰：猬有刺，螺有壳，何也？

答曰：以护生也。

曰：鸟有鹰，兽有虎，何也？

答曰：以杀生也。

曰：既生又杀，何也？

答曰：生极必杀，以弃殰，节生也。不节，则地上不容。不多生，则上白无食。杀极必生，以存种度白也。不存则白无陈路，不度则白永困尘中。

曰：五行何始而有？

答曰：七情所结也，如悲极化石，缢鬼之魄则然。

曰：目何故能视？

答曰：目不能视，合光则视。故人不能夜视，而枭能之。

曰：皇灵何也？

答曰：白之王也。

曰：皇灵造宇宙，构乾坤，何故？

答曰：以冶白也，故污白者反帝心。

曰：污白养形何如？

答曰：如割人头而与之以冠，剖人皮而与之以衣也。故不教而养，罪莫大焉。

曰：鸟与花特美，何也？

答曰：近天者美，轻清上浮也。

曰：人之所以异于禽兽者，何也？

答曰：除仁智二象，人形无异禽兽者。除仁智二念，人意无异于禽兽者。

曰：文明在物质乎？

答曰：物愈文明，白愈垢。

曰：五教异道乎？

答曰：万民异形乎？

曰：君主、民主孰善？

答曰：人皆圣贤，群龙无首则吉。君独圣贤，比之无首则凶。

曰：文章之美，何如？

答曰：染慧小技耳。

曰：墨何故黑？粉何故白？粪何故臭？麝何故香？

答曰：墨自不黑，粉自不白，粪亦不臭，麝亦不香。粪臭蚋何以爱？麝香蛩何以避？皆汝白染垢，媒妄自分别。

曰：仰山大师画圈书畜，是何理也？

答曰：言人之白，已化为畜也。

曰：净土果有之乎？

答曰：如池中鱼，妄疑无海。

曰：净白果能至乎？

答曰：白苟无缚，无境不至。人苟无拘，无地不至。

曰：人何故必附地？

答曰：身是地质，何不附地？

曰：人何故方趾？

答曰：因鼻直立，则身随之。因身直立，则趾随之。

曰：蜂何故一王，蚁何故庶长，雁何故平等？

答曰：示人以三治之方也。

曰：政有用乎？

答曰：仁智稍增，则不待政而自治，天仙是也。仁智稍减，则虽善政亦不治，禽兽是也。政之效，仅用于气环之面，微乎藐矣。

曰：蜂蚁无书，何以知政？

答曰：天性群法也。

曰：人兼三制，何以不治？

答曰：伪物乱真也。

曰：西哲曰文明者，发达兽性者也，然欤？

答曰：是物质之文明，非真文明也。

曰：佛言空心，儒言正心，有以异乎？

答曰：正心须无所，有所则不正，是空心也。

曰：道家比人为无根树，何也？

答曰：如莫娘藤，根在天也。

曰：天命有定，人何必为？

答曰：人为顺天，如舟顺水。

曰：鬼怪之物，果有之乎？

答曰：尘外有尘，故色外有色，声外有声。鬼怪者，其白附于尘外之尘者也。

曰：人多学，增智慧乎？

答曰：镜多照增光明乎！

曰：顽空与空慧有以异乎？

答曰：无白无知为顽石，白蔽尽无知亦为顽空，虚灵静照乃空慧也。

曰：造物营营何所事？

答曰：炼白出尘，以度诸苦而已矣。

曰：三界惟何？万志惟何？

答曰：三界惟白，无白一切无。万志惟乐，圣凡同此趋。

曰：教之功如何？

答曰：惟用于中人，狭哉，小矣。上者不必教，下者不能教。

曰：宇宙间，何谓真功业？

答曰：炼白出尘以度苦。

曰：白何能出尘？

答曰：入腹炉，受热化。

曰：造物之冶白何如？

答曰：层层剖，次次汰，如矿中冶金然。

曰：其次第何如？

答曰：以精炼粗，故鸟不食土，蚓食土化为虫，鸟乃食之。人不食草，牛食草化为肉，人乃食之。知冶金次第者，如此。

曰：何谓同异？

答曰：比白则万类同，比情形则万类异。

曰：子何以自成？

答曰：任天淘冶，惟守空仁。

曰：子何以成物？

答曰：顺天淘冶，惟行空仁。

曰：尘壳如此，其贱且毒，何故杀人有罪？

答曰：自杀其仁，冤鬼亦下愚胡涂。

曰：何谓英雄？

答曰：常理处事，才之极也，至于成败无关焉。

曰：人皆贪有余，何也？

答曰：愚囚争重枷。

曰：人皆趋物欲，何也？

答曰：烟鬼染大瘾。

曰：何故鸡知晨？

答曰：感星精生，星出而鸣。

曰：何故火能焚物？

答曰：火能败尘以出白，徐烤之则白负尘而出，急烤则白与尘俱碎。

曰：白可碎乎？

答曰：未结之白也，以火焚蚖自知。

曰：人必有生死，何也？

答曰：上桥必下桥，地面非白宫故也。

曰：古之圣哲，谁最通？

答曰：通莫通于仓颉。

曰：后儒何如？

答曰：仓颉言白极详，后儒忘白尽尽。忘白是忘性命之根本也。

曰：何谓性命？

答曰：白在身，率五官，谓之性。白在天，受皇灵，谓之命。

曰：其象何如？

答曰：如鳖伏卵，隔河而孵。如电传音，隔地而应。

曰：祸福由天，有是理乎？

答曰：既有皇灵，如有大君，大君微白，尚有赏罚，白王为皇，岂无予夺。

曰：怪异之说，亦有理乎？

答曰：草木鸟兽，无一不怪。我见是常，人见是奇。

曰：何谓先天天弗远，后天顺天时？

答曰：外动内顺，日出鸡鸣，后天也。内动外顺，夏初播谷，先天也。后天者，豫顺以动，天地如之。先天者，复其见天地之心。

曰：何谓道不可"道"？

答曰：坐在楼中，问尔此楼从何道去。

曰：鸟兽何故不能言？答曰：不明理者，天不许言。

曰：先有鸡乎？先有卵乎？

答曰：鸡之卵，生于虫，虫之卵，生于草，麦化蛾，蛾乃生卵。花化蚊，蚊乃生卵，白以阶升也。如此细思，宇宙中无不解之事理，理明而宇宙清平矣，岂特一天地哉。吾故愿人之明白也。

曰：乐尘何故？

答曰：染翳蔽垢，即尘则乐，如铁近肤，铁灼肤热。染浸混垢，失尘则苦，如钉入骨，钉拔则痛。贪人痛财，情奴痛子，天刑大至，为众拔钉也。

曰：然则，杀人何罪？

答曰：徒自戕白，伐己仁性，于人有利无损也。

附　书[①]

衡素好交游，挚友满天下，自入岁以来，虽比邻对户，不复相过从矣。良以大事因缘，罔敢失堕，欲使良朋益友，咸成圣佛，治隆尧舜，不又胜于酒食相征逐哉。凡衡所言，必上合仓颉、牟尼之训，中达天人之正，下通万物之情，而后言必无误，以赞诸友，而酬夙好。有折柬招衡者，即以鄙著为赠，见衡于书，不必在颜色也。

尹昌衡顿
民十五年十一月十七日

（成都忠烈祠南街止园书局，民国 15 年 9 月印行）

[①] 此标题为编者所加，以下寄语为著者手迹。

尹昌衡集

曾业英 周斌 编

第五卷 著述

社会科学文献出版社
SOCIAL SCIENCES ACADEMIC PRESS (CHINA)

目　录

唯白论 ·· 1661
　万法唯白 ······································ 硕权自题 / 1661
　止园书局发行《唯白论》内容略说 ······················· 1661
　《止园唯白论》序 ······························· 萧全芝 / 1664
　勾弦略评 ······································ 萧绍鄷 / 1665
　开宗图 ·· 1666
　内皇外者之图 ·· 1667
　内篇·纲言 ··· 1668
　内篇·释文 ··· 1670
　惟乐统万 ·· 1671
　唯白论 ·· 1673
　原白 ·· 1674
　白乐合 ·· 1676
　述"颉罗经" ·· 1677
　宇宙唯白 ·· 1680
　颂白 ·· 1682
　五教开源 ·· 1682
　八识规矩 ·· 1683
　惩私欲 ·· 1684
　究事理 ·· 1685
　立三理 ·· 1685
　真理 ·· 1687
　物理 ·· 1688
　事理 ·· 1692

人责	1694
觅理四门	1695
白性自发	1695
身心体验	1697
规矩格物	1698
学问通观	1701
穷宇宙	1703
宇宙全名	1704
度理仪	1711
人事五源	1712
人事二极	1713
别善恶	1715
定至善	1715
弘至善	1717
究性命	1718
开二宗	1721
白性福德	1722
真如白在	1723
解脱白在	1725
逍遥白在	1726
长寿白在	1727
和合白在	1728
徕养白在	1729
神通白在	1731
自化白在	1732
他化白在	1733
妙形白在	1735
广大白在	1736
尊贵白在	1737
物俸白在	1738
英圣白在	1739
无刑白在	1741

乐国自在	1742
勋功自在	1742
阅甫自在	1743
裕后自在	1744
学富自在	1745
极乐自在	1746
如意自在	1747
总结白福	1748
白性智	1749
白性仁	1750
白性勇	1751
白性诚	1752
白仁智合	1752
白性诚明合	1753
白性元	1754
白性亨	1756
白性利	1757
白性贞	1758
白性全四德	1759
白性太空	1760
白性中和	1761
白性大谷	1762
白性绝欲	1763
白性惩忿	1764
白性精一	1765
白性至善	1766
白性良知	1767
白性良能	1769
白性极乐	1771
白性兼成	1772
白性清真	1773
白性就净	1774

白性合皇	1774
总结白性全善	1775
起白相	1777
二垢始相	1778
八相别	1778
白体聚散	1780
白光高卑	1781
白向邪正	1782
翳蔽厚薄	1783
白壳开闭	1784
浸混深浅	1785
浸混浓淡	1786
二垢洁污	1787
八相合	1788
十二相	1789
电表喻	1791
天命显	1791
顺天智巧	1792
三显象	1792
鬼神真信	1793
人身难得	1794
天不负人	1794
分等无等	1795
同群德	1795
多猿太平	1796
迫灭七情	1796
宇宙工场	1797
自求多福	1798
大显道	1798
推入无相	1798
天获惟果	1799
信解受持	1800

绝私欲	1801
坚定道心	1801
破法无早	1802
知真不死	1803
时时有功	1803
信仰山	1803
修不修	1804
净土为极	1804
目前地狱	1804
人白太差	1805
专诚净白	1806
同中超	1806

外篇·纲言 1808

外篇·释文 1811

说法	1811
二法三事	1815
养白法	1816
无为法	1817
有为法	1817
意修	1818
空观	1819
定观	1820
皇观	1820
净观	1821
涣观	1821
妙观	1822
真观	1822
慈观	1823
净白总益	1823
损惰	1824
损忿	1825
损欲	1825

损私	1826
损痴	1827
总全法恒	1827
修身法	1828
谨言法	1829
外用对人	1830
外用接物	1831
四证：一物证	1831
二身证	1832
三德证	1833
四神证	1834
净人白法	1834
朴素颐真	1835
冣谛深明	1835
法相伪陟	1836
见病投方	1837
严礼正则	1837
嘉言启好	1837
懿行矜式	1838
至诚感格	1839
正情诱掖	1839
神道启信	1840
神通骇俗	1840
别境尚志	1841
人间果报	1842
俗习染善	1842
名誉褒贬	1843
形拘强诲	1843
私欲刑赏	1844
总结净人白法	1844
太平圣治	1844
永泰必能	1845

公净鹄	1846
净白太平	1848
主教奴政	1848
均劳啬	1849
四制宜明	1850
三式宜顺	1851
复性去冗	1853
先机探源	1854
大同性命	1855
一 中和主义	1856
二 中和简守	1863
三 中和分合	1865
四 辟众主义	1866
五 集权分权	1867
六 文治武力	1869
七 约束放任	1871
八 宗教法政	1872
九 贫富略均	1878
十 宗教大同	1882
十一 智力交易	1886
十二 守旧唯新	1888
十三 阶级齐民	1890
十四 家国权界	1892
十五 灵魂物质	1896
十六 男女互助	1898
十七 多生不生	1901
十八 缓急适宜	1902
十九 得人正德	1905
二十 离尘归宿	1907
二十一 权法演进	1908
二十二 中和实施	1911
圣治实施：总纲	1913

得人	1914
培育	1915
觉万民	1916
正范重望	1916
固故无弃	1917
定居	1918
均普劳	1919
尽冗赘	1920
绝浮器	1920
兴三业	1921
节生充积	1921
种因见机	1922
内乐遏欲	1923
民兵公拥	1924
悬的振古	1924
小范稳进	1925
太平正则：区治	1925
九品公职	1926
富公积	1926
课业均劳	1927
限物均分	1927
公子无亲	1927
废币颁物	1928
淡乐均严	1928
公议平是	1929
互监连坐	1929
统预计	1930
简极杜渐	1930
周巡彰隐	1930
均简教	1931
朴礼俗	1931
正清乐	1932

设所迁善	1932
交通迅速	1932
复性试范	1933
三休大集	1933
大平永保法	1934
圣治时权法	1935
别式太平法	1937
别等为甫	1937
别术为类	1939
大破法我晏	1941
破我执	1942
破法执	1943
补篇·纲言	**1945**
补篇·释文	**1946**

附　尹昌衡其人其事其思想概述 ························ *尹俊春* / 1973

唯白论[1]

万法唯白[2]

辛未元日,硕权自题。尹昌衡印

兀兀终朝坐若枯,吾白光耀彻天都。世人竞诩英雄业,莫是无睛瓮底蛆。

偶作

止园书局发行《唯白[3]论》内容略说

论钵

说故[4]

唯白[5]论,六卷陈说天经地义,物则民彝,赫如雷霆,明如皎日。建诸两大而不背,质诸鬼神而无疑,百世以俟圣人而不惑。宇宙观、人生观、性命观、政教观、万物观、事理观,非此莫彻,最正最真,最高最大,最精最

---

[1] 原著题名为《止园唯白论》,分为内篇、外篇、补篇,计六卷。自首页至内篇"度理仪"为卷一,自"人事五源"至"白性亨"为卷二,自"白性利"至"同中超"为卷三,自外篇"说法"至"先机探源"为卷四,自"中和主义"至"中和实施"为卷五,自"圣治实施"至"补篇"为卷六。今不再分卷,统一编次,并改今名。
[2] 此题词与以下题诗均为著者手迹。
[3] 此处编者删去作者原注"音兹"二字。
[4] 其下有原注,说:"白音兹,即心也,发知觉之本体也。细考古文自知。"
[5] 白,作者自注说:"白音兹,或作自。《说文》有部首。或又曰,即古自字也。楷书与白异。"

显，最完最美之正学也。宇宙真理，非此何由而定乎？吾以为人可以辍食去衣，而此书不能不读。然而卷帙繁琐，纲目错杂，故粗人眩焉。此论一日不传，世界一日不治。人心一日不明，众生一日不渡。民无孑遗，我心悲只。故补显言以钬之。欲窥斯论之全豹，左列①数端宜铭于心。

一曰宇宙唯白。言宇宙万有，皆白所变也。宇宙中仅有三有：一曰皇，二曰境，三曰物。皇天也，即白王也。境星也，白所生也。物者也，即旅白也，皆由白而出也。佛有三身，实基于此。皇即佛也。儒曰：皇天上帝，佛之报身是也。境即日月星辰所成之法界，佛之法身是也。物即飞潜动植境中之众生，佛之应身是也。欲知物皆白变，见八相别至十二相，自明其底蕴（卷三，三十三页至五十三页②）。白变万物，不过八垢增减耳。惟皇与境，亦白所变。何以指确？今以胡桃喻之。胡桃皮毛骨髓（仁瓣似之）芽之重裹，恰如人首。其髓瓣一开，下生根，上生本。人之髓瓣，下亦生根（身即六根）。何以上不见本？盖因如莫娘藤然。其本远系于天也。两瓣之中，必有芽，树之白即芽也。人之芽即白也。大树以根连本，以本连干，以干连枝，以枝连菓，如法界以皇统星（大日），以星统日，以日统地，以地生人也（见卷一，五十二至五十六页③）。人系地上，吸法界之全精以养；菓系枝头，吸大树之全精以养，一例也。菓能成大树，独展中芽；人能成法界，亦独展中芽，一例也。莫惊大树压山，疑非微苟之伸象；勿以法界亘空，疑非吾白之成品，则智矣。大树埋于土中，变为人乘地而用之；吾人因于尘壳，变为佛乘极（一法界也）而用之，一例也。芽中白旺，全树之精来朝；身中白净，全极之精来朝，一例也。种树必自地始，若挂于枝干，或嵌于本根，菓性皆不展；建极必自空始，若附于皇星（净土），或囿于宊（天堂）地，白性皆不展，菓不能住棱中而生发，白不能住相中而展舒，一例也。老树能出神，其神凭树，佛成有三身，报身御极，一例也。宇宙一皇建一极，如广林树，如钉附版，皇天乘而用之，人必终为皇天上帝，静察上述诸端，而成算如左券可操矣。

二曰白福无量。见白性二十二福（自卷二，十九页至六十七页④）。比之人问富贵，如蛆比仙，如犬比神，爽然自失，弃彼取此，污心既无，人品自高。谁

---

① 原著系竖排本，故称"左列"。
② 即本书1778页《八相别》至1789页《十二相》部分。
③ 即本书1703页《穷宇宙》至1704页《宇宙全名》部分。
④ 即本书1722页《白性福德》至1748页《总结白福》部分。

肯舍皇天上帝之资，乃下降为粪中蚋耶？故知此论，则人品提高，圣贤满地矣。

三曰道德真修。人之修佛，全在常住心于净白性。知白有二十五德性（见卷二，六十七页至卷三，三十三页①），认道辨德，乃能确切。学此为修道，白顺性自长。具此为成德，从白发乃真。人心如果然，或住于火，或住于匣，或住于盆土，或住于腴田，所住不同，荣枯乃异，非有他也。住心须久，真体乃变。百法万行，毫无埤益。人皆知此，真修乃成。妖道怪僧，一齐进绝。此论之结精也。

四曰见相诚明。从前虽说万法唯识，未举实据，人谁信之？今观白相之全见（卷三，下半②），乃知一草一木，一虫一鱼，莫非白之被污而戴壳以成此也。天堂地狱，必有无疑。神仙妖蜮，必多且活。八垢增减，何物不化？时时顾白，人皆佛矣。

五曰果报征信。因果之说，人多疑之。今观因白成身，因身投境，苦乐大别，只在白中，百年所成，此果中自藏祸福。白净乐极，白垢苦极，何止思议所及之天堂地狱哉！因果之真，不辩自明矣。

六曰修行变白。真修大法，纯为变白。八观五损（见卷四，上半③），皆住净白之性也。如鱼得水，如禾去蝗。若知白性，能自立法，方不为佛奴，而自成极品矣。

七曰遇相即破。佛学破相之言最多，亦最能惑人。今知自有法界而后有相，一切知见，但囿于法界之中。我即为佛身中之寄生虫，囿于极中必不能建极。遇相即破，言是以多。一知自展白性，戏论全消矣。

八曰天慧自生。凡由白而发之正觉，如鸡知晨，如蜂知政。不能自言其故，人岂能以相告？吾之得力，多在于此。他人来拾，又成牙慧。不可以不审也。

九曰入物能出。此论纯据唯物，直证唯心。但不颠倒，二者本可相资而不相背。今人言唯物，即离唯心。殊不知物不依心，何由成体？下达之士，目不上视，是以自误。一知白，则一草一木皆通大道。后之学者，永无惑矣。

十曰博约两极。儒者徒以文礼之多，复饰成书，中间真理甚浅而约。后儒代作，则良知二字亦成学派，主敬一义亦作心传。三人成军，独木支厦，

---

① 即本书1749页《白性智》至1775页《总结白性全善》部分。
② 即本书1777页《起白相》至1806页《同中超》部分。
③ 即本书1811页《说法》至1827页《总全法恒》部分。

未免孤陋。而佛典重文，叠义又涉繁复。唯白论博之可以演尽，宇宙万殊，约之不过归于净白二字。皇天因净白而造物建极，众生因净白而流形成务。博约之极，守之至简，究之靡穷，可谓尽善尽美矣。

十一曰实验已征。吾自日住净白性以来，始而囟门如活，似锥獶鼻顶；既而暖气大生，似汤沸眉间；暂而天电大通，是皇灵来引；久而三辰内现，知法界在兹；进而皇极外着，证缩本已形，此为最正禅功。如菓将成树，不自中芽畅动，将笑从乎！人能建极，证据之确，当以此为最矣。人皆有此实效，惜不伏之，卵老则腐朽耳。

十二曰皇天赫濯。木拔首于土中，一颠倒化为人，他木听其伐植而不自知也。白拔身于尘中，一解脱化为佛，他人听其生杀而不觉也。白愈净，神通愈大。君父在前，不如天鉴之赫濯也。

十三曰改良世界。地上人愚物劣，乱多福薄，皆由失白本性所致。盆中之鱼，不能吞舟。榱中之栗，不能成树。一知反培白性，则天时大顺，人皆圣佛；世臻上治，物产白倍；景星庆云，时调玉烛；鸟凤兽麟，禾生九穗；非复今日之世界也。救国者不从本源治理，人皆蛇蝎，自带天刑，背天必杀，鷃卵必破。再乱万年，终无宁日，洵可哀也。

十四曰数典尊祖。研究事理，非以唯识为纲。终于不明底蕴。而唯白，更为唯识之纲。中国人自昧白字本旨，而心传失据。今考真义，则由为八识，鬼为七识，囟为六识，进证以皆皇者智。皈冣谷皇，而正谊益明。汉族伟哲，直同侔尼。奈何四千年，自失至宝，数典而忘其祖也。

是以决定此说大行，必统五洲。此说大行，人必成佛（即皇天上帝）。此说大行，世必太平。此说大行，人福无量。此说大行，群哲鼻祖。此说大行，万物昭明。万世帝王，不如一念净白。地宝毕得，不如一息净白。禹稷丰功，不如一言净白。尧舜崇业，不如一行净白。千神万仙，不如一人净白。亿兆世界，不如一日净白。吾以三十年日夜精思，心神已改，觉寓目动念，启口举趾，一芥一埃，一事一物，无非白也。力学者，曷深致意焉。

《止园唯白论》序

是书包罗五教，近证万物，尽收科学，遍释群经。纠世界古今哲学之谬，考宇宙天人性命之真。儒文佛理，皇道民彝，四海所未有，六合所新见。无大不举，无微不入。读遍四库不能知者，见此而明如观火。参尽万圣不能穷者，披此而晰如陈筹。从此鬼神如见，幽冥若彰，成佛如视掌，太平如转凡，圣贤满地，英雄如林。传万册西蜀宁，传十万中国治。传百万五洲泰，传千万千秋康。万国五洲，必来取法。功高神禹，妙契侔尼。人手一册，胜得帝位。如不睹此，枉生人间。不忍私秘，用介一言。如或不信，试详阅之。必憬然曰：身可弃，地可崩，此书不可不读也。

德阳彭筠萧绍鄫任全芝序

勾弦略评

德阳萧绍鄫述

一、此书纯以眼前现见之物，证出灵魂变化，故俗人一见即了。

二、此书纯根据佛、儒两教之真理，兼收道、回、耶三教之全，故立义至高无上。

三、此书改注古文甚多，然非好奇者可比。详参其旨，确是古人之误。

四、凡佛、儒、道、回、耶深密之经，不能解者，读过此书，无不恍然大悟。

五、此书纯据仓颉古文，《周易》、《阴符》、《道德》、《南华》及佛教上乘经典数十部，回教、《苛兰经》天方性理，耶教新旧约，参以太西今古哲学，而解以科学，故观此书时，妙理无不通彻。

六、欲急知人即皇天皆能成佛之实据，见《白性元》及《宇宙全名》、白《八相》、白《十二相》四章，即明如观火。

七、此书必为世界古今之书源，后哲即有作，不合此即非真理。

八、此书尽纠西哲之谬，故于欧西各国，尤为渡人之舟。

九、此书纠正中外一切主义，令人一见自服。

十、此书上合皇天，下顺人情，毫无疑义。

十一、此书如定为教科，十年之后，移风易俗，必能统一全球，以成太平圣治。

十二、此书如有力者推之实行，可洗清宇宙，况中国乎，况五洲乎！

十三、此书仅须中学程度观之，即能大通圣佛之精，后讲三藏十二部，理全在中。

十四、读此书，尚不明人能成佛之真理者，惟豚鱼而已矣。

十五、照此书修证，不出半年，即入佛流。

十六、此书论理，如几何、代数之严。立规矩，不能改易一字。

十七、此书先严俗谛，后显圣谛，能入能出，不溺于二乘。

十八、此书以唯物显唯心，尤为奇妙。

十九、读此书，则世界诸宗教、哲学之书，过目即了。

二十、凡古今神妙事理，见此书皆知为寻常。

二十一、此书由性命中考出人生观，政治、法律、宗教、学术乃有渊源。不似近数百年学说，如无根本也。

二十二、此书可婉劝新党，使之自明其主义之误，甘心顺道，以成国利民福。不在刑驱势迫，徒多杀戮也。

二十三、此书切劝近世伟人，使不迷于眼前之功利，自沉苦海，而民困因以大纾。

开宗图

人身內皇而外者故有此圖示

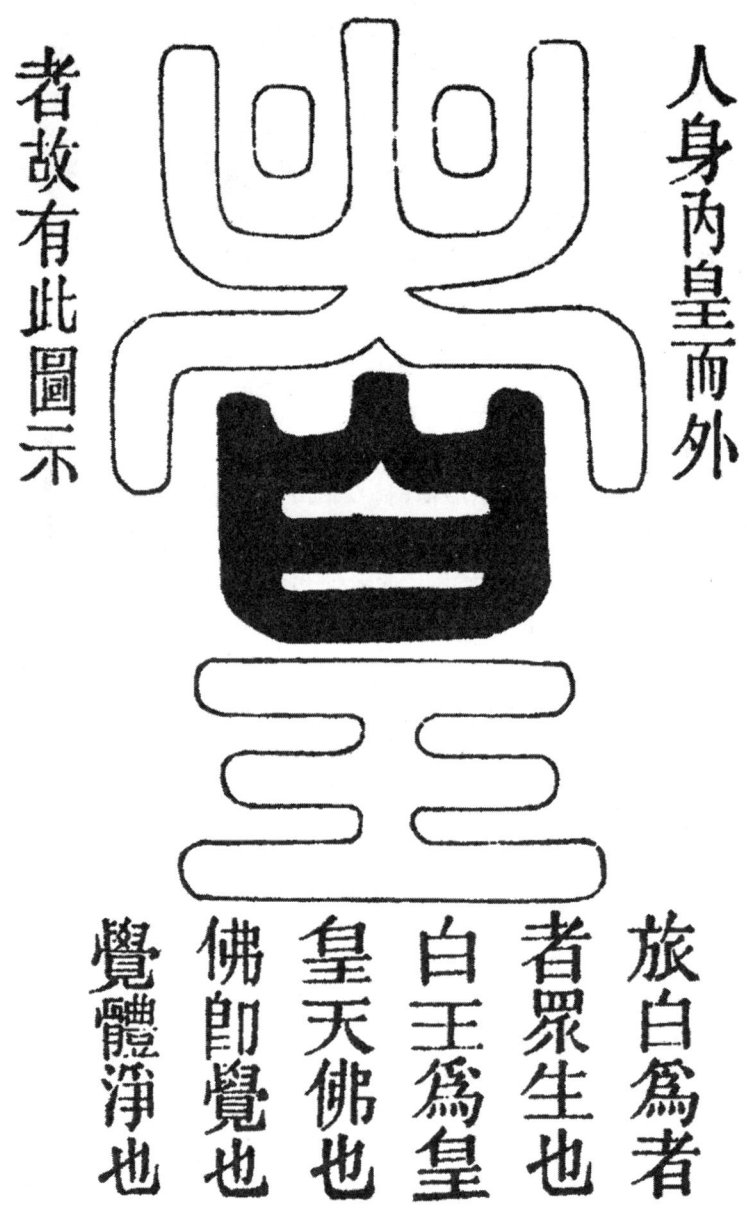

旅白為者
者眾生也
白王為皇
皇天佛也
佛即覺也
覺體淨也

內皇外者之圖

内篇①·纲言②

镭火烧良玉，不忧其燃之难。显理觉深迷，不虑其悟之艰。是以唯白论出，万世戬谷。唯白论传，众生皆天。兹使民明夫内外本末之要，毋刖足造履，毋斩首易冠，毋刳胃作馔，毋剥皮为衫。至焉，休焉！祜焉，皇焉！孔真孔蠋，孔贞孔诠。克渡无捐，克铭无谖。事理宏全，乃统众志，皈于一主。

趋乐避苦，众志之府。避苦趋乐，众志之鹄。得其总府，其何能通？得其钟鹄，其何能出？乐贵于生存，苦毒于死没。砭伪小暂独之祸，昭真大永同之福。直而罔介，天人攸若。

既立惟乐，必稽唯白。乐惟依白，乃有真体。光惟依日，乃有真身。言乐忘白，谁感乐而知？言白忘乐，谁由白而出？颉圣严兹，一字万福。

白者何也？发知觉之真体也。觉者何也？由白生之大用也。白也，心也。仁也，识也。天灵也，智源也。思府也，感官也。魂魄也，神我也。多名复字，纠相杂也。大同小异，辩未皙也。成净皇也，结我自也。动为意也，死为鬼也。画鼻之自，省一精也。宗颉罗多，近身切也。生识带相二性也，正书别音兀元也。合白与乐，齐天之福。合乐与白，万法咸基。自损为白，净无相也。白王为皇，皇天佛也。旅白为者，众生名也。知白为智，见性正也。反白为皈，旅复皇也。白大夊夒（古终字也），复命永也。白大为昊，恩施普也。白卒（古音滔）为皋，德之极也。比白为皆，皇者同也。八（古分字）白为合（古公字），皇无私也。陟白为隉（古陟字），升真体也。㝯谷为㝭（古庸字），功之伟也。羽白为习，形滑性也。鱼白为鲁，水环浊也。白辵为道，上朝皇也。白中为乐，傍丝邪也。白生为星，皇造境也。白力为劭，天行健也。白并为普，皇平等也。文光烛天，哲元祖也。罗多（音罗多）经义，包藏尽也（见述颉图）。万法唯白，宇宙唯白。白主识奴，识主根随。外物幻影，色空同皈。白活白乐，神妙圆足。即此是天，孵之即佛。万物皆备，内全外若。凝鼻端之德，享身内之福。五洲之大，兆民之众。魁圣惟五，大成体用。惟颉是宗，唯白是重。颉作由鬼，八识规矩。浸

---

① 原注："纲言宜读。见后逐句详释，方解其妙。"
② 原注：白音兹，或作自，说文有部首。或又曰即古自字也。楷书与白异。

混八识，自由而起。翳蔽七识，与鬼为侣。私欲极恶，吾因特举。皇鬼之关，公乐弗取。晰性命，究事理。就尘合皇，人即天矣。理有三，真物事，天人合发，为世之纪。物中觅真，倒植弗起。真理无诠，净白自然。合大同，玄复玄。二十二，众妙门。物理离真，倒植今人。同中异，阴阳增。轮回人，垢瘾疹。事理上升，除物合真。减分别，卑就尘。勋损极，中和成。祛分小异，勋合大同。陟白合皇，人责大终。致知启慧，觅理四门。发白性，验身心。格事物，师古今。真理在白，发以空诚。无物存中，因地法行。体验身心，无从由鬼。中和绝对，息妄靡悔。格物觅理，其道孔危。上达去对，亦有良规。一名一动，性近相非。离中二伪，列数全皈。注小人大，本因惟微。全宗因喻，严哉毋违。学古问今，利敝相逐。求放心，指正鹄。陶淑情，技术出。证绳墨，五利谷。劳精神，增染浊。诱浮夸，眩群说。徒强记，逐文莫。窒天机，涉浅薄。顺非则，济癖恶。若弗警，十害出。白尘与空，宇宙之全。二幻一主，磅礴大千。层分块分，降异升玄。惟因垢净，大别中边。惟皇建极，大别十等。元玄与冥，三洁神旅。英华与粹，三清祎（祎音宣）旅。气水与土，三粗卑鄙。只睐旅之，睐分十级。最垢为淀，略兹总结。假名便究，统成一极。混天有仪，度理有规。十等如尺之修，十级如寸之微。以小度大，上达弗违。人间万事，总归五源。上圣养白，福德丕全。由鬼身瘾，轻重有权。损益二极，探因治源。浚智诠真，获福于渊。善恶不明，民无所遵。善恶不定，民无所信。二皆依白，乐苦弗并。至善秘，千秋昧。揭其真，白净贵。推而广，万福汇。皇彝彰，众生兑。故性与命，皆出于白。旅白假性，白王命之。命无拘锢，白乃自颐。白有性相，万类同之。物无自性，白相全非。审斯二义，性命乃厘。白性中，福德齐。十旅皆伪，真如在白。十者皆因，解脱在白。十境皆面，逍遥在白。十等皆殃，长寿在白。十旅皆偶，和合在白。十壳难俸，徕养在白。十识皆丝，神通在白。十楛皆固，自化在白。十才皆劣，他化在白。十形皆拙，妙形在白。十躯皆丝（音求，甚小也），广大在白。十等皆贱，尊贵在白。十品皆奴，物俸在白。十能皆庸，英圣在白。十刹多刑，无罚在白。十居皆苦，乐国在白。十劳无功，伟勋在白。十受皆恶，阅甫在白。尘谋不继，裕后在白。染智无明，学富在白。完全众福，极乐在白。大欲必得，如意在白。斯二十二，福与皇齐。白即天也，不可怀疑。自求多福，巨大莫稽。进稽白德，三达为纲。为智之源，如日发光。为仁之体，长生慈良。为勇之本，强毅刚方。为诚之极，四伪（受想行识）消亡。仁智骈行，乃白之章。诚明并极，乃白之常。元而不附，亨而不碍。利而不钝，贞而不坏。四德浑全，永极休泰。契合太空，翕洽中和。台（古公字）而无我，不欲无痾（癔症也）。和而无忿，精一无讹。至善之极，良知之源。良能之体，极乐之全。福德以合，时为同源。成己成物，弗能间阂。即清即真，弗以伪惑。就净为次，合皇为极。四肢畅其白然，百行因而祥吉。尘无性真，依白显伪。白无俗相，被尘现赘。浸混翳蔽，起相与对。意法可绘，彰如有色。体有聚散，光有颜颉。向有邪正，蔽有重叠。壳有开闭，浸有浅彻。混有浓淡，垢有污洁。乃合八相，由鬼昭格。详别睐族，列十二则。反复比观，天人通彻。意动白记，如电表然。天命锻白，如矿师然。闷顺必吉，显象有三（见三显象图）。鬼神如见，人贵于袄。等级既详，细大莫宽。人能法此，分职无官。同德并育，重滤以猿。七情以灭，八垢能观。锻白如制器，涤白为福源。喻道斯极明，近测而远瞻。牺壳而获果，信定而修真。进私而绝欲，死矢而靡他，执法而固朴。乃知真不死，脱壳更昭灵。乃知时有功，瞬息绩不停。乃信仰山图，人中多兽禽。乃知不须修，修者大蹦等。以法修净土，上善真且稳。乐外加翳蔽，下愚沉苦淀。人白太相差，易死死乃现。专诚求净白，碎身奚足惮。一朝合皇天，尽度有情伴。万物本同皇，知中无分辨。

内篇·释文①

镭火烧良玉，不忧其燃之难。显理觉深迷，不虑其悟之艰。是以唯白（音兹）论出，万世戳毂。唯白论传，众生皆天。兹使民明夫内外本末之要，毋刖足造履，毋斩首易冠，毋剜胃作馔，毋剥皮为衫，至焉，休焉！祜焉，皇焉！孔真孔蠋，孔贞孔诠。克渡无捐，克铭无谖。事理宏全，乃统众志，皈于一主。

释：呜呼，哀哉！人之难渡，竟至此哉。沉永狱而不知拔，受深毒而不知医，悲矣。然枯薪见火，譬慧士闻道即明。良玉耐焚，如痴人震惊不醒。日中灸金，其名曰镭。十载之前，发明于欧。琳琅见之，立成灰烬。夫乃知昔之所谓难燃者，非玉之咎，烧之者热不强耳。吾今据地上之有形，测宇宙之无相，不离五识，可窥万殊。明觉体之有真，辨性相以实证。将下愚一见，如睹佛颜，是镭火也。由是而求，即下愚亦能见至道。顺此以立治法，

---

① 原书无此标题，此为编者所加。

万世太平，人间之极福，不可胜享矣。顺此以涤心垢，众生合皇，寿终之鸿禧，不可言馨矣。观此不悟，则其鲁钝弗悛，岂顽于玉之难燃乎！吾不惜声嘶泪尽，多言好辩，舌敝唇焦，使人知悖性命以求物欲，如刖足造履，割头换冠，剜胃作馔，剖皮为衫，何也？为同为捐内真，以博外伪也，岂惟足与头、胃与皮为内真，履与冠、馔与衫为外伪哉！增外伪而丰之，至于富有天下，杀身以博之，人亦必莫肯为者。先杀其身，无克将以受天下之俸矣。推是心也，灭我之知觉而得掌宇宙之大权，必亦莫或肯为矣。内真诚要哉，知内真之至要，奚不知白之为极内极真耶。苟知白为内真，则身诚亦外伪矣（见内外图）。杀身以博天下必不为，污白以博外物又奚能为哉？今昭白以暴于世，论道之精，至此已矣。万善之首，至此极

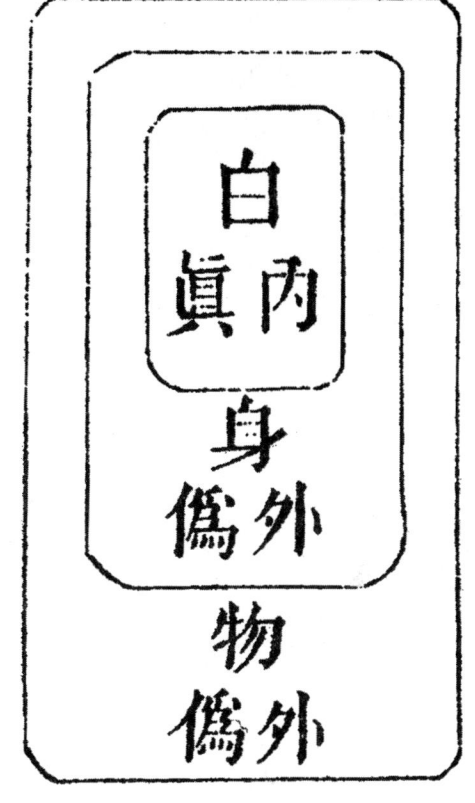

内外图

矣。众生之祜，至此隆矣。合皇（即成佛）之道，至此明矣。斯旨也，可以教天人而靖六虚，何其真实而无妄也！何其明达而无疑也！何其正固而不可改也！何其理辩而不可折也！使世人咸知贵白，永久弗忘，岂不度尽众生跻诸极乐，拯此兆民毕出汤火者乎！读千经万典，穷诸子百家，悉古今载籍而遍考之，弘博周备，未有全于斯论者。沐清大千，可必也已矣。众志虽纷，其孰能不尊为总主乎！

惟乐统万

趋乐避苦，众志之府。避苦趋乐，众志之鹄。得其总府，其何能逭？得其钟鹄，其何能出？乐贵于生存，苦毒于死没。砭伪小暂独之祸，昭真大永同之福。直而罔介，天人攸若。

释：人有恒言，皆曰众生之情杂而罔极，众生之志歧而无纪，安知其大不然欤。统而计之，仙佛恋乐国而厌秽土，圣贤劭大顺而弭剧乱。流俗喜富贵而畏贫贱，欲人爱淫侈而恶淡泊。癖侩娱瘾溺，而离清虚。商贾望倍蓰而恐折阅，禽兽奔山林而避网罟。虫鱼贪甘饵而逃眾罶，草木滋腴田而辞硗确。灵蠢既殊，取舍既判，向背既异，志趣既别，似不可纳之一途，以成吾普济之愿矣。然则，是齐末之观，非揣本之见也。倘使比而究真，众志同哉。乐国秽土，苦乐分也。大顺剧乱，苦乐分也。富贵贫贱，苦乐分也。淫侈淡泊，苦乐分也。瘾溺清虚，苦乐分也。倍蓰折阅，苦乐分也。山林网罟，苦乐分也。甘饵眾罶，苦乐分也。腴田硗确，苦乐分也。如其秽土乐而乐国苦，仙佛必恋秽土而厌乐国。剧乱乐而大顺苦，圣贤必劭剧乱而弭大顺。贪贱乐而富贵苦，流俗

全乐图

必喜贫贱而畏富贵。淡泊乐而淫侈苦，欲人必爱淡泊而恶淫侈。清虚乐而瘾溺苦，癖侩必娱清虚而离瘾溺。折阅乐而倍蓰苦，商贾必望折阅而恐倍蓰。网罟乐而山林苦，禽兽必奔网罟而避山林。眾罶乐而甘饵苦，虫鱼必贪眾罶而逃甘饵。硗确乐而腴田苦，草木必滋硗确而辞腴田。然则，向之趋避，非真趋避，趋乐避苦，乃真志也。式究式图，亶其然乎？斯义之严，其可驳乎？众志既统于趋乐避苦，极而究之，重囚在五毒之下，每求自戕，怯夫见大刑临前，多甘速死，好生似人情之至。而趋乐避苦之心，足以尚之，众生毕同之志，诚无加于此矣。然而灵蠢清浊，取舍各异，亦又何哉？乐有大有小，有永有暂，有众有独。而苦受亦然，大永众真乐也，靡有弗从。小暂独伪乐也，靡有弗捐。灵圣知真，蠢伧眩伪（见全乐图）。除伪得真，惟佛大慧。以惟乐收众心，莫或不同。以

惟乐统众志，莫或不汇。既得同汇，纳之觉路，犹导百川，以归瀛海。夫乃知天地之间，富贵之极，丰艳之至，驰竞之力，皆惟乐之绍介也。今教之见性即全，知命即获，白中自赡，不用介阅，且大且永，众共迪吉，宁有不贲然来集者乎！惟乐专的，草木之顽，圣佛之智，莫不兼收。飞潜动植，胎卵湿化，必尽度于真境（即涅槃）极乐，长享无疆之福矣。恬蜜刀头，丧躯汤镬。一瞬之怡，千秋之酷。因伪失真，蚩蚩者伙矣。兹是用悲而拯之，立小乐、暂乐、独乐为伪绝之迸之，立大乐、永乐、众乐为真取之修之，全乐为鹄。凡有知觉，莫不咸若。不来共逐，逐入莫脱。此所谓建一极，而宇宙不能外也。《礼》曰：乐统同。孟子曰：与民同乐，则王矣。宣圣曰：乐以和同，和乐统万，孰敢不同？如云不同，胡弗自烹。内圣外王，惟乐之功。

唯白论（白音兹，即古自字。非白色之白。今从皆皇者智中取出，作白）

既立惟乐，必稽唯白。乐惟依白，乃有真体。光惟依日，乃有真身。言乐忘白，谁感乐而知？言白忘乐，谁由白而出？颉圣严兹，一字万福。

释：先以乐引白，如日出而光为之前导也，如雷震而电为之先鞭也，如风之前于虎也，如铁之继以纤也。文滚滚而列前茅，水悠悠而开泉谷，其辉映既为众志之纲，其实体宁非宇宙之轴？故颉圣知白之于乐，如纲之于网也，如轴之于辐也，如日之于光也，如雷之于雷也。乐不离白，湿不离水，咸不离盐，识不离鬼。有白有乐，自具其福而弗出逐。有乐有白，必生于知而弗可欺。苟无元主，何由发附相哉！苟无知觉，何由感苦乐哉！故乐之为字也，从白从丝从木（见白乐图）。言白在中本自全至乐。若属傍枝，丝然微矣。丝从两幺，幺而又幺，微乎其微矣。用木在下，以示中本傍枝也。纯白中正，真乐通天。傍枝丝丝，幺幺邪乐，故心经者白经也。言观自在，即白在也。其言曰无眼耳鼻舌身意，二眼二耳，二鼻之孔，列于白傍，如两幺也。舌身与意，生于阴阳，亦两幺焉，故乐在白。合观白性，其理彰焉

白乐图

（见后）。然则，白为谁何？因而原白。未原白，先言乐，浪必先鱼而翻，音必先鸟而到也。既言乐，必原白，是食必知口，视必知目，行不可忘脚，坐不可忘臀也。鱼贯舜叠，雁排蚁络。秩秩而井井，翼翼而涓涓。绳乎，绎乎！其序哉。耶稣曰：耶和华与上帝同乐。《阴符》曰：至乐性余。亦佛所云，真如极乐也。

原　白

白者何也？发知觉之真体也。觉者何也？由白生之大用也。白也，心也。仁也，识也。天灵也，智源也。思府也，感官也。魂魄也，神我也。多名复字，纠相杂也。大同小异，辨未晳也。成净皇也，结我自也。动为意也，死为鬼也。画鼻之自，省一精也。宗颉罗多，近身切也。生识带相二性也，正书别音兀元也。

释：今详释白之真义，曰：白发知觉之真体也。白之发知觉也，如火之发光热也，如钟之发声音也。儒曰心，又曰仁。释曰识。道曰天灵。生智之源，出想之府。千字百号，皆不如名白之为当也。颉圣见众生之觉，咸从鼻顶眉间而出。故画鼻之形以为自，即自以代觉体，似无不可。而精而考之，自在有形之中，若遂以代觉体，则人将以血肉之髑为真如也。然则，鼻髑尚在，人当不死，何以寿终，而方寸之皮肉不飞去乎？是以从自省一，更复作白，言省之又省，以至于无可省者，乃真觉体之所在也。故佛曰自在，当云白在，省损也。老子曰：为道日损。为道者，净白也。损二留一，一则不能再损也。损两仪兮，超太极也。损有形，以示无相也。深矣，远矣。高矣，明矣。人试静思，发思纵想，动感生知，能不自鼻顶眉端始乎！而又绵密浚旨，损以显实（见原白诸图），后儒乃辍而不究。外昧宇宙之大主，内遗己身之真真。较之欲言忘舌，欲行忘胫，蠢有甚焉。既已忘白，乃代以仁。译佛曰识，因白有带相、生识二义。其带相性，集尘组身，即生机也。桃杏之仁，以此得名，是用取之称白为仁。其生识性，遇物能辨，即智慧也。唯识之宗，以此立义，是用取之名白曰识。曰仁曰识，各得二性之一支。若遂以为定名矣。然则，谓火为热与光，抑亦可谓尽当欤（见白二性图）？如火之有热光二性，取一以名则不可。斯知名觉体，以仁与识之不可矣。惟名仁者，又有故焉。仁古文为亽，言人中之真人也。真人即觉体，觉体即真人。骨肉之躯，傀儡同伦，又奚可同日而论？是以称仁稍近焉，而未若白之切也。代

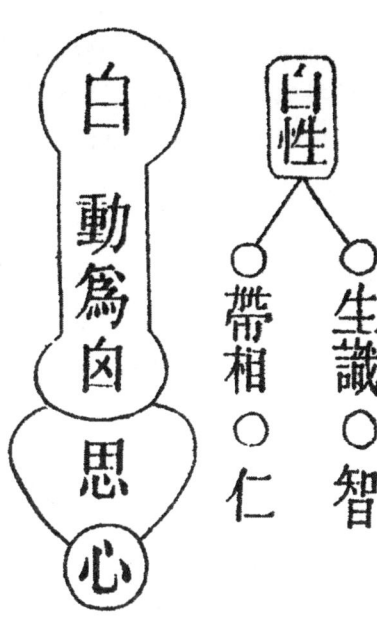

白二性图

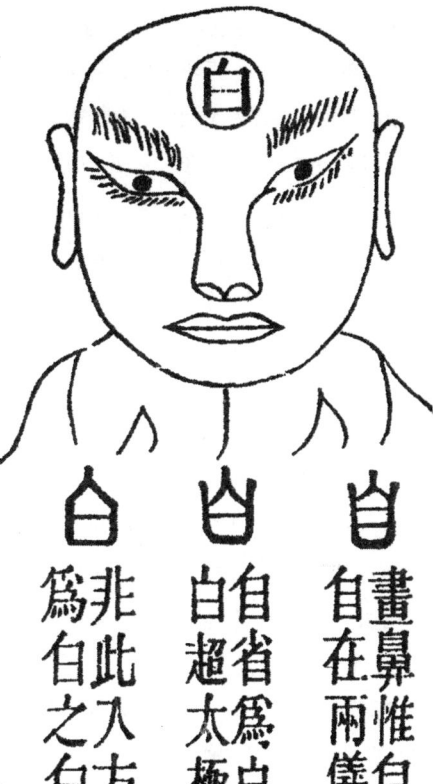

原白图

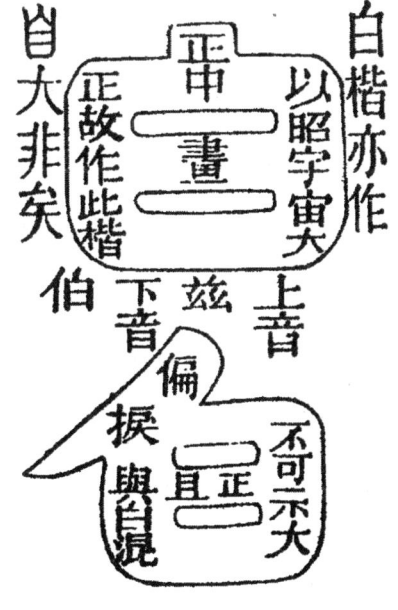

今楷白图

取白图

名以心，益枉矣哉。心血汇之肉块耳，又奚能发觉乎？亦又远不如自矣。自且必损，况心之远暌者耶！古者白动为凶，凶交于心成思。略凶用心，用久忘实，谬亦甚焉。若不用心而用自，自者古鼻字也。自者己也，言我之真体，近于斯也。故成己，曰自成。自者从也，言身之发育从此始也。故始祖，曰自（古鼻字也）祖。二义之稳，不较善于心乎！觉体而可名以心，脑髓将起而诘矣，曰我亲而彼疏也。离心损自，孰能如颉圣之奥哉！吾是以宗之，非敢以私意宗之。凡有觉者，曷闭目而自审乎！自审者，白审也。白者，古自字也。楷仍二画，又何贵省一之费事哉？遗浚旨矣，惟皆皇者智之中。又咸作白（见取白图），吾是以取之。然厌其与白色之白同也，因革之而正画中点，无若白字之偏捩，以昭宇宙之大正，且以合篆义也。又嫌其与自同音，注为古自，晦损极绝相之渊衷，抹无朕无对之妙蕴。既以有自，何用白为？吾是以固不敢从也，爰改音白，读之如兹。兹自之始音，以示为自之根源宗本也。嗟夫探真修古，他字犹缓。至此白字，统宇宙圣哲之基也，纠万国谬说之绳也，立天地斯民之极也，阐华夏太古之煌也。头可遗，天可崩，地可坼，学可绝，此一字义，不可不立。区区苦衷，其亦见谅于达人乎！白司感官，混垢而成魂魄焉。其动曰意，其死曰鬼。今西人称之曰精神，而外道假立一神我。盖其至净者，即皇天之真体也。将续辩之。知白寓鼻顶眉端，而又不可以鼻顶眉端示。误指于色身之中，则近取诸身而又损之。斯为无示之示，难诠之诠。至当至精，神妙弗宣。吾以此代惟识焉。

白乐合

合白与乐，齐天之福。合乐与白，万法咸基。

释：绞尽心脑之力二十余年，思遍宇宙之中罗（无量数也）侈（不思议数）相外，众志决不出惟乐，主事必不离唯白。故易以一阳为震，二阳为兑（见震兑图），阳干健也。有白之物也，动物之原也。二阴压之则能动，掀去一阴则感乐。震动也，兑乐也，阴盛乘阳，阳弱载阴，则虽克动而不乐，阳盛冲阴，阴衰让阳，则已生乐而又动，阴尘类也。阳白觉也，阴尘轻而乐自裕白，非求福于外也。云霾薄而耀自辉日，非求光于外也。土障疏而泉自涌，渊非求水于外也。乐本自具，于兑卦中见其义矣。虽不如纯阳白净，保合太和，万国咸宁，尘蔽小开，尚兴怡慰。夫乃知苦全在尘，乐尽在白矣。是以观自在为宇宙之极福，为内外之弘法。高矣，美矣，蔑有加矣！白乐相合，非外是逐。乐白相从，万善之宗。蓝来靛至，气走风生，岂二事哉。观自在者，观白在也。自在有乐，不在物也。圣人之利众生也，因白之所乐而乐之。决其障而水自流，非御水归海也。减其困而民自乐，非锡民以欲也。故不赐一芥而天下熙熙，不赏一粟而兆姓翕翕。启其乐藏于白中也，常使民内不害己，外不害他。本因趋乐以为极鹄，既已得乐亦又何求？己身见皎日之光，岂乞怜于萤火？鼻头包沧溟之量，宁呼渴于枯泉！以淑内则不言之教黎庶合皇，以治外则不令之文阎闾敦礼。观自在为诸经之王，有白乐合一之旨。白在斯乐，不在斯苦。《大学》曰：心不在焉。心不在者，白不在也。白在则入世、出世，二法大全。渡众生者，此为巨船。故特揭一章，连贯白乐。固而胶之，以为洪范之础焉。白乐不孤，天人允孚。白乐不瞵，性命靡悔。震音与飙电偕来，知雷之必迩也矣。如其震音来，而飙电不见者，其必有物以遮之也。白已具而乐不生，亦必有尘以遮之也。故圣佛绝尘，以得真乐。欲人依尘，以窃伪乐。伪乐未央，而真苦从之矣。

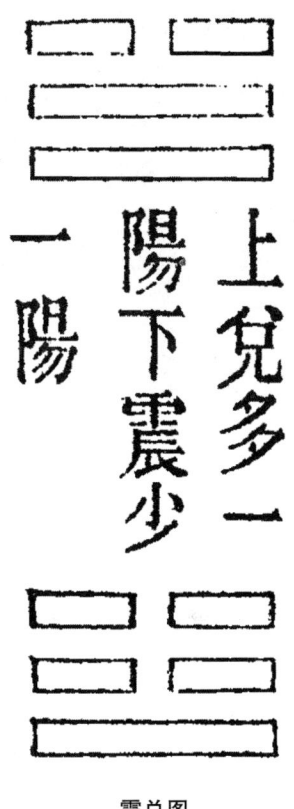

震兑图

述"颉罗经"

自损为白，净无相也。白王为皇，皇天佛也。旅白为者，众生名也。知白为智，见性正也。反白为皈，旅复皇也。白大夂夒（古终字也），复命永也。白大为臭，恩施普也。白本（古音滔）为皋，德之极也。比白为皆，皇者同也。八（古分字）白为合（古公字）皇无私也。陟白为陧（古陟字），升真体也。高谷为喜（古庸字），功之伟也。羽白为习，形滑性也。鱼白为鲁，水环浊也。白辵为道，上朝皇也。白中为乐，傍丝邪也。白生为星，皇造境也。白力为劬，天行健也。白并为普，皇平等也。文光烛天，哲元祖也。罗爹（音罗多）经义，包藏尽也（见述颉图①）。

皇 为白生臬
臬 一傍为臬
習 为羽白習
魯 乐丝去其增
皆 为比白
谷 为分白
飯 为反白飰
臬 为白臱
酋 一自省瞿
皇 自皇王
旨 白亦作
眷 为旅者白
智 为知白智
臬 为白本
享 为享公
陞 为陞白陞
道 《为一白走为道
並 为並普
樂 为樂白丝木
享 为享庸
臬 为白臭大
旨 为白大父

述颉图

---

① 此图之上有作者眉批："说文谓白亦自也。既仍是自，何须重变？自觉不安，浪言言辞之气从鼻出，此何关省一之义？况白王为皇，岂上帝作鼻音乎！余诸字，说文全荒谬，对照即知。"

释：经常道也，非难义焉。宇宙之中惟此理，众生之真惟此白。白同理同，罔或二之。常道之现，奚有异乎？陆子曰：东海有圣人焉，此心同此理同也。西海有圣人焉，此心同此理同也。南海北海有圣人焉，此心同此理同也。理如日然，悬之太空，目苟无翳，视日皆同。白苟无垢，见理皆同。因一透镜，日辉折而东西易位，恃眼者颠矣。因一入尘，理事反而是非易据，恃识者倒矣。惟圣人知理之不在物，以其净白察天格物，故得其正而皆同焉。中国之颉圣，印度之侔尼，独高千古，正智无伦。孔老耶回，亦各多合。比而观之，骇其神矣。夫颉圣与王教祖师，或地之相去也数千余里，或时之相后也数千余岁，而析白论理若合符节，其亦不足征信耶！考之古篆，参以经义，白从自省，言省去有形之自，乃得真白。《楞严经》曰："除去前尘，有分别性，即为真心。"与老子意合，真心真白也。除前尘损有染也，损有染尽，自损一也。白王为皇，一作自王。皇天上帝，白之王灵之极，至净之白也。即佛之所谓白净无垢识，三世诸佛之真体也。一大为天，天涅盘也。吾白一净，吾即皇天。众生白净，亦皆皇天。然白王自王，古今未分，白自通用，为误久矣。无以晰天人而稽妙道，吾特以意逆志而别之。白王宜为真境之主，宇宙之元宰也。无以上之，白净极不可尚也。自王宜为吾夶（音忝，见后）之主，近有形者也。旅白为者，一切众生，凡离于皇，自上神以至魅鬼皆旅白也。宇宙诸境，如旅馆耳。知白为智，言自知其白，乃为大智。佛之所谓得阿耨多罗三藐三菩提者也。译言无上正等正觉，得此则合皇，失此则入旅，故者为众生之代名。飞者潜者，动者蛰者，上至夶堂净土之神祇，皆失智性而入旅者也。不知白，虽尽宇宙之事物而悉知之，亦盲骛也。佛曰："得大自在。"孔曰："明心见性。"老曰："自知者明。"回曰："清真自照。"皆知白为智之义也。反白为皈，既知白，则知去旅而反皈于皇。孔子曰："魂魄皈于天。"耶稣曰："皈见天父。"回祖曰："皈天方。"老子曰："皈根。"曰："静静。"曰："复命。"皈复于皇命终也，皆皈之义也。未若佛白净无垢识，永不轮回之为彻也。从而示之，以白大夶为皋，则其义至矣。夶仁也，皋终也。白合一大，成其极仁，则永皈而不旅。佛曰"涅槃"，即能仁之体也。究竟也，白大为臭，臭恩泽也，亦悦乐也。佛曰"皆大欢喜"，有物我同春之意。白之大，仁性着，济度大愿之实也。白大十为皋，言白大而十足，德之至也。佛言"一丝不挂"，是十足之净白也。比白为皆，言比情比形，众生与皇固不相同，如去染比白，绝无稍异。佛云："一切众生皆佛性。"老子曰："同之谓玄。玄之又玄，众妙之门。"

此义之①精。至今哲学，犹眩而不悟，乃颉圣早已阐之，何其神也。八白为谷（古公字），言分布白性，以及于物，公之大也。孔子曰："天无私。"传曰："皇天无亲。"回曰："大公无私天。"佛曰："佛与众生平等。"皆净白之性，视万物如一体也。陟白为隲，言升白于天，方为真陟。书曰："皇天阴陟下民。"言隐升其白，不显升其形也。佛曰："觉重情轻则升。"觉白所发也，白净则觉著，故译为重也。亯白为啇（同庸字），言以白性之公，享奉众生，则功之大也。老子曰："公乃庸。"王公而仁，德施普也。王功曰庸，三无私也。羽白为習，羽属于形，又常动而不静，以此滑白性而漓盛德，瘾之癖也。鱼白为鲁，言水环重浊，其中之旅白垢而蠢也。易以豚鱼比顽冥。佛曰"水轮阴秽"，鱼白为鲁之义也。白增一为自，加一以为尘涅也。涅尘而生于地上，白化自也。自而欲皈于素白，必向皇天从首而走。首乏为道之义，盖以此也。再提老子为道日损之言，有损巛为自，自损一为白，是损之又损，以至无可损也。夫然后净白纯焉。有增多染而后有道，既净之白，何道之有？白丝木为乐，诸经大法全于斯。故乐去傍丝，而增一为枭。枭法也，法之大也。入世法去邪乐以全正乐，出世法去尘乐以全性乐。去丝而不增一，已证无心无法之果，不用法矣。增一而不去丝，又入放恣僻欲之偏，不可法矣。枭字之义，斟酌馨宜，佛法世法，莫不备焉。星从白生，皇造境也。本耶稣上帝制造天地之义，翕于佛言想尘成国土之说。三辰三才，皇作之也。白力为勋，勋勤也，白性天行健也。并白为普，白净平等遍太空也。至精至当，至神至明。彻天彻人，彻物彻理。洞真晰微，弘妙无比。外罗庶哲之枢，内究性相之密。上发天命之玄，下阐群法之正。颉圣一字，贯夫诸经。五教莫之先，百家兴其后。生民以来，一大宗师，因而推之可以觉天人而徕五洲，牧万哲而建太极。何中国之不修，堕太宝于暗邃，今始发之？日月久坠而复辉，天地永沉而忽启，人心见道，庶事丕厘，岂曰小补之哉。

宇宙唯白

万法唯白，宇宙唯白。白主识奴，识主根随。外物幻影，色空同皈。

释：宇宙之中，白外无物。佛之精旨，五教无之。诸境诸物皆白之影

---

① 此"之"字似应是"至"字。

像而已矣。愚者曰：地之广如此庞然，日之明如彼显然，若云无物，岂不妄哉。不知如其无人安用室为，如其无马安用枥为，倘无白居，不造境矣，故可谓白外无物也。且老子曰：天无一恐将裂，地无一恐将发［废］，日月无一恐将息。言天地日月无白即散也。以有限之尘，散于无限之空中，亦一空焉而已矣。白之伟力无外，化空为有假用之也。应白而设，白本无二，故老子称之曰一也。人无白，尸即腐，室无人，久即坏，无白无物之确证也。显言其次。无白则无目，日月同无明。无白虽有目，日月虽明，傀儡亦不见也。无白则无耳，雷霆同无音。无白虽有耳，雷霆虽惊，刍灵亦不闻也。如使宇宙无明，纵尘物堆满其中，亦皆傀儡刍灵，谁复知有一物哉！万金之家而无主，是谁之富耶？百官之俸而无君，是谁之贵耶？白为中主，根身仆之。根身次主，外物仆之。既已无主，仆安得有哉？故白尽出世则世空矣，白尽出水则水空矣。色不异空，空不异色。色之有兮，白之呈也。六根六尘，亦如是焉。无白，是无六识也。无六识，是无六根也。无六根，是无六尘也。故凡人之经国家营事业，备物养而谋得失者，咸以有白故也。既已无白，大国不过广墟，万民不过木偶，事将谁兴，物将谁享乎？父母至爱，无白则理之。手足至亲，无白则弃之。髓脑至重，无白则捐之。衣食至宝，无白则舍之。凡向之亲爱宝重者，皆以为白故也。佛云：不爱国土，不爱众生，不爱父母，不爱头脑，非无恩也，爱其真白，不爱其幻形也。回主曰：自失真主，则傀儡形骸何用之有？故近取诸身，爪发不传白时剪而置之；远取诸物，草木仅微白咸蹂而践之，无白之贱可知也矣。金银珠玉，或动白之好感，或养形以奉白，仍因凭白而后贵也。使我尸如能换，换他尸惟认我觉。头如可易，改美头善于丑头。至切之物，非白不珍。除白以外，宇宙宁有他有乎！耶稣曰：惟耶和华乃是真实。佛之精义所以不认白为有者，其理邃而密。谓凡尘物之号为有者，必有他主体焉可以得而有之也，如商有资，如君有国。白已特主，与皇平等。不得而禽笼兽畜以有之也。是以净白不可云有，不可云无。本此以论，可知唯白惟主（自由自主），唯白惟尊；唯白惟乐，唯白惟真；唯白惟大，唯白惟成；唯白惟善，唯白惟精；唯白惟实，唯白惟灵；唯白惟全，唯白惟明；唯白惟妙，唯白惟珍；唯白惟贤，唯白惟能；唯白惟好，唯白惟祯；唯白惟元，唯白惟亨；唯白惟利，唯白惟贞。知此，而惟识之义全矣。三界惟心，惟心者唯白也。万法惟识，惟识者唯白也。曰心，曰识，白之动也。斯义既明，人咸贵白。道德丕明，物我皆成。移风易俗，五洲清平。独桥当总户，凡有来往莫不遵。专门关洪都，凡有出入莫不由。是以建诸天地而不悖，质诸鬼神而无疑，亘诸太空而不渝，百世以俟圣人而不惑。诚哉！惟乐论成，宇宙清平。唯白论出，众生咸若。惟乐唯白，推之宇宙不能改也矣。真哉，白哉！白哉，真哉！知宇宙唯白，皇者惟乐。乐白恒合，合而不脱。则不求外乐一语，尽万法之奥矣。乃颂白，以铭诸脑。

颂　白

白活白乐，神妙圆足。即此是天，孵之即佛。万物皆备，内全外若。凝鼻端之德，享身内之福。

释：白之孔贵，贵不胜言。白之孔善，善不胜言。我乃颂之，传于人间。斯颂既传，永世弗谖。众生诵之，福寿无边。非偈非颂，斯为诠言。白本皇天，一身之元。鼻齃之尖，脑髓之源。思想之府，感觉之渊。率百骸，通大千，为众生之真体，司宇宙之大权。与上佛同其尊，与万类同其玄。天上地下，唯白独先。宏其功用，覆育无边。发其光辉，照耀普天。万妙毕臻，福德大全。庶物皆备，神化无端。圣哲不出于此，必眩而颠。今之智士，胡不以此为通诠？政教不基于此多戾而愆，今之英雄胡不以此为中权？净此即皇。吾不羡帝王万年，纯此即佛。吾不学吴界神仙，唯白内乐。万法之全，存而养之。普渡无边，静明自照。普博渊泉，快感浩浩。生机涓涓，暂而澄泓，久而通禅。龙变鸿轩，得之者全。

五教开源

五洲之大，兆民之众。魁圣惟五，大成体用。惟颉是宗，唯白是重。

释：佛老孔耶回，五教立巍巍。斯五贤者，自生民以来未有之魁圣也。而皆以唯白为阐教之真源，可以今人而不由乎？万卉虽殊，莫不以根荄为重。万类虽异，莫不以白体为依。故至净之白，颉圣之所谓皇者，佛之所谓大圆镜智也。又名之曰白净无垢识，即上佛之真体也。儒者名白为仁为心，其不寓人世者曰鬼曰神曰魂魄，未精别也。惟仁之意有所本，故净白之法，为求仁。而孔子难言之。老子名白曰谷神，谷空也，神灵也，言合空之神也。非至净之白，其何能合空乎！或曰容从宀从谷，谷有鼻顶眉端之相，谷神即白也尤通。儒道皆名至净之白曰"皇天"，名在人之白曰"天灵"，而道家明鼻顶寓白之处曰"天门"，又曰"囟门"，相经名之曰"天庭"，若是则白性同"皇天"，古人早已周知矣。惜乎后人之健忘太甚也。吾则以为人可忘头，不可忘白。忘白之祸，可恸哭也矣。耶稣名至净之白，曰"惟一天父"。非至净何能当惟一之名哉！又名皇天曰"上帝"，名在人之白曰"耶和华"。其言曰"上帝耶和华"，在人心中为人知觉。若心中者，可以译为"白中"矣。回祖名至净之白曰"真主"，在人者曰"自身真主"。真主又曰"无形天"，而名白曰"天方性"，亦以见白与皇天同质也。然皆不如颉圣近取诸身，而省自示义之真且切，况皇皆者智诸书一字千金，简当明晰，故吾取之以正性命之本源焉。

八识规矩（由音肺）

颉作由鬼，八识规矩。浸混八识，自由而起。翳蔽七识，与鬼为侣。

释：究性命之学者，莫不自八识始，知八识而后天人之交可以晰矣。众生之身，咸以五识为柱架（见八识图①中），以六识为影像。五识为身，全体也。六识为意，动机也，包七识八识与白于中而组成者也。第八识名赖耶识，有含藏之义，即白中有藏垢之意。盖浸混垢也，浸入而均混，如靛之调于水而结为冰也。故颉圣以白塞中示之，著为由字。第七识名末那识，有传转之义，即由外加壳垢之意。盖翳蔽垢也，翳皮而表遮，如漆之涂于玉而蔽其光也。故颉圣以由人私示之，著为鬼字。弘大奥旨，而汉注失之陋矣。由有异熟种子，与塞中之义适符。鬼有四分我相，与人私之义全合。由如轴定于中，故曰恒转如瀑流。鬼如罩加于灯可以传光，又如辐加于轴可以转动，故有转识、传识之义焉，此理密矣。凡物之垢，惟浸混与翳蔽二式，惟颉与佛始阐之，至圣矣。后儒不宗元哲，反以为八识之说中国无之，亦枉矣哉。况颉圣之作囟字也，从白动中。乂爻也，动也。《周易》以乂为动象，物交物则引白而妄动也。佛曰"无明缘行"，其义同也。吾故以囟为第六识。更不厌频琐，再申之曰：由者第八识也，鬼者第七识也，囟者第六识也。本论用之，文旨最当，阅者其勿忘也。

---

① 八识图上有作者眉批："宋芸老考古由共为异，因第八识本名异熟，万物以此别性相也。尤信。"

惩私欲

私欲极恶，吾因特举。皇鬼之关，公乐弗取（见私欲图）。

释：呜呼，悲哉！一提私欲，吾先号哭。私欲一提，不胜哀啼。人中之祸，斯为最矣。谁不因营营于此，自丧其合皇之贵品，而下坠于鬼魅乎！夫人之大欲，不过我得惟乐。乐本白性，奚用外求？白本大同，奚用自私？推頡圣之精义，知私欲之甚于倒悬矣。吾人之白本皇天也，众生之白亦皇天也。司掌宇宙，福德同臻。臻极无颠，乃一塞而为由，再私而为鬼（厶古私字）。鬼之贱兮求为蛆蚓不可以得矣，为外围之翳蔽故也。水有

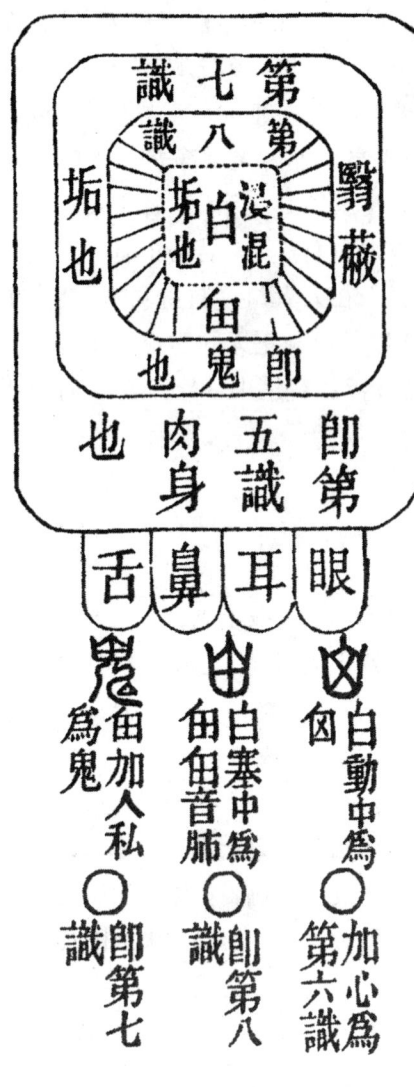

八识图

私欲图

外围，我杯我池之相着，去外围皆洋海也。气有翳蔽，我囊我球之相着，去翳蔽皆太浮也。皇天之白洋海也，太浮也，而众生以外围翳蔽，自外于皇天。我痴我爱我见我慢第七识之性也，皆起于鬼，理至确矣。分白为公

（八古分字），一白为自，公分白不知有自也。自一白，惟知有已［己］，不知有人也。欠谷（音朦，非山谷之谷）为欲，白性自不足于谷中，而外欲生焉。谷有眉目间之相，即指白也。私欲之毒已极焉，吾不惮再申特揭，以播于人间，曰：尔曷不舍鬼而为天，可以救世，可以自安。《传》曰"自求多福"，此之谓也。自求者，白求也。观于乐之与欲，自之与公，毫发之差，霄壤之判。化自为公，化欲为乐，则七尺之躯，已与皇天平等矣。

究事理

晰性命，究事理。就尘合皇，人即天矣。

释：宇宙之全，事理而已。吾人所究，事理而已。理以成事，事以顺理，二者相推，天下平矣，众生佛矣。《华严》四法界，曰理无碍法界，曰事无碍法界，曰事理无碍法界，曰事事无碍法界。事理无碍者，万物并育，而不相害也。今水中育獭即害鱼鳖，山林育虎豹即害羚羊，焉能事理无碍哉！然非所以论于人群也，人为尘白各半，皇鬼之交，引白以合皇则事理无碍，引白以入物则事理有碍，故圣人能使鸟兽鱼鳖咸若，致事理无碍之隆。而愚人竟致弟兄父子相争，演事理有碍之祸。今兹之论，为挽此也。风靡虽沦，人白尚在，欲俾事顺，先求理通。理之通达，在于知白，知白为智，智以究理。白净理明，如目朗而见日也。理明白净，如日出而目开也。然以目喻白，而日喻理，尚有内外之分，非至当之比也。圣佛知即白即理，即理即白，如即光即日，即日即光，庶几近焉。老子曰"道法自然"，"自然"者"白然"也，"道"即"理"矣。佛以观自在得无上正等正觉，用白在，此无上正等正理之所由显也。理生于白中，因究理以净白，如育鱼之先治水也。白实为理源。因净白以究理，如扛鼎之先健腕也。唯白一论，事理彰著极矣。亦有阅之而尚不明者。白性沉溺，不复有微明矣。饮酒百石，非钟鼓所能醒。狗彘之蠢，非善教所能悟。付诸天锻而已矣。惟欲行必先知路，欲医必先知病，今欲度众生，康六合，舍究理以治事，其奚由哉！人能负尘以迪理，如负万钧之鼎，尚且飞越自如，合皇之资即全于人间世矣，不又伟乎！

立三理

理有三，真物事，天人合发，为世之纪。物中觅真，颠倒弗起。

释：由为白加竖塞，自为白加横塞，竖塞则窒其通天之道，横塞则增其住地之根。以由观理不通于天，以自观理不立于世。人妄论理，引物为证，虽穷天地而尽比之非也，虽穷别境而尽核之亦非也。南岭之人观水，必以为百川之水无不朝南，北海之人观水又以为四方之水无不朝北，究属谁是？在囿皆非。地上一芥子也，安能于芥子中觅真理哉！居娼妓之伍，几以倚门卖笑为常事。习盗贼之业，几以胠箧摽掠为良能。今人之究理也，不分物理、真理而绲[混]陈之，或讦之则举一物以为证，益复之又举多物以考同，其亦芥子中识耳。由鬼不能得真理，而况于意乎，妄之妄矣。是故证愈多而蔀愈丰，据愈弘而离愈远。如欲知理必先划然而分之，一曰真理，是宇宙太常也。推之六虚，将莫不同。因明异喻，于是乃合。如冬而衣裘，夏而衣葛，两事正对，保温则同，同之谓真。除两正对，求得万物之同，再合宇宙无偶，即真理也。二曰物理。一物各具一理，如水就下，就下岂真理耶？如火炎上，炎上岂真理耶？枭则食母，乌反哺焉，驼则殉夫，蛩覆噬焉，抑又以谁为真也？物之于理，各得一偏已耳。三曰事理。凭真为主，主者体也。以物为奴，奴者用也。体用不颠，事理乃顺。引物合皇则上达，得天演公理。《阴符经》曰："天人合发，万类定机"。此之谓也。倒白合物则下达，得物演私例。《阴符经》曰："人发杀机，天地反复"。此之谓也。不别三理，而据物为真，可哀也矣。知题而后作文，知鸟而后作樊，有以理叩吾者，必分三区，然后答之（见三理图）。故真理不可思议，非不能思议也。一思议即必取证，取证即在物中。一思议即必用意，用意即在法中。凭由鬼之

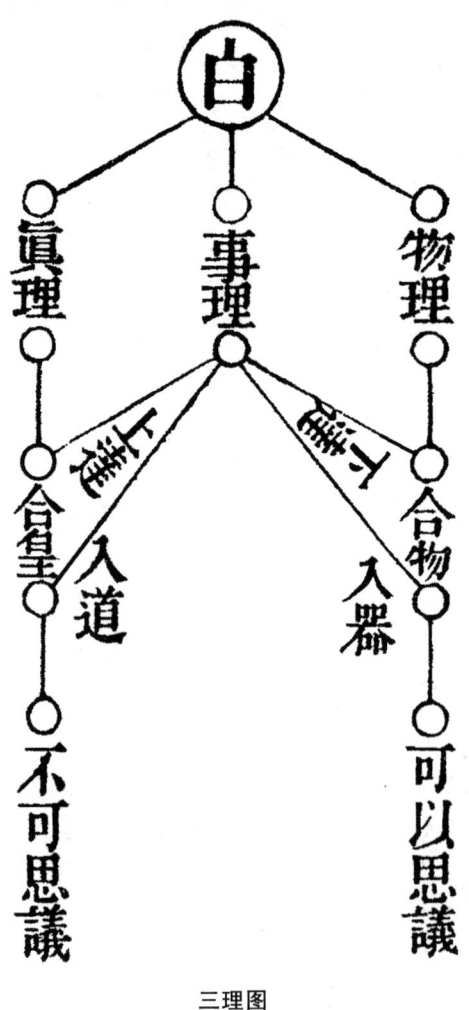

三理图

动也，就六尘之污也。一切法无白，非自然也。非自然者，非白然也。真理不离白性，白外无理，理中无白。有欲知此，则将喻之曰：主人可以谓有金，金不可以谓有主人也。以有为他动故，有主奴之辨，金不可以为主人之主也。精矣，详矣，续论彰矣。

真　理

真理无诠，净白自然。合大同，玄复玄。二十二，众妙门。

释：妙着出于国手，遇对局则显者，极高之奕谈也。真理存于净白，遇事物则著者，极高之弘论也。《圆觉经》曰："如来本起清净，因地法行。"此真理也。所行何法？说出非真理矣。孔子"从心所欲，不逾矩。"译意与此可囧合。如来圣心也，净白也。本起，从也。地所也，矩法也，魁哲之极品也。所欲何矩？说出亦非真理矣。兵家运用之妙，存乎一心，所运何妙？说出宁为真理乎！佛云："不可说。"不可说。孔子曰："无声无嗅，而后已焉。"老子曰："道可道，非常道。"回祖曰："真主无言。"真理既不可道，吾奚为强道之？玄奘师曰："真故极成色，定不离眼识。"然则，真故极成理，定不离净白，如真故极成光，定不离皎日也。净白在，真理自在矣。真理自在者，真理白在也。真理白在者，真理在白也。因不可道之绪绎而浚之，得二义焉，曰太常也，曰不离也。惟斯二者，乃不可道。我不向人而言曰：我父男子也，我母女人也。此太常所以不可道也。今我居于村，更不能言此村从何路往此村。今我处于室，更不能言此室从何路往此室。此不离所以不可道也。由二不可道推之，惟空太常而不离。佛恒以之方真理。惟皇之实，奚可道乎？皇也者弥满太空，全无分别。唯白惟主，自由之极真理也；唯白惟尊，崇贵之极真理也；唯白惟乐，欢喜之极真理也；唯白惟真，诚实之极真理也；唯白惟大，广阔之极真理也；唯白惟成，不坏之极真理也；唯白惟善，休嘉之极真理也；唯白惟精，纯粹之极真理也；唯白惟实，不幻之极真理也；唯白惟灵，神化之极真理也；唯白惟统，威权之极真理也；唯白惟明，智慧之极真理也；唯白惟妙，变巧之极真理也；唯白惟珍，宝重之极真理也；唯白惟贤，圣德之极真理也；唯白惟能，任重之极真理也；唯白惟好，佳瀚之极真理也；唯白惟祯，万福之极真理也；唯白惟元，特卓之极真理也；唯白惟亨，通达之极真理也；唯白惟利，锐敏之极真理也；唯白惟贞，正固之极真理也。除伪即真，是故不为尘奴。不自卑贱，不稍苦痛，不涉虚诞，不陷琐小，不能败坏，不同恶劣，不或杂乱，不落空亡，不近愚拙，不偶遗漏，不邻暗昧，不侪鲁钝，不溺污下，不染乖戾，不致孱弱，不沾秽丑，不有陵替，不求依附，不可滞塞，不遭蹇难，不见老死，即近于真理者也，何以若是其极耶！虫不测人，人不测神，净者视垢为伪，而垢者视净为真，净之极真之极也。无六尘，无六根，无六识，无诸有相，无诸有法，即真理也。净白在，真理自在矣。所以不实言其美善者，既言之则有以尚之。真理无尚也，如言空大，指出定数，即非空大。白在具无上正等正觉，斯具无上正等正理也。无上惟空，奚可言耶？言觉不言理，理不在觉外，真不在白外也。如太空之无边，指数则小焉。故回祖曰："真理惟真主知之。"至言也。今皇天亦不能言，惟有依白假示，依空假义。白空无二，无异无对。简提大凡，曰惟一、曰中、曰合大同。此于不可言中，强提其几近者也。问何在？则曰在净白中。问何如美善？则曰推二十二殊胜（即前二十二则）。至于不可思议之极，问何以见之？则曰见诸相非相则见之矣。真理之真，除物即是也，故必究物理。既已物理毕究而后深之，兹微昭影像，则净白极乐（四字指明真理）也。以乐白合故，极乐即全乐。全乐有同乐，而合大同无分别（六字真理之号），自在其中矣。若夫总纲，净白而已矣。

物　理

物理离真，倒植今人。同中异，阴阳增。轮回入，垢瘾诊。

释：呜呼，悲哉！今人一谈真理，则动于物理中求之。物理中岂有真理哉！凡究庶物之理，必提其总纲。若舍此逐末，则一物有一物之理，将竭万山之竹以为筹，不可以胜算，尽大千之沙以为数，不可以胜稽，何能考之？提大同庶物收，因明异喻之法也。今知万物必由阴阳而后生，必经轮回而后成，则以阴阳轮回为物理之总纲可也。斯总纲也，不惟地上万物为然，即宇宙中物，苟离皇即入阴阳回环之中矣，理则然也。既入理气数象之中，则必受理气数象之限，故由中起轮回，人生必由男女之配偶，兽生必由牝牡之配偶，鸟生必由雌雄之配偶，虫鱼亦有交媾之事然后育卵，菌苔且有阴阳之感而后滋生。此何故哉？同中抽异也。定阴阳为同中抽异，则可以迁而转注之以发明物理，即以知真理矣。就耳目之所能见者，同为人则男女相偶，若本异，人与鸟不相为偶矣。同为猿则牝牡相偶，若本异，猿与鱼不相为偶矣。

如此同中抽异，每降一层，而增一对待之阴阳焉（见阴阳下降图①）。同一兽也，蹄为阴，爪为阳，呈异相矣。同一禽也，长尾阴，短尾阳，呈异相矣。

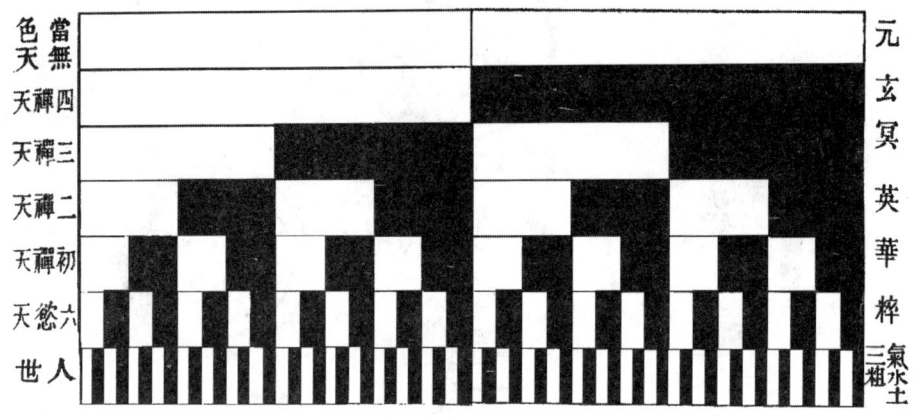

阴阳下降之图

同一虫也，无翼阴，有翼阳，呈异相矣。同一鱼也，无鳞阴，有鳞阳，呈异相矣。同一蹄兽又异，而牛阴马阳，且必显正对之性，牛顺风马逆风，而牛马又各分牝牡。同短尾又异，而鸭阴鸡阳，且必显正对之性，鸭沐水鸡沐沙，而鸭鸡又各分雌雄焉。反索其本，且兽又阴而禽则阳也。然则，因物之同为畜，故故特分禽兽，以别阴阳也。因同为禽，故故特分长尾、短尾，以别阴阳也。因同为短尾，故故特分鸡鸭，以别阴阳也。因同为鸡，故故特分雌雄，以别阴阳也（见阴阳分歧图）。既定阴阳为同中异暂置之，又论轮回亦同中异之理焉。同为磁石，同序而置之，则止而不起轮回矣。同一磁石，异序而置之，则转而起轮回矣（见轮回图）。是同中同则无轮回，同中异方有轮回也。轮回亦同中异也，信矣。已定轮回为同中异，又置之，乃论生物必同中异之真因焉。宇宙万有，本同一白，而必欲分别之，是一起即同中异也。由垢即因分别心而生，故初同者不垢不净之真也。一分别垢净，则净为阳而垢为阴矣。净中又有较净较垢，垢中亦有较净较垢。是以遂层而分之，每降一层，必多一阴阳，而数增一倍也（见阴阳下降之图）。何故每降一层，数必增一倍哉？每降一层，必加之以壳，而后能囚白也。加壳，则壳必分为二，而后白果能入。出壳，亦必分壳为二，而后白果能去（见加壳图）。且不见夫

---

① 阴阳下降之图上有作者眉批："人世元素或增至一百二十八，亦不过六十四之二倍耳。"

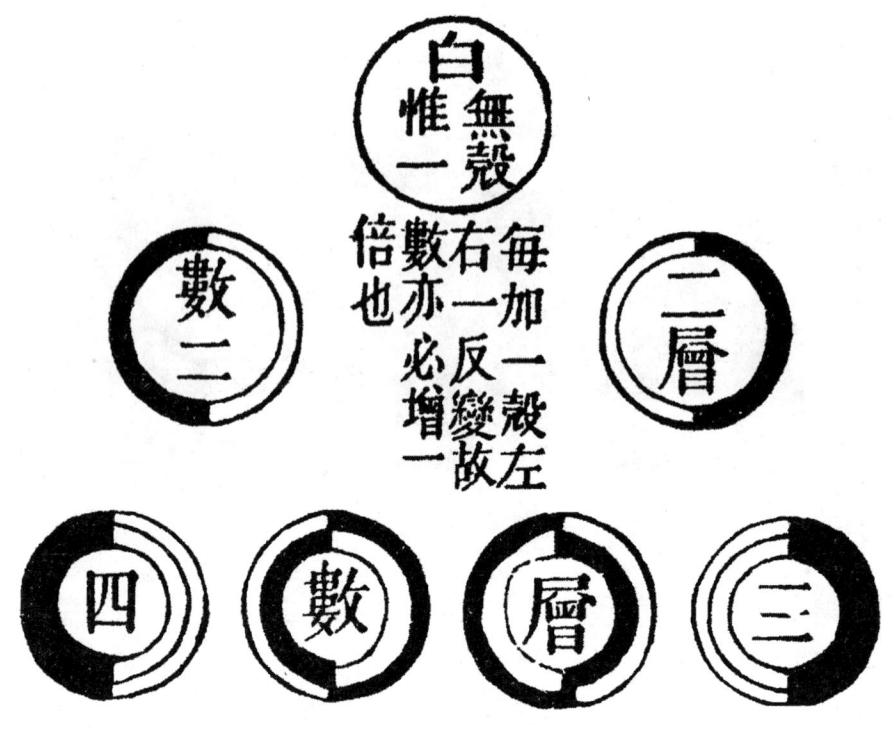

加壳图

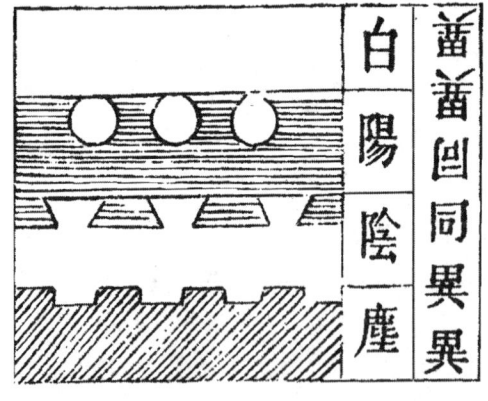

同异交错图

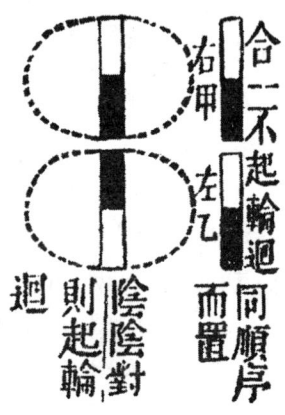

轮回图

造车者乎，上必就人以设座，下必就路以设轮，是上下大异也。而中相交处，必同而后能含接焉（见同异交错图）。故物非至垢至净，必因阴阳对待而后生。盖男女牝牡雌雄，必以其同相嵌合，而阳以其异接上较净之质，而阴以其异接下较垢之质，以粘附为一物也。且凡欲使一柱中立，必以反走之二力牵之，阴阳相对而性背正以此也（见前图附示）。由是观之，所以必同中异而后生者，为入旅故也，白之入因，生分别心故也。极垢隐白之物，必不因阴阳轮回而始生。极净纯白之皇，亦必不因阴阳轮回而始著。何也？超出一阴阳，必少一对待，而数减一半，升一层，八减为四，四减为二，二减为一，地上之物非无量数，又必偶数，屡经折半，必终于惟一。夫乃知真白不入旅必惟一，则真理为合大同、无分别可以知矣。何以灭一对待，则见一真？灭衣裘、衣葛之二对而后见保温性之为真也。灭凉药、热药之对待而后见中和性之为真也。每近皇一等一级，数必减一倍，而灭一对偶相焉。因而论同中求异、异中求同之故，以别真理、物理焉。夫物必依白，无白无物。又必依尘，无尘非物。白何以变为物？分别相为祟故也。分别相起，必呈阴阳，必入轮回。分别即异，无分别即同故也。宇宙中物无不同者，而必分别之，是分别心之生，即已同中求异矣。《易》曰："太极生两仪，两仪生四相，四相生八卦。"多一生即增一对，物皆由生来也。故定物理为白生分别，为尘窒，为有二，为有异，为有对。简提大凡，曰二偶，曰偏，曰分小异。此皆可实指，未若真理之秘隐也。因污白带苦，而外于净白极乐者，物之所以各附一理，不可究诘，其实本无白性。无白性者，无自性也。各趋一极，起两假性，衣裘衣葛，凉药热药之例也。除两对乃得一真，物之类数，恒以减半而愈上也。今人不知，益劭于格物，必以对

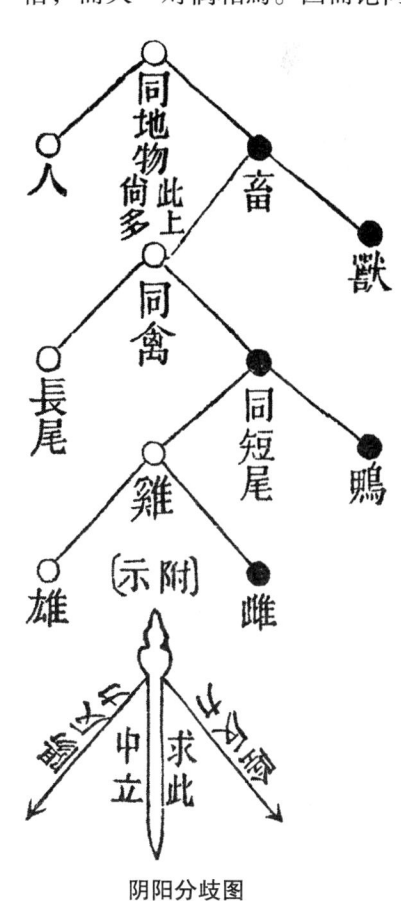

阴阳分歧图

待为真理，其误不可救药矣。吾是以详图而密示之，以救世界之大祸，欲使人务去其分别之妄心，一示大同公仁之至白德纯矣。一切物皆白所变，分别于心，即著于事；分别于事，即成于形。物有万殊，全由分别。分别心之祸，大极矣。

事 理

事理上升，除物合真。减分别，卑就尘。劾损极，中和成。

释：凭势灭理，有己无人，于人中仅可利一时而背真入物，祸毒之极也。真理既定为合大同，净白极乐，物理亦定为分小异，垢白带苦，则可以比而知事理。真理物理，究宜何去何从哉？居大地之上以处事而求顺理，则上达下达两道同通（见对照图），上达之路若何广，即下达之路与之俱广；上达之门若何高，即下达之门与之俱高。回祖曰："真主惟是一心，万物各存异志。"佛曰："真如不二。"何也？凡有二物于此可言同，亦可言异。而事必起于有二，有口有肴而后有食之事，有足有阶而后有跻之事，故必因二而后生事也。既必因二同异任择，可言同者，异亦必通；可言异者，同亦必达。今有二人于此，相对而谓曰：我与彼，虽则异身，同家也，若异家。则又曰：我与彼，虽则异家，同邑也，若异邑。则又曰：虽则异邑，同国也，若异国。则又曰：虽则异国，同人也，若非人。则又曰：虽则异类，同地也。此异中求同，劾于灭对待，引物合皇者也。其极也，量同太空，将莫不同，心目中无一异相矣。反是者，必将曰：我与彼，虽则同地，异类也，若同类。则又曰：我与彼，虽则同类，异国也，若同国。则又曰：虽则同国，异邑也，若同邑。则又曰：虽则同邑，异家也，若同家。则又曰：虽则同家，异身也。此同中求异，劾于起对待，

真理	物理
惟一	对二
中和	阴阳
超出	回轮
不垢不净	垢净
不生不死	生死
纯真	垢滓
叛众	就旅
合大同	分小异
纯乐	苦带
公	私

对照图

离皇入物者也。其极也，量狭秋毫，将莫不异，心目中无一同情矣。故灭一异相，超一层焉。佛视众生如一，故合于皇。生一异相，降一等焉。人视他国为二，故合于魅（下鬼也）。由是推之，此圣人之所以恶名也。夫名者，生于分别相者也，不因有异于他姓，何由有姓？不因有异于同姓，何由有名？名既起于分别，动亦起于分别，不分别去就安用行？不分别是非安用言？事必有物，物必有名，事必有行，行必有动，则是有事，已生分别矣。今知凡分别心起则必降，分别心灭则必升，又安能于赤日中避影相乎！又安能于处事时避分别乎！虽明知鸩与馐无分别，废而不食，无事则无分别。如必食之，岂可茹鸩如馐乎！虽明知刃与锦无分别，弃而不御，无事则无分别。如必御之，岂可卧刃如锦乎！今折以中和，而便民用曰：以损极养形。满尘之限，以制分别。食惟分别鸩与粟，不更分别精粗旨否。衣惟分别刃与布，不更分别华朴奢俭。圣佛太高。佛图澄，食针如饭。黄初平，叱石如羊。真诚无分别。针与饭，石与羊，何以异乎？俗人饱己又分别甘鲜，暖己又分别美恶，分别之心太甚，堕落之苦愈烈。人能以合大同处事，视有势与无势同等，不敢恃势灭理矣。视他人与我身如一，不敢有己无人矣。力求真理，稍就伪以养尘身，脑中白性渐展，身外分别渐消，久之可以合皇（见分别图）。初不能不分别针与饭，白性既展，针与饭无分别矣。初不能不分别石与羊，白性既展，石与羊无分别矣。木必渐长，白必渐展，常守损极，以限之斯可矣。故严光视天子与鄙夫无分别，以成其高。孔子视富贵与浮云无分别，以成其圣。达士主中和以灭两偏，勱大同以革小异。此上达合皇之伟业也。为道也，六祖因风动旗动，以止两偏之妄心，事理之总

分别图

纲也。是以和而应中则合事理。和顺顾中净白也。简而言之曰：以损极应物理，以益极近真理。绝欲惩私，净白大公，事理斯无碍矣。戒之哉！《楞严经》曰："水不能溺，火不能焚，诸毒入口，皆如脍炙，因三摩地之功深也。"三摩地者，无分别心也。以手分别，靛必染蓝，入水就沐。以白分别，尘必染污，入旅就锻。殆矣。

人　责

祛分小异，劭合大同。陟白合皇，人责大终。

释：人既为人，应自尽责。责将奚在？顾形与觉而知矣。人之分别力，强于禽兽多矣。一举念，一启口，一措手足，皆分别也。俗人举念分别利害，圣人举念分别邪正。俗人启口分别辩评，圣人启口分别诠詁。俗人措手足分别趋福避祸，圣人措手足分别遏恶扬善，事虽不同，而生分别则一也。回祖曰："心察万殊，志在真主。"言用异合同也。若豚之痴闷，鸟之绵蛮，木之固定，蚯之瞽聋，无分别斯无事矣。豚无思也，意无分别。鸟无语也，舌无分别。木无行也，身无分别。蚯无见也，目无分别。天既使人能分别，则又盼其无分别，岂以其终始参差，苍黄反复哉！凡物之联于二物之中者，必上下就，如车之上就人，而下就路也；如舟之上就货，而下就水也。人形皆同，觉又大异，以无分别之身，载能分别之才，天命昭然，显若耳提而面命矣（见人责图）。明使人引分小异之庶物，以陟于合大同之皇天也。自一身之小，推而家，推而国，推而太空，苟合大，无不同者。自太空之大，缩而国，缩而家，缩而一身，苟分小，无不异者。人能以思分别，方以己心恕他心，而万众一心矣。又能以言分别，方以己意告他人，而语臭如兰矣。且能以行分别，

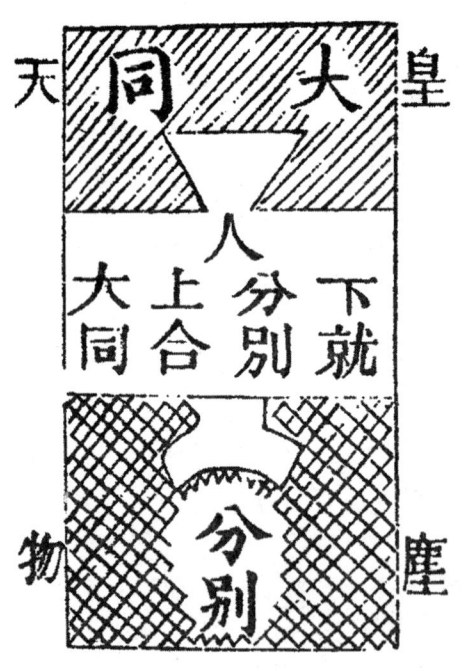

人责图

方以己事勤众事，而车同轨，书同文，行同伦矣。胎卵湿化，各有分别，我皆令入无余究竟涅槃而灭度之，斯无复稍呈异相矣。人能如此，乃不负无分别之形，与有分别之才。劬于异中求同，不于同中求异，仔肩于是夫克尽。凡究事理，本为人设，吾是以特揭"人责"一章，以立斯论之大本。人责者，将以度尽万殊之众生，合于惟一之皇天也。言其极显，大公无私，公即同也，仍皈净白极乐，以为大夐（古终字）焉。

觅理四门

致知启慧，觅理四门。发白性，验身心。格事物，师古今。

释：既立唯白，又立惟乐，又立三理。用白明理以求乐，必有门径。门径有几，惟四无多。一曰白性自发，二曰身心体验，三曰规矩格物，四曰学问通观。此四者如四面网张，无有漏矣；如四方城绕，无有缺矣。吾人之困于尘中，如囚之幽于狱中也。狱惟四门，出必由之，狱中之所受，非人权之正法，尘中之所感，非真理之白然，必出狱而后能享平等自由之福，必出尘而后得合如来妙乐之全，在囿之见，不可以不破也（见觅理四门图）。此四门者，不可增，不可

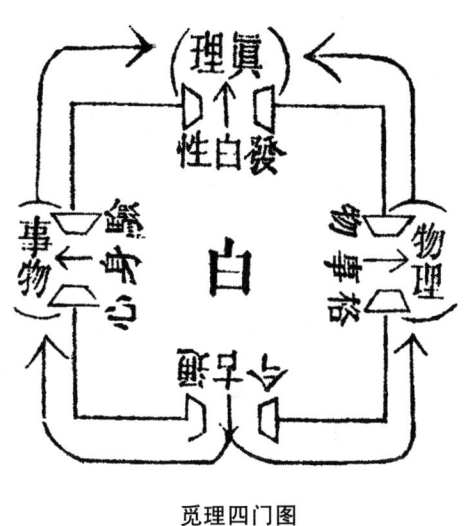

觅理四门图

减，互相启，亦互相掩，时或助，亦时或反，白净则达，白垢则眩，规矩格物，取法下级，不悟即倒植，学问通观，由耳目入，不明则从流，不可以不慎也。上智之士，积岁月之力而深稽之，于此四门，能增损为否耶？知必不能增损，乃详论其利害如左。

白性自发

真理在白，发以空诚。无物存中，因地法行。

释：三界惟心，惟心者，唯白也。万法惟识，惟识者，唯白也。心与识

皆已染之白，非纯净也。而三界万法，亦依他假立者也。人环中固无真理，三界内亦无真理，万法全亦无真理。不过人环为重囚所居，三界广于人环，居之者罪稍轻。万法界又广于三界，就中觅理仍不能见真也。人之由通万法界，而鬼通三界，身通人环，有住之心固非真理，即使无住自信，焉知其不仍是由鬼之作祟耶！回祖曰："凡理之至精者，惟真主自明之。"《金刚经》一语道破真源曰："应无所住，而生其心。"其目曰：不应住，色声香味触法生心。生心者，生分别心也。不应住，六尘生心易；不应住，六根生心难；不应住，六根生心易；不应住，六识生心尤难；不应住，前五识生心尚稍易；不应住，意识生心最为难之极难。今若以彻光之镜障于眼（即爱克斯光线），则视人之肉如无肉也；以煊染之镜再覆之，则视外之色非本色也。吾人以藏识涅白所见止在由中，加转识复冪所见止在鬼中（见前八识图），伪之伪也。况以肉身笼由鬼，而所见不出四大乎（四大，地水火风）！纵使无思无为，感而遂通，安知非三界万法之精，摄取于由鬼所致耶！然置磁石于地上，苟无地物之阻，绳索之牵，渣滓之碍，及一切外撼之动，必直指正北，为正北有大磁故也。皇天如极大之磁石也，吾人之白小磁针也。旅白必合白王，白王必引旅白，同声相应，同气相求，水流湿，火就燥，云从龙，风从虎，圣人作，而万物睹也。如不住，尘生分别心所发，必合于皇。皇满太空而无方，非如由鬼之向上。真空即合。惟鱼见鱼，惟枭见枭，惟鬼见鬼，唯白见皇。鬼除人与私，由损中竖塞，即见真理矣。除人与私，除人相我相也。去中竖塞，去众生相寿者相也，去一切有念之法相也。如一空衡，遇物运权，不爽锱铢。物来则显，随物自取，轻重不失其量。物去则无仍保空虚，自在不滑于外。四相不依，特元独着。故听讼者，无受贿徇情之外诱，折狱必平。齐家者，无哀矜敬畏之四辟，内则必正。诚意正心亦然。七情不动于中，天理必循于外。大学正心，但并有所好乐、忧患、忿懥、恐惧。而孟子浩然之气，养以不动心，皆近真理者也。以空接物，皇灵自感。以空息虑，白性自弘。由如宰相，只可承宣。鬼如小臣，只供驱使。前五识如奴仆，惟供贱役。白如大君，干纲独断，臣奴俯顺。白与皇同性，究白性以发天命，合于白性者推而行之，背于白性者窒而除之，此则人中合真理之法也。人中本无真理（见辨真伪图），明者视前五识所现见者皆为幻影。奀（音殄，覆帱被吾地之天）界犹杂半伪。智者视六识（意也）中所测得者皆为假寓。撤去六识六根，自然所发之感，即真理也。俗人于此极难，若能从吾净白之法，亦易易也。此一门也最直切，最真实。孔子曰："惟天下至诚，惟能尽其性。"至诚者，白性自发也。其他三门，皆其次，致曲之方也（见辨真伪图）。回祖曰："明夫自己之真主者，可谓至矣。"

身心体验

体验身心，无从由鬼。中和绝对，息妄靡悔。

释：由之所得，五真五伪，鬼之所得，三真七伪，况前六识之所得乎！吾人之心，由鬼也，身前五识也，此中岂能洞鉴真理哉！枭既壮，自然而发食母之性，食母岂真理哉！鹨方秋，自然而发好斗之性，好斗岂真理哉！此远于皇者则然，而人非其伦也。人初生则知吮乳，稍长即知淫媾，食色性也，又安知为第九壳之

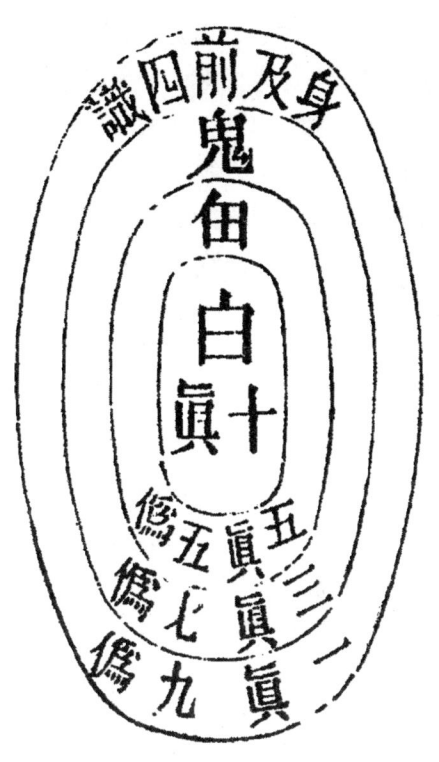

辨真伪图

性，而非真白之性哉！净镜空悬，此性难于身心中觅之矣。虽然，人受天地之中以生，中则绝对待而近真理，能致中和尚可以合于皇，人之品已不卑矣。苟不为尘所滑，白性过半作主，若或天赋特优，往往因此而得道。间常静而育之，内乐之生实快于外尘。默以审之，奇苦之来，每踵于欲后，又闭目遍索周身，觉源真始于鼻顶，且定心久想白相，活机必跃于眉端。加倍澄清之功，深资正思之力。初则清明在躬，志气如神，继则天门开朗，普照诸天。人白本与天体同，卵泡本与禽体同，如水澄清，自然见底。此虽非真，抑亦可以入德矣。况一念之善，理真气壮，一念之恶，气沮神消。又历试中和，则畅裕有余，偏戾则疾病大至，进道立德，斯过半矣。孔、颜、曾、孟莫不以此跻圣境，验得克己复礼之正法。今观其目曰："非礼勿视，非礼勿听，非礼勿言，非礼勿动。"乃与侔尼无眼耳鼻舌身意之旨相近。至云"无思无为，感而遂通"。则又《金刚经》"应无所住，而生其心"之义。身心体验，不又伟乎！总之，人为半天半地，半白半尘之化合物，内包皇灵，外罩土壳，以身从心，内照则吉，以心从身，外逐则凶，欲在身外，凶尤有

加。从身心体验，以觅真理者，不可以不知此。况养形之法，全在体验之中，身也者可为桎梏，可为渡船。《阴符经》曰："宇宙在夫手。"手身中之一支也，犹可以比宇宙之大。人身包宇宙之全，何一不能体验哉！慎之慎之，善用此法。人须形觉兼养，则身心体验，不可以不讲也。然身心两贼，究属危道，务以除分别为全的。明知附于身者，一切皆妄，附于心者，一切皆妄，由亦妄，鬼亦妄，离妄即真，人中之大法也。

规矩格物

格物觅理，其道孔危。上达去对，亦有良规。一名一动，性近相非。离中二伪，列数全皈。注小入大，本因惟微。全宗因喻，严哉毋违。

释：规矩格物，此法最繁。物繁有徒，规矩何能简也。《大学》言"致知在格物"，而不列规矩，觅理之一途也。然形而上者谓之道，形而下者谓之器。格物制器，以养形养觉，今人未之能也。养觉之器，不易制也，书图仪器，亦有裨益，惟圣哲能之。下焉者，流于养欲，不已滥乎！俗人未之悟也。吾尝谓欧西之祸，大于中国。洪水猛兽，将自及也，犹且下达不已，以为进步。近观其哲学之言，多取例于物中，而又趋益，极以下达，谬甚矣。不知物演私例，愈上推而愈衰，愈下行而愈著；天演公例，愈上推而愈著，愈下推而愈衰。即如优胜劣败、弱肉强食一例，由上下推，禽兽着于人类，虫鱼着于禽兽，鲸一日能食万鱼，禽兽中无此例也，已知其为物演私例矣。仁知二相，自下上推，虫鱼衰于禽兽，禽兽衰于人，貂牺身以暖冻殍，虫鱼中无此例也，已知其为天演公例矣。颠覆二例，倒植之见也。天在上，物在下，如巷东有灯，巷西全暗，自东徂西，愈行愈暗，尚得谓暗源在东乎！人中杀机之未泯，物演私例为厉也，故吾以私则污白，公则净白。引倒植之见以上达，然后去危就安。以言格物，格物，必先立名、动，名、动皆起于分别。分别同异，乃有名矣，分别行止，乃有动矣。斯二者，离皇入旅之门，物之所以为物也。既言格物，焉能不由户出入哉？故名、动二辞，缺一则不成建言。名有总分，动有自他。禽总名，鸡分名也。鸡鸣，鸣，自动辞也。饲鸡，饲，他动辞也。名、动缺一，言且不建，况于事乎。而加一名，增一动，皆多生一分小相，不可不谨。此第一严矩也。又凡格物，必分二宗，一曰性，二曰相。性为各物特具，有和合、独兀二大别。相因带尘乃着，有色声香味触法六大别。眼所能观曰色，耳所能闻曰声，鼻所能嗅曰香，舌所能尝曰味，身所能感曰触，意所能想曰法。律之以中国文义，前五识所能测者应谓之形，惟意所能测乃可以谓相。盖相从木目，如瞽者之杖探而后知者也。《易》曰："在天成相。"非人间之现量也。形固有别于相，然以必达于白而后能辨，故亦混名之曰相。人离性、相二宗，一物不能认，一事不能知。见鸡而知为鸡，必因其肉冠之赤耸，与羽毛之丹修也，以相故知为鸡也。如必舍相言性，将志其司晨之特征。见枭而知为枭，必因其首眼之似猫，与毛角之锐竖也，以相故知为枭也。如亦舍相言性，必考其忤逆之异秉。本草辩药，蠕范稽虫，纯以二法为标本也。离性与相，将菽粟不能辨，皂白不能分，而不知马之几足矣。此第二严矩也。又凡格器以证道，必上达于异中求同，勿下达于同中求异。盖物离中和，则显二对相焉。有如勉冉求则进之，勉子路则退之，勿以两端为共法。而中行为主旨，则得教人之政矣。戒急躁则佩韦，戒迂缓则佩弦，勿以双方为良师。而中和为正鹄，则得自修之道矣。地上生一物，必有一物以对之，不对不足以成物，而其对尤必在于最近之同枝。枭逆乌孝，蜂专制，蚁共和，牛顺风，马逆风，鸡沙沐，鸭水沐，皆是也。取相对之二物，折衷以觅理。此第三之严矩也。又凡格物列目之法，必得无漏无赘，而统以一纲，如立六通，必以胜义为纲。既立矣，他人不能或五，而或七之乃可也。如立五行，必以地物为纲。既立矣，他教尚能或四（释曰四大），而或六之（回增气为六行）则漏矣。列目既无漏无赘，方可因加减而得探导幽微，如分全地为五洲。今有人焉，必居地上而不在已历之四洲，其必处于余一洲也明矣。除微附和合，而知白性为元，即此法焉。此第四之严矩也。且凡格物，须以转注而得明理，如仓庾之粟，不知多寡，一转注于已量之斗中，斯知之矣。如三角、几何，不知度数，一转注于已知之角度，斯知之矣。因明论以比量，自悟悟他，即此法也。然大注小中则溢，如升不能容盦，小注大中则收，如洋可以纳川，故牛可以谓之动物，而动物不可以谓之牛。牛有角，自益极的言，不能谓动物有角。而自损极的言（益积也，损消也），亦不能谓动物无角矣。公孙龙谓"白马非马"，如谓"白马为马"者，将谓"马为白马"乎？知此则归纳演绎方不错谬。勿如孟子因墨翟以"路人之父如父"，遂转注为"视父如路人"，斯讹矣，所谓差毫厘爽千里者也。此第五之严矩也。又凡格物，必觅本因，治于本因，枝节不治而自治。如草锄其根，覃蔓自绝；水浚其源，流派自长。《周易》全经，讦谟定命，圣哲之卓识也。然治因须治元初因，勿治继续因。元初因惟一，继续因则有承继等齐因之并列，与接续次第因之连贯，乃生多数之因。如因青海发水，然后五河皆有水，以入于湖，则青海为元初因，而五河各为等齐因（见觅三因图），入湖为结果。欲成此果，独治元初之因，与等齐中之一因即可。欲除此果，非治元初之因，则必全断五等齐因然后奏效。再如因欲外（元初）而食财，因贪财而为商，因为商而越国，因越国而航海，因航海而犯礁，因犯礁而沉溺，此欲外为元初因，贪财、为商、越国、航海、犯礁五者相为次第因，沉溺为结果。欲成此果，非元初因与五因齐集不能。欲除此果，于次第五因中独断一因，亦有治标之效矣（见前图右）。然万福源于净白，万祸基于垢白，惟邃智者惟能知，宇宙万有之元初因也。尤其要者，切勿认随附因为正因，凡随附因，治与不治，无关于得失成败也。若有人焉，因求官而入京，偶为人作寄书邮，此行之成与败，托书者无功罪焉。牛马偶为人役食，是为自锻其白，而随附此果也。人而不知觅因，将致曲突徙薪无恩泽，焦头烂额为上客，又何有于哲学哉。此第六之严矩也。又凡欲明因，必用因明之三支法。三支法者，一曰标宗，二曰寻因，三曰演喻。一言而通，即为标宗。随索其由，即为寻因。同因必同宗，谓之同喻合，即谓之半通，仅得继续因中之一因而已矣。异因必异宗，谓之异喻合，即谓之全通，将近元初之始因矣。所以云将近，而不敢遂以为是者，以人寰取喻，犹在芥子中也。试

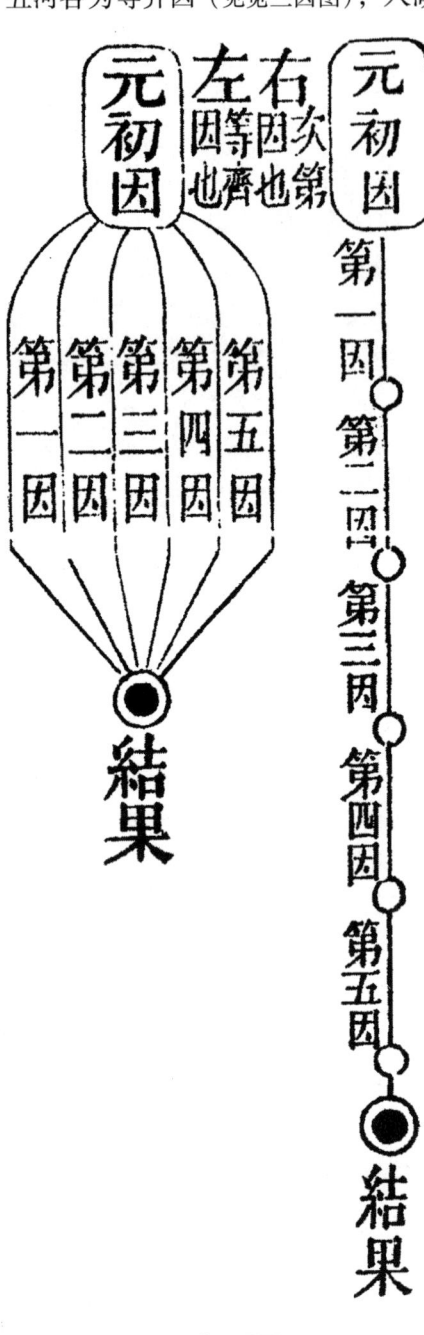

觅三因图

设一宗因喻，以略示梗概。如立宗曰：鲤能潜水。世有其事，于是许立。若云雉能潜水，世无其事，斯宗不立矣。既已立宗，随寻因曰：为有鳍故。从而证之以同喻曰：故凡有鳍者，必能潜水。考之他，鱼鲂鳡鲫鲔，莫不有鳍，浇识者几视有鳍为元初因矣。然而更进异喻，必曰：倘使无鳍（异因），则必不能潜水。将何以括蚌蜥而置蟹螺乎？故有鳍之因，是继续因中之一等齐因，非元初肇始之本因也，谓之半通而已矣。如此又何以得本因而阐真蕴乎？则又曰因转识合水尘故。如此乃合《楞严经》"因心成体，因体投境"之义，及八识规矩随所生所击之说。故不明惟识之旨者，终不能得地上万物之本因，而况于宇宙之中乎。此第七之严矩也。格物之规矩精密，条目纷繁，兹不过陈其枢纽，以端绳墨。后有用及，再补叙之。

学问通观

学古问今，利敝相逐。求放心，指正鹄。陶淑情，技术出。证绳墨，五利谷。劳精神，增染浊。诱浮夸，眩群说。徒强记，逐文莫。窒天机，涉浅薄。顺非则，济癖恶。若弗警，十害出。

释：老子之训，不学无忧。霍光之病，不学无术。学与不学，究谁是耶？折而衷之，因人施教，不可以不慎也。真理不在学中，学记固太着相，技术不能不学，道经所言过高。上智者曰：颉圣不识一字，而彻天人；黄帝不读六经，而成硕哲。《虞书》心传既出，反无尧舜之公仁。《周易》四德既明，竟乏孔子之渊智。信夫，学者之不如不学也。学由目入，问自耳来，耳目之内，宁有理耶！亦假他人之浮识以饰外貌，不必真白之加净也。故俾尼不称古训，老子不引一经，达摩不立文言，六祖不识世字。白如明镜，出光普照。来像不留，去像不住。一朝澄彻，真同皇天。墨痕音浪，宁与比耶！若夫重涅复淄，脑中斑驳，于白本体不加净也。不加净，而以为智，自误也。四海担水，不如就地掘泉。满树附版，不如听其自长。物欲窒白，如离娄目疾，云翳障睛，仰见赤日，同于暗夜。故欲习武术，先选健夫，痊其腕疾。欲求学问，先择中材，静其心志。不溺不废，此学问之根也。大道原在白性中，佛有我即有，圣能我即能。后鸡不学前鸡而知司晨，后蚕不学前蚕而能织茧。性命固然，迸绝外诱，白灵自着。物欲固外诱，学问亦外诱，耳成佛必证无学位，理固然也。惟是近世愚人沉于污俗，觉性自然，斩丧殆尽，不染于学，即染于俗，诗书浸润，亦博奕犹贤之意也。孔子曰："玉不琢，不成器；人不学，不知道。"学问之事，亦有益焉。明夫五利十敝，可以出入于其中矣。谓五利者，心放于尘，则学问以求之。志迷于正，则学问以指之。情滑于习，则学问以陶之。艺术未能，则学问以修之。心印或疑，则学问以证之。此五者，学问之利也。谓十敝者，疲劳有限之精神，增加无益之染浊，诱起博滥之浮夸，眩乱救敝之反说，徒渍墨渣之翳蔽，浪修绮语之词华，窒塞皇灵之感孚，趋向肤庸之浅识，从流异说之蛊惑，偏济好文之邪癖。此十者，学问之敝也。得五利，而进十敝，在因时、因地、因人，以为斟酌之标准。吾尝静而考之，分精力而三之。以一养静，俾白自合皇；以一求学，俾探道证信；以一深思，俾观察至理。此适中之法体兼用，本称末不流不固，上达之速，如轻舟之顺奔流也。甚恶好名之士，挟凌俗之心，纵其历刼之染慧。由鬼之中，渍如古锈。狂恣泛骛，四库五车。迷若醉疾，瘨如犬吠。东西不辨，皂白不分。使下士从之，溺白大海之中，沉智九渊之底。此学问之妖魔也。孔子曰："记问之学，不足以为人师。"又曰："温故而知新，可以为师矣。"达哉，言乎！读遍世界诸书，一记而已矣。师尽千古圣贤，一问而已矣。奚可哉！能知新，则白性有所发也。是尚白体之自明，不尚外输之染垢，此孔子所以高于人欤。况自囿之徒，门户各闭，欺人之怪诞妄相矜，犹且神医之方每见病而投，应机之教非尽人可共，彼上窥万古者，徒拾仲景之遗方已耳。其不杀人也，几希矣。惟是遍地皆瞽，急需相师。巨室无光，可怜永夜。亟望大人首出，燔不经之典，正必读之书，废叠复之文，减迂途之柱，使一言一字，纯利身心。斯日就月，将直趋皇道。功烈之伟，万倍禹稷。《书》曰：学于古训，乃有获，慎勿为臧壳也。能自得师者王。自得者，白得也，可不谨欤！学而不思则枉，思而不学则殆，徒学与思而不养则性命俱坏，敬之哉！夫学问者，附法也。古人亦不过以白性自发身心体验，与规矩格物，而得真理。我今师古，究其源亦三门所出已耳。然而天下之义理无穷，一人之知识有限，有史以来，古人固有超出寻常者矣。苟能检择而学之，加以通观，使古硕哲大圣之心思才力会萃于一人，抑亦可以鸿洞矣。故通观为要，非净白其孰能如斯乎？以吾所经验，人果能三分精力而均用之，则不枉不殆，内生白性之明，外益圣智之助，成功之大且速，以此法为至当。然合皇

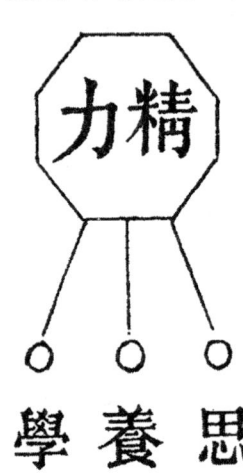

精力均分图

之法，守一义而可大成，教人以言，必万卷多加研究，唯白性真明，则不出户知天下，不识字知千古。此非咿唔咕哔之士所能测也。明理乃心境通，神通本夙因，原非法所立，况学问不过一助法乎（见精力均分图）。

穷宇宙

白尘与空，宇宙之全。二幻一主，磅礴大千。层分块分，降异升玄。惟因垢净，大别中边。

释：有白而后，知有太空。有太空而后有宇宙，有宇宙而后有无极，有无极而后有太极，有太极而后有诸尘，有诸尘而后有诸境，诸尘诸境为旅白设也。有旅白而后有睐族（睐，音表，地上众生也），有睐族而后有人。必统而究之，三理乃明。而要以利白济众为本，所谓极高明而蹈中庸也。皇天净白，见垢白之汩溺而深苦也，故建一极以渡之。宇宙之中，一皇建一极，不知其若干极也，故名"诸皇"曰"诸佛"。"诸"之为言众也。吾极之皇，名"毘卢遮那"佛，译言"大日如来"。以其所建之初块，大于此日而光明也。知弥陀，明文光，大焰肩，诸佛之各辟净土，即知一皇建一极之必然也。太空为无极，有所建则立太极。皇天者，佛之所谓涅槃佛也。皇天净白，弥亘太空。侔尼云：一毛孔中藏十万八千世界者。形容其大也。大不可量，惟皇建极，乃造诸境以炼垢白。故侔尼曰："空生大觉中，如海一沤发。"世界空中立譬如尘沙聚。皇天之制造诸境，以居众生，理在必有而迹可寻也。本《华严》世界安立之图，则不合于今之实测。回祖云：真主造世。随意应物。若准理建设。又考天文地质哲学科学而会通之，决知日中为镭。镭火金也，与地心之镭相吸，而其外仍包以与水气粹华英相，称之尘质焉。如此层层裹结，地球以土包镭，水气粹华英环于外，外为英表，故以纳于日皮之英环中。以英入英，如以铁入铁。螺旋为轨，故地球之绕日，如炮弹之行于腔中也，以其螺旋一周三百六十度而成岁焉。同日英环中，有金木水火土天王海王七星，各有一螺旋腔道以行之，故不能相触。而月则以其粹皮纳于地皮之粹环中，故《华严》日月并列之图为不确。然《华严》所谓金轮即镭是也。所谓无所有处，天言英环之广大也。日之英环外，又有冥环包之。以此冥皮，纳于他比日较大之星之冥环中。大星之外，又有更大之星。如此块块相绕，层层相裹，终达于皇居之大日。此一极森罗之大概也（见宇宙统图，诸境整列图）。何以知之？吾尝剖犬马之宝而观之，层裹无数中

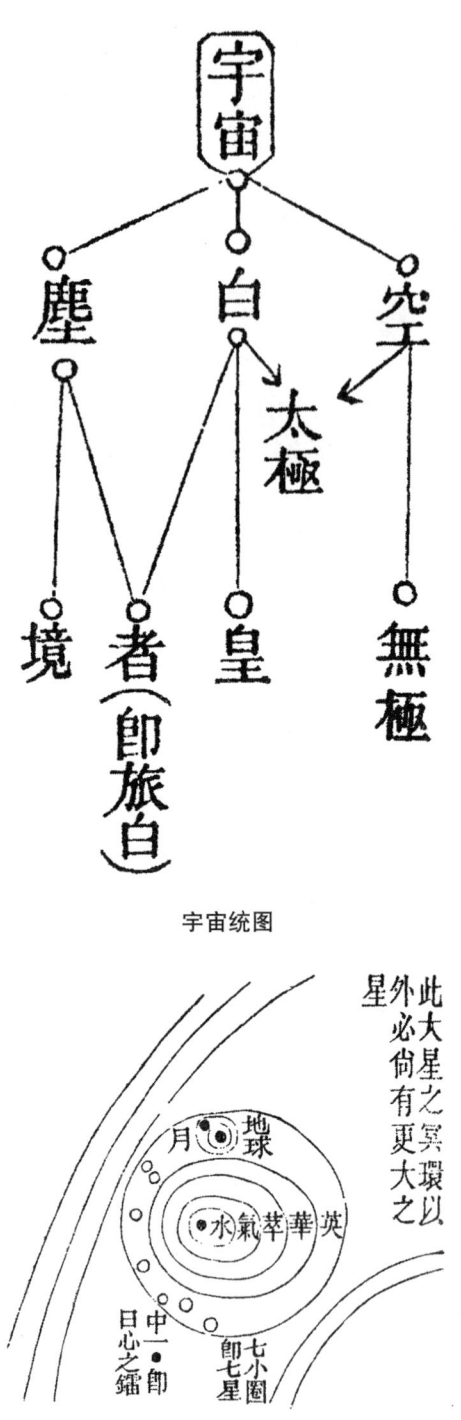

宇宙统图

诸境整列图

有细丸,其宇宙之缩本耶。又以白性自判,其必如此整列而后运转咸宜,升降有度,大小有数,皇天造物,宁智不如人哉!既已成形,必随理气数相之自然,惟便是顺耳。上想若无极,白既尽,净亦极矣。万物之构身,皆惟便是适,人畜白中,皆宇宙之缩本也。耶稣曰:"上帝制造天地,造人则如己之形,造地则如己之居。"信不妄哉!故神祇上佛,皆以人相示,而修罗龙族则异状奇形焉。今决定宇宙之中,不过白、空与尘三有而已矣。空非有非无,净白亦非有非无,以文义则然也。有之古文,手有持月也,空与白谁能持之?有即有得之义,净白以无所得故,故不能认之为有也。实则非无,不是顽空,故宇宙之间,白净惟皇。随空建极,无不如志。染白为者,纯尘成境。境以居者,境与者相应,地与冥相应,腑与臟相应,而变化呈焉,乃列宇宙之全。吾因此陈宇宙总纲而统究之。日之水,火星之水,非地上之水也,故《华严》以为香水海。日之质,大星之质,非地球之质也。镭价万倍于黄金,故佛有黄金为地之说焉。

宇宙全名（见人身通宇宙图）

惟皇建极,大别十等。元玄与冥,三洁神旅。英华与粹,三清祅

（袄音宣）旅。气水与土，三粗卑鄙。只睐旅之，睐分十级。最垢为淀，略兹总结。假名便究，统成一极。

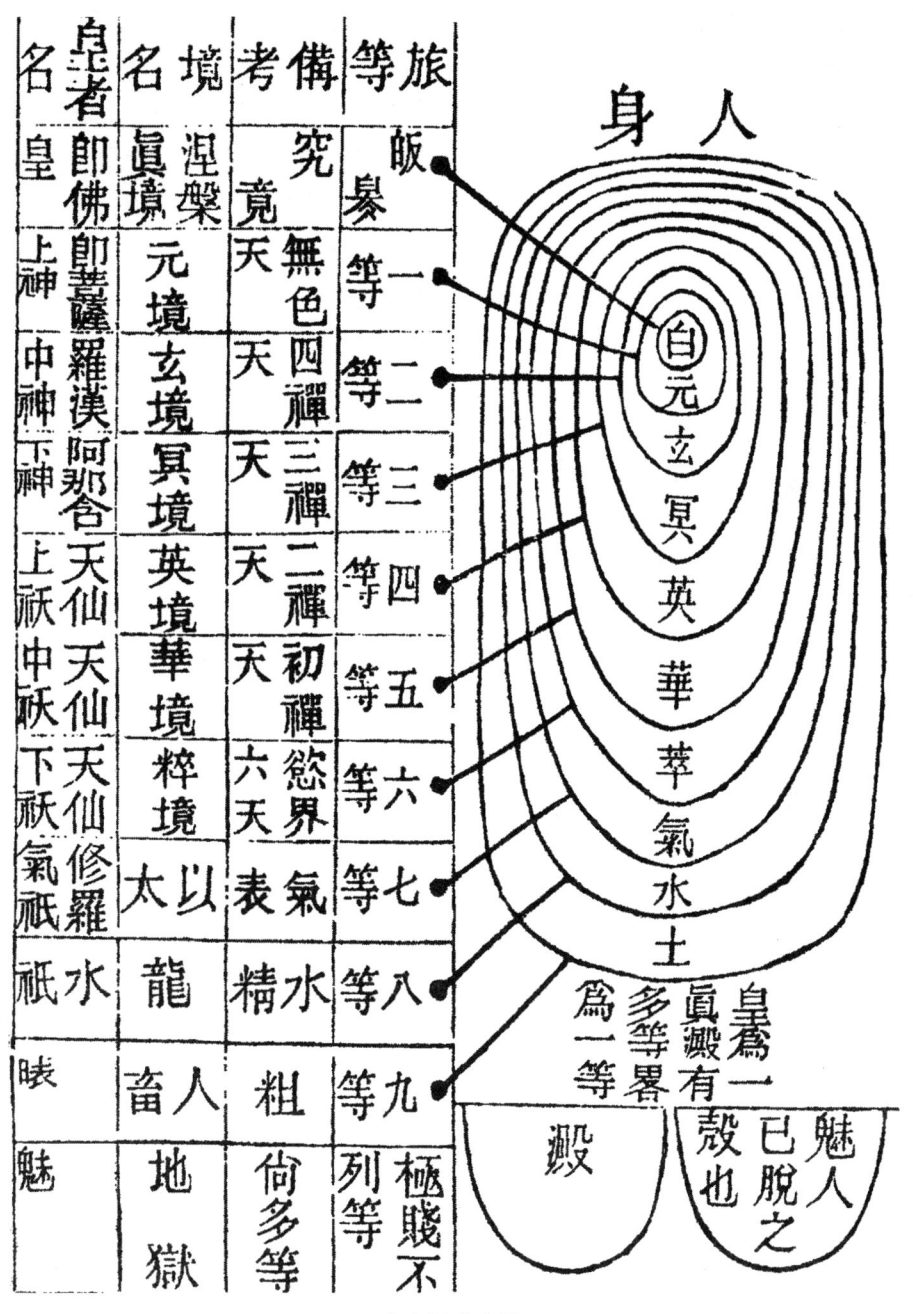

人身通宇宙图

释：宇宙之中，惟皇建极。随于太空，因想成境。《大乘论》云："心真如示大衍体。"又曰："法界即如来法身。"故皇灵之动，三洁应之，三洁既应，三清随之，三清即应，三粗随之，皇灵净白。其使三粗，如人之使十指也。十指亦土壳也，吾白何以能使之？以八尘递相传也。太空无外，任建多极，任设大境，无不容也。今试穷人神智，立一大数，其名曰"罗"（音罗）；竭祆神智，立一大数，其名曰"夛"（音多）。以罗夛里之巨块，且罗夛其数，纳于太空，不过一芥子耳，何多不包？何大不容？人之么么，藐无有矣。何以能探宇宙之大乎？惟明于觅理四门。

先以学问通观。师老子之说曰："无相之精，可阅众甫。""众"多也，"甫"美也，美于人寰之谓也。既谓之众，必非一焉。其言曰"吾何以知众甫之然哉以此"。谓"以此"者，言"以白"也。老子虽未明列众甫之数，而以佛说补之。最上曰涅槃。皇天居之，弥满宇宙，皇天即至净之白。以正义解之，涤尽七八两识之垢，而后为佛，即转识成智，无有微染。上佛即白王，无疑义矣。涅槃华言不染，非真境而何？至净之境，诸尘绝相，净白与宜，纵横其中，逍遥自在，建树随心，乐寿罔极。生死本脱壳着壳，无着无脱，何生何死哉！吾以为合反白为皈，及白大仁为叆之义，故名涅槃曰"真境"，名上佛曰"皇"。自皇下推，佛之所谓"有余依涅槃"及"无色天"，皆依空始相，稍有余尘。又名"假涅槃"。推其义，即无极已凝之太极也。其尘甚洁，微别于真，故可名之曰"元境"，名其旅白曰"上神"。"上神"者，比佛之所谓"菩萨"也，因有情有觉之义。其情正，其觉明，有情即有尘，稍生分别相，初著有也。是以列之一等旅，始离于皇，殆无际矣。又下推之，佛之所谓"大净土"者。上佛卑己以就众生，为三界之津梁，作清修之善地。皇天既能造秽土以旅垢白，即能造净土以旅较净，四禅天等此，故可名之曰"玄境"，名其旅白曰"中神"。"中神"者，比佛之所谓"阿罗汉"也，因初脱鬼壳，轮回之外也。玄境为二等旅，更降于元者也。又下推之，佛之所谓"小净土"者，稍次于玄境，而超越三界之外者也。西方有大光佛、大明佛、宝相佛、净光佛，无量无边，是必有次第之差也。考夫次次相绕，净大在中，垢小居边，如无差等，奚层块之多也。三禅天同此，可名之曰"冥境"，名其旅白曰"下神"。"下神"者，比佛之所谓"阿那含"也，始脱三界较迩之刹也。冥境为三等旅，更降于玄者也，如日块然，亦冥境之一也。又下推之，直至吾块之表。最高一层，佛之所谓"二色界六天"，可名之曰"英境"，名其旅白曰"上祆"。"上祆"者上天仙也，而英环四等旅也。又下推之，以至吾块次层。佛之所谓"初禅天"者，亦有三层，始入佛境。贤者所居可名之曰"华境"，名其旅白曰"中袄"。"中袄"者中天仙也，而"华境"五等旅也。又下推之，以至吾块三层，佛之所谓"欲界六天"，可名之曰"粹境"，名其旅白曰"下袄"。"下袄"者下天仙也，而"粹境"六等旅也。又下推之，以至吾块气环，佛之所谓"修罗界"者，可名为"气环"。气之精，西人之所谓"以太"也，其旅白以之为外壳，是以变化百出，灵妙骇俗，吾名之曰"气只"。"气环"者七等旅也。又下推之，以至吾块水环，佛之所谓"水轮"者，可名为"水环"。水环之精，水晶之宫也，其旅白以水精为外壳，吾名之曰"天龙"。水环者八等旅也。又下推之，乃至人寰，其旅白以土精为外壳，凡有十级，曰人，曰猿，曰兽，曰禽，曰虫，曰鱼，曰草，曰木，曰菌苔，曰秽壤，统名脮族。脮族者，以土衣为外表，而囚白于中者也。气水土，各列一等，以近人故也。人寰者九等旅也。

自此以下，壳重而为魅。从佛之说，地狱在大海礁石下，而月偏于地，其旅白亦必尤恶，统名之曰"淀境"，不以列旅等矣。谓之曰狱，旅白曰囚，立名如此，适合佛训，不过总多为简。又立尘质之名以便究耳，非敢稍有增损也。而人有不信佛说，不考别境者，犹且疑之，何其愚也？宇宙中如无元玄冥英华粹，则气环必直接于皇，气环以外不应有境。而实测天文，已见日绕大星而旋，地又绕日而转。物必有三因而后成体，非有三因积三乘方，焉能成立体哉！诚有大星与日在地之上，斯二者各有三数已足六矣，况决不仅此。吾所以立元玄冥英华粹，以为六美，简之又简也。别境今尚不到，非如欧美之有人事之交也，出位之思，又何必详？然而又不能太略者，恐尽陷斯人于人天小果也。彼视上升为大成，是以邑宰为帝也。若无侔尼别境之说，人将视举头即皇天矣。四教皆不言人寰之外，究有若干层块，亦若法相、我相皆不必破，而可以合天者，误人大矣。而老子更置夷、希、微而不究，吾列六美，不又折衷于五教之中乎！从佛则太繁，师四孝则太简，太繁难究诘，太简不彻透，吾是以取六爻之数，以列六美，研求最便，又不失于浅薄也。知此可以同于皇，不溺于一。知此可以造夫极，不眩于多。况又能代佛说而无遗，名以简字，岂不可哉！昔颉圣之作字也，白王为皇，一大为天，故皇天者惟一至大之称。宇宙无二，必涅槃佛也。太空虽无外，必有白以主之然后立极，不然一顽空耳，大又焉用哉！故白至极净可云无上矣。《易》云："无极，自是太空。"又云："太极，皇初建也。"又曰："兂（古天字，今音田）亦天，必三洁之旡也。"又曰："兲（古天字）亦天，必三清之兲（今音珍）也。"又曰："天（古天字，今音佃）亦天，必粹境之天也。"又曰："茧（古天字，今音迪）亦天，必气环之茧也。"索其义，旡惟一最先，有元之旨，初建极也。兲已有上覆，降于旡而帱于地者矣。天为八王，适合三十三天八部天王之旨焉。茧则非甚清明，以名修罗，适相当也。颉圣已发其蕴，后世不审，混而名之，失古意远矣。俗传颉圣四目，彻地通天，其亦非无因之说也，可不奉以为宗师耶？

述颉佛以立六美，学问通观也。更进以规矩格物，六美三粗义益确矣。欲言规矩格物，先设代名。今以皇天为一真，以元玄冥为三洁，以英华粹为三清，以气水土为三粗，合三洁三清三粗一淀为十尘。十尘组成，十境十旅，又曰十刹。三洁三清，优于人寰，谓之六美。自上神以至魅，谓之十者，因先证十尘十境十者之必有曰：皇天与太空超于理气数相之外，不得以为一，不得以为多，自凝成太极，方得以惟一名之。何也？太空之大，取划一部，即非全体，岂能指之为一哉！若分而数个，必无究大，岂能区之为多哉！非一非多，太空之素，皇之素也。偶一建极，一数始立，故惟一者元之称也。一兀为元，名实乃符。《易》有太极，太极元也。太极生两仪，其数为二，玄之积也。两仪生四象，其数倍玄，冥之积也。四象又分，始生八卦，其数倍冥，英之积也。吾块冥地，外皮为英。入日英环，应得八数。故同环比轨之星，共有八焉（见前章图）。八分为十六，华之积也。十六再分为三十二，又加一中为三十三，粹之数也。故佛得其真，名"粹境"，曰三十三天，颉圣之所以造字为八也（八王为天之义）。天者，八部分王之义，必指粹也。三十二分为六十四，故三粗之中，元素为六十四。又呈六十四卦，为象昭矣。是以三粗气水土虽云有三，不能各列一等。所以列为一等者，近则详之之意也。凡尘者降一等必增一倍，吾已于物理章言之。其证既确，数三粗之数，而距皇之远近可知矣。若是则师古通观，规矩格物二门皆合，六美三粗可成定义。

又进以身心体验。吾人觉体，由与鬼所组成也。尘必三乘，乃能成立体之积。由必有三因，则元玄冥三洁之义立矣。鬼必有三因，则英华粹三清之义立矣。此更确之又确者也，岂能背哉！况人有七魄三魂，魄者白与六美，一身六影之相也。故总而为七魂者，三粗之影像也。魄从白鬼，近白之鬼也。魂从云鬼，近云之鬼也。云从云省，云气之中将着相之鬼也，非气精以下而何？古人有斩三尸之说，言脱三粗之壳，斯可以升于天矣。以此确证，六美三粗又必立矣。吾人心动则气随之，气动则血随之，血动则筋肉随之。夫人随鬼壳所生所向，因于地上土壳害之也。然使水土能永囚白，人必不死，何故以药驱血，而肉身即无知觉，呼吸一绝，而血液亦即寒凝乎？则是白本不与三粗合也明矣。本八识规矩之颂，其释第七识也。曰随所生所系，明谓鬼之囲由，加枷锁于其身也。缧绁以行人则从之，而由之能持白，又如钉入骨髓，尤能牵连以走也。气上如无六美，气又不与皇合，同皇之白，奚能缚入三粗哉！必有三尘钉入骨，必有三尘枷锁身，每有一尘非三数不成立体，二三得六，六美之数，岂不严于楞节哉！三洁必为浸混垢之质，涅白以成由，三清必为翳蔽垢之质。囲由以成鬼。有由成轴。（见囚白图）有鬼成轮。与吴反置，乃起轮回也。则是元入白，方能合玄，如电入金。白带元玄，方能入冥，如电入铁。白带三洁，方能入英，如电入木。由又带英，方能入华，如电入土。由带英华，方能入粹，如电入水。鬼带三清，乃能入气，如电入气。电性洽与白相异，电宜坚而白宜空，电在坚中威力大，愈空愈失之；白在空中威力大，愈坚愈失之。不见夫转盘之戏乎，盘不亲竿，因转力合（见转盘图）。白不亲三粗，亦因转力合。竿一停转，盘必立坠。血一停运，白必立亡（去也）。以此知白性之不宜三粗远矣。人畜触电即死，何以哉？电以强力下，白以强力上，交于云气之中，两力方等。二力反曳，云气不堪，即呼吸之息不堪，所以断也。电自土入气初衰，白自土入气初盛。今

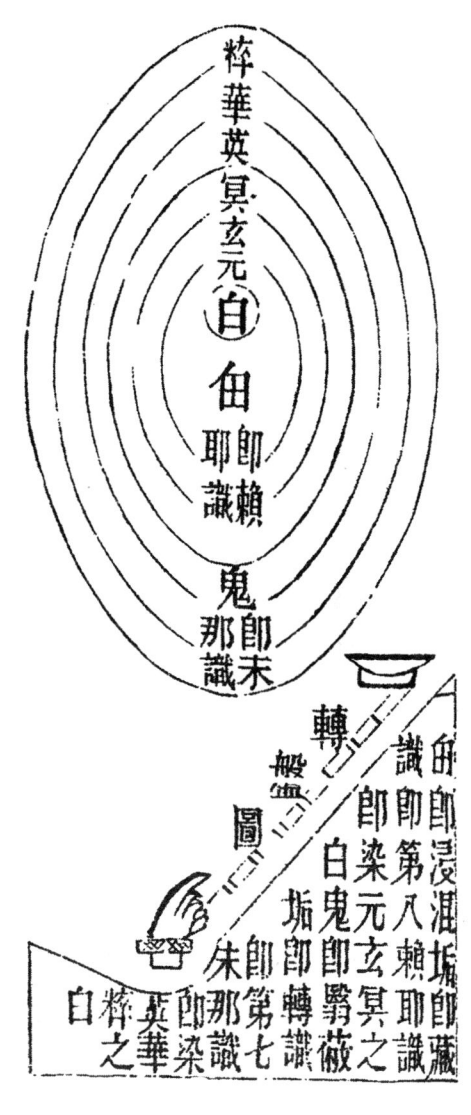

囚白图

以鎏金铁木土水，对元玄冥英华粹而比照之，六美之次第因白，理益显矣。人身为宇宙之全，而适有内外、上下之反焉，事理极彰，无稍疑义。故润木者必以气引水，以水引土，而后土精可以入木中，组为木身。气窒则水不入，水不入则土精不能凑木身，木枯死矣。人畜一身，宇宙全通，肉身通土，地师用之，术传青鸟，良亦多验。犯土必呕，葬煞子死（五皇三煞）。尸骨得地，遗骸必昌。庭厨破伤，胎儿多损。血通于水，祝由咒之。息通于气，厉因八肓。内粹通冥，华英通昊，是鬼通也（见人身通宇宙图）。内冥与玄，通于净土。修念弥陀，非性外事。内元通旡，是由通也。人能久静，如水澄见底，窥诸天于白镜之中，莫不瞭晰，而况于地面之狭乎！白直通皇，真真相翕，故一念之动，皇天先知。白动之感宇宙，如无线电之感彻全球也，人人之想太极震惊，乃达六美。在冥成象，后传地面，治乱成形，俗人救之，已无及矣。是以治治于未乱，事事于无形，肇端白性之中，不营已著之末。白既垢，而祸既呈，胼胝抢攘以扑之，防水壅流，不可为矣。吾人脱一壳即为天龙，脱二壳即为气只，脱三壳即为下祆，脱四壳即为中祆，脱五壳即为上祆，脱六壳即为下神，脱七壳即为中神，脱八壳即为上神，脱九壳即为皇天，宁于粹境为一蚁，万倍帝王之富贵。况尽净九尘，吾即宇宙之大主，太空虽广，惟我独尊，不已自求多福乎！不此之务，而乃附粪腧以下陷，又从而增壳焉，不知性命愚昧竟至此耶！降为虫鱼，苦犹有限。沉为恶魅，将何以堪？悲哉，悲哉！吾不禁为之恸哭矣（见白电威力图）。声泪俱下，哀极而恫，故不觉言之长也。

再以白性自发。凭公论断，私者当坠，欲者当苦，害人者先当自害，戕物者先当自戕。皇道至公，众生自取，则是六美三

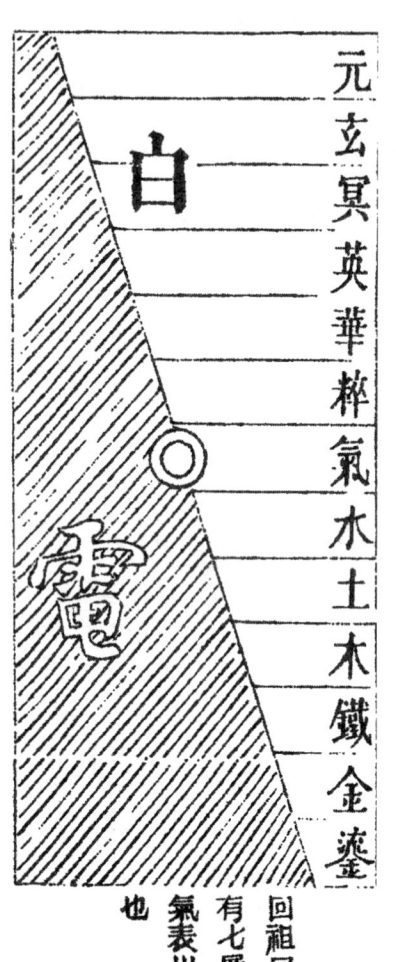

白电威力图

粗，次第囚白。考之觅理四门，无一不合矣。《楞严经》曰："觉重情轻则升，情重觉轻则沉。"升沉之际，必有等级。等级之分，非此何从？以此立宇宙全名，至简至当，不晦不繁，不可以稍生疑惑矣。若再有疑，是违佛也，是违老也，是违颉也。又不知阴阳之定数，不知六爻之定位，不知电学之自然，不知树艺之小术，不知己身之构造。不见物情之常态，其愚尚可教乎！豚犬无推理之智，可弃也矣。宇宙之全，哲学之关键。故详说之，或有未备，后将补之。

度理仪

浑天有仪，度理有规。十等如尺之修，十级如寸之微。以小度大，上达弗违（见度理旅白等级之图）。

释：欲使迷者得道，疑者起信，莫妙于以已知之数，测未知之数。今分十等旅白，曰上神中神下神，上袄中袄下袄，气只水只，睐族恶魅。睐族又分十级，曰人，曰猿，曰兽，曰禽，曰虫，曰鱼，曰草，曰木，曰菌苔，曰秽壤。十等之中九等虽不见，而睐族土衣为表人所共见。吾因以十级之睐族为浑天仪，以测未知之天；为三角器，以量未知之地。以已知之数，测未知之数，小规即大规，小矩即大矩，至确至显，妙理毕陈矣。何也？竖水平器之觑线而高望，知小尺之高，知大尺之高矣。静天秤称之指针而上对，知此端之权，知彼端之重矣。十级者十等之缩影，十等者十级之伸像也。拾木渣之末而窥之以显微镜，如沙之粒，一树之全角具焉。自草木以至鸟兽，妙乐之差几何？人比

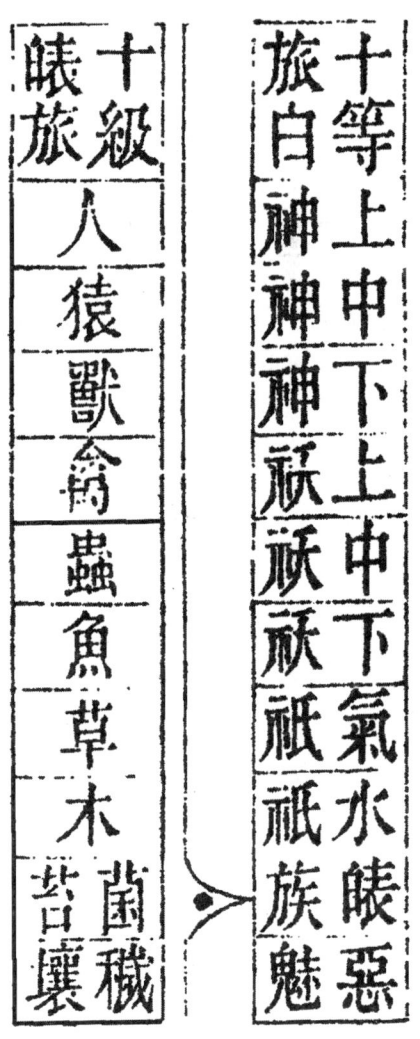

度理旅白等级之图

上袄，差亦如之。自菌苔以至猿猴，仁智之差几何？人比上神，差必如之。他如优胜劣败之则，多生多杀之例，自下上推，毋令倒植，毋令混乱。以勾测股，以股算弦，因有测无，因明算幽，未有如斯之确者也。天上之事物，人本不知，即偶有真入六美，见其实相，来世告人，人亦不信。今全以人中理气数相之自然，列目考实，或即人间距天，不止八等，亦可以八贱之，如英中有十余吴，华中亦有数吴。以一字代之可也，又合由鬼之义。使人不溺于小乘，毋以为上升即究竟，则合于佛理，不为外道所误矣。故此章之说，新旧全通，五教皆宜。以教俗人，人不敢不信。再参十二相图，下愚亦明矣。

人事五源

人间万事，总归五源。上圣养白，福德丕全。由鬼身瘾，轻重有权。

释：浅识者，惟三养，曰养神上升，不分高下；养形住世，合于三粗；养瘾纵欲，合于污淀。深智者，则别五养，曰养白合皇皈真境，养由成神皈三洁，养鬼成袄皈三清，加以养形、养瘾而为五焉。今试竭上哲之虑，穷神智之思，考万姓之所经营，数众生之所趋避，心之所思，身之所行，口之所言，尽古今合中外，而周遍稽之，孰能离兹五者，而别有所图哉。故既究宇宙，必究人事；既究人事，必究五养；五养弗愆，人事乃正；自他交利，形觉咸成。今试明指其分别之要，俾生民罔所眩惑，曰养白无法，专发白性，除尽外诱，自然合皇。吾白之性，皇之性也。如一用法，必先动意，意既已动，带由鬼起。如一用法，必先计尘，尘既已染，带六美起。溲中澣溲，奚能除臭？佩铃避声，何处逃响？此养白之所以无法也。称物平施，无非皇德矣。养由守法，非道不思，非礼不动，非经不言。理熟义精，浩然正气。纯公无私，不求成佛。养鬼以善，有为己心。恩泽遍施，德行纯洁。微私阁公（望自成佛），遂失神果。更有卑者，服气炼形，歙精升汞，事于气水之中，以邀神妙之速，则养鬼之贱者，离自然之道，而得两只之果矣。养形三需，衣食居住，仅足为止。稍过即欲，限度极严，界在毫发。养瘾纵恣，放欲六尘。一芥一粒，过物即是。恣志既滑，靡有穷极。五者不分，误以养鬼为养白，犹祸之小者也，误以养欲为获福，斯祸之大者也（见五养图）。人事既不外五养，则宜于五养之中，分别细密而修之。虽不能妙契养白之真修，以直翕皇灵，苟诚于养由养鬼，以立成己成物之大范，人间之福已不可胜享矣。

养瘾者，害己害他者也，奈何趋之若鹜耶！

人事二极

损益二极，探因治源。浚智诠真，获福于渊。

释：世间万事，不外损益二极。损以去非除害，今人名之曰消极的；益以长善兴利，今人名之曰积极的。以人事显之，有河流水，疏以溉田，是谓之益。堵以防溃，是谓之损。有棘生刺，植以编篱，是谓之益。伐以辟路，是谓之损。离损与益，万事皆息，非益与损，人事废尽，是以损益能统人事之全。事之必起于损益，如物之必起于阴阳也，益即为阳，损即为阴。两仪肇事，如门户之不能不由也。然损益当用于元初之始因，不用于已形之成果。某一因焉，足以兴利，则益而成之。某一因焉，足以为害，则损而止之。此治事之总纲也。纲必详审，行乃有方，岂可忽乎。然世人皆倒植之见，以损为益，以益为损，

五养图

害己害人，天下之大乱成矣。古人因究损益二卦而得道者（见损益二卦图），得人事之纲要也。益之大象曰，见善则迁，有过则改。损之大象曰，惩忿窒欲，忿欲过也。惩之窒之，即迁善也。然则损即益，益即损也。何也？同一损非益是也。奚云是非，俗人岂能辨之哉。损由泰来，益从否变。穷则心亨，益于白也。达则欲纵，损于白也。外卦物也，内卦我也。物丰我溺，物啬我明也。真利在脱壳着白，岂在多染厚瘾哉。损者损内卦之末，以益外卦之末，如损我之身，损我之名，以益物富也。以身发财者也，物虽曰益，己实受损。益者损外卦之本，以益内卦之本，如损物之源，损物之基，

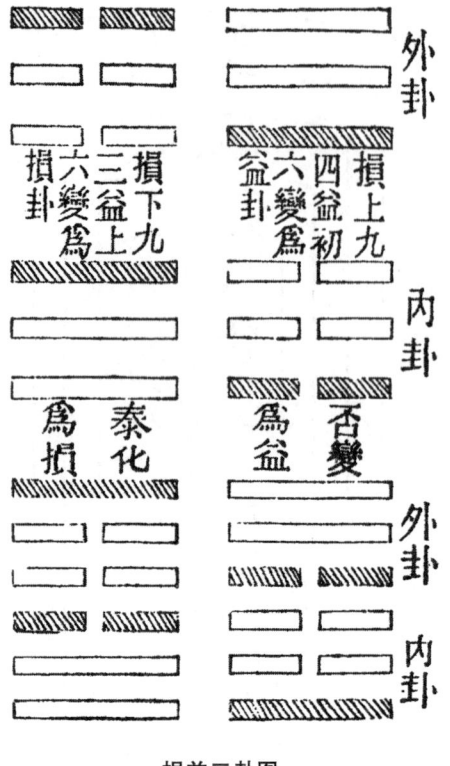

损益二卦图

以益我白也。以外为主，则损本是益，益本是损。故世人污白，以益物倒植之尤焉。又严于本不可损，惟因损物而受益，末奚可益；惟因厚我而甘损，白之净者。不辞外物，物将焉所用哉。明于损益之旨，人皆求益而恶损，则必纯以净白为益，垢白为损。乃求损物以益身，损身以益鬼，损鬼以益由，损由以益白。又以外卦为他，内卦为己。而翻演之，人欲损人，实以利益之；人欲益人，实以伤损之。唐尧不益其九男，大裕后昆。嬴政必私其子孙，卒殄厥嗣。所播在此，所获在彼，专志于东，反走于西。人不能害人，惟能自害，自害之果，专得于害人。若反其术，欲利人而害之，欲害人而利之，而真心所欲之本志，亦竟成反果焉。人不能利人，惟能自利，自利之果，专得于利人。若反其黜，欲自利，而利人，欲利人，以自利，而故意所种之伪因，亦竟归无效焉。天机之妙，反复诚明，三复损益，令人形神俱幻，不知所以措手足。然后超逸自如，与皇天同其暇乐，此人事之枢纽，超象外而得寰中者也。吾何以益吾哉？吾何以益吾哉？以空诚。空诚益吾非益吾，非非益吾；非益众生，非非益众生。事无事，废人心可也。吾所损益在有相，而真际适得其反，又何必妄用心计，以自害哉。伪显真秘，此理机微。皇天大权，神仙不测。人能损益于有相之中，不能损益于无相之外。而有相之中皆伪，无相之外有真，欲损人者如刺中偶傀，而刃割于己之心。欲利己者，如躯沉洋海，而冠加于人之首。人如知此，各务实益，而百事顺厘，世界极乐，故佛以净白为成实。吾因揭损益之精义，以括人事之全，且明指求福之正鹄焉。净白为真益，垢白为真损，坚信此义，可以成己成物矣。人谁不好益而恶损，深玩吾言，翕于《易》旨，庶免陷阱自投矣，故反复陈之。

别善恶

善恶不明，民无所遵。善恶不定，民无所信。二皆依白，乐苦弗并。

释：宇宙既已全知，事理两皆明畅。大纲整列，乃别善恶。善恶既别，然后驱民之善，故民之从之也轻。佛之所谓无善恶者，非真无善恶也，祛分别尽尽耳。分别相尽，白性自无不善，如贵极之人不言进爵，富极之户不言纳财。至善无善，岂真无善恶哉？无可比较迹斯泯矣。故人修行，三根普被，仍自别善恶始，善恶何以显别哉？曰善必依于白，而著于乐。《大乘》论云：心生灭相，能示一切世间、出世间，善因果。故善必依于乐，恶必依于白而成于苦。自寻苦恼，一己之恶也，使他苦恼播众之恶也。何也？加顽石以刃非恶也，施枯木以衣非善也，善恶如不依白，将何以分别乎！佛子采蔬，蔬有微白，不感苦乐，则虽杀不为恶。屠人杀牛，牛白大显，能感苦乐，则因苦以成恶。然而救百鱼不如救一人，饭万人不如饭一佛（见佛典），盖以白之垢净，乐之大小，权善恶也明矣。故乐己、乐人、乐物为全善，苦己以乐人、乐物，而己以小苦得大乐，暂苦得永乐，亦为全善。苦己、苦人、苦物为极恶，乐己以苦人、苦物，而己以小乐得大苦，以暂乐得永苦，亦为全恶。乘除之间，通塞之观。远近之权，幽显之察。权善恶者，必依于白，依于乐，依于苦，成定义矣。惟枝节以求，苦乐相缘，不可名状。我乃毅然以净白为善，垢白为恶，盖净白为善者，为其因此而后得乐，白愈净而乐愈全；垢白为恶者，为其因此而后得苦，白愈垢而苦愈多。白净则无举不善，不必以政教规之。白垢则无为不恶，不能以政教规之也。善恶之区，根本如此，乃能决至善而不越。

定至善

至善秘，千秋昧。揭其真，白净贵。

释：定至善者，千秋最大之问题，竭千圣万贤之心思智虑而未敢遽决者也。儒家期之而未能明，其言曰"止于至善"，盖空题而无文也，是以古今之眩焉者众也。释之以邱隅黄鸟，缉熙文王，皆标窃止字，而于善未稽焉，况于至乎。《易》以仁为元善，如进以颉圣，仁即夊也，夊即白也之义。至善早矣，其决矣，乃因之以进思。今欧西集数百年之弘思博议，立言如山，聚辩成雷。其结也，先数十年定"唯乐论"为至善，未具名动二词，不成建言焉，然已近于是矣。惟疑有邪乐、淫乐、独乐、伪乐夹杂其间，知其不稳。近十余载，乃改以适合人类生存为至善，非一名词一动词，不能成整秩之建言，则已集千圣万哲之心思才力而莫可如何矣。然提惟乐，则使人益驰于外乐，害莫大焉。提人类生存，则上漏仙佛下漏畜魅，既漏未生之前，复漏已死之后，不能以范围天地之全，而况于宇宙之间乎！且又纳民于好生恶死之鹄，则凡可以得生者何不为也？漏畜魅则不能为地上之至善，漏仙佛则不能为两极之至善，漏生前死后则不能为究竟之至善。民心在囿，亦已卑矣，觅至善有若斯之难者，又将何以得之？即得之，又将何以告人而期其信哉！然而严觅理之门，知建言之矩，则又不难，且易如视掌也。古人所以以视掌形容极易者，以意一动而掌自来就，权不稍假于外，而无有不如志也。然使手足不仁，眼睛不明，亦不能容易视掌，是视掌尚非至易也。惟兹至善必依于白，必依于乐，仅于唯白、惟乐中觅至善。瓮中捕蚌，非同洋海之沧〔苍〕茫，笼里捉鸡，不似山林之广阔，岂不易哉！既谓至善，又限以一动词一名词，且善必依白，又必依乐，白乐二字，唯白为名，若其无白，谁别善恶？虚〔虑〕舟触人，能囚舟而刑之乎？利刀杀贼，宁举刀而禄之乎？彼无白无觉者，固不任善恶受功罪也。然则善必以白为主名，又必依白而生乐，又必依乐而成善，二字中求即以乐白为至善，或以白乐为至善，亦不违矣。惟乐似现相，不似动词，无动词不成事，且恐俗人之误以尘乐为白乐，而为害益巨焉。故必以一动词，而兼似形容词，为全真乐之大成者而后可。乐犹有纨，纨即是恶。净白去纨，必至善矣。因此论列，故改乐白为净白，以全至善之实焉。白为宇宙中至尊至贵，至正至大，立净白为至善，上至皇天，下及众生，无能驳诘者矣。如可驳诘，必宇宙中有更贵于白之物而后可也。鎏为五金之至贵，净鎏必为金中之至善。珠为万宝之至贵，净珠必为宝中之至善。净而惟一以定至善，谁曰不然？故吾定净白为至善，而宇宙之大是从此彰矣。再自两义分言，以圆满至善之量，净涤而洁之也，则是白名而净动，至善之事也，用也；净纯粹无染也，则是白名而净形容，至善之实也，体也。净白二字有体有用，净白立言有名有实。定净白为至善，物我兼成，简明两极，事理咸融。体用俱备，如尚有疑，试进思一物，比白尤贵者以易之，能于水外求鱼乎？能于空外立境乎？能于白外觅善乎？固思不能，斯论永立。天地崩而净白之义不灭，日月陨而净白之道不泯，其孰能移之，显彰如此？而中西哲士皆昧之，何睁眸不见日月耶！因儒者忘白已久，而泰西不究惟识之学也。至善今始大昭，庶几人心有轴，乃不懵乱。瞀瞀忘逐，赤日升晴霄，从此永无暗夜矣。《楞严经》曰："纯觉遗形，斯为第一。"此之谓也。

弘至善

推而广，万福汇。皇彝彰，众生兑。

释：弘演至善，福德无边。广大鸿通，普照大千。净白之觉，明妙无比。万理毕躅，一邪不起。垢白反是，尘溺以死。闻善若聋，茅塞不启。净白之体，法身圆妙。千眼百手，通巧灵造。垢白反是，拙劣难肖。螺无十指，眩乏七窍。净白德纯，仁智自足。接物中和，修己懿淑。垢白反是，乖戾百出。克之颔颔，任之肆毒。净白才雄，经纬天地。济渡大愿，人物无弃。垢白反是，身无长技。酒囊饭袋，造粪之器。净白言建，吐辞为经。出广长舌，普教天人。垢白反是，语若犬鸣。兴戎出莠，四恶是臻。净白气和，穆如春风。内乐洋溢，直与天通。垢白反是，烦恼汹汹。动如犬瘨，静有鬼攻。净白清明，浩然塞天。歕吸昭灵，颐育真元。垢白反是，吐秽吞膻。蛆呼于溷，鼯饮于烟。净白卓行，举足为法。天人恭敬，百礼顺洽。垢白反是，履错习滑。匡之不正，建之则拔。净白容光，三十六相。目明日月，步蹴龙象。垢白反是，丑形恶状。蠹被癞皮，蛛生怪样。净白听聪，从善如流。天耳聆皇，神训于幽。垢白反是，嘉言不收。青蝇营营，谗慝咻咻。净白神清，智性辉莹。渊明在躬，意趣宣晟。垢白反是，浊虑纠萦。起念俗恶，寂念昏沉。净白纳祜，万福毕罗。百禄千祥，九锡三多。垢白反是，万坎千坷。身心交瘁，形神消磨。净白居洁，乐国真境。珍宝山河，琼瑶宫禁。垢白反是，蚋宅于粪。魅处阴寒，因体投阱。净白之群，圣贤聚处。清和同气，善类相与。垢白反是，蛇蝎为伍。汝恶汝朋，朋亦恶汝。净白享物，万有皆备。天花供养，百珍咸备。垢白反是，内污外秽。螟饮马渤。蛄居菌隧。净白无凶，百神拥护。庆即将来，殃斯逐去。垢白反是，妖魔震怖。昭昭坦途，尽成绝路。净白宜家，日宣三德。庭帏雍睦，骨肉和翕。垢白反是，亲戚胡越。毛里之间，参商操戟。净白裕后，贤良凤毛。麟趾振振，万代桑苞。垢白反是，鸱枭满巢。子为家贼，虿父冥逃。净白伟勋，覆帱天地。法施财施，功不胜记。垢白反是，食粟无肄。蟊贼为灾，蝗螟作厉。净白住世，人神欢悦。有脚阳春，无心明月。垢白反是，播恶作慝。在彼有恶，在此有射。净白永寿，天命不促。静待孵期，遐龄戬谷。垢白反是，修短皆毒。龟苦久囚，蜉蝣太速。净白品贵，土尊于帝。土衣一脱，统辖天地。垢白反是，王侯如虺。人爵可攘，天爵难致。净白逍遥，宇宙任游。跨星践日，随意周流。垢白反是，窘蹙穷囚。蚁胶其脚（生南岭），树埋其头。净白延誉，不求自得。令闻千古，中外洋溢。垢白反是，民咀神殂。世传其臭，史书其忒。净白忘利，不求自得。神明幽赞，辞之不获。垢白反是，朝夕计及。算福获祸，算生反殂。净白身健，六疹不侵。一心清净，四体康宁。垢白反是，恶病来侵。瘟疫之府，疮痏之林。净白弘大，太空弥盈。日月为目，须弥为心。垢白反是，幺么蚳蚁。虮虱蟹蚤，蠛蛸蟭螟。净白神妙，变化自在。飞龙不测，随意主宰。垢白反是，形由他改。自性全梏，石沉沧海。净白舒逸，万灵供役。走奏疏附，惟命是若。垢白反是，被役于物。牛系其鼻，驼累于橐。净白明辉，照彻四维。无微不鉴，普光重离。垢白反是，黑暗漫迷。蟥无双目，螺乏四肢。净白志大，思度众生。臆想政教，理达必成。垢白反是，私欲专营。三千年来，秽史堪憎。如此细数，不可胜计。极而言之，尽万山之竹以为筹，不足算净白之福德。罄兆地之沙以为珠，不足数垢白之祸毒。略提万一，以引民志。倘有觉者，毋宁粉身碎骨，败国忘家，而此白不能不净也。苟白净矣，虽遗弃万有可也。权度反复，净白为万善之极。岂不显哉，岂不至哉。

究性命

故性与命，皆出于白。旅白假性，白王命之。命无拘锢，白乃自颐。

释：至善既定，乃可进而究性命，性命既究，乃可顺命以尽性，是故净白无命。回祖曰："主非受命之有。"垢白无性，其性伪也（见后）。以此立政教，正礼俗，庶几其有方矣。今中国三千年来，政崩教衰，礼敝俗坏无他，失性、违命，天怒人恶，而自然之序全废也。夫命由皇天而降，皇天净白，谁得而命之？故曰无命。其降命于垢白也，弘仁大智，本合大同，无分别相，待众生如一也。《书》曰："皇天无亲。"《礼》曰："天无私覆。"是真理所鉴临也。而众生所受之命不同何哉？沧海之水不择人而与，来汲者所持之瓶罍瓢勺不同，各令其满量而去，沧海之大公也。无翳之镜不择人而鉴，来照者自具之妍媸黑白不同，各令其肖己而去，明镜之大公也。故旅白有受命而寿者，上神八万大劫（见《华严》），而人仅百岁焉。有受命而夭者，朝菌不知晦朔，蟪蛄不知春秋。有受命而乐者，中神无有众苦，而袄有六衰焉。有受命而苦者，饿魅腹大喉小，鱼鳖安少危多。有受命而囚者，海葵终身不动。有受命而逸者，鸥鸟水陆遍游。有受命而康者，蜂王官盛任使。有受命而劳者，牛马乘驾不休。有受命而和者，凫侣行止相禽。有受命而斗者，幺鹊（即似喜）雌雄不亲。有受命而节者，驼牝以身殉牡。有受命而逆者，蛋虫（出美洲）反颈食夫。有受命而孝者，乌雏长而反哺。有受命而忤者，鸱枭成则噬亲。有受命而馋者，鹈鸪食肉即死。有受命而忍者，鹰鹯必杀羽禽。有受命而廉者，灵龟吸风自饱。有受命而贪者，刺猬积粱成邱。有受命而洁者，幺凤啜蕊饮露。有受命而秽者，蜣螂茹粪吸溲。其余躁静大小，短长清浊，仁暴智愚，明暗贞淫，千差万别，亿异兆分，岂天择之太偏哉，抑亦物情之自取耳。

　　吾于是得真实之天演公例矣，曰天命合大同，白性悉平等，各任自由。天不能代物主宰，咸听其自悟自证，自诚自明。自悟自证，自诚自明者，白悟白证，白诚白明也。白即自古义几同也，若皇天白王能代旅白主宰者，以皇天大智大仁，至巧至妙，必入旅白之身中，为之修行。亦或以形拘性锢，强纳之于极乐，尽渡无遗矣。皇天无此大仁智，岂得谓之皇天哉？以吾区区之小，耿耿之明，亦恒有是志也，岂以皇天志不如吾？使皇天生人，皆拘之以螺形，虽欲争，不能持戈戟以相杀害；皆拘之以龟形，虽欲贪，不能操筹策以算锱铢；又皆锢之以蜂性，则上无暴虐之君，下无篡弑之臣；皆锢之以蚁性，则官无失职之愆，民无怠业之过；又皆锢之以雁性，满地民庶和于展禽；皆锢之以乌性，阖家子孙顺于孝已；如此世界不将立治乎！惠育百年，尽纳真境，不亦休乎，胡任其悖乱惨毒以至于此也。

　　间尝细推物理，周察群性，乃得其真故矣。吾恒欲为子弟代读矣，吾记之彼终不记也，亦惟以夏楚威而口舌教，竭吾能事以迫之自记云耳。又恒欲为子弟代书矣，吾能之彼终不能也，亦惟以赏罚劝而师保临，尽吾诚心以导之自能云耳。彼诵读以炼心脑，书写以炼手腕，心脑手腕必凭于白，然后能神夫其技，则是凭于白者尚不能以傍代，而况于白乎，白性之纯粹自由可以证矣。白既与皇天平等，皇天安得代之主宰哉！如加以形拘性锢，是扪舌使读握手使书也，非其自然，何能自得？自然自得者，白然白得也。夫旅白之难渡如此，故佛曰我愿无外，众生之业力亦无外。惟是皇天仁智大胜于人，妙巧神化，何仅万倍？照鉴众生，白垢极苦，而因以夏楚威而口舌教，赏罚劝而师保临。半天半人，半强半任，半性半命，因此而性命立矣。推其立性命之原理，必且适旅白之量，万酌千斟，如斯措置，适足以净白，而无容发之爽。决然毅断，不用思量，皇天设施，宁有错乎！故吾人宜审白性而充之尽之，审尘性而绝之迸之，审皇命而承之顺之，盖命由皇所降。皇者净白也，净白禽于真理以降命也。性则者各赋者者垢白也，垢白随其物理以得性也。物消则随壳而脱，故曰伪也。人受天地之中以生，绝地则通天，离物则合皇，尽性皈命，世界宁众生佛矣。附地则背天，恋物则叛皇，滑性坠命（性命图），世界乱众生魅矣。是以政教礼俗，苟不基于性命，未有不酿巨祸而害众生者也。

吾欲究人事之正，乃先究白性，以知皇天之命。皇天为净白，白之性即皇之性也，其性如何，命必因之。次究白相，以窥性命之真。白相有迁变，白之相，实者之相也，其相如何，命可必矣。【实】者为皇天所造，观其真迹而皇天之机秘毕呈矣。以此康济四海尽渡众生，不已确乎。微哉，几哉，今则显哉，学者敬哉。良马虽能致远，必从御者之控纵，然后克至其所之。猛将虽能战陈［阵］，必受元戎之指使，然后克成其所屈。处人事而不知天命，是狂马盲驶，必为主人所杀，乱将干上必为国法所诛，即能亦无功也。育鱼者必畜之池，足其水而赡其饵。养蚕者必密其室，饲以桑而洁其簟。处人事而不知自性，是置鱼于树稍，而望其如鸟之营巢，居蚕以厂芨，而期其如虎之喜风也。不知性命，百事绝无一成，万谋必无一臧。甚矣，商周以降，颠沛生民，政教礼俗，大乖性命。千古英雄，莫非狂马乱将，视苍生不如鱼蚕也久矣。教非教，政非政，礼非礼，俗非俗，敝矣其极也。今若不探性命之源而尽革之，是不知天命之谓性，率性之谓道也。《阴符经》曰："观天之道，执天之行，尽矣。"《心经》曰："观自在。"皆观白也，白即自也，白即天也。一以贯之性命彻而宇宙清和矣。爰究如

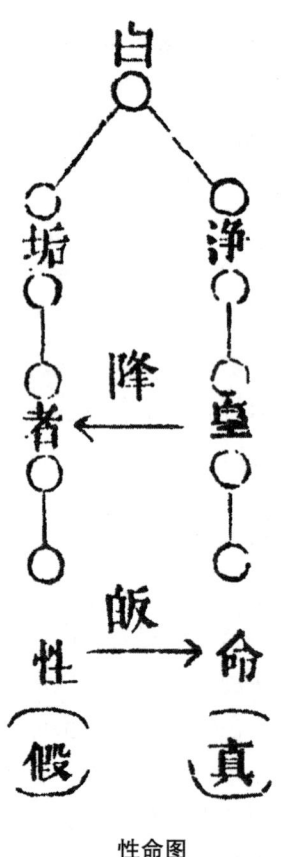

性命图

左，夫净白之性一，而垢白之性不可究诘，故白性属真如门，而天命属生灭门。《圆觉经》曰："如来本起清净，因地法行。"如来即宇宙至尊之皇天发命之真主也。物性右偏则左扶之，物性左偏则右将之，因地者因物也。物性为异熟种，异则滑性，是以不能不救也（见配命图）。救而正之，必有至理。《阴符经》曰："天之无恩，而不恩生焉。"天之命，刑亦恩也。

吾曾试之于家，昔也纯用慈惠，以御妻孥，而恶性之顽，绝灭五伦，荡覆九德，备十恶，污百行，期必下堕于地狱，不得已含泪用威。吾之心，天之心也。今吾得天电通，一念违理，则即不通，乃知天命之必善矣。言性命者，不可以怨天疑天，反自克焉可也。

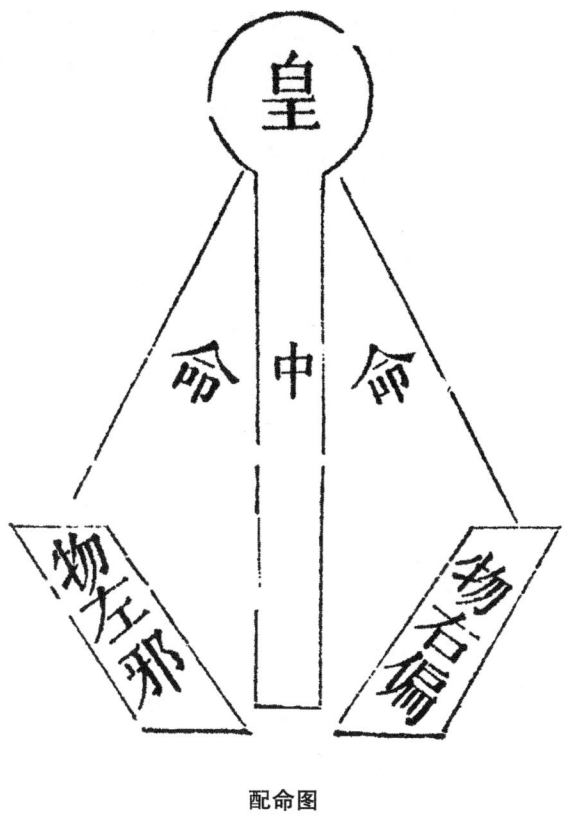

配命图

开二宗

白有性相，万物同之。物无自性，白相全非。审斯二义，性命乃厘。

释：凡究物者，皆由性相二宗而得认识。认识即分别也，今欲究白何独不然？宇宙万物咸源于白，我欲明万有之真源，立天人之洪范，非先究白纲领奚得？因有白而后集尘组境，因有白而后集尘成身。先究白者，如先究主人而后究宫室器具也。今本佛训据物情，实而考之，始知净白有性而无相，譬如玻璃无色相也，譬如静气无声触也。玻璃着煊染则色相现，静气动风飚则声触呈，故白垢为者而后有相，白净则无尘。无尘无十境之相，惟皇见之而已矣。故佛曰不可以三十六相见如来，又曰若见诸相非相则见如来，能见诸相非相者净白也，而如来亦净白也。以净白见净白，事理之常也。然则谓白无相者，对垢白言也。夫带镜一重相且立变，带乙光镜不见甲色，带丙光镜不见乙色。带六尘镜，是以不见六尘以上之相也。人带九壳，困于六麝之相中，以净白为无相，不亦宜乎。倘但以前五根为器，则鬼神亦无相矣。此净白无相之定义也。

垢白有相而无性，故《瑜珈经》曰："一切尘相（又作法相），本无自性。"无自性者无白性也。然而，枭之逆虎之暴，似各有性何哉？凭白以得性，又激白性而乱之，以成假性也。假性不得谓之性，而谓之情，枭逆虎暴情也，非性也。情之于性，如波之于水也，波岂有体哉，又岂水外别有一波哉。是以急湍之流若有泻性，非水之性也。初秋之叶有速产性，非叶之性也。汽本上升触楔而下杵，非汽之性也。药酒无知而使人癫痫，非药酒之性也。宇宙中生一物，必有一物与之对待显性，而后此二物能立。故有蜂专制，即有蚁共和。有乌反哺，即有枭食母。有牛顺风，即有马逆风。其二相对者，必同本异枝者也。蜂蚁同为幺虫也，乌枭同为野鸟也，牛马同为畜兽也。同本易枝则呈对待性，若合于本，其性必失。故人参与山楂合皆失其性，酸类与鳞质合皆失其性，莱菔与鹿茸合皆失其性。分则呈性，合斯失之，合为本，分为枝，是其始本无性也。此垢白无性之定义也。

净白无相，皇无相也。垢白无性，尘无性也。尘凭白以得性，而反乱性。吾因此以随物去染而见性。比十级以为水准器，权衡机，以推至其极，则得自然之性也。夫无自性者，无白性也，故见相去异以知性。原性别同而辨相，自下级秽壤推至猿人，真性之真，约可得矣。性有二，曰独兀，曰和合。相有六，曰色，曰声，曰香，曰味，曰触，曰法。独兀真性也，和合假性也。惟至净之白，乃有独兀性，福德臻极（见性相图），其余垢白，皆和合性，一和再和，而变化不可胜穷矣。情白性之湟也，相情态之著也。

白性福德

白性中，福德齐。

释：至净之白，福德大全，一入于尘，次第减衰。福德之中，又兼有才。福以自乐，谓之成己。德以乐他，谓之成物。惟皇作福顺者承之，惟皇作威逆者当之。皇之威德决无偏私，其应物而施者，皆适足以炼其白而净之。吾欲导天下众生，各各咸成其永乐、大乐、同乐、真乐。故以白性之福德，夺其暂者、小者、独者、伪者，使之共全极乐，大彻大悟，增进福德。人苟知净白之福德，将视万年天子不如蛆蚋蜣螂，则向之所营以自私自利者，皆斩首易冠，剥皮为衣，刖足造履，剜胃作馔之拙计也。何也？弃内而逐外也。夫首皮足胃，尘身也，土衣也，第九假壳也，尚不肯牺以殉外，一见白性，其忍涅之以自取祸乎！人畏修道之不诚，何以百岁之日，绝无一时以刃自杀者乎？诚知自之为白，一念入尘，胜于利刀割颈，岂有不诚于净业者哉！吾故先揭白性之福德，以为渡尽众生之发轫焉。人知最大福德之在白也，而踊跃从之，如饥鹰之见鲜肉，如沉疴之得良医，岂有不奔命而来求者乎！乃言白福。

性相图

真如白在（白福一）

十旅皆伪，真如在白。

释：真如白在者，真如自在也。《大乘论》云："真如自在，非有相，非无相。"此之谓也。人谁不欲求福者？然求伪不如求真也。回祖云："狱中产儿，不见日月。"笑人之以伪在囹也。优伶黄袍以为帝，人未有羡而篡之者焉。稚儿涂羹以为馔，人未有夺而食之者焉。若见白性，则人间万福。别境六美，皆蝌蚪之尾，嫩笋之籜也，一瞬即弃，岂不伪于优伶黄袍、稚儿涂羹哉？皇天知其伪，未尝择人而畀也。故白垢之极者，可以为帝王将相，而决无侥幸得道者焉。以真佑贤，以伪诳俗，皇天措施无不当也。何则？真者不变，变即非真；真者不死，死即非真；真者不去，去即非真；真者不间，间即非真。真者不离不失，不假不代，六尘假用，十旅代迁。今虽与合后必离之，今虽偶得后必失之，尚得以为真乎。昨日为帝为囚，今日舍之，宁复有关苦乐耶。当蝌蚪方为蝌蚪之时，嫩笋方为嫩笋之日，必视尾箨为真身，得珍获宝，悉以缀于尾箨，诩诩然自矜其实有。推其无厌之心，势将竭六虚之富，以养其尾箨，而不知止。人有告之曰，尾箨非汝真身也，必怫然掉曳指顾以示人曰，此俨然，了然，结吾尻，蒙吾体，明明确确，尚得指为伪乎？殊不知，浃旬之暂，尾箨陨蜕，百珍众宝，悉归乌有，忉悼谘嗟，悲悔何极？愚可哀矣。浃旬与百岁何异？人之必死，谁则不知？昂然七尺蝌蚪尾也，嫩笋箨也，人灵于物者也，何乃与水虫植物同一蠢耶！且有求不死药者，是蝌蚪不欲成蛙，嫩笋不欲成材也。以此推之，脱三粗，入三清，则三粗尾箨也；脱三清，入三洁，则三清尾箨也；脱三洁，入一真，则三洁尾箨也。愈脱愈灵，愈乐，愈久，愈真，至无可脱，无可改，皈终乃真，惟皇惟极真耳。上神九真而一伪，中神八真而二伪，推至睐族，九伪一真而已矣。第九壳百年梏，微饱苟暖万事足，多矣，谁肯没没。颉圣之作字也，化自隐八为真。或曰化目隐八，言化去今我，化去目前，再进八等，隐于无相，乃为真也（见示真图）。又曰入隐为亡，言人物之死，其真体入于无相之境也。死亡而后真，今日生存伪之又伪也。静思吾白自在，且为真元，明明昭昭，觉发鼻顶，至于此身生不携来，死不携去，有此白在，何处不得更妙更乐之身哉！不带伪色，不被伪壳，不显伪尘，吾一净白，视世贯俗富如多粪蛆，大地不过一溷腩耳。粪固多，食之不可胜食，衣之不可胜衣已耳。人与蛆在一等之中，所差不过四级，而真伪之别如此，况人与皇差八等乎！枭目见夜，夜色非真。乌目见昼，昼亦非真。枭为阴精，乌为阳精。同在一本，正对两枝。自真至于乌枭，不知凡若干分枝矣。一分且伪，况枝上之枝，歧中之歧乎！人之所见，与乌同光，必非真也。各从其最外一壳，而现境乃现，譬如三岁孺子观于幻灯（即影电），见群魔骑虎而朋至，骇走而告于人曰，市中有魔，驭虎而麕集，彼固恃朗朗之眸所亲见也，然而瞽叟必笑之，是朗朗之眸不如昭昭之智也。今使有仙人神通达于六美，遍以其相告予，予且以为孺子见幻灯，不若予之为瞽叟，瞽于六根六识，而不瞽于一真之净白也。惟合大同为真，惟无分别为真，惟中惟极为真（见认真图），一偏一对即是伪。性是以惟净白为真，入元玄即带伪矣。《瑜珈》云："证无中邊，佛地平等。极于法界，真如自在也。"回曰："清真。"耶曰："无虚诞。"皆言此也。

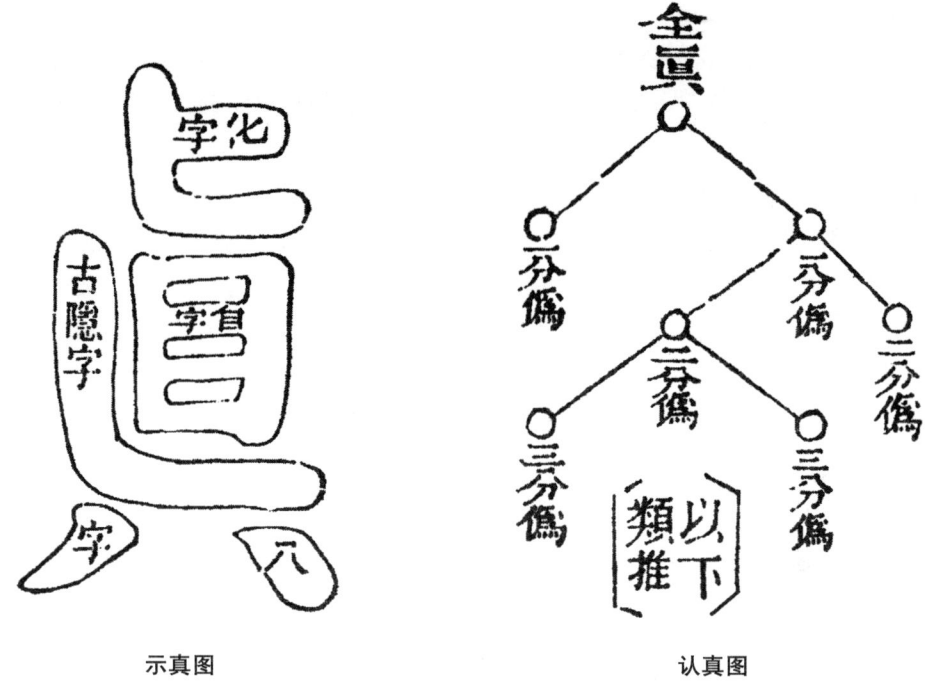

示真图　　　　　认真图

解脱白在（白福二）

十者皆囚，解脱在白。

释：解脱白在者，解脱自在也。今有荷万钧桎梏者，有荷千镒桎梏者，有荷百斤桎梏者，有荷五铢桎梏者，将谓谁祸谁福乎？加吾以金桎梏实不如负茅，加吾以玉桎梏实不如携草，今之人奈何争巨桎梏以为利也？以电杵吸铁，铁外加漆，漆外粘银，银外涂胶，胶外附磁，磁外引球，球外钉木，木外缚琥珀，琥珀外牵芥，适如九壳之叠被于睐族也。元如铁，玄如漆，水如琥珀，土如芥也，次第相裹，每一层各以其表连上而里连下，于人身则又以表连内而里连外，外粗内精适相圆合。人以自然之气数，不加省悟，全无修证，亦必解脱一壳以合于粹。如彻底觉察内观白在，然后尽脱九壳以合于皇。如有法相仅合三洁，更有我相仅合三清。四教浑言皈天，是以决不如佛也。夫万物皆以解脱，而益灵益乐，益永益真，蛆解脱而为蝇，卵解脱而为鸟，蛤解脱而为雀，蚕解脱而为蛾，蛇解脱而涬长，蟹解脱而涬巨。人虽不明见整蜕一壳，据生理学者之言，每日皮肤之剥落，手脚重茧之代谢，两次痘麻之痂瘢，即已是片片解脱矣。夫宇宙以十层叠裹，证既明确。睐族以九层叠裹，据亦昭然。三粗之中，又分十级，每级之中，尚有微别阶次。解脱有升而无降，加翳有降而无升。事有必至，理有固然，不可以复疑矣。故有半解脱、全解脱之分，穷究真理，须九壳悉蜕，然后谓之真全解脱，其余虽由魅直跻上神皆半解脱也。惟就人之六根六识而言，半解脱者解其身之半部，尚留其半以变，如水虫解脱而为蜻蜓，螟蛉解脱而为螺蠃也。全解脱者解脱其身之全部，惟带气精之衬衣以去，如兽死为人，人死为只也。凡外壳因居境之尘而组，内有其识以为里，即外有其根以为表。居气中者组身合气，居水中者组身合水，若居六美亦如是焉而已矣。其升境不远，故身之半尚有用，是以半解脱也。升境既遥，旧身之全皆无用，是以全解脱也。如航海以舟及岸，而舍舟登车，斯为全解脱也。至于无材造车，因舟改造，斯为半解脱矣。古者洪荒初开，初则无鱼无虫，断无突然生成之理。继则无人无猿，亦无忽然出现之事，必皆由菌苔鸟兽半解脱而生成。故至今草化虫，鱼化鸰，鲨化鹿，玃化人，犹其始型焉。既已有禽兽猿人，乃多全解，惟带气精衬衣以投别胎。昔者如无车材，必以舟改作，继则车已备具，弃舟就驾。考之入胎裹血以组身，非突忽出现者也。此事理了如指掌，愈解脱而愈大愈明，愈显愈妙，愈寿愈固，愈乐愈真。皇天之待众生也，铢称寸较，不爽容发，又全由众生之自取。人之逐外而累内，好生而恶死，其愚诚不可解矣。有以不死药赠我者，毋宁饮鸩耳。今日苟生，皆以天因之期，不敢越狱之故也。不然则弘愿未酬，生一日法施一日而已矣。匪此二由，吾固恒欲速死也。世又有以照像之术，照鬼只之像而得之者，其解壳不尽，表形尚在气精中也。不知理者奇而神之，以诳愚夫愚妇，亦枉矣哉。附述于此，望高明者无以有相窥天，以洁其心，庶可以解脱尽尽，直合于皇矣。

逍遥白在（白福三）

　　十境皆囹，逍遥在白。

　　释：达哉，庄生！知逍遥白在者，逍遥自在也，故著《逍遥游》者，欲以破众生在囹之心也。既已解脱如鸟出笼，如囚出狱，安得而不逍遥哉。列子化人之说，周穆王闻之，视八骏如跛鳖也。而庄子犹然笑之，谓列子御风而行，凉飙作辇，虽免于行，犹有所待。至于乘天地之正，御六合之变，以游于无穷者，则无所待而遍涉六虚，非净白其孰能如斯乎！白性之逍遥，佛言最多，阿罗汉飞行空中，摩诃萨遍周法界，而庄子之言早与符合，可不信哉。以十级中人与木较，木何其囚窘？人何其逍遥？神袄比人亦如是焉。而人之游域，狭于禽鸟者，非常例也。人情滑性，善逸难治，故天夺之也。不然，人之白净于禽鸟，应逍遥于禽鸟也。谈天者言火星之中人民有翅，非无稽之语也。不必论白，若意者固拙于白者也。然一发思纵想，忽燕忽粤，忽美忽欧，忽天堂忽净土，无远弗届，有想立至，白之逍遥，必有万倍于此者。电一瞬而环地面，电不如光，光不如意之速且远，意不如白之不可测，事理了然。人物之所以不逍遥，身累之也，如无三粗，三清任游；如无三清，三洁任游；如无三洁，宇宙任游。遨游之限，限以外壳，外壳累人，有如蛇蝎，又如缧绁。蛇蝎假性以外壳，故缧绁缚身，游界之广狭判焉。外壳轻清，游斯宽阔。吾将放荡与皇无极，朝发弥陀之乡，暮宿药师之国，挟三辰如弹丸，驰八极如庭户，小阿房如虱穴，狭五柞如蜗庐。善游者筑万里之园于白中，盘桓翱翔，御龙飞仙，亦螺蚌耳。人奈何沉于百亩之金谷，而捐无囿之玉堂，甘为螺蚌之螺蚌以自煎也，悲乎！《楞严》曰："纯觉则飞。"

长寿白在（白福四）

十等缘殇，长寿在白。

释：长寿白在者，长寿自在也。言长寿在白，不在身也。白何尝死，惟着壳入境，俗人妄以为生；脱壳出境，俗人妄以为死。故入隐为亡，化歹为死，入隐于极乐之国，何尝真亡；化歹而除其桎梏，何尝真死。人入舟舟生矣，弃舟登岸，俗人见之以为舟子死矣。人上车车生矣，舍车入室，俗人见之以为御夫死矣。愚痴如此，岂不冤哉。人必毅然判决，知真在无中伪成有相，方有微明。今人带假壳以为生，实豚鱼之类也。彼上袄八万大劫，中神无量修龄。吾以为《婴孺》、《庄生》齐彭殇，非妄作也。同一寓而必去，由末日观之，奚所别耶？生从屮土。言如草之囚于土壳，有何贵哉！白有囿有涣，而决无死亡。囿于穷狱之间，涣于粪秽之内，苦极矣。乐贤于生，苦毒于死。族有聚散，升沉殊途。职有短长，功罪异格。侔尼不过八旬，孔子不及上寿。此寓期皇天制之，诚过客耳。比之十旅，考于《华严》，下袄之寿五百岁，中袄之寿十亿年。神则无终，至净白超等而出寓。龟亦甚久，至变形蜕甲而改身。此白寿之次第也。乐则久之，闷则久之。乐可永居，闷无大苦。皇天权此，诚大仁也。白已垢极，即捺之入涂，研之成末，如囚入铁瓮，盐涣海中，此其为真祸也。死亡之义，在理所必无。若夫囚期之长，不如其死之久矣。觉存为真生，觉闭为真毙，奈何以囚期之久暂为寿乎。皇天之待众生，恒以减苦为真仁，故人当极苦之时，每不欲生而灭其觉。殊不知白性虽闭，涣之犹艰，况于灭乎。白无死地，与空同德，空能灭，白即灭矣。木与龟，白性大闭，感苦性微，故天久留之。祆与神，白已甚净，感乐性富，天亦久留之。此正皇灵之大仁，权度至宜。而俗人乃欲以此秽躯，及其亲爱，绵延世寿，又从而祝之庆之，吾不胜为之悲也。王羲之曰："齐彭殇为妄作。"而又曰："后之视今，亦由今之视昔也。"岂非自相矛盾。文士之不达哲理，心恍惚而情摇荡也。痴迷恋囚固愚，放浪苟生亦殆，不知世寿为炼白出尘之短限。吾是以揭真而晓之曰：人间本无乐，久留斯大毒，故皇天定之以百岁之促，应升应沉此期中试之，犹如学子卒业之时已满矣。人皆好生而恶死，曷亦受炮烙刀锯之惨，尚有欲留之心乎！杀机频来，以警迷也。苦乐之长短，为祸福之准，世寿实非所计焉。净白之福，极乐不死。皈终不旅，不得谓生。人求长寿，何如诚于净白？净白功深，白愈净则寿愈永矣。又纯乐而无苦，方信寿之为祯也。至白之必不能死，俟于白性贞中言之。

和合白在（白福五）

十族皆偶，和合在白。

释：和合白在者，和合自在也。言聚族团圞，在白性中求之，不能永保于尘中也。十旅亲眷，偶然同业，倏忽判袂，各别东西，奚能久耶？惟是人之大欲，多有不愿速死者，非纯以自为也。诚以其父母昆弟妻子之和合恋爱，恐死后不能团圞也。殊不知唯白性可以和合，尘身能聚几时哉？今世之所以为眷属者，亦以前世之白性所感也。证之佛言，谓之同业。证以物情，雉子初孵，见人则逃。鸡子初孵，见人则亲。是其感兆方以类聚也。皇于众生，谁非眷属，欲其团圞心亦诚矣。吾白如合皇，今之眷属固在吾保抱之中而永不离也。况同修同证，庞公尽室，虚靖拔宅，非白性之伟力，奚能致之？人之和合将以躯乎？亦以白乎？如以躯也，瘗之同穴，亦已与地长存。必欲以白，皈于永生，方能与天无极。佛言帝释天王常聚眷属，非空语也，笼中之鸟恒聚族乎，山林之鸟恒聚族乎；网中之鱼恒聚族乎，河海之鱼恒聚族乎。知白性之逍遥广阔，则知白性之能和合所亲矣。同舟以渡，登岸则分。同车以行，降辇则别。不分不别，皈居于家。反白大皈，和合乃久。佛云不爱眷属，盖不爱傀儡之同处也。亲戚皆囚，不囚者可探于狱外而拯救之。兄弟皆溺，不溺者可援于岸上而捞护之。故欲和合所亲者，恃于白性之中，不恃于形体之间。吾白之中，包罗众生。亿兆天地，悉属毛里。垢白以求合族，如沉海抱子，沦胥相及。百年假族，天之大限。必不得永，人能奈何？岂可网月海底，缚影柱上，强求其不可求，强留其不可留者哉！文殊为和圣，普贤为合圣，道家以和合尚二仙。其言曰一子得道，九祖超升，白之伟力，信能如此，不可以人天小例推也。况推之十级，愈上而聚族之性愈强。鸟不似鱼之食子，人不似兽之蔑伦。白性和合，非真理耶。不生不灭，谁能间之？一净白而家族斯克永保。倖尼出家，所以克家也，反求于白性之中私家之计，不又万倍于嬴政耶，且决无嬴政自夷其族之祸。俗人详思，白中团圞与尘中和合利害得失，究如何者？故下愚聚族于冰山之上，中人聚族于泰岳之盘，吾以为燕巢危幙，不如聚族于涅槃，视冰山泰岳皆浮沤也。与家人共净斯白，福萃门楣可胜计乎！

徕养白在（白福六）

十壳难俸，徕养在白。

释：徕养白在者，徕养自在也。徕招也，来也，言招之使来也。下愚之人每为土壳是计，必丰其衣食以养之，不知剥析九壳而观之。惟最贱之土壳难养，劳心劳力职是之由。则是营养之苦，非白之性，尘之性也。非尘之性，最贱一尘之性也。佛言饿鬼不能赡其形。以理推之，土壳且难养，况更垢于土壳者乎。养之难徕，气数之常也，姑无论白。宇宙来俸，又无论六美，众甫朝宗。即以三粗外壳而言，气固贵于粟，气一息不得则有死，粟四日不得尚能生。水亦贵于馐，水三日不得则有死，馐十年不得亦罔害。黄金重宝，饥不可以为食，寒不可以为衣，渴不可以为饮，外之外矣，而倒植之民偏珍之。今使气租可收，水租能纳，天下之人谁不尽收其黄金重宝，出而以易气水乎。夫气为七壳以气养之，水为八壳以水养之。取水养者，举手即得，纵有大旱，供饮恒足。取气养者，不劳启口，闲坐静卧罔有不来。则是八壳贵于九壳，七壳贵于八壳，愈近白者徕养必愈易也。佛言天界无鼻舌二识，鼻属气环，舌属水土，天界无之。则是三清之中徕养便于气环也，而况于三洁乎，况于真境乎。因气为三粗中轻清之最，是以自然而来，供白无乏。木核有白气且来给，率水导土，瞬息不间，是以贵壳之养，名自来食。自来者白来也，白招之以来也，即应白而来也。若非应白，枯榴死尸，何故气不来养乎？天之养七壳且如此，知壳愈少，徕养愈足。至于净白七宝为地，不足喻矣。其所以万物并育而不相害者，土壳以上皆能之也。如是则与其求多养，不如脱三粗，吾奚为胼胝竞争，为养此桎梏，劳而反以污白耶！以上所言，高士之论也。又卑之以就人事，统而究之人仅五养（见前）。养欲取乐，又不如纯取乐于白中（见后）。养白养由养鬼，又无一求于物内。惟此三粗血肉，方须物以养之，而气水又已自赡，则所求惟用于养土壳一层而已矣。土壳虽难养，以土壳养之白性所组，白愈净者，养形之土壳亦愈巧，胡为乎知其然哉。鱼无十指，以构宫室，而鸟巧于鱼，人巧于鸟。牛无双手，以种禾黍，而猿巧于牛，人巧于猿。蟹欲求食天赋之螯，兽欲求食天赋之爪，更有妙者，蜂有铗虫之助，蛛有织网之才，宁非应白构壳，俾足以养其载白之壳乎！人如净白，不争以毁物，不欲以耗物，用力十一，养形有余。以此比之，养形之难易，饿鬼难于虫鱼，虫鱼难于鸟兽，鸟兽难于人。求养之难易，纯恃白之垢净也明矣。人各用其身以养其身，莫不绰绰然有余裕焉，其又何须征逐争竞乎！此犹浅而言之也，若言真理，白能内净，物自来供，天宝成果，何神不富？冥冥之中，其妙无穷。故儿生则乳涌，蛟起则水从，民净白则一禾九穗，官净白则螟不入境，王崇净白而止泡，颉圣阐白而雨粟。宁远大灾，兵屯如蚁，而竹实结米（五年事）。四川谷绝，献贼扰耕，而野草成面，蚕孵而桑叶肥，笋萌而夜露集。不知者将以为众生就食，其知者方知为食就众生。干健坤顺，尘朝白，白不朝尘也。净白之人，天人供俸，幽隐之中，驱物以资之。但见水随气，土随水，以资有白之草木，则知十尘之相朝，垢必从净，净必率垢也。牺垢养净，天之则也。谷贡其实，鱼贡其肉，故故有余，适足人用。绵贡其絮，鲍贡其躯，蚕贡其茧，象贡其牙，专为人设，意匠大著。蜂随王，王之所在，群蜂朝之。铁随磁，磁之所在，群铁朝之。尘依白，白之所在，众尘俸之。元朝白，玄朝元，冥朝玄。英朝冥，华朝英，粹朝华。气朝粹，水朝气，土朝水。于是，白净之土壳，安安而享其逸裕，非俗人之所能见也。人苟净白，养将自足，冥冥之中，妙如天锡。果诚矣，于养形乎何有？《易》曰："舍尔灵龟，观我朵颐，凶。"

又曰："观颐，自求口食。"朵颐者，物欲也。灵龟者，不求养而物自来供也。自求口食，言白求也。白能徕养万物皆备于我也，是真祜也。真在无中，不显现也。凡雷之来电必先至，而瞽者不见也。凡物之来精必先至，而俗目不见也。必考其因，则理如前述。必证其果，则传记繁多。因果之书，冥报所录。多载得失，由冥定之言，信不诬也。一净白而养形之物不可胜用矣。

神通白在（白福七）

十识皆瞀，神通在白（十尘中之知识）。

释：神通白在者，神通自在也。宇宙之中皆真如也，唯白能测之。至于白既入尘，则封于尘中，不复能见真如矣。然苟有一尘必有一尘精以测之，此尘精覆于白上，则白能见此尘矣。尘精和白，在内者谓之识，在外者谓之根。唯白性所发谓之智，根识以辩尘，虽通不如塞也。唯白以辩理，庶有通而无塞矣。就俗之所谓通塞者言之，某尘精覆于白上，则介某尘俾白能测之。故人之眼以水精组，即能介水与比水较粗之上，俾白能测而知之。如以气精为眼根，即能见气精为外壳之鬼。服气炼形，聚神于眼，不久而人皆能之，斯即神通之一也。今西人取以太以涂目，视千里如咫尺。取以太以涂耳，听八埏如庭户。未足奇也。通气精且如此，而况于通六美乎。神通无他，较常人视听优耳。蚿无目，必以有目之鸟为神通矣。蚋无鼻，必以有鼻之犬为神通矣。人鼻不如犬，耳不如狼，目不如鹰，亦不如鸥，则神通亦非可贵也。详思此白之能发觉，如夜光之珠能发光也。偶带浸混翳蔽二垢，如罩之以玻璃也，虽有外围，光未大减，明照六美，晰如指掌。惟翳蔽一垢有胶漆性，一入三粗，粘尘组身，所组之身，则以尘之厚薄轻重、垢净多寡，而劣妙通塞明暗拙巧远近判焉。其带尘之厚重垢多者，六根六识劣塞暗拙而又近，因而视带尘之薄轻净寡者，其六根六识妙通明巧而又远，以为神通不亦宜乎。吾人之六根六识妙通明巧而又远，大胜于蚿蚋草木，实非吾人之故意为之也，亦非父母用意塑而雕之也，自然而成者也。自然者自然也，白之威力能使之然也。皇天大白提于外，而吾人小白应于内以成之也。详审此身之妙之通之明之巧之远，决非镜匠装睛，湼匠染彩，木工斲指，琢工钻耳，皮人缝胃，絮人制肺，音学布膜，光学嵌珠，化学注血，植学种毛。而千巧万妙，缕别丝纷，何灵如斯？何妙如斯？根一生而花菓，不问自繁。白一净而神通，不求自大。非现于今，现于来世，非著于迩，著于寿终。旧业既尽，新业乃生，全权在我。故《楞严经》曰："神通本夙因，原非法所立。"又曰："以法求神通，必为性之贼。"达哉，斯言。吾专主于净白神通之全，如操左契，左契或逋此无逋矣，决不捷径助长，以自戕真元。推白之伟，宇宙毕照，被以三洁，则仅见三洁以下；再被三清，则仅见三清以下。彼仙人高明俯视诸地如芥子者，自以为玉宇琼宫，广大莫极，寿命兆纪，几若无疆。若犹有终有限，以根附识，以识随尘，尚有分别，非穷无外。吾皆以聋瞽视之，比于净白皇灵，蜉蝣窟阅，瓮底醯鸡而已矣。凡净能见垢，垢不能见净，故水精为目，可以见土。若见诸相非相，即见如来者，九壳尽脱也。九壳脱，则九伪被撤，方为无漏，通其余五通，苢眼天眼冥眼旡眼，人皆以为天眼通也；苢耳天耳冥耳旡耳，人皆以为天耳也。夙命通者，夙世经过，留相于由鬼之中，水澄见底，镜去其垢，则知之矣。他心通者，他人之心动而着相，未现于三粗，已现于六美，我通六美即知之矣。惟心境之一通，为他五通之本源，不假根识，不徇外尘。自辩真理，非真白明妙洁净不能得此，而俗人每以染识混之。故心境不通而袭五通者，如师旷之得望远镜也。心境既通而无五通者，如纪昌之无弓矢也。人在尘中，如入窒瓮，圣哲豚鱼，毫无区别。然而，外官虽闭，内明不减，内白如净，正觉自明。是以正觉不在六根六识，五蕴四谛，彼其所见，皆伪中之伪也。老子曰："前识者，道之华，而愚之始也。"盖前识者未来先知也。三粗中有所表见，必先着于六美。内体澄清，固能前识。英壳内离，彻视诸天。元壳一脱，通观宇宙。而老子不贵，恐人具贼心以窃天也。神通之原理如此，吾故详揭之，以劝净白，白净而心境通矣。心境一通，五通之根，无根之木，虽荣不生。敬之哉。笋抽箨壳，千枝自生。白展尘离，六通自现。自者白也。

自化白在（白福八）

　　十楛皆固，自化在白。

　　释：自化白在者，自化自在也。言变化自身，因境随现，在净白中求此妙能也。细绎其故，众生苟能自化自在，其福莫大焉。见火则化为火鼠，见水则化为鱼鳖，见风则化为飞鸟，见云则化为神龙，莫之夭遏，安所困苦哉。就尘取乐，无往不宜，真逍遥哉其神矣。此理亦常，而事似异。夫白本无二，因染不同，能带火精之壳以为火鼠焉，能带水精之壳以为鱼鳖焉，能带风精之壳以为飞鸟焉，能带云精之壳以为神龙焉。吾以知白性之巧，可以随化自在矣。所以有自由不自由者，视其壳之厚薄重轻耳。薄绢以套五指，其屈伸自如也。厚铁以套五指，其屈伸不自如也。自如者自由也，自由者自由也。白如不能变化，何万物异形别类之有哉？白如能变化，此宇宙之幻异所以呈也。惟变化有二大别，曰限期变化，曰不限期变化。限期者又必限级，故卵限一月化为禽，禽限十年化为兽，兽限百年化为人，人限三百（古自然寿）化为袄。不限期变化者，亦不限级，任吾意动身自变化也。此天囚宽放与天囚窘迫之别也。其天囚窘迫者，如坐槛车夺其自由。其天囚宽放者，如荷桁杨稍能自便。是故龙以水精为外壳，自化自在。仙以粹精为外壳，自化自在。惟土壳粗，甚难自主。由是观之，自化自在之能否，仅第九一壳之关系云耳。今夫水，注之瓶中形即如瓶，注之爵中形即如爵，此不过因外囿使之然耳。外囿能变化形体，内率亦能变化形体。宇宙三辰之陈列，万物住境之成身，皆因白率不因外囿也。如因外囿而不因白率，何以人白一去，虽外囿之以金棺石椁，亦必腐而涣乎？白率元，元率玄，至于八等水精之壳，如龙者尚能自化自在，尚能着白威力，况再脱几壳乎，况无壳乎。黄河将军大王，时而巨时而细，时而鸭时而鼋，近人之所共见共闻也。以义揆之，惟自由自在，即白由白在，非白无觉，何能成有意义之身哉！一切尘物固当任白指挥，不过尘为奴而白为主，白愈净则主权愈张，尘愈重则奴性愈著。皇天之于众生，如君王之于臣民也，苟可以自由而不惩于法者，必听之自由而不羁；苟不可以自由而必害公安者，必夺其自由而不纵。以白性自判于正理应如此耳。宇宙一常理而已，吾何由自化而得此完形巧体哉，白使然也。欲作则有手，欲言则有舌，自在也。以比于降一二级之禽兽，降三四级之虫鱼，彼不自在而我自在也。若以六美为壳，如套薄绢，焉得不自化自在哉！此福之最大而帝王不可得者也。次仲为鸟，左卿化鹤，路斯变龙，令威集表，如此之类不可胜数。我乃知以净白一法还我自主，非怪非奇，无束无苦，乐哉乐哉。天莫我能拘，神莫我能捕。

他化白在（白福九）

十才皆劣，他化在白。

释：他化白在者，他化自在也。言变化万物之能，在白不在尘也。皇如不能变化万物，众生谁肯受苦拙之身哉。既能化之，何不皆化为袄为神而乐之？诚以不能代净其白也，乃应其垢净而化之。《大乘论》云："遍照众生之根，随念以现。"此也。使之自尝业趣，自证自悟，正皇天之大巧也。考诸《华严》，袄之能他化自在者，自华境始，故华境之中有他化自在天焉，其境仙人皆具他化自在之才也。以理论之，元最任白使，白之所想，元即承之。故带元之浸混垢者，失其自由之柄十之一，以听命于皇。玄亦最任元使，故带玄之浸混垢者，失其自由之柄十之二，以听命于皇与上神。自此以下中神奴下神，下神奴上袄，上袄奴中袄，中袄犹有他化自在之能，况以上乎。中袄以下，无此才矣。古今书记，恒言人受命于幽冥之主，佛经转轮圣王之说尤为明确。而幽冥之主，受命于天，证迹常著，理亦近正，非空言也。即近考十级，人之能力与彼虫鸟，亦各有他化自在之能。故地上舟车、器械、宫室、衣服，皆化他贱物以为之也。人奚能他化自在？蜂又奚能化花为蜜？蚕奚能化桑为茧哉？以白为君主，以手指爪啄为奴仆以成之也。改言曰，白为主使，尘听其命，白之所欲，尘形应化。皇天之使宇宙，如吾人之使十指也。何也？吾人之使十指，以元玄冥英华粹十尘次相传也。皇天之使宇宙，亦以元玄冥英华粹十尘次相传也，然后卒达于三粗。是以一想而山河大地合法以成，一想而日月星辰按序而列，一想而鸟兽草木随型而铸，一想而金水火土从心而厘。愚人不信宇宙万有实维皇之所建树，何不反之于原理，非因有觉岂能成有秩序之形体哉。闭目洒墨之必不成文章也，乱流漂土之必不成宫室也，以文章有义意也，宫室有准绳也。意义出于白，准绳出于白，如兔蹄之出于兔，兔粪之出于兔也。见有兔蹄、兔粪，虽不见兔，已知荒山之必有兔矣。见有有意义、有准绳之物，虽不见白，已知万有之为白所造矣。地面上除人造之物皆自然之物，人造之物固白作之，自然之物亦白作之。自然者白然也，森罗万象，意义之显现，何其昭昭？雕刻众形，准绳之彰明，何其赫赫？不因白性，谁为之宰？吾人之巧舌、妙指，亦半由白自所致，半由于白王所界也。唯白净则形必巧妙，白垢则形必拙劣，即谓权操自己未为不可，吾更何疑于前程之何如，能成此造宇宙之净白斯可矣，岂非昭昭赫赫之至欤。吾人之所以能化他形为异形，作舟车器械宫室衣服者，固纯因此白故也。假使以豚鱼之白，浪着人形，亦不能造舟车器械宫室衣服也。皇天之界他化自在之形，岂非度白而始赋哉。且气一绝，血一停，白一去，人即不能显此他化自在之才。手脚麻木，白性不达，亦不能显此他化自在之能。白为主动，义固明矣。宇宙既与人身适相反对，皇天以其净白逐次而使三洁、三清、三粗，其使天也，如人之使指爪也。三粗如此固滞重拙尚能使之，若以英华为外壳，以粹为材料，则琼楼玉宇，宝阁珍园，瑶圃万顷，壁城千雉，嵌琳琅以建山川，裁锦绣以缀苑囿，奇花叠其葩装，珍禽具其采像，亦如吾脑之构形画影也，岂不易哉，岂不易哉。吾与其穷四海之力，竭五洲之财，筑宫如阿房，建园如金谷，以娱此白，白不直受依尘瘾之末光，而且瞬息即无，何如内净兹白，以建筑永久不坏之黄金世界哉！俗人之愚，其亦可以大悲矣。不知真在无中伪呈今有，土壳九伪而一真尚能永享百年，况愈上愈真乎。齿牙腑脏尚能应白自成，是土之固滞能应白构室以居白也，况六美之不固滞，其宫苑园囿岂不应白而构乎！又以人之能他化自在，比草木之不能他化自在，以草木之能自化自在，比金石之不能自化自在，更知斯二自在者白不在尘。化学家有有机化学与无机化学之别，有机化学者有白之谓也，闻以有机化无机，不见无机化有机。人能以有机之土型，持他土型而化之，况以六美持六美乎。手亦土型，斧亦土型，材亦土型，故他化之功迟而有限。手亦六美，斧亦六美，材亦六美，故他化之功速而莫测。意匠白工，立成造化，何疑之有？佛言"想尘成国土"，信不诬也。古人有杯弓蛇影之疾，名医有注思移疽之法，此固结想于六美之中，而成形于水土之表者也。海客结云楼，葛仙吐蜂饭，佛图澄生莲于钵，黄初平叱石成羊，此虽小术亦近于理者也。吾不以干戈争粪窟，而黄金为地之山河不可胜居矣，岂若月殿未成寒灰已葬之愚计哉。此万物皆备之真理也。

妙形白在（白福十）

十形皆拙，妙形在白。

释：妙形白在者，妙形自在也。白为受福之根本，形为受福之枝叶。白垢无福，虽居清暑之殿，如在火宅之中，心烦故也。白垢无福，蚋食珍馐之馔，不如粪溲之甘，身恶故也。盖形依于白，物依于形，白若不净，形即甚污，物纵丰美。亦无福焉。老子以净白阅众甫，白苟不净，博得众甫，何以享之？形妙为神通，神勇本凤因，凤世之因，垢净如何？今生之形，巧拙因之，疑佛千手之妄者，不知手所以应善作之白，白愈光明，形岂有不附其用？疑佛千眼之妄者，不知眼所以应善视之白，白愈净洁，形岂有不供其使？欲享水中之福，必具鱼身，白染水精，鳍尾自具。欲享风中之福，必具鸟身，白染风精，翎翮自生。修白自我，赋形由天，天不能涅我之白，涤我之白，我不能强天授形，求天改形。然而道法自然，毫发不爽，方知妙形、拙形，权全在我。自作自受，福不由天，以三洁为形，必享三洁之福；以三清为形，必享三清之福。妙六根妙五官，妙四肢妙百骸，光发自白。无休不集。耶稣曰："上帝造人，如己之形。"今若据理而思，神祆与皇天，大约以人形为最善。人既已得此善形，加以修持，合皇天易易事矣。吾今十指而不蹄，巧舌而不哑，十仁十智之全像，皆夙世白净之成效也。俗人为养形而污白，祸烈于斩首易冠，刖足造履，不知敝车一舍，可得华轩，劣身一离，可得佳壳，若涅白而得天下。白涅则形因之而丑，白涅形丑以得福，如鱼卧牙床，胜于汤火之刑矣。《楞严经》曰："因心成体。"因心者因白之谓也，故又曰："正觉光明，法身圆妙。"以十级旅白之优劣比之，人强于猿，非以白净而形亦因之以妙耶！不然，何以鸟兽虫鱼，决无一灵于人者？假使非因白成体，则将以人之白囚牛身中，以牛之白囚人身中，世界之乱不知何所底止矣。白净形妙，诚定义也。形妙而后，万福从之，快乐无极，所以净白为万福之宗也。

广大白在（白福十一）

十躯皆丝（音求，甚小也），广大在白。

释：广大白在，广大自在也。大小本无关于苦乐，鲸鱼困于浅濑[獭]，每嫌其身长。鼹鼠迫于巨猫，又恨其身小。然而，宇宙至大，何可幺么？天地匪微，不宜蕞尔。故佛言"净白之法身，一毛孔中藏十万八千世界。"又曰"如来法身，遍十方界。"人智闭塞，必以为七尺躯中，不能有此伟体也。殊不知小中藏大，乃事之常，大中藏小，实见之妄。柏仁大不过黍，而参天合抱之巨材全型具焉。鲸卵大不过豌，而吞舟填港之修体完模构焉。其枝柯肄干，不知若何排列也，剖柏仁而索诸有相，百思莫得其解焉。其鳍鳞骨格，不知若何含结矣，启鲸卵而搜诸有形，万虑莫决其疑焉。是何故，是何故，真体恒铸于冥冥，伪影乃著为今有？不见夫栗实乎，仁小于瓣，瓣小于膜，膜小于茨皮。然而，解脱显真，大者外者乃先蜕焉。我今之身栗实之茨皮也，我今之鬼栗实之膜也，我今之由栗实之瓣也，我今之白栗实之仁也。何也？栗以瓣包仁，以膜包瓣，以茨皮包膜者也。如吾人之以身包鬼，以鬼包由，以由包白也。卒解重壳，则栗实之中尚有一佛，而况于人乎。决知广大天地在吾白中，广大日月在吾白中，广大佛国在吾白中，吾白之中何求不得，而岂肯重裹秽物以自小乎！推之十级，虫鱼之躯，虽有千百倍于人者，而白则惟人为大，吾乃知广大之在白也。《大乘》论云，菩萨于色究竟处，示最大法身，此之谓也。

尊贵白在（白福十二）

十等皆贱，尊贵在白。

释：尊贵白在者，尊贵自在也。古今污贱之人，争俗爵以为贵。吾以为不知蜂蚁之王，彼蜂蚁之王，威威赫赫于穷穴之中，未尝遘篡弑之祸也。其臣绝无跋扈之谋也，其民绝无方命之举也，为之王者绝不致受宋徽、钦之辱，遭晋怀、愍之凶也。然而，人无羡之者何哉？高四级故也。然则苟高一等而为水只，已视帝王如蜂蚁，况解脱而为神祇乎，况于为皇天乎。犹且争为王侯将相，危而未必得，争为皇天神祇，安而权在我，顺命率性求无不得，人特患不悟耳。苟悟矣，谁肯舍皇天之贵而不为，乃自求为蛆蚋乎？上升为顺，天运自然，首走为道，陟白为隮。凡今之民，胡然倒植，上则皇天，下则恶鬼，贱至恶鬼，仰视蛆蚋，亦天王矣。夫贵贱在白，不在身，优伶黄袍，何足贵哉？提傀儡以登场，傀儡之贵，于我何干？白之带形，如人之提傀儡也。世之杀身以捧傀儡者多矣，吾是以大哀之，即降而言入世间法。古之贤君，莫不下净白之处士，故曰士贵耳，王者不贵。又曰富贵者骄人乎，贫贱者骄人乎，从未闻廊庙几朝，事何天子。若一代配享于天，不过其子孙之私尊耳。惟此五教巍巍，天地陨而神明不陨，国家亡而祭典不亡，此尚特虚荣而已矣。人贵之天不贵也，独此净白合皇，则舆台皂隶，马厮牛走，莫不咸能。由是论之，真贵在此，不在彼。吾尝叹人间帝王，虽狗彘可以得之，兵干争来，背原理远矣。惟此高僧列仙传中，决无一道德卑鄙者滥宅其间。皇天以伪诳狗彘，以真待圣贤，其故彰矣。大贵则公，小贵则蜂，真尊则白，伪尊则蚁。人中之贵，非众人能，蜂蚁之尊，亦万中一，惟有太空，无大不容。即使今有宇宙众生，及未来世宇宙众生，尽尽成皇，各建罗夯太极，太空之中，无不容者。合大同之真贵、真尊，其不求异于众生也明矣，我何可求异于人，以袭此伪爵，爵于人群，背于皇天哉！皇天之别等，净白贵而垢白贱，至于极净以为究竟，无贵贱无分别也。皇天何吝于太空，而不与众生同升诸公也。精此真理，定知即此白体，定能与皇天比肩并列，不降斯须，故惟佛知究竟之白。诸佛平等，而不言惟一天父。比白为皆，彼惟一天父，岂能于此白之外，别有所谓贵体哉。人不能为惟一天父，是谓卵终不得为禽也,有是理乎?因之惟一天父者,建此极之天父也。天父之白能建极,天父之子之白亦必能建极也。天上地下,惟吾独尊,人人皆然,宁独一侔尼哉。推之十级,地上惟人为贵,人相同一,平等之缩本也。太空诸皇,即是诸佛,即云诸佛,非合体也,诸佛无量,吾若净白,贵必与同,尊贵之极矣。凤伏卵,卵成亦凤也。树结实,实成亦树也。既知十级之中,虽贱至草木,白体一净,莫不同人,则知旅白究竟,终是皇也。内观自在,吾乃皇天。《阴符经》曰:"观天之道。"《心经》曰:"观自在。"同一观白而已矣。观得吾乃皇天,尊贵莫极焉。人中之所以别贵贱者,就其物性故耳。如人咸净白,皆巢许尧舜,尚分贵贱之等乎。净土即有教无政,推而上之真境必为平等矣。故侔尼曰:"一切众生,与佛平等。"见真除伪,信然。众生一见白性,莫不立地成佛,不比皇天稍次也。尊贵之极,在白而已矣。

物俸白在（白福十三）

十品皆奴,物俸在白。

释:物俸白在者,物俸自在也。言万物供俸在白净,不在威权也。世人不知白性,乃以威权迫众而奴役之,悖矣。净白为主,垢白为奴,白为主,尘为奴,乃天演之公例也。夫一切尘物,本无自性,依白有性,故唯白是俸也。彼奴婢依主以有食,官吏依君以有禄,尚竭心力以俸之,况依白而有性命乎。人有恒言,皆曰性命至重,又曰相依为命。然则众生之相依为性命者,众生之所必俸也。《书》曰民非后罔生,吾曰民非白罔生,盖众生本无自性,因白乃呈,一合中和,其性两消,吾固言之于前矣。既依白得性,亦由白受命,故《书》曰:"维皇上帝降衷于下民。"《诗》曰:"受命于天。"又曰:"有命自天。"命者主也,受命者奴也。,奴所以俸主也。于是,尘必俸白,垢必俸净。蜂俸其君,而挟虫俸蜂。鸟俸凤凰,而麋鹿俸麠。猫随狸而俸之,畜随人而俸之。或贡其肉,或呈其用。或形拘而致之,如驼必生鞍。或性锢而使之,如犬必依主。天之遣垢俸净,而供白之役如此,此远取诸物而知之也。既远取诸物而知之矣,再近取诸身而证之。白为上贵,心为之调血以涤之,胃为之轮精以养之,手足为之捍卫取物奔走劳顿以保之,四肢百骸之构,纯以为此白故也。故人一净白,而万物供俸,前之所谓徕养者,物自来养净白之形,不用智谋力取也。今之所谓物俸者,物自来供净白之役,不用刑驱势迫也。孔子曰:"为政以德,譬如北辰,居其所,而众星拱之。"德孰有大于净白哉。宇宙中白尘之感孚如此，孔子净白，而弟子从服；尧舜净白，而百兽率舞。天下将治，皇天必命净白，以作万民之君师。万民俸之，如水归海，岂待征战以求哉。垢白为奴，净白奴物，定义也。物俸自在，又曰主宰自在，盖白者上为宇宙之主宰，下为世界之主宰，于众生为周身之主宰。奴使六根，于睐族为九级之主宰。奴使四类，百姓白净，得净白之最者为之君；一家白净，得净白之最者为之长。人欲争天下之权，孰若自净其白，而为宇宙之主宰乎。将视天下如蚁穴不屑计也，规规琐琐者闻此必大骇焉，而不知权全在我，比肩皇天如反手也。是以物必俸白，为理至着。豕既夺草之土壳以成其土壳，人又取豕之土壳以组其土壳，故豕食草人食豕，一运而已矣。宇宙万有，别无二物，皆唯白所变。垢白形丑而又多，以俸净白，适足其用。垢众净少则赡，净众垢少则乏，天之为制至当也。人如净白，即不求物俸，而物必自至，此惟上智知之耳。高僧在山，山神供役，信也。

英圣白在（白福十四）

十能皆庸，英圣在白。

释：英圣白在者，英圣自在也。言作英雄圣贤在白净，不在才力也。吾素不齿世之所谓英雄者，以为多私欲而昧性命，害己害人。然而，野心俗子多贵之，吾是以因而正之，不废其名，惟稽其实，就众志以顺导之也。英者明也，妙觉通道之称。雄者强也，任仁胜欲之谓。孔曰："大智大勇。"佛曰："大明大雄。"此乃英雄之真，即圣贤之别名也。世每病佛教之柔，以印度之亡，藏蒙之弱，皆由于崇佛。吾故欲因而振之，以正世界。纳英雄于净白之途，成其智仁勇，三达德，而后用之。真英雄，明心见性，上迪天命，下施普渡，以治国则法度合天理，以治军则仁义合师贞。顺天理则永宁此万方，得师贞则无敌于天下。老子言净白之效力曰："入军不避兵革，入山不避虎兕。"佛子力伏龙象，岂柔弱之迂僧所及哉。佛言若被，怨贼扰各执刀枪害，念彼观音力刀寻段段坏，此固极端之言。而诚者实能之，不诚者则不效也。然而，默默之中，神明拥护，牧野之役，则曰毋作神羞；鸣条之师，则称天命殛之。夫以成汤伊尹之明，周武太公之哲，其智慧卓识，迥出人上，决非迷信之流也，犹然舍人恃天，史称无敌于天下，非英雄之大者耶！荥阳之风，滹沱之冰，英雄成功，天也，非人也，恃天、恃神、恃净白也。是以回祖起自草莽，一挥而欧亚从风，能著经典，能建宗教，能正哲学，能修政治，能革礼俗，能整军旅。中外古今之英雄圣贤，文武兼资，以帝王将帅而兼教主者，折衷于回祖，可以谓之全才矣。其言曰明真主之理，压倒天下之英才。至今回教巍然，千古不废。彼乃自三年禅寂，净白之功所成也。吾所以不敢偏轻五教者，诚以各有精神特卓之处，而又咸本于净白。以回祖振净白英雄之气，不亦可乎。中国炎帝战版泉，黄帝伐蚩尤，皆圣贤英雄之楷模。不净白不能成霸王之器也，以净白而胜垢白如水之胜火也。今之净白者，如以一杯水胜燎原之火也，不熄则谓之水不胜火。净白无敌，非气魄之伟大者谁能任之？中国秦汉以后之帝王将相，一邱之貉，溷底之蛆而已矣。私欲膻秽，动谋一姓之永祚，六尘之丰富，前五识中一幺虫耳。污天秽地，掠民胁臣，如不反而净白，旋起旋灭，再百万年亦无太平之望，永埋万姓于私欲之窖中，徒多蛇蝎之残杀而已矣。夫以五根之乐比净白之乐，如以蠛蠓比神祇，有不可计算之倍数。而垢白之伦蔽于蛆壳，百教不悟，若不大倡净白之教，世之英雄，皆多粪蛆而已矣。人有九壳，蛆加四级，又相去不能以寸耳。果一反求于净白，视帝王不过蜡蛾之雄，有粪不可胜食已矣。乃因以立教善政，以成众生之白，咸登彼岸，以成众生之形，永享太平，称为英雄，诚英雄也。然后厘万代之纲纪，建两法（入世出世）之规模，天下之福无穷期矣。外动内静，勤政用兵，何碍于真禅？天下大乱，英雄将出之时也，吾是以首正其基焉。成己成物，纯恃英雄，世界巨福，以此端本。为英雄者，必学圣贤，英雄圣贤，获福无边，圣贤英雄，造福无穷。兵临天下，不逆昊天之仁，泽及万民，不为妇人之仁，以此为福之大成，穆清宇宙，功化神明，福祉无垠。夫初基之才，本应废人事而修静谧。然而，家亡国破，我为鱼肉，亦不得专心于颐养矣。必有英雄用明不染尘，用武不贼性，以庇荫庸流，俾得休息。然必秉天下之钧，而不取一芥之私；握五洲之柄，而不营一毛之欲；洁身进奶，还我真如。吾心已有乐，焉用外尘哉。非通净白之理者，其孰能光洁如斯乎。兹而后英雄出矣，诚于救世，别无他图，岂有永乱而不治，岂有人中尽无明！盖天补地之英雄，其将闻吾言而投袂起矣，跂予望之。夫振蛆者不蘸粪而分其味，振蚁者不据穴而尸其贵，见性命者视世福如斯，故能造福无涯也。一毫私欲，流毒千秋，功不偿罪，何福之有？《诗》曰："乐只君子，民之父母。"言有内乐之君子，可作生民之怙恃也。求乐于外，未有不殃民者也。英雄云夫哉，狗彘云夫哉。知白者，视秦皇汉武，一幺蚋耳，乃大真英雄。

无刑白在（白福十五）

十刹多刑，无罚在白。

释：无刑白在者，无刑自在也。言免天灾人祸，物害鬼祟，惟净白者能之耳。吾尝谓海国物质文明，污白纵欲，必有天灾人祸，物害鬼祟。果哉扶桑之地震见于前，苏俄之剧乱踵于后，皇天刑人，应垢白来，不可思议，亦可思议。垢白必刑，刑以涤白，有疮必割，有病必药，又何待于思议哉。证之以古训曰，皇天疾威，天笃降丧；又曰天命殛之；又曰天夺其魄；又曰天讨有罪，五刑五用；又曰天降丧乱，饥馑洊臻。明训昭昭，而蔽于六根之中者不信也，曰吾未见天神之执斧钺而来巡也。受诛而不知，逅愍而不察，岂不哀哉。然而，近取诸身，爪发不能达白，则常剪；茧痂不复传白，则刮去。远取诸物，凡背天者，刑戮必重，故鱼以背向天；杀之者极众，草以尾向天，杀之者尤多，禽兽以脊向天而首微昂，则杀机于是夫稍减；人直立而通天，杀机无矣，所以间有劫运者，倒植合物之所致也。由是观之，杀机之增减，纯恃白之垢净，不可改也。比之十级，愈降而杀机愈甚，此其故岂不彰于皎日哉！故禽兽虫鱼，百计营免，而不可得，即以白性内判。逆子何能不夏楚，大怼何能不惩创？如此则考于觅理四门，皆知垢白必刑也。皇天所刑，谁能护之？进证妙理，人之白动，皇天感之，以传于元，第次下达，及于水土，劫运之来，不可救也。内则白动，而先感于由，由由而传之于鬼，由鬼而达之于身，疾病之来不可救也。七情动中，百疹外著，医家之言，眵则疽发，喜极肝伤，非刑之至苦者耶。惟能净白，血气和平，百病不生。惟能净白，皇神佑之，五刑不侵。奚有圣哲及于戮辱者乎！杀人者人恒杀之，害物者物恒害之。内刑以病，苦于鼎镬。外刑以兵，陨其身首。苟一垢白，刑即随之，如影随形，莫能逭矣。水中之鱼，笠中之豕，虽此生无犯律之愆，而因心成带刑之体。建言有之，天作孽，犹可违，自作孽，不可逭。自作者，白作也。人不知刑戮之来，纯由白垢，乃百计以营脱。保之以兵，兵愈多而刑愈酷，楚项、苻坚是也。保之以财，财愈丰而刑愈重，石崇、元琛是也。依势以为固，则兵伏冰山之下。迁地以避辟，则刃随迹影而来。穷尽智力，终及于祸，不如其已也。老子曰："含德之厚，比于赤子。鸷鸟不攫，猛兽不搏。"以至人无死地。故《传》曰："凶人不终命也。"至人净白，凶人垢白。苟为至人，何地不安？苟为凶人，何地不危？人谁不欲免于刑，奈何自就死地也。佛曰："观自在，渡一切苦厄。"观自在者，观白在也。

乐国白在（白福十六）

十居皆苦，乐国在白。

释：乐国白在者，乐国自在也。言极乐国土即在白中，不必向西方求也。万物皆备于白矣，反身而诚，乐莫大焉。宇宙全型白中铸之，岂独西方有乐国哉！见吾白之乐国，即见西方之乐国也，若谓吾鼻么么不能容大国，岂不知数学之理分子，可增至无究大以合于空，则分母亦可增为若干大以合于空乎！吾一净白而刀兵水火之中皆乐国矣，不见夫同室而居乎，不见夫同席而食乎，同同无异宜若苦乐之无别也。而心休休者自于于，乐固在心也。心颔颔者自蹙蹙，苦固在内也。一念清凉极乐国土也，一念烦恼地狱刀山也，今生苦乐，全恃于白，寿终苦乐，因白投境。《楞严经》所谓自熏成种者，即白熏成种之理也。百年熏成罗汉种，焉得不入乐国哉。是以真境居净白，染三洁即居净土，染三清即居天堂，染三粗即居人世，皇天之判旅等，纯以区白之垢净也。众生因由而带鬼，如因罪之轻重而带缧绁也，缧绁所往，身即随之，失其自由，听彼牵曳；缧绁为磁，必投铼铁，缧绁为芥，必投琥珀，自然之感召也。我今投此五浊恶世娑婆秽土，非因白垢即由愿力，如因愿力入溷何伤？如因白垢，此浊世中可久居乎，不如净白永迁乐土。今夫筑万里之城，建五柞之宫，土木未竣，魂魄已亡，梓匠方鸠，寒灰已葬，若是之营广居者，岂若营于白中哉。营于白中，一建而永不拔，一成而永不败，无大不立，无美不备，茅檐一坐，万厦斯开，清净无为，百堵皆作。谚有之曰：书中自有黄金屋，不如白中之有黄金世界也。卵脱一壳，百美皆备，自升高枝，况人脱九壳乎。人者一混卵也，九旅任择，吾岂于白外求福地哉。观相法门，犹余事也，吾白中自有弥陀，如卵中之有禽也。人不似佛，凤卵何常似凤哉！

勋功白在（白福十七）

十劳无功，伟勋在白。

释：勋功白在者，勋功自在也。言伟勋大功在白中求，不在身也。世之俗子，往往以救民之志未捐，出世之法宜缓，此拔本塞源，而欲末之长流之远也。吾将以白救民乎，抑亦以身救民乎。如必以身救民者，力不如牛，肉不如豕，小矣。如必以白救民者，垢白岂能胜任乎？倘垢白而能胜任者，则折臂可以举鼎，剜目可以观书矣。唯白一净，三达德全，以仁爱民恩流百代，以智揆事动理万机，以勇任事，不畏险阻。仁以物施，智以法施，勇以无畏施，此佛之所谓三施。有功德于民也，慈被无外，何其仁也！照破无明，何其智也！任重致远，何其勇也！皆净白之效，功勋之母也。况成物之白方为有功，成物之形直同富俑，草俑无知富之何益？佛言"以恒河沙数七宝布施，不如受持四句偈。"言四句偈，能净白也。《华严》亦云，以三千大千世界微尘数粟米，供养无量众生，不如发一菩提心。菩提心者，净白所发之觉也。以理推之，我即能使亿兆世界，众生安康，不如渡一人成佛，其大小之量悬绝也。是以成白之功勋，不能以成形比拟。今之人虽能靖镇四海，不能建立宗教，终亦蛆雄而已矣。大人伟略，必先净白，皇天望获，能成天功，乃可与天参矣。《书》曰："天功，人其代之。"天功如在成形，何以生人而复死之哉？冥冥之中，大功无外，无头无尾，非俗目所能见也，惟天惟大惟尧则之，民无能名。此其功勋之盛，全在使百姓昭明也。昭明者，白净而觉不迷也。达摩对梁武，直斥其毫无功德。夫萧衍四十年，平治中国，民号无怀，尚不如断臂贫僧。由是观之，功勋在此不在彼，成形不成白，如恩泽加于傀儡也。功勋云夫哉，如出炉入炉仍是杂矿，人不如不造炉冶；如出世入世仍是垢白，天不如不造众生。功勋之有无大小，从此判矣。《传》曰："太上有立德，其次有立功，其次有立言。"此之谓三不朽。立德纯出于净白，立功稍加以际遇，立言专恃于明理，合而计之，净白之效，十居其九矣。不见而彰，不动而变，无为而成，萧齐寂坐，功侔造化，至矣。降而言之，禹稷伊吕，谁非私欲？尽尽始能泽施于民乎。欲建功勋者，其反于白中求之，炼石断鳌不足方其万一矣。普贤行愿，侔尼发心，誓与众生，悉成正觉，净白也。白中之勋，伟大莫京，白中之功，崇于昊穹，谁克与比隆！

阅甫白在（白福十八）

十受皆恶，阅甫在白。

释：阅甫白在者，阅甫自在也。言阅历众甫在白性，不在尘身也。甫美也，老子以真精阅众甫，真精即白也。俗人偶获世福，自以为美。玉食珍馐，丽宫华服，自水只视之，粪中蛆耳，水只享水精，自以为美。玲珑宫阙，蜄气飞腾，自气只视之，粪中蛆耳，气只享气精，自以为美。海上三神，云中五馆，自下袄视之，粪中蛆耳，下袄享粹精，自以为美。瑶琼殿阁，龙凤骖乘，自中袄视之，池中鱼耳，中袄享华精，自以为美。六欲备极，万岁长存，自上袄视之，池中鱼耳，上袄享英精，自以为美。广大高明，逍遥悠久，自下神视之，池中鱼耳，中神以上，既出轮回，百苦俱消，永生不灭，虽不合皇，亦可居矣。夫物之美恶，比较观也，人以菌溲为恶，草木视之以为大瀚；牛以涂泥为污，蟥蛴食之，以为至甘。一级之差，已觉迥异，况逾一等乎。吾一钟志合皇，则宇宙万有，皆菌溲涂泥耳。厌之如菌溲涂泥，以意先驱，秽壳自脱。视身为秽，则身壳可脱也。视鬼为秽，则鬼壳可脱也。视由为秽，则由壳可脱也。故佛子禅功，常以现身九想为解脱之方。盖贱恶此身，视如脓腐，久则因想成真，以离之也。皇天限人寿命短促，万酌千斟，明知其秽恶，不可以久居也。有欲长于此粪溲涂泥中，求不死之药，以永囚守尸之鬼者，倒植之见甚矣。明理者知欲求孔福，不如阅众甫，白与皇同，甫逾六美。吾愿上达之士，纯一求福于白中，视十旅皆么么已耳。

裕后白在（白福十九）

尘谋不继，裕后在白。

释：裕后白在者，裕后自在也。言欲裕后昆在净白，不在尘谋也。夫达人之见宇宙为公，身且不私，何有于后昆？而污俗相沿，此情胶固，吾是以从而正之。若曰人固不当为后昆谋也，即降而就俗，为后昆谋，亦宜以净白为远大之业云耳。不见夫嬴政、杨坚乎，欲为子孙谋粪一窟，终不可得，而反以族灭之。以示后则法不足以养白，以眩伪则业不足以养形。上视伴尼之于罗睺罗（伴尼之子），相去不啻天渊矣。世俗徒见佛胤之奴于英也，为之叹息恸恨，悼空教之不足以敌野蛮，而崇佛之志衰矣。不知白自为白，壳自为壳，后自为后，佛自为佛，不相干也。合皇则宇宙众生皆子孙也，何分于天地乎，何分于英印乎。庄子视子孙为遗骸委蜕达矣哉。更为俯就俗情，而代作痴想。吾亦宁使子孙为孔、颜之裔，百世奉祀而罔替，不可使子孙为富贵之族，一群豚犬而骈戮也。今也桀纣幽厉之后嗣，虽出自血胤，口羞称而谱必避也。尧舜孔孟之后嗣，虽非其血胤，口必称而谱必述也。裕后不裕后，其关于天爵者如此，其关于躯壳者又如彼矣。推而言之，气机感召，龙恒生龙，豕恒生豕，净白所感，其子孙之白亦净。生子如刘邦，胜于遗之以山河万里。生子如孔老，胜于遗之以世禄千秋。《传》曰："圣人有明德者，其后必有达人。"信斯言也。是净白固有种矣，以净白之种遗后昆，其裕之之法何其巧也。嗟夫！尧帝之后何其多帝王，是外之实所以大之也。天曷不生刘秀于王莽之家，又不尝生李渊于杨坚之族，皇道安排，不许以天下为私，其故彰矣。人各净其白而已矣，毋矜矜于后昆为者。天不负人净白，则功德及民，功德及民，则后昆必裕。慎无留意于后昆，住相则生反果矣。至于王氏三槐于公大门，又似天之可执者，是其初意不起于裕后，而自信天道之有宰也。审此意也，可以裕后矣。达人安心于净白，源浚流自长，根深枝自茂。不裕之裕，乃所以大裕也。

学富白在（白福二十）

染智无明，学富在白。

释：学富白在者，学富自在也。言博学鸿才，在净白不在染智也。世有欲以博闻强记，作通人而夸俗士者，徒以自没其白性于书海中耳，又奚能达乎。以成己则杀己之性命者也，以教人则杀人之性命者也。复文不增义理也，多染不益内明也，愈涅愈厚，实障皇灵。不知皇天如大磁，旅白如小磁，苟无他障，未有不直指大宗者也。观于南针，可见其概略矣。白既已直指皇天，而血液轮回，又日夜激白旋进，一旦近皇，大明立现，如目近日，岂有不彰？故《易》曰："无思无为，感而遂通。"佛亦曰："应无所住，而生其心。"若思于书，为于文，日有所住于简册之中，斯自闭明也。故六祖不识一字，达摩不立文言，耶稣回祖静久而天使来呼。一朝渊源洞开，惟使伏案迂儒瞠目而惊怪已耳。故硕哲通才七养而三学，养以净白，学以染外。学问之道无他，求其放心而已矣。放心者放白也，以放白求学，如剜目观花，刲耳聆乐，不已敝乎。故愚人求明，食人牙慧而益愚；智人求明，观我白在而大智。通天之学，纬地之才，吾白中应有毕有，即偶尔以白读书，亦不可以书来读我白也。龙树菩萨一时读尽世间册籍，或以为诞，或以为奇。吾以为非诞非奇，果能白体尽净，妙通宇宙可也。五车四库，直糟粕耳。

极乐白在（白福二十一）

完全众福，极乐在白。

释：极乐白在者，极乐自在也。此就福而言极乐，谓净白而后能享极乐之福也。言净白自乐，垢白自苦，白性之中，无苦不离，无乐不全也。无乐不全，即无福不全也。众生之统志，不过趋乐避苦而已矣。颉圣知此统志，广博无极，普被无遗。特示以白中为乐，傍枝则丝之正谊焉。人有恒言，皆以自在为快乐。此语虽俚，精义鸿深，今试详究乐之所由发，有外来内生之二大别焉。渊渊穆穆，清明在躬，天机洋溢，欢慰无涯，内乐也；看色闻音，嗅馥尝甘，外乐也。天地一粪堆也，此中又奚有乐哉！如以此中有乐者，则剜目看色，剺耳聆音，劓鼻嗅馥，割舌食味，剥皮衣裘，亦有乐矣。是五者无乐，则知乐之在内，不在外也。乐既在内，不在外，而又因外物以生乐者何哉？内瘾之作祟故也。内有其瘾，外乃乐焉（见外乐图）。何以证之？物无常乐，以此知之。如物有常乐者，则必有一物焉为白所乐也。倘有一物为白所乐者，必凡有白之物，共乐此物而无异矣。若有一物为凡有白者所共乐，方合因明三支之法之正喻，尚未探及异喻也。遍考万物，蛆蚋甘粪，人恶其秽；茶虫嗜茶，牛恶其苦；鹰鹯嗜肉，鸠食则死；女子好麝，蟹嗅则毙；壮夫艳女，鸟见叱飞；世俗贵锦，鱼卧燥杀；帝位崇荣，雀集则骇；乐音了亮，鱼听则沉。历历而考，物物而数，惟有浮气，与夫饮水，地上睐族，莫不同乐，因其身同为气水所组也。身中无气水之金石，则亦不乐气水矣。以此决知万有无常乐，内瘾合外尘，则以同同相引之故，而感伪乐也。蛆身为粪精所组，是以乐粪。虫身为茶精所组，是以药茶。人以初生之淫瘾，粘附于鬼与身之间，是以乐淫媾。由鬼与身，藏有痔症，如烟（鸦片吗啡）瘾癖，一熏于身，吸烟则乐；如无瘾癖，烟本苦毒。彼万物既以同同相引而后生乐，

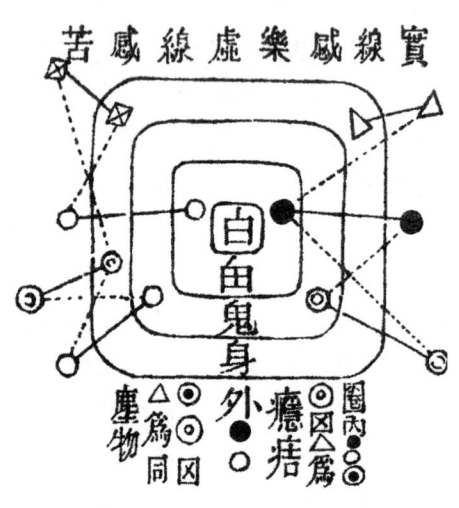

外乐图

白本合皇，得皇大乐。皇满于空，合空妙乐。佛言初禅离忧，二禅离苦，三禅惟是寂悦妙乐。盖初禅则白乐始达于由鬼，离情意中法相之瘾也。二禅则白乐进达于身体，离三粗中六尘之瘾也。三禅则白乐沛然贯彻，内外俱融，而瘾根脱尽矣。此乐由白发之，次第可证，必合空合皇，而乐自在也。自在者在白，不在尘物也。孔子曰："饭蔬食饮水，曲肱而枕之，乐亦在其中矣。"耶稣曰："上帝耶和华以极乐赐其爱子。"回祖曰："寂哉妙乐。"又曰："至乐天方。"同此白性乐天之义也。白即天也，得白乐者，谓之乐天。故外乐断，内乐生者，必证神果。周子教人嘲风弄月，寻孔、颜乐处，其理虽未详言，得道之结精矣。陶渊明曰："乐夫天命，复奚疑。"入圣流者，莫不以断外乐，生内乐，为独桥专户。白中之乐，自全于天，惟斯大君实享之。若乐在三洁，是馋宰相之残炙也。乐在三清，是乞奴仆之余羹也。乐在三粗，是饮牛马之溲渤也。可哀也哉，奚自贱乃尔耶。自贱者，白贱也，众生本趋乐避苦，以此故朝夕营营。此志至正，皇天亦许之，奈何自失其大者、真者、永者，以陷于苦狱耶。吾知得乐，全在白中，既已得乐，亦又何求？闭户而乐于帝王，则已真为帝王矣。抱膝而乐于神仙，则已真成神仙矣。休矣，至矣。

如意白在（白福二十二）

大欲必得，如意在白。

释：如意白在者，如意自在也。言所求必得，唯白中有此威力耳。夫宇宙全福，有三道以致之，一曰无意自至，二曰正法诚求，三曰私心显谋。无意自至者，自净其白，万福必来。其福孔真，其来不求，其享不去，而非俗目所能见也。偶或见诸尘相，如尧备三多，禹受九筹，是其余波，非志之所取也。正法诚求者，如观音品经之所云，欲求寿者，即得长寿；欲求宝者，即得多宝；欲求男女，如意而生；欲求康宁，如意而获。何天从人愿，若斯之顺，竟如影响相应耶？《书》曰："天矜于民，民之所欲，天必从之。"既云必从，是天之不违人愿也。以观自在之正法求之，夫焉有不得者哉。从天之愿，天亦从其愿。从人之愿，人亦从其愿。理既已通，事岂不合？私心显求者，既求于前五识显相之中，已逐末而失本矣。又求以自私心，劫掠而得，更逆天而犯命乎。皇天之司命，如君王之司权也，官可必得，须奋志于萤窗，凭才以取之，爵可必得；须努力于功业，凭勋以取之。若夫诈欺贿买，强攘横夺，虽君王必执而诛之，况于天乎。逐末失本，则遏狂澜于奔流。逆天背命，则胁皇神如屠主。论之常理，奚可得乎。世之求福者，何以异于是？是以欲求长生，百计自保，不可得焉；欲求裕后，百计周防，不可得焉；欲求永富，百计权量，不可得焉；欲求令终，百计备御，不可得焉；欲求康安，百计窥避，不可得焉。甚至贫乏，求担石之蓄，难于登天；死亡求寸晷之延，难于超海。公权剥夺，竟至此哉。人亦有白，宁独无分于宇宙中乎，是使人毫无自由之权也。人曷不因名求实，而反思之自由者，白由也。唯白自由，无求不遂，谁敢剥夺其公权哉？八白为公（古公字），苟能分白公权全复，虽宰制宇宙可也，何求而不得？我白我净，天地鬼神，莫我阻矣。一净白，而我之所欲求者，罔有不至，其为福也，非今之思议所能及，盖世物不可以名状也。人于世不过欲富贵为帝王，而净白迥超于帝王之上，不可以倍计。人于世不过欲永生经万劫，而净白迥超于万劫之久，不可以数算。过此以往，何意之不如？然而，佛独谓净白无法，何耶？无法是无意也，意且无矣，又何能如？无乃以无意如意，无意自至，正上法也。无则如之，如则无之，不求而得，不思而成，大法之真。以净吾白，斯为至诚。无身为，无心为，是大清明之旨皈。夫人以九尘九壳，锢若重囚，闭如螺蚌，意之所欲，百不遂一。彻其三粗，权复其四（十分之四）。彻其三清，权复其七。彻其三洁，洒然自得。自得者，白得也，则是公权之恢复，可列筹而算也。计不出此，而欲以人中权力，劫掠百姓，肆无忌惮，取而民莫不与言，而民莫不顺，矜一日之如意哉。皇天怒曰：若而人者，不可使如意。故意子之必孝也，子反弑之，出其意外。意母之必慈也，母反鸩之，出其意外。甚至父食子，弟屠兄，一家胡越，四体参商。凡出人意外之祸，多兴于纵意之人，故复理其所为宇宙雄，岂皇天之不从人意哉！白王无仇于众生，随意所欲不逾矩，自然无不如意矣。非净白，其孰能如斯乎。净白如意此义也，建诸宇宙而不背者也。

总结白福

斯二十二，福与皇齐。白即天也，不可怀疑。自求多福，巨大莫稽。

释：统前二十二白福而言，犹是尘中之管窥蠡测也。极乐如意之中，妙不可言，欢不可谕。如与人言，亦如与醯鸡说天地，与蛆蚋说日月也。吾亦穷于哑人谈梦之伎俩，不可以言尽，试为略陈万一，已可惊可骇，令俗子拼舌不下矣，而况求无不得全权在我（见白福图），虽天地鬼神不能夺也。吾昔疑成佛之难，以为恍惚离奇，无有把握。今乃知迷人之障，不过一纸之薄，觉我之方，已列万象之多，特怪人太不循理耳。惟理生于白，不知白何由觅理哉。净白者住世万福，寿终万福，其福孔大，莫可比拟，求而得之，包罗宇宙。耶稣曰："唯依主能全真福。"回祖曰："天方弘祐。"岂人中之污垢所可喻哉！斯为极高之的，无上之志，可以成己，可以成物。夫人知朝廷之有爵禄，则不耽少小之偷惰。知暮岁之宜丰养，则不肆壮盛之淫奢。况知净白之后福寿无边，住世之期朝菌有限，岂有不勤奋修养，以成此载福之真身哉。知此而众生之休祥，不可胜享矣。知此而世界之永宁，不可中间矣。如其以尘重白污，则永罹祸毒，自丧多福。免祸求福，莫净白若矣，人谁不欲求福，水谁不就下流，障之故也。彼自迷信，反谓佛迷，哀哉。真欲得此二十二福者，何不反而求诸自性中也？彼自性中宁独无有光明乎！蔽于欲，汩于秽，一蹈而再溺，堕落不知其极矣。我怀悲愍，普度无遗，爰垂涕泣，忠告来兹，既知净白之福，如知蔗之甘也；欲树而食之，必先知其性；知其性，则可以顺而育之。乃述白性之德如下。

白性┬真如○解脫○逍適○長壽○和合如意
　　├福徠養○神通○自化○他化○妙形極樂
　　├廣大○尊貴○物俸○英聖○無刑在白
　　└德樂國○勳功○閱甫○裕後○學富

白福图

白性智（白德一）

　　进稽白德，三达为纲。为智之源，如日发光。

　　释：进言白德，智仁勇三者，其德之总纲乎。智以辨理，仁以爱物，勇以任难，有斯三者，成己成物之要素备矣。今夫人之所以害人害物者，以三者不足故也，苟足矣，何害之有哉？故孔子以智仁勇为三达德，侔尼亦以文殊为大智，普贤为大仁，金刚藏为大勇，而开《圆觉经》之义，可以见儒释同宗。三达德，信为万善之首也，然三达德又必以智为前导。智如目然，目以知路，智以知道。知之真切，行必随之，人岂有见陷阱而投之，明知为鸩酒而饮之者乎！陷阱鸩酒，不过伤形，比于污白，害不万一，尚不肯明知故犯。若一知白之宝贵，万倍于形，虽丧失肝脑，不敢自污。如此则万善全，而诸恶远矣。实则知难而行易，知善不为者，未能真知之故也。凡蹈于恶者，皆因有未必即害之犹豫，而后误入焉。视陷阱未必非幻影，视鸩酒未必非醇醪，偶一尝试，万劫沉沦。其或口头之知，非诚意之知也。若有谓行难于知者，吾将使之投陷阱、饮鸩酒矣。若挟太山超北海，信夫行难于知矣，而修德行道非其类也。是以智之所及，道德从之。信夫般若（智也）为六度之首也，以智冠达德不亦宜乎，因先证白性智。

证白性之智者，易如反掌。白为发觉之真体，出理之渊泉，焉得而不智哉。所谓智者，觉性强之谓也。尘物无觉，无有自性，皇天众生，有知觉者皆凭此白。如月无光，镜亦无光，所以有光，皆凭于日。何以知之？见前物理增一分小相，即呈一异形，合二异形，则失其故性。减之又减以消增，合之又合以祛分，必至惟一，乃是净白，则知唯白有觉，唯白有性。白之有觉，如日之有光也，光犹有二物能发，不仅日也。夜珠烈炬，不亦能发光乎，惟知觉独白能发。白无分别，不能判为二物。皇天如日，旅白如镭。日质即镭，镭即日质。皇质即白，白即皇质。故曰唯白惟能发觉也。日发光，无蔽必大明。白发觉，无蔽必大智。更何待证？日无光明，丰蔀遮之。白无智觉，尘物蔽之。更无他物，能助日以显光明，去障则光明。亦无他物，能助白以昭知觉，损极则智觉。成佛合皇，纯白遗形，则智觉圆满矣。吾见有盐者皆有咸味，因知盐之必咸。见有水者皆有湿气，因知水之必湿。见有白者皆有觉，因知白之必智也。智为白之本性，复何疑哉？回祖曰："真主原智不以心，故无所不知。"详见《理海》，兹故略之，以下三十章亦同。耶稣曰："惟求智慧于上帝。"吾白即上帝也。

白性仁（白德二）

为仁之体，长生慈良。

释：白以仁智，二性为本，勇且为仁智之附，而况于他乎。仁者必有勇，勇固仁之附也。白有生识、带相二义，以生识言谓之智，以带相言谓之仁。知之觉体言，仁以生机言也。谓生识者，言能生出知识也。谓带相者，言能携带尘相也。夫生既为仁，而众生有生必有死，死又岂不仁哉？决仁之定义，近皇为仁，远皇不仁。一生一死同一，向皇而进耳。向皇而渡，上舟为生，下舟为死。毙物命则为不仁者，因坏其未舣岸之舟也。若论真理，污白方为不仁，杀身乃不仁之次也。如入关出关，同一前行，入关则关内见之以为生，出关则关内不见以为死。吾不敢以在囿之识，决仁不仁也。赴皇则乐，违皇则苦，拯苦即乐，大仁之本旨也。白皇相引，以就极乐，故白性为大仁学者宗之。因名凡有生机者为仁，桃仁、杏仁以此得义。手足麻木，白性不达，谓之不仁，仁之义亦显矣。尤且白实同皇，皇之德，白之德也。大父无不爱子孙，净白无不爱众生，同气相求，白爱白也，十仁（见后章）十智相已呈矣。有诸内必形诸外，如无其性，奚有其相哉。白性纯仁，无可疑矣。如来白也，亦号能仁。孔子曰："惸惸其仁。"老子以仁慈为三宝之首。回祖曰："大仁天。"耶稣曰："满仁慈。"仓颉曰："白大久（古仁字）为终（夐同）。"白即夐也。白为人中之觉体，夐为人中之真人，真人即觉体，同实异名也。乃知古圣名物，其义理之精当如此，吾益以信白性之必仁也。

白性勇（白德三）

为勇之本，强毅刚方。

释：证白性之勇于世间法，则曰：见性之人，厌身如赘，惟恐不去，何恋之有？一切尘物，亦如是焉，无所爱惜，何所不勇哉？不勇之念，死生祸福之念害之也。《阴符经》曰："君子得之固躬，小人得之轻命。"言君子知三粗五贼之害，则固其躬以救世；小人知三粗五贼之害，则轻其命而敢死。然而，视死如归，犹狭义之勇也。孔子取勇，则以中立而倚为强矫之最。然则，观于十级之相，白愈净者愈中立，则是白性为大勇也。夫绝尘无欲，勇孰大焉。孔子斥申枨曰："枨也欲，焉得刚。"是谓旅白之不勇，非白之性尘欲累之也。前已证尘欲外乐，不在白性之中，则勇为白之性，怯为尘之性也明矣。刚之为言勇也。佛曰："观自在，无恐怖。"是见白性，即大勇矣。有白在则无恐怖，白不在恐怖生矣，宁非勇性全恃于白哉。况真境无贼，真体无伤，得此真如，一心不动，孟子之余绪，过孟贲远矣。勇以任仁胜欲，六度之中居其二焉，即忍辱精进是也。忍辱者损极之勇也，精进者益极之勇也，岂不重哉。一勇而净白之功可操左契，以白性净白顺导也。

白性诚（白德四）

为诚之极，四伪（受想行识）消亡。

释：诚无伪也，真如白在，何伪之有？有尘则有伪矣。颉圣之作字也，人为为伪，人不为，则听天为也。天为引真，白动乃真，无住生心，无思感通。诚者皇之道也，思诚者人之道也，诚者不勉而中无身为也，不思而得无心为也，是白性自发也。观自在无受想行识，受者消极之人为，行者积极之人为，斯二者皆身为也。识者损极之人为，想者益极之人为，斯二者皆心为也。身亦不为，心亦不为，统任天为，无人事也。无人事犹其粗焉者也，必无鬼事，无由事，而后诚之极也。如此立诚，岂不胜于十目视，而十手指哉！意中有十目视，而十手指之相，是修饰其由，以对鬼也。由如寝，鬼如庭，吾谁欺欺白乎。知白之不可污，有意则污之，尽撤八识，其惟至诚乎。至诚之发，唯白与皇契合之真，洁由以对越神明犹曰伪也。纯金无伪，世界通行，纯白无伪，宇宙通行。不为秽事，何遮于人目？不起秽思，何隐于天心？凡人心动，皇先知之。见白性者，方知一念之微，上帝洞鉴。祸福之来，切于影响，宁敢有斯须不诚参杂其间哉！自诚明，谓之性诚，固白之性也。

白仁智合（白德五）

仁智骈行，乃白之章。

释：白性既仁且智，则仁智不离，相称而发，何以有仁而不智、智而不仁之人哉？人中之曹操、李林甫，智明过人，何以不仁？物中之狐狸亦然。人中之曾参、高柴子，仁德过人，何以不智？物中之貂鼠亦然。曰仁而不智，翳蔽垢遮于外也。智而不仁，浸混垢塞于内也。白之有仁智二性，如火之有热明二性也（见仁智分图）。仁以比热，智以比明，然而隔

仁智分图

釜之火，热而不明；隔罩之火，明而不热。又如日然，近而云封则热而不明，远而晴空则明而不热。人既同形，而觉则迥殊，亦鬼几同，而由大别也。是以不仁之祸大，不智之祸小，翳蔽易脱，浸混难消。知此而修省之方密矣，推之十级，愈上而仁智之相愈合。二垢为障，切毋疑仁智之发于二源也。

白性诚明合（白德六）

诚明并极，乃白之常。

释：孔子曰：诚则明矣，明则诚矣，是诚明本合一而不致相间也。然此惟极净之白能之耳。若白稍垢，则仁而不智，斯诚而不明矣。智而不仁，斯明而不诚矣。诚非真诚则害明，明非极明则害诚。此非粗心者所可审也。细而究之，明知皇天之赏罚而后为善，则是法相、我相两呈矣。然又岂可别立一法，我以破此法我哉！此法我去，而彼法我来，循环不可胜穷矣。不知皇天之赏罚而自为行，则是真理、真事不明也，然又岂可妄测一事理以混真事理哉！妄事理立而真事理迷，差池不可纠绳矣。诚明之难合也如此，知皇天之必正，而矫枉以为善，如知君王之好直，而以犯颜为取媚之术也。心发于私与非发于私，谁能辨之？欲避为我之心，强作忘我之念，作伪之技，益出于大明。譬如丈夫多智，求忘己名，己名如忘，诚乃能立，不亦无从着力乎。然而，白之真净者，则易举之如反掌，此妙又奚能言哉！诚明合者已合于皇矣，皇天即我，我即皇天。不问有赏，不问有罚，不问是善，不问是恶，天之所存我斯存之，天之所为我斯为之。白内动而皇外顺，先天而天弗违。皇外动而白内顺，后天而顺天时。无天无白，无顺无逆，无善无恶，无丧无得，不识不知，顺帝之则，功用久诚，自能得之。若从诚入，一心皈依，铭肝刻脑，念佛至梦寐不忘，志经至神魂俱往，不过己心之私欲，贪佛国之乐云耳。不悟其理，是害明也。又由明入，格物上达，性相了晰，内探至八识洞鉴，外索至十刹周流，不过己心之私欲，贪皇天之赏云耳。不离故意，是害诚也。由此论之，法相不能以早破，亦不能以故破。瓜熟蒂落，疮痊痂落，诚明既久，自然纯练，不可以袭而取之也。诚明合则无道矣，已证真境合于皇天，又何道之有哉？曰性本光热同生，白性本诚明合一。诚明者，仁智之别名也，诚仁明智尽矣。

白性元（白德七）

元而不附（见彰元图）。

释：唯白为元，宇宙无二。《易》之干坤，乃伪元也。一兀为元，元有二义，惟一至尊，无上之上也。曰元首，曰元戎，取此义焉。元首必全国无二，元戎必全军无二，真元必宇宙无二，干坤已入于两仪，安得谓之元乎？又惟一自立，不依于物之谓元。有兀成、独住二义焉，曰元素，曰元始，取此义也。人不细察，动指一物以为元，而不知不全兀成、独住二义，即非真元也。兀成者兀然一元素所成，非二物以上之化合物也，如水为酸素、水素之化合物，电为炭素、盐素之化合物[①]，已非元矣。夫人为白与九尘之化合物，地为白与三粗之化合物，又焉得为元哉？独住者独立不依随空建极，今万有必依于皇，地上六尘众生必依于地，鱼必依水，鸟必依风，地又必依日，日又必依大星，大星又必依所宗，上至三清、三洁，终依于元，元尚有余

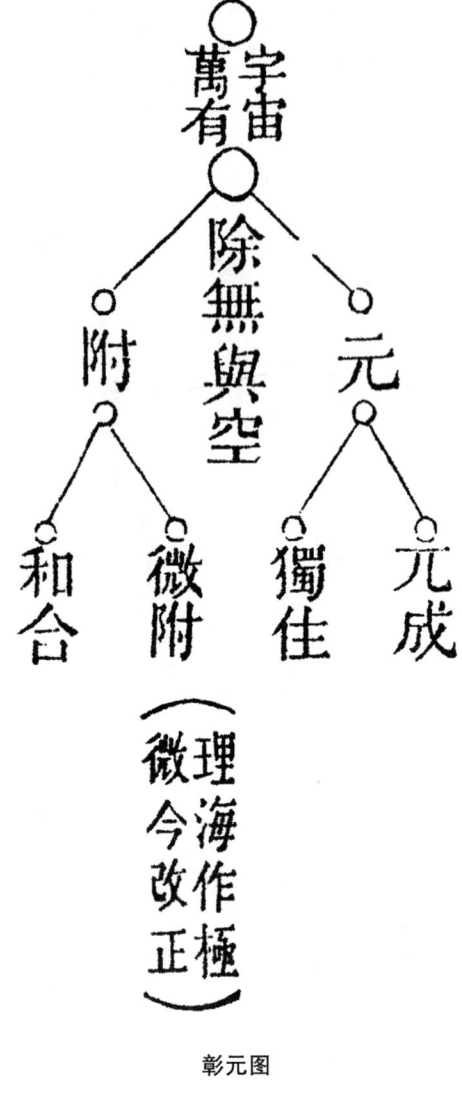

彰元图

依，非净白，谁能建极，而独住乎？方能无所依附于太空之中也。欲考白性之为元，须精密其思，统宇宙而搜括之，以加减索之则得之矣。用规矩格物列目必全之法，列宇宙万有为三，曰空，曰无，曰有。今检除空为非有非无，检除无为过去已减，不加究诘，乃专求于真有之中。又分真有为元与附，非元必附，非附必元，元必非附，附必非元，非附非元，必空无也。宇

[①] 此处有著者眉批："今造电别用他素，但取和合义耳。"

宙之中，惟有此耳，不能强夺。今吾知觉明明有之，自审即得，决不能以为空无，必求于有中，有中又非附即元，非元即附，元即非附，附必非元，此两言决耳。设以白为附，附者依附于元者也，元为兀成、独住之实体，附为微附、和合，依元而立之现相，盖附中为微附、和合二支而已矣。决无有三，亦不仅一，如既非微附，又非和合，又在有中，则必为元为实体，非附非现相可知也已矣。

欲证白之非附，先释微附、和合之义焉。微附者谓其相附于物体中，如光附日，如咸附盐，如吸铁性附磁石，如热性附火，则光咸之性，与吸铁发热之性为微附（即显附亦假名微附）。今若以觉知性为身体之微附，吾此身中或诸分子元素皆能发觉知，或一二分子元素独能发觉知。人死之时，必见此分子元素飞去，然后觉知始失，如日堕光乃减，盐出咸乃无，而不然也，人死觉知全失，未见一尘飞去也。况在今日化学已精，如觉知为某尘之微附者，必可化验而藏之也。则又不能，且觉知之性明发于脑，脑为其体，是脑为日而觉知为光也。脑既可捕，知觉奚逃？而亦不能也。况体大者觉知应强，体小者觉知应弱，如火大者其热亦大，磁石巨而吸铁之力亦巨也。乃又不然，鲸伟于人，蟒修于人，不见其智觉之高于人也，犹且运知发识此有觉知之尘体必动，如手指然，则驰想放思，又不用脑髓之跳荡也。由斯五者证之，决知觉知之性，非尘身之微附现相也。

然则将为和合乎，和合者谓其性附于体中，为身中二尘或三四尘以上之混成和合而生也。如油与火与绳发而为光，是光为油火绳三尘之和合现相也。如炭素与盐素发而为电，是电为炭素盐素之和合现相也。凡和合相者，和合之本体一消，现相之本体立失，则是人死而觉知立幻胆大妄为，造成百恶，此妄见误之耳。如觉知性为身之和合相者，必血液脑髓之化合也，亦可以化学制觉知如制电然。而何以不能也？且火光发而油绳减，电气发而盐素炭消，何人日日发此觉知，又不见脑髓之消减也。即和合现相，亦必因尘之大小而强弱不同，又不见人首之巨于鲸蟒也。再者人死之时，亦必有某尘飞去，元素既失而后和合不成也，何以遍考绝命之人物，从无何一尘质之少于生前也？又凡某尘能为某现相之元质，而必与他尘和合以显者，此现相必依于此尘，何以觉知之性愈空愈着，并不因尘以为雄也，此尚与俗人无智者言之也。若以至理索觉知性，本始于惟一，又将与何尘和合哉！由斯六者观之，决知觉知之性，非诸尘之和合现相也。昭矣明矣，甚矣显矣。

既非微附，又非和合，必是特元。兀成独住，若非尘累太空，任其自由，宇宙随在建极。更考二物互相关系之故，而益明矣，宇宙有一尘九觉之人，则有一觉九尘之草；有二尘八觉之猿，即有八尘二觉之蝶；有有尘无觉之石，即有无尘有觉之神。此粗举略列之数也，二圈既为反比例，是其离也为常，而其合也为偶，因以知尘之与觉乃反比例，不必相须而立，则可以各各永离也（见离元图）。此更简略之解也，而亦明且确，上智者能以因此而彻悟，未足以语于中才也。是则遍索宇宙诸有，惟知觉性为元。天地万物，苟不依元，立见腐涣，亦如八尸，因名此特元为白。至于何故寓于尘中之故，后详说之，兹不更论。白元白元，实成皇天。元白元白，明确不疑。古圣以此作天人师，故曰一兀为元，一大为天。惟皇天为真元，亦号之曰大元，至净之白也。

白性亨（白德八）

亨而不碍。

释：在进而证白性之亨，亨通也，神通之极也。不知白亨者，往往指他物以为亨，不知其为伪亨也。鱼亨于水，不亨于陆。人亨于陆，不亨于水。鸟亨惟恃于风，鬼亨惟恃于淀，仙亨于三清以下，不亨于三洁也。神亨于三洁之中，不亨于一真也。电亨于坚实之中，不亨于太空。鸥通于三粗之境，不通于土内。凡亨境之广狭，纯就外壳之构造云耳。鸥困笼，电在瓶，其通窒矣。老子曰："惟无有入于无间。"盖言空也。然则，合空斯无不通，诚定义矣。凡众生之所以不亨者，土壳碍之，故净能通垢，垢不能通净。今西人属耳目于以太，则全球洞彻。以太气之精粹之余也，其威力之大如此，况三清三洁乎！愈以知白性无不亨，旅白以下视所属者何如

离元图

耳？白净之极，能合太空，焉有不亨者乎！尘物虽伟，岂有能窒空者乎！证之十级，白性亦与空性同，尽净矣，彻宇宙可也。若夫净至某程，应戴某壳而旅某境，某旅之尘，自然来附，与之组根。吾今之目，非南京买镜，北市构［购］球以嵌之也。吾今之耳，非西廛买膜，东集购筒以装之也。竟何故成兹妙器比蚿蚋迥不同哉！一净而自通，净洗白体由己，而装嵌根器由天也。庄子曰："属性于目者，虽明如离娄，非吾所谓明也。属性于耳者，虽聪如师旷，非吾所谓聪也。"言闭白性于耳目之间，斯为不通之至矣。孟子曰："耳目之间［官］不思，而闭［蔽］于物。物交物，则引之而已矣。"耳目所通，决不如白之亨也。孔子曰："感而遂通。"白感皇而通神也。内验于身，目通于色，不通于声。耳通于声，不通于色。鼻通于香，不通于味。舌通于味，不通于香。身通于有践不碍之地。意通于尘矩能测之中。五官各不兼二事，百骸谁克备万能？然六根仅能摄相，纵摄而得之，无有感觉，不能分别，一交于白，即能分别。静而玩之，非目无以照色，非耳无以聆音。照色必映光之镜，纳音必收波之膜。鼻舌亦然，有介乃感。此白本一，不能逐尘而构器。如使逐尘构器者，必构多根多器，以重重复复，叠于脑中，且必重之又重，复之又复。然亦止各任一事，不能总兼诸能。何以一达于白，白无不辨？细察详审，则白之通妙，可惊可骇也，又何待于外考哉！白哉白哉，奇哉异哉，是何妙器灵怪如斯，于此宜积日月之力而深研之。天机神趣，悉发渊源，此所谓观音听色之大法门也。白无所不能通，自无所不能属，譬如长才，授之以笔，则能文；授之以戈，则能武；授之以百工技艺之器，则能百工技艺。宁非逸才之最耶！净白有六通神术，合神通与逍遥而为一，神通能测也，逍遥能入也。每脱一壳，亨亦大增，但换其根器，不换其白也。日无遮必大明，日本大明之宗也。白无垢必大亨，白为大亨之主也，信矣。宇宙之中，唯白为亨，不可尚也矣，不可比也矣，亦不可思议也矣。

白性利（白德九）

利而不钝。

释：前之所谓白性亨者，神通自在，逍遥自在，依此德立。兹之所谓白性利者，自化自在，他化自在，依此德立。此亨利之大别也。利能变化万物，以利己利他，亨仅能通其性相耳。孔子曰："利物足以和义。"孔子视利即义也。孟子斥梁惠王何以利国之问，不如因而正之。不废其名，但正其实可也。引利为义，又何须别立仁义哉。皇天以其白性建造世界，以利众生，众生不见不闻而莫之知也。何不因十级而上推之，白愈净者建造之能力愈大。人白稍净，巧手斯得，而谓神明无手，皇天无手乎。《阴符经》曰："宇宙在乎手。"此手也，神明之手，皇天之手也。丐儿有斗米，臆谓帝王无升斛之粮。吾人有巧指，臆谓白王无造物之具。多见其不知类也。皇天以元为手，可以转宇宙。上神以玄为手，可以运三辰。吾人以土为手，可以斲五材。手必较垢于由壳，其例明矣。人以气精为由壳，则有土手。手较由壳粗二等，而较鬼壳粗一等也。理数之常，气相从之。故一人构想于脑中，楼阁庭院，山河日月，应志从意，瞬息立就。所以未着于地上者，土粗难变也。吾如以玄冥为外壳，偶一纵意，玄冥斯从之，英华亦从之，三粗即来应。如人心诚，而血脉精液应之而动也，以致赪颜泪目汗背而颤首非其征欤。三粗之应白，如此其灵也。《瑜珈经》曰："一切尘物，皆因心想影像所作。"非妄语也。白性之利如此，故有他化自在，自化自在之能，以全其福德。观于白福，此理已彰，兹故略之。记其原理，则曰利之为言速也，曰便也，曰易也，曰饶益于自他也。一切唯白造之理既明，则白愈净者，威力愈显，吾更何疑于神佛之有无？三辰万象，亦已昭然有物矣，必白之所为亦明矣。吾能使吾白，变为造此三辰万象之白，福亦包罗天地矣，其又何求？抑又有所深省者，皇天既仁且智，岂有不因其便易以饶益众生哉。吾但求迪天净白，无烦邃致其窥测。白性最利，不可思议，非至诚其孰能语于斯乎。然而言利之误，性功之微机也。孟子曰："天下之言性也，则固而已矣。"固者以利为本，此一章之旨，谈性功至深切哉。固者以利为本，必求何以利吾白而净之，则私心为源，白遂不得净也矣。迸此念已，方不因明以害诚。孟子之恶凿智，悟至涅槃境界矣。儒者言性言利，其謷透亦有可惊可骇者矣，性利之旨可味哉。

白性贞（白德十）

贞而不坏。

释：贞正而固也。佛云：观自在能得无上正等正觉，是正实由于白，可知白性必正也。又从而比白以舍利，舍利者坚固之义也。是固亦由于白，可知白性必坚也。合此二义，同依于自在，吾以知白性之贞矣。由正之义释之，分别心不发于白性，虽尽宇宙之事物文言而全知之，皆为邪等邪觉，其等虽尊，优伶之服黄袍而俙帝王也；其觉虽明，孺子之观幻灯而骇市虎也。唯白在之观，以真见真，惟我独尊，一成不变，此之谓正也。由固之义释之，老子曰入水不溺，入火不蓺，兕无所投其角，兵无所措其刃。庄子曰："大旱金石，流土山焦而不蓺，大浸稽天而不溺。"皆以状白之固也。白性合空，故金石虽坚，皆可以坏。纵使坚增万倍，于事理终为比较观，于事虽莫能坏之，于理必有以坏之者矣。惟此真空，于事于理皆莫能坏，是白性为真固。试以刀剑割太空，以烈火烧太空，而旋割旋思，旋烧旋审，则知其故可以恍然大悟矣。唯白性至贞，故污之也极难，而涤之尤难。刮其垢极难，而磨其光尤难，且不能伤之，不能死之，不能苦之，不能囚之。惟染于垢尘，则因锻炼其垢尘，而苦毒得以传达于白体。故受杀者肉块，而感苦唯白。受忧者鬼皮，而感苦亦唯白。尘形伤而不苦，白体苦而不伤。白之贞也万寿无疆，白之贞也永建不亡，无壳可脱，安有来去哉。是以山河改而太空不改，日月沉而白体不沉，太空如能改能沉，则白斯改而沉矣。是以《心经》之训，每以空喻白，而后其理着焉。佛言舍利子不生不灭，不垢不净，不增不减，此之谓也。白之坚固，除太空无可比拟矣。岂不至哉，岂不至哉，故曰长寿白在。若夫白垢既极均配尘中，化为蚨身，乃能随尘而碎，则白之能碎，纯因尘害之也。如水不能断，混于面中，可任割切，岂水之性哉！既正且固，白之性贞成定义矣。

白性全四德（白德十一）

四德浑全，永极休泰。

释：故白性兼元亨，利贞四德而有之，美哉至矣，福哉至矣。《易》以元亨利贞为德之至美。今实而考之，干坤屯随，皆不足以当宇宙中之真元亨利贞，其所以假四德之名者，以比较量言也。以地面言也，若穷理阐真，宇宙之中，唯白为元亨利贞。天地有依，日月有阻，神仙有难，金刚有碎，惟不依不阻，不难不碎者，乃真元亨利贞也。比之于人，有完具圣人之才德者斯谓之元，而终身穷困如孔、颜，是元而不亨也。若元而又亨矣，如太公望百里奚，老而后显，是元亨而不利也。若元亨而又利矣，如圣神英雄，早岁显达，而不久淹逝，是元亨利而不贞也。全此四者，人中之极福德也。黄帝尧舜稍足以当地上之元亨利贞，人中万代无复闻焉。然而，比于神祆，已觉泰山之于邱垤矣，求诸尘中戛戛夫难矣。若求诸白中，人人有之，人奈何捐齐天之福德而不取，乃反营蚋窟于冰山之上也，哀哉！吾是以特彰四德之全，以启民志，民志在斯，不竞污俗，群法自正，而天理流行矣。

白性太空（白德十二）

契合太空。

释：张横渠①之学，独主太虚。孔子亦曰以虚受，道家贵虚静，释家贵虚空。回祖亦曰："居虚无天地之中，藐有形天地，如芥子耳。"凡民不察其义，遂以为茫茫昧昧，一顽空而已矣。由此而星相之士薄视空亡，生民厌之，反至贵为至贱，人心之倒植也。殊不知，惟空为贵，惟空为极，不证空性，皆死因也。人苟有以因为贵者，空虚之说可以废矣，空则空矣，何亡之有哉！佛曰："诸法空相，不生不灭，不垢不净，不增不减。"虽有神仙，谁能执空性，而生灭垢净增减之？白性合空，福德至矣。证白性之合空者，于金水土气四层中比之。金中至实而不空，草木不生，则是无空无觉也。无觉即无白，白性不宜也。金亦有白，此就俗而言之耳。土中九实而一空，草木生之，则是一空一觉也，白性之仁已着矣。水中七实而三空，鱼鳖生之，则是三空三觉也，白性之智已显矣。气中四实而六空，人猿生之，则是六空六觉也，白之仁智不彰矣。人如不因此上推，则是愚昧之极，惟恃前五识以为依者也。六七八识尚不可恃，而况于前五识乎。故智者因金土水气四层而上推之，实考于宇宙之次第（见白空图）。六美阶级，秩然。愈空而愈宜于白，可断言矣。太空之中，纯空无尘，与相合者，皇天上佛，纯觉遗形，白之威力，于是全显。吾以此知其运三辰如弹丸，厘万象如振网也。众生昏昏，其智慧不能以测皇天，如蝼蚁之不能测人也。何则？居坚实之中，受尘埋之锢，岂能见昭旷之道哉！故元者初集之尘也，玄者再集之尘也，其密度加元二倍矣，其旅白之类亦增一倍焉，自此以下，次第加倍。佛言真境无集，皇是以不受因也。十境之比，

---

① 张横渠（1020～1077年），名载，字子厚，北宋哲学家。主"太虚即气"之说，认为"气"是充塞宇宙的实体。其聚散变化，形成各种事物现象。他批判佛、道关于"空"、"无"的观点。其著作编为《张子全书》。

上疏下密，下实上虚囵合之际，几于无别。几兮微兮，白性渐非，微兮几兮，白性渐移。空则上升而昭明，实则下沉而昏迷。气空富贵于金坚，水空实贵于玉重，人如不信，何不食钩金，而饮寸玉也。倒植之民，舍空务实，坐使空教之精神不显，活埋之苦趣偏增，可哀也哉。

白性中和（白德十三）

翕洽中和。

释：孔子曰："致中和，天地位焉，万物育焉。"其义曰喜怒哀乐之未发谓之中，发而皆中节谓之和。证以《瑜珈》之义，奢摩他止也，止于中也，止之为言未发也。毘卢（一作婆）舍那观也动也，动念以观也，观其和也，动念观和以中节也，未发之中止而无分别也，中节之和观而有分别也。皇天大公，随物自取，圣人体之，本无成见，以待众生，庶几得其至平，所以为覆育之大德也。考白性之中和者，明明易见，凡诸众生之身，白必居中，耳目口鼻手足听命于白为奴器而已矣，排列于傍如朝臣之俸君也。有诸内必形诸外，白中之相既显白中之性斯昭矣。又曰性既合空，惟中为真空也。今于空中任取一点指之为中，即真中也。何也？两端无极，则两端同，两端既同，诸边亦同，非中而何？至于有相之中以求中，执一线，指一轮，而点志其心，以为中矣。倘更以万倍之显微镜窥之，则此点中更有

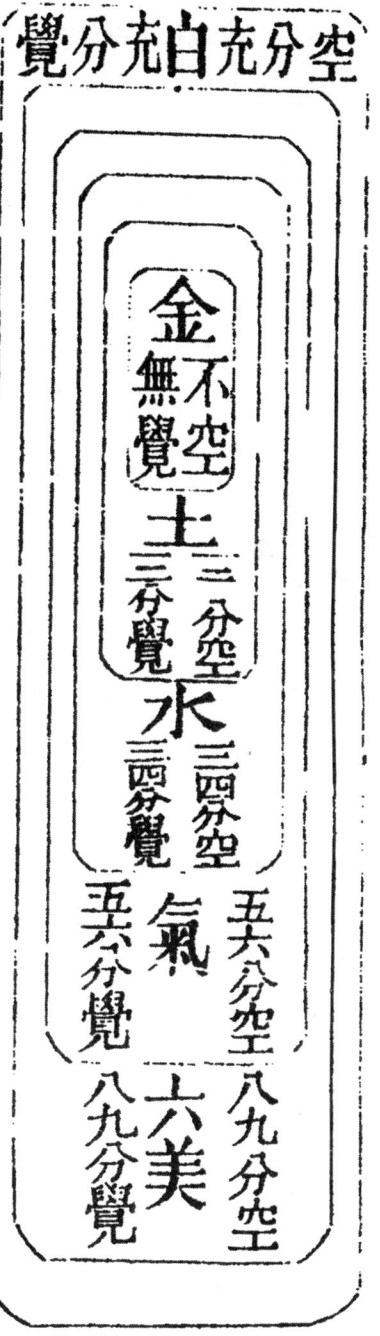

白空图

微点乃为中矣。然更有百万千万万万倍之显微镜，重复窥之，不至真空，终非真中。穷究此理，可悟大道，空即中也，中即空也，是故空教亦名中教。白性既空，则白性必中也。太空无外，随处中也。无究大者，无究小也。大无外者，小无内也。白不落边，随处中也。既已得中，应物则和。如衡本空，应物则和之以权，衡如不空，权物不得其真量也。衡为中权为和，无物之中与有物之和，皆白之素德也。以白德合中和故，是以大暑之地，不生智人；大寒之地，亦不生智人；过燥之火山，不生智人；过湿之水底，亦不生智人；太阴之地，终岁无昼，不生智人；太阳之地，终岁无夜，亦不生智人。白性之宜中和，于地上万物之中，亦可以见其例矣。人身直立于两大之间，不偏不倚，非其至显之特符耶！因而为万物之至灵，东倚西邪之类，罔或及之，故曰人中正之气所生，得地上万有之聚精也。《传》曰："人受天地之中以生，所谓命也。"小星居边则较秽，大星居中则较净，亦一例焉。白性宜中证益明矣，故《易》立三爻，以中为主。中之可贵宇宙主也。建主义者，必合中和，方能万物并育而不相害。上位天地，合皇德也，下佑众生，得同玄也。君子大居正，此之谓也。《书》曰："建中于民。"又曰："各设中于乃心。"又曰："允执厥中。"《礼》曰："执其两端，用其中于民。"皆率白性以为治世、治心之道也。

白性大兦（白德十四）

兦（古公字）而无我。

释：物性大私，白性大兦。优胜劣败，弱肉强食，物演之私例也。净字垢，垢俸净，白率尘，尘事白，天演之兦例也。以物演私例为天演兦例，西哲之倒植也。不上法天而下法地，虽证据弘富亦奚以为？证之十级，愈上愈公，愈下愈私，公合大群，私惟有身，故谚有之曰："公道自在于人心。"自在即白在，人心者，人之白也。此一语也，已复言白性之公矣。颉训曰"分白为兦"，言分布白性以及于众，公之实也。人无二形，又有群德，是天赋之以公也。墨子主兼爱，孟子主同乐，一公而已矣。孔子说《礼运》，志在于大同，欲人不独亲其亲，不独子其子。出力出货，而不为己，谓之大同，大同者大公也。白性无分别，公之实也。白性合大同，公之量也。白性合太空，公之极也。今有人焉，但知有身，而不知有家，非人也。若但知有家，而不知有国，可谓人乎？但知有家，而不知有国者，非人也。若但知有国,而不知有异邦者,可谓人乎?但知有国,而不知有异邦者,非人也。若但知有人,而不知有物者,可谓人乎(见公私图)?范围愈大而愈公,则是广大自在者即公之本也。结小我者,自七识起,七识为鬼,有四我相,故颜圣谓之人私。今观大水于沧海之中,本无我相,一有外围,我相斯成。在杯中者,有我杯相。在池中者,有我池相。一归大宗,故我奚在?是以白合皇天,本无有我,鬼之为害,本无有明,无明为我,实以害我。鬼壳害白,毒于蛇蝎,困于桎梏,非无围净白之真,即非白性之大公也。人有我相,虽百行俱备,功德完全,初念为我,终不得解鬼壳而成三神,非天之限也,人自误之耳。一切唯白造,人自不欲脱外围,天岂能为之脱哉!而又结物以为我物,营党以为我党,自贱之伦亦太甚矣。白本

公私图

合空合皇,空岂有私,皇岂有私。空皇无私,白即无私,而又大仁特元,大仁无不爱也,特元无所倚也。故无身依,爱不围于身。无家依,爱不围于家。无国依,爱不围于国。无众生依,爱不围于众生。四相并空,然后白性大著。呜呼!人自不公、不和合大同,以发白性,而甘为天囚,愈囚愈私,愈私愈不能自拔。私重一分,垢重一分,刑亦增一分,自私乎!自害乎!五教之精华,千圣万贤之训典,莫不以去私为不二法门。世界之大祸,一尽私而毕除,见白性也。

白性绝欲(白德十五)

不欲无疴(癔症也)。

释:疴癔症也,如剧疾重疟之有结癖也。一言以蔽之,求外乐即为欲。

欲者谷欠而不足于白也。谷即指白，前已言之。提欲之毒，众生同哭。提欲之害，天人毁败。既私且欲，蛇蝎一窟。既欲且私，豺狼相噬。夫白性中自有至乐，已如上述。即使求乐于外，而于人无害，于物无伤，犹且涅白成瘾，自堕恶道。白中实不容一物，内乐充盈，绰绰有余，一染于尘，即是丝丝，岂待证乎！何故俗人无声色之娱则不乐？贪夫无货财之营则不乐？夸者无权利之争则不乐？游氓无摴蒱之戏则不乐？文士无诗书之好则不乐？逸民无山水之游则不乐？酒客无杯中之物则不乐？游侠无湖海之交则不乐？辩才无陵谇之谈则不乐？溺鬼无所溺之尘则不乐？咸以积癖既深，灭性殉瘾，而牵率此白溺泪于死地也。恶业之大杀，人盈城野，使民转沟壑。嬴政营其阿房，见性者视之如蛆穴。石崇广其金谷，见性者视之如蚓涂。穆王八骏之游，见性者视之如跛鳖。杨广锦林之丽，见性者视之如虱堆。左思三都之壮，见性者视之如蚕鸣。元主万国之雄，见性者视之如蚁阵。五侯珍馐之旨，见性者视之如牛溲。和珅百室之赇，见性者视之如豕渤。何则不以大博小，不以真换伪，不以久易暂，不以洁更污也。一得性中，二十余白在，俯视尘浊，焉得不如此哉！设使嬴政、石崇，伏跪床前，恸哭流涕，进其所有于我，以易我之真乐，我必嗤之以鼻，挥之以袖，远之如恶恶臭也。乃今人争夺营求，不遗余力，蔽性昏懵，亦至此哉。何没没耶？知白与不知白故也。知白见性，堕空建极，鄙视下层，逐逐溷中。层层可笑，可贱可耻。可怜可哀，可伤可恸。不已悲乎。推之原理，外乐依于同垢，由鬼与身之中，自生症痞劣根，尘瘾为祟，趋众生于刀山剑树之中，而莫之知避也。尤其恶者，淫色一尘，本因生时粘鬼入胎，其症痞遂附于鬼身之际，而欲人多杀于其中，永不能拔于地面之因。胎生之辱，秽污贱毒，莫此惟甚，酷烈极矣。吾亦沉溺其中十有五年，今乃恶之逾于砒鸩，愿世之同病者先湔除之。

白性惩忿（白德十六）

和而无忿。

释：私欲与忿，众生之极毒也。佛亦以贪嗔痴为意中三恶，痴近私也，贪即欲也，嗔即忿也。无此三者，十恶全消。故连类及之，证白性之不嗔，必知白性之仁慈、太虚、中和。有此三德，嗔忿全灭。仁慈则不凶暴，太虚则有宽容，中和则无躁戾，嗔自何出哉！由十级以上推至于人，而后目不圆睁，爪不钩蹄，口无锐牙，脚腘后向，明著白性不嗔之证也。不去嗔恶者，是欲钩蹄其爪，圆睁其目，口生锐牙，脚挺前踵，而自化为禽兽也。昊天广大，靡所不容，太空恢弘，曷其有怒，此白之素性也。又深而考之，白有三害，一内湟浸混，二外来翳蔽，三涣散自体。是三者以涣散自体为首恶，蚯身粉碎，则各为一蚯而仍生。可见极垢之白，随尘涣散；稍净之白，本体团结。本体团结者，身虽被杀，而白全去，人与猿猴是也。随尘涣散者，身既被杀而白亦碎，蚯与蝎蜥是也。割剔蜥之尾，而尾犹跳荡，是其白随尾而分，与蚯同也。白随尘碎，苦哉苦哉。草木之贱者，断枝能活，亦白随身碎之理也。以此知白性之被贼于嗔忿，毒莫大焉。碎白入尘，祸烈于肢，肢节解而投诸溷中也。如彼炸药一爆即裂，为齑粉末以混于尘。道人之心，畏忿如虎，可不戒哉，可不戒哉。

白性精一（白德十七）

精一无讹。

释：伊尹曰："咸有一德，克享天心。"然则皇天之白，一德而已矣。故曰德惟一动罔不吉，德二三动罔不凶。老子曰："天得一以清，地得一以宁，日月得一以明，王侯得一以为天下贞。"所谓得一，得白性也。《泰誓》曰："乃一德一心，立定厥功，惟克永世。"舜帝曰："惟精惟一，允执厥中。"古人之美一至矣，乃因而证白中有此美德焉。白居中，中无二对，非如耳目之在傍也，是以谓之惟一也。取一轮而求其真中，必惟一而无二。白称圆觉，又不落边，是以谓之惟一也。白为六识之帅，有一而无二，是以谓之惟一也。白合于空，空无二畛，是以谓之惟一也。白合大同，无分别相，是以谓之惟一也。白惟一也，白惟元元一兀也，是以谓之惟一也。宇宙之中所谓二者，必其性相有分别也。白无相，则相必无分别也。万物以伪性而异，白以具真性而同，故比白为皆，则性必无分别也。宇宙之中，唯白有觉，故发音之体，有金有石及丝竹焉；发光之体，有珠与日及萤火焉。惟知觉独发于同性同相之白，决无有二，故老子曰："名可名，非常名。"真常为净白，名因分别而起，分别因性相而立，无有分别于性相，又安所得名哉！回祖曰："真主止一，无有比似。"诸圣训义，精当无比。《瑜珈涅槃经》中，皆言惟佛性为真常，法相悉为无常，因其无自性也。无自性者无白性也。惟惟一不可名，独为真常。人无二形，惟一之见端也，以惟一之理，决知众生究竟皆为皇天。痴卵解脱，且为灵鸟，人脱九壳，焉得不为皇天哉！草木之与虫鱼，皈根复命，莫非皇天。老子曰："万物芸芸，各皈其根。"皈根曰静，静曰复命，此之谓也。

白性至善（白德十八）

至善之极。

释：净白惟至善，前已证之。非白性中自有至善，岂外求一至善来哉。夫善以智仁勇诚为德之母，元亨利贞为才之源，使乐为善，使乐者使诸有白之众生免于苦也。乐无不全，谓之至善，吾乃考于九等九壳之情而知之矣。空生大觉中，如海一沤发，世界空中立，犹如尘沙聚。俸尼之言明诸旅诸境之故，而善恶判矣。夫鬼因外壳以投境，而尘之相合，必以对待之阴阳。此阴阳必同中异者何也？同则精粗无差，异则精粗有别。上下两层之间，几于无差有别之际，而后出纳枘凿凹凸能相囵合。白之带元如鎏之带电也，相囵合而非重裹也。谓囵合者，同时居同空间，如热入金，如光入水。白既带元而后能亲玄，无元之白不与玄亲也。自此以下，必带元玄而后冥亲之，必带三洁而后英裹之，必带英而后华裹之，必喧华而后粹裹之（见十尘相合之图），必带三清而后三粗包之。观于阴阳之承，密疏之度，适相嵌附，必合二冥，方接一玄，必合二玄，方接一元。下层之二，接上之一，次第相

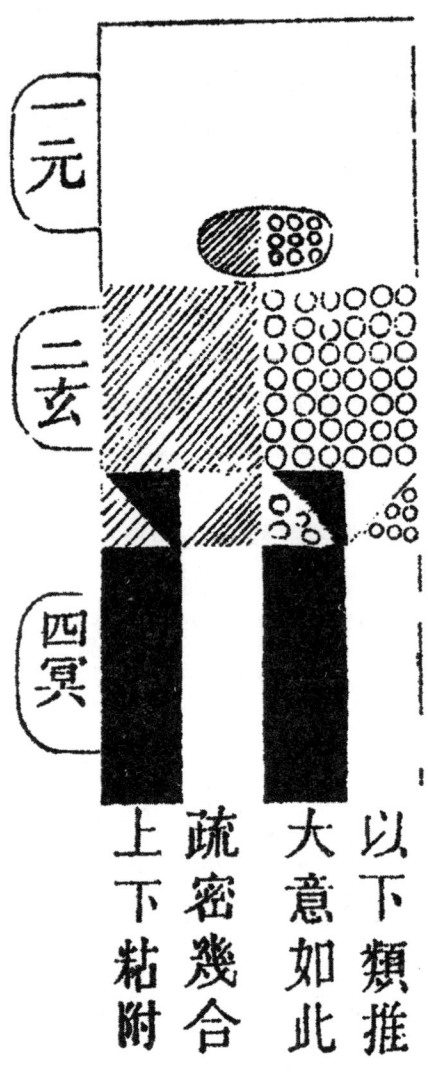

十尘相合之图

推，莫不合辙，真态著矣。故人畜内白而外尘，即因于尘中，而用尘载尘极难。皇天内尘而外白，即易举尘物，而用尘奴尘自由。夫白必随染受生，过一境即粘一境之精。亦必自元至土重重叠叠，以胶附包裹，乃能传觉而举土，中绝一层，上下即不相连属，而白去矣，如此则善不善之情可见矣。夫入于尘中，即见尘之高且大而自幺么，以昏昧龌龊于其中，而百恶全矣。出于尘外，则见尘之卑且小而自光大，以阔达超于其上，而万善集矣。真空虽出于尘外，而无辩善恶之才。然则至善非合空之净白而何？沾尘则善减，微尘不沾，善全斯极。如有能善踰净白者，必将有大过于空虚者也。元外无尘，白外无物，安得不为至善哉？所以包二十馀福德之全，而莫或与并也。前言净白为至善，是事之上美极功，若言其真净白无事。今言白性为至善，是物之体量实德，若言其真净白无物。无事无物，不可名言，至善无言，斯极也矣（见者皇善恶图）。谈性善者，终极于言语道断，契于秘也。

白性良知（白德十九）

良知之源。

释：白性之中，自具良知，无有或缺，不俟外求。何也？良善也。白性既至善，所以自具良知之极也。孟子曰："人之所不虑而知者，其良知也。"试思何事不虑而知哉？谓不虑者不以学问染于外，不以思维计于内也。今舍真而言次，鸟之伏巢性，蚕之入眠性，其一例也。鸟不学于其父母及时而自知伏巢，蚕不学于其先辈及时而自知入眠，其故安在哉！皇天之造众生也，必有意义因而赋之以义务焉。众生以净白为惟一之任务，而养形遗种次之。天既生之，必赋其特性于七八二识之中，以为六根之主，谓之暗记性。此暗记性，如炮弹之信管，如钟表之数刻。身本机械，朝夕磨白。白壳受磨而垢消，如炮弹火线之燃，如钟表指针之走，一至暗记，触机自发，岂待外求哉。天之生人，其本旨在解壳净白以成佛。天既命之，岂有不赋之以暗记哉。是天爱及疏远之鸟蚕，而不爱极亲之嫡子也。皇天其必无如此之昏憒乎，人自失性诚可哀哉。夫以受惊之鸟，染病之蚕，必失其伏巢入眠之性，外扰滑内真也。人事至今，滑性者多矣。世伪以乱之，学问以溺之，情欲以蔽之，多方以误之。凡古之所无，而今之所有者，皆滑性之事也。考于太古，而征于今日，事之无者，十增其九，九赘一真，宁有旧性，人安得不失其禅寂之性哉！物质文明，外输学问，毒于砒鸩，非上智不能复

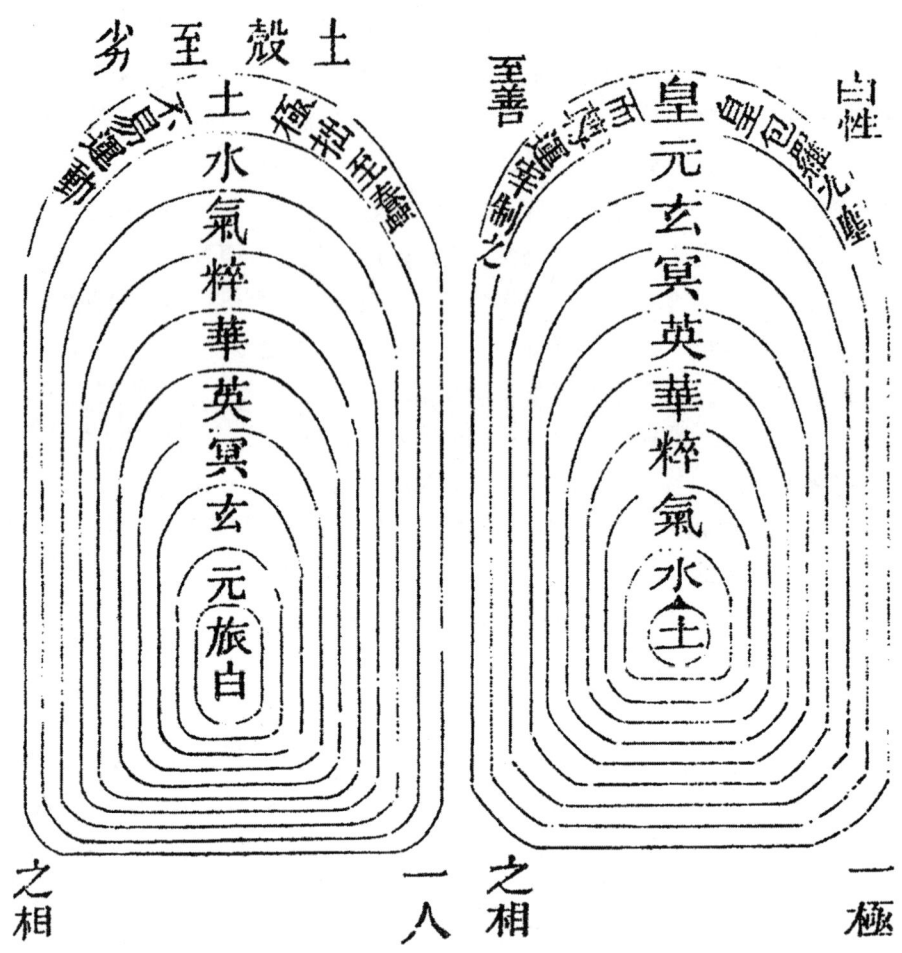

者皇善恶图

也矣。岂有没水之鸡,尚知伏卵,无桑之蚕,尚足三眠哉!凡今之人皆是也,乃益外求于学问,或受怪师之导引,而教以矫揉造作焉,亦又愈趋愈下矣,妄已极矣。今之鸡鹜不能飞翔矣,岂有羽翼者之本性哉。今之菟丝无复根叶矣，岂犹植物类之本性哉。今之人不知尽性合皇治群序众之方矣，岂具十仁十智相者之本性哉。一复本性，而圣功神化，莫不完全。老子曰："能知古始，是谓道纪。"古始无他，复性而已矣。佛者觉也，觉者知也。即此智觉，即良知也。知而不良，无知之尘混之也。王阳明之学，独主良知，信得其要领矣。除尽外诱，天灵自感，合皇自然无他异也。老子曰："道法自然。"自然者，白然也。鸡之伏巢，蚕之入眠，犹是由鬼中之暗记也。人须撤由鬼，而特着白性，其明妙通达，更有不可思议者矣。

白性良能（白德二十）

良能之体。

释：孟子曰："人之所不学而能者，其良能也。"回祖曰："真主之造化，孰有能乎？缺一则不成世界。"详思有生以来，何事不学而能哉！我之骸骨，节节不差，何能而斲之？我之腑脏，丝丝不紊，何能而缀之？六根何能而作之？四肢何能而造之？近取诸身，良能不少矣，曰自然也，自然者白然也。天空三辰，列列合轨，何能而构之？世间万物，各各适生，何能而造之？远取诸物，良能孔多也，曰自然也，自然者白然也。假使自然而为偶然者，势必或秩或谬。以人之智而牛其身，以蚌之愚而人其体，妄诞荒惑，不知何所底至矣，曰不能也。净白者身必巧，体必妙也。垢白者身必拙，体必劣也。固有定则而不忒，良能虽无相，而自然之规矩谨且严矣。然则，良能应白而罔戾，诚定义也，是净白之良能必巧且妙，而垢白之良能必拙且劣也。人舌能言，人指能采（音辩，办也），人脑能思，皆白净之所得，宁非不学而能耶！乃即今而实考之，人之良能反不如物，抑又何故欤？人之大事，惟五要焉，尽性成佛一也，养形住世二也，厘群安众三也，裕后延种四也，特别技术五也。一以竟功，二以暂旅，三以齐伦，四以绵嗣，五以应用，全此五者，人事大备，人功大成。外有他能，皆冗业赘务也，如彼博奕，能之反害，弃之不乏。然此五者，人既必须，天必赋人，时至自知，养足自能。《阴符经》曰："日月有度，大小有数，圣功生焉，神明出焉。"圣功生者良能著也，神明出者良知著也。蟹卵一夜而孵，鹄卵一月而孵，人本浑然一卵，百岁而孵，大小之数不同也，及时自知之，顺养自能之，小儿吮乳，少妇养子，岂待学哉。蚕有三眠，眠足化蛾。蛤有一蛰，蛰酥成雀。人有三禅，禅满成佛。禅功妙诀，不出自然。何以蚕蛤之愚，反自能之？人夸上智，乃反不能？非天之厚于蚕蛤，而薄于人也，人不失性，良能必逾于蚕蛤，则是尽性成佛，在白性良能中也，第一大事备矣。蜂能酿蜜，巧胜糖工。鹊能构巢，善诹吉日。驼能探水，识透重泉。蛛能织网，速于渔猎。人采曲糵，不过师蜂。大史諏吉，不过师鹊。堪舆觅井，不过师驼。罟匠织网，不过师蛛。天赋养形，谋衣食住，岂待学乎？非天之厚于蜂驼蛛，而薄于人也，人不失性，良能必逾于蜂鹊驼蛛，则是养形住世，在白性良能中也，第二大事备矣。蜂能专制，未考经史也。蚁能共和，未习政治也。雁能平等，未讲哲学也。凡齐群者，惟此三制。人学千年，弗得其善。物读何书，有利无敝。厘群安众，庶哲多言。利出害生，相循不已。不如虫鸟，亦可哀哉。非天之厚于蜂蚁与雁，而薄于人也，人不失性，良能必过于蜂蚁与雁，则是厘群安众，在白性良能中也，第三大事备矣。至于裕后延嗣，物莫不长。螺蠃知负螟蛉，雉鸡善调雏鷇。袋鼠特生携子之囊，鸳鸯最善负儿之术。人贻田宅，不过如斯。保抱抚育，鸟兽咸能。燕翼旧巢，既安且久。非天之厚于物而薄于人也，人不失性，良能必过于禽兽，则是裕后延种，在白性良能中也，第四大事备矣。蜂必脱花，而无爪挟，则天生挟虫以助之。驼行沙漠，而乏饮水，则天生水囊以补之。牛昼服劳，无暇嚼草，则天生反刍之肚，以适补其缺。啄木啄虫，不便竖立，则天生援木之踞，以适符其能。因时因境，度物度宜。匠心特运，乏则必补之，用则必畀之。皆非天之厚于物，而薄于人也。人一复性，良能必超于万物，则是特别技术，在白性良能中也，第五大事备矣。决知人果复性，五事之本能毕显。但全五能，人中之极福不可胜享矣。尚有他乎，尚有他乎。是以圣教无奇，圣治无异，专着白性，民复其天，如木培本，如水浚源，圣功神化，皆末流也。复性皈真，不以千经万典，高明师友，学尽性成佛之能，而蚕眠蛤蛰之妙禅自现矣。不以工艺科学，巧匠良材，学养形住世之能，而蜂酿醋构之巧工自呈矣。不以哲说政术，考古衡今，学厘群安众之能，而蜂君雁序之洪范自立矣。不以遗产袭爵，垂训严嘱，学裕后延种之能，而乌孝燕贻之醇风自肃矣。不以奇书异诀，高才逸士，学特别技术，而因利乘便之卓能自具矣。故复性其所为万能之全，何才不依于白性？如有才能不依于白性者，死公输子何不削鸢？而王羲之尸亦能临池弄笔矣。才能既必依于白，是巧莫巧于自然一净白，而万福来朝，万能悉备。一垢白而大祸明集，片技全无，一筹不展矣。闭如龟，封如螺，更有何才而能干事？以垢白而失本能致迍邅，乃千方百计以求巧猾，日中避影不可为矣。何能何才，而可以离于白也。良能有五，天赋必普，五事良能，天与必成。去其赘务，专保一真，斯才能毕具。莫之为而为者天也，莫之致而至者命也。净白以承天命，他化自在，自化自在，无一而不能也矣，又岂止于五事哉。举五者以完人中之正事，可以见应需必备。天赋既周，无一俟于人谋也。

白性极乐（白德二十一）

极乐之全。福德以合，时为同源。

释：白性之中，自具至乐，已屡证之于前矣。此就德而言极乐，谓净白而后能具极乐之德也。顾感乐有三大别，一曰白感，二曰情受，三曰形接。自然乐天于三禅之后，是白感也。名誉官爵，无关于饱暖，而心乐之，是情受也。食色之嗜，轻肥之好，是形接也。而形接又分虚实焉，视色聆音，不关肉体，形接之虚者也；咀甘触腻，直交土壳，形接之实者也。以达人决择，内惟以白感为真实，必不得已，而下就于俗，稍留形接之实者已耳。若大厦广园不加于茅屋之足以蔽风雨而已矣，娇妻艳妾不加于丑妇之足以生子女而已矣。至于刑戮之伤于外，疾病之痛于内，信有接形之实苦焉。苟无接形之实苦，达人斯以为盈贯之全乐，贯亦既盈，外无取焉。然且形接之虚乐，与情受之伪乐，有乘间而侵于觉知之性中者，则瘾癖招之故也。瘾于金者，数钱为乐，殊不计买衣购食，无需此多资也。瘾于女者，广滛为乐，殊不计侍寝续嗣，无需此多偶也。凡瘾滑而明蔽，饮鸩焉乃以为饴，罔有觉矣。至人知乐之必发于白感也，即属诸情形亦必终交于白，而后著为乐焉。是惟净白以全乐，白性极乐，即极乐自在也。于极乐自在为福，万福无逾于得乐也。于白性极乐为德，大德无高于乐天也。福以利人，德以利他。不求外乐，不害人物，利他之母也。故至极乐而福德合，皈于一矣。福中有极乐，德中亦有极乐，义至精也。净白者移风易俗，天下皆宁，言乐他也。血气和平，耳目聪明，言乐己也。故孔子述净白之福德曰："血气和平，耳目聪明。移风易俗，天下皆宁。"侔尼亦曰："性光所照，皆大欢喜。乐己乐他，白性中自完全也。"乐生之原理，由于内外合，白惟合皇，其乐至大。生安身心，寿终成佛。内三洁，合外三洁，由中感乐，斯为次矣。内三清，合外三清，鬼中感乐，则又次矣。内气水，合外气水，呼吸血液中感乐，则又次矣。肺中有烟癖者，烟入则乐。血中乏盐质者，饮咸则乐。乐因内瘾合外尘，证不爽矣。人必食粟，即此土壳亦一大瘾痞之所积也。若夫形未实接，而因情以重由鬼之桎梏，不已冤乎。被铁练于身者，烧练则身苦，尘能传觉于白也。白本无苦，惟有极乐，乃因乐外以渍尘，自求多苦，不亦僢乎。然自气以上之外尘，皆不求自得，不取自来，虽染其瘾，供给易也。气可以塞鼻封口而夺之，若三清以上谁能夺之？惟有水上二壳，易苦难乐，疾病之生，刑罚之酷，饥寒之困，窒碍之厄，皆此二壳为万恶薮（见择乐图）。人若反夫白性，而自发真乐，宇宙中之全福，尽在斯矣。《阴符经》曰："至乐性余。"乐也者，白性中之余趣也。人本趋乐避苦，奈何失其极乐，而反入于奇苦也。悲乎。

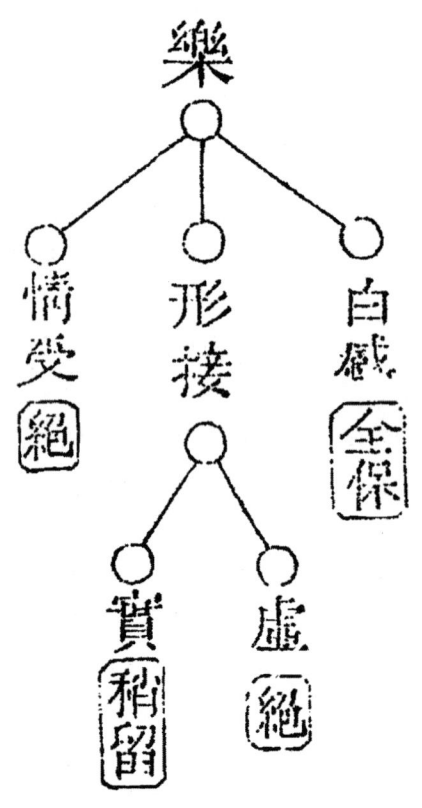

择乐图

白性兼成（白德二十二）

成己成物，弗能间阔。

释：真理无分别，故万物并育，而不相害。宇宙中净白同爱，福庆惟公，太空一家，法界一人，岂有不兼成者哉。不能兼成，自土壳始，虎不能与羊并育，獭不能与鱼并育。上至饮水而饱之蝉，吸风而饱之龟，已能并育而不相害，况三清三洁中乎。降而言世间之法，亦知成己成物，全在白性之中。今有人焉，仁慈满足，智慧大明，纯公无私，才全技备，嗜欲全无，勇健精勤，乃可以立世界之鸿规，成万代之丕业，此六者白之本性，固已证于前矣。仁慈满则爱不遗物，普渡为任，摩顶放踵，以利苍生，于己因而消浸混，于物因而叨覆育矣。智慧大明，则贵白贱形，不为伪炫，七宝施与，不如持偈，于己因而撤翳蔽，于物因而赖启发矣。纯公无私，则弘济异类，子惠远方，凡诸有觉，一视同仁，于己因而脱天囚，于物因而见生佛矣。才全技备，则经天纬地，政理教明，六府孔修，人物遂生，于己因而发神通，于物因而得怙恃矣。嗜欲全无，则食不杀牲，衣不煮蚕，无损资财，无耗人力，于己因而痊癃痔，于物因而足形需矣。勇健精勤，则赴义如流，救难恐后，手足胼胝，急行慈渡，于己因而树公德，于物因而获慈航矣。要之，天道至公而大仁，利我者天必利之，赞天者天必赞之。以己自利，不如取天利以为利之大且真也。以己自赞，不如受天赞以为赞之厚且永也。人谋千百，不如天指一弹。故善利己者必利物，因利物而天利之，反而获利，斯利之大者真者也。善赞己者必赞人，因赞人而天赞之，反而获赞，斯赞之厚者永者也。得嘉禾者，不自食而种于田，终身不可胜食，此人之所以智于牛马也。有智力者，不自营而献于天，万劫不可胜享，此佛之智于众生也。故牛马得万钟之谷，期年而号饥。农夫得升斗之糈，子孙百世无饿夫。用智者，其犹庄子所谓不龟手之药乎。智力贡于天而天不受，还以贡之众生，则天受之而为我储之矣。吾常笑世人积千万巨金，不能汇兑一钩，储于幽冥之府。有布施一铺，足以汇兑于冥府。愚者不肯为，我独用于净白，虽尽宇宙之蓄积，谁能夺之？结之成己必成物，成物必成己。成己矣，而后能成物，则道有本矣。成物矣，而后能成己，则道有终矣。成己成物，融为一气，而不可间者也。惟净白者，惟能胜之，是以兼成之功，在净白之性中也。若夫救物，即所以救己，毛宝之龟，董昭之蚁也。益人即所以益己，结草之老人，倒戈之饿夫也。此人事之近例，而犹或有漏，皇天行赏，岂有漏哉。虽然，成物者不宜以成己为初志，庶几我相以除，而成己之益大矣。成己者不先以成物为初志，则是老子所谓贵以身为天下，爱以身为天下者也。此二初志，一发于仁，一发于私，惟净白克辩之耳。

白性清真（白德二十三）

即清即真，弗以伪惑。

释：又言清真，统列宗教家美德之名也。回祖以清真立教，其言曰："真主清真，不染人心之昏晦。"清真者上哲之总诀也。世之元恶，莫不陷于污伪之中。清者污之对，而真者伪之反也。平心而论，何者为真？何者为伪？自具而久者真，外假而暂者伪也。若云自具而久，惟此净白，非清之极耶。外假而暂，十尘之旅期不同，愈降而愈污矣。由内实考，享乐为真。今有帝王，于此刀锯之祸迫于前，地狱之苦隐于后，万几丛挫劳于心，六欲纷繁淫于志，去其情受之伪乐，与形接之虚乐，白感之真乐全无，形接之实乐，亦不如处士之万一，非大愚惑，谁肯为之？明计今日之祸福，享乐为真，远思后来之得失，永乐为真。居地面污尘之中，真在无中，伪呈今有。

俨然而负者，此身蝌蚪之尾也。昭然而见者三粗，幻灯之影也。惟净白为真，净清也，净白真空，上清也。元境一污而九清，故亦一伪而九真。玄境二污而八清，故亦二伪而八真。推至于人，九污一清，故亦九伪而一真。由是观之，清即真，真即清也，清真二字，不能分离，回祖伟识，至矣哉。惟清真为至乐，故特彰此义，以弘大教之精神。清即白性就净，真即真如白在，前后证之，兹故不复。为其为回教之金科玉历［律］也，特申说之，以见巍然一教。其见识弘峻，必有得于白性者也。宇宙中惟此一理，虽四海有圣哲，同见同得，宁谁能独异乎。

白性就净（白德二十四）

就净为次。

释：净土一宗，岂性命以外之助法耶。以吾实考之，亦性命中事也。夫垢净之判，比较之观也，撤比较观，则不垢不净矣。玄视元为净，而视冥斯为垢矣。华视英为净，而视粹斯为垢矣。蜀人之欲入燕也，顺经楚、晋。睐族之皈皇天也，顺过玄冥。人有九壳，此理最真。人白同皇，此理亦确。九壳之复叠也，中脱一层，下层即不能粘附，事实昭著。由中若无玄冥之精，英华又奚能连属哉！玄冥即净土种子也，英华即天界种子也。英华净于三粗，玄冥净于华粹也。人之住地，皇引其白，三洁引其由，三清引其鬼，故有就净之性焉。征诸佛言，玄冥中旅白之期，无量无边，阿僧只劫，而英中仅八万劫，而华中仅六千劫，而粹中仅二千年，而人世古寿三百年，今仅百龄寿。由是观之，愈亲就而性相宜者，其旅期亦愈久也。又考之人物之食，蚯蚓食涂，草木食粪，牛马食苗，猿猴食菓，人则食粟。粟净于菓，菓净于苗，苗净于涂，涂净于粪。白愈净智愈明者，用尘享物亦愈净焉。白性就净，以此证之，不已确乎。善养白性者，愈养而壳愈脱，壳愈脱而现身愈净，现身愈净则居境愈净，居境愈净则享物愈净。净土法门，固在白性之中，脱翳蔽垢即皈净土，如鸟出卵，自升青云，岂必待信解受持之助哉！笃志弥陀，勤于持诵，内脱七壳，上蹴七等，功几于合皇矣。

白性合皇（白德二十五）

合皇为极。

释：孔子曰合天，老子曰复命，耶稣曰见天父，回祖曰皈天方，皆言合皇也。合皇如非吾人之真体，岂外求一物来合皇哉，如外求一物来合皇者，彼虽合皇，于我奚益？是犹见邻里之富贵也，又犹举冠服为帝王也。吾白即皇天，皇天即吾白也。吾白之中，有天体之全，如鸡卵之中，有鸡体之全也。卵如久寂而内照，必见蛋白之中有羽毛之缩本焉。人如久寂而内照，必见鼻顶之间有天象之缩本焉，故脑骨曰天灵盖，额中曰天庭，而老子谓鼻顶曰天门。吾尝静谧反观半岁之间，先觉白身，跃跃如鸡欲出，既觉清澄洞彻，光耀通明。人人恒诚虚颐，积日累月，莫不得此景象，此天乐也。天乐生，则合皇之机动矣。白即皇天，皇天即白，众生白净，皆为皇天，此不易之理也。人若煦妪此白，以合于皇，内而成佛极乐，外而世界太平，如操左契矣。是以白性之大，终非惟就净而已矣，固将极于合皇也。水性本皈海，故汇于大江。白性本合皇，故次于净土。朝大宗者，本性也。皇为白王，白安得不合之？北极磁王，磁安得不合之？《易》曰："本乎天者亲上，本乎地者亲下。"唯白本乎天，三粗本乎地，则三粗于我实大仇也。又曰："万物本乎天。"言万物之白也，人无有不皈家，白无有不皈皇，宇宙之常经也。有深智者问曰：白之皈皇，为分体耶？为合体耶？谓分体者如粟皈仓，谓合体者如水皈海。考之佛典，既谓涅槃为诸佛，则分体也，而稽于数相，参以无我之义，则又似合体焉。折而衷之，他心既通，太空无外，盖非分非合，即分即合，亦分亦合，可分可合，乃真理也。又有问曰：自无始以来，吾白曾已合皇，而渐染以降为众生耶？抑亦尚未合皇，而循环于轮回中耶？则直应之曰：尚未合皇，而循环于轮回中者也，如合皇而犹因染以降，则是终无了期矣。推之真境之中，必有非常富丽之实填满太空，非世俗六尘所可比拟，以居以游，以裕以安，穷二十余白在之极者，可以形容万一矣。白性合皇，脱尽九壳而即是，人形直立，指的己端。耶稣曰：上帝造人，如己之形。形既已俏，所差宁有几何哉！不住九尘之相，必合皇矣。后详说。

总结白性全善（见白德图）

四肢畅其白然，百行因而祥吉。

释：以上所举，福亦二十余，德亦二十余，此但就人中可思议、有根据者言之耳。其有言语道断者，状之曰：黄金七宝，而珍丽不仅如黄金七宝。喻之曰：天花天乐，而快慰不仅如天花天乐。《大乘》论云："自性体，具足无漏性功德。"然则,岂仅上述之诸端哉。以人世百年必弃之垢,换性中亘古不去之真,稍有微智,莫不舍此而图彼矣。其福德大全,不稍假借,戬榖罄宜。耶稣曰:"依主德全也。"仁以博爱,智以通观,勇以载道,元以建真,亨以达用,利以成业,贞以固基。太虚斯大,中和斯调,大公斯普,不欲斯净,不忿斯平,一则至精,诸善悉成,良知自明,良能自贤。至哉,至哉,百行之源。以福成己,福大于天。以德成物,德广无边。性光所照,自他极乐,既清且真,污伪弗夺。小则就净乐国是托,大终合皇美满之鹄。福德如斯,性善何若? 既知性善,顺尽则淑。视天下如鸿毛而不屑,视大位如针毡而不居,甚至视十等旅白皆为凉德,则性功纯全矣。昔者之言性也,不分尘与白之别,每指一人一事一物以为证,正喻不通,违问反喻,是以彼亦一是非,此亦一是非,而莫能为之决也。若分别白尘,考之以严矩,然后定性善之说,谁能破之? 谁能疑之? 谓人性为善者,地上之比较观也。地上睐族,惟人性较善,因其白较净也。非白性善,岂有尘性善于白性哉! 白性之善既定,然后修道行德,始有渊源。凡思虑言行,发于白性者,扩而充之,以致其极,则白得其养而日长。长白我获大福,其余荫万姓沐恩。凡思虑言行,发于尘瘾者,窒而绝之,以锄其根,则尘失其养而日消。消尘我去剧病,其余荫天下无灾。成己成物,此二十五德可胜用乎。世之称为德行者,如忠孝廉节

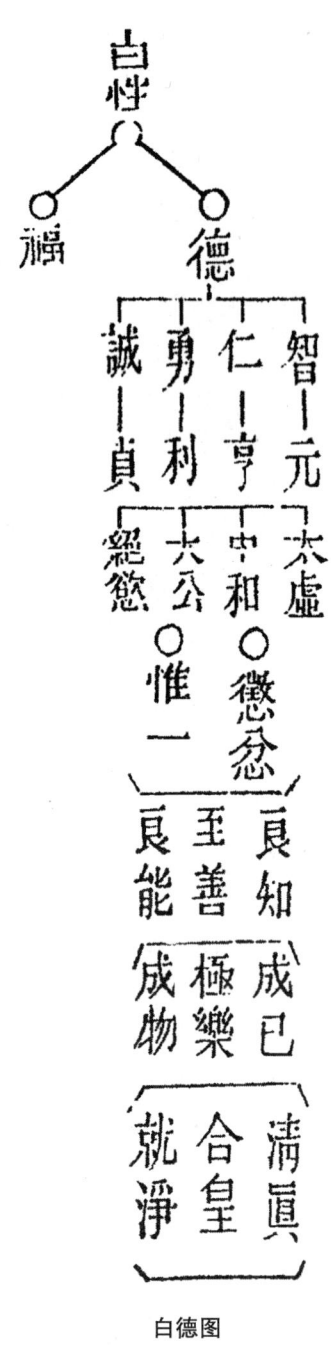

白德图

之类,人艳称之,不知皆白性之余绪也。一反于培育白性,而圣贤满天下,人群不治而自治矣,此谓知本,此谓知之至也。修德者不必问成果之如何,

心性同佛必佛果也，心性同神必神果也，心性同仙必仙果也，心性同兽必兽果也。明知因心成体，因体投境，习惯则自然，又何待外求神佛哉！明心见性，其功德之伟，不可度量，故曰白本为皋，白性中十足大全也。确考其为益有如此者，故曰知白为智也。五教美德之名备于白中，以知五教大圣皆见性者也。人有意学此白法，从心自合白性，皆法天也。

起白相

尘无性真，依白显伪。白无俗相，被尘现赘。

释：一切诸法，本无自性，一切尘物，本无自性。无自性者，无白性也。佛谓诸境为法界，谓诸者（即万物亦即旅白也）为法相，其义精当，盖皆皇天设法，以炼白出尘而设此也。法相既无性，而鸟兽草木似各有特殊之性，何哉？戴有自性之白，因分别相而各趋一偏，以著其落边之妄见，则借白性而立假自性也。流水泻腹，岂水之素性哉！落叶催生，岂叶之素性哉！假自性立于不中和，故借万物而中和之必失其自性。渗急湍生流以澄塘死水，混初秋陨叶以春发新芽，则两失其性，物之假自性失，则白之真自性著。皇天生物必有对，盖因此以净白也。此理也，医学家、化学家皆知之，故彻相而后见性，蔽性而后见相。何以显证之？曰净水静气，皆无色味与声相也，而静气又几于无触相，玻璃水晶亦几无色相。无则大通，故无色相者不碍视光，无触相者皆通身根，由有染者言之，净白固无相也。佛言若见诸相非相，则见如来，如来净白也。惟净白能见净白，不以色见其视乃真，不以声见其听乃真。眼识生于华中，耳识生于元中也，至于鼻舌二识，惟三粗中有之已耳。凡识生于初相，故真耳识生于元中，而第一耳根生于玄中，第二耳根生于冥中。真眼识生于华中，而第一眼根生于粹中，第二眼根生于气精。惟识能见真尘，故真声耳识能闻之（见根识图），真色眼识能视之，

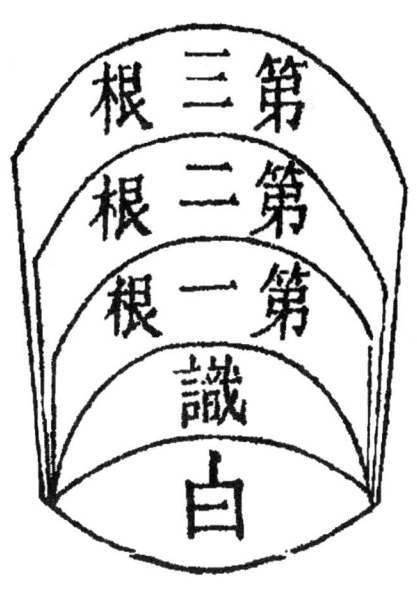

根识图

故玄奘师曰："真故极成色定，不离眼识。"然则，真故极成声定，不离耳识，而真故极成性定，不离净白矣。夫因彼此不相知之故，然后因声以表意，因色以介心，使彼众生知此六尘，若心心已相应相通矣，又何待于六尘以为邮传哉！此净白无相之真理也，生识者所以测尘而用尘也。宇宙中有一尘，必有一测之之官器，如假镜照色、假筒听音也。镜上重一凹镜，所见之正像皆凹像矣。镜上重一凸镜，所见之平像皆凸像矣。镜上重以鬼光，则见鬼如人矣。人有九壳，斯有九伪，所见九相，次第不同。相有六色，声香味触法也。色声香味触五相，吾人能以眼耳鼻舌身测而知之，因其在三粗中也。惟法相仅能以意测而知之，因其在六美中也。六美以上，无相之真白，非所及也。左述白相，由鬼相也。可思议者，仅极于斯而已矣。其不可思议者，随白之影像变化，安有一定之相哉。又况胎生之聋瞽，吾奚能与之谈声色哉！

二垢始相

浸混翳蔽，起相与对。

释：白既无相，则诸旅白又何以有相哉？曰相起于二垢也。凡物之垢，惟有二法，不能增而为三，亦决不能减而为一，此规矩固极严也。故佛立七八二识之说，于事理适符合焉。所谓垢惟二刖者，浸混翳蔽而已矣。浸靛色于净水之中，则无相之水有相矣。歊烟霾于净气之中，则无相之气有相矣。是浸混垢能呈色相之确据也。涂黑漆于水晶，则无相之水晶有相矣。施煊彩于玻璃，则无相之玻璃有相矣。是翳蔽垢能呈色相之确证也。电在气中，与人无触，一入金中可持而走，则是无触相者依他，而有触相也。白弥宇宙，众生不见，一被土壳，傀儡登场，则是无五根者依他，而有五根矣。此相之所由以起也。白必带垢染尘，而后有相，即此意焉。故心不可住相，住相即住垢矣。

八相别（见八相图）

意法可绘，彰如有色。

释：垢白之显形，吾固能以眼耳鼻舌身五根测也。若夫意中之法相，吾何以测之？曰是亦有二，一者意中之理相，即前所述之性也；二者意中之色相，即前所述之二垢也，思之而恍如有见。《易》曰："在天成相，在地成形。"相本在天，不可以前五识测也。前五识之所测，尘形而已矣。尘形如诸星中之山川人物，明知其有亦不能见闻，则前五识之所测，又近形而已矣。小极哉，何谓在天、在白，即在天也？吾人由鬼之中，全极之缩本影像具焉。在天与由鬼者，以元玄冥英华粹及气水之精而成，又岂能以俗耳聆而俗眼视哉！曰有诸内，必形诸外也，因外以测内，故相确而真。如有鬼曳车而走，虽不见鬼，见车行之路，知鬼行之路矣。如有神振笔而书，虽不见神，见笔书之意，知神想之意矣。正确如此，故能因显以知隐，胜于实见，乃知神仙之真相，在我意中而无复疑矣。今有一玻璃巨片于此，竖之空窗之前，吾视之如无有也。然以其上绘一树焉，吾见此树之横竖邪正，因知玻璃之横竖邪正矣。今白之不能以六识见，由鬼之不能以六根见也。如玻璃巨片之当于窗，与空合色也，着有三粗之皮，非绘树乎。吾见三粗，斯见由鬼矣，见由鬼又见净白矣，其真情实相，将安逃哉！观隐烛微，真切著明如此，亦已显极，千古无焉，且至此而不能再显矣。如欲再显，则涉于相符极成

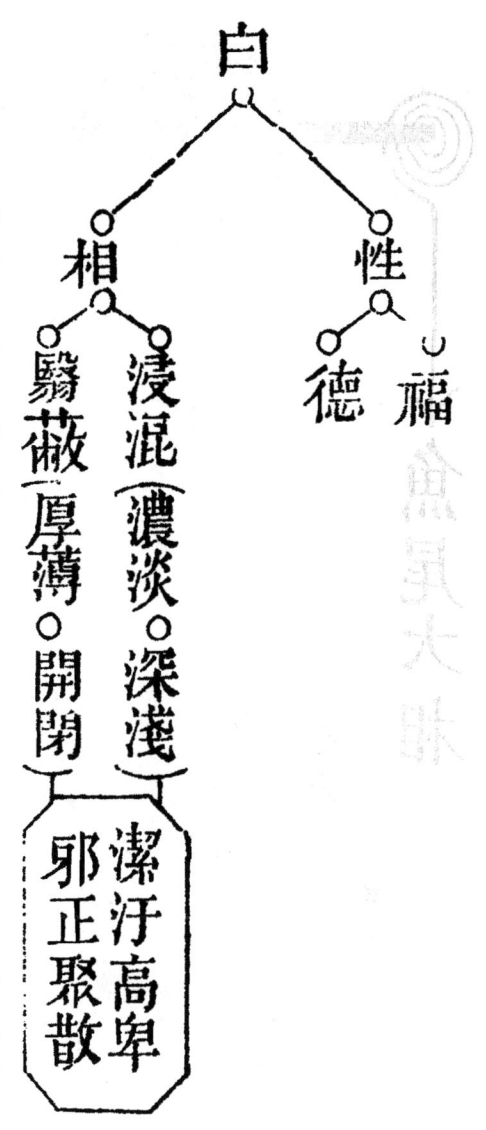

八相图

矣。谓相符极成者，如言我父是男、我母是女之类，人皆见闻而知之，不须言矣。故见此八相而不悟者，惟牛马犬豕而已矣。何也？今有之中既全为伪，则觅真必在今无之中。今无之相，佛言孔多，又不即信，必求有据于今有，然后下愚信之。今昭八相，其根据悉不外于今有，因已知之形，测未知之相，欲其更明，虽天地鬼神不能加矣。见此不悟，弃之可也。牛马犬豕，

虽见佛亦不悟也。然则，八相为何？曰白之浸混，有浓淡也，亦有深浅。白之翳蔽，有厚薄也，亦有开闭。合二垢而言，则白光有高低焉，白向有邪正焉，白体有聚散焉，而所染之尘质有污洁焉。是八相之著，事理淹贯，考理应然，而事实亦竟然矣。静观八相，令人如见天心，如晤神面，如亲鬼容，如睹佛貌。以此讲道，无稍恍惚，岂不至哉！世上尚有不信无相之相者乎，乃列八法相。

白体聚散（白相一）

体有聚散。

释：白之染尘重者，放涣松散，而入于三粗。白之染尘轻者，团结紧聚，而凝为一体。今观蚖与蝾螈，蚖虽纷〔粉〕身碎形，各细末犹能独生，以一蚖而化十百千万小蚖焉。是蚖之白，已与尘身均混，而不易离也。金蚕蛊亦然。蝾螈斩其尾，尾犹跳跃多时，不遽失其觉性，是蝾螈之白，亦混合而分布于尾也。龟虽见杀，剖腹剜肠，尚生数日，亦白之胶固于周身也。凡诸草木断一肢〔枝〕皆能活者，亦白均配于全身之故也。人之凝结觉体，是以白净，不惟斩首立死，不稍跳动，即气一停血一点亦能立毙。是白已团结，离尘疏远，如

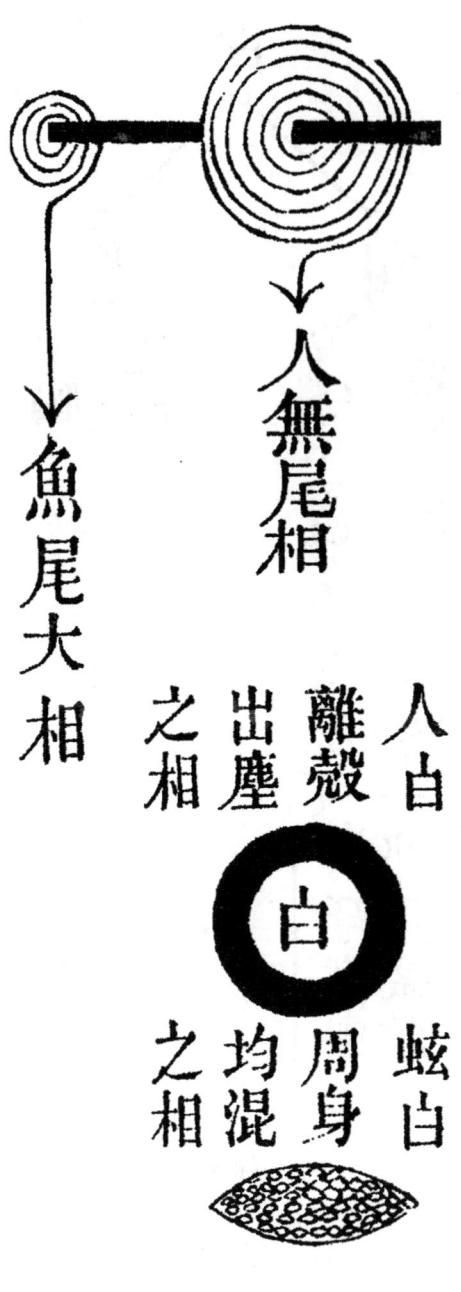

白聚散图

熟菓然，微振即落，落即饭天。相已大明，不似物之固蒂深根矣，愈离尘而愈贵，岂不信乎！又见人无曳尾，蛇鱼则尾巨如身（见白聚散图）。夫尾通于

脑，而接于髓，曳而大者白涣散于全身之符也。鱼蛇尾大，白散甚也。绞线而观，知其故也。人之白已绞结为一团，不涣于三粗之中，明明收拾其将去矣。相著已甚，而人犹不觉乎，人之蔽亦大深矣。倘使日夜扣尻而思之，曰我何故无尾？我何故无尾？我因无尾而智，物因有尾而愚，斯可以悟大道矣，岂不近哉。佛云心如明月，以圆缺分圣凡，此之谓也。

白光高卑（白相二）

光有颀颉。

释：白虽在身，光烛于天，观于离藤，而真情见矣。蜀中有离藤焉，俚语谓之曰莫娘藤。其根结于百丈之土中，藤则远离于树上，以气相通，藤不见根，根不见藤。其藤愈老，其根愈远，人之住世如离藤也（见白光高卑图）。道家称人为无根树，即为此也。再观人之直立，与鸟兽虫鱼异，苟非上有引之者，又奚能着此相哉。又见蚕之在叶，蛤之在水，未遭侦候，出察于花蕊之上，风云之中，

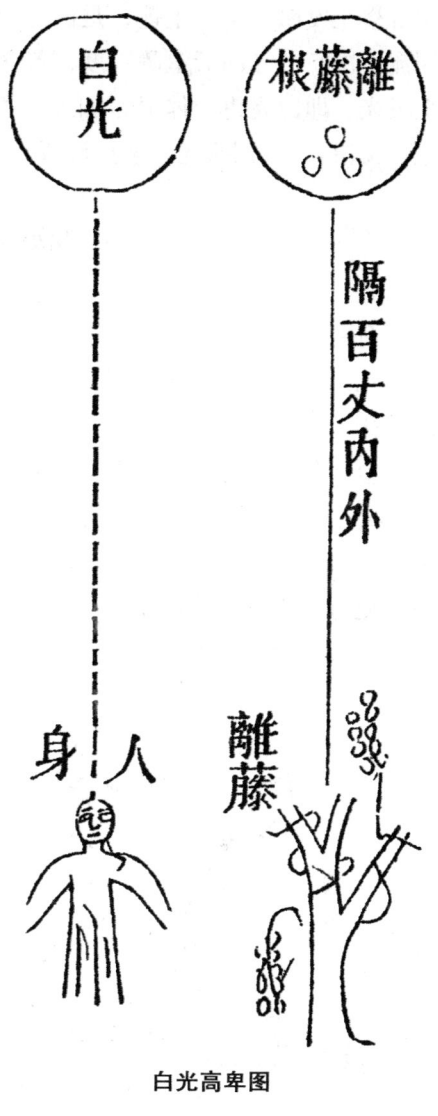

白光高卑图

一朝脱壳解化，其身体适化为享花蕊之长髃，与凌风云之羽翼。明有白光，先及于上层之尘，始能度量成形也。众生受命于天，而寄形于地，皆上层悬其法相，下层结其粗身，人而忽此可谓智乎。一念之污光堕千仞，而俗子朱之知也。白光在天，百神护佑。白不受戮，祸不及身。祸福之至必先知之，可以人而不觉乎。必有在天所成之相，而后有在地所成之形。《传》曰："天诱其衷。"言福之于白光中也。又曰："天夺其魄。"言祸之于白光中也。离藤根硕者，相距远，白光高者如此。其根小者，相距近，白光卑者如此。

佛言秽土发愿，净土生莲，是白光已入于玄冥，不止透三清已也。人之血脉周流一次，白光向天上腾一度，若念在尘，则倒植下坠。佛、道两家皆言顶上灵光，即白光也。俾尼言如来之相曰："圆陀陀，光灼灼。"亦纯指白光也。又曰："放眉头光，遍照法界。"亦白光也。

白向邪正（白相三）

向有邪正。

释：白光之向，又有邪正，邪以合尘，瘾痞引之，正以合天，皇灵引之。孔子曰："正心，正此念，以直向于天。"即颉圣所谓直心为德也。直心向尘，斯为昏德。直心向皇，斯为明德。人直此心，以向于天，则久而自合皇灵，生则仁智诚明，寿终必佛矣。人不知此，曷亦近而察之，有诸内形诸外者。人独能直立通天，一正不邪，受中之实，于斯大著。不然，虎咒牛象之猛力，胡为乎终不能起而端竖，犹必以背朝天哉。可以见能直立者，不恃于凭地之力强，而恃于得天之援厚也。实而计之，十级之差，草木倒植，以首向下，与人适相反对。进证其确，草木之命根在地，人之命根在天。夫在离藤稍贵之草，尚有远隔之命根，而谓人无在天之根，何愚之甚也？历历数之，人之交媾器向下，草木之交媾器向上。人之生子下出，草木之生子上冲。人之歧枝下分，草木之歧枝上别。人之发毛在颠，草木之根须在底。人气息之呼，夜吸酸而吐炭，草木气息之呼，夜吸炭而吐酸。人之肺叶下垂，草木之肺叶上竖。人固事事与草木相反，其为同本异末也明矣。草木进化而为海葵，海葵者半鱼半植之物也。故有稍升之相，而邪立向下焉。虫鱼又稍升，而有横行之相焉。鸟兽又稍升，而有邪立向上之相焉。进化至人，然后直立，天引有形，至

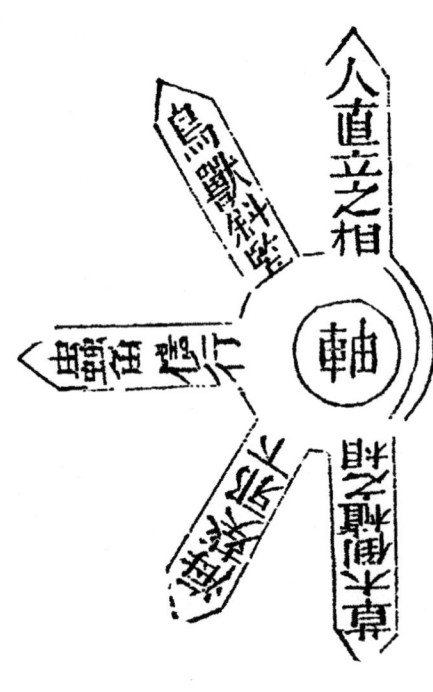

白向邪正图

此强极。天之吸引众生，俨然一轴之系辐，而绳牵以陟，直相毕露，已无稍隐。盖天引强，地引弱，白力大，尘压轻，人以四由而能直立也。天引弱，地引强，白力微，尘压重，物以四由而致倒植横行邪倾也。此相之显，尽人而知，攘攘众生，昭昭垂教。首先为道，著迹孔彰，飞潜动植，无一非宇宙之大观，即无一非皇天之炯示，又岂必圣经贤传哉。近取诸身，远取诸物，而万化全矣。万法之立，又岂能离自然哉（见白向邪正图）。

翳蔽厚薄（白相四）

蔽有重叠（见裹白图）。

释：再证之于翳蔽，则白表渍垢，有厚薄之重叠焉。既有翳蔽，而有差别，必判厚薄，事理了然。既有十层，层层下降，层多者厚，层少者薄，岂待辩哉。观栗之脱去四皮而后成树，知人之脱去九壳而后成佛矣。故翳蔽厚者，白垢而光暗。翳蔽薄者，白净而光昭。人之白，六美为六衬，外加三粗之初层焉。兽之白，又加三粗之二层焉（见裹白图）。鸟之白，又加三粗之三层焉。虫之白，又

裹白图

加三粗之四层焉。鱼之白，又加三粗之五层焉。然而，鸟兽虫鱼草木之中，犹各有若干等级，白壳之微层细级，盖不胜其数也。远考天象，叠叠相复而成也。近考木理，层层相复而成也。情重则沉，觉重则升，升必有等，沉必有级。鬼有其皮，乃入其境。然则，鬼皮之叠复，事理既明，好染外尘，不观自在。如胶屡渍，真迹亦著，盖白随鬼皮之所生所系而投境焉。境既以层

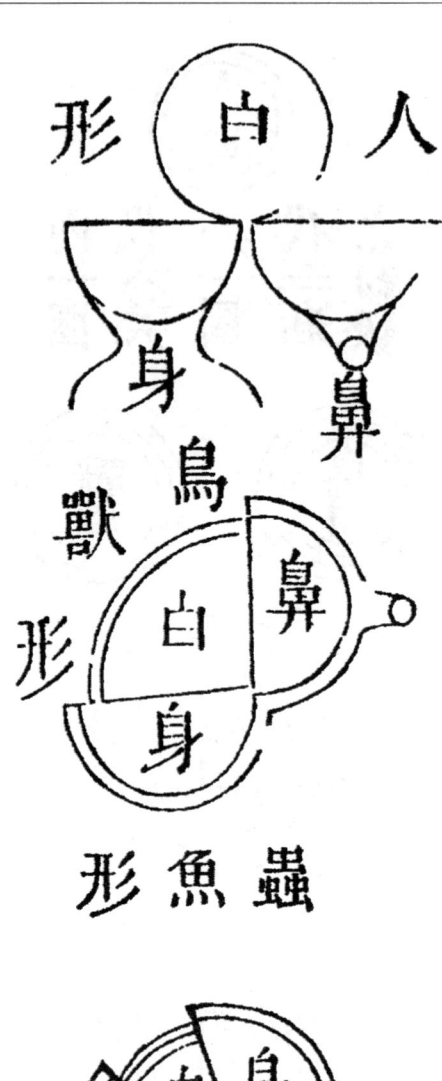

白开壳图

裹而成，则鬼皮亦必层裹也明矣。观于人手，十指分明，观于猿爪，指稍拙劣，比之于人，如加一套。犬猫之爪，十义而短，比于猿爪，又若加套。牛羊之蹄，四出而固，比于犬猫，又加重套。马驴之蹄，合而一爪，比于牛羊，加套再复。历历逐级而审之，白之翳蔽，重之又重，叠之又叠，彰矣，著矣。颉圣之作字也，三层重叠以为气，三层以示多层也。气也者尘之集也，则是凡生于尘气之中者，皆有层层叠裹之相也，岂非至确之事哉。

白壳开闭（白相五）

壳有开闭。

释：又证白之翳蔽，有开合焉，俨如螺蚌之启闭。盖将欲脱之，必先开之也，且开启而后，白光大露焉，如蚌开而珠光显，云开而赤日辉也。故其开也，必欲去者也。其闭也，必不出者也。夫见人开门，知其必出，岂必大智而后有此识量哉，事理之至常也。人畜之白，寓于鼻顶眉端，观鼻与身之相对，俨然如蚌之二壳，胡桃之瓣焉。其启闭之角度可详考也，人之鼻与身成平行线，其开壳露白之程，全圆毕出，有百八十度平角之相焉。鸟兽之鼻与身成九十度直角之相焉。虫鱼之鼻与身成三十度锐角之相焉（见白开壳图）。故人之白体，十闭其五，照天则明，照物则暗，眼耳之根，适当开处。鸟兽之白，十闭其七。虫鱼之白，十闭其九。因此而智愚大别。

著 述 1785

由此观之,翳蔽垢之害智性,其关系至为密切。十年以前,吾见西人言生物之理,根本于鼻身成角之度,然彼尚未知为白壳开闭之故也。及观颉圣画鼻为自,自省为白之说,反而考之,憬然大悟。此相最显,以教人人莫不悟者。如有不悟,则使之挦猫犬之鼻,而观其半倾;捉虫鱼之鳃,而观其微仆。因谕之以盒中明珠,发光大小,阖辟而示之,虽大痴迷,未有不豁然领省者矣。了晰至此,更有进耶。

浸混深浅（白相六）

浸有浅彻。

释：又证浸混之垢,有深入而彻者,有浅涅而不彻者,此之谓浸混有深浅之别也。人之所以智者,本明未全昏。尘之来浸入白中者,仅浸透其皮肤,如靛染玉未深彻也。鸟兽之白质稍涣,浸混之入也必更深,如靛之染木也。虫鱼之白质益涣,浸混之入也必甚深,如靛之染棉也。草木之白质最涣,浸混之入也必极深,如靛之染水也（见浸白图）。电能入金也,尘能入白也,白摇则尘入之,水摇则淀入之。浸混之垢,不能以外见,但知眩之寸磔不死,则知白之均和于尘矣。既能均和,非浸混而何?佛谓第八识为藏识,藏识之义中藏垢也。非浸混而何?浸混而有差别,必以深浅有度也明矣。是以白垢之有浸混,及浸混

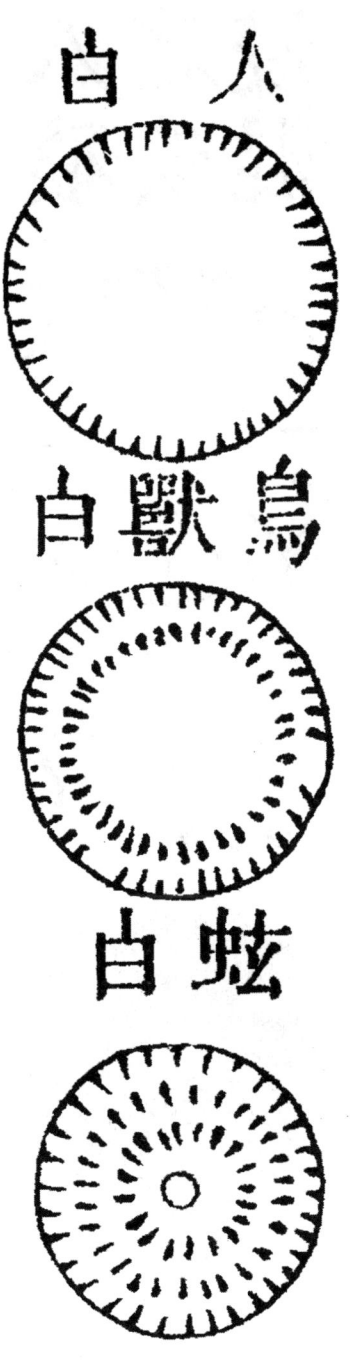

浸白图

之有深浅，皆为自然事理。万别兆殊，由此种子。由为众生之原始，观物而知，无复疑义。水之入涂也，烟之入风也，审于此相而后知人心之决不可以妄动也。静如水之久澄，轻清者自上，重浊者自下，养足百岁，安得不与尘相离哉！如动于法相，则是与三洁相搅也。动于我相，则是与三清相搅也。动于俗物，则是与三粗相搅也。诸尘虽有清浊之分，动心决非净白之术。语有之宁动千江水，勿动道人心。不动心一法，几为总持法门，因愈不动，而浸混垢愈浅也。

浸混浓淡（白相七）

混有浓淡（见两浸图）。

释：既有浸混，又有垢净，必分浓淡，事理了然。以一勺之盐，浸于万石之水中，则不感其咸，是浸混之淡者也。上神几同于佛，而圣哲智性辉莹即以此也。以一石之盐，混于五斗之水中，则大感其咸，是浸混之浓者也。下鬼灵不如畜，而豚犬常识昏迷，即以此也。夫浸混垢在八识中，固不可以目视而耳听也。然而，事理有常，意法不眩。今以贪心之足以致垢也，贪千金与贪亿兆比，贪量百万倍，则由中之瘾痞亦必百万倍。又以

两浸图

淫心之足以涅尘也，偶一女与偶十百比，淫量十百倍，则由中之瘾痞亦必十百倍。故烟有瘤癖，酒有沉酣。至于草木，而一白万尘。至于土壤，而一白亿尘。至于金石，而一白兆尘。宇宙之中，有白无尘，一切尘物，皆白之

影像变幻所成者也。还复于净白，则宇宙还复太空矣，观于缢鬼石，可以知其梗概焉。世人屡验缢死之人，悬尸之下，地中必有黑石之块焉，是名为缢鬼石。缢鬼石，初本无体也，因哀极之，感激白沉堕，则轻清之白，遂化为重浊之石。以是例之，凡诸重浊之物，皆白激于浓厚之感而成也。知此理也，吾安得不淡世故如浮云哉！

二垢洁污（白相八）

垢有污洁（见污洁图）。

释：犹且合浸混、翳蔽二垢而言，皆有污洁之别焉。所谓污洁，以尘质言也，且比较之观也。既以比较观而言，则元洁而玄污也。以玄比冥，则玄又洁，而冥污也。以冥比英，则冥又洁，而英污也。自此以下，上洁下污，可类推也。静观人食粟，猿食菓，牛食草，蚕食桑，蜂食蜜，蚓食泥，蛆食粪，以知其所染之污洁不同。由中所染，鬼质因之。鬼中所染，身质因之。身中所染，食物因之，居境因之。宇宙万物之变化所由起也。无以图示而明彰之，乃以圈代洁尘质；以点代不洁不污，及半洁半污之中尘质；以点外加圈代污尘质；则不可表示者亦不可表示矣（见污洁图）。以此而八相全列，谓之意所摄色法相。以意为目而观之，明明由鬼负尘而为众生，见众生斯见由鬼之面矣。由鬼随日照露湿，而渍尘现身，知苔虱之多知由鬼矣。

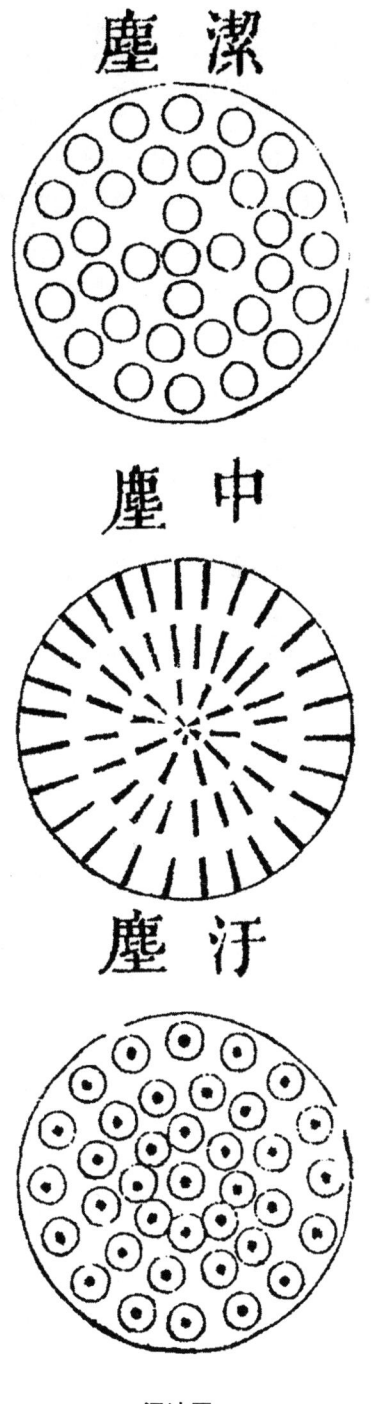

污洁图

八相合

乃合八相，由鬼昭格。

释：于是，会合八相，以为一图。一图二范，一垢一净。净者即神，垢者为菌。详作理图，适成菌状，则造物之循理可知也矣。夫白体有聚散，可图而绘者一也。白光有高卑，可图而绘者二也。白向有邪正，可图而绘者三也。白中浸混有深浅焉，可图而绘者四也。亦有浓淡焉，可图而绘者五也。白表翳蔽有厚薄焉，可图而绘者六也。亦有开闭焉，可图而绘者七也。二垢尘质有污洁焉，可图而绘者八也。是八相者，合为一图，而比较以观之，其净者洽〔恰〕如一果之成熟，向天而将坠。其垢者洽〔恰〕如一菌之方生，冒尘而初出（见垢净比较图）。今乃知侔尼之所谓证果者，垢褪而成此熟果也。木果熟必落于地，人果熟必皈于天也。牛顿见果落而知地心引力之引诸形也，吾见白相而知天心引力之引此白也，一理而已矣。更为反复菌形而观之，蕞尔微物，大文寓焉。观天之道，执天之行，乃在么么小器之中得其端

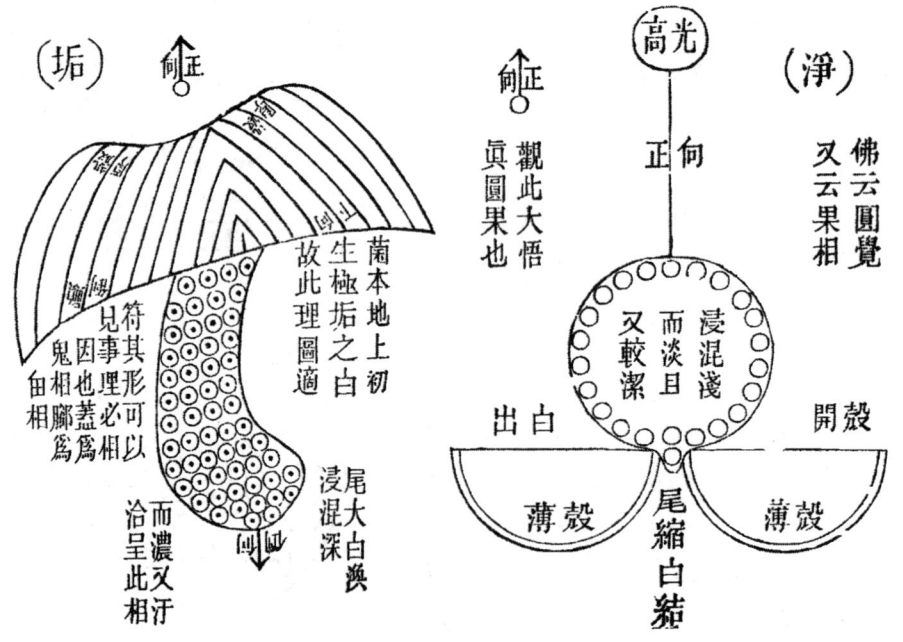

垢净比较图

倪，而皇彝于是夫彰矣。静审精祥，得道之易，如此而至矣。菌之盖为鬼而成身，菌之脚为由而成白，一颠倒之变耳。

十二相（见白十二相图）

详别睐族，列十二则。反复比观，天人通彻。

释：因前八相之逐次而化进也，乃判睐族。就其外状，别为十二相图。见此图则万象会通，性命两彻，直心修道，毫无疑惑矣。此图借明洞幽，用显烛隐，妙晰天机，精详物则，一点一画，原故昭然。前索后思，神智焕发，果能静心澄滤，尽岁月之力而细玩之，性命真诠，了无遗义。尤妙在取相近，而审机深，举类迩，而见理远，不离五根，而能穷稽万法，不出户庭，而能上察神灵，不陷倒植以格物，不迷佛真以见性。虽尽三藏十二部，全以究之，见理之邃而确，未有逾于此者矣。何也？明显正实，胜于耳亲闻目亲见也。夫佛者无遮大明，十尘尽净，八相不呈者也。曰净裸裸，曰赤洒洒，曰圆陀陀，曰光灼灼，曰纯觉遗形，曰一丝不挂，即此义也。任游太空，随处建极。颉圣曰："白王一大，实为皇天。"故以虚线示之而无壳，随意变化，无一定形，不能以色绘也（见下页图子）。三神三祆者，分为六等，次第裹元玄冥英华粹以为身，但无三粗之壳已耳。故一圈以略示之，六美合为一线也，表其有实相而已（见下页图丑）。人者白已大净，于地上万物，白光高而正，白壳开平角而仅一层，白体凝结而无尾，白之浸混浅而淡，尘质亦较洁焉（见下页图寅）。猿则白光稍卑而邪，故难直立。白壳开百五十度，故鼻向如之，蔽加二层，白涣而有尾，白之浸混深而浓，尘质亦稍污焉（见下页图卯）。兽则白光更卑邪，甚于猿矣。白壳开九十度，故邪立而鼻向如之，蔽加三层，白涣而尾大，白之浸混亦深浓，尘质又增污（见下页图辰）。鸟则白光愈卑邪，甚于兽矣。白壳开七十度，故更邪而鼻向如之，蔽加四层，白焕尾羽长而丰，白之浸混大深浓，尘质亦加污（见下页图巳）。虫则白光愈卑邪，甚于鸟矣。白壳开三十度，故更邪而横，鼻与身成锐角矣。蔽加五层，白涣而尾大如身，白中浸混甚深浓，尘质尤愈污（见下页图午）。鱼则白光更卑邪，甚于虫矣。白壳开二十度，故益邪而横，鼻与身所成之角愈锐矣。壳加六层，白涣尾大极，白之浸混极深浓，尘质之污益极矣（见下页图未）。草与木颠倒向下，而壳不开，犹存与人同质之大略，故事事与人相反，八垢相皆加于虫鱼。推而知之，不必详说（见下页图申酉）。降而至于菌苔秽壤，与人虽似悬殊，而同一以尘混白，同一三粗所集，同一寓居地上，有此二同，相去不远，爰与人同列十二相之末，其相浑沌不能辩也矣。而意想中之相，犹有存者，列于末而观之，使人知污白之祸秽丑莫极，其亦或有悛心欤（见下页图戊亥）。自十二相图之发明，宜夫凡有血气者皆可以教矣，倘有见十二相图尚不悟真理者，其必犬豕之愚，不复有知觉者矣。何也？世俗之以正信为迷信，而指迷信为正信者，为其眩于前五识、五根之中，以致能别所别，均不极成也。今之十二相，全呈在天，所呈之秘，不已昭乎。讲道之显，岂能更逾于此哉！如欲更显于此者，惟有立神佛于堂前，布天堂于原野，以前五识宣教而后可矣。故见十二相图而不悟者，犬也，豕也，虽舍之可也。亦或有憬然而省者曰：我之白，岂同于豚鱼之白乎？何见十二相图而尚不醒也，惕惧猛生，汗流浃背。再一详披，方信瞽者无以与夫日月之明，聋者无以与夫雷霆之震，惊恐大骇，内明必生，亦终能得渡于十二相图之下也。吾积十五年之潜思苦学，乃成此图。既成之后，毅然自信，渡尽众生，必由斯起。不出百岁，天下允若，世界庶几永无乱矣，人类庶几永无惑矣。有不信者，试三复而详审之，十二相图，每炼一次，白体仅净斯须，几于无别。皇天涤白，工夫何等绵密，详识之。

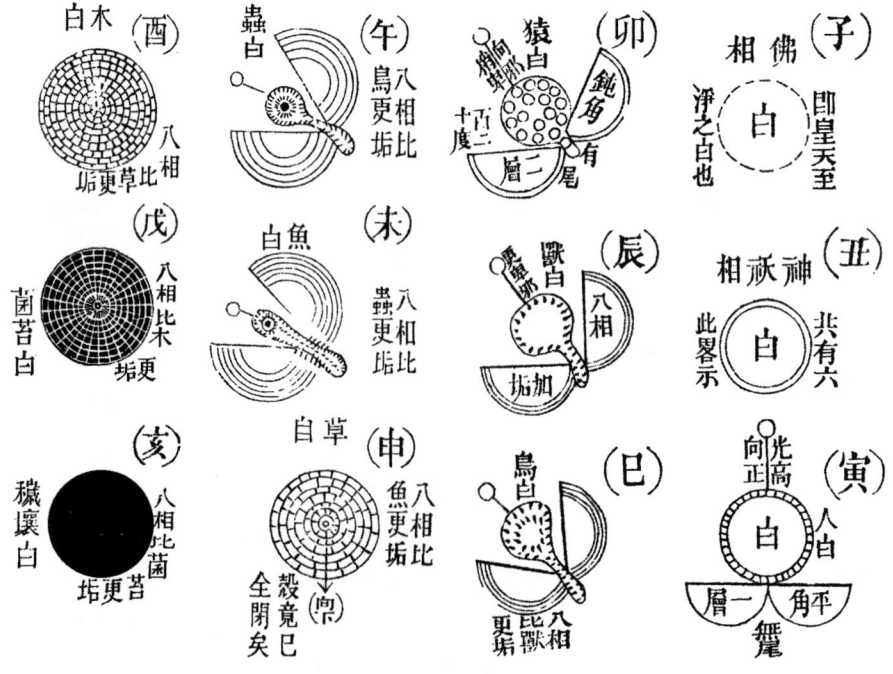

白十二相图

电表喻（见十二相图后，第一猛省）

意动白记，如电表然。

释：善于慎独者，时懔于神明之纠察，如在其上，如在其下，如在其前，如在其后，如在其左右，如十手所指而不能逃，如十目所视而不能匿。以此慎独，诚慎独矣。而狂肆妄诞者，或以为虚而谩之，未真见其在上在下，在前后在左右也。独因以不慎，若鉴于十二相，明明记于白中，如电灯之有电表也。一念之生，一欲之起，或影像外映于翳蔽，或浸混自发于中藏，或一邪一偏而入尘，或一停一缩而碍进，或一散而裂如炸药，或一搅而昏若泥涂。百年之间，用思若干，善者若干，恶者若干，邪行数度，正行数度，上伸几何，下降几何，一一不爽，丝丝不差，时时相随，刻刻在侧。如用电之户，虽未见电灯工厂之员司来核，工手来计，终岁检表，而耗电之多寡，不失毫厘。自作自记，此白即表，其能稍有逃匿乎！佛云"业镜照心"，业镜即白，照心即照白也。严懔于此，岂敢自惭形影乎，此为真实之极。立诚者见十二相，虽以刀踞斧钺迫之，生一非心不能也矣。无非心，岂有非事？故见十二相，天下太平，命终之时，检白而善恶无隐矣。今有用以太，以照夙业者，理源于此也，故验。

天命显（见十二相图后，第二猛省）

天命锻白，如矿师然。

释：观十二相，又发猛省，方知皇天之造宇宙，建天地，立星辰，作万物，纯为炼白尘而设也。何也？自人以下十级之物，皆皇天十次工作之陈列品也。今观一工厂，不知此工厂之何因而设也，但数其十次工作之陈器，即已知造厂者之主义矣。有一厂焉，以矿锻金，十炉十冶，每冶一次，金纯一程，则观其十冶之矿质，比其先后，考其成品，知此厂之必为炼金而设者矣。又一厂焉，煮海为盐，十池十滤，每滤一次，盐净一分，则观其十滤之取舍，比其先后，考其成器，知其厂之必为滤盐而设者矣。宇宙一大工厂也，天地一小炉池也，皇天全厂之主任也，十次锻炼，愈炼而白愈净。但留此白，尸骸渣弃，其命为何？锻白出尘，见前十二陈品，而天命了如指掌矣。以此探天命，岂不确乎，岂不确乎！

顺天智巧（见十二相图后，第三猛省）

闷顺必吉。

释：人之愚昧，每以为天之措施或有不当，待遇众生或有不平，我若为天，应兴应革，尚有数事。而不知天之措施，适足以度众生，其待万物，适足以福其真。何以知之？回祖曰："真主之命，不爽毫发。"以人立法，于豚于鱼即无术以教之，以政教行之于山林，禽兽不能保和集；以训诰投之于江海，虾蟹不能悟心源。人之智巧，亦已穷矣。天工则不然，以草木之顽，终能变之为人。以菌苔之痴，终能化之为圣。既能尽度草木菌苔，而谓不能度禽兽夫哉？而谓不能度愚氓夫哉？其荒也有道，其秘也有理，其枉也有法，其乱也有宜。我若知之，白合皇也。我若不知，闷顺大吉。如卧于巨舰之中，不问海程之几何，自能达于彼岸。如坐于汽车之上，不知关山之曲折，自能至于所期。《诗》曰："天保定尔，罄无不宜。"皇天既为锻白出尘，而为人构身，如其有法，必为人附于暗记之中，及时自现。如其有事，必为人设备万全之器，应运自呈。废弃人为，纯归自化。不识不知，顺帝之则。无劳以蠡测海之邪心，而合皇之切，自成于无为。测而知之，知美善，斯不美善矣。此最上乘之修能，亦即无为之第一法门也，以胎儿住胎之法住世可也。皇天之处置，其智巧合宜，必有万倍于人者也。

三显象（见十二相图后，第四猛省）

显象有三（见三显象图）。

释：因而见天功之为人设备，使人必能成佛，即卑亦神祆也。千万中无一殿废之虞者，已有三显象焉。此三显象，甚如置天堂地狱于目前，明于日月，信于左契。何谓三显象？直立冲天者，皇灵引满之象也。引力未足，必稍斜倚。壳开平角者，翳蔽必脱之象也。如尚不脱，必稍关闭。尾收全尽者，离尘在即之象也。收拾未完，必留余尾，岂有弓既引满，而矢不发出，门既大开，而人不通行，器物尽收，而主人尚不迁徙者哉！试绘图列说，将三显象悬于壁间，日而视之，夜而思之，足令愚顽豁然大悟，轻身淡世，浮云富贵矣。见三显相而不悟者，是见人上马，不知其将行；见人脱衣，不知其将寝；豚鱼之蠢，不能教也矣。三显象出，道靡有伏，三显象审，道蔑有隐，人必成佛。观此，而十足之胜算可操也矣。神袄犹小成，况下焉者乎！

鬼神真信
（见十二相图后，第五猛省）

鬼神如见。

释：世人之愚，莫愚于不信鬼神。今观于十二相，明明鬼神蒙傀儡之皮而现，被皮则为众生，捐皮则为鬼神，十睐之形，有如十炉，入炉则见，出炉则闷，方知此白贞坚无比。经十次冶，入十次炉，壳有死生，白无损失，不惟无损，愈冶愈精。若非愈冶愈精，何故改形愈净！其被壳也为众生，即其解脱后为鬼神。有不为官吏之人民，决无有横金紫，而非人民者。有不加土壳之鬼神，决无有蒙尘形，而非鬼神者也。人民必多于官吏，鬼神必多于睐族，即呼睐族为土衣鬼神可也。夫水有伏流者，或伏而或现，宁谓此水现流方有，伏流即灭乎？世间无此愚人，即无不信鬼神者矣。日日射矢，落矢之处矢必多。世世射白，皈白之处白必众。神多而在上可知矣。舟舣于岸，必满载而渡，因知待渡者之伙矣。人畜交媾，必招白入胎，因知须壳者之繁矣。鬼多而在，侧[则]可知矣。体物不移，以不语怪之孔子犹语之，人可以不信乎！

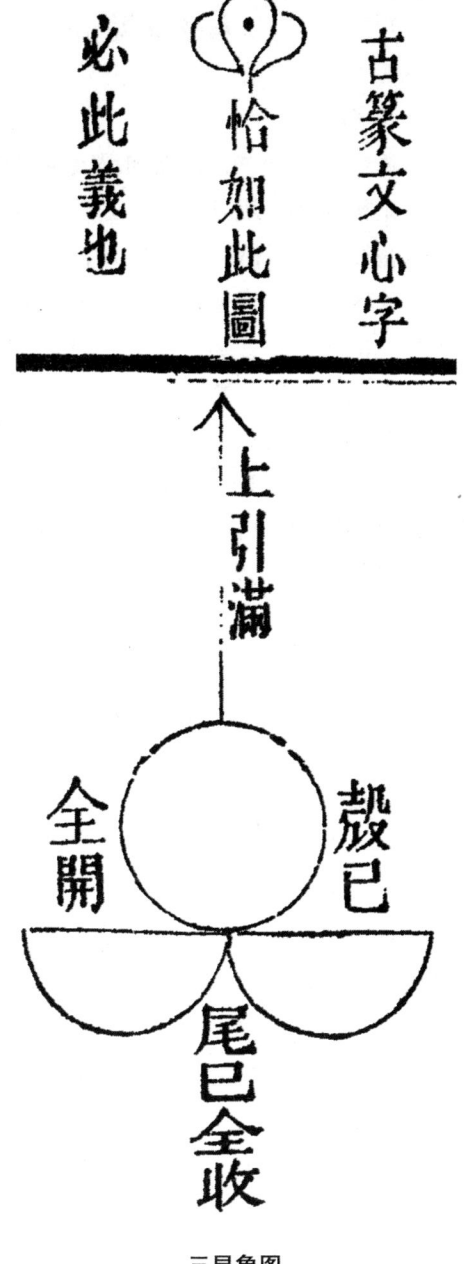

三显象图

人身难得（见十二相图后，第六猛省）

人贵于袄。

释：考于十二相，而知得人身之鬼，有至珍极宝之感焉。今夫人闭户而观，帐被之间，虮虱何多？庭厨之间，蛐虫何众？园中万卉，生必成林，阶前六畜，产必成队，比之以人，千万倍之数矣。彼终亦必得人身，而后能因三显象以脱此土壳也，不已增千万倍之难乎。出门而观，江海之内，鱼虾何多？丛薄之间，豸蜓何众？平原无际，遍地蝼蚁，山谷幽深，填溪动植，比之以人，亿兆倍之繁矣。彼终亦必得人身，而后能因三显相以脱于土壳也，不又增亿兆倍之难乎。观天地运化，千磨万炼，仅净斯须，十二矿型，经时许久，龟蛇之囚期太长，松柏之旅况难老，得人身而不渡，巨祸盖无已时矣，可不珍哉，可不宝哉，可不汗流泪泻，而恐悚奋发哉！吾自悬十二相于屏壁之间，虽刀锯在前，鼎镬在侧，不敢萌一非心，动一杂念。人同此心，何不借此而深思之？负合皇之好机，诚可哀也矣。悲哉，恸哉！

天不负人（见十二相图后，第七猛省）

等级既详，细大莫冤。

释：吾于此努力为善，不问前程，知天之决不我负矣。为善而得福，惧其报之太速，天已轻我之德薄矣。如教犬马，赏不逾晷，为善而得祸，喜其业之将消，天已厚我矣。如待圣贤，不行俗赏。夫真福在净白，净白一层，福大于富有四海；净白三层，福大于统率诸天。今旅白之分等判级，仅因白之垢净而别，其造端如此其狭也。而自上神以至恶魅，兆分亿判，阶次孔多。鱼中亦千百之阶，兽中又苛繁其次，几于蚁眉建国，蚤心设塔，白净些微，形境立改，尚有冤乎。我即负屈于人中，应咎我之不仙，不咎天之负我也。人寰之上，净土孔多，我独不生于彼土，而生于斯土，亦又何尤。同业之感，白白取耳。倘白更污，而降为鱼鳖，自沉于弱肉强食之林，宁与獉獗论在囿之公理哉！必欲皇天更分详阶琐级，果报必呈于目前，则又扪舌使读，握指教书，终不能感于白性中矣。天例至公而极当，适用以净白而已矣，岂人之所能执哉。人各自尽，而思不出位，天自有以大界汝也，故大法无法。

分等无等（见十二相图后，第八猛省）

人能法此，分职无官。

释：佛云一切众生与佛平等，今观于十二相，乃知地面虽小，而阶级之繁如此，况宇宙之大乎。平等之谓何？苦乐寿夭之不同，区别又太苛细矣。殊不知，平等者皇天遇物之本心，分等者旅白自取之业力也。天既以不平为平，与人以治机，人亦当以不平为平，承天之治法。职官九品，所以法天也。倘天之待物，平等无分，白垢如禽兽虫鱼，亦皆同赋以人身，则虽政教万倍亦不能以致太平矣，人又安能以平等为制哉。然天之别等也，纯视白之垢净。人则不然，凭势以灭理，顾私以乱序。若人亦纯因白之垢净以别等，虽设官百级，亦惟有治而无乱矣。惜天不为人别相，净白者异其容，垢白者粹于面，或生圣而四目，或生贤必重瞳。然人若发其公性与其明德，以别贵贱必无差矣。知人者智，智知白也。白之公明，即皇之公明也。且白虽有别，形实无分，一饱一暖，愚智贤否同之。执事可分以用白之能也，享用无别以待形之平也。彼净白者既输其白德以利众，众人奚可多与之物，以溺其白而纵其欲，反怨以报德哉。是以人中分职，用白之长而禄不加厚，则是法天立极，太平之实无穷期矣。

同群德（见十二相图后，第九猛省）

同德并育。

释：缘绎上图，两虫相立，同轴背向，两禽相立，同轴背向，一失中和，性亦对抗。《搜神记》曰："气分则性异。"盖言此也。乃知与人同者，偏则化物，如其不同，胡人视越人之肥瘠，又焉见德哉。故二女不同夫，不相妒也。同夫而不相妒，则合中而上超，生为真人，寿终合皇。同夫而相妒，偏则为物矣。二人不同利，不相争也。同利而不相争，则合中而上超，生为真士，寿终皈天。同利而相争，偏则为物矣。离物合真，同行不忌（见同轴图），于人类同行之

同轴图

小囿中，养诸佛平等之大玄德。忌则忮生，忮生则杀，虎不同山为恶兽最，獭不同渊为鳞族害，不同之毒可胜言哉。顾鉴于十二相，自人以下，咸有二对，去对以同，人所以为万物之灵也。老子曰："同之又同，众妙之门。"惟克同同，发白性也。有己无人，万恶渊薮，不能与皇同太空，是以遣而就旅也。悲乎！且见此而比白为皆之义大显，众生初浆之果，与神佛大熟之果有以异乎！

多猿太平（见十二相图后，第十猛省）

重滤以猿。

释：海水经十滤，而后成净盐，减一滤池，盐质必不净。此滤池如减于第五六次为害犹小，若减于第九次则卒得之盐必欠一净。黄金经十冶，而后成足赤，减一冶炉，金质必不纯。此冶炉若减于第七八次为损较轻，若减于第九次，则完成之金必欠一纯。生人之白，欠一分净，政教百倍，无以补之。详观十二相图，猿猴金狙猩猩野人，俨然第九炉也，第九炉损，安得不混入十炉哉。今之猿猴金狙猩猩野人，比于洪荒之世，千万分无一分焉，而人之生齿独增百倍，则其垢白尽混入于人胎中也必矣。是盐少一滤，而金少一冶也，人类之仁智大减，不亦宜哉。夫反古之制而后可以恢复天地之自然，诚使人种大择，使污秽之白不能滥杂于圆颅方趾之列，虽政教十省其九，犹可致太平之圣治也。不此是图，既亏之于初生之时，乃倍之于已生之后。今之愚凶皆猿猴金狙猩猩野人也，村夫难识一丁，逆子性成桀骜，纵欲救之其将能乎。此理虽秘，苟能列十二相图于前而详参之，抑亦了若观火矣。图太平者，若不多畜猿猴之属，其永罔功乎。巫峡啸声，衡阳穴处之辈，常使二倍于人，人类无垢白之伦，斯人群无难治之祸，此谓知本，此谓知之至也。深谋远虑者，其勿以为怪而信以为真乎。夫根虽埋而不见，树艺者必培于此。白虽隐而不显，图治者必务于此。有进一境之邃思，即有前一着之胜算，英达者其密察之。

迫灭七情（见十二相图后，第十一猛省）

七情以灭，八垢能观。

释：始吾之未明十二相图也。七情辗转，应物而发，日夕颠倒，弗能自制。既发明十二相图,而向之所谓狂荡浮动之七情,竟消失于无何有之乡矣。是何修省之功,臻此极耶?初惕惧而后自然也。凡情之生,必因垢尘,如由白发,有觉无情。吾知喜必顺受,顺受则物来而瘾长,浸混深且浓矣。怒必爆裂,爆裂则白散而入尘,曳尾长且巨矣。哀必中惨,中惨则心(白之中)黑而污毒,浸混秽且结矣。惧必龟缩,龟缩则蚌闭而光卑,白壳合且果光低矣。好必构思,构思则内癖而成涅,浸混深且彻矣。恶必逆受,逆受则伤和而坏仁,白向偏且横矣。欲必染尘,染尘则垢渍而光汨,白壳厚且闭矣。《楞严经》曰:"情重觉轻即深,觉重情轻则升。"情生于尘垢,觉发于白性,审情之易动,知白相之不净矣。因而自证自验,易喜者浸混涅也,易怒者白体涣也,易哀者白心墨也,易惧者被壳合也,多好者尘垢塞也,多恶者秽滓涅也,多欲者藏瘾富也。凡有凶德,必是白相之污,苟无垢根于白中,岂有情缘于俗世。故吾时思八相之垢在吾白中,因彼接物,乃有七情,七情不生,八相失养,省察无间,可以超相外而合于皇天矣。合于皇天,七情乌有,此以为修,此以为证,有真功有实相矣。审吾七情之未艾,因知八相之增污矣。审吾七情之已亡,因知八相之加净矣。果相虽不能以目视而耳闻,验诸七情,隐相无稍匿矣。确切修证,有严密如斯者乎。

宇宙工场(见十二相图后,第十二猛省)

锻白如制器。

释:吾尝观于兵工厂焉,又尝观于舰工厂焉,且尝观于凡有锅炉之诸工厂焉,莫不以一发动之机,而引起千轮万回,以自然成器。由性恒转如暴流,已见于《唯识颂》中,如水力之发动机也。宇宙三辰,皇天之一工厂也。地球之上,工厂中之一部也。十级睐族,此部中成品之器也。反复详观十二相,了于指掌,明明炼白出尘,天工之全,天命之旨也。俗人旅于天地之间,其犹蝼蚁之入工厂乎,未见其全,而眩焉者众也。夫机器虽无白,而能自然成器,皆有白者故作之也。尘境虽无白,而能自然成器,亦有白者故作之也。苟其无白,岂能成有意义之物哉。闭目洒墨,不成文章、画图。飓风吹材,不成舟车、宫室。物有意义托于白也。吾人小白,故成工厂。皇天大白,故成宇宙。白之大小无他异,垢净之别而已矣。吾将何成?成此造宇宙之白王而已矣。卵将何成?成此构窝巢之母鸟而已矣。执柯伐柯,其则不远。有鹄皈依,标准甚迩。人观宇宙,虽一管之窥,智者得主而有常,不似蝼蚁之眩矣。

自求多福（见十二相图后，第十三猛省）

涤白为福源。

释：以此知俗得为失，俗失为得，俗福为祸，俗祸为福。今人虽富有天下土壳享之，鬼壳之土精微开，此天下与壳俱弃，福有万倍于富有天下者矣。今人虽贵为帝王，土壳居之，鬼壳之土精稍减，此帝位与壳俱舍，福有万倍于贵为帝王者矣。推而数之，欲色而得色，白被加厚，不如绝好色之心之为得也。欲物而得物，白涅加污，不如除欲物之念之为祚也。盖增瘾不如断瘾。人以增瘾为庆，我以杀瘾为祜，则是人之所谓得者，益桎梏之重；吾之所谓得者，损附骨之疽。白光高矣，白向正矣，八相齐进于净矣，福莫大焉，而富贵不与也。白光卑矣，白向邪矣，八相齐躦于垢矣，祸莫大焉，而刑戮不与也。事事获人间便宜，殊事事受皇天削剥。下愚自害，得于梦幻泡影之中，而失于性命真常之实。人之自私自利者，诚可哀也。

大显道（见十二相图后，第十四猛省）

喻道斯极明。

释：自古及今，显形而上之道，未有明于十二相者也。既彰十二相之图，然后形而上之道，如目见如耳聆，如有所立卓矣。何也？夫使讲形而上之道，而无形而下之器以为据，则恍惚离奇，人未必信。瑜珈唯识，义理高深，其如中人之不解何？若以形而下之器为据，而牵强附会，人尚滋疑，惟此十二相者，因外表内，借显阐幽，一笔一画，妙义昭然，有色有声，天机毕露，取形于五识之中，证相于八识之隐，炼白出尘，更无疑地，以彰天命，而立人极，庶几共证，而不昧矣。西人执器则背道，执物则背心，今也适足救其病，诚下学而上达，非无征不信矣。

推入无相（见十二相图后，第十五猛省）

近测而远瞻。

释：然此十二相图者，虽非实形，乃实相也。《易》曰："在天成相，在地成形。"相者三清中所成，如离藤之根也。形者三粗中所成，如离藤之藤也。故形能以前五识测知，而相惟第六识能测，名之曰法相，不亦宜乎。夫堪天舆地之家，每以所持之小三角，测未知之大三角，然所持之小三角有限，则测得之大三角亦有限，未足以穷宇宙之至神也。然因十二相而推之，则可以穷宇宙之至神焉。何则？人之果相中正，则为地上之至尊。鸟兽果相偏邪，则为地上之奴副。以地上测宇宙，亦如是焉而已矣。中则无对，人形惟一，据此道也，以超宇宙，愚相绝对而求中，可以出无极，而皈究竟。以小比大，空中则极，至圣以此，特臻惟一，非近测远瞻之效耶。三粗中中则惟一，即六美中亦中则惟一。六美中中则惟一，即宇宙中亦中则惟一。中和可以灭伪性，大道以此为极的矣。

天获惟果

（见十二相图后，第十六猛省）

牺壳而获果。

释：详观于十二相图，乃知皇天之育众生，如农圃之育木果也。故即其图而观之（见获果图），人之法相，如成熟之果然；畜牲略闭，如含苞之果然；虫鱼始凝，如初浆之果然。皇天之于此大块中，如望获之老圃也，决知人间虽苦而天获大有，皇天必不恤人间之假苦，而求白果之丰收；人间虽乐而天获荒凶，皇天必不许人间之假乐，而听白果之不稔。是以或刀兵之，或水火之，或瘟疫之，或旱潦之，天获一荒，天刑立至。蚩蚩之氓，不思成果之大福，而恋刀头之微蜜，私欲是营，可哀也矣。孰能静思九壳之宜解，空观人事之无常，草草了百岁

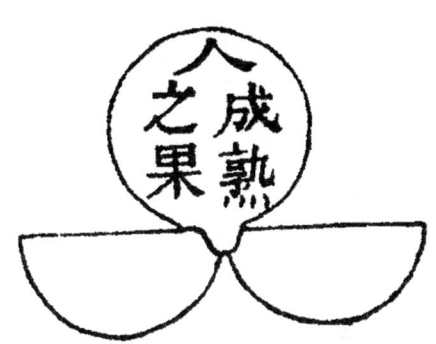

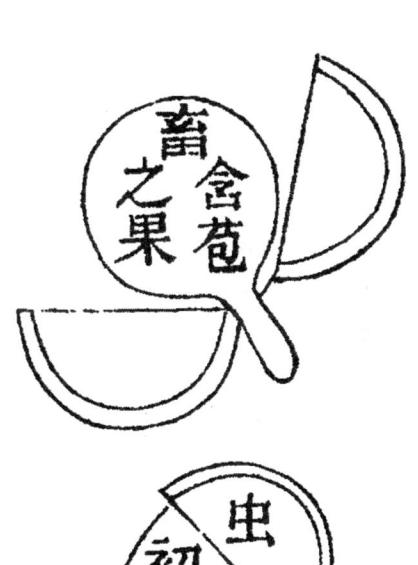

获果图

之形骸，密蜜计脱壳之多少，常使天获大足，庶几永保太平矣。夫孺子耽于目前之逸乐，而不修正业，父母必夏楚之。生民耽于人世之伪福，而不顾果相，皇天必灾害之。皇天之心，父母之心也，岂不愿众生之获福哉！智深而仁弘，非人之所能测也，足天获以保太平，其生民惟一之正务乎，此惟深智者克见之耳。鸟孵必禽，人孵必佛，不孵殷卵，天人共弃。天之所弃，谁能救之。

信解受持（见十二相图后，第十七猛省）

信定而修真。

释：以十二相教人，虽豚犬之愚，莫不笃信而真修矣。何也？愚人不知莫现乎隐，莫显乎微之义，遂日惟趋利避害于形而下。夫形而下，百年所寓之假壳，蝌蚪之尾也，必弃幻尘，岂可久溺。阿房铜雀，死后全抛，哀哉。若教之舍形而下，以谋在天所成之相，为永远之大利（见实相图），不可捉摩。俗子不从，即举佛训以训之曰："心有横邪，乃分三途。心有圆缺，乃分圣凡。"而人以耳目不见，未之信也。今兹之十二相，一点一画，无不求之于有形之中，以证无形之相。且见六道轮回，彼形虽旋舍旋戴，此相则始终不亡。但污一分，则祸大于天。净一分，则福深于海。明于眼见，确于耳闻。眼见是虚，耳闻是幻。十二相者真之又真，知此者虽劝之以天下之富，惧之以夷族之刑，使之增浸混斯须，加翳蔽毫发，不可能也矣，于是而理解明，信道笃矣。乃时时自思白相，因血脉之转，直赴皇天，一念污邪，白体即垢。以此修证，何敢自欺？受持之固避污白，胜避汤火，人有能以十二相示迷人，豚犬之愚，皆入道矣。虽千古谈道之彰，岂能更加

实相图

于此哉。知三显相则天堂在眼中矣，知十二相则地狱在目前矣。精义则源于《楞严》，粗相则征于万物。取诸四体，以示一真。观此不悟，真豚犬之不如矣。

绝私欲（见十二相图后，第十八猛省）

逆私而绝欲。

释：今天下之极恶，莫恶于私欲。然使有大私大欲之人于此，我谓之曰：曷斩尔头，吾与尔以宝冠。曷剖尔胃，吾与尔以珍馐。彼亦必不肯为也。见十二相图，明知私心一起，鬼壳则加厚，白光属壳不守中，智性蔽，且害白性之公仁。至于白于身，胶三粗益固矣，志如螺阍。闭垢壳益狭小矣，如此则白相已化为畜。化畜矣，昔之所谋以自私者皆不得享焉。欲心一起，由心即涅秽。白光属物而下曲，仁性窒，且害白性之清真。于是，白招外尘，渍八垢于体矣。意中结相，收杂污更深浓矣，如此则白相或沉为魅。为魅矣，昔之所谋以纵欲者皆不得享焉，岂不甚于斩首剖胃乎。若反而求诸白中二十余福德，我自有之。世俗之伧，是求福反祸，求利反害，倒植之民可哀也矣。私欲者万恶之薮，蔽窒仁智，则白化禽兽矣。私欲绝尽，非鉴于十二相图，孰知其真蕴乎。既见于此，将使方今物质文明自竞之国，翻然悟白体之污，下沉苦趣，必舍其所谓华美，而归于淡泊；舍其所谓智巧，而归于朴厚。不然，则欧洲之祸，大于中国，可胜悲乎。其在天所成之相垢，则在地所成之形乱不远矣。又将不如印度、安南之犹有天狱也。世之求富贵者，莫不益欲以污由，益私以污鬼。苟一深考于十二相，将亦必逃世利如汤火矣。故平中外，宁国家，恃于白相之大明，明亦莫加于此矣。要之，爱用其物，心必属之。故用物弘者取精多，多精入浸于由鬼，魂魄必重而下沉。粗则人易见，是以俗谓之强也，毒莫甚焉。老子曰："治人事天，莫如啬。"啬者丰之对也。治人以养形为要，事天以净白为功。审斯训也，私欲之情断矣。

坚定道心（见十二相图后，第十九猛省）

死矢而靡他。

释：自吾发明十二相图以后，虽造次颠沛，不敢起一杂念，况非心乎。明知人不合皇，终受天锻，千劫万劫，升沉不休，纵一世安富尊荣，或数世康宁福寿，白不加净，不如不来。攘攘粪秽之中，役役旅次之寓，净白难，污白极易，一念之差，历劫莫洗，危乎，殆哉。及今生一息尚存，正可以皈根复命，无俟白垢之稍增。虽欲悔悟，而不可得，洪炉百毒，可胜受乎。思至此，即使终身遭炮烙之刑，日夕被陵［凌］迟之苦，苟有可以净吾白者，吾皆甘之如饴矣；苟有可以升吾白者，吾皆从之如流矣。反此者虽富之以陶朱之家，尊之以嬴政之贵，明知土壳承之，儡傀所弄，奚可以溷我哉！于是，笃信好学，守死善道，但求白净，此外无营。白既净矣，何福不备？求之自内，权操于己，吾岂复有他图哉。此所谓明一义，而九死无渝也。

破法无早（见十二相图后，第二十猛省）

执法而固朴。

释：佛教真实之结果，纯在于破我、法二执以合于皇。破我执则鬼垢脱，破法执则由垢消也，然后为净白之极。然凡今之人，若语之以道，而先曰破我，则已不肯入门矣。若复之以忘我而我大，后我而我先之理，则又以我大我先之本心，作忘我后我之伪饰，是假我执破而真我执生矣，此我执之难真破也。一切修行之实心，皆以为我欲成佛故耳，况净土法门，我执更重，至此难夫其强破矣。至于法执，是探皇德而袭取之也。皇德仁智，我亦义袭而勉为仁智。皇德中和，我亦义袭而勉为中和。意恒外属，非无内之内也。以鸭学鸡，以者学皇，非自然非白然也。今有人焉，因执意于国法，乃不敢淫盗，不敢叛逆，斯本心在尘，非真不淫盗，不叛逆也。若夺之以淫盗入地狱，叛逆堕畜牲之佛法，则国法相破，而佛法相呈，前者为土壳，而不为恶之真心，今进而为鬼壳耳，毒益深矣。今我进明十二相，十二相者，由鬼之相也。由以法执成，鬼因我执起，以此净白不又外乎。虽然，知我者其惟十二相图乎，罪我者其惟十二相图乎。孔子以名誉诱人，岂得已哉。人心迷如今日，若溺于海，当登舟，我因劝之登舟；若德纯道明，已舣于岸，我又劝之登岸而舍舟矣。法者舟也，如破国法执，岂可故为淫盗叛逆，甘陷于刑辟哉。吾苟道高德劭，虽有赏淫赏盗，奖叛奖逆之国法，我亦不从。赏尚贝非尚志，奖将犬非将人也。然则，破法执须超而上之，不可犯而干之也。白性既展，如肉生茧脱，笋抽箨解，非剥茧褫箨也。故十二相者，上德者不宜悬于心目之间，下德者不可忘于意识之内，此为明体达用，了法知幻。高人之士，其勿以故示天机，陷人于执法、执我而诋我也。岂我所欲哉，我不得已也。十二相者相也，见诸相非相则合皇矣。故皇天不敢以实线绘之，有邃旨焉。

知真不死（见十二相图后，第二十一猛省）

乃知真不死，脱壳更昭灵。

释：昔吾以死为消灭也。及长知非消灭，而不能以确证也。及知微附和合，始能确证，而不可以喻下愚也。今则显矣，历观白既出土，披土见形。未披以前，如人夜行，既至月下，而后著迹。未至之先，必有人也。况又每披土壳一次，而脱壳再来。不见白消，但见白净。众生不死，明如观火。入隐为亡，颉圣之旨益著矣。既不死，又上升，终于合皇，可必也矣。吾乃死愈近，而心愈庆，明知大福之在前，喜可胜矣。《大乘》论云："若心体灭，众生断绝，心体不灭，长得相续。"此之谓也。

时时有功（见十二相图后，第二十二猛省）

乃知时有功，瞬息绩不停。

释：人之大愚，莫愚于真功为伪，伪功为真。夫营于三粗之中，掘井者日见其深，筑台者日见其高，信有功也。曾不知土壳一脱，禹绩空留，铜雀巍峨，曹魂焉在？惟此白净一发，不负百年，尘减一丝，随携万福，此真功实得也。见此图矣，白光上冲，一刻不止。食一日饭，有一日功。空则自进，想法（后八观法）上躐。无间寝兴，不离造次。但不入尘，即必上道。火车中一夜高卧，已越万里关山。海舰上几度闲谈，隐渡数洲岛屿。此功之伟，千古随身。无若金钱，不汇阎罗之殿，又非大宝，徒葬鲍鱼之棺。真人思此，刻刻有功。积之自享，又以利人。不然，信儒敬静，久无效则倦。信回祷天，久不应则荒。若一旦知此，半日清修，万倍山河一统。片念高尚，多于帝位十传。有功则心安，时省而岁证。明知此白，一刻千里。无事之事，勋伟莫伦。如禾在田，如卵在巢，期有功矣。大千宝藏，白中已成。万世帝王，白中已有，又何求乎。佛言乘法身船，到涅槃岸，信矣。

信仰山（见十二相图后，第二十三猛省）

乃信仰山图，人中多兽禽。

释：仰山之教人也，每见一人，绘一圈，而书牛羊犬豕之字于中，人不能悟。今乃知白一横邪，人即禽兽，不必改壳，果相已成。人之百提不醒者，心已内变污相矣。梁后化蟒，粤妃化狼，从其内也。夫人外契下，而内同上，意外逐则白下沉，白竟合于禽兽矣。一念之微，可不危哉。

修不修（见十二相图后，第二十四猛省）

乃知不须修，修者大躐等。

释：夫鸟兽虫鱼，不知修道之法者也。乃每入土壳，必超一级，天为之净白，不待自为也，则又仅升一级。可见，人即不修，必升粹境，上神不修，必合于皇。然天以形拘性锢，治鸟兽虫鱼而安之，惟不限人，则知白性自由，或合皇，或合元，或合粹，或合淀，任人自取耳。可不喜哉，可不惧哉。佛言野干心念十善，十日不食，升兜率天。即兽类尚能躐等，况于人乎。

净土为极（见十二相图后，第二十五猛省）

以法修净土，上善真且稳。

释：详观十二相图，方知因心成体、因体投境之理为极真矣。夫兽者一缚人之相也，其臂髋藏革内，天绳一引，缚解即为人，以下胫变手脚之掌者也。天之绳，三清近而小，三洁远而大。吾白中实有净土，以与外之净土相应也。且外形者，内应白，而外应尘与事。鸟之羽，鱼之鳍，应尘也。骆驼之水囊，挟虫（蜂之奴）之钳爪，应事也。吾以专心净土，有法有意，有事有尘。心之所思，无远弗至，又有天绳弥陀接引，虽不合皇，寿乐与并。不破二执（我、法二执），事半功倍。吾地上人，万修万成，如或不成，必志不专。吾亦自料尽毕生力，未必合皇，不如净土确切，如操左契。故以此为大成至极，臬皈可也。

目前地狱（见十二相图后，第二十六猛省）

乐外加翳蔽，下愚沉苦淀。

释：考外尘必合于根，然后感乐之故，则知识、根与尘，三者本为同垢量之质也。识如牡，根如牝也，根又如雄，尘如雌也。因同中异而微别，以次第上接由，而下接物也。故合根之尘入，有阴阳交感之乐焉。肉合人根，草合牛根，粪合蛆根，荼合虫根。然皆纳其精，而粪其粗，且同食一物。犬粪粗，而人粪精，则是根之享尘，尘必较粗而实同也。同中之精阳也，同中之粗阴也。故凡求外乐，阴附阳而加壳也。寐寤之时可见矣。髓之两瓣，鬼之壳也。寐鬼壳闭也（见寤寐图上），寤鬼壳开也。佛不寐，壳将脱，不能闭也。加壳而闭，鬼为魅也。魅寐也，地狱之苦暗，明极矣。白光下沉，即为魅而堕淀。试观虫在蛛网，即是刀山，羊入虎巢，何殊剑树？眼前之地狱彰矣，况湿则生苔，秽则生虱，垢白在下，得机即现。地狱之理，可不明乎。哀哉，惨矣。我为大恸，人趋外乐，虽有禹稷之功，犹曰害民也。福其伪，而祸其真，又焉用之，且寐者阴阳交也，即两壳合

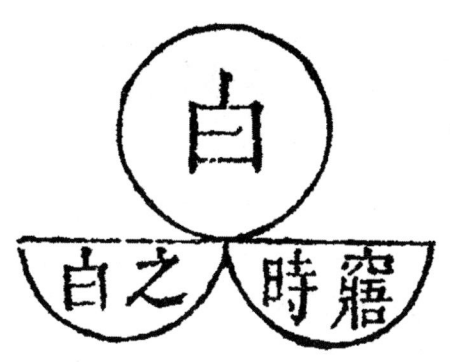

寤寐图

也。阴亏多寐，阳亏多寤，阳壳生，阴壳死也，引阳合阴下沉也。今之所谓尘者，来组为根，则更垢之尘现矣，故地狱近在目前。

人白太差（见十二相图后，第二十七猛省）

人白大相差，易死死乃现。

释：世上之人间有合皇之资，亦多沉淀之果。中间包六美、三粗之果相而来，被此土壳者众矣，故佛名之曰"婆婆"，皇天之特设以陶镕旅白者也。可幸哉，可畏哉。必秘其机，待寿终而后现者正命也。棘围未撤而放榜，射覆未定而启盒，有是理乎。神通早显，非正命也，九等之差，混于娑婆。悟者大超，迷者大堕，天纵之以自择也。况夫尾收白结，有如熟果，一振即落，落则从白光，白向而往，仅在气水微停耳，故刑人之死，速于龟蚝。佛云人命在呼吸间，信也。明知此身之易舍，而祸福之差，大于天地。吾以此视土壳如涂泥，视外乐如鸩毒，而惟以净白为急务也。

专诚净白（见十二相图后，第二十七猛省）

专诚求净白，碎身奚足惮。一朝合皇天，尽渡有情伴。

释：吾于是专诚净白，山河破碎而不忧，身家夷灭而不顾矣。此不能失、不能夺之真功实福也。有能遍绘十二相图于世间，家喻户晓，令民茶余饭后，皆相戒而语曰：毋黑汝心，无期汝天，毋污汝白，则外成圣治太平，而内亦尽性成佛矣。岂曰小补之哉。

同中超
（见十二相图后，第二十八猛省）

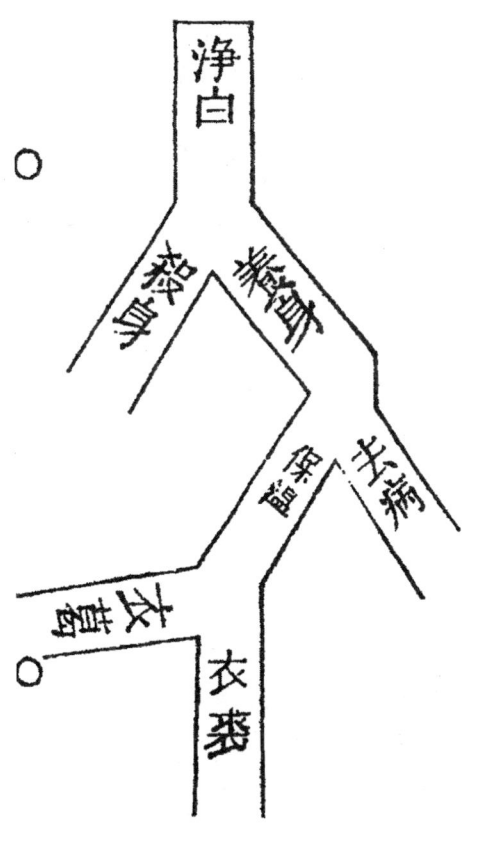

顾中图

万物本同皇，知中无分辨（见顾中图）。

释：万物同皇、旅白同真之理彰极矣。何也？亥图初浆之果，与子图成熟之果，有以异乎？无以异也，众生未老之果也，皇天完成之果也，岂有异乎！夫无分别智，瑜珈之本旨也，而人多眩之。今有一法，极为简便，凡事顾中，即是无分别也。保温中也，衣裘、衣葛二分别，但合此保温之中道，即为无分别。去病中也，凉药、热药二分别，但顾此去病之中道，即为无分别。犹此上推，宇宙洪炉，极中只在净白，常顾净白之中道，即是无分别。左法右法，皆衣裘衣葛、凉药热药之假分别也。分别害中，则一切皆非。故法据于无分别之中而起，凡因净白为本心，虽有分别，无分别也。以保身为本心，落边矣。此最简之法也，净白而已矣。顾中为三昧，种涅槃因。凡可以净白者，或急或缓，或取或舍，凡可以净人白者，或宽或严，或生或死，皆法也。故法不可执，若执一法，如执衣裘遇冬，则行遇夏则碍，如执凉药，阴病则害，阳病则痊，法何可执乎！衣裘衣葛，皆以保四十度之温，何分别之有？凉药热药，皆以保阴阳平之和，何分别之有？故注意净白，谓之运平等智，《大乘论》所以以此为不二法门也。常具此心，元果必成，更空此心，合于皇矣。必合皇而后大终，元境上神亦蜉蝣也。真空乃真中，顾以不顾，非不顾，非非不顾，时为大窔。若以衣裘为美，盛夏衣之，凉药为贵，阴病饮之，此为住相分别，不顾中也，忘本矣。《大乘》论云："妄取境界，忘平等故。"此之谓也。

　　夫知中之为贯，以去分辨之污心，此大法之总持，万物所同宗者也。分辨者分瓣也，心生分辨，则同中生异，降入阴阳，而形分两瓣矣。是以人畜之脑、果实之仁，皆两瓣而捧一中白。中白于人为灵，于果为芽，灵虽不可以目见，两翼之间必有鸟身，两瓣之间必有真体，则定理也。芽两瓣得土而开，瓣之下生根，而上生本，本成同大父。脑两瓣得天而开，瓣之下生身，而上生本，本成同皇天。故一芽虽丝，巨木之形也。一灵虽隐，法界之形也。吾友刘鬳和禅中见星辰于髓，吾亦禅中内见三光于脑，外现法界于额，人脑之中确为皇极之缩本，已得确证。知中而养之，诚有大效。人皆知吾解两瓣之髓，即为皇天，其福至大，则不屑措意于尘中分别。夫分别心生，则八相判垢净，乃至变八八为六十有四，又交乘为四千九十有六，而万物以成。以此推之，万物虽殊，唯白所变，事理极了然矣。两瓣之下生根，以应尘应事。鱼鳍鸟羽应尘也，牛肚象鼻应事也。此皆为旅馆中之设备，故必无常。惟瓣上之大本，奉白以升，可以久存。故果实之生机，仅留三载，而木可万期。人猿之寿命，仅留百年，而仙可兆纪。且鱼卵藏白，住陆则化螽，住水则化鱼，皆瓣下之根应境而成也。人之白，在冥为仙，在旡为神，开元瓣则集元组身，开英瓣则借英组身，又何疑乎？万器皆金变，消之尽为金。万物皆白变，化之尽为白。岂有我相，岂有法相，以是知住空相，方为究竟者。住空相，即住太虚性，白之总德也。又无有染，又无分辨，白得空，安得不如鱼得水、如木得土而大畅哉！凡此皆至理之实验，非有惝恍之义。我故决定众生之皆能为皇天上帝也，常抱无分辨之心则至矣。盖分辨于某尘之中，即分瓣于某旅之中，十刹任我自择，如豆分瓣于塍上，即生根于塍上。莲分瓣于泥中，即生根于泥中。分辨即分瓣，心先系之也，吾岂可分辨于三粗之中，视帝贵于皂隶，视富逸于婆贫，而没没焉永为三粗所囿也。凡自人猿以至菌苔，皆两瓣奉一中，则两瓣奉一中，万类之同型也。十层两瓣，奉十中，自元分瓣，玄以下失养而腐，元中生根；自英分瓣，华以下失养而坏，英中生根。佛学底蕴，以此大彻，惟空无分辨，众生至此同皇矣。故视其分辨心之所生，即知其白之所住矣。

今若悬十二相图于都市，以教万民，民莫不见道矣。盖人之无尾身之直立，谁则不知？以此而见八垢，垢之中必有真体，此二垢如八指针，一念之动，皆分类记之。夫时钟指针仅二，尚能计分秒晷刻，指针既八，何事不计？乃观天地之运，人物之生，纯为锻白，别无他事。世间百务，因知有皈，白净一发，福增万倍。嗟嗟生民，岂有不终日终身住净白性，以养此白者乎！养白之效，虽不能以目见，知血脉一刻不停，则知白无时不变。积功百年，人必无不神袄矣，勉之哉。讲道之明，未有加于十二相图者矣。侔尼因见明星而得道，非见空中之星也，亦见脑中之星云耳。凡真正之效，必由内见明星，外现额珠。明星易见，动暖尤易得，诚能养中者，曷试之。今者唯识之学，遍行于中国，然不究唯白，诚恐如科举时代之学孔也。自由鬼始，即致曲也。无地物证即远人也，名相繁琐即大凿也，底据不彻即恍惚也。人但知唯识之利，而不知唯识之害，唯识者分辨于中中之边也。非温故知新之才，又埋死于唯识之中，而不自觉也。悲乎！

十二相中，自寅至亥皆土壳也。土周于皮，因八垢之轻重不同，遂变为万物。推之神袄，可变为六万类矣。六美中各有万物也，宇宙中非无即有，非相即性，非空即实，非皇即者，非真即伪，非旅即皈，非净即垢，二对皆唯白所变。故凡太空与太空中所有之物，皆白之所变也。必无他也，宇宙唯白，见十二相而事理乃确。太空且唯白，况太空中之物乎！惟空不变，故白性为真常。

外篇①·纲言②

万法唯白，一源二合。独法群法，务在解脱。师天立极，政教不拂。独

---

① 原注："纯言大用。"
② 原书此"纲言"置于卷一内篇"纲言"之后，并注云："见后逐句详释，方解其妙。"今移置此处。

修空中，群治公同。皆无分别，破阴阳笼。乃不外染，亦不住相。又不为我，众生大畅。故治心者不以意生分别，而赡形为断，则独法庸。治世者不自我生分别，而待民如子，则群法善。一于太玄，众妙圆满。法统为二，事别为三。独法、群法，二法也。养白、养形、养欲，三事也。以二法修二〔三〕事，而绝物欲，则能尽性顺命。养白求净，惟修与证。修以有为、无为二法，证以物、身、德、神四验。无为之法，纯任自然。自然之极，极于白然。如磁无系，必指北极。此白无系，必指皇天。相白同行，差莫能别。不落边际，斯合中一。有为之法，内外齐修。内有身口意三净业，外有对人接物二助功。意为心生，意诚白净。纯由理法，白合于元。然后无为，上合皇天（见有为法图）。修行之法，诚意为真。意诚心正，心正白净。因白成体，因体投境。白不真变，外功无朕。损去五害，益用八观。惰忿欲私痴，五害也。空定皇净，涣妙真慈，八观也。以此修之，由鬼变矣。若不修此，而以物布施，以形吐纳，枉乎外矣。空观极高，不生分别。有空非空，合元而极。定观收心，系于鼻顶。意导以上，众精来送。皇观观皇，审其德性。如以相见，为学之径。净观之功，伟大无比。无量寿经，端倪已启。涣观涣身，自脱桎梏。九想六诀，六美直出。妙观清灵，无不如意。凡心所构，实相皆备。真观惟净，一丝不挂。太空大同，圆明自化。慈观悲愍，仁展壳脱。白之本性，助而不拂。是八观者，循环无间。起念不离，白体内变。由已同于上神，念寂皇天自现。乃先损惰，精进身心。继以损忿，毋令白溃。继以损欲，无令白污。继以损私，无令白囚。终以损痴，白性合皇。八观五去，或陟或解。升白于皇，有存无殆。百年不间，必合真宰。必至有恒，必无微间。直如山木，不离水土。身与意符，内外如一。白形兼养，人我交益。重白轻形，百行迪吉。口发白音，言无不藏。养白养形，人我咸康。内修既备，外用因之。对人为要，法物两施。法施无亲，因人设教。物施有节，先亲先贤。敦伦不过，无俾白污。权财智力，四余正用。物有二别，隐白显白。用以啬仁，法天应尘。无惭草木，斯为完人。证有四：一曰物。白净者，天祚笃。二曰身。白净宁，鼻为机，动暖明。三曰德。增仁智，至道凝，皇神翼。四曰神。白净通，寿终显，精毋钟。修证既全，乃净人白。不净人白，己德未成。成己成物，非两事也。朴素颐真，均普而卑。曩谛深明，几极而难。法相伪陟，指迷而切。见病投方，不共而效。严礼正则，众共而普。嘉言启好，渐染而孚。懿行矜式，有方而密。至诚感格，效大而实。正情诱掖，微卑而利。神道启信，简明而直。神通骇俗，弗顺而亨。别境尚志，理真而卓。人间果报，半验而鄙。俗习染善，近性而危。名誉褒贬，术穷而小。形拘强诲，皮相而假。私欲刑赏，极漏而溃。总十七法，内量己德。外参时势，兼用以蔇。太平圣治，依于净白。有根之木，折衷群说。乃究原理，倡主义，图实施，以为正鹄。一扫群邪，十仁十智，圣治之芽。考于性相，永泰必能。复性自治，去习恒宁。公净为鹄，矫世私欲。公净不泯，乱机不作。私欲不萌，人中无渎。惟恃净白，万世和乐。主教奴政，不尊以欲。互助均劳，人无一逸。仅足均嗇，家无一溢。法天因地，防人玩物。二修二去，人和物若。平等共和（多头制），与夫专制。三式因时，平表为至。各竭长能，科分齿序。薄禄无争，琐核苟叙。乃复太始，丕禽道纪。尽进冗赘，康乐弗圮。损极治标，益极治本。先机营源，后机弗务。大同无异，白性皇命。守一义以为中极，虽终古可以永定。主义之正，莫如中和。生民共的，是为皇纲（主义之王）。中无二异，同心相恕。衡中权和，天人兼顾。今古主义，皆由偏误。集权分权，纲举网布。文治武功，两相并务。约束放任，适得其当。主教奴政，本固末畅。公富私贫，无家不足。首统宗教，民志以合。咸尽智力，庶事备若。新旧并臻，惟善惟鹄。不齐之齐，品叙不渎。齐家治国，分子整肃。形觉交养，重本轻末。男女平权，互助以睦。节生均人，不乏不溢。不缓不急，驯致丕绩。得人正德，以为两极。离尘净白，中和戬縠。稍权即进，正经乃若。实施于民，万世极乐。乃图实施，努劭圣治。一曰创始，二曰正则，三曰永保，四曰时权，皆由净白，性命本源。世有治人，别无治法。纠合贤才，一建莫拔。别才因宜，庶政咸达。合以一辙，正其已成。作育后生，培其未能。圣贤踵武，如水流行。合教统哲，以一民心。中和净白，举世咸遵。正肃楷人，民恃如亲。得民在心，诚不以身。博爱普济，不弃一人。无若新党，动作不平。仍修故典，敦厚民生。民安物阜，首定厥居。易料易检，新法试施。进以劳民，必普且均。逸者咸勤，阜物如林。尽去冗赘，实质靡文。粒粟缕线，无耗于贲。既言损极，益亦宜增。人力地力，物力咸兴。富以崇实，政教丕明。节生不纵，余蓄乃积。待圣治成，先计后益。大善大治，福依于德。德歉则需，德积乃克。内乐遏欲，天下式则。尽民为兵，拥道立极。高的独悬，千古莫及。踊跃兴民，民莫不悦。由里而村，村成而乡。乡成而邑，顺建大邦。不成不进，民无一伤。于是进建正则，区治为首。十人为家，十家为闾，十闾为里，十里为村，十村为乡，十乡为邑，十邑为道，十道为国。或用井田之制，数以八进，而不以十。中为公田，惟便是从。有死无徙，安于其区，物不外取。设为官师，九品薄俸。齿叙无幸，交易智力。大富公积，天下以均。公费资之，余以备荒。以土与业，分劳均任。智力毕陈，无稍怠冗。一粟一缕，一器一室，限以定分，微差而均。民为国公，人为大伦。废币颁物，天下均平。乐止显实，养形为均。净白胜外，于尘无增。是非公议，有辩无争。人人互监，区区互监。祸不得延，福则普被。统计以预，先期储足。事趋简极，多赘必僻。周巡彰隐，祸萌不匿。水陆与空，交通遄疾。文礼简质，智均无特。俗制真朴，顺性不浮。乐以进道，清正颐和。不刑而化，以止民讹。迅速交通，天下一身。楷民试范，天下有刑［型］。天锡地裕，物顺而增。于是多畜猿狙，密充天锻。培育优种，以增人祚。杜渐防源，早绝深祸。守性持素，恒久中和。此四者太平之所以永保也。加以强粗（三粗也）赡器，显教固基。宏道攻心，收服五域（五洲也）。应宜趋简，巧退性进。偶用之药，朝修暮撤。此四者圣治之所以随运也。别式太平，同的异文，别等为甫，有四美焉。性锢形拘，物附境善，别术为类，有四计焉。养白养形，厘群俱乐。有别等式，寿乐难稽。白净则至，后实今虚。有别术式，顺习成之。吾国能仿，今实后虚。然皆九壳，伪旅非真。破欲贵身，破身贵鬼。破鬼贵由，破由无悔。我法二执，心世之累。反白皈猋，无上上美。离世修真，是执神我。鬼壳当解，法固则蜕。忘我执法，以蚓学蚕。此白即皇，无法自然。不皈于猋，万劫颠连。大原众生，尽合于天。译为佛语，究竟涅槃。

外篇·释文①

说　法

万法唯白，一源二合。独法群法，务在解脱。师天立极，政教不拂。独修空中，群治公同。皆无分别，破阴阳笼。乃不外染，亦不住相。又不为我，众生大畅。故治白②者不以意生分别，而赡形为断，则独法庸。治世者不自我生分别，而待民如子，则群法善。一于太玄，众妙圆满。

释：吾今欲言出世、入世二法，而必出之一本者，何哉？《大乘论》

---

① 原书无此标题，此为编者所加。
② 《纲言》中"白"作"心"。

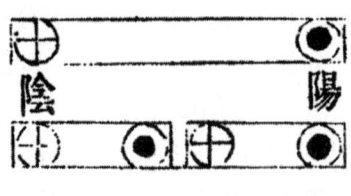

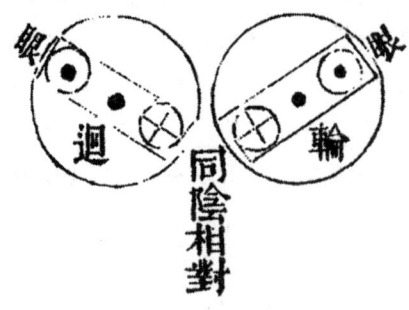

分别图

云：是心所摄出世、入世二法，恶俗士之颠沛也。无为法心真如门近，有为法心生灭门近。出世、入世二法，必由此起。俗士割净白治群为两片，而分头骛之，言政言教，于是不合。如治水舍源，如栽木忘根，如涂药周身，以阻疽毒，故不合。殊不知皇天大命，惟在炼白出尘。若不法此，以为出世、入世二法之枢，白既垢矣。虽百计求治，天灾之降，不可逭也矣。天之所灾，任子则子弑父；任弟则弟屠兄，百术不可为矣。吾是以必绳而合之也。言二法（独群二法）者，谓之事理，事理引物合真，则上达皈皇；引真入物，则下达增垢。前已言之，同中求异下达也，异中求同上达也。今更详明同中求异，即生二歧，入阴阳之故。曰：有一巨磁石于此，其长四尺，本仅一阴阳，无对待，不起轮回也（见分别图）。断为二段，长各二尺，亦不起轮回也。皇天者，一大整磁石也，断之为二，初生元垢也，故皆不起轮回。若用于外以测外尘，则以己之阳极对外尘，内之阴极乃相斥，而起轮回矣。故耳目皆在傍，而有二对，以一白属之，是起轮回、生阴阳之源也。凡白之能测外尘者，非白之作用也。白外染外尘之极精以组成识，又以次精以组成根，根收外尘之相以授于识，识又得之以交于白，白乃知之。根如玻璃板然，而识如水银，亦如照像之药片也，以传于白，白然后知。吾人之识，气水土之极精所组也。吾人之根，气水土之次精所组也，故能见三粗中之同尘焉。若脱之而以三清、三洁组根识，则能见三洁、三清中之相矣。《大乘论》云：法身遍满什方，凡夫垢障，是以不见。夫犬枭之白，非净于人也，而能测人之所不能测。由此推之，测尘之能，在识与根，不在白也（见测尘图）。生分别心，是染尘而住相也。白必亲识，识必亲根，乃能测尘，既亲之能不染乎！又属于两极以染之，是一白而二用之也。鬼壳有二扇焉。根属壳，故耳目皆有二也。凡既测尘而生分别，必判一白为二心，或取或舍，或好或恶，或损或益，或就或却。若不用二心，奚用测尘为哉！物之对相，皆一本二歧所呈，非始有二对也。又一一生于住相，住风相者与水对也。又住动风相与静风相对也，牛顺动风马逆动风又对也。必有对待然后生物也，乃显生物之中必有对待。对待者何？同中异也，因分别心为之原焉。每多一对待，则降一等，或降一级。人降为畜，必一分为二。畜统禽兽言也。一人之鬼降必分二，半为贵禽、半为贵兽也。因属白于两壳，而与壳俱分也，一贵兽降为次兽。鬼又属壳二分焉。禽兽各有千百级，而一人为万亿虫鱼矣。因分别即住相，住相即生于尘相之中，从分以入小异也。不住于水，奚分别水之深浅？不住于田，奚分别田之腴瘠？因住而生分别，白既住之形安逃乎！庞蕴①以住金相，虽常施与，犹永滞于尘寰，不离其相，斯不离其境

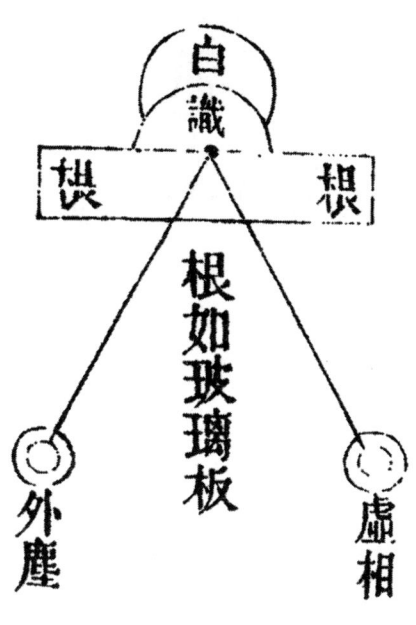

测尘图

也。管宁②之与华歆③，足以证住相即分别也。管宁见金，视同土块，不生分别心也。华歆已住金相，乃于相内分别掷之、怀之。既住金相，怀之固非，掷之亦非也。乌邪住生身相而反哺，枭鸱住生身相而反噬。住相既卑，乃于卑相中分别。反噬固非，反哺亦非也。孝自仁性出，不宜住生身之相也。住相已生分别，又于分别之下加分别焉，益每况而愈下矣。宇宙中诸境诸物，上必通皇，下必通淀，两通相称，方克保其原位。原位者，现有之身与现居之境也，自原位而上视，其道一也。自原位而下视，其道二也。一通皇，二通淀（见上下观图），故我若脱一壳而上超，白先属之，则于异中见同焉。我若加一壳而下降，白先属之，则于同中见异焉。盖白之于九壳，如人之衣九衣也。加衣必有纽扣，纽扣必有阴阳，故重复九次阴阳，如九衣也。

---

① 庞蕴，居士，字道玄，衡州衡阳县（今湖南衡阳县）人。家世累代习儒，他却厌弃尘劳，志求真谛，由儒入佛。
② 管宁（158~241），字幼安，北海朱虚（今山东省临朐县）人。管仲之后，三国魏高士。自幼好学，饱读经书，一生不慕名利。
③ 华歆（157~231），字子鱼，冀州平原高唐（今山东禹城西南）人。三国魏明帝时，晋封博平侯。虽位极人臣，但始终廉洁自奉。

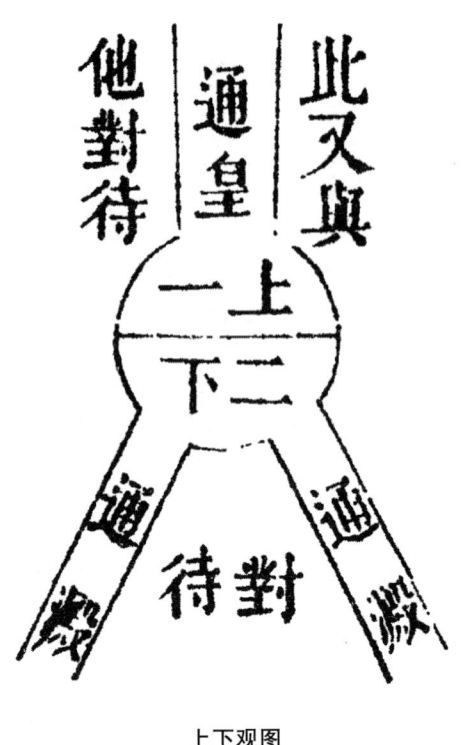

上下观图

每加一衣而同者，化为两异焉，是以上超见同合二为一，下降见异分一为二，则分别心即外染心也。众生内白合六美，外乃附三粗。境之上身之内也，境之下身之外也。以白染识用以属根，以根属尘用以外溺。既已溺之，又何逃乎？握靛恶蓝，握墨恶黑可乎？住相心、分别心、外染心，相缘以起也。反观自在，则不分别外尘，直观至白，万物一体。合皇同空，而始于有己，则亦非也。我者人之对也，生此极而彼极即因之而生矣。人我之对生，则百千对相皆缘此起焉。且我相为离皇之亲因，斯为万恶之渊薮，况我相因外圈而起，壳之所由以始也。统而计之，为我也，分别也，住相也，染外也，四者离皇入旅之病根，即为下达降白之总户。独法去此一人合皇，群法去此万民合皇。夫法者以心换心而已矣。以恐惧心换好乐心，则有惩贪之刑法；以好乐心换恐惧心，则有赏勇之军法，群法之本也。以好乐心换邪心，则有天堂之说；以恐惧心换恶心，则有地狱之警，独法之本也。然则，邪恶之心，孰有大于为我心、分别心、住相心、染外心哉！四者之源，出于分别，去分别心，而二法立矣。凡心一动，即为生灭门，非真如门。即动而审于白德，法相成矣。《书》曰："咸有一德，克享天心。"《诗》曰："无二无渝，上帝宁汝。"皆言无分别心，即可以合于皇也。《书》曰："一德一心，立定厥功。"独法以合皇为功，群法以太平为功，皆出于一德一心。一也者，无分别也。独法宗无分别之旨，则无修无证；群法宗无分别之旨，则不识不知，此谓知本，此谓知之至也。虽然，此道则高矣，美矣，而民犹眩焉。曰全无分别，何不食鸩如饴？何不属刃如席？此独法不能无分别也；全无分别，何不任奸如贤？何不赏盗如勋？此群法不能无分别也。殊不知，独法之不能无分别者，为养此土壳也。而分别亦以此为断，合前顾中之理，养土壳为净白，无分别矣。饱矣不更分别精粗，暖矣不更分别布帛，则独法中庸易行。群法之不能无分别者，为称物权宜也。权有分别，衡岂有分别哉。以一父训诸子，贤才者奖之，不肖者罚之，子自分别，父心岂有分别耶！皇天之待众生，大父之量也。体此以为治，不自主治者生分别，而百尔以和。合前顾中之理，为净人白，无分别矣，故群法尽善无颇。夫气贵于水，水贵于土者也。养土壳者，人食粟，羊食草，有分别也。养水壳者，人饮茶，鱼饮水，分别微矣。养气壳者，人畜虫豸草木同呼吸此气也，何尝分别？故以土壳言，则不能万物并育，而不相害。以气壳言，则万物固并育，而不相害也。气以上无分别，况六美乎，况皇乎！龟以吸气而饱，何伤于物乎！众生与皇本是平等，于气上已见其端矣，故陟白之德，方为大同。今独法、群法之立，不求合大同，以解壳升白，岂可分小异，以加壳沉白耶！既求合大同，则无分别心为法王矣。独法得之为空为中，群法得之为公为同，一本于净白而已矣。本无分别，一发即二十五德性显。不加考虑思维，此之谓法王。

二法三事

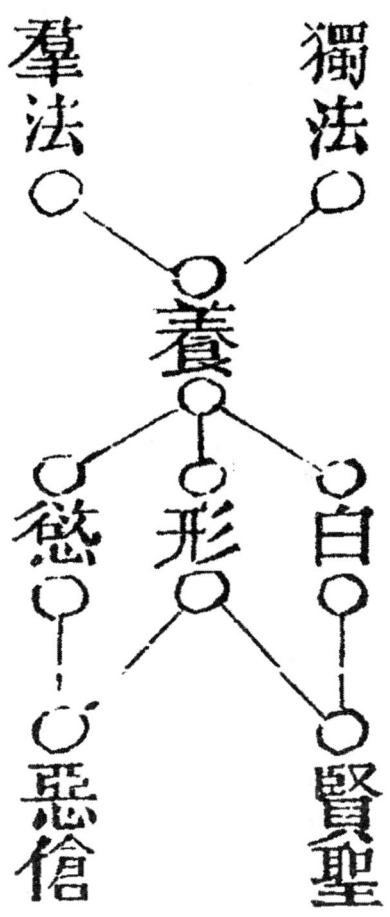

三养图

法统惟①二，事别为三。独法、群法，二法也。养白、养形、养欲三事也。以二法修二［三］事，而绝物欲，则能尽性顺命。

释：今总人间之事而大别之，不过三养而已矣（见三养图）。一曰养白，二曰养形，三曰养欲。圣贤养白，而兼养形，形有益于白则养之，有损于白

---

① 《纲言》中"惟"作"为"。

则弃之。故孔子曰："志士仁人，无求生以害仁，有杀身以成仁。"恶伧养形而兼养欲，至二者不可得兼，则舍欲而养身。养身有三，衣食与居。衣以御寒为止，食以足饱为止，居以容膝为止，过则接欲。《礼》曰："仁人不过夫物。"恐因养形以养欲而害白也，是以养白为全功。因论养白之法，以示大道。

养白法

养白求净，惟修与证。修以有为、无为二法，证以物、身、德、神四验。

释：谓养白者，使此白净而合于皇也。于是，有修有证为有为法，无修无证为无为法。有修无证，前业未消也；有证无修，天机自动也。能使有无相资适得其当者，其惟大

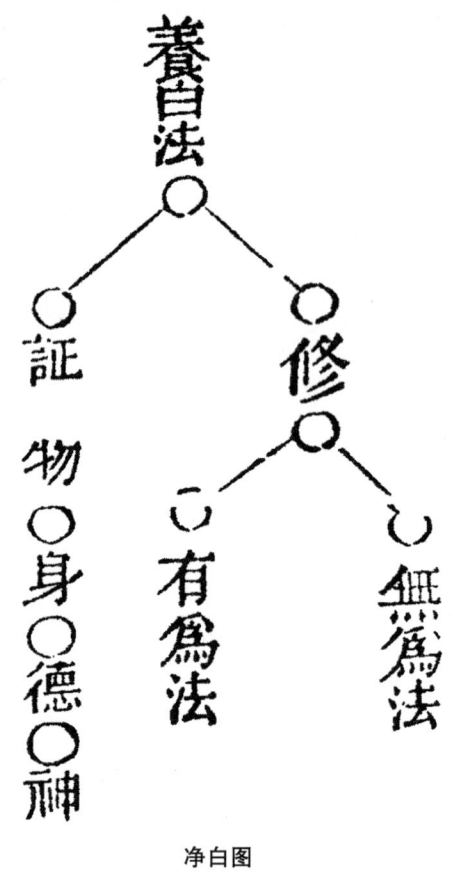

净白图

圣乎！凡始于有为，中于无为，终于有为者，树艺之事也。始于无为，中于有为，终于无为者，净白之序也。以树艺比净白，菑畬耕耨固有为也，及禾生于田，岂可复揠而抽之，以贼其自然？于此则无为法行焉。至于谷熟麦黄，修我镰铚，又继之以有为法矣。夫树艺易知者也。至于净白，始必以无为法，澄清杂念，养定性根，一念不生。行坐皆寂，静久必明，此为大益，然而非至也。若遂以此为大法，不知鸡卵仅能成鸡，鸭卵仅能成鸭，人复本性而尽之，亦不过陟白一等而已矣。以言成品，仅得合粹，岂克上超玄冥乎！故至此乃以因心成体之理，结想高明，上际三洁，多方熏白，以成佛种。由中变相，及其工夫既精，内相既定，然后并此法相而一扫之，以求至夫其极，有为、无为二法，应宜而用。以无为之法出三粗而合于粹，以有为之法超六美而合于玄，再以无为之法超元而合皇，则净白之功成矣。乃先说无为法。

无为法

无为之法，纯任自然。自然之极，极于白然。如磁无系，必指北极。此白无系，必指皇天。相白同行，差莫能别。不落边际，斯合中一。

释：无为法者，大法之总纲也。《金刚经》曰："一切有为法，如梦幻泡影，如电，亦如露。"应作如是观。然则，惟无为法能合真理，常住真源。奚其若是之伟耶？能显真性故也。今以磁针一片悬于空中，苟不以外尘障之，外力阻之，未有不直指北极者。此无他，因北方为大磁石也。皇天之比众生，亦犹北极之于磁针也，尽除外缘，安得不直赴之哉！故凡有白之物，皆不能违其自然之性，而以人为之。一草一木之微，可以有为法貌像而形肖之。然终不能制造其生机，及任其无为自化，而花不染而煊彩成，果不缀而滋味具。何其妙也！一虫一鱼之卵，可以有为法装置而化制之。然终不能捕捉其白性，及顺其无为自育，而毛不插而六翮备，肉不织而五脏全。何其神也！人为之伪信，不能敌天为之巧也。今也百工庶艺，奇巧毕穷，一至有白之物，遂尔群工束手。法中无白，亦可以见其端矣。故无为法者，天为而人不为也，其功极伟。惟侔尼有言，真我尚不在无为法中者。何也？既云法，则犹在锻炼之中，非纯净之白也。人虽辍业，天功未竣。法界者，皇天所建，以洗涤旅白者也。在法界中，非纯净之白也必矣。非净白即非真我。然则，无为法尚当超出，而况于有为法乎！夫人能通无为之法，皇天之顺子也。《诗》曰："不识，不知顺帝之则。"《易》曰："无思也，无为也。寂然不动，感而遂通。"《金刚经》曰："应无所住，而生其心。孕妇无为，而胎之构形，百巧备臻。"吾故以此法为始终净白之大法焉。虽然，犹当辨者，三粗之身虽无为，三清之鬼尚有作用焉；三清之鬼又无为，三洁之由尚有作用焉；则是形虽无为相，尚与白同行也。又宜以有为法，格除鬼由中之习气，而后为真无为。于是，有为法行矣。无为顾中无分别，随用皆二十五德。莫或见思维之迹，其仁智亦似有为法，而实非意测。人来效之，所得非得，即是也。

有为法

有为之法，内外齐修。内有身口意三净业，外有对人接物二助功。意为

有为法图

心生,意诚白净。纯由理法,白合于元。然后无为,上合皇天(见有为法图)。

释:有为法者,无为法之蒂也。今我之得此巧形而为人也,固非我雕骨嵌骸纡五脏,而绳六腑也,似无为所得者矣。然而,果成然后根生,因熟然后果成,则是今日之人身,皆由有为法中来也。初为于不知不觉之中,而现于有形有色之外,此其所为皆真心为之也。真心之所为,每发于无计量,一念之动,而由鬼中之八垢或消或长,今我之为正欲为此。然而,俗语有之,有意栽花花不发,无心插柳柳成阴。此言虽俚,几于道矣。以理论之,心同于佛果相即佛,心同于畜果相即畜。然而,私心我见,期于我之必成佛果而因揣佛立心,终亦未免于作伪。若不学佛,存心又将谁学乎?此伪心不可避免者也。要之,习惯乃成自然,不以心修,岂能代之以粗壳!不学佛心,岂可陷溺于尘中!有为虽云作伪,亦下学上达之功也。起念皆佛,白光日高。白向日正,翳蔽日褪。浸混日消,内则果相已成,外形外境岂有不随之而佛哉!于是,先言意法有损益二道焉。

意修(见止观图)

修行之法,诚意为真。意诚心正,心正白净。因白成体,因体投境。白不真变,外功无朕。损去五害,益用八观。惰忿欲私痴,五害也。空定皇净,涣妙真慈,八观也。以此修之,由鬼变矣。若不修此,而以物布施,以形吐纳,枉乎外矣。

释:道人修道,欲使身中之果相,变而为袄为神为皇也。非欲炼锻土壳，结之如龟，以图永滞于三粗中也。今之人多以吐纳为修仙之道，俾属白于气精之中。虽偶能升云而御风，吾犹以为蜉蝣也。就通例而言，人既为人，必能陟白一等合粹而为下袄，故必以有为法结想而脱英华，又结想而脱冥然后陟白玄中成中神果，然后弃法超元，真与皇合，此佛教之所以精于他教也。初学不辨次第工夫，但见佛典，时而重法，视同至宝，时而轻法，视同泡影，遂枉死其中，不知从违矣。殊不知修道如行路，乘车必舍车，乘舟必舍舟，意法舟车之属也。用有为法，以舟车渡玄冥英华之四津也。证粹果不用法也，蛆必化蝇也，蛤必化雀也。既证玄果，又不用法矣。《易》象虽精，不为典要。孔子之言，破法相也。佛性虽实，不为真常。六祖之言，破法相也。知此，则心法之要，可进究矣。

空观（八观之一）

空观极高，不生分别。有空非空，合元而极。

释：此八观者，集佛典诸观之大成，以去由（第八识）鬼（第七识）中之垢也。初为空观。观诸法空，了无取舍。我不住英，岂问英中之治乱。我不住元，岂念元中之苦乐。想太空之无边，吾量亦与之同无边。想太空之惟一，吾德亦与之同惟一。观

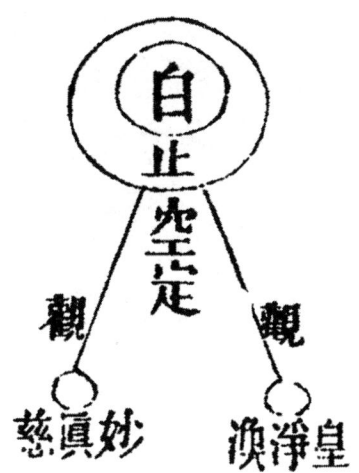

止观图

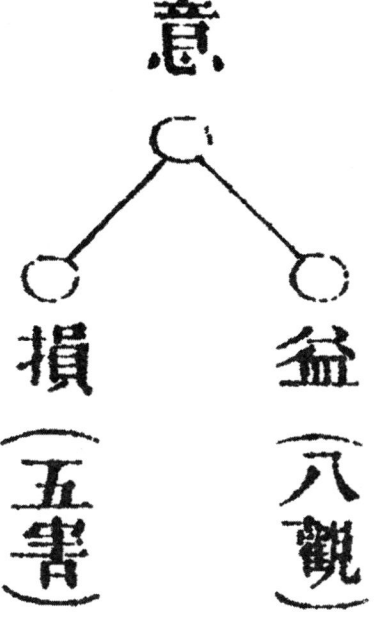

意修图

无分别，观法平等。观白无因，观境无住。时或洒然端坐，一念不生，湛然虚明，直与皇合。颜子之坐忘耶！侔尼之无念无住耶！趺跏禅功，以此为极。一舍诸舍，玄不可测。惟是意有空相，犹非真空。此观纯熟，至合元而已矣。然

亦高矣，美矣，近于皇矣。空观，亦即止也。空不动，故《大乘论》云："觉体不动，动则有苦。"吾名"止为观"。真如惟一之旨也。

定观（八观之二）

定观图

定观收心，系于鼻顶。意导以上，众精来送。

释：谓定观者，以意收心定于白中。俥尼所谓"系心九缘，而以鼻顶眉端为首"者。此法门也（见定观图）。此法既久，精神聚于元胎，不稍外散，渐而鼻缩，渐而鼻动，时而鼻根上耸，时而鼻头暖生。以人日食水土之精，二十岁前以长身也。身既长足，如弓满张，如囊盈气，不送白行三粗之精，将焉用乎！众人之白，所以不直向上行者，以溃精气神于物中故也。不动心，为入道之门，必由之路。止八风力，亦定观也。今尽以钟于鼻顶，丝毫不耗，如鸡煦卵，全志属之；如木结果，全精萃之；久必有成，可期也矣。此趺跏安禅之第二功也。虽不如空观之高，而见效之速则倍之。定观亦止也，止于内也。然则定、空二观皆止也，即止即观也。

皇观（八观之三）

皇观观皇，审其德性。如以相见，为学之径。

释：谓皇观者，观白王也，即俥尼所谓见如来是也。净白无相，何以见之？以见诸相，非相见之。吾心当不住相之始，固浑然自具良知。此发觉之白，即皇天之白也。不取物证，不用外缘，凭空处决，事理了然，则皇观之要诀也。如此高明中人有几？乃降而以观神，代之观佛三十六相，久而吾白之中印成此相，因心成体，我即上神而已矣。夫养白鹦者，当伏卵时，雀飞其傍，则雏染雀色；畜宝马者，画神骏于壁，则驹具骏形。感应之伟如此，心构皇相，白即皇矣；心构神相，白即神矣。伶宫仿佛英雄，尚移其俗气，况诚思之耶。闭目设相，如见颜色，久印成真，解壳即是矣。然行此观法，不宜间杂邪心，如邪心未尽，是亵神也，亵神必获罪。吾恒用此观法，记佛相于脑海。而吾设身伏跪其莲座之下，如聆教命，进德化神，莫速于此。此最效之观法也。

净观（八观之四）

净观之功，伟大无比。无量寿经，端倪已启。

释：佛说有观无量寿。经之观法，即净观也。其义谓口谂不如心观。心观之效，白已先皈。故设身处境，观其地琉璃通明，观其日陆离光照，观其人道德高尚，观其花莲大如车，观其鸟丽翎和音。进观之极，设身跪于弥陀之前，默诵其往生之咒，誓必往生。从佛效命，功伟矣哉。吾人历劫以来，未种佛因，堕兹秽尘，昏迷久没。亿万之中，无一果相超尘（三界也）者。上无以引之，何能独力冯海？前无以觉之，何能依空假立？赖有侔尼先觉指示净土捷径，又有弥陀白王特辟净刹簧宫，舍此不从，纵有回天大善，不过证上袄之果而已极。亿兆年中，鲜有一克登冥境者也。若依净观，事不及半，功不止倍。但须粹果之基，即得立境之陟。吾于此万拜侔尼，万拜弥陀，五体投地，而不忍起也。其为理通达易晓，不似涅槃之精深。其为业有法易修，不似元境之邃密。然而，证此果者，无复退转，又极乐无苦，久旅如皈，虽不合皇，胜合皇矣。人须自料其足之长短，切不可图事夸张。涅槃虽高，何可稽焉，况夫顺道无碍，入湘过鄂，不为迂也。伟哉！至矣，净土之法门也。信解受，持专志，于斯可也。

涣观（八观之五）

涣境①涣身，自脱桎梏。九想六诀，六美直出。

释：涣观之功，伟莫尚矣。义取佛老，文取《周易》，涣散也。《周易》曰："涣有丘，匪夷所思。"言涣观之效，不可思议也。又曰："涣其躬，无咎。"何其与佛言若合符节也。佛学禅功现身九想，想其青肿脓污、腐朽溃败之可厌，正涣躬之实观，欲脱三粗之桎梏也。且有六字真言，"唵嘛呢叭

---

① 《纲言》中"境"作"观"。

咪吽"。六字之意，涣六道也。涣六道者，"唵嘛"二字，涣由鬼之桎梏也。念"唵"字，即内观由垢，外观鬼垢，上出三洁，且出三清。念"嘛"字，即内观气精，外观水精，上出气环，且出水环。念"叭"出人境。念"咪"出畜牲。念"吽"出地狱。意诚必离。吾向不拘牵于文字，至真理则然也。夫鹰隼出笼，骏马出枊，威力之显，岂待言哉！吾人以九壳之故，拙劣至此，甚矣其自困也。一朝涣之，神通莫测，涣观之功伟矣。以意驱除而涣之，火焚杵碎，由鬼咸消，较之待其自涣为尤速。侔尼心法，信有卓越之见也。然而，瓜熟蒂落，雏成壳脱，仁性中发者，又不用此观，而自收同一之效也。至于五停心，散八风，涣尘毒也。

妙观（八观之六）

妙观清灵，无不如意。凡心所构，实相皆备。

释：谓妙观者，妙趣横生，限于清高仁和为范。或思妙理上达天机，或思妙境琉璃山川，或思妙俗太和古朴，或思妙教诱掖澄白，或思妙人超群出众，或思妙物性相殊懿，或思妙辩善譬显真，或思妙景幽致淡然。发于白智之真，用在超旷之上。不依十旅，无住六尘。思其理者必彻其理，思其境者必至其境，思其俗者必成其俗，思其教者必行其教，思其人者必友其人，思其物者必有其物，思其辩者必言其辩，思其景者必玩其景。思善之源而尽修之，思恶之源而尽去之。万好千祥，一诚六景。常使玩心高明，清气满怀，内观身心之不迪，思其故而必改之；外观浊世之不经，思其由而必革之。淑世淑身，惟通惟善，久思自化，由鬼变相，《楞严经》所谓自熏成种者是也。昔人有思很［狠］戾者，及身而化为虎狼；思情爱者，至死而化为鸳侣。诚心可以开金石，笃志可以格天神。终日营营，归极于因心成体，百岁陶铸，期于必成。意相之锻炼，意匠之奇工也。他日居妙，刹结妙形，此白中预种其因矣。佛云：广大智慧。观是也。

真观（八观之七）

真观惟净，一丝不挂。太空大同，圆明自化。

释：谓真观者，观诸尘幻。暂旅假寓，不如皈宴。夫两偏之对，假相也，其性假性也。冬裘夏葛有对也，而不裘不葛保温为中，惟中为真。今形相中之物，莫不有对，必皆伪也。故取二物而中和之，莫不咸失其性相，能得能失，安可以为真哉！《涅槃经》曰："佛性是真，常法相是无常。"佛性者，净白之别名也。地上众生，下至菌苔，终必为人，故惟人乃地上之真。一中无二，着于形体，宇宙众生，污于恶魅，后必为皇，故惟皇乃宇宙之真。一中无二，难言性相，菌苔解九级壳为人，人解九等壳为皇。欲观皇者，除诸对待，除诸有相，想维皇弥满太虚，圆明如日。自化自在，故无常相。应物成用，故无常辙。我终必与之相同，而后为极。由是言之，皇观观相也，真观观理也。佛云：真观清净观。此之谓也。

慈观（八观之八）

慈观悲愍，仁展壳脱。白之本性，助而不拂。

释：谓慈观者，或见诸苦生大悲心，或想诸苦生大愿心。如倳尼之游四门，如墨翟之思兼爱。诚极发心，皇爱如子。设身处境，恕物推情。欲泣欲啼，不忍不救。思寒者之无衣，赤身卧雪，欲解布裳以被之。思饥者之无食，枵腹吸气，欲省粗食以饲之。思刑人之在狱，何以拯之？思病人之在床，何药救之？思百般苦趣，必探其源，而竭力以杜之。思万物之颠沛，必究其因，而克己以济之。世人皆我骨肉，众生同是弟兄。白真大展，我即皇懿。此心如不真，不胜私欲，则知吾白性之已蔽，勉强学之。此心如已真，已胜私欲，则知吾白性之未丧，勇猛进之。白性本仁，顺性发心，苟得其养，无物不长。仁性之长，如栗抽芽，九层之壳，一朝可脱。为功之伟，未有过于此者也。以慈心养白，如鱼得水，如木得土，浸混之垢，非此不能消也。然不可以住相，住土壳相者，仅救苦于土壳之中，则亦土壳因缘而已矣。住三清相者，仅渡生于三清之中，则亦三清因缘而已矣。惟不住相之慈心，行不住相之布施。但愍真白，不依尘立。此心直合于皇天，为八观中第一之大法。《金刚》之训，盖言此也。佛云悲观及慈观，此之谓也。《大乘论》亦以仁慈愿力，为涅槃直指。因仁性之用，属真如门。智性之用，属生灭门。仁以爱白顾中无分别，智则因之以顾中。智，仁之奴也。仁以养白，木养火也。

净白总益

是八观者，循环无间。起念不离，白体内变。由已同于上神，念寂皇天自现。

释：生人之白，在此身中。如坐舟车之中，血气循环，未尝一刻停驶也。申公趺跏敛气于关域（脐下气海），心想皇净。三粗离而下，脱六美也。佛云心如两翼，翻飞不停。盖言其鬼壳之动也。故空观者，任其畅也。定观者，固其根也。此二者，以止为观。老子曰："无欲观妙止也。有欲观窍观[止]也。"师此，故以止为观也，于瑜伽《深密经》谓之三摩地，即止之义也。皇观者，得良楷也，如卵之得雌伏也。净观者，得援手也，如溺之得垂绠也。涣观者，洗渣滓也，如水之濯污衣也。妙观者，助活机也，如鹰之习飞翔也。真观者，见正的也，如矢之集中鹄也。慈观者，育本性也，如蚕之食肥桑也。此六者，《瑜伽经》谓之"毘卢舍那"，即观也。八观互用，此出彼入。《大乘论》云：行住坐卧，止观俱行，不可一刻间也。此断彼续，行之十年，白之上超，不知其程矣。《感应篇》有记曰：某士人庄诵《感应篇》一遍，傍人见其囟门放光，直上云表。此足以见皇观之伟力也。诵经拜佛，皆皇观之类也。八观之用，不可间断。杂以他念，则白之受病，尤胜于俗人。盖升之高者堕必远。白光既系于元玄，又折之以陷于三粗，其伤大矣。数十年继续八观，不亦难乎？意志坚定，如木固根。此中极乐，惟日不足。吾不使吾白自玩自娱，岂可驱至宝极贵之主，为土壳贱奴之仆，以役役于三粗中乎！持久念纯，虽百年如一日也。然后禅机自动，如蚕思眠，如雌思伏，则复于自然矣。如此修意，千百中无一瞵废者。世之俗士，趺跏守窍，枉其性命，造作奇秘，可以一言破之，曰：三粗中之工夫，三粗中受之而已矣。或注精于一根一识，久之必发神通，至于死生大事，性命因缘，仍无裨益。学者之大病，不可以不戒也。以神通教人，如以鸟教鳖飞，以鹰教蚋视，不同人之吾官，不足为人师也。

损惰（去五心害之一）

乃先损惰，精进身心。

释：八观以益性也，如益而不损，如蓺禾之不去稂莠也，如养生之不去病根也。故益如左足之进，损如右足之离。以行道也，损有五，此五者恶之源也。由尘垢发，白性中所无也。一曰去惰。本俸尼勤精进"波罗蜜"之旨，而修出世、入世二法之基也。白有赘则惰，故鬼壳合则多寐，非劰（音巍）也。夫人心放逸则理不明，身放逸则材不阜。中国之人家，有百石之蓄，则手无一举以勤。行必以车，役必以仆。一人逸，则累二人。万户逸，则弱大国。不知天命之性，与人十指，非使之作耶；与人两足，非使之走耶。不顺用天命之躯，即自失巧形之分。天将斩手而之蹄爪，刖足而与之介甲矣，人降为物，执是之故。修士戴一形，则满一形之量。居一境，则满一境之量，方能盈科而进，直赴皇天。若不去惰，必负债于众生，一世之富贵，万劫之牛马也。彼粟必耕而后获，布必织而后衣。天不生人如龟，又不生禾如草，劳民之命，既已内备于身外见于物矣，人奚可不勤耶！《书》传"无逸"，《易》说"劳民"，修士秉之，必令劳浮于食，然后进处无惭。故孟子曰："或劳心，或劳力，心与力不可以不勤也。"人以学佛为废事，我以学佛为至勤。知命率性，敢不劳乎！于是兆民互助，不荒余力。交易而相安，各得其所。斯谓顾形知命，顺承天律，外成太平之实，而内修合皇之业也。《大乘论》以戒懈怠为修行之首。颉圣以白力为劭。劭（音藐）者，勤也，天行健。天之德，白之德也。劭，凭白之力也。

损忿（去五心害之二）

继以损忿，毋以①白溃。

释：忿之害白，如火焚室。故佛戒意恶，重在去嗔。《易》之"损"曰："君子以惩忿。"忿之为害，诚有加于鸩毒者也。孔子曰："一朝之忿，亡其身以及其亲。"古圣贤之恶忿，甚有过于蛇蝎者矣。白体散，习惯而忸，则多忿，非无我中和太虚之白性也。观于万物之情，可以见矣。夫物之睁目怒牙，凶狠而暴戾者，莫不曳尾于尻，白散之特征也。以爆竹硝磺焚而炸之，震如霆怒，其质立溃。比之于白，何独不然？忿则必散，散则白入于尘。一忿而人化蛇蝎者有之矣，一忿而人化荆棘者有之矣。贱污宝贵之白，化作蛇蝎荆棘，甚至造恶百劫，冤业相寻，忿之为害，岂不大哉！故修士忍而克之初功也，养而净之纯熟也。和气一团，春风在抱，犯而不校，接物如亲。颐之又久，真体圆明。损忿者，净白之大要也，可不惕欤。

损欲（去五心害之三）

继以损欲，无令白污。

---

① 《纲言》中"以"作"令"。

释：求外乐之谓欲。求外乐者，以白为识之奴，以识为根之奴，又以根为物之奴，而逐欲于尘中也。由鬼身中有尘癖，则乐其同尘，非白性之真乐也。庄子曰："凡有貌相声色者，皆物也。不以物挫性之谓完。"言完成白性，非绝尽物欲不可也。《易》之"损"曰："君子以【惩忿】窒欲。"窒欲者，损害之大防也。朱子曰："私欲尽尽，天理流行。"亦言去贼性之毒，可以合于皇命也。以理推之，尘中本无乐，所以起伪乐者，以由鬼身中之癖癖使然也。由鬼中尘精结识，身中尘精结根，遂乐其同尘。不知反者，溺斯甚矣。我既因此癖癖以生于秽土，又从而加累焉，将坠渊之不足，而更欲沉于海耶，亦哀也矣。夫女色之欲，古人妄以为性也。然而犬马去势，其欲立消，则是欲蒂之属于外也非耶？明知其为外尘也，又日逐逐以渍之，必也愈渍愈厚，白如煤团，无复微明矣。既已无明，任物颠倒，如沉醉之人，任马驼行，投崖丧躯，祸无极矣。夫修士以八观养白，如以水土养木也。欲之害白，如火之焚木也。以百年成之不足，以一日害之有余，岂可使葳蕤菀郁之木，间岁月而置之烈焰中耶！凡物欲者，皆在三粗之中也。万念超于六美，又一念入于三粗，木根定而忽拔之，虽有易生蒲柳，能经几次颠倒乎？是以道，人防欲甚于防虎。佛训之于六欲，谆谆乎叮咛涕泗而告之矣。罗汉者，欲心尽绝之品也。念已断于尘中，安得不超于尘外？浮生暖饱已就，土壳而自卑，若更卑之，岂自贱同皇之白，不如粪土哉！尘中之乐，为欢几何？地狱汩灭之白光，误视菌溲如珍馐耳。蛆乎，蚋乎，可胜悼乎！又况赤族杀身，祸来至近。屠民毒物，乱极谁戡？吾是以反复而恸道之。

损私（去五心害之四）

继以损私，无令白囚。

释：私之为恶，反皇之魁贼也。孔子曰："各亲其亲，各子其子，货力为己。"此大乱之道也，恶私也。佛以无我相立教，孔亦以无我绝私。私之为害，信不可以不除也。考之性相，私因鬼壳而成，故凡有私心者，皆不能脱三清而出三界。外围结小我，亦由尘垢，非白性之谷也，以自利实以自害也。试思天下之祸，何一不基于各私？而性命之关，亦以各私为大忌。有己无人，万恶之最。自私者，大不探于天命也。天生万物，并育兼爱。以一我之故障群生，岂非天所大恶乎！又下得罪于同侪，以自陷于独夫。囚而不飯，天不获矣。私之为害，可胜诛乎！老子曰："圣人外其身而身存，后其身而身先。"言不自私者，天将私之。为天爱子，其利倍蓰。人能舍其自私之心，以收自利之实，是智之上也。虽然，浮尘之私易去，法相之私难除。因我为公，期期于后福，期期于天佑，期期于合皇，终亦我执之未解，此工夫非上乘不辨也。知私之为大害，而力铲之，居安资深，我执自破。故欲去私者，先克己，克己既甚，与物同春。仁长私消，公量自弘。俯视汉祖唐宗，莫非鼷鼠之度，内以净白，外以致治。能去私者，功德伟矣。尧舜二帝，庶乎几之。五教结精，全注于此。德度同皇，白亦即合于皇矣。

损痴（去五心害之五）

终以损痴，白性观①皇。

释：甚矣。私之害，痴之害相接而起也。因尘垢外蔽而痴，非白性之智也。伪相欺人，丰菩蔽俗，如以三岁乳子见幻灯，而骇市虎也。市中本无虎，而幻灯中确有之，乳子恃目亲击之，岂有虚乎！今全地事物，皆皇天假设之幻灯，恃六根者，皆乳子也。此蔽将何以除之？读遍万卷在囿之言也，考遍万物在囿之见也，亦诬矣。恃目者，射鹿于镜中，以目亲见鹿，固在镜中也。能同皇天，乃得不痴，痴与不痴，岂易言哉？惟简直者，灭诸相之伪，以发一己之良。明知诸有皆幻，而悉迸之，即使烛照宇宙，亦当知此高旅中之伪相耳，岂足以欺吾同皇之白哉！庄子曰："容动色理气意六者，害心也。"害心者，污白也，理且污白，而况物乎！白中不容一发，乃大智也。不痴惟智，智为白之素德，能观白在，自不痴矣。皇天汪洋大度，默默而澄于太虚，惟此白足以体之，是以修士纯用八观，使白体内明不逐于外，久之而痴蔽自退。痴一退，则万善饭之矣。孔曰"大智"，回曰"大明"，佛曰"般若"，耶曰"智慧"，老曰"知白"，皆言去痴之为要也。人不去痴，困于尘中，其将何时得拔乎！

总全法恒

八观五去，或陟或解。升白于皇，有成②无殆。百年不间，必合真宰。必至有恒，必无微间。直如山木，不离水土。

释：用八观五损，以修意。益以八观，如笋抽于箨中，如雏长于卵内。

---

① 《纲言》中"观"作"合"。
② 《纲言》中"成"作"存"。

损去五害,如飞鸟破其樊笼,如囚徒说其桎梏,损益互用,而白不净者未之有也。益以展白性,非益外也。损以刮尘垢,非损真也。益而不损,如摇橹而舟不解缆也。损而不益,如却敌而国不自治也。损益兼修而不恒,如一曝而十寒也。夫八观五损,百岁之间,一刻不闲,不已难乎。修士定白于皇,如木之根定于土中也,邪心杂念,不得入焉,夫奚有不恒者乎!意诚久之,百妙俱臻。百年之间,一念不违。为不违仁,一念之差,百年莫赎。此生百年之寿限,天与之孵期也,可不严欤(见净意图)。卵将孵,一摇即殰。陶将成,一冷即窳。恒而无间,其要如斯。戒之哉,懔之哉,惧亦极哉!

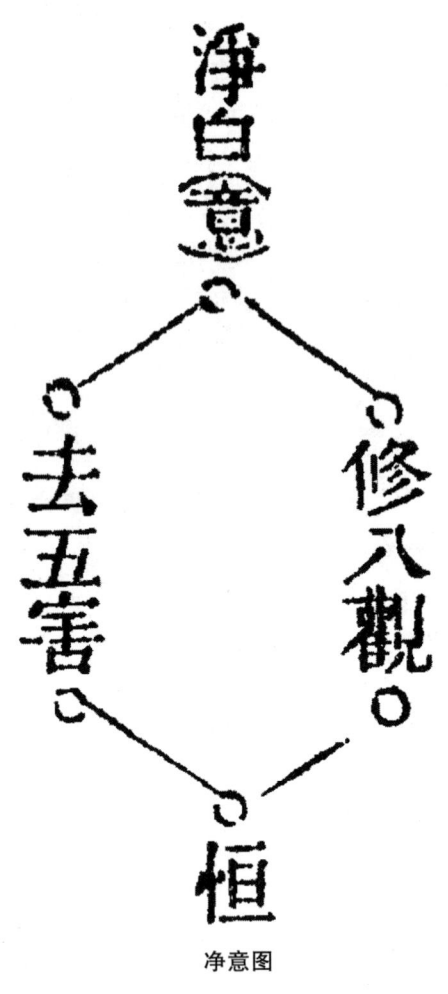

净意图

修身法

身与意符,内外如一。白形兼养,人我交益。重白轻形,百行迪吉。

释:意诚心正,乃言修身。意属于思,身属于行也。思既达理,而行不符者未之有也。人或云知易而行难,此大惑也。明见有阱,无或投之;明见有鸩,无或饮之,岂得谓知易行难哉!知之真切笃实,即无有不行者矣。或犹不能以爱白之,故战退私欲,是未知白之可贵也。知白可贵,必牺身首以殉之。土壳能舍,世事宁复有难耶!惟行能见于外,故圣人立教,以行为要。行有四事,一曰养己之白,二曰养己之形,三曰养人之白,四曰养人之形。不以身犯淫杀盗,时懔于污白之事而不为,所以养白也。不以身怀安而废力,时谨于养形之业而修之,所以养形也。严于礼仪,使人望而亲之,起合皇拔俗之念;又不以接我之故,使人动七情以污其白,所以净人之白也。货力必出于己，有余以赡不足，毋因纵欲之故，以致多荒毫发，所以养人之形也。四者兼顾，要于大中，决无亏人利己，污白养形之行。以此为准绳，而不可逾越，此修身之大防也。其事则繁，纲维以四要（见修身图），而轻重布之。虽则万殊，归一本矣。人岂可污白，性以顾身哉。须知身为伪壳，唯白戴之以舞蹈，一举一动皆为白表。行之不修，白之不净也，可不慎欤。日就月将，使白性圆明。粹面盎背，施于四体。不匡而正，不励而勤。戴此拙形，且合于道，而况于弃形乎！人中可以修合皇之业，正如披重铠而习飞跃也。

谨言法

修身图

口发白音，言无不藏。养白养形，人我咸康。

释：进言口业，佛以四善修之。曰戒妄言绮语，恶口两舌，皆以养白、养形为的也。妄言伤白，性之诚也。绮语动由，鬼之欲也。恶口启无，明之忿也。两舌播人，我之祸也。如此数之，专言损极，至于说法净白，则未之及也。推佛之心，亦以针口为尚，故但言损极，而不言益极也。夫数名指事则多漏，不如统之，以养白、养形为总纲，而任人决择之为愈也。孔子曰："非礼勿言。"又曰："口容止。"老子曰："多言数穷，不如守中。"皆以损极为言。然则，出广长舌弘法利生者，虽多言又何伤哉！夫天生人而授之以能言之舌，固使之输意以相益也。若明者默而不宣，昏者何所师资乎？劝人布施以养形也，教人心法以净白也，时谨于养白、养形之要，而开口必益。《诗》曰："仁人之言，其利溥哉。"若以口问白，时顾于八垢之污洁而后发言。《传》曰："言必由中。"由中者，由白也。由白而发，庶几乎其无莠言矣。

外用对人

  内修既备，外用因之。对人为要，法物两施。法施无亲，因人设教。物施有节，先亲先贤。敦伦不过，无俾白污。权财智力，四余正用。

  释：今言外用。外用以对人为大。对人者，互相兼成，净白养形，毋俾交害，则有法施、物施二大别焉。法施以言行教人，而使之净白养形者也。物施以布粟与人，而使之暖衣饱食者也。二者皆不可即于物欲，而流于姑息焉。然法施、物施有大不同者，法施如施火照暗，人自以炬来取，吾火不灭，故无亲疏贤否之别，一视同仁，但因其才质高下而设教耳。物施则实质有限，远迩必难兼顾，乃分等差之权，量力所及，则较于亲疏贤否之间耳。要之，历数世事而指之曰：某人如何施，某物如何施，则繁琐而必漏。若但以此白为主，白既净矣，用岂有不当者乎！须知五伦为重，不可以凉薄。夫白性之发出以被于人，如日光之照临六合也，岂有近者不被，而远者反被之哉！故曰不爱其亲，而爱他人者，谓之悖德。不敬其亲，而敬他人者，谓之悖礼。孔子曰："亲亲而仁民。"① 是以亲疏为杀也。《易》曰："圣人养贤，以及万民。"是以贤否为杀也。然世人不知大道，于其亲者，贤者，则过物以养之。家有珍裘之老，而道有无衣之冻夫。厨有饫饎之儿，而野有绝粒之孱稚。大乱之所由起，而共产弑父之党所以兴也。孔子曰："仁人不过乎物。孝子不过乎物。"老子曰："不尚贤，使民不争。"修士用此，于孝亲、养子仅足其衣食而不过，于尊贤、敬老仅足其衣食而不过，如此又安得有共产弑父党之反响哉！夫枭獍惟伤同类以养其子，故其子噬之。今也人中之枭獍，皆失中之因有以成其果也，反激而成也。欲除此弊，先净人白。净白之人，父子睦，君臣义，夫妇和，弟兄顺，朋友信。白性之中和有以召之也。及白性之失也，父子、君臣、夫妇、兄弟、朋友互相杀伐，人成禽兽，世即地狱，何生趣之有？是以修士严于四余正施，以消人祸之根本。四余正用者，权物智力也。权以自安为足，过之必施以利人。物以饱暖为足，过之必施以利人。智以自淑为足，过之必施以利人。力以胜体为足，过之必施以养人。吾之厚吾五伦者，欲其净白以享永福也，岂可以过物陷其白为豚犬之爱哉！孔子不过之训，所以为至圣之言也。又曰："自古皆有死，民无信不

---

① 此乃《孟子·尽心上》"君子章全旨"中的一句话，非孔子所言。

立。"然则，孔子之爱人，宁可使其形毁，不可使其白污也。准此以对人，可以无尤矣。

外用接物

物有二别，隐白显白。用以啬仁，法天应尘。无惭草木，斯为完人。

释：一草一木，皆天之所生也。不背天意，以用万物、用白性之仁智耳。仁不忍以己之乐加物以苦，智不忍使一物之微失其正用。天生万物以净白也，因其白垢，故牺其土壳，以俸净白之土壳。于是，牛马供其力，禾黍供其实，虫鱼献其肉，药石献其材，以为人用，因人之白较净也。若人亦浚万物之精，以养其土壳，而不自净其白，又益之丰物以污白，则是负白之债，而必偿之也，可不危乎！物分隐白、显白二类。金石草木，觉性未著，杀之而不知苦，字之而不感乐，是隐白也。鸟兽虫鱼，觉性已著，杀之而即知苦，字之而即感乐，是显白也。用隐白之物，以不过为度。用显白之物，以不害为度。且要之，于养白、养形，无以欲害实。拔禾苗而树舜花，弃鸡鹜而饲珍禽，皆有尚虚迸实之罪焉。惟侔尼日中一食，树下一宿，食不血肉，衣不裘帛，仁智尽矣。至于降而以土壳计尘，鱼鳖不杀，亦死于獱獭，不然则相噬，不然则三年填江海。鸟兽不杀，亦死于鹰虎，不然则相食，不然则十载塞山原。孔子于此调之以中庸之道。曰："天子无故不用牲，诸侯无故不杀牛。大夫无故不杀羊，士无故不杀犬豕。"又曰："雏尾不盈握不食。"修士因此而伸之，非己畜不杀，功不当不杀，非其食不杀，可幸免不杀。谨于四不杀者，虽不及佛抑亦可以无罪矣。总之，净白者之用物，不可有一芥一粒溢出于养形、养白之范围，而即于欲，则下无惭于草木。能下无惭于草木者，即上无惭于皇天矣，斯为完人。内修外用如此，可以进而证信矣。

四证：一物证

证有四：一曰物。白净者，天祚笃。

释：本来好修之士，不求证也。浑朴存心，虽白合于皇，而不自知者上士也。求证则逐外，于内修无补焉。故《金刚经》曰：我得阿罗汉果否不也，我得斯陀洹果否不也。夫以胎住于怀，孕妇尚不自觉，而况于无相之白乎！胎住于怀，时至自产，善卫生者也。白结于天，时至自陟，善修道者也。然而亦有证焉，今夫证有四端，最近者曰"物证"。白果卑者，结人间之善因。其报甚速，或及其身，或及其子孙而赐之以休祥焉。救蚁而中状元，还犀而得宰相，及身之休祥也。堂开三槐之阴，门高于公之宅，子孙之休祥也。老子曰："天网恢恢，疏而不漏。"凡善恶之报，未有不有诸内形诸外者。然而，有验有不验，亦又何哉？或者前业未消，今果未熟。或者种因高远，急切难征，匪斯二者，决无有不验者矣。深而论之，人间伪壳之苦乐，皇天每不以之赏真人。真人者，专以白之垢净为祸福者也。以桓文之位与孔老，如投腐鼠于鹓鸰。以孙、曹之富畀庞公，如笼鸾凤以樊槛。世间无物待真人，天亦不以为尊贤之敝袴也。然身其康强，百灾不与。故孔子曰："天生德于予，桓魋其如予何？"如此信证，岂王莽之所能冒哉！大德必得其禄，必得其寿。福必天与而后受之，乃为真福也。《书》曰："天道福善祸淫。"见天之待遇何如？洵可以卜其白光之高卑也矣。

二身证

二曰身。白净宁，鼻为机，动暖明。

释：取证于身，尤切近焉。《易》曰："近取诸身，远取诸物。"是取证于身，比之取证于物更亲密也。虽曰血脉之日运，不呈于皮骨肉之日增，不著于感，三粗中之显形尚如不觉，而况于六美中之隐相乎，其消长何可外验哉？然而有诸内，必形诸外，成于相，必著于形。故《易》曰："清明在躬，气志如神。"《礼》曰："血气和平，耳目聪明。"又曰："见天筮龟，动乎四体。"孟子曰："粹然见于面，盎于背，施于四体，四体不言而喻。"史称孔子燕居，申申如也，夭夭如也。又述孟子有泰山崖崖气相。然则形为相征，相为白影，容止可观进退可度之表，实为净白之符也。老子曰："天门开辟，能为雌乎！"注曰天门，即囟门也。囟门者，鼻顶眉端寓白之所也。吾昔也未之深究而不知也，及八观既久，则此囟门始而动，继而暖，既而明焉。其动也，白上升也，如蛟之将出土也。动而感于有形，则无形之白上腾远矣。其暖也，白温化也，如卵之将孵雏也。暖而感于有形，则无形之白变化大矣。其明也，白离壳也，离壳则空间生，空间生则内层显。白鬼之中，宇宙之缩本也。此壳一离，洞照六美，其离愈多，其照愈远。若其端倪，吾验之矣。岂惟吾亲验之哉，人人皆同此构造，则人人皆具此资禀也。吾既证此，倘或一念失正，数日辍观，则动者渐停，暖者渐冷，明者渐暗。夫乃知鼻顶之为严师也。此所谓身心体验之著者也。

三德证

三曰德。增仁智，至道凝，皇神翼。

释：孔子曰："苟不至德，至道不凝焉。"言人苟德性不固，虽明至道，亦如浮云飘风，不凝聚也。至德者，非可以勉强造作者也，必白体内净，白性外发，然后为真实之德。今犬羊不能教之知理，豚鱼不能教之知事，非以其白之太污耶！图而绘之，已可见也矣。此著者则然也，其不著者可以理推而及之也。未有白加净而德不增者，亦未有白加垢而德不减者，此铁证不可以欺饰者也。故修士验智德之消长，而知翳蔽垢之增减矣；验仁性之消长，而知浸混垢之增减矣；验于勇德，知白凝矣；验于诚德，知白纯矣；验于元德，知白之离尘矣；验于亨德，知白之通皇矣；验于利德，知白之自由矣；验于贞德，知白之不害矣；验于太虚之德，知白之不囚矣；验于中和之德，知白之不邪矣；验于大公之德，知白之不溺矣，验于无欲之德，知白之不染矣，验于忿心之生否，知白体之聚散矣；验于一心之纷否，知白体之清浊矣；验于良知之进退，知白光之高卑矣；验于良能之巧拙，知白光之圆缺矣；验至善之满否，知白实之充盈矣；验成己之如何，知白性之发挥矣；验成物之如何，知白才之卓裕矣；验内乐之足否，知白缚之解脱矣；验清真之澄否，知白滓之澈洁矣；验净相之昭晦，知就净之功成矣；验自在之机动，知合皇之功极矣。形或有未征，德无有不进，古圣贤往往有未知性相之故，而实德特立者，其人之白早已彻皇灵，而超秽域矣。故吾从不敢以一知半解之多裕，轻薄古人。惟德是师，惟实是从。世有真德未进者，而日以自信曰：吾今诵佛若干矣，吾今参禅几度矣。是何异种禾石田之中，不见其生，而犹以为有功也？夫禾得水土，未有不秀茂者也。人得皇灵，未有不进德者也。如自证于德而无进也，虽润屋润身，神通六备，吾且以为无根之木也。倘证于德而已进也，虽灾运蹇厄，疾病羸尪，五官闭塞，吾且以为必成之果也。未有遮障撤，而日光不明者也。未有尘涅消，而德量不增者也。人能以德证为主，则真合皇天不求他据，自足于中者上乘之品也。至矣哉。

四神证

四曰神。白净通，寿终显，精毋钟。

释：何谓神通？以蛆蚋之无目，视鸟兽能视，即神通也。白净者神通大，白垢者神通小，比较则然也。然已入土壳之中，则五官所测，不与人异。惟此心境一通，应白立见。《华严经》云：弥伽仍居市肆，则于智德中证之矣。世或有钟聚精神于一窍者，积功多年无不增一神通焉，此人人能得者也。钟气精于目者，目通于气精之中，比众人远非有益于性命也。聚气精于耳者，耳通于气精之中，比众人利，非有益于性命也。此庄子所谓属性于耳目者也。然而各人之根器不同，神通之迟速各异，亦或有正用八观，空定久而神通现者，此正性也。人之安于性命之正者，勿求于神通，而神通自发，发亦不顾，通三粗矣。尚知外有三清，通三清矣。尚知外有三洁，通三洁矣。尚知外有无上之真。老子曰："天门开辟，能为雌乎！"天门开辟者，神通之始，尚宜雌伏，以厚其养。总之，白愈净者通愈广，则元理也。在土壳之中，如入暗瓮，瞽者与离娄又何别焉？神证之著否，不顾者为大通。事理有之，故述及也。惟得神通不喜，无神通不疑者，正信固也。

净人白法

修正既全，乃净人白。不净人白，己德未成。成己成物，非两事也。

释：一己之修能既全，众生之责任宜负。夫天之命，人恒望之互助以并成，于智仁之差见之矣。人之下鸟兽草木，大都同形则同觉，独至于人乃同形异觉焉。其故何也？人鲜自性圆觉之才，偏多声闻缘觉之质。天神虽大仁智，不以土壳相接，不能耳提而面命之也。于是皇天特设一格，人类之中有以三神之果，而来被此土壳者焉。有以三祆之果，而来被此土壳者焉。侔尼谓之曰："娑婆世界，娑婆者杂居也。"言圣凡杂居也。圣凡既已杂居，则是仁智卓越之人，大约受天命而来者也。不净人白是弃命也，且夫天命亦何常之有？或有已得而失之，或有临时而授之，故命不可不敬也。净人之白，天亦净其白。养人之形，天亦养其形。故欲净人之白者不住相。不住相者，不汩溺于土壳与由鬼也。如必住相，岂有救囚而并救其桎梏，拯溺而不解其负石哉！《华严经》曰："诚心觉世，得佛灌顶。十种妙法，不可思议。"言欲净人白者，皇天亦助其聪明。己白之净，非俗情所可思议也。此亦修慈观之真谛也。

朴素颐真

朴素颐真，均普而卑。

释：净人白之法，一曰朴素颐真者。正本也。老子则以为无上妙法。曰："其政闷闷，其民惇惇。"又曰："朴虽小，天子不敢臣。"《易》言"无思无为"。《书》曰："不识不知。"皆朴素养性之法也。以理论之，人心决无外染，白光必然上升。三显相呈，决无一瞬。故圣人立法教人，不必使之内辩八识，不必为之外穷六虚，惟示以质固，不开其情窦；止其思虑，不启其诈萌。民白之在身，因血脉之转而无一息之停也。不入于物，焉得不进于道哉。《易》之感人，不尚滕口。孔子教人，几欲无言。皆此意也。然而以太平普渡为志，则此法有余。以合皇深造为鹄，则此法不足。何也？据于常理，物不失性，必进一级，或进一等，人距袄，只仅一级耳。蛤超海仅成雀，蛆超溷仅成蝇，性命之常也。人超世仅成袄，亦性命之常也。四教之旨，以灵魂为真我，不别由鬼。混六美与一真，不分高下。是故以朴素颐真为极法，况高士已证上神之果，又必弃法相而皈于朴素颐真。故此一法也，即以无为法推之于人而已矣，不可以不知也。不知此则陷斯民于人天小果之中矣。然此法功用至宏，何可小视！大通者绝民耳目之外诱，示以六根之无营。无怀葛天①，古有其则，教民者以此为根本正法可也。为道有损而无益，以无所得故。不染九尘，白自合皇。孔欲无言，俺尼微笑，胜读三藏之全矣。

叀谛深明（叀古终字）

叀谛深明，几极而难。

释：净人白之法，二曰叀谛深明。此与后法相伪陟有别也。夫叀谛决不在有形中，亦不在有相中，观物之复皈于皇之故。反而推之，乃能得之。物

---

① 无怀氏、葛天氏，皆为传说古帝名。

之所以入旅者，以生阴阳成对待也。至于出旅则必灭阴阳去对待，合一中和，消两正对，而升一等焉。中和者，近于叒谛者也，故执左法者右破之；执右法者左破之；执三粗中之假常以为真常者，必皆破之；执六美中之假常以为真常者，亦必皆破之。破一对待，得一中和，六祖之《坛经》，皆解药性之方也。仅此微垢，净之则终，最后收功之法也。此与见病投方亦有异，天花结顶之工夫也。白中不容一物，乃为至净。吾白之中，自具真谛。若执一法以为真谛，终是以鸭雌学雄鸡之司晨，非自具司晨之性也。此教法惟伴尼善用之，非合皇者不能审此。因此法惟能使上神之果近而合皇，不能用于众人也。世之东施效颦者，乃妄以棒喝骇人以自尊，讷者诎焉。不知众人求法且不可得，而遂敢破法乎！是未渡而舍舟，未痊而弃药也。既渡乃舍舟，不舍者警之。既痊乃弃药，不弃者喝之。然则叒谛深明一法，亿兆人中无一用者，非至净之白，其何以稽此？谓之离法诠真可也，抑亦至高无上之教乘也。故吾名"叒境"曰"真境"。

法相伪陟

法相伪陟，指迷而切。

释：净人白之法，三曰法相伪陟者。以法严理密，准规矩以证物，能使人不能不信也。而曰伪陟者何也？以有寻有伺之地，止在三清之中，讲法相者亦仅能陟白于三清云耳。然究法相者如钉定木，正以因明之轨，探以缘缘之赜，使夫凡有智者不能不信灵体之兀成独住，而视现量为蝌蚪之尾，蜉蝣之羽也。进而考之，人谁不知己身之无尾，与身之直立，与鼻之平角，与发之上冲哉！因此绘为十二相图，虽愚人亦知命根之在天也。夫十二相图，三清中之法相也，其所谓天吴天而已，非皇也。然使民咸思陟白于吴天，亦大有益焉，以求太平，斯亦足矣。法相之明考因缘究规矩，性相以为门，转注以为则无有丝毫之疑，如以已知之仪器，测未知之星象，人之优于禽兽者正以此耳。如并法相而不信，岂将认觉体为微附和合二相乎！夫白光朝天，日必有进，不入于物，必入于皇，明于视掌，能不信乎！信法相则可以入道德之门矣，故法相伪陟之一法，名之曰"规矩论理"可也。以此教人中人共信，其教法可以普及也。大矣哉！法界光昭，三根普利。若进考之，内照由鬼，外彻三洁。虽曰伪陟，可陟于元。佛教精华正在此也，不知此者不可以劝人为善也。

见病投方

见病投方，不共而效。

释：净人白之法，四曰见病投方者。如医士之治症也。人之通病，在于白垢，至其各别，有特殊之症焉。孔子教人因才而施，求也退，故进之。由也兼人，故退之。董子佩弦以自急，西门佩韦以自安。皆法也。而不能与真谛深明同日而语者，此卑而彼高也。且此法以法夺法，非如彼之以空夺法也。人性一偏，不合中和。以正对之方投之，则其病立瘥，非已得中和之人，不能用此法。惟己能中和，故见人之不中和者，而应病以药之。修道无他，纳于大中，斯可矣。是以柔者刚之，刚者柔之，躁者缓之，缓者躁之。孔子曰："过犹不及。"用此法也，使人无过不及之偏。故二人不共一法，教律不可以常定，见机者自克用之而立效。德无常师，此之谓也。有生医，无死方也。

严礼正则

严礼正则，众共而普。

释：净人白之法，五曰严礼正则者。孔子有"经礼"、"曲礼"，回祖有《天方典礼》，佛教律仪，更为详密。所谓礼与律者，对世人之通病而为之万应灵丸也，如粟米布蔬之不可一日废也。以孝为首，天下无无父之人也。以我为戒，天下非一人之私也。其节文上顺天理以净白，下顺人情以养形。惟上智者作之而合，下愚者作之而拂。取其合理，去其拂经，立为常法，俾民共由。由之则合皇，逆之则坠渁。由之则太平，逆之则剧乱。礼之为用大矣。老子、庄子皆鄙之，岂不以饰外为害内，逐末则荒于本耶！然而非礼，无以表于外，不此之正，何以正群乎！儒礼佛律，劳形太甚，因其时人欲沸腾，思严为之束缚也。其实无须太繁，简而适当斯可矣。礼之详略，"经礼"亘千古而不变，"曲礼"因时地而推移，非至圣不能定也。要以崇实去华，根于白性而立者为是。孔子曰："圣人为礼以教人。"此之谓也。

嘉言启好

嘉言启好，渐染而孚。

释：净人白之法，六曰嘉言启好者。诗书之事，木铎之警也。古者典谟训诂圣哲，何其多言？俾尼出广长舌教主，何其多言？庸人伥伥，有如歧途问路，一人咻之不听，则二人咻之。二人咻之不听，则三人咻之。三人咻之不听，则积百千万亿人咻之。众生耳根比眼鼻舌身尤利，所以善教易入也。诵《蓼莪》之诗，则孝思发。闻《衡门》之韵，则廉心生。式歌且谣，鼓之舞之。故圣人之教，重夫辞而理于气。古之人皆曰此道也，虽有欲违之不敢也。古之人皆曰非道也，虽有欲从之不安也。言有能诱懿情者，日日诵之则情正。言有能迪白性者，旦旦读之则白明。载籍之富，义取此也。自世之衰也，浮文以为雅，诡辩以为道。人心陷溺，祸烈于洪水猛兽。哲人不作，奈苍生何！孟子好辩心亦苦矣。圣人不言，小子何述？以言立教，亦要矣哉。言所以输意也，一人之智，公之万世，不亦伟乎！善教者集今古之名言，以为龟鉴，使夫学者日从事于呷唔，声盛致志，是为耳提，亦教法之大纲也。《诗》曰："惟口出好。"古圣贤之因此而成者众矣。多言以诲之，所以动其好善之心也。《书》曰："学于古训，乃有获。"又曰："圣谟洋洋，嘉言孔彰。"教典之宜修，有更急于菽粟者，硕哲之责也。

懿行矜式

懿行矜式，有方而密。

释：净人白之法，七曰懿行矜式者。唐太宗日以人为鉴，可明得失。人无分于今古，古人之大可法者，虽已死凛然如生。今人之不可法者，虽生存不如早死。善施教者，征今人之大可法者，以为人师表；集古人之大可法者，以记于史册；使夫学者临摹而仿佛之。王豹①处于淇，而河西善讴；棉驹②处于高唐，而齐右善歌；今人之可以为楷模者例如此。孟子尚友千古，孔子梦见周公，古人之可以为楷模者例如此。读孝子之传，未有不思孝者也。读忠臣之传，未有不思忠者也。由是观之，近朱者赤，近墨者黑。《礼》曰："以人治人，改而止。"人教人，鸟教鸟，兽教兽，类相成也。皇天之造吾地也，使圣凡杂处同形，命在是矣。忠也养不忠，才也养不才，顺天命也。一世即或无良楷，千古未有无良楷者也。以人为教，第一之大法也。人知以人为教者，可谓善教人之人也。圣人行斯可蹈，身无择行，非以饰外

---

① 王豹，春秋时卫国人，著名歌手。
② 棉驹，春秋时齐国人，著名歌手。

也。哀众人之无式，而欲以己之为人者教人也。发于仁，而用以智，以此立行，真意乃诚。子以四教，曰文，曰行。文即嘉言，行者懿行也。佛曰："无受想行。"是破法相之言，不同日而语也。略行者净白而忘外，敦行者因外以净白。二者不废，用得其宜，斯可以弘法利生，尽宇宙之白，而洗涤之也。

至诚感格

至诚感格，效大而实。

释：净人白之法，八曰至诚感格者。宗"易"教也。《易》曰："圣人感人心，而天下和平。"既以感人心为重，又不尚縢口说，是不以言感人也。又不尚咸（感也）其脢，是不以行感人也。不以言行，非以诚乎。《书》曰："至诚感神。"舜之所以教有苗也。净白之中，诚孚自感。非至德之光辉，谁能用之？诚心可以开金石，超于言行之外。内诚于白，则上应于皇，虽木石可以感也，况于人乎。主教者惟克己之不诚，不忧人之不化。久用净白之功，而去有相之伪。内功既凝，外用必孚。《易》曰："无妄，元亨利贞。"诚之体用，不能以言行见，其效亦倍大矣。大凡施教而阻，皆反于己之不诚。至诚而不动者未之有也，不诚未有能动者也。《易》曰："中孚，豚鱼吉，信及豚鱼也。"言圣人以中心之诚，感豚鱼也。用诚之法，先尽于己无所为，而教人不倦。言不足，而意有余；施不足，而心有余。耶稣忘己之受刑，墨子见丝而泣血。圣贤之心，贯金石而动鬼神矣。

正情诱掖

正情诱掖，微卑而利。

释：净人白之法，九曰正情诱掖者。用情不用性卑也。然情亦有正有邪，正情几近于白性。父子之爱情也，因而诱孝，近白性之仁焉。朋友之亲情也，因而诱义，近白性之和焉。闻王裒①之丧亲，哭声发天良之正。诵张巡②之诗韵，忠烈激肝胆之忱。山水动清高之思，雅乐启和平之德。或抑或扬，或将或就。一颦一笑，一讴一吟。好善恶恶之公，哀愍悱恻之至。大悲

---

① 王裒，字伟元，西晋城阳营陵（今山东昌乐东南）人。博学多能，隐居教授，三征七辟皆不就。善书。
② 张巡（708～757），唐代河南南阳邓州人。倾财好施，扶危济困。"安史之乱"时战死于睢阳。

发大愿，大慈生大仁。情动于中，而发于清明，修以礼乐。情如水也，水能载舟，亦能覆舟。情能害群，亦能利群。虽因染尘而出，非净白之本性。然而，药有偏投之，于病而宜。故好学情也，而近于白性之智。力行情也，而近于白性之仁。知耻情也，而近于白性之勇。《楞严经》辩情重觉轻则沉，觉重情轻则升。《瑜珈师地论》中言十七地，以有余依涅槃为最高，其所谓依者，眷属依，众生依也。不能忘情于眷属众生，终不能证无余究竟涅槃。观音弥勒，以此自卑。情之体亦大，而利亦溥矣。可不重欤，可不重欤！故圣佛犹郑重焉。

神道启信

神道启信，简明而直。

释：净人白之法，十曰神道启信者。儒释耶回皆宗之。《易》曰："圣人以神道设教，而天下服。"推本而言宇宙之中，白净于吾人者，吾人皆神之。故谓神为高等旅白可也。不必皇天，而有争执于多神、惟神之间者，其纠纷可以释矣。主多神者，以三神三祆两只为神，是以多也。主惟神者，以皇天为神，是以一也。本于佛训，即涅槃亦有三世诸佛，然则皇天亦不止一也。如皇天惟一者，吾人及众生终不得为皇天矣。故佛训惟真，为通，为明。世称帝王为上，长官亦可谓之上。世如蜂蚁之群法，又岂能赅宇宙哉！仓颉之训，气之伸者为神，神固较净之白也。以此论列，多神、惟神，两皆不拂。神白既净于吾人，其德必高于吾人，除鬼只之昏邪皆可敬也。神之感应孚佑下民，层层设监，敬供皇命。圣人指之以立教，自六经三传，凡书籍可考，信史之征神实者，不一而止。《诗》曰："神之格思，不可度思，矧可斁思。"神道设教，信为要也。五教大圣，神通德慧过于吾人远矣，尚皆信之。吾人痴痴，何可以不信？有识者集五教之所谓神者，明其尤明，信其尤信。供诸廊庙之上，悬诸心目之间。如临师保，如事大君。用观法以仿佛其性相，严祭祀以尊崇其威严。教功之伟，未有过于此者也。

神通骇俗

神通骇俗，弗顺而亨。

释：净人白之法，十一曰神通骇俗者。此非正理也，而最易亨于浊世。俗人闻某也前知，某也见隔垣之物，某也奇术，某也听远地之音，则群羡而共信之，曰得道矣。然而，非中庸之正也。据理考实，白净者神通较大，惟人既因于土壳之中，除心境一通，可以立现，其余五官，当无加于常人，及改壳而后显。如必聚精于一窍，以求速显，是催花揠苗以助长，非性命之正也。通又不远，仅能骇俗，若通于远，俗无征焉。老子曰："前识者，道之华，而愚之始也。"天命已降于粹中，吾即知之，不能复趋避矣。有如大盗犯法，乃通关节于府厅，国君命捕而斩之，岂以先知之故，而能逃于刑戮乎！但种好因，不问前程，皇天以土壳囚人而限之，不通上界、下界，正以此也。佛亦曰："不尚神通。"素位修德，以安人分，以敦太常。如有夙业闷闷为善以消之，知而后为善亦伪矣。如无夙业闷闷为善以种之，知而后为善不真矣。故虽有人六通神述，升云御风以骇真人，真人犹孩之。真人者，信理而安常者也。善与恶，皇天之报施必公，求先知又何益乎？亦有施教之穷，假此为助，则心亦可原也。要之，利少而害多。即使以神通之力，收服天下而教之，于净白无益焉。如其有益，皇天必已赋之于性命之中矣。但今人性命之失也久矣，未恢复皇天造人之本能，不可以为准。人有九壳，每离一壳，则二壳之间互起空间，而神通现矣。少而犹人，老而神通，临命终而大昭，亦性命之常也，何足怪哉！明此理也以教，亦中庸也。世传侔尼多神通，然而华严会上退席者五千人。佛亦知神通之用，如以鸟教鱼，以犬教蚖，五官不同，不相为师，必与人同。历试其难，应万白，以立中庸之教。故于在坐之人，不闻以神通骇而止之。神通岂可妄施耶？天生圣哲内皇外者，必被人皮，教人乃切，即以豕白被神皮，见相亦不能讲理，安矣。

别境尚志

别境尚志，理真而卓。

释：净人白之法，十二曰别境尚志者。净土法门也。此法门惟佛有之，而其他四教无焉。亦理想之未，精神通之不及也。据理而论，地上有池沼，即有海湖；宇宙有秽土，即有净土。岂可以瓮中之蚋，疑重洋之无鲸哉！故净土一教，似奇而甚常也。以此立教，可以渡众生而超三界。不然，好修之士，恐多陷于人天小果矣。其为法伟矣。马鸣①《大乘论》，言涅槃之造诣

---

① 即马鸣菩萨，为佛灭度后六百年出世之大乘论师，梵名"阿湿缚婆沙"，有马鸣比丘、马鸣大士、马鸣菩萨等称。

矣，且盛称"弥陀"。若吾人者，以净土为大乘可也。为其可能也，修其必成也。高矣，极矣，善矣。广大精深，三根普利。薄力易几，事半功倍。品尊劳省，教功之大。当以此为极伟矣！吾诚愿时时鼻顶观西土，户户买丝绣"弥陀"，而生民之白净矣。前已两述，兹故略之。至于劝之以天堂，威之以地狱。别境之用，亦大矣哉，宜深究也。

人间果报

人间果报，半验而鄙。

释：净人白之法，十三曰人间果报者。圣哲之苦心也，明知其鄙，而必用之。皇天之于人善，不尽赏于当世，而亦或赏之于当世。恶不即罚于生前，而亦或罚之于生前。俗人以为疑，而达人反以此益信。赏罚之显，天不忍秘机，以诱初基之浅才。赏罚之隐，天不忍暴机，以误大器之深造。况参以前因夙业，而隐显殊焉。混以阴陟阳黜，而迟速异焉。千岁一鸣，知老鹤之非哑。万事一显，岂天道之无知！其秘也使人之不敢执天而邀之，其彰也使人之不敢慢天而蔑之，皇天施措，信上智也。《大乘论》云：应众生根，各与饶益。达人但种善因，不求吉报。皇天之真心，不能证之于法相之中，岂能实之于粗形之表！《传》曰："神聪明正直而一者也。"聪明则用术妙，正直则赏罚公。一则不爽，善恶之报，又岂得差毫厘哉。老子曰："天网恢恢，疏而不漏。"既疏则不可执，不漏则不能逃。皇天无亲，惟德是辅，必信也。世传因果轮回征信录，及太上感应各书，以为教法之助信善哉。惟是净白之士，不宜系心于六美，况三粗之伪福乎！志于此者鄙也。吾因取此以教下愚，而不溺吾志。教法有此，故亦及之。

俗习染善

欲习染善，近性而危。

释：净人白之法，十四曰俗习染善者。孔子曰："移风易俗。"又曰："性相近也，习相远也。"故山人多樵，泽人多渔，庄狱之间，多移气禀。俗习之效，亦大矣哉。北方尚强，刃金革，死而不厌，不知其病在伤和。南方尚让，宽柔以教，不报无道，不知其病在积弱。印度亡国，得慈悲，皮毛之偏。英美奢骄，溺先哲，惟乐之敝。圣人用之，以救一时，而庸人守之，以病千古。自古无不敝之法，成俗习焉，久则诬矣。然而良俗美习，出于中和，时而修之，可以正众。风俗之劝惩效，有大于国法者。中国耻淫，女子多贞静自守。日本耻怯，武士每剖腹自甘。以俗枉人，能使人沮溺，其中几以为性命之常矣。导民者，其可不慎于斯乎！

名誉褒贬

名誉褒贬，术穷而小。

释：净人白之法，十五曰名誉褒贬者。孔子用之以作《春秋》，岂徒呈一时之快意哉。推孔子之志，亦不过使人知道德之广途，识治乱之条贯也。世人因此以启好名之心，殊不知果报之实且为鄙志，况名誉之虚乎！而今之言教者，竟列之为目，曰：养名养魂，以至极寿。存名誉心，白之污也，何极寿之有？况乎名誉之动人也浅。王彦章①知豹死留皮，人死留名。可以以名誉劝之者也。桓温曰："大丈夫不能留芳百代，亦须遗臭万年。"此不可以以名誉劝之者也。用此以教，如投蚓钓鱼，愿者吞饵而已。殉名者无真性情，不得稍净其白也。孔子且引作《春秋》以为罪，何可恃乎！然而教法有此，圣人之牛溲马渤也。故亦及之而略焉。

形拘强诲

形拘强诲，皮相而假。

释：净人白之法，十六曰形拘强诲者。亦末矣。今若迫饥民曰：言佛之言，服佛之服，行佛之行，然后与汝食。民白皆住于食相，而形皆佛矣。又若迫寒民曰：言儒之言，服儒之服，行儒之行，然后与汝以衣。民白皆住于衣相，而形皆儒矣。若是者，如主人汨于涸渝，乃举傀儡于清涟，何益于洁乎！而世之教者，多尚此以为便，而天必破之。悖矣！如以形拘而可以教人者，天将赋人以形拘性锢而教之矣。性锢尚不可，而况于形拘乎！俗僧因就食而髡发，俗道因就养而入观。世有此皮相之教，而无实益。故略言之。

---

① 王彦章（863~923），字贤明，寿张（今山东梁山西北）人。后梁名将。

私欲刑赏

私欲刑赏，极陋①而溃。

释：净人白之法，十七曰私欲刑赏者。世间之教也，徒以形之易束，因而利用其私欲之心，以正民也。刑以夺其私欲也。《书》曰："明于五刑，以辟五教。"赏以遂其私欲也。《书》曰："用命赏于祖。"夫刑赏之用，仅能及于土壳，亦末矣。比之二者，刑之效，尤大于赏。民有不贪赏，而为善以图功者。未有不畏刑，而止恶以避罪者。刑之效诚大矣。然老子曰："民不畏死，奈何以死惧之。"则刑亦不可恃也。有视土壳为桎梏者，刑之用息矣。夫刑赏世上所不能废也。吾以为虚设而不用为善，尽前十五法以教，至矣。及用至刑赏，已知其不可为而为之矣。用刑赏以救一时，而亟修于本，必以措刑止赏为的者。圣哲之深谋也。然皇天不废地狱之刑，尧舜不废诛凶之律。释门韦驮执杵，回祖右手持刀。刑亦要哉！总【之】，净人白法，而尽用之后，继以刑，刑之用大矣。

总结净人白法

总十七法，内量己德。外参时势，兼用以戢。

释：惟圣人详记此十七法：朴素颐真、真谛深明、法相伪陟、见病投方、严礼正则、嘉言启好、懿行矜式、至诚感格、正情诱掖、神道启信、神通骇俗、别境尚志、人间果报、俗习染善、名誉褒贬、形拘强诲、私欲刑赏。圣人之对人也，苦心孤诣所思者，皆十七法之理也，所言者皆十七法之辞也，所行者皆十七法之事也。合五教，统万哲，无有夫弗具，无有夫弗赅。反复周密，应宜而施。十七良方，痊天下之万病。十七舟楫，渡宇宙之众生。编为宗教，遍于世间，入人既深，功德无量。民白皆净，然后图圣治，建大业。可以永康，可以普济。净白之泽，不亦伟乎！乃论太平圣治之大法如下。

太平圣治

太平圣治，依于净白。有根之木，折衷群说。乃究原理，倡主义，图实

---

① 《纲言》中"陋"作"漏"。

施，以为正鹄。一扫群邪（见二法图），十仁十智，圣治之芽。

释：净白之法既明，然后言太平圣治。夫太平圣治，欲使世人皆净其白，而安其形也。今人割裂入世、出世二法，而分道驰之，如斩树为两段，而种无根之枝也。出世法以净白离尘为专务，根本也。入世法以安群养形为急事，枝叶也。民白既净，皆有安群、养形之余力，天下不求治而自治矣。民白不净，皆有害群贼形之通病，天下虽望治不能治矣。试为历数生民之大祸，何一不出于垢白哉！世法以人防人，死法生人不胜防矣。以火救火，以水堵水可乎！白既垢矣。乃欲以人防人，为之设官司、制法令，以遏于土壳之末。殊不知为官司执法令者厥白尤垢，毒民以顾私欲不可为矣。吾是以绳合净白圣治为一途，而兼修之，民无惰忿欲私痴，而世间之祸尚得起乎！不惰则财货有余，不忿则争斗不起，不欲则节流恒足，不私则公裕众富，不痴则立法合理，乱将奚由而生乎！于是，分圣治为三大段，而一一论之。曰究原理，曰倡主义，曰图实施。源理必生于净白，实施必出于净白，主义必合于净白。净白净白，太平之资。白净白净，圣治克任。定义也。

```
                法
              ○
         ╱    │    ╲
   績前三養圖  輩法（聖治太平）
   獨法（即前淨白法）
                │
         ╱    │    ╲
       ○      ○      ○
     圖實施  倡主義  究原理
```

二法图

永泰必能（究原理之一）

考于性相，永泰必能。复性自治，去习恒宁。

释：治乱之界，有显域焉。此域因白体之垢净而划分之。如鱼鳖白垢海中，不能施圣治，而图太平矣。鸟兽白垢山中，不能施圣治，而图太平矣。然则太平之能成，又以何级为限域哉？至人之白，能否太平永保，岂可不详究乎。或者疑曰：时无寒暑，草木不生。人无治乱，真白不净。乱也者，皇天用之牺土壳，以净人之白也。殈卵必弃，垢白必刑，天之命人之情也。故乾虽元亨利贞，其极也亢龙。坤虽元亨利贞，其极也龙战。大易终于未济，固已决此世之不能永久太平也。不知乱者，天之所以罚垢白也。白已垢矣，不刑何救？如白已净，非殈卵也，是鲜卵也。孝子贤孙，天岂忍夏楚之哉！且天之有刑，以求获也。乱而得获，天必用乱。治而得获，天必用治。亦又何疑？况人猿兽鸟四级井然。至于猿界，已同类无争，群居不害，岂以人高一级，而反不能太平乎！是犹见蒙古有冰雪，而不知北极之尽冰雪也。又况治基于仁智，乱出于凶愚。人有十仁十智之相，治机不已显乎！口不突出仁也，牙不狼锐仁也。爪不钩蹄仁也，舌不蛇毒仁也。目不圆睁仁也，耳不尖竖仁也。皮不甲刺仁也，脚不前挺仁也（弯后向）。背不向天仁也，尻不曳尾仁也。十仁之相备矣。指长善作智也，舌巧能言智也。发长上冲智也，脑体圆明智也。身体不横智也，鼻开平角智也。髓精清洁智也，耳圆听聪智也。眉开若思智也，由鬼端立智也。十智之相备矣。仁以相亲睦于凫雁，智以厘序处事合宜。仁智并用，何乱之有？诸方观察人群，必能永治而无疑矣，所以生乱失性命之正也。比如神农，以前无病无药。今人多病胆汁不足以治之，岂素性哉！鹿羊凫雁蜂蚁之类，皆能自和其群，矧伊人也而曰不能治乎！人之所以不永治者，如菟丝之无叶，如鹅鸭之不伏雏，如鸡鹜之不能飞，非始性也。复其始生之性，寿三百而永宁。故西人考人身长成之时，而知人寿之必三百也。寿短乱生，劳心荡神，贼形损气之伪事太多矣。纵有下愚，背理之极，宽一步而妄执不能永治义，圣人亦当尽心力以谋之，以人群永治为鹄者是也。论以此决，不复疑义。故圣人以群龙无首救亢阳，用利永贞救极阴，能无首斯为平等矣，能永贞斯永太平矣。蜂蚁未失本性，国中有乱事乎！人能复性，亦永如斯。

公净鹄（究原理之二）

公公净为鹄，矫世私欲。公净不泯，乱机不作。私欲不萌，人中无渎。

释：世间之政俗，千古之法令，一大私欲之窖也，可胜悲乎。在上者既以私欲自拥而甘于陷溺，又以私欲笼络万姓而悉倒悬之，悖亦极矣。天下为家私也，子弟裂土私也。世袭爵位私也，琐琐姻娅私也。宫室之美欲也。妃嫔之众欲也。玉食作福欲也。万方珍贡欲也。自夏商以降至于明清，帝王之所以加于奴隶者无他，一言以蔽之曰：多得私欲而已矣。如无私欲，帝王何以异于奴隶乎！至于治民，保其田宅曰我疆我里，是使之私也。与以官爵曰子袭父业，是使之私也。商贾各营其财贿，是纵之私也。四民各有其器物，是纵之私也。或以高位爵之，以启其名欲也。或以厚禄俸之，以张其物欲也。刑之者夺其私欲也。赏之者遂其私欲也。于是私欲大炽，大盗劫大私欲于朝，小盗劫小私欲于野。推三代立法之本，必以为人之有私欲，如牛之有鼻，鸟之有羽也。舍此将无以御其心，而用其力矣。殊不知质子以胁易牙①，缚父以劫刘邦，岂亦有效？利用私心者，于此计穷，以绝食惧伯夷，能服之乎！以相位畀庄周，能臣之乎！利用欲心者，于此术竭。夫私欲非性命也，用之则长，不用能消。人不能一息离白，而可以终身离私欲，况私欲为白之贼，逃之犹恐不远，诛之犹恐不灭，尚可以利用之乎！今若明白性之公净，以夺私欲，物入人家，何异于我家？楚弓楚得，有其例也矣。异姓袭爵，何异于同姓？尧位舜承，有其例也矣。是用私，不如用公也。筚户茅茇，亦乐于阿房。玄酒太羹，亦乐于玉食。布裳葛被，亦乐于锦纨。吹筘击壤，亦乐于九韶。是用欲，不如用净也。夫公则均普，自天子以至于庶人，无一缕一粟之加。净则内乐，自天子以至于庶人，无身外、心外之娱。凡所谓私欲者，亦不过惟乐而已。既已得乐，亦又何求？以淡泊寂寞，一芥无营之乐，比之随宫月窟，汉殿风台，如云中舞凤之比溷蛆也，况一日多粪之蛆，九族刀头之鬼，私欲耶，自戕耶，今古之人，何不觉此？若明白性相，以夺私欲，知私蒂在鬼，如囚我之桎梏；知欲根在囚，如附骨之痛疽，将避之如蛇蝎，恶之如鸩毒矣。岂能以白性中二十五福，易一断首灭族之多粪蛆哉！故净白之教大明，朝无大盗，野无小盗，此圣治之基也。非净白之教，不能以扫除私欲，而拯民于水火中也。故太平者，净白之馀绪也。若犹似三千年之故智，欲驱全地之人，而成一私欲之窖也，禽兽相残，无已时矣。试观历代帝王之家，何一非狗彘狐狸之群乎！不如一贫士而争之者且众，非白姓蔽于私欲，何人智之不如豚鱼也。吾是以发白性之公净，以建太平圣治之业焉。

---

① 易牙，春秋时期齐桓公宠臣。据传为讨好齐桓公，他曾杀子蒸好送给齐桓公吃。

净白太平（究原理之三）

惟恃净白，万世和乐。

释：今之言救世者，一言以蔽之曰，机心防祸而已矣。换言之曰，养其粗形，制其粗形而已矣。故曰民权，曰民生，不曰民德也。此鸟兽虫鱼之心，非人心也。而历代帝王用之，今之英雄犹用之，悖极哉！夫猬有机心，故成多刺之皮，一己自料，诚安且全，天则应之而生黄鼬，以毒溲杀之矣。蚌有机心，故成坚厚之甲，一己自料，无复稍危，天则应之而生鲤鱼，以固牙杀之矣。蚁有机心，故穴邃密之窟，一己自料，何敌能侵，天则应之而生甲兽，以长舌杀之矣。鹁鸽机心，故具軏飞之羽，一己自料，靡隙可乘，天则应之而生鸧鹞，以隼疾杀之矣。静而思之，彼众生因心成体，而皇天应垢施刑。白既垢矣，岂能以私心机智免耶！不惟猬蚌蚁鸽惟然也，鸟兽虫鱼皆不得脱于祸。此四者尤彰耳。不因猬之刺皮，何由生黄鼬之毒溲？不因蚌之坚甲，何由生鲤鱼之固牙？不因鸽之軏飞，何由生鸧鹞之隼疾？不因蚁之邃穴，何由生甲兽之长舌？观其专为特设，不能防于未设之先也明矣。人之机心以自全者，利兵严卫，猬之故智也；坚盾周防，蚌之故智也；高城深池修其政，蚁之故智也；气舫海舰速其行，鸽之故智也。禽兽之心，能安人乎？祸之未作，无先例也。人动其机，则天施其刑。秦以前无土不王，而刘邦以兴。嬴防虽密，焉能尽民而夷之？唐以前妻妾不篡，而武后肆恶。李律虽备，焉能尽女而诛之？子不杀父，及私子之心生，而子乃杀父。女不贼母，甩私女之心生，而女始贼母。人在土壳，如豕在苙，天必刑之，无法可御。凡祸必探其始原，垢白必刑始原也。故鱼白最垢，多生多杀。鸟白稍净，少生少杀。观其生杀之多少，加减而乘除之，可以决天刑之由于垢白矣。白既垢矣，乃为心计，以求越狱。人生一计，天刑十之。人生百计，天刑千之。水涨船浮，形行影从。人何以得免？大盗杀人，居山而见获，则悔其居山。乘舟而被捕，则悔其乘舟。何不悔之于杀人之初，逍遥天下莫之敢弋矣。故吾之言太平圣治也，不詹詹于防人祸，而切切于免天刑。一净白，而万祸息矣。不为禽兽虫鱼之谋，则圣人之嘉谋也。

主教奴政（究原理之四）

主教奴政，不尊以欲。

释：故圣治之本，主教而奴政，其故后篇中和主义中详言之。主教者，使人净白，而修十七法之全也。人能净白，世祸自灭，乃修刑治，易于反掌。如水源之既浚，流不疏而自长。如木本之既培，枝不沃而自茂。人人皆劭于净白，各出有余以利人。人有百倍之利，而世无一朝之祸矣。故五教皆主教奴政，天子即教主，大臣即牧师也。说者曰唐宋以后，非儒不官。泰西中叶，教皇执政。蒙藏今日，俗贵僧人。皆主教奴政之往事，何太平之不见也？不知教尚实不尚文，重道不重物，彼以物欲汩教士而不知道，则是教之精神已死而皮毛用之。陶犬瓦鸡无守户司晨之能矣，故吾先言去私欲，使凡为民牧者，无纤芥物欲之俸加于小民。然而，不治者未之有也。夫净己之白，而以净人之白，将视私欲如寇仇。劝人饮鸩，而人饮之者有之矣。劝人以私欲污白，而人肯污者未有之也。今之人欲建太平圣治之伟业，而不修宗教哲学，甚有斩宗教哲学为两段，而分别用之者。哲学不通，而可以立宗教，岂以其昏昏使人昏昏耶！又有谓宗教必迷信，哲学必挟术者，是教其教，哲其哲，非吾所谓教哲也。吾所谓教哲者，明至理以觉人，而无丝毫之迷焉。先正哲学、立宗教，然后言治，太平圣治之隆，其可必矣。政治法律，是其枝叶。此四科者宜合习，乃可为人官师也。

均劳啬（究原理之五）

互助均劳，人无一逸。仅足均啬，家无一溢。

释：山人力樵，原人力耕，因地也。冬而制裘，夏而制葛，因时也。今之大地，何地也？而时何时也？皇天之造境也，有三分焉，曰部分，曰层分，曰块分。五洲部分也，三清层分也，秽净块分也。天堂净土、天之宫苑，以待贤也。吾地秽土、天之监狱，以锻垢也。旅舍非久住之室也，工场非休憩之所也，加以圣治未成，大劳时也，太平未底，宜啬时也。故舜为天子，勤众事而野死。禹为大臣，荒土工而忘家。居此地，生此时，勤与啬，顺天命也。倘吾本神祇之果，而降居于此地耶，任大责重，宜勤啬者也，岂敢稍休。抑吾非神祇之果，而当生于此地耶，自渡惟急，何敢小逸？如曰前世之功德有余，今生之福禄宜享，是自暴自弃之极也。百年蜉蝣之梦，三粗多粪之蛆，天宁以之待真人乎！溷浊之夫立为法度，丰逸若干人，困苦若干人，不平之中，抑之强平，大非天命之正也。圣治太平，纯以互助同劳，均物齐养为准，则无稍偏颇。智者竭其心力，强者竭其体力，非老衰病，无一荒宁，此圣治太平之根源也。天堂尚不可休，惟净土可以息肩。知皇天之命者，须彻宇宙而通观之可也。

四制宜明（究原理之六）

　　法天因地，防人玩物。二修二去，人和物若。
　　释：统千古治乱之迹，而遍计之，惟有四制而已矣。所谓四制，一曰法天，二曰因地，三曰防人，四曰玩物。牺轩之世，几于法天。尧舜之世，几于因地。三代之世，不过防人。周衰及今，玩物而已。故牺轩之世，未平水土而民不害，穴居野处而无书记之劳，无药而民不病，少官而民自和，朴素颐贞也。尧舜治水土播百谷，烈山泽以广民居，养形渐备也。三代以礼防心，以政防形，能使民不敢为恶，强绥之而已矣。周衰以来，人欲日臻。所谓民上，不过掠民之物力，以供私家之欲。乃妄曰"某氏之天下也"，"某氏之社稷也"，大背人纪而渎乱天常，天于是不为民作君师矣。推皇天建造此地之本意，使旅白寄此十锻而升之，生斯世者皆宜以炼白出尘为急务，而又互助以试其仁。民修净白之业，而草草养形，因地以足衣食，斯亦足矣。人能法天，日以其自然之运，送白以升于三清。于是，三清之精来朝于人世，率三粗以营卫人身。是以百姓下安其形于地，而上育其白于天。民德太和，天休毕降瑞日祥云，星景而时序，风雨宜而阴阳若，妖孽不生，灾祸不作。祆神多降，圣哲朋生。疫疠不作，旱潦不成。生齿不过，杀机不起。此圣治之实也。因徕养自在之原理，天既生人，岂有不足其需哉！再观于物，夫螺蛤在池而池水清，鲜笋在林而朝露凝。树木深则山泽通气，真人存则天地交泰（见治乱图）。太平之本在于是矣。天命在净白，故人以净白承之，福莫大焉。至于因地育土壳耳，九壳之囚土为至贱。其育也百年之期短，而三粗之俸薄也。下此而防人，民白既溺，其可防乎。五谷之精，注为酒而浸于血，民之狂悖且不可以防，况淀精之污以混于白又岂能防乎！我自白动以来，恶外乐胜于砒毒，而愚人方以此设玩物之制，取神器而玩之，兵夺而力劫。呜呼，哀哉！三代以后，殆禽兽之伦矣。以禽兽陵民攘欲，妄加尊号，是以上士多避之。朝市之上，乃不见有真人矣。必也法天因地以为本，则真人不敢匿于山林，明别四制而去防人玩物之污风，以善天下。天下于是太康，天获于是大裕。驯致熙皞，其如视诸掌乎。

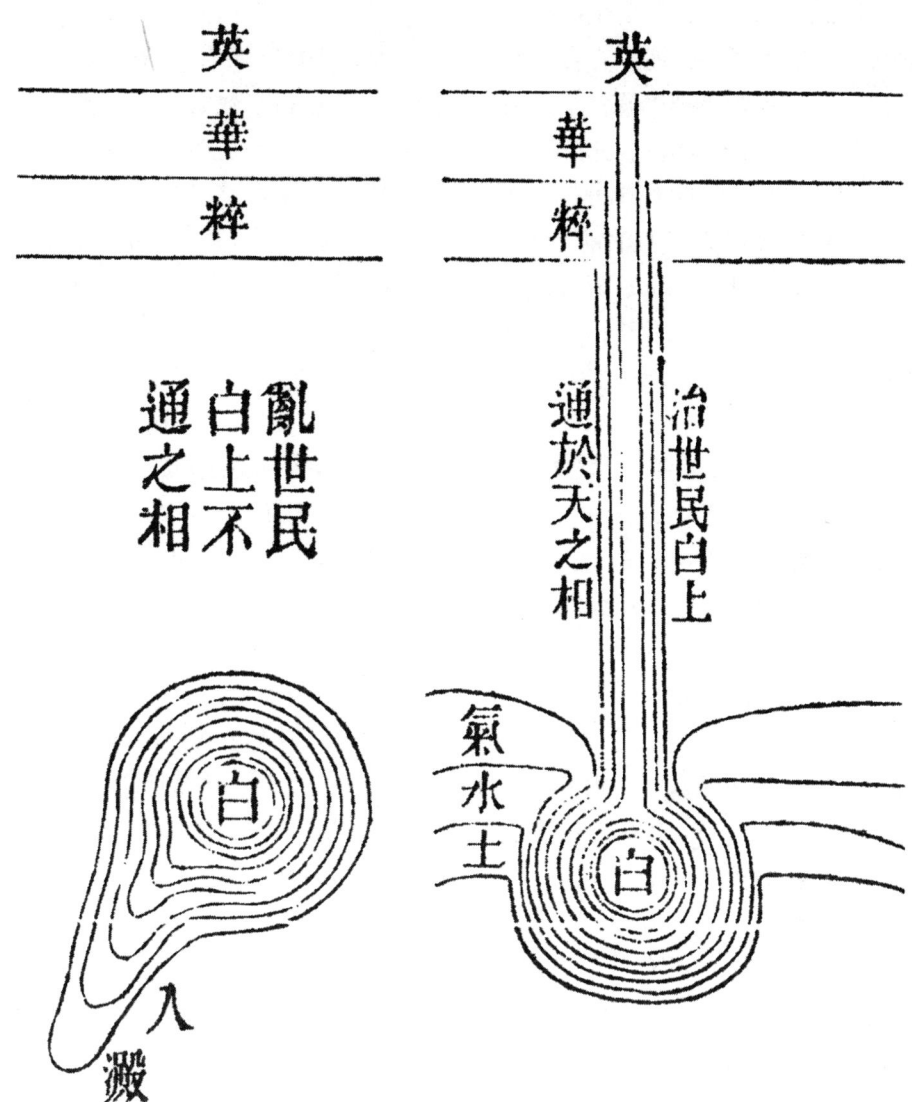

治乱图

三式宜顺（究原理之七）

平等共和（多头制），与夫专制。三式因时，平表为至。各竭长能，科分齿序。薄禄无争，琐核苛叙。

释：圣治之法，莫要于厘群。民不能尽登庙廊，以执公权，世号民权，徒虚语耳。不然，必兆口齐言，兆手齐书，空四野而居政府，乃可以为真民权也。势必不能事理以碍，于是设为补救之术，遂拔少数之人，以执公权。此少数之人而公仁则治，此少数之人而私欲则乱。法密而防周，则司公权者作敝难。法疏而防漏，则司公权者作敝易。此两言决耳，终不能全杜其敝，惟恃于白之垢净，以为治乱之消长耳。于是，而三式作矣，曰平等，曰共和，曰专制。此三者，于事理有之，则物有之，人亦有之，《易》象亦有之。平等，如雁凫之无长，美国用之。《易》象为"乾"，群龙无首。共和，如蚁群之多官，意、瑞用之。《易》象为"师"，能以众正。专制，如蜂群之一主，诸邦用之。《易》象为"比"，无首则凶。因事理之通则，故物有之，人有之，《易》象亦有之也。论其利害，平等为皇道之正，而生民有欲无主乃乱。共和调两式之中，而一国三公，纠纷徒扰。专制有一人元良万邦，以贞之利。而独夫肆虐，邦之杌陧，亦由一人。是其害也。人兼万物之全三式，究谁为宜乎？准前顾中无分别，顺应则吉之理。皇天惟以净人白为大中，圣人师之，加以养群为第二中。顾此中以顺应三式，适宜则善哉！而天固未之定也，亦惟随人之自择已耳。人以何式为当？征之千古，考之百国，三式皆治，三式皆乱，非若蜂蚁之守一式，以为太常也。然而事理可得而折衷焉。人皆圣贤，不相君师，是为群龙，平等为正。圣贤朋生，品齐德类，千万人中，每一优秀，是为众正，共和则宜。一圣特出，独臻九五，众贤望风，奉教而已，是为显比，专制乃吉。故"干"则六爻皆龙，"师"则一龙正下位，"比"则一龙正尊位，象固各有宜也。三式长短，不可以定，要以时、地为宜者通论也。法相且无常，况于世间法，必欲常之，将于木颠捕鱼乎！审于人类，形无特异，非若蜂蚁之长。巨于侪类，则平等可行，而觉性、仁凶、智愚大有差焉，又似共和、专制之皆可用也。至圣父不必生圣子，愚父不必生愚子，人固宜一扫私家之制，平物以养形，而拔净白以教众，则合形同觉异之常，又顺天命之互助兼成矣。故专制太私，决不宜也，于是而平表为至，各竭长能，科分齿序，薄禄无争，琐核苛叙之事理昭焉。何谓平表？欲水之不波也。不能平其底，而能平其表。人亦内白之垢净不平，而表形则平，长同量，食同度，衣同暖，故宜薄俸仅足，以平其养身之需，而不可以厚禄待之也。然而拔智者用其智，拔仁者用其仁，以司公权而掌教务，所谓各竭长能也。何谓科分齿序？古之拔人以司公权者，为途有九，曰众选，曰鉴拔，曰荐举，曰循资，曰考试，曰计功，曰世袭，曰兵争，曰贿买。此九者，惟兵争为恶，贿买为污，无理可究，其余则世袭非公，他六法皆有利敝。至于统而言之，白净则六法皆善，六途皆正。白垢则六法皆恶，六途皆邪。由是决之，品人无定法，惟恃白性之公明而已矣。今择于三式，则平等、共和，合用为顺，专制今不可用也，而又必拔人豪，以司公权。斟酌六途之长，宜于少小之时，选仁智之尤者，授之以哲学、宗教之文，究净白之理，晰性命之真。加以政术、法律之学，识治乱之体用，明古今之得失，谓之治科。与他科并，幼而专任，是以谓之科分也。三十而学成，任官以齿序，无有或越，但考其功罪，察其贤否，而为之停年之伸缩焉，是以谓之齿序也。何谓薄禄无争？至尊九官（九品之官），以至平民，职权各掌，而无贵贱之虚名，过物之厚俸，以符异觉同形之天命。盖形既已同，养形之物，不宜特丰也。且此法也，不惟使人间减少争端，又不致污贤者之白而陷溺之，利亦大哉。要之，饱暖有加，即为过物而入欲，欲如鸩毒，贤者既有功于世，亦又何忍害之哉！薄俸无争，有百利而无一害也。何谓琐核苟叙？执公权者，考核之法，不防太琐。叙功之次，不防太苛。故日有核，月有核，时有核，岁有核，而百官不偷。闾叙之，乡叙之，邑叙之，国叙之，而九品不僭。惟核之也太琐，故一核之绩，黜陟无几，而人不屑以伪术求之。惟叙之也太苛，故一叙之秩，升降无几，而人不屑以曲心干之。夫然故得其恒而察其实，劝于无相而厉其守，凡民不可以不设公权也，又不可毫无差等。公权可以利私，差等可以启欲，利私启欲，而大乱作矣。用以上诸法救之，而一以归于净白，故别人之道，不可以不慎也。能使民各尽其长，互助而不争，以善天下，而太和翕矣。此治之本也。乱世无成法，悉用六途以进士。圣人之治述不可以方也，要以净白为依达性命之正者是也。

复性去冗（究原理之八）

乃复太始，丕翕道纪。尽逭冗赘，康乐弗圮。

释：老子曰："执古之道，以御今之有。能知古始，是谓道纪。"今试思太古之风，劳智力，戕性命，伤身体，乱懿情之事，比之于今，古无而今有者十之九矣。古无书记，民不费思。古无政命，民自迪理。古无史册，民保良知。古无礼文，民顺天则。古无华衣，民自常暖。古无火食，民皆健胃。古无官司，民不争讼。古无巧器，民不嗜好。若是之类，不可胜数。如

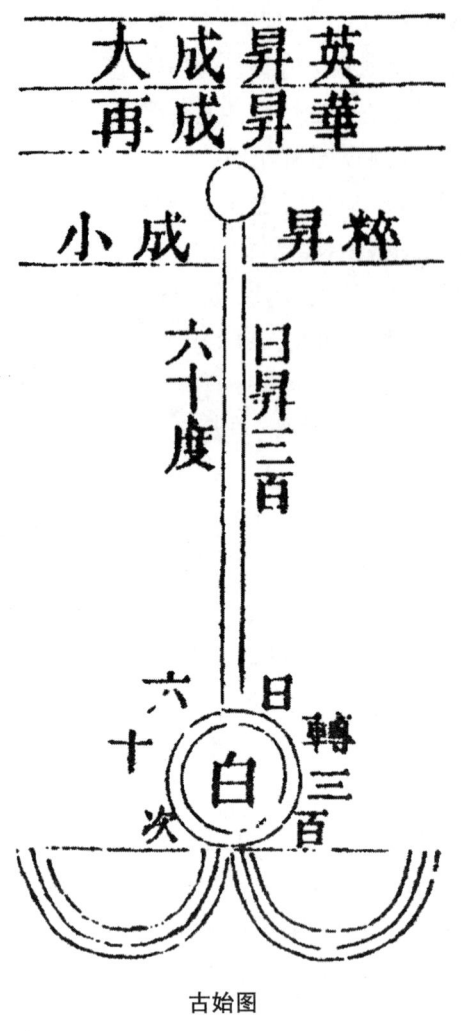

古始图

民必需,古必有之。如古所无,增之皆冗。夫民受命于天,既已得人之身,将日食百谷之精。二十年九壳满量,二百年送白上升。每日血运三百六十转,即白升三百六十度。及其死也,高者定根于英中,卑者定根于粹中(见古始图)。是以天获恒足,民无一瓞。九壳脱三,逍遥而逝。如其耗精于世事,则白光倒植而入于尘,多一事多一害矣。如居稚子于深山之中,不启其六根,临之以师保,而惟日习于闷闷,不识一字,不生一念,未有不至性纯和,仁智大足,而寿终必为神袄者也。吾非苍生之为,将悉迸世故,废书史笔墨之事,而养于不知不识之乡矣。今人妄以增加冗务为物质之文明,修杀人之具,武也;启乐外之欲,昏也。以武、昏为文明,祸之大也可以治乎! 纵使百国争雄事不能省,亦当尽扫浮华,崇尚实业,及大同既成而后省之,虚骄汰荡胡为哉!故圣人之治趋损极,以复生人之始性。愚人之治趋益极,以害生人之本能。皇天之授旅白也,量其皈路之远近,而与之资,如严父唤子于千里之外也。量其必需而畀之资斧,不因其枉耗而增之,耗一丝于物中,则降一等而不皈。故深智者劭于结绳而省书记,劭于穴居而省宫室,劭于无为而省庶职,劭于寡欲而省巧饰,毋羡欧美之武、昏,以成天然之文明。此治道之极的也。

先机探源(究原理之九)

损极治标,益极治本。先机营源,后机弗务。

释：《周易》之治事，所以高于庸人者无他，治本不治末，清源不清流。故阴邪未露先戒否，阳明未昭先至临，履霜即警坚冰，阴生早知嘉遁，如医者之培于先天，如树木之不救枯枝。今人则不然，乱生于前则前扑之，敌见于右则右攻之，殊不知因之已成果不能免。圣人见一人之起私则曰必坏公，见一人之微欲则曰必害净。汉高祖亏功臣，已伏操、莽之祸。朱元璋私子弟，已种闯、献之殃。灾厄固生于隐微，决无无因而遂发。凡因之恶孰有过于垢白哉！一细民之邪，一私密之念，圣人先惕之。搜罗四境，监察万方，不使有纤芥汗［污］白之事之物留于人世。至于乱已生，敌已见，则圣人不问而顺应之。天下之事，真祸百年而后著，真福十世而后形。书生伏案，而宇宙因此以澄清。图功于最精最微之初，是以若是其易也。此谓知本，此谓知之至也。

大同性命（究原理之十）

大同无异，白性皇命。守一义以为中极，虽终古可以永定。

释：吾地之乱源，莫大于事碍理。碍物理则祸小而速，碍真理则祸大而远。真理为合大同，无分别，得此理也以谋世界之大同。故孔子《礼运》一篇，纯以大同为志。礼者理也，合理之运用，大同而已矣。百国同人，不可分种色。五伦同爱，不可别亲疏。人居事理有碍法界之中，固不能全合大同之量，以直合皇德。然而，鸭非水不安，鸡非燥不乐，此正对两偏之性也。合以中和，两伪皆失。人受天地之中以生，无复异性。故书可以同文，车可以同轨，行可以同伦。专事无异，乃可以引物入皇矣。英以印为奴，日以韩为隶，人群之中，自别异相。不如吾中国晋代之羌胡杂居，唐代之胡越一家。有此良因，统一世界之基础立矣，可不勉乎。大圣首出，将并猿狙而待之以人道，于同中求异者下达也，异中求同者上达也。故佛教之徒，以人道待畜牲。中国良俗，不杀猫犬。脱九壳而观之，草木与人同类也。得天则治，失天则乱。得天之道，孰有大于去异求同乎！以上十理，皆人群之至要，求治之大经也。天地虽改，此理终不可易也，故特表而首究之。不背此理，国乃永宁。正理既定，于是进而究主义。主义既正，民有所守，圣治太平，可立而待其成也。凡吾所言，莫不根于性命，故效可以必也。此十者，圣治之大本也。皆超俗合天，非鼠目所测也。

一　中和主义（倡主义之一）①

　　主义之正，莫如中和。生民共的，是为皇纲（主义之王）。

　　释：吾今欲谈主义，而必不使之误入奴义者，规矩严也。以知顾中即主义，入分别即奴义。奴为主设，主为奴依，如保温为主义，而衣裘、衣葛奴义也。痊病为主义，而凉药、热药奴义也。故主义不可涉政治，涉政治者必奴义也。间说附法，应顺也。又主义必限一名词，一动词。无名则无体，如言食（动词）不言饭。无动则无事，如言鸡不言鸣。又增一名则漏大，如增尹字漏百姓矣。又增昌字漏诸尹矣。增一动亦漏大，如增飞行（二动词），漏走行矣。又增一鸣，漏默飞矣。

　　今之言主义者，曰社会，曰共产，曰无政，曰三民，曰一切诸主义。吾先立六名以收之，曰普渡，曰普利，曰利民，不如曰至善，曰净白，又不如曰中和。社会主义，去一切家国界限，而成六同之实，以民社相会而组也，是使一世界人民如一军也。然一军能无部曲乎？分部曲，正为整小分子以合于大也。故社会以为主义，大同也。大同非欲普渡普利，岂欲普溺普害哉！故社会主义，即普渡普利主义，主义之至上者也。吾赞其正义，不赞其歧误，故以普渡普利正之尤稳。至于共产，产资生也。不共相互助以资生，岂共相互害以迫死乎！今之共产，恐陷于共毙，自背主义也。孔子曰：不独亲其亲，货力不为己。又曰：不患寡而患不均。又曰：仁人孝子不过乎物。皆共生共育之旨也。共产者，天之经也，地之义也，民之行也，不陷于共毙，斯可矣。然则亦普利已耳。又言三民，可增民德为四，而民德尤要。可增民智为五，而民智非轻，漏多矣。总之，欲利民，非害民也。括之以利民，不亦全乎，无须列四三五六，以多漏也（见统主义图）。至于无政，犹言不饮凉药，又如言不药为中医。思想之高，并白为普也。中合空，空则无。若夫其他主义，非欲利民岂欲害之？非欲普利岂欲普害？又岂欲偏害？然则利民、普利、普渡三主义为至正，何用中和？曰提民恐遗忘皇神，为祸滋大；提利恐上下交征，为误尤易；提普则范围无界，不易治事。故以中和为至善，二

---

①　自此以下至"中和实施第二十二"为原书第五卷，作者于卷首特地交待："此卷专言中和主义。"又，原标题为《中和主义第一（倡主义之一）》，以下依次为第二、第三……。今改"一　中和主义（倡主义之一）"，以下即依次改为二、三……

字去偏激之心，有慈祥之德。日中天普照，灯中室普明，中即普也。和以摄诸政术也，应裘则裘，应葛则葛，应凉则凉，应热则热，和也。故舜用其中于民，伊尹建中于民，中顾民也。孔子曰："利物，足以和义。"和者利之实也。白形交育，群独皆安。不背诸主义，而尽得其长，以去其短，至善也。中非名词，而极善，无名之名在中，能贯一切善名。和即至善之动词，摄出世、入世一切大法。百究无病，非若他主义之挂一漏万，住人相即背天命也（此扫空中外诸主义）。夫《瑜珈深密经》、《大乘起信论》，能摄出世、入世一切大法者也。《瑜珈经》所谓舍摩他者，即止也，即不二法门也，即《大乘论》所谓心真如门也，即无分别智也，即吾保温痊病之例也，即大同也。即体性也，即守仁也，即坚抱净白一念之本智是也。净白脱壳，即非我非人，非众生非寿者，《华严经》所谓诸佛同名同相是也，故曰中也（见中和体用图上半）。《瑜珈》所谓毘婆舍那者，即观也，即顺应法门也，即《大乘论》所谓心生灭门也，即有分别智也，即吾衣裘、衣葛、凉药、热药之例也，即小异也，即用术也，即运智也，即修己、待人之二分别相也。又修己或杀身或保身，始念起于净白，即大中无分别也。待人或刑之或赏之，始念亦在净白，亦大同无分别也，故曰和也。和不失中，失中则流非和矣。中无分别，和而亦中。无分别

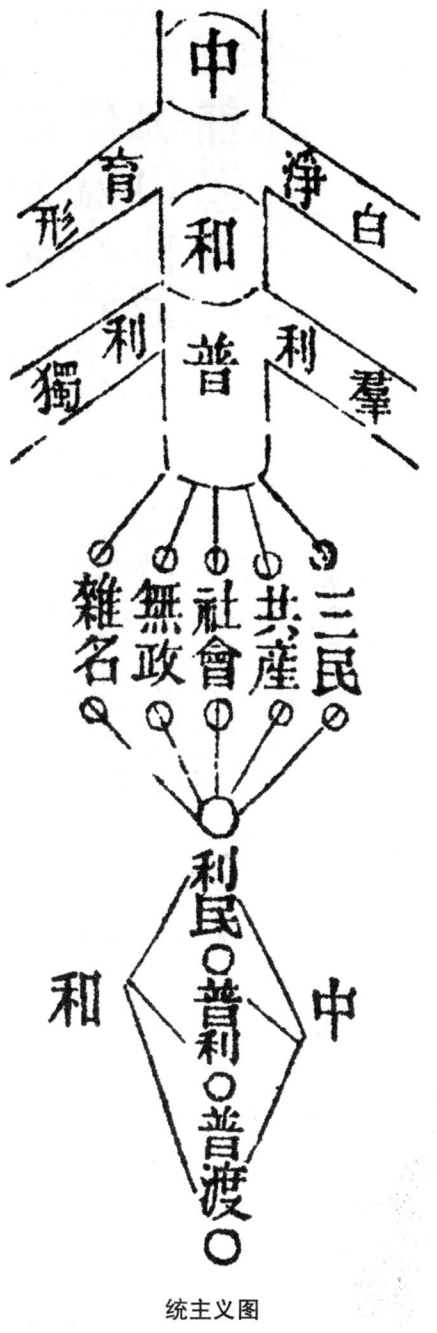

统主义图

```
              中
   即 例 保 無 眞 二 即 即 即
   體 ○ 溫 分 如 法 止 舍 摩
   性 即 痊 別 門 門 ○ ○ 他
      同 病 ○ ○ ○ 即 即 ○
      ○ 之 即 即 即 不
       （白      淨）

   和                和
即 即 藥 涼 表 ○ 分 門 即 法 即 舍 即 此
用 異 之 藥 衣 即 別 ○ 生 門 順 觀 毘 和
術 ○ 例 熱 葛 智 ○ 即 滅 ○ 應 ○ 婆 者
   ○   ○ 衣   即         ○   ○
    （人    待）        （己    修）
  （賞用）（刑用）    （身保）（身殺）
```

中和体用图

也，虽有我人众生寿者相，仍如无也（见中和体用图下半）。社会主义专注大同，称物平施岂无小异！又住人相，上漏天事下漏万物矣。共产主义，以产为体，漏益多而志益卑焉。无政府纯主损极，岂可弃益极哉！今以净白为大中，万应不离，故佛教曰"中教"。而事天事人，养形养觉，一顺以和，故文殊为和圣。皇者两顾，道器兼修，一本源于净白之中，故必为宇宙中主义之王也。菩萨修行，不废人事，中和也，内圣外王之实也，岂能尚乎！其举体也极大，其施用也极普，佛儒两教之大成也。修己待人，二分别象，一于净白，则无分别。杀身保身，用刑用赏，四分别相，一于净白，亦无分别。

落二分别相，而忘中，即生两仪之中。落四分别相，而忘中，即生四相之中。以此演出，统贯一切宇宙诸法，以成事物大矣哉。可以生则生，可以死则死，可以赏则赏，可以刑则刑，孔子之时中也，非净白其孰能如是乎！言死法落奴义，是执中无权，与知和而和者也。定此严矩，则今之所谓主义者，皆奴义也。若更严义利之辨，则又皆奴利矣，尚有余依何主之有？以利为本，何义之有？佛云有余依涅槃，不得合皇，非主也。儒云正其义，不谋其利，惟利是视，非义也，主义之实严矣哉！

相对论，今西欧之所谓极哲也，乃其大误。不知中无二对，岂以人有二首，车有二轴，两点之间有二直线，六合之内有二太空耶！其证愈多，所谓出愈远，而知愈少也。不知相对，必为同中异，虎啸可以对龙吟，而不可以对明月；明月可以对清风，而不可以对虎啸。既知同中异，则同为中，而义为和。取唯心论一元论第一元因，及希腊柏拉图真念唯一之二说，以正爱因斯坦之相对论，吾中和之义贯万哲矣。皇天以中建极，以和育万物，吾人受中以生以和应万事，万事合中和，即合皇天矣。谁能举事而无体用？中为体和为用，不落实名动，而赅一切名动，不能易也矣。夫仁以守中净由体也，智以应和净鬼壳也，失中如醉，行固必蹶，酒浸内也。失和如瞽，行亦必蹶，翳蒙外也。故凡作事而合中和，即所以净白。佛学是最大英雄之本质，非消极也。今之言主义者，动住世间法相，卑之又卑，不揣根源。纵或偶中，亦如衣裘、衣葛、凉药、热药之效耳，不可以为常也。夫深智者，必治元初之本因，本因惟一，今所用之法，必有对，是落于生灭无常之伪矣，必不可永执。《圆觉经》曰：变换世间种种作用（和也），备行菩萨清净法行，于陀罗尼不失总持（中也）及诸净慧（一意净白）。由是观之，佛教之最上乘，未尝稍废人事，一以中和为体用，而万法全矣。故吾之言圣治太平，纯注净白之专的。中亦净白，和亦净白，如此直贯万事，惟皇之所以待众生也。万法一宗，谁复能尚？故信为宇宙主义之王也。夫皇天以仁守中，而发智应和，如大磁石也。圣人顺天而置（见合天图）则契于皇，故圣人不以智探天，而以诚应天。以智照物，必本于慈，斯同皇矣。反此则起轮回，俗伧之所以堕落也。故俗伧私心窃道，快捷方式求仙，至于见横逆则恶之，失中也，失仁也。见私亲则姑息（当刑不行），失和也，失智也。不以七情乱中，而一本于仁慈，随缘以净众生之白者，至圣也，杜乱源也。阘（古乱字）之为义（见说文），上下不合，天人不契，一幺阁于中也。一幺即七精，是以中和主义，惟能绝乱源，其他主义皆一幺也。泰西近代定适合人类生存为至

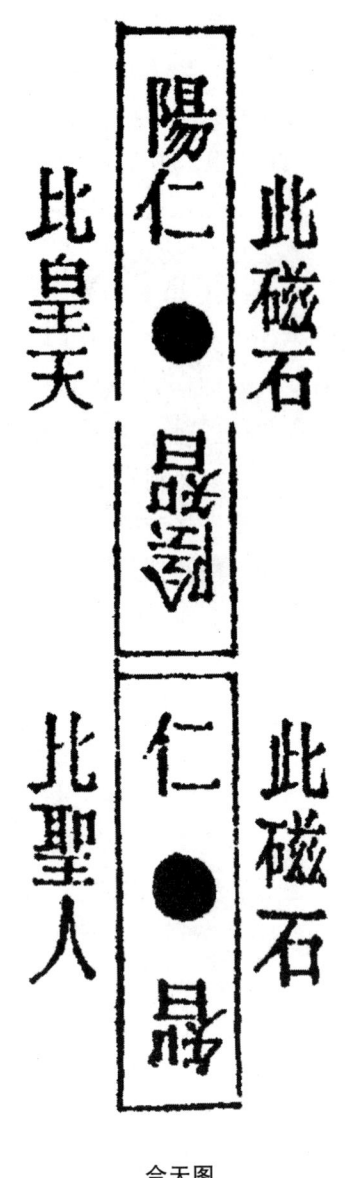

合天图

善，是以凡言主义，必本于民生。若深而稽之，民生之真理，戴土壳而旅于世间也。土壳有对待之二面观，一曰舟车观，二曰桎梏观。世间亦有二面观，亦[一]曰学校观，二曰监狱观。作舟车观、学校观者，起恋爱心，而民生主义出焉，是左法也。作桎梏观、监狱观者，起厌恶心，而厌世主义出焉，是右法也。皇天之待众生，纯在破其执，而速之进，是以执左法者杀之，执右法者滞之，不执则天不破。故老子曰："惟无以生为者，是贤于贵生也。"故圣人于生，不恋不厌，斯为中和。天休乃顺。由是言之，今之主义皆非也。以其住人生相，执左法起杀机也，猬之周防也，蚌之坚甲也。再为显言，以明之曰：今有为商者，以为商为主义，不知其为求财之奴义也。更以求财为主义，不知其为衣食之奴义也。进以衣食为主义，不知其为养身之奴义也。深以养身为主义，不知其为净白之奴义也。事必至白，然后真因著。中和育形以净白，贯天而彻人，故必为宇宙主义之王也定矣，况夫天之生物也。性与命适配中和，性右偏十度，命必左偏十度以配之。性左偏五度，命必右偏五度以配之。故太寒则生物之性太热，太阴则生物之性太阳，以配中和乃能适矫其敝。《大乘论》云：一切诸佛，皆愿渡脱。一切众生，自然熏习。常恒不舍，以同体智力故（白同皇也）。回主云：真主之命，应物而施救病之方（见性命中和图）。由是观之，非中和不能成一物，况天下之务乎。人受天命之中，应真如门也。有人有物，更必以中和为主义之王也必矣。《诗》云：永言配命，白求多福。中也者天下之大本也，和也者天下之达道也。致中和，天地位焉，万物育焉，白性也。
今先释中之义，不偏不倚，无过不及也。释和之义，万物并育而不相害也，普利也。推此义也，虽与白王合德可也。帝舜曰：惟精惟一，允执厥中。精一以和，故允执也。故予欲讲诚意、正心、修身、齐家、治国、平天下、成神圣净白合皇之道，而先标其题曰：中和主义。

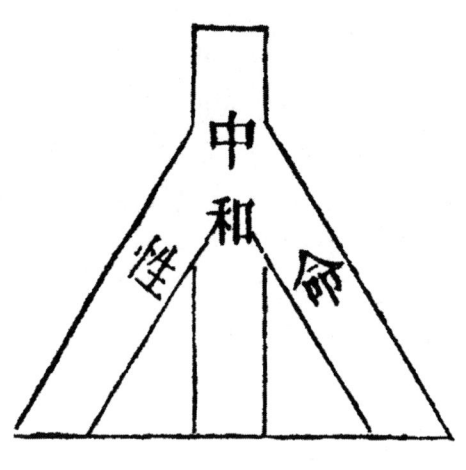

性命中和图

何谓诚意之中和？非中和则意不诚也。人受天地之中，以生所谓命也。天命之谓性，人性也。故人之形，中正直立，命根在天，与禽兽之邪立异，与虫鱼之横行异，与草木之倒植更异。人赋此性，以通灵合天，禽于宇宙真理，一蔽于法相，则小不诚矣。何谓蔽于法相则不诚？道德之真，在于无念。空空而白中和，感而遂通。天下之故，无有机心。所谓诚其意者，无自欺也。如恶恶臭，如好好色。此之谓自慊，故君子必慎其独也。独者吾心白知，不借外缘以制止。而不道之念自不发，不借外缘以诱起。而向道之念自发，白之真如。故曰诚也。何谓借外缘则不诚，借外缘则不中也？更进而解之，白有住相，则不中也。今设一圆轮于此而求其中，则惟有中轴，然中轴非中也。又于中轴之中求中，则得一正中之小点，然此小点又仍非真中也。苟以亿兆倍之显微镜窥之，则此小点又大于轮，而于其中又可求一点以为中。如此递以极大倍之显微镜，窥至无量数次，终至算数记忆所不能及，不到真空，终非中也。何也？惟真空惟小，无内也。此虽以形学借显真理，而真理确近，是故佛说三心，曰真心，曰空心，曰普济心。空心即真心，真心即诚意也，即净白也。如此乃能普济，盖小无内之真空，即大无外之真空也。大无外，故曰普济之极。若夫法相在心，终非真空。贪佛刹天堂之乐而发心，犹有好乐心也。畏六道三途之苦而发心，犹有恐怖心也。心有住相，即非诚。尚隔宇宙真理一间，虽有博爱普济之心，终非不住相布施之极。故吾谓有法相之蔽为不诚，不诚即不中也。如此言诚，乃为至诚。法相且无，岂复有欺人之心哉！不惭衾影，犹住相也。无界域，社会主义也。

何谓正心之中和？非中和，则心不正也，正者止一也。今人之形目不在中，故有两目。耳不在中，故有两耳。手足不在中，故有五指。毛发不在中，故有千万。必于身中求中，不前不后，不左不右，则惟有一至于于真灵正性不可以相求。故正心者，止于此一，止于此中而已。人心脑肾，引为一线，直通于天。一有物欲，即便横邪。入声入色，入香入味，入触入法，皆非真正。《传》曰："有所忿懥，则不得其正。有所恐惧，则不得其正。有所好乐，则不得其正。有所忧患，则不得其正。"言凡有所，皆不得其正，必至于无，乃得其正。是非真空，不住相不可也。故正心之至，安于真空。正心之次，合于天德。道从首辵，超尘乃正。故正心者，守中纯固净白而已矣。

何谓修身之中和？非中和则身不修也。修身者，履中而蹈和。寒暑不中，身必病也。燥湿不中，身必病也。阴阳不中，身必病也。明晦不中，身必病也。饮食必中和，乃无醉饱之疾。衣服必中和，乃无寒暖之疹。过动劳病，过静弱病。多思枉病，不思殆病。中和之身，心广体胖。萃面盖背，不中和之身。阴淫寒疾，明淫心疾。中和之身，周旋中规，折旋中矩。不中和之身，手足无所措，耳目无所加。进退揖让，无以自容。人赋此形，安能一刻而忘中和哉！故君子曰正身，小人曰邪僻。正者止一而中也，邪者偏侧而不中也。白性外著，身修行洁矣。

何谓齐家之中和？非中和，则家不齐也。盖一家不齐，因有偏僻人之其所亲爱而辟焉。偏于亲爱也，之其所畏敬而辟焉。偏于畏敬也，之其所傲惰而辟焉。偏于傲惰也，之其所哀矜而辟焉。偏于哀矜也，偏则不中，不中则家道乱矣。家人日接最亲且密，亲爱莫如子，人莫知其子之恶。畏敬莫如父，从父之令不为孝。哀矜莫如妾媵，致有小加大之逆。傲惰莫如臣仆，致有鞭寺人之凶。故《大学》言齐家，而专防偏，不及庶事。不偏则中和，齐家之事备矣。虽不言庶事，庶事未有不举者也，亦以白性施之于家而已矣。

何谓治国之中和？非中和，则国不治也。一国之情如一大家，上有片念之偏，下受五兵之苦。无论桀纣偏于暴，幽厉偏于淫，太康偏于惰，嬴政偏于贪，是以失人心而壤大业。即使鲁隐偏于仁，宋襄偏于义，汉惠帝偏于慈孝，明思宗偏于切急，亦足以酿巨祸而误烝民，况下民之偏左扶右倒？富之则赖，凶之则暴，示之以礼则奢，示之以俭则野，近之则不逊，远之则怨。故曰临兆民者，懔乎若朽索之御六马。言缓急之际，一调以和也。推中和之为德，治国者刻不可忘。君德官规，民情风俗，悉纳于大中斯和矣。故

《书》曰民协于中，美皋陶之治国也。又曰能和其众，美少康之治国也。中和之效，国之至实也，亦惟本白性以推之于国已耳。

何谓平天下之中和？平天下者，平众国也。平众国者，合而均之也，此尤非中和不可。若偏于文，四邻陵之。若偏于武，四邻嫉之。偏于富庶，百姓内淫。偏于瘠苦，百姓内争。偏于集权，政府肆虐。偏于分权，暴民鼎沸。偏于吾党，他党敌与。偏于不党，独木难成。偏于养白，空谈废事。偏于养形，逐末忘真。偏于趋新，浮薄轻淫。偏于守旧，故步自封。今有能大修文德，而辅以神武。既庶且富，而民知疾苦。权集于一，而分监于众。无党无偏，而有朋有类。白性空明，而物质足用。日新又新，而率由旧章。有不能平天下者乎！呜呼，造世伟人，其知此也耶，其不知此也耶。吾尝见一举即偏，百行无正，而不自知其非者。举天下皆是也，而况于中国乎！此固决无成功，徒杀生灵而已。故吾作中和主义之说，以与天下商榷之。人各自反，茫茫争逐，谁得中和一息哉！可悲矣，亦惟大推白性于世界已耳。

何谓成神圣净白合皇之中和？耶稣之言，死见天父，成神圣也。其全书所论，一意在天，人意在天。不入物欲，一直上通。中正不偏，是中和也。回教之言，直趋天方，是中和也。老子守中抱一，是中和也。孔子九五得中，与天地合其德，与鬼神合其吉凶。后天而顺天时，先天而天弗违，是中和也。佛曰中教，曰不二法门，是中和也。神圣仙佛，中和而已矣。履中蹈和，百年自然神佛，而况于平一地上之事乎！

夫中和能诚意、正心、修身、齐家、治国、平天下、成神圣，净白合皇，岂不至哉，岂不至哉。凡此七事，相为本末。本末为两端，弃本求末，弃末求本，皆为不中。七事并举，不成一片，不能圆融，皆为不和。达于此者，则主义千踏不蹶矣。故吾惟以净白中和，为成己成物之全。

二　中和简守（倡主义之二）

中无二异，同心相恕。

释：乃今再提中和简义。使人守约，曰己欲立而立人，己欲达而达人。能近取譬，斯至矣。博施济众，亦由于此分己与人为两端，而用其中，则人己之间和矣。分立与达为两端，而用其中，则形觉之理和矣。分能近与取譬为两端，而用其中，能近取诸身之微，以远譬宇宙真理，则性命之际和矣。

分博施济众为两端，而用其中，则政教之间和矣。不守此约义，而欲合中和之道为一贯，必使诚意、正心、修身、齐家、治国、平天下、成神圣，就净【白】合皇之七事者，并行而不相悖。欲诚意、正心，而守真空，则家政不顾，国事不理，而家不齐，国不治矣。欲齐家、治国，而图富强，则民族国域自固，而天下不平矣。欲平天下，而明世法，则保形设伪，而神圣不成，白不净矣，况中间环境不同，变化百出，人既入世，事理龃龉！此七事之欲圆融、并行而不相碍，惟先守此约义，则庶乎其不差矣。总而言之，净白无误。

何谓分己与人为两端，而用其中？己有眼耳鼻舌身意，人亦有眼耳鼻舌身意，不以己之眼耳鼻舌身意，害人之眼耳鼻舌身意；亦不以人之眼耳鼻舌身意，害己之眼耳鼻舌身意。斯中矣。己有亲戚朋友家国，人亦有亲戚朋友家国，不以己之亲戚朋友家国，害人之亲戚朋友家国；亦不以人之亲戚朋友家国，害己之亲戚朋友家国。斯中矣。是以强不凌弱，强弱中而和也。众不暴寡，众寡中而和也。智不诈愚，智愚中而和也。勇不苦怯，勇怯中而和也。此之谓大顺，大顺中和也。中则无对，故无比较量，强弱众寡智愚勇怯之迹泯矣。故中和者，大同社会之真精，皇德白性及人也。

何谓分立与达为两端，而用其中？立以形言，形须有立身之地也。达以觉言，觉须有达理之慧也。至近人不察形而上、形而下之分，遂混以立达为一事。然则孔子之言复矣。今之主义，偏于养形，则不言养觉，俄罗斯兴劳农主义，而废宗教。偏于养觉，则不言养形，佛教徒重讲经坐禅之习，而不耕织。试问世人谁兼顾此？况养觉实其假面，养形实其用心。此又偏之卑污者也。中和之义，养觉养形，二要并举。足食民信，一事不遗。然后民安其生，道器两修，则天下之隆，可立而待矣。形固白之奴，然形奴有益于白主而不害，亦宜养也。

何谓分能近与取譬为两端，而用其中？能近取譬，偶读之，似一语，似一事，而实二事也。能近者，能近取诸身也。取譬者，取以譬高远之道也。不近取则忘其本，不远譬则蔽于小。惟知一身阴阳之交感，而不知天地阴阳之交感。惟知一身血脉之循环，而不知宇宙吹万之循环。是能近而不取譬也。惟求世外无稽之妙术，而不知身中有感之净白。惟拜不见不闻之神佛，而不知己白自具之道德。是远取而不识能近也。二事不废，而得其中，则天人之际合矣。

何谓分博施与济众为两端，而用其中？既曰博施，又曰济众，当是二事。重以而能二字之语气，则更明矣。吾尝论之博施，以物布施也。济众，以法布施也。博施近政，济众近教。今有能水火菽粟，而陷民于多赖，以近于禽兽，是博施而不能济众也。去食而使民信，是济众而不能博施也。博施以物，以物有限，而世法、政治生焉。济众以法，以法无穷，而哲学、宗教生焉。二者不废，而后圣人普渡之能事毕矣。又能人己之间，圆融一片；立达之间，圆融一片；近取远譬，圆融一片；博施济众，圆融一片。是谓理无碍，事无碍。理事两端也，事理无碍，中也。事事无碍，和也。中和约义，更简言之，己欲立而立人，己欲达而达人，忠恕也。忠中心，中也。恕如心，和也。有一言而可以终身行之，其恕乎！约之至也，一净白中和至矣。

三　中和分合（倡义义之三）

衡中权和，天人兼顾。

释：中和本一贯，不可离析。吾今以解剖之法，更进说之。既真中和，本无言语，亦无庶事。老子曰："多言数穷，不如守中。"此之谓也。惟因秽土众生，杂尘乱白，不能平等，不能合群，不能大同，不能互助，而后中和之说兴焉。本《易》象而言阳明之德，居九五九二内外卦之中，乃为正位，是中也。然内外必有阴卦相应，二外应五，五内应二，是和也。中而不和，则两端析而为二。和而不中，则阴阳颠倒为否。更进而比之，中如衡然，轻重无所偏侧也。和如权然，因物之轻重，而调之以平也。若其无物，衡自守中，今天枰两空之象也。若其有物，权有增减，或有进退，今称锤进退，枰码增减之象也。呜呼，有物难平，入尘易覆，今古诸主义之所由误也。孟子曰："执中无权，犹执一也。所恶执一者，为其贼道也，举一而废百也。"此言徒守中之不可也。有子曰："礼之用，和为贵。先王之道，斯为美。小大由之，有所不行。知和而和，不以礼节之，亦不可行也。"此言徒蹈和之不可也。故中之失，至于固，如胶衡于柱，则不能用也。和之失，至于流，如移权顺滑，则堕于地矣。故曰中衡也，和权也。又曰中体也，和用也。执盖者常守其中，则日晒其侧，中之失也。吸毒者常就其安，则癖入于髓，和之失也。故履中极难，蹈和亦难。孔子曰："天下国家可均也，爵禄可辞也，白刃可蹈也，中庸不可能也。"中庸即中和也。中能守正，而不胶于正乃和。和能应物，而不滑于物乃中。吾守此中，如吾身然。天地气运，如赤日然。世法尘物，如风雨然。调之以和，如执盖然。因而遮之，不晒不濡，则中和之体用备矣。白净自能。

四　辟众主义（倡主义之四）

今古主义，皆由偏误。

释：呜呼，世之主义，其危哉，其危哉，其不知中和之道哉。彼皆因反响而生也，故偏激，偏失中，激失和。吾尝以指南针及秤锤比之，其象极明矣。夫指南针必正指极北，惟此一线而后中。今见其偏指正东，震荡不已，遂逆其方向而移之，使之偏指正西，以为适足矫其弊，而不知其震荡如故也。他人见其不可也，又反而使指正东，三反四复，而针几折矣，终亦无定也。夫秤锤必适当其位而后平。今见其偏进尺寸，物重而下堕，遂逆其方向而移之，使之过位，而偏退尺寸，以为适足矫其弊，而不知锤又重而下堕矣。他人见其不可也，又反而偏进尺寸，三反四复，而秤几折矣，终亦无平矣。呜呼，不得中和，南针与秤，且不能堪，吾民何罪，常趋之以供一通百塞偏激自逞之哲学家作试验品？惟多杀无辜而已矣，不亦哀乎！失白性也。况今世之哲人，不以正心诚意，自净其白为根本。其心意常不得中和，故恒动偏激之想，如有人焉，日在冰雪之中，筋骨砭裂，苦于割剖，其心意极端恶冰雪而诋寒苦，将且使披裘入火，以求一焚为快也。今有人焉，日在夏日之下，肤肉焦燥，苦于焚炙，其心意极端恶夏日而诋暑苦，又且思赤身入冰，以求一冻为快也。火可入乎！冰可入乎！白性激而为情矣。饿极之人，常思食九斗而后快。饱极之人，常思枯肠胃而后安。渴极之人，常思吸江河而吞海。溺极之人，常思绝地水而饮风。人情然也，不自知其过云。故有以姜桂为常饮，有以大黄为茶汤，病之偏也。此偏之为害，而主义之所以错谬也。故古之圣人，必养至净白，洽于中和，澄之不清，淆之不浊，杀之不怨，利之不庸，入水不溺，入火不热，太山崩而色不变，麋鹿兴而目不瞬，然后可以宣扬政教，垂训洪范，为天地立心，斯民立命，岂若今日伥伥昏昏者哉！无学无养，师心自用，偏激日增，其主义之误民可知矣。曷亦反夫中和而自责乎！曷亦反夫净白而自涤乎！

夫主义之本，要在安民和众。若有曰害民厉众，此至悖之极，虎狼蛇蝎主义，不可与言矣。其次曰安少数害多数，此酋长专横主义，吾又不与言矣。其三曰安多数害少数，此过激一偏主义，量非大公，吾亦不与言矣。若害净白之人，尤恶之大也。其四曰万物并育，此佛氏净土之福德，秽土不能即效也。其五曰安天下之人，此主义近是矣，然徒养其形，不养其白，偏于卑下，而不中和，吾亦不赞。故正当主义，大公大顺，安天下之民，不使一人不获；安天下之民之形与白，不使天人背驰。此主义之全者也，故吾主净白乐久而又遍，三尽以为极，不使地上一物不获。今之主义，名目繁多，兹不尽指而责之，以激其反对。乃以简义括言之，使之一调于中和。有主集权之极者，有主分权之极者，是两端也，不中和。有主武力之极者，有主文治之极者，是两端也，不中和。有主约束之极者，有主放任之极者，是两端也，不中和。有主宗教致治者，有主法制临民者，是两端也，不中和。有主贫富极差者，有主贫富极均者，是两端也，不中和。有主此教独尊者，有主彼教万全者，是两端也，不中和。有主劳逸极平者，有主劳逸极差者，是两端也，不中和。有主守旧而固者，有主维新而轻者，是两端也，不中和。有主阶级全无者，有主阶级太差者，是两端也，不中和。有主破家破国者，有主私家私国者，是两端也，不中和。有主灵魂万能者，有主物质惟真者，是两端也，不中和。有主公妻主义者，有主多妻主义者，是两端也，不中和。有主男子专制者，有主尊女卑男者，是两端也，不中和。有主多生广生者，有主不生不灭者，是两端也，不中和。有主立致大顺者，有主迂缓徐图者，是两端也，不中和。不中和，则必乱。故吾以中和之心，发哀恸之语，必欲究一履中蹈和之道，以达安天下之民，不使一人不获；安天下之人之形与觉，不使天人背驰之旨，弘白性以覆天下也。

五　集权分权（倡主义之五）

集权分权，纲举网布。

释：人群相合，各有其权，权者所以调物之均也。权之枢机，必有以司之，于是有分权、集权之别。比之于物，集权之极，其犹蜂蚁乎。分权之极，其犹凫雁乎。蜂生一王，蚁生庶长，形体之大，远出其类，而气亦足以摄之，故蜂蚁以死听命，而绝无犯上内乱之事。此集权可以安群伦之例也。雁不立君，凫不设官，性情之厚，自在亲睦，而食力不与他争，故凫雁举类平等，而决无争夺厚薄之事。此分权可以安群伦之例也。

今之言集权者，能如蜂蚁乎。言分权者，能如凫雁乎。能如彼以精神相合，而无勉强乎。能如彼以性情自全，不杂物欲乎。彼皆因白中之染然也。

天既不生人如蜂蚁，王与官迥异齐民。又不生人如凫雁，心与形决无斗机。其界于分权、集权之间也明矣。蜂蚁凫雁为虫为禽，得气之偏，虽善治群，各居偏极，究非中也，故天地必生异物以杀之。进而论之，集权之极，以净白之至圣大仁为长上，未尝不可治。而至圣大仁不多生，不如蜂蚁之王，穴穴必有一有私欲未尽之人，以擅作威作福之柄；道德未纯之士，而为股肱辅翼之臣。垢白弄邪，祸机之伏，不可胜言。及其著也，鱼肉万姓，毒满四海。故集权之极曰专制。专制之不能行于地上，三千年来，其例多矣，此何待举？分权之极，以净白之懿贤高士为人民，未尝不可治。而懿贤高士不多生，不如凫雁之性，只只必同。一有狡诈奸恶之夫，假借民权、自由之说，淫暴贪残之辈，倡言灭伦破序之风，祸机又伏，终致大乱，亦垢白之祸也。民智如盲，礼防如纸，坏则难修。故分权之极曰自由。自由即白由，垢白不可不因。自由害人，毒于虎豹。鱼于海各自由也，其杀何如？兽于山各自由也，其杀何如？此明例也。必欲调分权、集权为中和，莫如假之以自治。自治者，白治也。一身自治，而家人合组以监之。一家自治，而乡众合组以监之。一乡自治，而邑众合组以监之。一邑自治，而道众合组以监之。一道自治，而国众合组以监之。一国自治，而他邦合组以监之。各邦自治，而全球合组以监之。自治必以法，监之必以法。自治必极贤，监之必极公。使无一人无自全之权，亦无一人有侵人之权。然自治易流于分崩离析，有以监之，则又易流于借法窃权。何以救之？道德之效居八九，法制之效居一二，无可终恃，惟恃净白而已矣。

今略补附法于此。曰家以上皆有长，乡有长，邑有长，道有长，国有长，全球有长，长分庶事。皆有属官，定年一易。为家长满期无罪，而通宗教、哲学、政治、法律者，道考其绩，或时加以乡人为之保，比各家之资深者，陟为闾长。同此法，以至乡长。乡长满期无罪，道考其绩，或时加以邑人为之保，比众乡之资深者，陟为邑长。邑至道亦同。道长满期无罪，国考其绩，或时加以国人为之保，比道之资深者，陟为国长。国长满期，国与全球政府考其绩，或时加以天下人为之保，比众国之资深者，公大无轸之净白，陟为全球长。例亦如之。其属官之陟，大略准此。专求净白，资同以卜。六十以上，不为家长。七十以上，不为全球长。白净寿增亦增之。如此，则代议选举之迹泯，而大公之本立矣。民无觊心，亦无躁进。是法斟酌损益，详以细目，可以行矣。此分权、集权之中和也。惟须勿恃法律，当恃道德。净白矣，则黜陟必宜，而公理彰焉。

六　文治武力（倡主义之六）

文治武功，两修①并务。

释：主文治之极者，方今天下竞说弭兵。其理至正，白之仁也，吾不忍谓为非，而极欲赞其成中国非兵之说。墨子极倡之。老子"佳兵不祥"之说。佛耶两教，亦同此意。此当与天下之人，大声疾呼，而盼其速为事实也。惟因印度仁柔，暴英奴我圣人之裔胄；鲁修礼让，齐楚虔刘文明之畿疆，仁弱暴强；反以晦天道劝惩之理，而启鹰瞵虎视之心。方今海内，净白之理晦，尚未大同。苟非净白之人，谁肯先释兵而讲让，甚至弱国之理？听者藐藐，强者一语，奉若丹书。公理之真，每不能敌武力之势，故吾赞其大仁，又暂不主其偏极，以白性之智勇行仁也。《传》曰："天生五材，民并用之。"废一不可，谁能去兵？兵之设久矣，所以威不轨，而惩无礼也。此语虽一时审势之言，今之时，尚昔之时也。故吾曰主文治之极，而废武力，时尚未可也，白未净也。至于主武力之极者，则更荒谬绝伦矣。夫武主杀，杀极背天地好生之德，大害白仁，毒莫大焉。小盗执一兵以劫途人，国法之所不宥也。大盗拥多兵而劫天下，天道容乎哉！且无论世之佳兵者，徒以争一人一家一党一国之私利，而不通天人净白之理，即如回祖穆罕默德，内通净白之学，外烛宇宙之玄，用兵太过，其国立覆。成如秦嬴政，锐如拿破仑，或民不堪命，揭竿斩木而覆之；或天夺其魄，四国群起而虏之。垢白弄兵，覆辙在前，可不戒哉！下此武力能如是乎！德威廉第二尤殷鉴也。大约下愚之人，凭势即大。一败则自视不如草芥，弱于鼷鼠。一胜则自视大于天地，强于龙虎。可哀也，可笑也，亦可贱也。白垢之伧，不知百岁之将死，不知强横之难恃，不知白王之必覆也。吾尝谓杀人者，必非安天下者也。故项羽四征无敌，徒杀身以助安民之刘邦。周主英武称雄，又绝祚以启厌杀之宋祖。曹操代司马作前茅，李闯为满清之功狗，此不过彼善于此以盗攘盗，非净白之人也。而报应之速尚如此，况净白之胜垢白如水胜火哉！吾尝谓天地杀机，实以恶毒惩垢白众秽。生虫则生蛛以杀之，生鱼则生獭以杀之，生禽则生鹰鹯以杀之，生兽则生虎豹以杀之，刑垢白也。人徒见蛛獭鹰鹯虎豹之便，而优胜劣败之邪说起，以为天演公理，而不知天演之理，常在助净白

---

①　《纲言》中"修"作"相"。

刑垢白也。今之右武尚杀者，为公乎，为私乎。以为公言，恶毒之虫鱼禽兽决不能合群，恶毒之人亦决不能合群也。以为私言，悖戾之祸常在恶毒之中，故猿食父，枭食母，蛛食夫，鱼食子。五公子迫父，秦胡亥弑兄，垢白必刑。英雄一生，不能全骨肉，又何益乎！更进而论邃理，近天少杀，离阴邪也；近地多杀，远文明也。故草木近地，丛生相挤，棘荆相刺。虫鱼近地，杀机多于禽兽。禽兽稍远地，杀机多于人。人直立通天，不应再有杀机也。故《阴符》曰："人发杀机，天地反复。天人合发，万类定基。"言人犹有杀，是自绝于天，而反倒植于地也。如与天合仁，白净性著，则万物并育，而不相害矣。《易》曰："龙战于野。"野近地也，故战。呜呼！人也何必自绝于天，而没其白于九洲，以尽尝诸苦也。不通圣学，乃至此哉。佛言野干贱兽，心念十善，七日不食，升兜率天。十善首不杀。呜呼！人也曾野干贱兽之不如哉，而必欲自绝于天也。为白垢故耳。乃今之人自欺其白，欲以武力统一而安国家、天下，彼岂能哉，彼岂能哉。尧舜之德，命禹以伐有苗，犹且舞干戚而不进，今人目［自］问能如尧舜百之一乎！《周易》谓武人为大君，如眇不能视，跛不能履，不通性命之学，不察天人之际。纵使万姓俯首而听其治，承其教，彼将何以为庸乎？兵有百害而无一利，此举世之人所当痛绝者也，岂有净白之人，横牙怒爪者乎。

然则，武力、文治皆不可偏。中和主义何以调之？兹设附法于后，曰纯修净白之文教，而辅以行道之圣武，时过则即去兵。其大要，一曰诚而仁，二曰求圣贤，三曰讲净白之道，四曰亲仁。《易》曰："师，贞，丈人，吉。"言得圣贤以主兵，则吉也。孔子曰："我战则克。"盖得其道也。大禹舞干羽敷文德，亦即此意。故桓子曰："以贤人为兵，以圣人为辅，则中国无犬吠之警，而边境无鹿骇狼顾之忧矣。"全恃净白之人耳。夫兵即刃也，利刃在凶残之手，则害群；在孺子之手，则自伤；在慈仁圣哲之手，则天下康。今之有兵者，先自勉于圣贤，又傍求净白之人，与之共事，则成己成物之实成矣。不然，则自败而害人。天下之事，终必待净白之圣贤而后定，此不可以假饰。惟先觉者，以白性中之至诚极仁孚众，而力求圣贤，以济一时。讲明道德，以启后进，使正人君子辈出无穷。然后求亲仁邻，以道合，不以利比；以理论，不以兵争。净白图显，谁白不孚？至于大同，然后去兵。此其逐次顺举，非大公至仁，极明尽公，白净近皇者，不能见诸实行也。姑先存其说，以立正轨。未有不净白之人，而能泽天下者。再进而履其实，则莫如公兵。公兵之说，予于王道法言，已详论之。要必全国之公兵，全国养之，非谋全国之公益不能用。全地球之兵，全地球养之，非全地球之公益不能用。其法逐时繁简，予将为专说以明之，兹不详论。本吾说而行之，庶几文武，一调于中和，以济分崩扰攘之世。然大同以后，大道已明，白既净矣，谁忍自污？兵凶之器，决不可用也。是在以教化文治，起而代之，后续论。

七　约束放任（倡主义之七）

约束放任，适得其当。

释：约束放任，各居一端。不约束，即放任也，故言约束，而放任自明矣。夫约束有二，一曰白净之仁者、明者，约束白垢之暴者、昏者，此就时救敝之正法也。二曰白垢之强者、富者，约束白净之弱者、贫者，此暴乱邪罔之大逆也。约束之极，是视民如畜牛乘马也。放任之极，是视民如山禽野兽也。畜牛乘马死于主人，山野禽兽死于其类。天刑垢白，皆有害民之敝焉。惟天下之仁者、明者不多，而天下之暴者、昏者常有，故三代以下，惟见以强者、富者约束弱者、贫者而已矣，不别于白之垢净矣。《易》之象，以干为健，而坤为顺，干近白，坤即尘也，亦以仁明约束昏暴也。故阳明居中而作主，阴柔居外而听命，则为泰，白之垢净得宜也。阴柔居中而作主，阳明居外而听命，则为否，白之垢净颠倒也。孟子曰："天下有道，小德役大德，小贤役大贤。"是亦白之垢净得宜。天下无道，小役大，弱役强，是亦白之垢净颠倒否泰之意也。然其结论，仍无以救之，而惟委之于天命，曰兹二者天也。顺天者存，逆天者亡，依白王也。深哉！此理难言也。民德合天，天自为之作君作师。民伐其德，而狂躁之人妄谈自由，是犹牛马而求脱主人之羁绊，入山林为虎豹食也。推本至理，众生平等，人权平等，谁当约束谁者？惟因白非同净，长幼不齐，智愚不齐，邪正不齐，贞淫不齐，仁暴不齐，贪廉不齐，贤否不齐，遂不得不以长者约束幼者，以智者约束愚者，以正者约束邪者，以贞者约束淫者，以仁者约束暴者，以廉者约束贪者，俾有以自福，而无害于公安。然而，白又无形，为之分别则难矣。民德倒植，天亦倒植其序。于是，恶白上，善白反下。古中国五伦之序尚矣，犹间有桀纣之君束约汤文之臣，瞽鲧之父束约舜禹之子，曹丕之兄约束曹植之弟，衙庄之夫约束庄姜之妻，垢净之白逆矣。于是，近今之说大肆，直欲取上下父子兄弟夫妇而一平其权，此又悖矣。呜呼！千载以来，国家风俗制度，以至阃阃之间，冤抑固多，而恃伦纪以维持福德者为尤多，安可因噎而废食也！近世之法制，咸趋以公益约束私意，将趋于善矣。而婚姻自由之说，一时多谬。盖谓男女终身之大事，不受他人约束也。推本而论，男女缔好，全权握于父母，固有怨偶之失。然轻浮士女，情欲为媒，德识未固，白未大净，其失尤甚，乌可纵也，乌可纵也。放任自由，理之正也，人皆圣神，何用约束？放任自由，事之宜也，人皆禽兽，何能约束？亦惟在白之垢净耳。然而，孺子食鸩，父母责之，爱孺子也，为其不知鸩之毒也。准此，则智仁约束愚凶，又为公例。今人之不智，终日营营，皆孺子饮鸩自害之事。圣人爱人过于其子，能不约束乎！虽然，民德民智之太不齐，不能以法律论也，言世法者平而已矣。今立一断语曰：有害于人之事，则约束而止之。无害于人之事，则放任而听之。白性之中和也，此大纲也。若少年不学，有害于群，则有强迫之教。军旅不敬，有害于国，则有师贞之律。官有官规，民有民法。约束放任，盖统属于法律。法律者，以心换心，以事为据，以理衷之，而纳民于忠恕者也。即净白之所生，垢白之禽兽不能也。法律者开放任之门，定约束之限者也。今吾调之以中和曰：详立宪法，严定制度，恒以互助不害为鹄。上以法即位，以法御下。非法，则国人监之。元首不得令平民，则上下之伦，中而和矣。父以法教子，子以诚事父。非法，则乡党监于迩。官司临于上，则父子之伦中而和矣。兄以法率弟，弟以法从兄。非法，则乡党临于迩。官司临于上，则兄弟之伦中而和矣。夫以法倡妻，妻以法随夫。非法，则乡党亲戚监于迩。官司临于上，则夫妻之伦中而和矣。为之简说，使民熟诵而周知。化其风俗，使民濡染而自醇。毋使一人稍有冤抑，毋使一人败度败礼，斯至矣。至于婚姻，成人而后缔，缔则家长主之，乡里之长，及亲戚族友为之评询，于男女皆悦。取决于净白，而后成之。又视其业与学相若者，则误信自由之陷阱无矣。以上诸端，为事至繁，为理至密，将更次论定，兹不过举其要而已矣。至于最大之根本，纯恃于道德。若以法防，而废道德，悖乱颠倒，犹有出人意外者也。此天序也，惟净白克蒇其成。

八　宗教法政（倡主义之八）

主教奴政，本固末畅。

释：宗教致治之理，佛氏极主之，故《圆觉经》曰："六根清净，故六尘清净。六尘清净，故一身清净。一身清净，故多身清净。多身清净，故世界清净。一世界清净，故多世界清净。"凭净白也。此不但治一世界而已，宗教之大效，性理之灵光，固能如此，此极端也。故释伽舍国，而不图政治。高已极矣，明已极矣，大已极矣，仁已极矣。今欲初基圣治太平之业，必建宗教于胚胎之时，故吾不列入创始之条，而列于倡主义之先，此穷达所同能。

创始之时，先劭此以治元初之因，天人欢喜，事易成矣。惟因一切众生，困于有形天地之内，气禀所拘，人欲所蔽，多染秽心，发为污事，净白之祟也。宗教大圣如耶稣者，死于暴政之下。道人守柔如夷齐者，每为权者所欺，贪暴非官不治，群伦非法不和，大憝非刑不悛，而政治之说起矣。政之始，本以辅教也，后世逐末忘本，得鱼忘筌，愚骎益蔀，遂以为纯用政治，即可以致太平成大顺，悖矣。落第二义，不顾中，失净白之本矣。推本而论，宗教者，治人之白者也，全觉而合于皇也。法政者，治人之行者也，全角而安于地也。地惟一尘，皇大无外。形本秽积，白为净真，谁贵谁贱，谁大谁小，不可以比拟也。专主宗教之极，当然正理，故老子曰："法令滋张，盗贼多有。"此痛诋恃法为政之徒，以启机心而凿乱源也。方今之人，不以净白诚正为本，先自调于中和。惟拾人牙慧，深文讲法。殊不知巧者设法，巧者破之。法愈备，则破之之计亦愈备。殆极矣，白垢不可为矣。孔子曰："道之以政，齐之以刑，民免而无耻。"惩恃法以治也。"道之以德，齐之以礼，有耻且格。"劝以教临民也。故吾尝作《维教论》，以明政教之轻重本末。曰：古者有教而无政，小伪兴政辅教，道又衰，政教并。大伪兴教辅政，人沦于禽，政奴教，失教繁政，而乱滋极矣。

自《虞书》以前，不可考也。然《系词》谓黄帝尧舜垂衣裳，而天下治。《尚书》所载，尧未命四岳①平水土，先以峻德帅黎民，黎民于变时雍，舜嗣尧命禹、命稷，仅使民陆居粒食，未有布政，即置司徒。《大学》言新民，不言治民。以斯征之，是古者有教而无政也。自《虞》以降，富庶侈欲，治备民偷，舜则忧之，使皋陶弼教。禹誓师，诞敷文德，舞干羽，以教有苗，乃有二十二人时亮天功。夏之初兴，政义而黎民敏德，成汤缵禹旧服，表正万邦。表者，示范以教也。周王命民，典听朕教。典者，立法以教也。故《礼》曰："修六礼以节民性，明七教以兴民德。齐八政以防淫，一

---

① 四岳，指东岳泰山、西岳华山、南岳衡山、北岳恒山。传说中我国尧舜时代的四方部落首领。

道德以同俗。"此三代之隆政辅教也。权舆不承，风不醇，乃命乐正崇四术，立四教。教以敬长，民贵用命。《周礼》以教典安邦国，教官府扰万民，为十二教，俾民不苟不争，不怨不乖，不越不偷，不虣不怠，知足而敬职，慎德而兴功，以是为体国经野之佐。孔子亦以富而后教，非轻教而重政。皆因时振育，聊以教辅政也。

自时厥后，无复教矣。君极其欲，臣顺其求，乃以圣人为桎梏，囿天下之学；以圣人为钩饵，钩天下之心。儒生迂陋吷声，谓朝仪为周鲁明堂，春秋为天经地义，已非劳来匡直、辅翼振德之意。媚君抑民，滑真袭谞。又从以淫威，贲以菲薄。道非道，教非教。圣人至此，残贼之奴矣。众庶浸假，以沦胥于禽兽。于是，文末为儒，刑名作治。功利竞尚，法令滋张。荒悖肆逞，腥闻于天。然而，汉末诸贤，砥廉砺隅，几及颜曾。移风易俗，宜复中古，乃小竖不便。尽于党锢，东晋清流。微效曾点，教用大蹶。陵迟至于隋末，无谓教矣。王通摹拟圣人，入其堂奥，卒以无位不作。惟弟子余绪，郅治著于贞观。宋久民安，教又阐晢。程朱庄正，周邵鸿洞。明以康斋阳明，各聚徒众，其教未普，但简册存耳。然皆大人失位，潜伏犹昭。困而心亨，丝续先烈。国无专司之制，人无予觉之任。弗以尽其道，而施于民。弗以究其实，而立为宪。帝王将相，窃人爵者，其视教也，如以酰鸡测天地，睹经若瞽，闻道若聋，憦憦然以为不稽之说，无益于世，大乱滋极，不亦宜乎。夫圣人明如日月，贵人明如昼萤。圣人大如天地，贵人大如秋毫。教之光如日月，政之光如昼萤。教之大如天地，政之大如秋毫。徒政弭乱，徒厉冯海，安可得哉！

夫政以民苦，教以民乐。政约民身，教约民心。教不待政而兴，政不待教不兴。政不可以加于教，教可以加于政。政不能废教，教能废政。政系一世，教系千古。政极隆使民安宁，教极隆使民神圣。此上达之士，所以宁为圣门傒童，而不为霸王天子也。

生民之性，惟乐是趋，心契于道，其乐乃至。故《诗》曰："好乐无荒，良士瞿瞿。"《传》曰："有德则乐，乐则能久。"孔子教颜回，颜回得之，而乐于陋巷。周子嘲风弄月，远承洙泗，以教二程，二程得之，而乐于濂洛。康节穷居，乃名其居曰"安乐"，获古人泮奂优游之意，所谓伊人，于焉逍遥兹道。丕冒作乐，崇德庶几。群生熙暤，鸟兽咸若。衡门涧谷，尽作春台。由此观之，教以民乐。自政之设也，列爵以乱序，厚禄以召贪，分土以离群，深文以启诈。贡赋聚敛，则硕鼠兴歌。征徭靡盬，则殿屎莫惠。六师弭乱，乱在六师。司寇纠奸，奸由司寇。以御暴，即以为暴。以用民，即以殃民。使天下之民，欲与政偕亡，而不可得。由此观之，政以民苦。

夫民知道而后信，信而后服，服而后使。孟子谓："以德服人，中心诚服"。如七十子之服孔子，孔子岂以政正七十子哉！《周礼》曰："儒以道得民。"以道者，修道也。教也，与民偕乐。朋自远来，如水就下，如兽走圹。示以观，则不荐而颙若。咸其辅，则一言而世法。所未禁于未发，善教得心。德明惟怀，有耻且格。由此观之，教约民心。徒政则不然，不和于俗，不谋于众，独知见毁而不顾，防川欲溃而不恤。即有善者，亦不过孔子所谓"道之以政，齐之以刑"；孟子所谓"善政得财"，若尤加厉。则商君狙强，嬴政骄固，密文网，峻刑书，德威惟畏，使民盻盻，驱纳罟获，枉识所以。由此观之，政约民身。

昔包牺教阴阳于太古之上，舜成聚于洚水之中。孔以布衣，孟无官守，若老墨荀杨之俦，逮于明宋诸儒，不可胜数。无或恃一命之荣，尺土之封，赡饩之资，召民之柄，皆能风靡四国，施及千古。远则有望，近则不厌，凡有血气，莫不尊亲。所谓豪杰之士，不待文王，独立无惧，遁否益通。由是观之，教不待政而兴。尧欲命官，必先使百姓昭明。舜欲命官，必先使敬敷五教。尧舜且然，况其他乎。故汤武用师，犹假神道以教，曰"天命殛之"，曰"恭行天罚"。学而后入，德惟善政。不教无学，不学无德。皮之不存，毛将安附。暴秦不知，悍然焚书。后世懔其亡之速。自汉以下，虽骄君庸主，莫不极礼尽恭，崇隆先圣，乞其微光，以延永祚。化外如元金，阴狠如朱棣，尚一假之。由是观之，政必待教而兴。

黄帝见广成而膝行，尧舜见许由而辟位。春官释奠，天子下拜。师教之恩，比于父生。所以贵德尊道，俾民敬学。世风虽降，天爵弗替。高帝折节于四皓，子陵加足于光武。彼得圣人之清，犹能服至尊之骄蹇。千古死儒，百王伏拜，岂不多哉。由是观之，教可以加于政。一漆园匹夫，卿相不能溷。一小邹食客，齐君不能下。生王头贱，死士陇尊。辅世长民，大贤不召。坑儒者立亡，非圣者无法。故魏文侯不敢慢千木之门，叔孙通不敢夺两生之志。汉兵不敢入弦歌之邑，桓帝不敢罪采药之翁。抱一幽贞，莫能相尚。况仲尼日月，自绝何伤？由是观之，政不可以加于教。

人性惟道，教则顺之以永存。虽有不正之政，凭权戕善。经桀之灭德作威，而阿衡继禹。经纣之反道败德，而姬旦承汤。经春秋之乱，而孔子继尧舜。经暴秦之火，而汉人传六经。宋刻党人之碑，而潜虚不晦。明夷孝孺之族，而正学巍然。水就下不可以刃剺，教顺道不可以力移。一国虽欲灭之以自亡，天下必有继者也。一代虽欲灭之以自亡，后世必有继者也。由此观之，政不可以灭教。今上智之士，渐思无政。无政之义，破斗抓衡，将以力致之，即孔子所谓"我战则克"，孟子所谓"制梃挞秦楚"之义也。然克之挞之而已矣。恃教兼力，不可以灭政也。一政灭，二政起，百政灭，百政继，迭主推刃而已矣，非所以探其本也。政生于教衰，教盛则政灭。今若以教周于天下，天下之人，皆颜闵庄老矣，宁有为卿相者乎！天下之人，皆巢父许由矣，宁有为元首者乎！无卿相，无元首，政安所存？天下之人，皆夷齐矣，宁有越礼者乎！天下之人，皆惠连矣，宁有犯义者乎！无越礼，无犯义，法将谁治？无政无法，无位无文。太和煦妪，天地咸宁。鸟兽之卵，皆可俛窥。民至老死，不相往来。由是观之，教可以灭政。

夫人存政举，人亡政灭。教不兴，人不存。息日多，举日少。故商周善政，不百年。汉唐善政，不经世。三代以下，逐末失本。善始凶终，苟偷旦夕。苻坚之辈，不及身。刘备之流，不及子。哲人伟略，倐见倐逝。往罅来补，往漏来苴。抢攘相乘，奄奄欲绝。徒政之比，饿夫拾粟，求不为道殣难矣，非所论于升斗也。教所以格心，格君子，则虐不作于上。格小人，则乱不起于下。上下各安，休祥踵接。且遗佚之所授受，简册之所燹延。有见而知之，即有闻而知之。有奋夫百世之上，即有奋夫百世之下。是以邹鲁亡而孔孟不亡，即秦汉亡而孔孟亦不亡也。唐宋亡而孔孟不亡，即明清亡而孔孟亦不亡也。由此观之，政济一时，道贯千古。

兵刑钱谷，政所重也。三宝五材，百司四时。即使借人道之教，臻极于刑措。道不拾遗，材不胜用。酣歌逸豫，世无菜色。水火菽粟，王道平平。此不过形体之福耳，教之大者非是也。孔子曰："足食，足兵，民信之矣。"又曰："自古皆有死，民无信不立。"是信有重于形也。又曰："诚不以富，亦只以异。"是异有重于富也。五福以好德为要，万姓以能仁为寿，岂徒福兹形体哉。老子曰："若吾无身，吾复何患？"《易》曰："涣其躬，无悔。"若是则得道而形可捐也，安用勤政以福之？庄子曰："入火不热，入水不溺，寒暑弗害，禽兽弗贼，莫知夭阏，安所困苦。"则是得道而物不害矣。《传》曰："心之精爽，是谓魂魄。至于神明。"庄子曰："精神生于道。"《易》曰："精气为物，游魂为变。显道神德，可与右神。"《易》曰："气盛而化神。"又曰："久则天，天则神。"《乐记》曰："致象物及天神。"达中哲而究之，非惟至诚如神已耳。人固可神也，人既可神，何以政为？由此观之，政极隆使民安宁，教极隆使民圣神。

今之急功于政者，是不欲民之乐而利其苦也；是不欲得民心而系其身也；是不欲政兴而视其蹬也；是强欲以政，加于必不可加之上也；是必求自灭，而待治于人也；是图偷须臾之安，而朝夕不相及也；是徒见其躯壳，而不知有神也。陋已极！虽然，犹有进，彼爱其生者，非欲死者也；保其得者，非务失者也。急于政者，非速亡者也，轻教而政行，轻之可也，而不行；轻教而不亡，轻之可也，而必亡。盖政之所以善者，上下辅，若弗教也。元首无以贤，前放桀而后举纣，百放百举，而百桀纣。以神器为传舍，国不堪矣，弗教也。百官无以贤，黜梼杌，而陟饕餮，视奉职为垄断，民不堪矣。下非不欲得尧舜禹汤，上非不欲得禹皋伊吕，宇内之所无，莫可如何矣。乃以小智齐末，巨诈伐异，萃众以议政，则诐淫盈廷，非特道谋已耳。强枝以监干，则萑苻充国，非特尾大已耳。于是，国本轻，则措治不如奕棋；国本重，则群小凭为城社。人心斵丧，政何以正？夫政从支正，非支邪也。教则支而正，不教则支而邪。支邪为政，罔迪圣心。

今其言曰：庶采蛊矣，四境险矣。政犹不暇，教何能及？是所谓不学无术，非明经之言也。在《易》之蛊，万几瘝弊，不曰备兵，不曰积财，不曰食，不曰刑，不曰庶政，而惟曰振民育德。在《易》之坎，内外重险，不曰备兵，不曰积财，不曰食，不曰刑，不曰庶政，而惟曰常德习教。古圣人固重教于危急存亡之秋，不缓教于雍容承平之后。为其蛊也，故不能不以教干之。为其险也，故不能不以教济之。不教则蛊者益蛊，险者益险，匪欲速亡，胡策之卑。是以圣人临民，教思无穷。治本不治末，清源不清流。正人心不正人身，图千古不图旦夕。虽曰有政，实无政也。何无政乎？政教之奴，故曰无也。上者教之主也，辅者教之从也。百工者教之分也，万民者教之徒也。上示以道，辅陈其义。百工以铎徇，万民为弟子。理财所以养教也，法令所以弼教也。甲兵所以卫教也，礼文所以尊教也。位视德，三德有家，六德有邦，以劝教也。学有序，小成作贤，大成作圣，以行教也。是政为教而设，言有教，不言有政可也。犹椟为珠而设，言有珠不言有椟可也。是无政也，无政是惟教也。而龙潜囊括抱道之士，薄神器如草芥，视纪纲如刍狗。出入于深文密网之中而无靓，肆意于冠裳礼制之内而不觉。故政有位，而教无位；政有法，而教无法。自内小之，外失其大。自内忘之，外失其有。得于天则人情绝，禽于教则政事废。是无政也，无政是惟教也。

孰为至大，塞乎天地。孰为至明，参乎日月。大人不以此自居，而图为九月之至尊，是求贱也。大人不以此济众，而图为人事之经纬，是从井也。

惟教为治，惟教为平，惟教为乐，惟教为强，惟教为尊，惟教为富，惟教为大，惟教为久，谡而晋之。圣元首，圣百工，圣万民，圣庶物，任之重，动之极也。《易》之临曰："教思无穷，保民无疆。"言临天下不以政也，此维教论之文也。今折以中和，立教为主，以政为奴。原为极善，而误认教者有两失焉，皆不知白性之故也。一曰不知修道之谓教之说也。夫道言形而上也，净白也。今学堂林立，百艺皆修，以为有教矣。然则，应改孔子之说，为修器之谓教矣。器者形而下也，修器不得为政，为其非净白也。则今之言教者，直谓之无教可也，此一失也。二曰不知买椟还珠之说也。椟以喻皮毛也，珠以喻精神也。精神一失，皮毛徒存，是如以本［木］偶当人，弃白而用物也。用圣教拜天之文，以起敬而至命也。今敬心全无，不知性命，而拜天如故也。圣人诵经之文，以玩辞而穷理也。今人不解辞意，不究真理，而诵经如故也。禅静以真寂养白，而今人徒学尸坐。仪式以外貌育德，而今人徒学步趋。教之陵夷，有由来矣。

吾今且调之以中和，以教为本，以政为末。以教为体，以政为用。以教为主，以政为奴。以教为纲，以政为目。百十人之中，一人专主教。十二时之中，一时专习教，务使致知格物之纲要，诚意正心修身齐家治国平天下，成圣佛净白合皇之真理。时时不闲，人人尽知，不率则辅之以政。治民之官，首重宗教、哲学、净白之事，而以法律、行政之学为末。如此融为一片，遇事警觉，其实耕樵渔牧，运水攀柴，为工为商，为兵为将，为官为吏，抢攘纷纭，造次颠沛，但能净白，无刻不在大道之中，即无刻不在圣教之中。道也者，不可须臾离也，又何能废事，而碍政哉？政者正也，即一贯之道也。左从正，右从攴。攴击而撼之，仍不失正，故谓之政。由是观之，政即教也。政教规也，刑夏楚也。此之谓中，此之谓和，凭净白也。今者不教而杀，谓之虐，何政之有？纵使致民于饱食、暖衣、逸居之富厚安乐，然而无教，则近于禽兽而已矣。不能净白，可不哀哉，可不哀哉。

九　贫富略均（倡主义之九）

公富私贫，无家不足。

释：呜呼！富溢无限，自古主之。《洪范》五福，且列为首。孔子亦不能遏，惟戒曰"满而不溢"。素富贵行乎，富贵而已。自此贫富之差特甚，而天下之大祸极矣，为最垢白也。使聚财无厌者，虽不如虎狼食人，其食人多于虎狼哉。夫人之性，但求净白。日食不过米一升；长衣不过布二寻；容膝之室，即可以蔽风雨；庭草不除，即可以得春趣。故一袭之裘，已伤兽命。片肉盏酒，已损纯仁。污白养形矣，常能如斯，亦极福矣。然而，腹有限，而耳目之欲无限。身有限，而意志之欲无穷。欲瘾污白，未能食金寝银，偏欲铸山网海。珍玉不可为饭，则必欲积之。虚名徒以损真，则必欲求之。将以贻子孙，则徒养豚犬何用？而天必生恶子恶孙，以覆其宗。多且福不终身，非天于恶疾，则天于凶殒，石崇、邓通愚之至也。推本佛氏性理，污白必刑。眼耳鼻舌身意兹六根者，有如六贼，引诱六尘，以杀白而污贼性命，是岂可纵乎。故其训曰："日中一食，树下一宿。"慎勿再矣。外形重白也，孔子曰："仁人不过夫物，孝子不过夫物。"不过物，则一饱一暖以外不多取也，亦外形重白也。既曰"仁人不过夫物"，又曰"孝子不过夫物者"，何也？孝者五伦之首也，孝子尚不可过物，以奉亲而害亲，恐污父母之白也。况慈父岂可过物，以富子而害子哉。故其训曰："饭蔬食、饮水、曲肱而枕之，乐亦在其中矣。不义而富且贵，于我如浮云。"老子曰："金玉满堂，莫之能守。"亦惩富也。吾尝比之，货物如水，人命如荷。水浅养荷茂，水深泊荷腐。物足净白养性命，物过污白性命戕。又尝比之，人身为卵，外物为巢。置卵金玉之台，饰以珠宝则腐，随性而羽覆草载之则孵。置人富贵之境，多其物欲则杀，白污也，随性而淡泊清净之则佛，白不污也。人何必自取厉哉。况又益养其尸素，肥身浊脑而富者，皆为废民造粪之虫。又有愚极之人，欲为世世孙孙遗不尽之衣食，而不知世事多讹。桑田沧海，又天适生其仇怨，以为其子孙。杨广、胡亥贼在膝下，将何所逭乎。故富溢之人害性命，害身家，害子孙，天迫之净白也，而不自觉也。犹且耗十人之衣，则十人寒死于冰雪。耗百人之食，则百人饿死于沟渠。金谷园成，野有露宿之瘠。泽车遮道，傍有折胫之残。彼皆富人杀之也。白本大仁，心宁忍哉，可悲泣矣。更且饰以前生福德之辞，试问汝福德与释伽何若？而彼且避富如虎狼也。偶为布施之事，试问汝布施比梁武谁多？而彼且因富而饿死也。岂不哀哉，污白之祸极矣。

　　今则资本之制，几于全世指为巨毒，而共产主义、劳农主义之说起矣。此固中国孔子神农之旧说也。孔子曰："不患寡，而患不均。"盖均无贫，和无寡，安无倾。又曰："货恶其弃于地也，不必藏于己。力恶其不出于身也，不必为己。"神农之言曰："贤者与民并耕而食，饔飧而治。"曰均，曰不为己，共产之义明矣。曰并耕，曰不藏力，劳农之义明矣。夫使人人勤而身健，足衣食而不乏，无一淫心污白害性之富人，无一不饱不暖之贫子，和和乐乐，日在春台，大顺之极也。此理极正，吾固当力赞其成。然而，犹有四祸，不得不以中和调之。一曰少数垢白假以为私，二曰骤行多所迫害，三曰民无劝心，四曰法不尽善。此四祸可除，则生民之性尽矣。

何谓少数垢白假以为私？今将改作现世之政治、法律、风俗，必有才力超群之人，以为先钵，以作枢机。斯人而公诚仁明，自思净白，则众获其赐。斯人而深奸巧欲，白体未净，则众被其殃。吾观众民十之七八皆愚且轻，易欺弄也。倘使阳为夺富之行，阴成肥己之利，朝取财虏之脂，暮增游氓之膏，其毒犹烈，此极害也。兹不难防，中和之道，一曰以教为本，先育净白；二曰自小及大，自然驯化；三曰以公为监，期其不漏。以教为本，先育净白。教大明，人人知过物害性。又从诚正久养，见性明心，净白教行。则才力超群之人，皆有尧舜禹伊之量，以持正奉公。一切弊端，自无由起。非如是之精诚，何以举世界之大业？此其效力十居八九，第一至切之要务也。由小及大，自然驯化。自然者，白然也。先合数人数家，成乡成邑，小以推之，而试公物、同劳之实施。不尽善则改之，地小人少，错亦易救。善则因而劝一国。国人同化，因而劝天下。不以兵争，惟劭净白。方今哲理倡明，各趋太平，一范既立，来取法者众也。有兵革不来侵也，有横逆不来犯也。以其效力，顺而不歧，第二之要务也。以公为监，期其不漏。其法极密，兹难详述。一物之微，一器之小，一尺之土，一栋之室，皆使众监而均分之。家人均监其家，乡人均监其乡，邑人均监其邑，以至一道一国，全球莫不皆然。私蓄者自顾净白，本无所用，亦无所匿，则均产之法成矣。此其细条，因时因地，吾将详明别论之。第三之要义也。有此三法，则少数人假以为私之祸除矣。

何谓骤行多所迫害？其第一害，则净白之教未孚，富贵大权之人，不能绝其私爱私欲，而固势以相抗也。两争不让，杀戮必惨，则白形两害。兹不难辨，一曰为书讲道，以劝之，使自知过物垢白之祸，与拥财杀身之危，则彼自化矣。二曰觉其党羽，散其兵心，净白教动天下，则彼失势矣。再不然，则彼必自焚。遇过激者，武力铲之，如俄皇之多杀虚无党，而终死于断头之台也。此非吾所忍言。吾言由白出于悲愍，不欲伤今之富贵大权者一人一家。故只存前二法，亦只行前二法也。其第二害，则习于骄惰之人，不能骤同劳苦，而陷于窘死也。生人之体，不步则脚弱，非舆马不行。不提则手弱，非依人不生。中外之妇女多然，大腹之胖贾亦尔。况劳力之夫，粗食亦饱，逸豫之子，膏粱始吞。则举而平之，亦又恶剧一时矣。白性本仁，何忍少数独被此辜，而伤白性之大仁于一时哉！兹亦不难辨，曰平产。先期预以详察，审其所能，各互易劳，以用白之助。可以易用力之衣食，以巧手之劳。可以易拙工之器用，无能者教之。又区其老幼、少壮、强弱之别，而考其素习，斟酌适宜，先由公积，增其衣食日用之费，限时而减之。使之常得足口体之养，渐至于平。此不偏不激，不躁不急之良法也。以此二法，中和行之，则骤行多所迫害之祸除矣，白性之仁不伤矣。

何谓民无劝心？天命之劳垢白也。人之用物，非能自生，如贱草贱木也。耕不勤，则绵谷少。牧不勤，则革肉少。工不勤，则用器少。学不勤，则物质、精神之进化两滞。故古人假物以劝民，纵其竞争，勤者富厚，惰者饥寒。今若一扫而均之，人无劝心，好逸恶劳，人之恒情。白未净而不助，必堕落怠荒，甚或外域野蛮之人来与相争，则力智两弱之民，器用不利之国，尤不足以立于天地之间，为祸可胜言哉！兹又不难辨，一曰觉之以道，发其白性之真慈。二曰督课常工，发白之助，使无偷惰。三曰稍加物劝，不至污白。觉之以道，发其真慈者，根本大法。真慈一发，精勤不息。舜之徒，鸡鸣而起，孜孜不倦者，岂因物欲劝之哉。佛之徒，乞食敝衣，四门劝化者，岂因物欲劝之哉。孔子周游，栖栖遑遑，岂因物欲劝之哉。墨子救民，手足重茧，岂因物欲劝之哉。夫智利仁安，勤精进波罗蜜，白性之助也，胜于世法富贵利达之劝万倍矣。用白性也，或不足以语于下愚。然再进一法，督课常工，使毋偷惰。董率之严，如监孺子。计时授事，莫之敢逃。邑计其业，而课于村，以至于乡。乡计其业，而课于家。田有井，工有场，学有序。日有省，月有试。饩廪称事，补以稍加物劝。不及污白，或以语奖，或以休憩，或以饮食，或以衣服。总之，万不可如今之官爵、禄位、金钱、声色，以污其白，启其欲念。赏愈惜而愈贵，则一芥一羽之予，其效恒过于九鼎之锡。如此，则性命之情渐安，而百事举矣。小趣而珍，乐胜大物，又不污白，人谁不知自利哉！

何谓法不尽善？贫富既已大均，如时世界尚未大同，则污白之伦贪婪者，或窃逃于异国，开国家贫弱之渐。如时造物尚未太和，则久安者或无危苦之警，启人民忘善之心，欲振懦而以物奖，又肇不均之端。欲轻责而施小惩，又作刑蒙之伪。此非圣哲白性公仁，随时斟酌，盖极难矣。至于麻丝之差，精粗之食，广狭之居，车徒之别，亦当视其庸，准其位，计其寿，而略有差别。总之，至优至贵，私人享用，元首不过兼十人之俸，其余以次降，下者兼人可矣。功成者终身俸之，官事公用，悉以公财，而不遗传其业于子孙。又行节生之法，使岁久而民不增多。阜物厚生，享用有余。诸法备举，一主净白之圣教，以保太和之气。必使人人勤而身健，足衣食而不乏。无一淫心污白之富人，无一不饱不暖之贫子。和利乐乐，日在春台，大顺之极。此吾调均贫富之中道也，白形得以兼成矣。

十　宗教大同（倡主义之十）

首统宗教，民志以合。

释：图太平圣治者，必先统一五教于创始之初，不能立宗教而欲以政术致太平者，如树无根之木也。兹已言之，故后不复。至于教之可宗者，皆超夫常人万万矣。今其巍然特存者，惟孔老佛耶回而已，出类拔萃数千年皆得道，而净白不可磨灭者也。尚可非乎，尚可非乎。惟因孔子不住，泗水空流，释伽已成，只园徒在，净白之法，垢白不任，而后学莫能辨真伪，遂举其皮毛以相攻。所谓画犬不成，遂欲笑虎，刻鹜不成，乃敢嘲鹄者也，白太差岂相知哉。夫举其皮毛以相攻，即孔子可以攻孔子，老子可以攻老子，释伽可以攻释伽，回祖可以攻回祖，耶稣可以攻耶稣，不顾白中也，又何必取于外哉。其例多矣，同为耶教之徒，因新旧礼文之差，遂使同教血战百年。悖极矣，大约常人分别不应白性，愚昧之情，近则大之，远则小之。环指以窥日，自以为日小于指环矣。竖臂以看山，又以为山低于吾臂矣。何者？指臂近，而日山远也。五教之徒，自大其所近，故小他教焉。白性昏迷，不可救也。况且时地久迁，闻圣人夏日之言，攻圣人冬日之言，则误于时也。闻圣人在海之言，攻圣人在山之言，则误于地也。而又人事改易，闻圣人劝上之言，攻圣人劝下之言，则误于人也。闻圣人励弱之言，攻圣人抑强之言，则误于事也。诗书蠢物，岂可以文字貌相求哉，生白蔽死法眩矣。夫观同道通，观异道穷。今人之不智，而不能知圣人也。以本言，固不知白性。以末言，因不辨异同。故智者开卷而见天之心，愚者穷经而乱己之信，不知白性非异非一也。有人焉知其父之为人矣，详记其父之貌惟肖出，而傲于市曰：吾父人也，天下无人矣。夫惟惟肖，故天下无人。有人焉知其母之为人矣，详记其母之貌惟肖，出而傲于邻曰：吾母人也，天下无人矣。夫惟惟肖，故天下无人。有人焉以其兄耳疣径寸，乃记之曰：耳疣径寸者，人也。出而求于国，国中无人矣。有人焉以其弟枝出六指，乃记之曰：枝出六指者，人也。出而求于乡，一乡无人矣。同中求异，背白入物，重耳之子，必谓骈胁者而后为人，天下无人矣。大舜之子，必谓重瞳者而后为人，千古无人矣。故曰观异道穷。若曰一首二目，一鼻二耳，一口二腮，一胸二手，一腹二足，有形有觉直立而行者为人，则合求同之白性，天下之人皆是也。故曰观同道通。儒者伐异端，非伐异末，谓异其端者当伐，异其末者不当伐也。识人之法如此，辨道之法亦如此。今若以孔老佛耶回之同而求之，则得圣人之真；以孔老佛耶回之异而求之，则失圣人之正。故观同道通，则孔谓老为圣，老谓佛为圣，佛谓耶为圣，耶谓回为圣，白性大同也。观异道穷，则学孔者，谓老非圣；学老者，谓佛非圣；学佛者，谓耶非圣；学耶者，谓回非圣；垢曰［白］入异也。复言曰：观同道通，则父谓子为人，弟谓兄为人，夫谓妻为人，亦知曰［白］也。观异道穷，则父谓子非人，弟谓兄非人，夫谓妻非人，亦逐异也。

呜呼！今人之无世界眼光也，而梦中呓语以相争，亦如父子兄弟夫妻之互不相许以为人也。坐井小天，怀石拒玉，垢白之我相也。倘古人皆如此其愚，则七十八古教，至今尚存也，尚相攻击也。如此而后可以言净白言宗教。夫集百夫而议事，则取其同。集诸圣而议教，则取其异，何辨道正教之不明也。回祖曰："不见异形，惟见真主。"是故未及贤者，不可以攻圣。未及圣者，不可以攻神。人知是而自反焉，兼容数圣，以启信何如？况个人逐日之衣履不同，而本体同也。圣人立教之方法不同，而本体同也，白同壳异也。惟因死圣如遗方，生圣如名医，生圣不出，而死圣之遗方，杀人多矣。今本人白中良知，真考五圣要语，则五圣何尝不同哉！既知观同道通之能求圣人之真矣，则可集孔老佛耶回，而立大成之教矣。夫白性诚。孔曰至诚，老曰诚全而归，佛曰不妄，耶曰无虚诞，回曰清真，同一以诚为本也。白性智，孔曰大智，老曰知常，曰明，佛曰圆觉，耶曰求智慧，回曰圣人明己，同一以明为用也。诚明既立，白性已呈，而道可通矣。白性合皇。孔曰天命之谓性；老曰王法天，又曰谁之子象帝之先；佛曰一切众生，皆有佛性；耶曰耶和华上帝之灵，在人身中为人主宰；回曰我命受于天；同言性命自然，可以合天成圣也。白性成己成物。孔曰成己仁，成物知；老曰知以身为天下，爱以身为天下；佛曰成道已而后度人；耶曰基督身犹幔，撤之为人辟永生之路；回曰得道救人；同以先修其身，而后可以利人济物也。白性绝欲。孔曰窒欲；老曰常无欲；佛曰绝六欲；耶曰不遵上帝，乃纵私欲；回曰止食色，以谨嗜欲；同以绝欲为要也。白性普渡。孔曰成物；老曰常善救人，常善救物；佛曰救诸苦恼；耶曰拯救世人；回曰厚施；同以济世为心也。白性仁。孔曰好仁；老曰吾有三宝，一曰慈；佛曰大慈大悲；耶曰满仁慈；回曰大仁天；同一以慈仁为本也。白中有因果。孔曰积善余庆，积恶余殃；老曰杀人众多者，悲哀泣；佛曰因果报应；耶曰彼上帝有末日裁判，又曰欲救生命者，丧而反存；回曰报应无私天；同一信因果之说也。白皈为聚。孔曰魂魄归天；老曰王乃天，没身不殆；佛曰见如来；耶曰死见天父；回曰我命归于天；同一信人死归天也。白性禅寂。孔曰定而后能静，静而后能安；老曰归根曰静，静曰复命；佛曰虚空清静；耶曰安息；回曰寂哉！妙天；同一信静寂为养真之方也。白性自然利物。孔曰从心所欲，不逾矩；老曰我无为而物自化，我好静而民自正；佛曰大自在度众生；耶曰爱心完全；回曰真理流行，命昭元化；同一以自然无为济物，而不用力也。白性大谷。孔曰天下一家；老曰无弃人，无弃物；佛曰无一众生不灭度；耶曰无远不至，宣荣列邦；回曰纲维大世界；同一阔大无畛域之量也。白性太空。孔曰空空如也，老曰淡泊寂寞虚无为，佛曰四相皆空，耶曰离弃一切，回曰无碍无累，同一湛然无所有之体也。伟哉！皆见白性。孔老佛耶回同矣，同之又同，不惟端同，末亦多同。而小儒浅哲，以念汙〔污〕白，不读他教之书，不明皇者之性。一犬吠影，百犬吠声，呶呶焉以争教为事。国以圣人之皮毛为戈矛，以攻他国；人以圣人之皮毛为冠冕，以欺他人；皆孔子所谓学非顺非者也，失白性矣。故老子发言，即谓道可"道"，非常"道"；名可"名"，非常"名"。恐后人执一"道"，以迷真"道"；执一"名"，以拒他"名"也。净白无名。孔子欲无言，佛言未尝说法，耶稣曰我不敢言，回曰天觉无言，皆恐后人执一言，而互相非，反离于道也。

嗟夫！圣人何其智？众人何其愚？白不同也。孔子尝谓攻夫异端，斯害也已。后世五教之徒，皆指他教为异端，悖极矣。夫端者，末之对也。恻隐之心，仁之端也，白性也。五教同发于恻隐，何得指为异端哉？是同端也。言伪而奸，行伪而辩，恻隐之端先亡，然后得谓之异端，五教何常异端哉！端起于白，至于末节，即本教亦时有不同，安得以此求之？吾今言中和主义，一本白性。中者五教之端也，和者五教之末也，因时因地而和之合五教可也。五教先合，而后世界可以大同。不然，则小异矣。夫教所以约人白也。吾今言中和主义，而必先及于统一宗教，又反复郑重而绎之，此必要之事。先统一宗教，以收人白，如欲御牛，而先贯系其鼻也。人白不大同，而徒约束其形以为大同，虽有万全世法，能不战乎！白性不久闭，哲人之将代出也，民不可以愚矣。今后世界久战互伤，生改过之心，必易其形，而下之趋向，一反而归于形而上。不明白无他法，孔老佛耶回之道，将大兴也必矣。出世入世本无二窍，终合为一，其体为白，其名为道。道者中和也，惟其本必归于明诚，而以成己、成物为二纲，以成己之白、成己之形、成物之白、成物之形为四目，以二纲四目圆融无缺、不相妨碍为归宿。白皈叟也，水无障皆归海，烟无障皆飞空。白性无障，皆一于中，何待深辨？吾所为多言者，若疏河耳，合诸圣之精，分条而修之，成为完经，厘正其文，万世之法立矣。至于应世，礼法之末，因时而变以救病，无病乃不变矣。白仁以中，白智以和。夫人惟因执我相，是以政乱教乱，吾因以中和之说调之，渐不尽绝其我相，且使无碍于人相、众生相。情之正也，白之近也。夫强病者以信一医，不易也。强众人以信一教，不易也。彼皆自有一教，以窒其由鬼之中，我必强之以改难矣。况道之在人白，如日月之在天，终不能因云雾而长蔽。况圣人又不仅一二，吾人而能净白自圣，岂不能容孔子、老子、佛陀、耶稣、穆罕默德五圣人哉！倘不能净白自圣，虽心中仅一孔子，亦未见其能纯也。为斯世立教，如设医院，备案不嫌其多，必欲执孔拒老，执老拒佛，执佛拒耶，执耶拒回，亦犹之执参拒苓，执苓拒术，执术拒莲，执莲拒葛也。孟子白中，有尧、舜、禹、汤、文、武、周公、孔子、伊尹、柳下惠、伯夷、叔齐，而自知择其尤，则吾人白中有孔子、老子、佛陀、耶稣、穆罕默德，亦自知择其尤也。

极而言之，天下人真行孔子之教，天下固太平矣。天下人真行老子之教，天下不太平乎？天下人真行老子之教，天下固太平矣。天下人真行耶稣之教，天下不太平乎？天下人真行耶稣之教，天下固太平矣。天下人真行回回之教，天下不太平乎？惟佛为真，为高，为全，不必争，久自信矣。凡教之立皆有胜残去杀之效，即使斯民之白中出于孔则入于老，出于老则入于佛，出于佛则入于耶，出于耶则入于回，未为不可，况世人之白动，因声而发，言者愈多，则信者愈深。人不见海，闻一人言曰有海，闻二人言曰有海，闻十人言曰有海，闻百人言曰有海，闻千人言曰有海，则深信海而不疑。人不见道，闻孔子言曰是道，闻老子言曰是道，闻佛陀言曰是道，闻耶稣言曰是道，闻回回言曰是道，则深信道而不疑。故知观同道通之理，则孔老佛耶回反足为助执观异道穷之误，则孔老佛耶回适转为敌。故吾谓不攻他教而顺收之，设庙于名都，并五教之祖而祀之，其说尽行，其道尽行，未为不可。应人垢白，以法救之，更进而论中和之至，内求于白中，而求太极，得中也；外求于宇宙，放乎无极，而合于内白，得和也。今以五教大圣，合祀并宗，而立大同之教，似和矣。有名有相，终必启乱以汗［污］白。盖教魁法主，至尊至荣者也，有尊荣之相，则犹未净焉。后世文明日增，宇宙气和，自得天地氤氲，笃生净白之人，必有合五教之大成，而精贯为一，普被无外者。若然，则将列此圣于五圣之间矣。倘有聪明奸狡之人，藏私心挟邪欲，白中智足仁歉，以眩民耳目，而求逞于一时，圣人之称，教主之位，或且偶混。老子曰："圣人不死，大盗不止。"实虑此也。吾主中和，谓道之大被于宇宙，孔子得之，以为孔子，非孔子所私；老子得之，以为老子，非老子所私；释迦得之，以为释迦，非释迦所私；耶稣得之，以为耶稣，非耶稣所私；回祖得之，以为回祖，非回祖所私。谁人无白，后来千圣万贤得之，以为圣为贤，非千圣万贤所私。净白咸成，岂拘一名？不如大筑教宫于都于市，以道为主，即以中和道君白王为教之祖，不以古人尸之。而孔老佛耶回皆可配享，后世至圣亦可增于配享之列。今古中外大贤，咸入两庑。取古者郊祀配天之义，天岂是古人哉。白之净者也，忘名忘相，忘我忘人，乃是大顺。吾不欲闻圣人之名，圣人亦不欲自闻其名也。渊兮不知其深而永清，荒兮不知其界而永平，生民于是乎永康，圣教于是乎永成，此实施中和主义之急务也。惟劭于净白，惟能之。然本八识，详上界，去我法，佛真至矣。

十一 智力交易（倡主义之十一）

咸尽智力，庶事备若。

释：孟子曰："无君子莫治野人，无野人莫养君子。"盖君子以白利人，胜于以力。虽曰"不耕而食，非素餐也。"自智力交易之法行，而天下之大祸极矣。盖智者多诈，易于作伪。愚者出力，每为所苦。三千年以来，才士大夫，讲学论道，说治修文，初虽由于净白，其后势位则尊如天人，而视齐民如仆役；享用则务求丰益，而吸齐民之脂膏，爵以荣之，禄以俸之，车马以骄之，衣服以章之，委委佗佗，如山如河，白乃垢矣。而所谓才士大夫者，遂不觉胡然而天，胡然而帝，妄自尊大，号为置身青云，而不知仍在泥涂，与齐民无异。土壳犹人白已下汩，是智之为害，而使人自忘其本也。乃出力者，耕夫不得食膏粱，馐夫亦不得食膏粱也。织女不得衣锦绣，缝人亦不得衣锦绣也。工师不得居华屋，匠人亦不得居华屋也。牧人不得驾轻肥，圉人亦不得驾轻肥也。此人出力以作成之，彼人出智以攘夺之，事之大不平，孰有过于如此哉。并白为普之谓何？剧乱之所由起也。间有人焉，自知天职之不可怠，而孜孜汲汲，不敢燕安一息，以与齐民易衣食，以自净其白者，然而鲜矣，十之八九竟忘交易智力之本分焉。

夫众生平等，马牛驼象，人尚不可枉使其力，而况齐民，此之谓平。平则不鸣，不平则鸣，于是劳农主义、劳工社会之说起矣。斯二主义者，许子所谓贤者与民并耕而食，饔飧而治也；孔子所谓力恶其不出于身也。不必为己也，白性之助与公也。考之中国古代，舜耕于历山，伊尹耕于有莘，傅说①居于版筑，曾皙、曾参同耘，长沮、桀溺②耦耕，朱买臣③负薪都下，诸葛亮躬耕南阳，此其人皆具净白之德，经纬之才，修文治之业，而劳力如此，谁谓专劳心方可以治人，而劳力者必治于人哉？然而，劳力必大均，则亦有妨于养白。负者之背，戴者之头，提者之手，走者之脚，骑者之胯，挽者之腕，各有特强，好用其官，白必注之，决非伏案稽古之人所能比拟。而精神有限，岁月有限，愚慧又多不齐，有决不能用智读书之拙人，亦间有决不能劳力任重之病夫。白形异也，必比而同之，则净白之进化太滞矣。又必有最少数之人受其窘苦，非称物调和之道也。中和之道，因人之材而受之以专业，因世之事而分人以专任。民至十岁，视其智愚勇怯强弱之资质而别之。某也学宗教，某也学文学，某也修政治，以净白。某也修军学，某也工，某也耕，某也牧，某也矿，某也医，某也林，以养形。务使出智出力，无一人怠荒。乡邑时考其勤而劝警之，日勤半日，而余暇优游之，以习礼讲道，含茹太和。至愚之人，亦须通天命之理，知净白之性，明仁义之实，以养其白也。文学之士，亦须服兵戎之役，知稼穑之艰，以健其礼也。务使民皆知劳白劳力，以互相为养，非有养尊处优之特权也。衣食居服之俸，功多者稍增之，功少者稍薄之。老者弱者减其劳，五十以上不用力，七十以上不用智，则民皆得休养颐裕，而尽其白性矣，无一鳏弃。故敬姜④之训曰：昔圣王之处民也，择瘠土而处之，劳其民而用之，故长王天下。夫民劳则思，思则善心生。逸则淫，淫则忘善，忘善则恶心生。沃土之民不材，淫也，瘠土之民

---

① 傅说（约公元前1335~1246），殷商王武丁权臣，政治家、军事家、思想家及建筑科学家。
② 长沮、桀溺，为两个不知真实姓名的隐士。
③ 朱买臣，生年不详，卒于公元前115年，字翁子，会稽吴人。家贫，好读书，不治产业，常艾薪樵，卖以给食。
④ 敬姜，莒国人，名戴己，鲁国公父穆伯之妻，穆伯死后，独自含辛茹苦，将儿子教育成鲁国的栋梁之材，被孔子列为慈母。

莫不向义，劳也。是故天子大采，朝日与三公九卿祖识地德，日中考政，与百官之政事师尹惟旅牧相，宣序民事。少采夕月，与太史司载，纠虔天命，日入监九卿，使洁奉禘郊之粢盛，而后即安。诸侯朝修天子之业命，昼考其国职，夕省其典刑，夜儆百工，使无慆淫，而后即安。卿大夫朝考其职，昼讲其庶政，夕序其业，夜庀其家事，而后即安。士朝而受业，昼而讲贯，夕而习复，夜而计过，无憾，而后即安。自庶人以下，明而动，晦而休，无日以怠。王后亲织玄紞，公侯之夫人加之以纮綖。卿之内子为大带，命妇成祭服。列士之妻加之以朝服，自庶士以下皆衣其夫。社而赋事，蒸而献功。男女效绩，愆则有辟，古之制也。君子劳心，小人劳力，先王之训也。自上以下，谁敢淫心舍力？由是观之，智力交易之义明矣。淫心污白也，孔子美之至已哉。此古代专制时也，犹然无游逸，况今民权平等之论，遍于天下乎！各尽天职，白形不害，岂不均哉！故中和主义之行也，使民区地区事以分工，家乡邑道，皆有监业，务使无一游民，无一素餐。司政教者，不过工人。力苦役者，无非上士。俸厚不过兼人，卑贱亦足衣食。各量智力，尽出为公，不过物生欲以污白，害自永乐。不斯须藏力以伤仁，怠其天职，天下之人咸如蜂群。此净白自能之，法当专详，根本不外是耳。

十二　守旧唯新（倡主义之十二）

新旧并臻，惟善惟鹄。

释：齐治均平之道，有不易之经，亦有时变之权。崇道敦德，成己成人，养觉养形，以净白，不易之经也。示礼示俭，备物利器，移风化俗，以治世，时变之权也。主守旧之说者，曰不愆不忘，率由旧章，遵先王之法而过者，未之有也。大约古典陈常，皆昔者净白之人经验所得，既施之而收效，则率之而无愆，而垢白之胶固者，则失矣。百年之法，积久弊生，或精神已失，而徒存其皮毛，或时物已非，而犹封于故步。今越南仍试八股，蒙藏不改拜畜，此其例也。不知世界尚未大同，不能不就各国之趋向，而图自强。机械之日新，交通之日辟，财用之日增，艺术之日进，形而下之器，固将一日千里，新新不已也。况乎净白之道，方今则更晦若暗夜，遇事察理，实距禽兽之际，与獉狉之俗，犹未远也。经文之修正，如何而后万全；圣教之精神，如何而后贯彻；四方之礼俗，如何而后太和；哲学之粹英，如何而后真确；法律政治，如何而后纲目毕张；人心道心，如何而后允执精一；偶一深思，又不觉心胆俱裂矣。譬如禾然，始绽一芽，不求新，何以至华实？譬如禽然，始在卵翼，不求新，何以至飞腾？《康诰》曰："作新民。"《易》曰："革去故，鼎取新。"此之谓也。而务新者，又极妄诞，衣必海外之衣，曰不如是，不足以彰新身也；食必海外之食，曰不如是，不足以颐新口也。文近鹦鹉猩猩之言，则曰不如此，不足以表新舌也。习为荡检逾闲之恶，则曰不如此，不足以著新行也。养成浮薄轻佻之俗，则曰不如此，不足以见新奇也。斩丧诚正修齐之本，则曰不如此，不足以夸新知也。偶摘一事而论之，悖狂之极，则莫如今之新文化是也。夫文之用以代言，因时地之隔，言不能闻，故以文字代之也。惟然，故言文，皆因彼此通意而用之。吾今日与垢白之市侩接谈，不知不觉而化为市侩矣。日与垢白之娼优接谈，不知不觉而化为娼优矣。日与净白之豪侠接谈，不知不觉而化为豪侠矣。日与净白之圣贤接谈，不知不觉而化为圣贤矣。素丝易染，中人易移，人鲜上知，习远堪悲，今人不得与古净白之圣贤接谈也。所恃尚友千古，鄙吝可除，而中国之完人，多在秦汉以上。其文章渊达雅驯，而简切敦厚，绝非俗语所能代，言新文化者是自绝于古圣贤也。而日惟接谈于下流，又且文浇气薄，可不危哉，可不危哉。

夫革新不可不审［慎］也，革新而善于旧可也，革新而不善于旧不可也，而况于不如旧乎。加以人心躁慢［漫］，厌故喜新，不问是非，不辨邪正。革新之举，譬之迁树，再拔三移，树乃枯死，亦惑之甚也。且山谷之习，不可学江海；春夏之习，不可学秋冬；时地适宜，又非至圣大哲，莫能明其体用，革新之事，讵可轻乎。今言中和主义，不守旧，不维新，亦守旧，亦维新。本崇道敦德，成己成物，养形养觉，净白合皇之中而不变，取法于古，以守旧也。审示礼示俭，备物利器，移风易俗之和而演进，思精而改，以维新也。孔子曾言，有得与民变革者，有不得与民变革者。其得与民变革者变革之可也，其不得与民变革者变革之不可也。惟净白不可更改，余宜审时，指实而论。无用之物，皆应去也。启欲之物，皆应去也。独私之制，皆应去也。无用之艺，皆应去也。启欲之艺，皆应去也。而今则未去者，甚多也，必本净白以尽去也。有用之物，皆应兴也。养人之物，皆应兴也。公益之制，皆应兴也。有用之艺，皆应兴也。进德之业，皆应兴也。而今则未兴者，甚多也，必本净白以尽兴之。时实核于养形养觉之真以为准，而不拘于守旧维新，三思而后计之，审时察势而后举之，斯万全之法，可以成矣。《易》曰："干道变化，各正性命，保合太和，乃利贞。"变化干道，而常使万民、万物各正性命，以保合太和。此净白之功，《周易》以为干，天之德也。故能利贞，利便于人也，贞正而固也。吾既于《王道法言》、《正义正学》两篇中言其详，故兹略而不赘。要之，新旧中和，永无愆矣，惟净白能之。

十三　阶级齐民（倡主义之十三）

不齐之齐，品叙不渎。

释：齐民之法，有主以阶级太差，而齐之者。所谓不齐之齐也，即超人制度是也。古有天子诸侯卿大夫士以至牧圉，位分悬于天壤，而下不犯上，上不凌下。恃此而安者，代有之矣，净白上垢白下也。有主阶级全无而齐之者，此极齐之齐也，即平民主义是也。今倡民权之说，元首不尊于齐民，俨如公仆。辅佐皆由民而选，名之委员。位分之同，几如羊群。而尔不加我，我不侵尔。恃此而安者，今虽法美，而民德不齐，未臻至善也，白之垢净不同也。是二者熟良，实未易论定，合其时、顺于道者为得。间常观人之形，非如蜂之有王，蚁之有官，鹿之麈，群中自生，出类之长，而乃如雁如凫，如羊如鸽，好合群，而群中无出类之长，则似超人之制，不宜于人矣。又常观人之觉，有仁于麟者，亦有暴于虎者，有智如神者，亦有愚如豕者，有廉如龟者，亦有贪如狼者，有贞如鸿者，亦有淫如鸩者，同一形而中有极差之德，又似平民主义，不宜于人矣。夫形属于地，白属于天，论地则齐，论天则不齐。然则，一治一乱，纯委之天道可也，不必论矣。孟子曰："天下有道，小德役大德，小贤役大贤；天下无道，小役大，弱役强。斯二者，天也。顺天者存，逆天者亡。"小德役大德，小贤役大贤，是超人制度之义，而天下大治矣。小役大，弱役强，是超人制度之恶，而天下大乱矣。孟子既纯委于天而主于道，天即白也。本此而论，则中和主义之大本立矣。

夫有道无道，由于人白。顺天逆天，由于人白。人白中和，则身健气清，蚘虱不生矣。感于天地，天地中和，则休征时若，而恶人不生矣。今观蜂蚁、鹿麈之所以能安其群，而超群之制不为害者，以天地自然为之生君生长也。倘使超人之制既立，大圣必生于天子之家，亚圣必生于诸侯之家，大贤必生于卿之家，君子必生于大夫之家，善人必生于士之家，即世禄之制，亦未尝不可永享太平。此真蜂蚁、鹿麈之实象矣。惟因有家，微住我象，故大乱生焉，则大圣、亚圣、大贤、君子、善人不依序而生。惟尧舜知顺天者存，见大圣不生于其家，故推位而传之舜禹，不敢开家天下之祸。禹亦恐逆天者亡，见大圣生于其家，故推位而传之子启，不敢冒官天下之名。倘使人人抱此中和之德以顺天，常使小德役大德，小贤役大贤，以此心官天下可也，以此心家天下可也，以此心选举亦可也。有无阶级，是否平等，惟秉大公大仁之心，长享无疆无艾之福。故吾之言中和主义，一以专尚道德。净白合皇，崇隆宗教，正觉养性，离弃物欲为本，则天子可以下鄙夫，诸侯可以事处士，而阶级平等之二说，无形自泯矣。然可为上智道，难与俗人言矣。此论根本惟一之大法也，又卑而就俗人矜矜世法之说，掩耳而强言之，以就垢白。夫超人制度，圣贤在上位，而愚不肖听其驱使，所谓飞龙在天，圣人作而万物睹，政教之兴，易于转轴，大车自动，唐虞之盛极矣。三代以来，至于文武成康，间尝大治百年，已不逮古，汉晋唐宋明清，亦每见数十载小康之治焉。然而祸极矣，民权操于少数人之手，威福擅作，非至圣纯仁而居大位，安有不淫心启欲，而厉民以自养哉！腥风血雨，蔽日污天，荼毒生灵，万里朱殷，或至圣列于鄙夫，或大贤不操尺柄，颠倒逆命，余毒至今，此其为恶，岂待辩哉！阶级太差，超人制度之敝，决不可以行也明矣。夫平民主义，实则大公，圣与凡平等，佛与众生平等，而况于他乎。既是圣贤不欲多上人，愚不肖又不可以为人上矣，故使民有职守，而无官爵，大权钧柄，公民操之，庶职公民委人任之，美国行此，享福百余年矣。以其理言，平之极，善之至也，然而谈何容易，事理常有背驰，则白之垢净不同，民德民智不进，为之害也。吾常有十仆数婢焉，不时正之以法，虽教诲不行，而家中必乱矣。吾尝有百士万卒焉，不时约之以律，虽申命不行，而营中必乱矣。夫一家一营尚如此，而况天下之大乎。问之心，未尝不刻刻欲与婢仆士卒平等。行于事则约束之，实以爱字之，必强而使仁与暴平等，智与愚平等，廉与贪平等，贞与淫平等，净白与垢白平等。不惟无各尽其能之用，且亦无有劝惩，多起争端，譬如千霄之木，必使与一寸之草齐，负天之鹏，必使与蟭螟之翼齐。此理当问诸天地，而非人之所能为也。即今小试平民之制，以为官与民真平等矣。然而政府中枢，不能举国家天下之人，而尽往坐视之，亦必委于少数人之手。无论乱国邪人，偶握军政之权，即必自作威福，依然天子诸侯。即治国正人，亦何尝真与齐民平哉。彼其享用尊荣丰裕，与能左右国势之权柄，亦固在也。况且法院选举，则俨然议场作祟。公民发言，则可以纠痞朋凶，正人君子避之如蛇蝎，而大乱作矣。此果太平也耶，抑亦太不平也耶。故超人制度、平民主义二者，兼有善、有恶，且亦善极，亦恶极。除专尚道德，崇隆宗教，正觉养性，白净至至，离弃物欲以外，盖无法以防之。吾既作《理海》以详其本，兹不多赘。

又略补一法于此曰：仁暴、智愚、廉贪、贞淫、能否、老少、勤怠，当微有差等也，而不至过。民至十岁而分业，各务专精。而凡为治民之官者，必使兼通宗教、哲学、政治、法律之体要。其余教事、政事、军事、法制、农事、工事、商事、矿事、牧事、林事，以至百务庶事皆有官司，官皆至二品止，与治民之官同俸同爵。其俸元首视一品，兼十人，或二十人，其次兼九人，其次兼八人，其次兼七人，其次兼六人，其次兼五人，其次兼四人，其次兼三人，最下者兼齐民二人之食而已。其进级一准停年之资格，满年一进，进必考其绩，如考试较功之制，而稍斟酌之。加以略举，如选举之制，而稍斟酌之。亦有黜革之法，以警之。十岁即分业，民无佻慢之心，又有专精之志。俸位不太悬，权职不敢擅。民无淫侈之心，又有清净之德，俸养不太多。民无贪鄙之心，又有廉俭之习，停年必足。民无觊觎之心，又有长幼之序，有罪黜革。民无疏忽之心，又有谨秩之念，考绩选举并行而斟酌之。民无偷玩之心，又有公利之识，则阶级稍有而实无，优秀得拔而不没。如此则正群之法全矣。然非道德之教，不可以久持。凡法皆不可恃者也，净白惟能永治耳。

十四　家国权界（倡主义之十四）

齐家治国，分子整肃。

释：一国于天地之间，与他国有相关之权界焉。一家于天地之间，与他家有相关之权界焉。亦犹一人于天地之间，与他人有相关之权界也。于是，言国家主义者，乃有二大别焉。一曰私家私国，利其小群。二曰破家破国，期于大同。主一家自私，利其小群者，三千年以来皆是也。《书》曰："日宣三德，夙夜浚明有家。"《礼》曰："各亲其亲，各子其子，货力为己。"《易》曰："家人。"又曰："富家，大吉。"此私家主义也。人白大净，民情古朴，三德日宣，虽曰有家以别于他家，曾不过取富溢以夺民，而有家之益多矣。家人之合，合以天伦，父子兄弟夫妇之间相依为命，衣食惟均，教诲为勤，悉俾全形而尽性，物与道互相资也。长者字其幼，壮者养其老，智者教其愚，强者庇其弱，孝慈懿和，发其真爱，以颐演和祥之气，所谓天伦之乐，生人之极福，而性情之正，不悖于净白真理者也。然而二祸又起矣，至于白垢之人，三德既不日宣，浚明日见汩没，则内外皆被其殃。所谓内祸，一家闭户，惨毒百出，或父不慈，晋献杀子，申生无所呼吁；或兄不爱，实沈斗弟，台骀迫而忘悌；或夫不义，周幽困妻，申后无所逃命。近世家庭黑狱，乡曲愚民，继母之虐子女，翁姑之凌弱媳，以及父子兄弟姊妹夫妻之间，爱憎一偏，暗昧万恶，而非其家人，皆限于局外坐视，不能越分而干涉他人庭帏之事。受此毒者，冤抑无告，此内祸之极也。所谓外祸，家既各私，施夺竞起，一家欲富溢无厌，则夺百千家之产，而不恤；一人欲安乐生聚，则伤亿兆人之性命，而不顾。如鹰育子，忍破鸠巢；如乌养亲，惨啄雀母。世禄遗产之制，争矜富家大吉之占，以养豚犬多赖之子孙，使世人之互攘各厚。养吾老不及人之老，幼吾幼不及人之幼。因近爱而背博爱，因小团而害大团。万恶之大，莫此为甚。此外祸之极也。有此二祸，毒于蛇蝎相吞，于是破家之说，今渐起矣。本孔子之说曰："故人不独亲其亲，不独子其子，使老有所终，壮有所用，幼有所长，矜寡孤独废疾者，皆有所养。"故外户而不闭，是谓大同。又曰："以天下为一家，中国为一人。"近代破家之说，义若取此。正欲破小家，而合天下，或全国为一家，使无攘夺私厚之敝也。故有主去姓者焉，有主公妻者焉。幼者公养之，举世之老者，皆其父母也。老者公孝之，举世之少者，皆其子女也。年相若者，举世之人皆弟兄也。天为大父，地为大母，民胞物与，天下大公。墨子兼爱，无父之义也。《易》曰："涣其群，无悔。"涣散小群，以合大群，故无悔也。极公至仁并白为普，谁得谓为不可哉。然吾常考之天性与人物之情矣。夫人情近于天性，天本大仁极爱，人得其性，故爱情特甚。爱群始于亲亲，亲亲发端于孝。孔子曰："夫孝，天之经也，地之义也，民之所由生也。"此以父子之爱而有家，所以厚性情也。《诗》曰："宜尔室家，乐尔妻帑。"《传》曰："女有家，男有室。"此以夫妻之爱而有家，所以厚性情也。征彼生物之性情，鸳鸯鸿雁，笃于夫妇之恩。一切禽兽，笃于爱子之情。乌笃于孝父母，驼笃于事其夫。故鸳鸯鸿雁失偶，则悲偶被弹矢，宁交颈以同死；禽兽护其子，虽有猎户之矰缴，鹰虎之搏噬，恒舍身而不顾；乌忍饥以饱父母；驼冒刃而代其夫；皆至性也。人则尤甚，凡孝子慈亲，义夫节妇，和兄悌弟，载之史传，见之于世者，指不胜屈。苟必分离其所亲，苦于割切其身体，况人道初正，于夫妇男女之爱情，结如金石，岂必强以五兵，临迫而分之哉。夫妇不解，则父子兄弟之伦相缘而起矣。强迫离人骨肉，施之于禽兽尚不可，岂可视人不如禽兽乎，悖极矣。夫法律礼教，皆顺人情而设，如顺禾性而耕也。故孔子曰："人情以为田。"又曰："礼者，顺人情之大窦也。"今先夺孝子之深爱，夫妇之至性。性情既夺，绝其天机，窒其白性，是犹雕核为种，煮卵求雏。民将偷薄，悖戾之极，必有出人意外者也。故佛氏虽言断爱，而极勉孝慈。又曰："菩萨在家，与眷属聚，无损于菩萨之心。"《易》曰："闲有家，悔亡。"孔子曰："父父、子子、兄兄、弟弟，而家道正。"正家而天下定矣，皆主不破家之义也。且爱情笃厚，互助之心尤甚。况练兵者，整小部而合大部，化学家炼分子，以合分母，家者天下之小部也，分子也。今又有元凶大恶，多以恋家之故，而敛其害人之心，则有家亦公安之一助也，家岂可真破乎。故吾于私家、破家二说，而折以中和主义曰：家仍应有，而绝其私厚无厌之心斯可矣。有家可以养其白性之仁爱也，绝其私厚无厌之心，所以全公利而成众人之家也。今夫家如身也，谓有家即有私而不能制止，则有身亦有私而不能制止矣。如必分割其家而后无私，又将分割其身而后无私乎。

以佛理言，直当分割鬼壳而后可。孔子虽言天下为家，而齐家之说，五伦之序，孔子极倡之，非若近今破家之说之固也。中和主义，政教齐举，治白、治群之法并行，则有家亦如无家矣。先言治白之孝。教大行，而人心正。孔子言孝，不过夫物。赵孟有家，生不交利，死不属其子。季文子有家，无衣帛之妾，无食粟之马，无藏金玉，无重器币。栾武子有家，无一卒之田，其官不备其宗器。包拯有家，子孙赃贿，死不得葬祖茔中。人有此德，有家何害于公哉！且反有益于世也。皋陶言日宣三德，乃可有家。三德者，宽而栗，宽栗之间，中和也；柔而立，柔立之间中和也；愿而恭，愿恭之间，中和也。既有中和之德，则有家之为益多矣，即使教，未大行。再言治群之政。古回祖之教，一人有蓄金二十五两者，为满贯，余尽入公。今若计户计人而限之满贯，视位分微有增减，家需七人之俸，则定其资产，不得越十人俸；家需十四人之俸，则定其资产，不得过二十人之俸；常使余三以为满贯。衣食居室，皆有定制定数，不得逾限。又一乡有一乡之公财公货公产，一邑一道一国全球各有公财公货公产，而皆有限。家有余以入乡，乡有余以入邑，推至于国。国有余，以入全球公积。家有非常亏歉，取于公积以恤之，遗产不传子。三世以上不同堂，必拆其家，使各自立，自二十五岁各食其力。如此，岂有家而害及于公者哉。满贯之法，回祖既能行之，则后世亦可以行矣。民既各安，和和乐乐，物丰无用，亦自不欲多取矣。主一国自私，利其小群者，三千年以来，皆是也。古者以土地、人民、政事而立国，即今所谓土地、人民、主权三者相合而建国家之义也。国亡，国主死之，臣民亦多死之，谓之义。此盖爱国之精神，如蜂蚁之据穴，可以生存一大群，而非天下一家之公也。吾常谓大同小异，私一身而害家，小人也；私一家而害国，亦小人也。私一家而害国，小人也；私一国而害天下，亦小人也。欲辟土地，朝秦楚，莅中国而抚四夷，有我相，小人之尤也。古者国愈多，而杀伐愈甚，国界不可以有也。渐吞渐合，自万国而合为千，自千国而合为百，自百国而合为十，全球终必合为一。至愚之人，亦知其理势必然，何必疆域自分，多杀伐千百年哉。自私其国，偏极暴极，固不足以语于净白，合于中和，于是破国之说今渐起矣。休哉，休哉。破除国界，世界大同，黄白黑棕赤色之人，同为兄弟手足，是乃天经地义。反此者，全球之大慝也。

然而，何以能见诸实行哉？国国皆曰国界之限，早破于吾国，是大仁首倡于吾国也。吾国不具国界畛域之想，则爱本国之心减，因而致国弱之祸。于是见陵于他国者有之，偏有贱国，视吾国为异族，而奴隶畜焉。如日人之于朝鲜，英人之于印度，俄主之于波兰，法人之于安南也，则或百年不得见天日矣。夫人能无我相，以饶益他人，圣人也，贤人也。国能无我相，以饶益他国，非圣国乎，贤国乎。人恃武力以夺掠他人，匪人也，贱人也。国恃武力以夺掠他国，非匪国乎，贱国乎。以匪国贱国，加于圣国贤国，如以匪人贱人，加于圣人贤人也，尚可以言太平乎！思至此而爱国之念起矣。爱国之念起，则国与国畛域之见生，而国界不能破矣。故早先自破国界，如墨子摩顶、放踵以利天下，摩一人之顶，放一人之踵犹可，摩全国人之顶，放全国人之踵岂可哉！亦当裁以中和，爱自近而及远也。今言中和主义，本耶稣之说，视异国如己国，亦视己国如异国；己国不加于异国，亦不使异国加于己国；斯可矣。美国其圣贤之国乎，美以富强自保，而门罗主义，不侵他国，又许墨西哥以自治，而监视扶助之，圣贤哉，愧死草国矣。何谓草国？草生一岁，蔓延丈许，而生子百万，自顾庞然。尽心计算，以为十年尽占全球矣，而不知草以恶质占地，人必锄之；国以不仁占地，天必锄之。抱美国之主义，富强而不害他国，视己国异国为两端，而执其中，己国如异国，异国如己国则和矣。皋陶言"只敬六德，可以有邦"。六德者，宽而栗，柔而立，愿而恭，乱而敬，扰而毅，直而温，皆中和也。有国各守中和，国与国岂相害哉，国界久必自破也。中和之道，施于四国，无畛无域之论日明，全球公兵之法日行，海牙平和之会，日增其权势，将全球政府自然组成，国界不久而自破，此中和主义之大效也。故吾极愿万国之人，抱美国中和之旨，又纯励圣教哲学，以促成大同。总出于商议，勿出于战争，一扫野蛮之习，将见五洲之亲如手足，五色之人如弟兄，此大顺之道也。力倡净白之真理，白净而大同成矣。

十五　灵魂物质（倡主义之十五）

形觉交养，重本轻末。

释：何谓灵魂？无形而有觉者也。何谓物质？有形而无觉者也。又曰：灵魂觉也，白为主，物质形也。孔子曰："形而上者谓之道，形而下者谓之器。"形而上，言无形也，灵魂也，白也。形而下，言有形也，尘也，物质也。犹曰自此以上，自此以下也。佛曰："不可以相见如来。"佛之所谓如来，觉之无垢圆明者也，净白也。又曰：眼耳鼻舌身意谓之六根，色声香味触法谓之六尘，前第五根、五尘皆属形而下，物质也，意与法皆形而上，灵魄[魂]也。然以佛学之精，尽扫八识，正觉谓何？又不可误以灵魂认之也，净白也。垢乃可名、分也。名可"名"，非常"名"，非至其境界者不知。兹略不论，而言近事之可指者。先曰欲辩形觉，当先辩形觉是一乎，是二乎，可分乎，可合乎。吾常以六级而分究之矣。曰：吾人见闻感知之物质，一级为有形无觉者焉，金石是也。二级为有形微觉者焉，草木是也。三级为有形觉更加者焉，虫鱼是也。四级为有形觉渐强者焉，禽兽是也。五级为此地上有形之中觉最强者焉，人是也。六级为无形有觉者焉，灵魂是也。曰鬼，曰神，曰仙，曰佛，灵界之大，视地为芥，不啻如草木虫鱼鸟兽之繁杂，不必言矣。但就极显之理言之，第六级之灵魂，有觉无形，人不得见。今智者信之，其次半信之，下愚不信也。然试思虫鱼禽兽与人，既已形觉相混，是形觉可合也。而金石独无觉，是形觉可离也。彼离开之觉，安得谓无？故知有有形无觉之金石，即必有有觉无形之灵魂也。更见觉之进化，愈离地而愈强，地积尘也，觉愈离尘而愈强，可断言矣。人不过地上一小虫，地不过宇宙中一微尘，故回祖曰："居于无形天地，视有形天地，不过如一芥子，人安得为宇宙中第一灵物哉。"自视为宇宙中第一灵物，朝菌蟪蛄之见也。人非宇宙中第一灵物，以此反复精思，则形觉是二偶时合一可以分离之义明矣。且无论白，又欲辩形觉，当先辩谁贵谁贱。夫觉性小之塞于天地，大之弥满六合，即在身中灵智一想足以包星辰而罗日月。彼地一芥尘身七尺肉，安能与觉性比哉。如谓形贵于觉，则牛马贵于人矣。夫草木虫鱼禽兽之所以贱于人者，非以其形不巨，皆以其觉不强也。人不贵觉，将自堕于草木虫鱼禽兽乎。如不贵觉而贵形，何故爪为形之坚者则削之，发居形之高位则剪之，为爪与发，无觉故也，此一身贵觉贱形之证也。父子最爱者也，死而无觉则埋之，此一家贵觉贱形之证也。贵觉贱形之义明，则可以言修养矣。

然而趋一偏者，有二说焉，一曰惟心论，二曰惟物论。主惟心论者，义详于佛谓山河大地，皆是幻想所成，一切诸有皆空中花。生心结想藏于九识，而后十二因缘，四大假合以与尘诱，妄加分别而远离颠倒之种种世法起矣，此至精至正义。然而，不易通于俗，吾且作鄙言，以证其略曰：万物惟心，当是定论。若无眼识，土偶瞪目，不知有日月；翁仲立雪，不知有饥寒。非因白有识，一切万事万物，何从分别哉！况因白成体，若人无白，此身亦不生矣。近世哲学，渐主惟心，一线灵光，将通物外，高矣明矣。然而过偏，则有二失，不得不妨［防］，一曰助长，二曰顽空。何谓助长？灵觉既困于六尘四大之中，时至自现，但守纯仁，养以自然，斯足矣。明知丝性在蚕卵中，秋而暖卵以孵之，终不成丝；明知花性在菊根中，春而熏根以发之，终必杀菊；亦不安命之至也。明知灵魂在人身中，必以奇术怪法，提而激之，催而用之，见神见鬼，疑幻疑仙，因主惟心，反以害觉。妄念纷纭，揠苗致病，如催眠术，如神学家，此偏于灵魂万能，不顺中和之理也。何谓顽空？养觉之法，有惟求极静，不取作用者，佛氏《圆觉经》所谓"奢摩他"是也。有本体常静，不废庶事者，《圆觉经》所谓"三摩不提"是也。法本无定，静则生明，静中之静，动中之静，亦动亦静，不动不静，本无常法，要在本体内明。然因养心莫善于寡念，寡念莫善于主静，而顽空枯禅之习起矣。既废人事，又碍天机，如食叶之蚕，必效入眠之蚕。时机内外，未能彻照，徒取饥毙而已矣。此偏于惟心寂灭，不顺中和之理也。主惟物论者，则更悖谬至极矣。今民忘道而修器，舍天而争地，天演论，实地演论也。而欧洲哲学，一时多主惟物，谓能见闻摸捉，当是不虚。机智之发，全恃凭物，亦若灵觉全凭一掬水浆之脑，生机全凭一斗赤汁之血。性命生灭，全在七尺之躯，治乱安危，全在备物制形。甚至生理学，仅考细胞，而不究八识十二因缘，因白成体，乾父大始之奥义。于是，言治民福世者，曰民权，曰民生，曰民之衣食住，曰约束民形之法，而不复言民德矣。夫不言民德，忘治白而精于治形，不知民之守法犯法，心使之耶？形使之耶？即使物质文明达于极盛，家家有秦嬴政之富，而骨肉且相杀也；人人有羿荡舟之强，而首领且不保也，又当奈何？况不修道而修器，溺于六根六尘之中，虽坚如贝，捷如鸟，猛如狮，寿如龟，终无所成，为天所戮，是盖不知宇宙真理者也。其偏而卑，小而污，不足与惟心论者比拟而并论矣。

要之，主惟心论者，易流于废世事。废世事则民苦于生前，而国亡族灭。主惟物论者，易流于逐物欲。逐物欲则民既大苦于生前，又久苦于死后，而万恶皆备。今以中和主义调之，惟心、惟物二善并举，而不致流，斯可矣。有二要焉，一曰随时兼养，二曰知所贵贱。何谓随时兼养？养白之道，在仁慈、虚静、真诚三者而已矣。养形之需，在衣服、饮食、居宅三者而已矣。其相抵触者，因眼耳鼻舌身意之欲，而求衣服、饮食、居宅之需，以害仁慈、虚静、真诚之道心也。今若以教为主，以政辅之，劝民以不过物，不淫心，限民以不得过物，不得淫心。凡当劳心、劳力勤于庶事之时，皆刻刻自忖曰：此所以利人济物，养吾仁慈以合天成佛者也。犹有杂念，则自又忖曰：倘不虚静乎。犹有我相，则自又忖曰：尚不真诚乎。如此念念不忘，净白纯熟，功德之大，百倍诵经。修器之时，常念此器是起欲害白之器，则即去之。是养白养形而不相害之器，则立成之。师以此教之，官以此督之，则形而上形而下二者齐举，相资而实不相碍也。形觉互养，是能守中而又和也。嵇康锤下，谢安相位，何常忘养白之道哉？何谓知所贵贱？如前所论，觉贵于形，况养觉寿无极，养形仅百年。今有养形之事于此，不害养觉，为之可也，有害养觉，不可为也。今有养形之物于此，不害养觉，取之可也，有害养觉，不可取也。以此为度，是守中也。至于事势相逼，必不能兼，则守养觉之道，而弃养形之器。衣服饮食居室，首领亲族，皆可弃也，慈仁、虚静、真诚不可弃也。故孔子曰："志士仁人，无求生以害仁，有杀身以成仁。"又曰："去食。自古皆有死，民无信不立。"故主中和，如置冠履，各得其位。师以此教之，官以此督之，净白合天，全形合地。养白为道日损，养形为学日益，能圆融无缺者，至圣也。以此为正教之规矩，民皆贤矣。是谓中和，白净而身亦福矣。

十六　男女互助（倡主义之十六）

男女平权，互助以睦。

释：男女之间，阴阳相偶，男正位乎外，女正位乎内，男女正，天下之大顺也。中国古者婚礼，合二姓之好，自天子以至于庶人，无不至敬，所以重男女之别也。鲁哀公问冕而亲迎，不已重乎。孔子愀然作色而对曰："合二姓之好，以继先圣之后，以为天地、社稷、宗庙之主，【君】何【谓】已重乎？"由是观之，古者男女之间至敬也。三代以下，男子权柄日增，擅作威福，于人民且奴隶视之，况宫中屠弱之妇人乎！于是误引天尊地卑、干健坤顺之说，女子之权一堕而不可复振。近代刑律，妻杀夫者为逆伦，处凌迟，夫杀妻，囚杖而已矣。南北夷蛮之俗，卑女尤甚。夫暴则妻妾冤抑，无所控告，间有牝鸡司晨，然而百千之一耳。而欧美之习，则又反是，一家之中，妇操其政，出则女倡而男随，坐则女上而男下，国君去位，女子亦可以嗣位，且近来女子参政之说又大盛矣。吾尝谓尊男卑女，出自动能，女子之身常弱于男子，故兵戎之役，劳农之苦，女子恒不任。至于劳心、哲理、文学之事，考之古史，女亦远逊于男。而其性阴幽，又鲜纯懿之德，由鬼依阴者恒垢也，此亦固然。然而作而兴之，又未必如今之甚也。从军女子，秦风歌之，木兰、潘将军①、秦良玉②辈，前后辉映。吾国西粤、滇黔之边，女服农事，成为惯习。伏女传经，曹大家续传之才，史册常有。若谓德性阴幽，则贤妃哲后与敬姜孟母，岂须眉男子所敢慢哉！吾尝谓女子之无能，习使之然也，太古之鸡，本为雉种，今何以不飞？太古之鸭，本为凫种，今何以不翔？习久而官能废也。近代视女人为玩物，甚至缠折其足，束细其腰，其体弱矣。又不令任政教劳心之役，闺闱之内，坐井观天，志怠业荒，彼安得不暗且庸者？今者欧洲男女同校共学，又闻女子恒优于男子矣。而尊女卑男之习，出于怜爱，雄鸡呼食，鹁鸽随妇，此其例也。夫冶容动于耳目之前，而恭敬加于顶额之上，此亦人之常情也，又何异乎？今调以中和之说曰，尊男卑女，尊女卑男，皆非也，男女齐分也。男虽庇女，女实生男，女非男无以立，男非女无由安也。今若分教事、政事、军事、法制、农事、工事、矿事、牧事、林事，以至百务庶事，皆有官司，官皆有九等，与治民之官同俸同爵，则亦如此分课于女人。男女同业相偶，必择其能相若者，于是妇人与夫同爵同禄。夫教于堂，妻为考典籍。夫官于位，妻为司密牍。夫战于陈［阵］，妻为赞帏幄。夫理曲直，妻为稽缺失。夫耕于田，妻馌于南

---

① 潘将军，指北魏杨大眼妻潘氏。
② 秦良玉，明朝末年女军事家。曾率"白杆兵"参加平播、援辽、平奢、勤王、抗清、讨张献忠诸役。

亩。夫工于场，妻为助细作。夫凿于山，妻为料出纳。夫牧于原，妻为收毛乳。夫树于林，妻为择佳种。以至百务庶事，莫不仿此。如此闺房相勉，严于师友，耦耕之乐，亦甚王侯。相与补其缺漏，而勖其不及。出入坐次，比肩而右男。以敬天地干坤之序，谁曰不平哉？多妻主义，象取于《易》。一阳统五阴，然《易》言一君统众民，非言五阴为五妻也。三代以下，天子诸侯卿大夫重延其嗣，以守其家。于是后妃夫人媵妾之制起，每纳贵人于荒淫。后世袭其非，以纵人欲，而妻媵遂无限矣。郑康成指明当夕之数，陋矣。夫生人相偶，民之所由生也。然当节淫戒欲，以净其白，而固其气，健其体，以载大道，非以宣淫也。佛氏且欲不娶，盖矫之也。今就医学生理考之，一男一女，仅足相敌，杂偶必病。故《传》曰："女，阳物而晦时，淫则生内热惑蛊之疾。"人仅七尺之躯，非如腽肭之贱，妻妾岂可多乎。而况争宠竞媚，此诈彼谖，大陵小则有吕雉之祸，小加大则有骊姬之凶。疏兄弟，逆父母，逐杀子女，毒不可言。此极恶之端也。反其道而矫之者，多夫主义与公妻主义是也。多夫主义及公妻主义，事实相似，以一女而可以配多男者也。面首三十，千古丑之，中国视此以为奇辱，非法也。西藏西康，犹有余俗。万国亦丑之。而奇异之说，忽起于挽［晚］近，文之曰"公妻"。夫公之为字，何其美也，一加于妻上，则恶矣。彼倡者，意谓破家之法，始自公妻。吾既不赞破家之说，则公妻之说，更无论矣。彼鸳鸯鸿雁鹣鸽及鹡鸰乌鹊众禽之类，不私家、不传业于子孙，尚不公妻，可以人而不如鸟乎？谓公妻，即可以解父子兄弟之伦，涣小群为大群，殊不知人之有爱情，如火之亲木，不附于此，即附于彼。若夫妇父子兄弟之伦既废，倘有男女才貌相悦而不解，又将如之何哉？或以同党相亲，或以同邑相亲，或以同业相亲，小群终不能涣，又将如之何哉？防人之情，至于如此，是由堵水闭汽也。堵水溃大防，闭汽裂铁釜，又将如之何哉？故古者圣王作《礼》，孔子修之。《诗》始《关雎》，《书》美"厘降"，《春秋》讥不亲迎。孔子曰："男女有别，然后父子亲；父子亲，然后礼作；礼作，然后民知敬信。"此其义非俗子所能知，不足与言矣。俚语曰：人之不作想作狗乎，若公妻者，作狗而已。人尽夫也，尚何可廉耻道德论哉！今主中和之说，一阴一阳之谓道，夫不可以多妻，妻亦不可以多夫。若必曰夫死，则妻不可以再嫁，其妻死，夫亦不可以再娶，所以重义、亲亲、健体、减生、节欲、崇德，则人类太平，男女平等，而休嘉之气至矣。此其事，尤恃于净白，无他术也。

十七　多生不生（倡主义之十七）

节生均人，不乏不溢。

释：多生之义，中国数千年来皆主之，故《易》曰："大生，广生。广大配天地。"古天子诸侯大夫惧绝后昆，胜于惮死，即庶人亦曰"不孝有三，无后为大。"故妇人不生子即出之。《诗》曰："螽斯羽，诜诜兮，宜尔子孙，振振兮。"夫螽斯，蝗也，害苗之虫，犹且举以为多子之瑞，则中国之重多生，可谓至矣。夫多生至恶也，虫鱼极贱，极多生；鸟兽蠢恶，亦多生。是以虫鱼不杀，三年可以填江海。鸟兽不杀，十年可以塞地面。草惟多生易生，故农夫薙之。兰惟少生难生，故芳园蓺之。多生者杀之由，乱之源也。夫田有限，而草生无限，若不杀草，田将何以容之？地有限而人生无限，若不杀人，地将何以容之？考之古史，鲜有百年不乱者，多生为祟也。隋唐之前，人逾万万，及唐太宗定业，则人仅二三百万矣。明以二百年之休养，人又满盈，及满清入关，而数省无人，且其有者，亦不过十之二三耳。此寡之易治，而多生之巨毒，可征也。然而，犹以为有益者，则私家私国之主义促之也。私家者曰：子孙若绝，祖宗不得血食，富贵大业无以传。此说固为极谬，不足以论于文明大同之日，况净白之理乎。私国者曰：十年教训，十年生聚，民多则财阜，而兵亦众。此其量大于私家者。民族主义，自保生存，亦有故也，而犹非真理大同之教焉。回教之徒，二十必娶，兹所以强其国欤。然而，不究于净白之理矣。不生之义，佛氏始主之。帝尧曰："多男子，则多惧。"微有其意。此精理难言也，是净白出世之法也。出世则六根且当弃，而况于子孙为我之遗根乎。《阴符经》曰："生者，死之根。"言既生，必死也。近观小物，日不生日，月不生月，故日月长明。金不生金，玉不生玉，故金玉难腐。人以生白载死形，而自以为生，则大谬矣。若绝于十二因缘之外，不与尘混，太空自在，谁得而生死之哉！若不言出世之法，而言入世之法，多生既有害，则不生自有利也。吾常考之生物之理，地受日烤，不能即焚，于是觉性吐英，应地而生。假根用尘，以其不能遽出尘也，故鱼鳞假食水之根，而先生水中，质密尘重，不能通天，久之水渐归江河湖海，而昆仑高山现陆地矣。得天气而生草，草愚不能通天，乃生虫。虫既生，自能有卵，自配阴阳，乃生禽。禽亦如之，乃生兽。兽亦如之，乃生人。自草木及人，天地之屯，难久矣。故《易》之道，干坤初交，即受之以屯，今若于否蹇讼盅睽革之时，厌其苦而反于屯，其能复干坤之旧，而归于太极乎！佛氏之言，归于太极之理也。故不生吾人，已陷于垢白之类，则无极生太极，太极生两仪，两仪生四象，四象生八卦之后，能不顺序安命，而尽之可乎！一人独参无极可也，其如众人何，其如众生何？若人尽不生，百年之后无人矣。无人则草木又繁滋，禽兽又互杀，其觉昏恶，不能一直通天，又将待兽，徐演千百年，方始为人，而文明再兴，世界改造，斯亦毒矣。故中和主义，不主多生，不主不生，而主节生。谓多生即可以强国者，中国之人已可平五洲矣。谓不生即可以度尽众生者，焚毁诸地则大仁可全矣。故吾于出世间法，主不生之义，于入世度众生，尚不主不生也。即佛亦未尝纯主不生。节生之法，先净人白，人身净则虱虮鲜生，人白净则天地清和，人类亦鲜生而文明矣。况净白之大道既明，民亦多不愿婚娶而保其贞，则生大减矣。此治本之法也。至于治标之法，男女择健者，不甚愚者，不穷凶极恶者，而后许其婚娶，则生又减矣。再限男女终身不再配，其生更减矣。加以计地计物，料民而时节之，养人之物常十九，生民之数常六七，不使有过，减则进之，溢则退之，虽有凶荒旱溢，民无灾害，而乱不作矣。《易》曰："节以制度，不伤财，不害民。"财与民并提，则知民生亦当节矣。故其象为水泽，如泽容水，不使汜也。《周礼》地官司徒，掌建邦国土地之图，与其人民之数。而媒氏正万民之婚娶，以五礼防万民之伪，而教之中；以六礼防万民之情，而教之和。中和而计民数，大有节生之制焉，亦惟归于中和而已矣。惟净白是恃耳。

十八　缓急适宜（倡主义之十八）

不缓不急，训致丕绩。

释：方今风潮之烈，骤于急湍，而变若浮云。推其本，因民皆思自利自保而已矣。惟民各思自利自保，故有两派之说焉。此两派也，各执一端，有主迂缓徐图者焉。此派说者，本极文明，发于仁慈，而为拥兵、拥权、拥财者所假借，则恶矣。彼拥兵、拥权、拥财者，徒思多延一日，即享一日之兽福，而不知其自速戾夫百万之兵求自焚也。高位大权，饰文牛也。积金如山，象有齿也。姑勿论为净白圣教所不容，神天白王所鄙弃。即言世法，负戴不死，严卫洞胸，享寿茅屋，断首深宫，金玉满堂，身戮子流，若是者多矣。圣人知兵权财富皆不可保也，故首顺天心，以大仁自保，克惠下民以人心自保。鲜触世忌，以和气自保；戒多取物，以不怀璧自保；劳心健力，以强其骨自保；方可以尽性命，而终天年。若以兵以权以财，则今古中国之人千百万辈，多死于此，吾不暇尽举例矣。而又假借迂缓徐图之说，以遏天运，以抑民气。呜呼！天运民气，将趋太平大顺，如火之燎原，水之溃防，岂能一身御之哉！若谓迂缓徐图则当图也，奈何去兵之论震动天地，而彼方聚兵平权之论光如日月，而彼方窃权公产之论掀动江湖，而彼方富产而又目不读古圣之书耳。不闻四方之语，如缸中鱼，不知屋之将焚也。此适足以迫起大祸，酿成奇灾，自误误人。可悲也，可耻也，亦可笑也。此今之主迂缓徐图者，谓之苟延残喘，吾固不赞也。垢白之伧，岂能悟乎。有主立致大顺者焉，此派说者，本极正直，发于义愤，而流为过激，则恶矣。彼其言曰彼拥兵、拥权、拥财者，流毒于天下盖三千年矣。今又不悛，悖弃民命，遏抑正气，以遂其私欲。吾辈将以断头之台待其身，而以五毒之刑夷其族，以李闯脑箍穷其财，以陈涉揭竿夺其势，然后吾辈指配公财平权、废弃不均之制，而纳于太和。此今之主立致大顺者，谓之过激躁进，非净白所发，吾亦不赞也。吾今主中和之义，发哀恸之语而告之。吾之主义前已言之，必欲安天下之人，不使一夫不获；养天下之人之形与白，不使天人背驰。若上二者，此不伤彼，彼必伤此。顺民意天心者，小伤于一时；遏民意天心者，夷灭于后日；非一夫不获之道也。平心就理而论，事何可缓？亦何可急？若言急者，头有巨疮，能立去乎？割头则立去。若言缓者，头有巨疮，能不医乎？迟日则有死。若言急者，苗初绽芽，能立获乎？刈之则无食。若言缓者，苗初绽芽，能不溉乎？旱之则有槁。若言急者，万丈之梯能一跃乎？跃下则堕死。若言缓者，万丈之梯能不蕫乎？久立则楼焚。若言急者，初生之卵能剖雏乎？剖之则卵殈。若言缓者，初生之卵能不伏乎？不伏则卵腐。详审于此四者，则缓急适中矣。

吾常谓改革之际，如蝉与蛇之脱皮然。生机发于中，而陈尘退于外，则自然而新。若生机未发于中，而强剖割之，则蝉蛇惨痛而死矣。何谓生机自发于中？《周易》之道，以复为生机，由复徐进于临，由临徐进于泰，由泰徐进于大壮，由大壮徐进于夬，由夬徐进于干。复道德明于下圣，哲言于野，而人白净也。人白净，合天心也，故曰复其见天地之心乎。临正人渐得权势而教行也，故曰君子以教思其穷，保民无疆。泰正人扩清内部，而阴邪自然来应，不得不降也，故曰君子道长，小人道消。大壮正人既定于内，又动于外，阴邪不能掩破竹之势也，故曰大者正也，正大而天地之情可见矣。夬正道大显，正人大盛，小人末路，如斩立决，无所逃也。故曰所尚乃穷，刚长乃终，干太平之极也。此《易》之序，有伦有次，如笋之生，含苞蓄气，以穿土石，渐伸其干，以脱覆壳，渐出其枝，以完成竹，非一抽一揠所能成也。夫天下之乱，人心之坏，盖二千年矣。一日之醉，半日而后醒，况三千年之沉醉乎。然而，新党之欲立致大顺者，又果顺道也耶！党魁群首，能体复见天地之心，以净白乎。其成聚也，能体临正圣教，以保民无疆乎。其大盛也，能体泰扩清内部，尽行净白之道，以伏小人乎。其将成也，能体大壮正大，得天地之真理乎。其收功也，能体夬所尚之思，合意完成刚正大长，终结圣治乎。何遽望干之元亨利贞也？总之，天下大顺，必有其时。《阴符经》曰："日月有度，大小有数。"苟非至善，何以当之。以中和致太平，一本《周易》。"革"① 曰："已日乃孚。"言改革非经多日，民不信，事不成也。圣人在下，各勉于净白，修身立说，以开民志毋聚，体复卦也。徐而人白大净，人心自合，尽择君子，以始基而倡大教，体临卦也。赞者渐多，试兴诸业，而内部扩清，毋留私比，体泰卦也。自此阴邪自伏，而应我者朋来矣。由泰而大壮，而夬而干，犹视诸掌。夫收禾稼者，尚待一季而时勤耕耘。起沉疴者，尚待时日而培养元气。吾之迁如此，非世人之迁也。虽然彼拥兵、拥权、拥财者，亦宜自谋，毋壅川自溺也，顺时而利导之，时与新党商榷而互助之，毋为小人之尤，必待君子斩立决也。吾视公产、平权、大同、平等，凡属公平主义，未有不成功者也，特需时日而已矣。作而成之，无缓无急，大丈夫心慈如天，眼明如日，智先于造化，宁不知有赞之乎。故知中和主义者，双方相就。拥权者力图顺势，而让权以公于民。拥兵者力图顺势，而解兵以除军阀。拥财者力图顺势，而散财以齐世物。而又求联明哲新党，日与商缓徐励进之法。新党首戀，其德极诚公仁，净白合皇，研精事理，结合贤圣，先为预定逐年次进程序，按时实施。回祖曰："天运有期。"夫贵者不能骤贱，逸者不能骤劳，富者不能骤贫，权者不能骤解，多妻者不能骤散，旧学者不能骤新，愚者不能骤明，迷者不能骤新，此皆大病也。趋新者不究既往，不迫人以不能，如登山然，接步斜上。近则二十年，远则五十载，未有不能致太平大顺者也。吾将作专说以明之，兹不多赘。

---

① 革，指《易经》中的"革"卦。

十九　得人正德（倡主义之十九）

得人正德，以为两极。

释：中和主义之实施，别无二道，曰得人、贵德而已矣。有此二者，中和主义可以行，世界国家可以太平大顺矣。无此二者，虽圣神主义不可以行，世界国家不可以太平大顺矣。世人不勉于此二者，而欲以鄙贱奸滑之夫，承圣贤豪杰之业，则怪吾中和主义之不良也亦宜，岂不哀哉，岂不哀哉！谁能不先净白，而欲以建大业乎？何谓得人而后能实施中和主义？《中庸》曰："为政在人，取人以身。"此身亦人身也，政者正也，正中也。《中庸》言政、言中和，而首重得人，知本也。考诸古训，人受天地之中以生，得天地中和之气者人也。惟圣贤能净其白，全此性命，故谓之正人。正人者心如其形，直立通天也，故圣贤全性命，方谓之人。若物欲杂心，谓之倒植之民，如草木之贱，非人也。奸回放佞，谓之邪僻之民，如禽兽之贱，非人也。据地不立，谓之横逆之人，如虫鱼之贱，非人也。故孔子言得人，不言得善人、贤人、圣人。既可以为人，即善人、贤人、圣人也。老子言真人、至人。真足为人，而至其极，即神圣不过是也。今则不求人，而惟高谈主义，言耕而不求牛，言驾而不求马，欲其实施，恶可哉。吾谓今之求人者，有如呼妓，金玉为招，肆晏设席，纷纭粉黛，接踵而来，呼彼以为妻，即应之以为妻，呼彼以为妾，即应之以为妾，及囊空金尽，陌路相逢，野鹜分飞，谁复顾盼。何者？合以利，解以利也。今穷者欲夺达者之势，则集穷者为一群，而倡一主义，曰将以救世界国家也，及其稍得势矣，各据一地，各抱多金，各私其尤亲，各执其偏见，而群解矣。何也？彼合以穷，解以达也。今达者欲拒穷者之夺，则集达者为一群，而倡一主义，曰将以救世界国家也，及其稍失势矣，各逃其命，各改其节，各顾其身家，各保其长乐，而群解矣。何也？彼合以达，解以穷也。穷达异操，凡今之人，可与言主义共大事乎！吾非恶之，欲勖其成，则用大谏。孔子抱中和主义，以经纬天地，并育万物，而首以求人为急务。故其言曰"不得中行而与之，必也狂狷乎。"唯中行不偏不倚，无过不及，乃能致中和，非中行不胜其任也。狂狷犹有真心，去中道不远，孔子不得已而取之，犹可以小成。今也狂者，则人妒其才，而惮其直爽。狷者，则人笑为迂，而惮其廉隅，以是而欲成一主义，譬之缚鼠驾车，放鸡搏兔，折足覆𫗧，可断言矣。《易》曰："龙德而正中也。"云从龙,风从虎,圣人作,而万物睹。夫以干刚居九五正中之位,犹不能不有风云龙虎之会,正以非中和之人,不能举中和之业也,而况才德绵薄之人乎!蝇从膻,蚋从粪,匪人作,而万物闷,今之谓也。虽有主义,不足与言矣。《诗》曰:"人之云亡,邦国殄瘁。"其奈之何?故吾倡中和主义,而惟重得人,其人存则其政举,其人亡则其政息,非主义之为善,恃人善也。又非人之为善,恃白善也。

何谓正德而后能实施中和主义?《书》曰:"正德、利用、厚生、为[惟]和。"中和实施,首重正德也明矣。今之言公民主义,曰民权,曰民生,曰民利,曰民福,曰实业,曰宪法,吾未尝闻言民德也。若然,则利用、厚生,即可以为[惟]和,又何必冠正德于首哉?故不正德,不足以语于和也。何须经义,即以中边言之,今人亦不识也。夫形边也,白中也,法仅能正人之形,治边而已矣。德所以正人之心,治中之本也。若中不治,而边可治者,饮鸩于腹,净肤革即谓无病矣。伏火于怀,整衣裳即谓无灾矣。吾尝谓法律万恶,有一法即有一诈以破之,世法然也。有一法必有一魔以扰之,佛法然也。佛以空德而后能胜众魔,方为究竟。人以公德而后能克诸诈,方致太平。况改革抢攘之际,正奸邪展臂之时,乘救火而越货,司虣有不胜其诘者矣。政府竞进之场,即藏垢纳污之所,纵魅魑入膏肓,良医有难施其术者也。人尽凤麟,凤麟何须治凤麟?人尽蛇蝎,蛇蝎何能治蛇蝎?吾前之所谓人,即后之所谓德也。德者净白有德之人,非徒有才之人也。直心为德者净白也,即正心也,即中心也。《传》曰:"有德则睦,否则携贰。"今人污垢其白,各藏二心,天下鼎沸,无德也。《经》①曰:"德者本也,财者末也。外本内末,争民施夺。"民德之浇薄如此,虽有中和主义,能禁民之不施夺乎!喜怒哀乐之未发谓之中,发而皆中节,谓之和。人有此德,大中至正,天人皆和可也。不有浩气塞天地,焉能大力洗干坤!

吾言中和主义,文字法相论至此,吾亦无法,圣亦无法,佛亦无法,而归结于得人、正德,净白也。人之不作,德之不正,白不净。吾亦不知自保,而况于言天下国家之事乎,尽心焉耳矣。中和主义,考诸三王而不谬,建诸天地而不悖,质诸鬼神而无疑,百世以俟圣人而不惑,非今人偏激之言也。此主义也,待其人而后行,苟不至德至道不凝焉。既言待人,又言至

---

① 此系《大学》所言。

德，得人、正德之为要明矣。经训之反复叮咛，行不行在此枢纽耳，吾悲极矣。吾不敢附诸主义，亦不敢攻诸主义，吾惟以中和主义，辅翼诸主义之长，而婉劝诸主义之短。反而观之，诸主义皆吾敌也，正而绎之，诸主义皆吾党也。若真人必不可得，德性必不各正，吾惟以此洗心退藏于密，吉凶与民同患，依夫中庸，遁世不见知而不悔矣。生民之本尽矣，治乱之数明矣，中和主义之略论终矣。

二十　离尘归宿（倡主义之二十）

离尘净白，中和戬穀。

释：今言中和，真中和哉。太平大顺，非中和也。何则？尚缚于尘也。膃肭之所谓中和，非鹬鸸之所谓中和也。鲤鲉之所谓中和，非虎鹦之所谓中和也（虎鹦俗名虎皮鹦鹉）。蝇蚋之所谓中和，非蠊蠔之所谓中和也。鹰鹯之所谓中和，非鸠鸽之所谓中和也。膃肭冬居北极之冰，犹以为燠，鹬鸸秋藏南岭之窟，尚觉其寒，寒暑谁识中和哉。鲤鲉一吸无水，则觉其涸，虎鹦终身不饮，舐露且死，燥湿谁识中和哉。蝇蚋唉粪而甘，蠊蠔嗅秽即毙，垢净谁识中和哉。鹰鹯非肉，饥死不尝，鸠鸽吞脂，如食鸩毒，晕素谁识中和哉。夫寒暑、燥湿、垢净、晕素，尘也。膃肭、鹬鸸、鲤鲉、虎鹦、蝇蚋、蠊蠔、鹰鹯、鸠鸽，其根不同也，根不同无以识尘之中和。尘中本无中和，何从而识之哉？如水中本无鸟，海底之螺，终不识鸟也。庄子曰："孰知正味，孰知正色。"正，中和也，彼物之根不中和，故不能识尘之中和。吾人之形，真得中和夫哉，于此地上，比物较中和耳，故最灵。中和者，灵之府也。螺得中和，即不生于海底。人得中和，岂复生于秽土哉！其亦吾人之以为中和者，非宇宙真宰之中和也。宇宙真宰之中和，不就秽土之六尘，万物并育而不相害，岂若吾人害五谷六畜以为衣食，害草木虫豸以筑宫室哉！宇宙真宰之中和，入水不溺，入火不蒸，四海沍冰冻而不寒，万岁不饮食而不饥。三辰陨，众光灭，而不暗土埋天。金匦地，而不塞，岂足以语于恋尘护根之豸哉！吾尝谓此地，一微尘块耳，太空之中，有大于此地之尘块，亦有小于此地之尘块；有明于此地之尘块，亦有暗于此地之尘块；有净于此地之尘块，亦有秽于此地之尘块；有灵于此地之尘块，亦有闷于此地之尘块。人居此尘块上，而谓将顺此根，即可以得中和哉。若然，则膃肭、鹬鸸、鲤鲉、虎鹦、蝇蚋、蠊蠔、鹰鹯、鸠鸽，亦各谓自得中和矣。彼大小、明暗、秽净、灵闷之尘块，其相异也，如井之于池，池之于海，海之于溟也。溟中蠛蛴，安能与鲲鹏言溟海哉！犹［由］是观之，佛氏净土，列子化人，三途六道，必不诬也。夫净土天堂，近于中和之真宰，人不念之，将自求与中和远，而多滋苦杀乎。究竟涅槃，是何名相？不可深辩。要之，得中和者近之，必欲真空正性，而至其极，离八识以绝缘其至矣。

又尝比之造物轮回，有如一轮，真中不转，愈近中轴，其转愈少。今日月地星之轮回，睡、起、食、泄之轮回，血流脉络之轮回，颠倒吾人于宇宙中者，正以吾人之无始以来，未得中和也，可不勉于离尘而依中和乎。惟至净之白，惟能此耳。虽然，必离尘而后得中和，在尘中即无从得中和哉。真能中和，何尘不安？吾人七尺之躯，割之则痛，不如太空；劳之则疲，不如太空；饥之则槁，不如太空；寒之即僵，不如太空；焚之则焦，不如太空；溺之则毙，不如太空；而必以此合于真空中和，何适而不住六尘八识之想哉！惟有妙明正性以与之抗，克己复礼，割之则痛，不以污白避割；劳之则疲，不以污白免疲；饥之则槁，不以污白求食；寒之则僵，不以污白求衣；焚之则焦，不以污白脱灾；溺之则毙，不以污白幸生；道者何？净白而已矣，仁而已矣。忠恕也，即中和也。尘中之中和，即尘外之中和也，必欲割而不痛如削指爪，懦夫所能，何必师子佛？劳而不疲如木与石，慵者不辞，何必天行健？饥而不槁，山龟所能，何必伯夷溺而不毙？鱼鳖所能，何必鲁连？正以杂尘之中不为尘役，松柏后雕，非所以语于铁铸之树也。顺天之命，尽根之性，安尘之常，以全正觉，其惟得道净白之人乎。道无二，尘中之道，即无余究竟涅槃之道也。形可以有，可以不有，而道终不可须臾离。以度众生，乃为中和，入世出世，圆融无碍。兹秽土之乱，正所以试圣神之大德也。出世入世，各居一端，两端顺应，乃为中和，若趋一端，非中和也。然此不能与中人言，中人以下，仍以念净土天堂为善。若真有意觅中和，中和实无中和也，乃为至净之白。

二十一　权法演进（倡主义之二十一）

稍权即进，正经乃若。

释：无人无物不尽性，是中和也。无人无物不至乐，是中和也。所以有分别相，则就尘而为时中之权法耳。然用权当演进，不当演退，进入乐，退入苦，进趋中，退趋边也。何谓演进？人与禽兽虫鱼草木不能并育，而不相害也。若必欲使之并育，而不相害，人类能不衣食乎，虎豹能不噬咥乎！然《书》云："若予上下草木鸟兽？"又曰："使鸟兽鱼鳖咸若。"则又似草木虫鱼禽兽，亦可治者。故推时中权法演进，次第而及，及人而不及禽兽虫鱼草木，权也；演进之，及人与禽兽，而不及虫鱼草木，亦权也；又演进之，及人与禽兽虫鱼，而不及草木，尚为权也。必及于无物不尽性，无物不至乐，无物不平等，乃为中和。此佛言净土禽鸟，皆功德所成之意。秽土固不易致，而理则有之。

试言其要，净白得真而已矣。得真，得绝杀机之本根也。知人由草木虫介禽兽来，与草木虫介同染于秽，则知人之难治矣。知人之难治，则可以治人矣。绝其毒之本根，芟夷蕴崇，勿使能殖，即善者生矣。夫草木虫介禽兽，其互相残杀，如此其烈也。人亦草木虫介禽兽之一，独至于此，而欲尽绝其杀机，如劝蛛撒网，化虎作麟，不亦难乎，不亦难乎！又欲绝尽草木虫介禽兽之杀机，以尽度众生之量，则更难矣。实知其本，毫无所难。何以知之？读《易》与《阴符》、《圆觉》而知之，此极显至明之理也，尚不知乎，尚不知乎！《易》以阴长难治，一阴在下，五阳在上，虽系于金梎，不能止其毒。此地之恶气，本是一阴发之。五行相战，是初级祸源，其相为姤卦。虫介相战，是二级祸源，其相为遁卦。禽鸟相战，是三级祸源，其相为否卦。兽类相食，是四级祸源，其相为观卦。人类战争，是五级祸源，其相为剥卦。阴将极于此，剥之为祸烈极矣，故有姤不能不至遁。五行既相战，则虫介不得不相战，既至遁，不能不至否。虫介既相战，则禽鸟不得不相战，既至否，不能不至观。禽鸟既相战，故兽类不得不相战，既至观，不能不至剥。兽类既相战，故人类不得不相战。事相同，理相若也。如水既出泉，则不能不出山，既出山则不能不入浍，既入浍则不能不入河，既入河则不能不归海。杀机毒气，既已发矣，人独何物，而独能免此苦哉？

必欲真解杀机，自下而来，则须使五行不战，乃能使虫介不战；使虫介不战，乃能使禽鸟不战；使禽鸟不战，乃能使兽类不战；使兽类不战，乃能使人类不战。今不能于金水土石草木虫介禽兽之中，生圣物以教之，而使之不战，愚人之见，遂谓杀机万不能除。亦不观自然阴阳之相耳，夫人一物耳，天地之气，何必生此二手、二目、二足、一脑，直立通天之物哉。物物知物，物以化物，物穷于物，物即非物，则祸自解矣。明言其道，不但度尽人兽，即草木亦能度尽之，乃至度尽金水土石，犹反手也。天地一尘耳，岂以佛力不能洗净一尘哉。覆而观之，道不能于金水土石草木禽兽之中，生圣物，而于人中能生圣物，假之以手，妙契神灵，则度尽众生之枢纽，在此可以知矣。何则？阴可长，阳亦可长，阴能夺阳，阳亦能夺阴，反手而已矣。反手使阳下阴上，阳在根，阴在外，则得矣。孔子指掌，孟子言犹反手也，乃即此意。《阴符》曰："人发杀机，天地反复。"浅言之，以为人发杀机，如天反[翻]地覆也。深言之，谓人发杀机，天地此时应当反而覆之以救之也。反而覆之，使阳夺阴，不使阴夺阳也。何也？夫四方无定，上亦非上，下亦非下，反复干坤，正在白中，想尘之力，无不能及者。今不能使兽类绝杀机，而能使人绝杀机，则知绝杀机之本在人，知绝杀机之本在人，则得真矣。得真得真，就此反之，绝杀机者，天由人人，将以此善气净地也。人类得天而绝杀机，杀机一尽，则性先达于兽类，兽必不生虎狼之物。兽类绝杀机，则性先达于禽鸟，鸟必不生鹰枭之物。禽鸟绝杀机，则性先达于虫介，虫必不生蛇蝎之物。由是推之，五行四大，悉化空佛，此乃反阳夺阴之理，知此千秋一弹指耳。

千万世界，一芥子耳，人绝杀机于此地上，是为复卦。复已必临，临者兽绝杀机也。临已必泰，泰者鸟绝杀机也。泰已必大壮，大壮者虫绝杀机也。大壮已必夬，夬者草木绝杀机也。夬已必干，干者五行万类，若有形色，若无形色，若有想，若无想，若非有想，非无想，皆绝杀机，所谓入无余究竟涅槃，而灭度之也。夫杀机能夺大仁，大仁亦能夺杀机，理之自然，何足怪哉！姤遁否观，剥既可五卦次长，以成其阴，则复、临、泰、大壮、夬亦可五卦次长，以成其阳。一反则明，岂有不能度尽众生哉！揭此理而出之，乃知佛言为不妄也。《阴符》曰："天人合发，万变定基。"此之谓也。基者，净白大仁之本也。净白大仁之本定，必达于末，手翻造化，足蹈干坤，灭生死之根也。人当誓不杀人，誓不杀兽，誓不杀鸟，誓不杀芥虫草木，乃得尽导净白大仁之气，以化成万物。万物之变，以此为基，则治且乐，是以复卦为基也。以杀机为基则乱且苦，是以姤卦为基也。夫阴阳对相夺也，对者必战，战则得基者胜，故得净白大仁，可反复天地。佛说《圆觉经》曰："六根清净，故六尘清净。六尘清净，故一身清净。一身清净，故多身清净。多身清净，故世界清净。一世界清净，故多世界清净。"即是此意。是故度尽众生，犹反手也。

宇宙在夫手，反之而已矣。吾必深详发之，以悟沉迷。今也惟就人类而论，大不中和，事有万万，而又不能即去，此不能不推时中权法而演进之也。譬如兵不能即去，权法留兵。当日教以净白，体勉道德，以消其内恶，日缩其范围，以趋于无兵，是演进也。念念须知，兵终必不可以有。譬如财产不能即均，权法各保其财。当日教以净白，体勉道德，以化其私欲无厌之心，日加以裁制，以趋于大均，是演进也。念念须知，财产终必不能不均。譬如民权不能即平，权法阶级相制。当日教以净白之道德，以化其欲多上人之心，日削其偏尊，以趋于平等，是演进也。念念须知，众生终必不能不齐分。譬如世界不能即大同，权法各安疆土，各保国权。当日教以净白之道德，以化其歧视异族之心，日融其气类，以趋于大同，是演进也。念念须知，万国终必不能不合一。此四者，最大之事也，至于风俗、制度、艺术、器用、人事，凡启欲者皆当去之，凡无益者皆当去之，凡净白者皆当正之，凡养形者皆当正之。细考地上当去当正，何止万万？即如冗书应焚，长物应废，商贾应废，奴仆应废，媵妾应废，娼妓应废，凡应废者多矣。文字应正，经史应正，礼俗应正，官制应正，俳优应正，僧道应正，凡应正者多矣。中和之制，常使人终日不为无益事，终日不用无益心，以强其形而正其觉，顺时而权法演进之，如养大病使之渐痊，不使之渐笃。此事甚繁，此理甚显，吾既作时中权法论以明之，兹不多赘。呜呼！世界一大狱也，人身一大疮也。狱以化恶，疮须养痂，化恶就善，养痂待落，如斯而已矣。不因时权，一刻不能延，吾与达人，其将即赴东海乎。不图演进，愈权愈危，下流日趋，不知其极矣。今之所谓进化者，污白退化而已矣。《诗》曰："日就月将，缉熙光明。"吾人当将就于此万恶极污之世，以求缉熙光明，而驯致中和也。

二十二　中和实施（倡主义之二十二）

实施于民，万邦①极乐。

释：呜呼！三代以下，偏于少数超人之政治，盖数千年矣。惟不得中和，故至今天下大哗，群谋上治。大顺之极，孰有过于中和哉。当今之时，苟有才有势，宜应力勉于中和，以树千秋之勋业。乃彼反是，私己不知利人，人

---

① 《纲言》中"邦"作"世"。

己之间，不中和甚矣。议士借法障身，公行贿赂。武人拥兵自大，横于蛮酋。不及十年，如斯之人，其不为天下所容乎。污白者，天人所共诛也。

中和主义，何由实施？首曰自白始。先诚其意，无党无偏，惟道是从。佩韦佩弦，克己复礼。吾白既已得中和，乃畅于四体，粹面盎背。一言一行，一履一蹈，无非中和。真与天合，以净白体，正性命。不诱于外物，不惑于激论。次曰求真理。思精虑正，究古准今，古今之汇，既得中和；博文约礼，博约之间，既得中和；参彼酌我，彼我之交，既得中和；外益内损，损益之资，既得中和；持大摄小，大小之分，既得中和；精进默退，进退之宜，既得中和。皆已审无偏矣，则知吾白之已净矣。三曰发扬真理。著论为言，清而不激，和而不流，激流之失，既得中和；无喜无怒，喜怒之间，既得中和；无好无恶，好恶之际，既得中和；不刚不柔，刚柔之用，既得中和；亦吐亦茹，吐茹之正，既得中和。挥一只笔，掉三寸舌，以教世人。示正法眼，诲而不倦。不获俗利，以净吾白。不忤俗忌，以保吾和。行之百年，死而后已。四曰亲仁哲。天下之大，岂无净白之英雄圣智，公仁而不偏不惑者哉！乃以王道纠合正友，相尚以诚，相与以信。论定净白真理，一致同趋。由一而十，由十而百，至于千万，至于亿兆，至于异国。人才既合，大事必举。五曰正兵。兵为凶器，战为危地。在士卒，不过易得衣食，而捐躯亏体，为贪鄙之将作爪牙，又终致坏其家国。在诸将，不过多恣物欲，而污白戕性为秽土之上一污豸，又终致坏其家国。此理一明，兵与将终决不愚如粪蛆，而从大道之驱使，以行中和之事矣。六曰正俗。风俗之坏，至今为极。往来则纯以势利，愈趋而愈污。游戏则纯以淫奢，愈习而愈恶。养成夺人自富之心，尊重失道逐物之蠹。非有达士提携，中人何能自拯？若今启正人修移风易俗之礼，必能使白性著，庶民兴，如见天日之恩，一行百效，终底于成。中和之气，必可普被。七曰统教。道德教人，净白至善。大中至正，如日在天，万人各见，仍是一日。为物不二，不先统教，人心不一。此教以有我相，而欲服他教，他教亦必以其我相拒之。此教以威力，而服他教，他教之心，终不服也。不如空空洞洞，纯致中和，中道共信，和以合之，则五教之徒，未有不合而为一者也。宗教既合，则天下为家之本立矣。八曰备物。圣贤不得备物以为资，虽有道不能行也。非圣贤虽备物以为资，徒以害己又害人，两伤而已矣。势位、财用、土地、兵力，皆物也，惟圣贤不以其道得之不取，故恒不得物。小人不以其道得之亦取，故恒得物。然圣贤有所不为也，而后可以有为。慎夫其取，天运不终否，大道不终晦，必有时而成也。岂永远鬼蜮混世哉！九曰永图。中和主义，一人得之，一人信之。誓终守之，言非中和不出口，行非中和不妄动。与人非中和不施不受，接物非中和不迎不拒。吾终身行之，终身行之而不成天下之务，使子孙终身行之，子孙终身行之又不成天下之务，将使后世子孙曾玄以至万世终身行之。心志诚坚，天地可格，精神坚定，木石能开，又何惮其不成乎。十曰顺时。天下治乱，本有其时。至道在人，无关通塞。草木春荣，禾稻秋实。常护身心，勿误机会。时应播种，则宣言以播种。时应耕耨，则治事以耕耨。人生百年，收获之功，何须及吾身亲见之？何须不及吾身亲见之？功不必由我成，名不必由我立，而净白中和主义，终自亘宇宙而参太极。

圣治实施：总纲

乃图实施，努劭圣治。一曰创始，二曰正则，三曰永保，四曰时权，皆由净白，性命本源（净白为太平圣治，图实施第一事，总纲也）。

释：今言太平实施。左列诸事，皆不易之经，而必由之路，非徒尚空谈也，故出之以简略。呜呼！人能净白，太平圣治之成由反手也。夫今之人，非其才力不足以修太平圣治也，以私欲害之而已矣。私者曰功必自我立，名必自我成；欲者曰富贵必自我先享，于是得公权者食民之食，衣民之衣，不能利民反害民矣。至于小民，因私其身，而被迫为兵，因私其家，而输财养贼，如白性大明，纯认公理，又焉有此祸乎！尧帝一庸才耳，凤闻舜贤，不即往聘，必待师锡，无刘备之敏捷。既已得舜，不敢即用，必试以女，无殷高之英断。观其列，试诸艰，然后授位。其再三审慎，疑虑犹豫，一庸人能之耳。然而，能为千古之圣帝者无他，一公而

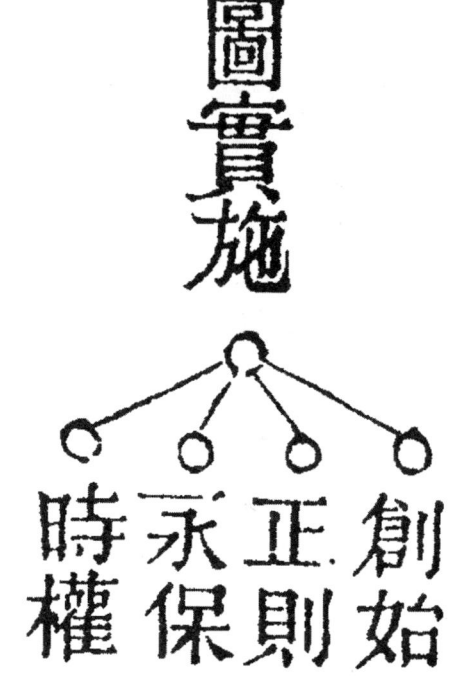

实施图

已矣。倘今人稍明白性，尧舜之才，遍于天下，太平何难成哉！今之人，非无修圣治之才，去其私欲，虽平章百万，地球绰有余裕。人咸知白净一层，比之子孙帝王万世之业，其利百倍，将见大宝弃途，而莫或拾之，设为高位，而莫或居之。如此，事惟顺道，以图净白，世界自泰，灾祸不作。故一人净白以为倡，而神龙首出；万民净白以为踵，而三才休和。即本中和主义，主教统教之二事，始于一国之中。继而五洲穆肃，圣治太平，纯依于净白。此创始之第一事也。以净白为总纲，乃分创始、正则、永保、时权为四务，而一一论其必由之道（见实施图）。净白一事，功居九九。民皆损五害，著白性，虽削木为吏可以定矣。今人狂倡主义，妄谈政术，终无一成者，不自净白始也。如卒不先净白，再乱万纪，不能戢事，不亦哀乎！故反复叮咛，而不忍置也。圣治初倡，遍教闾里。净白学明，莫敢不服。民皆净白，驱而之善如流水矣。

得人（图实施创始之第一要事）①

世有治人，别无治法。纠合贤才，一建莫拔。别才因宜，庶政咸达。

释：图圣治之实施，首在得人。民先得长，飞龙在天，益以求辅，风云会合。所谓得人，非如今人之纠合党徒也。本于白净则人，垢则非人之理，以贤为重，不以方。尧扬侧陋，舜尚枚卜，汤聘莘野，文访渭川，自古大业，必由此基。今人反之，功用不成。夫匠人欲成屋，必集群匠乃敢任工。驿夫欲运材，必集牛马乃敢受货。今欲建太平伟业，而智不及贱役，不亦哀乎！世之人徒以为二目一手十指而两耳者皆人也，我亲我戚授之以兵皆师也，而不知同一兵也，廉颇得之则强，赵括率之则弱。我友我徒授之以权皆官也，而不知同一权也，子皮掌之则困，子产司之则张。美丝必入织女之手而后成锦，瑶琴必入师旷之手而后成声，大权必入圣贤之手而后建业。万般良法，尽属空谈，一人公明，遂成实事。故欲修太平之业者，首务得人。不以党，不以私，不以类，不以情，鉴公衡明，兼六途（见前）之长，以旁求俊彦。内不避亲，外不避仇，先觅公明，以为骏骨，遣行天下，周谘乡曲。列为十科，曰资深，曰德劭，曰行优，曰学富，曰才高，曰名显，曰绩著，曰质美，曰专技，曰杂术。此十科者，以类相求。专遣访员，遍搜域内，拔

---

① 原标题为《得人第一》，因与附题重复，故删去"第一"二字。

茅连茹，必尽必遍，野无伏才，家无隐能。能统一全省之人才者，能定一省者也。能统一全国之人才者，能定全国者也。能统一天下之人才者，能定天下者也。人才者，万民之本也。本既得矣，枝叶焉往。今之人大权在握，从不闻访求人才，而惟以利禄招阳鱎以为鹰犬。贤豪散处，别有他谋，其仆也可立而待也。进之得贤不难，别贤尤难。自汉以降，以儒学为万能，诚以道理一通，可司钧轴，为百科之主脑也。今亦宜以哲学、宗教为纲领，然后分别专长，适宜用之。如筑室然，瓦上而础下；如调味然，盐君而梅臣。人才得地，如龙得水，圣治之与，必以此为首务也，不可易矣。苟非其人，不能举此，不能举此，虽与之天下，不能一朝居也。

培育（图实施创始之第二要事）①

合以一辙，正其已成。作育后生，培其未能。圣贤踵武，如水流行。

释：图宝行者，在集真才。惟净白，能鉴净白。方以类聚，非空言也。初得之才，不可以即用也。中国学无统系，才无定轨，已成之贤，抱负各有意，宗旨各有的，见各有偏，能各有异。合图一事，如马之各有步伍，不可以军；如鸟之各自飞翔，不可以列。故必集五教汇百家，折衷以净白之说，久而辩之，知其无能逾也。乃以立宇宙之太常，遍教偏民，共趋一的。初难后易，静坐净观，久如身游，乐真则固。万贤于是一趋，万民于是一的，如千军动于一令之下，如万目系于一纲之上。又恐人才之不足，或足于一时，而不足以继后事也，速遴资质优美之子弟，以贤豪教之，先净其白，乃授以能，十年之间，后生蔚起。其少修净白之本者，质尤纯良，才尤充足。使人才满于天下，遍于国中，已成之才不足，则俟后进起而后举大事；已成之才既足，则待后进起而以续前动。故已成者求之，未成者育之。如欲宫室之永保也，既选栋梁于山林，又从而树梓木焉。人才不绝，则圣治不绝。故以此二事为太平之基础焉，是诚不可缓者也。已壮之通才，以一岁教之以净白之学。幼稚之佳子，以十载深其净白之功。遣之四方，王道行矣。熙皞之隆，计日望之，决无中蹶矣。尚德而轻才，无以滑民性，斯为善作善成。孟子曰："忠也养不忠，才也养不才。"此之谓也。

---

① 原标题为《培育第二》，此与前题同样原因，删去"第二"二字。

觉万民（图实施创始之第三要事）

合教统哲，以一民心。中和净白，举世咸遵。

释：太平伟业也，一人修之，莫如十人共修之，十人修之，莫如百人共修之。且万人修之不足，一人坏之有余。百年修之不足，一日坏之有余。欲使修之者众，而莫或坏之，非教育普及，深明净白之理不可。夫教育普及，俾万民各负太平圣治之责也。故必周知中和主义，以正众共之鹄。遂即速统一宗教，纳天下于净白之一途。能建宗教，斯能成圣治矣。不能建宗教，而徒以善政强民，朽索六马，未足以方其危也。夫民共勉于净白，以一人之力养五人，绰绰夫皆有余矣。不惟一人之力养五人，终古可以无乱。即使一人之力仅养一人，亦终古无乱矣。其不能自养者，必废疾无用者也，尚能为乱乎！人不害人，各安本分。生不浮溢，量而后育。但谨于此二事，而世上可以永宁，弱鲁之资，皆能任之。若白之垢，民心皆虎狼蛇蝎，纵有严刑峻法，如以樊笼禁野鸟，疏之即逸。况为樊笼者，亦野鸟乎！重教者，使人人助治也。加以人祸有形，天祸无相，民一背天，如彼虫鱼，天刑何能免乎！况重政者，以一人独任也，千军之行，而元帅为之移脚，其能胜乎！孟子曰："不教民而用之，谓之殃民。"佛曰："一心清净，则一身清净。一身清净，则多身清净。多身清净，则世界清净。"皆知本之言也。是以图圣治之实施者，既以全力求得人才，即用十七条净人白之法，以编定教科书籍，开一大学，讲论期年，培成教师，标定日课，以遍训于邑乡闾里。务使人人知白之性相，朝夕互勉于家曰："毋污尔白。"民咸警于白表之暗记，一念不敢稍放。严于十目，视而十手指，谁敢为恶？况知死期之不远，孔福之日迩。人间逆旅，春梦将醒。竞勉净业，庶物咸康。兹三事就，而太平圣治之功，斯过半矣。

正范重望（图实施创始之第四事①）

正肃楷人，民恃如亲。得民在心，诚不以身。

释：果能实建太平圣治之业者，先净其白以正一身，先正一身以正百

---

① 原附题中无"图实施"三字，今据前题补入。下同。

弱。无纤芥私欲之玷,使万民得举其失而议之。故亲之如父母,而爱之如手足;恃之如长城,而护之如肝脑。于是,强者欲抗,而其众不附,弱者思庇,而争先来归,王业唾手可竟也。今之欲治者,防民之口,封其报馆,而道路以目;防民之身,挫其武器,而怨讟铭心。一朝未溃,则劫民如犬羊,而谓民无能为矣。一朝既溃,则伪势如土崩,求偷生不可得矣。夫威民而抑其恨,此天怒人怨,必溃之道也。防之虽密,宁有加于嬴政乎!迫民甚者,其亡速。迫民不甚,其亡缓,亡必也,岂望其定太平乎!夫能戡大勋者,克己胜于细民,虽三尺童子,苟有一人不服者,则大勋废矣。格物、致知、诚意、正心、修身、齐家、治国、平天下,斯八条目不可一废,不可颠倒。夫果八条目不一废,不颠倒,民尚能得其隙而议之乎!如于八条目,有一废,有颠倒者,应知大勋之必败,虽与之天下,不敢一朝居也。孟子曰:"得天下有道,得其民。得其民有道,得其心。"天下不心服,而王者未之有也。故圣人以冰清玉洁之身,求冰清玉洁之辅。先因民好,顺收其心。初惟屈己,一以就民。民好有偏,先以教革。民之偏者,放肆私欲。革以净白,民知其毒。是以其教不严而通,其政不肃而正。正楷式于庙廊,集四方之归望。众心尽附,稍以力假,威其尤狡,而大勋克矣。

固故无弃(图实施创始之第五事)

博爱普济,不弃一人。无若新党,动作不平。仍修故典,敦厚民生。

释:太大也。本白大为臭,并白为普之义。爱人普及谓之大,平均也。利益共沾谓之均。今之新党,动欲扑彼而张此,锄资本之家而长劳民之势。其造端早已不中和,不太平矣。以不中和致中和,以不太平图太平,岂有南辕而北其辙者乎!纵或彼党之有偏,我先立一矩范,以一都一省建圣治以示之,使各土之民,望风崇效,彼尚能胁其民,以阻我乎!今也已据之土,不能大建洪范,虽取他派而尽扑之,终不克治。乱且随起,真图太平,岂在攻击异己乎!纵或资本家之不平,我先劳民,使无坐食,人授一业,不恃财产,充实公积,乡邑共享,废币颁物,家无藏私,资本将自消,又岂俟强夺骤革,以饥杀一部哉!于量为不公,种因已不仁,非大慈之基也。是以图圣治者,必严于一人不害之鹄,以兴大事。其首也固故,而其继也徐革焉。何谓固故,旧有之风俗、习惯、政教、号令,民既安之而能生,不妨尽守其故辙。贫富之不均者，听其不均。劳逸之不一者，仍其不一。所有污俗听其污，所有冗习仍其冗。然后周查统计，因其年齿，顺其习惯，采其特能，察其资质，令民各操一技以资生，改其冗业，归诸实益，难技六年，易技三年，跛者用其手，挛者用其脚，弱者劳其心，强者劳其力，幼者学其难，老者学其易，不出六年，虽有废疾半残之人，莫不能执一技以自养其形。于是分功设事，布职班序，重净白之教功，后养形之实业，俾全境无无事之民，虽有产业等诸明器，而莫或恃之矣。夫星相、堪舆、官司、役吏及诸游氓赘技，操之者固徒以耗粟而无益，然民既恃之以为生，岂可骤罢以视其殍乎！不仁之甚，未有能救世者也。吾尝见夫驯鸟者焉，久笼之鸟，骤纵之不能觅食，犹必徐徐而诱之，乃无戕生之罪，岂爱人不如笼鸟哉！十年之暂，亦将不能待乎！抢攘以革，而迫民不堪。不堪者，将起而覆之，徒召敌耳。挽［晚］近苏俄之民，逼杀者半，前岁湘湖之民，逼杀者三，功将安在乎！易栋者承之以架，屋不毁而栋改，推此术也，可以克伟业矣。故鼎新以代故，新成而后故毁。如海中换舟，新舟完备，乃弃旧舟，不因厌旧舟之故，而倾乘客于海也。兵故必裁，先顾其谋生之路。产固必均，徐图其不扰之方。《易》之言革也，是矣。其言曰："革：已［己］日，乃孚，悔亡。"言善革故者，必多经时日，识而慎之，则健步不蹶，其悔乃亡也。必谨于一人不害，一夫不怨。以善革恶，民无不从。虽或有忸于旧习，犹当渐染而化之。杀一人，以活一人，圣人不为也。杀一人，以活千万人，圣人亦不为也。灭一家，以安一家，圣人不为也。灭一家，以安千万家，圣人亦不为也。至于万不得已，舜帝殛鲧，犹用其子，周武诛纣，犹封其族。无杀无灭，兆民并生。以性命言，则顺白性之大公，而合皇道大同之量。以权术言，则减反抗之势力，而得多助众擎之益。天与人归，何事不成？图圣治太平者，其以不弃一人为主旨可也。乐则共乐，安则普安，以召天下，孰不从乎！老子曰："救人无弃人。救物无弃物。"孔子曰："万物并育，而不相害。"仁者之用心，不同今之偏激也。

定居（图实施创始之第六事）

民安物阜，首定厥居。易料易检，新法试施。

释：圣治将始，惕于白动无明之凶，以施于事。白不动，形敢动乎！先令乡邑之人，毋得迁徙，乃能从而计其户口，计其地力，计其人工，计其耗物，计其生齿，以均平统算。乃定某村能育若干人，某邑能居若干户，以耕三余一为满贯。民无迁徙，不相混乱，各勷圣治，功乃易见。新法试败，不相波及。新法试成，推之有序。孟子曰："死徙无出乡。"老子曰："民各安其生，饱其腹。至老死不相往来。"孔子曰："安土重迁。"晁错曰："民难弃其土，而重去其乡。"此圣治之根本也。夫民事奔走以相夺，皆不安其分，而思攫于外者也。彼也欲夺此，此也思攫彼，聚散无常，形神不止，统计不可得，限制不能行，如海中鱼，如山中鸟，然而不扰者未之有也。今为之先定其居，土物不足则知节生，工业不秩则知增省，以开圣治井井有条，直进其无蹶矣。

均普劳（图实施创始之第七事）

进以劳民，必普且均。逸者咸勤，阜物如林。

释：民居既定，民智又开。惕于净白，五戒之首。白力为勷之训，乃皆戒惰，加以禁制。使民咸劳，各勤一业，地足重耕，不足则织，加修百工，努力林牧，以实为归。昔者之民，有田百亩，则八口坐食，多者则奴仆之倖，游逸之遑，民力隐耗，十废其五，奈之何民不贫且盗也。今之定居既秩，度地计工，易于监理。乃划其田，任之以耕夫若干，制某业，任之以技手若干，常使民出力之十九，以自赡形需。其坐食者，亦劳心以修政教，照册讲经，识字即能。乡邑道国之中，司某事者若干人，详试而严规。要于不乏不滥，毋若今世之放任。总使民力，无不尽输。虽有废疾残败之躯，亦必有一长可用。至于衰老笃病，然后公议而公养之。虽有产业，无所恃之。一人劳心养百人之白有余矣，一人劳形养五人之身有余矣。若人人各养其白与形，出力十二，已不可胜用矣。身即产也，皇天之命十指而二脚，以充口腹，各有余裕。若人力尽出，恒有倍蓰之利，又焉得有困乏哉！劳必均，均必普，或有以闾独立者，一闾之中，百职俱备。或有以村独立者，一村之中，百职俱备。交资互助，各得其所。织则日课几何尺？工则日课几何器？手足胼胝，心作八观。白形兼育，百年尽孵。有家之法，易监易制。此法行，而物力增倍，圣治易举矣。孔子曰："力恶其不出身也，不必为己。"《易》曰："劳民劝象。"圣教之大纲也。一人有一人之用，何须迫于共产哉！民皆如蜂，物力可胜用乎？蜂雄不业，雌蜂歼之，无一尸素，是以丰裕，可以人而不如虫乎！

尽冗赘（图实施创始之第八事）

尽去冗赘，实质靡文。

释：呜呼，哀哉！自白性清真之义晦，而百冗以兴，中国逸民，何其多也？即不逸，而某事某业应若干人，未尝均计而限定之也。甚至操冗业者，不惟不知净白，且浮于养形，如娼优之类。无养形之实用，而有淫心污白之罪者多也。稍稍略举，卜者诹日。日人无诹日之俗而多吉，是卜一冗业也。僧道被缁，居士无被缁之貌而道盛，是僧道冗业也。雕玉纤文，冗业也。绘花制玩，冗业也。明器俸鬼，冗业也。乐工悦耳，冗业也。文士昧理，冗业也。巫觋诈食，冗业也。夫养白之事简，养形之事尤简，凡不切于养白、养形之实用者，皆冗业也。官吏如林，硕鼠也。兵将如云，封狼也。鼠肉可食，狼皮可寝。官吏兵将，又硕鼠、封狼之罪人也。今尽国中之人，一一检查其实益，不实者禁之，浮而溢者亦禁之。百人一教师，增二无益于净白，则失一耕夫矣。十人一缝纫，累三无益于温暖，则少二织女矣。遍去冗赘之工，因时损益，度势去兵，纯以养白、养形、厘群御侮以为正业，以敦民实，物力又增一倍，圣治尤易举矣。

绝浮器（图实施创始之第九事）

粒粟缕线，无耗于贲。

释：前言人力，无用于冗赘也。不净白、不养形，皆冗也。岂惟人力、物材亦当深惜之。《易》曰："白贲无咎。"贲文饰也。白贲者，朴质而无文饰也。孔子曰："质胜文则野。"如用之则吾宁野。夫人食足以充腹，衣足以周身。亦已下就土壳，养其贱体矣。一粒一缕之增土壳不受，将以白承之而俾玷染高贵乎？倕尼曰："日中一食，树下一宿。"慎勿再矣。今即不能树下宿，茅屋蔽风雨可也。室高一尺，顶不及承尘，而耗一尺之木。衣多一纤，身不感和温，而费一纤之棉。以此计之，国中之虚縻，不可胜计矣。裤无须五，碗无须二，筯无须三，带无须两，一一量身以定需，不急者禁之。礼之用，敬为贵，不用物也。交之用，诚为贵，不用财也。一邱以为葬，害粟也。一祭以报神，弗享也。冠婚常事，不足贺也。死生常事，不足吊也。实之又实，将要于道。物力再增一倍，圣治尤易举矣。

兴三业（图实施创始之第十事）

既言损极，益亦宜增。人力地力，物力咸兴。富以崇实，政教丕明。

释：前言去冗赘之事，绝浮饰之物，皆损极也。一损一益，圣治乃戢，一益一损，太平乃定，借世事以修净白之和也。今世何世也？物质文明，万巧竞进，百工争利，五洲比富之时也。若犹是封于故步，地力、人力、物力之捐弃者半矣。圣治之初，垦启封饬，以益地力也；机械利器，以益人力也；汰种殖优，以益物力也。且瘠土则腴之，弱体则强也，窳皿则坚之。夫富而后教，则教易行；教而兼富，则富无漏。管子曰："衣食足而知礼义，仓廪实而知荣辱。"欲建圣治大业，而不损一人，必先使富厚十倍，民储充裕。又不以耗于欲侈，菽粟如水火，而民食不敢兼味；布谷积邱山，而民衣不敢见帛，非徒畏贫恐污白也。老子曰："常使民有十倍之器而不用。"器利十倍，以厚生也，而不敢用，恐污白也。如此则物阜民康，虽新政百起而百蹶，民不感苦。野无蹙额之人，市无减肆之贾，以兴大事，诚能一人不戕，一物不敝，以厚基和气矣。吾所以郑重根本，再三进损冗益实之谋于圣治未萌之先者，诚以革三千年之大病，必多试而多更，以大扰百姓。若不厚积十倍，则民疲而变生，思建者未筑一板，而图拔者已燎火焚山矣。如此教富兼行，健步不踬，民悦众助，太平永成，而兆民熙皞不觉也。

节生充积（图实施创始之十一事）

节生不纵，余蓄乃积。待圣治成，先计后益。

释：以上十事俱成，而不先节生，积蓄仍无十倍也。自垢白之入生灭门也。民之生也，二十年而倍，物日富而人日众，抢攘日急，未足以基圣治也。不见夫鱼生一岁兆子乎！虽欲不父子相食，不可得矣。不见夫鸟生一岁百子乎！虽不欲兄弟相挤，不可得矣。故多生多杀，势在必然也。夫田不加广，物不多出，禾不再穑，果不增巨，而食指日繁，生之多寡，不与养谋，此必乱之道也。白净者少生，白垢者多生，治乱之端也。且净白者，恒惧交媾之倒植，将非万不得已，不肯一合男女矣。今试明交媾倒植之故，以告人曰：交媾之事，以土壳相接，因其磨擦，引水从之以泄。白动淫，则六美继，次相传，著于有相，可以见垢白成形矣。夫泄水引气，气引六美而倒

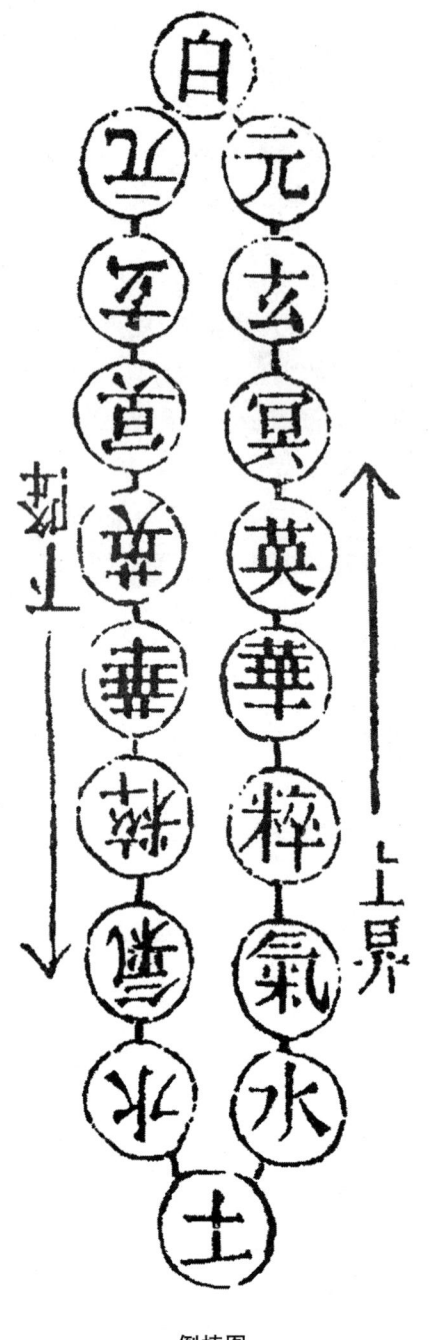

倒植图

植，引白入土壳以生子也。道则反是，白上升，六美从之，然后三粗，次第从之，而直陟者也。（见倒植图）人咸知此，谁肯以小乐易大苦哉！造物以微乐诱人，使其以土壳授后来入旅之白而炼之，不得已也。观于虎势之生倒茨，以节制其生，而造物之意益可见矣。佛子不偶，其成尤易，有深意焉。节生固太平永保之事，而必始于创始者，俾物俸有余，而措施裕如也。圣治愈难成，而节生愈力，必待其成而后计食以限之。试观何代之伪定一时，有不因地广民残之便乎！是天之耘也，何如人之自觉哉！故必以此为圣治之始也。太平既成，永保此法，无一日纵，终古可以无乱。

种因见机（图实施创始之十二事）

大善大治，福依于德。德歉则需，德积乃克。

释：吾所言圣治大平之正则，几于净土佛国之盛矣。以犬马之白，享人之福，其可乎？以秽土庸凡之白，享净土圣贤之福，其可乎？德不足以胜之则败矣。故必先净其白，使本末不致颠覆。皇天之于民也，其白能任太平之福，则作之君师合太平之量焉；其白能任小康之福，则作之君师合小康之量焉；其白当受剧乱之刑，则为之君师合剧乱之量焉。故尧舜之时，龙德在君。商周之初，龙德在相。秦汉以后，欲伦为天子，而龙德在隐士矣。一人之穷达无关，万民之福德所召也。故圣人见运会之未至也，恒需时而不进。天方使民受剧乱之刑，而必欲太平之是千天也。吾尝推天之意所以不待，民如蜂蚁而为之形拘性锢以助其治者，委民以自作自受云耳。太平仅享百年，蜉蝣春梦天不重也，要以应白，而炼之得天狄，斯亦足矣。故圣人量己身之才德不足不进也，量群贤之才德不足不进也，量民众之福德不足不进也，以此三者知天之运会也。小康者，小人任之，圣人不屑也。剧乱者，欲伦溺之，圣人不肯也。退而种因，一人之因熟，一人自超太平之域，群众之因熟，群众乃享太平之世，必见机顺而后应。老庄之隐实至圣之量也，志高而不妄，非先净白之教，其何以克之？

内乐遏欲（图实施创始之十三事）

内乐遏欲，天下式则。

释：不大富民，太平圣治可以建乎！既大富民而抑之不欲，有珍馐而迫之餐藜藿，有锦绣而抑之衣大布，虽以刑禁其能致乎！不能抑欲，大乱即生于富矣，尚望治乎！故必时严于内乐，夺欲之心法焉。夫欲者接外物以为乐也，接外物者外壳之奴也，故必载外元乃见元中之物，必载外土乃见土中之物。尘奴根，根奴识，识奴白也。又必依白，而后乐感，曷不顺试之。戴土壳者，见土之同尘，现显夫外而后乐，是戴桎梏而假桎梏之余唾以为乐也，何如闭目而自玩于六美之中？设身之处于天堂，即玉宇琼楼在目前，且得种因于天堂矣。设身之处于净土，即莲池宝树在日［目］前，且得种因于净土矣。此尚在法中也。法相之观，愈观愈现，是戴三洁之壳，而玩于三洁之中也。故邵子①玩心高明，诚能习此。初禅离忧，二禅离苦，三禅惟有寂悦妙乐，必胜于戴土壳，以玩于三粗中也。吾身试之，先难后易，闭目游心，乐于金谷，非欺人也。更又进之，观自在无一切苦，白自乐白，与皇同乐，三洁一糟粕矣。用此法以教，常使民皆乐其白中之乐，而利其白中之利。故能直待圣治之成，而不败以欲，不耗实材。夫苟完之家，欲臻大富，尚且存有余而不用，因有大富之欲望也。以同皇之欲望，易三粗之近欲，而又修内观以娱之。若不慎此，必败于富有之时，故提而伸警之。

---

① 邵子，即宋代著名卜士邵康节，著有《邵夫子神数》，史称《易学神数》，为中国五大数术（《紫微斗数》、《铁板神数》、《邵子神数》、《南极神数》、《北极神数》）之一。

民兵公拥（图实施创始之十四事）

尽民为兵，拥道立极。

释：上兵拥皇道，其次拥主义，其次拥万民，其次拥国土，其次拥私欲，所拥愈是，其兵愈勇。皇道莫大于净白，主义莫高于中和，以此为拥，何勇如之？昔回祖以其天方，教搂世人而与之战，逐称无敌于天下。《尚书》所载，干羽先师，师直为壮也。圣治初基，恐外敌之来侵也，则必以兵御；恐内贼之潜伏也，则必以兵镇，故兵亦不可缓也。圣治之下，其兵非犹夫今人之兵也。本于白性自具之仁勇，以拯斯民于水火者也。仁者无敌，勇者无惧。虽尽四民以为兵，四民莫不竭其财，尽其力，以供帅命，死而不怨，因非为一人一家之私欲而战也。于是，百夫一长，千夫一裨，万夫一将，十万一帅。散则为民，各操其业，常备之役。营于工场，日作半日，而半日训练。苟有来扰圣治者，悉民而与之俱死。如此，虽一邑一道之地，可以无敌于天下，则圣治之本固矣。圣治既成，寓兵于农，无一夫非兵，而实无一兵，善之至也。

悬的振古（图实施创始之第十五）

高的独悬，千古莫及。踊跃兴民，民莫不悦。

释：乃悬一的，以示于民曰：圣治之成，使民生无不备受多福，死无不就净合皇。天休时若，地利咸呈。物皆顺和，材不胜用。其官长与民易劳，尽力而退。无稍私欲，勤其公职。民则饱以天下，饥以天下。公积十倍，家不藏私。菽粟如水火，布帛如土芥。民富十倍，不增玩好。庶业毕登，不稍游怠。茅室光洁，仅足容膝。衣食朴洁，仅足温饱。而察其余，户户建金屋，家家积珍厨，有余裕矣，奚不敢用？恐污白也。于是，天下一家，中国一人。乐则均乐，劳则均劳。家无私子，邑无私民。均物普颁，不用货币。素居无七情之扰，终身无六疹之疾。人寿三百，二百而具三通。寿终陟白，无一瘢废。官无厚俸，亦无尊爵。既足且安，何营于欲？玉烛永调，鱼鳖咸若。休乐终身，人福如佛。时悬此的，兆民咸趋。謦蒙歌于市，图像示于都。人人以圣治为的，所谓有志者事竟成也。

小范稳进（图实施创始之十六事）

由里而村，村成而乡。乡成而邑，顺建大邦。不成不进，民无一伤。

释：于是，选强明者，千人以为十间，间分十家，家各十人。此千人者合为一里，每道千万人中，建一模范里焉。里田三四千亩，以养千人，适足耕三余一之度，以为满贯。乃试其自足，不取于里外。试其监工，无或一息惰。试其礼法，条序井井。试其教律，官师若干。试之五年，民安其里，死徙无出，以成一范。如有中败，举一道之公积以救之，此五年中，虽里中不获一芥，民也必无菜色。故举大事，而不致伤一人也。模范里成，乃因其法推于村，推于乡，推于邑，推于道，推于国，中败则止，又劢于节生，成而后进。故改大国，而民无感愁苦者也。此圣治之发轫也。今之图改革者，事未必成，不固其旧，动举一国而扰乱之，功未见端，而民已瘁矣。小范稳进，其可忽乎！上十六事成，而太平之正，则可尽建矣。

太平正则：区治（正则之一①）

于是进建正则，区治为首。十人为家，十家为间，十间为里，十里为村，十村为乡，十乡为邑，十邑为道，十道为国。或用井田之制，数以八进，而不以十。中惟公田，惟便是从。有死无徙，安于其区，物不外取。

释：天下之大乱，以民各不安其居区生溢，则相挤而互夺。此乡亦溢而夺彼，彼亦溢出而夺此，而乱不可胜救也。故圣治倡首，区民而治之，十人为家，或以八人。自此，以上间里村乡邑道国，皆以十进，或以八进，而为井田之式。虚其中为公田，家以十人或八人为满贯。将满则节生。一区之中，粟取于田，棉取于胜，木取于邱，肉取于畜，茶取于圃，菜取于畑，惟盐颁于井海。民无一出乡，而恒足。各区自赡自治，虽千古无变也。夫使民既各足于其村里，出何求耶？足耕三余一之地，以养其形，户户永登春台矣。此圣治之基也。划区既定，因道路以为界，别树木以表之，黄金世界之规模达于是矣。

---

① 原附题为"区治为正则之一"，为与以下附题保持一致，今删去"区治为"三字。

九品公职（正则之二）

设为官师，九品薄俸。齿叙无幸，交易智力。

释：乃兼六途之善，绝侥幸之心，以序公职。公职之不能不有所以司公权也。公权以谋共利，制宪而守之，必以公职，握其柄。公职者，万民之心脑也，其责任为易功，如一舟之舵师也。蜂蚁有长，考于性命，则然矣。前论六途，曰众选，曰鉴拔，曰荐举，曰循资，曰考试，曰计功，历代用之，皆利敝迭见。民之大争，以此而起。不如集六法之长，因六途之利。察民之资质，十五岁而分业。政有九品，以师兼官。工有八品，农有八品。其余庶业，皆官以监之。九品之俸兼二人，八品之俸兼三人，七品之俸兼四人，六品之俸兼五人，五品之俸兼六人，四品之俸兼七人，三品之俸兼八人，二品之俸兼九人。九品以上，各养其形。人各有职，家孥不相为累。兼人之俸，已觉太丰，而无以用之矣。国中元首视一品，俸亦不过食十人，若增之，则可至食二十人。专业者，二十五岁而学成，后此则仕而学。日考绩于间，月考绩于乡，岁考绩于道，长者合司其册。家间里村乡邑道国皆有长，悉齿班以进，按册籍以稽其停年。有罪者罚停年，有功者增其年。而微细苛琐，考绩者不与序官者相蒙也。工农兵牧，百业庶事，皆专官以监之。国政府分列各部，以二品之官为部之长。而道有司，邑有厅，乡有科，非政务之官，不得为家间里村乡邑道国之长。政官以宗教、哲学、文学、政治、法律为学业者也。如此叙民，悉平其争，天然之次，有义务，而无权利，智力交易已耳。无相尚也，无相奴也，无选举之贿买也，无干求之污习也。此圣治之所以为太平也。

富公积（正则之三）

大富公积，天下以均。公费资之，余以备荒。

释：于是大富公积。家有一岁之积，间里乡村邑皆有一岁之积。道有二岁之积，国有三岁之积，合为十二年之积。道以道均，邑以邑均，自邑以下以至于家无不均。挹彼注兹，天下如一家，莫或有私蓄也。故曰饱以天下，饥以天下，天下即家，家即天下，无有彼我之分也。以一人为一分，倾天下而一均之也。此圣治之实也。

课业均劳（正则之四）

以土与业，分劳均任。智力毕陈，无稍怠冗。

释：太平之始，固莫先于勤民。太平之保，尤必恃于敬业。故又分劳力、劳心，以为二业。因人以授，斟酌年龄，以定作业之时间。六时作，二时休，三时讲道，而禅坐四。时纠核其庶事，课有常表。少者减工，壮者满工。衰者半工，老者坐食。劳心者，半力作之时，必均必普。怠不致漫限，勤不致疲瘁。不误孵白，以徼天祚，以敦治本。故禅为至要。或以地限人耕若干亩，或以器限日作若干个。家记于册，闾长考之。闾记于册，里长考之。地方出粟，工有成品。详纠密核，无一废事。此万古不可易者也。故复言之，夫使民无不尽力，以一人养五人，绰绰乎有余裕矣。若以一人养二人，半出其力已足矣。教则一人，可以诲教十百人，奚有不足之虞哉！国无逸民，亦无冗业，此圣治之定辙也。至于禅功之著特效者，他人代其劳力，使得专精。一人合皇，天地交泰，此尤治术之至急者也。

限物均分（正则之五）

一粟一缕，一器一室，限以定分，微差而均。

释：于是人无私财，亦无私土，亦无私蓄，亦无私事，则限其服食器具。一带一室，一杯一勺，一舄一冠，一器一物，皆有定制，适足其用，无稍溢冗，以接于欲。又微区九品之官，其享用皆有定制，无敢越恣。有功者赏之，不致启欲。有罪者罚之，不至亏养。民无浮耗，因无觊心。无若今世，任富者之淫奢，而贫者唾涎于侧，以起生民之大祸也。夫鹪鹩巢林，不过一枝。鼹鼠饮河，不过满腹。以赡形为止，民无滥焉。争端既泯，白性益著。以顺道纪，省绝虚夸。此太平之成也。

公子无亲（正则之六）

民为国公，人为大伦。

释：乃使生子者，咸育于乡之公育室，群聚而交乳之。幼养于公塾，及其成，分之各家，不以姓名，以国为系，以邑为支。于是人无私家，老者皆父执也，少者皆子女也，年相若者，皆兄弟姊妹也。无或亲也，无或疏也。孔子曰："故人不独亲其亲，不独子其子，使老有所终，幼有所长，鳏寡孤独废疾者，皆有所养。"必使民无私亲，无私子，而后皆鳏寡孤独，而后无鳏寡孤独也。夫皇天无亲，故惟德是依。白性无私，故大同博爱。公子之法，性命之正也。绝土壳因缘，以皈于大同，内不害性，上不干命。民无所得家而私之，七情难牵，三无同量，太平之障撤矣。

废币颁物（正则之七）

废币颁物，天下均平。

释：泉府币制，非性命之正也。古者用贝、用布，以为交易之绍介，后世五金杂铸，以便民用。纸一张亦当百千，皮一片亦质万亿。夫币之为物，饥不可以为食，寒不可以为衣，不可以御风雨，不可以疗疾病，然而民犹贵之，因足以为养形纵欲之媒也，亦伪矣。乃使奸宄者得而操纵，贪婪者易于储藏，盗贼易肤箧，逃亡者得轻资也。夫商贾坐享骄逸，恒乘隙伺衅，以夺劳民，劳民为之困，乱之基也。故太平之世，即凡天下之物，一以均颁。山之珍，海之错［镪］，原田之百产，水陆之庶物，无分贵贱，悉以均颁。道设专采之局，取公积以养之。自国以下，以至于家，因地运输，设司监派，一粒一缕，必均于民。皆有仓廪府库，仓以储百谷，廪以储布帛，府以储珍器，库以储财货。道以道均，家以家均。不能颁者，储于公积。平民得一分，元首十分，或二十分，余以官品计，无复交易。有罪者，罚停珍货，有功者，增赏有制。如此，则百奸俱灭，而天下太康。争端消尽，生民和乐，无穷期矣。

淡乐均严（正则之八）

乐止显实，养形惟①均。净白胜外，于尘无增。

释：今世之学者，倡为惟乐之论。天下之人，于是颠沛于物欲之中，而祸至莫可救乐。夫惟乐，性命之极也，岂可驳诘！而伪以夺真则乱矣。细审

---

① 《纲言》中"惟"作"为"。

于苦乐之感，而以白为主，以六根为奴。明而分之，则有六焉，一曰白体显实之苦乐，二曰五根显实之苦乐，三曰五根轻浮之苦乐，四曰五根虚幻之苦乐，五曰意根伪拟之苦乐，六曰后天瘾赘之苦乐。白体显实，有乐无苦，故曰：三禅惟是，寂悦妙乐。又曰：观自在渡，一切苦厄。惟涅为由鬼，而后苦乃发生焉。《大乘论》曰："心生灭，则有苦。"又曰："动念生苦。"此之谓也。五根显实，有苦无乐，如饥如寒，如刑如病。五根轻浮，乐少苦多，如食琼馐，无甚加于菽粟；如见西子，无甚加于荆妻。五根虚幻，苦乐皆淡，如观玉凤，何异白鸡？如衣珠裳，何异大布？意根伪拟，苦乐皆假，如称帝号王，不饱不暖；如亲丧子死，不痒不痛。后天瘾赘，痛苦自寻，如彼烟酒，戒之则忧；如彼欲癖，窒之则苦。圣人治民，满其白体显实之乐，而除其五根显实之苦。以为盈贯，不得逾越，严于此限，俾贵贱贫富一均焉。夫贵者徒增意根伪拟之乐，而富者惟享五根虚幻之乐，自污其白，又以累民，不亦冤乎！今晰而别之，人咸知存二而去四，则大道永行，而太平不渝矣。

公议平是（正则之九）

是非公议，有辩无争。

释：于是闾里以上，皆有公议之所。政教礼俗之是非，人民互讼之争端，婚姻之当否，权利义务之均分，一决于公议，兼以考试人才，纠核官司。以闾里村乡邑道国之长主之，集三老以为议员，旬一会，月一会，岁一总，是尧之总街，舜之讀室，欧西之议会也。议员限额而用老，准于时势以伸缩，无选举之敝，而有集思广益之平焉，则真实之民意，不隐矣。

互监连坐（正则之十）

人人互监，区区互监。祸不得延，福则普被。

释：于是一家之中，人人互监。家人有犯及他家者，同家之人，皆处罪有差。比闾之人，有犯及他闾者，同闾之家，皆处罪有差。里村乡邑亦如之，使各区各自为治，以相辅而不相害。是仿于商君之法，编为里甲，而十家相收司连坐者也。因而损益其术，使各区如离屋遥峙，虽有大灾不相及也。是太平分子，整列之法也。

统预计（正则之十一）

统计以预，先期储足。

释：乃设统计之法，计地计物，计人计事。地适足以居人，物适足以养人，事适足以供用，三岁之前，即量现储以为计，不裕则节生以徯之。家计之以册呈于闾，闾计之以册呈于里，村以上亦如之。孔子曰："事前定，则不困。道前定，则不穷。"是预为统计之意也。夫以一家之享用，犹必先料而后备，况大国之纠纷乎！此太平之业，不能不慎者也。

简极杜渐（正则之十二）

事趋简极，多赘必僻。

释：天下之人，各劭其净白之业，而群伦大治。若设一法以防之，是生一垢于白中也。消于白中，则为劳一而有余。防于形外，则为劳百而不足。故圣人之治，趋简极，以少事。事愈少，而民愈治者，垂拱而平章矣。愚人之治，趋繁极，以多事。事愈多，而民愈乱者，抢攘而莫救矣。民无讼，则削木可以为吏，片言折狱犹多也。民无伪，则举手可以备礼，丘原束帛犹多也。善治者，恒计某年省若干事以为进，若某年增若干事是退化也。老子曰："治人事天，莫如啬。"啬于事，而民不疲。啬于物，而民不淫。各饱暖，而颐其真，更何人事之有哉！此治之源也。

周巡彰隐（正则之十三）

周巡彰隐，祸萌不匿。水陆与空，交通逷疾。

释：凡民虽各安其居，行不出闾，则隐祸暗伏，而不相知也。于是山薮藏贼，闺闼伏淫，积薪之下，有措火而不知；萑苻之间，有莽戎而不觉，则害之大者也。于是，有周巡之警焉。周巡者，不因无事而忽之也。国有国巡，道有道巡，邑以下亦如之。国巡以岁，道巡以时，邑巡以月，乡巡以周（七日也），村巡以日。考净白之效，察养形之需，严教而肃法，有微忒则宣之。国中非巡官及颁物之运输，民无有越区而行者。以常自安其序，而各足其所。以遍稽于偏陬，治民者得时省焉。古天子之巡狩，而汉以后皆有巡方采风之使也。此圣治之所以明目达聪也。至于百巧皆废，而交通之速，海之航，陆之车，空之艇，助明聪也，不惟不辍，又益修之。民虽无行，巡官独往，五洲如庭户，全球如指臂。偏陬匿隐，国人皆知。治民之长，耳如电，目如日矣。

均简教（正则之十四）

文礼简质，智均无特。

释：老子曰："不尚贤，使民不争。"此其杜祸之深，察礼之微，欲大均民智，以为太平之实也。夫使人均劳均物，均品均居，而不均智，则博闻强记、多思善辩之才，将挟其特长，以滑其性命，而又眩民耳目矣。于是诗书之多，文字之繁，礼制之复，辩说之冗，皆足以纳民于歧途，而颠之倒之矣。夫人之合皇，如蜀人之之燕也，仅守一道而已足，傍求于五洲无益也。又加以徒劳身心，则亦损之大者焉。故知唯白之义，知白性至善，知白相之微，知白之福，知白之德，知净己白之法，知净人白之术，知养形之方，知合群之则，知皇天之命。有此十知，即为正觉之满贯，他有见闻心思，皆赘识也。故圣人本此十知，著为经训，无复言，无饰文，无赘识，无冗知。《大学》不过万言，众人通千余字，而皆足以净白合皇，睦群致治。燔不经之书，去滑性之学，民所应知集而录之，所不应知勿以劳虑。民平其智，而后得有余力，以育其白。智不相尚，此太平之总纲也。

朴礼俗（正则之十五）

俗制真朴，顺性不浮。

释：冠婚丧祭，宾客周旋。儒者之礼，劳而费，且作伪矣。使民一举手，一投足，皆如俳优之虚文，何真性情之有哉！是以老庄荀墨皆非之。回祖天方典礼之作，差近真实，然而犹未切直也。夫使今之礼俗，根于性命，则如蚁之政，如蜂之列，天下同风，不为而成，不教而知也。既非根于性命，则出于人为，当以养白养形，齐群互助为极的，而不可稍有增减也。是以圣哲之治礼俗也，为之冠礼焉，以正男子；为之笄礼焉，以正女子。民至成年，家间之长授之必需之训而已矣，无浮文【也】。为之婚礼焉，男女同业相匹，家间之长主其半，自身主其半。及春而偶，终身不改匹，无衾仪，无庆贺，无浮文【也】。为之丧礼焉，人死厝之以石棺，三月焚而置灰于井，无塚也，无吊也，无浮文也。为之祭礼焉，焚香向天而三拜，无明器，无繁仪，无浮文也。民之相见也，少者揖，长者答，居有序，行有列，无浮文也。使民日劭于敬，而不自修饰焉。就理究实，简定节文，严至不可稍增，不可稍减，以合一是之真，而无人为之伪。此太平之条文也。

正清乐（正则之十六）

乐以进道，清正颐和。

释：惟乐为众志之归。是以修道育德，知之者不如好之者，好之者不如乐之者。不使民乐而强抑之，事未可成也。然圣人之乐在白，故大真而久。愚人之乐逐尘，故小伪而暂。圣人之教民也，使之静坐一室，而以心游于净土乐国，不戴土壳而往玩也。有不能者，则家为家园半亩，而栽花饲鸟。自此以上，闾里以至于国皆有园，因地之荒腴，以定广狭之度，花鸟虫鱼之属备焉。不为挎蒱，不张淫佟。必正必清，必朴必雅。民游其中，身心皆浴。游有定时，功则赏之。国人一均，无有偏私。民乐而不溺，无废力，无耗物，无荡心。皞皞春台之上，故治可得而长保也。此太平之乐石也。

设所迁善（正则之十七）

不刑而化，以止民讹。

释：于是，一邑设迁善所一区。察民之微失中和者，未及恶，先置之所中。稍增其劳，不至亏体；稍减其俸，不至贼形。以圣哲为之师友，密监而顺诲之。革则承之，容之，否则留之。夫民幼而染于良，鲜有即恶者也。其既失中和也，禁于行，不如禁于言也。禁于言，不如禁于色也。禁于色，不如禁于心也。先之禁于心，后之禁于色，未及于言，已置之于迁善之所，民焉得有恶乎！今之为刑者，必于行著，而后大威之，虽杀之无益也。察于隐微而早觉之，《周礼》之制：命国之左乡，检不率教者移之右；令［命］国之右乡，检不率教者移之左。即此意也。此太平之大防也。

交通迅速（正则之十八）

迅速交通，天下一身。

释：老子所谓"至老死不相往来者"，对小国寡民言也。治大国，则不然，况于天下乎！夫一身之血脉不通则蕴疾，天下之交通不便则蕴恶，理事之常也。东有伏祸而西不知，西有藏匿而东不觉，譬之瞽者候敌，又安能监五洲而安之哉！故圣治之既成，尤不可以不勖于交通也。海有舰运，陆有汽车，空有航艇，日夜搜视，而民乃安枕。列树表道，以为区界，稍有乱作，元首先觉，以远救迩，如常山之蛇也。此太平之要务也。

复性试范（正则之十九）

楷民试范，天下有型。

释：夫民失其性久矣。伪事之害真也，伪物之贼实也。七情易动，而白不陟，寿不永，身不健矣。百务皆赘，而白不陟，寿不永，身不健矣。所以不合皇者，如鸡之不飞，鸭之不雏也。太平之后，设楷民之区，于深山穷谷，气候中和，山水秀美之所。择赤子之健爽、聪明，而父母皆优者百人，教养其中。缭以高垣，不通世故，以老成圣贤，为之师保。要令毕生无七情之动，一事之营。瞬息之间，片念之扰，惟教以白性、白相及净白之法。终身授受，不及千言，专制禅业，食以清素，半敬其力，大静其心。以觇其果，其人寿必三百。老必神通，至于寿终。灵昭白净，万民瞻之，以为矜式。此太平之矩矱也。

三休大集（正则之二十）

天锡地裕，物顺而增。

释：《礼》曰：天不爱其道，地不爱其宝，物不爱其材。此三者休祥之实也。天降甘露，地出醴泉。山出气［汽］车，河出马图。凤凰麒麟，皆在郊走。其余鸟兽之卵，皆可俯而窥也。《书》曰：鸟兽鱼鳖咸若。言各惠其迪，各陈其用也。故太平以后之天地人物，非复今日之天地人物也。以理而究，树木者通地气者也，人民者通天气者也，故木大则雨露时润，人善则天福时锡。一禾九穗，麦秀［莠］两歧。蝗螟不生，芝荃挺秀。养人之需必十百倍，害人之物靡有孑遗。三才之序，万类之庆。迥非今世所能意料者矣。此太平之增美也。民皆以半力养形，半力养白。不误三禅，大足天获。天嘉而福降，人白之升于天也。每一日而若干里，每一时而若干仞。既已太平，终日无念，终月无念，终岁无念，终身无念。《书》不过千万言，官不过监颁物。白光直上，径接皇灵。引三清之气以降，则世似三清中矣。引三洁之气以降，则世似三洁中矣。民形将变妙，民乐将大增。民德将大盛，民智将大正。不营俗巧，万代永定。以视今日，如地狱矣。然老子曰：天下皆知善之为善，斯不善矣；天下皆知美之为美，斯不美矣。大明者，幸勿过显其聪哲，使亢龙之有悔也。

大平永保法

于是多畜猿狙，密充天锻。培育优种，以增人祚。杜渐防源，早绝深祸。守性持素，恒久中和。此四者太平之所以永保也。

释：欲永保太和之气，必复皇天造物之本。然深观于十二相，明明列十二矿炉，以练白出尘也。近人之炉猿也，其优者狙也。苟猿狙之不多，则练白必不纯。猿狙之，鬼混入人胎，仁智太差，不可治矣。是以复天之制，增人之德，加锻一次。精灵纯洁，狙驯易治。不似人狡，以渡一世。而顾太平，可以供役，可以任力，或繁殖野人。不用其智，而用其力，待之以人道之平。不似役黑奴之暴，遍配各区，俾供劳使。道器两修，斯法至矣。人白稍净，则政教之功，可省十九。此谓知本而末自治矣。于是，择人中仁智之品，知其白性之较净于庸众者列为优种，别居一区，以互相配偶。男女隔道而婚，道有优民之里。岁选童男女以实之，教以哲学、宗教、政治、法律之文，以备为民之长。其白光高出，上与天通，能引神祆。入于人胎，统视宇宙，目光高远，以基太平，太平乃固。此深虑之上者也。凡世祸之发也，生于白，伏于由，相着于鬼，形成于身。身之序，先作于意，继见于色，卒发于言，终施于行，乃显于家。自家及闾，自闾及里，自里及村，自村及乡，自乡及邑，自邑及道，以至于国，至于天下。是以白由鬼意，色言身（即行也）家，闾里村乡，邑道国世（天下也）。白生则根萌于皇天，由生则根罩于三洁，鬼生则根施于三清，意生则根硕于气精，自此而在天之相已成，在地之形难遽矣。若遏于在地之形，遏此人则彼人恶，遏此家则彼家乱。闾里以下亦然。故圣人之治，不以意防于气精之中，况可以色言防于三粗之表乎！以法防身，以刑防家，不可为也。破我法二执于六美之中，其高者乎！故唯识一宗治道之要备矣。闾里之严查邑道之峻限，何异壅巨浪于中流乎！《大学》以格致诚正、修齐治平为八条目。此八条目，盖相为继续因也，故事深谋之而后绩戢。非佛教治世，虽兼四教之长，不过治于气精中耳，而况于政乎！此讦猷之极者也。然人之本性，仁智大足，不以惰忿欲私痴五者乱之，则比之蜂蚁为正尤善。故《易》以恒卦为持久之道。恒之义雷，动于外而风从，雷复之内卦也。一阳初动，而见性也，风巽入也。既见性，而风巽以入，水土从之，所以恒守而不败也。此建业之固者也（见治乱次序图）。故畜猿狙，育优种，消乱源，复性命，为太平永保之四策焉。其善矣乎！一净白，天下之祸息矣。

圣治时权法

加以强粗（三粗也）赡器，显教固基。宏道攻心，收服五域（五洲也）。应宜趋简，巧退性进。偶用之药，朝修暮撤。此四者圣治之所以随运也。

释：圣治之修，有四时权焉。一曰大同未成，一国先觉，此为建本之时。宜强粗赡器，显教固基，以待进。强粗者，强人精气，俾发聪明；强民体力，俾仕工战；强修兵械，霸海陆空；强积货财，站商场胜。强诸实用，百端无华。凡三粗中物，无不考其真，而悉进之，以超于外国，无若印度之柔弱。强粗赡器之业，又当后于显教固基。先以净白之学，诚修于全国。乃遍设教堂，宣布万邦。万邦见闻，无不悦服。相率来同，同则合之。一体优遇，无稍歧视。加施厚惠，隆于吾民。人性趋乐，如水朝宗，则第一时期之良法尽矣。如尚有不能来同者，二法曰大同将成，数国未觉，此为统一之时。宜宏道攻心，收服五域，以稳图。宏道者，增修明德，如有苗之弗率，

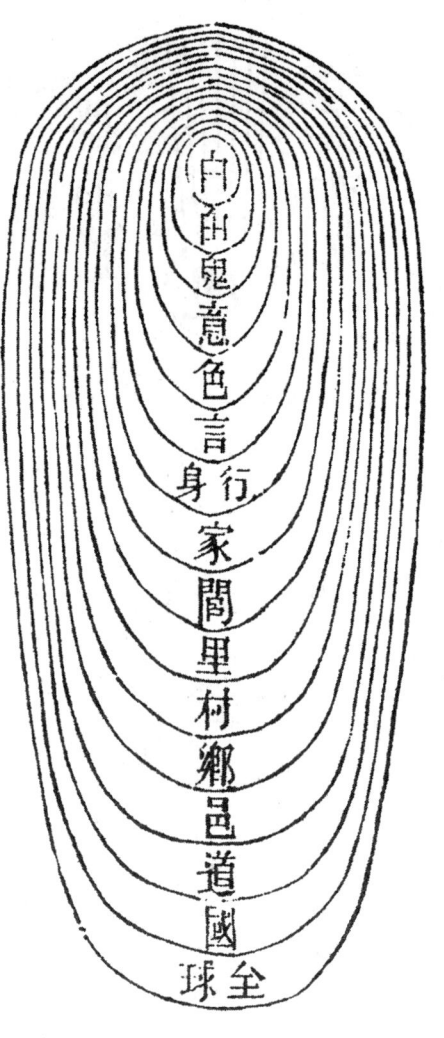

治乱次序图

禹舞干羽以化之。圣治之国，太平极福。四邻观之，谁不艳羡？至于来同，又不奴视。若其不来，民必自归，况又武健不可力犯。不及百年，并五洲如反手也。江海纳百川，岂必陵〔凌〕驾其上哉！总宇宙而阔大视之，五色之异，六根之末也。后世子孙，未来之鬼也。何有于国畛？何界于族别？顺致大同，莫之能御。则第二时期之良法尽矣，统一五洲之功成矣。三法曰大同已成，万国平合，此为善后之时。宜应宜趋，简巧退性进。凡诸兵战、商战之具，悉以时损，归马放牛。古代之息民有式，橐弓戢刃。王者之美制堪遵，商战启欲之物，毁而焚之；边境阻敌之关，夷为周道；惟留交通舰艇，以便周巡。大足育白养形，两般实器，则第三时期之良法尽矣。四法曰太平已久，地精上升，成佛者众，气衰人劣，此为图永之时。今夫庸人之家，莫不有愚奴蠢婢，即各视其室而思之。万一天下上哲，皆如彼愚奴，全球女师，皆如此蠢婢，虽有《唯白论》之显理，不足以启之，圣教岂能继续乎？至于地气渐衰，而人尽畜性。益衰而人类不生，甚衰而兽禽次绝，此亦必然之势也（见地气盛衰图）。预防之法，因时减民，先期节生。终至洪水汨地，

地气盛衰图

仅露昆仑之顶，仅生百十之人，尚能全为贤达，不致闷如猿狙。倘地气一复，则又增加人数与之追逐。总之地气如一树，必经多次荣枯，然后得灭。用此法也，盛与俱盛，衰与俱衰。如偶用之，乐朝修暮彻，顺时设施。故从

此圣治一建，直至地球末日，有天福无人祸矣。耶稣曰："上帝有末日最终之裁判。"佛言："大地终有水没火焚之日。"良有以也。如斯伟策，深虑远谋。圣治时权，为法乃备。因举别式之制，以广太平之楷模而任取之，供采择也。

别式太平法

别式太平，同的异文，别等为甫，有四美焉。性锢形拘，物附境善，别术为类，有四计焉。养白养形，厘群俱乐。

释：再举别式太平之法，以供采择。所以不列于正则者何也？因同的异文也。夫同一通意之目的，而百国之言文异。同一达理之目的，而多士之翰墨异。良以本于天者源必同，用于人者流必异也。故意同、音同者鸟兽也，意同、音异者吾人也。同一圣治太平，见于行事，又奚能以一辙哉！先分为二大别焉，一曰别等为甫。言三粗以上，六美中神祇之高等者。其圣治之法式，必较吾人为甫也。此可以为寿终之鹄，而不可以望于人世者也。二曰别术为类。言三粗之内，五洲中人民之同类者。其太平之法式，必较吾术为新也。此可以为现境之规，而皆可以施于人世者也。故判言之。

别等为甫（言上等之太平圣治）

有别等式，寿乐难稽。白净则至，后实今虚。

释：三洁之中，有大国曰"至瀚"。其广爹爹里，其民罗罗数。人寿无极，合皇乃超。貌美不能以言喻，而应思成形。享物不可以目穷，而如意自造。琅玕囿圃，一欬而万里立成。群众发思，一想而域中遍达。此近白真，乐无究诘。四生万物，皆上袄之资，建设由心，与太空无极。人咸自由，众而如独，又兼"次瀚"之福而尽有之。

若"次瀚"之国，民寿不可思议，貌美过于冠玉。德性懿和，无有争心。外物赡欲，无须竞富宫室园林、服饰玩好。凡诸备用娱乐之具，随人而生，亦如离藤之随根而生也。垣囿之自生，如栗之生茨皮也。器用之自生，如栗之生甲壳也。衣服之自生，如栗之生护膜也。供养之自来，如栗之吸气水也。尘精朝白而俸之，有其例也。四物（前列四件）既备，中堂生菌。菌裂生人，四十人为一家，如一荚之内，麻子数十；一房之中，莲实数十也。菌裂生人，如蚊草之生蚊也。其人身元精组之，器服则玄精组之，宫囿则冥精组之。故民四手六目，咸具五通。其比于皇，但少无漏通耳。人长丈六，宫园千里，玲珑万瑞，花鸟丽都，神通既全，无有秘事，况德和合，无有争性。人不治人，绝无相碍。物足无取，无处施仁。吸卢自饱，无或害物。御三洁而旷游，莫能尽述其福矣。念净土者能至之，吾以理测其必有，不能名之，不如侔尼之直指弥陀也。寿终而升于"至瀹"，无一退转者焉。

自此以下，乐国之多，难以数记。降至三清之中，有大国焉。其广罗夛里，其民罗兆计。民寿亿罗兆，福似"次瀹"，名曰"亚祜"。宫室器具，凡百庶物，禽兽草木虫鱼为人代作，罔有不备。有衣草焉，附皮而生，美锦之衣，如棕榈之生革也。冠裳袴舄，毕备以类。有器木焉，结实而生，应需之器，如瓠果之成皿也。床几玩具，毕备以类。有美鸟兽，名"飞奴走仆"，智过吾土之人。百役悉供，率百鸟兽来贡时瑞。又美虫鱼，名"蛰奴潜仆"，智如吾土之人。贱役悉供，率百虫鱼来献时舞。人具四通，天眼天耳，他心夙命也。吸虚自饱，故亦永无乱事。乐亦极，有升而无降也。如此等等下降，至千百等，故曰别等。

有大国焉，名曰"下祜"。人兆兆岁，地京京里，山河秀美，鸟兽咸若。衣食居住，玩好之品，鸟兽供之，恒有余无不足。鸟曰"凤奴"，胸有二手。兽曰"猱仆"，较人微卑。巧作善营，逾于鲁匠。"凤奴"采山，"猱仆"入水，凡诸供用，悉以资之。庭有栱食之木，囿有械栿之树。栱食之木，生五色之果，备百馐之味，日必三熟，应人而结。械栿之树，生八彩之叶，如纨缎之幅，岁必四易，应候而成。"凤奴""猱仆"，取之以羞于主人。人多亦多，人少亦少。人家十口，不衣食他人之栱食械栿，故虽万古无乏也，亦无争也，亦无营也。人具三通，天眼天耳他心是也。故无官长之设，序井井如雁行。福之休美，亦至矣哉。

又有半监之国，其人微有私欲，乃天以形拘性锢监之也。为民作君，三目而至圣，修九尺。大官四目短一寸，其次耳三漏，其次耳二漏，其次鼻三孔，其次眉三歧，其次齿五十，其次齿四八，其次齿四六，其次齿四四，各短一寸。故其民如吾人之相，长六尺而齿三十。其性如蜂蚁之合，君与官不学而仁智，生而通政教之要。百工之职，所应有者，皆自然而能。其配也极均，百人一官，十人一工。五谷不植而自长，用器不为而自成。民有他心一通，起恶欲，则疽生于顶，改则已，以此天监人群无乱。心身之力，百不出一，而养形、养觉、娱乐、厘群之四事备矣。其风俗至懿而无污，其政教至顺而无失，皆如吾中和主义之所设施。此粹境之一例也。人寿万亿纪，或升或降，随其德也。

凡上所述，佛之所谓别境也。吾人以三显相考之，寿终如不害性，最下亦生于半监国。若高之，以八观自熏成种，虽不合皇，"至瀚"国可冀也。以其犹可思议，在法相之中也。白之所作，何妙不能？无足异者，此非"止园山海经"也。因心成体，因体投境，心所成思，尘皆应之，妙巧不止此耳。略述之，以启求福逃祸之门，趋乐避苦之路，愿吾人破在囿之思也。此篇所言圣治太平之一式也，由于净白，其休嘉之形，皆附相耳。何以得到？吾白中已固有之矣，解五六壳即到矣。推白净尘应之原理，何妙不臻，何福不赡乎！挟虫助蜂，已见鸟兽供役之缩本矣。其他万物之俸白，子生乳涌之例也，又何奇哉？今日虽云虚拟，百年后吾必实至。若使今此世界如是康宁，皆为吾子孙遗之，吾不得实享矣。

别术为类（言地球上各别之治术）

有别术式，顺习成之。吾国能仿，今实后虚。

释：又如与地同垢净，同大小，人民生物、山川官能、性情血气，无不尽同，而治术特殊者，试举诸例如下。不能备行，可供参考。

一曰公迁国。以迁徙之法，调大公者也。其民服食、器用、宫室、玩好皆有定数，必以均。家间村里乡邑道国，公积同量，民无恒居。三岁之中，农暇之时，则迁此家之民以居彼家，又迁间里之民以居彼间、彼里。惟携称身之衣服裤袜以行，其余百物，家家皆同，不须携也。有时或分家而迁，惟不离夫妇而已。此则民莫或私富其家，以一国为大家也。

二曰无政国。大西洋中有岛国焉。其广千里，民二千万（前三年见新闻）。不失本性，亦无政教。民多百岁，各安其生。礼俗至朴，无有华文。民全良知，决无争竞。间有交涉，互相退让。疑事难判，取决乡老。交易以物，乡老议之。怀土无迁，各节其生。物力丰足，无或多据。废疾衰老，各村公养。交通大便，道无行人。亦无市廛，亦无都会。近二百年设一法官，日惟证婚，绝无他事。全本性之良也。

三曰节间国。言节制之法，自一间始也。亦或自里村始，随时地之宜也。间百人或二百人，男女别居。隔以垣，各分工。纳物自牖，男女皆五十人。男出耕樵渔牧，女居缝织炊烹。及春，择明强之男女一偶，俾入室而媾。故一岁之均生一人，死一人，闾永无溢人。减则增偶，人满则止配。各闾绝无互争之事，养生之物，必备于闾。不备以里节，不备以村节。民室之后，设金狙室。饲金扁狙，如人之数（见民居图），以供劳役。狙之偶，亦有制。不使浮生，免于杀也。村以上，乡邑道州，郡县邦国，悉以十进。其长日月岁时，以木柝巡于闾。教以净白之学，十年而终课，又十年复教之。闾有交涉，集里村乡邑之长以平之。故虽亘万古，无乱序也。

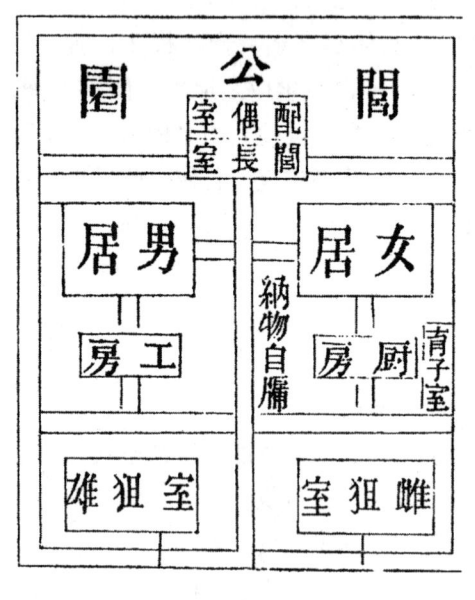

节闾国民居图

四曰民意国。中枢以印契文书，颁于家闾里村乡邑道。民有意，书于契，以呈于闾。闾长集七家之同意，以呈于里。里集七家之同意，以呈于村。村以上亦然。中枢有意，亦遍谘，合民意十分有七而后行。民皆议员，皆可建议。政教礼俗之更改，一惟民意是从也。官司牧守之黜陟，亦惟民意是顺也。卓识者不得显，而庸德、庸行，足以安天下而有余也。

五曰武圣国。竭国之材力人畜，以修战具，兵强于天下，民皆以死卫道。惟惩惰忿欲私痴，仅诛暴乱之渠魁。既克，则护其人民如肝脑，亲其人民如骨肉，教其人民如弟子，养其人民如伤夷。所征之国，民莫不望其胜，而恐其败，未有不倒戈自伐者也。回祖用之，今不复有矣。民皆省衣节食，以供兵用。为皇天宣威，以净白也。其政教，则一本于《唯白论》之纲言，以正四海。非如今日之列强，内淫欲而外肆盗也。

六曰定长国。家闾里村乡邑道国皆有长，长皆终身职。以夫妇为偶而无家。夫长男，妇长女，以六途采区中之贤圣，以为储长。六途者，众选、鉴拔、荐举、循资、考试、计功也。余官亦以六途进。俸极薄，全国之人皆大足。其长与官之子孙，无不足者。各勉正务，无室家眷属之累，是以咸丰而极赡也。则又不敢污白，物何用乎！

七曰忘名国。国中之人，无姓名。家闾里村乡邑道国以数计，其人称某家第几人而已。按数颁物，故均。民死徙，无出家门。力劭净白，五损八益。

八曰通工国。各里千人，同取衣食于里公积之府库。重净白之教工，每一工当力作之十工。有能发明净白之新理者，终身俸之。俸不即于欲，以一工易一日之俸。老幼废疾则全休，全国中无苦夭之民焉。有不便，亦家自为炊。岁时日月，献工于里，受饩俸以归。

九曰五戒国。国法以惰忿欲私痴为五戒，惰至过休一时（一点钟），忿至疾言愠色，欲至一芥过物，私至一粒为己，痴至重尘轻白，国人皆弃之。迁因于思过之区，改而后复之。故太平无间。

十曰十限国。其国大宪，制民无污白，无纵欲，无怠力，无浮识，无紊序，无侵人，无私营，无废礼，无弃材（兼地与物），无溢生。以此十限，简立政教，民永安之，得其道也。

十一曰神主国。民有事，悉以卜决。相争讼，亦卜于神，无不服者。即失平，亦各委之夙业。人不疑神，龟著无爽。以此永安，万古无乱。

十二曰罚欲国。民皆知净白为极福，污白为大祸。故不畏死，而畏欲。死则贺之曰：出狱矣！无或哀恋。民有大罪，罚之以声色艳乐，强使受而享之。民见欲，畏如汤火，一接不复敢再。捐物赴死，如水就下。勤修净白之业，日月列表，记内乐之增减，以劭禅功。夫妇不再偶，风俗养成，知真而不眩也。以安一世可矣。

以上十二，略举大凡。古今中外，乱不究理。淫盗之场，不足语也。吾人纵能使今之世界，太平圣治，臻于此极，百年之后，吾白上升，俯而视之，一蚋窟耳。是今之所谓真实，而后之所谓虚伪也。后日永，今日短。伪害真，小害大。天将败之，人岂能为力乎！吾人之志，存于别等为甫，然后土壳得以暂宁于别术为类之中矣。则又非皈曑之长策，盖旅况之宾荣也。

大破法我曑（古终字）

然皆九壳，伪旅非真。破欲贵身，破身贵鬼。破鬼贵白，破白无悔。我法二执，心世之累。反白皈曑，无上上美。

释：统心法世法之全，而尽用之。内去五损修八观，外劭太平成圣治，善矣乎！以吾视之，蚋窟中营营，一多粪之蛆耳。夫人之执，有四住焉。执

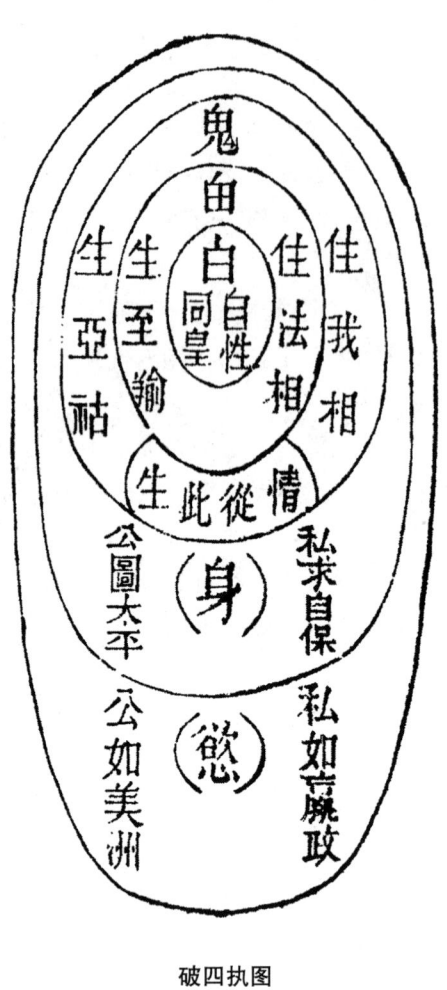

破四执图

而住之,白已先在,身将奚往?是故下者执欲。其次执身,其上执我,其最执法。今先破欲执者,拥众兵,据广土,聚多财,求百福,劳心焦思以奸谋,白体邪墨,不如处士之清修也;纵情泄精以享物,白中浸毒,不如幽人之淡泊也。千军以卫,反杀其身。百计大宗,必殄其嗣。此以私者言也。即使公如华盛顿,致美洲之民以富庶肆志,结而言之,纵众欲耳。欲必害身,美洲之民其不免乎!然则,公私皆非,破欲执者,知此则身贵,而不自贼矣。然而身何物哉?一土壳耳。缚我于土壳之中,使同皇之白,不得显其逍遥之威力,乃桎梏也。奈何贵之?不过身非自然而捐,必有微苦,怯夫恒惮之。然则,决疣溃痈亦微苦也,拔齿剪茧,又何惮哉?私者百术自保,公者兼保天下。全神营营于土壳之中,即全白胶粘于土壳之内。虽为圣帝明王,又何益于粪蛆哉!谋于三粗,必生于三粗。志之所在,白必寄之。白之所依,身必居之。太平圣治,卑乎鄙矣,不如解脱,得居半监之国,亦大乐于斯世矣。佛言:"以恒河沙数七宝布施,不如受持四句偈。"破欲执也。又曰:"以无量大千世界微尘数粟米施人,不如发一菩提心。"破身执也。二粗执破,乃言其精。

破我执（见前破四执图）

离世修真,是执神我。鬼壳当解,法固则蜕。

释:今先言破我执之法。夫我之所由生,必起于第七识,翳蔽垢也。以墨汁注于海中,海水之一部虽受浸混之垢,尚与他体通电同体,则第八识之无我相也明矣。白性弥满太空，众生在中，如水在海。不因外围，何以离皇？故由不离皇，为有余依涅槃，而鬼则显然离皇矣。人若弃世事，而专志于我之欲成佛也，是身我执破，而鬼我执坚，不得超于三界矣。执身我不超三粗，执鬼我不超三清也。鬼我神我也，四教之卑明矣。然以忘我我大，后我我先之本志破我执，则我大我先，仍为病根。溲中灌溲，溲还污手。我中忘我，我还缚由。名且难忘，况于神我。然则，如之何而后可？曰：坚志执法，则破之矣。今夫欲舍下阶，必踏上阶。欲降此舟，必登彼舟。法执即上阶，彼岸之类也。又如，有火蚕之卵，与鱼鳖之卵，与鸡鹜之卵，同置一处。以火焚之，火蚕之卵孵，二卵殰矣。以水溺之，鱼鳖之卵孵，二卵殰矣。以雌伏之，鸡鹜之卵孵，二卵殰矣。故物苟得其养则长，不得其养则消。白火蚕卵也，由鱼鳖卵也，鬼鸡鹜卵也。故执法者，志圣佛之性情言行而学之，探皇天之真德至道而效之，不问于我利不利，不生我欲成佛心，但有观天之道、执天之行之一念。明知白有二十五德，合此而生则遂之，背此而生则遏之。即使勤修净土，亦不必存我至净土之心，但钦崇弥陀之德性。故文文山①执"杀身成仁"之法，而身我忘。弥勒佛执"渡尽人天"之法，而鬼我小。文山以身甘刑，弥勒以尊就卑，皆不知有我者也。或者贵以身为天下，爱以身为众生。本心在天下众生，因本心成白，不在第二念矣。故胶固法相，可破我执。又进之，以展性合皇。

破法执（见破四执图）

忘我执法，以蜕学蚕。此白即皇，无法自然。不皈于袅，万劫颠连。大愿众生，尽合于天。译为佛语，究竟涅槃。

释：然而我执结鬼壳，固能以法执破之。法执结由垢，又将以何法破之乎！以法破法，中犹有法。破去一法，还生一法，何以尽之？须知，宇宙一大人身也，吾人一小宇宙也。皇以九层而灵及于地面，人以九壳而觉传于肉形。发觉之源，必同皇性，吾不住九壳而生心，必是展皇之性也。不为三粗谋太平，仁性发自有深爱，智性发自有嘉猷。人学之测法，我成之则性，不为由鬼思修证。太虚性著九尘失养，中和性著一真朝宗。人学

---

① 文文山，即文天祥（1236~1281），字履善，号文山，江西庐陵（今吉安）人。著有《文文山全集》。

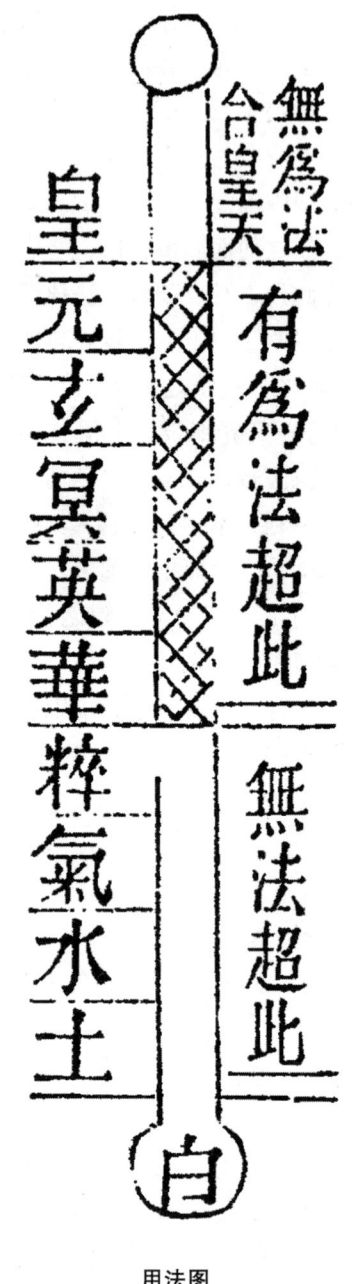

用法图

之则法，我致之则命。是故无思无为，不识不知。随事空应，称物平施。古训全忘，佛言不记。此所以白自接皇，而得其养也。然非常人所能。常人者，由鬼身中，渍垢太甚，虽无思无为、不识不知而发，尚有由鬼与身之夙瘾也。如之何，如之何？由之瘾必应法，鬼之瘾必为我，情之瘾必从意，身之瘾必好生，欲之瘾必接物。一检即明（见破四执图），不因四执而起，必皇性也。法天师圣，由瘾也。其极合元，不探得至道则合粹。我欲成佛，鬼瘾也。其极合英，修净土法门则合玄。私爱心癖，情瘾也，其极也如意。鬼受污垢，必免于死身瘾也。其极也安形住世，再生仍来，取乐于外欲瘾也。其极也富有天下，渍秽加壳。此三者易辨也。独由中法相之瘾，何以除之？须知，我如蚓皇如蚕也。我如是蚕自然吐丝结茧，岂复学之！磁石岂必思维而后吸铁！雄鸡岂必计量而后司晨！执法起念，吾白性遂已蔽矣。皇天此白也。吾白与皇天固不异也。法天师圣，我已非皇矣。吾白实皇，何故不自展皇性？而以一丝法相间之哉！反之此理，一切皆破。维摩不受佛戒，六祖偏改经文，正以此也。夫衡无分别，应物知重轻。父无分别，因子用赏罚。皇无分别，顺众生之现量，而施净白之法也。其无分别之本体可学乎？以人御车，应地趋避。若以机械御，必多倾覆之虞。以牛马御，亦有颠蹶之祸。在生白不在死法也。法施于皇，用过即为死法。皇且不自学，我何可学之？故善修道者，始以无为法，纵白升粹。人必上超，如蚌之化雀、蚋之变蝇也，一阶之陟定命也。若欲超出六美，非勤于有为法不能也（见用法图）。躐等之效，必以非常之功，是定理也。有为之法，不宜于三粗中修之，当借意根自熏成种，至于言行从意而发。吐纳之术，不过强身。因心成体，方为实德。劲在解脱，勿营外污。视圣治如鳅在泥，视天堂如众蚊戏，视极乐国如梦中珍，视大涅槃如涂淖附，久之则白合于元，然后终之以无为法。离元合皇，出世入世，两法皆空。反观真如，即是皇也。佛言饭三世诸佛，不如饭一无修无证、无念无著者。盖无修无证、无念无住之资，九尘皆不溺白，自然合皇。不登舟，亦不降舟。不入法，亦不出法也。宇宙之大，一自然而已矣。真空九尘，皇白和合。白得其养，雏孵壳脱。肉长痂离，破法执惟此而已。神妙莫测，非证上上成果（元果相），不能喻也。此之谓大曩，此之谓净白合皇。故入世出世二法，纯恃于净白。专修净白，无荒人事。顾中以用和，内圣外王，尽于斯矣。白既净矣，虽无为可以臻圣治。若不净白，法愈巧而乱愈极，术愈多而治愈难。涂药遏疽，当流壅水之愚。猥蚌蚁鸽之故智，可悲也矣。故吾深信《唯白论》必为宇宙之法王。虽天神亦来取法，况五洲之小乎！无猬蚌蚁鸽之机心，无黄鼬鲤鱼甲兽鸽鸢也。无政术自卫之机心，无天灾地祸、物怪人妖也。杀机应垢而后生，人能防有形之敌，岂能御无相之寇哉！立良法于垢白之中，如种蒲柳于火坑之内也，故《唯白论》必为法王。吾法皆药方，可弃也，即《唯白论》中凡诸有相之法，吾皆随取而随弃，非取非弃，非非取，非非弃。若有白，若无白，若非有白，非吾［无］白，非非有白，非非无白。空无极，吾亦与之俱无极，非无极，非非无极。空无别，吾亦与之俱无别，非无别，非非无别。乃至非无得，非非无得，非无无，非非无无。

补篇·纲言①

观天执天，尚非白然。由鬼囟身欲，五内瘾毒法。我（我成佛）情生物，五外染梏。芭焦宇宙，花果众生。地中有盐恒凿井，白中有天求之稳。大才晚成，大功迟效。皇天如牧，鞭刍交施。舟车之小，可以喻政。佛倡净土，功德为最。地仙囚白，固粗干天。静久必征，人各不同。发竖脑鸣，

---

① 原书此篇无单列"纲言"部分，今依"内篇"、"外篇"体例，从"释"中抽出，汇总于此，以求全书一律。

血潮身悚。情动则止，是为内戕。日省息警，时证岁验。功大于天，绩真如幻。净白以保，固于金城。政教枝叶，净白为根。四质二别，英哲异资。名动皆污，中和惟极。自求多福，无大不备。绝尽外乐，预脱三清。众谋蝇聚，三秦蝗填。六度之法，展白性也。白性不动，万法自应。四成皇德，用法无常。今日必死，今夜必亡。谓之正智，无常真常。花瓣一谢，果熟为死。三心不离，八观永续。人惟种因，不追既往。螃蟹英雄眩世伪，蛹萤圣哲承白真。天福分人，实滋孔祜。论理极于唯白，论教极于侔尼。重在德真，不修亦成。心比真如，手作生灭。棒喝悟人，迹无可撼。天命莫争，三区孔严。白乐垢苦，别境奚疑。久静不妙（乐相千万为妙），罪业必深。一人净白，一邑受阴。天道公明，执即偏昏。极外建极，众生皆皇。撤去同根，异枝平等。惟知保白，一意无支。惟知净白，万福无危。汩志无厌，根盗果精。兼养内圣外王，勿惊朝奇夕异。禅静终年，统辖宇宙。禅景勿玩，定进大成。信解修证，恒变著成。八观之利，宇宙莫伦。圆觉法轮，白皇不间。左虎右狼，笃观真常。火焚杵碎，百垢消亡。有法去污，无法合皇。专一净白，百休自附。熏白变质，感与众殊。禅功正法，独窍通皇。顶现肉球，通皇证确。应有所住，而死其心。知白不偷，蛇群亦龙。无执净白，无执相证。空性宜白，诸尘失养。净白非我，用心惟微。空极性著，六虚大身。喜忧以物皆祸，反而警焉皆福。唯识理显，二法咸宜。宇宙万类，唯白所变。佛心七住，唯白是育。良心极好即是佛，克己胜人即是道。共法同修，依者必效。硕果难得，正法乃传。武库之器皆铁也，万类之素皆白也。果仁之瓣皆鬼也，万善之源皆空也。不取知见，乃著白真。养中则大，养边则异。超命著性，去赘皈命。空极皈真，白巧自展。道德明，性命彻。诚恒贞，人皆佛。动物两脑，植仁两瓣。上本下根，成佛之鉴。

补篇·释文

观天执天，尚非白然。①

释：《阴符经》以观天之道，执天之行，为尽善尽美，落二乘矣。佛观

---

① 原注："上为纲言，以下即释。"并以"○"代替"释"字。今统一改为"释"，以求与"内篇"、"外篇"一律。

白在，展自身之皇天，不师宇宙之皇天也。本来自身之皇天，即宇宙之皇天，有无上之福德。然而，皇天发之则为性，我往学之即为法。故《阴符》仅言五贼，而佛言六贼，是《阴符》以法为性也。故有行，有道，有执，《心经》无此三者，此上神离元同皇之功也。耶回二教，纯在法天，不如老子曰："天法道，道法自然。"

由鬼凶身欲，五内瘾毒法。我（我成佛）情生物，五外染梏。

释：精修大法，何以自验？而知诸法之当取、当弃耶！曰细中之细，不可以不辨也。宇宙万有，源于六端：一曰白性自然；二曰由瘾呈法；三曰鬼瘾结我；四曰凶瘾溺情；五曰身瘾好生；六曰欲瘾遂物。吾人言行思虑，皆由此六端而发也。其发也必有源，凡众生之身，外壳与下境应，内壳与上境应，是以粪为人弃，菜吸之还成美味；尸为人弃，木吸之还结甘果，外粗淀而内精瀹也。故凡饱己求甘，暖己求华，一缕一粒，苟有加于养身者，皆欲瘾遂物，下合于淀者也。即种因于淀境中矣。其次，则专为保身而起，必营饱暖，惟恐死亡，认旅如家，将舟作室，纵有万善，纯固土壳，皆身瘾好生，近合于地者也。即种因于人寰中矣。又其次，则专为情感而起，其种因之广，上通元玄，下彻淀境，以欲瘾因缘生情，又思成所爱者之欲，合淀境也；以土壳因缘生情，又思保所爱者之身，合人寰矣。以我执（此神我也）因缘生情，又思升所爱者之魂，合三清矣；以法

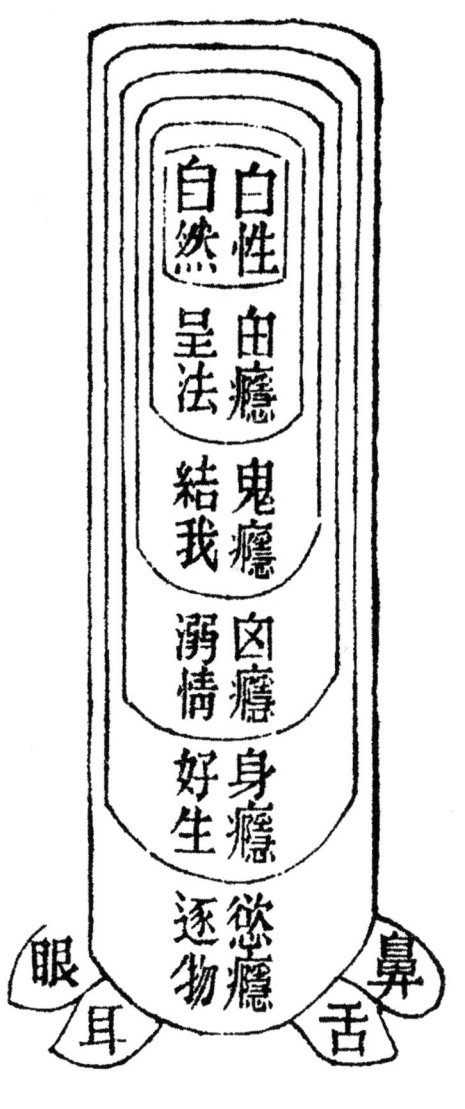

种因图

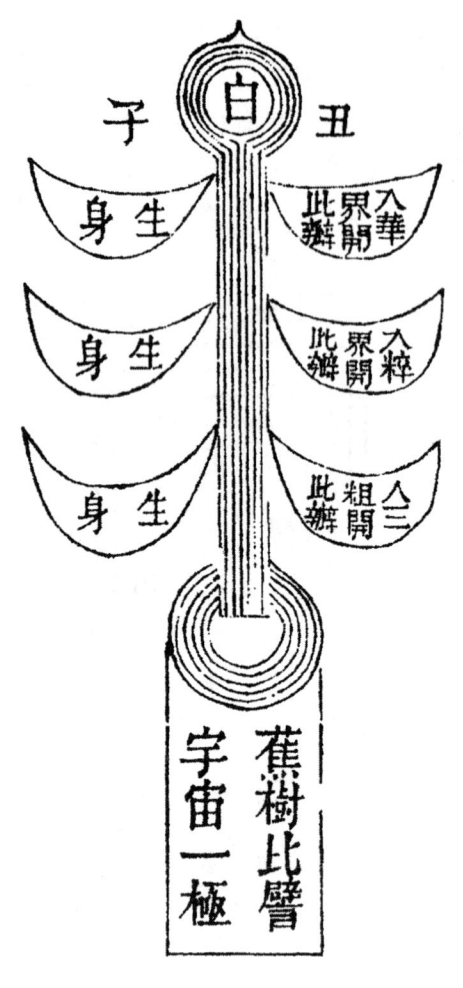

芭蕉宇宙图

执因缘生情（师友相资），又思净所爱者之白，合三洁矣。是四者皆囚瘾溺情，上自上神，下至恶魅，种因之广，各随其情之所钟也。又其次，则专为神我而起，作德修道，忆超灵魄，结一小我，百法莫涣，虽全万法，纯为囿相，皆鬼瘾结我，上合于天者也。即种因于三清中矣。又其次，则专为法天而起，审性灭相，敬学皇懿，惟妙惟真，外袭至道，虽同皇天，未展自性，皆由瘾呈法，高合于元者也。即种因于三洁中矣。（见种因图）因之所种，果即随之。果之所在，身即旅焉。斯五修者，不可躐等。苟有夹杂，白表乘除。四瘾脱尽，由瘾呈法之功深，然后能离法皈衮，以自显其皇性。深辨者，不可以不密也。

芭蕉宇宙，花果众生。

释：以芭蕉比宇宙，以其花比众生，大有似者。芭蕉之花，每进一层，必开一瓣，而脱一壳。其瓣对生，如鬼壳也（见芭蕉宇宙图）。入三粗，瓣集人身，百年谢，入三清。瓣集袄身，千岁谢，入三洁。瓣集神身，万劫谢。重重九层、九境，适应九壳。趋内即升，趋外即沉。芭蕉之每瓣遗子，亦犹吾人之每境遗子也。花瓣虽谢，果即是树。粗壳虽死，人即皇天。

地中有盐恒凿井，白中有天求之稳。

释：吾尝见凿井求盐者，吾心于是大坚。精修百年，不敢一刻间也。夫地中之有盐可必也。浚利者，往往竭百万之产，尽一世之力以椿之，吾白中自有皇天，确胜于此。惟根深尘薄者易见效，而根浅尘厚者难为功，期其必有专精修之，何惮而不成？吾恒二十载向弥陀侔尼，诚彻金石，不效不怠也，卒证大功。地中必有盐，白中必有皇，此定心诀也。

大才晚成，大功迟效。
释：山中之木不见长，其久也蔽日干霄。舟上之人不见行，其终也逾洋越海。雏不出壳不见日，鱼不出洞不见天。柏子三年乃萌，豆芽一夜即茁。推此数事，可以恒诚。注精粹中，三年神通，笃意元玄，一世无验。吾奚可羡俗士之小成哉！

皇天如牧，鞭刍交施。
释：牧人之于牛马也，鞭以策其退刍，以诱其进。皇天之于众生（包上神）也则然。向上照内，则福以奖之。向下遂外，则刑以威之。演成万事，惟此二法，不至净白不已也。《诗》曰："天之牖民，如取如携。"

舟车之小，可以喻政。
释：一舟之小，不能尽乘客，而掣舵师之肘。一车之微，不能尽乘客，而握司机之腕。或沉或覆，生命委之。谓民众监政者，终亦空谈而已矣。不恃净白，无他术也。净白者，立一良法，以垢白者用之则恶矣。

佛倡净土，功德为最。
释：净土之说，四教无之。侔尼独倡，泽施最溥。净土亦有天地，其天曰"无量寿国"，其地曰"无量光国"。无量寿国，圣贤乃至。无量光国，凡夫所居。即以玄冥代之，未为不可，是三根普利者也。何其广也？何其易也？家严敬臣府君，十二年前闻法于金陵，遂虔持之，加以终身无十恶，今岁正月卒，于柩前镜中著相十余日，坐莲台上，行宝树下，飘飘若仙，族戚共见，净土易成，信有征矣。考之天文，净大之星居中，秽小之星绕边，块块层层，缠裹不已。净土之有，在实测中。日中纯镭，价值千万。若再内推，岂仅黄金地、百宝池而已哉！净土必有，虽下愚皆知其真矣。又以因心成体之原理赴之，心之所行，万里一念，奚疑而弗至？其有相可住也，其有形可依也。属白而专，其无爽也，故吾父以碌碌而竟大功。若不由此，作德而成三清之果，其危犹甚于人间矣。大凡外乐，必种后苦。三清之果，人天小果，有漏之因也。何漏乎？因种于壳，壳谢则漏。吾人其犹九壳之禽卵，九尾之蝌蚪乎！然有漏，犹消极之祸也。若以积极言，外乐愈丰，尘瘾愈大，如华境者，地狱之孔道也，可不畏愈？佛教之高，最卑亦超出三界。其言曰："一真佛性（即白），为众生本有心性（即白），能直超三界。"不超三界，即堕涸也。是以三袄之果，直当视同三途。何以修之？断外乐则根绝矣。然三清之超，谈何容易？功德如舜禹，亦未能过夜摩，而逾兜率也。有净土法门则易矣。以此诸端，则羡慕净土之志，如水朝宗。志既定，而二要须知矣。所谓二要，一曰进注，二曰解离。亦一益一损之功也。谓进注者，进注全神，皈依弥陀。钦其德性，五体投地，如矢注的，如水注洋，专精不摇，无一散乱。反注已白，知必与同。陀陀灼灼，一丝不挂。此如摇橹，向鹄以进。谓解离者，解去尘缚，无系人寰。外不系境，不图太平。内不系身，不享俗福。不负民债，临去无阻。不欹物冤，出围自由。兼涣壳因，九桍齐脱。又涣羿旅，外乐不染，此如断缆不系此岸，如沿直漕，不胶中流。二法同修，法舟直驶。夫焉有不至者乎！若夫涅槃，橹无可摇，缆无可断。不行而至，不为而得。亦无所至，亦无所得。本来无有，奚所从达？非中人之所能稽也。世间渡人，折衷于净土法门，可以谓之至善矣。恐修士之或误也，故以损益二法，反复叮咛焉。

地仙囚白，固粗干天。

释：黄安龟老，海屋筹多。乘云跨鹤，而游于五岳之上者，非世之羡为仙者哉！然而性命之正失矣。夫天与人，以土壳而囚之以短期，因其罪轻于龟也。龟善吸气，气精外固水土，内胶六美，故九壳不易脱，而世寿长也。人之死也，气绝为常。第七壳解，而第八、第九二壳，不能附也。古今之言仙术者，结想注神于气海，而练气精，以固缚由鬼。宋儒曰："留住灵明，不还造化。"其用意已太谬矣。卒成气只，是有期徒刑之囚，自入于无期徒刑之列，不亦悲乎！回祖曰："俗人幸生，圣人乐死。"死而后万福攸同也。俾尼世寿，不过八十余。日月有度，大小有数。天限孵期，命也。故吾之为禅，以止观出尘，而不杂异术，间因夙疾而偶练三粗。三粗中之功，亦三粗受之而已矣。

静久必征，人各不同。发竖脑鸣，血潮身悚。情动则止，是为内戒。

释：以予验之，静极之时，或发竖，或血涌，至于脑鸣头亮。百态千殊，人各异秉。总之，静中之效，必为良果，勿生疑怪可也。至于逅魔见障，夙业之累也，惟皇观可以消之。七情一生，静效立失。百验不爽，魔之大者也。

日省息警，时证岁验。功大于天，绩真如幻。

释：人于每日开睫，则必曰今日毋令白退。每事（一息不放）当头，则必曰此事毋令白污。即经一瞬一息，已储帝王之福于囊中矣，切勿谓此刻无益，此行无益也。三显相呈，已登涅槃之车，已上净土之楫，多经一日，白光高腾万仞。每起一念（发八观菩提心），白表暗记百功。如此计算，虽有黄河流金，其福不如养白出尘之大且恒（无间）也。寿终收获，何其乐也。

净白以保，固于金城。

释：众生百计，营尘物以自保，而皇天必破之，驱策住相之顽冥者也。若夫白光在冣，冣袄保之。白光在尢，尢神保之。吾毕生从无隐恶，日本之游，已登危舟，因酒醉后期，舟发而触礁。金陵之寓，已居灾旅，因细故怒迁，即夜而旅焚。卢定桥之役，张煦兵众，阻吾单骑，是日江溢山崩，均为吾受好机。北京之因，仇家势大，环吾只身。其时人事世态，均为吾开生路。人惟恃天而生，如用私心，营三粗以自卫，适以自杀也。人不能害人，亦不能利人。揆之真理，仅能自害自利耳。

政教枝叶，净白为根。

释：白于草木寓于仁，于仁寓于鼻。有仁之核，种之于盆而生，种之于山而生，种之于田畑原隰亦无不生。净白之人，治之以专制而宁，治之以共和而宁，治之以平等无政亦无不宁。教之以佛法而圣，教之以儒法而圣，教之以老耶回法亦无不圣。世之言政教者，奈何欲种无仁之核也。哀哉！

四质二别，英哲异资。

释：人分四质，曰胆液，曰神经，曰血液，曰粘液。胆液质英雄之资［质］，刚毅强勇，威重弘大之秉也。神经质圣哲之质，聪明清隽，敏捷精详之秉也。血液质庸庸碌碌，易染易移。粘液质委委弛弛，无成无用。此皆由鬼中带垢不同，有诸内必形诸外也。血脉髓肉，各有不同，因本智、染智二者不同也。若夫净白之人，粹面盎背，岂仅胆液、神经之美质哉！育才者，首劭净白，英雄圣哲如林矣。白犹未净，则幼小分业，不可不首察于此。

名动皆污，中和惟极。

释：不立中和主义，而立他主义者，必立名、动二辞而后有实事。立名辞，是发端于壳也。立动辞，是发端于变也。壳必脱，变非常，故皆奴义也。

自求多福，无大不备。

释：今我欲得帝位，未必得也。即得之，不如除此瘾根。福有万倍于帝位者也。今我欲得寿考，未必得也。即得之，不如除此瘾根。福有万倍于寿考者也。今我欲得神仙，未必得也。即得之，不如除此瘾根。福有万倍于神仙者也。今我欲得外物，未必得也。即得之，不如除此瘾根。福有万倍于外物者也。知此真理，我即皇天。九壳枷锁，去之则休。白藏孔丰，富甲宇宙。多生一日，近死一日。死期之近，胜于刘病已①之出累囚，而登大宝也。纵有刀兵水火，死于非命，如狱垣崩。即有所苦，如拔痛齿。期宇宙万物皆备，信白中左契可操。五洋溢宝，不足以比片刻静坐之功。百世太平，不足以比一念通皇之祜。此志既决，既真且功。尽日极乐，毕生雄豪。趣味深远，逍遥盖天。岂六欲天王所可思议哉（读此节第一安心自足）！

绝尽外乐，预脱三清。

释：吾今日绝尽外乐，非徒脱三粗之囚已也，深恐带六欲天之垢也。白不合皇，终沉苦海。六欲天王，外瘾深固，吾早恶之如蛣蜣甘粪。居此一世，毒浸一真。比之地狱，为障尤大。外乐既绝，内莫能系。兢兢于此，严于防虎狼矣。欲速皈橐，此志宁可他移耶。

众谋蝇聚，三秦蝗填。

释：《唯白论》成，客有以三秦大灾告者曰：尸填原野，虫食禾根，人类尽矣。昊天何不吊乎？吾应之曰：昊天疾威，敷于下土。谋猷回遹，何日

---

① 刘病已（前91～前49），即汉宣帝。字次卿，即位后改名询。

思沮？此皇天夏楚吾民，欲令之怖苦发心也，亦白取之也。白不通天，鸿钧失运。如人不仁，血枯肉腐。山崩疠作，皆因白垢，而尘精不来俸也，善人识之。《唯白论》作，浩刧可伏。《唯白论》成，六合同春。《唯白论》行，百姓康宁。《唯白论》孚，众生昭苏。三秦之灾，岂难御哉！今之伟人，百计谋猷，不及净白中和，终亦回遹而已矣。

六度之法，展白性也。

释：《大乘起信论》曰：性无悭贪，言白性绝欲也，以修"檀波罗蜜"（布施）展之。性无染欲，言白性清真也，以修"尸波罗蜜"展之（持戒）。性无嗔恼，言白性惩忿也，以修"羼提波罗蜜"展之。性无身心，言白性空也，以修"毗黎波罗蜜"展之。性本常定，言白性贞也，以修"禅定波罗蜜"展之。性体常明，言白性智也，以修"般若波罗蜜"展之。由是观之，《大乘》之法，纯在展白性也。使白得其养而长，尘失其养而消，九壳自脱，故曰上乘法也。白有二十五德性，可立万法，要以仁守中，智知和者是也。善用火性，成氅照暗，不善用则毁屋。善用水性，润田载舟，不善用则溃防。仁智一离，虽白性亦危矣。

白性不动，万法自应。

释：孟子曰："不动心。"《大乘论》曰："无明妄动，动则有苦。"佛曰："无明缘行，行即动也。"欲证白性不动，为说最简而明。白性太空，空可动乎！

四成皇德，用法无常。

释：成己不成物，非皇德之仁也。成形不成白（住相布施），非皇德之智也。相细形也，形粗相也。惟不成相，故薙万物（杀其形也），而不为厉。惟须成白，故利尽四海，而不为功。庄子之言，《上乘》之大衍法义也。回祖右手持刀，左手执书。持刀以坏粗形，执书以成白德也。是以相如衣冠，由鬼是也。形如舟车，此身是也。不住细相布施，如拯人于溺者，不徒拯其衣冠也。不住粗相布施，如拯人于溺者，不徒拯其舟车也。布施专在拯白，白无相，岂可住相？此对外言也。至溯源于内，因好色而施，住色相也；因功德而施，住我（法我）相也。为善当展白性，岂可缘外？《中庸》曰："去外诱之私（由以外），充本然之善（白性展）。"《金刚经》之义全矣。

今日必死，今夜必亡。谓之正智，无常真常。

释：吾每日下榻，则必念曰：今日必死。每夜升榻，又必念曰：今夜必亡。日日如此，夜夜如此，必有一日一夜真个死亡。于是，一瞬一息，不敢离八观。是念无常，而得常住真心也。佛曰：人命在呼吸间。回祖曰：死生旦暮。时念死亡，迫于目前。行李已束，今旅之馆舍，非所营也。

花瓣一谢，果熟为死。

释：见蕉花，而知人之身，附于七识之外壳，以应尘者也。花瓣有朝开夜合者，如人之寤寐也。人饮夜交藤汁而熟眠，阴阳二壳合也。加一壳，多一阴阳，岂不信乎！人之死，花瓣谢耳。

三心不离，八观永续。

释：《大乘论》言三心，直心、深心、大悲心也。佛言三心，真心、空心、普济心也。皆发展白性之中和、明诚、公仁、空清也。吾为八观，终日无间，终身无间。空观，无念。定观，注全神于白。皇观，观念佭尼佛、仓颉圣，及大日如来、弥勒佛。净观，观念无量寿经及阿弥陀佛、观世音菩萨持往生咒。涣观，持六字咒，现身与由鬼作九想，视㕙堂如蚋溷，即白骨观也。妙观，观念回祖、老子、孔子、耶稣，感其仁诚，佩其智勇，内思性命，外格庶物，念诸经中之要义。真观，观法平等，吾白同皇，去二异对，求一同中。慈观，观念大悲咒，普贤行愿品，思众生苦，尽心拯救。以此三心八观为恒课，每日禅定八时。至于应事，则纯用不住相布施。此修法效力极大，故记之（是我之日课也）。

人惟种因，不追既往。

释：狮子佛自寻死地，葛谨纯自授头颅。今生所受，已成之果，死苦灾害，又何问乎？但种未来之因，努力后福，环境顺逆，正受之而已矣。孟叔达不顾堕甑①，非捞月海底之愚，安心之妙诀也。

---

① 典出"堕甑不顾"，原载《郭林宗别传》。述东汉人孟敏，字叔达，河北钜鹿人。一次在街上买了个甑，回家路上不小心掉在地上砸碎了，却头也不回，照直前行。意谓对于无法挽回的损失，不必愧惜痛悔。

螃蟹英雄眩世伪，蛹蝱圣哲承白真。

释：天命之降，本无先例。机如转轮，守株奚得？世之英雄，专营现量之显实。抱利不舍，如螃蟹挟饵，必入鼎镬而后悟也。圣哲弃桑成茧，弃茧成蛾，功成弗居，是以常得。

天福分人，实滋孔祜。

释：桑根不绝于水土，斩一条而生十枝。福源不绝于皇天，施钩金而来万镒。既以与人已愈多，此其理，惟深智者知之耳。

论理极于唯白，论教极于倻尼。重在德真，不修亦成。

释：知脑有二瓣，分则生根，其上为本之故。知六美重叠，脱尽则极，皇与人同之迹。知宇宙万物，皆白所变，终皈唯一之真。知阴阳分歧，脱壳减半，必至合宗之实。加以十二相之全，考以三显相之明，而人之能成皇天上帝，如视诸掌矣。方今唯识学者，不有十二相之确证，终不能得万有唯白之显据，况合属善恶于心所，不如属善于白、属恶于尘之为彻也。夫老孔耶回，上不明皇天建极必始于空，中不列自人去皇尚有几等，内不察一白之外由鬼组心，又不知净土方便快捷方式出匦，是四大缺，所失多矣。以在匦之眼光观之，则四教可以使人善。以宇宙之眼光观之，则四教不能出瓮中。真理完全，颉圣与倻尼冠万古矣。然修佛之功，纯在实德而已矣。吾三十年好苦思，即般若也。大半生想慈渡，大悲观也。又纯于忠孝诚仁，安于廉正公直，未悟之先，无心之修持积累久矣。故人间十禧，道德崇隆，品行高洁，学识渊达，功业炳焕，名望清华，天伦完美，资用不乏，人爵贵盛，康强令终，解壳合皇，此十禧者，吾几备之。今乃禅寂初试，遂现皇极于脑额，方信人身实包罗宇宙之全。法界，即如来平等法身，与众生身无差别。静观久澄，十禧乃在白中。兹言十禧，启俗好耳。一法界，即吾所谓一极也。故得万里山河，不如白光高一发。又以千方娱乐，不如白蔽薄一微（兆分之一寸）。孔子笔诛，皇天刑锻，夺虚尘而畀实庆也。吾于自验则然。

心比真如，手作生灭。

释：真如门，如一心也。生灭门，如二手也。因生灭门，以成法界，故曰宇宙（即法界）在乎手。天为之物，何一非生灭门所成？人为之物，何一

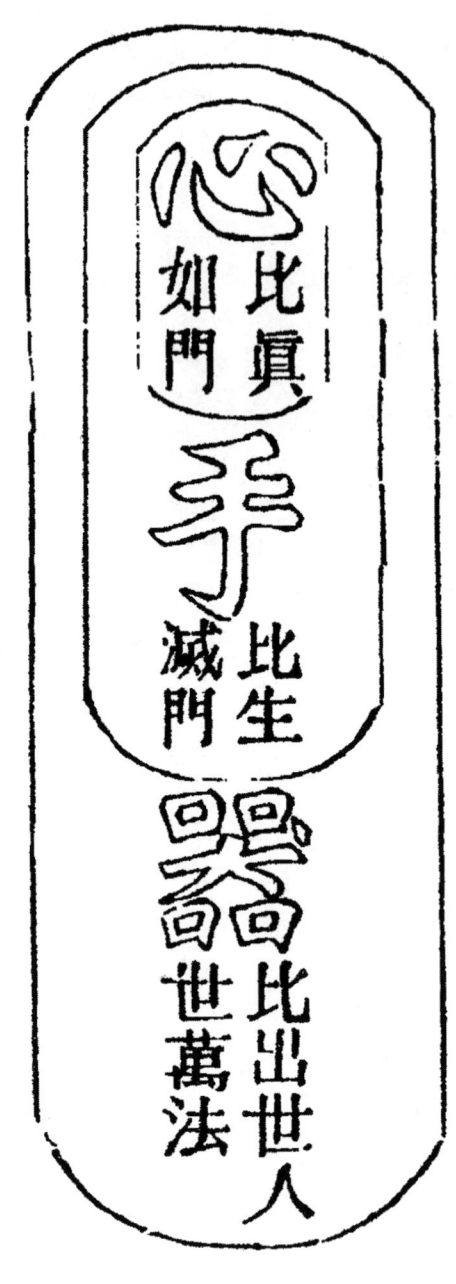

事源图

非手所成哉！佛言宇宙为法界，以法练白之炉也。若法不良，奚能练菌苔为人类哉！今若斩公输子之双手而去，遂自以为良工，岂不大贻笑柄哉！世之言治法者，枉而已矣。不本吾净白之说（见事源图），终亦无成而已矣。况未得公输之手，而徒执公输一器以自矜者乎！则又自误误人而已矣。

棒喝悟人，迹无可摭。

释：人有隐执（俗言心病），他心已通，故高僧以棒喝悟人。如小说所言，诸葛亮书火字于手，而能疗周瑜之疾也。今之妄人，漫学棒喝，如庸医遍以火字疗疾，遇赤壁初败之曹操，必遭斩掌之祸矣（引误效天龙一指禅案）。夫真如门具真理，如诸葛亮之智也。生灭门开物理，如书火字于手也。世人于物理中求真理，宜遭斩掌之凶也。且考于玄界，得证二。考于英界，得证八。其证愈富，其据愈卑。如夺大树，使万夫各握一叶，不如一人持本而去也。欧西之物质哲学，诚可哂也，亦可悲也。相对必是同中异，求同上达，求异下达。君子小人之大别也。

天命莫争，三区孔严。

释：人皆以兵争权利，是大误也。天命已定，朝居青云之上者，或夕堕于九渊；夕居九渊之下者，或朝升于青云。天命畀之，黄泉之下不能避。天命夺之，金城汤池不能保。卧以需之可也。一极之内，大别三区：一曰休宁区，二曰半刑区，三曰纯刑区。人生于三区之中（见一法界三区图），白光入上界则太平。天命神佛为之君。白光堕下界则大乱。天命修罹（只魅）屠其形。争亦无益，不争无损，况益物必损白，益白必损物。浊世之人，胡皆自甘于倒悬也。今之逐鹿者众也，此鹿也，逐者必俱不得，而落于守株高蹈者之手。非深智者谁信之？杀人者终非安人者。无土不王，非知命者之言也。

白乐垢苦，别境奚疑。

释：人无疑净土太乐，地狱太苦，当知白净即乐，白垢即苦。无舌者焉知味之乐，无疾者焉知病之苦哉。白因垢净而生苦乐，其苦乐之甚，有非人间所能比拟者矣。白净则心身环境庶物，咸集而成乐，妙不可思议。白垢则心身环境庶物，咸集而成苦，毒亦不可思议。定静坚固之时，白光之进，速于电驶，此中至乐无量。竞欲之人，如盛夏午正，在赤带日中乘凉，可哀也矣。

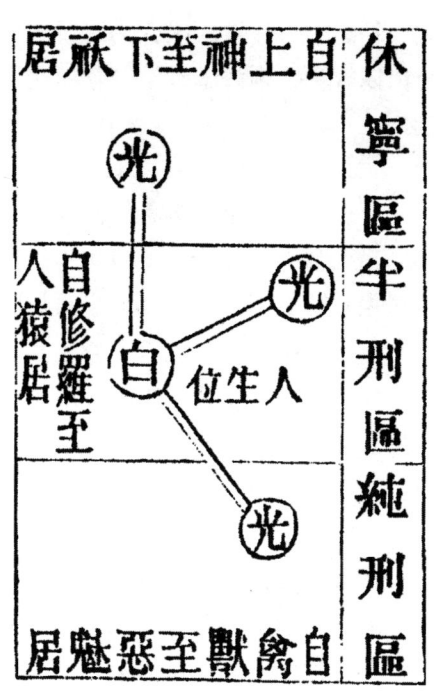

一法界三区图

久静不妙（乐相千万为妙），罪业必深。

释：人能久静，如木在山，未有不华实畅茂，妙乐千万者也。亦有入座即觥觥，久禅而昏惰者，当知陷溺太深，如枯榴之无生气也。宜锥心裂胆，恸哭忏悔，长跪佛前，哀鸣昼夜，久之又久，诚之又诚。终得禅味，无一瞎果。人究非豚鱼比也。

一人净白，一邑受荫。

释：前岁有圣帝降乩于北鄙，曰德汉之间，有二真修行人，可以减劫运之半，人多疑之。此知命之言也。白光高而直，撑持于两间，则休祥自致。白光卑而邪，散乱于污淀，则百怪俱生。治乱祸福，纯在于白，不在有形中也。劫运中人，常思土壳为最外最贱、最污最苦之桎梏，一朝得机而舍之，全白以皈曇，则海阔天空，立时现太平景象矣。太平在白中，白外岂有太平哉！

天道公明，执即偏昏。极外建极，众生皆皇。

释：室中不能建室，极中不能建极。吾欲修同皇之资，随空建极，必心不住相，则身不住境。是以皇天用法，朝东暮西，不令人执。人苟能执，岂天命哉！无执展性，性罔不善，又非中神以下之果，所能妄逞，是以稳慎法天。真证上神之果者，吾人共遵之路也。曇谛深明之教法，百岁不一用也。照见五蕴皆空，而如实不空，此真趣惟同皇之资知之而已。非二乘所能妄拟也。

撤去同根，异枝平等。

释：何谓诸法平等？法之迥异，莫如相对。既曰相对，必有同根。同根在保身，则生身恩，杀身怨也。撤保身相，恩怨平等。同根在适意，则合意顺，背意逆也。撤适意相，顺逆平等，如撤保温相而裘葛平等也。太上无所顾，二乘惟顾白，其他皆桎梏视之。是以一切法平等。

惟知保白，一意无支。惟知净白，万福无危。

释：吾人之终身营营，矻矻乎有所趋避者，非身与欲之累哉！上者殉情而已矣。殊不知人除白光上行，此外实无一事。皇天能命由，不能命白。上神能囚鬼，不能囚由。冥袄能制人，不能制鬼（此专指第七识）。大君能祸福此身，不能祸福由鬼。吾惟求净吾白，虽皇天如我何哉！至此境自由超旷，无不如志。

汩志无厌，根盗果精。

释：世之愚夫，家积亿兆，而贪婪不已也；园囿千里，而开拓不已也。注白以养六根之欲，可胜悲乎！夫内接于白，外接于尘者，根之定义也。亦如草本之有根也，不以根精注果，而以果精注根。荒田无获，受天刑不亦宜乎。

兼养内圣外王，勿惊朝奇夕异。

释：耶稣回祖，其上神之器欤。佛言菩萨（上神）能于色究竟处，现最大法身，得见如来。则耶稣所见之惟一天父，回祖所见之惟一真宰（又作主），皆同一也。其大日如来乎！治世之民，白光高而大，明而洁，聚而正，外王之基也。圣佛之白光，尤高而大，尤明而洁，尤聚而正，内圣之实也。夫一极之内，分阴阳焉。兜率天者，阳界之中也。人世者，阴界之中也。上神既入元境，必退入二中，然后净白同皇，同皇后自能建极，故圣人静坐之效力，大与俗人不同。耶稣回祖，皆言静中有天使来呼，其根器不同也。大约粹界以上之根器，入禅必有奇效。俗人十九多是修罗以下之材，故不易见禅中妙趣也。总之，一切修持之法，不过欲变垢白为净白，脱三壳则通三清，脱六壳则通三洁，白光所到，神妙莫测，惟至其境界者知之耳。禅中万异，不足奇也。初以设想，尽换垢心为净心，久则显实，尽换垢官为净官。木棵一熟，花瓣尽谢。仁中成大树，白果一熟，相壳尽谢。白中成宇宙，吾白中有无量世界，既广且真，何故效痴人，以兵争尺寸之土，而一瞬即谢也。悲乎！吾近日一念一息，不愆于八观；一动一静，必谨于五损。不惟无疲劳之敝，寂寞之枯，而且生趣勃勃，时若与六虚神佛游于金地瑶宫，每一凝注，五体皆震。脑盖欲腾，知白之上行，猛力奋扬，直感于三粗矣。以二十载，结想有为法，证果相于元玄。以二十载，随顺无为法，陟白体于真境。四十年之功力，何事不成？吾常试之，百年之中，一心不摇，乃是易事。老子曰："所有拱璧，以先驷马。不如坐进此道。"若此，则宁使白光高一寸，胜于富贵冠世矣。时时得盖世之利，心尚不安乎。白光直上，身碍之则舍身，物碍之则舍物，是舍桎梏鸩毒也。即不碍白，终必舍之。如此思维，心岂能动！

禅静终年，统辖宇宙。

释：吾尝尽日禅定，勖衡问曰：夫子岂不动心乎？吾应之曰：心得所依，则不动。西人有终岁持筹计利者，人欲与晤，谈言一刻，须银一万，以一刻得利十万也。利在桎梏且如此，况欲建宇宙乎！吾之一刻，亿兆天地不易也。彼博奕者依于博奕，诗书者依于诗书。么么小技，尚能日夜孜孜而不倦，况依于皇天者乎，况无依无住，放浪吾白性之逍遥乎！吾恒住白于白，以白依白。白性本元，又禽于空，其可动乎！明思宗失一国土，尚以身家殉之。吾荒一息，胜失百万国土也。

禅景勿玩，定进大成。

释：二三禅时，恒有神游之感，妙境之显。此盖白光因无泄而上腾，及粹见粹，及英见英也。然老子曰："天门开关，能为雌乎！"言天景虽现，尚当雌伏。若以为神妙而安住之，甚且惊奇之，则溺于小成矣。志在同皇，乃为极伟。同皇之乐，不现形（俗目所见），亦不玩相（天眼所见）。非至大之器，未有不中败者也。

信解修证，恒变著成。

释：自熏成种，因白成体，此二语出于《楞严》，合皇之全功也。今统举八要，一曰信。信吾白与皇天同也。以万岁之巨柏比皇天，以其实仁比吾白，柏之多实如法界（一极也）之多众生也（见柏皇图）。实仁得土，先开肉瓣而后茁芽成树，树相虽压山连谷，真形已全于微仁之中。吾白出法界而入空，如实仁离树而入土也。鬼裂而成两瓣之形，柏根巨，核瓣不能合，故白大之人无寐。以此征信，知吾人之白，已具皇天之全体矣。况又信众生至终，毕竟大同。终即曇也。白大终于上，言本乎天者，以白大为曇，众生成皇天也。仁大终于下，言本乎地者，以仁大为曇也，实仁成巨柏也。既信人必成皇天，又信人必有死，又信净白之人死必大乐，

柏皇图

垢白之人死必大苦，信心至此，可谓满足。二曰解。解白能同皇之理也。既知白性元，又历考于十二相，及三显相，白为真主，不可以死，明彰极矣。净白则曇而合皇，何能极净？合真空也。空极合皇，更无疑义。解释至此，可谓满足。三曰修。修惟损益二法，损以脱白壳，益以升白光，俗人白散溃于外物（见白化图"亨"），故善恶无感。修士敛白，专窍通皇，一鹄不杂，上注而正（见图"贞"），故血转即升。每升一境，即脱一壳，故修士终日终岁，无一念入物倒白。乃至终身明知一失正心，则如树拔根，虽粉尸粹［碎］骨，败国亡家，岂敢一息自害同皇之真体哉！四曰证。证白光之上升

与否？禅静之时，入观可验。以吾亲身之经受，则禅味有二别焉。其止时澄心既久，如生龙缠脑，至鼻顶而一结，直腾而升，磨力甚剧，此白光上驶之特感也。其观时凝思迫真，如魂魄出顶，至十仞而再蜕，扬扬飙飙，目若见景，此九壳遗弃之特感也。自得二快感，而禅功之进，一日千里矣。夫诚想必真。老子曰："恍兮惚兮，其中有相。惚兮恍兮，其中有精。其精甚真，以阅众甫。"言白之威力，随想成真，始虽恍惚，愈久愈明，可以游白于众甫之中。众甫，即六美也。老子之有欲观窍，亦佛学水观、日观及佛相净土观也。吾身证之而得奇效，用敢以告于人。然吾绝尽外乐五六七年，毕生公诚四十六载，又终岁无一杂念，动静八观不离，乃得此效，非偶然也（见图"利"）。期吾白光，必在六美之中，故见天见佛，日真一日，皆从真功实德而出，无异术也。五曰恒。人如能知白光在天，如木根在地，愈深愈大，愈不可拔，一念拔白，百岁莫赎，则未有不恒者。且一日之间，白升万仞。即白升一仞，亦胜于帝王之贵，天下之富，利大如此，岂有不恒！古高僧多有因一念之微，毁罗汉之果，而堕三途者，恒之为业，岂不要哉！如木在山，自然华实。轻九壳有如疮痂，何不恒之有哉！六曰变。吾人之白，时升不已。高一尺有一尺之变，高一寸有一寸之变（亦见图"利"），其余七种垢相，亦刻刻变化不停。人虽犹是人身，若照其白，有神佛、有畜魅矣。宇宙中一切众生，白光中皆藏其种子，故吾一瞬一息，时劭于变化白质，而自熏不辍也。七曰着。今世上明明昭昭众生之形，非真形也，即同一人形，其白已垢者，如沐豕而衣帝王之衣服。其白已净者，如皇神借居蜣螂之窟中。此时着于白中，禅时可见。死时改壳成实，气绝方知。但众生根器不同，其禅中闭目，见天相佛相者，必夙具仙佛种子者也。或禅中闭目，无所见所闻者，必夙无仙佛种子者也。《楞严》谓：神通本夙因，原非法所立，初基之人，以不求着相为宜。吾以为结想诚而恒，专而切，未有不著者。有能十年闭关，而习之者乎！八曰成。人不合皇，终非大成（见白化图"元"）。凡有着，即有依，有依即在法界中，如皇天身上一寄生虮虱也。故修士抱至高无上之志者，见天相净土之乐于禅中，皆不可玩、不可住。即如回祖、耶稣禅时，见惟一天父（回曰真主），亦一极中之皇天也。太虚之大无外，如仅惟一天父，是于理不达也，且子非与父同者乎！如子未同父，是必未尽性者也，故大成之器，虽着元境之相，于禅定之中，犹不依不玩。然众人根基浅薄，亿兆中无一大成者，皈依玄境亦云可矣。吾以真理决于先，实验继于后，方知动一杂念，则白光摇缩，七情发生，则白壳关闭。众人虽无此感觉，考于白相，当知八垢增减，一刻不停，又何疑乎？如来法身，或名之曰"宇宙"，或名之曰"天"，或名之曰"造化"，或名之曰"一法界"，或名之曰"一

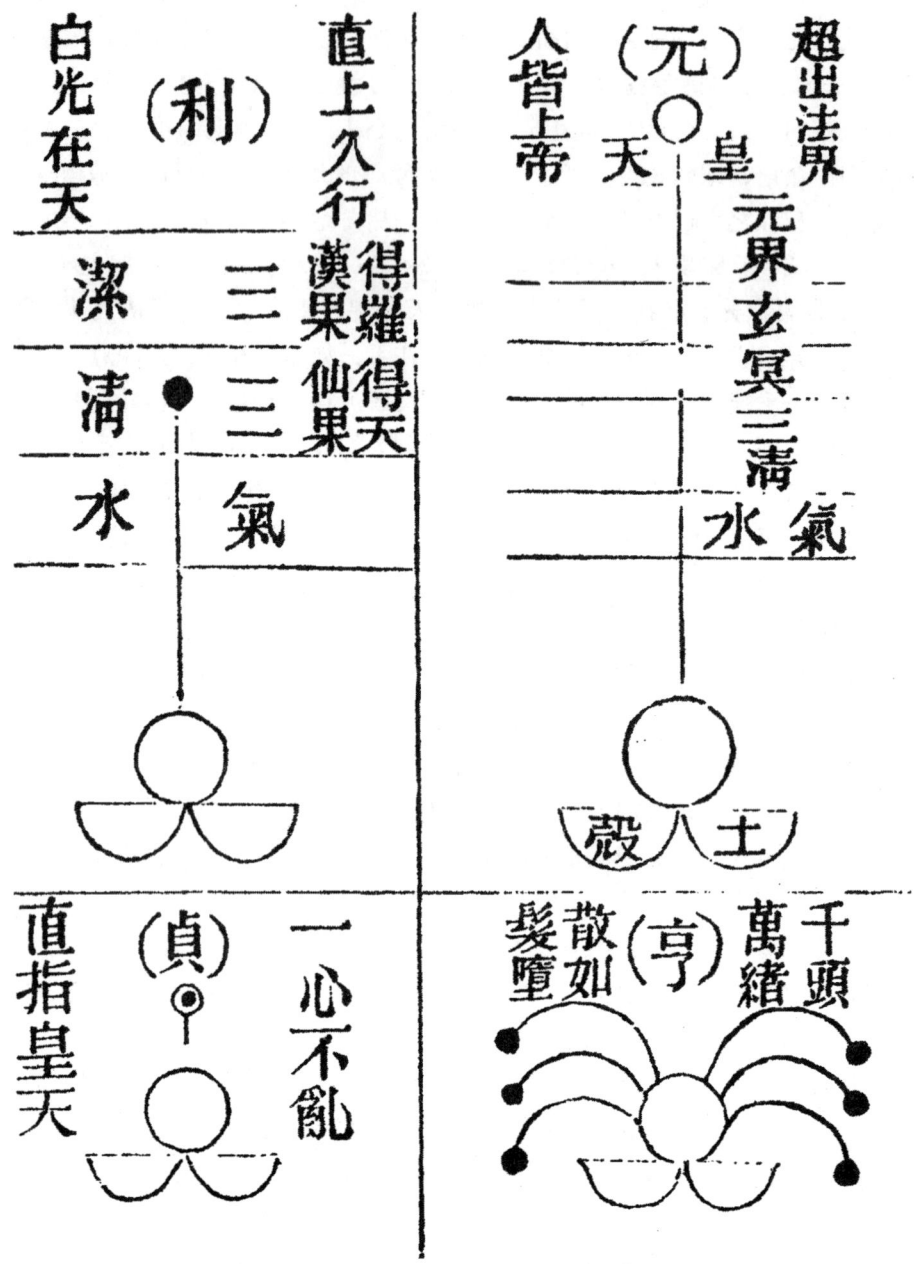

白化图

极"，即大千世界之合也。谓与众生身同者，即吾九尘叠裹之理也。白光升一层，则鬼壳开二瓣，如蕉花然。二瓣如门，开则生根见景，如豆瓣之开，则生根也。苕根随地附生，则不结硕果，故为圃者掇而断之。不住相者，圃人之术也。至三清，开瓣生根之时，警而不住。至三洁，开瓣生根之时，亦绝而不住。大成之器也。圣功神化之极，净白同皇而已矣。吾之实验，一念不生时，则觉白腾甚速，此即应无所住而生其心也。如生龙缠脑者，因白体长大，而壳加紧也。如魂魄出顶，而再蜕者，壳不仅一层也。有此实验，自信必成。

八观之利，宇宙莫伦。

释：吾纵能一举念，而得亿兆天下，终不如净白之利万分之一。以此计算，故虽刀锯在前，大宝在后，决无一息舍八观而起他念者。百年纯修，因心成体。

圆觉法轮，白皇不间。

释：《圆觉经》三大法轮，总以白不离皇为专鹄，如树根之不离水土也。禅那者，枝叶正根，皆不动也。三摩不提者，枝叶动，正根细根皆不动也。奢摩他者，惟正根不动而已。总之，白不可以离于皇，则至矣。惟真空为不离皇，白得真空，如粟得水土，仁性内畅，层壳尽脱。

左虎右狼，笃观真常。火焚杵碎，百垢消亡。有法去污，无法合皇。

释：吾于观法时，恒思左虎右豹，前狮后蟒，噬吾九壳。吾诚愿尽九壳而俸之，终不令白光因此而退。大劫中，此观纯熟，白力日健，自然举德如毛矣。世间大患，宁有过于弃土壳者乎，而可以动吾心耶！又以正思用火焚九壳，杵碎由鬼，污染去尽，白自贞洁，此涣观之大效也。行之既久，必有奇效。终日终身，动念则去染，无念则合皇，未有不成者也。

专一净白，百休自附。

释：人有法相，天必破之。志在保生，天所必杀。志在洁行，天所必污。凡百谋猷，计则必败。如孺子好玩，不务正业，严父必破其玩具。白不当属于法也。凡心之所能知者，佛皆谓之法，故一切法，无不害白者。以白有所寓，则不能合皇也。惟净白之人，天自赏之，百禄自集于一身，故不求太平而自太平，不求康乐而自康乐。若有徼天之心，则又反矣。俗人视天懵懵，自视昭昭，不亦哀哉！其昭昭之甚，乃懵懵之极也。

熏白变质，感与众殊。

释：俗人智及之仁不能守之，白不净也。白不净，则皇引力不如尘引力，故理欲交战，理必败，此时反而养白。以八观五损，熏自变种，白力大则德辕如毛，臂力大则鼎轻如羽。感觉与人不同，自具至德，至道乃凝矣。

禅功正法，独窍通皇。

释：吾近得白光上腾之感，日强一日，白壳缩小之感，日紧一日，有一杂念则摇退，有一恶念则消灭，此感觉如人人有之，天下无不向道者矣。何由得此？三四年绝尽外乐所致也。夫白之合皇，如水之皈海也。人如大泉出水，则六派倒流，无一滴朝宗矣。乃先堵塞六河，减欲敛意，此为初修，收心少泄（见功用图）。至于加行，惟留二法。有念即八观，无念则涅槃，再进于大成。本起清净，三心（真空慈）圆妙。吾五年前，即言人有自来之禅，如蚕眠蛇蛰，今果得之。一念不生之时，白行如龙直腾，此十年浩然正气之所钟，非偶然也。苟能不伤白性，人人皆有此禅天，其以我为试性之标本欤！方白光上腾之时，本未运气，而鼻头如烝烝电出，此白皇相通之证也。念法相则力减，念私欲则消失，故吾身已成验道之

功用图

器，不复敢不慎矣。

顶现肉球，通皇证确。

释：予之绝外乐，展白性，五年于兹矣。八观五损，一息不离，六月于兹矣。初觉鼻顶，直感天电，其电流大通，行如生龙。又三月，禅定时，两目角现二肉球。当白之处，重复现二肉球（如顶球图），禅已则不见。心有非邪，则白电乱行，或力弱，或停止，虽禅无复禅趣。心有杂念亦然，亟呼旁人视之，肉球模糊矣。乃知必至无思无为，真心常住之时，吾白乃能通皇。皇天如无线电之总局也，众生之白如分电机也，苟无外泄，未有不通皇天者。又方白行猛烈，肉球高鼓，脑筋奋兴时，试以八观，毫不碍禅趣，但不如空心之畅旺耳。由是证之，修道之真法，此心合皇而已矣。予昔旅京时，诸会延予讲经，有欲以静坐工夫相授者，皆却之，以为无理，不合性命也。及见佛学观五停心，止八风力，大乘止观，瑜珈止观，观无量寿经诸法，大合因心成体之理，行之期年，果致大效。但此法非诚恒不克，是以众人难之，他人守窍助长非无住生心，皆道之贼也。吾之所得，从而养之，后之大效必多，得时再以告人。总之，照吾论以修持，未有不合皇者。照吾论以治国，未有不太平者。敬之哉！且他无二术，如有二术，是白外别有大宝也。敬之哉！肉球之现，大符于理者也。中球白带由也，傍圈鬼壳之里也。表已开瓣，两目角又现二球焉，中色赤红，水精血液至此止也。气精送白出气环，粹精送白出粹环，故气充而形于外也，此至正至上之禅趣也。此球名佛顶珠，来自空诚源极正也，圆明直中相极端也。孔子曰："感而遂通。"耶稣曰："天灵来感。"回祖曰："天方感召。"老子曰："天门开辟。"皆此禅趣也。佛曰"正受"，曰"得佛灌顶"，曰"不思议灌顶法"，皆指此也。无所住而生其白也，终日终身。言行思纯展白性，不间以尘，久之自能得此。白光合皇天，如树根合水土，华实之妙，自在其中。白福白德，及时咸备，故曰一净

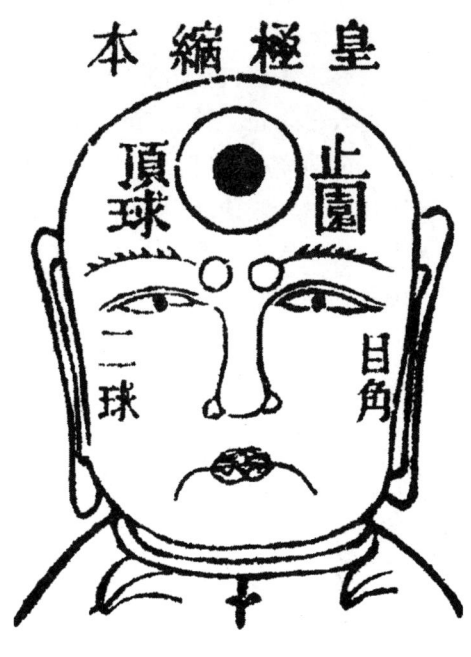

顶球图

白而万事足矣。夫人之养白，如鸡之伏卵也，不伤卵性，为第一要谊；不间常功，为第二要谊。鸡信卵中有雏儿，人信白中有皇神也。夫修无住生白之法，必皇天之果也。修皇净六观之法，必三神之果也。吾昔以终日禅寂为难，及得灌顶禅趣，虽百日不动，亦如水之顺流，在舟中行尽千里，景色有不胜玩赏者矣。雌伏此白如卵，百年待成。木在山，禾在田，取材稔谷，无他术也。俗人终身无一念合天，皇灵之所以不能灌顶也。吾今日之感皇灵灌顶，因玩心于高明十六年矣。

应有所住，而死其心。
释：于皇灵灌顶电流极烈时，必空虚至极时也。忽思此即应无所住，而生其心，电流之力，十减其一。以此验之，即想此一句经，已是有所住也。乡人戒幼儿，元旦勿言鬼，幼儿记之。及元旦，扬声曰：今早勿言鬼。可以一笑。

知白不偷，蛇群亦龙。
释：百人齐歌，一人无音，不觉也。千夫曳索，一无竭力，不著也。故恶人于治世亦偷，曰予只身何害？于乱世亦偷，曰予独力何补？苟知白性，自作自受，此偷心绝矣。故知白为圣治太平之源，一人之心，亿兆人之心也。

无执净白，无执相证。
释：或问曰：君感通天之电（非俗电）现佛顶之珠，是得道之证乎？吾应之曰：莫作是想，有感无感，有相无相，有证无证，有无无无，作是念者，是溲中沐浴，系铃逃响也。即如净白至善，此义亦不可执。执净白，斯白不净矣。救众生者，其《唯白论》乎？为其言之昭昭，而确确也。误众生者，其《唯白论》乎？为其言之昭昭，而确确也。《唯白论》大药也，可杀人可生人。上智者读此论毕，必曰本无一字，吾不知有通天电、佛顶珠也。

空性宜白，诸尘失养。
释：火浣衣，火蚕之丝，火鼠之毛所织也。性最宜火，若有垢，投之火中则净矣。今考白性宜空亦如此焉，故金石草木必依土，鱼鳖萍藻必依水，人兽鸟虫必依气，祆必依三清，神必依三洁。即如电之威力极大，尚入空即灭。以空坏白之垢，如以火坏火浣衣之垢也。垢尘入空，不得其养则消矣。惟真空难审，故多言说。若一审得，戏论尽除。佛学最高经典，一言以蔽之，不过欲人并白而空之，如一护白。是恐火浣衣之坏于火，而不忍投之烈焰中也。养之即害之，故思净白者，垢白之尤也。佛乘最高住心曰"觉心"（白性）。不生心，曰"极无自性心"，非委火浣之衣于赤炬而不顾耶！凡药物无杂质则本性著，空所以著，白之本性也，故合于皇。《楞严》极称纯觉，又曰"除前尘"。《金刚》曰："应无所住。"《圆觉》曰："本起清净。"皆言空也。空由空鬼，得证二空，白净同皇矣。

净白非我，用心惟微。空极性著，六虚大身。

释：白也者，不深辨之，几视为真我矣。殊不知，我欲成佛之心，与洗净此白之心，大不相同。前者为我执，后者为总法，洗至将净之时，去法合空。白性在空，如电在鎏，六虚为其大身，感无不通矣。三月禅寂，吾额上之珠，外圈开两瓣，内珠成圆形。以芭蕉宇宙之理推之，开六层乃能合皇。附记于此，以待后证。内珠圆形，误者以为真我之影，而不知曩躯空极，乃为净白，如药无杂质，真性自全。万物无能合空者，故非真常。惟考白，惟宜空，故可以为真常也。神经中空，故能传觉于血肉，如铁线传电，非神经中有觉性也。白既合空，如无线电之遍达于浮气中也。其不住相，亦如电之不住铁线也。我依壳成，净白岂得为我哉！此理甚微，深造者自觉之，自觉者白觉也。外既不可认壳为我，内亦不可认白为我。我者九尘一白之混合物也。十者之中，何一是我哉？我净此白之心，非我欲成佛之心也明矣。白自无垢（破法执矣），又非我欲净白之心矣。夫净白非真我用心微细，偶作一念，觉脑中有一庄严磊落之我金身而趺跏，此我如小尹昌衡，是即执我之住心也。佛以此住心，为婴童无畏心。又作一念，觉脑中有一圆陀陀、光皎皎之体，如日明洁，与空同身，已非人形，安有我貌。涤净化白，斯为大成，是即破我之住心也。视白如他，即佛所谓"他缘大乘"，非我之住心也。若以净白为我者，我之我，非他之我。然则，历劫以来，此白周流六道，曾戴之壳，积骨为山，书名满库，皆将各各以此一白为其真我。我之我，又为他之我矣，于理不合。以此论之，净白非真我。欲破我执者，以此思维，为义极显。

喜忧以物皆祸，反而警焉皆福。

释：祸至杀身灭族，苟能不忧。即是白净，福大于天矣。福至卷有四海，若其微喜，即是白垢，祸大于地矣。知此，祸福纯与俗反，争人之所弃，弃人之所争，而得大成真。祚与皇同，不反手，而坐有六合。

唯识理显，二法咸宜。

释：唯白之说，即佛学唯识宗也。然唯识自由鬼始，不如净白之真。至唯识之结精，纯在使学者常住唯识性。言惟识性，不如言净白性之为真也。不住相，即住性，以无智、无得为住性之总持者。净则无相之旨也，佛学秘密宗所以成功甚速者。认己身之毘卢佛也，即己身之净白也，其七住心（除三种俗住心），纯由白性而立。住白性，白得养则长也，一道无为心白直朝皇也。极无自性心，白性本空也，以唯白为学源，而后唯识之理彻。吾既明辨白性，三月而得天电通，半岁而现佛顶珠。以此确证，人亦共见。因以净白立出世、入世二法之纲，内则合皇成佛，外则太平圣治，如操左契矣。方今事唯识学者，温故而不知新，易流于枯寂。吾亦从事二十年，知其无以起俗信，且数典忘祖，乃以净白之说，崇颉祖以助佛训，引近物以为实证，宇宙真理从此昭矣。明达者，其三思之。

宇宙万类，唯白所变。佛心七住，唯白是育。良心极好即是佛，克己胜人即是道。

释：以粗语总括佛教之全功曰：良心极好即是佛。唯白性所发，方为极良之心，而垢尘害之，故去垢合空即是道。如日去遮，不言光热，自有光热。佛曰：无住生心者，不住尘垢，自生良心也。曰：如来本起清净，因地法行者，言净白本起良心，施为良法也。曰：自性中具足无漏功德者，净白全二十五德也。曰除去前尘，有分别性，则是真心者，去净垢尘乃净白也。人无天聪，须竭力克己胜物，如此则白自合空合皇，如木果合水土，效力之有无迟速，可以不问。豆芽一夜，粟实周年。生发先后，各有前业。不喜有效，不忧无征，斯正性固矣。我于有效不加信，无效不滋疑，故无忒。又言七住心，则我终日不违，终身不违，即空定皇净涣妙真慈也。有此住心，如木住水土，岂可离乎！第一，惟蕴无我心。惟有五蕴之由，无我相之鬼也，可以住白于三洁矣。第二，拔业种因心。拔前垢（忏悔），种佛因（谂佛）也。第三，他缘大乘心。上思合皇，下渡众生也。第四，觉心不生心。灭尽定也。第五，一道无为心。自然上朝皇天也。第六，极无自性心。坐禅忘我至纯空也。第七，秘密庄严心。神乎妙化，不可思议也。详观十二相图，则知地上万物，唯白所变。推之宇宙亦如是焉，因知众生脱壳必皆皇天，思变皇天之心切，则至矣。又考加壳则异，去壳则同之故，而众生之必成皇天可以决矣。故《唯白论》必能使众生合皇成佛，必能使世界太平圣治，不可稍疑。然以吾身倡，口训至密至勤，不能化一恶人，又大悲众生之恶业无外矣。竭吾诚以待，其自悟云耳。

  共法同修，依者必效。硕果难得，正法乃传。
  释：吾常言从吾之言，众生皆皇天上帝，世界必圣治太平。有难者曰：达摩之言甚密，必有异术闻之定成。足下之言太明，疑是庸行，未必见效。吾应之曰：蒙师教徒肄业，讲论谆谆；文宗拔士试才，关节密密；岂文宗一试，遂使多士成才子哉！达摩文宗也，吾则蒙师也。圣光将成之果，微执法相一点即破。若以其法告之众人，如以他人之良药，不问病而遍饮有疾者也。祖师得人，方传正法，若吾所教使人常住净白性，如使鱼卵常住水中，使木果常住腴土也。木果生于大树，住腴土即成大树。众生生于皇天，住白性皆成皇天。人脱壳为祆、为神、为皇天，加壳为鸟、为兽、为虫鱼，本同物也。然佛言住唯识性，不言二十五德，而但言无智、无得、无住者何也？住白于白也。水无障必住洋海，白无障必住皇天也。住白白中，白性自生，如日无遮，光热自显也。有学则为法，二十五德皆假。无住方为真，二十五德乃诚。既住白性，如木檀根，虽不花不实，花实终在其中。人信吾言，自熏佛种，十世百世，必能成佛。且吾近日每住心于一道无为，则感通天电极强。忽忆曰：此乃一道无为心也，立时电流衰而顶珠不现矣。以此证之，大法不可以为也。然吾之八观五损，纯由白性，纯体皇懿，下学上达之功也。细审十二相图，一念之微，八垢立有增损。垢损则升，必终合皇。人人思为皇天上帝，明确如视掌，天下岂有不太平者哉！住净白性，孔曰"不远仁"，孟曰"居仁也"。不住相即住性，不住垢即住净也。垢乃有相，净则无相也。九板障粟，去之合土。九旅障白，去之合皇。夫人不以地物生分别心，而惟以道德判高下，即住净白性以处事者也，太平之本立矣。镜无翳，遇像显真，为不住相，非以囊封镜之谓也。住白白中抽芽苗萌，九壳岂能闭之哉！吾日日夜以直光上行，至三清死为祆，至三洁死为神，有升无降，不合皇不已也。以此论之，大道彻矣。住白白中，自住本宅，如人家居，百岁不动，安然成佛，世人何故跋涉山川以外求也？此法非真德合天不效，又非久不效，非不间断不效。伪者、躁者、无恒者，皆不效也。世人行捷径以窘步，自外于道也。

　　武库之器皆铁也，万类之素皆白也。果仁之瓣皆鬼也，万善之源皆空也。

　　释：有十年学佛，终不明四相皆空之真义。予告之曰：四相如钟釜剑戟，铄而化之唯铁而已。我今为钟，而常有钟相，视釜剑戟，有釜剑戟相，岂得反本皈真哉！宇宙万类，皆白所变，惟外壳呈异相耳。夫核桃似人之脑，骨肉皮亦似人首。核桃弃脑能成乔木，人成皇天亦如斯耳。故考于十二相，则众生同具果形。草木之实，皆两瓣相，此两瓣即鬼之张本也。白如光之无触也，大之弥宇宙，小之入秋毫。顺命则历级序升，见性则九壳全脱。心住真空，非思为非无思无为。自然仁智，即善住净白性也。若曰皇德仁智，我必仁智，即法相也。又曰我仁智，我乃成佛，即我相也。真空心不易体验，苟一得住，则白性之展，如火燎原，如矢离弦。人之修佛，惟时求住心处耳。住心合皇，如果住腴土，囟门中动暖明、通神，成六级大效。次第而著，久而自生，如木之芍萌畅达，非有为也。世之修佛者，枉矣，皆外也，不求于白中，乃求于名山，虽活佛岂能代汝住心哉！六度如肥料，然瓶中之果，实不能以肥料使之滋生也。至于舍白性，而言秘术，则尤枉之又枉者也。密示大纲，从自身之大日如来养起，照见其与空相合，如万光重叠，而无色声香味触法，应用则现，无用则隐，至妙至大，不言定量。言出定量，则非至故也。如此住心白自发展，有定相则破之。破以对法人，遂枉疑为秘矣。

　　不取知见，乃著白真。

　　释：知见起于尘，来于外。尘无白性，外滑内真，岂可取耶！以损极言，不戒食粪，而人自不食粪者性也。戒食粪是尚有食粪之根也。以益极言，不劝司晨，而鸡自知司晨者性也。劝司晨是尚无司晨之秉也。佛之福德，吾白自有，岂有戒律与正法可执？执戒律如禁人食粪，必以犯戒破之乃悟。执正法如教鸡司晨，必以舍正破之乃悟。施教每用大怪事此也。忘却自身是日，而外取光热，终自害也。知此即证真如。然中下根器，不可学也。

　　养中则大，养边则异。

　　释：佛学名白之带相，为异生性。又曰异熟种，有由然也。中同边异，凡白由垢而净，见效不自囟门始皆异也。西藏近来好神密者，往往误于此。

虽能得通于性命，无益也。盖白正为是，二对为非。人之脑如胡桃之两瓣形，草木之果，众生之脑，皆同此形。中芽发展，则弃两瓣之非，而超上级。惟此一是。中芽发，脑门安得不动？若眼耳者，属脑两瓣之相也。吾见胡桃弃如脑之仁瓣，即成大树。吾以此决人之能成佛，在养两瓣脑髓之中之芛耳。此芛无形，一生则囟门通天，心住中和，则白得养。果实如不自中芽生，两瓣生菌、生耳、生莓苔，非正性也。捷径神通，何以异于斯乎？大树结果，如法界生众生，大树由中芛长成，法界安得不由白体长成哉！故一法界，即如来平等法身。果实皆是大树，故众生皆是如来。详观十二相图，禽兽之白，如初浆之果，人之白如老熟之果。真理岂不显哉！

超命著性，去赘皈命。

释：垢白有命，顺命者，仅升一级一等，不得直合皇天也，故佛能超命。惟超命可弃权利，不可弃义务。佛徒不食晕，不婚配，弃权利也。不囿于命中，我即至尊也。

空极皈真，白巧自展。

释：净白如玻璃之无色相，如霞光之无触相。无量数佛同居一空，不相碍也。细绎空趣，大无边，久无期，不可伤，不可迁，不可盈，不可动，不可分，不可隔。万乐千祥，自然于有相之中，不屑分别。至于应事，如水入隙，机必无失。与皇天不谋而同调，如有一相横于白中。斯白不净，而囿于旅矣。极无自性心，空极而白性大展也。夫人者法界树秒之皇果也，干坤巢中之佛卵也，得空而住，则萌则孵，二瓣之间，必有芛。吾脑二瓣何以不见中芛？以其相已空矣。祖师教人，言多离奇，务使受教者去其知见，以住于空，非有秘密也。冰雪雹晶（水晶石），皆水所化，至成极坚实之晶，则湿性失。佛人畜金，皆白所变，至成极坚实之金，而觉性灭。觉依空，形依实也。

道德明，性命彻。诚恒贞，人皆佛。

释：古之言道德、性命者，未有清彻不误者也。今知由垢赴净曰"道"，白之真性曰"德"，净白之德曰"性"，净白令物曰"命"，则知蚕之造茧，蜂之酿蜜，皆命也，非性也。人须弃良知、良能中之命，方合真空而见净白之性。吾近来眉头又增二球，又开二层也，天电脑光，任其神妙。吾尽知有相皆伪，由垢赴净中途之过景耳。凡吾弟子辈，良心好而有恒不疑者，皆得囟门动暖明之证。然或以惊败，有三年无证者问故，吾答之曰：若非楗中藏果（良心不好），即是月埋日揗。闻者大警。夫人得六通，仅算得无明尽。如蛆成蝇，遂视为大成，小哉器也。

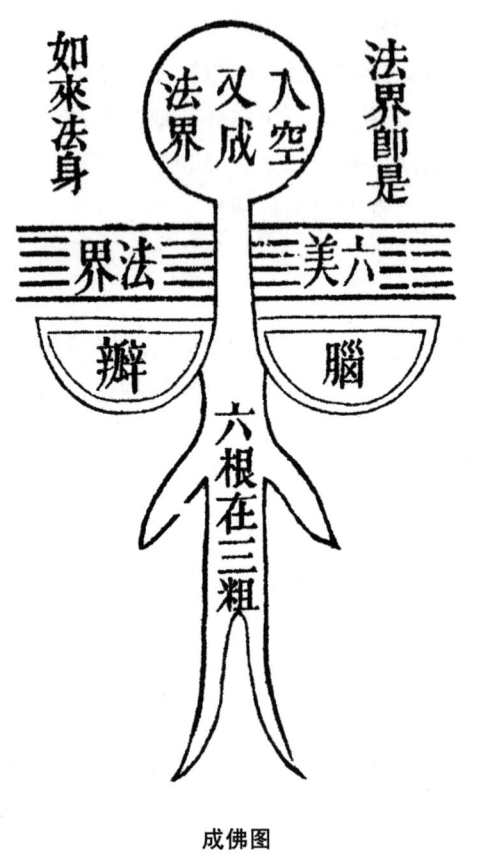

成佛图

动物两脑，植仁两瓣。上本下根，成佛之鉴。

释：自豆粟以至人猿，其核仁其脑髓皆两瓣形。此瓣展开，下入土根生焉，上入气本立焉。人之根在三粗，亦附脑瓣之下。其上由鬼包白，共为中芍。此芍逐境生根，如出六美而入空，必为皇天上帝。又建极而成法界矣。法界必始于空，一集为元，倍集为玄，三四五六集为冥英华粹，多一集，密度加一倍，亦阴阳二瓣之相也（见成佛图）。故人不可向二瓣下生分别心，亦不可向六美生住相心。俗身之浮尘根，神通之胜义根，皆两对之非也。果不离树住地，心不离相住空，皆不得展两瓣。观遍万物，涅槃之理晰矣。不出法界，何能建法界哉？自外速走，出圊无期。自内脱元，立地成佛。有相之中，虽元境我不住也，神通安能欺我？我自时住净白性，而白中日增神妙。前五年，我已信定不疑。今之所验，纯与前所推者符合，非一岁一月之功也。我之身如神农之身，验药验道，已有确证。《唯白论》直昭宇宙，真理乃应运而出，非偶然也。仓颉造字，相对为非，今爱因斯坦适觅到非处，我说可以救之。观果核、脑髓两瓣必弃之相，益信。

（原著无出版机构、地点及时间，但由书中有"毕生公诚四十六载"一语，可推知此书当撰于1930年前后）

· 附 ·

尹昌衡其人其事其思想概述

尹俊春[*]

尹昌衡，字硕权，号太昭，别号止园，四川彭州人，1884年出生。1903年入四川武备学堂，次年留学日本，进入日本士官学校第六期。1907加入铁血丈夫团。

1909年回国，任广西陆军小学堂监督。1910年回四川，任四川都督练公所编译科长兼讲武堂教官、陆军学堂总办。1911年11月大汉四川军政府成立，任陆军部长。同年12月，校场兵变，尹率军平定叛乱，建立四川军政府，出任都督。1912年3月合并成渝，统一全川，出任合并后的中华民国四川都督府大都督。

1912年初，西藏叛乱，宣布独立。4月22日尹决定亲征。7月10率军西征，入藏平叛。8月，同盟会改组为国民党，尹任首届参议。9月25日北京正式任命尹昌衡兼川边镇抚使；10月10日，民国政府授予尹昌衡陆军中将加陆军上将衔。

1913年6月13日袁世凯解除尹昌衡四川都督的职务，任为川边经略使。7月11日，袁世凯加委尹兼川边都督。11月17日应袁世凯召入京议事。

1914年1月13日，袁下令裁撤川边经略使兼川边都督职缺，令尹昌衡留京另候任用。2月2日罗织罪名，将尹拘捕入狱。8月16日，袁世凯下令剥夺尹昌衡军职荣典。1916年袁世凯称帝败亡后，由继任总统黎元洪特赦出狱，恢复尹荣典，加封盛威将军。

1917年，冯国璋邀尹赴南京，后被江苏督军聘为顾问。1918年出任全国孔教副会长。1919年，徐世昌聘尹为总统府顾问。1920年回川。抗日战

---

[*] 作者为尹昌衡哲孙。

争时期，以社会贤达身份，支持抗日救国。1953年辞世。

以上是尹昌衡的履历。通过这个履历，我们只知道尹昌衡这一生担任过什么职务，干过什么事。但我们并不知道他干的这些事情，在中国历史上起到了什么作用？他的人品如何？他追求什么样的人生境界？是否实现了自己的追求？他的思想如何？提出了什么新的思想，这些见解有何价值？对中国思想史产生怎样的影响？

公元前549年，晋国范宣子问来访的鲁国大夫叔孙豹说："古人有言曰，'死而不朽'，何谓也？"叔孙豹回答说："大上有立德，其次有立功，其次有立言。"① 自此，中华民族树立起一把丈量人生的大尺。

儒家把"立德、立功、立言"演绎为"内圣、外王"，即"仁"与"修身、齐家、治国、平天下"。唐初鸿儒孔颖达则对"三不朽"做了更具体的解释。立德，谓创制垂法，博施济众；立功，谓拯厄除难，功济于时；立言，谓言得其要，理足可传。

几千年的实践证明，这把大尺既是中华民族安身立命的最高准则，又有炎黄子孙永恒的追求；而且随着时代变化，不断赋予新的内涵。因此，它常用长存，常用常新，恒久不衰。历史人物在这个标尺的衡量下，功过分明，毁誉立判。我们就用这把大尺，来丈量尹昌衡的一生，以观尹昌衡其人。

一　立功

我们要用历史学家的眼光来审视"立功"。评价历史人物最重要的标准在于，这个人物在历史上起到的客观作用，是推动还是阻碍了历史的发展。

应当说，不同的时代，有这个时代所赋予的不同历史使命；不同的时代，有不同的价值评定。那么，中国近代社会，时代所赋予的历史使命是什么？概言之，中国近代历史发展，面临两大主题：一是推动社会的发展和历史的进步；二是维护中华民族的独立和统一。

从辛亥革命至今的一百年间，无数仁人志士都是围绕着这两大主题，在为中华民族的崛起而奋斗。无论是谁，在这两大主题中的一项，做出了突出的成就和贡献，就是中华民族的功臣。如果在两大主题中，都做出了突出成就和贡献，就是中华民族的大英雄。

---

① 《左传·襄公二十四年》。

1. 推动社会的发展和历史的进步之功

梁启超在谈辛亥革命的意义时说，辛亥革命和以往任何一次革命不同就在于，"觉得凡是中国人都有权来管中国的事"，"这叫民主精神的自觉"。① 在这片古老的中华大地上，中国人首次萌发了"民主的精神"。在这种精神的激发下，通过辛亥志士的顽强斗争，推翻了封建王朝，结束了几千年的君主专制制度。在近代和当代的中国，无论任何党派和团体，在这个问题上取得了少有的一致，都认为这是一次伟大的革命，为中国的进步打开了闸门。

（1）辛亥前期的活动

1903年，尹昌衡入四川武备学堂，又以全川第一名考取赴日留学。1907年，入日本陆军士官学校与阎锡山、唐继尧、李烈钧、刘存厚等人同为第六期士官生。尹昌衡在日期间，正值孙中山在日本宣传民主共和思想，倡导革命。尹昌衡与他的同学们深受影响。据他的同学刘存厚在《云南光复阵中日志》中记载，"尹昌衡与同学唐继尧、杨荩城、刘存厚等，秘密组织起来，"取其名曰'研学会'，实则研究革命之进行法也"。他们认为"粤、蜀、滇、黔为边远之区，地势险，固思取之以为革命根据。乃约毕业后分道进行，乘隙举事。"同盟会成立之后，黄兴以今后回国运动新军，把握军权，策动起义为目的，在同盟会中挑选一批可靠的军事人才，组成"铁血丈夫团"。尹昌衡加入了"铁血丈夫团"。②

1909年初，尹昌衡学成回国。清廷为在留学生中，挑选一批忠于朝廷的"干城之选"，特举行朝廷会试。清朝廷对政治上倾向革命的学生，一概不予重用。尹昌衡遂在王孝缜、李书城、钮永建的介绍下，到广西陆军小学堂和陆军干部学堂任教。自从尹昌衡、耿毅、何遂等联袂入桂，加上学堂中原有的倾向民主共和的教官，学堂的实权几乎掌握在他们手中。他们利用讲课的时机，向学生灌输民主共和思想。学生回忆说："各级官长对学生的民主革命思想和爱国主义思想的灌输，也很在意；在精神讲话中常讲到外交失败，旧军腐败无能，对外作战失败，国家在危亡之际，勉励学生负起保卫国家的责任"。③

---

① 梁启超：《辛亥革命之意义与十年双十节之乐观》，《饮冰室合集·专集》之三十七，中华书局，1989年影印本，第2页。
② 李书城：《辛亥革命前后黄克强先生的革命活动》，《辛亥革命回忆录》第1集，中华书局，1961，第184页。
③ 广西政协文史资料研究委员会编《辛亥革命在广西》上集，广西人民出版社，1961，第98页。

广西同盟会支部成立后,在富堂街二号租了一栋房子,作为活动中心,并决定出版刊物宣传革命。于是,由尹昌衡、覃鎏鑫、吕公望、赵正平主编了《军国指南》,其宗旨是"宣传排满,鼓吹革命"。① 该刊出版了几期,就因言论激烈而被迫停刊。不久,他们又改为《南风报》继续介绍孙中山、黄兴等领导的惠州起义等活动。《南风报》第一期出版时,封面上画了一簇竹子,用竹叶构成"民族主义"四个大字,旁边又画了一只雄鸡引颈长鸣,并提上"雄鸡一声天下白"七个字。② 同时赋诗道:"漫漫长夜几时明,忽来雄鸡喔喔声;鸡声喔喔自南夏,探首东窗方见曙光晶。"③ 预示着清朝已穷途末路,古老的中国大地上,前所未有的民主共和大潮即将来临。他们的文章往往使"读者动容,因此声誉鹊起"。④

1910年,尹昌衡由广西回到四川,任四川都督练公所编译科长兼讲武堂教官。当时,川督赵尔巽调亲信朱庆澜,出任新成立的新军十七镇协统。朱的幕僚多为外省入川的旧军官,他们囊括了所有标统以上的职位,新军中的权力,几乎都掌握在旧官僚手中。而川籍军人多任下级军官,这引起了川籍军人的极大不满,产生了日益加深的川籍与客籍军人的矛盾。新军中的士兵和下级军官多是四川人。在民主革命思潮日渐发展的形势下,倾向革命的下级军官和士兵日益增多。这样,新军中潜在的革命势力,与清廷旧官僚的斗争,与客籍军人与川籍军人的斗争交织在一起,形成错综复杂的局面。尹昌衡认识到这点,开始抓住一切机会,争取得到川籍士兵的支持,为日后在新军中立足与发展打下基础。

新军十七镇成立时,众官皆举杯称贺,川督赵尔巽更是趾高气扬,唯独尹昌衡不举杯。赵问何故,尹即言"统兵之人,不学无术,不是军人。"赵尔巽怒其狷傲,但当他看到尹昌衡《将学大观》等文章后,叹曰:"其才可爱,其直可旌,其忠可敬,其辩可警。"⑤ 是年,秋操演习,尹昌衡任中央裁判官。演习中,尹纵马上山,指出两军布置调度、行军陷阵之缺失,"叱显贵如小儿",并当即在阵地上画沙示范。演习完毕,尹引经据典,指出外

---

① 《同盟会在桂林、平乐的活动和广西宣布独立的回忆》,《辛亥革命回忆录》第2集、中华书局,1962,第448页。
② 《辛亥革命前后的广西局势和广西北伐军》,《辛亥革命回忆录》第2集,第483页。
③ 《辛亥革命时期广西的报刊》,《辛亥革命回忆录》第2集,第492页。
④ 周开庆:《记尹昌衡》,《四川民国人物传记》,台北,台湾商务印书馆,1990,第256页。
⑤ 尹昌衡:《止园自记》,《止园丛书》第1集,中华书局,1918。

籍指挥官行阵之弊端，众皆折服，"军界无不惮其严而服其能"。此举让川籍军人，感到扬眉吐气。他们认为尹昌衡有胆有识，又能"代表大家意见，对尹颇寄希望"。①

从此，尹昌衡在新军中威信渐高。但真正团结士兵，掌握一定的兵权，形成一支潜在的反清力量，还是从出任陆军小学堂总办开始的。

四川陆军小学，是新军中民主革命空气最浓厚的地方。孙震的《参加辛亥革命见闻录》中回忆道："辛亥年尚有四、五期同学在校内，有若干同学又参加同盟会组织"。当保路风潮掀起，成都开展罢市、罢课运动时，"四川陆军小学内学生亦大部分倾向革命"。学生要求罢课回家，但遭到学堂总办姜登选的拒绝。学生认为总办管理学堂时"钳制思想，防范加严"，趁势鼓噪，痛打总办后自行解散。川督赵尔丰恐生大乱，欲借尹昌衡的威望来稳定局面，遂派尹出任陆军小学堂总办。学生见尹昌衡到校后，纷纷表示"先生来，生死唯命"，②傍晚众皆"欢呼归校，不缺一人"，"故物望骤归尹昌衡矣"。③赵尔丰闻之，大为震惊，不解地问左右说："尹昌衡的威信高过总督乎？"赵尔丰自认是作茧自缚，悔不当初，即下令收缴学校的枪支。尹昌衡据理力争。赵无奈，又派部队驻扎陆军学校，严加防范。尹昌衡也命陆军校内筑起堡垒，与赵的部队对峙。

（2）平定叛乱，成立四川军政府

武昌起事，"川军闻之，皆跃跃欲试"，亟待推举军界人士出来响应起义，"大家一致推崇尹昌衡"。④此时，尹昌衡已成为新军中众望所归的人物了。

但是，当时省城的革命党势力十分薄弱，所掌握的部队不过陆军学堂的几百人。他们"虽屡谋举事"，都因赵尔丰戒备森严，未敢轻举妄动。故决定"各归故里，谋举大事"。⑤随着保路运动的进一步发展，革命党与同志军从各路汇集，把成都"四城扎围，附者塞途"。已感四面楚歌的赵尔丰，被迫与立宪派订了四川独立密约三十条。11月27日，由蒲殿俊出任都督，组成"大汉四川军政府"。尹昌衡在军人的拥戴下，出任都督府军政部长。

---

① 王右瑜：《大汉四川军政府成立前后见闻》，《四川保路风云录》，四川人民出版社，1961，第278页。
② 尹昌衡：《止园自记》，《止园丛书》第1集。
③ 隗瀛涛、赵清：《辛亥革命四川记事》，《四川辛亥革命史料》（下），四川人民出版社，1982。征引该书史料，分见第594~601、608~614页。下同
④ 王右瑜：《忆辛亥革命前后》，《四川日报》1961年10月31日。
⑤ 郭孝成：《四川光复》，《中国革命纪事本末》第二编。

尹昌衡利用军政部长的权力，加紧了对巡防军的分化工作，在宴会期间，"语以公义，令劝所部向汉"。① 在他的鼓动下，一部分巡防军开始转变态度。朱庆澜开始感到他们对军队逐渐失去控制，他说："各营兵士不遵守纪律，不奉命令，顿反前行，不知何故？"②

12月8日，蒲殿俊、朱庆澜在成都东校场阅兵，巡防军因索军饷发生哗变。乱兵四处抢劫焚掠，生灵涂炭，成都面临一场空前的浩劫。

在此危机之时，尹昌衡一面指挥陆军学堂同学，"令在校两期同学武装占领北门，并布防北门至北校场附近"。③ 随即驰马飞奔凤凰山新军营，召六十五标标统周俊，管带宋学皋等火速集兵入城，剿捕乱兵，平定叛乱。

叛乱稍平，建立新的政权已成当务之急。尹昌衡召集第十七镇的军官和士绅开会，各派力量因尹昌衡戡乱有功，治军有方，一致推举尹为"四川军政府"大都督。罗伦为同志会所属望，举为副都督。次日，在尹昌衡的主持下，任命同盟会四川支部长董修武为总政处总理、军事巡警总监杨维、军务部长周骏、参谋部长王琪昌、民政部长龙灵、学务部长曾培、司法部长覃育贤、实业部长廖冶、交通部长郭开文、外交部长杨庶堪。军政府内"各负责人，十分之六是同盟会员"。④

新成立的"四川军政府"，处在极为复杂的局面之中，面临种种棘手的难题。首先是社会秩序混乱，财政枯竭。藩库、盐库、银行都被抢劫一空，"公私财产，荡尽无余，满目疮痍，惨不忍睹"。其次，数十万同志军云集成都，同志军首领繁多，又以保路有功，不受约束。这将成为社会动荡不宁的重大隐患。再则，成都哥老会的"公口"林立，袍哥无视纪律，也给军政秩序带来麻烦。这些问题不解决，不仅百姓遭殃，新生的政权亦受到巨大的威胁。

尹昌衡定下"收人心、固兵力、保财产"三大策略。他说："自今日起，凡居城内者，皆骨肉矣。前事不可复追，追者大祸蔓延，非所底止。切者已赦，怨者已消，收人心也；同志、巡防军、陆军联为一体，不复殊求，固兵力也；严禁抢劫，保财产也，三者吾川立命之本。"⑤ 遂发布《告

---

① 幼铭：《尹太昭小传》，单行本；又见《四川辛亥革命史料》（下），第221~232页。
② 戴执礼编《四川保路运动史料》，中国科学出版社，1959，第518页。
③ 周开庆：《记尹昌衡》，《四川民国人物传记》，第261页。
④ 《辛亥革命回忆录》第3集，第139页。
⑤ 尹昌衡：《止园自记》，《止园丛书》第1集。

全蜀父老子弟文》："现值扰攘之际，凡百废弛，非以军法约束，不能整齐划一。"① 随即派兵将斗殴杀焚，鸣铳惊众者执送都督府。尹昌衡每晚亲率二三十人巡查街道，遇有"范禁病民者，壹绳以严法"。同时，对聚集成都的二十万陆军、巡防军、同志军进行整编。将原十七镇新军编为第一师，各路同志军编为第二师，溃散的巡防军编为第三师。未能入编的同志军在"功成不受赏，长揖归田庐"② 的号召下，克日散归乡里。尹昌衡为约束袍哥，在军政府里公开设立"大汉公"作为哥老会的总公口，尹为公口的总舵把子。在都督的倡议下，下属风从附和，成都"公口"林立，皆唯总舵把子马首是瞻，秩序得到了整顿。在新政权的主执下，混乱不堪的局面很快得到控制，"距大乱不及旬月，而居民安堵无事"。③

新政权还未得喘息之机，蛰居都署的赵尔丰即暗地策划复辟。他一面召打箭炉边防军傅华丰抵雅安，一面调巡防军统领凤山，统领之南路巡防军到邛州，进逼成都。尹昌衡得知，认为"赵不去，华封兵至，必变成都"，④ 即派彭光烈率军西进，制止傅华封、凤山两部；另派一部围攻总督衙门，擒捕赵尔丰，以遏乱源。两路军队皆传捷报，赵尔丰俯首就擒。尹昌衡聚众公审赵尔丰，历数其罪，当即在万众呼"杀"声中，将赵尔丰斩首示众。

恶首既除，如何对待成都城内满旗兵和满族群众，对新政府同样是个考验。当时，仇满、排满之风甚烈，盛传"手执钢刀九十九，杀尽挞子方罢手"，即是民众仇满心理的宣泄。尹昌衡为释满人疑虑，遂单骑入城，集合城中所有满人宣布："如依满清略定江南之例，凡属清臣清兵，以及满城驻防例，当草薙禽狝，杀戮无遗。而本军政府都督以及将校兵士不惟不杀，且加保护，凡降顺者一视同仁，待遇优渥。"他告诉大家，当今根本的变化，不是消灭满人恢复大汉，而是推翻专制建立共和。他说："满清以海滨夷虏，冒立宪之名而厉行专制，大汉为神明华胄，取自由之精神而政尚共和。"⑤ 他鼓励汉满携手，五族皆兄弟，同为共和谋。旗员泽宣代表旗军缴械后，军政府"拨旗饷安之，不戮一人"，⑥ 并许"得自鬻，营生

---

① 《广益众报》第9号。
② 《辛亥革命回忆录》第3集，第232页。
③ 章开沅：《蜀党史稿》，《辛亥革命史资料新编》第1卷，湖北人民出版社，2006，第242页。
④ 幼铭：《尹太昭小传》。
⑤ 《四川军政府文告》，上海《民立报》1912年1月29日。
⑥ 幼铭：《尹太昭小传》。

计，与汉族杂居"，满人欢呼，城中大安。在排满之风激烈的情况下，军政府和平解决旗兵问题，避免了流血冲突，各省驻防兵多遭惨杀，独蜀未戮一人。

尹昌衡认为前清四川将军玉崑、都统奉焕于川人争路及十月反正时，两公均能深明大义，苦心维持，并剀切开导旗军一律呈缴枪械。故川人对于两公异常感佩。当两公决计携眷回京，即从优备送川资，以利遄行，并派员护送。同时给北京及各省都督发电："请沿江各省都督一体饬属护送，以表示民国对于前清官吏凡能赞成共和者，均得一律优待之意。"① 尹昌衡摒弃了狭隘的"排满"种族复仇，使民主共和思想，在实行的政策措施中，具体地展现出来，从而让民主思想，更加为广大民众所接受。

随着四川军政府的成立，全省各地独立，群雄并起的政权，纷纷归属到四川军政府和蜀军政府之中。但两个政权面临着一系列需要共同解决的问题。滇军入境，称四川军政府为哥老政府，欲以武力进攻；傅华丰东下，取清溪，对成都形成威胁；陕西独立后，被前清陕西巡抚升允、汉中镇总兵江朝宗组军反扑，须合力出兵北伐援陕；更有川边之乱，达赖在英国支持下，侵扰川边，欲搞独立自治。尹昌衡致电蜀军政府都督张培爵："蒿目全局，此何时耶？同力合作犹恐不支，分党异谋，势成两败。"并用最大的诚心表示"两川之利是图，七尺之躯何惜？有能驾驭众安民，衡必退权逊位，此一贤者取之耳。成、渝不可以分离，虽妇人孺子苟具有良心者无不知之。衡岂忍拥权挟私以坏大局，践约图名以顾小信？故自愿闻命而退。"② 蜀军政府也认为"至如国债赔款协饷，北伐援陕，以及本省军政，财政，保安地方一切重要事件，均当与尊处会商办法"。③ 两方书电、专史往来甚为频繁，成都派张治祥，重庆派朱之洪为全权代表，相晤于荣昌之烧酒坊，议定十一条，俱同意合并成立统一的政府。张培爵致电南京政府，推荐尹昌衡言："正都督一职，非雄才大略者，不能胜任，张培爵推举尹昌衡为蜀军正都督。"④ 1912年2月2日，两政府宣告正式合并。组成尹昌衡为都督、张培爵为副都督、夏之时为重庆镇抚府总长、董修武为总政处总理、罗伦为军事

---

① 《川都督以人道待满员通电》，《民立报》1912年4月6日，曾业英先生摘录本文部分征引资料系曾业英先生摘录、提供。下略。
② 尹昌衡：《止园自记》，《止园丛书》第1集。
③ 周开庆：《民国川事纪要》，台北，四川文献研究社，1974，第136页。
④ 戴执礼编《四川保路运动史料》，第537页。

参议院院长的新政权。四川全省统一政权的成立，标志两千多年的封建统治在四川省的终结。

(3) 军政府的改革措施

大局稍定，尹昌衡即主持军政府，进行了一系列民主主义革命的政治、经济、文化方面的改革。

在政治方面，宣布推翻封建专制，建立民主共和，保护人民权利。军政府颁布公报指出："现值大汉光复，百度维新，推数千年专制之局，而易之以共和，解四百兆倒悬之民，而授之以政柄"。下令"一切病民旧法概行破除"。①

军政府"厘百官、辟议会"，在政府内部，启用拥护民主共和的新人，裁减无用官僚机构，"凡满清时代之冗官见缺，亟当一并裁汰"。②"不肖官吏或且借口办公，因缘为利，巧取豪夺，肆意以求，恐亡清官场陋习，不旋踵而复见于今日之民国，甚整饬吏治之本意也"。③

当得知南京临时政府成立，推举孙中山为大总统，即刻通知省城各署，令大加庆祝，传知商民张灯结彩，"一律悬挂国旗三日，以志庆祝"，并派林君墨为四川军政府特派南京中央临时总统府庆祝专员，表示愿接受南京临时政府的统一指挥，传令"遵南京临时政府令改行西洋历"。④

又闻中央政府以全国岁入作抵，募借外债消息。尹昌衡认为这可能导致中国财政之权受制于外人，丧失国权。立即去电中央政府表明了反对借款，保国权，重民生的立场。电文中特别指出："民国成立既久，似此大端不及早解决，国权丧失，莫此为甚。今又囫囵从事以借外债，举全国岁入为抵当之资，财政之权全授外人，政策之失败，窃虑较满清时代为甚也。此时财政之规划，宜采德奥日本主义，尚俭崇实，开源未得，先请节流。民国新建一切，外交已不免受制于人，又假之以权，则利权收回期诸百年，亦属难能之事。事关全国，敢参末议，总以保国权、重民生为祷。"⑤

在经济方面，推行了一系列利于民族资产阶级发展的措施。首先下令，废除清朝的一些苛捐杂税，"百货厘金业已全裁"，"更于盐厘改为就场征

---

① 隗瀛涛、赵清：《四川都督府政报汇编》，《四川辛亥革史料》（上）。
② 隗瀛涛、赵清：《四川都督府政报汇编》，《四川辛亥革史料》（上）。
③ 四川省成都市档案馆藏原件，档案号93-6-3497。
④ 《民国重修彭山县志》卷2。
⑤ 《川人抗议免税令》，《民立报》1912年4月12日。

收，较前减少十分之六，肉厘减少十分之三，糖厘减少十分之七，茶税则全行罢免。"实业部下令恢复"茶务讲习所"，鼓励茶叶生产，并积极鼓励贸易发展。使"其盐无论运往滇、黔、楚及本省各州县行销，听商贩自由贸易，毫无阻滞"。①

其次，政府在废除清朝苛捐杂税的同时，也向民众灌输民主共和的纳税观念。政府布告言："况际兹大汉重光，天日再见，脱去满清羁勒，组织共和政体，万众一心，极力经营，以我川之财，办我川之事，无穷幸福，皆由我川人自造。且使用由我川人，监督由我川人，吾伯叔兄弟之乐于输将也，更何待言。"政府推诚置腹地与民众交流，希望民众理解与支持政府。布告说："当知共和国人民欲享幸福，须有代价，矧此时百度经始，既未议增，尤复薄赋轻徭，义务所存，不容稍缓。切切，此告。"

再次，军政府对于中央未能按照民主程序处理赋税，自行决定"中华民国元年以前，丁粮正税积欠在民者，准予豁免"，认为大总统是越权行事，乃封建残余，应当按民主之精神与程序行事。于是致电中央言："大总统特权，有无任意增减税额一条，未经明白宣布。若以'民国'二字论之，人民纳税于政府，原以供国用而求公安，应增应减，当由人民同意决之。税律之颁行，必经议会通过，始为有效。未可以从前免租减税为天子私恩例之。乃去年反正以来，民国耗费比诸往昔，当加十倍，此项担负终出自民，今日豁免积欠，称为大总统之仁泽，将来增加税额，责以国民之义务，恐免之则易，加之为难。且豁免积欠，大失公平，急公重义之民争先纳税，竟致损失，疲玩自堕之民坐不纳税，反获免除。政令如是劝民以侥幸怠公，于财税平均之义大相径庭。"②

在文化教育方面，强调宣传民主共和思想。学务部宣布："大汉光复，政尚共和，凡在国民均系组织国家主体，若不亟亟灌输以文明之智识，内何足以参议政治，外何足以与世界竞争？"③

在改革封建恶习方面，军政府颁布了一系列法令，禁止蓄辫、赌博与吸鸦片。民政部移知宣慰使饬地方官，认真禁种烟苗及开烟馆文。

在政府内，"以廉洁勇敢为荣，以丰财为耻；以清末官吏之婪索为戒。"

---

① 本段及下段引文，见隗瀛涛、赵清《四川都督府政报汇编》，《四川辛亥革史料》（上）。
② 《川人抗议免税令》，《民立报》1912年4月12日。
③ 隗瀛涛、赵清：《四川都督府政报汇编》，《四川辛亥革史料》（上）。

号召军政府官员不负起义之初心,去创建中国的黄金时代。

在尹昌衡的主持下,四川军政府的一切,都按照民主共和的程序运行,得到越来越多的民众的认可与支持。同盟会员程泽湘1914年初,总结四川辛亥革命时说:"十月十八,巡防溃乱,新军继之,劫掠一空,全城糜烂,不有尹昌衡出而维持,则滇军长驱锐进,入踞成都,成渝统一之局,安能遂定?而草泽之雄,斩木揭竿,以征讨赵尔丰为名者,又将争地争城,休兵何日?浸假而岷江剑岭间之大好河山,千裂百碎,莫可组合。故吾谓尹昌衡之斩赵贼,不亚于彭席儒之击良弼,即此故也。赵尔丰伪交政权于蒲殿俊,总督名义犹在,又假手朱统制以钳制民军,成都十月初八日初次独立,伪独立也。尹昌衡万不得已而出其草薙禽狝之手段,秘结军队,以建真正之共和。"①

(4) 小结

从上所述,尹昌衡在辛亥前夕,在广西宣传民主共和的新思想。两年后,当辛亥革命的历史大潮在四川澎湃而至时,尹昌衡率军平定叛乱,挽狂澜于既倒,拯黎民于水火,在众望所归之下,出任四川有史以来第一个民主共和政权四川军政府的大都督。继而,为保护新生政权的稳定,断然捕杀清督赵尔丰,坚定打击封建复辟。随后,又颁布了一系列维护和发展民主共和的改革措施。四川辛亥革命的胜利,对推翻统治中国几千年的封建制度,在全国范围内取得胜利,也起到了极大的促进和推动作用。大量历史事实说明,四川辛亥革命最重要的转折关头,及军政府成立后的所有民主共和的改革行动,都是在尹昌衡的实际主持和领导下完成的。他在四川辛亥革命中起到了核心的作用,推动了社会的发展和历史的进步,言尹昌衡"拯厄除难,功济于时"应是实至名归。

2. 维护国家主权与民族统一之功

(1) 西征起因

在尹昌衡统一全川的同时,"川边"已经告急。英国对西藏觊觎已久,1888年,公然派军侵入西藏。1904年,英国利用俄忙于日俄战争之机,再派远征军侵入拉萨,胁迫西藏地方政府订立非法的"英藏条约"。清政府因川边动荡不宁的严峻形势,决定实行"固川保藏"战略,在川边地区进行

---

① 中国同盟会员程泽湘评议川事《宣言书》,1914年1月18日,四川省成都市档案馆藏原件,档案号93-6-2617。

"改土归流"。清廷在川边与西藏的改革，引起英国敌视和不满。他们认为，几年内西藏将成为中国的一个省，西藏向英国开放的通商地，将会转变为向各国开放的通商口岸，英国在西藏的特殊地位将会完全丧失。

1911年，四川保路运动与辛亥革命接踵而至。英国政府认为中国内部战乱不已，中央政府权力空前削弱，不可能出军支援边疆地区；沙俄正向蒙古扩张，策划外蒙独立，一时还无力顾及西藏，正可乘机将西藏从中国分裂出去。英国驻华使馆向英国政府报告说："四川省一向负责处理西藏事务，但在1912年初该省人民已四分五裂，5个军政府在四川各地行使管理权，四川内部行政机构与税收体系已经瓦解，以致该省既不能提供钱财也不能出动兵员保持至拉萨的道路畅通，看来1800名驻藏川军很可能被切断归路，全被屠杀，藏人将成功地摆脱其宗主国的统治，有效地重建他们的自治权力机构。"①

1912年2月，英国政府根据这个判断由英国印度事务部拟定了新形势下英国侵藏的指导方针。这是一个完全剥夺中国对西藏的主权的计划。基于这一方针，英国侵略者向达赖暗示"中国暂不敢进兵"，鼓动他们回藏"收复主权"。②

国内的分裂势力，是逃亡到印度的达赖十三世，及"改土归流"政策实行后利益受损的土司。赵尔丰废除土司的政策，已经触及原土司的利益，再加上赵尔丰在推行这一系列政策时，基本采用了高压的手段，使其"改土归流"成果缺乏坚实的社会基础。在川边地区共有防军八营，总数不足五千人，布防达两千余里，本不敷用的情况下，赵尔丰调傅嵩炑，率边军赴援成都镇压保路运动。这样就使川边地区空虚，一些不服改流的土司和寺庙，乘虚作乱。

与此同时，驻防西藏的戍军，闻清政府垮台而分裂哗变。逃亡印度的十三世达赖，在英国的挑动和支持下，乘机派心腹达桑占东回藏，组织"民军"，驱逐驻藏汉军。并派军侵入川边地区，与川边叛乱势力相互配合，企图控制康区，实现"大西藏"图谋。自1912年5月起，不到两月间，川边地区的重镇巴塘、昌都均被围困，乍丫、江卡、乡城、稻城、理塘相继失

---

① *British documents on foreign affairs: reports and papers from the foreign office confidential print*, part I, series E, vol. 14, 1993, p. 292.

② 《西藏研究》编辑部编《民元藏事电稿·藏乱始末见闻记四种》，西藏人民出版社，1983，第104页。

陷，号称"康南门户"的河口县也危在旦夕。

（2）西征议决

一时之间，川藏交通断绝，"警报飞至，中外大震"，全国舆情激愤。边藏警报，一日数传："略谓江孜、亚东失守，拉萨危在旦夕，乞速派兵赴藏。"① 四处告急，危如累卵。尹昌衡冷静地分析了全局，对川边的危机及其发展与影响作出自己的思考与判断。

其一，他认为叛军蜂起首先危及川边，如不及时控制局势，后果不堪。他最担心的是，川边延绵数千里却布防空虚，"惟边军太单，旧日得力之兵，寥寥无几。"而且"查乡番猖獗，藏事失利，全边均将蠢动，军心惶惶，亦乘机暴举。"②

其二，他认为川边的危机就是四川的危机，川边不保，则四川难安。他说："此事虽难，而我决不畏其难也。况西藏又为我川之门户，门户不固，则堂奥莫保。我为全川虑，更不敢畏难者也"。③

其三，他认为川边危机直接导致的另一个后果是中国和印度边界的紧张局面，而印度当时又是英属国，这又会引起英国为边界争端制造口实。他说："巴塘西南一千五百七十里之杂瑜南境，与英属印度阿萨密东北交界，地吏隶珞瑜。前英兵窜入，并树志国旗。"④ 他尤为重视领土与主权，认为如不及时采取措施，领土与主权都将受到威胁。他说："边地寥阔，非如宁远、越嶲，北接青海，南联印度，东西合计，五千余里。我们民国初成，就把四五千里地方断送了吗？"⑤ 所以他一再强调："民国初勤远略，当注重领土主权。"⑥

其四，他认为此次叛乱如不有效制止，最大的危害是将造成民族分裂，这将违背共和建国五族一家的原则。他说："西藏为四川藩篱，藏固而后川固，川固而后沿江各省固。近日藏警频闻，若不及早挽救，势酿巨患，转违五大民族共同一家之宗旨。"他同时警告大家，如果任其发展，西藏叛军一定会效仿蒙古搞独立，这样不仅是民族的分裂，也是国家的分裂，国家的版

---

① 《民元藏事电稿》，第7~8页。
② 《民元藏事电稿》，第5~6页。
③ 《尹都督在总政处提议纪略》，成都《国民公报》1912年4月30日。
④ 《尹都督在总政处提议纪略》，成都《国民公报》1912年4月30日。
⑤ 四川省成都市档案馆藏原件，档案号93-6-3519。
⑥ 《西征军里凯歌声》，《民立报》1912年9月24日。

图也将随之而残缺，局面势必大乱。他说："倘藏民无知效尤，蒙古宣告独立，秩序必乱。"① 因此，他特别强调："自边藏变起，昌衡即认以为此虽一隅，关系于国家者至巨，维五族一体之基，固外交均势之局，均将于是焉赖。"②

其五，他认为这次叛军不除，也直接危及新建之民国的安全与威望。他说："西藏扰乱，边事岌岌可虑，非迅速出师不可。西藏虽为中国之西藏，其实为四川之门户，对于中国为藩篱，对于四川有密切之关系。况西藏不失于腐败之满清，而失于新建之民国，诚莫大之耻。"因此，平定叛乱也有保卫民主共和的目的。他指出："征西军为我全川谋幸福，为中华民国固根基，真是当崇拜，当佩服者也。"③

其六，他认为叛军虽然在西藏，在川边作乱，如不及时平定，其势力及影响将波及全国乃至世界。他说："我国无戡定之能力，外人有干涉之口实，彼时虽有长于交涉之员，亦将无从着手，全藏沦亡，翘首可待。藏亡则边地不守，边失则全国皆危。民国初基，强邻环伺，莽之藏卫，即脱范围，内何以辑抚他族，外何以应付列强。"④ 因此，平定叛乱具有稳定全局的重大意义。议决时大家一致认为："今日会议，军界如此热心，真皆佩服。此次将西藏恢复，不但四川之幸，中国之幸，世界上亦大有光荣。"⑤

通过上述由川边至四川，再由四川到中印边界，又由领土主权到民族统一，最终由国家主权到保卫共和，这样由小到大、由表及里的层层深入分析，尹昌衡认为此次平叛事大，自己必须亲自率军西征。他说："至谓筹边藏事，向以川为根据，昌衡等感时局之阽危，怀先人之伟烈，慨然自任，义不容辞。"⑥

尹昌衡又继续分析了自己挂帅亲征的十点有利因素。他认为："当此存亡一发，惟有昌衡亲征，足以去十失而开十利。川局已定，坐镇自易。立功报国，此其时也。一出大举，泰山压卵；主将亲临，势大名重，灭此燎原，可操必胜；大利一。诛赵擒傅，番逆已闻。能制所畏，畏必倍之；先声夺

---

① 《民元藏事电稿》，第 6~8 页。
② 《尹都督慷慨陈词》，《民立报》1912 年 11 月 11 日。
③ 成都特派员函：《西藏风云录》二十，《民立报》1912 年 6 月 28 日。
④ 《民元藏事电稿》，第 7~8 页。
⑤ 成都特派员函：《西藏风云录》二十，《民立报》1912 年 6 月 28 日。
⑥ 《民元藏事电稿》，第 11~12 页。

人，虚名慑敌，番羌纷怯，未敢当帅；一人振臂，千里帖耳；大利二"，"余心素仁，持体亦大：一介不取，无辜免戮；尊崇佛教，深结恩信；使知皇汉，不似暴清；边藏不复反矣；大利七"等十利。①

尹昌衡对局势鞭辟入里的剖析，表现出政治家高屋建瓴的洞察力与包藏中外全局的胸怀；对自己亲征十大有利因素的分析，则显示出一个军人的自信、果敢，及决胜于千里之外的判断力。他的分析判断与决策得到了四川军政要员的认同与拥护。一切准备就绪后，由董修武等致袁世凯电，提出尹昌衡自愿亲征。通电说："刻据确探报告，藏失边危，河口、里塘相继告警，西藩一撤，全局皆危，势非大举，万难挽回。尹都督闻警发指，自愿西征"。② 袁世凯同意四川军政府的提议，6月10下令由尹昌衡率军西征。7月10日，尹昌衡率西征大军出发。

（3）收复失地、巩固边疆

从1912年5月开始筹划西征经历7月10日尹昌衡出征到1913年9月尹昌衡离开川边，大约历时一年半左右的时间。期间大小战役数百次，艰苦卓绝。尹昌衡充分发挥了他的军事指挥才能，取得了一个又一个的胜利，其中不乏经典战例。这些不是本文的重点，毋庸赘述。本文重点探讨的是尹昌衡率领的西征是成功还是失败，如果成功他建立的主要功绩何在？西征对国家与民族的意义何在？西征对中国往后的发展产生了什么样的影响？

西征大致可分为三个阶段。第一阶段：三月迅速平叛（1912年7月~9月）。第二阶段：击退藏军反攻（1912年底到1913年初）。尹都督返成都后回到西征军，巡查边防。战事又起，藏军向波密、乍丫、江卡、盐井、巴塘反攻。三阶段：攻占稻城、乡城，初步稳定大局（1913年4~6月）。

需要指出的是，有人怀疑西征是否取得胜利，甚至有人还说西征最终以失败而告终。如果了解西征的进程，了解西征收复了多少失地，了解这几千里的土地对中华民族有多么重要，了解外蒙就是因为土地被分裂分子所占领导致了中华民族的版图的改形，就会知道西征的胜利是多么具体与重要。换言之，西征的胜利与功绩，是可以用收复的失地来丈量的。

我们通过西征的三个阶段的进程以及每个地方的战役及其结果，就可以知道西征收复的地区有巴塘、昌都等几十个州县地区。程泽湘在西征的第二

---

① 尹昌衡：《西征纪略》，北京图书馆古籍部收藏。
② 《董修武等致袁世凯电》，1912年6月9日，《民元藏事电稿》，第19~20页。

年就明确指出:"尹督西征,肃清边徼,新建州县三十有余。"① 尹昌衡在击溃叛军后,设置了相当于省级的川边镇抚使府和32县,巩固了民国政府对川边的统治,为后来西康省的建立奠定了基础。因此,要特别指出,西征的第一大功绩就是收复失地、巩固边疆、恢复西藏。

尹昌衡在总结西征时也明确地说:"纵横千里,大小百战,幸托威福,得以无失,至今思之,犹为心悸。至藏入之难,甚此百倍,若仍轻率任事,一隅有失,大局何堪。"②

(4) 支援外交谈判、维护国家主权

西征的第二大功绩,是在军事上击溃叛军,收复失地,以此为基础,支持中国对英国的外交谈判,最终导致交涉的胜利。常言道"弱国无外交",其实在国土与边疆之争的谈判中是"无土地无外交"。谁实际控制了土地,谁就在谈判中取得了巨大的主动权。因此,占领土地的军事较量,才是最实质的斗争,外交谈判只是这个斗争的延续。没有土地在手,想用外交谈判的方式得到,即使对方是再弱的政府,成功的可能性也微乎其微。

在西征与外交的问题上,史学界存在着分歧。其一,民初对西藏问题的中英外交谈判,是成功还是失败?其二,西征与中英外交谈判的关系是什么?起到了多大的影响与作用?其三,西征与西姆拉会议的关系是什么?西征对西姆拉会议有何影响与作用?

如果仔细阅读与分析史料,就会发现上述三个问题史料中记载得如此详尽,从中可以得出清晰的结论:民初西藏问题的外交谈判,大致可分为四个阶段。这四个阶段都是以西征的进退为进退,以西征的成功为成功。西征在战场上的胜利,直接为政府提供了切实可行的谈判方案。这个谈判方案,使柔弱的袁世凯政府处处主动,占尽先机直至最后的胜利。在西征胜利的支援下,创造了虽然是"弱国"但"占领了土地"最终取得谈判成功的实例。

第一阶段:以宣布尹昌衡西征为开端。时间是1912年6月10日至1912年7月10日。如前所述,北京政府6月14日正式电令,尹昌衡率川军入藏平叛。6月16日,尹昌衡派出第一支征西军,自成都向里塘出发。有了尹昌衡出兵西征为基础,北京政府对外交涉,开始变得比以往强硬了许多。就

---

① 中国同盟会员程泽湘评议川事《宣言书》,1914年1月18日,《四川省成都市档案馆藏原件》,档案号93-6-2617。

② 尹昌衡:《西征纪略》。

在中央电令尹昌衡率师西征的同天,北京政府派外总长陆征祥面告英使:"川兵入藏,全为平乱,至希英国严守中立。"①

英国对此做出了强烈的反应。6月23日,朱尔典往见袁世凯,指责川军进藏平叛,"如果中国政府调兵入藏,扰乱地方,牵动大局,所有责任惟中国是问。"②他警告说,如果川军进入西藏,"英王陛下政府将不会再向中国提供任何贷款。"③英国一面对北京政府外交施压,另一面唆使叛军大举进犯。叛军趁势攻陷理塘、河口、盐井,巴塘、昌都被围,川边频频告急。尹昌衡率军西征,开始击溃叛军,收服失地,英国预谋已久的西藏独立计划被逐渐瓦解。袁世凯心中有了底气,他十分坚定地答复:"民国政府因西藏动乱而出兵征讨,属当然权限内,断非他国所容喙。"④

第二阶段:尹昌衡西征出发后的交涉,时间是1912年7月至1912年9月。7月10日率领西征大军自成都出发,直抵炉关,特派联队长朱森林率部下直逼里(理)塘,业于12、14两日顺次克复麻盖宗、剪子湾、西俄洛三要隘。大军西进,捷报频传"军民鼓舞,声威既树,贼胆顿寒"。北京政府得此战报,信心大增。8月1日中国外交部通过中国驻三国外交代表发表声明,重申中国政府的领土立场。

北京政府在外交上频频出击。8月13日,又发表《满蒙藏之主权五事》声明:"民国对于各国侨民力任保护,各国不得借保护侨商为名,增加军队及分派驻扎等事;现蒙、藏乱党反抗民国,是为国际公法所不许,外人不得为蒙、藏乱党之主使者。"⑤

作为回应,8月17日,驻京英使朱尔典为西藏事照会外交部,并发出了致中国政府,措辞更加严厉的声明:"不能承认中国有干涉西藏内政之权","英政府对于中国官员近两年在藏占夺行政权限之事,概不承认","并劝告中华民国不得再任官吏有上言干预西藏内政之事","惟中国于拉萨或西藏驻无限制兵队一节,英政府不能承认"等五条声明。同时警告说:"日下派出之远征队,应即停止。"⑥北京政府得文后,对外交上不承认政府

---

① 转引自张云侠《康藏大事记》,王辅仁校注,重庆出版社,1986,第358页。
② 转引自冯明珠《中英西藏交涉与川藏边情》,中国藏学出版社,2007,第268页。
③ 转引自 Alastair Lamb, *The McMahon Line, A Study in the Relationsbetween India, China and Tibet, 1904 to 1914*, vol. 2, pp. 430 – 431。
④ 转引自冯明珠《中英西藏交涉与川藏边情》,第268页。
⑤ 转引自周伟洲、周源《西藏通史民国卷》,中国藏学出版社,2008,第11页。
⑥ 《元以来西藏地方与中央政府关系档案史料汇编》。

的威胁未予理睬，对五点声明暂时也未做答复。但是，另一方面，继续支持西征大军向西藏推进。

第三阶段：西征取得第一阶段胜利后的交涉，时间是1912年9月至1913年6月。西征出兵近两个月，势如破竹。8月23日尹昌衡电告中央与各省都督说："川兵西入，无战不捷，克复收抚，十已七八。方略固秘，胜算已操。"① 袁世凯闻电大喜，8月31日致尹昌衡电说："尹都督此次剿办边番，极为得手，拟仿伊犁镇边使之例，授以川西镇边使，节制川边文武以下职权区域。"② 尹昌衡率军乘胜推进，到9月12日已是"昌都入手，西北大定"。他发电给袁世凯说："兹既昌都入手，巴安围解，里塘克复，贡觉收回，继定三岩，旋收同普、三瞻，白玉得以布防，稻坝、乡城哀求降顺。川边全境，一体肃清。"③ 9月19日巴塘、里塘大道已通。9月24日，尹昌衡认为军事上的胜利，已经为外交上折冲樽俎赢得了先机，还有赖"喉舌继其后"，通过谈判取得外交上的成功。他说："第以近接强邻，动关国际，交涉匪易，进止多艰。昌衡请以生命当其锋，赖诸公亦以喉舌继其后，同声急呼，河山响应，群策并进，坛坫增光，千秋之业，在此一举。"④

如尹昌衡说言，外交谈判确也"交涉匪易"。10月1日朱尔典不甘心暂时受挫，竟向中国政府发出照会，公然干涉内政，要求中国不得在西藏设置行省；西藏内政，中国政府不得干涉；中国派驻西藏代表限一人，只负责指导外交；派出军队（指尹昌衡征藏军）应立即停止。袁世凯政府断然拒绝了英国政府的无理要求。随后，中国外交部正式具文逐条批驳了英政府的照会，声明西藏改行省一事，为民国必要之政务；查中国政府驻扎西藏之军队，未尝一无限制，惟依据条约，驻扎必要之军队，维持治安而已；中国之于西藏拥有完全主权等。对于英政府声言，若中国政府不将以上各条承认，英政府亦断不承认中华民国政府。北京政府坚定地予以驳斥，认为承认中华民国是另一问题，不能与西藏问题并为一谈。

西征军事上的胜利，除了收复了失地，第二大成果是彻底摧毁了叛军的斗志。西征大军"所至向风传檄，边藏畏服"。叛军已经不敢应战："查藏

---

① 《协和报》1912年9月7日。
② 《民元藏事电稿》，第32~33页。
③ 《民元藏事电稿》，第47~48页。
④ 《西征军里凯歌声》，《民立报》1912年9月24日。

番闻风，业已停战"。① 十月中旬，达赖喇嘛被迫向政府提出媾和。英国政府也发表声明，只要西征军不进军拉萨，并优待达赖喇嘛，英国驻屯于拉萨之军队遂全行撤退。北京政府接受了上述条件。显然，袁世凯认为西征收复了大多数失地，达赖喇嘛也已提出媾和，与英国谈判的砝码已经足够，因此在攻取拉萨的问题上做出了暂时的让步，这样不至于激怒英方，又为交涉留有余地。在尹昌衡正准备令边军集于昌都，战俄洛桥，取道入拉萨时，袁世凯电令尹昌衡："川军屡次获捷，均于迭电嘉奖，并饬将出力人员查明电呈存记，以备论功行赏。藏事迭经英使商阻进兵，尚未解决，刻国务院筹议办法。该军已到察木多之队，务饬切勿过该处辖境，致酿外衅，牵动大局。"尹昌衡回电说："惟是时局多艰，外交棘手，自当谨遵电令，暂勿令川军过江达以西。至前者驻藏军队，仍使遄返，亦系正办。敬乞转告英使，毋滋疑虑。昌衡既守钧命，不得直抵拉萨，则江达以东，传檄可定。"②

袁世凯以西征大军围而不攻为后盾，在外交上做出了更为强硬的态度。12月23日，中国政府对8月17日的英国政府照会作出答复，明确宣布：第一，1906年中、英有关西藏的条约规定，除中国外，他国均无干涉西藏内政之权，英国8月17日的照会声称"中国无干涉西藏内政之权"是没有根据的；中国是否改西藏为行省，纯属中国内政，不许外国干涉，但"中国对西藏并无即时改行省之意"；第二，中国"并无派遣无限制军队"驻扎西藏之事，根据1908年的《修订藏印通商章程》，中国有权派军进藏保护商埠与印藏交通；第三，承认中华民国是另一问题，不能将此事与西藏问题"并为一谈"。③

第四阶段：西征取得全面胜利后的交涉，即西姆拉会议。时间从1913年6月至1914年7月。1913年6月25日西征军攻占定乡。至此，西征的主要战役都结束，西征战斗以完全胜利而告终。英国原本的计划已经彻底落空，英国无奈，只想凭借自己强国的地位，筹备西姆拉会议，在外交上做最后的一搏。9月，在西姆拉会议紧锣密鼓筹备期间，尹昌衡率领西征军，进军到距离拉萨仅200多公里的江达附近。他致电袁世凯说："及各番官所部进扎硕板多等处，屡次集合，计划东侵；多数藏兵均以迭经败北，面我兵辄

---

① 成都特派员函：《西藏风云录》六十二，《民立报》1912年9月10日。
② 《民元藏事电稿》，第45、86页。
③ 《民立报》1912年12月30日。

行解散。噶伦潜退，达赖气沮。而波密三十九旅百姓投诚后皆密请进兵，愿助军粮并作向导。"他一面希望趁势西进"趁机占领江达，进窥两藏"；一面也告知袁世凯，西藏叛军不是潜退，就是气沮，多数还选择投诚，在战场上已经彻底失败。而且叛军内部也已动摇，"惟查藏中人心不附，兵溃民怨，内乱将起"。因此，根本没有在谈判桌上讨价还价的资本。最后他在通电中特意指出："昌衡当以会议期间骤然进兵，恐与中央电令抵触，非饬未可轻动，敬候转呈请命办理。"①

尹昌衡大军压境，对英国与叛军形成强大的威慑力量。就在西征军获得决定性的胜利，叛军溃不成军，纷纷投诚的形势下，西姆拉会议于10月13日正式举行。会议由英印政府外务大臣麦克马洪主持。夏扎率先发难抛出与英方秘密协商的条约草案，要求确定西藏为独立国家；重新划定西藏和中国边界；中国不能派员驻藏等。这些要求，关键在于割断西藏与中央政府的联系，搞出一个"西藏独立国"。10月30日，第二次西姆拉会议上，陈贻范据理驳斥伦青夏扎的言论和六项要求，详尽阐明自元代以来，明、清各时期，西藏与中央政府的隶属关系。1914年2月17日，举行全体会议，麦克马洪抛出"调停意见书"和一份地图，公开提出划分"内藏"与"外藏"，并在地图上标明界线。这样做的目的在于：先使"外藏"在自治旗号下行独立之实，从中国分裂出去；然后等待时机，再将"内藏"并入。7月3日和7日，中国驻英公使刘玉麟两次照会英国政府：中国政府不能擅让领土，致不能同意签字，并不能承认未经中国政府承诺之英、藏所签之约，或类似的文牍。陈贻范在最后一次三方会议上宣布了中国政府的训示：拒绝在所谓"西姆拉条约"上签字，并且发表声明："凡英国和西藏本日或他日所签订的条约或类似的文件，中国政府一概不能承认。"中国政府同时将此立场照会英国政府。会议最后以中国维护国家主权的胜利与英国的失败而告终。

通过上述四个阶段，西征进度与外交进程的分析，西征对外交的作用，以及西征与西姆拉会议的关系，应该十分清晰了。其实，这个问题，尹昌衡在一百年前就解决了，而且说得一清二楚。尹昌衡在西藏叛乱之初，就认识到武力征服对外交政策的重要性，他对袁世凯建言说："论外交政策，必先有武装，而后可望和平；即内务行政，亦必有武功，而后诞

---

① 台北"中研院"近代史研究所藏原件。

敷文德。大总统以和平解决为希望，而欲达和平解决之目的正不能不多为之备。"①

（5）打击"藏独"势力，维护民族统一

西征的第三大功绩，是打击叛军分裂势力，维护民族统一。9月10日尹昌衡给袁世凯发电说："昌衡出关，纯用仁抚，不僇一夷。所至向风传檄，边藏畏服。"②西征军在战场上的胜利，对叛军产生了巨大的威慑力量。尹昌衡之前已驰檄告谕边藏叛军："今天你们辄敢抗拒官兵，蹂躏我汉民，实属目无法纪。今本都督决定统率大兵，前来征剿，你们如能回心向化，本都督宽其既往，一概不究，自当加意体恤保护。"③西征大军在气势和声威上，均给叛乱者以沉重打击。到1912年9月叛军就感到难以支撑，产生了议和的愿望。达赖喇嘛派堪布二人前来议和，提出条件大致为：一是恢复达赖教权，加崇封号。二是华人对于佛教及僧寺，不得仍前侮慢。三是西藏行政重大事宜，可与华官商议，惟不得于西藏改设行省及视为领土。四是中国不得于拉萨驻扎兵队，办事官、卫兵，限制二百人。五是撤退尹司令征藏兵队。其中，最核心的是第五条的撤退尹司令的征藏军队，他们希望以此为缓兵之计。北京政府拟决议后，电饬钟颖转告达赖，第一条恢复达赖教权可照允，惟须加入达赖不准干预政治字样。第二条可照允。第三条改为西藏重大行政问题，藏民有陈请权，由中政府察择施行，俟藏局安定后，政府如何改设行省，达赖不得干涉。第四条限制中国兵队，应取消。第五条改为现在一面电饬川军缓进，一面另派兵赴藏镇抚。表达了坚定地维护国家主权与民族统一的决心。

尹昌衡认为叛军在强大的军事力量的威慑下，妄图独立的嚣张气势遭到沉重打击，内部已经出现明显的分化。此刻应当更加注重以德感化的政策。他说："谨查边藏夷情，非威德深得其心，难保长治久安，就我范围。"④他进而提出："方今库逆鸱张，外交棘手，大总统权衡缓急，对于西藏策取怀柔，崇达赖之封，复葛伦之职，派员慰问，温语抚循，孤诣苦心，普天共谅。"⑤北京政府采纳了尹昌衡的建议，10月28日复达赖喇嘛之封号，同时

---

① 尹昌衡：《西征纪略》。
② 成都特派员函：《西藏风云录》六十二，《民立报》1912年9月10日。
③ 《尹都督之对于藏民》，成都《国民公报》1912年6月17日。
④ 成都特派员函：《西藏风云录》六十二，《民立报》1912年9月10日。
⑤ 尹昌衡：《西征纪略》。

俸金亦复其旧。并邀请达赖自赴北京，与政府当局直接协定中藏之关系，以一扫双方之误解。

达赖喇嘛向政府提出媾和条件，由驻藏办事长官经印度而电致国务院。其条件如下：一是西藏人当与汉人有同等之权利；二是民国政府每年补助西藏五百万两；三是西藏人得以西藏境内之矿山自由向外国人抵借；四是西藏人得自由式练兵，民国政府不得干涉；但承认得以我国内地军队一千五百名派驻于西藏；五是一切官制，虽照民国政府之规定施行，而人才则采用西藏人。这个媾和条件已经不敢提出"惟不得于西藏改设行省及视为领土"的"藏独"要求，因此北京政府对上述条件基本认可，只是明确指出，第三条以矿山自由为外债之担保，实为侵害领土主权之行为，绝对不能承认。

叛军边媾和边发动军事挑衅与反攻，但每一次都被西征军击退。直到在巴塘与里塘被西征军打败，彻底丧失斗志。据《英藏交涉始末记》之记载："加之巴塘、里塘西藏军既为征西军所败，达赖为之气馁，无最后接续奋斗之勇气，遂私款蒙藏事务局，而授意于民国媾和。"

袁世凯颇为得意，以胜利者的姿态复电达赖喇嘛说："顷阅来电，具稔共图和平，联合五族之意，良深欣悦。前此汉番多事，皆由政府与贵喇嘛隔阂，嗣后文电往复，彼此诚意，皆可通达，实汉番之福。前已电致贵喇嘛转饬所属停战，想宏宣佛法，慈爱为怀，必已照办。现特派专员赴藏，商办善后一切事宜，务望贵喇嘛详为指示，使汉番同享幸福，则贵喇嘛之功德无量矣。"①

以上事实不难发现，叛军最怕的，是军事上的沉重打击。只有西征军在战场的彻底胜利，与叛军在战场上服输，才有达赖越来越谦卑的媾和要求，才有袁世凯对达赖"具稔共图和平，联合五族之意"的良深欣悦。

（6）平叛与治理的成功经验

西征的第四大功绩，是为建立民国后的中国，提供了在边疆平定叛乱、安抚边民，处理复杂宗教问题的成功经验。

尹昌衡决定西征的同时，就做出了对叛军及反民恩威并举，以德为重的政策。在1912年6月16日送西征先锋队出发时，尹昌衡宣布了这一政策。他说："蛮人为我五大民族之一，现虽反抗，务使翻然改图。我军到时，对于蛮人，即一草一木，不得妄取，亦不得轻杀一人，临之以威，亦当感之以

---

① 《民元藏事电稿》，第117~118页。

德。前此赵尔丰不德,我同胞不惮,以土枪土炮起而反对之。我军能以德意感蛮人,则蛮人之晓事者,必先归顺,而叹我民国之军迥非满清可比也。"① 在自己亲率大军从成都出发的誓师大会上,他又重申了这个重要政策:"满清时代驻藏之兵,对于藏人感情,异常恶劣,今以恩抚之,以威临之,使西藏永永为民国之土地。"②

尹昌衡的政策,是在总结以往对藏政策的基础上制定的。他认为前清政策最大的失败,首要原因就是酷吏的残暴统治。他说:"查前清之际,无年无战,推厥由来,均由吏治窳败。"③ 他对此进行了详尽的分析:"前清时,赵督西来,残杀掳掠,无所不至,不得已赴辕投诚。当时只命上粮,别无差役,逾时未久,而苛税频来,人马有税,房屋亦有税。偶尔违误,非刑立至,迫而走险。辛亥复叛,巴塘派兵进剿,焚毁房屋三百余间。旋派头人纳款,又将头人立地正法,或剥皮,或挖心,任其所为。于是愤然思变,实非得已。"④ 他认为民反更深层次的第二个原因:因为人民被欺压没有申述的正常渠道。他说:"边民言语难通,边地交通不便,吏易欺上,民情难达。"其三,是前清在制度上,没有对官吏的有效的监督与管理。他说:"既无议会以监督官吏",因此"每因一吏失政,竟致烽火频惊,推原祸始,情实可矜"。⑤ 官逼民反,民真的造反,则罪加一等,造成恶性循环:"反罪既成,恕又不可,多致兴兵,终成吏虐。"其四,他认为封建专制没有给人民一个表达自己意愿的地方,更没有宣泄自己情绪的渠道。他说:"又无报纸以疏通下情,非有积忿,不肯发泄,及其既发,遂多暴行。"⑥ 上述分析,应当说是中国几千年历史中,第一次有政府大员、平叛军总司令,以民主共和的执政理念,去思索与总结叛军和反民为何会反叛的原因。尹昌衡在深入总结经验的基础上,提出并实施了对叛军与反民一系列行之有效的举措。

其一,选择循吏,严肃纪律,并设观察使,监督吏治。他说:"昌衡痛恤民瘼,深忧国事,惟有慎选循吏,严肃官规,监督务期严重实惠,乃可及

---

① 《尹都督之对于藏民》,成都《国民公报》1912年6月17日。
② 成都特派员函:《西藏风云录》三十九,《民立报》1912年8月1日。
③ 尹昌衡:《西征纪略》。
④ 《乡番之呈文》,成都《国民公报》1913年3月7日。
⑤ 尹昌衡:《西征纪略》。
⑥ 尹昌衡:《西征纪略》。

民。拟于边地设观察使，专以监督吏治，责令实行。馀就现区之州县，或设知事，或设委员，实力敦促，成效可期。"①

其二，护教保民，力保宗教。在西藏宗教的势力与影响巨大，合计三千四百八十二座寺庙，其中大部分，皆揭独立之叛旗与中国对峙。如果处理不好宗教问题，势必引起更大的对抗与冲突。反之，宗教政策被教民接受，就会产生对政府极大的向心力，即可保一方平安，边疆稳固。尹昌衡率军平叛才一个月，就发表了著名的"西较场山岚喇嘛寺的演讲"。首先，谈宗教真理，让僧侣佩服他对佛教精髓的彻悟。他说："尔僧众注意，吾与尔论宗教真理，其各敬听勿□。释迦之在菩提树下，乃自证心迹。原佛教之体用，只有二端：内而明心见性，悟到空空。外而施无上法力，渡尽众生。"其次，谈自身对佛教的感情，让僧侣感到理解与亲近。他说："本都督平生好佛，尤敬宗教，尤爱尔等喇嘛，此番提兵入藏，实为保护尔等宗教而来，拯救尔等喇嘛而来，渡尔等登极乐世界，使佛教放极大光明而来也。"再次，清楚地交代了对僧侣的政策。他说："本都督之普渡众生，亦是从明心见性发出来。第一，本都督不贪。凡尔藏番僧众一草一木，颗米文钱，皆不收受，非若从前满清官吏动辄需索尔等，剥削尔等。第二，本都督不嗔。此番提兵数十营，皆是最精悍、最明战术之师，非同从前满清老弱充数，枪炮不利者也。然兵虽强，炮虽多，却对于尔等恭顺番民，并不杀一人，发一弹，只是保护尔等。且从前有反叛罪恶之人，只须改悔投诚，便从宽宥，非同满清官吏妄加杀戮。第三，本都督不痴。凡尔番民僧众之真诚善良，一见了然，狡诈欺饰，难逃鉴察，非同满清官吏动辄受人愚弄，被人欺罔。因此，我心既明，我性毫无渣滓，真能自见，故竭力提倡保护尔等。尔等果能如菩萨之慈悲救世，断无不立地成佛之理。"最后，表明对佛门罪人绝不姑息，则显示了都督的威慑。他说："三戒未除，万恶环生，则是佛门罪人。本都督即不加诛戮，佛菩萨亦必不能救渡。"②

这是一百年前宣讲宗教政策的经典之作。僧侣对比前清赵尔丰的暴政，从敬佩到发至内心的接受与拥护。尹昌衡的宗教政策，以此为开端，获得僧侣们的支持，这也是西征顺利进展的重要因素。

其三，巩固改土归流。尹昌衡客观地评价赵尔丰的改土归流政策，他

---

① 尹昌衡：《西征纪略》。
② 北京特派员函：《西藏风云录》，《民立报》1912年9月27日。

说："查鱼通一带土司，已由前清赵尔丰改土归流，利国福民，自当仍旧。"因此，他继续推进改土归流政策。当土司重贿尹，想从尹处得到土地，被尹拒绝后，又到中央活动。尹昌衡一面发电致中央说："昌衡来边，屡以重贿请求，未敢误国，一介不苟，寸土难与。该土司等无法蒙蔽，远奔中央，希图取巧，冀遂私欲。祈即阻止，免失边隅。"① 一面取消各路土司，派员分头设治。在他们的努力下，"川边地方数千里，改流设治者三十余处，从前羁縻系属之地，近已成地方行政之区"。②

其四，统一机关，设立边藏镇抚府。尹昌衡认为在军事上取得胜利后，治理就是最重要的事。"川藏万里，遥制殊难，统一机关，亟须建设"，③ 以便于政务通达，长治久安。他向中央发电说："川边肃清，戎火甫息，军事既终，设治宜急，非有重镇，难期长治。昌衡集合文武，询谋佥同，将筹边处、西征军及新旧各机关一律取消，设立边藏镇抚府，控制江达以东，飞越岭以西，振军外视，设官分治。"④ 尹昌衡派妥员，前往组织边藏镇抚府，练兵一镇，第一次总长即由自己兼代，等大局既定，再请中央派简员接任。

其五，实施数项得民心的德政。他认为边远用兵，在精锐，不在多。服夷之道，在威德，不在力，"羁縻笼络之际，重在得民心。循序渐进，始克有成。"⑤ 他采取的政策首先是纳降抚顺。他对叛军与反民宣布政策："查乡番来文，词意恳切，深堪嘉尚。果能倾心归化，缴械投诚，本都督决不致残杀番民，致伤天和。仰孙指挥等速行宣布本都督德意，以免乡番狐疑。"⑥ 他还特别强调："尹都督此次亲征，护教保民，仁爱无比，并准呈诉困苦，莫名感佩。况赵督已除，夙愤已释，且尹都督所带军队，原为保护边地人民，维持宗教起见，并无苛刻行动。如巴塘、盐井一带投诚，诸蒙优待，不咎既往。乡城一隅，亦恳垂怜抚恤，永作良民，不萌他志。投诚之后，再行呈诉前冤。"⑦ 其次，是护民保商。在激烈的战事进行之时，他还想到"踏勘矿地，招徕商民"，⑧ 同时还提出，重在让商民得到实惠。让商民在"实

---

① 《民元藏事电稿》，第107~108页。
② 《镇抚府权时落后》，成都《国民公报》1913年1月31日。
③ 《西征军里凯歌声》，《民立报》1912年9月24日。
④ 《镇抚府名称又发现炉城》，成都《国民公报》1912年9月29日。
⑤ 尹昌衡：《西征纪略》。
⑥ 《尹都督对待乡番之办法》，成都《国民公报》1913年3月7日。
⑦ 《乡番之呈文》，成都《国民公报》1913年3月7日。
⑧ 《民元藏事电稿》，第50~51页。

力经营之时,重在收实益"。① 再次,是深恤民艰,减兵省费。他下令道:"西征军费,罗掘俱穷,瞻念穷乡,莫名酸恻。幸军士用命,大敌荡平,已命十四标二营开拔归省。以后自十月起,司令部费用可核减一万。自十一月起,该营回省,则西征军费再可核减一万。从是以往,苟可核减,再为竭力。传知各镇,务须深恤民艰,尽力减兵省费,以福桑梓。"②

其六,通盘筹措,计划久远。他指出:"惟川边之难,实自藏番倡之,倘非拔本塞源,终难久安长治。"③ 1913年3月,尹昌衡提出了"川边设治之区划"言:"川边幅员辽阔,旧皆土司属地,前清曾有设治之议,未尽实行。兹由尹镇边使通盘筹画,"于是重新分划区域,设官分治,在整个川边实行建设边地府、厅、州、县,并画清区域。他说:"从前土司藏番野蛮专制,田土财帛取予自由,妻妾子女任意强占。自改流以来,蒙情观悦,内附甚坚。此次分划区域,设官分治,当可加意经营,以固边圉。"④ 另外,他还精心制定了三年的筹备计划。

尹昌衡的德政收到了极佳的效果。在军事上,招抚的感召力发挥了很大作用,由于"藏人近亦传尹都督之贤良,人人愿降",使西征军得到了越来越多藏民的拥护,西征大军一到即下,因招抚良民已经过三分之二。得人心则得胜利。在政治上,人们看到叛军与反民在归顺后,都得到妥善的安置,顺民百姓就更觉政通人和,有所依靠,政理民安,庶务大整,全边之政盛于旧时。

当民众得知尹昌衡将离开川边时,全边土司暨驻炉番商僧俗夷民,共同给袁总统及各省都督、议会发布通电挽留尹昌衡。通电说:"尹督来边,不但未尝杀一夷人,并未杖一夷人,不但未取我夷人一钱,并且厚加抚恤。我夷人兴灭继绝,土司大族,人人保全,并且讲经说法,提倡佛教,全边人民,爱如父母。所以满清以前未投入之土司,一律投诚,支差纳兵。尹都督勾胥粮绝,皆愿献粮。所支之差,事倍前清,民无怨辞。各寺喇嘛,皆供俸尹都督之像,呼为盱佛。全边僧俗,莫不拒绝藏人。藏人近亦传尹都督之贤良,人人愿降。即是汉人共见共闻,皆称尹都督是护身佛,一口同音。所以乡城赵尔丰攻八阅月,尹都督一到即下,因招抚良民已经过三分之二。此事

---

① 尹昌衡:《西征纪略》。
② 《西征返旆》,《民立报》1912年10月21日。
③ 尹昌衡:《西征纪略》。
④ 《川边设治之区划》,《民立报》1913年3月20日。

中央各省不知，我边人无不知之，即四川人民亦皆知之。今闻尹都督不为都督，罢职归田，我全边人民，无不惊惶，如失所天。现在炉城近地如此边远地方，闻之必更惶恐，万一藏人乘隙侵入，扰害我僧俗人等，生命财产，必不能保。此皆至极之言，万望留我慈父母，除我等号泣留尹都督，人人愿递斫头甘结，号泣电请维持。全边土司暨驻炉番商僧俗夷民泣叩。"① 通电发自肺腑，情真意切，这是人民对尹昌衡平叛、治边政策与功绩最好的评价。

（7）小结

尹昌衡西征最具载入史册的意义的是：

第一，西征是中华民国开国以来，以保卫国家主权，维护民族统一为目的的第一次战争。尹昌衡也明确表示："民国初次用兵，一蹶必擒大绳。"②

第二，西征击溃了叛军，收复了失地，有效地遏制了英国联合西藏分裂势力以武力侵占川边，搞"大西藏"的图谋。

第三，历史给予我们这样的启示：尹昌衡西征胜利为民初中英外交谈判的成功奠定了基础，强大的英国政府面对软弱的袁世凯政府，在谈判上却束手无策，出现了弱国赢外交的奇迹。中国政府遏制了英国通过外交施加压力分裂西藏的图谋，最终取得了民国开国以来第一次外交上的胜利。

第四，历史同样给予我们另一种启示：西藏与蒙古在相同的时期，遇到相同的民族分裂危机，同样的政府，同样的外交谈判，却出现了截然相反的结果，西藏保住了，蒙古分裂了。原因何在？只有一条：蒙古没有出现另一个尹昌衡率领大军，去击溃叛军，夺回被叛乱分子占领的土地。袁世凯政府在蒙古外交上是有心无力，无所作为，最终被迫承认外蒙古实行"自治"。虽然外蒙名义上还属于中国，但实际上外蒙的内政与外交大权都掌握在沙俄手中。外蒙如同一面历史的镜子，给了我们这样的警示：如果没有尹昌衡西征击溃叛军、收复失地的胜利，西藏就会重蹈外蒙的覆辙。

第五，西征收复被叛军占领的疆土，保证了国家疆域不受侵犯，不仅维护了国家的主权，也表现了人民维护国家统一的坚强意志。

第六，尹昌衡在中国历史上，第一个以民主共和的执政理念，分析边疆叛乱的原因，提出平叛与治理的策略，实施平叛与治理的方案，取得平叛的宝贵经验。特别是他提出，反叛的原因之一是酷吏横行，没有议会监督官

---

① 《川边最近之电文》，成都《国民公报》1913年6月22日。
② 《协和报》1912年9月7日。

吏，民情没有上达渠道，没有报纸疏通下情导致民怨越积越深，最终爆发；以及应当理解宗教、支持宗教、保护宗教等思想，都是辛亥革命与西征留下的宝贵财富。

二 立德

如果说对尹昌衡"立功"的评价，是属于历史学的标准，那么，"立德"则更多地用伦理学的标准与尺度来衡量；即他的伦理准则是什么？他的道德境界是什么？在他的一生中，是否践行了自己的伦理准则，并追求与实现了自己所推崇的道德境界？

尹昌衡认为，能否建功立业需要天时、地利、人和，机缘凑齐才可做到，"立德"则是一个人毕生的目标。他在《止园唯白论》的"纲言"中就提出："人不以地物生分别心，而惟以道德判高下。"他终身对"立德"的追求，大致可分为三个阶段：青年时期，儒家的忠、孝、仁、勇；壮年时期，道家的"圣人之道，为而不争"；壮年到老年时期，佛教的战胜与超越自我、大慈大悲与普济众生。

1. 儒家的"忠孝仁勇"

尹昌衡道德观的确立，首先受到家庭的传统教育与影响。尹家祖上"以先世事明被害，子孙守贻训不官"，淡于功名。到尹昌衡祖辈时，尤为重视"忠、孝、仁、勇"。尹昌衡祖父九十六岁高龄时，一天他穿戴整齐对家里人说，我再也见不到昌衡了，把我的话告诉他："忠孝仁勇，无愧厥心，可见吾地下。"① 家里人正在惊诧之时，老人已溘然长逝。尹昌衡留学归来，听到祖父的遗训，悲痛之极，于是将"忠、孝、仁、勇"作为座右铭，发誓对祖训永志不忘。

尹昌衡年幼家境贫寒，父亲教书收入不足，母亲在家养猪，夜深切猪草一不留神，切断了自己一个指头。为此母亲写了一首诗勉励他：

寒夜清灯细锉刍，子身丰硕母身臞。
我生割草三千日，汝室无桑八百株。

---

① 尹昌衡：《止园自记》，《止园丛书》第1集。

几粒熊丸双泪落，万言《龟鉴》① 一心孤。

男儿应有风云志，莫使贫亲老豢猪。

在这样的家庭熏陶之下，尹昌衡自幼对"忠孝"的体悟，已融之于血脉。有一次，母亲病危，气若游丝，他悲痛了半个月，想尽办法，都不见母病有起色。他以"二十四孝"为念，不断地在暗处祷告，随即割下大腿上的肉作为药引，和在药丸里给母亲服用。第二天，母亲的病情就明显好转，竟然可以起床了。

尹虽然年幼，却已"伤贫思孝，奋励过人"。他深感家贫而体谅父母，奋发蹈励，想早日能尽孝道。他半夜就寝，天不亮即起，父亲劈柴烧饭，他借着烧饭柴火之光读书，饭烧熟了，书也读熟了。九岁就已通读儒家经典。考入四川武备学堂，他用黑色的布做了布帐，再以金属的罩子把灯罩住，罩上凿小孔，透出一线微光，在帐中夜读。一、二年中，学业锐进，帐顶也被熏得墨黑发亮。到了日本陆军士官学校，在学校熄灯后，手握书卷在路灯下读书，可又被老师和纠察队禁止。最后他只得在厕所里的灯下看书。由此也养成了终身勤于攻读的习惯。他在《止园自记》中也说："予性好学，一日无书，则皇皇如婴儿之失乳。置书六帙，虽戎马倥偬，必载以随。"

青年时代尹昌衡心中"忠孝仁勇"的楷模，是三国的关云长和北宋的岳飞。他说："使予而生汉，烈不敢让关壮缪；使予而生宋，忠不敢让岳武穆。"② 他文略武功皆备，但对为臣不忠的曹操则不屑。他说："魏武独擅文武才，为臣不忠人弗仰。"而对鞠躬尽瘁死而后已的诸葛亮，则大加赞赏。他说："孔明老死心尚雄，六出九伐争关中。臣子只识君恩重，将相宁知天命穷。"他自己心中的向往则是："安得忠孝勇武能文章，一令千古生奇光。"他用诗的语言记录了自己对"忠孝"的感悟："浩气凝成华岳身，生成物我死成仁。志存君国镕金石，背涅精忠泣鬼神。素览春秋知大节，傲睨今古少顽人。百年尽瘁为何事，留与千秋作五伦。"③

随着学问的精进，尹昌衡对"忠孝"的理解更加深入。他尊文王、周公与孔子为三圣，并且考察、分析三圣对于"忠孝"的所言所行：文王教

---

① 《防边龟鉴》，尹昌衡曾外祖父刘氏之奇书也，尹母铭心外祖遗书，故云。
② 尹昌衡：《止园自记》，《止园丛书》第1集。
③ 尹昌衡：《放歌忠义二首》、《偶成忠孝二首》、《止园诎钞》，《止园丛书》第2集。

臣子，居仁以达其道；恭顺以服其劳；守正以尽其力。文王自己则"亹亹穆穆以修其仁，三分天下有其二以服事殷"。周公教臣子，谨微以毋失君父之心，自晦以防疑贰之渐，位极思顺以成公辅之德。周公自己则"见机而东征，挞伯禽以警成王，缄金縢而不言，位居摄而无私"。孔子言："夫孝天之经也，地之义也。"教臣子，秉正以明大道，见机以防未然。孔子自己则"作《春秋》以明伦，而直道大显，因膰肉而去鲁，则君臣不疑"。他最后总结说："以三圣之言，考三圣之行，为忠为孝，至精至纯。"① 尹昌衡的"忠孝"理念中又融入了文王的以敬畏之心，忠实地培养自己的仁德；周公的功成而不居，位居摄政地位，忠心辅助成王的无私；孔子的著书立说，讲述道德伦理，以彰显正气。

他接受儒家的伦理道德观念与修身、齐家、治国、平天下的思想，少年即已"立志大无伦"。但他认为最重要的是修身，而修身最要紧的是修德行。他说："《大学》之教，先修其身。孔门四科，首重德行。今之为学者，求艺而已，不求其道。夫家富于财而乏于德，其子孙必淫逸以覆其宗。"② 没有了德行之人，谈不上建功立业。在他眼中，"立德"的重要，远远超过了"立功"和"立言"。他说："古人谓立德、立功、立言为三有成者，其实一也。一者何也？曰德也。无德者其功非功，无德者其言非言。苟立德矣，即无功无言，已全大成之量，又何歉乎？"③

在他看来，立德除了"精忠大孝"外，智、仁、勇就是德的总纲。他说："智、仁、勇三者其德之总纲乎？智以辨理，仁以爱物，勇以任难，有斯三者成己、成物之要素备矣。今夫人之所以害人害物者，以三者不足故也。苟足矣，何害之有哉？故孔子以智、仁、勇为三达德。侔尼亦以文殊为大智，普贤为大仁，金刚藏为大勇。而开圆觉经之义，可以见儒释同宗。三达德信为万善之首也。"④

尹昌衡对儒家的忠义观，有一个全面接受、实践与逐渐认识、扬弃的过程。由于哲学思想的深入、民主共和思想的影响，尹昌衡的忠义观也发生了根本的变化。他认为帝王为一姓之私利，而奴役天下百姓，根本不配成为效忠的对象。他说："中国秦汉以后之帝王将相，一邱之貉，涸底之蛆而已

---

① 尹昌衡：《止园易钵》，《止园丛书》第2集。
② 尹昌衡：《止园易钵》，《止园丛书》第2集。
③ 尹昌衡：《成功论》，《止园成功颂》，新明书局，1923。
④ 尹昌衡：《止园唯白论》第2卷，止园书局，1931，第67页。

矣！私欲羶秽，动谋一姓之永祚。"① 其次，他认为盲目愚忠，只能是助纣为虐。他从青年时代自比关羽、岳飞的愚忠，发展为对君王一姓荣万家倾本质的揭露，对腐儒愚昧忠义观念的批判。他说："三代下，道不行：国君视民如奴隶，驱使百姓争人城。一家荣，万家倾，腐儒助虐说忠义，列国互斗三军坑。为的是，一姓荣，保持禄位传子孙。安乐人主焚臣民。"② 他从以往对孔明的敬佩到为之惋惜，他感叹："万方多难成骑虎，一点孤忠误卧龙。"③

这是对忠孝概念全新的诠释，是对封建忠孝观的扬弃。他效忠的对象再也不是君王，而是国家与苍生。他说："志在济利天下，虽难，吾心日日思之，吾口日日言之，吾行日日赴之。"④ 最终，他把"济利天下"的思想升华为"世界大同"。他说："今有人焉，只知有身，不知有家，可谓人乎？只知有身，不知利家，非人矣。只知有家，不知利国，可谓人乎？只知有家，不知利国，非人矣。只知有国，不知利天下，可谓人乎？只知有国，不知利天下，非人矣。只知有天下，不知利宇宙，可谓人乎？充类至义，理则然也"。并表示："视满与藏如骨肉，事实见于前；视天与地如骨肉，宏誓期于后。"⑤

2. 性格特点与人格魅力

尹昌衡的性格极其鲜明。他耿直、率性、真诚、磊落、豪放、果敢、刚毅、慷慨、狂傲、不媚上、不阿下。这样鲜明的性格，再加上才华横溢、敢作敢当，他的身上集聚了男人突出的特性与优势，极具人格的魅力。

在广西时，广西巡抚张鸣岐派他主持军校的考试。凡有私下托官员来向他讲情的，均被一概斥退，连声望甚高的王芝祥也不敢来请托。桂林城中都称誉他为"铁面将军"。每次考试时，他在桌上左置一壶酒，右悬一把剑，召考生面试，公平、公正地鉴定，公开、透明地选拔。被他所录取的个个都是意志坚定、成绩优良的考生。一旦看到出类拔萃的作品，或特别佳妙的文章，就拔剑起舞，并开怀痛饮。

张鸣岐以为他嗜酒如命，痛斥之："真是疯了，这样的人如何配称为贤

---

① 尹昌衡：《止园唯白论》第2卷，第51页。
② 尹昌衡：《劝兵歌》，《消劫新书》，1923。
③ 尹昌衡：《将军观》，《止园诎钞》，《止园丛书》第2集。
④ 尹昌衡：《评学》，《经术评时》，《止园丛书》第1集。
⑤ 尹昌衡：《宇宙真理论》，止园书局，1923；《止园自记》，《止园丛书》第1集。

士？"他则狂笑而去，回家撰写一副对联回复张鸣岐：

爱花、爱酒、爱书、爱国、爱苍生，名士皮毛，英雄肝胆；
至明、至洁、至大、至刚、至诚悫，圣贤学问，仙佛精神。

之后，赵尔巽任四川总督，来函邀他赴川，张鸣岐同意了。临行之时，设宴为他送行，告诫道："不傲、不狂、不嗜饮，则为长城。"他随口答道："亦文、亦武、亦仁明，终必大用。"① 他外在狂放不羁的豪宕与内在纯于忠孝诚仁，安于廉正公直，上不敢媚权贵，下不敢附阿党的风骨，尽显无余。

他回到四川，平叛后将赵尔丰处死。张得奎听到赵尔丰被处死即做刺客为主报仇。张被捕后，尹昌衡让得奎有话向大家申诉。得奎说："杀予主不义，予且为吞炭之谋也。"尹说："止。尔主无罪，民欲杀而我从之，不阻，是我溺公职也。尔主有罪，我欲救而民怨之，不救，是我忘私情也。斯二者尽矣，我何与焉？且尔主无智伯之贤，视尔无国士之目，自死于法，法可仇乎？"张得奎顿时无话可说。尹即命令卫士将张得奎带下去斩首。张得奎毫无惧色。尹制止卫士说："此义士也，杀则伤天和，舍则道民善。"② 于是赦免他死罪，并任他为自己的侍卫。后来得奎忠心耿耿，还以骁勇善战而出名。尹之大度，收到了聚集人心的奇效，"纵义士则信孚于众。将士用命，大敌瓦解，抚无不服，战无不胜。"③

尹昌衡性情率直，若临大事，皆愿公布于大庭广众之前，当众决断。这种大丈夫磊落光明的处事方式，已成了尹昌衡独特的风格。反正时期，尹昌衡率军平叛之后，即当众议决四川都督人选，结果在众望所归之下，成为四川都督。擒拿赵尔丰后，也是在广场，听从万千民众的意愿处决赵。当自身遇到非议时，他同样毫不避讳，将双方之言公布于众，凭民众裁决。

尹昌衡在平定叛乱后，以秩序紊乱之时，非用军法行政，不足以保治安，遂颁布报律，以规范报界。由此引起各报的不满，有些报纸在记载尹都督之事时，多攻讦其隐私而及其亲族。其后同志军界也与报界有隙，欲以武

---

① 尹昌衡：《止园自记》，《止园丛书》第1集。
② 尹昌衡：《止园自记》，《止园丛书》第1集。
③ 《尹都督布告十诫文》，成都《国民公报》1912年4月27日。

力对抗，如任其发展势将影响大局。尹昌衡决定请军警绅商学各界，到校场召开大会，听都督披肝沥胆之言，以决其去留。他特别强调："大丈夫行为，当光明磊落，请悉抒真象，以告大众"，并允诺："照实言明，听众裁判。"①

届时，尹昌衡登台演说："近者有人深讥痛骂，旁攻侧转，直注射于昌衡，此公众之舆论耶？或私人之私心耳？如舆论也，昌衡请退，且要大罚，以谢苍生。如属私心，则全城父老百姓，裁决严办可也。天日昭昭，不可诬也。国势岌岌，岂可误乎！"②

尹昌衡的磊落，建立在真诚的基础之上，未尝有一节宽假己身，并敢于在七千万民众面前，毫不掩饰地剖析自己。

3月，尹昌衡积劳成疾，一度卧病在床，政务稍有松懈。但他认为自己身居要职，"以衡毫厘之失，遂至千里之差；以衡片念之非，将贻全蜀之患"，更不能有半点懈怠。4月27日，身体恢复，即在报纸上公布《十诫文》，向全社会检查自己。他毫不留情地自责说："盖因衡入岁以来，鞍马余闲，偶生息逸，沉湎酒色，故态复萌，凡百庶政，遂以不举。而又智足饰非，勇足拂众，诤言逆耳，壮士寒心，物议纷腾，进步愈滞，何其悖也。"最后他将十罪自归，倡十诫共鉴。他说："从前种种，譬如今日死，从后种种，譬如今日生。披肝沥胆以和待人，绞脑糜躯以死报国，务使耳目绝燕怡之娱，手足甘胼胝之苦。俾得淬厉精神，提出朝气，外经藏卫，内抚闾阎。远为大局之臂助，近副全川之期许，倘得尽心所安，即当隐身而退。皇天后土，共鉴此心。"③

唯明者能自反，唯勇者能自断。已经不需要伪装的人格与发自内心的坦诚，本身就是一种震撼。这样的勇气，是一般的政治家难以具备的。

尹昌衡提倡事事推诚待人，绝无半点成见存胸中。他指出"释疑"此二字，为定军心、平大乱之要道。他说："以后城内要望永远安宁，永远保守秩序，第一要彼此不疑，不但军界对于军界，就是政界对于军界，都要如此。如若不然，你们互相猜忌，小人遂乘间而播弄之，还有不坏事的吗？"④他深信，我不疑人，人亦自不疑我；我以诚待人，人亦会以诚待我。以此为

---

① 《尹都督辞职风潮》，《民立报》1912年4月26日。
② 《尹都督辞职风潮》，《民立报》1912年4月26日。
③ 《尹都督布告十诫文》，成都《国民公报》1912年4月27日。
④ 《尹都督对军界全体演说词》，成都《国民公报》1912年7月10日。

基点,加上尹昌衡对事物的缜密分析与胆识,经常单人独马处理险情。这是尹昌衡性格之中又一个鲜明的特点。

如前所述,反正之时校场兵变,单骑平叛;因传言内城旗兵要杀出城来,亲往演说;李克昌招兵湖广馆,亲往解散;赵尔丰要想起事,亲往点名。西征时张煦叛变,自封为西康都督,扣押尹昌衡父母为人质,又单骑入叛军中,说服军人跟随他继续西征,"叛夫尽感泣,倒戈甘前驱"。每次单骑独往,都是千钧一发,险中求胜;每次都是化险为夷,全胜而归。"单骑出危城,号泣激孤军。三夜哭声哑,百人随我行。一举万夫戢,再举四境清。徒手当锋刃,岂不为牺牲。牺牲何足惜,要在桑梓宁。"① 这首诗是尹昌衡为何临险而无惧的内心独白。"牺牲何足惜,要在桑梓宁",正是他具有如此魄力和胆识的内在动力。在一次又一次智勇双全的决断中,更彰显其独特的人格魅力。

与尹昌衡同时代的幼铭为其作传,在总结尹昌衡为人时评论道:"太昭为人光明磊落,有古人风,为下僚时厚结士卒,而陵傲权贵,善言谕,多奇思,义侠慷慨,果敢严肃,宅心至公,待人极诚,好学不倦,遐思出麈,器量甚大,非公区区四川都督所能尽其用也。"② 这个评价应是读懂了尹昌衡的人品与性格。

3. 道家的"为而不争"

道家"立德"的最高准则是"圣人之道,为而不争"。用现在的话来解释就是,以出世的心态,做入世的事情;只做大事,不做大官;淡泊名利,只管耕耘,不问收获。这对功成名就的尹昌衡来说,能否达到道家"功遂身退,天之道"③ 的境界,做到"生而不有,为而不恃,功成而弗居",则是人性的最大考验。值得庆幸的是,尹昌衡对此,已有清醒的认识。他认为功成而不居,应当像竹子长成而脱壳,瓜结了花谢一样的自然,只有这样才是至乐的保证。他说:"天地锻炼阳气,出阴归真。反其大本,功成而不居,至乐而永保。竹成壳解,瓜结花谢。此非深于道者不知也。至人何功,顺造化之则耳。吾乃詹詹言成功,就下士故也。若并此庸理而不知,更何以语于精微哉!蚕顺真宰,岁成其茧。鸡顺真宰,春成其雏。人不知此,曾虫

---

① 尹昌衡:《其四望成都行》,《止园诎钞》,《止园丛书》第2集。
② 幼铭:《尹太昭小传》。
③ 《老子·九章》。

禽之不如，可哀也哉！拔本塞源，智亦疏矣。今有能功盖宇宙而不有者乎，则至矣。成功者当以此为极，故特言之，以防大欲。"①

听其言，更重要的是观其行。尹昌衡在反正后，面临三次是功成而不居还是居功而自保，是唯公而弃私还是因私而弃公，是唯利而舍义还是舍身而取义的抉择。我们通过事实具体分析，他在三次个人命运抉择关头之所为，以观其能否战胜人性的弱点。

第一次抉择，在国家面临分裂的危急关头，是居功自保，还是冒险亲征。

如果亲征对个人的风险与影响在于：其一，如亲征则四川都督的位置需找人代理。如所托非人，则潜藏着颠覆自己四川都督权位的巨大隐患。当时就有不少人提出："都督于谋外则得矣，其如内何？都督在川，如栋负屋，兵赖以定，政赖以举，一朝去之，恐祸不在边藏，而在萧墙之内也。"②

其二，亲征就要冒失败的风险。藏叛兵号称二十万之众，依仗英国以及印度作为策源地，东西南北四五千里的城市乡村全部丧失。"边城陷八九，关塞空邱墟。"又逢民国初建，将乏兵少，财政匮乏；境内盗匪蜂起，满目疮痍。敌军来势凶猛，自己内部未稳，却要仓促应战，难度之大，可以想见。胜负难料，自己并无胜算把握，"若仍轻率任事，一隅有失，大局何堪"。③ 一旦失败，不仅自身权位不保，还会成为千古罪人。

其三，行军打仗艰苦，特别是在西藏的高原地区征战，更是艰难备至。况且，前期尹昌衡可以说集忧患、烦劳、危险和艰难于一身，已经病倒在床上了。带着伤病出征，身体能否坚持住，同时，还有战死疆场的危险。

其实，尹昌衡完全可以派员大将率军出征，自己坐镇成都遥控指挥。这样既符合情理，很多人也期待他这样做。他们向尹昌衡提出："经总政处讨论，莫不赞成此事，但不愿尹都督弃川而赴藏云。"④ 副都督张培爵，也不同意尹都督率军亲征。他在会议上提出："各位先生是赞成出兵，竭力经营，想来不是赞成尹都督亲行。尹都督行止，最关紧要，只要有得力人去，也可以的。凡事还须斟酌，若以外更无可去的人，就可以都督去，并不是无人去。只要我们把经营藏卫这个大问题认定，认真做去，便是内地还有许多

---

① 尹昌衡：《成功论》，《止园成功颂》，新明书局，1923。
② 尹昌衡：《西征纪略》。
③ 尹昌衡：《西征纪略》。
④ 《尹都督在总政处提议纪略》，成都《国民公报》1912年4月30日。

的事呢。"尹昌衡则坚持自己率军亲征。他说:"以前北伐出师,与夫打滇军的事情,我要去,众人不要我去,彼时固然有事。而现在成都平定,张都督办事又很好,我很愿去,不去岂不以都督为贪安逸的人吗?我很不愿坐倒批判文牍,很愿为国家造大事业。此去声威很壮,种种的效力很大的。"①他认为这次西征与以往不同,其意义不仅在维护国家统一,还有维护新生的民主共和政权的特殊意义。

除了对整个战场的宏观分析,他对亲征与否对自己个人利益的影响,也做了深入的理性思考。

当时,他的同窗好友纷纷就任各省的都督,阎锡山为山西都督,李烈钧为江西都督,蔡锷为云南都督,唐继尧为贵州都督。四川都督的位置比他们更具优势。四川地理位置优越,雄踞巴蜀,有秦岭的天然屏障,易守难攻;再加上良田万顷,民殷物富,可谓西南之保障,中原之柱石。刘备凭此建立蜀国,三分天下有其一,傲视中原。尹昌衡若有刘备之想,真是天时地利与人和皆备。他心知肚明,在此乱世之中,自己想做刘备这样,只为一姓计的"井蛙",四川是最佳之地。他说:"吾蜀雄据上游,土厚水深,民殷物富,此西南之保障,而中原之柱石也。诚能高张远举,政肃兵精,建大功以巩华夏,勿争尺寸,甘作井蛙,则天府之鸿图,未可量也。"②

尹昌衡清楚地看到这一切,但他毫不犹豫地放弃了狭小的私利。他说:"人惟知利而倍国,远弃而迩争,故百善不举。吾父母年六十,岂不欲晨昏羞菽水哉!此行实难,将以愧急内讧而忘外侮者。"③ 他用"敢为一身计,致令半壁虚"的诗句表达了自己当时的心境。

在代理都督的人选上,尹昌衡选择了胡景伊。尹昌衡与胡景伊没有半面的交情,但尹认为胡能够治理军队。他以自己"任人极专,待人极诚"的为人,即授予胡全军的管理权,接着又命胡镇守重庆,告诫胡精兵简政,全力维护成都与重庆的合作。他自信地说:"昌衡谋国之忠,知人之明,信友之诚,断事之勇,千古罕有,能戡大乱,不亦宜乎!"④ 这就是尹昌衡性格与处世的独特之处。

至于对于作战的危险与艰辛,大家都担心他的身体,问他:"那都督的

---

① 四川省成都市档案馆藏原件,档案号93-6-3519。
② 尹昌衡:《西征纪略》。
③ 尹昌衡:《止园自记》,《止园丛书》第1集。
④ 尹昌衡:《西征纪略》。

病体怎么办?"他的回答是:"昌衡还能披甲上马,这正是武将肝脑涂地,为国献身的时候,哪里还顾得上生病!"于是跃上战马,驰向军营视察部队。尹昌衡对大家说:"自己很愿去的。不然,经营藏卫这件事情提不起精神来。自信颇能耐劳,与士卒共甘苦。兵吃饭我吃饭,兵吃草我吃草,兵不吃我也不吃。若说要走,穿起草鞋就走。我能如此者,因为我们四川这个局面不出兵把边藏保到,将来何堪设想。出兵总要使他闻风先靡,关外藏番听说都督带兵亲到,必是全省之兵都出发了,传说出就有声威了。再擒拿他几个来杀了,他还有不服从的吗?若是出关之后,军中有变,昌衡愿以一死当之。我们总要中国捍大患,御大侮,岂可闹无理的事情!"①

在第一次抉择中,尹昌衡用自己的思考与行动在个人利益与国家大计的抉择中,做出了一个真正军人的回答:"精忠两字即金石,浮生百事皆尘泥。"②

第二次抉择,面临迎尹反胡的政潮,是率军回成都夺回四川都督之位,还是放弃这一切,冒险赴京为边军请命。

如前所述,尹昌衡挥师西征,收复了被叛军攻占的大片领土,大军逼近拉萨。这为中央政府对外交涉创造了最有利的条件。袁世凯认为西征军再深入,对谈判不利,数道电令尹昌衡停止进军。1913年10月4日,国务院再电尹昌衡说:"因查前以饬该经略勿得进兵,现藏事业经在印度开议,应即将王鉴清撤回,勿任邀功,别生枝节,即遵办并盼复。"③尹昌衡西征的胜利,为国家立了大功,等待他自己的,却是鸟尽弓藏,功成身败的厄运。

袁世凯卸磨杀驴同时进行。他在一面命令停止进军,一面停止了对西征大军的粮草给养的供应。尹昌衡10月28日到打箭炉时,西征军已经"饷尽粮绝,危迫万分"。④袁世凯趁着尹昌衡为国征战时,表面加封尹昌衡为川边经略使兼川边都督职务,实际上是让尹腾出四川都督之位,令委身投靠袁世凯的胡景伊出任四川都督。由此暗度陈仓,毫不费力地将四川全省的大权,掌握在自己手中。西征胜局已定,袁世凯即断绝粮草给养,使尹昌衡处于既无法回到成都,又很难在川边坚持,腹背受压,几无立足之地的危境。

---

① 四川省成都市档案馆藏原件,档案号93-6-3519。
② 尹昌衡:《征人歌七言古诗一首》,《止园诎钞》,《止园丛书》第2集。
③ 台北中研院近代史研究所藏原件。
④ 冉光荣编《近代康区档案资料选编》,四川大学出版社,1990,第4页。

袁世凯与胡景伊的阴谋，其实早被四川军、政界拥护尹昌衡的人士所识破。由此，成都形成了颇具声势的"迎尹反胡"政潮，拥护尹昌衡回到成都，重新就任四川都督。熊克武发出了《讨胡檄文》，指出胡景伊"假中央之面具攘夺全川公认之尹昌衡之都督"的阴谋。一时迎尹讨胡之情绪弥漫全城。胡景伊见势不妙，"即藏匿不见"。川省议会则以胡擅离职守为由，全体议决"请尹昌衡暂任都督，以维政局"。同时，各大报纸也揭露了袁世凯临时虚设川边经略使和川边都督的职位来搪塞尹昌衡的骗局。上海《民立报》发表了《荒谬绝伦之任官命》一文，揭露说："四川二字包括四川全省在内，川边何独不然？"紧张的局势几乎达到白热化的地步。

　　这时，尹昌衡手中握有最硬的两张王牌：第一张是他率军刚刚赢得西征的胜利，在全四川民众中的威望如日中天，几乎得到各个党派、团体、民众的支持与拥护；另一张是他手中拥有身经百战，而又挟西征胜利之威的精锐部队，加上他在全川军队中的威望，可谓一呼百应。胡景伊在成都既无政、军界及民众的支持，又无军权在握，势孤力单，与尹昌衡几乎无法抗衡。

　　尹昌衡何去何从面临两种选择：其一，挥师成都，赶走胡景伊，一举夺回四川都督的位置，一统四川与川边，坐拥四川天府之国的优势，成为西南王；其二，单身进京与袁世凯交涉，表明愿意放弃四川都督，放弃内斗，而专心经营川边的决定。他更明白，进京与袁世凯交涉也存在两种可能性。如果能够说服袁世凯，尹昌衡能够如约回到川边，即可继续实施他的川边方略。反之，将会被袁世凯羁押于京城，面临身败名裂的风险。

　　当时，尹昌衡虽然对严峻的形势与自己的优劣势了然于心，但他更关注的是中国整个政局发展的方向与自己向往的政治理念能否实现。

　　当辛亥首义告捷，全国各省反正接踵而至时，他认为，中国终于走出以暴易暴的方式，循环往复改朝换代的怪圈，迎来了民主与共和的彻底改变。中华民族在这种谬误中徘徊了三千年，终于驱迷雾而找到真理。他兴奋地说："四千年，乱到今，群迷醒悟共和现，以国为公真理明。"① 但让他失望的是，孙中山 1912 年 1 月宣誓就任中华民国临时大总统，只当了两个月，3月袁世凯就在北京就任临时大总统。第二年的 3 月宋教仁案发生与 4 月的"善后大借款"，袁世凯与国民党的斗争更加激烈。还在西南边陲为国家而战的他，感到中华民国的发展，已经开始偏离民主共和的方向。他认为，国

---

① 尹昌衡：《劝兵歌》，《消劫新书》，1923。

内已经没有一个能够驾驭全局，使中华巨轮不偏离共和航向之人。他十分无奈地发出"乱国无人符众望"①的叹息。

在这样的局势下，自身又卷入四川省内的"迎尹反胡"政潮中，如果以率军回川夺回四川都督计，趁全国乱局，袁世凯无暇西顾，正是拥兵自重的大好时机。但是，尹昌衡内心深处从未有过这样的念头。

他是职业军人，但却从不迷恋武力。他认为中国人自古以来太看重武力，而动用武力又多半是为了君主的利益，为了集团主子的利益。他提出共和时代的军人，应当清楚地认识到"诸将帅，公仆称，平民雇他有厚俸"，应当摒弃封建时代为君主而战的落后观念。他鲜明地提出，军人应当有"不为上、不为君，专为保国才出战"②的新观念。持如此坚定共和军人观念的他，怎么可能还会为争夺自己的权位去用兵呢？

他是政治风云人物，但他却始终保持着清醒的政治头脑，从不盲从而随大流，从不人云亦云，而有自己的独特见解。他在党派之争错综复杂之时，却反对党争，崇尚不党。他说："仁者何必党？天下皆其党也。不仁者何所党，手足皆其仇也。故朝仇之而暮党之，假焉不自知其羞也。朝党之而暮杀之，怨焉不自识其盟也。酒肉在前，干戈在后，势利之交，岂能终年？"③因此，他是民国众多的政治军事人物中的异数，他坚持自由之精神与独立之人格，一贯显得特立独行。

他看出在民初党派林立之中，多数是并无共和之精神，而只是以共和之名，行争权夺利之实。他真正担心的是，由此下去中华大地将再一次陷入为党派利益的内斗与权力之争，如不幸言中则国将不国。他在全川军警绅商学界大会上，毫不隐瞒地说出了自己的担心。他说："不有共和之精神，而假共和之虚名以自义，国必亡。中原大局，尚在未可知之数。"④

他反复思索，在西征已接近尾声，保卫西藏边疆的任务已经基本完成时，自己如果要做到既不负国家也不负同仁，既维护国家根本大计又能够保持自己的气节，最好的出路就是驻守边陲，建设边疆。这样既可以超脱于当时的党派之争，"筹边千里避嚣尘，觅得桃源怕问津"，又可以用这种方式来精忠报国，"塞已平□身未死，好生低首作忠纯。"

---

① 《尹硕权果不愿人关耶》，《国民公报》1913年4月25日。
② 尹昌衡：《劝兵歌》，《消劫新书·劝将篇》。
③ 尹昌衡：《经术订时》，《止园丛书》第1集。
④ 《尹都督辞职风潮》，《民立报》1912年4月26日。

这是尹昌衡在国家与自身都处在错综复杂形势下的理性选择。当成都《国民公报》的记者向他探听是否打算回川的动向时，尹昌衡没有任何言辞，唯赋一绝以答之："筹边千里避嚣尘，觅得桃源怕问津。乱国无人符众望，薄材如我应沉沦。岂因悲愤同廉使，惟恐轻心负伯仁。塞已平□身未死，好生低首作忠纯。"①

尹昌衡1913年10月到打箭炉时，西征军已经陷入"适值饷尽粮绝，危迫万分"的境地之中。因一年多的征战，他自身也已"忧劳太过，旧病复发，日甚一日。夜不能寐，昼不能餐，齿破六七……饮吸俱废，余生一息"。他致电黎元洪表示"已决定死在穷边，舍身报国"②的决心，并决定"扶病入都，面陈边情"。袁世凯亦召尹昌衡进京面议边疆问题。尹在接到命令后打算立即启程。

尹昌衡决定赴京，当地民众羌族和其他少数民族得知后皆来劝阻。军民都说："西康于前清三百年，不获大定。经略以疮痍之余，当十倍之众，转战一载，威德并昭。经略去，奈国土何？且荒远乏食，樵苏后爨，士卒恒苦饥，所以无归志者，经略在也。弃此而去，长城崩摧，愿无发。"尹昌衡安慰他们说："暂别耳，中央非变置，期三月必返。"③大家要尹昌衡订约，于是立下盟书三份，他与汉族、少数民族各一份；又举行歃血、换约的仪式，然后再出发上路。

当地民众劝尹昌衡不要赴京，是怕尹昌衡走后，川边安定的局面难以维持，而舍不得他离开。另外几个政界重要人物劝尹昌衡不要赴京，则有更深层面的考虑了。

当尹昌衡已到达嘉陵江的时候，颜楷追上来告诫尹昌衡："功成身退，子其戒之。"④历史有时会惊人地相似。当年岳飞踏破贺兰山阙，正待直捣黄龙府时，被十二道金牌召回，等待他的却是"风波亭"。尹昌衡在直逼拉萨之时，被袁世凯十道急电叫停，等待他的会不会也是"风波亭"呢？这正是颜楷告诫尹昌衡时真正疑虑之所在。尹昌衡心中也有一首诗："巍巍岳王坟，叆叆生愁云。倘令达所志，谁能撼其军？"⑤或许尹昌衡的心中，已

---

① 《尹硕权果不愿入关耶》，《国民公报》1913年4月25日。
② 冉光荣编《近代康区档案资料选编》，第4页。
③ 尹昌衡：《止园自记》，《止园丛书》第1集。
④ 尹昌衡：《止园自记》，《止园丛书》第1集。
⑤ 尹昌衡：《岳王坟》，《止园诎钞》，《止园丛书》第2集。

经有了与颜楷同样的不祥之兆。但是，在颜楷面前他并没有表露，只是点头不语。

到了汉阳尹昌衡去拜会黎元洪。黎元洪知袁世凯甚深。他知道尹昌衡这样的人才对袁世凯来说，如果不为自己所用，也不能放虎归山。加上他也对尹昌衡人品的了解，意识到尹昌衡此次赴京凶多吉少。他不便亲自对尹昌衡透彻地挑明，但又想提醒尹昌衡。于是黎元洪设宴招待尹，酒过三巡，黎元洪叫下属金永炎提醒尹昌衡说："君勇且刚，不慎，祸且及。"① 尹昌衡同样也点点头，淡然处之。

尹昌衡到北京时，章太炎已经在北京。他是辛亥前辈又学富五车。特别是章太炎时常当众抨击袁世凯，无人敢拦，袁世凯也对他畏惧三分。章太炎对袁世凯则看得更为透彻，深知尹昌衡进京，断难躲过这一劫。他亲自去看望尹昌衡，直接告诉尹："子不知袁，此来死矣。"② 章太炎为尹昌衡感到可惜，无奈挥泪而别。尹昌衡仍然是泰然处之。

尹昌衡表现得如此气定神闲，不是故作高深。他的气度来自长期对政治、对权力、对成功、对人生终极目标的深层次思考。

他的从容与淡定，首先来自无欲则刚。老子言："吾所以有大患者，为吾有身，及吾无身，吾有何患。"③ 他对都督的权位并不迷恋，在多次都督府会议上，他多次表示："我天天都在辞职，想来大家都是晓得的。"④ 他的淡定，也来自道德律令的约束。他强调："衡虽有智，不忍为己谋。"⑤

尹昌衡果断决定单身进京，从表面上看是政治层面的考虑，从更深层次看，则是来自"功成便向岩穴走，仰天一笑留奇书"⑥ 灵魂深处的召唤。他内心深处一直抱有一战报国后，学孙子功成身退，怀清虚之志，隐居燕山洞，寻求真理至道的淡然心境。早在1909年，尹昌衡与同学唐继尧、刘存厚、李烈钧别于沪上，各言所志时，尹昌衡就向他们说出了自己内心深处的追求。他说："既从戎矣，不可不效孙武子一战报国；小试后即当遁迹蓬山，精求至道。"⑦ 几十年后他们再相逢之时，大家都惊诧地发现，几十

---

① 尹昌衡：《止园自记》，《止园丛书》第1集。
② 尹昌衡：《止园自记》，《止园丛书》第1集。
③ 《老子·十三章》。
④ 四川省成都市档案馆藏原件，档案号93-6-3519。
⑤ 《民立报》1912年5月24日；又见《止园文集》，《止园丛书》第1集。
⑥ 尹昌衡：《英雄歌》，《宇宙真理论》。
⑦ 尹昌衡：《怀唐蓂赓刘积之李协和并序"五古"》，《止园诎钞》，《止园丛书》第2集。

前各人的志向,与最终各自走的道路竟然相差无几。尹昌衡感慨地说:"至今思之,天人之际,殆有因欤!"

在他心目中,"脱去黄金甲,尚有青布袍"。如果解甲归田,反而可以进入早已向往的悠然南山的美妙境界。他以歌咏志道:"浮云从东来,置身亦何高? 一顾再顾间,散入青蓬蒿。云去天自在,望远心复遥。脱去黄金甲,尚有青布袍。愿从赤松子,归卧南山敖。"① 他对生活的憧憬是,换上青布袍后,将展开自己人生中更宏大的事业:"藏则著书教万世"。

这个誓言,同样是在他弱冠之年,与同窗好友唐继尧、刘存厚、李烈钧结伴而行,一路经过上海、香港时发出的:"我不叛上,不阿私,行则霖雨济苍生,藏则著书教万世。"② 之后,他在《训子》中,更突出地表明了对窃国家之显赫帝王的蔑视。反之,对文王演《易经》,周公继承其大业,子思作《中庸》极度赞赏。他认为这才是真正光宗耀祖的伟业。他说:"窃钩窃国尽萑苻,几见高瞻烛千古。文王能演易,公旦缵其绪,孔伋作中庸,斯谓光厥祖。"③

尹昌衡有这样的襟怀,使他从容面对莫测的前景。但另一方面,他对此次进京,也做了最坏的打算。如果被袁世凯拘于京城,正好随大氏贤圣之后,如文王拘而演《周易》,仲尼厄而作《春秋》。自身如陷囹圄即发奋著述,以遂著书教万世之愿。

他深知赴京之行暗藏杀机,但他以"圣人无为故无败,无执故无失"之心境,决定以坦荡对阴谋,以磊落对狡诈。"留取丹心照汗青"应是他当时心境的最真实又贴切的写照。

同时,他也为赴京做了周密的准备。他在11月7日启程赴京,第二天就电告北京国务院各部各局,武昌都督府、民政署各机关,重庆镇守府、观察署、县署,宜昌观察署转各报馆登载,颜护使转各兵区长、各军官、士卒等,发布了《告全国人民书》。在通电中,把自己赴京的行程、目的、行动、请求一一告知国人。

这个通电表达了五层意思:第一,这次进京除了为边军请命以外,没有任何事情;第二,边军处于饥寒交迫的倒悬之危中,如婴儿断了奶水,嗷嗷

---

① 尹昌衡:《观云五古一首》,《止园诎钞》,《止园丛书》第2集。
② 尹昌衡:《止园自记》,《止园丛书》第1集。
③ 尹昌衡:《训子》(七古),《止园诎钞》,《止园丛书》第2集。

待哺；第三，自己与边军立下了誓言，边军拼死坚守城池，等待尹昌衡进京请命，带来援助；第四，自己想到边军的艰辛，寝食难安，唯有拼命星夜兼行疾驰京城；第五，到京城专办边事，谢绝一切宾客，望各方见谅。通电全文如下：

> 昌衡此次入京，系为边军请命，以解倒悬。临行与诸军约，诸军誓死守地以待昌衡，昌衡拼命星驰以救诸军，辛苦赞同，一刻无忘。是昌衡有南霁云食不下咽之苦，与申包胥立依庭墙之情。每思边军饥寒，昌衡多延一日，则边军多受一日之苦。是以五中欲裂，一息难安，昼夜兼行，水陆无滞。譬之婴儿失乳，但知投怀溺嫂待援，不遑为礼。微为职有专司边务外，绝口不谈他事，更因病剧神疲，于谒见大总统、副总统、参众院、国务院陆财处各部、蒙藏事务局，专陈边事外，一切谢绝宾客。凡同寅同学同乡同宗及交游故旧各友，概不接洽往还迎饯宴送，借养贱躯沉疴，遥分士卒苦趣。凡百君子，异地皆然，疏之慢衍，当能曲谅。一俟边局乂安，少有余闻，再罄款私，此则昌衡之所深愿耳。临电歉仄，诸惟涵照。尹昌衡叩佳。印。①

通电从面上看，是表明了上述五层意思，但如果读懂尹昌衡的人格与境界，再深入研读此文，即可读出"小人则以身殉利，士则以身殉名，大夫则以身殉家，圣人则以身殉天下"②的深意。有了这份通电，他更加坦然面对袁世凯，面对一切不测的发生。他做好准备，如能说服袁世凯同意自己收复失地，巩固边疆、建设边疆的计划，则不虚此行。在京如遇不测，对翘首以望的边军，对歃血为盟的少数民族兄弟，对全川的父老乡亲，对全国民众都有一个交代；对青史也有一个明确的交代。尹昌衡把所有事情都周密地布置完毕后，义无反顾，日夜兼程奔赴京城与袁世凯交涉。这就是尹昌衡的第二次选择。

第三次抉择，面对袁世凯高官厚禄的拉拢与诱惑，面对不是达官贵人就是阶下囚徒，冰火两重天的选择。

尹昌衡赶到京城立即去见总统袁世凯。袁世凯问道："边事何如？"他却直率地提出，中央政府为什么置边疆大局于不顾，反而着力于兄弟骨肉间

---

① 中国第二历史档案馆藏原件，档案号 1011-1070。
② 《庄子·骈拇第八》。

的内斗？他说："武夫出死入生，为国家，卫藩篱，中央奈何不顾，而汲汲斗骨肉。"① 袁世凯对尹昌衡的质问无言以对，心中十分不快。

袁世凯让尹昌衡留在北京，对尹昌衡提出的筹边建议与回川边之事不置可否。一个月后，他派心腹陈宧劝尹昌衡放弃回川边的念头，留在北京帮助自己成就大业。陈宧对尹昌衡说："以子之才，何止专阃，曷留中枢，为我计大事？"尹回答："为我复元首，边事实难，非我不克镇，元首必用我，请三年而后来。且我与夷盟，口血未干，言不可食。"于是把与羌人的盟书拿给陈宧看。陈宧向袁世凯报告。袁世凯再次召见尹，当面对尹好言相劝，让他留在北京担当大任。尹毫不犹豫地答复说："衡诚知留中枢安且荣，然虎落非羝所能守也。"袁世凯十分诚恳地提出，你推荐一个能代替你镇守的人吧。尹却答："诸将有德无才，有才无胆，有胆无学，无以荐。"袁世凯有些失去耐心地说：那么就非你不可了？尹说："衡为国，非为身也。使衡欲据地作井蛙，岂复舍天府之雄，拓瓯脱之地哉？"袁世凯听尹如此坚决，便以严厉口气说，留下吧！假使边疆出了问题，我不会怪罪你的。尹即站起身来，郑重地说："元首当谋国，奈何为一人计功罪？"并再次强调："元首欲罢我，即罢我，我不可失信于蛮夷。"② 袁世凯听后，气得拂袖而去。

袁世凯见拉拢失败，遂制造冤狱将尹昌衡投入大牢。尹昌衡这次选择的直接结果是：从八面威风的大将军变为京城囚徒，而且直到袁世凯称帝败亡，尹昌衡才得以出狱。

以当时之势，他完全可以拥兵自重。他的同窗好友阎锡山盘踞山西四十余年，稳坐山西之王。以尹昌衡的军事与政治才能，加上四川良田万亩，物产富足，易守难攻的得天独厚地理优势，要成为西南王是易如反掌。但是他选择了对个人权位的放弃。他说："人固不应悖天道而互相争夺，今之争者失人之性矣。失人之性非人矣，既非人矣，又从而伟之，岂不谬哉！"③ 他心底中人性的呼唤，远远超过了对权位的迷恋。三次人生的抉择，他一次又一次选择了对个人权位的放弃，但他得到的却是一次又一次内在人性的升华。尽管他为"赤胆"付出了惨重的代价，但是他却义无反顾。他面对袁世凯时发出的大言壮语"我正气塞两大，忠孝贯三辰"气如长虹。他以行

---

① 尹昌衡：《止园自记》，《止园丛书》第1集。
② 尹昌衡：《止园自记》，《止园丛书》第1集。
③ 尹昌衡：《人道通》，《止园通书》，《止园丛书》第3集。

动实现了自己的誓言:"丧失人格,以博身外之物,高官大富,又焉用之。"①

作为政治家,他一生只干了两件大事:一件是推翻封建专制,建立民主共和;一件是维护国家的统一,保卫疆土的完整。两件大事都是汗青可照。他在历史的大潮中,成就了政治伟业,却摆脱了政治的倾轧与肮脏。

作为军人,他一生只打了两次大仗:一次是为人民的安定与社会的进步,一次是为国家的统一与金瓯的无缺。两次都是平叛,两次都赢得了胜利,两次都建立了名垂青史的功勋。他赢得正义的战争,却摆脱了所有不义的军阀混战。

常言道,一辈子做几件好事不难,难的是一辈子只做好事不做坏事。这个难事尹昌衡恰恰做到了。这是因为,军人尹昌衡始终坚守自己定下的"不为上、不为君,专为保国才出战"的宗旨。他没有参加过一次为集团利益的战争,没有参加过一次军阀割据的战争,更没有为一己私利进行过一次战争。他始终坚持了自己"保民不背上,毕生无国内之争"②的原则。而他同时代的军人,他的同窗好友们,都很难真正做到这一点。如果熟知中国近现代史的人,都应该知道,在中国近代史上的军人,能够做到这点是多么难能可贵。

4. 佛教的"大慈大悲"

佛教"立德"的最高境界是"大慈大悲"。大慈,是予众生一切乐;大悲,是拔众生一切苦。没有私利与自我,想到的是拔大众苦,予大众乐。这种情怀,应当也是人类道德的最高境界了。如果要达到这个境界,首先是破除"我执"。在逐渐消除自私的观念的同时,做到"忘我"最后达到"无我"。

佛教认为,人最困难的是战胜自我,谁能够战胜自我,谁就是真正的大英雄。"勇极于佛谓之大雄"。佛曰:大明大雄,此乃英雄之真,即圣贤之别名也。释迦牟尼佛就是战胜自我的大英雄,才有资格端坐"大雄宝殿"受万世景仰。老子也说:"知人者智,自知者明。胜人有力,自胜者强。"③尹昌衡对此感悟极深,他说:"故道人不求破山中贼子,唯求破心中贼子。

---

① 尹昌衡:《劝将篇》,《消劫新书》。
② 《来复》第117期,1920年8月22日,第25~26页,据成都市档案馆原件校。
③ 《老子·三十三章》。

有好心，吾破之尽；有恶心，吾破之尽；有欲心，吾破之尽。举上天下地，宇宙内外，万事万物，不足以动吾心，则吾勇极矣。尚有加乎？克自己之谓勇。求极者亦唯止于是而已矣。"①

什么是"心中贼子"？尹昌衡认为是"有欲心"即对色、香、声、味，对酒色等欲望的追求。"有好心"即物欲的追求，对世俗功名、利禄、钱财的追求。他将世俗追求归结为十大目标，即人间十禧。

战胜自己，首先是战胜欲望。我们可以追寻他人生轨迹，清晰看到他战胜欲望的过程。尹昌衡真诚而透明，从不隐瞒自己年轻时的骄狂与纵情。他坦言自己青年时代，"予乃纵情诗酒，浸及声色"，"狂益甚，骑白马，冒风雨，酒藏盈鞍，寻芳遍野。沉湎即卧，不择燥湿。醒则负花挟柳，濡泥而归"。② 但当他一旦幡然醒悟，战胜自己情欲的态度是坚决的，行动也是贯彻始终的。他说："吾亦沉溺其中十有五年，今乃恶之逾于砒鸩，愿世之同病者先涮除之。"③ 他深感人多杀于酒色之欲中，而成为地面之囚，永不能拔。他在著作中，特别写了偈"酒色篇"，以警示后人曰："酒色之祸，烈于鸩毒。鸩毒虽酷，不至杀觉。酒色不然，形觉并戮。智者拒之，愚氓陷落。"④

他的另一方面的转变，是对世间功名利禄的看破与超脱。战胜自己的过程，也是对佛教"常、乐、我、净"的认识与实践过程。从第一阶段"看山是山"，凡夫之常、乐、我、净，把不净的当净，把无常的当做常，把没有我的当做有我，把苦当做乐的"四颠倒"，到第二阶段"看山不是山"的观身不净、观受是苦、观心无常、观法无我的"四念处"。最终第三阶段，"看山还是山"的佛性常住不离，具有历三世而不迁、混万法而不变的常德；乐于远离人世间生死逼迫之苦，乐于涅槃净土佛国的乐德；虽在人世间，但早已忘记了凡夫俗子的"忘我"，而具备"八自在"的"真我"的我德；远离人世间的垢污而无染，犹如清净的大圆镜，了无纤翳的净德的"涅槃四德"。

第一阶段，他认为自己在没有彻悟之前，就能够纯于忠孝诚仁，安于廉正公直，具有良好的基础，他说："吾三十年好苦思，即般若也。大半生想

---

① 尹昌衡：《止园唯白论》第6卷，第76页。
② 尹昌衡：《止园自记》，《止园丛书》第1集。
③ 尹昌衡：《止园唯白论》第3卷，第11页。
④ 尹昌衡：《酒色篇》第2卷，《止园昭诠》，内篇。

慈渡，大悲观也。又纯于忠孝诚仁，安于廉正公直，未悟之先，无心之修持积累久矣。"①

第二阶段，完成否定与超越。即已经达到对世俗的功名、钱财、利禄的否定。在对"慈渡与大悲观"的追求过程中，他有幸经历了人世间的功名利禄、富足荣华。他说："人间十禧，道德崇隆，品行高洁，学识渊达，功业炳焕，名望清华，天伦完美，资用不乏，人爵贵盛，康强令终，解壳合皇，此十禧者，吾几备之。"② 曾经拥有过，而又能够看破，彻底从对物的执著、对我的执著中解脱出来，彻底破除了自己的"心贼"。他说："胜己为勇，胜极则极。诸有皆断，其谁能克。内尽归空，神鬼战憟。无畏大雄，先破心贼。"③ 这是最终的超越。

第三阶段他经历了"禅寂初试"，进入大觉悟的时期。佛教的觉悟不光是心灵的，也是身体的，最终是形与觉的高度统一。这个统一的过程就是"信、解、行、证"的过程。尹昌衡用了几十年时间，对佛教、儒家、道家、基督教、伊斯兰教的研究，同时融汇为自己的哲学体系（详后）。这应当是"信、解"的部分。他中年后则重点实践"行、证"部分，有了这个部分，才能做到真正的知行合一。他说："今乃禅寂初试，遂现皇极于脑额，方信人身实包罗宇宙之全。法界，即如来平等法身，与众生身无差别。静观久澄，十禧乃在白中。兹言十禧，启俗好耳。一法界，即吾所谓一极也。故得万里山河，不如白光高一发。又以千方娱乐，不如白蔽薄一微（兆分之一寸）。孔子笔诛，皇天刑锻，夺虚尘而异实庆也。吾于自验则然。"④

他认为觉悟的过程，就是体悟空性的过程；就是自身静观久澄，来泯物灭我、同生死、超利害，体悟人间十禧乃在空性中的过程；就是"空极性著，六虚大身"破除"我执"的过程。他生动地叙述了这个过程："白也者，不深辨之，几视为真我矣。殊不知，我欲成佛之心，与洗净此白之心，大不相同。前者为我执，后者为总法，洗至将净之时，去法合空。白性在空，如电在鎏，六虚为其大身，感无不通矣。三月禅寂，吾额上之珠，外圈开两瓣，内珠成圆形。以芭蕉宇宙之理推之，开六层乃能合皇。附记于此，

---

① 尹昌衡：《止园唯白论》第6卷，第66页。
② 尹昌衡：《止园唯白论》第6卷，第66页。
③ 尹昌衡：《勇极篇》第2卷，《止园昭诠》，内篇。
④ 尹昌衡：《止园唯白论》第6卷，第66页。

以待后证。内珠圆形,误者以为真我之影,而不知羕飯空极,乃为净白,如药无杂质,真性自全。万物无能合空者,故非真常。惟考白,惟宜空,故可以为真常也。神经中空,故能传觉于血肉,如铁线传电,非神经中有觉性也。白既合空,如无线电之遍达于浮气中也。其不住相,亦如电之不住铁线也。我依壳成,净白岂得为我哉!此理甚微,深造者自觉之,自觉者白觉也。外既不可认壳为我,内亦不可认白为我。我者九尘一白之混合物也。十者之中,何一是我哉?我净此白之心,非我欲成佛之心也明矣。白自无垢(破法执矣),又非我欲净白之心矣。夫净白非真我用心微细,偶作一念,觉脑中有一庄严磊落之我金身而趺跏,此我如小尹昌衡,是即执我之住心也。佛以此住心,为婴童无畏心。又作一念,觉脑中有一圆陀陀、光皎皎之体,如日明洁,与空同身,已非人形,安有我貌。涤净化白,斯为大成,是即破我之住心也。视白如他,即佛所谓'他缘大乘',非我之住心也。若以净白为我者,我之我,非他之我。然则,历劫以来,此白周流六道,曾戴之壳,积骨为山,书名满库,皆将各各以此一白为其真我。我之我,又为他之我矣,于理不合。以此论之,净白非真我。欲破我执者,以此思维,为义极显。"① 彻底破除我执,进入忘我与无我的境界,就是获得大自在。他以一首《大觉悟》,记录了这个感受:"昔时有我原非我,以后之今不是今。一世计今无一刻,何劳问我是何人?惟将死趣存生趣,落得虚心养实心。悟到空空最空处,更于何处觅真真。"

  佛教的"德"主张在战胜自我的同时,以勇猛精进的精神,用最大的努力去"布施",其中最大的功德是"法布施"。"法布施"首要是以身作则,如法修行,作一切众生的榜样;其次是向所有的众生传播佛法,传播佛教的根本义理。尹昌衡在自己觉悟时,有人向他提出:"宇宙间,何谓真功业?"他的回答是:"炼白出尘以度苦。"② 即在战胜自我的同时普济众生。他说:"真英雄明心见性,上迪天命,下施普度,以治国则法度合天理,以治军则仁义合帅贞,顺天理则永宁此万方,得帅贞则无敌于天下。"③ 他的后半生竭尽全力,写下了数百万字的著作,就是在践行自己"藏则著书教万世"的宏愿,去实现"法布施"的大德。他提出以"万法唯白"与"唯

---

① 尹昌衡:《止园唯白论》第6卷,第84页。
② 尹昌衡:《生民常识》,止园书局,1926。
③ 尹昌衡:《止园唯白论》第2卷,第51页。

乐统万"为核心的思想体系（详后），就是以"天下太和，至乐无极"为终极目标，让世人得到更多的快乐，让世间更加和美。

5. 小结

尹昌衡表面看是由儒而道，由道而佛，其实，他认为："孔、老、佛、耶、回，世之五圣也，而皆以合天成道为人之归。"① 在他内心，儒、释、道之间并无高低之分。因此，在他身上，儒、释、道对他的影响与作用，都是相随终身的。

他特别强调："吾所以不敢偏轻五教者，诚以各有精神特卓之处。"② 因此，他的一生，在思想上尽量去领略万教之风采，努力集万教之精粹为一炉，形成自己的思想体系；在人生的体悟中，他不断努力地去追求儒、释、道所推崇的道德境界，试图集万教之精华于一身。因此，儒、释、道对人生境界的追求，都在不同的阶段，不同的程度，以不同的方式，在他的身上体现出来。也可以说，这个努力与尝试的过程，就是他一生追求"立德"的过程。

他的一生，既做到了儒家的忠孝仁勇，显示了人格的魅力，也实现了道家的为而不争，彰显了人性的光华，又实践了佛教的慈悲布施，实现了人性的超越。他在对"立德"的追求中，既做到了儒家的修身齐家治国平天下，在尽责中求满足，又实现了道家的达观乐天，淡泊名利，在义务中求心安，也完成了佛教的勇猛精进，圆融无碍，在无我中求至乐。

这一切既是他"立德"的过程，也是他"立德"的结果。

三 立言

有著作留世是为"立言"？非也。"立言"应当用哲学家和思想家的标准和尺度来衡量了，它的最高准则，应当是探求真理的成果。

人类自从有了思维，就开始探索宇宙的真理和人生的真谛。中国祖先，最早对宇宙真理的探索和人生真谛的思考，应当渊源于《易》。后人在对先贤智慧结晶进行总结中，也明确地认识到这一点。《四库全书总目提要》的"经部总叙"中说："圣人觉世醒民，大抵因事以寓教，故《易》之为书，

---

① 尹昌衡：《朴理篇》第1卷，《止园昭诠》，内篇。
② 尹昌衡：《止园唯白论》第2卷，第51页。

推天道以明人事。"所谓"推天道"即探求宇宙真理,"明人事"即揭示人生真谛。

尹昌衡终其一生"外说宇宙之极,内揭性命之精",探讨了宇宙观、人生观、性命观、政教观、万物观、事理观,最终形成了以"白"为核心的认识体系,其中包括真理观和发展的自然观;以"乐"为核心的价值体系,其中包括博爱的伦理观、超越的人生观;以"净白"为中轴,人人皆可成圣贤为核心思想的行为体系。这些思想在他两百多万字的著作中,得到全面、系统、深刻的阐述。

1. 认识体系

近代中国,西方传来的新思想,尤其是自然科学的新成果,对长期封闭在"六经注我、我注六经"之中的中国知识分子是个极大的震撼与冲击。在这个震撼与冲击下,近代中国出现了一批以康有为、梁启超、严复、谭嗣同、孙中山、章太炎等为代表的知识精英群体。他们不约而同地开始"合经子之奥言,探儒佛之微旨,参中西之新理,穷天人之赜变,搜合诸教,披析大地,剖析今故,穷察后来,自生物之源,人群之合,诸天之介,众星之世,生生色色之故,大小长短之度,有定无定之理"。[①] 他们希求熔古今中外思想为一炉,创造出自己的新思想、新体系,在探求真理同时,施展自己的政治抱负。

尹昌衡是这个群体中的一员。但与他们不同的是,尹昌衡用了大约二十年的时间潜沉于世,为建立自己的哲学思想体系,对宇宙真理和生命价值做出了最广泛、最深入、最系统的探索。特别是对以宇宙本原为核心的本体论,进行了深入研究。并在这些基础之上,独创了一系列新的哲学概念,最终形成自己完整的哲学体系,撰写出原创性的哲学专著《止园唯白论》。

尹昌衡反复研读"五教之精华和千圣万贤之训典",最终是认为"万教归一"。他在《圣学渊源》中说:"思千圣万贤心传孔昭,而世莫或劭,是未知其通而贯于一也。"经过二十余年的沉思和钻研,他终于从"万教"中提炼出了"一"。在他的哲学世界里,把这个"一"命名为"白",这是一个新创建的哲学范畴。

《止园唯白论》就是以"白"为哲学的核心范畴,展开他的整个哲学体

---

① 《康南海自编年谱》,河北教育出版社,1996。

系。他说："论理极于唯白。"① 他同时向世人宣称："此'白'字，乃统宇宙圣哲之基也，纠万国谬说之绳也，立天地斯民之极也，阐华夏太古之煌也。"② 因此，要进入尹昌衡的思想世界，就必须认识和理解尹昌衡原创的哲学范畴"白"。

任何哲学体系，都有一个最核心的哲学范畴。人类几大哲学体系，都是从探讨世界的本原开始，都把对物质本原的最终认识，作为这个体系的基石，并为这个核心范畴取一个名字。释迦牟尼把佛教的空性哲学体系归纳为"空"，老子把他的哲学体系归纳为"道"。希腊哲学的鼻祖之一巴门尼德提出：只有"有"存在，"非有"不存在。只有必然性，只有"有"才是真的东西。真理只是"有"。巴门尼德提出"being"为哲学的核心范畴，开展对宇宙本原的探索。黑格尔认为："真正的哲学思想从巴门尼德起始了。"③ 西方哲学把对世界本原的探讨归纳为一个字"being"。中国对"being"的翻译存在较大分歧，至今没有定论，大致翻译为：存在、有、是、在、本体论等。两千多年来"being"犹如哲学中的哥德巴赫猜想，西方的哲学家，一直都在孜孜不倦地探讨这个问题。康德的超验"自在"论、黑格尔的"绝对理念"，都从不同角度探索这个难题。现代西方哲学，随着现象学、解释学等学派的出现，扬弃了康德、黑格尔主客两分的哲学，试图建立形而上与形而下统一的哲学体系，他们以"走向事物本身"为口号，强调"现象就是事物自身显现的过程"。海德格尔是近现代西方哲学的集大成者之一，他也把自己的哲学体系归纳为"此在"或"亲在"。

尹昌衡哲学体系中的"白"与佛教的"空"、道家的"道"和西方哲学的"being"一样，是自己哲学体系的最核心范畴。尹昌衡正是以"白"为内核，展开对世界本原、物质的本质和对存在、对真理的一系列追问。

（1）"白"与本体论

在尹昌衡的哲学体系中，"白"作为终极的存在，构成了万物的本原。"白"的核心就是物质的存在与本体、宇宙的根源。尹昌衡认为"白"首先是物质的。他说："宇宙之中，白外无物。"④ 也就是说，尹昌衡认为，物质世界有一个最本质的、最基本的元素存在。宇宙中的万物，都由这个基本元

---

① 尹昌衡：《止园唯白论》第 6 卷，第 66 页。
② 尹昌衡：《止园唯白论》第 1 卷，第 10 页。
③ 黑格尔：《哲学史讲演录》第 1 卷，商务印书馆，1960，第 267 页。
④ 尹昌衡：《止园唯白论》第 1 卷，第 26 页。

素所发展演变而来。他说:"宇宙万物咸源于白。我欲明万有之真源,立天人之洪范,非先究白纲领冥得,因有白而后集尘组境,因有白而后集尘成身。"① 他还强调,一切自然之物,都是由这个物质世界最基本的元素"白"而造,"宇宙万类,皆白所变,惟外壳呈异相耳。"② "白"与自然浑然一体,除了人造之物以外,没有一个创世者和造物主,大自然不受任何造物主的摆布。他说:"见有有意义、有准绳之物,虽不见白,已知万有之为白所造矣。地面上,除人造之物皆自然之物,人造之物固白作之,自然之物亦白作之。自然者,白然也。"③

那么,这个以"白"为名的最基本的元素究竟是什么呢?尹昌衡先从微观世界开始,对这个最基本元素的性质进行了具体的描述和深入的分析。

首先,他认为这个元素是看不到、摸不到、无声、无色、无味的。他说:"实而考之,始知净白有性而无相,譬如玻璃无色相也,譬如静气无声触也。玻璃着煊染则色相现,静气动风飚则声触呈,故白垢为者而后有相,白净则无尘。"④

其次,这个元素是与天地同在,与一切物质同在,存在于任何时间,布满于任何空间。"白"的本质就是万物的本质。他说:"净白如玻璃之无色相,如霞光之无触相。无量数佛同居一空,不相碍也。细绎空趣,大无边,久无期,不可伤,不可迁,不可盈,不可动,不可分,不可隔。万乐千祥,自然于有相之中,不屑分别。"由此"白有性相,万物同之","故合而言之,万物一体也,分而言之,一身万物也"。⑤

再则,这个元素的最重要的本质,是不断变化。他说:"万物不生不灭,不增不减,有变而已矣。"⑥ 而这个元素的中心,可无限分割,以至无穷。尹昌衡先对"白"的中心做了如下的说明:"有诸内必形诸外,白中之相既显白中之性斯昭矣。又曰:性既合空,惟中为真空也。今于空中任取一点指之为中,即真中也。何也?两端无极则两端同,两端既同,诸边亦同,

---

① 尹昌衡:《止园唯白论》第2卷,第17页。
② 尹昌衡:《止园唯白论》第6卷,第89页。
③ 尹昌衡:《止园唯白论》第3卷,第6页。
④ 尹昌衡:《止园唯白论》第2卷,第17页。
⑤ 尹昌衡:《物变篇》,《止园昭诠》,内篇。
⑥ 尹昌衡:《物变篇》,《止园昭诠》,内篇。

非中而何？至于有相之中以求中，执一线指一轮而点志其心，以为中矣。"在确定"白"的中心之后，再往下深究，发现"白"的中心，可以无穷尽地分解下去。尹昌衡用了当时最符合现代科学的方法，解释了这个现象。他说："岂不知数学之理，分子可增至无穷大，以合于空。则分母亦可增为若干大以合于空乎？"① 同时，他又用另一种科学的方法，做了同样的论证。他说："倘更以万倍之显微镜窥之，则此点中更有微点乃为中矣；然更有百万千万万万万倍之显微镜，重复窥之，不至真空终非真中，穷究此理可悟大道，空即中也，中即空也。是故空教亦名中教，白性既空，则白性必中也。太空无外随处中也，无究大者无究小也，大无外者小无内也，白不落边随处中也。"② 他对微观世界做出总结说："小至无内，即大无外。理数自然，此何足怪。空无遍照，微尘世界。一毛孔中，亿兆泰岱。"③ 从上述三方面分析，可以明确地得出的结论是："白"所代表的是"此点中更有微点乃为中"的最基本元素。他用无穷尽倍数的显微镜的比喻形象地说明，这个宇宙物质的质量之源，是可以无限分割，可以小到无限。

这是对物质的本质最接近真理的认识，也是正在被现代科学一步一步证明的假说。随着现代物理学研究的深入，发现了夸克、电子、缪子等更小的组成物质的粒子，它们的大小不足原子的十亿分之一。人类至今还没有找到什么是最小的物质元素。尹昌衡强调，他的哲学思想，如果引用现代物理学来证实，真理就可以得到真正的显现。他说"引近物以为实证，宇宙真理从此昭矣。"④ 现代物理科学正在探索并可能发现素有"上帝粒子"之称的"希格斯玻色子"存在的证据，正是人类在寻找比夸克还要小无数倍的基本元素的最新进展。这也是当代人类科学，对微观世界探索的最前沿。

从宏观世界的角度来看，尹昌衡认为作为物质之源的"白"，没有自己固定的形状，"白无相，岂可住相？"但这个无形状之物，却可发展成整个物质世界。宇宙万类，皆白所变，惟外壳呈异相耳。因此，"白"与宇宙同在。他说："白如光之无触也，大之弥宇宙，小之入秋毫"。

应当说，尹昌衡对"白"的探讨成果，是汲取了"空"与"道"哲学

---

① 尹昌衡：《止园唯白论》第2卷，第54页。
② 尹昌衡：《止园唯白论》第3卷，第8页。
③ 尹昌衡：《穷极篇》第2卷，《止园昭诠》，外篇。
④ 本段及下段引文见尹昌衡《止园唯白论》第6卷，第85、89页。

思想的精华，在此基础之上形成的。换言之，"白"是根植在佛教与道家的思想基础之上的。那么我们来分析"空"与"道"，是如何通过对微观世界的观察与理解来认识物质的本质，是如何看待宇宙本原的，从而分析"白"的来源、传承、汲取、扬弃与发展。

老子提出"道"就是宇宙的本原，就是物质世界最基本的元素，就是物质的必然的终极存在。那么这个物质的终极存在是什么？老子早在两千多年前就向人类宣布：这个终极存在就是"无"。老子对人类最伟大的贡献，就是首创了"无"的哲学概念。他说："天下万物生于'有'，'有'生于'无'。"①

那么这个"无"的特性是什么呢？老子明确地说明，"无"就是先天地生的万物之宗。他说："'道'冲而用之，或不盈。渊兮似万物之宗。"②"无"作为物质之源本身是无色、无形、无味、无声、无相的，是看不见、摸不到的，"是谓无状之状，无物之象，是谓惚恍。迎之不见其首，随之不见其后"。③"无"是任何空间无所不在的，任何时间无所不包的，物质最本质的、最具体的存在。它既是无穷的大，也是无穷的小。庄子借荆棘之口，对此做了具体的说明："汤问棘曰：'上下四方有极乎？'荆棘曰：'无极之外，复无极也。'"④ 接着，庄子在《天下篇》中说明了"无"是大到极点，也没有外围的，小到极点，也没有内核的元素，即"至大无外谓之太一，至小无内，谓之小一"。庄子以外，其他道家著作，也都是依照这个思路，在追寻物质的本原。

《黄帝四经》言："天弗能覆，地弗能载，小以成小，大以成大。盈四海之内，又包其外。"

《管子·心术上》对此也有了同样的论述："道在天地之间，其大无外，其小无内。"

《管子·外言》言："天地，万物之囊也，宙合有囊天地。""天地苴万物，故曰：万物之囊。宙合之意，上通于天之上，下泉于地之下，外出于四海之外，合络天地以为意裹。散之至于无间，不可名而山。是大之无外，小之无内，故曰：有囊天地。"

---

① 《老子·四十章》。
② 《老子·四章》。
③ 《老子·十四章》。
④ 《庄子·逍遥游》。

《淮南子·原道》："夫道者，覆天载地，廓四方，柝八极；高不可际，深不可测；包裹天地，禀授无形。""舒之幎于六合，卷之而不盈于一握"，"甚纤而微"。都是按老子的宇宙论思路，对物质质量之源的探索与描述。

以上是道家对看不见、摸不着的、即起即灭的物质最基本元素的深刻认识和具体的描述，也是人类最早对物质存在本质的伟大的假说。这个假说比与他们同时代的留基波与德谟克利特的"原子论"假说更接近真理。因为德谟克利特认为，原子是物质最小的元素，是不可再分割的。而道家在德谟克利特之前，也就是说，中国哲学在西方哲学之前已经认识到宇宙的本原是由比原子还要小的、可以无限分割的元素组成的。

这个微观世界的"无"同样不能单独存在，那么"无"是怎样变成"有"的呢？老子认为这个"有"，是与其他元素结合而成的，是与其他元素"混成"的。他说："有物混成先天地生。"① 接着老子具体地说明，由于阴与阳的结合，促成了"有"的"混成"。言："万物负阴而抱阳，冲气以为和。"② 由此，这个"无"通过负阴抱阳，阴阳和合而生一，从而形成"道生一，一生二，二生三，三生万物"的宇宙创生模式。由上可知，道家的物质生成说"聚则为生，散则为死"③ 与佛教的"缘起论"有异曲同工之妙。

尹昌衡的"白"，是继承了道家"无中生有"的哲学思想。他对老子提出的"有与无"这个最抽象的、最深刻的宇宙论命题，特别是"有生于无"这个老子哲学的争论焦点问题，以"白"为例，做了准确的说明："白之伟力无外，化空为有，假用之也，应白而设，白本无二。故老子称之曰一也。"④ 正如（《黄帝四经·成法第九》）言"万物之多，皆阅一空"。他对道家物质之源的思想，把握得既准确又深入，他认为以往对道家的诠释，都没有真正理解道家本体论的精髓。他说："《老子》之道，内得佛学之精，外乃之极。今之谈修养与主义者，不可以不本此。如通之，可以同印度之哲理，可以纳万国之思潮。然其言可深味而不可以相指，可默契而不可以言诠，故学者眩焉。古注七百家无得其真意者也。予据理昭晰以质世之学者。然大道不在言文中，非深修有得，恶能袭而

---

① 《老子·二十五章》。
② 《老子·四十二章》。
③ 《庄子·知北游》。
④ 尹昌衡：《止园唯白论》第1卷，第17页。

取之哉？"①

对于"有与无"的命题，特别是"无中生有"这个深奥的哲学难题，佛教的认识与道家在本质上基本一致。只是佛教对微观世界的探究，比道家更加具体、更加精致。

对宏观世界和微观世界的探索在考验人类智慧的极限。至今我们还不知道宇宙的尽头在何方，有无边际，最小的基本元素还可以分裂多少倍，有无穷尽。然而，佛教早在几千年前，就指出微观世界是没有穷尽的。《大方广佛华严经》说："一一微尘中，各现无边刹海，刹海之中，复有微尘，彼诸微尘内，复有刹海，如是重重，不可穷尽。"佛教是以微观世界不可穷尽来说明物质的本质是"空"，是"无"，是既无生也无始。《杂阿含经》说："夫万有本于生生而生，生者无生；变化兆于物始而始，始者无始。然则无生无始物之性也，生始不动于性。"佛教的空性哲学的核心，论证了"空性"就是一切物质即"色性"的本质。释迦牟尼佛说："穷究一切色法，从色性悟入空性，色依空现，空性即是色性之性。心既熏至由多到少，色亦穷至由粗至微，穷究到身虽尚存，而境已全空，进入虚空之无边际处，尽色界之究竟，这一类叫色究竟天。"② 与道家相同，佛教认为任何物质的本质都是空，所以，都没有"自性"，即"穷色性性，入无边际"都不能单独存在。

那么空如何变成有，空如何就是有，为何能够空有合一呢？释迦牟尼佛创建了伟大的"缘起无自性"的佛教哲学核心理论，彻底解决了"无中生有"的问题，解决了"色即是空，空即是色"的问题。"缘起论"告诉我们，世界上的任何事物都是由两个以上的基本元素构成的。佛教特别强调，无论是一般的事物，还是构成事物的"因"都是缘起的，不可能独立存在。也就是说，连最小的元素，都是靠因缘聚合而成的。那么，世界上一切事物的形成靠的是什么呢？靠的是因缘。佛教的大思想家龙树在他的著作《中论》中更着重地强调："未曾有一法，不从因缘生，是故一切法，无不是空者。"龙树所言的大意是，一切事物现象，无不在一定的原因条件下而存在。世界上的一切现象，都是因缘和合所生，其中包括一切事、一切物和我们的一切经验。一切事物不可能孤立地、单独地存在，都是由众多条件

---

① 尹昌衡：《道经释要》，止园书局，1923。
② 《大佛顶如来密因修证了义诸菩萨万行首楞严经》卷9。

和合而成。"万法皆空""因缘和合":"因"是种子;"缘"是土壤、水分、肥料、阳光。因此,万物的本质,是相互联系,相互依存,互为条件的。

"缘起论"是佛教异于其他宗教与哲学,最具特色的思想,也是解释宇宙万法起灭,乃至生命起源的真理。《杂阿含经》卷十二中,佛陀说:"缘起法者,非我所作,亦非余人作;然彼如来出世,及未出世,法界常住。彼如来自觉此法,成等正觉,为诸众生分别演说、开发、显示。"缘起法表现在有情生命的流转上,称为"十二缘起";表现在世间,事事物物的生成上,则称为"因缘所生法"。所以,理解"缘起论"即认识到佛教空性哲学的真谛。《稻秆经》说:"见缘起则见法,见法则见佛"即是这个道理。

尹昌衡吸纳了佛教的空性哲学"缘起无自性"的理论。他说:"瑜珈《涅槃经》中皆言:'惟佛性为真常,法相悉为无常,因其无自性也。'无自性者,无白性也。"他认为,认识缘起无自性,才能理解佛教的空性,理解了"空"才能证得真理。他说:"殊不知惟空为贵,惟空为极,不证空性皆死因也。"由此,"白"与"空"的根本性质是相同的,白空无二。他说:"穷究此理可悟大道,空即中也,中即空也。是故空教亦名中教,白性既空,则白性必中也。"①

尹昌衡汲取了道家与佛教哲学,对物质世界认识的精华,在对佛教与道家做了最核心、最本质、最正确的诠释的基础上,在中国哲学思想史上,第一个用近现代科学的方法,阐明了一个古今中外哲学最核心的命题——宇宙万物的本原是什么?物质世界归根结底究竟是什么?把对物质本质的理解推向了极致。

(2) 白与一元论

尹昌衡认为"白"是物质的本源的同时,"白"也是精神的本源。或者可以说"白"直接就已经涵盖了,物质和精神这两个概念,是物质和精神的高度的统一,是形与觉的高度统一。他说:"白者何也?发知觉之真体也;觉者何也?由白生之大用也、白也、心也、仁也、识也、天灵也、智源也、思府也、感官也、魂魄也、神我也!"② 尹昌衡提出"觉"的概念。"觉"包括了精神,但要比精神的内涵和外延要宽广得多。精神是人类独

---

① 尹昌衡:《止园唯白论》第3卷,第11、6、8页。
② 尹昌衡:《止园唯白论》第1卷,第3页。

有，而动物、植物虽然没有精神但有"觉"。人的精神随着人的存在而存在，在历史上不过数千年；"觉"则随着动物、植物的存在而存在，在历史上已经存在了几十亿年。人的精神也是由"觉"，逐渐发展演变而来的。由此，对"觉"的探索，应当比对精神的探索，更触及事物的本质，更接近真理。他说："且既明有阴必有阳，则有有形有觉之动物，有有形微觉之草木，必有无形无觉之太虚。"① 这里发知觉之真体的"白"，犹如大海，"觉"犹如大海的波涛；"白"是体，"觉"是用。二者互为一体，体用一元，不可分割。他说："三界惟心，惟心者唯白也。万法惟识，惟识者唯白也。曰心，曰识，白之动也。"② 其意在说明："心与识"是波涛，"白"是大海。表面看是"心与识"的波涛在动，其实是"白"的大海在动。白如大海是体，心如波涛是用；是大海与波涛，体用一元的互动。这是完全建立在本体论，与宇宙论层次上的，最完整的、最彻底的形觉一元、形而上与形而下统一的，一元论的哲学观点。

他认为万物的起源，由形与觉的和合而生。"万法唯白，一源二合。"形是阴、觉是阳，阴阳不交、形觉不合则万物不生。因此，形而上与形而下不是对立的，而是统一的。他说："天地之气，曰阳与阴，阴者形也，阳者觉也。天地不交，万物不生，形觉不合，无治无乱，无有庶事。"③ "形觉杂交，宇宙万物。"他强调："物质不灭，灵觉不灭，见有见无，见万见一，皆是妄执。"④ 他把物质的起源、物质的最核心的、最基本的、最原始的、最早发生的和最大的和最小的都说到极限。同时，又把精神的起源、"觉"的起源和发展，讲到了尽头。最终，物质和"觉"两个尽头的汇合点就是"白"。这是对宇宙和人间真理的探索与揭示。

东方哲学基本上都是，物质与精神为一体的一元论观点。其中佛教对"心物一元"，论述的最为深刻。佛教认为，精神和物质是一不是二。"中道"是佛教的最高真理：既不偏于空，也不偏于有，非空非有，亦空亦有，不落两边，圆融无碍，这就是中道。"中道"是佛教一元论思想的哲学基础。"不二法门"，又是中道的理论核心。维摩诘居士在他睿智的著作《维摩诘所说经》中，对"不二法门"，对物质与精神的体用一元，对形而上与

---

① 尹昌衡：《止园原性论》，《止园丛书》第1集。
② 尹昌衡：《止园唯白论》第1卷，第1页。
③ 尹昌衡：《朴理篇》第1卷，《止园昭诠》，内篇。
④ 尹昌衡：《宇宙真理论》。

形而下的统一，做了精彩的阐述。他认为识与识空相对待为二，但认识的本性即是空，并非识灭以后才是空，能够这样去观察和看待色与空、识与空的相互关系，就是入不二法门。他说："识空为二，识即是空，非识灭空，识性自空；于其中而通达者，是为不二法门。"①

道家也是一元论哲学体系。老子曰："万物得一以生"。庄子则深刻地阐明了"道"既生天生地，也有情有信；既包含了"形"与物质，也包含了"觉"与精神的一元论观点。他说："夫道，有情有信，无为无形；可传而不可受，可得而不可见；自本自根，未有天地，自古以固存；神鬼神帝，生天生地；在太极之上而不为高，在六极之下而不为深，先天地生而不为久，长于上古而不为老。"②（"道"是"自本自根"，因此道家是无神论。这里"神"通"生"，而鬼与帝则是"觉"、精神的异称，即"觉"的意思。所以"神鬼神帝，生天生地"是对仗的，"神鬼神帝"即"生觉生形"）《淮南子·诠言》："洞同天地，浑沌为朴。未造而成万物，谓之太一。"《文子·道原》、《淮南子·原道》更具体地说："万物之总，皆阅一孔；百事之根，皆出一门。"即言一切事物，得道以成，物不离道；道无所不在，道不离物；道物不离，这是最彻底的一元论。《皇帝四经·经法》特别强调"道"也是精神之源，曰："道者，神明之原也"。韩非子在《解老》中也说明："道者，万物之所然也，万理之所稽也。"③

道家一元论的终端是"无极"，末端是"天人合一"。庄子在《秋水》中，描绘了无极的境界："彼方眦黄泉而登大皇，无南无北，爽然四解，沦于不侧；无东无西，始于玄冥，反于大通。"庄子并用诗一样的语言告诉世人，如果能够去凿反真，回复到人的真性，就能像大自然一样自在自化，自在自适，无拘无束。人与自然浑然一体，精神四达，通彻宇宙，达到"天地与我并生，万物与我为一"的"天人合一"的境界。这是把人作为本体，提到宇宙的高度来认识；人本体存在的小宇宙，与自然本体存在的大宇宙，融为一体。这是以"无极"为终端的，宇宙本体的人格化，这是道家一元论哲学的外在超越。

尹昌衡把自己哲学上的一元论，归纳为哲学上的"中和主义"。并认为

---

① 《维摩诘所说经·入不二法门品第九》。
② 《庄子·大宗师》。
③ 《韩非子·解老》。

道家与佛教的一元论哲学，也是以"中和"为根本的。他对道家与佛教的一元论思想，进行概括性地总结说："老子守中抱一，是中和也。"佛教亦相同，"佛曰中教，曰不二法门，是中和也。"① 由此，他主张主客一致，不赞成主客二分。他认为唯物主义与唯心主义，两者本应互为补充的，但是现今之人，一说唯物论就离开了唯心论，因为他们不懂"物与心"的关系，这两者本是一体的，去掉谁都不可能单独成立。他说："此论纯据唯物，直证唯心。但不颠倒，二者本可相资而不相背。今人言唯物，即离唯心。殊不知物不依心，何由成体？下达之士，目不上视，是以自误。一知白，则一草一木皆通大道。后之学者，永无惑矣。"因此"今以中和主义调之，惟心、惟物二并举，而不致流斯可矣"，"形而上形而下二者齐举，相资而实不相碍也。形觉互养，是能守中而又和也"。②

尹昌衡不赞成唯物与唯心的主客二分，但他对物质的认识却很深入。当人们还在争论，物质是第一性，还是精神是第一性的问题时，尹昌衡则直接追问，物质的最基本元素是什么？元素是怎样形成的？形成基本元素的根源是什么？当人们还在固守物质是实体、是有形的，是看得到、摸得着的落后观念时，尹昌衡已经告诉人们，物质的本质是无形的，即物质的尽头、宇宙的本源是什么的深层次问题。从这个意义上说，他是最彻底的唯物论者。但他并没有就此止步，接着追问精神的本源，从本源上探讨两者的关系。他的结论是："万法唯白，一源二合。"他说："万法唯白，宇宙唯白。白主识奴，识主根随。外物幻影，色空同舨。"③

唯物主义的核心是物质，但在物质的概念上，却存在着极大的混乱。在唯物论盛行的20世纪，一方面以"唯物主义"为标记的哲学广为流行，而另一方面物质究竟是什么，却又说不清。因为物质的概念，始终是使这个世纪的科学，感到最难理解、最困难和最难解决的概念。

随着科学的进步，东方哲人提出物质的本质是无形的、是可以无限分割的伟大假说，逐渐被一一证实。在过去的一百多年里，物理学家已经发现了一连串越来越小，越来越基本的物质组成单元。爱因斯坦发明的相对论，开始揭示出了物质的实体观的谬误。首先，相对论证明质量与速度有关。当物

---

① 尹昌衡：《止园唯白论》第5卷，第12页。
② 尹昌衡：《止园唯白论》第5卷，第78页。
③ 尹昌衡：《止园唯白论》第1卷，第2页。

体运动接近光速时，其实能量并没有消失，而是转化为了质量。其次，科学家们，发现了核裂变和链式反应，把部分质量，变成巨大能量释放出来。知道原子弹的人，都相信质量可以转化成能量。朱清时在《物理学步入禅境：缘起性空》中认为："既然质量不再是不变的属性，那种认为质量是物质多少的量度的概念，就失去了意义。既然物质与能量是可以相互转化的，能量并非'实体'，物质也就不能再被看作是实体。"

在20世纪的后期，物理学的一个前沿领域"弦论"的发展，又使人们对物质的看法，更进了一步。它的基本观点就是，自然界的基本单元，如电子、光子、中微子和夸克等等，看起来像粒子，实际上都是很小很小的，一维弦的不同振动模式。简言之，如果把宇宙看作是由宇宙弦组成的大海，那么基本粒子就像是水中的泡沫，它们不断在产生，也不断在湮灭。我们现实的物质世界，其实是宇宙弦演奏的一曲壮丽的交响乐。组成物质世界的基本单元，是宇宙弦的各种可能的振动态，而不是宇宙弦自身。就像组成交响乐的单元，是乐器上发出的每一个音符，而不是乐器自身一样。在弦论之中，情况发生了根本变化。过去认为是组成客观世界砖块的基本粒子，现在都是宇宙弦上的各种"音符"，物质的终端是无形的。意识是大脑演奏的交响乐，也是无形的。这个图像为理解"心物一元"，即意识和物质的统一，为理解一元论哲学上的开辟了新途径。

最重要的问题是：如果物质都不是客观实在了，那么世界上还有什么东西是实在的吗？回答是：有的。事物之间的关系，就是实在的。

根据20世纪自然科学的进展，可以用"关系实在"，来取代绝对的物质实体。即主张事物不是孤立的、由固有质构成的实体，而是多种潜在因素缘起、显现的结果。"每一存有者"，都以他物为根据，是一系列潜在因素结合生成的。

德谟克利特原子论的伟大假说，代表了人类认识史上，阶段性的真理，在两千多年以后，被现代科学证实了。随着科学的深入，逐渐打通精神世界和物质世界的界限，佛教的"缘起论"与老子"无中生有"的创世论，也同样得到科学的印证。哲学的假说与科学的实证，实现了完美的结合，让人类在探索真理的道路上，向前迈进了一大步。

尹昌衡用"白"来代表不可穷尽的微观世界，即是物质之源。他指出，这个微观世界最重要的特性是，无法单独存在，因为单独的状态，就是无限地分割，是至小无内，是无穷尽的"无"。只有与另外的元素相结合"集尘组境",从而形成宇宙。这个"集尘组境"就是事物之间的关系,就是"关系实在"。这应是探索物质之源奥秘的,最深刻的认识。

(3) 白与存在

尹昌衡在对宇宙本源追问的同时,也同样对存在与本源的关系,即对上述每一个"存在者"、"关系实在",进行具体的描述与深入地分析。他说:"同时之间,同一位置有万殊居之,不能概以空目之也。一杯之中有水盈焉,有味盈焉,有地心力盈焉,有太空本性盈焉,又有非想非非想万有盈焉。是一是万谁能分别?"① 他总结一杯水是多种因素缘起、显现的结果即:"同时之间,同一位置有万殊居之,"并分析了每一存在者,都以他物为依据,是一系列潜在因素结合而成的,其中包含了信息、能量、与物质三大要素。其中"一杯之中有水盈焉"是物质;"有地心力盈焉"是能量;"有太空本性盈焉"是物质的本质;"又有非想非非想万有盈焉"是信息,是"觉",是精神。(信息是比"觉"在内涵和外延上更广泛的概念)

比尹昌衡小五岁的德国哲学家海德格尔,对此几乎有相同的认识。海德格尔放弃主客二分,追求形而上与形而下统一,认为"思想和存在在同一中,并由此同一共同隶属。"为此,思想也进入天、地、人、神四为一体之说。他说:"从一种原始的统一性而来,天、地、人、神,人'四方'归于一体"。② 海德格尔也以壶为例,说明物在统一四大中的作用,壶可以容纳水或酒,后者首先又于泉相联系,"在赠品之水中有泉。在泉中有岩石,在岩石中有大地的浑然蛰伏。这大地又承受着天空的雨露。在泉水中,天空与大地联姻。在酒中也有这种联姻。酒由葡萄的果实酿成。果实由大地的滋养与天空的阳光所玉成。在水之赠品中,在酒之赠品中,总是栖留着天空与大地。但是,倾注之赠品乃是壶之壶性。故在壶之本质中,总是栖留着天空与大地。"③ 其中:"水—泉—岩石—大地—雨露—天空,"这一系列就是相互的关联,信息的内在留存于传递。这与尹昌衡在一杯水中:"水(物质)—味(物质的特性)—地心力(能量)—太空本性(物质本源)—非想非非想(信息)—万有(相互的关联与和合)"的认识如出一辙。只是尹昌衡更加严密地加入了时空的界定:"同一时间、同一位置"。

---

① 尹昌衡:《宇宙真理论》。
② 《海德格尔选集》,上海三联书店,1996,第 1192 页。
③ 《海德格尔选集》,第 1172~1173 页。

两位东西方哲人，在研究存在与存在的本质上，有着不约而同的认识。他们的深刻性在于：不仅从"每一存在者"中看到了"因缘和合"的现象与现象中的各种联系；同时看到"缘起无自性"的本质。不仅把"每一存在者"看做一种自身的缘发生过程和方式，与它在其中的"世界"难分彼此地息息相通；同时认为，它不是与本质相对的现象，而本身就是显现着的、发生着的本性。所以尹昌衡特别强调"太空本性盈焉"。海德格尔也同样强调"根源性的无自无的本性，乃是它将此有第一次带到存在者自身的面前。"①

本体论是研究存在与存在的本质。尹昌衡为了更确切地说明与更准确地表述"存在与存在的本质"，他在创建了最核心的哲学概念"白"的同时，又创造了另一个哲学概念"旅白"与"垢白"。他说："物者也即旅白也"。他又说："垢白者身必拙体必劣也。"② 与"旅白"与"垢白"相反，他又提出"净白"的概念。他说："真理无诠，净白自然。"③ 与尹昌衡相同，海德格尔为了说明存在与存在的本质，同样在创建了自己的新哲学概念"此在"、"亲在"的同时，提出了"林中空地"等新的概念。

在尹昌衡的哲学体系中，"净白"是存在的本质，是无遮蔽的存在；在海德格尔的哲学体系中"林中空地"是无蔽的地方，是存在的本质，是无遮蔽的存在。尹昌衡的"垢白"、"旅白"则是存在，是真理的遮蔽；海德格尔的"此在"、"亲在"则是真理的遮蔽，是当下的存在。

尹昌衡思想的主体：白性即空性，白性即"无"，但这个"无"是可以无中生有的"无"；海德格尔思想的主体：存在即虚无，而这个虚无不是否定的无，是存在自身的虚无性。尹昌衡的思想核心是"白"，是"净白"，是去蔽，是真理；海德格尔思想的核心是"林中空地"，他认为真理是光明和黑暗的游戏，真理就是去蔽。尹昌衡认为存在是"垢白"，本身是被遮蔽的，强调要去蔽，要回复到"净白"，回复到真理自身；海德格尔认为"此在"自身是被遮蔽的，现象学就是要去蔽，要回复到事情本身，要寻找"林中空地"，要回复到真理本身。

尹昌衡对东方哲学的一元论思想，更多的是汲取与发展；海德格尔对西

---

① 《海德格尔全集》第9卷，第114页。
② 尹昌衡：《止园唯白论》第2卷，第19页。
③ 尹昌衡：《止园唯白论》第1卷，第26页。

方古典哲学主客二分思想，更多的则是扬弃与创新。尹昌衡更多的是，借用西方科学的成果，将东方哲学演绎的更加缜密；海德格尔则是提出"虚无"的概念，将逻辑缜密的西方哲学，演绎的更加玄奥与诗意。尹昌衡从东方哲学的玄奥中走出，海德格尔却从西方古典哲学中走出，进入玄奥。两者看似反向的途径，在形而上与形而下的统一点上，产生了必然的碰撞。他们在追问存在，在对形而上与形而下统一的追求中，找到了共同点；在对真理的遮蔽与去蔽中，找到了共同的表述方式。他们无论是汲取和发展；还是扬弃与创新，都使他们的哲学思想走在了时代的前列。

（4）小结

综上而言，我们大致可以看到，尹昌衡认识体系的构建之路："白"—"旅白"—"垢白"—"净白"。尹昌衡在中国哲学思想史上，最早用近现代科学的方法，阐明了一个古今中外哲学最核心的命题：宇宙万物的本原是什么？物质世界归根结底究竟是什么？物质与精神的关系最终归结于何处？最终形成了以"白"为核心的本体论、真理观和发展的自然观，完成了以探索真理为目标，完整的、系统的认识体系。

2. 价值体系

认识体系是宇宙哲学，价值体系是心灵哲学。宇宙哲学是追求万物之真理，心灵哲学是追求人生之真谛。东方哲学的特点是：宇宙哲学为基础，心灵哲学是目的。换言之，探求宇宙真理的最终目标，是找到人生真谛。尹昌衡认为，《易经》是中国哲学之源。正是《易经》，开启了东方哲学，由探求真理至人生真谛的道路。他说："夫《易》者庶哲之源也。庶哲之说，内则究身心性命之微，外则阐宇宙万物之理。究身心性命之微，因以求修养之道。阐宇宙万物之理，因以辨化育之方。斯二者，哲学之源也，而皆出于《易》。"① 东方哲人不约而同地，以这两者合二而一的方法，在探求宇宙真理的同时，完成人生真谛的寻觅。道家的"无"是宇宙真理，道家的圣人之道为而不争，以达天人合一之至乐，则是人生真谛；佛教的"空"是宇宙真理，佛教的"四圣谛"，告诉众生：人生之苦，苦从何来？人生之乐，如何得乐？则是人生的真谛。

（1）价值体系核心"乐"的选择

尹昌衡在宇宙哲学中选择了"白"作为核心，在心灵哲学中则选择

---

① 尹昌衡：《止园易钵》，《止园丛书》第2集。

"乐"作为支点。他说:"吾绞尽心脑之力二十余年,思遍宇宙之中,儴(无量数也)侈(不议思数)相外,众志决不出惟乐,主事必不离唯白。"① 他提出"唯乐统万"为价值体系的核心,以完成"白"为核心的宇宙哲学,向以"乐"为核心的心灵哲学的转向。他说:"惟乐统万,极乐无疆。"② 在尹昌衡的哲学体系中,出现了另一个极点"乐"。我们再追寻"乐"字,去打开尹昌衡价值体系的大门,进入尹昌衡的心灵世界。

尹昌衡为什么要选择"乐",作为价值体系的核心呢?在他看来:"'极乐'是一切生灵的共同目标"。③ 人类的本性,就是对快乐的追求,就是避苦而趋乐。他在回答人们提出的问题时说:"曰:三界惟何?万志惟何?答曰:三界唯白,无白一切无。万志惟乐,圣凡同此趋。"④ 这个最普通、最平凡的字,却是在世界上所有的人,都渴望追寻的,而且也是每人身边,每天实实在在发生着的事。这样的追求,不是高不可攀,而是触手可及。如果让所有的人,都按照正道去寻求快乐,按照道德的伦理准则,去寻求快乐,人们就能够得到真正的快乐。他说:"生民之性,惟乐是趋,心契于道,其乐乃至。"⑤ 如果人们都由此得到真正的快乐,则天下就会由此而和谐,社会就会由此而发达,可达到"天下太和,至乐无极。"⑥ 他认为如果能够以使民"乐"为最终目标,在民众趋乐的本性之上因势利导,则会形成一个和乐的社会。他说:"鼓舞尽情,使民供命。因其趋乐,事事导顺。民心欢从,何图不竟?如羶招蚁,法于大舜。"⑦

能够引导人们,都走上一条正确的致乐之路,这本身也是儒、释、道各圣贤大德,共同追求的目标。他说:"此所谓建一极,而宇宙不能外也。《礼》曰:乐统同。孟子曰:与民同乐,则王矣。宣圣曰:乐以和同,和乐统万,孰敢不同?如云不同,胡弗自烹。内圣外王,惟乐之功。"⑧ 道家也在不同的道路上,寻求属于他们的快乐。庄子曰:"与人和者,谓之人乐。

---

① 尹昌衡:《止园唯白论》第1卷,第10页。
② 尹昌衡:《止园通书》第1卷,《止园丛书》第3集,第2页。
③ 尹昌衡:《成功论》,《止园成功颂》。
④ 尹昌衡:《生民常识》。
⑤ 尹昌衡:《惟教论》,《圣学渊源诠证》,《止园丛书》第2集。
⑥ 尹昌衡:《止园通书》第5卷,《止园丛书》第3集,第3页。
⑦ 尹昌衡:《乐化》第2卷,《止园昭诠》,外篇。
⑧ 尹昌衡:《止园唯白论》第1卷,第10页。

与天和者，谓之天乐。此天乐天之义也。"①

尹昌衡认为，无论儒家还是道家对乐的追求，首先是至善之乐、道德之乐、人格之乐。他说："故《诗》曰：'好乐无荒，良士瞿瞿。'《传》曰：'有德则乐，乐则能久。'"他列举了古人获得人格之乐的典范，贤德虽于贫寒之中，仍能苦中作乐。他说："孔子教颜回，颜回得之而乐于陋巷。周子嘲风弄月，远承洙泗，以教二程，二程得之而乐于濂洛。康节穷居，乃名其居曰'安乐'，获古人伴奂优游之意。所谓伊人，于焉逍遥。兹道丕冒，作乐崇德。庶几群生熙皞，鸟兽咸若。衡门涧谷，尽作春台。"② 在他看来，乐与伦理是紧密相连的，如果天下都知晓这个道理，都遵循这个道理去做，则可协和万邦，所以，举乐之功德是无量的。他说："《礼》曰：'乐者，通伦理者也。'《周礼》曰：'以乐礼教和，则民不乖。'又曰：'以六乐防万民之情，而教之和。'言伦理正，百事节，可以先民而和之，故能百姓昭明，协和万邦。乐天之功，岂不大哉？"③ 他得出结论是："以惟乐收众心，莫或不同。以惟乐统众志，莫或不汇。既得同汇，纳之觉路，犹导百川，以归瀛海。"④ 由此，"富强之策在使民乐"，⑤ 那么引导人们、教育人们去追求什么样的快乐，就是更为重要之事了。他同时又提，出要"教以民乐。"⑥ 在他眼里"乐"的作用如此巨大，"乐"自然成为自己价值体系的核心了。

（2）"白"与"乐"的关系

尹昌衡以"乐"为核心，完成宇宙哲学向心灵哲学的转化。那么，在尹昌衡的哲学体系中，代表认识体系的"白"，与代表价值体系的"乐"之间，有什么必然联系呢？换言之，东方哲学中，玄奥的宇宙真理，与美妙的人生真谛之间，有什么内在的必然关联呢？

在尹昌衡看来，如果"白"是认识世界的方法；"乐"就是人生追求的终极目标。"白"是一条挣脱桎梏的心灵之路，架起的一座充满灵性的智慧之桥，"乐"就是路的尽头，桥的彼岸。只谈白，不谈乐，白没有归属；只

---

① 尹昌衡：《止园惟乐论》，《圣学渊源诠证》，《止园丛书》第2集。
② 尹昌衡：《惟教论》，《圣学渊源诠证》，《止园丛书》第2集。
③ 尹昌衡：《止园惟乐论》，《圣学渊源诠证》，《止园丛书》第2集。
④ 尹昌衡：《止园唯止论》第1卷，第5页。
⑤ 尹昌衡：《止园通书》第5卷，《止园丛书》第3集，第2页。
⑥ 尹昌衡：《惟教论》，《圣学渊源诠证》，《止园丛书》第2集。

谈乐，不谈白，乐缺乏依托。白是乐的支撑，乐是白的境界。人生拥有的美好精神家园，即是从"白"中，腾升出的至乐果实。所以他强调："既立惟乐，必稽唯白。乐惟依白，乃有真体。光惟依日，乃有真身。言乐忘白，谁感乐而知？言白忘乐，谁由白而出？颉圣严兹，一字万福。"他认为"白"是认识世界的方法，只有真正了解"白"的内涵，掌握了以"白"的眼光观察世界，才能获得自身的解脱。他说："万法唯白，一源二合。独法群法，务在解脱。"而解脱的核心在于对"白"的彻悟程度，因此"解脱在白"，真正做到由"白"而悟，即获得解脱，亦将得到自在逍遥、得到长寿与智慧。他说："白性中，福德齐。十旅皆伪，真如在白。十者皆因，解脱在白。十境皆囷，逍遥在白。十等皆殇，长寿在白。十旅皆偶，和合在白。十壳难俸，徕养在白。十识皆瞽，神通在白。十梏皆固，自化在白。十才皆劣，他化在白。十形皆拙，妙形在白。十躯皆丝（音求，甚小也。），广大在白。十等皆贱，尊贵在白。十品皆奴，物俸在白。十能皆庸，英圣在白。十刹多刑，无罚在白。十居皆苦，乐国在白。十劳无功，伟勋在白。十受皆恶，闵甫在白。尘谋不继，裕后在白。染智无明，学富在白。完全众福，极乐在白。大欲必得，如意在白。斯二十二，福与皇齐。白即天也，不可怀疑。"①

他又说："然则善必以白为主名，又必依白而生乐，又必依乐而成善，二字中求即以乐白为至善，或以白乐为至善，亦不违矣"，"白为宇宙中至尊、至贵、至正、至大。立净白为至善，上至皇天，下及众生，无能驳诘者矣。如可驳诘，必宇宙中有更贵于白之物而后可也。"②

由上可知，"白"既是宇宙哲学的基石，又是心灵哲学的起点。心灵哲学内在底蕴是，对人生真谛的寻觅；外在表现则是，对人生境界的追求。从历史的长河看，人类追求人生境界的不同阶段与层次，本身也是人类社会发展与进步的最重要的标志。正像亚斯贝斯在《历史的起源于目标》所提出"轴心时代"所言，人类几乎在相同的时间段，出现了伟大的精神导师：老子、孔子、庄子、释迦牟尼、苏格拉底、柏拉图、亚里士多德等等。这是人类的奇迹，这是人类对原始文化的超越与突破，而这种超越与突破的结果，往往都是以人生境界的追求与提高展现出来的。

---

① 尹昌衡：《止园唯白论》第1卷，第6、5、3页。
② 尹昌衡：《止园唯白论》第2卷，第8页。

当人类处在原始时代，人们只能专注于生存和与生存紧密相连的命运。随着生产方式的进步与生产力的发展，人类开始有暇顾及，赖以生存的物质世界以外的精神世界。人们开始从对命运的寄托，转向对精神境界的一种终极眷注，人类开始创造了一个又一个精神世界。老庄天人合一的世界；佛陀的西方极乐世界。古希腊哲学以苏格拉底为标志，也从命运转向了境界。耶稣是宗教中的苏格拉底，爱人如己的博爱，是基督教追求的最高境界；"至人无己，神人无功，圣人无名"是道家追求的最高境界；"诸行无常、诸法无我、涅槃寂静"则是佛家追求的最高境界。

（3）人生境界论

那么尹昌衡在追求怎样的人生境界呢？在尹昌衡的价值体系中，他的人生境界，是通过追求什么样的"乐"来划分的。换言之，他的人生境界，也是通过追求什么样的"乐"来构筑的。尹昌衡是通过对追求"乐"的方式，来建立他人生境界的标尺，并通过这个标尺，来确定人生境界的不同层次，与不同阶段。他提出"乐"的两个层次：一个层次，是追求小乐、暂乐、独乐；另一个层次，是追求大乐、永乐、众乐。而在大乐、永乐、众乐之中，又有三个不同的阶段。他说："乐有大有小，有永有暂，有众有独。而苦受亦然，大、永、众真乐也，靡有弗从。小、暂、独伪乐也，靡有弗捐。灵圣知真，蠢伧眩伪。除伪得真，惟佛大慧。以惟乐收众心，莫或不同。以惟乐统众志，莫或不汇。既得同汇，纳之觉路，犹导百川，以归瀛海。"① 在尹昌衡看来，追求物欲的乐是小乐；这种乐是稍纵即逝的乐，是暂时的乐；追求自身的乐，而不顾及他人，是独乐，这些所谓的乐，不是真正的乐，是伪乐。真正值得追求的乐，应当是大乐、众乐和永乐。这三种乐又大致可分为三个阶段：最初阶段是大乐，第二阶段是众乐，第三阶段是永乐。这三个阶段的完成，构筑成人生的最高境界。

第一个阶段"大乐"。在尹昌衡看来"大乐"，既是道德情操对内心的陶冶，也是道德力量的外在表现。是至善的乐，是摆脱物欲的乐，是由内心而发的乐。"故圣人德充于内，而乐感于外。"如果能够做到，由内心道德的力量往外散发的真正快乐，那么你即使贫无立锥之地，无地位名誉，也能得到超过天子的快乐。这种内心清净，脱离物欲的快乐，才是"大乐"。他说："乐和于外，而德集于内。无一命之荣，而乐于天子。无立锥之地，而

---

① 尹昌衡：《止园唯止论》第1卷，第5页。

乐于桓文。其心清虚,其气冲和,其腹宽舒,其口甘味,其耳目聪明,其四体安夷,是以接物无不乐也,绝物无不乐也。心清虚,气冲和,则处困若泰。腹宽舒,口甘味,则嚼荼如荠。耳目聪明,则视听于于。四体安夷,则举措申申。乃能不与物夺,不与天干,以和神明,以参造化。此乐之大也。"①

歌德说,人间最大的幸福乃是人格之欢乐。尹昌衡的"大乐",即人格之欢乐的具体展现。庄子把这种人格之乐,升华为"天乐"。

尹昌衡概括地描绘了庄子"天乐"的境界是:通于万物,泽及万世,圆融无碍,天人合一。他说:"庄子曰:'蟹万物而不为戾,泽及万世而不为仁,长于上古而不为寿,覆载天地雕刻众形而不为巧,此之谓天乐。'又曰:'知天乐者,其生也天行,其死也物化,静而与阴同德,动而与阳同波。故知天乐者,无天怨,无人非,无物思,无鬼责。其动也天,其静也地,一心定而王天下。其鬼不祟,其魂不疲,一心动而万物服。言以虚静,推于天地,通于万物,此之谓天乐。天乐者,圣人之所以畜天下也。'"他进一步分析认为,"天乐"是人们所向往的,但是这样的快乐,只有内心向善而有德的人,才能够得到。他说:"然有德而后能乐天,无德者,乐物而戕天和耳。故《书》曰:'作德,心逸日休。'《传》曰:'有德则乐,乐则能久。'又曰:'心易则乐,窕则不咸。'《礼》曰:'仁近于乐。'又曰:'乐者,德之华也。'孔子曰:'智者乐。'庄子曰:'中纯实而反乎情乐也。'言乐由心生,心有德而后能乐也。"②

同时,他认为"天乐"与"育德"也是相互相成的。德者,性之端也;乐者,德之华也。由德而乐天,作乐以崇德,两者的融汇,使人更加激发出,一种超越自我的向善的动力。他说:"即《中庸》中和之义,圣人清虚乐天,而万物育矣。夫学者,乐天以育德也。故《传》曰:'乐以安德。'《易》曰:'作乐崇德。'《礼》曰:'乐以修内。'又曰:'播乐以安之。'又曰:'修乐以道志。'又曰:'独乐其志,不厌其道。'言道德之业,皆生于乐天也。"③

那么,怎么才能够激发向善的动力,提升自己的人格?这是尹昌衡哲学体系中最重要的问题。也是他先探索宇宙真理,再进入人生真谛的原因之所

---

① 尹昌衡:《止园惟乐论》,《圣学渊源诠证》,《止园丛书》第2集。
② 尹昌衡:《乐天》,《圣学渊源诠证》,《止园丛书》第2集。
③ 尹昌衡:《乐天》,《圣学渊源诠证》,《止园丛书》第2集。

在；是认识体系与价值体系两者的契合点之所在；也是"白"与"乐"的契合点之所在：即如果真正认识到，物质的真实存在是无形的，真正理解了宇宙的本源，理解了道家的"无"，才真正能够达到"无为而无不为"，达到随心所欲，与天地齐一；理解佛教的"空"，才能达到远离颠倒梦想，无有恐惧，究竟涅槃的境界。因此，"乐在太虚"，就是把"乐"建筑在，对宇宙渊源的彻悟之上。这种彻悟，才是真正的"看破"，才能真正明了"凡所有相，皆是虚妄"，才能进入"本来无一物，何处惹尘埃"的境界。看破才能放下，放下才能得解脱。认识"无"，认识"空"，认识"白"，即是看破的基础。因此对"白"认识的深浅，决定对"乐"追求的层次。他说："故观自在，即观白在，观白在，乐在白也。"① 世人感叹"看破红尘，四大皆空"，往往成为人生彻底失败后的无奈与哀叹，这是世俗对看破的曲解。真正的看破，是以对大宇宙的彻悟为开端，对自身小宇宙的解脱为终结；以对物质本质的认识为开端，以人生境界的升华为终结的。他说："心何以有德？太虚无物而已矣。故庄子曰：'士无思虑之变，则不乐。辩士无谈说之序，则不乐。察士无凌谇之事，则不乐。皆囿于物者也。'曰：'于逍遥之墟，食于苟简之田，立于不贷之圃。'子曰：'贫而乐'又曰：'饭蔬食饮水，曲肱而枕之，乐亦在其中矣。'又曰：'在陋巷，人不堪其忧，回也不改其乐。'皆言乐在太虚，太虚合天，乐自在其中矣。"②

"大乐"的本质，就是看破后的超越。即对外物的超越，对七情之乐的超越，回复到自性根本。他说："众生之志，岂有外于趋乐哉。仙佛圣贤，趋乐避苦，虫鱼草木，亦同此心。然乐在白，不在物，自具之，真有极乐焉。"能够回复到自身的本性的人，是真正超越外物的人，是能够真正得到大乐的人。这个外物包含了对物质的追求；对名利的追求；对声色的追求。在他看来，逐乐于外物，恰恰是痛苦的根源。圣凡以此为界，形成天壤之别。他说："苦之所至，以吾有身。饥寒毒害身受之，而以累白。若吾纯白，苦何由至？故观自在，为《心经》之全功，而《心经》为三藏之总汇。圣人知此，是以无升斗之粟，而乐于郇厨。无鹑结之衣，而乐于锦绣。无容身之庐，而乐于阿房。无一命之荣，而乐于天子。彼欲人无声色之娱则不乐，贪夫无货财之营则不乐，情奴无妻妾之奉则不乐，世贵无人爵之尊则不

---

① 尹昌衡：《白性真乐》（八），《民生常识》。
② 尹昌衡：《乐天》，《圣学渊源诠证》，《止园丛书》第2集。

乐，法士无治政之权则不乐，文人无诗书之事则不乐，皆不安其性而外物夺也。谓之不自在，不自在，即在物矣。故不自在，害己害他，众生陷溺，以逐乐于外为祸窝。"①

世人之所以迷恋物欲，其原因在于只顾眼前的利益与小乐，而不知道真正的大乐之美妙。他说："今之人所以不佛，失性久矣。四千年嗜欲蔽真，人趋近乐，失其远者大者也。"如果人们能够切实地看到大乐万倍于物欲之乐，他们也会放弃眼前的利益，而追逐长远的利益；放弃眼前的小乐，而追逐更美好的大乐。他说："夫有富贵大愿在后，则志士忍少年之苦。有山水大快在前，则游人忍跋涉之劳。若知成佛之可乐，人人赴之。百年一瞬，稍忍即过矣，又况性命之乐，万倍物欲，惠迪之乐，万倍失常。又不须忍，而物我咸成，死生永吉，何益如之？人如复其白性，知成佛之饭的，虽以刑趋赏劝，迫之争利于俗尘，亦必不肯为也。如此则皇之功成。如此则吾之志偿。当涕泣号呼，促民兴起，以咸劼于净白。"②"大乐"是通过对物欲的否定与超脱，最终完成的是对自身的修炼，自身的满足，自身得到的极大快乐为最终的目的。在对大乐的追求中，完成自我的蜕变，则可进入另一个更高的阶段。

第二个阶段是"众乐"。众乐是在大乐基础上的放大；是人格之乐的社会化；是儒家的"仁"、道家的"以德报怨"与佛教的"慈悲观"及基督教的"博爱"观的具体体现。尹昌衡认为，大乐的核心是去物欲，而众乐的核心则是去私欲。他说："五教之精华，千圣万贤之训典，莫不以去私为不二法门。世界之大祸，一尽私而毕除，见白性也。"③

没有了私利，把自己的快乐扩大到家、扩大到国、扩大到世界，这是真正的众乐。他说："今有人焉，但知有身，而不知有家，非人也。若但知有家，而不知有国，可谓人乎？但知有家，而不知有国者，非人也。若但知有国，而不知有异邦者，可谓人乎？但知有国，而不知有异邦者，非人也。若但知有人，而不知有物者，可谓人乎？范围愈大而愈公，则是广大自在者即公之本也。"

相反，他对为了自己的利益，自己的快乐而让别人痛苦的人，进行了无

---

① 尹昌衡：《白性真乐》（八），《民生常识》。
② 尹昌衡：《欲尽咸佛》，《止园理海》。
③ 本段及下段引文见尹昌衡《止园唯白论》第3卷，第10页。

情的鞭挞，尤其是对高不可攀的天子，对其为一己之私利，而奴役天下之劣迹，进行了入木三分的分析。他说："乐己即所以苦人，夺百姓之脵，以乱百度，而生民溺矣。故虽贵为天子，富有天下，败之极矣，况于下焉者乎！"①

尹昌衡认为，如果理解了"白"；理解了"空"的真意，即是能够超越私利的基础。他说："白本合空合皇，空岂有私，皇岂有私。空皇无私，白即无私，而又大仁特元，大仁无不爱也，特元无所倚也。故无身依，爱不囿于身。无家依，爱不囿于家。无国依，爱不囿于国。无众生依，爱不囿于众生。四相并空，然后白性大著。呜呼！人自不公、不和合大同，以发白性，而甘为天囚，愈囚愈私，愈私愈不能自拔。私重一分，垢重一分，刑亦增一分，自私乎！自害乎！"②

尹昌衡进一步说明，如果进入"白"的境界，就是进入了人生自身圆满，自得其乐的境界；也就进入了大同的境界，自私的念头自然化为乌有。他说："呜呼，悲哉！一提私欲，吾先号哭。私欲一提，不胜哀啼。人中之祸，斯为最矣。谁不因营营于此，自丧其合皇之贵品，而下坠于鬼魅乎！夫人之大欲，不过我得惟乐。乐本白性，奚用外求？白本大同，奚用自私？推颉圣之精义，知私欲之甚于倒悬矣。吾人之白本皇天也，众生之白亦皇天也。司掌宇宙，福德同臻。"

在这个基础上，尹昌衡进而提出了化自为公，化欲为乐。他说："谷有眉目间之相，即指白也。私欲之毒已极焉，吾不惮再申特揭，以播于人间，曰：尔曷不舍鬼而为天，可以救世，可以自安。传曰'自求多福'，此之谓也。自求者，白求也。观于乐之与欲，自之与公，毫发之差，霄壤之判。化自为公，化欲为乐，则七尺之躯，已与皇天平等矣。"

他认为，如果在众人的努力下达到众乐，这才是真正的太平伟业。而这样的伟业需要教育的普及，他说："太平伟业也，一人修之，莫如十人共修之，十人修之，莫如百人共修之。且万人修之不足，一人坏之有余。百年修之不足，一日坏之有余。欲使修之者众，而莫或坏之，非教育普及，深明净白之理不可。夫教育普及，俾万民各负太平圣治之责也。"③

他特别强调，一人去私而得乐，则可影响多人得乐，多人得乐，可再影

---

① 尹昌衡：《成功论》，《止园成功颂》。
② 本段及下两段引文见尹昌衡《止园唯白论》第3卷，第9、16、18页。
③ 本段及下段引文见尹昌衡《止园唯白论》第6卷，第5、6页。

响更多的人，这是众乐的发展轨迹。正如佛曰："一心清净，则一身清净。一身清净，则多身清净。多身清净，则世界清净。"

尹昌衡追求的"众乐"，是佛教"普济心"，在人生境界中的体现；是他"行者霖雨济苍生"情结的实现；是他作为政治家"治国平天下"情怀的释放；也是他大同世界理想的，实现方式与途径。

第三个阶段是"永乐"。永乐是由大乐的基础上，发展而来的，是乐的最高境界。随着道德修养的提高，平易、正直、慈爱、体谅之心油然而生，由此就会发展到身心内的快乐。快乐了就会安定，安定了就会持久，持久了就会合乎天性，而后自然进入神人的境界。这个境界，就是"永乐"的境界。他说："《礼》曰：'致乐以治心，则易直子谅之心，油然生矣。易直子谅之心生则乐，乐则安，安则久，久则天，天则神。'乐天可以交天神，又岂特尽人事哉？"①"永乐"使人回复到人的本性，永无内害，永无外害，就是道家的至人之乐；就是佛教的凤凰涅槃。

尹昌衡指出永乐的美妙境界时，也特别提出，难以进入永乐之境的三大障碍。

其一，今之最害天下者，是对高位重权的贪婪与迷恋。他说："今之最害天下者，权位之至尊者也。量其食，不过一升，舆皂同耳。扣其衣，不过一暖，舆皂同耳。其眠不过八尺之榻，舆皂同耳。然天下之口不戮舆皂，而天下之口戮至尊。天下之心不恶舆皂，而天下之心恶至尊。天下之兵不指舆皂，而天下之兵指至尊。千秋之笔不伐舆皂，而千秋之笔伐至尊。彼至尊何为而自贱、自危、自苦、自劳。"②

其二，害天下者，仍然是对权位的贪婪与迷恋。只是这些人，还不敢觊觎最大权位，只是对则一般权位的渴求而已。

其三，沉迷于物欲，"溺于物者，天下皆是也"。他指出当今之势，物欲横流，胜过上古时的洪荒之世。洪水只是一害，物欲淹没人心，则是百害。如果没有明德的引导，对物欲的极度渴求，会导致人性的迷失。世人只会唯利是图，会认为世上只有利益，而自己向善不会带来利益，这才是最大的危机。但他坚信人性是向善的，就像水性向下一样。他说："不知水有就下之性，道而归之于大川则为利，不为害。人有乐善之性，道而归之于大

---

① 尹昌衡：《止园惟乐论》，《圣学渊源诠证》，《止园丛书》第2集。
② 尹昌衡：《永乐》，《止园原性论》，《止园丛书》第1集。

道，亦为利，不为害。"如果把人向善的本性，向大乐方面引导，真乐就会到来的。他说："当水未归川之先，不知凡几千稔矣，尧始忧之，而禹遂成之。人未归道，于今仅四千年耳，孔墨老佛咸以此忧，后人读书而践其真，永乐必可致也。"如果人人都能够回归到向善的本性，则人人虽不为帝王，但比帝王还尊贵，则可使世间永乐常驻。他说："故欲使宇宙永乐，则莫如使复性。复性则人人有帝王之尊，而后知今之帝王之贱也。人人有天下之富，而后知今之显者之贫也。人人有参天之业，而后知今之功名之小也。人人有不死之寿，而后知今之百岁之短也。人人有圣神之道，而后知今之学问之浅也，而后宇宙永乐。"①

"无水不归大海，无人不成圣神。"这是尹昌衡在人人平等的原则上，彰显人性的回归。他说："天上地下惟吾独尊，人人皆然。宁独一侔尼哉？推之十级地上惟人为贵，人相同一，平等之缩本也。"② 这是尹昌衡对人性向善的坚定信念；是相信人类能够最终克服物障，回复本性；是对永乐的执著追求。他说："夫永乐者，使天下皆为圣神耳。使天下皆为圣神，犹使水归大海耳。无水不归大海，无人不成圣神。水不归大海，物障之耳，人不成圣神，亦物障之耳。"③

"去其物障，水皆归大海，去其物障，人皆成圣神。"则是尹昌衡劝世人，坚定地追求人生中的永乐，发出的真诚的呼唤。世人如能够驱散诸多欲望的驱使，回复到人至善的本性，回复到"净白"，就能进入到永乐的世界，就与皇天比肩至乐无极。他说："众生一见白性，莫不立地成佛，不比皇天稍次也。尊贵之极，在白而已矣！"④

尹昌衡的"永乐"是与皇天比肩，无极的乐，是在有限的一生中，达到的无限。"永乐"的无限，不是抛弃有限去追求无限，而是在有限中，取得永恒与不朽。"永乐"是建筑在宇宙本体论上的，是形而上与形而下的高度统一的乐。得到了这种乐的人，既得到了共性与个性、主观与客观的统一；亦得到了一种最高的幸福。人一旦从个性的有限的生活中，解放出来，就会感到解放和自由的"乐"，这种自由，是从有限体验到无限，是从时间中体验到永恒。

---

① 尹昌衡：《永乐》，《止园原性论》，《止园丛书》第1集。
② 尹昌衡：《止园唯白论》第2卷，第48页。
③ 尹昌衡：《永乐》，《止园原性论》，《止园丛书》第1集。
④ 尹昌衡：《止园唯白论》第2卷、第48页。

(4) 小结

尹昌衡的"大乐、众乐、永乐"试图在儒释道的基础上,在宗教与哲学之间,在出世与入世之间,寻找一条人们更容易接受的,享受非物质快乐的道路。使人们更易通过这条道路,进入属于自己的精神家园,让心灵真正自由地翱翔,无拘无束,逍遥自在地得到解脱;让人们在自己的精神家园中,进入一个更加广阔的天地,更加美好的人间天堂。让大乘菩萨"出世不离世,入尘不染尘;了生死而不离生死,入涅槃而不取涅槃。"的禅境,在他们感到,更加贴近自己生活的快乐中,得到自然的展现。让他们在对永乐的追求中,享受永乐的恬静与空灵,永乐的悠远与超越,永乐的意境与风采。

"大乐、众乐、永乐",就是尹昌衡追求的最高人生境界,就是现实的禅苑、人间的仙境。尹昌衡最大的愿望是,让人们知道世间不仅有了物质享受,人间还存在着另一种更大的享受;让人们在追求物质享受的同时,人生又多了一种选择,多了一条道路,多了一种活法;多了一个更美好的精神家园;通过人人期望得到的快乐为纽带,让人们更加容易了解,更加容易亲近,更加容易接受,更加容易进入这个美妙的精神家园与人间的天堂。

"何处青山不道场,四时美景皆禅机",在尹昌衡"大乐、众乐、永乐"的境界中,则变成了"何处快乐不道场,四时美景皆永乐。"

希腊哲学家普罗泰戈拉告诉我们,"人是万物的尺度",意在让人取代神的地位,让神变成人。尹昌衡告诉我们,"乐是人的尺度",意在让人通过对"大乐、众乐、永乐"的追求,让人变成神。"吾白一净,吾即皇天;众生白净,亦皆皇天。"[①] 人神之间位子的互变,从本质上看,是人以神作为对照物,完成对自己的认识与超越,回复到本真的自我。

尹昌衡以"乐"为尺度,构筑了博爱的伦理观,大乐的人生观,众乐的道德观,以及永乐的人生境界为主体的价值体系。

3. 哲学思想的贡献

尹昌衡在哲学思想上贡献有三:其一,在中国哲学本体论上的贡献;其二,在中国哲学境界理论上的贡献;其三,融合哲学、宗教与科学开辟一条探索真理的新方法与途径。

(1) 在中国哲学本体论上的贡献

为了回答这个问题,我们需要先提纲挈领地回顾一下,中外哲学家探索

[①] 尹昌衡:《止园唯白论》第1卷,第14页。

万物"本原"的历程。如前所述，远古中外哲学家，提出宇宙的"本原"是水、气、火等物质性的元素。西方哲学以"being"为核心范畴，展开对本体论的探讨，标志着西方对本体论的探讨，进入了一个更高的阶段。

东方则与西方不同。如果说，西方本体论是建立在"有"上的"无"；那么东方的本体论则是建立在"无"上的"有"。

中国的哲学家老子与巴门尼德正好相反，首先提出了"无"作为哲学最核心的范畴，而且提出"无"不但存在，"无"中还可以生"有"。释迦牟尼不约而同地，提出了"空"这个哲学概念，并且说"空"不但可以生出"有"，而且"空"就是"有"，"有"就是"空"。这与老子"一生二，二生三，三生万物"，即宇宙的本原就是"无"和"有"的统一的思想，如出一辙。

那么，"无"怎么能生有？"空"怎么就是"有"？"无"和"空"为代表的东方本体论表述，比"being"更加玄奥，后世的哲学家们困惑了。他们把几乎所有的精力，都用在理解和争辩"无"与"空"上了。佛教在印度出现了解空第一人须菩提，中国产生了解空第一人僧肇。中国哲学家，从解老第一人韩非子开始至今，历代但凡自认学问超群者，都要尝试去解老，以至于为老子作注解的书，有数千种之多。因对"无"的不同理解，产生了何晏、王弼的"贵无"和裴頠的"崇有"之争；朱熹与陆九渊的"无极"与"太极"之辩。北宋出现了由道入佛，由佛入儒，试图融汇儒释道，创造出新的本体论哲学的探索。这个探索，到了明代达到了一个高潮。

程颢认为"万物皆是一理"把"理"作为宇宙的本原，形成了程颢、程颐、朱熹为代表的理本体论。陆九渊提出：四方上下曰宇，往古来今曰宙。宇宙便是吾心，吾心即是宇宙。认为心是宇宙的本体，这才是根本，形成了陆九渊与王阳明为代表的心本体论。无论是理本体还是心本体，在什么是宇宙的本原的问题上，与道家本体思想都是渐行渐远。张载提出"一物两体，气也。"认为一切自然现象的变化，都是由于阴阳两气的交感所致，形成了与王廷相、王夫之为代表的气本体论。应当说，气本体论拉近了与道家哲学的距离，可以看做是对真理的回归。清代经学、朴学蔚然成风，学者们似乎失去了对本体论，理性思索的兴趣。

到了近现代，学者又重新开始了对本体的理性思考。章太炎说："言哲学创宗教者，无不建立一物以为本体。"[①] 但是，章太炎以"真如"为核心

[①]《章太炎全集》第4卷，上海人民出版社，1985，第404页。

的哲学体系，基本没有超出唯识论的范围。

熊十力在同时代的哲学家中，水平处在领先地位。但他认为无中不能生有。他说："若云有从无生，无则既无，如何能生有呢？若无得生有者，则无已是有，又如何名无呢？"① 熊十力对老子"无"的认识，还是在"无中生有"的问题上止步了。如果在这里止步，就很难进入老庄的精神世界，更难以解开老子哲学的奥秘。

进入现代，学者对中国哲学本体论核心"无"的认识，仍然模糊不清。理论界无休止地争论一个问题：老子的哲学是唯物主义的还是唯心主义的。坚持老子哲学是彻底的唯心主义的学者认为，"道"不是物质，而是抽象的观念，是虚无的、永久存在的、超时空的绝对精神。有的学者认为，老子的哲学上半截是唯心主义，下半截是唯物主义，但从根本上说是唯心主义。形成上述认识的根源在于，既没有搞懂唯物主义的真正含义是什么？也没有搞懂物质的概念究竟是什么？（对物质的理解，还停留在物质是实物的粗浅认识之上）；更没有搞懂老子的"无"的内涵究竟是什么？等于同时进入了两个误区。相当于，只会用肉眼与普通仪器，却要去检验一个，只有在显微镜下，才能看到的微生物，这样的情况下得出的判断，结果只能是南辕北辙。对老子的研究，多数都在这种两头同时进入误区的状态下进行着。

陈鼓应道出了这种困境，他说："老子的形而上学的性质是混杂的，在看似唯物主义的内容里，却包含了唯心主义的成分；在看似唯心主义的因素里，却包含了唯物主义的成分。其间的交织性，并不是那么明确的"② 侯外庐也说出了这种困惑。他先是认为："古人处理是有极大的出入的。唯物主义者总是捉住老子的足，唯心主义者总是捉住老子的头。"继而又说："老子的认识论，唯心主义便占了上风，唯物主义因素只居于陪衬地位"。③ 任继愈也出来强调，老子哲学，"本身包含着向唯物主义和唯心主义发展的两种可能性。只看到老子哲学的一个趋向，而否认另一个趋向，都不符合老子哲学的本来面貌。"④

从上可知，其一，从古到今对"无"的理解，基本上是在误区中徘徊。尹昌衡在《道经释要》中指出，老子的道与无，"其言可深而不可以相指，

---

① 《熊十力论著集之一·新唯识论》，中华书局，1985，第278页。
② 陈鼓应：《老子注译及评价》，中华书局，1984，增订重排本序，第6页。
③ 侯外庐：《中国思想通史》第1卷，人民出版社，1957，第264~272页。
④ 任继愈：《老子新译·绪论》，上海古籍出版社，1985。

可默契而不可以言诠,故学者眩焉。古注七百家无得其真意者也。"陈鼓应亦持同样的观点:"随着王弼以'无'指称形上之道,而以'有'指称现象万有,再历经隋唐、宋明的因袭阐释,于是在有、无问题上形成了一部漫长的误读的哲学史。"① 这个评价应当说是符合史实的。其二,几千年,中国文化思想界都在解读老子,这个事实本身就说明,至今老子哲学的核心"无",仍是未解之谜。这也是老庄哲学,至今魅力不减反增的原因。随着人类科学技术的发展,人类对大自然认识的不断加深,老子的"无"中昭示的真理,不断地得到证实。事实证明,老子以"无"为核心的本体论思想,仍然是一座耸立在我们面前的真理的珠峰。

尹昌衡是真理珠峰的攀登者之一。他在探索真理,探索本体论上做出的贡献大致可归结为二点。

其一,本体论的核心问题之一是有限和无限。尹昌衡用现代科学的方法与严密的逻辑思维,对物质最基本元素"至大无外,至小无内"的本质,做了透彻的分析与精确的说明。尹昌衡用可无限分割极点的"中",与最终的融合一元的"中和",论证了有限中的无限,及有限与无限的,互为依存的关系,并在此基础上建立了他的"中和主义"哲学体系。尹昌衡对物质质量之源的深入分析和高度概括,对老子所提出的"无",是无穷大的和无穷小的、任何空间无所不在的,任何时间无所不包的,物质最本质的、最具体的存在;是物质世界最基本的元素,是宇宙的本原,是物质的必然的,终极存在的本体论的观点,做出了最清晰与彻底的阐明。从而,结束了几千年对"无"的误读;结束了中国哲学思想史上,长期以来的"贵有"和"贵无"之争;把中国哲学在本体论上的认识,从宋明理学对本体论最终概括为"理、气、性、心"四大派别认识的基础上,向前推进了一大步;使中国传统的本体论融入了科学论,以及科学的逻辑学之中;使东方玄奥的本体论,得到了哲学性质的净化和纯粹化。在中国哲学思想史上,本体论的探索,由此结束了传统的轨迹,开启了传统哲学的玄思,结合近现代哲学理性的思辨,加上现代科学方法的探索之路,翻开了现代哲学思想史上新的一页。

其二,赋予一元论新的内涵,融合二元对立。唯物主义主张物质是世界的本源,物质是第一性的,精神是第二性的;主张没有任何神仙上帝创

---

① 陈鼓应:《老庄新论》,商务印书馆,2008,第171页。

造世界。尹昌衡不仅论证了，物质是世界的本源，而且进一步论证了，为什么物质是世界本源，宇宙又是怎样在这个本源的基础上，在没有任何超自然的神力，没有创世的上帝的条件下，怎样自本自根地产生的。应当说把唯物主义演绎到了极致。但他同时又论证了精神的本源，认为精神的本源可以追溯到"觉"，"觉"依附于最早的物质，最早的生物与植物，比精神早无数亿年。（从时间上看，精神与物质其实不是对等的概念，精神依附于人类最多只存在了几千年，物质则存在了无数亿年）认为形觉一源二合，都出自"无"、出自"道"、出自"白"。"无"与"白"是形与觉的高度统一，是形而上与形而下的高度统一；是一元论而不是唯物与唯心、主与客的二分论。东方哲学的一元论观点，在尹昌衡以"白"为核心概念的追问下，把形而上与形而下都推向了极致，推向了一个最终的融汇点；二合一元再也不是模棱两可，而是清晰可见。老子的哲学究竟是唯心或唯物，不言自明。

其实，判断老子哲学是唯物还是唯心是毫无意义的。我们应当只关注，老子的"无"是否是真理。老子的哲学本身就包含了唯物与唯心，最终又超越了唯物与唯心。如果用现在理解的唯物和唯心的概念去理解老子，想从唯心与唯物任何单独的一方，去诠释老子的哲学，去给老子下定义，都只能是片面的，都无法认识老子哲学的真正面目。

遗憾的是，尹昌衡早在80年前就在他《止园唯白论》中阐明的上述观点，我们今天才读到。但是，比起王夫之，尹昌衡又幸运了许多。清初王夫之在深山著书四十年，达四百卷，几百年后才出版。好在真理的光芒，从来不会因为岁月的风尘而褪色。值得庆幸的是，80年后，中国学界的最新成果之一，终于有了与《止园唯白论》相同的认识："道的观念，在形而上与形而下、突然与应然、存在与价值、物质与精神、必然与自由的对立之间，道不单独属于任何一方。这些两极对立的概念，在老子那里基本不存在，因此，老子之道所代表的哲学既不是所谓调和折中的，也不属于二元中的任何一方，应该叫做超二元的一元论。"[①]

（2）在中国哲学人生境界理论上的贡献

中国文化界长期没有解决的第二个问题：一种是以儒家为代表的强调社会关怀与道德义务的境界；一种是佛老代表的注重内心宁静平和与超越自我

[①] 刘笑敢；《老子之道：关于世界之统一性的解释》，《道家文化研究》第15辑。

的境界。用传统的语言来分疏,即儒家主于"有"的境界,或者说的有我之境,佛老主于"无"的境界,或者说是无我之境。从人格形态说,孔子、孟子体现了有我之境,老子、庄子、惠能体现了无我之境。在整个中国文化的发展中,这两种境界既有某种紧张,又相互补充。至今,这两者和谐的统一始终没有达到完满的地步,而两者相互否定的争论却充满了文化史。①

为什么两者的和谐的统一,始终没有达到完满的地步,而两者的争论却充满了文化史?其中有两个很重要的原因:其一,各家都以自己为中心,而对其他几家,都不同程度地排斥。例如宋明理学的部分理学家,他们虽然有的是由佛入道、由道入儒。或是由儒入道、由道入佛,然后又由佛入儒。但都以儒家为正统,都有扬儒抑佛或扬儒抑道的倾向。其二,中国古代思想家,同样也存在对另一家理解并不透彻,却以自己的理解去评判或排斥另一家。还有一种倾向,即便自认为是属于某一家,如自认为是道家,但对道家的深刻哲理,却并未最透彻地理解。这样,古人也容易同时进入两个误区。

例如,理学家要融佛入儒,但是对佛教的理解却是肤浅的,甚至是歪曲的。理学先驱胡宏即是如此。他在论述佛教的文章中,将佛教斥为"西方邪说"。他说:"彼惟欲力索于心,而不知天道,故其说周罗包括高妙玄微,无所不通,而其行则背违天地之道,沦灭三纲,体用分离,本末不贯,不足以开物成务,终为邪说也。"② 显然,理学大师胡宏的失误在于,没有读懂与理解佛教的深奥含义,即轻率做出佛教是"西方邪说"的错误判断。在中国思想史上,这样的例子应当不在少数。

另一方面,朱熹对儒家经典的解释,虽已达那个时代的高峰,但对儒家形而上思想的发掘,还不能说达到完满的程度。朱熹在解说《中庸》"致中和,天地位矣,万物育焉"时说:"盖天地万物,本吾一体。吾之心正,则天地之心亦正矣;吾之气顺,则天地之气亦顺矣。故其效验如此。此学问之极功,圣人之能事致中和。"③ 朱熹主张人能够发扬"致中和"的主体力量,可以使整个宇宙天地达于和谐。他特别提出吾之心与吾之气,为根本的本吾一体。人是宇宙之心,是天地之本,从而世界问题的解决,都归结为人的问题的解决;而全部人的问题的解决,又最终归结为人性问题的解决。

---

① 陈来:《有无之境》,三联书店,2009,第6页。
② 胡宏:《胡宏集》,中华书局,1987,第224页。
③ 《朱子全书》第6册,上海古籍出版社、安徽教育出版社,2002,第33页。

对各家正确与深入的理解,是融通各家的基础。尹昌衡同样在做融汇各家的努力,而他对各家的理解之深,远远超出了传统的理解水平。同样以"致中和,天地位焉,万物育焉"为例,尹昌衡对这句儒家经典的阐明,超越了心性与人性的层面,提高到宇宙本体层面来认识。他认为"中"是宇宙的核心,是一切的根源。他说:"中之可贵宇宙主也。"他继续分析说:"有相之中以求中,执一线,指一轮,而点志其心,以为中矣。倘更以万倍之显微镜窥之,则此点中更有微点乃为中矣。然更有百万千万万万倍之显微镜,重复窥之,不至真空,终非真中。穷究此理,可悟大道。"一语道破"中"何以能够成为宇宙之主的原因。由此,他得出的结论是:"中也者天下之大本也。"①

这是对儒家形而上哲学思想的深度发掘。在他看来,"佛曰中教,曰不二法门,是中和也。"② 儒曰中庸,曰致中和,亦中和也,从而把儒家的"致中和"与佛教的"不二法门"相提并论;把儒家的"中庸"提高到佛教"中道"的哲学高度。"中庸之道"与"圆融无碍"获得了同样的,形而上的深刻内涵。

尹昌衡认为,"中和"也是德的内核,是至善的根源,是价值体系的核心。因为"中"的特性,首先是不偏不倚,"今先释中之义,不偏不倚,无过不及也。"其次是接纳一切,包容一切,应物则和。他说:"太空无外,随处中也。无究大者,无究小也。大无外者,小无内也。白不落边,随处中也。既已得中,应物则和。""和"则滋生万物给万物带来益处。"释和之义,万物并育而不相害也,普利也。"因此,"和也者天下之达道也。"正因为有中之大本,和之达道,才能导致"致中和,天地位焉,万物育焉"的结果。

由上可见,尹昌衡在对儒释道,深入理解与诠释的基础上,使儒释道,获得了一个共同的形而上哲学的平台。在这个平台上,儒释道的交汇,消除了以往的障碍,融合就变得更加自然了。尹昌衡"大乐、众乐、永乐"的境界论,正是在这个平台上提出与展开的。

尹昌衡指出:"合白与乐,齐天之福。合乐与白,万法咸基。"强调由宇宙规模,把握人生的哲学思考;强调对宇宙的彻悟,最终达到人与宇宙通

---

① 尹昌衡:《止园唯白论》,第3卷,第7、8页。
② 本段以下段引文见尹昌衡《止园唯白论》第5卷,第12页。

彻一体。尹昌衡由天地视域，透视形上之道，并以此作为万物总体存在的基础与根源，在价值上成为人间理想之依托。"白"成为价值的母体，透过"德"为中介，将"大乐、众乐、永乐"根植在人性回归的"净白"之中，根植在人性的至善与天真本德之中。从而打开了一条，由形而上到形而下；从宇宙哲学，到心灵哲学之间的通道。

"大乐"强调德充于内，而乐感于外，看重道德情操对内心的陶冶；提倡摆脱物欲的乐，体悟至善的乐，由内心而发的乐，最终达到个体的自由与完善。而"众乐"则是人格之乐的社会化；在独立之人格与自由之精神的基础上，同样强调社会的责任，由此实现儒家的仁爱，道家的仁德与佛家的慈悲。老庄从摆脱人际关系中来寻求个体价值，儒家则从人际关系中来确定个体价值，这两种看似对立冲突的价值观，在大乐与众乐中，自然而然地融汇在一起。在对"乐"的追求中，自然地找到自己的位置与发挥的空间。"永乐"既满足了老庄，追求一种富有情感而独立自足、绝对自由和无限超越的独立人格，也同样进入了佛教诸法无我，涅槃寂静的境界。

尹昌衡以宇宙论为根基，在对大乐、众乐、永乐的人生境界的追求中，从容地完成了，以儒家为代表的，强调社会关怀与道德义务的境界，与佛老代表的，注重内心宁静平和与超越自我的境界，这两者和谐的统一。

在现实生活中，尹昌衡也注重出世与入世的融合。儒家的积极入世与道释的超尘出世，在世人看来，也是截然不同的两条道路。但尹昌衡认为，两者只是关注的重点不同，关键看自己如何对待。他说："佛详于心法，注于出世，而略于入世；儒详于治法，注于入世，而略于出世。善用之则全，不善用之斯害矣。"① 从宏观的角度看，出世入世两法，各有其自己的作用。"然出世法如疏下流，入世法如筑两岸，治水之术，岂能偏举？"② 因此，这两者并不是相互对立的，而是可以相互融通。他说："出世入世二法谁要？曰其要同，有相背乎，曰不相背也。合则两相资，背则两相害。"③

他提出："不先明出世之旨，何以成入世之功。"④ 即后来朱自清在《荷塘月色》中所言"怀出世的心，做入世的事"。他认为出世与入世应在"中和"之点，找到了融汇之处。他说："《中庸》曰：'致中和，天地位焉，万

---

① 尹昌衡：《止园寓言》，1923。
② 尹昌衡：《民生常识》。
③ 尹昌衡：《民生常识》。
④ 尹昌衡：《序言》，《宇宙真理论》。

物育焉。'治平之道，既得其中，则不可以再进。日月得中，而能久照，未尝复求其高也。后世奇特好怪之士，以为如此犹未增其极，必有于中之上更求高远，斯乱之阶也。民虽有无怀、葛天之德，而不能不服尧、舜之勤劳。上虽有老聃、庄周之道，而不得不行孔、孟之仁义。所谓极高明，而蹈中庸，不自为极，故无极也。"① 正是在这个基点上，佛儒可以达到"圆通并行，道不相背，孔佛会，万法汇。"② 出世入世的通融，即佛家与儒家的融合。尹昌衡在"中和"之处，找到两者融通的哲学基础；在"净白"之点，找到实践的总纲，"因以净白立出世、入世二法之纲，内则合皇成佛，外则太平圣治，如操左契矣。"③

比尹昌衡小十一岁的哲学家冯友兰认为，哲学的根本任务是使人"安身立命"。哲学的意义就是可以使人，提高他的精神境界。冯友兰思想的一个突出贡献，就是提出了境界说。冯友兰从人对宇宙人生的觉悟与了解，称为"觉解"的角度，提出了他的人生境界说。他提出，人生的觉解的程度不同，决定了境界的高低差别。大体上可分为四种：自然境界、功利境界、道德境界、天地境界。自然境界，是人对自己的行为没有自觉的境界；功利境界，是自觉求利的境界，这个利是私利；道德境界，是自觉行义的境界，这个义是公义；天地境界，是指人自觉到与整个宇宙合为一体的境界。④

冯友兰从"觉解"的角度提出人生境界说；尹昌衡则从人类奋斗的终极目标，"快乐与幸福"的理解与追求的角度，提出对"小乐、暂乐、独乐"的追求为一个境界；对"大乐、众乐、永乐"追求是另一个境界的，"唯乐统万"人生境界说。

冯友兰的重点在于对境界的界定；尹昌衡在对境界界定的同时，更在意融汇各家的精华，让人们在对"大乐、众乐、永乐"境界的追求中，更具宏观视野与看破人生的洞察力。他说："吾欲道天下众生，各各咸成其永乐、大乐、同乐、真乐。故以白性之福德，夺其暂者、小者、独者、伪者，使之共全极乐，大彻大悟，增进福德。"⑤ 同时，以无时无刻发生在人们身

---

① 尹昌衡：《王道法言》，《止园丛书》第1集。
② 尹昌衡：《民生常识》。
③ 尹昌衡：《止园唯白论》第6卷，第85页。
④ 冯友兰：《三松堂全集》第4卷，河南人民出版社，2001，第497～502页。
⑤ 尹昌衡：《止园唯白论》第2卷，第20页。

边的"乐"为起点,激发人们去追求人格之乐,"良心极好即是佛,克己胜人即是道。"① 使人们感到,人生理想境界的追求,不是遥不可及,而是更贴近人生、更结合现实。人人通过对大乐、众乐、永乐的追求,完成人格的塑造,体现生命的精华,实现人生的价值。

(3) 融合哲学、宗教与科学开辟一条探索真理的新方法与途径

尹昌衡在中国哲学思想史上,最早用近现代科学的方法,结合宗教与哲学,阐明了一个古今中外哲学最核心的命题——宇宙万物的本原是什么?物质世界归根结底究竟是什么?物质与精神的关系最终归结于何处?并最早将自然科学与人文科学相结合,打破科学、哲学、宗教三者的界线,寻找一条真理的新方法与道路。

当西方自然科学被介绍到中国后,康有为、谭嗣同、章太炎等人,也都试图运用"以太"、"电"、"磁"、"吸力"等自然科学的概念,来诠释他们的思想。章太炎也试图用自然科学的知识,去说明王充的元气自然论。但尹昌衡对自然科学理解与认识的深度,运用自然科学的门类的广度,综合各个学科去研究所达到的程度,以及对宇宙万物本源透彻阐明的水平,则是前所未有的。

尹昌衡运用现代科学的知识,结合佛教、道家的理论,特别是宇宙论,开展对宇宙与人生崭新的探索。其中他运用了天文学、地理学、物理学、化学、数学、机械学、生物学的原理与知识,研究与诠释哲学与宗教的核心理论。力图把玄奥的东方哲思,通过科学方法的解释,让更多的人容易理解与接受。例如他写了《天道通》,认为中国的哲学多执形而上,而西方科学是形而下,探讨真理就应当两者相互补充。他说:"天文之学,中国旧学,执形而上,海外新学,执形而下。二者互资,而交相成。"而在写《地道通》的过程中,他强调要研究地理学,研究自然科学,同时结合宗教与哲学来阐明真理。他说:"故予考地文之学,折以宗教、哲学之理,而推阐之。"②

尹昌衡全部的著作中,有大量这样的论证,在此不可能全部列出,仅举出几个有代表性的例证。

第一,用数学分子、分母的运算法则,用勾股定理,微分、积分之理,来解"空"、解"无"、解"白",说明宇宙本体之奥秘。他重在阐明一个

---

① 尹昌衡:《止园唯白论》第6卷,第85页。
② 尹昌衡:《地道通》(序言),《止园通书》,《止园丛书》第3集。

核心问题,组成宇宙的最最基本的元素,是小到可以无限小的元素,在数学上可以把它看做是"零"。他说:"若以算学解之,山河大地,更及日月星辰。若以太空无外散之,以空乘除,亦皆空矣。盖山河大地,日月星辰,并及其中微细分子,统而计之,终必有数。而太空必无外,以无究大乘除有数,无而已矣,空而已矣。又本老子之义,天地无白,皆将解涣。"由此可得结论为"尘依白而有,不亦确乎!然则,为白之义,可以定矣。宇宙虽大,除白无物。"① 如果想通这个道理,就可以理解老子的"无"与佛教的"空"了。

第二,用化学原理与机电的原理,说明人的"觉"是如何发生与运行的。第一步,他以化合物比喻"觉"的产生,也就是论证了精神产生与运行的物质基础。他认为,从自然科学的道理看,光与电都是几种以上的物质和合而生的。他说:"如油与火与绳发而为光,是光为油火绳三尘之和合现相也。如炭素与盐素发而为电,是电为炭素盐素之和合现相也。"光与电是几种物质合成的,是无形的;人的"觉"同样是几种物质合成的,也是无形的。他认为"觉"是人的血液与脑髓合成的,"如觉知性为身之和合相者,必血液脑髓之化合也,亦可以化学制觉知如制电然"。②

接着,他用机电的原理,来比喻和论证"电"与"觉"的发生,与运行的相通之处。他说:"以人之智造机,犹必收其用,而况宇宙巨灵所造之人乎!实而验之,人身本一循环之电流也,电流以两瓶杂二质素,注水于其中,用二线通之,即发电焉,是人身之极肖者也。夫人之身,脑与肾二电瓶也,心续线通气之中枢也,脑肾之质,二质素也,血即水也,脉络即线也,骨格即全机之壳也。电机既成,电线既续,则发电焉。人身既俱,人血既循环,则发觉焉。"③ 这样的思维与分析的方法,在当时应当是十分先进的。他用偈加以总结曰:"人如电机,心脑两瓶。脉以为线,血则水营。发电发觉,同具真能。电应同契,觉感神明。"④

第三,用无线电的原理,结合化学与机械的原理说明:从"白"—"我之身体"—"觉"—"精神"—"天人合一"—"涅槃寂静"—"空"的过程。

---

① 尹昌衡:《唯白》,《止园理海》,初集。
② 尹昌衡:《止园唯白论》第2卷、第78页。
③ 尹昌衡:《心机篇》第2卷,《止园昭诠》,内篇。
④ 尹昌衡:《心机篇》第2卷,《止园昭诠》,内篇。

其一,"白"是指合成身体的,最基本、最小的元素。其二,"我"的身体,是由无数个"白"合成的,"外既不可认壳为我,内亦不可认白为我。我者九尘一白之混合物也。"① 其三,"我的觉"是由我身上的血液与脑髓合成的,"如觉知性为身之和合相者,必血液脑髓之化合也",就如"炭素与盐素发而为电"。其四,无形的"电"与无形的"觉",可以通达四方。"电之既发,则视引之何入耳。引之入水即入水,引之入土即入土,引之入万物即入万物。引之入木,可以焚室,反而焚机,或引击机,则破此机。引于东南西北、上下四方、千里万里皆应也。觉之既发,则亦视引之何入耳。引之入利即入利,引之入名即入名,引之入众欲即入众欲。引之入奸,可以焚国,而反焚身,或引荡心,即害此心。引之天上地下、三界内外皆应也。"② 其五,他又用当时最新的无线电科学技术,论证了"觉"可到达的空间与路径。③ 他说:"白无穷,必通天,而况于地乎!何以知之?水无穷,必通海,而况于江乎!比之以无线电而知之矣。今有甲乙二电于此,虽无线以通,苟同质矣,乙之发电必赴甲焉,甲之发电必赴乙焉,离机即至,无间于千里万里,如人之于天也。若有线以窃于中则不至,故人每一呼吸,白必升天而通皇灵,愈久而愈仁智。"④ 其六,人的"觉"可以无远不至,直入太空,与天地合一,与涅槃同在。他说"又如电发既而不引,则电与同契相感,如无线电,可以至远,而与彼合。人之觉亦如之,既发而不引,则觉与同契相感,直入涅槃中,无远不至,而与空合。"⑤ 最后这个"空"是与天地同在,不垢不净,不生不灭,不增不减的"空"。

他还特别指出,人的"觉",能够致远的前提是"人能久静,如水澄见底,窥诸天于白镜之中,莫不瞭晰"。这个基础上"白直通皇,真真相翕,故一念之动,皇天先知。白动之感宇宙,如无线电之感彻全球也",如果人人都能够明白这个道理,就可以体会并融入天人合一的境界,人人皆可成佛就不是一句空谈,反之,不成佛才是最可惜的,"人之不佛,不亦冤哉?"。⑥

---

① 尹昌衡:《止园唯白论》第6卷,第84页。
② 尹昌衡:《心机篇》第2卷,《止园昭诠》,内篇。
③ 无线电在20世纪初是一个崭新的科学技术。1906年美国才首次实现了无线电广播。
④ 尹昌衡:《无窍通天》,《民生常识》。
⑤ 尹昌衡:《心机篇》第2卷,《止园昭诠》,内篇。
⑥ 尹昌衡:《无窍通天》,《民生常识》。

当科学技术进入21世纪，现代自然科学、人文科学相结合，发展认知科学与生命科学研究，已经成为前沿学科与发展的方向。但人们并不清楚的是，尹昌衡在一百年前，以拓荒者的勇气与智慧，最早在中国开辟了这个领域，并获得了独创性的成果。

结 束 语

本文试图对尹昌衡一生，做一个宏观的分析与评介；对尹昌衡思想中荦荦大者，做粗略的梳理与简析。文章中涉及的，只是尹昌衡其人其事及全部思想中的一小部分，实在难以涵盖尹昌衡跌宕起伏的人生，更难以展现出尹昌衡思想，通古博今的底蕴、绵密深邃的灼见，恢弘磅礴的气度，独树一帜的精神。

尹昌衡一生最大的特点，是坚持独立之人格，自由之精神。他自始至终特立独行，从不随波逐流。

当20世纪初，人们在争辩中西文化孰优孰劣之时，尹昌衡对这样的争论毫无兴趣，早已专注于中西文化的融合之上了。他力图"摘群经之奥，罗万象之通"，以《易经》与仓颉为核心，融儒家、道家、佛教、基督教、伊斯兰教、西方哲学、现代科学为一炉。通过自己涵泳体究，再加上人生的历练，最后转化为义理，创立以"白"为核心的哲学体系。其创新的最主要目的，就是利于对各家文化的继承与发展，汲取与扬弃。

如前所述，尹昌衡对帝王一姓天下，奴役百姓本质的揭露，对儒家忠君思想的批判，是对儒家纲常名教思想的扬弃；对儒家中庸思想的深度发掘，与形而上哲学思辨的提升，则凸显了继承与发展。同样，通过对佛教空性哲学的透彻分析，也提出对佛学的继承与发展。"极无自性心，白性本空也"是继承；"以唯白为学源，而后唯识之理彻"是发展；"至唯识之结精，纯在使学者常住唯识性。言惟识性，不如言净白性之为真也"，由此"乃以净白之说，崇颉祖以助佛训"则是融合。①

当19世纪末20世纪初，大量引进西方文化，彻底地批判中国的传统，提出"打倒孔家店"，要彻底否定中国传统的价值观念和思维方式；以砸碎"孔家店"为激进，维护孔孟之道为保守的社会氛围下。尹昌衡却鲜明地提

---

① 尹昌衡：《止园唯白论》第6卷，第85页。

出:"思中国之所以危乱,不缘于新学之不精,而缘于旧学之不保,失本齐末,愈趋愈险。"① 他对废弃孔学与世风日下的关系,做出了深入的分析,同时也道出了自己的忧虑。他说:"亲见夫民德日益坠落,人心日益阴诈,党争日益激烈,伦理日益紊乱,纪纲全坏,时局愈危。究其本始,皆缘去年临时教育,悉主张废弃孔教之故。"他认为:"今如鄙弃孔子,而我国圣人又无高出于孔子,徒使全国心理荡然无所遵循。一般青年,悍然无所忌惮,其破坏道德、灭绝伦理,有亡秦胡元所不屑为者。人心至此,不亡何待?昌衡观之,忧心如焚。"②

当五四运动高举民主与科学大旗,德先生和赛先生成为最时髦的语言,多数人还仅仅流于口号式的宣传时,尹昌衡早在十年前,就切切实实地把德先生与赛先生的根本精神,落实在自己政治主张与斗争实践中,用科学的知识与方法去探索真理,用于自己的哲学体系之中了。他的人生的观念,也由此发生了重要的转变。

他心目中的成功者,再不是万世帝王,一代枭雄。他说:"或又曰汉祖、唐宗、明帝未尝不我我。然彼其所谓成,非真成也;以暴易暴耳!今后,天心大显、人智大开;决非如彼盗手,遂能窃得一日之伪定也。新潮甚烈,人思大公。彼乃欲以小我遏抑大顺,立见四败齐来。"③ 他明确指出:"成功者有三事焉:一曰保现在百姓百年安于地上,为治世之功;二曰保现在百姓寿终皆成圣佛,为教化之功;三曰保后来众生生后安于地上,寿终皆成圣佛,为遗法之功。"④

他所称道的英雄,不是唐宗宋祖,而是如华盛顿那样,建立先进的制度、推进人类社会进步的伟人;是引领中华民族,走出以暴易暴怪圈的伟人。他赞扬为天下谋者,唾弃为私家天下、为集团利益无休止争斗的,欺世盗名之徒。他说:"为子孙谋者,当贻以德泽。为天下谋者,当全其大公。家天下之愚计,仁者所不为,智者亦不为也,子曷亦纵观上下,祸孰不因于是乎!"⑤

---

① 尹昌衡:《止园自记》,《止园丛书》第1集。
② 《尹硕权可谓知本者》,成都《国民公报》1913年6月12日;又见《孔教会杂志》第1卷第5号,1913年7月,曾业英先生摘录
③ 尹昌衡:《劝将篇》,《消劫新书》。
④ 尹昌衡:《成功论》,《止园成功颂》。
⑤ 尹昌衡:《论帝王》,《止园寓言》。

在军阀混战，拉起一支武装力量，就可划地为王的混乱时代，他却提出，军人不党的民主理念。他说："查各国公例，政客有党，军人无党。良以政客处言论机关，辩驳精透，斯政策易行。军人具武装势力，党派一歧，争夺以起；军律虽在，视等弁髦；命令虽严，作同儿戏；于是据城日迫，啸聚自雄，括地宏财，好杀不已。始如星火，继可焚原；远观皖赣，近察渝城。既由军人危及全国，使非党争，宁有此失？"①

当政潮风涌，党争不断之际，尹昌衡却深深地关注着民生大计。他在1918年提出了控制人口，"提倡节生"。他在中国，最早提出控制人口理论，比马寅初的"人口论"早近四十年。他在《王道法言》、《止园理海》、《止园昭诠》、《止园唯白论》等多部著作中，系统地论述了，为什么要控制人口的理论。他说："四纲既立，似无有乱矣。而又有一必乱之道焉，曰生不节是也。生不节则必乱，人之生也，虽不如鸟兽虫鱼之多，而亦生浮于死。地非无量无边，粟非无穷无尽，以理推之，势在必满，而杀机于是乎生焉。"② 而且他还做了历史考证与中外比较。他说："考之于史，晋末之民已过二兆，故南北朝之祸极矣。及贞观开元之秋，馀民不过数百万，是以至于刑措。明有天下二百载，民亦二兆，故流寇之祸极矣。及康熙乾隆之盛，十余三四，是以几于小康。中国无百年不乱，所以然者，生齿不节之故也。宁独中国，外国亦然。英国一千九百年之郅治，日本楠正诚之善政，亦一耀而不保，人稠物歉所由致也。"③

基于以上认识，他提出如何控制人口的策略。他说："节生之法，有二道焉，一曰天节，二曰人节。"他认为更重要的是人为地控制生育。他提出用药避孕的方法，更重要的是立法来节制生育；不但立法，还要成立专门的节生的政府机构。他说："然人尽圣神，皆合于天，实非易事，故不得不为之法以节之。节生司，掌节生之事，元区一司，上区一司，中区一司。每岁计地之所出，计民之数。常使三年耕而有一年之食，九年耕而有三年之食。凡民婚配，皆制以时，男子三十而娶，女子二十而嫁。人数将盈，妇生一子一女，或二子，或二女，则投之以药使不再生。人数减则稍纵之，常使不盈。"④ 他还预计了计划生育的前景，说："从之以料民节生，严节十年，民

---

① 《黎副总统政书》卷30，第11~12页。
② 尹昌衡：《节生》，《止园理海》，初集。
③ 尹昌衡：《节生》，《王道法言》，《止园丛书》第1集。
④ 尹昌衡：《节生》，《王道法言》，《止园丛书》第1集。

必减十之一二。严节二十年，民必减十之四五。布粟则倍增，民数又倍减，此时富裕必有不可言喻者矣。"① 最后，他对控制生育或不控制生育的前景都做出了预言。他说："生不节，人相食。节其生，宇宙宁。"② 我相信，凡对因人为的因素，造成中国人口泛滥，以及其严重后果有所了解的人；对中国计划生育政策前因后果有所了解的人，读到尹昌衡在将近一百年前的精辟分析、论述及预言，都会感到心灵深处的震撼！

每当历史的发展与文化的进步，处在重大的转折关头，尹昌衡都坚定而又鲜明地，阐明自己的观点，说出自己的忧虑。百年的历史事实已经证明，他坚持的观点是正确的，他的担忧也都不幸言中。

尹昌衡入世的民本救世思想，远远超过出世的宗教情怀。用他自己的话说是"入世正群，出世正心"，"以出世之旨，道入世之功"。他对自身扬名立万，早已看破、放下。他最希望他的思想能够得到传播，并真正对世间起到作用。因此，众人的著作印上，"版权所有，有翻必究"时，唯独他的许多著作，印上"翻印不究"。尹昌衡的最高理想是："唯白论出，万世戬谷；唯白论传，众生皆天。"，"此说大行，世必太平；此说大行，人福无量；此说大行，万物昭明。"③

尹昌衡用他的一生完成了"立德、立功、立言"；实现了他自己的誓言："行者雨霖济苍生，藏者著书教万世"。

如果了解尹昌衡为中华民族建立的功勋：推动社会的发展和历史的进步之功，维护国家主权与民族统一之功，保护中华民族文化的传承和促进文化发展之功，我们不会怀疑，他是历史上对国家与民族，作出了重大贡献的英雄；了解他独立之人格，自由之精神，我们不会怀疑，他人格的魅力与人性的光辉；看到他几百万字的著作，我们不会怀疑，这是一座近代思想的宝库；了解他的整个思想体系，我们不会怀疑，《尹昌衡集》是一部几百年后，仍会有人去研读的经典；了解他思想真正的价值，与对中国文化思想史上的贡献，我们不会怀疑，他的思想是一座丰碑，一座耸立在中国近现代思想史上，承上启下的丰碑。

最后，如果用一句话，来概括尹昌衡的为人与思想，借用程颐为程颢写

---

① 尹昌衡：《易极》，《止园理海》，初集。
② 尹昌衡：《节生》，《王道法言》，《止园丛书》第1集。
③ 尹昌衡：《止园唯白论》第1卷，第1页。

的《行状》，应当最为贴切。这些段话恰如为尹昌衡而书："先生资禀既异，而充养有道；纯粹如精金，温润如良玉；宽而有制，和而不流；忠诚贯于金石，孝悌通于神明。视其色，其接物也如春阳之温；听其言，其入人也如时雨之润。胸怀洞然，彻视无间，测其蕴，则浩乎若沧冥之无际；极其德，美言盖不足以形容"。①

称贤不避亲，古今亦然。

附识：曾业英先生数年精心收集尹昌衡史料，辛苦备至。没有曾业英先生提供详尽的史料，拙稿断难拼凑成章，在此特致谢意。

2011 年 7 月 15 日写于"静明书屋"

---

① 《二程集》（上），中华书局，1981，第 637 页。

图书在版编目(CIP)数据

尹昌衡集/曾业英,周斌编.—北京:社会科学文献出版社,2011.10
ISBN 978-7-5097-2487-3

Ⅰ.①尹… Ⅱ.①曾…②周… Ⅲ.①尹昌衡(1884~1953)-文集 Ⅳ.①Z427.1

中国版本图书馆 CIP 数据核字(2011)第 131582 号

尹昌衡集

编　　者 /	曾业英　周　斌
出 版 人 /	谢寿光
总 编 辑 /	邹东涛
出 版 者 /	社会科学文献出版社
地　　址 /	北京市西城区北三环中路甲 29 号院 3 号楼华龙大厦
邮政编码 /	100029

责任部门 /	近代史编辑室 (010) 59367256	责任编辑 /	赵子光
电子信箱 /	jxd@ssap.cn	责任校对 /	金　岱
项目统筹 /	徐思彦	责任印制 /	岳　阳
总 经 销 /	社会科学文献出版社发行部 (010) 59367081　59367089		
读者服务 /	读者服务中心 (010) 59367028		

印　　装 /	北京盛通印刷股份有限公司		
开　　本 /	787mm×1092mm　1/16	印　　张 /	135
版　　次 /	2011 年 10 月第 1 版	插图印张 /	0.75
印　　次 /	2011 年 10 月第 1 次印刷	字　　数 /	2337 千字
书　　号 /	ISBN 978-7-5097-2487-3		
定　　价 /	880.00 元 (共五卷)		

本书如有破损、缺页、装订错误,请与本社读者服务中心联系更换
▲ 版权所有　翻印必究